LONG

Dizionario compatto

inglese–italiano • italiano–inglese

Pearson Education Limited
Edinburgh Gate
Harlow
Essex CM20 2JE
England
and Associated Companies throughout the world
http://www.longman.com/dictionaries/

First published 2004

ISBN 0582 50660 3 (paper edition)
0582 82919 4 (paper edition + CD-ROM)

Director
Della Summers

Senior Publisher
Laurence Delacroix

Projects Director
Michael Mayor

Senior lexicographic editors
Debora Mazza
Mary O'Neill

Lexicographic team
Francesca Logi
Roberta Martignon-Burgholte
Debora Mazza
Mary O'Neill
Annamaria Rubino
Tim Gutteridge
Delia Prosperi
Giovanna Ferraguti
Gill Philip
Helen Hyde
Ian Halliday
Debra Nicol

Production Editors
Paola Rocchetti
Michael Brooks
Jennifer Sagala

Pronunciation Editor
Dinah Jackson

Proofreaders
Gaia Fornari
Irene Lakhani
Mary Morton
Liliana Zanotta

Keyboarders
Rebecca Denney
Pauline Savill

Editorial Manager
Sheila Dallas

Project Manager
Alan Savill

Corpus and CD-ROM Development
Steve Crowdy
Trevor Satchell

Computational Linguist
Allan Ørsnes

Technical Support
Kim Lee-Amies

Production
Clive McKeough

Design
Jonathan Barnard
Phil Kay

Project and Database Administrators
Denise McKeough
Janine Trainor

Set by
Letterpart, Reigate, Surrey, UK

Printed in Italy by
La Tipografica Varese S.p.A.

Photography credits
IMS Communications Ltd, Brand X Pictures, Hemera Technologies Inc "Copyright © 2004 (Pearson Education) and its licensors. All rights reserved", Pearson Education/Trevor Clifford, Gareth Bowden, Hart McLeod, Sandra Small Photography, Corel Picture Library, DK Picture Library

INDICE

A BREAKTHROUGH IN BILINGUAL DICTIONARIES

by Jeremy Harmer

Versione in italiano a pagina vi

The **Longman Dizionario compatto** is not the kind of bilingual dictionary we are used to. It is a radical rethink of what learners need and how it can be provided. It is just the kind of dictionary that learners want in order to understand – and most importantly – to produce English.

Sometimes bilingual dictionaries do not give clear enough guidance and support, especially if learners wanted to use new or partly-known words themselves. But the new **Longman Dizionario compatto** allows users to find exactly the word they are looking for, and they can then use it appropriately and with confidence.

The **Longman Dizionario compatto** is designed especially for Italian learners of English. Any student of English, whether in school or already working, will be able to understand and learn English effectively by using the dictionary. The English words and phrases are based on a corpus – a vast database of natural contemporary English – in other words the language that learners need to understand and to be able to use.

The Italian words and phrases are based on a corpus too, a new Italian corpus especially created for this dictionary, with written and spoken samples relevant for today's learners of English. Students can look for the Italian words they themselves use and then find the English equivalents with ease, especially since in this dictionary only one translation is given, not a string of several different ones.

But what makes the **Longman Dizionario compatto** significantly different from other bilingual dictionaries is the inclusion of thousands of natural examples, all fully translated into Italian, something which really helps learners to understand the meanings of English words through their own language. There is important information about collocations and typical English phrases too, so that when users look up the word 'answer' they don't just get one meaning of the word, they are also given (in bold type) the typical collocational phrases that it occurs in (e.g. **answer the door, answer the phone, answer a letter** or **answer an advertisement**).

These are just some of the reasons why the **Longman Dizionario compatto** is special. The old bilingual dictionary is dead. Long live the new one!

Jeremy Harmer has taught English for many years and is also the author of coursebooks and books for teachers about how to teach English. He is the general editor of the Longman 'How to' methodology series.

UNA SVOLTA NEL CAMPO DEI DIZIONARI BILINGUE

by Jeremy Harmer

Versione in inglese a pagina iv

Il **Dizionario compatto Longman** non è il genere di dizionario bilingue al quale siamo abituati. È un modo radicalmente nuovo di concepire e rispondere alle esigenze di chi impara l'inglese attraverso uno strumento indispensabile per capire e – soprattutto – per utilizzare la lingua inglese.

Talvolta, le indicazioni e le spiegazioni fornite dai dizionari bilingue non sono sufficientemente chiare, soprattutto quando gli studenti desiderano utilizzare dei termini nuovi o che non conoscono bene. Il nuovo **Dizionario compatto Longman** consente agli utenti di trovare esattamente il termine che cercano e di utilizzarlo in modo appropriato e con sicurezza.

Il **Dizionario compatto Longman** è stato pensato appositamente per gli Italiani che imparano l'inglese. Avvalendosi di questo nuovo dizionario chiunque studi l'inglese, sia a scuola che in ambito lavorativo, sarà in grado di capire e di imparare l'inglese in modo efficace. I termini e le espressioni inglesi che vi figurano sono basati su un corpus – un ampio database dell'inglese corrente – in altre parole, la lingua viva che chi studia l'inglese deve comprendere ed essere capace di utilizzare.

Anche i termini e le espressioni italiane si basano su un corpus, creato appositamente per questo dizionario, che contiene esempi della lingua italiana, scritta e orale, significativi per chi studia l'inglese oggi. Gli studenti possono cercare le parole che usano correntemente e trovare con facilità i termini inglesi corrispondenti, agevolati in questo dalla presenza di una singola accezione piuttosto che una serie di traduzioni diverse per lo stesso termine.

Tuttavia, ciò che rende il **Dizionario compatto Longman** sostanzialmente diverso dagli altri dizionari bilingue è la presenza di migliaia di esempi tratti dalla lingua d'uso, interamente tradotti in italiano, che aiutano gli studenti a capire i significati dei termini inglesi attraverso la loro stessa lingua. Vengono inoltre fornite informazioni su contesti ed espressioni tipiche dell'inglese, ad esempio, quando gli utenti consultano la voce 'answer' non trovano semplicemente un significato del termine, ma anche (in grassetto) i contesti nei quali di solito ricorre (ad esempio **answer a question, answer the door, answer the phone, answer a letter** o **answer an advertisement**).

Queste sono solo alcune delle ragioni per le quali il **Dizionario compatto Longman** è speciale. Il vecchio dizionario bilingue è morto. Lunga vita a quello nuovo!

Jeremy Harmer insegna inglese da molti anni ed è autore di manuali e di materiali didattici per gli insegnanti di inglese. Ha curato per la Longman la collana di metodologie 'How to'.

Dieci cose che devi sapere su questo dizionario

1 Questo dizionario è stato appositamente concepito per gli studenti italiani che stanno imparando l'inglese.

2 Per la creazione di questo dizionario sono stati utilizzati un *corpus* inglese e un *corpus* italiano. Un **corpus** è una vasta raccolta di testi scritti e orali in una determinata lingua, che viene utilizzato per stabilire quali sono i significati principali di un dato termine in base alla frequenza d'uso. Un *corpus* permette inoltre di disporre di una varietà di esempi tratti dalla lingua reale. È dimostrato che l'impiego di un *corpus* contribuisce largamente alla creazione di dizionari più affidabili.

3 A volte non è semplice capire cosa significa o come si usa una parola isolata da un contesto; per questa ragione, il dizionario fornisce esempi d'uso per tutti i termini che presentano delle difficoltà e per i termini più comunemente usati, illustrandone i contesti più frequenti.

4 Al fine di facilitare la comprensione dell'inglese, questo dizionario contiene le frasi più tipiche e le espressioni idiomatiche inglesi più frequenti con la traduzione corrispondente. Ad esempio, sotto *agreement* ci sono frasi come *to come to/to reach an agreement*; sotto *bargain*, ci sono espressioni idiomatiche come *into the bargain*.

5 Allo scopo di facilitare la produzione di messaggi naturali in inglese, il dizionario contiene le frasi più tipiche e le espressioni idiomatiche italiane più frequenti con la traduzione corrispondente. Ad esempio, sotto *esame* ci sono frasi come *dare un esame*; sotto *muso, mettere/tenere il muso a qn*.

6 Alcuni termini sono presentati all'interno di **riquadri**, nei quali le diverse traduzioni sono accompagnate da spiegazioni e illustrate da una serie di esempi. Questo avviene soprattutto per le preposizioni, i verbi più complessi e gli aggettivi ma anche per quei termini che potrebbero presentare delle difficoltà di traduzione, sia dall'inglese all'italiano che dall'italiano all'inglese.

7 Questo dizionario è inoltre corredato di numerose note culturali che spiegano concetti ed usanze connessi ad alcuni termini inglesi che spesso non hanno un equivalente in italiano. Ad esempio, *A level* e *bed and breakfast*, che non hanno una traduzione italiana, sono accompagnati da una nota culturale che spiega di cosa si tratta.

8 Le situazioni più tipiche nelle quali si comunica con gli altri sono illustrate nella **Guida alla comunicazione**. Per ciascuna situazione viene presentata un'ampia gamma di frasi con la traduzione inglese corrispondente. Ad esempio, sotto *Parlare di sé* si trovano frasi come "Mi chiamo Laura", "Ho 14 anni", ecc.

9 Le maggiori difficoltà che incontra lo studente italiano che impara l'inglese sono trattate nella **Guida grammaticale**, che spiega in modo semplice e con l'aiuto di esempi come usare i numerali, gli articoli, i verbi modali, ecc.

10 Il dizionario contiene infine centinaia di illustrazioni che aiutano a capire meglio il significato di numerose parole. Molte illustrazioni sono raggruppate per categoria nelle pagine centrali del dizionario (**Dizionario illustrato**) e forniscono agli studenti un utilissimo strumento per reperire facilmente il termine inglese ricercato.

Come utilizzare questo dizionario – guida rapida

Lemma

Le diverse accezioni della parola

Illustrazioni con didascalia

Pronuncia, con indicazione dell'accento toni

Una delle 2.000 parole più importanti dell'inglese (in rosso)

Categoria grammaticale

Esempio di come è utilizzata la parola

Phrasal verbs o Verbi con preposizione

Alcune parole chiave sono presentate all'interno di riquadri

borsa *s* **1** bag: *le borse della spesa* shopping bags | *una borsa da viaggio* a travel bag | **borsa dell'acqua calda** hot-water bottle | **borsa del ghiaccio** ice pack | **borsa frigo** cool bag **2** **borsa di studio** scholarship

answer /ˈɑːnsə/ *verbo e sostantivo*

● *v* **1** [tr/intr] rispondere: *He wouldn't answer me.* Non ha voluto rispondermi. **2 to answer the phone** rispondere al telefono **3 to answer the door** rispondere alla porta **4 to answer a letter/an advertisement** rispondere ad una lettera/ad un annuncio **5** [tr] rispondere a [descrizione] **6** [tr] rispondere a [critiche, accusa]

answer back rispondere male
answer for sth rispondere di qc **answer for sb** rispondere di qn

● *s* **1** risposta | **there's no answer** (al telefono, alla porta) non risponde nessuno **2** (risultato) risposta **3** (soluzione) risposta: *the* ***answer*** *to all our problems* la risposta a tutti i nostri problemi

borrow /ˈbɒrəʊ/ *v* ▶ vedi riquadro

borrow *verbo*

1 Per dire che abbiamo chiesto e ottenuto qualcosa in prestito da qualcuno:
I borrowed Martin's camera. Mi sono fatto prestare la macchina fotografica da Martin. | *The skateboard's not mine. I* ***borrowed*** *it* ***from*** *a friend.* Lo skateboard non è mio: me lo ha prestato un mio amico.

2 Per chiedere a qualcuno di darci qualcosa in prestito:
Can I borrow your calculator? Mi presti la calcolatrice?

3 Per riferirsi a libri presi in prestito in biblioteca:
You can borrow up to six books. Puoi prendere fino a sei libri in prestito.

Traduzione della parola

Quando una parola possiede più categorie grammaticali (ad es., sostantivo e verbo), le diverse categorie grammaticali sono presentate così

Traduzione dell'esempio

Parole che di solito ricorrono insieme

Contesto nel quale si usa la parola o l'espressione

Preposizione usata con il verbo

COME TROVARE LE INFORMAZIONI NEL DIZIONARIO

Le due sezioni del dizionario bilingue

Questo dizionario è diviso in due sezioni: la prima, la sezione inglese-italiano, contiene termini in inglese con la traduzione italiana corrispondente; la seconda, la sezione italiano-inglese, contiene termini italiani con la traduzione inglese corrispondente. I termini inglesi utilizzati comunemente in italiano, come *mouse*, appaiono in entrambe le sezioni del dizionario.

Esercizio 1

In quale sezione bisogna cercare ciascuna delle seguenti parole?

riposare	**macchina**
rocket	**backup**
simpatico	**short**
easy	**club**
skate	

L'ordine alfabetico

I termini contenuti in questo dizionario sono presentati in ordine alfabetico, sia nella sezione inglese-italiano che in quella italiano-inglese.

Esercizio 2

In quale ordine appaiono le seguenti parole nella sezione inglese-italiano e nella sezione italiano-inglese?

Saturday	**capello**
cream	**inutile**
out	**con**
write	**abbracciare**
shiny	**locale**
kiss	**entrata**
belly	**tazza**
chess	**arancia**
mother	**dettaglio**
white	**uguale**

Esercizio 3

Le seguenti parole italiane e inglesi iniziano con la stessa lettera. Qual è il loro ordine alfabetico?

contro	**phone**
cinema	**practice**
casa	**pillow**
cassaforte	**plug**
capanna	**put**
cadere	**packet**
cantare	**photo**
cantante	**penguin**
campagna	**proud**
ciliegia	**party**

Esercizio 4

Individua in ciascuno dei seguenti gruppi di parole il termine che non è in ordine alfabetico.

medusa	**salt**	**cabina**	**giant**
mela	**silver**	**camicia**	**goal**
megafono	**short**	**cantare**	**goose**
memoria	**smart**	**capra**	**great**
menta	**special**	**cassa**	**grasp**
mercato	**stand**	**caramella**	**green**

Lemmi formati da più di una parola

Si chiama **lemma** la parola stampata in grassetto e posta all'inizio di una voce in un dizionario. La voce in un dizionario è l'insieme delle informazioni che riguardano un dato lemma. In alcuni casi, il lemma è costituito da più di una parola, come, ad esempio, in *bed and breakfast, bad-tempered, acid rain*. In questi casi, l'ordine alfabetico non tiene conto di spazi vuoti o trattini. Gli esempi riportati qui di seguito mostrano che l'ordine alfabetico dipende dalla lettera che viene prima (**o** o **r**) e non dal numero di parole che formano il lemma:

air
air-c**o**nditioned
air-c**o**nditioning
airc**r**aft

Esercizio 

Ordina alfabeticamente i seguenti lemmi:

birthday	**birth**
bird of pray	**birthplace**
biscuit	**bird**
birthmark	**birth rate**

I composti

In questo dizionario, sono considerati come composti le combinazioni di parole che funzionano come se fossero un termine unico: *cartone animato* e *carta d'identità* sono dei composti. Se cercate un composto in italiano in questo dizionario, dovete consultare la voce corrispondente al primo elemento del composto: *cartone animato* appare sotto *cartone*, *carta d'identità* appare sotto *carta*. Spesso troverete delle frecce che indicano sotto quale termine potete trovare l'informazione che cercate. Ad esempio, se ci si è dimenticati che *cartone animato* si trova sotto *cartone* e lo si cerca invece sotto *animato*, alla voce *animato* troverete una freccia con l'indicazione di consultare la voce *cartone*. *Apple pie*, *nursery school* e *back seat* sono dei composti inglesi. In questo dizionario, i composti inglesi si trovano sotto la prima parola che li compone o come lemmi a sé stanti.

Esercizio 

Dove si trovano i seguenti composti italiani?

macchina fotografica
carta igienica
ferro da stiro
nastro adesivo

Hai trovato altri composti sotto queste voci?

Esercizio 

Cerca la parola *birthday* nel dizionario e annota i composti che trovi.

Espressioni fisse e espressioni idiomatiche

Alcune parole sono utilizzate in varie **espressioni fisse**. Ad esempio, un termine come *fame* è usato in espressioni come *avere fame* o *morire di fame*. In questo dizionario, troverai queste espressioni sotto *fame*, perché il sostantivo è la parola più importante dell'espressione. Si definiscono **espressioni idiomatiche** i modi di dire propri di una data lingua come, ad esempio, *dare sui nervi*. Anche in queste espressioni, il sostantivo è la parola centrale, sotto la quale troverete l'espressione. Talvolta, in assenza di un sostantivo, è l'aggettivo la parola sotto la quale va cercata l'espressione, come *matto* nel caso di *andare matto per qc*. Talvolta non è semplice stabilire qual è la parola più importante in un'espressione. In questi casi, troverete sotto gli altri termini dell'espressione dei rimandi alla voce sotto la quale cercare l'espressione in questione.

Esercizio 

Dove pensi che troverai le seguenti espressioni?

aver paura
prendere un raffreddore
essere in testa

Ora prova a cercarle nel dizionario per vedere se avevi ragione.

Esercizio 

Consulta la voce *bomb* nel dizionario.

> **bomb** /bɒm/ *sostantivo e verbo*
> • *s* **1** bomba | **to plant a bomb** mettere una bomba **2** **the bomb** la bomba atomica **3** **to cost a bomb** BrE (informale) costare un sacco di soldi **4** **to go like a bomb** BrE (informale) andare come una scheggia

Hai trovato delle espressioni fisse o idiomatiche? Quali?

Esercizio 10

Immagina di trovare in un testo le seguenti frasi:

I got cold feet.
They dropped me a line.
His girlfriend got angry.

Se non sapessi cosa significano le espressioni in blu, dove le cercheresti nel dizionario?

Ora prova a cercarle per vedere se avevi ragione.

I phrasal verbs o verbi con preposizione

I *phrasal verbs* sono i verbi inglesi formati da un verbo e da una preposizione, come ad esempio *out, away, off* o *up*. La combinazione del verbo e della preposizione ha un significato particolare, diverso da quello del verbo usato da solo, perciò i *phrasal verbs* sono presentati a parte. In questo dizionario, li troverai sotto il verbo corrispondente (ad esempio, *get out* sotto *get, take away* sotto *take*, ecc.). Per maggiori informazioni sui *phrasal verbs*, consulta la guida grammaticale in appendice.

Esercizio 11

Osserva i seguenti esempi e cerca di individuare il significato dei *phrasal verbs;* quindi, unisci con un freccia ciascun esempio al significato corrispondente tra quelli elencati sulla destra. Se hai dei dubbi, puoi consultare la voce *take* nel dizionario: troverai tutti i *phrasal verbs* che contengono *take* in ordine alfabetico in fondo alla voce.

a Take off your shoes before coming in.	**invitare a uscire**
b I'm taking her out tonight.	**annotare**
c I have to take this book back to the library.	**togliersi**
d I took down her telephone number.	**restituire**

Verbi irregolari

Alcuni verbi inglesi hanno forma irregolare al passato e/o al participio passato. Il passato del verbo *to take*, ad esempio, è *took* e il participio passato *taken*. Troverai entrambe le forme sia sotto *take*, che come voci a parte in ordine alfabetico con un rimando a *take*.
Altre forme irregolari, come ad esempio quelle del verbo *to be* (*am*, *is*, ecc.), appaiono come voci in ordine alfabetico, con rimando a *be*.

Esercizio 12

Ciascuna delle seguenti frasi contiene un passato o un participio passato irregolare evidenziato in blu. Scrivi accanto ad ogni frase la forma all'infinito del verbo; se hai dei dubbi, consulta il dizionario.

She made a mistake.
Who gave you this money?
I've lost my keys!
Have you seen Tom?
I forgot her birthday.

Esercizio 13

Completa gli spazi vuoti con le forme irregolari dei verbi seguendo le indicazioni a destra. In caso di dubbio, consulta il dizionario.

_ I _	**passato irregolare di *hide***
_ R _ _ _ _	**participio passato irregolare de *break***
R _ _	**passato irregolare di *run***
_ E _ _	**passato e participio passato irregolari di *leave***
G _ _	**passato e participio passato irregolari di *get***
_ _ U _ _	**passato e participio passato irregolari di *find***
_ _ L _	**passato irregolare di *fall***
_ A _	**passato e participio passato irregolari di *sit***
_ R _ _ _ _ _	**participio passato irregolare di *write***

Plurali irregolari

Alcuni sostantivi inglesi hanno forma plurale irregolare. Ad esempio, il plurale di *mouse* (topo) è *mice*. In questo caso, troverai la forma plurale sia sotto *mouse*, che come voce a parte in ordine alfabetico. I plurali che terminano in *–ies* (corrispondenti a sostantivi singolari terminanti in –y, come *country, baby,* ecc.) sono indicati sotto il sostantivo singolare.

Esercizio 14

In ognuna delle seguenti frasi è evidenziato in blu un sostantivo plurale irregolare o terminante in *–ies*. Scrivi accanto ad ogni frase il sostantivo singolare corrispondente. In caso di dubbio, consulta il dizionario.

a **Have you brushed your teeth?** ....
b **Ladies and gentlemen, welcome to Boston!** ....
c **Take your feet off the sofa!** ....
d **Where are the children?** ....
e **There are two new factories in the area.** ....
f **There are different kinds of dictionaries.** ....
g **They sell women's clothes.** ....

Quale parola usare?

A volte è difficile decidere quale parola inglese utilizzare quando ci sono due opzioni: *thief* o *burglar*, *big* o *large*, *ache* o *pain*? Le spiegazioni in merito si trovano nella sezione italiano-inglese del dizionario, ma sotto ciascuna delle parole inglesi troverete un rimando alla nota che spiega la differenza tra le due opzioni come, ad esempio, nella voce *large:*

large /lɑːdʒ/ *agg* **1** grande: *a large portion of fries* una porzione grande di patatine | *Do you have this dress in a larger size?* Ha una taglia in più di questo abito? | *He comes from a large family.* Viene da una famiglia numerosa. | *a large amount of money* una grossa somma di denaro ► LARGE O BIG? vedi **grande** **2** corpulento -a **3 the population/public etc at large** tutta la popolazione/il pubblico ecc.

laptop

Qual è il significato giusto?

Ci sono delle parole che hanno molti significati. In italiano, ad esempio, la parola *pianta* si riferisce ad un organismo vegetale ed anche ad una rappresentazione grafica di luoghi, edifici, ecc. In inglese, il termine *letter* può indicare sia un documento che una lettera dell'alfabeto. Per questa ragione, quando cerchiamo una parola nel dizionario dobbiamo tenere conto del contesto nel quale appare, o del contesto nel quale intendiamo utilizzarla, così da scegliere la traduzione del significato appropriato.

Esercizio 15

Consulta la voce *box* e concentrati sui diversi significati della parola. Quindi, scegli il significato corrispondente ad ognuna delle seguenti frasi:

a **They booked a box for the concert.**
b **Write your name in this box.**
c **I keep old photos in this box.**
d **He was fouled in the box.**
e **Is there anything good on the box?**

Risposte

Esercizio 1

riposare	nella sezione italiano-inglese
rocket	nella sezione inglese-italiano
simpatico	nella sezione italiano-inglese
easy	nella sezione inglese-italiano
skate	nella sezione inglese italiano
macchina	nella sezione italiano-inglese
backup	nella sezione inglese-italiano
short	nella sezione inglese-italiano
club	in entrambe le sezioni

Esercizio 2

belly	abbracciare
chess	arancia
cream	capello
kiss	con
mother	dettaglio
out	entrata
Saturday	inutile
shiny	locale
white	tazza
write	uguale

Esercizio 3

cadere	packet
campagna	party
cantante	penguin
cantare	phone
capanna	photo
casa	pillow
cassaforte	plug
ciliegia	practice
cinema	proud
contro	put

Esercizio 4

mela	dopo megafono
silver	dopo short
caramella	dopo capra
great	dopo grasp

Esercizio 5

bird	birthday	birth rate
bird of prey	birthmark	biscuit
birth	birthplace	

Esercizio 6

macchina fotografica	sotto macchina
carta igienica	sotto carta
ferro da stiro	sotto ferro
nastro adesivo	sotto nastro

Esercizio 7

birthday cake
birthday card
birthday party

Esercizio 8

aver paura	sotto paura
prendere un raffreddore	sotto raffreddore
perdere la testa	sotto testa

Esercizio 9

Espressioni fisse:to plant a bomb
Espressioni idiomatiche: to cost a bomb, to go like a bomb

Esercizio 10

cold feet	sotto foot
to drop a line	sotto line
to get angry	sotto angry

Esercizio 11

a togliersi
b invitare a uscire
c restituire
d annotare

Esercizio 12

She **made** a mistake.	to make
Who **gave** you this money?	to give
I've **lost** my keys!	to lose
Have you **seen** Tom?	to see
I **forgot** her birthday.	to forget

Esercizio 13

hid	left	fell
broken	got	sat
ran	found	written

Esercizio 14

a tooth
b lady – gentleman
c foot
d child
e factory
f dictionary
g woman

Esercizio 15

a palco
b casella
c scatola
d area di rigore
e televisione

Dizionario Inglese-Italiano

A¹, a /eɪ/ *s* (lettera) A, a ▶ see Active Box **letters** sotto **letter**

A² /eɪ/ *s* **1** (nota musicale) la **2** voto massimo usato negli esami, nei compiti in classe ecc. ▶ vedi riquadro sotto **grade** **3** **from A to B** da un posto all'altro

a /ə, tonico eɪ/, anche **an** /ən, tonico æn/ *art* ▶ vedi riquadro

aback /ə'bæk/ *avv* **to be taken aback** essere colto alla sprovvista

abandon /ə'bændən/ *v* [tr] abbandonare

abbey /'æbi/ *s* abbazia

abbreviate /ə'briːvieɪt/ *v* [tr] abbreviare

abbreviation /əˌbriːvi'eɪʃən/ *s* abbreviazione

ABC /ˌeɪ biː 'siː/ *s* abbiccì

abdicate /'æbdɪkeɪt/ *v* [intr] abdicare

abdomen /'æbdəmən/ *s* addome

abdominal /æb'dɒmɪnəl/ *agg* addominale

abduction /əb'dʌkʃən/ *s* rapimento

ability /ə'bɪləti/ *s* **1** capacità: ***his ability*** *to remember things* la sua capacità di ricordare le cose **2** (pl **-ties**) talento: *She has great musical ability.* Ha un grande talento musicale.

abject /'æbdʒekt/ *agg* **abject poverty** estrema povertà

ablaze /ə'bleɪz/ *agg* **to be ablaze** essere in fiamme

able /'eɪbəl/ *agg* **1** **to be able to do sth** essere in grado di fare qc: *Is she able to walk without a stick?* È in grado di camminare senza bastone? | *I've always wanted to be able to speak Japanese.* Ho sempre desiderato saper parlare giapponese. **2** capace: *He's a very able student.* È uno studente molto capace. ▶ vedi anche **potere**

ably /'eɪbli/ *avv* abilmente

abnormal /æb'nɔːməl/ *agg* anormale

aboard /ə'bɔːd/ *avverbio e preposizione*

• *avv* a bordo | **to go aboard** salire a bordo

• *prep* a bordo di

abolish /ə'bɒlɪʃ/ *v* [tr] (3ª pers sing **-shes**) abolire

abolition /ˌæbə'lɪʃən/ *s* abolizione

abort /ə'bɔːt/ *v* **1** [tr] (interrompere) abbandonare **2** [intr] (in medicina) abortire

> **a** *articolo*
>
> **1** Nella maggioranza dei casi l'articolo **a** equivale a *un/uno/una*. Quando precede un suono vocalico si usa **an** al posto di **a**:
>
> *an island* un'isola | *an hour* un'ora
>
> **2** Usi di **a/an** che non corrispondono a quelli di *un/uno/una*:
>
> **PROFESSIONI**
>
> *My boyfriend is a musician.* Il mio ragazzo fa il musicista.
>
> **POSSESSO**
>
> *Have you got a car?* Hai la macchina?
>
> **ESCLAMAZIONI**
>
> *What a ridiculous hat!* Che cappello ridicolo! | *What a cheek!* Che faccia tosta!
>
> **NUMERI**
>
> *a thousand pounds* mille sterline | *a hundred people* cento persone
>
> **PREZZO, FREQUENZA, PROPORZIONE**
>
> *They cost $2 a dozen.* Costano 2 dollari alla dozzina. | *I see her twice a week.* La vedo due volte alla settimana. | *100 kilometres an hour* 100 chilometri all'ora

abortion /ə'bɔːʃən/ *s* aborto [volontario] | **to have an abortion** abortire ▶ ABORTION O MISCARRIAGE? vedi **aborto**

abortive /ə'bɔːtɪv/ *agg* **an abortive attempt** un tentativo fallito

about /ə'baʊt/ *preposizione e avverbio*

• *prep* **1** su di: *a book about dinosaurs* un libro sui dinosauri | *I'm thinking about leaving school.* Sto pensando di lasciare la scuola.
2 **what about/how about?** **a)** per fare una proposta: *How about a drink?* Che ne diresti di bere qualcosa? **b)** per chiedere l'opinione di qualcuno: *What about Jack? Shall we invite him?* E Jack? Lo invitiamo?
3 per indicare la causa: *I could tell she was annoyed about something.* Mi sembrava che fosse arrabbiata per qualcosa. | *They were very excited about the idea.* Erano molto eccitati all'idea.
4 BrE (in un luogo circoscritto) per: *Their clothes were scattered about the room.* I loro vestiti erano sparpagliati per la stanza. | *I spent the afternoon wandering about town.* Ho passato il pomeriggio a girare per la città.

• *avv* **1** circa: *It's about seven o'clock.* Sono circa le sette. | *A pizza costs about $10.* Una pizza costa circa 10 dollari.
2 **to be (just) about to do sth** stare (proprio) per fare qc: *I was just about to say that.* Stavo proprio per dirlo.
3 BrE in giro: *Don't leave your clothes lying about!* Non lasciare i tuoi vestiti in giro!

4 BrE nei paraggi: *Is Patrick about?* Patrick è nei paraggi? ▶ **About**, in combinazione con vari verbi, forma i cosiddetti **phrasal verbs** come **get about**, **come about**, ecc. I phrasal verbs sono trattati sotto il verbo corrispondente.

above /ə'bʌv/ *preposizione* e *avverbio*
• *prep* **1** sopra: *There's a light above the door.* C'è una luce sopra la porta. | *500 metres above sea level* 500 metri sul livello del mare **2** al di sopra di: *temperatures above 35 degrees* temperature al di sopra dei 35 gradi **3** **above all** soprattutto
• *avv* **1** (in una posizione più alta) di sopra: *the room above* la stanza di sopra | *I looked down from above.* Ho guardato giù dall'alto. | *the room above* la stanza di sopra **2** (superiore a un numero) *children of 12 and above* i ragazzi di 12 anni e oltre **3** (in un testo) sopra: *For more information, see above.* Per ulteriori informazioni, vedi sopra.

abreast /ə'brest/ *avv* **to keep abreast of sth** tenersi aggiornato su qc

abroad /ə'brɔːd/ *avv* all'estero: *He often **goes abroad** on business.* Va spesso all'estero per lavoro.

abrupt /ə'brʌpt/ *agg* **1** improvviso -a | **to come to an abrupt halt/end** fermarsi/finire all'improvviso **2** (maniere, tono) brusco -a

abscess /'æbses/ *s* (pl **-sses**) ascesso

absence /'æbsəns/ *s* **1** assenza: *her frequent **absences from** school* le sue frequenti assenze da scuola | **in/during sb's absence** durante l'assenza di qn **2** **in the absence of sth** in assenza di qc

absent /'æbsənt/ *agg* **1** (da scuola, dal lavoro) assente: *The teacher **marked** her **absent**.* L'insegnante l'ha segnata assente. | **to be absent (from sth)** essere assente (da qc) **2** (sguardo) assente

ˌabsent-'minded *agg* distratto -a

absolute /'æbsəluːt/ *agg* **1** (per enfatizzare) vero -a: *The show was an absolute disaster.* Lo spettacolo è stato un vero disastro. | *What absolute nonsense!* Che grossa assurdità! **2** (non relativo) assoluto -a

absolutely /'æbsəluːtli/ *avv* **1** assolutamente: *Are you absolutely sure?* Ne sei assolutamente sicuro? | *You've got absolutely no idea.* Tu non hai proprio idea. **2** **absolutely!** certamente! | **absolutely not!** assolutamente no!

absorb /əb'sɔːb/ *v* [tr] **1** assorbire **2** **to be absorbed in sth** essere assorto in qc [pensieri, lavoro] **3** assimilare [informazioni]

absorbent /əb'sɔːbənt/ *agg* assorbente

absorbing /əb'sɔːbɪŋ/ *agg* avvincente

abstain /əb'steɪn/ *v* [intr] **1** (in una votazione) astenersi **2** (formale) astenersi: *He was advised to **abstain from** alcohol.* Gli hanno consigliato di astenersi dall'alcol.

abstention /əb'stenʃən/ *s* astensione

abstinence /'æbstɪnəns/ *s* astinenza

abstract /'æbstrækt/ *agg* astratto -a

absurd /əb'sɜːd/ *agg* assurdo -a

abundance /ə'bʌndəns/ *s* **1** **an abundance of** un'abbondanza di: *an abundance of resources* un'abbondanza di risorse **2** **in abundance** in abbondanza

abundant /ə'bʌndənt/ *agg* abbondante

abuse[1] /ə'bjuːs/ *s* **1** abuso ▶ vedi anche **drug** **2** maltrattamenti **3** insulti | **to shout/hurl abuse at sb** insultare qn

abuse[2] /ə'bjuːz/ *v* [tr] **1** maltrattare **2** abusare di [posizione]: *I think he is abusing his position.* Penso che stia abusando della sua posizione. **3** insultare

abusive /ə'bjuːsɪv/ *agg* **1** (parole, gesti) offensivo -a | **to become abusive** diventare offensivo **2** (persona) violento -a ▶ FALSE FRIEND Non confondere **"abusive"** con **abusivo** che si traduce **illegal**.

abysmal /ə'bɪzməl/ *agg* spaventoso -a

abyss /ə'bɪs/ *s* (pl **-sses**) (letterario) abisso

academic /ˌækə'demɪk/ *aggettivo* e *sostantivo*
• *agg* **1** (universitario) accademico -a: *the academic year* l'anno accademico **2** (studente) portato -a per lo studio
• *s* (insegnante) accademico -a

academy /ə'kædəmi/ *s* (pl **-mies**) accademia

accelerate /ək'seləreɪt/ *v* **1** [intr] (alla guida) accelerare **2** [intr/tr] (riferito a processi) accelerare

accelerator /ək'seləreɪtə/ *s* acceleratore

accent /'æksənt/ *s* **1** (pronuncia) accento: *She has an American accent.* Ha l'accento Americano. **2** (su sillaba, lettera) accento

accept /ək'sept/ *v* **1** [tr/intr] accettare: *We don't accept credit cards.* Non accettiamo carte di credito. | *She wouldn't **accept** payment **from** us.* Non ha accettato che la pagassimo. **2** **to accept that** ammettere che: *She refused to accept that she was wrong.* Ha rifiutato di ammettere che aveva torto. ▶ vedi anche **responsibility**

acceptable /ək'septəbəl/ *agg* (livello, abitudine) accettabile: *Is that **acceptable to** you?* Ti sembra accettabile?

acceptance /ək'septəns/ *s* accettazione

i Sai come funzionano i *phrasal verbs*? Vedi le spiegazioni nella **guida grammaticale**.

accepted /ək'septɪd/ *agg* accettato -a

access /'ækses/ *sostantivo* e *verbo*

- *s* accesso: *Students need to have **access to** computers.* Gli studenti devono avere accesso ai computer.
- *v* [tr] avere accesso a [file, database]

accessible /ək'sesəbəl/ *agg* **1** (facile da capire) accessibile **2** (luogo) accessibile

accessory /ək'sesəri/ *s* (pl **-ries**) **1** (per l'abbigliamento) accessorio **2** (di un'auto, computer) accessorio **3** complice: *an **accessory to** murder* un complice dell'omicidio

accident /'æksədənt/ *s* **1** (sciagura) incidente: *Ken **had an accident** at work.* Ken ha avuto un incidente sul lavoro. | **a road accident** un incidente stradale **2** (cosa non voluta) incidente: *I didn't do it on purpose. It was an accident.* Non l'ho fatto apposta. È stato un incidente. **3 by accident** per caso: *I met him by accident.* L'ho incontrato per caso.

accidental /ˌæksə'dentl/ *agg* **1** (morte, danno) accidentale **2** (incontro) casuale

accidentally /ˌæksə'dentli/ *avv* **1** involontariamente **2** per caso

'accident-ˌprone *agg* soggetto -a a incidenti

acclaim /ə'kleɪm/ *verbo* e *sostantivo*

- *v* [tr] acclamare
- *s* acclamazione

accommodate /ə'kɒmədeɪt/ *v* [tr] **1** (locale, edificio) ospitare **2** (amici, famiglia) ospitare

accommodating /ə'kɒmədeɪtɪŋ/ *agg* accomodante

accommodation /əˌkɒmə'deɪʃən/, anche **accommodations** /əˌkɒmə'deɪʃənz/ AmE *s* **1** (in un hotel) sistemazione: *We've already booked flights and accommodation.* Abbiamo già prenotato il volo e la sistemazione. **2** (più permanente) alloggio

accompaniment /ə'kʌmpənimənt/ *s* (in musica) accompagnamento

accompany /ə'kʌmpəni/ *v* [tr] (3ª pers sing **-nies**) **1** (formale) (andare con) accompagnare **2** (in musica) accompagnare

accomplice /ə'kʌmplɪs/ *s* complice

accomplish /ə'kʌmplɪʃ/ *v* [tr] (3ª pers sing **-shes**) **1** compiere [missione, dovere] **2** realizzare [obiettivo]

accomplished /ə'kʌmplɪʃt/ *agg* (giocatore, musicista) abile

accomplishment /ə'kʌmplɪʃmənt/ *s* (di compito, ambizione) realizzazione

accord /ə'kɔːd/ *s* **1 of your own accord** di propria iniziativa **2** accordo

accordingly /ə'kɔːdɪŋli/ *avv* di conseguenza

ac'cording to *prep* **1** secondo: *According to Tom, she isn't coming.* Secondo Tom, non viene. | *Students are grouped according to ability.* Gli studenti sono suddivisi secondo le capacità. **2 to go according to plan** andare secondo i piani

account /ə'kaʊnt/ *sostantivo*, *sostantivo plurale* e *verbo*

- *s* **1** resoconto | **to give an account of sth** fare un resoconto di qc **2** (in banca, in un negozio) conto **3 to take sth into account** prendere qc in considerazione: *We didn't take the time difference into account.* Non abbiamo preso in considerazione la differenza di fuso orario. **4 by all accounts** a quanto si dice **5 on account of** per via di: *We were late on account of the train strike.* Eravamo in ritardo per via dello sciopero dei treni. **6 on no account** per nessun motivo
- **accounts** *s pl* contabilità
- *v* **account for sth 1** rappresentare qc: *Labour costs account for 40% of the total.* I costi della manodopera rappresentano il 40% del totale. **2** spiegare qc **3** giustificare qc

accountable /ə'kaʊntəbəl/ *agg* responsabile [obbligato a rendere conto ad altri delle proprie azioni] | **to be accountable for sth** essere responsabile di qc

accountancy /ə'kaʊntənsi/ *s* ragioneria

accountant /ə'kaʊntənt/ *s* ragioniere -a

accumulate /ə'kjuːmjəleɪt/ *v* **1** [tr] accumulare **2** [intr] accumularsi

accuracy /'ækjərəsi/ *s* (di indagine, traduzione) accuratezza, (di dati, diagnosi) esattezza, (di strumento, mappa, descrizione) precisione

accurate /'ækjərət/ *agg* (strumento, mappa, descrizione) preciso -a, (dati, diagnosi) esatto -a, (traduzione) accurato -a

accusation /ˌækjə'zeɪʃən/ *s* accusa

accuse /ə'kjuːz/ *v* **to accuse sb of (doing) sth** accusare qn di (fare) qc: *How dare you accuse me of lying!* Come osi accusarmi di mentire!

accused /ə'kjuːzd/ *s* **the accused** l'imputato

accustomed /ə'kʌstəmd/ *agg* (formale) **to be accustomed to (doing) sth** essere abituato a (fare) qc | **to become accustomed to sth** abituarsi a qc

ace /eɪs/ *sostantivo* e *aggettivo*

- *s* **1** (nelle carte) asso **2** (nel tennis) ace
- *agg* (informale) **1 an ace striker** un attaccante d'eccezione **2** eccezionale

ache /eɪk/ *verbo* e *sostantivo*

- *v* [intr] (gambe, schiena) fare male, (persona) avere male: *My legs are aching.* Mi fanno male le gambe. ► vedi anche **male 3**

A

• *s* dolore | **aches and pains** acciacchi
▶ ACHE O PAIN? vedi nota sotto **dolore**

achieve /ə'tʃiːv/ *v* [tr] raggiungere: *She achieved her aim of learning to drive.* Ha raggiunto il suo scopo, che era di imparare a guidare.

achievement /ə'tʃiːvmənt/ *s* **1** (conquista) successo: *Winning the gold medal is a great achievement.* Vincere la medaglia d'oro è un successo notevole. **2** (di ambizione) realizzazione

acid /'æsɪd/ *sostantivo* e *aggettivo*
• *s* acido
• *agg* acido -a

acidic /ə'sɪdɪk/ *agg* acido -a

acidity /ə'sɪdəti/ *s* acidità

ˌacid 'rain *s* pioggia acida

acknowledge /ək'nɒlɪdʒ/ *v* [tr] **1** ammettere [errore], riconoscere [autorità, giudizio] **2 to be acknowledged as sth** essere riconosciuto come qc **3** (lettera, invito) confermare di aver ricevuto

acknowledgement /ək'nɒlɪdʒmənt/ *sostantivo* e *sostantivo plurale*
• *s* **1** (di problema, errore) ammissione **2** (lettera) riscontro **3 in acknowledgement of sth** come riconoscimento di qc
• **acknowledgements** *s pl* (in un libro) ringraziamenti

acne /'ækni/ *s* acne

acorn /'eɪkɔːn/ *s* ghianda

acoustic /ə'kuːstɪk/ *agg* acustico -a: *an acoustic guitar* una chitarra acustica

acquaintance /ə'kweɪntəns/ *s* **1** conoscente **2 to make sb's acquaintance** (formale) fare la conoscenza di qn

acquainted /ə'kweɪntɪd/ *agg* (formale) **1 to be acquainted with sb** conoscere qn: *I'm **acquainted with** him.* Lo conosco. **2 to get acquainted** conoscersi [fare la conoscenza] **3 to be acquainted with sth** essere a conoscenza di qc [fatti, situazione]

acquire /ə'kwaɪə/ *v* [tr] (formale) **1** acquistare [dipinto, casa]: *The museum acquired the painting for £8 million.* Il museo ha acquistato il dipinto per 8 milioni di sterline. **2** acquisire [abilità, esperienza]

acquisition /ˌækwɪ'zɪʃən/ *s* **1** (di ricchezza, potere, conoscenza) acquisizione **2** (per museo, biblioteca) acquisto

acquit /ə'kwɪt/ *v* [tr] (**-tted**, **-tting**) assolvere: *Simpson was **acquitted of** murder.* Simpson è stato assolto dall'accusa di omicidio.

acre /'eɪkə/ *s* acro [0,405 ettari]

acrimonious /ˌækrɪ'məʊniəs/ *agg* (formale) (discussione) accanito -a

acrobat /'ækrəbæt/ *s* acrobata

acronym /'ækrənɪm/ *s* acronimo

across /ə'krɒs/ *prep* e *avv* ▶ vedi riquadro

acrylic /ə'krɪlɪk/ *aggettivo* e *sostantivo*
• *agg* acrilico -a
• *s* acrilico

act /ækt/ *verbo* e *sostantivo*
• *v* **1** [intr] comportarsi: *Nick's been acting very strangely lately.* Nick si comporta in modo molto strano ultimamente. | *She **acted as if** she didn't know me.* Fece finta di non conoscermi. | *You're **acting like** a child.* Stai facendo il bambino. **2** [intr] agire [prendere provvedimenti] **3** [intr] (a teatro, al cinema) recitare **4 to act the part of Romeo/the witch etc** recitare la parte di Romeo/della strega ecc. **5** [intr] agire [fare effetto] **6 to act as sth** fungere da qc: *The fine should act as a deterrent.* La multa dovrebbe fungere da deterrente.
• *s* **1** (azione) atto | **an act of generosity/violence etc** un atto di generosità/violenza ecc. **2** (finzione) scena: *He wasn't frightened. It was all an act.* Non aveva paura. Era tutta una scena. **3** (in un'opera teatrale) atto **4** (di un artista, comico) numero: *a stand-up comedy act* un numero di cabarettista **5 to get your act together** (informale) organizzarsi **6 to catch sb in the act** cogliere qn in flagrante

acting /'æktɪŋ/ *sostantivo* e *aggettivo*
• *s* **1** professione di attore **2** (in un'opera, film) recitazione
• *agg* **acting vicepresident** facente le veci di vicepresidente

action /'ækʃən/ *s* **1** azione | **to take action** agire | **to put sth into action** mettere in atto qc **2 in action** in azione **3 out of action a)** (persona) fuori combattimento **b)** (macchina) fuori uso **4** (atto) azione: *Tanya's prompt action saved his life.* L'azione pronta di Tanya gli ha salvato la vita. **5** (combattimento) azione | **killed/wounded/missing in action** caduto/ferito/disperso in combattimento

'action-packed *agg* pieno -a d'azione

ˌaction 'replay *s* BrE replay

activate /'æktəveɪt/ *v* [tr] azionare [allarme, macchina]

Vuoi una lista di frasi utili per parlare di te stesso? Consulta la **guida alla comunicazione** in fondo al libro.

across

PREPOSIZIONE

1 DA UN LATO ALL'ALTRO

(QUANDO SI ESPRIME MOVIMENTO)

We walked across the field. Abbiamo attraversato il campo. | *A dog ran across the street.* Un cane ha attraversato la strada di corsa.

(QUANDO NON SI ESPRIME MOVIMENTO)

He was lying across the bed. Era sdraiato di traverso sul letto. | *They built a new bridge across the river.* Hanno costruito un nuovo ponte sul fiume. | *Mark looked out across the valley.* Mark guardò la vallata.

2 DALL'ALTRO LATO DI

They live across the street. Abitano dall'altra parte della strada. | *Jim called to me from across the room.* Jim mi ha chiamato dall'altro lato della stanza.

AVVERBIO

1 DISTANZE, MISURE

The river is two miles across. Il fiume è largo due miglia.

2 ATTRAVERSANDO UN LUOGO

The road was so busy I couldn't get across. La strada era così trafficata che non sono riuscita ad attraversare.

3 Across, in combinazione con alcuni verbi, forma vari **phrasal verbs** come **come across**, **cut across**, ecc. I **phrasal verbs** sono trattati sotto il verbo.

active /'æktɪv/ *agg* **1** attivo -a: *Grandpa's quite active for his age.* Il nonno è molto attivo per la sua età. | *She's very active in politics.* È molto attiva in politica. **2** (vulcano) attivo

actively /'æktɪvli/ *avv* attivamente

activist /'æktəvɪst/ *s* attivista

activity /æk'tɪvəti/ *s* (pl **-ties**) attività: *after-school activities* attività di doposcuola

actor /'æktə/ *s* attore, attrice

actress /'æktrəs/ *s* (pl **-sses**) attrice ▶ Alcune attrici preferiscono la parola **actor** per parlare di se stesse.

actual /'æktʃuəl/ *agg* effettivo -a: *The actual cost was much higher.* Il costo effettivo era molto più alto. | *Were those his actual words?* Quelle sono state le sue esatte parole? | *This is the actual desk used by Shakespeare.* Questa è proprio la scrivania usata da Shakespeare. | **in actual fact** in realtà ▶ FALSE FRIEND Non confondere **"actual"** con **attuale** che si traduce **present**, **current**.

actually /'æktʃuəli/ *avv* **1** (usato per contraddire, spiegare, esprimere sorpresa) in realtà: *I don't actually enjoy watching football.* In realtà non mi piace guardare il calcio. | *The film wasn't bad. Actually it was quite good.* Il film non era male. Anzi era piuttosto bello. | *Did she actually say that?* Ha detto proprio così? **2** (per enfatizzare) davvero: *I was so angry I actually screamed at him.* Ero così arrabbiata che gli ho davvero urlato dietro. ▶ FALSE FRIEND Non confondere **"actually"** con **attualmente** che si traduce **presently**, **currently**.

acupuncture /'ækjəˌpʌŋktʃə/ *s* agopuntura

acute /ə'kjuːt/ *agg* **1 an acute pain** un dolore acuto | **an acute shortage** una grave carenza **2** (mente, osservazione) acuto -a **3** (vista, udito) fine **4 acute bronchitis/appendicitis etc** bronchite/appendicite ecc. acuta

acutely /ə'kjuːtli/ *avv* (imbarazzato, sensibile) estremamente, (consapevole) profondamente

AD /ˌeɪ 'diː/ (= **Anno Domini**) d.C.

ad /æd/ *s* (informale) inserzione: *Why don't you put an ad in the paper?* Perché non metti un'inserzione sul giornale?

adamant /'ædəmənt/ *agg* **to be adamant that** essere categorico sul fatto che: *She is adamant that she will not change her mind.* È categorica sul fatto che non cambierà idea.

adapt /ə'dæpt/ *v* **1** [intr] adattarsi: *She found it hard to **adapt to** her new way of life.* Ha trovato difficile adattarsi alla sua nuova vita. **2** [tr] adattare: *adapted for TV* adattato per la televisione

adaptable /ə'dæptəbəl/ *agg* adattabile

adaptation /ˌædæp'teɪʃən/ *s* adattamento

adaptor, anche **adapter** /ə'dæptə/ *s* **1** adattatore **2** BrE presa multipla

add /æd/ *v* **1** [tr] aggiungere: *I gave him some stamps to **add to** his collection.* Gli ho dato alcuni francobolli da aggiungere alla sua collezione **2** [tr/intr] sommare: ***Add** the totals **together**.* Sommate i totali. **3 to add to sth** fare aumentare qc: *Every delay adds to the cost of the project.* Ogni ritardo fa aumentare il costo del progetto.

add up not to add up (informale) non quadrare: *It just doesn't add up, she'd never do a thing like that.* La cosa non quadra, non farebbe mai una cosa simile.

add sth up sommare qc [punti, costi]

added /'ædɪd/ *agg* **1 an added advantage/bonus** un vantaggio in più **2 with added vitamins** con aggiunta di vitamine

addict /'ædɪkt/ *s* **1** (drogato) tossicodipendente | **a heroin addict** un eroinomane ▶ vedi anche **drug** **2** (fanatico) *a TV addict* un teledipendente

addicted /ə'dɪktɪd/ *agg* **to be/become addicted to sth a)** avere/acquisire dipendenza da qc (droga) **b)** essere/diventare fanatico di qc (tv, videgiochi)

A

addiction /ə'dɪkʃən/ *s* dipendenza [da droga, alcol]

addictive /ə'dɪktɪv/ *agg* **1** (droga, fumo) che dà dipendenza **2** (cioccolato, passatempo) che è (come) una droga

addition /ə'dɪʃən/ *s* **1** **in addition (to sth)** in aggiunta (a qc) **2** (in aritmetica) addizione **3** (cosa, persona): *The tower is a later addition.* La torre è un'aggiunta successiva. | *She will make a valuable addition to the team.* Sarà un acquisto prezioso per la squadra.

additional /ə'dɪʃənəl/ *agg* (spesa, costo) aggiuntivo -a

additive /'ædətɪv/ *s* additivo

address[1] /ə'dres/ *s* (pl **-sses**) **1** indirizzo: *What's your address?* Qual è il tuo indirizzo? **2** discorso

address[2] /ə'dres/ *v* [tr] (3ª pers sing **-sses**) **1** indirizzare [lettera, pacco]: *The letter was not* ***addressed to*** *me.* La lettera non era indirizzata a me. **2** (formale) rivolgersi a [persona] **3** fare un discorso a [pubblico, folla] **4** affrontare [problema, situazione]

adept /'ædept/ *agg* **adept at sth/doing sth** esperto in qc/nel fare qc

adequacy /'ædɪkwəsi/ *s* (di provvedimenti, comportamento) adeguatezza

adequate /'ædɪkwət/ *agg* **1** (somma, quantità) adeguato -a **2** (livello, spiegazione, prestazione) soddisfacente

adequately /'ædɪkwətli/ *avv* **1** (mangiare, dormire) sufficientemente **2** (descrivere, pagare) adeguatamente

adhere /əd'hɪə/ *v* **adhere to sth** **1** aderire a qc [superficie, materiale] **2** aderire a qc [trattato, dottrina, tesi]

adhesive /əd'hiːsɪv/ *aggettivo* e *sostantivo*
- *agg* adesivo -a
- *s* adesivo

adjacent /ə'dʒeɪsənt/ *agg* (formale) adiacente

adjective /'ædʒəktɪv/ *s* aggettivo

adjoining /ə'dʒɔɪnɪŋ/ *agg* (formale) **adjoining house** casa confinante | **adjoining room** stanza attigua

adjourn /ə'dʒɜːn/ *v* **1** [tr] aggiornare [seduta, processo, riunione] **2** [intr] (assemblea, seduta) aggiornarsi

adjournment /ə'dʒɜːnmənt/ *s* aggiornamento

adjudicate /ə'dʒuːdɪkeɪt/ *v* [tr] (formale) comporre [disputa], giudicare [caso, causa]

adjust /ə'dʒʌst/ *v* **1** [tr] regolare [sedile, luce] **2** [tr] modificare [somma, comportamento] **3** [intr] adattarsi

adjustable /ə'dʒʌstəbəl/ *agg* regolabile

adjustment /ə'dʒʌstmənt/ *s* **1** modifica **2** adattamento

ad-lib /ˌæd 'lɪb/ *v* [tr/intr] (**-bbed**, **-bbing**) improvvisare

administer /əd'mɪnəstə/ *v* [tr] **1** amministrare [azienda, fondi] **2** **to administer justice** amministrare la giustizia **3** **to administer a drug (to sb)** (formale) somministrare una medicina (a qn)

administration /ədˌmɪnə'streɪʃən/ *s* **1** (controllo, gestione) amministrazione **2** (governo) amministrazione

administrative /əd'mɪnəstrətɪv/ *agg* amministrativo -a

administrator /əd'mɪnəstreɪtə/ *s* amministratore -trice

admirable /'ædmərəbəl/ *agg* ammirevole

admirably /'ædmərəbli/ *avv* in modo ammirevole

admiral /'ædmərəl/ *s* ammiraglio

admiration /ˌædmə'reɪʃən/ *s* ammirazione

admire /əd'maɪə/ *v* [tr] ammirare

admirer /əd'maɪərə/ *s* ammiratore -trice

admission /əd'mɪʃən/ *s* **1** ammissione [di colpa, responsabilità] **2** ammissione [all'università, in un'organizzazione] **3** ricovero [in ospedale] **4** ingresso [biglietto]: *"Admission $10"* "Ingresso 10 dollari"

admit /əd'mɪt/ *v* (**-tted**, **-tting**) **1** [tr] (riconoscere) ammettere: *I must admit I didn't try very hard.* Devo ammettere di non essermi sforzato molto. **2** [tr] (accogliere in un luogo) ammettere **3** [tr] (accettare) ammettere [socio, membro] **4** **to be admitted (to hospital)** essere ricoverato (in ospedale)

admittance /əd'mɪtəns/ *s* (formale) ammissione [entrata]: *"no admittance"* "ingresso vietato"

admittedly /əd'mɪtɪdli/ *avv* avverbio con cui si sottolinea che qualcosa è vero: *Admittedly he's inexperienced, but he'll learn.* Bisogna ammettere che non ha esperienza, ma imparerà.

adolescence /ˌædə'lesəns/ *s* adolescenza

adolescent /ˌædə'lesənt/ *agg* e *s* adolescente

adopt /ə'dɒpt/ *v* **1** [tr/intr] adottare [bambino] **2** [tr] adottare [metodo, approccio] **3** [tr] approvare [tramite votazione]

adopted /ə'dɒptɪd/ *agg* (bambino) adottato -a, (figlio) adottivo -a

adoption /ə'dɒpʃən/ *s* adozione

adoptive /ə'dɒptɪv/ *agg* **adoptive parents** genitori adottivi

adorable /ə'dɔːrəbəl/ *agg* adorabile

adore /ə'dɔː/ *v* [tr] adorare

adorn /ə'dɔːn/ *v* [tr] (formale) adornare

adrenalin /ə'drenəlɪn/ *s* adrenalina

adrift /ə'drɪft/ *agg* e *avv* (persona, barca) alla deriva

Vuoi sapere di più sui **verbi modali**? C'è una spiegazione nella **guida grammaticale**.

adult /'ædʌlt/ *sostantivo* e *aggettivo*
- *s* adulto -a
- *agg* **1** (animale, popolazione, comportamento) adulto -a **2** (film, rivista) per adulti

adultery /ə'dʌltəri/ *s* adulterio
adulthood /'ædʌlthʊd/ *s* età adulta
advance /əd'vɑːns/ *sostantivo, sostantivo plurale, verbo* e *aggettivo*
- *s* **1 in advance** in anticipo **2** (nella scienza, tecnologia) progresso **3** (di esercito) avanzata **4** anticipo [di denaro]
- **advances** *s pl* avances
- *v* **1** [intr] avanzare **2** [tr] fare progredire [conoscenza, ricerca] **3** [tr] (formale) avanzare [teoria, proposta]
- *agg* **advance booking** prenotazione | **advance notice/warning** preavviso

advanced /əd'vɑːnst/ *agg* (tecnologia, idee) avanzato -a
advantage /əd'vɑːntɪdʒ/ *s* **1** vantaggio | **to have an advantage over sb** avere un vantaggio su qn **2 to take advantage of sth** approfittare di qc **3 to take advantage of sb** approfittarsi di qn **4** (nel tennis) vantaggio
advantageous /ˌædvən'teɪdʒəs/ *agg* vantaggioso -a
Advent /'ædvent/ *s* Avvento
advent /'ædvent/ *s* **the advent of sth** l'arrivo di qc
adventure /əd'ventʃə/ *s* avventura
adventurous /əd'ventʃərəs/ *agg* **1** (cuoco, programma) innovatore -trice **2** (viaggio, vita) avventuroso -a **3** (impresa, progetto) rischioso -a
adverb /'ædvɜːb/ *s* avverbio
adverse /'ædvɜːs/ *agg* (formale) (condizione, tempo, critica) avverso -a, (pubblicità) sfavorevole, (effetto, commento) negativo -a
advert /'ædvɜːt/ *s* BrE (sul giornale) annuncio, (alla TV) spot pubblicitario
advertise /'ædvətaɪz/ *v* **1** [tr] fare pubblicità a [prodotto, avvenimento], [intr] fare pubblicità **2 to advertise for sb** mettere un annuncio per qn
advertisement /əd'vɜːtɪsmənt/, AmE /ˌædvər'taɪzmənt/ *s* (per lavoro, articolo di seconda mano) inserzione, (per prodotto) pubblicità: *an* ***advertisement for*** *a secretary* un annuncio per una segretaria | *an* ***advertisement for*** *shampoo* la pubblicità di uno shampoo.
advertising /'ædvətaɪzɪŋ/ *s* **1** pubblicità **2 advertising campaign** campagna pubblicitaria
advice /əd'vaɪs/ *s* **1** consigli, consiglio: *I need* ***some advice***. Ho bisogno di un consiglio. | *They can give you advice on courses.* Ti possono dare dei consigli sui corsi. | **a piece/word of advice** un consiglio: *Let me give you a piece of advice.* Lascia che ti dia un consiglio. | **to ask sb's advice** chiedere consiglio a qn | **to take/follow sb's advice** seguire i consigli di qn **2 to seek professional/legal advice** chiedere il parere di un esperto/un avvocato
advisable /əd'vaɪzəbəl/ *agg* consigliabile
advise /əd'vaɪz/ *v* **1** [tr/intr] consigliare: *I'd* ***advise*** *you* ***to*** *phone before going.* Ti consiglio di telefonare prima di andarci. | *I wanted to buy it but he* ***advised*** *me* ***against*** *it.* Volevo comprarlo ma lui me lo ha sconsigliato. | **to advise against doing sth** sconsigliare di fare qc **2 to advise (sb) on sth** consigliare (qn) su qc
adviser, anche **advisor** AmE /əd'vaɪzə/ *s* consulente
advisory /əd'vaɪzəri/ *agg* consultivo -a
advocate¹ /'ædvəkeɪt/ *v* [tr] sostenere
advocate² /'ædvəkət/ *s* sostenitore -trice
aerial /'eəriəl/ *aggettivo* e *sostantivo*
- *agg* (fotografia, veduta) aereo -a
- *s* BrE antenna [di TV, radio]

aerobics /eə'rəʊbɪks/ *s* aerobica
aeroplane /'eərəpleɪn/ *s* aeroplano
aerosol /'eərəsɒl/ *s* aerosol

affair /ə'feə/ *s* **1** affare: *the Iran-Contra affair* l'affare Iran-Contra | *My private life is my own affair.* La mia vita privata è affar mio.
▶ vedi anche **current affairs** **2** relazione: *Everyone knows they're* ***having an affair***. Tutti sanno che hanno una relazione.
affect /ə'fekt/ *v* [tr] **1** colpire [persona, organo], influire su [comportamento, risultato]: *a disease that affects the nervous system* una malattia che colpisce il sistema nervoso | *These factors will not affect our decision.* Questi fattori non influiranno sulla nostra decisione. **2** (impressionare) colpire
affected /ə'fektɪd/ *agg* (voce, accento) affettato -a
affection /ə'fekʃən/ *s* affetto
affectionate /ə'fekʃənət/ *agg* affettuoso -a ▶ FALSE FRIEND Non confondere **"affectionate"** con **affezionato** che si traduce **fond of**.
affiliate¹ /ə'fɪlieɪt/ *v* **to affiliate to sth** affiliarsi a qc | **to be affiliated to/with sth** essere affiliato a qc
affiliate² /ə'fɪliət/ *s* **1** (a un'associazione, una federazione) affiliata **2** (in affari) socio -a
affinity /ə'fɪnəti/ *s* (pl **-ties**) affinità

Non sei sicuro del significato di una abbreviazione? Consulta la tabella delle abbreviazioni nell'interno della copertina.

A

affirm /ə'fɜːm/ *v* [tr] (formale) **1** dichiarare [intenzione] **2** confermare [indiscrezioni]

affirmative /ə'fɜːmətɪv/ *aggettivo* e *sostantivo*
- *agg* affermativo -a
- *s* **to answer in the affirmative** rispondere affermativamente

afflict /ə'flɪkt/ *v* [tr] (formale) affliggere | **to be afflicted with/by sth** essere afflitto da qc

affluence /'æfluəns/ *s* ricchezza

affluent /'æfluənt/ *agg* ricco -a

afford /ə'fɔːd/ *v* [tr] ▶ vedi riquadro

affordable /ə'fɔːdəbəl/ *agg* (prezzo) accessibile

afield /ə'fiːld/ *avv* **far afield** lontano | **further afield** più lontano

afloat /ə'fləʊt/ *agg* a galla | **to stay afloat** rimanere a galla

afraid /ə'freɪd/ *agg* **1 I'm afraid...** temo che ...: *I'm afraid you're too late.* Temo che tu sia troppo in ritardo. | *That's the most we can offer, I'm afraid.* Temo che questo sia il massimo che possiamo offrire. | **I'm afraid so** purtroppo sì | **I'm afraid not** purtroppo no **2 to be afraid** avere paura: *He was afraid they would laugh.* Aveva paura che avrebbero riso. | *He's* ***afraid of*** *the dog.* Ha paura del cane. | **to be afraid to do sth/of doing sth** avere paura di fare qc: *I was afraid of hurting her.* Avevo paura di ferirla.

afresh /ə'freʃ/ *avv* **to start afresh** ricominciare da capo

Africa /'æfrɪkə/ *s* Africa

African /'æfrɪkən/ *agg* e *s* africano -a

after /'ɑːftə/ *preposizione, avverbio* e *congiunzione*
- *prep* **1** (nel tempo, nello spazio) dopo: *He plays football after school.* Gioca a calcio dopo la scuola. | *I'm after her in the queue.* Sono dopo di lei nella coda. | *Shut the door after you.* Chiuditi dietro la porta. | *It's after midnight.* È mezzanotte passata.
  2 day after day/year after year etc giorno dopo giorno/anno dopo anno ecc.
  3 to be after sth/sb dare la caccia a qc/qn: *He knew the police were after him.* Sapeva che la polizia gli stava dando la caccia. | *Are you after anything in particular?* Sta cercando qualcosa in particolare? | *I think he's after your girlfriend.* Penso che ti voglia soffiare la ragazza.
  4 after all dopo tutto
- *avv* dopo: *Are you doing anything after?* Fai qualcosa dopo? | **the day after** il giorno dopo | **not long after** poco dopo | **soon/shortly after** poco dopo
- *cong* dopo (che): *Shortly after she left, Matt arrived.* Appena dopo che se n'è andata, è arrivato Matt.

afford *verbo*

Usato con **can** e **could** può esprimere le seguenti idee:

AVERE DENARO SUFFICIENTE PER FARE QUALCOSA

I'd love to go to the concert but I ***can't afford*** *it.* Mi piacerebbe andare al concerto ma non posso permettermelo. | *They* ***couldn't afford*** *the school fees.* Non potevano permettersi le rette scolastiche. | *He* ***can't afford to*** *buy a new computer.* Non può permettersi di comprare un computer nuovo.

AVERE TEMPO SUFFICIENTE PER FARE QUALCOSA

She ***can't afford*** *the time.* Non ha tempo.

POTER FARE QUALCOSA SENZA CREARSI PROBLEMI

We ***can't afford*** *to offend our best customer.* Non possiamo permetterci di offendere il nostro miglior cliente.

aftermath /'ɑːftəmæθ/ *s* strascichi [di una guerra, catastrofe] | **in the aftermath of the war/the coup etc** in seguito alla guerra/al colpo di stato ecc.

afternoon /ˌɑːftə'nuːn/ *s* pomeriggio [da mezzogiorno fino all'incirca alle sei]: *Can you come* ***this afternoon****?* Puoi venire questo pomeriggio? | *She goes for a walk* ***in the afternoon****.* Va a fare una passeggiata di pomeriggio. | *We could meet* ***on*** *Tuesday* ***afternoon****.* Potremo vederci martedì pomeriggio. | *It starts* ***at*** *two* ***in the afternoon****.* Comincia alle due di pomeriggio. | *Shall we go shopping* ***tomorrow afternoon****?* Andiamo a fare spese domani pomeriggio?

aftershave /'ɑːftəʃeɪv/ *s* dopobarba

afterthought /'ɑːftəθɔːt/ *s* ripensamento

afterwards /'ɑːftəwədz/, anche **afterward** /'ɑːftəwəd/ AmE *avv* dopo: *We've been invited round for drinks afterwards.* Siamo stati invitati a bere qualcosa dopo. | **two days/five years etc afterwards** due giorni/cinque anni ecc. dopo

again /ə'gen/ *avv* **1** di nuovo: *Try again.* Prova di nuovo. | **once again** ancora una volta | **never again** mai più: *I never want to see him again.* Non lo voglio vedere mai più. | **all over again** da capo: *I had to do it all over again.* Ho dovuto rifarlo da capo. | *They made the same mistakes all over again.* Hanno fatto di nuovo gli stessi errori. | **again and again** più volte **2 (but) then/there again** (ma) d'altra parte: *He didn't succeed, but then again, few people do.* Lui non è riuscito, ma d'altra parte, pochi ci riescono.

against /ə'genst/ *prep* **1** (per esprimere opposizione) contro: *He voted against the motion.* Ha votato contro la mozione. | *I had to swim against the current.* Ho dovuto nuotare contro corrente. | *Who are we playing against on Saturday?* Contro chi

Si dice *I arrived in London* o *I arrived to London*? Vedi alla voce **arrive**.

giochiamo sabato? **2** (per esprimere contatto) contro: *I leaned my bike against the wall.* Ho appoggiato la mia bici contro il muro.

age /eɪdʒ/ *sostantivo* e *verbo*
• *s* **1** (numero di anni di vita) età: *She's the same age as me.* Ha la mia stessa età. | *What age is she?* Quanti anni ha? | *He's tall for his age.* È alto per la sua età. | **at the age of 12/45 etc** all'età di 12/45 ecc. anni | **4/18 etc years of age** 4/18 ecc. anni (di età) **2 under age** minorenne **3** (maturità) età: *the experience that comes with age* l'esperienza che viene con l'età **4** (epoca) età: *the Stone Age* l'età della pietra **5 ages** (informale) secoli: *It's ages since I bought a new dress.* Sono secoli che non mi compro un vestito nuovo. | *I haven't seen him for ages.* Sono secoli che non lo vedo. **6 age group** fascia d'età
• *v* [tr/intr] (gerundio **ageing** o **aging**) invecchiare

aged[1] /eɪdʒd/ *agg* **aged 12/17/22 etc** di 12/17/22 ecc. anni: *a boy aged 11* un ragazzo di undici anni | *a man aged between 25 and 30* un uomo di età compresa tra i 25 e i 30 anni

aged[2] /ˈeɪdʒɪd/ *agg* anziano -a

ageing, anche **aging** /ˈeɪdʒɪŋ/ *aggettivo* e *sostantivo*
• *agg* **1** (persona) che invecchia **2** (sistema, macchinario) vecchio -a
• *s* invecchiamento

agency /ˈeɪdʒənsi/ *s* (pl **-cies**) **1** agenzia ▶ vedi anche **travel agency** **2** organismo [governativo o internazionale]

agenda /əˈdʒendə/ *s* **1** ordine del giorno **2** programma [lista di priorità]

agent /ˈeɪdʒənt/ *s* **1** (di azienda) rappresentante **2** (di servizio segreto) agente **3** (di attore, cantante) agente

aggravate /ˈægrəveɪt/ *v* [tr] **1** aggravare [situazione] **2** esasperare [persona]

aggravating /ˈægrəveɪtɪŋ/ *agg* esasperante

aggravation /ˌægrəˈveɪʃən/ *s* **1** (di condizioni di salute) aggravamento **2** seccatura

aggression /əˈgreʃən/ *s* **1** (da parte di nazione) aggressione **2** (di persona) aggressività

aggressive /əˈgresɪv/ *agg* aggressivo -a

agile /ˈædʒaɪl/ *agg* agile

agility /əˈdʒɪləti/ *s* agilità

aging ▶ vedi **ageing**

agitated /ˈædʒəteɪtɪd/ *agg* agitato -a | **to become/get agitated** agitarsi

agitation /ˌædʒəˈteɪʃən/ *s* agitazione

ago /əˈgəʊ/ *avv* **a week/two years etc ago** una settimana/due anni ecc. fa: *She left five minutes ago.* È andata via cinque minuti fa. | ***How long ago** did you learn of this?* Quanto tempo fa l'hai saputo? | *She had a baby **not long ago**.* Ha avuto un bambino non molto tempo fa. | *This method was used **as long ago as** 1870.* Questo metodo era usato fin dal 1870.
▶ Le frasi con **ago** vanno al passato remoto in inglese, mai al passato prossimo.

agonize, -ise BrE /ˈægənaɪz/ *v* [intr] angosciarsi | **to agonize over/about sth** angosciarsi per qc

agonizing -ising BrE /ˈægənaɪzɪŋ/ *agg* **1** (decisione) doloroso -a **2** (lentezza) esasperante **3** (attesa, dolore) straziante

agony /ˈægəni/ *s* (pl **-nies**) **1** sofferenza atroce | **to be in agony** soffrire atrocemente **2** strazio: *It was agony waiting for the results.* È stato uno strazio aspettare i risultati.

agree /əˈgriː/ *v* **1** [intr] essere d'accordo | **to agree with sb (on sth)** essere d'accordo con qn (su qc) **2** [intr] mettersi d'accordo: *They have yet to **agree on** a date.* Devono ancora mettersi d'accordo sulla data. **3** [tr] decidere: *It was **agreed** that all the money would go to charity.* È stato deciso che tutto il denaro sarebbe andato in beneficenza. | **to agree to do sth** decidere di fare qc: *We agreed to meet at Tim's.* Abbiamo deciso di incontrarci da Tim. **4** [tr/intr] acconsentire: *He **agreed to** let me have the day off.* Ha acconsentito a lasciarmi prendere un giorno di ferie. | **to agree to sth** acconsentire a qc
agree with sth approvare qc [decisione, uso di qc] **agree with sb** (clima, cibo) fare bene a qn

agreeable /əˈgriːəbəl/ *agg* piacevole

agreed /əˈgriːd/ *agg* **1 agreed price** prezzo stabilito | **agreed date/time** data/ora stabilita **2 to be agreed (on sth)** essere d'accordo (su qc)

agreement /əˈgriːmənt/ *s* **1** (patto) accordo | **to come to/reach an agreement** giungere a/trovare un accordo **2** (comunanza di idee) accordo **3** (documento) contratto

agricultural /ˌægrɪˈkʌltʃərəl/ *agg* agricolo -a

agriculture /ˈægrɪˌkʌltʃə/ *s* agricoltura

ah! /ɑː/ *inter* ah!

ahead /əˈhed/ *avv* **1** (nello spazio) davanti: *The car ahead suddenly braked.* La macchina davanti ha frenato di colpo. | *Tom ran ahead.* Tom è corso avanti. | *He was staring straight ahead.* Fissava dritto davanti a sé. | *There were three people **ahead of** me in the queue.* C'erano tre persone davanti a me nella coda. **2** (nel tempo) *the months/years ahead* i mesi/gli anni a venire | *He has his whole life **ahead of** him.* Ha tutta la vita davanti a sé. **3** (in una gara, in classifica): *He is ahead.* È in testa. **4 to be ahead of sb** essere avanti rispetto a qn: *She's way ahead of the rest of her class.* È avanti rispetto al resto della classe. **5 ahead of time** (essere, arrivare) in anticipo | **ahead of schedule** (rispetto ai piani, alla tabella di marcia) in anticipo ▶ **Ahead** fa anche parte di vari **phrasal verbs** come **go ahead**, **plan ahead** ecc. Questi vengono trattati sotto il verbo corrispondente.

aid /eɪd/ *sostantivo* e *verbo*
• *s* **1** aiuto **2 in aid of** a favore di **3** (audiovisivo, didattico) sussidio **4 to come/go to sb's aid** venire/andare in aiuto di qn
• *v* [tr] (formale) aiutare

AIDS /eɪdz/ *s* (= **acquired immune deficiency syndrome**) AIDS

aim /eɪm/ *verbo* e *sostantivo*
• *v* **1 to aim for sth** mirare a qc: *She's aiming for a gold medal.* Mira alla medaglia d'oro. | **to aim to do sth** avere intenzione di fare qc **2 to be aimed at sb** essere rivolto a qn: *TV advertising aimed at children* pubblicità televisiva rivolta ai bambini **3 to be aimed at doing sth** (campagna, azione) mirare a fare qc **4** [tr/intr] puntare [arma, missile] **5** [tr] tirare [pugno, colpo]
• *s* **1** scopo **2** mira | **to take aim** prendere la mira

taking aim

aimless /'eɪmləs/ *agg* senza scopo

aimlessly /'eɪmləsli/ *avv* senza meta

ain't /eɪnt/ (informale)

> **Ain't** è la contrazione di **am not**, **is not**, **are not**, **has not** o **have not**. Tale uso non è ritenuto corretto.

air /eə/ *sostantivo* e *verbo*
• *s* **1** (spazio verso il cielo) aria: *He threw the ball up into the air.* Ha lanciato la palla in aria. | **by air a)** (viaggiare) in aereo **b)** (spedire) per via aerea ▶ vedi anche **open 2** (aspetto, espressione) aria: *an air of authority* un'aria autoritaria **3 to be on (the) air** andare in onda **4 to vanish into thin air** svanire nel nulla **5 to put on airs** darsi delle arie **6 to be up in the air** (progetti) essere ancora indefinito **7 air pollution** inquinamento atmosferico **air travel** viaggi aerei
• *v* [tr] **1** aerare [stanza] **2** far prendere aria a [lenzuola] **3** esprimere [opinioni, lamentele]

'air-con,ditioned *agg* con aria condizionata

'air con,ditioning *s* aria condizionata

aircraft /'eəkrɑːft/ *s* (pl **aircraft**) aeromobile

airfare /'eəfeə/ *s* tariffa aerea

'air force *s* aeronautica militare

'air ,hostess *s* (pl **-sses**) BrE hostess

airline /'eəlaɪn/ *s* compagnia aerea

airmail /'eəmeɪl/ *s* posta aerea

airplane /'eəpleɪn/ AmE ▶ vedi **aeroplane**

airport /'eəpɔːt/ *s* aeroporto

'air raid *s* attacco aereo

airtight /'eə,taɪt/ *agg* a chiusura ermetica

aisle /aɪl/ *s* (di aereo, cinema) corridoio, (di chiesa) navata, (di supermercato) corsia

ajar /ə'dʒɑː/ *agg* (porta) socchiuso -a

akin /ə'kɪn/ *agg* (formale) **akin to** simile a

alarm /ə'lɑːm/ *sostantivo* e *verbo*
• *s* **1** (apprensione) allarme **2** (dispositivo) allarme: *The alarm went off.* È scattato l'allarme. **3 to raise the alarm** dare l'allarme **4** (anche **alarm clock**) sveglia
• *v* [tr] allarmare

alarmed /ə'lɑːmd/ *agg* allarmato -a

alarming /ə'lɑːmɪŋ/ *agg* allarmante

albeit /ɔːl'biːɪt/ *cong* (formale) sebbene

album /'ælbəm/ *s* **1** (disco) album **2** (di fotografie, francobolli) album

alcohol /'ælkəhɒl/ *s* alcol

alcoholic /,ælkə'hɒlɪk/ *aggettivo* e *sostantivo*
• *agg* alcolico -a
• *s* alcolizzato -a

alcoholism /'ælkəhɒlɪzəm/ *s* alcolismo

ale /eɪl/ *s* tipo di birra fatta senza luppolo

alert /ə'lɜːt/ *aggettivo*, *verbo* e *sostantivo*
• *agg* (vigile) attento -a
• *v* [tr] allertare | **to alert sb to sth** mettere in guardia qn contro qc
• *s* **1** (segnale) allarme **2 to be on the alert (for sth)** stare in guardia (contro qc)

A level /'eɪ ,levəl/ *s* BrE

> L'**A level** (cioè **Advanced level**) è un esame, che gli studenti britannici sostengono in due o tre materie a 18 anni. Gli **A levels** si preparano durante gli ultimi due anni della scuola secondaria superiore e sono necessari per accedere all'università.
>
> Il termine **A level** può referirsi all'esame, al corso di studi, ed al diploma:
>
> *He takes his A levels this summer.* Farà gli A levels quest'estate. | *I did French and German at A level.* Ho portato francese e tedesco agli A levels. | *How many A levels does she have?* Quanti A levels ha dato?

algebra /'ældʒəbrə/ *s* algebra

alias /'eɪliəs/ *preposizione* e *sostantivo*
• *prep* alias
• *s* (pl **-ses**) pseudonimo

Vuoi informazioni sulla differenza tra gli **articoli** in inglese e in italiano? Leggi le spiegazioni nella guida grammaticale.

alibi /'æləbaɪ/ *s* alibi

alien /'eɪliən/ *aggettivo e sostantivo*

• *agg* **1** (sconosciuto) estraneo -a **2** (extraterrestre) alieno -a

• *s* **1** straniero -a **2** alieno -a

alienate /'eɪliəneɪt/ *v* [tr] **1** estraniare **2 to feel alienated from sth** sentirsi estraniato da qc

alight /ə'laɪt/ *agg* (edificio) in fiamme | **to set sth alight** dar fuoco a qc

align /ə'laɪn/ *v* [tr] allineare

alike /ə'laɪk/ *aggettivo e avverbio*

• *agg* **to be/look alike** essere simile: *He and his brother **look** very much **alike**.* Lui e suo fratello si assomigliano molto.

• *avv* **1** allo stesso modo **2** in ugual misura

alive /ə'laɪv/ *agg* **1 to be alive** essere vivo: *None of my grandparents are alive.* Nessuno dei miei nonni è vivo. | **to stay alive** rimanere in vita **2 to keep sth alive** mantenere vivo qc [tradizione, interesse] **3 to be alive and well** essere vivo e in buona salute

all /ɔːl/ *aggettivo, pronome e avverbio*

• *agg e pron* **1** tutto -a: *He worked there all his life.* Ha lavorato lì tutta la vita. | *I stayed in bed **all day**.* Sono rimasta a letto tutto il giorno. | *He talks about her **all the time**.* Parla di lei tutto il tempo. | *We are all invited.* Siamo tutti invitati. | *He owns **all of** this land.* Possiede tutta questa terra. | *Listen, **all of** you.* Ascoltate, voi tutti.

2 (uso enfatico) *the greatest movie of all time* il più grande film di tutti i tempi | *All I want is to sleep.* Tutto quello che voglio è dormire.

3 in all in tutto | **all in all** tutto sommato

4 not at all niente affatto: *"Does it bother you?" "Not at all."* – Ti disturba? – Niente affatto. | *He hadn't changed at all.* Non era per niente cambiato.

• *avv* **1** tutto: *I'm all wet!* Sono tutto bagnato!

2 all along (informale) fin dall'inizio

3 all but praticamente: *The meeting was all but over.* La riunione era praticamente finita.

4 all over ovunque: *I've been looking all over for that book.* Ho cercato quel libro ovunque. | **all over the floor** su tutto il pavimento | **to be all over** essere tutto finito: *It's all over between us.* È tutto finito tra di noi. | **that's Sue/Pete etc all over** è proprio tipico di Sue/Pete ecc.

5 all the easier/more difficult etc tanto più facile/difficile ecc.

6 all the same comunque

7 all too soon/often etc fin troppo presto/spesso ecc.

8 one all/fifteen all etc uno/quindici ecc. pari

allegation /ˌælɪ'geɪʃən/ *s* dichiarazione [di corruzione, brutalità]

allege /ə'ledʒ/ *v* [tr] dichiarare

alleged /ə'ledʒd/ *agg* (vittima, crimine) presunto -a

allegedly /ə'ledʒɪdli/ *avv* presumibilmente

allegiance /ə'liːdʒəns/ *s* fedeltà

allergic /ə'lɜːdʒɪk/ *agg* **to be allergic to sth** essere allergico a qc

allergy /'ælədʒi/ *s* (pl **-gies**) allergia

alleviate /ə'liːvieɪt/ *v* [tr] alleviare [dolore, sofferenza], ridurre [traffico, miseria]

alley /'æli/ *s* vicolo

alliance /ə'laɪəns/ *s* alleanza

allied /'ælaɪd/ *agg* **to be allied to sth** (problema, attività) essere connesso con qc

alligator /'æləgeɪtə/ *s* alligatore

allocate /'æləkeɪt/ *v* [tr] stanziare [fondi], assegnare [compito, stanza]

allot /ə'lɒt/ *v* [tr] (**-tted**, **-tting**) assegnare [risorse, tempo]

allotment /ə'lɒtmənt/ *s* **1** (di risorse) assegnazione **2** in Gran Bretagna, piccolo appezzamento di terreno del comune situato in periferia affittato a privati ad uso orto

'all-out *agg* **an all-out war** una guerra totale | **an all-out strike** uno sciopero ad oltranza

allow /ə'laʊ/ *v* [tr] **1 to be allowed to do sth** avere il permesso di fare qc: *He's not allowed sweets.* Non può mangiare dolci. | *She's **not allowed to** go out on her own.* Non la lasciano uscire da sola. | *Fishing in the lake is not allowed.* È vietato pescare nel lago. **2** (rendere possibile) permettere: *The money she inherited **allowed** her **to** give up her job.* Il denaro che ha ereditato le ha permesso di lasciare il lavoro. **3** prevedere ciò che sarà necessario: *We should allow about two hours for the journey.* Dovremmo calcolare circa due ore per il viaggio.

allow for sth tener conto di qc [ritardo, cambiamenti]

allowance /ə'laʊəns/ *s* **1** paghetta **2** (massimo consentito): *The **baggage allowance** is 22 kilos per person.* È permesso un bagaglio di 22 chili a persona. **3** (pagato dalla previdenza sociale) assegno **4 to make allowances (for sb)** concedere delle attenuanti (a qn)

alloy /'ælɔɪ/ *s* lega [metallica]

all 'right, anche **alright** *aggettivo, avverbio e interiezione*

• *agg* **1 to be all right a)** stare bene **b)** andare bene: *I hope she's all right.* Spero che stia bene. | *Is Thursday all right for you?* Giovedì va bene per te? **2** (discreto) *"How was the hotel?" "It was all right."* – Com'era l'hotel? – Non era male. **3 that's all right a)** non c'è di

A

che **b)** (come risposta a delle scuse) non fa niente

• *avv* (in modo soddisfacente) bene: *Did everything go all right?* È andato tutto bene?

• *inter* **1** (per esprimere accordo) va bene **2** (per introdurre un argomento) bene: *All right, let's get started.* Bene, cominciamo.

ˌall-'round *agg* BrE **1** (atleta, servizio) completo -a **2** (miglioramento) generale

'all-time *agg* **an all-time record** un record assoluto

ally[1] /'ælaɪ/ *s* (pl **allies**) alleato -a

ally[2] /ə'laɪ/ *v* (3ª pers sing **allies**, passato e participio **allied**) **to ally (yourself) with sb** allearsi con qn

almighty /ɔːl'maɪti/ *agg* **1** (Dio, sovrano) onnipotente **2** (informale) (colpo, esplosione) tremendo -a

almond /'ɑːmənd/ *s* **1** mandorla **2** (anche **almond tree**) mandorlo

almost /'ɔːlməʊst/ *avv* quasi: *I've almost finished.* Ho quasi finito. | *He almost died.* Per poco non moriva. | *almost certainly* quasi sicuramente ▶ vedi anche **quasi**

alone /ə'ləʊn/ *aggettivo* e *avverbio*

• *agg* solo -a: *She's not alone.* Non è sola. | *I felt so alone.* Mi sono sentito così solo. | *He was sitting there* ***all alone***. Era seduto lì tutto solo. | **to leave sb/sth alone** lasciare stare qn/qc: *Leave me alone!* Lasciami stare!

• *avv* **1** da solo: *At last they were alone together.* Finalmente rimasero da soli. | *He lives alone.* Vive da solo. **2** soltanto: *The shirt alone costs £70.* Soltanto la camicia costa 70 sterline. | ***He alone*** *has the key to the safe.* Solo lui ha la chiave della cassaforte. **3** **to go it alone a)** mettersi in proprio **b)** fare da sè

along /ə'lɒŋ/ *prep* e *avv* ▶ vedi riquadro ▶ **Along**, in combinazione con vari verbi, forma i cosiddetti **phrasal verbs** come **get along**, **come along**, ecc. I phrasal verbs sono trattati sotto il verbo corrispondente.

alongside /əˌlɒŋ'saɪd/ *preposizione* e *avverbio*

• *prep* **1** accanto a **2** insieme a

• *avv* accanto, di fianco

aloud /ə'laʊd/ *avv* (leggere, pensare) ad alta voce, a voce alta

alphabet /'ælfəbet/ *s* alfabeto

alphabetical /ˌælfə'betɪkəl/ *agg* alfabetico -a

already /ɔːl'redi/ *avv* già: *He had already left by the time I got there.* Era già andato via quando sono arrivata. | *I think we've already met.* Credo che ci siamo già incontrati. | *Is it 5 o'clock already?* Sono già le 5? ▶ vedi anche **già**

alright /ˌɔːl'raɪt/ ▶ vedi **all right**

> **along**
>
> **PREPOSIZIONE**
>
> **1 MOVIMENTO** (= lungo)
>
> *We went for a walk along the river.* Abbiamo fatto una passeggiata lungo il fiume.
>
> **2 POSIZIONE**
>
> *There was a row of chairs along one of the walls.* C'era una fila di sedie lungo uno dei muri.
>
> **AVVERBIO**
>
> **1** L'avverbio **along** non ha equivalenti in italiano. Si usa con verbi di movimento:
>
> *The dog was running along beside me.* Il cane stava correndo accanto a me. | *There'll be another bus along in a couple of minutes.* Passerà un altro autobus tra pochi minuti.
>
> **2** A volte vuol dire *con qualcuno*:
>
> *We're going for a drink. Why don't you come along?* Andiamo a bere qualcosa. Perché non vieni con noi? | *Come along! We'll be late!* Su, vieni! Faremo tardi!
>
> **3** **Along with** significa *insieme a, con*:
>
> *He drowned, along with all the other passengers.* È annegato, insieme a tutti gli altri passeggeri.

also /'ɔːlsəʊ/ *avv* **1** anche: *We also visited the art gallery.* Abbiamo anche visitato la galleria d'arte. | *He can also play the piano.* Sa anche suonare il piano. ▶ **Also** va prima del verbo principale e dopo il primo modale o ausiliare, se c'è. Vedi anche la nota sotto **anche**. **2** inoltre: *It's raining. Also, I haven't got enough money.* Piove. Inoltre, non ho abbastanza soldi.

altar /'ɔːltə/ *s* altare

alter /'ɔːltə/ *v* **1** [tr/intr] cambiare **2** [tr] ritoccare [vestito]

alteration /ˌɔːltə'reɪʃən/ *s* **1** (a un testo, edificio) modifica **2** (a un vestito) modifica

alternate[1] /ɔːl'tɜːnət, AmE 'ɔːltərnət/ *agg* **1** alternato -a: *alternate layers of pasta and sauce* strati alternati di pasta e sugo **2** uno -a sì e uno -a no: *He sees his father on alternate weekends.* Vede suo padre un weekend sì e uno no.

alternate[2] /'ɔːltəneɪt/ *v* **1** [tr] alternare | **to alternate sth with sth** alternare qc a qc **2** [intr] alternarsi

alternative /ɔːl'tɜːnətɪv/ *sostantivo* e *aggettivo*

• *s* **1** alternativa **2** **to have no alternative** non avere altra scelta

• *agg* (piano, stile di vita) alternativo -a: *alternative medicine* medicina alternativa

alternatively /ɔːl'tɜːnətɪvli/ *avv* in alternativa

although /ɔːl'ðəʊ/ *cong* **1** anche se **2** però

Vuoi scrivere un'e-mail in inglese? Consulta la **guida alla comunicazione** in fondo al dizionario.

altitude /ˈæltətjuːd/ *s* altitudine

altogether /ˌɔːltəˈgeðə/ *avv* **1** del tutto: *I'm **not altogether** convinced he's right.* Non sono del tutto convinto che abbia ragione. **2** in tutto: *There were 12 of us altogether.* Eravamo 12 in tutto.

aluminium /ˌæljʊˈmɪniəm/ BrE, **aluminum** /əˈluːmɪnəm/ AmE *s* alluminio

always /ˈɔːlwɪz/ *avv* **1** (per esprimere continuità, ripetizione) sempre: *Have you always lived here?* Hai sempre abitato qui? ▶ vedi sotto **2** (per dare un suggerimento) sempre: *You could always leave a message.* Potresti sempre lasciare un messaggio.

> **avverbi di frequenza**
>
> Gli avverbi di frequenza come **always**, **never**, **often**, **usually**, ecc. vanno prima del verbo principale e dopo il primo modale o ausiliare se ce n'è uno:
>
> *We usually go out on Saturdays.* Di solito usciamo di sabato. | *I had never heard her sing.* Non l'avevo mai sentita cantare. | *Have you ever been to New York?* Sei mai stato a New York? | *She is always complaining.* Si lamenta in continuazione.
>
> Se il verbo principale è il verbo **to be**, allora vanno dopo il verbo:
>
> *I am always hungry.* Ho sempre fame.

am¹ /əm, tonico æm/ 1ª persona singolare presente di **be**

am², A.M. AmE /ˌeɪ ˈem/ di mattina: *at 8 am* alle 8 di mattina | *We are open from 9 am to 5 pm.* Siamo aperti dalle 9 alle 17. ▶ L'orologio di 24 ore si usa meno in inglese che in italiano. È più frequente l'uso di **am** e **pm**.

amalgamate /əˈmælgəmeɪt/ *v* [tr] fondere [aziende, scuole]

amateur /ˈæmətə/ *agg* e *s* dilettante

amaze /əˈmeɪz/ *v* [tr] stupire

amazed /əˈmeɪzd/ *agg* stupito -a: *I'm **amazed that** he didn't know.* Sono stupita che non lo sapesse.

amazement /əˈmeɪzmənt/ *s* stupore

amazing /əˈmeɪzɪŋ/ *agg* **1** (ottimo) eccezionale **2** incredibile

amazingly /əˈmeɪzɪŋli/ *avv* incredibilmente

ambassador /æmˈbæsədə/ *s* ambasciatore -trice

amber /ˈæmbə/ *sostantivo* e *aggettivo*
- *s* **1** (resina) ambra **2** (colore) ambra | **on amber** (semaforo) giallo ▶ vedi Active Box **colours** sotto **colour**
- *agg* **amber ring** anello con un'ambra

ambiguity /ˌæmbɪˈgjuːəti/ *s* (pl **-ties**) ambiguità

ambiguous /æmˈbɪgjuəs/ *agg* ambiguo -a

ambition /æmˈbɪʃən/ *s* ambizione

ambitious /æmˈbɪʃəs/ *agg* ambizioso -a

ambulance /ˈæmbjələns/ *s* ambulanza

ambush /ˈæmbʊʃ/ *sostantivo* e *verbo*
- *s* (pl **-shes**) imboscata
- *v* [tr] tendere un'imboscata a

amen /ɑːˈmen/ *inter* e *s* amen

amend /əˈmend/ *v* [tr] emendare [legislazione], correggere [documento]

amendment /əˈmendmənt/ *s* (alla legge) emendamento, (a un documento) revisione

amends /əˈmendz/ *s pl* **to make amends** fare qualcosa per riparare (a un torto o un errore): *He tried to make amends by sending her chocolates.* Ha cercato di farsi perdonare mandandole dei cioccolatini.

amenities /əˈmiːnətiz/ *s pl* **1** servizi, strutture **2** (in un'abitazione) comodità

America /əˈmerɪkə/ *s* **1** Stati Uniti **2** America

American /əˈmerɪkən/ *aggettivo* e *sostantivo*
- *agg* **1** statunitense **2** americano -a
- *s* americano -a

Aˌmerican ˈfootball *s* BrE football americano

American football

amiable /ˈeɪmiəbəl/ *agg* amabile

amicable /ˈæmɪkəbəl/ *agg* (formale) amichevole

amid /əˈmɪd/ *prep* (formale) fra

amiss /əˈmɪs/ *avverbio* e *aggettivo*
- *avv* **wouldn't go amiss** non sarebbe di troppo: *An apology wouldn't go amiss.* Una scusa non sarebbe di troppo.
- *agg* **something was amiss** c'era qualcosa che non quadrava

ammunition /ˌæmjəˈnɪʃən/ *s* munizioni

amnesty /ˈæmnəsti/ *s* (pl **-ties**) amnistia

among /əˈmʌŋ/, anche **amongst** /əˈmʌŋst/ *prep* tra [più di due elementi o persone]: *You're among friends.* Sei tra

amici. | *They were arguing among themselves.* Stavano discutendo tra di loro. ▶ AMONG O BETWEEN? vedi **tra**

amount /ə'maʊnt/ *sostantivo* e *verbo*
- *s* **1** (di denaro) somma **2** (di altre cose) quantità: *There are **any amount of** things you can do.* C'è un'enorme quantità di cose che puoi fare. | *It will take a **fair amount of** work.* Ci vorrà un bel po' di lavoro. ▶ vedi anche **quantità**
- *v* **amount to sth** **1** equivalere a qc [tradimento, sconfitta] **2** (costi, debito) ammontare a qc **3 not to amount to much** non valere granché

amphibian /æm'fɪbiən/ *sostantivo* e *aggettivo*
- *s* anfibio
- *agg* anfibio -a

amphitheatre BrE, **amphitheater** AmE /'æmfɪˌθɪətə/ *s* anfiteatro

ample /'æmpəl/ *agg* (spazio, prove) più che sufficiente

amplifier /'æmpləfaɪə/ *s* amplificatore

amplify /'æmpləfaɪ/ *v* [tr] (**-fies**, **-fied**) amplificare

amply /'æmpli/ *avv* ampiamente

amputate /'æmpjəteɪt/ *v* [tr/intr] amputare

amuse /ə'mjuːz/ *v* [tr] **1** divertire **2** intrattenere | **to amuse yourself** divertirsi

amused /ə'mjuːzd/ *agg* **1 to be amused at/by sth** trovare qc divertente **2** (sorriso, sguardo) divertito -a **3 to keep sb amused** intrattenere qn

amusement /ə'mjuːzmənt/ *s* **1** divertimento: ***To our amusement**, he fell into the swimming pool.* Con nostro grande divertimento è caduto nella piscina. **2** distrazione **3 amusement arcade** BrE sala giochi **amusement park** luna park

amusing /ə'mjuːzɪŋ/ *agg* divertente

an /ən, tonico æn/ *art* ▶ vedi **a**

anaemia BrE, **anemia** AmE /ə'niːmiə/ *s* anemia

anaemic BrE, **anemic** AmE /ə'niːmɪk/ *agg* anemico -a

anaesthetic BrE, **anesthetic** AmE /ˌænəs'θetɪk/ *s* anestetico | **a local/general anaesthetic** un'anestesia locale/totale

anagram /'ænəgræm/ *s* anagramma

analogy /ə'nælədʒi/ *s* (pl **-gies**) analogia

analyse BrE, **analyze** AmE /'ænəlaɪz/ *v* [tr] analizzare

analysis /ə'næləsɪs/ *s* (pl **-ses** /-siːz/) analisi

analyst /'ænlɪst/ *s* analista

analytic /ˌænl'ɪtɪk/, anche **analytical** /ˌænl'ɪtɪkəl/ *agg* analitico -a

anarchist /'ænəkɪst/ *agg* e *s* anarchico -a

anarchy /'ænəki/ *s* anarchia

anatomy /ə'nætəmi/ *s* anatomia

ancestor /'ænsəstə/ *s* antenato -a

ancestry /'ænsəstri/ *s* ascendenza

anchor /'æŋkə/ *sostantivo* e *verbo*
- *s* **1** (di nave) ancora | **to drop/weigh anchor** gettare/levare l'ancora **2** AmE conduttore -trice [di telegiornale]
- *v* [tr] ancorare [nave, barca]

ancient /'eɪnʃənt/ *agg* **1** (città, civiltà) antico -a **2** (persona) vecchissimo -a

and /ən, ənd, tonico ænd/ *cong* ▶ vedi riquadro

anecdote /'ænɪkdəʊt/ *s* aneddoto

anemia AmE ▶ vedi **anaemia**

anemic AmE ▶ vedi **anaemic**

anesthetic AmE ▶ vedi **anaesthetic**

angel /'eɪndʒəl/ *s* angelo

anger /'æŋgə/ *sostantivo* e *verbo*
- *s* rabbia
- *v* **1** [tr] far arrabbiare **2** [intr] arrabbiarsi

angle /'æŋgəl/ *s* **1** (in geometria) angolo **2** (punto di vista) angolazione **3 at an angle** (albero, muro) storto

angling /'æŋglɪŋ/ *s* pesca [con la canna]

angrily /'æŋgrɪli/ *avv* con rabbia

angry /'æŋgri/ *agg* (**angrier**, **angriest**) arrabbiato -a: *I was **angry with** him **for** lying to me.* Ero arrabbiata con lui perché mi aveva mentito. | **to get angry** arrabbiarsi | **to make sb angry** far arrabbiare qn

anguish /'æŋgwɪʃ/ *s* angoscia

angular /'æŋgjələ/ *agg* **1** (linea, disegno) angoloso -a **2** (viso) spigoloso -a

animal /'ænəməl/ *s* animale

animate /'ænəmət/ *agg* (essere, creatura) animato -a

animated /'ænəmeɪtɪd/ *agg* **1** (discussione) animato -a **2 animated film** film d'animazione

animation /ˌænə'meɪʃən/ *s* **1** (in cinematografia) animazione **2** (di persona) entusiasmo

ankle /'æŋkəl/ *s* caviglia

anniversary /ˌænə'vɜːsəri/ *s* (pl **-ries**) anniversario

announce /ə'naʊns/ *v* [tr] annunciare

announcement /ə'naʊnsmənt/ *s* annuncio: *I have **an announcement** to **make**.* Devo fare un annuncio.

announcer /ə'naʊnsə/ *s* annunciatore -trice [radiofonico, televisivo]

annoy /ə'nɔɪ/ *v* [tr] **1** (comportamento) dare sui nervi a **2** (persona) infastidire ▶ FALSE FRIEND Non confondere **"annoy"** con **annoiare** che si traduce **to bore**.

annoyance /ə'nɔɪəns/ *s* irritazione

Vuoi informazioni sulla differenza tra gli **aggettivi possessivi** in inglese e in italiano? Vedi la **guida grammaticale**.

A

and *congiunzione*

1 Nella maggior parte dei casi **and** equivale a **e**:

a girl and a boy una ragazza e un ragazzo

2 Altri usi di **and**:

FRA DUE VERBI

I'll try and fix the TV. Cercherò di riparare il televisore. | *Come and sit here.* Vieni a sederti qui.

IN ALCUNI NUMERI

two hundred and four duecentoquattro | *five hundred and fifty* cinquecentocinquanta

FRA DUE COMPARATIVI, PER ESPRIMERE "SEMPRE PIÙ"

It's getting hotter and hotter. Fa sempre più caldo. | *More and more people are leaving the country.* Sempre più persone stanno lasciando il paese.

NELLE RIPETIZIONI, PER ENFATIZZARE

It rained and rained. Continuava a piovere. | *He repeated it again and again.* Non faceva altro che ripeterlo.

NEI NOMI DI PIETANZE E BEVANDE

fish and chips pesce e patatine fritte | *a gin and tonic* un gin tonic

annoyed /ə'nɔɪd/ *agg* seccato -a: *He was **annoyed at** being made to wait.* Era seccato perché l'avevano fatto aspettare. | *She **gets annoyed** when you tease her.* Si arrabbia quando la prendi in giro.

annoying /ə'nɔɪɪŋ/ *agg* seccante

annual /'ænjuəl/ *agg* **1 annual conference** conferenza annuale **2 annual income/salary** reddito/stipendio annuo

annually /'ænjuəli/ *avv* **1** annualmente **2** all'anno

anonymity /ˌænə'nɪməti/ *s* anonimato

anonymous /ə'nɒnɪməs/ *agg* anonimo -a

anorak /'ænəræk/ *s* giacca a vento

anorexia /ˌænə'reksiə/ *s* anoressia

anorexic /ˌænə'reksɪk/ *agg* anoressico -a

another /ə'nʌðə/ *agg e pron* ▶ vedi riquadro

answer /'ɑːnsə/ *verbo e sostantivo*

• *v* **1** [tr/intr] rispondere: *He wouldn't answer me.* Non ha voluto rispondermi. | **to answer a question** rispondere ad una domanda **2 to answer the phone** rispondere al telefono **3 to answer the door** rispondere alla porta **4 to answer a letter/an advertisement** rispondere ad una lettera/ad un annuncio **5** [tr] rispondere a [descrizione] **6** [tr] rispondere a [critiche, accusa]

answer back rispondere male

answer for sth rispondere di qc **answer for sb** rispondere di qn

answer to sb rispondere a qn [di quello che si fa]

• *s* **1** risposta | **there's no answer** (al telefono, alla porta) non risponde nessuno **2** (risultato) risposta **3** (soluzione) risposta: *the **answer to** all our problems* la risposta a tutti i nostri problemi

another *aggettivo e pronome*

1 Quando è seguito da un sostantivo singolare equivale a *un altro* o *un'altra*:

Can you fetch another chair? Puoi portare un'altra sedia?

2 Quando è seguito da un numero e da un sostantivo plurale equivale a *altri* o *altre*:

I've ordered another two beers. Ho ordinato altre due birre. | *A double room costs another £20.* Una camera doppia costa altre venti sterline.

3 Quando non è seguito da un sostantivo si può usare tanto **another** quanto **another one**:

He lost his jacket so I had to buy him another (one). Ha perso la giacca e così ho dovuto comprargliene un'altra.

4 L'espressione **of one sort/kind or another** significa *di qualche tipo*:

*All these kids have problems **of one sort or another**.* Tutti questi ragazzi hanno problemi di qualche tipo. | ***One way or another**, it has to be ready by tomorrow.* In un modo o nell'altro, deve essere pronto per domani.

answerable /'ɑːnsərəbəl/ *agg* **to be answerable to sb** dover rispondere a qn [del proprio operato]

'answering ma,chine, anche **answerphone** /'ɑːnsəˌfəʊn/ BrE *s* segreteria telefonica

ant /ænt/ *s* formica

antagonism /æn'tægənɪzəm/ *s* antagonismo

antagonize, -ise BrE /æn'tægənaɪz/ *v* [tr] dare contro

Antarctic /æn'tɑːktɪk/ *s* **the Antarctic** l'Antartico

Antarctica /æn'tɑːktɪkə/ *s* Antartide

antelope /'æntələʊp/ *s* antilope

antenna /æn'tenə/ *s* **1** (pl **-nnae**/-niː/) antenna [di insetto] **2** (pl **-s**) AmE antenna [di televisione] ▶ In inglese britannico si usa **aerial**.

anthem /'ænθəm/ *s* inno

anthology /æn'θɒlədʒi/ *s* (pl **-gies**) antologia

anthropologist /ˌænθrə'pɒlədʒɪst/ *s* antropologo -a

anthropology /ˌænθrə'pɒlədʒi/ *s* antropologia

antibiotic /ˌæntɪbaɪ'ɒtɪk/ *s* antibiotico

A

antibody /ˈæntɪˌbɒdi/ *s* (pl **-dies**) anticorpo

anticipate /ænˈtɪsəpeɪt/ *v* [tr] **1** (formale) prevedere: *We don't anticipate any problems.* Non prevediamo problemi. **2** prevedere [domande], anticipare [reazione, mosse]

anticipation /ænˌtɪsəˈpeɪʃən/ *s* **1 full of anticipation** pieno di attese [per un evento piacevole] **2 in anticipation of sth** in previsione di qc

anticlockwise /ˌæntɪˈklɒkwaɪz/ *avv* BrE in senso antiorario

antics /ˈæntɪks/ *s pl* buffonate

antidote /ˈæntɪdəʊt/ *s* antidoto

antiquated /ˈæntəkweɪtɪd/ *agg* antiquato -a

antique /ˌænˈtiːk/ *sostantivo* e *aggettivo*

• *s* **1** pezzo d'antiquariato **2 antique dealer** antiquario **antique shop** negozio d'antiquariato

• *agg* (mobile, gioiello) antico -a

antiquity /ænˈtɪkwəti/ *s* (epoca) antichità

antiseptic /ˌæntɪˈseptɪk/ *sostantivo* e *aggettivo*

• *s* antisettico

• *agg* antisettico -a

antisocial /ˌæntɪˈsəʊʃəl/ *agg* **1** (comportamento) antisociale **2** (persona) asociale

antithesis /ænˈtɪθəsɪs/ *s* (pl **-ses** /-siːz/) (formale) antitesi

antlers /ˈæntləz/ *s pl* (di cervo, antilope) corna

antonym /ˈæntənɪm/ *s* contrario

anus /ˈeɪnəs/ *s* (pl **-ses**) ano

anxiety /æŋˈzaɪəti/ *s* (pl **-ties**) preoccupazione | **anxiety about sth** preoccupazione per qc

anxious /ˈæŋkʃəs/ *agg* **1** preoccupato -a | **to be anxious about sth** essere preoccupato per qc: *We are* ***anxious that*** *no one else finds out.* Non vogliamo assolutamente che qualcun altro venga a saperlo. **2 to be anxious to do sth** essere ansioso di fare qc: *He was anxious to make a good impression.* Era ansioso di fare bella figura.

anxiously /ˈæŋkʃəsli/ *avv* ansiosamente

any /ˈeni/ *agg* e *pron* ▶ vedi riquadro

anybody /ˈeniˌbɒdi/ ▶ vedi **anyone**

anyhow /ˈenihaʊ/ ▶ vedi **anyway**

anymore /ˌeniˈmɔː/ *avv* AmE Si usa con un verbo in forma negativa: *Don't you like him anymore?* Non ti piace più? ▶ In inglese britannico si usa **any more**.

anyone /ˈeniwʌn/ *pron* ▶ vedi riquadro

anyplace /ˈenipleɪs/ AmE ▶ vedi **anywhere**

anything /ˈeniθɪŋ/ *pron* ▶ vedi riquadro

anyway /ˈeniweɪ/ *avv* **1** (per introdurre una giustificazione) tanto: *I'm selling my bike. I never use it anyway.* Vendo la bici. Tanto non la uso mai. | *No problem. I've got to go into town anyway.* Non c'è problema. Devo andare in centro comunque. **2** (nonostante qualcosa) lo stesso: *My mother said no but we went anyway.* Mia madre ha detto di no ma noi siamo andati lo stesso. **3** (per cambiare argomento, riprendere un discorso) comunque

anywhere /ˈeniweə/ *avv* e *pron* ▶ vedi riquadro

apart /əˈpɑːt/ *avverbio* e *aggettivo*

• *avv* **1** (per esprimere distanza): *The posts were a couple of metres apart.* I pali erano a un paio di metri l'uno dall'altro. | *Our birthdays are a week apart.* I nostri compleanni sono a una settimana l'uno dall'altro. **2 to fall apart a)** (oggetto, edificio) cadere a pezzi **b)** (paese) andare in rovina | **to take sth apart** smontare qc **3 to**

---

any

AGGETTIVO & PRONOME

1 Si usa con un verbo in forma negativa o con parole di significato negativo come "hardly":

We haven't got any pets in the house. Non abbiamo animali domestici in casa. | *She didn't like* ***any of*** *the colours I'd chosen.* Non le piaceva nessuno dei colori che avevo scelto. | *There's hardly any room.* C'è pochissimo spazio. | *Few of them had any experience.* Solo pochi avevano una qualche esperienza.

2 Nota che quando **any** sostituisce un nome come nell'ultimo esempio qui sopra, si traduce con **ne**:

The recipe says butter, but I haven't got any. La ricetta dice burro, ma io non ne ho.

3 In domande:

Is there any milk? C'è del latte? | *Are there* ***any other*** *questions?* Ci sono altre domande? | *Were* ***any of*** *her friends there?* C'era nessuno dei suoi amici?

4 Dopo "if":

If I need any help, I'll let you know. Se ho bisogno d'aiuto, te lo faccio sapere. | *If you find any shoes, they're mine.* Se trovi delle scarpe, sono mie.

5 In frasi affermative:

You can get them in any supermarket. Le puoi trovare in un qualunque supermercato. | ***Any other*** *person would have understood.* Chiunque altro avrebbe capito.

AVVERBIO

SI USA IN FRASI NEGATIVE PER RAFFORZARE UN COMPARATIVO:

She couldn't walk any further. Non ce la faceva a proseguire. | *The situation won't get any better.* La situazione non migliorerà affatto. | *He doesn't work here any more.* Non lavora più qui.

Non sei sicuro sull'uso di **make** e **do**? Vedi alla voce **fare**.

A

anyone *pronome*

1 IN DOMANDE E DOPO "IF" (= nessuno)

Is there anyone at home? C'è nessuno in casa? | *If anyone sees Lisa, tell her to call me.* Se qualcuno dovesse vedere Lisa, ditele di chiamarmi. | *Do you know anyone else who might be interested?* Conosci nessun altro che potrebbe essere interessato?

2 CON UN VERBO IN FORMA NEGATIVA O CON PAROLE DI SIGNIFICATO NEGATIVO COME "HARDLY" (= nessuno)

She's new here and doesn't know anyone. È nuova qui e non conosce nessuno. | *There was hardly anyone there.* Non c'era quasi nessuno.

3 IN FRASI AFFERMATIVE

Anyone can learn to swim. Tutti possono imparare a nuotare. | ***Anyone else** would have known I was joking.* Chiunque altro avrebbe capito che stavo scherzando.

4 IN FRASI COMPARATIVE

She's cleverer than anyone I know. È la più intelligente fra tutti quelli che conosco.

anything *pronome*

1 IN DOMANDE E DOPO "IF"

Did you buy anything? Hai comprato niente? | *If anything happens, I'll be responsible.* Se succede qualcosa, sono io responsabile. | *Would you like **anything else** to eat?* Ti va qualcos'altro da mangiare? | *Does she look **anything like** her sister?* Assomiglia un po' alla sorella?

2 CON UN VERBO IN FORMA NEGATIVA O CON PAROLE DI SIGNIFICATO NEGATIVO COME "HARDLY" (= niente)

I didn't see anything. Non ho visto niente. | *There was hardly anything left.* Non c'era rimasto quasi niente.

3 IN FRASI AFFERMATIVE

That cat will eat anything. Quel gatto mangia di tutto. | *He would do anything to win.* Pur di vincere farebbe qualsiasi cosa.

4 IN FRASI COMPARATIVE

It's bigger than anything I've seen before. Non avevo mai visto niente di così grande.

5 IN ESPRESSIONI

anything but per niente: *"Was she pleased?" "Anything but."* –Era contenta? – Per niente.

live apart non vivere insieme | **to stand apart** *He stood **apart from** the others.* Se ne stava in disparte. **4 apart from** BrE **a)** (eccetto) a parte **b)** (in aggiunta) oltre a
• *agg* separato -a: *I like to **keep** my work and*

anywhere *avverbio*

1 IN FRASI AFFERMATIVE

You can buy apples anywhere. Le mele si comprano dappertutto. | *Sit anywhere you like.* Siedi dove vuoi.

2 IN DOMANDE

Did you go anywhere last night? Sei andato da nessuna parte ieri sera?

3 CON UN VERBO IN FORMA NEGATIVA O CON PAROLE DI SIGNIFICATO NEGATIVO COME "HARDLY"

I can't find my keys anywhere. Non riesco a trovare le chiavi da nessuna parte. | *There was hardly anywhere open.* Era quasi tutto chiuso.

*my hobbies **apart**.* Mi piace tenere il lavoro separato dagli hobby.

apartment /əˈpɑːtmənt/ *s* appartamento

apathetic /ˌæpəˈθetɪk/ *agg* apatico -a

apathy /ˈæpəθi/ *s* apatia

ape /eɪp/ *sostantivo* e *verbo*
• *s* scimmia
• *v* [tr] scimmiottare ► FALSE FRIEND Non confondere **"ape"** con **ape** che si traduce **bee**.

apologetic /əˌpɒləˈdʒetɪk/ *agg* **to be apologetic about sth** essere dispiaciuto -a per qc

apologize, -ise BrE /əˈpɒlədʒaɪz/ *v* [intr] chiedere scusa: ***Apologize to** your mother!* Chiedi scusa a tua madre!

apology /əˈpɒlədʒi/ *s* (pl **-gies**) scuse: *I owe you an apology.* Ti devo delle scuse.

apostle /əˈpɒsəl/ *s* apostolo

apostrophe /əˈpɒstrəfi/ *s* apostrofo

appal BrE, **appall** AmE /əˈpɔːl/ *v* [tr] (**-lled**, **-lling**) sconvolgere

appalled /əˈpɔːld/ *agg* sconvolto -a

appalling /əˈpɔːlɪŋ/ *agg* spaventoso -a

apparatus /ˌæpəˈreɪtəs/ *s* attrezzatura [di palestra, laboratorio]

apparent /əˈpærənt/ *agg* **1** apparente **2** evidente

apparently /əˈpærəntli/ *avv* **1** a quanto pare **2** apparentemente

appeal /əˈpiːl/ *sostantivo* e *verbo*
• *s* **1** (per aiuto, informazioni) appello | **to launch an appeal for sth** promuovere una sottoscrizione per qc [fondi] **2** attrattiva **3** (ricorso) appello
• *v* [intr] **1** (per denaro, informazioni) **to appeal to sb for sth** rivolgere a qn una richiesta di qc: *Turkey has **appealed to** other countries for help.* La Turchia ha rivolto agli altri paesi una richiesta di aiuto. **2 to appeal to sb** attrarre qn **3 to appeal (against sth)** ricorrere in appello (contro qc)

appealing /əˈpiːlɪŋ/ *agg* attraente

appear /əˈpɪə/ *v* [intr] **1** sembrare: *She appeared very nervous.* Sembrava molto tesa. **2** spuntare: *A face appeared at the*

A

window. Un volto spuntò dalla finestra. **3** (in televisione) apparire **4** (in teatro) recitare **5** (libro, prodotto) uscire **6** (in tribunale) comparire

appearance /ə'pɪərəns/ *s* **1** aspetto | **to keep up appearances** salvare le apparenze **2** (arrivo) comparsa **3** (in film, sulle scene) apparizione **4** **to put in an appearance** farsi vedere [ad una festa]

appendicitis /əˌpendə'saɪtɪs/ *s* appendicite

appendix /ə'pendɪks/ *s* (pl **-dixes**) (in anatomia) appendice

appetite /'æpətaɪt/ *s* **1** appetito: *All that walking has* ***given*** *me* ***an appetite.*** Tutta quella strada mi ha fatto venire appetito. | **to lose your appetite** perdere l'appetito **2** **appetite for sth** sete di qc [avventura]

applaud /ə'plɔːd/ *v* [intr/tr] applaudire

applause /ə'plɔːz/ *s* applauso

apple /'æpəl/ *s* **1** mela **2** **apple pie** torta di mele **apple tree** melo

appliance /ə'plaɪəns/ *s* **household appliances** elettrodomestici

applicable /ə'plɪkəbəl/ *agg* (regola) applicabile, (sconto) valido -a

applicant /'æplɪkənt/ *s* candidato -a

application /ˌæplɪ'keɪʃən/ *s* **1** (di lavoro, di iscrizione) domanda, (di passaporto, prestito) richiesta **2** **application form** (per lavoro) modulo di domanda, (per passaporto) modulo di richiesta **3** applicazione

apply /ə'plaɪ/ *v* (3ª pers sing **-lies**, passato e participio **-lied**) **1** [intr] fare domanda | **to apply for sth** fare domanda per qc [lavoro, borsa di studio] **2** [intr] **to apply to sb/sth** riguardare qn/qc: *This question only* ***applies to*** *drivers.* Questa domanda riguarda solo gli automobilisti. **3** [tr] applicare [metodo, regola] **4** [tr] applicare [crema], stendere [vernice]

appoint /ə'pɔɪnt/ *v* [tr] nominare: *She has been appointed head teacher.* È stata nominata coordinatrice di classe.

appointment /ə'pɔɪntmənt/ *s* appuntamento: *I've* ***made an appointment*** *to see the teacher.* Ho preso un appuntamento per parlare con il professore.

appraisal /ə'preɪzəl/ *s* valutazione

appreciate /ə'priːʃieɪt/ *v* [tr] **1** apprezzare [musica, comodità] **2** apprezzare [aiuto]: *I really appreciate your offer.* Apprezzo molto la tua offerta. | ***I'd appreciate it if*** *you could let me know by Friday.* Le sarei grato se potesse farmelo sapere per venerdì **3** rendersi conto di [difficoltà]

appreciation /əˌpriːʃi'eɪʃən/ *s* **1** gratitudine **2** comprensione

appreciative /ə'priːʃətɪv/ *agg* **1** **an appreciative audience** un pubblico caloroso **2** **to be appreciative of sth** apprezzare qc

apprehension /ˌæprɪ'henʃən/ *s* apprensione

apprehensive /ˌæprɪ'hensɪv/ *agg* **to be apprehensive about doing sth** essere agitato all'idea di fare qc

apprentice /ə'prentɪs/ *s* apprendista

apprenticeship /ə'prentɪsʃɪp/ *s* apprendistato

approach /ə'prəʊtʃ/ *verbo e sostantivo*

• *v* (3ª pers sing **-ches**) **1** [intr/tr] (nello spazio) avvicinarsi (a) **2** [tr] rivolgersi a: *He* ***approached*** *his father* ***for*** *a loan.* Si è rivolto al padre per un prestito. **3** [intr/tr] (nel tempo) avvicinarsi (a) **4** [tr] affrontare [problema, situazione]

• *s* (pl **-ches**) approccio: *Let's try a different approach.* Proviamo un approccio diverso.

approachable /ə'prəʊtʃəbəl/ *agg* (persona) disponibile

appropriate¹ /ə'prəupriət/ *agg* appropriato -a: *I can't find an appropriate example.* Non riesco a trovare un esempio appropriato. | *appropriate action* misure adeguate

appropriate² /ə'prəuprieɪt/ *v* [tr] appropriarsi (indebitamente) di

appropriately /ə'prəupriətli/ *avv* (vestirsi) in modo conveniente

approval /ə'pruːvəl/ *s* **1** autorizzazione **2** (consenso) approvazione **3** (di legge, progetto) approvazione

approve /ə'pruːv/ *v* **1** [intr] approvare: *I know you don't approve.* Lo so che non approvi. | *My parents don't* ***approve of*** *my friends.* Ai miei genitori non piacciono i miei amici. | *He doesn't* ***approve of*** *Jane* ***smoking.*** Non approva che Jane fumi. **2** [tr] approvare [piano, legge]

approving /ə'pruːvɪŋ/ *agg* **an approving nod/glance etc** un cenno/uno sguardo ecc. d'approvazione

approximate¹ /ə'prɒksəmət/ *agg* approssimativo -a

approximate² /ə'prɒksəmeɪt/ *v* [tr] (formale) (assomigliare a) avvicinarsi a

approximately /ə'prɒksəmətli/ *avv* approssimativamente

apricot /'eɪprɪkɒt/ *sostantivo e aggettivo*

• *s* **1** albicocca **2** color albicocca ▶ vedi Active Box **colours** sotto **colour**

• *agg* (color) albicocca

April /'eɪprəl/ *s* aprile ▶ vedi Active Box **months** sotto **month**

apron /'eɪprən/ *s* grembiule

apt /æpt/ *agg* appropriato -a

aptitude /'æptətjuːd/ *s* attitudine: *She has* ***an aptitude for*** *music.* Ha attitudine per la musica.

aptly /ˈæptli/ *avv* non a caso
aquarium /əˈkweəriəm/ *s* (pl **aquariums** o **aquaria** /-riə/) acquario
Aquarius /əˈkweəriəs/ *s* **1** (segno) Acquario **2** (persona) Acquario: *She's an Aquarius.* Lei è dell'/Acquario.
aquatic /əˈkwætɪk/ *agg* acquatico -a
Arab /ˈærəb/ *agg* e *s* arabo -a
Arabic /ˈærəbɪk/ *sostantivo* e *aggettivo*
- *s* (lingua) arabo
- *agg* arabo -a

arable /ˈærəbəl/ *agg* **arable land** terreno agricolo
arbitrary /ˈɑːbətrəri/ *agg* arbitrario -a
arbitrate /ˈɑːbətreɪt/ *v* [tr] arbitrare [controversia]
arbitration /ˌɑːbəˈtreɪʃən/ *s* arbitrato [nelle controversie]
arc /ɑːk/ *s* arco [forma]
arcade /ɑːˈkeɪd/ *s* **1** sala giochi **2** galleria [con negozi]
arch /ɑːtʃ/ *sostantivo* e *verbo*
- *s* (pl **arches**) arco [in architettura]
- *v* [tr] (3ª pers sing **arches**) arcuare [schiena, sopracciglia]

archaeologist BrE, **archeologist** AmE /ˌɑːkiˈɒlədʒɪst/ *s* archeologo -a
archaeology BrE, **archeology** AmE /ˌɑːkiˈɒlədʒi/ *s* archeologia
archaic /ɑːˈkeɪ-ɪk/ *agg* arcaico -a
archbishop /ˌɑːtʃˈbɪʃəp/ *s* arcivescovo
archer /ˈɑːtʃə/ *s* arciere -a
archery /ˈɑːtʃəri/ *s* tiro con l'arco
architect /ˈɑːkətekt/ *s* architetto
architectural /ˌɑːkəˈtektʃərəl/ *agg* (stile, progettazione) architettonico -a, (studio) di architetto
architecture /ˈɑːkətektʃə/ *s* architettura
archive /ˈɑːkaɪv/ *s* archivio
archway /ˈɑːtʃweɪ/ *s* arco
Arctic /ˈɑːktɪk/ *s* **the Arctic** l'Artico
ardent /ˈɑːdənt/ *agg* appassionato -a
arduous /ˈɑːdjuəs/ *agg* (viaggio) difficile, (compito, salita) arduo -a
are /ə, tonico ɑː/ ▸ vedi **be**
area /ˈeəriə/ *s* **1** (di paese, città) zona: *Is there a good supermarket in the area?* C'è un buon supermercato in zona? **2** (di edificio) zona, (per picnic, gioco) area: *a no-smoking area* una zona per non fumatori **3** (di studio, attività) settore **4** (superficie, in geometria) area **5 area code** AmE prefisso (telefonico) ▸ In inglese britannico si usa **dialling code**.
arena /əˈriːnə/ *s* arena
aren't /ɑːnt/
- forma contratta di **are not**
- forma contratta di **am not** ▸ **Aren't** nel senso di **am not** si usa nelle domande, per esempio, *I am your friend, aren't I?*

Argentina /ˌɑːdʒənˈtiːnə/ *s* Argentina
Argentinian /ˌɑːdʒənˈtɪniən/ *agg* e *s* argentino -a
arguable /ˈɑːgjuəbəl/ *agg* **1** discutibile **2 it is arguable that** si può sostenere che
arguably /ˈɑːguəbli/ *avv* avverbio usato quando ci sono buone ragioni per sostenere qualcosa: *It is arguably her finest work.* Si può dire che sia il suo lavoro più bello.
argue /ˈɑːgjuː/ *v* **1** [intr] litigare: *I could hear them arguing in the next room.* Li sentivo litigare nella stanza accanto. | **to argue with sb (about sth)** litigare con qn (su qc) **2 to argue for/against sth** pronunciarsi a favore di/contro qc **3 to argue that** sostenere che
argument /ˈɑːgjəmənt/ *s* **1** (disputa) discussione | **to have an argument with sb (about sth)** litigare con qn (su qc) **2** argomentazione | **an argument for/against sth** un argomento a favore di/contro qc ▸ FALSE FRIEND Non confondere **"argument"** con **argomento** che si traduce **topic**.
argumentative /ˌɑːgjəˈmentətɪv/ *agg* polemico -a
arid /ˈærɪd/ *agg* arido -a
Aries /ˈeəriːz/ *s* **1** (segno) Ariete **2** (persona) Ariete: *I'm an Aries.* Sono dell'Ariete.
arise /əˈraɪz/ *v* [intr] (passato **arose**, participio **arisen**) **1** (problema, difficoltà) sorgere, (opportunità) presentarsi | **to arise from sth** derivare da qc **2 should the need arise** in caso di necessità
arisen /əˈrɪzən/ participio di **arise**
aristocracy /ˌærəˈstɒkrəsi/ *s* (pl **-cies**) aristocrazia
aristocrat /ˈærɪstəkræt, AmE əˈrɪstəˌkræt/ *s* aristocratico -a
aristocratic /ˌærɪstəˈkrætɪk/ *agg* aristocratico -a
arithmetic /əˈrɪθmətɪk/ *s* aritmetica
arm /ɑːm/ *sostantivo, sostantivo plurale* e *verbo*
- *s* **1** braccio: *She broke her arm.* Si è rotta un braccio. | **arm in arm (with sb)** a braccetto (con qn) | **with your arms folded** a braccia incrociate **2** (di poltrona) bracciolo **3** (di camicia) manica
- **arms** *s pl* **1** armi **2 up in arms** (informale) furibondo
- *v* **1** [tr] armare [esercito] **2** [intr] (paese) armarsi

armaments /ˈɑːməmənts/ *s pl* armamenti
armchair /ˈɑːmtʃeə/ *s* poltrona
armed /ɑːmd/ *agg* **1** armato -a **2 the armed forces** le forze armate **3 armed robbery** rapina a mano armata
armour BrE, **armor** AmE /ˈɑːmə/ *s* armatura

armoured BrE, **armored** AmE /ˈɑːməd/ *agg* blindato -a

armpit /ˈɑːmˌpɪt/ *s* ascella

army /ˈɑːmi/ *s* (pl **armies**) esercito | **to join the army** arruolarsi

aroma /əˈrəʊmə/ *s* aroma

arose /əˈrəʊz/ passato di **arise**

around /əˈraʊnd/ *avv* e *prep* ▶ vedi riquadro ▶ **Around**, in combinazione con vari verbi, forma i cosiddetti **phrasal verbs** come **ask around**, **push around**, ecc. I phrasal verbs sono trattati sotto il verbo corrispondente.

arouse /əˈraʊz/ *v* [tr] **1 to arouse suspicion/interest** destare sospetto/interesse **2** (sessualmente) eccitare

arrange /əˈreɪndʒ/ *v* [tr] **1** organizzare [riunione, festa]: *We are arranging a surprise party for her birthday.* Stiamo organizzando una festa a sorpresa per il suo compleanno. | **to arrange to do sth** mettersi d'accordo per fare qc: *I've **arranged to** go with Helen.* Mi sono messo d'accordo per andare con Helen. | *I've **arranged for** him **to** pick you up.* Mi sono messo d'accordo con lui perché ti venga a prendere. **2 as arranged** come d'accordo **3** (posizionare) sistemare **4** arrangiare [musica]

arrangement /əˈreɪndʒmənt/ *sostantivo* e *sostantivo plurale*
- *s* **1** (intesa) accordo | **to come to an arrangement** arrivare ad un accordo **2** (posizione) sistemazione **3** (di fiori) composizione
- **arrangements** *s pl* (per evento, viaggio) preparativi: *I'll **make** all the **arrangements**.* Mi occuperò di tutti i preparativi. | *She's made other arrangements for Saturday.* Ha fatto altri piani per sabato.

array /əˈreɪ/ *s* **a vast array of** una vasta gamma di [articoli, prodotti]

arrears /əˈrɪəz/ *s pl* **to be in arrears** essere in arretrato

arrest /əˈrest/ *verbo* e *sostantivo*
- *v* [tr] arrestare: *He was **arrested for** burglary.* È stato arrestato per furto con scasso.
- *s* arresto | **to be under arrest** essere in arresto

arrival /əˈraɪvəl/ *s* **1** (di persona, treno, aereo) arrivo **2** (di prodotto, invenzione) comparsa **3 a new arrival** un nuovo arrivo

arrive /əˈraɪv/ *v* [intr] **1** (persona, evento) arrivare: *When we **arrived at** the house, no one was in.* Quando siamo arrivati alla casa non c'era nessuno. | *She **arrived in** Miami at 3 pm.* È arrivata a Miami alle 15. ▶ vedi riquadro sotto **arrivare** **2** (prodotto, invenzione) arrivare

arrogance /ˈærəgəns/ *s* arroganza

arrogant /ˈærəgənt/ *agg* arrogante

around

AVVERBIO

1 NEL SENSO DI INTORNO A

Reporters crowded around as she came out. I giornalisti le si sono accalcati intorno mentre stava uscendo.

2 MOVIMENTO CIRCOLARE

Water pushes the wheel around. L'acqua fa girare la ruota.

3 DA TUTTE LE PARTI

She leaves her things lying around. Lascia in giro le sue cose. | *I spent a year travelling around.* Ho viaggiato di qua e di là per un anno.

4 NELLE VICINANZE

There was no one around. Non c'era in giro nessuno.

5 ESISTENTE

They're one of the best new bands around. È uno dei migliori nuovi gruppi in circolazione.

PREPOSIZIONE

1 ATTORNO (= intorno a)

We sat around the table. Ci siamo seduti intorno al tavolo. | *He put his arm around her waist.* Le ha messo un braccio intorno alla vita.

2 DA TUTTE LE PARTI

We had a walk around the town. Abbiamo fatto un giro per la città. | *There are lots of parks around the city.* Ci sono molti parchi in città.

3 VICINO

Is there a bank around here? C'è una banca da queste parti?

4 DALL'ALTRA PARTE DI

It's just around the corner. È proprio dietro l'angolo.

5 APPROSSIMATIVAMENTE (= circa)

I'll be back around six. Tornerò verso le sei.

arrow /ˈærəʊ/ *s* freccia

arson /ˈɑːsən/ *s* incendio doloso

art /ɑːt/ *sostantivo* e *sostantivo plurale*
- *s* **1** (attività) arte: *a work of art* un'opera d'arte **2 art exhibition** mostra d'arte **3** (abilità) arte: *the art of conversation* l'arte della conversazione
- **arts** *s pl* **1 the arts** le belle arti **2 (the) arts** gli studi umanistici

artefact /ˈɑːtɪfækt/ *s* manufatto

artery /ˈɑːtəri/ *s* (pl **-ries**) arteria
ˈart ˌgallery *s* (pl **-ries**) **1** museo (d'arte) **2** galleria d'arte
arthritis /ɑːˈθraɪtɪs/ *s* artrite
artichoke /ˈɑːtɪtʃəʊk/ *s* carciofo
article /ˈɑːtɪkəl/ *s* **1** (di giornale) articolo **2** (oggetto) articolo: *household articles* (articoli) casalinghi | *articles of clothing* capi di abbigliamento **3** (in grammatica) articolo
articulate[1] /ɑːˈtɪkjələt/ *agg* **1** che sa esprimersi bene: *He is very articulate for a six-year-old.* Parla molto bene per un bambino di sei anni. **2** (racconto, ragionamento) chiaro -a
articulate[2] /ɑːˈtɪkjəleɪt/ *v* **1** [tr] esprimere chiaramente [sentimenti, idee] **2** [tr/intr] (parlare) pronunciare
artifact /ˈɑːtɪfækt/ ▶ vedi **artefact**
artificial /ˌɑːtəˈfɪʃəl/ *agg* **1** (non naturale) artificiale **2** (falso) artefatto -a **3** **artificial intelligence** intelligenza artificiale
artificially /ˌɑːtəˈfɪʃəli/ *avv* artificialmente
artillery /ɑːˈtɪləri/ *s* artiglieria
artist /ˈɑːtɪst/ *s* artista
artistic /ɑːˈtɪstɪk/ *agg* **1** artistico -a **2** **to be artistic** essere portato per l'arte
artwork /ˈɑːtwɜːk/ *s* **1** (di pubblicazioni) materiale illustrativo **2** opera (d'arte)
as /əz, tonico æz/ *congiunzione*, *avverbio* e *preposizione*
• *cong* e *avv* **1** **as... as...** (nei paragoni) (così) ... come ...: *I can't run as fast as I used to.* Non riesco a correre (così) velocemente come una volta. | *I'm as tall as him.* Sono alto come lui. | *Try to eat* ***as much as*** *you can.* Cerca di mangiare più che puoi. | **as soon as possible** il più presto possibile
2 (in quel modo) come: *We left everything as it was.* Abbiamo lasciato tutto così com'era. | *Do as I say!* Fà come ti dico!
3 quando: *He came up to me as I was leaving.* È venuto da me quando stavo uscendo.
4 mentre: *She sang as she worked.* Cantava mentre lavorava.
5 **as time goes by** col tempo
6 visto che: *As I was tired, I decided not to go.* Visto che ero stanco, ho deciso di non andare.
7 **as for sth/sb** per quanto riguarda qc/qn
8 **as if** come se: *She behaved as if nothing had happened.* Si è comportata come se non fosse successo niente. | *It sounds* ***as though*** *he's been very ill.* Sembra che sia stato molto malato.
9 **as from** da: *As from next year, English will be compulsory.* Dal prossimo anno, l'inglese sarà obbligatorio.
10 **as to** su: *She gave no explanation as to why she was late.* Non ha dato nessuna spiegazione sul perché fosse in ritardo. ▶ vedi anche **just**, **such**
• *prep* **1** (nel ruolo di) come: *It's not bad as a first attempt.* Come primo tentativo, non è male. | *She works as a hairdresser.* Lavora come parrucchiera. | *dressed up as pirates* travestiti da pirati
2 **the same... as...** (nei paragoni) lo stesso... di...: *Jim works in the same office as my sister.* Jim lavora nello stesso ufficio di mia sorella.
3 **as a child/young man etc** da bambino/giovane ecc.: *I used to go there as a child.* Ero solito andare lì da bambino. ▶ **AS O LIKE?** vedi nota sotto **come**
asap /ˌeɪ es eɪ ˈpiː/ (**= as soon as possible**) il più presto possibile
asbestos /æsˈbestəs/ *s* amianto
ascend /əˈsend/ *v* [tr/intr] (formale) salire
ascent /əˈsent/ *s* **1** (pendio) salita **2** scalata [di montagna]
ascertain /ˌæsəˈteɪn/ *v* [tr] (formale) accertare
ascribe /əˈskraɪb/ *v* (formale) **to ascribe sth to sth/sb** attribuire qc a qc/qn
ash /æʃ/ *s* **1** cenere: *burnt to ashes* ridotto in cenere **2** (albero, legno) frassino
ashamed /əˈʃeɪmd/ *agg* **to be ashamed** vergognarsi: *I was* ***ashamed that*** *I hadn't thanked her.* Mi vergognavo di non averla ringraziata. | **to be ashamed of sth/sb** vergognarsi di qc/qn: *You should be ashamed of yourself!* Dovresti vergognarti!
ashore /əˈʃɔː/ *avv* a riva: *We* ***swam ashore.*** Siamo venuti a riva a nuoto. | **to go ashore** (sulla terraferma) sbarcare
ashtray /ˈæʃtreɪ/ *s* portacenere
ˌAsh ˈWednesday *s* Mercoledì delle Ceneri
Asia /ˈeɪʃə/ *s* Asia
Asian /ˈeɪʃən/ *agg* e *s* asiatico -a
aside /əˈsaɪd/ *avv* **1** **to step aside** scansarsi | **to take sb aside** prendere qn in disparte **2** **to put sth aside** mettere qc da parte **3** **aside from** AmE a parte ▶ In inglese britannico si usa **apart from**
ask /ɑːsk/ *v* **1** [tr/intr] (domandare) chiedere: *I asked him the time.* Gli ho chiesto l'ora. | **to ask (sb) a question** fare una domanda (a qn) | **to ask about sth** informarsi su qc: *I'll ask about train times.* Mi informerò sull'orario dei treni. | **to ask yourself** chiedersi | **don't ask me!** non chiederlo a me! | **if you ask me** a mio parere **2** [tr/intr] chiedere [aiuto, consiglio]: *If you need anything, just ask.* Se hai bisogno di qualcosa, non devi fare altro che

chiedere. | *He **asked** me **for** a pen.* Mi ha chiesto una penna. | **to ask sb to do sth** chiedere a qn di fare qc: *She asked him to turn the radio down.* Gli ha chiesto di abbassare le radio. | **to ask to do sth** chiedere di fare qc: *I **asked** to see the manager.* Ho chiesto di vedere il direttore. **3** [tr] invitare: *I've asked them to dinner.* Li ho invitati a cena. **4** [tr] (per vendere qualcosa) volere: *How much is he asking for the car?* Quanto vuole per la macchina? **5 to ask for it** (informale) andarsela a cercare: *It serves him right. He was asking for it.* Gli sta bene. Se l'è andata a cercare.

ask after sb chiedere notizie di qn
ask around chiedere in giro
ask for sb chiedere di qn
ask sb in (invitare) far entrare qn
ask sb out invitare fuori qn

asleep /ə'sli:p/ *agg* **to be asleep** dormire | **fast/sound asleep** profondamente addormentato | **to fall asleep** addormentarsi

asparagus /ə'spærəgəs/ *s* asparago

aspect /'æspekt/ *s* aspetto [di questione, situazione]

asphalt /'æsfælt/ *s* asfalto

asphyxiate /æs'fɪksieɪt/ *v* [tr] asfissiare

aspiration /ˌæspə'reɪʃən/ *s* aspirazione

aspirin /'æsprɪn/ *s* aspirina

ass /æs/ *s* sciocco -a

assailant /ə'seɪlənt/ *s* (formale) aggressore, aggreditrice

assassin /ə'sæsɪn/ *s* assassino -a ▶ ASSASSIN O MURDERER? vedi **assassino**

assassinate /ə'sæsəneɪt/ *v* [tr] assassinare ▶ ASSASSINATE O MURDER? vedi nota sotto **assassinare**

assassination /əˌsæsə'neɪʃən/ *s* assassinio ▶ ASSASSINATION O MURDER? vedi **assassinio**

assault /ə'sɔ:lt/ *sostantivo* e *verbo*
• *s* **1** (di persona) aggressione **2** (di esercito) assalto
• *v* [tr] aggredire [persona]

assemble /ə'sembəl/ *v* **1** [intr] (persone) radunarsi **2** [tr] raccogliere [prove, informazioni] **3** [tr] radunare [soldati, dimostranti] **4** [tr] montare [mobile]

assembly /ə'sembli/ *s* (pl **-blies**) **1** assemblea quotidiana di alunni e insegnanti prima dell'inizio delle lezioni **2** (di delegati) assemblea **3** (costruzione) montaggio **4 assembly line** catena di montaggio

assert /ə'sɜ:t/ *v* [tr] **1** (dichiarare) affermare **2** imporre [autorità] **3 to assert yourself** farsi valere

assertion /ə'sɜ:ʃən/ *s* (dichiarazione) affermazione

assertive /ə'sɜ:tɪv/ *agg* che sa farsi valere: *He must learn to be more assertive.* Deve imparare ad imporsi di più.

assess /ə'ses/ *v* [tr] (3ª pers sing **assesses**) **1** (giudicare) valutare **2** stimare [valore, costo], accertare [reddito]

assessment /ə'sesmənt/ *s* **1** (giudizio) valutazione **2** (di valore, costo) stima, (di reddito) accertamento

asset /'æset/ *sostantivo* e *sostantivo plurale*
• *s* (vantaggio) pregio, (persona) elemento prezioso
• **assets** *s pl* (beni) patrimonio

assign /ə'saɪn/ *v* **to assign sth to sb a)** destinare qc a qn [denaro, materiale] **b)** assegnare qc a qn [compito, spazio]

assignment /ə'saɪnmənt/ *s* **1** (a scuola) compito **2** (di governo, giornale) missione

assimilate /ə'sɪməleɪt/ *v* **1** [tr] (imparare) assimilare **2** [intr] (persona) integrarsi

assist /ə'sɪst/ *v* [tr/intr] (formale) aiutare

assistance /ə'sɪstəns/ *s* (formale) aiuto

assistant /ə'sɪstənt/ *s* **1** (in ufficio) assistente **2** (in negozio) commesso -a **3 assistant director** vicedirettore -trice **assistant manager** vicedirettore -trice

associate[1] /ə'səʊʃieɪt/ *v* **1 to associate sth/sb with sth** associare qc/qn a qc **2 to be associated with sth** essere collegato a qc **3 to associate with sb** frequentare qn

associate[2] /ə'səʊʃiət/ *s* socio -a

association /əˌsəʊsi'eɪʃən/ *s* **1** (vincolo) legame **2 in association with** in società con **3** (organizzazione) associazione

assorted /ə'sɔ:tɪd/ *agg* assortito -a

assortment /ə'sɔ:tmənt/ *s* assortimento

assume /ə'sju:m/ *v* [tr] **1** (presumere) presupporre: ***Assuming that** he agrees, when will he start?* Presupponendo che accetti, quando inizierà? **2** assumere [controllo, carica] **3** assumersi [responsabilità] **4 to assume an air of sth** assumere un'aria da qc

assumption /ə'sʌmpʃən/ *s* presupposto | **to make the assumption that** presupporre che

assurance /ə'ʃʊərəns/ *s* **1** (garanzia) conferma | **to give sb an assurance that** assicurare a qn che **2** (fiducia) sicurezza

assure /ə'ʃʊə/ *v* [tr] **1** (garantire) assicurare **2** garantire [successo, vittoria]

assured /ə'ʃʊəd/ *agg* **1** (persona) sicuro -a **2 to be assured of sth** essere sicuro di qc

asterisk /'æstərɪsk/ *s* asterisco

asthma /'æsmə/ *s* asma

astonish /ə'stɒnɪʃ/ *v* [tr] stupire

Quando si usa *in*, *on* e *at*? Vedi alla voce in.

astonished /ə'stɒnɪʃt/ *agg* meravigliato -a, stupefatto -a: *We were* ***astonished at*** *her bravery.* Eravamo stupefatti dal suo coraggio.

astonished

astonishing /ə'stɒnɪʃɪŋ/ *agg* sorprendente

astonishment /ə'stɒnɪʃmənt/ *s* stupore

astound /ə'staʊnd/ *v* [tr] sbalordire

astounded /ə'staʊndɪd/ *agg* sbalordito -a

astounding /ə'staʊndɪŋ/ *agg* sbalorditivo -a

astray /ə'streɪ/ *avv* **1 to go astray** andare perso **2 to lead sb astray** traviare qn

astride /ə'straɪd/ *prep* **to sit astride sth** sedere a cavalcioni di qc

astrology /ə'strɒlədʒi/ *s* astrologia

astronaut /'æstrənɔːt/ *s* astronauta

astronomer /ə'strɒnəmə/ *s* astronomo -a

astronomical /ˌæstrə'nɒmɪkəl/ *agg* astronomico -a

astronomy /ə'strɒnəmi/ *s* astronomia

astute /ə'stjuːt/ *agg* astuto -a

asylum /ə'saɪləm/ *s* asilo | **to seek asylum** chiedere asilo

at /ət, tonico æt/ *prep* ▶ vedi riquadro

ate /et/ passato di **eat**

atheist /'eɪθiɪst/ *s* ateo -a

athlete /'æθliːt/ *s* atleta

athletic /æθ'letɪk/ *agg* **1** (sportivo) atletico -a **2** (gara) di atletica

athletics /æθ'letɪks/ *s* atletica

atlas /'ætləs/ *s* (pl **-ses**) atlante

ATM /ˌeɪ tiː 'em/ *s* (= **automated teller machine**) AmE Bancomat® ▶ In inglese britannico si usa **cashpoint**.

atmosphere /'ætməsfɪə/ *s* **1** (di luogo) atmosfera **2** (in una stanza) ambiente **3** (di pianeta) atmosfera

atmospheric /ˌætməs'ferɪk/ *agg* **1** atmosferico -a **2** (luce) soffuso -a, (musica) di atmosfera

atom /'ætəm/ *s* atomo

atomic /ə'tɒmɪk/ *agg* atomico -a

atrocious /ə'trəʊʃəs/ *agg* (tempo, cibo, film) pessimo -a

atrocity /ə'trɒsəti/ *s* (pl **-ties**) atrocità

attach /ə'tætʃ/ *v* [tr] **1** (con corde, bulloni) fissare **2** allegare [documento] **3 to attach importance to sth** attribuire importanza a qc

---

at *preposizione*

1 POSIZIONE (= a)

We'll meet at my house. Ci vediamo a casa mia. | *There was no one* ***at home.*** Non c'era nessuno in casa.

2 TEMPO

The train leaves at eight. Il treno parte alle otto. | *She often works at night.* Lavora spesso di notte. | *What are you doing at Christmas?* Che cosa fai per Natale? | **at the moment** in questo momento

3 DIREZIONE

I threw a book at him. Ho lanciato un libro contro di lui. | *Look at that!* Guarda!

4 CAUSA

No one laughed at his jokes. Nessuno ha riso alle sue barzellette. | *We were horrified at the news.* Siamo rimasti inorriditi dalla notizia.

5 PREZZO, VELOCITÀ, LIVELLO, ETÀ (= a)

T-shirts at ten dollars each magliette a dieci dollari l'una | *The train travels at 120 miles an hour.* Il treno viaggia a 120 miglia all'ora. | *I left home at 17.* Sono andata via di casa a 17 anni.

6 STATO, ATTIVITÀ

We were at dinner when the phone rang. Stavamo cenando quando è suonato il telefono. | *The two countries were at war.* I due paesi erano in guerra.

---

attached /ə'tætʃt/ *agg* **to be attached to sth/sb** essere attaccato a qc/qn [affezionato]

attachment /ə'tætʃmənt/ *s* **1** attaccamento [affettivo] **2** allegato

attack /ə'tæk/ *sostantivo* e *verbo*

• *s* **1** (critica) attacco **2** (azione violenta) aggressione, attacco [militare]: *an* ***attack on*** *enemy air bases* un attacco alle basi aeree nemiche **3** attacco [d'asma, di tosse] **4** (giocatori, azione) attacco

• *v* [tr/intr] **1** aggredire [persona], (generale, cane) attaccare **2** (criticare) attaccare

attacker /ə'tækə/ *s* aggressore, aggreditrice

attain /ə'teɪn/ *v* [tr] (formale) raggiungere [obiettivo, posizione]

attempt /ə'tempt/ *verbo* e *sostantivo*

• *v* [tr] **1** tentare [impresa] **2 to attempt to do sth** tentare di fare qc

• *s* tentativo | **an attempt to do sth** un tentativo di fare qc | **to make no attempt to do sth** non provare nemmeno a fare qc

attempted /ə'temptɪd/ *agg* tentato -a: *attempted murder* tentato omicidio | *There have been several attempted robberies.* Ci sono stati numerosi tentativi di rapina.

A

attend /ə'tend/ *v* [tr] frequentare [scuola, chiesa], partecipare a [riunione, manifestazione]
attend to sth/sb occuparsi di qc/qn ▶ FALSE FRIEND Non confondere **"attend"** con **attendere** che si traduce **to wait for**.

attendance /ə'tendəns/ *s* **1** numero di spettatori, partecipanti, ecc. **2** presenza [partecipazione] **3** (di scuola, corso) frequenza

attendant /ə'tendənt/ *s* (al guardaroba) guardarobiere -a, (in parcheggio) posteggiatore, (in stazione di servizio) benzinaio -a

attention /ə'tenʃən/ *s* **1** attenzione: *Can I have your attention, please?* Un momento di attenzione, per cortesia. | *She requires urgent medical attention.* Necessita di cure mediche urgenti. | **to pay attention** (stare attento) prestare attenzione, (dare importanza) dare retta: *Don't **pay** any **attention to** her.* Non starla a sentire. | **to draw sb's attention to sth** richiamare l'attenzione di qn su qc **2 attention!** attenti!

attentive /ə'tentɪv/ *agg* **1** (studente, pubblico) attento -a **2** (premuroso) attento -a

attic /'ætɪk/ *s* soffitta ▶ FALSE FRIEND Non confondere **"attic"** con **attico** che si traduce **penthouse**.

attitude /'ætɪtjuːd/ *s* atteggiamento: *His **attitude towards** women has changed.* Il suo atteggiamento nei confronti delle donne è cambiato. ▶ FALSE FRIEND Non confondere **"attitude"** con **attitudine** che si traduce **gift**.

attorney /ə'tɜːni/ *s* AmE avvocato -essa ▶ In inglese britannico si usa **lawyer**.

attract /ə'trækt/ *v* [tr] **1** attirare | **to be attracted to sb** essere attratto da qn **2 to attract attention** attirare l'attenzione | **to attract sb's attention** attirare l'attenzione di qn

attraction /ə'trækʃən/ *s* **1** attrazione **2** attrattiva

attractive /ə'træktɪv/ *agg* (persona) attraente, (idea, proposta) allettante

attribute¹ /'ætrɪbjuːt/ *s* attributo

attribute² /ə'trɪbjuːt/ *v* (formale) **to attribute sth to sth/sb** attribuire qc a qc/qn

aubergine /'əʊbəʒiːn/ *s* BrE melanzana

auburn /'ɔːbən/ *agg* castano ramato

auction /'ɔːkʃən/ *sostantivo* e *verbo*
- *s* asta
- *v* [tr] vendere all'asta

auctioneer /ˌɔːkʃə'nɪə/ *s* banditore -trice (d'asta)

audible /'ɔːdəbəl/ *agg* udibile

audience /'ɔːdiəns/ *s* **1** (di teatro, concerto) pubblico **2** (di programma televisivo) spettatori, (di programma radiofonico) ascoltatori

audiovisual /ˌɔːdiəʊ'vɪʒuəl/ *agg* audiovisivo -a

audit /'ɔːdɪt/ *verbo* e *sostantivo*
- *v* [tr] effettuare una revisione contabile
- *s* revisione contabile

audition /ɔː'dɪʃən/ *sostantivo* e *verbo*
- *s* provino
- *v* [intr] fare un provino

auditorium /ˌɔːdɪ'tɔːriəm/ *s* (pl **auditoria** /-riə/ o **auditoriums**) auditorium

August /'ɔːgəst/ *s* agosto ▶ vedi Active Box **months** sotto **month**

aunt /ɑːnt/ *s* zia

auntie, anche **aunty** /'ɑːnti/ *s* (informale) zia

au pair /əʊ 'peə/ *s* ragazza alla pari

austere /ɔː'stɪə/ *agg* austero -a

austerity /ɔː'sterəti/ *s* austerità

Australia /ɒ'streɪliə/ *s* Australia

Australian /ɒ'streɪliən/ *agg* e *s* australiano -a

Austria /'ɒstriə/ *s* Austria

Austrian /'ɒstriən/ *agg* e *s* austriaco -a

authentic /ɔː'θentɪk/ *agg* autentico -a

authenticity /ˌɔːθen'tɪsəti/ *s* autenticità

author /'ɔːθə/ *s* autore, autrice

authoritarian /ɔːˌθɒrə'teəriən/ *agg* autoritario -a

authoritative /ɔː'θɒrɪtətɪv/ *agg* **1** (opera, fonte) autorevole **2** (voce, modo) autoritario -a

authority /ɔː'θɒrəti/ *s* (pl **-ties**) **1** (potere) autorità **2 the authorities** le autorità **3** (esperto) autorità: *one of the world's greatest **authorities on** tropical diseases* una delle maggiori autorità al mondo sulle malattie tropicali

authorization, -isation BrE /ˌɔːθəraɪ'zeɪʃən/ *s* autorizzazione

authorize, -ise BrE /'ɔːθəraɪz/ *v* [tr] autorizzare: *I'm not **authorized to** sign cheques.* Non sono autorizzato a firmare assegni.

autobiographical /ˌɔːtəbaɪə'græfɪkəl/ *agg* autobiografico -a

autobiography /ˌɔːtəbaɪ'ɒgrəfi/ *s* (pl **-phies**) autobiografia

autograph /'ɔːtəgrɑːf/ *s* autografo

automatic /ˌɔːtə'mætɪk/ *aggettivo* e *sostantivo*
- *agg* automatico -a
- *s* **1** auto con cambio automatico **2** (pistola) automatica

automatically /ˌɔːtə'mætɪkli/ *avv* automaticamente

automation /ˌɔːtə'meɪʃən/ *s* automazione

automobile /'ɔːtəməbiːl/ *s* AmE automobile ▶ In inglese britannico si usa **car**.

autonomous /ɔː'tɒnəməs/ *agg* autonomo -a

autonomy /ɔː'tɒnəmi/ *s* autonomia

autopsy /'ɔːtɒpsi/ *s* (pl **-sies**) autopsia

autumn /'ɔːtəm/ *s* **1** autunno ▶ vedi Active Box **seasons** sotto **season** **2** [davanti ad altri sostantivi] autunnale

auxiliary /ɔːg'zɪljəri/ *aggettivo* e *sostantivo*

● *agg* **1** (motore) ausiliario -a **2 auxiliary verb** verbo ausiliare

● *s* ausiliare

avail /ə'veɪl/ *s* **to no avail** inutilmente

availability /ə,veɪlə'bɪləti/ *s* **1** (di persona) l'essere libero da impegni **2** disponibilità [di prodotto, servizio]

available /ə'veɪləbəl/ *agg* **1** (prodotto) disponibile: *The sweater is available in black, white and red.* Il maglione è disponibile in nero, bianco e rosso. | *They are readily available in any supermarket.* Si trovano facilmente in qualsiasi supermercato. **2** (persona, posto) disponibile **3 to be available** (persona) essere libero

avalanche /'ævəlɑːnʃ/ *s* valanga

avant-garde /,ævɒŋ 'gɑːd/ *agg* d'avanguardia

avenue /'ævənjuː/ *s* viale

average /'ævərɪdʒ/ *aggettivo*, *sostantivo* e *verbo*

● *agg* **1** medio -a: *His average speed was 110 mph.* La sua velocità media era di 110 miglia all'ora. | *the average family* la famiglia media **2** passabile

● *s* media | **on average** in media

● *v* **average out** **to average out at 15%/$100 a week** aggirarsi intorno al 15%/ai 100 dollari alla settimana

aversion /ə'vɜːʃən/ *s* avversione

avert /ə'vɜːt/ *v* [tr] **1** evitare [crisi, tragedia] **2 to avert your eyes/gaze** distogliere gli occhi/lo sguardo

aviation /,eɪvi'eɪʃən/ *s* aviazione

avid /'ævɪd/ *agg* (lettore) accanito -a, (collezionista) appassionato -a, (ammiratore) entusiasta

avocado /,ævə'kɑːdəʊ/, anche **,avocado 'pear** *s* avocado

avoid /ə'vɔɪd/ *v* [tr] **1** evitare | **to avoid doing sth** evitare di fare qc **2** schivare: *The car swerved to avoid a dog.* La macchina sterzò bruscamente per schivare un cane.

await /ə'weɪt/ *v* [tr] (formale) **1** essere in attesa di [processo]: *She was still awaiting a decision.* Era ancora in attesa di una decisione. **2** (sorpresa, regalo) aspettare: *A warm welcome awaited us.* Ci aspettava un caloroso benvenuto.

awake /ə'weɪk/ *aggettivo* e *verbo*

● *agg* **to be/stay awake** essere/restare sveglio | **to keep sb awake** tenere sveglio qn

● *v* (passato **awoke**, participio **awoken**) (letterario) [intr] destarsi

awaken /ə'weɪkən/ *v* [tr] (letterario) destare [sospetti], suscitare [timore, interesse]

award /ə'wɔːd/ *verbo* e *sostantivo*

● *v* [tr] **1** assegnare [premio, borsa di studio], conferire [titolo] | **to award sb sth** assegnare qc a qn [in premio] **2** concedere [indennizzo]

● *s* **1** premio **2** indennizzo

aware /ə'weə/ *agg* **to be aware of sth** *The Government is well aware of the problems.* Sono problemi che il Governo conosce assai bene. | *He wasn't aware of the danger.* Non si rendeva conto del pericolo. | **to be aware (that)** *Are you aware that this is a no-smoking building?* Lo sa che in questo edificio è vietato fumare? | *I wasn't aware that I was doing anything wrong.* Secondo me non stavo facendo niente di male.

awareness /ə'weənəs/ *s* consapevolezza

away /ə'weɪ/ *avv* e *agg* ▶ vedi riquadro ▶ **Away**, in combinazione con vari verbi, forma i cosiddetti **phrasal verbs** come **put away**, **give away**, ecc. I phrasal verbs sono trattati sotto il verbo corrispondente.

awe /ɔː/ *s* **to be in awe of sb** avere soggezione di qn | **to be in awe of sth** essere intimidito da qc

awesome /'ɔːsəm/ *agg* (eccezionale) impressionante

awful /'ɔːfəl/ *agg* **1** orribile **2** usato per enfatizzare: *I felt an awful fool.* Mi sono sentito un grandissimo stupido. | *I've got*

away

AVVERBIO

1 ALLONTANAMENTO

He walked slowly away. Si allontanò lentamente. | *Go away!* Vattene! | *Keep away from the fire!* Stai lontano dal fuoco!

2 DISTANZA, TEMPO

The sea is only five miles away. Il mare è a sole cinque miglia di distanza. | *Christmas is only two weeks away.* Mancano solo due settimane a Natale.

3 ASSENZA

She was away from school for a week. È stata assente da scuola per una settimana. | *I watered her plants while she was away.* Le ho innaffiato le piante mentre era via.

4 SCOMPARSA

The water had boiled away. L'acqua era evaporata completamente.

5 AZIONE CONTINUA

He was singing away in the shower. Cantava sotto la doccia.

AGGETTIVO

away match partita fuori casa

Sai come funzionano i *phrasal verbs*? Vedi le spiegazioni nella **guida grammaticale**.

an ***awful lot of*** *work to do.* Ho tantissimo lavoro da fare. **3 to feel awful a)** (fisicamente) sentirsi molto male **b)** (moralmente) sentirsi in colpa

awfully /ˈɔːfəli/ *avv* usato per enfatizzare: *I'm awfully sorry.* Mi dispiace terribilmente. | *It's awfully good of you.* È davvero gentile da parte tua.

awkward /ˈɔːkwəd/ *agg* **1** (domanda, situazione) imbarazzante **2** (momento) sbagliato -a **3** (gesto, movimento) goffo -a **4** (per esprimere difficoltà) complicato -a: *The village is awkward to get to.* Il paese è un po' complicato da raggiungere. **5** (persona) difficile

awoke /əˈwəʊk/ passato di **awake**

awoken /əˈwəʊkən/ participio di **awake**

axe, anche **ax** AmE /æks/ *sostantivo* e *verbo*

• *s* ascia

• *v* [tr] **1** tagliare [posti di lavoro] **2** cancellare [programma, servizio]

axis /ˈæksɪs/ *s* (pl **axes** /ˈæksiːz/) asse

axle /ˈæksəl/ *s* asse [di ruote]

B¹, b /biː/ *s* (lettera) B, b ▶ vedi Active Box **letters** sotto **letter**

B² /biː/ *s* **1** (nota musicale) si **2** voto nel sistema scolastico britannico che equivale a buono ▶ vedi riquadro sotto **grade**

B&B *s* ▶ vedi **bed and breakfast**

BA, anche **B.A.** /ˌbiː ˈeɪ/ *s* (= **Bachelor of Arts**)

> Si chiama così il titolo di studio rilasciato dalle università a studenti che abbiano completato un corso di laurea in discipline artistiche o umanistiche: *She's got a BA in History.* Ha una laurea in Storia.

baby /ˈbeɪbi/ *s* (pl **-bies**) **1** bambino -a [neonato o molto piccolo] | **a baby boy** un bambino | **a baby girl** una bambina **2** AmE (informale) tesoro [per rivolgersi al partner]

babysat /ˈbeɪbiˌsæt/ passato e participio di **babysit**

babysit /ˈbeɪbiˌsɪt/ *v* [intr] (gerundio **-sitting**, passato e participio **-sat**) fare il/la baby-sitter

babysitter /ˈbeɪbiˌsɪtə/ *s* baby-sitter

bachelor /ˈbætʃələ/ *s* scapolo

back /bæk/ *sostantivo, avverbio, verbo* e *aggettivo*

• *s* **1** (di persona) schiena **2** (di animale) dorso **3** (di veicolo, edificio) retro **4** (di stanza) fondo: *We were sitting at the back of the cinema.* Eravamo seduti in fondo al cinema. | *a small shop with an office* ***at the back*** un negozietto con un ufficio sul retro | **round/out the back** BrE (informale), **out back** AmE sul retro **5** (di sedile, poltrona) schienale **6** (di foglio, assegno) retro: *Please write your name* ***on the back***. Scrivete il vostro nome sul retro. **7** (di un libro) in fondo: ***at the back*** *of the book* in fondo al libro **8 the back of your head** la nuca **9 back to front** con il davanti didietro **10 behind sb's back** alle spalle di qn **11 at/in the back of my/his etc mind** *The idea is always at the back of my mind.* È un'idea che mi torna sempre in mente. **12 to be on sb's back** (informale) stare addosso a qn **13 to have your back to/against the wall** (informale) avere le spalle al muro

• *avv* ▶ vedi riquadro

• *v* **1** [tr] appoggiare **2** [tr] finanziare **3** [intr] (persona) indietreggiare, (veicolo): *I backed* ***out of*** *the garage.* Sono uscito in retromarcia dal garage.

back away indietreggiare

back down darsi per vinto

back off lasciar perdere

back onto sth (edificio) dare su qc: *The building backs onto a golf course.* Il retro dell'edificio dà su un campo da golf.

back out tirarsi indietro [non fare più qualcosa] | **to back out of a deal/agreement** tirarsi indietro da un affare/un accordo

back sth up 1 avvalorare qc **2** (con il computer) fare il backup di qc **back sb up** appoggiare qn

• *agg* ***the back garden*** il giardino dietro la casa | ***the back page*** l'ultima pagina | ***to take a back seat*** passare in secondo piano

backache /ˈbækeɪk/ *s* mal di schiena

backbone /ˈbækbəʊn/ *s* **1** spina dorsale **2** (coraggio) spina dorsale

backfire /ˌbækˈfaɪə/ *v* [intr] sortire l'effetto opposto: *His plan* ***backfired***. Il suo piano ha sortito l'effetto opposto.

background /ˈbækgraʊnd/ *s* **1** con questo termine si può far riferimento tanto a una persona e all'ambiente sociale da cui proviene, quanto alla formazione e alle esperienze professionali che possiede: *He comes from a working class background.* È di estrazione operaia. | *Her background is in computing.* Ha una formazione informatica. **2** (di

back *avverbio*

1 RITORNO AD UNA CONDIZIONE PRECEDENTE
He'll be back in an hour. Sarà di ritorno fra un'ora. | *I couldn't get back to sleep.* Non sono riuscito a riaddormentarmi.

2 DIREZIONE (= indietro)
I didn't look back. Non ho guardato indietro. | *He took a few steps back.* Fece qualche passo indietro. | **back and forth** avanti e indietro

3 RISPOSTA O REAZIONE
He hit me, so I hit him back. Lui mi ha colpito e io gli ho restituito il colpo. | *Can you ask her to call me back?* Puoi chiederle di richiamarmi?

4 CON RIFERIMENTO AL PASSATO
back in the fifties negli anni cinquanta | **three years/two months back** tre anni/due mesi fa

5 **Back**, in combinazione con alcuni verbi, forma vari **phrasal verbs** come **put back**, **give back**, ecc. I **phrasal verbs** sono trattati sotto il verbo.

quadro) sfondo | **in the background a)** sullo sfondo **b)** in un angolo [per non farsi notare]

backing /'bækɪŋ/ *s* **1** appoggio **2** (in musica) accompagnamento

backlash /'bæklæʃ/ *s* reazione violenta

backlog /'bæklɒg/ *s* arretrato: *It will take a while to clear the backlog.* Ci vorrà un bel po' di tempo per sbrigare tutto il lavoro arretrato. | *We have an enormous backlog of orders.* Abbiamo moltissimi ordini inevasi.

backpack /'bækpæk/ *sostantivo e verbo*
- *s* zaino
- *v* **to go backpacking** viaggiare con lo zaino

ˌback 'seat *s* **1** sedile posteriore **2** **to take a back seat** passare in secondo piano

backside /'bæksaɪd/ *s* (informale) (sedere) didietro

backstage /ˌbæk'steɪdʒ/ *avv* dietro le quinte

backstroke /'bækstrəʊk/ *s* (tipo di nuoto) dorso

backup /'bækʌp/ *s* **1** (con il computer) backup **2** (aiuto) sostegno

backward /'bækwəd/ *aggettivo e avverbio*
- *agg* **1** all'indietro | **without a backward glance** senza mai guardare indietro **2** ritardato -a
- *avv* ▶ vedi **backwards**

backwards /'bækwədz/, anche **backward** /'bækwəd/ AmE *avv* **1** indietro: *to take a step backwards* fare un passo indietro **2** al contrario **3** **backwards and forwards** avanti e indietro

backyard /ˌbæk'jɑːd/ *s* **1** BrE cortile (sul retro) **2** AmE giardino [sul retro di una casa]

bacon /'beɪkən/ *s* pancetta

bacteria /bæk'tɪəriə/ *s pl* batteri

bad /bæd/ *agg* (comparativo **worse**, superlativo **worst**) **1** (notizia, odore) cattivo -a **2** (insegnante, amministrazione) cattivo -a | **to be bad at sth** (in inglese, matematica) andar male in qc **3** (nocivo) **to be bad for sth/sb** far male a qc/qn: *Smoking is bad for your health.* Il fumo fa male alla salute. **4** **a bad wound/accident** una brutta ferita/un brutto incidente | **a bad cold/headache** un brutto raffreddore/mal di testa **5** (moralmente) cattivo -a **6** **to go bad** (alimenti) andare a male **7** **not bad a)** (accettabile): *"How was the food?" "Not bad."* – Com'era il mangiare? – Non male. **b)** (abbastanza buono): *That's not bad for a beginner.* Non c'è male per un principiante. **8** **too bad a)** (per esprimere rammarico): *It's too bad you couldn't come to the party.* Peccato che tu non sia potuto venire alla festa. **b)** (per esprimere irritazione) peggio per te: *"I don't have an umbrella." "Too bad. You'll have to get wet."* – Non ho l'ombrello. – Peggio per te. Vuol dire che ti bagnerai. **9** (colpevole) **to feel bad about doing sth** dispiacersi di fare/aver fatto qc **10** **to have a bad heart/back** avere il cuore malandato/la schiena malandata

bade /bæd/ passato e participio di **bid**

badge /bædʒ/ *s* **1** BrE (di scuola, istituzione) stemma **2** BrE (in metallo) spilla **3** BrE (di funzionario, poliziotto) distintivo

badger /'bædʒə/ *s* tasso

badly /'bædli/ *avv* (comparativo **worse**, superlativo **worst**) **1** male: *a badly written book* un libro scritto male | *She **did** really **badly** in her exams.* Gli esami le sono andati molto male. **2** (molto) *The car was not badly damaged.* La macchina non era molto danneggiata. | *Two people were badly injured.* Due persone sono rimaste gravemente ferite. | **to be badly in need of sth** avere assolutamente bisogno di qc | **to go badly wrong** andare molto male

badminton /'bædmɪntən/ *s* badminton

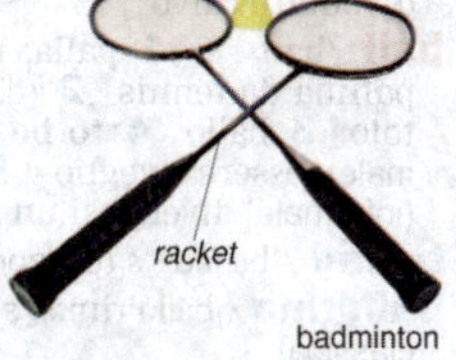

badminton

ˌbad-'tempered *agg* **1** di cattivo umore **2** irascibile

baffle /'bæfəl/ *v* [tr] disorientare

baffling /'bæflɪŋ/ *agg* sconcertante

bag /bæg/ *s* **1** busta, sacchetto: *a shopping bag* un sacchetto della spesa **2** borsa [da passeggio] **3** borsone [da

B

viaggio] **4 bags under the/your eyes** borse sotto gli occhi **5 bags of sth** BrE (informale) un sacco di qc [molto]

baggage /ˈbægɪdʒ/ *s* bagagli

baggy /ˈbægi/ *agg* (**-ggier**, **-ggiest**) (maglione, pantaloni) largo -a

bagpipe /ˈbægpaɪp/ *s* anche **bagpipes** cornamusa

bagpipes

baguette /bæˈget/ *s* filoncino

bail /beɪl/ *sostantivo e verbo*

• *s* cauzione [per libertà provvisoria] | **to be released on bail** essere rilasciato su cauzione

• *v* **bail sb out** (aiutare economicamente) tirar qn fuori dai guai

bait /beɪt/ *s* **1** (per pesci) esca **2** (per persone) esca | **to take the bait** (persona) abboccare

bake /beɪk/ *v* **1** [intr] (pane, torta) cuocere in forno **2** [tr] fare [cuocendo nel forno]: *She bakes her own bread* Fa il pane da sé. ▶ vedi nota sotto **arrosto**

ˌbaked ˈbeans *s pl* fagioli in salsa di pomodoro dolce, normalmente in barattolo

baker /ˈbeɪkə/ *s* **1** fornaio **2 baker's** panificio, forno

bakery /ˈbeɪkəri/ *s* (pl **-ries**) panificio, forno

balance /ˈbæləns/ *sostantivo e verbo*

• *s* **1** (del corpo) equilibrio | **to keep/lose your balance** mantenere/perdere l'equilibrio **2** (di opinioni, atteggiamento) equilibrio **3** (di conto bancario) saldo **4 on balance** tutto sommato

• *v* **1** [intr] tenersi in equilibrio | **to balance on sth** tenersi in equilibrio su qc **2** [tr] trovare il giusto equilibrio tra **3 to balance the books** far quadrare il bilancio

balanced /ˈbælənst/ *agg* equilibrato -a | **a balanced diet** una dieta equilibrata

balcony /ˈbælkəni/ *s* balcone

bald /bɔːld/ *agg* calvo -a | **to go bald** diventare calvo

ball /bɔːl/ *s* **1** palla: *a tennis ball* una pallina da tennis **2** (di lana, corda) gomitolo **3** ballo **4 to be on the ball** (informale) essere sveglio **5 to have a ball** (informale) divertirsi un mondo

ballad /ˈbæləd/ *s* (canzone) ballata

ballerina /ˌbæləˈriːnə/ *s* ballerina [di danza classica]

ballet /ˈbæleɪ, AmE bæˈleɪ/ *s* **1** danza classica **2** (musica) balletto

ˈball game *s* **1** BrE gioco di palla **2** AmE partita di baseball

balloon /bəˈluːn/ *s* **1** palloncino **2** mongolfiera

ballot /ˈbælət/ *sostantivo e verbo*

• *s* **1** votazione **2 ballot box** urna (elettorale) **ballot paper** scheda elettorale

• *v* [tr] consultare (tramite votazione)

ˈball park *s* **1** campo di baseball **2 a ballpark figure** una cifra approssimativa

ballpoint pen /ˌbɔːlpɔɪnt ˈpen/, anche **ballpoint** /ˈbɔːlpɔɪnt/ *s* penna a sfera

ballroom /ˈbɔːlrʊm/ *s* salone da ballo

bamboo /bæmˈbuː/ *s* bambù

ban /bæn/ *sostantivo e verbo*

• *s* divieto: *the **ban on** nuclear testing* il divieto ai test nucleari

• *v* [tr] (**banned**, **banning**) vietare | **to ban sb from doing sth** vietare a qn di fare qc

banana /bəˈnɑːnə/ *s* banana

band /bænd/ *s* **1** (gruppo musicale) complesso | **rock band** complesso rock **2** (di ladri, malviventi) banda **3** (di tifosi, sostenitori) gruppo **4** (di tessuto) fascia ▶ vedi anche **rubber band** **5** (di colore) striscia

bandage /ˈbændɪdʒ/ *sostantivo e verbo*

• *s* fasciatura

• *v* [tr] fasciare

bandit /ˈbændɪt/ *s* bandito -a

bandwagon /ˈbændˌwægən/ *s* **to jump on the bandwagon** saltare sul carro del vincitore

bang /bæŋ/ *verbo, sostantivo, avverbio e interiezione*

• *v* **1** [intr] bussare rumorosamente | **to bang on sth** battere contro qc: *She was banging on the door with her fists.* Batteva i pugni contro la porta. **2** [tr] *He **banged** the phone **down**.* Ha sbattuto giù il telefono. **3** [intr] (porta, finestra) sbattere **4** [tr] sbattere [parte del corpo]: *I **banged** my head **on** the corner of the cupboard.* Ho sbattuto la testa contro l'angolo della credenza.

• *s* **1** (rumore improvviso) scoppio **2** (colpo) botta

• *avv* (informale) **bang in the middle** proprio in centro | **bang on time** in perfetto orario

• *inter* (per imitare uno sparo) pum, (per imitare un'esplosione) bang

banger /ˈbæŋə/ *s* (informale) **1** BrE salsiccia **2** (auto malandata) macinino **3** petardo

banish /ˈbænɪʃ/ *v* [tr] **1** esiliare **2 to banish sth from your mind** togliersi qc dalla mente

banister /ˈbænəstə/ *s* ringhiera (delle scale)

bank /bæŋk/ *sostantivo e verbo*

• *s* **1** (luogo, istituzione) banca **2** (di fiume) sponda

• *v* **to bank with Westland/Central etc**

avere un conto presso la Westland/Central ecc.
bank on sth contare su qc

ˌbank 'holiday *s* BrE giorno festivo

banknote /'bæŋknəʊt/ *s* BrE banconota

bankrupt /'bæŋkrʌpt/ *aggettivo* e *verbo*
• *agg* (persona, azienda) fallito -a, (economia, paese) in fallimento | **to go bankrupt** fallire
• *v* [tr] portare al fallimento

bankruptcy /'bæŋkrʌptsi/ *s* (pl **-cies**) fallimento

banner /'bænə/ *s* striscione

banquet /'bæŋkwɪt/ *s* banchetto

baptism /'bæptɪzəm/ *s* battesimo

baptize, -ise BrE /bæp'taɪz/ *v* [tr] battezzare

bar /bɑː/ *sostantivo*, *verbo* e *preposizione*
• *s* **1** (locale) bar **2** (di bar) bancone **3** (di ferro, legno) sbarra | **behind bars** dietro le sbarre **4 a bar of chocolate** una barretta di cioccolato **5 a bar of soap** un pezzo di sapone
• *v* [tr] (**barred**, **barring**) **1** escludere: *He was **barred from the club**.* È stato escluso dal club. **2 to bar sb from doing sth** impedire a qn di fare qc **3** sprangare [porta, finestra] **4** sbarrare [strada, passaggio] **5 to bar sb's way** sbarrare la strada a qn
• *prep* tranne

barbarian /bɑː'beəriən/ *s* barbaro -a

barbaric /bɑː'bærɪk/ *agg* barbarico -a

barbecue /'bɑːbɪkjuː/ *s* **1** (grigliata) barbecue **2** (griglia) barbecue

barbecued /'bɑːbɪkjuːd/ *agg* alla griglia

barbed wire /ˌbɑːbd 'waɪə/ *s* filo spinato

barber /'bɑːbə/ *s* **1** barbiere **2 at the barber's** BrE dal barbiere

barbecue

'bar chart *s* diagramma a barre

'bar code *s* codice a barre

bare /beə/ *aggettivo* e *verbo*
• *agg* **1** (gambe, braccia) nudo -a | **in bare feet** a piedi nudi **2** (paesaggio, regione) brullo -a, (muro, albero) spoglio -a: *The walls were completely bare.* I muri erano completamente spogli. **3** (di base, essenziale) *Sam does **the bare minimum** of work.* Sam fa il minimo indispensabile. | **the bare essentials/necessities** lo stretto necessario **4 with your bare hands** a mani nude
• *v* [tr] **to bare your chest** scoprirsi il petto | **to bare your teeth** digrignare i denti

barefoot /'beəfʊt/ *avv* a piedi nudi

barely /'beəli/ *avv* a malapena: *I could barely stay awake.* Sono riuscito a malapena a restare sveglio. ▶ **Barely** va prima del verbo principale e dopo il primo modale o ausiliare, se ce n'è uno.

bargain /'bɑːgɪn/ *sostantivo* e *verbo*
• *s* **1** (acquisto vantaggioso) affare: *These trainers were a real bargain.* Queste scarpe da ginnastica sono state un vero affare. **2** (accordo) patto | **to strike a bargain** concludere un affare **3 into the bargain** per giunta: *He's handsome and rich, and clever into the bargain.* È bello, ricco e per giunta intelligente.
• *v* [intr] contrattare
bargain for sth 1 aspettarsi qc: *We didn't bargain for the cold.* Non ci aspettavamo che facesse così freddo. **2 more than I/you etc bargained for** *He got more than he bargained for.* Ha ottenuto più di quanto si aspettasse.

bargaining /'bɑːgɪnɪŋ/ *s* **1** (salariale) contrattazione **2** (al mercato) mercanteggiamento

barge /bɑːdʒ/ *sostantivo* e *verbo*
• *s* chiatta
• *v* **to barge into a room/house etc** fare irruzione in una stanza/casa ecc.
barge in interrompere

baritone /'bærɪtəʊn/ *s* baritono

bark /bɑːk/ *verbo* e *sostantivo*
• *v* [intr] (cane) abbaiare, (persona) sbraitare
• *s* **1** (di cane) latrato **2** (di albero) corteccia

barley /'bɑːli/ *s* orzo

barmaid /'bɑːmeɪd/ *s* BrE barista [donna]

barman /'bɑːmən/ *s* (pl **-men**) BrE barista [uomo]

barn /bɑːn/ *s* **1** (per grano, raccolto) granaio **2** (per animali) stalla

barometer /bə'rɒmɪtə/ *s* barometro

barracks /'bærəks/ *s* caserma ▶ FALSE FRIEND Non confondere **"barracks"** con **baracca** che si traduce **shack** o **shed**.

barrage /'bærɑːʒ, AmE bə'rɑːʒ/ *s* **a barrage of criticism** una tempesta di critiche | **a barrage of questions** una raffica di domande

barrel /'bærəl/ *s* **1** (di birra) barile **2** (di fucile, pistola) canna

barren /'bærən/ *agg* (terreno) sterile

barricade /'bærəkeɪd/ *sostantivo* e *verbo*
• *s* barricata
• *v* [tr] **1** barricare [strada, passaggio] **2** sprangare [porta (con mobili)]

barrier /'bæriə/ *s* **1** barriera **2 a barrier to sth** un ostacolo a qc

barrister /'bærəstə/ *s* avvocato ▶ vedi nota sotto **avvocato**

barrow /'bærəʊ/ *s* carriola

B

base /beɪs/ *verbo* e *sostantivo*
• *v* **1 to base sth on sth** basare qc su qc: *The film is based on a novel.* Il film è basato su un romanzo. **2 to be based in/at a)** (azienda) avere sede a **b)** (persona, lavoratore) essere di base a
• *s* **1** (parte più bassa) base **2** (di lampada) base **3** (fondamento, principio) base **4** (di azienda, organizzazione) base: *This village is a good base from which to explore the countryside.* Questo paese è una buona base da cui esplorare la campagna. **5** (militare) base

baseball /ˈbeɪsbɔːl/ *s* **1** baseball **2 baseball bat** mazza da baseball **baseball cap** berretto da baseball

basement /ˈbeɪsmənt/ *s* seminterrato

bash /bæʃ/ *verbo* e *sostantivo*
• *v* [tr] (informale) colpire forte | **to bash sb's head in** sfondare il cranio a qn
• *s* **1** festa **2 to have a bash at sth** tentare di fare qc

basic /ˈbeɪsɪk/ *agg* **1** (principio, problema) basilare, (diritto, bisogno) fondamentale: *the basic principles of mathematics* i principi basilari della matematica **2** (conoscenza, nozioni) elementare: *My knowledge of German is pretty basic.* La mia conoscenza del tedesco è piuttosto elementare. **3** (attrezzatura, assistenza) di base **4** (sistemazione) spartano -a

basically /ˈbeɪsɪkli/ *avv* **1** (per introdurre una spiegazione) sostanzialmente: *Basically, I don't have enough money.* Sostanzialmente, non ho abbastanza soldi. **2** (per lo più) fondamentalmente

basics /ˈbeɪsɪks/ **the basics (of sth)** le basi (di qc)

basil /ˈbæzəl, AmE ˈbeɪzəl/ *s* basilico

basin /ˈbeɪsən/ *s* **1** BrE (in bagno) lavandino **2** BrE (in cucina) terrina **3** (di fiume) bacino

basis /ˈbeɪsɪs/ *s* (pl **bases** /ˈbeɪsiːz/) **1** (di discussione, approfondimento) base **2 on the basis of sth** sulla base di qc **3 on a regular/daily basis** regolarmente/giornalmente

basket /ˈbɑːskɪt/ *s* **1** (per frutta, pane) cestino **2** (nella pallacanestro) canestro

basketball /ˈbɑːskɪtbɔːl/ *s* pallacanestro

bass /beɪs/ *sostantivo* e *aggettivo*
• *s* **1** (frequenza) bassi **2** (anche **bass guitar**) (chitarra) basso **3** contrabbasso **4** (cantante) basso
• *agg* (voce) grave, (strumento) basso

bat /bæt/ *sostantivo* e *verbo*
• *s* **1** (da baseball, cricket) mazza **2** (da ping-pong) racchetta **3** (animale) pipistrello
• *v* (**batted**, **batting**) **1** [intr] (nel baseball, cricket) battere (usando la mazza) **2 not to bat an eye(lid)** non battere ciglio

batch /bætʃ/ *s* **1** (di cose, persone) gruppo **2** (di pane, biscotti) infornata **3** (di reclute) scaglione **4** (di merci) lotto

bath /bɑːθ/ *sostantivo* e *verbo*
• *s* **1** (per lavarsi) bagno | **to have a bath** BrE, **to take a bath** AmE fare un bagno **2** BrE vasca da bagno
• *v* BrE [tr] fare il bagno a

bathe /beɪð/ *v* **1** [tr] lavare [ferita, occhi] **2** [intr] BrE (formale) fare il bagno [in mare]

bathrobe /ˈbɑːθrəʊb/ *s* accappatoio

bathroom /ˈbɑːθruːm/ *s* **1** (stanza) bagno **2** AmE (in un luogo pubblico) gabinetti | **to go to the bathroom** andare in bagno

bathtub /ˈbɑːθtʌb/ *s* AmE vasca da bagno
▶ In inglese britannico si usa **bath**.

baton /ˈbætɒn, AmE bəˈtɑːn/ *s* **1** (di direttore d'orchestra) bacchetta **2** (nello sport) testimone **3** (di poliziotto) manganello

battalion /bəˈtæljən/ *s* battaglione

batter /ˈbætə/ *sostantivo* e *verbo*
• *s* **1** (per fritti) pastella **2** (per frittelle) impasto
• *v* **1 to batter (on) sth** picchiare su qc: *They battered on the door.* Hanno picchiato alla porta. **2 to batter sb to death** picchiare qn a morte

battered /ˈbætəd/ *agg* (valigia, libro) sciupato -a

battery /ˈbætəri/ *s* (pl **-ries**) **1** (di auto) batteria **2** (di giocattolo, sveglia) pila

battle /ˈbætl/ *sostantivo* e *verbo*
• *s* **1** (tra eserciti) battaglia **2** (contro qualcuno, tra rivali) lotta **3 to be fighting a losing battle** combattere una battaglia persa in partenza
• *v* **1 to battle with/against sth** lottare con/contro qc **2 to battle to do sth** lottare per fare qc: *Doctors battled to save the boy's life.* I dottori hanno lottato per salvare la vita al ragazzo. **3 to battle on** continuare a combattere

battlefield /ˈbætlfiːld/, anche **battleground** /ˈbætlgraʊnd/ *s* campo di battaglia

battleship /ˈbætlˌʃɪp/ *s* corazzata

bawl /bɔːl/ *v* **1** [tr/intr] (gridare) urlare **2** [intr] (piangere rumorosamente) strillare

bay /beɪ/ *s* **1** baia **2 to keep/hold sb at bay** tenere a bada qn

ˈbay leaf *s* foglia d'alloro

bayonet /ˈbeɪənet/ *s* baionetta

Non sei sicuro del significato di una abbreviazione? Consulta la tabella delle abbreviazioni nell'interno della copertina.

ˌbay 'window *s* bovindo

bazaar /bəˈzɑː/ *s* **1** (mercato in Oriente) bazar **2** vendita di beneficenza

BC /ˌbiː ˈsiː/ (= **before Christ**) a.C.

be /bɪ, tonico biː/ *verbo e verbo ausiliare*

• *v* **1** essere: *Laura is small and dark.* Laura è piccola e bruna. | *The match was brilliant.* La partita è stata eccezionale. | *She was very angry.* Era molto arrabbiata. | *Where's Simon?* Dov'è Simon? | *The concert is on Saturday.* Il concerto è sabato.
2 to be cold/hungry/thirsty avere freddo/fame/sete: *I'm hot.* Ho caldo.
3 to have been to essere stato a: *I've never been to New York.* Non sono mai stata a New York. | **to have been** essere venuto: *He asked me if the postman had been.* Mi ha chiesto se era venuto il postino.
4 (età) *How old are you?* Quanti anni hai? | *I'm twelve.* Ho dodici anni.
5 (misure) essere: *He's one metre 80 centimetres tall.* È alto un metro e 80.
6 (professioni) fare: *I'm a teacher.* Faccio l'insegnante.
7 (nazionalità) essere: *Are you English?* Sei inglese? | *Where is she from?* Da dove viene?
8 (con "it", per identificarsi) *Hello, it's Jane.* Ciao, sono Jane. | *Who is it?* Chi è?
9 (prezzi, costi) *How much is this shirt?* Quanto viene questa camicia? | *The CDs were $15 each.* I CD costavano 15 dollari l'uno.
10 there is/are c'è/ci sono: *There's a chicken in the fridge.* C'è un pollo nel frigo. | **there was/were** c'era/c'erano: *Was there anyone at home?* C'era qualcuno a casa?
11 (istruzioni, ordini) *Be good!* Fai il bravo! | *Be quiet!* State zitti! | *Be careful.* Fai attenzione.
12 (tempo, clima) *It's cold today.* Fa freddo oggi. | *It was very windy.* C'era molto vento.

• *v* [aus] **1** (con le forme verbali in -ing, per riferirsi a quello che sta o stava accadendo) stare: *What are you doing?* Che cosa stai facendo? | *Jane was reading by the fire.* Jane stava leggendo accanto al caminetto.
2 (con le forme verbali in -ing, per riferirsi al futuro) *We're leaving tomorrow.* Partiremo domani. | *Are you going to the match?* Vai alla partita?
3 (con il participio, nella voce passiva) *Smoking is not permitted.* È proibito fumare. | *They were killed in a car crash.* Sono rimasti uccisi in un incidente stradale. | *I wasn't invited to the party.* Non sono stata invitata alla festa.
4 (seguito da un infinito, negli ordini, nei regolamenti) *The children are to be in bed by ten.* I bambini devono essere a letto entro le dieci.

beach /biːtʃ/ *s* (pl **beaches**) spiaggia: *We had a picnic* ***on the beach.*** Abbiamo fatto un picnic sulla spiaggia.

beacon /ˈbiːkən/ *s* **1** (per guidare le barche) faro **2** (su ambulanza, volante della polizia) lampeggiatore

bead /biːd/ *s* (di plastica, vetro) perlina, (del rosario) grano

beak /biːk/ *s* (di uccello) becco

beaker /ˈbiːkə/ *s* bicchiere [specialmente di plastica]

beam /biːm/ *sostantivo* e *verbo*

• *s* **1** (di proiettore, faro) fascio **2** (di luce, laser) raggio **3** (legno) trave

• *v* **1** [intr] fare un sorriso smagliante: *He* ***beamed at*** *me.* Mi ha fatto un sorriso smagliante. **2** [tr] trasmettere [programma, segnale] **3** [intr] (sole) splendere

bean /biːn/ *s* **1** (seme) fagiolo **2** (baccello) fagiolino **3** (di caffè, cacao) chicco ▶ vedi anche **broad bean**

bear /beə/ *sostantivo* e *verbo*

• *s* orso

• *v* [tr] (passato **bore**, participio **borne**) **1** sopportare [dolore, persona]: *I can't bear people smoking while I'm eating.* Non sopporto la gente che fuma mentre mangio. **2** reggere [peso, carico] **3 to bear left/right** prendere a sinistra/destra **4 to bear the responsibility for sth** avere la responsabilità di qc **5 to bear the cost** (formale) sostenere i costi **6 it doesn't bear thinking about** meglio non pensarci **7** (formale) recare [firma, data], portare [segni, nome] **8** (formale) dare alla luce [bambino] ▶ vedi anche **grin**, **grudge**, **mind**, **resemblance**

bear down on sb piombare su qn

bear sth out confermare qc [teoria, paure]

bearable /ˈbeərəbəl/ *agg* sopportabile

beard /bɪəd/ *s* (di uomo) barba

bearded /ˈbɪədɪd/ *agg* barbuto -a

bearer /ˈbeərə/ *s* **1 to be the bearer of bad/good news** portare cattive/buone notizie **2** portatore -trice

bearing /ˈbeərɪŋ/ *s* **1 to have a bearing on sth** avere influenza su qc **2 to find your bearings** orientarsi | **to lose your bearings** perdere l'orientamento

beast /biːst/ *s* **1** (animale) bestia **2** (persona rozza e violenta) bestia

beat /biːt/ *verbo* e *sostantivo*

• *v* (passato **beat**, participio **beaten**) **1** [tr] (sconfiggere) battere: *My brother always* ***beats*** *me* ***at*** *tennis.* Mio fratello mi batte sempre a tennis.
2 [tr] battere [record], superare [punteggio]
3 to beat sb to it battere qn sul tempo
4 [tr] picchiare [persona, animale] | **to beat sb to death** picchiare a morte qn
5 [tr] battere [tamburo]
6 [intr] (pioggia) battere, (onde) sbattere:

Si dice *I arrived in London* o *I arrived to London*? Vedi alla voce **arrive**.

B

Rain was ***beating on*** *the roof.* La pioggia batteva sul tetto.
7 [tr] sbattere [uova]
8 [intr] (cuore) battere
9 [tr] (informale) essere meglio di: *It beats working in a restaurant!* È meglio che lavorare in un ristorante!
10 **(it) beats me** (informale) *"Why does he do it?" "Beats me."* – Perché lo fa? – Non saprei. ▶ vedi anche **track**
beat sb up pestare qn
• *s* (in musica) ritmo: *a funky beat* un ritmo funky

beaten /'bi:tn/ participio di **beat**

beautiful /'bju:tɪfəl/ *agg* (donna, bambino, cosa) bello -a: *It was a beautiful day.* È stata una bella giornata.

beautifully /'bju:tɪfəli/ *avv* (cantare, scrivere) meravigliosamente

beauty /'bju:ti/ *s* (pl **-ties**) **1** (qualità) bellezza **2** (persona, cosa bella) bellezza **3** **beauty salon** BrE, **beauty parlor** AmE salone di bellezza

beaver /'bi:və/ *s* castoro

became /bɪ'keɪm/ passato di **become**

because /bɪ'kɒz/ *cong* **1** perché: *She went to bed early because she was tired.* È andata a letto presto perché era stanca. **2** **because of** a causa di: *We came home early because of the rain.* Siamo tornati a casa presto a causa della pioggia. | *I missed the train because of you.* Ho perso il treno per colpa tua.

beckon /'bekən/ *v* [intr] fare cenni, [tr] fare (un) cenno a: *He* ***beckoned to*** *the waiter.* Ha fatto un cenno al cameriere. | *I* ***beckoned*** *her* ***over***. Le ho fatto cenno di venire.

become /bɪ'kʌm/ *v* [intr] (passato **became**, participio **become**) ▶ vedi riquadro

bed /bed/ *s* **1** letto: *a single/double bed* un letto singolo/matrimoniale | *twin beds* letti gemelli | *He's still* ***in bed***. È ancora a letto. | **to go to bed** andare a dormire | **to make the bed** fare il letto **2** (del fiume) letto **3** (del mare, lago) fondo

ˌbed and 'breakfast, anche **B & B** /ˌbi: ən 'bi:/ *s*

> Si chiama così una pensione o una residenza privata che offre pernottamento e prima colazione a prezzi più bassi rispetto a quelli degli alberghi.

bedclothes /'bedkləʊðz/ *s pl* lenzuola e coperte

bedding /'bedɪŋ/ *s* lenzuola e coperte

bedroom /'bedru:m/ *s* camera da letto

bedside /'bedsaɪd/ *s* **1** capezzale **2** **bedside table** comodino

bedsit /ˌbed'sɪt/, anche **bedsitter** /ˌbed'sɪtə/ *s* BrE camera ammobiliata

bedspread /'bedspred/ *s* copriletto

> **become** *verbo*
>
> **1** Quando è seguito da un aggettivo, **to become** generalmente equivale a *diventare* o *farsi*:
>
> *He becomes violent when he drinks.* Diventa violento quando beve. | *It soon became obvious that she would not win.* È stato subito ovvio che non avrebbe vinto.
>
> A volte **to become + aggettivo** corrisponde in italiano a un verbo pronominale come *abituarsi, estinguersi*, ecc.:
>
> *I gradually became accustomed to the idea.* A poco a poco mi sono abituato all'idea. | *Dinosaurs became extinct millions of years ago.* I dinosauri si sono estinti milioni di anni fa.
>
> **2** Quando è seguito da un sostantivo, **to become** generalmente equivale a *diventare*:
>
> *We soon became friends.* Siamo subito diventati amici. | *He became an accomplished musician.* È diventato un abile musicista. | *William has become a father.* William è diventato papà. | **what/whatever became of...?** che ne è stato di...?: *Whatever became of Kate?* Che ne è stato di Kate? | **what will become of...?** che ne sarà di...?: *What will become of him if I die?* Che ne sarà di lui se muoio io?

bedtime /'bedtaɪm/ *s* ora di andare a letto

bee /bi:/ *s* ape

beech /bi:tʃ/ *s* **1** (anche **beech tree**) (albero) faggio **2** (legno) faggio

beef /bi:f/ *s* (carne) manzo | **roast beef** rosbif

beefburger /'bi:fbɜ:gə/, anche **burger** /'bɜ:gə/ *s* hamburger

beehive /'bi:haɪv/ *s* alveare

been /bi:n/ participio di **be**

beep /bi:p/ *verbo e sostantivo*
• *v* **1** [intr] fare bip **2** **to beep (your horn)** suonare il clacson **3** [tr] chiamare sul cercapersone
• *s* **1** bip: *Please leave your message after the beep.* Potete lasciare un messaggio dopo il bip. **2** colpo di clacson

beeper /'bi:pə/ *s* cercapersone

beer /bɪə/ *s* birra: *a pint of beer* una pinta di birra

beetle /'bi:tl/ *s* scarabeo

beetroot /'bi:tru:t/ *s* BrE barbabietola rossa

before /bɪ'fɔ:/ *preposizione, avverbio e congiunzione*
• *prep* **1** prima di: *He arrived home before me.* È arrivato a casa prima di me. | *Turn right just before you get to the crossroads.* Gira a destra appena prima di arrivare all'incrocio. **2** davanti a: *She knelt down*

before the altar. Si è inginocchiata davanti all'altare. **3 to come before sth** (in ordine di importanza) venire prima di qc

- *avv* prima: *the week before* la settimana prima | *We had both been to Chile before.* Eravamo entrambi già stati in Cile.
- *cong* **1** (nel tempo) prima che: *John wants to talk to you before you go.* John vuole parlarti prima che tu vada via. **2** (per avvertire) prima che: *You'd better lock your bike before it gets stolen.* Faresti meglio a mettere il lucchetto alla bici prima che la rubino. **3 before you know it** in men che non si dica

beforehand /bɪ'fɔːhænd/ *avv* prima: *I had prepared everything beforehand.* Avevo preparato tutto prima.

befriend /bɪ'frend/ *v* [tr] aiutare

beg /beg/ *v* (**begged**, **begging**) **1** [tr] supplicare: *I'm* ***begging you for*** *help, Kate.* Ti supplico di aiutarmi, Kate. | *I* ***begged*** *her* ***to*** *stay but she refused.* L'ho supplicata di rimanere, ma ha rifiutato. **2** [intr] chiedere [supplicando] **3** [intr] chiedere l'elemosina

began /bɪ'gæn/ passato di **begin**

beggar /'begə/ *s* mendicante

begin /bɪ'gɪn/ *v* (passato **began**, participio **begun**, gerundio **beginning**) **1** [tr/intr] cominciare, iniziare: *The film begins at 7 pm.* Il film comincia alle 7. | *It* ***began to*** *rain.* Cominciò a piovere. | *I* ***began working*** *here in 1998.* Ho iniziato a lavorare qui nel 1998. **2 to begin with a)** tanto per cominciare **b)** all'inizio: *To begin with, you shouldn't take the car without asking.* Tanto per cominciare, non dovresti prendere la macchina senza chiedere. | *To begin with, they were very enthusiastic.* All'inizio erano molto entusiasti.

beginner /bɪ'gɪnə/ *s* principiante

beginning /bɪ'gɪnɪŋ/ *s* inizio: *It'll be ready* ***at the beginning of*** *next week.* Sarà pronto all'inizio della prossima settimana.

begrudge /bɪ'grʌdʒ/ *v* **to begrudge sb sth** invidiare qc a qn

begun /bɪ'gʌn/ participio di **begin**

behalf /bɪ'hɑːf/ *s* **on behalf of sb/on sb's behalf** (parlare, agire) a nome di qn

behave /bɪ'heɪv/ *v* **1** [intr] (agire) comportarsi: *She behaved very bravely.* Si è comportata con molto coraggio. **2** [intr] (essere educato) comportarsi bene: *She just hoped the kids would behave at the wedding.* Sperava proprio che i bambini si comportassero bene al matrimonio. | *They just don't know how to behave.* Non conoscono proprio le buone maniere. **3 to behave yourself** comportarsi bene: *If you behave yourself, you can have an ice-cream.* Se ti comporti bene, potrai avere un gelato.

behaviour BrE, **behavior** AmE /bɪ'heɪvjə/ *s* comportamento | **good/bad behaviour** buona/cattiva condotta

behead /bɪ'hed/ *v* [tr] decapitare

behind /bɪ'haɪnd/ *prep* e *avv* ▶ vedi riquadro ▶ **Behind**, in combinazione con alcuni verbi, forma vari **phrasal verbs** come **leave behind**, **fall behind**, ecc. I phrasal verbs sono trattati sotto il verbo corrispondente.

beige /beɪʒ/ *agg* e *s* beige ▶ vedi Active Box **colours** sotto **colour**

being /'biːɪŋ/ *s* **1** essere: *a human being* un essere umano **2 to come into being** avere origine

belated /bɪ'leɪtɪd/ *agg* (auguri) in ritardo

belch /beltʃ/ *v* [intr] (3ª pers sing **belches**) **1** ruttare **2** (fumo, fiamme) fuoriuscire

Belgian /'beldʒən/ *agg* e *s* belga

Belgium /'beldʒəm/ *s* Belgio

belief /bə'liːf/ *s* **1** (opinione) convinzione | **contrary to popular belief** contrariamente a quanto si pensa **2 it's beyond belief** è davvero incredibile

believable /bə'liːvəbəl/ *agg* credibile

believe /bɪ'liːv/ *v* **1** [tr] (ammettere come vero) credere a: *Don't believe everything you read.* Non credere a tutto quello che leggi. **2** [tr] (pensare) credere: *I believe she'll be back on Monday.* Credo che tornerà lunedì. **3** [intr] (avere fede) credere **4 believe it or not** che tu lo creda o no **5** (per esprimere sorpresa) *I* ***can't believe*** *he's only 25!* Non posso credere che abbia solo 25 anni!

believe in sth credere a/in qc: *Do you believe in ghosts?* Credi ai fantasmi?

believer /bɪ'liːvə/ *s* **1** credente **2 a great believer in sth** un grande sostenitore di qc

bell /bel/ *s* (di abitazione) campanello, (della chiesa) campana, (della scuola) campanella | **to ring the bell** suonare il campanello

belligerent /bɪ'lɪdʒərənt/ *agg* aggressivo -a

bellow /'beləʊ/ *v* [tr/intr] urlare

belly /'beli/ *s* (pl **bellies**) (informale) pancia

'belly ˌbutton *s* (informale) ombelico

belong /bɪ'lɒŋ/ *v* **to belong in/on sth** andare in/su qc: *The books belong on that shelf.* I libri vanno su quello scaffale.

belong to sb appartenere a qn, essere di qn: *Who does this umbrella belong to?* Di chi è questo ombrello? **belong to sth** fare parte di qc

belongings /bɪ'lɒŋɪŋz/ *s pl* averi

beloved /bɪ'lʌvɪd/ *agg* (letterario) amato -a

below /bɪ'ləʊ/ *preposizione* e *avverbio*

- *prep* **1** (in posizione inferiore) sotto (a): *Fish were swimming just below the ice.* Dei pesci nuotavano proprio sotto al ghiaccio. **2** (non oltre) sotto (a): *Anything below £500*

Vuoi informazioni sulla differenza tra gli **articoli** in inglese e in italiano? Leggi le spiegazioni nella guida grammaticale.

B

behind

PREPOSIZIONE

1 POSIZIONE (= dietro a)

The cat was hiding behind a tree. Il gatto si era nascosto dietro a un albero. | *The park is **right behind** the supermarket.* Il parco è proprio dietro al supermercato.

2 IN RITARDO

*Work on the new building is three months **behind schedule**.* I lavori al nuovo edificio sono tre mesi in ritardo rispetto ai piani. | *He's behind the others in maths.* È indietro rispetto agli altri in matematica. | *We're three points behind United.* Siamo a tre punti di svantaggio dagli United.

3 RESPONSABILITÀ

to be behind a plan/an attack essere dietro a un progetto/un attacco: *Police think that a local gang is behind the robberies.* La polizia pensa che una banda locale ci sia dietro alle rapine.

4 APPOGGIO

to be behind sth/sb appoggiare qc/qn: *We're **behind** you **all the way**.* Ti appoggiamo fino in fondo.

AVVERBIO

1 POSIZIONE (= dietro)

Several other runners were following close behind. Parecchi altri corridori stavano seguendo dietro a ruota.

2 IN RITARDO

to be behind with the payments/rent essere in arretrato con i pagamenti/l'affitto

would be a good price. Qualunque cosa sotto le 500 sterline sarebbe un buon prezzo. | *The temperature fell **below freezing** yesterday.* Ieri la temperatura è scesa sotto zero.

• *avv* **1** (nella parte inferiore) di sotto: *Jack lives in the apartment below.* Jack abita nell'appartamento di sotto. **2** (in un testo) sotto: *See below for more information.* Per maggiori informazioni, vedere sotto.

belt /belt/ *s* **1** (parte di abbigliamento) cintura **2** (di meccanismo) cinghia **3** (grande zona) cintura **4 to have sth under your belt** avere qc al proprio attivo [anni di esperienza, successi]

bemused /bɪˈmjuːzd/ *agg* perplesso -a

bench /bentʃ/ *s* (pl **benches**) **1** (in parco, giardino) panchina **2 the bench** (nello sport) la panchina

park bench

bend /bend/ *verbo* e *sostantivo*

• *v* (passato **bent**, participio **bent**) **1 to bend your knees/elbow etc** piegare le ginocchia/il gomito ecc. **2 to bend down** (persona) chinarsi **3 to bend over** (persona) piegarsi (in avanti) | **to bend over sth** chinarsi su qc **4** [tr] piegare: *You've bent the spoon.* Hai piegato il cucchiaio. **5** [intr] (cedere) piegarsi **6 to bend over backwards to do sth** farsi in quattro per fare qc

• *s* curva

beneath /bɪˈniːθ/ *preposizione* e *avverbio*

• *prep* **1** sotto: *She felt the warm sand beneath her feet.* Sentiva la sabbia calda sotto i piedi. **2 to be beneath sb** essere indegno di qn

• *avv* di sotto

beneficial /ˌbenəˈfɪʃəl/ *agg* (effetto, influenza) benefico -a

benefit /ˈbenəfɪt/ *sostantivo* e *verbo*

• *s* **1** vantaggio: *She **had the benefit of** a first-class education.* Ha avuto il vantaggio di un'istruzione eccellente. **2 for sb's benefit** a beneficio di qn **3 to give sb the benefit of the doubt** concedere a qn il beneficio del dubbio **4** (previdenza sociale) indennità **5 benefit concert/match** concerto/partita di beneficenza

• *v* [tr] giovare a

bent[1] /bent/ *agg* **1** piegato -a **2 to be bent on doing sth** essere deciso a fare qc **3** BrE (informale) (giudice) corrotto -a

bent[2] /bent/ passato e participio di **bend**

bereaved /bɪˈriːvd/ *aggettivo* e *sostantivo*

• *agg* (formale) che ha subito la perdita di un parente o di un amico: *a bereaved mother* una madre addolorata

• *s* **the bereaved** i familiari del defunto

beret /ˈbereɪ, AmE bəˈreɪ/ *s* berretto

berry /ˈberi/ *s* (pl **berries**) bacca

berserk /bɜːˈsɜːk/ *agg* **to go berserk** (informale) diventare una furia

berth /bɜːθ/ *s* **1** (su barche, navi) cuccetta **2** (per barche, navi) posto d'ormeggio

beset /bɪˈset/ *v* [tr] (passato e participio **beset**) **beset with difficulties/problems** (formale) irto di difficoltà/problemi

beside /bɪˈsaɪd/ *prep* **1** accanto a: *Gary sat down beside me.* Gary si è seduto accanto a me. **2 that's beside the point** non c'entra niente **3 to be beside yourself** essere fuori di sé [dal dolore, dalla gioia]

besides /bɪˈsaɪdz/ *avverbio* e *preposizione*

• *avv* per di più: *I don't want to go and, besides, I haven't got any money.* Non voglio andarci e, per di più, non ho soldi.

• *prep* oltre a: *Who'll be there besides David and me?* Chi ci sarà oltre a David e me?

besiege /bɪˈsiːdʒ/ *v* **besieged by reporters/fans etc** assediato da giornalisti/ammiratori ecc.

best /best/ *aggettivo, avverbio* e *sostantivo*
• *agg* **1** migliore: *He's the best player in the team.* È il migliore giocatore della squadra. | *It's best to use cash.* È meglio pagare in contanti.
2 best friend migliore amico -a
• *avv* **1** meglio: *It works best if you oil it first.* Funziona meglio se prima lo lubrifichi. | *Which song do you like best?* Quale canzone ti piace di più?
2 as best you/she etc can meglio che puoi/può ecc.
• *s* **1 the best** il migliore: *Which CD player is the best?* Quale lettore CD è il migliore? | *I've read all of her books but this one is* ***by far the best.*** Ho letto tutti i suoi libri ma questo è di gran lunga il migliore.
2 to want/deserve the best volere/meritarsi il meglio
3 to do/try your best fare del proprio meglio
4 at best a) al massimo **b)** nella migliore delle ipotesi
5 at your/its best nella tua/sua forma migliore
6 to make the best of sth trarre il massimo vantaggio da qc | **to make the best of it** fare buon viso a cattivo gioco
7 it's/it was for the best è andata bene così

ˌbest ˈman *s* testimone dello sposo

bestseller /ˌbestˈselə/ *s* bestseller

bet /bet/ *verbo* e *sostantivo*
• *v* (passato e participio **bet**, gerundio **betting**)
1 [tr/intr] scommettere: *Sally bet me I wouldn't pass my driving test.* Sally ha scommesso con me che non avrei passato l'esame di guida. | *We* ***bet*** *£10* ***on*** *Brazil to win.* Abbiamo puntato 10 sterline sulla vittoria del Brasile. **2 I bet** (per esprimere certezza) *I bet it'll rain tomorrow.* Scommetto che domani piove. **3 you bet!** (per esprimere accordo enfaticamente) ci puoi scommettere!
• *s* **1** scommessa | **to have a bet on sth** fare una scommessa su qc **2 your best bet** la cosa migliore: *Your best bet would be to avoid the motorway.* La cosa migliore sarebbe che tu evitassi l'autostrada.

betray /bɪˈtreɪ/ *v* [tr] **1** tradire [amici, patria] **2 to betray your principles** venire meno ai propri principi **3** (rivelare) tradire

betrayal /bɪˈtreɪəl/ *s* tradimento

better /ˈbetə/ *aggettivo, avverbio, sostantivo* e *verbo*
• *agg* **1** migliore: *He's applied for a better job.* Ha fatto domanda per un lavoro migliore. | *Your computer is* ***better than*** *mine.* Il tuo computer è migliore del mio.
2 (dopo una malattia) **to be (much) better** stare (molto) meglio: *Eva's had the flu but she's better now.* Eva ha avuto l'influenza, ma sta meglio adesso. | *I hope you* ***get better*** *soon.* Spero che tu ti rimetta presto. | *Can we go swimming* ***when I'm better?*** Possiamo andare a nuotare quando sarò guarita? | **to feel better** sentirsi meglio
3 to get better (situazione, qualità) migliorare: *Her tennis is getting better.* Sta migliorando a tennis.
4 to have seen better days (informale) avere conosciuto tempi migliori
5 it would be better (to do sth) sarebbe meglio (fare qc)
6 the sooner the better prima è meglio è
• *avv* **1** meglio: *Caroline knows Paris a lot* ***better than*** *I do.* Caroline conosce Parigi molto meglio di me. | *I like this one* ***better.*** Questo mi piace di più.
2 you'd better hurry/get ready etc faresti meglio a sbrigarti/prepararti ecc.: *It's late. You'd better get changed.* È tardi. Faresti meglio a cambiarti. | *We'd* ***better not*** *tell dad about this.* Faremmo meglio a non dirlo a papà.
• *s* **1 to get the better of sb** avere la meglio su qn: *Don't let your temper get the better of you.* Non lasciare che la rabbia abbia la meglio su di te.
2 a change for the better un miglioramento
• *v* [tr] **1** migliorare [record]
2 to better yourself migliorare le proprie condizioni (sociali)

ˌbetter ˈoff *agg* **1** più ricco -a **2 we'd be better off doing sth** faremmo meglio a fare qc: *You're* ***better off*** *without him.* Stai meglio senza di lui.

between /bɪˈtwiːn/ *preposizione* e *avverbio*
• *prep* **1** (nello spazio, nel tempo) tra: *Judy was sitting between Kate and me.* Judy era seduta tra Kate e me. | *Try not to eat between meals.* Cerca di non mangiare fuori pasto. **2** (con valore partitivo e distributivo) tra: *Tom divided his money between his three children.* Tom ha diviso i suoi soldi tra i tre figli. **3** (per esprimere la cooperazione) tra: *Between the four of us we managed to lift it.* Tra tutti e quattro siamo riusciti a sollevarlo. **4** (per indicare una relazione, un paragone) tra: *What's the difference between the two computers?* Qual è la differenza tra i due computer?
• *avv* (anche **in between**) in mezzo: *two gardens with a fence between* due giardini con uno steccato in mezzo ▶ **AMONG O BETWEEN?** vedi nota sotto **tra**

beverage /ˈbevərɪdʒ/ *s* (formale) bevanda

beware /bɪˈweə/ *v* **to beware of sb/sth** fare attenzione a qn/qc: *We were told to beware of signing anything.* Ci hanno detto di fare attenzione a non firmare niente. | ***Beware of*** *the dog!* Attenti al cane! ▶ Questo verbo si usa solo all'imperativo o all'infinito.

B

bewildered /bɪˈwɪldəd/ *agg* confuso -a

bewildering /bɪˈwɪldərɪŋ/ *agg* sconcertante

beyond /bɪˈjɒnd/ *preposizione e avverbio*
• *prep* **1** (nello spazio) oltre: *beyond the mountains* oltre le montagne
2 (più in là di) oltre: *Don't go beyond the white line.* Non andare oltre la riga bianca.
3 (nel tempo) oltre: *The party went on beyond midnight.* La festa è continuata oltre mezzanotte.
4 (per esprimere impossibilità) *The watch was **beyond repair**.* L'orologio non si poteva riparare. | *due to circumstances **beyond our control*** per circostanze indipendenti dalla nostra volontà ▶ vedi **belief**
5 it's beyond me (why/how etc) non riesco a capire (perché/come ecc.)
• *avv* oltre: *the mountains and the plains beyond* le montagne e le pianure più oltre | *2004 and beyond* il 2004 e oltre

bias /ˈbaɪəs/ *s* **bias against sth/sb** pregiudizio contro qc/qn | **bias towards sth/sb** preferenza per qc/qn

biased /ˈbaɪəst/ *agg* (resoconto, opinione) parziale | **to be biased against sth/sb** essere prevenuto nei confronti di qc/qn | **to be biased towards sth/sb** essere parziale nei confronti di qc/qn

bib /bɪb/ *s* bavaglino

bible /ˈbaɪbəl/ *s* **1 the Bible** la Bibbia **2** (esemplare) bibbia **3** (libro fondamentale) bibbia: *the medical students' bible* la bibbia degli studenti di medicina

bibliography /ˌbɪbliˈɒgrəfi/ *s* bibliografia

bicker /ˈbɪkə/ *v* [intr] (punzecchiarsi) bisticciare

bicycle /ˈbaɪsɪkəl/ *s* bicicletta: *Jason was **riding** his **bicycle** out in the street.* Jason andava in bicicletta per la strada.

bid /bɪd/ *sostantivo e verbo*
• *s* **1** tentativo | **bid to do sth** tentativo di fare qc **2** (all'asta) offerta **3 to put in a bid** fare un'offerta
• *v* (passato e participio **bid**, gerundio **bidding**) (all'asta) [tr] offrire, [intr] fare un'offerta

big /bɪg/ *agg* (**bigger**, **biggest**) **1** (per dimensioni) grande: *a big red balloon* un grande pallone rosso | *How big is their new house?* Quanto è grande la loro nuova casa? | *a big age difference* una grande differenza di età **2** (importante) grande: *The big game is on Friday.* La grande sfida è venerdì. **3 big sister/brother** (informale) sorella/fratello maggiore **4** (conosciuto) grande: *a big star* una grande star | *The group **is big in** the States.* Il gruppo va forte negli Stati Uniti. | **to make it big** avere grande successo ▶ vedi anche **grande**

bigheaded /ˌbɪgˈhedɪd/ *agg* presuntuoso -a

bigot /ˈbɪgət/ *s* intollerante

bigoted /ˈbɪgətɪd/ *agg* fanatico -a

bigotry /ˈbɪgətri/ *s* intolleranza

ˈbig time *s* **the big time** il successo

bike /baɪk/ *s* **1** bici **2** (informale) moto

biker /ˈbaɪkə/ *s* motociclista

bikini /bɪˈkiːni/ *s* bikini

bilingual /baɪˈlɪŋgwəl/ *agg* bilingue

bill /bɪl/ *sostantivo e verbo*
• *s* **1** (del gas, della luce) bolletta: *a bill for $49.50* una bolletta di 49,50 dollari **2** BrE (al ristorante) conto: *Can we have the bill please?* Ci porta il conto per favore? **3** disegno di legge **4** AmE banconota ▶ In inglese britannico si usa **note**. **5 to foot the bill (for sth)** pagare il conto (di qc)
• *v* [tr] **1 to be billed as sth** essere annunciato come qc **2 to bill sb for sth** fare pagare qc a qn

billboard /ˈbɪlbɔːd/ *s* pannello per le affissioni

billfold /ˈbɪlfəuld/ *s* AmE portafoglio ▶ In inglese britannico si usa **wallet**.

billiards /ˈbɪljədz/ *s pl* biliardo

billion /ˈbɪljən/ *numero* miliardo: *five billion dollars* cinque miliardi di dollari

bin /bɪn/ *sostantivo e verbo*
• *s* BrE (dell'immondizia) bidone
• *v* [tr] (**binned**, **binning**) BrE (informale) buttare nel bidone

binary /ˈbaɪnəri/ *agg* binario -a

bind /baɪnd/ *verbo e sostantivo*
• *v* [tr] (passato e participio **bound**) **1** (formale) legare [mani, piedi] **2** (formale) (vincolo, tradizione) legare **3 to be bound by sth** essere vincolato da qc [da trattato, accordo]
• *s* **in a bind** nei pasticci

binder /ˈbaɪndə/ *s* raccoglitore: *a ring binder* un raccoglitore ad anelli

binding /ˈbaɪndɪŋ/ *agg* (contratto, accordo) vincolante

binge /bɪndʒ/ *s* **1** bevuta **2** abbuffata **3 to go on a binge a)** farsi una bella bevuta **b)** abbuffarsi

bingo /ˈbɪŋgəu/ *s* bingo

binoculars /bɪˈnɒkjələz/ *s pl* binocolo: *a pair of binoculars* un binocolo

biochemical /ˌbaɪəuˈkemɪkəl/ *agg* biochimico -a

biochemistry /ˌbaɪəuˈkemɪstri/ *s* biochimica

biodegradable /ˌbaɪəudɪˈgreɪdəbəl/ *agg* biodegradabile

biographer /baɪˈɒgrəfə/ *s* biografo -a

biographical /ˌbaɪəˈgræfɪkəl/ *agg* biografico -a

biography /baɪˈɒgrəfi/ *s* (pl **-phies**) biografia

biological /ˌbaɪəˈlɒdʒɪkəl/ *agg* **1** biologico -a **2 biological weapons** armi biologiche **3** (madre, padre) biologico -a

biologist /baɪˈɒlədʒɪst/ *s* biologo -a

biology /baɪˈɒlədʒi/ *s* biologia

bird /bɜːd/ *s* uccello

ˌbird of ˈprey *s* uccello rapace

biro® /ˈbaɪərəʊ/ *s* BrE biro®

birth /bɜːθ/ *s* **1 to give birth** partorire: *She **gave birth to** twins.* Ha partorito due gemelli. **2** nascita **3 French/Italian etc by birth** francese/italiano ecc. di nascita

birthday /ˈbɜːθdeɪ/ *s* **1** compleanno: *Happy Birthday!* Buon compleanno! **2 birthday cake** torta di compleanno **birthday card** biglietto d'auguri di compleanno **birthday party** festa di compleanno

birthmark /ˈbɜːθmɑːk/ *s* (sulla pelle) voglia

birthplace /ˈbɜːθpleɪs/ luogo di nascita

ˈbirth rate *s* tasso di natalità

biscuit /ˈbɪskɪt/ *s* **1** BrE (dolce) biscotto **2** BrE (galletta) cracker

bishop /ˈbɪʃəp/ *s* **1** vescovo **2** (negli scacchi) alfiere

bit[1] /bɪt/ *s* **1** (informale) **a (little) bit** un po': *I'm a bit tired this morning.* Sono un po' stanca stamattina. | *Can you turn the radio down a bit?* Puoi abbassare un po' la radio? | *It was **a bit like** being caught in a storm.* È stato un po' come essere colti da una tempesta. **2** (informale) **a bit of** un po' di: *I need a bit of help with this homework.* Ho bisogno di un po' di aiuto con questi compiti. **3 not a bit** per niente: *He wasn't a bit sorry.* Non era per niente dispiaciuto. **4** pezzetto: *The floor was covered with bits of glass.* Il pavimento era coperto da pezzetti di vetro. | **to fall to bits** cadere a pezzi | **to blow sth to bits** ridurre qc in pezzi **5 quite a bit** un bel po': *She's quite a bit older than me.* È un bel po' più vecchia di me. **6** (informale) (riferito al tempo) **a bit** un po': *Could you wait a bit?* Puoi aspettare un po'? | *We'll be there **in a bit**.* Tra poco saremo arrivati. **7 bit by bit** poco a poco **8** (in informatica) bit **9** (di trapano) punta **10** (di cavallo) morso

bit[2] /bɪt/ passato di **bite**

bite /baɪt/ *verbo* e *sostantivo*

• *v* [tr/intr] (passato **bit**, participio **bitten**) **1** (persona, animale) mordere: *Mind the dog, he bites.* Fai attenzione al cane, morde. | *Don't bite your nails.* Non mangiarti le unghie. **2** (serpente) mordere, (insetto) pungere

• *s* **1 to take a bite of sth** prendere un boccone di qc **2** (di cane, serpente) morso, (di insetto) puntura **3 to have a bite (to eat)** (informale) mangiare un boccone

bitten /ˈbɪtn/ participio di **bite**

bitter /ˈbɪtə/ *agg* **1** (persona) amareggiato -a **2** (delusione, esperienza) amaro -a **3** (nemico) acerrimo -a, (lotta, rivalità) accanito -a **4** (gusto, cioccolato) amaro -a **5** (vento, freddo) pungente

bitterly /ˈbɪtəli/ *avv* **1** amaramente | **bitterly disappointed** amaramente deluso **2 bitterly cold** *It was bitterly cold.* Faceva un freddo glaciale.

bitterness /ˈbɪtənəs/ *s* amarezza

bizarre /bɪˈzɑː/ *agg* bizzarro -a

black /blæk/ *aggettivo*, *sostantivo* e *verbo*

• *agg* **1** (capelli, abito, fumo) nero -a ▶ vedi Active Box **colours** sotto **colour** **2** (persona di pelle nera) nero -a **3** (senza latte) nero -a: *black coffee* caffè nero **4** (molto sporco) nero -a **5** (cupo, negativo) nero -a: *Things were looking very black.* La situazione sembrava molto nera. **6 black humour** umorismo nero **7 black and blue** pieno di lividi

• *s* **1** (colore) nero ▶ vedi Active Box **colours** sotto **colour** **2** (anche **Black**) (persona di pelle nera) nero -a ▶ Molti pensano che questo sostantivo sia offensivo e preferiscono usare **black person**. **3 in black and white** (scritto) nero su bianco

• *v* **black out** svenire

blackberry /ˈblækbəri/ *s* mora

blackboard /ˈblækbɔːd/ *s* lavagna

blackcurrant /ˈblækˌkʌrənt/ *s* ribes nero

ˌblack ˈeye *s* occhio nero

blacklist /ˈblæklɪst/ *sostantivo* e *verbo*

• *s* lista nera

• *v* [tr] mettere sulla lista nera

blackmail /ˈblækmeɪl/ *sostantivo* e *verbo*

• *s* ricatto

• *v* [tr] ricattare

ˌblack ˈmarket *s* mercato nero

blackout /ˈblækaʊt/ *s* blackout

blacksmith /ˈblækˌsmɪθ/ *s* fabbro ferraio

bladder /ˈblædə/ *s* vescica

blade /bleɪd/ *s* **1** (di coltello, rasoio, pattino) lama **2** (d'erba) filo **3** (di ventilatore, remo) pala

blame /bleɪm/ *verbo* e *sostantivo*

• *v* [tr] **1** dare la colpa a: *They tried to **blame** everything **on** Joey.* Hanno cercato di dare la colpa di tutto a Joey. | *You shouldn't **blame** yourself **for** what happened.* Non dovresti prendertela con te stesso per quello che è successo. | **to be to blame (for sth)** essere responsabile (di qc) **2 I don't blame you/him etc** non ti/lo ecc. biasimo

• *s* colpa: *I always **get the blame**.* È sempre colpa mia. | **to take the blame (for sth)** assumersi la responsabilità (di qc)

Vuoi informazioni sulla differenza tra gli **aggettivi possessivi** in inglese e in italiano? Vedi la **guida grammaticale**.

bland /blænd/ *agg* **1** (musica, conversazione) piatto -a **2** (cibo) insipido -a

blank /blæŋk/ *aggettivo* e *sostantivo*
• *agg* **1** (pagina) bianco -a **2** (cassetta) vergine **3** (sguardo) assente, (viso) inespressivo -a **4 to go blank a)** (schermo) oscurarsi **b)** (riferito a persona): *My mind went blank.* Ho avuto un vuoto di memoria.
• *s* **1** spazio vuoto **2** cartuccia a salve **3 to draw a blank** fare un buco nell'acqua

blanket /ˈblæŋkɪt/ *s* coperta

blare /bleə/, anche **blare out** *v* [intr] (musica, radio) andare a tutto volume

blasphemy /ˈblæsfəmi/ *s* bestemmia

blast /blɑːst/ *sostantivo* e *verbo*
• *s* **1** esplosione **2** folata **3 (at) full blast** a tutto volume
• *v* [tr] **1** (con esplosivo) fare saltare [roccia] | **to blast a hole/tunnel in sth** aprire un buco/una galleria in qc (con l'esplosivo) **2** fare saltare in aria [persona]
blast off (navicella spaziale) decollare

blatant /ˈbleɪtənt/ *agg* (bugia, discriminazione) spudorato -a

blaze /bleɪz/ *sostantivo* e *verbo*
• *s* **1** incendio **2 a blaze of light/colour** un tripudio di luci/colori **3 a blaze of publicity** un'ondata di pubblicità
• *v* [intr] **1** (fuoco) ardere **2** (luci, occhi) sfavillare

blazer /ˈbleɪzə/ *s* blazer

bleach /bliːtʃ/ *sostantivo* e *verbo*
• *s* candeggina
• *v* [tr] (3ª pers sing **bleaches**) decolorare [capelli], sbiancare [bucato]

bleak /bliːk/ *agg* **1** (futuro, prospettiva) cupo -a **2** (luogo, paesaggio) desolato -a

bleat /bliːt/ *v* [intr] (pecora, capra) belare

bled /bled/ passato e participio di **bleed**

bleed /bliːd/ *v* [intr] (passato e participio **bled**) sanguinare | **to bleed to death** morire dissanguato

bleeding /ˈbliːdɪŋ/ *s* emorragia

bleep /bliːp/ *sostantivo* e *verbo*
• *s* (di apparecchio elettronico) bip
• *v* [intr] fare bip

bleeper /ˈbliːpə/ *s* BrE cercapersone

blemish /ˈblemɪʃ/ *s* (pl **-shes**) (su pelle, superficie) imperfezione, (di frutta) ammaccatura

blend /blend/ *verbo* e *sostantivo*
• *v* **1** [tr] mescolare: ***Blend** all the ingredients **together**.* Mescolate tutti gli ingredienti. | *The book blends history and fiction.* Il libro mescola storia e finzione. **2** [intr] fondersi
blend in **1** (colori, edifici) armonizzarsi **2** (con la gente) mescolarsi
• *s* (di colori, stili) mescolanza, (di caffè) miscela

blender /ˈblendə/ *s* frullatore

bless /bles/ *v* [tr] (3ª pers sing **blesses**) **1** benedire **2 to be blessed with sth** avere la fortuna di avere qc: *George was blessed with good looks.* George aveva la fortuna di essere attraente. **3 bless you!** (detto a chi starnutisce) salute!

blessed /ˈblesɪd/ *agg* **1** beato -a **2 a blessed relief** un piacevole sollievo

blessing /ˈblesɪŋ/ *s* **1** (nella religione) benedizione **2** (consenso) benedizione **3 to be a mixed blessing** essere una mezza fortuna **4 a blessing in disguise** qualcosa che sembra un male, ma che in fondo è un bene

blew /bluː/ passato di **blow**

blind /blaɪnd/ *aggettivo, sostantivo* e *verbo*
• *agg* **1** cieco -a | **to go blind** diventare cieco | **the blind** i ciechi **2 to be blind to sth** essere incapace di vedere qc
• *s* tenda avvolgibile
• *v* [tr] **1** (luce, sole) accecare **2** (incidente, ferita) rendere cieco

blind 'date *s* appuntamento al buio

blindfold /ˈblaɪndfəʊld/ *verbo* e *sostantivo*
• *v* [tr] bendare gli occhi a
• *s* benda sugli occhi

blindly /ˈblaɪndli/ *agg* **1** (senza vedere) a tentoni **2** (senza pensare) ciecamente

blindness /ˈblaɪndnəs/ *s* cecità

blink /blɪŋk/ *verbo* e *sostantivo*
• *v* **to blink (your eyes)** sbattere le palpebre
• *s* battito di ciglia

bliss /blɪs/ *s* gioia

blissful /ˈblɪsfəl/ *agg* delizioso -a

blister /ˈblɪstə/ *s* **1** (sulla pelle) vescica **2** (sulla pittura, vernice) bolla

blizzard /ˈblɪzəd/ *s* bufera di neve

bloated /ˈbləʊtɪd/ *agg* (stomaco, corpo) gonfio -a

blob /blɒb/ *s* (di vernice, crema) chiazza

block /blɒk/ *sostantivo* e *verbo*
• *s* **1** (di ghiaccio, pietra) blocco **2** AmE (edificio) isolato: *The cinema is four blocks from here.* Il cinema è quattro isolati da qui. **3** (insieme di case) caseggiato **4** BrE condominio: *a block of flats* un condominio **5** (di posti) gruppo, (di azioni) pacchetto **6 block booking** prenotazione di gruppo
• *v* [tr] **1** bloccare [strada, entrata] | **to block sb's way** sbarrare la strada a qn **2** (anche **block up**) intasare [tubatura, scarico]: *The sink is blocked.* Il lavandino è intasato. | *My nose is blocked.* Ho il naso chiuso. **3** bloccare [pubblicazione, progetto] **4** impedire [visuale]: *Can you move,*

please? You're blocking the light. Ti puoi spostare? Mi stai facendo ombra.

blockade /blɒ'keɪd/ *sostantivo* & *verbo*
- *s* blocco [navale]
- *v* [tr] bloccare [porto, città]

blockage /'blɒkɪdʒ/ *s* (di lavandino) intasamento

blockbuster /'blɒk,bʌstə/ *s* (informale) **1** film di successo **2** (libro) bestseller

,block 'capitals, anche **,block 'letters** *s pl* stampatello

bloke /bləʊk/ *s* BrE (informale) tipo: *a nice bloke* un tipo simpatico

blonde, blond /blɒnd/ *agg* e *s* biondo -a ▶ Generalmente si usa **blonde** per le donne e **blond** per gli uomini.

blood /blʌd/ *s* **1** sangue **2 in cold blood** a sangue freddo **3 new blood** nuova linfa **4 blood group** gruppo sanguigno **blood pressure** pressione sanguigna

bloodshed /'blʌdʃed/ *s* spargimento di sangue

'blood sports *s pl* sport cruenti in cui si uccidono animali

bloodstream /'blʌdstriːm/ *s* flusso sanguigno

bloody /'blʌdi/ *aggettivo* e *avverbio*
- *agg* (**-dier**, **-diest**) **1** (informale) (per esprimere rabbia) maledetto -a **2** insanguinato -a
- *avv* (**-dier**, **-diest**) (informale) usato per enfatizzare: *It's bloody cold out there.* Fa un freddo cane fuori.

bloom /bluːm/ *sostantivo* e *verbo*
- *s* fioritura | **in bloom** in fiore
- *v* [intr] fiorire

blossom /'blɒsəm/ *sostantivo* e *verbo*
- *s* (di albero, arbusto) fiore
- *v* [intr] fiorire

blot /blɒt/ *verbo* e *sostantivo*
- *v* [tr] (**blotted**, **blotting**) asciugare [con la carta assorbente ecc.]
  blot sth out 1 (persona) cancellare qc **2** (nuvole, nebbia) nascondere qc
- *s* **1** (di sangue, inchiostro) macchia **2** (nella reputazione) macchia

blotch /blɒtʃ/ *s* (pl **blotches**) chiazza [specialmente sulla pelle]

blouse /blaʊz/ *s* camicetta

blow /bləʊ/ *verbo* e *sostantivo*
- *v* (passato **blew**, participio **blown**) **1** [intr] (vento) soffiare **2** [intr/tr] muovere o muoversi per l'azione del vento: *The door blew open.* La porta si è spalancata per il vento. | *The wind blew his hat off.* Il vento gli ha fatto volare via il cappello. **3** [tr/intr] suonare [fischietto, tromba] **4** [intr] (fusibile) saltare, [tr] fare saltare [fusibile] **5 to blow sth to bits** ridurre qc a pezzi **6 to blow your nose** soffiarsi il naso
  blow sth out spegnere qc (soffiando)
  blow over 1 (temporale) cessare **2** (problema, scandalo) essere dimenticato
  blow up 1 saltare in aria **2** (informale) (per la rabbia) esplodere **blow sth up 1** fare saltare qc [edificio, ponte] **2** gonfiare qc [pallone] **3** ingrandire [foto]
- *s* **1** (botta) colpo: *a **blow to/on** the head* un colpo in testa **2** (batosta) colpo: *The injury to their best player was a real blow.* L'infortunio del loro miglior giocatore è stato un duro colpo. **3 to come to blows** venire alle mani

'blow-dry *verbo* e *sostantivo*
- *v* [tr] (3ª pers sing **-dries**) asciugare con il fon [capelli]
- *s* **to have a cut and blow-dry**

blown /bləʊn/ participio di **blow**

blue /bluː/ *aggettivo*, *sostantivo* e *sostantivo plurale*
- *agg* **1** blu ▶ vedi Active Box **colours** sotto **colour** **2** (informale) depresso -a **3** (informale) (film) porno, (barzelletta) osceno -a
- *s* **1** blu ▶ vedi Active Box **colours** sotto **colour** **2 out of the blue** (informale) improvvisamente
- **blues** *s pl* **1** (musica) blues **2 to have the blues** (informale) sentirsi giù

blueprint /'bluː,prɪnt/ *s* progetto

bluff /blʌf/ *verbo* e *sostantivo*
- *v* [intr] bluffare
- *s* bluff | **to call sb's bluff** costringere qn a mettere le carte in tavola

blunder /'blʌndə/ *sostantivo* e *verbo*
- *s* errore (grossolano)
- *v* [intr] **1** fare un errore (grossolano) **2 to blunder into sth** inciampare in qc

blunt /blʌnt/ *aggettivo* e *verbo*
- *agg* **1** (coltello, forbici) non affilato -a **2** (matita) spuntato -a **3** (modi, risposta) schietto -a | **to be blunt with sb** essere franco con qn
- *v* [tr] smussare [coltello, forbici], spuntare [matita]

blur /blɜː/ *sostantivo* e *verbo*
- *s* **1** forma indistinta **2** ricordo confuso
- *v* (**blurred**, **blurring**) **1** [intr] diventare indistinto **2** [tr] offuscare

blurred /blɜːd/ *agg* (immagine, ricordo) sfocato -a

blurt /blɜːt/ *v* **blurt sth out** lasciarsi sfuggire qc [segreto]

blush /blʌʃ/ *verbo* e *sostantivo*
- *v* [intr] (3ª pers sing **blushes**) arrossire: *He **blushed with** pride.* È arrossito di orgoglio.
- *s* (pl **blushes**) rossore

blusher /'blʌʃə/ *s* (cosmetico) fard

board /bɔːd/ *sostantivo* e *verbo*
- *s* **1** (di legno, plastica) asse **2** (per gli scacchi, la dama) scacchiera **3** (per informazioni) tabellone **4** (anche **blackboard**) lavagna: *Copy down what I've written on*

B

the board. Ricopiate quello che ho scritto sulla lavagna. **5** (di azienda) consiglio **6 on board** a bordo **7 across the board** generalizzato: *an across-the-board pay increase* un aumento di stipendio generalizzato **8 half board** mezza pensione | **full board** pensione completa | **board and lodging** vitto e alloggio ▶ vedi anche **chopping board**, **surfboard**
• *v* **1** [intr] (formale) salire a bordo **2** [tr] salire a bordo di [aereo], salire su [treno]
board sth up chiudere qc con degli assi

boarder /ˈbɔːdə/ *s* (a scuola) interno -a

ˈboarding card, anche **ˈboarding pass** *s* carta d'imbarco

ˈboarding school *s* (collegio) convitto

boast /bəʊst/ *verbo* e *sostantivo*
• *v* [tr] vantare, [intr] vantarsi: *He **boasted** **that** he was the best player.* Si vantava di essere il miglior giocatore.
• *s* vanto

boat /bəʊt/ *s* **1** barca: *There are boats for hire on the lake.* Ci sono delle barche a noleggio sul lago. **2** nave: *They took a boat to the island.* Sono andati sull'isola in nave. | **by boat** in nave **3 to be in the same boat** essere sulla stessa barca

bob /bɒb/ *verbo* e *sostantivo*
• *v* [intr] (**bobbed**, **bobbing**) (sull'acqua) ballonzolare | **to bob up and down** (barca) andare su e giù
• *s* (acconciatura) caschetto

bobby /ˈbɒbi/ *s* (pl **-bbies**) BrE (informale) poliziotto

bodice /ˈbɒdɪs/ *s* (di vestito) corpino

bodily /ˈbɒdəli/ *agg* fisico -a | **bodily functions** funzioni fisiologiche | **bodily harm** lesione corporale

body /ˈbɒdi/ *s* (pl **-dies**) **1** (di persona) corpo **2** (cadavere) corpo **3** (ente) organo **4** (di persone) gruppo **5** (di auto) carrozzeria **6** BrE, (indumento) body **7 a body of evidence** una grande quantità di prove **8 body building** body building **body language** linguaggio del corpo **body odour** BrE, **body odor** AmE puzza di sudore

bodyguard /ˈbɒdigɑːd/ *s* guardia del corpo

bodywork /ˈbɒdiwɜːk/ *s* (di auto) carrozzeria

bog /bɒg/ *sostantivo* e *verbo*
• *s* palude
• *v* [tr] **to get bogged down** impantanarsi

bogus /ˈbəʊgəs/ *agg* fasullo -a

boil /bɔɪl/ *verbo* e *sostantivo*
• *v* [tr/intr] bollire: *The water's boiling.* L'acqua bolle. | *boiled rice* riso bollito
boil away evaporare completamente [bollendo]
boil down to sth ridursi a qc: *What it boils down to is that he can't be bothered.* Tutto si riduce al fatto che non ne ha voglia.
boil over traboccare [durante l'ebollizione]
• *s* **1 to bring sth to the boil** portare qc a ebollizione | **to come to the boil** cominciare a bollire **2** (sulla pelle) foruncolo

boiler /ˈbɔɪlə/ *s* caldaia

boiling /ˈbɔɪlɪŋ/ *agg* bollente: *boiling water* acqua bollente | *I'm boiling!* Sto morendo dal caldo!

ˈboiling point *s* punto di ebollizione

boisterous /ˈbɔɪstərəs/ *agg* (bambino) turbolento -a

bold /bəʊld/ *agg* **1** (persona, riforma) audace **2** (comportamento, domanda) sfrontato -a **3** (forma, calligrafia) chiaro -a **4** (colore) deciso -a **5 in bold (type)** in grassetto

boldly /ˈbəʊldli/ *avv* con audacia

Bolivia /bəˈlɪviə/ *s* Bolivia

Bolivian /bəˈlɪviən/ *agg* e *s* boliviano -a

bolster /ˈbəʊlstə/ *verbo* e *sostantivo*
• *v* [tr] anche **bolster up** infondere [sicurezza]
• *s* cuscino cilindrico

bolt /bəʊlt/ *sostantivo* e *verbo*
• *s* **1** catenaccio **2** bullone **3 a bolt of lightning** un fulmine
• *v* **1** [intr] (persona) darsela a gambe **2** [intr] (cavallo) imbizzarrirsi **3** [tr] chiudere col catenaccio **4 to bolt sth to sth** fissare qc a qc con dei bulloni

bomb /bɒm/ *sostantivo* e *verbo*
• *s* **1** bomba | **to plant a bomb** mettere una bomba **2 the bomb** la bomba atomica **3 to cost a bomb** BrE (informale) costare un sacco di soldi **4 to go like a bomb** BrE (informale) andare come una scheggia
• *v* **1** [tr] bombardare **2** [intr] (informale) fare fiasco

bombard /bɒmˈbɑːd/ *v* [tr] **1** bombardare **2 to bombard sb with questions/phone calls** bombardare qn di domande/telefonate

bombardment /bɒmˈbɑːdmənt/ *s* bombardamento

bomber /ˈbɒmə/ *s* **1** bombardiere **2** dinamitardo -a

bombing /ˈbɒmɪŋ/ *s* **1** bombardamento **2** attentato dinamitardo

Non sai come pronunciare una determinata parola? Consulta la tabella dei simboli fonetici nell'interno della copertina.

bombshell /ˈbɒmʃel/ *s* (informale) (notizia sensazionale) bomba: *The news came as a complete bombshell.* La notizia ha avuto l'effetto di una vera bomba.

bond /bɒnd/ *sostantivo, sostantivo plurale* e *verbo*
- *s* legame
- **bonds** *s pl* vincoli
- *v* [intr] legare | **to bond with sb** legare con qn

bone /bəʊn/ *s* **1** (di persona, animale) osso, (di pesce) lisca **2** **bone dry a)** (terreno) secchissimo-a **b)** (bucato) completamente asciutto-a

ˈbone ˌmarrow *s* midollo osseo

bonfire /ˈbɒnfaɪə/ *s* falò

ˈBonfire Night *s*

> In Gran Bretagna, la sera del 5 novembre, durante la quale si commemora con dei falò e dei fuochi d'artificio il tentativo fallito di Guy Fawkes di far saltare il Parlamento nel 1605.

bonnet /ˈbɒnɪt/ *s* **1** BrE (di auto) cofano **2** (cappello) cuffia

bonus /ˈbəʊnəs/ *s* (pl **bonuses**) **1** (soldi) premio **2** vantaggio

bony /ˈbəʊni/ *agg* ossuto-a

boo /buː/ *verbo, sostantivo* e *interiezione*
- *v* [tr/intr] fischiare
- *s* fischio
- *inter* bu!

booby trap /ˈbuːbi træp/ *s* **1** scherzo che consiste generalmente in un secchio d'acqua, o simile, appoggiato sopra ad una porta che si rovescia addosso al malcapitato che la apre. **2** trappola esplosiva

book /bʊk/ *sostantivo, sostantivo plurale* e *verbo*
- *s* **1** libro: *a **book on** history* un libro di storia | *a **book by** John Updike* un libro di John Updike | *a **book about** Joan of Arc* un libro su Giovanna d'Arco **2** (per scrivere) quaderno **3** **a book of stamps** un blocchetto di francobolli **4** **by the book** secondo le regole
- **books** *s pl* libri contabili
- *v* **1** [tr/intr] (volo, tavolo) prenotare: *I've booked the tickets for the cinema.* Ho prenotato i biglietti del cinema. **2** [tr] (artista) scritturare **3** **to be booked up/fully booked a)** (albergo, ristorante) essere pieno **b)** (persona) essere impegnato: *I'm booked up all this week.* Sono impegnato tutta la settimana. **4** [tr] BrE (calciatore) ammonire

book into sth **to book into a hotel** prendere una camera (d'albergo)

bookcase /ˈbʊk-keɪs/ *s* (mobile) libreria

booking /ˈbʊkɪŋ/ *s* prenotazione: *I've **made a booking** for Saturday at 8.* Ho fatto una prenotazione per sabato alle 8.

ˈbooking ˌoffice *s* biglietteria

booklet /ˈbʊklət/ *s* opuscolo

bookmaker /ˈbʊkmeɪkə/ *s* allibratore, bookmaker

bookmark /ˈbʊkmɑːk/ *sostantivo* e *verbo*
- *s* **1** (per libro) segnalibro **2** (su Internet) segnalibro, bookmark
- *v* [tr] (sito) mettere un segnalibro a

bookseller /ˈbʊkˌselə/ *s* **1** libreria **2** libraio

bookshelf /ˈbʊkʃelf/ *s* (pl **-shelves** /-ʃelvz/) scaffale

bookshop /ˈbʊkʃɒp/ BrE, **bookstore** /ˈbʊkstɔː/ AmE *s* libreria

boom /buːm/ *sostantivo* e *verbo*
- *s* **1** (economico) boom **2** (rumore) boato
- *v* [intr] **1** (economia) essere in espansione **2** (voce, armi) rimbombare

boost /buːst/ *verbo* e *sostantivo*
- *v* [tr] **1** (vendite) incentivare **2** **to boost sb's confidence** *A new hairstyle can really boost your confidence.* Una nuova pettinatura può farti sentire molto più sicuro di te.
- *s* **1** (per il morale) stimolo: *The win was a great **boost to** the team.* La vittoria è stata un grande stimolo per la squadra. **2** (per l'economia) spinta

boot /buːt/ *sostantivo* e *verbo*
- *s* **1** qualsiasi tipo di calzatura sopra la caviglia (scarpone, stivaletto, stivale) **2** BrE (di auto) baule, portabagagli **3** **to give sb the boot** (informale) **a)** (fidanzato) scaricare qn **b)** sbattere fuori qn [da squadra, club] ▶ vedi anche **wellington**
- *v* inizializzare [il computer]

booth /buːð/ *s* cabina: *polling booth* cabina elettorale ▶ vedi anche **phone box**

booty /ˈbuːti/ *s* bottino

booze /buːz/ *sostantivo* & *verbo*
- *s* (informale) [mai plurale] alcolici
- *v* (informale) [intr] bere [alcolici]

border /ˈbɔːdə/ *sostantivo* e *verbo*
- *s* **1** confine: *on the border between Italy and Austria* sul confine tra l'Italia e l'Austria **2** (contorno) bordo
- *v* [tr] **1** circondare [terreno] **2** confinare con [nazione]

border on sth essere ai limiti di qc: *Her behaviour bordered on rudeness.* Il suo comportamento è stato ai limiti della maleducazione.

borderline /ˈbɔːdəlaɪn/ *aggettivo* e *sostantivo*
- *agg* **a borderline case** un caso dubbio
- *s* **to be on the borderline** essere in una posizione intermedia

bore¹ /bɔː/ *verbo* e *sostantivo*
- *v* **1** [tr] annoiare: *I won't **bore** you **with** the details.* Non ti annoierò con i particolari. **2** **to bore a hole** fare un foro
- *s* noia

bore² /bɔː/ passato di **bear**

bored /bɔːd/ *agg* **to be/get bored** annoiarsi: *He gets bored very easily.* Si annoia molto facilmente. | *There was plenty to do and I was never bored.* C'erano un sacco di cose da fare e non mi annoiavo mai. | *I'm so **bored with** doing the same thing every day.* Sono così stufo di fare la stessa cosa tutti i giorni. | *a group of bored kids* un gruppo di ragazzi annoiati | **to be bored stiff/to tears** (informale) annoiarsi a morte, annoiarsi da morire

boredom /ˈbɔːdəm/ *s* noia

boring /ˈbɔːrɪŋ/ *agg* noioso -a: *She thinks school is boring.* Pensa che la scuola sia noiosa.

born /bɔːn/ *verbo e aggettivo*
- *v* **to be born** nascere: *I was **born on** Christmas Day.* Sono nato il giorno di Natale. | *Where were you born?* Dove sei nato?
- *agg* nato: *She's a born teacher.* È un'insegnante nata.

borne /bɔːn/ participio di **bear**

borough /ˈbʌrə/ *s* (città) comune, (parte di una grande città) distretto amministrativo

borrow /ˈbɒrəʊ/ *v* ▶ vedi riquadro

bosom /ˈbʊzəm/ *s* petto

boss /bɒs/ *sostantivo e verbo*
- *s* (pl **bosses**) **1** capo **2** (informale) **to be (the) boss** comandare
- *v* [tr] (anche **boss sb around**) comandare a bacchetta

bossy /ˈbɒsi/ *agg* (**-ssier**, **-ssiest**) prepotente

botanical garden /bəˌtænɪkəl ˈgɑːdn/ *s* giardino botanico

botanist /ˈbɒtənəst/ *s* botanico

botany /ˈbɒtəni/ *s* botanica

both /bəʊθ/ *agg e pron* **1** tutti e due, entrambi: *He broke both legs.* Si è rotto tutte e due le gambe. | *Her parents are both teachers.* I suoi genitori sono entrambi insegnanti. | *They both started speaking at the same time.* Hanno cominciato a parlare tutti e due insieme. **2** **both ... and ...** sia ... che ...: *Both Tony and Rita agree with me.* Sia Tony che Rita sono d'accordo con me. | *The book is both funny and moving.* Il libro è al tempo stesso divertente e commovente.

bother /ˈbɒðə/ *verbo e sostantivo*
- *v* **1** [tr] disturbare: *Sorry to bother you, but do you know what time it is?* Scusi se la disturbo, ma sa che ore sono? **2** [tr] preoccupare: *Is something bothering you?* C'è qualcosa che ti preoccupa? **3** [intr] disturbarsi: *"Shall I wait for you?" "No, don't bother."* – Ti aspetto? – No, non disturbarti. | **to bother to do sth/to bother doing sth** darsi la pena di fare qc: *She didn't even bother to telephone.* Non si è neanche data la pena di telefonare. **4** **I/he etc can't be bothered** (informale) non ne ho/ha ecc. voglia: *I ought to go and see her but I can't be bothered.* Dovrei andare a trovarla, ma non ne ho voglia. **5** **I'm/he's etc not bothered** (informale) fa lo stesso, non mi/gli ecc. importa
- *s* problema | **it's no bother** non c'è problema

borrow *verbo*

1 Per dire che abbiamo chiesto e ottenuto qualcosa in prestito da qualcuno:

I borrowed Martin's camera. Mi sono fatto prestare la macchina fotografica da Martin. | *The skateboard's not mine. I **borrowed** it **from** a friend.* Lo skateboard non è mio: me lo ha prestato un mio amico.

2 Per chiedere a qualcuno di darci qualcosa in prestito:

Can I borrow your calculator? Mi presti la calcolatrice?

3 Per riferirsi a libri presi in prestito in biblioteca:

You can borrow up to six books. Puoi prendere fino a sei libri in prestito.

bottle /ˈbɒtl/ *sostantivo e verbo*
- *s* **1** (d'acqua, di latte) bottiglia, (di profumo) boccetta **2** biberon
- *v* [tr] imbottigliare

A milk/wine bottle indica una bottiglia per il latte o per il vino, che può anche essere vuota. **A bottle of milk/wine** si riferisce a una bottiglia piena di latte o di vino, oppure al suo contenuto.

ˈbottle bank *s* contenitore per la raccolta del vetro

bottleneck /ˈbɒtlnek/ *s* ingorgo

bottom /ˈbɒtəm/ *sostantivo, sostantivo plurale e aggettivo*
- *s* **1** fondo: *He was standing **at the bottom of** the stairs.* Era in piedi in fondo alle scale. | *Write your name **at the bottom**.* Scrivi il tuo nome in fondo. | *The team is **at the bottom of** the league.* La squadra è in fondo alla classifica. **2** (parte del corpo) sedere **3** **to get to the bottom of sth** andare fino in fondo a qc
- **bottoms** *s pl* **tracksuit/pyjama/jogging etc bottoms** pantaloni della tuta/del pigiama/da jogging ecc.
- *agg* **1** in fondo: *the bottom right-hand corner of the page* l'angolo della pagina in fondo a destra **2** ultimo: *They're in the bottom three in the league.* Sono tra gli ultimi tre in classifica.

bough /baʊ/ *s* ramo

bought /bɔːt/ passato e participio di **buy**

boulder /ˈbəʊldə/ *s* masso

boulevard /ˈbuːlvɑːd/ *s* viale

bounce /baʊns/ *verbo* e *sostantivo*

• *v* **1** [intr] rimbalzare, [tr] fare rimbalzare: *He was* ***bouncing*** *the ball* ***against*** *the wall.* Faceva rimbalzare la palla contro il muro. **2** [intr] saltare: *Stop* ***bouncing on*** *the bed!* Smettila di saltare sul letto!

bounce back riprendersi

• *s* rimbalzo

bouncer /ˈbaʊnsə/ *s* buttafuori

bouncy /ˈbaʊnsi/ *agg* (**-cier**, **-ciest**) (persona) esuberante

bound[1] /baʊnd/ *aggettivo, verbo* e *sostantivo*

• *agg* **1** **to be bound to do sth** *He's bound to forget.* Si dimenticherà di sicuro. | *It was bound to happen sooner or later.* Doveva succedere prima o poi. **2** **to be bound up with sth** essere legato a qc **3** **bound for** diretto a/in

• *v* [intr] balzare

• *s* balzo ▶ vedi anche **leap**

bound[2] /baʊnd/ passato e participio di **bind**

boundary /ˈbaʊndəri/ *s* (pl **-ries**) confine: *the city boundary* il confine della città | *the boundaries of technology* i confini della tecnologia

bounds /baʊndz/ *s pl* **out of bounds** *This office is* ***out of bounds*** *to students.* L'accesso a questo ufficio è vietato agli studenti.

bouquet /bəʊˈkeɪ/ *s* mazzo di fiori

bourgeois /ˈbʊəʒwɑː/ *agg* e *s* (pl **bourgeois**) borghese

bout /baʊt/ *s* **1** breve periodo | **a bout of depression** una crisi depressiva | **a bout of flu** un attacco di influenza **2** incontro di pugilato

boutique /buːˈtiːk/ *s* boutique

bow[1] /baʊ/ *verbo* e *sostantivo*

• *v* **1** [intr] inchinarsi, fare un inchino **2** **to bow your head** chinare la testa

• *s* **1** inchino | **to take a bow** fare un inchino **2** (anche **bows**) prua

bow[2] /bəʊ/ *s* **1** (per capelli, scarpe) fiocco **2** (per frecce) arco **3** (di violino) arco

bowel /ˈbaʊəl/ *s* intestino

bowl /bəʊl/ *sostantivo, sostantivo plurale* e *verbo*

• *s* **1** (recipiente) scodella **2** (anche **bowlful**) (contenuto) scodella: *a bowl of rice/soup* una scodella di riso/minestra **3** (per lavare) bacinella ▶ vedi anche **sugar bowl**

• **bowls** *s pl* bocce | **to play bowls** giocare a bocce

• *v* [tr/intr] tirare [giocando a bocce o a cricket]

bowler /ˈbəʊlə/ *s* **1** lanciatore **2** (anche **bowler hat**) bombetta

bowling /ˈbəʊlɪŋ/ *s* **1** bowling | **to go bowling** andare a giocare a bowling **2** **bowling alley** bowling **bowling green** campo da bocce

bow tie /ˌbəʊ ˈtaɪ/ *s* farfallino

box /bɒks/ *sostantivo* e *verbo*

• *s* (pl **boxes**) **1** scatola: *a cardboard box* una scatola di cartone | *a box of chocolates* una scatola di cioccolatini **2** riquadro: *Tick the box.* Fare un segno sul quadratino. **3** palco **4** casella postale **5** area di rigore **6** **the box** BrE (informale) la tele

• *v* **1** [intr] fare pugilato **2** [tr] (anche **box up**) inscatolare, imballare

boxer /ˈbɒksə/ *s* pugile

ˈboxer shorts *s pl* boxer: *a pair of boxer shorts* un paio di boxer

boxing /ˈbɒksɪŋ/ *s* **1** pugilato **2** **boxing gloves** guantoni (da pugile)

ˈBoxing Day *s*

> il 26 di dicembre, giorno festivo in Inghilterra e Galles (Santo Stefano)

ˈbox ˌoffice *s* biglietteria

boy /bɔɪ/ *sostantivo* e *interiezione*

• *s* **1** bambino: *a boy of about seven* un bambino di circa sette anni | *a little boy* un bambino piccolo **2** ragazzo: *She's not interested in boys.* Non le interessano i ragazzi **3** figlio: *How's your little boy?* Come sta tuo figlio?

• *inter* esclamazione per esprimere ammirazione, piacere, sollievo, rabbia o delusione: *Boy, that's some car he's got!* Cavolo, niente male la sua macchina!

boycott /ˈbɔɪkɒt/ *verbo* e *sostantivo*

• *v* [tr] boicottare

• *s* boicottaggio

boyfriend /ˈbɔɪfrend/ *s* ragazzo: *Have you got a boyfriend?* Ce l'hai il ragazzo?

boyhood /ˈbɔɪhʊd/ *s* infanzia [di ragazzo, uomo]

boyish /ˈbɔɪ-ɪʃ/ *agg* da ragazzino

ˌboy ˈscout *s* boy scout

bra /brɑː/ *s* reggiseno

brace /breɪs/ *sostantivo, sostantivo plurale* e *verbo*

• *s* (anche **braces** [s pl]) apparecchio [per i denti]

• **braces** *s pl* BrE bretelle: *a pair of braces* un paio di bretelle
• *v* [intr] **to brace yourself** prepararsi [a notizia, lancio] ▶ FALSE FRIEND Non confondere **"brace"** con **brace** che si traduce **embers**.

bracelet /ˈbreɪslət/ *s* braccialetto

bracket /ˈbrækɪt/ *sostantivo e verbo*
• *s* **1** BrE parentesi: *The children's ages are given **in brackets**.* L'età dei bambini è riportata tra parentesi. | *square brackets* parentesi quadre **2** staffa
• *v* [tr] mettere fra parentesi

brag /bræg/ *v* [tr/intr] (**bragged**, **bragging**) vantarsi, darsi delle arie: *He was **bragging about** his new bike.* Si dava delle arie per la sua bicicletta nuova.

braid /breɪd/ *s* **1** profilatura **2** AmE treccia

braille /breɪl/ *s* braille

brain /breɪn/ *s* **1** (organo) cervello **2** (anche **brains** [s pl]) (intelligenza) cervello: *Use your brain!* Usa il cervello! **3 to have sth on the brain** (informale) essere fissato con qc

brainwash /ˈbreɪnwɒʃ/ *v* (3ª pers sing **-shes**) [tr] fare il lavaggio del cervello a

brainwave /ˈbreɪnweɪv/ *s* BrE lampo di genio

brainy /ˈbreɪni/ *agg* (**-nier**, **-niest**) (informale) intelligente

brake /breɪk/ *sostantivo e verbo*
• *s* freno
• *v* [intr] frenare

bramble /ˈbræmbəl/ *s* rovo

bran /bræn/ *s* crusca

branch /brɑːntʃ/ *sostantivo e verbo*
• *s* (pl **branches**) **1** (di albero) ramo **2** (di banca, ufficio) filiale, (di una catena di negozi) negozio **3** (di disciplina) ramo
• *v* **branch off** diramarsi
branch out allargare la propria attività/i propri interessi

brand /brænd/ *sostantivo e verbo*
• *s* marca
• *v* [tr] **to be branded (as) sth** essere etichettato come qc: *She was branded as a liar.* È stata etichettata come una bugiarda.

brandish /ˈbrændɪʃ/ *v* (3ª pers sing **-shes**) [tr] brandire

ˌbrand-ˈnew *agg* nuovo -a di zecca

brandy /ˈbrændi/ *s* (pl **-dies**) brandy

brash /bræʃ/ *agg* spaccone

brass /brɑːs/ *s* **1** ottone **2 the brass (section)** gli ottoni **3 brass band** fanfara

brat /bræt/ *s* (informale) moccioso -a

bravado /brəˈvɑːdəʊ/ *s* spavalderia

brave /breɪv/ *aggettivo & verbo*
• *agg* coraggioso
• *v* [tr] sfidare ▶ FALSE FRIEND Non confondere **"brave"** con **bravo** che si traduce **good**.

bravely /ˈbreɪvli/ *avv* coraggiosamente

bravery /ˈbreɪvəri/ *s* coraggio

bravo! /ˈbrɑːvəʊ/ *inter* bravo!

brawl /brɔːl/ *s* rissa

Brazil /brəˈzɪl/ *s* il Brasile

Brazilian /brəˈzɪliən/ *agg e s* brasiliano -a

breach /briːtʃ/ *sostantivo e verbo*
• *s* (pl **breaches**) **1** violazione | **a breach of security** un'effrazione **2** rottura
• *v* [tr] **1** violare **2** fare una breccia in

bread /bred/ *s* pane: *white bread* pane bianco | *brown bread* pane integrale | *wholemeal bread* pane integrale | *a loaf of bread* una pagnotta | *a slice of bread* una fetta di pane | *bread and butter* pane e burro

breadcrumbs /ˈbredkrʌmz/ *s pl* pangrattato

breadth /bredθ/ *s* larghezza | **five metres/three feet etc in breadth** largo cinque metri/tre piedi ecc.

breadwinner /ˈbredˌwɪnə/ *s* il sostegno della famiglia

break /breɪk/ *verbo e sostantivo*
• *v* (passato **broke**, participio **broken**) **1** [tr] (spezzare) rompere, [intr] (spezzarsi) rompersi: *He broke a window.* Ha rotto una finestra. | *The branch broke under his weight.* Il ramo si è rotto sotto il suo peso. | **to break sth in two/in half** spezzare qc in due/a metà | **to break your leg/arm etc** rompersi una gamba/un braccio ecc. **2** [tr] (guastare) rompere, [intr] (guastarsi) rompersi: *He's broken the CD player.* Ha rotto il lettore CD. | *My watch has broken.* Il mio orologio si è rotto. **3 to break the law/the rules** infrangere la legge/le regole **4 to break a promise/your word** non mantenere una promessa/la parola data **5 to break the news** annunciare la notizia **6 to break sb's heart** spezzare il cuore a qn **7 to break a record** battere un record **8 to break even** recuperare le spese **9 to break free/loose** liberarsi
break down 1 rompersi: *The car broke down.* Si è rotta la macchina. **2** fallire: *Their marriage has broken down.* Il loro matrimonio è fallito. **3** (persona) crollare
break sth down sfondare: *They had to **break the door down**.* Hanno dovuto sfondare la porta.
break in 1 (in edificio) penetrare **2** (in conversazione) interrompere
break into sth 1 to break into a house/a shop etc penetrare in una casa/in un negozio, ecc. **2 to break into a run** lanciarsi in una corsa
break off interrompere **break sth off**

1 staccare: *I broke off a piece of chocolate.* Ho staccato un pezzo di cioccolato. **2** (rapporto) rompere
break out **1** **guerra, incendio** scoppiare **2** scappare: *They* ***broke out of*** *jail.* Sono scappati di prigione.
break through sth sfondare qc
break up **1** (festa, riunione) finire, (folla) disperdersi **2** (matrimonio, relazione) andare a rotoli, (famiglia) disgregarsi **3** lasciarsi: *I've* ***broken up with*** *Joe.* Mi sono lasciata con Joe. **4** BrE chiudere: *Schools break up in mid-July.* Le scuole chiudono a metà luglio.
break sth up **1** spezzettare: *Break the chocolate up and melt it.* Spezzetta il cioccolato e fallo sciogliere. **2** (folla) disperdere | **to break up a fight** sedare una rissa
• *s* **1** pausa: *I worked five hours without a break.* Ho lavorato cinque ore senza fare una pausa. | **to have/take a break** fare/prendersi una pausa ▶ vedi anche **tea break** **2** vacanza: *the Easter break* le vacanze di Pasqua **3** (anche **break time**) BrE (tra lezioni) intervallo **4** interruzione: *a break in the conversation* un'interruzione nella conversazione **5** (tra alberi, nuvole) spazio vuoto **6** (di osso) frattura **7** (informale) grande opportunità | **my/his etc lucky break** la mia/sua, ecc. grande opportunità **8** **give me a break!** lasciami in pace!

breakage /ˈbreɪkɪdʒ/ *s* si usa per riferirsi a un oggetto che è stato rotto: *All breakages must be paid for.* Tutto quello che si rompe va pagato.

breakdown /ˈbreɪkdaʊn/ *s* **1** (di rapporti) rottura **2** (di auto) guasto: *They* ***had a breakdown*** *on the way to the airport.* Sono rimasti in panne mentre stavano andando all'aeroporto. **3** (anche **nervous breakdown**) esaurimento nervoso **4** (di costi) analisi dettagliata

breakfast /ˈbrekfəst/ *s* **1** colazione | **to have breakfast** fare colazione: *I haven't had breakfast yet.* Non ho ancora fatto colazione. | **to have sth for breakfast** mangiare o bere qc a colazione: *I have coffee and toast for breakfast.* A colazione prendo un caffè con del pane tostato. **2** **breakfast television** BrE programmi del mattino **breakfast time** ora di colazione

full English breakfast

'break-in *s* intrusione a scopo di furto

breakthrough /ˈbreɪkθruː/ *s* svolta decisiva | **to make a (major) breakthrough** fare una scoperta (decisiva)

'break-up *s* **1** (di rapporto) rottura: *We didn't speak to each other again after the break-up.* Dopo la rottura (della nostra relazione) non ci siamo più parlati. | *The break-up of a marriage is always difficult.* Una separazione è sempre difficile. **2** (di paese) crollo

breast /brest/ *s* **1** (di donna) seno **2** (di uccello) petto **3** (carne) petto: *a chicken breast* un petto di pollo **4** **breast cancer** tumore al seno

breaststroke /ˈbrest-strəʊk/ *s* rana | **to do (the) breaststroke** nuotare a rana

breath /breθ/ *s* **1** fiato | **to be out of breath** avere il fiatone | **to hold your breath** trattenere il respiro | **to get your breath back** riprendere fiato | **bad breath** alito pesante **2** **to take a breath** fare un respiro: *I took a deep breath and dived in.* Ho fatto un respiro profondo e poi mi sono immerso. **3** **a breath of fresh air** **a)** una boccata d'aria fresca **b)** una ventata di freschezza **4** **to take sb's breath away** **a)** (spettacolo, vista) mozzare il fiato a qn **b)** (discorso, idea) far restare qn a bocca aperta **5** **under your breath** sottovoce **6** **breath test** alcotest

breathe /briːð/ *v* **1** [tr/intr] respirare: *He's not dead. He's still breathing.* Non è morto. Respira ancora. **2** **to be breathing down sb's neck** stare addosso a qn
breathe in inspirare **breathe in sth** respirare qc | **to breathe in the fresh air/sea air** respirare l'aria fresca/l'aria di mare
breathe out espirare

breathing /ˈbriːðɪŋ/ *s* **1** respiro **2** **breathing space** pausa

breathless /ˈbreθləs/ *agg* senza fiato

breathtaking /ˈbreθˌteɪkɪŋ/ *agg* (spettacolo, vista) mozzafiato, (discorso, idea) impressionante, (arroganza) incredibile

bred /bred/ passato e participiodi **breed**

breed /briːd/ *verbo e sostantivo*
• *v* (passato e participio **bred**) **1** [tr] allevare: *She breeds dogs.* Alleva cani. **2** [intr] riprodursi: *The birds come here once a year to breed.* Gli uccelli vengono qui una volta all'anno per riprodursi. **3** [tr] (disperazione, violenza) generare, (risentimento) provocare
• *s* razza

breeder /ˈbriːdə/ *s* allevatore, -trice

breeding /ˈbriːdɪŋ/ *s* **1** (di animali, uccelli) riproduzione **2** allevamento: *cattle breeding* allevamento di bestiame

breeze /briːz/ *s* brezza

brew /bruː/ *v* **1** [intr] **to be brewing** **a)** (crisi, problemi) profilarsi all'orizzonte **b)** (temporale) arrivare **2** [tr] produrre [birra]

Quando si usa *in*, *on* e *at*? Vedi alla voce in.

B

brewery /ˈbruːəri/ *s* (pl **-ries**) fabbrica di birra

bribe /braɪb/ *sostantivo e verbo*
- *s* bustarella
- *v* [tr] corrompere | **to bribe sb to do sth** pagare qn per fare qc: *They **bribed** him to keep quiet about it.* Lo hanno pagato per tenere la bocca chiusa sulla faccenda.

bribery /ˈbraɪbəri/ *s* corruzione

brick /brɪk/ *sostantivo e verbo*
- *s* **1** mattone **2** (gioco) cubetto
- *v* **brick sth up** murare qc

bridal /ˈbraɪdl/ *agg* nuziale | **bridal gown** abito da sposa | **bridal suite** suite nuziale

bride /braɪd/ *s* sposa | **the bride and groom** gli sposi

bridegroom /ˈbraɪdgruːm/, anche **groom** *s* sposo

bridesmaid /ˈbraɪdzmeɪd/ *s* damigella d'onore

bridge /brɪdʒ/ *sostantivo e verbo*
- *s* **1** ponte **2** (di nave) ponte **3 the bridge of your nose** il setto nasale **4** (gioco di carte) bridge
- *v* **1 to bridge the gap between sth and sth** colmare il divario tra qc e qc **2** [tr] costruire un ponte su [fiume, ruscello]

bridle /ˈbraɪdl/ *s* briglie

brief /briːf/ *aggettivo e verbo*
- *agg* **1** breve: *He paid us a brief visit.* Ci ha fatto una breve visita. | *I wrote a brief note.* Ho scritto due righe. **2 to be brief** essere breve: *I know you're busy, so I'll be brief.* So che sei impegnato, perciò sarò breve. **3 in brief** in breve
- *v* [tr] **to brief sb on sth** informare qn su qc

briefcase /ˈbriːfkeɪs/ *s* ventiquattrore

briefly /ˈbriːfli/ *avv* **1** (per poco tempo) brevemente **2** (in due parole) brevemente: *Describe briefly what you saw.* Descriva brevemente ciò che ha visto.

briefs /briːfs/ *s pl* slip: *a pair of briefs* degli slip

brigade /brɪˈgeɪd/ *s* brigata

bright /braɪt/ *agg* **1** (stanza, giornata, stella) luminoso -a, (sole) splendente, (luce) intenso -a, (occhi) vivace, che brilla: *a bright sunny day* una giornata soleggiata e luminosa **2** (colore) vivace: *She likes wearing bright colours.* Le piace indossare colori vivaci. | *bright red lipstick* un rossetto di un rosso vivo **3** (idea) brillante, (persona) intelligente: *Whose bright idea was this?* Chi ha avuto questa brillante idea? **4** (personalità, voce, sorriso) radioso -a **5** (futuro) promettente, (prospettiva) interessante

brighten /ˈbraɪtn/, anche **brighten up** *v* **1** [intr] (tempo) schiarirsi **2** [tr] vivacizzare [ambiente] **3** [intr] (persona) rallegrarsi, (volto) illuminarsi

brightly /ˈbraɪtli/ *avv* **1** (con luce intensa) *a brightly lit street* una strada illuminata a giorno | *The sun shone brightly.* C'era un sole sfolgorante. **2 brightly coloured** dai colori vivaci | **brightly painted** dipinto a colori vivaci **3** (ridere) radiosamente

brightness /ˈbraɪtnəs/ *s* luminosità

brilliance /ˈbrɪljəns/ *s* **1** (di persona) bravura **2** (del sole) splendore, (di stella) lucentezza

brilliant /ˈbrɪljənt/ *agg* **1** brillante: *a brilliant lawyer* un avvocato brillante | *a brilliant young violinist* un giovane violinista di talento | **to be brilliant at sth** essere un genio in qc **2** BrE (informale) fantastico -a: *It was a brilliant party.* È stata una festa fantastica.

brim /brɪm/ *s* **1 to be full to the brim with sth** essere pieno di qc fino all'orlo **2** (di cappello) tesa

bring /brɪŋ/ *v* [tr] (passato e participio **brought**) **1** portare: *I forgot to bring an umbrella.* Mi sono dimenticato di portare l'ombrello. | *Could you bring me a glass of water?* Mi porti un bicchier d'acqua per favore? | *The party is at Rick's. Bring a friend if you like.* La festa è da Rick. Porta un amico se vuoi. | *He asked me to bring him a glass of water.* Mi ha chiesto di portargli un bicchier d'acqua. | **to bring sth/sb with you** portar(si) qc/qn: *Jenny brought her new boyfriend with her.* Jenny si è portata il suo nuovo ragazzo. **2** causare [problemi], suscitare [indignazione, collera]: *He's brought nothing but trouble.* Non ha causato altro che problemi. | *to bring tears to your eyes* far venire le lacrime agli occhi **3** (far andare) portare: *What brings you here?* Qual buon vento ti porta? **4 to be unable to bring yourself to do sth** non farcela a fare qc: *I can't bring myself to touch it.* Non ce la faccio a toccarlo. | *She couldn't bring herself to tell him the truth.* Non ce l'ha fatta a dirgli la verità. **5 to bring sth to sb's attention** far notare qc a qn [problema, situazione]: *Thank you for bringing this mistake to our attention.* La ringraziamo per averci fatto notare l'errore.

bring sb around far rinvenire qn

bring sth back 1 (da un viaggio) portare qc: *He brought some wonderful presents back from Egypt.* Dall'Egitto ha portato regali stupendi. **2** (restituire) riportare qc **3** reintrodurre qc [sistema, uso, pena di morte] | **to bring back memories of sth** fare venire in mente qc

bring sth down 1 portar giù qc **2 to bring down prices/taxes** ridurre i prezzi/le tasse **3 to bring down the government** far cadere il governo **4 to bring a plane down** abbattere un aereo

bring sth forward anticipare qc

bring sth in **1** portare qc **2** **to bring in a law/system** introdurre una legge/un sistema **bring in sth** rendere qc [denaro]
bring sb in **1** far entrare qn **2** coinvolgere qn [polizia, esperto]
bring sth on provocare qc [dolore, malattia]
bring sth out **1** tirar fuori qc [da tasca, da borsa] **2** lanciare qc [nuovo modello, disco], pubblicare qc [libro] **3** mettere in evidenza qc [caratteristica], esaltare qc [sapore] **4** **to bring out the best/worst in sb** mettere in luce le caratteristiche migliori/peggiori di qn
bring round ▸ vedi **bring around**
bring sb together far incontrare qn
bring sth up **1** sollevare qc [argomento imbarazzante], affrontare qc [tema, discorso]: *Why did you have to bring that up?* Mi puoi spiegare perché hai sollevato quell'argomento? **2** vomitare qc **bring sb up** allevare qn, crescere qn: *She was brought up a Catholic.* È stata allevata nella fede cattolica. | *He was brought up in Ireland.* È cresciuto in Irlanda. | **well/badly brought up** beneducato/maleducato

brink /brɪŋk/ *s* **to be on the brink of sth** essere sull'orlo di qc [disastro, guerra, recessione]: *He was on the brink of a nervous breakdown.* Era sull'orlo di un esaurimento nervoso. | *Scientists are on the brink of a major discovery.* Gli scienziati stanno per fare una scoperta importantissima.

brisk /brɪsk/ *agg* (passo) svelto -a: *to go for a brisk walk* farsi una bella camminata

bristle /ˈbrɪsəl/ *s* (sul viso) pelo ispido, (di spazzola) setola

Britain /ˈbrɪtn/ *s* la Gran Bretagna

British /ˈbrɪtɪʃ/ *aggettivo & sostantivo*
• *agg* britannico -a
• *s* **the British** i cittadini britannici

Briton /ˈbrɪtn/ *s* (formale) cittadino -a britannico -a

brittle /ˈbrɪtl/ *agg* fragile

broach /brəʊtʃ/ *v* (3ª pers sing **broaches**) [tr] **to broach the subject** affrontare la questione

broad /brɔːd/ *agg* **1** (strada) largo -a, (fiume) ampio -a: *He has broad shoulders.* Ha le spalle larghe. **2** (gamma) vasto -a, (categoria) ampio -a: *She has a broad range of interests.* Ha interessi molto vasti. **3** (accordo, descrizione) di massima, (definizione) generico -a, (senso, significato) ampio -a **4** **a broad grin** un sorriso smagliante **5** **in broad daylight** in pieno giorno

ˌbroad ˈbean *s* BrE fava

broadcast /ˈbrɔːdkɑːst/ *v* (passato e participio **broadcast**) [tr/intr] trasmettere: *The match will be broadcast live at 11 pm.* L'incontro verrà trasmesso alle 23 in diretta.

broadcaster /ˈbrɔːdkɑːstə/ *s* annunciatore -trice

broadcasting /ˈbrɔːdkɑːstɪŋ/ *s* **1** televisione o radio **2** (programmi) trasmissioni televisive o radiofoniche

broaden /ˈbrɔːdn/ *v* [tr] **1** ampliare [conoscenze, esperienza] **2** [intr] (anche **broaden out**) allargarsi

broadly /ˈbrɔːdli/ *agg* più o meno | **broadly speaking** generalizzando

broad-minded /ˌbrɔːdˈmaɪndɪd/ *agg* di larghe vedute

broccoli /ˈbrɒkəli/ *s* broccoli

brochure /ˈbrəʊʃə, AmE brəʊˈʃʊr/ *s* opuscolo: *holiday brochures* opuscoli di viaggio

broke[1] /brəʊk/ *agg* (informale) **1** **to be broke** essere al verde **2** **to go broke** fallire, fare bancarotta

broke[2] /brəʊk/ passato di **break**

broken[1] /ˈbrəʊkən/ *agg* **1** (macchinario) rotto -a **2** (piatto, osso) rotto -a: *She's got a broken leg.* Ha una gamba rotta. | *broken glass* schegge di vetro **3** **a broken heart** un cuore infranto **4** **in broken English/French** in un inglese/francese stentato **5** **a broken home** una famiglia smembrata | **a broken marriage** un matrimonio fallito

broken[2] /ˈbrəʊkən/ participio di **break**

broker /ˈbrəʊkə/ *s* broker

bronchitis /brɒŋˈkaɪtɪs/ *s* bronchite

bronze /brɒnz/ *sostantivo & aggettivo*
• *s* **1** (metallo) bronzo **2** (opera artistica) bronzo
• *agg* **1** di bronzo: *bronze medal* medaglia di bronzo **2** (del colore del bronzo) bronzeo -a, colore del bronzo ▸ vedi Active Box **colours** sotto **colour**

brooch /brəʊtʃ/ *s* (pl **brooches**) spilla

brood /bruːd/ *v* [intr] rimuginare | **to brood about sth** rimuginare su qc

brook /brʊk/ *s* ruscello

broom /bruːm/ *s* scopa

broomstick /ˈbruːmˌstɪk/ *s* scopa

brother /ˈbrʌðə/ *s* **1** fratello: *Does he have any brothers and sisters?* Ha fratelli o sorelle? | **elder/older/big brother** fratello maggiore | **younger/little brother** fratello minore **2** (membro di un gruppo) fratello **3** (monaco) frate, fratello

brotherhood /ˈbrʌðəhʊd/ *s* fratellanza

ˈbrother-in-law *s* (pl **brothers-in-law**) cognato

brought /brɔːt/ passato e participio di **bring**

brow /braʊ/ *s* **1** fronte **2** sopracciglio **3 the brow of the hill** la sommità della collina

brown /braʊn/ *aggettivo, sostantivo* e *verbo*
• *agg* **1** (scarpe, maglione) marrone, (capelli, occhi) castano -a ▶ vedi Active Box **colours** sotto **colour** **2** abbronzato -a | **to go brown** abbronzarsi **3 brown bread** pane nero **brown paper** carta da pacchi **brown rice** riso integrale **brown sugar** zucchero non raffinato
• *s* marrone ▶ vedi Active Box **colours** sotto **colour**
• *v* [tr] far rosolare, [intr] rosolarsi

Brownie /ˈbraʊni/ *s*

È il nome dato alle bambine più piccole delle **Girl Scouts** in Gran Bretagna. Il gruppo stesso si chiama **the Brownies.**

brownie /ˈbraʊni/ *s* tipico biscotto americano fatto con cioccolato e noci. La pasta viene cotta in una teglia da forno e poi tagliata in quadratini.

browse /braʊz/ *v* [intr] **1** dare un'occhiata [in un negozio] **2 to browse through a book/magazine** sfogliare un libro/una rivista

browser /ˈbraʊzə/ *s* browser

bruise /bruːz/ *sostantivo* e *verbo*
• *s* **1** (sulla pelle) livido **2** (su un frutto) ammaccatura
• *v* [tr] **1** farsi un livido su **2** (frutta) [tr] ammaccare, [intr] ammaccarsi

brunette /bruːˈnet/ *s* bruna

brunt /brʌnt/ *s* **to bear the brunt of sth** avere la peggio in qc

brush /brʌʃ/ *sostantivo* e *verbo*
• *s* (pl **brushes**) **1** (per abiti, capelli) spazzola, (per pavimenti) scopetta, (per unghie, denti) spazzolino **2** (per quadri, pareti) pennello **3 to give sth a brush** dare una spazzolata a qc **4 to have a brush with death** vedere la morte in faccia **5 to have a brush with the law** avere a che fare con la giustizia
• *v* (3ª pers sing **brushes**) **1** [tr] spazzolare [capelli, abito, tappeto], lavarsi [denti]: *He hasn't brushed his teeth.* Non si è lavato i denti. | *Go and brush your hair.* Vai a darti una spazzolata ai capelli. **2** [tr] **to brush sth off/away** (con la spazzola) spazzolare via qc, (con la mano) togliere via qc: *He brushed his hair out of his eyes.* Si è tolto i capelli dagli occhi. | *Let me brush that mud off.* Lascia che spazzoli via il fango. **3** [tr] sfiorare | **to brush against sth/sb** sfiorare qc/qn
brush sth aside ignorare qc
brush up on sth, anche **brush sth up** dare una rinfrescata a qc: *I need to brush up my German before I go to Vienna.* Devo dare una rinfrescata al mio tedesco prima di partire per Vienna.

brussels sprout /ˌbrʌsəlz ˈspraʊt/ *s* cavolino di Bruxelles

brutal /ˈbruːtl/ *agg* (assassinio) brutale, (assassino, regime, dittatura) violento -a

brutality /bruːˈtæləti/ *s* brutalità

brutally /ˈbruːtəli/ *avv* brutalmente

brute /bruːt/ *sostantivo & aggettivo*
• *s* bestia
• *agg* **brute force** forza bruta

BSc /ˌbiː es ˈsiː/ *s*

È il titolo che si ottiene al termine di un corso di "laurea breve" in materie scientifiche ed è l'abbreviazione di **Bachelor of Science**:
She's got a BSc from Durham University. Ha preso una laurea breve all'Università di Durham.

bubble /ˈbʌbəl/ *sostantivo* e *verbo*
• *s* **1** (di sapone, d'aria) bolla **2 to blow bubbles** fare le bollicine [in un liquido], fare le bolle [con il chewing-gum]
• *v* [intr] **1** (liquido) bollire | **to bubble up** fare le bolle **2 bubble bath** bagnoschiuma **bubble gum** gomma da masticare che fa le bolle

bubbly /ˈbʌbli/ *agg* (**-bblier**, **-bbliest**) allegro -a

buck /bʌk/ *sostantivo* e *verbo*
• *s* **1** (informale) (dollaro americano) verdone **2 to pass the buck** giocare a scaricabarile **3** maschio [di cervo, lepre]
• *v* [intr] sgroppare
buck sb up (informale) tirar su di morale qn

bucket /ˈbʌkɪt/ *s* **1** (contenitore) secchio, (per giocare) secchiello **2** (anche **bucketful**) secchio: *a bucket of water* un secchio d'acqua **3 to kick the bucket** (informale) tirare le cuoia

buckle /ˈbʌkəl/ *sostantivo* e *verbo*
• *s* fibbia
• *v* **1** (anche **buckle up**) [tr] allacciare, [intr] allacciarsi **2** [intr] (gambe, ginocchia) cedere: *She felt faint and her legs buckled.* Si è sentita svenire e le hanno ceduto le gambe. **3** [intr] (metallo) piegarsi

bud /bʌd/ *s* bocciolo

Buddhism /ˈbʊdɪzəm/ *s* Buddismo

Buddhist /ˈbʊdɪst/ *s* e *agg* buddista

buddy /ˈbʌdi/ *s* (pl **-ddies**) **1** (informale) amico **2** AmE (informale) ▶ In inglese americano **buddy** si usa per rivolgersi ad un uomo in modo amichevole o anche per indicare che si è scocciati o arrabbiati: *Hey buddy, how are you?* Ciao vecchio mio, come stai? | *Look buddy, that's enough!* Ehi tu! Smettila!

budge /bʌdʒ/ (informale) *v* [intr] muoversi, [tr] spostare

budget /ˈbʌdʒɪt/ *sostantivo, verbo e aggettivo*
- *s* budget | **to go over budget** sforare il budget | **to be on a tight budget** avere un budget limitato
- *v* [intr] **to budget for sth** preventivare qc
- *agg* (tariffa) economico -a: *budget prices* prezzi convenienti

buff /bʌf/ *s* **wine/computer/opera buff** patito -a di vini/computer/lirica: *film buff* patito di cinema

buffalo /ˈbʌfələʊ/ *s* (pl **buffalo** o **buffaloes**) **1** (africano o asiatico) bufalo **2** (americano) bisonte

buffet¹ /ˈbʊfeɪ/ *s* buffet

buffet² /ˈbʌfɪt/ *v* [tr] (uragano) colpire [città, edificio], sballottare [aereo]

bug /bʌg/ *sostantivo e verbo*
- *s* **1** (informale) insetto **2** (informale) virus: *a flu bug* un virus influenzale | *a tummy bug* un virus intestinale **3** (di programma di computer) baco **4** microfono spia, cimice
- *v* [tr] (**bugged**, **bugging**) **1** (informale) scocciare **2** mettere un microfono (spia) in

buggy /ˈbʌgi/ *s* (pl **-ggies**) passeggino

build /bɪld/ *verbo e sostantivo*
- *v* (passato e participio **built**) [intr] costruire, [tr] costruire, fabbricare: *Are they going to build here?* Hanno intenzione di costruire qui? | *They're building more homes near the lake.* Stanno costruendo altre abitazioni vicino al lago. | *Mike said he'd build us a wardrobe.* Mike ha detto che ci avrebbe fabbricato un armadio.
  build sth into sth integrare qc in qc
  build on sth basare su qc
  build sth up potenziare qc [attività], rafforzare qc [salute] | **to build your hopes up** farsi illusioni
  build up to sth prepararsi a (fare) qc
- *s* corporatura

builder /ˈbɪldə/ *s* BrE **1** muratore **2** imprenditore -trice (edile)

building /ˈbɪldɪŋ/ *s* **1** (casa, ufficio) costruzione, edificio **2** costruzione: *the building of a new gym* la costruzione di una nuova palestra

ˈbuilding ˌsite *s* cantiere

ˈbuild-up *s* **1** accumulo | **build-up of traffic** traffico intenso **2** **the build-up to a concert** i preparativi per un concerto

built /bɪlt/ passato e participio di **build**

ˈbuilt-in *agg* **built-in wardrobe** armadio a muro | **built-in oven** forno incorporato | **built-in microphone** microfono incorporato

bulb /bʌlb/ *s* **1** lampadina **2** (di fiori, piante) bulbo

bulge /bʌldʒ/ *sostantivo & verbo*
- *s* rigonfiamento
- *v* [intr] **to bulge with sth** essere strapieno di qc

bulk /bʌlk/ *s* **1** **the bulk of sth** la maggior parte di qc **2** **in bulk** all'ingrosso

bulky /ˈbʌlki/ *agg* (**-kier**, **-kiest**) voluminoso -a

bull /bʊl/ *s* toro

bulldoze /ˈbʊldəʊz/ *v* [tr] spianare con il bulldozer

bulldozer /ˈbʊldəʊzə/ *s* bulldozer

bullet /ˈbʊlɪt/ *s* **1** proiettile **2** **bullet hole** foro prodotto da un proiettile: *covered in bullet holes* crivellato di colpi **bullet wound** ferita da arma da fuoco

bulletin /ˈbʊlətɪn/ *s* **1** notiziario **2** rapporto

ˈbulletin ˌboard *s* **1** AmE bacheca ▶ In inglese britannico si usa **notice board**. **2** spazio dedicato agli annunci in Internet

bullfight /ˈbʊlfaɪt/ *s* corrida

ˈbull's eye *s* centro: *to score a bull's eye* fare centro

bully /ˈbʊli/ *verbo & sostantivo*
- *v* [tr] (3ª pers sing **-llies**, passato e participio **-llied**) fare il prepotente con
- *s* (pl **-llies**) prepotente

bum /bʌm/ (informale) *sostantivo e verbo*
- *s* **1** BrE sedere **2** fannullone -a **3** AmE barbone -a ▶ In inglese britannico si usa **tramp**.
- *v* [tr] (**bummed**, **bumming**) scroccare: *Can I bum a cigarette off you?* Posso scroccarti una sigaretta?
  bum around girovagare

bump /bʌmp/ *verbo e sostantivo*
- *v* [tr] sbattere: *Mind you don't bump your head!* Attento a non sbattere la testa!
  bump into sb (informale) incontrare qn per caso **bump into sth/sb** andare a sbattere contro qc/qn
  bump sb off (informale) far fuori qn
- *s* **1** (in testa) bernoccolo **2** (su una strada) cunetta **3** (rumore) tonfo **4** (scossa) urto

bumper /ˈbʌmpə/ *sostantivo & aggettivo*
- *s* paraurti
- *agg* **a bumper crop/year** un anno/un raccolto eccezionale | **bumper issue** numero straordinario

bumpy /ˈbʌmpi/ *agg* (**-ier**, **-iest**) **1** (terreno, strada) accidentato -a **2** (viaggio) disagevole

bun /bʌn/ *s* **1** BrE brioche **2** panino (al latte) **3** (acconciatura) chignon

bunch /bʌntʃ/ *s* (pl **bunches**) **1 bunch of flowers** mazzo di fiori | **bunch of grapes** grappolo d'uva | **bunch of bananas** casco di banane **2** (informale) gruppo **3 a bunch of** AmE (informale) un mucchio di ▶ In inglese britannico si usa **a load of**.

bundle /ˈbʌndl/ *sostantivo e verbo*
- *s* (di giornali) fascio, (di abiti) mucchio, (di banconote) mazzetta, pacchetto
- *v* **1** [tr] **to bundle sb into/out of sth** spingere qn in/fuori da qc **2** [tr] **to come bundled with sth** essere venduto completo di qc

bung /bʌŋ/ *sostantivo & verbo*
- *s* BrE tappo
- *v* **bung sth up** (informale) tappare qc **be bunged up** (informale) avere il naso tappato

bungalow /ˈbʌŋgələʊ/ *s* bungalow

bunk /bʌŋk/ *s* **1** (anche **bunk bed**) letto [di letto a castello] **2** cuccetta

bungalow

bunker /ˈbʌŋkə/ *s* **1** (rifugio) bunker **2** (di campo da golf) bunker

buoy /bɔɪ/ *s* boa

burden /ˈbɜːdn/ *sostantivo e verbo*
- *s* peso, (finanziario) onere: *I don't want to be a burden on you.* Non voglio esserti di peso.
- *v* [tr] **1 to burden sb with your problems** opprimere qn con i propri problemi | **to burden sb with responsibilities** riempire qn di responsabilità **2 to be burdened with bags/parcels** essere carico di borse/pacchetti

bureau /ˈbjʊərəʊ/ *s* (pl **-reaux** /-rəʊz/ o **-reaus**) **1** ufficio: *an employment bureau* un ufficio di collocamento **2** ufficio, agenzia [governativo] **3** BrE secrétaire, ribaltina **4** AmE cassettone ▶ In inglese britannico si usa **chest of drawers**.

bureaucracy /bjʊəˈrɒkrəsi/ *s* burocrazia

bureaucrat /ˈbjʊərəkræt/ *s* burocrate

bureaucratic /ˌbjʊərəˈkrætɪk/ *agg* burocratico -a

burger /ˈbɜːgə/ *s* ▶ vedi **hamburger**

burglar /ˈbɜːglə/ *s* scassinatore -trice ▶ **BURGLAR O THIEF**? vedi nota sotto **ladro**

ˈburglar aˌlarm *s* (allarme) antifurto

burglary /ˈbɜːgləri/ *s* (pl **-ries**) furto (con scasso) ▶ **BURGLARY O THEFT**? vedi nota sotto **furto**

burgle /ˈbɜːgəl/ *v* [tr] svaligiare [negozio, casa], svaligiare la casa a, [persona]: *We've been burgled three times since we've lived here.* Da quando abitiamo qui ci hanno svaligiato la casa tre volte. | *The apartment had been burgled.* L'appartamento era stato svaligiato. ▶ **BURGLE, ROB O STEAL**? vedi nota sotto **rubare**

burial /ˈberiəl/ *s* (atto) sepoltura, (cerimonia) funerale

burn /bɜːn/ *verbo e sostantivo*
- *v* (passato e participio **burned** o **burnt**) **1** [tr] bruciare: *I burnt all his letters.* Ho bruciato tutte le sue lettere. | *to burn a hole in the carpet* fare un buco nel tappeto | **to burn your arm/leg/sleeve on sth** bruciarsi la mano/gamba/manica con qc: *I burnt my hand on the hotplate.* Mi sono bruciato la mano con la piastra. | **to be burned alive** essere bruciato vivo | **to be burned to the ground** essere distrutto da un incendio **2** [intr] bruciare: *Quick! The toast is burning!* Presto! Il pane sta bruciando! **3** [intr] essere acceso: *Is the fire still burning?* È ancora acceso il fuoco? **4** (anche **burn up** [tr]) consumare: *His new car burns a lot of fuel.* La sua nuova auto consuma molto (carburante). **5** [intr] (faccia, guance) scottare

  burn down essere distrutto dal fuoco **burn sth down** incendiare qc distruggendolo

  burn out spegnersi **burn itself out** spegnersi
- *s* (grave) ustione, (per il sole, meno grave) bruciatura | **severe/minor burns** ustioni gravi/leggere

burning /ˈbɜːnɪŋ/ *agg* **1** (edificio) in fiamme **2** (per vergogna) arrossito -a, (per puntura d'insetto, sole) arrossato -a **3 burning issue/question** problema/questione scottante

burnt[1] /bɜːnt/ *agg* (cibo) bruciato -a, (persona: grave) ustionato -a, (per il sole, meno grave) bruciato -a

burnt[2] /bɜːnt/ passato e participio di **burn**

burp /bɜːp/ (informale) *verbo & sostantivo*
- *v* [intr] ruttare
- *s* rutto

burrow /ˈbʌrəʊ/ *s* tana

bursary /ˈbɜːsəri/ *s* (pl **-ries**) BrE borsa di studio

burst /bɜːst/ *verbo e aggettivo*
- *v* (passato e participio **burst**) [tr] far scoppiare, [intr] scoppiare

  burst in on sb entrare in un locale all'improvviso interrompendo bruscamente ciò che sta accadendo: *I'm sorry to burst in on you like this.* Mi dispiace piombare qui da te così all'improvviso.

  burst into a room piombare in una stanza **burst into tears** scoppiare in lacrime **burst into song** mettersi a cantare (improvvisamente) **burst into flames** prendere fuoco

  burst out laughing scoppiare a ridere

burst out crying scoppiare a piangere
• *agg* scoppiato -a [gomma, pallone]: *a burst pipe* un tubo rotto

bury /'beri/ *v* [tr] (3ª pers sing **-ries**) **1** (salma) seppellire **2** (osso) sotterrare **3** **to be buried under/in sth** essere sepolto sotto/in qc **4** **to bury your face/head in sth** coprirsi la faccia/testa con qc [mani, piumino], sprofondare la faccia/la testa in qc [guanciale]: *He turned away, burying his face in the pillow.* Si girò sprofondando la faccia nel guanciale.

bus /bʌs/ *s* (pl **buses**) **1** autobus: *Hurry up or we'll miss the bus!* Sbrigati o perderemo l'autobus! | *Shall we get a bus into town?* Prendiamo l'autobus per andare in centro? | **by bus** in autobus **2** **bus driver** autista [di autobus] **bus fare** prezzo del biglietto (dell'autobus) o denaro per pagarlo: *Don't forget your bus fare!* Non dimenticare i soldi per l'autobus!

bush /bʊʃ/ *s* (pl **bushes**) cespuglio

busily /'bɪzəli/ *avv* **to be busily doing sth** essere affaccendato a fare qc

business /'bɪznəs/ *s* **1** affari: *We do a lot of business with Italian companies.* Facciamo molti affari con società italiane. | *I'd like a career in business.* Mi piacerebbe entrare nel mondo degli affari. | *All this publicity must be good **for business**!* Tutta questa pubblicità farà aumentare il giro d'affari! | **on business** per affari: *Chris is in London on business today.* Oggi Chris è andato a Londra per affari. | **to go out of business** cessare l'attività | **business is good/bad** gli affari vanno bene/male | **business is slow** gli affari vanno a rilento **2** azienda | **to run a business** dirigere un'azienda **3** (faccenda personale) affari: *"Are you going out with Ben tonight?" "That's my business."* – Esci con Ben stasera? – Sono affari miei. | *It's none of your business!* Non sono affari tuoi! | **mind your own business** pensa ai fatti tuoi **4** (argomento, attività) cosa: *Politics is a serious business.* La politica è una cosa seria. **5** **to have no business doing sth** non dover fare qc: *You had no business reading my diary!* Non avresti dovuto leggere il mio diario! **6** **business card** biglietto da visita **business lunch** colazione di lavoro **business trip** viaggio d'affari ▶ **BUSINESS O DEAL?** vedi nota sotto **affare**

businesslike /'bɪznəs-laɪk/ *agg* **1** (persona) efficiente, (presentazione, atteggiamento) professionale **2** (privo di emozioni) formale

businessman /'bɪznəsmən/ *s* (pl **-men**) uomo d'affari

businesswoman /'bɪznəs,wʊmən/ *s* (pl **-women**) donna d'affari

busk /bʌsk/ *v* [intr] BrE

> In inglese **to busk** significa cantare o suonare uno strumento in un luogo pubblico per raccogliere dei soldi. Coloro che lo fanno si chiamano **buskers**.

'bus pass *s* (pl **-sses**) abbonamento all'autobus

'bus stop *s* fermata dell'autobus

bust /bʌst/ *verbo, sostantivo* e *aggettivo*
• *v* [tr] **1** (passato e participio **bust**) (informale) scassare **2** (passato e participio **busted**) (informale) beccare [delinquente]
• *s* **1** (di donna) seno **2** (statua) busto
• *agg* **1** **to go bust** **a)** (azienda) fallire **b)** (persona) andare in rovina **2** (informale) rotto -a

bustle /'bʌsəl/ *s* trambusto | **hustle and bustle** trambusto

busy /'bɪzi/ *agg* (**-sier**, **-siest**) **1** occupato -a: *I'm very busy at the moment. Can I call you back?* Ora sono molto occupato. Posso richiamarti? | **to be busy doing sth** star facendo qc **2** (giornata, periodo) intenso -a: *It's been a busy year for us.* È stato un anno molto intenso per noi. | *I've had a really busy day.* Ho avuto una giornata molto piena. **3** **a busy road/street** una strada/via piena di traffico | **a busy airport/station** un aeroporto trafficato/una stazione trafficata **4** (telefono) occupato -a: *The number's busy. I'll try again later.* Il numero è occupato. Riproverò più tardi.

busybody /'bɪzi,bɒdi/ *s* (pl **-dies**) impiccione -a

but /bət, tonico bʌt/ *congiunzione* e *preposizione*
• *cong* **1** ma: *It's cheap, but it's quite good.* Costa poco, ma è piuttosto valido. | *I'd love to stay, but I have to get up early tomorrow.* Mi piacerebbe restare, ma domattina devo alzarmi presto. **2** (indica stupore o ira) ma: *"I'm leaving this afternoon." "But you only arrived yesterday evening!"* – Me ne vado oggi pomeriggio. – Ma se sei arrivato solo ieri sera! **3** **but then (again)** del resto: *We all did really well in our exam, but then again it was quite easy.* L'esame è andato molto bene a tutti noi; del resto era piuttosto facile.
• *prep* tranne: *You can come any day but Monday.* Puoi venire quando vuoi tranne lunedì. | *Nobody but George knew about it.* Nessuno lo sapeva tranne George.

butcher /'bʊtʃə/ *sostantivo* e *verbo*
• *s* **1** (venditore) macellaio, -a **2** **butcher's** (negozio) macelleria **3** (assassino) macellaio
• *v* [tr] **1** macellare [bestiame] **2** massacrare [esseri umani]

Non sai come pronunciare una parola? Consulta la tabella dei simboli fonetici nell'interno della copertina.

by

PREPOSIZIONE

1 IN COSTRUZIONI PASSIVE (=*da)
Sylvie was hit by a car. Silvia fu investita da un'auto. | *a letter signed by the headmaster* una lettera firmata dal preside

2 INDICA SCRITTORE, PITTORE, COMPOSITORE (= di)
a play by Shakespeare una commedia di Shakespeare

3 LUOGO (= vicino a)
She lives in a house by the river. Vive in una casa vicino al fiume. | *Come and sit by me.* Vieni a sederti vicino a me.

4 MEZZO (= per)
You can contact us by email. Ci può contattare per email. | *Can I pay by credit card?* Si può pagare con la carta di credito? | *I grabbed him by the sleeve.* L'ho afferrato per la manica. | **by train/plane/car etc** in treno/aereo/auto ecc.: *We go to school by bus.* Andiamo a scuola in autobus. | **by doing sth** facendo qc: *They escaped by smashing the window.* Sono riusciti a fuggire spaccando la finestra.

5 IN ESPRESSIONI TEMPORALI (= per)
I want you to finish the essay by 5pm. Voglio che tu finisca la ricerca per le 5. | *They should be back by tomorrow.* Dovrebbero essere di ritorno per domani.

6 COME RISULTATO DI (= per)
by mistake/chance per errore/caso: *Hugh locked the door by mistake.* Hugh ha chiuso a chiave la porta per errore. | *I met him in the street by chance.* L'ho incontrato per strada per caso. | **by accident** inavvertitamente

7 QUANDO SI PARLA DI MISURE, NUMERI (= per)
The room is 6 metres by 4 metres. La stanza misura 6 metri per 4. | *They beat us by 4 goals to 2.* Ci hanno battuto per 4 (gol) a 2.

8 IN UNA SERIE
day by day giorno per giorno | **one by one** uno per uno | **bit by bit** poco a poco

AVVERBIO

to go by passare: *Several cars went by but nobody stopped.* Passarono molte auto ma nessuna si fermò. | **to walk/run by** passare camminando/correndo: *Just at that moment a white car drove by.* Proprio in quel momento passò un'auto bianca.

By, in combinazione con alcuni verbi, forma vari **phrasal verbs** come **come by**, **get by**, ecc. I **phrasal verbs** sono trattati sotto il verbo corrispondente.

butler /ˈbʌtlə/ *s* maggiordomo

butt /bʌt/ *s* **the butt of sb's jokes** il bersaglio delle battute di qn

butter /ˈbʌtə/ *s* burro: *a slice of bread and butter* una fetta di pane con il burro

butterfly /ˈbʌtəflaɪ/ *s* (pl **-flies**) **1** farfalla **2 to have butterflies (in your stomach)** avere fifa

buttock /ˈbʌtək/ *s* natica

button /ˈbʌtn/ *sostantivo e verbo*
• *s* **1** (per allacciare) bottone | **to do up/undo a button** allacciare/slacciare un bottone **2** (di macchinario) pulsante **3** AmE distintivo ▶ In inglese britannico si usa **badge**.
• *v* anche **button up** [tr] abbottonare, [intr] abbottonarsi

buy /baɪ/ *verbo e sostantivo*
• *v* (passato e participio **bought**) **1** [tr] comprare: *Have you bought any Christmas presents yet?* Hai già comprato i regali di Natale? | **to buy sb sth, to buy sth for sb** comprare qc a qn: *Have you bought Mum a birthday present yet?* Hai già comprato un regalo di compleanno per la mamma? | *I want to buy some flowers for Mum.* Voglio comprare dei fiori per la mamma. | **to buy sth from sb** comprare qc da qn: *Jack bought the car from a friend.* Jack ha comprato l'auto da un amico. | **to buy sth for $10/$200 etc** comprare qc per 10/200 dollari ecc.: *I bought the printer for £70.* Ho comprato la stampante per 70 sterline. **2** [tr] (informale) bere [storie, bugie]
buy into sth 1 acquistare quote di qc [una società] **2** credere in qc [un'idea]
buy sb off corrompere qn
buy sth up accaparrarsi qc
• *s* acquisto | **to be a good buy** essere un affare

buyer /ˈbaɪə/ *s* acquirente

buzz /bʌz/ *verbo e sostantivo*
• *v* [intr] (3ª pers sing **buzzes**) **1** fare un ronzio **2** suonare [alla porta, al citofono]
• *s* **1** ronzio **2** (informale) **to get a (real) buzz out of sth** *I get a real buzz from living in New York.* Vivere a New York è un vero sballo.

buzzer /ˈbʌzə/ *s* (sulla porta) campanello, (nei giochi a quiz) pulsante

by /baɪ/ ▶ vedi riquadro

bye /baɪ/, anche **bye-ˈbye** *inter* (informale) ciao: *Bye Mary! See you tomorrow!* Ciao Mary! A domani!

bystander /ˈbaɪˌstændə/ *s* persona che osserva un evento senza parteciparvi

byte /baɪt/ *s* byte

Vuoi sapere di più sui **verbi modali**? C'è una spiegazione nella **guida grammaticale**.

C¹, c /siː/ *s* (lettera) C, c ▶ vedi Active Box **letters** sotto **letter**

C² /siː/ *s* **1** (nota musicale) do **2** voto nel sistema scolastico britannico che equivale a discreto ▶ vedi riquadro sotto **grade**

cab /kæb/ *s* taxi

black cab

cabbage /ˈkæbɪdʒ/ *s* cavolo

cabin /ˈkæbɪn/ *s* **1** (su nave) cabina **2** (costruzione) capanna

cabinet /ˈkæbənət/ *s* **1** armadietto **2** (anche **Cabinet**) Consiglio dei Ministri: *The Cabinet meets every Tuesday.* Il Consiglio dei Ministri si riunisce ogni martedì.

cable /ˈkeɪbəl/ *s* **1** cavo **2** (sistema televisivo) tv via cavo: *We saw it last week on cable.* L'abbiamo visto la settimana scorsa alla tv via cavo.

ˈcable car *s* (per materiali) teleferica, (per persone) funivia

ˌcable ˈtelevision, anche **ˌcable TˈV** *s* televisione via cavo

cactus /ˈkæktəs/ *s* (pl **cactuses** o **cacti** /-taɪ/) cactus

cadet /kəˈdet/ *s* cadetto

caesarian BrE, **cesarian** AmE /sɪˈzeəriən/ *s* cesareo

cafe, anche **café** /ˈkæfeɪ, AmE kæˈfeɪ/ *s* caffè [locale]

cafeteria /ˌkæfəˈtɪəriə/ *s* (in scuole, luoghi di lavoro) mensa, (in stazioni di servizio, centri commerciali) tavola calda

caffeine /ˈkæfiːn/ *s* caffeina

cage /keɪdʒ/ *s* gabbia

cagey /ˈkeɪdʒi/ *agg* (informale) evasivo -a

cake /keɪk/ *s* **1** torta: *a piece/slice of cake* un pezzo/una fetta di torta | *a birthday cake* una torta di compleanno **2** pasticcino, dolcetto **3 a piece of cake** (informale) un gioco da ragazzi: *"How was the exam?" "It was a piece of cake."* – Com'è andato l'esame? – È stato un gioco da ragazzi.

caked /keɪkt/ *agg* **to be caked with mud/blood** essere incrostato di fango/sangue

calcium /ˈkælsiəm/ *s* calcio [negli alimenti]

calculate /ˈkælkjəleɪt/ *v* [tr] **1** calcolare [prezzi, differenza] **2** valutare [rischio]

calculation /ˌkælkjəˈleɪʃən/ *s* calcolo

calculator /ˈkælkjəleɪtə/ *s* calcolatrice

calendar /ˈkæləndə/ *s* calendario

calf /kɑːf/ *s* (pl **calves** /kɑːvz/) **1** (piccolo di mucca) vitello **2** (piccolo di elefante, balena) piccolo **3** polpaccio

calibre BrE, **caliber** AmE /ˈkæləbə/ *s* calibro, levatura

call /kɔːl/ *verbo e sostantivo*

• *v* **1** [tr] **to be called a)** (persona) chiamarsi **b)** (film, book) intitolarsi: *Their daughter's called Claire.* La loro figlia si chiama Claire. **2** [tr] **to call sb sth** chiamare qn qc: *They've called him Daniel.* L'hanno chiamato Daniel. | *He called me an idiot!* Mi ha dato dell'idiota! **3** [tr/intr] (al telefono) chiamare: *I'll call you tomorrow.* Ti chiamerò domani. **4** [tr/intr] (a voce alta) chiamare: *Will you call the kids; dinner's ready.* Puoi chiamare i bambini, la cena è pronta. **5** [intr] passare: *Natasha called to see you.* È passata Natasha che voleva vederti. | **to call at sb's house** passare a casa di qn | **to call at the office** passare in ufficio **6** [tr] **to call a meeting** convocare una riunione | **to call an election/a strike** indire un'elezione/uno sciopero **7** [intr] **to call at Richmond/Harlow etc** (treno) fermare a Richmond/Harlow ecc.

call back 1 (telefonare) richiamare: *Could you call back around 3?* Puoi richiamare alle 3? **2** (BrE) (tornare) ripassare

call sb back richiamare qn: *I'm a bit busy. Can I call you back?* Ho da fare. Posso richiamarti dopo?

call for sb (BrE) passare a prendere qn

call for sth richiedere qc

call in (BrE) passare: *Could you **call in** at the baker's and pick up some rolls?* Puoi passare dal panettiere a prendere un paio di panini?

call sth off annullare qc

call on sb 1 to call on sb to do sth invitare qn a fare qc: *They have called on the government to resign.* Hanno invitato il governo a dimettersi. **2** (andare a trovare) passare da qn

call sb out to call a plumber/doctor out chiamare un idraulico/dottore **call out sth** gridare qc

call round (BrE) (andare a trovare) passare: *Your friend Alex called round earlier.* Prima è passato il tuo amico Alex.

call sb up 1 (al telefono) chiamare qn **2** chiamare qn alle armi

• *s* **1** telefonata: *Calls are cheaper after 6 p.m.* Le telefonate costano meno dopo le 18. | *I had a call from Maria – she can't come.* Ho ricevuto una telefonata da Maria – non

C

può venire. | **to make a phone call** fare una telefonata | **to give sb a call** (al telefono) chiamare qn: *If you have any problems, just give me a call.* Se hai dei problemi, chiamami. **2 to be on call a)** (dottore) essere reperibile **b)** (technico) essere di turno **3** grido

'call box *s* (pl **boxes**) BrE cabina telefonica

caller /'kɔːlə/ *s* persona che chiama al telefono

calm /kɑːm/ *aggettivo, verbo* e *sostantivo*

● *agg* **1** (persona, comportamento) calmo -a, (posto) tranquillo -a | **to stay calm** stare calmo **2** (mare, tempo atmosferico) calmo -a, (sera, notte, giornata) tranquillo -a

● *v* [tr] calmare

calm down calmarsi: *Just calm down and tell me what happened.* Ora calmati e dimmi che cosa è successo. **calm sb down** calmare qn

● *s* calma

calorie /'kæləri/ *s* caloria

calves /kɑːvz/ plurale di **calf**

camcorder /'kæmˌkɔːdə/ *s* videocamera

came /keɪm/ passato di **come**

camel /'kæməl/ *s* cammello

camera /'kæmərə/ *s* (per foto) macchina fotografica, (per film) cinepresa, (della televisione) telecamera: *a video camera* una videocamera | *a disposable camera* macchina fotografica usa e getta ▶ FALSE FRIEND Non confondere **"camera"** con **camera** che si traduce **(bed)room**.

cameraman /'kæmərəmæn/ *s* (pl **-men** /-men/) (di cinema) operatore cinematografico, (della televisione) operatore televisivo

camouflage /'kæməflɑːʒ/ *sostantivo* e *verbo*

● *s* **1** (di animali) mimetizzazione **2 to wear camouflage** indossare una tuta mimetica | **in camouflage** in mimetica

● *v* [tr] mimetizzare

camp /kæmp/ *sostantivo* e *verbo*

● *s* **1** (di scout) campo ▶ vedi anche **summer 2** (di profughi, rifugiati) campo ▶ vedi anche **concentration camp, refugee camp**

● *v* [intr] campeggiare | **to go camping** andare in campeggio

campaign /kæm'peɪn/ *sostantivo* e *verbo*

● *s* campagna: *a campaign **against** vivisection* una campagna contro la vivisezione

● *v* [intr] fare una campagna: *The group is **campaigning for** equal pay for women.* Il gruppo sta facendo una campagna a favore della parità salariale tra donne e uomini.

campsite /'kæmpsaɪt/ *s* campeggio

campus /'kæmpəs/ *s* (pl **-ses**) campus: *to live on campus* vivere in campus

can¹ /kən, tonico kæn/ ▶ vedi riquadro

can *verbo modale*

1 AVERE IL PERMESSO DI (= posso, puoi, può, ecc.)

Can I go to the cinema with Chris tonight? Posso andare al cinema con Chris stasera? | *You can watch television when you've finished your homework.* Potrai guardare la televisione quando avrai finito i compiti. | *She can't come out because she's grounded.* Non può venire perché le hanno proibito di uscire.

2 ESSERE FISICAMENTE IN GRADO DI (= posso, puoi, può, ecc.)

He's broken his leg and can't walk. Si è rotto una gamba e non può camminare. | *Can you swim across the lake?* Sei capace di attraversare il lago a nuoto?

3 SAPER FARE (= so, sai, sa, ecc.)

I can't swim. Non so nuotare. | *They can all read and write now.* Ora sanno tutti leggere e scrivere.

4 CON VERBI DI PERCEZIONE

Can you hear me? Mi senti? | *Well, I can't see anything.* Non vedo nulla.

5 QUANDO SI INDICA UNA POSSIBILITÀ (= posso, puoi, può, ecc.)

You can get an application form from the secretary's office. Puoi farti dare un modulo di candidatura in segreteria. | *Where can I change some money?* Dove posso cambiare dei soldi? | *That figure can't be right.* Quella cifra non può essere esatta. | *A broken arm can be very painful.* Un braccio rotto può essere molto doloroso.

6 PER CHIEDERE AIUTO, FAVORI; PER OFFRIRE AIUTO, SUGGERIMENTI (= posso, puoi, può, ecc.)

Can you give Laura a message from me? Puoi dare un messaggio da parte mia a Laura ? | *We can go to the cinema if you prefer.* Possiamo andare al cinema se preferisci. | *Can we help you?* Ha bisogno di aiuto?

can² /kæn/ *s* **1** (di bibita) lattina, (di cibo) scatola, scatoletta: *a can of tuna* una scatoletta di tonno **2** (per benzina, acqua) tanica ▶ vedi nota sotto **lattina**

Canada /'kænədə/ *s* il Canada

Canadian /kə'neɪdiən/ *agg* e *s* canadese

canal /kə'næl/ *s* canale: *the Suez Canal* il Canale di Suez

cancel /'kænsəl/ *v* (**-lled**, **-lling** BrE, **-led**, **-ling** AmE) **1** annullare [appuntamento, concerto, spettacolo], cancellare [volo] **2** annullare [abbonamento], cancellare [prenotazione]

cancellation /ˌkænsə'leɪʃən/ *s* cancellazione

Cancer /'kænsə/ *s* **1** (segno) Cancro **2** (persona) Cancro: *He's a Cancer.* Lui è del Cancro.

Si dice *I arrived in London* o *I arrived to London*? Vedi alla voce **arrive**.

cancer /ˈkænsə/ *s* cancro: *His mother died of cancer.* Sua madre è morta di cancro. ▶ vedi anche **breast**

candidate /ˈkændədət/ *s* **1** (a elezione, per posto di lavoro) candidato -a **2** BrE (ad un esame) candidato -a

candle /ˈkændl/ *s* candela, (su torta) candelina

candlelight /ˈkændl-laɪt/ *s* **by candlelight** a lume di candela

candlestick /ˈkændlˌstɪk/ *s* candeliere

candle

candy /ˈkændi/ *s*

> Questa parola viene usata in inglese americano per indicare un dolce in generale (sempre al singolare), oppure una caramella o un cioccolatino (al plurale **candies**):
> *I've brought you some candy.* Ti ho portato dei dolci. | *a box of candies* una scatola di caramelle o di cioccolatini
> In inglese britannico si usa **sweets** per indicare i dolci in generale e **sweet** per indicare una caramella.

cane /keɪn/ *s* **1** (pianta) bambù **2** (per camminare) bastone

cannabis /ˈkænəbɪs/ *s* canapa indiana

canned /kænd/ *agg* in scatola

cannon /ˈkænən/ *s* (pl **cannon** o **cannons**) cannone

cannot /ˈkænɒt/ È una delle forme negative di **can**, usata nella lingua scritta. Nella lingua parlata, viene usata per dare rilievo alla negazione. Il negativo di **can** può essere anche **can't** o **can not**: *We cannot expect teachers to be perfect.* Non possiamo aspettarci che gli insegnanti siano perfetti. | *He cannot be allowed to do this.* Non possono lasciarglielo fare. | *You cannot be serious!* Non farai mica sul serio!

canoe /kəˈnuː/ *sostantivo e verbo*
- *s* canoa
- *v* fare un giro in canoa | **to go canoeing** fare canoa

ˈcan ˌopener *s* apriscatole

canopy /ˈkænəpi/ *s* (pl **-pies**) **1** (su sedia a sdraio ecc.) copertura, (su terrazza) tenda **2** (di foglie, rami) copertura, (di vite) pergolato

can't /kɑːnt/ forma contratta di **can not**

canteen /kænˈtiːn/ *s* mensa ▶ FALSE FRIEND Non confondere **"canteen"** con **cantina** che si traduce **cellar**.

canvas /ˈkænvəs/ *s* **1** (stoffa) tela **2** (per dipingere) tela

canvass /ˈkænvəs/ *v* (3ª pers sing **-sses**) **1** [intr] fare propaganda **2** [tr] sondare l'opinione di, fare un sondaggio di

canyon /ˈkænjən/ *s* gola [di montagna]: *the Grand Canyon* il Gran Canyon

cap /kæp/ *s* **1** (da golf, baseball, di uniforme scolastica) berretto, (militare) cappello, (da nuoto, doccia) cuffia **2** (di penna) cappuccio **3** (di bottiglia, serbatoio) tappo

capability /ˌkeɪpəˈbɪləti/ *s* (pl **-ties**) capacità

capable /ˈkeɪpəbəl/ *agg* **1 to be capable of (doing) sth** essere capace di (fare) qc: *Maria is capable of doing very well in her exams.* Maria è capace di ottenere ottimi risultati agli esami. | *He was capable of acts of great heroism.* Era capace di atti di grande eroismo. **2** capace

capacity /kəˈpæsəti/ *s* (pl **-ties**) **1** (di locale) capienza, (di contenitore) capacità | **filled to capacity** pieno -a zeppo -a **2** (abilità) predisposizione

cape /keɪp/ *s* **1** (capo di abbigliamento) mantella **2** (in geografia) capo: *Cape Horn* Capo Horn

capital /ˈkæpətl/ *sostantivo e aggettivo*
- *s* **1** (anche **capital city**) (città) capitale **2** (anche **capital letter**) (lettera) maiuscola **3** (soldi) capitale
- *agg* **a capital S/T etc** una S/T ecc. maiuscola

capitalism /ˈkæpətl-ɪzəm/ *s* capitalismo

capitalist /ˈkæpətl-ɪst/ *s e agg* capitalista

capitalize, -ise BrE /ˈkæpətl-aɪz/ *v* **capitalize on sth** trarre vantaggio da qc

ˌcapital ˈpunishment *s* pena capitale

capitulate /kəˈpɪtʃəleɪt/ *v* [intr] (formale) capitolare

cappuccino /ˌkæpəˈtʃiːnəʊ/ *s* cappuccino

capricious /kəˈprɪʃəs/ *agg* capriccioso -a

Capricorn /ˈkæprɪkɔːn/ *s* **1** (segno) Capricorno **2** (persona) Capricorno: *She's a Capricorn.* Lei è del Capricorno.

capsize /kæp'saɪz/ *v* [intr] scuffiare, [tr] far scuffiare [barca]

capsule /'kæpsjuːl/ *s* **1** (farmaci) capsula **2** (di missile) capsula (spaziale)

captain /'kæptən/ *sostantivo* e *verbo*
• *s* **1** (di nave, aereo, militare) capitano **2** (di squadra) capitano
• *v* [tr] essere a capo di: *The England team was captained by Shearer.* La squadra inglese era capitanata da Shearer.

captaincy /'kæptənsi/ *s* posto di capitano

caption /'kæpʃən/ *s* **1** (di illustrazione, foto) didascalia **2** (di vignetta, fumetto) battuta **3** (di film) sottotitolo

captivate /'kæptəveɪt/ *v* [tr] conquistare

captivating /'kæptəveɪtɪŋ/ *agg* affascinante

captive /'kæptɪv/ *aggettivo* e *sostantivo*
• *agg* (persona) prigioniero -a, (animale, riproduzione) in cattività | **to take sb captive** fare prigioniero qn: *The pilots were taken captive.* I piloti furono fatti prigionieri. | **to hold sb captive** tenere prigioniero qn
• *s* prigioniero -a

captivity /kæp'tɪvəti/ *s* (di persone) prigionia, (di animali) cattività | **in captivity** in cattività [riprodursi]

captor /'kæptə/ *s* (formale) persona che cattura o tiene prigioniero qn

capture /'kæptʃə/ *verbo* e *sostantivo*
• *v* [tr] **1** catturare [persone, animali] **2** conquistare [città] **3** cogliere [aspetto, spirito] **4** **to capture sb's imagination** colpire la fantasia di qn | **to capture sb's attention/interest** attirare l'attenzione/l'interesse di qn
• *s* **1** (di persone, animali) cattura **2** (di città, roccaforte) presa

car /kɑː/ *s* **1** (automobile) macchina: *We came **by car**.* Siamo venuti in macchina. **2** (parte del treno) vagone: *sleeping/dining car* vagone letto/ristorante **3** **car bomb** autobomba **car crash**, anche **car accident** incidente d'auto

caramel /'kærəməl/ *s* **1** caramella mou **2** caramello

carat BrE, **karat** AmE /'kærət/ *s* carato

caravan /'kærəvæn/ *s* **1** (rimorchio) roulotte **2** BrE (a cavalli) carro, (di girovaghi) carrozzone **3** (di nomadi, nel deserto) carovana

carbohydrate /ˌkɑːbəʊ'haɪdreɪt/ *s* carboidrato

carbon /'kɑːbən/ *s* **1** carbonio **2** **carbon copy** (di lettera, documento) velina, (somiglianza) riproduzione esatta **carbon paper** cartacarbone

carbon dioxide /ˌkɑːbən daɪ'ɒksaɪd/ *s* anidride carbonica

carbon monoxide /ˌkɑːbən mə'nɒksaɪd/ *s* (mon)ossido di carbonio

'carbon ˌpaper *s* carta carbone

ˌcar 'boot ˌsale *s* BrE vendita privata di roba vecchia esposta nel baule della macchina o su un banchetto

carburettor BrE, **carburetor** AmE /ˌkɑːbjə'retə, AmE 'kɑːrbəreɪtər/ *s* carburatore

carcass /'kɑːkəs/ *s* (pl **-sses**) **1** (scheletro) carcassa, (corpo in decomposizione) carogna **2** (in cucina) ossa: *the turkey carcass* le ossa del tacchino

card /kɑːd/ *s* **1** (di associazione, per l'identificazione) tessera: *membership card* tessera di socio | *identity card* carta d'identità **2** (bancaria) carta di credito **3** (di saluti) cartolina, (di auguri) biglietto: *birthday card* biglietto di auguri di compleanno **4** carta (da gioco): *a game of cards* una partita a carte | **to play cards** giocare a carte **5** (in schedario) scheda **6** BrE cartoncino **7** **to put your cards on the table** mettere le carte in tavola **8** **to be on the cards** BrE, **to be in the cards** AmE essere prevedibile

cardboard /'kɑːdbɔːd/ *s* **1** (materiale) cartone **2** **cardboard box** scatolone

cardholder /'kɑːdˌhəʊldə/ *s* titolare di carta di credito

cardiac /'kɑːdiæk/ *agg* (trapianto, malattia) cardiaco -a

cardigan /'kɑːdɪgən/ *s* cardigan

cardinal /'kɑːdənəl/ *sostantivo* e *aggettivo*
• *s* (religioso) cardinale
• *agg* (formale) **1** **the cardinal rule/principle** la regola/il principio cardine **2** **a cardinal sin** un peccato mortale

ˌcardinal 'number *s* numero cardinale

care /keə/ *verbo* e *sostantivo*
• *v* [intr] **1** (indica indifferenza) *"We're going to be late." "I don't care."* – Faremo tardi. – Non m'importa. | *Don't you **care** what happens?* Non ti importa quello che succede? | *I don't care if I never see him again.* Non me ne importa se non lo rivedrò mai più. | *"They're going without us." "Who cares?"* – Se ne vanno senza di noi. – E chi se ne importa? | *She doesn't **care about** anybody but herself.* Non le importa niente di nessuno tranne che di se stessa. | *The only thing she **cares about** is money.* L'unica cosa che le importa sono i soldi. | **I couldn't care less** non me ne importa niente, me ne infischio **2** **to care about sb** tenere a qn: *I still care about him.* Tengo ancora a lui.

care for sb **1** prendersi cura di qn: *Angie gave up work to care for her mother.* Angie ha lasciato il lavoro per prendersi cura di sua madre. **2** voler bene a qn: *She felt nobody cared for her.* Credeva che nessuno le volesse bene. | *I don't much care for him.* Non mi piace tanto. **care for sth** **1** aver cura di qc **2** (formale) *Would you care for a drink?* Ti andrebbe di

Vuoi informazioni sulla differenza tra gli **articoli** in inglese e in italiano? Leggi le spiegazioni nella guida grammaticale.

bere qualcosa? | *Do you like caviar? I don't care for it much myself.* Ti piace il caviale? Personalmente, non mi piace più di tanto.

- *s* **1** (premure) cura: *He needs medical care.* Ha bisogno di cure mediche. **2 to take care of sth/sb a)** prendersi cura di qc/qn **b)** occuparsi di qc/qn: *Don't worry, everything's been taken care of.* Non preoccuparti, è tutto sistemato. **3** attenzione, cautela: *"Handle with care."* "Maneggiare con cautela." | **to take care over sth** mettere cura in qc [lavoro, preparativo], curare qc [aspetto] | **take care! a)** (accomiatandosi) stammi bene! **b)** fai attenzione! **4** (letterario) preoccupazione **5 to be taken into care** essere dato in affidamento

career /kə'rɪə/ *sostantivo* e *verbo*

- *s* **1** (lavoro) carriera: *He retired after a brilliant career.* È andato in pensione dopo una brillante carriera. | *I'm interested in a **career in** teaching.* Mi interessa lavorare nel campo dell'insegnamento. **2** (periodo) carriera: *His acting career was over.* La sua carriera di attore era finita.
- *v* [intr] **to career down sth** percorrere qc a tutta velocità

carefree /'keəfriː/ *agg* spensierato -a

careful /'keəfəl/ *agg* **1** (alla guida) prudente, (nei giudizi) cauto -a | **to be careful with/about sth** stare attento con/a qc | **to be careful to do sth** badare di fare qc: *Be careful not to upset him!* Bada di non farlo arrabbiare! **2** (come avvertimento) attento -a: *Careful you don't fall!* Attento a non cadere! **3** (valutazione, esame) accurato -a

carefully /'keəfəli/ *avv* (spostare, trasportare) con cautela, (pianificare, considerare) attentamente: *Please handle this parcel carefully: it's fragile.* Maneggia questo pacco con cautela: è fragile. | *Drive carefully!* Sii prudente nella guida! | *Think carefully before you decide.* Pensaci attentamente prima di decidere.

careless /'keələs/ *agg* sbadato -a | **a careless mistake** un errore di distrazione | **that was careless of you/him** sei/è stato molto sbadato

carelessly /'keələsli/ *avv* (senza riflettere) sbadatamente, (con noncuranza) distrattamente

carelessness /'keələsnəs/ *s* sbadatezza

carer /'keərə/ *s* BrE badante

caress /kə'res/ *verbo* e *sostantivo*

- *v* [tr] accarezzare
- *s* carezza

caretaker /'keəˌteɪkə/ *s* BrE custode

cargo /'kɑːgəʊ/ *s* (pl **-goes** o **-gos**) carico

caricature /'kærɪkətʃʊə/ *sostantivo* e *verbo*

- *s* caricatura
- *v* [tr] fare la caricatura a/di

caring /'keərɪŋ/ *agg* premuroso -a

carnation /kɑː'neɪʃən/ *s* garofano

carnival /'kɑːnəvəl/ *s* carnevale

carnivore /'kɑːnəvɔː/ *s* carnivoro

carnivorous /kɑː'nɪvərəs/ *agg* carnivoro -a

carol /'kærəl/ *s* (anche **Christmas carol**) canto (di Natale)

'car park *s* BrE parcheggio (auto)

carpenter /'kɑːpəntə/ *s* falegname

carpentry /'kɑːpəntri/ *s* falegnameria

carpet /'kɑːpɪt/ *sostantivo* e *verbo*

- *s* tappeto, (rivestimento) moquette
- *v* [tr] mettere la moquette in

carriage /'kærɪdʒ/ *s* **1** BrE (di treno) carrozza **2** (con i cavalli) carrozza

carriageway /'kærɪdʒweɪ/ *s* BrE carreggiata

carrier /'kæriə/ *s* **1** compagnia aerea **2** compagnia di navigazione **3** (nave, aereo, camion) mezzo di trasporto **4** (per merci) spedizioniere **5** (di malattia) portatore -trice

'carrier ˌbag *s* BrE sacchetto (di plastica)

carrot /'kærət/ *s* carota

carry /'kæri/ *v* (**carries**, **carried**) **1** [tr] portare: *Can you carry this bag for me?* Puoi portarmi questa borsa? | *I'm not going to **carry** that **around** all day.* Non ho intenzione di portarmelo in giro per tutto il giorno. | *I **carried** the trunk **into** the house.* Ho portato il baule in casa. **2** [tr] portare con sé [denaro, documenti] | **to carry a gun** essere armato di pistola o fucile **3** [tr] trasportare [merci, passeggeri] **4** [tr] essere portatore di [malattia] **5** [intr] (voce, suono) *She has the sort of voice that carries.* Ha una voce forte e chiara. **6** [tr] reggere [pesi] **7 to be carried** essere approvato: *The motion was **carried by** 21 votes to 13.* La mozione fu approvata con 21 voti contro 13. **8 to get carried away** farsi prendere la mano: *I got carried away and bought three pairs of shoes.* Mi sono fatto prendere la mano e ho comprato tre paia di scarpe. | *There's no need to get carried away.* Non c'è bisogno di scaldarsi. **9 to carry sth too far** esagerare in qc ► vedi anche **weight**

carry sth off cavarsela in qc

carry on 1 continuare: ***Carry on with** your work.* Continuate a fare i compiti. | **to carry on doing sth** continuare a fare qc **2** fare tante storie **carry on sth 1** continuare qc **2 to carry on a conversation** portare avanti una conversazione

carry sth out 1 mettere in atto qc [piano, minacce], svolgere qc [indagini] **2** eseguire qc [ordini], seguire qc [istruzioni], mantenere qc [promessa]

carry sth through portare a termine qc

'carry-on *s* BrE (informale) casino

cart /kɑːt/ *sostantivo* e *verbo*

- *s* **1** carro, carretto **2** AmE carrello (del supermercato) ► In inglese britannico si usa **trolley**.
- *v* [tr] (informale) scarrozzare: *I've been **carting** these books **around** all day.* Ho scarrozzato in giro tutto il giorno questi libri.

C

carton /'kɑːtn/ *s* cartone [di latte, succo di frutta], confezione [di panna]

cartoon /kɑː'tuːn/ *s* **1** (film) cartone animato **2** (disegno) vignetta **3** (anche **cartoon strip**) (in giornalini) fumetto ► FALSE FRIEND Non confondere **"cartoon"** con **cartone** che si traduce **carton**, **box** o **cardboard**.

cartoonist /kɑː'tuːnɪst/ *s* (di cartoni animati) cartonista, (di vignette) caricaturista

cartridge /'kɑːtrɪdʒ/ *s* cartuccia

carve /kɑːv/ *v* **1** [tr/intr] scolpire [statua]: *a figure **carved from** marble* una figura scolpita nel marmo **2** [tr] incidere [iniziali], intagliare [decorazioni] **3** [tr/intr] tagliare [carne]: *Could you carve the roast?* Tagli tu l'arrosto?

carve sth out **to carve out a name for yourself** farsi un nome | **to carve out a reputation for yourself** farsi una reputazione

carve sth up spartire

carving /'kɑːvɪŋ/ *s* intaglio

cascade /kæ'skeɪd/ *sostantivo* e *verbo*

- *s* cascata
- *v* [intr] scendere a cascata

case /keɪs/ *s* **1** (fatto, situazione) caso: *They made an exception in my case.* Nel mio caso hanno fatto un'eccezione. | *In some cases, the disease is fatal.* In certi casi, il morbo è letale. | ***It's a case of** getting there early.* Si tratta di arrivare presto. | **to be the case** essere così: *That is not the case.* Non è così. | **in that case** in tal caso: *"It's starting to rain." "In that case, I'll call a taxi."* – Sta cominciando a piovere. – In tal caso, chiamo un taxi. | **in any case** in ogni caso, comunque **2** **in case** caso mai: *Take an umbrella in case it rains.* Prendi l'ombrello caso mai piovesse. | *We should leave early just in case.* Dovremmo partire presto, per sicurezza. **3** (azione legale) causa **4** (di malattia) caso: *a bad case of flu* un brutto caso di influenza **5** (criminale, poliziesco) caso **6** **the case for/against sth** la tesi a favore di/contro qc | **to argue/make your case** sostenere/presentare le proprie ragioni **7** (per occhiali, violino ecc.) custodia **8** (anche **suitcase**) valigia **9** (per trasporto, imballaggio) cassa **10** (per bottiglie) cassetta

cash /kæʃ/ *sostantivo* e *verbo*

- *s* **1** (monete e banconote) contanti | **to pay (in) cash** pagare in contanti **2** soldi: *I'm a bit short of cash.* Sono un po' a corto di soldi. **3** **cash card** Bancomat® **cash desk** cassa [di negozio] **cash machine**, anche **cash dispenser** sportello automatico, Bancomat®
- *v* [tr] cambiare [assegni]

cash in on sth approfittare di qc [sfortuna, lavoro], trarre profitto da qc [successo], sfruttare qc [tragedia]

cashew /'kæʃuː/, anche **'cashew nut** *s* anacardio

cashier /kæ'ʃɪə/ *s* cassiere -a

cashmere /'kæʃmɪə/ *s* cachemire

cashpoint /'kæʃpɔɪnt/ BrE, anche **'cash ma,chine, 'cash di,spenser** *s* sportello automatico, Bancomat®

casino /kə'siːnəʊ/ *s* casinò

cask /kɑːsk/ *s* (di birra) barile, (di vino) botte

casket /'kɑːskɪt/ *s* **1** cofanetto **2** AmE bara ► In inglese britannico si usa **coffin**.

casserole /'kæsərəʊl/ *s* **1** (anche **casserole dish**) casseruola **2** (cibo) *a chicken casserole* pollo in casseruola

cassette /kə'set/ *s* **1** (per musica) cassetta, (per video) (video)cassetta **2** **cassette player** mangiacassette, mangianastri **cassette recorder** registratore (a cassette)

cast /kɑːst/ *verbo* e *sostantivo*

- *v* [tr] (passato e participio **cast**) **1** *Tom Cruise was **cast as** the vampire.* A Tom Cruise fu assegnata la parte del vampiro. **2** gettare [reti] **3** **to cast a look/glance (at sth/sb)** lanciare uno sguardo/un'occhiata (a qc/qn) | **to cast an eye over sth** dare un'occhiata a qc **4** **to cast your vote** dare il proprio voto
- **cast sth aside** abbandonare qc **cast sb aside** mettere qn in disparte

  cast off mollare gli ormeggi
- *s* **1** (insieme degli attori) cast **2** (anche **plaster cast**) gesso: *His leg is in a cast.* Ha il gesso alla gamba.

castaway /'kɑːstəweɪ/ *s* naufrago -a

caste /kɑːst/ *s* casta

,cast 'iron *s* ferro battuto

castle /'kɑːsəl/ *s* **1** castello **2** (anche **rook**) (negli scacchi) torre

castrate /kæ'streɪt/ *v* [tr] castrare

casual /'kæʒuəl/ *agg* **1** (modi, atteggiamento) indifferente, noncurante: *his casual attitude to work* il suo atteggiamento indifferente nei confronti del lavoro | *She's pretty casual about relationships.* È abbastanza noncurante in fatto di rapporti. **2** (ragazzo, ragazza, relazione) occasionale | **a casual acquaintance** una conoscenza occasionale **3** (abbigliamento) casual **4** (lavoro) occasionale **5** (osservazione, incontro) casuale | **a casual remark** un'osservazione en passant **6** **a casual glance** un'occhiata superficiale

casually /ˈkæʒuəli/ *avv* **1** (comportarsi) con indifferenza, (fare, dire) incidentalmente **2** (vestirsi) casual **3** (succedere) per caso

casualty /ˈkæʒuəlti/ *s* (pl **-ties**) **1** (persone) vittima: *200 casualties of the earthquake* 200 vittime del terremoto | *The bombing raids caused heavy casualties.* I bombardamenti hanno causato forti perdite. **2** BrE (in ospedale) pronto soccorso

cat /kæt/ *s* **1** (animale domestico) gatto -a **2** (animale selvatico) felino

catalogue BrE, **catalog** AmE /ˈkætəlɒg/ *sostantivo* e *verbo*
- *s* catalogo
- *v* [tr] catalogare

catalyst /ˈkætl-ɪst/ *s* catalizzatore

catapult /ˈkætəpʌlt/ *sostantivo* e *verbo*
- *s* (per giocare) fionda, (arma) catapulta
- *v* [tr] **1** catapultare **2** **to be catapulted to fame/stardom** raggiungere di colpo la fama/celebrità

cataract /ˈkætərækt/ *s* (malattia degli occhi) cataratta

catarrh /kəˈtɑː/ *s* catarro

catastrophe /kəˈtæstrəfi/ *s* catastrofe

catastrophic /ˌkætəˈstrɒfɪk/ *agg* catastrofico -a

catch /kætʃ/ *verbo* e *sostantivo*
- *v* (3ª pers sing **catches**, passato e participio **caught**) **1** [tr] prendere (al volo) [palla, oggetto] **2** [tr] prendere [ladro, animale]: *The murderer has never been caught.* Non è mai stato preso l'assassino. | *You can't catch me!* Non mi prendi! **3** [tr] sorprendere: *Don't let them catch you!* Non farti sorprendere! | *His mum caught him smoking in the garden.* Sua mamma l'ha sorpreso a fumare in giardino. | **to catch sb doing sth** sorprendere qn a fare qc **4** [tr] prendere [treno, tram] **5** [tr] prendere [malattia] | **to catch a cold** prendere il raffreddore **6** [tr] prendere [pesci]: *They caught a salmon.* Hanno preso un salmone. **7** [tr/intr] **to catch in sth, to get caught in sth** (capelli, camicia) impigliarsi in qc: *My skirt got caught in the car door.* Mi si è impigliata la gonna nella portiera. | **to catch your finger in sth, to get your finger caught in sth** chiudersi il dito in qc: *He caught his finger in the drawer.* Si è chiuso il dito nel cassetto. **8** [tr] afferrare [frase, nome]: *I didn't catch your name.* Non ho afferrato il tuo nome. **9** **to catch sight of sth/sb** intravedere qc/qn | **to catch a glimpse of sth/sb** scorgere qc/qn ► vedi anche **eye, fire**

  catch on **1** afferrare **2** (moda) prendere piede

  catch sb out prendere qn in castagna

  catch up **1** recuperare terreno: *I had to run to catch up.* Ho dovuto correre per recuperare terreno. | **to catch up with sb** raggiungere qn: *He soon caught up with them.* Li ha raggiunti presto. **2** mettersi in pari | **to catch up with sb** raggiungere lo stesso livello di qn | **to catch up on your sleep** recuperare il sonno | **to catch up on your work** mettersi in pari con il lavoro **catch sb up** raggiungere qn
- *s* (pl **catches**) **1** fermaglio **2** trucco: *It's so cheap, there must be a catch.* Costa così poco, ci deve essere un trucco. **3** (di pesci) retata **4** (di palla) presa **5** **to play catch** giocare a palla **6** (informale) partito | **to be a good catch** essere un buon partito

catching /ˈkætʃɪŋ/ *agg* contagioso -a

catchment area /ˈkætʃmənt ˌeəriə/ *s* zona dalla quale provengono gli alunni di una determinata scuola

catchphrase /ˈkætʃˌfreɪz/ *s* slogan

catchy /ˈkætʃi/ *agg* (**-chier**, **-chiest**) orecchiabile

catechism /ˈkætəˌkɪzəm/ *s* catechismo

categorical /ˌkætəˈgɒrɪkəl/ *agg* categorico -a

categorically /ˌkætəˈgɒrɪkli/ *avv* categoricamente

categorize, -ise BrE /ˈkætəgəraɪz/ *v* [tr] classificare

category /ˈkætəgəri/ *s* (pl **-ries**) categoria

cater /ˈkeɪtə/ *v* [intr] organizzare il servizio di ristorazione

  cater for sth BrE, **cater to sth** AmE soddisfare qc [esigenza], far fronte a qc [necessità, richiesta]: *London has shops to cater for every need.* Londra ha negozi che soddisfano qualsiasi esigenza. **cater for sb** BrE, **cater to sb** AmE rispondere alle esigenze di qn: *a travel company catering more for older people* un'agenzia di viaggi che risponde maggiormente alle esigenze degli anziani

caterer /ˈkeɪtərə/ *s* ristoratore -trice

catering /ˈkeɪtərɪŋ/ *s* **1** servizio di ristorazione, catering **2** (anche **the catering industry**) l'industria della ristorazione

caterpillar /ˈkætəˌpɪlə/ *s* bruco

C

cathedral /kə'θiːdrəl/ *s* cattedrale
Catholic /'kæθəlɪk/ *agg* e *s* cattolico -a
Catholicism /kə'θɒləsɪzəm/ *s* cattolicesimo
cattle /'kætl/ *s pl* bestiame (bovino)
caught /kɔːt/ passato e participio di **catch**
cauldron /'kɔːldrən/ *s* calderone
cauliflower /'kɒlɪˌflaʊə/ *s* cavolfiore
cause /kɔːz/ *sostantivo* e *verbo*
• *s* **1** causa: *What was the cause of the accident?* Qual è stata la causa dell'incidente? **2** **cause for concern/celebration** motivo di preoccupazione/festa: *There is no* ***cause for*** *alarm.* Non c'è motivo di allarmarsi. **3** (ideale) causa: *They're fighting for a just cause.* Combattono per una giusta causa. | *The money all goes to good causes.* I soldi vanno tutti in opere buone.
• *v* [tr] creare [problemi, apprensione], causare [ritardi]: *She's always trying to cause trouble.* Cerca sempre di creare problemi. | *The power cut* ***caused the computer to*** *crash.* Il computer si è impiantato perché è mancata la corrente. | *The drugs* ***are causing him to*** *behave strangely.* La droga lo fa comportare in modo strano.
causeway /'kɔːzweɪ/ *s* strada rialzata
caustic /'kɔːstɪk/ *agg* caustico -a
caution /'kɔːʃən/ *sostantivo* e *verbo*
• *s* **1** cautela, prudenza **2** diffida
• *v* **1** [tr] **to caution sb not to do sth** diffidare qn dal fare qc | **to caution sb against sth** avvertire qn di non fare qc **2** ammonire ▶ FALSE FRIEND Non confondere **"caution"** con **cauzione** che si traduce **deposit** o **bail**.
cautious /'kɔːʃəs/ *agg* (risposta, ottimismo) cauto -a, (autista) prudente: *I'm very cautious about giving people my phone number.* Sono molto cauto nel dare il mio numero di telefono alla gente.
cautiously /'kɔːʃəsli/ *avv* cautamente | **cautiously optimistic** cautamente ottimista
cavalry /'kævəlri/ *s* (soldati) cavalleria
cave /keɪv/ *sostantivo* e *verbo*
• *s* caverna
• *v* **cave in** **1** franare, crollare **2** cedere [a pressione, ricatto]
caveman /'keɪvmæn/ *s* (pl **-men** /-men/) cavernicolo
cavern /'kævən/ *s* caverna
cavity /'kævəti/ *s* (pl **-ties**) carie
CD /ˌsiː 'diː/ *s* (= **compact disc**) CD
C'D ˌplayer *s* lettore CD
CD-ROM /ˌsiː diː 'rɒm/ *s* (= **compact disc read-only memory**) CD-ROM
cease /siːs/ *v* (formale) [intr/tr] cessare | **to cease doing sth** cessare di fare qc
ceasefire /'siːsfaɪə/ *s* cessate il fuoco
ceaseless /'siːsləs/ *agg* (formale) incessante
cedar /'siːdə/ *s* cedro
cede /siːd/ *v* [tr] cedere [territorio]
ceiling /'siːlɪŋ/ *s* soffitto
celebrate /'seləbreɪt/ *v* [tr/intr] festeggiare [compleanno], celebrare [centenario]
celebrated /'seləbreɪtɪd/ *agg* celebre
celebration /ˌselə'breɪʃən/ *s* **1** (festa) festeggiamento: *New Year celebrations* festeggiamenti di fine anno **2** celebrazione | **in celebration of sth** per festeggiare qc: *a party in celebration of their success* una festa per festeggiare il loro successo
celebratory /ˌselə'breɪtəri/ *agg* **a celebratory meal/drink** un pranzo/un aperitivo per festeggiare
celebrity /sə'lebrəti/ *s* (pl **-ties**) celebrità
celery /'seləri/ *s* sedano
cell /sel/ *s* **1** (di prigione) cella **2** (di organismo) cellula
cellar /'selə/ *s* cantina
cellist /'tʃelɪst/ *s* violoncellista
cello /'tʃeləʊ/ *s* violoncello
cellphone /'selfəʊn/, anche **ˌcellular 'phone** *s* (telefono) cellulare
cellular /'seljələ/ *agg* cellulare
cement /sɪ'ment/ *s* cemento
cemetery /'semətri/ *s* (pl **-ries**) cimitero
censor /'sensə/ *verbo* e *sostantivo*
• *v* [tr] censurare
• *s* censore
censorship /'sensəʃɪp/ *s* censura
censure /'senʃə/ (formale) *verbo* e *sostantivo*
• *v* (criticare aspramente) condannare
• *s* condanna
census /'sensəs/ *s* (pl **-ses**) censimento
cent /sent/ *s* centesimo
centenary /sen'tiːnəri/ *s* (pl **-ries**) centenario
center AmE ▶ vedi **centre**
Centigrade /'sentəgreɪd/ *s* centigrado
centimetre BrE, **centimeter** AmE /'sentəmiːtə/ *s* centimetro
centipede /'sentəpiːd/ *s* centopiedi
central /'sentrəl/ *agg* **1** (al centro) centrale: *central government* il governo centrale | *central Europe/Africa* l'Europa/l'Africa centrale | *central London* il centro di Londra **2** (in centro) centrale: *Our hotel is not very central.* Il nostro albergo non è molto centrale. **3** (ruolo, argomento) centrale: *He played a central part in Liverpool's victory.* Ha avuto un ruolo centrale nella vittoria del Liverpool.
ˌCentral A'merica *s* l'America centrale
ˌCentral A'merican *agg* centramericano -a

ˌcentral ˈheating *s* riscaldamento autonomo

centralization, -isation BrE /ˌsentrəlaɪˈzeɪʃən/ *s* accentramento

centralize, -ise BrE /ˈsentrəlaɪz/ *v* [tr] centralizzare

centrally /ˈsentrəli/ *avv* **1** in posizione centrale: *a centrally located hotel* un albergo situato in centro **2** a livello centrale

centre BrE, **center** AmE /ˈsentə/ *sostantivo e verbo*

• *s* **1** (di oggetto, area, città) centro: *There was a table in the centre of the room.* C'era un tavolo al centro della stanza. | *We live quite near the centre.* Abitiamo abbastanza vicino al centro **2** (polo di attività) centro: *a commercial/financial centre* un centro commerciale/finanziario **3** (nel calcio, hockey) centrocampista, (nella pallacanestro) pivot **4 the centre** (in politica) il centro

• *v* [tr] centrare

centre on sth (tema, film) imperniare su qc, (pensieri) concentrare su qc

ˌcentre ˈforward *s* (calcio) centravanti, (hockey) attaccante

ˌcentre ˈhalf *s* (pl **-halves**) centromediano

century /ˈsentʃəri/ *s* (pl **-ries**) secolo: *the 21st century* il XXI secolo

ceramics /səˈræmɪks/ *s* ceramica

cereal /ˈsɪəriəl/ *s* **1** (per la prima colazione) cereali **2** (raccolto) cereal

cerebral /ˈserəbrəl/ *agg* **1** (attività, poesia) intellettuale, cerebrale **2** (emorragia, arteria) cerebrale

ceremonial /ˌserəˈməʊniəl/ *agg* (abito, cappello) da cerimonia, (occasione, avvenimento) solenne

ceremony /ˈserəməni/ *s* (pl **-nies**) cerimonia

certain /ˈsɜːtn/ *agg* **1 to be certain** essere sicuro, essere certo: *I'm **certain** that I've met him before.* Sono certo di averlo già incontrato. **2 for certain** per certo, di sicuro: *We don't know for certain what caused it.* Non sappiamo per certo quale ne sia stata la causa. | *Josh will be there for certain.* Josh ci sarà di sicuro. **3** (inevitabile) certo -a, sicuro -a: *We were facing certain defeat.* Stavamo andando incontro ad una sconfitta sicura. | *They are **certain to** win.* Sono certi di vincere. **4** (con valore indefinito) certo -a: *There are certain things we don't talk about.* Ci sono certe cose di cui non parliamo. | *They want a certain amount of independence.* Vogliono una certa indipendenza. | ***A certain** Mr Roberts called.* Ha chiamato un certo signor Roberts. | **to a certain extent** fino ad un certo punto **5 to make certain (that)** assicurarsi che: *Please make certain (that) all the doors are locked.* Per favore assicurati che tutte le porte siano chiuse a chiave. | *I had another look, just to make certain.* Ho controllato di nuovo, tanto per essere sicuro.

certainly /ˈsɜːtnli/ *avv* **1** sicuramente, di sicuro: *He is certainly one of the world's best athletes.* È sicuramente uno dei migliori atleti al mondo. | *I certainly won't be going there again.* Di sicuro non ci torno. **2** (nelle risposte) certo, certamente: *"Can I borrow your bike?" "Certainly."* – Mi presti la tua bici? – Certamente. | *"Can I come too?" "Certainly not!"* – Posso venire anch'io? – No di certo!

certainty /ˈsɜːtnti/ *s* (pl **-ties**) certezza, sicurezza

certificate /səˈtɪfɪkət/ *s* (di scuola, università) diploma, (di corso) attestato

certified /ˈsɜːtəfaɪd/ *agg* diplomato -a | **a certified nurse** un'infermiera diplomata | **a certified teacher** un insegnante abilitato

certify /ˈsɜːtəfaɪ/ *v* [tr] (**-fies**, **-fied**) **1** attestare **2** dichiarare pazzo

cesarean AmE ▶ vedi **caesarian**

chain /tʃeɪn/ *sostantivo e verbo*

• *s* **1** (per legare) catena, (gioiello) catenina: *a gold chain* una catenina d'oro | **in chains** in catene **2** (di negozi, ristoranti, alberghi) catena

• *v* **to chain sth to sth** incatenare qc a qc: *They kept the dog chained to a post.* Tenevano il cane incatenato a un palo. | *I chained my bike to the railings.* Ho legato la bici (con la catena) alla cancellata.

chainsaw /ˈtʃeɪnsɔː/ *s* motosega

ˈchain-smoke *v* [intr] essere un fumatore -trice accanito -a

chair /tʃeə/ *sostantivo e verbo*

• *s* **1** (mobile) sedia **2** (di riunione, comitato) presidente -essa **3** (all'università) cattedra

• *v* [tr] (riunione, comitato) presiedere

chairman /ˈtʃeəmən/ *s* (pl **-men**) **1** (di riunione, comitato) presidente **2** (di società) presidente

chairperson /ˈtʃeəˌpɜːsən/ *s* (pl **chairpersons**) (di riunione, comitato) presidente -essa ▶ Nota che il termine **chairperson** può essere usato per riferirsi sia ad un uomo che a una donna ed è per questo spesso preferito a **chairman**.

chairwoman /ˈtʃeəˌwʊmən/ *s* (pl **-women**) **1** (di riunione, comitato) presidentessa **2** (di società) presidentessa

chalet /ˈʃæleɪ/ *s* **1** chalet **2** BrE bungalow

chalk /tʃɔːk/ *sostantivo* e *verbo*
• *s* **1** (per scrivere) gesso: *a piece of chalk* un pezzo di gesso **2** (minerale) gesso
• *v* **chalk sth up** (informale) riportare qc [vittoria, successo]

challenge /ˈtʃæləndʒ/ *sostantivo* e *verbo*
• *s* **1** (impresa difficile) sfida: *an exciting new challenge* una nuova sfida entusiasmante **2** (minaccia) sfida: *He resisted any* ***challenge to*** *his authority.* Ha saputo opporsi a tutte le sfide lanciate al suo potere.
• *v* [tr] **1** contestare [decisione, autorità, risultato] **2** sfidare: *We* ***challenged*** *them* ***to*** *a game of tennis.* Li abbiamo sfidati a una partita di tennis. **3** stimolare [capacità]

challenger /ˈtʃæləndʒə/ *s* sfidante

challenging /ˈtʃæləndʒɪŋ/ *agg* (passatempo, lavoro) stimolante: *a challenging problem* un problema impegnativo

chamber /ˈtʃeɪmbə/ *s* **1** sala [per riunioni] **2** camera [del Parlamento nel Regno Unito e del Congresso negli USA]: *the upper/lower chamber* la camera alta/bassa

chambermaid /ˈtʃeɪmbəmeɪd/ *s* cameriera [in albergo]

champagne /ʃæmˈpeɪn/ *s* champagne

champion /ˈtʃæmpiən/ *sostantivo* e *verbo*
• *s* **1** (nello sport) campione -essa: *the defending champion* il campione in carica | *the world champion* il campione del mondo **2** (di diritto, causa) difensore, difenditrice: *a champion of women's rights* un difensore dei diritti delle donne
• *v* [tr] difendere [valori], lottare per [causa]

championship /ˈtʃæmpiənʃɪp/ *s* campionato

chance /tʃɑːns/ *sostantivo*, *verbo* e *aggettivo*
• *s* **1** possibilità, probabilità: *Our chances of winning are not great.* Abbiamo poche possibilità di vincere. | *He has a good* ***chance of passing*** *the exam.* Ha buone probabilità di superare l'esame. | **not to have/stand a chance** non avere nessuna possibilità | **there's a chance (that)** è possibile che: *There's a chance they'll come.* È possibile che vengano. | *There's a good chance that someone saw the robber.* È molto probabile che qualcuno abbia visto il ladro. | **the chances are (that)** molto probabilmente: *The chances are it will never happen.* Molto probabilmente non succederà mai. | **no chance** (informale) no di certo: *"Do you think she'll go out with me?" "No chance!"* – Pensi che uscirà con me? – No di certo! **2** opportunità, occasione: *I'll explain if you give me a chance.* Te lo spiego se me ne dai l'opportunità. | **to get the chance to do sth** avere l'opportunità di fare qc **3** caso | **by chance** per caso: *We met by chance at the cinema.* Ci siamo incontrati al cinema per caso. | **by any chance** per caso: *Are you making coffee, by any chance?* Stai per caso facendo il caffè? **4 to take a chance** correre il rischio: *They can't afford to take any chances.* Non possono permettersi di correre alcun rischio.
• *v* **to chance it** (informale) rischiare
• *agg* (incontro) casuale

chancellor /ˈtʃɑːnsələ/ *s* **1** (primo ministro) cancelliere **2** (anche **Chancellor of the Exchequer**) (ministro del tesoro britannico) Cancelliere dello Scacchiere **3** titolo onorifico del presidente di un'università britannica

chandelier /ˌʃændəˈlɪə/ *s* lampadario

change /tʃeɪndʒ/ *verbo* e *sostantivo*
• *v* **1** [intr] (diventare differente) cambiare, (da una cosa all'altra) passare, (da uno stato all'altro) trasformarsi, [tr] cambiare [nome, pettinatura]: *Jane has changed a lot.* Jane è molto cambiata. | *The club changed its name in 1998.* Il club ha cambiato nome nel 1998. | *The lights* ***changed from*** *green* ***to*** *red.* Il semaforo è passato dal verde al rosso. | *She changed from a lively person to a nervous wreck.* Da persona vivace qual era si è trasformata in una nevrastenica. | *Caterpillars* ***change into*** *butterflies.* I bruchi si trasformano in farfalle. **2** [tr] (sostituire) cambiare: *Do you know how to change a tyre?* Sai cambiare una gomma? | *Can I change these earrings?* Posso cambiare questi orecchini? | **to change schools/jobs/cars** cambiare scuola/lavoro/macchina **3** [intr] (di vestito) cambiarsi, [tr] cambiare [maglia, scarpe]: *Aren't you going to change?* Non ti cambi? | *I changed my shirt.* Ho cambiato la camicia. | **to get changed** andare a cambiarsi: *Wait while I* ***get changed.*** Aspetta che vado a cambiarmi. | **to change into sth** mettersi qc | **to change out of sth** cambiarsi qc [vestito sporco] **4** [intr/tr] cambiare [treno, aereo, autobus] **5** [tr] cambiare [valuta]: *I* ***changed*** *some euros* ***into*** *dollars.* Ho cambiato degli euro in dollari. ▶ vedi anche **mind**

change over passare (ad un'altra cosa): *when we* ***change over to*** *the new system* quando passeremo al nuovo sistema
• *s* **1** (mutamento, variazione) cambiamento: *There's been a* ***change in*** *the law.* C'è stato un cambiamento della legge. | **a change for the better/worse** un cambiamento in meglio/peggio | **for a change** per cambiare | **it makes a change** è un piacevole diversivo: *It makes a change to eat out once in a while.* È un piacevole diversivo andare fuori a pranzo ogni tanto. | *It makes a change for us to agree on something.* Era ora che andassimo d'accordo su qualcosa! | **to have a change of heart** cambiare idea **2** (differenza di denaro) resto: *Here's*

your change. Ecco il suo resto. | *You've given me the wrong change.* Mi ha dato il resto sbagliato. **3** (spiccioli) moneta: *Have you got change for £10?* Hai 10 sterline in moneta? | *I haven't got any change for the bus.* Non ho spiccioli per l'autobus. | **small change** spiccioli

changeable /'tʃeɪndʒəbəl/ *agg* (umore) mutevole, (tempo) variabile, (situazione) instabile

changeover /'tʃeɪndʒ,əʊvə/ *s* passaggio [da una condizione a un'altra]: *the changeover to the new computer system* il passaggio al nuovo sistema informatico

'changing room *s* (di scuola, impianto sportivo) spogliatoio, (di negozio) camerino

channel /'tʃænl/ *sostantivo* e *verbo*

• *s* **1** (televisivo) canale: *a film on Channel 4* un film su Channel 4 **2** (mezzo di comunicazione) canale: *a channel of communication* un canale di comunicazione **3** (corso d'acqua) canale **4 the Channel** anche **the English Channel** La Manica

• *v* [tr] (**-lled**, **-lling** BrE, **-led**, **-ling** AmE) incanalare [entusiasmo, energie, soldi], dirigere [interessi]: *He needs to **channel** his energy **into** something useful.* Deve incanalare le proprie energie verso qualcosa di utile.

'channel-hop, 'channel-surf AmE (informale) *v* [intr] fare zapping

chant /tʃɑːnt/ *sostantivo* e *verbo*

• *s* **1** (di folla, tifosi) slogan **2** (religioso) salmo

• *v* [tr/intr] **1** (folla) gridare **2** (fedeli) cantare

chaos /'keɪ-ɒs/ *s* caos: *The match ended **in chaos**.* La partita è finita nel caos.

chaotic /keɪ'ɒtɪk/ *agg* caotico -a

chap /tʃæp/ *s* BrE (informale) tipo: *He was a nice chap.* Era un tipo simpatico.

chapel /'tʃæpəl/ *s* cappella

chaplain /'tʃæplən/ *s* cappellano

chapped /tʃæpt/ *agg* (pelle, labbra) screpolato -a

chapter /'tʃæptə/ *s* (di libro, vita) capitolo, (periodo della storia) epoca

character /'kærɪktə/ *s* **1** (natura) carattere: *a strong/weak character* un carattere forte/debole | *It is quite **out of character** for her to behave like that.* Non è nel suo carattere comportarsi così. **2** (di libro, commedia, film) personaggio **3 to have (lots of) character a)** (persona) essere fuori dal comune **b)** (casa) avere carattere **4** (persona particolare) tipo | **a real character** un bel tipo **5** (segno grafico) carattere

characteristic /,kærɪktə'rɪstɪk/ *sostantivo* e *aggettivo*

• *s* caratteristica

• *agg* caratteristico -a | **to be characteristic of sth/sb** essere tipico di qc/qn

characteristically /,kærɪktə'rɪstɪkli/ *avv* **she was characteristically blunt/brief etc** è stata schietta/breve ecc. com'è suo solito

characterization, -isation BrE /,kærɪktəraɪ'zeɪʃən/ *s* **1** (abilità di scrittore) caratterizzazione **2** (rappresentazione) descrizione

characterize, -ise BrE /'kærɪktəraɪz/ *v* [tr] **1** caratterizzare **2** descrivere

charade /ʃə'rɑːd/ *s* farsa

charcoal /'tʃɑːkəʊl/ *sostantivo* e *aggettivo*

• *s* **1** (per la griglia) carbonella **2** (per disegnare) carboncino

• *agg* (anche **charcoal grey**) grigio antracite ▶ vedi Active Box **colours** sotto **colour**

charge /tʃɑːdʒ/ *sostantivo* e *verbo*

• *s* **1** (quota) spesa, (per noleggio, affitto) tariffa, (sovraprezzo) supplemento: *There is no charge for booking.* Non ci sono spese di prenotazione. | *There's no entry charge.* L'ingresso è gratuito. | *There's a 10% service charge.* C'è un supplemento del 10% per il servizio. | **free of charge** gratuitamente | **at no extra charge** gratis **2 to be in charge** essere il responsabile | **to be in charge of sth** essere responsabile di qc, occuparsi di qc: *Andy's **in charge of** the music.* Andy si occupa della musica. | **to take charge of sth a)** (manager) occuparsi di qc **b)** (polizia) prendere in mano qc | **to be in sb's charge** essere affidato a qn **3** (incriminazione) accusa: *A man is being held on charges of assault.* Hanno trattenuto un uomo con l'accusa di aggressione. | **to bring charges against sb** sporgere denuncia contro qn: *The police have decided not to press charges.* La polizia ha deciso di non procedere. | **to drop the charges against sb** ritirare la denuncia contro qn **4** (di animali, soldati) carica **5** (energia elettrica) carica

• *v* **1** [tr/intr] far pagare: *How much did they **charge** you **for** the flowers?* Quanto ti hanno fatto pagare i fiori? | *We charge by the hour.* Si paga all'ora. **2** [tr] accusare | **to be charged with sth** essere accusato di qc **3** [intr/tr] (attaccare) caricare | **to charge at sb** caricare qn **4** [intr] muoversi velocemente e con fare aggressivo: *He charged into my office.* È piombato nel mio ufficio. **5** (batteria, telefono, computer) [tr] mettere sotto carica, [intr] ricaricarsi

'charge card *s* BrE carta fedeltà emessa da una catena di negozi con cui è possibile comprare a credito presso tutti i negozi della catina

chariot /'tʃæriət/ *s* biga

charisma /kə'rɪzmə/ *s* carisma

charismatic /,kærɪz'mætɪk/ *agg* carismatico -a

charitable /ˈtʃærɪtəbəl/ *agg* **1** (ente, istituto, azione) di beneficenza **2** (gentile) indulgente

charity /ˈtʃærəti/ *s* **1** (pl **-ties**) (istituzione) organizzazione umanitaria **2** (pl **-ties**) beneficenza: *He raised £2,000* ***for charity***. Ha raccolto 2.000 sterline per beneficenza. **3** beneficenza, carità: *Many homeless people live on charity.* Molti senzatetto vivono di carità.

charm /tʃɑːm/ *sostantivo* e *verbo*
- *s* **1** fascino **2** portafortuna **3** (frase) formula (magica), (atto) incantesimo **4 to work like a charm** funzionare a meraviglia
- *v* [tr] affascinare, incantare

charming /ˈtʃɑːmɪŋ/ *agg* (persona, sorriso) affascinante, (comportamento) carino -a, (posto, fotografia) incantevole

charred /tʃɑːd/ *agg* carbonizzato -a

chart /tʃɑːt/ *sostantivo* e *verbo*
- *s* **1** (tabella) grafico, (in meteorologia) carta **2** (per la navigazione) carta (nautica) **3 the charts** hit-parade
- *v* [tr] registrare [in un grafico]

charter /ˈtʃɑːtə/ *sostantivo* e *verbo*
- *s* **1** carta, statuto: *the charter of the United Nations* la carta delle Nazioni Unite | *a charter of rights for workers* uno statuto dei lavoratori **2 charter flight** volo charter
- *v* [tr] noleggiare

chase /tʃeɪs/ *verbo* e *sostantivo*
- *v* **1** [tr/intr] **to chase (after) sb** inseguire qn: *I* ***chased after*** *the thief, but he got away.* Ho inseguito il ladro, ma è scappato. **2** [tr] **to chase sb away/off/out** cacciare via qn **3** [tr] essere a caccia di [lavoro, titolo]

  chase sth up rintracciare qc
- *s* inseguimento [di persone], caccia [di animali]

chasm /ˈkæzəm/ *s* (nella roccia) precipizio, (nel ghiaccio) crepaccio, (grande differenza) abisso

chassis /ˈʃæsiː/ *s* (pl **chassis** /-siːz/) telaio

chastity /ˈtʃæstəti/ *s* castità

chat /tʃæt/ *verbo* e *sostantivo*
- *v* [intr] (**chatted**, **chatting**) chiacchierare | **to chat with sb** chiacchierare con qn | **to chat about sth** parlare di qc

  chat sb up BrE (informale) agganciare qn
- *s* **1** chiacchierata | **to have a chat with sb (about sth)** fare quattro chiacchiere con qn (su qc) **2 chat room** chat **chat show** talk show

chatter /ˈtʃætə/ *verbo* e *sostantivo*
- *v* [intr] **1** chiacchierare | **to chatter away (to sb)** chiacchierare (con qn) **2** *My teeth were chattering.* Battevo i denti. **3** (scimmie) schiamazzare, (uccelli) stridere
- *s* chiacchierio

chatty /ˈtʃæti/ *agg* (**-ttier**, **-ttiest**) (informale) **1** chiacchierone -a **2** (lettera) amichevole

chauffeur /ˈʃəʊfə/ *s* autista

chauvinism /ˈʃəʊvənɪzəm/ *s* **1 (male) chauvinism** maschilismo **2** (nazionalismo) campanilismo

chauvinist /ˈʃəʊvənɪst/ *s* e *agg* **1 (male) chauvinist** maschilista **2** (persona) sciovinista, (idea) sciovinista

cheap /tʃiːp/ *aggettivo*, *avverbio* e *sostantivo*
- *agg* **1** (poco caro) conveniente, (a basso consumo) economico -a **2** (di bassa qualità) scadente **3** AmE (informale) tirchio -a, spilorcio -a ► In inglese britannico si usa **stingy**. **4** (non degno) meschino -a | **a cheap joke/trick** uno scherzo/un trucco meschino
- *avv* (informale) **to get sth cheap** comperare qc a basso prezzo | **not to come cheap** non essere regalato: *Cars like that* ***don't come cheap***. Automobili come quella non sono regalate. | **to be going cheap** costare meno
- *s* **to do sth on the cheap** fare qc con poca spesa

cheapen /ˈtʃiːpən/ *v* [tr] **1** ridurre **2** screditare

cheaply /ˈtʃiːpli/ *avv* a buon mercato

cheapskate /ˈtʃiːpˌskeɪt/ *s* (informale) spilorcio -a

cheat /tʃiːt/ *verbo* e *sostantivo*
- *v* **1** [intr] (durante un esame) copiare: *Any student caught cheating will be expelled.* Gli studenti sorpresi a copiare saranno allontanati. **2** [intr] (nel gioco) barare: *He always* ***cheats at*** *cards.* Bara sempre a carte. **3** [tr] truffare | **to cheat sb out of sth** portare via qc a qn con l'inganno

  cheat on sb tradire qn [fidanzato, moglie]
- *s* imbroglione -a

check /tʃek/ *verbo*, *sostantivo* e *aggettivo*
- *v* **1** [tr/intr] controllare: *Could you* ***check*** *if we have any coffee?* Per piacere, controlla se abbiamo caffè. | ***Check*** *your work for mistakes before you hand it in.* Prima di consegnare la prova, controllate se ci sono degli errori. | ***Check with*** *your parents to make sure it's OK.* Chiedi ai tuoi genitori se per loro va bene. **2** [tr] fermare [malattia, nemico]

  check in 1 (all'aeroporto) fare il check-in **2** (in albergo) registrarsi **check sth in** (all'aeroporto) consegnare qc [bagaglio]

  check out lasciare la camera [in albergo]

  check sth out 1 verificare [storia, racconto] **2** (informale) provare qualcosa per vedere com'è, visitandolo, usandolo ecc.: *Have you checked out the new club yet?* Sei già stato in quella nuova discoteca?

  check up on sth controllare qc **check up on sb** controllare qn

• *s* **1** controllo: *a security check* un controllo di sicurezza | **to carry out/run a check on sth** eseguire/effettuare un controllo su qc: *They ran a few checks on the system.* Hanno eseguito dei controlli sul sistema. | **to keep a check on sth** tenere sotto controllo qc
2 **to keep/hold sth in check** tenere sotto controllo qc
3 AmE conto [al ristorante]: *Can we get the check, please?* Ci può portare il conto, per cortesia? ▶ In inglese britannico si usa **bill**.
4 AmE assegno [bancario]: *a check for $5,000* un assegno di 5.000 dollari ▶ In inglese britannico si usa **cheque**.
5 AmE segno di spunta ▶ In inglese britannico si usa **tick**.
6 scacco [nel gioco]
• *agg* ▶ vedi **checked**

checkbook AmE ▶ vedi **chequebook**

checked /tʃekt/, anche **check** /tʃek/ *agg* a quadri: *a checked tablecloth* una tovaglia a quadri

checkers /ˈtʃekəz/ *s* AmE dama [gioco] ▶ In inglese britannico si usa **draughts**.

ˈcheck-in *s* **1** (anche **check-in desk**) (all'aeroporto) (banco del) check-in, (in albergo) (banco della) reception **2** (all'aeroporto) check-in, (in albergo) registrazione

ˈchecking acˌcount *s* AmE conto corrente ▶ In inglese britannico si usa **current account**.

checklist /ˈtʃekˌlɪst/ *s* lista [promemoria]

checkmate /ˈtʃekmeɪt/ *s* scacco matto

checkout /ˈtʃek-aʊt/ *s* cassa [al supermercato]

checkpoint /ˈtʃekpɔɪnt/ *s* posto di controllo

ˈcheck-up *s* (visita di) controllo

cheek /tʃiːk/ *s* **1** guancia **2** BrE faccia tosta: *What a cheek!* Che faccia tosta! | **to have the cheek to do sth** avere la faccia tosta di fare qc ▶ vedi anche **tongue**

cheeky /ˈtʃiːki/ *agg* (**-kier**, **-kiest**) sfacciato -a: *He's so **cheeky** to his mother.* È così sfacciato con la madre. | *a cheeky grin* un sorriso birichino

cheer /tʃɪə/ *verbo* e *sostantivo*
• *v* **1** [intr] applaudire, [tr] acclamare **2** [tr] rallegrare
cheer sb on incitare qn
cheer up tirarsi su [di morale]: *Cheer up!* Tirati su! **cheer sb up** tirar su di morale qn
• *s* applauso | **three cheers for the winners!** tre urrà per i vincitori!

cheerful /ˈtʃɪəfəl/ *agg* allegro -a

cheerfully /ˈtʃɪəfəli/ *avv* allegramente

cheerfulness /ˈtʃɪəfəlnəs/ *s* allegria

cheering /ˈtʃɪərɪŋ/ *s* grida (di gioia)

cheerio! /ˌtʃɪəriˈəʊ/ *inter* BrE (informale) ciao! [andando via]

cheerleader /ˈtʃɪəˌliːdə/ *s* ragazza ponpon

cheers! /tʃɪəz/ BrE *inter* **1** salute! [per brindare]
2 (informale) grazie!
3 (informale) ciao!

cheerleader

cheery /ˈtʃɪəri/ *agg* (**-rier**, **-riest**) gioviale

cheese /tʃiːz/ *s* formaggio

cheesecake /ˈtʃiːzkeɪk/ *s* torta al formaggio [dolce], cheesecake

cheetah /ˈtʃiːtə/ *s* ghepardo

chef /ʃef/ *s* chef

chemical /ˈkemɪkəl/ *sostantivo* e *aggettivo*
• *s* sostanza chimica
• *agg* chimico -a

chemist /ˈkemɪst/ *s* **1** BrE farmacista | **chemist's (shop)** farmacia **2** chimico -a

chemistry /ˈkeməstri/ *s* chimica

cheque BrE, **check** AmE /tʃek/ *s* **1** assegno: *a **cheque for** £500* un assegno di 500 sterline | **to pay by cheque** pagare con un assegno **2** **cheque card**, anche **cheque guarantee card** carta che va esibita quando si paga con un assegno e che garantisce il pagamento dello stesso da parte della banca

chequebook BrE, **checkbook** AmE /ˈtʃekbʊk/ *s* libretto degli assegni

cherish /ˈtʃerɪʃ/ *v* [tr] (3ª pers sing **-shes**) **1** tenere molto a [amicizia, indipendenza]: *his most cherished possession* la cosa a cui tiene di più **2** amare

cherry /ˈtʃeri/ *sostantivo* e *aggettivo*
• *s* (pl **-rries**) **1** ciliegia **2** (anche **cherry tree**) ciliegio
• *agg* (rosso) ciliegia

chess /tʃes/ *s* **1** scacchi: *We played chess.* Abbiamo giocato a scacchi. **2** **chess set** scacchi

chessboard /ˈtʃesbɔːd/ *s* scacchiera

chest /tʃest/ *s* **1** petto, torace **2** cassapanca **3** **to get something off your chest** togliersi un peso dallo stomaco

chestnut /ˈtʃesnʌt/ *sostantivo* e *aggettivo*
• *s* **1** castagna **2** (anche **chestnut tree**) castagno **3** castano
• *agg* **1** castano -a [capelli] **2** sauro -a [cavallo]

ˌchest of ˈdrawers *s* comò

chew /tʃuː/ *v* [tr/intr] masticare
chew sth over rimuginare qc

ˈchewing gum *s* gomma da masticare

Non sei sicuro del significato di una abbreviazione? Consulta la lista delle abbreviazioni nell'interno della copertina.

chewy /'tʃu:i/ *agg* (**-wier**, **-wiest**) **1** (carne) stopposo -a **2** (caramella) gommoso -a

chick /tʃɪk/ *s* pulcino

chicken /'tʃɪkɪn/ *sostantivo* e *verbo*
• *s* **1** (carne) pollo: *roast chicken* pollo arrosto **2** (uccello) pollo **3** (informale) (persona) fifone -a
• *v* **chicken out** (informale) tirarsi indietro per paura

chickenpox /'tʃɪkɪn,pɒks/ *s* varicella

chickpea /'tʃɪkpi:/ *s* cece

chicory /'tʃɪkəri/ *s* cicoria

chief /tʃi:f/ *aggettivo* e *sostantivo*
• *agg* **1** principale: *Our chief concern is safety.* La sicurezza è la nostra preoccupazione principale. **2** (ingegnere, ispettore) capo
• *s* capo: *the chief of police* il capo della polizia

chiefly /'tʃi:fli/ *avv* principalmente

child /tʃaɪld/ *s* (pl **children** /'tʃɪldrən/) **1** bambino -a: *a four-year-old child* un bambino di quattro anni | *children's television* i programmi televisivi per i bambini | **as a child** da bambino **2** figlio -a: *They have three children.* Hanno tre figli. | **to be an only child** essere figlio unico **3 it's child's play** è un gioco da ragazzi

childbirth /'tʃaɪldbɜ:θ/ *s* parto

childcare /'tʃaɪldkeə/ *s* cura e assistenza a bambini, soprattutto in età prescolare, mentre i genitori sono al lavoro

childhood /'tʃaɪldhʊd/ *s* infanzia

childish /'tʃaɪldɪʃ/ *agg* puerile

childless /'tʃaɪldləs/ *agg* senza figli

childlike /'tʃaɪldlaɪk/ *agg* infantile

childminder /'tʃaɪld,maɪndə/ *s* babysitter

children /'tʃɪldrən/ plurale di **child**

Chile /'tʃɪli/ *s* Cile

Chilean /'tʃɪliən/ *agg* e *s* cileno -a

chill /tʃɪl/ *verbo* e *sostantivo*
• *v* **1** [tr] mettere in fresco, [intr] raffreddarsi [in frigo] **2 to be/feel chilled** essere infreddolito
• *s* **1** freddo **2 to catch/get a chill** raffreddarsi [ammalarsi]

chilli BrE, **chili** AmE /'tʃɪli/ *s* (pl **-llies** BrE, **-lies** AmE) peperoncino

chilling /'tʃɪlɪŋ/ *agg* agghiacciante

chilly /'tʃɪli/ *agg* (**-llier**, **-lliest**) **1** (temperatura) freddo -a **2** (atteggiamento) freddo -a

chime /tʃaɪm/ *v* **1** [intr] (orologio, campanello, campana) suonare **2 to chime the hour/five o'clock etc** battere l'ora/le cinque ecc.

chimney /'tʃɪmni/ *s* (di casa) camino, (di fabbrica) ciminiera

chimpanzee /,tʃɪmpən'zi:/, anche **chimp** /tʃɪmp/ *s* scimpanzé

chin /tʃɪn/ *s* **1** mento **2 chin up!** su con la vita!

China /'tʃaɪnə/ *s* la Cina

china /'tʃaɪnə/ *sostantivo* e *aggettivo*
• *s* **1** (materiale) porcellana **2** (stoviglie) (servizio di) piatti
• *agg* di porcellana

Chinese /,tʃaɪ'ni:z/ *aggettivo* e *sostantivo*
• *agg* cinese
• *s* **1** (lingua) cinese **2 the Chinese** i cinesi

chink /tʃɪŋk/ *s* **1** fessura **2** tintinnio

chinos /'tʃi:nəʊz/ *s pl* pantaloni di cotone pesante, solitamente di colore beige

chip /tʃɪp/ *sostantivo* e *verbo*
• *s* **1** BrE patata fritta: *egg and chips* uovo e patate fritte ► In inglese americano si usa **fry**. **2** AmE patatina [in busta] ► In inglese britannico si usa **crisp**. **3** (anche **microchip**) chip **4** (di legno, pietra) scheggia **5** scheggiatura **6** (per puntare al gioco) fiche **7 to have a chip on your shoulder** (informale) avere un complesso: *He's got a chip on his shoulder about not having been to university.* Ha il complesso di non essere andato all'università
• *v* (**chipped**, **chipping**) [tr] scheggiare, [intr] scheggiarsi
chip away to chip away at sth intaccare qc [diritti, libertà]
chip in (informale) **1** interrompere [in conversazione] **2** contribuire [con denaro]

chirp /tʃɜ:p/ *v* [intr] **1** (uccello) cinguettare **2** (cicala) frinire

chirpy /'tʃɜ:pi/ *agg* (**-pier**, **-piest**) BrE pimpante

chisel /'tʃɪzəl/ *sostantivo* e *verbo*
• *s* scalpello
• *v* [tr] intagliare

chivalry /'ʃɪvəlri/ *s* cavalleria

chives /tʃaɪvz/ *s pl* erba cipollina

chlorine /'klɔ:ri:n/ *s* cloro

chock-a-block /,tʃɒk ə 'blɒk/ *agg* (informale) pieno zeppo

chocolate /'tʃɒklət/ *s* **1** cioccolato: *a bar of chocolate* una barretta di cioccolato | **a chocolate cake/cookie etc** una torta/un biscotto ecc. al cioccolato **2** cioccolatino: *a box of chocolates* una scatola di cioccolatini **3** (bevanda) cioccolata **4** (anche **chocolate brown**) (color) cioccolato

choice /tʃɔɪs/ *sostantivo* e *aggettivo*
• *s* **1** scelta [opzione] | **to have a choice** poter scegliere: *If you had a choice, where would you live?* Se tu potessi scegliere, dove vorresti vivere? | **to have no choice** non avere (altra) scelta: *I have to tell him the truth: I've got no choice.* Devo dirgli la verità, non ho scelta. | *They had* **no choice but to** *pay.* Non poterono far altro che pagare. **2** scelta [azione]: *It was a difficult choice.* È stata una scelta difficile. | *I*

Vuoi ordinare un hamburger in inglese? Consulta la **guida alla comunicazione** in fondo al dizionario.

think you've made the right choice. Penso che tu abbia fatto la scelta giusta. **3** scelta [di prodotti, attività]: *The resort offers a wide choice of activities.* Il villaggio turistico offre un'ampia scelta di attività.
• *agg* (formale) di prima scelta

choir /kwaɪə/ *s* coro

choke /tʃəʊk/ *verbo e sostantivo*
• *v* **1** [intr] soffocare | **to choke on sth** strozzarsi con qc [cibo] | **to choke to death** morire soffocato **2** [tr] strozzare **3** [tr] intasare [strade, scarichi]
• *s* (valvola dell')aria

cholera /ˈkɒlərə/ *s* colera

cholesterol /kəˈlestərɒl/ *s* colesterolo

choose /tʃuːz/ *v* [intr] (passato **chose**, participio **chosen**) **1** scegliere: *Students may **choose from** a range of topics.* Gli studenti possono scegliere fra varie materie. | *They **chose** Rickie **as** team captain.* Hanno scelto Rickie come capitano della squadra. | *I have to **choose between** selling the car **and** repairing it.* Devo scegliere se vendere la macchina o farla riparare. **2 to choose to do sth** scegliere di fare qc: *Mike chose to go abroad to study.* Mike scelse di andare a studiare all'estero. **3** volere [preferire]: *They can stay behind if they choose.* Se vogliono possono fermarsi. **4 there's little to choose between them** c'è poca differenza fra di loro

choosy /ˈtʃuːzi/ *agg* (**-sier**, **-siest**) difficile [da accontentare]

chop /tʃɒp/ *verbo e sostantivo*
• *v* [tr] anche **chop up** (**chopped**, **chopping**) tagliare [carne, verdure, legna] | **to chop sth into cubes/pieces etc** tagliare qc a dadini/a pezzetti ecc.
chop sth down abbattere qc [albero]
chop sth off mozzare qc [testa, dito], tagliare qc [capelli]
• *s* **1** costoletta: *lamb chop* costoletta d'agnello | *pork chop* braciola di maiale **2** colpo [con la mano]

chopper /ˈtʃɒpə/ *s* **1** (informale) elicottero **2** BrE (di macellaio) mannaia, (per legna) scure

ˈchopping board *s* tagliere

choppy /ˈtʃɒpi/ *agg* (**-ppier**, **-ppiest**) (mare) increspato -a

chopsticks /ˈtʃɒpstɪks/ *s pl* bastoncini (cinesi)

choral /ˈkɔːrəl/ *agg* corale: *choral music* musica corale

chopsticks

chord /kɔːd/ *s* accordo [musicale]

chore /tʃɔː/ *s* **1** faccenda [cosa da fare]: *household chores* faccende domestiche **2** lavoro ingrato

choreographer /ˌkɒriˈɒgrəfə/ *s* coreografo -a

choreography /ˌkɒriˈɒgrəfi/ *s* coreografia

chorus /ˈkɔːrəs/ *s* (pl **-ses**) **1** ritornello **2** (composizione musicale) coro **3** (gruppo di cantanti) coro

chose /tʃəʊz/ passato di **choose**

chosen /ˈtʃəʊzən/ participio di **choose**

Christ /kraɪst/ *s* Cristo

christen /ˈkrɪsən/ *v* [tr] battezzare

christening /ˈkrɪsənɪŋ/ *s* battesimo

Christian /ˈkrɪstʃən/ *s e agg* cristiano -a

Christianity /ˌkrɪstiˈænəti/ *s* cristianesimo

ˈChristian name *s* nome di battesimo

Christmas /ˈkrɪsməs/ *s* (pl **-ses**) **1** Natale: *Merry Christmas!* Buon Natale! | **at Christmas** a Natale **2 Christmas cake** dolce tipico natalizio a base di uva passa e frutta candita **Christmas card** biglietto d'auguri di Natale **Christmas carol** canto natalizio [religioso] **Christmas present** regalo di Natale **Christmas tree** albero di Natale

ˌChristmas ˈDay *s* giorno di Natale

ˌChristmas ˈEve *s* vigilia di Natale

chrome /krəʊm/, anche **chromium** /ˈkrəʊmiəm/ *s* cromo

chromosome /ˈkrəʊməsəʊm/ *s* cromosoma

chronic /ˈkrɒnɪk/ *agg* cronico -a

chronicle /ˈkrɒnɪkəl/ *s* cronaca

chronological /ˌkrɒnəˈlɒdʒɪkəl/ *agg* cronologico -a

chrysalis /ˈkrɪsəlɪs/ *s* (pl **-ses**) crisalide

chrysanthemum /krɪˈsænθəməm/ *s* crisantemo

chubby /ˈtʃʌbi/ *agg* (**-bbier**, **-bbiest**) (bambino, viso) paffuto -a, (gambe, dita) grassottello -a

chuck /tʃʌk/ *v* [tr] (informale) **1** gettare: *Chuck it out of the window!* Gettalo dalla finestra! **2** BrE piantare [fidanzato]
chuck sth away buttare via qc
chuck sth in BrE mollare qc [lavoro, studi]
chuck sth out ▸ vedi **chuck sth away**
chuck sb out sbattere fuori qn

chuckle /ˈtʃʌkəl/ *v* [intr] ridacchiare

chum /tʃʌm/ *s* amico -a

chunk /tʃʌŋk/ *s* pezzo

chunky /ˈtʃʌŋki/ *agg* (**-kier**, **-kiest**) grosso -a

C'è un **glossario grammaticale** in fondo al dizionario.

C

church /tʃɜːtʃ/ *s* **1** (pl **churches**) chiesa: *an old Norman church* una antica chiesa normanna **2 to go to church** andare a messa **3 the church** anche **the Church** la Chiesa

churchyard /'tʃɜːtʃjɑːd/ *s* cimitero [vicino ad una chiesa]

churn /tʃɜːn/ *v* **1** [tr] (anche **churn up**) smuovere [terreno] **2** [intr] (acqua) spumeggiare

churn sth out (informale) sfornare qc [libri, film]

chute /ʃuːt/ *s* (in piscina) scivolo

cider /'saɪdə/ *s* BrE sidro

cigar /sɪ'gɑː/ *s* sigaro

cigarette /ˌsɪgə'ret/ *s* sigaretta

cinch /sɪntʃ/ *s* **to be a cinch** (informale) essere una sciocchezza [facile]

cinder /'sɪndə/ *sostantivo* e *sostantivo plurale*

- *s* cenere
- **cinders** *s pl* cenere

cinema /'sɪnəmə/ *s* BrE **1 to go to the cinema** andare al cinema: *Shall we go to the cinema?* Andiamo al cinema? ▶ In inglese americano si usa **movies**. **2** cinema ▶ In inglese americano si use **movie theater**.

cinnamon /'sɪnəmən/ *s* cannella

circle /'sɜːkəl/ *sostantivo* e *verbo*

- *s* **1** (forma geometrica) cerchio **2** (di persone, cose) cerchio: *The teacher got the children to stand in a circle.* La maestra ha chiesto ai bambini di mettersi in cerchio. **3** (di teatro) galleria **4** (di amici, famigliari) cerchia: *a wide circle of friends* un'ampia cerchia di amici
- *v* **1** [intr] (uccello) volteggiare, [tr] (aereo) sorvolare **2** [tr] (segnare) fare un cerchio attorno a

circuit /'sɜːkɪt/ *s* **1** (pista) circuito **2** (percorso) giro **3** (elettrico) circuito

circular /'sɜːkjələ/ *aggettivo* e *sostantivo*

- *agg* rotondo -a
- *s* (lettera) circolare

circulate /'sɜːkjəleɪt/ *v* **1** [intr] (sangue, aria) circolare **2** [intr] (voce, documento) circolare, [tr] far circolare [voce, documento]

circulation /ˌsɜːkjə'leɪʃən/ *s* **1** (del sangue) circolazione **2** (di giornali) tiratura

circumference /sə'kʌmfrəns/ *s* circonferenza

circumstance /'sɜːkəmstæns/ *s* **1** circostanza: ***Under the circumstances**, I'm not surprised he left.* Date le circostanze, non sono sorpreso che se ne sia andato. **2 under no circumstances** in nessun caso

circus /'sɜːkəs/ *s* (pl **-ses**) circo

cistern /'sɪstən/ *s* (di gabinetto) cassetta (del water)

cite /saɪt/ *v* [tr] (formale) citare

citizen /'sɪtəzən/ *s* cittadino -a

citizenship /'sɪtəzənʃɪp/ *s* cittadinanza

city /'sɪti/ *s* (pl **cities**) **1** città **2 the City** la City [di Londra] **3 city centre** BrE, **city center** AmE centro (della città)

civic /'sɪvɪk/ *agg* (autorità) cittadino -a, (dovere, senso) civico -a

civil /'sɪvəl/ *agg* civile

ˌcivil engi'neer *s* ingegnere civile

civilian /sə'vɪljən/ *s* e *agg* civile

civilization, -isation BrE /ˌsɪvəlaɪ'zeɪʃən/ *s* civiltà

civilized, -ised BrE /'sɪvəlaɪzd/ *agg* (modi, comportamento) civile, (società, paese) civilizzato -a

ˌcivil 'rights *s pl* diritti civili

ˌcivil 'servant *s* impiegato -a statale

ˌCivil 'Service *s* Pubblica Amministrazione [nel Regno Unito]

ˌcivil 'war *s* guerra civile

clad /klæd/ *agg* **clad in sth** (formale) vestito di qc

claim /kleɪm/ *verbo* e *sostantivo*

- *v* **1** [tr] sostenere, affermare: ***He claimed that** someone had tried to kill him.* Sosteneva che qualcuno aveva tentato di ucciderlo. | *A man turned up **claiming to be** my brother.* È saltato fuori un uomo che sosteneva di essere mio fratello. **2** [tr] reclamare [denaro, premio], rivendicare [diritto], esigere [risarcimento] **3** [tr] riscuotere un tributo di [vite umane]
- *s* **1** richiesta di risarcimento | **to make a claim (for sth)** presentare una richiesta di risarcimento (per qc) **2** (affermazione) pretesa: *her claim to be the Tsar's daughter* la sua pretesa di essere la figlia dello zar

clairvoyant /kleə'vɔɪənt/ *s* indovino -a

clam /klæm/ *sostantivo* e *verbo*

- *s* vongola
- *v* (**clammed**, **clamming**) **clam up** (informale) tenere il becco chiuso

clamber /'klæmbə/ *v* [intr] arrampicarsi con mani e piedi

clammy /'klæmi/ *agg* (**-mmier**, **-mmiest**) (mani, schiena) appiccicaticcio -a, (grotta) viscido -a

clamour BrE, **clamor** AmE /'klæmə/ *verbo* e *sostantivo*

- *v* [intr] **to clamour for sth** chiedere a gran voce qc
- *s* (di voci, folla) clamore: *There were **clamours of** protest.* C'erano clamori di protesta.

clamp /klæmp/ *sostantivo* e *verbo*

- *s* **1** morsa **2** BrE ceppo [bloccaruota per auto]
- *v* [tr] **1 to clamp two things together** unire due cose [con una morsa] **2** BrE mettere i ceppi a [ruote dell'auto]

clamp down to clamp down on sth/sb adottare misure più severe contro qc/qn

Quando si usa *in*, *on* e *at*? Vedi alla voce in.

clampdown /'klæmpdaʊn/ *s* ***a clampdown on** drug dealers* un inasprimento delle misure contro gli spacciatori di droga

clan /klæn/ *s* clan

clandestine /klæn'destən/ *agg* clandestino -a

clang /klæŋ/ *v* [intr] risuonare [di un oggetto metallico]: *The gate clanged shut.* Il cancello si chiuse con un rumore metallico.

clank /klæŋk/ *v* [intr] fare un rumore metallico sordo: *The train clanked along the track.* Il treno sferragliava lungo i binari.

clap /klæp/ *verbo e sostantivo*

• *v* (**clapping**, **clapped**) **1** [intr] applaudire **2 to clap your hands** battere le mani

• *s* **1 to give sb a clap** fare un applauso a qn **2 a clap of thunder** un rombo di tuono

clarification /ˌklærəfɪ'keɪʃən/ *s* chiarimento

clarify /'klærəfaɪ/ *v* [tr] (**-fies**, **-fied**) chiarire

clarinet /ˌklærə'net/ *s* clarinetto

clarity /'klærəti/ *s* chiarezza

clash /klæʃ/ *verbo e sostantivo*

• *v* **1** [intr] (3ª pers sing **clashes**) scontrarsi: *Demonstrators **clashed with** police today.* Oggi i dimostranti si sono scontrati con la polizia. **2** (discutere) **to clash with sb (over sth)** scontrarsi con qn (su qc) **3** (colori) stridere **4** (date, eventi) coincidere: *Unfortunately the concert **clashes with** their party.* Purtroppo il concerto coincide con la loro festa.

• *s* (pl **clashes**) scontro

clasp /klɑːsp/ *sostantivo e verbo*

• *s* (di borsa, portafoglio, diario) fibbia, (di gioiello) fermaglio

• *v* [tr] stringere [con le mani, le braccia]

class /klɑːs/ *sostantivo e verbo*

• *s* (pl **classes**) **1** (di studenti) classe: *What class are you in?* Che classe fai? **2** (insegnamento) lezione: *When's your next class?* Quand'è la tua prossima lezione? | *He was told off for talking **in class**.* È stato ripreso perché parlava durante la lezione. ▶ vedi nota sotto **lezione** **3 the working/middle class** la classe operaia/media **4** (di piante, animali) classe | **to be in a class of your own** essere impareggiabile **5** (stile) classe: *She certainly has class.* Ha sicuramente molta classe.

• *v* [tr] (3ª pers sing **classes**) **to be classed as sth** essere considerato qc

classic /'klæsɪk/ *aggettivo e sostantivo*

• *agg* **1** classico -a **2 a classic case/example** un classico caso/esempio

• *s* classico: *The final between France and Italy was a classic.* La finale tra la Francia e l'Italia è stata un classico.

classical /'klæsɪkəl/ *agg* **1** classico -a **2 classical music** musica classica

classics /'klæsɪks/ *s pl* lettere classiche

classified /'klæsəfaɪd/ *agg* (documento, informazione) riservato -a

ˌclassified 'ad, anche **ˌclassified ad'vertisement** *s* BrE annuncio economico

classify /'klæsəfaɪ/ *v* [tr] (**-fies**, **-fied**) classificare

classmate /'klɑːsmeɪt/ *s* compagno -a (di classe)

classroom /'klɑːs-ruːm/ *s* classe, aula: *to come into the classroom* entrare in classe

classy /'klɑːsi/ *agg* (**-ssier**, **-ssiest**) **a classy player/restaurant** un giocatore/ristorante di classe

clatter /'klætə/ *verbo e sostantivo*

• *v* [intr] produrre un rumore sordo e sgradevole

• *s* rumore sordo: *the clatter of horses' hooves* il battere degli zoccoli dei cavalli

clause /klɔːz/ *s* **1** (in contratto) clausola **2** (in grammatica) proposizione

claustrophobia /ˌklɔːstrə'fəʊbiə/ *s* claustrofobia

claustrophobic /ˌklɔːstrə'fəʊbɪk/ *agg* claustrofobico -a

claw /klɔː/ *sostantivo e verbo*

• *s* **1** (di felini, uccelli rapaci) artiglio **2** (di granchio, aragosta) chela

• *v* [tr/intr] graffiare

clay /kleɪ/ *s* argilla

clean /kliːn/ *aggettivo, verbo e avverbio*

• *agg* **1** (casa, mani, abiti) pulito -a: *A small house is easy to **keep clean**.* Una casa piccola è facile da tenere pulita. **2 clean water/air** acqua/aria pulita **3** (partita, incontro sportivo) corretto -a **4** (barzelletta) pulito -a **5** (foglio di carta) bianco -a **6 to come clean** (informale) vuotare il sacco

• *v* [tr] pulire [stanza, superficie, verdura], lavarsi [denti]: *It's your turn to clean the bathroom.* Tocca a te pulire il bagno.

clean sth out pulire (bene) qc [locale, contenitore] **clean sb out** (informale) (lasciare senza denaro) ripulire qn

clean up mettere in ordine **clean sth up** ripulire qc [da sporco, corruzione] **clean yourself up** darsi una ripulita

• *avv* (informale) completamente: *I clean forgot about it.* Me ne sono completamente dimenticato.

cleaner /'kliːnə/ *s* **1** (persona) uomo/donna delle pulizie **2** (prodotto) detergente **3 the cleaner's** tintoria

cleaning /'kliːnɪŋ/ *s* pulizie | **to do the cleaning** fare le pulizie

cleanliness /'klenlinəs/ *s* (stato, condizione) pulizia

cleanly /'kliːnli/ *avv* nettamente

cleanse /klenz/ *v* [tr] pulire [ferita, pelle, faccia]

cleanser /'klenzə/ *s* (per la pelle) latte detergente

clean-shaven /ˌkliːn 'ʃeɪvən/ *agg* senza barba e baffi

Vuoi imparare i vocaboli per tema? Consulta il dizionario illustrato.

ˈclean-up *s* (di spiaggia) pulizia, (di organizzazione) riordino

clear /klɪə/ *aggettivo, verbo, avverbio e sostantivo*

• *agg* **1** (facile da capire) chiaro -a: *It wasn't clear what he wanted.* Non era chiaro ciò che voleva. | *It's your problem. Do I* ***make*** *myself* ***clear****?* Sono affari tuoi. Sono stato chiaro? **2** (ovvio) chiaro -a: *Maggie* ***made*** *it quite* ***clear*** *that she wasn't interested.* Maggie ha fatto capire piuttosto chiaramente che non era interessata. **3 to be clear about sth** essere sicuro di qc: *I'm not clear about what we're meant to do.* Non sono sicuro di ciò che dovremmo fare. **4** (aria, liquido) limpido -a, (vetro) trasparente **5** (foto) nitido -a, (voce, suono) chiaro -a **6** (tempo, cielo, giornata) limpido -a **7** (senza ostacoli) sgombro -a: *a clear view of the harbour* una buona vista del porto

• *v* **1** (togliere) **to clear sth from/off sth** *I had to go out and* ***clear*** *the snow* ***from*** *the path.* Sono dovuto uscire per sgombrare il sentiero dalla neve. **2** sgombrare: *Police have now cleared the area.* Ora la polizia ha fatto sgombrare la zona. | *I* ***cleared*** *a space* ***on*** *my desk.* Ho fatto spazio sulla mia scrivania. **3** [tr] discolpare: *He was* ***cleared of*** *murder.* È stato discolpato dall'accusa di omicidio. **4 to clear sth with sb** ricevere l'approvazione di qn per qc

clear sth away eliminare qc [disordine]

clear off (informale) togliersi dai piedi: *Clear off!* Togliti dai piedi!

clear sth out mettere in ordine qc [armadio, stanza]

clear up 1 mettere a posto **2** (tempo) schiarirsi **3** (malattia) passare: *The spots clear up by themselves.* I foruncoli passano da soli. **clear sth up 1** mettere a posto qc [disordine] **2** chiarire qc [malinteso]

• *avv* **1 clear of sth** fuori da qc: *We'll soon be clear of the town.* Presto saremo fuori dalla città. **2 to steer clear of sb** stare alla larga da qn

• *s* **to be in the clear** essere fuori pericolo

clearance /ˈklɪərəns/ *s* autorizzazione | **clearance sale** liquidazione

ˌclear-ˈcut *agg* (caso, problema) ben definito -a, (differenza) netto -a

clearing /ˈklɪərɪŋ/ *s* radura

clearly /ˈklɪəli/ *avv* **1** (senza dubbio) chiaramente, ovviamente: *He was clearly lying.* Stava chiaramente mentendo. | *Clearly, this is a serious situation.* Ovviamente questa è una situazione grave. **2** chiaramente: *I saw him quite clearly.* L'ho visto piuttosto chiaramente. | *Please speak slowly and clearly.* Per favore parla lentamente e in modo chiaro.

clef /klef/ *s* chiave [musicale]

clench /klentʃ/ *v* [tr] (3ª pers sing **clenches**) **to clench your fist/your teeth** stringere i pugni/denti

clergy /ˈklɜːdʒi/ *s pl* **the clergy** il clero

clergyman /ˈklɜːdʒimən/ *s* (pl **-men**) ecclesiastico

clerical /ˈklerɪkəl/ *agg* **1 clerical work** un lavoro da impiegato **2** ecclesiastico -a

clerk /klɑːk, AmE klɜːrk/ *s* **1** impiegato -a **2** (anche **desk clerk**) AmE receptionist

▶ In inglese britannico si usa **receptionist**.

clever /ˈklevə/ *agg* **1** bravo -a: *She's much cleverer than her sister.* È molto più brava di sua sorella. | *It was* ***clever of*** *you to notice.* Sei stato bravo ad accorgertene. **2** (persona) bravo -a: *She's* ***clever at*** *getting people to do what she wants.* È brava a convincere la gente a fare ciò che vuole lei. **3** (ingegnoso) geniale: *What a clever idea!* Che idea geniale!

cleverly /ˈklevəli/ *avv* abilmente

cleverness /ˈklevənəs/ *s* **1** intelligenza **2** abilità **3** (di idea) genialità

cliché /ˈkliːʃeɪ, AmE kliːˈʃeɪ/ *s* cliché

click /klɪk/ *verbo e sostantivo*

• *v* **1** [intr] (macchina fotografica) scattare, (tacchi) fare uno schiocco, [tr] far scattare [penna, serratura] | **to click open/shut** aprirsi/chiudersi con uno scatto | **to click your fingers/tongue** far schioccare le dita/la lingua **2** cliccare [con il mouse] **3 it clicked** (informale) è scattato qualcosa: *I couldn't remember where I'd met her, then it suddenly clicked.* Non riuscivo a ricordare dove l'avevo conosciuta, poi improvvisamente è scattato qualcosa. **4** [intr] (informale) (andare d'accordo) trovarsi

• *s* (di porta, macchina fotografica) scatto, (di tacchi) schiocco, (di dita, lingua) schiocco

client /ˈklaɪənt/ *s* cliente

clientele /ˌkliːənˈtel/ *s* clientela

cliff /klɪf/ *s* scogliera

climate /ˈklaɪmət/ *s* **1** clima: *a hot/cold/mild climate* un clima caldo/freddo/mite **2 economic/political climate** clima economico/politico

climatic /klaɪˈmætɪk/ *agg* climatico -a

climax /ˈklaɪmæks/ *s* (pl **-xes**) culmine: *the climax of her career* il culmine della sua carriera

climb /klaɪm/ *verbo e sostantivo*

• *v* **1** [tr] (anche **climb up**) (andare su) salire su per: *The truck* ***climbed*** *slowly* ***up*** *the hill.* Il camion è salito lentamente su per la collina. **2** [intr/tr] arrampicarsi su: *He had climbed a tree and couldn't get down.* Si era arrampicato su un albero e non riusciva a scendere. | *She had to* ***climb out of*** *the window.* Ha dovuto arrampicarsi per uscire dalla finestra. | *We* ***climbed over*** *the* *gate.* Abbiamo scavalcato il cancello. **3** (alpinismo) [intr] arrampicare, [tr] scalare [montagna] | **to go climbing** fare alpinismo **4** [intr] (aereo, sole, strada) salire **5** [intr] (temperatura, prezzi) salire

climb down **1** (da albero, muro, montagna) scendere **2** (ricredersi) fare marcia indietro

• *s* **1** (azione) salita **2** (alpinismo) salita, ascensione

climber /'klaɪmə/ *s* alpinista

climbing /'klaɪmɪŋ/ *s* alpinismo

clinch /klɪntʃ/ *v* [tr] (3ª pers sing **clinches**) **1** conquistare [campionato, vittoria] **2** concludere [accordo, contratto]

cling /klɪŋ/ *v* [intr] (passato e participio **clung**) **to cling to sth/sb** aggrapparsi a qc/qn

clingfilm /'klɪŋfɪlm/ *s* BrE pellicola (trasparente)

clinic /'klɪnɪk/ *s* clinica

clinical /'klɪnɪkəl/ *agg* **1** clinico -a **2** distaccato -a

clink /klɪŋk/ *verbo* e *sostantivo*

• *v* [intr] tintinnare, [tr] far tintinnare

• *s* tintinnio

clip /klɪp/ *sostantivo* e *verbo*

• *s* **1** (di microfono, penna) clip, (per la carta) graffetta **2** (per capelli) molletta **3** (filmato) videoclip, clip

• *v* (**clipped**, **clipping**) **1** [tr] unire [con una graffetta/clip]: ***Clip** the papers **together***. Unisci le carte con una graffetta. | **to clip sth to/onto sth** attaccare qc a/su qc [con una graffetta/clip] **2** [tr] potare [piante] | **to clip your nails** tagliarsi le unghie

clipboard /'klɪpbɔːd/ *s* **1** cartellina con una pinza per trattenere i fogli **2** (di software) appunti: *The text is placed onto your clipboard.* Il testo viene copiato negli appunti.

clipboard

clippers /'klɪpəz/ *s pl* (per capelli) macchinetta (per tagliare i capelli), (per le unghie) tronchesina

clipping /'klɪpɪŋ/ *s* ritaglio [di giornale, rivista]

clique /kliːk/ *s* gruppo, cricca

cloak /kləʊk/ *s* mantello

cloakroom /'kləʊkruːm/ *s* **1** guardaroba **2** BrE toilette **3** spogliatoio

clock /klɒk/ *s* **1** orologio: *The clock struck one.* L'orologio ha battuto l'una. | **the kitchen/church clock** l'orologio della cucina/chiesa **2** **around the clock** 24 ore su 24

clock in/on (arrivando al lavoro) timbrare (il cartellino)

clock off/out (andandosene dal lavoro) timbrare (il cartellino)

clockwise /'klɒk-waɪz/ *avverbio* e *aggettivo*

• *avv* in senso orario

• *agg* **in a clockwise direction** in senso orario

clockwork /'klɒk-wɜːk/ *s* **1** (meccanismo) molla **2** **to go like clockwork** funzionare come un orologio

clog /klɒg/ *v* [tr] (**clogged**, **clogging**) (anche **clog up**) intasare [strada, scarico], ostruire [pori] | **to be clogged with traffic** essere intasato dal traffico

clone /kləʊn/ *sostantivo* e *verbo*

• *s* clone

• *v* [tr] clonare

close¹ /kləʊz/ *v* **1** [tr] chiudere [porta, finestra, libro, occhi], [intr] chiudersi: *Do you mind if I close the window?* Ti dispiace se chiudo la finestra? | *The door closed behind her.* La porta si è chiusa dietro di lei. **2** [tr/intr] (temporaneamente) chiudere: *Some shops close later on Thursdays.* Alcuni negozi chiudono più tardi il giovedì. | *They've closed the road for repairs.* Hanno chiuso la strada per lavori. **3** [intr/tr] (cessare l'attività) chiudere: *When did the factory close?* Quando ha chiuso la fabbrica?

close down (cessare l'attività) chiudere

close sth down chiudere qc [fabbrica, scuola, libreria]

close in **1** avvicinarsi [per attaccare] | **to close in on sth/sb** accerchiare qc/qn [persona], circondare qc/qn [edificio] **2** **the days are closing in** le giornate si stanno accorciando

close² /kləʊs/ *aggettivo* e *avverbio*

• *agg* **1** (nello spazio) vicino -a | **to be close** essere vicino: *The shops are quite close.* I negozi sono piuttosto vicini. | *Their house is **close to** the beach.* La loro casa è vicina alla spiaggia. | **to be close to tears** avere le lacrime agli occhi **2** unito -a: *We were very close as children.* Da bambini eravamo molto uniti. | *close friends* amici intimi | *Are you **close to** your sister?* Sei legato a tua sorella? **3** **a close relative** un parente stretto **4** (legame, contatto, collaborazione) stretto -a **5** (esame, sguardo) attento -a: *Upon close examination, the notes turned out to be false.* Ad un esame più attento, le banconote sone risultate false. | *I want you to **pay close attention**.* Voglio che tu faccia molta attenzione. | **to keep a close eye on sth/sb** tenere d'occhio qc/qn **6** **a close race/contest/match** una corsa/gara/partita vinta per poco **7** (tempo, giornata) soffocante

• *avv* **1** **close by** vicino **2** **close together** uno vicino all'altro: *They sat close together on the sofa.* Erano seduti sul divano uno vicino all'altro. **3** **to get closer** avvicinarsi **4** **to come close to**

Sai come funzionano i *phrasal verbs*? Vedi le spiegazioni nella guida grammaticale.

doing sth stare quasi per fare qc: *I came close to hitting him.* Stavo quasi per colpirlo. **5 close up/up close** da vicino: *Look at the photo close up.* Guarda la foto da vicino.

C

close[3] /kləʊz/ *s* (formale) **1 at the close of** alla fine di **2 to draw to a close** stare per finire

close[4] /kləʊs/ *s* via residenziale a fondo chiuso

closed /kləʊzd/ *agg* chiuso -a

ˌclose-ˈknit *agg* (famiglia, comunità) affiatato -a

closely /ˈkləʊsli/ *avv* **1** (osservare) attentamente **2** (collaborare, essere collegato) strettamente **3 a closely fought contest/match etc** una gara/partita ecc. vinta di stretta misura

closet /ˈklɒzət/ *s* AmE armadio ► In inglese britannico si usa **wardrobe** o **cupboard**.

close-up /ˈkləʊs ʌp/ *s* (foto) primo piano

closing /ˈkləʊzɪŋ/ *agg* **1** conclusivo -a | **closing stages** fasi conclusive **2 closing date** termine ultimo **3 closing time** ora di chiusura [di negozio, ufficio]

closure /ˈkləʊʒə/ *s* (di attività commerciale) chiusura

clot /klɒt/ *s* (di sangue) grumo

cloth /klɒθ/ *s* **1** (tessuto) stoffa **2** (per pulire) straccio **3** (anche **tablecloth**) tovaglia

clothe /kləʊð/ *v* [tr] vestire | **fully clothed** completamente vestito

clothes /kləʊðz/ *s pl* **1** vestiti: *I need some new clothes.* Ho bisogno di vestiti nuovi. | *His clothes were dirty.* Aveva i vestiti sporchi. **2 clothes peg** BrE, **clothes pin** AmE molletta da bucato

clothesline /ˈkləʊðzlaɪn/ *s* corda del bucato

clothing /ˈkləʊðɪŋ/ *s* (formale) abbigliamento | **an item/article of clothing** un capo di vestiario

cloud /klaʊd/ *sostantivo* e *verbo*
- *s* nuvola
- *v* **1** (anche **cloud up**) [intr] (cielo) rannuvolarsi, (vetro) appannarsi, [tr] offuscare [vista], appannare [specchio] **2** [intr] (anche **cloud over**) (viso, espressione) rannuvolarsi

cloudy /ˈklaʊdi/ *agg* (**-dier**, **-diest**) nuvoloso -a

clout /klaʊt/ (informale) *sostantivo* e *verbo*
- *s* **1** (peso, valore) influenza **2** BrE (colpo) sberla
- *v* [tr] dare una sberla a

clove /kləʊv/ *s* **1** chiodo di garofano **2 a clove of garlic** uno spicchio d'aglio

clover /ˈkləʊvə/ *s* trifoglio

clown /klaʊn/ *s* pagliaccio

club /klʌb/ *sostantivo, sostantivo plurale* e *verbo*
- *s* **1** (associazione, edificio) club | **a film club** un cineclub ► vedi anche **sports** **2** discoteca **3** (da golf) mazza
- **clubs** *s pl* (nel gioco delle carte) fiori
- *v* [tr] (**clubbed**, **clubbing**) **1** prendere a bastonate **2 to go clubbing** BrE andare a ballare

club together mettersi insieme: ***They clubbed together** to buy her flowers.* Si sono messi insieme per comprarle dei fiori.

clue /kluː/ *s* **1** (traccia, segno) indizio: *There are no **clues to** the killer's identity.* Non ci sono indizi sull'identità dell'assassino. **2** (in parole crociate) definizione **3 not to have a clue** (informale) non avere la minima idea

clump /klʌmp/ *s* (di alberi, piante) gruppo, (di cespugli) macchia, (di erba) ciuffo

clumsy /ˈklʌmzi/ *agg* (**-sier**, **-siest**) **1** (tentativo, persona, movimento) maldestro -a **2** (informe) tozzo -a

clung /klʌŋ/ passato di **cling**

cluster /ˈklʌstə/ *sostantivo* e *verbo*
- *s* (insieme) gruppo, (di frutta) grappolo, (di stelle) ammasso
- *v* [intr] **to cluster around sth/sb** stringersi intorno a qc/qn | **to cluster together** formare dei capannelli

clutch /klʌtʃ/ *verbo, sostantivo* e *sostantivo plurale*
- *v* **1** [tr] tener stretto [borsetta, fucile] **2** [tr] (prendere con forza) afferrare **3 to clutch at sth/sb** aggrapparsi a qc/qn
- *s* (di veicolo) frizione
- **clutches** *s pl* **in sb's clutches** nelle grinfie di qn

clutter /ˈklʌtə/ *verbo* e *sostantivo*
- *v* [tr] (anche **clutter up**) ingombrare
- *s* disordine

cm (= **centimetre**) cm

Co. /kəʊ/ (= **Company**) C., Co.

coach /kəʊtʃ/ *sostantivo* e *verbo*
- *s* (pl **coaches**) **1** allenatore -trice **2** BrE (veicolo) pullman ► In inglese americano si usa **bus**. **3** BrE carrozza (ferroviaria)
- *v* [tr/intr] (3ª pers sing **coaches**) **1** (nello sport) allenare **2 to coach sb for exams** preparare qn agli esami

coaching /ˈkəʊtʃɪŋ/ *s* **1** (nello sport) allenamento [con istruttore] **2** (per la scuola) ripetizioni

coal /kəʊl/ *s* carbone

coalition /ˌkəʊəˈlɪʃən/ *s* coalizione

ˈcoal mine *s* miniera di carbone

coarse /kɔːs/ *agg* **1** (sale) grosso -a **2** (pelle, stoffa) ruvido -a **3** volgare

coast /kəʊst/ *sostantivo* e *verbo*
- *s* costa
- *v* [intr] andare in folle [in auto], andare a ruota libera [in bici]

coastal /'kəʊstl/ *agg* costiero -a
coastguard /'kəʊstgɑːd/ *s* guardia costiera
coastline /'kəʊstlaɪn/ *s* costa
coat /kəʊt/ *sostantivo* e *verbo*
• *s* **1** (corto) giacca, (soprabito) cappotto **2** (di medico, tecnico) camice **3** (di vernice) mano (di smalto) strato **4** (di animale) pelo **5 coat hanger** gruccia [appendiabiti]
• *v* [tr] ricoprire | **coated in dust/chocolate** ricoperto di polvere/cioccolato
coating /'kəʊtɪŋ/ *s* (di neve, polvere, cioccolato) strato
coax /kəʊks/ *v* [tr] (3ª pers sing **coaxes**) convincere (con le buone): *Try to* ***coax*** *him* ***into*** *eating something.* Cerca di convincerlo a mangiare qualcosa.
cobble /'kɒbəl/ *sostantivo* e *verbo*
• *s* ciottolo
• *v* **cobble sth together** (informale) improvvisare
cobblestone /'kɒbəlstəʊn/ *s* ciottolo
cobweb /'kɒbweb/ *s* ragnatela
cocaine /kəʊ'keɪn/ *s* cocaina
cock /kɒk/ *sostantivo* e *verbo*
• *s* BrE **1** gallo **2** uccello maschio
• *v* [tr] **1 to cock your head to one side** inclinare la testa da un lato **2** armare [pistola]
cockney /'kɒkni/ *s* **1** abitante dei quartieri popolari all'est di Londra **2** parlata londinese
cockpit /'kɒkˌpɪt/ *s* (di aereo) cabina di pilotaggio
cockroach /'kɒk-rəʊtʃ/ *s* (pl **-ches**) scarafaggio
cocktail /'kɒkteɪl/ *s* cocktail
cocky /'kɒki/ *agg* (**-kier**, **-kiest**) (informale) sbruffone -a
cocoa /'kəʊkəʊ/ *s* **1** (polvere) cacao **2** (bevanda) cioccolata
coconut /'kəʊkənʌt/ *s* noce di cocco
cocoon /kə'kuːn/ *s* bozzolo
cod /kɒd/ *s* merluzzo
code /kəʊd/ *s* **1** (anche **dialling code** BrE) prefisso (telefonico): *What's the* ***code*** *for Italy?* Qual è prefisso dell'Italia? **2** (linguaggio segreto) codice: *a message* ***in code*** un messaggio in codice
coercion /kəʊ'ɜːʃən/ *s* forza
coffee /'kɒfi/ *sostantivo aggettivo*
• *s* caffè: *a black coffee* un caffè nero | *a white coffee* un caffelatte | *Three coffees, please.* Tre caffè, per favore.
• *agg* color caffè
'coffee bar, anche **coffee shop** *s* caffè [locale]
'coffee ˌtable *s* tavolino (da caffè)
coffin /'kɒfɪn/ *s* bara
cog /kɒg/ *s* ruota dentata
coherent /kəʊ'hɪərənt/ *agg* coerente
coil /kɔɪl/ *verbo* e *sostantivo*
• *v* [tr] avvolgere [nastro], attorcigliare [filo, corda]: *The snake was* ***coiled around*** *a branch.* Il serpente era attorcigliato attorno a un ramo.
• *s* (di corda, filo) anello, (di serpente) spira
coin /kɔɪn/ *sostantivo* e *verbo*
• *s* moneta: *a 50 pence coin* una moneta da 50 pence
• *v* coniare [parola]
coincide /ˌkəʊɪn'saɪd/ *v* [intr] (avvenimenti, opinioni) coincidere
coincidence /kəʊ'ɪnsɪdəns/ *s* coincidenza: *What a coincidence!* Che coincidenza!
coke /kəʊk/ *s* **1** (carbone) coke **2** (informale) (droga) cocaina
Coke® /kəʊk/ *s* (bibita) coca
cold /kəʊld/ *aggettivo* e *sostantivo*
• *agg* **1** freddo -a | **a cold buffet/meal** un buffet/pasto freddo | **a cold drink** una bibita fredda: *It's very cold in here.* Fa molto freddo qui dentro. | *The weather* ***turned cold.*** Si è fatto freddo. | **to be/feel cold** avere freddo: *Are you cold?* Hai freddo? | *Take a jacket in case you* ***get cold.*** Portati una giacca nel caso ti venga freddo. | *The food* ***went cold.*** Si è raffreddato il mangiare. **2** (accoglienza, sguardo) freddo -a ► vedi anche **blood**, **foot**
• *s* **1** raffreddore | **to have a cold** avere il raffreddore | **to catch a cold** prendersi un raffreddore **2** (temperatura bassa) freddo
ˌcold-'blooded *agg* (persona) senza cuore | **cold-blooded murder** assassinio a sangue freddo
coleslaw /'kəʊlslɔː/ *s* insalata di cavolo crudo, carota e maionese
collaborate /kə'læbəreɪt/ *v* [intr] collaborare | **to collaborate on sth** collaborare a qc
collaboration /kəˌlæbə'reɪʃən/ *s* collaborazione | **in collaboration with** in collaborazione con
collapse /kə'læps/ *verbo* e *sostantivo*
• *v* [intr] **1** (edificio) crollare **2** (economia, sistema) crollare, (negoziati) fallire **3** (persona) accasciarsi
• *s* **1** (di sistema) crollo **2** (di edificio) crollo
collar /'kɒlə/ *s* **1** (di camicia, giacca) colletto **2** (per cani) collare
collarbone /'kɒləbəʊn/ *s* clavicola
colleague /'kɒliːg/ *s* collega
collect /kə'lekt/ *verbo* e *avverbio*
• *v* [tr] **1** raccogliere: *I'll* ***collect up*** *the dirty glasses.* Raccoglierò i bicchieri sporchi. **2** collezionare [francobolli] **3 to collect money for sth** raccogliere fondi a favore di qc **4** andare/venire a prendere [persona], ritirare [abito in tintoria, rifiuti]: *I'll*

Vuoi una lista di frasi utili per parlare di te stesso? Consulta la **guida alla comunicazione** in fondo al libro.

go and collect her at the station. Andrò a prenderla alla stazione.
- avv **to call collect** AmE telefonare a carico del destinatario ▶ In inglese britannico si usa **to reverse the charges**.

C

collection /kəˈlekʃən/ s **1** (di francobolli, monete) collezione: *He's got a great **collection** of CDs.* Ha un'incredibile raccolta di CD. **2** (di poesie) raccolta **3** (di posta, rifiuti) ritiro, (di dati) raccolta **4** (di denaro) colletta

collective /kəˈlektɪv/ *aggettivo* e *sostantivo*
- *agg* collettivo -a
- *s* cooperativa

collector /kəˈlektə/ *s* collezionista

college /ˈkɒlɪdʒ/ *s*

> Nome dato a diversi tipi di istituzioni scolastiche. In Gran Bretagna si tratta di solito di un istituto di studi superiori in una particolare disciplina come ad esempio il **Royal College of Music** (il conservatorio di Londra). Un **college** può anche essere una sezione di un'università che offre corsi di studi di vario genere. Infine, ci sono **colleges** dove si possono studiare discipline a un livello pari agli ultimi anni delle scuole superiori. Negli Stati Uniti un **college** corrisponde a una facoltà all'interno di una università ed è usato anche come sinonimo di università, ad es: **She wants to go to college.** (Vuole andare all'università.)

collide /kəˈlaɪd/ *v* [intr] scontrarsi

collision /kəˈlɪʒən/ *s* scontro: *a head-on collision* uno scontro frontale

Colombia /kəˈlʌmbiə/ *s* Colombia

Colombian /kəˈlʌmbiən/ *agg* e *s* colombiano -a

colon /ˈkəʊlən/ *s* **1** (segno di interpunzione) due punti **2** (parte del corpo) colon

colonel /ˈkɜːnl/ *s* colonnello

colonial /kəˈləʊniəl/ *agg* coloniale

colony /ˈkɒləni/ *s* (pl **-nies**) colonia

colossal /kəˈlɒsəl/ *agg* colossale

colour BrE, **color** AmE /ˈkʌlə/ *sostantivo* e *verbo*
- *s* **1** colore: *What colour is your car?* Di che colore è la tua macchina? **2 colour television** televisione a colori
- *v* [tr] **1** tingere **2** (anche **colour in**) colorare [un album, disegno] **3 to colour sb's attitude** influenzare l'atteggiamento di qn ▶ vedi Active Box **colours**

colouring

Active Box: colours

Gli esempi di questa **Active Box** sono una guida per aiutarti a formare frasi che parlano dei colori:

She was wearing red trousers.	Indossava pantaloni rossi.
It is black.	È nero.
Green is my favourite colour.	Il verde è il mio colore preferito.
I like yellow.	Mi piace il giallo.
They painted the living room white.	Hanno tinteggiato il soggiorno di bianco.
*She was dressed **in blue**.*	Era vestita di blu.
*The man **in** the **brown** suit.*	L'uomo con l'abito marrone.

ˈcolour-blind BrE, **color-blind** AmE *agg* daltonico -a

coloured BrE, **colored** AmE /ˈkʌləd/ *agg* **1** colorato -a: *coloured glass* vetro colorato | *a brightly coloured shirt* una camicia dai colori sgargianti **2** (gente) di colore ▶ Molte persone ritengono che questo uso sia offensivo e preferiscono usare **black** o **Asian**.

colourful BrE, **colorful** AmE /ˈkʌləfəl/ *agg* **1** (fiori) colorito -a, (abiti, ambiente) variopinto -a **2** (vita) pittoresco -a

colouring BrE, **coloring** AmE /ˈkʌlərɪŋ/ *s* **1** (di pelle, capelli) colorazione **2** (sostanza) colorante **3** (di animali) colorazione

colourless BrE, **colorless** AmE /ˈkʌlələs/ *agg* incolore

colt /kəʊlt/ *s* puledro

column /ˈkɒləm/ *s* colonna

coma /ˈkəʊmə/ *s* coma | **to fall into a coma** entrare in coma

comb /kəʊm/ *sostantivo* e *verbo*
- *s* pettine
- *v* [tr] **to comb your hair** pettinarsi i capelli | **to comb sb's hair** pettinare i capelli a qn

combat /ˈkɒmbæt/ *verbo* e *sostantivo*
- *v* [tr] (**-tted**, **-tting** BrE, **-ted**, **-ting** AmE) combattere
- *s* combattimento

combination /ˌkɒmbəˈneɪʃən/ *s* combinazione

combine /kəmˈbaɪn/ *v* **1** [tr] conciliare: *It's hard to **combine** family life **with** a career.* È difficile conciliare la famiglia con il lavoro. **2** [tr] unire [ingredienti], [intr] (elementi chimici) combinarsi

come /kʌm/ *v* [intr] (passato **came**, participio **come**) ▶ **Come** si può combinare con molti sostantivi e aggettivi dando luogo ad espressioni diverse come **to come to an agreement**, **to come true**, ecc. Queste espressioni vengono trattate sotto il sostantivo o l'aggettivo corrispondente. **1** (muoversi verso la persona che parla) venire: *Come with me.* Vieni con me. | *Is Susan coming to the party?* Viene Susan alla festa? | *Did you* ***come from*** *London for the wedding?* Sei venuto da Londra per il matrimonio? | *Here comes Karen now.* Ecco che arriva Karen. | *I'm coming.* Arrivo. **2** (giungere, stare per accadere) arrivare: *What time does Dan* ***come home****?* A che ora arriva a casa Dan? | *The letter came this morning.* La lettera è arrivata questa mattina. | *The time has come to make some changes.* È arrivato il momento di fare dei cambiamenti. **3** (in una serie, successione) venire: *My birthday comes before hers.* Il mio compleanno viene prima del suo. | **to come second/last etc** (in una gara) arrivare secondo/ultimo ecc. **4 to come up/down to** arrivare (fino) a: *The water came up to his knees.* L'acqua gli arrivava fino alle ginocchia. **5** (merce) essere fornito -a: *The computer* ***comes with*** *a DVD player.* Il computer è fornito con lettore di DVD. | *It doesn't come in my size.* Non c'è nella mia misura. **6 to come undone** disfarsi | **to come loose a)** (bottone, cinghia) allentarsi **b)** (porta, ruota) staccarsi **7 to come as a shock/surprise etc** essere un colpo/una sorpresa ecc.: *It came* ***as no surprise*** *when they split up.* Non è stata una sorpresa quando si sono divisi. **8 to come easily to sb** riuscire facile a qn **9 how come?** (informale) come mai? **10 come to think of it** (informale) pensarci bene

come about verificarsi: *How did this situation come about?* Come si è verificata questa situazione?

come across *The message didn't come across clearly.* Il messaggio non è stato compreso chiaramente. | *He* ***comes across*** *as a very nice guy.* Dà l'impressione di essere un bravo ragazzo. **come across sth** trovare (per caso) qc **come across sb** incontrare qn

come along 1 (persona, occasione) capitare, arrivare **2** venire: *Would you like to come along?* Vuoi venire con noi? **3** (riuscire) andare: *How's your French coming along?* Come va il tuo francese? **4** ▶ vedi **come on1**

come apart disfarsi

come around AmE ▶ vedi **come round**

come away (persona) venir via: ***Come away*** *from there!* Vieni via di lì!

come back tornare

come by passare [da una persona] **come by sth** procurarsi qc: *How on earth did you come by those tickets?* Come diavolo hai fatto a procurarti quei biglietti?

come down 1 (prezzo, livello) scendere **2** (muro, albero) cadere **come down to sth that's what it comes down to** è questo che conta **come down with sth** prendersi qc [una malattia]

come forward farsi avanti

come from 1 (persona) essere originario di: *Where do you come from?* Di dove sei? **2** (lingua, fatto) derivare da

come in 1 entrare | **come in!** Avanti! **2** (messaggio, informazione) pervenire **3 to have no money coming in** non avere introiti

come in for sth ricevere qc [critiche, lodi]

come into sth 1 ereditare qc **2** entrarci in qc: *Where do I come into this?* In questo io che c'entro?

come off 1 saltar via **2** (macchie) venir via **3** (progetto, affare) riuscire **4 come off it!** (informale) Piantala!

come on 1 come on! dai!: *Come on, we're going to be late!* Dai che faremo tardi! **2** (luci, apparecchi elettrici) accendersi **3 to come on well/nicely** *The new parliament building is coming on very well.* Il nuovo palazzo del parlamento sta venendo proprio bene.

come out 1 (verità) venir fuori **2** (nuovi prodotti) uscire **3 to come out in support of sth** schierarsi in favore di qc **4** (macchie) venir via **5** (foto) riuscire **6** (sole, luna, astri) spuntare **7 I came out in spots** mi sono venute delle pustole. **8 to come out with sth** venir fuori con qc [espressione, battuta] **9** rivelare di essere omosessuale

come over 1 venire: *They came over last night.* Sono venuti da noi ieri sera. **2** passare: *Louisa came over to say hello.* Louisa è passata a salutare. **come over sb** (sentimento, sensazione) assalire qn: *A feeling of despair come over her.* Fu assalita da un senso di disperazione. | *I don't know what came over him.* Non so cosa gli sia preso.

come round BrE **1** (visitare) venire **2** (riprendere conoscenza) riaversi **3** convertirsi [a un'idea, opinione]

come through sth superare qc [difficoltà]

come to (da svenimento) riprendersi

come to sth 1 (importo) ammontare a qc: *How much does it come to?* Quanto fa? **2** arrivare a qc: *The project never came to anything.* Il progetto non è mai arrivato a niente. | ***When it comes to food,*** *I'm very fussy.* Quando si tratta di mangiare sono molto difficile.

come up 1 (argomento, questione) essere sollevato **2** (imprevisto) capitare, (problema) porsi: *Something's come up; I won't be able to go.* È capitato un imprevisto; non

ci potrò andare. **3** (sole, luna) sorgere
come up against sth affrontare qc
come up to sb avvicinarsi a qn
come up with sth tirar fuori qc [idea, risposta, soldi]

C

comeback /ˈkʌmbæk/ *s* **to make a comeback** fare ritorno sulla scena

comedian /kəˈmiːdiən/ *s* (attore) comico, attrice comica

comedy /ˈkɒmədi/ *s* (pl **-dies**) commedia

comet /ˈkɒmɪt/ *s* cometa

comfort /ˈkʌmfət/ *sostantivo* e *verbo*
• *s* **1** comfort | **in comfort** comodamente **2** (consolazione) conforto
• *v* [tr] consolare

comfortable /ˈkʌmftəbəl/ *agg* **1** comodo -a: *Are you comfortable?* Stai comodo? | **a comfortable sofa/bed** un divano/un letto comodo | **to make yourself comfortable** mettersi comodo **2 to feel comfortable** sentirsi a proprio agio **3** (persona, vita) agiato -a

comfortably /ˈkʌmftəbli/ *avv* comodamente

comforting /ˈkʌmfətɪŋ/ *agg* confortante

comic /ˈkɒmɪk/ *aggettivo* e *sostantivo*
• *agg* comico -a
• *s* BrE **1** (anche **comic book** AmE) fumetto **2 comic strip** striscia

comical /ˈkɒmɪkəl/ *agg* buffo -a

coming /ˈkʌmɪŋ/ *sostantivo* e *aggettivo*
• *s* **the coming of spring** l'arrivo della primavera
• *agg* (futuro) prossimo -a, (che sta per accadere) imminente

comma /ˈkɒmə/ *s* virgola

command /kəˈmɑːnd/ *sostantivo* e *verbo*
• *s* **1** ordine **2** (di situazione) controllo: *She **had** complete **command of** the situation.* Aveva la situazione perfettamente sotto controllo. | **to be in command** comandare **3** (di computer) comando **4** padronanza: *a good **command of** English* una buona padronanza dell'inglese
• *v* **1** [tr] ordinare: *He **commanded** them **to** surrender.* Ordinò loro di arrendersi. **2** [tr] comandare [esercito, nave], dominare [territorio] **3** ottenere [rispetto, attenzione]

commander /kəˈmɑːndə/ *s* comandante

commemorate /kəˈmeməreɪt/ *v* [tr] commemorare

commence /kəˈmens/ *v* [intr/tr] (formale) iniziare

commend /kəˈmend/ *v* [tr] (formale) encomiare

commendable /kəˈmendəbəl/ *agg* (formale) **1** (sforzo, azione) encomiabile **2** (comportamento, pazienza) lodevole

comment /ˈkɒment/ *sostantivo* e *verbo*
• *s* commento: *He made no comment about it.* Non ha fatto commenti in proposito.
• *v* [intr] far commenti, [tr] osservare: *Everyone **commented on** his car.* Tutti hanno fatto commenti sulla sua macchina.

commentary /ˈkɒməntəri/ *s* (pl **-ries**) telecronaca, radiocronaca

commentator /ˈkɒmənteɪtə/ *s* **1** (giornalista) radiocronista/telecronista **2** (esperto) commentatore

commerce /ˈkɒmɜːs/ *s* commercio ▶ Si usa di più la parola **trade** al posto di **commerce**.

commercial /kəˈmɜːʃəl/ *aggettivo* e *sostantivo*
• *agg* **1** commerciale **2 commercial television/radio** televisione/radio privata
• *s* pubblicità

commission /kəˈmɪʃən/ *sostantivo* e *verbo*
• *s* **1** (premio) commissione **2** (percentuale) provvigione **3** (in banca) commissioni **4** (ordine) incarico
• *v* [tr] | **to commission sb to do sth** affidare a qn l'incarico di fare qc

commissioner /kəˈmɪʃənə/ *s* commissario -a

commit /kəˈmɪt/ *v* [tr] (**-tted**, **-tting**) **1** commettere [crimine] ▶ vedi anche **suicide** **2** impegnare: *He's **committed to** playing for them for 3 years.* Si è impegnato a giocare per loro per 3 anni.

commitment /kəˈmɪtmənt/ *s* **1** impegno: *The team showed enormous commitment.* La squadra ha dimostrato un enorme impegno. **2** impegno: *I have a lot of commitments.* Ho un sacco di impegni.

committed /kəˈmɪtɪd/ *agg* impegnato -a

committee /kəˈmɪti/ *s* comitato

commodity /kəˈmɒdəti/ *s* (pl **-ties**) prodotto

common /ˈkɒmən/ *aggettivo* e *sostantivo*
• *agg* **1** (diffuso) comune, (che accade spesso) frequente | **a common practice** una pratica comune: *It's a common mistake.* È un errore frequente. **2** (condiviso) comune: *a problem **common to** all big cities* un problema comune a tutte le grandi città | *It's **common knowledge** that they've split up.* È risaputo che si sono lasciati. **3** (persona) volgare
• *s* **in common** in comune: *I've got nothing **in common with** him.* Non ho niente in comune con lui.

commonly /ˈkɒmənli/ *avv* comunemente

commonplace /ˈkɒmənpleɪs/ *agg* comune

ˌcommon ˈsense *s* buon senso

commotion /kəˈməʊʃən/ *s* confusione ▶ FALSE FRIEND Non confondere **"commotion"** con **commozione** che si traduce **emotion**.

communal /'kɒmjʊnəl/ *agg* **1** (cucina, bagno) in comune **2** (proprietà) comune

commune /'kɒmjuːn/ *s* (gruppo, comunità) comune

communicate /kə'mjuːnəkeɪt/ *v* [tr/intr] comunicare

communication /kəˌmjuːnə'keɪʃən/ *sostantivo* e *sostantivo plurale*

- *s* comunicazione: ***Communication between*** *teachers and students should improve.* La comunicazione tra insegnanti e studenti deve migliorare.
- **communications** *s pl* comunicazioni

communion /kə'mjuːnjən/ *s* (anche **Holy Communion**) comunione

Communism /'kɒmjənɪzəm/ *s* comunismo

Communist /'kɒmjənɪst/ *agg* e *s* comunista

community /kə'mjuːnəti/ *s* (pl **-ties**) comunità

commute /kə'mjuːt/ *v* **1** [intr] fare il pendolare **2** [tr] commutare [pena]

commuter /kə'mjuːtə/ *s* pendolare

compact /kəm'pækt/ *agg* compatto -a

ˌcompact 'disc *s* compact disc, CD

companion /kəm'pænjən/ *s* compagno -a

companionship /kəm'pænjənʃɪp/ *s* compagnia

company /'kʌmpəni/ *s* (pl **-nies**) **1** società [commerciale] **2** compagnia: *Stay and* ***keep me company****.* Resta e fammi compagnia. **3** compagnia [teatrale]

comparable /'kɒmpərəbəl/ *agg* **to be comparable (with sth)** essere paragonabile (a qc)

comparative /kəm'pærətɪv/ *aggettivo* e *sostantivo*

- *agg* **1** (studio) comparato -a **2** (aggettivo) comparativo -a **3** (sicurezza) relativo -a
- *s* comparativo

comparatively /kəm'pærətɪvli/ *avv* abbastanza

compare /kəm'peə/ *v* **1** [tr] paragonare: *You can't* ***compare*** *him* ***to*** *Beckham!* Non lo puoi paragonare a Beckham! | *Their house is huge* ***compared with*** *ours.* Paragonata alla nostra, la loro casa è enorme. **2** [intr] **to compare favourably with sth** reggere bene al confronto con qc

comparison /kəm'pærəsən/ *s* **1** confronto: *We were wealthy* ***in comparison with*** *some families.* Noi eravamo ricchi in confronto a certe famiglie. **2 there's no comparison** non c'è paragone

compartment /kəm'pɑːtmənt/ *s* scompartimento: *a no-smoking compartment* uno scompartimento non fumatori

compass /'kʌmpəs/ *s* (pl **-sses**) **1** bussola **2** (anche **compasses**) compasso

compass

compassion /kəm'pæʃən/ *s* compassione

compassionate /kəm'pæʃənət/ *agg* compassionevole

compatible /kəm'pætəbəl/ *agg* compatibile

compel /kəm'pel/ *v* [tr] (**-lled**, **-lling**) **to compel sb to do sth** costringere qn a fare qc | **to be/feel compelled to do sth** essere/sentirsi obbligato a fare qc

compelling /kəm'pelɪŋ/ *agg* **1** (libro, film, dramma) avvincente **2** (bisogno, motivo) impellente **3** (argomento, ragione) pressante

compensate /'kɒmpənseɪt/ *v* [tr/intr] compensare | **to compensate for sth** compensare qc | **to compensate sb for sth** risarcire qn per qc

compensation /ˌkɒmpən'seɪʃən/ *s* **1** (risarcimento) indennizzo **2** (di cosa negativa) compensazione

compete /kəm'piːt/ *v* [intr] **1** (atleti) gareggiare **2** **to compete with/against sb** essere in competizione con qn: *They were always* ***competing with*** *each other.* Erano sempre in competizione l'uno con l'altro. | **to compete for sth** competere per qc

competence /'kɒmpətəns/ *s* competenza

competent /'kɒmpətənt/ *agg* (tecnico) competente, (artista) abile

competition /ˌkɒmpə'tɪʃən/ *s* **1** rivalità | **to be in competition with sb for sth** essere in gara con qn per qc **2** (concorso) gara | **to enter a competition** partecipare a una gara

competitive /kəm'petətɪv/ *agg* **1** (atteggiamento) competitivo -a, (sport) agonistico -a **2** (prezzo) concorrenziale

competitor /kəm'petɪtə/ *s* concorrente

compile /kəm'paɪl/ *v* [tr] redigere [elenco, dizionario, relazione]

complacency /kəm'pleɪsənsi/ *s* compiacenza

complacent /kəm'pleɪsənt/ *agg* (persona) soddisfatto -a di sé, (atteggiamento) compiaciuto -a

complain /kəm'pleɪn/ *v* [tr/intr] lamentarsi: *The kids* ***complain that*** *there's nowhere for them to play.* I ragazzi si lamentano perché non hanno nessun posto per giocare. | *The neighbours* ***complained to*** *my parents* ***about*** *the noise.* I vicini si sono lamentati del rumore con i miei genitori. | **to complain of sth** lamentarsi di qc [dolore]

Si dice *I arrived in London* o *I arrived to London*? Vedi alla voce arrive.

C

complaint /kəm'pleɪnt/ *s* reclamo | **to make a complaint about sth** fare un reclamo per qc

complement¹ /'kɒmpləment/ *v* [tr] **1** completare [abito, colore] **2** integrare [cibo]

complement² /'kɒmplәmәnt/ *s* **1** complemento **2 full complement** (di azienda, scuola, orchestra) organico

complementary /ˌkɒmplə'mentəri/ *agg* (formale) complementare

complete /kəm'pliːt/ *aggettivo* e *verbo*
• *agg* **1** (per enfatizzare quello che si sta dicendo) totale: *The party was a complete disaster.* La festa è stata un disastro totale. **2** completo -a: *a complete set of "Buffy" videos* un set completo di video di "Buffy" **3 to be complete** (lavoro) essere ultimato **4 to come complete with sth** essere completo di qc
• *v* [tr] **1** completare [lavoro, corso] **2** completare [collezione] **3** riempire [formulario]

completely /kəm'pliːtli/ *avv* completamente

completion /kəm'pliːʃən/ *s* (di lavoro, operazione) completamento | **on completion of sth** al termine di qc

complex /'kɒmpleks/ *sostantivo* e *aggettivo*
• *s* **1** complesso: *a leisure complex* un complesso ricreativo **2** (psicologico) complesso
• *agg* complesso -a

complexion /kəm'plekʃən/ *s* carnagione

compliance /kəm'plaɪəns/ *s* (formale) **compliance with sth** conformità a qc | **in compliance with sth** conformemente a qc

complicate /'kɒmpləkeɪt/ *v* [tr] complicare

complicated /'kɒmpləkeɪtɪd/ *agg* complicato -a

complication /ˌkɒmplə'keɪʃən/ *s* complicazione

compliment¹ /'kɒmpləmənt/ *s* complimento | **to pay sb a compliment** fare un complimento a qn

compliment² /'kɒmpləment/ *v* [tr] **to compliment sb (on sth)** fare i complimenti a qn (per qc)

complimentary /ˌkɒmplə'mentəri/ *agg* **1** (giudizio, lettera) lusinghiero -a **2** (gratis) (in) omaggio

comply /kəm'plaɪ/ *v* [intr] (**-plies**, **-plied**) (formale) adeguarsi | **to comply with sth** rispettare qc [legge, regola, desiderio]

component /kəm'pəʊnənt/ *s* componente

compose /kəm'pəʊz/ *v* **1 to be composed of** essere composto di **2** [tr/intr] (nella musica) comporre

composed kəm'pəʊzd/ *agg* (calmo) composto -a

composer /kəm'pəʊzə/ *s* compositore -trice

composition /ˌkɒmpə'zɪʃən/ *s* composizione

composure /kəm'pəʊʒə/ *s* padronanza di sé

compound¹ /'kɒmpaʊnd/ *sostantivo* e *aggettivo*
• *s* **1** (in grammatica) parola composta **2** (di sostanze chimiche) composto
• *agg* composto -a

compound² /kəm'paʊnd/ *v* [tr] (formale) aggravare [situazione, problema]

comprehend /ˌkɒmprɪ'hend/ *v* [tr/intr] (formale) comprendere

comprehensible /ˌkɒmprɪ'hensəbəl/ *agg* (formale) comprensibile

comprehension /ˌkɒmprɪ'henʃən/ *s* **1** (capacità di comprendere) comprensione **2** (test) prova di comprensione

comprehensive /ˌkɒmprɪ'hensɪv/ *agg* (piano, formazione, istruzioni) esaustivo -a
▶ FALSE FRIEND Non confondere **"comprehensive"** con **comprensivo** che si traduce **understanding** o **sympathetic**.

ˌcompreˈhensive ˌschool, anche **comprehensive** *s*

Sono chiamate così in Gran Bretagna le scuole statali che ammettono alunni di oltre 11 anni di qualsiasi livello attitudinale. Confrontare con **grammar school**.

compress /kəm'pres/ *v* [tr/intr] **1** comprimere [gas, file] **2** condensare [testo]

comprise /kəm'praɪz/ *v* [tr] (formale) **1** (anche **be comprised of**) essere composto da **2** costituire: *Girls comprise over 50% of university students.* Le ragazze costituiscono oltre il 50% degli studenti universitari.

compromise /'kɒmprəmaɪz/ *sostantivo* e *verbo*
• *s* compromesso
• *v* **1** [intr] venire a un compromesso **2 to compromise your principles** rinunciare ai propri principi **3 to compromise yourself** compromettersi

compulsive /kəm'pʌlsɪv/ *agg* **compulsive liar** *He's a compulsive liar.* Deve mentire; è più forte di lui. | **to be compulsive viewing** *The film is **compulsive viewing**.* Il film è assolutamente da vedere!

compulsory /kəm'pʌlsəri/ *agg* obbligatorio -a

computer /kəm'pjuːtə/ *s* **1** computer **2 computer game** computer game **computer system** sistema informatico

computerize, -ise BrE /kəm'pjuːtəraɪz/ *v* [tr] informatizzare

computing /kəm'pjuːtɪŋ/ *agg* (corso, esperienza) di computer

con /kɒn/ *verbo* e *sostantivo*
• *v* [tr] (**conned**, **conning**) (informale) fregare | **to con sb into doing sth** *We were **conned into** signing the contract.* Con l'imbroglio ci hanno convinti a firmare il contratto.
• *s* **1** fregatura **2 con man** imbroglione

conceal /kən'siːl/ *v* [tr] **1** nascondere [oggetto] **2** celare [sentimenti] | **to conceal sth from sb** nascondere qc a qn

concede /kən'siːd/ *v* **1** [tr] ammettere: *She **conceded that** I was right.* Ha ammesso che avevo ragione io. | **to concede defeat** ammettere la sconfitta **2** [intr] darsi per vinto **3 to concede a goal** incassare un gol | **to concede a match** perdere una partita **4** [tr] concedere [favore, grazia]

conceited /kən'siːtɪd/ *agg* presuntuoso -a

conceivable /kən'siːvəbəl/ *agg* possibile: *It **is conceivable that** the experts are wrong.* È possibile che gli esperti si siano sbagliati.

conceivably /kən'siːvəbli/ *avv* avverbio usato per indicare possibilità: *The painting could conceivably be genuine.* Si può pensare che il quadro sia autentico.

conceive /kən'siːv/ *v* **1** [tr] concepire [idea, piano] **2** [intr] rimanere incinta, [tr] concepire [bambino]

concentrate /'kɒnsəntreɪt/ *v* **1** [intr] concentrarsi: *I found it impossible to **concentrate on** my work.* Non riuscivo a concentrarmi sui libri. **2** [tr] concentrare [sforzi, energie, attenzione]

concentrated /'kɒnsəntreɪtɪd/ *agg* (liquido, soluzione) concentrato -a

concentration /ˌkɒnsən'treɪʃən/ *s* concentrazione: *her powers of concentration* la sua capacità di concentrazione | *I **lost concentration** for a few seconds.* Mi sono distratto per alcuni secondi.

ˌconcen'tration ˌcamp *s* campo di concentramento

concept /'kɒnsept/ *s* concetto

conception /kən'sepʃən/ *s* **1** (di bambino) concepimento **2** concezione | **to have no conception of sth** non avere la minima idea di qc

concern /kən'sɜːn/ *sostantivo* e *verbo*
• *s* **1** (apprensione) preoccupazione: *There is growing **concern for** his safety.* Cresce la preoccupazione per la sua sicurezza. **2** (interesse) preoccupazione: *My main concern is to pass the exam.* La mia preoccupazione principale è di superare l'esame. **3 to be sb's concern** riguardare qn: *It's no concern of yours.* Non ti riguarda.
• *v* [tr] **1** (interessare) riguardare: *This matter does not concern you.* Questa faccenda non ti riguarda. **2** (libro, storia) riguardare **3 to concern yourself with sth** occuparsi di qc

concerned /kən'sɜːnd/ *agg* **1** (in ansia) preoccupato -a: *I'm **concerned about** you.* Sono preoccupato per te. **2** (che ha interesse) interessato -a, (che è partecipe) coinvolto -a: *All **those concerned** will be informed.* Tutti gli interessati saranno informati. | *All we are **concerned with** is establishing the truth.* Tutto ciò che ci interessa è che venga fuori la verità. | ***As far as I'm concerned** the idea is crazy.* Per quanto mi riguarda l'idea è folle.

concerning /kən'sɜːnɪŋ/ *prep* su: *I've got some bad news concerning your son.* Ho brutte notizie su tuo figlio.

concert /'kɒnsət/ *s* concerto [di musica classica, pop]

concerted /kən'sɜːtɪd/ *agg* (azione, iniziativa) concertato -a, (attacco, campagna) massiccio -a

'concert hall *s* sala dei concerti

concerto /kən'tʃɜːtəʊ/ *s* concerto [per strumenti solisti e orchestra]

concession /kən'seʃən/ *s* **1** concessione: *The government will not **make** any **concessions to** terrorists.* Il governo non farà nessuna concessione ai terroristi. **2** BrE riduzione [di prezzo]

concise /kən'saɪs/ *agg* conciso -a

conclude /kən'kluːd/ *v* **1 to conclude that** concludere che **2** [intr] concludersi, [tr] concludere [riunione, inchiesta]: *The class **concluded with** a question and answer session.* La lezione si è conclusa con uno spazio riservato a domande e risposte.

concluding /kən'kluːdɪŋ/ *agg* finale

conclusion /kən'kluːʒən/ *s* **1** conclusione ▶ **to jump to conclusions** trarre conclusioni affrettate **2** (parte finale) conclusione, fine

conclusive /kən'kluːsɪv/ *agg* (prova, vittoria) decisivo -a

concoct /kən'kɒkt/ *v* [tr] **1** escogitare [scusa, storia] **2** preparare [cibo, pasto]

concourse /'kɒŋkɔːs/ *s* atrio [di stazione, aeroporto]

concrete /'kɒŋkriːt/ *sostantivo* e *aggettivo*
• *s* calcestruzzo
• *agg* **1** di calcestruzzo **2** concreto -a

concurrent /kən'kʌrənt/ *agg* simultaneo -a

concurrently /kən'kʌrəntli/ *avv* simultaneamente

concussion /kən'kʌʃən/ *s* commozione cerebrale

condemn /kən'dem/ *v* [tr] **1** (disapprovare) condannare **2 to be condemned to sth** essere condannato a qc

Vuoi informazioni sulla differenza tra gli **articoli** in inglese e in italiano? Leggi le spiegazioni nella guida grammaticale.

C

condemnation /ˌkɒndəm'neɪʃən/ *s* condanna

condensation /ˌkɒnden'seɪʃən/ *s* (umidità) condensa

condense /kən'dens/ *v* **1** [intr] (gas, vapore) condensarsi **2** [tr] condensare [storia, pensiero]

condescend /ˌkɒndɪ'send/ *v* [intr] **to condescend to do sth** degnarsi di fare qc

condescending /ˌkɒndɪ'sendɪŋ/ *agg* **a condescending attitude/tone** un atteggiamento/tono di sufficienza

condition /kən'dɪʃən/ *sostantivo, sostantivo plurale e verbo*

• *s* **1** (aspetto) condizione: *She's **in no condition** to drive.* Non è in condizione di guidare. | **to be in good/poor condition** essere in buone/cattive condizioni **2** (forma fisica) **to be out of condition** essere fuori forma **3** (in contratto, accordo) condizione: *I'll lend you the money **on condition that** you pay it back.* Ti presterò il denaro a condizione che tu me lo restituisca. **4** (malattia) *He has a heart condition.* Soffre di cuore.

• **conditions** *s pl* (situazione) condizioni: *bad **weather conditions*** condizioni meteorologiche avverse | *poor **working conditions*** condizioni di lavoro pessime

• *v* [tr] **1 to be conditioned to do sth** imparare a fare qc **2** rendere morbidi [capelli]

conditional /kən'dɪʃənəl/ *agg* (in grammatica) condizionale

conditioner /kən'dɪʃənə/ *s* (per capelli) balsamo, (per tessuti) ammorbidente

condolence /kən'dəʊləns/ *s* condoglianze | **to offer your condolences** fare le condoglianze

condom /'kɒndəm/ *s* preservativo

condone /kən'dəʊn/ *v* [tr] scusare

conducive /kən'djuːsɪv/ *agg* (formale) **to be conducive to sth** essere propizio per qc

conduct[1] /kən'dʌkt/ *v* **1** [tr] condurre [inchiesta, studio, esperimento, campagna] **2** [tr/intr] (in ambito musicale) dirigere **3** [tr] condurre [elettricità, calore]

conduct[2] /'kɒndʌkt/ *s* comportamento

conductor /kən'dʌktə/ *s* **1** (di orchestra) direttore -trice **2** BrE bigliettaio [di autobus] **3** AmE controllore [sul treno] ▶ In inglese britannico si usa **guard**.

cone /kəʊn/ *s* **1** (forma) cono, (gelato) cono, cornetto **2** (frutto del pino) pigna

confederation /kənˌfedə'reɪʃən/ *s* confederazione

confer /kən'fɜː/ *v* (**-rred**, **-rring**) (formale) **1** [intr] (discutere) consultarsi **2 to confer sth on sb** conferire qc a qn [titolo, diploma]

conference /'kɒnfərəns/ *s* conferenza, congresso

confess /kən'fes/ *v* [tr/intr] **1** confessare: *He **confessed to** murdering his mother.* Ha confessato di aver ucciso la madre. **2 to confess your sins** confessare i propri peccati

confession /kən'feʃən/ *s* **1** (di reato) confessione | **to make a confession** rendere una confessione **2** (di peccati) confessione

confide /kən'faɪd/ *v* **to confide to sb that** confidare a qn che

confide in sb confidarsi con qn

confidence /'kɒnfədəns/ *s* **1** (fede) fiducia **2** fiducia (in se stessi): *The experience will **give** you **confidence**.* L'esperienza ti farà acquisire fiducia in te stesso. | *He lacks confidence in himself.* Non ha fiducia in se stesso. **3 to gain sb's confidence** guadagnarsi la fiducia di qn **4 in (the strictest) confidence** in via (strettamente) confidenziale

confident /'kɒnfədənt/ *agg* **1** sicuro -a: *a very confident person* una persona molto sicura di sé **2 to be confident of sth** essere sicuro di qc: *We are confident of winning.* Siamo sicuri di vincere.

confidential /ˌkɒnfə'denʃəl/ *agg* confidenziale

confidently /'kɒnfədəntli/ *avv* con sicurezza

configuration /kənˌfɪgə'reɪʃən/ *s* configurazione

confine /kən'faɪn/ *v* [tr] **1** (delimitare) **to be confined to sth** essere circoscritto a qc: *The disease is not confined to children.* Questa malattia non è circoscritta ai bambini. **2** (relegare) rinchiudere | **to be confined to bed** essere costretto a letto

confined /kən'faɪnd/ *agg* **a confined space** uno spazio ristretto

confinement /kən'faɪnmənt/ *s* prigionia

confirm /kən'fɜːm/ *v* [tr] confermare

confirmation /ˌkɒnfə'meɪʃən/ *s* conferma

confirmed /kən'fɜːmd/ *agg* **a confirmed bachelor** uno scapolo impenitente

confiscate /'kɒnfəskeɪt/ *v* [tr] confiscare

conflict[1] /'kɒnflɪkt/ *s* conflitto: *She was always **in conflict with** her parents.* Era sempre in conflitto con i genitori.

conflict[2] /kən'flɪkt/ *v* [intr] (resoconti, descrizioni, versioni) non combaciare

conflicting /kən'flɪktɪŋ/ *agg* (opinione, versione) contrastante, (rapporto, consiglio) contraddittorio -a, (interesse) conflittuale

conform /kən'fɔːm/ *v* [intr] **1** uniformarsi [alla maggioranza] **2 to conform to the rules** rispettare le regole

confront /kən'frʌnt/ *v* [tr] **1** **to confront sb about a problem** parlare con qn affrontando un problema **2** (minacciare) affrontare **3** **to be confronted with sth** dover affrontare qc

confrontation /ˌkɒnfrən'teɪʃən/ *s* (verbale) confronto, (fisico) scontro

confuse /kən'fjuːz/ *v* [tr] **1** (rendere perplesso) confondere **2** **to confuse sth/sb with sth/sb** confondere qc/qn con qc/qn: *I always confuse her with her sister.* La confondo sempre con sua sorella.

confused /kən'fjuːzd/ *agg* **1** (persona) confuso -a: *Let me know if you're* ***confused about*** *anything.* Fammi sapere se c'è qualcosa che non ti è chiaro. | **to get confused** confondersi **2** (spiegazione, argomento) confuso -a

confusing /kən'fjuːzɪŋ/ *agg* (istruzioni, situazione) confuso -a: *I find the whole situation very* ***confusing***. Trovo che la situazione sia tutta un po'confusa.

confusion /kən'fjuːʒən/ *s* confusione

congenial /kən'dʒiːniəl/ *agg* (persona, atmosfera) piacevole

congenital /kən'dʒenɪtl/ *agg* congenito -a

congested /kən'dʒestɪd/ *agg* (strada, aeroporto) congestionato -a

congestion /kən'dʒestʃən/ *s* **1** congestione [del traffico] **2** (anche **nasal congestion**) sensazione di naso chiuso

conglomerate /kən'glɒmərət/ *s* (gruppo di aziende) conglomerata

congratulate /kən'grætʃəleɪt/ *v* [tr] congratularsi con: *Sue* ***congratulated*** *me* ***on*** *my engagement.* Sue si è congratulata con me per il mio fidanzamento.

congratulations /kənˌgrætʃə'leɪʃənz/ *s pl* congratulazioni: *He came over to* ***offer*** *me* ***his congratulations***. È venuto a farmi le congratulazioni. | **congratulations!** congratulazioni!

congregate /'kɒŋgrəgeɪt/ *v* [intr] radunarsi

congregation /ˌkɒŋgrə'geɪʃən/ *s* (fedeli) assemblea

congress /'kɒŋgres/ *s* **1** congresso **2** **Congress** il Congresso [negli Stati Uniti]

conifer /'kəunəfə/ *s* conifera

conjecture /kən'dʒektʃə/ *s* (formale) congettura

conjunction /kən'dʒʌŋkʃən/ *s* **1** **in conjunction with** assieme a **2** (in grammatica) congiunzione

conjure /'kʌndʒə/ *v* **conjure sth up** rievocare qc [immagine, idea]

conjurer, anche **conjuror** /'kʌndʒərə/ *s* prestigiatore, -trice

connect /kə'nekt/ *v* **1** (unire) [tr] collegare, [intr] collegarsi: *How do these two pipes connect?* Come si collegano questi due tubi? | ***Connect*** *the speakers* ***to*** *the stereo.* Collegare gli altoparlanti allo stereo. | *They are coming to connect the telephone tomorrow.* Domani verranno ad allacciare il telefono. **2** [tr] (congiungere) collegare: *The M11 connects London and Cambridge.* La M11 collega Londra a Cambridge. **3** [tr] (mettere in relazione) collegare: *The two events are connected.* I due fatti sono collegati. | *At first they did not* ***connect*** *her* ***with*** *the crime.* All'inizio non è stata implicata nel crimine. **4** [tr] passare [telefonata]: *Hold the line, I'm trying to connect you.* Attenda in linea, le passo l'interno. **5** [intr] (treno, autobus, volo) essere in coincidenza: *This train* ***connects with*** *the 11.20 to Glasgow.* Questo treno è in coincidenza con quello delle 11,20 per Glasgow.

connected /kə'nektɪd/ *agg* **1** (unito) collegato -a: *All the computers are* ***connected to*** *this printer.* Tutti i computer sono collegati a questa stampante. **2** (associato) collegato -a

connection /kə'nekʃən/ *sostantivo* e *sostantivo plurale*

• *s* **1** (relazione) nesso: *I'm sorry, I don't see the connection.* Mi spiace, ma non vedo il nesso. | *the* ***connection between*** *smoking* ***and*** *lung cancer* il legame tra fumo e cancro al polmone **2** (di impianto elettrico, ecc.) collegamento **3** (di treno, autobus, aereo) coincidenza: *We* ***missed*** *our* ***connection to*** *Paris.* Abbiamo perso la coincidenza per Parigi. **4** **in connection with** in merito a

• **connections** *s pl* conoscenze: *to have good connections* avere una buona rete di conoscenze

connoisseur /ˌkɒnə'sɜː/ *s* esperto -a

conquer /'kɒŋkə/ *v* [tr] **1** conquistare [paese, popolo, montagna] **2** vincere [paura, timidezza, dipendenza]

conquest /'kɒŋkwest/ *s* conquista

conscience /'kɒnʃəns/ *s* coscienza: *She had* ***a guilty conscience about*** *leaving him on his own.* Aveva la coscienza sporca per averlo lasciato da solo.

conscientious /ˌkɒnʃi'enʃəs/ *agg* coscienzioso -a

conscious /'kɒnʃəs/ *agg* **1** (lucido) cosciente: *Is he still conscious?* È ancora cosciente? **2** **to be conscious of sth** essere conscio di qc: *She was conscious of her beauty.* Era conscia della sua bellezza. **3** **a conscious decision** una decisione voluta

consciously /'kɒnʃəsli/ *avv* consapevolmente

consciousness /'kɒnʃəsnəs/ *s* **1** (lucidità) conoscenza | **to lose/regain consciousness** perdere/riprendere conoscenza **2** (percezione) consapevolezza

conscript /'kɒnskrɪpt/ *s* coscritto

conscription /kən'skrɪpʃən/ *s* coscrizione

consecutive /kən'sekjətɪv/ *agg* consecutivo -a

C

consensus /kən'sensəs/ *s* unanimità | **to reach a consensus** raggiungere l'unanimità

consent /kən'sent/ *sostantivo e verbo*
- *s* **1** consenso: *without my consent* senza il mio consenso **2 by mutual/common consent** di comune accordo
- *v* [intr] acconsentire

consequence /'kɒnsəkwəns/ *s* conseguenza | **to suffer the consequences of sth** subire le conseguenze di qc

consequently /'kɒnsəkwəntli/ *avv* di conseguenza

conservation /ˌkɒnsə'veɪʃən/ *s* **1** (di risorse naturali) protezione: *wildlife conservation* protezione della natura **2** (di energia) risparmio **3 conservation area a)** (di animali, piante) area protetta **b)** (di città) zona di rispetto

Conservative /kən'sɜːvətɪv/ *agg e s* (partito politico) Conservatore -trice

conservative /kən'sɜːvətɪv/ *agg* (idee, opinioni) conservatore -trice

conservatory /kən'sɜːvətəri/ *s* (pl **-ries**) **1** serra **2** veranda ▶ FALSE FRIEND Non confondere **"conservatory"** con **conservatorio** che si traduce **academy of music**.

conserve /kən'sɜːv/ *v* [tr] **1** proteggere [la natura] **2** risparmiare [energia]

consider /kən'sɪdə/ *v* [tr] **1** prendere in considerazione: *I'm **considering applying** for the job.* Sto prendendo in considerazione l'idea di fare domanda per quel posto di lavoro. | *Have you ever considered living abroad?* Hai mai pensato di andare a stare all'estero? **2** (ritenere) considerare: *She **is considered to be** the best.* È considerata la migliore. **3** (tener presente) considerare

considerable /kən'sɪdərəbəl/ *agg* notevole

considerably /kən'sɪdərəbli/ *avv* notevolmente

considerate /kən'sɪdərət/ *agg* premuroso -a | **to be considerate towards sb** essere gentile verso qn

consideration /kənˌsɪdə'reɪʃən/ *s* **1 to take sth into consideration** prendere in considerazione qc **2** (rispetto) considerazione | **to show consideration for sth/sb** mostrare considerazione per qc/qn

considering /kən'sɪdərɪŋ/ *preposizione e congiunzione*
- *prep* tenuto conto di
- *cong* **considering (that)** considerato che

consign /kən'saɪn/ *v* [tr] **to consign sb to sth** relegare qn in qc

consignment /kən'saɪnmənt/ *s* partita [di merce]

consist /kən'sɪst/ *v* **to consist of sth** essere composto di qc

consistency /kən'sɪstənsi/ *s* (pl **-cies**) **1** (perseveranza) costanza **2** (conformità) coerenza **3** (densità) consistenza

consistent /kən'sɪstənt/ *agg* **1** (stabile) costante: *a consistent improvement* un costante miglioramento **2** (argomentazione, politica) coerente **3 to be consistent with sth** corrispondere a qc

consistently /kən'sɪstəntli/ *avv* costantemente

consolation /ˌkɒnsə'leɪʃən/ *s* consolazione

console[1] /'kɒnsəʊl/ *s* console: *a games console* una console di giochi

console[2] /kən'səʊl/ *v* [tr] consolare

consolidate /kən'sɒlədeɪt/ *v* [tr] consolidare

consonant /'kɒnsənənt/ *s* consonante

consortium /kən'sɔːtiəm/ *s* (pl **-s, consortia** /-tiə/) consorzio

conspicuous /kən'spɪkjuəs/ *agg* **1** (oggetto) vistoso -a | **to feel conspicuous** avere l'impressione di dare nell'occhio **2** (mancanza) notevole

conspiracy /kən'spɪrəsi/ *s* (pl **-cies**) complotto

conspire /kən'spaɪə/ *v* [intr] **to conspire (with sb) to do sth** complottare (con qn) per fare qc

constable /'kʌnstəbəl/ *s* agente [di polizia nel Regno Unito]

constant /'kɒnstənt/ *agg* (velocità, rumore, temperatura) costante: *The constant noise is driving me mad.* Il rumore costante mi sta facendo impazzire.

constantly /'kɒnstəntli/ *avv* continuamente

constipation /ˌkɒnstə'peɪʃən/ *s* costipazione, stitichezza

constituency /kən'stɪtʃuənsi/ *s* (pl **-cies**) collegio elettorale

constituent /kən'stɪtʃuənt/ *s* **1** elettore facente parte di un collegio elettorale **2** (ingrediente) componente

constitute /'kɒnstətjuːt/ *v* [tr] costituire

constitution /ˌkɒnstə'tjuːʃən/ *s* costituzione [di uno Stato]

constitutional /ˌkɒnstə'tjuːʃənəl/ *agg* costituzionale

constraint /kən'streɪnt/ *s* restrizione

constrict /kən'strɪkt/ *v* [intr] restringersi

construct /kən'strʌkt/ *v* [tr] costruire [edificio, ponte], formulare [frase]

construction /kən'strʌkʃən/ *s* (attività) costruzione, (edificio, ponte) costruzione, (in grammatica) costrutto

constructive /kən'strʌktɪv/ *agg* costruttivo -a
consul /'kɒnsəl/ *s* console
consulate /'kɒnsjələt/ *s* consolato
consult /kən'sʌlt/ *v* [tr/intr] consultare [dottore, avvocato]: *You sold the car without consulting me!* Hai venduto la macchina senza consultarmi!
consultancy /kən'sʌltənsi/ *s* (pl **-cies**) **1** (ditta) società di consulenza **2** (prestazione) consulenza
consultant /kən'sʌltənt/ *s* **1** consulente **2** BrE (medico) specialista [primario o aiuto primario di un ospedale]
consultation /ˌkɒnsəl'teɪʃən/ *s* **1** (in politica) consultazioni, (di impiegati, genitori) coinvolgimento | **in consultation with sb** consultandosi con qn **2** (medico) consulto
consume /kən'sjuːm/ *v* [tr] **1** consumare **2** **to be consumed with guilt** essere ossessionato dai rimorsi | **to be consumed with envy** rodersi dall'invidia
consumer /kən'sjuːmə/ *s* consumatore -trice
consumption /kən'sʌmpʃən/ *s* consumo: *We must reduce our electricity consumption.* Dobbiamo ridurre il consumo di energia elettrica.
contact /'kɒntækt/ *sostantivo* e *verbo*
• *s* **1** contatto: *I don't have much **contact with** my neighbours.* Non ho molti contatti con i miei vicini. | **to get in contact with sb** mettersi in contatto con qn | **to stay in contact (with sb)** rimanere in contatto (con qn) | **to come into contact with sth** venire a contatto con qc **2** (persona) contatto
• *v* [tr] contattare: *I can be contacted by email.* Mi potete contattare per email.
'contact ˌlens *s* lente a contatto
contagious /kən'teɪdʒəs/ *agg* contagioso -a
contain /kən'teɪn/ *v* [tr] **1** contenere **2** mascherare [divertimento], frenare [rabbia] | **to contain yourself** controllarsi **3** arginare [incendio, epidemia]
container /kən'teɪnə/ *s* **1** recipiente, contenitore **2** (per trasporto) container
contaminate /kən'tæməneɪt/ *v* [tr] contaminare
contamination /kənˌtæmə'neɪʃən/ *s* contaminazione
contemplate /'kɒntəmpleɪt/ *v* [tr] pensare a | **to contemplate doing sth** pensare di fare qc
contemporary /kən'tempərəri/ *aggettivo* e *sostantivo*
• *agg* **1** (arte) contemporaneo -a **2** (modello) moderno -a **3** (della stessa epoca) contemporaneo -a
• *s* contemporaneo -a

contempt /kən'tempt/ *s* **1** disprezzo **2** (anche **contempt of court**) oltraggio alla corte
contemptuous /kən'temptʃuəs/ *agg* (atteggiamento, tono) di disdegno | **to be contemptuous of sth/sb** disprezzare qc/qn
contend /kən'tend/ *v* **1** **to contend with sth** affrontare qc **2** **to contend (with sb) for sth** contendersi qc (con qn)
contender /kən'tendə/ *s* (sportivo) concorrente, (politico) candidato -a
content[1] /'kɒntent/ *sostantivo* e *sostantivo plurale*
• *s* contenuto
• **contents** *s pl* **1** contenuto: *the contents of the letter* il contenuto della lettera **2** (anche **table of contents**) (di libro) sommario
content[2] /kən'tent/ *aggettivo* e *verbo*
• *agg* soddisfatto -a | **to be content with sth** essere soddisfatto di qc | **to be content to do sth** accontentarsi di fare qc
• *v* [tr] **to content yourself with sth** accontentarsi di qc
contented /kən'tentɪd/ *agg* soddisfatto -a
contentious /kən'tenʃəs/ *agg* discusso -a
contest[1] /'kɒntest/ *s* **1** (competizione) gara **2** (battaglia) lotta
contest[2] /kən'test/ *v* [tr] contestare [decisione], impugnare [testamento]
contestant /kən'testənt/ *s* concorrente
context /'kɒntekst/ *s* contesto: *The statement was taken **out of context**.* L'affermazione era stata isolata dal contesto.
continent /'kɒntɪnənt/ *s* **1** continente **2** **the Continent** BrE l'Europa esclusa la Gran Bretagna
continental /ˌkɒntə'nentl/ *agg* continentale
continental breakfast prima colazione con caffè, brioche o pane, burro e marmellata; viene chiamata così per distinguerla dalla colazione all'inglese

continental breakfast

contingency /kən'tɪndʒənsi/ *s* (pl **-cies**) **1** evenienza **2** **contingency plan** piano d'emergenza
contingent /kən'tɪndʒənt/ *s* **1** (di turisti, atleti) gruppo **2** (di militari) contingente
continual /kən'tɪnjuəl/ *agg* continuo -a
continually /kən'tɪnjuəli/ *avv* continuamente
continuation /kənˌtɪnju'eɪʃən/ *s* **1** (di stirpe, lavori) continuazione **2** (di libro) seguito

Vuoi informazioni sulla differenza tra gli **aggettivi possessivi** in inglese e in italiano? Vedi la **guida grammaticale**.

C

continue /kən'tɪnjuː/ *v* **1** [intr] continuare, [tr] (senza interruzione) continuare, (dopo una pausa) continuare, riprendere: *The city's population will* ***continue to*** *grow.* La popolazione della città continuerà ad aumentare. | *Let's continue the discussion after lunch.* Riprendiamo la discussione dopo pranzo. **2** [intr] proseguire

continued /kən'tɪnjuːd/ *agg* costante | **the continued existence of sth** continuità di qc

continuity /ˌkɒntə'njuːəti/ *s* continuità

continuous /kən'tɪnjuəs/ *agg* **1** costante **2 continuous assessment** sistema di valutazione scolastica che prevede una verifica costante anziché esclusivamente esami a fine anno

continuously /kən'tɪnjuəsli/ *avv* senza interruzione

contour /'kɒntʊə/ *s* **1** (di colline, montagne) profilo **2** (di corpo, auto) linee **3** (anche **contour line**) (su carta geografica ecc.) (linea) isoipsa

contraception /ˌkɒntrə'sepʃən/ *s* contraccezione | **method of contraception** metodo anticoncezionale

contraceptive /ˌkɒntrə'septɪv/ *agg* e *s* contraccettivo

contract¹ /'kɒntrækt/ *s* contratto: *He's signed a two-year contract with Liverpool.* Ha firmato un contratto di due anni con il Liverpool.

contract² /kən'trækt/ *v* **1** [intr] (muscoli) contrarsi, (metallo) restringersi **2** [tr] contrarre [malattia]

contraction /kən'trækʃən/ *s* contrazione

contractor /kən'træktə/ *s* appaltatore

contradict /ˌkɒntrə'dɪkt/ *v* [tr] contraddire [persona], essere in contraddizione con [storie, versioni, dichiarazioni]: *Don't contradict your father!* Non contraddire tuo padre! | **to contradict yourself** contraddirsi

contradiction /ˌkɒntrə'dɪkʃən/ *s* contraddizione

contradictory /ˌkɒntrə'dɪktəri/ *agg* contraddittorio -a

contrary /'kɒntrəri/ *sostantivo* e *aggettivo*

- *s* (formale) **the contrary** il contrario: *She wasn't disappointed. On the contrary – she was pleased.* Non era delusa. Al contrario – era contenta.
- *agg* **1** (opinioni, idee) contrario -a **2 contrary to** ***Contrary to popular belief,*** *gorillas are shy.* Contrariamente alle credenze popolari, i gorilla sono creature timide.

contrast¹ /'kɒntrɑːst/ *s* contrasto: *the* ***contrast between*** *appearances and reality* il contrasto tra apparenza e realtà | **in/by contrast** per contrasto

contrast² /kən'trɑːst/ *v* **1 to contrast sth with sth** mettere qc a confronto con qc **2 to contrast with sth** contrastare con qc

contribute /kən'trɪbjuːt/ *v* **1** [tr] contribuire con: *I* ***contributed*** *$100* ***to*** *the campaign.* Ho contribuito con 100 $ alla campagna. **2 to contribute to sth** contribuire a qc **3** [intr] partecipare: *This will enable everyone to* ***contribute to*** *the debate.* Ciò metterà tutti in grado di partecipare al dibattito.

contribution /ˌkɒntrə'bjuːʃən/ *s* (collaborazione) contributo, (donazione) offerta

contributor /kən'trɪbjətə/ *s* collaboratore -trice

control /kən'trəʊl/ *sostantivo* e *verbo*

- *s* **1** controllo: *Everything is* ***under control.*** È tutto sotto controllo. | *He* ***lost control of*** *the car.* Ha perso il controllo dell'auto. | **to get/go out of control** (situazione) sfuggire di mano, (veicolo) non rispondere ai comandi **2 to be in control of sth** controllare qc [territorio, organizzazione] **3** (di macchina, macchinario) comando: *How do you work* ***the controls?*** Come si azionano i comandi?
- *v* [tr] (**-lled**, **-lling**) **1** tenere sotto controllo [persone, classe], tenere a freno [animale], frenare [emozioni] | **to control yourself** controllarsi **2** controllare [città, zona], dirigere [azienda, gruppo] **3** regolare [temperatura] **4** contenere [inflazione, epidemia, incendio]

controlled /kən'trəʊld/ *agg* controllato -a

controversial /ˌkɒntrə'vɜːʃəl/ *agg* controverso -a

controversy /'kɒntrəvɜːsi/ *s* (pl **-sies**) controversia

convene /kən'viːn/ *v* **1** [tr] indire [una riunione] **2** [intr] riunirsi

convenience /kən'viːniəns/ *s* **1** (convenienza) comodità **2** comodità: *The kitchen is equipped with* ***every modern convenience.*** La cucina è dotata di tutte le comodità moderne.

convenient /kən'viːniənt/ *agg* **1** (facile) comodo -a: *It's more* ***convenient for*** *me to pay by credit card.* Mi viene più comodo pagare con la carta di credito. | *at a convenient time* in un momento adatto | *When would be convenient for you?* Quando le va bene? **2** (accessibile) adatto -a: *Find a convenient place to stop the car.* Trova un posto adatto per fermarti con la macchina. | *The house is* ***convenient for*** *the shops.* La casa è vicina ai negozi. ▶ FALSE FRIEND Non confondere **"convenient"** con **conveniente** che si traduce **cheap**.

conveniently /kən'viːniəntli/ *avv* **1** convenientemente | **to be conveniently situated/located** essere in una posizione comoda **2 to conveniently forget to do sth** fare in modo di dimenticarsi qc

convent /ˈkɒnvənt/ *s* convento

convention /kənˈvenʃən/ *s* **1** (norma) convenzione **2** (accordo) convenzione

conventional /kənˈvenʃənəl/ *agg* **1** (di tipo comune) normale **2** (accettato) tradizionale **3** (armi) convenzionale

converge /kənˈvɜːdʒ/ *v* [intr] **1** (linee, strade) convergere **2** (fiumi, torrenti) confluire **3 to converge on** affluire a

conversation /ˌkɒnvəˈseɪʃən/ *s* conversazione | **to have a conversation (with sb)** parlare con qn: *We had a long **conversation about** you.* Abbiamo parlato a lungo di te.

converse /kənˈvɜːs/ *v* [intr] conversare

conversion /kənˈvɜːʃən/ *s* **1** (di sistemi, monete) conversione, (di elementi chimici, edificio) trasformazione **2** (a una fede) conversione

convert[1] /kənˈvɜːt/ *v* [tr] trasformare [oggetto], convertire [persona], [intr] passare: *when we **convert to** the new system* quando passiamo al nuovo sistema

convert[2] /ˈkɒnvɜːt/ *s* convertito -a | **to become a convert to sth a)** (a religione, fede politica) convertirsi a qc **b)** (a idea, prodotto) convertirsi a qc

convertible /kənˈvɜːtəbəl/ *sostantivo e aggettivo*

• *s* (auto) decappottabile

• *agg* (valuta) convertibile

convey /kənˈveɪ/ *v* [tr] (formale) dare [impressione], trasmettere [messaggio], porgere [saluti], svelare [emozioni]

conˈveyor belt, anche **conveyor** *s* nastro trasportatore

convict[1] /kənˈvɪkt/ *v* [tr] **to be convicted of sth** essere dichiarato colpevole di qc [delitto]

convict[2] /ˈkɒnvɪkt/ *s* detenuto -a

conviction /kənˈvɪkʃən/ *s* **1** (persuasione) convinzione **2 with/without conviction** con/senza convinzione | **to lack conviction** non essere convincente **3** (verdetto) condanna

convince /kənˈvɪns/ *v* [tr] convincere: *I **convinced** him **that** it was worth going.* L'ho convinto che valeva la pena andare.

convinced /kənˈvɪnst/ *agg* convinto -a

convincing /kənˈvɪnsɪŋ/ *agg* convincente

convoy /ˈkɒnvɔɪ/ *s* convoglio

convulsion /kənˈvʌlʃən/ *s* convulsione | **to have convulsions** avere le convulsioni

cook /kʊk/ *verbo e sostantivo*

• *v* **1** [intr] cucinare: *I can't cook.* Non so cucinare. **2** [tr] preparare [cena, pranzo, pasto], cucinare [patate, riso, verdura]: *How do you cook your rice?* Come cucini il riso? | *This meat is not cooked.* Questa carne non è cotta. | *Who's cooking dinner tonight?* Chi prepara la cena stasera? **3** [intr] cuocere: *The carrots take half an hour to cook.* Per far cuocere le carote ci vuole mezz'ora.

cook sth up (informale) inventarsi qc

• *s* **1** cuoco -a **2 to be a good cook** essere un buon cuoco

cookbook /ˈkʊkbʊk/, anche **ˈcookery book** BrE *s* libro di cucina

cooker /ˈkʊkə/ *s* (elettrodomestico) cucina

cookery /ˈkʊkəri/ *s* BrE (modo di cucinare) cucina

cookie /ˈkʊki/ *s* AmE biscotto ► In inglese britannico si usa **biscuit**.

cooking /ˈkʊkɪŋ/ *s* **1 to do the cooking** cucinare **2** cucina: *Italian cooking* la cucina italiana

cool /kuːl/ *aggettivo, verbo e sostantivo*

• *agg* **1** (di temperatura) fresco -a: *The water's lovely and cool.* L'acqua è bella fresca. **2 to stay cool** stare calmo: *Now just keep cool.* Adesso stai calmo. **3** (poco simpatico) freddo -a | **to be cool towards sb** essere freddo nei confronti di qn **4** (informale) *Pete's a really cool guy.* Pete è veramente simpatico.

• *v* **1** (anche **cool down**) [tr] far raffreddare, [intr] raffreddarsi **2** [intr] (emozioni) raffreddarsi

cool off calmarsi

• *s* (informale) **to keep/lose your cool** mantenere/perdere la calma

coop /kuːp/ *v* **coop sb up** rinchiudere qn | **to be cooped up** essere rinchiuso

cooperate /kəʊˈɒpəreɪt/ *v* [intr] collaborare: *Are you willing to **cooperate with** us to solve the problem?* Sei pronto a collaborare con noi per risolvere il problema?

cooperation /kəʊˌɒpəˈreɪʃən/ *s* collaborazione

cooperative /kəʊˈɒpərətɪv/ *aggettivo e sostantivo*

• *agg* (persona) disponibile, (atteggiamento) collaborativo -a

• *s* cooperativa

coordinate /kəʊˈɔːdəneɪt/ *v* [tr] coordinare

coordination /kəʊˌɔːdəˈneɪʃən/ *s* coordinamento

cop /kɒp/ *s* (informale) poliziotto

cope /kəʊp/ *v* [intr] **1** farcela: *I think I can cope.* Penso di farcela. | *I can't cope any more.* Non ce la faccio più. **2 to cope with sth a)** *Can you **cope with** all that?* Ce la fai con tutte quelle cose? | *They can't cope with the number of orders.* Non ce la fanno a sbrigare tutti quegli ordini. **b)** farcela a sopportare qc: *How do you **cope with** the noise?* Ce la fate a sopportare il rumore?

Non sei sicuro sull'uso di make e do? Vedi alla voce fare.

copper /ˈkɒpə/ *sostantivo* e *aggettivo*
- *s* **1** rame **2** BrE (informale) poliziotto
- *agg* di rame

copy /ˈkɒpi/ *sostantivo* e *verbo*
- *s* (pl **-pies**) **1** (di certificato, lettera) copia **2** (di libro, giornale) copia
- *v* (**-pies**, **-pied**) **1** [tr] fare una copia di **2** [tr] imitare [persona, atteggiamento], copiare [idea]: *I **copied** the idea **from** a magazine.* Ho copiato l'idea da una rivista. **3** [tr/intr] (ad un esame) copiare
  copy sth down scrivere qc
  copy sth out ricopiare qc

copyright /ˈkɒpiraɪt/ *s* diritti d'autore

coral /ˈkɒrəl/ *sostantivo* e *aggettivo*
- *s* corallo
- *agg* di corallo

cord /kɔːd/ *sostantivo* e *sostantivo plurale*
- *s* **1** corda, (di pigiama) laccetto **2** (elettrico) cavo
- **cords** *s pl* pantaloni di velluto a coste

cordless /ˈkɔːdləs/ *agg* senza fili, cordless

cordon /ˈkɔːdn/ *v* **cordon sth off** transennare qc

corduroy /ˈkɔːdʒərɔɪ/ *s* velluto a coste

core /kɔː/ *s* **1** (di frutto) torsolo **2** (di regione, pianeta) centro, (di problema) nocciolo **3 core subject** materia principale

coriander /ˌkɒriˈændə/ *s* coriandolo

cork /kɔːk/ *sostantivo* e *aggettivo*
- *s* (corteccia) sughero, (per bottiglia) tappo (di sughero)
- *agg* di sughero

corkscrew /ˈkɔːkskruː/ *s* cavatappi

corn /kɔːn/ *s* **1** BrE grano **2** AmE mais | **corn on the cob** pannocchia [bollita o arrostita]

corner /ˈkɔːnə/ *sostantivo* e *verbo*
- *s* **1** (di pagina, fazzoletto) angolo, (di tavolo, mobile) spigolo **2 at/on the corner** all'angolo | **(just) around the corner** a due passi: *a shop **around the corner** from my school* un negozio a due passi della mia scuola **3** (di stanza, scatola) angolo **4** (anche **corner kick**) calcio d'angolo, corner
- *v* [tr] mettere con le spalle al muro [persona], intrappolare [animale]

cornerstone /ˈkɔːnəstəʊn/ *s* **1** (di sistema, rapporto) elemento portante **2** (di edificio) pietra angolare | **to lay the cornerstone of sth** mettere la prima pietra di qc

cornflakes /ˈkɔːnfleɪks/ *s pl* cornflakes, fiocchi di granoturco

coronation /ˌkɒrəˈneɪʃən/ *s* incoronazione

coroner /ˈkɒrənə/ *s* pubblico ufficiale responsabile delle indagini nei casi di morte violenta

corporal /ˈkɔːpərəl/ *s* caporale

ˌcorporal ˈpunishment *s* punizione corporale

corporate /ˈkɔːpərət/ *agg* **1** (immagine, politica) aziendale **2** (responsabilità) collettivo -a

corporation /ˌkɔːpəˈreɪʃən/ *s* gruppo di imprese

corps /kɔː/ *s* corpo

corpse /kɔːps/ *s* cadavere

correct /kəˈrekt/ *aggettivo* e *verbo*
- *agg* **1** (decisione) giusto -a, (risposta, procedura) corretto -a **2** (comportamento) corretto -a
- *v* [tr] correggere | **correct me if I'm wrong** correggimi se sbaglio

correction /kəˈrekʃən/ *s* correzione

correctly /kəˈrektli/ *avv* correttamente

correlation /ˌkɒrəˈleɪʃən/ *s* correlazione | **a correlation with/between** una correlazione con/tra

correspond /ˌkɒrəˈspɒnd/ *v* [intr] **1** combaciare: *His version **corresponds** with what she told us.* La sua versione corrisponde a ciò che ci ha detto lei. **2** (essere equivalente a) **to correspond to sth** corrispondere a qc **3** (scrivere lettere) **to correspond with sb** corrispondere con qn

correspondence /ˌkɒrəˈspɒndəns/ *s* (formale) corrispondenza

correspondent /ˌkɒrəˈspɒndənt/ *s* corrispondente

corresponding /ˌkɒrəˈspɒndɪŋ/ *agg* corrispondente

corridor /ˈkɒrɪdɔː/ *s* corridoio

corrugated /ˈkɒrəgeɪtɪd/ *agg* **1** (cartone, lamiera) ondulato -a **2** (mare) increspato -a

corrupt /kəˈrʌpt/ *aggettivo* e *verbo*
- *agg* **1** (persona, società, sistema) corrotto -a **2** (file) danneggiato -a
- *v* [tr] corrompere [persona], corrompere [giovane, bambino], danneggiare [file]

corruption /kəˈrʌpʃən/ *s* corruzione

cosmetic /kɒzˈmetɪk/ *agg* estetico -a

cosmetics /kɒzˈmetɪks/ *s pl* cosmetici

cosˌmetic ˈsurgery *s* chirurgia estetica

cosmopolitan /ˌkɒzməˈpɒlətən/ *agg* cosmopolita

cost /kɒst/ *sostantivo*, *sostantivo plurale* e *verbo*
- *s* **1** costo: *The **cost of living** has gone up.* Il costo della vita è aumentato. | *A new cinema complex has been built **at a cost of** $15m.* È stato costruito un nuovo cinema multisala, il cui costo ammonta a 15 milioni di dollari. | *They want success **at all costs**.* Vogliono il successo a tutti i costi. **2 to count the cost** pagare: *He's treated me badly and now he's counting the*

Non sai come pronunciare una determinata parola? Consulta la tabella dei simboli fonetici nell'interno della copertina.

cost. Mi ha trattato male ed ora sta pagando.

• **costs** *s pl* **1** (di produzione) costi **2** (nel linguaggio legale) spese (legali)

• *v* [tr] (passato e participio **cost**) costare: *How much will it **cost to** repair it?* Quanto costa farlo riparare? | *This suit **cost me** £400.* Questo abito mi è costato 400 sterline.

co-star /ˈkəʊ stɑː/ *s* coprotagonista

Costa Rica /ˌkɒstə ˈriːkə/ *s* Costa Rica

Costa Rican /ˌkɒstə ˈriːkən/ *agg e s* costaricano -a

ˌcost-efˈfective *agg* economico -a

costly /ˈkɒstli/ *agg* (**-lier**, **-liest**) caro -a

costume /ˈkɒstjʊm/ *s* costume

cosy BrE, **cozy** AmE /ˈkəʊzi/ *agg* (**cosier**, **cosiest**) (ambiente, atmosfera) accogliente: *The house feels very cosy.* La casa è molto accogliente.

cot /kɒt/ *s* BrE (per bambini) lettino

cottage /ˈkɒtɪdʒ/ *s* piccola casa di campagna

ˌcottage ˈcheese *s* formaggio fresco in fiocchi

cotton /ˈkɒtn/ *sostantivo e aggettivo*

• *s* **1** (pianta, tessuto) cotone **2** BrE filo di cotone **3** AmE ► vedi **cotton wool**

• *agg* di cotone

ˌcotton ˈwool *s* BrE (ovatta) cotone

couch /kaʊtʃ/ *s* divano

cough /kɒf/ *verbo e sostantivo*

• *v* **1** [intr] tossire **2 to cough (up) blood** sputare sangue

cough (sth) up (informale) scucire qc [denaro]

• *s* colpo di tosse: *He's got **a bad cough**.* Ha una brutta tosse.

could /kəd, tonico kʊd/ **1** (indica capacità fisica) potevo, potevi, poteva ecc., (indica esperienza acquisita) sapevo, sapevi, sapeva ecc.: *She couldn't leave the house.* Non poteva uscire di casa. | *She couldn't swim* Non sapeva nuotare. | *They could speak Japanese.* Parlavano il giapponese. **2** (con verbi di percezione) *I could hear them shouting.* Li sentivo gridare. | *He couldn't see a thing.* Non vedeva nulla. **3** (usato per chiedere permesso) posso, puoi, può ecc.: *Could I use your phone?* Posso usare il tuo telefono? **4** (indica possibilità) *You could be right.* Potresti aver ragione. | *You could have been killed.* Avresti potuto restare ucciso. **5** (nelle richieste) potrei, potresti, potremmo ecc.: *Could you close the door, please?* Potresti chiudere la porta, per favore? | *Could I have more coffee, please?* Potrei avere dell'altro caffè? **6** (in suggerimenti) posso, puoi, può ecc.: *You could always try calling her office.* Puoi sempre provare a chiamarla in ufficio. | *We could get the train.* Potremmo prendere il treno. **7** (esprime rabbia) *I could have killed him when he said that!* Avrei potuto ucciderlo quando lo ha detto!

couldn't /ˈkʊdnt/ forma contratta di **could not**

could've /ˈkʊdəv/ forma contratta di **could have**

council /ˈkaʊnsəl/ *s* **1** consiglio | **city/town council** giunta comunale **2 council flat/house** BrE casa popolare

councillor BrE, **councilor** AmE /ˈkaʊnsələ/ *s* consigliere

counsel /ˈkaʊnsəl/ *sostantivo e verbo*

• *s* (pl **counsel**) (avvocato) legale

• *v* [tr] (**-lled**, **-lling** BrE, **-led**, **-ling** AmE) (formale) **to counsel sb to do sth** consigliare a qn di fare qc

counselling BrE, **counseling** AmE /ˈkaʊnsəlɪŋ/ *s* supporto psicologico

counsellor BrE, **counselor** AmE /ˈkaʊnsələ/ *s* consulente sociale

count /kaʊnt/ *verbo e sostantivo*

• *v* **1** [tr/intr] contare: *There are five in our family, counting me.* In famiglia siamo cinque, contando anche me. **2** [intr] (essere considerato) contare: *This work **counts as** overtime.* Questo lavoro conta come straordinario. **3 to count yourself lucky** considerarsi fortunato **4** [intr] contare: *That goal doesn't count.* Quel gol non conta. **5** [intr] (essere importante o di valore) contare: *My opinion doesn't **count for anything** around here.* La mia opinione non conta niente qui.

count sb in (informale) contare qn

count on sth contare su qc **count on sb** contare su qn: *You can always count on him.* Puoi sempre contare su di lui.

• *s* **1** conteggio | **to keep/lose count (of sth)** tenere/perdere il conto (di qc) **2** (nobile) conte

countable /ˈkaʊntəbəl/ *agg* (in linguistica) numerabile

countdown /ˈkaʊntdaʊn/ *s* conto alla rovescia

counter /ˈkaʊntə/ *sostantivo, avverbio e verbo*

• *s* **1** (di negozio) banco, (di banca) sportello **2** (di cucina, laboratorio) piano (di lavoro) **3** (nei giochi) pedina **4** (apparecchio) contatore

• *avv* **to run/go counter to sth** opporsi a qc

• *v* **1** [tr] ridurre **2** [tr/intr] controbattere

counteract /ˌkaʊntərˈækt/ *v* [tr] neutralizzare

ˈcounter-atˌtack *s* controffensiva

counterfeit /ˈkaʊntəfɪt/ *agg* (denaro) falso -a

counterpart /ˈkaʊntəpɑːt/ *s* **1** (persona) controparte **2** (ente) equivalente

ˌcounter-proˈductive *agg* controproducente

C'è una tavola con i numeri in inglese e spiegazioni sul loro uso nella **guida grammaticale**.

countess /ˈkaʊntəs/ *s* contessa

countless /ˈkaʊntləs/ *agg* moltissimo -a: *countless varieties of cheese* moltissimi tipi di formaggio | **countless hours** un'infinità di ore

C

country /ˈkʌntri/ *s* (pl **-tries**) **1** paese: *What country do you come from?* Da che paese vieni? | *He died for his country.* È morto per la patria. **2 the country** la campagna: *a day in the country* una giornata in campagna **3** regione: *Cornwall is farming country.* La Cornovaglia è una regione agricola.

ˌcountry and ˈwestern, anche **ˈcountry music** *s* country

countryman /ˈkʌntrimən/ *s* (pl **-men**) **1** (anche **fellow countryman**) compatriota **2** contadino

countryside /ˈkʌntrisaɪd/ *s* campagna

countrywoman /ˈkʌntriˌwʊmən/ *s* **1** (anche **fellow countrywoman**) compatriota **2** contadina

county /ˈkaʊnti/ *s* (pl **-ties**) (in Gran Bretagna, Stati Uniti o Irlanda) contea

coup /kuː/ *s* **1** colpo di Stato **2** (affare, impresa) colpaccio: *Winning the championship was a real coup.* Vincere il campionato è stato un bel colpaccio.

couple /ˈkʌpəl/ *sostantivo e verbo*

• *s* **1 a couple of** un paio di: *Bring a couple of friends.* Porta un paio di amici. | *They sold a couple of hundred tickets.* Hanno venduto qualche centinaio di biglietti. | *Could you bring a couple more chairs?* Puoi portare qualche altra sedia? **2** coppia | **a married couple** una coppia sposata

• *v* [tr] **1** agganciare [veicoli] **2 coupled with** associato a

coupon /ˈkuːpɒn/ *s* (per sconto, regalo) buono, (per informazioni) tagliando

courage /ˈkʌrɪdʒ/ *s* coraggio

courageous /kəˈreɪdʒəs/ *agg* coraggioso -a

courgette /kʊəˈʒet/ *s* BrE zucchina

courier /ˈkʊriə/ *s* **1** corriere **2** (accompagnatore) guida turistica

course /kɔːs/ *s* **1 of course** certo | **of course not** certo che no **2** (lezioni) corso: *I'm **taking** a **course in** computing.* Sto facendo un corso di informatica. **3** possibilità: *One **course of action** would be to increase the price.* Una possibilità sarebbe aumentare il prezzo. **4 to let things take their course** lasciare che le cose facciano il loro corso **5** (di aereo, nave) rotta | **to change course** cambiare rotta **6** (di pasto) portata | **main course** secondo (piatto) **7** (per corse dei cavalli) tracciato **8** (per il golf) campo **9 to be on a course of treatment** seguire una cura: *I'm on a course of antibiotics.* Sto prendendo degli antibiotici.

coursebook /ˈkɔːsbʊk/ *s* libro di testo

court /kɔːt/ *sostantivo e verbo*

• *s* **1** tribunale | **to go to court** fare causa **2** (per il tennis, lo squash) campo **3** (di monarca) corte **4 court case** processo

• *v* [tr] **to court disaster** andare in cerca di guai | **to court death** sfidare la morte

courteous /ˈkɜːtiəs/ *agg* gentile

courtesy /ˈkɜːtəsi/ *s* (pl **-sies**) gentilezza

ˌcourt-ˈmartial *s* corte marziale

courtyard /ˈkɔːtjɑːd/ *s* cortile

cousin /ˈkʌzən/ *s* cugino -a: *first cousin* cugino di primo grado

cove /kəʊv/ *s* caletta

cover /ˈkʌvə/ *verbo, sostantivo e sostantivo plurale*

• *v* **1** [tr] (anche **cover up**) coprire: *She **covered** the sofa **with** a sheet.* Ha coperto il divano con un lenzuolo. **2** [tr] coprire: *The walls of her room are **covered with** posters.* Le pareti della sua stanza sono coperte di poster. **3** [tr] coprire [distanza] **4** [tr] toccare [punto, argomento] **5** [tr] fare un reportage su **6** [tr] coprire: *I have enough to cover the cost of a plane ticket.* Ho abbastanza per coprire il costo di un biglietto aereo. | *Will £20 cover it?* Bastano 20 sterline? **7** [intr] **to cover for sb** sostituire qn

cover sth up insabbiare qc

• *s* **1** (per mobile, apparecchiatura) fodera, (per auto) telone **2** (di libro, rivista) copertina: *Her photo was on the cover of Newsweek.* La sua foto era sulla copertina di Newsweek. | *I've read it **from cover to cover**.* L'ho letto da cima a fondo. **3 to run for cover** cercare un rifugio | **to take cover (from sth)** ripararsi (da qc) **4 under cover of darkness** con il favore delle tenebre

• **covers** *s pl* **the covers** le coperte

coverage /ˈkʌvərɪdʒ/ *s* copertura: *TV coverage* la copertura televisiva

covering /ˈkʌvərɪŋ/ *s* (protezione) copertura, (per pavimento) rivestimento

covert /ˈkʌvət, ˈkəʊvɜːt/ *agg* segreto -a

ˈcover-up *s* insabbiamento

covet /ˈkʌvət/ *v* [tr] (formale) agognare

cow /kaʊ/ *s* mucca

coward /ˈkaʊəd/ *s* vigliacco -a | **to call sb a coward** dare del vigliacco a qn

cowardice /ˈkaʊədɪs/ *s* vigliaccheria

cowardly /ˈkaʊədli/ *agg* vigliacco -a: *It was a cowardly thing to do.* Farlo è stata una vigliaccheria.

cowboy /ˈkaʊbɔɪ/ *s* **1** cowboy **2** BrE (informale) filibustiere

coy /kɔɪ/ *agg* **1** (sorriso) di una timidezza affettata **2** (restio a respondere) evasivo -a

cozy AmE ▶ vedi **cosy**
crab /kræb/ *s* granchio
crack /kræk/ *verbo e sostantivo*
• *v* **1** [intr] incrinarsi, [tr] incrinare: *The plates cracked in the hot oven.* I piatti si sono incrinati con il caldo del forno. | *He cracked the glass.* Ha incrinato il bicchiere. **2** [intr] (ramo, ramoscello) spezzarsi **3** [tr] far schioccare [frusta] **4 to crack your head on sth** spaccarsi la testa su qc **5** [intr] (crollare) cedere **6** [intr] (voce) incrinarsi **7** [tr] rompere [uova], spaccare [noce], scassinare [cassaforte] **8** [tr] risolvere [problema], decifrare [codice]: *I've cracked it!* Ci sono arrivato! **9 to crack jokes** (informale) fare battute **10 to get cracking** (informale) darsi una mossa

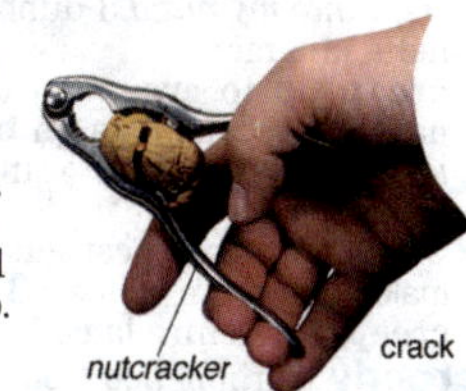

crack down to crack down (on sth/sb) intervenire duramente (contro qc/qn)
crack up (informale) uscire di testa
• *s* **1** fessura **2** crepa **3** (dissapore) incrinatura **4** (di rami) scricchiolio, (di spari) crepitare, (di frusta) schiocco **5** (informale) battuta **6 to have a crack at sth** (informale) cimentarsi in qc **7 at the crack of dawn** all'alba
crackdown /ˈkrækdaʊn/ *s* ***a crackdown on** smugglers* un inasprimento delle misure contro i contrabbandieri
cracked /krækt/ *agg* **1** (vetro, vaso) incrinato -a **2** (labbra, pelle) screpolato -a
cracker /ˈkrækə/ *s* (biscotto salato) cracker
crackle /ˈkrækəl/ *verbo e sostantivo*
• *v* [intr] **1** (fuoco, fiamme) crepitare **2** (radio) gracchiare
• *s* **1** (di fiamme) crepitio **2** (di radio, telefono) rumore di sottofondo
cradle /ˈkreɪdl/ *sostantivo e verbo*
• *s* culla
• *v* [tr] cullare
craft /krɑːft/ *sostantivo e verbo*
• *s* **1** (mestiere) arte | **crafts** artigianato **2** (pl **craft**) (barca) imbarcazione, (aereo) velivolo, (nello spazio) veicolo spaziale
• *v* [tr] fare a mano
craftsman /ˈkrɑːftsmən/ *s* (pl **-men**) artigiano
craftsmanship /ˈkrɑːftsmənʃɪp/ *s* **1** abilità [artigianale] **2** lavorazione
crafty /ˈkrɑːfti/ *agg* (**-tier**, **-tiest**) furbo -a
crag /kræg/ *s* sperone di roccia
cram /kræm/ (**crammed**, **cramming**) *v* **1 to cram sth into sth** cacciare qc in qc [in valigia, auto] **2 to be crammed with sth** essere pieno (zeppo) di qc: *Venice is crammed with tourists in summer.* Venezia è piena di turisti in estate. **3 to cram into sth** ammassarsi in qc: *Thousands of fans crammed into the stadium.* Migliaia di fans si sono ammassati nello stadio. **4** [intr] (studiare) ripassare
cramp /kræmp/ *sostantivo e sostantivo plurale*
• *s* crampo
• **cramps** *s pl* dolori addominali
cramped /kræmpt/ *agg* (spazio) ristretto -a, (ufficio) affollato -a
cranberry /ˈkrænbəri/ *s* mirtillo rosso
crane /kreɪn/ *sostantivo e verbo*
• *s* **1** (macchinario) gru **2** (uccello) gru
• *v* [intr] (anche **crane forward**) sporgersi (in avanti) | **to crane your neck** allungare il collo
crank /kræŋk/ *s* **1** (informale) (persona) esaltato -a **2** (di macchinario) manovella
crap /kræp/ *s* (volgare) stronzate
crash /kræʃ/ *verbo e sostantivo*
• *v* **1** [tr] avere un incidente con [auto, moto] **2** [intr] schiantarsi: *The car **crashed into** a tree.* L'auto si è schiantata contro un'albero. **3** [intr] (fare rumore) *The roof came crashing down.* Il tetto è venuto giù con gran fracasso. | *The waves crashed against the rocks.* Le onde si infrangevano contro le rocce. **4** [intr] (computer, sistema) bloccarsi
• *s* **1** incidente | **car crash** incidente stradale | **plane/train crash** incidente aereo/ferroviario **2** (rumore) fracasso
ˈcrash course *s* corso intensivo
ˈcrash ˌhelmet *s* casco
ˌcrash ˈlanding *s* atterraggio di fortuna
crate /kreɪt/ *s* cassa
crater /ˈkreɪtə/ *s* cratere
crave /kreɪv/ *v* [tr] avere un disperato bisogno di [affetto, attenzione]
craving /ˈkreɪvɪŋ/ *s* **to have a craving for sth** avere una voglia matta di qc
crawl /krɔːl/ *verbo e sostantivo*
• *v* [intr] **1** (bebè) gattonare: *Robert was crawling towards them.* Robert stava gattonando verso di loro. | *He **crawled through** a ventilation shaft to escape.* Ha camminato a quattro ampe lungo il condotto di aerazione per fuggire. **2** (anche **crawl along**) (traffico, veicolo) procedere lentamente **3 to crawl to sb** ingraziarsi qn **4 to be crawling with sth** brulicare di qc: *The town is crawling with tourists.* La città brulica di turisti.
• *s* **1 to move at a crawl** procedere a passo d'uomo **2** stile libero | **to do the crawl** nuotare a stile libero
crayon /ˈkreɪən/ *s* **1** matita colorata **2** pastello a cera
craze /kreɪz/ *s* mania

C

crazy /'kreɪzi/ *agg* (**-zier**, **-ziest**) (informale) **1** pazzo -a | **to go crazy a)** dare in escandescenze **b)** scatenarsi **2 to be crazy about sth** andare matto per qc: *She's **crazy about** rock music.* Va matta per il rock. | **to be crazy about sb** adorare qn

creak /kriːk/ *verbo* e *sostantivo*
- *v* [intr] scricchiolare
- *s* scricchiolio

cream /kriːm/ *sostantivo* e *aggettivo*
- *s* **1** panna **2** (prodotto cosmetico, farmaceutico) crema, (per scarpe) lucido **3 the cream of sth** il meglio di qc **4** color panna
- *agg* panna

ˌcream 'cheese *s* formaggio fresco cremoso

creamy /'kriːmi/ *agg* (**-mier**, **-miest**) cremoso -a

crease /kriːs/ *sostantivo* e *verbo*
- *s* piega
- *v* [tr] spiegazzare, [intr] spiegazzarsi

create /kri'eɪt/ *v* [tr] creare [problemi, personaggi, posti di lavoro], dare [impressione]

creation /kri'eɪʃən/ *s* creazione

creative /kri'eɪtɪv/ *agg* creativo -a

creativity /ˌkriːeɪ'tɪvəti/ *s* creatività

creator /kri'eɪtə/ *s* creatore -trice

creature /'kriːtʃə/ *s* **1** creatura: *all living creatures* tutte le creature viventi | *sea creatures* animali marini | *creatures from another planet* creature di un altro pianeta **2 a creature of habit** un abitudinario

crèche /kreʃ/ *s* BrE asilo nido

credentials /krɪ'denʃəlz/ *s pl* (di esperto, ambasciatore) credenziali

credibility /ˌkredə'bɪləti/ *s* credibilità

credible /'kredəbəl/ *agg* (trama) credibile, (testimone) attendibile

credit /'kredɪt/ *sostantivo* e *verbo*
- *s* **1** credito: *We've got to buy the TV **on credit**.* Dobbiamo comprare la televisione a credito. **2 to give sb credit for sth** riconoscere qc a qn: *You've got to **give him credit for** helping us to win.* Bisogna riconoscergli che ci ha aiutato a vincere. **3 to be a credit to sb** fare onore a qn **4** (di conto in banca) credito | **to be in credit** avere un saldo positivo **5 the credits** (di film) i titoli di coda
- *v* [tr] **1** accreditare: *The money will be **credited to** your account.* I soldi le verranno accreditati sul conto. **2 to credit sb with sth** attribuire qc a qn

'credit card *s* carta di credito

creditor /'kredɪtə/ *s* creditore -trice

creek /kriːk/ *s* **1** BrE insenatura **2** AmE ruscello **3 to be up the creek** (informale) essere rovinato

creep /kriːp/ *verbo* e *sostantivo*
- *v* [intr] (passato e participio **crept**) **1** (muoversi furtivamente) *They crept into the room.* Sono entrati nella stanza di soppiatto. | *I crept upstairs.* Sono andato di sopra quatto quatto. **2** (infiltrarsi) insinuarsi: *Doubts crept into my mind.* I dubbi si insinuavano nella mia mente.

  creep up to creep up on sb a) avvicinarsi furtivamente a qn **b)** *Old age creeps up on you.* Si invecchia senza accorgersene.
- *s* **1** (informale) carogna **2** BrE (informale) adulatore -trice **3 to give sb the creeps** far venire la pelle d'oca a qn

creepy /'kriːpi/ *agg* (**-pier**, **-piest**) (musica) che mette i brividi, (sensazione) di disagio

cremate /krə'meɪt/ *v* [tr] cremare | **to be cremated** farsi cremare

cremation /krɪ'meɪʃən/ *s* cremazione

crematorium /ˌkremə'tɔːriəm/, anche **crematory** /'kremətəri, AmE 'kriːmətɔːri/ *s* crematorio

crept /krept/ passato e participio di **creep**

crescendo /krə'ʃendəʊ/ *s* crescendo

crescent /'kresənt/ *s* **1** (forma) mezzaluna **2** denominazione data a vie cittadine con un percorso arcuato

cress /kres/ *s* crescione

crest /krest/ *s* **1** (di collina) cresta **2** (di onda) cresta **3** (di uccello) cresta **4** (di casata, città) stemma

crevice /'krevɪs/ *s* spaccatura [nel terreno]

crew /kruː/ *s* **1** (di nave, aereo) equipaggio **2** (nel canottaggio) equipaggio **3** (gruppo) squadra **4** (nel cinema) troupe

'crew-cut *s* **to have a crew-cut** avere i capelli a spazzola

crib /krɪb/ *s* **1** AmE lettino ► In inglese britannico si usa **cot**. **2** BrE (decorazione natalizia) presepio

cricket /'krɪkɪt/ *s* **1** grillo **2** cricket

cricketer /'krɪkɪtə/ *s* giocatore di cricket

crime /kraɪm/ *s* **1** criminalità **2** crimine, reato **3 crime prevention** prevenzione della criminalità **crime rate** tasso di criminalità

criminal /'krɪmənəl/ *aggettivo* e *sostantivo*
- *agg* **1** (attività) criminale | **a criminal offence** un crimine | **a criminal investigation** un'indagine giudiziaria | **to have a criminal record** avere la fedina penale sporca **2** (sistema legale) penale
- *s* criminale

crimson /'krɪmzən/ *agg* e *s* rosso cremisi

cringe /krɪndʒ/ *v* [intr] **1** (acquattarsi) rannicchiarsi **2** (provare imbarazzo) rabbrividire

cripple /'krɪpəl/ *sostantivo* e *verbo*
- *s* storpio -a ► Questo vocabolo è ritenuto offensivo e perciò si preferisce usare **disabled person**.
- *v* [tr] **1** storpiare [persona] **2** paralizzare [attività, industria]

crippling /ˈkrɪplɪŋ/ *agg* **1** (malattia, lesione) che porta a deformazioni **2** gravoso -a

crisis /ˈkraɪsɪs/ *s* (pl **crises** /-siːz/) crisi: *the oil crisis* la crisi petrolifera

crisp /krɪsp/ *aggettivo e sostantivo*
- *agg* **1** (biscotto) croccante, (pancetta) ben cotto -a, (neve, foglia) che scricchiola **2** (insalata, mela) fresco -a **3** (giornata, tempo) pungente **4** (biancheria) fresco -a di bucato **5** (tono) secco -a
- *s* BrE (anche **potato crisp**) patatina

crispy /ˈkrɪspi/ *agg* (**-pier**, **-piest**) croccante

criterion /kraɪˈtɪəriən/ *s* (pl **-ria** /-riə/) criterio

critic /ˈkrɪtɪk/ *s* **1** (per professione) critico -a: *an art critic* un critico d'arte **2** (persona critica) critico -a

critical /ˈkrɪtɪkəl/ *agg* **1** (persona, commento) critico -a: *Don't be so critical.* Non essere così critica. | **to be critical of sb/sth** criticare qn/qc **2** (importante) cruciale: *The tape ran out at a critical moment in the film.* La cassetta è finita nel momento cruciale del film. **3** (grave) critico -a: *The patient is in a critical condition.* Il paziente è in condizioni critiche.

critically /ˈkrɪtɪkli/ *avv* **1** **critically ill/injured** gravemente malato/ferito **2** in modo critico

criticism /ˈkrɪtəsɪzəm/ *s* **1** critica: *He's never been able to accept criticism.* Non ha mai saputo accettare le critiche. **2** [mai plurale] critica: *literary criticism* critica letteraria

criticize, -ise BrE /ˈkrɪtəsaɪz/ *v* [tr, intr] criticare | **to criticize sb for sth/for doing sth** criticare qn per qc/per aver fatto qc

critique /krɪˈtiːk/ *s* critica

croak /krəʊk/ *v* [intr] (rana) gracidare, (persona) gracchiare

croaking /ˈkrəʊkɪŋ/ *s* gracidio

crochet /ˈkrəʊʃeɪ/ *s* uncinetto

crockery /ˈkrɒkəri/ *s* [mai plurale] stoviglie

crocodile /ˈkrɒkədaɪl/ *s* coccodrillo

crocus /ˈkrəʊkəs/ *s* (pl **crocuses**) croco

croissant /ˈkwɑːsɒŋ/ *s* brioche, cornetto

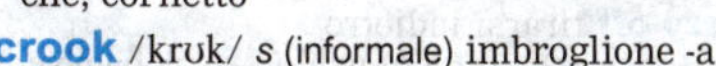

crockery

crook /krʊk/ *s* (informale) imbroglione -a

crooked /ˈkrʊkɪd/ *agg* **1** (denti, quadro, sorriso) storto -a, (sentiero) tortuoso -a **2** (informale) (persona) disonesto -a

crop /krɒp/ *sostantivo e verbo*
- *s* **1** coltivazione, coltura **2** raccolto
- *v* [tr] (**cropped**, **cropping**) **1** rasare [capelli] **2** brucare [erba]
  crop up saltar fuori

cross /krɒs/ *verbo, sostantivo e aggettivo*
- *v* (3ª pers sing **crosses**) **1** [tr, intr] (anche **cross over**) attraversare: *Look before you cross the road.* Guarda prima di attraversare la strada. | *We can cross now.* Ora possiamo attraversare. **2** [tr] **to cross the finishing line** tagliare il traguardo | **to cross the border** attraversare il confine **3** [tr] (intersecare) incrociare: *The road crosses the railway at this point.* La strada incrocia la ferrovia qui. **4** [tr] **to cross your legs** accavallare le gambe | **to cross your arms** incrociare le braccia **5** [tr, intr] (nello sport) crossare **6** [tr] incrociare [animali, piante]
  cross sth off (a list) cancellare qc (da una lista)
  cross sth out tirare una riga su qc
- *s* **1** (oggetto) croce **2** BrE (segno su carta) croce **3** (nel calcio) cross **4** **a cross between sth and sth** un incrocio tra qc e qc
- *agg* arrabbiato -a: *Are you cross with me?* Sei arrabbiato con me? | *She **gets cross** about nothing.* Si arrabbia per niente.

crossbar /ˈkrɒsbɑː/ *s* **1** (nel calcio) traversa **2** (di bicicletta) canna

ˌcross-ˈcountry *agg* (itinerario) secondario -a | **cross-country running** corsa campestre | **cross-country skiing** sci di fondo

ˌcross-exˈamine *v* [tr] (in tribunale) interrogare

ˌcross-ˈeyed *agg* strabico -a

crossing /ˈkrɒsɪŋ/ *s* **1** (di strada) attraversamento, passaggio pedonale **2** (di strade, linee) incrocio **3** (in nave) traversata

cross-legged /ˌkrɒs ˈlegɪd/ *avv* e *agg* con le gambe incrociate

crossly /ˈkrɒsli/ *avv* con rabbia

ˌcross ˈpurposes *s pl* **at cross purposes** senza capirsi: *They were talking at cross purposes.* Parlavano senza capirsi.

ˌcross-ˈreference *s* rimando

crossroads /ˈkrɒsrəʊdz/ *s* (pl **crossroads**) **1** (di strade) incrocio: *Turn right at the crossroads.* All'incrocio, gira a destra. **2** **to be at a crossroads** (in rapporto, processo) essere/trovarsi ad un bivio

ˌcross-ˈsection *s* **1** (di oggetto) sezione **2** (gruppo rappresentativo) campione

crossword /ˈkrɒswɜːd/ anche **ˈcrossword ˌpuzzle** *s* parole crociate

crotch /krɒtʃ/ *s* **1** inforcatura **2** (di pantaloni) cavallo

crouch /kraʊtʃ/, anche **crouch down** *v* [intr] (persona, animale) accovacciarsi

Quando si usa *in*, *on* e *at*? Vedi alla voce in.

C

crow /krəʊ/ *sostantivo e verbo*
• *s* corvo | **as the crow flies** in linea d'aria
• *v* [intr] **1** (gallo) cantare **2 to crow over/about sth** vantarsi di qc

crowbar /ˈkrəʊbɑː/ *s* piede di porco

crowd /kraʊd/ *sostantivo e verbo*
• *s* **1** folla ▶ crowd può essere seguito da un verbo singolare o plurale: *A large crowd had gathered.* Si era formata una grande folla. | *There were crowds of people there.* C'era una gran folla (di gente). **2** (ad una partita) pubblico **3** (informale) **the usual crowd** la solita gente **4 to go with/follow the crowd** seguire la massa
• *v* **1** [tr] affollare [luogo] **2** [intr] **to crowd around (sb/sth)** accalcarsi attorno (a qn/qc): *Photographers crowded around her as she arrived at the hotel.* I fotografi le si accalcarono attorno appena arrivò all'albergo. | **to crowd into/onto sth** accalcarsi in qc: *Fans were crowding into the stadium.* I tifosi si accalcarono nello stadio. **3** [tr] stare addosso a [persona]

crowded /ˈkraʊdɪd/ *agg* affollato -a: *crowded streets* strade affollate | *a crowded beach* una spiaggia affollata | *The station was* ***crowded with*** *people.* La stazione era piena di gente.

crown /kraʊn/ *sostantivo e verbo*
• *s* **1** (di re) corona **2 the Crown** BrE lo Stato [britannico] **3** (di capelli, testa) calotta **4** (moneta) corona **5** (di dente) corona
• *v* [tr] incoronare: *She was crowned Queen in 1837.* Fu incoronata regina nel 1837.

crucial /ˈkruːʃəl/ *agg* cruciale: *a crucial moment in the championship* un momento cruciale del campionato

crucifix /ˈkruːsəfɪks/ *s* (pl **-xes**) crocifisso

crucifixion /ˌkruːsəˈfɪkʃən/ *s* crocifissione

crucify /ˈkruːsəfaɪ/ *v* [tr] (**-fies**, **-fied**) crocifiggere

crude /kruːd/ *aggettivo e sostantivo*
• *agg* **1** volgare: *a crude gesture* un gesto volgare **2** rudimentale
• *s* anche **crude oil** greggio ▶ FALSE FRIEND Non confondere **"crude"** con **crudo** che si traduce **raw**.

cruel /ˈkruːəl/ *agg* crudele | **to be cruel to sb** essere crudele con qn

cruelty /ˈkruːəlti/ *s* crudeltà: *I hate* ***cruelty to*** *animals.* Detesto la crudeltà verso gli animali.

cruise /kruːz/ *verbo e sostantivo*
• *v* [intr] **1** fare una crociera **2** (aereo, macchina) andare a velocità di crociera
• *s* crociera | **to go on a cruise** andare in crociera

cruiser /ˈkruːzə/ *s* **1** incrociatore **2** cabinato

crumb /krʌm/ *s* **1** briciola **2 a crumb of comfort/hope** un briciolo di conforto/speranza

crumble /ˈkrʌmbəl/ *v* **1** [intr] (anche **crumble away**) (muro, edificio) sgretolarsi **2** [intr] (sistema, rapporto) sgretolarsi **3** (cibo) [tr] sbriciolare, [intr] sbriciolarsi

crumple /ˈkrʌmpəl/, anche **crumple up** *v* **1** [tr] spiegazzare [stoffa, vestito], accartocciare [carta] **2** [intr] (stoffa, vestito) spiegazzarsi

crumpled /ˈkrʌmpəld/ *agg* spiegazzato -a | **to get crumpled** spiegazzarsi

crunch /krʌntʃ/ *sostantivo e verbo*
• *s* **1** scricchiolio **2 when/if it comes to the crunch** quando/se si arriva al dunque
• *v* [intr] scricchiolare

crunchy /ˈkrʌntʃi/ *agg* (**-chier**, **-chiest**) croccante

crusade /kruːˈseɪd/ *s* **1** (anche **Crusade**) (nella storia) crociata **2** (contro qc) crociata

crusader /kruːˈseɪdə/ *s* **1** crociato **2** militante

crush /krʌʃ/ *verbo e sostantivo*
• *v* [tr] **1** spremere [frutta], schiacciare [aglio], triturare [ghiaccio], frantumare [roccia] **2** reprimere [rivolta], eliminare [opposizione, resistenza] **3** annientare [speranze, entusiasmo]
• *s* **1** (di persone) calca **2** (innamoramento) cotta | **to have a crush on sb** avere una cotta per qn

crushing /ˈkrʌʃɪŋ/ *agg* **1** (sconfitta) schiacciante **2** (commento) stroncante

crust /krʌst/ *s* **1** (di pane, crostata) crosta **2 the earth's crust** la crosta terrestre

crusty /ˈkrʌsti/ *agg* (**-tier**, **-tiest**) croccante

crutch /krʌtʃ/ *s* (pl **crutches**) stampella | **to be on crutches** camminare con le stampelle

crux /krʌks/ *s* **the crux of the matter/problem etc** il fulcro della questione/del problema ecc.

cry /kraɪ/ (**cries**, **cried**) *verbo e sostantivo*
• *v* **1** [intr] (versar lacrime) piangere: *Why are you crying?* Perchè piangi? | *The baby was* ***crying for*** *his mother.* Il bambino piangeva perché voleva la mamma. | **to cry over sth** piangere per qc **2** [intr] (anche **cry out**) (urlare) gridare | **to cry for help** invocare aiuto **3** [intr] (uccelli) gridare **4 to cry your eyes/heart out** piangere tutte le proprie lacrime **5 to be crying out for sth** avere estremo bisogno di qc
cry off tirarsi indietro
• *s* (pl **cries**) **1** (urlo) grido **2** (di bambino) pianto **3** (di animale) verso **4 to be a far cry from sth** essere tutt'altra cosa rispetto a qc

crypt /krɪpt/ *s* cripta
cryptic /ˈkrɪptɪk/ *agg* ermetico -a
crystal /ˈkrɪstl/ *s* **1** (minerale) cristallo **2** (vetro) cristallo | **crystal ball** sfera di cristallo **3** (di sale, ghiaccio) cristallo
ˌcrystal-ˈclear *agg* **1** cristallino -a **2** assolutamente chiaro -a
cub /kʌb/ *s* cucciolo [di leone, orso]
Cuba /ˈkjuːbə/ *s* Cuba
Cuban /ˈkjuːbən/ *agg e s* cubano -a
cube /kjuːb/ *s* **1** cubo **2** (di zucchero) zolletta, (di ghiaccio) cubetto, (di carne, formaggio) dadino **3** (numero) cubo: *The cube of four is 64.* Quattro al cubo fa 64.
cubic /ˈkjuːbɪk/ *agg* **cubic metre** metro cubo | **cubic centimetre/inch** centimetro/pollice cubico
cubicle /ˈkjuːbɪkəl/ *s* (in piscina, bagni pubblici) cabina, (in negozio) camerino
cuckoo /ˈkʊkuː/ *s* cuculo
cucumber /ˈkjuːkʌmbə/ *s* cetriolo
cuddle /ˈkʌdl/ *verbo e sostantivo*
• *v* **1** [tr] coccolare **2** [intr] farsi le coccole
cuddle up to cuddle up to sb stringersi a qn
• *s* coccola | **to give sb a cuddle** abbracciare qn
cuddly /ˈkʌdli/ *agg* (**-lier**, **-liest**) morbido -a | **cuddly toy** animale di peluche
cue /kjuː/ *s* **1** **cue for sth/cue to do sth** segnale di qc/per fare qc **2** (per attore) battuta d'entrata **3** **(right) on cue** (proprio) al momento giusto **4** **to take your cue from sb** prendere esempio da qn **5** stecca
cuff /kʌf/ *sostantivo e verbo*
• *s* **1** (di camicia, giacca) polsino **2** (colpo) buffetto
• *v* [tr] dare un buffetto a
ˈcuff link *s* gemello [di camicia]
cuisine /kwɪˈziːn/ *s* cucina: *French cuisine* la cucina francese
cul-de-sac /ˈkʌl də ˌsæk/ *s* (*pl* **cul-de-sacs**) **1** (strada) vicolo cieco **2** (situazione) vicolo cieco
cull /kʌl/ *verbo e sostantivo*
• *v* [tr] **1** **to cull sth from sth** raccogliere qc da qc [informazioni] **2** praticare l'abbattimento selettivo di [animali]
• *s* abbattimento selettivo
culminate /ˈkʌlməneɪt/ *v* [intr] **to culminate in sth** culminare in qc
culmination /ˌkʌlməˈneɪʃən/ *s* coronamento
culprit /ˈkʌlprɪt/ *s* **1** (persona) colpevole **2** (ragione) causa
cult /kʌlt/ *s* **1** (gruppo religioso) setta **2** (moda) culto | **a cult film** un cult movie | **a cult figure** un idolo
cultivate /ˈkʌltəveɪt/ *v* [tr] **1** coltivare [terreno] **2** coltivare [amicizia, contatti]
cultivated /ˈkʌltəveɪtɪd/ *agg* **1** (persona) colto -a **2** (campo, pianta) coltivato -a
cultivation /ˌkʌltəˈveɪʃən/ *s* **1** (di terreno) coltivazione **2** (di qualità, atteggiamento) incoraggiamento
cultural /ˈkʌltʃərəl/ *agg* culturale
culture /ˈkʌltʃə/ *s* **1** (di società) cultura | **culture shock** shock culturale **2** (arte) cultura **3** (di batteri) coltura
cultured /ˈkʌltʃəd/ *agg* (persona) colto -a, (accento, voce) da persona colta
cumbersome /ˈkʌmbəsəm/ *agg* **1** (procedura, norme, sistema) (eccessivamente) complesso -a **2** (oggetto) ingombrante
cumulative /ˈkjuːmjələtɪv/ *agg* (effetto) che si somma, (somma, impatto) complessivo -a
cunning /ˈkʌnɪŋ/ *aggettivo e sostantivo*
• *agg* **1** (persona) astuto -a **2** (piano) astuto -a
• *s* astuzia
cup /kʌp/ *sostantivo e verbo*
• *s* **1** tazza: *a cup of tea* una tazza di tè | *a cup and saucer* una tazza con piattino ▶ vedi nota sotto **tazza** **2** (anche **cupful**) tazza: *a cup of sugar* una tazza di zucchero **3** coppa: *the World Cup* la Coppa del Mondo | **cup final** finale di coppa
• *v* [tr] (**cupped**, **cupping**) **to cup your hands** mettere le mani a conca | **to cup your hands around sth** stringere qc tra le mani
cupboard /ˈkʌbəd/ *s* (in generale) armadio, (di cucina) armadietto
curate /ˈkjʊərət/ *s* curato
curator /kjʊˈreɪtə/ *s* curatore -trice
curb /kɜːb/ *verbo e sostantivo*
• *v* [tr] domare [temperamento], frenare [inflazione]
• *s* **1** (ad attività) freno, (a spesa, budget) taglio: *a* ***curb on*** *tobacco advertising* un freno alla pubblicità delle sigarette **2** AmE ▶ vedi **kerb**
cure /kjʊə/ *verbo e sostantivo*
• *v* [tr] **1** guarire [ammalato] **2** risolvere [problema] **3** conciare [tabacco, pelle], affumicare [prosciutto]
• *s* **1** cura: *There is no* ***cure for*** *this disease.* Non esiste una cura per questa malattia. **2** guarigione **3** rimedio
curfew /ˈkɜːfjuː/ *s* coprifuoco
curiosity /ˌkjʊəriˈɒsəti/ *s* curiosità | **out of curiosity** per curiosità
curious /ˈkjʊəriəs/ *agg* **1** (persona) curioso -a: *They were very* ***curious about*** *my past.* Erano molto curiosi riguardo il

C

mio passato. | *I'm **curious to** know where she got the money.* Sono curioso di sapere dove ha preso i soldi. **2** (strano, insolito) curioso -a

curiously /ˈkjʊəriəsli/ *avv* **1** con curiosità **2** stranamente

curl /kɜːl/ *sostantivo* e *verbo*

• *s* **1** (di capelli) ricciolo **2** (di fumo) spira

• *v* **1** [intr] (capelli) arricciarsi **2** [intr] (anche **curl up**) (carta, foglie) accartocciarsi **3** [intr] (fumo) *Smoke curled from the chimney.* Dal camino uscivano spire di fumo. **4** [intr] (dita, rampicante) avvinghiarsi

curl up raggomitolarsi

curler /ˈkɜːlə/ *s* bigodino

curly /ˈkɜːli/ *agg* (**-lier**, **-liest**) riccio -a

currant /ˈkʌrənt/ *s* uvetta

currency /ˈkʌrənsi/ *s* (pl **-cies**) valuta: *foreign currency* valuta estera

current /ˈkʌrənt/ *aggettivo* e *sostantivo*

• *agg* **1** (del momento) attuale **2** (in uso) diffuso -a

• *s* (di aria, acqua, elettrica) corrente

ˌcurrent acˈcount *s* BrE conto corrente

ˌcurrent afˈfairs *s pl* attualità

currently /ˈkʌrəntli/ *avv* attualmente

curriculum /kəˈrɪkjələm/ *s* (pl **curriculums** o **curricula** /-lə/) programma

curry /ˈkʌri/ *s* (pl **curries**) piatto indiano a base di carne o verdure in una salsa al curry

curse /kɜːs/ *verbo* e *sostantivo*

• *v* **1** [intr] imprecare **2** [tr] maledire

• *s* **1** imprecazione **2** guaio

cursed /kɜːst/ *agg* **to be cursed with sth** essere afflitto da qc

cursor /ˈkɜːsə/ *s* cursore

cursory /ˈkɜːsəri/ *agg* rapido -a

curt /kɜːt/ *agg* brusco -a

curtail /kɜːˈteɪl/ *v* [tr] (formale) **1** abbreviare [visita] **2** ridurre [spese, servizi]

curtain /ˈkɜːtn/ *s* **1** tenda | **to draw the curtains** tirare le tende **2** (in teatro) sipario **3** (di fumo, fuoco) cortina

curtsy, anche **curtsey** /ˈkɜːtsi/ *sostantivo* e *verbo*

• *s* (pl **curtsies**) inchino

• *v* [intr] (**-sies**, **-sied**) fare un inchino

curve /kɜːv/ *sostantivo* e *verbo*

• *s* curva

• *v* [intr] **1** (strada) girare, (parete) incurvarsi **2** (palla, proiettile) descrivere una curva

curved /kɜːvd/ *agg* curvo -a

cushion /ˈkʊʃən/ *sostantivo* e *verbo*

• *s* **1** cuscino **2** strato

• *v* [tr] **1** attutire **2 to cushion sb against sth** proteggere qn contro qc | **to cushion the blow** attutire il colpo

cushy /ˈkʊʃi/ *agg* (**-shier**, **-shiest**) (informale) tranquillo -a: *I wish I had a cushy job like hers.* Vorrei avere un lavoro tranquillo come il suo.

custard /ˈkʌstəd/ *s* **1** BrE crema [servita calda insieme a dolce] **2** (anche **egg custard**) soufflé dolce a base di latte, zucchero e uova

custody /ˈkʌstədi/ *s* **1** affidamento: *He **has custody of** our son.* Ha nostro figlio in affidamento. **2 to be in custody** essere sotto custodia (cautelare) | **to take sb into custody** mettere qn sotto custodia

custom /ˈkʌstəm/ *s* **1** usanza: *the **custom of** giving chocolate at Easter* l'usanza di regalare cioccolato a Pasqua **2** clientela **3** abitudine

customary /ˈkʌstəməri/ *agg* **1 it is customary (for sb) to do sth** è consuetudine (di qn) fare qc: *It is customary to take your shoes off before entering.* È consuetudine togliersi le scarpe prima di entrare. **2** solito -a

customer /ˈkʌstəmə/ *s* cliente

customize, -ise BrE /ˈkʌstəmaɪz/ *v* [tr] personalizzare

customs /ˈkʌstəmz/ *s pl* dogana | **to go through customs** passare la dogana

cut /kʌt/ *verbo* e *sostantivo*

• *v* (participio **cut**, gerundio **cutting**) **1** [tr, intr] tagliare: *His mother cuts his hair.* Sua madre gli taglia i capelli. | *These scissors don't cut.* Queste forbici non tagliano. | ***Cut** the cheese **into** cubes.* Tagliare il formaggio a dadini. | **to cut sth in half/in two** tagliare qc a metà/in due **2** [tr] (ferirsi) tagliare: *He **cut** his finger **on** a piece of glass.* Si è tagliato un dito con un pezzo di vetro. | **to cut yourself (on sth)** tagliarsi (con qc) **3** [tr] ridurre [costi, personale] | **to cut sth (by sth)** ridurre qc (di qc) **4** [tr] tagliare [film, scena] **5** [tr, intr] tagliare [carte] **6 to cut sth short** interrompere qc **7 to cut sb short** interrompere qn

cut across to cut across sth a) tagliare per qc: *We can cut across the field.* Possiamo tagliare per i campi. **b)** *The drug problem cuts across all social classes.* Il problema della droga riguarda tutte le classi sociali.

cut back to cut back (on sth) ridurre (qc) [quantità, spese, personale]

cut down 1 to cut down (on sth) ridurre (qc): *I'm trying to cut down on fat, sugar and salt.* Sto cercando di ridurre grassi, zucchero e sale. **2 to cut sth down** abbattere qc [albero]

cut in to cut in (on sb/sth) interrompere (qn/qc): *She kept cutting in on our conversation.* Continuava ad interrompere la nostra conversazione.

cut off 1 to cut sth off a) (con coltello)

Sai come funzionano i *phrasal verbs*? Vedi le spiegazioni nella **guida grammaticale**.

tagliare qc **b)** tagliare qc [gas, elettricità] **2 to be cut off** (per neve, alluvione) essere isolato: *In winter the village is often cut off by snow.* D'inverno il paese è spesso isolato dalla neve. **3 to cut sb off a)** interrompere la comunicazione: *I got cut off.* È caduta la linea. **b)** diseredare qn

cut out 1 to cut sth out a) ritagliare qc [figurine, ricette] **b)** eliminare qc [cibi, alcol, fumo] **c)** eliminare qc [luce, riflesso] | **cut it/that out!** piantala! **2 to not be cut out to be sth/to not be cut out for sth** (informale) non essere tagliato per fare qc/ per qc

cut up to cut sth up tagliare qc a pezzetti

• *s* **1** (ferita) taglio **2** (incisione) taglio **3** (diminuzione) riduzione: *a tax/wage cut* una riduzione fiscale/salariale | ***cuts in** public spending* tagli alla spesa pubblica **4** (di capelli, abito, carne) taglio **5** (in film, testo) taglio **6** (informale) (porzione) fetta **7 to be a cut above sb/sth** essere meglio di qn/qc

cutback /'kʌtbæk/ *s* riduzione

cute /kjuːt/ *agg* carino -a

cutlery /'kʌtləri/ *s* [mai plurale] posate

cutlet /'kʌtlət/ *s* costoletta

'cut-off *s* **cut-off (point)** limite | **cut-off (date)** data limite

,cut-'price *agg* **1** a prezzo scontato **2 cut-price shop/store** discount

cutting /'kʌtɪŋ/ *sostantivo* e *aggettivo*

• *s* **1** (di pianta) talea **2** BrE (di giornale) ritaglio

• *agg* **1** (osservazione) caustico -a **2 to be at the cutting edge (of sth)** essere all'avanguardia (in qc)

CV /,siː 'viː/ *s* (= **curriculum vitae**) C.V.

cybercafé /'saɪbə,kæfeɪ/ *s* Internet cafè

cyberspace /'saɪbəspeɪs/ *s* ciberspazio

cycle /'saɪkəl/ *sostantivo* e *verbo*

• *s* **1** ciclo **2** bici(cletta)

• *v* **1** [intr] andare in bici(cletta): *He cycles to school.* Va a scuola in bici. | **to go cycling** fare un giro in bici(cletta) **2** [tr] *I've cycled 40 miles today.* Ho fatto 40 miglia in bici oggi.

cycling /'saɪklɪŋ/ *s* ciclismo

cyclist /'saɪklɪst/ *s* ciclista

cyclone /'saɪkləʊn/ *s* ciclone

cylinder /'sɪləndə/ *s* **1** (forma, oggetto) cilindro **2** (per ossigeno, gas) bombola **3** (di motore) cilindro

cylindrical /sə'lɪndrɪkəl/ *agg* cilindrico -a

cymbal /'sɪmbəl/ *s* piatto [strumento]

cynic /'sɪnɪk/ *s* cinico -a

cynical /'sɪnɪkəl/ *agg* cinico -a

cynicism /'sɪnəsɪzəm/ *s* cinismo

cyst /sɪst/ *s* cisti

cystic fibrosis /,sɪstɪk faɪ'brəʊsɪs/ *s* fibrosi cistica

D[1], d /diː/ *s* (lettera) D, d ► vedi Active Box **letters** sotto **letter**

D[2], d /diː/ *s* **1** (nota musicale) re **2** voto nel sistema scolastico inglese che equivale a sufficiente ► vedi riquadro sotto **grade**

dab /dæb/ *verbo* e *sostantivo*

• *v* (**dabbed**, **dabbing**) **1 to dab (at) your eyes/lips** asciugarsi gli occhi/le labbra [tamponando con un fazzoletto] **2** applicare con tocchi leggeri: *She **dabbed** some suntan lotion **on** her shoulders.* Si è spalmata un pò di crema solare sulle spalle.

• *s* tocco [quantità]

dabble /'dæbəl/ *v* [intr] **to dabble in sth** occuparsi a tempo perso di qc

dad /dæd/, anche **daddy** *s* (informale) papà

daddy /'dædi/ *s* (pl **-ddies**) (informale) papà

daffodil /'dæfədɪl/ *s* giunchiglia

daft /dɑːft/ *agg* BrE (informale) stupido -a

dagger /'dægə/ *s* stiletto

daily /'deɪli/ *aggettivo* e *avverbio*

• *agg* (routine, passeggiata) quotidiano -a, (volo) giornaliero -a

• *avv* (telefonare, parlarsi) tutti i giorni, (volare) giornalmente

dainty /'deɪnti/ *agg* (**-tier**, **-tiest**) **1** (fiore, scarpe, figura) delicato -a **2** (passo) leggero -a

dairy /'deəri/ *s* (pl **-ries**) **1** caseificio **2 dairy farm** caseificio **dairy products** latticini

daisy /'deɪzi/ *s* (pl **-sies**) margherita

dale /deɪl/ *s* BrE valle

dam /dæm/ *sostantivo* e *verbo*

• *s* diga

• *v* [tr] arginare

damage /'dæmɪdʒ/ *sostantivo*, *verbo* e *sostantivo plurale*

• *s* danni: *He'll have to pay for the damage to the car.* Dovrà risarcire i danni all'auto.

• *v* [tr] **1** danneggiare: *The house was badly damaged.* La casa è stata seriamente danneggiata. **2** danneggiare [ambiente], compromettere [salute, carriera, relazioni]

• **damages** *s pl* danni

damaging /'dæmɪdʒɪŋ/ *agg* dannoso -a

damn /dæm/ (informale) *aggettivo, sostantivo e interiezione*
• *agg* anche **damned** /dæmd/ dannato -a
• *s* **I don't give a damn** non me ne importa un accidente
• *inter* accidenti!

damning /ˈdæmɪŋ/ *agg* (relazione, resoconto) critico -a, (prove) schiacciante

D

damp /dæmp/ *aggettivo, verbo e sostantivo*
• *agg* umido -a
• *v* [tr] inumidire
• *s* umidità ► vede nota sotto **umido**

dampen /ˈdæmpən/ *v* [tr] **1** (anche **damp**) inumidire **2 to dampen sb's enthusiasm** smorzare l'entusiasmo di qn

dance /dɑːns/ *verbo e sostantivo*
• *v* [tr/intr] ballare: *Would you like to **dance with** me?* Vuole ballare? | *Can you dance the tango?* Sai ballare il tango?
• *s* **1** (moderno, liscio) ballo, (tradizionale) danza **2** (festa) ballo

dancer /ˈdɑːnsə/ *s* (di balli tradizionali, moderni) ballerino -a, (di danza classica) ballerino -a classico -a

dancing /ˈdɑːnsɪŋ/ *s* ballo

dandelion /ˈdændɪlaɪən/ *s* dente di leone

dandruff /ˈdændrəf/ *s* forfora

Dane /deɪn/ *s* danese

danger /ˈdeɪndʒə/ *s* **1** pericolo: *They're **in** terrible **danger**.* Sono in grave pericolo. **2 to be in danger of sth** rischiare di fare qc: *She's **in danger of** losing her friends.* Rischia di restare senza amici.

dangerous /ˈdeɪndʒərəs/ *agg* pericoloso -a

dangle /ˈdæŋgəl/ *v* [intr] penzolare, [tr] lasciare penzolare [gambe, braccia], far dondolare [oggetto]

Danish /ˈdeɪnɪʃ/ *sostantivo e aggettivo*
• *s* **1** (lingua) danese **2 the Danish** i danesi
• *agg* danese

dank /dæŋk/ *agg* freddo -a e umido -a

dare /deə/ *verbo e sostantivo*
• *v* ► **Dare** a volte funziona come un verbo normale seguito dall'infinito con **to**. A volte funziona come un verbo modale seguito dall'infinito senza **to**. **1** [intr] osare: *She dared to criticize him.* Ha osato miticarlo. | *I didn't dare contradict the teacher.* Non ho osato contraddire l'insegnante. **2 how dare you/he etc!** come osi/osa ecc.! **3 don't you dare!** non azzardarti a farlo! **4 I dare say (that)** immagino che **5** [tr] sfidare: *Go on, tell her, **I dare you**.* Su diglielo, ti sfido a farlo. | *They **dared** him **to** jump off the bridge.* Lo hanno incitato a buttarsi giù dal ponte.
• *s* sfida

daren't /deənt/ forma contratta di **dare not**

daring /ˈdeərɪŋ/ *aggettivo e sostantivo*
• *agg* **1** (persona) coraggioso -a, (fuga, salvataggio) audace **2** (film, abito) audace, (proposta, progetto) ardito -a
• *s* audacia

dark /dɑːk/ *aggettivo e sostantivo*
• *agg* **1** (senza luce) buio -a, (segreto) oscuro -a: *In winter it **gets dark** at four o'clock.* D'inverno fa buio alle quattro. | **to grow dark** oscurarsi **2** (occhi, capelli) scuro -a, (persona) scuro -a di pelle: *He is tall dark and handsome.* È un bell'uomo alto e bruno. | **dark blue/green etc** blu/verde ecc. scuro. **3** (pensiero) cupo -a, (umore, periodo) triste
• *s* **1 the dark** il buio **2 after dark** quando fa buio | **before dark** *I want to get home before dark.* Voglio arrivare a casa prima che faccia buio.

darken /ˈdɑːkən/ *v* [intr] oscurarsi, [tr] scurire | **a darkened room** una stanza buia

ˌdark ˈglasses *s pl* occhiali scuri

darkness /ˈdɑːknəs/ *s* buio | **in darkness** buio | **Darkness fell.** Calarono le tenebre.

darkroom /ˈdɑːkruːm/ *s* camera oscura [per sviluppare foto]

darling /ˈdɑːlɪŋ/ *s* tesoro: *What's the matter, darling?* Cosa c'è, tesoro?

dart /dɑːt/ *sostantivo e verbo*
• *s* freccetta | **to play darts** giocare a freccette
• *v* [intr] schizzare: *The thief **darted away** into the crowd.* Il ladro è schizzato via tra la folla.

dash /dæʃ/ *verbo e sostantivo*
• *v* **1** [intr] muoversi a gran velocità: *He **dashed off** to catch the train.* Se n'è andato di corsa per prendere il treno. | ***I must dash** or I'll miss my bus.* Devo scappare se no perdo l'autobus. **2 to dash sb's hopes** deludere le speranze di qn
dash sth off scrivere qc di getto
• *s* **1 to make a dash for the exit** lanciarsi verso l'uscita **2** spruzzo: *a dash of lemon juice* uno spruzzo di limone **3** (segno grafico) trattino

dashboard /ˈdæʃbɔːd/ *s* (di automobile) cruscotto

data /ˈdeɪtə/ *s* **1** dati **2 data processing** elaborazione dati

database /ˈdeɪtəbeɪs/ *s* database

date /deɪt/ *sostantivo e verbo*
• *s* **1** data: *date of birth* data di nascita | *What date are they coming?* Che giorno arrivano? | *Have they **set a date** for the party?* Hanno già fissato una data per la festa? | **to date** ad oggi ► vedi anche **out-of-date**, **up-to-date** **2** appuntamento con un ragazzo o una ragazza: *Did he ask you for a date?* Ti ha chiesto di uscire con lui? | *Mike's **got a date with** Jane tonight.* Stasera Mike esce con Jane. **3** (AmE) ragazzo o ragazza con cui si esce: *Who's*

your date for tonight? Con chi esci stasera? **4** (frutto) dattero

• *v* **1** [tr] datare [lettera] **2** [tr] datare [rocce, alberi] **3** [intr] stare insieme: *We've been dating for six months.* Stiamo insieme da sei mesi.

date back to date back to risalire a

date from risalire a: *The cathedral dates from the 17th century.* La cattedrale risale al diciassettesimo secolo.

dated /'deɪtɪd/ *agg* (abito, capigliatura) fuori moda, (linguaggio, stile) datato -a

daughter /'dɔːtə/ *s* figlia

'daughter-in-law *s* (pl **daughters-in-law**) nuora

daunting /'dɔːntɪŋ/ *agg* (idea, compito) scoraggiante

dawn /dɔːn/ *sostantivo* e *verbo*

• *s* alba

• *v* **dawn on sb it dawned on me/him etc that** mi/gli ecc. è venuto in mente che

day /deɪ/ *s* **1** (24 ore) giorno, (periodo di attività) giorno, giornata: *She works **three days a week**.* Lavora tre giorni alla settimana. | *I've had an awful day.* Ho avuto una giornata pazzesca. | *It's been raining **all day**.* Ha piovuto tutto il giorno. *She's getting better **day by day**.* Migliora di giorno in giorno. | **day after day, day in day out** giorno dopo giorno | **the day after tomorrow** dopodomani | **the day before yesterday** l'altro ieri | **one day** (riferito al passato) un bel giorno: ***One day** she's going to be famous.* Un giorno sarà famosa. | *I saw Jonathan **the other day**.* Ho visto Jonathan l'altro giorno. **2 in his day** ai suoi tempi | **these days** ai giorni nostri | **to this day** fino ad oggi **3 to call it a day** (informale) smettere: *We'll just finish this one then we'll call it a day.* Finiamo questo e poi smettiamo. ▶ vedi anche **early** ▶ vedi Active Box **days of the week**

daycare center /'deɪkeə ˌsentə/ *s* AmE asilo nido ▶ In inglese britannico si usa **crèche**.

daydream /'deɪdriːm/ *verbo* e *sostantivo*

• *v* [intr] sognare a occhi aperti

• *s* sogno a occhi aperti

daylight /'deɪlaɪt/ *s* luce del giorno: *in broad daylight* in pieno giorno

ˌday 'off *s* giorno libero

ˌday re'turn *s* BrE biglietto di andata e ritorno giornaliero

daytime /'deɪtaɪm/ *s* giorno | **in the daytime** di giorno

ˌday-to-'day *agg* di tutti i giorni

'day trip *s* gita (in giornata)

daze /deɪz/ *s* **in a daze** in uno stato di trance

dazed /deɪzd/ *agg* (persona) stordito -a, (sguardo) attonito -a

dazzle /'dæzəl/ *v* [tr] abbagliare

Active Box: days of the week

Gli esempi di questa **Active box** sono una guida per aiutarti a costruire frasi con i giorni della settimana:

*See you **on Tuesday**.*	Ci vediamo martedì.
*We're not open **(on) Sundays**.*	Di domenica siamo chiusi.
There was an advert in Friday's paper.	C'era un annuncio sul giornale di venerdì.
We could go and see her Thursday morning/afternoon.	Potremmo andare a trovarla giovedì mattina / pomeriggio.
What are you doing Saturday night?	Cosa fai sabato sera?
*I missed school **last Friday**.*	Venerdì scorso non sono andato a scuola.
*The party is **next Saturday**.*	La festa è sabato prossimo.
*She visits me **every Wednesday**.*	Viene a trovarmi tutti i mercoledì.
*The club meets **every other Thursday**.*	I membri dell'associazione si riuniscono ogni due giovedì.
We are leaving a week on Monday/ Monday week.	Partiamo lunedì a otto.
He died the Sunday before last.	È morto due domeniche fa.
They are getting married the Saturday after next.	Si sposano fra due sabati.

dazzling /'dæzəlɪŋ/ *agg* (luce, bellezza) abbagliante, (umore, talento) straordinario -a

dead /ded/ *aggettivo, avverbio* e *sostantivo*

• *agg* **1** morto -a: *Her mother's been dead for years.* Sua madre è morta da anni. | *They found a **dead body**.* Hanno trovato un cadavere. | **the dead** i morti ▶ vedi anche **drop** **2** (batteria) scarico -a: *The line's **gone dead**.* È caduta la linea. **3 my foot/arm's gone dead** mi si è addormentato il piede/il braccio

• *avv* (informale) **1** (assolutamente) *You're dead right.* Hai perfettamente ragione. | *I'm dead against it.* Sono contrarissimo. ▶ vedi anche **stop** **2** BrE (informale) da morire: *He's dead gorgeous.* È bello da morire. | *It's dead easy.* È facilissimo.

• *s* **in the dead of night/winter** in piena notte/in pieno inverno

D

D

deaden /ˈdedn/ *v* [tr] **1** alleviare [dolore] **2** attutire [suono]

ˌ**dead ˈend** *s* vicolo cieco

ˌ**dead ˈheat** *s* vittoria alla pari

deadline /ˈdedlaɪn/ *s* scadenza | **to meet a deadline** rispettare una scadenza

deadlock /ˈdedlɒk/ *s* **to reach a deadlock** raggiungere un punto morto

deadly /ˈdedli/ *aggettivo* e *avverbio*
- *agg* (**-lier**, **-liest**) **1** (malattia) letale, (arma) micidiale, (serpente, ragno) dal morso letale **2** **deadly enemies** nemici mortali
- *avv* **to be deadly serious** fare sul serio

deaf /def/ *aggettivo* e *sostantivo*
- *agg* sordo -a
- *s* **the deaf** i non udenti

deafen /ˈdefən/ *v* [tr] assordare

deafening /ˈdefənɪŋ/ *agg* assordante

deafness /ˈdefnəs/ *s* sordità

deal /diːl/ *sostantivo* e *verbo*
- *s* **1** (intesa) accordo: *Let's **make a deal**.* Facciamo un accordo. | *We **got a good deal on** the computer.* Abbiamo fatto un affare comprando il computer. **2** affare: *a multi-million dollar deal* un affare da vari milioni di dollari **3** **big deal!** (informale) E allora? **4** **a great deal** un bel po': *She earns **a great deal of** money.* Guadagna un bel po' di soldi. | ***a good deal** more exciting* molto più interessante
- *v* [intr] (passato e participio **dealt**) **1** dare le carte **2** spacciare

  deal in sth 1 trattare qc [auto, mobili antichi] **2** spacciare qc [droga]

  deal with sth 1 occuparsi di qc [situazione difficile] **2** risolvere qc [problema] **3** (libro, film) trattare di qc **deal with sb 1** (interagire) *I enjoy dealing with people.* Mi piace aver a che fare con la gente. **2** (opporsi a) *The club has dealt with the hooligans.* The club si è occupato del problema degli ultrà.

dealer /ˈdiːlə/ *s* **1** commerciante: *a car dealer* un concessionario **2** (di droga) spacciatore -trice, (di armi) trafficante

dealings /ˈdiːlɪŋz/ *s pl* **1** (privati, d'affari) rapporti **2** **to have dealings with a)** aver a che fare con [persona] **b)** avere rapporti d'affari con [azienda]

dealt /delt/ passato e participio di **deal**

dean /diːn/ *s* **1** (di facoltà universitaria) preside **2** (religioso) decano

dear /dɪə/ *interiezione*, *aggettivo* e *sostantivo*
- *inter* **oh dear!** oddio!
- *agg* **1** (nelle lettere) caro -a: *Dear Laura* Cara Laura | *Dear Sir* Gentile signore **2** (importante) caro -a **3** BrE (costoso) caro -a
- *s* caro -a: *How was your day, dear?* Com'è stata la tua giornata, caro?

dearly /ˈdɪəli/ *avv* **1** moltissimo **2** **to pay dearly for sth** pagare qc a caro prezzo

death /deθ/ *s* **1** morte | **to bleed/starve to death** morire dissanguato/di fame | **to put sb to death** giustiziare qn ▶ vedi anche **matter** **2** **death penalty** pena di morte **death sentence** condanna a morte

deathly /ˈdeθli/ *aggettivo* e *avverbio*
- *agg* (**-lier**, **-liest**) **a deathly silence/hush** un silenzio di tomba
- *avv* **to be deathly pale** essere di un pallore mortale | **to be deathly cold** essere gelido come un morto

debatable /dɪˈbeɪtəbəl/ *agg* discutibile

debate /dɪˈbeɪt/ *sostantivo* e *verbo*
- *s* dibattito
- *v* [tr/intr] discutere

debit /ˈdebɪt/ *sostantivo* e *verbo*
- *s* addebito
- *v* [tr] addebitare: *500 euros had been **debited from** her account.* Le erano stati addebitati 500 euro sul conto.

debris /ˈdebriː, AmE dəˈbriː/ *s* (di aereo) rottami, (di edificio) macerie

debt /det/ *s* debito: *a debt of £200* un debito di 200 sterline | **to be in debt** essere indebitato

debtor /ˈdetə/ *s* debitore -trice

debut /ˈdeɪbjuː/ *s* **1** debutto **2** **debut album** disco del debutto

decade /ˈdekeɪd/ *s* decade

decadence /ˈdekədəns/ *s* decadenza

decadent /ˈdekədənt/ *agg* decadente

decaffeinated /diːˈkæfəneɪtɪd/ *agg* decaffeinato -a

decay /dɪˈkeɪ/ *verbo* e *sostantivo*
- *v* [intr] **1** (alimenti) avariarsi, (denti) cariarsi **2** (edificio, zona) andare in rovina
- *s* **1** (di dente) carie **2** (di edificio, zona) sfacelo

deceased /dɪˈsiːst/ *aggettivo* e *sostantivo*
- *agg* defunto -a
- *s* **the deceased** lo scomparso, la scomparsa

deceit /dɪˈsiːt/ *s* (di persona) disonestà, (atto) inganno

deceitful /dɪˈsiːtfəl/ *agg* **1** (persona) disonesto -a **2** (affermazione) ingannevole

deceive /dɪˈsiːv/ *v* [tr] ingannare | **to deceive yourself** illudersi

December /dɪˈsembə/ *s* dicembre ▶ vedi Active Box **months** sotto **month**

decency /ˈdiːsənsi/ *s* **1** decenza **2** decoro **3** **to have the decency to do sth** avere la decenza di fare qc

decent /ˈdiːsənt/ *agg* **1** (stipendio, casa, pasto) decente **2** (verso gli altri) gentile **3** (onesto) rispettabile

deception /dɪˈsepʃən/ *s* inganno

Vuoi sapere di più sui **verbi modali**? C'è una spiegazione nella **guida grammaticale**.

deceptive /dɪˈseptɪv/ *agg* ingannevole

decide /dɪˈsaɪd/ *v* **1** [tr/intr] decidere: *He's **decided to** change classes.* Ha deciso di cambiare classe. | *I can't **decide what** to do.* Non riesco a decidermi sul da farsi. **2** [tr] far decidere: *What **decided** you to give up your job?* Che cosa ti ha fatto decidere di lasciare il lavoro? **3** [tr] (determinare) essere decisivo per

decide on sth decidere per qc

decided /dɪˈsaɪdɪd/ *agg* **1** (cambiamento, vantaggio) netto -a **2 to be decided (about/on sth)** essere convinto (di qc) **3** (idee) chiaro -a

decidedly /dɪˈsaɪdɪdli/ *avv* decisamente

decimal /ˈdesəməl/ *agg* e *s* decimale

ˌdecimal ˈpoint *s* punto

Nei paesi di lingua inglese si usa un punto al posto della virgola per separare i numeri interi dai decimali, mentre la virgola è usata come separatore delle migliaia.

decimate /ˈdesəmeɪt/ *v* [tr] decimare

decipher /dɪˈsaɪfə/ *v* [tr] decifrare

decision /dɪˈsɪʒən/ *s* decisione | **to make/take a decision** prendere una decisione

decisive /dɪˈsaɪsɪv/ *agg* **1** (determinante) decisivo -a **2** (risoluto) deciso -a **3** (chiaro) netto -a

deck /dek/ *s* **1** (di nave) ponte **2** (di autobus) piano **3** AmE (di carte) mazzo ▶ In inglese britannico si usa **pack**.

deckchair /ˈdektʃeə/ *s* sedia a sdraio

declaration /ˌdekləˈreɪʃən/ *s* dichiarazione

declare /dɪˈkleə/ *v* [tr] **1** (annunciare) dichiarare: *He **declared that** he was innocent.* Ha dichiarato di essere innocente. **2** dichiarare [merci, reddito]

decline /dɪˈklaɪn/ *sostantivo* e *verbo*

• *s* **1** (diminuzione) calo **2 to go into decline** andare in declino

• *v* **1** [intr] (influsso, popolazione) calare, (industria) indebolirsi **2** [tr] (formale) declinare [invito]

decompose /ˌdiːkəmˈpəʊz/ *v* [intr] (cadavere) decomporsi

decor /ˈdeɪkɔː/ *s* arredamento

decorate /ˈdekəreɪt/ *v* [tr] **1** pitturare, tappezzare: *I want to decorate my room in yellow.* Voglio pitturare/tappezzare la mia stanza di giallo. **2** decorare [torta] **3 to decorate sb for sth** (soldato) decorare qn per qc: *to decorate a soldier for his action* decorare un soldato per le sue azioni

decoration /ˌdekəˈreɪʃən/ *s* decorazione: *the Christmas decorations* gli addobbi natalizi

decorative /ˈdekərətɪv/ *agg* decorativo -a

decorator /ˈdekəreɪtə/ *s* imbianchino: *He works as a painter and decorator.* Fa l'imbianchino.

decorating the Christmas tree

decoy /ˈdiːkɔɪ/ *s* **1** (persona) esca **2** (nella caccia) uccello da richiamo

decrease[1] /dɪˈkriːs/ *v* **1** [intr] diminuire **2** [tr] ridurre

decrease[2] /ˈdiːkriːs/ *s* (di peso, valore, valuta) calo

decree /dɪˈkriː/ *sostantivo* e *verbo*

• *s* (atto) decreto

• *v* [tr] decretare

decrepit /dɪˈkrepɪt/ *agg* decrepito -a

dedicate /ˈdedəkeɪt/ *v* [tr] **1 to be dedicated to sth** dedicare il proprio tempo a qc: *She's dedicated to her children.* Dedica tutto il suo tempo ai figli. | **to dedicate yourself to sth** dedicarsi a qc **2 to dedicate sth to sb** dedicare qc a qn

dedicated /ˈdedəkeɪtɪd/ *agg* coscienzioso -a

dedication /ˌdedəˈkeɪʃən/ *s* (impegno) dedizione

deduce /dɪˈdjuːs/ *v* [tr] dedurre: *From his accent, I **deduced that** he was French.* Dal suo accento, ho dedotto che era francese.

deduct /dɪˈdʌkt/ *v* [tr] detrarre [tasse, somma di denaro], abbassare [voto]

deduction /dɪˈdʌkʃən/ *s* **1** (conclusione) deduzione **2** (sottrazione) detrazione

deed /diːd/ *s* (formale) azione: *a good deed* une buona azione | *an heroic deed* un atto eroico

deem /diːm/ *v* [tr] (formale) (ritenere) considerare | **to deem it an honour to do sth** considerare un onore fare qc

deep /diːp/ *aggettivo* e *avverbio*

• *agg* **1** (lago, buco, taglio) profondo -a: *The ditch is two metres deep.* Il fosso è profondo due metri. | *How deep is the river here?* Quant'è profondo il fiume in questo punto? | *It's a deep cut – you'll need stitches.* È un taglio profondo – dovranno darti dei punti. **2** (ammirazione, amore) profondo -a: *I'd like to express my deepest sympathy.* Vorrei esprimerle il mio più profondo cordoglio. | **deep regret** profondo rammarico | **deep suspicion** forte sospetto **3** (voce) profondo -a, (suono) cupo -a **4** (colore) intenso -a: *The sea is a deep blue.* Il mare è di un azzurro intenso. **5 to take a deep breath** fare un respiro profondo

• *avv* **1** in profondità: *You'll have to dig*

deeper. Dovrai scavare più in profondità. | *They wandered deep into the forest.* Si inoltrarono nel folto della foresta. **2 deep down** in fondo: *Deep down, I knew she was right.* In fondo, sapevo che aveva ragione.

deepen /'diːpən/ *v* **1** [intr] (amore, dolore) intensificarsi, [tr] rafforzare [amore, dolore], approfondire [conoscenza, comprensione] **2** [intr] (crisi) aggravarsi

D

ˌdeep 'freeze *s* congelatore

deeply /'diːpli/ *avv* **1** profondamente: *She is deeply grateful to you.* Ti è profondamente grata. | *It is deeply worrying.* È molto preoccupante. **2 to sleep/breathe deeply** dormire/respirare profondamente

deer /dɪə/ *s* (pl **deer**) cervo

default /dɪ'fɔːlt/ *sostantivo* e *aggettivo*
- *s* **1 by default** in mancanza di alternative **2 to win by default** vincere per forfait
- *agg* (valore) di default

defeat /dɪ'fiːt/ *sostantivo* e *verbo*
- *s* sconfitta | **to admit defeat** ammettere di aver fallito
- *v* [tr] sconfiggere

defect[1] /'diːfekt/ *s* difetto: *There's a **defect in** the CD player.* Il CD ha un difetto.

defect[2] /dɪ'fekt/ *v* [intr] defezionare: *She tried to **defect to** the US.* Ha cercato di scappare negli Stati Uniti.

defective /dɪ'fektɪv/ *agg* difettoso -a

defence BrE, **defense** AmE /dɪ'fens/ *s* **1** (protezione) difesa: *They spend millions on defence.* Spendono milioni per la difesa. | *She spoke **in defence of** the strike.* Si è espressa a favore dello sciopero. **2 the defence** (in un processo) la difesa **3** (nello sport) difesa

defenceless BrE, **defenseless** AmE /dɪ'fensləs/ *agg* indifeso -a

defend /dɪ'fend/ *v* **1** [tr] difendere: *They had to **defend** the town **against** rebel attacks.* Dovevano difendere la città dagli attacchi dei ribelli. | *Why didn't he try to **defend himself**?* Perché non ha cercato di difendersi? **2** [tr] (sostenere) giustificare **3** [intr] (nello sport) difendersi **4** difendere [titolo] | **the defending champion** il campione in carica **5** [tr] (in tribunale) difendere

defendant /dɪ'fendənt/ *s* imputato -a

defense AmE ▶ vedi **defence**

defenseless AmE ▶ vedi **defenceless**

defensive /dɪ'fensɪv/ *agg* (misure, armi) difensivo -a

defer /dɪ'fɜː/ *v* [tr] (**-rred**, **-rring**) rinviare [decisione], differire [pagamento]

deference /'defərəns/ *s* (formale) deferenza | **in deference to sth/sb** per riguardo verso qc/qn

defiance /dɪ'faɪəns/ *s* provocazione: *There was defiance in his voice.* C'era della provocazione nel suo tono. | ***in defiance of the law*** a dispetto della legge

defiant /dɪ'faɪənt/ *agg* provocatorio -a

deficiency /dɪ'fɪʃənsi/ *s* (pl **-cies**) (di merci) mancanza, (in sistema, di vitamine, minerali) carenza, (in testo) lacuna

deficient /dɪ'fɪʃənt/ *agg* carente ▶ FALSE FRIEND Non confondere **"deficient"** con **deficiente** che si traduce **idiot** o **stupid**.

deficit /'defəsɪt/ *s* deficit

define /dɪ'faɪn/ *v* [tr] definire

definite /'defənət/ *agg* **1** (chiaro) netto -a: *There's been a definite change in his attitude.* C'è stato un netto cambiamento nel suo modo di fare. **2** (data, programma) preciso -a: *I've no definite plans for the holidays.* Non ho dei piani precisi per le vacanze.

ˌdefinite 'article *s* articolo determinativo

definitely /'defənətli/ *avv* sicuramente: *I'll definitely be there.* Ci sarò di sicuro. | *"Do you think they'll get on well?" "**Definitely.**"* – Pensi che andranno d'accordo? – Sicuramente. | *"Is he handsome?" "**Definitely not.**"* – È un bel ragazzo? – Assolutamente no.

definition /ˌdefə'nɪʃən/ *s* definizione

definitive /dɪ'fɪnətɪv/ *agg* definitivo -a

deflate /ˌdiː'fleɪt/ *v* [intr] sgonfiarsi

deflect /dɪ'flekt/ *v* [tr] far deviare [pallottola, freccia, palla], sviare [critiche]

deform /dɪ'fɔːm/ *v* [tr] deformare

deformed /dɪ'fɔːmd/ *agg* **1** (parte del corpo) deforme **2** deformato -a

deformity /dɪ'fɔːməti/ *s* (pl **-ties**) deformità

defraud /dɪ'frɔːd/ *v* [tr] frodare [Stato] | **to defraud sb of sth** defraudare qn di qc

defrost /ˌdiː'frɒst/ *v* [intr/tr] scongelare

deft /deft/ *agg* abile

defunct /dɪ'fʌŋkt/ *agg* non più esistente

defuse /ˌdiː'fjuːz/ *v* [tr] **1** disinnescare [bomba] **2** smorzare [tensione], arginare [crisi], sdrammatizzare [situazione]

defy /dɪ'faɪ/ *v* [tr] (**-fies**, **-fied**) opporsi a [autorità]

degenerate /dɪ'dʒenəreɪt/ *v* [intr] degenerare

degradation /ˌdegrə'deɪʃən/ *s* umiliazione

degrade /dɪ'greɪd/ *v* [tr] umiliare

degrading /dɪ'greɪdɪŋ/ *agg* umiliante

degree /dɪ'griː/ *s* **1** (unità di misura) grado: *temperatures as high as 35 degrees* temperature che toccano i 35 gradi **2 some degree of independence/security** un certo grado d'indipendenza/di sicurezza | **a greater degree of trust/responsibility** un po' più di fiducia/responsabilità: *This is true **to a certain degree**.* È vero fino a un certo punto. **3** (titolo di studio) laurea | **a degree in history/philosophy** una laurea in storia/filosofia **4 to do a degree** fare un corso di laurea: *She's doing a history degree.* Sta facendo un corso di laurea in storia. | *He did a degree at Manchester.* Si è laureato all'università di Manchester.

deity /ˈdeɪəti/ *s* (pl **-ties**) divinità

dejected /dɪˈdʒektɪd/ *agg* demoralizzato -a

delay /dɪˈleɪ/ *sostantivo* e *verbo*
- *s* (tempo di attesa) ritardo, (di traffico) rallentamento: *We apologise for the delay.* Ci scusiamo per il ritardo.
- *v* **1** [tr] (posporre) rimandare: *I decided to delay my trip.* Ho deciso di rimandare il mio viaggio. **2** [intr] aspettare: *Don't delay or you'll miss the train.* Non aspettare troppo o perderai il treno. **3** [tr] ritardare: *Our flight was delayed.* Hanno ritardato la partenza del nostro volo.

delegate¹ /ˈdeləgət/ *s* delegato -a

delegate² /ˈdeləgeɪt/ *v* [tr/intr] delegare | **to delegate sth to sb** delegare qc a qn

delegation /ˌdeləˈgeɪʃən/ *s* delegazione

delete /dɪˈliːt/ *v* [tr] cancellare

deletion /dɪˈliːʃən/ *s* eliminazione

deliberate¹ /dɪˈlɪbərət/ *agg* premeditato -a | **a deliberate lie** una bugia premeditata

deliberate² /dɪˈlɪbəreɪt/ *v* [intr] riflettere

deliberately /dɪˈlɪbərətli/ *avv* deliberatamente

deliberation /dɪˌlɪbəˈreɪʃən/ *s* discussione

delicacy /ˈdelɪkəsi/ *s* (pl **-cies**) squisitezza

delicate /ˈdelɪkət/ *agg* delicato -a

delicatessen /ˌdelɪkəˈtesən/ *s* (negozio) gastronomia

delicious /dɪˈlɪʃəs/ *agg* squisito -a

delight /dɪˈlaɪt/ *sostantivo* e *verbo*
- *s* **1** (sentimento) gioia: *She screamed with delight.* Strillava dalla gioia. | ***To my delight** he accepted.* Con mia grande gioia ha accettato. **2** (soddisfazione) piacere: *She's a delight to teach.* È un piacere insegnarle.
- *v* **1** [tr] deliziare **2 to delight in doing sth** divertirsi a fare qc

delighted /dɪˈlaɪtɪd/ *agg* molto lieto -a: *We're **delighted that** he's agreed.* Siamo molto lieti che abbia accettato. | *They were really **delighted with** the presents.* Erano davvero felici dei regali.

delightful /dɪˈlaɪtfəl/ *agg* (persona, serata) delizioso -a, (tempo) piacevole

delinquent /dɪˈlɪŋkwənt/ *s* e *agg* criminale

delirious /dɪˈlɪriəs/ *agg* **to be delirious** stare delirando

deliver /dɪˈlɪvə/ *v* **1** [tr] consegnare [merci, posta, messaggio], [intr] effettuare le consegne: *Do you deliver at weekends?* Effettuate le consegne anche nel fine settimana? **2 to deliver a speech/lecture etc** fare un discorso/una conferenza ecc. **3 to deliver a baby** far nascere un bambino **4 to deliver on a promise** mantenere una promessa

delivering newspapers

delivery /dɪˈlɪvəri/ *s* (pl **-ries**) **1** (di merci, posta) consegna **2** (di bambino) parto

delta /ˈdeltə/ *s* delta

delude /dɪˈluːd/ *v* [tr] **to delude yourself** illudersi ▶ FALSE FRIEND Non confondere **"delude"** con **deludere** che si traduce **to disappoint**.

deluge /ˈdeljuːdʒ/ *sostantivo* e *verbo*
- *s* **1** (pioggia) diluvio **2** (di lamentele, domande, lettere) pioggia
- *v* [tr] **to be deluged with orders/applications etc** essere sommerso dagli ordini/dalle domande ecc.

delusion /dɪˈluːʒən/ *s* illusione ▶ FALSE FRIEND Non confondere **"delusion"** con **delusione** che si traduce **disappointment**.

deluxe, anche **de luxe** /dɪˈlʌks/ *agg* di lusso: *the deluxe model* il modello di lusso

delve /delv/ *v* [intr] **to delve into sth** rovistare in qc [borsa, tasche]

demand /dɪˈmɑːnd/ *sostantivo* e *verbo*
- *s* **1** (domanda) richiesta, (necessità) esigenza: *They won't give in to **demands for** more money.* Non cederanno alle richieste di aumento. | *Can he cope with the demands of the job?* È capace di far fronte alle esigenze del lavoro? | **to make demands on sb** pretendere molto da qn **2** (di prodotto) richiesta | **to be in demand** essere molto richiesto
- *v* [tr] **1** esigere: ***I demand to** see the manager!* Esigo di parlare con il direttore! **2** chiedere [aumento, miglioramento] ▶ FALSE FRIEND Non confondere **"demand"** con **domanda** che si traduce **question** o con **domandare** che si traduce **to ask**.

demanding /dɪˈmɑːndɪŋ/ *agg* esigente

demeaning /dɪˈmiːnɪŋ/ *agg* umiliante

demise /dɪˈmaɪz/ *s* (formale) **1** (di organizzazione) fine **2** (di persona) scomparsa, morte

demo /ˈdeməʊ/ *s* (informale) **1** BrE (manifestazione) dimostrazione **2** (di musica) demo **3** (di software) demo

democracy /dɪˈmɒkrəsi/ *s* (pl **-cies**) democrazia

democrat /ˈdeməkræt/ *s* democratico -a

democratic /ˌdeməˈkrætɪk/ *agg* democratico -a

D

demolish /dɪˈmɒlɪʃ/ *v* [tr] (3ª pers sing **-shes**) demolire

demolition /ˌdeməˈlɪʃən/ *s* demolizione

demon /ˈdiːmən/ *s* demonio

demonstrate /ˈdemənstreɪt/ *v* **1** [tr] dimostrare: *This case* ***demonstrates that*** *the law is out of date.* Questo caso dimostra che la legge è superata. **2** [tr] far vedere: *I'll* ***demonstrate how to*** *use the website.* Farò vedere come si usa il sito internet. **3** [intr] manifestare | **to demonstrate in support of/against sth** manifestare a favore di/contro qc

demonstration /ˌdemənˈstreɪʃən/ *s* **1** (manifestazione) dimostrazione **2** (spiegazione del funzionamento) dimostrazione

demonstrator /ˈdemənstreɪtə/ *s* dimostrante

demoralize, -ise BrE /dɪˈmɒrəlaɪz/ *v* [tr] scoraggiare

demoralizing, -ising BrE /dɪˈmɒrəlaɪzɪŋ/ *agg* scoraggiante

den /den/ *s* **1** (di leone, volpe) tana **2** (di ladri) covo **3** AmE (stanza) salottino

denial /dɪˈnaɪəl/ *s* negazione

denim /ˈdenɪm/ *s* **1** (tessuto) jeans **2 denim jacket** giacca di jeans **denim jeans** (pantaloni) jeans **denim skirt** gonna di jeans

Denmark /ˈdenmɑːk/ *s* la Danimarca

denomination /dɪˌnɒməˈneɪʃən/ *s* **1** (di banconota) taglio **2** (di religione) confessione

denote /dɪˈnəʊt/ *v* [tr] (formale) **1** denotare **2** indicare

denounce /dɪˈnaʊns/ *v* [tr] **1** criticare aspramente **2** denunciare

dense /dens/ *agg* **1** (foresta) fitto -a, (folla) denso -a: *I got lost in the dense forest.* Mi sono perso nel folto della foresta. **2** (nuvola, nebbia) fitto -a, (sostanza, fumo) denso -a: *We couldn't drive in the dense fog.* Non riuscivamo a guidare nella nebbia fitta. **3** (informale) (ottuso) stupido -a

density /ˈdensəti/ *s* (pl **-ties**) densità

dent /dent/ *sostantivo* e *verbo*

- *s* ammaccatura
- *v* [tr] **1** ammaccare **2 to dent sb's confidence** *The bad experience dented his confidence.* La brutta esperienza ha intaccato la sua fiducia in se stesso. ▶ FALSE FRIEND Non confondere **"dent"** con **dente** che si traduce **tooth**.

dental /ˈdentl/ *agg* **1** dentario -a: *dental treatment* cura dentistica **2 dental floss** filo interdentale

dentist /ˈdentɪst/ *s* dentista | **to go to the dentist('s)** andare dal dentista

deny /dɪˈnaɪ/ *v* [tr] (**-nies**, **-nied**) **1** negare [accusa, colpa] **2** negare [permesso, visto, diritto]: *He was denied entry to the country.* Gli è stato negato l'ingresso nel paese.

deodorant /diːˈəʊdərənt/ *s* deodorante

depart /dɪˈpɑːt/ *v* [intr] partire: *The train for Rome* ***departs from*** *platform five.* Il treno per Roma parte dal binario 5.

department /dɪˈpɑːtmənt/ *s* **1** (di azienda) ufficio, (di ospedale) reparto, (di università) dipartimento **2** (di negozio) reparto: *Where's the sports department?* Dov'è il reparto sportivo? **3** (di governo) ministero: *the State Department* il ministero degli Esteri [negli Stati Uniti]

deˈpartment ˌstore *s* grande magazzino

departure /dɪˈpɑːtʃə/ *s* partenza

depend /dɪˈpend/ *v* [intr] **it/that depends** dipende: *"Are you going on Thursday?" "Well, it depends."* – Parti giovedì? – Dipende.

depend on sth 1 dipendere da qc: *The island* ***depends on*** *tourism.* L'isola dipende dal turismo. | **depending on** a seconda di **2** (contare su) fare affidamento su qc **depend on sb 1** dipendere da qn: *She* ***depends on*** *her daughter for transport.* Dipende da sua figlia per il trasporto. **2** (aver fiducia in) contare su qn

dependable /dɪˈpendəbəl/ *agg* (persona) fidato -a, (cosa) sicuro -a

dependant BrE, **dependent** AmE /dɪˈpendənt/ *s* persona a carico

dependence /dɪˈpendəns/, anche **dependency** /dɪˈpendənsi/ *s* **dependence on sth/sb** dipendenza da qc/qn

dependent /dɪˈpendənt/ *agg* **to be dependent on sth/sb** dipendere da qc/qn

depict /dɪˈpɪkt/ *v* [tr] (libro) descrivere, (quadro) rappresentare

deplete /dɪˈpliːt/ *v* [tr] ridurre

deplorable /dɪˈplɔːrəbəl/ *agg* deplorevole

deplore /dɪˈplɔː/ *v* [tr] condannare

deploy /dɪˈplɔɪ/ *v* [tr] schierare [esercito]

deport /dɪˈpɔːt/ *v* [tr] espellere [immigrato clandestino]

depose /dɪˈpəʊz/ *v* [tr] deporre [dittatore]

deposit /dɪˈpɒzɪt/ *sostantivo* e *verbo*

- *s* **1** (per acquistare) acconto | **to put down a deposit on sth** versare un acconto per qc **2** (per affittare, noleggiare) cauzione **3** (in banca) versamento
- *v* [tr] versare [denaro, assegno]

Vuoi informazioni sulla differenza tra gli **articoli** in inglese e in italiano? Leggi le spiegazioni nella guida grammaticale.

depot /'depəʊ/ *s* **1** (per merci) deposito **2** BrE (per automezzi) deposito

depreciation /dɪˌpriːʃi'eɪʃən/ *s* svalutazione

depress /dɪ'pres/ *v* [tr] (3ª pers sing **-sses**) deprimere

depressed /dɪ'prest/ *agg* depresso -a | **to get depressed** deprimersi

depressing /dɪ'presɪŋ/ *agg* deprimente

depression /dɪ'preʃən/ *s* depressione

deprivation /ˌdeprə'veɪʃən/ *s* (stenti) privazione

deprive /dɪ'praɪv/ *v* **to deprive sb of sth** privare qn di qc: *They'd been deprived of sleep for days.* Furono privati del sonno per giorni.

deprived /dɪ'praɪvd/ *agg* (bambino, famiglia) bisognoso -a, (zona) depresso -a

depth /depθ/ *s* **1** profondità: *a depth of 500 metres* una profondità di 500 metri **2** (di sentimento, di cultura) profondità | **in depth** (studiare, analizzare) a fondo **3 to be out of your depth a)** (in situazione) non essere all'altezza **b)** (al mare, in piscina) non toccare

deputize, -ise BrE /'depjətaɪz/ *v* **to deputize for sb** fare le veci di qn

deputy /'depjəti/ *s* (pl **-ties**) **1** vice **2** deputato -a **3 deputy director** vicedirettore -trice [di istituzione, organizzazione] **deputy editor** vicedirettore -trice [di giornale] **deputy head** vicepreside

derelict /'derəlɪkt/ *agg* cadente

derivative /dɪ'rɪvətɪv/ *s* derivato

derive /dɪ'raɪv/ *v* **1 to derive great pleasure from sth** (formale) trarre grande piacere da qc **2 to be derived from sth** derivare da qc

derogatory /dɪ'rɒgətəri/ *agg* sprezzante

descend /dɪ'send/ *v* [tr/intr] (formale) scendere

descend from to be descended from sb discendere da qn

descendant /dɪ'sendənt/ *s* discendente

descent /dɪ'sent/ *s* (formale) **1** discesa: *The plane was beginning its descent.* L'aereo stava iniziando la fase di discesa. **2 to be of Polish/Spanish etc descent** essere di origine polacca/spagnola ecc.

describe /dɪ'skraɪb/ *v* [tr] **1** descrivere: *Describe him to me.* Descrivimelo. **2 to describe yourself as sth** definirsi qc: *I would describe myself as a socialist.* Io mi definirei socialista. | *Conditions in the camps **were described** as atrocious.* Dicono che le condizioni nei campi erano terribili.

description /dɪ'skrɪpʃən/ *s* **1** descrizione **2 of every description** di ogni genere | **a weapon of some description** una specie di arma

desert¹ /'dezət/ *s* deserto

desert² /dɪ'zɜːt/ *v* **1** [tr] abbandonare **2** [intr] disertare

deserted /dɪ'zɜːtɪd/ *agg* deserto -a

ˌdesert 'island *s* isola deserta

deserve /dɪ'zɜːv/ *v* [tr] **1** meritare: *I think you deserve a rest.* Ti meriti un po' di riposo. | *They really **deserve to win**.* Meritano proprio di vincere. **2 to deserve consideration** meritare di essere preso in considerazione: *The story didn't deserve all that attention from the press.* La storia non meritava tutta quell'attenzione da parte della stampa.

design /dɪ'zaɪn/ *sostantivo e verbo*

• *s* **1** (materia di studio, attività) progettazione **2** (risultato) progetto **3** (di stoffa) motivo

• *v* [tr] **1** progettare [palazzo, auto], disegnare [abito] **2 to be designed to do sth** essere concepito per fare qc: *The buildings were designed to withstand earthquakes.* Gli edifici sono stati concepiti per resistere ai terremoti. | *The course is **designed for** beginners.* Il corso è indirizzato ai principianti.

designate /'dezɪgneɪt/ *v* **1** [tr] designare | **to designate sb as your spokesman** designare qn come portavoce | **to designate sth as sth** adibire qc a qc: *The football pitch has been designated as a car park.* Il campo di calcio è stato adibito a parcheggio. **2** [tr] contrassegnare

designer /dɪ'zaɪnə/ *sostantivo e aggettivo*

• *s* (di edifici, veicoli) progettista, (di moda) stilista, (di mobili) designer, (di siti Internet) web designer

• *agg* **designer jeans/clothes** jeans/abiti firmati

desirable /dɪ'zaɪərəbəl/ *agg* **1** (qualità, oggetto) desiderabile | **to be desirable** (negli annunci) costituire titolo preferenziale **2** (persona) desiderabile

desire /dɪ'zaɪə/ *sostantivo e verbo*

• *s* **1** desiderio | **desire for sth** desiderio di qc | **to have a great desire to do sth** desiderare molto fare qc | **to have no desire to do sth** non avere nessuna voglia di fare qc: *I have no desire to meet him again.* Non ho nessuna voglia di incontrarlo di nuovo. **2** (sessuale) desiderio

• *v* [tr] **1** (formale) desiderare **2 to leave a lot to be desired** lasciare molto a desiderare

desk /desk/ *s* **1** scrivania **2** (di alunno) banco, (di insegnante) cattedra **3** (in ufficio informazioni, albergo) banco

desktop /'desktɒp/ *s* **1** desktop **2 desktop computer** computer da tavolo

desolate /'desələt/ *agg* (luogo) desolato -a, (persona) sconsolato -a, (vita) triste

D

despair /dɪ'speə/ *sostantivo* e *verbo*
• *s* disperazione | **in despair** disperato -a
• *v* [intr] disperare: *They were beginning* ***to despair of*** *finding them alive.* Cominciavano a disperare di trovarli vivi.

despatch ▶ vedi **dispatch**

desperate /'despərət/ *agg* **1** disperato -a: *By now, she was desperate.* Ormai, era disperato. | *I was* ***desperate to*** *get a job.* Avevo un bisogno disperato di trovare lavoro. **2 to be desperate for a drink/a cigarette etc** morire dalla voglia di bere/di fumare ecc. **3** (grave) disperato -a: *The situation is desperate.* La situazione è disperata.

desperately /'despərətli/ *avv* **1** disperatamente **2** urgentemente **3** terribilmente

desperation /ˌdespə'reɪʃən/ *s* disperazione

despicable /dɪ'spɪkəbəl/ *agg* spregevole

despise /dɪ'spaɪz/ *v* [tr] disprezzare

despite /dɪ'spaɪt/ *prep* nonostante: *despite our protests* nonostante le nostre proteste

despondent /dɪ'spɒndənt/ *agg* abbattuto -a

dessert /dɪ'zɜːt/ *s* dessert: *What's for dessert?* Cosa c'è per dessert?

dessertspoon /dɪ'zɜːtspuːn/ *s* **1** cucchiaio da dessert **2** (anche **dessertspoonful**) quantità corrispondente al contenuto di un cucchiaio da dessert

destination /ˌdestə'neɪʃən/ *s* destinazione: *He never reached his destination.* Non giunse mai a destinazione. | *a popular holiday destination* una famosa meta turistica

destined /'destɪnd/ *agg* **1 to be destined for sth** essere destinato a qc: *She's destined for a brilliant career.* È destinata ad una brillante carriera. | *We were* ***destined to*** *meet.* Era destino che ci incontrassimo. **2 destined for** diretto a: *a cargo destined for Liverpool* un carico diretto a Liverpool

destiny /'destəni/ *s* (pl **-nies**) destino

destitute /'destətjuːt/ *agg* bisognoso -a

destroy /dɪ'strɔɪ/ *v* [tr] **1** distruggere [edifici, prove] **2** distruggere [carriera, fiducia, speranze] **3** abbattere [animale]

destroyer /dɪ'strɔɪə/ *s* cacciatorpediniere

destruction /dɪ'strʌkʃən/ *s* distruzione

destructive /dɪ'strʌktɪv/ *agg* distruttivo -a

detach /dɪ'tætʃ/ *v* [tr] (3ª pers sing **-ches**) **1** staccare: *You can* ***detach*** *the hood* ***from*** *the jacket.* Il cappuccio si può staccare dalla giacca. **2 to detach yourself (from sth)** distaccarsi (da qc)

detachable /dɪ'tætʃəbəl/ *agg* staccabile

detached /dɪ'tætʃt/ *agg* **1** BrE **detached house** villetta **2** distaccato -a | **to remain detached** mantenere un certo distacco

detachment /dɪ'tætʃmənt/ *s* **1** (atteggiamento) distacco **2** distaccamento

detail /'diːteɪl, AmE dɪ'teɪl/ *sostantivo* e *verbo*
• *s* particolare: *I don't want to know the details.* Non voglio sapere i particolari. | *for further details* per maggiori particolari | **in detail** in modo dettagliato | **to go into detail(s)** entrare nei particolari
• *v* [tr] descrivere dettagliatamente

detailed /'diːteɪld, AmE dɪ'teɪld/ *agg* dettagliato -a

detain /dɪ'teɪn/ *v* [tr] **1** fermare [sospetto, ricercato]: *He was detained as he tried to cross the border.* È stato fermato mentre cercava di passare il confine. **2** trattenere

detect /dɪ'tekt/ *v* [tr] **1** scoprire **2** notare

detection /dɪ'tekʃən/ *s* scoperta

detective /dɪ'tektɪv/ *s* **1** agente di polizia **2** investigatore privato, detective **3 detective story** giallo

detector /dɪ'tektə/ *s* sensore

detention /dɪ'tenʃən/ *s* **1** reclusione | **in detention** in stato di fermo **2** punizione che consiste nell'essere trattenuto a scuola oltre l'orario scolastico: *He* ***got a detention for*** *not doing his homework.* È stato punito perché non aveva fatto i compiti. **3 detention centre** BrE, **detention center** AmE **a)** carcere minorile **b)** luogo in cui vengono trattenuti gli immigrati clandestini in attesa di regolarizzazione o rimpatrio

deter /dɪ'tɜː/ *v* [tr] (**-rred**, **-rring**) dissuadere | **to deter sb from doing sth** dissuadere qn dal fare qc

detergent /dɪ'tɜːdʒənt/ *s* detersivo

deteriorate /dɪ'tɪəriəreɪt/ *v* [intr] peggiorare

deterioration /dɪˌtɪəriə'reɪʃən/ *s* peggioramento

determination /dɪˌtɜːmə'neɪʃən/ *s* determinazione

determine /dɪ'tɜːmɪn/ *v* [tr] **1** determinare [causa] **2** (fattore) determinare **3** stabilire [data, regola]

determined /dɪ'tɜːmɪnd/ *agg* risoluto -a: *I'm* ***determined to*** *finish this tonight.* Sono risoluto a finirlo stanotte.

determiner /dɪ'tɜːmɪnə/ *s* parola che precede un sostantivo e che ne determina l'uso (principalmente, articoli e aggettivi indefiniti).

deterrent /dɪ'terənt/ *s* deterrente | **to act as a deterrent to sb** funzionare da deterrente per qn

detest /dɪ'test/ *v* [tr] detestare

Vuoi scrivere un'e-mail in inglese? Consulta la **guida alla comunicazione** in fondo al dizionario.

detonate /ˈdetəneɪt/ *v* [tr] far esplodere [bomba]

detour /ˈdiːtʊə/ *s* deviazione

detract /dɪˈtrækt/ *v* **to detract from sth** sminuire qc

detriment /ˈdetrəmənt/ *s* **to the detriment of sth** a discapito di qc

detrimental /ˌdetrəˈmentl/ *agg* dannoso -a | **to be detrimental to sth** essere dannoso per qc

devaluation /diːˌvæljuˈeɪʃən/ *s* svalutazione

devalue /diːˈvæljuː/ *v* [tr/intr] svalutare

devastate /ˈdevəsteɪt/ *v* [tr] devastare

devastated /ˈdevəsteɪtɪd/ *agg* **1** sconvolto -a: *I was devastated by the news.* Rimasi sconvolto dalla notizia. **2** (edificio, città) devastato -a

devastating /ˈdevəsteɪtɪŋ/ *agg* **1** (effetto, conseguenza) devastante **2** (esperienza, notizia) sconvolgente

develop /dɪˈveləp/ *v* **1** [intr] svilupparsi, [tr] sviluppare | **to develop into sth** diventare qc: *She developed into a charming young woman.* È diventata una giovane donna affascinante. **2** [tr] mettere a punto [piano, strategia, prodotto] **3** [tr] contrarre [malattia]: *She developed pneumonia.* Contrasse la polmonite. **4** **to develop a liking for sth** *She developed a liking for brandy.* Adesso le piace il brandy. **5** [tr] presentare [problema, difetto] **6** [tr] urbanizzare **7** [tr] sviluppare [fotografie]

developed /dɪˈveləpt/ *agg* sviluppato -a

developer /dɪˈveləpə/ *s* (società) immobiliare

developing /dɪˈveləpɪŋ/ *agg* **developing countries** i paesi in via di sviluppo

development /dɪˈveləpmənt/ *s* **1** (crescita) sviluppo **2** (di situazione) sviluppo: *the latest developments in Belfast* gli ultimi sviluppi a Belfast **3** urbanizzazione **4** complesso [edilizio]: *a new housing development* un nuovo complesso residenziale

deviate /ˈdiːvieɪt/ *v* **to deviate from sth** deviare da qc

deviation /ˌdiːviˈeɪʃən/ *s* deviazione

device /dɪˈvaɪs/ *s* **1** congegno: *a device which detects whether there is smoke in a room* un congegno che rileva la presenza di fumo in una stanza | *an explosive device* un ordigno esplosivo **2** **to leave sb to their own devices** lasciare qn libero di fare quello che/vuole

devil /ˈdevəl/ *s* **1** diavolo | **the Devil** il diavolo **2** (informale) usato affettuosamente per descrivere una persona: *the cunning devil* quel furbacchione | *that little devil* quella piccola peste | **be a devil!** per invitare qualcuno a trasgredire: *Go on, be a devil, have another piece!* Dai, esagera e mangiane un'altra fetta! | **you lucky devil!** beato te! **3** **talk of the devil!** lupus in fabula!

devious /ˈdiːviəs/ *agg* subdolo -a

devise /dɪˈvaɪz/ *v* [tr] escogitare

devoid /dɪˈvɔɪd/ *agg* **to be devoid of sth** essere privo di qc: *The town is devoid of any charm.* La città è priva di qualsiasi attrattiva.

devolution /ˌdiːvəˈluːʃən/ *s* BrE devolution

devote /dɪˈvəʊt/ *v* **to devote time/effort/energy to sth** dedicare tempo/sforzi/energie a qc: *She devoted her life to helping the poor.* Ha dedicato la sua vita ad aiutare i poveri. | *He intends to devote himself to gardening.* Ha intenzione di dedicarsi al giardinaggio.

devoted /dɪˈvəʊtɪd/ *agg* (padre, marito, moglie) devoto -a | **to be devoted to work/family** dedicarsi completamente al lavoro/alla famiglia

devotion /dɪˈvəʊʃən/ *s* devozione | **devotion to sb** attaccamento a qn: *her total devotion to her career* la sua assoluta dedizione alla carriera

devour /dɪˈvaʊə/ *v* [tr] divorare [cibo, libri]

devout /dɪˈvaʊt/ *agg* (pio) devoto -a

dew /djuː/ *s* rugiada

diabetes /ˌdaɪəˈbiːtiːz/ *s* diabete

diabetic /ˌdaɪəˈbetɪk/ *agg* e *s* diabetico -a

diabolical /ˌdaɪəˈbɒlɪkəl/ *agg* **1** diabolico -a **2** BrE (informale) infernale

diagnose /ˈdaɪəgnəʊz/ *v* **to diagnose sb with sth** diagnosticare qc a qn: *He was diagnosed with cancer.* Gli hanno diagnosticato un tumore.

diagnosis /ˌdaɪəgˈnəʊsəs/ *s* (pl **-noses** /-ˈnəʊsiːz/) diagnosi

diagonal /daɪˈægənəl/ *agg* diagonale

diagonally /daɪˈægənəli/ *avv* diagonalmente

diagram /ˈdaɪəgræm/ *s* diagramma

dial /daɪəl/ *verbo* e *sostantivo*

- *v* [tr/intr] (**dialled**, **dialling** BrE, **dialed**, **dialing** AmE) fare (il numero): *I dialled the wrong number.* Ho fatto il numero sbagliato. | *Dial 999.* Chiamare il 999.
- *s* **1** (di orologio) quadrante **2** (di radio) quadrante

dialect /ˈdaɪəlekt/ *s* dialetto

ˈdialling code BrE, **ˈarea code** AmE *s* prefisso (telefonico)

ˈdialling tone BrE, **ˈdial tone** AmE *s* segnale di libero

dialogue BrE, **dialog** AmE /ˈdaɪəlɒg/ *s* dialogo

diameter /daɪˈæmətə/ *s* diametro: *It is two metres **in diameter**.* Ha un diametro di due metri.

D

D

diamond /ˈdaɪəmənd/ *sostantivo* e *sostantivo plurale*
• *s* **1** (pietra) diamante **2** (forma) rombo
• **diamonds** *s pl* (di carte da gioco) quadri

diaper /ˈdaɪəpə/ *s* AmE pannolino ► In inglese britannico si usa **nappy**.

diaphragm /ˈdaɪəfræm/ *s* diaframma

diarrhoea BrE, **diarrhea** AmE /ˌdaɪəˈrɪə/ *s* diarrea

diary /ˈdaɪəri/ *s* (pl **-ries**) **1** diario | **to keep a diary** tenere un diario **2** agenda

dice /daɪs/ *sostantivo* e *verbo*
• *s* (pl **dice**) dadi | **to throw/roll the dice** tirare i dadi
• *v* [tr] tagliare a dadini

dictate /dɪkˈteɪt/ *v* **1** [tr] dettare [appunti] **2** [tr] determinare **3** [tr] dettare [condizioni]
dictate to sb dare ordini a qn

dictation /dɪkˈteɪʃən/ *s* **1** (attività) dettatura **2** (a scuola) dettato

dictator /dɪkˈteɪtə/ *s* dittatore

dictatorship /dɪkˈteɪtəʃɪp/ *s* dittatura

dictionary /ˈdɪkʃənəri/ *s* (pl **-ries**) dizionario

did /dɪd/ passato di **do**

didn't /ˈdɪdnt/ forma contratta di **did not**

die /daɪ/ *v* (passato e participio **died**, gerundio **dying**) **1** [intr] morire | **to die of/from sth** morire di qc: *They died of starvation.* Sono morti di fame. | *He* ***died*** *for his country.* Ha dato la vita per il suo paese. **2 to be dying for sth** morire dalla voglia di qc: *I'm dying for a coffee.* Muoio dalla voglia di un caffè. | *I'm* ***dying*** *to meet her.* Non vedo l'ora di incontrarla.
die down 1 (vento, tempesta) calmarsi, (fiamme) spegnersi **2** (polemica, scandalo) spegnersi, (attività, risa) calmarsi
die off morire ad uno ad uno
die out (tradizione) scomparire, (specie) estinguersi

diesel /ˈdiːzəl/ *s* **1** (carburante) diesel **2** (automobile) diesel **3** locomotiva diesel

diet /ˈdaɪət/ *sostantivo* e *verbo*
• *s* **1** dieta | **to live on a diet of sth** nutrirsi di qc **2** dieta (dimagrante) | **to go on a diet** mettersi a dieta: *No dessert for me, thanks. I'm* ***on a diet***. Niente dolce per me, grazie. Sono a dieta.
• *v* [intr] essere a dieta

differ /ˈdɪfə/ *v* [intr] **1** essere differente | **to differ from sth/sb** differenziarsi da qc/qn: *The new system differs from the old one in two ways.* Il nuovo sistema si differenzia da quello vecchio per due motivi. **2 to differ with sb on/about sth** non essere d'accordo con qn su qc

difference /ˈdɪfərəns/ *s* **1** differenza: *I see no* ***difference between*** *them.* Non vedo nessuna differenza fra di loro. | *There is a big* ***difference in*** *price.* C'è una grande differenza di prezzo. **2 a difference of opinion** una divergenza di opinione | **to have your differences** avere degli screzi **3 it makes no difference** non fa nessuna differenza: *Even if you'd tried to help it would have made no difference.* Anche se avessi cercato di aiutare non avrebbe fatto nessuna differenza. | *It makes no difference whether you boil it first or not.* Non fa nessuna differenza se lo fai prima bollire oppure no. | **to make no difference to sb** non importare a qn: *It makes no difference to her if I'm there or not.* A lei non importa che io ci sia o meno.

different /ˈdɪfərənt/ *agg* differente, diverso -a | **different from sth/sb** differente da qc/qn, diverso da qc/qn: *It's different from the one I saw in the shop.* È diverso da quello che ho visto nel negozio. | **different to sth/sb** BrE, **different than sth/sb** AmE differente da qc/qn, diverso da qc/qn

differentiate /ˌdɪfəˈrenʃieɪt/ *v* **1** (riconoscere una differenza) **to differentiate between sth and sth** distinguere qc da qc: *Sometimes it's hard to differentiate between fact and fiction.* A volte è difficile distinguere i fatti dalla finzione. | **to differentiate sth from sth** distinguere qc da qc **2** [tr] (rendere differente) differenziare | **to differentiate sth from sth** differenziare qc da qc

differently /ˈdɪfərəntli/ *avv* diversamente

difficult /ˈdɪfɪkəlt/ *agg* **1** difficile: *It was* ***difficult to*** *concentrate.* Era difficile concentrarsi. | *She finds it* ***difficult to*** *climb stairs.* Per lei è difficile salire le scale. | **to make life/things difficult for sb** rendere la vita difficile/le cose difficili a qn **2** difficile: *a difficult customer* un cliente difficile | *He's just being difficult.* Sta solo facendo il difficile.

difficulty /ˈdɪfɪkəlti/ *s* **1** (pl **-ties**) (problema) difficoltà: *She got out of her chair* ***with difficulty***. Si è alzata dalla sedia con difficoltà. | **to have difficulty (in) doing sth** avere difficoltà a fare qc | **to be in difficulty/difficulties** trovarsi in difficoltà | **to get/run into difficulties** incontrare delle difficoltà **2** (complessità) difficoltà

diffuse /dɪˈfjuːz/ *v* [tr] diffondere

dig /dɪg/ *verbo* e *sostantivo*
• *v* (gerundio **digging**, passato e participio **dug**) **1** [intr/tr] zappare | **to dig the garden** zappare il giardino | **to dig for sth** scavare alla ricerca di qc **2** [tr] **to dig a hole/tunnel etc** scavare un buco/una galleria ecc. **3** [tr] conficcare, [intr] conficcare: *The cat* ***dug*** *its claws* ***into*** *my leg.* Il gatto mi ha conficcato le unghie nella gamba. | *The stones on the ground* ***dug into*** *my back.* I sassi per terra mi si

Vuoi informazioni sulla differenza tra gli **aggettivi possessivi** in inglese e in italiano? Vedi la **guida grammaticale**.

conficcavano nella schiena.
dig in (informale) mangiare
dig sth out **1** (con una vanga) tirare fuori qc scavando **2** (informale) tirar fuori qc [vecchie foto, libro]
dig sth up **1** estrarre qc [cadavere], estirpare qc [erbacce] **2** scovare qc [informazioni]

digging the garden

• *s* **1** **to give sb a dig** dare un colpetto a qn **2** **to have a dig at sb** (informale) lanciare una frecciata a qn **3** (archeologico) scavo

digest /daɪ'dʒest/ *v* [tr] **1** digerire [cibo] **2** capire [informazione, notizia]

digestion /daɪ'dʒestʃən/ *s* digestione

digestive /daɪ'dʒestɪv/ *agg* **1** (apparato) digerente **2** (disturbi) della digestione **3** (succhi) gastrico -a

digger /'dɪgə/ *s* escavatore

digit /'dɪdʒɪt/ *s* cifra: *an eight-digit phone number* un numero di telefono di otto cifre

digital /'dɪdʒɪtl/ *agg* digitale | **digital television** televisione digitale

dignified /'dɪgnəfaɪd/ *agg* dignitoso -a

dignity /'dɪgnəti/ *s* dignità

dike ► vedi **dyke**

dilapidated /də'læpədeɪtɪd/ *agg* (auto) scassato -a, (casa) cadente

dilemma /də'lemə/ *s* dilemma | **to be in a dilemma** essere di fronte a un dilemma

diligence /'dɪlɪdʒəns/ *s* diligenza

diligent /'dɪlədʒənt/ *agg* diligente

dilute /daɪ'luːt/ *v* [tr] **1** diluire [liquido] **2** (indebolire) affievolire

dim /dɪm/ *aggettivo* e *verbo*
• *agg* (**dimmer**, **dimmest**) **1** (luce) fioco -a, (stanza) scuro -a **2** (profilo, forma) indefinito -a **3** (ricordo, percezione) vago -a **4** (informale) stupido -a
• *v* (**dimmed**, **dimming**) [tr] abbassare [luce], [intr] (luce) abbassarsi: *Can you dim the lights a little?* Puoi abbassare un po' le luci?

dime /daɪm/ *s* (moneta) 10 cent

dimension /daɪ'menʃən/ *sostantivo* e *sostantivo plurale*
• *s* dimensione
• **dimensions** *s pl* dimensioni

diminish /dɪ'mɪnɪʃ/ *v* (3ª pers sing **-shes**) [tr/intr] diminuire: *Her enthusiasm had not diminished in the least.* Il suo entusiasmo non è affatto diminuito.

diminutive /dɪ'mɪnjətɪv/ *aggettivo* e *sostantivo*
• *agg* minuto -a
• *s* diminutivo

dimly /'dɪmli/ *avv* **1** **dimly lit** con una luce fioca **2** (ricordare) vagamente

dimple /'dɪmpəl/ *s* fossetta [su guancia]

din /dɪn/ *s* baccano

dine /daɪn/ *v* [intr] (formale) cenare: *We dined on lobster.* Abbiamo cenato con aragosta.
dine out uscire a cena

diner /'daɪnə/ *s* **1** AmE specie di tavola calda **2** cliente [di ristorante]

dinghy /'dɪŋgi/ *s* (pl **-ghies**) **1** (barca a vela) deriva **2** (canotto) tender

dingy /'dɪndʒi/ *agg* (**-gier**, **-giest**) lurido -a

'dining room *s* sala da pranzo

dinner /'dɪnə/ *s* (alla sera) cena, (a mezzogiorno) pranzo | **what's for dinner?** che cosa c'è per cena? | **to have/eat dinner** cenare: *We usually have dinner about 8 pm.* Di solito ceniamo alle 8. | **to have sth for dinner** mangiare qc: *What do you want for dinner?* Che cosa vuoi per cena? | **to ask sb to dinner** invitare qn a cena | **to go out to dinner** andare fuori a cena

'dinner ˌjacket *s* smoking

'dinner ˌparty *s* (pl **-ties**) cena

dinosaur /'daɪnəsɔː/ *s* dinosauro

dip /dɪp/ *verbo* e *sostantivo*
• *v* (**dipped**, **dipping**) **1** [tr] **to dip sth in/into sth** immergere qc in qc: *I dipped my foot into the water.* Ho messo il piede nell'acqua. **2** [intr] (prezzi, temperatura) calare: *The sun dipped below the horizon.* Il sole calava all'orizzonte. **3** **to dip your headlights** BrE (in auto) abbassare i fari
dip into sth **to dip into your savings** intaccare i propri risparmi
• *s* **1** (informale) | **to go for a dip** andare a farsi un tuffo **2** **a dip in temperatures/prices** un calo delle temperature/dei prezzi **3** (cibo) salsa

diploma /dɪ'pləʊmə/ *s* diploma | **a diploma in sth** un diploma di qc

diplomacy /dɪ'pləʊməsi/ *s* diplomazia

diplomat /'dɪpləmæt/ *s* diplomatico -a

diplomatic /ˌdɪplə'mætɪk/ *agg* diplomatico -a

dire /daɪə/ *agg* **1** (molto serio) grave | **to be in dire need of sth** avere urgente bisogno di qc **2** (informale) terribile

direct /də'rekt/ *aggettivo*, *verbo* e *avverbio*
• *agg* **1** (strada, volo) diretto -a: *the most direct route* la strada più diretta **2** (conseguenza, contatto) diretto -a **3** (franco) schietto -a
• *v* **1** [tr] (controllare) dirigere **2** [tr] (indirizzare) dirigere: *My criticisms were directed at her, not at you.* Le mie critiche

erano rivolte a lei, non a te. **3 to direct sb to the station/the town centre etc** indicare a qn la strada per la stazione/il centro ecc.: *Could you direct me to the hospital?* Può indicarmi la strada per l'ospedale? **4** [tr] dirigere [film, opera teatrale]
• *avv* direttamente

di,rect 'debit BrE, **di,rect 'billing** AmE *s* addebito in conto

D

direction /də'rekʃən/ *sostantivo* e *sostantivo plurale*
• *s* **1** direzione | **in the direction of** verso | **in the opposite direction** in direzione opposta **2** (controllo) **under sb's direction** sotto la guida di qn
• **directions** *s pl* **to ask sb for directions** chiedere la strada a qn | **to give sb directions** indicare la strada a qn

directly /də'rektli/ *avv* **1** (senza ostacoli) direttamente **2 directly in front of/behind etc** proprio di fronte a/dietro a ecc.: *She lives directly opposite me.* Abita proprio di fronte a me. **3** (in modo franco) apertamente

director /də'rektə/ *s* **1** (di azienda) direttore -trice, (di scuola, museo) direttore -trice **2** (di film, opera teatrale) regista

directory /də'rektəri/ *s* (pl **-ries**) **1** (del telefono) elenco **2** elenco **3** (in informatica) directory **4 directory enquiries** BrE, **directory assistance** AmE servizio informazioni elenco abbonati

dirt /dɜːt/ *s* **1** (cosa sporca) sporco, sporcizia **2** (suolo) terra | **a dirt road** una strada sterrata **3 to treat sb like dirt** trattare qn come un cane

dirty /'dɜːti/ *aggettivo* e *verbo*
• *agg* (**-tier**, **-tiest**) **1** (non pulito) sporco -a: *Your hands are dirty.* Le tue mani sono sporche. **2** (volgare) **a dirty joke** una barzelletta sporca | **a dirty magazine** una rivista sconcia **3** (lavoro, affare) sporco -a | **a dirty trick** un brutto tiro **4 to do sb's dirty work** fare il lavoro sporco per qn
• *v* (**-ties**, **-tied**) [tr] sporcare

disability /ˌdɪsə'bɪləti/ *s* (pl **-ties**) handicap

disabled /dɪs'eɪbəld/ *agg* **1** handicappato -a **2 the disabled** i disabili

disadvantage /ˌdɪsəd'vɑːntɪdʒ/ *s* svantaggio | **to be at a disadvantage** essere svantaggiato

disadvantaged /ˌdɪsəd'vɑːntɪdʒd/ *agg* svantaggiato -a

disadvantageous /ˌdɪsædvən'teɪdʒəs/ *agg* svantaggioso -a

disagree /ˌdɪsə'griː/ *v* [intr] (passato e participio **disagreed**) non essere d'accordo: *I'm sorry but I* ***disagree with*** *you.* Mi dispiace, ma non sono d'accordo con te. | **to disagree on/about sth** non essere d'accordo su qc: *We disagree on most things.* Non siamo d'accordo sulla maggior parte delle cose.
disagree with sb (cibo, tempo) far male a qn: *Coffee disagrees with me.* Il caffè mi fa male.

disagreeable /ˌdɪsə'griːəbəl/ *agg* sgradevole

disagreement/ˌdɪsə'griːmənt/*s* **1** (diversità di opinione) dissenso **2** (dissapore) screzio

disappear /ˌdɪsə'pɪə/ *v* [intr] scomparire: *My keys have disappeared.* Le mie chiavi sono scomparse. | *He* ***disappeared into*** *the kitchen.* È scomparso in cucina. | **to disappear from view/sight** scomparire alla vista

disappearance /ˌdɪsə'pɪərəns/ *s* scomparsa

disappoint /ˌdɪsə'pɔɪnt/ *v* [tr] deludere

disappointed /ˌdɪsə'pɔɪntɪd/ *agg* deluso -a: *He's* ***disappointed about*** *not being able to go.* È deluso per il fatto di non poterci andare. | *I was* ***disappointed with*** *the hotel.* Sono rimasto deluso dall'albergo. | *I'm* ***disappointed in*** *you, Sarah.* Mi hai deluso, Sarah.

disappointing /ˌdɪsə'pɔɪntɪŋ/ *agg* deludente

disappointment /ˌdɪsə'pɔɪntmənt/ *s* **1** (sentimento) delusione **2** (cosa, persona) *The holiday was a real disappointment.* Le vacanze sono state proprio una delusione. | **to be a disappointment to sb** essere una delusione per qn

disapproval /ˌdɪsə'pruːvəl/ *s* disapprovazione

disapprove /ˌdɪsə'pruːv/ *v* [intr] **to disapprove of sth/sb** disapprovare qc/qn: *My parents disapprove of my boyfriend.* Ai miei genitori non piace il mio ragazzo. | *I disapprove of him going out every night.* Non approvo che esca ogni sera.

disarm /dɪs'ɑːm/ *v* [tr] disarmare

disarmament /dɪs'ɑːməmənt/ *s* disarmo

disarray /ˌdɪsə'reɪ/ *s* (formale) **in disarray** **a)** (capelli, abiti, stanza) in disordine **b)** (partito, governo, esercito) allo sbando: *The government is in complete disarray.* Il governo è completamente allo sbando.

disaster /dɪ'zɑːstə/ *s* **1** (disgrazia) disastro: *natural disasters* calamità naturali **2** (fallimento) disastro

disastrous /dɪ'zɑːstrəs/ *agg* disastroso -a

disbelief /ˌdɪsbə'liːf/ *s* incredulità

disc /dɪsk/ *s* BrE disco

discard /dɪ'skɑːd/ *v* [tr] (formale) buttar via

discern /dɪ'sɜːn/ *v* [tr] (formale) percepire

discernible /dɪ'sɜːnəbəl/ *agg* (formale) percettibile

discharge[1] /dɪs'tʃɑːdʒ/ *v* [tr] **1** (dall'ospedale) dimettere, (dall'esercito) congedare: *He was discharged from hospital the same day.* È stato dimesso dall'ospedale il giorno stesso. **2** scaricare [sostanza]

discharge[2] /'dɪstʃɑːdʒ/ *s* **1** (di gas, radiazioni, liquidi) emissione **2** (muco, pus) secrezione **3** (dall'ospedale) dimissione, (dall'esercito) congedo

discipline /'dɪsəplɪn/ *sostantivo* e *verbo*
- *s* disciplina
- *v* [tr] punire

'disc ˌjockey *s* BrE disc jockey

disclose /dɪs'kləʊz/ *v* [tr] (formale) rivelare

disco /'dɪskəʊ/ *s* **1** (evento) festa [in cui si balla] **2** (locale) discoteca

discomfort /dɪs'kʌmfət/ *s* disagio

disconcerting /ˌdɪskən'sɜːtɪŋ/ *agg* sconcertante

disconnect /ˌdɪskə'nekt/ *v* [tr] staccare [elettricità, cavi]

discontented /ˌdɪskən'tentɪd/ *agg* insoddisfatto -a

discount[1] /'dɪskaʊnt/ *s* sconto: *They gave me a 20% discount.* Mi hanno fatto uno sconto del 20%. | *to buy/sell sth* ***at a discount*** acquistare/mettere qc in svendita

discount[2] /dɪs'kaʊnt/ *v* [tr] **1** scartare [idea, possibilità] **2** scontare [merce]

discourage /dɪs'kʌrɪdʒ/ *v* [tr] scoraggiare | **to discourage sb from doing sth** scoraggiare qn dal fare qc

discover /dɪ'skʌvə/ *v* [tr] scoprire: *Pluto was discovered in 1930.* Plutone è stato scoperto nel 1930. | *Did you ever discover who sent you the flowers?* Hai scoperto chi ti ha mandato i fiori?

discovery /dɪ'skʌvəri/ (pl **-ries**) *s* scoperta: *scientific discoveries* scoperte scientifiche | *the discovery of oil in Texas* la scoperta del petrolio in Texas | **to make a discovery** fare una scoperta

discredit /dɪs'kredɪt/ *v* [tr] screditare

discreet /dɪ'skriːt/ *agg* discreto -a

discreetly /dɪ'skriːtli/ *avv* con discrezione

discrepancy /dɪ'skrepənsi/ (pl **-cies**) *s* discrepanza

discretion /dɪ'skreʃən/ *s* **1** (decisione) discrezione | **at sb's discretion** a discrezione di qn **2** (tatto) discrezione

discriminate /dɪ'skrɪməneɪt/ *v* **1 to discriminate against sb** fare discriminazioni contro qn **2** [intr] (fare differenza) distinguere: *She was incapable of* ***discriminating between*** *fact and fiction.* Era incapace di distinguere la realtà dalla fantasia.

discrimination /dɪˌskrɪmə'neɪʃən/ *s* discriminazione

discuss /dɪ'skʌs/ *v* [tr] (3ª pers sing **-sses**) discutere (di): *Have you* ***discussed*** *this with your mother?* Ne hai parlato con tua madre?

discussion /dɪ'skʌʃən/ *s* discussione | **to have a discussion about sth** discutere di qc

disdain /dɪs'deɪn/ *s* sdegno

disease /dɪ'ziːz/ *s* malattia: *the risk of heart disease* il rischio di malattia cardiache ▶ DISEASE O ILLNESS? vedi nota sotto **malattia**

disembark /ˌdɪsɪm'bɑːk/ *v* [intr] sbarcare

disenchanted /ˌdɪsɪn'tʃɑːntɪd/ *agg* deluso -a

disfigure /dɪs'fɪgə, AmE dɪs'fɪgjər/ *v* [tr] sfigurare

disgrace /dɪs'greɪs/ *sostantivo* e *verbo*
- *s* **1** (vergogna) disonore: *He has brought disgrace on his family.* Ha causato disonore alla sua famiglia. | *The President resigned* ***in disgrace.*** Il presidente ha rinunciato alla carica perché era caduto in disgrazia. **2** (cosa riprovevole) vergogna: *The food was a disgrace.* Il cibo era una vergogna.
- *v* [tr] (screditare) disonorare | **to disgrace yourself** rovinarsi la reputazione

disgraceful /dɪs'greɪsfəl/ *agg* vergognoso -a

disgruntled /dɪs'grʌntld/ *agg* scontento -a

disguise /dɪs'gaɪz/ *sostantivo* e *verbo*
- *s* travestimento | **in disguise** travestito -a
- *v* [tr] **1 to disguise yourself as sth** travestirsi da qc **2** mascherare [sentimenti, opinioni, intenzioni]

disgust /dɪs'gʌst/ *sostantivo* e *verbo*
- *s* disgusto: *Everyone was looking at her* ***with disgust.*** La guardavano tutti con disgusto. | *We left* ***in disgust.*** Ce ne siamo andati disgustati.
- *v* [tr] disgustare: *You disgust me!* Mi disgusti!

disgusting /dɪs'gʌstɪŋ/ *agg* disgustoso -a: *What's that disgusting smell?* Che cos'è questo odore disgustoso?

dish /dɪʃ/ *sostantivo, sostantivo plurale* e *verbo*
- *s* (pl **dishes**) **1** (contenitore) piatto **2** (cibo cucinato) piatto: *a seafood dish* un piatto di pesce
- **the dishes** *s pl* i piatti | **to do/wash the dishes** lavare i piatti
- *v* **dish sth out** (informale) distribuire qc **dish sth up** servire qc [cibo]

disheartened /dɪs'hɑːtnd/ *agg* scoraggiato -a

dishevelled BrE, **disheveled** AmE /dɪ'ʃevəld/ *agg* stropicciato -a

dishonest /dɪs'ɒnɪst/ *agg* disonesto -a

dishonestly /dɪs'ɒnɪstli/ *avv* in modo disonesto

D

dishonesty /dɪsˈɒnɪsti/ *s* disonestà
dishonour BrE, **dishonor** AmE /dɪsˈɒnə/ *s* (formale) disonore
dishonourable BrE, **dishonorable** AmE /dɪsˈɒnərəbəl/ *agg* (comportamento, persona) riprovevole
dishwasher /ˈdɪʃˌwɒʃə/ *s* lavastoviglie

D

disillusioned /ˌdɪsəˈluːʒənd/ *agg* deluso -a: *She **became disillusioned with** teaching.* È rimasta delusa dall'insegnamento.
disinfect /ˌdɪsɪnˈfekt/ *v* [tr] disinfettare
disinfectant /ˌdɪsɪnˈfektənt/ *s* disinfettante
disintegrate /dɪsˈɪntəgreɪt/ *v* [intr] disintegrarsi
disinterested /dɪsˈɪntrəstɪd/ *agg* (formale) (consiglio) disinteressato -a
disk /dɪsk/ *s* **1** (di computer) disco ▶ vedi anche **floppy disk, hard disk** **2** AmE disco
ˈdisk drive *s* (di computer) unità disco
diskette /dɪsˈket/ *s* (di computer) dischetto
ˈdisk ˌjockey *s* disc-jockey
dislike /dɪsˈlaɪk/ *verbo* e *sostantivo*
• *v* [tr] si usa per indicare un'avversione per qualcosa o qualcuno: *I dislike getting up early.* Non mi piace alzarmi presto. | *He dislikes his boss.* Il capo gli sta antipatico.
• *s* **dislike of/for sth** avversione per qc | **to take a dislike to sb** prendere in antipatia qn: *I took an instant dislike to her.* L'ho presa subito in antipatia.
dislocate /ˈdɪsləkeɪt/ *v* [tr] slogarsi [spalla, anca]
dislodge /dɪsˈlɒdʒ/ *v* [tr] smuovere [sasso]
disloyal /dɪsˈlɔɪəl/ *agg* sleale | **to be disloyal to sb** essere sleale con qn
dismal /ˈdɪzməl/ *agg* deprimente
dismantle /dɪsˈmæntl/ *v* [tr] smontare
dismay /dɪsˈmeɪ/ (formale) *sostantivo* e *verbo*
• *s* costernazione | **with/in dismay** costernato -a
• *v* [tr] costernare
dismiss /dɪsˈmɪs/ *v* [tr] (3ª pers sing **-sses**) **1** respingere [idea, opinione, possibilità] **2** (formale) licenziare [impiegato]
dismissal /dɪsˈmɪsəl/ *s* (formale) licenziamento
dismissive /dɪsˈmɪsɪv/ *agg* (risposta) sdegnoso -a | **to be dismissive of sth** non dar peso a qc
disobedience /ˌdɪsəˈbiːdiəns/ *s* disubbidienza
disobedient /ˌdɪsəˈbiːdiənt/ *agg* disubbidiente
disobey /ˌdɪsəˈbeɪ/ *v* [tr/intr] disubbidire | **to disobey sb/sth** disubbidire a qn/qc
disorder /dɪsˈɔːdə/ *s* **1** disordine | **in disorder** in disordine **2** disordini
disorganized, -ised /dɪsˈɔːgənaɪzd/ *agg* disorganizzato -a
disorientated /dɪsˈɔːriənteɪtɪd/ BrE, anche **disoriented** /dɪsˈɔːrientɪd/ AmE *agg* disorientato -a
disown /dɪsˈəʊn/ *v* [tr] disconoscere [famigliare]
disparity /dɪˈspærəti/ (pl **-ties**) *s* disparità
dispatch, anche **despatch** BrE /dɪˈspætʃ/ *v* [tr] (3ª pers sing **-ches**) spedire [pacchetto], inviare [truppe]
dispel /dɪˈspel/ *v* [tr] (**-lled**, **-lling**) eliminare [paure]
dispense /dɪˈspens/ *v* [tr] (formale) distribuire [cibi, bevande, medicinali]
dispense with sth fare a meno di qc
dispenser /dɪˈspensə/ *s* **1** distributore automatico **2** erogatore [di sapone liquido] ▶ vedi anche **cash**
disperse /dɪˈspɜːs/ *v* [tr] disperdere, [intr] (folla) allontanarsi, (nuvole) diradarsi
displace /dɪsˈpleɪs/ *v* [tr] **1** rimpiazzare **2** provocare la fuga di
display /dɪˈspleɪ/ *sostantivo* e *verbo*
• *s* **1** (mostra) esposizione | **to be on display** essere esposto **2** (di qualità, capacità) sfoggio **3** (manifestazione) spettacolo **4** (di computer) schermo, (di telefono cellulare) display, (di orologio) quadrante
• *v* [tr] **1** esporre **2** dimostrare
disposable /dɪˈspəʊzəbəl/ *agg* (rasoio, macchina fotografica) usa e getta
disposal /dɪˈspəʊzəl/ *s* **1** smaltimento [di rifiuti] **2** **at your/my etc disposal** a tua/mia ecc. disposizione
dispose /dɪˈspəʊz/ *v* **dispose of sth** buttare via qc [spazzatura], sbarazzarsi di qc [cadavere]
disposed /dɪˈspəʊzd/ *agg* (formale) **to be disposed to do sth** essere disposto a fare qc
disprove /dɪsˈpruːv/ *v* **to disprove a theory/an accusation** confutare una teoria/un'accusa
dispute¹ /dɪˈspjuːt/ *s* **1** controversia | **to be in dispute with sb** essere in lite con qn **2** lite: *a domestic dispute* una lite in famiglia
dispute² /dɪˈspjuːt/ *v* [tr] contestare
disqualify /dɪsˈkwɒləfaɪ/ *v* [tr] (**-fies**, **-fied**) squalificare
disregard /ˌdɪsrɪˈgɑːd/ *v* [tr] (formale) ignorare [desideri, ordini]
disrepute /ˌdɪsrɪˈpjuːt/ *s* **to bring sth into disrepute** screditare qc
disrespect /ˌdɪsrɪˈspekt/ *s* mancanza di rispetto
disrupt /dɪsˈrʌpt/ *v* [tr] disturbare [riunione, giornata], causare interruzioni in [traffico]
disruption /dɪsˈrʌpʃən/ *s* (difficoltà) disagio, (di traffico) interruzione

C'è una tavola con i numeri in inglese e spiegazioni sul loro uso nella **guida grammaticale**.

disruptive /dɪs'rʌptɪv/ *agg* (allievo, comportamento) indisciplinato -a, (influsso) negativo -a

dissatisfaction /dɪˌsætəs'fækʃən/ *s* insoddisfazione

dissatisfied /dɪ'sætɪsfaɪd/ *agg* insoddisfatto -a | **to be dissatisfied with sth/sb** non essere soddisfatto di qc/qn

dissect /dɪ'sekt/ *v* [tr] sezionare

dissent /dɪ'sent/ *s* dissenso

dissertation /ˌdɪsə'teɪʃən/ *s* tesi

dissident /'dɪsədənt/ *s* dissidente

dissociate /dɪ'səʊʃieɪt/, anche **disassociate** /ˌdɪsə'səʊʃieɪt/ *v* [tr] **to dissociate yourself from sth/sb** dissociarsi da qc/qn

dissolve /dɪ'zɒlv/ *v* **1** (zucchero, compressa) [intr] sciogliersi, [tr] sciogliere **2** [tr] sciogliere [matrimonio, parlamento]

dissuade /dɪ'sweɪd/ *v* [tr] dissuadere

distance /'dɪstəns/ *sostantivo* e *verbo*

• *s* **1** distanza: *a vast distance* una distanza enorme | *The coast is only a short* ***distance away***. La costa non è molto distante. | *I live* ***within walking distance*** *of school.* Da dove abito posso andare a scuola a piedi. **2 from a distance** da lontano: *He followed her* ***at a distance***. La seguiva a distanza. | **in the distance** in lontananza **3 to keep your distance a)** (fisicamente) stare lontano **b)** (emotivamente) mantenere le distanze

• *v* [tr] **to distance yourself from sb/sth** prendere le distanze da qn/qc

distant /'dɪstənt/ *agg* **1** lontano -a: *distant lands* paesi lontani | *in the distant past* in un lontano passato **2** (parente) lontano -a **3** distaccato -a

distaste /dɪs'teɪst/ *s* avversione

distil BrE, **distill** AmE /dɪ'stɪl/ *v* [tr] (**-lled**, **-lling**) distillare [acqua, alcolici]

distillery /dɪ'stɪləri/ *s* (pl **-ries**) distilleria

distinct /dɪ'stɪŋkt/ *agg* **1** differente | **distinct from sth** diverso da qc **2** (possibilità) effettivo -a, (mancanza, odore) chiaro -a | **a distinct advantage/improvement** un netto vantaggio/miglioramento

distinction /dɪ'stɪŋkʃən/ *s* **1** differenza | **to make a distinction** fare una distinzione **2 to pass an exam with distinction** superare un esame a pieni voti

distinctive /dɪ'stɪŋktɪv/ *agg* caratteristico -a

distinguish /dɪ'stɪŋgwɪʃ/ *v* [tr] (3ª pers sing **-shes**) **1** distinguere: *He can't* ***distinguish*** *red* ***from*** *green.* Non riesce a distinguere il rosso dal verde. | *How do you* ***distinguish between*** *the male and the female?* Come si fa a riconoscere il maschio dalla femmina? **2 to distinguish yourself** distinguersi

distinguished /dɪ'stɪŋgwɪʃt/ *agg* **1 a distinguished artist/surgeon** un artista/chirurgo di successo **2** (raffinato) distinto -a

distort /dɪ'stɔːt/ *v* [tr] **1** falsare [verità, significato] **2** deformare [forma, immagine]

distortion /dɪ'stɔːʃən/ *s* **1** (di parole, significato) stravolgimento **2** (di immagine) distorsione, (di forma) deformazione

distract /dɪ'strækt/ *v* [tr] distrarre: *Don't distract me when I'm studying.* Non distrarmi mentre studio. | *The TV* ***distracts*** *him* ***from*** *his work.* La televisione lo distoglie dal lavoro.

distraction /dɪ'strækʃən/ *s* distrazione

distraught /dɪ'strɔːt/ *agg* sconvolto -a

distress /dɪ'stres/ *sostantivo* e *verbo*

• *s* sconvolgimento | **in distress a)** (preoccupato) sconvolto -a **b)** (in pericolo) in difficoltà

• *v* [tr] angosciare

distressed /dɪ'strest/ *agg* sconvolto -a

distressing /dɪ'stresɪŋ/ *agg* (storia, esperienza) sconvolgente

distribute /dɪ'strɪbjuːt/ *v* [tr] distribuire [volantini, film], consegnare [merci]

distribution /ˌdɪstrə'bjuːʃən/ *s* distribuzione

distributor /dɪ'strɪbjətə/ *s* **1** (azienda) società di distribuzione **2** (di motore) spinterogeno

district /'dɪstrɪkt/ *s* **1** quartiere: *residential/business district* quartiere residenziale/degli affari **2** distretto amministrativo

distrust /dɪs'trʌst/ *sostantivo* e *verbo*

• *s* mancanza di fiducia

• *v* **to distrust sb** non aver fiducia in qn

disturb /dɪ'stɜːb/ *v* [tr] **1** (interrompere) disturbare: *I hope I'm not disturbing you.* Spero di non disturbarti. | *"Do not disturb"* "Non disturbare" **2** (preoccupare) lasciare perplesso: *I'm* ***disturbed by*** *his attitude to women.* Il suo atteggiamento verso le donne mi lascia perplesso.

disturbance /dɪ'stɜːbəns/ *s* **1** (inconveniente) disagio **2** (tumulti) disordini

disturbed /dɪ'stɜːbd/ *agg* **(mentally) disturbed** (mentalmente) instabile

disturbing /dɪ'stɜːbɪŋ/ *agg* (situazione) preoccupante | **a disturbing film/scene** un film/una scena che può turbare

disused /ˌdɪs'juːzd/ *agg* in disuso

ditch /dɪtʃ/ *sostantivo* e *verbo*

• *s* (pl **ditches**) fossato

• *v* [tr] (3ª pers sing **ditches**) (informale) abbandonare [idea], mollare [fidanzato]: *His girlfriend's ditched him!* La sua ragazza l'ha mollato!

dither /'dɪðə/ *v* [intr] esitare: *Stop dithering and make up your mind.* Smettila di esitare e deciditi.

D

ditto /ˈdɪtəʊ/ *avv* idem

dive /daɪv/ *verbo* e *sostantivo*

- *v* [intr] (passato **dived** o **dove** AmE, participio **dived**) **1** tuffarsi: *A man* ***dived in*** *and rescued her.* Un uomo si è tuffato e l'ha salvata. **2** precipitarsi: *We dived into a shop when it started raining.* Ci siamo precipitati in un negozio quando si è messo a piovere.
- *s* tuffo

D

diver /ˈdaɪvə/ *s* (professionista) sommozzatore -trice, (per sport) sub

diverse /daɪˈvɜːs/ *agg* diverso -a, vario -a

diversify /daɪˈvɜːsəfaɪ/ *v* (**-fies**, **-fied**) diversificarsi

diversion /daɪˈvɜːʃən/ *s* **1** (di una strada) deviazione **2** (distrazione) diversivo, (stratagemma) azione diversiva: *They created a diversion so he could escape.* Sono ricorsi ad un'azione diversiva per permettergli di scappare.

diversity /daɪˈvɜːsəti/ *s* varietà

divert /daɪˈvɜːt/ *v* [tr] **1** deviare [traffico] **2** **to divert attention from sth** distogliere l'attenzione da qc

divide /dɪˈvaɪd/ *verbo* e *sostantivo*

- *v* **1** **to divide sth (up) into sth** dividere qc in qc: *The teacher divided the class into two groups.* L'insegnante ha diviso la classe in due gruppi. | *We* ***divided up into*** *pairs.* Ci siamo divisi in gruppi di due. **2** [tr] separare: *The river* ***divides*** *the old town* ***from*** *the suburbs.* Il fiume separa la città vecchia dalla periferia. **3** **to divide sth between/among sb** spartire qc tra qn: *His fortune will be divided among his three children.* Il suo patrimonio verrà spartito tra i suoi tre figli. **4** [tr/intr] dividere: *100* ***divided by*** *20 is 5.* 100 diviso 20 fa 5.
- *s* divario

dividend /ˈdɪvɪdənd/ *s* dividendo | **to pay dividends** tornare utile

divine /dɪˈvaɪn/ *agg* divino -a

diving /ˈdaɪvɪŋ/ *s* **1** immersioni: *deep-sea diving* immersioni subacquee **2** (dal trampolino) tuffi: *Diving is an Olympic sport.* I tuffi sono una disciplina olimpica.

ˈdiving board *s* trampolino

division /dɪˈvɪʒən/ *s* **1** (di territorio, compiti, poteri) suddivisione **2** (in matematica) divisioni: *Can you do division?* Sai fare le divisioni? **3** (reparto) ufficio: *sales/marketing division* ufficio commerciale/marketing **4** (disaccordo) spaccatura: *deep divisions in society* profonde spaccature all'interno della società **5** (nello sport) ciascuno dei tre gruppi in cui sono suddivise squadre di calcio inglese della **Football League** ► vedi riquadro sotto **league**

divorce /dɪˈvɔːs/ *sostantivo* e *verbo*

- *s* divorzio | **to get a divorce** divorziare
- *v* [intr] divorziare, [tr] divorziare da: *He divorced her a year later.* Ha divorziato da lei un anno dopo. | **to get divorced** divorziare

divorcee /dɪˌvɔːˈsiː/ *s* divorziato -a

divulge /daɪˈvʌldʒ/ *v* [tr] (formale) divulgare | **to divulge sth to sb** rivelare qc a qn

DIY /ˈdiː aɪ ˈwaɪ/ *s* (= **do-it-yourself**) fai da te

dizzy /ˈdɪzi/ *agg* (**dizzier**, **dizziest**) **to feel dizzy a)** avere un giramento di testa **b)** soffrire di vertigini: *I felt dizzy.* Mi sono venute le vertigini.

DJ /ˌdiː ˈdʒeɪ/ *s* (= **disc jockey**) D.J.

do /duː/ , *verbo ausiliare*, *verbo* e *sostantivo*

- *v* [aus] ► vedi riquadro
- *v* (3ª pers sing **does**, gerundio **doing**, passato **did**, participio **done**) **1** fare: *Have you done your homework?* Hai fatto i compiti? | *Are you doing anything this weekend?* Fai qualcosa questo fine settimana? | *I did German as part of my degree.* Ho fatto tedesco all'università. | *We did 200 miles in a couple of hours.* Abbiamo fatto 200 miglia in un paio d'ore. | **what do you do for a living?** che lavoro fai? | **what can I do for you?** posso aiutarla? ► vedi riquadro sotto **fare**
2 **to do the dishes** lavare i piatti
3 **to do your hair** pettinarsi | **to have your hair done** andare a farsi i capelli
4 (progredire) *How did I do?* Come sono andato? | *The team is doing very well.* La squadra sta andando molto bene. | *I did terribly in my audition.* Il provino è andato malissimo. | *How are you doing?* Come va?
5 (con un periodo di tempo) *He did five years in jail.* Ha fatto cinque anni di prigione. | *I did two years as a teacher.* Ho lavorato due anni come insegnante.
6 (cucinare) fare: *She did roast chicken.* Ha fatto il pollo arrosto. | *Can you do the vegetables?* Le prepari tu le verdure?
7 (vendere) avere: *Do you do perfumed candles?* Avete candele profumate? | *We don't do food in the evenings.* Non facciamo servizio ristorante di sera.
8 (procedere) andare: *She was doing 120 mph.* Stava andando a 120 miglia all'ora.
9 (essere sufficiente) bastare: *Here's ten dollars. That should do.* Eccoti dieci dollari. Dovrebbero bastare.
10 (essere adeguato) andare bene: *I've got this old blanket. Will that do?* Ho questa vecchia coperta. Pensi che possa andar bene? | **that will do!** Adesso basta!
do away with sth abolire qc
do for **to be done for** (informale) essere rovinato: *If he finds me here, I'm done for!* Se mi trova, sono rovinato!

Vuoi ordinare un hamburger in inglese? Consulta la **guida alla comunicazione** in fondo al dizionario.

do sth up **1** | **to do your shirt/jacket etc up** abbottonarsi la camicia/la giacca ecc. | **to do your zip up** tirar su la cerniera: *Can you do my zip up?* Mi tiri su la cerniera? | **to do your laces up** allacciarsi le scarpe **2** (informale) **to do a house/flat up** ristrutturare una casa/un appartamento
do with sth **1** **could do with sth** si usa questa frase per dire che qualcosa è gradito e opportuno: *I could do with a drink.* Non mi dispiacerebbe bere qualcosa. | *The door could do with some oil.* La porta avrebbe bisogno di un'oliata. **2** **to have to do with sth/sb** avere a che fare con qc/qn: *Her job has something to do with television.* Il suo lavoro ha a che fare con la televisione. | *It's **got nothing to do with** you.* Tu non c'entri.
do without sth fare a meno di qc: *I can't do without the car.* Non posso fare a meno della macchina.
• *s* **1** (informale) festa
2 **the dos and don'ts** quello che si deve e quello che non si deve fare

docile /'dəʊsaɪl, AmE 'dɑːsəl/ *agg* docile

dock /dɒk/ *sostantivo* e *verbo*
• *s* **1** **the docks** la zona portuale **2** **the dock** il banco degli imputati
• *v* **1** [intr] attraccare **2** [tr/intr] ormeggiare: *The ship is **docked at** Genoa.* La nave è ormeggiata nel porto di Genova.

doctor /'dɒktə/ *sostantivo* e *verbo*
• *s* **1** medico: *I need to **go to the doctor's** urgently.* Devo andare dal dottore al più presto. **2** persona che ha portato a termine un dottorato di ricerca
• *v* [tr] falsare [rapporto], ritoccare [cifre], manipolare [prove]

doctorate /'dɒktərət/ *s* dottorato di ricerca

doctrine /'dɒktrɪn/ *s* dottrina

document[1] /'dɒkjəmənt/ *s* documento

document[2] /'dɒkjəment/ *v* [tr] documentare

documentary /ˌdɒkjə'mentri/ *sostantivo* e *aggettivo*
• *s* (pl **-ries**) documentario
• *agg* documentario -a

documentation /ˌdɒkjəmen'teɪʃən/ *s* documentazione

dodge /dɒdʒ/ *v* **1** [tr] evitare [ostacoli, passanti], [intr] scartare | **to dodge behind a tree** nascondersi dietro ad un albero (con un movimento brusco) **2** [tr] sfuggire a [inseguitore] **3** **to dodge the issue** evitare un argomento: *Stop **dodging** the **question**!* Smettila di evitare l'argomento!

dodgy /'dɒdʒi/ *agg* (**dodgier**, **dodgiest**) BrE (informale) **1** (azienda) sospetto -a: *a dodgy character* un personaggio un po' sospetto **2** (macchinario) poco affidabile:

> **do** *verbo ausiliare*
>
> **1** USATO PER COSTRUIRE FRASI INTERROGATIVE E NEGATIVE:
>
> *Do you like bananas?* Ti piacciono le banane? | *Does Matt play in your band?* Matt suona nel tuo gruppo? | *What did you say?* Cos'hai detto? | *Don't touch that.* Non toccarlo. | *We didn't go out.* Non siamo usciti. | *She doesn't live here any more.* Non abita più qui.
>
> **2** PER NON RIPETERE UN VERBO E NELLE "QUESTION TAGS":
>
> *She eats a lot more than I do.* Mangia molto più di me. | *"Who made the cake?" "I did."* Chi ha fatto il dolce? – Io | *"I love chocolate." "So do I."* Adoro il cioccolato. – Anch'io. | *You know Tony, don't you?* Conosci Toni, vero? | *She didn't stay, did she?* Non è rimasta, vero?
>
> **3** PER ENFATIZZARE:
>
> *Do be careful!* Ti prego, stai attento! | *I did tell you. You must have forgotten.* Te l'avevo detto eccome. Te ne sarai dimenticato.

The brakes are dodgy. I freni sono poco affidabili. **3** (situazione) critico -a

doe /dəʊ/ *s* (di cervo) cerva, (di coniglio) coniglia

does /dəz, tonico dʌz/ 3ª pers sing presente di **do**

doesn't /'dʌzənt/ forma contratta di **does not**

dog /dɒg/ *sostantivo* e *verbo*
• *s* **1** cane **2** maschio [di volpe, lupo]
• *v* [tr] (**dogged**, **dogging**) **to be dogged by misfortune** essere perseguitato dalla sfortuna

dogged /'dɒgɪd/ *agg* accanito -a

dogsbody /'dɒgzˌbɒdi/ *s* (pl **-dies**) BrE tuttofare

doing /'duːɪŋ/ *s* **1** **to be your/his etc doing** essere opera tua/sua ecc.: *This is your doing, isn't it?* È opera tua, vero? **2** **to take some doing** essere una bella impresa

ˌdo-it-your'self abbreviation **DIY** *s* fai da te

dole /dəʊl/ *s* BrE **the dole** il sussidio di disoccupazione | **to be on the dole** percepire un sussidio di disoccupazione | **to go on the dole** iscriversi alle liste di disoccupazione

doll /dɒl/ *s* bambola

dollar /'dɒlə/ *s* dollaro | **a ten-dollar bill** una banconota da dieci dollari

dolphin /'dɒlfɪn/ *s* delfino

dome /dəʊm/ *s* cupola

domestic /də'mestɪk/ *agg* **1** (economia) nazionale | **domestic flights** voli nazionali | **domestic affairs** politica interna

2 (della famiglia) familiare, (della casa) domestico -a | **domestic appliance** elettrodomestico

domesticated /də'mestɪkeɪtɪd/ *agg* **1** (persona) casalingo -a **2** (animale) addomesticato -a

dominance /'dɒmənəns/ *s* egemonia

dominant /'dɒmənənt/ *agg* dominante

dominate /'dɒməneɪt/ *v* [tr] dominare [territorio, gioco, conversazione], condizionare [vita], [intr] (persona) spadroneggiare

domination /ˌdɒmə'neɪʃən/ *s* dominazione

domineering /ˌdɒmə'nɪərɪŋ/ *agg* prepotente

Dominican Republic /dəˌmɪnɪkən rɪ'pʌblɪk/ *s* Repubblica Dominicana

domino /'dɒmɪnəʊ/ *sostantivo* e *sostantivo plurale*
- *s* (pl **-noes**) tessera (del domino)
- **dominoes** *s pl* domino | **to play dominoes** giocare a domino

donate /dəʊ'neɪt/ *v* [tr] donare | **to donate blood** donare il sangue: *He decided to* ***donate*** *the money* ***to*** *charity.* Ha deciso di donare la somma in beneficenza.

donation /dəʊ'neɪʃən/ *s* offerta | **to make a donation** fare un'offerta

done[1] /dʌn/ *agg* **1** finito -a: *Are you done yet?* Hai finito? **2** cotto -a **3 it's not the done thing** non sta bene **4 done!** affare fatto! ▶ vedi anche **do for**

done[2] /dʌn/ participio di **do**

donkey /'dɒŋki/ *s* asino

donor /'dəʊnə/ *s* donatore -trice

don't /dəʊnt/ forma contratta di **do not**

donut *s* AmE ▶ vedi **doughnut**

doom /du:m/ *verbo* e *sostantivo*
- *v* **to be doomed to failure** essere destinato a fallire
- *s* (letterario) rovina: *a sense of doom* un brutto presentimento

door /dɔ:/ *s* **1** porta: *There's someone at the door.* C'è qualcuno alla porta. | **to answer/get the door** aprire la porta **2** (edificio) *They live next door to each other.* Abitano porta a porta. | *He lives two doors down from us.* Abita due case più in là. **3 (from) door to door** (da) porta a porta

doorbell /'dɔ:bel/ *s* campanello [della porta]

doorknob /'dɔ:nɒb/ *s* pomello (della porta)

doorman /'dɔ:mæn/ *s* (pl **-men** /-men/) portiere

doormat /'dɔ:mæt/ *s* **1** (per le scarpe) zerbino **2** (persona) pezza da piedi

doorstep /'dɔ:step/ *s* **1** gradino [della porta] **2 on your doorstep** davanti a casa

ˌdoor-to-'door *agg* porta a porta

doorway /'dɔ:weɪ/ *s* ingresso

dope /dəʊp/ (informale) *sostantivo* e *verbo*
- *s* **1** (marijuana) erba, (cannabis) fumo **2** idiota
- *v* [tr] drogare

dormant /'dɔ:mənt/ *agg* **1** (sentimento) nascosto -a **2** (virus) latente | **a dormant volcano** un vulcano inattivo

dormitory /'dɔ:mətəri/ *s* (pl **-ries**) **1** (camerata) dormitorio **2** AmE pensionato per studenti ▶ In inglese britannico si usa **hall of residence**.

dosage /'dəʊsɪdʒ/ *s* dosaggio

dose /dəʊs/ *s* (di medicina, sostanza) dose, (quantità) buona dose

dot /dɒt/ *sostantivo* e *verbo*
- *s* **1** puntino **2 on the dot** in punto: *at five on the dot* alle cinque in punto
- *v* [tr] (**dotted**, **dotting**) **1 to be dotted with sth** essere punteggiato di qc: *The lake was* ***dotted with*** *boats.* Il lago era punteggiato di barche. **2** mettere il puntino su

dot.com /ˌdɒt 'kɒm/ *s* (in Internet) azienda di commercio elettronico

dote /dəʊt/ *v* **dote on sb** stravedere per qn

doting /'dəʊtɪŋ/ *agg* **his doting father/mother etc** il padre/la madre ecc. che stravede per lui

ˌdotted 'line *s* tratteggio | **to sign on the dotted line** firmare sulla linea tratteggiata

double /'dʌbəl/ *aggettivo, verbo, sostantivo, sostantivo plurale* e *avverbio*
- *agg* doppio -a: *a double helping of ice cream* una doppia porzione di gelato | *a double room* una stanza doppia | *My number is two nine double five.* Il mio numero è due nove cinque cinque. | *double doors* porte a due battenti | *His score barely reached* ***double figures***. Il suo punteggio raggiungeva a malapena la decina.
- *v* **1** [tr/intr] (aumentare del doppio) raddoppiare **2** [tr] (anche **double over**) piegare a metà [foglio, coperta, tovaglia] **3 to double (up) as sth** fare anche da qc: *The sofa doubles up as a bed.* Il divano fa anche da letto.

  double back tornare indietro

  double up to be doubled up with pain/laughter essere piegato in due dal dolore/dalle risate
- *s* (quantità) doppio, (camera) doppia, (persona identica) ritratto, (in film) controfigura
- **doubles** *s pl* (nel tennis) doppio | **men's/ladies'/mixed doubles** doppio maschile/femminile/misto
- *avv* **to see double** vederci doppio | **to be bent double** essere piegato in due

Quando si usa *in*, *on* e *at*? Vedi alla voce in.

ˌdouble-ˈbarrelled BrE, **double-barreled** AmE *agg* **1 a double-barrelled shotgun** un fucile sovrapposto **2 a double-barrelled surname** un cognome doppio

ˌdouble ˈbass *s* contrabbasso

double bass

ˌdouble ˈbed *s* letto matrimoniale

ˌdouble-ˈbreasted *agg* **a double-breasted jacket/coat** una giacca/un cappotto doppiopetto

ˌdouble-ˈcheck *v* [tr/intr] ricontrollare

ˌdouble ˈcream BrE *s* panna molto densa da montare

ˌdouble-ˈcross *v* [tr] tradire

double-decker /ˌdʌbəl ˈdekə/, anche **ˌdouble-decker ˈbus** *s* autobus a due piani

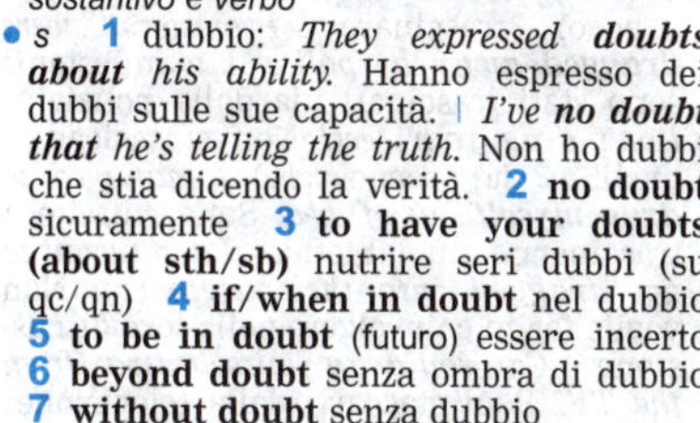

double decker

ˌdouble-ˈglazing *s* doppi vetri

doubly /ˈdʌbli/ *avv* doppiamente

doubt /daʊt/ *sostantivo* e *verbo*

• *s* **1** dubbio: *They expressed* ***doubts about*** *his ability.* Hanno espresso dei dubbi sulle sue capacità. | *I've* ***no doubt*** *that he's telling the truth.* Non ho dubbi che stia dicendo la verità. **2 no doubt** sicuramente **3 to have your doubts (about sth/sb)** nutrire seri dubbi (su qc/qn) **4 if/when in doubt** nel dubbio **5 to be in doubt** (futuro) essere incerto **6 beyond doubt** senza ombra di dubbio **7 without doubt** senza dubbio

• *v* [tr] dubitare di [capacità, persona, esperienza]: *I don't doubt her ability.* Non dubito delle sue capacità. | *I doubt she'll be back.* Dubito che torni. | *I* ***doubt whether*** *it'll make much difference.* Non credo che faccia molta differenza.

doubtful /ˈdaʊtfəl/ *agg* **1** (persona, sorriso, sguardo) perplesso -a: *She agreed, but still looked doubtful.* Era d'accordo, ma sembrava ancora perplessa. | *At first we were* ***doubtful about*** *employing Charlie.* All'inizio eravamo incerti se assumere Charlie. **2** (futuro) incerto -a **3** (inattendibile) improbabile **4** (fama, gusto) dubbio -a

doubtless /ˈdaʊtləs/ *avv* (formale) senza dubbio

dough /dəʊ/ *s* (per pane, torte) pasta

doughnut, anche **donut** AmE /ˈdəʊnʌt/ *s* ciambella

douse, anche **dowse** /daʊs/ *v* [tr] **1** spegnere [fuoco] **2 to douse sb with sth** bagnare qn con qc

dove¹ /dəʊv/ AmE passato di **dive**

dove² /dʌv/ *s* colomba

down /daʊn/ *avverbio*, *preposizione*, *aggettivo* e *sostantivo*

• *avv* e *prep* ▶ vedi riquadro

• *agg* **1 to be/feel down** (depresso) essere/sentirsi giù **2** (informale) (completato) fatto -a: *That's eight down, two to go.* Otto sono fatti e due da fare. **3** (guasto) *The system is down.* Il sistema non funziona.

• *s* **1** (di uccello) piuma **2** (peli corti) peluria

downcast /ˈdaʊnkɑːst/ *agg* (depresso) abbattuto -a

downfall /ˈdaʊnfɔːl/ *s* **1** (di governo, uomo politico) caduta, (fallimento) rovina **2** (causa) rovina: *Greed will be his downfall.* L'avidità sarà la sua rovina.

downgrade /ˈdaʊngreɪd/ *v* [tr] **1** (nel lavoro) declassare **2** sminuire [problema, persona, valori]

downhearted /ˌdaʊnˈhɑːtɪd/ *agg* scoraggiato -a

downhill /ˌdaʊnˈhɪl/ *avverbio* e *aggettivo*

• *avv* **1** giù: *The car started to roll downhill.* La macchina ha cominciato ad andare giù. **2 to go downhill** andare peggiorando: *After the strike, things went rapidly downhill.* Dopo lo sciopero, le cose sono andate rapidamente peggiorando.

• *agg* **1** (sentiero) in discesa | **downhill skiing** sci alpino **2 it's all downhill from here** (facile) da qui è tutto in discesa

download /ˌdaʊnˈləʊd/ *v* [tr] (in informatica) scaricare [programmi, immagini]

downmarket /ˌdaʊnˈmɑːkɪt/ *agg* BrE (giornale, quartiere) popolare, (programma, romanzo, ristorante) mediocre

ˌdown ˈpayment *s* acconto | **to make a down payment (on sth)** versare un acconto (per qc)

downpour /ˈdaʊnpɔː/ *s* (di pioggia) rovescio

downright /ˈdaʊnraɪt/ *avverbio* e *aggettivo*

• *avv* (veramente) proprio: *She was downright rude.* È stata proprio villana. | *He's downright lazy.* È proprio pigro.

• *agg* **a downright lie** una bugia vera e propria

downside /ˈdaʊnsaɪd/ *s* (inconveniente) lato negativo

ˈDown's ˌsyndrome *s* sindrome di Down

downstairs /ˌdaʊnˈsteəz/ *avverbio* e *aggettivo*

• *avv* giù (di sotto): *He's downstairs in the kitchen.* È giù (di sotto) in cucina. | *I ran downstairs.* Sono corso giù (di sotto).

D

Vuoi imparare i vocaboli per tema? Consulta il **dizionario illustrato**.

down

AVVERBIO

1 GIÙ, VERSO IL BASSO

Don't look down! Non guardare giù! | *He walked with his head down.* Camminava a testa bassa.

2 VERSO SUD

I went down to London on the train. Sono andato giù a Londra in treno.

3 ALLONTANANDOSI DA CHI PARLA

They've gone down to the beach. Sono andati giù in spiaggia.

4 NUMERI, PREZZI

Prices have come down. I prezzi sono scesi. | *I'm down to my last £20.* Sono le mie ultime 20 sterline. | *I'm five down.* Sono sotto di cinque. | *They were two goals down.* Perdevano per due gol.

5 ESPESSIONI

To be down to sb toccare a qn: *It's down to Tom to decide.* Tocca a Tom decidere. | **down with the government/Jackson! etc** abbasso il governo/Jackson! ecc.

PREPOSIZIONE

1 DIREZIONE

We ran down the hill. Siamo corsi giù dalla collina. | *The bathroom is down those stairs.* Il bagno è in fondo a quelle scale. | *I glanced down the list.* Ho dato una scorsa alla lista.

2 LUOGO, DIREZIONE

They live further down the road. Abitano più in là. | *I was walking down the street.* Stavo camminando per la strada.

3 Down, in combinazione con alcuni verbi, forma vari **phrasal verbs** come **calm down, come down** ecc. I **phrasal verbs** sono trattati sotto il verbo corrispondente.

• *agg* **a downstairs toilet/bedroom** un gabinetto/una stanza al piano terra

downstream /ˌdaʊnˈstriːm/ *avv* (navigare) verso valle, (scendere) a valle | **downstream from** a valle di

ˌdown-to-ˈearth *agg* realistico -a

downtown /ˌdaʊnˈtaʊn/ AmE *avverbio* e *aggettivo*

• *avv* (di città) in centro | **to go downtown** andare in centro

• *agg* **a downtown district/restaurant** una zona/un ristorante del centro | **downtown Los Angeles/San Francisco** il centro di Los Angeles/San Francisco

downturn /ˈdaʊntɜːn/ *s* (dell'economia) rallentamento, (di vendite, produzione) diminuzione

downward /ˈdaʊnwəd/ *aggettivo* e *avverbio*

• *agg* (movimento) verso il basso, (tendenza dei prezzi) al ribasso: *a gentle downward slope* una discesa dolce

• *avv* ▶ vedi **downwards**

downwards /ˈdaʊnwədz/, anche **downward** *avv* in giù

downwind /ˌdaʊnˈwɪnd/ *avv* sottovento

dowry /ˈdaʊəri/ *s* (pl **-ries**) (di sposa) dote

dowse ▶ vedi **douse**

doze /dəʊz/ *verbo* e *sostantivo*

• *v* [intr] fare un pisolino
doze off appisolarsi

• *s* **to have a doze** fare un pisolino

dozen /ˈdʌzən/ *s* dozzina: *six dozen boxes* sei dozzine di scatole | *half a dozen eggs* mezza dozzina di uova | **dozens of** un decine di: *I've been there dozens of times.* Sono stato lì decine di volte.

Dr /ˈdɒktə/ (= **Doctor**) Dott., Dott.ssa

drab /dræb/ *agg* (abito) triste, (casa, stanza) squallido -a, (vita) grigio -a

draft /drɑːft/ *sostantivo, verbo* e *aggettivo*

• *s* **1** (di romanzo) prima stesura **2 the draft** AmE l'arruolamento: *to avoid the draft* evitare di essere arruolato **3** (anche **bank draft**) bonifico **4** AmE ▶ vedi **draught** **5 draft copy/version** bozza

• *v* [tr] **1** preparare la bozza di [lettera, discorso] **2** AmE arruolare

• *agg* AmE ▶ vedi **draught**

draftsman AmE ▶ vedi **draughtsman**

drafty AmE ▶ vedi **draughty**

drag /dræg/ *verbo* e *sostantivo*

• *v* (**dragged**, **dragging**) **1** [tr] (tirare strisciando) trascinare: *Protesters were **dragged away** by police.* I manifestanti sono stati trascinati via dalla polizia. | *Don't drag your feet!* Non strascicare i piedi! **2** [tr] (controvoglia) *I managed to **drag myself** out of bed.* Sono riuscito a trascinarmi giù dal letto. | *I don't want to **get dragged into** their argument.* Non voglio farmi coinvolgere nella loro discussione. | *Can you **drag yourself away** from the TV?* Puoi staccarti dalla televisione? **3** [intr] (tempo) trascinarsi **4** [intr] (camicia, vestito, cappotto) strisciare: *Your skirt is dragging in the mud.* La tua gonna striscia nel fango. **5** [tr] dragare [lago, fiume]
drag on (riunione, discorso) andare per le lunghe

• *s* **1 a drag** (informale) una noia: *What a drag!* Che noia! **2** (di sigaretta) un tiro **3 in drag** (attore, uomo di spettacolo) vestito da donna

dragon /ˈdrægən/ *s* drago

dragonfly /ˈdrægənflaɪ/ *s* (pl **-flies**) libellula

drain /dreɪn/ *verbo* e *sostantivo*

• *v* **1** [tr] scolare [verdura], far sgocciolare [piatti], [intr] (cibo) scolare, (piatti) sgocciolare: *Let the pasta drain.* Lascia scolare la pasta. | ***Drain** the oil **from** the tuna.* Far

sgocciolare l'olio dal tonno. **2** [tr] drenare [terreno, palude, lago] **3** [intr] (anche **drain away**) (liquido) defluire **4** [tr] svuotare [bicchiere]
• *s* **1** (tubo, canale) scarico, (griglia) tombino | **the drains** (di una casa) gli scarichi **2 to be a drain on sb's resources** essere un salasso per le risorse di qn **3 to go down the drain** andare sprecato

drainage /'dreɪnɪdʒ/ *s* **1** (sistema) fognatura **2** (di terreno) drenaggio

drained /dreɪnd/ *agg* **to be/feel drained** essere/sentirsi esausto

'draining board *s* BrE (di lavello) scolatoio

drainpipe /'dreɪnpaɪp/ *s* BrE pluviale

drama /'drɑːmə/ *s* **1** (opera teatrale) dramma **2** (insieme di opere) teatro, (recitazione) arte drammatica **3** (situazione emotiva) dramma **4 drama school** scuola di recitazione **drama series** fiction televisiva

dramatic /drə'mætɪk/ *agg* **1** (aumento, cambiamento, miglioramento) straordinario -a **2** (eccitante) emozionante **3** (produzione, lavoro) teatrale **4** (gesto, atteggiamento) drammatico -a

dramatically /drə'mætɪkli/ *avv* **1** (diminuire, aumentare) in modo straordinario, (cambiare) notevolmente, (diverso) straordinariamente **2** (gesticolare, sospirare) in modo drammatico

dramatist /'dræmətɪst/ *s* drammaturgo -a

dramatize /'dræmətaɪz/ *v* [tr] **1** (per la televisione, il teatro) adattare [romanzo] **2** (esagerare) drammatizzare

drank /dræŋk/ passato di **drink**

drape /dreɪp/ *v* **to drape sth over sth** stendere qc su qc: *I draped the towel over the chair.* Ho steso l'asciugamano sulla sedia. | *Her scarf was* ***draped over*** *her shoulders.* La sciarpa le avvolgeva le spalle. | *The coffin had been* ***draped in*** *the national flag.* La bara era stata avvolta nella bandiera del paese.

drapes /dreɪps/ *s pl* AmE tende ▶ In inglese britannico si usa **curtains**.

drastic /'dræstɪk/ *agg* drastico -a

drastically /'dræstɪkli/ *avv* drasticamente

draught BrE, **draft** AmE /drɑːft/ *sostantivo* e *aggettivo*
• *s* **1** corrente d'aria **2 on draught** (birra) alla spina
• *agg* **draught beer** birra alla spina

draughts /drɑːfts/ *s pl* BrE (gioco) dama

draughtsman BrE, **draftsman** AmE /'drɑːftsmən/ *s* progettista

draughty BrE, **drafty** AmE /'drɑːfti/ *agg* (**-tier, -tiest**) (stanza, casa) pieno -a di correnti d'aria

draw /drɔː/ *verbo* e *sostantivo*
• *v* (passato **drew**, participio **drawn**) **1** [tr/intr] (con una matita) disegnare **2** [intr] muoversi in una direzione: *The train* ***drew into*** *the station.* Il treno entrò in stazione. | *A car* ***drew alongside*** *me.* Un auto mi è passata accanto. | **to draw level with sb** (in una gara) raggiungere qn | **to draw near** (persona, evento) avvicinarsi **3 to draw sb aside** prendere qn da parte **4 to draw the curtains** tirare le tende **5 to draw a gun/a sword** estrarre una pistola/una spada **6 to draw comfort from sth** trovare conforto in qc | **to draw inspiration from sth** trarre ispirazione da qc | **to draw a comparison/distinction between sth and sth** fare un confronto/una distinzione tra qc e qc | **to draw a conclusion (from sth)** trarre una conclusione (da qc) **7** [tr] suscitare [reazione, risposta] **8** [tr] attirare [folla, attenzione]: *What* ***drew*** *you* ***to*** *teaching?* Che cosa ti ha portato ad insegnare? | **to draw (sb's) attention to sth** attirare l'attenzione (di qn) su qc **9** [tr] ricevere [stipendio] **10** [tr] prendere [carta da gioco], estrarre [biglietto della lotteria]: *We've* ***been drawn against*** *Chelsea.* Siamo stati estratti per giocare contro il Chelsea. | **to draw lots** tirare a sorte **11** [tr/intr] (nello sport) pareggiare ▶ vedi anche **blank, line**

draw back indietreggiare

draw in the nights/days are drawing in le notti/le giornate si accorciano

draw on sth attingere a qc [risorse, risparmi]

draw out the days are drawing out le giornate si allungano **draw sth out 1** (dalla banca) prelevare qc **2** prolungare qc [riunione] **draw sb out** far parlare qn [persona riluttante]

draw up (auto) fermarsi **draw sth up 1 to draw up a list** preparare una lista | **to draw up a contract** redigere un contratto **2 to draw up a chair** avvicinare una sedia
• *s* **1** (di partita) pareggio **2** (di lotteria) estrazione

drawback /'drɔːbæk/ *s* inconveniente: *I can't see any* ***drawbacks to*** *the plan.* Non vedo nessun inconveniente nel progetto.

drawer /drɔː/ *s* cassetto

drawing /'drɔːɪŋ/ *s* disegno

'drawing pin *s* BrE puntina da disegno

'drawing room *s* salotto

drawl /drɔːl/ *verbo* e *sostantivo*
• *v* [intr] strascicare le parole
• *s* pronuncia strascicata

drawn[1] /drɔːn/ *agg* **to look drawn** essere smunto

drawn[2] /drɔːn/ participio di **draw**

Sai come funzionano i *phrasal verbs*? Vedi le spiegazioni nella **guida grammaticale**.

D

dread /dred/ *verbo e sostantivo*
- *v* [tr] aver paura di: *I dreaded our meetings.* Avevo paura dei nostri incontri. | *I* ***dread to think*** *what the children will get up to.* Non oso neanche pensare a quello che faranno i bambini.
- *s* paura

dreadful /ˈdredfəl/ *agg* **1** (mal di testa, rumore, incidente) terribile, (tempo, persona) orribile: *She looks dreadful in that dress.* È orribile con quel vestito. | *It was a dreadful mistake.* È stato un terribile errore. | **to feel dreadful** sentirsi malissimo **2** (cibo, prestazione) pessimo -a

dreadfully /ˈdredfəli/ *avv* terribilmente

dream /driːm/ *sostantivo e verbo*
- *s* **1** (nel sonno) sogno: *I had a* ***dream about*** *him last night.* La scorsa notte l'ho sognato. | **a bad dream** un brutto sogno **2 a dream house/job etc** una casa/un lavoro ecc. da sogno **3 to go around in a dream** essere tra le nuvole
- *v* (passato e participio **dreamed** o **dreamt**) **1** [tr/intr] (nel sonno) sognare: *I dreamt I was in the jungle.* Ho sognato che ero nella giungla. | **to dream about sth/sb** sognare qc/qn **2** (fantasticare) *He'd always* ***dreamed of*** *owning a Ferrari.* Aveva sempre sognato di possedere una Ferrari. **3** [tr] immaginare: *I never dreamed I would get the job.* Non avrei mai immaginato di avere quel posto. | *You must have dreamt it.* Te lo sarai sognato. **4** (pensare) *I wouldn't* ***dream of*** *letting her go alone.* Non mi sognerei mai di lasciarla andare per conto suo.

dreamer /ˈdriːmə/ *s* sognatore -trice

dreamt /dremt/ passato e participio di **dream**

dreamy /ˈdriːmi/ *agg* (**-mier**, **-miest**) **1** (persona) svagato -a **2** (sorriso, sguardo, occhi) assente **3** (atmosfera, musica) soft

dreary /ˈdrɪəri/ *agg* (**-rier**, **-riest**) (giornata) grigio -a, (città, ambiente) triste, (vita, lavoro) monotono -a

dredge /dredʒ/ *v* [tr] dragare

dregs /dregz/ *s pl* **1** (di tè, caffè, vino) sedimento **2 the dregs of society** la feccia della società

drench /drentʃ/ *v* [tr] inzuppare | **drenched to the skin** bagnato fino alle ossa

dress /dres/ *verbo e sostantivo*
- *v* **1** [intr] vestirsi, [tr] vestire [persona]: *He always dresses smartly.* Si veste sempre in modo elegante. | *Dress warmly. It's cold out.* Mettiti addosso qualcosa di caldo. Fa freddo fuori. **2** [tr] medicare [ferita] **3** [tr] condire [insalata]
  dress up 1 mascherarsi: *She* ***dressed up as*** *a vampire.* Si è mascherata da vampiro. **2** vestirsi in modo elegante **dress sth up to dress sth up (as sth)** mascherare qc (da qc): *However you dress it up, it's still a servant's job.* Comunque lo mascheri, si tratta sempre di un posto da domestica. **dress sb up to dress sb up as sth** travestire qn da qc
- *s* **1** (da donna) vestito **2** (modo di vestirsi) abbigliamento: *formal/informal dress* abbigliamento elegante/sportivo | *Austrian national dress* costume nazionale austriaco

ˈdress ˌcircle *s* (di teatro) prima galleria

dressed /drest/ *agg* vestito -a: *Hurry up and* ***get dressed.*** Sbrigati a vestirti. | *She was* ***dressed in*** *black.* Era vestita di nero. | **dressed as a clown/gorilla** vestito da pagliaccio/gorilla

dresser /ˈdresə/ *s* **1** BrE (per piatti) credenza **2** AmE (per abbigliamento) cassettone ▶ In inglese britannico si usa **chest of drawers**. **3 to be a smart/sloppy dresser** vestirsi in modo elegante/sciatto

dressing /ˈdresɪŋ/ *s* **1** (per insalate) condimento | **vinaigrette dressing** vinaigrette **2** (di ferita) medicazione

ˈdressing gown *s* vestaglia

ˈdressing room *s* **1** (di attore) camerino **2** (di giocatori di calcio, rugby, ecc.) spogliatoio

ˈdressing ˌtable *s* BrE (mobile) toilette

dressmaker /ˈdresˌmeɪkə/ *s* sarto -a

ˈdress reˌhearsal *s* (di spettacolo, ecc.) prova generale

drew /druː/ passato di **draw**

dribble /ˈdrɪbəl/ *v* **1** [intr] (persona) sbavare **2** [tr/intr] (nel calcio) dribblare: *He dribbled the ball past his opponent.* Ha dribblato l'avversario. **3** [intr] (liquido) sgocciolare **4 to dribble coffee/wine down your front** sbrodolarsi tutto di caffè/vino ecc.

dried[1] /draɪd/ *agg* (fiori, funghi) secco -a, (latte) in polvere | **dried fruit** frutta secca

dried[2] /draɪd/ passato e participio di **dry**

drier ▶ vedi **dryer**

drift /drɪft/ *verbo e sostantivo*
- *v* [intr] **1** (barca, aereo) andare alla deriva: *The raft drifted out to sea.* La zattera andava alla deriva verso il largo. | *We had drifted off course.* Eravamo finite fuori rotta. **2** (muoversi senza meta) vagare: *She* ***drifted from*** *one job* ***to*** *another.* Passava da un lavoro all'altro. **3** (neve, sabbia) accumularsi
- *s* **1** (di neve) cumulo **2** (significato) **to catch the drift of sth** afferrare il senso di qc | **if you get my drift** non so se mi spiego

drill /drɪl/ *sostantivo e verbo*
- *s* **1** (utensile) trapano: *pneumatic drill* martello pneumatico **2** (per imparare) esercizio **3** (di soldati) esercitazione

• *v* **1** [tr] trapanare [legno, dente], trivellare [pozzo] | **to drill a hole (in sth)** fare un buco con il trapano (in qc) **2** **to drill for sth** fare trivellazioni alla ricerca di qc: *They're drilling for oil.* Stanno facendo trivellazioni alla ricerca di petrolio. **3** **to drill sb in sth** far esercitare qn in qc [alunni] **4** [intr] fare esercitazioni

drily ▶ vedi **dryly**

drink /drɪŋk/ *verbo* e *sostantivo*
• *v* (passato **drank**, participio **drunk**) **1** [tr/intr] bere | **to drink to sb's health** bere alla salute di qn **2** [intr] bere | **to drink and drive** guidare in stato di ebbrezza
drink sth up finire (di bere) qc
• *s* **1** (liquido) bevanda, (quantità) sorso: *a hot drink* una bevanda calda | *a cool drink* una bibita fresca | *Can I have a drink of water?* Posso avere un sorso d'acqua? **2** **to go (out) for a drink** andare a bere qualcosa **3** (vizio) alcol, (bevanda) alcolico

drinker /ˈdrɪŋkə/ *s* bevitore -trice | **to be a heavy drinker** essere un accanito bevitore

ˈdrinking ˌwater *s* acqua potabile

drip /drɪp/ *verbo* e *sostantivo*
• *v* (**dripped**, **dripping**) **1** [intr] gocciolare: *The tap is dripping.* Il rubinetto gocciola. **2** [tr] far gocciolare [vernice, acqua] **3** **to be dripping with blood/sweat** grondare di sangue/sudore
• *s* **1** (liquido) goccia **2** (rumore) gocciolio **3** flebo, fleboclisi: *They* ***put*** *her* ***on*** *a drip.* Le hanno messo una flebo.

drive /draɪv/ *verbo* e *sostantivo*
• *v* (passato **drove**, participio **driven**) **1** [tr/intr] guidare: *I can't drive.* Non so guidare. | *She drives a red Honda.* Guida una Honda rossa. **2** [intr] andare in auto: *I'm driving down to London.* Vado a Londra in auto. **3** [tr] portare (in auto) [passeggero]: *Jim will drive you.* Ti porterà Jim (in auto). **4** [tr] costringere a muoversi: *We were driven indoors by the rain.* Siamo stati costretti a rientrare per la pioggia. **5** **to drive sb to do sth** spingere qn a fare qc **6** **to drive sb crazy** far impazzire qn | **to drive sb to drink** spingere qn ad ubriacarsi **7** **what are you driving at?** dove vuoi arrivare?
drive sth away mandar via qc **drive sb away** far scappare qn
drive off scappare **drive sb off** scacciare qn
• *s* **1** gita [in auto]: *It's a three-day drive from here to Vienna.* Sono tre giorni di macchina da qui a Vienna. | **to go for a drive** andare a fare un giro (in auto) **2** (anche **driveway**) vialetto **3** (nel tennis, golf) drive **4** campagna: *an anti-smoking drive* una campagna contro il fumo **5** (necessità) impulso **6** spirito d'iniziativa **7** **a four-wheel drive** un quattro per quattro **8** (di computer) drive

ˈdrive-in *s* (cinema, ristorante) drive-in

driven /ˈdrɪvən/ participio di **drive**

driver /ˈdraɪvə/ *s* (di macchina) guidatore -trice, (di autobus) conducente: *Don't distract the driver.* Non distrarre il conducente. | *a taxi driver* un tassista | *a train driver* un macchinista

driveway /ˈdraɪvweɪ/ *s* vialetto [d'ingresso a casa privata]

driving /ˈdraɪvɪŋ/ *s* guida: *dangerous/safe driving* guida pericolosa/sicura | *I did most of the driving.* Ho guidato quasi sempre io.

ˈdriving ˌlicence BrE, **ˈdriver's ˌlicense** AmE *s* patente (di guida)

ˈdriving school *s* scuola guida

ˈdriving test *s* esame di guida

drizzle /ˈdrɪzəl/ *verbo* e *sostantivo*
• *v* [intr] piovigginare
• *s* pioggerella

drone /drəʊn/ *verbo* e *sostantivo*
• *v* [intr] ronzare
• *s* ronzio

drool /druːl/ *v* [intr] **1** sbavare **2** **to drool over sb/sth** sbavare per qn/qc

droop /druːp/ *v* [intr] **1** (pianta, fiore) appassire **2** (per scoraggiamento) *Her spirits drooped when she heard the news.* È andata giù di morale quando ha sentito la notizia.

drop /drɒp/ *verbo* e *sostantivo*
• *v* (**dropped**, **dropping**) **1** [tr] far cadere [piatto, tazza]: *Don't drop it!* Non farlo cadere! | *I must have dropped my purse.* Mi deve essere caduto il borsellino. | **to drop a bomb** lanciare una bomba **2** [intr] buttarsi: *I dropped into a chair, exhausted.* Mi sono buttato su in una sedia, esausto. **3** [intr] (numero, prezzi, temperatura) scendere, [tr] diminuire [velocità], abbassare [voce, prezzi] **4** [tr] abbandonare [progetto, idea], mollare [fidanzato]: *I dropped history and did music instead.* Ho abbandonato storia per fare musica. | *I can't just* ***drop*** ***everything*** *at such short notice.* Non posso lasciar perdere tutto in così poco tempo. | **to drop the subject** lasciar cadere l'argomento **5** [tr] tralasciare [paragrafo]: *He's been* ***dropped from*** *the team.* È stato estromesso dalla squadra. **6** [tr] (anche **drop off**) lasciare [persona, pacchetto] **7** **to work until you drop** lavorare fino allo sfinimento **8** **to drop dead** cadere morto stecchito | **drop dead!** (informale) crepa! ▶ vedi anche **line**
drop by ▶ vedi **drop in**
drop in (fare visita) passare: *Drop in any time.* Passa quando vuoi.

D

Vuoi una lista di frasi utili per parlare di te stesso? Consulta la **guida alla comunicazione** in fondo al libro.

drop off **1** addormentarsi **2** (domanda, interesse) calare **drop sth/sb off** (portare) lasciare qc/qn: *Can you drop me off at the dentist's?* Puoi lasciarmi dal dentista?
drop out **1** **to drop out of a race** abbandonare una gara | **to drop out of university** lasciare l'università **2** emarginarsi
drop round ▶ vedi **drop in** **drop sth round** passare a portare qc
• *s* **1** (di liquido) goccia | **ear drops** gocce per le orecchie | **eye drops** collirio **2** **a drop of milk/vinegar etc** un goccio di latte/aceto ecc. **3** salto: *It's a 100-metre drop from the edge of the road.* È un salto di 100 metri dal bordo della strada. **4** **a drop in temperature/prices etc** un calo della temperatura/dei prezzi ecc. **5** **at the drop of a hat** immediatamente **6** **a drop in the ocean** una goccia nel mare

dropout /ˈdrɒpaʊt/ *s* emarginato -a

drought /draʊt/ *s* siccità

drove /drəʊv/ passato di **drive**

drown /draʊn/ *v* **1** [intr/tr] annegare: *She **was drowned** in an accident.* È morta annegata in un incidente. **2** [tr] (anche **drown out**) coprire [suono]

drowsy /ˈdraʊzi/ *agg* (**-sier**, **-siest**) **to feel drowsy** sentirsi insonnolito

drug /drʌg/ *sostantivo* e *verbo*
• *s* **1** droga: *Have you ever taken drugs?* Ti sei mai drogato? | **to be on drugs** drogarsi **2** (medicina) farmaco **3** **drug abuse** uso di droga **drug addict** drogato -a **drug trafficking** traffico di droga
• *v* [tr] (**drugged**, **drugging**) drogare [persona, bevanda], narcotizzare [animale]

drum /drʌm/ *sostantivo*, *sostantivo plurale* e *verbo*
• *s* **1** (strumento musicale) tamburo **2** (contenitore) fusto
• **drums** *s pl* batteria | **to play (the) drums** suonare la batteria

drum

• *v* (**drummed**, **drumming**) **1** **to drum your fingers on the table** tamburellare con le dita sul tavolo **2** **to drum sth into sb** martellare qn con qc
drum sth up **to drum up business** promuovere gli affari | **to drum up support (for sth)** ottenere il sostegno (per qc)

drummer /ˈdrʌmə/ *s* batterista

drumstick /ˈdrʌmstɪk/ *s* **1** (di pollo, tacchino) coscia **2** (del tamburo) bacchetta

drunk¹ /drʌŋk/ *aggettivo* e *sostantivo*
• *agg* ubriaco -a | **to get drunk (on sth)** ubriacarsi (di qc)
• *s* (anche **drunkard**) ubriacone -a

drunk² /drʌŋk/ participio di **drink**

drunken /ˈdrʌŋkən/ *agg* (persona) ubriaco -a, (festa, voce) di ubriaco -a

dry /draɪ/ *aggettivo* e *verbo*
• *agg* (**drier**, **driest**) **1** (bucato, vernice) asciutto -a, (terra) secco -a | **dry land** terraferma **2** (clima) secco -a: *I hope it stays dry this weekend.* Spero che non piova nel fine settimana. **3** (umorismo) pungente **4** (vino) secco -a
• *v* (passato e participio **dried**) [tr] asciugare, [intr] asciugarsi: *She's drying her hair.* Si sta asciugando i capelli. | **to dry your eyes** asciugarsi le lacrime
dry out asciugare **dry sth out** far asciugare [abiti]
dry up **1** (fiume, lago) prosciugarsi **2** (denaro) esaurirsi

ˌdry-ˈclean *v* [tr] pulire a secco

ˌdry ˈcleaner's *s* tintoria

dryer, anche **drier** /ˈdraɪə/ *s* **1** asciugacapelli **2** (per il bucato) asciugatrice

dryly, anche **drily** /ˈdraɪli/ *avv* sarcasticamente

dryness /ˈdraɪnəs/ *s* secchezza

dual /ˈdjuːəl/ *agg* **dual purpose** duplice scopo | **dual nationality** doppia nazionalità

ˌdual ˈcarriageway *s* BrE superstrada

dub /dʌb/ *v* [tr] (**dubbed**, **dubbing**) doppiare [film]

dubious /ˈdjuːbiəs/ *agg* **1** incerto -a: *I'm a bit **dubious about** lending him the car.* Sono un po' incerto sul fatto di prestargli l'auto. | **to be dubious (about sb)** avere dei dubbi (su qn) **2** (persona, accordo) discutibile

duchess /ˈdʌtʃɪs/ *s* duchessa

duck /dʌk/ *sostantivo* e *verbo*
• *s* anatra
• *v* **1** [intr] abbassarsi: *I **ducked behind** the wall.* Mi sono abbassato dietro al muretto per nascondermi. **2** **to duck your head** abbassare la testa **3** **to duck the issue** eludere il problema
duck out of (informale) **to duck out of sth/doing sth** evitare qc/di fare qc

duckling /ˈdʌklɪŋ/ *s* **1** anatroccolo **2** (carne) anatra

dud /dʌd/ (informale) *aggettivo* e *sostantivo*
• *agg* si usa per definire qualcosa che è inutilizzabile perché non funziona: *They sold me a dud battery.* La batteria che mi hanno venduto è un bidone. | **a dud cheque** un assegno a vuoto
• *s* bidone [apparecchio che non funziona]

due /djuː/ *aggettivo*, *avverbio*, *sostantivo* e *sostantivo plurale*
• *agg* **1** **to be due** essere previsto: *When is the baby due?* Quando è prevista la nascita del bambino? | *The flight is due at four.* L'arrivo del volo è previsto per le quattro. | *The meeting is **due to** start at three.* La

riunione dovrebbe iniziare alle tre. | *She's not **due back** till Monday.* Non dovrebbe tornare prima di lunedì. | *My library books are **due back** tomorrow.* Devo restituire i libri alla biblioteca entro domani. **2** **due to** a causa di: *The match was cancelled due to bad weather.* La partita è stata annullata a causa del maltempo. **3** (essere pronto per) **to be due for sth a)** dover fare qc [visita medica, tagliando] **b)** meritarsi qc [vacanza, promozione]: *I think she's **due for** a pay rise.* Penso che si meriti un aumento di stipendio.
- *avv* **due north/south/east/west** verso nord/sud/est/ovest
- *s* **to give sb his/her due** *To give him his due, he works hard.* Bisogna dargli atto che si impegna molto.
- **dues** *s pl* quota ► FALSE FRIEND Non confondere **"due"** con **due** che si traduce **two**.

duel /ˈdjuːəl/ *s* duello
duet /djuˈet/ *s* duetto
duffel coat, anche **duffle coat** /ˈdʌfəl kəʊt/ *s* (cappotto) montgomery
dug /dʌg/ passato e participio di **dig**
duke /djuːk/ *s* duca
dull /dʌl/ *aggettivo* e *verbo*
- *agg* **1** (tedioso) noioso -a **2** (luce) smorto -a | **a dull brown/green etc** un marrone/verde ecc. spento **3** (rumore) sordo -a **4** (dolore) continuo -a **5** (cielo, tempo, giornata) grigio -a: *a dull November day* una giornata grigia di novembre **6** (lama) smussato -a
- *v* [tr] calmare [dolore], intorpidire [sensi]

duly /ˈdjuːli/ *avv* **1** (adeguatamente) debitamente **2** (puntualmente) a tempo debito
dumb /dʌm/ *agg* **1** muto -a | **deaf and dumb** sordomuto -a ► Alcuni considerano questo aggettivo offensivo e preferiscono usare **mute**. **2** (informale) stupido -a
dummy /ˈdʌmi/ *s* **1** (per abiti) manichino **2** BrE succhiotto, ciuccio **3** **dummy bullets** proiettili finti **4** (informale) sciocco -a
dump /dʌmp/ *verbo* e *sostantivo*
- *v* [tr] **1** (in modo disordinato) buttare **2** scaricare [rifiuti] **3** mollare [fidanzato]
- *s* **1** (di rifiuti) discarica **2** (di forniture militari) deposito **3** (informale) (luogo sudicio) letamaio **4** **to be down in the dumps** (informale) essere giù di corda

dune /djuːn/, anche **ˈsand dune** *s* duna
dung /dʌŋ/ *s* sterco
dungarees /ˌdʌŋgəˈriːz/ *s pl* BrE salopette
dungeon /ˈdʌndʒən/ *s* prigione sotterranea
dunno /dəˈnəʊ/ non so ►**dunno** è una contrazione di **don't know** ed è usato nell'inglese colloquiale.
duo /ˈdjuːəʊ/ *s* duo
dupe /djuːp/ *v* [tr] imbrogliare
duplicate¹ /ˈdjuːplɪkət/ *aggettivo* e *sostantivo*
- *agg* **a duplicate copy** un duplicato | **a duplicate key** la copia di una chiave
- *s* copia, duplicato

duplicate² /ˈdjuːplɪkeɪt/ *v* [tr] duplicare
durable /ˈdjʊərəbəl/ *agg* durevole
duration /djʊˈreɪʃən/ *s* (formale) durata | **for the duration of sth** per tutta la durata di qc
during /ˈdjʊərɪŋ/ *prep* durante
dusk /dʌsk/ *s* imbrunire | **at dusk** all'imbrunire
dust /dʌst/ *sostantivo* e *verbo*
- *s* polvere
- *v* [tr/intr] spolverare

dustbin /ˈdʌstbɪn/ *s* BrE pattumiera
duster /ˈdʌstə/ *s* straccio (per spolverare)
dustman /ˈdʌstmən/ *s* (pl **-men**) BrE netturbino
dustpan /ˈdʌstpæn/ *s* paletta [per la polvere]
dusty /ˈdʌsti/ *agg* (**-tier**, **-tiest**) impolverato -a
Dutch /dʌtʃ/ *aggettivo* e *sostantivo*
- *agg* olandese
- *s* (lingua) olandese

Dutchman /ˈdʌtʃmən/ *s* (pl **-men**) olandese [uomo]
Dutchwoman /ˈdʌtʃˌwʊmən/ *s* (pl **-women**) olandese [donna]
dutiful /ˈdjuːtɪfəl/ *agg* (figlio, moglie) con il senso del dovere
duty /ˈdjuːti/ *sostantivo* e *sostantivo plurale*
- *s* (pl **duties**) **1** dovere | **to do your duty** fare il proprio dovere **2** **to be on/off duty** essere in/fuori servizio **3** (tassa) imposta
- **duties** *s pl* mansioni

ˌduty-ˈfree *agg* esentasse
duvet /ˈduːveɪ/ *s* piumino [per il letto]
dwarf /dwɔːf/ *sostantivo* e *verbo*
- *s* (pl **dwarfs** o **dwarves** /dwɔːvz/) nano -a
- *v* [tr] far sembrare piccolo: *The cathedral is **dwarfed by** the surrounding buildings.* La cattedrale sembra più piccola in confronto ai palazzi circostanti.

dwell /dwel/ *v* [intr] (passato e participio **dwelt** o **dwelled**) (letterario) abitare
dwell on sth dilungarsi su qc
dwelling /ˈdwelɪŋ/ *s* (formale) abitazione
dwindle /ˈdwɪndl/ *v* [intr] (anche **dwindle away**) diminuire | **to dwindle (away) to nothing** finire in niente
dye /daɪ/ *sostantivo* e *verbo*
- *s* colorante
- *v* [tr] (3ª pers sing **dyes**, passato e participio **dyed**, gerundio **dyeing**) tingere | **to dye sth red** tingere qc di rosso: *She dyed her hair blonde.* Si è tinta i capelli di biondo.

dying[1] /ˈdaɪ-ɪŋ/ *agg* **1** **a dying man** un moribondo | **the dying** i moribondi **2** (parole, istante) ultimo -a: *his dying wish* il suo ultimo desiderio | **to my dying day** finché campo

dying[2] /ˈdaɪ-ɪŋ/ gerundio di **die**

dyke, anche **dike** /daɪk/ *s* **1** (contro le inondazioni) argine **2** (lungo la strada) canale di scolo

dynamic /daɪˈnæmɪk/ *agg* dinamico -a

dynamics /daɪˈnæmɪks/ *s* dinamica

dynamite /ˈdaɪnəmaɪt/ *s* dinamite

dynasty /ˈdɪnəsti/ *s* (pl **-ties**) dinastia

dyslexia /dɪsˈleksiə/ *s* dislessia

dyslexic /dɪsˈleksɪk/ *agg* e *s* dislessico -a

E[1], **e** /iː/ (lettera) E, e ▶ vedi Active Box **letters** sotto **letter**

E[2] /iː/ **1** (nota musicale) mi **2** voto nel sistema scolastico britannico che equivale a un' insufficienza ▶ vedi riquadro sotto **grade**

E[3] (= **east**) E

each /iːtʃ/ *aggettivo, pronome* e *avverbio*

- *agg* ogni, ciascuno -a: *Each bedroom has its own shower.* Ogni camera ha la sua doccia. ▶ vedi anche **ogni**
- *pron* **1** ognuno -a: *I gave a piece of cake to each of them.* Ho dato una fetta di torta ad ognuno di loro. | *The children each have a bike.* Ogni bambino ha una bici. **2** **each and every one** tutti: *issues that affect each and every one of us* problemi che ci riguardano tutti
- *avv*: *The tickets are $10 each.* I biglietti costano 10 dollari l'uno. | *You can have two sweets each.* Potete avere due caramelle per ciascuno.

each 'other *pron* ▶ **Each other** esprime un'azione reciproca. In italiano questa idea di *l'un l'altro* viene espressa dai verbi riflessivi: *Do you know each other?* Vi conoscete? | *They blame each other for what happened.* Si incolpano a vicenda dell'accaduto.

eager /ˈiːgə/ *agg* impaziente: *We were all **eager to** get started.* Eravamo tutti impazienti di iniziare.

eagerly /ˈiːgəli/ *avv* con impazienza

eagerness /ˈiːgənəs/ *s* impazienza | **eagerness to do sth** desiderio di fare qc

eagle /ˈiːgəl/ *s* aquila

ear /ɪə/ *s* **1** orecchio: *She's had her ears pierced.* Si è fatta bucare le orecchie. **2** **to have an ear for music/languages etc** avere orecchio per la musica/le lingue ecc. **3** **to be all ears** (informale) essere tutt'orecchi **4** **to play it by ear** improvvisare **5** **to be up to your ears in debt/work** (informale) essere pieno di debiti/di lavoro fino al collo

earache /ˈɪəreɪk/ *s* mal d'orecchi

earl /ɜːl/ *s* conte

early /ˈɜːli/ *aggettivo* e *avverbio*

- *agg* **1** (iniziale) **in early April** all'inizio di aprile | *His early life was difficult.* I suoi primi anni di vita furono difficili. | *a woman in her early thirties* una donna poco più che trentenne | **in the early morning/afternoon** nel primo mattino/pomeriggio **2** (prima del previsto) **to be early** essere in anticipo: *You're early!* Sei in anticipo! | *The flight was an hour early.* Il volo era in anticipo di un'ora. **3** (prima del tempo) **early death** morte prematura | **early retirement** prepensionamento **4** (più vecchio) primo -a: *early settlers in Virginia* i primi coloni della Virginia **5** **at the earliest** al più presto: *I won't be back till ten at the earliest.* Non sarò di ritorno prima delle dieci al più presto. **6** **from an early age** fin da bambino **7** **in the early hours (of the morning)** nelle prime ore (del mattino) **8** **to make an early start** partire presto **9** **to have an early night** andare a letto presto
- *avv* **1** (prima del solito) presto: *I got up very early.* Mi sono alzato molto presto. **2** (al principio) *early next year* all'inizio dell'anno prossimo | *early in the morning* al mattino presto | *It happens early in the book.* Succede all'inizio del libro.

earmark /ˈɪəmɑːk/ *v* [tr] **to be earmarked for sth** essere destinato a qc

earn /ɜːn/ *v* [tr] **1** guadagnare [denaro] **2** meritarsi [premio, riposo] **3** **to earn a/your living** guadagnarsi da vivere

earnest /ˈɜːnɪst/ *agg* **1** serio -a **2** **to be in (deadly) earnest** fare (veramente) sul serio

earnings /ˈɜːnɪŋz/ *s pl* **1** (di persona) reddito **2** (di società) utili

earphones /ˈɪəfəunz/ *s pl* auricolari

earring /ˈɪərɪŋ/ *s* orecchino

earshot /ˈɪəʃɒt/ *s* **out of/within earshot** fuori/a portata d'orecchio

earth /ɜːθ/ *s* **1** **(the) earth** anche **(the) Earth** (la) terra: *the tallest building **on earth*** il palazzo più alto del mondo | *the planet Earth* il pianeta Terra **2** (suolo) terra **3** BrE (in elettricità) terra **4** **to come down to earth (with a bump)** tornare (bruscamente) con i piedi per terra **5** **to cost/pay the earth** (informale) costare/pagare un occhio della testa

6 what/why etc on earth? (informale) che cosa/perché ecc. diavolo?: *How on earth did you do it?* Come diavolo hai fatto?

earthly /ˈɜːθli/ *agg* **there's no earthly reason** non c'è nessuna ragione al mondo | **there's no earthly point** non c'è nessun motivo al mondo

earthquake /ˈɜːθkweɪk/ *s* terremoto

ease /iːz/ *sostantivo* e *verbo*

• *s* **1 with ease** con facilità **2 to be/feel at ease** essere/sentirsi a proprio agio | **to be/feel ill at ease** essere/ sentirsi a disagio

• *v* **1** [tr] facilitare [procedimento] **2** [tr] spostare qualcosa delicatamente: *She* ***eased herself up*** *into a sitting position.* Si è sollevata lentamente per mettersi a sedere. **3** [tr] diminuire [pressione], alleviare [dolore], allentare [tensione] **4** [intr] (temporale) calmarsi

ease off (dolore, pioggia, pressione) diminuire

ease up 1 ▶ vedi **ease off 2** rilassarsi

easel /ˈiːzəl/ *s* cavalletto

easily /ˈiːzəli/ *avv* **1** (senza difficoltà) facilmente **2** senza dubbio, di gran lunga: *She is easily the smartest pupil in the class.* È di gran lunga l'alunna più intelligente della classe. **3** (molto probabilmente) *He could easily forget.* È facile che se lo dimentichi.

east /iːst/ *sostantivo, aggettivo* e *avverbio*

• *s* **1** est: *Which way is east?* Da che parte è l'est? | **to the east (of)** a est (di) **2 the East** l'Oriente

• *agg* orientale, est: *a strong east wind* un forte vento orientale

• *avv* a est: *The house faces east.* La casa guarda a est. | *to sail east* navigare verso est

eastbound /ˈiːstbaʊnd/ *agg* **eastbound traffic** il traffico diretto a est

Easter /ˈiːstə/ *s* **1** Pasqua **2 Easter egg** uovo di Pasqua

easterly /ˈiːstəli/ *agg* (vento) da est | **in an easterly direction** verso est

eastern, anche **Eastern** /ˈiːstən/ *agg* orientale

eastward /ˈiːstwəd/ *aggettivo* e *avverbio*

• *agg* est

• *avv* verso est

easy /ˈiːzi/ *aggettivo* e *avverbio*

• *agg* (**easier**, **easiest**) **1** facile: *It's* ***easy*** *to make a mistake.* È facile sbagliare. **2** tranquillo -a: *I would feel easier if I knew where she was.* Starei più tranquillo se sapessi dov'è. **3 an easy life** una vita facile **4 to take the easy way out** scegliere la via più facile **5 I'm easy** (informale) per me fa lo stesso

• *avv* **1 to take things easy** prendersela con calma **2 take it easy!** calma! **3 to go easy on/with sth** andarci piano con qc: ***Go easy on*** *the garlic.* Vacci piano con l'aglio. **4 to go easy on sb** andarci piano con qn **5 it's easier said than done** è più facile a dirsi che a farsi

easygoing /ˌiːziˈgəʊɪŋ/ *agg* (persona, atteggiamento) rilassato -a, (natura) tranquillo -a

eat /iːt/ *v* [tr/intr] (passato **ate**, participio **eaten**) **1** mangiare **2 what's eating him/you etc?** (informale) cos'è che lo/ti ecc. rode? **3 you'll have him eating out of your hand** farà quello che vuoi ▶ vedi anche **word**

eat sth away (ruggine) corrodere qc, (topi, termiti) rosicchiare qc

eat into sth 1 (acido) corrodere qc **2** intaccare qc [risparmi, guadagni], portar via qc [tempo]

eat out mangiar fuori

eat up finire di mangiare **eat sth up 1** finire (di mangiare) qc **2** esaurire [denaro, risorse, scorte], portar via [spazio]

eaten /ˈiːtn/ participio di **eat**

eater /ˈiːtə/ *s* **to be a big eater** essere una buona forchetta | **to be a fussy eater** essere difficile nel mangiare

eavesdrop /ˈiːvzdrɒp/ *v* [intr] (**-pped**, **-pping**) **to eavesdrop on sth/sb** ascoltare di nascosto qc/qn

ebb /eb/ *sostantivo* e *verbo*

• *s* **1 the ebb (tide)** la bassa marea **2 to be at a low ebb a)** (persona) essere a terra **b)** (economia) essere in una fase di stagnazione **3 the ebb and flow of sth** gli alti e bassi di qc

• *v* [intr] **1** (marea) rifluire **2** (anche **ebb away**) (ottimismo, rabbia, popolarità) diminuire

ebony /ˈebəni/ *s* ebano

eccentric /ɪkˈsentrɪk/ *agg* e *s* eccentrico -a

echo /ˈekəʊ/ *sostantivo* e *verbo*

• *s* (pl **-es**) **1** eco **2** traccia | **to have echoes of sth** ricordare (vagamente) qc

• *v* **1** [intr] risuonare: *The hall* ***echoed with*** *laughter.* Nel salone risuonavano le risate. **2** [tr] rispecchiare

eclipse /ɪˈklɪps/ *sostantivo* e *verbo*

• *s* eclissi

• *v* [tr] **1** mettere in ombra [gesta] **2** coprire [sole, luna]

ecological /ˌiːkəˈlɒdʒɪkəl/ *agg* ecologico -a

ecologically /ˌiːkəˈlɒdʒɪkli/ *avv* dal punto di vista ecologico

ecologist /ɪˈkɒlədʒɪst/ *s* ecologista

ecology /ɪˈkɒlədʒi/ *s* (scienza) ecologia, (sistema) ecosistema

E

Si dice *I arrived in London* o *I arrived to London*? Vedi alla voce **arrive**.

economic /ˌekəˈnɒmɪk/ *agg* **1** economico -a | **economic growth/policy** crescita/politica economica **2** conveniente

economical /ˌekəˈnɒmɪkəl/ *agg* (metodo, elettrodomestico) economico -a

economically /ˌekəˈnɒmɪkli/ *avv* **1** dal punto di vista economico **2** a costi più ridotti

economics /ˌekəˈnɒmɪks/ *s* **1** scienze economiche **2 the economics of sth** gli aspetti economici di qc

E

economist /ɪˈkɒnəməst/ *s* economista

economize, -ise BrE /ɪˈkɒnəmaɪz/ *v* [intr] far economia | **to economize on sth** ridurre i costi di qc: *We're trying to economize on heating.* Stiamo cercando di ridurre i costi di riscaldamento.

economy /ɪˈkɒnəmi/ *s* (pl **-mies**) **1** economia **2 to make economies** fare economia **3 economy class** economy, classe economica **economy size/pack** confezione risparmio

ecstasy /ˈekstəsi/ *s* (pl **-sies**) **1** estasi **2** (anche **Ecstasy**) (droga) ecstasy **3 to go into ecstasies over sth** andare in estasi per qc

ecstatic /ɪkˈstætɪk/ *agg* (accoglienza) entusiastico -a

Ecuador /ˈekwədɔː/ *s* l'Ecuador

Ecuadorian /ˌekwəˈdɔːriən/ *agg* e *s* ecuadoriano -a

edge /edʒ/ *sostantivo* e *verbo*

• *s* **1** (di piatto, tavola) bordo: *the edge of the bed* il bordo del letto | *on the edge of town* ai margini della città | *at the water's edge* sulla battigia **2** (di coltello, spada) filo **3 to have the edge on/over sb** essere avvantaggiato rispetto a qn **4 to be on edge** essere sui carboni accesi **5 to take the edge off sb's hunger** smorzare i morsi della fame a qn | **to take the edge off sb's pain** attutire il dolore a qn

• *v* **1** [intr] spostarsi lentamente: *The car edged forwards.* La macchina si spostava lentamente in avanti. | *He edged his chair closer to mine.* Ha accostato la sua sedia alla mia. | **to edge away (from sth/sb)** scostarsi (da qc/qn) | **to edge your way along sth** strisciare lungo qc: *I* ***edged my way*** *through the crowd.* Mi sono fatto strada tra la folla. **2 to be edged with sth** essere bordato di qc

edgy /ˈedʒi/ *agg* (**edgier**, **edgiest**) teso -a

edible /ˈedəbəl/ *agg* commestibile

edit /ˈedɪt/ *v* [tr] **1** montare [film], rivedere [libro] **2** correggere [testo, articolo] **3** dirigere [giornale, rivista]

edition /ɪˈdɪʃən/ *s* edizione

editor /ˈedɪtə/ *s* **1** (di giornale, rivista) direttore -trice **2** (in casa editrice) redattore -trice **3** (di film) addetto -a al montaggio ▶ FALSE FRIEND Non confondere **"editor"** con **editore** che si traduce **publisher**.

educate /ˈedjʊkeɪt/ *v* [tr] istruire [allievi], educare [popolazione, figli]: *She was educated in France.* È andata a scuola in Francia. | **to educate sb about sth** informare qn su qc

educated /ˈedjʊkeɪtɪd/ *agg* **1** colto -a **2 an educated guess** una supposizione fondata ▶ FALSE FRIEND Non confondere **"educated"** con **educato** che si traduce **polite**.

education /ˌedjʊˈkeɪʃən/ *s* **1** istruzione: *She has a university education.* Ha fatto studi universitari. **2** istruzione: *to invest in education* investire nell'istruzione **3** pedagogia ▶ FALSE FRIEND Non confondere **"education"** con **educazione** nel senso di buone maniere che si traduce **good manners**.

educational /ˌedjʊˈkeɪʃənəl/ *agg* **1** (sistema, istituzione) educativo -a, (standard, livello) dell'insegnamento **2** (giocattoli, giochi) educativo -a, (soggiorno, viaggio) istruttivo -a

eel /iːl/ *s* anguilla

eerie /ˈɪəri/ *agg* (atmosfera, silenzio) inquietante, (suono, luogo) sinistro -a

effect /ɪˈfekt/ *sostantivo*, *sostantivo plurale* e *verbo*

• *s* **1** effetto | **to have an effect (on sth/sb)** avere effetto (su qc/qn): *Their threats* ***will have no effect.*** Le loro minacce non avranno alcun effetto. | *The illness had a terrible effect on her.* La malattia l'ha profondamente segnata. **2 to be put into effect** (piano) essere attuato | **to come into effect a)** (legge, regolamento) entrare in vigore **b)** (cambiamento) avere luogo | **to take effect a)** (nuova legge) entrare in vigore **b)** (medicinale) fare effetto **3 in effect** a tutti gli effetti **4 to this effect** a questo scopo **5 to do sth for effect** fare qc per far colpo

• **effects** *s pl* (formale) **1 personal effects** effetti personali **2 special/sound effects** effetti speciali/sonori

• *v* [tr] (formale) operare [cambiamento], mettere in atto [tentativo]

effective /ɪˈfektɪv/ *agg* **1** efficace: *an effective treatment for migraine* un trattamento efficace contro l'emicrania **2** (degno di nota) d'effetto: *The ad is simple but effective.* L'annuncio è semplice ma d'effetto. **3 to become effective** (legge, tariffa) entrare in vigore

effectively /ɪˈfektɪvli/ *avv* **1** in modo efficiente **2** di fatto

effectiveness /ɪˈfektɪvnəs/ *s* efficacia

effeminate /ɪˈfemənət/ *agg* effeminato -a

efficiency /ɪˈfɪʃənsi/ *s* efficienza

efficient /ɪˈfɪʃənt/ *agg* efficiente

efficiently /ɪˈfɪʃəntli/ *avv* in modo efficiente

effort /ˈefət/ *s* **1** sforzo | **to put a lot of effort into sth** darsi molto da fare per qc: *I **put a lot of effort into** organizing the party.* Mi sono dato molto da fare per organizzare la festa. **2** sforzo: *In spite of their efforts, he died.* Nonostante i loro sforzi, è morto. | *We worked all night **in an effort to** finish it.* Abbiamo lavorato tutta la notte per cercare di finirlo. **3 to make an effort to smile/eat** sforzarsi di sorridere/mangiare: *I **made the effort to** come.* Mi sono sforzato di venire. | **it's (not) worth the effort** (non) ne vale la pena

EFL /ˌiː ef ˈel/ *s* (= **English as a Foreign Language**) insegnamento dell'inglese come lingua straniera

eg, anche **e.g.** /ˌiː ˈdʒiː/ (= **for example**) ad es.

egg /eg/ *sostantivo* e *verbo*

• *s* **1** uovo: *fried/boiled eggs* uova al tegame/alla coque **2** ovulo **3 to put all your eggs in one basket** puntare tutto su una carta

• *v* **egg sb on** incitare qn

eggplant /ˈegplɑːnt/ *s* AmE melanzana ▶ In inglese britannico si usa **aubergine**.

eggshell /ˈegʃel/ *s* guscio d'uovo

ego /ˈiːgəʊ/ *s* **1** ego **2 to boost your ego** far aumentare la sicurezza di sé

eight /eɪt/ *numero* otto ▶ vedi Active Box **numbers** sotto **number**

eighteen /ˌeɪˈtiːn/ *numero* diciotto ▶ vedi Active Box **numbers** sotto **number**

eighteenth /ˌeɪˈtiːnθ/ *agg* **1** diciottesimo -a **2** diciotto ▶ vedi Active Box **numbers** sotto **number**

eighth /eɪtθ/ *aggettivo* e *sostantivo*

• *agg* **1** ottavo -a **2** otto

• *s* ottavo ▶ vedi Active Box **numbers** sotto **number**

eightieth /ˈeɪtiəθ/ *agg* ottantesimo -a ▶ vedi Active Box **numbers** sotto **number**

eighty /ˈeɪti/ *numero* ottanta ▶ vedi Active Box **numbers** sotto **number**

either /ˈaɪðə, AmE ˈiːðər/ *congiunzione, aggettivo, pronome* e *avverbio*

• *cong* **either ... or ... a)** (in frasi affermative) (o) ...o ...: *Either he leaves or I do!* O se ne va lui o me ne vado io! | *We can either go to the cinema or stay here.* Possiamo andare al cinema o restare qui. **b)** (in frasi negative) né ... né ...: *She hasn't been to either Rome or Florence.* Non è stata né a Roma né a Firenze.

• *agg* e *pron* **1** (l'uno o l'altro) uno -a dei due: *Has either of you got a penknife?* Uno di voi due ha un temperino? **2** (ciascuno) sia l'uno -a che l'altro -a: *In my opinion, either team could win.* Secondo me può vincere sia l'una che l'altra squadra. **3** (nessuno) né l'uno -a né l'altro -a: *There was a choice of beef or lamb and I don't eat either.* C'erano sia manzo che agnello e non mangio né l'uno né l'altro. | *I don't like either of them.* Nessuno dei due mi piace. **4 either way a)** (qualsiasi cosa succeda) in un modo o nell'altro **b)** (in qualsiasi direzione) in un senso o nell'altro **5** (entrambi) tutti -e e due: *There are shops on either side of the street.* Ci sono dei negozi su tutti e due i lati della strada. | *at either end of the garden* a tutte e due le estremità del giardino | *on either side* da entrambi i lati

• *avv* nemmeno: *"I don't like rap." "I don't either."* – Non mi piace il rap. – A me nemmeno. | *He can't drive. She can't either.* Lui non sa guidare. Lei nemmeno. ▶ confronta con **neither** e vedi anche **altro**, **neanche** e **o**

eject /ɪˈdʒekt/ *v* **1** [tr] (formale) buttar fuori [ospite, cliente] **2** [tr] estrarre [CD, cassetta] **3** [intr] lanciarsi con il seggiolino eiettabile

elaborate[1] /ɪˈlæbərət/ *agg* (disegno) complesso -a, (abito) sontuoso -a, prezioso -a, (cerimonia) complicato -a, (pasto) ricercato -a, (descrizione, piano) particolareggiato -a

elaborate[2] /ɪˈlæbəreɪt/ *v* [intr] (formale) fornire dei dettagli | **to elaborate on sth** approfondire qc

elapse /ɪˈlæps/ *v* [intr] (formale) trascorrere

elastic /ɪˈlæstɪk/ *aggettivo* e *sostantivo*

• *agg* elastico -a

• *s* elastico

eˌlastic ˈband, anche **ˌrubber ˈband** *s* elastico

elbow /ˈelbəʊ/ *sostantivo* e *verbo*

• *s* gomito

• *v* [tr] **1** dare una gomitata a **2 to elbow your way through the crowd** farsi largo a gomitate tra la folla

elder /ˈeldə/ *agg* e *s pl* ▶ vedi riquadro

elderly /ˈeldəli/ *agg* anziano -a: *an elderly relative* un parente anziano | **the elderly** gli anziani

eldest /ˈeldəst/ *agg* **1 the eldest brother/sister/daughter etc** il fratello/la sorella/la figlia ecc. maggiore **2 the eldest** il/la maggiore: *I'm the*

E

elder

AGGETTIVO

1 A differenza di **older** e **oldest**, **elder** e **eldest** si usano solo quando ci si riferisce a persone, in particolare ai componenti di una famiglia:

She has two elder brothers. Ha due fratelli più grandi.

2 Come superlativo **elder** si usa solo quando ci si riferisce a due persone:

Sarah is the elder of the two sisters. Sarah è la maggiore delle due sorelle.

3 **elder** non si può usare in combinazione con **than**. Per dire che una persona è più grande o vecchia di un'altra si usa **older**: *David is older than Lizzie.* David è più grande di Lizzie.

SOSTANTIVO PLURALE

your/his etc elders chi è più anziano di te/lui ecc.

***eldest** of three sisters.* Sono la maggiore di tre sorelle. ▶ vedi anche il riquadro sotto **elder**

elect /ɪ'lekt/ *v* [tr] eleggere

election /ɪ'lekʃən/ *s* elezioni: *Who'll win the election?* Chi vincerà le elezioni?

electoral /ɪ'lektərəl/ *agg* elettorale: *the electoral register* gli elenchi elettorali

electorate /ɪ'lektərət/ *s* elettorato

electric /ɪ'lektrɪk/ *agg* **1** (luce, forno) elettrico -a **2** (atmosfera) elettrizzato -a

electrical /ɪ'lektrɪkəl/ *agg* elettrico -a: *to do electrical repairs* riparare apparecchiature elettriche

electrical engineer elettrotecnico

electrician /ɪˌlek'trɪʃən/ *s* elettricista

electricity /ɪˌlek'trɪsəti/ *s* energia elettrica

eˌlectric 'shock *s* scossa

electrify /ɪ'lektrəfaɪ/ *v* [tr] (**-fies**, **-fied**) **1** elettrificare [linea ferroviaria] **2** elettrizzare [pubblico]

electrocute /ɪ'lektrəkjuːt/ *v* **to be electrocuted** rimanere folgorato

electrode /ɪ'lektrəud/ *s* elettrodo

electron /ɪ'lektrɒn/ *s* elettrone

electronic /ɪˌlek'trɒnɪk/ *agg* elettronico -a

electronics /ɪˌlek'trɒnɪks/ *s* elettronica

elegance /'eləgəns/ *s* eleganza

elegant /'eləgənt/ *agg* elegante

element /'eləmənt/ *s* **1** elemento: *It has all the elements of a box-office hit.* Ha tutti gli ingredienti di un film di successo. **2 an element of truth** un fondo di verità | **an element of risk** una percentuale di rischio **3** (in chimica) elemento

elementary /ˌelə'mentri/ *agg* **1** (errore) elementare **2** (corso) per principianti: *an elementary English course* un corso di inglese per principianti

ele'mentary ˌschool, anche **'grade school** AmE *s* scuola per bambini di età compresa tra i 5 e gli 11 anni

elephant /'eləfənt/ *s* elefante

elevator /'eləveɪtə/ *s* AmE ascensore ▶ In inglese britannico si usa **lift**.

eleven /ɪ'levən/ *numero* undici ▶ vedi Active Box **numbers** sotto **number**

eleventh /ɪ'levənθ/ *aggettivo* e *sostantivo*

• *agg* **1** undicesimo -a **2** undici

• *s* undicesimo ▶ vedi Active Box **numbers** sotto **number**

elicit /ɪ'lɪsɪt/ *v* [tr] (formale) ottenere [risposta], suscitare [reazione], strappare [sorriso]

eligible /'eləʤəbəl/ *agg* **1 to be eligible for sth/to do sth** avere diritto a qc/a fare qc: *He is **eligible for** a grant.* Ha diritto a una borsa di studio. **2 an eligible bachelor** uno scapolo d'oro

eliminate /ɪ'lɪməneɪt/ *v* [tr] eliminare

elimination /ɪˌlɪmə'neɪʃən/ *s* eliminazione

elite /eɪ'liːt/ *s* élite

elm /elm/ *s* olmo

elope /ɪ'ləup/ *v* [intr] fuggire [fidanzati]

eloquent /'eləkwənt/ *agg* (discorso, oratore) eloquente

El Salvador /el 'sælvədɔː/ *s* El Salvador

else /els/ *avv* ▶ vedi riquadro

elsewhere /els'weə/ *avv* altrove

ELT /ˌiː el 'tiː/ *s* (= **English Language Teaching**) insegnamento dell'inglese agli stranieri

elude /ɪ'luːd/ *v* [tr] sfuggire a [inseguitori], eludere [sorveglianza]

elusive /ɪ'luːsɪv/ *agg* **1** (persona) inafferrabile, (preda) difficile da prendere, (fortuna, premio, successo) irraggiungibile **2** (parola) difficile da ricordare **3** (concetto) indefinibile

e-mail, anche **email** /'iː meɪl/ *sostantivo* e *verbo*

• *s* **1** (posta elettronica) e-mail **2** (messaggio) e-mail

• *v* **to e-mail sb** mandare una e-mail a qn | **to e-mail sth to sb** mandare qc a qn per e-mail

emanate /'eməneɪt/ *v* (formale) **to emanate from sth** provenire da qc

emancipation /ɪˌmænsɪ'peɪʃən/ *s* emancipazione

embankment /ɪm'bæŋkmənt/ *s* (di ferrovia) massicciata, (di fiume) argine

embargo /ɪm'bɑːgəu/ *s* (pl **-goes**) embargo

else *avverbio*

1 **else** è sempre preceduto da parole che iniziano con **any-**, **no-** e **some-** o da pronomi o avverbi interrogativi. Generalmente si traduce con *altro* sia nel senso di *di più*:
Do you need anything else? Ha bisogno d'altro? | *Who else was at the party?* Chi altro c'era alla festa? | *There's nothing else to do.* Non c'è più niente da fare. | *We need someone else to help us.* Abbiamo bisogno di qualcun altro che ci aiuti.
sia nel senso di **diverso**:
It wasn't David, it was someone else. Non era David, era un altro. | *What else could she have done?* Cos'altro avrebbe potuto fare? | *Let's go somewhere else.* Andiamo da un'altra parte. | *Pete had beer, but everyone else had wine.* Pete ha bevuto la birra, tutti gli altri hanno bevuto vino.

2 Si usa anche nell'espressione **or else**, che significa *se no*:
We'd better hurry, or else we'll be late. Spicciamoci, se no facciamo tardi. | *You keep quiet, or else!* Tieni la bocca chiusa, se no vedi!

embark /ɪm'bɑːk/ *v* [intr] imbarcarsi: *He **embarked for** New York in 1892.* Si è imbarcato per New York nel 1892.
embark on sth intraprendere qc [carriera], iniziare qc [corso]

embarrass /ɪm'bærəs/ *v* [tr] mettere in imbarazzo

embarrassed /ɪm'bærəst/ *agg* **to be embarrassed** essere imbarazzato: *He felt so embarrassed.* Si sentiva molto imbarazzato. | *I was **embarrassed by** her directness.* La sua schiettezza mi metteva in imbarazzo.

embarrassing /ɪm'bærəsɪŋ/ *agg* imbarazzante

embarrassment /ɪm'bærəsmənt/ *s* **1** imbarazzo **2** fonte di imbarazzo: *Her family was an **embarrassment to** her.* La sua famiglia era fonte d'imbarazzo per lei.

embassy /'embəsi/ *s* (pl **-ssies**) ambasciata

embedded /ɪm'bedɪd/ *agg* **to be embedded in sth** (spina, proiettile) essere conficcato in qc

embers /'embəz/ *s pl* brace

emblem /'embləm/ *s* emblema

embodiment /ɪm'bɒdɪmənt/ *s* (formale) **the embodiment of sth** la personificazione di qc

embody /ɪm'bɒdi/ *v* [tr] (**-dies**, **-died**) (formale) impersonare

embrace /ɪm'breɪs/ *verbo* e *sostantivo*
• *v* **1** [tr] abbracciare, [intr] abbracciarsi **2** [tr] (formale) abbracciare [religione]
• *s* abbraccio

embroider /ɪm'brɔɪdə/ *v* **1** [tr/intr] ricamare **2** [tr] abbellire [storia, racconto]

embroidery /ɪm'brɔɪdəri/ *s* ricamo

embryo /'embriəʊ/ *s* embrione

emerald /'emərəld/ *sostantivo* e *aggettivo*
• *s* smeraldo
• *agg* (verde) smeraldo

emerge /ɪ'mɜːdʒ/ *v* [intr] (formale) **1** spuntare | **to emerge from sth** spuntare da qc **2** venir fuori | **it has emerged that** è venuto fuori che

emergence /ɪ'mɜːdʒəns/ *s* avvento

emergency /ɪ'mɜːdʒənsi/ *s* (pl **-cies**) **1** caso d'emergenza **2** **emergency brake** AmE freno a mano ► In inglese britannico si usa **handbrake**. **emergency exit** uscita di sicurezza **emergency room** AmE pronto soccorso ► In inglese britannico si usa **casualty**.

emigrant /'emɪgrənt/ *s* emigrante

emigrate /'emɪgreɪt/ *v* [intr] emigrare

emigration /ˌemɪ'greɪʃən/ *s* emigrazione

eminent /'emɪnənt/ *agg* famoso -a

eminently /'emɪnəntli/ *avv* (formale) assolutamente

emission /ɪ'mɪʃən/ *s* emissione

emit /ɪ'mɪt/ *v* [tr] (**-tted**, **-tting**) (formale) emettere

emotion /ɪ'məʊʃən/ *s* (agitazione) emozione, (passione) sentimento

emotional /ɪ'məʊʃənəl/ *agg* **1** (momento, occasione) carico -a di emozioni, (riunione) acceso -a **2** **to become/get emotional** farsi prendere dall'emozione

emotionally /ɪ'məʊʃənəli/ *avv* **1** dal punto di visto emotivo **2** (reagire) in modo emotivo, (coinvolto) emotivamente | **to be emotionally involved with sb** avere una relazione affettiva con qn

emotive /ɪ'məʊtɪv/ *agg* che fa presa sui sentimenti

empathy /'empəθi/ *s* capacità d'immedesimazione

emperor /'empərə/ *s* imperatore

emphasis /'emfəsɪs/ *s* (pl **-ses** /-siːz/) enfasi: *The emphasis is on humour.* L'enfasi è sull'humour. | **to put (a lot of) emphasis on sth** mettere (molta) enfasi in qc

emphasize, -ise BrE /'emfəsaɪz/ *v* [tr] enfatizzare

emphatic /ɪm'fætɪk/ *agg* (rifiuto) categorico -a, (gesto) vigoroso -a, (vittoria) netto -a

empire /'empaɪə/ *s* impero

E

Vuoi scrivere un'e-mail in inglese? Consulta la **guida alla comunicazione** in fondo al dizionario.

employ /ɪm'plɔɪ/ *v* [tr] dare lavoro a: *The company employs over 1000 people.* L'azienda dà lavoro a oltre 1000 persone. | **to be employed as a gardner/secretary** lavorare come giardiniere/segretaria

employee /ɪm'plɔɪ-iː/ *s* impiegato -a

employer /ɪm'plɔɪə/ *s* datore di lavoro

employment /ɪm'plɔɪmənt/ *s* lavoro

empress /'emprɪs/ *s* (pl **-sses**) imperatrice

E

emptiness /'emptinəs/ *s* vuoto

empty /'empti/ *aggettivo* e *verbo*

• *agg* (**-tier**, **-tiest**) **1** vuoto -a **2 an empty promise** una promessa vana | **an empty threat** una minaccia a vuoto

• *v* (**-ties**, **-tied**) **1** [tr] vuotare: *She* ***emptied*** *her bag* ***onto*** *the floor.* Ha vuotato la borsa sul pavimento. | *I* ***emptied*** *the soup* ***into*** *a pan.* Ho versato la minestra in una pentola. **2** [intr] (edificio, centro) vuotarsi

ˌempty-'handed *agg* a mani vuote

enable /ɪ'neɪbəl/ *v* [tr] **to enable sb to do sth** consentire a qn di fare qc

enact /ɪ'nækt/ *v* [tr] approvare

enamel /ɪ'næməl/ *s* smalto

enchanting /ɪn'tʃɑːntɪŋ/ *agg* incantevole

encircle /ɪn'sɜːkəl/ *v* [tr] circondare

enclose /ɪn'kləʊz/ *v* [tr] **1** (a lettera) allegare **2** (recintare) circondare

enclosure /ɪn'kləʊʒə/ *s* recinto

encore /'ɒŋkɔː/ *sostantivo* e *interiezione*

• *s* bis

• *inter* **encore!** bis!

encounter /ɪn'kaʊntə/ *verbo* e *sostantivo*

• *v* [tr] (formale) incontrare [difficoltà, ostacolo]

• *s* incontro

encourage /ɪn'kʌrɪdʒ/ *v* [tr] **1** incoraggiare | **to encourage sb to do sth** incoraggiare qn a fare qc **2** incentivare

encouragement /ɪn'kʌrɪdʒmənt/ *s* incoraggiamento

encouraging /ɪn'kʌrɪdʒɪŋ/ *agg* (notizia, risultato) incoraggiante, (sorriso) d'incoraggiamento

encyclopedia, anche **encyclopaedia** BrE /ɪnˌsaɪklə'piːdiə/ *s* enciclopedia

end /end/ *sostantivo* e *verbo*

• *s* **1** (di periodo di tempo) fine: *It's got to be done* ***by the end of*** *the month.* Dev'essere fatto per la fine del mese. | *They met again* ***at the end*** *of the war.* Si sono incontrati di nuovo alla fine della guerra. **2** (di film) finale **3** (di strada) fine, (di tavolo, palo, corda) estremità | **the deep/shallow end** la parte fonda/bassa [di una piscina] **4** fine [scopo]: *He's exploiting you* ***for his own ends.*** Ti sta sfruttando per i suoi fini. **5 to be at an end** essere giunto al termine | **to come to an end** terminare | **to put an end to sth** mettere fine a qc **6 in the end** alla fine: *Everything worked out in the end.* Alla fine si è risolto tutto per il meglio. **7** (nello sport) **to change ends** cambiare campo **8 to be at the end of your tether** BrE essere allo stremo **9 to be at a loose end** non avere niente da fare **10 to make ends meet** far quadrare i conti **11 to get the wrong end of the stick** (informale) capire male

• *v* [tr/intr] terminare

end in sth finire con qc: *Their marriage ended in divorce.* Il loro matrimonio è finito con un divorzio.

end up finire: *He'll end up in jail.* Finirà in prigione. | **to end up doing sth** finire per fare qc: *I always end up paying the bill.* Finisco per pagare sempre io (il conto).

endanger /ɪn'deɪndʒə/ *v* [tr] mettere a repentaglio

endeavour BrE, **endeavor** AmE /ɪn'devə/ *v* (formale) **to endeavour to do sth** sforzarsi di fare qc

ending /'endɪŋ/ *s* **1** (di storia) finale **2** (in linguistica) desinenza

endless /'endləs/ *agg* **1** (film, incontro) interminabile, (scorta) inesauribile, (pazienza) infinito -a **2** (lamentele, discussioni) continuo -a, (possibilità) infinito -a

endlessly /'endləsli/ *avv* **1** senza fine **2** infinitamente

endorse /ɪn'dɔːs/ *v* [tr] approvare

endorsement /ɪn'dɔːsmənt/ *s* approvazione

endow /ɪn'daʊ/ *v* (formale) **to be endowed with sth** essere dotato di qc

endurance /ɪn'djʊərəns/ *s* (fisica) resistenza, (morale) forza

endure /ɪn'djʊə/ *v* [tr] sopportare [dolore, freddo, fatica]

enduring /ɪn'djʊərɪŋ/ *agg* duraturo -a

enemy /'enəmi/ *s* (pl **-mies**) nemico -a

energetic /ˌenə'dʒetɪk/ *agg* (persona, vita) attivo -a, (gioco) che richiede energia | **to feel energetic** sentirsi carico d'energia

energy /'enədʒi/ *s* energia

enforce /ɪn'fɔːs/ *v* [tr] applicare [legge, regolamento]

enforcement /ɪn'fɔːsmənt/ *s* applicazione [di legge, regolamento]

engage /ɪn'geɪdʒ/ *v* [tr] (formale) **1** attirare [attenzione], tener vivo [interesse] **2** ingaggiare: *We* ***engaged*** *a nanny* ***to*** *look after the children.* Abbiamo ingaggiato una bambinaia per guardare i bambini.

engage in sth occuparsi di qc **engage sb in sth to engage sb in conversation** (formale) attaccare discorso con qn

engaged /ɪn'geɪdʒd/ *agg* **1** fidanzato -a: *They* ***got engaged*** *last autumn.* Si sono fidanzati l'autunno scorso. | **to be engaged to sb** essere fidanzato con qn

2 BrE (linea telefonica) occupato -a ▶ In inglese americano si usa **busy**.

engagement /ɪn'geɪdʒmənt/ *s* **1** fidanzamento **2** (formale) impegno

engine /'endʒɪn/ *s* **1** (di automobile) motore **2** (di treno) locomotiva

engineer /ˌendʒə'nɪə/ *s* **1** ingegnere **2** BrE (che ripara motori) meccanico, (che ripara televisioni, lavatrici) tecnico **3** (su nave) macchinista **4** AmE (su treno) macchinista ▶ In inglese britannico si usa **(train) driver**.

engineering /ˌendʒə'nɪərɪŋ/ *s* ingegneria

England /'ɪŋglənd/ *s* l'Inghilterra

English /'ɪŋglɪʃ/ *aggettivo* e *sostantivo*
- *agg* inglese
- *s* **1** (lingua) inglese **2** **the English** gli inglesi

Englishman /'ɪŋglɪʃmən/ *s* (pl **-men**) inglese [uomo]

Englishwoman /'ɪŋglɪʃˌwʊmən/ *s* (pl **-women**) inglese [donna]

engrave /ɪn'greɪv/ *v* [tr] incidere

engrossed /ɪn'grəʊst/ *agg* **to be engrossed in sth a)** essere preso da qc [lavoro, discussione] **b)** essere assorto in qc [lettura]

enhance /ɪn'hɑːns/ *v* [tr] **1** mettere in risalto [bellezza, sapore] **2** far aumentare [valore]

enjoy /ɪn'dʒɔɪ/ *v* [tr] (trarre piacere, soddisfazione da) *Did you enjoy the movie?* Ti è piaciuto il film? | *I **enjoy working** on the farm.* Mi piace lavorare nella fattoria. | *She knows how to enjoy life.* Sa godersi la vita. | *Enjoy your meal!* Buon appetito! | **to enjoy yourself** divertirsi

enjoyable /ɪn'dʒɔɪəbəl/ *agg* piacevole

enjoyment /ɪn'dʒɔɪmənt/ *s* piacere

enlarge /ɪn'lɑːdʒ/ *v* [tr] **1** ampliare [locale] **2** ingrandire [immagine]: *I had the photo enlarged.* Ho fatto fare un ingrandimento della foto.

enlargement /ɪn'lɑːdʒmənt/ *s* (di gruppo) ampliamento, (di fotografia) ingrandimento

enlighten /ɪn'laɪtn/ *v* (formale) **to enlighten sb about sth** spiegare qc a qn

enlightened /ɪn'laɪtnd/ *agg* aperto -a [alle innovazioni]

enlightenment /ɪn'laɪtnmənt/ *s* (formale) chiarimento

enlist /ɪn'lɪst/ *v* **1** **to enlist the help of sb** servirsi dell'aiuto di qn **2** [intr] arruolarsi

enormous /ɪ'nɔːməs/ *agg* enorme

enormously /ɪ'nɔːməsli/ *avv* estremamente | **enormously difficult/complex** estremamente difficile/complicato | **enormously famous** molto famoso

enough /ɪ'nʌf/ *avverbio, aggettivo* e *pronome*
- *avv* **1** abbastanza: *He's old **enough to** understand.* È grande abbastanza per poter capire. | *Do you know them well enough to trust them?* Li conosci così bene da poterti fidare? **2** ▶ Un aggettivo con significato positivo come **friendly** (simpatico) o **happy** (contento) se seguito da **enough** indica una certa riserva: *She's nice enough, but she can be a bit boring.* È abbastanza simpatica, ma può diventare noiosa. **3** ▶ Un aggettivo con significato negativo come **difficult** (difficile) o **bad** (cattivo) se seguito da **enough** di solito precede una frase che indica che qualcosa o qualcuno potrebbe far peggiorare le cose: *Things are bad enough without you interfering.* Le cose vanno già abbastanza male senza che ti ci metta anche tu. **4** **funnily/oddly enough** stranamente: *Oddly enough, I didn't mind.* Stranamente la cosa non mi disturbava. ▶ vedi anche **sure**
- *agg* e *pron* **1** abbastanza: *We haven't got enough glasses.* Non abbiamo abbastanza bicchieri. | *I think we've done enough for today.* Penso che abbiamo fatto abbastanza per oggi. **2** **to have had enough (of sth)** averne abbastanza (di qc): *I've had enough of this nonsense!* Ne ho avuto abbastanza di queste stupidaggini! **3** **that's enough!** adesso basta!

enquire, anche **inquire** /ɪn'kwaɪə/ *v* **1** [tr] chiedere **2** [intr] chiedere: *I'll go and enquire.* Andrò a chiedere. | *I **enquired about** hotels in the centre.* Ho chiesto informazioni sugli alberghi del centro.

enquiry, anche **inquiry** /ɪn'kwaɪəri/ *sostantivo* e *sostantivo plurale*
- *s* (pl **-ries**) **1** richiesta | **to make enquiries (about sth)** fare delle ricerche (riguardo a qc) **2** inchiesta
- **enquiries** *s pl* informazioni

enrage /ɪn'reɪdʒ/ *v* [tr] far infuriare

enrich /ɪn'rɪtʃ/ *v* [tr] (3ª pers sing **-ches**) arricchire

enrol BrE, **enroll** AmE /ɪn'rəʊl/ *v* (**-lled**, **-lling**) [intr] iscriversi: *I've **enrolled in** an English class.* Mi sono iscritto a un corso di inglese.

enrolment BrE, **enrollment** AmE /ɪn'rəʊlmənt/ *s* iscrizione: *There is no fee for enrolment.* Non ci sono tasse d'iscrizione.

ensuing /ɪn'sjuːɪŋ/ *agg* (formale) **1** **the ensuing months** i mesi seguenti **2** **the ensuing war** la guerra che seguì

ensure /ɪn'ʃʊə/ *v* [tr] garantire [sicurezza, stabilità]: *Please **ensure that** he practises every day.* Per favore accertati che faccia esercizio tutti i giorni.

entail /ɪn'teɪl/ *v* [tr] comportare

Vuoi informazioni sulla differenza tra gli **aggettivi possessivi** in inglese e in italiano? Vedi la **guida grammaticale**.

entangle /ɪn'tæŋgəl/ *v* **to become entangled in sth a)** rimanere impigliato in qc **b)** rimanere coinvolto in qc

enter /'entə/ *v* **1** (formale) [tr] entrare in, [intr] entrare: *He tried to enter the country with a false passport.* Ha tentato di entrare nel paese con un passaporto falso. **2** [tr] iniziare [carriera, cura] **3** [intr] iscriversi, [tr] iscriversi a [gara] **4** [tr] inserire [dati] **5** [tr] (in un modulo) scrivere
enter into sth **1 to enter into an agreement** (formale) stipulare un accordo **2 to enter into negotiations** (formale) dare l'avvio a negoziati

enterprise /'entəpraɪz/ *s* **1** (società) impresa **2** (realizzazione) sforzo **3** (capacità) spirito d'iniziativa

enterprising /'entəpraɪzɪŋ/ *agg* intraprendente

entertain /ˌentə'teɪn/ *v* **1** [intr] invitare gente, [tr] invitare **2** [tr] intrattenere

entertainer /ˌentə'teɪnə/ *s* intrattenitore -trice

entertaining /ˌentə'teɪnɪŋ/ *agg* divertente

entertainment /ˌentə'teɪnmənt/ *s* intrattenimento: *various kinds of entertainment* varie forme di intrattenimento | *What do you do **for entertainment** in this town?* Cosa fate per divertirvi in questa città?

enthralling /ɪn'θrɔːlɪŋ/ *agg* avvincente

enthusiasm /ɪn'θjuːziæzəm/ *s* entusiasmo: *They showed a lot of **enthusiasm for** the proposal.* Hanno dimostrato molto entusiasmo per la proposta.

enthusiast /ɪn'θjuːziæst/ *s* appassionato -a

enthusiastic /ɪnˌθjuːzi'æstɪk/ *agg* entusiastico -a: *an enthusiastic audience* una folla entusiastica | **to be enthusiastic about sth** essere entusiasta di qc

entice /ɪn'taɪs/ *v* [tr] attirare

entire /ɪn'taɪə/ *agg* **the entire country/day** tutto il paese/giorno | **the entire family** tutta la famiglia

entirely /ɪn'taɪəli/ *avv* completamente

entitle /ɪn'taɪtl/ *v* **to be entitled to sth/to do sth** avere diritto a qc/a fare qc: *You're **entitled to** a 10% discount.* Ha diritto a 10% di sconto.

entitlement /ɪn'taɪtlmənt/ *s* diritto

entrance /'entrəns/ *s* **1** ingresso: *Where's the **entrance to** the hotel?* Dov'è l'ingresso dell'albergo? **2 entrance fee** biglietto d'ingresso

entrant /'entrənt/ *s* (a un corso) nuovo -a iscritto -a, (a una gara) concorrente

entrepreneur /ˌɒntrəprə'nɜː/ *s* imprenditore -trice

entrust /ɪn'trʌst/ *v* (formale) **to entrust sth to sb** affidare qc a qn: *Would you **entrust** anyone else **with** your baby?* Affideresti il tuo bambino a qualcun altro?

entry /'entri/ *s* (pl **entries**) **1** ingresso: *Poland's **entry into** the EU* l'ingresso della Polonia nell'UE | *The reporters were **refused entry**.* Ai reporter fu impedito l'ingresso. | **to gain entry** entrare **2** (per gara, concorso) elaborato **3** (di dizionario, enciclopedia) voce, (di diario) annotazione

envelope /'envələʊp/ *s* busta

enviable /'enviəbəl/ *agg* invidiabile

envious /'enviəs/ *agg* invidioso -a | **to be envious of sb/sth** essere invidioso di qn/qc

environment /ɪn'vaɪərənmənt/ *s* **1 the environment** l'ambiente: *laws to protect the environment* leggi per la tutela dell'ambiente **2** ambiente: *a pleasant/hostile environment* un ambiente piacevole/ostile

environmental /ɪnˌvaɪərən'mentl/ *agg* ambientale | **environmental protection** tutela ambientale

environmentalist /ɪnˌvaɪərən'mentəlɪst/ *s* ambientalista

enˌvironmentally 'friendly *agg* (prodotto) biologico -a, (imballaggio) biodegradabile

envisage /ɪn'vɪzɪdʒ/ *v* [tr] (formale) prevedere

envoy /'envɔɪ/ *s* inviato -a

envy /'envi/ *verbo* e *sostantivo*
• *v* [tr] (**-vies**, **-vied**) invidiare: *I don't envy him his money.* Non gli invidio i suoi soldi.
• *s* invidia

enzyme /'enzaɪm/ *s* enzima

epic /'epɪk/ *aggettivo* e *sostantivo*
• *agg* epico -a
• *s* epopea

epidemic /ˌepə'demɪk/ *s* **1** (di malattia) epidemia **2** (di violenza, razzismo) ondata

epilepsy /'epəlepsi/ *s* epilessia

epileptic /ˌepə'leptɪk/ *agg* e *s* epilettico -a

episode /'epəsəʊd/ *s* episodio

epitaph /'epətɑːf/ *s* epitaffio

epitome /ɪ'pɪtəmi/ *s* **to be the epitome of sth a)** (persona) essere la personificazione di qc **b)** (oggetto, istituzione) essere sinonimo di qc

equal /'iːkwəl/ *aggettivo*, *sostantivo* e *verbo*
• *agg* uguale: *All men are equal.* Tutti gli uomini sono uguali. | *Use equal amounts of flour and butter.* Prendete farina e burro in parti uguali. | *A pound is **equal to** 454 grams.* Una libbra è pari a 454 grammi. | **equal opportunities/rights** pari opportunità/diritti | **on equal terms** alla pari
• *s* **to treat sb as your equal** trattare qn da pari a pari: *This teacher treats his students*

as his equals. Questo professore tratta gli allievi da pari a pari.

• *v* [tr] (**-lled**, **-lling** BrE, **-led**, **-ling** AmE) **1** fare: *Four plus four equals eight.* Quattro più quattro fa otto. **2** uguagliare [record]

equality /ɪˈkwɒləti/ *s* parità di diritti

equalize, -ise BrE /ˈiːkwəlaɪz/ *v* **1** [intr] pareggiare **2** [tr] livellare

equally /ˈiːkwəli/ *avv* **1** (in egual misura) *You are both equally capable of passing the exam.* Siete entrambi in grado di superare l'esame. **2** (dividere) in parti uguali **3** allo stesso modo **4** al tempo stesso

equate /ɪˈkweɪt/ *v* **to equate sth with sth** identificare qc con qc

equation /ɪˈkweɪʒən/ *s* equazione

equator /ɪˈkweɪtə/ *s* **the equator** anche **Equator** l'equatore

equip /ɪˈkwɪp/ *v* [tr] (**-pped**, **-pping**) equipaggiare | **to be equipped with sth a)** (computer, palestra, scuola) essere dotato di qc **b)** (persona) essere provvisto di qc: *We were equipped with life jackets.* Eravamo provvisti di giubbotto salvagente.

equipment /ɪˈkwɪpmənt/ *s* (per sport, hobby) equipaggiamento, attrezzatura, (elettrico) apparecchiatura | **skiing/fishing equipment** attrezzatura da sci/da pesca

equitable /ˈekwɪtəbəl/ *agg* equo -a

equivalent /ɪˈkwɪvələnt/ *aggettivo* e *sostantivo*

• *agg* equivalente | **equivalent to sth** pari a qc

• *s* equivalente

era /ˈɪərə/ *s* era: *the post-war era* gli anni del dopoguerra

eradicate /ɪˈrædəkeɪt/ *v* [tr] debellare

erase /ɪˈreɪz/ *v* [tr] cancellare: *Important data had been* ***erased from*** *the disk.* Dati importanti sono stati cancellati dal disco.

eraser /ɪˈreɪzə/, anche **rubber** BrE *s* gomma (da cancellare)

erect /ɪˈrekt/ *aggettivo* e *verbo*

• *agg* **1** (posizione) eretto -a, (orecchie) rizzato -a **2** (pene) eretto -a

• *v* [tr] erigere [casa, monumento], montare [impalcatura, tenda], costruire [staccionata]

erection /ɪˈrekʃən/ *s* erezione

erode /ɪˈrəʊd/ *v* [tr] erodere, [intr] sgretolarsi

erosion /ɪˈrəʊʒən/ *s* erosione

erotic /ɪˈrɒtɪk/ *agg* erotico -a

errand /ˈerənd/ *s* **to run an errand for sb** fare una commissione per qn

erratic /ɪˈrætɪk/ *agg* (persona, comportamento) imprevedibile, (rendimento, contatti) discontinuo -a

error /ˈerə/ *s* errore: *The letter was opened* ***in error****.* La busta è stata aperta per errore. | **human/spelling error** errore umano/di ortografia

erupt /ɪˈrʌpt/ *v* [intr] **1** (crisi, conflitto) scoppiare **2** (vulcano) eruttare **3** (folla) fare un boato

eruption /ɪˈrʌpʃən/ *s* eruzione

escalate /ˈeskəleɪt/ *v* [intr] **1** (violenza, conflitto) intensificarsi **2** (costi, prezzi) aumentare vertiginosamente

escalation /ˌeskəˈleɪʃən/ *s* (della violenza) escalation, (di costi, prezzi) aumento vertiginoso

escalator /ˈeskəleɪtə/ *s* scala mobile

escape /ɪˈskeɪp/ *verbo* e *sostantivo*

• *v* **1** [intr] scappare [di prigione]: *Three men have* ***escaped from the prison.*** Tre uomini sono scappati dalla prigione. **2** [intr] mettersi in salvo, [tr] sfuggire a [morte], evitare [punizione] | **to escape unhurt** restare illeso | **to escape from reality** fuggire dalla realtà **3 the name/date etc escapes me** il nome/la data ecc. mi sfugge | **to escape sb's attention** sfuggire all'attenzione di qn

• *s* **1** fuga: *a daring* ***escape from*** *prison* una fuga rocambolesca dalla prigione | *There's* ***no escape.*** Non c'è via di scampo. | **to have a narrow escape** cavarsela per un pelo **2** fuga dalla realtà

escort[1] /ˈeskɔːt/ *s* **1** scorta **2** cavaliere: *Will you be my escort tonight?* Mi fai da cavaliere stasera?

escort[2] /ɪˈskɔːt/ *v* [tr] **1** scortare **2** accompagnare

Eskimo /ˈeskɪməʊ/ *s* Eschimese ▶ Alcuni considerano questo termine offensivo e preferiscono usare **Inuit** o **Aleut**.

ESL /ˌiː es ˈel/ (= **English as a Second Language**) insegnamento dell'inglese a stranieri che risiedono in paesi di lingua inglese.

especially /ɪˈspeʃəli/ *avv* **1** particolarmente: *She loves science, especially biology.* Adora le materie scientifiche, in particolare la biologia. **2** apposta: *especially for you* apposta per te

espionage /ˈespiənɑːʒ/ *s* spionaggio

essay /ˈeseɪ/ *s* (a scuola) composizione, (letterario, di critica) saggio

essence /ˈesəns/ *s* essenza | **in essence** in sostanza

essential /ɪˈsenʃəl/ *aggettivo* e *sostantivo*

• *agg* essenziale

• *s* cosa indispensabile

essentially /ɪˈsenʃəli/ *avv* fondamentalmente

establish /ɪˈstæblɪʃ/ *v* [tr] **1** fondare [scuola, azienda] **2** stabilire [cause, regole, verità] **3 to establish yourself as a writer/consultant** affermarsi come scrittore/consulente

E

established /ɪ'stæblɪʃt/ *agg* **1** (metodo) accettato -a **2** (professionista) affermato -a **3** (chiesa, religione) ufficiale

establishment /ɪ'stæblɪʃmənt/ *s* **1** (organizzazione) istituto **2** (di Stato, istituzione) fondazione, (di governo) instaurazione, (di sistema) avvio **3 the Establishment** l'establishment

estate /ɪ'steɪt/ *s* **1** città satellite **2** tenuta **3** patrimonio **4** (anche **estate car**) BrE station wagon

es'tate ˌagent *s* BrE agente immobiliare | **estate agent's** agenzia immobiliare

esteem /ɪ'stiːm/ *s* stima | **to hold sth/sb in high esteem** stimare molto qc/qn

esthetic AmE ► vedi **aesthetic**

estimate¹ /'estəmət/ *s* **1** (valutazione) stima | **a rough estimate** una stima approssimativa **2** (calcolo) preventivo

estimate² /'estəmeɪt/ *v* [tr] stimare

estimation /ˌestə'meɪʃən/ *s* **1** (stima) opinione **2** (calcolo) valutazione

estuary /'estʃuəri/ *s* (pl **-ries**) estuario

etching /'etʃɪŋ/ *s* acquaforte

eternal /ɪ'tɜːnl/ *agg* (che dura per sempre) eterno -a, (senza tregua) incessante

eternity /ɪ'tɜːnəti/ *s* eternità

ethical /'eθɪkəl/ *agg* etico -a

ethics /'eθɪks/ *s* etica

ethnic /'eθnɪk/ *agg* etnico -a

ethos /'iːθɒs/ *s* spirito

etiquette /'etɪket/ *s* (cerimoniale) etichetta

EU /ˌiː 'juː/ (= **European Union**) UE

euphemism /'juːfəmɪzəm/ *s* eufemismo

euro /'jʊərəʊ/ *s* euro

ˌEuro-M'P *s* europarlamentare

Europe /'jʊərəp/ *s* l'Europa

European /ˌjʊərə'piːən/ *agg* e *s* europeo -a

ˌEuropean 'Union *s* Unione Europea

evacuate /ɪ'vækjueɪt/ *v* [tr] evacuare

evade /ɪ'veɪd/ *v* [tr] sfuggire a [cattura, inseguitori] | **to evade the issue/question etc** eludere il problema/la domanda ecc.

evaluate /ɪ'væljueɪt/ *v* [tr] valutare [risultato, rischi]

evaporate /ɪ'væpəreɪt/ *v* [intr] **1** (liquido, umidità) evaporare **2** (speranza, sorriso) svanire

evasion /ɪ'veɪʒən/ *s* modo di sottrarsi: *an evasion of responsibility* un modo di sottrarsi alla sua responsabilità | *tax evasion* evasione fiscale

evasive /ɪ'veɪsɪv/ *agg* evasivo -a

eve /iːv/ *s* **on the eve of their departure/the election etc** alla vigilia della loro partenza/delle elezioni ecc.

even /'iːvən/ *avverbio* e *aggettivo*

• *avv* **1** perfino: *Everyone enjoyed it, even the children.* Si sono divertiti tutti, perfino i bambini. | **even if** anche se: *I'll finish it, **even if** it takes me all day.* Lo finirò, anche se mi ci vorrà tutta la giornata. | **even though** anche se: ***Even though** it rained, we had a good time.* Anche se è piovuto, ci siamo divertiti. | **not even** neanche: *He didn't even try to phone me.* Non ha neanche provato a telefonarmi. **2 even bigger/better etc** ancora più grande/meglio ecc.: *She's even more impatient than me.* È ancora più impaziente di me. **3 even so** nonostante ciò

• *agg* **1** (in piano) piatto -a, (non rugoso) liscio -a **2** (colore, consistenza) uniforme, (distribuzione) equo -a **3** (temperatura, ritmo) regolare **4 an even number** un numero pari **5** (gara) equilibrato -a **6 to get even with sb** (informale) pareggiare i conti con qn

• **even sth out** regolarizzare qc [pagamenti], livellare qc [ineguaglianze]

evening /'iːvnɪŋ/ *s* **1** (parte del giorno) sera, (durata, condizione meteorologica) serata: *What are you doing this evening?* Che cosa fai questa sera? | *I have a class **on** Thursday **evenings**.* Ho lezione il giovedì sera. | *They're open until ten o'clock **in the evening**.* Sono aperti fino alle dieci di sera. | *Did you have a nice evening?* Ha passato una bella serata? **2 good evening** (formale) buona sera **3 evening class** corso serale **evening dress** abito da sera **evening meal** cena

evenly /'iːvənli/ *avv* **1** in modo uniforme **2** equamente **3 evenly matched** ben equilibrato

event /ɪ'vent/ *s* **1** (avvenimento) evento **2** (culturale) manifestazione **3** (nello sport) gara: *The next event is the 100 metres.* La prossima gara sono i 100 metri. **4 in any event** in ogni caso, ad ogni modo **5 in the event of fire/an accident** (formale) in caso di incendio/incidente

eventful /ɪ'ventfəl/ *agg* (vacanza, vita, giornata, viaggio) movimentato -a, (annata) denso -a di avvenimenti

eventual /ɪ'ventʃuəl/ *agg* finale ► FALSE FRIEND Non confondere **"eventual"** con **eventuale** che si traduce **possible**.

eventually /ɪ'ventʃuəli/ *avv* alla fine: *She came around eventually.* Alla fine ha capito. ► FALSE FRIEND Non confondere **"eventually"** con **eventualmente** che si traduce **if necessary** o **in case**.

ever /'evə/ *avv* **1** (in qualche caso) mai: *Have you ever been to China?* Sei mai stato in Cina? | *If you're ever in Oxford, call me.* Se mai capiti a Oxford, dammi un colpo di telefono. **2** (quando si fa un confronto) **better/worse etc than ever** meglio/peggio ecc. che mai | **the best holiday I've ever had** la migliore vacanza che abbia mai fatto: *It's the biggest mistake he's* *ever made.* È l'errore più grosso che abbia mai fatto. **3** (in nessun caso) mai: *I don't think I've ever had oysters.* Credo di non aver mai mangiato le ostriche. | **hardly ever** quasi mai **4 ever since a)** da allora **b)** da quando: *Ever since then, I've been afraid of dogs.* Da allora ho paura dei cani. | *ever since I met him* da quando l'ho incontrato | **for ever** per sempre **5** BrE (per enfatizzare) *We're **ever** so busy.* Siamo così occupati. ► vedi nota sotto **always**

every /'evri/ *agg* **1** ► **every** a volte equivale a *tutti gli* o *tutte le* e a volte a *ogni*: *Every student has to take the test.* Tutti gli studenti devono fare l'esame. | *Every page had a mistake on it.* C'era un errore su ogni pagina. ► Per enfatizzare si usa **every single**: *He told Jan **every single** thing I said.* Ha detto a Jan tutto ciò che gli avevo detto. | **every Sunday/Monday etc** tutte le domeniche/tutti i lunedì ecc. | **every two months/five years etc** ogni due mesi/cinque anni ecc. | **every May/June etc** Ogni anno in maggio/giugno ecc. **2 every so often/every now and then** ogni tanto: *I see her every now and then.* La vedo ogni tanto. | **every other day** ogni due giorni, un giorno sì uno no

everyday /'evrideɪ/ *agg* di tutti i giorni | **everyday life/problems** la vita/i problemi di tutti i giorni: *It's too good for everyday use.* È troppo bello per essere usato tutti i giorni.

everyone /'evriwʌn/, anche **everybody** /'evribɒdi/ *pron* tutti: *Is everyone ready?* Siete tutti pronti? | *Everyone knows that's not true.* Lo sanno tutti che non è vero.

everything /'evriθɪŋ/ *pron* tutto: *Is everything all right?* Va tutto bene?

everywhere /'evriweə/ *avv* dappertutto: *I've been everywhere looking for you!* Ti ho cercato dappertutto!

evict /ɪ'vɪkt/ *v* [tr] sfrattare

evidence /'evɪdəns/ *s* **1** (testimonianza) prova: *The evidence against him was very strong.* Le prove contro di lui erano schiaccianti. | **a piece of evidence** una prova **2** (in tribunale) deposizione | **to give evidence** deporre

evident /'evɪdənt/ *agg* chiaro -a

evidently /'evɪdəntli/ *avv* **1** (a quanto pare) evidentemente **2** (visibilmente) chiaramente

evil /'iːvəl/ *aggettivo* e *sostantivo*

- *agg* **1** (persona, azione, pensiero) malvagio -a **2** (spirito) malvagio -a **3** (influenza, effetto) deleterio -a
- *s* male

evoke /ɪ'vəʊk/ *v* [tr] **1** suscitare [sentimento], rievocare [ricordo, atmosfera] **2** suscitare [risposta, reazione]

evolution /ˌiːvə'luːʃən/ *s* evoluzione

evolve /ɪ'vɒlv/ *v* [intr] (organismo) evolversi, (società, teoria) svilupparsi

ewe /juː/ *s* pecora

exact /ɪg'zækt/ *agg* **1** (data, ora, termine, replica) esatto -a, (descrizione) preciso -a: *I don't remember the exact location.* Non mi ricordo il posto esatto. | **to be exact** per l'esattezza **2 the exact opposite** l'esatto contrario

exacting /ɪg'zæktɪŋ/ *agg* (compito, esame) impegnativo -a, (persona) esigente

exactly /ɪg'zæktli/ *avv* **1** (precisamente) esattamente, (davvero) proprio: *"Did she agree?" "Well, **not exactly**."* – Era d'accordo? – Beh, non esattamente – | *He wasn't exactly pleased when I told him.* Non era proprio felice quando gliel'ho detto. **2 exactly!** Esatto!

exaggerate /ɪg'zædʒəreɪt/ *v* [tr/intr] esagerare: *Don't exaggerate! It's not that serious.* Non esagerare! La cosa non è poi così grave.

exaggerated /ɪg'zædʒəreɪtɪd/ *agg* eccessivo -a

exaggeration /ɪgˌzædʒə'reɪʃən/ *s* esagerazione

exam /ɪg'zæm/ *s* **1** esame | **to take/sit an exam** dare un esame | **to pass an exam** superare un esame **2** AmE (controllo medico) visita

examination /ɪgˌzæmə'neɪʃən/ *s* (formale) **1** (prova) esame **2** (di fatti, prove) esame **3** (controllo medico) visita

examine /ɪg'zæmɪn/ *v* [tr] **1** (analizzare) esaminare **2** visitare [malato], esaminare (braccio, ferita): *The doctor examined my shoulder.* Il dottore mi ha guardato la spalla.

examining a patient

example /ɪg'zɑːmpəl/ *s* **1** esempio: *Can you give me an example?* Puoi farmi un esempio? | **for example** per esempio **2 to set an example (to sb)** dare il buon esempio (a qn)

exasperate /ɪg'zɑːspəreɪt/ *v* [tr] esasperare

exasperation /ɪgˌzɑːspə'reɪʃən/ *s* esasperazione

excavate /'ekskəveɪt/ *v* [tr] fare scavi in [sito archeologico], [intr] fare scavi

exceed /ɪk'siːd/ *v* [tr] **1** (importo, numero) superare **2** superare [limite di velocità], andare oltre [potere, autorità]

exceedingly /ɪk'siːdɪŋli/ *avv* estremamente

E

 C'è una tavola con i numeri in inglese e spiegazioni sul loro uso nella **guida grammaticale**.

excel /ɪk'sel/ *v* (**-lled**, **-lling**) **1** [intr] distinguersi: *She always* ***excelled in*** *maths.* Si è sempre distinta in matematica. **2 to excel yourself** superare se stesso

excellence /'eksələns/ *s* buona qualità

excellent /'eksələnt/ *agg* ottimo -a: *We had a really excellent day.* Abbiamo trascorso proprio un'ottima giornata.

except /ɪk'sept/ *preposizione* e *congiunzione*

- *prep* **except (for)** tranne, salvo: *Everyone went except Scott.* Ci sono andati tutti tranne Scott.
- *cong* **except (that)** tranne: *He was handcuffed except when he ate.* Aveva le manette tranne quando mangiava.

exception /ɪk'sepʃən/ *s* **1** eccezione | **with the exception of** a eccezione di **2 to take exception to sth** (formale) fare obiezione a qc

exceptional /ɪk'sepʃənəl/ *agg* eccezionale

excerpt /'eksɜːpt/ *s* (di film) sequenza, (di musica, libro) brano

excess /ɪk'ses/ *s* **1** (di sostanza) eccedenza, (nel comportamento) eccesso **2 in excess of** oltre: *speeds in excess of 100 miles an hour* velocità di oltre 100 miglia all'ora | *profits in excess of $5 million* utili di oltre 5 milioni di dollari **3 to drink to excess** bere all'eccesso **4 excess baggage** eccedenza di bagaglio

excessive /ɪk'sesɪv/ *agg* eccessivo -a

exchange /ɪks'tʃeɪndʒ/ *sostantivo* e *verbo*

- *s* **1** (di cose, opinioni, visita) scambio | **in exchange (for)** in cambio (di) **2** (disputa) battibecco **3** (di valuta estera) cambio | **foreign exchange** valuta estera **4 exchange rate** (tasso di) cambio **exchange visit** scambio culturale [per imparare una lingua]
- *v* [tr] scambiare [informazioni, idee], cambiare [abiti]: *You can* ***exchange*** *the CD* ***for*** *something else.* Può cambiare il CD con qualcos'altro.

Exchequer /ɪks'tʃekə/ *s* BrE **the Exchequer** Ministero di Economia e Finanze del Regno Unito

excite /ɪk'saɪt/ *v* [tr] **1** suscitare [interesse, curiosità, simpatia] **2** eccitare [persona, fantasia, sensi]

excited /ɪk'saɪtɪd/ *agg* eccitato -a | **to get excited (about sth)** agitarsi (per qc)

excitement /ɪk'saɪtmənt/ *s* (stato) agitazione, (esperienza eccitante) emozioni: *You've had enough excitement for one day!* Per oggi hai avuto abbastanza emozioni!

exciting /ɪk'saɪtɪŋ/ *agg* (film, idea, scoperta) emozionante, (lavoro) entusiasmante

exclaim /ɪk'skleɪm/ *v* [tr] (formale) esclamare

exclamation /ˌekskləˈmeɪʃən/ *s* (di sorpresa) esclamazione, (di dolore, orrore) grido

ˌexcla'mation mark BrE, **ˌexcla'mation point** AmE *s* punto esclamativo

exclude /ɪk'skluːd/ *v* [tr] escludere | **to exclude sth/sb from sth** escludere qc/qn da qc: *They always* ***exclude*** *her* ***from*** *their games.* La escludono sempre dai loro giochi.

excluding /ɪk'skluːdɪŋ/ *prep* escluso -a: *The hotel costs £300 a week, excluding meals.* L'albergo costa 300 sterline alla settimana esclusi i pasti.

exclusion /ɪk'skluːʒən/ *s* esclusione

exclusive /ɪk'skluːsɪv/ *agg* esclusivo -a

exclusively /ɪk'skluːsɪvli/ *avv* esclusivamente

excursion /ɪk'skɜːʃən/ *s* escursione

excuse[1] /ɪk'skjuːs/ *s* **1** (motivazione) giustificazione: *his* ***excuse for*** *not sending the money* la sua giustificazione per non aver mandato i soldi | *Stop* ***making excuses*** *and tell me the truth.* Non cercare di giustificarti e dimmi la verità. | *There's* ***no excuse for*** *rudeness.* La maleducazione non ha scusanti. **2** (pretesto) scusa: *I need an excuse not to go.* Devo trovare una scusa per non andarci.

excuse[2] /ɪk'skjuːz/ *v* [tr] **1 excuse me a)** (in formule di cortesia) scusi, scusa: *Excuse me! Are these your gloves?* Scusi! Sono suoi questi guanti? **b)** (per passare) permesso **c)** (per far ripetere qc a qn) scusi, scusa ▶ Mentre in inglese britannico **excuse me** è usato solo per attirare l'attenzione di qualcuno, in inglese americano si usa anche per scusarsi, quando ad esempio si pesta qualcuno o si sbadiglia. In inglese britannico si usa **sorry**. **2** (con indulgenza) scusare: *You'll have to excuse the mess.* Scusate il disordine. **3** (motivare) giustificare [comportamento] **4 to excuse sb from doing sth** dispensare qn dal fare qc: *You're excused from classes.* Sei dispensato dalle lezioni.

execute /'eksəkjuːt/ *v* [tr] **1** (uccidere) giustiziare **2** (formale) (attuare) eseguire

execution /ˌeksə'kjuːʃən/ *s* esecuzione (capitale)

executioner /ˌeksə'kjuːʃənə/ *s* boia

executive /ɪg'zekjətɪv/ *s* (di azienda) dirigente

exempt /ɪg'zempt/ *aggettivo* e *verbo*

- *agg* **to be exempt (from sth)** essere esente (da qc): *exempt from tax* esentasse
- *v* **to exempt sth/sb (from sth)** esentare qc/qn (da qc)

exemption /ɪg'zempʃən/ *s* **1** esonero (da lezioni) **2** esenzione (da tasse)

exercise /'eksəsaɪz/ *sostantivo* e *verbo*
• *s* **1** moto: *Try walking – a bit of exercise will do you good.* Cerca di camminare – un po' di moto ti fa bene. | *I need to **take** more **exercise**.* Devo fare più moto. **2** (per far pratica in un'attività) esercizio
• *v* **1** [intr] (con il corpo) fare moto **2** [tr] esercitare [muscoli] **3** [tr] esercitare [diritto, potere, autorità, influenza]

exert /ɪg'zɜːt/ *v* [tr] **1** esercitare [influenza, autorità, pressione] **2 to exert yourself** sforzarsi

exertion /ɪg'zɜːʃən/ *s* sforzo

exhaust /ɪg'zɔːst/ *verbo* e *sostantivo*
• *v* [tr] **1** (stancare molto) sfinire **2** esaurire [scorta]
• *s* **1** (anche **exhaust pipe**) tubo di scappamento **2** (anche **exhaust fumes**) gas di scarico

exhausted /ɪg'zɔːstɪd/ *agg* esausto -a

exhausting /ɪg'zɔːstɪŋ/ *agg* spossante

exhaustion /ɪg'zɔːstʃən/ *s* sfinimento

exhaustive /ɪg'zɔːstɪv/ *agg* esauriente

exhibit /ɪg'zɪbɪt/ *verbo* e *sostantivo*
• *v* **1** [tr] esporre [quadri], [intr] (artista) fare una mostra **2** [tr] (formale) mostrare [sintomo, qualità]
• *s* **1** (in un museo) oggetto esposto **2** AmE mostra

exhibition /ˌeksə'bɪʃən/ *s* mostra

exhilarating /ɪg'zɪləreɪtɪŋ/ *agg* esilarante

exile /'eksaɪl/ *sostantivo* e *verbo*
• *s* **1** esilio: *They were forced **into exile**.* Sono stati costretti all'esilio. **2** (persona) esule
• *v* [tr] esiliare

exist /ɪg'zɪst/ *v* [intr] **1** (essere reale, esserci) esistere: *The custom still exists.* Quest'usanza esiste ancora. **2** (rimanere in vita) vivere: *We **existed on** bread and water.* Abbiamo vissuto di pane e acqua.

existence /ɪg'zɪstəns/ *s* esistenza | **to be in existence** esistere

existing /ɪg'zɪstɪŋ/ *agg* attuale

exit /'egzɪt/ *sostantivo* e *verbo*
• *s* **1** (porta) uscita **2 to make an exit** uscire
• *v* [intr] (in informatica) uscire

exotic /ɪg'zɒtɪk/ *agg* esotico -a

expand /ɪk'spænd/ *v* **1** [tr] espandere [mercato, industria, attività], ingrandire [azienda], [intr] (mercato, industria, attività) espandersi, (azienda) ingrandirsi **2** [intr] (metallo) dilatarsi, (gas) espandersi
expand on sth sviluppare qc [idea], approfondire qc [discorso, argomento]

expanse /ɪk'spæns/ *s* distesa

expansion /ɪk'spænʃən/ *s* **1** (di azienda, industria, economia) espansione **2** (di metallo) dilatazione, (di gas) espansione

expatriate /eks'pætriət/ *s* e *agg* emigrato -a

expect /ɪk'spekt/ *v* [tr] **1** (prevedere) aspettarsi: *I didn't know **what to expect**.* Non sapevo che cosa aspettarmi. | *Nobody **expected that** she would leave.* Nessuno si aspettava che se andasse. | *You don't **expect** me **to** pay, do you?* Non ti aspetterai mica che paghi io, vero? | *I expect to be there by lunchtime.* Penso di arrivare per l'ora di pranzo. **2** (attendere) aspettare [pacco, persona]: *She's expecting a baby.* Sta aspettando un bambino. **3 to expect sth of/from sb** aspettarsi qc da qn: *He expects a lot from us.* Si aspetta molto da noi. **4** (supporre) presumere | **I expect so** presumo di sì

expectancy /ɪk'spektənsi/ *s* attesa

expectant /ɪk'spektənt/ *agg* **1** (faccia, folla) in attesa, (sguardo) di attesa **2 an expectant mother** una mamma in attesa

expectation /ˌekspek'teɪʃən/ *s* speranza | **contrary to expectation(s)** contrariamente alle attese

expedition /ˌekspə'dɪʃən/ *s* spedizione

expel /ɪk'spel/ *v* [tr] (**-lled, -lling**) espellere: *He was **expelled from** school when he was 15.* È stato espulso da scuola a 15 anni.

expenditure /ɪk'spendɪtʃə/ *s* spesa

expense /ɪk'spens/ *s* **1** spesa: *We stayed there **at great expense**.* Siamo rimasti lì con grande spesa. | **to make jokes at sb's expense** divertirsi a spese di qn **2 all expenses paid** tutto pagato

expensive /ɪk'spensɪv/ *agg* caro -a [costoso]

experience /ɪk'spɪəriəns/ *sostantivo* e *verbo*
• *s* esperienza: *Have you got **experience of** working in an office?* Ha già lavorato in un ufficio? | *It was a great experience.* È stata una bella esperienza. | **to know sth from experience** sapere qc per esperienza
• *v* [tr] provare [dolore, sentimento], affrontare [problemi, difficoltà]

experienced /ɪk'spɪəriənst/ *agg* esperto -a

experiment¹ /ɪk'sperəmənt/ *s* esperimento

experiment² /ɪk'sperəment/ *v* [intr] (scienziato) fare esperimenti, (bambino) fare esperienze: *They **experiment on** animals.* Fanno esperimenti sugli animali. | **to experiment with sth** provare qc

expert /'ekspɜːt/ *sostantivo* e *aggettivo*
• *s* esperto -a | **to be an expert on/in sth** essere un esperto di qc
• *agg* **expert advice/opinion** il consiglio/parere di un esperto

expertise /ˌekspɜː'tiːz/ *s* competenza

expire /ɪk'spaɪə/ *v* [intr] scadere

expiry /ɪk'spaɪəri/ *s* **1** scadenza **2 expiry date** data di scadenza

E

Vuoi ordinare un hamburger in inglese? Consulta la **guida alla comunicazione** in fondo al dizionario.

explain /ɪk'spleɪn/ *v* **1** [tr/intr] spiegare: *I **explained** the problem **to** them.* Ho spiegato loro il problema. **2 to explain yourself a)** (dire chiaramente) spiegarsi **b)** (giustificarsi) dare una spiegazione

explanation /ˌeksplə'neɪʃən/ *s* spiegazione

explanatory /ɪk'splænətəri/ *agg* **1** (nota) esplicativo -a **2** (opuscolo) informativo -a

E

explicit /ɪk'splɪsɪt/ *agg* esplicito -a

explode /ɪk'spləʊd/ *v* **1** [intr] (bomba, ordigno) esplodere, [tr] far esplodere [bomba, ordigno] **2** [intr] (arrabbiarsi) esplodere

exploit /ɪk'splɔɪt/ *v* [tr] sfruttare

exploitation /ˌeksplɔɪ'teɪʃən/ *s* sfruttamento

exploits /'eksplɔɪts/ *s pl* prodezze

exploration /ˌeksplə'reɪʃən/ *s* esplorazione

explore /ɪk'splɔː/ *v* **1** [tr/intr] esplorare **2** [tr] (esaminare) studiare

explorer /ɪk'splɔːrə/ *s* esploratore -trice

explosion /ɪk'spləʊʒən/ *s* esplosione

explosive /ɪk'spləʊsɪv/ *aggettivo e sostantivo*

- *agg* esplosivo -a
- *s* esplosivo

export[1] /'ekspɔːt/ *s* **1** (azione) esportazione **2** (merce) prodotto d'esportazione

export[2] /ɪk'spɔːt/ *v* [tr/intr] esportare

expose /ɪk'spəʊz/ *v* [tr] **1** (scoprire) mostrare **2 to expose sth/sb to sth** esporre qc/qn a qc [radiazioni, sole] | **to expose yourself to sth** esporsi a qc [critica, rischio] **3** smascherare [persona, fatto]

exposure /ɪk'spəʊʒə/ *s* **1** esposizione: *prolonged **exposure to** the sun* esposizione prolungata ai raggi solari **2** (di persona, attività illegale) smascheramento **3** assideramento | **to die of exposure** morire di assideramento **4** (di pellicola fotografica) posa

express /ɪk'spres/ *verbo, aggettivo e sostantivo*

- *v* [tr] esprimere: *He has difficulty **expressing himself**.* Ha difficoltà ad esprimersi.
- *agg* espresso -a
- *s* **1** (treno) espresso, (autobus) corriera diretta **2 express train** treno espresso

expression /ɪk'spreʃən/ *s* **1** (frase) espressione **2** (del viso) espressione **3** (manifestazione) segno | **as an expression of my gratitude** in segno della mia gratitudine **4** (in musica) espressività

expressive /ɪk'spresɪv/ *agg* espressivo -a

expulsion /ɪk'spʌlʃən/ *s* espulsione

exquisite /ɪk'skwɪzɪt/ *agg* squisito -a

extend /ɪk'stend/ *v* **1** [intr] (territorio, influenza) estendersi: *The sea extended as far as the eye could see.* Il mare si estendeva a perdita d'occhio. **2** [tr] ampliare [costruzione], allungare [strada] **3** [tr] prorogare [scadenza], prolungare [visita, visto, contratto, limite] **4 to extend a welcome to sb** dare il benvenuto a qn **5** [tr] stendere [mano, braccio, gamba]

extension /ɪk'stenʃən/ *s* **1** indica un locale o i locali costruiti per ampliarne la superficie: *the **extension to** the gallery* i nuovi locali della galleria **2** (di strada) prolungamento **3** interno: *May I have extension 2194 please?* Può passarmi l'interno 2194 per favore? **4** (di scadenza, visto, tempo limite) proroga, (di contratto, visita) prolungamento

extensive /ɪk'stensɪv/ *agg* **1** (territorio) esteso -a **2** (conoscenza, esperienza) vasto -a, (ricerca) approfondito -a **3** (danno, riparazione) notevole

extensively /ɪk'stensɪvli/ *avv* **1** ampiamente **2 to travel extensively** viaggiare in lungo e in largo

extent /ɪk'stent/ *s* **1** (grado) **to a great/large extent** in gran parte | **to a certain extent** fino ad un certo punto: *I agree with him **to a certain extent**.* Sono d'accordo con lui fino ad un certo punto. | **to a lesser/greater extent** in misura minore/maggiore: *It affects girls to a greater extent.* Colpisce in misura maggiore le ragazze. **2** (di danno, problema) estensione

exterior /ɪk'stɪəriə/ *sostantivo e aggettivo*

- *s* esterno
- *agg* esterno -a

exterminate /ɪk'stɜːməneɪt/ *v* [tr] sterminare

external /ɪk'stɜːnl/ *agg* **1** (che sta fuori) esterno -a **2 external affairs** affari esteri

extinct /ɪk'stɪŋkt/ *agg* **1** (animale, pianta, lingua) estinto -a | **to become extinct** estinguersi **2** (vulcano) spento -a

extinction /ɪk'stɪŋkʃən/ *s* estinzione

extinguish /ɪk'stɪŋgwɪʃ/ *v* [tr] (formale) spegnere [fuoco, sigaretta]

extinguisher /ɪk'stɪŋgwɪʃə/ *s* estintore

extortionate /ɪk'stɔːʃənət/ *agg* (prezzo) esorbitante

extra /'ekstrə/ *aggettivo, avverbio e sostantivo*

- *agg* supplementare: *She asked for an extra pillow.* Ha chiesto un cuscino supplementare. | *Postage is extra.* Le spese postali sono a parte. | *The match will go into extra time.* La partita andrà ai tempi supplementari. | **at no extra cost** senza costi aggiuntivi
- *avv* **1** (guadagnare, costare) di più: *They charge extra at weekends.* Durante il fine

settimana fanno pagare di più. | *I had to pay £20 extra for a single room.* Ho dovuto pagare 20 sterline in più per una camera singola. **2** particolarmente: *extra strong coffee* un caffè molto forte | *You'll have to work extra hard.* Dovrai studiare moltissimo.
● *s* **1** (di auto, elettrodomestico) optional, (di albergo, viaggio) extra **2** (di film) comparsa

extract[1] /ɪk'strækt/ *v* [tr] **1** estrarre [dente, minerale, oggetto] **2 to extract information from sb** estorcere un'informazione a qn

extract[2] /'ekstrækt/ *s* **1** (di libro, film) estratto **2** (sostanza) estratto: *vanilla extract* aroma di vaniglia

extraordinary /ɪk'strɔːdənəri/ *agg* straordinario -a

extravagance /ɪk'strævəgəns/ *s* dispendio

extravagant /ɪk'strævəgənt/ *agg* **1** (persona) spendaccione -a **2** (festa, cena) sontuoso -a, (regalo) dispendioso -a, (comportamento) esagerato -a

extreme /ɪk'striːm/ *aggettivo* e *sostantivo*
● *agg* **1** (grandissimo) estremo -a: *people who live in extreme poverty* gente che vive in estrema povertà **2** (opinioni, idee) estremista | **the extreme left/right** l'estrema sinistra/destra
● *s* **to go from one extreme to the other** passare da un estremo all'altro | **to go to extremes** arrivare agli estremi | **to take sth to extremes** portare qc agli estremi

extremely /ɪk'striːmli/ *avv* estremamente

extremist /ɪk'striːmɪst/ *s* estremista

extrovert /'ekstrəvɜːt/ *sostantivo* e *aggettivo*
● *s* estroverso -a
● *agg* anche **extroverted** estroverso -a

eye /aɪ/ *sostantivo* e *verbo*
● *s* **1** occhio: *She has brown eyes.* Ha gli occhi marroni. | *I couldn't **believe my eyes**.* Non credevo ai miei occhi. | *He couldn't **take his eyes off** her.* Non riusciva a toglierle gli occhi di dosso. | **to open/close your eyes** oprire/chiudere gli occhi **2 to have your eye on sth** (desiderare qc) mettere occhi su qc: *I've got my eye on a beautiful handbag which costs a bomb.* Ho messo gli occhi su una bellissima borsa che costa un capitale. | **to have your eye on sb** (sorvegliare qn) tenere d'occhio qn: *I've **got my eye on you**, so behave!* Ti tengo d'occhio, quindi comportati bene! **3 to keep your eye on sth/sb** (controllare) dare un'occhiata a qc/qn **4 to keep an eye out for sth/sb** stare attento a qc/qn: *Can you keep an eye out for the postman?* Stai attento a quando passa il postino? **5 to set eyes on sth/sb** vedere qc/qn: *It's the first time I've ever set eyes on him.* È la prima volta che lo vedo. **6 before my/your very eyes** proprio sotto i miei/tuoi occhi **7 to catch sb's eye** attirare lo sguardo di qn **8 to turn a blind eye to sth** chiudere un occhio su qc
● *v* [tr] (passato e participio **eyed**, gerundio **eyeing** o **eying**) (guardare) fissare

eyeball /'aɪbɔːl/ *s* bulbo oculare

eyebrow /'aɪbraʊ/ *s* sopracciglio

'eye-,catching *agg* **1** (abito, pettinatura) vistoso -a **2** (pubblicità) che attira l'attenzione

eyelash /'aɪlæʃ/ *s* ciglio

eyelid /'aɪlɪd/ *s* palpebra

eyeliner /'aɪˌlaɪnə/ *s* eyeliner

'eye ,shadow *s* ombretto

eyesight /'aɪsaɪt/ *s* vista: *He lost his eyesight.* Ha perso la vista.

eyesore /'aɪsɔː/ *s* **to be an eyesore** essere un pugno in un occhio

eyewitness /'aɪˌwɪtnəs/ *s* testimone oculare

F[1], **f** /ef/ *s* (lettera) F, f ▶ vedi Active Box **letters** sotto **letter**

F[2] /ef/ *s* **1** (nota) fa **2** voto nel sistema scolastico britannico che indica un'insufficienza ▶ vedi riquadro sotto **grade**

fable /'feɪbəl/ *s* favola

fabric /'fæbrɪk/ *s* tessuto ▶ FALSE FRIEND Non confondere **"fabric"** con **fabbrica** che si traduce **factory**.

fabulous /'fæbjələs/ *agg* favoloso -a

facade, anche **façade** /fə'sɑːd/ *s* **1** (di costruzione) facciata **2** (apparenza) facciata

face /feɪs/ *sostantivo* e *verbo*
● *s* **1** (viso) faccia: *a spotty face* una faccia piena di foruncoli **2** (espressione) faccia: *a sad/happy face* una faccia triste/felice | **to make/pull a face** fare una smorfia | **to keep a straight face** rimanere serio **3 to come face to face with sth** trovarsi faccia a faccia con qc **4 to my/his etc face** in faccia: *I would never tell him to his face.* Non glielo direi mai in faccia. **5 face down/downwards** a faccia in giù **6 face up/down** (carte) scoperto/coperto: *Lay the cards **face up** on the table.* Metti le

carte scoperte sul tavolo. **7 in the face of sth** di fronte a qc [pericolo] **8 to save/lose face** salvare/perdere la faccia **9** (di montagna) parete **10** (di orologio) quadrante **11** (di un cubo) faccia
• *v* [tr] **1** affrontare [difficoltà, persona, situazione]: *You'll have to face him sooner or later.* Dovrai affrontarlo prima o poi. | *I can't face sitting the exam again.* Non me la sento di rifare l'esame. | **to be faced with sth** trovarsi di fronte a qc **2** (ammettere) accettare: *She has to **face the fact that** he's gone.* Deve accettare il fatto che se n'è andato. | **to face facts** affrontare la realtà | **let's face it** diciamocelo chiaramente **3** essere di fronte a [finestra, muro]: *They stood facing each other.* Erano in piedi uno di fronte all'altro. **4** (essere orientato) guardare a: *The house faces south.* La casa guarda a sud.
face up to sth 1 far fronte a qc [situazione difficile], assumersi qc [responsabilità] **2** (ammettere qc) riconoscere qc

facelift /ˈfeɪslɪft/ *s* **1** lifting **2** (a edificio) ripulita

ˌface ˈvalue *s* **1 to take sth at face value** prendere qc alla lettera **2** (di banconota, moneta) valore nominale

facial /ˈfeɪʃəl/ *aggettivo e sostantivo*
• *agg* del viso: *facial hair* peluria del viso
• *s* (in cosmetica) trattamento del viso

facilitate /fəˈsɪləteɪt/ *v* [tr] (formale) facilitare

facilities /fəˈsɪlətiz/ *s pl* (piscina, sauna, ecc.) servizi: *The hotel has excellent facilities.* L'albergo offre ottimi servizi. | **sports/recreational facilities** attrezzature sportive/ricreative

fact /fækt/ *s* **1** fatto | **facts and figures** dati | **to know sth for a fact** sapere qc per certo **2** (verità) realtà: *The novel is based on fact.* Il romanzo è basato su un fatto realmente accaduto. **3 in fact** in realtà: *They threatened to expel him, but in fact he was only suspended.* Avevano minacciato di espellerlo, ma in realtà lo hanno solo sospeso. | *We meet quite often, in fact I saw him last night.* Ci vediamo spesso, infatti l'ho proprio visto ieri sera. **4 the facts of life** i fatti che riguardano il sesso

factor /ˈfæktə/ *s* fattore

factory /ˈfæktəri/ *s* (pl **-ries**) fabbrica: *a car factory* una fabbrica di auto | **factory worker** operaio -a (di una fabbrica)
▶ FALSE FRIEND Non confondere **"factory"** con **fattoria** che si traduce **farm**.

factual /ˈfæktʃuəl/ *agg* (descrizione, informazione) basato -a sui fatti

faculty /ˈfækəlti/ *s* (pl **-ties**) **1** (di università) facoltà: *the Faculty of Engineering* la facoltà di ingegneria **2 the faculty** AmE il corpo docente **3** (mentale) facoltà

fad /fæd/ *s* **1** moda passeggera **2** (di individuo) mania

fade /feɪd/ *v* **1** [intr] (speranza, ricordo) svanire **2** [intr] (anche **fade away**) (rumore, voce, musica) svanire **3** [tr] far sbiadire [tende, tessuto], [intr] (colore, stoffa) scolorire: *a pair of faded denim jeans* un paio di jeans scoloriti

fag /fæg/ *s* BrE (informale) sigaretta

fail /feɪl/ *verbo e sostantivo*
• *v* **1** [intr] (tentativo, impresa) fallire | **to fail to do sth a)** non riuscire a fare qc: *Doctors failed to save his life.* I medici non sono riusciti a salvargli la vita. | *She failed to turn up for the interview.* Non si è presentata al colloquio. **b)** tralasciare di fare qc **2** [tr/intr] essere bocciato (a) | **to fail an exam/test** essere bocciato a un esame/test: *He failed his driving test.* È stato bocciato all'esame di guida. **3 to fail a student** bocciare uno studente **4** [intr] (azienda, società) fallire **5** [intr] (motore, meccanismo) rompersi **6** [intr] (raccolto) essere insufficiente **7** (salute, vista, memoria) indebolirsi
• *s* **1 without fail** senza fallo **2** (in un esame) bocciatura, (in una materia) insufficienza

failing /ˈfeɪlɪŋ/ *aggettivo, sostantivo e preposizione*
• *agg* **failing health** salute cagionevole | **failing memory** memoria sempre più debole
• *s* (di carattere) difetto
• *prep* in mancanza di | **failing that** altrimenti

failure /ˈfeɪljə/ *s* **1** fallimento: *The project was **doomed to failure**.* Il progetto era destinato al fallimento. | *All his plans **ended in failure**.* Tutti i suoi piani sono falliti. | *Her **failure to** call worried me.* Ero preoccupato dal fatto che non mi chiamasse. **2** (persona) fallito -a, (cosa) fallimento: *I **feel such a failure**.* Mi sento un vero fallito. **3** (di meccanismo) guasto | **engine failure** guasto al motore | **heart/kidney failure** insufficienza cardiaca/renale

faint /feɪnt/ *aggettivo e verbo*
• *agg* **1** (suono, luce) debole, (immagine) sfuocato -a **2 a faint hope** una debole speranza | **a faint possibility** una remota possibilità **3 to feel faint** sentirsi svenire
• *v* [intr] svenire

faintly /ˈfeɪntli/ *avv* **1** (fievolmente) debolmente **2** (leggermente) vagamente

fair /feə/ *aggettivo, avverbio e sostantivo*
• *agg* **1** giusto -a: *It's not fair!* Non è giusto! | *It's not **fair on** the children.* Non è giusto per i bambini. | **to be fair to sb** essere giusto verso qn: *The current law is not fair to women.* La legge attuale non è

giusta verso le donne. **2 a fair amount of money/water etc** un bel po' di soldi/acqua ecc.: *We've got a fair way to go yet.* Dobbiamo ancora fare un bel po' di strada. | **a fair number of cases/vehicles etc** un discreto numero di casi/veicoli ecc. **3** (capelli) biondo -a, (pelle) chiaro -a **4** (rispettoso delle regole) corretto -a **5** (di medio livello) discreto -a **6 fair weather** bel tempo **7 fair enough** va bene **8 to be fair** a dire il vero

• *avv* **1 to play fair** giocare correttamente **2 to win fair and square** vincere onestamente

• *s* **1** (anche **funfair**) luna park **2** fiera: *a craft fair* una fiera dell'artigianato

fairground /ˈfeəgraʊnd/ *s* luna park

fair-haired /ˌfeə ˈheəd/ *agg* biondo -a

fairly /ˈfeəli/ *avv* **1** (discretamente) abbastanza: *The house has a fairly large garden.* La casa ha un giardino abbastanza grande. **2** (pretendere, essere trattato) giustamente ▶ Confronta con QUITE e RATHER ▶ vedi anche **abbastanza.**

fairy /ˈfeəri/ *s* (pl **-ries**) fata

ˈfairy tale, anche **ˈfairy ˌstory** *s* fiaba

faith /feɪθ/ *s* **1** fiducia | **to have faith in sth/sb** avere fiducia in qc/qn | **to lose faith in sth/sb** perdere la fiducia in qc/qn | **to put your faith in sth/sb** affidarsi a qc/qn **2** fede **3 in good faith** in buona fede

faithful /ˈfeɪθfəl/ *agg* **1** (leale) fedele **2** (copia, riproduzione) fedele **3** (marito, moglie) fedele | **to be faithful to sb** essere fedele a qn

faithfully /ˈfeɪθfəli/ *avv* fedelmente ▶ vedi anche **yours**

fake /feɪk/ *sostantivo, aggettivo* e *verbo*

• *s* (quadro) falso -a, (persona) impostore -a

• *agg* **fake diamonds** diamanti falsi | **fake fur** pelliccia sintetica | **fake leather** similpelle

• *v* **1** [tr/intr] (fingere) simulare **2** [tr] falsificare [firma, risultato]

falcon /ˈfɔːlkən/ *s* falcone

fall /fɔːl/ *verbo, sostantivo* e *sostantivo plurale*

• *v* [intr] (passato **fell**, participio **fallen**) **1** cadere: *I fell and hit my head.* Sono caduto e ho battuto la testa. **2** (temperatura, prezzi) scendere **3 to fall asleep** addormentarsi | **to fall in love** innamorarsi: *They fell in love with each other.* Si sono innamorati. **4** (ricorrenza, avvenimento) cadere: *Christmas falls on a Saturday this year.* Natale cade di sabato quest'anno. **5 night fell** è calata la notte | **darkness fell** si è fatto buio

fall apart cadere a pezzi

fall back indietreggiare

fall back on sth fare ricorso a qc

fall behind rimanere indietro

fall down **1** cadere: *She fell down and twisted her ankle.* È caduta e si è storta la caviglia. **2** (ragionamento, piano) fare acqua **fall down sth to fall down the stairs** cadere dalle scale | **to fall down a hole** cadere in un buco

fall for sth (informale) **to fall for it** cascarci: *If you think I'm going to fall for that one, you're wrong!* Se pensi che io ci caschi, ti sbagli! **fall for sb** (informale) prendere una cotta per qn

fall off **1** cadere **2** (domanda, vendite) calare

fall out **1** (capelli, dente) cadere: *He fell out of the window.* È caduto dalla finestra. **2** litigare: *I fell out with my brother years ago.* Ho litigato con mio fratello anni fa.

fall over **1** (persona) cadere (dopo aver inciampato) **2** (oggetto) cadere **fall over sth** cadere inciampando in qc: *He fell over a pile of books.* È caduto inciampando in una pila di libri.

fall through andare a monte

• *s* **1** (movimento verso il basso) caduta: *She had a bad fall.* Ha fatto una brutta caduta. **2** (di temperatura, pressione) abbassamento, (di prezzi, domanda) calo: *the recent fall in prices* il recente calo dei prezzi **3** AmE autunno **4** (di governo, regime) caduta

• **falls** *s pl* cascate

fallen[1] /ˈfɔːlən/ *agg* caduto -a

fallen[2] /ˈfɔːlən/ participio di **fall**

false /fɔːls/ *agg* **1** (non vero) falso -a **2 a false alarm** un falso allarme **3 false teeth** dentiera | **false eyelashes/nails** ciglia/unghie finte

falsify /ˈfɔːlsəfaɪ/ *v* [tr] (**-fies**, **-fied**) falsificare

falter /ˈfɔːltə/ *v* [intr] vacillare

fame /feɪm/ *s* fama | **to rise to fame** diventare famoso

familiar /fəˈmɪliə/ *agg* **1** familiare: *in familiar surroundings* in ambiente familiare | *That name sounds familiar.* Quel nome mi è familiare. **2 to be familiar with sth** essere pratico di qc: *Are you familiar with this software?* Sei pratico di questo programma? **3 to be too familiar with sb** prendersi troppa confidenza con qn

familiarity /fəˌmɪliˈærəti/ *s* **familiarity with sth** familiarità con qc

familiarize, -ise BrE /fəˈmɪliəraɪz/ *v* [tr] **to familiarize yourself with sth** familiarizzare con qc

family /ˈfæmli/ *s* (pl **-lies**) **1** (gruppo) famiglia, (parentado) parenti: *I have family in London.* Ho dei parenti a Londra. ▶ In inglese britannico il verbo che segue **family** può essere sia singolare che plurale. **2** figli | **to start a family** metter su famiglia **3 family name** cognome **family tree** albero genealogico

F

famine /'fæmɪn/ *s* carestia

famous /'feɪməs/ *agg* famoso -a: *Pisa is **famous for** its tower.* Pisa è famosa per la torre.

fan /fæn/ *sostantivo* e *verbo*

• *s* **1** (di cantante, artista) ammiratore -trice: *fans of John Lennon* gli ammiratori di John Lennon **2** (di squadra sportiva) tifoso -a: *football fans* tifosi di calcio **3** (anche **electric fan**) ventilatore **4** ventaglio **5 fan club** fan club **fan mail** posta degli ammiratori

• *v* [tr] (**fanned**, **fanning**) **1 to fan yourself** sventagliarsi **2** attizzare [fuoco]

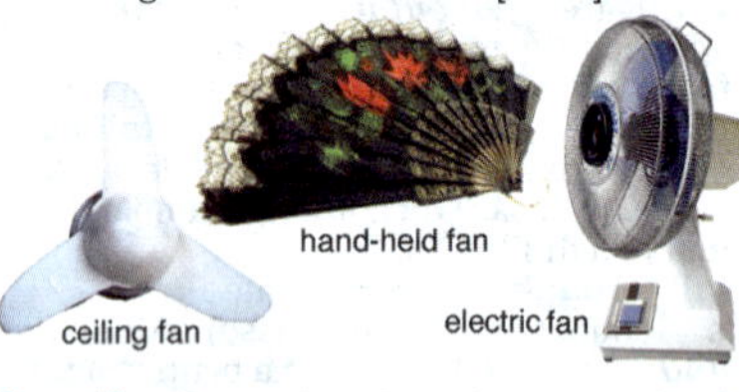

fanatic /fə'nætɪk/ *s* fanatico -a

fanatical /fə'nætɪkəl/ *agg* fanatico -a

fancy /'fænsi/ *verbo*, *sostantivo* e *aggettivo*

• *v* [tr] (3a pers sing **-cies**, passato e participio **-cied**) **1** desiderare: *I've always fancied living in Vienna.* Ho sempre desiderato vivere a Vienna. | *I fancy a pizza.* Mi andrebbe una pizza. **2** BrE (informale) essere attratto da qualcuno: *My friend fancies you.* Piaci al mio amico. | *All the girls fancied him like mad.* Tutte le ragazze erano pazze di lui. **3 to fancy yourself** BrE (informale) credersi chissà chi

• *s* **he took a fancy to me/the girl etc** mi ha preso/ha preso la ragazza ecc. in simpatia

• *agg* (**-cier, -ciest**) **1 a fancy hotel/restaurant** un albergo/ristorante di lusso **2** complicato -a: *I'm only making spaghetti, nothing fancy.* Faccio solo due spaghetti, niente di complicato.

ˌfancy 'dress *s* (travestimento) costume

fantasize, -ise BrE /'fæntəsaɪz/ *v* [intr] fantasticare

fantastic /fæn'tæstɪk/ *agg* fantastico -a

fantasy /'fæntəsi/ *s* (pl **-sies**) fantasia

FAQ /fæk/ *s* (= **frequently asked questions**) domande frequenti degli utenti Internet

far /fɑː/ *avverbio* e *aggettivo*

• *avv* (comparativo **farther** o **further**, superlativo **farthest** o **furthest**) **1** (distanza) lontano: *It's not **far from** the library.* Non è lontano dalla biblioteca. | *Let's see who can swim the furthest.* Vediamo chi riesce a nuotare più lontano. | **how far is it to the station?** quanto è lontana la stazione? | **far away** lontano **2 far better** molto meglio: *It's far better this way.* È molto meglio così. | *far too much salt* davvero troppo sale | *They're the best team **by far**.* È di gran lunga la squadra migliore. **3 as far as** fino a: *as far as the bridge* fino al ponte **4 as far as I'm/we're etc concerned** per quanto mi/ci ecc. riguarda **5 as far as I know** per quel che ne so **6 far from it** al contrario: *"Did you enjoy the party?" "Far from it, it was awful."* – Ti è piaciuta la festa? – Al contrario, è stata orribile. | ***Far from** helping, you've made matters worse.* Invece di aiutare, hai peggiorato la situazione. **7 so far** finora **8 to go too far** (eccedere) esagerare **9 to go far** fare strada: *That girl has talent. She'll go far.* Quella ragazza ha talento. Farà strada. | *£100 doesn't go very far these days.* Con 100 sterline non si fa granché di questi tempi.

• *agg* (comparativo **farther** o **further**, superlativo **farthest** o **furthest**) **1 in the far distance** in lontananza **2 the far side/end** la parte più lontana: *She swam to the far side of the lake.* Ha nuotato fino alla riva più lontana del lago. | *It's at the far end of the corridor.* È alla fine del corridoio. **3 the far north/south etc** l'estremo nord/sud ecc. **4 the far left/right** (in politica) l'estrema sinistra/destra

faraway /'fɑːrəweɪ/ *agg* **1** molto lontano -a **2 a faraway look** uno sguardo assente

farce /fɑːs/ *s* farsa

fare /feə/ *sostantivo* e *verbo*

• *s* **fare** può riferirsi sia al costo di un biglietto o di un viaggio che al denaro per pagarlo: *They offered to pay my bus fare.* Si sono offerti di pagarmi il biglietto dell'autobus. | ***Air fares** are coming down.* Le tariffe aeree stanno scendendo.

• *v* (formale) **to fare well/badly** cavarsela bene/male

farewell /feə'wel/ *s* **1 to say your farewells** salutare **2 farewell party** festa di addio

ˌfar-'fetched *agg* inverosimile

farm /fɑːm/ *sostantivo* e *verbo*

• *s* **farm** può corrispondere a *fattoria, azienda agricola*, *tenuta*, o *allevamento*, a seconda del tipo e dell'estensione: *They have a 500-hectare farm.* Hanno una tenuta di 500 ettari.

• *v* [intr] fare l'agricoltore

farmer /'fɑːmə/ *s* **farmer** può corrispondere ad *agricoltore*, *imprenditore -trice agricolo -a*, o *allevatore -trice*, a seconda del tipo e dell'estensione del luogo.

farmhouse /'fɑːmhaʊs/ *s* (abitazione) fattoria

farming /'fɑːmɪŋ/ *s* agricoltura

farmyard /'fɑːmjɑːd/ *s* aia

fart /fɑːt/ (informale) *verbo* e *sostantivo*

• *v* [intr] scoreggiare

• *s* scoreggia

farther /ˈfɑːðə/ comparativo di **far**

farthest /ˈfɑːðəst/ superlativo di **far**

fascinate /ˈfæsəneɪt/ *v* [tr] affascinare

fascinating /ˈfæsəneɪtɪŋ/ *agg* affascinante

fascination /ˌfæsəˈneɪʃən/ *s* **to have a fascination with sth** essere affascinato da qc

fascism /ˈfæʃɪzəm/ *s* fascismo

fascist /ˈfæʃɪst/ *s* e *agg* fascista

fashion /ˈfæʃən/ *s* **1** moda | **to be in fashion** essere di moda | **to go out of fashion** passare di moda: *Jeans will never go out of fashion.* I jeans non passeranno mai di moda. **2** (formale) maniera: *in a similar fashion* in maniera analoga

fashionable /ˈfæʃənəbəl/ *agg* (quartiere, ristorante) alla moda, (colori) di moda

fast /fɑːst/ *aggettivo, avverbio, verbo* e *sostantivo*

- *agg* **1** (rapido) veloce: *a fast car* un'auto veloce | *She's a fast reader.* Legge velocemente. **2** (di orologio) *My watch is five minutes fast.* Il mio orologio è avanti di cinque minuti. **3** (che non stingono) (colori) solido -a
- *avv* **1** velocemente: *He drives too fast.* Guida troppo velocemente. | *How fast can this car go?* Che velocità raggiunge quest'auto? **2 to be fast asleep** dormire profondamente
- *v* [intr] digiunare
- *s* digiuno ▶ confronta con **quick** e vedi anche **rapido**

fasten /ˈfɑːsən/ *v* **1** [tr] allacciare, [intr] allacciarsi: *The dress fastens at the back.* Il vestito si allaccia dietro. | *He hasn't fastened his seatbelt.* Non ha allacciato la cintura di sicurezza. **2** [tr] (attaccare) fissare | **to fasten sth to sth a)** (con corda) legare qc a qc: *Fasten the rope to that tree.* Lega la corda a quell'albero. **b)** (con chiodi, viti, adesivo) fissare qc a qc

ˈfast food *s* fast food

ˌfast ˈforward *sostantivo* e *verbo*

- *s* (di registratore) tasto di avanzamento veloce
- *v* [tr] fare andare avanti velocemente

fat /fæt/ *aggettivo* e *sostantivo*

- *agg* (**fatter**, **fattest**) **1** (persona, dita) grasso -a, (libro) spesso -a | **to get fat** ingrassare **2 a fat lot of good/use that is!** (informale) bella roba!, chi se ne importa!
- *s* grasso

fatal /ˈfeɪtl/ *agg* **1** mortale: *a fatal accident* un incidente mortale **2** fatale: *I made the fatal mistake of giving him the money.* Ho commesso l'errore fatale di dargli i soldi.

fate /feɪt/ *s* **1** (ciò che accadrà) sorte **2** (forza misteriosa) destino

fateful /ˈfeɪtfəl/ *agg* fatidico -a

father /ˈfɑːðə/ *sostantivo* e *verbo*

- *s* **1** padre **2** (sacerdote) **Father** Padre
- *v* [tr] diventare padre di

ˌFather ˈChristmas *s* Babbo Natale

ˈfather-in-law *s* (pl **fathers-in-law**) suocero

fatigue /fəˈtiːg/ *s* stanchezza

fatten /ˈfætn/ *v* [tr] ingrassare [animali]

fattening /ˈfætn-ɪŋ/ *agg* **to be fattening** far ingrassare

fatty /ˈfæti/ *agg* (**fattier**, **fattiest**) grasso -a

faucet /ˈfɔːsɪt/ AmE ▶ vedi **tap**

fault /fɔːlt/ *sostantivo* e *verbo*

- *s* **1 to be sb's fault** essere colpa di qn: *It's all Martin's fault.* È tutta colpa di Martin. | *It's **not my fault** you were late.* Non è colpa mia se hai fatto tardi. **2 to be at fault** (essere colpevole) essere responsabile **3 to find fault with sth** trovare da ridire su qc **4** guasto **5** (di fabbricazione) difetto **6** (di carattere) difetto **7** (in geologia) faglia
- *v* [tr] criticare

faultless /ˈfɔːltləs/ *agg* perfetto -a

faulty /ˈfɔːlti/ *agg* (**-tier**, **-tiest**) (prodotto, apparecchio) difettoso -a

favour BrE, **favor** AmE /ˈfeɪvə/ *s* **1** favore | **to ask sb a favour** chiedere un favore a qn | **to do sb a favour** fare un favore a qn: *Could you do me a favour and shut that window, please?* Puoi farmi il favore di chiudere quella finestra? **2 to be in favour of sth** essere favorevole a qc: *He's in favour of restoring the death penalty.* È favorevole al ripristino della pena di morte. **3 in sb's favour** (a vantaggio di qn) a favore di qn: *60% of votes were in his favour.* Il 60% dei voti era a suo favore. | *Circumstances are in our favour.* Le circostanze ci sono favorevoli.

favourable BrE, **favorable** AmE /ˈfeɪvərəbəl/ *agg* favorevole

F

favourite BrE, **favorite** AmE /ˈfeɪvərət/ *aggettivo e sostantivo*
- *agg* preferito -a
- *s* **1** (cosa) preferito -a: *I like all her books, but this is my favourite.* Mi piacciono tutti i suoi libri, ma questo è il mio preferito. **2** (persona) preferito -a: *He always was Dad's favourite.* È sempre stato il preferito di papà. | *Teachers shouldn't have favourites.* Gli insegnanti non dovrebbero fare preferenze. **3** (nello sport) favorito -a

fax /fæks/ *sostantivo e verbo*
- *s* **1** (documento, sistema) fax **2** (anche **fax machine**) (apparecchio) fax
- *v* **to fax sth to sb** faxare qc a qn

fear /fɪə/ *sostantivo e verbo*
- *s* **1** (stato) paura | **fear of sth** paura di qc **2** timore: ***Fears for*** *their safety are growing.* I timori per la loro incolumità stanno aumentando.
- *v* **1** [tr] (essere preoccupato) temere: *They **fear that** he may not recover.* Temono che non si riprenda. **2** [tr] (aver paura di) temere **3** **to fear for sth** temere per qc: *He feared for her safety.* Temeva per la sua incolumità.

fearful /ˈfɪəfəl/ *agg* **1** **to be fearful of (doing) sth** temere (di fare) qc **2** timoroso -a

fearless /ˈfɪələs/ *agg* senza paura

feasibility /ˌfiːzəˈbɪləti/ *s* fattibilità

feasible /ˈfiːzəbəl/ *agg* fattibile

feast /fiːst/ *s* (pranzo solenne) banchetto

feat /fiːt/ *s* (azione eroica) impresa

feather /ˈfeðə/ *s* piuma

feature /ˈfiːtʃə/ *sostantivo, sostantivo plurale e verbo*
- *s* caratteristica: *It's one of the best features of this mobile phone.* È una delle caratteristiche migliori di questo telefono cellulare.
- **features** *s pl* (di volto) lineamenti
- *v* [tr] (rivista, film) presentare [intervista, stella del cinema]: ***featuring*** *Marlon Brando **as** the Godfather* con Marlon Brando nella parte del padrino

February /ˈfebruəri/ *s* febbraio ▸ vedi Active Box **months** sotto **month**

fed /fed/ passato e participio di **feed**

fed 'up *agg* (informale) stufo -a: *I'm **fed up with** being told what to do.* Sono stufa di sentirmi dire quello che devo fare. | **to get fed up with sth** stufarsi di qc

fee /fiː/ *s* **1** (di professionista) onorario: *He's a good lawyer, but his fees are extremely high.* È un bravo avvocato, ma i suoi onorari sono altissimi. | *They paid all my legal fees.* Mi hanno pagato tutte le spese legali. **2** (di scuola, università) tassa, (di associazione) quota: *school fees* tasse scolastiche | *There is no entrance fee.* L'ingresso è gratuito.

feeble /ˈfiːbəl/ *agg* **1** debole **2** **a feeble excuse** una scusa poco convincente

feed /fiːd/ *v* (passato e participio **fed**) **1** [tr] dar da mangiare a [persona, animale], allattare [bambino] **2** [intr] mangiare: *The fish spend most of the day feeding.* Il pesce passa quasi tutto il giorno a mangiare. | **to feed on sth** nutrirsi di qc: *They **feed on** insects.* Si nutrono d'insetti. **3** [tr] sfamare

feeding a baby

feedback /ˈfiːdbæk/ *s* commenti

feel /fiːl/ *verbo e sostantivo*
- *v* (passato e participio **felt**) **1** [intr] sentirsi: *I feel better today.* Oggi mi sento meglio. | **to feel hungry/cold** aver fame/freddo | **to feel sick** avere la nausea | **to feel guilty** sentirsi in colpa
  2 [tr] sentire: *She felt something climbing up her leg.* Sentì qualcosa che le si arrampicava su per la gamba.
  3 **it feels great/strange etc** è una sensazione splendida/strana ecc.: *It feels great to be home again.* È una sensazione splendida essere di nuovo a casa. | *How does it feel to be the winners?* Come ci si sente ad aver vinto?
  4 [tr] pensare: *I feel we should do something to help them.* Penso che dovremmo fare qualcosa per aiutarli.
  5 [tr] tastare: *She felt his ankle but it wasn't broken.* Gli ha tastato la caviglia ma non era rotta.
  6 **to feel around for sth** cercare qc a tentoni
  7 **not to feel yourself** essere un po' fuori fase
  feel for sb I really feel for him/you lo/ti compatisco
  feel like sth **1** sembrare qc: *I was there for two days but it felt like two weeks.* Ci sono stato due giorni ma mi sono sembrate due settimane. **2** aver voglia di qc: *I feel like a walk.* Ho voglia di fare una passeggiata. | *She didn't feel like going to school.* Non se la sentiva di andare a scuola.
- *s* **1** sensazione (al tatto): *the feel of the sand between your toes* la sensazione della sabbia tra le dita dei piedi
  2 **to have a modern/cosy feel** avere un non so che di moderno/familiare

feeling /ˈfiːlɪŋ/ *s* **1** sentimento | **to hurt sb's feelings** ferire (i sentimenti di) qn: *feelings of guilt* sensi di colpa **2** (opinione) impressione: *What are his feelings on the matter?* Quali sono le sue impressioni in proposito? **3 to have the feeling (that)** avere la sensazione che: *I get the feeling I'm not wanted here.* Ho la sensazione di non essere ben accetto qui. **4** sensazione: *a feeling of dizziness* le vertigini **5** sensibilità [alle mani, piedi] **6 I know the feeling** so di che cosa stai parlando

feet /fiːt/ plurale di **foot**

fell[1] /fel/ *v* [tr] abbattere

fell[2] /fel/ passato di **fall**

fellow /ˈfeləʊ/ *s* **1** tipo: *a nice fellow* un tipo simpatico **2 fellow countrymen** connazionali **fellow passengers** compagni di viaggio

fellowship /ˈfeləʊʃɪp/ *s* **1** solidarietà **2** AmE borsa di studio da ricercatore

felt[1] /felt/ *s* feltro

felt[2] /felt/ passato e participio di **feel**

ˌfelt-tip ˈpen, anche **ˈfelt tip** *s* pennarello

female /ˈfiːmeɪl/ *aggettivo* e *sostantivo*

• *agg* **1** femminile: *the female sex* il sesso femminile ▶ FEMALE O FEMININE? vedi nota sotto **femminile** **2** femmina: *a female giraffe* una femmina di giraffa

• *s* **1** femmina **2** (formale) donna

feminine /ˈfemənɪn/ *agg* femminile

feminism /ˈfemənɪzəm/ *s* femminismo

feminist /ˈfemənɪst/ *s* e *agg* femminista

fence /fens/ *sostantivo* e *verbo*

• *s* **1** (di legno) staccionata, (di filo spinato) recinzione **2** (nelle corse dei cavalli) ostacolo

• *v* **1** [tr] (anche **fence off**) recintare **2** [intr] tirare di scherma

fencing /ˈfensɪŋ/ *s* **1** (sport) scherma **2** (recinto, materiale) recinzione

fend /fend/ *v* **to fend for yourself** cavarsela da soli

fern /fɜːn/ *s* felce

ferocious /fəˈrəʊʃəs/ *agg* **1** feroce **2 a ferocious battle** una battaglia cruenta

ferry /ˈferi/ *sostantivo* e *verbo*

• *s* (pl **-rries**) (nave) traghetto

• *v* (**-rries**, **-rried**) **to ferry sb from/to somewhere** traghettare qn da/in qualche posto

fertile /ˈfɜːtaɪl, AmE ˈfɜːrtl/ *agg* (terreno) fertile, (persona) fecondo -a

fertilize, -ise BrE /ˈfɜːtəlaɪz/ *v* [tr] **1** fecondare [ovulo] **2** fertilizzare [terreno]

fertilizer, -iser BrE /ˈfɜːtəlaɪzə/ *s* fertilizzante

fester /ˈfestə/ *v* [intr] suppurare

festival /ˈfestəvəl/ *s* festival

fetch /fetʃ/ *v* [tr] (3ª pers sing **fetches**) BrE **1** prendere: *I had to go and* ***fetch*** *her* ***from*** *the station.* Sono dovuto andare a prenderla alla stazione. **2** (nelle aste) *The painting/vase fetched £100,000.* Il quadro/vaso è stato venduto per 100.000 sterline. **3 to fetch sth for sb** prendere qc a qn: *She fetched his glasses for him.* Gli ha preso gli occhiali.

fete /feɪt/ *s* sagra

fetus AmE ▶ vedi **foetus**

feud /fjuːd/ *sostantivo* e *verbo*

• *s* faida

• *v* [intr] essere in lotta

fever /ˈfiːvə/ *s* **1** febbre **2 fever pitch** culmine | **to reach fever pitch** raggiungere il culmine

feverish /ˈfiːvərɪʃ/ *agg* **1** febbricitante | **to be/feel feverish** avere/sentirsi la febbre **2** (attività) febbrile

few /fjuː/ *agg* e *pron* ▶ vedi riquadro

fiancé /fiˈɒnseɪ/ *s* fidanzato

fiancée /fiˈɒnseɪ/ *s* fidanzata

fiasco /fiˈæskəʊ/ *s* fiasco

fib /fɪb/ (informale) *sostantivo* e *verbo*

• *s* bugia | **to tell fibs** raccontare storie

• *v* [intr] (**fibbed**, **fibbing**) raccontare storie

fibre BrE, **fiber** AmE /ˈfaɪbə/ *s* **1** fibre alimentari **2** fibra (tessile)

fibreglass BrE, **fiberglass** AmE /ˈfaɪbəglɑːs/ *s* fibra di vetro

fickle /ˈfɪkəl/ *agg* (persona) volubile, (tempo) mutevole

fiction /ˈfɪkʃən/ *s* narrativa: *children's fiction* narrativa per ragazzi | *I read fiction mostly.* Leggo soprattutto romanzi.

fictional /ˈfɪkʃənəl/ *agg* fittizio -a

fictitious /fɪkˈtɪʃəs/ *agg* **1** (personaggio) fittizio -a **2** (indirizzo) falso -a

fiddle /ˈfɪdl/ *verbo* e *sostantivo*

• *v* **1 to fiddle (around) with sth a)** giocherellare con qc **b)** mettere in disordine qc **c)** armeggiare intorno a qc **2** [tr] (informale) falsificare

• *s* **1** violino **2** BrE (informale) truffa

fiddly /ˈfɪdli/ *agg* (**-lier**, **-liest**) (informale) (compito, lavoro) complicato -a, di pazienza

fidelity /fɪˈdeləti/ *s* fedeltà

fidget /ˈfɪdʒɪt/ *v* [intr] agitarsi | **to fidget with sth** giocherellare con qc

field /fiːld/ *sostantivo* e *verbo*

• *s* **1** (per coltivazione) campo **2** (sportivo) campo **3** (settore) campo: *an expert in the field* un esperto in questo campo

• *v* **1** [intr] nel cricket o nel baseball impedire alla squadra avversaria di segnare bloccando o lanciando la palla **2** [tr] bloccare [una palla]

fielder /ˈfiːldə/ *s* esterno [nel cricket o nel baseball]

F

Non sai come pronunciare una parola? Consulta la tabella dei simboli fonetici nell'interno della copertina.

few *aggettivo e pronome*

1 a few o **few?**

a few qualche: *They had to wait a few more days.* Hanno dovuto attendere ancora qualche giorno. | *There are a few things I'd like to do.* Ci sono un paio di cose che vorrei fare. | **few** pochi: *Few of her friends know.* Pochi tra i suoi amici lo sanno. | *The library had very few books on the subject.* La biblioteca aveva pochissimi libri sull'argomento.

2 Altre costruzioni:

quite a few un bel po' di, parecchi: *He's made quite a few friends at his new school.* Si è fatto un bel po' di amici nella nuova scuola. | *Don't eat any more chocolates. You've eaten quite a few already.* Non mangiare più cioccolatini. Ne hai già mangiati parecchi. | **the next few days/months etc** i prossimi giorni/mesi ecc. | **the last few days/months etc** gli ultimi giorni/mesi ecc. | **fewer than** meno di: *Fewer than 20 people came.* Sono venute meno di 20 persone.

fiendish /ˈfiːndɪʃ/ *agg* **1** (complotto, piano) diabolico -a **2 a fiendish question** una domanda trabocchetto

fierce /fɪəs/ *agg* **1** feroce **2 a fierce attack** un attacco violento **3 fierce opposition** opposizione agguerrita | **fierce competition** concorrenza spietata

fifteen /ˌfɪfˈtiːn/ *numero* quindici ▶ vedi Active Box **numbers** sotto **number**

fifteenth /ˌfɪfˈtiːnθ/ *agg* quindicesimo -a ▶ vedi Active Box **numbers** sotto **number**

fifth /fɪfθ/ *aggettivo e sostantivo*
- *agg* **1** quinto -a **2** cinque
- *s* quinto ▶ vedi Active Box **numbers** sotto **number**

fiftieth /ˈfɪftiəθ/ *agg* cinquantesimo -a ▶ vedi Active Box **numbers** sotto **number**

fifty /ˈfɪfti/ *numero e sostantivo plurale*
- *numero* cinquanta
- *s pl* **1 the fifties** gli anni cinquanta **2 to be in your fifties** avere tra 50 e 60 anni ▶ vedi Active Box **numbers** sotto **number**

ˌfifty-ˈfifty *avverbio e aggettivo*
- *avv* a metà | **to go fifty-fifty** fare a metà
- *agg* **a fifty-fifty chance** il cinquanta per cento delle probabilità

fig /fɪg/ *s* **1** (frutto) fico **2** (anche **fig tree**) fico

fight /faɪt/ *verbo e sostantivo*
- *v* (passato e participio **fought**) **1** (in guerra) [intr] combattere (contro), [tr] combattere: *They had fought the Russians at Stalingrad.* Hanno combattuto (contro) i Russi a Stalingrado. | **to fight a war/a battle** combattere una guerra/una battaglia
2 (corpo a corpo) [intr] battersi: *He's **fought** with boys much older than him.* Si è battuto con ragazzi molto più grandi di lui. | *Two men were fighting in the street.* Due uomini se le stavano dando per strada.
3 (nella boxe) [intr] sfidarsi, [tr] sfidare
4 [intr] (verbalmente) litigare | **to fight over/about sth** litigare per qc
5 [intr] (per un obiettivo) lottare: *We must **fight for** our rights.* Dobbiamo lottare per i nostri diritti.
6 [tr] combattere [inflazione, povertà, delinquenza]
fight back **1** passare al contrattacco **2** difendersi
fight sb off respingere qn
- *s* **1** (corpo a corpo) rissa | **to get into a fight** fare a botte | **to pick a fight** cercar rogne
2 (verbale) litigio | **to have a fight with sb** litigare con qn
3 (nella boxe) combattimento
4 (per un scopo) lotta: *the **fight against** crime* la lotta contro il crimine | *the **fight for** justice* la lotta per ottenere giustizia

fighter /ˈfaɪtə/ *s* **1 to be a good fighter** essere un buon lottatore **2** persona agguerrita **3** (anche **fighter plane**) caccia

figure /ˈfɪgə, AmE ˈfɪgjər/ *sostantivo e verbo*
- *s* **1** numero: *The exact figure is not known.* Il numero esatto non è noto. | *the unemployment figures* il numero dei disoccupati **2** cifra: *a six-figure number* un numero di sei cifre **3** (di denaro) cifra | **to put a figure on sth** fare una valutazione esatta di qc **4** (aspetto) corpo: *She has a nice figure.* Ha un bel fisico. **5** personaggio: *disguised as famous historical figures* vestiti come famosi personaggi storici **6** (forma) sagoma
- *v* **1 to figure in sth** figurare in qc: *This item doesn't figure in the price list.* Questo articolo non figura nel listino dei prezzi. | *Marriage doesn't figure in our plans.* Il matrimonio non rientra nei nostri progetti. **2** [tr] pensare: *I figured it was time we left.* Ho pensato che era ora che ce ne andassimo. **3 it/that figures** (informale) è logico
figure sth out capire qc **figure sb out** capire qn: *I can't figure her out.* Non riesco a capirla.

file /faɪl/ *sostantivo e verbo*
- *s* **1** pratica | **to have a file on sb** avere un fascicolo personale su qn **2** (fascicolo) cartella, (con gli anelli) raccoglitore **3** (di computer) file **4** (attrezzo) lima **5 in single file** in fila indiana
- *v* **1** [tr] archiviare: *It's **filed under** "Paraguay".* È archiviato sotto "Paraguay". **2** sfilare davanti a qc: *The mourners filed past the coffin.* La gente al funerale sfilava davanti alla bara. | *When the fire alarm went, we all **filed out of** the classroom.* Quando è suonata la sirena

antincendio, siamo usciti uno dopo l'altro dalla classe. **3** [tr] limare | **to file your nails** limarsi le unghie

fill /fɪl/ *v* **1** [tr] (anche **fill up**) riempire: *Crowds of people filled the streets.* La folla riempiva le strade. | *I* ***filled*** *a bucket* ***with*** *water.* Ho riempito un secchio d'acqua. **2** [intr] (anche **fill up**) riempirsi: *The hall was starting to fill up.* La sala stava incominciando a riempirsi. | **to fill with sth** riempirsi di qc **3** [tr] (anche **fill in**) riempire [buco, crepa]
fill in **to fill in for sb** sostituire qn **fill sth in** compilare qc [modulo] **fill sb in** mettere qn al corrente
fill sth out ▶ vedi **fill sth in**

fillet /ˈfɪlət/ *s* filetto

filling /ˈfɪlɪŋ/ *sostantivo* e *aggettivo*
• *s* **1** otturazione: *I haven't got any fillings* Non ho nessuna otturazione. | **to have a filling** farsi otturare un dente **2** (di sformato) ripieno
• *agg* **to be (very) filling** (cibo) saziare

film /fɪlm/ *sostantivo* e *verbo*
• *s* **1** (al cinema, TV) film **2** (per macchina fotografica) pellicola **3** (di grasso, d'olio) velo **4 film industry** industria cinematografica
• *v* [tr/intr] filmare

ˈfilm-ˌmaker *s* cineasta

ˈfilm star *s* stella del cinema

filter /ˈfɪltə/ *sostantivo* e *verbo*
• *s* filtro
• *v* [tr/intr] filtrare

filthy /ˈfɪlθi/ *agg* (**-thier**, **-thiest**) **1** sudicio -a **2** osceno -a

fin /fɪn/ *s* pinna

final /ˈfaɪnl/ *aggettivo*, *sostantivo* e *sostantivo plurale*
• *agg* **1** ultimo -a: *The final episode is tonight.* Stasera trasmettono l'ultimo episodio. **2** (decisione, risultato) definitivo -a: *Is that your final decision?* È la tua decisione definitiva? | *That's my final offer.* È la mia ultima offerta.
• *s* (nello sport) finale
• **finals** *s pl* BrE esami che si danno alla fine degli studi universitari

finalist /ˈfaɪnl-ɪst/ *s* finalista

finalize, -ise BrE /ˈfaɪnl-aɪz/ *v* [tr] definire

finally /ˈfaɪnl-i/ *avv* **1** alla fine: *They've finally decided to give him the job.* Alla fine hanno deciso di dargli il posto. | *The plane finally took off at 11.30.* Alle 11:30 l'aereo è finalmente partito. **2** infine: *Finally, I would like to thank all my colleagues.* Infine, vorrei ringraziare tutti i miei colleghi.

finance /ˈfaɪnæns/ *sostantivo* e *verbo*
• *s* **1** finanza **2** fondi
• *v* [tr] finanziare

financial /fɪˈnænʃəl/ *agg* finanziario -a

financially /fɪˈnænʃəli/ *avv* dal punto di vista economico

find /faɪnd/ *v* (passato e participio **found**) **1** trovare: *I can't find my keys.* Non trovo le chiavi. | *He found a wallet in the street.* Ha trovato un portafoglio per strada. **2** scoprire: *He found (that) it was more difficult than expected.* Ha scoperto che era più difficile di quanto pensasse. **3 to find sth useful/easy etc** trovare qc utile/facile ecc. | **to find sb attractive/boring etc** trovare qn attraente/noioso ecc. ▶ vedi anche **fault**
find out scoprire | **to find out about sth** **a)** (scoprire) venire a sapere qc **b)** (richiedere informazioni) informarsi su qc **find out sth** **1** scoprire qc **2** informarsi su qc: *I'll find out what time it arrives.* Mi informo io sull'orario d'arrivo. **find sb out** scoprire qn [che sta facendo qualcosa di nascosto]

finding /ˈfaɪndɪŋ/ *sostantivo* e *sostantivo plurale*
• *s* verdetto
• **findings** *s pl* risultati

fine /faɪn/ *aggettivo*, *avverbio*, *sostantivo* e *verbo*
• *agg* **1** viene usato per indicare che chi parla è soddisfatto o è d'accordo con qualcosa: *"How are you?" "Fine, thanks."* – Come stai? – Bene grazie. | *Just a sandwich will be fine.* Un panino andrà bene. | **that's fine by me** (per me) va bene **2** ottimo -a: *a fine performance* un'ottima interpretazione **3** (tempo) bello -a: *If it's fine, we'll go out for a walk.* Se fa bello, andiamo a fare una passeggiata. **4** (capelli, filo, strato) sottile, (pioggia) leggero -a, (sabbia) fine
• *avv* bene: *Tomorrow suits me fine.* Domani mi va bene. | *You're doing fine!* Te la stai cavando bene!
• *s* multa
• *v* [tr] fare una multa a

finely /ˈfaɪnli/ *avv* **to chop/slice sth finely** tagliare qc a pezzetti/fette sottili: *Chop the onion finely.* Tagliate la cipolla a fettine sottili.

finger /ˈfɪŋgə/ *s* **1** dito [della mano]: *I've cut my finger.* Mi sono tagliata il dito. | **index/first finger** indice | **little finger** mignolo | **middle finger** medio | **ring/third finger** anulare **2 not to lift a finger (to help)** non alzare un dito

fingernail /ˈfɪŋgəneɪl/ *s* unghia [delle dita della mano]

fingerprint /ˈfɪŋgəˌprɪnt/ *s* impronta digitale

fingertip /ˈfɪŋgəˌtɪp/ *s* **1** punta del dito **2 to have sth at your fingertips** avere qc a portata di mano

F

finish /ˈfɪnɪʃ/ *verbo e sostantivo*

• *v* (3ª pers sing **-shes**) **1** [tr/intr] finire: *I've finished my homework.* Ho finito i compiti. | *What time does the match finish?* A che ora finisce la partita? | **to finish doing sth** finire di fare qc **2** [tr] finire (di mangiare) qc: *Hurry up and finish your breakfast.* Sbrigati a finire di fare colazione. **3 to finish first/last etc** arrivare primo/ultimo ecc.

finish sth off 1 finire qc: *You can finish it off tomorrow.* Puoi finirlo domani. **2** finire qc: *I finished off the cake.* Ho finito la torta.

finish up BrE finire: *We finished up at Jane's house.* Siamo finiti a casa di Jane.

finish with sth finire: *Have you finished with the scissors?* Hai ancora bisogno delle forbici o hai finito? **finish with sb** BrE chiudere con qn

• *s* (pl **-shes**) fine | **a close finish** una vittoria di stretta misura

finished[1] /ˈfɪnɪʃt/ *agg* **1 finished product** prodotto finito **2 to be finished a)** essere finito **b)** (informale) avere finito: *Hold on, I'm not finished yet.* Aspetta, non ho ancora finito.

finished[2] /ˈfɪnɪʃt/ passato e participio di **finish**

ˈfinishing ˌline *s* traguardo

finite /ˈfaɪnaɪt/ *agg* limitato -a

Finland /ˈfɪnlənd/ *s* Finlandia

Finn /fɪn/ *s* finlandese

Finnish /ˈfɪnɪʃ/ *aggettivo e sostantivo*

• *agg* finlandese

• *s* (lingua) finlandese

fir /fɜː/, anche **ˈfir tree** *s* abete

fire /faɪə/ *sostantivo e verbo*

• *s* **1** (fiamme) fuoco | **to be on fire** essere in fiamme | **to catch fire** prendere fuoco | **to set fire to sth** appiccare il fuoco a qc **2** incendio **3** (falò) fuoco | **to light a fire** accendere il fuoco **4** BrE stufa **5** | **to open fire (on sb)** aprire il fuoco (su qn) | **to come under fire a)** (con armi da fuoco) finire sotto il fuoco nemico **b)** (venire criticati) essere attaccato

• *v* **1** [tr/intr] sparare | **to fire at sb** sparare a qn: *The man started firing at the crowd.* L'uomo cominciò a sparare sulla folla. **2** [tr] licenziare

ˈfire aˌlarm *s* allarme antincendio

firearm /ˈfaɪərɑːm/ *s* arma da fuoco

ˈfire briˌgade *s* BrE pompieri

ˈfire ˌengine *s* autopompa

ˈfire esˌcape *s* scala antincendio

ˈfire exˌtinguisher *s* estintore

firefighter /ˈfaɪəˌfaɪtə/ *s* pompiere

fireman /ˈfaɪəmən/ *s* (pl **-men**) pompiere

fireplace /ˈfaɪəpleɪs/ *s* caminetto

ˈfire ˌstation *s* caserma dei pompieri

firewood /ˈfaɪəwʊd/ *s* legna da ardere

fireworks /ˈfaɪəwɜːks/ *s pl* fuochi d'artificio

firing /ˈfaɪərɪŋ/ *s* spari

ˈfiring squad *s* plotone d'esecuzione

firm /fɜːm/ *aggettivo e sostantivo*

• *agg* **1** (frutta, verdura) sodo -a, (materasso) duro -a **2** (scala) ben fissato -a, (base) solido -a **3 a firm offer/decision etc** un'offerta/una decisione definitiva ecc. **4** (guida) deciso -a | **to be firm with sb** essere severo con qn **5** (stretta di mano) vigoroso -a

• *s* azienda ▶ FALSE FRIEND Non confondere **"firm"** con **firma** che si traduce **signature**.

first /fɜːst/ *aggettivo, avverbio e sostantivo*

• *agg* primo -a: *We were first in the queue.* Eravamo i primi in coda. | *I'll call you first thing in the morning.* Ti chiamo come prima cosa domani mattina. | **first things first** prima le cose più importanti | **at first glance** a prima vista | **in the first place** tanto per cominciare | **(in the) first person** in prima persona

• *avv* **1** prima **2 to come first a)** (in una corsa) arrivare primo **b)** (avere priorità) venire prima **3 first of all a)** (prima di fare altre cose) innanzitutto **b)** (per giustificare qualcosa) tanto per cominciare **4** per la prima volta: *We first met at a party.* Ci siamo incontrati per la prima volta a una festa. **5 at first** all'inizio

• *s* **1** primo -a | **to be the first (to do sth)** (fare qc) per primo **2 the first** (nelle date) primo: *the first of May* il primo di maggio **3 from the first** fin dall'inizio **4** (anche **first gear**) prima

ˌfirst ˈaid *s* **1** primi soccorsi **2 first aid kit** cassetta del pronto soccorso

ˌfirst ˈclass *avverbio e aggettivo*

• *avv* **1 to travel first class** viaggiare in prima **2** ▶ vedi nota sotto **post**

• **first-class** *agg* **1** eccezionale **2 a first-class ticket** un biglietto di prima classe **3** ▶ vedi nota sotto **post**

ˌfirst ˈfloor *s* **1** BrE primo piano **2** AmE pianterreno ▶ vedi nota sotto **floor**

ˌfirst-ˈhand *aggettivo e avverbio*

• *agg* di prima mano

• *avv* in prima persona

firstly /ˈfɜːstli/ *avv* innanzitutto

ˈfirst name *s* nome di battesimo

ˌfirst-ˈrate *agg* di prim'ordine

fish /fɪʃ/ *sostantivo e verbo*

• *s* **1** (pl **fish**) pesce **2** pesce: *Does she eat fish?* Mangia il pesce? | **fish and chips** BrE pesce con patatine fritte

• *v* [intr] pescare | **to go fishing** andare a pesca

fish around rovistare

fish sth out tirar fuori qc

fisherman /ˈfɪʃəmən/ *s* (pl **-men**) pescatore

Si dice *I arrived in London* o *I arrived to London*? Vedi alla voce **arrive**.

fishing /ˈfɪʃɪŋ/ *s* pesca

ˈfishing boat *s* peschereccio

ˈfishing rod, anche **ˈfishing pole** AmE *s* canna da pesca

fishmonger /ˈfɪʃmʌŋgə/ *s* BrE **1** pescivendolo **2 fishmonger's** pescheria

fishy /ˈfɪʃi/ *agg* (**fishier**, **fishiest**) **1** (informale) losco -a **2 a fishy smell/taste** un odore/sapore di pesce

fist /fɪst/ *s* pugno

fit /fɪt/ *verbo, aggettivo* e *sostantivo*

• *v* (passato e participio **fitted** o **fit** AmE, gerundio **fitting**) **1** [tr/intr] (essere della misura giusta) andare: *Do the trousers fit?* Vanno bene i pantaloni? | *The dress fitted her perfectly.* L'abito le andava alle perfezione. **2** [intr] starci, [tr] fare stare: *Will we all fit in your car?* Ci stiamo tutti nella tua macchina? | **to fit sth into sth** far stare qc in qc: *I couldn't fit everything into one suitcase.* Non sono riuscita a far stare tutto in una valigia sola.
3 [tr] montare [finestra, cucina, serratura], mettere [moquette]
4 to fit (sth) together unire (qc)
5 to be fitted with sth essere dotato di qc
6 [tr] corrispondere a [descrizione]
fit in 1 integrarsi: *I never really felt I fitted in.* Non mi sono mai sentito realmente integrato. **2 to fit in with sb's plans** addattarsi ai piani di qn

• *agg* (**fitter**, **fittest**) **1** adatto -a | **to be fit to do sth a)** essere adatto per fare qc: *He's not fit to be the team captain.* Non è adatto per fare il capitano della squadra. **b)** non essere in grado di fare qc: *He wasn't fit to drive.* Non era in grado di guidare. | **to be fit to eat/drink** essere mangiabile/bevibile
2 in forma | **to keep fit** tenersi in forma

• *s* **1 to have/throw a fit** (informale) arrabbiarsi come una bestia
2 attacco [di nervi, di tosse] | **to be in fits of laughter** piegarsi in due dalle risate
3 attacco [epilettico]
4 to be a good/tight fit andare bene/stretto

fitness /ˈfɪtnəs/ *s* **1** (salute) forma **2** (capacità) idoneità

fitted /ˈfɪtɪd/ *agg* BrE **fitted kitchen** cucina componibile | **fitted carpet(s)** moquette

fitting /ˈfɪtɪŋ/ *sostantivo plurale* e *aggettivo*

• **fittings** *s pl* accessori

• *agg* appropriato -a

five /faɪv/ *numero* cinque ▶ vedi Active Box **numbers** sotto **number**

ˌfive-a-ˈside, anche **ˌfive-a-side ˈfootball** *s* BrE calcetto

fiver /ˈfaɪvə/ *s* BrE (informale) cinque sterline

fix /fɪks/ *verbo* e *sostantivo*

• *v* [tr] (3ª pers sing **fixes**) **1** aggiustare: *Can you fix my bike for me?* Mi potrebbe aggiustare la bicicletta? **2** fissare [appuntamento] **3 to fix sth to/onto sth** fissare qc a qc **4** (informale) preparare [cibo, bevanda] **5 to fix the elections** manipolare i risultati elettorali | **to fix a match** truccare un incontro
fix sth up 1 organizzare qc [incontro, viaggio] **2** sistemare qc [casa, appartamento] **fix sb up** (informale) **1 to fix sb up with sth** trovare qc a qn **2 fix sb up with sb** far mettere qn con qn

• *s* (pl **fixes**) (informale) **1 to be in a fix** essere nei guai **2** (di droga, cioccolato) dose **3 a quick fix** una soluzione affrettata

fixed /fɪkst/ *agg* (data, oggetto) fissato -a, (idea) preconcetto -a

fixture /ˈfɪkstʃə/ *s* **1** dotazioni fisse di una casa, come i sanitari e a volte i mobili della cucina **2** BrE incontro

fizz /fɪz/ *verbo* e *sostantivo*

• *v* [intr] fare le bollicine

• *s* effervescenza

fizzy /ˈfɪzi/ *agg* (**-zzier**, **-zziest**) gasato -a

flabby /ˈflæbi/ *agg* (**-bbier**, **-bbiest**) flaccido -a

flag /flæg/ *sostantivo* e *verbo*

• *s* bandiera

• *v* [intr] (**flagged**, **flagging**) (conversazione) calare di tono, (persona) stancarsi

flair /fleə/ *s* **to have a flair for sth** essere portato per qc

flake /fleɪk/ *sostantivo* e *verbo*

• *s* (di neve) fiocco, (di pelle) squama

• *v* [intr] (anche **flake off/away**) (vernice) scrostarsi, (stucco) staccarsi

flamboyant /flæmˈbɔɪənt/ *agg* **1** (persona, comportamento) che non passa inosservato **2** (abito) appariscente

flame /fleɪm/ *s* fiamma | **to burst into flames** prendere fuoco

flamingo /fləˈmɪŋgəʊ/ *s* fenicottero

flammable /ˈflæməbəl/ *agg* infiammabile

flan /flæn/ *s* sformato [dolce o salato]

flank /flæŋk/ *sostantivo* e *verbo*

• *s* **1** (di animale) fianco **2** (di esercito) fianco

• *v* [tr] affiancare

flannel /ˈflænl/ *s* **1** (tessuto) flanella **2** BrE manopola [per lavarsi il viso]

flap /flæp/ *sostantivo* e *verbo*

• *s* **1** (di borsa) aletta, (di tasca) patta **2** (di busta) linguetta **3** (di tavolo) ribalta **4** (di tenda) lembo

• *v* (**flapped**, **flapping**) **1** [tr] sbattere [ali] **2** [intr] (tende, vele) sbattere

flare /fleə/ *verbo* e *sostantivo*

• *v* [intr] **1** accendersi **2** (violenza) scatenarsi

F

flare up 1 (infezione, eczema) ricomparire 2 (violenza) scatenarsi
• *s* razzo di segnalazione

flared /fleəd/ *agg* **flared trousers** pantaloni a zampa d'elefante | **a flared skirt** una gonna scampanata

flash /flæʃ/ *verbo e sostantivo*
• *v* (3ª pers sing **flashes**) 1 [intr] lampeggiare | **to flash on and off** lampeggiare 2 [tr] accendere 3 **to flash by/past a)** (treno, paesaggio) passare velocemente **b)** (tempo) volare 4 [intr] apparire all'improvviso: *An image flashed up on the screen.* Un'immagine apparve all'improvviso sullo schermo.
• *s* (pl **flashes**) 1 luce intensa | **a flash of lightning** un lampo 2 (di macchina fotografica) flash 3 **in a flash** in un attimo: *I'll be back in a flash.* Torno tra un attimo.

flashy /ˈflæʃi/ *agg* (**-shier**, **-shiest**) sgargiante

flask /flɑːsk/ *s* 1 thermos 2 fiaschetta

flat /flæt/ *aggettivo, sostantivo e avverbio*
• *agg* (**flatter**, **flattest**) 1 (superficie) piano -a, (fondo) piatto -a, (paesaggio, radura) pianeggiante 2 (gomma) a terra 3 BrE (batteria) scarico -a 4 (bibita gasata) sgasato -a 5 **E flat/B flat etc** mi/si ecc. bemolle 6 (prezzo, tariffa) fisso -a 7 (scarpe, tacchi) basso -a
• *s* 1 BrE appartamento: *a block of flats* un palazzo 2 AmE gomma a terra
• *avv* 1 **to lie flat a)** distendersi **b)** essere disteso 2 **in ten seconds/two minutes flat** (informale) in esattamente dieci secondi/due minuti 3 **flat out** (informale) (lavorare) senza tregua 4 **to fall flat a)** (piano) fallire **b)** (battuta, scherzo) non venire capito 5 (cantare, suonare) con un tono più basso del dovuto

flatly /ˈflætli/ *avv* (rifiutarsi) con risolutezza

flatmate /ˈflætmeɪt/ *s* BrE persona con cui si divide un appartamento

flatten /ˈflætn/ *v* [tr] 1 appiattire 2 radere al suolo
flatten out (strada, terreno) diventare pianeggiante

flatter /ˈflætə/ *v* [tr] 1 lusingare: *I was flattered by her interest.* Il suo interesse mi lusingava. 2 **to flatter sb** (abiti, colori) donare a qn: *That dress doesn't exactly flatter her.* Non si può dire che questo vestito le doni. | **Don't flatter yourself!** Non farti illusioni!

flattering /ˈflætərɪŋ/ *agg* (abito, colore, pettinatura) che dona

flattery /ˈflætəri/ *s* adulazione

flaunt /flɔːnt/ *v* [tr] ostentare

flavour BrE, **flavor** AmE /ˈfleɪvə/ *sostantivo e verbo*
• *s* 1 gusto: *Which flavour do you want?* Che gusto vuoi? 2 sapore: *The meat didn't have much flavour.* La carne non era molto saporita.
• *v* [tr] insaporire

flavouring BrE, **flavoring** AmE /ˈfleɪvərɪŋ/ *s* aroma

flaw /flɔː/ *s* difetto

flawed /flɔːd/ *agg* **to be flawed** avere dei difetti

flawless /ˈflɔːləs/ *agg* perfetto -a

flea /fliː/ *s* pulce

fled /fled/ passato e participio di **flee**

flee /fliː/ *v* (passato e participio **fled**) 1 [intr] fuggire 2 [tr] scappare da

fleece /fliːs/ *s* 1 (tessuto artificiale) pile 2 (di pecora) vello

fleet /fliːt/ *s* (di navi) flotta | **car fleet** parco macchine

flesh /fleʃ/ *s* 1 (di persona, animale) carne 2 (di frutto) polpa 3 **in the flesh** in carne ed ossa

flew /fluː/ passato di **fly**

flex /fleks/ *verbo e sostantivo*
• *v* [tr] (3ª pers sing **flexes**) flettere
• *s* (pl **flexes**) BrE (cavo) flessibile

flexible /ˈfleksəbəl/ *agg* flessibile

flick /flɪk/ *verbo e sostantivo*
• *v* 1 [tr] rimuovere o lanciare colpendo con un rapido movimento delle dita (specialmente dell'indice contro il pollice): *They were flicking balls of paper **at** each other.* Si stavano lanciando palline di carta. 2 [tr] premere [un interruttore]
flick through sth sfogliare qc [giornale, rivista]
• *s* 1 movimento rapido e improvviso: *a flick of the wrist* un movimento del polso 2 **at the flick of a switch** premendo un interruttore

flicker /ˈflɪkə/ *verbo e sostantivo*
• *v* [intr] tremolare
• *s* luce tremolante

flier ► vedi **flyer**

flight /flaɪt/ *s* 1 volo | **in flight** in volo 2 (di scale) rampa 3 (da situazione pericolosa) fuga

ˈflight atˌtendant *s* assistente di volo

flimsy /ˈflɪmzi/ *agg* (**-sier**, **-siest**) 1 (abiti) leggero -a 2 (mobile) traballante, (parete) sottile 3 (scusa, spiegazione) poco credibile, (prova) insufficiente

flinch /flɪntʃ/ *v* [intr] (3ª pers sing **flinches**) 1 sussultare [per la paura] 2 **to flinch from sth** tirarsi indietro di fronte a qc

fling /flɪŋ/ *verbo e sostantivo*
• *v* [tr] (passato e participio **flung**) 1 gettare: *He flung his coat down on a chair.* Ha gettato il cappotto su una sedia. | *She flung her arms round his neck.* Gli ha gettato le braccia al collo. 2 **to fling sth open** spalancare qc [porta, finestra]
• *s* avventura [sentimentale]

Vuoi informazioni sulla differenza tra gli **articoli** in inglese e in italiano? Leggi le spiegazioni nella guida grammaticale.

flint /flɪnt/ *s* **1** selce **2** pietra focaia

flip /flɪp/ *v* (**flipped**, **flipping**) **1** [tr] girare rapidamente [pagine], aprire rapidamente [coperchio] **2 to flip over** rovesciarsi | **to flip sth over** girare qc con un colpo **3 to flip a coin** lanciare in aria una monetina

'flip-flop *s* BrE infradito

flippant /'flɪpənt/ *agg* superficiale

flipper /'flɪpə/ *s* pinna

flirt /flɜːt/ *verbo e sostantivo*
- *v* [intr] flirtare
- *s* persona a cui piace flirtare

float /fləʊt/ *verbo e sostantivo*
- *v* **1** [intr] galleggiare: *There's something floating on the water.* C'è qualcosa che galleggia sull'acqua. | *They floated down the river.* Discesero il fiume. | *Tom was floating on his back.* Tom faceva il morto. **2** [tr] far galleggiare **3** [tr] ventilare [un'idea]
- *s* **1** carro (carnevalesco) **2** (da pesca) galleggiante **3** BrE (per nuotare) tavoletta salvagente

flock /flɒk/ *sostantivo e verbo*
- *s* **1** (di pecore) gregge **2** (di uccelli) stormo **3** (di gente) frotta
- *v* [intr] accorrere a frotte: *People flocked to see the show.* Le gente è accorsa a frotte per vedere lo spettacolo.

flog /flɒg/ *v* [tr] (**flogged**, **flogging**) **1** frustare **2** BrE (informale) vendere

flood /flʌd/ *verbo e sostantivo*
- *v* **1** [intr] allagarsi **2** [tr] allagare **3** [intr] (fiume) straripare **4** [intr] andare o venire in gran numero: *People flooded into the city.* La gente ha invaso la città.
- *s* **1** alluvione **2 a flood of complaints** un'infinità di lamentele **3 to be in floods of tears** piangere a dirotto

flooding /'flʌdɪŋ/ *s* alluvione

floodlight /'flʌdlaɪt/ *s* riflettore

floodlit /'flʌdlɪt/ *agg* illuminato -a a giorno

floor /flɔː/ *sostantivo e verbo*
- *s* **1** (di stanza) pavimento | **on the floor** sul pavimento **2** (di edificio) piano: *We live on the third floor.* Abitiamo al terzo piano. ▶ vedi nota sotto
- *v* [tr] **1** stendere [avversario] **2** confondere

> **First/second etc floor**
>
> In inglese britannico il pianterreno è **ground floor**, il primo piano è **first floor** ecc.
>
> In inglese americano il pianterreno è **first floor**. Di conseguenza, quello che per noi è il primo piano, è il **second floor** ecc.

floorboard /'flɔːbɔːd/ *s* asse del pavimento

flop /flɒp/ *verbo e sostantivo*
- *v* [intr] (**flopped**, **flopping**) **1 to flop onto sth** lasciarsi cadere su qc **2** (informale) (film, spettacolo) essere un fiasco
- *s* (informale) fiasco

floppy /'flɒpi/ *aggettivo e sostantivo*
- *agg* (**-ppier**, **-ppiest**) floscio
- *s* (pl **-ppies**) floppy

,floppy 'disk *s* floppy (disk)

floral /'flɔːrəl/ *agg* (disegno) floreale, (tappeto) a disegni floreali, (mostra) di fiori

florist /'flɒrɪst/ *s* **1** fiorista **2 florist's** BrE fiorista

flounder /'flaʊndə/ *v* [intr] **1** (essere indeciso) dibattersi tra i dubbi **2** (per restare a galla) annaspare

flour /flaʊə/ *s* farina

flourish /'flʌrɪʃ/ *v* (3ª pers sing **-shes**) **1** [intr] (pianta) crescere rigoglioso, (bambini) crescere bene **2** [intr] (economia, commercio) fiorire **3** [tr] sventolare

flow /fləʊ/ *sostantivo e verbo*
- *s* **1** flusso **2 the flow of traffic** il flusso del traffico **3 to go with the flow** (informale) seguire la corrente
- *v* [intr] **1** (liquido) scorrere: *The blood flows down a plastic tube.* Il sangue scorre lungo un tubo di plastica. | *The river flows into the lake.* Il fiume si riversa nel lago. **2** (traffico) scorrere **3** (parole) uscire spontaneo

flower /'flaʊə/ *sostantivo e verbo*
- *s* fiore
- *v* [intr] fiorire

'flower ,bed *s* aiuola

flowerpot /'flaʊəpɒt/ *s* vaso da fiori

flown /fləʊn/ participio di **fly**

flu /fluː/ *s* influenza

fluctuate /'flʌktʃueɪt/ *v* [intr] oscillare

fluency /'fluːənsi/ *s* scioltezza

fluent /'fluːənt/ *agg* **to be fluent in Chinese/German etc** parlare il cinese/il tedesco ecc. correntemente

fluff /flʌf/ *s* lanugine

fluffy /'flʌfi/ *agg* (**-ffier**, **-ffiest**) **1** (animale) soffice e peloso -a **2** (asciugamano) soffice **3** (pasta, torta) soffice

fluid /'fluːɪd/ *sostantivo e aggettivo*
- *s* (formale) liquido
- *agg* **1** (programmi) vago -a **2** (situazione) incerto -a **3** (movimento) flessuoso -a

fluke /fluːk/ *s* botta di fortuna

flung /flʌŋ/ passato e participio di **fling**

fluorescent /fluə'resənt/ *agg* **1** (lampada) al neon **2** (colore) fosforescente

fluoride /'fluəraɪd/ *s* fluoro

flurry /'flʌri/ *s* (pl **-rries**) **1 a flurry of activity** un intensificarsi delle attività **2** mulinello [di neve]

flush /flʌʃ/ *verbo e sostantivo*
• *v* (3ª pers sing **flushes**) **1 to flush the toilet** tirare l'acqua (del gabinetto) | **to flush sth down the toilet** gettare qc nel water e tirare l'acqua **2** [intr] arrossire | **to flush with embarrassment** arrossire per l'imbarazzo
• *s* rossore

flustered /ˈflʌstəd/ *agg* agitato -a

flute /fluːt/ *s* flauto

flutter /ˈflʌtə/ *verbo e sostantivo*
• *v* [intr] **1** (bandiera) sventolare **2** (insetto, farfalla) svolazzare, (uccello) battere le ali **3** (cuore) battere
• *s* (di ali) battito

F

fly /flaɪ/ *verbo e sostantivo*
• *v* (3a pers sing **flies**, passato **flew**, participio **flown**) **1** [intr] (persona) andare in aereo: *We **flew from** Rome **to** London.* Siamo andati da Roma a Londra in aereo. | *A lot of people don't like flying.* A molta gente non piace volare. | **to fly in/out/back** arrivare/partire/tornare [in aereo]: *When do you fly out?* A che ora partite? **2** [intr] (uccello, insetto) volare | **to fly away/off** volar via **3** [intr] volare, [tr] pilotare [un aereo]: *Jason's learning to fly.* Jason sta imparando a volare. **4** [tr] trasportare con un velivolo: *He was flown to London by helicopter.* Lo hanno portato a Londra in elicottero. **5** [intr] muoversi rapidamente: *She flew down the stairs.* Si è precipitata giù per le scele. | **to fly open** (porta) spalancarsi **6** [intr] (tempo) volare **7** [tr] battere [bandiera] **8** [tr] far volare [aquilone] **9** [intr] (bandiera) sventolare: *The flag of the European Union flies above the building.* La bandiera dell'Unione Europeo sventola sopra l'edificio.
• *s* (pl **flies**) **1** mosca **2** (anche **flies** BrE) patta (dei pantaloni)

flyer, anche **flier** /ˈflaɪə/ *s* **1** volantino **2** pilota

flying /ˈflaɪ-ɪŋ/ *sostantivo e aggettivo*
• *s* **1** volo: *an interest in flying* interesse per il volo **2** volare: *fear of flying* paura di volare
• *agg* **1** volante: *flying insects* insetti volanti **2** (oggetto) in aria: *He was killed by flying debris in the explosion.* Fu colpito e ucciso dai detriti scagliati in aria dall'esplosione.

ˌflying ˈsaucer *s* disco volante

flyover /ˈflaɪ-əʊvə/ *s* BrE cavalcavia ► In inglese americano, si usa **overpass**.

foam /fəʊm/ *sostantivo e verbo*
• *s* **1** schiuma **2** (anche **foam rubber**) gommapiuma®
• *v* [intr] fare la schiuma

focus /ˈfəʊkəs/ *verbo e sostantivo*
• *v* (3ª pers sing **-ses**) **1 to focus on sth** concentrare l'attenzione su qc **2** [tr/intr] mettere a fuoco **3 to focus (your eyes) on sth** mettere a fuoco qc [con gli occhi]
• *s* **1** *The focus is on ways of reducing pollution.* I modi per ridurre l'inquinamento sono al centro dell'attenzione. **2 in focus** a fuoco | **out of focus** sfuocato -a

fodder /ˈfɒdə/ *s* foraggio

foetus BrE, **fetus** AmE /ˈfiːtəs/ *s* (pl **-ses**) feto

fog /fɒg/ *s* nebbia

foggy /ˈfɒgi/ *agg* (**-ggier**, **-ggiest**) **1** (tempo) nebbioso -a, (giornata) di nebbia: *a damp and foggy morning* un mattino umido e nebbioso | *It was foggy.* C'era la nebbia. **2 I haven't got the foggiest (idea)** (informale) non ne ho la più pallida idea

foil /fɔɪl/ *sostantivo e verbo*
• *s* (anche **tinfoil**) carta stagnola
• *v* [tr] (formale) sventare [piano]

fold /fəʊld/ *verbo e sostantivo*
• *v* **1** [tr] piegare [stoffa, carta] | **to fold sth in half/in two** piegare qc a metà/in due **2** (anche **fold up**) [tr] chiudere, [intr] chiudersi | **a folding chair/table etc** una sedia/un tavolo ecc. pieghevole **3 to fold your arms** incrociare le braccia **4** [intr] (azienda) chiudere i battenti: *The restaurant folded after only one year.* Il ristorante ha chiuso i battenti dopo solo un anno. | *The show folded after a week.* Le rappresentazioni sono state interrotte dopo una settimana.
• *s* piega

folder /ˈfəʊldə/ *s* **1** (per documenti) cartellina **2** (in un computer) cartella

foliage /ˈfəʊli-ɪdʒ/ *s* fogliame

folk /fəʊk/ *aggettivo, sostantivo e sostantivo plurale*
• *agg* folk | **folk music** musica folk
• *s* gente: *city folk* la gente che abita in città
• **folks** *s pl* (informale) **1** ragazzi: *That's all folks.* È tutto, ragazzi. **2 my/your/etc folks** la mia/tua/ecc. famiglia

follow /ˈfɒləʊ/ *v* **1** [tr/intr] seguire: *Follow that car!* Segua quell'auto! | *Did you follow the instructions?* Hai seguito le istruzioni? | **to follow sb's advice** dare ascolto ai consigli di qn **2** [tr/intr] seguire: *in the weeks that followed* nelle settimane che seguirono | *The film will be followed by a short talk by the director.* Al film seguirà un incontro col regista. **3 as follows a)** (per dare una spiegazione) come segue: *Proceed as follows.* Procedere come segue. **b)** (per introdurre qualcosa) *The winning numbers are as follows – 15, 42, 26.* I numeri vincenti sono i seguenti – 15, 42, 26. **4** [tr/intr] seguire [un ragionamento]
follow sb around seguire qn passo passo
follow sth through portare a termine qc [progetto]
follow sth up 1 dar seguito a qc

[lamentela], seguire qc [consiglio] **2** completare qc [lezione, serie], dar seguito a [successo]

follower /ˈfɒləʊə/ *s* seguace

following /ˈfɒləʊɪŋ/ *aggettivo, sostantivo* e *preposizione*

- *agg* **the following morning/night** la mattina/la notte seguente
- *s* **1** (ammiratori) seguito **2 the following** quanto segue
- *prep* in seguito a: *Following the success of her first movie, she moved to Hollywood.* In seguito al successo del suo primo film, si è trasferita a Hollywood.

ˈfollow-up *s* (di libro, film) seguito

fond /fɒnd/ *agg* **1 to be fond of sb** voler bene a qn **2 I'm/she's fond of sth** a me/a lei piace qc: *I'm not too fond of seafood.* Non mi piacciono tanto i frutti di mare. | *He's very fond of criticising other people.* Non fa altro che criticare gli altri. **3 a fond look/smile** un sguardo/sorriso affettuoso **4 to have fond memories of sth/sb** avere dei bei ricordi di qc/qn

fondle /ˈfɒndl/ *v* [tr] accarezzare

food /fuːd/ *s* **1** cibo: *fatty foods* cibi grassi | *Chinese/Italian food* la cucina cinese/italiana | *There isn't enough food.* Non c'è abbastanza da mangiare. ▶ vedi anche **fast food** **2 to give sb food for thought** far riflettere qn

ˈfood ˌpoisoning *s* intossicazione alimentare

ˈfood ˌprocessor *s* robot da cucina

fool /fuːl/ *sostantivo* e *verbo*

- *s* **1** scemo -a: *You fool!* Scemo! **2 to make a fool of yourself** rendersi ridicolo **3 to make a fool (out) of somebody** far fare la parte del fesso a qn
- *v* [tr] prendere in giro

fool around **1** fare gli scemi **2 to fool around with sth** toccare qc: *Never fool around with cables.* Mai toccare i cavi.

foolish /ˈfuːlɪʃ/ *agg* stupido -a: *It was a foolish thing to do.* È stato stupido fare una cosa del genere.

foolproof /ˈfuːlpruːf/ *agg* sicuro -a al cento per cento

foot /fʊt/ *s* **1** (pl **feet**) piede: *We set off on foot.* Ci siamo incamminati a piedi. **2 at the foot of the mountain/bed** ai piedi della montagna/del letto **3** (pl **feet** o **foot**) piede [30,48 cm]: *John is six feet tall.* John è alto un metro e ottanta. ▶ vedi nota sotto **4 to be on your feet** stare in piedi | **to rise to your feet** alzarsi in piedi: *The audience rose to their feet.* Il pubblico si alzò in piedi. **5 to put your feet up** rilassarsi **6 to put your foot down** imporsi **7 to put your foot in it** (informale) fare una gaffe **8 to get cold feet** aver paura

> **five, six etc feet**
>
> In inglese la statura delle persone e l'altezza delle cose viene data in piedi (**feet**) e pollici (**inches**).
>
> **5ft 7** (cinque piedi e sette pollici) equivale a 1,70m, **6ft** (sei piedi) equivale a 1,82m, ecc.

football /ˈfʊtbɔːl/ *s* **1** calcio: *a game of football* una partita di pallone **2** AmE ▶ Negli Stati Uniti **football** si usa per parlare del football americano. Quando si riferiscono al nostro calcio gli americani dicono **soccer** **3** pallone

footballer /ˈfʊtbɔːlə/ *s* BrE calciatore

footing /ˈfʊtɪŋ/ *s* **to lose/miss your footing** perdere l'equilibrio

footnote /ˈfʊtnəʊt/ *s* nota a piè di pagina

footpath /ˈfʊtpɑːθ/ *s* sentiero

footprint /ˈfʊtˌprɪnt/ *s* orma

footstep /ˈfʊtstep/ *s* **1** passo [rumore]: *I heard footsteps.* Ho sentito dei passi. **2 to follow in sb's footsteps** seguire le orme di qn

footprint

footwear /ˈfʊtweə/ *s* calzature

for /fə, tonico fɔː/ *prep* ▶ vedi riquadro

forbade /fəˈbæd/ passato di **forbid**

forbid /fəˈbɪd/ *v* [tr] (passato **forbade**, participio **forbidden**) **1** (formale) vietare: *Alcohol is forbidden.* È vietato bere alcolici. | **to forbid sb from doing sth** proibire a qn di fare qc: *Her family forbade her from seeing him.* La famiglia le ha proibito di vederlo. **2 God/Heaven forbid!** Dio ce ne scampi!

forbidden /fəˈbɪdn/ participio di **forbid**

forbidding /fəˈbɪdɪŋ/ *agg* (persona) arcigno -a, (tono) imperioso -a, (montagna, foresta) minaccioso -a

force /fɔːs/ *sostantivo* e *verbo*

- *s* **1** (violenza) forza | **by force** con la forza **2** (persona, fenomeno) *a force for change* una forza innovatrice | *He is no longer the force he once was.* Non ha più il potere che aveva una volta. | **the forces of nature** le forze della natura **3** (gruppo di gente) forza: *the security forces* le forze di polizia **4 to join forces (to do sth)** unire le forze (per fare qc) **5 to be in force/to come into force** essere/entrare in vigore
- *v* [tr] **1** costringere | **to force sb to do sth** costringere qn a fare qc: *They've been forced to leave home.* Sono stati costretti ad

F

for *preposizione*

1 INDICA SCOPO, INTENZIONE (= per)

I've got a present for Dave. Ho un regalo per Dave. | *What's this gadget for?* A cosa serve quest'aggeggio? | *Is this the train for New York?* Va a New York questo treno? | *He plays for Liverpool.* Gioca nel Liverpool. | *We need to be at the cinema for eight.* Dobbiamo essere al cinema per le otto.

2 INDICA AIUTO

Let me carry that for you. Lascia che te lo porti io. | *What can I do for you?* Desidera?

3 INDICA CAUSA (= per)

She won a prize for her poem. Ha vinto un premio per la sua poesia. | *I was told off for arriving late.* Mi hanno sgridato perché sono arrivato in ritardo.

4 IN FRASI TEMPORALI

I've known Chris for years. Conosco Chris da anni. | *Bake the cake for 40 minutes.* Fate cuocere la torta nel forno per 40 minuti. | *I'm going away for ten days.* Sto via dieci giorni.

Qual è la differenza tra **for** e **since**? **For** si usa per indicare la durata di un'azione; **since** per indicare il punto di inizio di un'azione (una data o un momento nel passato):

I've been here for half an hour. Sono qui da mezz'ora. | *I've been here since five o'clock.* Sono qui dalle cinque.

5 USATO CON L'INFINITO

We are waiting for Joe to arrive. Stiamo aspettando che arrivi Joe.

6 INDICA UNA QUANTITÀ

a cheque for £100 un assegno da 100 sterline | *We walked for miles.* Abbiamo camminato per miglia.

7 INDICA FESTE, OCCASIONI

What are you doing for Christmas? Cosa fai a Natale?

8 INDICA UN SIGNIFICATO

M for monkey M come Milano | *What's the Italian for "oil"?* Come si dice "oil" in italiano?

9 ESPRESSIONI

to be for sth essere favorevole a qc [monarchia, riforme]: *Who's for eating out tonight?* Chi vuole mangiare fuori stasera? | **to be (in) for it** BrE (informale) essere rovinato: *You'll be for it if they find out.* Sei rovinato se scoprono la cosa.

10 **For**, in combinazione con alcuni verbi, forma vari **phrasal verbs** come **call for, go for**, ecc. I **phrasal verbs** sono trattati sotto il verbo corrispondente.

abbandonare le proprie case. **2** forzare [porta, serratura]: *The lock had been forced.* La serratura era stata forzata. | *They **forced** their **way** into the building.* Sono entrati nell'edificio forzando la porta/la finestra.

force sth on sb imporre qc a qn

forced /fɔːst/ *agg* **1** (sorriso) forzato -a **2** (marcia) forzato -a, (rimpatrio) coatto -a, (atterraggio) di fortuna

forceful /ˈfɔːsfəl/ *agg* **1** (carattere, personalità) forte **2** (argomento) convincente

forcibly /ˈfɔːsəbli/ *avv* con la forza

fore /fɔː/ *s* **to come to the fore a)** (problema, tematica) diventare d'attualità **b)** (persona) diventare famoso

forearm /ˈfɔːrɑːm/ *s* avambraccio

forecast /ˈfɔːkɑːst/ *sostantivo* e *verbo*

• *s* previsione

• *v* [tr] (passato e participio **forecast** o **forecasted**) prevedere

forefinger /ˈfɔːˌfɪŋgə/ *s* (dito) indice

forefront /ˈfɔːfrʌnt/ *s* **to be at the forefront of sth a)** essere in prima linea in qc [in una campagna politica] **b)** essere all'avanguardia in qc [nella ricerca scientifica]

foregone conclusion /ˌfɔːgɒn kənˈkluːʒən/ *s* **to be a foregone conclusion** essere una conclusione scontata

foreground /ˈfɔːgraʊnd/ *s* (di foto) primo piano

forehead /ˈfɒrəd/ *s* (parte della testa) fronte

foreign /ˈfɒrɪn/ *agg* **1** (studente, paese) straniero -a: *foreign languages* lingue straniere | *foreign holidays* vacanze all'estero **2** (politica) estero -a: *the French Foreign Ministry* il ministero degli esteri francese

foreigner /ˈfɒrɪnə/ *s* straniero -a

foreman /ˈfɔːmən/ *s* (pl **-men**) caposquadra

foremost /ˈfɔːməʊst/ *agg* maggiore: *one of Italy's foremost writers* uno dei maggiori scrittori italiani

forerunner /ˈfɔːˌrʌnə/ *s* (persona) precursore, precorritrice, (veicolo, prodotto) antenato -a

foresaw /fɔːˈsɔː/ passato di **foresee**

foresee /fɔːˈsiː/ *v* [tr] (passato **foresaw**, participio **foreseen**) prevedere

foreseeable /fɔːˈsiːəbəl/ *agg* **1** prevedibile **2** **for/in the foreseeable future** in un prossimo futuro

foreseen /fɔːˈsiːn/ participio di **foresee**

foresight /ˈfɔːsaɪt/ *s* lungimiranza

forest /ˈfɒrɪst/ *s* foresta

foretell /fɔːˈtel/ *v* [tr] (passato e participio **foretold**) (formale) predire

foretold /fɔːˈtəʊld/ passato e participio di **foretell**

Vuoi informazioni sulla differenza tra gli **aggettivi possessivi** in inglese e in italiano? Vedi la **guida grammaticale**.

forever /fər'evə/ *avv* **1** per sempre **2** in continuazione: *I'm forever telling him that.* Glielo dico in continuazione. **3 to last forever** durare un'eternità | **to take forever** *It took forever to get home.* Ci è voluta un'eternità per arrivare a casa.

foreword /'fɔːwɜːd/ *s* prefazione

forfeit /'fɔːfɪt/ *v* [tr] perdere [diritto]

forgave /fə'geɪv/ passato di **forgive**

forge /fɔːdʒ/ *verbo e sostantivo*
- *v* [tr] **1** falsificare | **a forged passport** un passaporto falso | **a forged banknote** una banconota falsa **2** stringere [vincolo, alleanza]

forge ahead fare passi da gigante
- *s* fucina

forgery /'fɔːdʒəri/ *s* (pl **-ries**) **1** (oggetto) falso **2** (reato) falsificazione

forget /fə'get/ *v* (passato **forgot**, participio **forgotten**) **1** [tr] dimenticare, dimenticarsi di, [intr] dimenticarsi: *He never forgets my birthday.* Non si dimentica mai del mio compleanno. | *I completely forgot.* Me ne sono completamente dimenticato. | **to forget to do sth** dimenticarsi di fare qc | **to forget how to cook/drive etc** dimenticarsi come si fa a cucinare/guidare ecc. **2** [tr] dimenticare: *I'll never forget him.* Non lo dimenticherò mai. **3 to forget about sth/sb** dimenticarsi di qc/qn: *I'd forgotten all about it.* Me ne ero completamente dimenticato. **4 forget it a)** (per dire che qualcosa non è importante) non fa niente **b)** (per dire di no con enfasi) scordatelo

forgetful /fə'getfəl/ *agg* (persona) smemorato -a

forgive /fə'gɪv/ *v* [tr/intr] (passato **forgave**, participio **forgiven**) perdonare: *Please forgive me.* Ti prego perdonami. | *I'd never forgive myself if anything happened to them.* Se succedesse loro qualcosa non me lo perdonerei mai. | **to forgive sb for doing sth** perdonare qn per aver fatto qc

forgiven /fə'gɪvən/ participio di **forgive**

forgiveness /fə'gɪvnəs/ *s* perdono

forgiving /fə'gɪvɪŋ/ *agg* comprensivo -a

forgot /fə'gɒt/ passato di **forget**

forgotten /fə'gɒtn/ participio di **forget**

fork /fɔːk/ *sostantivo e verbo*
- *s* **1** forchetta **2** forcone **3** biforcazione
- *v* [intr] biforcarsi

fork out (informale) **to fork out for sth** sborsare per qc **fork out sth** (informale) **to fork out £50** sborsare 50 sterline

forlorn /fə'lɔːn/ *agg* **1** (persona) sconsolato -a **2** (luogo) desolato -a

form /fɔːm/ *sostantivo e verbo*
- *s* **1** (tipo) forma: *She dislikes any form of exercise.* Odia qualsiasi forma d'esercizio fisico. **2** modulo | **to fill in a form** riempire un modulo **3** (figura) forma: *a wreath of flowers* ***in the form of*** *a heart* una ghirlanda di fiori a forma di cuore **4** BrE classe [in una scuola] **5** BrE (di atleta, squadra) forma: *The team's form is improving.* La forma della squadra sta migliorando. **6 to be on form** BrE essere in forma
- *v* **1** [tr] formare [rocce, figura geometrica, coda], creare [ente, organizzazione] **2** [intr] (folla, ghiaccio, rocce) formarsi **3 to form an opinion/idea** farsi un'idea **4** [tr] costituire

formal /'fɔːməl/ *agg* **1** (espressione) formale, (abito) da cerimonia, (cena, lamentela) ufficiale **2** (dichiarazione, annuncio) ufficiale **3 formal education** formazione scolastica | **formal training** formazione (specifica)

formality /fɔː'mæləti/ *s* (pl **-ties**) **1** formalità **2** (nel salutare, nello scrivere) formalità

formally /'fɔːməli/ *avv* **1** (riconoscere, dichiarare) ufficialmente **2** (vestirsi) in abito da cerimonia

format /'fɔːmæt/ *sostantivo e verbo*
- *s* (di libro, film) formato
- *v* [tr] (**-tted**, **-tting**) formattare [testo, floppy disc]

formation /fɔː'meɪʃən/ *s* formazione

former /'fɔːmə/ *aggettivo e sostantivo*
- *agg* ex | **the former president/leader** l'ex presidente/leader: *his former wife* la sua ex moglie | *the former USSR* l'ex URSS | **in former times** in altri tempi
- *s* **the former** (formale) il primo, la prima: *Of the two possibilities, the former seems more likely.* Delle due possibilità, la prima sembra la più verosimile.

formerly /'fɔːməli/ *avv* in precedenza

formidable /'fɔːmədəbəl/ *agg* tremendo -a: *a formidable opponent* un avversario tremendo

formula /'fɔːmjələ/ *s* (pl **-las** o **-lae** /-liː/) formula

formulate /'fɔːmjəleɪt/ *v* [tr] formulare

forsake /fə'seɪk/ *v* [tr] (passato **forsook**, participio **forsaken**) (formale) **1** abbandonare [persona, oggetto] **2** rinnegare [principi, ideali]

forsaken /fə'seɪkən/ participio di **forsake**

forsook /fə'sʊk/ passato di **forsake**

fort /fɔːt/ *s* forte

forthcoming /ˌfɔːθ'kʌmɪŋ/ *agg* **1** (evento, riunione) prossimo -a **2 no help/explanation etc was forthcoming** non arrivava nessun aiuto/nessuna spiegazione

forthright /'fɔːθraɪt/ *agg* schietto -a

fortieth /'fɔːtiəθ/ *numero* quarantesimo -a ▶ vedi Active Box **numbers** sotto **number**

fortifications /ˌfɔːtəfɪ'keɪʃənz/ *s pl* fortificazioni

F

F

fortify /'fɔːtəfaɪ/ *v* [tr] (3ª pers sing **-fies**, passato e participio **-fied**) **1** fortificare [città, zona] **2** ridare forza a

fortnight /'fɔːtnaɪt/ *s* BrE quindici giorni

fortnightly /'fɔːtnaɪtli/ *agg* e *avv* ogni quindici giorni

fortress /'fɔːtrɪs/ (pl **-esses**) *s* fortezza

fortunate /'fɔːtʃənət/ *agg* fortunato -a: *I was very fortunate.* Sono stato molto fortunato. | *It was* ***fortunate that*** *he arrived just then.* È stata una fortuna che sia arrivato proprio in quel momento. | *They're* ***fortunate to*** *be alive.* Sono fortunati ad essere ancora vivi.

fortunately /'fɔːtʃənətli/ *avv* fortunatamente: *Fortunately, no-one was hurt.* Fortunatamente non ci sono stati feriti.

fortune /'fɔːtʃən/ *sostantivo* e *sostantivo plurale*

• *s* **1** (patrimonio) fortuna | **to make a fortune** diventare ricco | **to cost/spend a fortune** costare/spendere una fortuna | **to be worth a fortune** avere un valore inestimabile **2** sorte | **to have the good fortune to do sth** avere la fortuna di fare qc

• **fortunes** *s pl* vicende

forty /'fɔːti/ *numero* e *sostantivo plurale*

• *numero* quaranta

• *s pl* **1 the forties** gli anni quaranta **2 to be in your forties** avere tra i 40 e i 50 anni ▶ vedi Active Box **numbers** sotto **number**

forward /'fɔːwəd/ *avverbio, aggettivo, verbo* e *sostantivo*

• *avv* **1** (anche **forwards**) in avanti: *She leaned forward to hear better.* Si è piegata in avanti per sentire meglio. **2** per indicare progresso: *I can't see any way forward.* Non vedo una via d'uscita. **3 from that day/time forward** da quel giorno/momento in poi ▶ **Forward** fa anche parte di molti **phrasal verbs** come **come forward**, **look forward to**, ecc. Questi vengono trattati sotto il verbo corrispondente.

• *agg* **1** in avanti **2 forward planning** pianificazione a lunga scadenza | **forward thinking** lungimiranza

• *v* **to forward sth to sb** inoltrare qc a qn [a un nuovo indirizzo o su Internet]

• *s* attaccante

fossil /'fɒsəl/ *s* fossile

foster /'fɒstə/ *verbo* e *aggettivo*

• *v* [tr] **1** prendere un minore in affidamento **2** favorire

• *agg* **foster father/mother** padre/madre che ha in affidamento un minore | **foster child** minore dato in affidamento ad una famiglia

fought /fɔːt/ passato e participio di **fight**

foul /faʊl/ *aggettivo, sostantivo* e *verbo*

• *agg* **1** (gusto, odore) di marcio **2 to be in a foul temper/mood** essere di pessimo umore **3** (linguaggio) sconcio -a **4** (tempo) da lupi

• *s* (nello sport) fallo

• *v* [tr] commettere un fallo su

foul sth up (informale) mandare all'aria [piano, prova]

found[1] /faʊnd/ passato e participio di **find**

found[2] /faʊnd/ *v* [tr] fondare

foundation /faʊn'deɪʃən/ *sostantivo* e *sostantivo plurale*

• *s* **1** (base) fondamento **2** (inizio) fondazione **3** fondotinta

• **foundations** *s pl* fondamenta

founder /'faʊndə/ *s* fondatore -trice

fountain /'faʊntən/ *s* fontana

'fountain pen *s* penna stilografica

four /fɔː/ *numero* **1** quattro **2 on all fours** a quattro zampe ▶ vedi Active Box **numbers** sotto **number**

fourteen /ˌfɔː'tiːn/ *numero* quattordici ▶ vedi Active Box **numbers** sotto **number**

fourteenth /ˌfɔː'tiːnθ/ *numero* quattordicesimo -a ▶ vedi Active Box **numbers** sotto **number**

fourth /fɔːθ/ *aggettivo* e *sostantivo*

• *agg* quarto -a

• *s* quarto ▶ vedi Active Box **numbers** sotto **number**

fowl /faʊl/ *s* (pl **fowl** o **fowls**) pollame: *pigs, sheep and fowl* suini, ovini e pollame

fox /fɒks/ *s* (pl **foxes**) volpe

foyer /'fɔɪeɪ/ *s* (di teatro) foyer, (di hotel, stazione) atrio

fraction /'frækʃən/ *s* **1** (in matematica) frazione **2** (parte minima) frazione: *a fraction of a second* una frazione di secondo

fracture /'fræktʃə/ *verbo* e *sostantivo*

• *v* [intr] **to fracture your arm/skull etc** fratturarsi il braccio/il cranio ecc.

• *s* frattura

fragile /'frædʒaɪl/ *agg* **1** fragile **2** precario -a

fragment[1] /'frægmənt/ *s* frammento

fragment[2] /fræg'ment/ *v* [intr] dividersi

fragrance /'freɪgrəns/ *s* profumo

fragrant /'freɪgrənt/ *agg* fragrante

frail /freɪl/ *agg* (persona) fragile

frame /freɪm/ *sostantivo, sostantivo plurale* e *verbo*

• *s* **1** (di foto) cornice **2** (di bicicletta, tenda, finestra) telaio **3 frame of mind** stato d'animo: *I'm not in the right frame of mind to discuss this.* Non sono nello stato d'animo giusto per discutere questa cosa.

• **frames** *s pl* (di occhiali) montatura

• *v* [tr] **1** incorniciare **2** (informale) inchiodare [fregare]

framework /'freɪmwɜːk/ *s* **1** struttura portante **2** schema

France /frɑːns/ *s* Francia

frank /fræŋk/ *agg* franco -a | **to be frank** francamente

frankly /'fræŋkli/ *avv* francamente

frantic /ˈfræntɪk/ *agg* **1** frenetico -a **2** in preda al panico

fraternity /frəˈtɜːnəti/ *s* (pl **-ties**) **1 the medical/legal etc fraternity** la comunità dei medici/degli avvocati ecc. **2** negli Stati Uniti, associazione di studenti universitari di sesso maschile **3** fraternità

fraud /frɔːd/ *s* **1** frode **2** frodatore -trice

fraught /frɔːt/ *agg* **1** teso -a **2 to be fraught with difficulties/problems/dangers** essere pieno di difficoltà/problemi/pericoli

fray /freɪ/ *v* [intr] logorarsi

freak /friːk/ *sostantivo, aggettivo* e *verbo*

• *s* **1** tipo strano **2** (informale) fanatico -a: *a fitness freak* un fanatico della forma fisica

• *agg* **a freak accident** un singolare incidente

• *v* (anche **freak out**) (informale) dar fuori di testa

freckle /ˈfrekəl/ *s* lentiggine

free /friː/ *aggettivo, verbo* e *avverbio*

• *agg* **1** libero -a: *a free man* un uomo libero | *free elections* elezioni democratiche | *She is **free to** do what she likes.* È libera di fare ciò che vuole. | **to set sb free** liberare qn | **free speech** libertà di parola

2 gratuito -a: *Entrance to the museum is free.* L'ingresso al museo è gratuito. | **a free gift** omaggio [promozionale]

3 libero -a: *Are you free this weekend?* Sei libero questo fine settimana? | **free time** tempo libero

4 libero -a: *Is this seat free?* È libero questo posto?

5 free from/of sth senza qc: *free from artificial colourings* senza coloranti artificiali

6 -free senza: *a fat-free diet* una dieta senza grassi

7 feel free frase con cui si autorizza qualcuno a fare qualcosa: *"Can I borrow this pen?" "Feel free."* – Mi presti questa penna? – Prendi pure.

• *v* [tr] (passato e participio **freed**) **1** (da prigionia, schiavitù) liberare

2 to free sb from/of sth liberare qn da qc

3 (da rottami, macerie) estrarre

4 (anche **free up**) rendere libero [risorse]

• *avv* **1** gratis | **free of charge/for free** gratuitamente

2 to break free liberarsi

freedom /ˈfriːdəm/ *s* libertà: *He regained his freedom after two years in jail.* Dopo due anni di prigione è tornato in libertà. | *I want the **freedom to** choose my own friends.* Voglio essere libero di scegliermi gli amici. | **freedom of speech/choice etc** libertà di parola/di scelta ecc.

ˌfree ˈkick *s* calcio di punizione

freelance, free-lance /ˈfriːlɑːns/ *aggettivo* e *avverbio*

• *agg* libero professionista

• *avv* **to work freelance** lavorare su base free-lance

freely /ˈfriːli/ *avv* **1 to move/travel freely** muoversi/viaggiare liberamente | **to speak freely** parlare apertamente **2** (ammettere, riconoscere) apertamente **3 to be freely available** essere disponibile senza restrizioni

ˌfree-ˈrange *agg* (gallina) ruspante: *free range eggs* uova di gallina ruspante

freeway /ˈfriːweɪ/ *s* AmE superstrada

freeze /friːz/ *verbo* e *sostantivo*

• *v* (passato **froze**, participio **frozen**) **1** [intr] (acqua, tubature) gelare, [tr] congelare [cibo], gelare [tubature]: *It was so cold the pipes froze.* Faceva così freddo che le tubature sono gelate. | *I can freeze the rest of the food.* Posso congelare gli avanzi. **2** [intr] (riferito al tempo) gelare **3** [intr] (sentir freddo) gelare **4** [tr] congelare [salario, prezzi]

freeze over ghiacciare

• *s* **1** (di salari, prezzi) blocco **2** (riferito al tempo) gelata

freezer /ˈfriːzə/ *s* **1** (anche **deep freeze**) congelatore **2** (di frigo) freezer

freezing /ˈfriːzɪŋ/ *aggettivo* e *sostantivo*

• *agg* (informale) **I'm/he's etc freezing!** sto/sta ecc. morendo dal freddo! | **it was/it is etc freezing** (condizioni atmosferiche) faceva/fa ecc. un freddo incredibile

• *s* **1 above/below freezing** sopra/sotto lo zero **2 freezing point** temperatura di congelamento

freight /freɪt/ *s* **1** merci **2 freight train** treno merci

French /frentʃ/ *aggettivo* e *sostantivo*

• *agg* francese

• *s* **1** (lingua) francese **2 the French** i francesi

ˌFrench ˈfries *s pl* patatine fritte

Frenchman /ˈfrentʃmən/ *s* (pl **-men**) francese [uomo]

ˌFrench ˈwindows *s pl* porta finestra

Frenchwoman /ˈfrentʃˌwʊmən/ *s* (pl **-women**) francese [donna]

frenzied /ˈfrenzid/ *agg* **1 frenzied activity** attività frenetica **2 a frenzied attack** un attacco selvaggio

frenzy /ˈfrenzi/ *s* **a frenzy of activity** un'attività frenetica | **a frenzy of anger** un accesso d'ira

frequency /ˈfriːkwənsi/ *s* (pl **-cies**) **1** (di avvenimento) frequenza **2** (di radio, televisione) frequenza

frequent[1] /ˈfriːkwənt/ *agg* (contatto, assenza, visita) frequente, (visitatore) assiduo -a

frequent[2] /frɪˈkwent/ *v* [tr] (formale) frequentare

Non sai come pronunciare una determinata parola? Consulta la tabella dei simboli fonetici nell'interno della copertina.

frequently /ˈfriːkwəntli/ *avv* spesso

fresh /freʃ/ *agg* **1** nuovo -a: *a fresh sheet of paper* un foglio di carta nuovo **2** (lenzuolo, asciugamano) pulito -a **3 fresh fruit/milk/flowers** frutta fresca/latte fresco/fiori freschi **4** (vento, clima) fresco -a: *It's quite fresh out.* Fa abbastanza fresco fuori. **5** (riposato) rinvigorito -a **6 fresh water** acqua dolce **7 fresh air** aria fresca **8 while sth is fresh in your mind/memory** quando hai ben presente qc: *The events of that day were still fresh in her mind.* Aveva ancora ben presenti gli avvenimenti di quel giorno. **9 to make a fresh start** ricominciare da capo

fresh bread

freshen /ˈfreʃən/ *v* **freshen up** rinfrescarsi

freshly /ˈfreʃli/ *avv* **freshly ground/squeezed/baked etc** appena macinato/spremuto/sfornato ecc.

freshwater /ˈfreʃwɔːtə/ *agg* d'acqua dolce

friction /ˈfrɪkʃən/ *s* **1** attriti **2** attrito

Friday /ˈfraɪdi/ *s* venerdì ▶ vedi Active Box **days of the week** sotto **day**

fridge /frɪdʒ/ *s* frigorifero

ˌfridge-ˈfreezer *s* frigo congelatore [a due porte]

fried[1] /fraɪd/ *agg* fritto -a

fried[2] /fraɪd/ passato e participio di **fry**

friend /frend/ *s* amico -a: *She's my best friend.* È la mia migliore amica. | *a friend of his* un suo amico | *We've been friends for 10 years.* Siamo amici da dieci anni. | **to be friends with sb** essere amico di qn | **to make friends (with sb)** fare amicizia (con qn)

friendly /ˈfrendli/ *aggettivo* e *sostantivo*
- *agg* (**-lier**, **-liest**) **1** (persona) cordiale, (cane) buono -a, (saluto, sorriso) cordiale: *He's always been very **friendly** towards me.* È sempre stato molto gentile con me. **2 to be friendly with sb** essere amico di qn **3** (atmosfera) gradevole **4** (partita, incontro) amichevole
- *s* (pl **-lies**) BrE (partita) amichevole

friendship /ˈfrendʃɪp/ *s* amicizia

fries /fraɪz/ *s pl* patatine fritte: *a burger with fries* un hamburger con le patatine fritte

fright /fraɪt/ *s* spavento | **to give sb a fright** spaventare qn | **to get/have a fright** spaventarsi

frighten /ˈfraɪtn/ *v* [tr] spaventare
frighten sb away/off far scappare qn

frightened /ˈfraɪtnd/ *agg* **1 to be frightened of sth/sb** aver paura di qc/qn: *He's frightened of the dark.* Ha paura del buio. **2 to be frightened to do sth** aver paura di fare qc: *I was frightened to look out of the window.* Avevo paura di guardare fuori dalla finestra. | *I was too frightened to speak.* Avevo una tale paura che non riuscivo a parlare. **3** spaventato -a

frightening /ˈfraɪtnɪŋ/ *agg* spaventoso

frightful /ˈfraɪtfəl/ *agg* **1** terribile: *a frightful accident* un incidente terribile **2** BrE spaventoso -a: *a frightful mess* un disordine spaventoso

frill /frɪl/ *s* volant

fringe /frɪndʒ/ *s* **1** BrE (di capigliatura) frangia ▶ In inglese americano si usa **bangs**. **2** (di scialle) frangia

frivolous /ˈfrɪvələs/ *agg* frivolo -a

fro /frəʊ/ *avv* ▶ vedi **to**[3]

frog /frɒg/ *s* rana

from /frəm, tonico frɒm/ *prep* ▶ vedi riquadro

front /frʌnt/ *sostantivo* e *aggettivo*
- *s* **1 in/at the front** davanti: *I got a seat at the front of the coach.* In pullman mi hanno dato un posto davanti. | *He sits at the front of the class.* A scuola è seduto davanti. **2** (di edificio) davanti **3** (di rivista, giornale) copertina **4 in front of sth** davanti a qc: *She spends all day in front of a computer.* Passa tutta la giornata davanti al computer. **5 in front of sb** davanti a qn: *There was a fat guy sitting in front of me.* C'era un tipo grasso seduto davanti a me. **6 the car/runner etc in front** la macchina/il corridore ecc. davanti: *I hit the car in front.* Ho tamponato la macchina davanti. **7 to be in front a)** (star vincendo) essere in vantaggio **b)** (in una gara) condurre **8** (in guerra) fronte
- *agg* davanti: *Two of his front teeth fell out.* Gli sono caduti due denti davanti. | *the front seat* il sedile davanti

front

back

ˌfront ˈcover *s* copertina

ˌfront ˈdoor *s* porta d'ingresso

frontier /ˈfrʌntɪə/ *s* **1** confine **2 the frontiers of science/technology etc** le frontiere della scienza/della tecnologia ecc. | **the frontiers of knowledge** i confini del sapere

ˌfront ˈpage *s* prima pagina

frost /frɒst/ *s* **1** brina **2** gelo

C'è una tavola con i numeri in inglese e spiegazioni sul loro uso nella **guida grammaticale**.

from *preposizione*

1 INDICA PUNTO DI PARTENZA, ORIGINE (= da, di)
She drove all the way from Edinburgh. È venuta in macchina da Edimburgo. | *It is translated from the French.* È tradotto dal francese. | *"Where are you from?" "I'm from Leeds."* – Di dove sei? – Di Leeds. | *It's a present from my mother.* È un regalo di mia madre.

2 CON SIGNIFICATO TEMPORALE (= da)
The class is from 9 to 11. La lezione dura dalle 9 alle 11. | **from now on** da ora in avanti | **a week/a year etc from now** tra una settimana/un anno ecc.

3 PER INDICARE PREZZI, CIFRE (= da)
Prices range from £5 to £50. I prezzi vanno da £5 a £50.

4 INDICA UNA DISTANZA (= da)
20 kilometres from Boston a 20 chilometri da Boston

5 NELLE SOTTRAZIONI
I subtracted 45 from the total. Ho tolto 45 dal totale. | *3 from 10 is 7* 10 meno 3 fa 7

6 INDICA CAUSALITÀ (= da, di)
He died from cancer. È morto di cancro.

7 ESPRESSIONI
to take sth (away) from sb portar via qc a qn | **to make sth from sth** fare qc con qc: *Bread is made from flour.* Il pane è fatto con la farina.

8 **From**, in combinazione con alcuni verbi, forma vari **phrasal verbs** come **come from**, **hear from**, ecc. I **phrasal verbs** sono trattati sotto il verbo corrispondente.

frosty /'frɒsti/ *agg* (**-ier**, **-iest**) **1** **a frosty day/night** un giorno gelido/una notte gelida **2** coperto -a di ghiaccio **3** (scostante) freddo -a

froth /frɒθ/ *sostantivo* e *verbo*
• *s* schiuma [sulla superficie di un liquido]
• *v* [intr] fare le bollicine

frown /fraʊn/ *verbo* e *sostantivo*
• *v* [intr] aggrottare le sopracciglia
frown on/upon sth disapprovare qc
• *s* espressione accigliata

froze /frəʊz/ passato di **freeze**

frozen[1] /'frəʊzən/ *agg* **1** (terreno) ghiacciato -a, (cibo) surgelato -a **2** (mani, piedi) gelato -a: *I'm frozen.* Sto gelando.

frozen[2] /'frəʊzən/ participio di **freeze**

fruit /fruːt/ *s* (pl **fruit** o **fruits**) **1** frutta: *I eat a lot of fruit.* Mangio molta frutta. | *a piece of fruit* un frutto **2** (parte di una pianta) frutto **3** (risultato) frutto: *the fruit of ten years' hard work* il frutto di dieci anni di duro lavoro **4** **fruit salad** macedonia

fruitful /'fruːtfəl/ *agg* produttivo -a

fruition /fru'ɪʃən/ *s* **to come to fruition** realizzarsi

fruitless /'fruːtləs/ *agg* inutile

'fruit ma,chine *s* BrE slot-machine

frustrate /frʌ'streɪt/ *v* [tr] frustrare [persona], rendere vano [sforzo]

frustrated /frʌ'streɪtɪd/ *agg* frustrato -a | **to get frustrated** scoraggiarsi

frustrating /frʌ'streɪtɪŋ/ *agg* frustrante

frustration /frʌ'streɪʃən/ *s* frustrazione

fry /fraɪ/ *v* [tr/intr] (3ª pers sing **fries**, passato e participio **fried**) friggere

'frying ,pan *s* padella

ft (= **foot**) ft ▶ vedi nota sotto **foot**

fuel /'fjuːəl/ *s* carburante

fugitive /'fjuːdʒətɪv/ *s* fuggiasco -a

fulfil BrE, **fulfill** AmE /fʊl'fɪl/ *v* [tr] (**-lled**, **-lling**) **1** **to fulfil my/your etc promise** mantenere la mia/tua promessa ecc. | **to fulfil my/your etc obligations** far fede ai propri obblighi **2** **to fulfil an ambition** coronare un desiderio **3** **to fulfil the requirements** rispondere ai requisiti **4** **to fulfil a function/role** assolvere ad una funzione/svolgere un ruolo

full /fʊl/ *aggettivo* e *avverbio*
• *agg* **1** (luogo, recipiente, veicolo) pieno -a: *The kitchen was* ***full of*** *smoke.* La cucina era piena di fumo. | *All the hotels in town were full.* In città tutti gli alberghi erano pieni.
2 (biglietto) intero: *Children over 12 pay the full price.* I bambini sopra i 12 anni pagano il biglietto intero.
3 (descrizione) completo -a
4 **at full speed/volume etc** a tutto gas/volume ecc.
5 (anche **full up** BrE (informale)) (persona) pieno -a [dopo aver mangiato]
6 **in full view of the students/the neighbours etc** davanti agli studenti/ai vicini ecc.
7 **to pay sth in full** pagare per intero
8 **to the full** appieno
9 **to be full of yourself** essere pieno di sé
• *avv* **1** diritto: *She looked him full in the face.* L'ha guardato diritto in faccia.
2 al massimo: *The heating was full on.* Il riscaldamento era al massimo.
3 **to know full well (that)** sapere benissimo (che)

fullback /'fʊlbæk/ *s* terzino

,full 'board *s* BrE pensione completa

,full-'length *agg* **1** **a full-length dress/skirt** un abito lungo/una gonna lunga **2** **a full-length film** un film in versione integrale

,full 'moon *s* luna piena

,full-'scale *agg* **1** **a full-scale investigation** un'indagine su larga scala | **a full-scale war** una guerra di vaste dimensioni **2** a grandezza naturale

,full 'stop *s* BrE punto

,full-'time *agg, avv* a tempo pieno

fully /'fʊli/ *avv* pienamente

fumble /ˈfʌmbəl/ *v* [intr] **1 to fumble with sth** armeggiare con qc **2 to fumble for sth** cercare qc a tentoni

fume /fjuːm/ *v* essere furioso -a

fumes /fjuːmz/ *s pl* esalazioni

fun /fʌn/ *sostantivo e aggettivo*

• *s* **1 to be fun** essere divertente | **to have fun** divertirsi **2 to make fun of sb** prendere in giro qn **3 for fun** per passare il tempo

• *agg* divertente: *We had a fun day at the beach.* Abbiamo passato una giornata divertente al mare. ▶ **Fun** è divertente nel senso che intrattiene, a differenza di **funny** che è divertente nel senso di comico. ▶ vedi nota sotto **divertente**

F

function /ˈfʌŋkʃən/ *sostantivo e verbo*

• *s* **1** (compito, scopo) funzione **2** (cerimonia) funzione

• *v* [intr] **1** funzionare **2 to function as sth** fungere da qc

functional /ˈfʌŋkʃənəl/ *agg* funzionale

fund /fʌnd/ *sostantivo, sostantivo plurale e verbo*

• *s* fondo

• **funds** *s pl* fondi | **to raise funds for sth** raccogliere fondi per qc

• *v* [tr] finanziare

fundamental /ˌfʌndəˈmentl/ *agg* fondamentale

funding /ˈfʌndɪŋ/ *s* finanziamento

ˈfund-ˌraising *s* raccolta di fondi

funeral /ˈfjuːnərəl/ *s* funerale

funfair /ˈfʌnfeə/ *s* BrE luna park

fungus /ˈfʌŋgəs/ *s* (pl **fungi** /-dʒaɪ, -gaɪ/ o **funguses**) **1** (della pelle) fungo **2** muffa

funky /ˈfʌŋki/ *agg* (**-kier**, **-kiest**) (informale) **1** funky: *funky rhythms* ritmi funky **2** alla moda: *a funky bar* un bar alla moda

funnel /ˈfʌnl/ *s* **1** imbuto **2** (di nave, locomotiva) fumaiolo

funny /ˈfʌni/ *agg* (**funnier**, **funniest**) **1** divertente: *I don't find his jokes funny at all.* Non trovo per nulla divertenti le sue barzellette. ▶ vedi nota sotto **divertente** **2** strano -a: *It's funny Bob didn't come.* Strano che Bob non sia venuto. | *There's something funny going on here.* C'è qualcosa che non quadra qui.

fur /fɜː/ *s* **1** (di animale) pelo **2** (da indossare) pelliccia **3 fur coat** pelliccia

furious /ˈfjʊəriəs/ *agg* **1** infuriato -a | **to be furious at/about sth** infuriarsi per qc **2 a furious argument/battle** una discussione/battaglia accanita

furnace /ˈfɜːnɪs/ *s* **1** (di fonderia) forno (fusorio) **2** (per rifiuti) inceneritore

furnish /ˈfɜːnɪʃ/ *v* [tr] (3ª pers sing **-shes**) ammobiliare

furnishings /ˈfɜːnɪʃɪŋz/ *s pl* insieme dei mobili e della tappezzeria

furniture /ˈfɜːnɪtʃə/ *s* mobili: *All the furniture was smashed.* Hanno fatto a pezzi tutti i mobili. | *a beautiful* ***piece of furniture*** un mobile molto bello ▶ FALSE FRIEND Non confondere **"furniture"** con **fornitura** che si traduce **supply**.

furrow /ˈfʌrəʊ/ *s* solco

furry /ˈfɜːri/ *agg* (**furrier**, **furriest**) peloso -a

further /ˈfɜːðə/ *avverbio e aggettivo*

• *avv* **1** ulteriormente: *This scandal will further damage his reputation.* Questo scandalo danneggerà ulteriormente la sua reputazione. **2** (anche **farther**) più lontano: *It was further than we thought.* Era più lontano di quanto pensassimo. | *How much further is it?* Quanto manca? | **further along/down/up etc** più avanti/giù/su ecc.: *Their house is further along the road.* Casa loro è più avanti per di qui. **3 to get further** fare progressi: *Did you get any further with your homework?* Hai fatto progressi con i compiti?

• *agg* ulteriore: *Are there any further questions?* Ulteriori domande?

ˌfurther eduˈcation *s* BrE corsi di formazione per chi ha terminato le scuole superiori e non desidera iscriversi all'università

furthermore /ˌfɜːðəˈmɔː/ *avv* (formale) inoltre

furthest /ˈfɜːðəst/ *aggettivo e avverbio*

• *agg* anche **farthest** più lontano: *the seat furthest from the door* il posto più lontano dalla porta

• *avv* anche **farthest** più lontano: *Who can throw the ball furthest?* Chi sa tirare la palla più lontano?

fury /ˈfjʊəri/ *s* rabbia

fuse /fjuːz/ *sostantivo e verbo*

• *s* fusibile

• *v* **1** [intr] (lampadine) saltare **2** [intr] (ossa) saldarsi, (neutroni) unirsi **3** [tr] fondere [musica]

fusion /ˈfjuːʒən/ *s* fusione

fuss /fʌs/ *sostantivo e verbo*

• *s* **1** storie **2 to make a fuss (about sth)** fare storie (per qc) **3 to make a fuss of sb** BrE, **to make a fuss over sb** AmE colmare qn di attenzioni

• *v* [intr] (3ª pers sing **fusses**) preoccuparsi per niente

fussy /ˈfʌsi/ *agg* (**fussier**, **fussiest**) **1** esigente **2** pignolo -a **3 I'm/we're not fussy** a me/noi va bene tutto

futile /ˈfjuːtaɪl, AmE ˈfjuːtl/ *agg* inutile

future /ˈfjuːtʃə/ *sostantivo e aggettivo*

• *s* **1 the future** il futuro: *What are his plans for the future?* Che progetti ha per il futuro? **2 in future** in futuro: *In future, please ask before you borrow my bicycle.* In futuro chiedi il permesso prima di prendere in prestito la mia bicicletta. **3 in (the) future** in un futuro: *in the near*

future in un prossimo futuro **4 in the immediate future** nell'immediato futuro
• *agg* futuro -a | **future wife/husband etc** futura moglie/futuro marito ecc.

fuzzy /ˈfʌzi/ *agg* (**fuzzier**, **fuzziest**) (foto, immagine) sfuocato -a

G¹, g /dʒiː/ *s* (lettera dell'alfabeto) G, g ▶ vedi Active Box **letters** sotto **letter**

G² /dʒiː/ *s* (nota musicale) sol

g (= **gram**) g

gadget /ˈgædʒɪt/ *s* aggeggio

gag /gæg/ *verbo* e *sostantivo*
• *v* (**gagged**, **gagging**) **1** [tr] imbavagliare **2** [tr] mettere a tacere **3** [intr] avere i conati di vomito
• *s* **1** (informale) battuta **2** bavaglio

gain /geɪn/ *verbo* e *sostantivo*
• *v* **1** [tr] ottenere [appoggio, indipendenza] | **to gain a reputation** farsi un nome | **to gain experience** accumulare esperienza | **to gain control of sth** assumere il controllo di qc **2 to gain weight** aumentare di peso **3** [intr] (orologio) andare avanti
gain on sb guadagnare terreno su qn
• *s* **1** aumento **2** vantaggio

galaxy /ˈgæləksi/ *s* (pl **-xies**) galassia

gale /geɪl/ *s* burrasca

gallant /ˈgælənt/ *agg* **1** coraggioso -a **2** galante

gallery /ˈgæləri/ *s* (pl **-ries**) **1** (esposizione d'arte) galleria **2** (di teatro) galleria, (di chiesa) loggia

galley /ˈgæli/ *s* **1** (di aereo, barca) cucina di bordo **2** (antica nave) galera

gallon /ˈgælən/ *s* gallone [4,54 litri in GB; 3,78 litri in USA]

gallop /ˈgæləp/ *verbo* e *sostantivo*
• *v* [intr] galoppare
• *s* galoppo | **at a gallop** al galoppo

gallows /ˈgæləʊz/ *s* (pl **gallows**) forca

gamble /ˈgæmbəl/ *verbo* e *sostantivo*
• *v* [tr/intr] giocare d'azzardo | **to gamble sth on sth** puntare qc su qc
• *s* **to be a gamble** essere rischioso | **to take a gamble** rischiare

gambler /ˈgæmblə/ *s* giocatore -trice (d'azzardo)

gambling /ˈgæmblɪŋ/ *s* gioco (d'azzardo)

game /geɪm/ *sostantivo, sostantivo plurale* e *aggettivo*
• *s* **1** gioco: *Chess is a game of skill.* Gli scacchi sono un gioco d'abilità. | *Football is the national game.* Il calcio è lo sport nazionale. **2** partita: *Do you want a **game of cards**?* Facciamo una partita a carte? | *a **game of cricket*** una partita a cricket **3** (nel tennis) game, gioco **4** (animali selvatici) selvaggina
• **games** *s pl* BrE educazione fisica ▶ vedi anche **olympic games**
• *agg* **to be game for sth/to do sth** essere pronto a (fare) qc

ˈgame show *s* quiz televisivo

gammon /ˈgæmən/ *s* tipo di prosciutto cotto, affumicato, che si mangia caldo

gang /gæŋ/ *sostantivo* e *verbo*
• *s* **1** (di teppisti, criminali) banda **2** (di amici) combriccola **3** (di muratori, operai) squadra
• *v* **gang up on sb** far comunella contro qn

gangster /ˈgæŋstə/ *s* gangster, bandito

gangway /ˈgæŋweɪ/ *s* **1** BrE corridoio **2** passerella

gaol /dʒeɪl/ BrE ▶ vedi **jail**

gap /gæp/ *s* **1** (tra oggetti) spazio (vuoto): *I squeezed through the gap.* Mi sono infilato nello spazio vuoto. **2** divario: *the widening gap between rich and poor* il divario sempre maggiore tra ricchi e poveri | *a big age gap* una grande differenza d'età

gape /geɪp/ *v* **to gape at sth/sb** guardare qc/qn a bocca aperta

gaping /ˈgeɪpɪŋ/ *agg* (ferita) aperto -a, (bocca) enorme | **a gaping hole** una voragine

garage /ˈgærɑːʒ, AmE gəˈrɑːʒ/ *s* **1** garage **2** officina **3** BrE stazione di servizio

garbage /ˈgɑːbɪdʒ/ *s* **1** AmE spazzatura ▶ In inglese britannico si usa **rubbish**. **2** (informale) stupidaggini

ˈgarbage ˌcan AmE bidone della spazzatura ▶ In inglese britannico si usa **dustbin**.

garbled /ˈgɑːbəld/ *agg* poco chiaro -a

garden /ˈgɑːdn/ *s* giardino: *We were sitting in the garden.* Eravamo seduti in giardino.

gardener /ˈgɑːdnə/ *s* giardiniere -a

garbage can

gardening /ˈgɑːdnɪŋ/ *s* giardinaggio | **to do the/some gardening** fare lavori di giardinaggio

gargle /ˈgɑːgəl/ *v* [intr] fare i gargarismi

garish /ˈgeərɪʃ/ *agg* vistoso -a
garland /ˈgɑːlənd/ *s* ghirlanda
garlic /ˈgɑːlɪk/ *s* aglio
garment /ˈgɑːmənt/ *s* indumento
garnish /ˈgɑːnɪʃ/ *verbo e sostantivo*
• *v* [tr] (3ª pers sing **-shes**) guarnire [piatti]
• *s* decorazione
garrison /ˈgærəsən/ *s* guarnigione
garter /ˈgɑːtə/ *s* giarrettiera
gas /gæs/ *sostantivo e verbo*
• *s* **1** (pl **gases**) gas **2** AmE benzina ▶ In inglese britannico si usa **petrol**. **3 gas cylinder** bombola del gas
• *v* [tr] (**gassed**, **gassing**) uccidere con il gas
gash /gæʃ/ *s* (pl **gashes**) ferita
gasp /gɑːsp/ *verbo e sostantivo*
• *v* **1** [intr] ansimare | **to be gasping for air/breath** boccheggiare **2** [intr] rimanere senza fiato
• *s* sospiro
ˈgas ˌstation *s* AmE stazione di servizio ▶ In inglese britannico si usa **petrol station**.
gate /geɪt/ *s* **1** (di giardino, campo) cancello **2** (di città, fortezza) porta **3** (in aeroporto) gate, uscita
gatecrash /ˈgeɪtkræʃ/ *v* (3ª pers sing **-shes**) [intr] andare non invitato ad una festa, [tr] andare non invitato a [festa]
gateway /ˈgeɪt-weɪ/ *s* passaggio
gather /ˈgæðə/ *v* **1** [intr] radunarsi: *Thousands of people have gathered outside the embassy.* Migliaia di persone si sono radunate davanti all'ambasciata. | *A crowd had gathered.* Si era formata una folla. **2** [tr] raggruppare [persone] **3** [tr] dedurre: *I gather you two have already met.* Ne deduco che vi siete già incontrati. **4** [tr] raccogliere [oggetti personali, documenti]: *He **gathered up** his papers and walked out.* Ha raccolto le sue carte e se n'è andato. **5** [tr] raccogliere [frutta, funghi, ecc.] **6** [tr] raccogliere [dati, informazioni, ecc.]
gathering /ˈgæðərɪŋ/ *s* riunione
gaudy /ˈgɔːdi/ *agg* (**-ier**, **-iest**) sgargiante
gauge /geɪdʒ/ *sostantivo e verbo*
• *s* (di benzina, olio, acqua) indicatore di livello
• *v* [tr] **1** valutare [reazione] **2** (con strumento) misurare
gaunt /gɔːnt/ *agg* smunto -a
gauze /gɔːz/ *s* garza
gave /geɪv/ passato di **give**
gay /geɪ/ *aggettivo e sostantivo plurale*
• *agg* **1** omosessuale **2** gioioso -a **3** colorato -a ▶ Il termine **gay** viene oggi utilizzato nel senso di omosessuale ed è perciò raramente usato negli altri significati.
• **gays** *s pl* omosessuali
gaze /geɪz/ *verbo e sostantivo*
• *v* **to gaze at sth/sb** fissare qc/qn
• *s* sguardo

GCSE /ˌdʒiː siː es ˈiː/ *s*

Che cos'è?

È un esame (**General Certificate of Secondary Education**) che gli studenti inglesi e gallesi sostengono a 16 anni.

Come si usa?

Il termine **GCSE** può far riferimento al corso preparatorio, all'esame stesso o al certificato che si ottiene una volta superato l'esame:

He takes his GCSEs this summer. Da il GCSE quest'estate. | *He did Spanish at GCSE.* Ha portato spagnolo al GCSE. | *How many GCSEs have you got?* Quanti GCSE hai dato?

gear /gɪə/ *sostantivo e verbo*
• *s* **1** (di auto, bicicletta) cambio | **to change gear** cambiare marcia **2** attrezzatura: *camping gear* attrezzatura da campeggio **3** (informale) (oggetti personali) roba
• *v* **1 to be geared to/towards sth/sb** rivolgersi a qc/qn: *The TV programme is geared towards younger children.* Il programma televisivo si rivolge ai bambini più piccoli. **2 to be geared up for sth/to do sth** essere pronto a qc/a fare qc
gearbox /ˈgɪəbɒks/ *s* (pl **-boxes**) scatola del cambio
geese /giːs/ plurale di **goose**
gel /dʒel/ *s* gel
gem /dʒem/ *s* gemma
Gemini /ˈdʒemənaɪ/ *s* **1** Gemelli **2** Gemelli: *She's a Gemini.* È dei Gemelli.
gender /ˈdʒendə/ *s* **1** sesso **2** (in linguistica) genere
gene /dʒiːn/ *s* gene
general /ˈdʒenərəl/ *aggettivo e sostantivo*
• *agg* **1** generale: *a general strike* uno sciopero generale **2** (non dettagliato) generale: *a general introduction to computing* un'introduzione generale all'uso del computer **3 in general** di solito **4 as a general rule** di solito **5 the general public** il pubblico [non di settore]
• *s* (nell'esercito) generale
ˌgeneral eˈlection *s* elezioni politiche
generalization, -isation BrE /ˌdʒenərəlaɪˈzeɪʃən/ *s* generalizzazione
generalize, -ise BrE /ˈdʒenərəlaɪz/ *v* **to generalize about sth** generalizzare riguardo a qc
ˌgeneral ˈknowledge *s* cultura generale
generally /ˈdʒenərəli/ *avv* **1** (solitamente) generalmente: *She generally gets home about 7.* Generalmente arriva a casa intorno alle 7. **2** (da tutti) generalmente: *It is generally accepted that too much fat is*

bad for you. È un fatto generalmente riconosciuto che troppi grassi fanno male. **3 generally speaking** in generale

ˌgeneral-ˈpurpose *agg* multiuso

generate /ˈdʒenəreɪt/ *v* [tr] generare

generation /ˌdʒenəˈreɪʃən/ *s* **1** generazione **2 the generation gap** il divario generazionale

generator /ˈdʒenəreɪtə/ *s* generatore

generosity /ˌdʒenəˈrɒsəti/ *s* generosità

generous /ˈdʒenərəs/ *agg* generoso -a: *It was very **generous of** him **to** offer to help.* È stato molto generoso da parte sua offrirsi per aiutare. | **to be generous to sb** essere generoso con qn

generously /ˈdʒenərəsli/ *avv* generosamente

genetic /dʒəˈnetɪk/ *agg* genetico -a

genetics /dʒəˈnetɪks/ *s* genetica

genial /ˈdʒiːniəl/ *agg* socievole

genitals /ˈdʒenɪtlz/, anche **genitalia** /ˌdʒenɪˈteɪliə/ *s pl* genitali

genius /ˈdʒiːniəs/ *s* (pl **-ses**) genio

genocide /ˈdʒenəsaɪd/ *s* genocidio

genre /ˈʒɒnrə/ *s* (di opera letteraria) genere

gent /dʒent/ *s* BrE **1** (informale) gentiluomo **2 the gents** bagno degli uomini

gentle /ˈdʒentl/ *agg* **1** (persona) dolce **2 a gentle breeze** una leggera brezza | **a gentle voice** una voce dolce **3 gentle exercise** esercizio facile | **a gentle slope** un pendio dolce

gentleman /ˈdʒentlmən/ *s* (pl **-men**) signore

gentleness /ˈdʒentlnəs/ *s* dolcezza

gently /ˈdʒentli/ *avv* **1** con delicatezza **2** dolcemente

genuine /ˈdʒenjuɪn/ *agg* **1** (quadro, gioielli) autentico -a **2** (sentimento) sincero -a

genuinely /ˈdʒenjuɪnli/ *avv* sinceramente

geography /dʒiˈɒgrəfi/ *s* geografia

geological /ˌdʒiːəˈlɒdʒɪkəl/ *agg* geologico -a

geologist /dʒiˈɒlədʒɪst/ *s* geologo -a

geology /dʒiˈɒlədʒi/ *s* geologia

geometric /ˌdʒiːəˈmetrɪk/, anche **geometrical** /ˌdʒiːəˈmetrɪkəl/ *agg* geometrico -a

geometry /dʒiˈɒmətri/ *s* geometria

geranium /dʒəˈreɪniəm/ *s* geranio

geriatric /ˌdʒeriˈætrɪk/ *agg* geriatrico -a

germ /dʒɜːm/ *s* microbo

German /ˈdʒɜːmən/ *aggettivo e sostantivo*
- *agg* tedesco -a
- *s* **1** (lingua) tedesco **2** tedesco -a

ˌGerman ˈmeasles *s* rosolia

Germany /ˈdʒɜːməni/ *s* Germania

gesture /ˈdʒestʃə/ *sostantivo e verbo*
- *s* gesto
- *v* [intr] gesticolare | **to gesture at/towards sth** fare segno in direzione di qc | **to gesture to sb to do sth** fare segno a qn di fare qc

get /get/ *v* (passato **got**, participio **got** BrE, **gotten** AmE, gerundio **getting**) ► vedi riquadro

get about BrE **1** (notizia, informazione) diffondersi **2** andare in giro

get sth across trasmettere qc [idee]

get ahead andare avanti

get along 1 andare: *How's she getting along at school?* Come va a scuola? **2 to get along (with sb)** andare d'accordo (con qn)

get around 1 (notizia, informazione) diffondersi **2** andare in giro **get around sth** aggirare qc [norma, ostacolo] **get around sb** convincere qn

get around to doing sth trovare il tempo di fare qc

get at sth (informale) voler arrivare a qc: *I couldn't understand what he was getting at.* Non riuscivo a capire dove voleva arrivare. **get at sb** (informale) prendersela con qn

get away 1 venir via **2** (ladro) fuggire **3** (pesce) liberarsi: *I managed to **get away from** him eventually.* Alla fine sono riuscito a seminarlo. | **to get away from it all** staccare completamente

get away with sth (restare impunito) *You won't get away with this!* Non la passerai liscia!

get back 1 rientrare **2 to get back at sb** vendicarsi di qn **get sth back** riavere qc

get back to sb richiamare qn [al telefono]

get behind restare indietro | **to get behind with sth** rimanere indietro con qc

get by tirare avanti: *She has to **get by on** £60 a week.* Deve tirare avanti con 60 sterline alla settimana.

get down venir giù: *Get down! There's someone coming.* Vieni giù di lì! Sta arrivando qualcuno. **get sb down** (informale) deprimere qn

get down to sth to get down to doing sth mettersi a fare qc

get in 1 (in edificio) riuscire ad entrare **2** (in auto) salire **3** (treno, aereo) arrivare **4** (arrivare a casa) rientrare **get in sth** salire in qc **get sth in** ritirare qc [biancheria], portar dentro qc [raccolto]

get into sth 1 entrare in qc [casa], essere ammesso a qc [università] **2** entrare in qc [capo di vestiario]: *I can't get into these jeans any more.* Non entro più in questi jeans. **3** entrare in qc [attività]: *He got into politics after graduating.* È entrato in politica dopo la laurea.

G

4 what's got into you/her etc? (informale) cosa ti/le ecc. è preso?
get off **1** (da treno, autobus ecc.) scendere **2 get off!** giù le mani! **3** cavarsela | **to get off with sth** cavarsela con qc **4 to get off (work)** uscire [dal lavoro] **5 to get off with sb** BrE (informale) mettersi con qn **get off sth** scendere da qc
get on **1** (su treno, autobus ecc.) salire **2 to get on (with sb)** andare d'accordo (con qn) **3** trovarsi: *How is he getting on in his new job?* Come si trova con il nuovo lavoro? **4 to get on with sth** continuare a fare qc **get on sth** salire su qc [treno, autobus]
get onto sb rivolgersi a qn **get onto sth** cominciare a parlare di qc
get out **1** andarsene | **get out!** fuori! | **to get out of sth** uscire da qc [casa, auto], lasciare qc [paese] **2** (da auto, treno ecc.) scendere **3** (segreto, notizia) trapelare **get out of doing sth** evitare di fare qc
get sth out (of sth) tirare qc fuori (da qc): *He got £100 out of the jacket pocket.* Ha tirato fuori 100 sterline dalla tasca della giacca. **get sth out of sb** portar via qc a qn [soldi], strappare via qc a qn [confessione]
get over sth **1** riprendersi da qc **2** vincere qc **get sth over with** finire qc
get round BrE ▶ vedi **get around**
get through prendere la linea | **to get through to sb** (al telefono) riuscire a parlare con qn **get through sth** **1** superare qc [momento, esperienza difficile] **2** far fuori qc [soldi, provviste]
get through to sb riuscire a comunicare con qn
get together (with sb) trovarsi (con qn)
get sb together far riunire qn **get sth together** *He couldn't* ***get*** *the money* ***together*** *for the ticket.* Non è riuscito a mettere insieme i soldi per il biglietto.
get up alzarsi **get sb up** svegliare qn
get up to sth combinare qc: *They're going to get up to mischief.* Ne combineranno una delle loro.

getaway /ˈgetəweɪ/ *s* **1** fuga **2 to make a getaway** scappare **3 getaway car** auto utilizzata per la fuga

ghastly /ˈgɑːstli/ *agg* (**-lier**, **-liest**) orribile

ghetto /ˈgetəʊ/ *s* (pl **-s** o **-es**) ghetto

ghost /gəʊst/ *s* **1** fantasma **2 to give up the ghost** (informale) esalare l'ultimo respiro **3 ghost story** storia di fantasmi

ghostly /ˈgəʊstli/ *agg* spettrale

giant /ˈdʒaɪənt/ *sostantivo* e *aggettivo*
- *s* (figura immaginaria) gigante, (persona di successo) mostro sacro, (azienda) colosso
- *agg* **giant pizza/TV screen** pizza/schermo gigante

get

1 OTTENERE
I couldn't get tickets. Non sono riuscito a trovare biglietti. | *I couldn't* ***get*** *the car* ***to*** *start.* Non sono riuscito a far partire l'auto.

2 COMPRARE
What did you get Paul for Christmas? Cos'hai regalato a Paul per Natale?

3 RICEVERE
I ***got*** *an email* ***from*** *her this morning.* Ho ricevuto una sua email stamattina. | *How much did you* ***get for*** *the car?* Quanto ti hanno dato per l'auto?

4 ARRIVARE, ANDARE A
We didn't get home till five. Non siamo andati a casa prima delle cinque. | *Do you know how to get to Lucy's?* Sai come arrivare da Lucy?

5 PRENDERE
I got the last train. Ho preso l'ultimo treno.

6 IN STRUTTURE CHE SI TRADUCONO CON VERBI PRONOMINALI
Don't ***get angry***. Non arrabbiarti. | *Don't get your feet wet.* Non bagnarti i piedi.

7 METTERE, TOGLIERE
to get sth into sth mettere qc in qc | **to get sth out of sth** tirare qc fuori da qc

8 ANDARE A PRENDERE
I went to get her from the airport. Sono andato a prenderla all'aeroporto.

9 RIUSCIRE A
to get to do sth: *He always gets to choose!* È sempre lui a scegliere!

10 FARE
to get sth done: *I have to get this finished today.* Devo finirlo oggi. | *You need to get that bike fixed.* Devi far aggiustare quella bicicletta.

11 CAPIRE
You don't get it, do you? Ma non hai capito proprio niente?

12 PRENDERSI, PRENDERE
He got measles. Si è preso la varicella. | *You can't get channel 5 here.* Qui non si prende channel 5.

13 PREPARARE
to get lunch/dinner etc preparare il pranzo/la cena ecc.

14 RISPONDERE A
can you get the phone? rispondi tu?

15 Le espressioni **to have got** e **to have got to** vengono trattate sotto il verbo **to have**.

giddy /ˈgɪdi/ *agg* (**giddier**, **giddiest**) *It made me* ***feel giddy***. Mi ha fatto girare la testa.

gift /gɪft/ *s* **1** (omaggio) regalo: *It was a **gift** from my wife.* È un regalo di mia moglie. **2** dono | **to have a gift for (doing) sth** essere portato per (fare) qc **3 gift shop** negozio di souvenir

gifted /'gɪftɪd/ *agg* dotato -a: *She is very gifted.* È molto dotata.

'gift ˌtoken, anche **'gift ˌvoucher** *s* buono d'acquisto

gig /gɪg/ *s* (informale) (di complesso musicale) concerto

gigabyte /'gɪgəbaɪt/ *s* gigabyte

gigantic /dʒaɪ'gæntɪk/ *agg* gigantesco -a

giggle /'gɪgəl/ *verbo* e *sostantivo*

• *v* [intr] ridacchiare

• *s* **1** risolino | **I got (a fit of) the giggles** (informale) mi è venuta la ridarella **2 to do sth for a giggle** BrE fare qc per scherzo

giggling

gilt /gɪlt/ *agg* dorato -a

gimmick /'gɪmɪk/ *s* trovata (pubblicitaria)

gin /dʒɪn/ *s* gin | **a gin and tonic** un gin tonic

ginger /'dʒɪndʒə/ *sostantivo* e *aggettivo*

• *s* zenzero

• *agg* BrE rosso -a: *a **ginger** cat* un gatto rosso | *the girl with ginger hair* la ragazza con i capelli rossi

gingerly /'dʒɪndʒəli/ *avv* prudentemente

gipsy ▶ vedi **gypsy**

giraffe /dʒɪ'rɑːf/ *s* giraffa

girl /gɜːl/ *s* **1** (piccola) bambina: *a little **girl*** una bambina **2** (adolescente) ragazza **3** figlia

girlfriend /'gɜːlfrend/ *s* **1** ragazza | **my/his etc girlfriend** la mia/sua ecc. ragazza **2** amica

gist /dʒɪst/ *s* **the gist (of sth)** il senso (di qc) | **to get the gist** cogliere il senso

give /gɪv/ *v* (passato **gave**, participio **given**) ▶ vedi riquadro

give sth away 1 dar via qc **2** svelare qc [segreto] **give sb away** tradire qn **give yourself away** tradirsi

give sth back restituire qc | **to give sth back to sb** restituire qc a qn: *I must give David **back** the money I owe him.* Devo restituire a David i soldi che gli devo.

give in 1 (cedere) arrendersi | **to give in to sth/sb** arrendersi a qc/qn **2** darsi per vinto **give sth in** BrE consegnare qc [compito scolastico]

give sth out distribuire qc

give up rinunciare **give sth up 1** rinunciare a qc: *He's given up trying to teach me Russian.* Ha rinunciato all'idea di insegnarmi il russo. **2** lasciare qc: *She gave up her job.* Ha lasciato il lavoro. | *He's given up smoking.* Ha smesso di fumare. | **to give up doing sth** smettere di fare qc

give yourself up arrendersi

given¹ /'gɪvən/ *aggettivo* e *preposizione*

• *agg* **by the given date** entro la data stabilita | **at any given time** in qualsiasi momento

• *prep* dato -a: *given the circumstances* date le circostanze

given² /'gɪvən/ participio di **give**

glacier /'glæsiə, AmE 'gleɪʃər/ *s* ghiacciaio

glad /glæd/ *agg* (**gladder**, **gladdest**) **1 to be glad that** essere contento che: *We're glad that you decided to stay.* Siamo contenti che tu abbia deciso di restare. | **to be glad to see/hear (that)** essere felice di vedere/sentire che **2 to be glad to do sth** usato per esprimere disponibilità: *"Can you give me a hand?" "I'd be glad to."* – Mi puoi dare un mano? – Con piacere. **3 to be glad of sth** essere grato di qc

gladly /'glædli/ *avv* volentieri

glamorous /'glæmərəs/ *agg* (donna) affascinante, (abito) favoloso -a, (stile di vita, luogo) lussuoso -a

glamour BrE, **glamor** AmE /'glæmə/ *s* (di stile di vita, luogo) lusso

glance /glɑːns/ *verbo* e *sostantivo*

• *v* **1 to glance at sth** dare un'occhiata a qc **2 to glance at/towards sb** rivolgere lo sguardo verso qn

• *s* **1** occhiata **2 at a glance** a colpo d'occhio **3 at first glance** a prima vista

gland /glænd/ *s* ghiandola

glare /gleə/ *verbo* e *sostantivo*

• *v* [intr] **1 to glare at sb** lanciare occhiate di fuoco a qn **2** brillare in modo accecante: *The stage lights were glaring in my face.* Le luci del palcoscenico mi accecavano.

• *s* **1** bagliore **2** occhiata fulminante

glaring /'gleərɪŋ/ *agg* **1** (luce) accecante **2** (errore) clamoroso -a

glass /glɑːs/ *s* **1** vetro **2** (pl **glasses**) bicchiere: *a **glass** of **wine*** un bicchiere di vino ▶ vedi nota sotto **bicchiere** **3** vetri: *Murano glass* i vetri di Murano

glasses /'glɑːsɪz/ *s pl* occhiali: *I've got another pair of glasses.* Ho un altro paio di occhiali.

glaze /gleɪz/ *verbo* e *sostantivo*

• *v* [tr] vetrinare [ceramica]

glaze over his/their eyes glazed over il suo sguardo era perso/i loro sguardi erano persi nel vuoto

• *s* **1** vetrina [vernice] **2** glassa

gleam /gliːm/ *verbo* e *sostantivo*

• *v* [intr] luccicare

• *s* luccichio

glean /gliːn/ *v* **to glean sth from sb** raccogliere qc da qn [informazioni]

glee /gliː/ *s* scherno

Sai come funzionano i *phrasal verbs*? Vedi le spiegazioni nella **guida grammaticale**.

G

give *verbo*

1 DARE

Si dice **to give sb sth** o **to give sth to sb**:

He gave me the information I needed. Mi ha dato le informazioni di cui avevo bisogno. | *Give this to your brother.* Dallo a tuo fratello. | *How much did they **give** you **for** your old computer?* Quanto ti hanno dato per il vecchio computer?

2 REGALARE

He gave her a CD for Christmas. Le ha regalato un CD per Natale.

3 OFFRIRE

His parents gave a party for his graduation. I suoi genitori hanno dato una festa per la sua laurea. | **to give a speech** tenere un discorso: *He gave an excellent performance.* La sua prestazione è stata eccellente.

4 DAR SOLDI

Do you give to charity? Fai beneficenza?

5 CONTAGIARE

I don't want to give him my cold. Non voglio attaccargli il raffreddore.

6 CEDERE

The leather will give a little. La pelle dovrebbe cedere un po'.

7 ESPRESSIONI

Don't give me that! Raccontalo a qualcun altro! | **give or take a few minutes** minuto più minuto meno

To give fa anche parte di espressioni come **not to give a damn, to give way**, ecc. Queste espressioni sono trattate sotto il sostantivo corrispondente (**damn**, **way**, ecc.).

glide /glaɪd/ *v* [intr] **1** (su terreno) scivolare, (su acqua) planare **2** (in aria) planare

glider /'glaɪdə/ *s* aliante

gliding /'glaɪdɪŋ/ *s* volo a vela

glimmer /'glɪmə/ *sostantivo* e *verbo*

- *s* **1 a glimmer of hope** un barlume di speranza **2** luce incerta | **a glimmer of light** un raggio di luce
- *v* [intr] splendere debolmente

glimpse /glɪmps/ *sostantivo* e *verbo*

- *s* (rapido) sguardo | **to catch a glimpse of sb/sth** intravedere qn/qc: *We caught a glimpse of some of the players.* Siamo riusciti a intravedere alcuni dei giocatori.
- *v* [tr] intravedere

glint /glɪnt/ *verbo* e *sostantivo*

- *v* [intr] scintillare
- *s* scintillio

glisten /'glɪsən/ *v* [intr] luccicare

glitter /'glɪtə/ *verbo* e *sostantivo*

- *v* [intr] scintillare
- *s* scintillio

gloat /gləʊt/ *v* **to gloat (over sth)** gongolare (per qc): *You needn't gloat – you only just passed yourself.* Non gongolare: sei passato anche tu per il rotto della cuffia.

global /'gləʊbəl/ *agg* globale | **global warming** riscaldamento terrestre

globe /gləʊb/ *s* **1 the globe** il mondo **2** mappamondo

gloom /gluːm/ *s* **1** buio **2** sconforto

gloomy /'gluːmi/ *agg* (**-mier**, **-miest**) **1** (immagine) tetro -a, (previsione) pessimistico -a **2** (espressione, sguardo) sconsolato -a **3** (persona) giù di morale **4** (luogo) tetro -a

glorious /'glɔːriəs/ *agg* **1** illustre **2** (tempo, giornata) fantastico -a, (colore) sfolgorante

glory /'glɔːri/ *sostantivo* e *verbo*

- *s* (pl **-ries**) **1** (onore) gloria **2** (magnificenza) splendore | **the glories of sth** lo splendore di qc
- *v* (3ª pers sing **-ries**) **glory in sth** esultare per qc

gloss /glɒs/ *sostantivo* e *verbo*

- *s* **1** lucentezza **2** (anche **gloss paint**) vernice a olio, lucida
- *v* (3ª pers sing **glosses**) **gloss over sth** coprire qc [errore], tralasciare [particolare], minimizzare [problema]

glossary /'glɒsəri/ *s* (pl **-ries**) glossario

glossy /'glɒsi/ *agg* (**-ssier**, **-ssiest**) **1** lucente **2 glossy magazines** riviste illustrate

glove /glʌv/ *s* guanto

glow /gləʊ/ *sostantivo* e *verbo*

- *s* bagliore
- *v* [intr] **1** (fuoco) sfavillare, (orologio) essere fluorescente **2 to be glowing** essere rosso in volto **3 to glow with pride** essere pieno d'orgoglio **4 to glow with happiness** sprizzare felicità da tutti i pori

glucose /'gluːkəʊs/ *s* glucosio

glue /gluː/ *sostantivo* e *verbo*

- *s* colla
- *v* [tr] (gerundio **gluing** o **glueing**) **to glue sth to sth** incollare qc a qc: *Why did you **glue** the poster **to** the wall?* Perché hai incollato il poster alla parete? | **to glue sth together** incollare qc

gm (= **gram**) g

gnaw /nɔː/ *v* [tr/intr] **to gnaw (at) sth** rosicchiare qc

gnaw at sb (senso di colpa) rodere qn

go /gəʊ/ *verbo* e *sostantivo*

- *v* [intr] (passato **went**, participio **gone**) ▶ vedi riquadro

go about BrE ▶ vedi **go around go about sth** fare qc: *How do you go about getting a work permit?* Cosa bisogna fare per farsi dare un permesso di lavoro?

go after sb rincorrere qn
go against sth andare contro qc **go against sb** **1** (voto, verdetto) essere sfavorevole a qn **2** andare contro qn
go ahead **1** procedere: *We're* ***going ahead with*** *the changes.* Abbiamo deciso di procedere con i cambiamenti. | *"Do you mind if I smoke?" "Go ahead."* – Ti da fastidio se fumo? – Fai pure. **2** (riunione, partita) tenersi **3** andare avanti
go along **as you go along** strada facendo
go along with sth appoggiare qc [suggerimenti] **go along with sb** concordare qn
go around **1** ruotare **2** andare in giro: *You shouldn't go around saying things like that.* Non dovresti andare in giro a dire cose del genere. **3** (indiscrezioni) circolare **4** (essere sufficiente) *Are there enough glasses to go around?* Ci sono abbastanza bicchieri per tutti?
go away **1** andar via **2** (dolore) sparire **3** (problema) svanire
go back tornare
go back on sth ritrattare qc [promessa]
go by trascorrere **go by sth** servirsi di qc [istruzioni, cartina]
go down **1** (temperatura, prezzi) diminuire **2** (sole) tramontare **3** (nave) naufragare **4** (aereo) precipitare **5** (computer) andare in tilt **6** **to go down well/badly etc** piacere/non piacere ecc.
go down with sth (informale) beccarsi qc
go for sth **1** (scegliere) prendere qc **2** cercare di ottenere: *Will she go for that job in London?* Farà domanda per quel lavoro a Londra? **go for sb** **1** avventarsi su qn **2** **and that goes for you/him etc too** (informale) e questo vale anche per te/lui ecc.
go in entrare
go in for sth usato per esprimere preferenza: *I don't go in for modern art.* L'arte moderna non fa per me.
go into sth **1** darsi a qc [professione] **2** entrare in qc [particolari]
go off **1** andarsene | **to go off with sth** andarsene portando via qc **2** (bomba) esplodere, (arma) sparare **3** (sveglia) suonare **4** (luce, riscaldamento) spegnersi **5** BrE (cibo) andare a male **6** **to go off well** riuscire bene | **to go off badly** essere un fiasco **go off sth/sb** BrE (informale) perdere interesse per qc o fiducia in qn: *I've gone off salads.* Le insalate mi hanno stufato.
go on **1** continuare: ***Go on with*** *what you were doing.* Continua pure a fare quello che stavi facendo. | *We can't go on like this.* Non possiamo andare avanti così. | **to go on doing sth** continuare a fare qc **2** durare | **to go on for weeks** andare avanti per settimane | **to go on for three hours** durare tre ore **3** succedere: *What's going on in there?* Cosa sta succedendo lì dentro? **4** (tempo) passare **5** (luce, riscaldamento) accendersi **6** (informale) rompere (le scatole) | **to go on at sb (to do sth)** rompere le scatole a qn (per fargli fare qc) **7** usato per incoraggiare qn a fare qc: *Go on. Have some more cake.* Dai, prendi ancora un po' di torta.
go out **1** uscire **2** stare insieme **3** (luce, candela) spegnersi
go over sth **1** analizzare qc **2** (ripetere) ripassare qc
go round BrE ► vedi **go around**
go through (domanda, bonifico) passare **go through sth** **1** passare qc [esperienza difficile] **2** controllare qc **3** frugare in qc **4** ricontrollare qc **5** consumare qc
go through with sth realizzare qc
go together (colori) star bene insieme
go up **1** aumentare **2** (edificio) essere costruito **3** prender fuoco | **to go up in flames** essere distrutto dalle fiamme
go without (sth) fare a meno (di qc)
• *s* (pl **goes**) **1** **to have a go (at doing sth)** provare (a fare qc) **2** (in un gioco) *It's your go.* Tocca a te. **3** **to be on the go** non stare fermo un minuto

'go-a,head *s* **to give sb the go-ahead** (informale) dare il via libera a qn

goal /gəʊl/ *s* **1** gol | **to score a goal** fare un gol **2** porta [nello sport] **3** obiettivo

goalie /ˈgəʊli/ *s* (informale) portiere [nel calcio]

goalkeeper /ˈgəʊlˌkiːpə/ *s* portiere [nel calcio]

goalpost /ˈgəʊlpəʊst/ *s* palo [della porta]

goat /gəʊt/ *s* capra

gobble /ˈgɒbəl/, anche **gobble up** *v* [tr] (informale) trangugiare

god /gɒd/ *s* **1** dio **2** **God** Dio **3** **(my) God!** (informale) oddio! | **God knows!** (informale) Va' a sapere!

godchild /ˈgɒdtʃaɪld/ *s* (pl **godchildren**) figlioccio -a

goddaughter /ˈgɒdˌdɔːtə/ *s* figlioccia

goddess /ˈgɒdɪs/ *s* (pl **-sses**) dea

godfather /ˈgɒdˌfɑːðə/ *s* padrino

godmother /ˈgɒdˌmʌðə/ *s* madrina

godparent /ˈgɒdˌpeərənt/ *s* padrino, madrina: *his godparents* il suo padrino e la sua madrina

godsend /ˈgɒdsend/ *s* dono di Dio

godson /ˈgɒdsʌn/ *s* figlioccio

goggles /ˈgɒgəlz/ *s pl* occhialini (da nuoto)

going /ˈgəʊɪŋ/ *sostantivo* e *aggettivo*
• *s* **to be good/heavy etc going** (informale) usato per indicare la velocità o la facilità con cui si fa qualcosa: *We got there in three hours, which was pretty good going.* Ci siamo arrivati in tre ore, cioè, abbastanza in fretta. | *I find his novels rather heavy*

G

G

go *verbo*

1 ANDARE

VERSO UN LUOGO

Where are you going? Dove stai andando? | *Dad has* **gone to** *get the paper.* Papà è andato a prendere il giornale.

In quest'accezione il participio può essere **gone** o **been**: **they've gone to church** vuol dire che sono andati in chiesa e sono ancora lì. **They've been to church** vuol dire che sono andati in chiesa e sono già ritornati.

to go home andare a casa | **to go for a run** andare a correre | **to go shopping** andare a fare compere

DA UN LUOGO

I don't want to go yet. Non voglio ancora andar via.

2 INDICA INTENZIONE

I'm **going to** *paint my room white.* Voglio dipingere la mia stanza di bianco.

3 INDICA UN CAMBIAMENTO

She went red. È diventata rossa. | *I'm going mad!* Sto impazzendo!

4 SVOLGERSI

Everything's going fine. Sta andando tutto bene. | *How's it going?* Come va?

5 PORTARE

Where does this street go? Dove porta questa strada? | *The road goes all the way to Alaska.* Questa strada va fino in Alaska.

6 FUNZIONARE

The car won't go. La macchina non funziona.

7 SPARIRE

My pen's gone. La mia penna è sparita. | *Has your headache gone?* Ti è passato il mal di testa?

8 TRASCORRERE

The summer's gone so fast! L'estate è passata così in fretta!

9 SMETTERE DI FUNZIONARE

The light bulb's gone. La lampadina non funziona più.

10 EMETTERE UN SUONO

Then the bell went. Poi è suonato il campanello. | *Cows go "moo".* Le mucche fanno "mu".

11 STARE BENE

This sauce doesn't go with pork. Questa salsa non sta bene con il maiale.

going. Trovo i suoi romanzi piuttosto pesanti.
• *agg* **1 the going rate** il prezzo corrente **2 a going concern** un'impresa ben avviata

go-kart /ˈgəʊkɑːt/ *s* go-kart

gold /gəʊld/ *sostantivo* e *aggettivo*
• *s* **1** (metallo) oro **2** (colore) oro
• *agg* **1** (fatto d'oro) d'oro **2** (color oro) dorato -a

golden /ˈgəʊldən/ *agg* **1** (fatto d'oro) d'oro **2** (colore) dorato -a **3 a golden opportunity** un'occasione d'oro

goldfish /ˈgəʊldˌfɪʃ/ *s* (pl **goldfish**) pesce rosso

golf /gɒlf/ *s* **1** golf: *a round of golf* una partita a golf **2 golf club a)** (associazione) golf club **b)** (bastone) mazza da golf **golf course** campo da golf

golfer /ˈgɒlfə/ *s* giocatore -trice di golf

gone[1] /gɒn/ *prep* BrE **it was gone midnight** era mezzanotte passata

gone[2] /gɒn/ participio di **go**

gonna /ˈgɒnə/ (informale)

gonna è nell'inglese colloquiale la contrazione di **going to** ed è usato per costruire il futuro:
You're gonna like it. Ti piacerà.

good /gʊd/ *aggettivo* e *sostantivo*
• *agg* (comparativo **better**, superlativo **best**) **1** buono -a: *a good book* un buon libro | *a good opportunity* una buona occasione | *It's* **good to** *talk.* Parlare fa bene. | *Fruit is* **good for** *you.* La frutta fa bene. **2** bello -a: *It's* **good to** *see you.* È bello vederti. | *Did you have a good weekend?* Avete passato un bel fine settimana? **3 to be good at sth** essere bravo in qc: *I'm not very good at maths.* Non sono molto brava in matematica. **4** gentile: *They were very* **good to** *me.* Sono stati molto gentili con me. **5 to be/taste good** essere buono **6** (bambino) buono -a | **to be good** stare buono **7 as good as** praticamente **8 (as) good as new** come nuovo
• *s* **1** bene: *A holiday will* **do** *you* **good**. Una vacanza ti farà bene. | **it's for your/her etc own good** è per il tuo/suo ecc. bene **2 to be no good a)** essere inutile **b)** (lavoro, film) non valere niente: *It's no good, we're lost.* È inutile, ci siamo persi. | *It's no good complaining.* Lamentarsi non serve a niente. | *This radio's no good.* Questa radio non vale niente. **3 for good** per sempre

goodbye /gʊdˈbaɪ/ *inter* **1** arrivederci ▶ La forma colloquiale **bye** è molto più frequente. **2 to say goodbye (to sb)** salutare (qn)

ˌgood-ˈhumoured BrE, **good-humored** AmE *agg* (persona) di buon umore, (faccia, atmosfera) simpatico -a, (scherzo) bonario -a

ˌgood-ˈlooking *agg* bello -a

ˌgood-ˈnatured *agg* (persona) buono -a, (scherzo) bonario -a

goodness /ˈɡʊdnəs/ *s* **1** bontà **2** (informale) **thank goodness!** grazie a Dio! | **goodness knows!** chi lo sa! | **for goodness' sake!** santo cielo!

goodnight /ɡʊdˈnaɪt/ *inter* buonanotte

goods /ɡʊdz/ *s pl* merci | **manufactured/leather goods** prodotti finiti/di pelle | **stolen goods** roba rubata

goodwill /ˌɡʊdˈwɪl/ *s* buona volontà

gooey /ˈɡuːi/ *agg* (informale) appiccicoso -a

goose /ɡuːs/ *s* (pl **geese** /ɡiːs/) oca

gooseberry /ˈɡʊzbəri/ *s* (pl **-rries**) uva spina

ˈgoose ˌpimples, anche **ˈgoose bumps** *s pl* pelle d'oca

gorge /ɡɔːdʒ/ *s* gola

gorgeous /ˈɡɔːdʒəs/ *agg* (informale) (tempo, abiti) stupendo -a, (persona) bellissimo -a

gorilla /ɡəˈrɪlə/ *s* gorilla

gory /ˈɡɔːri/ *agg* (**gorier**, **goriest**) cruento -a

gosh! /ɡɒʃ/ *inter* accidenti!

gospel /ˈɡɒspəl/ *s* **1** Vangelo **2** (anche **gospel music**) gospel

gossip /ˈɡɒsɪp/ *sostantivo* e *verbo*
- *s* **1** pettegolo -a **2** pettegolezzi
- *v* [intr] spettegolare | **to gossip about sb/sth** spettegolare su qn/qc

got /ɡɒt/ passato e participio di **get**

Gothic /ˈɡɒθɪk/ *agg* gotico -a

gotta /ˈɡɒtə/

> **gotta** è la contrazione di **got to** o **have got to** ed è usato nell'inglese colloquiale:
>
> *I gotta go.* Devo andare. | *You've gotta help me.* Devi aiutarmi.

gotten /ˈɡɒtn/ AmE participio di **get**

gouge /ɡaʊdʒ/ *v* [tr] **to gouge a hole in sth** fare un buco in qc | **to gouge sb's eyes out** cavare gli occhi a qn

gourmet /ˈɡʊəmeɪ/ *aggettivo* e *sostantivo*
- *agg* (pranzo, cibo) di gran classe
- *s* buongustaio -a

govern /ˈɡʌvən/ *v* [tr/intr] governare

governess /ˈɡʌvənəs/ *s* (pl **-sses**) istitutrice

government /ˈɡʌvəmənt/ *s* governo ▶ In inglese britannico il verbo che segue **government** può essere sia al singolare che al plurale.

governor /ˈɡʌvənə/ *s* **1** governatore -trice **2** (di scuola, ospedale) membro del consiglio direttivo **3** BrE (di carcere) direttore

gown /ɡaʊn/ *s* **1** abito [elegante, da sera] **2** (di medico) camice

GP /ˌdʒiː ˈpiː/ *s* (= **general practitioner**) medico generico

GPA /ˌdʒiː piː ˈeɪ/ *s* (= **grade point average**) (negli Stati Uniti) media [dei voti]

grab /ɡræb/ *verbo* e *sostantivo*
- *v* [tr] (**grabbed**, **grabbing**) **1** afferrare: *He grabbed my arm.* Mi ha afferrato per un braccio. **2 to grab the chance/opportunity** prendere un'occasione al volo
- *s* **to make a grab for/at sth** cercare di prendere qc

grace /ɡreɪs/ *s* **1** grazia **2 to have the grace to do sth** avere la cortesia di fare qc **3 a day's/week's etc grace** una proroga di un giorno/di una settimana ecc.

graceful /ˈɡreɪsfəl/ *agg* (persona, movimento) aggraziato -a, (animale, oggetto) elegante

gracious /ˈɡreɪʃəs/ *agg* **1** cortese **2** raffinato -a

grade /ɡreɪd/ *sostantivo* e *verbo*
- *s* **1** voto [scolastico] | **to get good/bad grades** prendere dei bei/brutti voti **2** qualità **3 first/second/third etc grade** AmE prima/seconda/terza ecc. (classe): *Becky's **in fifth grade**.* Becky è in quinta. ▶ In inglese britannico si usa **year**. **4 to make the grade** affermarsi **5** AmE pendenza ▶ In inglese britannico si usa **slope** o **gradient**.
- *v* [tr] **1** suddividere in gruppi [a seconda della grandezza o della qualità] **2** AmE dare un voto a [compito in classe] ▶ In inglese britannico si usa **to mark**.

> Le lettere A, B, C, D, E e F sono usate come voti per la valutazione scolastica (A è il voto più alto). Talvolta, alla lettera viene aggiunto un segno di più (+) o di meno (-) per differenziare ulteriormente.
>
> L'espressione **to get straight As** significa **riportare A in tutte le materie**.

ˈgrade school, anche **eleˈmentary school** *s* AmE scuola elementare ▶ In inglese britannico si usa **primary school**.

gradient /ˈɡreɪdiənt/ *s* BrE pendenza

gradual /ˈɡrædʒuəl/ *agg* graduale

gradually /ˈɡrædʒuəli/ *avv* **1** (lentamente) gradualmente: *The temperature gradually increased.* La temperatura è gradualmente aumentata. **2** (poco alla volta) a poco a poco: *Gradually add the milk.* Aggiungete il latte a poco a poco.

graduate[1] /ˈɡrædʒuət/ *sostantivo* e *aggettivo*
- *s* **1** laureato -a **2** AmE diplomato -a
- *agg* AmE **graduate student** laureato -a [che frequenta un corso post lauream] | **graduate course** corso post lauream

graduate² /ˈgrædʒueɪt/ *v* [intr] **1** (in università) laurearsi **2** AmE (in scuola superiore) diplomarsi

graduate

graduation /ˌgrædʒuˈeɪʃən/ *s* **1** cerimonia di consegna dei diplomi di laurea **2 after graduation** dopo la laurea

graffiti /grəˈfiːti/ *s* graffiti

graft /grɑːft/ *sostantivo e verbo*
- *s* **1** (in agricoltura, medicina) innesto **2** BrE (informale) duro lavoro
- *v* [tr] innestare

grain /greɪn/ *s* **1** (di riso, orzo) chicco, (di sale, sabbia) granello **2** (grano, orzo, ecc.) cereali **3** (nel legno) venatura

gram /græm/ *s* grammo

grammar /ˈgræmə/ *s* **1** grammatica **2 grammar book** libro di grammatica

ˈgrammar ˌschool *s*

La **grammar school** è uno degli istituti di istruzione secondaria in Gran Bretagna. Per accedervi bisogna superare un esame d'ammissione.

grammatical /grəˈmætɪkəl/ *agg* di grammatica

gran /græn/ *s* BrE (informale) nonna

grand /grænd/ *aggettivo e sostantivo*
- *agg* **1** (spettacolo naturale) grandioso -a, (cerimonia) importante, (casa) lussuoso -a: *Their house is really grand.* La loro casa è veramente lussuosa. | **on a grand scale** in grande **2** (persona) importante
- *s* (pl **grand**) (informale) mille sterline o dollari

grandchild /ˈgræntʃaɪld/ *s* (pl **-children**) nipote [di nonno o nonna]

granddad, anche **grandad** /ˈgrændæd/ *s* (informale) nonno

granddaughter /ˈgrænˌdɔːtə/ *s* nipote [femmina, di nonno o nonna]

grandeur /ˈgrændʒə/ *s* grandiosità

grandfather /ˈgrænˌfɑːðə/ *s* nonno

grandma /ˈgrænmɑː/ *s* (informale) nonna

grandmother /ˈgrænˌmʌðə/ *s* nonna

grandpa /ˈgrænpɑː/ *s* (informale) nonno

grandparent /ˈgrænˌpeərənt/ *s* nonno: *my grandparents* i miei nonni

Grand Prix /ˌgrɒn ˈpriː/ *s* Gran Premio: *the Brazilian Grand Prix* il Gran Premio del Brasile

grandson /ˈgrænsʌn/ *s* nipote [maschio, di nonno o nonna]

grandstand /ˈgrændstænd/ *s* tribuna [di stadio]

granite /ˈgrænət/ *s* granito

granny /ˈgræni/ *s* (pl **-nnies**) (informale) nonna

grant /grɑːnt/ *verbo e sostantivo*
- *v* [tr] **1 to take it for granted (that)** dare per scontato che **2 to take sth for granted** dare qc per scontato **3** accordare [permesso], accogliere [richiesta]
- *s* **1** sovvenzione **2** borsa di studio

grape /greɪp/ *s* **1** acino: *a bunch of grapes* un grappolo d'uva **2 grape juice** succo d'uva

grapefruit /ˈgreɪpfruːt/ *s* **1** pompelmo **2 grapefruit juice** succo di pompelmo

grapevine /ˈgreɪpvaɪn/ *s* **I/we etc heard on the grapevine (that)** ho/abbiamo ecc. sentito dire che

graph /græf/ *s* grafico

graphic /ˈgræfɪk/ *agg* vivido -a

ˌgraphic deˈsign *s* grafica

graphics /ˈgræfɪks/ *s pl* grafica

grapple /ˈgræpəl/ *v* [intr] lottare corpo a corpo
grapple with sth affrontare qc [problema]
grapple with sb lottare corpo a corpo con qn

grasp /grɑːsp/ *verbo e sostantivo*
- *v* [tr] **1** (prendere) afferrare **2** (capire) afferrare
- *s* **1 to fall/slip from sb's grasp** sfuggire di mano a qn **2** conoscenza: *a good grasp of the subject* una buona conoscenza della materia **3 to be within sb's grasp** essere a portata di mano di qn

grass /grɑːs/ *s* **1** erba: *"Please keep off the grass."* "Vietato calpestare l'erba." **2** (informale) (droga) erba

grasshopper /ˈgrɑːsˌhɒpə/ *s* cavalletta

grassland /ˈgrɑːslænd/ *s* terreno erboso

ˌgrass ˈroots *s pl* base [di un partito]

grate /greɪt/ *verbo e sostantivo*
- *v* [tr] grattugiare: *grated cheese* formaggio grattugiato
- *s* graticola

grateful /ˈgreɪtfəl/ *agg* riconoscente: *I'm very **grateful to** Alan **for** all his help.* Sono molto riconoscente a Alan per tutto l'aiuto che mi ha dato.

grater /ˈgreɪtə/ *s* grattugia

gratifying /ˈgrætɪfaɪ-ɪŋ/ *agg* (formale) gratificante

gratitude /ˈgrætɪtjuːd/ *s* gratitudine

gratuity /grəˈtjuːəti/ *s* (pl **-ties**) (formale) mancia

grave /greɪv/ *sostantivo* e *aggettivo*
- *s* tomba
- *agg* serio -a

gravel /ˈgrævəl/ *s* ghiaia

gravestone /ˈgreɪvstəʊn/ *s* pietra tombale

graveyard /ˈgreɪvjɑːd/ *s* cimitero

gravity /ˈgrævəti/ *s* **1** (forza) gravità **2** (formale) (serietà) gravità

gravy /ˈgreɪvi/ *s* sugo della carne

gray AmE ▶ vedi **grey**

graze /greɪz/ *verbo* e *sostantivo*
- *v* **1** [intr] pascolare **2** [tr] sbucciare: *He **grazed** his elbow **on** the wall.* Si è sbucciato il gomito contro il muro. **3** [tr] sfiorare
- *s* sbucciatura

grease /griːs/ *sostantivo* e *verbo*
- *s* grasso
- *v* [tr] **1** ingrassare [motore] **2** ungere [teglia]

greasy /ˈgriːsi/ *agg* (**-sier**, **-siest**) (cibo, capelli) grasso -a, (superficie) unto -a

great /greɪt/ *agg* **1** (informale) fantastico -a: *It was great to see him again.* È stato fantastico rivederlo. | **to feel great** sentirsi benissimo | **to have a great time** divertirsi un mondo **2** (informale) fantastico -a: *"The car won't start." "Oh, great!"* – La macchina non parte. – Fantastico! **3** grande: *They travelled great distances.* Hanno percorso grandi distanze. | *She took great care not to drop it.* È stata molto attenta a non farlo cadere. | *We're great friends.* Siamo grandi amici. **4 a great big house/car/dog etc** una casa/una macchina/un cane enorme ecc. **5** grande: *the great civilizations of the past* le grandi civiltà del passato ▶ vedi anche **deal**

ˌgreat-ˈgranddaughter *s* pronipote [femmina]

ˌgreat-ˈgrandfather *s* bisnonno

ˌgreat-ˈgrandmother *s* bisnonna

ˌgreat-ˈgrandson *s* pronipote [maschio]

greatly /ˈgreɪtli/ *avv* enormemente: *I was greatly impressed by their efficiency.* La loro efficienza mi ha enormemente colpito.

Greece /griːs/ *s* Grecia

greed /griːd/ *s* **1** ingordigia **2** avidità

greedily /ˈgriːdɪli/ *avv* con ingordigia

greedy /ˈgriːdi/ *agg* (**-dier**, **-diest**) **1** ingordo -a **2** avido -a | **to be greedy for sth** essere avido di qc

Greek /griːk/ *sostantivo* e *aggettivo*
- *s* **1** (lingua) greco **2 the Greeks** i greci
- *agg* greco -a

green /griːn/ *aggettivo, sostantivo* e *sostantivo plurale*
- *agg* **1** (di colore) verde: *The traffic lights are green.* Il semaforo è verde. ▶ vedi Active Box **colours** sotto **colour** **2** (ricoperto di vegetazione) verde: *the green areas of the city* le aree verdi della città **3** (non maturo) verde **4** (in politica) verde
- *s* **1** verde ▶ vedi Active Box **colours** sotto **colour** **2** (anche **village green**) spazio verde al centro di un paese **3** (nei campi da golf) green
- **greens** *s pl* **1** verdura **2 the Greens** i Verdi

ˈgreen belt *s* cintura verde

ˌgreen ˈcard *s* permesso di soggiorno di cui dev'essere in possesso uno straniero per poter lavorare negli Stati Uniti

greenery /ˈgriːnəri/ *s* verde [piante]

greengrocer /ˈgriːnˌgrəʊsə/ *s* **1** fruttivendolo -a **2** BrE **greengrocer's** fruttivendolo

greenhouse /ˈgriːnhaʊs/ *s* serra

ˈgreenhouse efˌfect *s* effetto serra

greenhouse

greet /griːt/ *v* [tr] **1** salutare **2 to be greeted with sth** venire accolto con qc: *The proposal was greeted with anger.* La proposta venne accolta con rabbia.

greeting /ˈgriːtɪŋ/ *s* saluto

grenade /grəˈneɪd/ *s* (arma) granata

grew /gruː/ passato di **grow**

grey BrE, **gray** AmE /greɪ/ *aggettivo* e *sostantivo*
- *agg* **1** (di colore) grigio -a ▶ vedi Active Box **colours** sotto **colour** **2 grey hair** capelli bianchi | **to go grey** *He's gone grey.* Gli sono venuti i capelli bianchi. **3** (giornata, tempo) grigio -a
- *s* grigio ▶ vedi Active Box **colours** sotto **colour**

greyhound /ˈgreɪhaʊnd/ *s* levriero

grid /grɪd/ *s* **1** grata **2** reticolato **3** griglia di partenza

gridlock /ˈgrɪdlɒk/ *s* arresto del traffico

grief /griːf/ *s* **1** dolore **2 good grief!** accidenti!

grievance /ˈgriːvəns/ *s* lamentela

grieve /griːv/ *v* **to grieve for sb** piangere qn

grill /grɪl/ *verbo* e *sostantivo*
- *v* **1** [tr] fare cuocere sulla griglia **2** [tr] (informale) torchiare
- *s* **1** BrE (di forno) grill **2** griglia **3** grata

grille /grɪl/ *s* grata

grim /grɪm/ *agg* (**grimmer**, **grimmest**) **1** (espressione, persona) poco allegro -a **2** (notizia, situazione) poco piacevole **3** (luogo) squallido -a

Si dice *I arrived in London* o *I arrived to London*? Vedi alla voce arrive.

grimace /grɪˈmeɪs, AmE ˈgrɪməs/ *v* [intr] fare una smorfia di dolore
grime /graɪm/ *s* sudiciume
grimy /ˈgraɪmi/ *agg* (**-mier**, **-miest**) sudicio -a
grin /grɪn/ *verbo e sostantivo*
• *v* [intr] (**grinned**, **grinning**) **1** sorridere **2 to grin and bear it** fare buon viso a cattivo gioco
• *s* sorriso: *a wide/broad grin* un gran sorriso

grinning

G

grind /graɪnd/ *v* (passato e participio **ground**) **1** [tr] macinare [caffè, pepe ecc.] **2** [tr] AmE tritare [carne] ▶ In inglese britannico si usa **to mince**. **3 to grind your teeth** digrignare i denti
grip /grɪp/ *sostantivo e verbo*
• *s* **1** presa | **to get a grip on sth** impugnare saldamente qc | **to tighten your grip on sth** serrare la presa su qc **2** impugnatura **3** tenuta di strada
• *v* (**gripped**, **gripping**) **1** [tr] stringere **2** [tr] aderire a [superficie]
gripping /ˈgrɪpɪŋ/ *agg* avvincente
grit /grɪt/ *sostantivo e verbo*
• *s* **1** ghiaino **2** tenacia
• *v* [tr] (**gritted**, **gritting**) **1 to grit your teeth** stringere i denti **2** spargere il ghiaino su [strada]
groan /grəʊn/ *verbo e sostantivo*
• *v* [intr] **1** gemere **2** brontolare
• *s* **1** gemito **2** mugugno
grocer /ˈgrəʊsə/ *s* **1** droghiere **2** BrE **grocer's** drogheria
groceries /ˈgrəʊsəriz/ *s pl* generi alimentari
grocery /ˈgrəʊsəri/ *s* **1** BrE negozio di generi alimentari **2** AmE supermercato
groggy /ˈgrɒgi/ *agg* (**-ggier**, **-ggiest**) stordito -a
groin /grɔɪn/ *s* inguine
groom /gruːm/ *verbo e sostantivo*
• *v* [tr] strigliare [cavallo]
• *s* **1** sposo **2** ragazzo di scuderia
groove /gruːv/ *s* scanalatura
grope /grəʊp/ *v* [intr] procedere a tentoni | **to grope for sth** cercare qc a tastoni
gross /grəʊs/ *agg* **1 gross profit/weight** utile/peso lordo **2 a gross injustice** una clamorosa ingiustizia **3** (informale) schifoso -a **4** obeso -a
grossly /ˈgrəʊsli/ *avv* decisamente
grotesque /grəʊˈtesk/ *agg* grottesco -a
grouchy /ˈgraʊtʃi/ *agg* (**-chier**, **-chiest**) (informale) brontolone -a

ground[1] /graʊnd/ *sostantivo, sostantivo plurale, verbo e aggettivo*
• *s* **1** terra: *We sat on the ground.* Eravamo seduti per terra. | *They work **below ground**.* Lavorano sotto terra. **2** terreno: *stony ground* terreno sassoso **3** terreno senza alberi o edifici. **4** BrE stadio **5 hunting/fishing ground** riserva di caccia/pesca **6 to get off the ground** (progetto) partire **7 to gain/lose ground** guadagnare/perdere terreno **8 to hold/stand your ground** restare sulle proprie posizioni
• **grounds** *s pl* **1** terreno **2 to have grounds for sth** avere delle ragioni per qc
• *v* [tr] **1** lasciare a terra [aereo] **2** (informale) **to ground sb** non lasciar uscire qn per castigo: *You're grounded for a week.* Non esci per una settimana.
• *agg* **1** (caffè) macinato -a, (noci) tritato -a **2 ground beef** AmE manzo macinato ▶ In inglese britannico si usa **minced beef**.
ground[2] /graʊnd/ passato e participio di **grind**
ˌground ˈfloor *s* BrE pianterreno | **on the ground floor** al pianterreno ▶ vedi nota sotto **floor**
ˈground-floor *agg* BrE al pianterreno
grounding /ˈgraʊndɪŋ/ *s* basi | **to have a grounding in mathematics/chemistry etc** avere le basi di matematica/chimica ecc.
groundless /ˈgraʊndləs/ *agg* infondato -a
group /gruːp/ *sostantivo e verbo*
• *s* **1** gruppo **2** gruppo | **pop group** gruppo pop
• *v* **1** [tr] suddividere: *The stones can be **grouped into** four categories.* Le pietre possono essere suddivise in quattro categorie. | **to group sth/sb together** raggruppare qc/qn **2** [intr] mettersi insieme
grouse /graʊs/ *s* (pl **grouse**) gallo cedrone
grove /grəʊv/ *s* boschetto
grovel /ˈgrɒvəl/ *v* [intr] (**-lled**, **-lling** BrE, **-led**, **-ling** AmE) strisciare | **to grovel to sb** strisciare davanti a qn
grow /grəʊ/ *v* (passato **grew**, participio **grown**) **1** [intr] crescere: *Hasn't she grown!* Guarda com'è cresciuta! | *He's grown two centimetres.* È cresciuto di due centimetri. **2** [tr] coltivare: *They grow their own vegetables.* Coltivano gli ortaggi (nel loro orto). **3** [tr] **to grow a beard** farsi crescere la barba **4** [intr] aumentare | **to grow in strength/popularity** diventare più forte/popolare: *This sport is **growing in** popularity.* Questo sport sta diventando sempre più popolare. **5** [intr] Seguito da alcuni aggettivi, **to grow** indica un cambiamento di stato che in italiano di solito si esprime con verbi intransitivi o riflessivi. | to

grow old invecchiare | **to grow impatient** spazientirsi | **to grow tired** stancarsi: *She grew tired of waiting.* Si è stancata di aspettare.
grow into sth diventare qc
grow on sb incominciare a piacere a qn
grow out of sth diventare troppo grande per qc: *He'll grow out of that coat in no time.* Quel cappotto gli andrà piccolo in men che non si dica.
grow up 1 crescere | **when I/you etc grow up** da grande | **Grow up!** Quando ti deciderai a crescere? 2 crescere: *I grew up on a farm.* Sono cresciuto in una fattoria.

growing /ˈgrəʊɪŋ/ *agg* 1 crescente | **a growing number** un numero sempre crescente 2 **a growing boy/girl** un bambino/una bambina in piena crescita

growl /graʊl/ *verbo e sostantivo*
- *v* [intr] (cane) ringhiare | **to growl at sb** ringhiare contro qn
- *s* (di cane) ringhio

grown[1] /grəʊn/ *agg* **a grown man** un uomo adulto

grown[2] /grəʊn/ participio di **grow**

ˌgrown-ˈup *s* e *agg* adulto -a

growth /grəʊθ/ *s* 1 crescita | **growth in/of sth** aumento di qc 2 sviluppo 3 escrescenza

grub /grʌb/ *s* 1 (informale) roba da mangiare 2 larva

grubby /ˈgrʌbi/ *agg* (**-bbier**, **-bbiest**) lurido -a

grudge /grʌdʒ/ *sostantivo e verbo*
- *s* **to bear sb a grudge/to have a grudge against sb** avercela con qn
- *v* ▶ vedi **begrudge**

grudgingly /ˈgrʌdʒɪŋli/ *avv* di malavoglia

gruesome /ˈgruːsəm/ *agg* raccapricciante

gruff /grʌf/ *agg* burbero -a

grumble /ˈgrʌmbəl/ *verbo e sostantivo*
- *v* [intr] lamentarsi | **to grumble about/at sth** lamentarsi di qc
- *s* lamentela

grumpy /ˈgrʌmpi/ *agg* (**-pier**, **-piest**) brontolone -a

grunt /grʌnt/ *verbo e sostantivo*
- *v* [intr] (persona, maiale) grugnire
- *s* (di persona, maiale) grugnito

guarantee /ˌgærənˈtiː/ *verbo e sostantivo*
- *v* [tr] 1 garantire: *We **guarantee** to deliver the package before 10 o'clock.* Garantiamo la consegna del pacchetto prima delle 10. 2 garantire [orologio, videoregistratore]
- *s* 1 garanzia | **to be under guarantee** essere in garanzia 2 (certezza) garanzia

guard /gɑːd/ *sostantivo e verbo*
- *s* 1 (sorvegliante) guardia 2 **to be on guard** essere di guardia 3 (gruppo) guardia | **under guard** sotto scorta 4 dispositivo di sicurezza 5 BrE capotreno 6 **to be on your guard** stare in guardia 7 **to catch sb off guard** prendere qn in contropiede
- *v* [tr] sorvegliare

guard against sth prevenire qc ▶ FALSE FRIEND Non confondere **"guard"** con **guardare** che si traduce **to look at**.

guarded /ˈgɑːdɪd/ *agg* cauto -a

guardian /ˈgɑːdiən/ *s* 1 tutore, tutrice 2 difensore

Guatemala /ˌgwɑːtəˈmɑːlə/ *s* il Guatemala

Guatemalan /ˌgwɑːtəˈmɑːlən/ *agg* e *s* guatemalteco -a

guerrilla /gəˈrɪlə/ *s* 1 guerrigliero -a 2 **guerrilla warfare** guerriglia

guess /ges/ *verbo e sostantivo*
- *v* [tr/intr] 1 indovinare: *You have to guess the weight of the cake.* Devi indovinare quanto pesa la torta. | *I'd guess that he's about 50.* Immagino che sia sui 50. | *You'll never guess who I've just seen.* Non indovineresti mai chi ho appena visto. | **guess what!** la sai l'ultima!: *Guess what? Janet's getting married.* La sai l'ultima? Janet si sposa. | **to guess right** indovinare | **to guess wrong** non indovinare 2 immaginare: *I guess she didn't feel like coming.* Immagino che non se la sentisse di venire. | **I guess so/not** penso di sì/no
- *s* tentativo di indovinare: *"Did you know that?" "No, it was a guess."* – Lo sapevi? – No, ho solo tirato a indovinare. | *I'll give you three guesses.* Ti do tre possibilità di indovinare. | ***At a guess,** I'd say he's about 25.* Così (a naso) direi che ha più o meno 25 anni. | **to have a guess** tirare a indovinare: *If you don't know the answer, have a guess.* Se non sai la risposta, tira a indovinare.

guest /gest/ *s* 1 (in una casa) ospite 2 (in un albergo) cliente 3 (di una trasmissione) ospite

guesthouse /ˈgesthaʊs/ *s* pensione

guidance /ˈgaɪdns/ *s* guida | **guidance on sth** consulenza in qc

guide /gaɪd/ *sostantivo e verbo*
- *s* 1 (nel turismo) guida 2 (anche **guidebook**) (libro) guida 3 **(Girl) Guide** BrE (scout) guida
- *v* [tr] 1 (condurre) guidare, (mostrare) far vedere a | **a guided tour** una visita guidata 2 (dirigere) guidare

guidebook /ˈgaɪdbʊk/ *s* guida

guideline /ˈgaɪdlaɪn/ *s* direttiva

guilt /gɪlt/ *s* 1 (sentimento) colpa 2 (di crimine) colpevolezza

Vuoi informazioni sulla differenza tra gli **articoli** in inglese e in italiano? Leggi le spiegazioni nella guida grammaticale.

guilty /ˈɡɪlti/ *agg* (**-tier**, **-tiest**) **1** (con rimorso) colpevole | **to feel guilty about sth** sentirsi in colpa per qc **2** (di crimine) colpevole | **to find sb guilty/not guilty of sth** dichiarare qn colpevole/innocente di qc

ˈguinea pig /ˈɡɪni pɪɡ/ *s* (animale) porcellino d'India, (da esperimento) cavia

guitar /ɡɪˈtɑː/ *s* chitarra

guitarist /ɡɪˈtɑːrɪst/ *s* chitarrista

gulf /ɡʌlf/ *s* **1** golfo **2** spaccatura

gull /ɡʌl/ *s* gabbiano

gullible /ˈɡʌləbəl/ *agg* sprovveduto -a

gulp /ɡʌlp/ *v* **1** [tr] (anche **gulp down**) trangugiare **2** [intr] deglutire

gum /ɡʌm/ *s* **1** gengiva **2** gomma (da masticare)

H

gun /ɡʌn/ *sostantivo* e *verbo*

- *s* arma da fuoco ► La parola **gun** può indicare una pistola, un fucile ecc. a seconda del contesto in cui viene usata.
- *v* (**gunned**, **gunning**) **gun sb down** uccidere qn a colpi di fucile o pistola

gunfire /ˈɡʌnfaɪə/ *s* spari

gunman /ˈɡʌnmən/ *s* (pl **-men**) bandito armato

gunpoint /ˈɡʌnpɔɪnt/ *s* **at gunpoint** sotto la minaccia delle armi

gunpowder /ˈɡʌnˌpaʊdə/ *s* polvere da sparo

gunshot /ˈɡʌnʃɒt/ *s* **1** sparo **2 gunshot wound** ferita da arma da fuoco

gurgle /ˈɡɜːɡəl/ *v* [intr] **1** gorgogliare **2** (neonato) fare vocalizzi

gush /ɡʌʃ/ *v* (3ª pers sing **gushes**) **to gush (out) from sth** sgorgare da qc

gust /ɡʌst/ *s* (di vento) raffica

gut /ɡʌt/ *sostantivo, sostantivo plurale* e *verbo*

- *s* **1** intestino **2 gut feeling** istinto **gut reaction** reazione istintiva
- **guts** *s pl* **1** (informale) fegato | **to have the guts to do sth** avere il coraggio di fare qc **2 to hate sb's guts** (informale) odiare qn a morte **3** interiora
- *v* [tr] (**gutted**, **gutting**) **1** pulire [pesce] **2** sventrare [edificio] **3 to be gutted** BrE (informale) essere sconvolto

gutter /ˈɡʌtə/ *s* **1** scolo **2** grondaia

guy /ɡaɪ/ *s* **1** (informale) tipo: *a really nice guy* un tipo davvero simpatico **2 guys** si usa nel linguaggio colloquiale per rivolgersi a un gruppo di persone: *I'll see you guys later, OK?* Ci vediamo dopo, okay?

guzzle /ˈɡʌzəl/ *v* [tr] (informale) **1** trangugiare [bibita] **2** bere [carburante]

gym /dʒɪm/ *s* palestra

gymnasium /dʒɪmˈneɪziəm/ *s* (pl **gymnasiums** o **gymnasia** /-ziə/) palestra ► FALSE FRIEND Non confondere **"gymnasium"** con **ginnasio** che si traduce **the first two years of liceo classico**.

gymnastics /dʒɪmˈnæstɪks/ *s* ginnastica artistica

gynaecologist BrE, **gynecologist** AmE /ˌɡaɪnəˈkɒlədʒɪst/ *s* ginecologo -a

gypsy, anche **gipsy** /ˈdʒɪpsi/ *s* (pl **-sies**) zingaro -a

H, h /eɪtʃ/ *s* H, h ► vedi Active Box **letters** sotto **letter**

ha /hɑː/ *inter* ecco: *Ha! I knew it!* Ecco! Lo sapevo!

habit /ˈhæbɪt/ *s* **1** abitudine **2 to be in the habit of doing sth** avere l'abitudine di fare qc **3 to get into/in the habit of doing sth** prendere l'abitudine di fare qc **4 out of habit/from habit** per abitudine **5** abitudine, vizio | **to break/kick the habit** togliersi il vizio

habitat /ˈhæbɪtæt/ *s* habitat

habitual /həˈbɪtʃuəl/ *agg* (calma, cortesia) abituale, (passeggiata, risposta) consueto -a

hack /hæk/ *v* [tr/intr] **1 to hack (away) at sth** tagliare qualcosa a colpi di coltello | **to hack sth to pieces** fare a pezzi qc: *The victims had been hacked to death.* Le vittime erano state fatte a pezzi. **2** (anche **hack into**) penetrare illegalmente in [software, sistema di sicurezza]

hacksaw /ˈhæksɔː/ *s* seghetto [per metalli]

had /əd, tonico hæd/ passato e participio di **have**

hadn't /ˈhædnt/ forma contratta di **had not**

hag /hæɡ/ *s* befana: *I look like an old hag without my make-up on.* Sembro una befana senza trucco.

haggard /ˈhæɡəd/ *agg* smunto -a

haggle /ˈhæɡəl/ *v* [intr] **to haggle over the price of sth** mercanteggiare sul prezzo di qc

hah /hɑː/ *inter* ecco!

ha ˈha *inter* ah ah

hail /heɪl/ *verbo* e *sostantivo*

- *v* **1 to hail a taxi/a cab** fermare un taxi **2** [intr] grandinare **hail sb/sth as sth** acclamare qn/qc come qc: *He was hailed as a hero.* Lo acclamarono come un eroe.
- *s* **1** grandine **2 a hail of bullets** una scarica di proiettili | **a hail of stones** una pioggia di sassi

hailstorm /ˈheɪlstɔːm/ *s* grandinata

hair /heə/ *s* **1** capelli ► Nota che **hair** nel senso di capelli è singolare: *My hair is wet.* Ho i capelli bagnati. | *He's got short dark hair.* Ha i capelli corti, scuri. **2** (di gambe, braccia ecc.) pelo **3** (di animale) pelo **4 dark-haired** con i capelli scuri | **fair-haired** con i capelli chiari | **short-haired** con i capelli corti **5 to let your hair down** (informale) lasciarsi andare

hairbrush /ˈheəbrʌʃ/ *s* (pl **-shes**) spazzola [per capelli]

haircut /ˈheəkʌt/ *s* (dal parrucchiere) taglio, (acconciatura) pettinatura | **to have a haircut** farsi tagliare i capelli

hairdo /ˈheəduː/ *s* (informale) pettinatura

hairdresser /ˈheəˌdresə/ *s* **1** parrucchiere -a **2 hairdresser's** parrucchiere [negozio]

hairdryer /ˈheəˌdraɪə/ *s* fon, asciugacapelli

hairpin /ˈheəˌpɪn/ *s* forcina

ˈhair-ˌraising *agg* da far rizzare i capelli

hairstyle /ˈheəstaɪl/ *s* pettinatura

hairy /ˈheəri/ *agg* (**-rier**, **-riest**) **1** peloso -a **2** (informale) da far rizzare i capelli

half /hɑːf/ *sostantivo, aggettivo e avverbio*

• *s* (pl **halves** /hɑːvz/) **1** metà: *He spent half of the money on sweets.* Ha speso metà dei soldi in dolciumi. | **in half** a metà: *She cut the apple in half.* Ha tagliato la mela a metà. | **one/two etc and a half** uno/due ecc. e mezzo: *My son is two and a half.* Mio figlio ha due anni e mezzo. | **to cut/reduce sth by half** dimezzare qc **2 half past one/two etc** l'una/le due ecc. e mezzo: *I'll collect you at half past three.* Ti vengo a prendere alle tre e mezzo. **3** (nello sport) **the first/second half** il primo/secondo tempo

• *agg* mezzo -a | **half a mile/half a second/half an hour etc** mezzo miglio/mezzo secondo/mezz'ora ecc.: *half a second later* una frazione di secondo più tardi | **half the population/half the books/half the wine etc** metà della popolazione/dei libri/del vino ecc.: *Half the wine ended up on the floor.* Metà del vino è finito sul pavimento.

• *avv* più o meno: *I half expected her to shout at me.* Più o meno me lo aspettavo che mi sgridasse. | **half-full/half-empty** mezzo pieno/mezzo vuoto: *a half-empty bottle* una bottiglia mezza vuota | **half-open/half-closed** semiaperto/semichiuso

ˈhalf-ˌbrother *s* fratellastro

ˌhalf-ˈhearted *agg* poco convinto -a

ˈhalf-ˌsister *s* sorellastra

ˌhalf ˈterm *s*

> È il termine usato in Gran Bretagna per indicare le vacanze scolastiche a metà di ogni trimestre. Queste vacanze durano una settimana e cadono generalmente in ottobre, febbraio e maggio.

ˌhalf ˈtime *s* fine del primo tempo [di partita]

halfway /ˌhɑːfˈweɪ/ *avverbio e aggettivo*

• *avv* **halfway between** a metà strada tra | **halfway up the stairs/through the season etc** a metà scale/stagione ecc.

• *agg* **the halfway mark** la metà [del percorso]

hall /hɔːl/ *s* **1** atrio **2** corridoio **3** salone

hallo *inter* BrE ► vedi **hello**

Halloween /ˌhæləʊˈiːn/ *s*

> È la notte del 31 ottobre, vigilia di Ognissanti. La tradizione, particolarmente sentita negli Stati Uniti, vuole che ci si travesta da streghe e fantasmi per liberarsi dagli spiriti dei defunti. I bambini festeggiano andando di porta in porta a chiedere caramelle e cioccolatini.

hallucinate /həˈluːsəneɪt/ *v* [intr] avere le allucinazioni

hallucination /həˌluːsəˈneɪʃən/ *s* allucinazione

hallway /ˈhɔːlweɪ/ *s* atrio

halo /ˈheɪləʊ/ *s* aureola

halt /hɔːlt/ *verbo e sostantivo*

• *v* (formale) **1** [tr] bloccare **2** [intr] fermarsi

• *s* **1 to come to a halt** fermarsi **2 to bring sth to a halt** arrestare qc

halve /hɑːv/ *v* [tr] **1** dimezzare **2** tagliare a metà

halves /hɑːvz/ plurale di **half**

ham /hæm/ *s* prosciutto

hamburger /ˈhæmbɜːgə/ *s* **1** hamburger **2** AmE carne tritata ► In inglese britannico si usa **minced beef**.

hammer /ˈhæmə/ *sostantivo e verbo*

• *s* martello

• *v* **1** [intr] martellare **2** [tr] **to hammer a nail into sth** piantare un chiodo in qc [a colpi di martello]

hammock /ˈhæmək/ *s* amaca

hamper /ˈhæmpə/ *verbo e sostantivo*

• *v* [tr] ostacolare

• *s* cesto [da picnic]

hamster /ˈhæmstə/ *s* criceto

hand /hænd/ *sostantivo e verbo*

• *s* **1** mano: *Go and wash your hands, please.* Vai a lavarti le mani. | **to hold hands** tenersi per mano: *They held hands*

H

through the entire film. Si sono tenuti per mano per tutto il film. | **to hold sb's hand** tenere qn per mano: *I held his hand and we crossed the road.* Gli ho dato la mano e abbiamo attraversato la strada.
2 left-handed mancino -a | **right-handed** destro -a
3 on hand/to hand a portata di mano | **(near/close) at hand** a portata di mano
4 by hand a mano | **to deliver sth by hand** consegnare qc a mano
5 to give/lend sb a hand dare una mano a qn | **to need a hand** aver bisogno di una mano
6 in sb's hands/in the hands of sb nelle mani di qn
7 to get/lay your hands on sth trovare qc: *I read every book I can get my hands on.* Leggo tutti i libri che trovo.
8 to get out of hand sfuggire di mano: *The situation is getting out of hand.* La situazione ci sta sfuggendo di mano.
9 hand in hand mano nella mano
10 on the one hand... on the other hand... da una parte ... dall'altra ...
11 to have your hands full aver fin troppe cose da fare
12 lancetta [dell'orologio]
13 mano [a carte]
• *v* **to hand sb sth/to hand sth to sb** dare qc a qn
hand sth around distribuire qc
hand sth in 1 consegnare qc: *I have to hand this essay in tomorrow.* Devo consegnare questo tema domani. **2 to hand in your resignation** presentare le dimissioni
hand sth out distribuire qc
hand sth/sb over consegnare qc/qn

handbag /ˈhændbæg/ *s* BrE borsa [da donna]

handbook /ˈhændbʊk/ *s* manuale

handbrake /ˈhændbreɪk/ *s* BrE freno a mano

handcuffs /ˈhændkʌfs/ *s pl* manette

handful /ˈhændfʊl/ *s* **1** manciata **2 a handful of people/cars etc** poche persone/automobili ecc.

handicap /ˈhændikæp/ *s* **1** handicap **2** problema

handicapped /ˈhændikæpt/ *agg* **to be mentally/physically handicapped** avere un handicap mentale/fisico ► Alcuni ritengono che il termine **handicapped** sia offensivo e preferiscono usare **to have learning difficulties** per un handicap mentale e **to have a disability** per un handicap fisico.

handkerchief /ˈhæŋkətʃɪf/ *s* fazzoletto

handle /ˈhændl/ *verbo e sostantivo*
• *v* [tr] **1** occuparsi di: *My assistant will handle the travel arrangements.* La mia assistente si occuperà dell'organizzazione del viaggio. **2** reggere [pressione, stress] **3** maneggiare [pacco] **4 to handle sth well/badly** gestire qc bene/male
• *s* **1** (anche **door handle**) maniglia **2** manico [di tazza] **3** manico [di pentola] **4** manico [di borsa, valigia] **5** manico [di coltello, cacciavite]

handlebars /ˈhændlbɑːz/ *s pl* manubrio [di bicicletta, motocicletta]

handmade /ˌhændˈmeɪd/ *agg* fatto -a a mano

handout /ˈhændaʊt/ *s* **1** copia [distribuita ad una conferenza, a una lezione] **2** elemosina

handshake /ˈhændʃeɪk/ *s* stretta di mano

handsome /ˈhænsəm/ *agg* **1** bello -a **2 to make a handsome profit** ricavare un bel profitto

ˈhands-on *agg* **hands-on training etc** addestramento ecc. pratico

handwriting /ˈhændˌraɪtɪŋ/ *s* calligrafia

handy /ˈhændi/ *agg* (**-dier**, **-diest**) **1** utile | **to come in handy** tornare utile **2** (informale) a portata di mano

hang /hæŋ/ *verbo e sostantivo*
• *v* (passato e participio **hung**) **1** [tr] appendere: ***Hang** your coat **on** the hook.* Appendi il cappotto al gancio. **2** [intr] essere appeso -a **3** [intr] (abito) ricadere: *Her hair hung over her eyes.* I capelli le ricadevano sugli occhi. **4** [tr] (passato e participio **hanged**) impiccare | **to hang yourself** impiccarsi **5** [intr] (nebbia, odore) ristagnare: *The smell of smoke hung in the air.* L'odore di fumo ristagnava nell'aria. **6 to hang your head** chinare il capo
hang around (informale) **1** passare il tempo senza fare niente di preciso: *They just hang around the shops all day.* Non fanno altro che gironzolare per i negozi tutto il giorno. **2** stare ad aspettare **3 to hang around with sb** andare in giro con qn
hang on 1 aggrapparsi **2 hang on!** (informale) aspetta!
hang sth out appendere [biancheria]
hang up riattaccare [al telefono] | **to hang up on sb** riattaccare il telefono in faccia a qn **to hang sth up** appendere qc [cappotto]
• *s* **to get the hang of (doing) sth** (informale) abituarsi a (fare) qc

hangar /ˈhæŋə/ *s* hangar

hanger /ˈhæŋə/ *s* gruccia

ˈhang ˌglider *s* deltaplano

hangover /ˈhæŋəʊvə/ *s* **to have a hangover** avere i postumi della sbronza

ˈhang-up *s* (informale) complesso

hankie, anche **hanky** /ˈhæŋki/ *s* (pl **-kies**) (informale) fazzolettino

happen /ˈhæpən/ *v* [intr] **1** succedere: *Something strange **happened to** me.* Mi è successa una cosa strana. **2 to happen to do sth** si usa quando qualcosa succede per caso: *If you happen to see him, could you tell him?* Se ti capita di incontrarlo, potresti dirglielo? **3 as it happens** guarda caso: *As it happens, I saw him today.* Guarda caso, l'ho visto oggi.

happily /ˈhæpəli/ *avv* **1** allegramente | **to be happily married** essere felicemente sposato **2** fortunatamente **3** volentieri

happiness /ˈhæpinəs/ *s* felicità

happy /ˈhæpi/ *agg* (**happier**, **happiest**) **1** (che dà gioia) felice: *a happy marriage* un matrimonio felice | *a happy ending* un lieto fine **2** (contento) allegro -a: *She's a happy little girl.* È una bambina allegra. **3** (soddisfatto) felice: *I'm very happy for you.* Sono felice per te. **4** contento -a: *Are you **happy with** their decision?* Sei contenta della loro decisione? **5 to be happy to do sth** essere lieto di fare qc

harass /ˈhærəs/ *v* [tr] (3ª pers sing **-sses**) molestare

harassment /ˈhærəsmənt/ *s* molestie

harbour BrE, **harbor** AmE /ˈhɑːbə/ *sostantivo e verbo*

• *s* porto: *The ship anchored in the harbour.* La nave ha ormeggiato in porto.

• *v* [tr] **1 to harbour suspicions/doubts** nutrire sospetti/dubbi | **to harbour a grudge** covare risentimento **2** tenere nascosto [delinquente, fuggiasco]

hard /hɑːd/ *aggettivo e avverbio*

• *agg* **1** duro -a: *a hard surface* una superficie dura

2 (esame, domanda) difficile: *It's **hard for** her to accept defeat.* È duro per lei accettare la sconfitta.

3 hard work *I want to thank you for your hard work.* Voglio ringraziarti per il tuo impegno. | *It was hard work persuading him.* È stata dura convincerlo.

4 (persona, inverno) duro -a: *You were too **hard on** him.* Sei stato troppo duro con lui.

5 to give sb a hard time (informale) rendere la vita difficile a qn

6 to pay hard cash pagare in contanti

7 hard copy copia cartacea [di documento scritto con il computer]

8 hard facts/evidence fatti concreti/prove concrete

• *avv* **1** (lavorare, studiare) sodo, (pensare) bene, (piovere) forte | **to try hard** impegnarsi a fondo | **to look hard at sb** fissare qn

2 (colpire, spingere) forte

3 to be hard up essere a corto di soldi

hardback /ˈhɑːdbæk/ *s* edizione rilegata

ˌhard-boiled ˈegg *s* uovo sodo

ˌhard ˈdisk *s* hard disk, disco fisso

harden /ˈhɑːdn/ *v* **1** [intr] (argilla, carattere) indurirsi, (colla) seccarsi **2** (volto) alterarsi **3** [tr] indurire [argilla, persona]

hardly /ˈhɑːdli/ *avv* **1** a malapena: *We hardly know our neighbours.* Conosciamo appena i nostri vicini. | *He can hardly walk.* Riesce a malapena a camminare. | **hardly anyone/anything** quasi nessuno/niente: *She'd eaten hardly anything.* Non aveva mangiato quasi niente. | **hardly ever** quasi mai: *She hardly ever goes out.* Non esce quasi mai. **2** A volte **hardly** si usa al posto di **not**: *It's hardly an ideal situation.* Non è proprio una situazione ideale.

hardship /ˈhɑːdʃɪp/ *s* stenti: *They were suffering great hardship.* Pativano molti stenti.

ˌhard ˈshoulder *s* banchina transitabile

ˌhard-ˈup *agg* (informale) squattrinato -a ▶ vedi anche **hard**

hardware /ˈhɑːdweə/ *s* **1** ferramenta **2** (in informatica) hardware **3 hardware store** (negozio di) ferramenta

ˌhard-ˈworking *agg* coscienzioso -a

hardy /ˈhɑːdi/ *agg* (**-dier**, **-diest**) (persona, animale) forte, (pianta) resistente

hare /heə/ *s* lepre

harm /hɑːm/ *sostantivo e verbo*

• *s* **1** (danno) *One glass of wine won't **do** you any **harm**.* Un bicchiere di vino non ti farà male. | *Luckily they **came to no harm**.* Per fortuna, non si sono fatti male. **2** espressioni che non si riferiscono al dolore fisico: *There's **no harm in** trying.* Tentar non nuoce. | *I didn't **mean** any **harm**.* L'ho fatto a fin di bene.

• *v* [tr] danneggiare [ambiente], far del male a [persona], causare danni a [pelle], nuocere a [salute]

harmful /ˈhɑːmfəl/ *agg* nocivo -a

harmless /ˈhɑːmləs/ *agg* **1** (persona, animale) innocuo -a, (sostanza) non nocivo -a **2** (scherzo) innocente

harmony /ˈhɑːməni/ *s* (pl **-nies**) armonia

harness /ˈhɑːnɪs/ *sostantivo e verbo*

• *s* (pl **-sses**) **1** (di cavallo) finimenti **2** (nella vela) cintura di salvataggio, (in alpinismo) imbracatura

• *v* [tr] (3ª pers sing **-sses**) **1** sfruttare [energia del sole, ecc.] **2** mettere i finimenti a

harp /hɑːp/ *s* arpa

harsh /hɑːʃ/ *agg* **1** (persona, castigo) severo -a, (critica, parole) duro -a **2** (condizioni atmosferiche) cattivo -a, (notte) freddissimo -a, (inverno) rigido -a **3** (colore) sgargiante, (luce) abbagliante **4** (voce) aspro -a

harp

harshly /ˈhɑːʃli/ *avv* duramente

 Vuoi informazioni sulla differenza tra gli **aggettivi possessivi** in inglese e in italiano? Vedi la **guida grammaticale**.

harvest /ˈhɑːvɪst/ *sostantivo* e *verbo*
- *s* raccolto
- *v* [tr] mietere [grano], vendemmiare [uva]

has /əz, tonico hæz/ 3ª pers sing di **have**

hasn't /ˈhæzənt/ forma contratta di **has not**

hassle /ˈhæsəl/ *sostantivo* e *verbo*
- *s* (informale) seccatura: *I can do without this hassle.* Farei volentieri a meno di questa seccatura. | *We had a lot of hassle getting across the border.* Abbiamo avuto parecchi problemi a passare il confine.
- *v* [tr] (informale) rompere le scatole a: *Just stop hassling me, will you?* La smetti di rompermi le scatole?

haste /heɪst/ *s* fretta

hasten /ˈheɪsən/ *v* [tr] accelerare [processo], affrettare [partenza]

hastily /ˈheɪstəli/ *avv* in fretta

hasty /ˈheɪsti/ *agg* (**hastier**, **hastiest**) (decisione, partenza) affrettato -a, (pasto) veloce

hat /hæt/ *s* cappello

hatch /hætʃ/ *verbo* e *sostantivo*
- *v* (3ª pers sing **hatches**) **1** [intr] schiudersi: *The eggs have hatched.* Le uova si sono schiuse. **2** [intr] (anche **hatch out**) (pulcino) sgusciare **3** **to hatch a plot** ordire una congiura
- *s* (pl **hatches**) **1** (di aereo) portellone, (di nave) boccaporto **2** (tra sala e cucina) passavivande

hate /heɪt/ *verbo* e *sostantivo*
- *v* [tr] **1** (forte) odiare, (meno forte) detestare: *I've always hated that teacher.* Ho sempre odiato quell'insegnante. | *She hates having her photo taken.* Detesta farsi fotografare. **2** **to hate to do sth** usato per esprimere rammarico o per chiedere scusa: *I hate to disappoint you, but it's been sold.* Mi spiace molto deluderla, ma è stato venduto.
- *s* **1** odio **2** **my/his etc pet hate** BrE la cosa che odio/odia ecc. di più

hatred /ˈheɪtrəd/ *s* odio: *He has **an intense hatred of** authority.* Nutre un odio profondo per l'autorità.

haul /hɔːl/ *verbo* e *sostantivo*
- *v* [tr] tirare o sollevare con sforzo: *I **hauled** myself **into** the saddle.* Sono salito a fatica in sella. | *We hauled him out of bed.* L'abbiamo tirato giù dal letto.
- *s* **1** (di merce rubata) bottino, (di droga) carico **2** pescato **3** **a long haul** un lungo cammino

haunt /hɔːnt/ *verbo* e *sostantivo*
- *v* [tr] **1** (fantasma) aggirarsi per **2** (ricordo) tormentare
- *s* ritrovo

haunted /ˈhɔːntɪd/ *agg* abitato -a dai fantasmi

have¹ /hæv/ *v* [transitivo] (3ª pers sing **has**, passato **had**, participio **had**, gerundio **having**) ▶ vedi riquadro

have² /əv, tonico hæv/ *v* [ausiliare e modale] ▶ vedi riquadro

haven /ˈheɪvən/ *s* rifugio

haven't /ˈhævənt/ forma contratta di **have not**

havoc /ˈhævək/ *s* **to cause havoc** provocare danni: *The war will **wreak havoc on** the country's economy.* La guerra distruggerà l'economia del paese. | **to play havoc with sth** scombussolare qc [piani]

hawk /hɔːk/ *s* falco

hay /heɪ/ *s* fieno

ˈhay ˌfever *s* raffreddore da fieno

hazard /ˈhæzəd/ *s* pericolo: *The dump is a **health hazard**.* La discarica costituisce un pericolo per la salute.

hazardous /ˈhæzədəs/ *agg* pericoloso -a

haze /heɪz/ *s* foschia

hazel /ˈheɪzəl/ *sostantivo* e *aggettivo*
- *s* nocciolo [albero]
- *agg* nocciola

hazelnut /ˈheɪzəlnʌt/ *s* nocciola

hazy /ˈheɪzi/ *agg* (**hazier**, **haziest**) **1** (giornata) di foschia, (sole) pallido -a, (stanza) pieno -a di fumo **2** (ricordo) confuso -a

he /i, tonico hiː/ *pronome* e *sostantivo*
- *pron* lui ▶ I pronomi soggetto non si omettono mai in inglese: *He's my brother.* È mio fratello. | *She's English but he's Italian.* Lei è inglese, ma lui è italiano.
- *s* maschio: *What a lovely cat. Is it a he or a she?* Che bel gatto. È un maschio o una femmina?

head /hed/ *sostantivo*, *sostantivo plurale* e *verbo*
- *s* **1** testa: *I said the first thing that **came into my head**.* Ho detto la prima cosa che mi è passata per la testa. | **a head/per head** a testa: *£15 a head* 15 sterline a testa | **from head to toe** dalla testa ai piedi
  2 (di organizzazione) capo: *the head of the sales department* il responsible del reparto vendite
  3 (di scuola elementare) direttore -trice, (di scuole superiori) preside
  4 (di letto) testa: *at the **head of the table*** a capotavola
  5 (di pagina, lista) cima, (di coda) inizio
  6 **to laugh your head off** sbellicarsi dalle risate | **to scream your head off** gridare a squarciagola | **to get sth into your head** (informale) ficcarsi qc in testa | **to go over your head** essere troppo difficile da capire: *It was all way over my head.* Questo va al di là della mia comprensione. | **to go to sb's head** dare alla testa a qn
- **heads** *s pl* testa: *Heads or tails?* Testa o croce?

have *verbo*

1 INDICA POSSESSO (= avere)

They have a house in France. Hanno una casa in Francia. | *He didn't **have** his passport **with** him.* Non aveva il passaporto con sé.

In inglese britannico si usa anche **to have got**. La differenza è che con **to have** si usa l'ausiliare **to do** nelle costruzioni negative e interrogative:

He has brown eyes./He's got brown eyes. Ha gli occhi castani. | *He hasn't got time./He doesn't have time.* Non ha tempo. | *Have you got a computer?/Do you have a computer?* Hai un computer?

2 ATTIVITÀ, ESPERIENZE

I had a quick shower. Ho fatto una doccia veloce. | *We're having a party.* Diamo una festa. | *Did you have a good time?* Ti sei divertito?

3 CONSUMARE

Have you had breakfast? Hai già fatto colazione? | *I'll have the fish, please.* Prendo il pesce, grazie. | *Can I have a glass of water?* Vorrei un bicchier d'acqua.

4 RICEVERE

We had lots of phone calls. Abbiamo ricevuto un sacco di telefonate. | *Have you had any news from David?* Hai avuto notizie di David?

5 ESPRESSIONI E PHRASAL VERBS

to have sth done: *I've had a dress made for the wedding.* Mi sono fatta fare un vestito per il matrimonio. | *Have you had your hair done?* Ti sei fatta i capelli? | *She had her camera stolen.* Le hanno rubato la macchina fotografica. | **to have had it** essere sfinito: *I've had it. I want to go home.* Sono sfinito. Voglio andare a casa. | *These jeans have had it.* Questi jeans sono da buttare. | **to have sth on/to have got sth on** avere qc addosso: *He had a denim jacket on.* Aveva addosso un giubbotto di jeans. | **to be having sb on** BrE prendere in giro qn | **to have sth out**: *She had her wisdom teeth out.* Si è fatta togliere i denti del giudizio.

6 **Have** fa anche parte di molte altre espressioni come **to have a cold**, **to have a go**, ecc. Queste vengono trattate sotto il sostantivo corrispondente.

In un riquadro a parte viene illustrato l'uso di **have** come verbo ausiliare e modale.

• *v* **1** **to head for sth/sb** dirigersi verso qc/qn **2** **to be heading for sth** andare incontro a qc [sconfitta, disastro]: *The team seems to be heading for relegation.* Sembra che la squadra stia andando incontro ad una retrocessione. | *That boy's heading for trouble.* Quel ragazzo va in cerca di guai. **3** [tr] guidare [azienda, delegazione], essere in testa a [classifica] **4** [tr] colpire di testa

have *verbo ausiliare e modale*

1 Per la formazione dei tempi composti si usa l'ausiliare **to have** seguito da un participio:

"Have you seen my keys?" "No, I haven't." – Hai visto le mie chiavi? – No. | *He had lived there all his life.* Aveva abitato lì tutta la vita. | *You haven't told him, have you?* Non gliel'hai detto, vero?

2 Il modale **to have** si usa nelle espressioni **to have to do sth** o **to have got to do sth** che equivalgono a *dover fare qualcosa*:

I have to go and see my grandma./I've got to go and see my grandma. Devo andare a trovare la nonna.

Nella formazione di frasi negative e interrogative **to have** e **to have got** si comportano diversamente in quanto **to have** ricorre all'ausiliare **to do**:

Do we have to do this exercise?/Have we got to do this exercise? Dobbiamo fare quest'esercizio? | *We don't have to go./We haven't got to go.* Non è necessario andarci.

3 Il costrutto **to have just done sth** viene trattato sotto **just**.

Gli usi transitivi di **have** vengono trattati in un riquadro a parte.

headache /ˈhedeɪk/ *s* **1** mal di testa **2** (problema) grattacapo

heading /ˈhedɪŋ/ *s* (di testo) titolo

headlight /ˈhedlaɪt/ *s* (di veicolo) faro

headline /ˈhedlaɪn/ *s* **1** (di giornale) titolo **2** **the headlines** i titoli [del telegiornale]

headmaster /ˌhedˈmɑːstə/ *s* BrE direttore [di scuola elementare]

headmistress /ˌhedˈmɪstrəs/ *s* (pl **-sses**) BrE direttrice [di scuola elementare]

ˌhead ˈoffice *s* sede (centrale)

ˌhead-ˈon *avverbio e aggettivo*

• *avv* (scontrarsi) frontalmente, (affrontare un problema) in modo diretto

• *agg* **head-on collision** scontro frontale

headphones /ˈhedfəʊnz/ *s pl* cuffie

headphones

headquarters /ˈhedˌkwɔːtəz/, anche **HQ** /ˌeɪtʃ ˈkjuː/ *s* sede (centrale)

ˌhead ˈstart *s* vantaggio | **to have a head start (on sb)** partire avvantaggiato (rispetto a qn)

head ˈteacher *s* **1** (di elementari) direttore -trice **2** (di scuole medie) preside

headway /ˈhedweɪ/ *s* **to make headway** fare progressi

heal /hiːl/, anche **heal up** *v* **1** [intr] guarire **2** [tr] far guarire

health /helθ/ *s* **1** (di persona) salute, (di organizzazione, economia) stato di salute | **to be in good health** godere di buona salute **2** **health centre** poliambulatorio **health club** palestra **health food** cibi macrobiotici

healthy /ˈhelθi/ *agg* (**-thier**, **-thiest**) **1** (persona, dieta, cibo) sano -a **2** (economia, azienda) sano -a

heap /hiːp/ *sostantivo* e *verbo*

- *s* **1** pila, mucchio **2** **to collapse in a heap** accasciarsi
- *v* [tr] **1** (anche **heap up**) ammucchiare **2** **to be heaped with sth** essere ricolmo di qc

hear /hɪə/ *v* (passato e participio **heard**) **1** [tr/intr] sentire: *Can you hear that noise?* Senti quel rumore? | *I heard someone crying.* Ho sentito qualcuno che piangeva. **2** [tr] sentire: *I **heard that** he was expelled.* Ho saputo che è stato espulso. | *Have you heard the news?* Hai sentito le ultime? | **to hear about sth** venir a saper qc
hear from sb avere notizie di qn
hear of sth/sb sentir parlare di qc/qn: *I've never heard of him.* Non ho mai sentito parlare di lui.
hear sb out lasciar parlare qn

heard /hɜːd/ passato e participio di **hear**

hearing /ˈhɪərɪŋ/ *s* **1** udito **2** (in tribunale) udienza **3** **hearing aid** apparecchio acustico

hearse /hɜːs/ *s* carro funebre

heart /hɑːt/ *sostantivo* e *sostantivo plurale*

- *s* **1** cuore **2** **to break sb's heart** far soffrire qn **3** **in the heart of the city** in pieno centro (città) | **in the heart of the countryside** in aperta campagna **4** **the heart of the matter** il nocciolo della questione **5** (di carciofo, lattuga, sedano) cuore **6** **to learn sth by heart** imparare qc a memoria: *I **know** that song **by heart**.* Quella canzone la conosco a memoria. **7** **in your heart** dentro di sé **8** **my heart sank** mi sono sentito mancare **9** **not to have the heart to do sth** non avere il coraggio di fare qc **10** **to take/lose heart** rincuorarsi/scoraggiarsi
- **hearts** *s pl* (di carte da gioco) cuori

ˈheart atˌtack *s* infarto

heartbeat /ˈhɑːtbiːt/ *s* battito (cardiaco)

heartbreaking /ˈhɑːtˌbreɪkɪŋ/ *agg* straziante

heartbroken /ˈhɑːtˌbrəʊkən/ *agg* sconsolato -a

heartfelt /ˈhɑːtfelt/ *agg* sentito -a

hearth /hɑːθ/ *s* focolare

heartily /ˈhɑːtəli/ *avv* (mangiare, ridere) di gusto

heartless /ˈhɑːtləs/ *agg* spietato -a

hearty /ˈhɑːti/ *agg* (**-tier**, **-tiest**) **1** (pasto) abbondante **2** **hearty laugh** risata di cuore | **hearty welcome** accoglienza calorosa

heat /hiːt/ *sostantivo* e *verbo*

- *s* **1** calore **2** temperatura: *I turned down the heat on the thermostat.* Ho abbassato la temperatura sul termostato. **3** (nello sport) batteria
- *v* **1** (anche **heat up**) [tr] scaldare, [intr] scaldarsi: *I'll heat up some soup.* Scaldo un po' di minestra. **2** [tr] riscaldare

heated /ˈhiːtɪd/ *agg* **1** riscaldato -a **2** (discussione) acceso -a

heater /ˈhiːtə/ *s* **1** (per ambienti) termosifone, stufa **2** (di auto) riscaldamento

heath /hiːθ/ *s* brughiera

heather /ˈheðə/ *s* (pianta) erica

heating /ˈhiːtɪŋ/ *s* BrE riscaldamento

heatwave /ˈhiːtˌweɪv/ *s* ondata di caldo

heave /hiːv/ *v* **1** [tr/intr] tirare o sollevare con sforzo: *We **heaved** the sacks **onto** the truck.* Abbiamo caricato i sacchi sul camion. **2** [tr] lanciare [qualcosa di pesante]

heaven /ˈhevən/ *s* **1** (anche **Heaven**) paradiso **2** **for heaven's sake** per l'amor del cielo **3** **(good) heavens!** santo cielo!

heavenly /ˈhevənli/ *agg* **1** (del paradiso, cielo) celeste **2** (informale) (luogo) paradisiaco -a, (cibo, pietanza) divino -a

heavily /ˈhevəli/ *avv* **1** (piovere, nevicare) forte, (fumare) molto: *He drinks heavily.* Beve molto. **2** molto **3** pesantemente

heavy /ˈhevi/ *agg* (**heavier**, **heaviest**) **1** pesante: *This box is heavy.* Questa scatola è pesante. | ***How heavy** is she?* Quanto pesa? **2** (perdite) ingente, (nevicata, pioggia) intenso -a | **a heavy cold** un brutto raffreddore | **a heavy fine** una multa salata **3** **to be a heavy smoker** essere un fumatore accanito | **to be a heavy drinker** bere parecchio **4** **heavy traffic** traffico intenso

heavyweight /ˈheviweɪt/ *s* **1** (pugile) peso massimo **2** (persona importante) pezzo grosso

heckle /ˈhekəl/ *v* [tr] interrompere continuamente [qualcuno che parla]

hectare /ˈhektɑː/ *s* ettaro

hectic /ˈhektɪk/ *agg* movimentato -a

he'd /iːd, tonico hiːd/

- forma contratta di **he had**
- forma contratta di **he would**

hedge /hedʒ/ *s* siepe

hedgehog /ˈhedʒhɒg/ *s* riccio, porcospino

heel /hiːl/ *s* **1** tallone **2** (di scarpa) tacco **3 to dig your heels in** puntare i piedi

hefty /ˈhefti/ *agg* (**-tier**, **-tiest**) (informale) **1** robusto -a **2** salato -a | **a hefty fine** una multa salata **3 a hefty punch** un gran pugno

height /haɪt/ *s* **1** altezza, (di persona) statura, (di aereo) altitudine: *We're about the same height.* Siamo praticamente alti uguali. | *It is over 200 feet **in height**.* Ha un'altezza di più di 200 piedi. **2 at the height of summer/the tourist season** in piena estate/stagione turistica **3 to be the height of fashion** essere all'ultimo grido

heighten /ˈhaɪtn/ *v* [tr] accrescere [effetto, impressione], aumentare [tensione]

heir /eə/ *s* erede: *the **heir to** the throne* l'erede al trono

heiress /ˈeərɪs/ *s* (pl **-sses**) erede [donna]

held /held/ passato e participio di **hold**

helicopter /ˈhelɪkɒptə/ *s* elicottero

he'll /iːl, tonico hiːl/ forma contratta di **he will**

hell /hel/ *s* **1** (anche **Hell**) inferno **2 to be hell** (informale) essere un inferno: *The journey was absolute hell.* Il viaggio è stato un vero inferno. **3 who/what etc the hell?** (informale) chi/cosa ecc. diavolo? **4 to run/work like hell** correre/lavorare come un matto **5 to do sth (just) for the hell of it** (informale) fare qc per il gusto di farlo

hello, anche **hallo** /həˈləʊ/ *inter* (salutando) ciao, (al telefono) pronto: *Hello, how are you?* Ciao, come stai? | *Hello, is Tom there please?* Pronto, c'è Tom per favore? | **to say hello to sb** salutare qn

helm /helm/ *s* timone

helmet /ˈhelmət/ *s* casco

help /help/ *verbo* e *sostantivo*

• *v* **1** [tr/intr] aiutare: *Can I help you?* Desidera? | *They **helped** me **to** find somewhere to live.* Mi hanno aiutato a trovare una sistemazione. | *I'm **helping** him **with** his homework.* Lo aiuto a fare i compiti. **2 help!** aiuto! **3 to help yourself to rice/wine etc** servirsi di riso/vino ecc.: *Help yourselves to more salad.* Serviti ancora di insalata. **4 I can't/couldn't help it** non posso/non ho potuto farci niente: *I always lose my temper, but I just can't help it.* Perdo sempre le staffe, ma non posso farci niente. **5 I can't/couldn't help doing sth** non posso/non ho potuto fare a meno di fare qc: *I couldn't help overhearing what you said.* Non ho potuto fare a meno di sentire quello che hai detto.

help sb out dare una mano a qn

• *s* **1** aiuto: *If I need any help, I'll let you know.* Se ho bisogno di aiuto, te lo faccio sapere. | *She's been **a great help**.* È stata di grande aiuto. **2 with the help of sth** con l'aiuto di qc

helper /ˈhelpə/ *s* aiutante

helpful /ˈhelpfəl/ *agg* **1** (suggerimento) utile: *I found her advice very helpful.* Ho trovato utilissimi i suoi consigli. **2** (persona) servizievole

helping /ˈhelpɪŋ/ *s* porzione: *a large helping of carrots* una porzione abbondante di carote | *Do you want **second helpings**?* Ne vuoi ancora?

helpless /ˈhelpləs/ *agg* **1** (privo di difesa) indifeso -a **2** (incapace di agire) impotente

helpline /ˈhelplaɪn/ *s* servizio di assistenza (telefonica)

hem /hem/ *s* orlo [di abiti]

hemisphere /ˈheməsfɪə/ *s* emisfero

hen /hen/ *s* gallina

hence /hens/ *avv* (formale) pertanto: *No sugar has been added, hence the rather sour taste.* Non è stato aggiunto dello zucchero, pertanto il sapore è piuttosto amaro.

henceforth /hensˈfɔːθ/ *avv* d'ora innanzi

her /ə, hə, tonico hɜː/ *agg* e *pron* ► vedi riquadro

herb /hɜːb/ *s* erba [aromatica, medicinale]

herbal /ˈhɜːbəl/ *agg* (medicina, shampoo) alle erbe | **herbal tea** tisana

herd /hɜːd/ *sostantivo* e *verbo*

• *s* mandria

• *v* [tr] **1** radunare [animali] **2 to herd people onto a bus** stipare la gente su un autobus

here /hɪə/ *avv* e *inter* ► vedi riquadro

hereditary /həˈredətəri/ *agg* ereditario -a

heresy /ˈherəsi/ *s* (pl **-sies**) eresia

heretic /ˈherətɪk/ *s* eretico -a

heritage /ˈherətɪdʒ/ *s* patrimonio (culturale)

hermit /ˈhɜːmɪt/ *s* eremita

hero /ˈhɪərəʊ/ *s* (pl **heroes**) **1** eroe: *a war hero* un eroe di guerra **2** (di romanzo, film) protagonista

heroic /hɪˈrəʊɪk/ *agg* eroico -a

heroin /ˈherəʊɪn/ *s* **1** eroina [droga] **2 heroin addict** eroinomane

heroine /ˈherəʊɪn/ *s* eroina [donna]

heroism /ˈherəʊɪzəm/ *s* eroismo

heron /ˈherən/ *s* airone

herring /ˈherɪŋ/ *s* (pl **herring** o **herrings**) aringa

hers /hɜːz/ *pron* poiché i pronomi possessivi inglesi concordano in numero e in genere con il possessore (e non con ciò che è posseduto, come in italiano), **hers** può equivalere a *(il) suo*, *(la) sua*, *(i) suoi* e *(le) sue*: *This is my coat. Hers is over there.* Questo è il mio

H

C'è una tavola con i numeri in inglese e spiegazioni sul loro uso nella **guida grammaticale**.

her

AGGETTIVO

1 Può equivalere a *il suo, la sua, i suoi, le sue* (nel senso di *di lei*):

her car la sua macchina | *her parents* i suoi genitori | *This is her book, not yours.* Questo è il suo libro, non il tuo.

2 I possessivi si usano in inglese in molti contesti in cui in italiano si usa l'articolo. Ad esempio, prima di parti del corpo, oggetti personali ecc.:

She broke her arm. Si è rotta il braccio. | *She dropped her watch.* Ha fatto cadere l'orologio.

3 A volte **her** si usa come possessivo quando si parla di auto, navi o paesi:

Britain and her allies la Gran Bretagna e i suoi alleati

PRONOME

1 COMPLEMENTO OGGETTO (= la, lei)

I saw her last night. L'ho vista ieri sera.

2 COMPLEMENTO INDIRETTO (= le, a lei)

He told her to wait. Le ha detto di aspettare. | *I gave it to her.* Gliel'ho dato. | *I would say it to him but not to her.* Lo direi a lui ma non a lei.

3 DOPO UNA PREPOSIZIONE

This is for her. Questo è per lei. | *Did you talk to her?* Le hai parlato?

4 NEI PARAGONI, CON IL VERBO TO BE (= lei)

He's not as clever as her. Non è intelligente come lei. | *Is that her over there?* È lei quella laggiù?

cappotto. Il suo è laggiù. | *My parents are older than hers.* I miei genitori sono più anziani dei suoi. | *Angela is a friend of hers.* Angela è una sua amica.

herself /ə'self, tonico hə'self/ *pron* ► vedi riquadro

he's /iz, tonico hiːz/
- forma contratta di **he is**
- forma contratta di **he has**

hesitant /'hezətənt/ *agg* **1** (voce) esitante **2** (passo) incerto -a | **to be hesitant about doing sth** esitare a fare qc

hesitate /'hezəteɪt/ *v* [intr] esitare: *Don't **hesitate to** ask if you need anything.* Non esitare a chiedere se hai bisogno.

hesitation /ˌhezə'teɪʃən/ *s* esitazione | **to have no hesitation in doing sth** non avere nessuna esitazione a fare qc

heterosexual /ˌhetərə'sekʃuəl/ *agg e s* eterosessuale

hexagon /'heksəgən/ *s* esagono

hey /heɪ/ *inter* ehi: *Hey, look at this!* Ehi, guarda qui!

heyday /'heɪdeɪ/ *s* **in its/her etc heyday** nel suo momento di gloria

hi /haɪ/ *inter* (informale) ciao

hibernation /ˌhaɪbə'neɪʃən/ *s* letargo

here

AVVERBIO

1 Nella maggioranza dei casi equivale a *qua* o *qui*:

Is George here? È qui George? | *Come here!* Vieni qua! | **around here** da queste parti: *There aren't many shops around here.* Non ci sono molti negozi da queste parti.

2 Spesso si usa preceduto da **over**, soprattutto quando c'è una certa distanza tra chi parla e la persona con cui si parla:

The kids are over here. I bambini sono qui.

3 Usato in espressioni come **here comes**, **here come**, **here is** o **here are** indica che qualcosa o qualcuno sta arrivando:

Here comes the train. Ecco che arriva il treno. | *Here he is now.* Eccolo qui.

Nota che quando la frase inizia con **here** il soggetto va dopo il verbo, eccetto quando c'è un pronome.

4 **Here's** e **here are** si usano anche per offrire o dare qualcosa:

Here's the book you lent me. Ecco qui il libro che mi hai prestato.

INTERIEZIONE

1 PER OFFRIRE (= ecco)

Here, have my paper. Ecco, prendi il mio giornale.

2 PER RICHIAMARE L'ATTENZIONE (= ehi)

Here, you! Give that back! Ehi, tu! Ridammelo!

herself *pronome*

1 **Herself** è la forma riflessiva di **she**. Il suo uso equivale in generale a quello dei verbi riflessivi e pronominali italiani o a espressioni con *se stessa*:

She's hurt herself. Si è fatta male. | *She made herself a coffee.* Si è fatta un caffè. | *She is angry with herself.* È arrabbiata con se stessa. | *She was talking to herself.* Parlava da sola.

2 Ha un uso enfatico che equivale a quello di *lei stessa*:

It's true. She told me herself. È vero. Me l'ha detto lei stessa.

3 L'espressione **by herself** o **all by herself** significa *da sola* (senza compagnia o senza aiuto):

She lives by herself. Vive da sola. | *Melanie did it all by herself.* Melanie l'ha fatto tutto da sola.

hiccup, anche **hiccough** /'hɪkʌp/ *s* **1** singhiozzo | **to have hiccups** avere il singhiozzo: *I got hiccups.* Mi è venuto il singhiozzo. **2** intoppo

hid /hɪd/ passato di **hide**

hidden[1] /'hɪdn/ *agg* nascosto -a

hidden² /ˈhɪdn/ participio di **hide**

hide /haɪd/ *v* (passato **hid**, participio **hidden**) **1** [tr] nascondere: *She* ***hid*** *the letter* ***from*** *me.* Mi ha nascosto la lettera. **2** [intr] nascondersi: *Quick, let's hide!* Presto, nascondiamoci! **3** [tr] nascondere [delusione, sentimenti]: *I have nothing to hide.* Non ho niente da nascondere.

ˌhide-and-ˈseek *s* nascondino

hideous /ˈhɪdiəs/ *agg* orrendo -a

hiding /ˈhaɪdɪŋ/ *s* **1 to go into hiding** nascondersi **2 to get a hiding** (informale) prenderle [botte]

hierarchy /ˈhaɪrɑːki/ *s* (pl **-chies**) gerarchia

hi-fi /ˈhaɪ faɪ/ *s* hi-fi

high /haɪ/ *aggettivo, avverbio* e *sostantivo*

• *agg* **1** alto -a: *a very high fence* una staccionata molto alta | *a ten-metre high wall* un muro alto dieci metri | ***How high*** *is Mount Everest?* Quanto è alto l'Everest? | **to be 100/200 etc metres high** essere alto 100/200 ecc. metri ► HIGH O TALL? vedi riquadro sotto **alto** **2** (anche **high up**) in alto: *It's too high up. I can't reach.* È troppo in alto. Non ci arrivo. **3** (velocità, prezzo) alto -a: *She has a high temperature.* Ha la febbre alta. | *He drove off at high speed.* È partito a tutta velocità. **4 high season** alta stagione **5 to be high in fat/salt etc** avere un elevato contenuto di grassi/sale ecc. **6** (livello, qualità) alto -a: *He has* ***a high opinion of*** *you.* Ha una buona opinione di te. | *She has* ***high hopes of*** *winning.* Spera davvero di vincere. **7** (frequenza, tono, nota) alto -a **8 high winds** venti forti **9 to be high on sth** (informale) essere fatto di qc **10 high tide** alta marea

• *avv* (lontano dal suolo) alto | **high above** in alto

• *s* **1** massimo: *Temperatures reached a record high today.* Le temperature hanno raggiunto un massimo storico oggi. **2** (informale) sballo **3 to be on a high** essere su di giri

highbrow /ˈhaɪbraʊ/ *agg* (informale) intellettuale

ˌhigh-ˈclass *agg* di prima classe

ˌHigh ˈCourt *s* corte suprema

ˌhigher eduˈcation *s* istruzione superiore

ˌhigh ˈheels *s pl* tacchi alti

ˈhigh jump *s* salto in alto

highlands /ˈhaɪləndz/ *s pl* montagne

ˈhigh-level *agg* ad alto livello

highlight /ˈhaɪlaɪt/ *verbo* e *sostantivo plurale*

• *v* [tr] **1** evidenziare [questione, problema] **2** evidenziare [parola, testo] **3** (al computer) selezionare

• **highlights** *s pl* **1** colpi di sole **2** momenti clou [di una partita]

highlighter /ˈhaɪlaɪtə/ *s* evidenziatore

highly /ˈhaɪli/ *avv* **1** estremamente: *a highly intelligent woman* una donna estremamente intelligente **2 to think highly of sb** avere molta stima di qn

Highness /ˈhaɪnəs/ *s* (pl **-sses**) **His/Her Highness** Sua Altezza | **Your Highness** Vostra Altezza

ˌhigh-ˈpitched *agg* (suono, voce) acuto -a

ˌhigh-ˈpowered *agg* **1** (macchina, veicolo) molto potente **2** (persona) molto influente

ˈhigh-rise *agg* **a high-rise building/block** un edificio/un caseggiato di molti piani

ˈhigh school *s*

> Negli Stati Uniti e in Canada, la **high school** è la scuola secondaria per ragazzi tra i 14 e i 18 anni. In Gran Bretagna si usa solo nei nomi di alcune scuole.

ˈhigh-speed *agg* ad alta velocità

ˈhigh street *s* BrE

> Si chiama così la strada principale di un quartiere o di una città, in cui si concentra la maggior parte dei negozi. Può anche essere parte del nome di alcune strade, come in **Kensington High Street** nella zona ovest di Londra.

high-tech, anche **hi-tech** /ˌhaɪ ˈtek/ *agg* hi-tech

highway /ˈhaɪweɪ/ *s* AmE statale, autostrada ► Il termine **highway** è la strada principale che collega due o più città e corrisponde a una *statale* o a un'*autostrada*, a seconda delle dimensioni. In inglese britannico si usano **main road** per statale e **motorway** per autostrada.

hijack /ˈhaɪdʒæk/ *verbo* e *sostantivo*

• *v* [tr] dirottare [aereo]

• *s* dirottamento

hijacker /ˈhaɪdʒækə/ *s* dirottatore -trice

hike /haɪk/ *verbo* e *sostantivo*

• *v* [intr] fare escursionismo

• *s* escursione

hiker /ˈhaɪkə/ *s* escursionista

hilarious /hɪˈleəriəs/ *agg* (storia, barzelletta) esilarante

hill /hɪl/ *s* **1** collina **2** pendio | **down**

hikers

the hill giù per la discesa | **up the hill** su per la salita

hillside /'hɪlsaɪd/ *s* fianco della collina

hilly /'hɪli/ *agg* (**-llier**, **-lliest**) (regione, paesaggio) collinoso -a

hilt /hɪlt/ *s* impugnatura

him /ɪm, tonico hɪm/ *pron* **1** (come complemento oggetto) lo, lui [riferito a persone o animali]: *I'm seeing him this evening.* Lo vedo stasera. **2** (come complemento indiretto) gli, a lui: *She told him what had happened.* Gli ha raccontato quello che era successo. | *I gave it to him.* Gliel'ho dato. | *I would say it to her not to him.* Lo direi a lei, ma non a lui. **3** (dopo una preposizione, nei paragoni o dopo il verbo "to be") lui: *Are you going with him?* Andrai con lui? | *I'm younger than him.* Sono più giovane di lui. | *I don't think it's him.* Non penso che sia lui.

himself /ɪm'self, tonico hɪm'self/ *pron* ▶ vedi riquadro

hind /haɪnd/ *agg* **hind legs** zampe posteriori

hinder /'hɪndə/ *v* [tr] intralciare

hindrance /'hɪndrəns/ *s* ostacolo

hindsight /'haɪndsaɪt/ *s* **with (the benefit of) hindsight** con il senno di poi

Hindu /'hɪndu:/ *s* e *agg* indù

Hinduism /'hɪndu-ɪzəm/ *s* induismo

hinge /hɪndʒ/ *s* cardine

hinge on sth dipendere da qc

hint /hɪnt/ *sostantivo* e *verbo*

• *s* **1** allusione | **to take a/the hint** cogliere l'allusione **2** suggerimento: *helpful **hints on** buying a computer* suggerimenti utili per comprare un computer **3** pizzico: *a hint of garlic* un pizzico di aglio

• *v* [tr] far capire: *He **hinted that** I might get the job.* Ha fatto capire che potrei avere il lavoro.

hip /hɪp/ *s* anca | **to have narrow hips** avere i fianchi stretti

hippo /'hɪpəʊ/, anche **hippopotamus** *s* (pl **hippos**) ippopotamo

hippopotamus /ˌhɪpə'pɒtəməs/ *s* (pl **-muses**) ippopotamo

hire /haɪə/ *verbo* e *sostantivo*

• *v* [tr] **1** BrE noleggiare [macchina, bicicletta] **2** ingaggiare [persona]

hire sth out dare in affitto qc [locale], dare a noleggio qc [barca, macchina]

• *s* affitto | **for hire a)** (macchina, barca) a noleggio **b)** (taxi) libero

his /ɪz, tonico hɪz/ *agg* e *pron* ▶ vedi riquadro

Hispanic /hɪ'spænɪk/ *aggettivo* e *sostantivo*

• *agg* **1** ispanico -a: *a Hispanic neighbourhood in New York* un quartiere ispanico a New York **2** spagnolo -a

• *s* ispanico -a

himself *pronome*

1 **Himself** è la forma riflessiva di **he**. Usato insieme ad un verbo, equivale generalmente al pronome personale *si*, mentre in altre espressioni si traduce di solito con *se stesso*:

He enjoyed himself. Si è divertito. | *He looked at himself in the mirror.* Si è guardato allo specchio. | *He laughs at himself.* Ride di se stesso. | *He was talking to himself.* Parlava da solo.

2 Quando è usato in modo enfatico, equivale generalmente a *lui (stesso)*:

He can't even do it himself. Non riesce a farlo nemmeno lui.

3 L'espressione **by himself** o **all by himself** significa *da solo* (senza compagnia o senza aiuto):

He came by himself. È venuto da solo. | *He can tie his shoelaces by himself.* È capace di allacciarsi le scarpe da solo.

his

AGGETTIVO

1 Equivale a *suo, sua, suoi, sue* (nel senso di *di lui*):

his dog il suo cane | *his shirts* le sue camicie | *This is his car, not yours.* Questa è la sua macchina, non la tua.

2 I possessivi si usano in inglese in molti contesti in cui in italiano si usa l'articolo. Ad esempio, prima di parti del corpo, oggetti personali, ecc.:

He broke his leg. Si è rotto la gamba. | *He forgot his umbrella.* Ha dimenticato l'ombrello.

PRONOME

Poiché i pronomi possessivi inglesi non cambiano né in genere né in numero, **his** può equivalere a *(il) suo, (la) sua, (i) suoi, (le) sue*:

These keys must be his. Queste chiavi devono essere le sue. | *This isn't Tom's jacket. His is blue.* Questa non è la giacca di Tom. La sua è blu. | *A friend of his painted this.* L'ha dipinto un suo amico.

hiss /hɪs/ *verbo* e *sostantivo*

• *v* (3ª pers sing **hisses**) **1** [intr] (locomotiva) fischiare, (serpente) sibilare, (gatto) soffiare **2** [tr/intr] fischiare [attore, cantante] **3** [tr] sibilare: *"Shut up!" she hissed.* – Stai zitto! – sibilò.

• *s* sibilo

historian /hɪ'stɔ:riən/ *s* storico -a

historic /hɪ'stɒrɪk/ *agg* **a historic moment/speech** un momento/discorso storico

historical /hɪ'stɒrɪkəl/ *agg* (documento, fatto, romanzo) storico -a

history /ˈhɪstəri/ *s* **1** storia **2** **to make history** passare alla storia **3** **to have a history of sth** avere precedenti di qc

hit /hɪt/ *verbo e sostantivo*

• *v* [tr] (passato e participio **hit**, gerundio **hitting**) **1** picchiare: *Stop hitting her!* Smettila di picchiarla! | *She* ***hit*** *him* ***over*** *the head with her umbrella.* L'ha colpito sulla testa con l'ombrello. **2** colpire: *The stone hit me on the shoulder.* La pietra mi ha colpito sulla spalla. **3** battere [gomito, ginocchio]: *I fell and* ***hit*** *my head* ***on*** *the table.* Sono caduta e ho battuto la testa contro il tavolo. **4** (andare a) sbattere contro: *The car hit a tree.* La macchina è andata a sbattere contro un albero. **5** colpire: *Our ship was hit by a torpedo.* La nostra nave è stata colpita da un siluro. | *He's been* ***hit in*** *the leg.* È stato colpito alla gamba. **6** colpire: *the areas worst hit by the drought* le zone maggiormente colpite dalla siccità **7** **to hit it off** (informale) andare d'accordo

hit back contrattaccare | **to hit back at sb** reagire contro qn

• *s* **1** successo: *the Beatles' greatest hits* i più grandi successi dei Beatles **2** colpo

hitch /hɪtʃ/ *verbo e sostantivo*

• *v* (3ª pers sing **hitches**) **1** [intr] (anche **hitchhike**) fare l'autostop **2** **to hitch a ride with sb** avere un passaggio in autostop da qn

• *s* problema

hitchhiker /ˈhɪtʃˌhaɪkə/ *s* autostoppista

hi-tech ► vedi **high-tech**

HIV /ˌeɪtʃ aɪ ˈviː/ *s* (= **human immunodeficiency virus**) HIV | **to be HIV positive** essere sieropositivo

hive /haɪv/ *s* alveare

hoard /hɔːd/ *sostantivo e verbo*

• *s* (di denaro) gruzzolo

• *v* [tr] fare provvista di

hoarding /ˈhɔːdɪŋ/ *s* BrE cartellone [pubblicitario]

hoarse /hɔːs/ *agg* (voce, persona) rauco -a

hoax /həʊks/ *s* (pl **hoaxes**) beffa: *a clever hoax* una beffa ingegnosa | *a hoax call* uno scherzo telefonico

hob /hɒb/ *s* BrE piano di cottura

hobby /ˈhɒbi/ *s* (pl **hobbies**) hobby

hockey /ˈhɒki/ *s* (anche **field hockey** AmE) hockey

hoe /həʊ/ *s* zappa

hog /hɒg/ *verbo e sostantivo*

• *v* [tr] (**hogged**, **hogging**) (informale) accaparrarsi

• *s* AmE maiale

hoist /hɔɪst/ *v* [tr] issare

hold /həʊld/ *verbo e sostantivo*

• *v* (passato e participio **held**) **1** [tr] tenere: *He held my bag while I got the money out.* Mi ha tenuto la borsa mentre tiravo fuori i soldi. | *She was holding a knife.* Teneva in mano un coltello. **2** **to hold sb's hand** tenere la mano a qn **3** [tr] tenere: *She held him tightly.* Lo tenne stretto. **4** [tr] tenere: *Hold the rope tight.* Tieni stretta la corda. **5** tenere [riunione] | **to hold a party** dare una festa **6** **to hold a conversation** avere una conversazione **7** [tr] contenere **8** [tr] conservare [informazioni, documento] **9** [tr] (polizia) trattenere | **to hold sb prisoner/hostage** tenere qn prigioniero/in ostaggio **10** [tr] reggere: *That branch won't hold his weight.* Quel ramo non reggerà il suo peso. **11** detenere [titolo]: *Who holds the world record?* Chi detiene il record mondiale? **12** [intr] valere, essere valido: *What I said yesterday still holds.* Quello che ho detto ieri vale ancora. **13** [intr/tr] (al telefono) attendere | **to hold the line** restare in linea: *Hold the line, please.* Resti in linea, per favore.

hold against **to hold sth against sb** volerne a qn per qc

hold sth back trattenere qc | **to hold back the tears** trattenere le lacrime **hold sb back** trattenere qn

hold sth down **1** tenere fermo qc **2** **to hold down a job** (riuscire a) tenersi un lavoro **hold sb down** tenere fermo qn

hold on **1** tenersi: *Hold on tight and don't let go.* Tieniti stretto e non mollare. **2** aspettare: *Hold on a minute.* Aspetta un attimo.

hold onto sth aggrapparsi a qc

hold sth up **1** sollevare qc: *She held up the cards one by one.* Sollevò le carte una a una. **2** ritardare qc **hold up a bank/a shop** rapinare una banca/un negozio

hold sb up (impegno) trattenere qn, (traffico) bloccare qn

• *s* **1** **to loosen/tighten your hold on sth** allentare/stringere la presa su qc: *He loosened his hold on my arm.* Ha allentato la presa sul mio braccio. | **to take hold of sth** afferrare qc | **to keep hold of sth** tenersi stretto a qc: *Keep hold of the rope.* Tieniti stretto alla corda. **2** **to get hold of sth** procurarsi qc: *Do you know where I can get hold of a second-hand piano?* Sai dove posso procurarmi un piano di seconda mano? | *I'll have to* ***get hold of*** *a plumber to fix it.* Dovrò contattare un idraulico per metterlo a posto. | **to get hold of sb** contattare qn: *I've been trying to get hold of her all day.* Ho cercato di contattarla tutto il giorno.

holdall /ˈhəʊld-ɔːl/ *s* sacca

holder /ˈhəʊldə/ *s* (di passaporto, conto) titolare, (di record, titolo) detentore: *the world record holder* il detentore del record mondiale

'hold-up *s* **1** ingorgo **2** intoppo **3** rapina a mano armata

H

hole /həʊl/ *s* **1** buco: *a hole in the fence* un buco nella staccionata **2** buca **3** (di volpe, coniglio) tana

holiday /ˈhɒlədi/ *s* **1** vacanza | **public holiday** festa nazionale ▶ vedi anche **bank holiday** **2** BrE festa, vacanza: *We're going to Italy for our holidays.* Andiamo in vacanza in Italia. | *Jackie's* **on holiday** *this week.* Jackie è in vacanza questa settimana. **3** ferie: *the summer holidays* le vacanze estive | *My father took three days' holiday.* Mio padre ha preso tre giorni di ferie.

holidaymaker /ˈhɒlɪdiˌmeɪkə/ *s* BrE vacanziere -a

Holland /ˈhɒlənd/ *s* l'Olanda

hollow /ˈhɒləʊ/ *aggettivo* e *sostantivo*
- *agg* **1** cavo -a **2** (parole, promesse, minacce) a vuoto
- *s* incavo [del terreno]

holly /ˈhɒli/ *s* agrifoglio

holocaust /ˈhɒləkɔːst/ *s* olocausto

hologram /ˈhɒləgræm/ *s* ologramma

holy /ˈhəʊli/ *agg* (**holier**, **holiest**) **1** (terra, spirito, città) santo -a, (luogo, scritture) sacro -a **2** (persona, vita) santo -a

homage /ˈhɒmɪdʒ/ *s* omaggio

home /həʊm/ *sostantivo*, *avverbio* e *aggettivo*
- *s* **1** (abitazione) casa: *Most accidents happen in the home.* La maggior parte degli incidenti accade dentro casa. | **at home** a casa, in casa: *He stayed at home and watched TV.* È rimasto a casa a guardare la tv. | **to leave home a)** uscire (di casa) **b)** (figli) andar via di casa
  2 to be/feel at home essere/sentirsi a proprio agio: *They've done their best to make me feel at home.* Hanno fatto del loro meglio per mettermi a mio agio. | *Make yourself at home.* Fai come se fossi a casa tua.
  3 to play/win/lose at home giocare/vincere/perdere in casa
  4 luogo d'origine: *He misses his friends back home in Italy.* Gli mancano gli amici in Italia.
  5 (costruzione) casa
  6 (per malati di mente, orfani) casa: *an old people's home* una casa di riposo
  7 home address indirizzo di casa **home cooking** cucina casalinga **home movies** filmini [di vacanze, compleanni]
- *avv* a casa, in casa: *Is Lee home?* Lee è in casa? | **to get/go home** arrivare/andare a casa ▶ vedi anche **way**
- *agg* **1 home town/country** città/paese natale
  2 (situazione, vita) familiare
  3 (mercato) interno -a
  4 (squadra, campo) di casa

homeland /ˈhəʊmlænd/ *s* patria

homeless /ˈhəʊmləs/ *agg* senza tetto

homely /ˈhəʊmli/ *agg* (**-lier**, **-liest**) **1** (atmosfera) familiare, (luogo) accogliente **2** AmE (persona) scialbo -a

ˌhome-ˈmade *agg* fatto -a in casa

ˈhome page *s* **1** home page, pagina iniziale **2** sito (Internet)

homesick /ˈhəʊmˌsɪk/ *agg* **to be homesick** avere nostalgia di casa

homeward /ˈhəʊmwəd/, anche **homewards** *avverbio* e *aggettivo*
- *avv* verso casa
- *agg* di ritorno

homework /ˈhəʊmwɜːk/ *s* compiti: *Have you done your homework?* Hai fatto i compiti?

homicide /ˈhɒmɪsaɪd/ *s* omicidio

homogeneous /ˌhəʊməˈdʒiːniəs/ *agg* omogeneo -a

homosexual /ˌhəʊməˈsekʃuəl/ *agg* e *s* omosessuale

homosexuality /ˌhəʊməsekʃuˈæləti/ *s* omosessualità

Honduran /hɒnˈdjʊərən/ *agg* e *s* honduregno -a

Honduras /hɒnˈdjʊərəs/ *s* l'Honduras

honest /ˈɒnɪst/ *agg* **1** (persona) onesto -a | **to be honest with sb** essere onesto con qn **2 an honest answer** una risposta sincera: *To be honest, I don't know.* A dire il vero, non lo so.

honestly /ˈɒnɪstli/ *avv* **1** (rispondere, parlare) con sincerità **2** (per enfatizzare) davvero: *Does he honestly expect me to believe that?* Si aspetta davvero che io ci creda? **3** esprime irritazione: *Honestly! You could have told me before!* Certo che potevi anche dirmelo prima! **4** onestamente

honesty /ˈɒnɪsti/ *s* **1** onestà **2** franchezza

honey /ˈhʌni/ *s* **1** miele **2** AmE (come appellativo) tesoro

honeymoon /ˈhʌnimuːn/ *s* luna di miele

honorary /ˈɒnərəri/ *agg* (membro, cittadinanza) onorario -a, (titolo) onorifico -a

honour BrE, **honor** AmE /ˈɒnə/ *sostantivo* e *verbo*
- *s* **1** (rettitudine) onore **2** (privilegio) **it is an honour to do sth** è un onore fare qc **3 in sb's honour** in onore di qn **4** (titolo, medaglia) onoreficenza **5 Your Honour** Vostro Onore
- *v* [tr] **1** rendere onore a **2 to be honoured (to do sth)** essere onorato (di fare qc) **3** onorare [promessa, contratto]

honourable BrE, **honorable** AmE /ˈɒnərəbəl/ *agg* (persona, professione) onorato -a, (intenzione) onesto -a

hood /hʊd/ *s* **1** cappuccio **2** AmE cofano ▶ In inglese britannico si usa **bonnet**.

Vuoi imparare i vocaboli per tema? Consulta il **dizionario illustrato**.

hoof /huːf/ *s* (pl **hooves** /huːvz/ o **hoofs**) zoccolo [di animale]

hook /hʊk/ *sostantivo* e *verbo*
• *s* **1** gancio **2** amo **3 off the hook** (telefono) staccato
• *v* **1** [intr] agganciarsi **2** [tr] appendere

hooked /hʊkt/ *agg* **1 to be/get hooked on sth** (informale) essere/diventare schiavo di qc **2** adunco -a

hooligan /ˈhuːlɪɡən/ *s* teppista

hooliganism /ˈhuːlɪɡənɪzəm/ *s* teppismo

hoop /huːp/ *s* cerchio

hooray /hʊˈreɪ/ *inter* evviva!

hoot /huːt/ *v* **1** [intr] (gufo) gridare **2** [intr] suonare il clacson | **to hoot at sb** suonare il clacson a qn

hoover /ˈhuːvə/ *v* [intr] BrE passare l'aspirapolvere

Hoover® /ˈhuːvə/ *s* BrE aspirapolvere

hooves /huːvz/ plurale di **hoof**

hop /hɒp/ *verbo* e *sostantivo*
• *v* [intr] (**hopped**, **hopping**) **1** saltare su un piede solo **2** saltellare | **to hop across the lawn** attraversare il prato saltellando **3 to hop out of bed/into the car** saltar giù dal letto/in macchina
• *s* saltello

hop

hope /həʊp/ *verbo* e *sostantivo*
• *v* **1** [tr] sperare: *I hope it doesn't rain.* Spero che non piova. | *I was hoping that he'd be here.* Speravo fosse qui. | *She's **hoping to** study law.* Spera di poter studiare legge. **2 I hope so/not** spero di sì/di no **3 to hope for sth** sperare in qc: *We're hoping for good weather.* Speriamo nel bel tempo. **4 I should hope so!** (per esprimere irritazione) spero bene!: *"She did apologize." "I should hope so too!"* – Ha chiesto scusa. – Spero bene! | **I should hope not!** ci mancherebbe altro!
• *s* **1** speranza: *She has little hope of being selected.* Ha poche speranze di essere scelta. | *There was no hope of escape.* Non c'era via di scampo. | **to have high hopes** avere buone speranze: *Don't get your hopes up.* Non sperarci troppo. **2 to be sb's only hope** essere l'unica speranza di qn

hopeful /ˈhəʊpfəl/ *agg* **1** fiducioso -a | **to be hopeful that** sperare che **2** (situazione, segnale) promettente

hopefully /ˈhəʊpfəli/ *avv* **1** usato per augurarsi qualcosa: *Hopefully they'll have received my letter.* Speriamo che abbiano ricevuto la mia lettera. **2 to ask/say sth hopefully** chiedere/dire qc con tono speranzoso

hopeless /ˈhəʊpləs/ *agg* **1** (situazione) disperato -a **2 to be hopeless at sth** essere una frana in qc **3** impossibile

hopelessly /ˈhəʊpləsli/ *avv* completamente

horde /hɔːd/ *s* orda

horizon /həˈraɪzən/ *sostantivo* e *sostantivo plurale*
• *s* **the horizon** l'orizzonte
• **horizons** *s pl* **to broaden your horizons** ampliare i propri orizzonti

horizontal /ˌhɒrəˈzɒntl/ *aggettivo* e *sostantivo*
• *agg* orizzontale
• *s* **the horizontal** l'orizzontale

hormone /ˈhɔːməʊn/ *s* ormone

horn /hɔːn/ *s* **1** (di animale) corno **2** clacson **3** (strumento) corno

horoscope /ˈhɒrəskəʊp/ *s* oroscopo

horrendous /həˈrendəs/ *agg* **1** terribile **2** (informale) bestiale

horrible /ˈhɒrəbəl/ *agg* **1** orribile **2** odioso -a: *Don't be so horrible!* Non essere così odioso!

horrid /ˈhɒrɪd/ *agg* (informale) **1** (tempo) orribile, (odore) tremendo -a **2** odioso -a

horrific /həˈrɪfɪk/ *agg* terribile

horrify /ˈhɒrəfaɪ/ *v* [tr] (**-fies**, **-fied**) sconvolgere: *I was horrified by what I saw.* Sono rimasta sconvolta da quello che ho visto.

horrifying /ˈhɒrɪfaɪ-ɪŋ/ *agg* sconvolgente

horror /ˈhɒrə/ *s* **1** orrore **2 to have a horror of sth** avere il terrore di qc **3 horror movie** AmE, **horror film** BrE film dell'orrore

horse /hɔːs/ *s* **1** (animale) cavallo **2** (attrezzo ginnico) cavallo

horseback /ˈhɔːsbæk/ *s* **on horseback** a cavallo

horseman /hɔːsmən/ *s* (pl **-men**) cavaliere

horsepower /ˈhɔːsˌpaʊə/ *s* (pl **horsepower**) cavallo (vapore)

ˈhorse ˌracing *s* corse dei cavalli

ˈhorse ˌriding *s* BrE **to go horse riding** andare a cavallo

horseshoe /ˈhɔːʃ-ʃuː/ *s* ferro di cavallo

horsewoman /ˈhɔːsˌwʊmən/ *s* (pl **-women**) amazzone

horticulture /ˈhɔːtɪˌkʌltʃə/ *s* orticoltura

hose /həʊz/, anche **hosepipe** /ˈhəʊzpaɪp/ *s* manichetta [per annaffiare]

hospice /ˈhɒspɪs/ *s* struttura che fornisce assistenza a pazienti con malattie molto gravi

hospitable /ˈhɒspɪtəbəl/ *agg* ospitale

hospital /ˈhɒspɪtl/ *s* ospedale | **to be in hospital** BrE, **to be in the hospital** AmE essere ricoverato in ospedale | **to go**

to/into hospital BrE, **to go to/into the hospital** AmE essere ricoverato in ospedale

hospitality /ˌhɒspəˈtæləti/ *s* ospitalità

host /həʊst/ *sostantivo* e *verbo*

• *s* **1** padrone -a di casa **2** (alla radio, TV) conduttore -trice **3 a (whole) host of sth** (tutta) una serie di qc **4 host city** città ospite

• *v* [tr] **1** ospitare **2** condurre [programma televisivo]

hostage /ˈhɒstɪdʒ/ *s* ostaggio | **to hold sb hostage** tenere qn in ostaggio

hostel /ˈhɒstl/ *s* (per chi viaggia) ostello, (per studenti, lavoratori fuori sede) pensionato, (per persone bisognose) ospizio

hostess /ˈhəʊstɪs/ *s* (pl **-sses**) **1** padrona di casa **2** (alla radio, TV) conduttrice

hostile /ˈhɒstaɪl, AmE ˈhɑːstl/ *agg* **1** (sguardo, folla) ostile **2** (reazione) ostile

hostility /hɒˈstɪləti/ *s* ostilità

hot /hɒt/ *agg* (**hotter**, **hottest**) **1** (acqua, pasto) caldo -a: *a nice hot bath* un bel bagno caldo | *The soup's too hot.* La minestra è bollente. **2** (estate, giornata) caldo -a: *the hottest day of the year* il giorno più caldo dell'anno | **to be hot a)** (persona) aver caldo **b)** (tempo) essere/fare caldo: *I was hot and tired.* Avevo caldo ed ero stanco. | *It's hot in here.* Fa caldo qui dentro. ▶ HOT O WARM? vedi nota sotto **caldo** **3** (cibo) piccante **4** (informale) che va per la maggiore: *a hot new band* un nuovo gruppo che va per la maggiore

hot 'dog *s* hot dog

hotel /həʊˈtel/ *s* hotel, albergo

hotly /ˈhɒtli/ *avv* **1** (negare, rispondere) con rabbia **2 a hotly debated issue** una questione molto dibattuta

hot-'water ˌbottle *s* borsa dell'acqua calda

hound /haʊnd/ *sostantivo* e *verbo*

• *s* segugio

• *v* [tr] perseguitare

hour /aʊə/ *sostantivo* e *sostantivo plurale*

• *s* **1** ora: *an hour and a half* un'ora e mezza | *I'll be back in an hour.* Sarò di ritorno fra un'ora. | *I've been waiting for hours.* Sono ore che aspetto. | **10/50 miles etc an hour** 10/50 miglia ecc. all'ora **2 to arrive/leave on the hour** arrivare/partire all'ora esatta

• **hours** *s pl* **opening hours** orario (di apertura) [di un negozio] | **visiting/office hours** orario di visita/di lavoro

hourly /ˈaʊəli/ *agg* **1 hourly departures/news bulletins** partenze/notiziari ogni ora **2** orario -a

house¹ /haʊs/ (pl **houses** /ˈhaʊzɪz/) *s* **1** casa: *an old house* una vecchia casa | *I'm going over to Ashley's house.* Sto andando a casa di Ashley. ▶ HOUSE O HOME? vedi nota sotto **casa** **2 the House of Commons** la Camera dei Comuni **3 the House of Lords** la Camera dei Lord **4 the Houses of Parliament** Il Palazzo del Parlamento [nel Regno Unito] **5 the House of Representatives** la Camera dei Rappresentanti [negli Stati Uniti] **6 to be on the house** essere offerto dalla casa

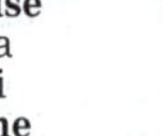

house² /haʊz/ *v* [tr] **1** alloggiare **2** ospitare

household /ˈhaʊshəʊld/ *aggettivo* e *sostantivo*

• *agg* (spese, lavori) di casa, (prodotto) per la casa

• *s* famiglia

householder /ˈhaʊsˌhəʊldə/ *s* padrone -a di casa

housekeeper /ˈhaʊsˌkiːpə/ *s* governante

houseplant /ˈhaʊsplɑːnt/ *s* pianta da appartamento

housewarming /ˈhaʊsˌwɔːmɪŋ/ *s* festa di inaugurazione [di una casa]

housewife /ˈhaʊswaɪf/ *s* (pl **-wives** /-waɪvz/) casalinga

housework /ˈhaʊswɜːk/ *s* lavori di casa

housing /ˈhaʊzɪŋ/ *s* alloggi

'housing esˌtate *s* BrE complesso residenziale

hover /ˈhɒvə/ *v* [intr] **1** (uccello, insetto) librarsi, (elicottero) sorvolare una zona quasi da fermo **2 to hover near/by sth** gironzolare dalle parti di qc | **to hover around sb** ronzare intorno a qn

hovercraft /ˈhɒvəkrɑːft/ *s* hovercraft

how /haʊ/ *avv* e *cong* ▶ vedi riquadro

however /haʊˈevə/ *avv* **1** tuttavia **2 however big/small/long etc it is** per quanto sia grande/piccolo/lungo ecc. | **however long it takes** non importa quanto tempo ci voglia | **however much it costs** non importa quanto costi

howl /haʊl/ *verbo* e *sostantivo*

• *v* [intr] (lupo, cane, vento) ululare

• *s* (di cani, lupi) ululato

HQ /ˌeɪtʃ ˈkjuː/ *s* (= **headquarters**)

hr *s* (= **hour**) h

hub /hʌb/ *s* centro [di attività, di rete ferroviaria]

huddle /ˈhʌdl/ *v* [intr] **1** (anche **huddle together**) raccogliersi **2** (anche **huddle up**) rannicchiarsi

hue /hjuː/ *s* sfumatura [di colore]

huff /hʌf/ *s* **in a huff** arrabbiato -a

Sai come funzionano i *phrasal verbs*? Vedi le spiegazioni nella **guida grammaticale**.

how

AVVERBIO

1 MODO (= come)

How are you? Come stai? | *How do you spell "foyer"?* Come si scrive "foyer"? | *How do I look in this dress?* Come mi sta questo vestito?

2 IN ESCLAMAZIONI

"He lost his job." "How awful!" – Ha perso il lavoro. – Che cosa terribile!

3 SEGUITO DA AGGETTIVI E AVVERBI (= quanto)

I was surprised how easy it was. Rimasi sorpreso da quanto era facile. | *It depends on how important it is.* Dipende da quanto è importante.

4 PROPOSTE

how about...? che ne diresti di...?: *How about going out to eat tonight?* Che ne dici di andare a cena fuori stasera? | *I can't on Thursday. How about Friday?* Giovedì non posso. Che ne dici di venerdì?

5 PRESENTAZIONI

how do you do? piacere

Questa è un'espressione formale, alla quale si risponde con **how do you do?**

6 SORPRESA

how come? come mai?: *How come you didn't phone?* Come mai non hai telefonato? | *"I won't be here tomorrow". "How come?"* – Domani non ci sono. – Come mai?

7 **how tall**, **how old**, **how much**, **how many**, ecc. sono trattati sotto gli aggettivi, i pronomi ecc. corrispondenti.

CONGIUNZIONE

1 IN DOMANDE (= come)

Do you remember how we did it? Ti ricordi come abbiamo fatto?

2 IN ALTRE FRASI (= come)

I'll live my life how I like. Vivrò la mia vita come voglio.

hug /hʌg/ *verbo* e *sostantivo*
- *v* (**hugged**, **hugging**) **1** [intr] abbracciarsi [l'un l'altro] **2** [tr] abbracciare
- *s* abbraccio | **to give sb a hug** abbracciare qn

hugging

huge /hjuːdʒ/ *agg* enorme

hull /hʌl/ *s* scafo

hullo /hʌˈləʊ/ BrE ▶ vedi **hello**

hum /hʌm/ *verbo* e *sostantivo*
- *v* (**hummed**, **humming**) **1** [intr/tr] canticchiare [a bocca chiusa] **2** [intr] ronzare
- *s* (di insetti, macchine) ronzio, (di voci) brusio

human /ˈhjuːmən/ *aggettivo* e *sostantivo*
- *agg* umano -a: *the human race* la razza umana | **human nature** natura umana | **human rights** diritti dell'uomo | **I'm only human** non sono infallibile
- *s* (anche **human being**) essere umano

humane /hjuːˈmeɪn/ *agg* **humane treatment** trattamento umano | **humane conditions** condizioni umane

humanitarian /hjuːˌmænəˈteəriən/ *agg* umanitario -a | **humanitarian aid** aiuti umanitari

humanity /hjuːˈmænəti/ *sostantivo* e *sostantivo plurale*
- *s* umanità
- **humanities** *s pl* discipline umanistiche

humble /ˈhʌmbəl/ *agg* umile

humid /ˈhjuːmɪd/ *agg* umido -a ▶ vedi nota sotto **umido**

humidity /hjuːˈmɪdəti/ *s* umidità

humiliate /hjuːˈmɪlieɪt/ *v* [tr] umiliare

humiliating /hjuːˈmɪlieɪtɪŋ/ *agg* umiliante

humiliation /hjuːˌmɪliˈeɪʃən/ *s* umiliazione

humility /hjuːˈmɪləti/ *s* umiltà

hummingbird /ˈhʌmɪŋˌbɜːd/ *s* colibrì

humorous /ˈhjuːmərəs/ *agg* (situazione) comico -a, (storia) divertente, (commento, persona) spiritoso -a | **a humorous story** un racconto umoristico

humour BrE, **humor** AmE /ˈhjuːmə/ *sostantivo* e *verbo*
- *s* **1** umorismo: *British humour* lo humour inglese | **sense of humour** senso dell'umorismo **2** lato comico **3** **good humour** buon umore
- *v* [tr] assecondare

hump /hʌmp/ *s* **1** (di strada, di collina) dosso **2** (di cammello) gobba

hunch /hʌntʃ/ *s* (pl **hunches**) sensazione

hundred /ˈhʌndrəd/ *numero* e *sostantivo plurale*
- *numero* cento: *a hundred years* cent'anni ▶ Se usato come numerale **hundred** è invariabile: *two hundred kilometres* duecento kilometri | *a few hundred dollars* poche centinaia di dollari ▶ vedi Active Box **numbers** sotto **number**
- **hundreds** *s pl* **hundreds of** centinaia di: *I have hundreds of CDs.* Ho centinaia di CD.

hundredth /ˈhʌndrədθ/ *aggettivo* e *sostantivo*
- *agg* centesimo -a
- *s* (centesima parte) centesimo

hung /hʌŋ/ passato e participio di **hang**

hunger /ˈhʌŋgə/ *s* fame

H

hungry /ˈhʌŋgri/ *agg* (**-rier**, **-riest**) **1 to be hungry** aver fame: *I'm hungry, let's eat.* Ho fame, mangiamo. **2** affamato -a: *hungry children* bambini affamati **3 to go hungry** soffrire la fame

hunk /hʌŋk/ *s* **1** (di formaggio, pane) grosso pezzo **2** (informale) (uomo attraente) pezzo di figo

hunt /hʌnt/ *verbo e sostantivo*
- *v* **1** [tr/intr] cacciare | **to go hunting** andare a caccia **2** cercare: *We spent an hour **hunting for** the keys.* Abbiamo passato un'ora a cercare le chiavi.
  hunt sb down dare la caccia a qn
- *s* **1** caccia **2** ricerca: *The **hunt for** the missing children continues today.* Oggi continua la ricerca dei bambini scomparsi.

hunter /ˈhʌntə/ *s* cacciatore -trice

hunting /ˈhʌntɪŋ/ *s* caccia

hurdle /ˈhɜːdl/ *s* **1** (nello sport) ostacolo: *the 100 metres hurdles* i 100 metri ostacoli **2** (difficoltà) ostacolo

hurl /hɜːl/ *v* **1 to hurl sth at/over etc sth** scagliare qc contro/su ecc. qc **2 to hurl abuse at sb** lanciare insulti a qn

hurrah! /hʊˈrɑː/ *inter* ▶ vedi **hooray!**

hurricane /ˈhʌrɪkən/ *s* uragano

hurried /ˈhʌrid/ *agg* (occhiata, telefonata) rapido -a, (visita, pranzo) frettoloso -a, (lavoro, preparativi) affrettato -a

hurry /ˈhʌri/ *verbo e sostantivo*
- *v* (**hurries**, **hurried**) **1** [intr] fare in fretta: *If we hurry we can catch the train.* Se facciamo in fretta riusciamo a prendere il treno. | *He **hurried back** to the hotel.* Ritornò di corsa in albergo. **2** [tr] mettere fretta a [persona]
  hurry up sbrigarsi: *Hurry up! We're late.* Sbrigati! Siamo in ritardo. **hurry sb up** mettere fretta a qn **hurry sth up** accelerare qc
- *s* **1 to be in a hurry** avere fretta: *I can't stop – I'm in a hurry.* Non posso fermarmi – ho fretta. **2 (there's) no hurry** non c'è fretta **3 to be in no hurry** non avere nessuna fretta

hurt /hɜːt/ *verbo e aggettivo*
- *v* (passato e participio **hurt**) **1** [intr] far male: *My head hurts.* Mi fa male la testa. **2** [tr] farsi male a: *I've hurt my hand.* Mi sono fatto male alla mano. | **to hurt yourself** farsi male **3** [tr] (emotivamente) ferire: *He hurt me a lot.* Mi ha davvero ferito. | **to hurt sb's feelings** ferire i sentimenti di qn
- *agg* **1 to be hurt** rimanere ferito: *No-one was hurt in the accident.* Nessuno è rimasto ferito nell'incidente. **2 to get hurt** farsi male: *Someone will get hurt.* Qualcuno si farà male. **3** (espressione, tono) offeso -a

hurtful /ˈhɜːtfəl/ *agg* **a hurtful remark/comment** un'osservazione/un commento che ferisce

hurtle /ˈhɜːtl/ *v* [intr] sfrecciare

husband /ˈhʌzbənd/ *s* marito

hush /hʌʃ/ *verbo, interiezione e sostantivo*
- *v*
  hush sth up mettere a tacere qc
- *inter* **hush!** zitto!
- *s* silenzio

husky /ˈhʌski/ *aggettivo e sostantivo*
- *agg* (**-kier**, **-kiest**) (voce) roco -a
- *s* (pl **-kies**) (cane) husky

hustle /ˈhʌsəl/ *verbo e sostantivo*
- *v* [tr] spingere [persona]: *She was **hustled** into the car.* L'hanno spinta in macchina.
- *s* **hustle and bustle** trambusto

hut /hʌt/ *s* capanna

hutch /hʌtʃ/ *s* (pl **hutches**) gabbia [per conigli]

hybrid /ˈhaɪbrɪd/ *s* ibrido

hydrant /ˈhaɪdrənt/ *s* (antincendio) idrante

hydraulic /haɪˈdrɒlɪk/ *agg* idraulico -a

hydroelectric /ˌhaɪdrəʊ-ɪˈlektrɪk/ *agg* idroelettrico -a

hydrogen /ˈhaɪdrədʒən/ *s* idrogeno

hyena /haɪˈiːnə/ *s* iena

hygiene /ˈhaɪdʒiːn/ *s* igiene

hygienic /haɪˈdʒiːnɪk/ *agg* igienico -a

hymn /hɪm/ *s* inno

hype /haɪp/ *sostantivo e verbo*
- *s* pubblicità (eccessiva)
- *v* [tr] anche **hype up** (film, prodotto) fare molta pubblicità a

hypermarket /ˈhaɪpəˌmɑːkɪt/ *s* BrE ipermercato

hyphen /ˈhaɪfən/ *s* trattino [segno di punteggiatura]

hypnosis /hɪpˈnəʊsɪs/ *s* ipnosi

hypnotic /hɪpˈnɒtɪk/ *agg* ipnotico -a

hypnotism /ˈhɪpnətɪzəm/ *s* ipnotismo

hypnotist /ˈhɪpnətɪst/ *s* ipnotizzatore -trice

hypnotize, -ise BrE /ˈhɪpnətaɪz/ *v* [tr] ipnotizzare

hypochondriac /ˌhaɪpəˈkɒndriæk/ *s* ipocondriaco -a

hypocrisy /hɪˈpɒkrəsi/ *s* ipocrisia

hypocrite /ˈhɪpəkrɪt/ *s* ipocrita

hypocritical /ˌhɪpəˈkrɪtɪkəl/ *agg* ipocrita

hypothesis /haɪˈpɒθəsɪs/ *s* (pl **-ses** /-siːz/) ipotesi

hypothetical /ˌhaɪpəˈθetɪkəl/ *agg* ipotetico -a

hysteria /hɪˈstɪəriə/ *s* isterismo

hysterical /hɪˈsterəkəl/ *agg* **1** isterico -a **2** (informale) divertentissimo -a

Vuoi una lista di frasi utili per parlare di te stesso? Consulta la **guida alla comunicazione** in fondo al libro.

hysterics /hɪˈsterɪks/ *s pl* **1** crisi isterica **2 to be in hysterics** (informale) essere piegato in due dalle risa

I¹, i /aɪ/ *s* I, i ▶ vedi Active Box **letters** sotto **letter**

I² /aɪ/ *pron* io ▶ I pronomi soggetto non si omettono mai in inglese: *I saw Mike yesterday.* Ho visto Mike ieri. | *I'm 13.* Ho tredici anni. | *I love dancing.* Adoro ballare. | *"Who wants some ice cream?" "I do."* – Chi vuole del gelato? – Io.

ice /aɪs/ *s* **1** ghiaccio **2 ice cube** cubetto di ghiaccio

iceberg /ˈaɪsbɜːg/ *s* iceberg

ˌice-ˈcold *agg* ghiacciato -a: *ice-cold drinks* bibite ghiacciate

ˌice ˈcream *s* gelato: *strawberry ice cream* gelato alla fragola

ˈice ˌhockey *s* hockey su ghiaccio

Iceland /ˈaɪslənd/ *s* l'Islanda

ˈice ˌlolly *s* (pl **ice lollies**) BrE ghiacciolo [gelato]

ˈice rink *s* pista di pattinaggio su ghiaccio

ˈice skate *verbo e sostantivo*
- *v* [intr] pattinare sul ghiaccio
- *s* pattino da ghiaccio

ˈice ˌskating *s* pattinaggio su ghiaccio

icicle /ˈaɪsɪkəl/ *s* ghiacciolo [candelotto]

icing /ˈaɪsɪŋ/ *s* BrE (sulle torte) glassa ▶ In inglese americano si usa **frosting**.

ˈicing ˌsugar *s* BrE zucchero a velo

icon /ˈaɪkɒn/ *s* **1** (in informatica) icona **2** (persona, oggetto) simbolo **3** (in arte, religione) icona

icy /ˈaɪsi/ *agg* (**icier, iciest**) **1** (acqua, mani, piedi) ghiacciato -a, (vento) gelido -a **2** (strada, lago) ghiacciato -a **3** (sguardo) gelido -a

I'd /aɪd/
- forma contratta di **I had**
- forma contratta di **I would**

ID /ˌaɪ ˈdiː/ *s* documento di identità

idea /aɪˈdɪə/ *s* **1** idea: ***I have an idea*** *– let's go to the beach.* Ho un'idea. Andiamo in spiaggia. | *What a good idea!* Buona idea! | *The* ***idea for*** *the book came from her grandmother's stories.* L'idea del libro le è venuta dalle storie della nonna. **2 to have no idea** non avere idea: *"Where's Richard?" "I've no idea."* – Dov'è Richard? – Non ne ho idea. **3 to get the idea** farsi un'idea: *After a few tries I began to get the idea.* Dopo un paio di tentativi ho cominciato a farmi un'idea.

ideal /ˌaɪˈdɪəl/ *aggettivo e sostantivo*
- *agg* ideale: *an ideal place for a picnic* un posto ideale per un picnic
- *s* ideale

idealism /aɪˈdɪəlɪzəm/ *s* idealismo

idealist /aɪˈdɪəlɪst/ *s* idealista

idealistic /aɪˌdɪəˈlɪstɪk/ *agg* (persona) idealista, (teoria, visione) idealistico -a

idealize, -ise BrE /aɪˈdɪəlaɪz/ *v* [tr] idealizzare

ideally /aɪˈdɪəli/ *avv* **1** in una situazione ideale: *Ideally, I'd like a motorbike.* L'ideale per me sarebbe una moto. | *Ideally, people should take more exercise.* L'ideale sarebbe che la gente facesse più moto. **2 to be ideally suited to/for sth** essere perfetto per qc

identical /aɪˈdentɪkəl/ *agg* **1** identico -a: *Her jacket was* ***identical to*** *mine.* La sua giacca era identica alla mia. **2 identical twins** gemelli omozigoti

identification /aɪˌdentəfəˈkeɪʃən/ *s* **1** identificazione **2** documento d'identità

identify /aɪˈdentəfaɪ/ *v* [tr] (**-fies, -fied**) identificare: *First we need to identify the problems.* Prima di tutto, dobbiamo identificare i problemi. | *Police* ***identified*** *the victim* ***as*** *25-year-old John Shelley.* La polizia ha identificato la vittima: si tratta del venticinquenne John Shelley.

identify with sb identificarsi con qn

identity /aɪˈdentəti/ *s* (pl **-ties**) **1** identità | **a case of mistaken identity** uno scambio di persona **2 identity card** carta d'identità

ideology /ˌaɪdiˈɒlədʒi/ *s* (pl **-gies**) ideologia

idiom /ˈɪdiəm/ *s* espressione idiomatica

idiot /ˈɪdiət/ *s* idiota

idiotic /ˌɪdiˈɒtɪk/ *agg* idiota

idle /ˈaɪdl/ *agg* **1** (persona) pigro -a **2** (lavoratore) disoccupato -a **3** (macchina) fermo -a **4 idle moments/days etc** momenti/giorni ecc. liberi **5 idle curiosity** pura curiosità **6 idle threats** minacce a vuoto

idleness /ˈaɪdlnəs/ *s* **1** ozio **2** pigrizia

idol /ˈaɪdl/ *s* idolo

idolize, -ise BrE /ˈaɪdl-aɪz/ *v* [tr] idolatrare

idyllic /ɪˈdɪlɪk/ *agg* idilliaco -a

i.e. /ˌaɪ ˈiː/ cioè

if /ɪf/ *cong* ▶ vedi riquadro

igloo /ˈɪgluː/ *s* igloo

if *congiunzione*

1 NELLE FRASI CONDIZIONALI (= se)
If you see him, tell him to phone me. Se lo vedi, digli di telefonarmi. | *If I go to bed late, I can't get up in the morning.* Se vado a dormire tardi, non riesco ad alzarmi la mattina. | *Mum will be cross if I tell her.* La mamma sarà furiosa se glielo dico. | *I would help you if I could.* Ti aiuterei se potessi. | **if I were you** se fossi in te: *I'd go by train if I were you.* Andrei in treno se fossi in te. | **if so** se è così: *Do you want the book? If so, I'll keep it for you.* Vuoi il libro? Se è così, te lo tengo da parte. | **if not** se no: *I think I can come tomorrow. If not, it will have to be Friday.* Credo di poter venire domani. Se no, venerdì.

2 NELLE DOMANDE INDIRETTE (= se)
She asked me if I had a girlfriend. Mi ha chiesto se avevo la ragazza.

3 PER ESPRIMERE UN DESIDERIO
if only se solo: *If only he was taller!* Se solo fosse più alto! | *If only I hadn't spent all that money!* Se solo non avessi speso tutti quei soldi!

4 **Even if** viene trattato sotto **even**.

ignite /ɪg'naɪt/ *v* (formale) **1** [tr] accendere [combustibile] **2** [intr] (gas, benzina) infiammarsi

ignition /ɪg'nɪʃən/ *s* (meccanismo) accensione

ignorance /'ɪgnərəns/ *s* ignoranza

ignorant /'ɪgnərənt/ *agg* **1** (in una materia) ignorante: *I'm very* ***ignorant about*** *science.* Sono molto ignorante in fatto di scienza. | **to be ignorant of sth** ignorare qc **2** BrE (maleducato) ignorante

ignore /ɪg'nɔː/ *v* [tr] **1** ignorare [persona]: *I don't know why she's ignoring me.* Non so perché mi ignori. **2** ignorare [consiglio, avvertimenti]

I'll /aɪl/
• forma contratta di **I will**
• forma contratta di **I shall**

ill /ɪl/ *agg* **1** **to be ill** essere malato: *Jenny can't come – she's ill.* Jenny non può venire. È malata. | *Her father's* ***seriously*** *ill.* Suo padre è gravemente malato. | **to feel ill** sentirsi male | **to fall ill/to be taken ill** ammalarsi ▶ ILL O SICK? vedi nota sotto **malato** **2** **ill effects** conseguenze negative | **ill feeling** risentimento | **ill health** cattiva salute | **ill will** rancore

illegal /ɪ'liːgəl/ *agg* illegale | **illegal immigrant** immigrato clandestino

illegible /ɪ'ledʒəbəl/ *agg* illeggibile

illegitimate /ˌɪlə'dʒɪtəmət/ *agg* illegittimo -a

illicit /ɪ'lɪsɪt/ *agg* illecito -a

illiterate /ɪ'lɪtərət/ *agg* analfabeta

illness /'ɪlnəs/ *s* (pl **-sses**) malattia: *serious illnesses* gravi malattie | *minor illnesses* malattie lievi | *She suffered from mental illness.* Soffriva di un disturbo mentale. ▶ ILLNESS O DISEASE? vedi nota sotto **malattia**

illogical /ɪ'lɒdʒɪkəl/ *agg* illogico -a

ˌill-'treatment *s* maltrattamenti

illuminate /ɪ'luːməneɪt/ *v* [tr] (formale) illuminare

illuminating /ɪ'luːməneɪtɪŋ/ *agg* (formale) illuminante

illusion /ɪ'luːʒən/ *s* **1** illusione **2** **to be under the illusion (that)** illudersi che

illustrate /'ɪləstreɪt/ *v* [tr] illustrare

illustration /ˌɪlə'streɪʃən/ *s* **1** (in un libro) illustrazione **2** (di argomento, tesi) dimostrazione

I'm /aɪm/ forma contratta di **I am**

image /'ɪmɪdʒ/ *s* immagine: *The party is trying to improve its image.* Il partito sta cercando di migliorare la sua immagine.

imaginary /ɪ'mædʒənəri/ *agg* immaginario -a

imagination /ɪˌmædʒə'neɪʃən/ *s* immaginazione, fantasia: *a vivid imagination* una fervida immaginazione | *Use your imagination!* Usa l'immaginazione!

imaginative /ɪ'mædʒənətɪv/ *agg* (persona, mente) fantasioso -a, (storia, film) di fantasia, (soluzione) ingegnoso -a

imagine /ɪ'mædʒɪn/ *v* [tr] **1** (raffigurare nella mente) immaginare: *Imagine you're lost in a strange city.* Immagina di esserti perso in una città sconosciuta. | *I can't imagine getting married.* Faccio fatica ad immaginarmi sul punto di sposarmi. **2** sognare [cose non vere]: *You're imagining things.* Te lo stai sognando. **3** **I imagine** immagino che: *I imagine they'll bring a few friends.* Immagino che portino un po' di amici. | *I imagine she knows.* Immagino che lo sappia.

imbalance /ɪm'bæləns/ *s* squilibrio

imbecile /'ɪmbəsiːl/ *s* imbecille

imitate /'ɪmɪteɪt/ *v* [tr] imitare

imitation /ˌɪmɪ'teɪʃən/ *sostantivo* e *aggettivo*
• *s* **1** (di persona, azione) imitazione **2** (di oggetto) imitazione
• *agg* (pelliccia) sintetico -a, (oro, pelle) finto -a

immaculate /ɪ'mækjələt/ *agg* (casa) perfetto -a, (persona, maniere) impeccabile, (abiti) immacolato -a

immaterial /ˌɪmə'tɪəriəl/ *agg* (formale) irrilevante

immature /ˌɪmə'tʃʊə/ *agg* immaturo -a

immediate /ɪ'miːdiət/ *agg* **1** immediato -a: *The response was immediate.* La risposta è stata immediata. | *There is no immediate danger.* Non c'è un pericolo imminente. **2 the immediate vicinity/area** le immediate vicinanze **3 immediate family** i parenti più stretti

immediately /ɪˈmiːdiətli/ *avv* **1** immediatamente: *I had to leave immediately.* Ho dovuto andare via immediatamente. **2 immediately before/after sth** subito prima/dopo qc: *She left immediately after the concert.* Se n'è andata subito dopo il concerto. | **immediately above/behind etc** proprio sopra/dietro ecc.: *He was standing immediately behind me.* Era proprio dietro di me.

immense /ɪˈmens/ *agg* enorme

immensely /ɪˈmensli/ *avv* immensamente | **immensely rich/famous** estremamente ricco/famoso

immerse /ɪˈmɜːs/ *v* [tr] **1 to be immersed in sth** essere assorto in qc | **to immerse yourself in sth** (in un lavoro, ecc.) gettarsi a capofitto in qc **2** (formale) (in acqua) immergere

immersion /ɪˈmɜːʃən/ *s* (in un liquido) immersione, (in lavoro, ambiente) coinvolgimento

immigrant /ˈɪmɪgrənt/ *s* immigrato -a: *illegal immigrants* immigrati clandestini

immigration /ˌɪmɪˈgreɪʃən/ *s* **1** immigrazione **2** ufficio immigrazione

imminent /ˈɪmɪnənt/ *agg* imminente

immobile /ɪˈməʊbaɪl/ *agg* immobile

immobilize, -ise BrE /ɪˈməʊbəlaɪz/ *v* [tr] paralizzare [traffico], bloccare [macchina, motore], immobilizzare [paziente, arto]

immoral /ɪˈmɒrəl/ *agg* immorale

immortal /ɪˈmɔːtl/ *agg* immortale

immortality /ˌɪmɔːˈtæləti/ *s* immortalità

immune /ɪˈmjuːn/ *agg* **immune (to sth) a)** (a malattia) immune (a qc) **b)** (a critiche) insensibile (a qc)

imˈmune ˌsystem *s* sistema immunitario

immunity /ɪˈmjuːnəti/ *s* immunità

immunization, -isation BrE /ˌɪmjənaɪˈzeɪʃən/ *s* vaccinazione

immunize, -ise BrE /ˈɪmjənaɪz/ *v* **to immunize sb (against sth)** vaccinare qn (contro qc)

impact /ˈɪmpækt/ *s* **1** (influenza) impatto **2** (di veicolo) impatto

impair /ɪmˈpeə/ *v* [tr] pregiudicare

impaired /ɪmˈpeəd/ *agg* **1** danneggiato -a **2 to have impaired sight/hearing** avere dei problemi di vista/udito

impart /ɪmˈpɑːt/ *v* [tr] (formale) trasmettere [sapere, informazione]

impartial /ɪmˈpɑːʃəl/ *agg* imparziale

impasse /æmˈpɑːs, AmE ˈɪmpæs/ *s* impasse

impassive /ɪmˈpæsɪv/ *agg* impassibile

impatience /ɪmˈpeɪʃəns/ *s* impazienza

impatient /ɪmˈpeɪʃənt/ *agg* **1** impaziente | **to be impatient to do sth** essere impaziente di fare qc **2** (irritabile) ***He gets impatient with his students.*** Perde la pazienza con gli studenti.

impeccable /ɪmˈpekəbəl/ *agg* impeccabile

impede /ɪmˈpiːd/ *v* [tr] ostacolare

impediment /ɪmˈpedəmənt/ *s* (difficoltà) ostacolo

impending /ɪmˈpendɪŋ/ *agg* imminente

impenetrable /ɪmˈpenɪtrəbəl/ *agg* (nebbia) fittissimo -a, (libro, gergo) incomprensibile, (giungla, barriera) impenetrabile

imperative /ɪmˈperətɪv/ *aggettivo* e *sostantivo*

• *agg* **1 it is imperative (that)** (formale) è indispensabile (che) **2** (in grammatica) imperativo -a

• *s* **the imperative** l'imperativo

imperceptible /ˌɪmpəˈseptəbəl/ *agg* impercettibile

imperfect /ɪmˈpɜːfɪkt/ *aggettivo* e *sostantivo*

• *agg* **1** (conoscenza) imperfetto -a **2 to be imperfect** (prodotto) avere qualche difetto

• *s* **the imperfect** l'imperfetto

imperfection /ˌɪmpəˈfekʃən/ *s* **1** (di persona) difetto **2** (di oggetto) imperfezione

imperial /ɪmˈpɪəriəl/ *agg* **1** imperiale **2 the imperial system** sistema britannico di pesi e misure. Include unità come **inch**, **mile**, ecc. ▶ per maggiori informazioni vedi la parte dedicata alla **Gran Bretagna** in appendice

imperialism /ɪmˈpɪəriəlɪzəm/ *s* imperialismo

impersonal /ɪmˈpɜːsənəl/ *agg* impersonale

impersonate /ɪmˈpɜːsəneɪt/ *v* [tr] **1** farsi passare per **2** (attore) imitare

impersonation /ɪmˌpɜːsəˈneɪʃən/ *s* imitazione [di una persona]

impertinent /ɪmˈpɜːtɪnənt/ *agg* impertinente

impetus /ˈɪmpɪtəs/ *s* impulso

implausible /ɪmˈplɔːzəbəl/ *agg* inverosimile: *The plot of the film is highly implausible.* La trama del film è del tutto inverosimile.

implement¹ /ˈɪmpləment/ *v* [tr] applicare

implement² /ˈɪmpləmənt/ *s* **1** attrezzo **2** (in cucina) utensile

implementation /ˌɪmplәmenˈteɪʃən/ *s* (di legge) applicazione, (di decisione) attuazione

implicate /ˈɪmpləkeɪt/ *v* **to implicate sb (in sth)** coinvolgere qn (in qc)

I

implication /ˌɪmplə'keɪʃən/ *s* **1** (conseguenza) implicazione **2** insinuazione

implicit /ɪm'plɪsɪt/ *agg* **1** implicito -a **2** (fiducia, fede) assoluto -a

implore /ɪm'plɔː/ *v* [tr] (formale) implorare

imply /ɪm'plaɪ/ *v* [tr] (**-lies**, **-lied**) insinuare

impolite /ˌɪmpə'laɪt/ *agg* maleducato -a

import[1] /'ɪmpɔːt/ *s* **1** importazione **2** prodotto d'importazione ▶ FALSE FRIEND Non confondere **"import"** con **importo** che si traduce **sum** o **amount**.

import[2] /ɪm'pɔːt/ *v* [tr] importare

importance /ɪm'pɔːtəns/ *s* importanza | **to be of no importance** non avere nessuna importanza

important /ɪm'pɔːtənt/ *agg* importante: *My free time is* ***important to*** *me.* Il tempo libero è importante per me.

impose /ɪm'pəʊz/ *v* **1** [tr] imporre [tassa, divieto], infliggere [multa] | **to impose sth on sb** imporre qc a qn **2 to impose (on/upon sb)** essere invadente (con qn)

imposing /ɪm'pəʊzɪŋ/ *agg* imponente

impossibility /ɪmˌpɒsə'bɪləti/ *s* impossibilità

impossible /ɪm'pɒsəbəl/ *agg* **1** (compito) impossibile **2** (situazione) impossibile **3** (persona) impossibile

impossibly /ɪm'pɒsəbli/ *avv* **impossibly difficult/high etc** incredibilmente difficile/alto ecc.

impotence /'ɪmpətəns/ *s* impotenza

impotent /'ɪmpətənt/ *agg* impotente

impoverished /ɪm'pɒvərɪʃt/ *agg* impoverito -a

impractical /ɪm'præktɪkəl/ *agg* (progetto, idea) poco pratico -a

impress /ɪm'pres/ *v* [tr] (3ª pers sing **-sses**) **1** fare colpo su | **to be impressed by/with sth** rimanere impressionato da qc **2 to impress sth on sb** far capire qc a qn

impression /ɪm'preʃən/ *s* **1** impressione: ***I got the impression*** *he didn't like me.* Ho avuto l'impressione di non piacergli. | **to make a good/bad impression** fare una buona/cattiva impressione **2** imitazione

impressionable /ɪm'preʃənəbəl/ *agg* impressionabile

impressive /ɪm'presɪv/ *agg* (risultato) straordinario -a, (edificio) imponente

imprint /'ɪmprɪnt/ *s* impronta

imprison /ɪm'prɪzən/ *v* [tr] imprigionare

imprisonment /ɪm'prɪzənmənt/ *s* incarcerazione

improbable /ɪm'prɒbəbəl/ *agg* **1** (teoria) improbabile **2** (storia) inverosimile

impromptu /ɪm'prɒmptjuː/ *agg* improvvisato -a

improper /ɪm'prɒpə/ *agg* **1** (uso) improprio -a **2** (fine, proposito) illecito -a **3** (comportamento) sconveniente

improve /ɪm'pruːv/ *v* [tr/intr] migliorare **improve on/upon sth** migliorare qc

improvement /ɪm'pruːvmənt/ *s* miglioramento | **to be an improvement on sth** essere un miglioramento di qc

improvise /'ɪmprəvaɪz/ *v* [tr/intr] improvvisare

impulse /'ɪmpʌls/ *s* **1** impulso **2 on impulse** d'impulso

impulsive /ɪm'pʌlsɪv/ *agg* impulsivo -a

in /ɪn/ *preposizione, avverbio e aggettivo*

• *prep* ▶ vedi riquadro

• *avv* **1 to be in** essere in casa, in ufficio, ecc.: *She's never in when I call.* Non c'è mai quando chiamo. | *I'm afraid Mr Spencer's not in.* Mi dispiace, ma il signor Spencer non è in ufficio. | **to stay in** rimanere a casa

2 riferito a qualcosa che deve essere consegnato: *The essay has to be in by Friday.* La ricerca deve essere consegnata entro venerdì.

3 riferito a treni, aerei, ecc.: *The train* ***gets in*** *at six.* Il treno arriva alle sei.

4 to be in for a surprise/a disappointment etc *Mum's in for a shock when she sees my grades.* La mamma avrà uno shock quando vedrà i miei voti.

5 to have (got) it in for sb avercela (a morte) con qn

6 to be in on sth essere al corrente di qc

• *agg* di moda: *Long skirts are in this summer.* Le gonne lunghe sono di moda quest'estate.

inability /ˌɪnə'bɪləti/ *s* **inability (to do sth)** incapacità (di fare qc)

inaccessible /ˌɪnək'sesəbəl/ *agg* inaccessibile

inaccurate /ɪn'ækjərət/ *agg* (descrizione, traduzione) impreciso -a, (cifre) inesatto -a

inactive /ɪn'æktɪv/ *agg* inattivo -a

inadequacy /ɪn'ædɪkwəsi/ *s* (pl **-cies**) **1** inadeguatezza **2** (sensazione) *He suffers from* ***feelings of inadequacy***. Ha la sensazione di non essere all'altezza.

inadequate /ɪn'ædɪkwət/ *agg* **1** (sistema, servizi) inadeguato -a, (risorse, rifornimenti) insufficiente **2 to feel inadequate** avere la sensazione di non essere all'altezza

inadvertently /ˌɪnəd'vɜːtəntli/ *avv* inavvertitamente

inappropriate /ˌɪnə'prəʊpriət/ *agg* **1** (comportamento) inappropriato -a **2** (abbigliamento) inadatto -a

inaugural /ɪ'nɔːgjərəl/ *agg* inaugurale

inaugurate /ɪ'nɔːgjəreɪt/ *v* [tr] **1 to be inaugurated (as sth)** entrare ufficialmente in carica (come qc) **2** inaugurare

Si dice *I arrived in London* o *I arrived to London*? Vedi alla voce **arrive**.

in *preposizione*

1 LUOGO (= in)
We swam in the river. Abbiamo nuotato nel fiume. | *the main character in the film* il personaggio principale del film | **in here/in there** qui dentro/là dentro

2 CON I SUPERLATIVI (= di)
the most expensive jeans in the shop i jeans più cari del negozio | *the best rock band in the country* il migliore gruppo rock del paese

3 MESI, STAGIONI, PARTI DEL GIORNO
I was born in May 1986. Sono nato nel maggio 1986. | *He came in the afternoon.* È venuto di pomeriggio. | *at six in the morning* alle sei di mattina

4 NEL FUTURO (= tra, fra)
We're moving in two weeks. Ci trasferiamo fra due settimane. | *I'll be ready in a few minutes.* Sarò pronta tra pochi minuti.

5 CON GLI INDUMENTI (= di)
a man in a grey suit un uomo con un abito grigio | *She was dressed in black.* Era vestita di nero.

6 MODO (= in)
He writes to me in English. Mi scrive in inglese. | *in a low voice* a voce bassa | *We stood in a line.* Eravamo in fila.

7 SETTORI DI ATTIVITÀ (= in)
Her father's in advertising. Suo padre lavora in pubblicità.

8 SENTIMENTI, REAZIONI
She looked up in surprise. Alzò lo sguardo sorpresa. | *He left in a rage.* Se ne andò furioso.

9 TOTALITÀ
in all/in total in tutto/in totale: *There were six of us in all.* In tutto eravamo sei.

10 **In**, in combinazione con alcuni verbi, forma vari **phrasal verbs** come **give in, go in**, ecc. I **phrasal verbs** sono trattati sotto il verbo corrispondente.

inbuilt /ˈɪnbɪlt/ *agg* BrE **1** (caratteristica) innato -a **2** **inbuilt fax/modem** fax/modem incorporato

incapable /ɪnˈkeɪpəbəl/ *agg* **to be incapable of (doing) sth** essere incapace di (fare) qc

incapacity /ˌɪnkəˈpæsəti/ *s* **incapacity (to do sth)** incapacità (di fare qc)

incense /ˈɪnsens/ *s* incenso

incentive /ɪnˈsentɪv/ *s* incentivo | **an incentive (for sb) to do sth** un incentivo (per qn) a fare qc

incessant /ɪnˈsesənt/ *agg* incessante

incessantly /ɪnˈsesəntli/ *avv* incessantemente

incest /ˈɪnsest/ *s* incesto

inch /ɪntʃ/ *s* **1** (pl **inches**) pollice [2,54 cm] **2** **to not give/budge an inch** non cedere di un millimetro

incidence /ˈɪnsɪdəns/ *s* (formale) incidenza

incident /ˈɪnsɪdənt/ *s* episodio | **without incident** senza incidenti

incidentally /ˌɪnsɪˈdentli/ *avv* a proposito: *Incidentally, I saw Jane yesterday.* A proposito, ho visto Jane ieri.

incisive /ɪnˈsaɪsɪv/ *agg* **1** (stile, osservazione) incisivo -a **2** (mente) acuto -a

incite /ɪnˈsaɪt/ *v* [tr] incitare a [violenza, odio] | **to incite sb to do sth** istigare qn a fare qc

inclination /ˌɪnkləˈneɪʃən/ *s* **1** voglia: *She had no* ***inclination to*** *go with them.* Non aveva nessuna voglia di andare con loro. **2** inclinazione

incline /ˈɪnklaɪn/ *s* pendio

inclined /ɪnˈklaɪnd/ *agg* **1** **to be inclined to do sth a)** essere incline a fare qc **b)** essere disposto a fare qc **2** **I am inclined to believe/think that** sono propenso a credere/pensare che

include /ɪnˈkluːd/ *v* [tr] **1** includere **2** **myself/you etc included** me/te ecc. compreso

including /ɪnˈkluːdɪŋ/ *prep* compreso: *There were ten of us including the teacher.* Eravamo in dieci compreso l'insegnante.

inclusion /ɪnˈkluːʒən/ *s* inclusione

inclusive /ɪnˈkluːsɪv/ *agg* **1** (prezzo, vacanza) tutto compreso | **to be inclusive of sth** essere comprensivo di qc **2** compreso -a

incoherent /ˌɪnkəʊˈhɪərənt/ *agg* incoerente

income /ˈɪŋkʌm/ *s* reddito: *people on a low income* le persone con reddito basso

ˈincome tax *s* imposta sul reddito

incoming /ˈɪnkʌmɪŋ/ *agg* **incoming flights/calls** voli/chiamate in arrivo

incompatible /ˌɪnkəmˈpætəbəl/ *agg* incompatibile

incompetence /ɪnˈkɒmpətəns/ *s* incompetenza

incompetent /ɪnˈkɒmpətənt/ *agg* incompetente

incomplete /ˌɪnkəmˈpliːt/ *agg* incompleto -a

incomprehensible /ɪnˌkɒmprɪˈhensəbəl/ *agg* incomprensibile

inconceivable /ˌɪnkənˈsiːvəbəl/ *agg* inconcepibile

inconclusive /ˌɪnkənˈkluːsɪv/ *agg* **1** (indizio, prova) non probante **2** (chiacchiere, incontro) inconcludente: *The talks were inconclusive.* I negoziati sono stati inconcludenti.

incongruous /ɪn'kɒŋgruəs/ *agg* strano -a [perché non in armonia con il resto]

inconsiderate /ˌɪnkən'sɪdərət/ *agg* privo -a di tatto

inconsistent /ˌɪnkən'sɪstənt/ *agg* **1** (lavoro, impegno) discontinuo -a **2** (opinione, comportamento) incoerente **3** (versione, resoconto) contraddittorio -a

inconspicuous /ˌɪnkən'spɪkjuəs/ *agg* scarsamente visibile | **to look inconspicuous** non dare nell'occhio

inconvenience /ˌɪnkən'viːniəns/ *sostantivo* e *verbo*
- *s* **1** disturbo **2** scomodità
- *v* [tr] causare inconvenienti a

inconvenient /ˌɪnkən'viːniənt/ *agg* **1** (ora, momento) inopportuno -a **2** (posto, posizione) scomodo -a ▶ FALSE FRIEND Non confondere **"inconvenient"** con **inconveniente** che si traduce **drawback** o **inconvenience**.

I

incorporate /ɪn'kɔːpəreɪt/ *v* [tr] **to incorporate sth into sth** includere qc in qc

incorrect /ˌɪnkə'rekt/ *agg* scorretto -a

increase[1] /ɪn'kriːs/ *v* [tr/intr] aumentare: *Prices have* ***increased by*** *10%.* I prezzi sono aumentati del 10%.

increase[2] /'ɪŋkriːs/ *s* aumento | **to be on the increase** essere in aumento

increasing /ɪn'kriːsɪŋ/ *agg* crescente

increasingly /ɪn'kriːsɪŋli/ *avv* sempre più

incredible /ɪn'kredəbəl/ *agg* incredibile

incredibly /ɪn'kredəbli/ *avv* incredibilmente

incubator /'ɪŋkjəbeɪtə/ *s* incubatrice

incur /ɪn'kɜː/ *v* [tr] (**-rred**, **-rring**) **1** contrarre [debito] **2** incorrere in [multa] **3** subire [perdita] **4** attirarsi [ira]

incurable /ɪn'kjʊərəbəl/ *agg* incurabile

indecent /ɪn'diːsənt/ *agg* osceno -a

indecisive /ˌɪndɪ'saɪsɪv/ *agg* indeciso -a

indeed /ɪn'diːd/ *avv* **1** usato per enfatizzare: *Thank you very much indeed.* Grazie davvero. | *"Do you know him?" "I do indeed."* – Lo conosci? – Certo. **2** o meglio: *Many people, indeed about 60%, were against.* Molti, o meglio il 60%, erano contrari.

indefensible /ˌɪndɪ'fensəbəl/ *agg* (comportamento) ingiustificabile, (commento, reazione) ingiustificato -a, (errore) imperdonabile

indefinite /ɪn'defənət/ *agg* (periodo) indefinito -a

inˌdefinite 'article *s* articolo indeterminativo

indefinitely /ɪn'defənətli/ *avv* a tempo indeterminato

indemnity /ɪn'demnəti/ *s* (pl **-ties**) **1** (contro danni) assicurazione, (contro azioni legali) copertura legale **2** (risarcimento) indennizzo

independence /ˌɪndɪ'pendəns/ *s* indipendenza

independent /ˌɪndɪ'pendənt/ *agg* **1** (persona, stato) indipendente **2** (giudizio, giudice) imparziale

independently /ˌɪndɪ'pendəntli/ *avv* **1** in modo indipendente **2** separatamente

'in-depth *agg* (analisi, conoscenza) approfondito -a, (resoconto) dettagliato -a

indescribable /ˌɪndɪ'skraɪbəbəl/ *agg* indescrivibile

index /'ɪndeks/ *s* **1** (pl **indexes**) (di libro) indice **2** (pl **indexes**) registro **3** (pl **indices** /-dɪsiːz/ o **indexes**) (in economia) indice

'index ˌfinger *s* indice [dito della mano]

India /'ɪndiə/ *s* l'India

Indian /'ɪndiən/ *agg* e *s* **1** (dell'India) indiano -a **2** (americano) indiano -a d'America ▶ L'uso di **Indian** per indicare gli indiani americani è considerato offensivo e si usa invece **Native American**.

indicate /'ɪndəkeɪt/ *v* **1** [tr] (mostrare, dimostrare) indicare **2** [tr] (affermare oralmente o per iscritto) indicare **3** [intr] BrE mettere la freccia

indication /ˌɪndə'keɪʃən/ *s* segno: *There are* ***indications that*** *the economy is recovering.* Ci sono segni di una ripresa economica. | *He* ***gave no indication of*** *his feelings.* Non lasciava trasparire i propri sentimenti.

indicative /ɪn'dɪkətɪv/ *aggettivo* e *sostantivo*
- *agg* indicativo -a
- *s* indicativo

indicator /'ɪndəkeɪtə/ *s* **1** BrE (di veicolo) freccia **2** (economico) indicatore

indices /'ɪndɪsiːz/ plurale di **index**

indictment /ɪn'daɪtmənt/ *s* **1** **to be an indictment of sth** costituire un atto d'accusa verso qc **2** AmE imputazione

indifference /ɪn'dɪfərəns/ *s* indifferenza

indifferent /ɪn'dɪfərənt/ *agg* indifferente

indigenous /ɪn'dɪdʒənəs/ *agg* indigeno -a

indigestion /ˌɪndɪ'dʒestʃən/ *s* mal di stomaco: *Onions give me indigestion.* Le cipolle mi fanno venire il mal di stomaco.

indignant /ɪn'dɪgnənt/ *agg* indignato -a

indignation /ˌɪndɪg'neɪʃən/ *s* indignazione

indignity /ɪn'dɪgnəti/ *s* (pl **-ties**) umiliazione

indirect /ˌɪndɪˈrekt/ *agg* **1** (causa, modo) indiretto -a **2 an indirect route** un percorso più lungo **3 indirect object** complemento indiretto | **indirect speech** discorso indiretto

indirectly /ˌɪndɪˈrektli/ *avv* indirettamente

indiscreet /ˌɪndɪˈskriːt/ *agg* indiscreto -a

indiscretion /ˌɪndɪˈskreʃən/ *s* **1** mancanza di discrezione **2** (atto) indiscrezione

indiscriminate /ˌɪndɪˈskrɪmɪnət/ *agg* **1** indiscriminato -a **2** senza criteri particolari

indispensable /ˌɪndɪˈspensəbəl/ *agg* indispensabile

indisputable /ˌɪndɪˈspjuːtəbəl/ *agg* indiscusso -a

indistinct /ˌɪndɪˈstɪŋkt/ *agg* (immagine) confuso -a, (rumore) indistinto -a

individual /ˌɪndəˈvɪdʒuəl/ *aggettivo* e *sostantivo*

• *agg* **1** (separato) singolo -a | **each individual customer/case/pupil** ogni singolo cliente/caso/alunno **2** (per una persona) individuale: *individual portions* porzioni individuali **3** (stile, gusto) personale

• *s* individuo

individually /ˌɪndəˈvɪdʒuəli/ *avv* **1** (in modo separato) singolarmente **2** (di persona) individualmente

indoctrination /ɪnˌdɒktrɪˈneɪʃən/ *s* indottrinamento

indoor /ˈɪndɔː/ *agg* **1** (piscina, stadio) coperto -a **2** (gioco, attività) che si svolge al coperto

indoors /ɪnˈdɔːz/ *avv* in casa | **to go indoors** andare dentro

induce /ɪnˈdjuːs/ *v* [tr] **1 to induce sb to do sth** (formale) indurre qn a fare qc **2** provocare [parto], provocare il parto a [donna]

inducement /ɪnˈdjuːsmənt/ *s* incentivo

induction /ɪnˈdʌkʃən/ *s* **1** inserimento **2 induction course** corso di formazione

indulge /ɪnˈdʌldʒ/ *v* **1 to indulge in sth** concedersi (il lusso di) qc **2** [tr] assecondare [capriccio] | **to indulge yourself** farsi piacere **3** [tr] assecondare [persona]

indulgence /ɪnˈdʌldʒəns/ *s* **1** (mancanza di limiti) eccessi **2** (verso gli altri) compiacenza **3** (piacere) lusso

indulgent /ɪnˈdʌldʒənt/ *agg* compiacente

industrial /ɪnˈdʌstriəl/ *agg* **1** industriale **2 industrial action** BrE agitazione sindacale **3 industrial estate** BrE zona industriale

industrialization, -isation BrE /ɪnˌdʌstriəlaɪˈzeɪʃən/ *s* industrializzazione

industrialized, -ised BrE /ɪnˈdʌstriəlaɪzd/ *agg* industrializzato -a

industry /ˈɪndəstri/ *s* (pl **-tries**) industria: *the steel industry* l'industria siderurgica | *the tourist industry* il settore del turismo

inedible /ɪnˈedəbəl/ *agg* **1** non commestibile **2** immangiabile

ineffective /ˌɪnɪˈfektɪv/ *agg* inefficace

inefficiency /ˌɪnɪˈfɪʃənsi/ *s* inefficienza

inefficient /ˌɪnəˈfɪʃənt/ *agg* inefficiente

ineligible /ɪnˈelɪdʒəbəl/ *agg* **to be ineligible for sth/to do sth** non avere diritto a qc/a fare qc

inept /ɪˈnept/ *agg* incompetente

inequality /ˌɪnɪˈkwɒləti/ *s* (pl **-ties**) disuguaglianza

inert /ɪˈnɜːt/ *agg* inerte

inertia /ɪˈnɜːʃə/ *s* inerzia

inescapable /ˌɪnɪˈskeɪpəbəl/ *agg* ineluttabile

inevitable /ɪˈnevətəbəl/ *agg* inevitabile

inevitably /ɪˈnevətəbli/ *avv* inevitabilmente

inexcusable /ˌɪnɪkˈskjuːzəbəl/ *agg* imperdonabile

inexhaustible /ˌɪnɪgˈzɔːstəbəl/ *agg* inesauribile

inexpensive /ˌɪnɪkˈspensɪv/ *agg* economico -a

inexperienced /ˌɪnɪkˈspɪəriənst/ *agg* inesperto -a

inexplicable /ˌɪnɪkˈsplɪkəbəl/ *agg* inspiegabile

infallible /ɪnˈfæləbəl/ *agg* infallibile

infamous /ˈɪnfəməs/ *agg* (criminale) famigerato -a, (fenomeno, vicenda) tristemente famoso -a

infancy /ˈɪnfənsi/ *s* **1** infanzia **2 in its infancy** agli inizi: *Television was still in its infancy.* La televisione era ancora agli inizi.

infant /ˈɪnfənt/ *s* **1** (formale) bambino -a piccolo -a **2 infant mortality** mortalità infantile **infant school** BrE scuola per bambini tra i 4 e i 7 anni

infantile /ˈɪnfəntaɪl/ *agg* infantile

infantry /ˈɪnfəntri/ *s* fanteria

infatuated /ɪnˈfætʃueɪtɪd/ *agg* infatuato -a

infatuation /ɪnˌfætʃuˈeɪʃən/ *s* infatuazione

infect /ɪnˈfekt/ *v* [tr] contagiare [persona], contaminare [cibo] | **to infect sb with sth** trasmettere qc a qn

infected /ɪnˈfektɪd/ *agg* contaminato -a | **to become infected a)** (persona) essere contagiato **b)** (ferita) infettarsi

infection /ɪnˈfekʃən/ *s* **1** (malattia) infezione **2** (di persona) contagio, (di ferita) infezione

infectious /ɪn'fekʃəs/ *agg* **1** (malattia) infettivo -a, (persona) contagioso -a **2** (risata, entusiasmo) contagioso -a

infer /ɪn'fɜː/ *v* [tr] (**-rred**, **-rring**) dedurre

inference /'ɪnfərəns/ *s* conclusione

inferior /ɪn'fɪəriə/ *aggettivo e sostantivo*
• *agg* **1** inferiore **2** di qualità scadente
• *s* inferiore

inferiority /ɪnˌfɪəri'ɒrəti/ *s* inferiorità

infertile /ɪn'fɜːtaɪl, AmE ɪn'fɜːrtl/ *agg* (terreno) arido -a, (persona) sterile

infertility /ˌɪnfə'tɪləti/ *s* sterilità

infest /ɪn'fest/ *v* [tr] infestare

infidelity /ˌɪnfə'deləti/ *s* (pl **-ties**) infedeltà

infiltrate /'ɪnfɪltreɪt/ *v* **1** [tr] infiltrarsi in **2** [intr] infiltrarsi

infinite /'ɪnfənət/ *agg* infinito -a

infinitely /'ɪnfənətli/ *avv* di gran lunga

infinitive /ɪn'fɪnətɪv/ *s* infinito [in grammatica]

infinity /ɪn'fɪnəti/ *s* **1** infinità **2** infinito

infirmary /ɪn'fɜːməri/ *s* (pl **-ries**) **1** (di carcere, scuola) infermeria **2** è usato nel senso di "ospedale" nel nome di alcuni ospedali, ad esempio *Liverpool Royal Infirmary*.

inflamed /ɪn'fleɪmd/ *agg* infiammato -a

inflammable /ɪn'flæməbəl/ *agg* infiammabile

inflammation /ˌɪnflə'meɪʃən/ *s* infiammazione

inflammatory /ɪn'flæmətəri/ *agg* (osservazione) provocatorio -a

inflatable /ɪn'fleɪtəbəl/ *agg* gonfiabile

inflate /ɪn'fleɪt/ *v* **1** [tr] gonfiare [materasso, salvagente], far aumentare [prezzi, valore] **2** [intr] (salvagente) gonfiarsi

inflation /ɪn'fleɪʃən/ *s* inflazione

inflexible /ɪn'fleksəbəl/ *agg* **1** inflessibile **2** rigido -a

inflict /ɪn'flɪkt/ *v* [tr] causare [danno] | **to inflict suffering/pain on sb** causare sofferenze/dolore a qn

influence /'ɪnfluəns/ *sostantivo e verbo*
• *s* **1** influenza: *I no longer have any* ***influence over*** *him.* Non ho più nessuna influenza su di lui. | **to be a bad/good influence on sb** avere un'influenza negativa/positiva su qn **2** influsso: *In Paris he* ***came under the influence of*** *Picasso.* A Parigi ha subito l'influsso di Picasso. **3 to be under the influence of drink/drugs** essere sotto l'effetto dell'alcol/della droga
• *v* [tr] influenzare

influential /ˌɪnflu'enʃəl/ *agg* influente

influenza /ˌɪnflu'enzə/ *s* (formale) influenza [malattia]

influx /'ɪnflʌks/ *s* (pl **-xes**) afflusso

inform /ɪn'fɔːm/ *v* **1** [tr] informare: *Did you* ***inform*** *the police* ***about*** *the accident?* Hai informato la polizia dell'incidente? | *The school* ***informed*** *me* ***that*** *I had been accepted.* La scuola mi ha comunicato che ero stato accettato. | *Please* ***inform*** *us* ***of*** *any change of address.* Si prega di comunicare eventuali cambiamenti di indirizzo. | **to keep sb informed (about/on sth)** tenere qn aggiornato (su qc) **2 to inform on/against sb** denunciare qn

informal /ɪn'fɔːməl/ *agg* **1** (colloquio, atmosfera) informale **2** (stile, espressione) colloquiale **3** (abbigliamento) sportivo -a

informant /ɪn'fɔːmənt/ *s* informatore -trice

information /ˌɪnfə'meɪʃən/ *s* informazioni: *For further information phone the number below.* Per ulteriori informazioni chiamate il numero riportato qui sotto. | ***Information on*** *the courses is available on our website.* Troverete informazioni relative ai corsi sul nostro sito Internet. | **a piece of information** un'informazione

information superhighway /ˌɪnfəmeɪʃən ˌsuːpə'haɪweɪ/ *s* i vari sistemi informatici che consentono di ottenere informazioni, immagini, ecc. tramite computer in brevissimo tempo

inforˌmation tech'nology *s* informatica

informative /ɪn'fɔːmətɪv/ *agg* istruttivo -a

informed /ɪn'fɔːmd/ *agg* **1** informato -a **2 an informed decision/choice** una decisione/una scelta basata sulla conoscenza dei fatti

informer /ɪn'fɔːmə/ *s* informatore -trice

infrastructure /'ɪnfrəˌstrʌktʃə/ *s* infrastrutture

infrequent /ɪn'friːkwənt/ *agg* raro -a

infrequently /ɪn'friːkwəntli/ *avv* raramente

infringe /ɪn'frɪndʒ/ *v* [tr] **1** violare [regola] **2** ledere [diritto]

infringement /ɪn'frɪndʒmənt/ *s* violazione

infuriate /ɪn'fjʊərieɪt/ *v* [tr] far infuriare

infuriating /ɪn'fjʊərieɪtɪŋ/ *agg* esasperante

ingenious /ɪn'dʒiːniəs/ *agg* (piano) ingegnoso -a, (persona, aggeggio) geniale

ingenuity /ˌɪndʒə'njuːəti/ *s* ingegnosità

ingredient /ɪn'griːdiənt/ *s* ingrediente

inhabit /ɪn'hæbɪt/ *v* [tr] abitare

inhabitant /ɪn'hæbətənt/ *s* abitante

inhale /ɪn'heɪl/ *v* **1** [intr/tr] inspirare **2** [intr] aspirare il fumo

inherent /ɪn'hɪərənt/ *agg* intrinseco -a | **to be inherent in sth** essere insito in qc

inherently /ɪn'hɪərəntli/ *avv* per definizione
inherit /ɪn'herɪt/ *v* [tr] ereditare
inheritance /ɪn'herɪtəns/ *s* eredità
inhibit /ɪn'hɪbɪt/ *v* [tr] **1** inibire [processo, sviluppo] **2** inibire [persona] | **to inhibit sb from doing sth** trattenere qn dal fare qc
inhibited /ɪn'hɪbɪtɪd/ *agg* inibito -a
inhibition /ˌɪnhɪ'bɪʃən/ *s* inibizione
inhospitable /ˌɪnhɒ'spɪtəbəl/ *agg* **1** (luogo) inospitale, (clima) ostile **2** (persona) poco ospitale
inhuman /ɪn'hjuːmən/ *agg* inumano -a
initial /ɪ'nɪʃəl/ *aggettivo e sostantivo*
- *agg* iniziale: *Their initial reaction was very positive.* La loro reazione iniziale è stata molto positiva.
- *s* iniziale: *a suitcase with the initials S.H. on it* una valigia con le iniziali S.H.

initially /ɪ'nɪʃəli/ *avv* inizialmente
initiate /ɪ'nɪʃieɪt/ *v* [tr] **1** intentare [causa] **2** iniziare [discussione] **3** dare avvio a [riforme] **4 to initiate sb into sth** iniziare qn a qc
initiation /ɪˌnɪʃi'eɪʃən/ *s* iniziazione
initiative /ɪ'nɪʃətɪv/ *s* **1** spirito di iniziativa: *You showed great initiative.* Hai dato prova di grande spirito d'iniziativa. | *Use your initiative!* Datti da fare da solo! **2** (piano) iniziativa **3 to take the initiative** prendere l'iniziativa
inject /ɪn'dʒekt/ *v* [tr] iniettare | **to inject sb with sth** iniettare qc a qn
injection /ɪn'dʒekʃən/ *s* iniezione: *They gave me an injection.* Mi hanno fatto un'iniezione.
injure /'ɪndʒə/ *v* [tr] ferire: *Two people were injured in the accident.* Nell'incidente sono rimaste ferite due persone. | *She injured her knee.* Si è fatta male al ginocchio. | **to injure yourself** farsi male
injured /'ɪndʒəd/ *agg* **1** ferito -a **2** (orgoglio) ferito -a, (tono) offeso -a
injury /'ɪndʒəri/ *s* (pl **-ries**) **1** ferita: *serious head injuries* gravi ferite alla testa **2 injury time** BrE minuti di recupero
injustice /ɪn'dʒʌstɪs/ *s* ingiustizia
ink /ɪŋk/ *s* inchiostro: *Please write **in ink**.* Si prega di scrivere a penna.
'ink-jet ˌprinter *s* stampante a getto d'inchiostro
inland /'ɪnlənd/ *aggettivo e avverbio*
- *agg* interno -a
- *avv* verso l'interno: *We travelled further inland.* Ci siamo spinti più verso l'interno.

ˌInland 'Revenue *s* BrE ente in Gran Bretagna equivalente al Fisco
'in-laws *s pl* (informale) suoceri
inlet /'ɪnlet/ *s* insenatura
inmate /'ɪnmeɪt/ *s* (in carcere) detenuto -a, (in ospedale psichiatrico) internato -a
inn /ɪn/ *s* BrE piccola locanda o pub di campagna
innate /ɪ'neɪt/ *agg* innato -a
inner /'ɪnə/ *agg* **1** interno -a | **inner courtyard** cortile interno **2 inner thoughts/feelings** pensieri/sentimenti più intimi
ˌinner 'city *s* (pl **-ties**) quartieri poveri del centro di una città
innocence /'ɪnəsəns/ *s* innocenza
innocent /'ɪnəsənt/ *agg* **1** innocente | **to be innocent of sth** non essere colpevole di qc: *He is innocent of the charges against him.* Non è colpevole dei reati di cui lo accusano. **2** (privo di esperienza) ingenuo -a
innocuous /ɪ'nɒkjuəs/ *agg* **1** (commento) innocente **2** (sostanza) innocuo -a
innovation /ˌɪnə'veɪʃən/ *s* innovazione
innovative /'ɪnəˌveɪtɪv/ *agg* innovativo -a
innuendo /ˌɪnju'endəʊ/ *s* (pl **-s** o **-es**) insinuazione
innumerable /ɪ'njuːmərəbəl/ *agg* innumerevole
inoculate /ɪ'nɒkjəleɪt/ *v* [tr] vaccinare
inoculation /ɪˌnɒkjə'leɪʃən/ *s* vaccinazione
input /'ɪnpʊt/ *s* **1** input, contributo **2** immissione [di dati]
inquest /'ɪŋkwest/ *s* inchiesta | **to hold an inquest into sth** fare un'inchiesta per chiarire qc
inquire /ɪn'kwaɪə/ ► vedi **enquire**
inquiry /ɪn'kwaɪəri/ ► vedi **enquiry**
inquisitive /ɪn'kwɪzətɪv/ *agg* curioso -a
insane /ɪn'seɪn/ *agg* **1** (persona, idea) pazzo -a **2** malato -a di mente
insanity /ɪn'sænəti/ *s* **1** infermità mentale **2** follia
inscribe /ɪn'skraɪb/ *v* **to inscribe sth on/in sth** incidere qc su/in qc
inscription /ɪn'skrɪpʃən/ *s* **1** (su pietra) incisione **2** (su libro) dedica
insect /'ɪnsekt/ *s* insetto
insecticide /ɪn'sektɪsaɪd/ *s* insetticida
insecure /ˌɪnsɪ'kjʊə/ *agg* **1** (persona) insicuro -a **2** (struttura) malsicuro -a, (lavoro) precario -a
insecurity /ˌɪnsɪ'kjʊərəti/ *s* **1** insicurezza **2** (di lavoro) precarietà, (di situazione economica) instabilità
insensitive /ɪn'sensətɪv/ *agg* (persona) insensibile, (commento) privo -a di tatto | **to be insensitive to sth** essere insensibile a qc [sentimenti]
inseparable /ɪn'sepərəbəl/ *agg* inseparabile

insert /ɪn'sɜːt/ *v* [tr] **1** (immettere) introdurre **2** (aggiungere) inserire
inside[1] /ɪn'saɪd/ *preposizione* e *avverbio*
• *prep* in, dentro a: *What's inside this parcel?* Cosa c'è nel pacchetto?
• *avv* dentro: *The keys were inside.* Le chiavi erano dentro. | *It's raining. Let's go inside.* Sta piovendo. Andiamo dentro.
inside[2] /'ɪnsaɪd, ɪn'saɪd/ *s* **1 the inside** l'interno: *The door is locked from the inside.* La porta è chiusa dall'interno. **2 inside out** alla rovescia [con la parte dentro di fuori]: *He's got his sweater on inside out.* Si è messo il maglione alla rovescia. | **to turn sth inside out** rivoltare qc [maglia, pantaloni] **3 to know sth inside out** conoscere qc da cima a fondo **4 my/your etc insides** (informale) la mia/tua ecc. pancia
inside[3] /'ɪnsaɪd/ *agg* **1** interno -a | **an inside pocket** una tasca interna **2 the inside lane** (in Gran Bretagna) la corsia di sinistra
insight /'ɪnsaɪt/ *s* **1** intuito **2** idea: *It gives you an* ***insight into*** *their way of life.* Ti dà un'idea del loro modo di vivere.
insignificance /ˌɪnsɪg'nɪfɪkəns/ *s* irrilevanza
insignificant /ˌɪnsɪg'nɪfɪkənt/ *agg* insignificante
insincere /ˌɪnsɪn'sɪə/ *agg* (ipocrita) falso -a
insincerity /ˌɪnsɪn'serəti/ *s* (ipocrisia) falsità
insinuate /ɪn'sɪnjueɪt/ *v* [tr] insinuare
insist /ɪn'sɪst/ *v* [intr] **1** sostenere: *She* ***insisted that*** *she had seen him.* Sosteneva di averlo visto. **2** insistere | **to insist on sth** pretendere qc: *He* ***insisted on*** *seeing the manager.* Ha preteso di parlare con il direttore. **3 to insist on doing sth** voler fare qc a tutti i costi: *She insists on a separate room.* Vuole a tutti i costi una camera separata.
insistence /ɪn'sɪstəns/ *s* perseveranza | **at their insistence** perché hanno molto insistito
insistent /ɪn'sɪstənt/ *agg* **1** (rumore) incessante **2 to be insistent** insistere: *He was* ***insistent that*** *everyone should attend.* Ha insistito perché venissero tutti.
insolence /'ɪnsələns/ *s* insolenza
insolent /'ɪnsələnt/ *agg* insolente
insomnia /ɪn'sɒmniə/ *s* insonnia
inspect /ɪn'spekt/ *v* [tr] **1** ispezionare [fabbrica, scuola] **2** controllare [prodotto, documenti, veicolo]
inspection /ɪn'spekʃən/ *s* **1** ispezione **2** (di veicolo) controllo
inspector /ɪn'spektə/ *s* **1** (di scuola) ispettore -trice **2** (di polizia) ispettore **3** (su autobus, treno) controllore
inspiration /ˌɪnspə'reɪʃən/ *s* ispirazione
inspire /ɪn'spaɪə/ *v* [tr] **1** stimolare **2** ispirare [rispetto, fiducia] **3 to inspire sb with confidence** ispirare fiducia a qn **4 to be inspired by sth** (opera d'arte) ispirarsi a qc
instability /ˌɪnstə'bɪləti/ *s* instabilità
install /ɪn'stɔːl/ *v* [tr] installare
installation /ˌɪnstə'leɪʃən/ *s* **1** installazione **2** (militare) base
instalment BrE, **installment** AmE /ɪn'stɔːlmənt/ *s* **1** rata | **to pay for sth in instalments** pagare qc a rate **2** puntata [di racconto, fiction tv]
instance /'ɪnstəns/ *s* **for instance** per esempio
instant /'ɪnstənt/ *aggettivo* e *sostantivo*
• *agg* **1** immediato -a **2 instant coffee** caffè solubile
• *s* **1** istante **2 this instant** immediatamente
instantaneous /ˌɪnstən'teɪniəs/ *agg* istantaneo -a
instantly /'ɪnstəntli/ *avv* immediatamente
instead /ɪn'sted/ *avv* **1 instead of** invece di: *He took my jacket instead of his own.* Ha preso la mia giacca invece della sua. **2** al posto di qualcuno o qualcosa già menzionato: *Lucy couldn't go, so I went instead.* Lucy non ci è potuta andare, così sono andata io al posto suo. | *There was no rice, so we had potatoes instead.* Non c'era riso, e così abbiamo mangiato delle patate.
instigate /'ɪnstɪgeɪt/ *v* [tr] istigare a [violenza], promuovere [riforme]
instil BrE, **instill** AmE /ɪn'stɪl/ *v* (**-lled, -lling**) **to instil a sense of duty in sb** inculcare il senso del dovere a qn | **to instil fear in sb** incutere paura a qn
instinct /'ɪnstɪŋkt/ *s* istinto: *the* ***instinct to survive*** l'istinto di sopravvivenza
instinctive /ɪn'stɪŋktɪv/ *agg* istintivo -a
institute /'ɪnstɪtjuːt/ *sostantivo* e *verbo*
• *s* istituto
• *v* [tr] (formale) istituire [sistema], intentare [azione legale]
institution /ˌɪnstɪ'tjuːʃən/ *s* **1** istituzione **2** (per orfani, anziani) istituto, (per malati di mente) ospedale psichiatrico
institutional /ˌɪnstɪ'tjuːʃənəl/ *agg* **1** (riforme) istituzionale **2** (razzismo) istituzionalizzato -a
instruct /ɪn'strʌkt/ *v* [tr] ordinare a | **to instruct sb to do sth** ordinare a qn di fare qc
instruction /ɪn'strʌkʃən/ *s* **1** ordine: *He had* ***instructions*** *not* ***to*** *let anyone in.* Aveva l'ordine di non lasciar entrare nessuno. **2 the instructions** le istruzioni: *Follow the instructions in the book.* Seguite le istruzioni che trovate nel libro.
instructive /ɪn'strʌktɪv/ *agg* istruttivo -a

Vuoi informazioni sulla differenza tra gli **aggettivi possessivi** in inglese e in italiano? Vedi la **guida grammaticale**.

instructor /ɪn'strʌktə/ *s* istruttore -trice: *swimming instructor* istruttore di nuoto | *skiing instructor* maestro di sci

instrument /'ɪnstrʊmənt/ *s* **1** strumento | **surgical instruments** strumenti chirurgici **2** (in musica) strumento

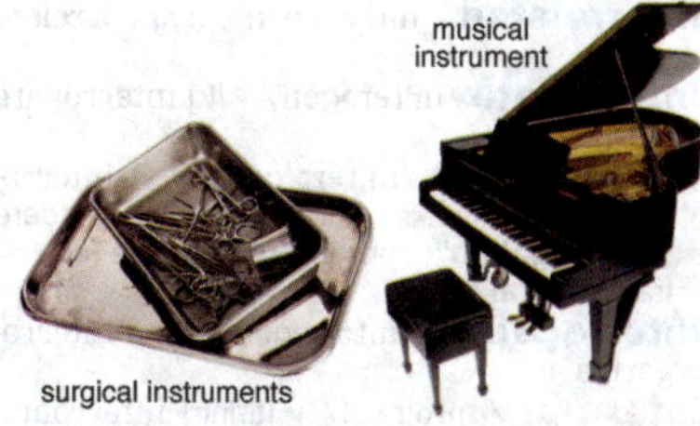

musical instrument

surgical instruments

instrumental /,ɪnstrʊ'mentl/ *agg* strumentale

insufficient /,ɪnsə'fɪʃənt/ *agg* insufficiente

insulate /'ɪnsjʊleɪt/ *v* [tr] isolare [cavi, contenitori]

insulation /,ɪnsjʊ'leɪʃən/ *s* isolamento termico

insulin /'ɪnsjʊlɪn/ *s* insulina

insult¹ /ɪn'sʌlt/ *v* [tr] insultare

insult² /'ɪnsʌlt/ *s* **1** insulto **2** **to add insult to injury** come se non bastasse

insulting /ɪn'sʌltɪŋ/ *agg* offensivo -a

insurance /ɪn'ʃʊərəns/ *s* assicurazione

insure /ɪn'ʃʊə/ *v* [tr] **1** assicurare: *Are you* ***insured against*** *theft?* Sei assicurato contro il furto? **2** AmE ▶ vedi **ensure**

intact /ɪn'tækt/ *agg* intatto -a

intake /'ɪnteɪk/ *s* consumo: *He needs to reduce his fat intake.* Deve ridurre il consumo di grassi.

integral /'ɪntəgrəl/ *agg* **to be an integral part of sth** essere parte integrante di qc

integrate /'ɪntəgreɪt/ *v* **1** [tr] integrare **2** [tr] combinare **3** [intr] integrarsi

integration /,ɪntə'greɪʃən/ *s* **integration (into sth)** integrazione (in qc)

integrity /ɪn'tegrəti/ *s* integrità

intellectual /,ɪntə'lektʃuəl/ *agg* e *s* intellettuale

intellectually /,ɪntə'lektʃuəli/ *avv* dal punto di vista intellettuale

intelligence /ɪn'telədʒəns/ *s* intelligenza

intelligent /ɪn'telədʒənt/ *agg* intelligente

intelligible /ɪn'telədʒəbəl/ *agg* comprensibile

intend /ɪn'tend/ *v* [tr] **1** **to intend to do sth** intendere fare qc: *She intends to go to university.* Intende andare all'università. **2** **to be intended for sth/sb** essere destinato a qc/qn: *The book is intended for beginners.* Il libro è destinato ai principianti. **3** **to be intended as sth** si usa per indicare lo scopo di qualcosa: *It was intended as a compliment.* Voleva essere un complimento.

intense /ɪn'tens/ *agg* **1** (dolore, caldo, attività) intenso -a, (interesse) vivo -a **2** (sentimento) profondo -a **3** (persona) profondo -a

intensely /ɪn'tensli/ *avv* **1** (irritare, odiare) profondamente **2** (scrutare) intensamente

intensify /ɪn'tensəfaɪ/ *v* (**-fies**, **-fied**) **1** [tr] intensificare **2** [intr] intensificarsi

intensity /ɪn'tensəti/ *s* intensità

intensive /ɪn'tensɪv/ *agg* **1** (attività, corso) intensivo -a **2** **intensive care** terapia intensiva

intent /ɪn'tent/ *aggettivo* e *sostantivo*

● *agg* **1** **to be intent on doing sth** essere deciso a fare qc **2** (espressione) assorto -a | **to be intent on sth** essere concentrato in qc

● *s* **to all intents (and purposes)** a tutti gli effetti

intention /ɪn'tenʃən/ *s* intenzione | **to have no intention of doing sth** non avere intenzione di fare qc

intentional /ɪn'tenʃənəl/ *agg* voluto -a | **it wasn't intentional** non l'ho/l'ha ecc. fatto apposta

intentionally /ɪn'tenʃənəli/ *avv* **1** volutamente **2** **to do sth intentionally** fare qc apposta: *She didn't do it intentionally.* Non l'ha fatto apposta.

intently /ɪn'tentli/ *avv* intensamente [guardare]

interact /,ɪntər'ækt/ *v* [intr] interagire

interaction /,ɪntər'ækʃən/ *s* interazione

interactive /,ɪntər'æktɪv/ *agg* interattivo -a

intercept /,ɪntə'sept/ *v* [tr] intercettare

interchange¹ /'ɪntətʃeɪndʒ/ *s* **1** scambio **2** svincolo

interchange² /,ɪntə'tʃeɪndʒ/ *v* [tr] scambiare

interchangeable /,ɪntə'tʃeɪndʒəbəl/ *agg* interscambiabile

intercom /'ɪntəkɒm/ *s* **1** interfono **2** citofono

intercourse /'ɪntəkɔːs/, anche **,sexual 'intercourse** *s* (formale) rapporti sessuali

interest /'ɪntrəst/ *sostantivo* e *verbo*

● *s* **1** interesse: *She* ***shows*** *no* ***interest*** *at all* ***in*** *sport.* Non sembra avere nessun interesse per lo sport. | **to take an interest in sth/sb** interessarsi a qc/qn **2** passatempo o attività svolta nel tempo libero **3** **to be of interest** essere interessante: *It's* ***of*** *no* ***interest*** *to me.* Non m'interessa. **4** (nella finanza) interessi **5** (beneficio) interesse: *It's* ***in*** *everyone's*

***interest** to solve this problem.* È nell'interesse di tutti risolvere questo problema. | **in the interests of safety** per motivi di sicurezza

• *v* [tr] interessare a: *Maths doesn't interest him at all.* La matematica non gli interessa per niente.

interested /'ɪntrəstɪd/ *agg* interessato -a: *She's **interested in** starting her own business.* È interessata ad avviare un'attività in proprio. | *He's not **interested in** politics.* La politica non gli interessa. | *I'd **be interested to** see how he gets on.* Mi piacerebbe sapere come se la cava.

interesting /'ɪntrəstɪŋ/ *agg* interessante

interestingly /'ɪntrəstɪŋli/ *avv* stranamente

interfere /ˌɪntə'fɪə/ *v* [intr] **1** intromettersi: *Stop **interfering in** other people's affairs.* Smettila di intrometterti negli affari altrui. **2 to interfere with sth a)** (pregiudicare) interferire con qc **b)** manomettere qc [apparecchio]

interference /ˌɪntə'fɪərəns/ *s* **1** (ingerenza) intromissione **2** (di radio, televisione) interferenza

interfering /ˌɪntə'fɪərɪŋ/ *agg* impiccione -a

interior /ɪn'tɪəriə/ *aggettivo* e *sostantivo*

• *agg* interno -a

• *s* interno

interjection /ˌɪntə'dʒekʃən/ *s* interiezione

interlude /'ɪntəlu:d/ *s* **1** intervallo **2** interludio

intermediate /ˌɪntə'mi:diət/ *agg* **1** (studente) di livello intermedio **2** (tappa) intermedio -a

intermission /ˌɪntə'mɪʃən/ *s* intervallo [in uno spettacolo]

intermittent /ˌɪntə'mɪtənt/ *agg* intermittente

intern /ɪn'tɜ:n/ *v* [tr] internare

internal /ɪn'tɜ:nl/ *agg* **1** interno -a | **internal injuries** lesioni interne **2 an internal flight** un volo nazionale | **internal affairs** politica interna

internally /ɪn'tɜ:nəli/ *avv* internamente

international /ˌɪntə'næʃənəl/ *aggettivo* e *sostantivo*

• *agg* internazionale

• *s* **1** (incontro) internazionale **2** BrE giocatore -trice (della nazionale)

internationally /ˌɪntə'næʃənəli/ *avv* a livello internazionale

Internet /'ɪntənet/ *s* **the Internet** Internet: *Are you **on the Internet**?* Hai un collegamento Internet?

ˌInternet 'Service Proˌvider *s* Provider

interpret /ɪn'tɜ:prɪt/ *v* **1** [tr] interpretare [sogni, comportamento] **2** [intr] fare da interprete [da una lingua all'altra]

interpretation /ɪnˌtɜ:prɪ'teɪʃən/ *s* interpretazione

interpreter /ɪn'tɜ:prɪtə/ *s* interprete

interrelated /ˌɪntərɪ'leɪtɪd/ *agg* correlato -a

interrogate /ɪn'terəgeɪt/ *v* [tr] interrogare [sospetto]

interrogation /ɪnˌterə'geɪʃən/ *s* interrogatorio ▶ FALSE FRIEND Non confondere **"interrogation"** con **interrogazione** che si traduce **oral test**.

interrogative /ˌɪntə'rɒgətɪv/ *agg* interrogativo -a

interrupt /ˌɪntə'rʌpt/ *v* [tr/intr] interrompere: *I hope I'm not interrupting anything.* Spero di non interrompere.

interruption /ˌɪntə'rʌpʃən/ *s* interruzione

intersect /ˌɪntə'sekt/ *v* **1** [tr] incrociare [linea, strada] **2** [intr] (strade, linee) incrociarsi

intersection /ˌɪntə'sekʃən/ *s* (di strade) incrocio

interval /'ɪntəvəl/ *s* **1** intervallo | **at regular intervals** a intervalli regolari | **at hourly/six-monthly etc intervals** ogni ora/sei mesi ecc. **2** BrE (in un concerto, a teatro) intervallo ▶ In inglese americano si usa **intermission**. **3 sunny intervals** schiarite

intervene /ˌɪntə'vi:n/ *v* [intr] **1** intervenire **2** (avvenimento) sopravvenire

intervening /ˌɪntə'vi:nɪŋ/ *agg* **in the intervening years/months etc** negli anni/mesi ecc. che intercorrono tra due eventi

intervention /ˌɪntə'venʃən/ *s* intervento

interview /'ɪntəvju:/ *sostantivo* e *verbo*

• *s* **1** (per un lavoro) colloquio: *a job interview* un colloquio di lavoro **2** (a personaggi famosi) intervista: *She never **gives interviews**.* Non rilascia mai interviste. | *an exclusive **interview with** Bono* un'intervista in esclusiva a Bono

• *v* [tr] **1** sottoporre a un colloquio [candidato] **2** intervistare

interviewee /ˌɪntəvju'i:/ *s* intervistato -a

interviewer /'ɪntəvju:ə/ *s* intervistatore -trice

intestine /ɪn'testɪn/ *s* intestino | **the small/large intestine** intestino tenue/crasso

intimacy /'ɪntəməsi/ *s* intimità

intimate /'ɪntəmət/ *agg* **1** (amico, amicizia) intimo -a **2** (atmosfera, ristorante) intimo -a **3 to have an intimate knowledge of sth** avere una profonda conoscenza di qc

intimidate /ɪn'tɪmədeɪt/ *v* [tr] intimidire

into *preposizione*

1 MOVIMENTO VERSO L'INTERNO DI QUALCOSA
He fell into the river. È caduto nel fiume. | *I got into bed.* Mi sono messo a letto.

2 SITUAZIONI, OCCUPAZIONI
He was always getting into trouble. Si cacciava sempre nei guai. | *I want to go into teaching.* Voglio dedicarmi all'insegnamento.

3 CAMBIAMENTO DI FORMA
Make the dough into a ball. Lavorate la pasta a forma di palla. | *Break the chocolate into pieces.* Fate il cioccolato a pezzetti.

4 IMPATTO
The car crashed into a tree. La macchina si schiantò contro un albero.

5 DIREZIONE
She was staring into space. Stava fissando nel vuoto.

6 TEMPO
We talked long into the night. Abbiamo parlato fino a tarda notte.

7 DIVISIONI
12 into 36 is three. 36 diviso 12 fa tre.

8 INTERESSI
to be into sth (informale) essere (un) appassionato di qc: *Dave's really into sailing.* Dave è un vero appassionato di vela. | *I'm not into drugs.* Io non mi drogo.

9 **Into**, in combinazione con alcuni verbi, forma vari **phrasal verbs** come **break into**, **run into**, ecc. I **phrasal verbs** sono trattati sotto il verbo.

intimidating /ɪn'tɪmədeɪtɪŋ/ *agg* **1** (aspetto) minaccioso -a **2** (esperienza, situazione) angosciante

intimidation /ɪnˌtɪmə'deɪʃən/ *s* intimidazione

into /'ɪntə, 'ɪntʊ, tonico 'ɪntuː/ *prep* ▶ vedi riquadro

intolerable /ɪn'tɒlərəbəl/ *agg* intollerabile

intolerance /ɪn'tɒlərəns/ *s* intolleranza

intolerant /ɪn'tɒlərənt/ *agg* intollerante | **to be intolerant of sth** non tollerare qc

intonation /ˌɪntə'neɪʃən/ *s* intonazione

intranet /'ɪntrənet/ *s* intranet

intransitive /ɪn'trænsətɪv/ *agg* intransitivo -a

intricate /'ɪntrɪkət/ *agg* intricato -a

intrigue[1] /ɪn'triːg/ *v* [tr] intrigare [incuriosire]

intrigue[2] /'ɪntriːg/ *s* intrigo

intriguing /ɪn'triːgɪŋ/ *agg* intrigante [interessante]

intrinsic /ɪn'trɪnsɪk/ *agg* intrinseco -a

introduce /ˌɪntrə'djuːs/ *v* [tr] **1** presentare: *I was **introduced to** her father.* Mi hanno presentato suo padre. | **to introduce yourself** presentarsi **2** introdurre [nuovo metodo, riforma] **3** presentare [programma televisivo, radiofonico] **4** **to introduce sb to sth** iniziare qn a qc: *It was Alan who introduced me to jazz.* È stato Alan che mi ha iniziata al jazz.

introduction /ˌɪntrə'dʌkʃən/ *s* **1** introduzione: *an **introduction to** computing* un'introduzione all'uso del computer **2** (in un libro) introduzione **3** (di prodotto, riforma) introduzione **4** (di persone) presentazione **5** (prima esperienza) iniziazione: *That holiday was my **introduction to** windsurfing.* Quella vacanza è stata la mia iniziazione al windsurf.

introduction

introductory /ˌɪntrə'dʌktəri/ *agg* **1** introduttivo -a **2** **an introductory offer** un'offerta promozionale

introvert /'ɪntrəvɜːt/ *s* introverso -a

intrude /ɪn'truːd/ *v* [intr] disturbare | **to intrude on/upon/into sth** intromettersi in qc

intruder /ɪn'truːdə/ *s* intruso -a

intrusion /ɪn'truːʒən/ *s* intrusione

intrusive /ɪn'truːsɪv/ *agg* (domanda, telecamera, presenza) indiscreto -a

intuition /ˌɪntju'ɪʃən/ *s* intuizione

intuitive /ɪn'tjuːɪtɪv/ *agg* intuitivo -a

inundate /'ɪnəndeɪt/ *v* **to be inundated with calls/complaints etc** essere sommerso di telefonate/lamentele ecc.

invade /ɪn'veɪd/ *v* [tr/intr] invadere

invader /ɪn'veɪdə/ *s* invasore

invalid[1] /ɪn'vælɪd/ *agg* **1** (documento, assegno) non valido -a **2** (tesi) inefficace

invalid[2] /'ɪnvəliːd/ *s* invalido -a

invaluable /ɪn'væljuəbəl/ *agg* (consiglio, informazione) prezioso -a

invariably /ɪn'veəriəbli/ *avv* sempre

invasion /ɪn'veɪʒən/ *s* invasione

invent /ɪn'vent/ *v* [tr] **1** inventare [prodotto] **2** inventare [storia, scusa]

invention /ɪn'venʃən/ *s* invenzione

inventive /ɪn'ventɪv/ *agg* fantasioso -a

inventor /ɪn'ventə/ *s* inventore -trice

inventory /'ɪnvəntri/ *s* (pl **-ries**) inventario

inverted commas /ɪnˌvɜːtɪd 'kɒməz/ *s pl* BrE virgolette | **in inverted commas** tra virgolette

invest /ɪn'vest/ *v* [tr/intr] investire

investigate /ɪn'vestəgeɪt/ *v* [tr/intr] investigare su [causa, reato], verificare [accusa, storia]

investigation /ɪnˌvestə'geɪʃən/ *s* indagine: *The accident is* ***under investigation.*** È in corso un'indagine sull'incidente. | *an* ***investigation into*** *corruption* un'indagine sulla corruzione

investigative /ɪn'vestəgətɪv/ *agg* (attività, giornalismo) investigativo -a

investigator /ɪn'vestəgeɪtə/ *s* investigatore -trice

investment /ɪn'vestmənt/ *s* investimento

investor /ɪn'vestə/ *s* investitore -trice

invincible /ɪn'vɪnsəbəl/ *agg* invincibile

invisible /ɪn'vɪzəbəl/ *agg* invisibile

invitation /ˌɪnvə'teɪʃən/ *s* invito: *an* ***invitation to*** *the party* un invito alla festa | *a wedding invitation* un invito a un matrimonio

invite[1] /ɪn'vaɪt/ *v* [tr] **1** invitare: *I haven't been invited.* Non sono stato invitato. | *He* ***invited us to his party.*** Ci ha invitati alla sua festa. | *I was* ***invited to*** *spend the summer with them.* Sono stato invitato a passare l'estate con loro. | **to invite sb for dinner/lunch etc** invitare qn a cena/pranzo ecc. **2 to invite trouble** andare in cerca di guai

invite sb back 1 invitare qn a casa propria [dopo essere usciti insieme] **2** contraccambiare l'invito di qn

invite sb in invitare qn ad entrare

invite sb over, anche **invite sb round** BrE invitare qn a casa propria

invite[2] /'ɪnvaɪt/ *s* (informale) invito

inviting /ɪn'vaɪtɪŋ/ *agg* invitante

invoice /'ɪnvɔɪs/ *s* fattura

involuntary /ɪn'vɒləntəri/ *agg* involontario -a

involve /ɪn'vɒlv/ *v* [tr] **1** (includere, riguardare) coinvolgere: *a riot involving 45 prisoners* una rissa che ha coinvolto 45 detenuti | **to be involved in sth** essere coinvolto in qc: *He's been involved in an accident.* È stato coinvolto in un incidente. | **to get involved in sth** farsi coinvolgere in qc: *They got involved in a fight.* Si sono fatti coinvolgere in una rissa. **2** comportare: *What does the job involve?* Che cosa comporta il lavoro? | *The course involves a lot of hard work.* Il corso richiede molto impegno. **3** (fare partecipare) coinvolgere: *We want to* ***involve*** *staff* ***in*** *the decision-making process.* Vogliamo coinvolgere lo staff nelle decisioni. **4 to be/get involved with sb** avere/iniziare una relazione con qn

involved /ɪn'vɒlvd/ *agg* complicato -a

involvement /ɪn'vɒlvmənt/ *s* **1 involvement (in sth)** coinvolgimento (in qc) **2** relazione [sentimentale]

inward /'ɪnwəd/ *aggettivo e avverbio*
• *agg* **1** (sentimento) interiore **2** (direzione) verso l'interno
• *avv* verso l'interno

inwards /'ɪnwədz/ BrE, **inward** /'ɪnwəd/ AmE *avv* verso l'interno

IQ /ˌaɪ 'kjuː/ *s* (= **intelligence quotient**) QI [quoziente d'intelligenza]

Ireland /'aɪələnd/ *s* l'Irlanda

iris /'aɪərɪs/ *s* (pl **-ses**) **1** iris **2** iride

Irish /'aɪərɪʃ/ *aggettivo e sostantivo*
• *agg* irlandese
• *s* **the Irish** gli irlandesi

Irishman /'aɪərɪʃmən/ *s* (pl **-men**) irlandese [uomo]

Irishwoman /'aɪərɪʃˌwʊmən/ *s* (pl **-women**) irlandese [donna]

iron /'aɪən/ *sostantivo e verbo*
• *s* **1** (metallo) ferro **2** ferro (da stiro)
• *v* [tr/intr] stirare

iron sth out sistemare qc [problemi, difficoltà]

ironic /aɪ'rɒnɪk/ *agg* ironico -a

ironically /aɪ'rɒnɪkli/ *avv* ironicamente

ironing /'aɪənɪŋ/ *s* **1** panni da stirare | **to do the ironing** stirare **2** panni stirati **3 ironing board** asse da stiro

irony /'aɪrəni/ *s* (pl **-nies**) ironia

irrational /ɪ'ræʃənəl/ *agg* irrazionale

irregular /ɪ'regjələ/ *agg* irregolare

irrelevance /ɪ'reləvəns/ *s* irrilevanza

irrelevant /ɪ'reləvənt/ *agg* irrilevante | **to be irrelevant to sth** essere irrilevante per qc

irresistible /ˌɪrɪ'zɪstəbəl/ *agg* irresistibile

irrespective /ˌɪrɪ'spektɪv/ *avv* **irrespective of** indipendentemente da

irresponsible /ˌɪrɪ'spɒnsəbəl/ *agg* irresponsabile

irrigation /ˌɪrɪ'geɪʃən/ *s* irrigazione

irritable /'ɪrətəbəl/ *agg* irritabile

irritate /'ɪrəteɪt/ *v* [tr] **1** (infastidire) irritare | **to get irritated** innervosirsi **2** irritare [pelle, occhi]

irritating /'ɪrəteɪtɪŋ/ *agg* irritante

irritation /ˌɪrə'teɪʃən/ *s* **1** (di occhi, pelle) irritazione **2** (rabbia) irritazione

is /z,s,əz, tonico ɪz/ 3ª pers sing pres di **be**

Islam /'ɪslɑːm/ *s* l'Islam

Islamic /ɪz'læmɪk/ *agg* islamico -a

island /'aɪlənd/ *s* isola

isle /aɪl/ *s* isola ► Questa parola si usa solo in contesti letterari o come parte dei nomi di alcune isole, ad esempio: **the Scilly Isles**.

isn't /'ɪzənt/ forma contratta di **is not**

isolate /'aɪsəleɪt/ *v* [tr] isolare

isolated /'aɪsəleɪtɪd/ *agg* isolato -a

isolation /ˌaɪsə'leɪʃən/ *s* **1** isolamento **2 in isolation** in isolamento

it *pronome*

1 Questo pronome si usa per riferirsi a un oggetto, un animale e anche a un neonato di cui non si conosce il sesso. Può fungere da soggetto o complemento. Come gli altri pronomi personali soggetto, in inglese deve essere sempre espresso:

"Where's the milk?" "It's in the fridge." – Dov'è il latte? – È nel frigo. | *This horse needs a vet. It's in pain.* Il cavallo ha bisogno di un veterinario. Sta male.

Usato come complemento oggetto equivale a *lo, la*:

What are they going to call it if it's a boy? Come lo chiameranno se è un maschio?

Usato come complemento indiretto equivale a *gli, le*:

Give it a kick. Dagli un calcio.

Può anche seguire una preposizione:

I put a sheet over it. Ci ho messo sopra un lenzuolo. | *a house with a stream behind it* una casa con dietro un ruscello

2 Usato in costruzioni impersonali:

per parlare del tempo, dell'ora, delle date e della distanza:

It had been snowing. Aveva nevicato. | *"What time is it?" "It's two o'clock."* – Che ore sono? – Sono le due. | *It's May 10th today.* Oggi è il 10 maggio. | *It's another 50 miles to Glasgow.* Mancano ancora 50 miglia a Glasgow.

per identificare persone o cose:

Hello, it's Jenny here. Could I speak to Sarah? Ciao, sono Jenny. Posso parlare con Sarah? | *"What's in the parcel?" "It's a book."* – Che cosa c'è nel pacco? – Un libro.

per riferirsi a una situazione:

How's it going, Bob? Come va, Bob? | *I can't stand it any longer – I'm leaving.* Ne ho abbastanza – me ne vado.

altri usi impersonali o passivi:

It looks like he's not coming. Sembra che non venga. | *It's so nice to see you!* Che bello vederti! | *It is said that he's a millionaire.* Si dice che sia miliardario.

ISP /ˌaɪ es ˈpiː/ *s* (= **Internet Service Provider**) provider

issue /ˈɪʃuː/ *sostantivo* e *verbo*
- *s* **1** questione: *Tony* ***raised the issue*** *of membership fees.* Tony ha sollevato la questione delle quote d'iscrizione. **2** (di una rivista) numero **3** **to take issue with sth/sb** non essere d'accordo con qc/qn **4** **to make an issue of sth** fare una questione di qc
- *v* [tr] **1** emettere [comunicato] **2** **to issue sb with sth** dotare qn di qc **3** rilasciare [passaporto] **4** emettere [francobolli, biglietti]

IT /ˌaɪ ˈtiː/ *s* (= **information technology**) informatica

it /ɪt/ *pron* ► vedi riquadro

Italian /ɪˈtæliən/ *aggettivo* e *sostantivo*
- *agg* italiano -a
- *s* **1** (lingua) italiano **2** italiano -a

italics /ɪˈtælɪks/ *s pl* corsivo

Italy /ˈɪtəli/ *s* l'Italia

itch /ɪtʃ/ *verbo* e *sostantivo*
- *v* [intr] (3ª pers sing **itches**) **1** prudere: *My arm is itching.* Mi prude il braccio. **2** **to be itching to do sth** (informale) morire dalla voglia di fare qc
- *s* (pl **itches**) prurito

itchy /ˈɪtʃi/ *agg* (**itchier**, **itchiest**) **1** **to be/get itchy** prudere: *My eyes are itchy.* Mi prudono gli occhi. **2** (abito, maglia) che dà prurito

it'd /ˈɪtəd/
- forma contratta di **it had**
- forma contratta di **it would**

item /ˈaɪtəm/ *s* **1** elemento in una lista o un gruppo: *item one on the agenda* il primo punto dell'ordine del giorno | *There are over 100 items on the menu.* Ci sono circa 100 cose sul menu. | *each item in the catalogue* ogni articolo del catalogo **2** **an item of clothing** un capo d'abbigliamento | **an item of furniture** un mobile **3** (alla radio, in TV) notizia: *a news item* una notizia

itinerary /aɪˈtɪnərəri/ *s* (pl **-ries**) itinerario

it'll /ˈɪtl/ forma contratta di **it will**

it's /ɪts/
- forma contratta di **it is**
- forma contratta di **it has**

its /ɪts/ *agg* ► vedi riquadro

its *aggettivo*

1 Generalmente equivale a *suo, sua, suoi, sue* e si usa per riferirsi a un oggetto, un sostantivo astratto, un animale o un neonato di cui non si conosce il sesso:

The plan has its merits. Il progetto ha i suoi meriti. | *The dog was wagging its tail.* Il cane scodinzolava.

2 I possessivi si usano in inglese in molti contesti in cui in italiano si usa un articolo, come davanti alle parti del corpo, oggetti personali ecc.:

The cat hurt its leg. Il gatto si è fatto male alla zampa. | *The baby had dropped its rattle.* Il bimbo aveva fatto cadere il sonaglio.

3 Attenzione a non confondere **it's** e **its**. **It's** è la forma contratta di **it is** oppure di **it has**.

itself /ɪtˈself/ *pron* ► vedi riquadro

I've /aɪv/ forma contratta di **I have**

ivory /ˈaɪvəri/ *sostantivo* e *aggettivo*
- *s* avorio
- *agg* d'avorio

itself *pronome*

1 **itself** è la forma riflessiva di **it**. Il suo uso equivale in generale a quello dei verbi riflessivi e pronominali italiani o a espressioni con *se stesso* o *se stessa*:

The hedgehog curled itself into a ball. Il riccio si è appallottolato su se stesso. | *the image Germany has of itself* l'immagine che la Germania ha di se stessa

2 A volte si usa per enfatizzare:

The system itself is to blame. È colpa del sistema stesso. | *Life itself is a battle.* La vita stessa è una battaglia.

3 L'espressione **by itself** o **all by itself** significa *da solo* (senza compagnia o senza aiuto):

I don't want to leave the dog by itself. Non voglio lasciare il cane da solo. | *The door seemed to open by itself.* La porta sembrava aprirsi da sola.

4 **in itself** equivale a *in sé* o *di per sé*:

She passed. That in itself is quite an achievement. Ha passato l'esame. Questo di per sé è un bel risultato.

ivy /ˈaɪvi/ *s* edera

J, j /dʒeɪ/ *s* J, j ▶ vedi Active Box **letters** sotto **letter**

jab /dʒæb/ *verbo* e *sostantivo*
- *v* [tr/intr] (**jabbed**, **jabbing**) piantare: *She* ***jabbed*** *the needle* ***into*** *my arm.* Mi ha piantato l'ago nel braccio.
- *s* **1** colpo con la punta di un oggetto, come una pistola, un ombrello ecc. **2** (nella boxe) diretto **3** BrE (informale) iniezione ▶ In inglese americano si usa **shot**.

jack /dʒæk/ *s* **1** (attrezzo) cric **2** (nelle carte) fante

jacket /ˈdʒækɪt/ *s* **1** giacca **2** (più sportivo) giubbotto **3** (di un libro) sopraccoperta

jackpot /ˈdʒækpɒt/ *s* monte premi

jade /dʒeɪd/ *s* giada

jaded /ˈdʒeɪdɪd/ *agg* indifferente a tutto

jagged /ˈdʒægɪd/ *agg* (roccia, costa) frastagliato -a, (bordo) seghettato -a

jaguar /ˈdʒægjuə/ *s* giaguaro

jail /dʒeɪl/ *sostantivo* e *verbo*
- *s* prigione
- *v* [tr] imprigionare

jam /dʒæm/ *sostantivo* e *verbo*
- *s* **1** marmellata **2** (in strada) ingorgo
- *v* (**jammed**, **jamming**) **1** [tr] bloccare **2** [intr] (meccanismo, carta) incepparsi: *The paper has jammed.* La carta si è inceppata. **3** **to jam sth into/under etc sth** ficcare qc in/sotto ecc. qc: *I managed to jam everything into one suitcase.* Sono riuscita a ficcare tutto in una valigia. **4** [tr] disturbare [segnale radio]

jangle /ˈdʒæŋgəl/ *v* [tr] fare tintinnare [chiavi], [intr] (chiavi, oggetti metallici) tintinnare

janitor /ˈdʒænɪtə/ *s* AmE custode ▶ In inglese britannico si usa **caretaker**.

January /ˈdʒænjuəri/ *s* gennaio ▶ vedi Active Box **months** sotto **month**

Japan /dʒəˈpæn/ *s* il Giappone

Japanese /ˌdʒæpəˈniːz/ *aggettivo* e *sostantivo*
- *agg* giapponese
- *s* **1** (lingua) giapponese **2** giapponese

jar /dʒɑː/ *sostantivo* e *verbo*
- *s* barattolo
- *v* (**jarred**, **jarring**) **1** [tr] sbattere [parte del corpo] **2** **to jar on sb** dare sui nervi a qn

jargon /ˈdʒɑːgən/ *s* gergo

jasmine /ˈdʒæzmɪn/ *s* gelsomino

jaundice /ˈdʒɔːndɪs/ *s* itterizia

javelin /ˈdʒævəlɪn/ *s* giavellotto

jaw /dʒɔː/ *sostantivo* e *sostantivo plurale*
- *s* mascella
- **jaws** *s pl* fauci

jazz /dʒæz/ *sostantivo* e *verbo*
- *s* jazz
- *v* **jazz sth up** (informale) ravvivare qc

jealous /ˈdʒeləs/ *agg* **1** invidioso -a | **to be jealous of sth/sb** essere invidioso di qc/qn **2** geloso -a: *He* ***gets jealous*** *if I go out with my friends.* Diventa geloso se esco con i miei amici.

jealousy /ˈdʒeləsi/ (pl **-sies**) *s* gelosia

jeans /dʒiːnz/ *s pl* jeans: *She bought some new jeans.* Ha comprato dei jeans nuovi.

jeep, anche **Jeep®** /dʒiːp/ *s* jeep

jeer /dʒɪə/ *v* **1** **to jeer (at sth/sb)** farsi beffe (di qc/qn) **2** [tr] schernire

jelly /ˈdʒeli/ *s* (pl **jellies**) **1** BrE (dessert) gelatina **2** marmellata

jellyfish /ˈdʒelifɪʃ/ *s* medusa

jeopardize, -ise BrE /ˈdʒepədaɪz/ *v* [tr] compromettere

jeopardy /ˈdʒepədi/ *s* **to be in jeopardy** essere in pericolo | **to put/place sth in jeopardy** mettere a repentaglio qc

jerk /dʒɜːk/ *verbo* e *sostantivo*
• *v* [tr/intr] muovere improvvisamente e in modo brusco: *He **jerked** his hand **away**.* Ha ritirato la mano con uno scatto.
• *s* **1** scatto **2** strattone **3** (informale) cretino -a

jersey /ˈdʒɜːzi/ *s* **1** pullover **2** (nello sport) maglia (di calciatore ecc.) **3** (tessuto) jersey

jet /dʒet/ *s* **1** jet **2** (di acqua) getto **3** **jet engine** motore a reazione **jet lag** sensazione di stanchezza e disorientamento dovuta a un cambiamento di fuso orario

jetty /ˈdʒeti/ *s* (pl **jetties**) pontile (di sbarco)

Jew /dʒuː/ *s* ebreo -a

jewel /ˈdʒuːəl/ *sostantivo* e *sostantivo plurale*
• *s* gemma [pietra]
• **jewels** *s pl* gioielli

jeweller BrE, **jeweler** AmE /ˈdʒuːələ/ *s* **1** gioielliere -a **2** **jeweller's** gioielleria

jewellery BrE, **jewelry** AmE /ˈdʒuːəlri/ *s* gioielli | **a piece of jewellery** un gioiello

Jewish /ˈdʒuːɪʃ/ *agg* (persona) ebreo -a, (usanza, cultura) ebraico -a

jigsaw /ˈdʒɪgsɔː/, anche **ˈjigsaw ˌpuzzle** *s* puzzle

jingle /ˈdʒɪŋgəl/ *verbo* e *sostantivo*
• *v* **1** [intr] (monete, campanelli) tintinnare **2** [tr] fare tintinnare [monete, chiavi]
• *s* **1** jingle **2** tintinnio

job /dʒɒb/ *s* **1** (impiego) lavoro | **to lose your job** perdere il lavoro | **to be out of a job** essere senza lavoro ▶ JOB O WORK? vedi nota sotto **lavoro** **2** (compito) lavoro: *I've got a job for you.* Ho un lavoro per te. **3** (responsabilità) compito: *It's my job to look after the money.* È compito mio occuparmi dei soldi. **4** BrE (informale) **to have a job doing sth** far fatica a fare qc **5** **it's a good job** BrE (informale) meno male: *It's a good job he didn't see us.* Meno male che non ci ha visto.

jobless /ˈdʒɒbləs/ *agg* disoccupato -a

jockey /ˈdʒɒki/ *s* fantino -a

jog /dʒɒg/ *verbo* e *sostantivo*
• *v* (**jogged**, **jogging**) **1** [intr] fare jogging | **to go jogging** fare jogging **2** [tr] spingere leggermente [tavolo, oggetto ecc.] **3** **to jog sb's memory** rinfrescare la memoria a qn
• *s* **1** **to go for a jog** fare un po' di jogging **2** spinta

jogger /ˈdʒɒgə/ *s* persona che fa jogging

jogging /ˈdʒɒgɪŋ/ *s* jogging

join /dʒɔɪn/ *verbo* e *sostantivo*
• *v* **1** [intr] iscriversi, [tr] iscriversi a [club, partito]: *I'm thinking of joining the tennis club.* Sto pensando di iscrivermi al circolo di tennis.
2 [tr] entrare in [impresa, organizzazione]
3 **to join the army/navy etc** arruolarsi nell'esercito/in marina ecc.
4 [tr] unire | **to join sth to sth** collegare qc a qc: *A bridge joins the island to the mainland.* Un ponte collega l'isola alla terraferma.
5 [intr] (strade, fiumi) congiungersi, [tr] congiungersi con [fiume, strada]
6 [tr] unirsi a una persona o un gruppo: *Do you mind if I join you?* Ti dispiace se vengo con te? | *Does he want to join us for dinner?* Vuole cenare insieme a noi? | *I joined them in Rome.* Li ho raggiunti a Roma.
join in (sth) partecipare (a qc)
join up arruolarsi
• *s* giuntura

joint /dʒɔɪnt/ *sostantivo* e *aggettivo*
• *s* **1** (nelle ossa) articolazione **2** (tra due elementi) giunto **3** BrE taglio di carne da fare arrosto **4** (informale) locale tipo bar, discoteca, ecc.: *a hamburger joint* un fast food **5** (da fumare) spinello
• *agg* collettivo -a: *It was a joint effort.* È stato uno sforzo collettivo.

joke /dʒəʊk/ *sostantivo* e *verbo*
• *s* **1** barzelletta | **to tell a joke** raccontare una barzelletta **2** scherzo | **to play a joke on sb** fare uno scherzo a qn
• *v* [intr] **1** scherzare: *Don't **joke about** things like that.* Non scherzare su queste cose. **2** **you must be joking!** stai scherzando!

joker /ˈdʒəʊkə/ *s* **1** (informale) mattacchione -a **2** (nelle carte) jolly

jolly /ˈdʒɒli/ *aggettivo* e *avverbio*
• *agg* (**jollier**, **jolliest**) allegro -a
• *avv* BrE (informale) usato per enfatizzare: *Sounds like a jolly good idea.* Mi sembra un'ottima idea.

jolt /dʒəʊlt/ *sostantivo* e *verbo*
• *s* **1** sobbalzo **2** (impressione) shock
• *v* **1** [intr] sobbalzare **2** [tr] far sobbalzare

jostle /ˈdʒɒsəl/ *v* **1** [tr] spingere **2** [intr] spingersi

jot /dʒɒt/ *v* (**jotted**, **jotting**) **jot sth down** annotare qc [rapidamente]

journal /ˈdʒɜːnl/ *s* **1** (pubblicazione) rivista **2** diario

journalism /ˈdʒɜːnəlɪzəm/ *s* giornalismo

journalist /ˈdʒɜːnəlɪst/ *s* giornalista

journey /ˈdʒɜːni/ *s* viaggio: *a long car journey* un lungo viaggio in macchina | *Did you have a good journey?* Hai fatto buon viaggio? ▶ JOURNEY, TRIP, TRAVEL O VOYAGE? vedi nota sotto **viaggio**

joy /dʒɔɪ/ *s* **1** gioia **2** **to be a joy to teach/to watch etc** si usa per una cosa o una persona che procura soddisfazione: *She **is a joy to teach**.* È un piacere insegnare a una come lei.

joyful /ˈdʒɔɪfəl/ *agg* gioioso -a

joyriding /ˈdʒɔɪˌraɪdɪŋ/ *s* furto di un'auto per andare fuori a divertirsi

joystick /ˈdʒɔɪˌstɪk/ *s* (per i videogiochi) joystick

jubilant /ˈdʒuːbɪlənt/ *agg* esultante

jubilee /ˈdʒuːbəliː/ *s* 25° o 50° anniversario di un evento importante per la storia della monarchia

Judaism /ˈdʒuːdeɪ-ɪzəm/ *s* giudaismo

judge /dʒʌdʒ/ *sostantivo* e *verbo*
• *s* **1** (in tribunale) giudice **2** (in una gara) giudice **3** persona competente: *I'm no* ***judge of*** *these things.* Non mi intendo molto di queste cose.
• *v* [tr/intr] **1** giudicare | **judging by/from sth** a giudicare da qc **2** valutare

judgment, anche **judgement** /ˈdʒʌdʒmənt/ *s* **1** (criterio) giudizio: *Use your own judgment.* Affidati al tuo giudizio. **2** (opinione) giudizio **3** (in tribunale) sentenza

judo /ˈdʒuːdəʊ/ *s* judo

jug /dʒʌg/ *s* BrE caraffa

juggle /ˈdʒʌgəl/ *v* **1** [tr/intr] fare il giocoliere con palle, piatti ecc. **2 to juggle needs/difficulties etc** destreggiarsi tra bisogni/difficoltà ecc.

juggling

juice /dʒuːs/ *s* succo: *apple juice* succo di mela | *orange juice* succo d'arancia

juicy /ˈdʒuːsi/ *agg* (**-cier**, **-ciest**) **1** succoso -a **2** (informale) (storia, scandalo) piccante

jukebox /ˈdʒuːkbɒks/ *s* (pl **-xes**) jukebox

July /dʒʊˈlaɪ/ *s* luglio ► vedi Active Box **months** sotto **month**

jumble /ˈdʒʌmbəl/ *sostantivo* e *verbo*
• *s* **1** mucchio **2** BrE vestiti e oggetti usati venduti a scopo benefico
• *v* [tr] (anche **jumble up**) mescolare

jumbo /ˈdʒʌmbəʊ/, anche **ˈjumbo-sized** *agg* (informale) gigante

ˈjumbo jet, anche **jumbo** *s* jumbo

jump /dʒʌmp/ *verbo* e *sostantivo*
• *v* **1** [tr/intr] saltare: *He jumped the barrier.* Ha saltato il cancelletto. | *The cat* ***jumped onto*** *the table.* Il gatto è saltato sul tavolo. | *He* ***jumped out of*** *bed.* È saltato giù dal letto. | *They* ***jumped into*** *the pool.* Si sono tuffati in piscina. | **to jump up and down** saltare su e giù **2** [intr] fare un salto | **to make sb jump** spaventare qn

jump at sth prendere al volo qc [opportunità, offerta]
• *s* **1** salto **2** ostacolo

jumping

jumper /ˈdʒʌmpə/ *s* **1** BrE maglione **2** AmE scamiciato

junction /ˈdʒʌŋkʃən/ *s* (di strade) incrocio, (sull'autostrada) uscita, (ferroviario) nodo

June /dʒuːn/ *s* giugno ► vedi Active Box **months** sotto **month**

jungle /ˈdʒʌŋgəl/ *s* giungla

junior /ˈdʒuːniə/ *aggettivo* e *sostantivo*
• *agg* **1** di grado inferiore | **a junior member of staff** un dipendente subalterno | **a junior doctor** un interno **2 Junior** AmE Junior: *John Wallace Junior* John Wallace Junior
• *s* **1 to be two years/six months etc sb's junior** essere di due anni/sei mesi ecc. più giovane di qn **2** persona che ha il grado più basso in una organizzazione o professione **3** BrE alunno delle elementari dai 7 agli 11 anni **4** AmE studente del penultimo anno di scuola secondaria superiore o di università

junior ˈhigh school, anche **junior ˈhigh** *s* negli Stati Uniti, scuola media inferiore per alunni tra i 12 e i 14 anni

ˈjunior ˌschool *s* in Gran Bretagna, scuola elementare per bambini dai 7 agli 11 anni

junk /dʒʌŋk/ *s* **1** (informale) cianfrusaglie **2** (informale) schifezze **3** anticaglia

ˈjunk food *s* porcherie [cibo]

junkie /ˈdʒʌŋki/ *s* (informale) (drogato) tossico -a

ˈjunk mail *s* termine peggiorativo che si riferisce alla pubblicità ricevuta per posta

Jupiter /ˈdʒuːpɪtə/ *s* Giove

juror /ˈdʒʊərə/ *s* giurato

jury /ˈdʒʊəri/ *s* (pl **juries**) giuria

just /dʒəst, tonico dʒʌst/ *avverbio* e *aggettivo*
• *avv* **1** (esattamente) proprio: *It's just what I wanted.* È proprio quello che volevo. | *She looks just like her mother.* Assomiglia proprio a sua madre. **2** solo: *"Are there any letters?" "Just bills."* – Ci sono lettere? – Solo bollette. **3 to have just done sth** *He's just gone out.* È appena uscito. | *I'd just gone to bed when the phone rang.* Ero appena andato a dormire quando ha squillato il telefono. **4 to be just doing sth** *He's just coming.* Sta arrivando proprio adesso. | *We were*

Quando si usa *in*, *on* e *at*? Vedi alla voce in.

just leaving. Stavamo giusto partendo.
5 to be just about to do sth/to be just going to do sth *I was just about to call the police.* Stavo proprio per chiamare la polizia.
6 just over/under etc poco più/meno di ecc.: *It weighs just under a kilo.* Pesa poco meno di un chilo. | *It happened just over a year ago.* È successo poco più di un anno fa. | **just before/after etc** appena prima/dopo ecc.
7 just as good/much etc (as) *She earns just as much as he does.* Guadagna esattamente quanto lui. | *This brand is just as good.* Questa marca è altrettanto buona.
8 (only) just giusto: *We got there just in time.* Siamo arrivati giusto in tempo. | *The rope was only just long enough.* La corda era lunga giusto quanto bastava.
9 just about quasi: *just about everyone* quasi tutti | *I've just about finished.* Ho quasi finito.
10 uso enfatico e con gli imperativi: *I just couldn't believe it.* Non riuscivo proprio a crederci. | *Just let me finish this.* Fammi finire questo prima.
11 just now a) un momento fa: *My keys were here just now.* Le mie chiavi erano qui un momento fa. **b)** in questo momento: *I'm busy just now.* In questo momento sono impegnata.
12 just in case non si sa mai
13 it's just as well (that) *It's just as well she didn't come.* Meglio così se non è venuta.
• *agg* (formale) giusto -a

justice /ˈdʒʌstɪs/ *s* **1** giustizia | **to bring sb to justice** assicurare qn alla giustizia **2 to do sb justice** rendere giustizia a qn: *This photo doesn't do her justice.* Questa foto non le rende giustizia. **3 to do yourself justice** dare il meglio di sé: *She didn't do herself justice in the interview.* Non ha dato il meglio di sé durante il colloquio.

justifiable /ˈdʒʌstəˌfaɪəbəl/ *agg* legittimo -a

justifiably /ˈdʒʌstɪˌfaɪəbli/ *avv* giustamente

justification /ˌdʒʌstəfəˈkeɪʃən/ *s* giustificazione

justified /ˈdʒʌstəfaɪd/ *agg* giustificato -a | **to be justified in doing sth** avere ragione a fare qc

justify /ˈdʒʌstəfaɪ/ *v* [tr] (**-fies**, **-fied**) giustificare

justly /ˈdʒʌstli/ *avv* **1** giustamente **2** equamente

jut /dʒʌt/, anche **jut out** *v* [intr] (**jutted**, **jutting**) protendersi

juvenile /ˈdʒuːvənaɪl/ *aggettivo* e *sostantivo*
• *agg* **1** (delinquenza) minorile **2** (comportamento) infantile
• *s* minore

K, k /keɪ/ K, k ▶ vedi Active Box **letters** sotto **letter**

kaleidoscope /kəˈlaɪdəskəʊp/ *s* caleidoscopio

kangaroo /ˌkæŋgəˈruː/ *s* canguro

karate /kəˈrɑːti/ *s* karate

kebab /kɪˈbæb/ *s* kebab [spiedino di carne di montone o di agnello]

keen /kiːn/ *agg* **1 to be keen to do sth** essere ansioso di fare qc: *She's keen to get back to work.* È ansiosa di tornare a lavorare. **2** appassionato -a: *He's a keen photographer.* È un fotografo appassionato. | **to be keen on sth** essere appassionato di qc: *I'm not very keen on tennis.* Non sono molto appassionato di tennis. **3 keen interest** forte interesse **4 a very keen sense of humour/smell etc** un senso dell'umorismo/dell'odorato ecc. molto sviluppato

keep /kiːp/ *v* (passato e participio **kept**) **1** [intr] (rimanere) restare, stare: *Can you* ***keep still****, please?* Puoi stare fermo, per favore? | *Sit down and* ***keep quiet****.* Siediti e stai zitto. | *They walked fast to* ***keep warm****.* Hanno camminato in fretta per non prendere freddo. | *What do you do to* ***keep in shape****?* Che cosa fai per restare in forma? **2** [tr] (mantenere) tenere: *The noise kept him awake.* Il rumore l'ha tenuto sveglio. | **to keep sth clean/hot** tenere qc pulito/in caldo **3** [tr] (trattenere) tenere: *They kept him in hospital overnight.* L'hanno tenuto in ospedale per tutta la notte. **4** [tr] (conservare) tenere: *You can keep the book.* Puoi tenere il libro. | *Where do you keep the scissors?* Dove tieni le forbici? **5** [tr] trattenere: *What kept you?* Che cosa ti ha trattenuto? **6** [intr] (riferito a cibi) conservarsi **7 to keep (on) doing sth a)** continuare a fare qc: *Keep trying.* Continua a provare. **b)** indica un'azione ripetuta: *He keeps on teasing me.* Mi prende sempre in giro. | *I keep forgetting to post this letter.* Mi dimentico sempre di imbucare la lettera. **8 to keep sb waiting** fare aspettare qn **9 to keep sth/sb from doing sth** impedire a qc/qn di fare qc **10 to keep a promise** mantenere una promessa **11 to keep a diary** tenere un diario **12 to keep a secret** (man)tenere un segreto **13 to keep sth from sb** nascondere qc a qn **14 to keep sth to yourself** tenersi qc per sé | **to keep**

K

yourself to yourself *He tends to keep himself to himself.* Tende a starsene sulle sue. **15 to keep at it** (informale) non mollare
keep away tenersi lontano: ***Keep away from** the edge.* Tieniti lontano dal bordo.
keep sth/sb away tenere qc/qn lontano
keep back stare indietro **keep sth back** nascondere qc: *She was **keeping** something **back from** me.* Mi stava nascondendo qualcosa.
keep off sth non calpestare qc [erba]
keep out 1 rimanere fuori | **keep out!** vietato l'accesso **2 to keep out of sth** tenersi fuori da qc
keep sth/sb out non fare entrare qc/qn
keep up 1 stare al passo: *She's having trouble **keeping up with** the others in English.* Ha dei problemi a stare al passo con gli altri in inglese. **2 to keep up with sth** far fronte a qc [cambiamenti]
keep sth up continuare qc

keeper /ˈkiːpə/ *s* **1** (nello sport) portiere **2** (allo zoo) guardiano

kennel /ˈkenl/ *s* **1** cuccia **2 kennels** canile

K

kept /kept/ passato e participio di **keep**

kerb /kɜːb/ BrE *s* bordo (del marciapiede) ▶ In inglese americano si usa **curb**.

ketchup /ˈketʃəp/ *s* ketchup

kettle /ˈketl/ *s* bollitore [per scaldare l'acqua]

kettle

key /kiː/ *sostantivo, aggettivo e verbo*
• *s* **1** chiave: *the front-door key* la chiave della porta principale **2** (di pianoforte, computer) tasto **3 the key to success** la chiave del successo | **the key to survival** il segreto per sopravvivere **4** (in musica) tonalità **5** (di una cartina) legenda
• *agg* fondamentale
• *v* **key sth in** digitare qc [dati]

keyboard /ˈkiːbɔːd/ *s* tastiera

keyhole /ˈkiːhəʊl/ *s* buco della serratura

ˈkey ring *s* portachiavi

khaki /ˈkɑːki/ *aggettivo, sostantivo e sostantivo plurale*
• *agg e s* (colore) cachi ▶ vedi Active Box **colours** sotto **colour**
• **khakis** *s pl* AmE pantaloni cachi

kick /kɪk/ *verbo e sostantivo*
• *v* **1** [tr] dare un calcio a: *She kicked the ball hard.* Ha dato un calcio forte alla palla. | *He **kicked** the ball **over** the wall.* Ha mandato la palla oltre al muro con un calcio. | *Mary kicked him under the table.* Mary gli ha dato un calcio sotto al tavolo. | *We had to **kick** the door **down**.* Abbiamo dovuto sfondare la porta. **2** [intr] (agitare i piedi) scalciare **3 to kick yourself** mordersi le mani ▶ vedi anche **bucket**
kick off 1 (informale) iniziare **2** battere il calcio d'inizio **kick sth off** (informale) cominciare qc
kick sb out (informale) sbattere fuori qn: *He was **kicked out of** university.* È stato sbattuto fuori dall'università.
• *s* **1** calcio **2 to get a kick out of sth** (informale) provare gusto in qc **3 to do sth for kicks** (informale) fare qc per divertimento

ˈkick-off *s* calcio d'inizio

kid /kɪd/ *sostantivo e verbo*
• *s* **1** (informale) bambino -a: *He's only a kid.* È solo un bambino. **2** (informale) figlio -a: *How many kids have they got?* Quanti figli hanno? **3** (animale) capretto **4** (pelle) capretto **5 kid brother/sister** (informale) fratellino/sorellina
• *v* (**kidded**, **kidding**) (informale) **1** [intr] scherzare: *I was only kidding.* Stavo solo scherzando. **2 to kid sb that** far credere a qn che | **to kid yourself** illudersi **3 no kidding!** (informale) **a)** sul serio? **b)** dico sul serio

kidnap /ˈkɪdnæp/ *v* [tr] (**-pped**, **-pping**) rapire

kidnapper /ˈkɪdnæpə/ *s* rapitore -trice

kidnapping /ˈkɪdnæpɪŋ/ *s* rapimento

kidney /ˈkɪdni/ *s* **1** rene **2** (in cucina) rognone

kill /kɪl/ *verbo e sostantivo*
• *v* **1** [tr/intr] uccidere: *He was accused of killing his wife.* È stato accusato di aver ucciso la moglie. | *This disease can kill.* Si può morire di questa malattia. **2 to be killed a)** rimanere ucciso: *Three people were killed in the explosion.* Tre persone sono rimaste uccise nell'esplosione. **b)** essere assassinato: *He was killed by the Mafia.* È stato assassinato dalla Mafia. **3 to kill yourself** suicidarsi **4 to be killing you** far male da morire a: *My feet are killing me.* I piedi mi fanno male da morire. **5 I'll kill you, she'll kill him etc** ti ammazzo, lo ammazza ecc.: *My mum will kill me when she finds out.* Mia mamma mi ammazza quando lo viene a

sapere. **6 to kill time** ammazzare il tempo
kill sth/sb off eliminare qc/qn
• *s* (di animali) uccisione
killer /ˈkɪlə/ *s* assassino -a
killing /ˈkɪlɪŋ/ *s* **1** assassinio **2** massacro **3 to make a killing** (informale) farsi i soldi
kilo /ˈkiːləʊ/ *s* chilo
kilobyte /ˈkɪləbaɪt/ *s* kilobyte
kilogram, anche **kilogramme** /ˈkɪləgræm/ *s* chilogrammo
kilometre BrE, **kilometer** AmE /kɪˈlɒmɪtə, ˈkɪləmiːtə/ *s* chilometro
kilt /kɪlt/ *s* kilt, gonnellino scozzese
kin /kɪn/ *s pl* parenti ▶ vedi anche **next of kin**
kind /kaɪnd/ *sostantivo* e *aggettivo*
• *s* **1** tipo: *They sell **all kinds of** hats.* Vendono cappelli di tutti i tipi. | *It's **a kind of** parrot.* È una specie di pappagallo. **2 kind of** (informale) piuttosto: *It seems kind of weird to me.* Mi sembra piuttosto strano. **3 in kind** (pagare) in natura
• *agg* (**kinder**, **kindest**) gentile: *They've been so **kind to** me.* Sono stati così gentili con me.
kindly /ˈkaɪndli/ *avverbio* e *aggettivo*
• *avv* **1** (generosamente) gentilmente, (in modo gentile) con gentilezza **2 (will you) kindly** (formale) potresti gentilmente: *Kindly don't interfere!* Per favore non intrometterti! **3 not to take kindly to sth/sb** non sopportare qc/qn: *She doesn't take kindly to criticism.* Non sopporta le critiche.
• *agg* (persona) affabile | **a kindly smile** un sorriso bonario
kindness /ˈkaɪndnəs/ *s* gentilezza
king /kɪŋ/ *s* **1** re: *King Edward VII* Re Edoardo VII **2** (negli scacchi) re
kingdom /ˈkɪŋdəm/ *s* regno
kingfisher /ˈkɪŋˌfɪʃə/ *s* martin pescatore
kinship /ˈkɪnʃɪp/ *s* parentela
kiosk /ˈkiːɒsk/ *s* chiosco
kipper /ˈkɪpə/ *s* aringa affumicata
kiss /kɪs/ *verbo* e *sostantivo*
• *v* (3ª pers sing **kisses**) **1** [tr] baciare | **to kiss sb goodbye** dare un bacio di commiato a qn **2** [intr] baciarsi
• *s* (pl **kisses**) **1** bacio: *She **gave** him **a kiss**.* Gli ha dato un bacio. **2 to give sb the kiss of life** fare la respirazione bocca a bocca a qn
kit /kɪt/ *s* **1** tenuta: *football kit* tenuta da calcio **2** kit
kitchen /ˈkɪtʃən/ *s* cucina [locale]
kite /kaɪt/ *s* aquilone
kitten /ˈkɪtn/ *s* gattino -a
kitty /ˈkɪti/ *s* cassa comune
km (= **kilometre**) km

knack /næk/ *s* (informale) capacità
knead /niːd/ *v* [tr] **1** lavorare [impasto], impastare [pane] **2** massaggiare
knee /niː/ *s* ginocchio | **on your knees** in ginocchio | **to get down on your knees** inginocchiarsi
kneecap /ˈniːkæp/ *s* rotula
kneel /niːl/, anche **kneel down** *v* [intr] (passato e participio **knelt** o **kneeled**) inginocchiarsi | **to be kneeling** essere in ginocchio
knelt /nelt/ passato e participio di **kneel**
knew /njuː/ passato di **know**
knickers /ˈnɪkəz/ *s pl* BrE mutandine | **a pair of knickers** un paio di mutandine
knife /naɪf/ *s* (pl **knives** /naɪvz/) coltello
knight /naɪt/ *s* **1** (nel Medio Evo) cavaliere **2** (titolo onorifico britannico) cavaliere ▶ Coloro che sono insigniti di questo titolo antepongono **Sir** al nome. **3** (negli scacchi) cavallo
knighthood /ˈnaɪthʊd/ *s* **to be given a knighthood** essere insignito del titolo di cavaliere
knit /nɪt/ *v* [tr] fare ai ferri, [intr] lavorare a maglia
knitting /ˈnɪtɪŋ/ *s* **1** (attività) lavorare a maglia **2** lavoro a maglia
knives /naɪvz/ plurale di **knife**
knob /nɒb/ *s* **1** pomello [della porta] **2** manopola [della radio]
knock /nɒk/ *verbo* e *sostantivo*
• *v* **1** [intr] bussare [alla porta]: *Why don't you knock before you come in?* Perché non bussi prima di entrare? | **to knock at/on the door** bussare alla porta | **to knock at/on the window** dare dei colpi contro la finestra **2 to knock your head/knee etc on sth** sbattere la testa/il ginocchio ecc. contro qc: *He knocked his elbow on the table.* Ha sbattuto il gomito contro il tavolo. **3** [tr] scontrare: *Be careful not to knock the camera.* Stai attento a non sbattere la macchina fotografica. **4 to knock sb to the floor** stendere qn a terra **5** [tr] (informale) criticare
knock sth down 1 demolire qc **2 to knock sth down to £100/$50 etc** (informale) far scender il prezzo di qc a 100 sterline/50 dollari ecc. **3 to be/get knocked down** essere investito
knock off (informale) staccare [dal lavoro]
knock sth off 1 urtare qc e farlo cadere: *She knocked a vase off the shelf.* Ha urtato il vaso e l'ha fatto cadere dallo scaffale. **2 knock it off!** (informale) piantala!
knock sb out 1 mettere qn kappaò **2** eliminare qn [da campionato, gara]
knock sth over rovesciare qc **knock sb over** far cadere qn
• *s* colpo: *a **knock on the head*** un colpo in

testa | *There was a* ***knock at*** *the door.* Hanno bussato alla porta.

knockout /ˈnɒk-aʊt/ *s* **1** kappaò **2** (anche **knockout tournament**) BrE torneo ad eliminazione diretta

knot /nɒt/ *sostantivo* e *verbo*
- *s* **1** nodo | **to tie a knot (in sth)** fare un nodo (a qc) **2** (unità di misura della velocità) nodo **3** (di persone) capannello
- *v* [tr] (**knotted**, **knotting**) annodare

know /nəʊ/ *v* (passato **knew**, participio **known**) **1** [tr/intr] sapere: *He* ***knows*** *a lot* ***about*** *cars.* Sa un sacco di cose sulle macchine. | *I don't know where she's gone.* Non so dove sia andata. | *She's really annoyed, you know.* È davvero arrabbiata, sai? | *I know! Let's ask David.* Mi è venuta un'idea! Chiediamo a David. | **to know how to do sth** *Do you know how to switch this machine on?* Sai come si accende questa macchina? **2** [tr] conoscere: *Do you know Patrick Clark?* Conosci Patrick Clark? | **to know each other** conoscersi: *Do you two know each other?* Vi conoscete? ► vedi anche **conoscere** **3** [tr/intr] conoscere [luogo]: *I know Paris well.* Conosco bene Parigi. | *I'm* ***getting to know*** *the area.* Sto cominciando a conoscere la zona. | *Do you* ***know of*** *any good restaurants round here?* Conosci dei buoni ristoranti in zona? **4** [tr] riconoscere: *I'd know him anywhere.* Lo riconoscerei dovunque. **5** **to let sb know** far sapere a qn **6** **as far as I know** per quanto ne so **7** **you never know** non si sa mai **8** **he/you etc should know better** dovrebbe/dovresti ecc. avere più buonsenso

knowing /ˈnəʊɪŋ/ *agg* **a knowing look/smile** uno sguardo/un sorriso d'intesa

knowingly /ˈnəʊɪŋli/ *avv* **1** consapevolmente **2** con aria complice

knowledge /ˈnɒlɪdʒ/ *s* **1** conoscenza | **knowledge of/about sth** conoscenze in qc **2** **without my knowledge** a mia insaputa: *They recorded it without my knowledge.* Lo hanno registrato a mia insaputa. **3** **to my knowledge** per quanto ne sappia io **4** **it's common knowledge (that)** è di dominio pubblico (che)

knowledgeable /ˈnɒlɪdʒəbəl/ *agg* esperto -a: *He's very* ***knowledgeable about*** *wines.* È molto esperto in fatto di vini.

known[1] /nəʊn/ *agg* **1** noto -a **2** **to be known for sth** essere famoso per qc

known[2] /nəʊn/ participio di **know**

knuckle /ˈnʌkəl/ *s* nocca

koala /kəʊˈɑːlə/, anche **koˌala ˈbear** *s* koala

Korea /kəˈriːə/ *s* la Corea

Korean /kəˈriːən/ *sostantivo* e *aggettivo*
- *s* **1** (lingua) coreano **2** coreano -a
- *agg* coreano -a

kph (= **kilometres per hour**) km/h

L, l /el/ *s* L, l ► vedi Active Box **letters** sotto **letter**

lab /læb/ *s* (informale) laboratorio

label /ˈleɪbəl/ *sostantivo* e *verbo*
- *s* **1** etichetta **2** (anche **record label**) etichetta [discografica]
- *v* [tr] (**-lled**, **-lling** BrE, **-led**, **-ling** AmE) **1** etichettare **2** **to be labelled as sth** essere etichettato come qc

laboratory /ləˈbɒrətri, AmE ˈlæbrəˌtɔːri/ *s* (pl **-ries**) laboratorio

laborious /ləˈbɔːriəs/ *agg* faticoso -a

labour BrE, **labor** AmE /ˈleɪbə/ *sostantivo* e *verbo*
- *s* **1** lavoro: *manual labour* lavoro manuale **2** (operai) manodopera **3** travaglio [del parto] **4** **Labour** anche **the Labour Party** il partito laburista
- *v* [intr] **1** lavorare **2** **to labour to do sth** impegnarsi per fare qc

laboured BrE, **labored** AmE /ˈleɪbəd/ *agg* **1** (stile) contorto -a **2** (respirazione) difficile

labourer BrE, **laborer** AmE /ˈleɪbərə/ *s* (nell'agricoltura) bracciante, (nell'edilizia) manovale

labyrinth /ˈlæbərɪnθ/ *s* labirinto

lace /leɪs/ *sostantivo* e *verbo*
- *s* **1** pizzo **2** (anche **shoelace**) laccio [delle scarpe]
- *v* (anche **lace up**) [tr] allacciare, [intr] allacciarsi

lack /læk/ *sostantivo* e *verbo*
- *s* mancanza | **for/through lack of sth** per mancanza di qc
- *v* [tr] mancare di: *He lacks imagination.* Manca di immaginazione.

lacking /ˈlækɪŋ/ *agg* **to be lacking** mancare | **to be lacking in sth** **a)** essere carente di [vitamine] **b)** essere privo di [espressione, emozioni]

lacquer /ˈlækə/ *s* **1** (per legno) flatting **2** (per i capelli) lacca

lacy /ˈleɪsi/ *agg* (**-cier**, **-ciest**) di pizzo

lad /læd/ *s* (informale) ragazzo

ladder /ˈlædə/ *s* **1** scala [a pioli] **2** BrE (in calze, collant) smagliatura

laden /ˈleɪdn/ *agg* **to be laden (with sth)** essere carico (di qc)
ladies /ˈleɪdiz/ *s* **1** plurale di **lady** **2 the ladies** BrE la toilette [delle donne]
ladle /ˈleɪdl/ *s* mestolo
lady /ˈleɪdi/ *s* (pl **ladies**) **1** signora: *Ladies and gentlemen.* Signore e signori. **2 Lady** lady [titolo britannico della moglie o della figlia di un nobile]
ladybird /ˈleɪdibɜːd/ BrE, **ladybug** /ˈleɪdibʌg/ AmE *s* coccinella
lag /læg/ *verbo* e *sostantivo*
• *v* (**lagged**, **lagging**) **to lag behind** rimanere indietro: *She was lagging behind the others.* Era rimasta indietro rispetto agli altri.
• *s* (anche **time lag**) intervallo di tempo
lager /ˈlɑːgə/ *s* birra (chiara)
lagoon /ləˈguːn/ *s* laguna
laid /leɪd/ passato e participio di **lay**
ˌlaid-ˈback *agg* (informale) rilassato -a
lain /leɪn/ participio di **lie**[1]
lake /leɪk/ *s* lago
lamb /læm/ *s* agnello
lame /leɪm/ *agg* **1** zoppo -a **2** (scusa) poco convincente
lament /ləˈment/ *v* **1** [tr] piangere [morte], lamentarsi di [sfortuna] **2** [intr] lamentarsi
lamp /læmp/ *s* lampada
ˈlamp-post *s* palo della luce
lampshade /ˈlæmpʃeɪd/ *s* paralume
land /lænd/ *sostantivo* e *verbo*
• *s* **1** terreno: *Who owns this land?* A chi appartengono questi terreni? | **a piece of land** un appezzamento di terra **2** (in contrapposizione al mare) terra | **by land** via terra **3 to live off the land** vivere dei prodotti della terra
• *v* **1** [intr] atterrare, [tr] far atterrare **2** [intr] toccare terra **3** [tr] far sbarcare [passeggeri], scaricare a terra [merce] **4** [intr] atterrare: *I slipped and landed on my back.* Sono scivolato e sono atterrato sulla schiena. **5** [tr] (informale) accaparrarsi [lavoro, contratto]
land sb with sth affibbiare qc a qn: *I got landed with all the tidying up.* Mi hanno affibbiato l'incombenza di rimettere in ordine tutto.
landing /ˈlændɪŋ/ *s* **1** pianerottolo **2** atterraggio **3** (di truppe) sbarco
landlady /ˈlændˌleɪdi/ *s* (pl **-ladies**) **1** (di casa in affitto) padrona di casa **2** (di pub) proprietaria
landlord /ˈlændlɔːd/ *s* **1** (di casa in affitto) padrone di casa **2** (di pub) proprietario
landmark /ˈlændmɑːk/ *s* **1** punto di riferimento [per orientarsi] **2** pietra miliare
landowner /ˈlændˌəʊnə/ *s* proprietario -a terriero -a
landscape /ˈlændskeɪp/ *s* paesaggio
landslide /ˈlændslaɪd/ *s* **1** smottamento **2** vittoria schiacciante
lane /leɪn/ *s* **1** viottolo **2** corsia | **the slow/inside lane** la corsia per il traffico lento/lato guidatore | **the fast/outside lane** la corsia di sorpasso **3** (nel nuoto, nell'atletica) corsia
language /ˈlæŋgwɪdʒ/ *s* **1** lingua: *She speaks five languages.* Parla cinque lingue. **2** linguaggio **3 bad language** parolacce
lantern /ˈlæntən/ *s* lanterna
lap /læp/ *sostantivo* e *verbo*
• *s* **1** grembo: *She sat on her mother's lap.* Era seduta in grembo alla madre. **2** (in una corsa) giro
• *v* (**lapped**, **lapping**) **1** [tr] infrangersi contro **2** [tr] (anche **lap up**) leccare
lapel /ləˈpel/ *s* (di giacca, cappotto) revers
lapse /læps/ *sostantivo* e *verbo*
• *s* **1** mancanza | **a lapse in concentration** un calo della concentrazione **2** (anche **time lapse**) intervallo
• *v* [intr] **1** (conversazione) spegnersi **2** (amicizia) venir meno **3 to lapse into a coma** cadere in coma
laptop /ˈlæptɒp/ *s* (computer) (PC) portatile
large /lɑːdʒ/ *agg* **1** grande: *a large portion of fries* una porzione grande di patatine | *Do you have this dress in a larger size?* Ha una taglia in più di questo abito? | *He comes from a large family.* Viene da una famiglia numerosa. | *a large amount of money* una grossa somma di denaro ► LARGE O BIG? vedi **grande** **2** corpulento -a **3 the population/public etc at large** tutta la popolazione/il pubblico ecc.

laptop

largely /ˈlɑːdʒli/ *avv* in gran parte

L

Vuoi una lista di frasi utili per parlare di te stesso? Consulta la **guida alla comunicazione** in fondo al libro.

ˌlarge-scale *agg* (produzione, operazioni militari) su larga scala, (disoccupazione) di massa

lark /lɑːk/ *s* allodola

laser /ˈleɪzə/ *s* **1** laser **2 laser beam** raggio laser **laser printer** stampante laser

lash /læʃ/ *verbo e sostantivo*
• *v* (3ª pers sing **lashes**) **1** [tr] (persona) frustare, (onde) sferzare **2** [tr] legare
lash out to lash out at sb (fisicamente, verbalmente) scagliarsi contro qn
• *s* (pl **lashes**) **1** frustata **2** ciglio

lass /læs/ *s* (pl **lasses**) ragazza ▶ **Lass** è un termine usato principalmente in Scozia e nel nord dell'Inghilterra.

last /lɑːst/ *aggettivo, avverbio, pronome e verbo*
• *agg* **1** (più recente) ultimo -a: *the last time I saw her* l'ultima volta che l'ho vista | *last Sunday* domenica scorsa | **last week/month etc** il mese/l'anno scorso ecc. | **last night** ieri notte, ieri sera
2 ultimo -a | **the last chapter/train etc** l'ultimo capitolo/treno ecc. | **last thing at night** prima di andare a dormire | **(the) last but one** il penultimo
• *avv* **1** l'ultima volta: *when I last saw her* quando l'ho vista l'ultima volta
2 per ultimo: *They interviewed me last.* Mi hanno fatto il colloquio per ultimo. | *He came last in the marathon.* Nella maratona è arrivato ultimo. | **last but not least** da ultimo, ma non meno importante
• *pron* **1 the last** l'ultimo -a: *They were **the last to** leave.* Se ne sono andati per ultimi.
2 at (long) last finalmente
3 the week before last due settimane fa | **the year before last** due anni fa
4 the last of sth il resto di qc: *We drank the last of the wine.* Abbiamo bevuto il resto del vino.
• *v* **1** [tr/intr] durare: *The drought could **last for** months.* La siccità potrebbe durare mesi. | *These shoes are made to last.* Queste sono scarpe fatte per durare.
2 to last sb bastare a qn: *This money should last you till Friday.* Questi soldi dovrebbero bastarti fino a venerdì.

lasting /ˈlɑːstɪŋ/ *agg* duraturo -a

lastly /ˈlɑːstli/ *avv* infine

ˈlast-minute *agg* dell'ultimo minuto

ˈlast name *s* cognome

latch /lætʃ/ *sostantivo e verbo*
• *s* (pl **latches**) chiavistello
• *v* (3ª pers sing **latches**) **latch on** (informale) **1** capire **2 to latch on to sb** (seguire) stare appiccicato a qn

late /leɪt/ *aggettivo e avverbio*
• *agg* **1** in ritardo: *Sorry I'm late.* Mi spiace, sono in ritardo. | *The train was 25 minutes late.* Il treno aveva 25 minuti di ritardo. | *We had a late breakfast.* Abbiamo fatto colazione tardi. | **to be late for sth** arrivare in ritardo a qc
2 alla fine di un periodo: *in the late eighteenth century* alla fine del diciottesimo secolo | *a man in his late forties* un uomo vicino ai cinquanta | **it's getting late** si sta facendo tardi
3 defunto -a
• *avv* **1** fino a tardi: *I have to work late tonight.* Devo lavorare fino a tardi stasera. | *Our flight arrived two hours late.* Il nostro volo è arrivato con due ore di ritardo.
2 late at night a tarda notte

lately /ˈleɪtli/ *avv* di recente

later /ˈleɪtə/ *avverbio e aggettivo*
• *avv* **1** dopo: *He died three weeks later.* Morì tre settimane dopo. | *I'll see you later.* Ci vediamo dopo. | ***Later on** it started to rain.* Più tardi ha cominciato a piovere.
2 no later than non oltre
• *agg* **1** (capitolo, modello) successivo -a
2 at a later date/stage in un secondo tempo

latest /ˈleɪtəst/ *aggettivo e sostantivo*
• *agg* ultimo -a: *their latest album* il loro ultimo album
• *s* **1 the latest** l'ultima novità **2 at the latest** al più tardi

lather /ˈlɑːðə/ *s* schiuma

Latin /ˈlætɪn, AmE ˈlætn/ *sostantivo e aggettivo*
• *s* latino
• *agg* latino -a

ˌLatin Aˈmerica *s* l'America Latina

ˌLatin Aˈmerican *agg e s* latino-americano -a

latitude /ˈlætɪtjuːd/ *s* latitudine

latter /ˈlætə/ *aggettivo e pronome*
• *agg* ultimo -a: *the latter part of his life* gli ultimi anni della sua vita
• *pron* ▶ **The latter** si usa per riferirsi all'ultimo di due elementi precedentemente citati: *Of the two I prefer the latter.* Dei due preferisco il secondo.

laugh /lɑːf/ *verbo e sostantivo*
• *v* [intr] ridere: *I couldn't stop laughing.* Non riuscivo a smettere di ridere.
laugh at sth/sb ridere di qc/qn
• *s* **1** risata: *She **gave** a little **laugh**.* Ha fatto una risatina. **2 to be a laugh** BrE essere divertente: *The party was a good laugh.* La festa è stata molto divertente.
3 to do sth for a laugh far qc per divertimento

laughter /ˈlɑːftə/ *s* risata: *You could hear laughter.* Si sentivano delle risate. | *He roared with laughter.* Si sbellicava dalle risate.

launch /lɔːntʃ/ *verbo e sostantivo*
• *v* [tr] (3ª pers sing **launches**) **1** lanciare [prodotto, campagna], sferrare [attacco]

2 lanciare [missile, satellite] **3** varare [nave]
launch into sth lanciarsi in qc [discussione, descrizione]
• *s* (pl **launches**) **1** (di prodotto) lancio **2** (nave) varo
launderette /ˌlɔːndəˈret/ *s* BrE lavanderia a gettone
laundry /ˈlɔːndri/ *s* (pl **-dries**) **1** biancheria [lavata o da lavare] | **to do the laundry** fare il bucato **2** lavanderia
lava /ˈlɑːvə/ *s* lava
lavatory /ˈlævətri/ *s* (pl **-ries**) (formale) bagno
lavender /ˈlævɪndə/ *s* lavanda
lavish /ˈlævɪʃ/ *agg* sontuoso -a
law /lɔː/ *s* **1 the law** la legge: ***It's against the law to drink and drive.*** Guidare in stato di ubriachezza è vietato per legge. | **to break the law** violare la legge | **by law** per legge | **law and order** l'ordine pubblico **2** (norma legale) legge **3** (materia di studio) legge
lawful /ˈlɔːfəl/ *agg* legale
lawn /lɔːn/ *s* prato
lawnmower /ˈlɔːnˌməʊə/ *s* tosaerba
lawsuit /ˈlɔːsuːt/ *s* causa [legale] | **to file a lawsuit against sb** fare causa a qn
lawyer /ˈlɔːjə/ *s* avvocato
lax /læks/ *agg* (disciplina) permissivo -a, (controllo) superficiale
lay[1] /leɪ/ *v* [tr] (passato e participio **laid**) **1** posare: *She laid her hand on his shoulder.* Gli ha posato la mano sulla spalla. **2** gettare [fondamenta], posare [cavi], installare [tubature], mettere [moquette] **3** deporre [uova] **4** mettere [trappola] **5 to lay the table** apparecchiare (la tavola) **6 to lay the blame (for sth) on sb** addossare la colpa (di qc) a qn
lay sth aside 1 mettere giù qc [libro, oggetto] **2** lasciare da parte qc [divergenze]
lay sth down 1 mettere giù qc [oggetto] **2 to lay down your arms** deporre le armi **3 to lay down rules/guidelines etc** stabilire delle regole/direttive ecc.
lay sb off licenziare qn
lay sth on predisporre qc [trasporto, pranzo]
lay sth out 1 distendere qc [cartina] **2** strutturare qc: *The apartment is well laid out.* L'appartamento è strutturato bene.
lay[2] /leɪ/ passato di **lie**[1]
lay[3] /leɪ/ *agg* laico -a
ˈlay-by *s* BrE piazzola di sosta
layer /ˈleɪə/ *s* strato
layman /ˈleɪmən/ *s* (pl **-men**) non addetto -a ai lavori | **in layman's terms** in termini comprensibili a tutti

layout /ˈleɪaʊt/ *s* (di città, edificio) pianta, (di giardino) sistemazione
laze /leɪz/ *v* [intr] oziare
laze around ciondolare [oziare]
lazy /ˈleɪzi/ *agg* (**lazier**, **laziest**) **1** pigro -a **2 a lazy day** una giornata oziosa
lb (pl **lbs**) (= **pound**) libbra [= 0,454 kg]
lead[1] /liːd/ *verbo e sostantivo*
• *v* (passato e participio **led**) **1** [tr] condurre: *Tom led us through the forest.* Tom ci ha condotto attraverso la foresta. | *She **led** me to the headmaster's office.* Mi ha accompagnato fino all'ufficio del direttore. | **to lead sb away** portar via qn **2** [tr] essere in testa a [corteo], [intr] andare avanti: *You lead and we'll follow.* Tu vai avanti e noi ti seguiamo. **3 to lead to sth a)** portare a qc [luogo]: *Where does this road lead?* Dove porta questa strada? **b)** portare a qc [riforma, miglioria], generare qc [confusione]: *There is a reward for information leading to the arrest of those responsible.* C'è una ricompensa in cambio di informazioni che porteranno all'arresto dei responsabili. **4** [tr] guidare [gruppo, squadra], condurre [indagini] **5** [intr/tr] essere in vantaggio (su): *Brazil is leading Germany 1-0.* Il Brasile è in vantaggio sulla Germania per 1 a 0. | *He was **leading by** two games.* Era in vantaggio di due giochi. **6 to lead sb to do sth** portare qn a fare qc: *What led you to change jobs?* Cosa ti ha portato a cambiar lavoro? **7 to lead sb to believe (that)** far credere a qn (che) **8 to lead a normal/quiet etc life** condurre una vita normale/tranquilla ecc. **9 to lead the way a)** fare strada **b)** essere all'avanguardia
lead sb on (informale) abbindolare qn
lead up to sth 1 precedere qc: *the events leading up to the coup* gli avvenimenti che hanno preceduto il colpo di Stato **2** (in una conversazione) arrivare a qc
• *s* **1** (in una gara) **to be in the lead** essere in testa | **to take the lead** passare in testa **2** vantaggio [su concorrenti] **3** pista [in indagine] **4** ruolo principale | **lead singer/guitarist** vocalista/chitarrista principale **5** BrE guinzaglio **6** BrE cavo elettrico
lead[2] /led/ *s* **1** piombo **2** (di matita) mina
leaded /ˈledɪd/ *agg* (benzina) con piombo
leader /ˈliːdə/ *s* (di partito, organizzazione) leader, (di nazione) capo di Stato, (di gara) concorrente in testa
leadership /ˈliːdəʃɪp/ *s* **1** guida **2** attitudine al comando **3** (di organizzazione) direzione, (di partito) direttivo
leading /ˈliːdɪŋ/ *agg* **a leading role** un ruolo di guida | **leading actor** attore principale

L

leaf /liːf/ *sostantivo e verbo*
• *s* (pl **leaves** /liːvz/) **1** (di pianta) foglia **2 to take a leaf out of sb's book** prendere esempio da qn **3 to turn over a new leaf** voltare pagina
• *v* **leaf through sth** sfogliare qc

leaflet /'liːflət/ *s* dépliant, volantino

league /liːg/ *s* **1** (nello sport) serie ▶ vedi la sezione relativa allo sport in appendice **2** (di nazioni, individui) lega **3 league table** classifica del campionato

leak /liːk/ *verbo e sostantivo*
• *v* **1** [tr/intr] (recipiente) perdere: *This pipe is leaking.* Questo tubo perde. | *The roof leaks when it rains.* Quando piove ci sono infiltrazioni d'acqua nel tetto. **2** [intr] (liquidi, gas) fuoriuscire: *Plutonium was **leaking out of** the reactor.* Dal reattore fuoriusciva plutonio. **3** [tr] rivelare [informazioni]
• *s* **1** perdita: *a gas leak* una perdita di gas **2** fuga di notizie

lean /liːn/ *verbo e aggettivo*
• *v* (passato e participio **leaned** o **leant** BrE) **1 to lean forward** sporgersi in avanti | **to lean back** inclinarsi all'indietro | **to lean out of the window** sporgersi dalla finestra **2 to lean against sth** appoggiarsi a qc: *She leant on my arm.* Si è appoggiata al mio braccio. | **to lean sth against/on sth** appoggiare qc a qc: *He leant his bike against the wall.* Ha appoggiato la bici al muro.
• *agg* **1** snello -a **2** magro -a [carne]

leaning

leant /lent/ passato e participio di **lean**

leap /liːp/ *verbo e sostantivo*
• *v* [intr] (passato e participio **leaped** o **leapt**) saltare: *He **leapt over** the stream.* È saltato al di là del ruscello. | *I **leapt up** the stairs.* Ho fatto le scale di corsa. | **to leap to your feet** saltare in piedi
• *s* **1** salto **2 to come on in leaps and bounds** fare passi da gigante **3** notevole aumento

leapt /lept/ passato e participio di **leap**

'leap year *s* anno bisestile

learn /lɜːn/ *v* [tr/intr] (passato e participio **learned** o **learnt** BrE) **1** imparare: *She's learning fast.* Sta imparando in fretta. | *We're **learning about** the Romans.* Stiamo studiando gli antichi romani. **2 to learn (how) to do sth** imparare a fare qc **3 to learn (of) sth** (formale) venire a sapere qc

learner /'lɜːnə/ *s* persona che sta imparando qualcosa: *a book for learners of English* un libro per chi vuole imparare l'inglese

learning /'lɜːnɪŋ/ *s* **1** apprendimento **2** cultura

learnt /lɜːnt/ passato e participio di **learn**

lease /liːs/ *verbo e sostantivo*
• *v* [tr] **1** (anche **lease out**) dare in affitto **2** prendere in affitto [veicolo]
• *s* leasing

leash /liːʃ/ *s* (pl **leashes**) guinzaglio

least /liːst/ *pronome, avverbio e aggettivo*
• *pron* **1** minimo: *The least he could do is apologize.* Come minimo potrebbe scusarsi. | *This is worrying, **to say the least**.* La cosa è a dir poco preoccupante. | **at least** almeno **2 not in the least** *He wasn't in the least worried.* Non era minimamente preoccupato. | *"Are you interested?" "Not in the least."* – Ti interessa? -Assolutamente no.
• *avv* meno: *We chose the least expensive one.* Abbiamo scelto il meno costoso. | *It happened when I least expected it.* È successo quando meno me lo aspettavo. | *I wouldn't tell anyone, **least of all** her.* Non lo racconterei a nessuno, ancora meno a lei.
• *agg* **1** meno **2 not the least bit** minimamente: *He wasn't the least bit sorry.* Non era minimamente dispiaciuto.

leather /'leðə/ *s* pelle | **a leather jacket/skirt** una giacca/gonna di pelle

leave /liːv/ *verbo e sostantivo*
• *v* (passato e participio **left**) **1** [tr] andarsene da [paese, città], uscire da [stanza, edificio], scendere da [treno]: *I left home at the age of 17.* Me ne sono andato di casa a 17 anni.
2 [intr] partire: *They're **leaving for** Rome in the morning.* Partono per Roma in mattinata. | *He left before me.* Se n'è andato prima di me.
3 [tr] lasciare [marito, moglie]
4 lasciare [lavoro, studi]: *He **left school** to work with his father.* Ha lasciato la scuola per andare a lavorare con il padre.
5 [tr] (in un certo stato o luogo) lasciare: *He left all the lights on.* Ha lasciato tutte le luci accese. | *Just leave it on the table.* Lascialo pure sul tavolo.
6 [tr] (dimenticare) lasciare: *I've left my umbrella on the train.* Ho lasciato l'ombrello sul treno.
7 to be left rimanere: *Is there any milk left?* È rimasto del latte? | *There was a lot of food **left over**.* Era avanzata un sacco di roba da mangiare.
8 [tr] (non fare) lasciare: *Let's leave the washing up till later.* Lasciamo i piatti da lavare per dopo.

Non sei sicuro del significato di una abbreviazione? Consulta la tabella delle abbreviazioni nell'interno della copertina.

9 [tr] (in testamento) lasciare ▶ vedi anche **alone**
leave sth behind **1** non portare qc **2** dimenticare qc
leave sth out omettere qc **leave sb out** **1** escludere qn **2** **to feel left out** sentirsi escluso
• *s* **a day's/week's leave** un giorno/una settimana di ferie

leaves /liːvz/ plurale di **leaf**

lecture /ˈlektʃə/ *sostantivo* e *verbo*
• *s* **1** conferenza | **to give a lecture (on sth)** tenere una conferenza (su qc) **2** (all'università) lezione ▶ vedi nota sotto **lezione** **3** (sgridata) ramanzina
• *v* **1** [intr] insegnare [all'università] | **to lecture in sth** insegnare qc **2** [tr] rimproverare ▶ FALSE FRIEND Non confondere **"lecture"** con **lettura** che si traduce **reading**.

lecturer /ˈlektʃərə/ *s* BrE professore -essa [all'università]

led /led/ passato e participio di **lead**

ledge /ledʒ/ *s* **1** (di edificio) cornicione **2** (in montagna) cornice

leek /liːk/ *s* porro

left¹ /left/ *aggettivo*, *avverbio* e *sostantivo*
• *agg* sinistro -a | **the left hand/leg** la mano/gamba sinistra
• *avv* a sinistra: *Turn left after the church.* Gira a sinistra dopo la chiesa.
• *s* **1** sinistra: *Take the next road **on your left**.* Prendi la seconda (strada) a sinistra. **2** **the left/the Left** (in politica) la sinistra

left² /left/ passato e participio di **leave**

ˌleft-ˈhand *agg* a sinistra | **on the left-hand side** sulla sinistra

ˌleft-ˈhanded *agg* mancino -a

ˌleft ˈluggage ˌoffice *s* BrE (in stazione, aeroporto) deposito bagagli

leftover /ˈleftəʊvə/ *agg* rimasto -a

leftovers /ˈleftəʊvəz/ *s pl* avanzi

ˌleft-ˈwing *agg* di sinistra

leg /leg/ *s* **1** gamba: *I broke my leg skiing.* Mi sono rotto la gamba sciando. **2** (di animale) zampa **3** (in cucina) (di pollo) coscia, (di maiale, agnello) cosciotto **4** (di sedia, mobile) gamba **5** (di pantaloni) gamba **6** (di gara, viaggio) tappa **7** **to pull sb's leg** (informale) prendere in giro qn

legacy /ˈlegəsi/ *s* (pl **-cies**) eredità

legal /ˈliːgəl/ *agg* **1** (stabilito per legge) legale **2** **legal advice** consulenza legale | **legal system** sistema giudiziario | **to take legal action (against sb)** fare causa (a qn)

legalize, -ise BrE /ˈliːgəlaɪz/ *v* [tr] legalizzare

legally /ˈliːgəli/ *avv* dal punto di vista legale

legend /ˈledʒənd/ *s* leggenda

legendary /ˈledʒəndəri/ *agg* leggendario -a

leggings /ˈlegɪŋz/ *s pl* pantacollant

legible /ˈledʒəbəl/ *agg* leggibile

legislate /ˈledʒəsleɪt/ *v* [intr] legiferare

legislation /ˌledʒəˈsleɪʃən/ *s* **1** legislazione **2** **a piece of legislation** una legge

legislative /ˈledʒəslətɪv/ *agg* legislativo -a

legitimate /ləˈdʒɪtəmət/ *agg* **1** (attività, richiesta) legittimo -a **2** (domanda) legittimo -a, (scusa, motivo) valido -a

leisure /ˈleʒə, AmE ˈliːʒər/ *s* **1** tempo libero **2** **at leisure** con calma **3** **at your leisure** quando hai tempo **4** **leisure activities** attività ricreative, hobby **leisure centre** BrE centro sportivo

leisurely /ˈleʒəli, AmE ˈliːʒərli/ *agg* (passeggiata) tranquillo -a, (ritmo) lento -a

lemon /ˈlemən/ *s* **1** limone **2** **lemon juice** succo di limone **lemon tree** limone [albero]

lemonade /ˌleməˈneɪd/ *s* **1** BrE gassosa **2** limonata

lend /lend/ *v* [tr] (passato e participio **lent**) prestare | **to lend sth to sb** prestare qc a qn: *She asked me to lend her some money.* Mi ha chiesto di prestarle dei soldi. | *I've lent my torch to John.* Ho prestato la mia lampadina tascabile a John.

length /leŋθ/ *s* **1** lunghezza: *These fish can grow to a length of two metres.* Questi pesci possono raggiungere una lunghezza di due metri. | *What length is the boat?* Quanto è lunga la barca? | *The room is four metres **in length**.* La stanza è lunga quattro metri. **2** durata **3** **to go to any lengths to do sth** essere pronto a tutto pur di fare qc **4** **at length** (parlare, discutere) a lungo **5** (di tessuto) taglio **6** (di piscina) vasca

lengthen /ˈleŋθən/ *v* **1** [tr] allungare **2** [intr] allungarsi

lengthways /ˈleŋθweɪz/, anche **lengthwise** /ˈleŋθwaɪz/ *avv* per il lungo

lengthy /ˈleŋθi/ *agg* (**-thier**, **-thiest**) (processo, lotta, discorso) lungo -a

lenient /ˈliːniənt/ *agg* indulgente

lens /lenz/ *s* (pl **lenses**) **1** (di occhiali) lente **2** (di macchina fotografica, cannocchiale) obiettivo

Lent /lent/ *s* la Quaresima

lent /lent/ passato e participio di **lend**

lentil /ˈlentl/ *s* lenticchia

Leo /ˈliːəʊ/ *s* **1** (segno) Leone **2** (persona) Leone: *He's a Leo.* È del Leone.

leopard /ˈlepəd/ *s* leopardo

leotard /ˈliːətɑːd/ *s* tutina [per ginnastica, danza]

lesbian /ˈlezbiən/ *s* lesbica

L

less /les/ *avverbio, pronome, aggettivo* e *preposizione*
- *avv* meno: *The second exam was **less** difficult **than** the first.* Il secondo esame è stato meno difficile del primo. | *Eat less and take more exercise.* Mangia meno e fai più sport. | **less and less** sempre meno
- *pron* **1** meno: *He earns **less than** you.* Guadagna meno di te. **2 no less than** non meno di
- *agg* meno: *I have less free time now.* Ho meno tempo libero adesso.
- *prep* meno: *$500 less tax* 500 dollari meno le tasse

lessen /'lesən/ *v* **1** [intr] diminuire **2** [tr] ridurre

lesser /'lesə/ *agg* inferiore | **the lesser of two evils** il minore dei due mali

lesson /'lesən/ *s* **1** lezione: *a piano/French lesson* una lezione di piano/francese | **to take lessons (in sth)** prendere lezioni (di qc) ▶ vedi nota sotto **lezione** **2 to teach sb a lesson** (informale) servire da lezione a qn

let /let/ *v* [tr] (passato e participio **let**, gerundio **letting**) **1** lasciare | **to let sb do sth** lasciar fare qc a qn: *He doesn't let us play near the river.* Non ci lascia giocare vicino al fiume. | *Let me help you with that suitcase.* Lascia che ti aiuti a portare quella valigia. **2 to let sb have sth** far avere qc a qn: *I can let you have a copy.* Te ne posso far avere una copia. **3 to let yourself go** lasciarsi andare **4 to let go (of sth/sb)** lasciar andare (qc/qn): *Let go of me!* Lasciami andare! **5 to let sb know (sth)** far sapere (qc) a qn **6** ▶ **Let's**, la forma contratta di **let us**, si usa per fare una proposta o per invitare qualcuno a fare qualcosa. La forma negativa è **let's not** (in inglese britannico si usa anche **don't let's**): *Let's go home.* Andiamo a casa. | *Let's eat out.* Andiamo a cena fuori. | *Let's not quarrel.* Su, non bisticciamo. **7 let's see** vediamo **8 let alone** figurarsi: *I can't even get out of bed, let alone walk.* Non riesco nemmeno ad alzarmi dal letto, figurarsi camminare. **9** (dare in affitto) affittare
let sb down deludere qn
let sth in lasciar passare qc [luce, aria] **let sb in** far entrare qn
let sth off far partire qc [fuochi d'artificio]: *He let the gun off.* Ha fatto partire un colpo.
let sb off **1** lasciar libero qn: *Since you practised the piano yesterday I'll let you off today.* Dato che ti sei esercitata al piano ieri, oggi ti lascio libera. | *The teacher let us off homework.* Il professore non ci ha dato compiti. **2** non punire qn
let sth out far uscire qc [acqua, aria] | **to let out a scream** emettere un grido **let sb out** lasciar uscire qn

letdown /'letdaʊn/ *s* (informale) delusione

lethal /'liːθəl/ *agg* letale

lethargic /lɪ'θɑːdʒɪk/ *agg* fiacco -a

lethargy /'leθədʒi/ *s* fiacchezza

let's /lets/ forma contratta di **let us** ▶ vedi **let**

letter /'letə/ *s* **1** lettera: *Can you post this letter for me?* Mi puoi imbucare questa lettera? **2** lettera: *a three-letter word* una parola di tre lettere **3 to do sth to the letter** fare qc alla lettera ▶ vedi Active Box **letters**

letterbox /'letəbɒks/ *s* (pl **-boxes**) BrE buca delle lettere

letterboxes

lettuce /'letɪs/ *s* lattuga

leukaemia BrE, **leukemia** AmE /luː'kiːmiə/ *s* leucemia

level /'levəl/ *sostantivo, aggettivo* e *verbo*
- *s* **1** (quantità) livello: *The level of radiation is high.* Il livello delle radiazioni è alto. | *the level of unemployment* il tasso di disoccupazione **2** (altezza) livello | **at eye level** all'altezza degli occhi **3** (di edificio) piano
- *agg* **1** piano -a **2 to be level with sth** essere alla stessa altezza di qc **3 to be level (with sb)** essere alla pari (con qn) **4 a level tablespoon/teaspoon** un cucchiaio da tavola/da tè raso
- *v* [tr] (**-lled**, **-lling** BrE, **-led**, **-ling** AmE) **1** spianare **2** radere al suolo
level off/out (aereo) raggiungere la quota di volo, (sentiero) proseguire in piano, (inflazione) stabilizzarsi

ˌlevel 'crossing *s* BrE passaggio a livello

lever /'liːvə, AmE 'levər/ *s* leva

leverage /'liːvərɪdʒ, AmE 'levərɪdʒ/ *s* potere

levy /'levi/ *verbo* e *sostantivo*
- *v* (**levies**, **levied**) **to levy a tax (on sth)** introdurre una tassa (su qc)
- *s* imposta

liability /ˌlaɪə'bɪləti/ *s* (pl **-ties**) **1 liability (for sth)** responsabilità (di qc) **2** pericolo [cosa o persona pericolosa]

Active Box: letters

I seguenti esempi illustrano l'uso delle lettere dell'alfabeto in inglese e possono servirti come modello per formulare a tua volta dell frasi

D is for dog.	D di dog
Can you think of a name that begins with W?	Ti vienne in mente un nome che comincia con la W?
"Knife" is spelled with a "k".	"Knife" si scrive con las "k".
Is that with a double F?	Si scrive con due F?
"Italian" is written with a capital I.	"Italian" si scrive con la I maiuscola.

liable /ˈlaɪəbəl/ *agg* **1 to be liable to do sth** *The dog is liable to bite if provoked.* È facile che il cane morda se viene stuzzicato. **2 to be liable (for sth)** rispondere (di qc)

liaise /liˈeɪz/ *v* **to liaise (with sb)** collaborare (con qn)

liaison /liˈeɪzən/ *s* **1** collaborazione **2** relazione [sentimentale]

liar /ˈlaɪə/ *s* bugiardo -a

libel /ˈlaɪbəl/ *s* diffamazione

liberal /ˈlɪbərəl/ *aggettivo e sostantivo*

- *agg* **1** (mentalità) aperto -a **2** (in politica) liberale **3** (persona) generoso -a, (porzione) abbondante
- *s* liberale

ˌLiberal ˈDemocrat *s* membro del partito politico britannico chiamato **the Liberal Democrats**

liberate /ˈlɪbəreɪt/ *v* [tr] **1 to liberate sb (from sth)** liberare qn (da qc) **2** liberare [paese, città, prigionieri]

liberation /ˌlɪbəˈreɪʃən/ *s* liberazione

liberty /ˈlɪbəti/ *s* (pl **-ties**) **1** libertà **2 to take liberties (with sb)** prendersi delle libertà (con qn)

Libra /ˈliːbrə/ *s* **1** (segno) Bilancia **2** (persona) Bilancia: *She's a Libra.* È della Bilancia.

librarian /laɪˈbreəriən/ *s* bibliotecario -a ▶ FALSE FRIEND Non confondere **"librarian"** con **libraio** che si traduce **bookseller**.

library /ˈlaɪbrəri/ *s* (pl **-ries**) biblioteca: *I got this book from the library.* Ho preso questo libro in biblioteca. ▶ FALSE FRIEND Non confondere **"library"** con **libreria** che si traduce **bookshop**.

lice /laɪs/ plurale di **louse**

licence BrE, **license** AmE /ˈlaɪsəns/ *s* licenza ▶ vedi anche **driving licence**

license /ˈlaɪsəns/ *v* [tr] dare in licenza [medicinale, prodotto] | **to be licensed to do sth** essere autorizzato a fare qc

ˈlicense plate AmE ▶ vedi **number plate**

lick /lɪk/ *verbo e sostantivo*

- *v* [tr] leccare
- *s* leccata

lid /lɪd/ *s* **1** coperchio **2** palpebra

lie[1] /laɪ/ *v* [intr] (passato **lay**, participio **lain**, gerundio **lying**) **1** essere sdraiato -a: *She was lying on the bed, reading.* Era sdraiata sul letto e leggeva. | *He **lay awake** all night.* È rimasto sveglio tutta la notte. **2** sdraiarsi | **to lie on your back** sdraiarsi sulla schiena **3** (essere situato) *The town lies in a valley.* La città è in una valle. **4** (trovarsi) *The problem **lies with** the computer.* Il problema è il computer. | *The answer **lies in** solar energy.* La risposta viene dall'energia solare.

lie ahead viene usato per parlare di ciò che ci attende nel futuro: *the problems that lay ahead* i problemi che ci attendono

lie about/around 1 to leave sth lying about/around lasciare qc in giro: *He leaves money lying around.* Lascia i soldi in giro. **2** bighellonare

lie back 1 sdraiarsi **2** riposarsi

lie down sdraiarsi

lie in BrE restare a letto (a lungo)

lie[2] *verbo e sostantivo*

- *v* [intr] (passato e participio **lied**, gerundio **lying**) mentire | **to lie to sb (about sth)** mentire a qn (su qc)
- *s* bugia: *Don't tell lies!* Non dire bugie!

lieutenant /lefˈtenənt, AmE luːˈtenənt/ *s* tenente

life /laɪf/ *s* (pl **lives** /laɪvz/) **1** vita: *I've never seen him before in my life.* Non l'ho mai visto in vita mia. | *She had lived in Ireland all her life.* Aveva passato tutta la vita in Irlanda. | *social life* vita sociale | *family life* vita familiare | **to save sb's life** salvare la vita a qn | **to lose your life** perdere la vita: *It's **a matter of life and death**.* È una questione di vita o di morte. | **in real life** nella vita di tutti i giorni **2** (attività, energia) vita | **to come to life a)** (città) ripopolarsi **b)** (festa) animarsi **c)** (partita) vivacizzarsi | **to bring sth to life** far rivivere qc **3** (anche **life imprisonment**) ergastolo

ˈlife belt *s* BrE salvagente

lifeboat /ˈlaɪfbəʊt/ *s* scialuppa di salvataggio

ˈlife exˌpectancy *s* durata media della vita

ˈlife guard *s* bagnino -a

ˈlife ˌjacket *s* giubbotto di salvataggio

lifeless /ˈlaɪfləs/ *agg* **1** (corpo, persona) privo -a di vita **2** (interpretazione) inespressivo -a **3** (città) morto -a

L

lifelong /ˈlaɪflɒŋ/ *agg* di tutta una vita

lifestyle /ˈlaɪfstaɪl/ *s* stile di vita

lifetime /ˈlaɪftaɪm/ *s* vita: *It's the chance* ***of a lifetime***. È un'occasione unica nella vita. | *It won't happen* ***in my lifetime***. Non succederà nel corso della mia vita.

lift /lɪft/ *verbo e sostantivo*
• *v* **1** [tr] sollevare: *Can you* ***lift*** *me* ***up*** *so I can see?* Mi sollevi così riesco a vedere qualcosa? | *He* ***lifted*** *the suitcase* ***onto*** *the bed.* Ha messo la valigia sul letto. **2** [tr] revocare [embargo, divieto] **3** [intr] (nebbia, nuvole) diradarsi
lift off decollare
• *s BrE* **1** ascensore **2** passaggio [in auto]: *Do you want a lift?* Vuoi un passaggio? | *I* ***gave*** *him* ***a lift*** *to the station.* Gli ho dato un passaggio fino alla stazione.

light /laɪt/ *sostantivo, aggettivo, verbo e avverbio*
• *s* **1** (del sole) luce **2** (lampada) luce | **to turn the light on** accendere la luce | **to turn the light off** spegnere la luce **3** (anche **traffic light**) semaforo: *He went through a red light.* È passata con il rosso. | *The lights are on green.* Il semaforo è verde. **4** (di veicolo) faro **5** **a light** *Have you got a light?* Hai da accendere? **6** **to set light to sth** dar fuoco a qc **7** **to come to light** venire alla luce
• *agg* **1** (colore) chiaro -a: *a light green dress* un abito verde chiaro **2** (oggetto, pasto) leggero -a: *We had a light lunch.* Abbiamo fatto un pranzo leggero. **3** (abiti) leggero -a: *a light jacket* una giacca leggera **4** (vento, colpetto) leggero -a **5** (ambiente, appartamento) luminoso -a
• *v* (passato e participio **lit** o **lighted**) **1** [tr] accendere **2** [intr] prendere fuoco: *The fire won't light.* La legna non prende fuoco. **3** [tr] illuminare | **poorly lit** scarsamente illuminato
light up (cielo, occhi) illuminarsi: *His face* ***lit up*** *with glee.* Il suo volto si illuminò per la gioia. **light sth up** illuminare qc
• *avv* **to travel light** viaggiare leggeri

ˈlight bulb *s* lampadina

lighten /ˈlaɪtn/ *v* **1** [tr] alleggerire **2** [tr] schiarire **3** [intr] rischiararsi

lighter /ˈlaɪtə/ *s* accendino

ˌlight-ˈheaded *agg* **to make sb feel light-headed** far girare la testa a qn

light-hearted /ˌlaɪtˈhɑːtɪd/ *agg* spensierato -a

lighthouse /ˈlaɪthaʊs/ *s* faro [per la navigazione]

lighting /ˈlaɪtɪŋ/ *s* (di strada) illuminazione, (di teatro) luci

lightly /ˈlaɪtli/ *avv* **1** delicatamente **2** leggermente **3** **to get off lightly** cavarsela con poco

lightning /ˈlaɪtnɪŋ/ *sostantivo e aggettivo*
• *s* **1** lampi: *thunder and lightning* tuoni e fulmini | **a flash of lightning** un fulmine: *The house was* ***struck by lightning***. La casa è stata colpita da un fulmine. **2** **like lightning** come un fulmine
• *agg* **a lightning visit** una visita lampo

lightweight /ˈlaɪt-weɪt/ *aggettivo e sostantivo*
• *agg* superleggero -a
• *s* peso superleggero

like /laɪk/ *preposizione, verbo, sostantivo e congiunzione*
• *prep* **1** (simile a) come: *I want a bike like yours.* Voglio una bicicletta come la tua. | **to look like sth/sb** sembrare qc/qn: *She* ***looks just like*** *her mother.* Sembra proprio sua madre. | **to taste like sth** sapere di qc: *It tastes like honey.* Sa di miele. **2** **like this/that** così/in quel modo: *Don't slam the door like that!* Non sbattere la porta in quel modo! **3** **what's she/it etc like?** com'è ecc.?: *What was the hotel like?* Com'era l'albergo? **4** tipico di una persona: *It's not like her to be late.* Non è da lei arrivare in ritardo. **5** (per esempio) come: *green vegetables like spinach* verdure come gli spinaci
• *v* [tr] ► vedi riquadro
• *s* **the likes of us/him etc** (informale) quelli come noi/lui ecc.
• *cong* (informale) come se: *He acted like he hadn't seen us.* Si comportava come se non ci avesse visto.

likeable /ˈlaɪkəbəl/ *agg* piacevole

likelihood /ˈlaɪklihʊd/ *s* possibilità

likely /ˈlaɪkli/ *aggettivo e avverbio*
• *agg* (**-lier**, **-liest**) **1** probabile: *Snow is likely tomorrow.* È probabile che nevichi domani. **2** possibile: *a list of likely candidates* una lista di possibili candidati
• *avv* probabilmente

likeness /ˈlaɪknəs/ *s* **1** somiglianza: *There's a strong* ***likeness between*** *them.* C'è una forte somiglianza tra loro. **2** **a good likeness of sb** un ritratto riuscito di qn

likewise /ˈlaɪk-waɪz/ *avv* (formale) allo stesso modo | **to do likewise** fare lo stesso

liking /ˈlaɪkɪŋ/ *s* **1** **to take a liking to sb** prendere in simpatia qn **2** **for my/her etc liking** per i miei/suoi ecc. gusti

lilac /ˈlaɪlək/ *sostantivo e aggettivo*
• *s* **1** (fiore, albero) lillà **2** (colore) lilla
• *agg* lilla ► vedi Active Box **colours** sotto **colour**

lily /ˈlɪli/ *s* (pl **lilies**) giglio

limb /lɪm/ *s* (braccio, gamba) arto

lime /laɪm/ *sostantivo e aggettivo*
• *s* **1** (frutto) lime **2** (albero) lime **3** (anche **lime green**) verde limone ► vedi Active Box **colours** sotto **colour** **4** calce
• *agg* verde limone

like *verbo*

1 INDICA I GUSTI
Vedi anche la voce **piacere** per fare un confronto tra l'uso dei due verbi in inglese e in italiano:
Does she like science fiction? Le piace la fantascienza? | *He likes your sister.* Gli piace tua sorella. | *I don't think he likes me.* Non credo di piacergli. | *She likes her steak rare.* La bistecca la vuole al sangue. | ***How** does he **like** his new school?* Come si trova nella nuova scuola?
To like può essere seguito dal gerundio o dall'infinito:
He likes playing tennis. Gli piace giocare a tennis. | *I like to watch TV.* Mi piace guardare la tele.

2 NELLE FORMULE DI CORTESIA
I'd like a coffee, please. Mi può fare un caffè per favore. | *Would you like some more cake?* Vuoi ancora un po' di torta? | *Would you like to go to the cinema?* Vuoi andare al cinema?

3 INDICA DESIDERI
I'd like you to see this. Vorrei che dessi un'occhiata a questa cosa. | *I'd like to meet David.* Mi piacerebbe conoscere David.

4 ESPRESSIONI
if you like se vuoi | **whenever you like** quando vuoi | **whether you like it or not** che ti piaccia o meno

limelight /ˈlaɪmlaɪt/ *s* **to be in the limelight** essere al centro dell'attenzione

limestone /ˈlaɪmstəʊn/ *s* calcare

limit /ˈlɪmɪt/ *sostantivo* e *verbo*
• *s* **1** limite | **time/speed etc limit** limite di tempo/velocità ecc. **2** (di proprietà, terreno) confine **3 within limits** entro certi limiti **4 to be over the limit** aver bevuto troppo [per guidare]
• *v* [tr] **1** limitare: *Seating is **limited to** 500.* Il numero dei posti a sedere è limitato a 500. **2 to limit yourself to sth** limitarsi a qc: *You have to limit yourself to three meals a day.* Devi limitarti a tre pasti al giorno.

limitation /ˌlɪmɪˈteɪʃən/ *s* limitazione

limitations /ˌlɪmɪˈteɪʃənz/ *s pl* limiti

limited /ˈlɪmɪtɪd/ *agg* limitato -a

limiting /ˈlɪmɪtɪŋ/ *agg* **1** (fattore) limitante **2** (definizione, interpretazione) riduttivo -a

limousine /ˈlɪməziːn/ *s* limousine

limp /lɪmp/ *aggettivo*, *verbo* e *sostantivo*
• *agg* (corpo, membra) fiacco -a | **to go limp** afflosciarsi
• *v* [intr] zoppicare
• *s* **to walk with a limp** zoppicare

line /laɪn/ *sostantivo* e *verbo*
• *s* **1** linea: *The ball went over the line.* Il pallone è finito oltre la linea. | *He couldn't walk **in a straight line**.* Non riusciva ad andare diritto. **2** (di sedie) fila, (di alberi) filare | **in a line** in fila **3** AmE coda ▶ In inglese britannico si usa **queue**. | **to wait/stand in line** fare la fila **4** corda: *clothes line* corda per il bucato | *fishing line* lenza **5** (di telefono) linea: *I have Mr Ford **on the line**.* Ho il Signor Ford in linea. | *Hold the line.* Attenda in linea. | *It's a bad line.* La linea è disturbata. **6** (di ferrovia) linea **7** (rotaie) binari: *They were playing on the line.* Giocavano sui binari. **8 something along those lines** qualcosa del genere **9** (di testo) riga **10** (di poesia) verso **11 to drop sb a line** scrivere due righe a qn **12** (di attore) battuta: *I've got to **learn** my **lines**.* Devo imparare le mie battute. **13 to be on the right lines** essere sulla buona strada **14 to draw the line (at sth)** fissare il limite di ciò che si ritiene accettabile: *I'd like to help him, but I draw the line at lying.* Vorrei aiutarlo, ma non fino al punto di mentire.
• *v* [tr] **1** rivestire **2** foderare **3** (alberi) fiancheggiare
line up mettersi in fila **line sth up 1** mettere qc in fila **2** (informale) preparare

lined /laɪnd/ *agg* **1** (abito) foderato -a **2** (foglio) a righe **3** (volto) pieno -a di rughe

linen /ˈlɪnən/ *s* **1** lino **2** (lenzuola, tovaglie ecc.) biancheria

liner /ˈlaɪnə/ *s* nave | **an ocean liner** un transatlantico

linesman /ˈlaɪnzmən/ *s* (pl **-men**) guardalinee

ˈline-up *s* **1** (di squadra sportiva) formazione **2** (di spettacolo) cast

linger /ˈlɪŋgə/ *v* [intr] **1** rimanere [in un posto] **2** (anche **linger on**) rimanere

linguist /ˈlɪŋgwɪst/ *s* **1** persona portata per le lingue: *I'm not much of a linguist.* Non sono molto portato per le lingue. **2** linguista

linguistic /lɪŋˈgwɪstɪk/ *agg* linguistico -a

linguistics /lɪŋˈgwɪstɪks/ *s* linguistica

lining /ˈlaɪnɪŋ/ *s* (di indumento) fodera

link /lɪŋk/ *verbo* e *sostantivo*
• *v* [tr] **1** collegare [fatti, situazioni] | **to be linked to/with sth** essere connesso a qc **2** collegare [luoghi]: *A tunnel **links** the hotel **to** the beach.* Un tunnel collega l'albergo alla spiaggia. **3 to link arms with sb** prendere sottobraccio qn
link up to link up with sth collegarsi con qc
• *s* **1** (tra fatti, avvenimenti) nesso **2** (nelle comunicazioni) collegamento: *Rail links*

between the two cities are very good. I collegamenti ferroviari tra le due città sono molto buoni. **3** (su sito Internet) link **4** (tra paesi, organizzazioni) rapporto **5** (di catena) anello

lion /ˈlaɪən/ *s* leone

lip /lɪp/ *s* **1** labbro | **to lick your lips** leccarsi i baffi **2** **to read sb's lips** leggere le labbra a qn

lip-read /ˈlɪp riːd/ *v* [intr] (passato e participio **lip-read** /-red/) leggere le labbra

lipstick /ˈlɪpˌstɪk/ *s* rossetto | **to put (your) lipstick on** mettersi il rossetto

liqueur /lɪˈkjʊə/ *s* liquore

liquid /ˈlɪkwɪd/ *sostantivo* e *aggettivo*
- *s* liquido
- *agg* liquido -a

liquor /ˈlɪkə/ *s* AmE superalcolico

lisp /lɪsp/ *verbo* e *sostantivo*
- *v* [intr] pizzicare la esse
- *s* difetto di pronuncia [della esse]

list /lɪst/ *sostantivo* e *verbo*
- *s* lista: *I'm on the waiting list.* Sono in lista d'attesa.
- *v* [tr] elencare

listen /ˈlɪsən/ *v* [intr] **1** ascoltare: *Listen! Did you hear that noise?* Ascolta! Hai sentito quel rumore? | **to listen to sth/sb** ascoltare qc/qn **2** dare ascolto a: *She never **listens** to me.* Non mi dà mai ascolto.

listen (out) for sth/sb stare all'erta per sentire qc: *I was listening out for the postman.* Stavo all'erta per sentire arrivare il postino.

listener /ˈlɪsənə/ *s* **1** ascoltatore -trice [di radio] **2** **to be a good listener** saper ascoltare

lit /lɪt/ passato e participio di **light**

liter AmE ▶ vedi **litre**

literacy /ˈlɪtərəsi/ *s* alfabetismo [il saper leggere e scrivere]

literal /ˈlɪtərəl/ *agg* letterale

literally /ˈlɪtərəli/ *avv* **1** (interpretare) alla lettera **2** (davvero) letteralmente

literary /ˈlɪtərəri/ *agg* letterario -a

literate /ˈlɪtərət/ *agg* **1** che sa leggere e scrivere **2** **to be computer literate** saper usare il computer

literature /ˈlɪtərətʃə/ *s* **1** letteratura **2** documentazione

litre BrE, **liter** AmE /ˈliːtə/ *s* litro

litter /ˈlɪtə/ *sostantivo* e *verbo*
- *s* **1** cartacce: *Don't drop litter.* Non gettare cartacce per terra. **2** (di cani, gatti ecc.) cucciolata
- *v* **to be littered with sth** essere ingombro di qc: *His desk was littered with papers.* La sua scrivania era ingombra di cartacce.

ˈlitter bin *s* BrE cestino dei rifiuti

little /ˈlɪtl/ *aggettivo, pronome* e *avverbio*
- *agg* **1** piccolo -a: *a row of little houses* una fila di casette | *when I was little* da piccolo ▶ **Little** in combinazione con un sostantivo equivale spesso ad un diminutivo in italiano: *her little sister* la sua sorellina. **2** **a little bit (of sth)** BrE un po' (di qc): *I waited **a little while** longer.* Ho aspettato ancora un po'. **3** (per enfatizzare) *a nice little restaurant* un ristorantino molto carino | *Poor little thing!* Poveretto!
- *pron* (comparativo **less**, superlativo **least**) **1** poco: *I know very little about him.* So molto poco di lui. | **as little as possible** il meno possibile **2** **a little** un po' (di): *He speaks a little Spanish.* Parla solo un po' di spagnolo. | *"Milk?" "Just a little, thanks."* – Vuoi del latte? – Solo un po', grazie.
- *avv* **1** poco: *We see him very little these days.* Lo vediamo pochissimo di questi tempi. **2** **a little** anche **a little bit** BrE un po' **3** **little by little** (a) poco a poco

live¹ /lɪv/ *v* **1** [intr] (abitare) vivere: *Where do you live?* Dove vivi? | *She lives in Toronto.* Vive a Toronto. **2** [intr] (essere vivo) vivere: *She lived to be 97.* Visse fino all'età di 97 anni. **3** **to live a quiet life** vivere una vita tranquilla **4** **to live it up** (informale) fare la bella vita

live for sth vivere per qc

live on sth **1** vivere con qc: *She has to live on £35 a week.* Deve vivere con 35 sterline alla settimana. **2** nutrirsi di qc: *He lives on a diet of burgers and pizza.* Si nutre di hamburger e pizza.

live together vivere insieme

live up to sth **to live up to sb's expectations** soddisfare le aspettative di qn

live with sth convivere con qc [problema]

live² /laɪv/ *aggettivo* e *avverbio*
- *agg* **1** (animale) vivo -a **2** (concerto) dal vivo, (trasmissione) in diretta **3** (munizioni, bomba) carico, -a
- *avv* (trasmettere) in diretta, (suonare, recitare) dal vivo

livelihood /ˈlaɪvlihʊd/ *s* fonte di sostentamento: *Farming is their livelihood.* La coltivazione della terra è la loro fonte di sostentamento.

lively /ˈlaɪvli/ *agg* (**-lier**, **-liest**) **1** (persona) vivace **2** (immaginazione) fervido -a

liven /ˈlaɪvən/ *v* **liven up** animarsi **liven sth up** ravvivare

liver /ˈlɪvə/ *s* fegato

lives /laɪvz/ plurale di **life**

livestock /ˈlaɪvstɒk/ *s* bestiame

livid /ˈlɪvɪd/ *agg* furioso -a

living /ˈlɪvɪŋ/ *aggettivo* e *sostantivo*
- *agg* **1** vivente | **living things** esseri viventi **2** **the living** i vivi
- *s What does he do for a living?* Cosa fa di mestiere? | **to earn/make a living** guadagnarsi da vivere

ˈliving room *s* soggiorno [stanza]
lizard /ˈlɪzəd/ *s* lucertola
load /ləʊd/ *sostantivo* e *verbo*
• *s* **1** carico **2 a load of/loads of** (informale) un sacco di: *We've got loads of time.* Abbiamo un sacco di tempo. | *That's a load of rubbish!* Sono un sacco di sciocchezze!
• *v* **1** [tr/intr] caricare: *I **loaded** the suitcases **into** the car.* Ho caricato le valigie in macchina. **2 to load a gun** caricare un'arma | **to load a film** mettere la pellicola [nella macchina fotografica] **3** [tr] caricare [un software]
load down to be loaded down with sth essere carico di qc
loaded /ˈləʊdɪd/ *agg* **1** carico -a **2** (informale) pieno -a di soldi
loaf /ləʊf/ *s* (pl **loaves** /ləʊvz/) pagnotta: *a white sliced loaf* del pane a cassetta | *a loaf of bread* una pagnotta
loan /ləʊn/ *sostantivo* e *verbo*
• *s* **1** prestito | **to take out a loan** fare un prestito: *I took out a loan to buy a new car.* Ho fatto un prestito per comprare un'auto nuova. **2 on loan** in prestito
• *v* [tr] prestare
loathe /ləʊð/ *v* [tr] detestare
loaves /ləʊvz/ plurale di **loaf**
lobby /ˈlɒbi/ *sostantivo* e *verbo*
• *s* (pl **lobbies**) **1** atrio **2** lobby
• *v* (**lobbies**, **lobbied**) [intr/tr] fare pressione (su)
lobster /ˈlɒbstə/ *s* aragosta
local /ˈləʊkəl/ *aggettivo* e *sostantivo*
• *agg* locale ▶ vedi anche **anaesthetic**
• *s* **1** persona del posto: *The locals are very friendly.* La gente del posto è molto gentile. **2** BrE pub vicino a casa
ˌlocal auˈthority *s* autorità locali
ˌlocal ˈgovernment *s* amministrazione locale
locally /ˈləʊkəli/ *avv* sul posto
locate /ləʊˈkeɪt/ *v* [tr] **1** localizzare **2 to be located in** essere situato in
location /ləʊˈkeɪʃən/ *s* **1** posizione **2** luogo **3 on location** fuori dagli studi cinematografici: *He is on location in Africa.* Sta girando gli esterni in Africa.
loch /lɒx/ *s* lago [in Scozia]
lock /lɒk/ *verbo* e *sostantivo*
• *v* **1** [tr/intr] chiudere (a chiave) **2** [intr] (freno, meccanismo) bloccarsi
lock sth away mettere qc al sicuro
lock sb in chiudere qn dentro
lock sb out chiudere qn fuori
lock up chiudere a chiave **lock sth up** chiudere qc a chiave **lock sb up** mettere qn dentro
• *s* **1** serratura **2** (su fiume) chiusa **3 a lock of hair** una ciocca di capelli
locker /ˈlɒkə/ *s* armadietto
lodge /lɒdʒ/ *verbo* e *sostantivo*
• *v* **1 to lodge with sb** stare a pensione da qn **2 to lodge a complaint** presentare un reclamo
• *s* casa del custode
lodger /ˈlɒdʒə/ *s* pensionante [presso una famiglia]
lodgings /ˈlɒdʒɪŋz/ *s pl* camera [in affitto presso una famiglia]
loft /lɒft/ *s* soffitta
log /lɒg/ *sostantivo* e *verbo*
• *s* **1** tronco, (per il camino) ceppo **2** diario di bordo
• *v* (**logged**, **logging**) [tr] registrare su un apposito registro
log on, anche **log in** (in informatica) collegarsi, fare il login
log off, anche **log out** (in informatica) scollegarsi
logic /ˈlɒdʒɪk/ *s* logica
logical /ˈlɒdʒɪkəl/ *agg* logico -a
logo /ˈləʊgəʊ/ *s* logo
lollipop /ˈlɒlipɒp/ *s* lecca lecca
loneliness /ˈləʊnlinəs/ *s* solitudine
lonely /ˈləʊnli/ *agg* (**-lier**, **-liest**) **1** (persona) solo -a: *Don't you ever feel lonely?* Non ti senti mai solo? **2** (luogo) isolato -a, (zona) desolato -a
loner /ˈləʊnə/ *s* solitario -a
long /lɒŋ/ *aggettivo*, *avverbio* e *verbo*
• *agg* **1** (riferito a oggetti, distanze) lungo -a: *a long black dress* un abito nero lungo | *The kitchen is four metres long.* La cucina è lunga quattro metri. | **to be a long way** *It's a long way to the station.* La stazione è lontana.
2 (riferito a tempo) *It was a long wait.* Abbiamo atteso a lungo. | *It's **a long time since** we saw you.* È da tanto che non ti vediamo. | *It happened **a long time ago**.* È successo molto tempo fa. | **to be three hours/five minutes etc long** durare tre ore/cinque minuti ecc.
3 how long is/was...? a) (nel tempo) quanto dura/è durato...? **b)** (nello spazio) quanto è/era lungo...?: *How long was the journey?* Quanto è durato il viaggio? | *How long is that shelf?* Quanto è lungo lo scaffale?
• *avv* **1** a lungo: *Those shoes didn't last very long.* Quelle scarpe non sono durate molto a lungo. | *Have you lived here long?* È da molto che abiti qui? | *It took me longer than I'd planned.* Mi ci è voluto di più di quanto avessi previsto. | *I haven't known her **for long**.* Non la conosco da molto. | *You can stay **as long as** you like.* Puoi restare quanto vuoi. | *It wasn't long before she realized her mistake.* Non ci ha messo molto per capire il suo errore.
2 how long? *How long have you been a teacher?* Da quanto tempo fai l'insegnante?

L

Vuoi informazioni sulla differenza tra gli **aggettivi possessivi** in inglese e in italiano? Vedi la **guida grammaticale**.

| *How long have you known them?* Quant'è che li conosci?
3 long before/after molto prima/dopo: ***long before*** *you were born* molto prima che tu nascessi
4 no longer/not any longer *She no longer works here.* Non lavora più qui. | *I can't wait any longer.* Non posso più aspettare.
5 before long nel giro di poco
6 as/so long as a condizione che: *You can come as long as you bring Jack with you.* Puoi venire a patto che porti anche Jack.
7 long ago molto tempo fa
8 all day/year etc long tutto il giorno/l'anno ecc.
• *v* **to long to do sth** desiderare molto fare qc | **to long for sth** desiderare molto qc

ˌlong-ˈdistance *agg* **1** (telefonata) interurbano -a [fuori città], internazionale [all'estero] **2 long-distance runner** fondista **3** (camionista) su percorsi internazionali, (pullman) interregionale

longing /ˈlɒŋɪŋ/ *s* desiderio: *her* ***longing for*** *a child* il suo desiderio di un figlio

longitude /ˈlɒndʒɪtjuːd/ *s* longitudine

L

ˈlong jump *s* salto in lungo

ˌlong-ˈlife *agg* (batterie) a lunga durata | **long-life milk** latte a lunga conservazione

ˌlong-ˈrange *agg* (missile) a lungo raggio, (armi) a lunga gittata

ˌlong-ˈsighted *agg* BrE presbite

ˌlong-ˈstanding *agg* (amicizia, relazione) di lunga data

ˌlong-ˈterm *agg* a lungo termine

loo /luː/ *s* BrE (informale) gabinetto

look /lʊk/ *verbo, sostantivo* e *sostantivo plurale*
• *v* [intr] **1** guardare: *I looked over the fence.* Ho guardato oltre il recinto. | *Look what I made!* Guarda cos'ho fatto! **2 to look sad/tired etc** aver l'aria triste/stanca ecc. | **to look nice/ugly** star bene/male: *You look nice in that dress.* Stai bene con quel vestito. | **to look like sth** sembrare qc: *It* ***looks like*** *an old coin.* Sembra una moneta antica. | **to look as if/though** *You look as if you haven't slept all night.* Hai l'aria di uno che non ha dormito tutta la notte. | *It looks as though he'll be re-elected.* Sembra che sarà rieletto. **3** cercare: *"I can't find my keys." "Have you looked?"* – Non trovo le chiavi. – Le hai cercate? **4 to look sb in the eye** guardare qn negli occhi **5 to look south/east etc** (edificio) guardare a sud/est ecc.
look after sb badare a qn | **to look after yourself** badare a se stesso **look after sth** occuparsi di qc [casa], tenere d'occhio qc [bagagli]
look ahead guardare avanti
look around 1 dare un'occhiata **2** girarsi a guardare [per vedere qc] **look around sth** visitare qc [città, museo]
look at sb guardare qn: *Look at me when I'm talking to you!* Guardami quando ti parlo! **look at sth 1** guardare qc: *Richard looked at his watch.* Richard ha guardato l'orologio. **2** dare un'occhiata a qc **3** studiare qc [situazione, possibilità]
look back ripensare al passato
look down on sb guardare qn dall'alto in basso
look for sth/sb cercare qc/qn
look forward to sth *I look forward to meeting you next week.* Sono ansioso di incontrarti la settimana prossima. | *I'm looking forward to the holidays.* Non vedo l'ora di andare in vacanza.
look into sth indagare su qc [incidente], studiare qc [possibilità, problema]
look on rimanere a guardare
look out look out! attenzione!
look out for sth/sb guardare attentamente per trovare qualcosa o qualcuno: *Look out for Jane at the conference.* Guarda se vedi Jane alla conferenza.
look sth/sb over dare uno sguardo a qc/qn
look round BrE ▶ vedi **look around**
look through sth 1 (leggere distrattamente) sfogliare qc **2** (leggere attentamente) studiare qc
look up 1 alzare gli occhi **2** (vita, situazione) migliorare **look sth up** cercare qc [nel dizionario, nella guida del telefono ecc.]
look sb up andare a trovare qn
look up to sb provare ammirazione per qn
• *s* **1 to have/take a look (at sth)** dare un'occhiata (a qc) **2 to have a look (for sth)** cercare (qc) **3** espressione del volto: *Did you see the look on her face?* Hai visto che faccia ha fatto? | *He gave me a severe look.* Mi ha lanciato un'occhiata di rimprovero. **4** aria: *She had a strange look about her.* Aveva un'aria sospetta. | *I don't like* ***the look of*** *that woman.* Quella donna non mi ispira. **5** look: *the 60's look* il look degli anni '60
• **looks** *s pl* aspetto

lookout /ˈlʊk-aʊt/ *s* **to be on the lookout for sth a)** essere alla ricerca di qc [oggetto, talento] **b)** stare attenti a qc [pericolo]

loom /luːm/ *v* [intr] **1** apparire indistintamente: *The ship* ***loomed up*** *out of the fog.* La sagoma di una nave spuntò fuori dalla nebbia. **2** essere imminente

loony /ˈluːni/ *sostantivo* e *aggettivo*
• *s* (informale) (pl **-nies**) matto -a
• *agg* (informale) matto -a

loop /luːp/ *sostantivo* e *verbo*
• *s* **1** (nodo) cappio, (di cintura) passante **2** (cerchio) anello, (in aeronautica) looping
• *v* **1 to loop sth over/round etc sth**

avvolgere/passare ecc. qc intorno a qc **2** [intr] muoversi in circoli

loophole /ˈluːphəʊl/ *s* lacuna [in una norma o in una legge]

loose /luːs/ *aggettivo* e *sostantivo*

• *agg* **1** (laccio, vite) allentato -a: *a loose tooth* un dente che balla **2** sciolto -a: *Her hair hung loose.* Aveva i capelli sciolti. **3** (abiti) comodo -a **4** libero -a: *Don't let your dog loose in the campsite.* Non lasciate i cani liberi nel campeggio. | **to break loose** scappare

• *s* **to be on the loose** essere in libertà

loosely /ˈluːsli/ *avv* **1** (legare) senza stringere **2 loosely translated** tradotto liberamente

loosen /ˈluːsən/ *v* **1** [tr] allentare **2** [intr] allentarsi

loosen up rilassarsi

loot /luːt/ *sostantivo* e *verbo*

• *s* bottino

• *v* [tr/intr] saccheggiare

lopsided /ˌlɒpˈsaɪdɪd/ *agg* storto -a

lord /lɔːd/ *s* **1** (anche **Lord**) Lord **2** (nel Medio Evo) signore **3** Signore: *Thank the Lord.* Ringraziamo il Signore. **4 good Lord!/oh Lord!** (informale) santo cielo!

lorry /ˈlɒri/ *s* (pl **lorries**) BrE camion

lose /luːz/ *v* [tr/intr] (passato e participio **lost**) **1** perdere: *I've lost my glasses.* Ho perso gli occhiali. | *He lost a leg in the accident.* Ha perso una gamba nell'incidente. | *We were losing three-nil.* Stavamo perdendo per tre a zero. **2 to lose time** (orologio) rimanere indietro **3 to have nothing to lose** non aver nulla da perdere ▶ **To lose** si usa anche in espressioni come **to lose your nerve**, **to lose weight**, ecc. Queste espressioni sono trattate sotto il sostantivo corrispondente.

lose out perderci | **to lose out on sth** perdere qc [occasione]

loser /ˈluːzə/ *s* perdente: *She's a good loser.* È una che sa perdere.

loss /lɒs/ *sostantivo* e *sostantivo plurale*

• *s* (pl **losses**) **1** perdita: *loss of memory* perdita di memoria **2 to sell sth at a loss** vendere qc in perdita **3 to be at a loss** non sapere più cosa fare

• **losses** *s pl* perdite [in guerra]

lost¹ /lɒst/ *agg* **1** perso -a: *I always get lost around here.* In questa zona mi perdo sempre. | **lost luggage** i bagagli smarriti **2 get lost!** va a quel paese!

lost² /lɒst/ passato e participio di **lose**

lot /lɒt/ *s* **1 a lot** molto: *There's a lot to do.* C'è molto da fare. | **lots/a lot of** molto -a: *A lot of people came to the meeting.* All'incontro è venuta molta gente. | *She's got lots of friends.* Ha un sacco di amici. **2 a lot better/quicker etc** molto meglio/più veloce ecc. **3** BrE (informale) usato per riferirsi a un gruppo di persone: *Hurry up, you lot!* Sbrigatevi! | *I really can't stand that lot.* Quelli lì, non li sopporto proprio. **4 the lot** tutto: *She ate the lot.* Ha mangiato tutto. **5 thanks a lot** grazie mille **6** AmE lotto (di terreno) **7** (in un asta) lotto

lotion /ˈləʊʃən/ *s* lozione

lottery /ˈlɒtəri/ *s* (pl **-ries**) lotteria

loud /laʊd/ *aggettivo* e *avverbio*

• *agg* **1** (rumore, musica) forte **2** (colore, abito) sgargiante

• *avv* **1** forte: *Could you speak a bit louder?* Potresti parlare un po' più forte? **2 out loud** a voce alta

loudspeaker /ˌlaʊdˈspiːkə/ *s* altoparlante

lounge /laʊndʒ/ *sostantivo* e *verbo*

• *s* **1** sala **2** BrE salotto

• *v* **lounge about/around** ciondolare in giro

lousy /ˈlaʊzi/ *agg* (**-sier**, **-siest**) (informale) terribile: *a lousy day* una giornataccia

lout /laʊt/ *s* teppista

lovable /ˈlʌvəbəl/ *agg* adorabile

love /lʌv/ *sostantivo* e *verbo*

• *s* **1** amore: *a mother's love for her child* l'amore di una madre per il figlio | **to be in love (with sb)** essere innamorato (di qn) | **to fall in love (with sb)** innamorarsi (di qn) **2** (persona amata) amore: *He was my first love.* È stato il mio primo amore. **3** passione: *Sailing was her great love.* Andare in barca a vela è sempre stata la sua passione. **4 to make love (to sb)** fare l'amore (con qn) **5 love from** (nelle lettere) con affetto **6** saluti: *Jane sends her love.* Jane ti manda i suoi saluti. | *Give my love to Bob.* Saluta Bob da parte mia. **7** in inglese britannico si usa a volte per rivolgersi affettuosamente a qualcuno, in particolar modo a donne e bambini. In questo senso può equivalere a *tesoro*, *cara*, ecc. **8 love affair** storia **love story** storia d'amore

• *v* [tr] **1** amare: *Children need to feel loved.* I bambini hanno bisogno di sentirsi amati. | *I love you.* Ti amo. **2** si usa per esprimere gusti, desideri: *He loves pizza.* Adora la pizza. | *I'd love to meet her.* Mi piacerebbe davvero conoscerla.

lovely /ˈlʌvli/ *agg* (**-lier**, **-liest**) **1** (abito, bambino, tempo) bellissimo -a **2** si usa per dire che qualcosa è molto piacevole: *It was lovely to see you again.* È stato davvero un piacere rivederti. | *What a lovely surprise!* Che magnifica sorpresa! **3** (pasto, cibo) delizioso -a

lover /ˈlʌvə/ *s* **1** (in una relazione amorosa) amante **2** (appassionato) amante: *a music lover* un amante della musica

loving /ˈlʌvɪŋ/ *agg* premuroso -a

low /ləʊ/ *aggettivo, avverbio e sostantivo*
- *agg* **1** (non alto) basso -a: *the lowest shelf* lo scaffale più basso **2** (temperatura, livello) basso -a: *It's **low in** calories.* Ha poche calorie. | *Temperatures will be lower.* Le temperature si abbasseranno. **3** (triste) giù | **to feel low** sentirsi giù **4** (suono, voce) basso -a: *The volume is too low.* Il volume è troppo basso.
- *avv Turn the heating down low.* Abbassa il riscaldamento al minimo.
- *s* (di prezzi, temperatura) minimo: *an all-time low* un minimo storico

ˌlow-ˈcalorie *agg* a basso contenuto calorico

lower /ˈləʊə/ *aggettivo e verbo*
- *agg* **1** più basso: *the lower floors of the building* i piani bassi dell'edificio | **lower lip** labbro inferiore | **lower jaw** mandibola **2** (livello, grado) più basso
- *v* [tr] **1** abbassare **2** **to lower your voice** abbassare la voce

ˌlower ˈcase *s* minuscola

ˌlow-ˈfat *agg* a basso contenuto di grassi

ˌlow-ˈkey *agg* discreto -a: *Their wedding was a very low-key affair.* Il loro matrimonio è stato un evento molto discreto.

ˌlow ˈtide *s* bassa marea

loyal /ˈlɔɪəl/ *agg* (amico) leale, (moglie, marito) fedele | **to be loyal to sb** essere leale nei confronti di qn

loyalty /ˈlɔɪəlti/ *s* (pl **-ties**) lealtà

Ltd (= **Limited**) s.r.l.

luck /lʌk/ *s* **1** fortuna | **bad luck** sfortuna | **to be in luck/out of luck** aver/non aver fortuna **2** **good luck!/best of luck!** in bocca al lupo! **3** **hard luck!/bad luck!** peccato!

luckily /ˈlʌkəli/ *avv* fortunatamente

lucky /ˈlʌki/ *agg* (**luckier**, **luckiest**) fortunato -a: *You're **lucky to** have such good friends.* Sei fortunata ad avere dei così buoni amici. | *We've been **lucky with** the weather.* Ci è andata bene con il tempo.

ludicrous /ˈluːdəkrəs/ *agg* ridicolo -a

luggage /ˈlʌgɪdʒ/ *s* bagagli: *Where shall I put my luggage?* Dove metto i bagagli?

luggage

lukewarm /ˌluːkˈwɔːm/ *agg* **1** tiepido -a **2** (accoglienza) poco entusiasta

lull /lʌl/ *verbo e sostantivo*
- *v* [tr] cullare
- *s* (in attività) intervallo

lullaby /ˈlʌləbaɪ/ *s* (pl **-bies**) ninna nanna

lumber /ˈlʌmbə/ *verbo e sostantivo*
- *v* [intr] **1** **to lumber towards/along etc** muoversi con passo pesante: *The bear **lumbered towards** us.* L'orso avanzava con passo pesante verso di noi. **2** **to lumber sb with sth** affibbiare qc a qn
- *s* legname [da costruzione]

luminous /ˈluːmənəs/ *agg* fluorescente

lump /lʌmp/ *sostantivo e verbo*
- *s* **1** (di formaggio, carbone ecc.) pezzo **2** (di zucchero) zolletta **3** (in una salsa) grumo **4** (sulla testa) bernoccolo **5** **a lump in your throat** un groppo alla gola
- *v* [tr] **to lump sb/sth together** raggruppare qn/ qc

ˌlump ˈsum *s* una tantum: *to pay a lump sum* pagare un/una tantum

lumpy /ˈlʌmpi/ *agg* (**-pier**, **-piest**) **1** (salsa) pieno -a di grumi **2** (materasso) sformato -a, (divano) sfondato -a

lunacy /ˈluːnəsi/ *s* follia

lunatic /ˈluːnətɪk/ *s* folle ▶ FALSE FRIEND Non confondere **"lunatic"** con **lunatico** che si traduce **moody**.

lunch /lʌntʃ/ *sostantivo e verbo*
- *s* (pl **lunches**) **1** pranzo: *I had fish for lunch.* Ho mangiato pesce per pranzo. | **to have lunch** pranzare: *What time do you have lunch?* A che ora pranzi? **2** **lunch hour** ora di pranzo ▶ vedi anche **packed lunch**
- *v* [intr] (3ª pers sing **lunches**) (formale) pranzare

lunchtime /ˈlʌntʃtaɪm/ *s* ora di pranzo

lung /lʌŋ/ *s* polmone

lurch /lɜːtʃ/ *verbo e sostantivo*
- *v* [intr] (3ª pers sing **lurches**) muoversi a scossoni: *The car lurched forward.* L'auto procedeva a scossoni.
- *s* scossone

lure /lʊə/ *v* [tr] attirare: *They were lured to Africa by the promise of gold.* Furono attirati in Africa dalla promessa dell'oro.

lurk /lɜːk/ *v* [intr] stare in agguato

lush /lʌʃ/ *agg* rigoglioso -a

lust /lʌst/ *sostantivo e verbo*
- *s* **1** desiderio sessuale, (peccato capitale) lussuria **2** (di potere) brama
- *v* **lust after sb/sth** desiderare qn/qc

luxurious /lʌgˈzjʊəriəs/ *agg* (hotel, ristorante) di lusso, (bagno) lussuoso -a

luxury /ˈlʌkʃəri/ *s* (pl **-ries**) **1** lusso: *a life of luxury* una vita di lussi **2** **luxury hotel** hotel di lusso

lying /ˈlaɪ-ɪŋ/ gerundio di **lie**

lyrics /ˈlɪrɪks/ *s pl* parole [di una canzone]

M, m /em/ *s* M, m ▶ vedi Active Box **letters** sotto **letter**
MA /ˌem ˈeɪ/ *s* (= **Master of Arts**) diploma universitario in discipline umanistiche conseguito dopo un BA
mac /mæk/ *s* BrE impermeabile
macabre /məˈkɑːbrə/ *agg* macabro -a
macaroni /ˌmækəˈrəʊni/ *s* maccheroni
machine /məˈʃiːn/ *s* macchina [macchinario] | **by machine** a macchina
maˈchine gun *s* mitragliatrice
machinery /məˈʃiːnəri/ *s* macchinari: *a piece of machinery* una macchina
macho /ˈmætʃəʊ/ *agg* da macho
mackerel /ˈmækrəl/ *s* sgombro
mad /mæd/ *agg* (**madder**, **maddest**) **1** pazzo -a | **to go mad** impazzire **2** (informale) arrabbiato -a: *Lisa was really mad at me.* Lisa era veramente arrabbiata con me. | **to get/go mad** arrabbiarsi **3 to be mad about sth** andar matto per qc | **to be mad about sb** essere pazzo di qn **4 like mad a)** (ridere, gridare) come un matto **b)** (far male) da morire
madam /ˈmædəm/ *s* **1** (per rivolgersi a una donna) signora: *Can I help you, Madam?* Desidera? **2** (nelle lettere) signora: *Dear Madam* Gentile Signora
maddening /ˈmædn-ɪŋ/ *agg* esasperante
made /meɪd/ passato e participio di **make**
madly /ˈmædli/ *avv* **1 to be madly in love (with sb)** essere pazzamente innamorato (di qn) **2** furiosamente
madness /ˈmædnəs/ *s* follia
magazine /ˌmægəˈziːn/ *s* rivista ▶ FALSE FRIEND Non confondere **"magazine"** con **magazzino** che si traduce **warehouse**.
maggot /ˈmægət/ *s* verme
magic /ˈmædʒɪk/ *s* **1** magia **2** giochi di prestigio **3 like magic/as if by magic** come per incanto
magical /ˈmædʒɪkəl/ *agg* magico -a
magician /məˈdʒɪʃən/ *s* mago -a
magistrate /ˈmædʒəstreɪt/ *s* giudice che si occupa di cause minori
magnet /ˈmægnət/ *s* calamita
magnetic /mægˈnetɪk/ *agg* magnetico -a
magnetism /ˈmægnətɪzəm/ *s* magnetismo
magnificence /mægˈnɪfɪsəns/ *s* magnificenza
magnificent /mægˈnɪfɪsənt/ *agg* magnifico -a
magnify /ˈmægnəfaɪ/ *v* [tr] (**-fies**, **-fied**) **1** ingrandire [immagine] **2** ingigantire [problema]
ˈmagnifying ˌglass *s* lente d'ingrandimento
magnitude /ˈmægnɪtjuːd/ *s* ampiezza
magpie /ˈmægpaɪ/ *s* gazza
mahogany /məˈhɒgəni/ *s* mogano | **a mahogany table** un tavolo di mogano
maid /meɪd/ *s* cameriera
maiden /ˈmeɪdn/ *sostantivo* e *aggettivo*
• *s* ragazza
• *agg* **maiden voyage/flight etc** viaggio/volo ecc. inaugurale
ˈmaiden name *s* nome da ragazza
mail /meɪl/ *sostantivo* e *verbo*
• *s* **1** posta **2 the mail** AmE le poste ▶ In inglese il sostantivo **mail** non si usa come sinonimo di **email**.
• *v* **to mail sth (to sb) a)** spedire qc per posta (a qn) **b)** mandare qc per email (a qn) | **to mail sb** scrivere un'email a qn
mailbox /ˈmeɪlbɒks/ *s* (pl **-boxes**) **1** AmE cassetta delle lettere ▶ In inglese britannico si usa **letter box**. **2** (in informatica) casella di posta elettronica
mailman /ˈmeɪlmæn/ *s* (pl **-men** /-men/) AmE postino ▶ In inglese britannico si usa **postman**.
ˌmail ˈorder *s* vendita per corrispondenza
maim /meɪm/ *v* [tr] mutilare
main /meɪn/ *aggettivo* e *sostantivo*
• *agg* principale: *the main meal of the day* il pasto principale della giornata | **the main thing** la cosa più importante ▶ vedi anche **course**
• *s* conduttura principale
mainland /ˈmeɪnlənd/ *s* **1 the mainland** il continente: *The bridge connects the Isle of Skye to the mainland.* Il ponte collega l'isola di Skye con il continente. **2 mainland Europe/China** l'Europa/la Cina continentale
ˌmain ˈline *s* linea principale [di rete ferroviaria]
mainly /ˈmeɪnli/ *avv* in prevalenza
ˌmain ˈroad *s* strada principale
mainstream /ˈmeɪnstriːm/ *s* **the mainstream** la corrente principale [di pensiero, stile]
maintain /meɪnˈteɪn/ *v* [tr] **1** conservare [controllo, credibilità, potere] **2** provvedere alla manutenzione di **3** sostenere
maintenance /ˈmeɪntənəns/ *s* **1** manutenzione **2** alimenti [somma versata per il mantenimento di un figlio minore]
maize /meɪz/ *s* BrE mais
majestic /məˈdʒestɪk/ *agg* maestoso -a

majesty /ˈmædʒəsti/ *s* (pl **-ties**) **1 Your/Her/His Majesty** Sua Maestà **2** maestosità

major /ˈmeɪdʒə/ *aggettivo, sostantivo* e *verbo*
• *agg* **1** (cambiamento, miglioramento) molto significativo -a, (beneficio, difficoltà) grande: *It played a major part in their success.* Ha avuto un ruolo molto significativo nel loro successo. | *It's not a major problem.* Non è un problema grave. **2** (fattore, strada, città) principale: *Europe's major cities* le principali città europee **3** (in musica) maggiore
• *s* (nell'esercito) maggiore
• *v* **major in sth** AmE laurearsi in qc: *He majored in Political Studies.* Si è laureato in Scienze Politiche.

majority /məˈdʒɒrəti/ *s* (pl **-ties**) **1** maggioranza: *The majority oppose/opposes the plan.* La maggioranza è contraria al progetto. **2 to be in the majority** essere in maggioranza **3** (davanti a un sostantivo) **majority vote/decision** voto/decisione di maggioranza

make /meɪk/ *verbo* e *sostantivo*
• *v* [tr] (passato e participio **made**) **1** (creare, fabbricare) fare: *She makes all her own clothes.* Si fa gli abiti da sola. | *All the furniture is made in our factory.* Tutti i mobili vengono prodotti nella nostra fabbrica. | **to make breakfast/lunch/dinner** preparare la colazione/il pranzo/la cena | **to make sth for sb** fare qc a qn: *I'll make you a sandwich.* Ti faccio un panino.
2 (realizzare) fare [proposta, promessa, sforzo]: *I have to make a phone call.* Devo fare una telefonata. | **to make a mistake** fare un errore | **to make a decision** prendere una decisione | **to make a journey** fare un viaggio
3 (avere un determinato effetto) rendere: *The snow makes driving difficult.* La neve rende difficile la guida. | *the film that made him a star* il film che lo ha reso famoso | **to make sb nervous** far innervosire qn | **to make sb sad** rattristare qn | **to make sb happy** rendere felice qn | **to make sb angry** fare arrabbiare qn
4 to make sb do sth a) far fare qc a qn **b)** costringere qn a fare qc: *This film will make you laugh.* Questo film ti farà ridere. | *I didn't want to come, he made me.* Non volevo venire, mi ha costretto.
5 to make sth into sth trasformare qc in qc: *We made the bedroom into a study.* Abbiamo trasformato la camera da letto in uno studio. | *The book has been made into a film.* Da questo libro è stato tratto un film.
6 to make sb sth assegnare un ruolo a qualcuno: *They made him captain of the team.* L'hanno fatto capitano della squadra.
7 guadagnare [soldi]: *She makes $30,000 a year.* Guadagna 30.000 dollari all'anno.
8 essere: *She'd make a brilliant teacher.* Sarebbe un'ottima insegnante.
9 (per esprimere una possibilità) *Can you make the 13th?* Ce la fai per il 13? | *We didn't make the final.* Non siamo arrivati in finale. | **to make it** farcela: *We only just made it.* Ce l'abbiamo fatta per un pelo. | *I can't make it tonight.* Stasera non ce la faccio (a venire). | *Hooray! We made it!* Evviva! Ce l'abbiamo fatta!
10 (nelle addizioni) fare: *2 and 2 make 4.* 2 più 2 fa 4. | *If you include David, that makes five of us.* Se conti anche David, siamo in cinque.
11 (nei calcoli, nelle supposizioni) fare: *I make that £53 altogether.* Secondo me fanno 53 sterline in tutto. | *What time do you make it?* Che ore fai?
12 to make do (with sth) arrangiarsi (con qc) ▶ **Make** è usato in alcune espressioni fisse, come **to make friends**, **to make sure**, ecc. Queste espressioni sono trattate sotto il sostantivo/aggettivo corrispondente (**friend**, **sure** ecc.)
make for sth dirigersi verso qc
make sth of sth/sb (per esprimere o chiedere opinioni) *I don't know what to make of it.* Non so cosa pensare. | *What did you make of her boyfriend?* Cosa ne pensi del suo ragazzo?
make off with sth portarsi via qc
make out (informale) (ritenere di essere): *He makes out he's a genius.* Crede di essere un genio. | *She's not as poor as she makes out.* Non è così povera come dice. **make sth out to make out a cheque (for £50/£100 etc)** fare un assegno (da 50/100 ecc. sterline) | **to make a cheque out to sb** intestare un assegno a qn **make sth/sb out 1** capire qc/qn: *I can't make him out at all.* Non riesco proprio a capirlo. | *She couldn't make out the signature.* Non riusciva a decifrare la firma. **2** vedere qc/qn
make up 1 fare pace **2 to make up for sth** compensare qc **make up sth 1** rappresentare qc [percentuali]: *Women make up 56% of the population.* Le donne rappresentano il 56% della popolazione. **2** formare qc [struttura]: *the rocks that make up the Earth's crust* le rocce che formano la crosta terrestre **make sth up** inventare qc [scusa, storia]
• *s* marca [di prodotto]

maker /ˈmeɪkə/ *s* produttore -trice

makeshift /ˈmeɪkʃɪft/ *agg* **makeshift table/bookshelf** tavolo/scaffale improvvisato

ˈmake-up *s* **1** trucco [cosmetici] | **to put your make-up on** truccarsi: *Jan put on her make-up.* Jan si è truccata. **2** (di squadra, comitato) composizione **3** (di persona) carattere

making /ˈmeɪkɪŋ/ *s* **1** fabbricazione **2 a champion/president in the making** un futuro campione/presidente **3 to be**

M

the making of sb (nella vita artistica o professionale) formare qn **4 to have the makings of sth a)** (persona) avere la stoffa di qc **b)** (cosa) avere le caratteristiche di qc

malaria /mə'leəriə/ *s* malaria

male /meɪl/ *aggettivo* e *sostantivo*
• *agg* **1** maschio | **a male child** un maschietto | **male colleagues/friends** colleghi/amici (di sesso maschile) | **the male population** la popolazione di sesso maschile **2** maschile: *a male voice* una voce maschile
• *s* maschio

malice /'mælɪs/ *s* cattiveria

malicious /mə'lɪʃəs/ *agg* cattivo -a
▶ FALSE FRIEND Non confondere **"malicious"** con **malizioso** che si traduce **mischievous**.

malignant /mə'lɪgnənt/ *agg* maligno -a

mall /mɔːl/ *s* centro commerciale

malnutrition /ˌmælnjʊ'trɪʃən/ *s* malnutrizione

malt /mɔːlt/ *s* malto

mammal /'mæməl/ *s* mammifero

mammoth /'mæməθ/ *aggettivo* e *sostantivo*
• *agg* **1** (progetto) gigantesco -a **2** (compito) interminabile
• *s* mammut

man /mæn/ *sostantivo* e *verbo*
• *s* (pl **men** /-men/) **1** (individuo maschio) uomo: *a young man* un giovane | *an old man* un vecchio **2** (specie umana) uomo: *the history of man* la storia dell'uomo
• *v* [tr] (**manned**, **manning**) presidiare [posto di controllo]

manage /'mænɪdʒ/ *v* **1** [intr] farcela: *Don't worry about me, I'll manage.* Non ti preoccupare per me, ce la farò. | *How does she **manage to** stay so slim?* Come fa a rimanere così snella? **2** [tr] Usato per esprimere possibilità: *I can't manage Friday.* Venerdì non ce la faccio (a venire). | *Can you manage that suitcase?* Riesci a portare la valigia? **3** [tr] dirigere [azienda], fare da agente a [complesso musicale]: *He just can't manage money.* Non è capace di gestire i soldi.

manageable /'mænɪdʒəbəl/ *agg* **1** (casa, compito) facile da gestire, (dimensioni) maneggevole **2** (capelli) facile da pettinare

management /'mænɪdʒmənt/ *s* **1** (attività) gestione **2** (direttori) direzione, management

manager /'mænɪdʒə/ *s* **1** (di azienda) dirigente **2** (di negozio) direttore -trice **3** (di complesso musicale) agente **4** (di squadra di pallone) commissario tecnico

manageress /ˌmænɪdʒə'res/ *s* (pl **-sses**) direttrice

managerial /ˌmænɪ'dʒɪəriəl/ *agg* **1** (carica, posizione) di direttore **2** (capacità) manageriale

ˌmanaging di'rector *s* direttore esecutivo

mandate /'mændeɪt/ *s* mandato [politico]

mandatory /'mændətəri/ *agg* obbligatorio -a

mane /meɪn/ *s* **1** (di cavallo, leone) criniera **2** (di persona) criniera

maneuver AmE ▶ vedi **manoeuvre**

mango /'mæŋgəʊ/ *s* (pl **-goes** o **-gos**) mango

manhood /'mænhʊd/ *s* **1** età adulta [di un uomo] **2** virilità

mania /'meɪniə/ *s* **1** moda **2** mania

maniac /'meɪniæk/ *s* **1** maniaco -a **2** pazzo -a: *He drives like a maniac.* Guida come un pazzo. **3** fanatico -a

manic /'mænɪk/ *agg* (informale) esagitato -a

manicure /'mænɪkjʊə/ *s* manicure

manifest /'mænɪfest/ (formale) *aggettivo* e *verbo*
• *agg* evidente
• *v* [tr] manifestare | **to manifest itself** manifestarsi

manifestation /ˌmænɪfe'steɪʃən/ *s* (formale) manifestazione

manifesto /ˌmænɪ'festəʊ/ *s* (pl **-tos** o **-toes**) **1** (di partito, movimento culturale) manifesto **2** (anche **election manifesto**) programma elettorale

manipulate /mə'nɪpjəleɪt/ *v* [tr] **1** manipolare **2** elaborare [dati]

manipulation /məˌnɪpjə'leɪʃən/ *s* manipolazione

manipulative /mə'nɪpjələtɪv/ *agg* che cerca di manipolare

mankind /mæn'kaɪnd/ *s* il genere umano

manly /'mænli/ *agg* (**-lier**, **-liest**) (voce, lineamenti) da uomo

ˌman-'made *agg* **1** (lago, composto) artificiale **2** (fibra, tessuto) sintetico -a

manner /'mænə/ *sostantivo* e *sostantivo plurale*
• *s* **1** modo di fare **2** (formale) modo: *in the same manner* allo stesso modo
• **manners** *s pl* buona educazione | **good/bad manners** buona/cattiva educazione: *It's **bad manners to** talk with your mouth full.* È cattiva educazione parlare con la bocca piena.

mannerism /'mænərɪzəm/ *s* tic

manoeuvre BrE, **maneuver** AmE /mə'nuːvə/ *verbo* e *sostantivo*
• *v* **1** [tr] fare manovra con [auto]: *She **manoeuvred** the car **into** a tiny space.* Ha fatto manovra con l'auto per parcheggiarla in uno spazio minuscolo. **2** [intr] (in auto) fare manovra **3** [tr] spostare con cautela [oggetto pesante]
• *s* manovra

manor /'mænə/ *s* (anche **manor house**) castello

M

Vuoi ordinare un hamburger in inglese? Consulta la **guida alla comunicazione** in fondo al dizionario.

manpower /ˈmænˌpaʊə/ *s* manodopera

mansion /ˈmænʃən/ *s* palazzo ▶ FALSE FRIEND Non confondere **"mansion"** con **mansione** che si traduce **task** o **job**.

manslaughter /ˈmænˌslɔːtə/ *s* omicidio colposo

mantelpiece /ˈmæntlpiːs/ *s* mensola (del caminetto)

mantelpiece

fireplace

manual /ˈmænjuəl/ *agg* e *s* manuale

manufacture /ˌmænjəˈfæktʃə/ *v* [tr] fabbricare

manufacturer /ˌmænjəˈfæktʃərə/ *s* produttore -trice

manure /məˈnjʊə/ *s* letame

manuscript /ˈmænjəskrɪpt/ *s* **1** (di libro) manoscritto **2** (libro antico) manoscritto

many /ˈmeni/ *agg* e *pron* **1** molti -e: *There aren't many tickets left.* Non rimangono molti biglietti. | *Many of them died.* Molti di loro sono morti. | *"Does he have any friends?" "Not many."* – Ha amici? – Non molti. | **too many** troppi | **so many** così tanti **2 how many** quanti: *How many rooms does it have?* Quante stanze ci sono? **3 as many ... as** tanti ... quanti: *There haven't been as many accidents as last year.* Non ci sono stati tanti incidenti quanti lo scorso anno. **4 as many as** quanti: *You can have as many as you want.* Ne puoi prendere quanti ne vuoi. | ***As many as** 60% did not know.* Addirittura il 60% non lo sapeva. ▶ vedi anche **molto**

map /mæp/ *s* (di territorio, nazione) carta (geografica), (di città) piantina

maple /ˈmeɪpəl/ *s* acero

marathon /ˈmærəθən/ *sostantivo* e *aggettivo*

• *s* maratona

• *agg* **a marathon journey** un viaggio interminabile

marble /ˈmɑːbəl/ *s* **1** marmo | **a marble floor/statue** un pavimento/una statua di marmo **2** biglia | **to play marbles** giocare a biglie

March /mɑːtʃ/ *s* marzo ▶ vedi Active Box **months** sotto **month**

march /mɑːtʃ/ *verbo* e *sostantivo*

• *v* [intr] (3ª pers sing **marches**) **1** marciare: *200,000 people **marched on** the capital.* 200.000 persone hanno marciato verso la capitale. **2 to march off/out etc** andarsene/uscire ecc. con passo deciso

• *s* (pl **marches**) marcia

looking at a map

marcher /ˈmɑːtʃə/ *s* dimostrante

mare /meə/ *s* giumenta

margarine /ˌmɑːdʒəˈriːn/ *s* margarina

margin /ˈmɑːdʒɪn/ *s* **1** margine **2 to win by a narrow/wide margin** vincere di stretta/larga misura

marginal /ˈmɑːdʒɪnəl/ *agg* marginale

marginally /ˈmɑːdʒɪnəli/ *avv* appena | **marginally higher/lower** appena superiore/inferiore

marijuana /ˌmærəˈwɑːnə/ *s* marijuana

marina /məˈriːnə/ *s* marina [per barche da diporto]

marine /məˈriːn/ *aggettivo* e *sostantivo*

• *agg* marino -a: *marine life* la flora e la fauna marine

• *s* **the Marines** i marines

marital /ˈmærɪtl/ *agg* coniugale | **marital status** stato civile

mark /mɑːk/ *verbo* e *sostantivo*

• *v* [tr] **1** indicare: *A cross marks the spot.* Una croce indica il posto. | *The envelope was marked "urgent".* Sulla busta c'era scritto "urgente". **2** segnare [fine, svolta, cambiamento] **3** BrE dare un voto a [compito scolastico] **4** fare dei segni su **5** celebrare [anniversario] **6** (nello sport) marcare

mark sth down ridurre il prezzo di qc

mark sth up aumentare il prezzo di qc

• *s* **1** macchia **2 burn marks** bruciature | **scratch marks** graffi **3** traccia **4** (scritto) segno | **a question/exclamation mark** un punto interrogativo/esclamativo **5** BrE voto: *She got full marks.* Ha avuto il massimo dei voti. **6** (gesto) segno: *as a mark of gratitude* in segno di gratitudine **7 to make your mark** lasciare il segno **8 on your marks, get set, go!** (in una gara) pronti, partenza, via!

marked /mɑːkt/ *agg* notevole

marker /ˈmɑːkə/ *s* **1** segnale **2** (anche **marker pen**) evidenziatore

market /ˈmɑːkɪt/ *sostantivo* e *verbo*

• *s* **1** (di generi alimentari) mercato **2** (in economia) mercato **3 on the market** in commercio **4 market place** piazza del mercato

• *v* [tr] commercializzare

marketing /ˈmɑːkɪtɪŋ/ *s* marketing

ˌmarket reˈsearch *s* ricerca di mercato

marking /ˈmɑːkɪŋ/ *s* chiazza [di animale]

marmalade /ˈmɑːməleɪd/ *s* marmellata di agrumi

maroon /məˈruːn/ *agg* e *s* marrone rossiccio ▶ vedi Active Box **colours** sotto **colour**

marquee /mɑːˈkiː/ *s* **1** BrE tendone [per feste] **2** AmE insegna [di cinema]

M

marriage /ˈmærɪdʒ/ *s* matrimonio

married /ˈmærid/ *agg* sposato -a: ***She's married to a German.*** È sposata con un tedesco. | **to get married** sposarsi

marrow /ˈmærəʊ/ *s* **1** midollo **2** BrE zucchina di grandi dimensioni

marry /ˈmæri/ *v* (**marries**, **married**) **1** [intr] sposarsi **2 to marry sb a)** (unirsi con qn) sposare qn **b)** (celebrare il matrimonio) sposare qn: *He married a nurse.* Ha sposato un'infermiera. | *My uncle married us.* Ci ha sposati mio zio.

Mars /mɑːz/ *s* Marte

marsh /mɑːʃ/ *s* (pl **marshes**) palude

marshal /ˈmɑːʃəl/ *sostantivo* e *verbo*
- *s* **1** maresciallo **2** BrE agente di sicurezza [a una manifestazione pubblica] **3** AmE capo della polizia di una contea
- *v* [tr] (**-lled**, **-lling** BrE, **-led**, **-ling** AmE) **1** adunare [truppe] **2** raccogliere [idee]

martial arts /ˌmɑːʃəl ˈɑːts/ *s pl* arti marziali

Martian /ˈmɑːʃən/ *agg* e *s* marziano -a

martyr /ˈmɑːtə/ *s* martire

martyrdom /ˈmɑːtədəm/ *s* martirio

marvel /ˈmɑːvəl/ *sostantivo* e *verbo*
- *s* meraviglia
- *v* (**-lled**, **-lling** BrE, **-led**, **-ling** AmE) **to marvel at sth** rimanere colpito da qc

marvellous BrE, **marvelous** AmE /ˈmɑːvələs/ *agg* meraviglioso -a | **that's marvellous!** è fantastico!

Marxism /ˈmɑːksɪzəm/ *s* Marxismo

Marxist /ˈmɑːksɪst/ *agg* e *s* marxista

marzipan /ˈmɑːzɪpæn/ *s* marzapane

mascara /mæˈskɑːrə/ *s* mascara

mascot /ˈmæskɒt/ *s* mascotte [di una squadra]

masculine /ˈmæskjəlɪn/ *aggettivo* e *sostantivo*
- *agg* **1** (in grammatica) maschile **2** (atteggiamento, lineamenti) mascolino -a **3** (uomo) virile
- *s* (in grammatica) maschile

masculinity /ˌmæskjəˈlɪnəti/ *s* mascolinità

mash /mæʃ/ *sostantivo* e *verbo*
- *s* BrE (informale) purè (di patate)
- *v* [tr] (3ª pers sing **mashes**) schiacciare [banana, patata]

mask /mɑːsk/ *sostantivo* e *verbo*
- *s* **1** (per proteggere) maschera **2** (per mascherarsi) maschera
- *v* [tr] coprire [suono, odore], nascondere [emozione, sentimento]

masked /mɑːskt/ *agg* mascherato -a

mass /mæs/ *sostantivo*, *aggettivo* e *verbo*
- *s* **1 a mass of sth** una massa di qc: *He had a mass of dark hair.* Aveva una massa di capelli neri. **2 masses of** BrE tonnellate di **3 the masses** la massa **4** (anche **Mass**) messa
- *agg* (comunicazione, turismo) di massa | **mass media** mass media | **mass murderer** autore di una strage
- *v* **1** [tr] ammassare [truppe] **2** [intr] (truppe, moltitudine) ammassarsi **3** [intr] addensarsi

massacre /ˈmæsəkə/ *sostantivo* e *verbo*
- *s* massacro
- *v* [tr] massacrare

massage /ˈmæsɑːʒ, AmE məˈsɑːʒ/ *sostantivo* e *verbo*
- *s* massaggio
- *v* [tr] massaggiare

massive /ˈmæsɪv/ *agg* **1** enorme **2 a massive heart attack** un infarto devastante

ˌmass proˈduction *s* produzione su larga scala

mast /mɑːst/ *s* **1** albero [di una nave] **2** antenna

master /ˈmɑːstə/ *sostantivo* e *verbo*
- *s* **1** padrone | **to be your own master** essere padrone di se stesso **2 a master of sth** un campione di qc **3** (di libro, disco) originale **4 master copy** originale **master plan** progetto dettagliato
- *v* [tr] **1 to master Chinese/the violin** saper bene il cinese/suonare bene il violino **2** dominare [la paura]

masterpiece /ˈmɑːstəpiːs/ *s* capolavoro

mastery /ˈmɑːstəri/ *s* padronanza [di lingua, materia]

mat /mæt/ *s* **1** tappetino **2 table mat** tovaglietta [di un servizio all'americana] **3 a beer mat** sottobicchiere [di cartone]

match /mætʃ/ *sostantivo* e *verbo*
- *s* (pl **matches**) **1** fiammifero **2** incontro [sportivo] **3 to be a good match for sth** intonarsi a qc: *That belt is a perfect match for your shoes.* La cintura s'intona perfettamente alle scarpe. **4 to be no match for sb** non essere all'altezza di qn
- *v* (3ª pers sing **matches**) **1** [tr] stare bene con [abito arredamento] **2** [intr] intonarsi: *a new dress with shoes **to match*** un nuovo abito con scarpe intonate **3** [tr] corrispondere a: *His story doesn't match the facts.* La sua storia non corrisponde ai fatti. **4** [intr] combaciare **5** [tr] (anche **match up**) trovare l'elemento corrispondente: *The children **match** the animal pictures **to** the sounds.* I bambini associano le figurine degli animali ai suoni corrispondenti. **6** [tr] uguagliare

match up 1 combaciare **2 to match up to sth** essere all'altezza di qc

matchbox /ˈmætʃbɒks/ *s* (pl **-boxes**) scatola di fiammiferi

matching /ˈmætʃɪŋ/ *agg* intonato -a

M

Quando si usa *in*, *on* e *at*? Vedi alla voce in.

mate /meɪt/ *sostantivo* e *verbo*
- *s* **1** BrE (informale) amico -a **2** BrE (informale) termine amichevole usato da un uomo per rivolgersi ad un altro uomo ▶ In inglese americano si usa **buddy**. **3** compagno -a [di animale] **4** secondo [ufficiale di una nave]
- *v* **1** [intr] accoppiarsi **2** [tr] accoppiare [animali]

material /mə'tɪəriəl/ *s* **1** stoffa **2** (per fabbricare oggetti) materiale **3** (per libro, film) materiale

materials

materialist /mə'tɪəriəlɪst/ *s* materialista

materialistic /məˌtɪəriə'lɪstɪk/ *agg* materialista

materialize, -ise BrE /mə'tɪəriəlaɪz/ *v* [intr] concretizzarsi

maternal /mə'tɜːnl/ *agg* **1** materno -a **2** **maternal grandfather/uncle** nonno/zio materno

maternity /mə'tɜːnəti/ *s* maternità

mathematical /ˌmæθə'mætɪkəl/ *agg* matematico -a

mathematician /ˌmæθəmə'tɪʃən/ *s* matematico -a

mathematics /ˌmæθə'mætɪks/ *s* matematica

maths /mæθs/ *s* BrE matematica ▶ In inglese americano si usa **math**.

matinée /'mætɪneɪ, AmE ˌmætn'eɪ/ *s* matinée [rappresentazione pomeridiana]

matrimonial /ˌmætrɪ'məʊniəl/ *agg* (problemi) matrimoniale, (dimora) coniugale

matrimony /'mætrɪməni/ *s* (formale) matrimonio

matt, anche **matte** AmE /mæt/ *agg* opaco -a

matter /'mætə/ *sostantivo* e *verbo*
- *s* **1** questione: *This is a matter for the police.* È una questione di cui si deve occupare la polizia. **2** **the matter** si riferisce a qualcosa che non va: *What's the matter?* Cosa c'è che non va? | *Is anything the matter?* C'è qualcosa che non va? | *What's the matter with David?* Che cos'ha David? | *There's something the matter with the phone.* C'è qualcosa che non va con il telefono. **3** **as a matter of fact a)** in realtà **b)** al contrario: *As a matter of fact I live next door to him.* In realtà, abito di fianco a lui. | *I wasn't annoyed. As a matter of fact I was pleased.* Non ero arrabbiato. Al contrario, ero contento. **4** **no matter how/where/what etc** (in qualsiasi caso) *No matter how hard she tried, she couldn't open it.* Per quanto si sforzasse, non riusciva ad aprirlo. | *No matter what I say, he disagrees.* Qualsiasi cosa io dica, lui non è mai d'accordo. **5** materia: *organic matter* materia organica **6** **to be a matter of practice/luck etc** essere una questione di esercizio/fortuna ecc. **7** **in a matter of days/seconds etc** nel giro di pochi giorni/secondi ecc. **8** **it's only/just a matter of time** è solo questione di tempo **9** **it's/that's a matter of opinion** è una questione di punti di vista **10** **a matter of life and death** una questione di vita o di morte
- *v* [intr] importare: *It's the only thing that **matters** to him.* È l'unica cosa che gli importa. | **it doesn't matter** non importa

ˌmatter-of-'fact *agg* (persona) pragmatico -a

mattress /'mætrəs/ *s* (pl **-sses**) materasso

mature /mə'tʃʊə/ *aggettivo* e *verbo*
- *agg* maturo -a
- *v* **1** [intr] maturare **2** [tr] invecchiare [vino] **3** stagionare [formaggio]

maturity /mə'tʃʊərəti/ *s* maturità

maul /mɔːl/ *v* [tr] sbranare

mauve /məʊv/ *agg* e *s* lilla ▶ vedi Active Box **colours** sotto **colour**

maximize, -ise BrE /'mæksɪmaɪz/ *v* [tr] **1** massimizzare [profitti] **2** (in informatica) ingrandire

maximum /'mæksɪməm/ *aggettivo* e *sostantivo*
- *agg* massimo -a
- *s* massimo: *I can spend **a maximum of** £60 on clothes.* Posso spendere un massimo di 60 sterline in vestiti.

May /meɪ/ *s* maggio ▶ vedi Active Box **months** sotto **month**

may /meɪ/ *v* [modale] ▶ vedi riquadro

maybe /'meɪbi/ *avv* può darsi, forse: *Maybe I am wrong.* Può darsi che mi sia sbagliato. | *Maybe you should lower the price.* Forse dovresti ridurre il prezzo.

mayonnaise /ˌmeɪə'neɪz/ *s* maionese

mayor /meə/ *s* sindaco

mayoress /'meərɪs/ *s* (pl **-sses**) **1** sindaco [donna] **2** moglie del sindaco

maze /meɪz/ *s* **1** labirinto **2** (di strade) dedalo

may *verbo modale*

1 POSSIBILITÀ

Ian may be able to help us. Può darsi che Ian possa aiutarci. | *He may have missed the train.* Può darsi che abbia perso il treno.

2 PERMESSO

In questi contesti l'uso di **may** è più formale di quello di **can**. Alcuni ritengono che sia più cortese:

May I borrow your pen? Mi presti la penna? | *You may go now.* Può andare.

3 CONCESSIONE

She may be very clever but she's a bore. Può darsi che sia intelligente ma è noiosa.

me /mɪ, tonico miː/ *pron* **1** (complemento oggetto) mi: *She hates me.* Mi odia. **2** (complemento indiretto) mi, me: *Give me that letter.* Dammi quella lettera. | *Jack gave it to me.* Me l'ha dato Jack. **3** (seguito da preposizione) me: *Is this for me?* È per me? | *Are you angry with me?* Sei arrabbiata con me? **4** (coi comparativi) me: *He's older than me.* È più vecchio di me. **5** (preceduto dal verbo "to be") io: *That's me, on the left.* Quello sulla sinistra sono io. **6** **me too** anch'io: *"I'm hungry." "Me too."* – Ho fame – Anch'io.

meadow /ˈmedəʊ/ *s* prato

meagre BrE, **meager** AmE /ˈmiːgə/ *agg* (colazione, porzione) scarso -a, (stipendio, reddito) insufficiente

meal /miːl/ *s* pasto | **to have a meal** mangiare | **to go out for a meal** andare a mangiar fuori | **midday meal** pranzo | **evening meal** cena

mean /miːn/ *verbo e aggettivo*

• *v* [tr] (passato e participio **meant**) **1** (significare) voler dire: *What does "random access" mean?* Cosa vuol dire "random access"? | *What do you mean by that?* Cosa intendi dire? | *I know what you mean.* So quello che intendi dire.
2 **I mean** usato per ampliare o correggere ciò che si è appena detto: *He's very rude, I mean, he never even says hello!* È davvero villano, è uno che non saluta mai! | *She plays the violin, I mean the viola.* Suona il violino, volevo dire la viola.
3 dire sul serio: *Did you really mean it?* Dici sul serio? | *Don't touch that! I mean it!* Non toccarlo! Faccio sul serio!
4 per esprimere un'intenzione: *I've **been meaning to** call you.* È da tanto che volevo chiamarti. | *She didn't **mean to** upset you.* Non voleva offenderti. | *It was **meant to** be a joke.* Voleva essere una battuta.
5 **be meant for sth/sb** essere per qc/qn: *The flowers were **meant for** Mum.* I fiori erano per la mamma.
6 (avere un certo risultato) voler dire: *It's snowing, which means that it'll take longer to get there.* Sta nevicando, il che vuol dire che ci metteremo di più ad arrivarci.
7 **mean sth to sb** interessare a qn: *Money doesn't mean much to him.* I soldi non gli interessano più di tanto. | *Her job means a lot to her.* Ci tiene molto al suo lavoro.
8 **he means well/I meant well etc** le sue intenzioni sono buone/le mie intenzioni erano buone ecc.

• *agg* **1** cattivo -a: *Why are you being so **mean** to me?* Perché sei così cattivo con me?
2 tirchio -a
3 (informale) *That's no mean feat.* Non è cosa da poco.

meander /miˈændə/ *v* [intr] **1** (fiume) snodarsi **2** (persona) andare in giro

meaning /ˈmiːnɪŋ/ *s* significato: *the meaning of life* il significato della vita

meaningful /ˈmiːnɪŋfəl/ *agg* **1** (dibattito, discussione) interessante, (esperienza, relazione) significativo -a **2** (sguardo, sorriso) eloquente

meaningless /ˈmiːnɪŋləs/ *agg* privo -a di significato

means /miːnz/ *s* **1** mezzo: *their only means of transport* il loro solo mezzo di trasporto | **by means of** per mezzo di | **a means to an end** un mezzo per raggiungere i propri scopi **2** **by all means** certo **3** **by no means** non ... di certo **4** mezzi [economici]

meant /ment/ passato e participio di **mean**

meantime /ˈmiːntaɪm/ *s* **(in the) meantime** nel frattempo

meanwhile /ˈmiːnwaɪl/ *avv* intanto

measles /ˈmiːzəlz/ *s* morbillo

measure /ˈmeʒə/ *verbo e sostantivo*

• *v* **1** [tr/intr] misurare **2** [tr] prendere le misure a: *They measured her for her costume.* Le hanno preso le misure per il costume di scena.

measure up to sth **measure up to requirements/expectations** rispondere ai requisiti/alle aspettative

• *s* **1** (provvedimento ufficiale) misura: *security measures* misure di sicurezza **2** (sistema per misurare) misura **3** **for good measure** per essere sicuro

measurement /ˈmeʒəmənt/ *s* **1** misura | **to take sb's measurements** prendere le misure a qn **2** misurazione

meat /miːt/ *s* carne: *I don't eat meat.* Non mangio carne. | **cold meats** affettati

meatball /ˈmiːtbɔːl/ *s* polpetta [di carne]

mechanic /mɪˈkænɪk/ *s* meccanico

mechanical /mɪˈkænɪkəl/ *agg* meccanico -a

M

mechanics /mɪˈkænɪks/ *s* **1** meccanica **2 the mechanics of sth** il funzionamento di qc

mechanism /ˈmekənɪzəm/ *s* meccanismo

medal /ˈmedl/ *s* medaglia

medallist BrE, **medalist** AmE /ˈmedl-ɪst/ *s* **gold/silver etc medallist** medaglia d'oro/d'argento ecc. [atleta]

meddle /ˈmedl/ *v* [intr] **1** immischiarsi **2 to meddle with sth** armeggiare con qc

media[1] /ˈmiːdiə/ *s pl* **1 the media** i media **2 media interest** l'interesse dei media **3 media studies** scienze della comunicazione

media[2] /ˈmiːdiə/ plurale di **medium**

mediaeval ► vedi **medieval**

mediate /ˈmiːdieɪt/ *v* [intr] mediare

medical /ˈmedɪkəl/ *aggettivo* e *sostantivo*

- *agg* (cura) medico -a, (problemi) di salute | **medical school/student** facoltà/studente di medicina | **the medical profession** il personale medico e paramedico
- *s* visita medica

medication /ˌmedɪˈkeɪʃən/ *s* medicinali

medicine /ˈmedsən/ *s* **1** medicina **2** (materia di studio) medicina

medieval, anche **mediaeval** /ˌmediˈiːvəl/ *agg* medievale

mediocre /ˌmiːdiˈəʊkə/ *agg* mediocre

meditate /ˈmedəteɪt/ *v* [intr] meditare

meditation /ˌmedəˈteɪʃən/ *s* meditazione

Mediterranean /ˌmedətəˈreɪniən/ *aggettivo* e *sostantivo*

- *agg* mediterraneo
- *s* **the Mediterranean (Sea)** il (Mar) Mediterraneo

medium /ˈmiːdiəm/ *aggettivo* e *sostantivo*

- *agg* medio -a: *a man of medium build* un uomo di media corporatura | *T-shirts in small, medium or large* magliette di taglia piccola, media e grande
- *s* **1** (pl **media** /-diə/) mezzo [di comunicazione] **2** (pl **mediums**) medium

ˌmedium-ˈsized *agg* di grandezza media

meet /miːt/ *v* (passato e participio **met**) **1** [tr] conoscere, [intr] conoscersi: *I met him in Paris.* L'ho conosciuto a Parigi. | *We met at a party.* Ci siamo conosciuti ad una festa. | *Haven't we met before?* Non ci siamo già visti da qualche parte? | **(it's) nice to meet you** piacere! ► MEET O KNOW? vedi nota sotto **conoscere** **2** [tr] incontrarsi: *I met Joe in town today.* Ho incontrato Joe in centro oggi. | *I'll meet you at the bus stop.* Ci vediamo alla fermata dell'autobus. **3** [intr] vedersi: *We arranged to meet for lunch.* Abbiamo deciso di vederci per pranzo. **4** [tr] aspettare: *There was no one to meet me at the airport.* All'aeroporto non c'era nessuno ad aspettarmi. **5** [intr] (strade, linee) incrociarsi, [tr] incrociare [strada]: *Our eyes met.* I nostri sguardi si sono incrociati. **6** [intr] (gruppo, associazione) riunirsi **7** [tr] (nello sport) incontrare **8** [tr] rispondere a [requisito], soddisfare [bisogno, richiesta], raggiungere [obiettivo]

meet up vedersi [per uscire insieme]

meet with sth **to meet with success/failure** avere successo/fallire **meet with sb** incontrare qn

meeting /ˈmiːtɪŋ/ *s* **1** riunione: *She's in a meeting.* È in riunione. | *I'd like to **have a meeting** with them.* Vorrei incontrarli. **2** incontro: *a chance meeting* un incontro casuale **3 meeting place** luogo d'incontro

megabyte /ˈmegəbaɪt/ *s* megabyte

megaphone /ˈmegəfəʊn/ *s* megafono

melancholy /ˈmelənkəli/ *aggettivo* e *sostantivo*

- *agg* malinconico -a
- *s* malinconia

mellow /ˈmeləʊ/ *agg* **1** (colore, voce) caldo -a **2** (musica) soft **3** (vino) maturo -a **4** (persona) dolce **5 to feel mellow** sentirsi rilassato

melodrama /ˈmelədrɑːmə/ *s* melodramma

melodramatic /ˌmelədrəˈmætɪk/ *agg* melodrammatico -a

melody /ˈmelədi/ *s* (pl **-dies**) melodia

melon /ˈmelən/ *s* melone

melt /melt/ *v* **1** [tr] sciogliere, [intr] sciogliersi **2 to melt in your mouth** sciogliersi in bocca **3** [intr] (persona) sciogliersi

melt away **1** (folla) dileguarsi **2** (rabbia) svanire

member /ˈmembə/ *s* **1** (di organizzazione, gruppo) membro: *a member of the family* un membro della famiglia | *a member of staff* un dipendente **2** (di club) socio -a

ˌMember of ˈParliament, anche **MP** /ˌem ˈpiː/ *s*

> Vengono chiamati così i membri della Camera dei Comuni britannica. La carica equivale a quella di *deputato* nel sistema politico italiano.

membership /ˈmembəʃɪp/ *s* **1** appartenenza ad un club o associazione ecc.: *I've taken out a year's membership.* Mi sono iscritto per un anno. | *Turkey's application for membership of the EU* la richiesta della Turchia di entrare a far parte dell'UE **2** soci **3 membership card** tessera sociale **membership fee** quota sociale

membrane /ˈmembreɪn/ *s* membrana

memento /məˈmentəʊ/ *s* (pl **-toes** o **-tos**) souvenir

memo /ˈmeməʊ/ *s* promemoria

memoirs /ˈmemwɑːz/ *s pl* memorie

memorabilia /ˌmemərəˈbɪliə/ *s pl* cimeli

memorable /ˈmemərəbəl/ *agg* memorabile

memorandum /ˌmeməˈrændəm/ *s* (pl **memorandums** o **memoranda** /-də/) memorandum

memorial /məˈmɔːriəl/ *aggettivo* e *sostantivo*
- *agg* commemorativo -a
- *s* monumento [commemorativo]

memorize, -ise BrE /ˈmeməraɪz/ *v* [tr] memorizzare

memory /ˈeməri/ *s* (pl **-ries**) **1** memoria | **from memory** a memoria **2** ricordo: *That brings back happy memories!* Evoca dei bei ricordi! **3** (di computer) memoria **4 in memory of** alla memoria di

men /men/ plurale di **man**

menace /ˈmenɪs/ *sostantivo* e *verbo*
- *s* minaccia | **a menace to society** un pericolo pubblico
- *v* [tr] minacciare

menacing /ˈmenɪsɪŋ/ *agg* minaccioso -a

mend /mend/ *v* [tr] **1** riparare [orologio, bicicletta, scarpe] **2** rammendare [abito]

mending /ˈmendɪŋ/ *s* **1** rammendo **2** panni da rammendare

menial /ˈmiːniəl/ *agg* umile

meningitis /ˌmenɪnˈdʒaɪtɪs/ *s* meningite

menopause /ˈmenəpɔːz/ *s* menopausa

ˈmen's room *s* AmE bagno degli uomini
▶ In inglese britannico si usa **gents**.

menstruation /ˌmenstruˈeɪʃən/ *s* mestruazioni

menswear /ˈmenzweə/ *s* abbigliamento maschile

mental /ˈmentl/ *agg* mentale | **a mental hospital** un ospedale psichiatrico | **a mental patient** un malato di mente

mentality /menˈtæləti/ *s* (pl **-ties**) mentalità

mentally /ˈmentl-i/ *avv* mentalmente | **the mentally ill** i malati di mente | **the mentally handicapped** i ritardati mentali

mention /ˈmenʃən/ *verbo* e *sostantivo*
- *v* [tr] **1** accennare a: *Lisa mentioned that Kate had phoned.* Lisa ha accennato al fatto che Kate aveva chiamato. | *Was my name mentioned?* Hanno fatto il mio nome? | *I'll **mention** it **to** her when I see her.* Accennerò alla cosa quando la vedo. | **it's worth mentioning that** vale la pena di ricordare che **2 don't mention it** non c'è di che **3 not to mention** (per aggiungere un'informazione) senza contare
- *s* accenno

mentor /ˈmentɔː/ *s* maestro

menu /ˈmenjuː/ *s* **1** (in un ristorante) menu: *the most expensive dish **on the menu*** il piatto più caro di tutto il menu **2** (in informatica) menu

meow /miˈaʊ/ *s* miao

mercenary /ˈmɜːsənəri/ *sostantivo* e *aggettivo*
- *s* (pl **-ries**) mercenario
- *agg* venale

merchandise /ˈmɜːtʃəndaɪz/ *s* merci

merciful /ˈmɜːsɪfəl/ *agg* **1** (persona) misericordioso -a **2** (morte) liberatorio -a

merciless /ˈmɜːsɪləs/ *agg* spietato -a

Mercury /ˈmɜːkjəri/ *s* Mercurio

mercury /ˈmɜːkjəri/ *s* mercurio

mercy /ˈmɜːsi/ *s* **1** pietà | **have mercy on him/us etc** abbi pietà di lui/noi ecc. **2 to be at the mercy of sb** essere alla mercè di qn | **to be at the mercy of sth** essere in balia di qc

mere /mɪə/ *agg* solo -a: *The mere thought made her furious.* Il solo pensiero la faceva andare su tutte le furie. | *This was no mere coincidence.* Non è stata una pura coincidenza.

merely /ˈmɪəli/ *avv* semplicemente

merge /mɜːdʒ/ *v* **1** [tr] fondere [aziende], [intr] (aziende) fondersi **2** [tr] mescolare [colori, suoni], [intr] (colori, suoni) fondersi **3 to merge into the background** non farsi notare: *He preferred to merge into the background.* Ha preferito non farsi notare.

merger /ˈmɜːdʒə/ *s* (di aziende) fusione

meringue /məˈræŋ/ *s* meringa

merit /ˈmerɪt/ *sostantivo* e *verbo*
- *s* vantaggio | **to judge sth on its (own) merits** giudicare qc per quello che vale
- *v* [tr] meritare

mermaid /ˈmɜːmeɪd/ *s* sirena

merry /ˈmeri/ *agg* (**merrier**, **merriest**) **1** allegro -a **2 merry Christmas!** buon Natale!

ˈmerry-go-ˌround *s* giostra

mesh /meʃ/ *s* (pl **meshes**) rete [metallica, di plastica ecc.]

mesmerize, -ise BrE /ˈmezməraɪz/ *v* [tr] incantare

mess /mes/ *sostantivo* e *verbo*
- *s* **1** disordine: *Sorry about the mess.* Scusa il disordine. | *My hair is a mess!* I miei capelli sono in uno stato pietoso! | **to be in a mess** essere in disordine **2** (situazione) pasticcio: *I got myself into a bit of a mess.* Mi sono cacciata in un bel pasticcio. | **to make a mess of sth** mandare all'aria qc **3** (di esercito) mensa
- *v* (3ª pers sing **messes**) **mess around**, anche **mess about** BrE (informale) **1** ciondolare **2** fare lo sciocco **3 to mess around with sth** trafficare con qc **4 to mess around with sb** intendersela

M

con qn **mess sb around** (informale) prendere qn per i fondelli
mess sth up (informale) **1** rovinare qc [piano] **2** buttare all'aria qc [stanza] **3** *I really messed that exam up.* L'esame è stato un vero macello.
mess with sth avere a che fare con qc
mess with sb provocare qn: *Don't mess with me. You may just regret it.* Non provocarmi: potresti pentirtene.

message /'mesɪdʒ/ *s* **1** messaggio: *Can I take a message?* Vuole lasciare un messaggio? **2 to get the message** (informale) capire [l'antifona]

messenger /'mesəndʒə/ *s* messaggero -a

Messiah /mɪ'saɪə/ *s* Messia

messy /'mesi/ *agg* (**messier**, **messiest**) **1** in disordine **2** (situazione, storia) complicato -a

met /met/ passato di **meet**

metabolism /mə'tæbəlɪzəm/ *s* metabolismo

metal /'metl/ *sostantivo* e *aggettivo*
- *s* metallo
- *agg* di metallo

metallic /mə'tælɪk/ *agg* (suono) metallico -a, (colore) metallizzato -a

metaphor /'metəfə/ *s* metafora

meteor /'miːtiə/ *s* meteora

meteoric /ˌmiːti'ɒrɪk/ *agg* **1** (ascesa al potere) fulmineo -a **2** (pietra, metallo) meteorico -a

meteorite /'miːtiəraɪt/ *s* meteorite

meter /'miːtə/ *s* **1** AmE ▶ vedi **metre** **2** contatore [di gas, elettricità]

method /'meθəd/ *s* metodo: *teaching methods* metodi didattici | *method of payment* modalità di pagamento

methodical /mə'θɒdɪkəl/ *agg* metodico -a

Methodist /'meθədɪst/ *agg* e *s* metodista

methodology /ˌmeθə'dɒlədʒi/ *s* (pl **-gies**) metodologia

meticulous /mɪ'tɪkjələs/ *agg* meticoloso -a

metre BrE, **meter** AmE /'miːtə/ *s* metro: *The boat is 17 metres long.* La barca è lunga 17 metri. | *"How tall are you?" "One metre sixty."* – Quanto sei alta? – Un metro e sessanta.

metric /'metrɪk/ *agg* metrico -a decimale: *the metric system* il sistema metrico decimale

metropolis /mə'trɒpəlɪs/ *s* (pl **-ses**) metropoli

Mexican /'meksɪkən/ *agg* e *s* messicano -a

Mexico /'meksɪkəʊ/ *s* il Messico

mg (= **milligram**) mg

miaow /mi'aʊ/ *sostantivo* e *verbo*
- *s* miao
- *v* [intr] miagolare

mice /maɪs/ *s* plurale di **mouse**

microchip /'maɪkrəʊˌtʃɪp/ *s* microchip

microphone /'maɪkrəfəʊn/ *s* microfono

microprocessor /'maɪkrəʊˌprəʊsesə/ *s* microprocessore

microscope /'maɪkrəskəʊp/ *s* microscopio

microscopic /ˌmaɪkrə'skɒpɪk/ *agg* microscopico -a

microwave /'maɪkrəweɪv/ *sostantivo* e *verbo*
- *s* anche **ˌmicrowave 'oven** forno a microonde
- *v* [tr] cuocere nel forno a microonde

mid /mɪd/ *agg* indica il momento centrale di un periodo di tempo: *in mid May* a metà maggio | *in the mid 70s* a metà degli anni 70 | *She's in her mid 20s.* Avrà intorno ai 25 anni. | *a mid-morning snack* uno spuntino a metà mattinata

ˌmid-'air *sostantivo* e *aggettivo*
- *s* **in mid-air** a mezz'aria
- *agg* **a mid-air collision** uno scontro aereo

midday /ˌmɪd'deɪ/ *s* mezzogiorno

middle /'mɪdl/ *sostantivo* e *aggettivo*
- *s* **1** metà | **in the middle of sth** in mezzo a qc: *in the middle of the road* in mezzo alla strada | *in the middle of lunch* a metà del pranzo | *in the middle of the night* in piena notte **2 be in the middle of sth** essere nel bel mezzo di qc: *Can I call you back? I'm in the middle of lunch.* Ti posso richiamare? Sono nel bel mezzo del pranzo. **3 in the middle of nowhere** a casa del diavolo
- *agg* di mezzo: *the middle drawer* il cassetto di mezzo | **middle age** la mezza età | **the Middle Ages** il Medioevo | **in the middle distance** in secondo piano [in quadro, foto] ▶ vedi anche **finger**

ˌmiddle-'aged *agg* di mezza età

ˌmiddle 'class *s* **the middle class(es)** la classe media

ˌmiddle-'class *agg* di classe media

ˌMiddle 'East *s* **the Middle East** il Medio Oriente

middleman /'mɪdlmæn/ *s* (pl **-men** /-men/) intermediario -a

ˌmiddle 'name *s*

> Il **middle name** è il secondo nome, quello tra il nome di battesimo e il cognome (ad esempio **Jessica** in **Sarah Jessica Parker**). Una persona può aver più di un **middle name**. Non sempre si tratta di nomi di battesimo. A volte può anche essere il cognome della madre come in **Daniel Parker Stevens**.

'middle school *s* in Gran Bretagna, scuola per bambini tra gli 8 e i 12 anni

middleweight /'mɪdlweɪt/ *s* peso medio

midfield /'mɪdfiːld/ *s* centrocampo

Vuoi una lista di frasi utili per parlare di te stesso? Consulta la **guida alla comunicazione** in fondo al libro.

midfielder /ˈmɪdfiːldə/ , anche **ˈmidfield ˌplayer** *s* centrocampista
midge /mɪdʒ/ *s* insetto simile alla zanzara ma molto più piccolo
midget /ˈmɪdʒɪt/ *s* nano -a ▶ Alcune persone considerano questo termine offensivo.
midnight /ˈmɪdnaɪt/ *s* mezzanotte
midriff /ˈmɪdrɪf/ *s* pancia: *a short top which exposed her midriff* una maglia corta che le lasciava la pancia scoperta
midst /mɪdst/ *s* **in the midst of sth** nel (bel) mezzo di qc | **in our/their etc midst** tra noi/loro ecc.
midsummer /ˌmɪdˈsʌmə/ *s* piena estate
midway /ˌmɪdˈweɪ/ *avv* **1 midway through sth** a metà di qc [film, partita] **2 midway between** a metà strada tra
midweek /ˌmɪdˈwiːk/ *aggettivo* e *avverbio*
• *agg* **a midweek match** una partita a metà settimana
• *avv* a metà settimana
midwife /ˈmɪdwaɪf/ *s* (pl **-wives** /waɪvz/) ostetrica
midwinter /ˌmɪdˈwɪntə/ *s* pieno inverno
might /maɪt/ *verbo* e *sostantivo*
• *v* [modale] ▶ vedi riquadro
• *s* (formale) potenza | **with all his/your etc might** con tutta la sua/tua ecc. forza
might've /ˈmaɪtəv/ forma contratta di **might have**
mighty /ˈmaɪti/ *aggettivo* e *avverbio*
• *agg* (**-tier**, **-tiest**) **1** (re, guerriero) potente **2** (fiume) immenso -a **3 a mighty kick** un calcio incredibile
• *avv* AmE (informale) molto
migraine /ˈmiːgreɪn/ *s* emicrania
migrant /ˈmaɪgrənt/ *sostantivo* e *aggettivo*
• *s* **1** (persona) emigrante **2** (uccello) migratore -trice
• *agg* **migrant worker** lavoratore immigrato
migrate /maɪˈgreɪt/ *v* [intr] **1** (uccello) migrare **2** (persona) emigrare
migration /maɪˈgreɪʃən/ *s* **1** (di uccelli) migrazione **2** (di persone) emigrazione
migratory /maɪˈgreɪtəri/, AmE ˈmaɪgrətɔːri/ *agg* migratore -trice
mike /maɪk/ *s* (informale) microfono
mild /maɪld/ *agg* **1** (clima) mite: *a mild winter* un inverno mite **2** (sintomo, malattia) leggero -a: *I had a mild case of the flu.* Ho avuto un'influenza leggera. **3** (formaggio) dolce, (salsa) non piccante **4** (modi) gentile **5** (sapone, shampoo) delicato -a
mildly /ˈmaɪldli/ *avv* **1** leggermente **2 to put it mildly** per non dire di peggio
mile /maɪl/ *s* **1** miglio [= 1,6 km]: *You can see for miles.* Si vede a miglia di distanza. **2 miles from anywhere/nowhere** lontanissimo da tutto **3 to be miles away** essere su un altro pianeta: *Sorry, I was miles away. Could you say that again?* Scusa, ero su un altro pianeta: puoi ripetere? **4 miles better** (informale) diecimila volte meglio: *She's miles better than you at tennis.* Gioca diecimila volte meglio di te a tennis.

might *verbo modale*

1 POSSIBILITÀ

They might come anyway. Potrebbero venire comunque. | *She might not have heard.* Potrebbe non aver sentito.
A volte è il passato di **may**:
I thought you might be angry with me. Credevo che fossi arrabbiato con me.
might have seguito da un participio indica che qualcosa può o non può essere successo:
The way he was driving, they might have been killed. Visto come guidava, avrebbero potuto restarci secchi.
A volte si usa per rimproverare qualcuno:
You might have told me she was coming! Avresti potuto dirmi che sarebbe venuta!
A volte si usa per dire che si sapeva qualcosa:
I might have known he'd forget. Avrei dovuto saperlo che se ne sarebbe dimenticato.

2 PERMESSO

Questo uso di **might** è sia formale che ironico:
Might I suggest the oysters, sir? Posso consigliarle le ostriche, signore? | *And what, might I ask, is that?* E che cosa sarebbe quella cosa, permettimi?

mileage /ˈmaɪlɪdʒ/ *s* **1** le miglia percorse da un veicolo ▶ L'equivalente nei paesi che usano il sistema metrico decimale è il *chilometraggio*. **2 to get a lot of mileage out of sth** trarre grande profitto da qc
milestone /ˈmaɪlstəʊn/ *s* **1** (avvenimento) pietra miliare **2** (sulla strada) pietra miliare
militant /ˈmɪlɪtənt/ *aggettivo* e *sostantivo*
• *agg* militante
• *s* militante
military /ˈmɪlətəri/ *aggettivo* e *sostantivo*
• *agg* militare
• *s* **the military** l'esercito
militia /məˈlɪʃə/ *s* milizia (irregolare)
milk /mɪlk/ *sostantivo* e *verbo*
• *s* **1** latte **2 milk shake** frappé
• *v* [tr] mungere
milkman /ˈmɪlkmən/ *s* (pl **-men**) lattaio
milky /ˈmɪlki/ *agg* (**-kier**, **-kiest**) **1** (caffè, tè) con il latte **2** (colore) latteo -a, (pelle) bianco -a come il latte, (liquido) lattiginoso -a

M

mill /mɪl/ *sostantivo* e *verbo*
• *s* **1** mulino **2** usato per descrivere alcuni tipi di fabbriche: *a paper mill* una cartiera | *a steel mill* un'acciaieria **3** (per caffè) macinacaffè, (per pepe) macinapepe
• *v* [tr] macinare

millennium /mɪ'leniəm/ *s* (pl **-nnia** /-niə/) millennio

milligram /'mɪlɪgræm/ *s* milligrammo

millilitre BrE, **milliliter** AmE /'mɪlɪˌliːtə/ *s* millilitro

millimetre BrE, **millimeter** AmE /'mɪlɪˌmiːtə/ *s* millimetro

million /'mɪljən/ *numero* milione: *350 million dollars* 350 milioni di dollari | *I've heard that excuse a million times.* Ho già sentito questa scusa un milione di volte.
▶ vedi Active Box **numbers** sotto **number**

millionaire /ˌmɪljə'neə/ *s* milionario -a, miliardario -a

millionth /'mɪljənθ/ *numero* milionesimo -a

mime /maɪm/ *sostantivo* e *verbo*
• *s* **1** mimo -a [attore] **2** mimica
• *v* [tr/intr] mimare

mimic /'mɪmɪk/ *verbo* e *sostantivo*
• *v* [tr] (passato e participio **-cked**, gerundio **-cking**) imitare
• *s* imitatore -trice

mince /mɪns/ *verbo* e *sostantivo*
• *v* [tr] **1** tritare [carne] **2 not to mince one's words** non avere peli sulla lingua
• *s* BrE carne tritata

mincemeat /'mɪns-miːt/ *s* **1** impasto di mele, uvette e spezie usato come ripieno in pasticceria **2 to make mincemeat of sb** (informale) fare a pezzi qn

ˌmince 'pie *s* tortina ripiena di **mincemeat** che si mangia specialmente a Natale

mind /maɪnd/ *sostantivo* e *verbo*
• *s* **1** testa, mente: *My **mind was on** other things.* Avevo altre cose per la testa. | *The thought never **entered my mind**.* Non mi è mai venuta in mente una cosa simile. | *I can't **get** her **out of my mind**.* Non riesco a togliermela dalla testa. | *I tried to **put** these thoughts **to the back of my mind**.* Ho cercato di ricacciare indietro quei pensieri. | *He has a lot **on his mind**.* Ha un sacco di preoccupazioni.
2 (intelletto) intelligenza
3 to be of the same mind pensarla nello stesso modo | **to change your mind** cambiare idea | **to make up your mind** decidersi: *I can't make up my mind.* Non riesco a decidermi. | **to my mind** secondo me | **to be in two minds** essere indeciso: *I'm **in two minds about** whether to accept.* Sono indeciso se accettare.
4 to bear/keep sth in mind tener presente qc
5 to have sth/sb in mind avere in mente qc/qn
6 to be out of your mind essere fuori di sé | **to go out of your mind** uscire di senno
7 to put sb's mind at rest tranquillizzare qn
8 to put your mind to sth applicarsi in qc
9 to take sb's mind off sth distrarre qn da qc
• *v* **1** [tr/intr] è usato in frasi negative nel senso di non dispiacere, non disturbare, e in frasi interrogative per chiedere a qualcuno se qualcosa lo disturba: *Her parents don't mind how late she stays out.* Ai suoi genitori non importa a che ora rientra a casa. | *I don't mind helping if it's for a good cause.* Non mi dispiace affatto aiutare se è per una buona causa. | *I don't mind walking.* Non mi dispiace andare a piedi. | *Do you mind if I close the window?* Le dispiace se chiudo la finestra? | *Would you mind waiting a moment?* Le dispiacerebbe attendere un istante?
2 never mind non importa
3 è usato insieme a **wouldn't** per esprimere un desiderio: *I wouldn't mind a coffee.* Prenderei volentieri un caffè.
4 [tr] stare attento a: *Mind the cat!* (Stai) attento al gatto!
5 [tr] sorvegliare [valigia], occuparsi di [bambino]
6 don't mind him/her etc non far caso a lui/lei ecc.

minder /'maɪndə/ *s* BrE guardia del corpo

mindful /'maɪndfəl/ *agg* (formale) **mindful of sth** attento a qc

mindless /'maɪndləs/ *agg* **1** (violenza) gratuito -a **2** (lavoro, attività) insulso -a

mine /maɪn/ *pronome*, *sostantivo* e *verbo*
• *pron* poiché i pronomi possessivi inglesi concordano in numero e genere con il possessore (e non con ciò che è posseduto, come in italiano), **mine** può equivalere a *(il) mio, (la) mia, (i) miei* o *(le) mie*: *"Whose bag is this?" "It's mine."* – Di chi è questa borsa? – È mia. | *some friends of mine* dei miei amici | *Can I borrow your watch? Mine's broken.* Mi presti l'orologio? Il mio è rotto.
• *s* **1** (giacimento) miniera **2** (ordigno) mina
• *v* **1** [intr] fare scavi **2** [tr] estrarre [minerali] **3** [tr] minare

minefield /'maɪnfiːld/ *s* **1** campo minato **2** terreno pericoloso

miner /'maɪnə/ *s* minatore

mineral /'mɪnərəl/ *s* minerale

'mineral ˌwater *s* acqua minerale

mingle /'mɪŋgəl/ *v* **1** [tr] mescolare **2** [intr] (odori, sensazioni) mescolarsi | **to mingle together** mescolarsi **3** [intr]

Vuoi sapere di più sui **verbi modali**? C'è una spiegazione nella **guida grammaticale**.

mescolarsi: *She* ***mingled with*** *the audience after the show.* Si è mescolata al pubblico dopo lo spettacolo.

miniature /ˈmɪnətʃə/ *aggettivo* e *sostantivo*

• *agg* **1** in miniatura **2** (animale, pianta) nano -a

• *s* miniatura

minibus /ˈmɪnibʌs/ *s* (pl **-ses**) BrE pulmino

minicab /ˈmɪnikæb/ *s* BrE radiotaxi

minimal /ˈmɪnɪməl/ *agg* minimo -a

minimize, -ise BrE /ˈmɪnəmaɪz/ *v* [tr] minimizzare

minimum /ˈmɪnəməm/ *aggettivo* e *sostantivo*

• *agg* minimo -a

• *s* minimo: *Costs have been* ***kept to a minimum****.* I costi sono stati ridotti al minimo.

mining /ˈmaɪnɪŋ/ *s* **1** miniere **2** **a mining company** una società mineraria

miniskirt /ˈmɪniˌskɜːt/ *s* minigonna

minister /ˈmɪnəstə/ *s* **1** pastore [sacerdote] **2** ministro: *the Minister of Agriculture* il Ministro dell'Agricoltura

ministerial /ˌmɪnəˈstɪəriəl/ *agg* ministeriale

ministry /ˈmɪnəstri/ *s* (pl **-tries**) ministero: *the Ministry of Defence* il Ministero della Difesa

mink /mɪŋk/ *s* visone

minor /ˈmaɪnə/ *aggettivo* e *sostantivo*

• *agg* **1** (problema) marginale, (strada) secondario -a, (ferita, operazione) piccolo -a, (poeta) minore **2** (in musica) minore

• *s* minorenne

minority /maɪˈnɒrəti/ *s* (pl **-ties**) **1** minoranza: *ethnic minorities* minoranze etniche **2** **to be in the/a minority** essere in minoranza **3** **minority interests** interessi delle minoranze

mint /mɪnt/ *sostantivo* e *verbo*

• *s* **1** (caramella) mentina **2** (pianta) menta **3** zecca [per coniare monete]

• *v* [tr] coniare

minus /ˈmaɪnəs/ *preposizione*, *sostantivo* e *aggettivo*

• *prep* **1** meno: *16 minus 12 is 4* 16 meno 12 fa 4 **2** **minus 15/30 etc degrees** 15/30 ecc. gradi sotto zero **3** (informale) senza: *He came home minus his coat.* È tornato a casa senza il cappotto.

• *s* **1** (anche **minus sign**) meno **2** svantaggio | **pluses and minuses** pro e contro

• *agg* **A-minus/B-minus etc** la/si minore ecc.

minute[1] /ˈmɪnɪt/ *sostantivo* e *sostantivo plurale*

• *s* **1** minuto **2** minuto, attimo: *She was here a minute ago.* Era qui un minuto fa. | **in a minute** tra un attimo | **wait a minute** aspetta un attimo | **just a minute** solo un attimo **3** **at the last minute** all'ultimo minuto **4** **the minute (that)** nell'istante in cui: *The minute I saw him I knew something was wrong.* Nell'istante in cui l'ho visto ho capito che era successo qualcosa. | **(at) any minute** da un minuto all'altro **5** **this minute** immediatamente

• **minutes** *s pl* verbale [di riunione] | **to take the minutes** stendere il verbale

minute[2] /maɪˈnjuːt/ *agg* **1** (calligrafia, traccia) minuscolo -a **2** (differenza) minimo -a **3** minuzioso -a | **in minute detail** minuziosamente

miracle /ˈmɪrəkəl/ *s* **1** miracolo **2** **by a miracle** per miracolo | **to work miracles** fare miracoli

miraculous /mɪˈrækjələs/ *agg* miracoloso -a

mirage /ˈmɪrɑːʒ/ *s* miraggio

mirror /ˈmɪrə/ *sostantivo* e *verbo*

• *s* **1** specchio **2** (di auto) (specchietto) retrovisore

• *v* [tr] rispecchiare

misbehave /ˌmɪsbɪˈheɪv/ *v* [intr] comportarsi male

miscalculate /mɪsˈkælkjəleɪt/ *v* [tr/intr] sbagliare a calcolare

miscarriage /ˌmɪsˈkærɪdʒ/ *s* **1** aborto (spontaneo) | **to have a miscarriage** perdere un bambino [durante la gravidanza] **2** **a miscarriage of justice** un errore giudiziario

miscellaneous /ˌmɪsəˈleɪniəs/ *agg* misto -a

mischief /ˈmɪstʃɪf/ *s* **1** birichinata | **to get into mischief** combinarne di tutti i colori **2** malizia

mischievous /ˈmɪstʃəvəs/ *agg* **1** birichino -a **2** maligno -a

misconception /ˌmɪskənˈsepʃən/ *s* convinzione errata | **it is a popular/common misconception that** è un luogo comune infondato che

misconduct /ˌmɪsˈkɒndʌkt/ *s* comportamento scorretto [nell'esercizio di una professione]

miser /ˈmaɪzə/ *s* avaro -a

miserable /ˈmɪzərəbəl/ *agg* **1** sconfortato -a | **to look miserable** avere l'aria abbattuta **2** (pomeriggio, appartamento) deprimente: *The weather was miserable.* Il tempo era deprimente. **3** brontolone -a: *He's a miserable old devil.* È un vecchio brontolone. **4** da fame: *a miserable salary* uno stipendio da fame

miserably /ˈmɪzərəbli/ *avv* **1** tristemente **2** **to fail miserably** (tentativo, progetto) fallire miseramente

misery /ˈmɪzəri/ *s* (pl **-ries**) **1** (dolore) sofferenza, (povertà) miseria **2** BrE (informale) (riferito a persone) lagna **3** **to put sb out of his/her etc misery** non far

M

stare qn sui carboni ardenti: *Put us out of our misery and tell us what happened.* Non farci stare sui carboni ardenti e raccontaci cosa è successo.

misfortune /mɪsˈfɔːtʃən/ *s* sventura | **to have the misfortune to do sth** avere la sventura di fare qc

misgiving /mɪsˈɡɪvɪŋ/ *s* **with misgiving** con riluttanza | **to have misgivings about doing sth** avere qualche riluttanza a fare qc

misguided /mɪsˈɡaɪdɪd/ *agg* **1** (sforzo, tentativo) male indirizzato -a **2** (convinzione, giudizio) errato -a

mishap /ˈmɪshæp/ *s* incidente

misinform /ˌmɪsɪnˈfɔːm/ *v* [tr] informare male

misinterpret /ˌmɪsɪnˈtɜːprɪt/ *v* [tr] interpretare male

misjudge /ˌmɪsˈdʒʌdʒ/ *v* [tr] **1** sbagliare a giudicare [persona], interpretare male [intenzioni] **2** calcolare male [distanza]

mislaid /ˌmɪsˈleɪd/ passato e participio di **mislay**

mislay /ˌmɪsˈleɪ/ *v* [tr] (passato e participio **mislaid**) dimenticare da qualche parte: *I seem to have mislaid my gloves.* Mi sa che ho dimenticato da qualche parte i guanti.

mislead /ˌmɪsˈliːd/ *v* [tr] (passato e participio **misled**) fuorviare: *She **misled** Parliament **about** what had happened.* Ha fuorviato il Parlamento su ciò che era successo.

misleading /mɪsˈliːdɪŋ/ *agg* fuorviante

misled /ˌmɪsˈled/ passato e participio **mislead**

mismanagement /mɪsˈmænɪdʒmənt/ *s* cattiva amministrazione

misprint /ˈmɪs-prɪnt/ *s* errore di stampa

misread /ˌmɪsˈriːd/ *v* [tr] (passato e participio **misread** /mɪsˈred/) **1** leggere male [istruzioni] **2** interpretare male [situazione]

Miss /mɪs/ *s* **1** signorina: *Miss Alice Rhodes* la signorina Alice Rhodes **2** (su una lettera) Sig.na

miss /mɪs/ *verbo* e *sostantivo*

- *v* ▶ vedi riquadro
  miss out to miss out on sth perdersi qc: *I felt I was missing out on all the fun.* Mi stavo perdendo tutto il divertimento. **miss sb/sth out** omettere qn/qc
- *s* (pl **misses**) **1** colpo mancato o sbagliato **2 to give sth a miss** (informale) lasciar perdere qc: *I think I'll give rehearsals a miss this week.* Questa settimana penso di lasciar perdere le prove.

missile /ˈmɪsaɪl, AmE ˈmɪsəl/ *s* **1** missile **2** oggetto [che viene lanciato]

miss *verbo*

1 PERDERSI, NON POTER FARE

Don't miss this once-in-a-lifetime opportunity. Non perderti quest'occasione unica. | *I had to miss breakfast because I was late.* Non ho potuto fare colazione perché ero in ritardo.

2 ARRIVARE TARDI (= perdere)

We missed the start of the movie. Abbiamo perso l'inizio del film. | *Hurry up, we're going to miss the flight.* Sbrigati! Se no perdiamo l'aereo.

3 SENTIRE LA MANCANZA DI

I really miss Steve. Steve mi manca molto. | *The thing I miss most about California is the climate.* La cosa che più mi manca della California è il clima.

4 NON FARE CENTRO

He missed an easy catch. Non ha preso la palla anche se era facile.

5 EVITARE UNA CONSEGUENZA NON DESIDERATA

The bullet only just missed me. La pallottola mi ha mancato per un pelo. | *The two planes only just missed each other.* I due aerei non si sono scontrati per un pelo.

6 NON VEDERE, NON NOTARE

They missed each other in the crowd. Nella folla non si sono visti. | *a mistake that everyone else had missed* un errore di cui nessun altro si era accorto | **you can't miss it** lo vedi di sicuro

7 ESPRESSIONE

to miss the point non capire

missing /ˈmɪsɪŋ/ *agg* **1 to be missing** mancare: *There's a button **missing from** this shirt.* A questa camicia manca un bottone. **2** mancante: *I found the missing piece of the jigsaw.* Ho trovato il pezzo mancante del puzzle. **3** disperso -a | **missing person** disperso **4 to go missing** andar perso

mission /ˈmɪʃən/ *s* **1** missione **2** spedizione **3** delegazione

missionary /ˈmɪʃənəri/ *s* (pl **-ries**) missionario -a

mist /mɪst/ *sostantivo* e *verbo*

- *s* foschia
- *v* **mist up**, anche **mist over** appannarsi

mistake /mɪˈsteɪk/ *sostantivo* e *verbo*

- *s* errore | **to make a mistake** fare un errore | **by mistake** per errore
- *v* [tr] (passato **mistook**, participio **mistaken**) **1 to mistake sth/sb for sth/sb** scambiare qc/qn per qc/qn: *I'm always being mistaken for my sister.* Mi scambiano sempre per mia sorella. **2 there's no mistaking sth/sb** qc/qn è inconfondibile: *There's no mistaking that accent.* Quell'accento è inconfondibile.

Si dice *I arrived in London* o *I arrived to London*? Vedi alla voce **arrive**.

mistaken /mɪ'steɪkən/ *agg* **1 to be mistaken** sbagliarsi: *if I'm not mistaken* se non sbaglio **2** (riferito a idee) errato -a

mistakenly /mɪ'steɪkənli/ *avv* erroneamente

Mister /'mɪstə/ *s* forma completa di **Mr** signor: *Mister Jackson* il signor Jackson

mistletoe /'mɪsəltəʊ/ *s* vischio

mistook /mɪ'stʊk/ passato di **mistake**

mistreat /ˌmɪs'triːt/ *v* [tr] maltrattare

mistress /'mɪstrəs/ *s* (pl **-sses**) **1** amante [di uomo sposato] **2** BrE professoressa

mistrust /mɪs'trʌst/ *sostantivo* e *verbo*
- *s* sfiducia
- *v* [tr] diffidare di

misty /'mɪsti/ *agg* (**-tier**, **-tiest**) nebbioso -a

misunderstand /ˌmɪsʌndə'stænd/ *v* [tr/intr] (passato e participio **misunderstood**) fraintendere

misunderstanding /ˌmɪsʌndə'stændɪŋ/ *s* malinteso

misunderstood /ˌmɪsʌndə'stʊd/ passato e participio di **misunderstand**

misuse[1] /mɪs'juːs/ *s* **1** (di fondi, carta di credito) uso indebito **2** (di potere) abuso

misuse[2] /ˌmɪs'juːz/ *v* [tr] **1** usare indebitamente [carta di credito, fondi] **2** abusare di [potere]

mix /mɪks/ *verbo* e *sostantivo*
- *v* (3ª pers sing **mixes**) **1** [tr] mescolare: *I **mixed** flour and sugar **together**.* Ho mescolato farina e zucchero. **2** [intr] mescolarsi: *The pigment is **mixed into** the paint.* Il pigmento si mescola alla vernice. **3** [intr] socializzare
  mix sth up 1 confondere qc: *I'm always mixing their names up.* Confondo sempre i loro nomi. **2** mettere qc in disordine
  mix sb up 1 scambiare qn: *People mix Sally up with her sister.* La gente scambia Sally per sua sorella. **2 to be mixed up in sth** essere coinvolto in qc | **to get mixed up in sth** restare invischiato in qc
- *s* misto, (di colori, suoni, razze) miscuglio, (in cucina) composto

mixed /mɪkst/ *agg* **1** misto -a: *a mixed school* una scuola mista **2** contrastante: *The play received mixed reviews.* La commedia ha ricevuto recensioni contrastanti. | **to have mixed feelings (about sth)** non essere convinto (di qc)

mixer /'mɪksə/ *s* frullatore

mixture /'mɪkstʃə/ *s* **1** miscuglio, (per dolci) composto **2** (medicina) preparato

'mix-up *s* (informale) confusione

ml *s* (= **millilitre**) ml

mm (= **millimetre**) mm

moan /məʊn/ *verbo* e *sostantivo*
- *v* **1** [intr] gemere [per il dolore] **2** [intr] lamentarsi | **to moan about sth** lamentarsi di qc
- *s* gemito [di dolore]

mob /mɒb/ *sostantivo* e *verbo*
- *s* **1** folla **2 the Mob** la Mafia
- *v* [tr] (**mobbed**, **mobbing**) prendere d'assalto

mobile /'məʊbaɪl, AmE 'məʊbəl/ *sostantivo* e *aggettivo*
- *s* **1** cellulare: *You can ring me on my mobile.* Mi puoi chiamare sul cellulare. **2** (per bambini) giostrina
- *agg* **1 mobile home** roulotte di grandi dimensioni **2 to be mobile** muoversi: *She's less mobile now she has arthritis.* Da quando ha l'artrite si muove molto meno.

ˌmobile 'phone *s* telefono cellulare

mobile phone

mobility /məʊ'bɪləti/ *s* mobilità

mobilize, -ise BrE /'məʊbəlaɪz/ *v* **1** [tr] mobilitare **2** [intr] mobilitarsi

mock /mɒk/ *verbo* e *aggettivo*
- *v* [tr/intr] prendere in giro
- *agg* **1 a mock exam/interview** la simulazione di un esame/colloquio **2** in stile: *a mock Tudor house* una casa in stile elisabettiano **3** (sorpresa) simulato -a

mockery /'mɒkəri/ *s* **1** scherno **2 to make a mockery of sth** prendersi gioco di qc

modal verb /ˌməʊdl 'vɜːb/, anche **modal** *s* verbo modale ► come, ad esempio, **can**, **could**, ecc.

mode /məʊd/ *s* (formale) modo | **mode of transport** mezzo di trasporto

model /'mɒdl/ *sostantivo*, *aggettivo* e *verbo*
- *s* **1** (copia in scala) modellino **2** (di fotografo, di pittore) modello -a **3** (indossatore) modello -a **4** (esempio) modello **5** (di automobile) modello
- *agg* **1 a model car/aeroplane** un modellino di auto/di aereo **2 a model parent/pupil etc** un genitore/uno studente ecc. modello
- *v* (**-lled**, **-lling** BrE, **-led**, **-ling** AmE) **1** [tr] indossare **2** [intr] fare il modello **3 to model sth on sth/sb** prendere a modello qc/qn per qc: *He modelled himself on Martin Luther King.* Ha preso a modello Martin Luther King.

modelling BrE, **modeling** AmE /'mɒdlɪŋ/ *s* professione del modello

modem /'məʊdem/ *s* modem

moderate¹ /ˈmɒdərət/ *aggettivo e sostantivo*
• *agg* **1** (temperatura, fuoco) moderato -a, (aumento di prezzi) contenuto -a **2** (in politica) moderato -a
• *s* moderato -a

moderate² /ˈmɒdəreɪt/ *v* (formale) **1** [tr] moderare **2** [intr] (vento) calmarsi

moderately /ˈmɒdərətli/ *avv* alquanto

moderation /ˌmɒdəˈreɪʃən/ *s* moderazione | **in moderation** con moderazione

modern /ˈmɒdn/ *agg* moderno -a: *modern art* l'arte moderna | *modern languages* le lingue moderne

modernity /mɒˈdɜːnəti/ *s* modernità

modernize, -ise BrE /ˈmɒdn-aɪz/ *v* **1** [tr] modernizzare **2** [intr] modernizzarsi

modest /ˈmɒdɪst/ *agg* **1** modesto -a | **to be modest about sth** essere modesto riguardo a qc **2** (dimensioni, bisogni) modesto -a, (aumento di prezzi, salari) contenuto -a **3** (stile di vita) semplice, (casa) modesto -a

modesty /ˈmɒdɪsti/ *s* **1** modestia **2** pudore

modify /ˈmɒdɪfaɪ/ *v* [tr] (**-fies**, **-fied**) (formale) modificare

modular /ˈmɒdjələ/ *agg* (sistema, mobile) modulare, (corso) strutturato -a in moduli

module /ˈmɒdjuːl/ *s* modulo

moist /mɔɪst/ *agg* umido -a ► vedi nota sotto **umido**

moisten /ˈmɔɪsən/ *v* **1** [tr] inumidire **2** [intr] inumidirsi

moisture /ˈmɔɪstʃə/ *s* umidità

moisturize, -ise BrE /ˈmɔɪstʃəraɪz/ *v* [tr] idratare

moisturizer, -iser BrE /ˈmɔɪstʃəraɪzə/ *s* crema idratante

molar /ˈməʊlə/ *s* (dente) molare

mold AmE ► vedi **mould**

moldy AmE ► vedi **mouldy**

mole /məʊl/ *s* **1** (animale) talpa **2** (sulla pelle) neo **3** (spia) talpa

molecular /məˈlekjələ/ *agg* molecolare

molecule /ˈmɒlɪkjuːl/ *s* molecola

molest /məˈlest/ *v* [tr] molestare [sessualmente]

molten /ˈməʊltən/ *agg* (metallo) fuso -a | **molten lava** lava allo stato fluido

mom /mɒm/ AmE (informale) ► vedi **mum**

moment /ˈməʊmənt/ *s* **1** (breve periodo di tempo) momento: *I need to sit down **for a moment**.* Devo sedermi un momento. **2** (punto nel tempo) momento: ***At that moment**, the door opened and Danny walked in.* In quel momento, si è aperta la porta ed è entrato Danny. | *They should be here **in a moment**.* Dovrebbero essere qui a momenti. | **from that moment on** da quel momento in poi | **just a moment** un momento **3** **at the moment** al momento | **for the moment** per il momento **4** **the moment (that)** appena: *Call me the moment you arrive.* Chiamami appena arrivi. | **(at) any moment** da un momento all'altro | **at the last moment** all'ultimo momento

momentarily /ˈməʊməntərəli, AmE ˌməʊmənˈterəli/ *avv* **1** momentaneamente **2** AmE fra un momento ► In inglese britannico si usa **in a moment**.

momentary /ˈməʊməntəri/ *agg* momentaneo -a

momentous /məʊˈmentəs/ *agg* decisivo -a

momentum /məʊˈmentəm/ *s* **1** spinta | **to gain/gather momentum** prendere slancio **2** (in fisica) momento

mommy /ˈmɒmi/ AmE (informale) ► vedi **mummy**

monarch /ˈmɒnək/ *s* monarca

monarchy /ˈmɒnəki/ *s* (pl **-chies**) monarchia

monastery /ˈmɒnəstri/ *s* (pl **-ries**) monastero

Monday /ˈmʌndi/ *s* lunedì ► vedi Active Box **days of the week** sotto **day**

monetary /ˈmʌnɪtəri/ *agg* monetario -a

money /ˈmʌni/ *s* **1** soldi: *Have you got any money?* Hai dei soldi? | **to earn/make/spend money** guadagnare/fare/spendere soldi: *I'm trying to save some money.* Sto cercando di metter via un po' di soldi. **2** **you get your money's worth** vale il suo prezzo **3** **to be made of money** (informale) nuotare nell'oro

monitor /ˈmɒnɪtə/ *sostantivo e verbo*
• *s* (in informatica, medicina) monitor
• *v* [tr] **1** monitorare **2** tenere sotto controllo [progressi, telefonate]

monk /mʌŋk/ *s* monaco

monkey /ˈmʌŋki/ *s* scimmia

monogamous /məˈnɒgəməs/ *agg* monogamo -a

monogamy /məˈnɒgəmi/ *s* monogamia

monologue BrE, **monolog** AmE /ˈmɒnəlɒg/ *s* monologo

monopolize, -ise BrE /məˈnɒpəlaɪz/ *v* [tr] monopolizzare

monopoly /məˈnɒpəli/ *s* (pl **-lies**) **monopoly (on/of sth)** monopolio (su/di qc)

monotonous /məˈnɒtənəs/ *agg* monotono -a

monoxide /məˈnɒksaɪd/ *s* monossido

monsoon /ˌmɒnˈsuːn/ *s* monsone

monster /ˈmɒnstə/ *s* **1** mostro **2** (bambino) peste

monstrosity /mɒnˈstrɒsəti/ *s* (pl **-ties**) obbrobrio

monstrous /ˈmɒnstrəs/ *agg* **1** (bruttissimo) mostruoso -a **2** (ignobile) disgustoso -a **3** (di grandi dimensioni) enorme

month /mʌnθ/ *s* mese: *a six-month-old baby* un bambino di sei mesi | *I get £50 a month.* Prendo 50 sterline al mese. | *I haven't seen him for months.* Non lo vedo da mesi. | **last/next month** il mese scorso/prossimo | **once/twice etc a month** una volta/due volte ecc. al mese ▶ vedi Active Box **months**

monthly /ˈmʌnθli/ *aggettivo* e *avverbio*
• *agg* (scadenza, rata) mensile
• *avv* (pagare) al mese, (andare a trovare, riunirsi) una volta al mese

monument /ˈmɒnjəmənt/ *s* monumento | **a monument to sth/sb** un monumento a qc/qn

monumental /ˌmɒnjəˈmentl/ *agg* **1** (errore, fiasco) clamoroso -a **2** (ingorgo) gigantesco -a, (compito) immane **3** (opera) monumentale

mood /muːd/ *s* **1** (stato d'animo) umore | **to be in a good/bad etc mood** essere di buon/cattivo ecc. umore | **to be in the mood for (doing) sth** essere in vena di (fare) qc: *I'm **in no mood for** jokes!* Non sono in vena di scherzi! **2** malumore: *She's always **in a mood**.* È sempre di malumore. **3** (in grammatica) modo

moody /ˈmuːdi/ *agg* (**-dier**, **-diest**) **1** scontroso -a **2** lunatico -a

moon /muːn/ *s* **1** luna: *the first man to land on the moon* il primo uomo ad atterrare sulla luna | *There's a **full moon**.* C'è la luna piena. **2 once in a blue moon** ogni morte di papa **3 over the moon** BrE (informale) al settimo cielo

moonlight /ˈmuːnlaɪt/ *s* chiaro di luna

moonlit /ˈmuːnˌlɪt/ *agg* (paesaggio) illuminato dalla luna | **a moonlit night** una notte rischiarata dalla luna

moor /mʊə/ *sostantivo* e *verbo*
• *s* brughiera
• *v* [tr/intr] ormeggiare

mooring /ˈmʊərɪŋ/ *sostantivo* e *sostantivo plurale*
• *s* ormeggio
• **moorings** *s pl* ormeggi

moorland /ˈmʊələnd/ *s* brughiera

mop /mɒp/ *sostantivo* e *verbo*
• *s* **1** spazzolone lavapavimenti **2** massa (di capelli)
• *v* [tr] (**mopped**, **mopping**) **1** lavare [pavimento] **2** asciugare [superficie] **3** asciugarsi [faccia]

mop sth up asciugare qc [liquido]

moped /ˈməʊped/ *s* motorino

moral /ˈmɒrəl/ *aggettivo, sostantivo* e *sostantivo plurale*
• *agg* **1** morale | **moral issue/duty** questione/dovere morale **2 moral support** sostegno morale
• *s* morale: *What's **the moral of the story**?* Qual è la morale della storia?
• **morals** *s pl* principi morali

Active Box: months

Gli esempi di questa **Active Box** sono una guida per aiutarti a costruire frasi che parlano dei mesi dell'anno. Ricordati che in inglese i mesi si scrivono con la maiuscola:

*The elections will be **in July**.*	Le elezioni si terranno a luglio.
*We moved here **last April**.*	Ci siamo trasferiti qui lo scorso aprile.
*They're getting married **next September**.*	Si sposano a settembre di quest'anno.
*The festival takes place **every December**.*	Il festival si tiene ogni anno in dicembre.
He was born on February 8th.	È nato l'8 febbraio.

In inglese britannico, una data, come nell'ultimo esempio, si può anche scrivere **on 8th February**. Quando si parla si dice **on the eighth of February** o, in inglese americano, **on February the eighth**.

morale /məˈrɑːl/ *s* (stato d'animo) morale

morality /məˈræləti/ *s* moralità

morally /ˈmɒrəli/ *avv* (comportarsi) secondo la morale

morbid /ˈmɔːbɪd/ *agg* morboso -a ▶ FALSE FRIEND Non confondere **"morbid"** con **morbido** che si traduce **soft**.

more /mɔː/ *avverbio, aggettivo* e *pronome*
• *avv* **1** (per formare il comparativo di aggettivi e avverbi di due o più sillabe) più: *She's **more** intelligent **than** her brother.* È più intelligente di suo fratello. | *The rain started to fall more heavily.* La pioggia si è fatta più forte.
2 (con maggior frequenza, in maggior misura) più: *You need to practise more.* Devi fare più esercizio. | *I go out **much more** now that I can drive.* Esco di più adesso che ho la patente.
3 more or less più o meno
4 more and more sempre più
• *agg* più: *two more chairs* ancora due sedie | *Would you like some more coffee?* Vuoi ancora un po' di caffè? | ***More** people are getting divorced **than** ever before.* Ci sono più divorzi che mai.
• *pron* **1** più: *He earns **more than** I do.* Guadagna più di me. | ***more than** 200 people* più di 200 persone

M

2 no/not more than 10/50 etc non più di 10/50 ecc.: *He was no more than a boy.* Non era che un bambino.
3 the more ... the more più ... più: *The more he has, the more he wants.* Più ha e più vorrebbe. | **the more ... the less** più ..., meno: *The more I get to know her, the less I like her.* Più la conosco, meno mi piace. ▶ vedi anche **once**

moreover /mɔːr'əʊvə/ *avv* (formale) inoltre

morning /'mɔːnɪŋ/ *s* **1** mattina: *We could go shopping **in the morning**.* Potremmo andare a far compere di mattina. | *I had a card from them **this morning**.* Ho ricevuto una cartolina da loro stamattina. | *at 8 o'clock **in the morning*** alle 8 del mattino | *on Sunday **morning*** domenica mattina | *on **the morning** of 15th July* la mattina del 15 luglio | **yesterday/tomorrow morning** ieri/domani mattina **2 (good) morning!** buongiorno! **3** [seguito da sostantivo] (camminata, aria) mattutino -a, (caffè, notizie) del mattino: *the morning paper* il giornale del mattino

moron /'mɔːrɒn/ *s* (informale) idiota

mortal /'mɔːtl/ *agg* e *s* mortale

mortality /mɔː'tæləti/ *s* mortalità

mortar /'mɔːtə/ *s* **1** (in edilizia) malta **2** (arma) mortaio **3** (in cucina, farmacia) mortaio

mortgage /'mɔːgɪdʒ/ *sostantivo* e *verbo*
• *s* mutuo
• *v* [tr] ipotecare

mortuary /'mɔːtʃuəri/ *s* (pl **-ries**) obitorio

mosaic /məʊ'zeɪ-ɪk/ *s* mosaico

Moslem /'mɒzləm/ ▶ vedi **Muslim**

mosque /mɒsk/ *s* moschea

mosquito /mə'skiːtəʊ/ *s* (pl **-toes** o **-tos**) **1** zanzara **2 mosquito net** zanzariera

moss /mɒs/ *s* (pl **mosses**) muschio

most /məʊst/ *aggettivo, avverbio* e *pronome*
• *agg* **1** la maggior parte di: *He gets on well with most people.* Va d'accordo con la maggior parte delle persone. | *I see her most days.* La vedo quasi tutti i giorni. **2** più: *Who earns **the most** money?* Chi guadagna di più? | *the player who scores **the most** points* il giocatore che fa più punti
• *avv* **1** (per formare il superlativo di aggettivi e avverbi di due o più sillabe) più: *the most beautiful girl in the world* la più bella ragazza del mondo | *the question most frequently asked* la domanda che viene fatta più spesso
2 (con massima frequenza, in massima misura) di più: *The thing I want most is a DVD player.* La cosa che desidero di più è un lettore DVD. | **most of all** innanzitutto
• *pron* **1** la maggior parte: *All the rooms have TV and most have private bathrooms.* Tutte le camere hanno la televisione e la maggior parte ha anche il bagno. | *most of the time* la maggior parte del tempo
2 usato come superlativo: *Dan contributed most.* Dan ha dato il maggior contributo. | ***The most** I can give you is $100.* Il massimo che ti posso dare è 100 dollari.
3 at most al massimo
4 to make the most of sth sfruttare qc al massimo

mostly /'məʊstli/ *avv* per lo più

motel /məʊ'tel/ *s* motel

moth /mɒθ/ *s* **1** falena **2** (anche **clothes moth**) tarma

mother /'mʌðə/ *sostantivo* e *verbo*
• *s* madre
• *v* **to mother sb** essere iperprotettivo con qn

motherhood /'mʌðəhʊd/ *s* maternità

'mother-in-law *s* (pl **mothers-in-law**) suocera

'Mother's Day *s* festa della mamma ▶ In Gran Bretagna cade la quarta domenica di quaresima.

'mother ,tongue *s* lingua madre

motif /məʊ'tiːf/ *s* **1** (tema) motivo **2** (disegno) motivo

motion /'məʊʃən/ *sostantivo* e *verbo*
• *s* **1** moto: *the motion of the train* il movimento del treno | *The motion of the ship made her feel ill.* Il movimento della nave le ha fatto venire il mal di mare. **2** (formale) gesto [della mano], cenno [del capo] **3** mozione: *The motion was carried.* La mozione è passata. **4 to put/set sth in motion** mettere in moto qc **5 in slow motion** al rallentatore **6 to go through the motions (of doing sth)** fare qualcosa per puro obbligo: *I'm so bored at work that I'm just going through the motions.* Sono così stufo del mio lavoro che ormai lo faccio solo perché devo.
• *v* **to motion (for) sb to do sth** fare segno a qn di fare qc

motionless /'məʊʃənləs/ *agg* immobile

'motion ,picture *s* AmE film ▶ In inglese britannico si usa **film**.

motivate /'məʊtəveɪt/ *v* [tr] **1** (stimolare) motivare **2** (provocare) spingere

motivation /ˌməʊtə'veɪʃən/ *s* **1** motivazione **2** motivo

motive /'məʊtɪv/ *s* movente: *the **motive** for the murder* il movente dell'omicidio

motor /'məʊtə/ *s* motore

motorbike /'məʊtəˌbaɪk/ *s* motocicletta

motorboat /'məʊtəˌbəʊt/ *s* motoscafo

motorcycle /'məʊtəˌsaɪkəl/ *s* motocicletta

motorist /'məʊtərɪst/ *s* automobilista

'motor ,racing *s* automobilismo

M

motorway /ˈməʊtəweɪ/ *s* BrE autostrada

motto /ˈmɒtəʊ/ *s* (pl **mottoes** o **mottos**) motto

mould BrE, **mold** AmE /məʊld/ *sostantivo e verbo*
- *s* **1** muffa **2** stampo
- *v* [tr] formare [polpette], stampare [plastica]

mouldy BrE, **moldy** AmE /ˈməʊldi/ *agg* (**-dier**, **-diest**) (pane) ammuffito -a, (formaggio) con la muffa

mound /maʊnd/ *s* **1** mucchio di terra **2** catasta

mount /maʊnt/ *verbo e sostantivo*
- *v* **1** [intr] (anche **mount up**) aumentare **2** [tr] mettere in piedi [campagna] **3** [tr] sferrare [attacco] **4** [tr] montare a [cavallo], salire su [bicicletta] **5** montare [foto, motore]
- *s* **1 Mount** (nome di montagne) Monte: *Mount Everest* il Monte Everest **2** cavallo **3** (di quadro) passe-partout

mountain /ˈmaʊntən/ *s* **1** montagna **2 mountain bike** mountain bike **3** (informale) (grande quantità) montagna **4 to make a mountain out of a molehill** fare di una mosca un elefante

mountain bike

mountaineer /ˌmaʊntəˈnɪə/ *s* alpinista

mountaineering /ˌmaʊntəˈnɪərɪŋ/ *s* alpinismo

mountainous /ˈmaʊntənəs/ *agg* montagnoso -a

mountainside /ˈmaʊntənsaɪd/ *s* fianco della montagna

mourn /mɔːn/ *v* **1 to mourn (for) sb** piangere (la morte di) qn **2** [tr] rimpiangere [perdita]

mourner /ˈmɔːnə/ *s* persona che partecipa a un funerale

mourning /ˈmɔːnɪŋ/ *s* lutto | **to be in mourning** essere in lutto

mouse /maʊs/ *s* (pl **mice** /maɪs/) **1** topo **2** (in informatica) mouse

mousse /muːs/ *s* **1** (in cucina) mousse **2** (per i capelli) schiuma

moustache BrE, **mustache** AmE /məˈstɑːʃ, AmE ˈmʌstæʃ/ *s* baffi

mouth /maʊθ/ *s* (pl **mouths** /maʊðz/) **1** bocca: *Don't talk with your mouth full!* Non parlare con la bocca piena! **2** (di grotta) ingresso **3** (di vaso) bocca **4** (di fiume) foce **5 to keep your mouth shut** (informale) tenere la bocca chiusa

mouthful /ˈmaʊθfʊl/ *s* **1** (di cibo) boccone **2** (di liquido) sorso

mouthpiece /ˈmaʊθpiːs/ *s* **1** (di telefono) microfono **2** (di organizzazione) portavoce

mouthwash /ˈmaʊθwɒʃ/ *s* colluttorio

move /muːv/ *verbo e sostantivo*
- *v* **1** [tr] muovere: *I couldn't move my leg.* Non riuscivo a muovere la gamba. **2** [intr] muoversi: *She heard someone **moving** on the stairs.* Ha sentito muoversi qualcuno sulle scale. | *Don't move, or I'll shoot!* Fermo o sparo! **3** [tr] spostare: *You've moved all the furniture.* Avete spostato tutti i mobili. | *He's been **moved into** a different class.* Lo hanno spostato in un'altra classe. **4** [intr] spostarsi: *I'm going to move, I can't see a thing here.* Mi sposto, da qui non vedo niente. **5** [intr] (anche **move away**) trasferirsi: *They **moved to** Germany.* Si sono trasferiti in Germania. **6 to move house** traslocare **7** [tr] commuovere: *I was moved by the film.* Il film mi ha commosso. **8 to move sb to do sth** spingere qn a fare qc

move in andare ad abitare in una casa: *When are you moving in?* Quando andate ad abitare nella nuova casa? | **to move in with sb** andare ad abitare con qn

move off mettersi in movimento

move on 1 proseguire [nel corso di un viaggio] **2** proseguire | **move on to sth** passare a qc: *Shall we move on to the next point?* Passiamo al punto successivo?

move out andar via da una casa per andare a vivere altrove

move over farsi più in là

- *s* **1** passo | **a good move** una buona decisione **2** trasferimento **3** (negli scacchi) mossa | **it's your move** tocca a te **4 to make a move a)** prendere l'iniziativa **b)** muoversi **c)** BrE (informale) andarsene: *He always has to **make the first move**.* Dev'essere sempre lui a prendere l'iniziativa. | *He **made a move for** his gun.* Ha fatto per prendere il fucile. **5 to get a move on** (informale) darsi una mossa

movement /ˈmuːvmənt/ *s* **1** movimento: *the dancer's graceful movements* i movimenti aggraziati della ballerina **2** (in politica, arte) movimento **3** (in musica) movimento

movie /ˈmuːvi/ *s* film ► In inglese britannico **film** è più usato di **movie**. | **to go to the movies** AmE andare al cinema

moving /ˈmuːvɪŋ/ *agg* **1** commovente **2** mobile **3** in movimento | **fast/slow moving** rapido/lento

M

mow /məʊ/ *v* [tr] (participio **mown** /məʊn/ o **mowed**) tagliare [erba]
mow sb down falciare qn

mower /'məʊə/ *s* tosaerba

MP *s* (= **Member of Parliament**) ▶ vedi **Member of Parliament**

mph (= **miles per hour**) miglia all'ora

Mr /'mɪstə/ *s* Signor, Sig.

Mrs /'mɪsɪz/ *s* Signora, Sig.ra

Ms /mɪz/ *s* Signora, Sig.ra

> **Ms, Mrs o Miss?**
>
> Si usa **Ms** quando non si desidera sottolineare la differenza tra nubile (**Miss**) e sposata (**Mrs**). Sempre più donne preferiscono usare il titolo **Ms.**

MSc /ˌem es 'siː/ *s* (= **Master of Science**) titolo che si ottiene al termine di un master in discipline scientifiche

much /mʌtʃ/ *avverbio, aggettivo* e *pronome*
• *avv* **1** molto: *I feel much better.* Mi sento molto meglio. | *He doesn't go out much.* Non esce molto. | *Thank you very **much**!* Grazie molte! | *It's **much too** big.* È decisamente troppo grande.
2 too much troppo: *He talks too much.* Parla troppo.
3 so much moltissimo: *I miss her so much.* Mi manca moltissimo.
4 much as per quanto: *Much as I love him, I couldn't do that.* Per quanto gli voglia bene, non potrei fare una cosa del genere.
• *agg* e *pron* **1** molto -a: *There isn't much time.* Non c'è molto tempo. | *Was there much traffic?* C'era molto traffico? | *He didn't say much.* Non ha detto molto.
2 how much ...? quanto ...?: *How much money do you have?* Quanti soldi hai?
3 too much troppo: *Don't give me too much fruit.* Non darmi troppa frutta.
4 so much così tanto: *Don't waste so much paper.* Non consumare così tanta carta.
5 much of gran parte: *Much of the city was destroyed.* Gran parte della città è stata distrutta.
6 not much of a *I'm not much of a cook.* Non sono granché come cuoca.

muck /mʌk/ *sostantivo* e *verbo*
• *s* **1** sporcizia **2** BrE letame
• *v* **muck about/around** BrE (informale) fare lo sciocco

mucus /'mjuːkəs/ *s* muco

mud /mʌd/ *s* fango

muddle /'mʌdl/ *sostantivo* e *verbo*
• *s* **1** disordine **2** (malinteso) confusione **3 to get into a muddle** confondersi
• *v* [tr] **1** confondere **2** (anche **muddle up**) mettere sottosopra **3 to get sth/sb muddled up** confondere qc/qn: *I always get those two films muddled up.* Confondo sempre quei due film.

muddy /'mʌdi/ *agg* (**muddier**, **muddiest**) **1** (scarpe, abiti) infangato -a **2** (fiume) limaccioso -a

muesli /'mjuːzli/ *s* müsli

muffin /'mʌfɪn/ *s* **1** BrE focaccia tonda e schiacciata da tostare e mangiare col burro **2** AmE grosso pasticcino con pezzetti di frutta

muffled /'mʌfəld/ *agg* (voce) basso -a, (rumore) attutito -a, (grido) soffocato -a

mug /mʌg/ *sostantivo* e *verbo*
• *s* tazza [di grandi dimensioni che si usa senza piattino]
• *v* [tr] (**mugged**, **mugging**) assalire e derubare: *I was mugged.* Mi hanno assalito e derubato.

mug

mugger /'mʌgə/ *s* assalitore -trice

mugging /'mʌgɪŋ/ *s* (attacco) aggressione (per rapina)

mule /mjuːl/ *s* mulo

mull /mʌl/ *v* **mull sth over** meditare su qc

multi-coloured BrE, **multi-colored** AmE /ˌmʌlti'kʌləd/ *agg* multicolore

multimedia /ˌmʌltɪ'miːdiə/ *agg* multimediale

multinational /ˌmʌltɪ'næʃənəl/ *agg* e *s* multinazionale

multiple /'mʌltəpəl/ *aggettivo* e *sostantivo*
• *agg* numeroso -a
• *s* multiplo

ˌmultiple 'choice *agg* a scelta multipla

ˌmultiple scle'rosis *s* sclerosi multipla

multiplication /ˌmʌltəplə'keɪʃən/ *s* moltiplicazione

multiply /'mʌltəplaɪ/ *v* (**-plies**, **-plied**) **1** [tr] moltiplicare **2** [intr] moltiplicarsi

multiracial /ˌmʌltɪ'reɪʃəl/ *agg* multirazziale

ˌmulti-'storey *agg* BrE a più piani | **multi-storey car park** parcheggio multipiano

multitude /'mʌltətjuːd/ *s* (formale o letterario) **1** moltitudine **2 a multitude of problems/uses etc** un'infinità di problemi/di usi ecc.

mum /mʌm/ *s* BrE (informale) mamma: *My mum's a teacher.* Mia mamma fa l'insegnante.

mumble /'mʌmbəl/ *v* [tr/intr] borbottare

mummy /'mʌmi/ *s* (pl **mummies**) **1** BrE (informale) mamma **2** mummia

mumps /mʌmps/ *s* orecchioni

munch /mʌntʃ/ *v* (3ª pers sing **munches**) **to munch (on/at) sth** sgranocchiare qc

mundane /mʌn'deɪn/ *agg* (noioso) piatto -a

M

Vuoi informazioni sulla differenza tra gli **aggettivi possessivi** in inglese e in italiano? Vedi la **guida grammaticale.**

municipal /mjuːˈnɪsəpəl/ *agg* municipale

mural /ˈmjʊərəl/ *s* (dipinto) murale

murder /ˈmɜːdə/ *sostantivo* e *verbo*

• *s* **1** omicidio **2 to be murder** (informale) essere bestiale: *The traffic coming into town was murder.* C'era un traffico bestiale per andare in centro. **3 to get away with murder** (informale) non essere punito qualunque cosa si faccia

• *v* [tr] uccidere ▶ **MURDER O ASSASSINATE?** vedi nota sotto **assassinare**

murderer /ˈmɜːdərə/ *s* assassino -a

murderous /ˈmɜːdərəs/ *agg* (sguardo, follia) omicida, (persona) con intenzioni omicide

murky /ˈmɜːki/ *agg* (**-kier**, **-kiest**) (acqua, fondale) torbido -a, (luce) fosco -a

murmur /ˈmɜːmə/ *sostantivo* e *verbo*

• *s* **1** mormorio **2 without a murmur** senza fiatare

• *v* [tr/intr] mormorare

muscle /ˈmʌsəl/ *s* **1** muscolo: *I've pulled a muscle.* Mi sono stirato un muscolo. **2** forza **3 financial/military etc muscle** potere economico/militare ecc.

muscular /ˈmʌskjələ/ *agg* **1** (braccia, corporatura) muscoloso -a **2** (contrazione, dolore) muscolare

muse /mjuːz/ *v* **to muse about sth** rimuginare su qc

museum /mjuːˈziːəm/ *s* museo

mushroom /ˈmʌʃruːm/ *s* fungo

music /ˈmjuːzɪk/ *s* **1** musica | **a piece of music** un brano musicale **2** note | **to read music** saper leggere le note

musical /ˈmjuːzɪkəl/ *aggettivo* e *sostantivo*

• *agg* **1** musicale **2** (persona) portato -a per la musica

• *s* musical

musician /mjuːˈzɪʃən/ *s* musicista

Muslim /ˈmʊzlɪm/ *agg* e *s* mussulmano -a

muslin /ˈmʌzlɪn/ *s* mussola di cotone

mussel /ˈmʌsəl/ *s* cozza

must /məst, tonico mʌst/ *verbo* e *sostantivo*

• *v* [modale] ▶ vedi riquadro

• *s* **a must** qualcosa che è consigliabile o strettamente necessario fare: *This film is a must.* Questo è un film da non perdere. | *Warm clothes are a must on this trip.* Per questo viaggio, gli abiti pesanti sono d'obbligo.

mustache AmE ▶ vedi **moustache**

mustard /ˈmʌstəd/ *s* senape

muster /ˈmʌstə/ *v* **1** [tr] (anche **muster up**) trovare [coraggio, forza, voglia], ottenere [appoggio] **2** [tr] radunare [truppe], [intr] radunarsi

mustn't /ˈmʌsənt/ forma contratta di **must not**

---

must *verbo modale*

1 OBBLIGO (= dovere)

All passengers must wear seatbelts. Tutti i passeggeri devono indossare le cinture di sicurezza. | *It's late. I really must go.* È tardi. Devo proprio andare. | *"Are you coming?" "Must I?"* – Vieni anche tu? – Devo proprio? | *Must you always be so unpleasant?* Devi sempre essere così antipatico? | *"Can I put the radio on?" "**If you must.**"* – Posso accendere la radio? – Se proprio devi.

mustn't indica divieto:

You mustn't tell anyone. Mi raccomando, non dirlo a nessuno.

2 SUPPOSIZIONE (= dovere)

She must be almost 80 by now. Dev'essere sugli 80 ormai. | *You must be mad!* Ma sei pazzo?

Per fare supposizioni su qualcosa di passato si usa **must have** seguito da un participio:

He must have been drunk. Mi sa che aveva bevuto.

3 INTENZIONI, INVITI, RACCOMANDAZIONI (= dovere)

I must phone them. Devo proprio chiamarli. | *You must come round for supper sometime.* Devi assolutamente venire a cena uno di questi giorni. | *You must see this film.* Devi assolutamente vedere questo film.

---

musty /ˈmʌsti/ *agg* (**-tier**, **-tiest**) (odore) di muffa, (stanza) che ha odore di chiuso | **to smell musty** avere odore di muffa

mute /mjuːt/ *aggettivo* e *sostantivo*

• *agg* (persona) silenzioso -a, (accordo) tacito -a

• *s* **1** muto -a **2** (di strumento musicale) sordina

muted /ˈmjuːtɪd/ *agg* **1** (colore, suono) spento -a **2** (tono, voce) pacato -a **3** (critica, appoggio) moderato -a

mutilate /ˈmjuːtɪleɪt/ *v* [tr] mutilare

mutiny /ˈmjuːtɪni/ *s* (pl **-nies**) ammutinamento

mutter /ˈmʌtə/ *v* [tr/intr] bofonchiare

mutton /ˈmʌtn/ *s* montone [carne]

mutual /ˈmjuːtʃuəl/ *agg* **1** reciproco -a **2 a mutual friend/interest** un amico/interesse comune

mutually /ˈmjuːtʃuəli/ *avv* **1 to be mutually beneficial** far bene a entrambi | **to be mutually acceptable** andar bene a entrambi **2 to be mutually exclusive** escludersi a vicenda

muzzle /ˈmʌzəl/ *sostantivo* e *verbo*

• *s* **1** muso **2** museruola **3** (di arma da fuoco) bocca

• *v* [tr] **1** mettere la museruola a **2** far tacere

M

my /maɪ/ *agg* mio, mia: *my sister* mia sorella | *my parents* i miei genitori ▶ In inglese i possessivi si usano in molti casi in cui in italiano si usa l'articolo, come ad esempio con le parti del corpo, oggetti personali ecc.: *I've hurt my hand.* Mi sono fatto male alla mano. | *Wait, I'll put my glasses on.* Un secondo che mi metto gli occhiali.

myself /maɪˈself/ *pron* ▶ vedi riquadro

mysterious /mɪˈstɪəriəs/ *agg* misterioso -a

mystery /ˈmɪstəri/ *s* (pl **-ries**) **1** mistero | **to be a mystery to sb** essere un mistero per qn **2** giallo con suspense **3 mystery tour** viaggio con destinazione sconosciuta

mystical /ˈmɪstɪkəl/, anche **mystic** /ˈmɪstɪk/ *agg* mistico -a

mystify /ˈmɪstəfaɪ/ *v* [tr] (**-fies**, **-fied**) (confondere) disorientare

myth /mɪθ/ *s* mito

mythical /ˈmɪθɪkəl/ *agg* mitico -a

mythology /mɪˈθɒlədʒi/ *s* (pl **-gies**) mitologia

N¹, n /en/ *s* N, n ▶ vedi Active Box **letters** sotto **letter**

N² (= **north**) N

nag /næg/ *v* (**nagged**, **nagging**) **1 to nag sb (to do sth)** assillare qn (perché faccia qc) **2** [intr] essere assillante **3** [tr] (problema, dubbi) assillare

nagging /ˈnægɪŋ/ *agg* **1 a nagging pain** un dolore continuo | **a nagging doubt** un dubbio assillante **2 a nagging husband/wife** un marito/una moglie assillante

nail /neɪl/ *sostantivo* e *verbo*

• *s* **1** unghia | **to bite your nails** mangiarsi le unghie **2** chiodo **3 to hit the nail on the head** cogliere nel segno **4 nail file** limetta [per le unghie] **nail polish**, anche **nail varnish** BrE smalto [per le unghie]

• *v* [tr] **to nail sth to sth** inchiodare qc a qc: *She nailed the sign to a tree.* Ha inchiodato il cartello a un albero.

nail sth down inchiodare qc **nail sb down** mettere qn con le spalle al muro [per avere una risposta]

myself *pronome*

1 **Myself** è la forma riflessiva di **I**. L'uso equivale a quello dei verbi riflessivi e pronominali italiani e a forme come *me stesso*:

I hurt myself. Mi sono fatto male. | *I bought myself a new computer.* Mi sono comprato un computer nuovo. | *I'm pleased with myself.* Sono soddisfatto di me (stesso). | *I was just talking to myself.* Stavo solo parlando tra me e me.

2 C'è anche un uso enfatico che equivale a quello di *io stesso*:

I talked to him myself. Gli ho parlato io stresso. | *I saw them myself.* Li ho visti con i miei occhi. | *I'm a visitor here myself.* Anch'io sono un turista.

3 L'espressione **by myself** o **all by myself** significa *da solo -a* (senza compagnia o senza aiuto):

I don't like going to the cinema by myself. Non mi piace andare al cinema da solo. | *Look! I did it all by myself!* Guarda! L'ho fatto tutto da solo.

naive /naɪˈiːv/ *agg* ingenuo -a

naked /ˈneɪkɪd/ *agg* **1** nudo -a **2 with/to the naked eye** a occhio nudo **3 a naked bulb** una lampadina [senza paralume] | **a naked flame** una fiamma [senza protezioni]

name /neɪm/ *sostantivo* e *verbo*

• *s* **1** nome: *Write your full name.* Scrivete il vostro nome per esteso. | *What's your name?* Come ti chiami? | *My name's David.* Mi chiamo David. | *an Italian **by the name of** Martini* un italiano di nome Martini
2 to put your name down for sth mettersi in lista per qc
3 nome | **to make a name for yourself** farsi un nome | **to get a bad name** farsi una cattiva fama
4 to call sb names insultare qn
5 in the name of sth/sb in nome di qc/qn

• *v* [tr] **1** chiamare: *We decided to name her Sarah.* Abbiamo deciso di chiamarla Sarah. | *He was **named after** his grandfather.* Lo hanno chiamato come il nonno.
2 (identificare) dire il nome di
3 indicare [prezzo, data]
4 (per un incarico) nominare

namely /ˈneɪmli/ *avv* più esattamente: *Two students, namely John and Sue, are missing.* Mancano due alunni, più esattamente John e Sue.

namesake /ˈneɪmseɪk/ *s* omonimo -a

nanny /ˈnæni/ *s* (pl **nannies**) bambinaia

nap /næp/ *s* riposino | **to have/take a nap** fare un riposino

nape /neɪp/ *s* **the nape of your/the neck** la nuca

napkin /ˈnæpkɪn/, anche **ˈtable ˌnapkin** *s* tovagliolo

nappy /ˈnæpi/ *s* (pl **nappies**) BrE pannolino

narcotic /nɑːˈkɒtɪk/ *sostantivo* e *aggettivo*
- *s* narcotico
- *agg* narcotico -a

narrate /nəˈreɪt, AmE ˈnæreɪt/ *v* [tr] narrare

narrative /ˈnærətɪv/ *sostantivo* e *aggettivo*
- *s* **1** racconto **2** narrativa
- *agg* narrativo -a

narrator /nəˈreɪtə/ *s* narratore -trice

narrow /ˈnærəʊ/ *aggettivo* e *verbo*
- *agg* **1** stretto -a: *a narrow corridor* un corridoio stretto **2 a narrow victory/defeat** una vittoria/sconfitta di stretta misura **3 to have a narrow escape** cavarsela per un pelo
- *v* **1** [intr] restringersi, [tr] restringere **2** [intr] diminuire, [tr] ridurre [divario]
narrow sth down restringere qc: *They have narrowed the list down to six names.* Hanno ristretto la lista a sei nomi.

narrowly /ˈnærəʊli/ *avv* di poco: *The car narrowly missed a cyclist.* L'auto ha mancato un ciclista di poco.

ˌnarrow-ˈminded *agg* di vedute ristrette

nasal /ˈneɪzəl/ *agg* nasale

nasty /ˈnɑːsti/ *agg* (**-tier**, **-tiest**) **1** cattivo -a | **to be nasty to sb** essere cattivo con qn **2** (odore) disgustoso -a: *It tastes nasty.* Ha un sapore disgustoso. **3** (ferita, incidente) brutto -a **4** (sorpresa, esperienza) brutto -a: *It gave me a nasty shock.* È stato un brutto colpo. | **to have a nasty habit of doing sth** avere la brutta abitudine di fare qc

nation /ˈneɪʃən/ *s* nazione

national /ˈnæʃənəl/ *aggettivo* e *sostantivo*
- *agg* nazionale
- *s* cittadino -a: *foreign nationals* cittadini stranieri

ˌnational ˈanthem *s* inno nazionale

ˌNational ˈHealth ˌService *s* in Gran Bretagna, servizio di sanità pubblica

nationalism /ˈnæʃənəlɪzəm/ *s* nazionalismo

nationalist /ˈnæʃənəlɪst/ *agg* e *s* nazionalista

nationality /ˌnæʃəˈnæləti/ *s* (pl **-ties**) nazionalità

nationalize, -ise BrE /ˈnæʃənəlaɪz/ *v* [tr] nazionalizzare

nationally /ˈnæʃənəli/ *avv* (trasmettere, diffondersi) in tutto il paese

ˌnational ˈpark *s* parco nazionale

nationwide /ˌneɪʃənˈwaɪd/ *aggettivo* e *avverbio*
- *agg* a livello nazionale
- *avv* a livello nazionale, (trasmettere, distribuire) in tutto il paese

native /ˈneɪtɪv/ *aggettivo* e *sostantivo*
- *agg* **1** natale | **native land** paese natale **2 native language** lingua madre | **native speaker** madrelingua **3** indigeno -a | **native to China/India etc** originario della Cina/dell'India ecc. **4 a native New Yorker/Bosnian etc** un newyorchese/bosniaco ecc. di nascita
- *s* **1** (riferito a persona) **a native of Dublin/Rome etc** un dublinese/romano ecc. di nascita **2** (riferito a piante, animali) **to be a native of Australia/South America** essere originario dell'Australia/del Sud America **3** indigeno -a ► Questo uso di **native** può venir considerato offensivo.

natural /ˈnætʃərəl/ *agg* **1** naturale | **it's only natural that** è la cosa più naturale del mondo che **2** naturale: *natural resources* risorse naturali **3** innato -a: *a natural ability* una capacità innata | *He's a natural actor.* È un attore nato.

naturalist /ˈnætʃərəlɪst/ *s* naturalista

naturally /ˈnætʃərəli/ *avv* **1** naturalmente **2** di natura: *My hair is naturally curly.* Ho i capelli ricci di natura. **3 to come naturally to sb** venire naturale a qn **4** in modo naturale

nature /ˈneɪtʃə/ *s* **1** (anche **Nature**) natura **2** (personalità) natura | **to be in sb's nature (to do sth)** essere nella natura di qn (fare qc) **3** (tipo) natura: *comments of a personal nature* commenti di natura personale

naughty /ˈnɔːti/ *agg* (**-tier**, **-tiest**) **1** birichino -a [riferito a bambini e al loro comportamento]: *You're a naughty girl!* Sei una bambina birichina! | *Has he been naughty?* Ha fatto il birichino? **2** (indecente) sconcio -a

nausea /ˈnɔːziə, AmE also ˈnɔːʃə/ *s* nausea

nauseating /ˈnɔːzieɪtɪŋ/ *agg* nauseabondo -a

nauseous /ˈnɔːziəs, AmE ˈnɔːʃəs/ *agg* **1** (odore) nauseabondo -a **2 to feel nauseous** avere la nausea

nautical /ˈnɔːtɪkəl/ *agg* (imprese, termine) marinaro -a, (strumento) nautico -a

naval /ˈneɪvəl/ *agg* (battaglia, museo) navale, (ufficiale) di marina

nave /neɪv/ *s* navata

navel /ˈneɪvəl/ *s* ombelico

navigate /ˈnævɪgeɪt/ *v* **1** [intr] (pilota, marinaio) navigare **2** [intr] (in macchina) fare da navigatore **3** [tr] pilotare [nave] **4** [tr] attraversare [mare], navigare su [fiume]

navigation /ˌnævɪˈgeɪʃən/ *s* navigazione

navigator /ˈnævɪgeɪtə/ *s* **1** (esploratore) navigatore -trice **2** (in macchina) navigatore, -trice

N

navy /ˈneɪvi/ *sostantivo* e *aggettivo*
- *s* 1 (pl **navies**) marina militare 2 **the Navy** anche **the navy** la Marina (Militare) 3 (anche **navy blue**) blu scuro
- *agg* (anche **navy blue**) blu scuro ▶ vedi Active Box **colours** sotto **colour**

NE (= **northeast**) NE

near /nɪə/ *avverbio, preposizione* e *aggettivo*
- *avv* 1 vicino | **to come/get near** avvicinarsi: *Don't come any nearer!* Non avvicinarti oltre! 2 **near perfect/impossible etc** praticamente perfetto/impossibile ecc.
- *prep* (anche **near to**) vicino a: *They live near the station.* Abitano vicino alla stazione. | *near the end of the film* verso la fine del film
- *agg* 1 vicino -a: *the nearest town* la città più vicina | *Which station is nearer?* Quale stazione è più vicina? 2 **in the near future** in un futuro prossimo 3 **the nearest thing to** la cosa più simile a

nearby /nɪəˈbaɪ/ *aggettivo* e *avverbio*
- *agg* vicino -a
- *avv* nelle vicinanze: *There was a police car parked nearby.* C'era una macchina della polizia parcheggiata nelle vicinanze.

nearly /ˈnɪəli/ *avv* 1 quasi: *It's nearly Christmas.* È quasi Natale. | *I nearly missed my flight.* Per poco non perdevo l'aereo. | *He very nearly died.* C'è mancato pochissimo che morisse. 2 **not nearly as good/bad as** molto peggio/meglio di 3 **it's not nearly enough** non basta neppure lontanamente

neat /niːt/ *agg* 1 (casa, scrittura) ordinato -a | **neat and tidy** tutto ordinato 2 (persona) ordinato -a 3 AmE simpatico -a 4 brillante 5 (whisky) puro -a

neatly /ˈniːtli/ *avv* 1 ordinatamente 2 (entrare, starci) comodamente 3 (spiegare, riassumere) con chiarezza

necessarily /ˈnesəsərəli, AmE ˌnesəˈserəli/ *avv* necessariamente | **not necessarily** non necessariamente

necessary /ˈnesəsəri/ *agg* 1 necessario -a: *It won't be **necessary for** him **to** be present.* Non è necessario che lui sia presente. | **if necessary** se necessario 2 inevitabile

necessity /nəˈsesəti/ *s* (pl **-ties**) 1 **the necessity for sth** il bisogno di qc | **out of necessity** spinto dalla necessità 2 (cosa indispensabile) *A good computer is an absolute necessity for this job.* Un buon computer è indispensabile per questo lavoro. | **the bare necessities** il minimo indispensabile

neck /nek/ *s* 1 collo: *He hurt his neck.* Si è fatto male al collo. 2 (di maglione, abito) collo 3 (di bottiglia) collo 4 **to be up to your neck in debt** (informale) essere indebitato fino al collo | **to be up to your neck in work** (informale) essere sommerso dal lavoro 5 **to be breathing down sb's neck** (informale) stare addosso a qn 6 **to be neck and neck** (informale) essere testa a testa ▶ vedi anche **pain**

necklace /ˈnek-ləs/ *s* collana

neckline /ˈnek-laɪn/ *s* scollatura

nectarine /ˈnektəriːn/ *s* pescanoce

need /niːd/ *verbo* e *sostantivo*
- *v* [tr] ▶ vedi riquadro
- *s* 1 **the need (for sth/to do sth)** il bisogno (di qc/di fare qc) | **there's no need** non c'è bisogno: *There's no **need for** you **to** come with me.* Non c'è bisogno che tu venga con me. | **to be in need of sth** avere bisogno di qc: *He's badly in need of a rest.* Ha disperatamente bisogno di riposo. 2 **if need(s) be** se necessario

needle /ˈniːdl/ *s* 1 (per cucire) ago 2 (di siringa) ago

needless /ˈniːdləs/ *agg* 1 inutile 2 **needless to say** non c'è bisogno di precisare che: *Needless to say, she was furious.* Va da sé che fosse arrabbiatissima.

needlework /ˈniːdlwɜːk/ *s* cucito e ricamo

needn't /ˈniːdnt/ forma contratta di **need not**

needy /ˈniːdi/ *agg* (**-dier**, **-diest**) bisognoso -a

negative /ˈnegətɪv/ *aggettivo* e *sostantivo*
- *agg* negativo -a, (persona) pessimista
- *s* negativo [di foto]

neglect /nɪˈglekt/ *verbo* e *sostantivo*
- *v* [tr] 1 trascurare 2 **to neglect to do sth** omettere di fare qc [volontariamente o per dimenticanza]
- *s* 1 (di doveri) mancato adempimento 2 (di terreno, edificio) abbandono 3 **to suffer neglect** (bambino, animale) essere abbandonato a se stesso

negligence /ˈneglɪdʒəns/ *s* negligenza

negligent /ˈneglɪdʒənt/ *agg* che non adempie ai propri doveri: *The train driver wasn't negligent.* Non c'è stata nessuna negligenza da parte del macchinista.

negligible /ˈneglɪdʒəbəl/ *agg* trascurabile

negotiate /nɪˈgəʊʃieɪt/ *v* 1 [tr/intr] trattare 2 [tr] prendere [una curva], superare [un ostacolo]

negotiation /nɪˌgəʊʃiˈeɪʃən/ *s* 1 trattativa 2 negoziato: *Negotiations have broken down.* I negoziati sono stati interrotti.

neigh /neɪ/ *verbo* e *sostantivo*
- *v* [intr] nitrire
- *s* nitrito

neighbour BrE, **neighbor** AmE /ˈneɪbə/ *s* 1 vicino -a 2 prossimo -a

neighbourhood BrE, **neighborhood** AmE /ˈneɪbəhʊd/ *s* 1 quartiere 2 vicinato 3 **in the neighbourhood** nelle vicinanze

neighbouring BrE, **neighboring** AmE /ˈneɪbərɪŋ/ *agg* vicino -a | **the neighbouring towns/regions** le città/regioni vicine

need *verbo*

1 AVERE NECESSITÀ (= aver bisogno di)
I need the money. Ho bisogno di soldi. | *He badly needs help.* Ha disperatamente bisogno di aiuto. | **to need sb to do sth** aver bisogno che qn faccia qc | **to need cleaning/fixing etc**: *That fence needs fixing.* Bisogna riparare quello steccato.

2 PER ESPRIMERE OBBLIGO O NECESSITÀ
to need to do sth: *Do we need to make a reservation?* Bisogna prenotare?

3 Nelle costruzioni negative al posto di **don't need to** e **doesn't need to** si può usare **needn't.** Tale uso corrisponde a quello di un verbo modale e pertanto non prende la **s** alla terza persona singolare, né viene seguito da **to:**
He needn't come if he doesn't want to./He doesn't need to come if he doesn't want to. Non c'è bisogno che venga se non vuole.
Nelle costruzioni negative si può usare **needn't** al posto di **don't need to** o **doesn't need to.**
Per dire che si è fatto qualcosa che non era necessario si usa la forma **needn't have done sth**:
You needn't have bothered. Non c'era bisogno che ti scomodassi.

neither /ˈnaɪðə, AmE ˈniːðər/ *aggettivo, pronome, avverbio* e *congiunzione*
• *agg* e *pron* nessuno dei due, nessuna delle due: *Neither team played well.* Nessuna delle due squadre ha giocato bene. | *I asked Luca and David, but neither of them wants to go.* Ho chiesto a Luca e David ma nessuno dei due ci vuole andare. | *"Tea or coffee?" "Neither, thanks."* – Tè o caffè? – Né l'uno né l'altro, grazie.
• *avv* **1 neither ... nor** né ... né: *Neither his mother nor his father spoke English.* Né la madre né il padre parlavano inglese. **2 me neither** (informale) nemmeno io: *"I don't want to go." "Me neither."* – Non ci voglio andare. – Nemmeno io.
• *cong* nemmeno: *She couldn't swim and neither could her boyfriend.* Lei non sapeva nuotare e il suo ragazzo nemmeno. ▶ vedi nota sotto **neanche**

neon /ˈniːɒn/ *s* neon

nephew /ˈnefjuː/ *s* nipote [maschio, di zio] ▶ vedi anche **nipote**

Neptune /ˈneptjuːn/ *s* Nettuno

nerve /nɜːv/ *sostantivo* e *sostantivo plurale*
• *s* **1** nervo **2** coraggio: *He **lost** his **nerve** and couldn't jump.* Non ha più avuto il coraggio di buttarsi. **3** faccia tosta: *What a nerve!* Che faccia tosta!
• **nerves** *s pl* **1** nervosismo **2 to get on sb's nerves** (informale) dare sui nervi a qn

ˈnerve-ˌracking *agg* snervante

nervous /ˈnɜːvəs/ *agg* nervoso -a [agitato]: *Sam's a bit **nervous about** the exam.* Sam è un po' nervoso per l'esame. | *Stop staring. You're making me nervous.* Smettila di fissarmi. Mi rendi nervosa. | **to be nervous of sth** avere paura di qc

ˌnervous ˈbreakdown *s* esaurimento nervoso

nervousness /ˈnɜːvəsnəs/ *s* agitazione

nest /nest/ *s* nido

nestle /ˈnesəl/ *v* [tr/intr] mettere o mettersi in una posizione comoda o protetta: *He nestled his head against her shoulder.* Ha appoggiato la testa alla sua spalla. | **to nestle against sb** accoccolarsi vicino a qn

net /net/ *sostantivo, verbo* e *aggettivo*
• *s* **1** rete **2 the Net** la Rete [Internet] | **to surf the Net** navigare su Internet **3** tulle **4 net curtains** tendine di voile
• *v* [tr] pescare [con la rete]
• *agg* anche **nett** BrE (guadagno, peso) netto -a

netball /ˈnetbɔːl/ *s* in Gran Bretagna, sport simile alla pallacanestro, praticato in prevalenza dalle ragazze

Netherlands /ˈneðələndz/ *s* **the Netherlands** i Paesi Bassi

netting /ˈnetɪŋ/ *s* rete

nettle /ˈnetl/ *s* ortica

network /ˈnetwɜːk/ *s* **1** (di televisione) rete televisiva **2** (di strade, ferrovie) rete **3** (di persone, organizzazioni) rete **4** (in informatica) rete

neurotic /njʊˈrɒtɪk/ *agg* e *s* nevrotico -a

neutral /ˈnjuːtrəl/ *aggettivo* e *sostantivo*
• *agg* **1** (paese) neutrale **2** (colore) neutro -a
• *s* **in neutral** in folle

never /ˈnevə/ *avv* **1** mai: *She's never been to Russia.* Non è mai stata in Russia. | *I never knew you played the guitar!* Non sapevo che suonassi la chitarra! **2 never again** mai più: *This must never happen again.* Non deve succedere mai più. ▶ vedi anche **mind** e la nota sotto **always**

nevertheless /ˌnevəðəˈles/ *avv* ciononostante

new /njuː/ *agg* **1** nuovo -a: *my new shoes* le mie scarpe nuove | **as good as new** come nuovo **2** (sconosciuto) nuovo -a: *This is all **new to** me.* È tutto nuovo per me. **3** (socio, impiegato) nuovo -a: *She's **new to** the area.* È appena arrivata in questa zona. **4** (differente) nuovo -a: *I started on a new sheet of paper.* Ho usato un foglio nuovo.

newborn /ˈnjuːbɔːn/ *agg* appena nato -a

newcomer /ˈnjuːkʌmə/ *s* **1** nuovo -a arrivato -a **2 to be a newcomer to sth** essere un novellino in qc

newly /ˈnjuːli/ *avv* **newly built** costruito da poco | **newly married** sposato da poco

N

news /nju:z/ *s* **1** notizie: *I've got some bad news for you.* Ho cattive notizie per te. | **a piece of news** una notizia **2 the news a)** telegiornale **b)** giornale radio

newsagent /ˈnju:zˌeɪdʒənt/ *s* BrE **1** giornalaio -a **2 newsagent's** giornalaio

newsletter /ˈnju:zˌletə/ *s* newsletter [di club, organizzazione]

newspaper /ˈnju:speɪpə/ *s* giornale

newsreader /ˈnju:zˌri:də/ *s* BrE annunciatore -trice [del telegiornale]

newsstand /ˈnju:zstænd/ *s* edicola [dei giornali]

ˌNew ˈYear *s* anno nuovo: *Happy New Year!* Buon anno!

ˌNew Year's ˈDay *s* (il giorno di) Capodanno

ˌNew Year's ˈEve *s* la notte di Capodanno

New Zealand /nju: ˈzi:lənd/ *s* la Nuova Zelanda

New Zealander /nju: ˈzi:ləndə/ *s* neozelandese

next /nekst/ *aggettivo, pronome* e *avverbio*

• *agg* **1** (nel futuro) prossimo -a: *I shall be busy for the next few days.* Ho da fare nei prossimi giorni. | *Who's next?* Chi è il prossimo? | **next time** la prossima volta | **next Monday/month** lunedì/il mese prossimo | **next May/July** il prossimo maggio/luglio
2 (nel passato) successivo -a: *the next day* il giorno successivo
3 (vicino) accanto: *the next room* la stanza accanto

• *pron* **1** prossimo -a: *Next, please!* Il prossimo! | **the next** il successivo
2 the Sunday after next tra due domeniche

• *avv* **1** dopo: *What comes next?* Cosa viene dopo? | *What shall we do next?* Cosa facciamo adesso?
2 next to accanto a: *I sat next to her.* Ero seduto accanto a lei.
3 next to nothing quasi niente

ˌnext ˈdoor *avv* qui accanto: *Who lives next door?* Chi abita qui accanto?

ˈnext-door *agg* (edificio, porta) a fianco | **next-door neighbours** vicini di casa

ˌnext of ˈkin *s* (pl **next of kin**) parente prossimo

nibble /ˈnɪbəl/ *v* **to nibble (on/at) sth** sgranocchiare qc

nibbling

Nicaragua /ˌnɪkəˈrægjuə, AmE ˌnɪkəˈrɑ:gwə/ *s* il Nicaragua

Nicaraguan /ˌnɪkəˈrægjuən, AmE ˌnɪkəˈrɑ:gwən/ *agg* e *s* nicaraguense

nice /naɪs/ *agg* **1** bello -a: *That's a nice dress.* È un bell'abito. | *You* ***look nice*** *today.* Sei carina oggi. **2 to have a nice time** divertirsi: *We had a really nice time at the party.* Ci siamo proprio divertiti alla festa. **3** (cibo) buono -a | **to taste nice** essere buono | **to smell nice** avere un buon odore **4** significa simpatico o gentile: *She's one of the nicest people I know.* È una delle persone più simpatiche che conosca. | *It was* ***nice of*** *him* ***to*** *invite us.* È stato gentile da parte sua invitarci. | **to be nice to sb** essere gentile con qn **5** (nelle presentazioni) **nice to meet you** piacere

ˌnice-ˈlooking *agg* bello -a

nicely /ˈnaɪsli/ *avv* **1** (vestirsi) bene **2** (comportarsi) bene

niche /ni:ʃ/ *s* (di mercato, in un'organizzazione) spazio ad hoc

nick /nɪk/ *sostantivo* e *verbo*

• *s* **1 in the nick of time** appena in tempo **2** tacca

• *v* [tr] **1** BrE (informale) fregare **2** scalfire

nickel /ˈnɪkəl/ *s* **1** nichel **2** negli Stati Uniti e in Canada, moneta da cinque centesimi

nickname /ˈnɪkneɪm/ *sostantivo* e *verbo*

• *s* soprannome

• *v* [tr] soprannominare

nicotine /ˈnɪkəti:n/ *s* nicotina

niece /ni:s/ *s* nipote [femmina, di zio]: *I have four nieces and three nephews.* Ho quattro nipoti femmine e tre maschi.

night /naɪt/ *s* **1** notte: *It's very cold here* ***at night.*** Di notte qui fa molto freddo. | *at eleven o'clock* ***at night*** alle undici di sera | *There's a party at Vicky's* ***on Friday night.*** Venerdì sera c'è una festa da Vicky. | **last night** ieri sera **2 good night** buona notte **3 to have an early/late night** andare a letto presto/tardi **4 to have a night out** passare la serata fuori

nightclub /ˈnaɪtklʌb/ *s* locale notturno

nightdress /ˈnaɪtdres/ *s* (pl **-sses**) camicia da notte

nightfall /ˈnaɪtfɔ:l/ *s* **by/before nightfall** prima che faccia notte

nightgown /ˈnaɪtgaʊn/ *s* camicia da notte

nightie /ˈnaɪti/ *s* (informale) camicia da notte

nightingale /ˈnaɪtɪŋgeɪl/ *s* usignolo

nightlife /ˈnaɪtlaɪf/ *s* vita notturna

nightly /ˈnaɪtli/ *avverbio* e *aggettivo*

• *avv* tutte le notti

• *agg* notturno -a

nightmare /ˈnaɪtmeə/ *s* incubo

nighttime /ˈnaɪt-taɪm/ *s* notte | **at nighttime** di notte

nil /nɪl/ *s* zero: *The score was three nil.* Il punteggio era di tre a zero. ► **NIL O ZERO?** vedi anche nella sezione italiano-inglese **zero**

nimble /ˈnɪmbəl/ *agg* agile

nine /naɪn/ *numero* nove ▶ vedi Active Box **numbers** sotto **numero**

nineteen /ˌnaɪnˈtiːn/ *numero* diciannove ▶ vedi Active Box **numbers** sotto **number**

nineteenth /ˌnaɪnˈtiːnθ/ *numero* diciannovesimo -a ▶ vedi Active Box **numbers** sotto **number**

ninetieth /ˈnaɪntiəθ/ *numero* novantesimo -a ▶ vedi Active Box **numbers** sotto **number**

ninety /ˈnaɪnti/ *numero* (pl **-ties**) **1** novanta **2** **the nineties** gli anni novanta ▶ vedi Active Box **numbers** sotto **number**

ninth /naɪnθ/ *numero* nono -a ▶ vedi Active Box **numbers** sotto **number**

nip /nɪp/ *v* (**nipped**, **nipping**) **1** [tr] mordicchiare **2** **to nip out** BrE (informale) fare un salto fuori

nipple /ˈnɪpəl/ *s* capezzolo

nitrogen /ˈnaɪtrədʒən/ *s* azoto

no /nəʊ/ *avv*, *agg* e *s* ▶ vedi riquadro

nobility /nəʊˈbɪləti/ *s* **1** (aristocrazia) nobiltà **2** (d'animo) nobiltà

noble /ˈnəʊbəl/ *agg* **1** (buono) nobile **2** (della nobiltà) nobile

nobody /ˈnəʊbədi/ *pronome* e *sostantivo*
- *pron* nessuno: *Nobody came.* Non è venuto nessuno.
- *s* (pl **-dies**) nessuno

nocturnal /nɒkˈtɜːnl/ *agg* notturno -a

nod /nɒd/ *verbo* e *sostantivo*
- *v* (**nodded**, **nodding**) **to nod (your head)** fare cenno di sì [con la testa]
  nod off appisolarsi
- *s* cenno della testa | **to give (sb) a nod of approval** fare (a qn) un cenno di assenso | **to give (sb) a nod of thanks** ringraziare (qn) con un cenno della testa

noise /nɔɪz/ *s* rumore | **to make a noise** fare (un) rumore: *Do you have to make so much noise?* Dovete fare tutto questo rumore?

noisily /ˈnɔɪzəli/ *avv* rumorosamente

noisy /ˈnɔɪzi/ *agg* (**-sier**, **-siest**) (macchina, strumento, strada) rumoroso -a, (bambino) chiassoso -a: *a noisy engine* un motore rumoroso | *It's very noisy in here.* C'è molto chiasso qui dentro.

nomad /ˈnəʊmæd/ *s* nomade

nomadic /nəʊˈmædɪk/ *agg* nomade

nominal /ˈnɒmənəl/ *agg* **1** (somma) simbolico -a **2** (non di fatto) nominale

nominate /ˈnɒmənəɪt/ *v* [tr] nominare [un candidato] | **to nominate sb as sth** nominare qn qc | **to nominate sb for an award** proporre qn come candidato per un premio

nomination /ˌnɒməˈneɪʃən/ *s* candidatura

nominee /ˌnɒməˈniː/ *s* candidato -a

no

AVVERBIO

1 PER ESPRIMERE DISACCORDO (= no)

"Would you like some coffee?" "No, thanks." – Vuoi un po' di caffè? – No, grazie.

Generalmente la negazione viene completata da un verbo ausiliare negativo:

"Is she Italian?" "No, she isn't." – È italiana? – No. | *"Did you go on your own?" "No, I didn't."* – Ci sei andata da sola? – No. | **to say no** dire di no

2 SEGUITO DA COMPARATIVI

no later/fewer etc than: *no later than Thursday* non più tardi di giovedì | *no fewer than ten* non meno di dieci | *no bigger than a credit card* non più grande di una carta di credito

AGGETTIVO

1 Nei casi in cui in inglese si usa **no** seguito da un sostantivo, in italiano si usa una costruzione verbale negativa:

There are no tickets left. Non ci sono più biglietti. | *He has no time to help.* Non ha tempo di aiutarci. | **to be no fool/no expert etc** non essere uno stupido/un esperto ecc.

2 PER ESPRIMERE UN DIVIETO

no smoking/swimming etc vietato fumare/divieto di balneazione ecc.

SOSTANTIVO

La traduzione è *no*. Il plurale inglese è **noes**:

a definite no un no categorico

Vedi anche la voce **no** nella sezione italiano-inglese del dizionario.

ˌnon-alcoˈholic *agg* analcolico -a

none /nʌn/ *pron* e *avv* ▶ vedi riquadro

nonetheless /ˌnʌnðəˈles/ *avv* (formale) ciononostante

non-existent /ˌnɒn ɪgˈzɪstənt/ *agg* inesistente

non-fiction /ˌnɒn ˈfɪkʃən/ *s* saggistica

non-profitmaking /ˌnɒn ˈprɒfɪtˌmeɪkɪŋ/ *agg* non profit, senza scopo di lucro

nonsense /ˈnɒnsəns/ *s* stupidaggini: *Don't talk nonsense!* Non dire stupidaggini!

non-smoker /ˌnɒn ˈsməʊkə/ *s* non fumatore

non-smoking /ˌnɒn ˈsməʊkɪŋ/ *agg* non fumatori

non-stop /ˌnɒn ˈstɒp/ *avverbio* e *aggettivo*
- *avv* **1** ininterrottamente **2** senza sosta
- *agg* **1** (volo) non stop, (viaggio) senza sosta **2** (musica) non stop

noodles /ˈnuːdlz/ *s pl* spaghetti

noon /nuːn/ *s* mezzogiorno | **at noon** a mezzogiorno: *at twelve noon* a mezzogiorno in punto

N

none *pronome e avverbio*

1 **none** a volte equivale a *niente* o *nessuno -a*:

None of this will affect you. Niente di tutto ciò ti toccherà. | *She had four children but none survived.* Aveva quattro figli, ma nessuno è sopravvissuto.

2 A volte non ha un equivalente in italiano:

I wanted some cake but there was none left. Volevo un po' di torta, ma non ce n'era più.

3 Quando **none of** è seguito da un sostantivo plurale, il verbo può essere sia singolare che plurale. Il plurale viene usato per lo più nella lingua parlata:

None of the guests have/has arrived yet. Non è ancora arrivato nessuno degli ospiti.

4 ESPRESSIONI

none other than niente meno che: *It turned out to be none other than the President himself.* È venuto fuori che era niente meno che il Presidente in persona. | **none the wiser/worse**: *I was none the wiser for his explanation.* Nonostante la sua spiegazione, ne sapevo meno di prima. | *She seems to be none the worse for her experience.* Sembra che l'esperienza non le abbia fatto male. | **none too clean/pleased**: *His hands were none too clean.* Le sue mani non erano poi molto pulite. | *She was none too pleased when she heard.* Non era molto contenta quando l'ha saputo.

'no one ▶ vedi **nobody**

noose /nuːs/ *s* cappio

nor /nɔː/ *congiunzione e avverbio*
- *cong* nemmeno: *I don't smoke and nor does James.* Io non fumo e nemmeno James. ▶ vedi nota sotto **neanche**
- *avv* ▶ vedi **neither**

norm /nɔːm/ *s* norma

normal /'nɔːməl/ *agg* normale | **to be/get back to normal** ritornare alla normalità

normality /nɔː'mæləti/ *s* normalità

normally /'nɔːməli/ *avv* normalmente

north /nɔːθ/ *sostantivo, aggettivo e avverbio*
- *s* nord: *in the north of the country* nel nord del paese | **to the north (of)** a nord (di)
- *agg* (vento) settentrionale, (costa) settentrionale
- *avv* a nord: *We sailed north.* Navigammo verso nord.

,North A'merica *s* l'America del Nord

,North A'merican *agg e s* nordamericano -a

northbound /'nɔːθbaʊnd/ *agg* **1** (traffico) diretto -a a nord **2** (corsia di autostrada) in direzione nord

northeast /ˌnɔːθ'iːst/ *sostantivo, aggettivo e avverbio*
- *s* nordest: *from the northeast* da nordest
- *agg* (vento, zona) nordorientale
- *avv* a nordest

northeastern /ˌnɔːθ'iːstən/ *agg* del nordest

northerly /'nɔːðəli/ *agg* settentrionale | **in a northerly direction** verso nord

northern, anche **Northern** /'nɔːðən/ *agg* settentrionale

northerner, anche **Northerner** /'nɔːðənə/ *s* settentrionale

,North 'Pole *s* **the North Pole** il Polo Nord

northward /'nɔːθwəd/, anche **northwards** /'nɔːθwədz/ *avv* verso nord

northwest /ˌnɔːθ 'west/ *sostantivo, aggettivo e avverbio*
- *s* nordovest: *from the northwest* da nordovest
- *agg* (vento, zona) nordoccidentale
- *avv* a nordovest

northwestern /ˌnɔːθ'westən/ *agg* del nordovest

Norway /'nɔːweɪ/ *s* la Norvegia

Norwegian /nɔː'wiːdʒən/ *aggettivo e sostantivo*
- *agg* norvegese
- *s* **1** (lingua) norvegese **2** (abitante) norvegese

nose /nəʊz/ *s* **1** naso | **to blow your nose** soffiarsi il naso **2** **(right) under sb's nose** (proprio) sotto il naso di qn **3** **to poke/stick your nose into sth** (informale) ficcare il naso in qc **4** **to turn your nose up at sth** fare lo schizzinoso di fronte a qc

nosebleed /'nəʊzbliːd/ *s* sangue dal naso

nostalgia /nɒ'stældʒə/ *s* **nostalgia (for sth)** nostalgia (di qc)

nostril /'nɒstrəl/ *s* narice

nosy, anche **nosey** /'nəʊzi/ *agg* (**nosier**, **nosiest**) curioso -a

not /nɒt/ *avv* **1** non: *We are not open on Sundays.* Non siamo aperti di domenica. | *"Can we go to the park?" "Not today."* – Possiamo andare al parco? – No, non oggi. | *I told you not to touch it.* Ti avevo detto di non toccarlo. ▶ **not** si contrae in **n't** con verbi ausiliari o modali: *They aren't here.* Non sono qui. | *I didn't know.* Non lo sapevo. ▶ NO O NOT? vedi **no** nella sezione italiano-inglese **2** **I hope not** spero di no **3** **not at all** per niente **4** **not a/not one** non un solo: *Not one of the students knew the answer.* Non c'era un solo studente che sapesse la risposta. **5** **not even** neppure **6** **not only ... (but) also** non solo ... (ma) anche

notable /'nəʊtəbəl/ *agg* degno -a di nota | **to be notable for sth** essere famoso per qc

notably /ˈnəʊtəbli/ *avv* **1** in particolare **2** notevolmente

notch /nɒtʃ/ *sostantivo e verbo*
- *s* (pl **notches**) tacca
- *v* (3ª pers sing **notches**) **notch sth up** mettere a segno qc [vittoria]

note /nəʊt/ *sostantivo, sostantivo plurale e verbo*
- *s* **1** nota | **to make a note of sth** segnarsi qc **2 to take note of sth** prestare attenzione a qc **3** (in musica) nota **4** BrE banconota
- **notes** *s pl* appunti | **to take notes** prendere appunti
- *v* [tr] **1** notare **2** segnalare **3** (anche **note down**) annotare

notebook /ˈnəʊtbʊk/ *s* **1** (libretto) taccuino **2** (computer) notebook

notebook and pencils

noted /ˈnəʊtɪd/ *agg* **noted for sth** noto per qc

noteworthy /ˈnəʊtˌwɜːði/ *agg* degno -a di nota

nothing /ˈnʌθɪŋ/ *pronome e avverbio*
- *pron* **1** niente: *There was nothing to do.* Non c'era niente da fare. | *We had **nothing but** problems.* Avevamo solo problemi. ▶ NOTHING O ANYTHING? vedi **niente** **2** (nello sport) zero: *They won three nothing.* Hanno vinto per tre a zero. **3 for nothing a)** gratis **b)** per niente **4 to have nothing to do with sth** non aver niente a che vedere con qc | **to have nothing to do with sb** non aver niente a che fare con qn **5 nothing much** niente di particolare
- *avv* **to be nothing like sth/sb** non assomigliare per niente a qc/qn

notice /ˈnəʊtɪs/ *verbo e sostantivo*
- *v* **1** [tr] notare: *Max noticed that I was getting nervous.* Max ha notato che mi stavo agitando. **2** [intr] notare: *I said hello but she didn't notice.* L'ho salutata, ma non ha notato.
- *s* **1 not to take any notice/to take no notice (of sb/sth)** non prestare attenzione (a qc/qn) **2** avviso **3** preavviso: *They only **gave** me two days' **notice**.* Mi hanno dato solo due giorni di preavviso. | **at a moment's notice** su due piedi | **until further notice** fino a nuovo ordine **4 to hand in your notice** rassegnare le dimissioni | **to give sb their notice** licenziare qn [con preavviso] ▶ FALSE FRIEND Non confondere **"notice"** con **notizia** che si traduce **news**.

noticeable /ˈnəʊtɪsəbəl/ *agg* **1** (miglioramento, differenza) notevole **2 to be noticeable** notarsi: *It's hardly noticeable.* Si nota a malapena.

noticeboard /ˈnəʊtɪsˌbɔːd/ *s* bacheca

notify /ˈnəʊtəfaɪ/ *v* [tr] (**-fies**, **-fied**) (formale) informare | **to notify sb of sth** informare qn di qc

notion /ˈnəʊʃən/ *s* **1** idea: *She had no notion of how expensive it was.* Non aveva la minima idea di quanto costasse. **2 the notion that** l'idea che

notorious /nəʊˈtɔːriəs/ *agg* tristemente famoso -a

nought /nɔːt/ *s* BrE zero

noun /naʊn/ *s* sostantivo

nourish /ˈnʌrɪʃ/ *v* [tr] (3ª pers sing **-shes**) **1** nutrire [persona, animale] **2** alimentare [sentimento]

nourishing /ˈnʌrɪʃɪŋ/ *agg* nutriente

nourishment /ˈnʌrɪʃmənt/ *s* (formale) nutrimento

novel /ˈnɒvəl/ *sostantivo e aggettivo*
- *s* romanzo
- *agg* ▶ FALSE FRIEND Non confondere **"novel"** con **novella** che si traduce **tale** o **short story**.

novelist /ˈnɒvəlɪst/ *s* romanziere -a

novelty /ˈnɒvəlti/ *s* **1** (pl **-ties**) novità **2** novità

November /nəʊˈvembə/ *s* novembre ▶ vedi Active Box **months** sotto **month**

novice /ˈnɒvɪs/ *s* principiante

now /naʊ/ *avverbio e congiunzione*
- *avv* **1** adesso | **right now** proprio adesso | **by now** ormai: *She should be back by now.* Ormai dovrebbe essere di ritorno. | **from now on** d'ora in avanti | **for now** per il momento **2** si usa per dire quanto tempo è trascorso: *It's been over five years now.* Sono ormai più di cinque anni.
- *cong* (anche **now that**) adesso che: *now they've gone* adesso che se ne sono andati

nowadays /ˈnaʊədeɪz/ *avv* attualmente

nowhere /ˈnəʊweə/ *avv* **1** in nessun posto: *"Where are you going?" "Nowhere."* – Dove stai andando? – In nessun posto. | *He has nowhere to live.* Non ha dove vivere. **2 to be nowhere to be found/seen** essere scomparso **3 nowhere near a)** molto lontano da: *We were nowhere near her house.* Eravamo molto lontano da casa sua. **b)** ben lungi: *The house is nowhere near finished.* La casa è ben lungi dall'essere finita.

nuclear /ˈnjuːkliə/ *agg* nucleare

nucleus /ˈnjuːkliəs/ *s* (pl **nuclei** /-kliaɪ/) nucleo

nude /njuːd/ *aggettivo e sostantivo*
- *agg* nudo -a
- *s* **1 in the nude** nudo -a **2** (dipinto) nudo

nudge /nʌdʒ/ *verbo e sostantivo*
- *v* [tr] dare una gomitata a [per attirare l'attenzione]
- *s* gomitata

N

Vuoi imparare i vocaboli per tema? Consulta il dizionario illustrato.

nuisance /ˈnjuːsəns/ *s* **1** seccatura | **what a nuisance!** che seccatura! **2** persona che dà fastidio: *He's a nuisance.* È un rompiscatole. | *Stop being a nuisance!* Smettila di scocciare!

null /nʌl/ *agg* **null and void** nullo -a

numb /nʌm/ *aggettivo* e *verbo*
- *agg* **1** (per il freddo) intorpidito -a, (dopo un'anestesia) insensibile al dolore **2** paralizzato -a | **numb with shock/fear** paralizzato dallo shock/dalla paura
- *v* [tr] **1** paralizzare **2** rendere insensibile [parte del corpo], attenuare [dolore]

number /ˈnʌmbə/ *sostantivo* e *verbo*
- *s* **1** numero **2** (di telefono) numero: *You have the wrong number.* Ha sbagliato numero. **3** (quantità) numero: *The number of accidents has increased.* Il numero di incidenti è salito. | **a number of** parecchi | **any number of** svariati ▶ vedi Active Box **numbers**
- *v* **1** [tr] numerare **2** [intr] raggiungere un certo numero: *The victims number at least 7,000.* Le vittime arrivano a 7.000 almeno.

ˈnumber ˌplate *s* BrE targa [di veicolo]

numerical /njuːˈmerɪkəl/ *agg* numerico -a

numerous /ˈnjuːmərəs/ *agg* (formale) numeroso -a

nun /nʌn/ *s* monaca

nurse /nɜːs/ *sostantivo* e *verbo*
- *s* infermiera | **male nurse** infermiere
- *v* **1** [tr] assistere **2** **to nurse a grudge** serbare rancore

nursery /ˈnɜːsəri/ *s* (pl **-ries**) **1** asilo nido **2** camera del bebè **3** vivaio di piante **4** **nursery rhyme** filastrocca **nursery school** asilo (infantile)

nursing /ˈnɜːsɪŋ/ *s* assistenza medica

ˈnursing home *s* casa di riposo

nurture /ˈnɜːtʃə/ *v* [tr] **1** curare [pianta] **2** coltivare [amicizia], incoraggiare [talento]

nut /nʌt/ *s* **1** **nut** è il termine generico per la frutta secca, come le mandorle, le noci, ecc.: *I love nuts.* Mi piace moltissimo la frutta secca. **2** (di bullone) dado **3** (informale) matto -a

nutcase /ˈnʌtkeɪs/ *s* (informale) pazzo -a

nutmeg /ˈnʌtmeg/ *s* noce moscata

nutrient /ˈnjuːtriənt/ *s* nutrimento

nutrition /njuːˈtrɪʃən/ *s* scienza dell'alimentazione

nutritional /njuːˈtrɪʃənəl/ *agg* nutrizionale

nutritious /njuːˈtrɪʃəs/ *agg* nutriente

Active Box: Numbers

I seguenti esempi illustrano l'uso dei numeri in inglese e possono servirti come modello per formulare a tua volta delle frasi:

I'm fourteen years old.	Ho quattordici anni.
*I was born **in 1998**.*	Sono nata nel 1998.
*It's **five past ten**.*	Sono le dieci e cinque.
*It's **ten to seven**.*	Sono le sette meno dieci.
*It's **half past five**.*	Sono le cinque e mezzo.
*The **20.40** train.*	Il treno delle 20.40.
The fifth of December.	Il cinque (di) dicembre.
*I live **at number three**.*	Abito al numero tre.
on page twenty	a pagina venti
the seven of hearts	il sette di cuori
*There are **eight of us**.*	Siamo in otto.
There are twelve of them.	Ce ne sono dodici.
*Let's split up **into groups of four**.*	Dividiamoci in gruppi di quattro.
a fifth of the pupils	un quinto degli alunni
three fifths	tre quinti
I came fourth.	Sono arrivato quarto.
I live on the ninth floor.	Abito al nono piano.
Henry the Eighth	Enrico VIII

Per maggiori dettagli sull'uso dei numerali in inglese, vedi la sezione grammaticale in appendice.

nuts /nʌts/ *agg* (informale) **1** **to be nuts** essere fuori di testa | **to go nuts** impazzire **2** **to be nuts about sb** essere pazzo di qn | **to be nuts about sth** andare pazzo per qc

nutshell /ˈnʌt-ʃel/ *s* **(to put it) in a nutshell** in poche parole

nutty /ˈnʌti/ *agg* (**-ttier**, **-ttiest**) **1** **a nutty flavour** un sapore di noce ▶ vedi nota sotto **nut** **2** (informale) strampalato -a

NW (= **northwest**) NO

nylon /ˈnaɪlɒn/ *s* nylon

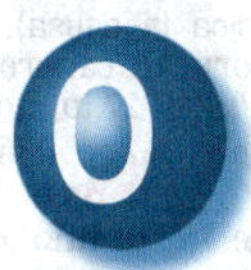

O, o /əʊ/ *s* O, o ▸ vedi Active Box **letters** sotto **letter**

oak /əʊk/ *s* quercia

oar /ɔː/ *s* remo

oasis /əʊ'eɪsɪs/ *s* (pl **oases** /-siːz/) oasi

oath /əʊθ/ *s* (pl **oaths** /əʊðz/) **1** giuramento | **to be under oath** essere sotto giuramento **2** imprecazione

oatmeal /'əʊtmiːl/ *s* farina d'avena

oats /əʊts/ *s pl* **1** avena **2** fiocchi d'avena

obedience /ə'biːdiəns/ *s* **obedience (to sth)** ubbidienza (a qc)

obedient /ə'biːdiənt/ *agg* ubbidiente

obese /əʊ'biːs/ *agg* (formale) obeso -a

obey /əʊ'beɪ/ *v* **1** [tr] ubbidire a [persona], rispettare [legge] **2** [intr] ubbidire

obituary /ə'bɪtʃuəri/ *s* (pl **-ries**) necrologio

object¹ /'ɒbdʒɪkt/ *s* **1** (cosa) oggetto **2** (proposito) obiettivo **3** (in grammatica) **direct object** complemento oggetto | **indirect object** complemento indiretto

object² /əb'dʒekt/ *v* **1** [intr] | **to object (to sth)** opporsi (a qc) **2** [tr] obiettare

objection /əb'dʒekʃən/ *s* obiezione: *if nobody has any objection* se nessuno ha delle obiezioni | *I have no* ***objection to*** *her being invited.* Non ho nulla in contrario se invitano anche lei. | **to make an objection** obiettare

objective /əb'dʒektɪv/ *sostantivo* e *aggettivo*
- *s* obiettivo
- *agg* obiettivo -a

obligation /ˌɒblə'geɪʃən/ *s* impegno | **to be under no obligation to do sth** non essere tenuto a fare qc | **without obligation** senza impegno

obligatory /ə'blɪgətəri/ *agg* (formale) obbligatorio -a

oblige /ə'blaɪdʒ/ *v* **1** [tr] obbligare | **to be obliged to do sth** essere costretto a fare qc | **to feel obliged to do sth** sentirsi in dovere di fare qc **2 I'd be glad/happy to oblige** sarei lieto di renderle servizio

obliged /ə'blaɪdʒd/ *agg* (formale) **(I'm) much obliged (to you)** (gliene sono) molto grato | **I'd be obliged if** le sarei grato se

obliging /ə'blaɪdʒɪŋ/ *agg* gentile

obliterate /ə'blɪtəreɪt/ *v* [tr] **1** radere al suolo [città] **2** cancellare [ricordo]

oblivion /ə'blɪviən/ *s* **1** oblio **2** incoscienza

oblivious /ə'blɪviəs/ *agg* **oblivious to/of sth** dimentico di qc [situazione, ambiente], ignaro di qc [pericolo]

oblong /'ɒblɒŋ/ *aggettivo* e *sostantivo*
- *agg* rettangolare
- *s* rettangolo

obnoxious /əb'nɒkʃəs/ *agg* odioso -a

oboe /'əʊbəʊ/ *s* oboe

obscene /əb'siːn/ *agg* osceno -a

obscure /əb'skjʊə/ *aggettivo* e *verbo*
- *agg* **1** (linguaggio) incomprensibile, (ragione) oscuro -a **2** (sconosciuto) oscuro -a
- *v* [tr] nascondere [panorama]

observant /əb'zɜːvənt/ *agg* attento -a

observation /ˌɒbzə'veɪʃən/ *s* **1** osservazione | **to keep sb under observation a)** (polizia) tenere qn sotto sorveglianza **b)** (in ospedale) tenere qn in osservazione **2** (commento, nota) osservazione

observatory /əb'zɜːvətəri/ *s* (pl **-ries**) osservatorio

observe /əb'zɜːv/ *v* [tr] **1** osservare, (polizia) sorvegliare **2** notare **3** osservare [leggi], rispettare [limiti di velocità]

observer /əb'zɜːvə/ *s* osservatore -trice

obsess /əb'ses/ *v* [tr] (3ª pers sing **-sses**) ossessionare: *She's* ***obsessed with*** *her weight.* È ossessionata dal peso.

obsession /əb'seʃən/ *s* **obsession (with sth)** fissazione (per qc)

obsessive /əb'sesɪv/ *agg* ossessivo -a | **to be obsessive about sth** avere una fissazione per qc

obsolete /'ɒbsəliːt/ *agg* obsoleto -a

obstacle /'ɒbstəkəl/ *s* ostacolo: *an* ***obstacle to*** *progress* un ostacolo al progresso

obstinate /'ɒbstənət/ *agg* ostinato -a

obstruct /əb'strʌkt/ *v* [tr] ostruire [strada, passaggio], bloccare [traffico]

obstruction /əb'strʌkʃən/ *s* ostruzione

obtain /əb'teɪn/ *v* [tr] (formale) ottenere

obvious /'ɒbviəs/ *agg* ovvio -a

obviously /'ɒbviəsli/ *avv* ovviamente: *"Does he know yet?" "Obviously not."* – Lo sa già? – Ovviamente no. | *He obviously hadn't heard me.* Era chiaro che non mi aveva sentito.

occasion /ə'keɪʒən/ *s* **1** volta | **on that occasion** in quell'occasione | **on several occasions** in svariate occasioni **2** occasione

occasional /ə'keɪʒənəl/ *agg* **1** detto di qualcosa che avviene sporadicamente: *She gets occasional headaches.* Di tanto in tanto le viene il mal di testa. **2 occasional showers** temporali sporadici

occasionally /ə'keɪʒənəli/ *avv* di tanto in tanto ▶ vedi nota sotto **always**

occupant /'ɒkjəpənt/ *s* (di appartamento) inquilino -a, (di auto) passeggero -a

occupation /ˌɒkjə'peɪʃən/ *s* **1** (lavoro) occupazione **2** (hobby) occupazione **3** (di territorio, edificio) occupazione

occupational /ˌɒkjə'peɪʃənəl/ *agg* professionale | **occupational hazard** rischio professionale | **occupational therapy** ergoterapia

occupied /'ɒkjəpaɪd/ *agg* **1** occupato -a **2 to be occupied with sth** essere occupato con qc | **to keep sb occupied** tenere occupato qn

occupy /'ɒkjəpaɪ/ *v* [tr] (**-pies**, **-pied**) **1** occupare [tempo] **2** abitare in [casa] **3** occupare [paese] **4 to occupy yourself** tenersi occupato

occur /ə'kɜː/ *v* [intr] (**-rred**, **-rring**) **1** (formale) succedere **2** (fenomeno) presentarsi **3 to occur to sb** venire in mente a qn: *It didn't occur to me to phone.* Non mi è venuto in mente di telefonare.

occurrence /ə'kʌrəns/ *s* evento | **to be a common/rare occurrence** capitare spesso/di rado

ocean /'əʊʃən/ *s* oceano

o'clock /ə'klɒk/ *avv* **two/three etc o'clock** le due/le tre ecc.

October /ɒk'təʊbə/ *s* ottobre ▶ vedi Active Box **months** sotto **month**

octopus /'ɒktəpəs/ *s* (pl **-ses**) polpo

O

odd /ɒd/ *agg* **1** strano -a: *It's odd that she hasn't written.* È strano che non abbia scritto. **2** BrE detto di cose che succedono sporadicamente: *We have the odd drink together.* Di tanto in tanto beviamo qualcosa insieme. **3 an odd number** un numero dispari **4 twenty/thirty etc odd** venti/trenta ecc. e qualcosa **5 odd socks/shoes etc** calze/scarpe ecc. spaiate **6 to be the odd one out** distinguersi dagli altri

oddly /'ɒdli/ *agg* **1** stranamente **2 oddly enough** per quanto sia strano

odds /ɒdz/ *s pl* **1** probabilità | **the odds are (that)** è probabile che **2 against all the odds** contro ogni previsione **3 to be at odds (with sb) over sth** essere in conflitto (con qn) per qc **4 odds and ends** (informale) cianfrusaglie

odour BrE, **odor** AmE /'əʊdə/ *s* odore

of /ə, əv, tonico ɒv/ *prep* **1** di: *a cup of coffee* una tazza di caffè | *a girl of eight* una bambina di otto anni | *the city of New Orleans* la città di New Orleans | *It was very kind of her.* È stato molto gentile da parte sua. | *There were six of them and four of us.* Loro erano in sei e noi in quattro. **2** (con i possessivi) di: *a friend of Sam's* un amico di Sam | *a friend of hers* un suo amico | *She wants to have a car of her own.* Vuole avere una macchina tutta sua. **3** (indica la causa) di: *She died of cancer.* È morta di cancro. **4** (nelle date) *the 27th of July* il 27 luglio

off /ɒf/ *avv*, *prep* e *agg* ▶ vedi riquadro

offence BrE, **offense** AmE /ə'fens/ *s* **1** infrazione **2 to take offence (at sth)** offendersi (per qc)

offend /ə'fend/ *v* [tr] offendere

offender /ə'fendə/ *s* delinquente

offense /'ɒfens/ *s* AmE (nello sport) attacco ▶ vedi **offence**

offensive /ə'fensɪv/ *aggettivo* e *sostantivo*
- *agg* **1 offensive (to sb)** offensivo (nei confronti di qn) **2** (odore) sgradevole **3** (azione, armi) offensivo -a
- *s* **1** offensiva **2 to go onto the offensive** passare all'offensiva

offer /'ɒfə/ *verbo* e *sostantivo*
- *v* **1 to offer sb sth/to offer sth to sb** offrire qc a qn **2 to offer (to do sth)** offrirsi (di fare qc)
- *s* **1** offerta: *an offer of help* un'offerta d'aiuto **2** (riduzione di prezzo) offerta

offhand /ɒf'hænd/ *avverbio* e *aggettivo*
- *avv* su due piedi
- *agg* brusco -a

office /'ɒfɪs/ *s* **1** (edificio, locale) ufficio **2** carica | **in office** in carica

officer /'ɒfɪsə/ *s* **1** (di esercito, marina) ufficiale **2** agente [di polizia] **3** funzionario -a

official /ə'fɪʃəl/ *aggettivo* e *sostantivo*
- *agg* ufficiale
- *s* funzionario -a, rappresentante [sindacale]

officially /ə'fɪʃəli/ *avv* ufficialmente

'off-ˌlicence *s* BrE negozio che vende alcolici da asporto

offline /'ɒflaɪn/ *avv* in modalità non in linea

ˌoff-'peak *agg* **1** (tariffa) ridotto -a **2** (orario) non di punta **3 off-peak travel** viaggiare al di fuori degli orari di punta

'off-ˌputting *agg* sgradevole

offshore /ˌɒf'ʃɔː/ *aggettivo* e *avverbio*
- *agg* **1** (trivellazione) offshore **2** (pesca) d'altura **3** (vento) di terra **4** (corrente) che va verso il largo
- *avv* in rada

offside /'ɒfsaɪd/ *agg* e *avv* in fuorigioco

offspring /'ɒfˌsprɪŋ/ *s* (pl **offspring**) (formale) **1** rampollo **2** piccoli

often /'ɒfən/ *avv* **1** spesso: *I don't see them very often.* Non li vedo molto spesso. **2 how often?** con che frequenza?

oh /əʊ/ *inter* **1** ah: *Oh, I didn't know.* Ah, non lo sapevo. **2** oh: *Oh, how awful!* Oh, che cosa tremenda! **3** usato per contraddire qn: *"He said he's going in your car."*

off

AVVERBIO & PREPOSIZIONE

1 DISTACCO, SEPARAZIONE
We're off to Paris tomorrow. Partiamo per Parigi domani. | *I can't get the lid off this jar.* Non riesco a togliere il coperchio da questo barattolo. | *She jumped off the wall.* È saltata giù dal muro.

2 ASSENZA
I've got the day off tomorrow. Domani ho un giorno di ferie. | *He's been off school for a week.* Non è andato a scuola per una settimana.

3 DISTANZA
Easter is still a long way off. Manca ancora molto a Pasqua. | *The village was another three miles off.* Mancavano ancora tre miglia al paese. | *an island off the coast of Florida* un'isola davanti alle coste della Florida | *a street off King's Road* una traversa di King's Road

4 ESPRESSIONI
how are you off for time/money? come stai a tempo/soldi? | **off and on/on and off**: *We've been together for five years off and on.* Stiamo insieme da cinque anni con alcune interruzioni.

5 **Off**, in combinazione con alcuni verbi, forma vari **phrasal verbs** come **put off, take off**, ecc. I **phrasal verbs** sono trattati sotto il verbo.
Vedi anche le voci **badly**, **better**, **worse**, **colour** e **chance**.

AGGETTIVO

1 LUCE, MACCHINA (= spento -a)
The lights were off. Le luci erano spente.

2 RUBINETTO (= chiuso -a)
The tap is off. Il rubinetto è chiuso.

3 COPERCHIO
Cook with the lid off. Far cuocere senza coperchio.

4 DISDETTA, REVOCA
The concert's off. Il concerto è stato annullato.

5 CIBI
The meat was off. La carne era andata a male. | *This milk is off.* Il latte è andato a male.

6 L'aggettivo **off** si usa anche nell'espressione **to have an off day** *avere una giornataccia.*

"Oh no he's not." – Ha detto che ci va con la tua macchina. – Eh no!

oil /ɔɪl/ *sostantivo* e *verbo*
• *s* 1 petrolio 2 (da cucina, minerale) olio 3 **oil painting** dipinto a olio **oil tanker** petroliera **oil well** pozzo di petrolio
• *v* [tr] oliare

oily /ˈɔɪli/ *agg* (**oilier**, **oiliest**) 1 (pelle) grasso -a 2 (straccio) unto -a 3 (liquido, sostanza) oleoso -a

ointment /ˈɔɪntmənt/ *s* pomata

OK, anche **okay** /əʊˈkeɪ/ *aggettivo, interiezione, avverbio, verbo e sostantivo*
• *agg* 1 si usa per dire che qualcosa va bene: *I feel OK now.* Adesso mi sento bene. | *"Sorry I'm late." "That's OK."* – Mi spiace, sono in ritardo. – Non fa niente.
2 si usa per chiedere o dare il permesso di fare qc: *Is it OK if I do it tomorrow?* Va bene se lo faccio domani? | *If it's **OK with** Bob, it's **OK by** me.* Se sta bene a Bob, io sono d'accordo.
3 si usa per dire che non si è del tutto soddisfatti di qualcosa: *It's OK, but I liked the other one better.* Va bene lo stesso, ma l'altro mi piaceva di più.
• *inter* 1 bene: *OK, who left the door open?* Bene, chi ha lasciato la porta aperta?
2 okay: *"Can I borrow this sweater?" "OK."* – Mi presti il maglione? – Okay.
• *avv* bene: *He's doing OK at school.* Sta andando bene a scuola.
• *v* [tr] (informale) dare l'okay a
• *s* **to give sth the OK** dare l'okay a qc

old /əʊld/ *agg* 1 vecchio -a: *a pair of old shoes* un paio di scarpe vecchie 2 si usa per indicare l'età: *I'm twelve years old.* Ho dodici anni. | *How old are you?* Quanti anni hai? | **a five-year-old (boy/girl)** un bambino/una bambina di cinque anni 3 vecchio -a: *My father is older than his brother.* Mio padre è più vecchio di suo fratello. | *Tina's older than me.* Tina è più grande di me. 4 antico -a: *the oldest university in the country* la più antica università del paese 5 **my old teacher** la mia ex maestra | **my old girlfriend** la mia ex 6 **the old** gli anziani

ˌold ˈage *s* vecchiaia

older /ˈəʊldə/ *agg* 1 (persona) più grande, più vecchio -a 2 (cosa, edificio) **older brother/sister** fratello/sorella maggiore ► vedi riquadro sotto **elder**

oldest /ˈəʊldəst/ *agg* 1 **the oldest brother/daughter etc** il fratello/la figlia ecc. maggiore 2 **the oldest in the class** il più vecchio della classe | **my oldest aunt** la mia più vecchia zia ► vedi riquadro sotto **eldest**

ˌold-ˈfashioned *agg* 1 (parola, idea) antiquato -a, (abiti) fuori moda 2 (persona) di vecchio stampo 3 tradizionale

Old Testament /ˌəʊld ˈtestəmənt/ *s* **the Old Testament** il Vecchio Testamento

olive /ˈɒlɪv/ *sostantivo* e *aggettivo*
• *s* 1 oliva 2 **olive oil** olio d'oliva
• *agg* (anche **olive green**) verde oliva ► vedi Active Box **colours** sotto **colour**

Olympic Games /əˌlɪmpɪk ˈgeɪmz/ *s pl* **the Olympic Games** anche **the Olympics** le Olimpiadi

omelette, anche **omelet** AmE /ˈɒmlət/ *s* omelette

O

omen /ˈəʊmən/ *s* presagio

ominous /ˈɒmɪnəs/ *agg* minaccioso -a

omission /əʊˈmɪʃən/ *s* omissione

omit /əʊˈmɪt/ *v* [tr] (**-tted**, **-tting**) **1** tralasciare **2** **to omit to do sth** omettere di fare qc

on /ɒn/ *preposizione, aggettivo* e *avverbio*

- *prep* ▶ vedi riquadro
- *agg* **1** (luce, forno, radio) acceso -a **2** (rubinetto) aperto -a **3** (abiti) *He had his jacket on.* Aveva addosso la giacca. **4** (al suo posto) *with the lid on* con il coperchio **5** riferito a spettacolo, evento: *What's on at the cinema?* Cosa danno al cinema? | *Is the party still on?* Si fa ancora la festa?
- *avv* **1** **to go on and on** andare avanti all'infinito **2** **from then/that day etc on** da allora/quel giorno ecc. in poi **3** **to play/read etc on** continuare a suonare/leggere ecc. ▶ L'avverbio **on**, in combinazione con alcuni verbi, forma vari **phrasal verbs** come **carry on**, **put on**, ecc. I phrasal verbs sono trattati sotto il verbo corrispondente.

once /wʌns/ *avverbio* e *congiunzione*

- *avv* **1** una volta | **once a week/month etc** una volta alla settimana/al mese ecc. | **once or twice** un paio di volte | **once more/once again** ancora una volta | **once in a while** di tanto in tanto **2** **at once a)** immediatamente **b)** contemporaneamente **3** **all at once** all'improvviso **4** un tempo | **once upon a time there was ...** c'era una volta ... **5** **(just) for once** una volta tanto **6** **once and for all** una volta per tutte
- *cong* quando: *Once he arrives, we can start.* Quando arriva, possiamo iniziare.

one /wʌn/ *numero, pronome* e *aggettivo*

- *numero* **1** uno, una: *One coffee and two teas, please.* Un caffè e due tè, per favore. ▶ vedi Active Box **numbers** sotto **number** **2** (ora) l'una: *I have a meeting at one.* Ho una riunione all'una. **3** **one or two** un paio: *We've made one or two changes.* Abbiamo fatto un paio di cambiamenti.
- *pron* **1** (riferito a sostantivo) uno, una: *This suitcase is too small, I need a bigger one.* Questa valigia è troppo piccola, me ne serve una più grande. | **the one/the ones** quello/quelli: *the one in the shop window* quello in vetrina | *the most expensive ones* quelli più cari | *the one I like best* quella che mi piace di più | **this one/that one** questo/quello | **which one?** quale? **2** **one by one** uno per uno **3** **one after the other/one after another** uno dopo l'altro **4** **all in one** allo stesso tempo **5** (formale) (forma impersonale) *One has to be careful.* Bisogna stare attenti.
- *agg* **1** **one day/afternoon etc** un giorno/un pomeriggio ecc. **2** uno -a (in particolare): *There's one person I have to thank.* C'è una persona in particolare che devo ringraziare. | *If there's one thing I hate, it's liver.* Se c'è una cosa che odio, è il fegato. **3** solo -a: *My one worry is that she won't pass.* La mia sola preoccupazione è che la boccino.

on *preposizione*

1 POSIZIONE (= su)

I left it on your desk. L'ho lasciato sulla tua scrivania. | *on page 44* a pagina 44 | *He grew up on a farm.* È cresciuto in una fattoria. | **on the left/right** sulla sinistra/destra

2 GIORNI, DATE

It's closed on Mondays. È chiuso di lunedì. | *on the 22nd of April* il 22 aprile

3 TELEVISIONE, RADIO (= a)

Is there anything good on TV? C'è qualcosa di bello alla tv? | *I heard it on the radio.* L'ho sentito alla radio.

4 ARGOMENTO

a book on India un libro sull'India | *a book on gardening* un libro di giardinaggio

5 APPARECCHI, MACCHINE

I was on the phone. Ero al telefono. | *I did it on the computer.* L'ho fatto al computer.

6 MEDICINALI, DROGA

She's on antibiotics. Sta prendendo degli antibiotici.

7 ATTIVITÀ

They met on a trip to Spain. Si sono conosciuti durante un viaggio in Spagna. | *She's on holiday.* È in vacanza.

8 MOMENTO

On hearing the news she fainted. Quando l'ha saputo, è svenuta. | *on his arrival in Ireland* al suo arrivo in Irlanda

ˌone aˈnother *pron* **one another** indica che un'azione è reciproca. In italiano, l'idea di reciprocità è generalmente espressa da un verbo riflessivo, seguito talvolta da *a vicenda*: *They shook hands with one another.* Si sono stretti la mano. | *You have to try and help one another.* Dovete cercare di aiutarvi a vicenda.

ˈone-off *aggettivo* e *sostantivo*

- *agg* straordinario -a | **a one-off payment** un'una tantum
- *s* (opportunità) occasione unica, (evento) fatto isolato

oneself /wʌnˈself/ *pron* (formale) ▶ vedi riquadro

ˌone-ˈway *agg* **1** (strada) a senso unico **2** (biglietto) di sola andata

ongoing /ˈɒnˌgəʊɪŋ/ *agg* (processo) in corso

onion /ˈʌnjən/ *s* cipolla

online /ˈɒnlaɪn/ *avv* on line

onlooker /ˈɒnˌlʊkə/ *s* curioso -a

O

Non sai come pronunciare una parola? Consulta la tabella dei simboli fonetici nell'interno della copertina.

oneself *pronome*

1 **Oneself** è la forma riflessiva del pronome impersonale **one**. Il suo uso equivale in generale a quello dei verbi riflessivi italiani:

One can easily hurt oneself. Ci si può far male facilmente.

2 Ha anche un uso enfatico che corrisponde a quello di *da sé*:

It's quicker to do it oneself. Si fa prima a far da sé.

3 L'espressione **by oneself** significa *da solo* (senza compagnia o aiuto).

only /ˈəʊnli/ *avverbio, aggettivo e congiunzione*
• *avv* **1** solo: *I only wanted to help.* Volevo solo aiutare. | *I only heard yesterday.* L'ho saputo solo ieri. **2 for staff/customers etc only** riservato al personale/ai clienti ecc.: *Parking is for customers only.* Il parcheggio è riservato ai clienti. **3 only just a)** appena: *She's only just left.* È appena andata via. **b)** appena: *There's only just room for a bed.* C'è appena posto per un letto. **4 not only ... (but) also** non solo ... (ma) anche **5 to be only too pleased/happy etc to do sth** essere felicissimo di fare qc
• *agg* **1** solo -a **2 the only thing is** solo che: *I'd love to go, the only thing is I don't have the money.* Mi piacerebbe moltissimo andarci, solo che non ho i soldi. ▶ vedi anche **child**
• *cong* (informale) solo che: *I'd help you, only I'm really busy.* Ti aiuterei volentieri, solo che ho davvero molto da fare.

onset /ˈɒnset/ *s* **1** arrivo [dell'inverno] **2** inizio [della guerra] **3** comparsa [di una malattia]

onslaught /ˈɒnslɔːt/ *s* attacco

onto /ˈɒntə, ˈɒntʊ, tonico ˈɒntuː/ *prep* **1** (per esprimere movimento) su: *He climbed onto the roof.* Si è arrampicato sul tetto. | *Water was dripping onto the floor.* L'acqua gocciolava sul pavimento. **2 to be onto sb** (informale) scoprire chi ha commesso un crimine o fatto qualcosa di male: *The police are onto him.* La polizia sa che è stato lui. **3 he's onto a good thing/a winner** (informale) essere in una situazione ideale

onward /ˈɒnwəd/ *agg* in avanti

onwards /ˈɒnwədz/ BrE, **onward** /ˈɒnwəd/ AmE *avv* **1 to travel/sail etc onwards** proseguire il viaggio/la traversata ecc. **2 from two o'clock/1998 etc onwards** dalle due/dal 1998 ecc. in poi

oops! /ʊps/ *inter* oops!

ooze /uːz/ *v* **1 to ooze from/out of sth** colare da qc **2 to ooze (with) charm/confidence etc** emanare fascino/fiducia in se stesso ecc.

opaque /əʊˈpeɪk/ *agg* opaco -a

open /ˈəʊpən/ *aggettivo, verbo e sostantivo*
• *agg* **1** (finestra, negozio, accesso) aperto -a: *We're open until 8 pm on Thursdays.* Il giovedì siamo aperti fino alle 20. **2 open country(side)** aperta campagna **3 in the open air** all'aria aperta **4** (persona) aperto -a | **to be open with sb** essere franco con qn
• *v* **1** [tr] aprire: *She opened her eyes.* Ha aperto gli occhi. **2** [intr] (porta) aprirsi, (negozio, banca) aprire: *What time does the bank open?* A che ora apre la banca? **3** [tr] inaugurare [edificio], aprire [nuovo negozio, ristorante] **4** [intr] (film) arrivare (nelle sale), (mostra) essere inaugurato **5** [tr] aprire [inchiesta, conferenza] **6** [intr] (inchiesta, conferenza) aprirsi

open into/onto sth dare su qc: *The kitchen opens onto the backyard.* La cucina dà sul cortile.

open up 1 (negozio) aprire **2** (spaccatura) aprirsi **3** (parlare di sé) aprirsi **open sth up** aprire qc
• *s* **(out) in the open a)** all'aperto **b)** (non nascosto) di dominio pubblico

ˌopen-ˈair *agg* all'aperto

opener /ˈəʊpənə/ *s* (di bottiglia) apribottiglie, (di scatole di latta) apriscatole

opening /ˈəʊpənɪŋ/ *sostantivo e aggettivo*
• *s* **1** (spazio) apertura **2** (di evento) apertura **3** (di nuovo edificio) inaugurazione **4** (di romanzo, film) inizio **5** (di lavoro) posto
• *agg* **1 opening ceremony** cerimonia di apertura | **opening chapter** primo capitolo **2 opening hours** orario di apertura **3 opening night** prima [di film]

openly /ˈəʊpənli/ *avv* apertamente

ˌopen-ˈminded *agg* aperto -a | **to be open-minded** avere una mentalità aperta

openness /ˈəʊpənnəs/ *s* **1** (schiettezza) franchezza **2** apertura [mentale]

opera /ˈɒpərə/ *s* **1** opera **2 opera house** teatro lirico

operate /ˈɒpəreɪt/ *v* **1** [tr] far funzionare [apparecchio], manovrare [macchinari] **2** [intr] (apparecchio, macchinario) funzionare **3** [tr] applicare [sistema], effettuare [servizio] **4** [intr] (sistema) funzionare, (servizio) esserci: *A bus service operates between here and the town centre.* C'è un servizio di autobus tra qui e il centro. **5** [intr] (in chirurgia) operare | **to operate on sb** operare qn

operation /ˌɒpəˈreɪʃən/ *s* **1** (in chirurgia) operazione: *She **had an operation on** her knee.* Ha subito un'operazione al ginocchio. **2** (di polizia, salvataggio) operazione **3** (di apparecchio, sistema) funzionamento | **to be in operation** (macchinario, sistema) essere in funzione

O

Vuoi sapere di più sui **verbi modali**? C'è una spiegazione nella **guida grammaticale**.

operational /ˌɒpəˈreɪʃənəl/ *agg* **1** operativo -a **2 operational costs** costi d'esercizio | **operational problems** problemi di gestione

operator /ˈɒpəreɪtə/ *s* **1** (di telefono) operatore -trice **2** (di macchinario) operatore -trice

opinion /əˈpɪnjən/ *s* parere, opinione: *Who asked your opinion?* Chi ti ha chiesto il tuo parere? | *What's your opinion of her as a teacher?* Cosa ne pensi di lei come insegnante? | **in my opinion** a mio parere

o'pinion poll *s* sondaggio di opinione

opponent /əˈpəʊnənt/ *s* **1** (in lotta, gara, gioco, discussione) avversario -a **2** (persona contraria) oppositore -trice

opportunity /ˌɒpəˈtjuːnəti/ *s* (pl **-ties**) opportunità: *I haven't had the* ***opportunity to*** *thank him yet.* Non ho ancora avuto l'opportunità di ringraziarlo. | **to take the opportunity to do sth** cogliere l'occasione per fare qc

oppose /əˈpəʊz/ *v* [tr] **1** (essere contrario) opporsi a **2** (in gare, elezioni) affrontare

opposed /əˈpəʊzd/ *agg* **1** (idea, principio, sistema) opposto -a **2 to be opposed to sth** (persona) essere contrario a qc **3 as opposed to** piuttosto che

opposing /əˈpəʊzɪŋ/ *agg* (squadre, forze) avversario -a, (opinioni) opposto -a

opposite /ˈɒpəzɪt/ *aggettivo, avverbio, preposizione* e *sostantivo*

- *agg* **1** (contrario) opposto -a **2 in the opposite direction** nella direzione opposta **3** di fronte: *the building opposite* l'edificio di fronte | *on the opposite side of the road* dall'altra parte della strada **4 the opposite sex** l'altro sesso
- *avv* di fronte: *the girl who lives opposite* la ragazza che abita di fronte
- *prep* di fronte a: *We put the piano opposite the sofa.* Abbiamo messo il pianoforte di fronte al divano.
- *s* contrario | **the opposite** il contrario: *She's the complete* ***opposite of*** *her sister.* È l'esatto contrario di sua sorella.

opposition /ˌɒpəˈzɪʃən/ *s* **1 opposition (to sth/sb)** opposizione (a qc/qn) **2 the opposition a)** (nello sport) l'avversario **b)** (in politica) l'opposizione

oppress /əˈpres/ *v* [tr] (3ª pers sing **-sses**) opprimere

oppressed /əˈprest/ *agg* oppresso -a

oppression /əˈpreʃən/ *s* oppressione

oppressive /əˈpresɪv/ *agg* **1** (regime) oppressivo -a **2** (caldo) opprimente

opt /ɒpt/ *v* **to opt for sth** optare per qc | **to opt to do sth** scegliere di fare qc
opt out to opt out of sth ritirarsi da qc [viaggio, gioco], uscire da qc [sistema]

optical /ˈɒptɪkəl/ *agg* ottico -a

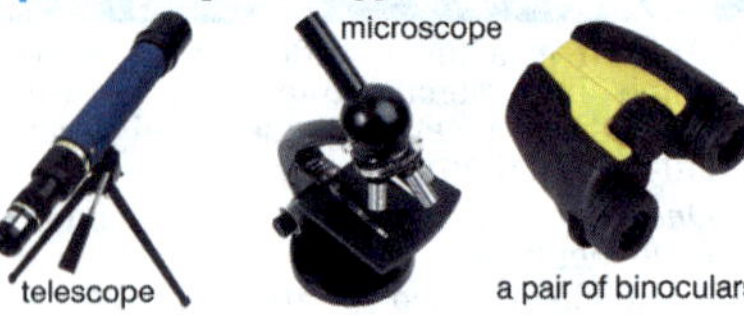

optical instruments

optician /ɒpˈtɪʃən/ *s* ottico ▶ Nei paesi anglosassoni, gli ottici preparano e vendono lenti e occhiali, ma sono anche qualificati per effettuare l'esame della vista.

optimism /ˈɒptəmɪzəm/ *s* ottimismo

optimist /ˈɒptəmɪst/ *s* ottimista

optimistic /ˌɒptəˈmɪstɪk/ *agg* ottimista

option /ˈɒpʃən/ *s* possibilità: *You have two options.* Hai due possibilità. | *You'll have to sell it. You've got* ***no option.*** Dovrai venderlo. Non hai scelta.

optional /ˈɒpʃənəl/ *agg* facoltativo -a

or /ə, tonico ɔː/ *cong* **1** o, oppure: *Is he ill or something?* È malato o cosa? **2** (in frasi negative) né: *They don't eat meat or fish.* Non mangiano né carne né pesce. **3** (anche **or else**) o, altrimenti: *Hurry, or you'll miss the train.* Sbrigati, o perderai il treno. **4 a minute/a mile etc or so** più o meno un minuto/miglio ecc. ▶ vedi anche **either**, **else**, **other**

oral /ˈɔːrəl/ *aggettivo* e *sostantivo*

- *agg* orale
- *s* (esame) orale

orange /ˈɒrɪndʒ/ *sostantivo* e *aggettivo*

- *s* **1** (frutto) arancia **2** (colore) arancione ▶ vedi Active Box **colours** sotto **colour**
- *agg* (colore) arancione ▶ vedi Active Box **colours** sotto **colour**

orbit /ˈɔːbɪt/ *sostantivo* e *verbo*

- *s* orbita
- *v* [tr] orbitare intorno a

orchard /ˈɔːtʃəd/ *s* frutteto

orchestra /ˈɔːkɪstrə/ *s* orchestra

orchid /ˈɔːkɪd/ *s* orchidea

ordeal /ɔːˈdiːl/ *s* esperienza terribile

order /ˈɔːdə/ *sostantivo* e *verbo*

- *s* **1** (sequenza) ordine: *in alphabetical order* in ordine alfabetico **2** (comando) ordine: *He gave the* ***order to*** *fire.* Ha dato l'ordine di sparare. **3** (in un ristorante) ordinazione **4** (di merce) ordine **5 in order to** per, allo scopo di: *They make promises in order to win votes.* Fanno promesse per ottenere voti. | **in order that** (formale) affinché **6 to be in order** (stanza, documenti) essere in ordine **7 to be out of order** (apparecchio) essere fuori servizio **8 order form** buono d'ordine
- *v* **1** [tr/intr] (in ristorante) ordinare: *Are you ready to order?* Siete pronti a ordinare? | *I didn't order pizza.* Non ho ordinato la

pizza. **2** [tr] (comandare) ordinare: *He **ordered** them **to** line up.* Gli ha ordinato di mettersi in fila. **3** [tr] ordinare **4** [tr] ordinare [merce, articolo] | **to order sth for sth/sb** ordinare qc per qc/qn

order sb about/around comandare qn a bacchetta

orderly /ˈɔːdəli/ *agg* ordinato -a

ordinarily /ˈɔːdənərəli, AmE ˌɔːrdnˈerəli/ *avv* normalmente

ordinary /ˈɔːdənəri/ *agg* **1** (abituale) comune: *Ordinary people can't afford it.* La gente comune non può permetterselo. | *It has 50% less fat than ordinary yogurt.* Ha il 50% dei grassi in meno dello yogurt normale. **2** (non speciale) normale **3** **out of the ordinary** fuori dal normale

ore /ɔː/ *s* minerale

oregano /ˌɒrɪˈgɑːnəʊ, AmE əˈregənəʊ/ *s* origano

organ /ˈɔːgən/ *s* **1** (parte del corpo) organo **2** (strumento) organo

organic /ɔːˈgænɪk/ *agg* (prodotti, coltivazione) biologico -a | **organic food** alimenti biologici

organism /ˈɔːgənɪzəm/ *s* organismo

organization, -isation BrE /ˌɔːgənaɪˈzeɪʃən/ *s* organizzazione

organize, -ise BrE /ˈɔːgənaɪz/ *v* **1** [tr] organizzare [festa, marcia] **2** [intr] creare un sindacato **3** [tr] riordinare [idee]

organized, -ised /ˈɔːgənaɪzd/ *agg* (persona) organizzato -a | **to get (yourself) organized** organizzarsi

organizer, -iser /ˈɔːgənaɪzə/ *s* organizzatore -trice

Orient /ˈɔːriənt/ *s* **the Orient** l'Oriente

orient /ˈɔːrient/ AmE ▶ vedi **orientate**

oriental /ˌɔːriˈentl/ *agg* orientale

orientate /ˈɔːrienteɪt/ BrE, anche **orient** /ˈɔːrient/ AmE *v* [tr] orientare | **to be orientated towards sth** essere indirizzato verso qc

orientation /ˌɔːriənˈteɪʃən/ *s* orientamento

origin /ˈɒrədʒɪn/ *s* **1** (nascita, provenienza) origine **2** (anche **origins**) (classe sociale, nazionalità) origini

original /əˈrɪdʒənəl/ *aggettivo* e *sostantivo*

• *agg* **1** (primitivo) originario -a: *The original idea was too risky.* L'idea originaria era troppo rischiosa. **2** (strano) originale **3** (non copiato) originale

• *s* (documento, quadro) originale

originality /əˌrɪdʒəˈnæləti/ *s* originalità

originally /əˈrɪdʒənəli/ *avv* originariamente

originate /əˈrɪdʒəneɪt/ *v* **1** [intr] (derivare) nascere | **to originate in/from sth** aver origine in/da qc **2** [tr] (produrre) creare

ornament /ˈɔːnəmənt/ *s* soprammobile

ornamental /ˌɔːnəˈmentl/ *agg* ornamentale

ornate /ɔːˈneɪt/ *agg* **1** (oggetto) riccamente decorato -a **2** (stile) ricercato -a

orphan /ˈɔːfən/ *sostantivo* e *verbo*

• *s* orfano -a

• *v* **to be orphaned** rimanere orfano

orphanage /ˈɔːfənɪdʒ/ *s* orfanotrofio

orthodox /ˈɔːθədɒks/ *agg* ortodosso -a

ostrich /ˈɒstrɪtʃ/ *s* (pl **-ches**) struzzo ▶ FALSE FRIEND Non confondere **"ostrich"** con **ostrica** che si traduce **oyster**.

other /ˈʌðə/ *aggettivo* e *pronome*

• *agg* **1** altro -a: *She has three other brothers.* Ha altri tre fratelli. | *They live on the other side of the lake.* Abitano sull'altra riva del lago. | **the other one** l'altro -a: *Here's one of the shoes. Where's the other one?* Ecco una scarpa. Dov'è l'altra? **2** **some other time** in un altro momento **3** **the other day** l'altro giorno **4** **other than** tranne (che): *No one other than you has met her.* Nessuno l'ha incontrata tranne te. | *Other than that, it was a very nice party.* A parte questo, è stata una festa molto bella. ▶ vedi anche **every**, **altro**

• *pron* **1** **the other** l'altro -a: *I'll take this room and you can have the other.* Io prenderò questa camera e tu puoi prendere l'altra. | **others** altri -e: *Some houses were in better condition than others.* Alcune case erano in migliori condizioni di altre. | **the others** gli altri, le altre: *Two of the girls stayed. The others went home.* Due delle ragazze sono rimaste. Le altre sono andate a casa. **2** **somehow or other** in un modo o nell'altro | **something or other** qualcosa ▶ vedi anche **none**

otherwise /ˈʌðəwaɪz/ *avverbio* e *congiunzione*

• *avv* **1** per il resto: *The dress is a bit long, but otherwise it fits all right.* Il vestito è un po' lungo, ma per il resto è perfetto. **2** (pensare, decidere, fare) diversamente

• *cong* altrimenti

otter /ˈɒtə/ *s* lontra

ouch! /aʊtʃ/ *inter* ahi!

oughtn't /ˈɔːtnt/ (= **ought not**)

ought to /ˈɔːt tuː/ *v* [modale] ▶ vedi riquadro

ounce /aʊns/ *s* **1** oncia [= 28,35 gr] **2** **an ounce of sense/intelligence etc** un briciolo di buon senso/intelligenza ecc.

our /aʊə/ *agg* nostro -a: *Our daughter lives in France.* Nostra figlia abita in Francia. | *our customers* i nostri clienti ▶ In inglese i possessivi si usano in molti casi in cui in italiano si usa l'articolo, come ad esempio con le parti del corpo, oggetti personali ecc.: *We scratched our legs climbing the tree.* Ci siamo graffiati le gambe arrampicandoci sull'albero. | *We jumped in the pool with our clothes on.* Ci siamo buttati in piscina vestiti.

O

Si dice *I arrived in London* o *I arrived to London*? Vedi alla voce **arrive**.

ought to *verbo modale*

1 CONSIGLI, RACCOMANDAZIONI (= dovere)
You ought to see a doctor. Dovresti andare dal dottore. | *You ought to have apologized.* Avresti dovuto scusarti.

2 La forma negativa di **ought to** è **oughtn't to** o **ought not to**:
He oughtn't to drive if he's sleepy. Non dovrebbe guidare se ha sonno. | *He ought not to have taken it without permission.* Non avrebbe dovuto prenderlo senza permesso.

3 PROBABILITÀ (= dovere)
They ought to be there by now. Dovrebbero essere lì ormai.

ours /aʊəz/ *pron* poiché i pronomi possessivi inglesi concordano in genere e numero con il possessore (e non con ciò che è posseduto, come in italiano), **ours** può equivalere a *(il) nostro, (la) nostra, (i) nostri* o *(le) nostre*: *This is your room. Ours is next door.* Questa è la tua stanza. La nostra è accanto. | *He's a friend of ours.* È un nostro amico.

ourselves /aʊə'selvz/ *pron* ▶ vedi riquadro

out /aʊt/ *avverbio, aggettivo* e *preposizione*
• *avv* e *agg* **1** (all'esterno) fuori: *They're out in the garden.* Sono fuori in giardino. **2** **to be out** (persona) non esserci: *You were out when I called.* Non c'eri quando ho chiamato. **3** **to be out** (luce, fuoco) essere spento: *The lights were out.* Le luci erano spente. **4** **to be out** (sole, luna) *The sun was out.* C'era il sole. **5** **to be out** (da una gara) essere eliminato **6** **to be out** (libro, disco, DVD) uscire: *Their album is out this week.* Il loro album esce questa settimana. **7** (impossibile) **to be out** essere fuori discussione: *Skiing's out because it's too expensive.* Lo sci è fuori discussione perché è troppo caro. **8** **to be out** (calcolo, misura) essere sbagliato | **to be out by $5** sbagliare di 5 dollari **9** **to be out for sth/to do sth** voler qc/fare qc: *He's just out to get attention.* Vuole solo attirare l'attenzione. ▶ **Out**, in combinazione con alcuni verbi, forma vari phrasal verbs, come **take out**, **turn out**, ecc. I phrasal verbs sono trattati sotto il verbo corrispondente.
• **out of** *prep* ▶ vedi riquadro

outbreak /'aʊtbreɪk/ *s* **1** (di guerra) scoppio **2** (di malattia) epidemia

outburst /'aʊtbɜːst/ *s* **1** (di ira) scoppio, (di gioia, risate) esplosione **2** (di attività, energia) esplosione

outcome /'aʊtkʌm/ *s* esito

outcry /'aʊtkraɪ/ *s* (pl **-cries**) protesta

outdated /ˌaʊt'deɪtɪd/ *agg* superato -a

outdid /aʊt'dɪd/ passato di **outdo**

outdo /aʊt'duː/ *v* [tr] (3ª pers sing **-does**, passato **-did**, participio **-done**) superare

ourselves *pronome*

1 **Ourselves** è la forma riflessiva di **we.** Il suo uso equivale a quello dei verbi riflessivi e pronominali italiani:
We all introduced ourselves. Ci siamo presentati tutti. | *Let's make ourselves comfortable.* Mettiamoci comodi.

2 Ha anche un uso enfatico che equivale a quello di *noi stessi* o *noi stesse*:
We had to do it ourselves. Abbiamo dovuto farlo noi stessi.

3 L'espressione **(all) by ourselves** significa *da soli* o *da sole* (senza compagnia o aiuto):
We learned to do it (all) by ourselves. Abbiamo imparato a farlo da soli.

out of *preposizione*

1 ALL'INTERNO DI UN GRUPPO (= tra)
Which do you like best out of these? Quali tra questi preferisci? | *two out of (every) ten women* due donne su dieci

2 MOTIVO (= per)
out of curiosity/interest per curiosità/interesse

3 MATERIALE, ORIGINE
It's made out of glass. È fatto di vetro. | *I got the idea out of a magazine.* Ho preso l'idea da una rivista.

4 MANCANZA
to be out of sth non avere qc: *We're out of milk.* Non abbiamo latte.

5 **Out of** è usato anche in varie espressioni, come **out of control**, **out of order**, ecc. Queste espressioni sono trattate sotto il sostantivo **control**, **order**, ecc.

outdoes /aʊt'dʌz/ 3ª pers sing pres di **outdo**

outdone /aʊt'dʌn/ participio di **outdo**

outdoor /'aʊtdɔː/ *agg* **outdoor activities/pool** attività/piscina all'aperto

outdoors /ˌaʊt'dɔːz/ *avverbio* e *sostantivo*
• *avv* fuori [all'aperto]
• *s* **life in the (great) outdoors** la vita all'aria aperta

outer /'aʊtə/ *agg* esterno -a | **outer space** lo spazio

outfit /'aʊtfɪt/ *s* (abito) completo

outgoing /ˌaʊt'gəʊɪŋ/ *agg* (comunicativo) estroverso -a

outgrew /aʊt'gruː/ passato di **outgrow**

outgrow /aʊt'grəʊ/ *v* [tr] (passato **-grew**, participio **-grown**) si usa per indicare che una persona è cresciuta e che i suoi vestiti le stanno stretti: *Lucy's already outgrown her uniform.* La divisa di Lucy le è già diventata piccola.

outgrown /aʊt'grəʊn/ participio di **outgrow**

O

outing /ˈaʊtɪŋ/ *s* gita: *a school outing* una gita scolastica

outlaw /ˈaʊtlɔː/ *verbo* e *sostantivo*
- *v* [tr] vietare [gioco d'azzardo, medicina]
- *s* fuorilegge

outlet /ˈaʊtlet/ *s* **1** (di energia, sentimenti) sfogo **2** (negozio) punto vendita

outline /ˈaʊtlaɪn/ *sostantivo* e *verbo*
- *s* **1** (bozza) elementi principali **2** (profilo) contorno
- *v* [tr] **1** descrivere a grandi linee [progetto] **2** disegnare il contorno di

outlive /aʊtˈlɪv/ *v* [tr] sopravvivere a

outlook /ˈaʊtlʊk/ *s* **1 outlook (on sth)** (atteggiamento) modo di vedere (qc) **2** (previsione) prospettive

outnumber /aʊtˈnʌmbə/ *v* [tr] superare in numero

ˌout-of-ˈdate *agg* (libro, metodo) sorpassato -a, (documento, medicina) scaduto -a, (abiti) fuori moda

output /ˈaʊtpʊt/ *s* **1** produzione [industriale, agricola] **2** potenza [elettrica]

outrage¹ /ˈaʊtreɪdʒ/ *s* **1** (rabbia) sdegno **2** (oltraggio) scandalo **3** (atto violento) atrocità

outrage² /ˈaʊtreɪdʒ/ *v* [tr] scandalizzare

outrageous /aʊtˈreɪdʒəs/ *agg* **1** (offensivo) scandaloso -a **2** (stravagante) sciocante

outright¹ /aʊtˈraɪt/ *avv* **1** (ridere, dire) apertamente **2** (distruggere, acquistare) interamente **3 to win (sth) outright** vincere (qc) nettamente **4 to be killed outright** morire sul colpo

outright² /ˈaʊtraɪt/ *agg* **1** (vincitore) netto -a **2** (bugia) vero -a e proprio -a | **an outright refusal** un netto rifiuto **3** (divieto, abolizione) totale

outset /ˈaʊtset/ *s* **from the outset** fin dall'inizio

outside¹ /aʊtˈsaɪd/ *preposizione* e *avverbio*
- *prep* anche **outside of** AmE **1** (all'esterno di) fuori da: *He left it outside the door.* L'ha lasciato fuori dalla porta. **2** (non lontano) fuori: *a village just outside Brighton* un paesino appena fuori Brighton
- *avv* fuori: *We waited outside.* Abbiamo aspettato fuori. | **to go outside** uscire

outside² /aʊtˈsaɪd, ˈaʊtsaɪd/ *sostantivo* e *aggettivo*
- *s* **1 the outside** l'esterno | **from the outside** dall'esterno **2 on the outside a)** all'esterno **b)** in apparenza
- *agg* **1** esterno -a **2 the outside lane** (in Gran Bretagna) la corsia di destra

outsider /aʊtˈsaɪdə/ *s* **1** estraneo -a **2** outsider

outskirts /ˈaʊtskɜːts/ *s pl* **the outskirts** la periferia

outspoken /aʊtˈspəʊkən/ *agg* diretto -a | **an outspoken critic/opponent etc** un critico/oppositore ecc. dichiarato

outstanding /aʊtˈstændɪŋ/ *agg* **1** (eccezionale) straordinario -a **2** (caratteristica) distintivo -a, (esempio) degno -a di nota **3** (debito) insoluto -a, (pagamento, problema) in sospeso

outstretched /ˌaʊtˈstretʃt/ *agg* aperto -a: *with outstretched arms* a braccia aperte

outward /ˈaʊtwəd/ *agg* **1** (apparenza) esteriore **2 outward flight** volo di andata

outwardly /ˈaʊtwədli/ *avv* esteriormente

outwards /ˈaʊtwədz/, anche **outward** /ˈaʊtwəd/ AmE *avv* verso l'esterno

outweigh /aʊtˈweɪ/ *v* [tr] superare (per importanza)

oval /ˈəʊvəl/ *agg* e *s* ovale

ovary /ˈəʊvəri/ *s* (pl **-ries**) ovaia

oven /ˈʌvən/ *s* forno

over /ˈəʊvə/ *avverbio*, *preposizione* e *aggettivo*
- *avv* ► vedi riquadro
- *prep* **1** sopra: *There was a sign over the door.* C'era un cartello sopra la porta. | *I put a blanket over him.* Gli ho messo sopra una coperta. **2 over the road/street** dall'altra parte della strada: *There's a supermarket over the road.* C'è un supermercato dall'altra parte della strada. **3** (oltre) più di: *It costs over $500.* Costa più di 500 dollari. | *She's over 60.* Ha più di 60 anni. | **over and above sth** oltre a qc **4** (nel corso di) durante: *I saw Hugh over the summer.* Ho visto Hugh durante l'estate. | *over a period of ten years* nel corso di dieci anni **5 over here/there** qui/là **6** (riguardo a) per: *Such a fuss over nothing!* Quante storie per niente! **7 over the phone/radio** per telefono/radio
- *agg* **to be over** essere finito: *when this programme is over* quando finisce questo programma

overall /ˌəʊvərˈɔːl/ *aggettivo*, *avverbio* e *sostantivo plurale*
- *agg* **1** (totale) complessivo -a **2** (impressione) generale **3 overall winner** vincitore assoluto
- *avv* complessivamente
- **overalls** *s pl* (di meccanico, operaio) tuta

overboard /ˌəʊvəˈbɔːd/ *avv* **1** in mare: *Man overboard!* Uomo in mare! **2 to go overboard** (informale) strafare

overcame /ˌəʊvəˈkeɪm/ passato di **overcome**

overcast /ˌəʊvəˈkɑːst/ *agg* (tempo, cielo) coperto -a, (giornata) nuvoloso-a

overcharge /ˌəʊvəˈtʃɑːdʒ/ *v* **to overcharge sb for sth** far pagare a qn troppo per qc

overcoat /ˈəʊvəkəʊt/ *s* cappotto

O

Vuoi informazioni sulla differenza tra gli **articoli** in inglese e in italiano? Leggi le spiegazioni nella guida grammaticale.

over *avverbio*

1 VERSO IL BASSO

I saw him push the bike over. L'ho visto spingere giù la bici.

2 VERSO UN POSTO

I went over to say hello to Pete. Sono andato a salutare Pete. | *Come over for supper tomorrow.* Vieni a cena domani.

3 IN ALTO

Planes fly over every few minutes. Gli aerei ci passano sopra in continuazione.

4 CON NUMERI, QUANTITÀ

a score of 86 or over un punteggio di almeno 86

5 ESPRESSIONI

(all) over again (tutto) da capo: *We had to start all over again.* Abbiamo dovuto ricominciare tutto da capo. | **over and over again** mille volte

6 **Over**, in combinazione con alcuni verbi, forma vari **phrasal verbs** come **fall over**, **take over** ecc. I **phrasal verbs** sono trattati sotto il verbo.

overcome /ˌəʊvəˈkʌm/ *v* (passato **-came**, participio **-come**) **1** [tr] vincere [timidezza, paura] **2** [tr] superare [problema, difficoltà] **3** [tr] sconfiggere [nemico], [intr] vincere **4** **overcome with emotion/grief** sopraffatto dall'emozione/dal dolore

overcrowded /ˌəʊvəˈkraʊdɪd/ *agg* **1** (autobus, spiaggia) sovraffollato -a **2** (città, pianeta) sovrappopolato -a

overcrowding /ˌəʊvəˈkraʊdɪŋ/ *s* (di treno, casa) sovraffollamento

overdid /ˌəʊvəˈdɪd/ passato di **overdo**

overdo /ˌəʊvəˈduː/ *v* [tr] (3ª pers sing **-does**, passato **-did**, participio **-done**) **1** **to overdo it a)** esagerare **b)** affaticarsi (troppo) **2** cuocere troppo | **to overdo the salt/garlic** esagerare con il sale/l'aglio

overdone /ˌəʊvəˈdʌn/ participio di **overdo**

overdose /ˈəʊvədəʊs/ *s* overdose

overdraft /ˈəʊvədrɑːft/ *s* scoperto [in banca]

overdue /ˌəʊvəˈdjuː/ *agg* (fattura, pagamento) scaduto -a

overestimate /ˌəʊvərˈestəmeɪt/ *v* [tr] sopravvalutare [importanza, forza], sovrastimare [valore, numero]

overflow[1] /ˌəʊvəˈfləʊ/ *v* **1** [intr] (liquido, recipiente) traboccare **2** [tr] rompere [gli argini] **3** [intr] (fiume) straripare

overflow[2] /ˈəʊvəfləʊ/ *s* **1** (di lago, fiume) straripamento **2** (di vasca, serbatoio) troppopieno **3** **the overflow of people/cars** le persone/le auto in sovrappiù

overgrown /ˌəʊvəˈgrəʊn/ *agg* **1** (giardino) soffocato -a dalla vegetazione **2** Riferito ad adulto: *He acts like an overgrown schoolboy.* Si comporta da bambinone.

overhaul[1] /ˌəʊvəˈhɔːl/ *v* [tr] **1** revisionare [motore] **2** rivedere [procedure]

overhaul[2] /ˈəʊvəhɔːl/ *s* (di motore, veicolo) revisione, (di sistema, procedure) riorganizzazione

overhead[1] /ˌəʊvəˈhed/ *avv* in alto

overhead[2] /ˈəʊvəhed/ *agg* **overhead cables** cavi aerei

overhear /ˌəʊvəˈhɪə/ *v* [tr/intr] (passato e participio **-heard**) sentire [accidentalmente]: *I couldn't help overhearing their conversation.* Non ho potuto fare a meno di sentire la loro conversazione.

overheard /ˌəʊvəˈhɜːd/ passato e participio di **overhear**

overjoyed /ˌəʊvəˈdʒɔɪd/ *agg* contentissimo -a: *They were* ***overjoyed at*** *the prospect of moving to Florida.* Erano contentissimi all'idea di trasferirsi in Florida.

overland /ˌəʊvəˈlænd/ *avv* e *agg* via terra

overlap /ˌəʊvəˈlæp/ *v* (**-pped**, **-pping**) **1** [intr] sovrapporsi parzialmente **2** **to overlap (with sth)** coincidere parzialmente (con qc) [date, eventi]

overlap[2] /ˈəʊvəlæp/ *s* **1** (tra discipline) sovrapposizione **2** (di tessuto) falda

overload[1] /ˌəʊvəˈləʊd/ *v* [tr] caricare troppo

overload[2] /ˈəʊvələʊd/ *s* sovraccarico

overlook /ˌəʊvəˈlʊk/ *v* [tr] **1** dare su: *Our pool is overlooked by the neighbours.* La casa dei vicini dà sulla nostra piscina. **2** lasciarsi sfuggire [errori, particolari] **3** (perdonare) passare sopra a

overnight[1] /ˌəʊvəˈnaɪt/ *avv* **1** di notte: *They travelled overnight.* Hanno viaggiato di notte. | **to stay overnight** fermarsi per la notte **2** da un giorno all'altro

overnight[2] /ˈəʊvənaɪt/ *agg* **1** **overnight train** treno notturno | **overnight stay** pernottamento **2** **to be an overnight success** avere un successo immediato

overpower /ˌəʊvəˈpaʊə/ *v* [tr] avere la meglio su

overpowering /ˌəʊvəˈpaʊərɪŋ/ *agg* **1** (desiderio) incontenibile **2** (calore) opprimente **3** (odore) penetrante

overrated /ˌəʊvəˈreɪtɪd/ *agg* sopravvalutato -a

overreact /ˌəʊvəriˈækt/ *v* [intr] reagire in modo esagerato

overridden /ˌəʊvəˈrɪdn/ participio di **override**

override /ˌəʊvəˈraɪd/ *v* [tr] (passato **-rode**, participio **-ridden**) **1** annullare [provvedimento] **2** ignorare [desiderio, legge, decisione]

overrode /ˌəʊvəˈrəʊd/ passato di **override**

overrule /ˌəʊvəˈruːl/ *v* [tr] **1** respingere [obiezione] **2** annullare [decisione]

oversaw /ˌəʊvəˈsɔː/ passato di **oversee**

overseas[1] /ˌəʊvəˈsiːz◂/ *avv* all'estero

overseas[2] /ˈəʊvəsiːz/ *agg* (viaggio, commercio) internazionale, (persona) straniero -a

oversee /ˌəʊvəˈsiː/ *v* [tr] (passato **-saw**, participio **-seen**) supervisionare

overseen /ˌəʊvəˈsiːn/ participio di **oversee**

overshadow /ˌəʊvəˈʃædəʊ/ *v* [tr] **1** funestare [avvenimento] **2** mettere in ombra [persona]

oversight /ˈəʊvəsaɪt/ *s* svista

oversleep /ˌəʊvəˈsliːp/ *v* [intr] (passato e participio **-slept**) svegliarsi troppo tardi

overslept /ˌəʊvəˈslept/ passato e participio di **oversleep**

overt /əʊˈvɜːt/ *agg* (formale) palese

overtake /ˌəʊvəˈteɪk/ *v* (passato **-took**, participio **-taken**) **1** [tr/intr] sorpassare [veicolo] **2** [tr] superare

overtaken /ˌəʊvəˈteɪkən/ participio di **overtake**

overthrew /ˌəʊvəˈθruː/ passato di **overthrow**

overthrow /ˌəʊvəˈθrəʊ/ *v* [tr] (passato **-threw**, participio **-thrown**) rovesciare [governo], deporre [capo di Stato]

overthrown /ˌəʊvəˈθəʊn/ participio di **overthrow**

overtime /ˈəʊvətaɪm/ *s* straordinario

overtone /ˈəʊvətəʊn/ *s* connotazione

overtook /ˌəʊvəˈtʊk/ passato di **overtake**

overture /ˈəʊvətjʊə/ *s* **to make overtures to sb a)** fare delle avance a qn **b)** cercare il dialogo con qn

overturn /ˌəʊvəˈtɜːn/ *v* **1** [tr] rovesciare, [intr] rovesciarsi **2 to overturn a decision/verdict** annullare una decisione/un verdetto

overview /ˈəʊvəvjuː/ *s* visione d'insieme

overweight /ˌəʊvəˈweɪt/ *agg* in sovrappeso | **to be 10 kilos overweight** essere in sovrappeso di 10 chili

overwhelm /ˌəʊvəˈwelm/ *v* [tr] **1** sopraffare: *She was **overwhelmed** with grief.* Era sopraffatta dal dolore. **2** sopraffare [esercito, nemico]

overwhelming /ˌəʊvəˈwelmɪŋ/ *agg* **1** (bisogno, desiderio) incontenibile **2 an overwhelming majority** una maggioranza schiacciante

overworked /ˌəʊvəˈwɜːkt/ *agg* (impiegato, lavoratore) sovraccarico -a di lavoro

ow! /aʊ/ *inter* ahi!

owe /əʊ/ *v* [tr] dovere [denaro, favore] | **to owe your success to sth/sb** dovere il proprio successo a qc/qn

'owing to *prep* a causa di

owl /aʊl/ *s* gufo

own /əʊn/ *aggettivo, pronome e verbo*

• *agg* si usa per rafforzare il possessivo: *He had always wanted his own flat.* Aveva sempre voluto un appartamento suo. | *I prefer to do it my own way.* Preferisco farlo a modo mio. | **own goal** autogol

owl

• *pron* **1 my own/your own etc** il mio/il tuo ecc.: *The bed was comfortable but I prefer my own.* Il letto era comodo, ma preferisco il mio. | **of my/your etc own** tutto mio/tuo ecc.: *At last she would be able to have a room of her own.* Finalmente avrebbe potuto avere una stanza tutta sua. **2 (all) on my/your etc own** (tutto) da solo: *He lives on his own.* Vive da solo. ► ON YOUR OWN, BY YOURSELF, ALONE O LONELY? vedi nota sotto **solo** **3 to get your own back (on sb)** (informale) vendicarsi (di qn)

• *v* [tr] possedere: *He owns two houses in London.* Possiede due case a Londra. | *Who owns the land?* A chi appartiene il terreno?

own up **1** confessare **2 to own up to (doing) sth** confessare (di aver fatto) qc

owner /ˈəʊnə/ *s* proprietario -a

ownership /ˈəʊnəʃɪp/ *s* proprietà

ox /ɒks/ *s* (pl **oxen** /ˈɒksən/) bue

oxygen /ˈɒksɪdʒən/ *s* ossigeno

oyster /ˈɔɪstə/ *s* ostrica

oz (= **ounce**) oncia [= 28,35 gr]

ozone /ˈəʊzəʊn/ *s* **1** ozono **2 ozone layer** strato di ozono

P, p /piː/ *s* P, p ► vedi Active Box **letters** sotto **letter**

PA /ˌpiː ˈeɪ/ *s* (= **personal assistant**) BrE assistente personale

pace /peɪs/ *sostantivo e verbo*

• *s* **1** passo **2** velocità | **to keep pace with sth** stare al passo con qc | **to keep pace with sb** star dietro a qn

• *v* **to pace up and down (a room)** camminare su e giù (per una stanza) ► FALSE FRIEND Non confondere **"pace"** con **pace** che si traduce **peace**.

pacemaker /ˈpeɪsˌmeɪkə/ *s* pacemaker

pacifist /ˈpæsəfɪst/ *s* pacifista
pacify /ˈpæsəfaɪ/ *v* [tr] (**-fies**, **-fied**) calmare
pack /pæk/ *verbo* e *sostantivo*
• *v* **1** [intr] fare la valigia **2** [tr] mettere in valigia: *Don't forget to pack your swimming costume.* Non dimenticarti di mettere in valigia il costume da bagno. | **to pack a bag/case** preparare una borsa/una valigia **3** [tr] confezionare [per la vendita] **4** [tr] imballare **5** [tr] affollare [luogo]
pack sth in 1 (informale) piantare qc [attività] **2 pack it in!** piantala/piantatela!
• *s* **1** confezione | **an information pack** materiale informativo **2** AmE (di sigarette, biscotti) pacchetto ▶ In inglese britannico si usa **packet**. **3** (anche **backpack**) zaino **4** (di animali) branco **5** BrE (di carte) mazzo
package /ˈpækɪdʒ/ *sostantivo* e *verbo*
• *s* pacchetto ▶ PACK, PACKAGE, PACKET O PARCEL? vedi nota sotto **pacchetto**
• *v* [tr] impacchettare
packaging /ˈpækɪdʒɪŋ/ *s* imballaggio
packed /pækt/ *agg* **1** pieno -a zeppo -a: *The train was packed.* Il treno era pieno zeppo. **2 packed with/packed full of** pieno zeppo di: *The guide is packed with useful information.* La guida è piena zeppa di informazioni utili.
ˌpacked ˈlunch *s* (pl **-ches**) BrE colazione al sacco
packet /ˈpækɪt/ *s* BrE pacchetto: *a packet of biscuits* un pacchetto di biscotti ▶ PACK, PACKAGE, PACKET O PARCEL? vedi nota sotto **pacchetto**
packing /ˈpækɪŋ/ *s* **1 to do your packing** fare le valigie **2** imballaggio
pact /pækt/ *s* patto
pad /pæd/ *sostantivo* e *verbo*
• *s* **1** (per medicazioni) tampone, (per pulire) spugnetta | **knee pads** ginocchiere | **shoulder pads** spalline (imbottite) **2** blocchetto (per appunti)
• *v* (**padded**, **padding**) [tr] imbottire
padding /ˈpædɪŋ/ *s* imbottitura
paddle /ˈpædl/ *sostantivo* e *verbo*
• *s* pagaia
• *v* **1** [intr] andare [in canoa, canotto], [tr] manovrare [canoa, canotto] **2** [intr] BrE camminare nell'acqua bassa
padlock /ˈpædlɒk/ *s* lucchetto
page /peɪdʒ/ *sostantivo* e *verbo*
• *s* pagina: *on page 31* a pagina 31
• *v* [tr] **1** (far) chiamare [con l'altoparlante] **2** chiamare con il cercapersone
pager /ˈpeɪdʒə/ *s* cercapersone
paid /peɪd/ passato e participio di **pay**
pain /peɪn/ *s* **1** dolore: *He woke up with a terrible pain in his stomach.* Si svegliò con un forte dolore allo stomaco. | **to be in pain** aver male: *Are you in pain?* Hai male? | **to feel pain** *Do you feel any pain?* Senti dolore? ▶ PAIN O ACHE? vedi nota sotto **dolore** **2 to be a pain in the neck** (informale) essere un rompiscatole **3 to take pains over sth** mettere molto sforzo in qc
pained /peɪnd/ *agg* afflitto -a
painful /ˈpeɪnfəl/ *agg* **1** (intervento chirurgico) doloroso -a | **to be painful** far male **2** (ricordo, pensiero) doloroso -a **3** (decisione) sofferto -a
painfully /ˈpeɪnfəli/ *avv* **1** provocando dolore fisico o psicologico **2 to be painfully clear/obvious** essere del tutto chiaro/ovvio **3 to be painfully shy/slow** essere terribilmente timido/lento
painkiller /ˈpeɪnˌkɪlə/ *s* antidolorifico
painless /ˈpeɪnləs/ *agg* (operazione, esame) indolore
painstaking /ˈpeɪnzˌteɪkɪŋ/ *agg* (persona) coscienzioso -a, (indagine) accurato -a
paint /peɪnt/ *sostantivo* e *verbo*
• *s* vernice
• *v* [tr/intr] **1** dipingere [quadri] **2** dipingere [casa, pareti] | **to paint sth red/blue** dipingere qc di rosso/azzurro
paintbrush /ˈpeɪntbrʌʃ/ *s* (pl **-shes**) pennello
painter /ˈpeɪntə/ *s* **1** (di quadri) pittore -trice **2** (di muri) imbianchino -a
painting /ˈpeɪntɪŋ/ *s* **1** dipinto **2** (attività) pittura
pair /peə/ *s* **1** paio: *a pair of shoes/gloves* un paio di scarpe/guanti **2** coppia
pair up fare coppia

pajamas AmE ▶ vedi **pyjamas**
Pakistan /ˌpɑːkɪˈstɑːn/ *s* il Pakistan
Pakistani /ˌpɑːkɪˈstɑːni/ *agg* e *s* pakistano -a
pal /pæl/ *s* (informale) amico
palace /ˈpælɪs/ *s* palazzo [reale, ducale]
palate /ˈpælət/ *s* palato

P

pale /peɪl/ *agg* **1** (colore) pallido -a: *pale green* verde pallido **2** (viso) pallido -a | **to go/turn pale** impallidire

palm /pɑːm/ *sostantivo* e *verbo*
- *s* palmo [di mano]
- *v* (anche **palm tree**) palma

palm sth off **to palm sth off on sb** rifilare qc a qn

paltry /ˈpɔːltri/ *agg* misero -a: *a paltry 2% pay increase* un misero aumento di stipendio del 2%

pamper /ˈpæmpə/ *v* [tr] coccolare: *I decided to **pamper myself** with a hot bath.* Ho decisi di coccolarmi con un bel bagno caldo.

pamphlet /ˈpæmflət/ *s* opuscolo

pan /pæn/ *s* pentola

Panama /ˈpænəmɑː/ *s* Panama

Panamanian /ˌpænəˈmeɪniən/ *agg* e *s* panamense

pancake /ˈpænkeɪk/ *s* specie di crêpe a base di farina, uova e latte, servita dolce o salata

panda /ˈpændə/ *s* panda

pander /ˈpændə/ *v* **pander to sth/sb** assecondare qc/qn

pane /peɪn/ *s* lastra [di finestra] | **a pane of glass** una lastra di vetro

panel /ˈpænl/ *s* **1** pannello **2** (di esperti) gruppo, (di esaminatori) commissione, (di giudici) giuria **3** **instrument/control panel** quadro degli strumenti/di controllo

pang /pæŋ/ *s* (di fame) morso, (di dolore) fitta: *pangs of guilt* rimorsi

panic /ˈpænɪk/ *sostantivo* e *verbo*
- *s* panico | **in a panic** in preda al panico
- *v* [intr] (**-cked**, **-cking**) farsi prendere dal panico

pant /pænt/ *v* [intr] (persona) ansimare

panther /ˈpænθə/ *s* pantera

panties /ˈpæntiz/ *s pl* mutandine [da donna]

pantomime /ˈpæntəmaɪm/ *s* **1** in Gran Bretagna, spettacolo teatrale comico per bambini rappresentato nel periodo natalizio **2** pantomima

pants /pænts/ *s pl* **1** mutande [da uomo] **2** mutandine [da donna] **3** AmE pantaloni ▶ In inglese britannico si usa **trousers**.

pantyhose /ˈpæntihəʊz/ *s pl* AmE collant

paper /ˈpeɪpə/ *sostantivo, sostantivo plurale* e *verbo*
- *s* **1** carta: *a piece of paper* un pezzo di carta **2** giornale: *yesterday's paper* il giornale di ieri **3** prova (scritta) **4** **on paper** **a)** per iscritto **b)** (in teoria) sulla carta
- **papers** *s pl* **1** (pratiche) carte **2** (di identità) documenti
- *v* [tr] (con carta da parati) tappezzare

paperback /ˈpeɪpəbæk/ *s* tascabile (economico) | **in paperback** in edizione economica

paperwork /ˈpeɪpəwɜːk/ *s* **1** disbrigo di pratiche **2** (documenti) carte

par /pɑː/ *s* **1** **to be on a par with sth** essere alla pari con qc **2** **below par** (esibizione, prestazione) al di sotto delle aspettative | **to feel below/under par** non sentirsi al meglio della forma

parachute /ˈpærəʃuːt/ *sostantivo* e *verbo*
- *s* paracadute
- *v* [intr] paracadutarsi

parade /pəˈreɪd/ *sostantivo* e *verbo*
- *s* **1** parata **2** **a parade of shops** BrE una fila di negozi
- *v* **1** [intr] (dimostranti) sfilare in corteo, (soldati) sfilare in parata **2** **to parade around** sfilare, per farsi ammirare **3** [tr] ostentare

paradise /ˈpærədaɪs/ *s* paradiso

paradox /ˈpærədɒks/ *s* (pl **-xes**) paradosso

paraffin /ˈpærəfɪn/ *s* BrE cherosene

paragraph /ˈpærəgrɑːf/ *s* paragrafo

Paraguay /ˈpærəgwaɪ/ *s* il Paraguay

Paraguayan /ˌpærəˈgwaɪən/ *agg* e *s* paraguaiano -a

parallel /ˈpærəlel/ *aggettivo* e *sostantivo*
- *agg* (linee, indagini) parallelo -a
- *s* **1** analogia **2** (geografia) parallelo **3** **in parallel** parallelamente

paralyse BrE, **paralyze** AmE /ˈpærəlaɪz/ *v* [tr] paralizzare [persona, gambe, traffico]

paralysis /pəˈræləsɪs/ *s* paralisi

paramedic /ˌpærəˈmedɪk/ *s* paramedico -a

paramilitary /ˌpærəˈmɪlɪtəri/ *agg* paramilitare

paramount /ˈpærəmaʊnt/ *agg* **to be paramount** essere primordiale

paranoia /ˌpærəˈnɔɪə/ *s* paranoia

paranoid /ˈpærənɔɪd/ *agg* paranoico -a

paraphrase /ˈpærəfreɪz/ *v* [tr] parafrasare

parasite /ˈpærəsaɪt/ *s* parassita

parcel /ˈpɑːsəl/ *s* pacchetto: *She tied up the parcel with string.* Ha legato il pacchetto con dello spago. ▶ vedi anche **pacchetto**

parcel

pardon /ˈpɑːdn/ *interiezione, verbo* e *sostantivo*
- *inter* **1** **pardon?** anche **pardon me?** AmE mi scusi? **2** **pardon me** **a)** (per scusarsi) mi scusi **b)** AmE (per rivolgersi a qualcuno) mi scusi
- *v* [tr] **1** graziare **2** (formale) scusare
- *s* grazia

P

Vuoi informazioni sulla differenza tra gli **aggettivi possessivi** in inglese e in italiano? Vedi la **guida grammaticale**.

parent /ˈpeərənt/ *s* genitore: *my parents* i miei genitori ► vedi anche **single parent**
► FALSE FRIEND Non confondere **"parent"** con **parente** che si traduce **relative**.

parental /pəˈrentl/ *agg* dei genitori

parentheses /pəˈrenθəsiːz/ *s pl* parentesi | **in parentheses** tra parentesi

parenthood /ˈpeərənthʊd/ *s* condizione di genitore: *Parenthood can be difficult.* Il ruolo dei genitori può essere difficile.

parish /ˈpærɪʃ/ *s* (pl **-shes**) parrocchia

park /pɑːk/ *sostantivo* e *verbo*
- *s* parco
- *v* [tr/intr] parcheggiare

parking /ˈpɑːkɪŋ/ *s* posto per parcheggiare: *There's plenty of parking nearby.* C'è molto posto per parcheggiare lì vicino. | **no parking** divieto di sosta

ˈparking lot *s* AmE parcheggio ► In inglese britannico si usa **car park**.

ˈparking ˌmeter *s* parchimetro

ˈparking ˌticket *s* multa [per divieto di sosta]

parliament, anche **Parliament** /ˈpɑːləmənt/ *s* parlamento

parliamentary /ˌpɑːləˈmentəri/ *agg* parlamentare

parody /ˈpærədi/ *sostantivo* e *verbo*
- *s* (pl **-dies**) parodia
- *v* [tr] parodiare

parole /pəˈrəʊl/ *s* libertà condizionale

parrot /ˈpærət/ *s* pappagallo

parsley /ˈpɑːsli/ *s* prezzemolo

parsnip /ˈpɑːsnɪp/ *s* pastinaca

part /pɑːt/ *sostantivo*, *verbo* e *avverbio*
- *s* **1** parte: *What part of England does he come from?* Da che parte dell'Inghilterra viene? | *I only saw the first part of the programme.* Ho visto solo la prima parte del programma. **2** (di macchina, oggetto) pezzo **3** (anche **spare part**) pezzo di ricambio **4** (funzione) ruolo: *Sport plays a big part in his life.* Lo sport ha un ruolo fondamentale nella sua vita. **5** (in uno spettacolo) ruolo: *He plays the part of Hamlet.* Interpreta il ruolo di Amleto. **6 to take part (in sth)** partecipare (a qc) **7 on my/his etc part** da parte mia/sua ecc.: *It was a mistake on her part.* È stato un errore da parte sua. **8 for the most part** per lo più **9 in part** in parte **10 for my/his etc part** per quel che mi/lo ecc. riguarda **11** AmE riga [nei capelli] ► In inglese britannico si usa **parting**.
- *v* **1 to be parted from sb** essere separato da qn **2 to part your hair** farsi la riga [nei capelli] **3** [tr] aprire [tende], schiudere [labbra] **4** [intr] (tende) aprirsi, (labbra) schiudersi

  part with sth 1 staccarsi da qc **2** spendere qc
- *avv* in parte: *part written, part spoken* in parte scritto, in parte orale

partial /ˈpɑːʃəl/ *agg* **1** (non completo) parziale **2 to be partial to sth** avere un debole per qc

partially /ˈpɑːʃəli/ *avv* parzialmente

participant /pɑːˈtɪsəpənt/ *s* partecipante

participate /pɑːˈtɪsəpeɪt/ *v* **to participate (in sth)** partecipare (a qc)

participation /pɑːˌtɪsəˈpeɪʃən/ *s* partecipazione

participle /ˈpɑːtəsɪpəl/ *s* participio

particle /ˈpɑːtɪkəl/ *s* particella

particular /pəˈtɪkjələ/ *aggettivo*, *sostantivo* e *sostantivo plurale*
- *agg* **1** particolare: *on that particular occasion* in quella particolare occasione | *for no particular reason* per nessuna ragione in particolare **2** (speciale) particolare **3 to be particular about sth** essere pignolo per quel che riguarda qc
- *s* **in particular** in modo particolare
- **particulars** *s pl* dati (personali)

particularly /pəˈtɪkjələli/ *avv* particolarmente: *I'm not particularly interested.* Non sono particolarmente interessato. | *"Did you enjoy it?" "Not particularly."* – Ti è piaciuto? – Non tanto.

parting /ˈpɑːtɪŋ/ *s* BrE riga [nei capelli]

partition /pɑːˈtɪʃən/ *s* **1** parete divisoria **2** ripartizione [di paese]

partly /ˈpɑːtli/ *avv* in parte

partner /ˈpɑːtnə/ *s* **1** (di ballo, gioco) compagno -a **2** (in una relazione) partner, compagno -a **3** (di società) socio -a **4** (di paese) partner

partnership /ˈpɑːtnəʃɪp/ *s* **1** associazione o collaborazione tra due persone o due organizzazioni: *a partnership between parents and the school* una collaborazione tra genitori e scuola **2** (negli affari) società

ˌpart of ˈspeech *s* categoria grammaticale

ˌpart-ˈtime *agg* e *avv* part time

party /ˈpɑːti/ *s* (pl **-ties**) **1** festa | **to have a party** dare una festa **2** (in politica) partito **3** gruppo: *a party of schoolchildren* un gruppo di scolari **4** (nelle questioni legali) parte

pass /pɑːs/ *verbo* e *sostantivo*
- *v* (3ª pers sing **passes**) **1** [tr] passare davanti a: *I pass the library on my way to school.* Passo davanti alla biblioteca andando a scuola. | *We passed each other on the stairs.* Ci siamo incrociati sulle scale. **2** [intr] passare **3 pass through/behind etc** passare attraverso/dietro ecc.: *The new road passes right behind our house.* La strada nuova passa proprio dietro casa nostra. **4** [intr] (tempo, dolore, tempesta) passare **5 to pass the time** passare il tempo **6** [tr/intr] superare

[esame], essere promosso in [materia] **7** [tr] approvare [legge] **8** [tr] passare [oggetto] **9** (nello sport) [tr] passare, [intr] passare la palla/il pallone

pass sth around far girare qc [foto, biscotti]

pass away morire

pass by passare: *I can pass by your house on the way.* Posso passare da casa tua mentre ci vado. **pass sb by** sfuggire a qn: *Don't let this chance pass you by.* Non lasciarti sfuggire quest'occasione.

pass sth/sb off as sth/sb spacciare qc/qn per qc/qn

pass sth on dare qc [messaggio], far girare qc [informazione]

pass out svenire

pass sth round ► vedi **pass sth around**

pass sth up lasciarsi sfuggire qc [opportunità]

• *s* (pl **passes**) **1** (nello sport) passaggio **2** (autorizzazione) pass **3** (per mezzi di trasporto) tesserino **4** (a un esame) sufficienza **5** (tra due montagne) passo

passable /ˈpɑːsəbəl/ *agg* **1** passabile **2** transitabile

passage /ˈpæsɪdʒ/ *s* **1** (anche **passageway**) passaggio **2** (in un testo) brano

passenger /ˈpæsəndʒə/ *s* passeggero -a

passer-by /ˌpɑːsəˈbaɪ/ *s* (pl **passers-by**) passante

passing /ˈpɑːsɪŋ/ *sostantivo* e *aggettivo*

• *s* **1** passare [del tempo] **2** **in passing** di sfuggita

• *agg* **1** (giorno) che passa **2** **a passing reference/comment etc** un rapido accenno/commento ecc. **3** passeggero -a | **a passing phase** una fase passeggera

passion /ˈpæʃən/ *s* passione

passionate /ˈpæʃənət/ *agg* **1** (convinzione, interesse) profondo -a **2** (discorso, difesa) appassionato -a **3** (bacio) appassionato -a, (relazione) pieno -a di passione

passive /ˈpæsɪv/ *agg* passivo -a

passport /ˈpɑːspɔːt/ *s* passaporto

password /ˈpɑːswɜːd/ *s* **1** password, parola chiave **2** parola d'ordine

past /pɑːst/ *aggettivo*, *preposizione*, *sostantivo* e *avverbio*

• *agg* **1** passato -a **2** scorso -a: *They've received over 100 letters in the past week.* La settimana scorsa hanno ricevuto oltre 100 lettere. **3** **to be past** essere finito: *Winter is past.* L'inverno è finito. **4** **past champion/president etc** ex campione/presidente ecc.

• *prep* **1** dopo: *a mile past the bridge* un miglio dopo il ponte **2** usato con verbi di movimento: *Will you be going past the post office?* Passi davanti all'ufficio postale? | *She walked straight past me.* Mi è passata davanti senza girarsi. **3** usato per dire l'ora: *It's ten past nine.* Sono le nove e dieci (minuti). | *It was already past ten o'clock.* Erano già le dieci passate. **4** **to be past sth** aver oltrepassato un certo limite: *It's past your bedtime.* Dovresti essere a letto da un pezzo. **5** **I wouldn't put it past him/her etc to do sth** lo/la ecc. ritengo capace di fare qc

• *s* **1** passato **2** **the past** anche **the past tense** il passato [tempo verbale]

• *avv* usato con verbi di movimento: *Hal and his friends drove past.* Hal e i suoi amici sono passati (in auto).

pasta /ˈpæstə/ *s* pasta

paste /peɪst/ *sostantivo* e *verbo*

• *s* **1** colla **2** (mistura) impasto **3** tipo di paté

• *v* [tr] incollare

pastel /ˈpæstl, AmE pæˈstel/ *agg* e *s* pastello

pastime /ˈpɑːstaɪm/ *s* passatempo

pastor /ˈpɑːstə/ *s* pastore -a [nella chiesa anglicana]

ˌpast ˈparticiple *s* participio passato

ˌpast ˈperfect *s* trapassato

pastry /ˈpeɪstri/ *s* **1** pasta [per torte] **2** (pl **-tries**) pasticcino

pasture /ˈpɑːstʃə/ *s* pascolo

pasty /ˈpæsti/ *s* specie di tortina ripiena di carne o verdura

pat /pæt/ *verbo* e *sostantivo*

• *v* [tr] (**patted**, **patting**) dare un colpetto a

• *s* colpetto

patch /pætʃ/ *sostantivo* e *verbo*

• *s* (pl **patches**) **1** toppa **2** (macchia) chiazza: *damp patches on the wall* chiazze di umido sulla parete **3** **a patch of ice** una lastra di ghiaccio **4** appezzamento [di terreno] **5** **a bad patch** BrE un brutto periodo **6** **not to be a patch on sth/sb** non valere neppure lontanamente qc/qn

• *v* [tr] (3ª pers sing **patches**) rappezzare

patch sth up **to patch things up with sb** fare la pace con qn

patchwork /ˈpætʃwɜːk/ *s* patchwork

patchy /ˈpætʃi/ *agg* (**-chier**, **-chiest**) **1** **patchy fog** nebbia a banchi **2** (sapere) lacunoso -a **3** (interpretazione) imperfetto -a **4** (servizio) carente

patchwork hat

pâté /ˈpæteɪ, AmE pɑːˈteɪ/ *s* pâté

patent /ˈpeɪtnt/ *sostantivo* e *aggettivo*

• *s* brevetto

• *agg* palese ► **FALSE FRIEND** Non confondere **"patent"** con **patente** che si traduce **driving licence**.

 Non sei sicuro sull'uso di make e do? Vedi alla voce fare.

patently /ˈpeɪtntli/ *avv* (falso) palesemente | **it's patently obvious that** si capisce benissimo che

paternal /pəˈtɜːnl/ *agg* **1** paterno -a **2 paternal grandmother/aunt** nonna/zia paterna

paternity /pəˈtɜːnəti/ *s* paternità

path /pɑːθ/ *s* (pl **paths** /pɑːðz/) **1** sentiero **2** varco | **to make a path for sb** fare largo a qn **3** traiettoria **4** strada | **the path to freedom** la strada verso la libertà

pathetic /pəˈθetɪk/ *agg* **1** (informale) patetico -a **2** penoso -a

pathology /pəˈθɒlədʒi/ *s* patologia

patience /ˈpeɪʃəns/ *s* **1** pazienza | **to lose (your) patience** perdere la pazienza **2 to play patience** fare un solitario

patient /ˈpeɪʃənt/ *sostantivo e aggettivo*
- *s* paziente: *The doctor is seeing a patient.* Il dottore sta visitando un paziente.
- *agg* paziente | **to be patient** essere paziente

patio /ˈpætiəʊ/ *s* terrazza

patriot /ˈpætriət/ *s* patriota

patriotic /ˌpætriˈɒtɪk/ *agg* patriottico -a

patrol /pəˈtrəʊl/ *sostantivo e verbo*
- *s* (gruppo di soldati) pattuglia, (servizio) ronda | **to be on patrol** essere di pattuglia
- *v* [tr/intr] (**-lled**, **-lling**) pattugliare

patron /ˈpeɪtrən/ *s* **1** (di artisti) mecenate, (di organizzazione) sponsor **2** cliente abituale

patronize, -ise BrE /ˈpætrənaɪz/ *v* [tr] trattare con superiorità

P

patronizing, -ising BrE /ˈpætrənaɪzɪŋ/ *agg* (atteggiamento) di superiorità, (persona) che assume un'aria di superiorità

patter /ˈpætə/ *verbo e sostantivo*
- *v* [intr] picchiettare
- *s* picchiettio

pattern /ˈpætn/ *s* **1** modello: *behaviour patterns* modelli comportamentali **2** (disegno) motivo **3** (nel cucito) cartamodello

patterned /ˈpætnd/ *agg* (tessuto) fantasia

pause /pɔːz/ *verbo e sostantivo*
- *v* [intr] fare una pausa
- *s* pausa

pave /peɪv/ *v* [tr] **1** pavimentare **2 to pave the way (for sth)** spianare il terreno (a qc)

pavement /ˈpeɪvmənt/ *s* **1** BrE marciapiede: *Don't ride your bike on the pavement.* Non andare in bicicletta sul marciapiede. ▶ In inglese americano si usa **sidewalk**. **2** AmE manto stradale ▶ FALSE FRIEND Non confondere **"pavement"** con **pavimento** che si traduce **floor**.

pavilion /pəˈvɪljən/ *s* padiglione

ˈpaving stone *s* lastra [del selciato]

paw /pɔː/ *sostantivo e verbo*
- *s* **1** zampa **2** (informale) mano: *Hey! Get your dirty paws off me!* Ehi: toglimi le mani di dosso!
- *v* [tr] palpeggiare

pawn /pɔːn/ *verbo e sostantivo*
- *v* [tr] impegnare
- *s* **1** (negli scacchi) pedone **2** (persona manovrata) pedina

pawnbroker /ˈpɔːnˌbrəʊkə/ *s* persona che lavora al banco dei pegni

pay /peɪ/ *verbo e sostantivo*
- *v* (passato e participio **paid**) **1** [tr/intr] pagare: *How much did you **pay for** the tickets?* Quanto hai pagato i biglietti? | *I paid the taxi driver.* Ho pagato il tassista. | *Dad **paid** me $5 **to** wash the car.* Papà mi ha dato 5 dollari per lavare la macchina. | **to be/get paid** essere pagato | **to pay by cheque/credit card** pagare tramite assegno/carta di credito **2** [intr] valere la pena **3** [intr] (investimento) rendere **4 to pay your way** mantenersi da solo ▶ vedi anche **attention**, **compliment**, **visit**

  pay sth back restituire qc: *Did I pay you back that $5?* Ti ho restituito i 5 dollari?

  pay sb back restituire soldi a qn: *He hasn't paid me back yet.* Non mi ha ancora restituito i soldi. | *Could you lend me £20? I'll pay you back tomorrow.* Mi presti 20 sterline? Te le restituisco domani.

  pay sth in versare qc

  pay off dare risultati **pay sth off** finire di pagare qc

  pay up (informale) pagare tutto
- *s* **1** paga **2 pay day** giorno di paga **pay rise/increase** aumento di stipendio

payable /ˈpeɪəbəl/ *agg* **1** pagabile **2 to make a cheque payable to sb** intestare un assegno a qn

payment /ˈpeɪmənt/ *s* **1** pagamento: *He's behind with his payments.* È indietro con i pagamenti. | *He received no **payment** for his work.* Non ha ricevuto nessun compenso per il lavoro fatto. **2 as/in payment for sth** come compenso per qc

ˈpay phone *s* telefono pubblico

payroll /ˈpeɪrəʊl/ *s* libro paga

PC /ˌpiː ˈsiː/ *sostantivo e aggettivo*
- *s* (= **personal computer**) PC
- *s* (= **police constable**) agente [di polizia]
- *agg* (= **politically correct**) politicamente corretto -a

PE /ˌpiː ˈiː/ *s* (= **physical education**) educazione fisica

pea /piː/ *s* pisello

peace /piːs/ *s* **1** pace **2** (calma) pace | **peace and quiet** tranquillità **3 peace of mind** tranquillità **4 to make (your) peace with sb** far pace con qn **5 peace talks** negoziati di pace

peaceful /ˈpiːsfəl/ *agg* **1** pacifico -a **2** (posto, giornata) tranquillo -a, (persona) sereno -a

peach /piːtʃ/ *sostantivo* e *aggettivo*
• *s* (pl **peaches**) **1** (frutto) pesca **2** (colore) pesca
• *agg* pesca ▶ vedi Active Box **colours** sotto **colour**

peacock /ˈpiːkɒk/ *s* pavone

peak /piːk/ *sostantivo, verbo* e *aggettivo*
• *s* **1** (di carriera) apice **2** (montagna) cima **3** visiera
• *v* [intr] raggiungere punte massime
• *agg* **1 peak rate** tariffa delle ore di punta | **peak season** alta stagione **2 peak times/hours** ore di punta

peanut /ˈpiːnʌt/ *sostantivo* e *sostantivo plurale*
• *s* nocciolina americana
• **peanuts** *s pl* (informale) una miseria: *They work for peanuts.* Guadagnano una miseria.

ˌpeanut ˈbutter *s* burro di arachidi

pear /peə/ *s* **1** pera **2 pear tree** pero

pearl /pɜːl/ *s* perla

peasant /ˈpezənt/ *s* contadino -a

pebble /ˈpebəl/ *s* ciottolo

peck /pek/ *verbo* e *sostantivo*
• *v* [tr/intr] beccare
• *s* **1 to give sb a peck on the cheek** dare un bacetto sulla guancia a qn **2** beccata

peckish /ˈpekɪʃ/ *agg* **to be/feel peckish** BrE (informale) avere un languorino (allo stomaco)

peculiar /pɪˈkjuːliə/ *agg* **1** strano -a **2 to be peculiar to sth/sb** essere caratteristico di qc/qn

peculiarity /pɪˌkjuːliˈærəti/ *s* (pl **-ties**) stranezza

peculiarly /pɪˈkjuːliəli/ *avv* **1** (molto) particolarmente **2** (comportarsi) in modo strano **3 peculiarly British/male etc** tipicamente britannico/maschile ecc.

pedal /ˈpedl/ *sostantivo* e *verbo*
• *s* pedale
• *v* [intr] (**-lled**, **-lling** BrE, **-led**, **-ling** AmE) pedalare

pedantic /pɪˈdæntɪk/ *agg* pedante

pedestrian /pəˈdestriən/ *s* pedone

peˌdestrian ˈcrossing *s* passaggio pedonale

pedigree /ˈpedəgriː/ *s* **1** pedigree **2** albero genealogico

pee /piː/ *verbo* e *sostantivo*
• *v* [intr] fare la pipì
• *s* pipì | **to have a pee** fare la pipì

peek /piːk/ *verbo* e *sostantivo*
• *v* [intr] **to peek (at sth)** dare una sbirciata (a qc)
• *s* **to take a peek at sth/sb** dare un'occhiata a qc/qn

peel /piːl/ *verbo* e *sostantivo*
• *v* **1** [tr] sbucciare [patate, frutta] **2** [intr] (naso, spalle) spellarsi **3** [intr] (vernice) scrostarsi
peel off 1 (pelle) venir via **2** (vernice) scrostarsi **peel sth off** staccare qc
• *s* (di mela, arancia) buccia

peep /piːp/ *verbo* e *sostantivo*
• *v* [intr] **1** sbirciare: *I opened the door a crack and **peeped out**.* Ho aperto la porta un filino e ho sbirciato fuori. **2** sbirciare: *I caught him **peeping through** the keyhole.* L'ho beccato che sbirciava dal buco della serratura. **3** far capolino: *The sun **peeped through** the clouds.* Il sole ha fatto capolino tra le nuvole.
• *s* **1 to take a peep at sth** dare una sbirciata a qc **2 not a peep** (informale) neanche una parola

peer /pɪə/ *sostantivo* e *verbo*
• *s* **1** persona della stessa età o appartenente allo stesso gruppo **2** (nobile britannico) pari
• *v* **to peer at sth** scrutare qc: *He peered at the map.* Scrutò la carta geografica. | *Someone was **peering through** the window.* Qualcuno stava spiando dalla finestra.

peeved /piːvd/ *agg* seccato -a

peg /peg/ *s* **1** gancio [per appendere cappotti ecc.] **2** (anche **clothes peg**) BrE molletta [per i panni] **3** (anche **tent peg**) picchetto [per fissare una tenda]

pelican /ˈpelɪkən/ *s* pellicano

pellet /ˈpelət/ *s* **1** (di carta, pane) pallottola **2** (munizione) pallottola

pelt /pelt/ *verbo* e *sostantivo*
• *v* **1 to pelt sb with sth** tirare qc addosso a qn **2 to be pelting down** piovere a dirotto **3 to pelt along/down etc** andare, scendere ecc. di corsa: *He pelted down the road.* Ha fatto la strada di corsa.
• *s* **1** pelle [di animale morto] **2 at full pelt** a tutta velocità

pelvis /ˈpelvɪs/ *s* bacino

pen /pen/ *s* **1** penna **2** (per animali) recinto

penalize, -ise BrE /ˈpiːnəlaɪz/ *v* [tr] **1** (danneggiare) penalizzare **2** (nello sport) penalizzare

penalty /ˈpenlti/ *s* (pl **-ties**) **1** multa | **the death penalty** la pena di morte **2** (nel calcio) (calcio di) rigore

pence /pens/ plurale di **penny**

pencil /ˈpensəl/ *s* matita | **in pencil** a matita

ˈpencil ˌsharpener *s* temperamatite

C'è una tavola con i numeri in inglese e spiegazioni sul loro uso nella **guida grammaticale**.

pendant /ˈpendənt/ *s* pendente [di collana]
pending /ˈpendɪŋ/ *preposizione* e *aggettivo*
• *prep* (formale) in attesa di
• *agg* (formale) in corso
pendulum /ˈpendjələm/ *s* pendolo
penetrate /ˈpenətreɪt/ *v* **1** [tr] perforare [metallo, polmone], squarciare [nuvole], oltrepassare [linee nemiche] **2 to penetrate through sth** penetrare in qc **3** [tr] infiltrarsi in [organizzazione]
penetrating /ˈpenətreɪtɪŋ/ *agg* (voce, sguardo) penetrante
ˈpen friend *s* BrE persona, generalmente residente all'estero, con cui si intrattiene una corrispondenza
penguin /ˈpeŋgwɪn/ *s* pinguino
penicillin /ˌpenəˈsɪlən/ *s* penicillina
peninsula /pəˈnɪnsjələ/ *s* penisola
penis /ˈpiːnɪs/ *s* pene
penknife /ˈpen-naɪf/ *s* (pl **-knives** /-naɪvz/) (coltello a serramanico) temperino
penniless /ˈpenɪləs/ *agg* squattrinato -a
penny /ˈpeni/ *s* centesimo

> Quando si riferisce al prezzo di qualcosa, il plurale di **penny** è **pence**:
> *It costs a few pence.* Costa pochi centesimi.
> Quando si riferisce alla moneta, il plurale è **pennies**:
> *a bag full of pennies* un sacchetto pieno di centesimi

ˈpen pal ▶ vedi **pen friend**
pension /ˈpenʃən/ *s* pensione [di anzianità]
pensioner /ˈpenʃənə/ *s* pensionato -a
pentagon /ˈpentəgən/ *s* pentagono
penultimate /pɪˈnʌltɪmət/ *agg* penultimo -a
people /ˈpiːpəl/ *s* **1** [pl] gente: *People think we are sisters.* La gente pensa che siamo sorelle. **2** [pl] persone: *There were five people waiting.* C'erano cinque persone che aspettavano. ▶ vedi anche **gente** e **persona** **3** [pl] abitanti: *the people of Liverpool* gli abitanti di Liverpool | *the people of Rome* i romani | **the people** (la gente comune) il popolo **4** [sing] (nazione) popolo ▶ In questo significato ha un plurale: *all the peoples of the world* tutti i popoli del mondo
pepper /ˈpepə/ *s* **1** pepe **2** peperone: *a red pepper* un peperone rosso
peppermint /ˈpepəˌmɪnt/ *s* **1** menta piperita **2** (caramella) mentina
per /pə, tonico pɜː/ *prep* a: *£30 per person* 30 sterline a persona | *He charges $30 per lesson.* Prende 30 dollari a lezione.
perceive /pəˈsiːv/ *v* [tr] **1 to perceive sth as a problem/threat** considerare qc un problema/una minaccia **2** (differenza) notare
percent, anche **per cent** BrE /pəˈsent/ *agg* e *avv* per cento: *I agree with you one hundred percent.* Sono d'accordo con te al cento per cento.
percentage /pəˈsentɪdʒ/ *s* percentuale
perception /pəˈsepʃən/ *s* **1** visione **2** percezione
perceptive /pəˈseptɪv/ *agg* perspicace
perch /pɜːtʃ/ *sostantivo* e *verbo*
• *s* (pl **perches**) posatoio [per uccelli]
• *v* **1 to be perched on sth** essere appollaiato su qc: *She perched herself on the stool.* Si è appollaiata sullo sgabello. **2** [intr] (uccello) appollaiarsi
percussion /pəˈkʌʃən/ *s* percussioni
perennial /pəˈreniəl/ *agg* (problema) eterno -a
perfect[1] /ˈpɜːfɪkt/ *aggettivo* e *sostantivo*
• *agg* **1** perfetto -a **2** ideale: *I've found the perfect car for my needs.* Ho trovato la macchina ideale per le mie esigenze. **3** usato per enfatizzare: *I felt like a perfect idiot.* Mi sono sentito un vero cretino. | *a perfect stranger* un perfetto sconosciuto
• *s* **the perfect (tense)** il passato prossimo
perfect[2] /pəˈfekt/ *v* [tr] perfezionare
perfection /pəˈfekʃən/ *s* perfezione | **to perfection** alla perfezione
perfectionist /pəˈfekʃənɪst/ *s* perfezionista
perfectly /ˈpɜːfɪktli/ *avv* **1** (alla perfezione) perfettamente **2** (per enfatizzare) assolutamente | **to know perfectly well** sapere perfettamente
perform /pəˈfɔːm/ *v* **1** [intr] (artista) esibirsi ▶ La traduzione può anche essere cantare, ballare, suonare, a seconda del contesto. **2** [tr] eseguire [un brano musicale] **3** [tr] recitare [un pezzo teatrale] **4** [tr] eseguire [un intervento chirurgico] **5** [tr] svolgere [un compito] **6 to perform well/badly etc** avere un buon/uno scarso ecc. rendimento
performance /pəˈfɔːməns/ *s* **1** (al teatro, cinema) rappresentazione **2** (di attore, musicista) interpretazione **3** (di motore, auto) prestazioni **4** (di studente, atleta) rendimento **5** (di funzioni, compiti) adempimento
performer /pəˈfɔːmə/ *s* **1** (a teatro) interprete **2** (in musica) musicista **3** (al circo) artista
perfume /ˈpɜːfjuːm/ *s* profumo
perhaps /pəˈhæps/ *avv* forse: *Perhaps she didn't hear you.* Forse non ti ha sentito. | **perhaps not** forse no
peril /ˈperəl/ *s* (formale) pericolo
period /ˈpɪəriəd/ *sostantivo* e *aggettivo*
• *s* **1** periodo | **over a period of time** nel corso di un periodo **2** (in storia) epoca **3** mestruazioni **4** BrE (a scuola) ora: *We have two periods of maths today.* Oggi

Non sei sicuro del significato di una abbreviazione? Consulta la lista delle abbreviazioni nell'interno della copertina.

abbiamo due ore di matematica. **5** AmE punto ► In inglese britannico si usa **full stop**.

• *agg* **period costume/furniture etc** costumi/mobili ecc. d'epoca

periodic /ˌpɪəri'ɒdɪk/, anche **periodical** /ˌpɪəri'ɒdɪkəl/ *agg* periodico -a

peripheral /pə'rɪfərəl/ *aggettivo* e *sostantivo*

• *agg* secondario -a

• *s* (in informatica) periferica

perish /'perɪʃ/ *v* [intr] (3^a pers sing **-shes**) (letterario) perire

perishable /'perɪʃəbəl/ *agg* deperibile

perjury /'pɜːdʒəri/ *s* spergiuro | **to commit perjury** giurare il falso

perk /pɜːk/ *sostantivo* e *verbo*

• *s* (di lavoro) beneficio accessorio

• *v* **perk up** animarsi **perk sb up** tirar su qn

perm /pɜːm/ *sostantivo* e *verbo*

• *s* permanente

• *v* **to have your hair permed** farsi la permanente

permanent /'pɜːmənənt/ *agg* **1** (abitazione, perdita) definitivo -a **2** (lavoro) fisso -a **3** (ricordo) duraturo -a **4** (danno, invalidità) permanente

permanently /'pɜːmənəntli/ *avv* **1** (trasferirsi, stabilirsi) definitivamente: *The accident left her permanently disabled.* In seguito all'incidente è rimasta menomata in modo permanente. **2** (aver fame, essere di guardia) continuamente

permissible /pə'mɪsəbəl/ *agg* (formale) (peso, livello) consentito -a

permission /pə'mɪʃən/ *s* permesso: *Did he **give** you **permission to** use the car?* Ti ha dato il permesso di usare la macchina?

permit[1] /pə'mɪt/ *v* (**-tted**, **-tting**) [tr] (formale) consentire: *Smoking is not permitted.* Non è consentito fumare. | **to permit sb to do sth** consentire a qn di fare qc | **weather permitting** tempo permettendo

permit[2] /'pɜːmɪt/ *s* permesso | **work permit** permesso di lavoro

perpetual /pə'petʃuəl/ *agg* continuo -a

perplexed /pə'plekst/ *agg* perplesso -a

persecute /'pɜːsɪkjuːt/ *v* [tr] perseguitare [per ragioni politiche, religiose]

persecution /ˌpɜːsɪ'kjuːʃən/ *s* persecuzione

perseverance /ˌpɜːsə'vɪərəns/ *s* perseveranza

persevere /ˌpɜːsə'vɪə/ *v* perseverare

persist /pə'sɪst/ *v* [intr] **1** insistere | **to persist in doing sth** continuare a fare qc **2** (durare) persistere

persistence /pə'sɪstəns/ *s* perseveranza

persistent /pə'sɪstənt/ *agg* **1** (pioggia, tosse) persistente, (disoccupazione) prolungato -a **2** (persona) ostinato -a **3** (tentativo) ripetuto -a

person /'pɜːsən/ *s* **1** (pl **people** /'piːpəl/) persona: *There were several people waiting.* C'era parecchia gente che aspettava. **2** (pl **persons**) ► questo plurale si usa solo nel linguaggio formale o tecnico: *a person or persons unknown* una persona o persone ignote **3 in person** di persona **4** (in grammatica) persona

personal /'pɜːsənəl/ *agg* **1** personale: *I know from personal experience.* Lo so per esperienza personale. | *his personal life* la sua vita privata **2** (proprietà) privato -a **3** (segretaria, autista) personale **4** (rimprovero, osservazione) personale | **it's nothing personal** niente di personale

personality /ˌpɜːsə'næləti/ *s* (pl **-ties**) **1** (carattere) personalità **2** (persona famosa) personalità

personalized, -ised BrE /'pɜːsənəlaɪzd/ *agg* personalizzato -a

personally /'pɜːsənəli/ *avv* **1** (quando si dà un parere) personalmente: *Personally, I think it's a good idea.* Personalmente, penso che sia una buona idea. **2** (riferito a una persona in particolare) personalmente: *I'm holding you personally responsible.* Ti ritengo personalmente responsabile. **3 to know sb personally** conoscere qn personalmente **4 to take it personally** prenderla come offesa personale

ˌpersonal 'stereo *s* walkman®

personnel /ˌpɜːsə'nel/ *s* personale | **personnel department** (ufficio del) personale

perspective /pə'spektɪv/ *s* **1** (punto di vista) prospettiva **2** (in un disegno) prospettiva **3 to keep things in perspective** ridimensionare le cose

perspiration /ˌpɜːspə'reɪʃən/ *s* (formale) traspirazione

perspire /pə'spaɪə/ *v* [intr] (formale) traspirare

persuade /pə'sweɪd/ *v* [tr] **1 to persuade sb to do sth** convincere qn a fare qc: *They persuaded her to go with them.* L'hanno convinta ad andare con loro. **2 to persuade sb of sth** convincere qn di qc

persuasion /pə'sweɪʒən/ *s* **1** persuasione **2** (formale) convinzione

persuasive /pə'sweɪsɪv/ *agg* convincente

pertinent /'pɜːtɪnənt/ *agg* pertinente: *Your remarks are not **pertinent to** the discussion.* Le tue osservazioni non sono pertinenti alla discussione.

perturbed /pə'tɜːbd/ *agg* turbato -a

Peru /pə'ruː/ *s* il Perù

Peruvian /pə'ruːviən/ *agg* e *s* peruviano -a

perverse /pə'vɜːs/ *agg* **1** (persona, idea) irragionevole **2** (piacere, soddisfazione) perverso -a

pervert[1] /pə'vɜːt/ *v* [tr] traviare [mente], pervertire [natura]

pervert[2] /'pɜːvɜːt/ *s* pervertito -a

pessimism /'pesəmɪzəm/ *s* pessimismo

pessimist /'pesəmɪst/ *s* pessimista

pessimistic /ˌpesə'mɪstɪk/ *agg* pessimista

pest /pest/ *s* **1** animale o insetto nocivo per le piante **2** (informale) rompiscatole

pester /'pestə/ *v* [tr/intr] assillare: *John was **pestering** me **for** money.* John mi assillava perché gli dessi dei soldi.

pesticide /'pestəsaɪd/ *s* pesticida

pet /pet/ *sostantivo* e *aggettivo*
- *s* **1** animale domestico: *Have you got any pets?* Avete animali in casa? **2 the teacher's pet** il preferito dell'insegnante
- *agg* **1** (animale) addomesticato -a **2 one of my pet hates** una delle cose che odio di più

petal /'petl/ *s* petalo

peter /'piːtə/ *v* **peter out** **1** (sentiero) finire **2** (conversazione) esaurirsi **3** (pioggia) cessare

petite /pə'tiːt/ *agg* minuta

petition /pə'tɪʃən/ *sostantivo* e *verbo*
- *s* petizione
- *v* [tr] presentare una petizione a

petrified /'petrəfaɪd/ *agg* paralizzato -a

petrol /'petrəl/ *s* BrE benzina ► FALSE FRIEND Non confondere **"petrol"** con **petrolio** che si traduce **oil**.

petroleum /pə'trəʊliəm/ *s* petrolio

'petrol ˌstation *s* BrE stazione di servizio

petticoat /'petikəʊt/ *s* sottoveste

petty /'peti/ *agg* (**pettier**, **pettiest**) **1** insignificante **2** meschino -a **3 petty crime** microcriminalità **4 petty cash** piccola cassa

pew /pjuː/ *s* panca [di una chiesa]

phantom /'fæntəm/ *sostantivo* e *aggettivo*
- *s* (letterario) fantasma
- *agg* immaginario -a

pharmaceutical /ˌfɑːmə'sjuːtɪkəl/ *agg* farmaceutico -a

pharmacist /'fɑːməsɪst/ *s* farmacista

pharmacy /'fɑːməsi/ *s* **1** (pl **-cies**) (negozio) farmacia **2** (studio) farmacia

phase /feɪz/ *sostantivo* e *verbo*
- *s* fase
- *v* **phase sth in** introdurre qc gradualmente
  phase sth out abolire qc gradualmente

PhD /ˌpiː eɪtʃ 'diː/ *s* (= **Doctor of Philosophy**) **1** dottorato di ricerca **2** titolo di chi ha effettuato un dottorato di ricerca

pheasant /'fezənt/ *s* (pl **-s** o **pheasant**) fagiano

phenomenal /fɪ'nɒmɪnəl/ *agg* fenomenale

phenomenon /fɪ'nɒmənən/ *s* (pl **phenomena** /-nə/) fenomeno

phew! /fjuː/ *inter* (per esprimere stanchezza, sollievo) uff!

philosopher /fɪ'lɒsəfə/ *s* filosofo -a

philosophical /ˌfɪlə'sɒfɪkəl/ *agg* filosofico -a

philosophy /fɪ'lɒsəfi/ *s* (pl **-phies**) filosofia

phobia /'fəʊbiə/ *s* fobia

phone /fəʊn/ *sostantivo* e *verbo*
- *s* telefono: *Could you answer the phone?* Puoi rispondere al telefono? | *You can book the tickets **by phone**.* Si possono prenotare i biglietti per telefono. | *Can you be quiet, please? I'm **on the phone**.* Potete far silenzio per favore? Sono al telefono.
- *v* [tr/intr] (anche **phone up**) telefonare: *Don't phone me at work.* Non telefonarmi al lavoro.

'phone book *s* guida telefonica

'phone box BrE, **'phone booth** AmE *s* cabina telefonica

'phone call *s* telefonata: *I have to **make a phone call**.* Devo fare una telefonata.

phonecard /'fəʊnkɑːd/ *s* carta telefonica

'phone-in *s* trasmissione televisiva o radiofonica con telefonate del pubblico in diretta

'phone ˌnumber *s* numero di telefono

phoney, anche **phony** AmE /'fəʊni/ *aggettivo* e *sostantivo*
- *agg* (informale) (nome, indirizzo) falso -a, (accento) contraffatto -a
- *s* ciarlatano -a

photo /'fəʊtəʊ/ *s* foto | **to take a photo** fare una foto

photocopier /'fəʊtəʊˌkɒpiə/ *s* fotocopiatrice

photocopy /'fəʊtəʊˌkɒpi/ *sostantivo* e *verbo*
- *s* (pl **-pies**) fotocopia
- *v* [tr] (**-pies**, **-pied**) fotocopiare

photograph /'fəʊtəgrɑːf/ *sostantivo* e *verbo*
- *s* fotografia | **to take a photograph** fare una fotografia
- *v* [tr] fotografare

photographer /fə'tɒgrəfə/ *s* fotografo -a

photographic /ˌfəʊtə'græfɪk/ *agg* fotografico -a

photography /fə'tɒgrəfi/ *s* fotografia

P

ˌphrasal ˈverb *s*

> Un **phasal verb** è una locuzione verbale formata da un verbo e da un avverbio o una preposizione o entrambi, come **to give up**, **to look up to**, ecc. In questo dizionario i **phrasal verbs** sono trattati sotto il verbo.

phrase /freɪz/ *sostantivo* e *verbo*
• *s* **1** (locuzione) espressione **2** (parte di frase) sintagma
• *v* [tr] formulare [domanda]

physical /ˈfɪzɪkəl/ *aggettivo* e *sostantivo*
• *agg* fisico -a: *You should take regular physical exercise.* Dovresti fare esercizio fisico regolarmente. | *the physical environment* l'ambiente fisico
• *s* visita medica

physically /ˈfɪzɪkli/ *avv* **1** fisicamente | **physically disabled** disabile **2** **physically impossible** materialmente impossibile

physician /fɪˈzɪʃən/ *s* (formale) medico

physicist /ˈfɪzəsɪst/ *s* fisico -a

physics /ˈfɪzɪks/ *s* fisica

physiology /ˌfɪziˈɒlədʒi/ *s* fisiologia

physiotherapist /ˌfɪziəʊˈθerəpɪst/ *s* fisioterapista

physiotherapy /ˌfɪziəʊˈθerəpi/ *s* fisioterapia

physique /fɪˈziːk/ *s* fisico [corpo]

pianist /ˈpiːənɪst/ *s* pianista

piano /piˈænəʊ/ *s* piano: *He plays the piano beautifully.* Suona benissimo il piano.

pick /pɪk/ *verbo* e *sostantivo*
• *v* [tr] **1** scegliere: *I doubt if he'll be picked for the final.* Dubito che sarà scelto per la finale. **2** raccogliere [fiore, frutta] **3** **to pick your way through/across etc** procedere con cautela tra/in mezzo a ecc. **4** **to pick sth off/from sth** togliere qc da qc: *She was picking bits of fluff off her sweater.* Stava togliendo delle palline di lanugine dal maglione. | **to pick your nose** mettersi le dita nel naso **5** **to pick a fight/a quarrel with sb** attaccare briga con qn **6** **to pick sb's pocket** borseggiare qn

pick on sb prendersela con qn

pick up **1** riprendersi **2** rinforzare [vento] **pick up sth** **to pick up speed** prendere velocità **pick sth up** **1** raccogliere qc: *Could you pick your things up off the floor?* Potresti raccogliere le tue cose dal pavimento? **2** (andare a) prendere qc: *I'll come round and pick up my stuff tomorrow.* Verrò domani a prendere la mia roba. **3** imparare qc: *You'll soon pick up the language.* Imparerai subito la lingua. **4** prendersi qc [malattia, virus] **pick sb up** **1** prendere in braccio qn **2** (passare a) prendere qn: *What time do you want me to pick you up?* A che ora vuoi che ti passi a prendere? **3** (a una festa, in un pub) rimorchiare qn
• *s* **1** **take your pick** prendine uno | **to have your pick of sth/sb** avere la scelta tra qc/qn **2** **the pick of sth** il meglio di qc **3** (attrezzo) piccone

pickaxe /ˈpɪkæks/ *s* (attrezzo) piccone

picket /ˈpɪkɪt/ *verbo* e *sostantivo*
• *v* **1** [intr] fare picchettaggio **2** [tr] picchettare [fabbrica, cancello]
• *s* picchetto

pickle /ˈpɪkəl/ *sostantivo* e *sostantivo plurale*
• *s* BrE salsa agrodolce che si usa nei panini o come contorno per alcuni piatti
• **pickles** *s pl* sottaceti

pickpocket /ˈpɪkˌpɒkɪt/ *s* borseggiatore -trice

pickup /ˈpɪkʌp/ *s* furgoncino, pick-up

picky /ˈpɪki/ *agg* di gusti difficili

picnic /ˈpɪknɪk/ *s* picnic | **to have a picnic** fare un picnic

having a picnic

picture /ˈpɪktʃə/ *sostantivo* e *verbo*
• *s* **1** (dipinto) quadro **2** (schizzo) disegno: *Ollie **drew a picture** of a house.* Ollie ha fatto il disegno di una casa. **3** foto: *I want to **take a picture** of you.* Voglio farti una foto. **4** (nella mente) immagine **5** (sullo schermo) immagine **6** film | **to go to the pictures** BrE andare al cinema **7** **to get the picture** (informale) afferrare il concetto
• *v* [tr] immaginare

picturesque /ˌpɪktʃəˈresk/ *agg* pittoresco -a

pie /paɪ/ *s*

> Un **pie** è un pasticcio dolce o salato a base di frutta o carne, pesce, ecc. ricoperto di pasta sfoglia o, come nel caso dello **shepherd's pie** (*pasticcio di carne tritata*), di puré di patate. La caratteristica comune di tutti i **pies** è di essere sempre ricoperti. Una torta che ha solo una base di pasta si chiama **tart** o **flan** se è dolce e **quiche** o **flan** se è salata.

piece /piːs/ *sostantivo* e *verbo*
• *s* **1** (parte separata) pezzo: *a piece of cheese* un pezzo di formaggio | *a piece of paper* un pezzo di carta | *The vase lay **in pieces** on the floor.* Il vaso era in pezzi sul pavimento. **2** (parte di un tutto) pezzo | **to take sth to pieces** smontare qc **3** **a piece of** si usa seguito da alcuni sostantivi non numerabili per indicare un'unità: *a piece of*

P

Quando si usa *in*, *on* e *at*? Vedi alla voce in.

furniture un mobile | *a piece of advice* un consiglio **4** brano [musicale] **5** moneta: *a ten pence piece* una moneta da dieci pence **6 to smash/tear sth to pieces** fare a pezzi qc **7 to go to pieces** crollare [emotivamente] **8 in one piece a)** (persona) intero -a **b)** (oggetto) intatto -a **9 to give sb a piece of your mind** dirne quattro a qn **10 to be a piece of cake** (informale) essere un gioco da ragazzi
• *v* **piece sth together** ricostruire qc: *He eventually pieced together what had happened.* Alla fine è riuscito a ricostruire quello che era successo.

pier /pɪə/ *s* molo

pierce /pɪəs/ *v* [tr] **1** trafiggere **2 to have your ears pierced** farsi (fare) il buco alle orecchie

piercing /ˈpɪəsɪŋ/ *agg* **1** (grido, suono) lacerante **2** (occhi, sguardo) penetrante

pig /pɪg/ *s* **1** maiale **2** (informale) porco

pigeon /ˈpɪdʒən/ *s* piccione

ˈpigeon-hole *s* casella [per avvisi, lettere]

piglet /ˈpɪglət/ *s* maialino

pigsty /ˈpɪgstaɪ/ *s* (pl **-sties**) porcile

pigtail /ˈpɪgteɪl/ *s* treccina

pile /paɪl/ *sostantivo, sostantivo plurale* e *verbo*
• *s* **1** pila: *a pile of books* una pila di libri **2 a pile of/piles of** (informale) un mucchio di: *piles of homework* un mucchio di compiti
• **piles** *s pl* emorroidi
• *v* [tr] **1** ammucchiare **2 piled (high) with sth** con una montagna di qc: *a plate piled with tagliatelle* un piatto con una montagna di tagliatelle
pile into sth (informale) accalcarsi in qc
pile up accumularsi **pile sth up** ammucchiare qc

ˈpile-up *s* (informale) tamponamento a catena

pilgrim /ˈpɪlgrəm/ *s* pellegrino -a

pilgrimage /ˈpɪlgrəmɪdʒ/ *s* pellegrinaggio

pill /pɪl/ *s* **1** pastiglia **2 the pill** la pillola (anticoncezionale): *She's* ***on the pill.*** Prende la pillola.

pillar /ˈpɪlə/ *s* pilastro

pillow /ˈpɪləʊ/ *s* guanciale

pillowcase /ˈpɪləʊkeɪs/ *s* federa

pilot /ˈpaɪlət/ *sostantivo* e *verbo*
• *s* **1** pilota [di aereo] **2 pilot project/scheme** progetto/schema pilota
• *v* [tr] pilotare

pimple /ˈpɪmpəl/ *s* brufolo

PIN /pɪn/ *s* (= **personal identification number**) PIN

pin /pɪn/ *sostantivo* e *verbo*
• *s* **1** spillo **2** AmE spilla ► In inglese britannico si usa **brooch**. **3** AmE distintivo ► In inglese britannico si usa **badge**. **4 pins and needles** (nelle gambe, alle mani) formicolio
• *v* [tr] (**pinned**, **pinning**) **1 to pin sth together** tenere qc insieme con degli spilli | **to pin sth to/on sth a)** appuntare qc su qc **b)** (con puntine da disegno) affiggere qc su qc **2** immobilizzare [persona]
pin sth down identificare qc [causa, problema] **pin sb down to sth** obbligare qn a pronunciarsi su qc [data]

pinball /ˈpɪnbɔːl/ *s* flipper

pincer /ˈpɪnsə/ *sostantivo* e *sostantivo plurale*
• *s* (in granchi, aragoste) chela
• **pincers** *s pl* tenaglie

pinch /pɪntʃ/ *verbo* e *sostantivo*
• *v* [tr] (3ª pers sing **pinches**) **1** dare un pizzicotto: *Stop pinching me!* Smettila di darmi pizzicotti! **2** (informale) (sottrarre) fregare
• *s* (pl **pinches**) **1 a pinch of salt/pepper etc** un pizzico di sale/pepe ecc. **2** pizzicotto **3 at a pinch** BrE, anche **in a pinch** AmE al limite

pine /paɪn/ *sostantivo* e *verbo*
• *s* **1** (albero) pino **2** (legno) pino | **a pine table/bed etc** un tavolo/un letto ecc. di pino
• *v* [intr] anche **pine away** languire
pine for sth/sb struggersi per qc/qn

pineapple /ˈpaɪnæpəl/ *s* ananas

ping-pong /ˈpɪŋ pɒŋ/ *s* (informale) ping-pong

pink /pɪŋk/ *aggettivo* e *sostantivo*
• *agg* **1** (colore) rosa ► vedi Active Box **colours** sotto **colour** **2** (guance) rosso -a
• *s* (colore) rosa ► vedi Active Box **colours** sotto **colour**

pinnacle /ˈpɪnəkəl/ *s* (punto più alto) culmine

pinpoint /ˈpɪnpɔɪnt/ *v* [tr] **1** individuare [problema, causa] **2** localizzare [posizione]

pint /paɪnt/ *s* **1** pinta [= 0,57 litri in Gran Bretagna e 0,47 litri negli Stati Uniti] **2** BrE (informale) birra | **to go for a pint** andare a farsi una birra

ˈpin-up *s* pin-up

pioneer /ˌpaɪəˈnɪə/ *sostantivo* e *verbo*
• *s* pioniere -a
• *v* [tr] fare da pioniere in

pious /ˈpaɪəs/ *agg* **1** pio -a **2** bigotto -a

pip /pɪp/ *s* seme [di arancia, mela ecc.]

pipe /paɪp/ *sostantivo* e *verbo*
• *s* **1** tubo | **2** pipa | **to smoke a pipe** fumare la pipa: *My father **smokes a pipe**.* Mio padre fuma la pipa.
• *v* [tr] trasportare [per mezzo di tubature]
pipe down (informale) fare silenzio
pipe up (informale) farsi sentire

pipeline /ˈpaɪp-laɪn/ *s* **1** (per petrolio) oleodotto, (per gas) gasdotto **2 to be in the pipeline** (progetto, cambiamento) essere in preparazione

piracy /ˈpaɪərəsi/ *s* pirateria

pirate /ˈpaɪərət/ *sostantivo* e *verbo*
• *s* pirata
• *v* [tr] piratare

Pisces /ˈpaɪsiːz/ *s* **1** (segno) Pesci **2** (persona) Pesci: *My sister's a Pisces.* Mia sorella è dei Pesci.

piss /pɪs/ *s* (volgare) **1** piscio **2 to take the piss (out of sb)** BrE sfottere (qn)

pissed /pɪst/ *agg* (volgare) **1** BrE sbronzo -a **2** AmE incazzato -a **3 pissed off** BrE incazzato -a

pistol /ˈpɪstl/ *s* pistola

piston /ˈpɪstən/ *s* pistone

pit /pɪt/ *sostantivo* e *verbo*
• *s* **1** fossa **2** miniera **3** AmE nocciolo **4** (nell'automobilismo) **the pits** BrE, **the pit** AmE i box **5 the pit of your stomach** la bocca dello stomaco **6 to be the pits** (informale) essere una schifezza
• *v* (**pitted**, **pitting**) **pit sb against sth/sb** **1** opporre qn a qc/qn **2 to pit your wits/strength etc against sb** misurare la propria intelligenza/forza ecc. con qn

pitch /pɪtʃ/ *sostantivo* e *verbo*
• *s* **1** BrE (nello sport) campo **2** (di tensione, emozione) grado **3** (di nota, strumento) tono **4** (nel baseball) lancio
• *v* **1** [tr/intr] (nel baseball) servire **2** [tr] lanciare [oggetto] **3** adattare [film, test] **4 to pitch forward/backward etc** cadere in avanti/all'indietro ecc. **5** piantare [tenda] | **to pitch camp** accamparsi **6** [intr] (nave) ondeggiare
pitch in (informale) dare una mano

ˌpitch ˈblack, anche **ˌpitch ˈdark** *agg* completamente buio -a: *a pitch black night* una notte completamente buia | *It was pitch dark.* Era buio pesto.

pitcher /ˈpɪtʃə/ *s* **1** caraffa **2** (nel baseball) lanciatore -trice

pitfall /ˈpɪtfɔːl/ *s* tranello

pitiful /ˈpɪtɪfəl/ *agg* **1** (scena, fatto) commovente **2** (condizione, spettacolo) pietoso -a

pittance /ˈpɪtəns/ *s* miseria [somma piccolissima]: *She earns a pittance.* Guadagna una miseria.

pity /ˈpɪti/ *sostantivo* e *verbo*
• *s* **1 it's a pity (that)** è un peccato che: *It's a pity you can't come.* È un peccato che tu non possa venire. | **what a pity!** che peccato! **2** pietà: *I feel such pity for them.* Provo una tale pietà per loro. | **to take pity on sb** aver pietà di qn
• *v* [tr] (**pities**, **pitied**) compatire

pivot /ˈpɪvət/ *s* **1** (punto di riferimento) perno **2** (di struttura) perno

pizza /ˈpiːtsə/ *s* pizza: *Shall we go for a pizza?* Andiamo a mangiare la pizza?

placard /ˈplækɑːd/ *s* **1** (in un corteo) cartello **2** cartellone pubblicitario

placate /pləˈkeɪt, AmE ˈpleɪkeɪt/ *v* [tr] calmare

place /pleɪs/ *sostantivo* e *verbo*
• *s* **1** posto: *Do you know a good place to eat?* Conosci un posto dove si mangia bene? | *Keep it in a safe place.* Tienilo in un posto sicuro. | **in place** al proprio posto
2 (informale) casa: *They have a place in the country.* Hanno una casa in campagna. | *We went to Jeff's place for coffee.* Siamo andati a casa di Jeff a bere un caffè.
3 (in un corso, una squadra) posto: *There are a few places left on the German course.* Ci sono ancora dei posti nel corso di tedesco.
4 (per sedersi) posto: *Save me a place.* Tienimi un posto.
5 to take place avere luogo: *The concert will not now take place.* Il concerto non avrà luogo.
6 to take the place of sth/sb prendere il posto di qc/qn: *Who will take Steve's place?* Chi prenderà il posto di Steve?
7 in first/second etc place al primo/secondo ecc. posto: *The Italian team finished in second place.* La squadra italiana è finita al secondo posto.
8 in the first/second place (in ordine di importanza) in primo/secondo luogo
9 in the first place si usa nella lingua parlata per riferirsi a qualcosa che è stato fatto o avrebbe essere dovuto fatto all'inzio: *If you'd done it right in the first place, we wouldn't have to do it again.* Se tu l'avessi fatto bene fin dal principio, non dovremmo rifarlo.
10 (situazione) posto | **to put sb in his/her etc place** mettere a tacere qn
11 all over the place (informale) dappertutto
12 out of place fuori posto: *I felt really out of place.* Mi sentivo davvero fuori posto.
• *v* [tr] **1** mettere
2 (identificare) riconoscere
3 to place an advertisement mettere un annuncio | **to place an order/a bet** fare un ordine/una scommessa

placid /ˈplæsɪd/ *agg* placido -a

plague /pleɪɡ/ *sostantivo* e *verbo*
- *s* **1** peste **2 a plague of rats/locusts** un'invasione di topi/cavallette
- *v* [tr] **1** (malanni, difficoltà) affliggere **2** (con domande, richieste) assillare

plaice /pleɪs/ *s* platessa

plain /pleɪn/ *aggettivo, sostantivo* e *avverbio*
- *agg* **1** in tinta unita: *a plain carpet* una moquette in tinta unita | **plain paper** carta senza righe **2** semplice: *a plain black dress* un vestito nero molto semplice **3** chiaro -a: *It's plain that he's not interested.* È chiaro che non gli interessa. | *She **made it plain that** she didn't agree.* Ha fatto capire chiaramente che non era d'accordo. **4** (persona) bruttino -a **5 plain flour** farina senza lievito aggiunto **6 plain chocolate** cioccolato fondente
- *s* pianura
- *avv* (informale) del tutto: *It's just plain stupid.* È una cosa del tutto stupida.

plainclothes /ˈpleɪnkləʊðz/ *agg* **a plainclothes policeman/policewoman** un poliziotto/una poliziotta in borghese

plainly /ˈpleɪnli/ *avv* **1** chiaramente: *He's plainly unhappy.* È chiaramente scontento. **2** con semplicità: *She was plainly dressed.* Era vestita con semplicità. **3** (parlare) chiaramente

plait /plæt, AmE pleɪt/ BrE *verbo* e *sostantivo*
- *v* [tr] intrecciare
- *s* treccia ▶ In inglese americano si usa **braid**.

plan /plæn/ *sostantivo* e *verbo*
- *s* **1** programma: *I don't have any plans for the weekend.* Non ho programmi per il fine settimana. | **to go according to plan** andare secondo i piani: *Everything went exactly according to plan.* Tutto è andato secondo i piani. **2** (di città, edificio) piantina **3** (di libro, composizione) schema
- *v* (**planned**, **planning**) **1** [tr/intr] pianificare: *She'd been planning the trip for months.* Aveva pianificato il viaggio da mesi. **2 to plan on doing sth/to plan to do sth** avere intenzione di fare qc: *How long do you **plan on** staying?* Quanto hai intenzione di restare? | *We plan to leave early tomorrow.* Abbiamo intenzione di partire presto domani. **3 to plan ahead** fare progetti

plane /pleɪn/ *s* **1** aereo | **by plane** in aereo **2** (livello) piano **3** pialla

planet /ˈplænət/ *s* pianeta

plank /plæŋk/ *s* asse

planning /ˈplænɪŋ/ *s* **1** pianificazione **2 planning permission** licenza edilizia

plant /plɑːnt/ *sostantivo* e *verbo*
- *s* **1** pianta **2** (fabbrica) stabilimento **3** (attrezzature) impianti **4 plant pot** vaso [per pianta]
- *v* [tr] **1** piantare [piante, semi] **2** piazzare [bomba] **3** (informale) **to plant a kiss on sb's cheek/forehead** stampare un bacio sulla guancia/in fronte a qn

plantation /plænˈteɪʃən/ *s* piantagione

plaque /plɑːk/ *s* **1** (targhetta) placca **2** (sui denti) placca

plaster /ˈplɑːstə/ *sostantivo* e *verbo*
- *s* **1** intonaco **2** BrE cerotto ▶ In inglese americano si usa **band-aid**. **3 in plaster** ingessato -a
- *v* [tr] **1 to plaster sth with sth** tappezzare qc di qc **2** intonacare

ˌplaster ˈcast *s* gesso [ingessatura]

plastic /ˈplæstɪk/ *sostantivo* e *aggettivo*
- *s* plastica
- *agg* di plastica: *a plastic bag* un sacchetto di plastica

plasticine /ˈplæstɪsiːn/ *s* plastilina

ˌplastic ˈsurgery *s* chirurgia plastica

plate /pleɪt/ *s* **1** (per mangiare) piatto: *a china plate* un piatto di porcellana | *a plate of pasta* un piatto di pasta **2** (di metallo) lastra **3** (sulla porta) targhetta **4** (sulla macchina) targa **5** (in un libro) tavola

plateau /ˈplætəʊ/ *s* (pl **plateaus** o **plateaux** /-təʊz/) altopiano

platform /ˈplætfɔːm/ *s* **1** (in una stazione ferroviaria) binario **2** (per oratori) tribuna **3** (di un partito politico) piattaforma

platinum /ˈplætənəm/ *s* platino

platoon /pləˈtuːn/ *s* plotone [dell'esercito]

plausible /ˈplɔːzəbəl/ *agg* (storia, pretesto) plausibile

play /pleɪ/ *verbo* e *sostantivo*
- *v* **1** [tr] giocare a, [intr] giocare: *Does she play hockey?* Gioca a hockey? | *I don't know how to play chess.* Non so giocare a scacchi. | *He **plays for** Manchester United.* Gioca nel Manchester United. | *They're **playing with** the train set.* Stanno giocando con il trenino.
  2 to play (against) sb giocare contro qn: *They are playing the Pumas tomorrow.* Giocano contro i Pumas domani.
  3 [tr] suonare [strumento], [intr] suonare: *My sister plays the flute.* Mia sorella suona il flauto.
  4 [intr/tr] *The radio was playing disco music.* Alla radio c'era della disco music. | *Music was playing in the background.* Si sentiva la musica in sottofondo. | **to play a CD/tape** mettere un CD/una cassetta
  5 [tr] recitare [parte]
  6 to play a trick/joke on sb fare uno scherzo a qn
  7 to play the fool/the innocent fare lo stupido/l'ingenuo

play around fare lo stupido
play sth back rimettere qc [canzone, film]
play sth down minimizzare qc
play up BrE **1** (bambino) fare i capricci **2** (computer, auto) fare le bizze

---

Sai come funzionano i *phrasal verbs*? Vedi le spiegazioni nella **guida grammaticale**.

• *s* **1** commedia: *a* ***play*** ***by*** *Shakespeare* una commedia di Shakespeare **2** (attività ricreativa) gioco

player /ˈpleɪə/ *s* **1** giocatore -trice: *a basketball player* un giocatore di basket **2** suonatore -trice | **guitar/violin etc player** chitarrista/violinista

playful /ˈpleɪfəl/ *agg* **1** (bimbo, gattino) giocherellone **2** (bacio, sorriso) scherzoso -a **3** (umore, carattere) allegro -a

playground /ˈpleɪɡraʊnd/ *s* **1** (a scuola) cortile **2** (giardino pubblico) parco giochi

playgroup /ˈpleɪɡruːp/ *s* centro dove i bambini in età prescolare possono giocare sotto la sorveglianza di adulti

ˈplaying ˌcard *s* carta da gioco

ˈplaying ˌfield *s* campo da gioco

ˈplay-off *s* spareggio

playtime /ˈpleɪtaɪm/ *s* intervallo [a scuola]

playwright /ˈpleɪraɪt/ *s* drammaturgo -a

plc /ˌpiː el ˈsiː/ (= **public limited company**) S.p.A.

plea /pliː/ *s* supplica | **to make a plea for sth** fare un appello per qc

plead /pliːd/ *v* (passato e participio **pleaded** o **pled** AmE) **1** [intr] supplicare | **to plead for sth** implorare qc **2** **to plead guilty/not guilty** dichiararsi colpevole/innocente

pleasant /ˈplezənt/ *agg* (serata, persona) piacevole, (voce, posto) gradevole, (sorriso, tempo) bello -a

pleasantly /ˈplezəntli/ *avv* **1** (sorpreso) piacevolmente **2** (comportarsi) amabilmente

please /pliːz/ *interiezione* e *verbo*

• *inter* per piacere ▶ **Please** si usa in inglese più spesso di *per piacere* in italiano. Si usa anche in contesti in cui in italiano si adoperano altre forme di cortesia: *Sit down, please.* Sedetevi, per piacere. | *Please may I use your phone?* Posso usare il telefono, per piacere? | *"More coffee?" "Yes, please."* – Vuole ancora del caffè? – Sì, grazie. | *"May I sit here?" "Please do."* – Posso sedermi qui? – Prego, faccia pure.

• *v* **1** [tr] accontentare, far piacere a: *It's impossible to please him.* Non c'è modo di accontentarlo. | *I'd do anything to please you.* Farei qualunque cosa per farti piacere. **2** **to please yourself** fare quello che si vuole: *She can please herself as far as I'm concerned.* Può fare quello che vuole per quanto mi riguarda. **3** **whatever/wherever etc you please** come/dove ecc. ti pare **4** **as they/you etc please** come vogliono/vuoi ecc.

pleased /pliːzd/ *agg* **1** contento -a: *Are you* ***pleased with*** *your new bike?* Sei contento della bicicletta nuova? | *I'm so pleased you can come.* Sono così contento che tu possa venire. | **to be pleased to do sth** essere lieto di fare qc: *We are pleased to be able to help.* Siamo lieti di poter aiutare. **2** soddisfatto -a: *I'm not very* ***pleased with*** *Jack.* Non sono molto soddisfatta di Jack. **3** **pleased to meet you** (formale) molto lieto (di conoscerla)

pleasing /ˈpliːzɪŋ/ *agg* (formale) **1** (voce, modi) piacevole **2** (risultati, progressi) soddisfacente

pleasurable /ˈpleʒərəbəl/ *agg* (formale) piacevole

pleasure /ˈpleʒə/ *s* **1** piacere: *Seeing her grandchildren* ***gives*** *her a lot of* ***pleasure****.* Le fa molto piacere vedere i suoi nipotini. | *This car is* ***a pleasure*** *to drive.* È un piacere guidare questa macchina. **2** **it's a pleasure/my pleasure** (formale) è un piacere/piacere mio **3** **with pleasure** (formale) con piacere **4** **to take pleasure in sth/in doing sth** provare piacere in qc/a fare qc

pleat /pliːt/ *s* piega

pleated /ˈpliːtɪd/ *agg* a pieghe

pled /pled/ AmE passato e participio di **plead**

pledge /pledʒ/ *sostantivo* e *verbo*

• *s* promessa (solenne)

• *v* [tr] promettere [denaro, appoggio]

plentiful /ˈplentɪfəl/ *agg* abbondante

plenty /ˈplenti/ *pronome* e *avverbio*

• *pron* **1** molto: *There was plenty to eat at the party.* C'era molto da mangiare alla festa. | *We have* ***plenty of*** *time.* Abbiamo molto tempo. **2** abbastanza: *No, thank you. I've had plenty.* No, grazie. Ne ho preso abbastanza.

• *avv* **plenty more** ancora molto: *There's plenty more wine in the fridge.* C'è ancora molto vino nel frigo.

pliers /ˈplaɪəz/ *s pl* pinze: *a pair of pliers* un paio di pinze

plight /plaɪt/ *s* dramma: *the plight of the refugees* il dramma dei rifugiati

plod /plɒd/ *v* (**plodded**, **plodding**) **to plod along/through etc** avanzare a fatica lungo/attraverso ecc.

plod on trascinarsi

plot /plɒt/ *sostantivo* e *verbo*

• *s* **1** complotto **2** (di un libro, film) trama **3** (terreno) appezzamento

• *v* (**plotted**, **plotting**) **1** [tr] complottare, [intr] cospirare **2** [tr] tracciare [grafico, curva]

plough BrE, **plow** AmE /plaʊ/ *sostantivo* e *verbo*

• *s* aratro

• *v* [tr/intr] arare

plough on andare avanti

plough through sth finire a fatica qc [libro, articolo]

ploy /plɔɪ/ *s* stratagemma

P

pluck /plʌk/ *v* **1** **to pluck up the courage (to do something)** trovare il coraggio (di fare qc) **2** [tr] pizzicare [corde di chitarra] **3** [tr] depilare [sopracciglia] **4** [tr] spennare [gallina] **5** **to pluck sth from/off sth** (letterario) cogliere qc da qc

plug /plʌg/ *sostantivo* e *verbo*

• *s* **1** spina [della corrente] **2** (di vasca, lavandino) tappo **3** (informale) **to give a book/film a plug, to make a plug for a book/film** fare pubblicità a un libro/film

• *v* [tr] (**plugged**, **plugging**) **1** (anche **plug up**) tappare [buco] **2** (informale) fare pubblicità a [film, libro]

plug sth in collegare qc alla presa: *Is the printer plugged in?* La stampante è collegata alla presa?

plughole /ˈplʌghəʊl/ *s* BrE scarico [della vasca, del lavandino]

plum /plʌm/ *s* **1** susina **2** **plum tree** susino

plumage /ˈpluːmɪdʒ/ *s* piumaggio

plumber /ˈplʌmə/ *s* idraulico

plumbing /ˈplʌmɪŋ/ *s* tubature dell'acqua

plume /pluːm/ *s* **1** (di fumo, polvere) pennacchio **2** piuma

plummet /ˈplʌmɪt/ *v* [intr] (prezzi, profitti) crollare

plump /plʌmp/ *agg* **1** (persona) grassottello -a, (guance) paffuto -a **2** (pollo) bene in carne **3** (cuscino) ben imbottito -a

plunder /ˈplʌndə/ *v* [tr] saccheggiare

plunge /plʌndʒ/ *verbo* e *sostantivo*

• *v* [intr] **1** (persona, veicolo) precipitare: *The van plunged off the cliff.* Il furgoncino è precipitato dalla scogliera. **2** (prezzi) crollare

plunge into sth tuffarsi in qc: *She plunged into the pool.* Si è tuffata nella piscina. **plunge sth into sth** conficcare qc in qc [coltello] | **to plunge your hands into water** immergere le mani nell'acqua

• *s* **1** **to take the plunge** saltare il fosso **2** brusca caduta

plural /ˈplʊərəl/ *agg* e *s* plurale

plus /plʌs/ *preposizione*, *sostantivo* e *aggettivo*

• *prep* **1** più: *Three plus six is nine.* Tre più sei fa nove. **2** più: *two adults plus a baby* due adulti più un bambino piccolo | *all the household chores, plus the cooking* tutti i lavori di casa, oltre a cucinare

• *s* (pl **pluses**) **1** vantaggio **2** (segno) più

• *agg* **1** oltre: *$5,000 plus* 5.000 dollari e oltre | *a man of 50 plus* un uomo di oltre 50 **2** **a plus factor/point** un fattore/lato positivo

Pluto /ˈpluːtəʊ/ *s* Plutone

plutonium /pluːˈtəʊniəm/ *s* plutonio

plywood /ˈplaɪwʊd/ *s* (legno) compensato

pm, P.M. BrE /ˌpiː ˈem/ del pomeriggio: *at 3 pm* alle 3 del pomeriggio ▶ L'orologio di 24 ore si usa meno in inglese che in italiano. È più frequente l'uso di **pm** e **am** per distinguere tra le ore del pomeriggio e quelle del mattino.

pneumatic /njuːˈmætɪk/ *agg* pneumatico -a: *a pneumatic drill* un martello pneumatico

pneumonia /njuːˈməʊniə/ *s* polmonite: *a bad case of pneumonia* una brutta polmonite

PO (= **Post Office**) ufficio postale

poach /pəʊtʃ/ *v* **1** [tr] bollire | **poached eggs** uova in camicia **2** [tr/intr] cacciare o pescare illegalmente **3** [tr] rubare [idee, informazioni], portare via [giocatori, impiegati]

pocket /ˈpɒkɪt/ *sostantivo* e *verbo*

• *s* **1** (di giacca, pantaloni) tasca: *He stood there with his hands in his pockets.* Se ne stava lì con le mani in tasca. **2** (possibilità economiche) tasca: *prices to suit every pocket* prezzi per tutte le tasche **3** **to be out of pocket** BrE rimetterci: *I ended up £50 out of pocket.* Ci ho rimesso 50 sterline. **4** **pocket calculator/dictionary** calcolatrice/dizionario tascabile **pocket knife** coltellino tascabile **pocket money** paghetta ▶ vedi anche **pick**

• *v* [tr] **1** intascare [cifra, denaro] **2** mettersi in tasca

pocketbook /ˈpɒkɪtbʊk/ *s* AmE portafoglio ▶ In inglese britannico si usa **wallet** o **purse**.

ˈpocket-sized, anche **ˈpocket-size** *agg* in formato tascabile

pod /pɒd/ *s* (di pisello, fagiolo) baccello

podium /ˈpəʊdiəm/ *s* podio

poem /ˈpəʊɪm/ *s* poesia [componimento]

poet /ˈpəʊɪt/ *s* poeta -essa

poetic /pəʊˈetɪk/ *agg* poetico -a

poetry /ˈpəʊətri/ *s* poesia [arte, genere]

poignant /ˈpɔɪnjənt/ *agg* toccante

point /pɔɪnt/ *sostantivo* e *verbo*

• *s* **1** (argomento) punto: *There is one point on which we all agree.* C'è un punto su cui siamo tutti d'accordo. | *That's a very good point.* Questa è un'osservazione molto interessante. | **to make a point** fare una considerazione: *He made a very interesting point.* Ha fatto una considerazione molto interessante. | **to have a point** avere ragione: *I think Richard may have a point there.* Penso che Richard possa aver ragione in questo caso. | **I see his/her etc point** capisco il suo ecc. punto di vista

2 **to make a point of doing sth** ritenere doveroso fare qc

3 (cosa principale) **the point** il punto: ***The point is**, we just don't have enough money.* Il punto è che non abbiamo abbastanza soldi. | *I don't want to marry him – **that's the point**.* Non voglio sposarlo – questo è il

punto. | *I know he behaved badly, but **that's not the point**.* So che si è comportato male, ma non è questo il punto. | **to get to the point** venire al dunque
4 (nel tempo) punto: *At that point it started to rain.* A quel punto, si è messo a piovere. | **to be on the point of doing sth** essere sul punto di fare qc
5 (luogo) punto: *the point where two lines cross each other* il punto in cui due linee si incrociano
6 motivo: *"Are you coming?" "I don't see the point."* – Non vieni? – Non ne vedo il motivo. | ***There's no point in** trying to persuade him.* Non serve a niente cercare di convincerlo.
7 (di coltello, matita) punta
8 (nello sport, nel gioco) punto: *They beat us by six points.* Ci hanno battuti per sei punti.
9 (nei numeri) in inglese si usa un punto (**point**) e non una virgola per separare le unità dai decimali: *four point five percent (4.5%)* quattro virgola cinque percento (4,5%)
10 good points/bad points/weak points etc pregi/difetti/punti deboli ecc.: *He has his good points.* Ha anche dei pregi.
11 point of view punto di vista
12 up to a point fino a un certo punto
13 boiling/freezing point punto di ebollizione/di congelamento
• *v* **1 to point at/to/towards sth** indicare qc [con il dito]: *"Sit down", he said, pointing to a chair.* – Siediti – disse, indicando una sedia.
2 to point sth at/towards sth/sb puntare qc contro/verso qc/qn: *Point your fingers towards the ceiling.* Punta le dita verso il soffitto.
3 [tr] indicare [strada]: *A sign pointed the way to the beach.* Un cartello indicava la strada per la spiaggia.
point sth out (to sb) fare notare qc (a qn): *The teacher pointed out that the exams were only three weeks away.* L'insegnante ha fatto notare che mancavano solo tre settimane agli esami.

ˌpoint-ˈblank *avverbio* e *aggettivo*
• *avv* **1** (sparare, uccidere) a bruciapelo **2** (fare una domanda) a bruciapelo **3** (rifiutarsi, negare) in modo categorico
• *agg* **1 at point-blank range** a bruciapelo **2 a point-blank refusal** un rifiuto categorico

pointed /ˈpɔɪntɪd/ *agg* appuntito -a

pointer /ˈpɔɪntə/ *s* suggerimento

pointless /ˈpɔɪntləs/ *agg* inutile

poise /pɔɪz/ *s* **1** (nel comportamento) sicurezza di sé **2** (di ballerina) portamento

poised /pɔɪzd/ *agg* **1 to be poised to do sth** essere pronto a fare qc **2** sicuro -a di sé

poison /ˈpɔɪzən/ *sostantivo* e *verbo*
• *s* veleno
• *v* [tr] **1** avvelenare [persona, animale] **2** contaminare [aria, acqua]

poisoning /ˈpɔɪzənɪŋ/ *s* avvelenamento ▶ vedi anche **food poisoning**

poisonous /ˈpɔɪzənəs/ *agg* velenoso -a

poke /pəʊk/ *verbo* e *sostantivo*
• *v* **1** [tr/intr] colpire o toccare con qualcosa di appuntito: *You nearly poked me in the eye!* Mi hai quasi ficcato un dito in un occhio!
2 [tr] infilare: *He **poked** his finger **into** the gap.* Ha infilato il dito nella fessura. | **to poke through/out of sth** spuntare fuori da qc
• *s* colpetto dato con qualcosa di appuntito: *I gave her a poke in the ribs.* Le ho dato una gomitata nel fianco.

poker /ˈpəʊkə/ *s* **1** attizzatoio **2** poker

poky /ˈpəʊki/ *agg* (**pokier**, **pokiest**) piccolo -a e stretto -a

Poland /ˈpəʊlənd/ *s* la Polonia

polar /ˈpəʊlə/ *agg* polare

ˌpolar ˈbear *s* orso polare

Pole /pəʊl/ *s* polacco -a

pole /pəʊl/ *s* **1** (asta) palo **2** (dell'alta tensione) palo **3** (in geografia, fisica) polo **4 to be poles apart** essere diametralmente opposti

ˈpole vault *s* salto con l'asta

police /pəˈliːs/ *sostantivo plurale* e *verbo*
• *s pl* **1 the police** la polizia: *The police are after them.* La polizia li sta cercando.
2 poliziotti: *armed police* poliziotti armati
3 police car macchina della polizia **police force** corpo di polizia **police officer** poliziotto -a **police station** commissariato
• *v* [tr] mantenere l'ordine in [zona, quartiere], assicurare il servizio d'ordine durante [manifestazione, partita]

poˈlice car *s* macchina della polizia

poˈlice ˌconstable *s* BrE agente di polizia

poˈlice force *s* corpo di polizia

policeman /pəˈliːsmən/ *s* (pl **-men**) poliziotto

poˈlice ˌofficer *s* agente di polizia

poˈlice ˌstation *s* commissariato

policewoman /pəˈliːsˌwʊmən/ *s* (pl **-women**) poliziotta

policy /ˈpɒləsi/ *s* (pl **-cies**) **1** politica: *the government's economic policy* la politica economica del governo **2** polizza (assicurativa)

polio /ˈpəʊliəʊ/ *s* poliomielite

Polish /ˈpəʊlɪʃ/ *aggettivo* e *sostantivo*
• *agg* polacco -a
• *s* (lingua) polacco

P

Non sai come pronunciare una parola? Consulta la tabella dei simboli fonetici nell'interno della copertina.

polish /ˈpɒlɪʃ/ *verbo* e *sostantivo*
• *v* [tr] (3ª pers sing **-shes**) lucidare [scarpe, macchina]
polish sth off (informale) (mangiare) spazzolare qc
polish sth up perfezionare [lingua]
• *s* (pl **-shes**) **1** lucido [da scarpe] **2** cera [per mobili] ► vedi anche **nail** ► FALSE FRIEND Non confondere **"polish"** con **pulire** che si traduce **to clean**.

polished /ˈpɒlɪʃt/ *agg* **1** (scarpe, pavimento) lucidato -a **2** (esecuzione) curato -a **3** (persona, stile) raffinato -a

polite /pəˈlaɪt/ *agg* (persona) educato -a: *She wasn't very **polite to** me.* Non è stata molto educata con me. | *It's not **polite to** talk with your mouth full.* Non è educato parlare con la bocca piena.

political /pəˈlɪtɪkəl/ *agg* politico -a | **political asylum** asilo politico

poˌlitically corˈrect *agg* politicamente corretto -a [usato per i termini che si riferiscono a determinate categorie di persone senza risultare offensivi]

politician /ˌpɒləˈtɪʃən/ *s* politico -a

politics /ˈpɒlətɪks/ *s* **1** (attività) politica: *I'm not interested in politics.* Non mi interesso di politica. **2** (materia) scienze politiche

poll /pəʊl/ *sostantivo, sostantivo plurale* e *verbo*
• *s* (anche **opinion poll**) sondaggio (d'opinione)
• **polls** *s pl* **the polls** le elezioni | **to go to the polls** andare alle urne
• *v* [tr] **1** intervistare **2** ottenere [voti]

pollen /ˈpɒlən/ *s* **1** polline **2 pollen count** misurazione della quantità di polline nell'aria

pollute /pəˈluːt/ *v* [tr/intr] inquinare: *polluted rivers* fiumi inquinati

pollution /pəˈluːʃən/ *s* inquinamento

polo /ˈpəʊləʊ/ *s* (nello sport) polo

ˈpolo neck *s* BrE (maglia) dolcevita ► In inglese americano si usa **turtleneck**.

polyester /ˈpɒliestə/ *s* poliestere

polystyrene /ˌpɒlɪˈstaɪriːn/ *s* polistirolo

pompous /ˈpɒmpəs/ *agg* (persona) presuntuoso -a, (discorso, stile) pomposo -a

pond /pɒnd/ *s* stagno

ponder /ˈpɒndə/ *v* **to ponder (on/over) sth** meditare su qc

pony /ˈpəʊni/ *s* (pl **-nies**) pony

ponytail /ˈpəʊniteɪl/ *s* (pettinatura) coda di cavallo

poodle /ˈpuːdl/ *s* barboncino

pool /puːl/ *sostantivo, sostantivo plurale* e *verbo*
• *s* **1** (anche **swimming pool**) piscina: *We spent the day by the pool.* Abbiamo passato la giornata in piscina. **2** (gioco di biliardo) pool: *a game of pool* una partita di pool **3** (di sangue, acqua) pozza
• **pools** *s pl* **the pools** il totocalcio
• *v* [tr] **1** mettere insieme [soldi] **2** raccogliere [idee]

pool table

poor /pʊə/ *aggettivo* e *sostantivo plurale*
• *agg* **1** povero -a: *Her family was very poor.* La sua famiglia era molto povera. **2** (di scarsa qualità) scadente: *Your work is very poor.* Il tuo lavoro è molto scadente. | *She suffers from poor health.* Ha una salute cagionevole. **3** (per esprimere compassione) povero -a: *The poor girl was soaked.* La povera ragazza era bagnata fradicia. | *You poor thing!* Poverino!
• *s pl* **the poor** i poveri

poorly /ˈpʊəli/ *avverbio* e *aggettivo*
• *avv* miseramente
• *agg* BrE (informale) malato -a

pop /pɒp/ (**popped**, **popping**) *verbo* e *sostantivo*
• *v* **1 to pop sth in/on etc sth** (informale) mettere qualcosa in fretta o all'improvviso in un determinato luogo: *I popped the bread in the oven.* Ho ficcato il pane in forno. | *Harry popped his head round the door.* Harry ha fatto capolino dalla porta. **2** [intr] (palloncino, bolla di sapone) scoppiare, [tr] far scoppiare [palloncino] **3** [intr] (tappo) saltare
pop in fare un salto: *I only popped in to say hello.* Ho solo fatto un salto per salutare.
pop out 1 fare un salto fuori: *I'm just popping out for a minute.* Faccio un salto fuori. **2 to pop out (of sth)** sbucare fuori (da qc)
pop up apparire [all'improvviso]
• *s* **1** (anche **pop music**) musica pop **2** botto | **to go pop** scoppiare **3** (informale) bibita gassata **4** AmE (informale) papà **5 pop concert** concerto pop **pop singer** cantante pop

popcorn /ˈpɒpkɔːn/ *s* popcorn

pope /pəʊp/ *s* papa | **the Pope** il Papa

poplar /ˈpɒplə/ *s* pioppo

poppy /ˈpɒpi/ *s* (pl **-ppies**) papavero

popular /ˈpɒpjələ/ *agg* **1** (che piace molto) amato -a: *a popular teacher* un'insegnante molto amato **2** (credenza, opinione) diffuso -a **3** (di o per il popolo) popolare | **the popular press** i giornali a larga diffusione

popularity /ˌpɒpjəˈlærəti/ *s* popolarità

populate /ˈpɒpjəleɪt/ *v* **to be populated by** essere popolato da | **densely/sparsely etc populated** densamente/scarsamente ecc. popolato

P

population /ˌpɒpjəˈleɪʃən/ *s* **1** popolazione **2 population explosion** esplosione demografica

porcelain /ˈpɔːslən/ *s* porcellana

porch /pɔːtʃ/ *s* (pl **porches**) **1** (entrata coperta) portico **2** AmE veranda ▶ In inglese britannico si usa **veranda**.

porcupine /ˈpɔːkjəpaɪn/ *s* porcospino

pore /pɔː/ *sostantivo* e *verbo*

• *s* poro

• *v* **pore over sth** esaminare qc

pork /pɔːk/ *s* **1** (carne di) maiale **2 pork chop** costoletta di maiale

pornography /pɔːˈnɒgrəfi/ *s* pornografia

porous /ˈpɔːrəs/ *agg* poroso -a

porridge /ˈpɒrɪdʒ/ *s* piatto a base di fiocchi d'avena cotti in acqua o latte con aggiunta di zucchero o sale, che si consuma sia a colazione che a cena

port /pɔːt/ *s* **1** (per le navi) porto **2** (in informatica) porta **3** (vino) porto **4** (lato di imbarcazione) dritta

portable /ˈpɔːtəbəl/ *agg* portatile

porter /ˈpɔːtə/ *s* **1** (di stazione, aeroporto) facchino **2** BrE (di albergo) portiere

porthole /ˈpɔːthəʊl/ *s* oblò

portion /ˈpɔːʃən/ *s* **1** parte **2** (di cibo) porzione

portrait /ˈpɔːtrɪt/ *s* ritratto

portray /pɔːˈtreɪ/ *v* [tr] **1** raffigurare | **to portray sb as sth** descrivere qn come qc **2** interpretare

portrayal /pɔːˈtreɪəl/ *s* descrizione

Portugal /ˈpɔːtʃʊgəl/ *s* il Portogallo

Portuguese /ˌpɔːtʃʊˈgiːz/ *aggettivo* e *sostantivo*

• *agg* portoghese

• *s* **1** (lingua) portoghese **2 the Portuguese** i portoghesi

pose /pəʊz/ *verbo* e *sostantivo*

• *v* **1** [tr] rappresentare [problema, minaccia] **2 to pose a question** porre un quesito **3 to pose (for sth/sb)** posare (per qc/qn) **4 to pose as sb** spacciarsi per qn

• *s* posa

posh /pɒʃ/ *agg* BrE **1** (ristorante, zona) chic **2** (persona, modo di parlare) snob

position /pəˈzɪʃən/ *sostantivo* e *verbo*

• *s* **1** (collocazione) posizione | **to hold sth in position** mantenere qc fisso | **in a sitting/kneeling position** seduto/in ginocchio **2** (nello sport) ruolo **3** situazione | **to be in a/no position to do sth** essere/non essere in condizione di fare qc **4** (opinione) posizione **5** (formale) (lavoro) impiego

• *v* [tr] posizionare

positive /ˈpɒzətɪv/ *agg* **1** positivo -a **2** sicurissimo -a: *"Are you sure it was him?" "Positive."* – Sei sicuro che fosse lui? – Sicurissimo. | **to be positive about sth** essere sicurissimo di qc **3** ottimista **4 a positive miracle/disgrace etc** un vero e proprio miracolo/una vera e propria disgrazia ecc.

positively /ˈpɒzətɪvli/ *avv* **1** si usa per enfatizzare: *This is positively the last time I'm doing this.* È decisamente l'ultima volta che lo faccio. | *She was positively appalled at the news.* Era assolutamente sconvolta dalla notizia. **2** in modo positivo **3 to think positively** essere ottimista

possess /pəˈzes/ *v* [tr] (formale) **1** possedere **2** usato per esprimere incredulità: *What possessed you to tell your mother?* Che cosa ti è saltato in mente di dirlo a tua madre?

possession /pəˈzeʃən/ *s* **1** avere **2** (formale) **to be in possession of sth/to have sth in your possession** essere in possesso di qc

possessive /pəˈzesɪv/ *agg* possessivo -a

possibility /ˌpɒsəˈbɪləti/ *s* (pl **-ties**) **1** possibilità: *There is a* ***possibility that*** *he may never recover.* Esiste la possibilità che non si riprenda mai più. **2 to have possibilities** avere delle potenzialità

possible /ˈpɒsəbəl/ *agg* possibile: *It is possible they may still be alive.* È possibile che siano ancora vivi. | **if possible** se possibile | **as soon as possible** il più presto possibile

possibly /ˈpɒsəbli/ *avv* **1** forse **2 possibly** si usa con **can** e **could** per chiedere qualcosa con gentilezza o per enfatizzare: *Could you possibly help us?* Potresti aiutarci? | *I couldn't possibly accept!* Non posso assolutamente accettare. | *We did everything we possibly could.* Abbiamo fatto tutto il possibile.

post /pəʊst/ *sostantivo* e *verbo*

• *s* **1** (servizio) posta **2** (lettere) posta **3** palo **4** (lavoro) posto

• *v* [tr] **1** spedire [per posta] **2 to keep sb posted (about sth)** tenere qn al corrente (di qc) **3** inviare [diplomatico] **4** mettere di guardia [poliziotto ecc.]

> **first class, second class**
>
> Nel servizio postale britannico ci sono due tariffe diverse: **first class**, quella più cara, e **second class**, quella meno cara. La **first-class post** viene generalmente consegnata il giorno successivo a quello della spedizione, mentre la **second-class post** ci mette di più.
>
> Alle poste si dice *I'd like to send this first class* o *I'd like to send this second class* a seconda della tariffa che si vuole utilizzare. Quando si acquista un francobollo, si chiede **a first-class stamp** o **a second-class stamp**.

P

postage /ˈpəʊstɪdʒ/ *s* **1** spese di spedizione | **postage and packing** imballaggio e spese di spedizione **2** **postage stamp** francobollo

postal /ˈpəʊstl/ *agg* postale

postbox /ˈpəʊstbɒks/ *s* (pl **-xes**) BrE buca delle lettere

postcard /ˈpəʊstkɑːd/ *s* cartolina

postcode /ˈpəʊstkəʊd/ *s* BrE codice postale

poster /ˈpəʊstə/ *s* **1** poster **2** (pubblicitario) cartellone

posterity /pɒˈsterəti/ *s* (formale) posterità

postgraduate /ˌpəʊstˈgrædʒuət/ *aggettivo* e *sostantivo*
- *agg* BrE postlaurea
- *s* BrE studente di un corso postlaurea o di un dottorato di ricerca

postman /ˈpəʊstmən/ *s* (pl **-men**) BrE postino

postmark /ˈpəʊstmɑːk/ *s* timbro postale

post-mortem /ˌpəʊstˈmɔːtəm/ *s* autopsia

ˈpost ˌoffice *s* ufficio postale

postpone /pəʊsˈpəʊn/ *v* [tr] posporre

posture /ˈpɒstʃə/ *s* **1** postura **2** atteggiamento

ˌpost-ˈwar *agg* del dopoguerra

pot /pɒt/ *s* **1** (per il tè) teiera, (per il caffè) caffettiera **2** (per cucinare) pentola | **pots and pans** pentole **3** barattolo [di marmellata, miele], vasetto [di yogurt] **4** (per le piante) vaso **5** **to go to pot** (informale) andare in malora

potato /pəˈteɪtəʊ/ *s* (pl **-toes**) patata: *roast potatoes* patate arrosto | *mashed potato* purè di patate

poˈtato chip *s* AmE patatine fritte [in sacchetto] ▶ In inglese britannico si usa **crisp**.

potent /ˈpəʊtnt/ *agg* potente

potential /pəˈtenʃəl/ *aggettivo* e *sostantivo*
- *agg* potenziale
- *s* **1** potenziale **2** **the potential for abuse/corruption etc** la possibilità di abusi/corruzione ecc.

potentially /pəˈtenʃəli/ *avv* potenzialmente

pothole /ˈpɒtˌhəʊl/ *s* buca [su una strada]

potted /ˈpɒtɪd/ *agg* **1** **a potted biography/version etc** una biografia/una versione ecc. condensata **2** **potted meat/shrimps etc** BrE paté di carne/gamberi ecc.

potter /ˈpɒtə/ *verbo* e *sostantivo*
- *v* [intr] BrE fare dei lavoretti: *I spent the morning **pottering about/around** in the garden.* Ho passato la mattinata a fare dei lavoretti in giardino.
- *s* ceramista

pottery /ˈpɒtəri/ *s* **1** oggetti di ceramica **2** (tecnica) ceramica

potty /ˈpɒti/ *aggettivo* e *sostantivo*
- *agg* (**-ttier**, **-ttiest**) BrE (informale) pazzo -a
- *s* (pl **-tties**) vasino [per bambini]

pouch /paʊtʃ/ *s* (pl **pouches**) **1** (per tabacco) borsa **2** (di canguro) marsupio

poultry /ˈpəʊltri/ *s* pollame

pounce /paʊns/ *v* **1** **to pounce (on sth/sb)** lanciarsi (su qc/qn) **2** **to pounce on sb's mistakes** sottolineare gli errori di qn

pound /paʊnd/ *sostantivo* e *verbo*
- *s* **1** (unità di peso) libbra [= 0,45 kg] **2** (moneta) sterlina: *a five-pound note* una banconota da cinque sterline
- *v* **1** [tr] battere **2** [intr] **to pound on sth** battere su qc **3** [intr] (cuore) battere **4** [tr] schiacciare

pour /pɔː/ *v* **1** versare: ***Pour** the milk into a jug.* Versate il latte in un bricco. | *I **poured** it down the sink.* L'ho versato nel lavandino. | *She **poured** herself a whisky.* Si è versata un whisky. **2** **to pour from/out of sth** sgorgare da qc **3** **to pour (down)** diluviare

pour in **1** (pioggia, acqua) entrare a fiotti **2** (offerte, donazioni) arrivare a migliaia

pour out riversarsi fuori **pour sth out** versare qc

pouring

pout /paʊt/ *v* [intr] **1** fare il broncio **2** protendere le labbra in modo sensuale

poverty /ˈpɒvəti/ *s* povertà

powder /ˈpaʊdə/ *sostantivo* e *verbo*
- *s* **1** polvere **2** (per il trucco) cipria
- *v* **to powder your face/nose** incipriarsi il viso/il naso

power /ˈpaʊə/ *sostantivo* e *verbo*
- *s* **1** potere | **to be in power** essere al potere **2** energia | **nuclear power** energia nucleare **3** forza **4** potenza: *a world power* una potenza mondiale **5** facoltà: *the power of speech* la facoltà della parola **6** **to do everything in your power** fare tutto ciò che è in proprio potere **7** **the powers that be** quelli che tirano le fila **8** **power cut** blackout **power station** centrale elettrica
- *v* azionare | **to be powered by electricity/batteries** funzionare a elettricità/batterie

powerful /ˈpaʊəfəl/ *agg* **1** (persona, organizzazione) potente **2** (motore, macchina) potente **3** (muscolo, nuotatore) forte **4** (medicinale) forte **5** (argomento) convincente **6** (opera, film) intenso -a

Si dice *I arrived in London* o *I arrived to London*? Vedi alla voce **arrive**.

powerless /'paʊələs/ *agg* (senza autorità) impotente | **to be powerless to do sth** non essere in grado di fare qc

PR /ˌpiː 'ɑː/ *s* (= **public relations**) PR [pubbliche relazioni]

practicable /'præktɪkəbəl/ *agg* praticabile

practical /'præktɪkəl/ *agg* **1** (concreto) pratico -a **2** (pragmatico) che ha senso pratico **3** (fattibile) pratico -a **4** (utile, comodo) pratico -a **5** **practical joke** scherzo [che si fa a qualcuno]

practically /'præktɪkli/ *avv* **1** praticamente **2** in modo pratico

practice /'præktɪs/ *sostantivo* e *verbo*

- *s* **1** (nello sport, per migliorare) allenamento, (al pianoforte) esercizi: *We've got rugby practice today.* Oggi abbiamo gli allenamenti di rugby. | **to be out of practice** essere fuori esercizio **2** uso | **it's common/standard practice** è una pratica corrente **3** **in practice** nella pratica **4** (di avvocati, medici) studio **5** professione
- *v* AmE ▶ vedi **practise**

practise BrE, **practice** AmE /'præktɪs/ *v* **1** [intr] (nello sport) allenarsi, (al pianoforte) fare esercizi **2** [tr] fare esercizi a [piano, violino]: *He wanted to practise his English on me.* Voleva far pratica d'inglese con me. **3** [tr] praticare [religione, uso] **4** **to practise law/medicine** esercitare la professione d'avvocato/di medico

practitioner /præk'tɪʃənə/ *s* (formale) **a legal practitioner** un avvocato | **a medical practicioner** un medico

pragmatic /præg'mætɪk/ *agg* pragmatico -a

prairie /'preəri/ *s* prateria

praise /preɪz/ *verbo* e *sostantivo*

- *v* [tr] lodare
- *s* elogio | **to be full of praise for sth** non fare che elogiare qc

pram /præm/ *s* BrE carrozzina [per neonati]

prawn /prɔːn/ *s* gamberetto

pray /preɪ/ *v* [intr] pregare | **to pray for sth** augurarsi qc: *We're **praying for** good weather tomorrow.* Ci auguriamo che faccia bello domani.

pram

prayer /preə/ *s* preghiera

preach /priːtʃ/ *v* (3ª pers sing **preaches**) **1** [intr] fare una predica **2** [tr] fare [una predica] **3** [tr] predicare [la tolleranza, il bene]

preacher /'priːtʃə/ *s* predicatore -trice

precarious /prɪ'keəriəs/ *agg* precario -a

precaution /prɪ'kɔːʃən/ *s* precauzione | **to take the precaution of doing sth** avere l'accortezza di fare qc

precede /prɪ'siːd/ *v* [tr] (formale) precedere

precedence /'presədəns/ *s* **to take precedence over sth/sb** avere la precedenza su qc/qn

precedent /'presədənt/ *s* (formale) precedente | **to set a precedent** costituire un precedente

preceding /prɪ'siːdɪŋ/ *agg* precedente

precinct /'priːsɪŋkt/ *s* **1** **pedestrian precinct** BrE isola pedonale | **shopping precinct** BrE centro commerciale **2** AmE distretto [di polizia]

precious /'preʃəs/ *aggettivo* e *avverbio*

- *agg* prezioso -a: *He wasted precious time.* Ha sprecato del tempo prezioso. | *These photos are very **precious to** her.* Tiene moltissimo a queste foto.
- *avv* **precious few** pochissimi

precipice /'presəpɪs/ *s* precipizio

precise /prɪ'saɪs/ *agg* **1** preciso -a | **to be precise ...** per essere precisi ... **2** (descrizione) accurato -a **3** (persona) meticoloso -a

precisely /prɪ'saɪsli/ *avv* **1** con precisione | **at two/three o'clock precisely** alle due/tre in punto **2** proprio **3** (con accuratezza) con precisione

precision /prɪ'sɪʒən/ *s* precisione

preconceived /ˌpriːkən'siːvd/ *agg* preconcetto -a

predator /'predətə/ *s* predatore -trice

predecessor /'priːdəsesə, AmE 'predəsesər/ *s* **1** predecessore **2** modello precedente

predicament /prɪ'dɪkəmənt/ *s* situazione difficile

predict /prɪ'dɪkt/ *v* [tr] prevedere

predictable /prɪ'dɪktəbəl/ *agg* prevedibile

prediction /prɪ'dɪkʃən/ *s* pronostico

predominant /prɪ'dɒmənənt/ *agg* predominante

predominantly /prɪ'dɒmənəntli/ *avv* prevalentemente

pre-empt /pri'empt/ *v* [tr] anticipare [qualcosa che qualcuno sta per dire o fare]

preface /'prefəs/ *s* introduzione

prefer /prɪ'fɜː/ *v* [tr] (**-rred**, **-rring**) preferire: *I **prefer** cats **to** dogs.* Preferisco i gatti ai cani. | **to prefer to do sth, to prefer doing sth** preferire fare qc

preferable /'prefərəbəl/ *agg* preferibile

preferably /'prefərəbli/ *avv* preferibilmente

P

preference /'prefərəns/ *s* **1** preferenza: *Do you have any preference?* Hai preferenze? **2 to give preference to sb** dare la preferenza a qn

prefix /'pri:fɪks/ *s* (pl **-xes**) prefisso

pregnancy /'pregnənsi/ *s* (pl **-cies**) gravidanza

pregnant /'pregnənt/ *agg* **1** incinta | **to be three/six months pregnant** essere incinta di tre/sei mesi | **to get pregnant** restare incinta **2** (animale) gravido -a

prehistoric /ˌpri:hɪ'stɒrɪk/ *agg* preistorico -a

prejudice /'predʒədɪs/ *sostantivo e verbo*
- *s* pregiudizio
- *v* [tr] **1** pregiudicare | **to prejudice sb against sth/sb** creare a qn dei pregiudizi contro qc/qn **2** pregiudicare

prejudiced /'predʒədɪst/ *agg* che ha pregiudizi | **to be prejudiced against sth/sb** avere pregiudizi contro qc/qn

preliminary /prɪ'lɪmənəri/ *aggettivo e sostantivo plurale*
- *agg* preliminare
- **preliminaries** *s pl* (nello sport) eliminatorie

prelude /'prelju:d/ *s* **1 a prelude to sth** un preludio a qc **2** (in musica) preludio

premature /'prematʃə, AmE ˌpri:mə'tʃʊr/ *agg* prematuro -a

premeditated /pri:'medəteɪtɪd/ *agg* premeditato -a

premier /'premiə, AmE prɪ'mɪr/ *sostantivo e aggettivo*
- *s* primo ministro
- *agg* principale

premiere /'premieə, AmE prɪ'mɪr/ *s* prima [di film, rappresentazione]

premises /'premɪsɪz/ *s pl* **1** (di negozio, ristorante, scuola) locali, (di azienda) uffici, (di club) sede **2 on the premises** sul posto

premium /'pri:miəm/ *s* **1** premio [di assicurazione] **2 to be at a premium** scarseggiare

premonition /ˌpremə'nɪʃən/ *s* presentimento

preoccupation /pri:ˌɒkjə'peɪʃən/ *s* preoccupazione

preoccupied /pri'ɒkjəpaɪd/ *agg* **to be preoccupied with sth** essere concentrato in qc

preparation /ˌprepə'reɪʃən/ *sostantivo e sostantivo plurale*
- *s* preparazione
- **preparations** *s pl* preparativi | **to make preparations for sth/to do sth** occuparsi dei preparativi di qc/per fare qc

preparatory /prɪ'pærətəri/ *agg* preliminare

prepare /prɪ'peə/ *v* **1** [tr] preparare **2** [intr] prepararsi | **to prepare for sth/to do sth** prepararsi per qc/per fare qc

prepared /prɪ'peəd/ *agg* **1 to be prepared to do sth** essere disposto a fare qc **2 to be prepared for sth** essere preparato a qc

preposition /ˌprepə'zɪʃən/ *s* preposizione

preposterous /prɪ'pɒstərəs/ *agg* assurdo -a

prep school /'prep sku:l/ *s* **1** in Gran Bretagna, scuola privata per bambini dagli 8 ai 13 anni **2** negli Stati Uniti, istituzione privata che prepara gli studenti agli studi superiori

prerequisite /pri:'rekwəzɪt/ *s* prerequisito

pre-school /'pri: sku:l/ *agg* prescolare

prescribe /prɪ'skraɪb/ *v* [tr] prescrivere

prescription /prɪ'skrɪpʃən/ *s* ricetta [medica]

presence /'prezəns/ *s* **1** presenza | **in sb's presence** in/alla presenza di qn **2** (caratteristica) carisma **3 presence of mind** presenza di spirito

present[1] /'prezənt/ *aggettivo e sostantivo*
- *agg* **1 to be present (at sth)** (persona) essere presente (a qc) | **to be present (in sth)** (sostanza) essere presente (in qc) **2** attuale | **at the present time** al momento | **to the present day** fino ad oggi
- *s* **1** regalo: *He **gave** me a lovely **present**.* Mi ha fatto un bellissimo regalo. **2 the present** il presente **3 at present** in questo momento

present[2] /prɪ'zent/ *v* [tr] **1 to present sth to sb** consegnare qc a qn: *He'll **be presented with** the prize tonight.* Il premio gli sarà consegnato stasera. **2** mettere in scena [opera teatrale] **3 to present a radio/television programme** presentare un programma radiofonico/televisivo **4 to present a problem/a threat etc** rappresentare un problema/una minaccia ecc. **5 to present itself** (occasione) presentarsi

presentable /prɪ'zentəbəl/ *agg* presentabile

presentation /ˌprezən'teɪʃən, AmE ˌpri:zən'teɪʃən/ *s* **1** (discorso) presentazione | **to give a presentation (on sth)** fare una presentazione (di qc) **2** (di premi) consegna **3** (aspetto) presentazione

'present-day *agg* attuale | **present-day London** la Londra attuale

presenter /prɪ'zentə/ *s* presentatore -trice

presently /'prezəntli/ *avv* (formale) **1** tra breve **2** BrE poco dopo **3** attualmente

ˌpresent 'participle *s* participio presente

Vuoi informazioni sulla differenza tra gli **articoli** in inglese e in italiano? Leggi le spiegazioni nella guida grammaticale.

preservation /ˌprezəˈveɪʃən/ *s* conservazione

preservative /prɪˈzɜːvətɪv/ *s* (per cibi) conservante ▶ FALSE FRIEND Non confondere **"preservative"** con **preservativo** che si traduce **condom**.

preserve /prɪˈzɜːv/ *verbo e sostantivo*

• *v* [tr] **1** salvaguardare [tradizione], mantenere [aspetto, ordine] **2 to preserve sth/sb from sth** proteggere qc/qn da qc **3** conservare [alimenti]

• *s* **1** ambito esclusivo: *Banking used to be a male preserve.* Il lavoro in banca una volta era un ambito esclusivamente maschile. **2** marmellata **3** AmE riserva naturale

preside /prɪˈzaɪd/ *v* **to preside (at/over sth)** presiedere (qc) [riunione, giuria]

presidency /ˈprezɪdənsi/ *s* (pl **-cies**) presidenza

president, anche **President** /ˈprezɪdənt/ *s* presidente

presidential /ˌprezɪˈdenʃəl/ *agg* presidenziale

press /pres/ *verbo e sostantivo*

• *v* (3ª pers sing **presses**) **1** [tr] (esercitare pressione) schiacciare | **to press on/against sth** premere su/contro qc **2 to press a button** premere un pulsante | **to press the doorbell** suonare il campanello **3** [tr] stirare [vestiti] **4** [tr] spremere [olive, frutto] **5** far pressione su [persona]: *He was **pressing** me **for** an answer.* Faceva pressione su di me per avere una risposta. | *She **pressed for** changes in the law.* Ha fatto pressione per cambiare la legge.

press on (with sth) andare avanti (con qc)

• *s* (pl **presses**) **1 the press** la stampa, i giornali: *Several reports appeared in the press.* Vari servizi sono apparsi sui giornali. **2** (macchina) pressa **3** (anche **printing press**) macchina tipografica **4 press conference** conferenza stampa **press cutting** ritaglio di giornale

pressed /prest/ *agg* **to be pressed for time/money** essere a corto di tempo/soldi

pressing /ˈpresɪŋ/ *agg* (bisogno, questione) urgente

ˈpress-up BrE, **ˈpush-up** AmE *s* flessione sulle braccia

pressure /ˈpreʃə/ *sostantivo e verbo*

• *s* **1** pressione **2** (su persona) pressione: *Their parents were **putting pressure on** them **to** get married.* I loro genitori facevano pressione su di loro perché si sposassero.

• *v* [tr] **to pressure sb to do sth/into doing sth** fare pressione su qn perché faccia qc

ˈpressure ˌcooker *s* pentola a pressione

ˈpressure group *s* gruppo di pressione

pressurize, -ise BrE /ˈpreʃəraɪz/ *v* **to pressurize sb (into doing sth)** far pressione su qn (perché faccia qc)

prestige /preˈstiːʒ/ *s* prestigio

prestigious /preˈstɪdʒəs, AmE preˈstiːdʒəs/ *agg* prestigioso -a

presumably /prɪˈzjuːməbli/ *avv* presumibilmente

presume /prɪˈzjuːm/ *v* [tr] **1** supporre: *I presumed that he'd been delayed.* Ho supposto che avesse avuto un ritardo. **2 to presume to do sth** (formale) permettersi di fare qc

presumption /prɪˈzʌmpʃən/ *s* **1** (congettura) supposizione **2** (arroganza) presunzione

presumptuous /prɪˈzʌmptʃuəs/ *agg* presuntuoso -a

presuppose /ˌpriːsəˈpəʊz/ *v* [tr] (formale) presupporre

pretence BrE, **pretense** AmE /prɪˈtens, AmE ˈpriːtens/ *s* **1** finta: *It was all a pretence.* Era tutta una finta. **2 under false pretences** con la truffa

pretend /prɪˈtend/ *verbo e aggettivo*

• *v* [intr] **1** fare finta: *She **pretended that** she hadn't seen me.* Ha fatto finta di non vedermi. | *The children **pretended to** be asleep.* I bambini facevano finta di dormire. **2** [tr] pretendere: *I don't pretend to be an expert.* Non pretendo di essere un esperto. **3** (informale) (usato in giochi infantili): ***Let's pretend** we're on the moon.* Facciamo finta di essere sulla luna.

• *agg* (informale) **pretend money** soldi finti

pretentious /prɪˈtenʃəs/ *agg* pretenzioso -a

pretext /ˈpriːtekst/ *s* pretesto

pretty /ˈprɪti/ *avverbio e aggettivo*

• *avv* (informale) **1** piuttosto: *I'm pretty sure.* Sono piuttosto sicuro. | *Dad was pretty angry.* Papà era piuttosto arrabbiato. **2 pretty much the same** pressoché lo stesso

• *agg* (**-ttier**, **-ttiest**) **1** (persona, giardino) carino -a **2 he/she/it etc was not a pretty sight** non era un bello spettacolo

prevail /prɪˈveɪl/ *v* [intr] **1** (atteggiamento, usanza) predominare **2** (buon senso, giustizia) prevalere

prevail on/upon sb to prevail on/upon sb to do sth convincere qn a fare qc

prevailing /prɪˈveɪlɪŋ/ *agg* **1** (condizioni, situazione) esistente **2** (sensazione, punto di vista) prevalente **3 prevailing winds** venti dominanti

prevalent /ˈprevələnt/ *agg* **1** diffuso -a **2** predominante

prevent /prɪˈvent/ *v* [tr] **1 to prevent an accident** evitare un incidente | **to prevent an illness** prevenire una malattia **2** impedire: *The authorities **prevented***

P

him ***from*** *leaving the country.* Le autorità gli hanno impedito di lasciare il paese.

prevention /prɪ'venʃən/ *s* prevenzione

preventive /prɪ'ventɪv/, anche **preventative** /prɪ'ventətɪv/ *agg* preventivo -a

preview /'priːvjuː/ *s* anteprima

previous /'priːviəs/ *agg* **the previous day/year** il giorno/l'anno prima | **a previous marriage** un precedente matrimonio

previously /'priːviəsli/ *avv* precedentemente | **two months/ten years etc previously** due mesi/dieci anni ecc. prima

prey /preɪ/ *sostantivo* e *verbo*
- *s* preda
- *v* **prey on sth** cacciare qc **prey on sb** prendere di mira qn

price /praɪs/ *sostantivo* e *verbo*
- *s* **1** prezzo: *I got it for half price.* L'ho preso a metà prezzo. | **to go up/come down in price** aumentare/scendere di prezzo **2 at any price** a qualsiasi costo: *She was determined to win at any price.* Era decisa a vincere a qualsiasi costo. | *The house is not for sale* ***at any price***. La casa non è in vendita per niente al mondo.
- *v* **to be priced at £50/£20 etc** costare 50/20 ecc. sterline | **to be reasonably/moderately priced** avere un prezzo ragionevole/contenuto

priceless /'praɪsləs/ *agg* inestimabile

pricey, anche **pricy** /'praɪsi/ *agg* (**-cier**, **-ciest**) (informale) caro -a

prick /prɪk/ *verbo* e *sostantivo*
- *v* **1** [tr] pungere: *I pricked my finger on the needle.* Mi sono punta il dito con l'ago. | **to prick yourself** pungersi **2 to prick up your ears** (persona) drizzare le orecchie
- *s* puntura

prickle /'prɪkəl/ *s* (di riccio, piante) spina

prickly /'prɪkli/ *agg* (**-lier**, **-liest**) (barba) che punge, (foglia, cespuglio) spinoso -a

pride /praɪd/ *sostantivo* e *verbo*
- *s* **1** orgoglio **2 to take pride in sth** considerare qc motivo di orgoglio **3 to hurt sb's pride** ferire l'orgoglio di qn **4 to be sb's pride and joy** essere l'orgoglio di qn
- *v* **to pride yourself on sth** considerare qc motivo di orgoglio

priest /priːst/ *s* prete

priesthood /'priːsthʊd/ *s* **the priesthood** il sacerdozio

primarily /'praɪmərəli, AmE praɪ'merəli/ *avv* principalmente

primary /'praɪməri/ *aggettivo* e *sostantivo plurale*
- *agg* **1** (causa, preoccupazione) principale **2 primary education** istruzione elementare
- **primaries** *s pl* (elezioni) primarie

'primary ˌschool *s* BrE scuola elementare

prime /praɪm/ *aggettivo, sostantivo* e *verbo*
- *agg* **1** (causa, scopo) principale **2** (posizione) ottimo -a **3 a prime example** un ottimo esempio
- *s* **to be in the prime of life** essere nel fiore degli anni
- *v* **to prime sb (to do sth)** preparare qn (a fare qc)

ˌprime 'minister, anche **Prime Minister** *s* primo ministro

primitive /'prɪmətɪv/ *agg* primitivo -a

primrose /'prɪmrəʊz/ *sostantivo* e *aggettivo*
- *s* primula
- *agg* giallo pallido

prince /prɪns/ *s* principe

princess /ˌprɪn'ses/ *s* principessa

principal /'prɪnsəpəl/ *aggettivo* e *sostantivo*
- *agg* principale
- *s* AmE (di una scuola) preside

principle /'prɪnsəpəl/ *s* **1** principio: *It's against her principles.* È contro i suoi principi. | **on principle** per principio **2 in principle** in linea di massima

print /prɪnt/ *verbo* e *sostantivo*
- *v* **1** [tr/intr] stampare **2** [tr] pubblicare **3** [tr] (su tessuto) stampare
  print sth off/out stampare qc
- *s* **1 in print** pubblicato: *She loves to see her name in print.* Adora vedere il suo nome pubblicato. **2** caratteri: *in large/small print* a caratteri grandi/piccoli **3 to be out of print** essere fuori produzione **4** (quadro) stampa **5** (di una foto) stampa **6** impronta **7** (tessuto) stampato

printer /'prɪntə/ *s* **1** (macchina) stampante **2** (persona) tipografo -a | **the printer's** la tipografia

printing /'prɪntɪŋ/ *s* **1** (tecnica) stampa **2 printing error** errore di stampa

printout /'prɪntˌaʊt/ *s* stampa

prior /'praɪə/ *avverbio* e *aggettivo*
- *avv* (formale) **prior to (doing) sth** prima di (fare) qc
- *agg* (formale) **to have a prior engagement** avere già un impegno

prioritize, -ise BrE /praɪ'ɒrətaɪz/ *v* [tr] **1** mettere in ordine di priorità **2** dare la priorità a

priority /praɪ'ɒrəti/ *s* (pl **-ties**) priorità | **to have/take priority over sth** avere la priorità su qc | **to get your priorities right** rivedere le proprie priorità

prise /praɪz/ BrE, **pry** AmE *v* **to prise sth open** aprire qc (facendo leva)

prison /'prɪzən/ *s* **1** prigione: *He was sentenced to seven years in prison.* È stato condannato a sette anni di prigione. | **to**

put sb in prison mettere qn in prigione **2 prison camp** campo di prigionia

prisoner /ˈprɪzənə/ *s* **1** (in prigione) detenuto -a **2** prigioniero -a: *He was **taken prisoner**.* È stato fatto prigioniero.

pristine /ˈprɪstiːn/ *agg* (neve, biancore) immacolato -a | **in pristine condition** come nuovo

privacy /ˈprɪvəsi, AmE ˈpraɪvəsi/ *s* (vita privata) privacy

private /ˈpraɪvət/ *aggettivo e sostantivo*
- *agg* **1** (per uso individuale) privato -a: *a private tutor* un insegnante privato **2** (segreto) personale: *private letters* lettere personali | *my private life* la mia vita privata **3 private school/hospital** scuola/clinica privata **4** (luogo, angolo) tranquillo -a **5** (persona, comportamento) riservato -a
- *s* **1 in private** in privato **2** (anche **Private**) soldato semplice

privately /ˈpraɪvətli/ *avv* in privato

privatize, -ise BrE /ˈpraɪvətaɪz/ *v* [tr] privatizzare

privilege /ˈprɪvəlɪdʒ/ *s* privilegio

privileged /ˈprɪvəlɪdʒd/ *agg* privilegiato -a

prize /praɪz/ *sostantivo, aggettivo e verbo*
- *s* premio
- *agg* **1 prize tomatoes** pomodori da concorso **2 a prize idiot** (informale) un perfetto idiota
- *v* [tr] tenere molto a: *his most prized possession* tra le sue cose, quella alla quale tiene di più

pro /prəʊ/ *s* **1** (informale) professionista **2 the pros and the cons** i pro e i contro

probability /ˌprɒbəˈbɪləti/ *s* (pl **-ties**) probabilità | **in all probability** con tutta probabilità

probable /ˈprɒbəbəl/ *agg* probabile

probably /ˈprɒbəbli/ *avv* probabilmente: *She'll probably phone later.* Probabilmente chiamerà più tardi.

probation /prəˈbeɪʃən/ *s* **on probation a)** in libertà vigilata **b)** (lavoratore, impiegato) in prova

probe /prəʊb/ *verbo e sostantivo*
- *v* **1 to probe (into) sth** indagare su qc **2** [tr] sondare [terreno]
- *s* **1** sonda **2** indagine

problem /ˈprɒbləm/ *s* **1** problema: *That's your problem.* È un problema tuo. **2 no problem** non c'è problema: *"Could you drive me to the station?" "No problem."* – Mi potresti portare alla stazione? – Non c'è problema.

problematic /ˌprɒbləˈmætɪk/ *agg* problematico -a

procedure /prəˈsiːdʒə/ *s* (metodo) procedimento, (insieme di formalità) procedura

proceed /prəˈsiːd/ *v* [intr] **1 to proceed (with sth)** (formale) procedere (in qc) **2 to proceed to do sth** indica un'azione che ne segue un'altra: *He grabbed his toy and proceeded to throw it at me.* Ha afferrato il giocattolo e quindi me lo ha tirato addosso. **3** (formale) dirigersi **4** (formale) procedere

proceedings /prəˈsiːdɪŋz/ *s pl* **1 the proceedings** evento o serie di eventi, spesso di natura formale: *We need some music to liven up the proceedings.* Abbiamo bisogno di un po' di musica per ravvivare la cerimonia. **2 legal proceedings** procedimenti legali

proceeds /ˈprəʊsiːdz/ *s pl* (da un concerto, manifestazione) ricavato

process /ˈprəʊses, AmE ˈprɑːses/ *sostantivo e verbo*
- *s* (pl **-sses**) **1** processo **2 to be in the process of doing sth** stare facendo qc: *They are in the process of moving to new premises.* Si stanno trasferendo in una nuova sede. **3 in the process** nel far ciò
- *v* [tr] **1** trattare [alimenti] **2 to process information** elaborare informazioni | **to process an application/an order** trattare una domanda/un ordine **3** sviluppare [rullino]

processing /ˈprəʊsesɪŋ, AmE ˈprɑːsesɪŋ/ *s* **1** (di alimenti) trasformazione **2** (in fotografia) sviluppo **3** (in informatica) elaborazione

procession /prəˈseʃən/ *s* (di carnevale) sfilata

processor /ˈprəʊsesə, AmE ˈprɑːsesər/ *s* processore ► vedi anche **food processor**

proclaim /prəˈkleɪm/ *v* [tr] (formale) proclamare

prod /prɒd/ *v* (**prodded**, **prodding**) **1 to prod (at) sth/sb** punzecchiare qc/qn **2 to prod sb into doing sth** sollecitare qn a fare qc

prodigy /ˈprɒdɪdʒi/ *s* (pl **-gies**) prodigio

produce[1] /prəˈdjuːs/ *v* [tr] **1** produrre [grano, vino, sostanza] **2** provocare [reazione, effetto] **3** dare [risultato] **4** fornire [prove], esibire [documento] **5** estrarre [pistola] **6** (al cinema, in TV) produrre [film, programma]

produce[2] /ˈprɒdjuːs, AmE ˈprəʊduːs/ *s* prodotti: *dairy produce* prodotti caseari

producer /prəˈdjuːsə/ *s* **1** (paese, azienda) produttore -trice **2** (al cinema, in TV, a teatro) produttore -trice

product /ˈprɒdʌkt/ *s* **1** prodotto **2 the product of sth** il prodotto di qc

production /prəˈdʌkʃən/ *s* **1** (fabbricazione, coltivazione) produzione **2** (film, programma) produzione **3 on production of sth** su presentazione di qc **4 production line** catena di montaggio

P

productive /prəˈdʌktɪv/ *agg* produttivo -a

productivity /ˌprɒdʌkˈtɪvəti/ *s* produttività

profession /prəˈfeʃən/ *s* professione: *He's a lawyer* ***by profession***. Di professione fa l'avvocato.

professional /prəˈfeʃənəl/ *aggettivo e sostantivo*
- *agg* (esperienza, atteggiamento) professionale, (calciatore, atleta) professionista
- *s* professionista

professionalism /prəˈfeʃənəlɪzəm/ *s* professionalità

professor /prəˈfesə/ *s* BrE ► In Gran Bretagna il termine **professor** si applica unicamente ai docenti che hanno una cattedra all'università. Gli altri professori universitari si chiamano **lecturers.** Negli Stati Uniti tutti i professori universitari che hanno un dottorato sono **professors**.

proficiency /prəˈfɪʃənsi/ *s* competenza

proficient /prəˈfɪʃənt/ *agg* **a proficient reader** un lettore esperto | **to be proficient in English/French etc** conoscere bene l'inglese/il francese ecc.

profile /ˈprəʊfaɪl/ *s* profilo | **in profile** di profilo

profit /ˈprɒfɪt/ *sostantivo e verbo*
- *s* guadagno: *They sold the business at a huge profit.* Hanno ricavato un buon guadagno dalla vendita dell'azienda. | **to make a profit** guadagnare: *I* ***made a profit of*** *£50.* Ho guadagnato 50 sterline.
- *v* **to profit (from sth)** profittare (di qc)

profitable /ˈprɒfɪtəbəl/ *agg* **1** (attività, affare) redditizio -a **2** (incontro, discussione) fruttuoso -a

profound /prəˈfaʊnd/ *agg* profondo -a

profoundly /prəˈfaʊndli/ *avv* profondamente | **to be profoundly deaf** essere completamente sordo

program /ˈprəʊgræm/ *sostantivo e verbo*
- *s* **1** (in informatica) programma **2** AmE ► vedi **programme**
- *v* [tr] (**-mmed**, **-mming**) **1** (in informatica) programmare **2** AmE ► vedi **programme**

programme BrE, **program** AmE /ˈprəʊgræm/ *sostantivo e verbo*
- *s* **1** (di TV, radio) programma **2** (di attività) programma **3** (di concerto, spettacolo) programma
- *v* [tr] programmare [videoregistratore, forno]

programmer /ˈprəʊgræmə/ *s* programmatore -trice

programming /ˈprəʊgræmɪŋ/ *s* programmazione

progress¹ /ˈprəʊgres, AmE ˈprɑːgres/ *s* **1** (di alunno, ammalato) progressi: *Nick has* ***made*** *a lot of* ***progress*** *in science.* Nick ha fatto molti progressi in scienze. **2 in progress** (formale) in corso: *The meeting was in progress when I arrived.* Quando sono arrivato la riunione era in corso. **3** (movimento) avanzamento

progress² /prəˈgres/ *v* [intr] (3ª pers sing **-sses**) **1** (lavoro, persona) progredire **2** (tempo) passare, (incontro, discussione) procedere

progressive /prəˈgresɪv/ *agg* **1** progressista **2** progressivo -a

prohibit /prəˈhɪbət/ *v* [tr] (formale) proibire: *Smoking is prohibited.* È proibito fumare. | **to prohibit sb from doing sth** proibire a qn di fare qc

prohibition /ˌprəʊhɪˈbɪʃən/ *s* divieto

project¹ /ˈprɒdʒekt/ *s* **1** progetto **2** (a scuola, università) ricerca [su un tema specifico]: *a project on pollution* una ricerca sull'inquinamento

project² /prəˈdʒekt/ *v* **1** [tr] fare una previsione di [profitto, vendite] **2** [intr] sporgere | **to project from sth** sporgere da qc **3** [tr] proiettare [immagine]

projection /prəˈdʒekʃən/ *s* **1** previsione **2** proiezione

projector /prəˈdʒektə/ *s* proiettore

prolific /prəˈlɪfɪk/ *agg* prolifico -a

prologue /ˈprəʊlɒg/ *s* **prologue (to sth)** prologo (di qc)

prolong /prəˈlɒŋ/ *v* [tr] prolungare

prolonged /prəˈlɒŋd/ *agg* prolungato -a

promenade /ˌprɒməˈnɑːd/ *s* BrE lungomare

prominence /ˈprɒmɪnəns/ *s* importanza

prominent /ˈprɒmɪnənt/ *agg* **1** (scienziato, politico) famoso -a **2** (denti) sporgente, (naso) pronunciato -a

promiscuous /prəˈmɪskjuəs/ *agg* promiscuo -a

promise /ˈprɒmɪs/ *verbo e sostantivo*
- *v* [tr/intr] promettere: *He promised to fix it.* Ha promesso di aggiustarlo. | *Promise me you'll phone.* Promettimi che telefonerai. | **to promise sb sth** promettere qc a qn
- *s* **1** promessa | **to break a promise** non mantenere una promessa **2 to show (a lot of) promise** essere (molto) promettente

promising /ˈprɒmɪsɪŋ/ *agg* promettente

promote /prəˈməʊt/ *v* [tr] **1** fare la promozione di [prodotto] **2** (passare di grado) promuovere: *She has been* ***promoted*** *to sales manager.* È stata promossa direttrice delle vendite. **3** (incoraggiare) promuovere

promoter /prəˈməʊtə/ *s* promoter

promotion /prəˈməʊʃən/ *s* **1** (sul lavoro) promozione | **to get promotion** essere promosso **2** (nelle vendite) promozione

prompt /prɒmpt/ *verbo, aggettivo e avverbio*
- *v* **1** [tr] provocare | **to prompt sb to do sth** spingere qn a fare qc: *What prompted*

P

Vuoi informazioni sulla differenza tra gli **aggettivi possessivi** in inglese e in italiano? Vedi la **guida grammaticale**.

you to change your plans? Che cosa ti ha spinto a cambiare i piani? **2** [intr/tr] dare l'imbeccata (a)

• *agg* **1** immediato -a | **a prompt reply** una risposta immediata **2** puntuale

• *avv* in punto

promptly /'prɒmptli/ *avv* **1** (pagare) puntualmente **2 to arrive promptly** arrivare puntuale: *The meeting began promptly at eight o'clock.* La riunione è iniziata alle otto in punto. **3** immediatamente

prone /prəʊn/ *agg* **to be prone to sth** essere soggetto a qc | **to be prone to doing sth** tendere a fare qc

pronoun /'prəʊnaʊn/ *s* pronome

pronounce /prə'naʊns/ *v* [tr] **1** pronunciare **2** dichiarare: *She pronounced herself satisfied.* Si è dichiarata soddisfatta.

pronounced /prə'naʊnst/ *agg* marcato -a

pronunciation /prəˌnʌnsi'eɪʃən/ *s* **1** modo di pronunciare **2** pronuncia

proof /pruːf/ *s* **1** prova, prove: *They have **no proof that** it was him.* Non hanno nessuna prova che sia stato lui. **2 proof of identity** documento d'identità: *You need some proof of identity.* Ci vuole un documento di identità.

prop /prɒp/ *verbo, sostantivo e sostantivo plurale*

• *v* [tr] (**propped**, **propping**) **to prop sth (up) against sth** appoggiare qc a qc

prop sth up **1** puntellare qc **2** aiutare finanziariamente qc

• *s* **1** puntello **2** (persona) sostegno

• **props** *s pl* oggetti di scena

propaganda /ˌprɒpə'gændə/ *s* propaganda [politica]

propel /prə'pel/ *v* [tr] (**-lled**, **-lling**) azionare

propeller /prə'pelə/ *s* elica

proper /'prɒpə/ *agg* **1** adeguato -a: *I didn't have **the proper** clothes **for** sailing.* Non avevo l'abbigliamento adeguato per andare in barca. **2** (pronuncia) corretto -a **3 to be proper** (socialmente accettabile) essere corretto **4** BrE (reale, autentico) *my first proper boyfriend* il mio primo vero ragazzo | *a proper meal* un pasto come si deve **5** propriamente detto -a: *It's not part of the city proper.* Non fa parte della città propriamente detta. ▶ In quest'accezione il sostantivo precede l'aggettivo.

properly /'prɒpəli/ *avv* (vedere, comportarsi) bene, (mangiare) abbastanza, (scrivere) correttamente, (essere vestito) in modo adatto

ˌproper 'noun *s* nome proprio

property /'prɒpəti/ *s* (pl **-ties**) **1** proprietà: *The castle is private property.* Il castello è di proprietà privata. | *He left all his property to his son.* Ha lasciato tutti i suoi beni al figlio. | *stolen property* oggetti rubati **2** immobili **3** proprietà [immobiliare] **4** (qualità) proprietà

prophecy /'prɒfəsi/ *s* (pl **-cies**) profezia

prophesy /'prɒfəsaɪ/ *v* [tr] (**-sies**, **-sied**) profetizzare

prophet /'prɒfɪt/ *s* profeta

proportion /prə'pɔːʃən/ *sostantivo e sostantivo plurale*

• *s* **1** percentuale **2 in proportion to sth** in proporzione a qc: *You're taxed in proportion to your earnings.* Le tasse sono in proporzione al reddito. **3 to be in proportion with sth** essere proporzionato a qc | **to be out of proportion (with sth)** essere sproporzionato (rispetto a qc) **4 to get things out of proportion** esagerare

• **proportions** *s pl* proporzioni

proportional /prə'pɔːʃənəl/ *agg* **proportional (to sth)** proporzionale (a qc)

proposal /prə'pəʊzəl/ *s* **1** proposta **2** proposta di matrimonio

propose /prə'pəʊz/ *v* **1** [tr] proporre **2 to propose (to sb)** fare una proposta di matrimonio (a qn) **3 to propose to do sth** (formale) proporre di fare qc: *What do you propose to do about it?* Cosa proponi di fare in merito?

proposition /ˌprɒpə'zɪʃən/ *s* proposta

proprietor /prə'praɪətə/ *s* proprietario -a

prose /prəʊz/ *s* prosa

prosecute /'prɒsɪkjuːt/ *v* [tr] incriminare: *He was **prosecuted for** theft.* È stato incriminato per furto.

prosecution /ˌprɒsɪ'kjuːʃən/ *s* **1 the prosecution** la pubblica accusa **2** incriminazione

prosecutor /'prɒsɪkjuːtə/ *s* equivalente del Pubblico Ministero

prospect /'prɒspekt/ *sostantivo e sostantivo plurale*

• *s* **1** possibilità: *There's little prospect of reaching an agreement.* Ci sono poche possibilità di raggiungere un accordo. **2** prospettiva: ***The prospect of** speaking in public terrifies me.* La prospettiva di parlare in pubblico mi terrorizza.

• **prospects** *s pl* prospettive: *a man with no prospects* un uomo senza prospettive

prospective /prə'spektɪv/ *agg* (candidato) possibile, (cliente) potenziale, (moglie, marito) futuro -a

prospectus /prə'spektəs/ *s* guida [di università, scuola]

prosper /'prɒspə/ *v* [intr] prosperare

prosperity /prɒ'sperəti/ *s* prosperità

prosperous /'prɒspərəs/ *agg* prospero -a

prostitute /'prɒstɪtjuːt/ *s* prostituta

prostitution /ˌprɒstɪ'tjuːʃən/ *s* prostituzione

protagonist /prəʊ'tægənɪst/ *s* protagonista

protect /prə'tekt/ *v* [tr/intr] proteggere | **to protect sth/sb from sth** proteggere qc/qn da qc: *The spray **protects against** infection.* Lo spray protegge dalle infezioni.

protection /prə'tekʃən/ *s* protezione

protective /prə'tektɪv/ *agg* **1** (casco, elmetto, abiti) protettivo -a **2** (gesto, persona) protettivo -a

protein /'prəʊtiːn/ *s* proteina

protest[1] /'prəʊtest/ *s* protesta: *a strike **in protest against** the dismissals* uno sciopero di protesta contro i licenziamenti

protest[2] /prə'test/ *v* [tr/intr] protestare | **to protest against sth** protestare contro qc: *They're **protesting about** the redundancies.* Stanno protestando contro i licenziamenti.

Protestant /'prɒtəstənt/ *agg* e *s* protestante

protester /prə'testə/ *s* dimostrante

prototype /'prəʊtətaɪp/ *s* prototipo

protrude /prə'truːd/ *v* [intr] sporgere | **to have protruding teeth** avere i denti sporgenti

proud /praʊd/ *agg* **1** (soddisfatto) orgoglioso -a: *They are very **proud of** their son.* Sono molto fieri del figlio. **2** (arrogante) borioso -a

proudly /'praʊdli/ *avv* con orgoglio

prove /pruːv/ *v* (participio **proved** o **proven**) **1** [tr] dimostrare: *They couldn't **prove that** she was guilty.* Non hanno potuto dimostrare la sua colpevolezza. | **to prove sb right/wrong** dimostrare che qn ha ragione/torto **2 to prove to be useful/easy etc** risultare pratico/facile ecc. **3 to prove yourself** dimostrare che si è capaci di fare le cose bene: *He has to prove himself.* Deve dar prova di sé.

proven[1] /'pruːvən/ *agg* (metodo) collaudato -a, (abilità) comprovato -a

proven[2] /'pruːvən/ participio di **prove**

proverb /'prɒvɜːb/ *s* proverbio

provide /prə'vaɪd/ *v* [tr] **1** fornire [informazioni, attrezzature], versare [denaro] | **to provide sb with sth** mettere qc a disposizione di qn: *I was provided with a car.* Mi hanno messo a disposizione una macchina. **2** offrire [servizio]

provide for sb provvedere a qn **provide for sth** tener conto di qc | **to provide for the future** pensare al futuro

provided /prə'vaɪdɪd/, anche **providing** /prə'vaɪdɪŋ/ *cong* **provided (that)** sempre che: *The machine is safe, provided you follow the instructions.* È un apparecchio sicuro, sempre che ci si attenga alle istruzioni per l'uso.

providing /prə'vaɪdɪŋ/, anche **pro'viding that** *cong* ▶ vedi **provided**

province /'prɒvɪns/ *s* **1** provincia **2 to be sb's province** (formale) essere il campo di qn

provincial /prə'vɪnʃəl/ *agg* **1** (governo, capitale) della provincia, (città) di provincia **2** provinciale

provision /prə'vɪʒən/ *sostantivo* e *sostantivo plurale*

• *s* **1** (di prodotti, servizi) fornitura **2 there is (no) provision for sth** (non) è stato tenuto conto di qc: *There's **no provision for** disabled people.* Non è stato tenuto conto dei disabili. | **to make provision(s) for sb** pensare al futuro di qn

• **provisions** *s pl* provviste

provisional /prə'vɪʒənəl/ *agg* provvisorio -a

proviso /prə'vaɪzəʊ/ *s* condizione | **with the proviso that** a condizione che

provocation /ˌprɒvə'keɪʃən/ *s* provocazione

provocative /prə'vɒkətɪv/ *agg* **1** provocatorio -a **2** provocante

provoke /prə'vəʊk/ *v* [tr] **1** provocare [persona] **2** provocare [reazione, sentimento] **3 to provoke sb to do sth, to provoke sb into doing sth** spingere qn a fare qc

prow /praʊ/ *s* prua

prowl /praʊl/ *verbo* e *sostantivo*

• *v* **to prowl around/about** aggirarsi

• *s* **to be on the prowl** essere a caccia di qualcosa

prude /pruːd/ *s* puritano -a

prudent /'pruːdənt/ *agg* prudente

prune /pruːn/ *verbo* e *sostantivo*

• *v* [tr] **1** potare **2** tagliare [costi, posti di lavoro]

• *s* prugna secca

pry /praɪ/ *v* [intr] (**pries**, **pried**) **1 to pry (into sth)** ficcare il naso (in qc) **2** AmE ▶ vedi **prise**

PS /ˌpiː 'es/ (= **postscript**) PS

psalm /sɑːm/ *s* salmo

pseudonym /'sjuːdənɪm/ *s* pseudonimo

psychiatric /ˌsaɪki'ætrɪk/ *agg* psichiatrico -a

psychiatrist /saɪ'kaɪətrɪst/ *s* psichiatra

psychiatry /saɪ'kaɪətri/ *s* psichiatria

psychic /'saɪkɪk/ *aggettivo* e *sostantivo*

• *agg* **1** paranormale **2 to be psychic** essere un indovino **3** psichico -a

• *s* indovino -a

psychoanalysis /ˌsaɪkəʊə'næləsɪs/ *s* psicoanalisi

psychological /ˌsaɪkə'lɒdʒɪkəl/ *agg* psicologico -a

psychologist /saɪ'kɒlədʒɪst/ *s* psicologo -a

Non sei sicuro sull'uso di **make** e **do**? Vedi alla voce **fare**.

psychology /saɪˈkɒlədʒi/ *s* psicologia
psychopath /ˈsaɪkəpæθ/ *s* psicopatico -a
pub /pʌb/ *s* (bar) pub

> In un **pub** britannico, per poter consumare una bevanda alcolica, bisogna aver compiuto i diciotto anni. Molti **pub** servono anche pasti freddi e caldi e in alcuni **pub** si può ascoltare musica dal vivo.

puberty /ˈpjuːbəti/ *s* pubertà
pubic /ˈpjuːbɪk/ *agg* pubico -a
public /ˈpʌblɪk/ *aggettivo e sostantivo*
• *agg* pubblico -a: *public opinion* opinione generale | *public transport* trasporti pubblici | **to make sth public** rendere noto qc ► vedi anche **public school**
• *s* **1 the (general) public** il pubblico **2 in public** in pubblico
publication /ˌpʌblɪˈkeɪʃən/ *s* pubblicazione
publicity /pʌˈblɪsəti/ *s* **1** pubblicità **2 publicity campaign** campagna pubblicitaria **publicity stunt** trovata pubblicitaria
publicize, -ise BrE /ˈpʌblɪsaɪz/ *v* [tr] **1** rendere noto **2** fare pubblicità a
publicly /ˈpʌblɪkli/ *avv* pubblicamente
ˌpublic reˈlations *s* pubbliche relazioni
ˌpublic ˈschool *s*

> A dispetto del nome, le **public schools** in Gran Bretagna sono scuole private d'élite, come Eton e Harrow. Negli Stati Uniti, invece, **public school** significa *scuola pubblica*.

publish /ˈpʌblɪʃ/ *v* [tr] (3ª pers sing **-shes**) **1** pubblicare **2** rendere noto
publisher /ˈpʌblɪʃə/ *s* **1** (anche **publishing house**) casa editrice **2** editore
publishing /ˈpʌblɪʃɪŋ/ *s* editoria
pudding /ˈpʊdɪŋ/ *s* **1** dolce cotto a base di uova, farina, zucchero e burro e talvolta con l'aggiunta di frutta **2** BrE dolce, dessert
puddle /ˈpʌdl/ *s* pozzanghera
Puerto Rico /ˌpweətəʊ ˈriːkəʊ/ *s* Portorico
puff /pʌf/ *verbo e sostantivo*
• *v* **1** [intr] ansimare **2** [tr] soffiare: *Don't puff smoke into my face.* Non soffiarmi il fumo in faccia. **3 to puff on sth** tirare una boccata di fumo da qc
puff sth out to puff out your cheeks/chest gonfiare le guance/il petto
puff up gonfiarsi **puff sth up**, anche **puff sth out** gonfiare qc [piume]
• *s* **1** tiro [di sigaretta] **2** nuvola [di fumo] **3** alito [di vento] **4** soffio
puffy /ˈpʌfi/ *agg* (**puffier**, **puffiest**) (faccia, occhi) gonfio -a

pull /pʊl/ *verbo e sostantivo*
• *v* **1** [intr] tirare: *You have to pull hard.* Devi tirare con forza. **2** [tr] tirare [capelli]: *He **pulled** a letter **from** his pocket.* Ha tirato fuori dalla tasca una lettera. | *I managed **to pull** the drawer **open**.* Sono riuscito ad aprire il cassetto. **3** [tr] (veicolo) tirare **4** [tr] premere [grilletto] **5 to pull a gun/knife on sb** minacciare qn con una pistola/un coltello **6 to pull a muscle** stirarsi un muscolo **7 to pull yourself together** calmarsi **8** [tr] BrE (informale) rimorchiare ► vedi anche **leg**, **weight**
pull sth apart 1 separare qc **2** smontare qc
pull away 1 (veicolo) partire **2** allontanarsi
pull sth down 1 tirare giù qc **2** demolire qc
pull in 1 (veicolo) accostare **2** (treno) arrivare [in stazione]
pull sth off 1 strappare qc **2** togliersi qc [maglia, calze] **3** riuscire qc
pull sth on mettersi qc [maglia, giacca]
pull out 1 (veicolo) uscire da un posteggio **2** cambiare corsia **3 to pull out (of sth)** ritirarsi (da qc) **pull sth out** estrarre qc
pull over (veicolo) accostare
pull through riprendersi
pull up 1 (veicolo) fermarsi **2 to pull up a chair** avvicinare una sedia **pull sth up** sradicare qc [pianta]
• *s* **1 to give sth a pull** dare una tirata a qc **2** forza [di gravità] **3 the pull of sth** il richiamo di qc
pulley /ˈpʊli/ *s* puleggia
pullover /ˈpʊləʊvə/ *s* golf
pulp /pʌlp/ *s* **1** polpa **2** pasta [di cellulosa, legno]
pulpit /ˈpʊlpɪt/ *s* pulpito
pulsate /pʌlˈseɪt/ *v* [intr] pulsare
pulse /pʌls/ *sostantivo e sostantivo plurale*
• *s* polso [pulsazioni]: *She took my pulse.* Mi ha tastato il polso.
• **pulses** *s pl* legumi
pump /pʌmp/ *sostantivo e verbo*
• *s* **1** pompa **2** distributore [di benzina] **3** pompa [per la bicicletta] **4** (scarpa) décolleté | **ballet pumps** ballerine **5** BrE scarpetta da ginnastica ritmica
• *v* **1** [tr/intr] pompare **2 to pump sb for information** (informale) strappare informazioni a qn **3 to pump money into sth** investire soldi in qc
pump sth up gonfiare qc
pumpkin /ˈpʌmpkɪn/ *s* zucca
pun /pʌn/ *s* gioco di parole
punch /pʌntʃ/ *verbo e sostantivo*
• *v* [tr] (3ª pers sing **punches**) **1** dare un pugno a **2** perforare [biglietto, pezzo di

P

carta] | **to punch a hole in sth** fare un buco a qc
• *s* (pl **punches**) **1** pugno **2** bevanda a base di frutta e vino o spumante **3** perforatore

punchline /ˈpʌntʃlaɪn/ *s* battuta finale [di una barzelletta]

ˈpunch-up *s* BrE (informale) scazzottata

punctual /ˈpʌŋktʃuəl/ *agg* puntuale

punctuality /ˌpʌŋktʃuˈæləti/ *s* puntualità

punctuate /ˈpʌŋktʃueɪt/ *v* [tr] **1** mettere la punteggiatura in **2** **to be punctuated by/with sth** essere interrotto da qc

punctuation /ˌpʌŋktʃuˈeɪʃən/ *s* punteggiatura

ˌpunctuˈation mark *s* segno d'interpunzione

puncture /ˈpʌŋktʃə/ *sostantivo e verbo*
• *s* **1** BrE foro in una gomma | **to have/get a puncture** forare **2** foro
• *v* **1** [tr] forare **2** [intr] forarsi ▶ FALSE FRIEND Non confondere **"puncture"** con **puntura** che si traduce **injection**, **bite** o **sting**.

punish /ˈpʌnɪʃ/ *v* [tr] (3ª pers sing **-shes**) punire: *They've been **punished for** stealing.* Sono stati puniti per aver rubato.

punishment /ˈpʌnɪʃmənt/ *s* punizione

punk /pʌŋk/ *s* **1** (anche **punk rock**) musica punk **2** (anche **punk rocker**) punk

pup /pʌp/ *s* **1** cucciolo -a **2** (anche **seal pup**) cucciolo -a di foca

pupil /ˈpjuːpəl/ *s* **1** scolaro -a **2** allievo -a **3** pupilla [dell'occhio]

puppet /ˈpʌpɪt/ *s* **1** marionetta **2** burattino

puppy /ˈpʌpi/ *s* (pl **puppies**) cucciolo -a

purchase /ˈpɜːtʃəs/ (formale) *verbo e sostantivo*
• *v* [tr] acquistare
• *s* acquisto

pure /pjʊə/ *agg* **1** puro -a: *pure wool* pura lana **2** **by pure chance** per puro caso | **by pure coincidence** per pura coincidenza

puree, anche **purée** /ˈpjʊəreɪ, AmE pjʊˈreɪ/ *s* purè

purely /ˈpjʊəli/ *avv* puramente | **purely and simply** solo ed esclusivamente

purge /pɜːdʒ/ *verbo e sostantivo*
• *v* **to purge sth of sb** eliminare qn da qc [partito politico, organizzazione]
• *s* epurazione

purify /ˈpjʊərəfaɪ/ *v* (**-fies**, **-fied**) purificare

purity /ˈpjʊərəti/ *s* purezza

purple /ˈpɜːpəl/ *agg e s* viola ▶ vedi Active Box **colours** sotto **colour**

purpose /ˈpɜːpəs/ *s* **1** scopo: *What's the purpose of your visit?* Qual è lo scopo della sua visita? **2** **to do sth on purpose** fare qc apposta **3** **to have a sense of purpose** agire con determinazione

purposeful /ˈpɜːpəsfəl/ *agg* risoluto -a

purposely /ˈpɜːpəsli/ *avv* volutamente

purr /pɜː/ *v* [intr] fare le fusa

purse /pɜːs/ *sostantivo e verbo*
• *s* **1** BrE borsellino **2** AmE borsetta
• *v* **to purse your lips** fare il broncio

pursue /pəˈsjuː/ *v* [tr] (formale) **1** intraprendere [carriera] **2** adottare [politica, strategia] **3** perseguire [scopo, intento] **4** **to pursue the matter** approfondire la questione **5** inseguire

pursuit /pəˈsjuːt/ *s* (formale) **1** **the pursuit of happiness/fame** la ricerca della felicità/della gloria **2** **in pursuit** all'inseguimento: *He ran off **in pursuit of** the thief.* Si è lanciato all'inseguimento del ladro. **3** attività

push /pʊʃ/ *verbo e sostantivo*
• *v* (3ª pers sing **pushes**) **1** [tr/intr] spingere: *He tried to **push** me **into** the water.* Ha cercato di spingermi in acqua. | *We **pushed** the car **off** the road.* Abbiamo spinto la macchina sul bordo della strada. **2** [tr] premere [pulsante] **3** **to push past sb** spingere qn di lato per passare | **to push your way through** farsi largo tra **4** **to push sb to do sth** spingere qn a fare qc **5** **to be pushed for time** (informale) essere di fretta **6** **to be pushing 40/50 etc** essere alla soglia dei 40/50 ecc. anni
push ahead andare avanti | **to push ahead with sth** mandare avanti qc
push sb around (informale) trattar male qn
push off BrE (informale) **1** sloggiare **2** **push off!** fuori dai piedi!
• *s* (pl **pushes**) **1** **to give sth/sb a push** dare una spinta a qc/qn **2** **at the push of a button** premendo un pulsante **3** **to give sb the push** (informale) licenziare qn: *He **got the push**.* È stato licenziato.

pushchair /ˈpʊʃ-tʃeə/ *s* BrE passeggino

ˈpush-up *s* AmE flessione sulle braccia ▶ In inglese britannico si usa **press-up**.

pushy /ˈpʊʃi/ *agg* (**pushier**, **pushiest**) insistente

pussy /ˈpʊsi/, anche **ˈpussy-cat** *s* (pl **pussies**) (informale) gattino

put /pʊt/ *v* [tr] (passato e participio **put**) **1** mettere: *Put the bags on the table.* Metti le borse sul tavolo. | *The delay put them all in a bad mood.* Il ritardo li ha messi tutti di malumore. **2** **to put sb out of work/out of a job** far restare qn senza lavoro **3** scrivere: *Put your name at the top of the page.* Scrivete il vostro nome in cima alla pagina. **4** dire | **to put it another way** in altre parole | **to put a question to sb** fare

una domanda a qn **5 to put sth to sb** sottoporre qc a qn [piano, idea] ▶ **To put** fa anche parte di espressioni come **to put an end to sth**, **to put it past sb**, ecc. Queste espressioni sono trattate sotto **end**, **past**, ecc.
put sth across spiegare qc
put sth aside 1 mettere giù qc **2** mettere da parte qc
put sth away mettere via qc
put sth back 1 rimettere a posto qc **2** rinviare qc **3** spostare indietro qc [orologio]
put sth down 1 mettere giù qc: *She put down her knitting.* Ha messo giù il lavoro a maglia. **2** BrE segnare qc [nomi, idee] **3 to be put down** (animale) essere abbattuto **4** soffocare qc [rivolta] **put sb down** mortificare qn
put sth down to sth attribuire qc a qc
put sth forward 1 avanzare qc [proposta] **2** proporre qc [nome, progetto] **3** spostare avanti qc [orologio] **put sb forward** proporre qn [per un incarico]
put sth in 1 far fare qc [cucina, bagno] **2** mettere qc [doppi vetri] **3** dedicare qc [tempo] **4** presentare qc [domanda, reclamo]
put sth off rimandare qc **put sb off 1 to put sb off (doing) sth** far passare a qn la voglia di fare qc **2** distrarre qn
put sth on 1 mettersi qc [abiti] **2 to put make-up on** truccarsi | **to put lipstick on** mettersi il rossetto **3** accendere qc [televisione], mettere qc [musica] **4** accendere qc [luce, riscaldamento] **5 to put on weight** ingrassare: *I put on nearly three kilos over Christmas.* Sono ingrassata di tre chili durante le vacanze di Natale. **6** organizzare qc [concerto] **7** allestire qc [opera teatrale] **8** simulare qc
put sth out 1 spegnere qc [luce, incendio] **2** portar fuori qc [spazzatura] **3 to put your tongue out** fare la linguaccia **put sb out 1** creare problemi a qn: *Don't put yourself out on my account.* Non crearti problemi per me. | *Would it put you out if I brought a friend?* Ti crea un problema se porto un amico? **2 to be/feel put out** offendersi
put sb through *I'll **put you through** to Miss Jones.* Le passo l'interno di Miss Jones. **put sb through sth 1** far passare qc a qn [momenti difficili] **2** sottoporre qn a qc [test]
put sth together 1 unire qc **2** montare qc **3** preparare qc: *The band are putting a new album together.* Il gruppo sta preparando un nuovo album.
put sth up 1 costruire qc [edificio] **2** montare qc [tenda, scaffale] **3** appendere qc [alla parete] **4** aumentare qc [prezzi, affitti] **5 to put your hand up** alzare la mano **put sb up** ospitare qn
put up with sth/sb sopportare qc/qn

puzzle /ˈpʌzəl/ *sostantivo* e *verbo*
• *s* **1** puzzle **2** enigma
• *v* **1** [tr] lasciare perplesso **2 to puzzle over sth** riflettere su qc

puzzle

puzzled /ˈpʌzəld/ *agg* perplesso -a
puzzling /ˈpʌzlɪŋ/ *agg* sorprendente
pyjamas, anche **pajamas** AmE /pəˈdʒɑːməz/ *s pl* pigiama: *a pair of pyjamas* un pigiama
pylon /ˈpaɪlən/ *s* traliccio [per fili ad alta tensione]
pyramid /ˈpɪrəmɪd/ *s* piramide
python /ˈpaɪθən/ *s* pitone

Q

Q, q /kjuː/ *s* Q, q ▶ vedi Active Box **letters** sotto **letter**
quack /kwæk/ *verbo* e *sostantivo*
• *v* [intr] fare qua qua
• *s* qua qua
quadruple /ˈkwɒdrʊpəl/ *verbo* e *aggettivo*
• *v* **1** [tr] quadruplicare **2** [intr] quadruplicarsi
• *agg* quadruplo -a
quail /kweɪl/ *sostantivo* e *verbo*
• *s* (pl **quail** o **quails**) quaglia
• *v* tremare | **to quail at the thought of sth** tremare all'idea di qc
quaint /kweɪnt/ *agg* **1** pittoresco -a **2** antiquato -a e bizzarro -a
quake /kweɪk/ *sostantivo* e *verbo*
• *s* terremoto
• *v* [intr] tremare
qualification /ˌkwɒləfəˈkeɪʃən/ *s* **1** diploma ▶ Il termine **qualification** è molto generico e viene usato per titoli di studio di vari livelli, dai diplomi di formazione professionale fino al dottorato di ricerca. **2** requisito **3** (nello sport) qualificazione **4** riserva: *without qualification* senza riserve
qualified /ˈkwɒləfaɪd/ *agg* **1** abilitato -a [all'esercizio di una professione] **2** capace: *I don't feel **qualified** to give an opinion.* Non mi sento capace di esprimere un'opinione. **3** (approvazione) con riserva

qualifier /ˈkwɒləfaɪə/ *s* (in un torneo, una gara) qualificazione

qualify /ˈkwɒləfaɪ/ *v* (-**fies**, -**fied**) **1** [intr] ottenere l'abilitazione [all'esercizio di una professione] | **to qualify as a doctor/nurse etc** laurearsi in medicina/diplomarsi infermiera ecc. **2 to qualify sb to do sth** autorizzare qn a fare qc **3** (nello sport) qualificarsi: *Did Italy qualify for the World Cup?* Si è qualificata l'Italia per i Mondiali? **4 to qualify for sth** avere diritto a qc [sconto, borsa di studio] **5 to qualify as sth** essere considerato qc **6** [tr] precisare [affermazione]

qualifying /ˈkwɒləfaɪ-ɪŋ/ *agg* (partita, turno) di qualificazione

quality /ˈkwɒləti/ *sostantivo e aggettivo*
• *s* (pl -**ties**) **1** qualità: *high quality* alta qualità | *The recording is of very poor quality.* La registrazione è di pessima qualità. **2** (caratteristica) qualità
• *agg* **quality materials/goods** materiali/prodotti di (alta) qualità

qualm /kwɑːm/ *s* **to have no qualms about doing sth** non avere scrupoli a fare qc

quandary /ˈkwɒndəri/ *s* **to be in a quandary (about/over sth)** essere in dubbio (su qc)

quantity /ˈkwɒntəti/ *s* (pl -**ties**) quantità: ***a small quantity** of drugs* una piccola quantità di droga

quarantine /ˈkwɒrəntiːn/ *s* quarantena

quarrel /ˈkwɒrəl/ *sostantivo e verbo*
• *s* litigio
• *v* (-**lled**, -**lling** BrE, -**led**, -**ling** AmE) **to quarrel (with sb)** litigare (con qn): *What are they **quarrelling about**?* Per cosa stanno litigando?

quarrelling

quarry /ˈkwɒri/ *s* (pl -**rries**) cava

quart /kwɔːt/ *s* quarto di gallone [= 1,136 litri]

quarter /ˈkwɔːtə/ *s* **1** quarto: *The theatre was only a quarter full.* Il teatro era pieno solo per un quarto. | *Cut the tomatoes into quarters.* Tagliate i pomodori in quattro parti. **2 a quarter of an hour** un quarto d'ora | **three quarters of an hour** tre quarti d'ora | **quarter to two/three etc** BrE, **quarter of two/three etc** AmE le due/le tre ecc. meno un quarto | **quarter past two/three etc** BrE, **quarter after two/three etc** AmE le due/le tre ecc. e un quarto **3** (in USA e Canada) moneta da 25 cent **4** quattro once (= circa 100 g) **5** quartiere: *the old Arab quarter* l'antico quartiere arabo

quarterback /ˈkwɔːtəbæk/ *s* quarterback [attaccante nel football americano]

ˌquarter-ˈfinal *s* quarti di finale

quarterly /ˈkwɔːtəli/ *aggettivo e avverbio*
• *agg* trimestrale
• *avv* trimestralmente

quartet /kwɔːˈtet/ *s* quartetto

quartz /kwɔːts/ *s* quarzo

quash /kwɒʃ/ *v* [tr] (3ª pers sing **quashes**) (formale) **1** annullare [pena, sentenza] **2** soffocare [rivolta]

quay /kiː/ *s* molo

queen /kwiːn/ *s* **1** regina: *Queen Victoria* la regina Vittoria **2** (negli scacchi e nei giochi di carte) regina

queer /kwɪə/ *aggettivo e sostantivo*
• *agg* **1** strano, -a **2** omosessuale ▶ Questo uso della parola **queer** è offensivo.
• *s* omosessuale ▶ Questo uso della parola **queer** è offensivo.

quell /kwel/ *v* [tr] soffocare [rivolta]

quench /kwentʃ/ *v* (3ª pers sing **quenches**) **to quench your thirst** placare la sete

query /ˈkwɪəri/ *sostantivo e verbo*
• *s* (pl -**ries**) dubbio
• *v* [tr] (-**ries**, -**ried**) mettere in dubbio [autorità, credibilità], contestare [decisione, diritto, fattura]

quest /kwest/ *s* (formale) ricerca

question /ˈkwestʃən/ *sostantivo e verbo*
• *s* **1** domanda | **to ask (sb) a question** fare una domanda (a qn) | **to answer a question** rispondere a una domanda **2** questione: *the question of the death penalty* la questione della pena di morte **3** dubbio: ***There's no question that** the experience has marked him.* Non c'è dubbio che quell'esperienza lo ha segnato. | **beyond question** indiscusso | **to call sth into question** mettere in dubbio qc | **without question a)** senza dubbio **b)** senza obiettare **4 to be out of the question** essere fuori discussione: ***There's no question of** me apologizing.* È fuori discussione che io mi scusi. **5 the day/person etc in question** (formale) il giorno/la persona ecc. in questione
• *v* [tr] **1** interrogare [sospetto], fare delle domande a [candidato] **2** mettere in dubbio

questionable /ˈkwestʃənəbəl/ *agg* discutibile

ˈquestion mark *s* punto interrogativo

questionnaire /ˌkwestʃəˈneə/ *s* questionario

Vuoi ordinare un hamburger in inglese? Consulta la **guida alla comunicazione** in fondo al dizionario.

'question tag *s*

> Una **question tag** è una formula equivalente a *no?*, *vero?* ecc. che si aggiunge alla fine di una frase. Se la frase è affermativa, la **question tag** si forma utilizzando la forma negativa dei verbi modali o ausiliari:
> *They're Scottish, aren't they?* Sono scozzesi, vero? | *James can drive, can't he?* James sa guidare, no?
> Se nella frase non ci sono verbi modali o ausiliari, si usa la forma corrispondente dell'ausiliare **to do**:
> *You speak German, don't you?* Sai il tedesco, no?
> Se la frase è negativa, si usa la forma affermativa del verbo ausiliare o modale:
> *You didn't see them, did you?* Non li hai visti, vero?

queue /kjuː/ *sostantivo* e *verbo*
• *s* BrE coda [di persone, automobili]
• *v* [intr] (anche **queue up**) fare la coda

quibble /'kwɪbəl/ *v* **to quibble (about/over sth)** sottilizzare (su qc)

quiche /kiːʃ/ *s* torta salata

quick /kwɪk/ *aggettivo* e *avverbio*
• *agg* **1** veloce: *Have you finished already? That was quick!* Hai già finito? Sei stato veloce! | *Be quick! The bus is coming!* Sbrigati! Sta arrivando l'autobus! | *It's much quicker by train.* Si fa molto prima in treno. | **to be quick to do sth** fare qc velocemente **2** (pasto, doccia) rapido -a: *I need to make a quick phone call.* Devo fare una telefonata rapida. **3** (intelligente) sveglio -a
• *avv* in fretta: *Come quick! The taxi's waiting!* Fai in fretta! Il taxi sta aspettando!

quicken /'kwɪkən/ *v* **1** [intr] accelerare **2** **to quicken your pace** accelerare il passo

quickly /'kwɪkli/ *avv* presto: *We'd better leave quickly.* Facciamo meglio ad andarcene al più presto. | *They quickly lost sight of him.* Lo hanno subito perso di vista.

quid /kwɪd/ *s* (pl **quid**) BrE (informale) sterlina: *ten quid* dieci sterline

quiet /'kwaɪət/ *aggettivo* e *sostantivo*
• *agg* **1** (motore) silenzioso -a | **in a quite voice** a voce bassa **2** taciturno -a: *You're very quiet today: are you okay?* Sei molto taciturno oggi: c'è qualcosa che non va? | *He's a quiet, serious boy.* È un ragazzo serio e di poche parole. **3** **be quiet!** stai zitto! **4** (strada, vita, serata) tranquillo -a
• *s* **1** silenzio **2** **on the quiet** (informale) di nascosto

quieten /'kwaɪətn/, anche **quiet** AmE *v* **to quieten (down) a)** (persona) fare silenzio **b)** (attività, vento) calmarsi | **to quieten sb (down)** far tacere qn

quietly /'kwaɪətli/ *avv* **1** in silenzio | **to speak quietly** parlare a voce bassa **2** discretamente

quilt /kwɪlt/ *s* **1** trapunta **2** piumone®

quintet /kwɪn'tet/ *s* quintetto

quirk /kwɜːk/ *s* mania

quit /kwɪt/ *v* (passato e participio **quit**, gerundio **quitting**) **1** [tr] lasciare | **to quit school** lasciare la scuola | **to quit doing sth** smettere di fare qc **2** [intr] dare le dimissioni **3** [intr] desistere

quite /kwaɪt/ *avv* **1** piuttosto: *She's quite young.* È piuttosto giovane. **2** del tutto: *I'm not quite sure.* Non ne sono del tutto certo. | *You're quite right.* Hai assolutamente ragione. | *"Are you ready?" "Not quite."* – Sei pronto? – Quasi. **3** **quite a lot a)** spesso: *I go there quite a lot.* Ci vado spesso. **b)** parecchio: *I ate quite a lot.* Ho mangiato parecchio. | *We had quite a lot of problems.* Abbiamo avuto parecchi problemi. | **quite a few** parecchi -e: *Quite a few people didn't turn up.* Parecchie persone non sono venute. | **quite a bit** un bel po'

quiver /'kwɪvə/ *v* [intr] tremare [per la rabbia, la paura]

quiz /kwɪz/ *s* (pl **quizzes**) **1** quiz **2** **quiz show** quiz televisivo

quota /'kwəʊtə/ *s* quota

quotation /kwəʊ'teɪʃən/ *s* **1** (da un testo) citazione **2** (valutazione dei costi) preventivo

quo'tation ˌmarks *s pl* virgolette

quote /kwəʊt/ *verbo* e *sostantivo*
• *v* **1** **to quote (from) sth/sb** citare qc/qn **2** **to quote for sth** fare un preventivo di qc
• *s* **1** (da un testo) citazione **2** (valutazione dei costi) preventivo

R

R, r /ɑː/ *s* R, r ▶ vedi Active Box **letters** sotto **letter**

rabbit /'ræbɪt/ *s* coniglio

rabies /'reɪbiːz/ *s* rabbia [malattia]

race /reɪs/ *sostantivo* e *verbo*
• *s* **1** corsa [gara] **2** razza | **race relations** rapporti interrazziali
• *v* **1** [intr] gareggiare | **to race against sb** gareggiare contro qn **2** [tr] gareggiare

contro [atleta] **3** [tr] correre con [cavallo, automobile] **4 to race in/out etc** correre dentro/fuori ecc.: *I raced downstairs to open the door.* Sono corso giù ad aprire la porta. | **to race through sth** fare qc di corsa **5 to race by/past** (ore, giornate) volare **6** [intr] (cuore, polso) battere all'impazzata

racecourse /'reɪs-kɔːs/ *s* **1** BrE ippodromo **2** AmE (per auto) circuito (automobilistico) **3** AmE (per atletica leggera) pista ▶ In inglese britannico si usa **racetrack**.

racehorse /'reɪshɔːs/ *s* cavallo da corsa

racetrack /'reɪs-træk/ *s* **1** (per atletica leggera) pista **2** (per auto) circuito (automobilistico) **3** AmE ippodromo ▶ In inglese britannico si usa **racecourse**.

racial /'reɪʃəl/ *agg* razziale

racing /'reɪsɪŋ/ *s* corse | **motor/horse etc racing** corse automobilistiche/dei cavalli ecc.

'racing car BrE, **'race car** AmE *s* auto da corsa

racism /'reɪsɪzəm/ *s* razzismo

racist /'reɪsɪst/ *agg* e *s* razzista

rack /ræk/ *sostantivo* e *verbo*

• *s* (per le biciclette) rastrelliera, (per bottiglie) cantinetta, (per giornali) portariviste ▶ vedi anche **roof rack**

• *v* **to rack your brains** lambiccarsi il cervello

spice rack

newspaper rack

racket /'rækɪt/ *s* **1** (informale) baccano **2** (informale) racket **3** (anche **racquet**) racchetta

racquet /'rækɪt/ *s* racchetta [da tennis, squash]

radar /'reɪdɑː/ *s* radar

radiance /'reɪdiəns/ *s* **1** (di persona) aspetto raggiante **2** (di candela, luce) chiarore

radiant /'reɪdiənt/ *agg* **1** raggiante | **to be radiant with joy** essere raggiante di felicità **2** radioso -a

radiate /'reɪdieɪt/ *v* **1** [intr] (calore, energia) sprigionarsi **2** [tr] sprigionare [calore, entusiasmo, energia] **3 to radiate from sth** diramarsi da qc

radiation /ˌreɪdi'eɪʃən/ *s* radiazione

radiator /'reɪdieɪtə/ *s* **1** (termosifone) calorifero **2** (di auto) radiatore

radical /'rædɪkəl/ *agg* e *s* radicale

radio /'reɪdiəʊ/ *sostantivo* e *verbo*

• *s* radio: *I heard it* ***on the radio.*** L'ho sentito alla radio.

• *v* **1** [tr] inviare via radio [messaggio, posizione] **2 to radio for help** chiedere aiuto via radio

radioactive /ˌreɪdiəʊ'æktɪv/ *agg* radioattivo -a

radioactivity /ˌreɪdiəʊæk'tɪvəti/ *s* radioattività

'radio ˌstation *s* radio [stazione]

radish /'rædɪʃ/ *s* ravanello

radius /'reɪdiəs/ *s* (pl **radii** /'reɪdiaɪ/) raggio [di un cerchio] | **within a 200-mile/10-metre etc radius** nel raggio di 20 miglia/10 metri ecc.

raffle /'ræfəl/ *s* lotteria

raft /rɑːft/ *s* **1** zattera **2** zattera di salvataggio

rafter /'rɑːftə/ *s* trave inclinata che sostiene il tetto

rag /ræg/ *sostantivo* e *sostantivo plurale*

• *s* straccio

• **rags** *s pl* stracci

rage /reɪdʒ/ *sostantivo* e *verbo*

• *s* **1** rabbia | **(to be) in a rage** (essere) infuriato | **to fly into a rage** dare in escandescenze **2 to be all the rage** (informale) essere l'ultimo grido

• *v* [intr] **1** (tormenta, battaglia) infuriare, (incendio, controversia) dilagare **2 to rage at/against sth** inveire contro qc

ragged /'rægɪd/ *agg* stracciato -a

raging /'reɪdʒɪŋ/ *agg* **1 a raging headache/thirst** un mal di testa tremendo/una sete tremenda **2** (mare) in tempesta

raid /reɪd/ *sostantivo* e *verbo*

• *s* **1** (operazione militare) **a raid (on sth)** un raid (su qc) **2** (operazione di polizia) retata **3 a raid (on sth)** una rapina (a qc)

• *v* [tr] **1** fare irruzione in [casa di banditi] **2** fare un'incursione in [paese, territorio] **3** rapinare [banca] **4** saccheggiare [frigo, dispensa]

raider /'reɪdə/ *s* **1** (guerriero) incursore **2** (ladro) rapinatore -trice

rail /reɪl/ *s* **1** (di nave) parapetto **2** (di ringhiera) corrimano **3 clothes rail** barra appendiabiti | **towel rail** portasciugamano **4** rotaia **5 by rail** per ferrovia

railing /'reɪlɪŋ/ , anche **railings** /'reɪlɪŋz/ *s* (di balcone, scala) ringhiera, (di finestra) inferriata, (di giardino) cancellata

railway /'reɪlweɪ/ BrE, **railroad** /'reɪlrəʊd/ AmE *s* **1** ferrovia **2** (anche **railway/railroad line, railway/railroad track**) binari

'railway ˌstation BrE, **'railroad ˌstation** AmE *s* stazione ferroviaria

R

Quando si usa *in*, *on* e *at*? Vedi alla voce in.

rain /reɪn/ *sostantivo* e *verbo*
- *s* pioggia: *I got caught in the rain.* Sono stato sorpreso dalla pioggia.
- *v* [intr] piovere: *It was raining hard.* Pioveva forte.
  rain off, **rain out** **to be rained off** BrE, **to be rained out** AmE (partita) essere rimandato per la pioggia

rainbow /ˈreɪnbəʊ/ *s* arcobaleno

raincoat /ˈreɪnkəʊt/ *s* impermeabile

rainfall /ˈreɪnfɔːl/ *s* precipitazioni

rainforest /ˈreɪnˌfɒrɪst/ *s* foresta pluviale

rainy /ˈreɪni/ *agg* (**-nier**, **-niest**) (giornata, notte) di pioggia, (clima, tempo) piovoso -a

raise /reɪz/ *verbo* e *sostantivo*
- *v* [tr] **1** alzare [braccio, testa]: *Raise your hand if you know the answer.* Alzate la mano se sapete la risposta. **2** aumentare [tasse, prezzi, stipendi] **3** alzare [livello] **4** crescere [figli], allevare [animali] **5** far sorgere [dubbi, timori] **6** **to raise suspicion** destare dei sospetti **7** sollevare [problema, obiezione, questione] **8** raccogliere [fondi] **9** reclutare [esercito] **10** **to raise your eyebrows** inarcare le sopracciglia **11** **to raise your glass (to sb)** brindare (alla salute di qn) ▶ vedi anche **voice**
- *s* AmE (di stipendio) aumento ▶ In inglese britannico si usa **raise**.

raisin /ˈreɪzən/ *s* uvetta

rake /reɪk/ *sostantivo* e *verbo*
- *s* rastrello
- *v* **1** **to rake (over) sth** rastrellare qc [giardino] **2** [tr] (anche **rake up**) rastrellare [foglie]
  rake sth in **to be raking it in** (informale) fare soldi a palate
  rake sth up (informale) rivangare qc [argomento, passato]

rally /ˈræli/ *verbo* e *sostantivo*
- *v* (**rallies**, **rallied**) **1** **to rally to sb's defence/support** schierarsi in difesa/a sostegno di qn **2** [tr] chiamare a raccolta [seguaci, sostenitori, membri] **3** [tr] ottenere [appoggio], raccogliere [consensi] **4** [intr] (azioni) risalire, (atleta) recuperare, (malato) riprendersi
  rally round stringersi intorno a [persona in un momento difficile]
- *s* (pl **rallies**) **1** (di partito) comizio **2** (di automobili) rally **3** (nel tennis) scambio

RAM /ræm/ *s* (= **random access memory**) RAM

ram /ræm/ *verbo* e *sostantivo*
- *v* (**rammed**, **ramming**) **1** **to ram (into) sth/sb** urtare violentemente (contro) qc/qn | **to ram a door** buttar giù una porta **2** **to ram sth into sth a)** (in valigia, in tasca) ficcare qc in qc **b)** (nel terreno) piantare qc in qc
- *s* montone

ramble /ˈræmbəl/ *verbo* e *sostantivo*
- *v* [intr] **1** **to go rambling** fare delle camminate **2** vaneggiare
  ramble on **to ramble on (about sth/sb)** sproloquiare (su qc/qn)
- *s* camminata, (in montagna) escursione

rambler /ˈræmblə/ *s* escursionista

ramp /ræmp/ *s* **1** rampa **2** BrE dosso [in strada]

rampage[1] /ræmˈpeɪdʒ/ *v* [intr] **to rampage through the streets** (tifosi, dimostranti) scatenarsi per strada

rampage[2] /ræmˈpeɪdʒ/ *s* **to go on the rampage** (tifosi, dimostranti) scatenarsi [in modo distruttivo]

rampant /ˈræmpənt/ *agg* **1** (criminalità, epidemia) dilagante **2** (inflazione) galoppante, (erbacce) infestante

ramshackle /ˈræmʃækəl/ *agg* (casa) fatiscente

ran /ræn/ passato di **run**

ranch /rɑːntʃ/ *s* ranch

rancid /ˈrænsɪd/ *agg* rancido -a

random /ˈrændəm/ *agg* **1** (sondaggio, controlli, perquisizione) a campione **2** (campione, scelta) casuale, (colpi di pistola) tirato a caso **3** **at random** a caso

rang /ræŋ/ passato di **ring**

range /reɪndʒ/ *sostantivo* e *verbo*
- *s* **1** (di materie, colori) gamma: *a wide range of subject* una vasta gamma di argomenti **2** (d'età, di prezzi) fascia: *The average age range is 25-40.* La fascia d'età media va dai 25 ai 40 anni. **3** (di abbigliamento) collezione **4** (di arma, missile) gittata, (di trasmettitore) portata | **range of vision** campo visivo | **out of/within range** fuori dal/nel raggio d'azione **5** (di montagne) catena
- *v* **1** **to range from sth to sth** andare da qc a qc: *Prices range from £5 to £50.* I prezzi vanno dalle 5 alle 50 sterline. **2** [tr] disporre [sedie, oggetti]

rank /ræŋk/ *sostantivo* e *verbo*
- *s* **1** (di militare) grado **2** **the ranks** la truppa **3** ceto **4** **the rank and file** la base [di un partito politico o sindacato]
- *v* **1** **to rank among sth** essere (considerato) qc: *He ranks among the greatest of American poets.* È (considerato) uno dei più grandi poeti americani. **2** **to rank sth/sb as sth** considerare qc/qn qc: *He's ranked number two in the world.* È considerato il numero due al mondo.

ransack /ˈrænsæk/ *v* [tr] **1** saccheggiare [negozio], svaligiare [casa] **2** rovistare [cassetto]

ransom /ˈrænsəm/ *s* **1** (denaro) riscatto **2** **to hold sb to ransom** riscattare qn

R

rap /ræp/ *verbo e sostantivo*
- *v* [tr/intr] (**rapped**, **rapping**) battere (su): *She was* ***rapping at*** *the window.* Stava battendo alla finestra.
- *s* **1** colpetto **2** (musica) rap

rape /reɪp/ *verbo e sostantivo*
- *v* [tr] violentare
- *s* **1** stupro **2** rapa

rapid /ˈræpɪd/ *agg* rapido -a

rapidly /ˈræpɪdli/ *avv* rapidamente

rapids /ˈræpɪdz/ *s pl* rapide

rapist /ˈreɪpɪst/ *s* stupratore

rapport /ræˈpɔː/ *s* rapporti | **to have a (good) rapport with sb** avere buoni rapporti con qn

rapture /ˈræptʃə/ *s* estasi

rare /reə/ *agg* **1** (libro, moneta) raro -a: ***It's rare for*** *her* ***to*** *miss a rehearsal.* È raro che manchi ad una prova. **2** (caso, visita) raro -a **3** (carne) al sangue | **medium rare** non troppo cotto

rarely /ˈreəli/ *avv* raramente ▶ vedi nota sotto **always**

rarity /ˈreərəti/ *s* (pl **-ties**) **1 to be a rarity** essere una rarità **2** (oggetto) rarità

rash /ræʃ/ *aggettivo e sostantivo*
- *agg* avventato -a
- *s* orticaria: *She's* ***come out in a rash.*** Le è venuta l'orticaria.

raspberry /ˈrɑːzbəri/ *s* (pl **-berries**) lampone

rat /ræt/ *s* **1** ratto **2** (informale) (persona) verme

rate /reɪt/ *sostantivo e verbo*
- *s* **1** velocità, ritmo | **at a rapid rate** a un ritmo veloce | **at a steady rate** a un ritmo costante | **at this rate** di questo passo **2** (di inflazione, criminalità) tasso: *birth rate* tasso di natalità | *90% success rate* percentuale di successo del 90% **3** tariffa: *There is a reduced rate for children.* I bambini pagano una tariffa ridotta. | *We pay an hourly rate of £10.* Paghiamo una tariffa oraria di 10 sterline. | **rate of pay** retribuzioni **4 at any rate** se non altro
- *v* **1** [tr] considerare: *He is rated number one in the world.* È considerato il numero uno nel mondo. **2 to be rated as sth** essere considerato qc: *He is rated as one of the best guitarists around.* È considerato uno dei migliori chitarristi sulla piazza. **3 to rate sb highly** stimare molto qn ▶ FALSE FRIEND Non confondere **"rate"** con **rata** che si traduce **instalment**.

rather /ˈrɑːðə/ *avv* **1** piuttosto: *I'm rather surprised to see him.* Sono piuttosto sorpreso di vederlo. **2 I would rather/I'd rather** preferirei: *I'd rather work than do nothing.* Preferirei lavorare, piuttosto che non fare niente. **3 rather than a)** piuttosto che **b)** più che: *I'd go in the spring rather than the summer.* Piuttosto che in estate, andrei in primavera. | *It was a discussion rather than a lecture.* Più che una conferenza è stata una discussione. **4 or rather** anzi

rating /ˈreɪtɪŋ/ *s* **1** valutazione | **popularity rating** (livello di) popolarità **2 the ratings** gli indici di ascolto

ratio /ˈreɪʃiəʊ/ *s* rapporto: *The* ***ratio of*** *nursing staff* ***to*** *doctors is two to one.* Il rapporto tra infermieri e dottori è di due a uno.

ration /ˈræʃən/ *verbo e sostantivo*
- *v* [tr] razionare
- *s* razione

rational /ˈræʃənəl/ *agg* razionale

rationale /ˌræʃəˈnɑːl/ *s* ragioni: *the* ***rationale behind*** *their decision* le ragioni che stanno alla base della loro decisione

rationalize, -ise BrE /ˈræʃənəlaɪz/ *v* [tr] razionalizzare [industria, impresa]

rationing /ˈræʃənɪŋ/ *s* razionamento

ˈrat race *s* **the rat race** (informale) la corsa al successo

rattle /ˈrætl/ *verbo e sostantivo*
- *v* **1** [tr] far tremare [vetri], far sbattere [finestre, persiane], far tintinnare [monete] **2** [intr] (finestre) tremare **3 to rattle along/past etc** (veicolo) passare sferragliando: *A train* ***rattled past.*** Un treno passò sferragliando. **4 to get rattled** (informale) innervosirsi

  rattle sth off snocciolare qc [nomi, dati]
- *s* **1** (di monete) tintinnio, (di vetro) vibrazione **2** sonaglio **3** raganella

rattlesnake /ˈrætlˌsneɪk/ *s* serpente a sonagli

ravage /ˈrævɪdʒ/ *v* [tr] devastare

rave /reɪv/ *verbo e sostantivo*
- *v* [intr] **1 to rave at sth/sb** inveire contro qc/qn **2** delirare **3 to rave about sb/sth** parlare in modo entusiastico di qn/qc
- *s* rave

raven /ˈreɪvən/ *s* corvo

ravenous /ˈrævənəs/ *agg* affamato -a | **to be ravenous** avere una fame da lupo

ravine /rəˈviːn/ *s* burrone

raw /rɔː/ *agg* **1** (carne, verdure) crudo -a **2** (zucchero, cotone) grezzo -a **3** (dati) non elaborato -a **4 raw materials** materie prime **5** (pelle, mani) screpolato -a **6** (vento) gelido -a **7** inesperto -a

ray /reɪ/ *s* (di luce, sole) raggio

razor /ˈreɪzə/ *s* rasoio

ˈrazor blade *s* lametta (da barba)

Rd. *s* (= **Road**) abbreviazione usata negli indirizzi

R

reach /riːtʃ/ *verbo e sostantivo*
• *v* (3ª pers sing **reaches**) **1** [tr] arrivare in/a [luogo], arrivare a [persona]: *The letter took four days to reach me.* La lettera mi è arrivata dopo quattro giorni.
2 to reach for sth allungare la mano per prendere qc
3 [tr/intr] arrivare a [livello, oggetto in alto]: *The water* ***reached up to*** *my knees.* L'acqua mi arrivava alle ginocchia. | *I couldn't reach the top shelf.* Non arrivavo all'ultimo scaffale
4 [tr] raggiungere [temperatura, età, ecc.]: *Temperatures have reached record highs this summer.* Le temperature hanno raggiunto delle massime record quest'estate. | *They've reached the semi-finals.* Sono arrivati in semifinale.
5 [tr] raggiungere [accordo, compromesso], arrivare a [decisione]
6 [tr] contattare
• *s* **1 within/out of reach** a portata di mano/fuori portata
2 within (easy) reach of sth facilmente raggiungibile da qc

react /ri'ækt/ *v* [intr] **1 to react (to sth/sb)** reagire (a qc/qn): *She* ***reacted by*** *walking out.* Ha reagito andandosene. **2 to react (against sth/sb)** reagire (contro qc/qn)

reaction /ri'ækʃən/ *s* **reaction (to sth)** reazione (a qc)

read /riːd/ *v* (passato e participio **read** /red/) **1** [tr/intr] leggere: *He was reading the paper.* Stava leggendo il giornale. | *Did you* ***read about*** *the plane crash?* Hai letto dell'incidente aereo? | **to read (sth) to sb** leggere qc a qn **2** [tr] (cartello, testo) dire: *The sign reads "No entry".* Il cartello dice "Vietato l'ingresso". | *It should read "Benson" not "Fenton".* Dovrebbe essere "Benson" non "Fenton". **3** [tr] (termometro) segnare
read into to read sth into sth interpretare qualcosa in un certo modo: *You're reading too much into it.* Gli stai dando troppa importanza.
read sth out leggere qc [ad alta voce]
read sth through leggere qc da cima a fondo
read up to read up on sth documentarsi su qc

readable /'riːdəbəl/ *agg* leggibile

reader /'riːdə/ *s* **1** lettore -trice **2 to be a slow reader** leggere lentamente

readership /'riːdəʃɪp/ *s* lettori

readily /'redəli/ *avv* **1** facilmente **2** prontamente

readiness /'redinəs/ *s* **readiness to do sth** disponibilità a fare qc

reading /'riːdɪŋ/ *s* **1** lettura: *He enjoys reading.* Gli piace leggere. **2** valore indicato da uno strumento di misurazione: *Thermometer readings were taken every two hours.* Prendevano la temperatura ogni due ore.

ready /'redi/ *agg* (**-dier**, **-diest**) **1** pronto -a: *Aren't you ready yet?* Non sei ancora pronta? | *We're* ***ready to*** *leave now.* Ora siamo pronti a partire. | *I'm* ***getting ready*** *to go out.* Mi sto preparando per uscire. **2** (cena, stanza) pronto -a: *Everything is* ***ready for*** *the exhibition.* È tutto pronto per la mostra. | **to get sth ready** preparare qc **3 to be ready for sth** essere pronto per qc [responsabilità]: *He doesn't* ***feel ready to*** *get married.* Non si sente pronto per il matrimonio. **4 to be ready to do sth** essere sul punto di fare qc: *I was just about ready to give up.* Ero quasi sul punto di rinunciare. **5 ready cash** contanti

ˌready-'made *agg* **1 ready-made suit** abito confezionato (su misura) **2 ready-made meal** piatto pronto

real /rɪəl/ *agg* **1** vero -a: *real gold* oro vero **2** reale: *in real life* nella vita reale **3** vero -a: *What's the real reason you were late?* Qual è il vero motivo del tuo ritardo? **4** (per enfatizzare) vero -a: *He's a real idiot.* È un vero idiota.

'real esˌtate *s* AmE (beni) immobili

'real estate ˌagent *s* agente immobiliare

realism /'rɪəlɪzəm/ *s* realismo

realistic /rɪə'lɪstɪk/ *agg* **1** (atteggiamento) realistico -a **2** (scena, disegno) realistico -a

reality /ri'æləti/ *s* (pl **-ties**) **1** realtà **2 in reality** in realtà

realization, -isation BrE /ˌrɪəlaɪ'zeɪʃən/ *s* **1 to come to the realization that** rendersi conto che **2** (di sogno, obiettivo) realizzazione

realize, -ise BrE /'rɪəlaɪz/ *v* [tr] **1 to realize that** rendersi conto che: *Do you realize you're an hour late?* Ti rendi conto che sei in ritardo di un'ora? | **to realize sth** rendersi conto di qc **2** realizzare [sogno, speranza] **3 to realize an ambition** realizzare un'ambizione **4 to realize your potential** esprimere al meglio le proprie capacità

really /'rɪəli/ *avv* **1** veramente: *What really happened?* Cosa è accaduto veramente? **2** molto: *It's really kind of you.* È molto gentile da parte tua. **3** veramente: *It really annoys me.* Mi dà veramente fastidio. **4** (per enfatizzare) davvero: *I'm fine, really!* Sto bene, davvero. | *I really don't know.* Proprio non lo so. **5 really? a)** (per esprimere dubbio) davvero? **b)** (per

R

Sai come funzionano i *phrasal verbs*? Vedi le spiegazioni nella guida grammaticale.

esprimere interesse) veramente! **6 really!** (per esprimere sorpresa) ma va! **7 not really** non proprio

reap /riːp/ *v* [tr] **1** mietere [grano] **2 to reap the benefits/rewards of sth** raccogliere i frutti di qc

reappear /ˌriːəˈpɪə/ *v* [intr] ricomparire

rear /rɪə/ *sostantivo, verbo* e *aggettivo*
- *s* **at the rear (of)** sul retro (di) [edificio]: *at the rear of the train* in coda al treno
- *v* [tr] crescere [famiglia], allevare [animali]
- *agg* **rear window** lunotto | **rear entrance** ingresso sul retro

rearrange /ˌriːəˈreɪndʒ/ *v* [tr] **1** spostare [mobili], riordinare [carte] **2** spostare [riunione, appuntamento]: *The match has been* ***rearranged for*** *next Saturday.* La partita è stata spostata a sabato prossimo.

reason /ˈriːzən/ *sostantivo* e *verbo*
- *s* **1** ragione, motivo: *I see no* ***reason why*** *she can't come.* Non vedo nessun motivo per cui lei non possa venire. | *You have every* ***reason to*** *complain.* Hai tutte le ragioni di lamentarti. | *What was the* ***reason for*** *the delay?* Qual è stato il motivo del ritardo? | **to have your reason(s) for doing sth** avere i propri buoni motivi per fare qc **2 to see reason** ragionare | **to listen to reason** sentire ragione: *She just won't* ***listen to reason.*** Proprio non vuole sentire ragione. | **within reason** nel limite del ragionevole **3** (facoltà) ragione
- *v* **to reason that** giungere alla conclusione che

reason with sb far ragionare qc

reasonable /ˈriːzənəbəl/ *agg* **1** (persona, richiesta) ragionevole **2** (risultati) discreto -a **3** (prezzo) ragionevole

reasonably /ˈriːzənəbli/ *avv* **1** abbastanza: *The bike is in reasonably good condition.* La bicicletta è in condizioni abbastanza buone. **2** in modo ragionevole

reasoning /ˈriːzənɪŋ/ *s* ragionamento

reassurance /ˌriːəˈʃʊərəns/ *s* **1 to need reassurance** aver bisogno di essere rassicurato **2** (dichiarazione) rassicurazione

reassure /ˌriːəˈʃʊə/ *v* [tr] rassicurare

reassuring /ˌriːəˈʃʊərɪŋ/ *agg* rassicurante

rebate /ˈriːbeɪt/ *s* rimborso [fiscale]

rebel[1] /ˈrebəl/ *s* ribelle

rebel[2] /rɪˈbel/ *v* [intr] (**-lled**, **-lling**) ribellarsi

rebellion /rɪˈbeljən/ *s* ribellione

rebellious /rɪˈbeljəs/ *agg* ribelle: *a rebellious phase* una fase di ribellione

rebound[1] /rɪˈbaʊnd/ *v* **to rebound (off sth)** rimbalzare (contro qc)

rebound[2] /ˈriːbaʊnd/ *s* **on the rebound a)** di rimbalzo **b)** per ripicca

rebuild /ˌriːˈbɪld/ *v* [tr] (passato e participio **rebuilt**) ricostruire [città, rapporto]

rebuilt /ˌriːˈbɪlt/ passato e participio di **rebuild**

rebuke /rɪˈbjuːk/ (formale) *verbo* e *sostantivo*
- *v* [tr] rimproverare
- *s* rimprovero

recall /rɪˈkɔːl/ *v* [tr] **1** (formale) ricordare | **to recall doing sth** ricordare di aver fatto qc **2** ritirare dal mercato [prodotto] **3** riconvocare [parlamento]

recap /ˈriːkæp/ *sostantivo* e *verbo*
- *s* riepilogo
- *v* [tr/intr] (**-pped**, **-pping**) ricapitolare

recapture /riːˈkæptʃə/ *v* [tr] **1** rivivere [giovinezza] **2** ricreare [atmosfera] **3** riacciuffare **4** riconquistare [con le armi]

recede /rɪˈsiːd/ *v* [intr] **1 to recede (into the distance)** svanire (in lontananza) **2** (speranze) affievolirsi **3** (minaccia, pericolo) allontanarsi, (prospettive) restringersi **4** (acque) ritirarsi

receipt /rɪˈsiːt/ *sostantivo* e *sostantivo plurale*
- *s* **1 receipt (for sth)** ricevuta (di qc): *Can I have a receipt please?* Mi può fare una ricevuta, per cortesia? | **till receipt** scontrino (di cassa) **2** (formale) (di merce) ricevimento
- **receipts** *s pl* (di azienda, Stato, famiglia) entrate, (di negozio) incasso

receive /rɪˈsiːv/ *v* [tr] **1** (formale) ricevere [lettera, premio, regalo] | **to receive a phone call/a visit** ricevere una telefonata/una visita | **to receive hospital treatment** ricevere cure ospedaliere **2** riportare [ferita] **3** accogliere [proposta, suggerimento]: *Her new book has been* ***well received*** *by critics.* Il suo nuovo libro è stato accolto bene dalla critica. **4** ricevere [ospiti]

receiver /rɪˈsiːvə/ *s* **1** cornetta | **to pick up/put down the receiver** alzare/mettere giù il telefono **2** (di segnale radiofonico, televisivo) ricevitore

recent /ˈriːsənt/ *agg* **1** recente: *a recent photo* una foto recente | *recent events in the US* gli ultimi avvenimenti negli Stati Uniti **2 in recent years** negli ultimi anni

recently /ˈriːsəntli/ *avv* **1** da poco: *She had recently got married.* Si era sposata da poco. | **until recently** fino a poco tempo fa **2** ultimamente: *Have you met them recently?* Li hai visti ultimamente?

reception /rɪˈsepʃən/ *s* **1** (di albergo, azienda) reception **2** (festa) ricevimento **3** (reazione) accoglienza **4** (di segnale radiofonico, televisivo) ricezione **5 reception desk** (banco della) reception

receptionist /rɪˈsepʃənɪst/ *s* receptionist

receptive /rɪˈseptɪv/ *agg* ricettivo -a | **receptive to sth** aperto a qc

Le 2.000 parole più importanti dell'inglese sono evidenziate nel testo.

recess /rɪˈses, AmE ˈriːses/ *s* **1** (del Parlamento) periodo in cui i lavori parlamentari sono interrotti **2** (di un'udienza in tribunale) sospensione **3** (a scuola) intervallo ▶ Questa parola si usa soprattutto in inglese americano. Nella maggior parte delle scuole inglesi si usa **break**. **4** rientranza

recession /rɪˈseʃən/ *s* recessione

recharge /ˌriːˈtʃɑːdʒ/ *v* [tr] ricaricare [batteria]

recipe /ˈresəpi/ *s* **1** ricetta: *Can you give me the **recipe for** this cake?* Puoi darmi la ricetta di questa torta? **2 to be a recipe for disaster** essere destinato a finire male

recipient /rɪˈsɪpiənt/ *s* (formale) **1** (di lettera, pacco) destinatario -a, (di premio) vincitore -trice **2** (di un organo) ricevente

reciprocal /rɪˈsɪprəkəl/ *agg* (formale) reciproco -a

reciprocate /rɪˈsɪprəkeɪt/ *v* [tr] (formale) **1** ricambiare [invito, favore] **2** contraccambiare [affetto, amore]

recital /rɪˈsaɪtl/ *s* recital

recite /rɪˈsaɪt/ *v* [tr] **1** recitare [poesia] **2** elencare [lista]

reckless /ˈrekləs/ *agg* **1** (persona) spericolato -a **2** (comportamento, gesto) sconsiderato -a | **reckless driving** guida spericolata

reckon /ˈrekən/ *v* [tr] **1 to reckon (that)** pensare che: *Do you reckon they'll get married?* Pensi che si sposeranno? **2** calcolare: *My pay is reckoned from the first of the month.* Il mio stipendio è calcolato a partire dal primo del mese **3 to be reckoned to be sth** essere considerato qc

reckon on contare di: *We didn't reckon on spending so much.* Non contavamo di spendere così tanto.

reckon with sth tenere conto di qc

reckoning /ˈrekənɪŋ/ *s* calcolo | **by my reckoning** in base ai miei calcoli

reclaim /rɪˈkleɪm/ *v* [tr] **1** chiedere in restituzione [bagagli, oggetto perduto] **2** bonificare [terreno, palude] ▶ FALSE FRIEND Non confondere **"reclaim"** con **reclamo** o **reclamare** che si traducono rispettivamente **complaint** e **to complain**.

recline /rɪˈklaɪn/ *v* **1 to recline in/on sth** (formale) sdraiarsi su qc **2** [intr] (sedile, schienale) essere reclinabile

recognition /ˌrekəgˈnɪʃən/ *s* **1** (identificazione) riconoscimento | **to have changed beyond recognition** essere così cambiato da essere irriconoscibile **2** (apprezzamento) riconoscimento | **in recognition of sth** come riconoscimento di qc

recognize, -ise BrE /ˈrekəgnaɪz/ *v* [tr] **1** riconoscere **2 to recognize that** ammettere che

recoil /rɪˈkɔɪl/ *v* [intr] **1** indietreggiare **2 to recoil from sth** ritrarsi da qc

recollect /ˌrekəˈlekt/ *v* [tr] ricordare

recollection /ˌrekəˈlekʃən/ *s* ricordo | **to have no recollection of sth** non ricordare affatto qc

recommend /ˌrekəˈmend/ *v* [tr] consigliare: *I **recommend that** you go by train.* Ti consiglio di andare in treno.

recommendation /ˌrekəmenˈdeɪʃən/ *s* suggerimento | **on sb's recommendation** su suggerimento di qn

reconcile /ˈrekənsaɪl/ *v* **1 to be reconciled (with sb)** riconciliarsi (con qn) **2 to reconcile sth with sth** conciliare qc con qc

reconciliation /ˌrekənsɪliˈeɪʃən/ *s* (di persone) riconciliazione

reconsider /ˌriːkənˈsɪdə/ *v* [tr] riconsiderare

reconstruct /ˌriːkənˈstrʌkt/ *v* [tr] ricostruire

reconstruction /ˌriːkənˈstrʌkʃən/ *s* ricostruzione

record[1] /ˈrekɔːd/ *s* **1** (documentazione) archivi | **to keep a record of sth** prendere nota di qc | **on record:** *Last winter was the warmest on record.* Lo scorso inverno è stato il più caldo che sia mai stato registrato. **2** (miglior risultato) record | **to break/beat a record** battere un record **3** (di musica) disco **4** (di individuo) precedenti ▶ vedi anche **criminal** **5 to put/set the record straight** mettere le cose in chiaro

record[2] /rɪˈkɔːd/ *v* **1** [tr] prendere nota di **2** [tr/intr] registrare [disco] **3** [tr] segnare [temperatura, velocità] ▶ FALSE FRIEND Non confondere **"record"** con **ricordo** o **ricordare** che si traducono rispettivamente **memory** e **to remember**.

ˈrecord ˌcompany *s* casa discografica

recorder /rɪˈkɔːdə/ *s* **1** registratore ▶ vedi anche **cassette**, **tape recorder**, **video** **2** flauto dolce

recording /rɪˈkɔːdɪŋ/ *s* registrazione

ˈrecord ˌplayer *s* giradischi

recover /rɪˈkʌvə/ *v* **1** riprendersi: *My father is **recovering from** a heart attack.* Mio padre si sta riprendendo da un infarto. **2** [tr] recuperare [oggetti rubati, costi], ritrovare [equilibrio]

recovery /rɪˈkʌvəri/ *s* **1** (da una malattia) guarigione **2** (di oggetti rubati, denaro) recupero

recreate /ˌriːkriˈeɪt/ *v* [tr] ricreare

recreation /ˌrekriˈeɪʃən/ *s* (passatempo) svago

recruit /rɪˈkruːt/ *verbo e sostantivo*

• *v* [tr/intr] **1** assumere [personale]: *I was **recruited** as Clive's replacement.* Mi hanno assunto per sostituire Clive.

R

Vuoi una lista di frasi utili per parlare di te stesso? Consulta la **guida alla comunicazione** in fondo al libro.

2 reclutare [soldati]
• *s* 1 (nell'esercito) recluta 2 (di un'organizzazione) acquisto

recruitment /rɪ'kruːtmənt/ *s* reclutamento

rectangle /'rektæŋgəl/ *s* rettangolo

rectify /'rektəfaɪ/ *v* [tr] (**-fies**, **-fied**) (formale) rettificare

recuperate /rɪ'kjuːpəreɪt/ *v* 1 **to recuperate (from sth)** ristabilirsi (da qc) 2 [tr] recuperare [perdite, costi]

recur /rɪ'kɜː/ *v* [intr] (**-rred**, **-rring**) (formale) (fatto) ripetersi, (sintomo) ricomparire

recycle /ˌriː'saɪkəl/ *v* [tr] riciclare

recycling bin

red /red/ *aggettivo* e *sostantivo*
• *agg* (**redder**, **reddest**)
1 (colore) rosso -a | **to have red hair** avere i capelli rossi ▶ vedi Active Box **colours** sotto **colour**
2 (viso, guance) rosso -a | **to go red** diventare rosso
3 **red wine** vino rosso
• *s* rosso ▶ vedi Active Box **colours** sotto **colour**

redeem /rɪ'diːm/ *v* [tr] 1 redimere [peccatore], salvare [situazione] 2 **to redeem yourself** riscattarsi [facendo qc]

redemption /rɪ'dempʃən/ *s* redenzione

redevelopment /ˌriːdɪ'veləpmənt/ *s* (di quartiere, sito) riqualifica

redhead /'redhed/ *s* (persona) rosso -a [di capelli]

ˌred-'hot *agg* rovente

redid /riː'dɪd/ passato di **redo**

redo /riː'duː/ *v* (**redid**, **redone**) rifare

redone /riː'dʌn/ participio di **redo**

R

ˌred 'tape *s* trafila burocratica

reduce /rɪ'djuːs/ *v* [tr] 1 ridurre: *They have **reduced** inflation **by** 2%.* Hanno ridotto l'inflazione del 2%. 2 scontare [articolo]: *The shirt was **reduced from** $40 **to** $20.* La camicia è stata scontata da 40 a 20 dollari. 3 **to reduce sth to rubble** ridurre qc a un cumulo di macerie 4 **to reduce sb to tears/silence** fare piangere/tacere qn

reduction /rɪ'dʌkʃən/ *s* 1 riduzione: *a **reduction in** interest rates* una riduzione dei tassi di interesse 2 sconto: *a **reduction of** 5%* uno sconto del 5%

redundancy /rɪ'dʌndənsi/ *s* (pl **-cies**) BrE licenziamento [per esubero di personale]

redundant /rɪ'dʌndənt/ *agg* BrE 1 **to make sb redundant** licenziare qn [per esubero di personale] 2 (parola, spesa) superfluo -a

reed /riːd/ *s* 1 (pianta) canna 2 (di strumento musicale) ancia

reef /riːf/ *s* scogliera, sommersa, (di corallo) barriera corallina

reek /riːk/ *v* [intr] puzzare | **to reek of sth a)** puzzare di qc **b)** sapere di qc [truffa, imbroglio]

reel /riːl/ *sostantivo* e *verbo*
• *s* 1 (di pellicola) bobina 2 (da pesca) mulinello 3 (di filo) bobina
• *v* [intr] barcollare | **my head was reeling** mi girava la testa
reel sth off snocciolare qc [lista, date]

refer /rɪ'fɜː/ *v* [tr] (**-rred**, **-rring**) mandare: *My complaint was **referred to** the manager.* Il mio reclamo è stato mandato al direttore.
refer to sth consultare qc **refer to sth/sb** riferirsi a qc/qn

referee /ˌrefə'riː/ *sostantivo* e *verbo*
• *s* 1 (nello sport) arbitro 2 BrE (in una domanda di assunzione) referenza
• *v* 1 [tr] arbitrare [partita] 2 [intr] fare da arbitro

reference /'refərəns/ *s* 1 riferimento: *He **made** no **reference to** what had happened.* Non ha fatto nessun riferimento a quello che era successo. | **with reference to** (formale) con riferimento a 2 (per una domanda di assunzione) referenza

referendum /ˌrefə'rendəm/ *s* (pl **referendums** o **referenda** /-də/) referendum

refill¹ /ˌriː'fɪl/ *v* [tr] riempire

refill² /'riːfɪl/ *s* 1 (per stilografiche) cartuccia, (per accendino) ricarica 2 riferito a bevande: *Can I give you a refill?* Posso versartene ancora?

refine /rɪ'faɪn/ *v* [tr] 1 perfezionare [metodo, tecnica] 2 raffinare [petrolio, zucchero]

refined /rɪ'faɪnd/ *agg* 1 (zucchero, petrolio) raffinato -a 2 (persona, modi) raffinato -a

refinement /rɪ'faɪnmənt/ *s* 1 miglioria 2 raffinatezza

refinery /rɪ'faɪnəri/ *s* (pl **-ries**) raffineria

reflect /rɪ'flekt/ *v* 1 [tr] riflettere [calore, luce] 2 [tr] (mostrare) riflettere 3 [intr] (pensare) riflettere: *Take some time to **reflect on** your plans.* Prenditi un po' di tempo per riflettere sui tuoi progetti.
reflect on sth to reflect well/badly on sth mettere in buona/cattiva luce qc
reflect on sb ricadere su qn

reflection /rɪ'flekʃən/ *s* 1 (nello specchio) riflesso 2 (pensiero) riflessione | **on reflection** riflettendoci (bene) 3 **to be no**

reflection

reflection on sth/sb non essere imputabile a qc/qn

reflex /ˈriːfleks/ *s* (pl **-xes**) **1** riflesso **2 reflex action** (atto) riflesso

reform /rɪˈfɔːm/ *verbo* e *sostantivo*
• *v* **1** [tr] riformare [sistema, legge] **2** [intr] (persona) cambiare
• *s* riforma

refrain /rɪˈfreɪn/ *v* [intr] (formale) astenersi | **to refrain from doing sth** astenersi dal fare qc

refresh /rɪˈfreʃ/ *v* [tr] **1** rinfrescare **2 to refresh sb's memory (of/about sth)** rinfrescare la memoria a qn (su qc)

refreshing /rɪˈfreʃɪŋ/ *agg* **1** (bibita) dissetante, (brezza, doccia) rinfrescante **2** (cambiamento) piacevole

refreshments /rɪˈfreʃmənts/ *s pl* cibi e bevande: *Refreshments will be served.* Serviranno un rinfresco.

refrigerate /rɪˈfrɪdʒəreɪt/ *v* [tr] refrigerare

refrigeration /rɪˌfrɪdʒəˈreɪʃən/ *s* refrigerazione

refrigerator /rɪˈfrɪdʒəreɪtə/ *s* frigorifero

refuge /ˈrefjuːdʒ/ *s* rifugio | **to take/seek refuge (in sth)** trovare/cercare rifugio (in qc)

refugee /ˌrefjʊˈdʒiː/ *s* profugo -a

ˌrefuˈgee camp *s* campo profughi

refund¹ /ˈriːfʌnd/ *s* rimborso

refund² /rɪˈfʌnd/ *v* [tr] rimborsare [soldi]

refurbish /ˌriːˈfɜːbɪʃ/ *v* [tr] ristrutturare [edificio]

refusal /rɪˈfjuːzəl/ *s* **1** rifiuto: *Their **refusal to** cooperate is making the investigation very difficult.* Il loro rifiuto a collaborare rende l'indagine molto difficile. **2** (a un'offerta, invito) rifiuto **3** (ad una richiesta) rifiuto

refuse¹ /rɪˈfjuːz/ *v* **1** rifiutare | **to refuse to do sth** rifiutarsi di fare qc **2** [tr] negare [permesso, diritto]: *The government refused him a visa.* Il governo gli ha negato il visto. **3** [tr] rifiutare [offerta, invito]

refuse² /ˈrefjuːs/ *s* (formale) rifiuti

refute /rɪˈfjuːt/ *v* [tr] confutare

regain /rɪˈgeɪn/ *v* [tr] riacquistare [forza, salute] | **to regain control (of sth)** riprendere il controllo (di qc)

regal /ˈriːgəl/ *agg* regale

regard /rɪˈgɑːd/ *sostantivo, sostantivo plurale* e *verbo*
• *s* **1** riguardo: *She has no **regard for** other people's feelings.* Non ha nessun riguardo per i sentimenti degli altri. | **without regard to sth** senza riguardo per qc **2 in this/that regard** (formale) a questo riguardo **3 with/in regard to** (formale) riguardo a
• **regards** *s pl* saluti: *John sends his regards.* John ti manda i suoi saluti.
• *v* **to regard sth/sb as sth** considerare qc/qn (come) qc: *I've always regarded him as a friend.* L'ho sempre considerato un amico. | **to regard sth/sb with admiration/contempt** ammirare/disprezzare qc/qn

regarding /rɪˈgɑːdɪŋ/ *prep* (formale) riguardo a

regardless /rɪˈgɑːdləs/ *avv* malgrado tutto | **regardless of** a prescindere da

reggae /ˈregeɪ/ *s* reggae

regime /reɪˈʒiːm/ *s* (sistema) regime

regiment /ˈredʒəmənt/ *s* reggimento

region /ˈriːdʒən/ *s* **1** (di un paese, del corpo) regione **2 in the region of** all'incirca

regional /ˈriːdʒənəl/ *agg* regionale

register /ˈredʒɪstə/ *sostantivo* e *verbo*
• *s* **1** (lista ufficiale) registro **2** (a scuola) registro (di classe) | **to take/call the register** fare l'appello
• *v* **1** [tr] denunciare [nascita, morte] **2** [tr] immatricolare [veicolo] **3** [intr] iscriversi: *Which course have you **registered for**?* A quale corso ti sei iscritto? | *Which doctor are you registered with?* Chi è il tuo medico curante? **4** [tr] esprimere [sorpresa, disapprovazione] **5** [tr] indicare [temperatura, velocità]

registered /ˈredʒɪstəd/ *agg* (lettera, pacco) assicurato -a

registrar /ˌredʒɪˈstrɑː/ *s* **1** impiegato -a dell'anagrafe **2** BrE medico che sta effettuando una specializzazione

registration /ˌredʒɪˈstreɪʃən/ *s* **1** (di persone) iscrizione **2** (di nascita, morte) denuncia **3** (di un veicolo) immatricolazione **4** BrE numero di targa

regiˈstration ˌnumber *s* BrE numero di targa

registry office /ˈredʒɪstri ˌɒfɪs/, anche **ˈregister ˌoffice** *s* BrE anagrafe

regret /rɪˈgret/ *verbo* e *sostantivo*
• *v* [tr] (**-tted**, **-tting**) pentirsi di: *I regret selling that painting.* Mi pento di aver venduto il quadro. | *You won't regret it if you go.* Se ci vai non te ne pentirai. | **I regret to inform you that** (formale) sono spiacente di informarla che
• *s* **1** rammarico **2 to have no regrets (about sth)** non avere rimpianti (per qc)

regrettable /rɪˈgretəbəl/ *agg* deplorevole

regular /ˈregjələ/ *aggettivo* e *sostantivo*
• *agg* **1** (polso, respiro) regolare | **at regular intervals** a intervalli regolari | **on a regular basis** regolarmente **2** (cliente, frequentatore) abituale **3** solito -a: *He's not our regular postman.* Non è il nostro solito postino. **4** (in grammatica) regolare
• *s* BrE (informale) cliente fisso -a

regularity /ˌregjəˈlærəti/ *s* regolarità

R

Vuoi sapere di più sui **verbi modali**? C'è una spiegazione nella **guida grammaticale**.

regularly /ˈregjələli/ *avv* regolarmente
regulate /ˈregjəleɪt/ *v* [tr] **1** regolamentare [uso, traffico] **2** regolare [temperatura, pressione]
regulation /ˌregjəˈleɪʃən/ *s* **1** (legge) norma: *health and safety regulations* norme sanitarie e di sicurezza **2** (regolamentazione) controllo
rehabilitation /ˌriːhəbɪləˈteɪʃən/ *s* riabilitazione
rehearsal /rɪˈhɜːsəl/ *s* (in teatro) prove
rehearse /rɪˈhɜːs/ *v* **1** [intr] fare le prove **2** [tr] fare le prove di
reign /reɪn/ *sostantivo* e *verbo*
• *s* regno
• *v* [intr] **1** regnare **2 the reigning champion** il campione in carica
reimburse /ˌriːɪmˈbɜːs/ *v* [tr] rimborsare: *We will* ***reimburse*** *you* ***for*** *your travel expenses.* Le rimborseremo le spese di viaggio.
rein /reɪn/ *s* briglia
reindeer /ˈreɪndɪə/ *s* (pl **reindeer**) renna
reinforce /ˌriːɪnˈfɔːs/ *v* [tr] **1** rafforzare [carattere, opinione] **2** rinforzare [muro, struttura]
reinforcement /ˌriːɪnˈfɔːsmənt/ *sostantivo* e *sostantivo plurale*
• *s* **1** (di opinione, comportamento) rafforzamento **2** (di struttura) rafforzamento
• **reinforcements** *s pl* (truppe) rinforzi
reinstate /ˌriːɪnˈsteɪt/ *v* [tr] reintegrare [impiegato]
reiterate /riːˈɪtəreɪt/ *v* [tr] reiterare
reject[1] /rɪˈdʒekt/ *v* [tr] respingere
reject[2] /ˈriːdʒekt/ *s* scarto di produzione
rejection /rɪˈdʒekʃən/ *s* rifiuto | **letter of rejection** lettera di rifiuto
rejoice /rɪˈdʒɔɪs/ *v* (letterario) **to rejoice (at/in sth)** rallegrarsi (di qc)
rejoin /ˌriːˈdʒɔɪn/ *v* [tr] **1** ritrovare [famiglia, persona] **2** rientrare in [azienda]
relapse /rɪˈlæps/ *s* ricaduta | **to have a relapse** avere una ricaduta
relate /rɪˈleɪt/ *v* **1 to relate to sth** riferirsi a qc **2 to relate sth to sth** collegare qc a qc **3** [tr] (formale) riportare
relate to sth capire qc **relate to sb** intendersi con qn
related /rɪˈleɪtɪd/ *agg* **1** collegato -a **2 to be related** essere parenti: *Are you and Harry related?* Tu e Harry siete parenti? | **to be related to sb** essere imparentato con qn
relation /rɪˈleɪʃən/ *sostantivo* e *sostantivo plurale*
• *s* **1** parente: *He's no relation.* Non è mio parente. | *Is she any relation to you?* È una tua parente? **2** rapporto | **in relation to** rispetto a
• **relations** *s pl* relazioni: *diplomatic relations* relazioni diplomatiche
relationship /rɪˈleɪʃənʃɪp/ *s* **1** (tra persone) rapporto: *The police have a good relationship with the community.* La polizia ha un buon rapporto con la comunità. **2** (tra idee, fatti) rapporto **3** (legame amoroso) relazione **4** (legame familiare) parentela
relative /ˈrelətɪv/ *sostantivo* e *aggettivo*
• *s* parente
• *agg* **1** relativo -a **2 relative to** in rapporto a
relatively /ˈrelətɪvli/ *avv* relativamente | **relatively speaking** relativamente parlando
relax /rɪˈlæks/ *v* (3ª pers sing **-xes**) **1** [intr] (persona) rilassarsi **2** [intr] (muscoli) rilassarsi **3** [tr] allentare [disciplina, controllo]
relaxation /ˌriːlækˈseɪʃən/ *s* **1** (distensione) relax **2** (dei muscoli) rilassamento **3** (di norma, disciplina) allentamento
relaxed /rɪˈlækst/ *agg* **1** (persona) rilassato -a **2** (atmosfera, clima) rilassato -a
relaxing /rɪˈlæksɪŋ/ *agg* rilassante
relay[1] /ˈriːleɪ/ *s* (anche **relay race**) staffetta
relay[2] /ˈriːleɪ/ *v* [tr] (passato e participio **relayed**) **1** trasmettere [messaggio, decisione] **2** (in radio, TV) trasmettere
release /rɪˈliːs/ *verbo* e *sostantivo*
• *v* [tr] **1** rilasciare [prigioniero], rimettere in libertà [animale] **2 to release your grip on sth** allentare la presa su qc **3** diffondere [notizia] **4** (film, disco) **to be released** uscire
• *s* **1** (di prigioniero) rilascio **2** (sensazione) liberazione **3** film o disco in commercio: *the latest DVD releases* le ultime novità in DVD **4** (diffusione di film, disco) uscita
relegate /ˈreləgeɪt/ *v* [tr] **1** (a posizione secondaria) relegare **2** BrE (nel calcio) **to be relegated** essere retrocesso
relegation /ˌreləˈgeɪʃən/ *s* BrE (nel calcio) retrocessione
relent /rɪˈlent/ *v* [intr] cedere
relentless /rɪˈlentləs/ *agg* **1** (persona) accanito -a **2** (lotta) implacabile
relevance /ˈreləvəns/ *s* **1** importanza **2 to have no relevance to sth** non avere nessuna attinenza con qc
relevant /ˈreləvənt/ *agg* **1** (informazione, pagina) relativo -a **2 to be relevant to sth** avere attinenza con qc: *That is not relevant to the point we are discussing.* Questo non ha attinenza con quanto stiamo discutendo.
reliability /rɪˌlaɪəˈbɪləti/ *s* affidabilità
reliable /rɪˈlaɪəbəl/ *agg* (macchina, persona, metodo) affidabile
reliance /rɪˈlaɪəns/ *s* **reliance on sth/sb** dipendenza da qc/qn
relic /ˈrelɪk/ *s* **1** (di tradizione, abitudine) ciò che rimane **2** (oggetto) reliquia

R

relief /rɪ'liːf/ *s* **1** sollievo | **to my/our etc great relief** con mio/nostro ecc. grande sollievo **2** assistenza [umanitaria] **3** (in arte, geografia) rilievo

relieve /rɪ'liːv/ *v* [tr] **1** alleviare [dolore] **2** dare sfogo a [sentimenti], spezzare [noia, monotonia] **3 to relieve yourself** (urinare) fare i propri bisogni **4** (sostituire) dare il cambio a

relieved /rɪ'liːvd/ *agg* sollevato -a

religion /rɪ'lɪdʒən/ *s* religione

religious /rɪ'lɪdʒəs/ *agg* religioso -a

relish /'relɪʃ/ *verbo e sostantivo*

• *v* [tr] (3ª pers sing **-shes**) pregustarsi: *She relished the idea of some time to herself.* Si pregustava l'idea di avere un po' di tempo per se stessa. | *I didn't relish the prospect of spending Christmas with them.* Non mi entusiasmava la prospettiva di passare il Natale con loro.

• *s* **with (great) relish** con (grande) soddisfazione

reluctance /rɪ'lʌktəns/ *s* riluttanza | **to show great reluctance to do sth** essere molto riluttante a fare qc

reluctant /rɪ'lʌktənt/ *agg* (sorriso, accordo) senza convinzione | **to be reluctant to do sth** essere restio a fare qc

reluctantly /rɪ'lʌktəntli/ *avv* con riluttanza

rely /rɪ'laɪ/ *v* (**-lies**, **-lied**) **rely on sth** dipendere da qc: *The island **relies on** tourism **for** its income.* L'isola dipende economicamente dal turismo. **rely on sb** contare su qn: *I was **relying on** you to help me.* Contavo sul tuo aiuto.

remain /rɪ'meɪn/ *v* [intr] (formale) **1** rimanere: *Please remain seated.* Per favore, rimanete seduti. **2 it remains to be seen** resta ancora da vedere

remainder /rɪ'meɪndə/ *s* resto [rimanente] | **the remainder of sth** il resto di qc

remaining /rɪ'meɪnɪŋ/ *agg* rimanente

remains /rɪ'meɪnz/ *s pl* **1** (di oggetto distrutto) resti **2** (di cibo, stoffa) avanzi **3** (di defunto) spoglie (mortali)

remake /'riːmeɪk/ *s* (di film) remake

remand /rɪ'mɑːnd/ *verbo e sostantivo*

• *v* BrE **to be remanded in custody** essere messo agli arresti in attesa di giudizio

• *s* **to be on remand** essere in custodia cautelare

remark /rɪ'mɑːk/ *sostantivo e verbo*

• *s* osservazione

• *v* [tr] osservare

remark on/upon sth fare commenti su qc

remarkable /rɪ'mɑːkəbəl/ *agg* straordinario -a | **to be remarkable for sth** distinguersi per qc

remarkably /rɪ'mɑːkəbli/ *avv* straordinariamente

remedy /'remədi/ *sostantivo e verbo*

• *s* (pl **-dies**) rimedio

• *v* [tr] (**-dies**, **-died**) rimediare a

remember /rɪ'membə/ *v* **1** [tr] ricordarsi di [fatti, informazioni]: *I hope he remembered the wine.* Spero che si sia ricordato del vino. | ***Remember to** close the door.* Ricordati di chiudere la porta. **2** [intr] ricordarsi: *I can't remember.* Non mi ricordo. **3** (tenere a mente) **to remember (that)** ricordare che **4** [tr] (commemorare) ricordare **5** usato per salutare: ***Remember** me **to** Terry.* Salutami Terry.

remind /rɪ'maɪnd/ *v* [tr] **1** (far venire in mente) ricordare: ***Remind** me **to** go to the bank.* Ricordami di andare in banca. | **that reminds me!** a proposito! **2 to remind sb of sth/sb** ricordare qc/qn a qn: *The scenery reminded her of Scotland.* Il paesaggio le ricordava la Scozia.

reminder /rɪ'maɪndə/ *s* **1** (del passato) ricordo **2** (appunto) promemoria

reminiscent /ˌremə'nɪsənt/ *agg* **to be reminiscent of sth** ricordare qc

remnant /'remnənt/ *s* **the remnants (of sth)** i resti (di qc)

remorse /rɪ'mɔːs/ *s* rimorso

remorseless /rɪ'mɔːsləs/ *agg* **1** (persona) spietato -a **2** (azione) inesorabile

remote /rɪ'məʊt/ *agg* **1** (stella, passato, antenato) lontano -a **2** (luogo) sperduto -a **3** (possibilità) remoto -a **4** (distaccato) distante

reˌmote con'trol *s* (di TV, stereo) telecomando | **operated by remote control** telecomandato -a

remotely /rɪ'məʊtli/ *avv* lontanamente

removable /rɪ'muːvəbəl/ *agg* **1** (autoradio, griglia) estraibile **2** (coperchio, cappuccio) staccabile **3** (foderina) che si può togliere

removal /rɪ'muːvəl/ *s* **1** (di rifiuti) sgombero, (di macchia) eliminazione **2** (da incarico, potere) rimozione **3** (di mobili) trasloco

remove /rɪ'muːv/ *v* [tr] **1** togliere [cartello], rimuovere [auto], asportare [cisti] **2** (formale) togliere [vestito, trucco] **3** eliminare [problema, macchia, difficoltà] **4 to remove sb from power** destituire qn

Renaissance /rɪ'neɪsəns, AmE ˌrenə'sɑːns/ *s* **the Renaissance** il Rinascimento

rename /riː'neɪm/ *v* [tr] ribattezzare

render /'rendə/ *v* [tr] **to render sth useless/unsafe** rendere qc inutilizzabile/pericoloso

rendezvous /'rɒndɪvuː/ *s* (pl **rendezvous** /-vuːz/) **1** (accordo) appuntamento **2** (luogo) ritrovo

R

Si dice *I arrived in London* o *I arrived to London*? Vedi alla voce arrive.

renew /rɪ'njuː/ *v* [tr] **1** rinnovare [contratto, iscrizione] **2** riprendere [negoziato, amicizia]

renewable /rɪ'njuːəbəl/ *agg* (contratto, fonte energetica) rinnovabile

renewal /rɪ'njuːəl/ *s* **1** (di documento, contratto) rinnovo **2** (di ostilità, negoziato) ripresa

renounce /rɪ'naʊns/ *v* [tr] **1** rinunciare a [diritto, titolo] **2** rinnegare [valori, convinzione]

renovate /'renəveɪt/ *v* [tr] ristrutturare [edificio]

renovation /ˌrenə'veɪʃən/ *s* ristrutturazione

renowned /rɪ'naʊnd/ *agg* noto -a | **to be renowned for/as sth** essere noto per/come qc

rent /rent/ *sostantivo* e *verbo*

• *s* (di casa, appartamento) affitto | **for rent** affittasi

• *v* **1** [tr/intr] affittare | **to rent sth from sb** prendere in affitto qc da qn: *I rent the house from my uncle.* Ho preso in affitto la casa da mio zio. ▶ RENT O HIRE? vedi **affittare** **2** [tr] (anche **rent out**) affittare, dare in affitto: *We **rent out** the cottage **to** tourists.* Affittiamo la villetta ai turisti.

rental /'rentl/ *s* noleggio

reopen /riː'əʊpən/ *v* [tr/intr] riaprire

reorganize, -ise BrE /riː'ɔːgənaɪz/ *v* **1** [tr] riorganizzare **2** [intr] riorganizzarsi

rep /rep/ *s* (= **representative**) (informale) rappresentante

repaid /rɪ'peɪd/ passato e participio di **repay**

repair /rɪ'peə/ *verbo* e *sostantivo*

• *v* [tr] **1** (aggiustare) riparare | **to get sth repaired** far riparare qc **2** (formale) rimediare a [errore], riparare [danno]

repairing a bicycle

• *s* **1** riparazione **2** **to be beyond repair** essere irriparabile **3** **to be in good/poor repair** essere in buono/cattivo stato

repay /rɪ'peɪ/ *v* [tr] (passato e participio **repaid**) **1** restituire [denaro] **2** ricambiare [gentilezza] **3** rimborsare [debito] **4** **to repay sb a)** (per un prestito) rimborsare qn **b)** (per una cortesia) ricambiare qn: *How can I ever repay you?* Come posso ricambiare?

repayment /rɪ'peɪmənt/ *s* rimborso

repeat /rɪ'piːt/ *verbo* e *sostantivo*

• *v* **1** [tr] ripetere: *Don't repeat this to anyone.* Non ripeterlo a nessuno. **2** **to repeat yourself** ripetersi

• *s* (di programma) replica

repeated /rɪ'piːtɪd/ *agg* ripetuto -a

repeatedly /rɪ'piːtɪdli/ *avv* ripetutamente

repel /rɪ'pel/ *v* [tr] (**-lled**, **-lling**) **1** (non piacere) disgustare **2** respingere [nemico, attacco]

repellent /rɪ'pelənt/ *s* lozione contro gli insetti | **mosquito repellent** lozione contro le zanzare

repent /rɪ'pent/ *v* (formale) **1** [intr] pentirsi **2** **to repent (of) sth** pentirsi di qc

repentance /rɪ'pentəns/ *s* pentimento

repercussion /ˌriːpə'kʌʃən/ *s* ripercussione

repertoire /'repətwɑː/ *s* repertorio

repetition /ˌrepə'tɪʃən/ *s* ripetizione

repetitive /rɪ'petətɪv/ *agg* ripetitivo -a

replace /rɪ'pleɪs/ *v* [tr] **1** (mettere al posto di qc o qn) sostituire: *They are not going to replace her when she leaves.* Non la sostituiranno quando se ne andrà. **2** **to replace sth/sb with sth/sb** sostituire qc/qn con qc/qn: *The company is replacing its DC10s with Boeing 747s.* La compagnia sta sostituendo i suoi DC10 con i Boeing 747. **3** sostituire [oggetto rotto o vecchio]

replacement /rɪ'pleɪsmənt/ *s* **1** (persona) sostituto -a **2** oggetto che ne sostituisce un altro: *You'll have to get a replacement for the one you broke.* Dovrai sostituire quello che hai rotto.

replay /'riːpleɪ/ *s* **1** (nello sport) ripetizione della partita **2** (in TV) replay

replica /'replɪkə/ *s* riproduzione

reply /rɪ'plaɪ/ *verbo* e *sostantivo*

• *v* [tr/intr] (**-plies**, **-plied**) rispondere: *I haven't **replied to** his letter yet.* Non ho ancora risposto alla sua lettera.

• *s* (pl **-plies**) risposta: *We've had 250 replies.* Abbiamo avuto 250 risposte. | *There's no reply.* Nessuna risposta.

report /rɪ'pɔːt/ *sostantivo* e *verbo*

• *s* **1** (documento ufficiale) rapporto **2** (sul giornale, alla radio, in TV) reportage **3** (informazione) notizia: *Reports are coming in of an earthquake in Turkey.* Ci giungono notizie di un terremoto in Turchia. **4** BrE (dei voti scolastici) pagella

• *v* **1** [tr/intr] (dire) riferire: *The neighbours had reported a strong smell of gas.* I vicini avevano riferito di aver sentito un forte odore di gas. **2** **to report on sth** (in giornalismo) fare un reportage su qc **3** [tr] denunciare [incidente, persona] **4** **to report to** presentarsi a: *Please report to reception.* Siete pregati di presentarvi alla reception. **5** **to report to sb** essere alle dipendenze di qn

reportedly /rɪ'pɔːtɪdli/ *avv* a quanto si dice

reporter /rɪ'pɔːtə/ *s* reporter, cronista

represent /ˌreprɪ'zent/ *v* [tr] **1** (essere, impersonare) rappresentare **2** (equivalere a) rappresentare **3 to represent sth/sb as sth** descrivere qc/qn come qc

representation /ˌreprɪzen'teɪʃən/ *s* **1** (di cittadini) rappresentanza **2** (dipinto) rappresentazione

representative /ˌreprɪ'zentətɪv/ *sostantivo e aggettivo*
- *s* rappresentante [delegato]
- *agg* (campione, scelta) rappresentativo -a

repress /rɪ'pres/ *v* [tr] (3ª pers sing **-sses**) **1** opprimere [gruppo, minoranza] **2** reprimere [risata, sbadiglio, rabbia]

repressed /rɪ'prest/ *agg* (inibito) represso -a

repression /rɪ'preʃən/ *s* repressione

repressive /rɪ'presɪv/ *agg* repressivo -a

reprieve /rɪ'priːv/ *sostantivo e verbo*
- *s* **1** proroga **2** sospensione dell'esecuzione
- *v* [tr] sospendere l'esecuzione di [condannato]

reprimand /'reprɪmɑːnd/ *verbo e sostantivo*
- *v* [tr] rimproverare
- *s* rimprovero

reprisal /rɪ'praɪzəl/ *s* rappresaglia | **in reprisal (for sth)** per rappresaglia (contro qc)

reproach /rɪ'prəʊtʃ/ *sostantivo e verbo*
- *s* disapprovazione | **beyond/above reproach** irreprensibile
- *v* (3ª pers sing **-ches**) **to reproach sb (for sth)** rimproverare qn (per qc)

reproduce /ˌriːprə'djuːs/ *v* **1** [intr] riprodursi **2** [tr] riprodurre

reproduction /ˌriːprə'dʌkʃən/ *s* riproduzione

reproductive /ˌriːprə'dʌktɪv/ *agg* riproduttivo -a

reptile /'reptaɪl/ *s* rettile

republic /rɪ'pʌblɪk/ *s* repubblica

republican /rɪ'pʌblɪkən/ *s e agg* repubblicano -a

repulsive /rɪ'pʌlsɪv/ *agg* ripugnante

reputable /'repjətəbəl/ *agg* rispettabile

reputation /ˌrepjə'teɪʃən/ *s* reputazione | **to have a reputation for sth** essere famoso per qc

reputed /rɪ'pjuːtɪd/ *agg* presunto -a | **to be reputed to be/do sth** *She is reputed to be a millionaire.* Si dice che sia milionaria.

reputedly /rɪ'pjuːtɪdli/ *avv* a quel che si dice

request /rɪ'kwest/ *sostantivo e verbo*
- *s* richiesta: *his **request for** political asylum* la sua richiesta di asilo politico | **to make a request for sth** chiedere qc | **at sb's request** su richiesta di qn
- *v* (formale) **to request sth (from/of sb)** chiedere qc (a qn) | **to request sb to do sth** chiedere a qn di fare qc

require /rɪ'kwaɪə/ *v* [tr] **1** (aver bisogno di) richiedere **2 to require sb to do sth** (formale) (secondo la legge) obbligare qn a fare qc **3 to require sth of sb** *I didn't know what was required of me.* Non sapevo che cosa volessero da me.

requirement /rɪ'kwaɪəmənt/ *s* **1** (bisogno) richiesta **2** (per lavoro, corso) requisito

resat /riː'sæt/ passato e participio di **resit**

rescue /'reskjuː/ *verbo e sostantivo*
- *v* [tr] salvare
- *s* **1** salvataggio | **to go to sb's rescue** andare in aiuto di qn **2 a rescue operation** un'operazione di soccorso

research /rɪ'sɜːtʃ/ *sostantivo e verbo*
- *s* **research (into/on sth)** ricerca (su qc)
- *v* (3ª pers sing **-ches**) **1** [tr] fare ricerche su **2 to research into sth** fare ricerche su qc

researcher /rɪ'sɜːtʃə/ *s* ricercatore -trice

resemblance /rɪ'zembləns/ *s* somiglianza | **to bear little/no resemblance to sth** somigliare poco/non somigliare affatto a qc

resemble /rɪ'zembəl/ *v* [tr] (formale) assomigliare a

resent /rɪ'zent/ *v* [tr] provare risentimento o irritazione per qc: *I resent that comment!* Quella critica mi offende!

resentful /rɪ'zentfəl/ *agg* **1** (sguardo, silenzio) pieno -a di risentimento **2 to be resentful of sb's success/popularity** volerne a qn per il suo successo/la sua popolarità

resentment /rɪ'zentmənt/ *s* risentimento

reservation /ˌrezə'veɪʃən/ *s* **1** (di tavolo, posto) prenotazione | **to make a reservation** prenotare **2** (dubbio) riserva | **to have reservations (about sth)** avere delle riserve (su qc)

reserve /rɪ'zɜːv/ *verbo e sostantivo*
- *v* [tr] **1** prenotare [tavolo, posto] **2** (destinare a qn, a uso particolare) riservare
- *s* **1** (scorta) riserva | **to keep sth in reserve** tenere qc di riserva **2** (timidezza) riserbo **3** (nello sport) riserva **4** (di animali, piante) riserva

reserved /rɪ'zɜːvd/ *agg* (timido) riservato -a

reservoir /'rezəvwɑː/ *s* bacino di riserva

reside /rɪ'zaɪd/ *v* [intr] (formale) risiedere

R

Vuoi informazioni sulla differenza tra gli **articoli** in inglese e in italiano? Leggi le spiegazioni nella guida grammaticale.

residence /ˈrezədəns/ *s* **1** (formale) (casa) residenza **2 residence permit** permesso di soggiorno

resident /ˈrezədənt/ *sostantivo e aggettivo*
- *s* **1** (in casa, quartiere) residente **2** (in albergo) ospite
- *agg* **1 to be resident in** (formale) essere residente a **2** (dottore, professore) interno -a

residential /ˌrezəˈdenʃəl/ *agg* **1** (quartiere, strada) residenziale **2** (corso, lavoro) che fornisce alloggio sul posto

residue /ˈrezədjuː/ *s* residuo

resign /rɪˈzaɪn/ *v* **1** [intr] dare le dimissioni: *She **resigned from** the committee.* Ha dato le dimissioni dal comitato. **2 to resign yourself to sth** rassegnarsi a qc

resignation /ˌrezɪɡˈneɪʃən/ *s* **1** (da posto di lavoro) dimissioni **2** (sopportazione) rassegnazione

resigned /rɪˈzaɪnd/ *agg* **to be resigned to (doing) sth** essere rassegnato a (fare) qc

resilience /rɪˈzɪliəns/ *s* **1** (da malattia, difficoltà) capacità di recupero **2** (di materiale) elasticità

resilient /rɪˈzɪliənt/ *agg* **1** (persona) capace di recuperare **2** (materiale) elastico -a

resist /rɪˈzɪst/ *v* **1** [tr] resistere a [attacco, freddo, infezione], opporsi a [cambiamento] **2** [intr] (opporre resistenza) resistere **3** [tr] resistere a [tentazione]: *I couldn't resist the temptation to open the envelope.* Non ho potuto resistere alla tentazione di aprire la busta. | **to resist doing sth** trattenersi dal fare qc

resistance /rɪˈzɪstəns/ *s* **resistance (to sth) a)** (a caldo, malattia, attacco) resistenza (a qc) **b)** (a riforme, progetti, novità) opposizione (a qc): *There has been a lot of resistance to the new system.* C'è stata una forte opposizione al nuovo sistema. | *When captured, they **offered** no **resistance**.* Quando sono stati catturati, non hanno opposto nessuna resistenza.

resistant /rɪˈzɪstənt/ *agg* **to be resistant to sth** essere resistente a qc [infezione], opporsi a qc [cambiamento]

resit[1] /riːˈsɪt/ *v* [tr] (gerundio **-tting**, passato e participio **-sat**) BrE ridare [un esame]

resit[2] /ˈriːsɪt/ *s* ripetizione di un esame non superato

resolute /ˈrezəluːt/ *agg* (persona) risoluto -a, (azione) fermo -a

resolutely /ˈrezəluːtli/ *avv* fermamente

resolution /ˌrezəˈluːʃən/ *s* **1** (proposito) risoluzione **2** (rimedio) soluzione **3** (formale) determinazione

resolve /rɪˈzɒlv/ *verbo e sostantivo*
- *v* [tr] **1** risolvere [problema, conflitto] **2 to resolve to do sth** (stabilire) decidere di fare qc | **to resolve that** decidere che
- *s* determinazione

resort /rɪˈzɔːt/ *sostantivo e verbo*
- *s* **1** luogo di villeggiatura ► vedi anche **seaside** **2 as a last resort** come ultima risorsa
- *v* **resort to sth** ricorrere a qc

resounding /rɪˈzaʊndɪŋ/ *agg* **1 a resounding success/victory** un successo/una vittoria eclatante **2** (scoppio, tuono) fragoroso -a

resource /rɪˈzɔːs, AmE ˈriːsɔːrs/ *s* risorsa

resourceful /rɪˈzɔːsfəl/ *agg* (persona) pieno -a di risorse

respect /rɪˈspekt/ *sostantivo, sostantivo plurale e verbo*
- *s* **1** (stima) rispetto: *She shows no **respect for** other people's feelings.* Non ha nessun rispetto per i sentimenti degli altri. | *I **have great respect for** her as a writer.* La stimo molto come scrittrice. | **with (all due) respect** con tutto il (dovuto) rispetto **2 in this respect** a questo riguardo **3 with respect to** (formale) con riferimento a
- **respects** *s pl* **to pay your respects** (formale) presentare i propri rispetti
- *v* [tr] rispettare

respectable /rɪˈspektəbəl/ *agg* **1** (perbene) rispettabile **2** (nell'aspetto) presentabile: *Do I look respectable?* Sono presentabile? **3** (risultato, punteggio) discreto -a

respectful /rɪˈspektfəl/ *agg* rispettoso -a

respective /rɪˈspektɪv/ *agg* rispettivo -a: *I invited three friends and their respective boyfriends.* Ho invitato tre amiche e i loro rispettivi ragazzi.

respectively /rɪˈspektɪvli/ *avv* rispettivamente

respite /ˈrespaɪt/ *s* (formale) pausa

respond /rɪˈspɒnd/ *v* [intr] (formale) **1** reagire: *The government **responded by** sending in troops.* Il governo ha reagito inviando delle truppe. | *The cancer failed to **respond to** treatment.* Il cancro non ha risposto alla cura. **2** (formale) rispondere

response /rɪˈspɒns/ *s* (formale) **1** reazione | **in response to** in risposta a **2** (a una domanda) risposta

responsibility /rɪˌspɒnsəˈbɪləti/ *s* (pl **-ties**) **1** responsabilità: *She wants a job with more responsibility.* Vuole un lavoro con maggiore responsabilità. **2** (colpa) responsabilità | **to accept/take responsibility** assumersi la responsabilità: *The company has **accepted responsibility for** the accident.* L'azienda si è assunta la responsabilità dell'incidente.

responsible /rɪ'spɒnsəbəl/ *agg* **1** (colpevole) responsabile: *Those responsible will be punished.* I responsabili saranno puniti. | *I felt* ***responsible for*** *the accident.* Mi sono sentito responsabile dell'incidente. **2 to be responsible (for sth/sb)** (incaricato) essere responsabile (di qc/qn) **3 a responsible job/position** un lavoro/una posizione di responsabilità **4** (sensato) responsabile

responsibly /rɪ'spɒnsəbli/ *avv* responsabilmente

responsive /rɪ'spɒnsɪv/ *agg* (pubblico, classe, alunno) ricettivo -a, (organizzazione, staff) dinamico -a

rest /rest/ *sostantivo* e *verbo*

• *s* **1 the rest a)** il resto: *He ate* ***the rest*** *of the pizza.* Ha mangiato il resto della pizza. **b)** gli altri: *The rest were Japanese.* Gli altri erano giapponesi. **2** riposo: *The doctor recommended complete rest.* Il dottore ha raccomandato riposo assoluto. | *Try to* ***get some rest.*** Cerca di riposarti un po'. **3 give it a rest!** (informale) piantala! **4 to lay/put sth to rest** mettere a tacere qc [pettegolezzo, voci], mettere fine a qc [timori, dubbi] ▶ vedi anche **mind**

• *v* **1** [intr](persona) riposarsi, [tr] riposare [gambe, piedi] **2** [tr] appoggiare, [intr] poggiare: *Rest your head on my shoulder.* Appoggia la testa sulla mia spalla. | *The ladder was* ***resting against*** *the wall.* La scala poggiava contro il muro.

restaurant /'restərɒnt/ *s* ristorante

restful /'restfəl/ *agg* riposante

restless /'restləs/ *agg* **1** irrequieto -a | **to get/grow restless** (folla, persona) diventare irrequieto **2 to have a restless night** passare la notte in bianco

restoration /ˌrestə'reɪʃən/ *s* **1** (di edificio, quadro) restauro **2** (di legge, democrazia, monarchia) ripristino **3** (formale) (di beni, territori) restituzione

restore /rɪ'stɔː/ *v* [tr] **1** ridare [fiducia in se stesso], restituire [vista, udito] **2** ristabilire [pace, democrazia, pena di morte] **3** restaurare [edificio, quadro, monarchia]

restrain /rɪ'streɪn/ *v* [tr] **1** trattenere [persona, animale] | **to restrain yourself** trattenersi | **to restrain sb from doing sth** impedire a qn di fare qc **2** controllare [impulso]

restrained /rɪ'streɪnd/ *agg* **1** (riferito al comportamento) controllato -a **2** (stile, arredamento) sobrio -a

restraint /rɪ'streɪnt/ *s* **1** moderazione **2** restrizione

restrict /rɪ'strɪkt/ *v* [tr] **1** limitare **2 to restrict yourself to (doing) sth** limitarsi a (fare) qc

restricted /rɪ'strɪktɪd/ *agg* limitato -a: *The sale of alcohol* ***is restricted to*** *those over 18.* La vendita degli alcolici è limitata ai maggiorenni.

restriction /rɪ'strɪkʃən/ *s* restrizione

result /rɪ'zʌlt/ *sostantivo* e *verbo*

• *s* risultato | **as a result (of sth)** in conseguenza (di qc)

• *v* **to result (from sth)** derivare (da qc) **result in sth** avere come risultato qc

resume /rɪ'zjuːm/ *v* (formale) [tr/intr] riprendere

resurgence /rɪ'sɜːdʒəns/ *s* **1** (di situazione economica) ripresa **2** (di criminalità) nuova ondata

resurrect /ˌrezə'rekt/ *v* [tr] fare rivivere [moda, stile, tradizione]

resurrection /ˌrezə'rekʃən/ *s* risurrezione

resuscitate /rɪ'sʌsəteɪt/ *v* [tr] rianimare [persona], ridare vita a [progetto, piano]

retail /'riːteɪl/ *sostantivo* e *verbo*

• *s* **1** vendita al dettaglio **2 retail price** prezzo al dettaglio

• *v* **to retail at $20/£15 etc** essere venduto al dettaglio a 20 dollari/15 sterline ecc.

retailer /'riːteɪlə/ *s* dettagliante

retain /rɪ'teɪn/ *v* [tr] (formale) **1** conservare [ricevuta] **2** tenere a mente [fatto] **3** trattenere [acqua, calore, umidità]

retake /riː'teɪk/ *v* [tr] (passato **retook**, participio **retaken**) **1** ripetere [esame] **2** riconquistare [città, territorio]

retake² /'riːteɪk/ *s* nuova ripresa

retaken /riː'teɪkən/ participio di **retake**

retaliate /rɪ'tælieɪt/ *v* [intr] reagire

retaliation /rɪˌtæli'eɪʃən/ *s* ritorsione | **in retaliation for** come ritorsione per

retarded /rɪ'tɑːdɪd/ *agg* ritardato -a ▶ Questo aggettivo è considerato offensivo.

retch /retʃ/ *v* [intr] (3ª pers sing **retches**) avere conati di vomito

rethink /ˌriː'θɪŋk/ *v* [tr] (passato e participio **rethought**) ripensare

rethought /riː'θɔːt/ passato e participio di **rethink**

reticence /'retɪsəns/ *s* riservatezza

reticent /'retɪsənt/ *agg* riservato -a

retire /rɪ'taɪə/ *v* [intr] **1** (da lavoro) andare in pensione **2** (formale) (andarsene) ritirarsi **3** (formale) (andare a letto) coricarsi

retired /rɪ'taɪəd/ *agg* in pensione

retirement /rɪ'taɪəmənt/ *s* pensionamento

retiring /rɪ'taɪərɪŋ/ *agg* **1** riservato -a **2 the retiring headteacher/chairperson etc** il preside/il presidente ecc. uscente

retook /riː'tʊk/ passato di **retake**

R

retrace /rɪ'treɪs/ *v* [tr] **1** ripercorrere [strada] **2** ricostruire [movimenti di qn] **3 to retrace your steps** tornare sui propri passi

retract /rɪ'trækt/ *v* **1** [tr] ritrattare [affermazione, accusa] **2** [tr] ritrarre [artigli], [intr] (artigli) ritrarsi

retreat /rɪ'triːt/ *verbo e sostantivo*
- *v* [intr] **1** indietreggiare **2** (esercito, truppe) ritirarsi **3 to retreat from/to sth** ritirarsi da/in qc
- *s* **1** (di esercito, truppe) ritirata **2 to beat a retreat** battere in ritirata **3** (luogo sicuro) rifugio **4** (spirituale) ritiro

retribution /ˌretrə'bjuːʃən/ *s* (formale) **1** castigo **2** vendetta

retrieval /rɪ'triːvəl/ *s* recupero

retrieve /rɪ'triːv/ *v* [tr] recuperare [oggetti, dati]

retrospect /'retrəspekt/ *s* **in retrospect** con il senno di poi

retrospective /ˌretrə'spektɪv/ *aggettivo e sostantivo*
- *agg* **1** (legge, effetto) retroattivo -a **2** (sguardo, giudizio) retrospettivo -a
- *s* retrospettiva

return /rɪ'tɜːn/ *verbo e sostantivo*
- *v* **1** [intr] ritornare, tornare: *We are **returning to** London the same day.* Ritorniamo a Londra il giorno stesso. | *Everything will soon **return to normal**.* Presto tutto tornerà alla normalità. **2** [tr] restituire [denaro, libro], rilanciare [palla] **3** [tr] rimettere a posto: *I **returned** the book **to** the shelf.* Ho rimesso a posto il libro sullo scaffale. **4** [intr] (sintomo, dolore) tornare **5** [tr] ricambiare [favore, complimento, saluti] **6 to return sb's love** contraccambiare l'amore di qn **7 to return sb's call** richiamare qn: *I phoned several times, but he never returned my calls.* Ho telefonato parecchie volte, ma non mi ha mai richiamato.
- *s* **1** ritorno | **on my/his etc return** al mio/suo ecc. ritorno **2** (di oggetto) restituzione **3** (di sintomo, dolore) ricomparsa **4** (a un'attività, uno stato) ritorno: *the **return to** democracy* il ritorno alla democrazia **5** (in finanza) rendimento **6** BrE (biglietto di) andata e ritorno **7** (tasto) invio **8 in return (for sth)** in cambio (di qc) **9 many happy returns** cento di questi giorni! **10 return fare** prezzo di un biglietto (di) andata e ritorno **return journey** viaggio di ritorno **return ticket** BrE biglietto (di) andata e ritorno

reunion /riː'juːnjən/ *s* **1** (di amici, parenti) ricongiungimento **2** (di ex allievi, colleghi) rimpatriata

reunite /ˌriːjuː'naɪt/ *v* **1** [tr] riunificare [nazione, partito], [intr] (nazione, partito) riunificarsi **2** [tr] riunire [famiglia]

rev /rev/ , anche **rev up** *v* (**revved**, **revving**) [tr] mandare su di giri [motore], [intr] (motore) andare su di giri

revamp /riː'væmp/ *v* [tr] (informale) rinnovare [immagine]

reveal /rɪ'viːl/ *v* [tr] **1** mostrare **2** rivelare

revealing /rɪ'viːlɪŋ/ *agg* **1** (commento, osservazione) eloquente **2** (vestito, camicetta) scollato -a

revel /'revəl/ *v* (**-lled**, **-lling** BrE, **-led**, **-ling** AmE) **revel in sth** trovare gusto in qc: *She revelled in making me suffer.* Trovava gusto nel farmi soffrire.

revelation /ˌrevə'leɪʃən/ *s* rivelazione

revenge /rɪ'vendʒ/ *sostantivo e verbo*
- *s* vendetta | **to get/take (your) revenge** prendersi la (propria) rivincita
- *v* [tr] vendicare

revenue /'revənjuː/, anche **revenues** /'revənjuːz/ *s* (reddito) entrata [di Stato, organizzazione]

Reverend /'revərənd/ *s* reverendo

reversal /rɪ'vɜːsəl/ *s* **1** (di una politica, un processo) capovolgimento **2** (dei ruoli) inversione

reverse /rɪ'vɜːs/ *verbo, sostantivo e aggettivo*
- *v* **1** [tr] invertire [tendenza] **2** [tr] annullare [sentenza, verdetto] **3** [intr] (veicolo) fare retromarcia | **to reverse the car** fare retromarcia (con la macchina) **4 to reverse the order of sth** invertire l'ordine di qc **5 to reverse the charges** (BrE) fare una telefonata a carico (del destinatario) ► In inglese americano si usa **to call collect**.
- *s* **1 the reverse (of sth)** il contrario (di qc) | **quite the reverse** al contrario: *I was not disappointed. Quite the reverse.* Non ero deluso. Al contrario. **2** (anche **reverse gear**) retromarcia **3** (di moneta, tessuto) rovescio **4** (di foglio, busta) retro
- *agg* **1 in reverse order** in ordine inverso **2 the reverse side** il retro

revert /rɪ'vɜːt/ *v* **revert to sth** ritornare a qc **revert to sb** (proprietà) ritornare a qn

review /rɪ'vjuː/ *sostantivo e verbo*
- *s* **1** (verifica) revisione **2** (di film, libro) recensione **3** (di truppe) rassegna
- *v* **1** [tr] riesaminare **2** [tr] fare la recensione di [film, libro] **3** [tr] passare in rassegna [truppe] **4** [tr/intr] AmE ripassare [per un esame/un compito in classe] ► In inglese britannico si usa **to revise**.

reviewer /rɪ'vjuːə/ *s* critico [letterario, cinematografico]

revise /rɪ'vaɪz/ *v* **1** [tr] cambiare [opinione, piani] **2** [tr] rivedere [testo] | **a revised edition** un'edizione riveduta e corretta **3** [tr/intr] BrE ripassare [per un

R

esame/un compito in classe] ▶ In inglese americano si usa **to review**.

revision /rɪˈvɪʒən/ *s* **1** revisione **2** BrE (per un esame) ripasso | **to do your revision** ripassare

revival /rɪˈvaɪvəl/ *s* **1** (in economia) ripresa **2** (nella musica, moda, letteratura) revival **3** (di un'opera teatrale) rimessa in scena **4** (di interessi, speranze) rinascita

revive /rɪˈvaɪv/ *v* **1** [tr] rianimare [persona], [intr] (persona) riprendere conoscenza **2** [tr] ridare slancio a [economia], [intr] (economia) riprendersi **3** [tr] rimettere in sesto [persona], [intr] (malato, pianta) riprendersi **4** [tr] riaccendere [interesse, ostilità] **5** [tr] fare rivivere [tradizione, usanza]

revolt /rɪˈvəʊlt/ *verbo* e *sostantivo*
- *v* **1 to revolt (against sth/sb) a)** (contro il governo) rivoltarsi (contro qc/qn) **b)** (contro le regole, l'autorità) ribellarsi (contro qc/qn) **2** [tr] disgustare: *I was **revolted by** the way he ate.* Ero disgustato dal suo modo di mangiare.
- *s* **1** (sommossa) rivolta **2** (contro le regole, l'autorità) ribellione

revolting /rɪˈvəʊltɪŋ/ *agg* (cibo, odore) disgustoso -a, (persona, aspetto) orribile

revolution /ˌrevəˈluːʃən/ *s* **1** rivoluzione **2** rotazione

revolutionary /ˌrevəˈluːʃənəri/ *agg* e *s* rivoluzionario -a

revolve /rɪˈvɒlv/ *v* **1** [intr] girare, [tr] fare girare **2 to revolve around sth** (basarsi su) essere imperniato su qc

revolver /rɪˈvɒlvə/ *s* revolver

reˌvolving ˈdoor *s* porta girevole

reward /rɪˈwɔːd/ *sostantivo* e *verbo*
- *s* ricompensa
- *v* [tr] premiare | **to reward sb for sth** ricompensare qn per qc

rewarding /rɪˈwɔːdɪŋ/ *agg* (lavoro, esperienza) gratificante

rewind /riːˈwaɪnd/ *v* (passato e participio **rewound**) [tr] riavvolgere, [intr] riavvolgersi

rewound /riːˈwaʊnd/ passato e participio di **rewind**

rewrite /riːˈraɪt/ *v* [tr] (passato **rewrote**, participio **rewritten**) riscrivere

rewritten /riːˈrɪtn/ participio di **rewrite**

rewrote /riːˈrəʊt/ passato di **rewrite**

rhetoric /ˈretərɪk/ *s* retorica

rhetorical question /rɪˌtɒrɪkəl ˈkwestʃən/ *s* domanda retorica

rheumatism /ˈruːmətɪzəm/ *s* reumatismi

rhinoceros /raɪˈnɒsərəs/ *s* (pl **-ses**) rinoceronte

rhyme /raɪm/ *sostantivo* e *verbo*
- *s* **1** (componimento) poesia, in rima **2** (parola, tecnica) rima
- *v* [tr] far rimare, [intr] fare rima

rhythm /ˈrɪðəm/ *s* ritmo

rib /rɪb/ *s* costola

ribbon /ˈrɪbən/ *s* (per capelli, pacchetti) nastro

ribcage /ˈrɪbˌkeɪdʒ/ *s* cassa toracica

rice /raɪs/ *s* riso

ˌrice ˈpudding *s* budino di riso

rich /rɪtʃ/ *agg* **1** ricco -a: *Her family is very rich.* La sua famiglia è molto ricca. | **to get rich** arricchirsi | **the rich** i ricchi **2** (di elementi nutritivi, idee ecc.) ricco -a: *Oranges are **rich in** vitamin C.* Le arance sono ricche di vitamina C. **3** (salsa, dolce) pesante **4** (colore) intenso -a

riches /ˈrɪtʃɪz/ *s pl* (letterario) ricchezze

richly /ˈrɪtʃli/ *avv* **1** (decorato, addobbato) riccamente **2 richly coloured** dai colori vivaci **3 richly deserved** ampiamente meritato

rickety /ˈrɪkəti/ *agg* (scala, sedia) traballante

rid /rɪd/ *aggettivo* e *verbo*
- *agg* **1 to get rid of sth a)** liberarsi di qc [mal di testa, chili di troppo]: *I can't get rid of this cough.* Non riesco a liberarmi di questa tosse. **b)** sbarazzarsi di qc [oggetti vecchi o inutili] **2 to get rid of sb** liberarsi di qn: *You won't get rid of me that easily.* Non vi libererete di me tanto facilmente.
- *v* [tr] (passato e participio **rid**, gerundio **ridding**) **to rid sth/sb of sth** liberare qc/qn da qc

ridden /ˈrɪdn/ participio di **ride**

riddle /ˈrɪdl/ *s* **1** indovinello **2** enigma

riddled /ˈrɪdld/ *agg* **to be riddled with sth** essere pieno di qc

ride /raɪd/ *verbo* e *sostantivo*
- *v* (passato **rode**, participio **ridden**) **1** [tr/intr] cavalcare | **to go riding** andare a cavallo **2** [tr/intr] andare in bicicletta, moto ecc.: *Can you ride a bike?* Sai andare in bici? | *She got on her bike and **rode off**.* È salita in bici e se ne è andata. **3** AmE [tr/intr] andare in [autobus, treno, macchina] ▶ In inglese britannico si usa **to go (on)** o **to travel (on)**.
- *s* **1** (a cavallo) cavalcata **2** (in bicicletta, moto) giro | **to go for a ride** andare a fare un giro: *They've **gone for a ride on** their bikes.* Sono andati a fare un giro in bici. **3** (in autobus, treno, macchina) viaggio | **to give sb a ride** dare un passaggio a qn **4** (in un lunapark) giostra

rider /ˈraɪdə/ *s* **1** (a cavallo) cavaliere, cavallerizza **2** (in bici) ciclista **3** (in moto) motociclista

R

Vuoi informazioni sulla differenza tra gli **aggettivi possessivi** in inglese e in italiano? Vedi la **guida grammaticale**.

ridge /rɪdʒ/ *s* (di una catena montuosa) cresta

ridicule /ˈrɪdɪkjuːl/ *sostantivo* e *verbo*
- *s* ridicolo
- *v* [tr] mettere in ridicolo

ridiculous /rɪˈdɪkjələs/ *agg* ridicolo -a

riding /ˈraɪdɪŋ/ *s* equitazione

rife /raɪf/ *agg* **to be rife** (delitto, corruzione) essere molto diffuso

rifle /ˈraɪfəl/ *s* fucile

rift /rɪft/ *s* (in famiglia, tra paesi) rottura

rig /rɪg/ *verbo* e *sostantivo*
- *v* [tr] (**rigged**, **rigging**) manipolare [elezioni, concorso ecc.]
- *s* piattaforma petrolifera

right /raɪt/ *aggettivo, avverbio, sostantivo* e *verbo*
- *agg* **1** esatto -a: *the right answer* la risposta esatta | *Is that the right time?* È l'ora esatta? | **that's right** esatto
2 to be right (about sth) aver ragione (su qc): *You're quite right.* Hai ragione.
3 (a posto) come dovrebbe essere: *I knew something wasn't right.* Sapevo che qualcosa non andava. | **to put sth right** riparare qc [macchina, lavandino] | **to put things right** sistemare le cose
4 (mano, piede, parte ecc.) destro -a
5 (decisione, momento, persona) giusto -a: *She is the right person for the job.* È la persona giusta per il lavoro.
6 (attrezzatura, modello) adatto -a
7 (moralmente corretto) giusto -a: *It's not **right that** he should pay.* Non è giusto che debba pagare lui. | *You were **right to** tell me.* Hai fatto bene a dirmelo.
8 BrE (informale) totale: *The flat was in a right mess.* L'appartamento era nel disordine più totale. | *I feel like a right idiot.* Mi sento un perfetto idiota.
- *avv* **1** proprio | **right in front of sth/sb** proprio davanti a qc/qn | **right behind sth/sb** proprio dietro qc/qn
2 subito: *I'll be right with you.* Sarò subito da te. | **right away** immediatamente | **right now a)** subito: *I'll do it right now.* Lo faccio subito. **b)** al momento: *She's busy right now.* Al momento è occupata.
3 correttamente: *They haven't spelt my name right.* Non hanno scritto il mio nome correttamente. | *You guessed right.* Hai indovinato.
4 to get sth right a) azzeccare qc [risposta] **b)** fare bene qc
5 a destra: *Turn right at the lights.* Gira a destra al semaforo.
6 (BrE) bene: *Right! Let's get started.* Bene, cominciamo.
- *s* **1** diritto | **to have the right to sth** avere diritto a qc | **to have the right to do sth** avere il diritto di fare qc: *You had no right to interfere.* Non avevi nessun diritto di interferire. | **right of way** precedenza [in macchina]
2 the right a) (direzione) la destra: *the door **on the right*** la porta sulla destra **b)** (in politica) la destra
3 bene: *the difference between right and wrong* la differenza tra il bene e il male
4 to be in the right essere dalla parte della ragione
5 in his/its etc own right a tutti gli effetti: *The Vatican is a state in its own right.* Il Vaticano è uno Stato a tutti gli effetti.
- *v* [tr] **to right a wrong** riparare un torto

ˈright ˌangle *s* angolo retto

righteous /ˈraɪtʃəs/ *agg* **1** (indignazione) giustificato -a **2** virtuoso -a

rightful /ˈraɪtfəl/ *agg* legittimo -a

ˌright-ˈhand *agg* **the right-hand lane** la corsia di destra | **the top/bottom right-hand corner** l'angolo in alto/in basso a destra | **on the right-hand side** a destra

ˌright-ˈhanded *agg* (persona) che usa la mano destra

rightly /ˈraɪtli/ *avv* giustamente | **quite rightly** a ragione | **rightly or wrongly** a torto o a ragione

ˌright ˈwing *s* **the right wing** (in politica) la destra

ˌright-ˈwing *agg* di destra

rigid /ˈrɪdʒɪd/ *agg* **1** (regola, disciplina, sistema) rigido -a **2** (materiale, contenitore) rigido -a

rigorous /ˈrɪgərəs/ *agg* rigoroso -a

rigour BrE, **rigor** AmE /ˈrɪgə/ *s* (precisione) rigore

rim /rɪm/ *s* **1** (di bicchiere, tazza) orlo **2** (di ruota) cerchione **3** (di occhiali) montatura

rind /raɪnd/ *s* **1** (di arancia) scorza, (di formaggio) crosta **2** (di pancetta) cotenna

ring[1] /rɪŋ/ *s* **1** (per le dita) anello **2** (di persone, oggetti) cerchio: *We sat in a ring.* Eravamo seduti in cerchio. **3** (di forma circolare) anello **4** (di campanello, campana) suono: *the ring of the doorbell* il suono del campanello | *There was a ring at the door.* Hanno suonato alla porta. **5 to give sb a ring** BrE fare una telefonata a qn **6 a drugs/spy ring** una banda di spacciatori/spie **7** (nel pugilato) ring **8** (di circo) pista **9 to run rings around sb** (informale) cavarsela molto meglio di qn

ring[2] /rɪŋ/ *v* (passato **rang**, participio **rung**) **1** [tr] suonare [campanello, campana], [intr] (campanello, campana) suonare, (telefono) squillare: *The phone's ringing.* Sta squillando il telefono. **2** [intr] (orecchie)

R

fischiare **3** (anche **ring up**) BrE [tr/intr] telefonare: *He rang for a taxi.* Ha telefonato a un taxi. **4 to ring a bell** (informale) *Her name rings a bell.* Il suo nome mi dice qualcosa.
ring back BrE (per telefono) richiamare
ring sb back BrE richiamare qn
ring off BrE riattaccare [al telefono]

ring[3] *v* [tr] (passato e participio **ringed**) **1** (cingere) circondare **2** cerchiare [errore, parola ecc.] **3** inanellare [uccello]

ringleader /ˈrɪŋˌliːdə/ *s* capobanda

ˈring road *s* BrE tangenziale

rink /rɪŋk/ *s* (di pattinaggio) pista ▶ vedi anche **ice rink**

rinse /rɪns/ *verbo* e *sostantivo*
• *v* [tr] sciacquare | **to rinse sth out** sciacquare qc
• *s* **1 to give sth a rinse** dare una sciacquata a qc **2** (colorante per capelli) cachet

riot /ˈraɪət/ *sostantivo* e *verbo*
• *s* **1** sommossa **2 to run riot** scatenarsi
• *v* [intr] manifestare violentemente

rioting /ˈraɪətɪŋ/ *s* sommossa

rip /rɪp/ *verbo* e *sostantivo*
• *v* (**ripped**, **ripping**) **1** [tr] strappare [stoffa], [intr] (stoffa) strapparsi **2 to rip sth open** aprire qc strappando [lettera, pacchetto]
rip sb off (informale) rapinare qn, far pagare troppo
rip sth off/out strappare via qc
rip sth up stracciare qc
• *s* strappo

ripe /raɪp/ *agg* **1** (frutta, raccolto) maturo -a, (formaggio) stagionato -a **2 to be ripe for sth** essere maturo per qc

ripen /ˈraɪpən/ *v* [tr] far maturare, [intr] maturare

ˈrip-off *s* (informale) furto: *What a rip-off!* Che furto!

ripple /ˈrɪpəl/ *verbo* e *sostantivo*
• *v* [intr] **1** (acqua) incresparsi **2** (erba, grano) ondeggiare
• *s* **a ripple of laughter** una risatina | **a ripple of applause** pochi applausi

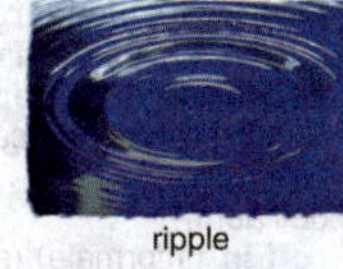
ripple

rise /raɪz/ *verbo* e *sostantivo*
• *v* [intr] (passato **rose**, participio **risen**) **1** (in numero o valore) aumentare | **to rise by $5,000/2% etc** aumentare di 5000 dollari/del 2% ecc. | **rising unemployment/tension etc** crescente disoccupazione/tensione ecc. **2** (livello di fiume, strada, fumo) salire **3** (in piedi) alzarsi: *The whole audience* ***rose to its feet.*** Tutto il pubblico si è alzato in piedi. **4** (di rango, importanza) salire **5 his/her voice rose** ha alzato la voce **6** (sole, luna, stelle) sorgere | **the rising sun** il sole nascente **7** (pane, torta) lievitare **8** (anche **rise up**) (letterario) insorgere | **to rise against sth/sb** insorgere contro qc/qn
• *s* **1** (di prezzo, numero, temperatura) aumento: *a* ***rise in*** *temperature* un aumento della temperatura **2** BrE (di stipendio) aumento: *a pay rise* un aumento di stipendio **3** (al potere, al successo) ascesa **4 to give rise to sth** dar luogo a qc **5** (di strada) salita

risen /ˈrɪzən/ participio di **rise**

risk /rɪsk/ *sostantivo* e *verbo*
• *s* rischio: *There is a risk of brain damage.* C'è il rischio di lesioni cerebrali. | *We are all* ***at risk from*** *pollution.* L'inquinamento è un pericolo per tutti. | *He doesn't like* ***taking risks.*** Non gli piace correre dei rischi. | **to run the risk of doing sth** correre il rischio di fare qc | **at your own risk** a tuo rischio e pericolo
• *v* [tr] **1** rischiare [salute, lavoro, vita] | **to risk your neck** (informale) rischiare l'osso del collo **2 to risk arrest/defeat etc** rischiare l'arresto/la sconfitta ecc. **3 to risk doing sth** rischiare facendo qc

risky /ˈrɪski/ *agg* (**-kier**, **-kiest**) rischioso -a

rite /raɪt/ *s* rito

ritual /ˈrɪtʃuəl/ *s* e *agg* rituale

rival /ˈraɪvəl/ *sostantivo*, *aggettivo* e *verbo*
• *s* e *agg* rivale
• *v* (**-lled**, **-lling** BrE, **-led**, **-ling** AmE) **to rival sth/sb for sth** competere con qc/qn per qc

rivalry /ˈraɪvəlri/ *s* (pl **-ries**) rivalità

river /ˈrɪvə/ *s* fiume: *the river Nile* il fiume Nilo

ˈriver bank *s* argine del fiume

riverside /ˈrɪvəsaɪd/ *s* riva del fiume | **a riverside apartment/house** un appartamento/una casa in riva al fiume

rivet /ˈrɪvət/ *verbo* e *sostantivo*
• *v* **to be riveted to/on sth** (occhi, attenzione) essere fisso su qc
• *s* rivetto

riveting /ˈrɪvətɪŋ/ *agg* appassionante

road /rəʊd/ *s* **1** strada: *the* ***road to*** *Milan* la strada per Milano | *a busy main road* una strada principale molto trafficata | *Be careful when you* ***cross the road.*** Stai attento quando attraversi la strada. | **by road** via terra | **across/over the road** dall'altra parte della strada | **just down/up the road** sulla stessa strada: *I live just down the road.* Abito più avanti. ▶ **Road**, scritto con la maiuscola, è usato in nomi di strade, come **Maple Road**, **Richmond Road** ecc. **2 the road to success/stardom etc** la strada per il successo/la celebrità

ˈroad ˌaccident *s* incidente stradale

R

roadblock /ˈrəʊdblɒk/ *s* blocco stradale

ˈroad rage *s* comportamento violento di un automobilista verso un altro automobilista

roadside /ˈrəʊdsaɪd/ *s* **by/at/along etc the roadside** lungo la strada | **a roadside cafe/restaurant** un bar/ristorante sulla strada

ˈroad sign *s* cartello stradale

roadway /ˈrəʊdweɪ/ *s* carreggiata

roadworks /ˈrəʊdwɜːks/ *s pl* lavori stradali

roam /rəʊm/ *v* [intr] vagare, [tr] vagare per: *The children were left to roam the streets.* Avevano lasciato i bambini a vagare per le strade.

roar /rɔː/ *verbo e sostantivo*

• *v* **1** [intr] (leone, tigre) ruggire, (vento, mare) mugghiare, (fuoco) scoppiettare **2** [tr] (persona) ruggire **3 to roar (with laughter)** ridere fragorosamente **4 to roar past/overhead** passare/sorvolare rombando

• *s* **1** (di leone, tigre) ruggito **2** (di persone) boato: *There was a roar of approval.* Ci fu un boato di approvazione. **3** (di traffico) rombo

roaring /ˈrɔːrɪŋ/ *agg* **1 a roaring fire** un fuoco scoppiettante **2 to do a roaring trade (in sth)** fare affari d'oro (vendendo qc)

roast /rəʊst/ *verbo, aggettivo e sostantivo*

• *v* **1** [tr/intr] (carne) cuocere [in forno o direttamente sul fuoco] **2** [tr] tostare [caffè, noccioline]

• *agg* **roast lamb/chicken etc** agnello/pollo ecc. arrosto

• *s* arrosto ▶ vedi nota sotto **arrosto**

rob /rɒb/ *v* [tr] (**robbed**, **robbing**) rapinare [banca] | **to rob sb of sth** derubare qn di qc ▶ **ROB, STEAL O BURGLE?** vedi nota sotto **rubare**

robber /ˈrɒbə/ *s* rapinatore, -trice ▶ **ROBBER, THIEF O BURGLAR?** vedi nota sotto **ladro**

robbery /ˈrɒbəri/ *s* (pl **-ries**) **1** (in casa, negozio) furto **2** (di banca) rapina: *armed robbery* rapina a mano armata ▶ **BURGLARY O THEFT?** vedi nota sotto **furto**

robe /rəʊb/ *s* **1** (di avvocato, laureato) toga, (di sacerdote) tonaca **2** (da bagno) accappatoio, (da camera) vestaglia

robin /ˈrɒbɪn/ *s* pettirosso

robot /ˈrəʊbɒt/ *s* robot

robust /rəˈbʌst/ *agg* **1** (persona) robusto -a, (oggetto) resistente **2** (discorso, difesa) energico -a

rock /rɒk/ *sostantivo e verbo*

• *s* **1** (minerale) roccia, (nel mare) scoglio **2** AmE sasso **3** (anche **rock music**) (musica) rock **4 to be on the rocks** (informale) (matrimonio, relazione) essere in crisi **5 scotch/vodka etc on the rocks** whisky/vodka ecc. con ghiaccio **6 rock band** gruppo rock

• *v* **1** [tr] far dondolare [barca], [intr] (barca) dondolare **2** [tr] cullare [bambino] **3** [intr] (costruzione) tremare, [tr] scuotere

ˌrock and ˈroll, anche **rock 'n' roll** *s* rock and roll

ˌrock ˈbottom *s* (informale) **to hit/reach rock bottom** (persona, morale) toccare il fondo | **rock-bottom prices** prezzi stracciati

ˈrock ˌclimbing *s* alpinismo (su roccia)

rocket /ˈrɒkɪt/ *sostantivo e verbo*

• *s* (per lo spazio, fuoco d'artificio) razzo, (arma) missile

• *v* [intr] (prezzi, tassi d'interesse) salire alle stelle

ˈrocking chair *s* sedia a dondolo

rocky /ˈrɒki/ *agg* (**-kier**, **-kiest**) **1** (sassoso) roccioso -a **2** (informale) (rapporto, situazione) difficile

rod /rɒd/ *s* **1** (di metallo) barra, (per tende) bastone **2** (anche **fishing rod**) canna da pesca

rode /rəʊd/ passato di **ride**

rodent /ˈrəʊdənt/ *s* roditore

rogue /rəʊg/ *s* furfante

role /rəʊl/ *s* **1** ruolo | **to play a major/key role (in sth)** avere un ruolo fondamentale (in qc) **2** (in teatro, film ecc.) parte **3 role model** (esempio) modello di comportamento

roll /rəʊl/ *verbo e sostantivo*

• *v* **1** [intr] (veicolo) muoversi, (palla) rotolare, (lacrime) scorrere, [tr] far rotolare [palla], lanciare [dadi]: *The ball rolled into the street.* La palla è rotolata in strada. | *Tears were **rolling down** her cheeks.* Le lacrime le scorrevano sulle guance. **2** [intr] (persona) girarsi: *He rolled onto his back.* Si è girato sulla schiena. | *The dog was rolling in the mud.* Il cane si rotolava nel fango. **3 to be rolling in it** BrE (informale) navigare nell'oro **4** [tr] avvolgere [gomitolo], arrotolare [giornale] | **to roll a cigarette** arrotolarsi una sigaretta **5** [intr] (aereo, barca) rollare

roll sth down tirare giù [finestrino dell'auto]

roll in (informale) (soldi, lettere) piovere

roll sth out stendere qc [pasta, cartina]

roll over girarsi [rotolando]

roll up (informale) farsi vedere **roll sth up to roll the window up** chiudere il finestrino [di auto] | **to roll your sleeves up** rimboccarsi le maniche

• *s* **1** (di carta) rotolo, (di stoffa) pezza, (di pellicola) rullino, (di banconote) rotolo **2** panino: *a cheese roll* un panino al formaggio **3** (di barca, aereo) rollio **4** lista dei nomi | **to call/take the roll** fare l'appello

R

Non sai come pronunciare una determinata parola? Consulta la tabella dei simboli fonetici nell'interno della copertina.

ˈroll call *s* appello

roller /ˈrəʊlə/ *s* **1** (di macchinario, da imbianchino) rullo **2** (per capelli) bigodino

Rollerblade® /ˈrəʊləbleɪd/ *s* Rollerblade®

ˈroller ˌcoaster *s* montagne russe

ˈroller skate *s* pattino a rotelle

rolling /ˈrəʊlɪŋ/ *agg* (colline, paesaggio) ondulato -a

ˈrolling pin *s* matterello

ROM /rɒm/ *s* (= **read-only memory**) ROM

Roman /ˈrəʊmən/ *agg* e *s* romano -a

romance /rəʊˈmæns/ *s* **1** (relazione) idillio **2** (amore) sentimenti **3** (emozione avventurosa) fascino **4** (romanzo) storia d'amore

romantic /rəʊˈmæntɪk/ *agg* e *s* romantico -a

roof /ruːf/ *s* **1** tetto **2 the roof of the/your mouth** il palato **3 to hit the roof** (informale) andare su tutte le furie

ˈroof rack *s* portapacchi, di macchina

rooftop /ˈruːftɒp/ *s* tetto

rook /rʊk/ *s* **1** (uccello) corvo **2** (negli scacchi) torre

room /ruːm/ *s* **1** (di casa, albergo) camera, stanza | **a meeting room** una sala riunioni **2** posto: *There wasn't enough **room to lie down**.* Non c'era abbastanza posto per sdraiarsi. | **to make room for sth/sb** fare posto a qc/qn **3 room for doubt** margine di dubbio | **there's room for improvement** si potrebbe fare meglio

roommate /ˈruːmˌmeɪt/ *s* compagno -a di camera

ˈroom ˌservice *s* servizio in camera

ˈroom ˌtemperature *s* temperatura ambiente

roomy /ˈruːmi/ *agg* (**-mier**, **-miest**) (casa, auto, ecc.) spazioso -a, (abito, giacca) comodo -a

root /ruːt/ *sostantivo* e *verbo*

- *s* **1** (di pianta, capello, dente) radice **2** (di problema) radice | **the root cause (of sth)** la causa principale (di qc) **3 to take root** (idea, abitudine) prendere piede **4 to put down roots** mettere radici
- *v* **to root in/around sth** frugare in qc

root for sb (informale) fare il tifo per qn

root sth out 1 sradicare qc [corruzione, razzismo] **2** (informale) scovare qc

rope /rəʊp/ *sostantivo* e *verbo*

- *s* **1** corda **2 to know the ropes** (informale) essersi fatto le ossa **3 to show sb the ropes** (informale) dare qualche dritta a qn
- *v* **to rope sth to sth** legare qc a qc

rope sb in (informale) **to rope sb in to do sth** incastrare qn per fare qc

rope sth off delimitare qc con una corda

rose[1] /rəʊz/ *s* (fiore) rosa

rose[2] /rəʊz/ passato di **rise**

rosette /rəʊˈzet/ *s* coccarda

rostrum /ˈrɒstrəm/ *s* (pl **rostrums** o **rostra** /-trə/) (di direttore d'orchestra, oratore) podio

rosy /ˈrəʊzi/ *agg* (**rosier**, **rosiest**) **1** (guance) rosa **2** (futuro, prospettiva) roseo -a

rot /rɒt/ *v* (**rotted**, **rotting**) [tr] far marcire, [intr] marcire

rota /ˈrəʊtə/ *s* BrE turni

rotate /rəʊˈteɪt/ *v* **1** [intr] ruotare, [tr] far girare **2** [tr] alternare [lavoro, mansione]

rotation /rəʊˈteɪʃən/ *s* rotazione | **to do sth in rotation** fare qc a rotazione

rotten /ˈrɒtn/ *agg* **1** (in decomposizione) marcio -a **2** (informale) (infame) meschino -a: *That was a rotten thing to do.* È stata una cosa ignobile. **3** (informale) (incapace) penoso -a: *I'm a rotten cook.* Sono una cuoca penosa.

rough /rʌf/ *aggettivo*, *sostantivo*, *verbo* e *avverbio*

- *agg* **1** (pelle, superficie) ruvido -a **2** (strada, sentiero) accidentato -a **3 a rough idea** una vaga idea | **a rough sketch** un disegno approssimativo **4** (gioco, persona, quartiere) violento -a, (maniere, trattamento) rude **5** (informale) **a rough day** una giornataccia: *I've had a really rough day.* Ho avuto proprio una giornataccia. | **to have a rough time of it** attraversare un periodaccio | **to feel rough** sentirsi poco bene **6** (mare) mosso -a
- *s* **1 to take the rough with the smooth** prendere la vita come viene **2 in rough** (scrivere) in brutta
- *v* **to rough it** (informale) fare una vita dura
- *avv* **to sleep rough** dormire all'addiaccio

roughly /ˈrʌfli/ *avv* **1** (approssimativamente) più o meno | **roughly speaking** grosso modo **2** (spingere) violentemente

round /raʊnd/ *aggettivo*, *avverbio*, *preposizione*, *sostantivo* e *verbo*

- *agg* **1** (a forma di cerchio o sfera) rotondo -a **2 in round figures** in cifra tonda
- *avv* BrE **1** in un posto o da qualcuno: *He's round at David's.* È da David. | *Do you want to come round to my house?* Vuoi venire a casa mia? **2 all round** in tutti i sensi **3 round about** qui intorno **4 round about 10 o'clock/the same**

C'è una tavola con i numeri in inglese e spiegazioni sul loro uso nella **guida grammaticale**.

time etc più o meno alle 10/alla stessa ora ecc. **5** **to go the long way round** fare il giro più lungo ▶ In inglese britannico **round** si usa al posto di **around** in molti **phrasal verbs** come **show round**, **turn round**, ecc. Questi sono trattati alla voce del verbo corrispondente.

- *prep* BrE ▶ vedi **around**
- *s* **1** (di eventi collegati) serie: *the latest round of peace talks* l'ultima serie di colloqui per la pace **2** (di postino, lattaio) giro | **to be (out) on your rounds** (dottore) essere fuori per le visite **3** (di bevande) giro: *I'll get the next round.* Il prossimo giro offro io. | *It's your round.* Tocca a te offrire. **4** (di golf) partita **5** (nella boxe) round, ripresa **6** (di una gara) turno **7** **a round (of ammunition)** (di arma) una cartuccia **8** **a round of applause** un applauso
- *v* [tr] prendere [curva]

round sth down arrotondare qc [per difetto]

round sth off (with sth) terminare qc (con qc)

round sth up **1** radunare qc [gregge] **2** arrotondare qc [per eccesso] **round sb up** **1** radunare qn [persone] **2** arrestare qn

roundabout /ˈraʊndəbaʊt/ *sostantivo* e *aggettivo*

- *s* BrE **1** (di strada) rotatoria **2** (gioco per bambini) giostra
- *agg* **a roundabout route** una strada più lunga | **in a roundabout way** in modo indiretto

ˈround-trip *s* viaggio di andata e ritorno

rouse /raʊz/ *v* [tr] **1** (formale) svegliare **2** provocare

rousing /ˈraʊzɪŋ/ *agg* (discorso, canzone) entusiasmante

route /ruːt, AmE raʊt/ *s* (percorso, cammino) strada, (di nave, aereo) rotta

R

routine /ruːˈtiːn/ *sostantivo* e *aggettivo*

- *s* **1** routine **2** (di spettacolo) numero, (di danza) coreografia
- *agg* **1** (visita, controllo, procedura) di routine: *a routine checkup* un controllo di routine **2** (lavoro, vita) ordinario -a

routinely /ruːˈtiːnli/ *avv* regolarmente

row¹ /rəʊ/ *sostantivo* e *verbo*

- *s* **1** (di persone, case, posti a teatro) fila | **in a row/in rows** in fila/in file: *The children sat in a row.* I bambini erano seduti in fila. **2** **three/four etc times in a row** tre/quattro ecc. volte di seguito
- *v* [tr] andare a remi, [intr] remare: *She **rowed across** the lake.* Ha attraversato il lago a remi. | *Can you **row** me **to** the other side?* Puoi portarmi sull'altra riva?

row² /raʊ/ *s* BrE **1** (lite) litigio | **to have a row (with sb)** litigare (con qn) **2** **row (about/over sth)** (in ambito pubblico) controversia (su qc) **3** (rumore) baccano

rowdy /ˈraʊdi/ *agg* (**-dier**, **-diest**) turbolento -a

rowing boat /ˈrəʊɪŋ bəʊt/ BrE, **rowboat** /ˈrəʊbəʊt/ AmE *s* barca a remi

royal /ˈrɔɪəl/ *agg* reale

royalty /ˈrɔɪəlti/ *s* reali

rub /rʌb/ *verbo* e *sostantivo*

- *v* [tr] (**rubbed**, **rubbing**) **1** sfregare [mobile, pavimento, pelle] | **to rub your eyes** sfregarsi gli occhi | **to rub your hands (together)** fregarsi le mani | **to rub sth into/onto sth** spalmare qc su qc **2** [intr] (scarpe) far male a causa di uno sfregamento **3** **to rub it in** (informale) agitare il coltello nella piaga

rub sth down **1** (per asciugare) strofinare qc **2** (con carta vetrata) levigare

rub off **to rub off on sb** (entusiasmo) contagiare qn

rub sth out (con la gomma) cancellare qc

- *s* passata | **to give sth a rub** fare un massaggino a qc [schiena, corpo]

rubber /ˈrʌbə/ *s* **1** (materiale) gomma **2** BrE (per cancellare) gomma **3** AmE (informale) preservativo

ˌrubber ˈband *s* elastico

rubbish /ˈrʌbɪʃ/ *s* **1** spazzatura **2** (informale) sciocchezze

ˈrubbish ˌdump *s* discarica

rubble /ˈrʌbəl/ *s* macerie

ruby /ˈruːbi/ (pl **rubies**) *s* rubino

rucksack /ˈrʌksæk/ *s* zaino

rudder /ˈrʌdə/ *s* timone

rude /ruːd/ *agg* **1** (commento, comportamento, persona) maleducato -a: *He was very rude.* È stato molto maleducato. | ***It's rude** to ask people's age.* È maleducazione chiedere l'età alle persone. | *Don't **be rude to** your mother.* Non essere maleducato con tua madre. **2** (barzelletta, quadro, libro) volgare

rudimentary /ˌruːdəˈmentəri/ *agg* rudimentale

ruffle /ˈrʌfəl/ *v* [tr] **1** scompigliare [capelli] **2** far increspare [mare], agitare [foglie]

ruffled /ˈrʌfəld/ *agg* irritato -a

rug /rʌg/ *s* **1** tappeto **2** (coperta) plaid

rugby /ˈrʌgbi/ *s* rugby

rug

rugged /ˈrʌgɪd/ *agg* **1** (terreno) accidentato -a, (costa) frastagliato -a, (montagna) scosceso -a **2** (aspetto) rude, (lineamenti) marcato -a

ruin /ˈruːɪn/ *verbo* e *sostantivo*

- *v* [tr] **1** (danneggiare) rovinare **2** (mandare in fallimento) rovinare
- *s* **1** (di edificio) rovina **2** fallimento

[finanziario] **3 to be in ruins a)** (edificio, città) essere in rovina **b)** (vita, carriera) essere rovinato

ruined /ˈruːɪnd/ *agg* rovinato -a

rule /ruːl/ *sostantivo* e *verbo*

● *s* **1** (norma) regola | **to be against the rules** essere vietato dal regolamento **2** (governo) dominio **3** (di sovrano) regno **4 as a (general) rule** in genere | **a rule of thumb** una regola pratica

● *v* [tr/intr] **1** (sovrano) regnare, (politico) governare | **to rule over sth/sb** regnare su qc/qn **2** (tribunale, giudice) pronunciarsi: *The judge ruled in favour of the accused.* Il giudice si è pronunciato in favore dell'imputato.

rule sth out escludere qc [possibilità, ipotesi] **rule sb out** scartare qn [candidato]

ruler /ˈruːlə/ *s* **1** sovrano **2** righello

ruling /ˈruːlɪŋ/ *sostantivo* e *aggettivo*

● *s* sentenza

● *agg* (classe, partito) governante

rum /rʌm/ *s* rum

rumble /ˈrʌmbəl/ *verbo* e *sostantivo*

● *v* [intr] **1** (tuono, traffico) rimbombare **2** (stomaco) brontolare

● *s* (di tuono, traffico) rimbombo

rummage /ˈrʌmɪdʒ/ *v* [intr] rovistare | **to rummage about/around in sth** rovistare in qc [cassetto, stanza] | **to rummage through sth** frugare in qc

rumour BrE, **rumor** AmE /ˈruːmə/ *s* pettegolezzo | **rumour has it that** corre voce che ▶ FALSE FRIEND Non confondere **"rumour"** con **rumore** che si traduce **noise**.

rump /rʌmp/ *s* **1** (di animale) groppa **2** (taglio di carne) scamone **3 rump steak** scamone

run /rʌn/ *verbo* e *sostantivo*

● *v* (passato **ran**, participio **run**, gerundio **running**) **1** [tr/intr] correre: *I run four kilometres every morning.* Corro per quattro chilometri ogni mattina. | *He **ran** upstairs.* È corso di sopra. | *Some children **ran past** me.* Alcuni bambini mi hanno oltrepassato di corsa.

2 [tr] gestire [negozio] | **to run a business** dirigere una azienda

3 [tr] tenere [corso, lezioni]

4 [intr] (autobus) circolare, (treni) viaggiare: *The coach doesn't run on Sundays.* Il pullman non circola di domenica. | *The number 22 runs every ten minutes.* Il numero 22 passa ogni dieci minuti. | **to run on time** (treno, autobus) essere puntuale: *The 18.15 to Exeter is **running late**.* Il treno delle 18.15 per Exeter è in ritardo.

5 [intr] (liquido, sudore) colare: *The sweat was running down his face.* Il sudore gli colava sul viso. | *I must have left a tap running.* Devo aver lasciato un rubinetto aperto. | *His nose was running.* Gli colava il naso.

6 [tr] (far scorrere) passare: *She ran her fingers through her hair.* Si è passata le dita tra i capelli. | **to run your eye over sth** far scorrere lo sguardo su qc

7 [intr] estendersi nello spazio: *The road runs along the valley.* La strada si snoda lungo la vallata. | *There was a barbed wire fence running round the building.* Un reticolato circondava tutto l'edificio.

8 [intr] (macchina, motore) funzionare, [tr] far funzionare [macchina, motore]: *Don't run the engine for too long.* Non far girare il motore troppo a lungo. | *They leave the computers running overnight.* Lasciano i computer accesi durante la notte. | **to run on diesel/batteries etc** andare a diesel/batterie ecc.

9 [tr] far girare [programma del computer]

10 to run a bath far scorrere l'acqua per il bagno

11 [intr] candidarsi: *He's going to **run for** president.* Ha intenzione di candidarsi alla presidenza.

12 [intr] (lavori, avvenimento) procedere: *The project is running to schedule.* Il progetto sta procedendo come stabilito. | **to run smoothly** procedere senza intoppi

13 [intr] (spettacolo, film) essere in cartellone: *The play **ran for** two years.* La commedia è stata in cartellone per due anni.

14 [tr] mantenere [macchina, casa]: *I can't afford to run a car.* Non posso permettermi di mantenere una macchina.

15 [intr] (colore, tinta) colare

16 to be running low on sth stare esaurendo qc | **time is running short** il tempo sta per finire

17 to run in the family essere una caratteristica di famiglia

18 to be running at essere a: *Inflation was running at 5%.* L'inflazione era al 5%.

19 to run wild scatenarsi

20 to run dry prosciugarsi

run across sth trovare qc per caso

run after sb rincorrere qn

run away (from sth/sb) scappare (da qc/qn)

run down (pila, batteria) scaricarsi **run sb down** **1** investire qn [in macchina] **2** (informale) criticare qn [persona]

run into sth **1** (andare a) sbattere contro qc [in macchina] **2 to run into trouble** cacciarsi nei guai | **to run into problems** incontrare delle difficoltà **run into sb** **1** imbattersi in qn **2** investire qn [in macchina]

run off (persona, animale) scappare

run out **1** (soldi, tempo) esaurirsi: *My patience is running out.* La mia pazienza si sta esaurendo. | **to run out of sth** finire qc [provviste] **2** (visto, passaporto) scadere

run sb over mettere sotto qn [in macchina]: *He was run over by a truck.* È stato messo sotto da un camion.

R

Vuoi ordinare un hamburger in inglese? Consulta la **guida alla comunicazione** in fondo al dizionario.

run through sth dare una scorsa a qc
• *s* **1** corsa | **to go for a run** andare a correre: *He goes for a run every day.* Va a correre tutti i giorni. | **to make a run for it** scappare di corsa
2 (nel cricket, baseball) punto
3 **to be on the run** essere in fuga
4 **a run of good/bad luck** un periodo fortunato/sfortunato
5 **in the long run** alla lunga | **in the short run** a breve scadenza

runaway /'rʌnəweɪ/ *aggettivo* e *sostantivo*
• *agg* **1** (treno) impazzito -a, (inflazione) galoppante **2** (prigioniero) fuggitivo -a **3** (successo) travolgente **4** (vittoria) schiacciante
• *s* persona scappata di casa

ˌrun-'down *agg* **1** (edificio) malridotto -a **2** (persona) spossato -a

rung¹ /rʌŋ/ *s* (di una scala) piolo

rung² /rʌŋ/ participio di **ring**

runner /'rʌnə/ *s* corridore

ˌrunner-'up *s* (pl **runners-up**) **to be runner-up** arrivare secondo

running /'rʌnɪŋ/ *aggettivo*, *sostantivo* e *avverbio*
• *agg* **1** **running water** acqua corrente **2** **a running battle** una discussione continua
• *s* **1** corsa: *He's good at running and swimming.* È bravo nella corsa e nel nuoto. **2** **the running of sth** la direzione di qc [impresa], il governo di qc [paese] **3** **to be in the running (for sth)** essere ancora in corsa (per qc)
• *avv* **three years/five times etc running** tre anni/cinque volte ecc. di fila

runny /'rʌni/ *agg* (**runnier**, **runniest**) **1** **to have a runny nose** avere il naso che cola **2** (salsa, marmellata) liquido -a

runway /'rʌnweɪ/ *s* pista [di atterraggio]

rural /'rʊərəl/ *agg* rurale

rush /rʌʃ/ *verbo* e *sostantivo*
• *v* (3ª pers sing **rushes**) **1** [intr] precipitarsi: *Everyone was* ***rushing*** *to buy the new album.* Tutti si precipitavano a comprare il nuovo album. | *David* ***rushed into*** *the bathroom.* David si è precipitato in bagno. **2** [intr] correre **3** [tr] fare qualcosa di corsa: *Don't rush your food.* Non mangiare di corsa. | **to rush (into) things** precipitare le cose **4** [tr] mettere fretta a [persona] | **to rush sb into sth** mettere fretta a qn perché faccia qc **5** [tr] portare di corsa: *She was rushed to hospital with appendicitis.* È stata portata d'urgenza all'ospedale per un'appendicite.
rush around correre di qua e di là
• *s* **1** assalto | **to make a rush for sth** prendere d'assalto qc **2** ressa: *Let's leave early and avoid the rush.* Partiamo presto ed evitiamo la ressa. **3** fretta: *There's no rush.* Non c'è fretta. | *She's always* ***in a rush.*** È sempre di fretta. **4** giunco

rushed /rʌʃt/ *agg* (lavoro) raffazzonato -a, (decisione) affrettato -a

'rush hour *s* ora di punta

Russia /'rʌʃə/ *s* la Russia

Russian /'rʌʃən/ *sostantivo* e *aggettivo*
• *s* **1** (lingua) russo **2** russo -a
• *agg* russo -a

rust /rʌst/ *sostantivo* e *verbo*
• *s* ruggine
• *v* **1** [tr](fare)arrugginire **2** [intr]arrugginirsi

rustle /'rʌsəl/ *verbo* e *sostantivo*
• *v* [intr] (carta) frusciare
• *s* fruscio

rusty /'rʌsti/ *agg* (**-tier**, **-tiest**) **1** (oggetto, ferro) arrugginito -a **2** (memoria) arrugginito -a: *My German is very rusty.* Il mio tedesco è molto arrugginito.

rut /rʌt/ *s* **1** **to be (stuck) in a rut** essere intrappolato nella solita routine **2** (nel terreno) solco

ruthless /'ruːθləs/ *agg* spietato -a

ruthlessly /'ruːθləsli/ *avv* senza pietà

rye /raɪ/ *s* segale

S¹, s /es/ *s* S, s ► vedi Active Box **letters** sotto **letter**

S² (= **south**) S

sabotage /'sæbətɑːʒ/ *verbo* e *sostantivo*
• *v* [tr] sabotare [macchina, negoziati]
• *s* sabotaggio

saccharin /'sækərɪn/ *s* saccarina

sachet /'sæʃeɪ/ *s* (di zucchero, shampoo) bustina

sack /sæk/ *sostantivo* e *verbo*
• *s* **1** (grande contenitore) sacco **2** **to give sb the sack** BrE (informale) licenziare qn | **to get the sack** BrE (informale) essere licenziato
• *v* [tr] BrE (informale) licenziare

sacred /'seɪkrɪd/ *agg* sacro -a

sacrifice /'sækrəfaɪs/ *verbo* e *sostantivo*
• *v* [tr] sacrificare
• *s* sacrificio | **to make sacrifices** fare dei sacrifici

sad /sæd/ *agg* (**sadder**, **saddest**) **1** (persona, notizia) triste: *He* ***looked sad.*** Aveva l'aria triste. | *We were* ***sad to*** *see her go.*

S

Eravamo tristi a vederla andare via. **2** (stato, situazione) deplorevole **3** (informale) patetico -a

sadden /'sædn/ *v* [tr] rattristare

saddle /'sædl/ *s* **1** (di cavallo) sella **2** (di bicicletta) sellino

sadness /'sædnəs/ *s* tristezza

safe /seɪf/ *aggettivo* e *sostantivo*

• *agg* **1** (attività, posto) sicuro -a: *Always keep your identity card in a safe place.* Tieni sempre la tua carta d'identità in un posto sicuro. | *Will my car be safe here?* La mia macchina sarà al sicuro qui? | *Is it safe to swim here?* È rischioso nuotare qui? | **to be on the safe side** per non correre rischi **2** **a safe driver** un guidatore prudente **3** senza lesioni o danni: *Thank God you're safe!* Grazie a Dio sei salvo! | **to be safe from sth** essere al riparo da qc | **safe and sound** sano e salvo | **better safe than sorry** meglio prevenire che curare

• *s* cassaforte

safeguard /'seɪfgɑːd/ *sostantivo* e *verbo*

• *s* salvaguardia

• *v* [tr] salvaguardare

safely /'seɪfli/ *avv* **1** senza correre rischi: *He cannot safely be left on his own.* Non può essere lasciato tranquillamente da solo. | *They're now safely behind bars.* Sono ora al sicuro dietro le sbarre. **2** (arrivare) sano e salvo **3** (affermare, presumere) con certezza

safety /'seɪfti/ *s* sicurezza: *road safety* sicurezza sulle strade

'safety belt *s* cintura di sicurezza

'safety pin *s* spilla da balia

sag /sæg/ *v* [intr] (**sagged**, **sagging**) **1** (ramo, soffitto) cedere **2** (materasso, poltrona) infossarsi

Sagittarius /ˌsædʒɪ'teəriəs/ *s* **1** (segno) Sagittario **2** (persona) Sagittario: *She's a Sagittarius.* È del Sagittario.

said /sed/ passato e participio di **say**

sail /seɪl/ *verbo* e *sostantivo*

• *v* **1** [intr] (persona, barca) navigare | **to go sailing** fare vela **2** [tr] attraversare [mare, oceano] | **to sail the Atlantic** attraversare l'Atlantico in barca a vela **3** [tr] pilotare [nave, yacht] **4** [intr] (nave) salpare

• *s* **1** vela [tela] **2** **to set sail** salpare

sailing /'seɪlɪŋ/ *s* vela [attività]

'sailing boat BrE, **sailboat** /'seɪlbəʊt/ AmE *s* barca a vela

sailor /'seɪlə/ *s* marinaio

saint /sənt, tonico seɪnt/ *s* santo: *Saint John* San Giovanni | *Saint Mary* Santa Maria

sake /seɪk/ *s* **for the sake of sth/sb** per il bene di qc/qn: *for the children's sake* per il bene dei bambini | **for goodness' sake!** per l'amor del cielo!

salad /'sæləd/ *s* insalata: *a potato salad* un'insalata di patate

salami /sə'lɑːmi/ *s* salame

salary /'sæləri/ *s* (pl **-ries**) stipendio

► SALARY O WAGE? vedi nota sotto **wage**

sale /seɪl/ *sostantivo* e *sostantivo plurale*

• *s* **1** vendita | **for/on sale** in vendita | **"for sale"** "vendesi" **2** saldi (di fine stagione): *There's a sale on at Selfridge's.* Ci sono i saldi da Selfridge. | *the January sales* i saldi invernali

• **sales** *s pl* (reparto) vendite

'sales asˌsistant *s* commesso -a

salesman /'seɪlzmən/ *s* (pl **-men**) **1** rappresentante (di commercio) **2** (in un negozio) commesso

salesperson /'seɪlzˌpɜːsən/ *s* (pl **-people**) **1** rappresentante (di commercio) **2** (in un negozio) commesso -a

saleswoman /'seɪlzˌwʊmən/ *s* (pl **-women**) **1** rappresentante (di commercio) **2** (in un negozio) commessa

saliva /sə'laɪvə/ *s* saliva

salmon /'sæmən/ *s* salmone

salon /'sælɒn/ *s* **1** salone [di parrucchiere] **2** salone di bellezza

saloon /sə'luːn/, anche **sa'loon car** *s* BrE berlina

salsa /'sælsə/ *s* (ballo) salsa

salt /sɔːlt/ *s* sale

salted /'sɔːltɪd/ *agg* salato -a | **salted peanuts** noccioline salate

salty /'sɔːlti/ *agg* (**-tier**, **-tiest**) salato -a

salvage /'sælvɪdʒ/ *verbo* e *sostantivo*

• *v* [tr] **1** salvare [carico, materiale] **2** salvare [reputazione, matrimonio]

• *s* salvataggio

same /seɪm/ *aggettivo, pronome* e *avverbio*

• *agg* **the same** lo stesso: *We live in the same street.* Abitiamo nella stessa strada. | *She goes to **the same** school **as** me.* Va alla mia stessa scuola. | *We left **the very same** day.* Siamo partiti esattamente lo stesso giorno. | **at the same time** allo stesso tempo | **to amount to the same thing** essere la stessa cosa

• *pron* **1** **the same** lo stesso: *It's not the same any more.* Non è più lo stesso. **2** **(the) same to you! a)** (negli auguri) altrettanto! **b)** (come risposta a un insulto) e pure tu! **3** **all/just the same** comunque **4** **same here** (informale) anch'io

• *avv* **1** **the same** allo stesso modo: *Everyone was dressed the same.* Tutti erano vestiti allo stesso modo. **2** **(the) same as** come: *He's sixteen, same as you.* Ha sedici anni, come te.

Quando si usa *in*, *on* e *at*? Vedi alla voce in.

sample /ˈsɑːmpəl/ *sostantivo* e *verbo*
- *s* (di roccia, sangue) campione
- *v* [tr] degustare

sanction /ˈsæŋkʃən/ *sostantivo* e *verbo*
- *s* **1** sanzione | **to impose sanctions on sb** imporre delle sanzioni a qn **2** autorizzazione
- *v* [tr] autorizzare

sanctuary /ˈsæŋktʃuəri/ *s* (pl **-ries**) **1** rifugio | **to seek/take sanctuary (in sth)** cercare/trovare rifugio (in qc) **2** riserva [per animali]

sand /sænd/ *s* sabbia

sandal /ˈsændl/ *s* sandalo

sandcastle /ˈsændˌkɑːsəl/ *s* castello di sabbia

sandpaper /ˈsændpeɪpə/ *s* carta vetrata

sandwich /ˈsænwɪdʒ/ *s* (pl **-ches**) panino: *a cheese and tomato sandwich* un panino al formaggio e pomodoro

sandy /ˈsændi/ *agg* (**-dier**, **-diest**) **1** (spiaggia, terreno) sabbioso -a **2** (scarpe, pelle) pieno -a di sabbia

sane /seɪn/ *agg* **1** (persona) sano -a di mente **2** (soluzione, ragionamento) sensato -a

sang /sæŋ/ passato di **sing**

sanitary towel /ˈsænɪtəri ˌtaʊəl/ BrE, **ˈsanitary ˌnapkin** AmE *s* assorbente igienico

sanity /ˈsænəti/ *s* **1** sanità mentale **2** buonsenso

sank /sæŋk/ passato di **sink**

Santa Claus /ˈsæntə ˌklɔːz/ *s* personaggio della tradizione popolare simile a Babbo Natale

sap /sæp/ *sostantivo* e *verbo*
- *s* linfa
- *v* [tr] (**sapped**, **sapping**) logorare [salute, forze]

sapphire /ˈsæfaɪə/ *s* zaffiro

sarcasm /ˈsɑːkæzəm/ *s* sarcasmo

sarcastic /sɑːˈkæstɪk/ *agg* sarcastico -a

sardine /sɑːˈdiːn/ *s* sardina

sash /sæʃ/ *s* (pl **sashes**) fusciacca

sat /sæt/ passato e participio di **sit**

satchel /ˈsætʃəl/ *s* cartella (da scolaro)

satellite /ˈsætəlaɪt/ *s* **1** satellite **2 satellite dish** antenna parabolica **satellite TV** televisione via satellite

satin /ˈsætɪn/ *s* raso

satisfaction /ˌsætɪsˈfækʃən/ *s* soddisfazione

satisfactory /ˌsætɪsˈfæktəri/ *agg* soddisfacente: *She's making satisfactory progress.* Sta facendo dei progressi soddisfacenti.

satisfied /ˈsætɪsfaɪd/ *agg* **1** soddisfatto -a: *I'm not **satisfied with** your work.* Non sono soddisfatto del tuo lavoro. **2 to be satisfied that** essere convinto che: *Are you satisfied he's telling the truth?* Siete convinti che stia dicendo la verità?

satisfy /ˈsætɪsfaɪ/ *v* [tr] (**-fies**, **-fied**) **1** soddisfare [clienti, persona] **2** soddisfare [requisito, bisogno] **3 to satisfy sb that** convincere qn che

satisfying /ˈsætɪsfaɪ-ɪŋ/ *agg* (pasto, cibo) sostanzioso -a, (carriera, esperienza) gratificante

saturate /ˈsætʃəreɪt/ *v* [tr] **1** inzuppare [vestiti] **2** saturare [mercato]

Saturday /ˈsætədi/ *s* sabato ▶ vedi Active Box **days of the week** sotto **day**

Saturn /ˈsætən/ *s* Saturno

sauce /sɔːs/ *s* salsa: *tomato **sauce*** salsa al pomodoro

saucepan /ˈsɔːspən/ *s* casseruola

saucer /ˈsɔːsə/ *s* piattino [di tazza]

sauna /ˈsɔːnə/ *s* sauna | **to have a sauna** farsi una sauna

sausage /ˈsɒsɪdʒ/ *s* salsiccia

ˌsausage ˈroll *s* salsiccia avvolta nella pasta sfoglia

savage /ˈsævɪdʒ/ *aggettivo*, *sostantivo* e *verbo*
- *agg* **1** (bestia, animale) feroce **2** (critica, attacco) feroce
- *s* selvaggio -a
- *v* [tr] aggredire

save /seɪv/ *verbo* e *sostantivo*
- *v* **1** [tr] salvare: *Nothing was **saved from** the fire.* Non è stato salvato niente dall'incendio. **2** [tr/intr] (anche **save up**) risparmiare [soldi] | **to save (up) for sth** risparmiare per qc: *I'm **saving to** buy a car.* Sto risparmiando per comprarmi una macchina. **3** [tr] guadagnare [tempo, spazio], risparmiare [combustibile, denaro]: *We'll save time if we take a taxi.* Guadagniamo tempo se prendiamo un taxi. **4** [tr] tenere [per utilizzare dopo]: *I'll save you a seat.* Ti tengo un posto. **5** [tr] collezionare [francobolli, monete] **6** [tr] (in informatica) salvare **7** [tr] (nello sport) parare [gol] **8 to save sb (doing) sth** risparmiare a qn (il fastidio di fare) qc: *She did it to save me the bother.* L'ha fatto per risparmiarmi il fastidio.
- *s* (nello sport) parata

saving /ˈseɪvɪŋ/ *sostantivo* e *sostantivo plurale*
- *s* risparmio: *a saving of 15% on the normal price* un risparmio del 15% sul prezzo normale
- **savings** *s pl* risparmi

saviour BrE, **savior** AmE /ˈseɪvjə/ *s* salvatore -trice

savoury BrE, **savory** AmE /ˈseɪvəri/ *agg* salato -a [contrapposto a dolce]

saw[1] /sɔː/ *sostantivo* e *verbo*
- *s* sega
- *v* [tr] (participio **sawn** o **sawed** AmE) segare

S

saw sth off segare qc
saw sth up segare qc
saw² /sɔː/ passato di **see**
sawdust /ˈsɔːdʌst/ *s* segatura
sawn /sɔːn/ participio di **saw**
saxophone /ˈsæksəfəʊn/ *s* sassofono
say /seɪ/ *verbo* e *sostantivo*

saxophone

• *v* (passato e participio **said**)
1 [tr/intr] (persona) dire: *What did you say?* Che cosa hai detto? | *I asked her but she wouldn't say.* Gliel'ho chiesto, ma non me l'ha voluto dire. | **to say yes/no** dire di sì/no | **to say sth to sb** dire qc a qn
▶ SAY O TELL? vedi nota sotto **dire**
2 [tr] (cartello, istruzioni) dire, (orologio) fare: *What do the instructions say?* Che cosa dicono le istruzioni? | *The clock says nine thirty.* L'orologio fa le nove e mezza.
3 per fare supposizioni e suggerimenti: *Say you won the lottery, what would you do?* Mettiamo che tu vinca alla lotteria, che cosa faresti? | *It'll take me a while, say a week.* Ci impiegherò un po', diciamo una settimana.
4 it goes without saying that inutile dire che
5 you don't say! (informale) ma non mi dire!
• *s* **to have a say (in sth)** avere voce in capitolo (in qc) | **to have my/his etc say** dire la mia/sua ecc.
saying /ˈseɪ-ɪŋ/ *s* proverbio
scab /skæb/ *s* **1** crosta [di ferita] **2** (informale) crumiro -a
scaffolding /ˈskæfəldɪŋ/ *s* impalcatura
scald /skɔːld/ *v* [tr] ustionare [pelle, lingua]
▶ FALSE FRIEND Non confondere **"scald"** con **scaldare** che si traduce **to warm up**.
scale /skeɪl/ *sostantivo, sostantivo plurale* e *verbo*
• *s* **1** dimensioni: *the massive scale of the building* le dimensioni imponenti dell'edificio | *The scale of the problem is staggering.* Le dimensioni del problema sono sbalorditive. **2** (gradazione) scala: *on a scale of 1 to 10* in una scala da 1 a 10 | *a large-scale map* una cartina in grande scala **3** (in musica) scala **4** (di pesce, rettile) squama
• **scales** *s pl* bilancia
• *v* [tr] scalare
scale sth down diminuire qc gradualmente [spesa, produzione]
scalp /skælp/ *s* cuoio capelluto
scalpel /ˈskælpəl/ *s* scalpello

scampi /ˈskæmpi/ *s* BrE scampi impanati e fritti
scan /skæn/ *verbo* e *sostantivo*
• *v* [tr] (**scanned**, **scanning**) **1** (anche **scan through**) dare una scorsa a [documento, lista] **2** scrutare [orizzonte] **3** (in informatica) scannerizzare **4** (in medicina) fare una TAC di
• *s* ecografia
scandal /ˈskændl/ *s* scandalo
scandalize /ˈskændəlaɪz/ *v* [tr] scandalizzare
scandalous /ˈskændələs/ *agg* scandaloso -a
scanner /ˈskænə/ *s* **1** (in informatica) scanner **2** tomografo **3** (in un aeroporto) apparecchio a raggi X **4** (per codici a barre) lettore (ottico)
scapegoat /ˈskeɪpgəʊt/ *s* capro espiatorio
scar /skɑː/ *sostantivo* e *verbo*
• *s* cicatrice
• *v* [tr] (**scarred**, **scarring**) **1** lasciare una cicatrice **2** lasciare il segno a: *She was scarred by the experience.* L'esperienza le ha lasciato il segno.
scarce /skeəs/ *agg* (cibo, risorse) scarso -a | **to be scarce** scarseggiare
scarcely /ˈskeəsli/ *avv* **1** appena: *The city has scarcely changed.* La città è cambiata appena. **2** per niente: *She's scarcely the best person to ask.* Non è per niente la persona giusta a cui chiedere.
scarcity /ˈskeəsəti/ *s* (pl **-ties**) scarsità
scare /skeə/ *verbo* e *sostantivo*
• *v* [tr] spaventare
scare sb off/away far scappare qn [per la paura]
• *s* **1** spavento: *You gave us a real scare!* Ci hai fatto prendere un gran spavento! **2 a food scare** un allarme alimentare | **a bomb scare** un allarme bomba
scarecrow /ˈskeəkrəʊ/ *s* spaventapasseri
scared /skeəd/ *agg* spaventato -a | **to be scared (of sth/sb)** aver paura (di qc/qn): *I'm scared of dogs.* Ho paura dei cani. | **to be scared stiff/to death** (informale) essere morto di paura
scarf /skɑːf/ *s* (pl **scarves** /skɑːvz/ o **scarfs**) **1** (di lana) sciarpa **2** (di seta) foulard
scarlet /ˈskɑːlət/ *agg* e *s* rosso scarlatto
▶ vedi Active Box **colours** sotto **colour**
scary /ˈskeəri/ *agg* (**-rier**, **-riest**) (informale) (film, storia) che fa paura
scatter /ˈskætə/ *v* **1** [tr] disperdere [folla], [intr] (persone) disperdersi **2** [tr] spargere [petali, ceneri], [intr] spargersi
scattered /ˈskætəd/ *agg* **1** (disperso) sparso -a **2** (isolato) sparso -a

S

scenario /sə'nɑːriəʊ/ *s* scenario | **the worst-case scenario** la peggiore delle ipotesi

scene /siːn/ *s* **1** (a teatro, al cinema) scena **2** (vista) scena **3** (di incidente) luogo: *Firefighters arrived at the scene within minutes.* I pompieri sono arrivati in pochi minuti sul luogo dell'incidente. | **the scene of the crime** la scena del delitto **4** (discussione in pubblico) scenata | **to make a scene** fare una scenata **5** (ambiente) mondo: *the fashion scene* il mondo della moda **6** **behind the scenes** dietro le quinte

scenery /'siːnəri/ *s* **1** (panorama) paesaggio **2** (a teatro) scenario

scenic /'siːnɪk/ *agg* panoramico -a

scent /sent/ *s* **1** (essenza) profumo **2** odore **3** (traccia) scia

scented /'sentɪd/ *agg* profumato -a

sceptic BrE, **skeptic** AmE /'skeptɪk/ *s* scettico -a

sceptical BrE, **skeptical** AmE /'skeptɪkəl/ *agg* scettico -a

scepticism BrE, **skepticism** AmE /'skeptɪsɪzəm/ *s* scetticismo

schedule /'ʃedjuːl, AmE 'skedʒəl/ *sostantivo* e *verbo*

• *s* **1** programma: *I have a very busy schedule for today.* Ho un programma molto intenso per oggi. | **ahead of schedule** in anticipo [rispetto al programma]: *The building was finished three months ahead of schedule.* L'edificio è stato finito tre mesi prima del previsto. | **behind schedule** in ritardo, rispetto al programma | **on schedule** nei tempi [lavoro, progetto] **2** AmE orario

• *v* [tr] programmare [riunione, evento]

scheme /skiːm/ *sostantivo* e *verbo*

• *s* **1** BrE (programma) progetto: *a training scheme for the unemployed* un progetto di formazione per i disoccupati **2** (in senso negativo) intrigo

• *v* **to scheme (to do sth)** tramare (per fare qc) | **to scheme against sb** complottare contro qn

schizophrenia /ˌskɪtsəʊ'friːniə/ *s* schizofrenia

schizophrenic /ˌskɪtsəʊ'frenɪk/ *agg* e *s* schizofrenico -a

scholar /'skɒlə/ *s* studioso -a ▶ FALSE FRIEND Non confondere **"scholar"** con **scolaro** che si traduce **schoolboy**.

scholarship /'skɒləʃɪp/ *s* **1** borsa di studio **2** erudizione

school /skuːl/ *s* **1** scuola: *Which school do you go to?* In quale scuola vai? | *He's not old enough to go to school.* Non ha ancora l'età per andare a scuola. | **to be at school** **a)** (essere nell'edificio) essere a scuola **b)** (essere un allievo) andare a scuola **2** scuola: *There's no school tomorrow.* Domani non c'è scuola. **3** (di danza, arte drammatica ecc.) scuola **4** (all'università) facoltà: *the school of medicine* la facoltà di medicina **5** **school of thought** scuola di pensiero **6** **the school year** l'anno scolastico

schoolboy /'skuːlbɔɪ/ *s* alunno

schoolchild /'skuːltʃaɪld/ *s* (pl **-children** /-tʃɪldrən/) alunno -a

schoolgirl /'skuːlgɜːl/ *s* alunna

'school-ˌleaver *s* BrE alunno tra i 16 e i 18 anni che ha terminato la scuola secondaria superiore

schoolteacher /'skuːlˌtiːtʃə/ *s* insegnante

science /'saɪəns/ *s* scienza

ˌscience 'fiction *s* fantascienza

scientific /ˌsaɪən'tɪfɪk/ *agg* scientifico -a

scientist /'saɪəntɪst/ *s* scienziato -a

sci-fi /ˌsaɪ 'faɪ/ *s* (informale) fantascienza

scissors /'sɪzəz/ *s pl* forbici: *a pair of scissors* un paio di forbici

scoff /skɒf/ *v* **1** **to scoff (at sth)** beffarsi (di qc) **2** [tr] (informale) sbafarsi

scold /skəʊld/ *v* **to scold sb (for sth)** sgridare qn (per qc)

scoop /skuːp/ *sostantivo* e *verbo*

• *s* **1** (per farina, zucchero) misurino **2** (per gelato) cucchiaio per dosare **3** **a scoop of ice cream/mashed potato** una cucchiaiata di gelato/purè di patate **4** (nel giornalismo) scoop

ice cream scoop

• *v* **1** **to scoop sth out** svuotare qc: *Scoop out the flesh of the courgette.* Svuotate lo zucchino della polpa. **2** **to scoop sth up** prendere qc [con un cucchiaio, a manciate]

scooter /'skuːtə/ *s* **1** (anche **motor scooter**) scooter **2** (giocattolo) monopattino

scope /skəʊp/ *s* **1** campo | **be beyond/within the scope of sth** rientrare/non rientrare nell'ambito di qc **2** **scope for sth/to do sth** opportunità di qc/di fare qc ▶ FALSE FRIEND Non confondere **"scope"** con **scopo** che si traduce **purpose**.

scorch /skɔːtʃ/ *v* (3ª pers sing **scorches**) **1** [tr] bruciacchiare [camicia, pantaloni] **2** [intr] bruciacchiarsi

scorching /'skɔːtʃɪŋ/ *agg* (sole, sabbia) rovente, (estate, giornata) torrido -a

score /skɔː/ *sostantivo, sostantivo plurale* e *verbo*

• *s* **1** (nello sport, nei giochi) punteggio: *The final score was 35-17.* Il punteggio finale è stato di 35 a 17. | *What's the score?* A quanto siamo? | **to keep (the) score**

S

segnare i punti **2** (in un esame, un concorso) punteggio **3** (in musica) partitura, (nei film) colonna sonora **4 on that score** al riguardo: *I have no worries on that score.* Non mi preoccupo al riguardo. **5 to know the score** (informale) sapere come stanno le cose
• **scores** *s pl* centinaia: *scores of tourists* centinaia di turisti
• *v* **1** [tr/intr] (nello sport) segnare: *Arsenal scored in the final minute.* L'Arsenal ha segnato all'ultimo minuto. **2** (in un test, una gara) [tr] totalizzare: *I scored 19 out of 20.* Ho totalizzato 19 su 20. **3** [tr] valere [punti]: *A bullseye scores 50 points.* Il centro vale 50 punti.

scoreboard /ˈskɔːbɔːd/ *s* tabellone (segnapunti)

scorer /ˈskɔːrə/ *s* marcatore -trice: *the team's leading goal scorer* il capocannoniere della squadra

scorn /skɔːn/ *sostantivo* e *verbo*
• *s* disprezzo
• *v* [tr] (formale) disprezzare

Scorpio /ˈskɔːpiəʊ/ *s* **1** (segno) Scorpione **2** (persona) Scorpione: *She's a Scorpio.* È dello Scorpione.

scorpion /ˈskɔːpiən/ *s* scorpione

Scot /skɒt/ *s* scozzese

Scotch /skɒtʃ/ *s* (pl **Scotches**) scotch [whisky]

Scotland /ˈskɒtlənd/ *s* la Scozia

Scotsman /ˈskɒtsmən/ *s* (pl **-men**) scozzese [uomo]

Scotswoman /ˈskɒtsˌwʊmən/ *s* (pl **-women**) scozzese

Scottish /ˈskɒtɪʃ/ *agg* scozzese

scour /skaʊə/ *v* [tr] **1 to scour sth (for sth/sb)** perlustrare qc (alla ricerca di qc/qn) **2** strofinare [pentole]

Scout /skaʊt/ *s* **1** (anche **Boy Scout**) (boy) scout **2** (anche **Girl Scout**) (ragazza) scout

scout /skaʊt/ *sostantivo* e *verbo*
• *s* (militare) esploratore
• *v* **to scout around for sth** andare alla ricerca di qc

scowl /skaʊl/ *verbo* e *sostantivo*
• *v* [intr] corrucciarsi | **to scowl at sb** guardare qn di traverso
• *s* **1** aria corrucciata **2** (diretto a qualcuno) occhiataccia

scramble /ˈskræmbəl/ *verbo* e *sostantivo*
• *v* [intr] **1 to scramble up/over sth** arrampicarsi su qc **2 to scramble for sth/to do sth** accapigliarsi per qc/per fare qc
• *s* calca: *There was a scramble for the exit.* C'era una calca per uscire. | *the* ***scramble*** *for the best seats* la lotta per i posti migliori

ˌscrambled ˈeggs *s pl* uova strapazzate

scrap /skræp/ *sostantivo, sostantivo plurale* e *verbo*
• *s* **1** (di carta) pezzetto: *a scrap of paper* un pezzetto di carta | *There wasn't a scrap of evidence.* Non c'era neanche uno straccio di prova. **2** (di stoffa) brandello **3** (rottami) ferraglia **4** (informale) zuffa **5 scrap iron** rottami di ferro **scrap metal** ferraglia **6 scrap paper** cartastraccia
• **scraps** *s pl* avanzi [di cibo]
• *v* [tr] (**scrapped**, **scrapping**) **1** abbandonare [progetto, idea] **2** rottamare [veicolo]

scrapbook /ˈskræpbʊk/ *s* album di ritagli di giornali, di foto ecc.

scrape /skreɪp/ *verbo* e *sostantivo*
• *v* **1** [tr] **to scrape sth off/away** grattare via qc: *I scraped the mud off my boots.* Ho grattato via il fango dagli stivali. **2** [tr] sbucciarsi [ginocchio, gomito]: *She fell over and scraped her knee.* È caduta e si è sbucciata il ginocchio. **3** [tr] sfregare, [intr] (sedia, piedi) strisciare | **to scrape against sth** strisciare contro qc
scrape by tirare avanti
scrape through (sth) farcela per il rotto della cuffia
scrape sth together/up racimolare qc [soldi]
• *s* **1** rumore stridulo **2 to get into a scrape** (informale) mettersi nei pasticci

scratch /skrætʃ/ *verbo* e *sostantivo*
• *v* (3ª pers sing **scratches**) **1** [tr] grattare: *Don't scratch those bites!* Non grattarti dove ti hanno punto! **2** [intr] grattarsi: *The dog was* ***scratching at*** *the door.* Il cane stava grattando alla porta. **3** [tr] rigare [tavolo, macchina] **4** [tr/intr] (ferire) graffiare
• *s* (pl **scratches**) **1** (riga) graffio **2** (ferita lieve) graffio **3 from scratch** da zero **4 to be/come up to scratch** essere all'altezza

scrawl /skrɔːl/ *verbo* e *sostantivo*
• *v* [tr] scarabocchiare
• *s* scarabocchio

scream /skriːm/ *verbo* e *sostantivo*
• *v* [tr/intr] urlare | **to scream in terror/fear** gridare per lo spavento/la paura | **to scream with laughter** sbellicarsi dal ridere
• *s* **1** urlo: *screams of terror* urla di terrore **2 to be a scream** (informale) essere fortissimo [divertente]

screech /skriːtʃ/ *verbo* e *sostantivo*
• *v* (3ª pers sing **screeches**) **1** [tr/intr] (persona, scimmia) strillare **2** [intr] (freni, gomme) stridere
• *s* (pl **screeches**) **1** (di persona, animale) strillo **2** (di freni, gomme) stridore

screen /skriːn/ *sostantivo* e *verbo*
• *s* **1** (di TV, computer) schermo **2** (cinema) schermo: *a play adapted for the screen*

S

un'opera adattata per il grande schermo **3** (riparo) paravento
• *v* [tr] **1** sottoporre a esame diagnostico [paziente] **2** sottoporre a controlli [impiegati] **3** proiettare [film, programma televisivo]

screw /skruː/ *sostantivo e verbo*
• *s* vite
• *v* **to screw sth to/onto sth** avvitare qc a qc
screw sth up **1** accartocciare [foglio di carta] **2** (informale) mandare all'aria [piani] **3** **to screw up your eyes** strizzare gli occhi | **to screw up your face** fare una smorfia

screwdriver /ˈskruːˌdraɪvə/ *s* cacciavite

scribble /ˈskrɪbəl/ *verbo e sostantivo*
• *v* [tr/intr] scarabocchiare
• *s* scarabocchio

script /skrɪpt/ *s* **1** (di film, programma televisivo) sceneggiatura **2** caratteri: *in Arabic script* in caratteri arabi

scripture /ˈskrɪptʃə/ *s* **1** (anche **the Holy Scriptures**) le Sacre Scritture **2** **scriptures** testi sacri

scroll /skrəʊl/ *sostantivo e verbo*
• *s* (manoscritto) rotolo
• *v* **to scroll up/down** (in informatica) fare scorrere verso l'alto/il basso

scrounge /skraʊndʒ/ *v* [tr/intr] (informale) scroccare: *He's always* ***scrounging*** *money* ***off*** *me.* Mi scrocca sempre dei soldi.

scrounger /ˈskraʊndʒə/ *s* (informale) scroccone -a

scrub /skrʌb/ *verbo e sostantivo*
• *v* [tr/intr] (**scrubbed**, **scrubbing**) sfregare [per pulire]
• *s* **1** **to give sth a scrub** dare una bella pulita a qc **2** boscaglia

scruff /skrʌf/ *s* **by the scruff of the neck** per la collottola

scruffy /ˈskrʌfi/ *agg* (**-ffier**, **-ffiest**) **1** (persona) trasandato -a **2** (abiti) sgualcito -a

S

scrum /skrʌm/ *s* (nel rugby) mischia

scruples /ˈskruːpəlz/ *s pl* scrupoli

scrupulous /ˈskruːpjələs/ *agg* scrupoloso -a

scrupulously /ˈskruːpjələsli/ *avv* scrupolosamente

scrutinize, -ise BrE /ˈskruːtənaɪz/ *v* [tr] esaminare minuziosamente

scrutiny /ˈskruːtəni/ *s* esame (minuzioso): *The proposals are* ***under scrutiny***. Stanno esaminando minuziosamente le proposte.

scuba diving /ˈskuːbə ˌdaɪvɪŋ/ *s* immersione subacquea [con bombole]

scuff /skʌf/ *v* [tr] rigare [scarpe]

scuffle /ˈskʌfəl/ *s* tafferuglio

sculptor /ˈskʌlptə/ *s* scultore

sculpture /ˈskʌlptʃə/ *s* scultura

scum /skʌm/ *s* **1** (in uno stagno, su un liquido) schiuma **2** (informale) (gente) gentaglia

scurry /ˈskʌri/ *v* [intr] (**-rries**, **-rried**) correre a passi corti e rapidissimi | **to scurry away/off** filarsela

scuttle /ˈskʌtl/ *v* [intr] correre a passi corti e rapidissimi | **to scuttle away/off** filarsela

scythe /saɪð/ *s* falce

SE (= **southeast**) SE

sea /siː/ *s* **1** mare: *a house by the sea* una casa al mare | *We spent three months* ***at sea***. Abbiamo passato tre mesi al mare. | **by sea** via mare **2** **a sea of people etc** un mare di gente ecc. **3** [davanti a un altro sostantivo] (brezza, aria) di mare: *The sea air will do him good.* L'aria di mare gli farà bene. **4** **sea salt** sale marino

seabed /ˈsiːbed/ *s* fondo marino

seafood /ˈsiːfuːd/ *s* frutti di mare

seagull /ˈsiːgʌl/ *s* gabbiano

seal /siːl/ *sostantivo e verbo*
• *s* **1** (animale) foca **2** sigillo **3** **seal of approval** approvazione
• *v* [tr] **1** (anche **seal up**) isolare [finestra, ecc.] **2** sigillare [busta, pacco]

ˈsea ˌlevel *s* livello del mare

ˈsea ˌlion *s* leone marino

seam /siːm/ *s* **1** cucitura **2** (nella roccia) filone

search /sɜːtʃ/ *sostantivo e verbo*
• *s* (pl **searches**) **1** **search (for sth/sb)** ricerca (di qc/qn) | **in search of sth** alla ricerca di qc **2** perquisizione
• *v* (3ª pers sing **searches**) **1** [intr] cercare: *They are still* ***searching for*** *a solution.* Stanno ancora cercando una soluzione. **2** [tr] perquisire | **to search sth/sb for sth** perquisire qc/qn per trovare qc

searching /ˈsɜːtʃɪŋ/ *agg* (domande, sguardo) inquisitorio -a

searchlight /ˈsɜːtʃlaɪt/ *s* proiettore [per trovare qualcosa]

seashell /ˈsiːʃel/ *s* conchiglia

seashore /ˈsiːʃɔː/ *s* **the seashore** la spiaggia

seasick /ˈsiːˌsɪk/ *agg* **to be/feel seasick** avere il mal di mare | **to get seasick** soffrire di mal di mare

seaside /ˈsiːsaɪd/ *s* **1** **the seaside** il mare [località sul mare]: *Why don't we go to the seaside this weekend?* Perché non andiamo al mare questo fine settimana? **2** **seaside resort** stazione balneare

season /ˈsiːzən/ *sostantivo e verbo*
• *s* **1** (dell'anno) stagione **2** (periodo) stagione: *Plums are* ***in season*** *now.* Adesso è la stagione delle prugne. | **the football/cricket etc season** la stagione calcistica/del cricket ecc. ▶ vedi Active Box **season**
• *v* [tr] (in cucina) condire

Active Box: Seasons

I seguenti esempi illustrano l'uso delle stagioni in inglese e possono servirti come modello per formulare a tua volta delle frasi:

*We often eat outside **in summer**.*	Mangiamo spesso fuori d'estate.
*We'll come and visit you **in the summer**.*	Verremo a trovarti quest'estate.
*We're going to the Caribbean **next winter**.*	Andremo ai Caraibi il prossimo inverno.
***Last summer** we went on holiday to France.*	La scorsa estate siamo andati in vacanze in Francia.
*We first me **in the spring of** 1999.*	Ci siamo incontrati per la prima volta nella primavera del 1999.

seasonal /'siːzənəl/ *agg* **1** (lavoro, lavoratore) stagionale **2** (frutta, verdura) di stagione

seasoning /'siːzənɪŋ/ *s* condimento

'season ,ticket *s* (per treno, teatro) abbonamento

seat /siːt/ *sostantivo e verbo*

• *s* **1** posto (a sedere) | **the back/front seat** il sedile posteriore/anteriore [di un auto] | **to take/have a seat** sedersi **2** (al parlamento) seggio | **to have a seat on the board** essere nel consiglio di amministrazione

• *v* [tr] **1 to be seated** (formale) **a)** essere seduto **b)** sedersi **2 to seat 500 people** avere 500 posti a sedere [auditorio, teatro]

'seat belt *s* cintura di sicurezza

seating /'siːtɪŋ/ *s* posti a sedere

seaweed /'siːwiːd/ *s* alga marina

secluded /sɪ'kluːdɪd/ *agg* **1** (luogo) isolato -a **2** (vita) ritirato -a

second /'sekənd/ *numero, sostantivo, sostantivo plurale e verbo*

• *numero* secondo -a: *This is the second time he's been late.* È la seconda volta che è in ritardo. | *every second day* ogni due giorni

• *s* **1** (unità di tempo) secondo **2** (anche **second gear**) (marcia) seconda **3 second hand** lancetta dei secondi

• **seconds** *s pl* (seconda porzione) *We all went back for seconds.* Abbiamo fatto tutti il bis.

• *v* [tr] appoggiare [proposta, mozione]

secondary /'sekəndəri/ *agg* **1** (importanza, considerazione) secondario -a **2** (istruzione) secondario -a

'secondary ,school *s* scuola secondaria

,second 'best *agg* secondo -a | **to be second best** essere di seconda categoria

,second-'class *aggettivo e avverbio*

• *agg* **1 a second-class ticket** un biglietto di seconda classe **2** ▶ vedi nota sotto **post**

• **second class** *avv* **1 to travel second class** viaggiare in seconda classe **2** ▶ vedi nota sotto **post**

,second-'hand *agg e avv* di seconda mano

secondly /'sekəndli/ *avv* in secondo luogo

,second-'rate *agg* di second'ordine

secrecy /'siːkrəsi/ *s* segretezza

secret /'siːkrət/ *aggettivo e sostantivo*

• *agg* segreto -a | **to keep sth secret** tenere qc segreto

• *s* **1** segreto | **to keep a secret** mantenere un segreto **2 in secret** in segreto

secretarial /,sekrə'teəriəl/ *agg* (impiegatizio) *She did a secretarial course.* Ha seguito un corso per segretaria d'azienda. | **secretarial work** lavoro di segreteria

secretary /'sekrətəri/ *s* (pl **-ries**) segretario -a

,Secretary of 'State *s* **1** BrE ministro | **Secretary of State for Defence/Health** ministro della Difesa/della Sanità **2** AmE ministro degli esteri

secretive /'siːkrətɪv/ *agg* misterioso -a

secretly /'siːkrətli/ *avv* segretamente

sect /sekt/ *s* setta

section /'sekʃən/ *s* **1** parte: *The rocket is built in three sections.* Il razzo è costruito in tre parti. | *the smoking section of the train* la zona fumatori del treno **2** (di un giornale) rubrica **3** (della popolazione, del pubblico) fetta **4** (di un'organizzazione, un ufficio) settore **5** (in architettura, disegno) sezione

sector /'sektə/ *s* settore | **the public/private sector** il settore pubblico/privato

secure /sɪ'kʊə/ *aggettivo e verbo*

• *agg* **1** sicuro -a: *a secure job* un lavoro sicuro **2** (porta, finestra) a prova di scasso, (carcere) di massima sicurezza

• *v* [tr] **1** ottenere [contratto, liberazione di qn] **2** chiudere bene [porta, finestra] **3** assicurare [futuro di qc o qn]

securely /sɪ'kjʊəli/ *avv* **securely fastened/locked etc** allacciato/chiuso ecc. bene

security /sɪ'kjʊərəti/ *s* **1** sicurezza **2** (per un prestito) garanzia **3 security forces** forze di sicurezza **security guard** guardia giurata

sedate /sɪ'deɪt/ *aggettivo e verbo*

• *agg* **1** (atteggiamento, processione) composto -a **2** (stile di vita) tranquillo -a

• *v* [tr] somministrare sedativi a

sedation /sɪ'deɪʃən/ *s* **to be under sedation** essere sotto (l'effetto di) sedativi

S

sedative /ˈsedətɪv/ *aggettivo* e *sostantivo*
• *agg* sedativo -a
• *s* sedativo

seduce /sɪˈdjuːs/ *v* [tr] **1** sedurre **2** allettare

seduction /sɪˈdʌkʃən/ *s* seduzione

seductive /sɪˈdʌktɪv/ *agg* **1** (persona, sorriso) seducente **2** (proposta) allettante

see /siː/ *v* (passato **saw**, participio **seen**) **1** [tr/intr] vedere: *We had already seen the film.* Avevamo già visto il film. | *I can't see without my glasses.* Non vedo senza occhiali. | *"Can we go to the beach tomorrow?" "We'll see."* – Possiamo andare in spiaggia domani? – Vedremo. **2** [tr/intr] capire: *Oh, I see!* Ah, capisco! | *Do you see what I mean?* Capisci cosa intendo? **3** [tr] (constatare) vedere: *I'll see what time the train leaves.* Vedrò a che ora parte il treno. **4** [tr] (frequentare) vedere: *She's seeing somebody else now.* Adesso vede un altro. **5** [tr] (incontrare) vedere: *We saw the Clarks last night.* Abbiamo visto i Clarks ieri sera. **6** (visitare) trovare: *I went to see her in hospital.* Sono andata trovarla in ospedale. **7 to see (that)** assicurarsi (che): *See that he brushes his teeth.* Assicurati che si lavi i denti. **8 let's see/let me see** vediamo **9 see you!** (informale) ci vediamo! | **see you later!** a dopo! **10 to see sb home/to the door etc** accompagnare qn a casa/alla porta ecc.
see about sth 1 occuparsi di qc: *She's gone to see about her passport.* È andata ad occuparsi del suo passaporto. | **to see about doing sth** occuparsi di fare qc **2 we'll (soon) see about that!** questo è ancora da vedere!
see sb off andare a salutare qn
see sb out accompagnare qn alla porta: *Don't worry, I'll see myself out.* Non preoccuparti, la trovo da solo l'uscita.
see through sth non lasciarsi ingannare da qc **see sth through** portare a termine qc
see through sb capire che tipo è qn: *I could see right through him.* Avevo capito esattamente che tipo era.
see to sth 1 occuparsi di qc | **to see to it that** fare in modo che **2 to get sth seen to** far sistemare qc

seed /siːd/ *s* **1** seme **2 number one/three etc seed** (nel tennis) la prima/terza ecc. testa di serie

seedy /ˈsiːdi/ *agg* (**-dier**, **-diest**) (informale) (hotel, zona) squallido -a

seek /siːk/ *v* [tr] (passato e participio **sought**) (formale) **1** cercare **2 to seek to do sth** cercare di fare qc **3 to seek advice/help** chiedere consiglio/aiuto

seem /siːm/ *v* sembrare: *Henry didn't seem very sure.* Henry non sembrava molto sicuro. | *We **seem to** have lost the map.* Sembra che abbiamo perso la cartina. | **it seems to me/us (that)** mi/ci sembra che

seemingly /ˈsiːmɪŋli/ *avv* apparentemente

seen /siːn/ participio di **see**

seep /siːp/ *v* gocciolare: *The water was seeping into the tent.* L'acqua gocciolava dentro alla tenda.

seesaw /ˈsiːsɔː/ *s* altalena [asse in bilico]

seethe /siːð/ *v* [intr] **1 to be seething with tourists/ants** pullulare di turisti/formiche **2 to be seething (with rage)** ribollire di rabbia

ˈsee-through *agg* trasparente

segment /ˈsegmənt/ *s* **1** (della società, popolazione) parte **2** (di un'arancia) spicchio **3** (in geometria) segmento

segregate /ˈsegrɪgeɪt/ *v* **to segregate sb (from sb)** segregare qn (da qn)

seize /siːz/ *v* [tr] **1** afferrare: *She seized my hand.* Mi ha afferrato la mano. | **to seize sth from sb** strappare qc di mano a qn **2 to seize power** prendere il potere **3** sequestrare [droga, beni] **4 to seize the opportunity/chance** cogliere l'opportunità/l'occasione
seize on sth to seize on an idea accettare subito un'idea | **to seize on an excuse** cogliere al volo una scusa
seize up 1 (motore) ingripparsi **2** (muscoli) bloccarsi

seldom /ˈseldəm/ *avv* raramente

select /sɪˈlekt/ *verbo* e *aggettivo*
• *v* [tr] selezionare: *She has been **selected to** represent the school.* È stata selezionata per rappresentare la scuola.
• *agg* **1** (gruppo) scelto -a **2** (ristorante, hotel) esclusivo -a

selection /sɪˈlekʃən/ *s* **1** selezione **2** assortimento: *We stock a wide selection of wines.* Abbiamo un vasto assortimento di vini.

selective /sɪˈlektɪv/ *agg* selettivo -a | **to be selective about sth** essere selettivo in qc

self /self/ *s* (pl **selves** /selvz/) carattere o comportamento abituale di una persona: *He's not his usual smiling self today.* Oggi non è allegro come al solito.

ˌself-ˈcentred BrE, **self-centered** AmE *agg* egocentrico -a

ˌself-ˈconfident *agg* sicuro -a di sé

ˌself-ˈconscious *agg* **self-conscious (about sth)** imbarazzato -a (per qc)

ˌself-conˈtained *agg* (alloggio) indipendente

ˌself-conˈtrol *s* autocontrollo

ˌself-deˈfence BrE, **self-defense** AmE *s* **1** legittima difesa **2** autodifesa

ˌself-emˈployed *agg* (lavoratore, lavoro) autonomo -a

ˌself-esˈteem *s* autostima

S

ˌself-ˈinterest *s* interesse personale
selfish /ˈselfɪʃ/ *agg* egoista
ˌself-ˈpity *s* autocommiserazione
ˌself-ˈportrait *s* autoritratto
ˌself-reˈliant *agg* autonomo -a
ˌself-reˈspect *s* rispetto di sé
ˌself-ˈsatisfied *agg* compiaciuto -a di sé
ˌself-ˈservice *agg* self-service
sell /sel/ *v* (passato e participio **sold**) **1** [tr] vendere: *I* ***sold*** *the bike* ***to*** *my cousin.* Ho venduto la bici a mio cugino. **2** [intr] (prodotto, merce) vendersi: *Her latest CD is selling very well.* Il suo ultimo CD si vende molto bene. | **to sell for £10/$500** essere venduto per 10 sterline/500 dollari
sell sth off liquidare qc
sell out 1 (merce, prodotto) esaurirsi **2** (commerciante, negozio) esaurire: *Sorry, we've* ***sold out of*** *newspapers.* Mi dispiace, abbiamo esaurito i giornali.
sell up vendere tutto
ˈsell-by ˌdate *s* data di scadenza [per la vendita]
seller /ˈselə/ *s* venditore -trice
Sellotape® /ˈselәteɪp/ *s* BrE scotch®
sellout /ˈselaʊt/ *s* spettacolo che fa registrare il tutto esaurito: *The concert was a sellout.* Il concerto ha fatto il tutto esaurito.
selves /selvz/ plurale di **self**
semi /ˈsemi/ *s* BrE (informale) ▶ vedi **semi-detached house**
semicircle /ˈsemiˌsɜːkəl/ *s* semicerchio
semicolon /ˌsemiˈkəʊlən/ *s* punto e virgola
ˌsemi-deˈtached *agg* bifamiliare [casa]
ˌsemi-deˌtached ˈhouse *s* casa bifamiliare
semifinal /ˌsemiˈfaɪnl/ *s* semifinale
seminar /ˈsemənɑː/ *s* seminario [all'università]

semi-detached house

senate, anche **Senate** /ˈsenət/ *s* senato
senator, anche **Senator** /ˈsenətə/ *s* senatore -trice
send /send/ *v* [tr] (passato e participio **sent**) **1** spedire [lettera, pacco]: *I sent her an e-mail yesterday.* Le ho spedito un'e-mail ieri. **2** mandare [persona, truppe]: *I* ***sent*** *him* ***to*** *buy some bread.* L'ho mandato a comprare del pane. **3** far finire: *The punch sent him sprawling across the floor.* Il pugno l'ha fatto finire disteso per terra. | *The explosion sent glass flying through the air.* L'esplosione ha scagliato i vetri per aria. ▶ vedi anche **sleep**
send away ▶ vedi **send off**
send sth back (ri)mandare indietro qc
send for sth chiedere qc | **to send for help** mandare a chiedere aiuto **send for sb** mandare a chiamare qn
send sb in 1 fare entrare qn **2** inviare qn [truppe]
send off to send off for sth farsi spedire qc **send sth off** spedire qc **send sb off** (nello sport) espellere qn
send sth out 1 spedire qc [inviti] **2** emettere qc [segnale] **send sb out** mandare fuori qn [allievo]
send sth/sb up BrE (informale) prendersi gioco di qc/qn
sender /ˈsendə/ *s* mittente
ˈsend-off *s* (informale) festa d'addio
senile /ˈsiːnaɪl/ *agg* arteriosclerotico -a
senior /ˈsiːniə/ *aggettivo* e *sostantivo*
• *agg* **1** (membro, collega) (più) anziano -a, (ufficiale) alto -a | **to be senior to sb** essere più anziano di qn **2** senior: *Robert Gore Senior* Robert Gore senior
• *s* **to be two/five years sb's senior** essere più vecchio di qn di due/cinque anni
ˌsenior ˈcitizen *s* anziano -a
ˌsenior ˈhigh school *s* negli Stati Uniti, scuola secondaria superiore per alunni tra i 14 e i 18 anni
seniority /ˌsiːniˈɒrəti/ *s* anzianità [di servizio]
sensation /senˈseɪʃən/ *s* **1** (impressione) sensazione **2** (percezione fisica) sensibilità **3** (furore) sensazione | **to cause a sensation** fare sensazione
sensational /senˈseɪʃənəl/ *agg* sensazionale
sense /sens/ *sostantivo* e *verbo*
• *s* **1** buonsenso: *She has no sense at all.* Non ha un briciolo di buonsenso. **2** sensazione: *She felt a sense of betrayal.* Ha avuto la sensazione di essere stata tradita. **3 to make sense** avere senso: *These instructions don't* ***make sense to*** *me.* Queste istruzioni non hanno nessun senso per me. | **to make sense of sth** capire (il senso di) qc | **to make sb see sense** fare intendere ragione a qn **4 sense of direction** senso dell'orientamento | **sense of humour** senso dell'umorismo **5** (di parola, espressione) senso **6 to come to your senses** rinsavire **7 in a sense** in un certo senso
• *v* [tr] (percepire) sentire
senseless /ˈsensləs/ *agg* **1** (privo di senso) assurdo -a **2 to beat/knock sb senseless** tramortire qn
sensible /ˈsensəbəl/ *agg* **1** (persona, decisione) assennato -a **2** (abiti, scarpe) pratico -a ▶ FALSE FRIEND Non confondere **"sensible"** con **sensibile** che si traduce **sensitive**.
sensibly /ˈsensəbli/ *avv* in modo assennato

S

sensitive /ˈsensətɪv/ *agg* **1** sensibile [ai sentimenti degli altri, al freddo] **2** (che si offende subito) suscettibile: *Lara's very* ***sensitive about*** *her nose.* Lara è molto suscettibile riguardo al suo naso. **3** (pelle) sensibile **4** (questione, caso) delicato -a

sensitivity /ˌsensəˈtɪvəti/ *s* **1** sensibilità [ai sentimenti degli altri] **2** suscettibilità **3** sensibilità [della pelle] **4** delicatezza [di una questione, un caso]

sensual /ˈsenʃuəl/ *agg* sensuale

sensuous /ˈsenʃuəs/ *agg* sensuale

sent /sent/ passato e participio di **send**

sentence /ˈsentəns/ *sostantivo* e *verbo*
- *s* **1** (in grammatica) frase **2** condanna ▶ vedi anche **death**
- *v* [tr] condannare | **to sentence sb to five/ten years (in prison)** condannare qn a cinque/dieci anni (di prigione)

sentiment /ˈsentəmənt/ *s* (formale) opinione ▶ FALSE FRIEND Non confondere **"sentiment"** con **sentimento** che si traduce **feeling**.

sentimental /ˌsentəˈmentl/ *agg* **1** (relativo ai sentimenti) sentimentale **2** (eccessivamente romantico) sdolcinato -a

sentimentality /ˌsentəmenˈtæləti/ *s* sentimentalismo

separate[1] /ˈsepərət/ *agg* **1** (a sé stante) separato -a **2** (distinto) diverso -a: *He has been warned on three separate occasions.* È stato avvertito in tre diverse occasioni.

separate[2] /ˈsepəreɪt/ *v* **1** [tr] separare: *The two towns are separated by a river.* Le due città sono separate da un fiume. **2** [tr] dividere, [intr] dividersi: *We* ***separated into*** *four groups.* Ci siamo divisi in quattro gruppi. **3** [intr] (coniugi) separarsi

separated /ˈsepəreɪtɪd/ *agg* **to be separated (from sb)** (riferito a un matrimonio) essere separato (da qn)

separately /ˈsepərətli/ *avv* separatamente

separation /ˌsepəˈreɪʃən/ *s* separazione

September /sepˈtembə/ *s* settembre ▶ vedi Active Box **months** sotto **month**

sequel /ˈsiːkwəl/ *s* **sequel (to sth)** seguito (di qc) [film, libro]

sequence /ˈsiːkwəns/ *s* **1** successione [di eventi] **2** ordine | **in/out of sequence** in ordine/in disordine

sequin /ˈsiːkwɪn/ *s* paillette

sergeant /ˈsɑːdʒənt/ *s* sergente

serial /ˈsɪəriəl/ *sostantivo* e *aggettivo*
- *s* (alla TV, radio) serial
- *agg* **serial killer** serial killer

series /ˈsɪəriːz/ *s* (pl **series**) **1** serie: *a series of lectures* una serie di conferenze **2** (di eventi) successione **3** (alla TV, radio) serie

serious /ˈsɪəriəs/ *agg* **1** (problema) serio -a, (incidente, malattia) grave **2** **to be serious** fare sul serio: *He's not serious, is he?* Non fa sul serio, vero? | *Jane's* ***serious about*** *becoming a nun.* Jane ha davvero intenzione di farsi suora. **3** (persona, espressione) serio -a

seriously /ˈsɪəriəsli/ *avv* **1** (parlare, pensare) seriamente | **to take sth/sb seriously** prendere qc/qn sul serio **2** (ammalato, ferito) gravemente

sermon /ˈsɜːmən/ *s* predica

servant /ˈsɜːvənt/ *s* servo -a

serve /sɜːv/ *verbo* e *sostantivo*
- *v* **1** [tr] servire: *Breakfast is served between 7 and 9.* La colazione è servita tra le 7 e le 9. | **to serve sth (up)** servire qc **2** [tr] servire [cliente] **3** **to serve in the army** prestare servizio nell'esercito | **to serve on a committee** far parte di un comitato **4** **it serves you/her etc right** ti/le ecc. sta bene **5** [tr] scontare [condanna, anni di prigione] **6** [intr] (nel tennis) servire **7** (formale) **to serve as sth** servire da qc
- *s* (nel tennis) servizio: *It's my serve.* Servizio mio.

server /ˈsɜːvə/ *s* **1** (in informatica) server **2** (nel tennis) battitore -trice

service /ˈsɜːvɪs/ *sostantivo*, *sostantivo plurale* e *verbo*
- *s* **1** (prestazione, lavoro) servizio | **the postal service** il servizio postale | **the fire service** i vigili del fuoco | **military service** servizio militare **2** (in un ristorante, locale) servizio: *Service is not included.* Il servizio non è compreso. **3** (di un veicolo) revisione **4** (cerimonia religiosa) funzione **5** (nel tennis) servizio **6** **tea/dinner service** servizio da tè/da tavola **7** **to be of service** (formale) essere di aiuto **8** **service charge** (prezzo del) servizio **9** **service station** stazione di servizio
- **services** *s pl* **1** (in autostrada) area di servizio **2** **the services** le forze armate
- *v* [tr] fare la revisione a [veicolo]

serviette /ˌsɜːviˈet/ *s* BrE tovagliolo

serving /ˈsɜːvɪŋ/ *s* porzione

session /ˈseʃən/ *s* (di parlamento, corte) seduta, (riunione) sessione

set /set/ *verbo*, *sostantivo* e *aggettivo*
- *v* (passato e participio **set**, gerundio **setting**) **1** [tr] fissare [data, obiettivo]: *Have they set a date for the elections?* Hanno fissato la data delle elezioni? **2** **to set an example** dare il buon esempio **3** **to set a record** stabilire un record **4** [tr] programmare [timer, videoregistratore], puntare [sveglia]: *I've set the video to record the film.* Ho programmato il videoregistratore per registrare il film.

Si dice *I arrived in London* o *I arrived to London*? Vedi alla voce **arrive**.

5 [tr] ambientare: *The novel is set in 17th-century Japan.* Il romanzo è ambientato nel Giappone del diciassettesimo secolo. **6** [tr] assegnare [compito, incarico]: *He set us an essay to do for Friday.* Ci ha assegnato un tema per venerdì. **7 to set sb free** liberare qn | **to set to work** mettersi a lavorare **8** [tr] (formale) porre: *She set the tray down on the bed.* Ha posato il vassoio sul letto. **9** [intr] (gelatina) rapprendersi, (cemento) solidificarsi **10** [intr] (sole) tramontare ▶ **Set** fa anche parte di numerose espressioni come **to set sail**, **to set your heart on sth**, ecc. Queste espressioni sono trattate sotto il sostantivo (**sail**, **heart**, ecc.).

set about sth cominciare qc | **to set about doing sth** cominciare a fare qc

set sth aside mettere qc da parte [soldi, torta]

set sth back ritardare qc [progetto, lavoro]

set sb back (informale) **to set sb back £50/$300** costare a qn la bellezza di 50 sterline/300 dollari

set off partire: *We set off very early the next morning.* Siamo partiti molto presto la mattina dopo. **set sth off 1** scatenare qc [reazione, panico] **2** fare esplodere qc [bomba] **3** fare scattare qc [allarme]

set out 1 partire: *We set out for Africa the next day.* Siamo partiti per l'Africa il giorno dopo. **2 to set out to do sth** proporsi di fare qc

set sth up 1 aprire qc [negozio] **2** costituire qc [commissione] **3** organizzare qc [riunione, conferenza] **4** montare qc [macchina fotografica, proiettore]

• *s* **1** (di regole, istruzioni) insieme, (di chiavi) mazzo, (di posate) servizio | **a chess set** un gioco di scacchi **2** apparecchio: *a TV set* un televisore **3** (a teatro) scenario, (al cinema, alla TV) set **4** (nel tennis) set **5** (di persone) giro

• *agg* **1** situato -a: *a town set on a hill* una città situata su una collina **2** determinato -a: *a set amount* una determinata quantità | **set menu** menu a prezzo fisso **3 to be set on doing sth** essere deciso a fare qc **4 to be all set (to do sth)** (informale) essere pronto (per fare qc) | **get set** *On your marks, get set, go!* Ai vostri posti, pronti, via!

setback /'setbæk/ *s* battuta d'arresto

settee /se'tiː/ *s* BrE divano

setting /'setɪŋ/ *s* **1** (di un film, romanzo) ambientazione **2** (ambiente) scenario

settle /'setl/ *v* **1** [tr] sistemare, [intr] sistemarsi **2** [intr] (polvere) depositarsi, (neve) tenere **3 to settle on sth** (uccello, insetto) posarsi su qc **4 to settle an argument/a dispute** comporre una disputa **5** [tr] sistemare [faccenda]: *I want to get this matter settled once and for all.* Voglio sistemare questa faccenda una volta per tutte. | *That's settled, then.* Allora, è deciso. | **that settles it!** con questo il caso è chiuso! **6 to settle a bill/an account** saldare una fattura/un conto **7** [tr] calmare [i nervi], [intr] (persona) calmarsi **8** [intr] (in un paese, una città) stabilirsi **9** [tr] colonizzare

settle back appoggiarsi

settle down 1 mettersi comodo **2** (trovare un lavoro, sposarsi) sistemarsi **3** (persona) calmarsi, (situazione) sistemarsi

settle for sth accontentarsi di qc

settle in sistemarsi

settle on sth scegliere qc

settle up regolare i conti

settled /'setld/ *agg* (tempo, vita) stabile

settlement /'setlmənt/ *s* **1** accordo **2** insediamento

'set-up *s* **1** (informale) modo di organizzare o sistemare le cose: *once people have got used to the new set-up* una volta che le persone si sono abituate alla nuova organizzazione **2** (in informatica) configurazione

seven /'sevən/ *numero* sette ▶ vedi Active Box **numbers** sotto **number**

seventeen /ˌsevən'tiːn/ *numero* diciassette ▶ vedi Active Box **numbers** sotto **number**

seventeenth /ˌsevən'tiːnθ/ *numero* **1** diciassettesimo -a ▶ vedi Active Box **numbers** sotto **number** **2** (nelle date) diciassette

seventh /'sevənθ/ *numero* **1** settimo -a ▶ vedi Active Box **numbers** sotto **number** **2** (nelle date) sette **3** (frazione) settimo

seventieth /'sevəntiəθ/ *numero* settantesimo -a ▶ vedi Active Box **numbers** sotto **number**

seventy /'sevənti/ *numero* (pl **-ties**) **1** settanta ▶ vedi Active Box **numbers** sotto **number** **2 the seventies** gli anni settanta **3 to be in his/her seventies** avere tra i settanta e gli ottant'anni

sever /'sevə/ *v* [tr] (formale) **1** recidere [vena, dito] **2** troncare [relazione, legame]

several /'sevərəl/ *agg* e *pron* diversi, parecchi: *I've been several times.* Ci sono stata diverse volte. | *several of my friends* diversi miei amici

severe /sə'vɪə/ *agg* **1** (ferita, lesione) grave **2** (problema, difficoltà) serio -a **3** (dolore) (molto) forte **4** (inverno) rigido -a **5** (critica) aspro -a **6** (persona, espressione) severo -a

S

severely /sə'vɪəli/ *avv* **1** (ferire, danneggiare) gravemente **2** (criticare) aspramente **3** (punire, giudicare) severamente

sew /səʊ/ *v* [tr/intr] (participio **sewed** o **sewn**) cucire: *Could you* ***sew*** *this button* ***on*** *for me?* Mi puoi cucire questo bottone?
sew sth up ricucire qc

sewage /'sjuːɪdʒ/ *s* acque di scarico

sewer /'sjuːə/ *s* fogna

sewing /'səʊɪŋ/ *s* (attività e lavoro) cucito

sewn /səʊn/ participio di **sew**

sex /seks/ *s* (pl **sexes**) **1** sesso | **the opposite sex** l'altro sesso **2 to have sex (with sb)** fare sesso (con qn)

sexism /'seksɪzəm/ *s* sessismo

sexist /'seksɪst/ *agg* e *s* sessista

sexual /'sekʃuəl/ *agg* sessuale | **sexual intercourse** rapporti sessuali

sexuality /ˌsekʃu'æləti/ *s* sessualità

sexy /'seksi/ *agg* (**sexier**, **sexiest**) sexy

sh!, anche **shh!** /ʃ/ *inter* ssh!

shabby /'ʃæbi/ *agg* (**-bbier**, **-bbiest**) **1** (vestito) trasandato -a, (hotel, edificio) squallido -a **2** (persona) trasandato -a **3** (trattamento) meschino -a | **a shabby trick** un tiro meschino

shack /ʃæk/ *s* baracca

shade /ʃeɪd/ *sostantivo*, *sostantivo plurale* e *verbo*
- *s* **1** ombra | **in the shade (of sth)** all'ombra (di qc) ▶ **SHADE O SHADOW?** vedi **ombra** **2** (di una lampada) paralume **3** AmE tenda **4** (di un colore) sfumatura **5 a shade taller/darker** un tantino più alto/più scuro **6 shades of meaning** sfumature di significato
- **shades** *s pl* (informale) occhiali da sole
- *v* [tr] proteggere [dal sole, dalla luce]

shadow /'ʃædəʊ/ *sostantivo* e *verbo*
- *s* **1** ombra ▶ **SHADE O SHADOW?** vedi **ombra** **2 without a shadow of a doubt** senza ombra di dubbio
- *v* [tr] pedinare

shady /'ʃeɪdi/ *agg* (**-dier**, **-diest**) **1** (posto) ombreggiato -a **2** (faccenda) losco -a

shaft /ʃɑːft/ *s* **1** (di lancia, freccia) asta **2** (di racchetta, ascia) impugnatura **3** (di ascensore) gabbia **4** (di miniera) pozzo **5 a shaft of light** un raggio di luce

shaggy /'ʃægi/ *agg* (**-ggier**, **-ggiest**) **1** (barba) incolto -a, (capelli) arruffato -a **2** (pelo di animale) arruffato -a

shake /ʃeɪk/ *verbo* e *sostantivo*
- *v* (passato **shook**, participio **shaken**) **1** [intr] tremare | **to shake with fear/anger** tremare dalla paura/rabbia **2** [tr] far tremare [terra, finestre], agitare [bottiglia], scuotere [tappeto, persona] **3 to shake hands** stringersi la mano **4 to shake hands with sb** stringere la mano a qn **5 to shake your head** scuotere la testa **6** [tr] scuotere: *Mark was very fshaken by the news.* Mark è rimasto molto scosso dalla notizia. **7 to shake sb's confidence** far vacillare la fiducia di qn
shake sth/sb off sbarazzarsi di qc/qn
- *s* **1 to give sth a shake** dare una scrollata a qc | **a shake of the head** *A shake of the head was her only answer.* Ha risposto solo scuotendo la testa. **2** ▶ vedi **milk**

shaken /'ʃeɪkən/ participio di **shake**

'shake-up *s* (di azienda) ristrutturazione, (di governo) rimpasto

shaky /'ʃeɪki/ *agg* (**-kier**, **-kiest**) **1** (persona) traballante, (voce, mani) tremolante **2** (fondamenta, matrimonio) instabile **3** (dubbio) incerto -a

shall /ʃəl, tonico ʃæl/ *v* [modale] (forma contratta **'ll**, forma negativa **shan't**, o, più formale, **shall not**) ▶ vedi riquadro

shallow /'ʃæləʊ/ *agg* **1** basso -a: *The water's quite shallow here.* Qui l'acqua è piuttosto bassa. | **the shallow end** la parte bassa [di piscina] **2** superficiale

shambles /'ʃæmbəlz/ *s* **to be a shambles** (informale) **a)** (casa, stanza) essere un macello **b)** (evento) essere un disastro

shame /ʃeɪm/ *sostantivo* e *verbo*
- *s* **1 what a shame!** che peccato!: ***It's a shame*** *you can't stay longer.* È un peccato che tu non possa rimanere più a lungo. **2** (imbarazzo) vergogna | **to have no shame** non vergognarsi affatto **3** (disonore) vergogna **4 shame on you!** vergognati! **5 to put sb to shame** far sfigurare qn
- *v* [tr] **1 to shame sb into doing sth** convincere qn a fare qc per la vergogna **2** disonorare [famiglia]

shameful /'ʃeɪmfəl/ *agg* vergognoso -a

shameless /'ʃeɪmləs/ *agg* spudorato -a

shampoo /ʃæm'puː/ *sostantivo* e *verbo*
- *s* shampoo
- *v* [tr] lavare [capelli, tappeto] | **to shampoo your hair** lavarsi i capelli

shan't /ʃɑːnt/ forma contratta di **shall not**

shanty town /'ʃænti taʊn/ *s* baraccopoli

shape /ʃeɪp/ *sostantivo* e *verbo*
- *s* **1** forma: *What shape is the table?* Di che forma è il tavolo? | *a card* ***in the shape of*** *a heart* un biglietto a forma di cuore **2 to be in good/bad shape** (persona) essere/non essere in forma | **to stay in shape** mantenersi in forma | **to be out of shape** essere fuori forma **3 to take shape** prendere forma
- *v* [tr] **1** formare [carattere, idee], disegnare [situazione] **2 to shape sth into sth** *Shape the dough into balls.* Formare delle palline con la pasta.

shapeless /'ʃeɪpləs/ *agg* informe

Vuoi informazioni sulla differenza tra gli **articoli** in inglese e in italiano? Leggi le spiegazioni nella guida grammaticale.

shall *verbo modale*

1 FUTURO
Il suo uso è formale e più frequente in inglese britannico. Si usa solo con **I** e **we**. Nella lingua parlata si usa **will** o la forma contratta **'ll**:
I shall have finished by Friday. Avrò finito per venerdì. | *We shall be at home on Saturday.* Saremo a casa sabato.

2 SUGGERIMENTI E DOMANDE
Si usa solo con **I** e **we**:
Shall I open the window? Apro la finestra? | *What shall I wear?* Che cosa mi posso mettere?

3 USO ENFATICO
Uso formale:
I said you could go, and so you shall. Ho detto che potevi andare, e ci andrai.

share /ʃeə/ *verbo e sostantivo*
• *v* **1** [tr/intr] dividere: *I share a room with my sister.* Divido la camera con mia sorella. **2** [tr] (anche **share out**) (spartire) dividere: *We **shared** the money **among** the four of us.* Abbiamo diviso i soldi tra noi quattro. **3** [tr] condividere [opinione] **4 to share a secret/problem with sb** condividere un segreto/problema con qn
• *s* **1** parte: *I calculated my **share of** the bill.* Ho calcolato la mia parte del conto. **2** (di società) azione

sharing

shark /ʃɑːk/ *s* squalo

sharp /ʃɑːp/ *aggettivo, avverbio e sostantivo*
• *agg* **1** (lama) affilato -a, (bordo) tagliente: *a sharp knife* un coltello affilato **2** (matita, bastone) appuntito -a **3** (curva) stretto -a **4 a sharp pain** un dolore acuto **5** (suono) acuto: *a sharp cry of pain* un grido acuto di dolore **6** (sapore) forte **7 a sharp rise/fall** un aumento/calo improvviso **8** (immagine) nitido -a **9** (persona) sveglio -a | **to have a sharp mind** avere una mente acuta **10** (tono) aspro -a | **to be sharp with sb** essere aspro con qn | **to have a sharp tongue** avere la lingua tagliente **11** (vento) pungente **12 F sharp/C sharp etc** (musica) fa diesis/si diesis ecc.
• *avv* **at ten thirty/two o'clock etc sharp** alle dieci/due ecc. spaccate
• *s* (in musica) diesis

sharpen /ˈʃɑːpən/ *v* [tr] **1** affilare [coltello] **2** temperare [matita]

sharpener /ˈʃɑːpənə/ *s* **1** affilacoltelli **2** temperamatite

sharply /ˈʃɑːpli/ *avv* **1** (parlare, criticare) duramente **2** (aumentare, calare) bruscamente **3** (chiaramente) nettamente

shatter /ˈʃætə/ *v* **1** [intr] andare in frantumi, [tr] mandare in frantumi **2 to shatter sb's hopes/illusions** distruggere le speranze/illusioni di qn

shattered /ˈʃætəd/ *agg* **1** (sconvolto) distrutto -a **2** BrE (informale) (esausto) distrutto -a

shattering /ˈʃætərɪŋ/ *agg* disastroso -a

shave /ʃeɪv/ *verbo e sostantivo*
• *v* **1** [tr] fare la barba a | **to shave your head** rasarsi la testa | **to shave your legs** radersi le gambe **2** [intr] farsi la barba
shave sth off to shave your beard/your moustache off tagliarsi la barba/i baffi
• *s* **to have a shave** farsi la barba

shaver /ˈʃeɪvə/ *s* rasoio

ˈshaving cream *s* crema da barba

shawl /ʃɔːl/ *s* scialle

she /ʃɪ, tonico ʃiː/ *pronome e sostantivo*
• *pron* lei ▶ I pronomi soggetto non si omettono mai in inglese: *What did she say?* Che cosa ha detto? | *He didn't like it but she did.* A lui non è piaciuto, ma a lei sì.
• *s* femmina: *What a lovely cat. Is it a he or a she?* Che bel gattino. È un maschio o una femmina?

shear /ʃɪə/ *v* (participio **sheared** o **shorn**) **1** [tr] tosare [pecora] **2** (anche **shear off**) [tr] (rompere) spezzare, [intr] spezzarsi

shears /ʃɪəz/ *s pl* cesoie

sheath /ʃiːθ/ *s* (di coltello, spada) fodero

she'd /ʃiːd/
• forma contratta di **she had**
• forma contratta di **she would**

shed /ʃed/ *sostantivo e verbo*
• *s* capanno nel giardino per riporre attrezzi, bici, ecc.
• *v* [tr] (passato e participio **shed**, gerundio **shedding**) **1** diffondere [luce] **2** perdere [foglie, pelle] **3** liberarsi di [inibizioni, peso] **4** versare [lacrime, sangue]

sheep /ʃiːp/ *s* (pl **sheep**) pecora

sheepish /ˈʃiːpɪʃ/ *agg* (persona, sguardo) imbarazzato -a [per aver fatto qualcosa di male]

sheer /ʃɪə/ *agg* **1** (assoluto) puro -a | **sheer coincidence** pura coincidenza **2** (per enfatizzare) *The **sheer size** of the country makes travel difficult.* Sono proprio le dimensioni del paese che rendono difficile viaggiare. | *That's just sheer ignorance.* Questa è ignoranza bell'e buona. **3 a sheer drop** uno strapiombo **4** (stoffa) trasparente

sheet /ʃiːt/ *s* **1** (per il letto) lenzuolo **2** (di carta, plastica) foglio **3** (di vetro, metallo, ghiaccio) lastra

sheikh, anche **sheik** /ʃeɪk/ *s* sceicco

S

shelf /ʃelf/ *s* (pl **shelves** /ʃelvz/) (in stanza, forno) ripiano, (in negozio, biblioteca) scaffale: *a set of shelves* uno scaffale

she'll /ʃiːl/ forma contratta di **she will**

shell /ʃel/ *sostantivo e verbo*
- *s* **1** (di noce, uovo) guscio **2** (di tartaruga, crostaceo) guscio **3** (di mollusco) conchiglia **4** (proiettile) granata
- *v* [tr] bombardare

shell

shellfish /ˈʃelˌfɪʃ/ *s* (pl **shellfish**) **1** frutti di mare **2** crostaceo

shelter /ˈʃeltə/ *sostantivo e verbo*
- *s* **1 shelter (from sth)** riparo (da qc) | **to seek shelter a)** cercare riparo [da tempesta] **b)** cercare rifugio [da regime] **2** rifugio: *an air-raid shelter* un rifugio antiaereo
- *v* **1 to shelter sth/sb (from sth)** proteggere qc/qn (da qc) **2** [tr] dare rifugio a [delinquente, fuggitivo] **3 to shelter (from sth)** ripararsi (da qc) [pioggia, tempesta]

sheltered /ˈʃeltəd/ *agg* **1 to lead a sheltered life** vivere nella bambagia **2** (dal maltempo) riparato -a

shelve /ʃelv/ *v* [tr] (mettere da parte) accantonare

shelves /ʃelvz/ plurale di **shelf**

shepherd /ˈʃepəd/ *s* pastore

sherry /ˈʃeri/ *s* (pl **-rries**) sherry

she's /ʃiːz/
- forma contratta di **she is**
- forma contratta di **she has**

shield /ʃiːld/ *sostantivo e verbo*
- *s* scudo
- *v* **to shield sth/sb (from sth)** proteggere qc/qn (da qc)

shift /ʃɪft/ *verbo e sostantivo*
- *v* **1** [intr] (muoversi) cambiare posizione: *Donna shifted uncomfortably in her seat.* Donna non riusciva a star ferma sulla sedia. **2** [tr] (informale) spostare [mobile] **3 to shift (from sth to sth)** (attenzione, accento) spostarsi (da qc a qc) **4 to shift the blame (for sth) onto sb** scaricare la colpa (di qc) su qn
- *s* **1 a shift in sth** un cambiamento di qc [opinione] **2** (di lavoro) turno | **to work shifts** fare i turni **3** (anche **shift key**) tasto delle maiuscole

shifty /ˈʃɪfti/ *agg* (**-tier**, **-tiest**) **1** (persona, sguardo) ambiguo -a **2** (occhi) sfuggente

shimmer /ˈʃɪmə/ *v* [intr] (scintillare) luccicare, (per il caldo) tremolare

shin /ʃɪn/ *s* stinco

shine /ʃaɪn/ *verbo e sostantivo*
- *v* (passato e participio **shone**) **1** [intr] brillare: *Her eyes shone.* Le brillavano gli occhi. | *The light was shining in my eyes and I couldn't see a thing.* Avevo la luce negli occhi e non vedevo nulla. **2 to shine a light/a torch** puntare una luce/torcia **3 to shine (at/in sth)** brillare (in qc): *She never shone academically.* Non ha mai brillato negli studi.
- *s* lucentezza

shiny /ˈʃaɪni/ *agg* (**-nier**, **-niest**) (stivali, tavolo, capelli) lucido -a, (auto) fiammante

ship /ʃɪp/ *sostantivo e verbo*
- *s* nave | **by ship** via nave | **on board (the) ship** a bordo
- *v* [tr] (**shipped**, **shipping**) spedire [via nave]

shipment /ˈʃɪpmənt/ *s* **1** (di merce) carico **2** (azione) spedizione

shipping /ˈʃɪpɪŋ/ *s* **1** navi **2** (consegna) spedizione **3 shipping industry** industria di trasporti marittimi

shipwreck /ˈʃɪp-rek/ *sostantivo e verbo*
- *s* naufragio
- *v* **to be shipwrecked** fare naufragio

shirk /ʃɜːk/ *v* **1 to shirk your responsibilities** sottrarsi alle proprie responsabilità **2** [intr] fare lo scansafatiche

shirt /ʃɜːt/ *s* camicia

shiver /ˈʃɪvə/ *verbo e sostantivo*
- *v* [intr] rabbrividire | **to be shivering with cold/fear** tremare di freddo/paura
- *s* brivido: *It gives me the shivers.* Mi fa venire i brividi.

shock /ʃɒk/ *sostantivo e verbo*
- *s* **1** (emozione improvvisa) shock: *The news **came as a** complete **shock** to me.* La notizia è stata un vero shock per me. **2** (spavento, sorpresa) colpo **3** (in medicina) shock | **to be in shock** essere sotto shock **4** (anche **electric shock**) scossa **5** (di terremoto) scossa, (di esplosione) colpo
- *v* **1** [tr] (sconvolgere) scioccare: *I was **shocked** to hear that she had died.* Sono rimasto scioccato alla notizia della sua morte. **2** [tr/intr] scandalizzare

shocking /ˈʃɒkɪŋ/ *agg* **1** (offensivo) scandaloso -a **2** (sconvolgente) scioccante **3** BrE (informale) (molto brutto) pessimo -a

shoddy /ˈʃɒdi/ *agg* (**-ddier**, **-ddiest**) scadente

shoe /ʃuː/ *sostantivo e verbo*
- *s* **1** (di persona) scarpa **2** (di cavallo) ferro **3 to be in sb's shoes** essere al posto di qn: *I'm glad I'm not in his shoes.* Sono contento di non essere al suo posto. | *If I were in her shoes I'd resign.* Se fossi in lei darei le dimissioni.
- *v* [tr] (passato e participio **shod**) ferrare [cavallo]

shoelace /ˈʃuːleɪs/ *s* stringa

ˈshoe ˌpolish *s* lucido da scarpe

ˈshoe shop BrE, **ˈshoe store** AmE *s* negozio di scarpe

shoestring /ˈʃuːˌstrɪŋ/ *s* **on a shoestring** con pochi soldi

S

Vuoi scrivere un'e-mail in inglese? Consulta la **guida alla comunicazione** in fondo al dizionario.

shone /ʃɒn, AmE ʃəʊn/ passato e participio di **shine**

shook /ʃʊk/ passato di **shake**

shoot /ʃuːt/ *verbo e sostantivo*

• *v* (passato e participio **shot**) **1** [tr] (ammazzare) uccidere [con un'arma da fuoco], (ferire) sparare a: *They shot him in the arm.* Gli hanno sparato al braccio. | *She was **shot dead** by a burglar.* È stata uccisa da un ladro. | **to shoot yourself** spararsi **2 to shoot (at sth/sb)** sparare (a qc/qn) **3** [tr] sparare con [arma da fuoco], scoccare [freccia] **4** [tr] cacciare [selvaggina], [intr] andare a caccia **5** [tr] fucilare [traditore] **6** [intr] (nello sport) tirare **7 to shoot up/past etc sth** salire su per/passare oltre qc ecc. di corsa: *He shot up the stairs.* È salito di corsa su per le scale. **8** [tr] lanciare [sguardo, occhiata] **9** [tr] girare [film, programma]

shoot sth down abbattere qc [aereo]

shoot sb down uccidere qn

shoot up 1 (prezzi, temperatura) salire vertiginosamente **2** (bambino, pianta) crescere in fretta **3** (informale) (drogarsi) farsi

• *s* germoglio

shooting /ˈʃuːtɪŋ/ *s* **1** (per uccidere) omicidio, (per ferire) ferimento **2** (scontro a fuoco) sparatoria **3** (di animali) caccia

shop /ʃɒp/ *sostantivo e verbo*

• *s* BrE negozio: *a clothes shop* un negozio di abbigliamento | *I've got to **go to the shops** today.* Devo andare a fare compere oggi.

• *v* [intr] (**shopped**, **shopping**) fare compere | **to go shopping** andare a fare compere: *We're **shopping for** Christmas presents.* Stiamo andando a comperare i regali di Natale.

shop around guardarsi intorno [per comparare i prezzi]

ˈshop asˌsistant *s* BrE commesso -a

shopkeeper /ˈʃɒpˌkiːpə/ *s* BrE negoziante

shoplifting /ˈʃɒpˌlɪftɪŋ/ *s* taccheggio

shopping /ˈʃɒpɪŋ/ *s* **1** fare compere [attività] | **to do the shopping** fare la spesa **2** (cibo acquistato) spesa

ˈshopping ˌcentre *s* BrE centro commerciale

ˈshopping ˌmall *s* centro commerciale

shore /ʃɔː/ *s* **1** (di lago) riva, (di mare) costa: *on the shores of the Mediterranean* sulle coste del Mediterraneo **2** terra, costa: *a mile off shore* a un miglio dalla costa | **to go on shore** scendere a terra [da una nave] **3** spiaggia

shorn /ʃɔːn/ participio di **shear**

short /ʃɔːt/ *aggettivo, avverbio e sostantivo*

• *agg* **1** (gonna, capelli) corto -a, (tragitto, strada) breve | **a short way** poco lontano **2** (persona) basso -a **3** (periodo di tempo, visita, riunione) breve | **a short delay** un piccolo ritardo | **a short time ago** poco fa **4** si usa per indicare la mancanza di qualcosa: *I'm still $10 short.* Mi mancano ancora 10 dollari. | *We're **short of** milk.* Siamo a corto di latte. | *I'm a bit short of breath.* Sono un po' a corto di fiato. **5 to be short for sth** essere il diminutivo di qc **6 for short** abbreviato **7 in short** per farla breve **8 to have a short memory** avere la memoria corta **9 to have a short temper** arrabbiarsi facilmente **10 to be short with sb** essere brusco con qn ► vedi anche **term**

• *avv* ► vedi **cut**, **run**, **stop**

• *s* **1** BrE (informale) superalcolico **2** (informale) cortometraggio

shortage /ˈʃɔːtɪdʒ/ *s* penuria

ˌshort ˈcircuit *s* cortocircuito

shortcoming /ˈʃɔːtˌkʌmɪŋ/ *s* difetto

ˌshort ˈcut *s* **1** (strada) scorciatoia **2 a short cut to (doing) sth** una scorciatoia per (fare) qc

shorten /ˈʃɔːtn/ *v* **1** [tr] accorciare **2** [intr] accorciarsi

shorthand /ˈʃɔːthænd/ *s* stenografia

ˈshort list *s* BrE rosa finale di candidati

ˈshort-list *v* BrE **to be short-listed for sth** essere selezionato per qc

short-lived /ˌʃɔːt ˈlɪvd, AmE ˌʃɔːrt ˈlaɪvd/ *agg* di breve durata

shortly /ˈʃɔːtli/ *avv* **1** (presto) tra poco **2 shortly before/after** poco prima/dopo: *shortly after midnight* poco dopo mezzanotte

shorts /ʃɔːts/ *s pl* **1** calzoncini: *a pair of shorts* un paio di calzoncini **2** AmE (da uomo) boxer

ˌshort-ˈsighted *agg* **1** miope **2** (politica, atteggiamento) poco lungimirante

ˌshort-ˈterm *agg* a breve termine

shot¹ /ʃɒt/ *s* **1** (di arma da fuoco) colpo **2** (nello sport) tiro **3** (in film) inquadratura **4** (fotografia) scatto **5 to have a shot (at doing sth)** (informale) provare (a fare qc) **6** (di farmaco) iniezione **7 like a shot** immediatamente

shot² /ʃɒt/ passato e participio di **shoot**

shotgun /ˈʃɒtɡʌn/ *s* fucile

should /ʃəd, tonico ʃʊd/ *v* [modale] (forma contratta **'d**, forma negativa **shouldn't**, o, più formale, **should not**) ► vedi riquadro

shoulder /ˈʃəʊldə/ *sostantivo e verbo*

• *s* **1** spalla **2 a shoulder to cry on** una spalla su cui piangere

• *v* [tr] assumersi [colpa, responsabilità]

ˈshoulder bag *s* borsa a tracolla

ˈshoulder blade *s* scapola

shouldn't /ˈʃʊdnt/ forma contratta di **should not**

S

should *verbo modale*

1 Per indicare che qualcosa è consigliabile o desiderabile:

The oven should be very hot. Il forno dovrebbe essere caldissimo. | *You should seek advice.* Dovresti chiedere consiglio. | *I shouldn't have lent it to her.* Non avrei dovuto prestarglielo.

2 Per indicare probabilità:

She should be back by two. Dovrebbe tornare per le due. | *How should I know?* Come faccio a saperlo?

3 Le espressioni **I should think so** e **I should think not** si usano come risposta per esprimere accordo, indignazione, ecc. in modo enfatico:

"He apologised." "I should think so too!" – Ha chiesto scusa. – Lo credo bene! | *"I don't want to pay more than £100." "I should think not!"* – Non voglio pagare più di 100 sterline. – Ci credo!

should've /ˈʃʊdəv/ forma contratta di **should have**

shout /ʃaʊt/ *verbo* e *sostantivo*
• *v* [tr/intr] **1** (gridare) urlare: *I **shouted for** help.* Ho urlato per chiedere aiuto. **2 to shout at/to sb** (per farsi sentire) urlare a qn: *The taxi driver shouted to me to move.* Il tassista mi ha urlato di spostarmi. **3 to shout at sb** (con rabbia) aggredire qn: *Sorry, I didn't mean to shout at you.* Scusa, non volevo aggredirti.
shout sb down mettere a tacere qn [urlando più forte]
• *s* urlo

shove /ʃʌv/ *verbo* e *sostantivo*
• *v* **1** [tr/intr] spingere **2 to shove sth into/under etc sth** (informale) ficcare qc in/sotto ecc. qc: *He shoved the clothes into his bag.* Ha ficcato i vestiti nella borsa.
• *s* spintone

shovel /ˈʃʌvəl/ *sostantivo* e *verbo*
• *s* pala [attrezzo]
• *v* [tr] (**-lled**, **-lling** BrE, **-led**, **-ling** AmE) spostare con una pala: *We **shovelled** the snow **off** the path.* Abbiamo spalato la neve dal vialetto.

show /ʃəʊ/ *verbo* e *sostantivo*
• *v* (participio **shown**) **1** [tr] (far vedere) mostrare | **to show sb sth/to show sth to sb** mostrare qc a qn: *Show me what you've bought.* Mostrami che cosa hai comperato. | *Have you shown the photos to Pat?* Hai mostrato le foto a Pat? **2** [tr] (provare) dimostrare, (illustrare) mostrare **3** [tr] manifestare [interesse, sentimenti] **4** [tr] mostrare [passaporto, biglietto] **5 to show sb how to do sth** mostrare a qn come fare qc **6** [intr] vedersi: *Don't worry about that stain, it won't show.* Non preoccuparti per la macchia, non si vedrà. **7** [tr] dare [film]: *The local cinema is showing Tarzan.* Al cinema del quartiere danno Tarzan. ▶ vedi anche **rope**
show sb around sth far visitare qc a qn [casa, scuola, città]
show sb in far entrare qn
show off mettersi in mostra **show sth off 1** mettere in risalto qc [caratteristica piacevole] **2** (per vantarsi) ostentare qc
show sb out far uscire qn
show sb round sth BrE ▶ vedi **show sb around sth**
show up (informale) (presentarsi) farsi vedere [a appuntamento] **show sth up** evidenziare qc **show sb up** far fare una figuraccia a qn
• *s* **1** (a teatro) spettacolo **2** (alla TV, radio) programma **3** (di fiori, quadri) mostra, (di artigianato, dell'auto) salone | **a fashion show** una sfilata di moda **4 to be on show** (quadro, oggetto) essere esposto **5 for show** per fare scena

'show ˌbusiness *s* mondo dello spettacolo

showdown /ˈʃəʊdaʊn/ *s* scontro decisivo

shower /ˈʃaʊə/ *sostantivo* e *verbo*
• *s* **1** doccia | **to have a shower** BrE, **to take a shower** AmE fare la doccia **2** acquazzone: *heavy showers* violenti acquazzoni | *scattered showers* precipitazioni sparse **3 a shower of sparks/confetti** una pioggia di scintille/coriandoli
• *v* **1** [intr] farsi la doccia **2 to shower sb with sth** coprire qn di qc [baci, regali]

shown /ʃəʊn/ participio di **show**

'show-off *s* (informale) esibizionista

showroom /ˈʃəʊruːm/ *s* showroom

shrank /ʃræŋk/ passato di **shrink**

shred /ʃred/ *sostantivo* e *verbo*
• *s* **1 there isn't a shred of evidence** non c'è uno straccio di prova **2 to be torn to shreds** essere ridotto a brandelli
• *v* [tr] (**shredded**, **shredding**) stracciare [carta]

shrewd /ʃruːd/ *agg* **1** (persona) scaltro -a **2** (mossa, decisione) oculato -a

shriek /ʃriːk/ *verbo* e *sostantivo*
• *v* [tr/intr] strillare
• *s* strillo

shrill /ʃrɪl/ *agg* (voce, suono) stridulo -a

shrimp /ʃrɪmp/ *s* **1** BrE gamberetto **2** AmE In inglese americano, **shrimp** è un termine generale per gamberi di varie dimensioni.

shrine /ʃraɪn/ *s* **1** (luogo sacro) santuario **2** (di una star) tempio

shrink /ʃrɪŋk/ *verbo* e *sostantivo*
• *v* (passato **shrank**, participio **shrunk**) **1** [intr] (vestiti) restringersi **2** [intr] (superficie, foresta) ritirarsi **3 to shrink from**

S

(doing) sth mostrarsi riluttante a (fare) qc
• *s* (informale) strizzacervelli

shrivel /ˈʃrɪvəl/, anche **shrivel up** *v* (**-lled**, **-lling** BrE, **-led**, **-ling** AmE) [intr] (pianta, fiore) seccarsi, (pelle) raggrinzirsi

shroud /ʃraʊd/ *v* [tr] **1 shrouded in mist/fog** avvolto nella nebbia **2 shrouded in mystery/secrecy** avvolto nel mistero

shrub /ʃrʌb/ *s* cespuglio

shrug /ʃrʌg/ *verbo* e *sostantivo*
• *v* [intr] (**shrugged**, **shrugging**) **to shrug your shoulders** scrollare le spalle
shrug sth off ignorare qc
• *s* **with a shrug** con una scrollata di spalle

shrunk /ʃrʌŋk/ participio di **shrink**

shudder /ˈʃʌdə/ *verbo* e *sostantivo*
• *v* [intr] **1** rabbrividire | **to shudder with fear/disgust** rabbrividire di paura/disgusto **2** (veicolo) sobbalzare
• *s* sobbalzo

shuffle /ˈʃʌfəl/ *v* **1 to shuffle across sth** attraversare qc strascicando i piedi **2 to shuffle your feet** fare un movimento nervoso con i piedi **3** [tr/intr] mischiare [carte]

shut /ʃʌt/ *verbo* e *aggettivo*
• *v* (passato e participio **shut**, gerundio **shutting**) **1** [tr] chiudere: *Could you shut the door, please?* Potresti chiudere la porta, per favore? **2** [intr] chiudersi: *The door shut with a bang.* La porta si è chiusa sbattendo. **3** [intr] (temporaneamente o definitivamente) chiudere: *The shops shut at 5.30.* I negozi chiudono alle 5 e mezza.
shut sb away rinchiudere qn **shut yourself away** rinchiudersi
shut down chiudere i battenti: *The factory is going to shut down next year.* La fabbrica chiuderà i battenti il prossimo anno. **shut sth down** chiudere qc [azienda]
shut sb in rinchiudere qn
shut sth off 1 spegnere qc [motore, allarme] **2** chiudere qc [acqua, gas]
shut sth out non fare passare qc [luce, rumore] **shut sb out** chiudere fuori qn
shut up stare zitto **shut sth up** chiudere qc [temporaneamente] **shut sb up** far stare zitto qn
• *agg* chiuso -a: *Is the door shut properly?* È chiusa bene la porta?

shutter /ˈʃʌtə/ *s* persiana

shuttle /ˈʃʌtl/ *s* **1** navetta **2** (anche **space shuttle**) navetta spaziale **3** treno o autobus tra due località, con corse frequenti di andata e ritorno a intervalli regolari

shy /ʃaɪ/ *aggettivo* e *verbo*
• *agg* timido -a
• *v* **shy away from sth** evitare (di fare) qc

shyly /ˈʃaɪli/ *avv* timidamente

shyness /ˈʃaɪnəs/ *s* timidezza

sick /sɪk/ *aggettivo* e *sostantivo plurale*
• *agg* **1** (am)malato -a | **to be off sick** essere in malattia ► vedi nota sotto **malato** **2 to be sick** vomitare | **to feel sick** avere la nausea: *I began to feel sick.* Mi è venuta la nausea. **3 to be sick of sth/sb** (informale) essere stufo di qc/qn: *I'm sick of doing your work for you.* Sono stufa di fare il lavoro al posto tuo. | **sick and tired of sth/sb** stufo marcio di qc/qn **4 to make sb sick** rivoltare qn **5** (barzelletta) di pessimo gusto
• *s pl* **the sick** gli ammalati

sickening /ˈsɪkənɪŋ/ *agg* nauseante

sickly /ˈsɪkli/ *agg* (**-ier**, **-iest**) **1** (bambino, aspetto) malaticcio -a **2** (sapore, odore) stomachevole **3** (colore) pallido -a

sickness /ˈsɪknəs/ *s* **1** malattia **2** nausea

side /saɪd/ *sostantivo*, *aggettivo* e *verbo*
• *s* **1** lato | **by sb's side** al fianco di qn | **side by side** fianco a fianco | **on either side** su entrambi i lati
2 (di letto, tavolo) fianco, (di strada) bordo, (di lago) sponda
3 (di auto, edificio) fianco: *an entrance at the side of the building* un'entrata sul fianco dell'edificio
4 (di montagna, collina) fianco
5 (di cubo, scatola) lato
6 (di disco, cassetta) lato
7 (di foglio, pagina) facciata
8 from side to side da una parte all'altra | **from all sides** da tutte le parti
9 (di problema, situazione) aspetto
10 (in una disputa) parte: *I thought you were **on my side**!* Pensavo fossi dalla mia parte! | **to take sides** schierarsi
11 BrE (nello sport) squadra
12 (del corpo) fianco
13 to get on the right/wrong side of sb (informale) ingraziarsi/contrariare qn
• *agg* **1** laterale: *a side entrance* un'entrata laterale | *a side view* una veduta laterale
2 a side dish un contorno
3 a side street una via laterale
• *v* **to side with/against sb** schierarsi con/contro qn

sideboard /ˈsaɪdbɔːd/ *s* (mobile) credenza

ˈside efˌfect *s* effetto collaterale

sideline /ˈsaɪdlaɪn/ *s* **1** attività extra **2 the sidelines** (nello sport) la panchina

sidetrack /ˈsaɪdtræk/ *v* **to get sidetracked** farsi distrarre

S

sidewalk /'saɪdwɔːk/ *s* AmE marciapiede ▶ In inglese britannico si usa **pavement**.

sideways /'saɪdweɪz/ *avverbio* e *aggettivo*
- *avv* (spostarsi, dare un'occhiata) di lato
- *agg* **1** (movimento) laterale **2 a sideways glance** uno sguardo obliquo

siege /siːdʒ/ *s* assedio

sieve /sɪv/ *sostantivo* e *verbo*
- *s* setaccio
- *v* [tr] passare al setaccio [farina, zucchero a velo]

sift /sɪft/ *v* **1** [tr] passare al setaccio [farina, zucchero a velo] **2 to sift through sth** vagliare qc [dati, informazioni]

sigh /saɪ/ *verbo* e *sostantivo*
- *v* [intr] sospirare
- *s* sospiro

sight /saɪt/ *s* **1** (facoltà di vedere) vista: *She's losing her sight.* Sta perdendo la vista. **2** possibilità di vedere: *They waited for hours for a sight of the singer.* Hanno aspettato ore per vedere il cantante. **3** (ciò che si vede) spettacolo: *a familiar sight* uno spettacolo familiare **4 to see the sights** visitare i luoghi d'interesse turistico **5 at first sight** a prima vista **6 in sight** in vista: *There was no one else in sight.* Non c'era nessuno in vista. **7 to be out of sight a)** essere nascosto (alla vista) **b)** non essere più in vista **8 I can't stand the sight of them** non li posso proprio vedere | **I can't stand the sight of blood etc** non sopporto la vista del sangue ecc.

sightseeing /'saɪtˌsiːɪŋ/ *s* visita dei luoghi di interesse turistico | **to go sightseeing** visitare i luoghi di interesse turistico

sign /saɪn/ *sostantivo* e *verbo*
- *s* **1** (indizio) segno: *There were signs that someone had already been there.* C'erano dei segni che indicavano che qualcuno era già stato lì. | *There was no sign of her.* Non c'era traccia di lei. **2** (segnale) cartello **3** (simbolo) segno: *the signs of the Zodiac* i segni dello zodiaco **4** (gesto) segno
- *v* **1** [tr/intr] firmare **2** [tr] ingaggiare [calciatore, cantante] **3 to sign with sb** firmare un contratto con qn

  sign up 1 to sign up for sth iscriversi a qc **2 to sign up with sb** (calciatore, cantante) firmare un contratto con qn **3 sign sb up** ingaggiare qn [calciatore, cantante]

signal /'sɪgnəl/ *sostantivo* e *verbo*
- *s* **1** (gesto) segnale **2** (indicazione) segnale **3** (alla radio, televisione) segnale **4** (in ferrovia) segnale
- *v* (**-lled**, **-lling** BrE, **-led**, **-ling** AmE) **1 to signal (to) sb to do sth** far segno a qn di fare qc **2** [tr] segnalare

signature /'sɪgnətʃə/ *s* firma

significance /sɪg'nɪfɪkəns/ *s* importanza

significant /sɪg'nɪfɪkənt/ *agg* significativo -a

signify /'sɪgnəfaɪ/ *v* [tr] (3ª pers sing **-fies**, passato e participio **-fied**) **1** significare **2** indicare

'sign ˌlanguage *s* linguaggio dei segni

signpost /'saɪnpəʊst/ *s* cartello indicatore

silence /'saɪləns/ *sostantivo* e *verbo*
- *s* silenzio | **in silence** in silenzio
- *v* [tr] zittire [persona]

silent /'saɪlənt/ *agg* **1** silenzioso -a | **to fall silent** fare silenzio **2 silent films/movies** film muti **3** (lettera) muto -a

silently /'saɪləntli/ *avv* silenziosamente

silhouette /ˌsɪlu'et/ *sostantivo* e *verbo*
- *s* sagoma
- *v* **to be silhouetted against sth** stagliarsi contro qc

silicon /'sɪlɪkən/ *s* silicio

silk /sɪlk/ *sostantivo* e *aggettivo*
- *s* seta
- *agg* (indumenti) di seta

silly /'sɪli/ *agg* (**sillier**, **silliest**) **1** sciocco -a **2 that was a silly thing to do/say** hai fatto/detto un gran stupidaggine

silver /'sɪlvə/ *sostantivo* e *aggettivo*
- *s* **1** (metallo) argento **2** argenteria **3** (colore) argento ▶ vedi Active Box **colours** sotto **colour**
- *agg* **1 a silver bracelet** un braccialetto d'argento **2** (macchina, vernice) grigio -a metallizzato -a, (capelli) color argento **3 a silver medal** una medaglia d'argento

ˌsilver 'foil *s* BrE carta stagnola

similar /'sɪmələ/ *agg* simile: *Those shoes are very **similar to** mine.* Quelle scarpe sono molto simili alle mie.

similarity /ˌsɪmə'lærəti/ *s* (pl **-ties**) somiglianza

similarly /'sɪmələli/ *avv* **1** in modo simile **2** allo stesso modo

simile /'sɪməli/ *s* similitudine

simmer /'sɪmə/ *v* [tr/intr] fare cuocere a fuoco lento

simple /'sɪmpəl/ *agg* **1** (vestito, arredamento) semplice: *simple but effective* semplice ma di grande effetto **2** (risposta, soluzione) semplice **3** (compito) facile

simplicity /sɪm'plɪsəti/ *s* semplicità

simplify /'sɪmpləfaɪ/ *v* [tr] (3ª pers sing **-fies**, passato e participio **-fied**) semplificare

simply /'sɪmpli/ *avv* **1** (spiegare, parlare) in modo semplice **2** (usato per enfatizzare) semplicemente

simulation /ˌsɪmju'leɪʃən/ *s* simulazione

simultaneous /ˌsɪməl'teɪniəs/ *agg* simultaneo -a

Non sei sicuro sull'uso di **make** e **do**? Vedi alla voce **fare**.

simultaneously /ˌsɪməlˈteɪniəsli/ *avv* simultaneamente

sin /sɪn/ *sostantivo* e *verbo*
- *s* peccato
- *v* [intr] (**sinned**, **sinning**) peccare

since /sɪns/ *prep*, *avv* e *cong* ▶ vedi riquadro

sincere /sɪnˈsɪə/ *agg* sincero -a

sincerely /sɪnˈsɪəli/ *avv* **1** sinceramente **2 Yours sincerely** BrE cordiali saluti ▶ vedi nota sotto **yours**

sincerity /sɪnˈserəti/ *s* sincerità

sing /sɪŋ/ *v* [tr/intr] (passato **sang**, participio **sung**) cantare: *She sings in a band.* Canta in un complesso. | ***Sing** a song **for** us!* Cantaci una canzone! | *He **sang to** me in Italian.* Mi ha cantato delle canzoni in italiano.

singer /ˈsɪŋə/ *s* cantante

singing /ˈsɪŋɪŋ/ *s* canto

single /ˈsɪŋgəl/ *aggettivo*, *sostantivo*, *sostantivo plurale* e *verbo*
- *agg* **1** (unico) solo -a: *Write on a single sheet of paper.* Scrivete su un solo foglio di carta. **2** (persona) single **3 single bed** letto singolo | **single room** (camera) singola **4 single ticket** BrE biglietto di sola andata **5 every single word** ogni singola parola | **every single day** tutti i santi giorni
- *s* **1** (disco) singolo **2** BrE (biglietto di) sola andata
- **singles** *s pl* (nel tennis) singolo
- *v* **single sth out** individuare qc **single sb out to single sb out for praise/criticism** lodare/criticare qn in particolare

ˌsingle ˈfile *s* **in single file** in fila indiana

ˌsingle-ˈhandedly *avv* da solo

ˌsingle-ˈminded *agg* determinato -a

ˌsingle ˈparent *s* **1** genitore single **2 single-parent family** famiglia monoparentale

singular /ˈsɪŋgjələ/ *agg* e *s* singolare

sinister /ˈsɪnɪstə/ *agg* (persona, aspetto) sinistro -a

sink /sɪŋk/ *verbo* e *sostantivo*
- *v* (passato **sank** o **sunk**, participio **sunk**) **1** [intr] (nave) affondare **2** [tr] affondare [nave] **3** [intr] buttarsi: *She sank into an armchair with a sigh.* Si è buttata su una poltrona con un sospiro. **4** [intr] (temperatura, pressione) abbassarsi **5 to sink sth into sth a)** affondare qc in qc [denti, coltello] **b)** investire qc in qc [denaro, risparmi]

  sink in (notizia, parole) essere recepito -a
- *s* **1** (in cucina) lavandino **2** AmE (in bagno) lavabo

since

1 Quando indica un momento nel passato, **since** equivale a *da*, *da quando* o *da allora*. Nota che quando significa *da*, il verbo che lo precede è spesso al passato prossimo progressivo:

He's been living here since June. Vive qui da giugno. | *I've been waiting since ten o'clock.* Aspetto dalle dieci. | *I've known her since she was a child.* La conosco da quando era bambina. | *He left in 1999 and I haven't seen him since.* Se n'è andato nel 1999 e non lo vedo da allora.

2 Quando indica una causa, la congiunzione **since** equivale a *poiché* o *dato che*: *We could go and see them, since we're in the area.* Potremmo andare a trovarli, dato che siamo in zona.

sip /sɪp/ *verbo* e *sostantivo*
- *v* [tr] (**sipped**, **sipping**) sorseggiare
- *s* sorso

sipping

Sir /sə, tonico sɜː/ *s* **1** Sir: *Sir Winston Churchill* Sir Winston Churchill **2 Dear Sir** Egregio Signore

sir /sə, tonico sɜː/ *s* **1** signore: *Can I help you, sir?* Desidera, signore? **2** BrE termine usato dagli allievi delle scuole inglesi per rivolgersi a un maestro o a un professore

siren /ˈsaɪərən/ *s* sirena

sister /ˈsɪstə/ *s* **1** (parente) sorella | **older/big sister** sorella maggiore/più grande | **younger/little sister** sorella minore/più piccola **2** BrE caposala **3** (suora) sorella

ˈsister-in-law *s* (pl **sisters-in-law**) cognata

sit /sɪt/ *v* (passato e participio **sat**, gerundio **sitting**) **1** [intr] essere seduto: *They sat watching TV all day.* Sono stati seduti a guardare la tv tutto il giorno. **2** [intr] (anche **sit down**) sedersi **3 to sit sb on/by sth** fare sedere qn su/vicino a qc **4** [intr] (oggetto, edificio) essere collocato **5 to sit an exam** dare un esame

sit around starsene seduto con le mani in mano

sit back 1 mettersi comodo **2** stare a guardare

sit down sedersi

sit in on sth assistere a qc

sit up mettersi a sedere [da sdraiato]

sitcom /ˈsɪtkɒm/ *s* (= **situation comedy**) sit-com

S

site /saɪt/ *s* **1** (anche **website**) sito (Internet) **2** sito [archeologico] **3** (di battaglia) teatro **4** (di nuovo edificio) luogo | **a building/construction site** un cantiere

sitting /'sɪtɪŋ/ *s* **1** (per i pasti) turno **2** (del parlamento) seduta

'sitting room *s* BrE salotto

situated /'sɪtʃueɪtɪd/ *agg* situato -a

situation /ˌsɪtʃu'eɪʃən/ *s* **1** situazione **2** posizione **3** **situations vacant** offerte di lavoro

six /sɪks/ *numero* sei

sixteen /ˌsɪk'stiːn/ *numero* sedici ▶ vedi Active Box **numbers** sotto **number**

sixteenth /ˌsɪk'stiːnθ/ *numero* **1** sedicesimo -a ▶ vedi Active Box **numbers** sotto **number** **2** (nelle date) sedici

sixth /sɪksθ/ *aggettivo e sostantivo*

• *agg* **1** sesto -a ▶ vedi Active Box **numbers** sotto **number** **2** (nelle date) sei

• *s* sesto ▶ vedi Active Box **numbers** sotto **number**

'sixth form *s*

Si chiamano così in Gran Bretagna gli ultimi due anni della scuola secondaria superiore, il sesto e il settimo. Il **lower sixth** e l' **upper sixth**, come vengono indicati rispettivamente, non fanno parte dell'istruzione obbligatoria. In questi due anni si preparano gli **A Levels**, esami che sono necessari per accedere all'università.

sixtieth /'sɪkstiəθ/ *agg* sessantesimo -a ▶ vedi Active Box **numbers** sotto **number**

sixty /'sɪksti/ *numero e sostantivo plurale*

• *numero* sessanta ▶ vedi Active Box **numbers** sotto **number**

• **sixties** *s pl* **1** **the sixties** gli anni sessanta **2** **to be in your sixties** essere tra i sessanta e i settant'anni

size /saɪz/ *s* **1** (di edificio, stanza) dimensioni **2** (di vestito, pantaloni) taglia, (di scarpe) numero: *What size is the dress?* Di che taglia è il vestito? | *What size shoe do you take?* Che numero di scarpe porti? **3** (di problema) dimensioni

sizeable, anche **sizable** /'saɪzəbəl/ *agg* ragguardevole

sizzle /'sɪzəl/ *v* [intr] sfrigolare

skate /skeɪt/ *sostantivo e verbo*

• *s* pattino [da ghiaccio o a rotelle]

• *v* **to go skating** andare a pattinare [sul ghiaccio o a rotelle]

skateboard /'skeɪtbɔːd/ *s* skateboard

skating /'skeɪtɪŋ/ *s* pattinaggio [sul ghiaccio o a rotelle]

skeleton /'skelətən/ *sostantivo e aggettivo*

• *s* scheletro

• *agg* **a skeleton staff/service** un personale/servizio ridotto al minimo

skeptic AmE ▶ vedi **sceptic**

skeptical AmE ▶ vedi **sceptical**

sketch /sketʃ/ *sostantivo e verbo*

• *s* (pl **sketches**) **1** schizzo **2** (alla televisione, radio) sketch

• *v* [tr/intr] (3ª pers sing **sketches**) schizzare

sketchy /'sketʃi/ *agg* (descrizione, informazioni) incompleto -a

ski /skiː/ *sostantivo e verbo*

• *s* sci

• *v* [intr] (passato e participio **skied**, gerundio **skiing**) **to go skiing** andare a sciare

skid /skɪd/ *verbo e sostantivo*

• *v* [intr] (**skidded**, **skidding**) (auto, bicicletta, ruota) slittare

• *s* sbandata [di auto]

skies /skaɪz/ plurale di **sky**

skiing /'skiː-ɪŋ/ *s* (sport) lo sci

skilful BrE, **skillful** AmE /'skɪlfəl/ *agg* **1** (giocatore, squadra) abile **2** (manovra, tentativo) abile

skilfully, **skillfully** AmE /'skɪlfəli/ *avv* abilmente

skill /skɪl/ *s* abilità: *my driving skill* la mia abilità nella guida | *language skills* competenze linguistiche | **skill at sth** abilità in qc

skilled /skɪld/ *agg* **1** (lavoratore) specializzato -a | **to be skilled at/in sth** essere bravo in qc **2** (lavoro) specializzato -a

skim /skɪm/ *v* [tr] (**skimmed**, **skimming**) **1** scorrere [articolo, capitolo] **2** sfiorare

ˌskimmed 'milk BrE, **'skim milk** AmE *s* latte scremato

skin /skɪn/ *sostantivo e verbo*

• *s* **1** (di persona) pelle **2** (di animale) pelle **3** (di frutta, verdura) buccia **4** (del latte caldo) pellicina **5** **by the skin of your teeth** (informale) per un pelo

• *v* [tr] (**skinned**, **skinning**) **1** spellare [animale] **2** sbucciare [frutta, verdura]

skinhead /'skɪnhed/ *s* skinhead

skinny /'skɪni/ *agg* (**-nnier**, **-nniest**) (informale) magro -a [in senso peggiorativo]

skip /skɪp/ *verbo e sostantivo*

• *v* (**skipped**, **skipping**) **1** [intr] saltellare **2** [tr] (informale) saltare | **to skip class** saltare la lezione | **to skip lunch** saltare il pranzo **3** [tr] saltare [pagina, capitolo] **4** [intr] saltare con la corda

• *s* **1** salto **2** BrE cassone per macerie

'skipping ˌrope *s* BrE corda [per saltare]

skirt /skɜːt/ *sostantivo e verbo*

• *s* gonna

• *v* [tr] costeggiare

skive /skaɪv/ *v* [intr] BrE (informale) (anche **skive off**) (allievo) marinare la scuola, (sul lavoro) fare lo scansafatiche

skull /skʌl/ *s* **1** teschio **2** cranio

sky /skaɪ/ *s* (pl **skies**) cielo: *There wasn't a cloud in the sky.* Non c'era una nuvola in cielo.

C'è una tavola con i numeri in inglese e spiegazioni sul loro uso nella **guida grammaticale**.

skylight /ˈskaɪlaɪt/ *s* lucernario
skyscraper /ˈskaɪˌskreɪpə/ *s* grattacielo
slab /slæb/ *s* lastra [di marmo, pietra]
slack /slæk/ *aggettivo e verbo*
• *agg* **1** (corda) allentato -a **2** (vendite, scambi) fiacco -a **3** (noncurante) superficiale
• *v* [intr] anche **slack off** battere la fiacca
slam /slæm/ *v* (**slammed**, **slamming**) **1 to slam the door (shut)** sbattere la porta | **to slam (shut)** (porta) sbattere **2** [tr] per indicare un movimento rapido e violento: *He **slammed** the phone **down**.* Ha sbattuto giù il telefono. **3** [tr] (informale) criticare aspramente
slang /slæŋ/ *s* gergo
slant /slɑːnt/ *verbo e sostantivo*
• *v* [intr] essere inclinato
• *s* **1 at/on a slant a)** (tetto) inclinato **b)** (quadro) storto **2** angolazione
slap /slæp/ *verbo e sostantivo*
• *v* [tr] (**slapped**, **slapping**) dare uno schiaffo a | **to slap sb across the face** prendere a schiaffi qn | **to slap sb on the back** dare una pacca sulla spalla a qn
• *s* **1** (in faccia) schiaffo | **to give sb a slap** dare uno schiaffo a qn **2 to feel/be like a slap in the face** essere uno schiaffo morale **3 I got a slap on the wrist** (informale) mi sono beccato una tirata d'orecchi
slash /slæʃ/ *verbo e sostantivo*
• *v* [tr] (3ª pers sing **slashes**) **1** tagliare [gomme], sfregiare [volto] | **to slash your wrists** tagliarsi le vene **2** (informale) ridurre drasticamente
• *s* **1** taglio, (di gonna, abito) spacco **2** barra: *forward slash* barra
slate /sleɪt/ *sostantivo e verbo*
• *s* **1** (materiale) ardesia **2** (per il tetto) tegola (d'ardesia)
• *v* [tr] BrE (informale) stroncare [film, libro]
slaughter /ˈslɔːtə/ *sostantivo e verbo*
• *s* **1** massacro **2** macellazione
• *v* [tr] **1** massacrare **2** macellare [animale] **3** (informale) (nello sport) stracciare
slave /sleɪv/ *sostantivo e verbo*
• *s* **1** schiavo **2 to be a slave to sth** essere schiavo di qc
• *v* [intr] anche **slave away to slave at/over sth** ammazzarsi di lavoro per fare qc
slavery /ˈsleɪvəri/ *s* schiavitù
sleazy /ˈsliːzi/ *agg* (**-zier**, **-ziest**) (informale) di terz'ordine
sledge /sledʒ/ BrE, **sled** /sled/ AmE *s* slitta
sleek /sliːk/ *agg* lucido -a
sleep /sliːp/ *verbo e sostantivo*

sledge/sled

• *v* (passato e participio **slept**) **1** [intr] dormire | **to send sb to sleep** far addormentare qn **2 to sleep on it** (informale) dormirci sopra **3 to sleep five/ten people** avere cinque/dieci posti letto
sleep in dormire fino a tardi
sleep through sth dormire senza sentire qc
sleep with sb andare a letto con qn
• *s* **1** sonno: *He talks in his sleep.* Parla nel sonno. | *I had no sleep at all last night.* Non ho chiuso occhio la notte scorsa. | **to go to sleep** addormentarsi **2 to have a sleep** farsi una dormita
sleeper /ˈsliːpə/ *s* **1 to be a heavy/light sleeper** avere il sonno pesante/leggero **2** treno con vagoni letto
ˈsleeping bag *s* sacco a pelo
sleepless /ˈsliːpləs/ *agg* **a sleepless night** una notte insonne
sleepy /ˈsliːpi/ *agg* (**-pier**, **-piest**) **1** assonnato -a | **to be/feel sleepy** avere sonno **2 a sleepy village** un paesino tranquillo
sleet /sliːt/ *s* nevischio
sleeve /sliːv/ *s* **1** manica | **long-/short-sleeved** a maniche lunghe/corte **2** copertina [di un disco] **3 to have something up your sleeve** (informale) avere qualcosa in serbo
sleeveless /ˈsliːvləs/ *agg* senza maniche
sleigh /sleɪ/ *s* slitta
slender /ˈslendə/ *agg* **1** snello -a **2** (possibilità, speranza) poco -a: *We only have a very slender chance of winning.* Abbiamo poche possibilità di vincere.
slept /slept/ passato e participio di **sleep**
slice /slaɪs/ *sostantivo e verbo*
• *s* **1** (di pane, torta) fetta **2** (di arancio, limone) spicchio
• *v* **1** [tr] (anche **slice up**) affettare [pane, carne], tagliare a fettine [pomodoro], tagliare a fette [torta] **2 to slice through sth** tagliare qc **3 to slice sth off** tagliarsi qc
slick /slɪk/ *aggettivo e sostantivo*
• *agg* (rappresentazione) brillante
• *s* chiazza di petrolio
slid /slɪd/ passato e participio di **slide**
slide /slaɪd/ *verbo e sostantivo*
• *v* (passato e participio **slid**) **1** (su una superficie) [tr] far scivolare, [intr] scivolare **2 to slide sth into your pocket** infilarsi qc in tasca
• *s* **1** scivolo **2** diapositiva **3** calo
ˌsliding ˈdoor *s* porta scorrevole
slight /slaɪt/ *agg* **1** leggero -a: *I had a slight headache.* Avevo un leggero mal di testa. **2 I haven't the slightest idea** non ne ho la più pallida idea **3 not in the slightest** per niente

S

slightly /ˈslaɪtli/ *avv* 1 **slightly bigger/higher** leggermente più grosso/alto | **slightly better** un po' meglio | **to be slightly hurt** ferirsi lievemente 2 **to move/change slightly** muoversi/cambiare un po'

slim /slɪm/ *aggettivo e verbo*
• *agg* (**slimmer**, **slimmest**) 1 snello -a 2 (possibilità, speranza) poco -a: *We only have a very slim chance of winning.* Abbiamo poche possibilità di vincere.
• *v* [intr/tr] (**slimmed**, **slimming**) dimagrire
slim sth down fare dei tagli in qc

slime /slaɪm/ *s* 1 sostanza viscosa 2 bava [di lumaca]

slimy /ˈslaɪmi/ *agg* 1 (sporco, fangoso) viscido -a 2 subdolo -a

sling /slɪŋ/ *verbo e sostantivo*
• *v* [tr] (passato e participio **slung**) 1 tirare 2 appendere
• *s* 1 fascia annodata intorno al collo per sostenere un braccio ferito o ingessato: *She had her arm in a sling.* Aveva il braccio al collo. 2 fionda 3 (per neonato) marsupio

slip /slɪp/ *verbo e sostantivo*
• *v* (**slipped**, **slipping**) 1 [intr] scivolare 2 **to slip past sb** sgattaiolare via senza farsi vedere da qn 3 [tr] far scivolare: *I slipped a note into his hand.* Gli ho fatto scivolare in mano un bigliettino. | *He slipped his arm around her waist.* Le ha messo un braccio intorno alla vita. 4 [intr] peggiorare 5 **it completely slipped my mind** mi è completamente uscito di mente
slip into sth infilarsi qc [vestito, pantaloni]
slip sth on infilarsi qc [scarpe, maglione]
slip out 1 sgattaiolare fuori 2 sfuggire di bocca [parole, frase]: *It just slipped out.* Mi è sfuggito di bocca.
slip out of sth 1 sfilarsi qc [vestito, pantaloni] 2 **to slip out of the room** sgattaiolare fuori dalla stanza
slip up sbagliarsi
• *s* 1 **a slip of paper** un pezzo di carta 2 errore | **a slip of the tongue/pen** un lapsus [nel parlare o nello scrivere] 3 **to give sb the slip** (informale) sfuggire a qn 4 (mutandina) slip

S

slipper /ˈslɪpə/ *s* pantofola

slippery /ˈslɪpəri/ *agg* 1 (strada, terreno) scivoloso -a 2 **to be a slippery customer** (informale) essere uno di cui non ci si può fidare

slit /slɪt/ *sostantivo e verbo*
• *s* (nelle tende, della porta) fessura, (in una superficie) taglio, (di gonna) spacco
• *v* [tr] (passato e participio **slit**, gerundio **slitting**) 1 tagliare | **to slit sth open** aprire qc [con un coltello] 2 **to slit sb's throat** tagliare la gola a qn

sliver /ˈslɪvə/ *s* 1 (di vetro, legno) scheggia 2 (di carne, torta) pezzettino

slob /slɒb/ *s* (informale) persona sciatta e pigra

slog /slɒg/ *verbo e sostantivo*
• *v* (**slogged**, **slogging**) BrE (informale) **to slog (away) at sth** sgobbare su qc | **to slog your guts out** ammazzarsi di lavoro
• *s* BrE (informale) **to be a slog** essere un lavoraccio

slogan /ˈsləʊgən/ *s* slogan

slope /sləʊp/ *sostantivo e verbo*
• *s* 1 pendio 2 pista (da sci) 3 pendenza
• *v* [intr] (terreno, superficie) essere in pendenza, (scrittura) essere inclinato | **to slope down/up to sth** scendere/salire verso qc

sloppy /ˈslɒpi/ *agg* (**-ppier**, **-ppiest**) 1 malfatto -a 2 sdolcinato -a

slot /slɒt/ *sostantivo e verbo*
• *s* 1 fessura [per monete] 2 (alla radio, TV) spazio
• *v* **to slot sth into sth** introdurre qc in qc

ˈslot maˌchine *s* slot machine, macchina mangiasoldi

slow /sləʊ/ *aggettivo e verbo*
• *agg* 1 lento -a: *a very slow process* un processo molto lento 2 **to be slow to do sth/in doing sth** metterci molto a fare qc 3 **the clock is slow** l'orologio è indietro 4 **business/trade is slow** gli affari vanno a rilento 5 duro di comprendonio
• *v* [tr] (far) rallentare, [intr] rallentare
slow down rallentare **slow sth down** (far) rallentare qc **slow sb down** far rallentare qn

slowly /ˈsləʊli/ *avv* lentamente

ˌslow ˈmotion *s* **in slow motion** al rallentatore

slug /slʌg/ *s* lumaca

sluggish /ˈslʌgɪʃ/ *agg* lento -a

slum /slʌm/ *s* quartieri poveri

slump /slʌmp/ *verbo e sostantivo*
• *v* [intr] 1 (profitti, prezzi) crollare 2 **to slump into a chair/onto the bed** buttarsi su una sedia/sul letto
• *s* crollo

slung /slʌŋ/ passato e participio di **sling**

slur /slɜː/ *s* ingiuria

slush /slʌʃ/ *s* poltiglia di neve

sly /slaɪ/ *agg* 1 (persona) astuto -a 2 (sguardo) furtivo -a

smack /smæk/ *verbo e sostantivo*
• *v* [tr] dare una sberla a
• *s* sberla | **to give sb a smack** dare una sberla a qn

small /smɔːl/ *agg* 1 (riferito a misura, quantità) piccolo -a 2 (errore, problema) piccolo -a 3 (giovane) piccolo -a 4 **a small 'a'/'b' etc** una "a"/"b" ecc. minuscola 5 **it cost me a small fortune** mi è costato un occhio della testa **6** **to make sb feel small** sminuire i meriti di qn

'small ad *s* **the small ads** gli annunci economici

smallpox /'smɔːlpɒks/ *s* vaiolo

'small print *s* **the small print** parte di un contratto che si tende a non leggere perché stampata con caratteri minuscoli

'small talk *s* **to make small talk** parlare del più e del meno

smart /smɑːt/ *agg* **1** intelligente: *He's a smart kid.* È un ragazzino intelligente. **2** (vestito bene) elegante **3** (ristorante, hotel) elegante

smash /smæʃ/ *verbo e sostantivo*

• *v* (3ª pers sing **smashes**) **1** [tr] mandare in frantumi, [intr] andare in frantumi **2** **to smash against/into sth** andare a sbattere contro qc **3** **to smash sb's face in** (informale) spaccare la faccia a qn
smash sth up distruggere qc

• *s* (anche **smash hit**) (informale) successo strepitoso

smear /smɪə/ *sostantivo e verbo*

• *s* **1** macchia **2** (anche **smear test**) striscio (vaginale) **3** accusa diffamatoria

• *v* [tr] **1** **to smear sth with butter** spalmare il burro su qc **2** sporcare, sporcarsi [pantaloni, faccia]: *He had smeared his trousers with oil.* Si era sporcato i pantaloni d'olio.

smell /smel/ *sostantivo e verbo*

• *s* **1** odore **2** (di animale) fiuto, (di persona) odorato

• *v* (passato e participio **smelled** o **smelt**) **1** [intr] **to smell delicious** avere un profumo delizioso | **to smell of/like sth** avere odore di qc **2** [intr] puzzare **3** [tr] sentire odore di: *I can smell gas.* Sento odore di gas. **4** [tr] annusare: *She smelt the roses.* Ha annusato le rose.

smelly /'smeli/ *agg* (**-llier**, **-lliest**) puzzolente

smelt /smelt/ passato e participio di **smell**

smile /smaɪl/ *verbo e sostantivo*

• *v* [intr] sorridere | **to smile at sb** sorridere a qn

• *s* sorriso | **to give sb a smile** fare un sorriso a qn

smirk /smɜːk/ *verbo e sostantivo*

• *v* [intr] ridere sotto i baffi

• *s* sogghigno

smog /smɒg/ *s* smog

smoke /sməʊk/ *sostantivo e verbo*

• *s* fumo

• *v* **1** [tr/intr] fumare **2** [tr] affumicare

smoker /'sməʊkə/ *s* fumatore -trice

smoky, anche **smokey** /'sməʊki/ *agg* (**-kier**, **-kiest**) **1** fumoso -a **2** (sapore) affumicato -a

smooth /smuːð/ *aggettivo e verbo*

• *agg* **1** (superficie) liscio -a **2** (miscela) omogeneo -a **3** (movimento) morbido -a **4** (whisky, vino) (dal gusto) morbido

• *v* [tr] **1** (anche **smooth out**) distendere **2** (anche **smooth down**) lisciare
smooth sth over appianare qc [difficoltà, conflitto]

smoothly /'smuːðli/ *avv* **to go smoothly** procedere senza intoppi

smother /'smʌðə/ *v* [tr] **1** soffocare [persona] **2** spegnere [fiamme]

smoulder BrE, **smolder** AmE /'sməʊldə/ *v* [intr] ardere

smudge /smʌdʒ/ *sostantivo e verbo*

• *s* sbaffo

• *v* **1** [tr] fare uno sbaffo con [rossetto], fare una sbavatura con [inchiostro] **2** [intr] (rossetto, inchiostro) essere sbavato

smug /smʌg/ *agg* (**smugger**, **smuggest**) **a smug expression/smile** un'aria compiaciuta/un sorriso compiaciuto | **to look smug** avere l'aria gongolante

smuggle /'smʌgəl/ *v* [tr] contrabbandare | **to smuggle sth into/out of the country** importare/esportare qc illegalmente

smuggler /'smʌglə/ *s* contrabbandiere -a

snack /snæk/ *s* **to have a snack** fare uno spuntino

snacks

'snack bar *s* snack-bar

snag /snæg/ *s* inconveniente

snail /sneɪl/ *s* chiocciola

snake /sneɪk/ *s* serpente

snap /snæp/ *verbo, sostantivo e aggettivo*

• *v* (**snapped**, **snapping**) **1** [tr] spezzare, [intr] spezzarsi **2** **to snap sth shut** chiudere qc **3** **to snap your fingers** far schioccare le dita **4** **to snap at sb** parlare a qn in tono secco

• *s* **1** rumore secco **2** (anche **snapshot**) foto

• *agg* **a snap decision** una decisione precipitosa

snapshot /'snæpʃɒt/ *s* foto

snarl /snɑːl/ *v* [intr] ringhiare

snatch /snætʃ/ *v* [tr] (3ª pers sing **snatches**) **1** (afferrare) strappare **2** (rubare) strappare (via)

sneak /sniːk/ *verbo e sostantivo*

• *v* (passato e participio **sneaked** o **snuck** AmE) **1** **to sneak in** intrufolarsi | **to sneak out** sgattaiolare fuori | **to sneak**

S

past sb sgusciare via senza farsi vedere da qn **2 to sneak a look (at sth)** dare un'occhiata furtiva (a qc)
sneak on sb (informale) fare la spia a qn
• *s* BrE (informale) spione -a

sneaker /'sniːkə/ *s* AmE scarpa da ginnastica ► In inglese britannico si usa **trainer**.

sneer /snɪə/ *verbo* e *sostantivo*
• *v* [intr] sogghignare | **to sneer at sth/sb** essere sprezzante verso qc/qn
• *s* sogghigno

sneeze /sniːz/ *verbo* e *sostantivo*
• *v* [intr] starnutire
• *s* starnuto

sniff /snɪf/ *verbo* e *sostantivo*
• *v* **1** [intr] tirar su con il naso **2** [tr/intr] annusare | **to sniff at sth** annusare qc **3** [tr] sniffare [cocaina]
• *s* **to take a sniff of sth** annusare qc

snigger /'snɪgə/ BrE, **snicker** /'snɪkə/ AmE *verbo* e *sostantivo*
• *v* [intr] ridacchiare
• *s* risatina

snip /snɪp/ *v* [tr] (**snipped**, **snipping**) tagliare [con le forbici] | **to snip sth off** tagliare qc

sniper /'snaɪpə/ *s* cecchino

snippet /'snɪpɪt/ *s* **a snippet of information** un brandello d'informazione

snob /snɒb/ *s* snob

snobbery /'snɒbəri/ *s* snobismo

snooker /'snuːkə, AmE 'snʊkər/ *s* gioco di biliardo con quindici palle rosse e sei palle colorate

snoop /snuːp/ *v* [intr] **to snoop around/about** curiosare

snooze /snuːz/ (informale) *verbo* e *sostantivo*
• *v* [intr] sonnecchiare
• *s* **to have a snooze** fare un pisolino

snore /snɔː/ *v* [intr] russare

snorkel /'snɔːkəl/ *s* boccaglio

snort /snɔːt/ *v* [intr] sbuffare

snot /snɒt/ *s* (informale) moccio

snout /snaʊt/ *s* (di maiale) grugno, (d'orso) muso

snow /snəʊ/ *sostantivo* e *verbo*
• *s* neve
• *v* [intr] **1** nevicare: *It's snowing.* Sta nevicando. **2 to be snowed in** essere bloccato dalla neve **3 to be snowed under (with work)** essere sommerso (di lavoro)

snowball /'snəʊbɔːl/ *sostantivo* e *verbo*
• *s* palla di neve
• *v* [intr] ingrandirsi a vista d'occhio

snowboarding /'snəʊ,bɔːdɪŋ/ *s* **to go snowboarding** fare snowboard

snowdrift /'snəʊdrɪft/ *s* cumulo di neve [prodotto dal vento]

snowfall /'snəʊfɔːl/ *s* nevicata

snowflake /'snəʊfleɪk/ *s* fiocco di neve

snowman /'snəʊmæn/ *s* (pl **-men** /-men/) pupazzo di neve

snowplough BrE, **snowplow** AmE /'snəʊplaʊ/ *s* spazzaneve

snowy /'snəʊi/ *agg* (**-wier**, **-wiest**) **1** innevato -a **2 a snowy day** una giornata di neve

snub /snʌb/ *v* [tr] (**snubbed**, **snubbing**) snobbare

snuck /snʌk/ AmE passato e participio di **sneak**

snug /snʌg/ *agg* (**snugger**, **snuggest**) accogliente

snuggle /'snʌgəl/ *v* **to snuggle up (together)** rannicchiarsi uno contro l'altro | **to snuggle up to sth/sb** rannicchiarsi contro qc/qn | **to snuggle down** rannicchiarsi

snuggle

so /səʊ/ *avverbio* e *congiunzione*
• *avv* **1** così | **so good/big etc** così buono/grande ecc.: *She drives so fast!* Va così veloce! | *He's so weak **that** he can hardly move.* È così debole che riesce a malapena a muoversi. | **so much/many** così tanto/tanti
2 I think so penso di sì | **I don't think so** non credo | **I hope so** lo spero | **I told you so** te l'avevo detto
3 if so se sì
4 so am I/so will my dad etc anch'io/anche mio papà ecc. ► vedi riquadro sotto **anche**
5 e allora: *So, what did you think of the film?* E allora, cosa te ne è parso del film?
6 10 metres/5 hours or so 10 metri/5 ore o giù di lì
7 and so on eccetera
8 so (what)? (informale) e con questo?: *"You're late." "So what?"* – Sei in ritardo. – E con questo?
• *cong* **1** quindi: *I heard a noise so I got out of bed.* Ho sentito un rumore, quindi mi sono alzato.
2 so (that) così che: *I put your keys in the drawer so they wouldn't get lost.* Ho messo le tue chiavi nel cassetto così non si perdono.
3 so as (not) to per (non): *I took my shoes off so as not to wake everyone up.* Mi sono tolto le scarpe per non svegliare tutti.

soak /səʊk/ *v* **1** [tr] (immergere) mettere a mollo **2 to leave sth to soak** lasciare qc a mollo **3** [tr] inzuppare | **to get soaked**

Quando si usa *in*, *on* e *at*? Vedi alla voce in.

inzupparsi **4 to soak through sth** filtrare attraverso qc
soak sth up assorbire qc
soaked /səʊkt/ *agg* fradicio -a
soaking /ˈsəʊkɪŋ/, anche **ˌsoaking ˈwet** *agg* bagnato -a, fradicio -a
soap /səʊp/ *s* **1** sapone **2** (anche **soap opera**) telenovela
ˈsoap ˌopera *s* telenovela
soapy /ˈsəʊpi/ *agg* (**-pier**, **-piest**) insaponato -a
soar /sɔː/ *v* [intr] **1** (temperatura, prezzi) salire vertiginosamente **2** (uccello) librarsi **3** (aereo, razzo) salire
sob /sɒb/ *verbo* e *sostantivo*
• *v* [intr] (**sobbed**, **sobbing**) singhiozzare
• *s* singhiozzo
sober /ˈsəʊbə/ *aggettivo* e *verbo*
• *agg* **1** (non ubriaco) sobrio -a **2** (ragionevole) serio -a
• *v* **sober up** smaltire la sbornia
ˈso-called *agg* cosiddetto -a: *a so-called expert* un cosiddetto esperto
soccer /ˈsɒkə/ *s* (sport) calcio ▶ vedi nota sotto **football**
sociable /ˈsəʊʃəbəl/ *agg* socievole
social /ˈsəʊʃəl/ *agg* **1** sociale | **social problems/classes** problemi/classi sociali **2** (attività) sociale: *my social life* la mia vita sociale | *a social event* un evento mondano
socialism /ˈsəʊʃəlɪzəm/ *s* socialismo
socialist /ˈsəʊʃəlɪst/ *s* e *agg* socialista
socialize, -ise BrE /ˈsəʊʃəlaɪz/ *v* **to socialize (with sb)** socializzare (con qn)
ˌsocial ˈscience *s* scienze sociali
ˌsocial seˈcurity *s* **1** BrE sussidio dello Stato **2** AmE previdenza sociale
ˈsocial ˌworker *s* assistente sociale
society /səˈsaɪəti/ *s* (pl **-ties**) **1** società: *We live in a multicultural society.* Viviamo in una società multiculturale. **2** (club) società
sociologist /ˌsəʊsiˈɒlədʒɪst/ *s* sociologo -a
sociology /ˌsəʊsiˈɒlədʒi/ *s* sociologia
sock /sɒk/ *s* calza [calzettone]: *a pair of socks* un paio di calze
socket /ˈsɒkɪt/ *s* **1** (sul muro) presa **2** (sulla lampada) portalampada **3** (su apparecchiature elettriche) presa
soda /ˈsəʊdə/ *s* **1** (anche **soda water**) soda **2** (anche **soda pop**) AmE bibita frizzante ▶ In inglese britannico si usa **pop**.
sodden /ˈsɒdn/ *agg* fradicio -a
sofa /ˈsəʊfə/ *s* divano
soft /sɒft/ *agg* **1** (non duro) morbido -a: *a soft pillow* un guanciale morbido | *The biscuits have* ***gone soft.*** I biscotti sono diventati molli. **2** (stoffa, pelle, mani) morbido -a, (pelo, capelli) soffice **3 a soft voice** una voce bassa **4** (illuminazione) soffuso -a, (colore) delicato -a **5** (brezza, pioggia) leggero -a **6** (gentile) indulgente: *My dad's too* ***soft on*** *my brother.* Mio papà è troppo indulgente con mio fratello. **7** (informale) (senza difficoltà) facile
softball /ˈsɒftbɔːl/ *s* softball
ˈsoft drink *s* bibita analcolica
ˈsoft drug *s* droga leggera
soften /ˈsɒfən/ *v* **1** [tr] rendere morbido [pelle], far ammorbidire [burro] **2** [intr] (pelle, burro) diventare morbido **3** [tr] moderare [atteggiamento], addolcire [espressione], abbassare [voce], attutire [colpo] **4** [intr] (atteggiamento) ammorbidirsi, (espressione) addolcirsi, (voce) abbassarsi
softhearted /ˌsɒftˈhɑːtɪd/ *agg* dal cuore tenero
softly /ˈsɒftli/ *avv* **1** (con gentilezza) delicatamente **2** (in modo sommesso) piano
software /ˈsɒftweə/ *s* software
soggy /ˈsɒgi/ *agg* (**soggier**, **soggiest**) (terreno, pane) molle, (mucchio) bagnato -a
soil /sɔɪl/ *sostantivo* e *verbo*
• *s* **1** (da coltivare) terreno **2 on Italian/French soil** (formale) sul suolo italiano/francese
• *v* [tr] (formale) sporcare
solar /ˈsəʊlə/ *agg* solare
ˈsolar ˌsystem *s* sistema solare
sold /səʊld/ passato e participio di **sell**
soldier /ˈsəʊldʒə/ *s* soldato
ˌsold ˈout *agg* **to be sold out a)** (biglietto) essere esaurito **b)** (spettacolo) fare il tutto esaurito
sole /səʊl/ *aggettivo* e *sostantivo*
• *agg* **1** (uno solo) unico -a | **sole survivor** unico sopravvissuto **2 sole rights** diritti esclusivi
• *s* **1** (di piede) pianta **2** (di scarpa) suola **3** (pesce) sogliola
solely /ˈsəʊl-li/ *avv* unicamente
solemn /ˈsɒləm/ *agg* solenne
solicitor /səˈlɪsɪtə/ *s* avvocato ▶ SOLICITOR O LAWYER? vedi nota sotto **avvocato**
solid /ˈsɒlɪd/ *aggettivo* e *sostantivo*
• *agg* **1** solido -a **2 solid foods** alimenti solidi **3 to be frozen solid** essere completamente ghiacciato **4** (mobili) robusto -a **5 made of solid gold/oak** di oro massiccio/quercia massiccia **6** (prove, informazioni) sicuro -a **7 two solid weeks/hours** due settimane/ore di fila
• *s* solido
solidarity /ˌsɒlɪˈdærəti/ *s* solidarietà
solidify /səˈlɪdɪfaɪ/ *v* [intr] (3ª pers sing **-fies**, passato e participio **-fied**) solidificarsi
solitary /ˈsɒlətəri/ *agg* **1** (unico) solo -a **2** (attività, vita) solitario -a

solo /ˈsəʊləʊ/ *aggettivo* e *sostantivo*
- *agg* **1 a solo piece/album** un brano/un album da solista **2 a solo flight/voyage** un volo/una traversata in solitario
- *s* assolo

soloist /ˈsəʊləʊɪst/ *s* solista

soluble /ˈsɒljəbəl/ *agg* solubile

solution /səˈluːʃən/ *s* **1** (di problema, cruciverba) soluzione **2** (liquido) soluzione

solve /sɒlv/ *v* [tr] **1** risolvere [problema, difficoltà] **2** risolvere [mistero, caso]

sombre BrE, **somber** AmE /ˈsɒmbə/ *agg* **1** (umore) cupo -a, (cerimonia) triste **2** (casa, colore) tetro -a

some /səm, tonico sʌm/ *agg*, *pron* e *avv* ► vedi riquadro

somebody /ˈsʌmbədi/ ► vedi **someone**

someday /ˈsʌmdeɪ/ *avv* un giorno

somehow /ˈsʌmhaʊ/ *avv* in qualche modo: *Somehow she managed to get here on time.* In qualche modo è riuscita ad arrivare in tempo. | **somehow or other** in un modo o nell'altro

someone /ˈsʌmwʌn/ *pron* ► vedi riquadro

someplace /ˈsʌmpleɪs/ *avv* AmE ► vedi **somewhere**

somersault /ˈsʌməsɔːlt/ *s* capriola

something /ˈsʌmθɪŋ/ *pron* ► vedi riquadro

sometime /ˈsʌmtaɪm/ *avv* un momento, un giorno, ecc. indefinito: *Can we meet sometime this afternoon?* Possiamo vederci nel pomeriggio? | *Our house was built sometime around 1900.* La nostra casa è stata costruita intorno al 1900. | *They're going to find out sometime.* Un giorno lo scopriranno.

sometimes /ˈsʌmtaɪmz/ *avv* a volte: *Kate sometimes comes with me.* A volte Kate viene con me.

somewhat /ˈsʌmwɒt/ *avv* (formale) piuttosto

somewhere /ˈsʌmweə/ *avv* ► vedi riquadro

son /sʌn/ *s* figlio [maschio]

song /sɒŋ/ *s* canzone

ˈson-in-law *s* (pl **sons-in law**) genero

soon /suːn/ *avv* **1** (fra poco) presto: *They'll be going soon.* Partiranno presto. | *They realized their mistake* ***soon after***. Subito dopo si sono resi conto del loro errore. **2 how soon...?** quando...?: *How soon could you start?* Quando potresti iniziare? **3 the sooner the better** prima è meglio è: *The sooner we leave the better.* Prima partiamo meglio è. **4 as soon as** non appena: *We came as soon as we heard the news.* Siamo venuti non appena abbiamo sentito la notizia. **5 as soon as possible** appena possibile: *I'll call you as soon as possible.* Ti chiamerò appena possibile. **6 sooner or later** prima o poi **7 I'd/he'd etc sooner** preferirei/preferirebbe ecc.: *She'd sooner die than marry you!* Preferirebbe morire piuttosto che sposarti!

---

some

AGGETTIVO & PRONOME

1 A volte equivale a *del/delle/dei/delle, alcuni/alcune* o *un po' di*:

We need some bread. Ci occorre del pane. | *He brought some cakes.* Ha portato dei pasticcini. | *Some of the cups got broken.* Alcune tazze si sono rotte. | *I left some of the paper in the box.* Ho lasciato un po' di carta nella scatola.

2 Nelle frasi negative non si usa **some** ma **any**:

"I haven't got any stamps." "There are some in that drawer." – Non ho francobolli. – Ce ne sono alcuni in quel cassetto.

Nell'ultimo esempio qui sopra occorre notare che quando **some** sostituisce un nome si traduce con **ne**.

3 Nelle frasi interrogative si usa **some** quando ci si aspetta una risposta affermativa; anche in questo caso, **ne** è il pronome equivalente in italiano:

The coffee is still hot. Would you like some? Il caffè è ancora caldo. Ne vuoi un po'?

4 In espressioni di tempo *some* indica un periodo lungo:

It was some time before the ambulance arrived. C'è voluto del tempo prima che arrivasse l'ambulanza. | *I've known them for some years now.* Li conosco già da vari anni.

AVVERBIO

1 Si usa nelle approssimazioni:

some 30 people circa 30 persone | *It costs some $200.* Costa circa 200 dollari.

2 some more significa *ancora un po' (di)*:

We need some more envelopes. Ci occorrono ancora un po' di buste.

---

someone *pronome*

1 In generale si traduce con *qualcuno*:

Someone has taken my coat. Qualcuno ha preso il mio cappotto.

Nelle frasi negative non si usa né **someone**, né **somebody** ma **anyone** o **anybody**.

Nelle frasi interrogative si usa **someone/somebody** quando si aspetta una risposta affermativa:

Did someone help you? Ti ha aiutato qualcuno?

2 someone else equivale a *qualcun altro*:

She's seeing someone else now. Ora frequenta qualcun altro.

---

something *pronome*

1 In generale si traduce con *qualcosa*:

I've got something in my eye. Ho qualcosa in un occhio.

Nelle frasi negative non si usa **something**, ma **anything**.

Nelle frasi interrogative si usa **something** quando ci si aspetta una risposta affermativa:

Would you like something to eat? Vuoi qualcosa da mangiare?

2 **something else** equivale a *qualcos'altro*:

I would prefer something else. Preferirei qualcos'altro.

3 APPROSSIMAZIONE

something like 100 cars/£40 etc circa 100 auto/40 sterline ecc.

4 ESPRESSIONI

to be (really) something significa essere veramente speciale: *It was really **something to** see the dolphins.* È stato proprio bello vedere i delfini. | **or something** o qualcosa del genere: *We could see a film or something.* Potremmo andare al cinema o qualcosa del genere.

somewhere *avverbio*

1 In generale si traduce con *da qualche parte* o *in qualche posto*:

Let's go somewhere different tonight. Andiamo da qualche altra parte questa sera. | *They live somewhere near Sheffield.* Abitano dalle parti di Sheffield.

Nelle frasi negative non si usa **somewhere**, ma **anywhere**.

Nelle frasi interrogative si usa **somewhere** quando ci si aspetta una risposta affermativa:

Did you manage to find somewhere to eat? Sei riuscito a trovare un posto dove andare a mangiare?

2 **somewhere else** equivale a *altrove* o *da qualche altra parte*:

Let's go somewhere else for our holidays this year. Andiamo in vacanza da qualche altra parte quest'anno.

3 APPROSSIMAZIONI

somewhere around all'incirca: *A good one costs somewhere around $600.* Uno buono costa all'incirca 600 dollari.

soot /sʊt/ *s* fuliggine

soothe /suːð/ *v* [tr] **1** calmare [persona, bambino] **2** calmare [dolore, bruciore]

sophisticated /səˈfɪstəkeɪtɪd/ *agg* **1** (persona, gusto) raffinato -a **2** (arma, meccanismo, software) sofisticato -a

soppy /ˈsɒpi/ *agg* (**soppier**, **soppiest**) BrE (informale) (storia, film) sdolcinato -a, (persona) sciocco -a

soprano /səˈprɑːnəʊ/ *s* soprano

sordid /ˈsɔːdɪd/ *agg* sordido -a

sore /sɔː/ *aggettivo e sostantivo*

• *agg* **1** **I've got a sore throat/leg/eye** mi fa male la gola/la gamba/l'occhio **2** AmE (informale) arrabbiato -a

• *s* piaga

sorrow /ˈsɒrəʊ/ *s* (sentimento) dolore

sorry /ˈsɒri/ *agg* (**sorrier**, **sorriest**) **1** **(I'm) sorry a)** (per chiedere scusa) mi dispiace: *I'm **sorry to** bother you.* Mi dispiace disturbarti. | *Sorry, did I step on your foot?* Scusa, ti ho pestato il piede? **b)** (per esprimere disaccordo) mi dispiace: *I'm sorry, but that isn't what I said.* Mi dispiace, ma non è quello che ho detto. **2** **to say sorry (to sb)** chiedere scusa (a qn) **3** **I feel sorry for him/them etc** mi fa/fanno ecc. pena **4** **to be sorry** si usa per esprimere rimpianto o disappunto: *I'm sorry the weather wasn't nicer.* Mi dispiace che il tempo non sia stato più bello. | ***You'll be sorry** if your dad finds out!* Se tuo padre lo scopre te ne pentirai! **5** **sorry?** BrE scusa?, scusi?

sort /sɔːt/ *sostantivo e verbo*

• *s* **1** (genere) tipo: *What sort of music do you like?* Che tipo di musica ti piace? | *You get to meet **all sorts of** people.* Hai l'occasione di incontrare gente di tutti i tipi. **2** **sort of** (informale) piuttosto: *She looked sort of tense.* Sembrava piuttosto tesa. | **a sort of** BrE una specie di: *a sort of greenish blue* una specie di blu tendente al verde

• *v* [tr] smistare [posta], dividere [libri, documenti]: *I **sorted** the clothes **into** two piles.* Ho diviso i vestiti in due mucchi.

sort sth out **1** mettere in ordine qc: *I must sort out my CDs.* Devo mettere in ordine i miei CD. **2** risolvere qc [problema]: *I'll try and sort things out and call you back.* Cercherò di risolvere le cose e poi ti richiamo.

SOS /ˌes əʊ ˈes/ *s* SOS

ˈso-so *avv* (informale) così così

sought /sɔːt/ passato e participio di **seek**

ˈsought-after *agg* (desiderato) ambito -a

soul /səʊl/ *s* **1** anima **2** **there wasn't a soul** non c'era anima viva **3** (anche **soul music**) musica soul

sound /saʊnd/ *sostantivo, verbo, aggettivo e avverbio*

• *s* **1** rumore: *a strange sound* uno strano rumore **2** (onde sonore) suono **3** (di radio, TV) volume **4** **by the sound of it** da quel che si dice

• *v* **1** [intr] sembrare: *The hotel sounds absolutely awful.* L'albergo sembra assolutamente orribile. | *He **sounds like** a nice guy.* Sembra che sia un bravo ragazzo. | ***It sounds as if** he's really happy there.* Sembra che sia veramente felice lì. **2** [intr] (dalla voce) sembrare: *You sound upset.*

S

What's the matter? Sembri sconvolto. Che cosa succede? **3** [intr] emettere un suono: *That piano sounds terrible!* Quel pianoforte ha un suono orrendo! **4** [intr] (corno, tromba, campanello) suonare **5** **to sound the alarm** far suonare l'allarme
sound sb out sentire il parere di qn
• *agg* **1** (giusto) sensato -a **2** **a sound knowledge of maths/English** una ottima conoscenza della matematica/dell'inglese **3** (edificio, struttura) solido -a
• *avv* **sound asleep** profondamente addormentato

'sound bite *s* frase di un personaggio politico divulgata dai media

'sound ef,fects *s pl* effetti sonori

soundly /'saʊndli/ *avv* **1** (dormire) profondamente **2** (essere battuto) clamorosamente

soundproofed /'saʊndpruːft/ *agg* insonorizzato -a

soundtrack /'saʊndtræk/ *s* colonna sonora

soup /suːp/ *s* minestra: *tomato soup* minestra di pomodoro

sour /saʊə/ *agg* **1** (frutta) aspro -a | **sour cream** panna acida **2** **to go/turn sour** (latte) andare a male

source /sɔːs/ *s* **1** (di guadagno, cibo) fonte **2** (di problema) causa **3** (di informazioni) fonte **4** (di fiume) sorgente

south /saʊθ/ *sostantivo, aggettivo* e *avverbio*
• *s* sud: *Which way is south?* Da che parte è il sud? | *the south of England* il sud dell'Inghilterra | **to the south (of)** a sud (di)
• *agg* meridionale: *a small town on the south coast* un paesino sulla costa meridionale
• *avv* a sud: *The garden faces south.* Il giardino guarda a sud.

South Africa /saʊθ 'æfrɪkə/ *s* il Sudafrica

South African /saʊθ 'æfrɪkən/ *agg* e *s* sudafricano -a

,South A'merica *s* il Sudamerica

,South A'merican *agg* e *s* sudamericano -a

southbound /'saʊθbaʊnd/ *agg* (traffico, carreggiata) verso sud

southeast /,saʊθ'iːst/ *sostantivo, aggettivo* e *avverbio*
• *s* sudest: *from the southeast* da sudest
• *agg* (vento) sudorientale
• *avv* a sudest

southeastern /,saʊθ'iːstən/ *agg* sudorientale

southerly /'sʌðəli/ *agg* (vento) meridionale | **in a southerly direction** verso sud

southern, anche **Southern** /'sʌðən/ *agg* meridionale

southerner /'sʌðənə/ *s* meridionale

,South 'Pole *s* **the South Pole** il polo sud

southward /'saʊθwəd/, anche **southwards** /'saʊθwədz/ *avv* verso sud

southwest /,saʊθ'west/ *sostantivo, aggettivo* e *avverbio*
• *s* sudovest: *from the southwest* da sudovest
• *agg* (vento) sudoccidentale
• *avv* a sudoccidentale

southwestern /,saʊθ'westən/ *agg* sudoccidentale

souvenir /,suːvə'nɪə/ *s* souvenir

sovereign /'sɒvrɪn/ *s* e *agg* sovrano -a

sow¹ /səʊ/ *v* [tr] (passato **sowed**, participio **sowed** o **sown**) seminare

sow² /saʊ/ *s* scrofa

sown /səʊn/ participio di **sow**

'soya bean /'sɔɪə biːn/ *s* soia

spa /spɑː/ *s* stazione termale

space /speɪs/ *sostantivo* e *verbo*
• *s* **1** (superficie libera) posto: *There's space for a table and two chairs.* C'è posto per un tavolo e due sedie. **2** (area specifica o fra due oggetti) spazio: ***I cleared a space for*** *my new computer.* Ho fatto spazio per il mio computer. | *a parking space* un posto per parcheggiare **3** (universo) spazio **4** **in/within the space of** nel giro di
• *v* [tr] (anche **space out**) distanziare [oggetti, piante]

spaceship /'speɪs,ʃɪp/, anche **spacecraft** /'speɪs,krɑːft/ *s* navicella spaziale

'space ,shuttle *s* navetta spaziale, shuttle

space shuttle

spacious /'speɪʃəs/ *agg* spazioso -a

spade /speɪd/ *sostantivo* e *sostantivo plurale*
• *s* pala [attrezzo]
• **spades** *s pl* (nel gioco delle carte) picche ▶ FALSE FRIEND Non confondere **"spade"** con **spada** che si traduce **sword**.

spaghetti /spə'geti/ *s* spaghetti: *I'll have spaghetti.* Prendo gli spaghetti.

Spain /speɪn/ *s* la Spagna

spam /spæm/ *s* messaggio pubblicitario indesiderato che si riceve tramite Internet

span /spæn/ *v* [tr] (**spanned**, **spanning**) **1** coprire [periodo di tempo] **2** (ponte) attraversare

Spaniard /'spænjəd/ *s* spagnolo -a

Spanish /ˈspænɪʃ/ *sostantivo* e *aggettivo*
• *s* **1** (lingua) spagnolo **2 the Spanish** gli Spagnoli
• *agg* spagnolo -a

spank /spæŋk/ *v* [tr] sculacciare [bambino]

spanner /ˈspænə/ *s* BrE (attrezzo) chiave [attrezzo]

spare /speə/ *aggettivo, verbo* e *sostantivo*
• *agg* **1 a spare key/battery etc** una chiave/batteria ecc. di scorta | **spare part** pezzo di ricambio | **spare tyre** ruota di scorta **2** (matita, ombrello) in più: *Have you got a spare pencil?* Hai una matita in più? **3 spare room** camera degli ospiti **4 spare time** tempo libero: *What do you do in your spare time?* Che cosa fai nel tempo libero?
• *v* [tr] **1** esprime l'idea di poter disporre di qualcosa: *I can't spare the time.* Non riesco a trovare il tempo. | *Can you spare some change?* Hai degli spiccioli? **2 to have time/money to spare** avere tempo/denaro a disposizione **3 to spare no expense** non badare a spese
• *s* (in più) *Don't worry, I've got a spare.* Non preoccuparti, ne ho uno di scorta.

spark /spɑːk/ *sostantivo* e *verbo*
• *s* scintilla
• *v* [tr] (anche **spark off**) far scoppiare [discussione, lotta]

sparkle /ˈspɑːkəl/ *verbo* e *sostantivo*
• *v* [intr] brillare
• *s* scintillio

sparkler /ˈspɑːklə/ *s* (fuoco d'artificio) stella filante

sparkling /ˈspɑːklɪŋ/ *agg* frizzante: *sparkling mineral water* acqua minerale frizzante

sparrow /ˈspærəʊ/ *s* passero

sparse /spɑːs/ *agg* scarso -a ▶ FALSE FRIEND Non confondere **"sparse"** con **sparso** che si traduce **scattered**.

spasm /ˈspæzəm/ *s* spasmo

spat /spæt/ passato e participio di **spit**

spate /speɪt/ *s* **a spate of burglaries/murders** un'ondata di furti/omicidi

spatter /ˈspætə/ *v* [tr] schizzare

speak /spiːk/ *v* (passato **spoke**, participio **spoken**) **1 to speak to sb** anche **to speak with sb** AmE parlare con qn: *Could I speak to Alan, please?* Potrei parlare con Alan, per favore? | *They're not speaking to each other.* Non si parlano. | **to speak about sth** parlare di qc **2** [intr] (dire parole) parlare: *Are you all right? Speak to me!* Stai bene? Parla! **3** [tr] parlare [lingua]: *Do you speak English?* Parli inglese? **4 so to speak** per così dire
speak for sb parlare a nome di qn **speak for sth 1 to speak for itself/themselves** parlare da solo/da soli: *Our results speak for themselves.* I nostri risultati parlano da soli. **2 to be spoken for a)** (oggetto) essere prenotato **b)** (persona) essere impegnato
speak up parlare più forte

speaker /ˈspiːkə/ *s* **1** oratore -trice **2 Italian/English speaker a)** madrelingua italiano/inglese **b)** (non madrelingua) chi parla italiano/inglese **3** (di radio, stereo) cassa

spear /spɪə/ *sostantivo* e *verbo*
• *s* lancia
• *v* [tr] infilzare [con una lancia, una forchetta ecc.]

special /ˈspeʃəl/ *aggettivo* e *sostantivo*
• *agg* speciale: *special treatment* trattamento speciale | *Are you looking for anything special?* Cerca qualcosa in particolare? | **nothing special** niente di speciale | **special occasion** occasione speciale | **special offer** offerta speciale
• *s* **1** (programma radio, TV) speciale **2** (al ristorante) specialità

ˌspecial efˈfects *s pl* effetti speciali

specialist /ˈspeʃəlɪst/ *s* (medico) specialista

speciality /ˌspeʃiˈæləti/ BrE, **specialty** /ˈspeʃəlti/ AmE *s* (pl **-ties**) specialità

specialize, -ise BrE /ˈspeʃəlaɪz/ *v* **to specialize in sth** specializzarsi in qc

specialized, -ised BrE /ˈspeʃəlaɪzd/ *agg* specializzato -a

specially /ˈspeʃəli/ *avv* **1** apposta: *I've bought something* ***specially for*** *you.* Ho comperato una cosa apposta per te. | **specially made/designed** fatto apposta **2** (informale) (in particolare) soprattutto

species /ˈspiːʃiːz/ *s* (pl **species**) specie

specific /spəˈsɪfɪk/ *agg* **1** specifico -a: *Is the game designed for a specific age group?* C'è una fascia d'età specifica per questo gioco? | *I'm not talking about any specific person.* Non mi riferisco a nessuno in particolare. **2** preciso -a: *They gave us very specific instructions.* Ci hanno dato istruzioni molto precise.

specify /ˈspesəfaɪ/ *v* [tr] (**-fies**, **-fied**) specificare

specimen /ˈspesəmən/ *s* **1** (di sangue, urina) campione **2** esemplare

speck /spek/ *s* **1** (di polvere) granello **2** (di sangue, vernice) macchiolina

speckled /ˈspekəld/ *agg* macchiettato -a

specs /speks/ *s pl* (informale) occhiali [da vista]

spectacle /ˈspektəkəl/ *sostantivo* e *sostantivo plurale*
• *s* spettacolo
• **spectacles** *s pl* occhiali [da vista]

spectacular /spekˈtækjələ/ *agg* spettacolare

spectator /spekˈteɪtə/ *s* spettatore -trice

S

Vuoi una lista di frasi utili per parlare di te stesso? Consulta la **guida alla comunicazione** in fondo al libro.

speculate /'spekjəleɪt/ *v* [intr] fare congetture | **to speculate about sth** fare congetture su qc

speculator /'spekjʊleɪtə/ *s* speculatore -trice

sped /sped/ passato e participio di **speed**

speech /spiːtʃ/ *s* (pl **speeches**) **1** discorso | **to give/make a speech** tenere un discorso **2 the power of speech** l'uso della parola **3 freedom of speech** libertà di parola **4** (in un'opera teatrale) monologo

speechless /'spiːtʃləs/ *agg* senza parole: *He was **speechless with** rage.* Era rimasto senza parole dalla rabbia.

'speech marks *s pl* virgolette

speed /spiːd/ *sostantivo* e *verbo*

- *s* **1** velocità: *What speed were you doing?* A che velocità andavi? | **at top speed** a tutto gas **2** (di sviluppo, cambiamenti) velocità
- *v* [intr] (passato e participio **sped** o **speeded**) **1 to speed by** passare a gran velocità **2 to be speeding** superare il limite di velocità

  speed up 1 (andare più veloce) accelerare **2** (fare qualcosa più in fretta) sbrigarsi **speed sth up** accelerare qc

speedboat /'spiːdbəʊt/ *s* motoscafo

speedy /'spiːdi/ *agg* (**-dier**, **-diest**) rapido -a: *a speedy recovery* una rapida guarigione

spell /spel/ *verbo* e *sostantivo*

- *v* (passato e participio **spelled**, anche **spelt** BrE) [tr] scrivere: *How do you spell "Birmingham"?* Come si scrive "Birmingham"? | *Could you spell your surname for me, please?* Mi può dire il suo cognome lettera per lettera, per favore?

  spell sth out spiegare qc nei dettagli
- *s* **1** sortilegio | **to put a spell on sb** stregare qn **2** periodo: *a short spell in hospital* un breve periodo in ospedale | *a sunny spell* uno sprazzo di sole

spelling /'spelɪŋ/ *s* **1** ortografia **2** grafia

spelt /spelt/ BrE passato e participio di **spell**

spend /spend/ *v* [tr] (passato e participio **spent**) **1** spendere: *I **spent** £70 **on** a new dress.* Ho speso 70 sterline per un vestito nuovo. **2** passare: *I spent four hours doing my homework.* Ho passato quattro ore a fare i compiti.

spending /'spendɪŋ/ *s* spesa

spent /spent/ passato e participio di **spend**

sperm /spɜːm/ *s* **1** (pl **sperm** o **sperms**) spermatozoo **2** sperma

sphere /sfɪə/ *s* sfera

spherical /'sferɪkəl/ *agg* sferico -a

spice /spaɪs/ *s* spezia

spicy /'spaɪsi/ *agg* (**-cier**, **-ciest**) piccante

spider /'spaɪdə/ *s* ragno

spike /spaɪk/ *s* **1** (di metallo) punta **2** (di piante) spina

spill /spɪl/ *verbo* e *sostantivo*

- *v* (passato e participio **spilled** o **spilt** BrE) **1** [tr] rovesciare **2** [intr] rovesciarsi

  spill over (problema, conflitto) espandersi
- *s* fuoriuscita | **oil spill** macchia di petrolio

spilt /spɪlt/ BrE passato e participio di **spill**

spin /spɪn/ *verbo* e *sostantivo*

- *v* (passato e participio **spun**, gerundio **spinning**) **1** [tr] far girare **2** [intr] girare **3 my/her etc head was spinning** mi/le ecc. girava la testa **4** [tr/intr] filare **5** [tr] centrifugare

  spin sth out allungare qc [storia], ripartire qc [lavoro]
- *s* **1 to give sth a spin** fare girare qc **2 to go into a spin** (aereo) avvitarsi **3 to go for a spin** (informale) andare a fare una corsa in macchina

spinach /'spɪnɪdʒ/ *s* spinaci: *I hate spinach.* Odio gli spinaci.

spinal /'spaɪnl/ *agg* spinale | **spinal column** spina dorsale

'spin ˌdoctor *s* (informale) guru della comunicazione politica

spine /spaɪn/ *s* **1** spina dorsale **2** spina **3** costa [di libro]

spineless /'spaɪnləs/ *agg* (persona) vigliacco -a

spinster /'spɪnstə/ *s* zitella

spiral /'spaɪərəl/ *sostantivo*, *aggettivo* e *verbo*

- *s* spirale
- *agg* (disegno) a spirale | **spiral staircase** scala a chiocciola
- *v* [intr] (**-lled**, **-lling** BrE, **-led**, **-ling** AmE) **1** scendere a spirale | **to spiral out of control** (aereo) avvitarsi **2** (prezzi) salire alle stelle

spire /spaɪə/ *s* (di chiesa, torre) guglia

spirit /'spɪrɪt/ *sostantivo* e *sostantivo plurale*

- *s* **1** (anima) spirito **2** (fantasma) spirito **3** (attitudine) spirito
- **spirits** *s pl* **1** morale | **to be in high/low spirits** essere su/giù di morale **2** (whisky, vodka, gin) superalcolici

spiritual /'spɪrɪtʃuəl/ *agg* spirituale

spit /spɪt/ *verbo* e *sostantivo*

- *v* (passato e participio **spat** o **spit** AmE, gerundio **spitting**) **1** [intr] sputare | **to spit at sb** sputare addosso a qn **2 to spit sth out** sputare qc **3 it's spitting (with rain)** sta piovigginando **4 to be the spitting image of sb** essere tale e quale qn
- *s* **1** saliva **2** spiedo

spite /spaɪt/ *sostantivo* e *verbo*

- *s* **1 in spite of** nonostante: *in spite of the bad weather* nonostante il maltempo

2 out of spite per dispetto: *She just broke it out of spite.* L'ha rotto per dispetto.
• *v* [tr] far dispetto a

spiteful /ˈspaɪtfəl/ *agg* astioso -a

splash /splæʃ/ *verbo* e *sostantivo*
• *v* (3ª pers sing **splashes**) **1 to splash on/over sth** rovesciarsi su qc: *The wine splashed all over my shirt.* Mi si è rovesciato il vino sulla camicia. **2** [tr] spruzzare: *He **splashed** some cold water **on** his face.* Si è spruzzato un po' d'acqua fredda in faccia. **3** [intr] (anche **splash around/about**) sguazzare nell'acqua
splash out to splash out on sth (informale) spendere un mucchio di soldi per qc
• *s* (pl **splashes**) **1** tonfo **2** (di sangue, vernice) schizzo **3 to make a splash** (informale) fare furore **4 a splash of milk/brandy etc** un goccio di latte/brandy ecc.

splatter /ˈsplætə/ *v* [tr] schizzare | **splatter on/over sth** schizzare su qc

splendid /ˈsplendɪd/ *agg* splendido -a

splint /splɪnt/ *s* stecca

splinter /ˈsplɪntə/ *sostantivo* e *verbo*
• *s* scheggia
• *v* [intr] (vetro, ossa, pietre) scheggiarsi

split /splɪt/ *verbo* e *sostantivo*
• *v* (passato e participio **split**, gerundio **splitting**) **1** [intr] (legno) spezzarsi, (tessuto) strapparsi: *The wood had split in two.* Il legno si era spezzato in due. **2** [tr] spezzare [legno], strappare [tessuto] **3** (anche **split up**) [tr] dividere, [intr] dividersi: *The class **split into** four groups.* La classe si è divisa in quattro gruppi. **4** [tr] scindere [partito, gruppo], [intr] scindersi **5** [tr] spartire: *They **split** the money **between** them.* Si sono spartiti i soldi.
split up 1 lasciarsi: *She's **split up with** Mike.* Lei e Mike si sono lasciati. **2** (gruppo, classe) dividersi
• *s* **1** strappo **2** spaccatura **3 to do the splits** (acrobata, ballerina) fare la spaccata

ˌsplit ˈsecond *s* **a split second** una frazione di secondo

splitting /ˈsplɪtɪŋ/ *agg* **a splitting headache** un mal di testa feroce

splutter /ˈsplʌtə/ *v* [tr/intr] farfugliare

spoil /spɔɪl/ *v* (passato e participio **spoiled**, anche **spoilt** BrE) **1** [tr] rovinare **2** [tr] viziare

spoiled /spɔɪld/, anche **spoilt** BrE *agg* viziato -a

spoilsport /ˈspɔɪlspɔːt/ *s* (informale) guastafeste

spoilt /spɔɪlt/ BrE passato e participio di **spoil**

spoke¹ /spəʊk/ *s* raggio [di una ruota]

spoke² /spəʊk/ passato di **speak**

spoken /ˈspəʊkən/ participio di **speak**

spokesman /ˈspəʊksmən/ *s* (pl **-men**) portavoce

spokesperson /ˈspəʊksˌpɜːsən/ *s* (pl **-people**) portavoce

spokeswoman /ˈspəʊksˌwʊmən/ *s* (pl **-women**) portavoce

sponge /spʌndʒ/ *sostantivo* e *verbo*
• *s* **1** spugna **2** BrE ► vedi **sponge cake**
• *v* (informale) **to sponge off sb** vivere alle spalle di qn

ˈsponge cake *s* pan di Spagna

sponsor /ˈspɒnsə/ *sostantivo* e *verbo*
• *s* sponsor
• *v* [tr] sponsorizzare

sponsored /ˈspɒnsəd/ *agg*

> Una **sponsored walk**, ad esempio, è una camminata che un gruppo di persone fa per raccogliere fondi a scopo benefico. Ciascun partecipante deve ottenere l'appoggio di amici e parenti, che si impegnano a pagare una determinata somma per ogni chilometro percorso. Nel momento in cui si richiede questa forma di sostegno si dice **Will you sponsor me?** Oltre alle **sponsored walks** si fanno **sponsored swims, sponsored runs**, ecc.

sponsorship /ˈspɒnsəʃɪp/ *s* sponsorizzazione

spontaneous /spɒnˈteɪniəs/ *agg* spontaneo -a

spooky /ˈspuːki/ *agg* (**-kier**, **-kiest**) (informale) (luogo, atmosfera) sinistro -a, (film, storia) che mette paura, (somiglianza) sbalorditivo -a

spool /spuːl/ *s* (per cavo elettrico) rullo, (per film, lenza) bobina

spoon /spuːn/ *sostantivo* e *verbo*
• *s* **1** cucchiaio **2** (anche **spoonful**) cucchiaio
• *v* **to spoon sth into sth** mettere qc in qc con il cucchiaio

sport /spɔːt/ *s* sport: *Do you do any sport?* Fai qualche sport?

sporting /ˈspɔːtɪŋ/ *agg* **sporting activities** attività sportive

sports /spɔːts/ *agg* sportivo -a | **sports club** associazione sportiva

ˈsports car *s* auto sportiva

ˈsports ˌcentre *s* BrE centro sportivo

sportsman /ˈspɔːtsmən/ *s* (pl **-men**) sportivo

sportswoman /ˈspɔːtsˌwʊmən/ *s* (pl **-women**) sportiva

sporty /ˈspɔːti/ *agg* BrE (informale) **to be sporty** essere sportivo

spot /spɒt/ *sostantivo*, *sostantivo plurale* e *verbo*
• *s* **1** posto: *a lovely spot for a picnic* un posto incantevole per un picnic **2** macchia **3** BrE brufolo: *covered in spots* pieno

S

di brufoli **4 on the spot a)** su due piedi **b)** sul luogo **5 to put sb on the spot** mettere in difficoltà qn **6 a spot of bother** BrE (informale) un problemino **7** spot: *an advertising spot* uno spot pubblicitario
• **spots** *s pl* pois
• *v* [tr] (**spotted**, **spotting**) **1** scoprire [errore] **2** scorgere [persona]: *See if you can spot Jane in the photo.* Vedi se riesci a scorgere Jane nella foto.

spotless /'spɒtləs/ *agg* **1** (pulito) impeccabile **2** (onesto) irreprensibile

spotlight /'spɒtlaɪt/ *s* **1** riflettore **2 to be in the spotlight** essere al centro dell'attenzione

spotted /'spɒtɪd/ *agg* **spotted blouse/jersey** camicetta/maglia a pois

spotty /'spɒti/ *agg* (**-ttier**, **-ttiest**) BrE (informale) brufoloso -a

spouse /spaʊs/ *s* (formale) consorte

spout /spaʊt/ *sostantivo* e *verbo*
• *s* (di teiera, bollitore) beccuccio, (di annaffiatoio) becco
• *v* **1 to spout from sth a)** (acqua, sangue) zampillare da qc **b)** (lava) erompere da qc **2** [tr] sprizzare [acqua, sangue], eruttare [lava]

sprain /spreɪn/ *verbo* e *sostantivo*
• *v* **to sprain your ankle/wrist etc** slogarsi la caviglia/il polso ecc.
• *s* slogatura

sprang /spræŋ/ passato di **spring**

sprawl /sprɔːl/ *v* [intr] **1** (anche **sprawl out**) (persona) stravaccarsi **2** (città) espandersi

spray /spreɪ/ *sostantivo* e *verbo*
• *s* **1** spray **2 hair spray** lacca [per capelli] **3** spruzzi [delle onde]
• *v* **1** [tr] spruzzare acqua su [piante] **2** [tr] spruzzare con liquidi parassitari [raccolto] **3** [tr] spruzzare [acqua, profumo] **4 to spray from sth** spruzzare da qc

spread /spred/ *verbo* e *sostantivo*
• *v* (passato e participio **spread**) **1** [tr] (anche **spread out**) stendere: *Alex spread the map out on the floor.* Alex ha steso la cartina sul pavimento. **2** [tr] diffondere [malattia], [intr] (incendio, malattia) propagarsi **3** [tr] spargere [notizia], [intr] (notizia) spargersi: *News spread quickly through the school.* La notizia si è sparsa velocemente in tutta la scuola. **4** [tr] spalmare: ***Spread*** *a little butter* ***on*** *the bread.* Spalmate un po' di burro sul pane. **5** [tr] (anche **spread out**) allargare [braccia, gambe] **6** [intr] (anche **spread out**) (inseguitori, cacciatori) sparpagliarsi, (rami) estendersi, (strade) diramarsi
• *s* **1** (di notizie, malattia) diffusione **2** pasta [da spalmare sul pane]

spreadsheet /'spredʃiːt/ *s* foglio elettronico

spree /spriː/ *s* **to go on a shopping/spending spree** darsi allo shopping/alle spese

spring /sprɪŋ/ *sostantivo* e *verbo*
• *s* **1** primavera ▶ vedi Active Box **seasons** sotto **season** **2** molla **3** sorgente
• *v* [intr] (passato **sprang**, participio **sprung**) **1** saltare **2 to spring open/shut** aprirsi/chiudersi all'improvviso **3 tears sprang into my eyes** mi sono venute le lacrime agli occhi
spring from sth derivare da qc
spring sth on sb (informale) dire qc a qn all'ultimo minuto

springboard /'sprɪŋbɔːd/ *s* trampolino di lancio

,spring-'clean *v* [intr/tr] fare le pulizie di Pasqua (in)

,spring-'cleaning *s* pulizie di Pasqua

,spring 'onion *s* erba cipollina

springtime /'sprɪŋtaɪm/ *s* primavera: *The garden looks beautiful in springtime.* Il giardino è bellissimo in primavera.

sprinkle /'sprɪŋkəl/ *v* [tr] **1 to sprinkle sth with sugar/cheese etc** cospargere qc con zucchero/formaggio ecc. | **to sprinkle water on sth** spruzzare un po' d'acqua su qc **2 it's sprinkling** AmE sta piovigginando

sprinkler /'sprɪŋklə/ *s* **1** (per giardino) irrigatore **2** (per incendi) sprinkler

sprint /sprɪnt/ *verbo* e *sostantivo*
• *v* [intr] correre
• *s* **1** (nel ciclismo) volata **2** (in atletica) corsa di velocità

sprout /spraʊt/ *verbo* e *sostantivo*
• *v* [intr] **1** (anche **sprout up**) (case, antenne) spuntare **2** (foglie) spuntare **3** (piante, semi) germogliare **4** (capelli, corna) spuntare
• *s* cavolino di Bruxelles

sprung /sprʌŋ/ participio di **spring**

spun /spʌn/ passato e participio di **spin**

spur /spɜː/ *sostantivo* e *verbo*
• *s* **1 to do sth on the spur of the moment** fare qc d'impulso **2** sprone **3** sperone
• *v* [tr] (**spurred**, **spurring**) (anche **spur on**) stimolare

spurt /spɜːt/ *verbo* e *sostantivo*
• *v* [intr] sgorgare
• *s* getto

spy /spaɪ/ *sostantivo* e *verbo*
• *s* (pl **spies**) spia
• *v* [intr] (**spies**, **spied**) fare spionaggio | **to spy on sb** spiare qn

squabble /'skwɒbəl/ *verbo* e *sostantivo*
• *v* **to squabble (about/over sth)** battibeccare (su qc)
• *s* battibecco

squad /skwɒd/ *s* **1** (nello sport) squadra **2** (di polizia) squadra **3** (di soldati) squadra

squadron /ˈskwɒdrən/ *s* (di aerei, navi) squadriglia

squalid /ˈskwɒlɪd/ *agg* **1** squallido -a **2** immorale

squalor /ˈskwɒlə/ *s* squallore

squander /ˈskwɒndə/ *v* [tr] sprecare

square /skweə/ *aggettivo, sostantivo* e *verbo*

• *agg* **1** quadrato -a **2 square metres/feet etc** metri/piedi ecc. quadrati **3 a square meal** un pasto consistente **4 to be (all) square** (informale) essere pari **5** (mascella, spalle) quadrato -a

• *s* **1** quadrato **2** piazza: *There are several cafés in the square.* Ci sono molti caffè nella piazza. **3 to be back to square one** ritrovarsi al punto di partenza **4** (nei giochi da tavolo) casella

• *v* [tr] elevare al quadrato

square up fare i conti **square up to sb** piantarsi davanti a qn

ˌsquare ˈroot *s* radice quadrata

squash /skwɒʃ/ *verbo* e *sostantivo*

• *v* (3ª pers sing **squashes**) **1** [tr] schiacciare | **to get squashed** schiacciarsi: *My hat's got completely squashed.* Mi si è schiacciato tutto il cappello. **2 to squash into a car/lift etc** stiparsi in un'auto/in un ascensore ecc. | **to squash sth into a suitcase** stipare qc in una valigia

• *s* **1** squash **2** BrE concentrato di frutta che si diluisce con l'acqua per preparare bibite **3** tipo di zucca

squat /skwɒt/ *verbo* e *aggettivo*

• *v* [intr] (**squatted**, **squatting**) **1** (anche **squat down**) accovacciarsi **2** occupare abusivamente una casa

• *agg* tozzo -a

squatting

squatter /ˈskwɒtə/ *s* occupante abusivo [di una casa]

squawk /skwɔːk/ *verbo* e *sostantivo*

• *v* [intr] emettere grida stridule

• *s* grido stridulo

squeak /skwiːk/ *verbo* e *sostantivo*

• *v* [intr] **1** (topo) squittire **2** (porta) cigolare **3** (scarpe) scricchiolare

• *s* **1** (di topo) squittio **2** (di porta) cigolio **3** (di scarpe) scricchiolio

squeaky /ˈskwiːki/ *agg* (**-kier**, **-kiest**) **1** (voce) stridulo -a **2 a squeaky door** una porta che cigola

squeal /skwiːl/ *verbo* e *sostantivo*

• *v* [intr] (bambini) strillare, (freni) stridere

• *s* (di persona) strillo, (di freni) stridore

squeamish /ˈskwiːmɪʃ/ *agg* facilmente impressionabile

squeeze /skwiːz/ *verbo* e *sostantivo*

• *v* **1** [tr] schiacciare [tubetto], stringere [mano]: *She squeezed my arm.* Mi ha stretto il braccio. **2** [tr] spremere [limoni, arance] **3 to squeeze into** stiparsi in: *We all squeezed into the lift.* Ci siamo stipati tutti nell'ascensore. | *Can I **squeeze past**?* Mi lascia passare? | **to squeeze sth into sth** stipare qc in qc

• *s* **1 it was a (tight) squeeze** ci si stava un po' stretti **2** spruzzata

squid /skwɪd/ *s* (pl **squid** o **squids**) seppia

squint /skwɪnt/ *verbo* e *sostantivo*

• *v* [intr] **1** guardare strizzando gli occhi **2** essere strabico

• *s* **to have a squint** essere strabico

squirm /skwɜːm/ *v* [intr] **1** contorcersi **2 to squirm with embarrassment** morire dalla vergogna

squirrel /ˈskwɪrəl/ *s* scoiattolo

squirt /skwɜːt/ *verbo* e *sostantivo*

• *v* **1** [tr] spruzzare **2** [intr] schizzare

• *s* spruzzo

Sr (= **Senior**) Senior [per distinguere quando padre e figlio hanno lo stesso nome]: *James Wilson Sr* James Wilson Senior

St, anche **St.**

• (= **Street**) v.

• (= **Saint**) S.

stab /stæb/ *verbo* e *sostantivo*

• *v* [tr] (**stabbed**, **stabbing**) accoltellare

• *s* **to have a stab at (doing) sth** (informale) provare (a fare) qc

stabbing /ˈstæbɪŋ/ *aggettivo* e *sostantivo*

• *agg* **a stabbing pain** un dolore lancinante

• *s* accoltellamento

stability /stəˈbɪləti/ *s* stabilità

stabilize, -ise /ˈsteɪbəlaɪz/ *v* **1** [tr] stabilizzare **2** [intr] stabilizzarsi

stable /ˈsteɪbəl/ *aggettivo* e *sostantivo*

• *agg* **1** (che non si muove) saldo -a **2** (relazione, situazione) stabile **3** (personalità) equilibrato -a

• *s* stalla

stack /stæk/ *sostantivo, sostantivo plurale* e *verbo*

• *s* (di libri, piatti) pila

• **stacks** *s pl* (informale) un sacco di: *We've got stacks of time.* Abbiamo un sacco di tempo.

• *v* [tr] (anche **stack up**) impilare

stadium /ˈsteɪdiəm/ *s* (pl **stadiums** o **stadia** /-diə/) stadio [sportivo]

Si dice *I arrived in London* o *I arrived to London*? Vedi alla voce arrive.

staff /stɑːf/ *sostantivo* e *verbo*
• *s* personale
• *v* [tr] **to be staffed by volunteers/students etc** avere un personale composto di volontari/studenti ecc.

stag /stæg/ *s* cervo (maschio)

stage /steɪdʒ/ *sostantivo* e *verbo*
• *s* **1** (di processo, sviluppo) stadio: *Children go through various stages of development.* I bambini attraversano vari stadi di crescita. | *the early stages* gli inizi **2** (di viaggio) tappa **3 at this stage** a questo punto: *At this stage, it's hard to say what will happen.* A questo punto è difficile dire cosa accadrà. **4 in stages** anche **by stages** per gradi **5** palco | **to go on stage** entrare in scena **6 the stage** il teatro [attività]
• *v* [tr] **1** mettere in scena **2 to stage a demonstration** organizzare una manifestazione

stagger /'stægə/ *v* **1** [intr] barcollare: *We staggered home about two o'clock in the morning.* Siamo tornati a casa barcollando alle due di notte. **2** [tr] scaglionare [vacanze, turni]

staggered /'stægəd/ *agg* sbalordito – a

staggering /'stægərɪŋ/ *agg* sbalorditivo -a

'stag night, anche **'stag ˌparty** *s* BrE festa d'addio al celibato

stain /steɪn/ *sostantivo* e *verbo*
• *s* macchia
• *v* [tr] macchiare

ˌstainless 'steel *s* acciaio inossidabile

stair /steə/ *sostantivo* e *sostantivo plurale*
• *s* (gradino) scalino
• **stairs** *s pl* scale | **to go up/down the stairs** salire/scendere le scale | **to run up the stairs** correre su per le scale: *I **fell down the stairs**.* Sono caduta per le scale.

staircase /'steəkeɪs/ *s* scala

stairway /'steəweɪ/ *s* scala

stake /steɪk/ *sostantivo* e *sostantivo plurale*
• *s* **1 to be at stake** essere in gioco **2 to have a stake in sth** avere una parte in qc **3** paletto
• **stakes** *s pl* **1** posta in gioco **2 the stakes are high** la posta in gioco è alta

stale /steɪl/ *agg* **1** stantio -a | **stale bread/cheese** pane/formaggio stantio **2** (aria) viziato -a

stalk /stɔːk/ *sostantivo* e *verbo*
• *s* (di fiore, ortaggio) gambo, (di frutto) picciolo
• *v* [tr] seguire [in modo ossessivo]

stalker /'stɔːkə/ *s* persona che segue e spia ossessivamente qualcuno

stall /stɔːl/ *sostantivo*, *sostantivo plurale* e *verbo*
• *s* bancarella
• **stalls** *s pl* platea
• *v* **1** [intr] (motore, auto) spegnersi: *The car stalled as he tried to pull away.* Mentre stava per andarsene il motore si è spento. | *I keep stalling!* Il motore mi si spegne sempre! **2** [tr] (far) spegnere [motore] **3** [intr] (informale) prendere tempo **4 to stall sb** (informale) tenere qn occupato [per guadagnare tempo]

stallion /'stæljən/ *s* stallone

stamina /'stæmɪnə/ *s* (capacità di) resistenza

stammer /'stæmə/ *verbo* e *sostantivo*
• *v* [tr/intr] balbettare
• *s* **to have a stammer** balbettare

stamp /stæmp/ *sostantivo* e *verbo*
• *s* **1** francobollo: *a first-class stamp* un francobollo per posta prioritaria **2** (marchio ufficiale) timbro **3** (strumento) timbro
• *v* **1 to stamp around a)** camminare con passo pesante **b)** (con rabbia) pestare i piedi | **to stamp on sth** schiacciare qc con un piede | **to stamp your foot a)** pestare i piedi **b)** battere i piedi **2** [tr] timbrare [passaporto, documento], affrancare [lettera]
stamp sth out porre fine a qc

stance /stɑːns/ *s* (presa di) posizione

stand /stænd/ *verbo* e *sostantivo*
• *v* (passato e participio **stood**) **1** [intr] stare in piedi: *He was standing by the door.* Stava in piedi sulla porta.
2 to stand still stare fermo
3 to stand aside farsi da parte | **to stand back** stare indietro
4 [intr] (anche **stand up**) alzarsi: *He stood up and opened the door.* Si è alzato ed ha aperto la porta.
5 [intr] trovarsi: *The house stands on a hill.* La casa si trova su una collina.
6 [tr] appoggiare: *We stood the lamp in the corner.* Abbiamo appoggiato la lampada nell'angolo.
7 [tr] sopportare: *She **can't stand** rap music.* Non sopporta il rap.
8 [intr] essere valido: *What I said still stands.* Quello che ho detto è ancora valido.
9 to know where sb stands on sth sapere come qn la pensa su qc: *You know where I stand on drugs.* Sai come la penso sulla droga.
10 [tr] resistere a [maltempo]
11 [intr] candidarsi
12 to stand in sb's way anche **stand in the way** essere d'ostacolo a qn
13 it stands to reason è naturale
14 to stand a chance (of doing sth) avere buone probabilità (di fare qc)
15 to stand on your own two feet cavarsela da solo
stand around starsene lì [senza fare niente]
stand by 1 rimanere a guardare

2 tenersi pronti **stand by sth** ribadire qc **stand by sb** essere vicino a qn [in situazione difficile]
stand for sth **1** stare per qc **2** **I/he etc won't stand for sth** non intendo/intende ecc. tollerare qc **3** rappresentare qc
stand in **to stand in (for sb)** sostituire (qn)
stand out distinguersi
stand up (idea, alibi) reggere **stand sb up** fare un bidone a qn
stand up for sth/sb difendere qc/qn
stand up to sb/sth opporsi a qn/qc
• *s* **1** supporto: *a coat stand* un attaccapanni
2 leggio
3 chiosco: *a hotdog stand* un chiosco degli hotdog
4 (in una fiera, un salone) stand
5 posizione | **to take a stand on sth** prendere posizione su qc
6 (in uno stadio) tribuna
7 AmE banco dei testimoni ► In inglese britannico si usa **witness box**.

standard /ˈstændəd/ *sostantivo* e *aggettivo*
• *s* **1** (di sicurezza, servizio) livello: *the standard of the work on display* il livello dei lavori esposti | *standard of living* qualità della vita **2** parametro [per valutare prestazione, lavoro] | **by any standards** sotto ogni punto di vista
• *agg* standard: *the standard rate* la tariffa standard

standardize, -ise BrE /ˈstændədaɪz/ *v* [tr] uniformare [test, sistema]

standby /ˈstændbaɪ/ *sostantivo* e *aggettivo*
• *s* **to be on standby a)** (esercito, servizi d'emergenza) essere pronto ad intervenire **b)** (per un biglietto aereo) essere in lista d'attesa
• *agg* **standby ticket** biglietto stand-by

'stand-in *s* (in un film) controfigura

standing /ˈstændɪŋ/ *aggettivo* e *sostantivo*
• *agg* **1** **to become a standing joke** diventare una barzelletta **2** **standing order** ordine permanente **3** **a standing invitation** un invito valido in qualunque occasione
• *s* **1** reputazione **2** **of many years' standing** di vecchia data

'stand-off, anche **standoff** /ˈstændɒf/ *s* situazione di stallo: *a standoff **between** police **and** the kidnappers* una situazione di stallo tra la polizia e i rapitori

standpoint /ˈstændpɔɪnt/ *s* punto di vista

standstill /ˈstændˌstɪl/ *s* **to be at a standstill** (traffico, lavoro) essere fermo | **to bring sth to a standstill** paralizzare qc [traffico, paese] | **to come to a standstill** fermarsi

stank /stæŋk/ passato di **stink**

staple /ˈsteɪpəl/ *sostantivo, verbo* e *aggettivo*
• *s* (per la carta) graffetta
• *v* [tr] pinzare [fogli, fotografia]
• *agg* **staple diet/food** dieta/alimento base

stapler /ˈsteɪplə/ *s* pinzatrice

star /stɑː/ *sostantivo* e *verbo*
• *s* **1** (corpo celeste) stella **2** star, stella: *a film star* una stella del cinema | *a pop star* una pop star **3** (forma) stella **4** **two-star/four-star etc** a due/quattro ecc. stelle: *a four-star hotel* un hotel a quattro stelle **5** **my/your etc stars** (oroscopo) il mio/tuo ecc. oroscopo
• *v* (**starred**, **starring**) **1** [intr] avere il ruolo di protagonista: *He's already starred in six films.* Ha già avuto il ruolo di protagonista in sei film. **2** [tr] avere come protagonista

stardom /ˈstɑːdəm/ *s* celebrità

stare /steə/ *verbo* e *sostantivo*
• *v* [intr] fissare: *Stop staring out of the window!* Smettila di fissare fuori dalla finestra! | *I'm sure people are **staring at** me.* Sono sicura che mi stanno fissando.
• *s* sguardo fisso

stark /stɑːk/ *aggettivo* e *avverbio*
• *agg* **1** (edificio, paesaggio) desolato -a **2** (realtà, fatto) crudo -a: *in stark contrast* in forte contrasto
• *avv* **stark naked** nudo come un verme

starry /ˈstɑːri/ *agg* (**-rrier**, **-rriest**) (notte, cielo) stellato -a

'star sign *s* segno (zodiacale): *What's your star sign?* Di che segno sei?

start /stɑːt/ *verbo* e *sostantivo*
• *v* **1** [tr/intr] cominciare: *Are you ready to start?* Sei pronto a cominciare? | *Have you started that book yet?* Hai già iniziato quel libro? | **to start doing sth** cominciare a fare qc: *Don't start complaining.* Non cominciare a lamentarti. | *She **started to** shiver.* Ha iniziato a tremare. | **to start (all over) again** ricominciare da capo
2 [intr] cominciare: *What time does the film start?* A che ora comincia il film? | *How did the fire start?* Com'è cominciato l'incendio?
3 [tr] provocare: *The fire was started by a cigarette end.* L'incendio è stato provocato da un mozzicone di sigaretta. | *Who started the rumour?* Chi ha messo in giro queste voci? | **to start a fight** attaccare briga
4 **to start with a)** all'inizio **b)** tanto per cominciare
5 [intr] (anche **start out**) (iniziare un viaggio) partire
6 (anche **start up**) [tr] mettere in moto [auto, motore], [intr] partire: *The car wouldn't start this morning.* La macchina non partiva questa mattina.
7 [tr] (anche **start up**) avviare [computer]
8 [tr] (anche **start up**) avviare [impresa], formare [band]

S

9 prices start at £15/$50 etc i prezzi partono da 15 sterline/50 dollari ecc.
10 [intr] (fiume) sorgere
11 [intr] sobbalzare
start off **1** cominciare: *Let's start off by reviewing what we did last week.* Cominciamo rivedendo quello che abbiamo fatto la settimana scorsa. **2** partire **start sth off** dare il via a qc [partita, discussione]
start on sth iniziare con qc [lavoro, compiti]
start out **1** iniziare: *She **started out as** a waitress.* Ha iniziato come cameriera. **2** partire
start over AmE ricominciare da capo ▶ In inglese britannico si usa **start again**.
• *s* **1** inizio: *the start of the show* l'inizio dello spettacolo
2 to get off to a good/bad start iniziare bene/male
3 (right) from the start fin dall'inizio
4 for a start tanto per cominciare
5 sobbalzo

starter /'stɑːtə/ *s* BrE antipasto

startle /'stɑːtl/ *v* [tr] spaventare [persona, animale]

starvation /stɑː'veɪʃən/ *s* fame [in una carestia]

starve /stɑːv/ *v* **1** [tr] far morire di fame | **to starve yourself** lasciarsi morire di fame **2** [intr] morire di fame

starving /'stɑːvɪŋ/ *agg* **1 to be starving** (informale) morire di fame: *Is dinner ready yet? I'm starving!* È pronta la cena? Sto morendo di fame! **2 starving children** bambini che muoiono di fame

stash /stæʃ/ *v* [tr] (3ª pers sing **stashes**) (informale) nascondere [denaro, bottino]

state /steɪt/ *sostantivo, sostantivo plurale, aggettivo* e *verbo*
• *s* **1** (condizione) stato: *What state was the car in?* In che stato era la macchina? **2 state of mind** stato d'animo **3** (anche **State**) (governo) Stato: *The cost is refunded by the State.* Il costo viene rimborsato dallo Stato. **4** (nazione) stato **5** (anche **State**) (unità amministrativa) stato: *the state of California* lo stato della California **6 to be in a state** essere tutto agitato
• **States** *s pl* **the States** (informale) gli Stati Uniti
• *agg* **state visit/opening** visita/apertura ufficiale
• *v* [tr] **1** indicare [domicilio, nome], dichiarare [intenzione] **2** specificare [somma, ora]

statement /'steɪtmənt/ *s* **1** dichiarazione | **to make/issue a statement** fare una dichiarazione **2** estratto conto

ˌstate-of-the-'art *agg* **state-of-the-art technology/design** tecnologia/design d'avanguardia

'state school *s* scuola pubblica ▶ vedi anche **public school**

statesman /'steɪtsmən/ *s* (pl **-men**) statista

static /'stætɪk/ *aggettivo* e *sostantivo*
• *agg* (prezzi, livello) fisso -a
• *s* (anche **static electricity**) elettricità statica

station /'steɪʃən/ *sostantivo* e *verbo*
• *s* **1** (di treni, autobus, metropolitana) stazione: *Could you take me to the station?* Mi può portare alla stazione? **2** (emittente) stazione
• *v* [tr] **to be stationed somewhere** prestare servizio da qualche parte

stationary /'steɪʃənəri/ *agg* (veicolo, treno) fermo -a

stationer's /'steɪʃənəz/ *s* cartoleria [negozio]

stationery /'steɪʃənəri/ *s* **1** (articoli di) cancelleria **2** carta da lettere

'station ˌwagon *s* AmE station wagon ▶ In inglese britannico si usa **estate car**.

statistics /stə'tɪstɪks/ *s pl* (dati) statistiche

statue /'stætʃuː/ *s* statua

stature /'stætʃə/ *s* (formale) levatura: *a scientist of world stature* uno scienziato di levatura mondiale ▶ FALSE FRIEND Non confondere **"stature"** con **statura** che si traduce **height**.

status /'steɪtəs, AmE 'stætəs/ *s* **1** stato: *marital status* stato civile | *as proof of my student status* come prova del fatto che sono uno studente **2** posizione (sociale)

staunch /stɔːntʃ/ *agg* (sostenitore, difensore) leale

stave /steɪv/ *v* **stave off sth to stave off disaster** scongiurare la catastrofe | **to stave off hunger** placare la fame

stay /steɪ/ *verbo* e *sostantivo*
• *v* [intr] **1** rimanere: *Stay where you are!* Rimani dove sei! | *He stayed at home all day.* È rimasto in casa tutto il giorno.
2 to stay awake/dry etc rimanere sveglio/asciutto ecc.: *Try to stay calm.* Cerca di rimanere calmo. | *The shop stays open late.* Il negozio rimane aperto fino a tardi. | **to stay alive** rimanere in vita
3 (in un hotel, una città) stare: *I'm going to **stay with** friends.* Starò da degli amici. | *How long are you staying in London?* Quanto tempo ti fermi a Londra?
stay away from sb stare lontano da qn
stay away from sth stare alla larga da qc: *Stay away from the river. It's dangerous.* Stai alla larga dal fiume. È pericoloso.
stay behind fermarsi: *I had to stay behind after school.* Ho dovuto fermarmi dopo la scuola.
stay in restare a casa: *We just stayed in and watched television.* Siamo restati a

casa e abbiamo guardato la televisione.
stay on (al lavoro, a scuola) restare: *Sharon always stays on after 5.30.* Sharon resta sempre fino a dopo le 5.30. | **to stay on at school** continuare gli studi
stay out **to stay out late/until three etc** stare fuori fino a tardi/fino alle tre ecc.
stay out of sth evitare qc
stay up restare alzato
• *s* permanenza: *Enjoy your stay!* Buona permanenza!

steady /'stedi/ *aggettivo* e *verbo*
• *agg* (**-dier**, **-diest**) **1** (scala, mobile) fermo -a: *Keep the camera steady.* Tieni la macchina fotografica ferma. **2** (aumento, miglioramento) costante **3** (velocità) costante, (movimento, andatura) regolare **4** (lavoro) fisso -a | **a steady girlfriend** una ragazza fissa
• *v* [tr] (**-dies**, **-died**) **1** tenere fermo [scala, macchina fotografica] **2** **to steady your nerves** calmarsi

steak /steɪk/ *s* **1** bistecca **2** (di pesce) trancio

steal /stiːl/ *v* (passato **stole**, participio **stolen**) [tr/intr] rubare: *All her money was stolen.* Le hanno rubato tutti i soldi. | *I **stole** £5 **from** my sister.* Ho rubato 5 sterline a mia sorella. ▶ vedi anche **rubare**

stealth /stelθ/ *s* **by stealth** di nascosto

stealthy /'stelθi/ *agg* (**-thier**, **-thiest**) (movimento, sguardo) furtivo -a

steam /stiːm/ *sostantivo* e *verbo*
• *s* **1** vapore **2** **to let off steam** sfogarsi **3** **to run out of steam** (atleta) spomparsi **4** **steam engine** locomotiva a vapore
• *v* **1** [tr] cucinare al vapore [verdure, pesce] **2** [intr] (caffè, minestra) fumare
steam up (vetro, occhiali) appannarsi

,steamed 'up *agg* **to get all steamed up about sth** (informale) scaldarsi per qc

steamer /'stiːmə/ *s* vaporetto [imbarcazione]

steamroller /'stiːm,rəʊlə/ *s* rullo compressore

steel /stiːl/ *s* acciaio

steep /stiːp/ *agg* **1** (strada, pendio) ripido -a: *a very steep hill* una collina molto ripida **2** **a steep increase** un forte aumento | **a steep drop** un forte calo **3** (informale) (prezzo) salato -a

steeple /'stiːpəl/ *s* campanile

steer /stɪə/ *v* **1** [tr] manovrare [veicolo, barca], pilotare [aereo] **2** **to steer towards sth** dirigersi verso qc | **to steer away from sth** tenersi alla larga da qc **3** **to steer the conversation away from sth** sviare il discorso da qc **4** **to steer sb towards sth/away from sth** dirigere qn verso qc/allontanare qn da qc **5** **to steer clear of sth/sb** (informale) stare alla larga da qc/qn

'steering wheel *s* volante

stem /stem/ *sostantivo* e *verbo*
• *s* **1** (di fiore, foglia) gambo **2** (di bicchiere) gambo
• *v* [tr] (**stemmed**, **stemming**) fermare [emorragia]
stem from sth derivare da qc

stench /stentʃ/ *s* (pl **stenches**) tanfo

step /step/ *sostantivo*, *sostantivo plurale* e *verbo*
• *s* **1** (movimento) passo: *He took a step backwards.* Ha fatto un passo indietro. | **to be in step/out of step with sb** essere/non essere al passo con qn **2** (iniziativa) passo: *an important first step* un importante primo passo | *We must **take steps to** prevent this happening again.* Dobbiamo prendere dei provvedimenti per impedire che succeda di nuovo. | **step by step** passo a passo **3** (di una scala) gradino **4** **to watch your step a)** guardare dove si mettono i piedi **b)** stare attento a quello che si fa **5** (nella danza) passo
• **steps** *s pl* (in un edificio) scale
• *v* [intr] (**stepped**, **stepping**) **1** **to step forward/back** fare un passo avanti/indietro | **to step in sth** pestare qc: *Sorry, I didn't mean to **step on** your toe.* Scusa, non volevo pestarti il piede. | **to step over sth** scavalcare qc **2** **to step out of line** non rigare diritto
step down, anche **step aside** dimettersi
step in intervenire
step sth up aumentare qc [velocità], rafforzare [sicurezza]

stepbrother /'step,brʌðə/ *s* fratellastro

,step-by-'step *agg* (metodo, approccio) graduale

stepchild /'steptʃaɪld/ *s* (pl **-children** /-tʃɪldrən/) figliastro -a

stepdaughter /'step,dɔːtə/ *s* figliastra

stepfather /'step,fɑːðə/ *s* patrigno

stepladder /'step,lædə/ *s* scala (a libretto)

stepmother /'step,mʌðə/ *s* matrigna

'step-,parent *s* **1** (uomo) patrigno **2** (donna) matrigna

'stepping-,stone *s* **1** (spinta) trampolino di lancio **2** ognuna delle pietre collocate per attraversare un torrente

stepsister /'step,sɪstə/ *s* sorellastra

stepson /'stepsʌn/ *s* figliastro

stereo /'steriəʊ/ *sostantivo* e *aggettivo*
• *s* **1** (impianto) stereo **2** **in stereo** in stereo
• *agg* (trasmissione) in stereo

stereotype /'steriətaɪp/ *s* stereotipo

sterile /'steraɪl/ *agg* **1** (garza, ambiente) sterile **2** (uomo, donna) sterile

sterilize /'sterɪlaɪz/ *v* [tr] **1** sterilizzare [siringhe, strumenti] **2** sterilizzare [uomo, donna, animali]

sterling /'stɜːlɪŋ/ *sostantivo* e *aggettivo*
- *s* sterlina: *ten pounds sterling* dieci sterline
- *agg* **sterling silver** argento 925/1000

stern /stɜːn/ *aggettivo* e *sostantivo*
- *agg* (espressione, avvertimento) severo -a
- *s* (di una nave) poppa

stew /stjuː/ *sostantivo* e *verbo*
- *s* stufato: *a beef stew* uno stufato di manzo
- *v* **1** [tr] cuocere in umido [carne, pesce] **2** [tr] cuocere [frutta]

steward /'stjuːəd/ *s* **1** (su aereo, nave) steward ▶ Attualmente si preferisce il termine **flight attendant** sia per gli uomini che per le donne. **2** BrE persona del servizio d'ordine in una manifestazione, un corteo, ecc. **3** BrE (alle corse) commissario -a di gara

stewardess /'stjuːədes/ *s* (pl **-sses**) hostess ▶ Attualmente si preferisce il termine **flight attendant** sia per gli uomini che per le donne.

stick /stɪk/ *verbo*, *sostantivo* e *sostantivo plurale*
- *v* (passato e participio **stuck**) **1** [tr] piantare [ago, spillo]: *The nurse stuck a needle in my arm.* L'infermiera mi ha piantato un ago nel braccio.
  2 [tr] attaccare, [intr] attaccarsi: *We* ***stuck*** *our holiday photos* ***in*** *the album.* Abbiamo attaccato le foto delle vacanze all'album. | *The stamp won't stick on the envelope.* Il francobollo non si attacca alla busta. | **to stick sth to sth** attaccare qc a qc
  3 [tr] (informale) ficcare: *Stick the boxes in the kitchen.* Ficca le scatole in cucina.
  4 [intr] (porta, ascensore) bloccarsi
  5 **I can't stick that guy/that music** (informale) non reggo proprio quel tipo/ quella musica
  stick around (informale) restare: *I think I'll just stick around here for a bit.* Penso che resterò qui per un po'.
  stick at sth BrE perseverare in qc
  stick by sb restare al fianco di qn **stick by sth** restare fedele a qc [principi, promesse]
  stick out sporgere **stick sth out** **1** allungare qc [braccio, mano] | **to stick your tongue out** fare la linguaccia **2** (informale) reggere a qc
  stick to sth attenersi a qc [progetto, promessa]
  stick together **1** (pagine) incollarsi **2** (informale) (persone) rimanere uniti
  stick up **1** (da una superficie) spuntare **2** (capelli) stare diritti (sulla testa) **stick up for sb** (informale) difendere qn
- *s* **1** bastoncino
  2 (anche **walking stick**) bastone (da passeggio)
  3 (nell'hockey) mazza
  4 **a stick of chewing gum** una gomma da masticare | **a stick of celery** un gambo di sedano | **a stick of dynamite** un candelotto di dinamite
- **sticks** *s pl* **out in the sticks** (informale) a casa del diavolo

sticker /'stɪkə/ *s* **1** etichetta adesiva **2** figurina

sticky /'stɪki/ *agg* (**-kier**, **-kiest**) **1** (mani, dita) appiccicoso -a, (caramella) gommoso -a: *My hands are sticky.* Ho le mani appiccicose. **2** (tempo) afoso -a: *a hot sticky day* una giornata afosa **3** (informale) (situazione) difficile

stiff /stɪf/ *aggettivo* e *avverbio*
- *agg* **1** (parte del corpo) indolenzito -a: *I've got a stiff back.* Ho la schiena indolenzita. | *I'm stiff all over after the game.* Sono tutto indolenzito dopo la partita. **2** (maniglia, porta) duro -a (da aprire) **3** (cartone, cartoncino) rigido -a **4** (impasto, salsa) fermo -a **5** (punizione, condanna) duro -a: *stiff competition* concorrenza dura | *a stiff fine* una multa salata **6** **a stiff breeze** una forte brezza **7** **a stiff drink** una bevanda forte
- *avv* (informale) **to be bored/scared stiff** morire di noia/di paura

stifle /'staɪfəl/ *v* [tr] **1** soffocare [iniziativa, dibattito] **2** soffocare [sbadiglio, risa]

stifling /'staɪflɪŋ/ *agg* soffocante

stiletto /stɪ'letəʊ/ *s* (pl **-ttos** o **-ttoes**) (scarpa con) tacco a spillo

still /stɪl/ *avverbio* e *aggettivo*
- *avv* **1** ancora: *I still love him.* Lo amo ancora. | *You still haven't finished your homework.* Non hai ancora finito i compiti. **2** tuttavia: *He was tired but he still won the race.* Era stanco, e tuttavia ha vinto la gara.
- *agg* **1** **to keep/stand still** stare fermo **2** (mare, lago) calmo -a: *The lake was completely still.* Il lago era completamente calmo. **3** BrE (acqua) naturale [non gassato]

ˌstill 'life *s* (pl **still lifes**) natura morta

stilted /'stɪltɪd/ *agg* (stile, discorso) affettato -a

stilts /stɪlts/ *s pl* trampoli

stimulate /'stɪmjəleɪt/ *v* [tr] stimolare

stimulating /'stɪmjəleɪtɪŋ/ *agg* stimolante

stimulus /'stɪmjələs/ *s* (pl **stimuli** /-laɪ/) stimolo

sting /stɪŋ/ *verbo* e *sostantivo*
- *v* (passato e participio **stung**) **1** [tr] (vespa, ortiche) pungere: *Lucy's been stung by a wasp.* Lucy è stata punta da una vespa. **2** [intr] (disinfettante) bruciare: *This may sting a bit.* Può bruciare un po'.
- *s* (di vespa, ortiche) puntura

stingy /'stɪndʒi/ *agg* (**-gier**, **-giest**) (informale) taccagno -a

S

stink /stɪŋk/ *verbo* e *sostantivo*
- *v* [intr] (passato **stank**, participio **stunk**) puzzare: *The house* ***stinks of*** *fish.* La casa puzza di pesce.
- *s* puzza

stinking /'stɪŋkɪŋ/ *aggettivo* e *avverbio*
- *agg* **1** puzzolente **2 a stinking cold** (informale) un raffreddore da cani
- *avv* **stinking rich** (informale) ricco -a da far schifo

stint /stɪnt/ *s* periodo di tempo passato a fare qualcosa

stir /stɜː/ *verbo* e *sostantivo*
- *v* (**stirred**, **stirring**) **1** [tr] mescolare [salsa, minestra]: *Stir the paint well.* Mescolate bene la vernice. **2** [intr] muoversi
  stir up sth causare qc [problemi]
- *s* **1 to give sth a stir** dare una mescolata a qc **2 to cause a stir** fare scalpore

'stir-fry *sostantivo* e *verbo*
- *s* piatto a base di verdure e carne saltate in padella
- *v* [tr] (3ª pers sing **fries**, passato e participio **fried**) saltare in padella

stirring /'stɜːrɪŋ/ *agg* (storia, discorso, interpretazione) entusiasmante

stirrup /'stɪrəp/ *s* staffa

stitch /stɪtʃ/ *sostantivo*, *sostantivo plurale* e *verbo*
- *s* (pl **stitches**) **1** (in una cucitura) punto **2** (in un lavoro a maglia) maglia **3** (su una ferita) punto **4** fitta (al fianco)
- **stitches** *s pl* **to have sb in stitches** (informale) fare piegare qn in due dal ridere
- *v* [tr] (3ª pers sing **stitches**) cucire

stock /stɒk/ *sostantivo* e *verbo*
- *s* **1** (provvista) scorta: *stocks of coal* scorte di carbone **2** (in negozio, supermercato) scorte | **to be in stock/out of stock** (merce) essere disponibile/esaurito **3** (in cucina) brodo **4** (in economia) titoli **5 to take stock (of sth)** fare il punto (di qc)
- *v* **to stock sth** (negozio) avere qc
  stock up fare scorta **stock up on sth** fare scorta di qc

stockbroker /'stɒkˌbrəʊkə/ *s* agente di borsa

'stock exˌchange *s* (in economia) Borsa

stocking /'stɒkɪŋ/ *s* calza [da donna]

'stock ˌmarket *s* (in economia) Borsa

stockpile /'stɒkpaɪl/ *v* [tr] accumulare

stocky /'stɒki/ *agg* (**-ckier**, **-ckiest**) tarchiato -a

stodgy /'stɒdʒi/ *agg* (**-dgier**, **-dgiest**) (cibo, torta) pesante

stole /stəʊl/ passato di **steal**

stolen /'stəʊlən/ participio di **steal**

stomach /'stʌmək/ *sostantivo* e *verbo*
- *s* **1** stomaco | **it turns my stomach** mi rivolta lo stomaco **2** pancia
- *v* [tr] digerire [persona, comportamento]

'stomach ˌache *s* mal di pancia

stone /stəʊn/ *s* **1** (sasso) pietra **2** (materiale) pietra | **a stone wall** un muro di pietra **3** (rubino, diamante) pietra: *precious stones* pietre preziose **4** BrE (nella frutta) nocciolo **5** (pl **stone** o **stones**) unità di peso che equivale a 6,35 kg: *He weighs ten stone.* Pesa circa 64 chili.

ˌstone-'cold *agg* gelido -a

stoned /stəʊnd/ *agg* (informale) (drogato) fatto -a

stony /'stəʊni/ *agg* (**-nier**, **-niest**) **1** (suolo) sassoso -a **2** (silenzio, sguardo) glaciale

stood /stʊd/ passato e participio di **stand**

stool /stuːl/ *s* sgabello

stoop /stuːp/ *v* [intr] **1** (anche **stoop down**) chinarsi **2 to stoop to doing sth** abbassarsi a fare qc

stool

stop /stɒp/ *verbo* e *sostantivo*
- *v* (**stopped**, **stopping**) **1** [intr] fermarsi: *Does this bus stop near the pool?* Si ferma questo autobus vicino alla piscina? | *My watch has stopped.* Mi si è fermato l'orologio. **2** [tr] fermare: *We were stopped by the police.* Siamo stati fermati dalla polizia. | *Can you stop the car for a minute?* Puoi fermare la macchina per un minuto? | **to stop doing sth** smettere di fare qc: *Has it stopped raining?* Ha smesso di piovere? **3 stop it!** smettila! **4** [tr] impedire [evento, diffusione] | **to stop sb from doing sth** impedire a qn di fare qc: *They tried to stop me from seeing him.* Hanno cercato di impedirmi di vederlo. **5** [intr] (fare una pausa) fermarsi: *At one o'clock we stop for lunch.* All'una ci fermiamo per il pranzo. **6 to stop short of (doing) sth** stare quasi per fare qc
  stop by fare un salto: *He always stops by here when he's in town.* Fa sempre un salto da noi quando è in città.
  stop off fare una sosta
- *s* **1** (di autobus, treno) fermata: *I get off at the next stop.* Scendo alla prossima fermata. **2 to come to a stop** (veicolo, lavoro) fermarsi **3 to put a stop to sth** mettere fine a qc

stoplight /'stɒplaɪt/ *s* AmE semaforo ► In inglese britannico si usa **traffic light**.

stopover /'stɒpˌəʊvə/ *s* scalo [in un volo]

stopper /'stɒpə/ *s* (per bottiglia) tappo

stopwatch /'stɒpwɒtʃ/ *s* (pl **-ches**) cronometro

S

Vuoi informazioni sulla differenza tra gli **aggettivi possessivi** in inglese e in italiano? Vedi la guida grammaticale.

storage /ˈstɔːrɪdʒ/ *s* immagazzinamento

store /stɔː/ *sostantivo* e *verbo*

- *s* **1** BrE grande magazzino: *I've been to every store in town.* Sono stata in tutti i grandi magazzini della città. **2** AmE negozio: *a record store* un negozio di dischi **3** provvista **4** deposito **5 to have sth in store for sb** avere qc in serbo per qn: *He still had a few surprises in store for us.* Aveva ancora delle sorprese in serbo per noi.
- *v* [tr] **1** conservare [cibo, documenti], mettere via [abiti] **2** memorizzare [dati]

storekeeper /ˈstɔːˌkiːpə/ *s* AmE negoziante ▶ In inglese britannico si usa **shopkeeper**.

storeroom /ˈstɔːruːm/ *s* magazzino

storey BrE, **story** AmE /ˈstɔːri/ *s* (pl **-reys** BrE o **-ries** AmE) piano: *a five-storey apartment block* un condominio di cinque piani

stork /stɔːk/ *s* cicogna

storm /stɔːm/ *sostantivo* e *verbo*

- *s* **1** temporale, (più violento) tempesta **2 a storm of protest** un coro di proteste
- *v* **1** [tr] prendere d'assalto **2 to storm in/off** entrare/andarsene tutto arrabbiato: *She **stormed out** of the classroom.* È uscita tutta arrabbiata dall'aula.

stormy /ˈstɔːmi/ *agg* (**-mier**, **-miest**) **1** tempestoso -a **2** (relazione) burrascoso -a

story /ˈstɔːri/ *s* (pl **-ries**) **1** (racconto) storia | **to tell/read sb a story** raccontare/leggere una storia a qn **2** (sul giornale) articolo **3** AmE ▶ vedi **storey**

stout /staʊt/ *agg* (persona) robusto -a

stove /stəʊv/ *s* **1** fornello (da cucina) **2** stufa

straddle /ˈstrædl/ *v* [tr] mettersi a cavalcioni di [sedia]

straggler /ˈstræglə/ *s* ritardatario -a

straggly /ˈstrægli/ *agg* (**-gglier**, **-ggliest**) (barba) incolto -a, (capelli) in disordine

straight /streɪt/ *aggettivo* e *avverbio*

- *agg* **1** (linea, strada, orlo) diritto -a **2** (capelli) liscio -a **3** (denti, muro, quadro) dritto -a: *Is my tie straight?* È dritta la mia cravatta? **4 three straight wins/defeats** tre vittorie/sconfitte consecutive **5** (risposta, domanda) schietto -a **6 to be straight with sb** essere franco con qn **7 to get sth straight** chiarire qc
- *avv* **1** direttamente: *Go straight home.* Vai direttamente a casa. | *The truck was heading straight for them.* Il camion gli stava andando dritto contro. **2 to stand up straight** stare diritto **3 straight after** subito dopo **4** di fila: *fourteen hours straight* quattordici ore di fila **5 I can't think straight** non riesco a concentrarmi

ˌstraight aˈway *avv* immediatamente

straighten /ˈstreɪtn/ *v* **1** (anche **straighten out**) [tr] raddrizzare [schiena, quadro], [intr] (strada) diventare diritto **2** [intr] (anche **straighten up**) (persona) raddrizzarsi **3** [tr] (anche **straighten up**) rimettere a posto [libri, stanza] **4 to straighten things out** chiarire le cose

straightforward /streɪtˈfɔːwəd/ *agg* **1** (sistema, questione) chiaro -a **2** (persona, risposta) franco -a

strain /streɪn/ *sostantivo* e *verbo*

- *s* **1** stress: *the strain of being a teacher* lo stress dell'insegnamento **2 to put a strain on sth** mettere a dura prova qc **3** (forza fisica) sforzo
- *v* **1** [tr] farsi uno strappo a [muscolo, spalla] **2 to strain your eyes** affaticarsi la vista **3 to strain to hear/see sth** sforzarsi di sentire/vedere qc **4** [tr] scolare [verdura, pasta] **5** [tr] gravare su [risorse] **6** [tr] mettere a dura prova [relazione, amicizia]

strained /streɪnd/ *agg* **1** (atmosfera) teso -a **2** (relazioni) teso -a

strainer /ˈstreɪnə/ *s* colino

strait /streɪt/ *s* **1** (anche **straits**) stretto: *the Straits of Gibraltar* lo stretto di Gibilterra **2 in dire straits** in gravi difficoltà

straitjacket /ˈstreɪtˌdʒækɪt/ *s* camicia di forza

strand /strænd/ *s* filo | **a strand of hair** un capello

stranded /ˈstrændɪd/ *agg* (viaggiatore, passeggero) bloccato -a

strange /streɪndʒ/ *agg* **1** (bizzarro) strano -a: *He's such a strange child.* È un bambino così strano. **2** (estraneo) sconosciuto -a: *I was alone in a strange city.* Ero tutto solo in una città sconosciuta.

strangely /ˈstreɪndʒli/ *avv* **1** in modo strano **2 strangely enough** per quanto sia strano

stranger /ˈstreɪndʒə/ *s* sconosciuto -a ▶ FALSE FRIEND Non confondere **"stranger"** con **straniero** che si traduce **foreigner**.

strangle /ˈstræŋgəl/ *v* [tr] strangolare

strap /stræp/ *sostantivo* e *verbo*

- *s* **1** (per legare) cinghia **2** (di orologio da polso) cinturino, (di borsetta) tracolla **3** (di un vestito) spallina
- *v* [tr] (**strapped**, **strapping**) **1 to strap sth on** legare qc (con le cinghie) **2 to strap sb in** mettere la cintura di sicurezza a qn **3 to strap sth up** BrE bendare qc [braccio, dito rotto]

strategic /strəˈtiːdʒɪk/ *agg* strategico -a

strategy /ˈstrætədʒi/ *s* (pl **-gies**) strategia

straw /strɔː/ *s* **1** paglia | **straw hat/basket** cappello/cestino di paglia **2** cannuccia **3 to be the last straw** essere la goccia che fa traboccare il vaso

S

strawberry /ˈstrɔːbəri/ *s* (pl **-berries**) **1** fragola **2 strawberry jam** marmellata di fragole

stray /streɪ/ *verbo, aggettivo* e *sostantivo*
- *v* [intr] **1 to stray (from sb/sth)** allontanarsi (da qn/qc) **2** (occhi, pensieri) vagare
- *agg* **a stray dog/cat** un cane/gatto randagio
- *s* cane randagio

streak /striːk/ *sostantivo* e *verbo*
- *s* **1** striscia, (nei capelli) mèche **2** (nella personalità) vena **3 to be on a losing/winning streak** attraversare un periodo sfortunato/fortunato
- *v* **1 to streak past** passare come un lampo **2 to be streaked with tears/sweat** essere rigato di lacrime/sudore

stream /striːm/ *sostantivo* e *verbo*
- *s* **1** ruscello **2** (di gente, traffico) flusso **3** (di domande, lettere) sfilza **4 a stream of abuse** una valanga di insulti
- *v* **to stream out a)** (acqua, sangue) uscire a fiotti **b)** (gente, veicoli) riversarsi fuori

streamer /ˈstriːmə/ *s* festone di carta

streamline /ˈstriːmlaɪn/ *v* [tr] ottimizzare [processo, sistema]

streamlined /ˈstriːmlaɪnd/ *agg* aerodinamico -a

street /striːt/ *s* **1** strada, via: *a busy street* una strada trafficata ► La parola **Street** è usata nel nome di numerose vie: **24, Oxford Street** o **808, Washington Street**, ecc. Non si omette mai quando si fornisce un'indicazione. **2 the streets** la strada: *She's been living on the streets for years.* Vive per strada da anni. **3 it's right up your street** (informale) fa proprio al caso tuo

streetcar /ˈstriːtkɑː/ *s* AmE tram ► In inglese britannico si usa **tram**.

ˈstreet light, anche **streetlight** /ˈstriːtlaɪt/ *s* lampione

strength /streŋθ/ *s* **1** (di persona, animale) forza: *with all my strength* con tutta la mia forza **2** (di parete, roccia) solidità, (di corda, materiale) resistenza **3** (di sentimento) forza, (di relazione) solidità **4** (influenza) potenza: *military strength* potenza militare | *the strength of the dollar* il potere del dollaro **5** (di medicina) concentrazione **6** punto di forza **7 on the strength of sth** in forza di qc

strengthen /ˈstreŋθən/ *v* [tr] **1** irrobustire [muscoli] **2** rinforzare [ponte, fondamenta] **3** rendere più solido [legame, vincolo] **4** potenziare [esercito, economia]

strenuous /ˈstrenjuəs/ *agg* **1** (attività, esercizio) faticoso -a **2** (resistenza) strenuo -a

stress /stres/ *sostantivo* e *verbo*
- *s* (pl **stresses**) **1** stress | **under a lot of stress** sottoposto a un forte stress **2** enfasi: *There's too much **stress** on exams.* Si dà troppa enfasi agli esami. **3** (nella pronuncia) accento [su sillaba]
- *v* [tr] (3ª pers sing **stresses**) **1** sottolineare [importanza] **2** accentare [sillaba]

stressed /strest/, anche **ˌstressed ˈout** *agg* stressato -a

stressful /ˈstresfəl/ *agg* stressante

stretch /stretʃ/ *verbo* e *sostantivo*
- *v* (3ª pers sing **stretches**) **1** [tr] distendere [braccia, gambe] **2** [intr] allungarsi: *If I stretch I can reach it.* Se mi allungo ci arrivo. **3 to stretch your legs** (informale) sgranchirsi le gambe **4** [tr/intr] allargare [maglione, scarpe] | **to stretch out of shape** sformarsi **5** [intr] estendersi: *The forest stretches for 50 kilometres.* La foresta si estende per 50 chilometri. **6** [tr] tendere [corda] **7 to stretch to sth** (risparmi, soldi) bastare per qc

  stretch out (informale) (sul divano, letto) stendersi
- *s* (pl **stretches**) **1** (di strada, fiume, costa) tratto, (d'acqua, terra) distesa **2 at a stretch** di fila **3** (in ginnastica) allungamento

stretcher /ˈstretʃə/ *s* barella

strewn /struːn/ *agg* **strewn with sth** cosparso di qc

stricken /ˈstrɪkən/ *agg* (formale) **1** (persona) colpito -a | **stricken area** zona disastrata **2 poverty stricken** colpito dalla povertà **3 grief stricken** addolorato, -a

strict /strɪkt/ *agg* **1** (genitore, insegnante) severo -a **2** (regola, dieta) ferreo -a, (istruzione, ordine) preciso -a

strictly /ˈstrɪktli/ *avv* **1** strettamente | **strictly speaking** in senso stretto **2 strictly forbidden** severamente proibito

stride /straɪd/ *verbo* e *sostantivo*
- *v* (passato e participio **strode**) **to stride into/out of sth** entrare in/uscire da qc a grandi passi
- *s* **to take sth in your stride** reagire bene a qc: *He took the change of school in his stride.* Ha reagito bene al cambiamento di scuola.

strike /straɪk/ *verbo* e *sostantivo*
- *v* (passato e participio **struck**) **1 it struck me that** mi è venuto in mente che | **to strike sb as interesting/strange** sembrare interessante/strano a qn: *She strikes me as being very intelligent.* Mi sembra molto intelligente. | *I **was struck by** her beauty.* Sono stato colpito dalla sua bellezza. **2** [intr] scioperare **3** [tr] (formale) colpire [accidentalmente] **4** [tr] (formale) (percuotere) colpire **5** [tr] (fulmine) colpire: *Their house was struck by lightning.* La

S

loro casa è stata colpita da un fulmine. **6** [tr] accendere [fiammifero] **7** [tr/intr] battere: *The clock struck four.* L'orologio ha battuto le quattro.
strike back contrattaccare
strike up sth to strike up a conversation attaccare discorso | **to strike up a friendship** stringere un'amicizia
• *s* **1** sciopero | **to be/go on strike** essere/entrare in sciopero **2** attacco

striker /ˈstraɪkə/ *s* **1** scioperante **2** (nel calcio) attaccante

striking /ˈstraɪkɪŋ/ *agg* **1** (somiglianza) impressionante **2** (persona) attraente

string /strɪŋ/ *sostantivo, sostantivo plurale* e *verbo*
• *s* **1** (per legare) cordino **2 a string of pearls** un filo di perle **3** (di domande, incidenti) serie: *a string of hit albums* una serie di album di successo **4** (di negozi, hotel) catena **5** (di chitarra, violino) corda **6 with no strings attached** incondizionatamente **7 to pull strings** manovrare nell'ombra
• **strings** *s pl* (in un'orchestra) archi
• *v* [tr] (passato e participio **strung**) appendere
string sb along (informale) menare qn per il naso
string sth out prolungare qc [riunione, conversazione]

stringent /ˈstrɪndʒənt/ *agg* (regola) rigoroso -a

strip /strɪp/ *verbo* e *sostantivo*
• *v* (**stripped**, **stripping**) **1** (anche **strip off**) [tr] togliersi [vestiti], [intr] spogliarsi: *We stripped off and jumped in the water.* Ci siamo spogliati e ci siamo tuffati in acqua. **2** [tr] sverniciare [mobile], togliere [carta da parati] **3 to strip sb of sth** togliere qc a qn [titolo, proprietà] **4** [tr] (anche **strip down**) smontare [motore]
• *s* **1** (di carta, stoffa) striscia **2 a strip of land** una striscia di terra **3** (nel calcio, rugby) divisa

stripe /straɪp/ *s* striscia: *a blue shirt with white stripes* una camicia blu a strisce bianche

striped /straɪpt/, anche **stripy** /ˈstraɪpi/ *agg* a righe

strive /straɪv/ *v* [intr] (passato **strove**, participio **striven**) (formale) **to strive for sth** sforzarsi di ottenere qc | **to strive to do sth** sforzarsi di fare qc

striven /ˈstrɪvən/ participio di **strive**

strode /strəʊd/ passato e participio di **stride**

stroke /strəʊk/ *sostantivo* e *verbo*
• *s* **1 at one stroke/at a stroke** in un solo colpo **2** ictus **3** (movimento) bracciata **4** (modo di nuotare) stile **5 on the stroke of six/seven etc** alle sei/sette ecc. in punto **6 a stroke of luck/genius** un colpo di fortuna/di genio
• *v* [tr] accarezzare

stroking a dog

stroll /strəʊl/ *verbo* e *sostantivo*
• *v* **to stroll along the beach** passeggiare sulla spiaggia
stroll around passeggiare
• *s* passeggiata | **to go for a stroll** andare a fare una passeggiata

stroller /ˈstrəʊlə/ *s* AmE passeggino ► In inglese britannico si usa **pushchair**.

strong /strɒŋ/ *agg* **1** (che ha forza fisica) forte **2** (tessuto, corda) resistente **3** (leader, moneta) forte **4** (relazione, vincolo) solido -a **5** (odore, gusto) forte: *a strong American accent* un forte accento americano **6 a strong breeze/current** un vento/una corrente forte **7 there's a strong possibility that** ci sono buone probabilità che **8 your/his etc strong point** il tuo/suo ecc. forte **9 500/10,000 strong** che conta ben 500/10.000 persone **10 strong language** linguaggio volgare

strongly /ˈstrɒŋli/ *avv* (consigliare) vivamente, (credere) fermamente, (criticare) fortemente

strove /strəʊv/ passato di **strive**

struck /strʌk/ passato e participio di **strike**

structural /ˈstrʌktʃərəl/ *agg* strutturale

structure /ˈstrʌktʃə/ *sostantivo* e *verbo*
• *s* struttura
• *v* [tr] strutturare [tema, discorso]

struggle /ˈstrʌgəl/ *verbo* e *sostantivo*
• *v* [intr] **1 to struggle (to do sth)** far fatica (a fare qc): *She works hard, but she's struggling.* Lavora sodo, ma fa fatica. **2** lottare: *She **struggled** desperately **with** her attacker.* Ha lottato disperatamente con il suo aggressore. **3 to struggle towards/into etc sth** dirigersi verso qc/salire su qc ecc. a fatica: *I **struggled** onto the coach with my case.* Sono salito a fatica sul pullman con la valigia.
struggle on andare avanti a fatica
• *s* **1** lotta: *the struggle for independence* la lotta per l'indipendenza **2** colluttazione

strung /strʌŋ/ passato e participio di **string**

strut /strʌt/ *verbo* e *sostantivo*
• *v* (**strutted**, **strutting**) **to strut into the classroom** entrare in classe tutto impettito | **to strut around** pavoneggiarsi
• *s* puntone

S

Non sai come pronunciare una determinata parola? Consulta la tabella dei simboli fonetici nell'interno della copertina.

stub /stʌb/ *sostantivo* e *verbo*
- *s* **1** (di sigaretta, matita) mozzicone **2** (di biglietto, assegno) matrice
- *v* (**stubbed**, **stubbing**) **to stub your toe** battere il piede

stubble /'stʌbəl/ *s* **1** barba corta e ispida **2** stoppia

stubborn /'stʌbən/ *agg* **1** (persona) cocciuto -a **2** (tosse, macchia) ostinato -a

stuck[1] /stʌk/ *agg* **1** **to be stuck a)** (cassetto, porta, macchina) essere bloccato **b)** (in attività) non riuscire ad andare avanti **2** **to get stuck a)** (nella neve) bloccarsi **b)** (su difficoltà) arenarsi **3** **to be stuck at home/in class** rimanere chiuso in casa/in classe: *We were stuck in the classroom all day.* Siamo rimasti chiusi in classe tutto il giorno.

stuck[2] /stʌk/ passato e participio di **stick**

ˌstuck-'up *agg* (informale) (persona) montato -a

stud /stʌd/ *s* **1** borchia **2** orecchino (a vite) **3** stallone da monta

student /'stjuːdənt/ *s* **1** (all'università) studente -essa: *a language student* una studentessa di lingue **2** (a scuola) alunno -a: *the best student in the class* il migliore alunno della classe

studio /'stjuːdiəʊ/ *s* **1** (cinematografico, televisivo) studio **2** (di pittore, fotografo) studio **3** (anche **studio flat** BrE) monolocale

studious /'stjuːdiəs/ *agg* (persona) studioso -a

study /'stʌdi/ *sostantivo*, *sostantivo plurale* e *verbo*
- *s* (pl **-dies**) **1** (ricerca) studio **2** (stanza) studio
- **studies** *s pl* studi
- *v* [tr/intr] (**-dies**, **-died**) **1** (apprendere) studiare: *I'm studying for my exams.* Sto studiando per gli esami. | *She wants to study law.* Vuole studiare legge. **2** (esaminare) studiare

stuff /stʌf/ *sostantivo* e *verbo*
- *s* (informale) **1** (cose) roba: *Your stuff's in my room.* La tua roba è in camera mia. **2** (sostanza, materiale) roba: *What's this sticky stuff on the floor?* Che cos'è questa roba appiccicosa sul pavimento?
- *v* [tr] **1** ficcare: *I **stuffed** the letter **into** my pocket.* Mi sono ficcato la lettera in tasca. **2** riempire: *He **stuffed** his bag **with** clothes and left.* Ha riempito la borsa di vestiti e se n'è andato. **3** farcire [pomodori, pollo] **4** **to stuff yourself** (informale) rimpinzarsi [di cibo] **5** impagliare [animale, uccello] **6** **get stuffed!** (informale) va' a quel paese!

stuffing /'stʌfɪŋ/ *s* ripieno

stuffy /'stʌfi/ *agg* (**-ffier**, **-ffiest**) **1** (stanza) soffocante **2** (persona) antiquato -a

stumble /'stʌmbəl/ *v* [intr] inciampare **stumble on sth** trovare qc per caso

stump /stʌmp/ *sostantivo* e *verbo*
- *s* **1** (di albero) ceppo **2** (di braccio, gamba) moncone
- *v* sbalordire

stun /stʌn/ *v* [tr] (**stunned**, **stunning**) **1** **to be stunned (by sth)** essere sconcertato (da qc) **2** stordire [con un colpo]

stung /stʌŋ/ passato e participio di **sting**

stunk /stʌŋk/ participio di **stink**

stunning /'stʌnɪŋ/ *agg* **1** stupendo -a **2** (notizia, scoperta) scioccante

stunt /stʌnt/ *sostantivo* e *verbo*
- *s* **1** (in un film) scena pericolosa **2** trovata: *a publicity stunt* una trovata pubblicitaria
- *v* bloccare [crescita, sviluppo]

stupid /'stjuːpɪd/ *agg* **1** stupido -a: *Don't be so stupid!* Non fare lo stupido! | *It was a really stupid thing to do.* È stata proprio una stupidaggine. **2** (informale) (per esprimere frustrazione) stupido -a: *I can't get this stupid door open!* Non riesco ad aprire questa stupida porta!

stupidity /stjuː'pɪdəti/ *s* stupidità

sturdy /'stɜːdi/ *agg* (**-dier**, **-diest**) **1** (scarpe) robusto -a, (mobile) solido -a **2** (persona) robusto -a

stutter /'stʌtə/ *verbo* e *sostantivo*
- *v* [tr/intr] balbettare
- *s* **to have a stutter** balbettare

sty /staɪ/ *s* **1** (pl **sties**) porcile **2** (anche **stye**) (pl **styes**) orzaiolo

style /staɪl/ *sostantivo* e *verbo*
- *s* **1** stile: *Renoir's style* lo stile di Renoir | *his style of teaching* il suo modo di insegnare **2** moda **3** **to have style** avere stile
- *v* **to style sb's hair** fare i capelli a qn

stylish /'staɪlɪʃ/ *agg* elegante

sub /sʌb/ *s* (informale) **1** sottomarino **2** (nel calcio) sostituto -a

subconscious /sʌb'kɒnʃəs/ *aggettivo* e *sostantivo*
- *agg* inconscio -a
- *s* inconscio

subdue /səb'djuː/ *v* [tr] calmare

subdued /səb'djuːd/ *agg* **1** (colore) tenue, (luce) soffuso -a **2** (persona) quieto -a, (tono, voce) sommesso -a

subject[1] /'sʌbdʒɪkt/ *sostantivo* e *aggettivo*
- *s* **1** argomento: *a book on the subject* un libro sull'argomento | **to change the subject** cambiare argomento: *Don't try to change the subject.* Non cercare di cambiare discorso. **2** materia: *English is my*

S

C'è una tavola con i numeri in inglese e spiegazioni sul loro uso nella **guida grammaticale**.

favourite subject. L'inglese è la mia materia preferita. **3** oggetto [di ricerca] **4** cittadino -a [di una monarchia]: *British subjects* i cittadini britannici **5** (in grammatica) soggetto

• *agg* **subject to sth** suscettibile a qc [cambiamenti, variazioni]

subject² /səb'dʒekt/ *v* **to subject sth/sb to sth** sottoporre qc/qn a qc

subjective /səb'dʒektɪv/ *agg* soggettivo -a

subjunctive /səb'dʒʌŋktɪv/ *s* congiuntivo

submarine /'sʌbməriːn/ *s* sottomarino

submerge /səb'mɜːdʒ/ *v* **1** [tr] sommergere **2** [intr] inabissarsi

submission /səb'mɪʃən/ *s* sottomissione

submit /səb'mɪt/ (**-tted**, **-tting**) *v* **1 to submit to sb/sth** arrendersi a qn/qc **2** [tr] presentare [domanda, richiesta], consegnare [ricerca, compito]

subordinate /sə'bɔːdɪnət/ *aggettivo* e *sostantivo*

• *agg* (ruolo) secondario -a, (posizione) da subalterno | **to be subordinate to sb** dipendere da qn

• *s* subalterno -a

subscribe /səb'skraɪb/ *v* **1 to subscribe to a newspaper/magazine** abbonarsi a un giornale/una rivista **2 to subscribe to an idea/opinion** (formale) approvare un'idea/un'opinione

subscription /səb'skrɪpʃən/ *s* abbonamento [a rivista, palestra]

subsequent /'sʌbsɪkwənt/ *agg* (formale) successivo -a | **subsequent to sth** dopo qc: *subsequent to his death* dopo la sua morte

subsequently /'sʌbsɪkwəntli/ *avv* (formale) in seguito

subside /səb'saɪd/ *v* [intr] **1** (risate, tempesta) calmarsi **2** (febbre, dolore) diminuire **3** (pavimento, struttura) cedere

subsidence /'sʌbsɪdəns/ *s* (di struttura, parete) cedimento

subsidiary /səb'sɪdiəri/ *sostantivo* e *aggettivo*

• *s* (pl **-ries**) società affiliata

• *agg* secondario -a

subsidize, -ise BrE /'sʌbsədaɪz/ *v* [tr] sovvenzionare

subsidy /'sʌbsədi/ *s* (pl **-dies**) sovvenzione

substance /'sʌbstəns/ *s* sostanza

substantial /səb'stænʃəl/ *agg* **1** (aumento) considerevole, (stipendio, somma) cospicuo -a, (pasto) sostanzioso -a **2** (edificio, mobile) solido -a

substantially /səb'stænʃəli/ *avv* notevolmente: *Prices have increased substantially.* I prezzi sono notevolmente aumentati.

substitute /'sʌbstətjuːt/ *sostantivo* e *verbo*

• *s* **1** surrogato **2** (nel calcio) riserva

• *v* **to substitute X for Y** sostituire Y con X: *You can substitute yoghurt for the cream.* Potete sostituire la panna con lo yogurt.

subtitles /'sʌbˌtaɪtlz/ *s pl* sottotitoli

subtle /'sʌtl/ *agg* **1** (differenza) leggero -a **2** (senso dell'umorismo) fine **3** (odore, sapore) delicato -a **4** (osservazione, persona) discreto -a

subtlety /'sʌtlti/ *s* **1** (delicatezza) discrezione: *George isn't renowned for his subtlety.* George non è noto per la sua discrezione. **2** (pl **-ties**) dettagli

subtract /səb'trækt/ *v* [tr] sottrarre: ***Subtract 15 from 100.*** Sottrai 15 a 100.

subtraction /səb'trækʃən/ *s* sottrazione

suburb /'sʌbɜːb/ *s* quartiere periferico | **the suburbs** la periferia

suburban /sə'bɜːbən/ *agg* di periferia

subway /'sʌbweɪ/ *s* **1** BrE sottopassaggio **2** AmE metropolitana ► In inglese britannico si usa **underground** o **tube**.

succeed /sək'siːd/ *v* **1** [intr] riuscire, (nel lavoro) avere successo: *Vaughan succeeded where many others had failed.* Vaughan è riuscito dove molti altri avevano fallito. | **to succeed in doing sth** riuscire a fare qc: *They succeeded in reaching the summit.* Sono riusciti a raggiungere la vetta. **2** [tr] (in un incarico) succedere a | **to succeed to the throne** succedere al trono

succeeding /sək'siːdɪŋ/ *agg* seguente

success /sək'ses/ *s* **1** successo: *I tried to calm her down, but without success.* Ho cercato di calmarla ma senza successo. **2** (pl **-sses**) successo: *The party was a great success.* La festa è stata un successone.

successful /sək'sesfəl/ *agg* **1** riuscito -a: *a successful advertising campaign* una campagna pubblicitaria riuscita | **to be successful** riuscire: *The operation was successful.* L'operazione è riuscita. **2 to be successful in doing sth** riuscire a fare qc: *Have you been successful in finding accommodation?* Sei riuscito a trovare una sistemazione? **3** di successo: *a successful singer* un cantante di successo **4** (film) di cassetta, (attività) redditizio -a: *a very successful company* un'azienda molto redditizia | **to be successful** (film, pezzo teatrale) aver successo: *The film was hugely successful in Britain.* Il film ha avuto molto successo in Gran Bretagna.

succession /sək'seʃən/ *s* **1 five times in succession** cinque volte di seguito **2 a succession of** una serie di **3** successione

successive /sək'sesɪv/ *agg* consecutivo -a

successor /sək'sesə/ *s* successore

succumb /sə'kʌm/ *v* (formale) **to succumb (to sth)** cedere alla tentazione (di qc)

Non sei sicuro del significato di una abbreviazione? Consulta la lista delle abbreviazioni nell'interno della copertina.

such /sʌtʃ/ *aggettivo, avverbio e pronome*
- *agg e avv* **1** talmente: *He has such big feet!* Ha dei piedi talmente grandi! | *He's such an idiot!* È un tale deficiente! | **such ... (that)** così ... (che): *It's such a tiny kitchen, there's no room for a dishwasher.* La cucina è così piccola che non c'è posto per la lavastoviglie.
2 del genere: *In such a situation, you should call the police immediately.* In una situazione del genere dovresti chiamare subito la polizia. | **such as** come: *big cities such as Los Angeles* le grandi città come Los Angeles | **I did/said no such thing!** Non ho mai fatto/detto una cosa del genere! | **there's no such thing** non esiste: *There's no such thing as a perfect marriage.* Il matrimonio perfetto non esiste.
- *pron* **as such** nel vero senso della parola: *He doesn't have a degree as such.* Non ha un diploma nel vero senso della parola.

suck /sʌk/ *v* **1** [tr] succhiare **2 to suck sth up** (aspirare) succhiare qc **3** [intr] AmE (informale) fare schifo: *This place really sucks!* Questo posto fa veramente schifo!

sudden /'sʌdn/ *agg* **1** improvviso -a: *a sudden change of plan* un improvviso cambiamento di programma **2 all of a sudden** all'improvviso: *All of a sudden the lights went out.* All'improvviso si sono spente le luci.

suddenly /'sʌdnli/ *avv* improvvisamente: *Suddenly the light went out.* Improvvisamente è andata via la luce.

suds /sʌdz/ *s pl* schiuma [di sapone]

sue /sjuː/ *v* **1** [tr] fare causa a | **to sue sb for sth** fare causa a qn per qc **2** [intr] fare causa

suede /sweɪd/ *s* camoscio | **suede shoes/jacket** scarpe/giacca di camoscio

suffer /'sʌfə/ *v* **1** [tr/intr] soffrire | **to suffer from sth** soffrire di qc: *Many people suffer from depression.* Molte persone soffrono di depressione. **2** [intr] risentirne: *Paul goes out every night, and his schoolwork is beginning to suffer.* Paul esce tutte le sere e il rendimento scolastico comincia a risentirne. **3 to suffer a defeat** subire una sconfitta

sufferer /'sʌfərə/ *s* **asthma/hay fever etc sufferers** persone che soffrono d'asma/di raffreddore da fieno ecc.

sufficient /sə'fɪʃənt/ *agg* sufficiente

suffix /'sʌfɪks/ *s* (pl **-xes**) suffisso

suffocate /'sʌfəkeɪt/ *v* [tr/intr] soffocare

suffocating /'sʌfəkeɪtɪŋ/ *agg* soffocante

sugar /'ʃʊgə/ *s* zucchero

'sugar bowl *s* zuccheriera

suggest /sə'dʒest/ *v* [tr] **1** suggerire: *I suggest you wait a few minutes.* Vi suggerisco di aspettare qualche minuto. | **to suggest doing sth** proporre di fare qc: *Tim suggested going together in one car.* Tim ha proposto di andarci con una macchina sola. **2** (raccomandare) consigliare: *Could you suggest a good restaurant?* Mi sapresti consigliare un buon ristorante? **3** far pensare: *All the evidence seems to suggest that he is guilty.* Tutte le prove farebbero pensare che sia colpevole. **4** insinuare

suggestion /sə'dʒestʃən/ *s* **1** proposta: *Have you got a better suggestion?* Hai una proposta migliore? | **to make a suggestion** fare una proposta **2** insinuazione

suicidal /ˌsuːə'saɪdl/ *agg* **1** suicida: *suicidal tendencies* tendenze suicide **2 to be suicidal a)** (riferito ad un'azione) essere un suicidio: *It would be suicidal to attack in daylight.* Sarebbe un suicidio attaccare in pieno giorno. **b)** (riferito ad una persona) avere manie suicide

suicide /'suːəsaɪd/ *s* suicidio | **to commit suicide** suicidarsi

suit /suːt/ *sostantivo e verbo*
- *s* **1** abito [da uomo] **2 to follow suit** fare lo stesso **3** seme [nelle carte da gioco] **4** causa [in tribunale]
- *v* [tr] **1** andare bene a: *Does Thursday suit everybody?* Giovedì va bene a tutti? **2** star bene a: *Short hair doesn't suit me.* I capelli corti non mi stanno bene. **3 suit yourself** fai come ti pare

suitable /'suːtəbəl/ *agg* adatto -a

suitably /'suːtəbli/ *avv* **to be suitably dressed** essere vestito in modo appropriato | **to be suitably prepared** essere sufficientemente preparato

suitcase /'suːtkeɪs/ *s* valigia

suite /swiːt/ *s* **1** (in hotel) suite **2** insieme di mobili | **a three-piece suite** salotto composto da un divano e due poltrone

suited /'suːtɪd/ *agg* **1 to be suited to sth** essere adatto per qc **2 to be ideally suited for sth** essere perfetto per qc

sulk /sʌlk/ *v* [intr] fare il broncio: *Stop sulking!* Smettila di fare il broncio!

sullen /'sʌlən/ *agg* scontroso -a

sulphur BrE, **sulfur** AmE /'sʌlfə/ *s* zolfo

sultan /'sʌltən/ *s* sultano

sultana /sʌl'tɑːnə/ *s* BrE uva sultanina essiccata

sum /sʌm/ *sostantivo e verbo*
- *s* **1** somma: *a small sum of money* una piccola somma di denaro **2** BrE (calcolo) somma **3** BrE (informale) **to do the sums** fare i conti
- *v* (**summed**, **summing**) **sum up to sum up** riassumendo **sum sth up** riassumere qc

summarize, -ise /'sʌməraɪz/ *v* [tr/intr] riassumere

S

Vuoi ordinare un hamburger in inglese? Consulta la **guida alla comunicazione** in fondo al dizionario.

summary /ˈsʌməri/ *s* (pl **-ries**) riassunto

summer /ˈsʌmə/ *s* **1** estate ▶ vedi Active Box **seasons** sotto **season** **2 summer holidays** vacanze estive

summertime /ˈsʌmətaɪm/ *s* estate

summit /ˈsʌmɪt/ *s* **1** (di montagna) vetta **2** (incontro al vertice) summit

summon /ˈsʌmən/ *v* [tr] (formale) **1** convocare: *He was summoned to the manager's office.* È stato convocato nell'ufficio del direttore. **2** (anche **summon up**) trovare [coraggio], fare appello a [forze]

summons /ˈsʌmənz/ *s* (pl **-ses**) mandato di comparizione

sun /sʌn/ *sostantivo* e *verbo*
- *s* sole: *The sun's come out.* È uscito il sole. | *Let's go and sit in the sun.* Andiamo a sederci al sole.
- *v* (**sunned**, **sunning**) **to sun yourself** prendere il sole

sunbathe /ˈsʌnbeɪð/ *v* [intr] prendere il sole

sunblock /ˈsʌnblɒk/ *s* crema solare a protezione totale

sunburn /ˈsʌnbɜːn/ *s* scottatura

sunburnt /ˈsʌnbɜːnt/, anche **sunburned** /ˈsʌnbɜːnd/ *agg* scottato -a: *Your back is sunburnt.* Hai la schiena scottata.

ˈsun cream *s* crema solare

sundae /ˈsʌndeɪ/ *s* coppa di gelato guarnita con panna e noccioline o frutta

Sunday /ˈsʌndi/ *s* domenica ▶ vedi Active Box **days of the week** sotto **day**

sundry /ˈsʌndri/ *agg* **1 all and sundry** tutti quanti **2** (formale) diversi -e

sunflower /ˈsʌnflaʊə/ *s* girasole

sung /sʌŋ/ participio di **sing**

sunglasses /ˈsʌnˌglɑːsɪz/ *s pl* occhiali da sole

S

sunk /sʌŋk/ participio di **sink**

sunlight /ˈsʌnlaɪt/ *s* luce del sole

sunny /ˈsʌni/ *agg* (**-nnier**, **-nniest**) **1** (stanza) soleggiato -a, (giornata) di sole | **it's sunny** c'è il sole **2** (carattere) solare

sunrise /ˈsʌnraɪz/ *s* **1** alba: *We leave at sunrise.* Partiamo all'alba. **2** aurora: *a beautiful sunrise* un'aurora bellissima

sunscreen /ˈsʌnskriːn/ *s* crema solare a schermo totale

sunset /ˈsʌnset/ *s* tramonto: *before sunset* prima del tramonto | *a beautiful sunset* un tramonto bellissimo

sunshine /ˈsʌnʃaɪn/ *s* sole: *sitting in the sunshine* seduto al sole

sunstroke /ˈsʌnstrəʊk/ *s* insolazione | **to get sunstroke** prendersi un'insolazione

suntan /ˈsʌntæn/ *s* abbronzatura | **to get a suntan** abbronzarsi

ˈsuntan ˌlotion *s* lozione solare

super /ˈsuːpə/ *aggettivo, avverbio* e *sostantivo*
- *agg* fantastico -a: *That's a super idea!* Che idea fantastica!
- *avv* (informale) estremamente
- *s* (informale) ▶ vedi **superintendent**

superb /sjuːˈpɜːb/ *agg* eccellente ▶ FALSE FRIEND Non confondere **"superb"** con **superbo** che si traduce **proud**.

superficial /ˌsuːpəˈfɪʃəl/ *agg* **1** (nozioni, controllo) superficiale **2** (ferita) superficiale **3** (persona, atteggiamento) superficiale

superflous /suːˈpɜːfluəs/ *agg* superfluo -a

superglue® /ˈsuːpəgluː/ *s* colla a presa rapida

superintendent /ˌsuːpərɪnˈtendənt/ *s* **1** BrE commissario di polizia **2** AmE portinaio -a [di un condominio] ▶ In inglese britannico si usa **caretaker**.

superior /suːˈpɪəriə/ *aggettivo* e *sostantivo*
- *agg* **1** migliore: *Our product is **superior** to theirs.* Il nostro prodotto è migliore del loro. **2 superior officer** superiore **3 to give sb a superior look** guardare qn con aria di superiorità
- *s* superiore

superiority /suːˌpɪəriˈɒrəti/ *s* **1** (qualità) superiorità **2** (arroganza) superiorità

superlative /suːˈpɜːlətɪv/ *aggettivo* e *sostantivo*
- *agg* (molto buono) straordinario -a
- *s* **the superlative** il superlativo

supermarket /ˈsuːpəˌmɑːkɪt/ *s* supermercato

supermodel /ˈsuːpəˌmɒdl/ *s* top model

supernatural /ˌsuːpəˈnætʃərəl/ *sostantivo* e *aggettivo*
- *s* **the supernatural** il soprannaturale
- *agg* soprannaturale

supersede /ˌsuːpəˈsiːd/ *v* [tr] sostituire

supersonic /ˌsuːpəˈsɒnɪk/ *agg* supersonico -a

superstar /ˈsuːpəstɑː/ *s* superstar

superstition /ˌsuːpəˈstɪʃən/ *s* superstizione

superstitious /ˌsuːpəˈstɪʃəs/ *agg* superstizioso -a

superstore /ˈsuːpəstɔː/ *s* BrE megastore

supervise /ˈsuːpəvaɪz/ *v* [tr] controllare [personale], sorvegliare [bambini]

supervision /ˌsuːpəˈvɪʒən/ *s* (di personale) controllo, (di bambini) sorveglianza

supervisor /ˈsuːpəvaɪzə/ *s* responsabile

supper /ˈsʌpə/ *s* cena

In generale questo termine equivale a *cena*. Per riferirsi alla cena in famiglia, si preferisce usare **supper** piuttosto che **dinner**. In alcune zone del Regno Unito, in cui si mangia molto presto, la cena si chiama **tea** mentre **supper** viene usato per riferirsi ad un pasto leggero che si fa prima di andare a letto.

supple /ˈsʌpəl/ *agg* (persona, corpo) snodato -a

supplement[1] /ˈsʌpləment/ *v* [tr] arrotondare [stipendio], integrare [dieta]

supplement[2] /ˈsʌpləmənt/ *s* **1** (di dieta) integratore **2** (di giornale) supplemento **3** (sovrappezzo) supplemento

supplementary /ˌsʌpləˈmentəri/ *agg* addizionale

supplier /səˈplaɪə/ *s* fornitore -trice

supply /səˈplaɪ/ *sostantivo, sostantivo plurale e verbo*

• *s* (pl **-lies**) **1** riserva **2 to be in short supply** scarseggiare: *Petrol was in short supply.* La benzina scarseggiava. **3 the gas/water supply** l'erogazione di gas/acqua

• **supplies** *s pl* scorte

• *v* [tr] (**-plies**, **-plied**) fornire | **to supply sb with sth** fornire qc a qn | **to supply sth to sb** fornire qc a qn

sup'ply ˌteacher BrE, **'substitute ˌteacher** AmE *s* supplente

support /səˈpɔːt/ *verbo e sostantivo*

• *v* [tr] **1** appoggiare: *We all support the proposal.* Appoggiamo tutti la proposta. | *We'll support you, whatever career you choose.* Avrai il nostro appoggio, qualsiasi professione tu scelga. **2** sorreggere [struttura] **3** mantenere [famiglia]: *I can't support a family on my salary.* Non posso mantenere una famiglia con il mio stipendio. **4** BrE fare il tifo per: *I support Arsenal.* Io faccio il tifo per l'Arsenal.

• *s* **1** appoggio | **in support of** a sostegno di **2** aiuto

supporter /səˈpɔːtə/ *s* **1** simpatizzante **2** BrE tifoso -a

suppose /səˈpəʊz/ *v* [tr] **1** immaginare: *I suppose we'll never know.* Immagino che non lo sapremo mai. | *I suppose your job must be very dangerous.* Immagino che il tuo lavoro sia molto pericoloso. **2 to be supposed to a)** si usa per esprimere ciò che si spera che succeda: *There's supposed to be a bus at four o'clock.* Ci dovrebbe essere un autobus alle quattro. | *This was supposed to be a holiday!* Questa avrebbe dovuto essere una vacanza! **b)** si usa per esprimere ciò che qualcuno deve o non deve fare: *I'm supposed to be home by midnight.* Dovrei essere a casa entro mezzanotte. | *You're not supposed to look.* Non dovresti guardare. **c)** si usa per esprimere un'opinione diffusa: *The book is supposed to be very interesting.* Dicono che il libro sia molto interessante. **3 I suppose so** penso di sì | **I suppose not** penso di no **4 suppose .../supposing ...** supponiamo che ...: *Suppose Mum found out.* Supponiamo che la mamma lo scopra.

supposedly /səˈpəʊzɪdli/ *avv* a quel che si dice

suppress /səˈpres/ *v* [tr] (3ª pers sing **-sses**) **1** reprimere [rivolta] **2** occultare [prove] **3** reprimere [desiderio], soffocare [riso]

supremacy /sʊˈpreməsi/ *s* supremazia

supreme /sʊˈpriːm/ *agg* **1** (autorità) supremo -a **2** (importanza) estremo -a

surcharge /ˈsɜːtʃɑːdʒ/ *s* spesa extra

sure /ʃɔː/ *aggettivo e avverbio*

• *agg* **1** sicuro -a: *I'm sure it was him.* Sono sicura che fosse lui. | *Are you **sure** about that?* Ne sei sicuro? | *I'm not **sure** of the exact date.* Non ricordo bene la data precisa. **2 to make sure** controllare: *I made sure that the doors were all locked.* Ho controllato che le porte fossero tutte chiuse. **3 a sure sign of sth** un chiaro sintomo di qc **4 sure of myself/himself etc** sicuro di me/sé ecc. **5 he's sure to come/call** verrà/chiamerà di sicuro | **be sure to tell him/call me** non dimenticarti di dirglielo/di chiamarmi

• *avv* **1 for sure** con certezza: *We don't know for sure what happened.* Non sappiamo con certezza cosa sia accaduto. | **that's for sure** questo è poco, ma sicuro **2 sure enough** come previsto: *Sure enough, David got lost.* Come previsto, David si è perso. **3** (informale) certo: *"Can I phone my Dad?" "Sure!"* – Posso chiamare papà? – Certo!

surely /ˈʃɔːli/ *avv* **1** usato per esprimere sorpresa o incredulità: *Surely you don't find him attractive!* Non dirmi che lo trovi attraente! **2** senz'altro: *There must surely be an explanation.* Ci sarà senz'altro una spiegazione.

surf /sɜːf/ *verbo e sostantivo*

• *v* **1** [intr] fare surf | **to go surfing** fare surf **2 to surf the net** navigare su Internet

• *s* schiuma [delle onde]

surfing

S

surface /'sɜːfɪs/ *sostantivo* e *verbo*
- *s* **1** superficie **2 on the surface** in apparenza
- *v* [intr] emergere

surfboard /'sɜːfbɔːd/ *s* tavola da surf

surfing /'sɜːfɪŋ/ *s* surf

surge /sɜːdʒ/ *verbo* e *sostantivo*
- *v* **to surge forward** lanciarsi in avanti
- *s* **1** ondata [di entusiasmo, emozione] **2** aumento vertiginoso | **a surge in prices** un aumento vertiginoso dei prezzi

surgeon /'sɜːdʒən/ *s* chirurgo -a

surgery /'sɜːdʒəri/ *s* **1 to have surgery** farsi operare **2** (pl **-ries**) BrE ambulatorio [medico/dentistico] **3** (pl **-ries**) orario di visita [di medico]

surgical /'sɜːdʒɪkəl/ *agg* (intervento) chirurgico -a

surname /'sɜːneɪm/ *s* cognome

surpass /sə'pɑːs/ *v* [tr] (3ª pers sing **-sses**) superare

surplus /'sɜːpləs/ *sostantivo* e *aggettivo*
- *s* surplus
- *agg* in eccesso

surprise /sə'praɪz/ *sostantivo* e *verbo*
- *s* **1** sorpresa: *I've got a little surprise for you.* Ho una sorpresina per te. **2** sopresa: *a look of surprise* un'espressione sorpresa | **to take sb by surprise** cogliere qn di sorpresa
- *v* [tr] **1** (meravigliare) sorprendere **2** (scoprire) sorprendere

surprised /sə'praɪzd/ *agg* **1** (persona) sorpreso -a | **to be surprised** rimanere sorpreso: *Andrew was very surprised when I walked in.* Andrew è rimasto molto sorpreso quando sono entrato. | *"She's left him." "Well, I'm not surprised!"* – L'ha lasciato. – Beh, non mi sorprende. | *I was **surprised by/at** her behaviour.* Il suo comportamento mi ha molto sorpreso. **2** (aria, sguardo) sorpreso -a

surprising /sə'praɪzɪŋ/ *agg* sorprendente

surprisingly /sə'praɪzɪŋli/ *avv* sorprendentemente

surrender /sə'rendə/ *verbo* e *sostantivo*
- *v* [intr] arrendersi
- *s* resa

surrogate mother /ˌsʌrəgət 'mʌðə/ *s* donna che si presta ad avere un bambino per un'altra donna

surround /sə'raʊnd/ *v* [tr] circondare | **surrounded by sth/sb** circondato da qc/qn

surrounding /sə'raʊndɪŋ/ *aggettivo* e *sostantivo plurale*
- *agg* circostante: *the surrounding countryside* le campagna circostante
- **surroundings** *s pl* dintorni

surveillance /sə'veɪləns/ *s* sorveglianza | **to keep sb under surveillance** mettere qn sotto sorveglianza

survey[1] /'sɜːveɪ/ *s* **1** indagine **2** perizia [di edificio] **3** rilevamento topografico

survey[2] /sə'veɪ/ *v* [tr] **1** intervistare [in un sondaggio] **2** studiare [scena, carta geografica] **3** sottoporre a perizia [edificio] **4** effettuare un rilevamento topografico di

survival /sə'vaɪvəl/ *s* sopravvivenza

survive /sə'vaɪv/ *v* **1** [tr] sopravvivere a, [intr] sopravvivere: *No one survived the accident.* Nessuno è sopravvissuto all'incidente. | *She has to **survive on** 100 dollars a week.* Deve vivere con 100 dollari alla settimana. **2** [tr] superare [una crisi]

survivor /sə'vaɪvə/ *s* sopravvissuto -a

susceptible /sə'septəbəl/ *agg* **1 to be susceptible to colds/migraines** essere soggetto a raffreddori/emicranie **2 to be susceptible to bribery/persuasion** essere facile da corrompere/persuadere

suspect[1] /sə'spekt/ *v* [tr] **1** sospettare: *Police suspect that she has already left the country.* La polizia sospetta che abbia già lasciato il paese. **2 to suspect sb** sospettare di qn | **to suspect sb of (doing) sth** sospettare qn di (aver fatto) qc

suspect[2] /'sʌspekt/ *sostantivo* e *aggettivo*
- *s* sospetto -a
- *agg* sospetto -a: *Her motives are highly suspect.* Le sue motivazioni sono molto sospette.

suspend /sə'spend/ *v* [tr] **1** sospendere [partita, negoziati] **2** sospendere [da scuola, azienda] | **to suspend sb from sth** sospendere qn da qc **3** (formale) **to suspend sth from sth** appendere qc a qc

suspenders /sə'spendəz/ *s pl* **1** BrE giarrettiere **2** AmE bretelle ▶ In inglese britannico si usa **braces**.

suspense /sə'spens/ *s* stato di ansia e di attesa | **to keep sb in suspense** tenere qn con il fiato sospeso

suspension /sə'spenʃən/ *s* **1** (interruzione) sospensione **2** (di veicolo) sospensione

suspicion /sə'spɪʃən/ *s* **1** sospetto: *She had a suspicion that Steve might be right.* Aveva il sospetto che Steve potesse aver ragione. | *He was arrested **on suspicion of** murder.* È stato arrestato perché sospettato di omicidio. **2** diffidenza

suspicious /sə'spɪʃəs/ *agg* **1** diffidente | **to be suspicious of sth/sb** diffidare di qc/qn **2** (che desta sospetto) sospetto -a: *a suspicious package* un pacco sospetto

suspiciously /sə'spɪʃəsli/ *avv* **1** in modo sospetto **2** con diffidenza

sustain /sə'steɪn/ *v* [tr] **1** mantenere vivo [interesse] **2** (formale) subire [perdite, sconfitta] **3** (nutrire) sostenere **4** (formale) sostenere [idee]

SW (= **southwest**) SO

swagger /'swægə/ *v* [intr] camminare con aria arrogante

swallow /'swɒləʊ/ *verbo e sostantivo*
- *v* **1** [tr] ingoiare **2** [intr] deglutire **3** [tr] (informale) (accettare) credere: *I find her story hard to swallow.* Trovo che la sua storia sia difficile da credere.
- *s* **1** rondine **2** sorso

swam /swæm/ passato di **swim**

swamp /swɒmp/ *sostantivo e verbo*
- *s* palude
- *v* **to be swamped with letters/calls** (informale) essere sommerso da lettere/chiamate | **to be swamped with work** (informale) essere oberato di lavoro

swan /swɒn/ *s* cigno

swap /swɒp/ *v* (**swapped**, **swapping**) **to swap sth (with sb)** scambiare qc (con qn): *I swapped hats with Natasha.* Ho scambiato il mio cappello con quello di Natasha. | **to swap sth for sth** scambiare qc con qc | **to swap places (with sb)** fare cambio di posto (con qn): *Will you swap places so I can sit with Mick?* Faresti cambio di posto con me così mi siedo vicino a Mick? | **to swap sth around** (informale) cambiare la disposizione di qc [mobili]

swarm /swɔːm/ *sostantivo e verbo*
- *s* **1** sciame **2** frotta
- *v* **to be swarming with people/tourists** brulicare di gente/turisti

swat /swɒt/ *v* [tr] (**swatted**, **swatting**) colpire [un insetto con uno scacciamosche]

sway /sweɪ/ *v* **1** [intr] ondeggiare **2** [tr] influenzare

swear /sweə/ *v* (passato **swore**, participio **sworn**) **1** [intr] dire parolacce | **to swear at sb** insultare qn [con parolacce] **2** [tr/intr] giurare | **to swear to do sth** giurare di fare qc: *Do you swear to tell the truth?* Giuri di dire la verità?

swear by sth (informale) credere ciecamente in qc

'swear word *s* parolaccia

sweat /swet/ *verbo e sostantivo*
- *v* [intr] sudare
- *s* sudore

sweater /'swetə/ *s* golf

sweatshirt /'swet-ʃɜːt/ *s* felpa

sweaty /'sweti/ *agg* (**-tier**, **-tiest**) **1** sudato -a **2** **sweaty socks/shirts** calze/camicie piene di sudore

Swede /swiːd/ *s* svedese

swede /swiːd/ *s* BrE specie di rapa

Sweden /'swiːdn/ *s* la Svezia

Swedish /'swiːdɪʃ/ *aggettivo e sostantivo*
- *agg* svedese
- *s* **1** (lingua) svedese **2** **the Swedish** gli Svedesi

sweep /swiːp/ *v* (passato e participio **swept**) **1** spazzare | **to sweep the floor** spazzare il pavimento | **to sweep the chimney** pulire il camino **2** **to sweep into/out of a room** entrare/uscire da una stanza [con fare arrogante] **3** diffondersi in: *Nationalism is sweeping the country.* Il nazionalismo si sta diffondendo nel paese. **4** [tr] spostare con un movimento della mano: *Robert swept everything off the desk.* Robert ha buttato tutto giù dalla scrivania.

sweep sth away spazzare via qc: *Many houses were swept away by the floods.* Molte case sono state spazzate via dall'alluvione.

sweep up spazzare **sweep sth up** raccogliere qc [con scopa e paletta]

sweeping /'swiːpɪŋ/ *agg* **1** (cambiamento, riforma) radicale **2** **a sweeping statement** una generalizzazione

sweet /swiːt/ *aggettivo e sostantivo*
- *agg* **1** (bevanda, torta) dolce **2** (persona, sorriso) dolce **3** BrE (bambino, casa) carino -a **4** (musica, voce) soave
- *s* BrE **1** caramelle **2** (dessert) dolce

sweetcorn /'swiːtkɔːn/ *s* BrE mais

sweeten /'swiːtn/ *v* [tr] dolcificare

sweetener /'swiːtnə/ *s* dolcificante

sweetheart /'swiːthɑːt/ *s* (per rivolgersi a qualcuno) tesoro

sweetly /'swiːtli/ *avv* con dolcezza

sweetness /'swiːtnəs/ *s* **1** (di frutto, dolce) dolcezza **2** (di persona, sorriso) dolcezza

,sweet po'tato *s* patata dolce

swell /swel/ *verbo e sostantivo*
- *v* (participio **swollen**) **1** [intr] (anche **swell up**) gonfiarsi **2** [intr] aumentare **3** [tr] far aumentare [numero, quantità]
- *s* moto ondoso

swelling /'swelɪŋ/ *s* gonfiore

swept /swept/ passato e participio di **sweep**

swerve /swɜːv/ *v* [intr] **1** sbandare: *The car swerved across the road into a wall.* L'auto ha sbandato ed è finita contro un muro dall'altra parte della strada. **2** sterzare: *I had to swerve to avoid the dog.* Ho dovuto sterzare per evitare il cane.

swift /swɪft/ *aggettivo e sostantivo*
- *agg* **1** rapido -a: *with one swift movement* con un rapido gesto **2** **to be swift to do sth** fare qc con prontezza: *The police were swift to react.* La polizia ha reagito con prontezza.
- *s* rondone

swiftly /'swɪftli/ *avv* rapidamente

swim /swɪm/ *verbo e sostantivo*
- *v* (passato **swam**, participio **swum**, gerundio **swimming**) **1** [intr] nuotare: *I can't swim.* Non so nuotare. | **to go swimming** andare a nuotare **2** [tr] attraversare a nuoto: *the first person to swim the English Channel* la prima persona ad attraversare la Manica a nuoto **3** **my head was swimming** ero

S

nel pallone **4 to be swimming in oil** (cibo) nuotare nell'olio
- *s* nuotata | **to go for a swim** fare una nuotata

swimmer /ˈswɪmə/ *s* nuotatore -trice

swimming /ˈswɪmɪŋ/ *s* nuoto

ˈswimming ˌcostume *s* BrE costume da bagno

ˈswimming pool *s* piscina

ˈswimming trunks *s pl* BrE calzoncini da bagno

swimsuit /ˈswɪmsuːt/ *s* costume intero [da bagno]

swindle /ˈswɪndl/ *verbo e sostantivo*
- *v* [tr] truffare | **to swindle sb out of sth** sottrarre qc a qn con la truffa
- *s* truffa

swing /swɪŋ/ *verbo e sostantivo*
- *v* (passato e participio **swung**) **1** [intr] oscillare **2** [tr] far dondolare **3 to swing open/shut** aprirsi/chiudersi **4** [intr] cambiare **5** [intr] dondolarsi **swing around**, anche **swing round** girarsi
- *s* **1** altalena **2 mood swings** sbalzi d'umore **3** cambiamento [d'opinione] **4 to take a swing at sb** cercare di colpire qn

swipe /swaɪp/ *verbo e sostantivo*
- *v* **1 to swipe at sth/sb** (informale) cercare di colpire qc/qn **2** [tr] (informale) colpire **3** [tr] (informale) fregare [penna, borsellino], scippare [borsa]
- *s* (informale) **to take a swipe at sth/sb** cercare di colpire qc/qn

swirl /swɜːl/ *verbo e sostantivo*
- *v* [intr] (acqua, vento) formare mulinelli, (ballerino) volteggiare, (gonna) ondeggiare
- *s* mulinello

Swiss /swɪs/ *aggettivo e sostantivo*
- *agg* svizzero -a
- *s* **the Swiss** gli Svizzeri

S

switch /swɪtʃ/ *verbo e sostantivo*
- *v* (3ª pers sing **switches**) **1** [tr] cambiare: *I switched jobs last June.* Ho cambiato lavoro lo scorso giugno. **2** [intr] **to switch to sth** passare a qc: *He switches easily from Italian to English.* Passa dall'italiano all'inglese con facilità. | **to switch over to sth** passare a qc **3** [tr] scambiare: *Someone has switched the labels.* Qualcuno ha scambiato le etichette. | **to switch places (with sb)** cambiare posto (con qc)
  switch off spegnersi **switch sth off** spegnere qc
  switch on accendersi **switch sth on** accendere qc
- *s* (pl **switches**) **1** interruttore: *a light switch* un interruttore della luce **2** (cambiamento) passaggio

switchboard /ˈswɪtʃbɔːd/ *s* centralino (telefonico)

Switzerland /ˈswɪtsələnd/ *s* la Svizzera

swivel /ˈswɪvəl/ *v* (**-lled**, **-lling** BrE, **-led**, **-ling** AmE) [tr] girare, [intr] girarsi

swollen¹ /ˈswəʊlən/ *agg* gonfio -a

swollen² /ˈswəʊlən/ participio di **swell**

swoop /swuːp/ *verbo e sostantivo*
- *v* [intr] **to swoop (down) a)** (uccello) tuffarsi **b)** (aereo) scendere in picchiata
- *s* retata

sword /sɔːd/ *s* spada

swordfish /ˈsɔːdˌfɪʃ/ *s* (pl **swordfish**) pesce spada

swore /swɔː/ passato di **swear**

sworn¹ /swɔːn/ *agg* **to be sworn enemies** essere nemici giurati

sworn² /swɔːn/ participio di **swear**

swot /swɒt/ *s* BrE (informale) sgobbone -a

swum /swʌm/ participio di **swim**

swung /swʌŋ/ passato e participio di **swing**

syllable /ˈsɪləbəl/ *s* sillaba

syllabus /ˈsɪləbəs/ *s* (pl **syllabuses** o **syllabi** /-baɪ/) (di materia, corso) programma

symbol /ˈsɪmbəl/ *s* simbolo: *The dove is a symbol of peace.* La colomba è il simbolo della pace.

symbolic /sɪmˈbɒlɪk/ *agg* simbolico -a | **to be symbolic of sth** simboleggiare qc

symbolize, -ise BrE /ˈsɪmbəlaɪz/ *v* [tr] simboleggiare

symmetrical /sɪˈmetrɪkəl/ *agg* simmetrico -a

symmetry /ˈsɪmətri/ *s* simmetria

sympathetic /ˌsɪmpəˈθetɪk/ *agg* **1** comprensivo -a **2 to be sympathetic to/towards sth** essere a favore di qc ▶ FALSE FRIEND Non confondere **"sympathetic"** con **simpatico** che si traduce **nice**.

sympathize, -ise BrE /ˈsɪmpəθaɪz/ *v* [intr] essere comprensivo | **to sympathize with sth a)** capire qc **b)** essere a favore di qc | **to sympathize with sb** capire qn

sympathy /ˈsɪmpəθi/ *sostantivo e sostantivo plurale*
- *s* **1** compassione: *I have no sympathy for him.* Non provo compassione per lui. **2 to have sympathy with sth** appoggiare qc
- **sympathies** *s pl* **1** preferenze **2** condoglianze ▶ FALSE FRIEND Non confondere **"sympathy"** con **simpatia**: l'espressione **avere simpatia per qn** si traduce con verbi come **to like sb**.

symphony /ˈsɪmfəni/ *s* (pl **-nies**) sinfonia

symptom /ˈsɪmptəm/ *s* **1** sintomo **2 to be a symptom of sth** essere un sintomo di qc

synagogue /ˈsɪnəgɒg/ *s* sinagoga

syndicate /ˈsɪndɪkət/ *s* consorzio

syndrome /ˈsɪndrəʊm/ *s* sindrome

synonym /ˈsɪnənɪm/ *s* sinonimo

syntax /ˈsɪntæks/ *s* sintassi

synthesizer, -iser /ˈsɪnθəsaɪzə/ *s* sintetizzatore

synthetic /sɪnˈθetɪk/ *agg* sintetico -a

syringe /səˈrɪndʒ/ *s* siringa

syrup /ˈsɪrəp/ *s* sciroppo: *cough syrup* sciroppo per la tosse | *maple syrup* sciroppo d'acero

system /ˈsɪstəm/ *s* **1** sistema: *the tax system* il sistema tributario | *the public transport system* la rete dei trasporti pubblici **2** organismo | **to get sth out of your system** scaricare qc [rabbia, stress]

systematic /ˌsɪstəˈmætɪk/ *agg* sistematico -a

T, t /tiː/ *s* T, t ► vedi Active Box **letters** sotto **letter**

ta /tɑː/ *inter* BrE (informale) grazie

tab /tæb/ *s* **1** tabulatore **2** **to pick up the tab (for sth)** pagare il conto (di qc)

table /ˈteɪbəl/ *s* **1** tavolo: *Maggie was already sitting **at the table**.* Maggie era già seduta al tavolo. | *I'll book a table for eight o'clock.* Prenoto un tavolo per le otto. | **to set the table** apparecchiare (la tavola) **2** (in libro, computer) tabella | **table of contents** sommario **3** **two/ten etc times table** tabellina del due/dieci ecc.

tablecloth /ˈteɪbəlklɒθ/ *s* tovaglia

tablespoon /ˈteɪbəlspuːn/ *s* BrE cucchiaio da tavola

tablet /ˈtæblət/ *s* compressa

ˈtable ˌtennis *s* ping pong

tabloid /ˈtæblɔɪd/ *s* (giornale scandalistico) tabloid

taboo /təˈbuː/ *s* e *agg* tabù

tacit /ˈtæsɪt/ *agg* tacito -a

tack /tæk/ *sostantivo* e *verbo*
- *s* **1** chiodino **2** AmE puntina da disegno
- *v* **1** [tr] inchiodare **2** [intr] andare di bolina **3** [tr] imbastire

tackle /ˈtækəl/ *sostantivo* e *verbo*
- *s* **1** (nel calcio) intervento, (nel rugby) placcaggio **2** **fishing tackle** attrezzatura da pesca
- *v* [tr] **1** affrontare [un problema] **2** mettersi a fare [un compito] **3** **to tackle sb about sth** affrontare qn riguardo a qc **4** (nel calcio) scartare, (nel rugby) placcare

tackling

tacky /ˈtæki/ *agg* (**-ckier**, **-ckiest**) (informale) (oggetto, arredamento) kitsch, (film) sdolcinato -a

taco /ˈtækəʊ/ *s* specie di crêpe di farina di mais ripiena di carne e fagioli, tipica della cucina messicana

tact /tækt/ *s* tatto

tactful /ˈtæktfəl/ *agg* discreto -a

tactic /ˈtæktɪk/ *sostantivo* e *sostantivo plurale*
- *s* tattica
- **tactics** *s pl* (in guerra) tattica

tactless /ˈtæktləs/ *agg* privo -a di tatto

tadpole /ˈtædpəʊl/ *s* girino

tag /tæg/ *sostantivo* e *verbo*
- *s* etichetta
- *v* [tr] (**tagged**, **tagging**) etichettare

tag along (informale) aggregarsi: *Can I tag along?* Posso aggregarmi?

tail /teɪl/ *sostantivo*, *sostantivo plurale* e *verbo*
- *s* **1** (di animale) coda **2** (di aereo) coda
- **tails** *s pl* **1** frac **2** ► vedi **head**
- *v* [tr] (informale) pedinare

tailback /ˈteɪlbæk/ *s* coda [di automobili]

tailor /ˈteɪlə/ *sostantivo* e *verbo*
- *s* sarto [da uomo]
- *v* **to tailor sth to sth** adattare qc a qc

ˌtailor-ˈmade *agg* (corso, computer, vacanza) personalizzato -a

take /teɪk/ *v* [tr] (passato **took**, participio **taken**) ► vedi riquadro

take after sb prendere da qn [nell'aspetto, nel carattere]

take sth apart smontare qc

take sth away **1** ritirare qc [patente], sequestrare qc [passaporto] | **to take sth away from sb** portar via qc a qn: *Don't take his toys away from him!* Non portargli via i giocattoli! **2** **to take sth away from sth** sottrarre qc da qc **take sb away** portare via qn [in prigione, in ospedale]

take sth back **1** riportare qc [a un negozio] **2** ritirare qc [affermazione]

take sth down **1** smontare qc [tenda, impalcatura] **2** prendere nota di qc

take sb in **1** dare ospitalità a qn **2** **to be taken in** essere tratto in inganno **take sth in** **1** rendersi conto di qc [notizia,

 Le 2.000 parole più importanti dell'inglese sono evidenziate nel testo.

informazione], digerire qc [particolari] **2** stringere qc [abito ecc.]
take off **1** (aereo) decollare **2** (informale) andarsene **3** (progetto, carriera) decollare **4** (film, libro) avere successo
take sth off **1** togliersi qc [cappotto, trucco], cancellare qc [nome]: *Your name's been taken off the list.* Il tuo nome è stato cancellato dalla lista. **2** **to take sth off the shelf/table etc** prendere qc dallo scaffale/dal tavolo ecc. **3** **to take a day/week off** prendere un giorno/una settimana di ferie
take sth on prendere qc [lavoro] **take on sth** assumere qc [importanza, significato]
take sb on **1** affrontare qn **2** assumere qn [impiegato]
take sth out **1** tirar fuori qc: *He took out his mobile and made a call.* Ha tirato fuori il cellulare e ha fatto una telefonata. **2** **to have your tooth taken out** farsi estrarre un dente **take sb out** portar fuori qn [a cena, pranzo]: *Richard took me out for a meal.* Richard mi ha portato a mangiare fuori.
take sth out on sb **to take your anger out on sb** scaricare la propria rabbia su qn
take over prendere il posto di qualcuno: *Who's taking over when you leave?* Chi prenderà il tuo posto quando te ne vai?
take sth over rilevare qc [società]
take to sb **I/they etc took to him immediately** mi/gli ecc. è subito piaciuto
take sth up **1** accorciare qc [abito, pantaloni] **2** **to take sth up with sb** affrontare qc con qn **take up sth** **1** incominciare qc | **to take up tennis** cominciare a giocare a tennis | **to take up the piano** incominciare a suonare il piano **2** prendere qc, occupare qc [spazio]: *My homework took up the whole evening.* I compiti mi hanno preso tutta la serata.
take sb up on sth **to take sb up on an offer** accettare l'offerta di qn

takeaway /ˈteɪkəweɪ/ BrE, **takeout** /ˈteɪkaʊt/ AmE *s* piatto pronto (da asporto): *We always have a takeaway on Fridays.* Al venerdì mangiamo sempre un piatto pronto.

taken /ˈteɪkən/ participio di **take**

ˈtake-off *s* decollo

talcum powder /ˈtælkəm ˌpaʊdə/, anche **talc** /tælk/ *s* talco

tale /teɪl/ *s* **1** racconto **2** **to tell tales** (informale) fare la spia

talent /ˈtælənt/ *s* **1** talento **2** **to have a talent for doing sth** essere bravo a fare qc

talented /ˈtæləntɪd/ *agg* **1** (musicista, artista) di talento **2** (atleta) in gamba

take *vrbo*

1 PORTARE (IN UN LUOGO)
Can you take this up to the attic? Puoi portarlo in soffitta? | *She took the children to school.* Ha portato i bambini a scuola.

2 IMPIEGARE TEMPO
It takes five minutes. Ci vogliono cinque minuti. | *It took me two hours to do my homework.* Ho impiegato due ore a fare i compiti.

3 PRENDERE (UNA MEDICINA)
Take a couple of aspirins. Prendi un paio di aspirine.

4 FARE
I'm taking Spanish next year. Dall'anno prossimo comincio (a fare) spagnolo. | **to take an exam** dare un esame

5 RICHIEDERE
it takes courage/patience etc ci vuole coraggio/pazienza ecc.: *It would take a lot of money to fix the roof.* Ci vorrebbero un sacco di soldi per far riparare il tetto.

6 AFFERRARE
He took a pen from your desk. Ha preso una penna dalla tua scrivania. | *Someone's taken my wallet!* Qualcuno mi ha preso il portafoglio!

7 ACCETTARE
Do you take credit cards? Prendete le carte di credito?

8 OCCUPARE
Excuse me, is this seat taken? Mi scusi, è occupato questo posto?

9 INDOSSARE, USARE
What size do you take? Che taglia porta?

10 PRENDERE (UNA STRADA, UN TAXI, ECC.)
We took the first train to Leeds. Abbiamo preso il primo treno per Leeds.

11 SCRIVERE
I took down his number. Ho annotato il suo numero. | *Can I take a message?* Vuol lasciar detto qualcosa?

12 FARE (UNA FOTO)
Can I take your photo? Posso farti una foto?

13 CONSIDERARE
to take sth seriously/lightly prendere qc sul serio/alla leggera

14 MISURARE
to take sb's blood pressure misurare la pressione a qn

talk /tɔːk/ *verbo, sostantivo e sostantivo plurale*

• *v* **1** [intr] parlare: *We talked all night.* Abbiamo parlato tutta la notte. | **to talk**

Vuoi una lista di frasi utili per parlare di te stesso? Consulta la **guida alla comunicazione** in fondo al libro.

about sth parlare di qc | **to talk to sb** anche **to talk with sb** AmE parlare con qn: *Sorry, were you talking to me?* Scusa, stavi parlando con me? | **to talk to yourself** parlare tra sé e sé **2** [intr] (far pettegolezzi) sparlare: *I'm sure they're **talking about** us.* Sono sicura che stanno sparlando di noi. **3** **to talk nonsense** dire stupidaggini **4** **to know what you're talking about** parlare per esperienza

talk back to sb rispondere male a qn

talk down to sb trattar male qn

talk sb into sth convincere qn a fare qc

talk sb out of sth convincere qn a non fare qc

talk sth over discutere qc

• *s* **1** chiacchierata | **to have a talk (with sb)** fare una chiacchierata (con qn): *You and I need to **have a talk**.* Io e te dobbiamo fare una chiacchierata. **2** conferenza | **to give a talk** tenere un discorso

• **talks** *s pl* negoziati

talkative /ˈtɔːkətɪv/ *agg* (persona) loquace

tall /tɔːl/ *agg* **1** alto -a: *He's the tallest boy in the class.* È il ragazzo più alto della classe. | *one of the tallest buildings in the world* uno degli edifici più alti del mondo | **to be six feet/seventy metres etc tall** essere alto sei piedi/settanta metri ecc. | **how tall are you/is he etc?** quanto sei/è ecc. alto?: *How tall is your dad?* Quant'è alto tuo padre? ► TALL O HIGH? vedi riquadro sotto **alto** **2** **a tall story** anche **a tall tale** AmE una fandonia

tambourine /ˌtæmbəˈriːn/ *s* tamburello

tame /teɪm/ *aggettivo* e *verbo*

• *agg* addomesticato -a

• *v* [tr] addomesticare

tamper /ˈtæmpə/ *v* **tamper with sth** **1** manomettere qc [macchina, macchinario] **2** falsificare qc [documento] **3** adulterare qc [alimenti]

tampon /ˈtæmpɒn/ *s* assorbente interno

tan /tæn/ *verbo, sostantivo* e *aggettivo*

• *v* (**tanned**, **tanning**) [intr] abbronzarsi, [tr] abbronzare

• *s* abbronzatura | **to get a tan** abbronzarsi

• *agg* **1** color cuoio **2** AmE abbronzato -a ► In inglese britannico si usa **tanned**.

tangerine /ˌtændʒəˈriːn/ *s* mandarino

tangle /ˈtæŋgəl/ *verbo* e *sostantivo*

• *v* [intr] (anche **tangle up**) (fili) aggrovigliarsi, (capelli) riempirsi di nodi

• *s* (di fili) groviglio, (di capelli) nodo

tangled /ˈtæŋgəld/ *agg* (anche **tangled up**) (fili) aggrovigliato -a, (capelli) pieno -a di nodi | **to get tangled (up)** aggrovigliarsi

tango /ˈtæŋgəʊ/ *s* tango

tank /tæŋk/ *s* **1** **water/petrol tank** serbatoio dell'acqua/della benzina **2** vasca [dei pesci] **3** (veicolo militare) carro armato

tanker /ˈtæŋkə/ *s* **1** nave cisterna **2** autocisterna

tanned /tænd/ *agg* abbronzato -a

tantrum /ˈtæntrəm/ *s* **to have/throw a tantrum** fare i capricci [strillando]

tap /tæp/ *verbo* e *sostantivo*

• *v* (**tapped**, **tapping**) **1** [intr] dare colpetti a: *She tapped me on the shoulder.* Mi ha dato un colpetto sulla spalla. | *He **tapped on** the window.* Ha bussato alla finestra. | **to tap your feet** segnare il tempo con i piedi **2** [tr] (anche **tap into**) attingere [informazioni, fondi], sfruttare [mercato, esperienza] **3** [tr] intercettare [telefonata] **4** [tr] tenere sotto controllo [telefono]

• *s* **1** rubinetto [dell'acqua] **2** colpetto

tape /teɪp/ *sostantivo* e *verbo*

• *s* **1** nastro magnetico **2** cassetta [per video e musica] **3** scotch®, nastro adesivo

• *v* [tr] **1** registrare **2** **to tape sth to sth** attaccare qc a qc [con lo scotch®]

ˈtape ˌmeasure *s* metro a nastro

ˈtape reˌcorder *s* registratore

tar /tɑː/ *s* asfalto

target /ˈtɑːgɪt/ *sostantivo* e *verbo*

• *s* **1** bersaglio | **to hit the target** fare centro **2** (meta) obiettivo **3** bersaglio [di critiche]

• *v* [tr] prendere di mira

tarmac /ˈtɑːmæk/ *s* macadam al catrame

tart /tɑːt/ *s* (dolce) crostata, (salata) torta

tartan /ˈtɑːtn/ *s* tessuto scozzese

task /tɑːsk/ *s* compito

taste /teɪst/ *sostantivo* e *verbo*

• *s* **1** sapore: *It had a bitter taste.* Aveva un sapore amaro. **2** (preferenza) gusto: *We've got the same **taste in** music.* Abbiamo gli stessi gusti musicali. | **to have good/bad taste** avere/non avere buon gusto **3** **to have a taste of sth** assaggiare qc **4** **in bad taste** di cattivo gusto **5** (senso) gusto

• *v* **1** [intr] sapere: *The soup **tastes of** garlic.* La minestra sa d'aglio. | **to taste bitter/sour etc** essere amaro/aspro ecc. **2** [tr] assaggiare ► FALSE FRIEND Non confondere **"taste"** con **tasto** che si traduce **button** o **key**.

tasteful /ˈteɪstfəl/ *agg* di buon gusto

tasteless /ˈteɪstləs/ *agg* **1** (abito, arredamento) di cattivo gusto **2** (scherzo) di cattivo gusto **3** (cibo) insapore

tasty /ˈteɪsti/ *agg* (**-tier**, **-tiest**) saporito -a

tattered /ˈtætəd/ *agg* malridotto -a

tattoo /təˈtuː/ *sostantivo* e *verbo*

• *s* tatuaggio

• *v* [tr] tatuare

taught /tɔːt/ passato e participio di **teach**

taunt /tɔːnt/ *verbo* e *sostantivo*

• *v* [tr] farsi gioco di

• *s* scherno

T

Taurus /ˈtɔːrəs/ *s* **1** (segno) Toro **2** (persona) Toro: *He's a Taurus.* È del Toro.

taut /tɔːt/ *agg* (corda, muscoli) teso -a

tax /tæks/ *sostantivo* e *verbo*
• *s* (pl **taxes**) imposta
• *v* [tr] (3ª pers sing **taxes**) **1** tassare [reddito], mettere una tassa su [prodotto] **2** tassare [persona, società] **3** **to tax sb's patience** mettere a dura prova la pazienza di qn

taxation /tækˈseɪʃən/ *s* **1** tasse **2** sistema fiscale

taxi /ˈtæksi/ *sostantivo* e *verbo*
• *s* (anche **taxicab**) taxi
• *v* [intr] (aereo) rullare

ˈtaxi ˌdriver *s* tassista

ˈtaxi stand *s* posteggio dei taxi

taxpayer /ˈtæksˌpeɪə/ *s* contribuente

ˈtax reˌturn *s* modulo per la dichiarazione dei redditi

tea /tiː/ *s* **1** tè: *a cup of tea* una tazza di tè | *mint tea* tè alla menta **2** BrE (merenda pomeridiana) tè: *Come round for tea this afternoon.* Vieni a prendere un tè da noi oggi pomeriggio. **3** BrE (pasto serale) cena: *What's for tea?* Cosa c'è per cena? ▶ vedi anche **cup**, **supper**

ˈtea bag *s* bustina di tè

ˈtea break *s* BrE pausa lavorativa a metà mattina o a metà pomeriggio: *We have a tea break around 11 o'clock.* Alle 11 circa facciamo una pausa.

teach /tiːtʃ/ *v* (3ª pers sing **teaches**, passato e participio **taught**) **1** [tr] insegnare [inglese, matematica ecc.]: *She **teaches** French **to** adults.* Insegna francese agli adulti. **2** [tr] insegnare a [adulti, bambini]: *Do you enjoy teaching youngsters?* Le piace insegnare ai bambini? **3** [intr] insegnare: *I teach at a secondary school.* Insegno in una scuola superiore. **4** **to teach sb (how) to do sth** insegnare a qn a fare qc **5** insegnare [rispetto, valori] **6** **that'll teach you!** (informale) così impari! ▶ vedi anche **lesson**

teacher /ˈtiːtʃə/ *s* insegnante: *my music teacher* il mio insegnante di musica

teaching /ˈtiːtʃɪŋ/ *sostantivo* e *sostantivo plurale*
• *s* insegnamento
• **teachings** *s pl* insegnamenti

teacup /ˈtiːkʌp/, anche **ˈtea cup** *s* tazza da tè ▶ vedi nota sotto **tazza**

team /tiːm/ *sostantivo* e *verbo*
• *s* squadra: *a football team* una squadra di calcio
• *v* **team up** unirsi: *We **teamed up with** them to record a song.* Ci siamo uniti a loro per registrare una canzone.

ˈteam-mate, anche **teammate** /ˈtiːmˌmeɪt/ *s* compagno di squadra

teapot /ˈtiːpɒt/ *s* teiera

tear¹ /teə/ *verbo* e *sostantivo*
• *v* (passato **tore**, participio **torn**) **1** [tr] strappare: *Who's **torn** a page **out of** this book?* Chi ha strappato una pagina da questo libro? **2** [intr] strapparsi **3** **to tear away/off** andarsene di corsa **4** **to tear sth off (sth)** strappare qc (da qc) **5** **to be torn between sth and sth** essere combattuto tra qc e qc
tear sth apart distruggere qc **tear sb apart** straziare qn
tear sth down demolire qc
tear sth up stracciare qc
• *s* strappo ▶ vedi anche **wear**

tear² /tɪə/ *s* lacrima | **to burst into tears** scoppiare a piangere

tearful /ˈtɪəfəl/ *agg* (incontro, addio) commovente, (scusa, telefonata) patetico -a

tease /tiːz/ *v* **1** [tr] prendere in giro: *They **tease** him **about** his red hair.* Lo prendono in giro perché ha i capelli rossi. **2** [intr] scherzare

teaspoon /ˈtiːspuːn/ *s* **1** cucchiaino da tè **2** (anche **teaspoonful**) (quantità) cucchiaino da tè

ˈtea ˌtowel *s* BrE strofinaccio [da cucina]

technical /ˈteknɪkəl/ *agg* tecnico -a | **a technical hitch** un disguido tecnico

ˈtechnical ˌcollege *s* istituto tecnico

technicality /ˌteknɪˈkæləti/ *sostantivo* e *sostantivo plurale*
• *s* (pl **-ties**) cavillo legale
• **technicalities** *s pl* aspetti tecnici

technically /ˈteknɪkli/ *avv* **1** in teoria **2** dal punto di vista tecnico

technician /tekˈnɪʃən/ *s* tecnico

technique /tekˈniːk/ *s* tecnica

technological /ˌteknəˈlɒdʒɪkəl/ *agg* tecnologico -a

technology /tekˈnɒlədʒi/ *s* (pl **-gies**) tecnologia

teddy /ˈtedi/ *s* (pl **-ies**) orsacchiotto

tedious /ˈtiːdiəs/ *agg* noioso -a

tee /tiː/ *s* tee

teenage /ˈtiːneɪdʒ/ *agg* **1** (anche **teenaged**) adolescente **2** per adolescenti

teenager /ˈtiːneɪdʒə/ *s* adolescente

Vuoi sapere di più sui **verbi modali**? C'è una spiegazione nella **guida grammaticale**.

teens /tiːnz/ *s pl* gli anni dell'adolescenza compresi tra i 13 e i 19: *They were **in their teens** when they met.* Si sono conosciuti quand'erano ragazzi.

teenagers

'tee ˌshirt *s* T-shirt, maglietta

teeth /tiːθ/ plurale di **tooth**

teethe /tiːð/ *v* **1 to be teething** star mettendo i denti **2 teething problems/troubles** BrE problemi/difficoltà iniziali

telecommunications /ˌtelɪkəmjuːnɪ'keɪʃənz/ *s pl* telecomunicazioni

telegram /'teləgræm/ *s* telegramma

telephone /'teləfəun/ *sostantivo* e *verbo*
• *s* **1** telefono: *The telephone was ringing.* Stava squillando il telefono. | **by telephone** per telefono **2 to be on the telephone** essere al telefono
• *v* [tr/intr] BrE (formale) telefonare (a)

'telephone ˌbook *s* elenco telefonico

'telephone ˌbooth *s* AmE cabina telefonica

'telephone ˌbox *s* (pl **-boxes**) BrE cabina telefonica

'telephone ˌcall *s* telefonata

'telephone diˌrectory *s* (pl **-ries**) elenco telefonico

'telephone ˌnumber *s* numero di telefono

telescope /'teləskəup/ *s* telescopio

televise /'teləvaɪz/ *v* [tr] trasmettere [in televisione]

telephone box

television /'teləˌvɪʒən/ *s* **1** (anche **television set**) televisore **2** televisione: *What's on television tonight?* Cosa c'è alla televisione stasera? | **to watch television** guardare la televisione **3 television programme** programma televisivo **television series** serie televisiva

tell /tel/ *v* (passato e participio **told**) **1** [tr] dire: *She told me she didn't want it.* Mi ha detto che non lo voleva. | *Tell me what's going on.* Dimmi cosa sta succedendo. | *I told you so!* Te l'avevo detto! ▶ TO TELL O TO SAY? vedi **dire** **2 to tell sb sth** dire qc a qn **3 to tell sb about sth** raccontare qc a qn: *Tell us about your trip to Japan.* Raccontaci del tuo viaggio in Giappone. **4 to tell a story/joke** raccontare una storia/una barzelletta **5 to tell the truth/a lie** dire la verità/una bugia **6 to tell sb to do sth** dire a qn di fare qc: *He told me to shut the door.* Mi ha detto di chiudere la porta. **7** [tr/intr] sapere: *How can you tell?* Come fai a saperlo? | *You can tell (that) he's not well.* Si vede che non sta bene. **8 to tell sth from sth** distinguere qc da qc: *Can you tell a counterfeit note from a real one?* Sai distinguere una banconota falsa da una vera? | **to tell the difference** notare la differenza **9 to tell on sb** (informale) denunciare qn **10 to tell the time** BrE, **to tell time** AmE leggere l'ora

tell sth apart distinguere qc: *You can't tell the two paintings apart.* I due dipinti non si possono distinguere. **tell sb apart** distinguere qn: *I can never tell the twins apart.* Non riesco mai a distinguere i gemelli.

tell sb off sgridare qn | **to get told off (for doing sth)** farsi sgridare (per aver fatto qc)

ˌtelling-'off *s* **to get a telling-off** prendersi una lavata di capo | **to give sb a telling-off** fare una lavata di capo a qn

telly /'teli/ *s* BrE (informale) tele: *Is there anything good on telly?* C'è niente di bello alla tele? | **to watch telly** guardare la tele

temper /'tempə/ *s* **1** caratteraccio **2 to be in a temper** essere di cattivo umore **3 to lose your temper** perdere le staffe

temperament /'tempərəmənt/ *s* temperamento

temperamental /ˌtempərə'mentl/ *agg* **1** irascibile **2** (macchina, motore) inaffidabile

temperate /'tempərət/ *agg* temperato -a

temperature /'temprətʃə/ *s* **1** temperatura **2** (di persona) temperatura | **to have a temperature** avere la febbre | **to take sb's temperature** misurare la febbre a qn

template /'templeɪt/ *s* **1** (in informatica) template, modello **2** (da disegno) sagoma

temple /'tempəl/ *s* **1** tempio **2** tempia

temporarily /'tempərərɪli, AmE ˌtempə'rerəli/ *avv* temporaneamente

temporary /'tempərəri/ *agg* **1** temporaneo -a **2** provvisorio -a

tempt /tempt/ *v* [tr] **1** tentare: *I'm **tempted to** buy that dress.* Sono tentata di comprarmi quel vestito. **2 to tempt sb to do sth** convincere qn a fare qc

temptation /temp'teɪʃən/ *s* tentazione

tempting /'temptɪŋ/ *agg* allettante

ten /ten/ *numero* dieci ▶ vedi Active Box **numbers** sotto **number**

tenant /'tenənt/ *s* inquilino -a ▶ FALSE FRIEND Non confondere **"tenant"** con **tenente** che si traduce **lieutenant**.

tend /tend/ *v* **to tend to do sth** tendere a fare qc: *He tends to put on weight.* Tende ad ingrassare.

tendency /'tendənsi/ *s* (pl **-cies**) tendenza | **to have a tendency to do sth** avere tendenza a fare qc

tender /'tendə/ *aggettivo* e *verbo*
- *agg* **1** (sguardo, voce) dolce **2** (carne, verdura) tenero -a **3** (parte del corpo, ferita) dolorante
- *v* **1 to tender for sth** partecipare a una gara d'appalto per qc **2 to tender your resignation** (formale) rassegnare le dimissioni

tenderly /'tendəli/ *avv* dolcemente

tenderness /'tendənəs/ *s* gentilezza

tendon /'tendən/ *s* tendine

tenement /'tenəmənt/, anche **'tenement ˌbuilding** *s* casermone

tenner /'tenə/ *s* BrE (informale) biglietto da dieci sterline

tennis /'tenɪs/ *s* tennis

tenor /'tenə/ *s* tenore

ˌten-pin 'bowling *s* bowling

tense /tens/ *aggettivo, verbo* e *sostantivo*
- *agg* **1** (nervoso) teso -a: *Try not to get so tense.* Cerca di non essere così teso. | *a tense silence* un silenzio carico di tensione **2** (muscolo) contratto -a
- *v* [intr] (anche **tense up**) (corpo, muscoli) irrigidirsi
- *s* (di verbo) tempo | **the present/past tense** il presente/passato

tension /'tenʃən/ *s* tensione

tent /tent/ *s* (da campeggio) tenda | **to put up a tent** montare una tenda

tentacle /'tentəkəl/ *s* tentacolo

tentative /'tentətɪv/ *agg* **1** (data, programma) provvisorio -a **2** (insicuro) esitante ▶ FALSE FRIEND Non confondere **"tentative"** con **tentativo** che si traduce **attempt**.

tenth /tenθ/ *numero* **1** decimo -a ▶ vedi Active Box **numbers** sotto **number** **2** (nelle date) dieci **3** (decima parte) decimo

tepid /'tepɪd/ *agg* tiepido -a

term /tɜːm/ *sostantivo, sostantivo plurale* e *verbo*
- *s* **1** (parola, espressione) termine: *a medical term* un termine medico **2** BrE (a scuola, università) trimestre **3** (periodo di tempo) durata: *the term of the loan* la durata del mutuo | **in the long/short term** a lunga/breve scadenza **4 term of office** (di presidente, governo ecc.) mandato
- **terms** *s pl* **1** (di contratto, offerta) termini **2 in financial/political etc terms** dal punto di vista finanziario/politico ecc. | **in terms of** in termini di **3 to be on good/bad etc terms with sb** essere in buoni/cattivi ecc. rapporti con qn **4 to come to terms with sth** venire a patti con qc
- *v* [tr] definire: *The campaign could hardly be termed a success.* La campagna potrebbe difficilmente essere definita un successo.

L'anno scolastico nel Regno Unito
In Gran Bretagna l'anno scolastico si divide in tre trimestri. Il primo (**the autumn term**) inizia a settembre, il secondo (**the spring term**) a gennaio, dopo le vacanze di Natale, e il terzo (**the summer term**) ad aprile, dopo le vacanze di Pasqua.

terminal /'tɜːmənəl/ *sostantivo* e *aggettivo*
- *s* **1** (di aeroporto, porto) terminal, (di autobus) stazione **2** (in informatica) terminale
- *agg* terminale

terminate /'tɜːməneɪt/ (formale) *v* **1** [tr] rescindere [contratto], [intr] (contratto) scadere **2 to terminate at** (treno, autobus) fare capolinea a **3** [tr] interrompere [gravidanza]

terminology /ˌtɜːmə'nɒlədʒi/ *s* (pl **-gies**) terminologia

terminus /'tɜːmənəs/ *s* (pl **terminuses**) **1** (di autobus) capolinea **2** (di treno) stazione (di testa)

terrace /'terəs/ *s* **1** BrE fila di case a schiera o strada con case di questo tipo **2** terrazza

ˌterraced 'house *s* BrE casa che fa parte di una serie di case a schiera

terraced houses

terrain /te'reɪn/ *s* terreno

terrible /'terəbəl/ *agg* **1** (molto grave) terribile: *She still has terrible nightmares.* Continua ad avere incubi terribili. **2** (molto brutto) orribile, (non di qualità) pessimo -a: *I'm a terrible cook.* Sono una pessima cuoca.

terribly /'terəbli/ *avv* **1** (molto) terribilmente: *We were terribly worried about you.* Eravamo terribilmente preoccupati per te. **2** malissimo

terrific /tə'rɪfɪk/ *agg* (informale) **1** (eccezionale) fantastico -a **2** (molto grande) enorme

terrified /'terəfaɪd/ *agg* terrorizzato -a: *He's **terrified of** spiders.* È terrorizzato dai ragni. | *I'm **terrified of** heights.* Soffro terribilmente di vertigini.

T

Si dice *I arrived in London* o *I arrived to London*? Vedi alla voce **arrive**.

terrify /'terəfaɪ/ *v* [tr] (3ª pers sing **-fies**, passato e participio **-fied**) terrorizzare

terrifying /'terəfaɪ-ɪŋ/ *agg* spaventoso -a

territory /'terɪtəri/ *s* (pl **-ries**) **1** territorio **2** (di conoscenza, esperienza) campo

terror /'terə/ *s* terrore | **in terror** terrorizzato -a

terrorism /'terərɪzəm/ *s* terrorismo

terrorist /'terərɪst/ *s* e *agg* terrorista

test /test/ *sostantivo* e *verbo*

• *s* **1** (di conoscenze, abilità) esame: *driving test* esame di guida | **to do/take a test** dare un esame: *You have to do a typing test first.* Prima devi dare un esame di dattilografia. **2** (in medicina) esame: *a blood test* un esame del sangue | *an eye test* un esame della vista **3** (di prodotto, macchinario) prova **4** **to put sth to the test** mettere alla prova qc

• *v* [tr] **1** sottoporre ad esame [scolaro ecc.] | **to test sb on sth** (su una materia, lezione, ecc.) interrogare qn in qc: *Can you **test** me **on** my German?* Puoi interrogarmi in tedesco? **2** (in medicina) fare un esame di: *I need to have my eyes tested.* Devo fare un esame della vista. **3** provare [macchinario, arma ecc.] **4** testare [farmaco, cosmetico ecc.] **5** controllare [temperatura, funzionamento]

testify /'testəfaɪ/ *v* [tr/intr] (3ª pers sing **-fies**, passato e participio **-fied**) testimoniare

testimony /'testəməni/ *s* (pl **-nies**) testimonianza

'test tube *s* provetta

'test-tube ,baby *s* (pl **-bies**) bambino -a in provetta

tetanus /'tetənəs/ *s* tetano

tether /'teðə/ *s* ▶ vedi **end**

text /tekst/ *s* **1** testo **2** **set text** (per studiare) testo obbligatorio

textbook /'tekstbʊk/ *s* libro (di testo)

textile /'tekstaɪl/ *s* tessuto

texture /'tekstʃə/ *s* consistenza

than /ðən, tonico ðæn/ *cong* e *prep* ▶ vedi riquadro

thank /θæŋk/ *v* [tr] **1** **thank you** ▶ vedi **thank you** **2** ringraziare | **to thank sb for (doing) sth** ringraziare qn per (aver fatto) qc: *She **thanked** me **for** the flowers.* Mi ha ringraziato per i fiori. | *I'd like to **thank** you all **for** coming.* Vorrei ringraziarvi tutti per essere venuti. **3** **thank God/goodness** grazie a Dio/al cielo

thankful /'θæŋkfəl/ *agg* contento -a | **to be thankful for sth** essere contento di qc

thankfully /'θæŋkfəli/ *avv* per fortuna

thanks /θæŋks/ *interiezione* e *sostantivo plurale*

• *inter* (informale) **1** grazie | **no thanks** no, grazie **2** **thanks for (doing) sth** grazie per (aver fatto) qc: ***Thanks for** the chocolates.* Grazie per i cioccolatini.

• *s pl* **1** ringraziamento: *a note of thanks* un biglietto di ringraziamento **2** **thanks to** grazie a: *Thanks to you, these children will get a good education.* Grazie a voi, questi bambini riceveranno una buona istruzione.

than *congiunzione e preposizione*

1 NEI COMPARATIVI (= di, di quanto, che)

You're taller than me. Sei più alto di me. | *It's more than 500 miles.* È più di 500 miglia. | *It's a lot cheaper than I thought.* È molto più economico di quanto pensassi. | *better/bigger/worse than ever* meglio/più grande/peggio che mai

2 NELLE ESPRESSIONI

I would rather... than Preferisco... piuttosto che: *I'd rather walk than go in his car.* Preferisco camminare piuttosto che andare in macchina con lui. | **no sooner had I/had he etc finished than...** avevo/aveva ecc. appena finito che...: *No sooner had I walked in than the phone rang.* Ero appena entrato che ha squillato il telefono.

Thanksgiving /,θæŋks'gɪvɪŋ/ *s* giorno del ringraziamento

> Giorno festivo negli Stati Uniti (quarto giovedì di novembre) e in Canada (secondo lunedì di ottobre). In questo giorno, la tradizione vuole che le famiglie si riuniscano a festeggiare con un pranzo, per ricordare le origini della nazione, quando si rendeva grazie a Dio per il raccolto.

'thank you *inter* **1** grazie: *"How are you?" "Very well, thank you."* – Come stai? – Molto bene, grazie. | **no thank you** no, grazie **2** **thank you for (doing) sth** grazie per (aver fatto) qc: ***Thank you for** doing the ironing.* Grazie per aver stirato.

that /ðət, tonico ðæt/ *agg, pron, avv* e *cong* ▶ vedi riquadro

thatched /θætʃt/ *agg* **thatched cottage** casetta con il tetto di paglia | **thatched roof** tetto di paglia

thaw /θɔː/ *verbo* e *sostantivo*

• *v* **1** [tr] sciogliere [ghiaccio, neve], [intr](ghiaccio, neve) sciogliersi **2** (anche **thaw out**) [tr] scongelare [cibo], [intr] (cibo) scongelarsi

• *s* (di ghiaccio, neve) disgelo

the /ðə, ðɪ, tonico ðiː/ *art* ▶ vedi riquadro

theatre BrE, **theater** AmE /'θɪətə/ *s* **1** teatro **2** (di ospedale) sala operatoria

theatrical /θi'ætrɪkəl/ *agg* teatrale

theft /θeft/ *s* furto ▶ BURGLARY O THEFT? vedi nota sotto **furto**

T

that

AGGETTIVO & PRONOME

1 **that** equivale a *quello, quel, quella*, ma a volte non si traduce:

Who's that man? Chi è quell'uomo? | *I prefer that colour.* Preferisco quel colore. | *I prefer* ***that one*** *over there.* Preferisco quello lì. | *Who's that?* Chi è? | *What's that?* Che cos'è? | ***That's why*** *she doesn't like it.* Ecco perché non le piace. | *Do it* ***like that***. Fallo così.

Il plurale di **that** è **those** ed è trattato come voce a parte.

2 AL TELEFONO:

Is that Sophie? (Parlo con) Sophie?

3 ESPRESSIONI

that is cioè: *I'm leaving in two days, that is Tuesday.* Parto tra due giorni, cioè martedì. | *Let's go on Friday. If you're free, that is.* Andiamo venerdì. Cioè, se sei libero. | **that's that!** questo è tutto!: *You're not going and that's that!* Non ci andrai e questo è tutto!

AVVERBIO

USI

that big/tall etc grande/alto ecc. così: *The fish I caught was that big.* Il pesce che ho preso era grande così. | **it's not that big/tall etc** non è così grande/alto ecc.: *Come on, he's not that stupid!* Dai, non è così stupido!

CONGIUNZIONE

1 PER INTRODURRE PROPOSIZIONI SUBORDINATE (= che)

Le parentesi significano che di solito si omette nella lingua parlata:

She said (that) she was tired. Ha detto che era stanca. | *The fact that you didn't know is no excuse.* Il fatto che tu non lo sapessi non è una scusa.

2 COME PRONOME RELATIVO (= che)

Le parentesi significano che di solito si omette nella lingua parlata:

Did you get the books (that) I sent? Hai avuto i libri che ti ho mandato? | *the day (that) she was born* il giorno in cui è nata

3 PER ESPRIMERE UNA CONSEGUENZA

so... that/such... that così... che/tanto... da/tanto... che: *He's so bad-tempered that no one will work with him.* È così irascible che nessuno vorrà lavorarci insieme. | *She was so ill that she couldn't go on holiday.* Stava talmente male che non è potuta andare in vacanza. | *She got such bad grades that she wasn't allowed to go.* Ha avuto dei voti tanto brutti che non le hanno dato il permesso di andare.

4 CON SUPERLATIVI (= che)

the greatest footballer that ever lived il più grande calciatore che sia mai esistito

the *articolo*

1 L'articolo determinativo **the** non varia né per genere né per numero e equivale quindi a *il, lo, la, i, gli* e *le*:

the sun il sole | *the sugar* lo zucchero | *the moon* la luna | *the dogs* i cani | *the birds* gli uccelli | *the clouds* le nuvole

2 Si usa anche davanti agli aggettivi sostantivati:

You're asking the impossible. Stai chiedendo l'impossibile. | *the English* gli inglesi

3 Nei seguenti casi, l'articolo viene usato in inglese, ma non in italiano:

They pay me by the hour. Mi pagano a ore. | *Monday the tenth of May* lunedì dieci maggio

Per maggiori informazioni, vedi l'Active Box **articoli determinativi** sotto **articolo**.

4 La seguente espressione stabilisce una relazione diretta o inversamente proporzionale:

the... the: *The more I see him, the more I like him.* Più lo vedo, più mi piace. | *The less said about it the better.* Meno se ne parla meglio è.

their /ðeə/ *agg* il loro, la loro: *their son* il loro figlio | *their daughters* le loro figlie ▶ In inglese gli aggettivi possessivi si usano in molti casi in cui in italiano si usa l'articolo, per esempio davanti alle parti del corpo o alle cose possedute: *They washed their hands.* Si sono lavati le mani. | *They had lost their tickets.* Avevano perso i biglietti. ▶ **Their** si usa anche con pronomi di terza persona singolare, come **someone**, **everyone** ecc.: *Everyone brought their own food.* Ognuno si è portato da mangiare.

theirs /ðeəz/ *pron* poiché i pronomi possessivi inglesi concordano in numero e in genere con il possessore (e non con ciò che è posseduto come in italiano), **theirs** può equivalere a *il loro, la loro, i loro, le loro*: *When my car broke down I borrowed theirs.* Quando mi si è rotta la macchina ho preso in prestito la loro. | *She's a friend of theirs.* È una loro amica. ▶ **Theirs** si usa anche con pronomi di terza persona singolare, come **someone**, **everyone** ecc.: *No one would admit that the dog was theirs.* Nessuno voleva ammettere che il cane fosse suo.

them /ðəm, tonico ðem/ *pron* **1** (come complemento diretto) li, le, loro: *Have you seen my keys? I can't find them.* Hai visto le mie chiavi? Non riesco a trovarle. **2** (come complemento indiretto) gli, loro: *I told them I'd be late.* Ho detto loro che avrei ritardato. | *I sent it to them.* Gliel'ho mandato. **3** (dopo preposizione, il verbo "to be" o nei comparativi) loro: *I spoke to them yesterday.* Ho parlato con loro ieri. | *We*

Vuoi informazioni sulla differenza tra gli **articoli** in inglese e in italiano? Leggi le spiegazioni nella guida grammaticale.

played better than them. Abbiamo giocato meglio di loro. | *It was them who told my parents.* Sono stati loro a dirlo ai miei genitori. **4** (usato al posto di "him" o "her") gli, le: *If anyone calls, tell them I'll be back later.* Se chiama qualcuno, digli che tornerò più tardi.

theme /θiːm/ *s* (di libro, discorso, film) tema

'theme park *s* parco a tema

'theme tune *s* musica [di film, serie tv]

themselves /ðəm'selvz/ *pron* ▶ vedi riquadro

then /ðen/ *avv* **1** (a quell'epoca) allora: *Won't you be away on holiday then?* Non sarai in vacanza allora? | *I lived in Paris then.* Allora vivevo a Parigi. | *I will have finished **by then**.* Per allora avrò finito. | ***Just then** the phone rang.* Proprio allora ha squillato il telefono. | **from then on** da allora | **until then** fino ad allora: *They had never used a computer until then.* Non avevano mai usato un computer fino ad allora. ▶ vedi anche **there** **2** (in seguito) poi: *We had lunch and then went shopping.* Abbiamo pranzato e poi siamo andati a fare compere. **3** (in quel caso) allora: *If she's going, then I'm going too.* Se lei va, allora vado anch'io. **4** **but then (again)** ma del resto: *I don't spend much, but then I don't go out much.* Non spendo molto, ma del resto non esco molto.

theology /θi'ɒlədʒi/ *s* teologia

theoretical /θɪə'retɪkəl/ *agg* **1** (relativo alla teoria) teoretico -a **2** (inesistente) teorico -a

theory /'θɪəri/ *s* (pl **-ries**) teoria | **in theory** in teoria

therapeutic /ˌθerə'pjuːtɪk/ *agg* **1** (che cura) terapeutico -a **2** (calmante) rilassante

therapist /'θerəpɪst/ *s* terapista

therapy /'θerəpi/ *s* (pl **-pies**) terapia | **to be in therapy** essere in terapia

there /ðə, tonico ðeə/ *pron* e *avv* ▶ vedi riquadro

thereabouts /ˌðeərə'baʊts/ *avv* **two hours/six miles/in 1900 etc or thereabouts** (approssimativamente) due ore/sei miglia/nel 1900 ecc. circa: *There is a train at ten o'clock or thereabouts.* C'è un treno alle dieci circa.

thereby /ðeə'baɪ/ *avv* (formale) quindi

therefore /'ðeəfɔː/ *avv* (formale) perciò

thermal /'θɜːməl/ *agg* **1** termico -a **2** (sorgente) termale

thermometer /θə'mɒmətə/ *s* termometro

Thermos® /'θɜːməs/, anche **'Thermos® ˌflask** *s* termos

themselves *pronome*

1 **themselves** è la forma riflessiva di **they**. Il suo uso equivale in generale a quello dei verbi riflessivi e pronominali italiani o a frasi con *se stessi/se stesse*:

They bought themselves a new car. Si sono comprati una macchina nuova. | *They should be proud of themselves.* Dovrebbero essere orgogliosi di sé.

2 Ha un uso enfatico che equivale a *loro stessi/stesse*:

They painted it themselves. L'hanno dipinto loro stessi. | *Doctors themselves say the treatment doesn't always work.* Gli stessi dottori dicono che la terapia non sempre funziona.

3 L'espressione **by themselves** o **all by themselves** significa *da soli -e* (senza compagnia o aiuto):

They did it all by themselves. L'hanno fatto tutto da soli.

4 **themselves** si usa anche con pronomi di terza persona singolare, come **anyone**, **someone** ecc.:

If anyone wants a drink, they can help themselves. Se qualcuno vuole qualcosa da bere, può servirsi da solo.

these /ðiːz/ *agg* e *pron* **these** è il plurale di **this** e equivale a *questi, queste*: *Where did you get these cushions?* Dove hai preso questi cuscini? | *I'll take four of these.* Prendo quattro di questi.

thesis /'θiːsɪs/ *s* (pl **-ses** /-siːz/) **1** (di laurea) tesi **2** (teoria) tesi

they /ðeɪ/ *pron* loro ▶ I pronomi personali soggetto non si omettono mai in inglese: *They never go on holiday.* Non vanno mai in vacanza. | *They're lovely trousers.* Sono dei pantaloni molto carini. ▶ **They** si usa anche per riferirsi a una persona o a tante persone di cui non è specificata l'identità: *If anyone saw anything, will they please contact the police.* Se qualcuno avesse visto qualcosa è pregato di contattare la polizia. | *They've closed the factory.* Hanno chiuso la fabbrica.

they'd /ðeɪd/
- forma contratta di **they had**
- forma contratta di **they would**

they'll /ðeɪl/ forma contratta di **they will**

they're /ðeə/ forma contratta di **they are**

they've /ðeɪv/ forma contratta di **they have**

thick /θɪk/ *aggettivo, avverbio* e *sostantivo*
- *agg* **1** (libro, coperta, maglione) spesso -a | **it's three feet/one centimetre etc thick** è spesso tre piedi/un centimetro ecc. **2** (non molto liquido) denso -a: *a thick soup* una minestra densa **3** (fumo, nube) spesso -a, (nebbia) fitto -a **4** (vegetazione, foresta) fitto -a **5** (barba, capelli, pelo) folto -a: *He has thick hair.* Ha i capelli folti.

T

Vuoi imparare i vocaboli per tema? Consulta il dizionario illustrato.

there

PRONOME

Seguito da forme del verbo **to be** (**there is, there are, there was etc**) equivale a *c'è, ci sono, c'era* ecc.:

There's *a bus stop on the corner.* C'è una fermata dell'autobus all'angolo. | ***Is there*** *any coffee?* C'è del caffè? | ***There are*** *three bedrooms upstairs.* Al piano superiore ci sono tre camere da letto. | ***There was*** *a terrible storm.* C'è stato un temporale tremendo. | ***Were there*** *many people?* C'era molta gente? | ***There seems to be*** *a misunderstanding.* Sembra che ci sia un malinteso. | ***There might be*** *a problem.* Potrebbe esserci un problema. | ***There must be*** *some mistake.* Ci deve essere un errore. | ***There were*** *five* ***of us.*** Eravamo in cinque.

AVVERBIO

1 Nella maggior parte dei casi equivale a *lì* o *là*:

The book is there, on the table. Il libro è lì sul tavolo. | *We know you're* ***in there****!* Sappiamo che siete lì dentro! | *Leave your boots* ***out there****.* Lasciate gli stivali là fuori. *There's Peter.* Ecco Peter. | *There he is.* Eccolo.

2 Spesso è usato preceduto da **over**, soprattutto per indicare una grande distanza:

He lives in Canada and we're going over there to see him. Vive in Canada e andiamo là a trovarlo.

3 Si usa anche per richiamare l'attenzione su qualcosa. Da notare che quando la frase inizia con **there** il soggetto va dopo il verbo, a meno che si tratti di un pronome:

Look! There's a squirrel! Guarda! (C'è) uno scoiattolo! | *There goes the phone again!* Ecco che suona di nuovo il telefono! | *There's Peter.* Ecco Peter. | *There he is.* Eccolo.

4 **ESPRESSIONI:**

there and then/then and there subito | **there you are/there you go** ecco

6 BrE (informale) (stupido) tonto -a: *He's a bit thick.* È un po' tonto.
- *avv* **to cut/slice sth thick** tagliare qc a fette spesse | **to spread sth thick** spalmare uno strato spesso di qc
- *s* 1 **to be in the thick of the action/of the battle** essere in piena azione/nel pieno della battaglia 2 **through thick and thin** nella buona e nella cattiva sorte

thicken /'θɪkən/ *v* 1 [intr] (nebbia, nuvole) infittirsi 2 [intr] (salsa, minestra) diventare più spesso, [tr] rendere più spesso [salsa, minestra]

thickly /'θɪkli/ *avv* **thickly cut/sliced** a fette spesse | **thickly padded** ben imbottito | **to spread sth thickly** spalmare uno strato spesso di qc

thickness /'θɪknəs/ *s* spessore

thief /θiːf/ *s* (pl **thieves** /θiːvz/) ladro -a ► **BURGLAR O THIEF?** vedi nota sotto **ladro**

thigh /θaɪ/ *s* coscia

thimble /'θɪmbəl/ *s* ditale

thin /θɪn/ *aggettivo, avverbio* e *verbo*
- *agg* (**thinner**, **thinnest**) 1 (persona) magro -a: *a tall, thin man* un uomo alto e magro 2 (libro, muro, strato) sottile, (vestito) leggero -a 3 (salsa, minestra, crema) liquido -a 4 (vegetazione, capelli, pelo) rado -a 5 **to be thin on the ground** scarseggiare ► vedi anche **thick**
- *avv* (**thinner**, **thinnest**) **to cut/slice sth thin** tagliare qc a fette sottili
- *v* (**thinned**, **thinning**) 1 [tr] allungare [salsa, vernice] 2 (anche **thin out**) [tr] diradare [piante], [intr] (piante, folla, capelli) diradarsi

thing /θɪŋ/ *sostantivo* e *sostantivo plurale*
- *s* 1 (oggetto, fatto, azione) cosa: *Can you bring me a few things from the house?* Puoi portarmi alcune cose da casa? | *A funny thing happened yesterday.* Ieri è successa una cosa strana. | *That was a stupid thing to say.* Hai detto proprio una stupidaggine. | **the main thing** la cosa più importante
  2 Usato per riferirsi a persone o animali: *You poor thing!* Poverino! | *She's such a sweet thing.* È così dolce.
  3 **you won't feel a thing/I didn't see a thing etc** non sentirai niente/non ho visto niente ecc.: *I don't know a thing about opera.* Non so niente di lirica.
  4 **first/last thing** come prima/ultima cosa
  5 **the thing is** il fatto è che
  6 **for one thing** tanto per cominciare
  7 **it's a good thing (that)** meno male che
  8 **it's just one of those things** sono cose che capitano
  9 **to do his/your etc own thing** (informale) farsi gli affari suoi/tuoi ecc. ► vedi anche **such**
- **things** *s pl* 1 (situazione) cose: *The way things are, we won't be able to go.* Da come stanno le cose, non ci potremo andare. | *How are things with you?* Come ti vanno le cose?
  2 **all sorts/kinds of things** un po' di tutto

think /θɪŋk/ *verbo* e *sostantivo*
- *v* (passato e participio **thought**) 1 [tr] (avere un'opinione) pensare: *She thinks I'm crazy.* Pensa che io sia pazzo. | *I didn't think anyone would believe me.* Pensavo che nessuno mi avrebbe creduto. | ***I didn't think much of*** *the food.* Il cibo non mi è sembrato un granché. | **what do you**

think of...? che cosa ne pensi di...?
2 [intr] (riflettere) pensare: *Think carefully before you decide.* Pensaci bene prima di decidere. | *She tried not to **think of** the past.* Cercava di non pensare al passato. | *I've been **thinking about** what you said.* Ho riflettuto su ciò che hai detto.
3 [tr/intr] (considerare) pensare: *I thought we could eat out tonight.* Pensavo che potremmo andare a mangiare fuori stasera. | **to think of/about doing sth** pensare di fare qc: *Have you ever thought about buying a car?* Hai mai pensato di comprare un'auto?
4 [tr] (ritenere) credere: *I **think so**.* Credo di sì. | *I **don't think so**.* Non credo. | *I think he's gone out.* Credo che sia uscito.
5 [tr/intr] (immaginare) pensare: *Who'd have thought it?* Chi l'avrebbe mai pensato? | *Just think! We could be millionaires.* Pensa! Potremmo essere milionari! | *I **can't think** why he bought it.* Non riesco ad immaginare perché l'abbia comprato. | **I should think so a)** direi di sì **b)** lo credo bene: *"I apologized." "I should think so!"* – Mi sono scusato. – Lo credo bene.
6 to think twice (before doing sth) pensarci due volte (prima di fare qc)
think of sth 1 I thought of a name/a solution/a way of doing it etc ho pensato a un nome/una soluzione/un modo per farlo ecc. **2** ricordare: *I can't think of the lead singer's name.* Non riesco a ricordarmi il nome del cantante. **think of sb 1** pensare a qn: *It was nice of you to think of me.* È stato gentile da parte tua pensare a me. **2 I thought of sb for the job/to do the job etc** ho pensato a qn per quel lavoro/per fare il lavoro ecc.
think sth over (riflettere) riflettere su qc
think sth up (escogitare) pensare a qc
• *s* **to have a think (about sth)** pensare (a qc): *Have a think and let me know.* Pensaci e fammi sapere.

thinker /ˈθɪŋkə/ *s* pensatore -trice

thinking /ˈθɪŋkɪŋ/ *s* (opinione) parere

thinly /ˈθɪnli/ *avv* **1 thinly cut/sliced** a fette sottili | **to spread sth thinly** spalmare uno strato sottile di qc **2 thinly populated** scarsamente popolato

third /θɜːd/ *numero* **1** (ordinale) terzo -a ► vedi Active Box **numbers** sotto **number 2** (nelle date) tre **3** (frazione) terzo **4** (anche **third gear**) (di auto ecc.) terza

thirdly /ˈθɜːdli/ *avv* (quando si elenca qualcosa) terzo

ˌthird ˈparty *s* (pl **-ties**) terzi: *third party insurance* assicurazione per danni contro terzi

ˌthird ˈperson *s* **the third person** la terza persona

ˌThird ˈWorld *s* **the Third World** il Terzo Mondo

thirst /θɜːst/ *s* **1** sete **2 thirst for knowledge/power etc** sete di sapere/potere ecc.

thirsty /ˈθɜːsti/ *agg* (**-tier**, **-tiest**) assetato -a | **to be thirsty** avere sete

thirteen /ˌθɜːˈtiːn/ *numero* tredici ► vedi Active Box **numbers** sotto **number**

thirteenth /ˌθɜːˈtiːnθ/ *numero* **1** tredicesimo -a ► vedi Active Box **numbers** sotto **number 2** (nelle date) tredici **3** (frazione) tredicesimo

thirtieth /ˈθɜːtiəθ/ *numero* **1** trentesimo -a ► vedi Active Box **numbers** sotto **number 2** (nelle date) trenta **3** (frazione) trentesimo

thirty /ˈθɜːti/ *numero* (pl **-ties**) **1** trenta ► vedi Active Box **numbers** sotto **number 2 the thirties** (epoca) gli anni trenta **3 to be in your thirties** avere tra i trenta e i quarant'anni

this /ðɪs/ *agg, pron* e *avv* ► vedi riquadro

thistle /ˈθɪsəl/ *s* cardo

thorn /θɔːn/ *s* (di pianta) spina

thorough /ˈθʌrə/ *agg* **1** (ricerca, controllo, esame) accurato -a **2** (persona) coscienzioso -a

thoroughly /ˈθʌrəli/ *avv* **1** (attentamente) accuratamente **2 thoroughly depressing/miserable etc** assolutamente deprimente/infelice ecc.

those /ðəʊz/ *agg* e *pron* **those** è il plurale di **that** e equivale a *quelli, quelle, quegli, quei*: *Who are those people?* Chi sono quelle persone? | *I prefer those boots.* Preferisco quegli stivali. | *I prefer **those** over there.* Preferisco quelli là.

though /ðəʊ/ *congiunzione* e *avverbio*
• *cong* **1** nonostante: *Though she was only seven, she played the piano brilliantly.* Nonostante avesse solo sette anni, suonava benissimo il piano. **2** anche se: *I'm not a fan of hers, though I did enjoy her last book.* Non sono un suo ammiratore, anche se il suo ultimo libro mi è piaciuto. ► vedi anche **as**, **even**
• *avv* (informale) però: *We had to queue for an hour. It was worth it, though.* Abbiamo dovuto fare la coda per un'ora, però ne è valsa la pena.

thought[1] /θɔːt/ *s* **1** idea | **the thought of (doing) sth** la sola idea di (fare) qc: *The thought of food makes me feel sick.* La sola idea del cibo mi fa star male. **2** (azione di pensare) riflessione | **to give sth a lot of thought** riflettere molto su qc | **to be lost/deep in thought** essere assorto nei propri pensieri **3** (filosofia) pensiero

thought[2] /θɔːt/ passato e participio di **think**

thoughtful /ˈθɔːtfəl/ *agg* **1** (assorto) pensieroso -a **2** (pieno di attenzioni) premuroso -a

T

this

AGGETTIVO & PRONOME

1 **this** equivale a *questo* e *questa*:
Do you like this skirt? Ti piace questa gonna? | *I prefer this colour.* Preferisco questo colore. | *I'd get **this one**.* Prenderei questo.

2 Nelle presentazioni:
This is Dave. Ti presento Dave.
A volte **this** non si traduce in italiano:
What's this? Che cos'è? | *Do it **like this**.* Fallo così.
Il plurale di **this** è **these** ed è trattato come voce a parte.

3 Al telefono:
Hello Ellie, this is Paul. Ciao Ellie, sono Paul.

AVVERBIO

this big/tall etc grande/alto ecc. così: *He's this tall.* È alto così. | *Give me this much.* Dammene tanto così. | *We can't phone this late.* Non possiamo telefonare così tardi.

thoughtfully /'θɔːtfəli/ *avv* con aria pensosa

thoughtless /'θɔːtləs/ *agg* (osservazione, comportamento, persona) sconsiderato -a

thousand /'θaʊzənd/ *numero* **1** mille ▶ Quando **thousand** è usato come numerale, il plurale è invariabile: *ten thousand years* diecimila anni | **a thousand** mille: *a thousand pounds* mille sterline ▶ vedi Active Box **numbers** sotto **number** **2 thousands** (informale) migliaia: *She's had thousands of boyfriends.* Ha avuto migliaia di fidanzati.

thousandth /'θaʊzəndθ/ *numero* **1** millesimo -a ▶ vedi Active Box **numbers** sotto **number** **2** (frazione) millesimo

thrash /θræʃ/ *v* [tr] (3ª pers sing **thrashes**) **1** (per punizione) picchiare **2** (informale) (al gioco) stracciare

thread /θred/ *sostantivo* e *verbo*
• *s* **1** (per cucire) filo: *a needle and thread* ago e filo **2** (di storia, conversazione) filo conduttore
• *v* [tr] **1** infilare [ago] **2 to thread sth through sth** (far passare) infilare qc in qc **3 to thread sth onto sth** infilare qc su qc

threat /θret/ *s* **1** (dichiarazione) minaccia: *a death threat* una minaccia di morte **2** (pericolo) minaccia | **a threat to sb/sth** una minaccia per qn/qc

threaten /'θretn/ *v* [tr] **1** (verbalmente) minacciare: *Don't you threaten me!* Non minacciarmi! | *They **threatened** to shoot him.* Hanno minacciato di spararli. | **to threaten sb with sth** minacciare qn di qc **2** (mettere in pericolo) minacciare

three /θriː/ *numero* tre ▶ vedi Active Box **numbers** sotto **number**

ˌ**three-di'mensional** *agg* tridimensionale

threshold /'θreʃhəʊld/ *s* **1** (entrata) soglia **2 pain/boredom threshold** (limite di sopportazione) soglia del dolore/della noia

threw /θruː/ passato di **throw**

thrill /θrɪl/ *sostantivo* e *verbo*
• *s* (eccitazione) emozione
• *v* [tr] entusiasmare

thrilled /θrɪld/ *agg* eccitato -a

thriller /'θrɪlə/ *s* thriller

thrilling /'θrɪlɪŋ/ *agg* emozionante

thrive /θraɪv/ *v* [intr] (passato **thrived** o **throve**, participio **thrived**) **1** (pianta) crescere rigogliosa **2** (impresa, economia) prosperare **3 to thrive on sth** trarre profitto da qc

thriving /'θraɪvɪŋ/ *agg* fiorente

throat /θrəʊt/ *s* **1** gola: *I've got a sore throat.* Ho mal di gola. **2** gola: *He grabbed me by the throat.* Mi ha preso alla gola.

throb /θrɒb/ *verbo* e *sostantivo*
• *v* [intr] (**throbbed**, **throbbing**) **1 my head was throbbing** mi sembrava che la testa mi si spaccasse **2** (motore, macchina) vibrare **3** (cuore) battere forte
• *s* vibrazione

throne /θrəʊn/ *s* trono | **to come to the throne** salire al trono

throttle /'θrɒtl/ *v* [tr] strangolare

through /θruː/ *preposizione*, *avverbio* e *aggettivo*
• *prep* **1** attraverso: *I pushed my way through the crowd.* Mi sono aperto un varco attraverso la folla.
2 (dal principio alla fine) (per) tutto -a: *We worked through the night to finish it.* Abbiamo lavorato tutta la notte per finirlo.
3 (a causa di) per: *through no fault of his* non per colpa sua
4 tramite: *I got the job through a friend.* Ho avuto il lavoro tramite un'amica.
5 Monday through Friday AmE da lunedì a venerdì (compreso) ▶ In inglese britannico si usa **from Monday to Friday**.
• *avv* **1** (da una parte all'altra) *Let me through!* Lasciatemi passare!
2 all night through per tutta la notte | **I slept/he yawned etc all the way through** ho dormito/ha sbadigliato ecc. dall'inizio alla fine
3 through and through al cento per cento
• *agg* **1 to be through (with sth)** avere finito (con qc)
2 through train treno diretto | **no through road** strada senza uscita
▶ **Through**, in combinazione con alcuni verbi,

Vuoi informazioni sulla differenza tra gli **aggettivi possessivi** in inglese e in italiano? Vedi la **guida grammaticale**.

forma vari **phrasal verbs**, come **to look through**, **to pull through**, ecc. I phrasal verbs sono trattati sotto il verbo corrispondente.

throughout /θruːˈaʊt/ *preposizione* e *avverbio*
• *prep* **1** in tutto: *throughout the country* in tutto il paese **2** per tutta la durata di: *throughout the concert* per tutta la durata del concerto
• *avv* **1 it's painted white throughout** è interamente dipinto di bianco **2** per tutto il tempo

throve /θrəʊv/ passato di **thrive**

throw /θrəʊ/ *verbo* e *sostantivo*
• *v* (passato **threw**, participio **thrown**) **1** [tr/intr] lanciare: *Someone **threw** a stone **at** the car.* Qualcuno ha lanciato una pietra contro la macchina. | *The goalkeeper **threw** the ball **to** Alan.* Il portiere ha lanciato la palla ad Alan. | **to throw sb sth** lanciare qc a qn **2** [tr] scaraventare: *He threw me to the ground.* Mi ha scaraventato a terra. **3 to throw your arms around sb's neck** gettare le braccia al collo di qn **4 to throw sb into jail** gettare qn in prigione **5** [tr] disarcionare [fantino] **6** [tr] (informale) sconcertare ► vedi anche **fit**, **weight**
throw sth away **1** buttare (via) qc [nell'immondizia] **2** sprecare qc [occasione]
throw sth out **1** gettare (via) qc [nell'immondizia] **2** respingere qc [proposta, legge] **throw sb out** buttare fuori qn
throw up (informale) vomitare
• *s* **1** tiro: *his third throw* il suo terzo tiro **2** (distanza) lancio: *a throw of over 80 metres* un lancio di oltre 80 metri **3** (con i dadi) lancio

thrown /θrəʊn/ participio di **throw**

thru /θruː/ AmE ► vedi **through**

thrust /θrʌst/ *verbo* e *sostantivo*
• *v* (passato e participio **thrust**) **1** [tr] spingere [con forza] | **to thrust sth into sth** ficcare qc in qc **2 to thrust at sb** assalire qn
• *s* **1** (di spada, pugnale) stoccata **2 the thrust of sth** il senso di qc

thud /θʌd/ *sostantivo* e *verbo*
• *s* tonfo
• *v* [intr] (**thudded**, **thudding**) produrre un tonfo cadendo o sbattendo contro qualcosa: *The ball thudded into a tree.* La palla andò a sbattere contro un albero con un tonfo.

thug /θʌg/ *s* teppista

thumb /θʌm/ *sostantivo* e *verbo*
• *s* **1** pollice [dito della mano] **2 to give sth the thumbs up/down** (informale) approvare/bocciare qc **3 to be under sb's thumb** farsi dominare da qn
• *v* (informale) **to thumb a lift** BrE, **to thumb a ride** AmE fare l'autostop

thumbtack /ˈθʌmtæk/ *s* AmE puntina da disegno ► In inglese britannico si usa **drawing pin**.

thump /θʌmp/ *verbo* e *sostantivo*
• *v* **1** [tr] tirare un pugno a [persona] **2** [intr] picchiare su [pavimento] **3** [intr] (cuore) battere forte
• *s* **1** pugno **2** rumore sordo

thunder /ˈθʌndə/ *sostantivo* e *verbo*
• *s* **1** tuono ► vedi anche **clap** **2** (del traffico, di cannoni) rombo, (di applausi) scroscio
• *v* [intr] **1** tuonare **2** (cannone) rombare

thunderstorm /ˈθʌndəstɔːm/ *s* temporale

Thursday /ˈθɜːzdi/ *s* giovedì ► vedi Active Box **days of the week** sotto **day**

thwart /θwɔːt/ *v* [tr] ostacolare [piano, progetto]

tick /tɪk/ *sostantivo* e *verbo*
• *s* **1** BrE (segno di) spunta **2** (di orologio) ticchettio
• *v* **1** [tr] BrE fare un segno di spunta a [casella], spuntare [nome] **2** [intr] (orologio) fare tic tac
tick away, anche **tick by** (minuti) passare
tick sth off BrE spuntare qc [su una lista]
tick sb off BrE (informale) sgridare qn

ticket /ˈtɪkɪt/ *s* **1** (di cinema, concerto) biglietto **2** (di treno, autobus) biglietto **3** multa: *I got a ticket.* Mi sono preso una multa.

tickle /ˈtɪkəl/ *v* **1** [tr] fare il solletico a **2** [intr] (maglione, lana) pungere

ˈtidal ˌwave *s* onda di marea

tide /taɪd/ *s* marea | **the tide is in/out** c'è l'alta/la bassa marea | **at high/low tide** con l'alta/la bassa marea

tidy /ˈtaɪdi/ *aggettivo* e *verbo*
• *agg* (**tidier**, **tidiest**) ordinato -a ► vedi anche **neat**
• *v* [tr/intr] (3ª pers sing **tidies**, passato e participio **tidied**) (anche **tidy up**) rimettere in ordine

tie /taɪ/ *verbo* e *sostantivo*
• *v* (passato e participio **tied**, gerundio **tying**) **1** [tr] legare [con spago]: *The other children **tied** him **to** a tree.* Gli altri bambini l'hanno legato a un albero. **2** [tr] fare il nodo a [lacci, cravatta] | **to tie a knot in sth** fare un nodo a qc **3** [intr] (in una gara) pareggiare
tie sb down (in una relazione) limitare la libertà di qn
tie sth up legare qc **tie sb up** **1** legare qn: *They tied him up and gagged him.* L'hanno legato e imbavagliato. **2 to be tied up** (persona) essere occupato
• *s* **1** cravatta **2** (relazione) legame **3** (in una gara) pareggio **4** vincolo

T

tier /tɪə/ *s* **1** (di posti a sedere) fila **2** (di torta nuziale) piano

tiger /ˈtaɪgə/ *s* tigre

tight /taɪt/ *aggettivo, avverbio* e *sostantivo plurale*

- *agg* **1** (scarpe) stretto -a, (pantaloni) attillato -a: *My shoes were too tight.* Le mie scarpe erano troppo strette. **2** (corda, filo, pelle) teso -a **3** (nodo, coperchio, vite) ben stretto -a **4** (controllo) rigido -a: *Security is very tight.* La sorveglianza è molto rigida. **5** (programma) intenso -a, (tempo, denaro) scarso -a **6** **a tight bend** una curva stretta **7** (partita, finale) combattuto -a
- *avv* stretto: *Hold on tight.* Tieniti stretto.
- **tights** *s pl* BrE collant

tighten /ˈtaɪtn/ *v* **1** [tr] stringere [coperchio, vite, nodo] **2** [tr] tendere [filo, corda] **3** [intr] (filo, corda) tendersi **4** [tr] (anche **tighten up**) rendere più severo [controlli, misure di sicurezza] **5** **to tighten your grip on sth** stringere la presa su qc

tightly /ˈtaɪtli/ *avv* **1** (legato, tenuto) stretto **2** (controllato, sorvegliato) rigidamente

tightrope /ˈtaɪt-rəʊp/ *s* fune

tile /taɪl/ *s* **1** (sul tetto) tegola **2** (per pavimento, muro) piastrella

tiled /taɪld/ *agg* **1** (tetto) con le tegole **2** (pavimento, stanza) piastrellato -a

till /tɪl/ *sostantivo* e *preposizione*

- *s* BrE cassa [per pagare]
- *prep* ▶ vedi **until**

tilt /tɪlt/ *v* **1** [tr] inclinare [tavolo, sedia, testa] **2** [intr] (tavolo, testa, barca) inclinarsi

timber /ˈtɪmbə/ *s* BrE legname [da costruzione]

time /taɪm/ *sostantivo* e *verbo*

- *s* ▶ vedi riquadro
- *v* [tr] **1** programmare [arrivo, vacanze] **2** **to be timed to do sth** essere regolato per fare qc **3** **to be well/badly timed** avvenire al momento giusto/sbagliato **4** calcolare la durata di [viaggio], cronometrare [atleta]

ˈtime bomb *s* bomba a orologeria

ˈtime ˌlimit *s* limite di tempo

timely /ˈtaɪmli/ *agg* (**-lier**, **-liest**) tempestivo -a

ˌtime ˈoff *s* (dal lavoro) permesso

timer /ˈtaɪmə/ *s* (di forno, videoregistratore) timer

times /taɪmz/ *prep* (nelle moltiplicazioni) per: *Two times two is four.* Due per due fa quattro.

timetable /ˈtaɪmˌteɪbəl/ *s* BrE **1** (di treni, autobus) orario **2** (di lezioni, conferenze) programma

timid /ˈtɪmɪd/ *agg* timido -a

time *sostantivo*

1 TEMPO

Have you got time for a coffee? Hai tempo per un caffè? | *Learning a language takes time.* Imparare una lingua richiede tempo. | *She took **a long time**.* Ci ha impiegato molto. | *I've been here **for some time**.* Sono qui da un bel po'. | **to take your time** fare con comodo | **to have a good time** divertirsi un mondo | **in time**: *We got there **in time for** dinner.* Siamo arrivati in tempo per la cena. | *You'll get used to it **in time**.* Con il tempo ti abituerai.

2 ORA

What time is it? Che ore sono? | *It's **time to** go home.* È ora di andare a casa. | **on time** puntuale: *Try to be on time.* Cerca di essere puntuale.

3 VOLTA

Every time I call, he's out. Tutte le volte che chiamo, è fuori. | *How many times have I told you?* Quante volte te l'ho detto? | *I go to the gym three times a week.* Vado in palestra tre volte alla settimana. | *next time I see her* la prossima volta che la vedo | *the last time I went out with him* l'ultima volta che sono uscita con lui | **three times longer/bigger etc** tre volte più lungo/più grande ecc.: *One **at a time**, please!* Uno alla volta, per favore! | **at times** a volte | **from time to time** di tanto in tanto

4 MOMENTO

Have I come at a bad time? Sono arrivato in un brutto momento? | ***By the time** you get this letter, I'll be in Canada.* Quando riceverai questa lettera, sarò in Canada. | **this time tomorrow/next year etc** domani/il prossimo anno ecc. a quest'ora | **for the time being** per il momento | **at all times** sempre | **at the time** al momento | **time after time** in continuazione

5 EPOCA, PERIODO

the happiest time of my life il periodo più felice della mia vita | **for a time** per un certo tempo | **in a week's time** tra una settimana

6 IN MUSICA

in time to the music a tempo di musica

7 Le espressioni come **to waste time**, **once upon a time**, ecc. sono trattate sotto **waste**, **once**, ecc.

timing /ˈtaɪmɪŋ/ *s* momento scelto per fare qualcosa: *That was good timing!* Che tempismo perfetto!

tin /tɪn/ *s* **1** BrE barattolo: *a tin of soup* un barattolo di minestra | *a tin of tuna* una scatoletta di tonno **2** stagno [metallo]

tinfoil /ˈtɪnfɔɪl/ *s* (carta) stagnola

tinge /tɪndʒ/ *sostantivo* e *verbo*
• *s* **1** (di colore) sfumatura **2** (di tristezza, ironia) punta
• *v* **to be tinged with sth** avere una punta di qc [emozione]

tingle /ˈtɪŋgəl/ *v* **my fingers/legs etc were tingling** avevo un formicolio nelle dita/nelle gambe ecc.

tinned /tɪnd/ *agg* BrE in scatola

ˈtin ˌopener *s* BrE apriscatole

tinsel /ˈtɪnsəl/ *s* ghirlande luccicanti per decorare l'albero di Natale

tint /tɪnt/ *sostantivo* e *verbo*
• *s* **1** (di colore) sfumatura **2** (per capelli) tinta
• *v* [tr] tingere [capelli]

tinted /ˈtɪntɪd/ *agg* **1** (vetri, occhiali) fumé **2** (capelli) tinto -a

tiny /ˈtaɪni/ *agg* (**tinier**, **tiniest**) **1** (persona, casa, oggetto) piccino -a **2** (profitto, rischio) molto ridotto -a

tip /tɪp/ *sostantivo* e *verbo*
• *s* **1** (di naso, dito, matita) punta | **it's on the tip of my tongue** ce l'ho sulla punta della lingua **2** mancia **3** consiglio | **to give sb a tip** dare un consiglio a qn **4** BrE discarica
• *v* (**tipped**, **tipping**) **1** [tr] inclinare: *Don't* ***tip*** *your chair* ***back***. Non inclinare la sedia all'indietro. **2** [intr] inclinarsi | **to tip back** (sedile) inclinarsi all'indietro **3 to tip sth into/onto sth a)** (per caso) rovesciare qc in/su qc **b)** (di proposito) versare qc in/su qc | **to tip sth out** rovesciare qc **4** [tr] dare la mancia a
tip sb off fare una soffiata a qn [polizia]
tip over rovesciarsi **tip sth over** fare rovesciare qc

tiptoe /ˈtɪptəʊ/ *sostantivo* e *verbo*
• *s* **on tiptoe(s)** in punta di piedi
• *v* [intr] camminare in punta di piedi

tire /taɪə/ *verbo* e *sostantivo*
• *v* **1** [intr] stancarsi **2** [tr] stancare **3 to tire of sb** stancarsi di qn | **to tire of sth/doing sth** stancarsi di qc/di fare qc
tire sb out sfinire qn **tire yourself out** stancarsi
• *s* AmE ▶ vedi **tyre**

tired /taɪəd/ *agg* **1** stanco -a | **tired out** sfinito -a **2 to be tired of sb/sth** essere stanco di qn/qc: *She was tired of being a secretary.* Era stanca di fare la segretaria.
▶ vedi anche **sick**

tiredness /ˈtaɪədnəs/ *s* stanchezza

tiresome /ˈtaɪəsəm/ *agg* **1** (compito, problema) noioso -a **2** (persona) irritante

tiring /ˈtaɪərɪŋ/ *agg* stancante

tissue /ˈtɪʃuː/ *s* **1** fazzolettino di carta **2** (in anatomia) tessuto

title /ˈtaɪtl/ *s* **1** (di libro, canzone) titolo **2** stato civile, (qualifica) titolo **3** (nobiliare) titolo **4** (nello sport) titolo

ˈtitle-ˌholder *s* detentore -trice del titolo

ˈtitle ˌrole *s* ruolo principale

T-junction /ˈtiː ˌdʒʌŋkʃən/ *s* BrE incrocio [a forma di T]

to[1] /tə, tʊ, tonico tuː/ [con i verbi all'infinito] **1** quando fa parte dell'infinito di un verbo, normalmente non si traduce in italiano: *to think* pensare | *He wants to stay.* Vuole restare. | *"Why don't you go with them?" "Because I don't want to."* – Perché non vai con loro? – Perché non voglio. **2** (per esprimere lo scopo) per: *She left early to catch a train.* È uscita presto per prendere il treno. **3 to ask sb to do sth** chiedere a qn di fare qc: *They told me to wait.* Mi hanno detto di aspettare. **4 it's easy to do/hard to understand etc** è facile da fare/difficile da capire ecc.

to[2] /tə, tʊ, tonico tuː/ *prep* ▶ vedi riquadro

to[3] /tuː/ *avv* **to and fro** avanti e indietro

toad /təʊd/ *s* rospo

toast /təʊst/ *sostantivo* e *verbo*
• *s* **1** pane tostato **2** brindisi
• *v* [tr] **1** brindare a [persona, salute] **2** tostare [pane]

toaster /ˈtəʊstə/ *s* tostapane

tobacco /təˈbækəʊ/ *s* tabacco

tobacconist /təˈbækənɪst/ *s* **1** tabaccaio -a **2** (anche **tobacconist's**) tabaccheria

today /təˈdeɪ/ *avverbio* e *sostantivo*
• *avv* **1** oggi: *Are you going into town today?* Vai in città oggi? **2 a week today** BrE tra una settimana (a partire da oggi) **3** al giorno d'oggi
• *s* **1 today's news/paper** le notizie/il giornale di oggi **2** (il giorno d')oggi: *today's women* le donne d'oggi

toddler /ˈtɒdlə/ *s* bambino che muove i primi passi

toe /təʊ/ *s* **1** dito (del piede) | **big toe** alluce **2** (di calza, scarpa) punta **3 to tread on sb's toes** BrE, **to step on sb's toes** AmE pestare i piedi a qn **4 to keep sb on their toes** tenere qn sul chi vive

toenail /ˈtəʊneɪl/ *s* unghia (dei piedi)

toffee /ˈtɒfi/ *s* caramella mou

together /təˈgeðə/ *avv* **1** (in uno stesso luogo) insieme: *Put it all together in that drawer.* Metti tutto insieme in quel cassetto. **2** (in compagnia) insieme: *We were at school together.* Eravamo a scuola insieme. | *She doesn't let us sit together.* Non ci lascia seduti vicini. **3** (allo stesso tempo) insieme: *You need to press the two buttons together.* Devi schiacciare i due tasti insieme. **4 to tie sth together** legare qc insieme | **to join sth together** unire qc | **to mix sth and sth together** mischiare qc con qc **5 together with** insieme a

to *preposizione*

1 DESTINAZIONE (= a)
She's gone to Australia. È andata in Australia. | *I walked over to the window.* Mi sono avvicinato alla finestra. | *I'm going to bed.* Vado a letto.

2 DIREZIONE (= verso, a)
Can you move to the right a little? Puoi spostarti un po' verso destra?

3 POSIZIONE (= a)
To your left is the abbey. Alla vostra sinistra c'è l'abbazia.

4 PER INDICARE UN LIMITE (= fino a)
The water came up to my knees. L'acqua mi arrivava fino alle ginocchia. | *She can count to ten.* Sa contare fino a dieci. | *from Monday to Friday* da lunedì a venerdì | *It's only two weeks to Christmas.* Mancano solo due settimane a Natale. | *The work will take two to three weeks.* È un lavoro che richiede dalle due alle tre settimane.

5 CON COMPLEMENTO INDIRETTO (= a)
He gave the money to his wife. Ha dato il denaro alla moglie. | *Say something to me!* Dimmi qualcosa!

6 NEI CONFRONTI DI
to be kind/cruel etc to sb essere gentile/crudele ecc. con qn

7 APPARTENENZA, RELAZIONE (= di)
the key to the back door la chiave della porta di servizio | *She's secretary to the manager.* È la segretaria del direttore.

8 PARAGONI (= a)
I prefer chicken to fish. Preferisco il pollo al pesce. | *They beat us by two goals to one.* Ci hanno battuto due a uno.

9 ORA
ten to five/twenty to one etc le cinque meno dieci/l'una meno venti ecc.

10 ALTRE ESPRESSIONI
to my surprise/relief etc con mia grande sorpresa/con mio grande sollievo ecc. | **a room to myself** una camera tutta per me | **to say to yourself** dirsi

toilet /'tɔɪlət/ *s* BrE **1** (in casa) bagno **2** (in un luogo pubblico) gabinetto **3 to go to the toilet** andare al gabinetto

'toilet ˌpaper *s* carta igienica

toiletries /'tɔɪlətriz/ *s pl* articoli per l'igiene personale

'toilet roll *s* BrE rotolo di carta igienica

token /'təʊkən/ *sostantivo* e *aggettivo*
• *s* **1** (per macchina) gettone **2** (d'affetto, gratitudine) segno **3 a book token** BrE un buono libri ► vedi anche **gift token**
• *agg* **a token gesture** un gesto simbolico

told /təʊld/ passato e participio di **tell**

tolerance /'tɒlərəns/ *s* tolleranza

tolerant /'tɒlərənt/ *agg* tollerante

tolerate /'tɒləreɪt/ *v* [tr] tollerare

toll /təʊl/ *sostantivo* e *verbo*
• *s* **1** (su strade, ponti) pedaggio **2 death toll** bilancio delle vittime **3 it has taken its toll on his health** gli è costata la salute
• *v* [intr] (campana) suonare a morto

tomato /tə'mɑːtəʊ, AmE tə'meɪtəʊ/ *s* (pl **-toes**) pomodoro

tomb /tuːm/ *s* tomba

tomboy /'tɒmbɔɪ/ *s* maschiaccio

tombstone /'tuːmstəʊn/ *s* pietra tombale

tomorrow /tə'mɒrəʊ/ *avverbio* e *sostantivo*
• *avv* domani: *What are you doing tomorrow?* Che cosa fai domani? | **tomorrow morning/night** domani mattina/sera | **the day after tomorrow** dopodomani | **a week tomorrow** BrE fra una settimana
• *s* **1** (giorno successivo) domani: *tomorrow's meeting* l'incontro di domani **2** (avvenire) domani: *tomorrow's computers* i computer di domani

ton /tʌn/ *s* **1** (pl **tons** o **ton**) tonnellata **2 tons of sth** (informale) tonnellate di qc **3 to weigh a ton** (informale) pesare una tonnellata

> **A ton** equivale a 1.016 kg nel sistema britannico e a 907 kg in quello americano. La tonnellata del sistema metrico decimale (1.000 kg) si chiama in inglese **metric ton** o **tonne.**

tone /təʊn/ *sostantivo* e *verbo*
• *s* **1** (di voce) tono **2** (di strumento, voce) timbro **3** (atmosfera, lettera) tono **4** (di un colore) tono **5** segnale acustico: *Leave a message **after the tone**.* Lasciate un messaggio dopo il segnale acustico. | **engaged tone** BrE, **busy tone** AmE segnale di occupato
• *v* **tone sth down** attenuare il tono di qc [affermazione, lettera] | **to tone down your language** moderare i termini

tongue /tʌŋ/ *s* **1** (organo) lingua | **to stick your tongue out at sb** fare la linguaccia a qn **2 tongue in cheek** in tono scherzoso **3** (formale) (linguaggio) lingua | **mother tongue** lingua madre ► vedi anche **slip**, **tip**

tonic /'tɒnɪk/ *s* **1** (anche **tonic water**) acqua tonica **2 it was a real tonic** è stato un toccasana **3** (medicina) ricostituente

tonight /tə'naɪt/ *avverbio* e *sostantivo*
• *avv* stasera: *Call me tonight.* Chiamami stasera.

C'è una tavola con i numeri in inglese e spiegazioni sul loro uso nella **guida grammaticale**.

● *s* questa sera: *tonight's news bulletin* il notiziario di questa sera

tonne /tʌn/ *s* (pl **tonnes** o **tonne**) tonnellata [nel sistema metrico decimale]

tonsils /ˈtɒnsəlz/ *s pl* tonsille

too /tuː/ *avv* **1** troppo: *She was driving too fast.* Guidava troppo forte. | *It's too cold to go out.* Fa troppo freddo per uscire. | **too much** troppo: *too much violence* troppa violenza | *too many people* troppe persone | **too little** troppo poco: *too few students* troppo pochi studenti | **far too expensive/young etc** fin troppo caro/giovane ecc. | **not too happy/worried etc** non molto contento/preoccupato ecc. **2** anche: *"I'm really hungry." "Me too."* – Ho molta fame. – Anch'io.

took /tʊk/ passato di **take**

tool /tuːl/ *s* **1** attrezzo **2** strumento

ˈtool kit *s* cassetta degli attrezzi

tooth /tuːθ/ *s* (pl **teeth** /tiːθ/) **1** (di persona, animale) dente | **to clean/brush your teeth** lavarsi i denti | **I/he etc had a tooth out** mi sono fatto/si è fatto ecc. togliere un dente **2** (di pettine, sega) dente **3 to get your teeth into sth** (informale) buttarsi in qc **4 to have a sweet tooth** essere goloso di dolci **5 to grit your teeth** stringere i denti

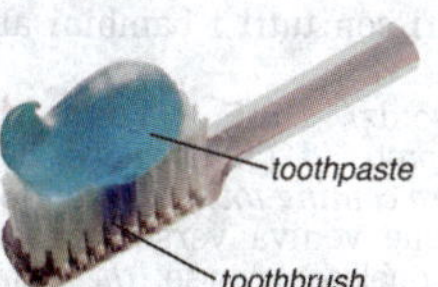

toothache /ˈtuːθ-eɪk/ *s* mal di denti: *I've got toothache.* Ho il mal di denti.

toothbrush /ˈtuːθbrʌʃ/ *s* (pl **-shes**) spazzolino da denti

toothpaste /ˈtuːθpeɪst/ *s* dentifricio

toothpick /ˈtuːθˌpɪk/ *s* stuzzicadenti

top /tɒp/ *sostantivo, aggettivo* e *verbo*

● *s* **1** (di montagna, collina) cima **2** (di albero) cima **3** (di tazza, bicchiere) orlo: *I filled the glass right to the top.* Ho riempito il bicchiere proprio fino all'orlo. **4** (prima posizione) cima: *Your name is at the top of the list.* Il tuo nome è in cima alla lista. **5** (di una pagina) cima: *at the top of the page* in cima alla pagina **6** (di tavolo, mobile) piano **7** (di bottiglia, barattolo) tappo **8** (di penna) cappuccio **9** (indumento) maglia: *She was wearing a sleeveless top.* Indossava una maglia senza maniche. **10 the top** il top: *She is at the top of her profession.* È al top della sua carriera. **11 at the top of the street** in cima alla strada **12 at the top of the table** a capotavola **13 on top** in cima: *a cake with a cherry on top* una torta con in cima una ciliegina **14 on top of** sopra a: *It's on top of the fridge.* È sopra al frigo. **15 to be on top of the situation** avere la situazione in pugno **16 off the top of your head** (informale) su due piedi **17 at the top of your voice** a squarciagola **18 to be on top of the world** essere al settimo cielo **19 from top to bottom** da cima a fondo

● *agg* **1** per esprimere l'idea di più alto: *It's in the top drawer.* È nel cassetto più alto. | *They live on the top floor.* Vivono all'ultimo piano. | *She got top marks.* Ha avuto il massimo dei voti. **2** migliore: *one of the world's top tennis players* uno dei migliori tennisti del mondo **3 top speed/temperature** velocità/temperatura massima

● *v* [tr] (**topped**, **topping**) **1** superare **2** essere in testa a [classifica] **3 to be topped with** essere ricoperto da **4 and to top it all** e come se non bastasse

top sth up riempire qc (di nuovo) [bicchiere]

ˌtop ˈhat *s* cappello a cilindro

topic /ˈtɒpɪk/ *s* argomento

topical /ˈtɒpɪkəl/ *agg* d'attualità

topless /ˈtɒpləs/ *agg* in topless

topping /ˈtɒpɪŋ/ *s* ingrediente che si mette sopra un gelato, una pizza, ecc.: *a cake with chocolate topping* una torta ricoperta di cioccolato

topple /ˈtɒpəl/ *v* **1** [intr] (anche **topple over**) cadere **2** [tr] far cadere [oggetto] **3** [tr] far cadere [governo]

ˌtop-ˈsecret *agg* top-secret

torch /tɔːtʃ/ *s* (pl **torches**) **1** BrE (lampadina tascabile) torcia elettrica **2** (fiaccola) torcia

torch

tore /tɔː/ passato di **tear**

torment¹ /tɔːˈment/ *v* [tr] **1** tormentare **2** (stuzzicare) tormentare

torment² /ˈtɔːment/ *s* tormento

torn /tɔːn/ participio di **tear**

tornado /tɔːˈneɪdəʊ/ *s* (pl **-does**) (tempesta) tornado

torpedo /tɔːˈpiːdəʊ/ *s* (pl **-does**) siluro

torrent /ˈtɒrənt/ *s* **1** (flusso abbondante) torrente **2 a torrent of abuse/criticism** una valanga d'insulti/di critiche

torso /ˈtɔːsəʊ/ *s* busto

tortoise /ˈtɔːtəs/ *s* tartaruga [di terra]

torture /ˈtɔːtʃə/ *sostantivo* e *verbo*

● *s* **1** (di prigioniero) tortura **2** (sofferenza) supplizio

● *v* [tr] **1** torturare **2** tormentare

T

Tory /ˈtɔːri/ *s* (pl **-ries**) membro del partito conservatore britannico

toss /tɒs/ *verbo* e *sostantivo*
- *v* (3ª pers sing **tosses**) **1** [tr] gettare: *He tossed his jacket onto the bed.* Ha gettato la giacca sul letto. **2 to toss and turn** girarsi e rigirarsi [nel letto senza riuscire a dormire] **3** [tr] mescolare [insalata], girare [crêpe] **4 to toss (up) for sth** fare a testa o croce per qc
- *s* **to decide sth on the toss of a coin** decidere qc a testa o croce

total /ˈtəʊtl/ *aggettivo, sostantivo* e *verbo*
- *agg* **1** (divieto, spreco) completo -a | **a total disaster** un completo disastro | **a total stranger** un perfetto sconosciuto **2** (costo, numero) totale
- *s* totale | **in total** in totale
- *v* [tr] (**-lled**, **-lling** BrE, **-led**, **-ling** AmE) **1** ammontare a: *Sales totalled $350,000 last year.* Le vendite ammontavano a 350.000 dollari lo scorso anno. **2** (anche **total up**) sommare | **to total (up) the scores** sommare i punti

totally /ˈtəʊtl-i/ *avv* completamente

totter /ˈtɒtə/ *v* [intr] barcollare

touch /tʌtʃ/ *verbo* e *sostantivo*
- *v* (3ª pers sing **touches**) **1** [tr] toccare: *You haven't touched your food.* Non hai toccato cibo. **2** [intr] toccarsi: *their knees were touching* le loro ginocchia si toccavano **3** [tr] commuovere: *It touched me that the old man remembered me.* Mi ha commosso che il vecchio si ricordasse di me. **4** [tr] uguagliare
  touch down atterrare
  touch on sth accennare a qc
  touch sth up ritoccare qc
- *s* **1** tatto [senso] | **to the touch** al tatto **2** (atto del toccare) tocco **3 to be in touch (with sb)** essere in contatto (con qn) | **to get in touch with sb** contattare qn | **to keep in touch (with sb)** rimanere in contatto (con qn) | **to lose touch with sb** perdere di vista qn **4 to be out of touch with sth** non essere aggiornato su qc **5 to put the finishing touches to sth** dare gli ultimi ritocchi a qc **6 to lose your touch** perdere la mano **7** (piccola quantità) *a touch of salt* una presa di sale | *a touch of class* un tocco di classe

touchdown /ˈtʌtʃdaʊn/ *s* **1** atterraggio **2** (nel football americano) touch-down

touched /tʌtʃt/ *agg* **to be touched (by sth)** essere commosso (da qc)

touching /ˈtʌtʃɪŋ/ *agg* commovente

touchy /ˈtʌtʃi/ *agg* (**-chier**, **-chiest**) **1** irritabile **2 a touchy subject** un argomento delicato

tough /tʌf/ *agg* **1** (domanda) difficile **2** (persona) forte **3** (materiale) resistente **4** (castigo) severo -a, (poliziotto, uomo d'affari) duro -a | **to get tough with sb** essere più severo con qn **5** (carne) duro -a **6** (informale) (ingiusto) duro -a | **tough luck!** peggio per te/lui ecc.!

toughen /ˈtʌfən/ *v* **1** [tr] indurire [pelle] **2** [tr] temprare [vetro]

tour /tʊə/ *sostantivo* e *verbo*
- *s* **1** tournée | **to be on tour** essere in tournée **2** visita: *We went on a guided tour of the house.* Abbiamo fatto una visita guidata della casa. **3** giro turistico: *We're going on a ten-day tour of Egypt.* Facciamo un giro turistico di dieci giorni in Egitto.
- *v* **1** [tr] fare un giro di: *They are touring the Greek islands.* Stanno facendo un giro delle isole greche. **2** [intr] viaggiare: *They spent the summer touring in Canada.* Hanno trascorso l'estate viaggiando in Canada. **3** [intr] fare una tournée

tourism /ˈtʊərɪzəm/ *s* turismo

tourist /ˈtʊərɪst/ *s* turista

ˈtourist atˌtraction *s* attrazione turistica

tournament /ˈtʊənəmənt/ *s* torneo

tow /təʊ/ *verbo* e *sostantivo*
- *v* [tr] rimorchiare
  tow sth away portare qc via con il carro attrezzi [veicolo], rimorchiare qc [nave]
- *s* **with sb in tow** (informale) con qn al seguito: *They arrived with all the kids in tow.* Sono arrivati con tutti i bambini al seguito.

towards /təˈwɔːdz/ BrE, **toward** /təˈwɔːd/ AmE *prep* **1** (in direzione di) verso: *I saw a man coming towards me.* Ho visto un uomo che veniva verso di me. **2** (per arrivare a qualcosa) verso: *the first step towards an agreement* il primo passo verso un accordo **3** (riferito a sentimenti, comportamento) nei confronti di: *my feelings towards him* i miei sentimenti nei suoi confronti **4 to give sb money towards sth** aiutare qn a comprare qc

towel /ˈtaʊəl/ *s* asciugamano

tower /ˈtaʊə/ *sostantivo* e *verbo*
- *s* torre
- *v* **to tower above sb/sth** sovrastrare qn/qc

church tower

ˈtower block *s* BrE (grattacielo) torre

town /taʊn/ *s* **1** cittadina: *the town of Folkestone* la cittadina di Folkestone ▶ TOWN O CITY? vedi nota sotto **città** **2** (zona commerciale) centro: *I got it from a shop in town.* L'ho comprato in un negozio del centro. | **to go into town**

Vuoi ordinare un hamburger in inglese? Consulta la **guida alla comunicazione** in fondo al dizionario.

andare in centro **3 to go to town on sth** (informale) non badare a spese per qc

ˌtown ˈhall *s* municipio

toxic /ˈtɒksɪk/ *agg* tossico -a

toy /tɔɪ/ *sostantivo e verbo*

- *s* **1** giocattolo **2 toy train** trenino
- *v* **toy with sth** **1** giocherellare con qc **2 to toy with the idea of doing sth** accarezzare l'idea di fare qc

trace /treɪs/ *verbo e sostantivo*

- *v* [tr] **1** rintracciare: *Police are still trying to trace her husband.* La polizia sta ancora cercando di rintracciare suo marito. | **to trace a call** localizzare una chiamata **2** individuare le origini di qc: *Her problems can be traced back to childhood.* I suoi problemi possono essere fatti risalire all'infanzia. **3** ricostruire [storia] **4** ricalcare [disegno] **5** tracciare [figura, linea]
- *s* **1** (indizio) traccia | **to disappear/vanish without trace** sparire senza lasciare tracce **2** (piccola quantità) traccia

track /træk/ *sostantivo, sostantivo plurale e verbo*

- *s* **1** sentiero: *We drove up the track to the farm.* Abbiamo percorso il sentiero in macchina fino alla fattoria. **2** (nello sport) pista **3** (della ferrovia) binari **4** (di CD, disco) brano **5 to be on the right track** essere sulla buona strada | **to be on the wrong track** essere fuori strada **6 to keep track of sth a)** tenere il conto di qc [spese] **b)** seguire qc [evoluzione] | **to lose track of sb** perdere di vista qn | **to lose track of the time** perdere la nozione del tempo **7 somewhere off the beaten track** in un posto sperduto
- **tracks** *s pl* (di animale, veicolo) tracce
- *v* [tr] seguire le tracce di
  track sth down trovare qc **track sb down** scovare qn

ˈtrack ˌrecord *s* esperienza

tracksuit /ˈtræksuːt/ *s* BrE tuta da ginnastica

tractor /ˈtræktə/ *s* trattore

trade /treɪd/ *sostantivo e verbo*

- *s* **1** commercio: *Trade between Japan and Europe is increasing.* Il commercio tra il Giappone e l'Europa si sta intensificando. **2** settore (commerciale): *the hotel trade* il settore alberghiero **3** mestiere | **by trade** di mestiere
- *v* **1 to trade with sb** fare affari con qn **2** [intr] AmE scambiare | **to trade sth for sth** scambiare qc con qc
  trade sth in dare indietro qc [in vista di un acquisto]: *I **traded** my old car **in for** a new one.* Ho dato indietro la macchina vecchia per comprarne una nuova.

trademark /ˈtreɪdmɑːk/ *s* marchio registrato

trader /ˈtreɪdə/ *s* commerciante

tradesman /ˈtreɪdzmən/ *s* (pl **-men** /-mən/) commerciante: *the tradesmen's entrance* ingresso di servizio

ˌtrade ˈunion *s* sindacato

tradition /trəˈdɪʃən/ *s* tradizione

traditional /trəˈdɪʃənəl/ *agg* tradizionale

traffic /ˈtræfɪk/ *sostantivo e verbo*

- *s* **1** (di veicoli) traffico: *heavy traffic* traffico intenso **2** (illegale) traffico
- *v* (passato e participio **-cked**) **to traffic in sth** trafficare in qc

ˈtraffic ˌjam *s* ingorgo (stradale)

trafficker /ˈtræfɪkə/ *s* trafficante: *a drug trafficker* un trafficante di droga

ˈtraffic ˌlights *s pl* semaforo

ˈtraffic ˌwarden *s* BrE vigile (urbano)

tragedy /ˈtrædʒədi/ *s* (pl **-dies**) tragedia

tragic /ˈtrædʒɪk/ *agg* tragico -a

trail /treɪl/ *verbo e sostantivo*

- *v* **1** [intr/tr] trascinare **2 to trail along behind sb** trascinarsi dietro qn **3** [intr] (nello sport) perdere [in una partita]
- *s* **1** tracce | **to be on sb's trail** essere sulle tracce di qn **2 a trail of blood** una scia di sangue **3** (sentiero) pista

trailer /ˈtreɪlə/ **1** rimorchio **2** (di film) trailer, spezzone pubblicitario **3** AmE roulotte ► In inglese britannico si usa **caravan**.

train /treɪn/ *sostantivo e verbo*

- *s* **1** treno: *When is the next train to Glasgow?* A che ora parte il primo treno per Glasgow? | **by train** con il treno **2 train of events** serie di avvenimenti | **my/her train of thought** il filo dei miei/suoi pensieri
- *v* **1** [intr] seguire un corso di formazione | **to train as a doctor/lawyer** studiare medicina/legge **2** [tr] formare [persona] **3** [tr] addestrare [animale] **4** (nello sport) [tr] allenare, [intr] allenarsi

trainee /ˌtreɪˈniː/ *s* praticante

trainer /ˈtreɪnə/ *s* **1** (nello sport) allenatore -trice **2** (di cavalli) allenatore -trice, (di cani) addestratore -trice **3** BrE scarpa da ginnastica

training /ˈtreɪnɪŋ/ *s* **1** (per un lavoro) formazione **2** (nello sport) allenamento | **to be in training for sth** allenarsi per qc

trait /treɪ/ *s* tratto [del carattere]

traitor /ˈtreɪtə/ *s* traditore -trice

tram /træm/ *s* BrE tram

tramp /træmp/ *sostantivo e verbo*

- *s* BrE vagabondo -a
- *v* [intr] camminare con passo pesante: *We tramped home through the snow.* Ci siamo trascinati fino a casa affondando nella neve.

trample /ˈtræmpəl/ *v* [tr] calpestare | **to be trampled to death** morire calpestato

trampoline /ˈtræmpəliːn/ *s* trampolino elastico

trance /trɑːns/ *s* **to be in a trance** essere in trance

tranquil /ˈtræŋkwəl/ *agg* tranquillo -a

tranquillizer BrE, **tranquilizer** AmE /ˈtræŋkwəlaɪzə/ *s* tranquillante

transfer[1] /trænsˈfɜː/ *v* (-rred, -rring) **1** [intr] trasferirsi, [tr] trasferire [impiegati] **2** [tr] fare un bonifico di [soldi] **3** [tr] trasferire [telefonata]

transfer[2] /ˈtrænsfɜː/ *s* **1** (di impiegato) trasferimento **2** (di soldi) bonifico **3** (di giocatore di calcio) trasferimento **4** BrE decalcomania

transform /trænsˈfɔːm/ *v* [tr] trasformare | **to transform sth into sth** trasformare qc in qc

transformation /ˌtrænsfəˈmeɪʃən/ *s* trasformazione

transfusion /trænsˈfjuːʒən/ *s* trasfusione

transit /ˈtrænsɪt/ *s* **in transit** durante il trasporto

transition /trænˈzɪʃən/ *s* transizione

transitive /ˈtrænsətɪv/ *agg* transitivo

translate /trænsˈleɪt/ *v* [tr/intr] tradurre | **to translate sth from English into Italian** tradurre qc dall'inglese all'italiano

translation /trænsˈleɪʃən/ *s* traduzione | **translation from English into Italian** traduzione dall'inglese all'italiano | **to read sth in translation** leggere qc nella versione tradotta

translator /trænsˈleɪtə/ *s* traduttore -trice

transmission /trænzˈmɪʃən/ *s* (alla radio, TV) trasmissione

transmit /trænzˈmɪt/ *v* [tr] (-tted, -tting) **1** trasmettere [un programma] **2** trasmettere [una malattia]

transmitter /trænzˈmɪtə/ *s* (radio) trasmittente

transparent /trænˈspærənt/ *agg* trasparente

transplant[1] /ˈtrænsplɑːnt/ *s* trapianto: *a heart transplant* un trapianto cardiaco

transplant[2] /trænsˈplɑːnt/ *v* [tr] **1** (in giardinaggio) trapiantare **2** (in medicina) trapiantare

transport[1] /ˈtrænspɔːt/ BrE, **transportation** /ˌtrænspɔːˈteɪʃən/ AmE *s* trasporto: *public transport* trasporti pubblici | *Have you got your own transport?* Hai un mezzo di trasporto?

transport[2] /trænˈspɔːt/ *v* [tr] trasportare

trap /træp/ *sostantivo e verbo*

- *s* **1** (per animali) trappola: *a mouse trap* una trappola per topi **2** (inganno) trappola | **to fall into a trap** cadere in trappola
- *v* [tr] (trapped, trapping) **1** intrappolare [persona] **2** prendere con una trappola [animale] **3** schiacciare: *Her legs were trapped in the rubble.* Aveva le gambe schiacciate sotto le macerie.

trapdoor /ˈtræpdɔː/ *s* botola [nel pavimento]

trash /træʃ/ *s* **1** AmE immondizia ▶ In inglese britannico si usa **rubbish**. **2** (informale) schifezza

trashcan /ˈtræʃkæn/ *s* AmE pattumiera ▶ In inglese britannico si usa **dustbin** o **litter bin**.

trauma /ˈtrɔːmə/ *s* trauma

traumatic /trɔːˈmætɪk/ *agg* traumatico -a

travel /ˈtrævəl/ *verbo e sostantivo*

- *v* (-lled, -lling BrE, -led, -ling AmE) **1** [intr] viaggiare | **to travel by train/car** viaggiare in treno/macchina **2** [intr] (procedere) viaggiare: *The car was travelling at 95 mph.* La macchina viaggiava a 95 miglia all'ora. | *News travels fast.* Le notizie si spargono in fretta. **3** [tr] (percorrere) fare: *We travelled 200 miles before lunch.* Abbiamo fatto 200 miglia prima di pranzo.
- *s* viaggio: *foreign travel* viaggi all'estero ▶ TRAVEL, JOURNEY, TRIP O VOYAGE? vedi nota sotto **viaggio**

ˈtravel ˌagency *s* (pl -cies) agenzia di viaggi

ˈtravel ˌagent *s* **1** operatore turistico, tour operator **2** **travel agent's** agenzia di viaggi

traveller BrE, **traveler** AmE /ˈtrævələ/ *s* viaggiatore

ˈtraveller's ˌcheque BrE, **traveler's check** AmE *s* traveller's cheque

trawler /ˈtrɔːlə/ *s* peschereccio [con reti a strascico]

tray /treɪ/ *s* vassoio

treacherous /ˈtretʃərəs/ *agg* **1** (persona) infido -a **2** (mare, palude) infido -a

treachery /ˈtretʃəri/ *s* tradimento

tread /tred/ *verbo e sostantivo*

- *v* (passato **trod**, participio **trodden**) **1** **to tread in sth** mettere il piede in qc | **to tread on sth** pestare qc **2** **to tread**

carefully andarci piano ▶ vedi anche **toe**
• *s* (di pneumatico) battistrada
treason /'tri:zən/ *s* tradimento
treasure /'treʒə/ *sostantivo* e *verbo*
• *s* tesoro
• *v* [tr] tenere molto a | **to treasure the memory of sth** custodire gelosamente il ricordo di qc
treasurer /'treʒərə/ *s* cassiere -a [di club, associazioni]
treasury /'treʒəri/ *s* **the Treasury** il Ministero dell'Economia e delle Finanze
treat /tri:t/ *verbo* e *sostantivo*
• *v* [tr] **1** trattare: *He **treats** me **like** a child.* Mi tratta come un bambino. | *She **treats** everything **as** a joke.* Prende tutto alla leggera. **2** curare [paziente] **3 to treat sb to sth** offrire qc a qn: *They treated me to dinner.* Mi hanno offerto una cena. **4 to treat yourself to sth** regalarsi qc: *I treated myself to a new dress.* Mi sono regalata un vestito nuovo. **5** trattare [metallo, legno]
• *s* **1** regalo o invito speciale: *He took me to a concert as a treat.* Mi ha portato al concerto per farmi un regalo speciale. **2 (this is) my treat** offro io **3** sorpresa
treatment /'tri:tmənt/ *s* **1** cura **2** trattamento
treaty /'tri:ti/ *s* (pl **-ties**) trattato
treble /'trebəl/ *sostantivo* e *verbo*
• *s* triplo
• *v* [tr] triplicare, [intr] triplicarsi
tree /tri:/ *s* albero ▶ **Tree** è usato anche nel nome di molti alberi come, ad esempio, **apple tree** (melo), **pine tree** (pino). In questi casi, **tree** non si traduce. Questi composti figurano sotto il primo elemento (**apple, pine** ecc.)
trek /trek/ *verbo* e *sostantivo*
• *v* [intr] (**trekked**, **trekking**) **1** camminare [seguendo percorsi faticosi] **2 to go trekking** fare trekking
• *s* spedizione
tremble /'trembəl/ *v* [intr] tremare
tremendous /trɪ'mendəs/ *agg* **1** (sforzo, rumore) tremendo -a | **a tremendous amount of time/money** un mucchio di tempo/di soldi **2** fantastico -a
tremendously /trɪ'mendəsli/ *avv* enormemente
tremor /'tremə/ *s* scossa [di terremoto]
trench /trentʃ/ *s* (pl **trenches**) **1** fosso **2** trincea
trend /trend/ *s* **1** tendenza **2** moda | **to set the trend** lanciare una moda
trendy /'trendi/ *agg* (**-dier**, **-diest**) (persona) alla moda, (ristorante) di moda
trespass /'trespəs/ *v* [intr] (3ª pers sing **-sses**) introdursi abusivamente in una proprietà privata
trespasser /'trespəsə/ *s* intruso -a

trial /'traɪəl/ *s* **1** processo | **to be on trial (for sth)** essere sotto processo (per qc) **2** (in un lavoro) prova, (di medicine) test | **to do sth by trial and error** fare qc per tentativi **3 trial period** periodo di prova
triangle /'traɪæŋgəl/ *s* triangolo
tribe /traɪb/ *s* tribù
tribute /'trɪbju:t/ *s* tributo | **to pay tribute to sb** rendere omaggio a qn
trick /trɪk/ *sostantivo* e *verbo*
• *s* **1** (espediente) trucco | **a mean trick** una carognata **2** scherzo | **to play a trick on sb** fare uno scherzo a qn **3** trucco: *The trick is to bend your knees as you catch the ball.* Il trucco è piegare le ginocchia mentre si prende la palla. **4 a drop of oil should do the trick** una goccia d'olio dovrebbe risolvere il problema **5** (di mago, prestigiatore) trucco **6 to use every trick in the book** servirsi di tutti i mezzi possibili
• *v* [tr] imbrogliare | **to trick sb into doing sth** convincere qn a fare qc con l'inganno
trickle /'trɪkəl/ *verbo* e *sostantivo*
• *v* [intr] **1** (acqua, lacrime) colare (lentamente) **2** (persone, veicoli) **to trickle in/out** entrare/uscire alla spicciolata
• *s* **1** (d'acqua, di sangue) rivolo **2 a trickle of people/cars** un numero esiguo di persone/macchine
ˌtrick 'question *s* domanda trabocchetto
tricky /'trɪki/ *agg* (**-ckier**, **-ckiest**) **1** (problema, decisione) difficile **2** (situazione) delicato -a
tried /traɪd/ passato e participio di **try**
trifle /'traɪfəl/ *s* **1 a trifle nervous/angry etc** (formale) un tantino nervoso/arrabbiato ecc. **2** BrE dolce fatto con strati di pan di Spagna, frutta, gelatina e crema **3** (cosa senza importanza) quisquilia
trigger /'trɪgə/ *sostantivo* e *verbo*
• *s* grilletto
• *v* [tr] (anche **trigger off**) scatenare [serie di avvenimenti], risvegliare [ricordi]
trillion /'trɪljən/ *numero* **1** mille miliardi ▶ vedi Active Box **numbers** sotto **number** **2 trillions of** (informale) un'infinità di
trim /trɪm/ *verbo* e *sostantivo*
• *v* [tr] (**trimmed**, **trimming**) **1** spuntare [capelli, baffi], dare una tagliata a [prato], pareggiare [siepe] **2** contenere [costi, spese]
• *s* spuntata: *My hair needs a trim.* I miei capelli hanno bisogno di una spuntata.
trimming /'trɪmɪŋ/ *sostantivo* e *sostantivo plurale*
• *s* bordura
• **trimmings** *s pl* salse e contorni
trip /trɪp/ *sostantivo* e *verbo*
• *s* viaggio | **a business/coach trip** un viaggio d'affari/in pullman | **a school**

T

trip una gita scolastica | **to go on a trip** fare un viaggio ▶ TRIP, JOURNEY, TRAVEL O VOYAGE? vedi nota sotto **viaggio**
• *v* (**tripped**, **tripping**) **1** [intr] inciampare | **to trip on/over sth** inciampare in qc
2 [tr] fare lo sgambetto a
trip up inciampare **trip sb up** far inciampare qn

triple /ˈtrɪpəl/ *aggettivo, sostantivo* e *verbo*
• *agg* triplo -a
• *s* triplo
• *v* [tr] triplicare, [intr] triplicarsi

triplet /ˈtrɪplət/ *s* gemello nato da parto trigemino

tripod /ˈtraɪpɒd/ *s* treppiede

triumph /ˈtraɪəmf/ *sostantivo* e *verbo*
• *s* trionfo
• *v* [intr] trionfare | **to triumph over sth/sb** trionfare su qc/qn

triumphant /traɪˈʌmfənt/ *agg* **1** vittorioso -a **2** trionfante

trivial /ˈtrɪviəl/ *agg* banale

trod /trɒd/ passato di **tread**

trodden /ˈtrɒdn/ participio di **tread**

trolley /ˈtrɒli/ *s* BrE carrello

trombone /trɒmˈbəʊn/ *s* trombone

troop /truːp/ *verbo* e *sostantivo plurale*
• *v* **to troop in/out** entrare/uscire in gruppo
• **troops** *s pl* truppe

trophy /ˈtrəʊfi/ *s* (pl **-phies**) trofeo

tropical /ˈtrɒpɪkəl/ *agg* tropicale

tropics /ˈtrɒpɪks/ *s pl* **the tropics** i tropici

trot /trɒt/ *verbo* e *sostantivo*
• *v* (**trotted**, **trotting**) **1** trottare **2 to trot down to the chemist's/the baker's** fare una scappata in farmacia/dal panettiere
• *s* **1** trotto **2 three/seven times on the trot** (informale) tre/sette volte di fila

trouble /ˈtrʌbəl/ *sostantivo, sostantivo plurale* e *verbo*
• *s* **1** problemi: *We're having **trouble with** the central heating.* Abbiamo dei problemi con il riscaldamento. | *The **trouble with** Pete is that he doesn't listen.* Il problema di Pete è che non ascolta. | *The **trouble is,** I don't have the money.* Il problema è che non ho i soldi. | **to have trouble doing sth** avere dei problemi a fare qc
2 disturbi [di salute]: *stomach/heart trouble* disturbi della digestione/al cuore
3 to go to a lot of trouble over sth darsi molto da fare per qc: *I went to a lot of trouble over the food.* Mi sono data molto da fare per preparare da mangiare. | **it's no trouble** non è un disturbo
4 disordini
5 to be in trouble (with sb) avere delle grane (con qn) | **to get into trouble** finire nei guai: *I'll get into trouble if I'm late.* Se faccio tardi finisco nei guai. | **to be asking for trouble** (informale) andarsele a cercare: *You're asking for trouble if you leave the car unlocked.* Se lasci la macchina aperta te le vai proprio a cercare.
• **troubles** *s pl* problemi [economici, sentimentali]
• *v* [tr] **1** preoccupare
2 (formale) disturbare: *I'm sorry to trouble you.* Mi spiace disturbarla.

troubled /ˈtrʌbəld/ *agg* **1** (epoca, periodo) difficile **2** (relazione, vita privata) burrascoso -a **3** preoccupato -a

troublemaker /ˈtrʌbəlˌmeɪkə/ *s* attaccabrighe

troublesome /ˈtrʌbəlsəm/ *agg* (tosse) fastidioso -a, (persona) litigioso -a

trough /trɒf/ *s* **1** trogolo **2** mangiatoia

trousers /ˈtraʊzəz/ *s pl* pantaloni: *a pair of trousers* un paio di pantaloni

trout /traʊt/ *s* (pl **trout**) trota

trowel /ˈtraʊəl/ *s* **1** paletta [da giardiniere] **2** cazzuola

truancy /ˈtruːənsi/ *s* assenze ingiustificate

truant /ˈtruːənt/ *s* **to play truant** BrE marinare la scuola

truce /truːs/ *s* tregua

truck /trʌk/ *s* camion

trudge /trʌdʒ/ *v* [intr] trascinarsi

true /truː/ *agg* **1** (basato sui fatti) vero -a: *a true story* una storia vera | **to be true (that)** essere vero che: *Is it true you're leaving?* È vero che parti? | **to come true** avverarsi: *It's a dream come true.* È un sogno che si è avverato. **2** (genuino) vero -a: *true love* vero amore **3 to remain true to sth/sb** restare fedele a qc/qn

truly /ˈtruːli/ *avv* **1** veramente: *a truly wonderful performance* uno spettacolo veramente fantastico **2** davvero: *I'm truly sorry.* Sono davvero spiacente.
▶ vedi anche **yours**

trumpet /ˈtrʌmpɪt/ *s* tromba

trumpet

truncheon /ˈtrʌnʃən/ *s* manganello

trunk /trʌŋk/ *sostantivo* e *sostantivo plurale*
• *s* **1** (di albero) tronco **2** AmE (di auto) baule ▶ In inglese britannico si usa **boot**. **3** (di elefante) proboscide **4** (da viaggio) baule
• **trunks** *s pl* pantaloncini [da bagno]

trust /trʌst/ *sostantivo* e *verbo*
• *s* **1** fiducia | **to have trust in sb** aver fiducia in qn **2 to hold sth in trust** amministrare qc [patrimonio]
• *v* **1** [tr] avere fiducia in: *I trust her completely.* Ho piena fiducia in lei. | **to trust**

sb to do sth confidare nel fatto che qn faccia qc: *I trusted you not to tell anyone.* Confidavo nel fatto che non lo dicessi a nessuno. **2 to trust sb with sth** affidare qc a qn: *Hundreds of people trusted him with their money.* Centinaia di persone gli avevano affidato i loro soldi. **3 I trust (that) you are well** (formale) spero che tu stia bene
trust to sth affidarsi a qc: *We'll have to trust to luck.* Dobbiamo affidarci alla fortuna.

trusted /ˈtrʌstɪd/ *agg* (amico) fidato -a, (consigliere) di fiducia, (servitore) fedele

trustee /ˌtrʌsˈtiː/ *s* amministratore -trice [dei beni di qn]

trustworthy /ˈtrʌstˌwɜːði/ *agg* fidato -a

truth /truːθ/ *s* verità: *We never found out the truth.* Non abbiamo mai scoperto la verità. | **to tell the truth** dire la verità: *You must tell me the truth.* Devi dirmi la verità. | ***To tell you the truth**, I don't like her.* A dire il vero, non mi piace.

truthful /ˈtruːθfəl/ *agg* **1** (persona) sincero -a **2** (risposta) veritiero -a

try /traɪ/ *verbo* e *sostantivo*
- *v* (3ª pers sing **tries**, passato e participio **tried**) **1 to try to do sth** provare a fare qc: *He's only trying to help.* Sta solo cercando di aiutare. | **to try not to do sth** cercare di non fare qc: *Try not to make so much noise!* Cerca di non fare tutto questo rumore!
2 [intr] provarci: *I'm not very good at French but at least I try.* Non sono molto bravo in francese, ma almeno ci provo. | **to try hard** mettercela tutta
3 [tr] (sperimentare) provare: *I've tried all kinds of diets but nothing works.* Ho provato tutte le diete possibili, ma non ce n'è una che funzioni.
4 [tr] assaggiare [cibo]: *Try some of this cake.* Assaggia un po' di questa torta.
5 to try the door/window provare ad aprire la porta/la finestra
6 [tr] processare: *He is being **tried for** murder.* Lo stanno processando per omicidio.
try sth on provare qc [abito, scarpe]: *Can I try this dress on please?* Posso provare questo vestito?
try sth out provare qc [bicicletta, macchina nuova]
- *s* (pl **tries**) **1** tentativo | **to have a try** provare | **it's worth a try** vale la pena di provare
2 to give sth a try a) (tentare) provare qc **b)** (testare) provare qc
3 (nel rugby) meta

trying /ˈtraɪ-ɪŋ/ *agg* difficile

T-shirt /ˈtiː ʃɜːt/ *s* maglietta, T-shirt

tub /tʌb/ *s* **1** (per il gelato) vaschetta, (per lo yogurt) vasetto: *a tub of margarine* una vaschetta di margarina **2** AmE vasca (da bagno) ► In inglese britannico si usa **bath**.

tube /tjuːb/ *s* **1** tubo **2** tubetto [di dentificio, maionese] **3 the tube** BrE la metropolitana [di Londra]

tuck /tʌk/ *v* **1 to tuck sth behind/under sth** infilare qc dietro/sotto qc **2 to tuck sth into sth** infilare qc in qc: *Tuck your shirt into your trousers!* Infilati la camicia nei pantaloni!
tuck sth away 1 to be tucked away essere nascosto: *I found the key tucked away at the back of a cupboard.* Ho trovato la chiave nascosta in fondo all'armadio. **2** (informale) mettere da parte qc [soldi]
tuck in (informale) cominciare a mangiare
tuck sth in infilare qc: *Tuck your shirt in!* Infilati la camicia nei pantaloni! **tuck sb in**, anche **tuck sb up** rimboccare le coperte a qn
tuck into sth (informale) abbuffarsi di qc

Tuesday /ˈtjuːzdi/ *s* martedì ► vedi Active Box **days of the week** sotto **day**

tuft /tʌft/ *s* ciuffo

tug /tʌg/ *verbo* e *sostantivo*
- *v* [tr/intr] (**tugged**, **tugging**) tirare | **to tug at sth** tirare qc
- *s* **1** tirata | **to give sth a tug** tirare qc **2** (anche **tugboat**) rimorchiatore

tuition /tjuːˈɪʃən/ *s* lezioni: *private tuition* lezioni private

tulip /ˈtjuːlɪp/ *s* tulipano

tumble /ˈtʌmbəl/ *verbo* e *sostantivo*
- *v* [intr] **1** cadere: *I tumbled backwards.* Sono caduto all'indietro. **2** (prezzi) crollare
tumble down crollare
- *s* capitombolo

ˌtumble ˈdryer *s* BrE asciugabiancheria

tummy /ˈtʌmi/ *s* (pl **-mmies**) (informale) pancia | **tummy ache** mal di pancia

tumour BrE, **tumor** AmE /ˈtjuːmə/ *s* tumore

tuna /ˈtjuːnə/ *s* (pl **tuna**) tonno

tune /tjuːn/ *sostantivo* e *verbo*
- *s* **1** melodia **2 in tune** (strumento) accordato | **to be able to sing in tune** essere intonato | **out of tune** (strumento) non accordato
- *v* [tr] **1** accordare [pianoforte] **2** mettere in fase [motore] **3 to tune to a station** sintonizzarsi su una stazione radio
tune in mettersi in ascolto

tunic /ˈtjuːnɪk/ *s* tunica

tunnel /ˈtʌnl/ *sostantivo* e *verbo*
- *s* galleria
- *v* (**-lled**, **-lling** BrE, **-led**, **-ling** AmE) **to tunnel under/through sth** scavare una galleria sotto/in qc

turban /ˈtɜːbən/ *s* turbante

T

Sai come funzionano i *phrasal verbs*? Vedi le spiegazioni nella guida grammaticale.

turbulence /ˈtɜːbjələns/ *s* **1** (di gas, liquido) turbolenza **2** (confusione) instabilità

turbulent /ˈtɜːbjələnt/ *agg* **1** (mare) agitato -a **2** (periodo) turbolento -a

turf /tɜːf/ *s* prato
turf sb out BrE (informale) buttar fuori qn

Turk /tɜːk/ *s* turco -a

Turkey /ˈtɜːki/ *s* la Turchia

turkey /ˈtɜːki/ *s* (animale e carne) tacchino

turkey

Turkish /ˈtɜːkɪʃ/ *aggettivo e sostantivo*
- *agg* turco -a
- *s* (lingua) turco

turmoil /ˈtɜːmɔɪl/ *s* sconvolgimento | **to be in turmoil** essere in subbuglio

turn /tɜːn/ *verbo e sostantivo*
- *v* **1** [intr] girarsi: *She turned to speak to me.* Si è girata per parlare con me. | **to turn away** girarsi (dall'altra parte): *I turned away so she couldn't see my face.* Mi sono girato (dall'altra parte) in modo che non potesse vedermi in faccia.
2 [tr] girare: *The dog turned his head towards the sound.* Il cane ha girato la testa verso il punto da cui proveniva il suono.
3 [intr] volgere: *The river turns east after a few miles from here.* Il fiume volge ad est a poche miglia da qui.
4 [tr] girare: *He turned the key in the lock.* Ha girato la chiave nella serratura.
5 [intr] girare: *The wheel began to turn.* La ruota ha incominciato a girare.
6 [intr] diventare: *The leaves had turned yellow.* Le foglie erano diventate gialle. | *The weather had turned cold.* Aveva incominciato a far freddo. | **to turn into sth** diventare qc
7 [tr] far diventare: *It turned the water red.* Ha fatto diventare rossa l'acqua. | **to turn sb/sth into sth** trasformare qn/qc in qc
8 to turn thirty/forty compiere trent'anni/quarant'anni
9 to turn the page voltare pagina
10 to turn left/right girare a sinistra/a destra: *Turn left at the traffic lights.* Al semaforo, gira a sinistra. | **to turn off (the road)** uscire (dall'autostrada)
11 to turn sth inside out rivoltare qc
12 to turn sth upside down a) capovolgere qc **b)** mettere qc sottosopra
turn against sb schierarsi contro qn
turn around girarsi (dall'altra parte): *I just turned around and walked out.* Mi sono girato e me ne sono andato. **turn sth around**, anche **turn sth round** **1** girare qc: *Turn the card around so we can all see it.* Gira la carta così la possiamo vedere tutti. **2 to turn a company around** rimettere in sesto un'azienda
turn sb away mandar via qn
turn back tornare indietro: *It was getting dark, so we decided to turn back.* Stava facendo buio così abbiamo deciso di tornare indietro.
turn sth down **1** abbassare qc: *Can you turn the radio down, please?* Puoi abbassare la radio, per favore? **2** rifiutare qc: *She turned down several job offers.* Ha rifiutato parecchie offerte di lavoro.
turn sth off spegnere qc: *I turned the light off.* Ho spento la luce.
turn sth on **1** aprire qc [rubinetto] **2** accendere qc [luce, radio, gas] **3** avviare qc [motore] **turn on sb** attaccare qn
turn sb on (informale) eccitare qn
turn out **1** andare [finire]: *Everything will turn out fine.* Andrà tutto bene. **2 it turned out that** si è scoperto che: *It turned out that he was her cousin.* Si è scoperto che era suo cugino. **3** venire: *Did many people turn out?* È venuta molta gente? **turn sth out to turn the light out** spegnere la luce **turn sb out** mandar via qn
turn over **1** girarsi: *He turned over and went to sleep.* Si è girato e si è messo a dormire. **2** BrE cambiare canale **turn sth over** girare qc: *Turn the steaks over.* Girate le bistecche. **turn round** ▶ vedi **turn around** **turn sth round** ▶ vedi **turn sth around**
turn to sth **1** darsi a qc [alcol] **2 to turn to page 15/100 etc** andare a pagina 15/100 ecc. **turn to sb** rivolgersi a qn
turn up **1** saltar fuori: *Don't worry, it's bound to turn up somewhere.* Non ti preoccupare, finirà per saltare fuori da qualche parte. **2** arrivare: *Dave turned up late as usual.* Dave è arrivato in ritardo come al solito. **turn sth up** alzare il volume di qc [radio, TV]: *Can you turn the TV up?* Puoi alzare il volume della tele?
- *s* **1 it's my/his turn** tocca a me/lui: *Whose turn is it?* A chi tocca? | *It's your turn to drive.* Tocca a te guidare. | **to take it in turns/to take turns** fare a turno
2 in turn a turno
3 svolta: *It's the second turn on the left.* È la seconda svolta a sinistra. | **to make a left/right turn** svoltare a sinistra/a destra
4 giro: *Give it another turn.* Dagli un altro giro.
5 at the turn of the century a cavallo tra i due secoli
6 turn of events svolta [nel corso degli eventi]
7 turn of phrase espressione
8 to do sb a good turn fare un favore a qn
9 to take a turn for the better/worse cambiare in meglio/in peggio

T

turning /ˈtɜːnɪŋ/ *s* BrE svolta: *Take the first turning on the left.* Prendi la prima svolta a sinistra. | *Don't go so fast or you'll miss the turning.* Non correre altrimenti oltrepassi il punto in cui devi svoltare.

ˈturning point *s* svolta decisiva

turnip /ˈtɜːnɪp/ *s* rapa

turnout /ˈtɜːnaʊt/ *s* **1** affluenza **2** affluenza alle urne

turnover /ˈtɜːnˌəʊvə/ *s* giro d'affari

turntable /ˈtɜːnˌteɪbəl/ *s* piatto [del giradischi]

turquoise /ˈtɜːkwɔɪz/ *sostantivo e aggettivo*
- *s* (colore) turchese
- *agg* turchese ▶ vedi Active Box **colours** sotto **colour**

turret /ˈtʌrət/ *s* torretta

turtle /ˈtɜːtl/ *s* tartaruga [di mare]

tusk /tʌsk/ *s* zanna [di elefante, cinghiale]

tutor /ˈtjuːtə/ *s* **1** insegnante privato -a **2** professore che guida e assiste uno studente universitario

tutorial /tjuːˈtɔːriəl/ *s* all'università, incontri regolari tra uno o più studenti e il professore che li guida e li assiste

TV /ˌtiː ˈviː/ *s* **1** (anche **TV set**) TV, tivù **2** tivù: *We were watching TV when he phoned.* Stavamo guardando la tivù quando ha chiamato. | *What's on TV tonight?* Cosa c'è alla tivù stasera? **3** **TV programme** programma televisivo **TV series** serie televisiva

tweezers /ˈtwiːzəz/ *s pl* (per sopracciglia) pinzette

twelfth /twelfθ/ *numero* **1** (di una serie) dodicesimo -a ▶ vedi Active Box **numbers** sotto **number** **2** (nelle date) dodici

twelve /twelv/ *numero* dodici ▶ vedi Active Box **numbers** sotto **number**

twentieth /ˈtwentiəθ/ *numero* **1** (di una serie) ventesimo -a ▶ vedi Active Box **numbers** sotto **number** **2** (nelle date) venti

twenty /ˈtwenti/ *numero* **1** venti **2** **the twenties** gli anni venti ▶ vedi Active Box **numbers** sotto **number** **3** **to be in your twenties** avere tra i venti e i trent'anni

twice /twaɪs/ *avv* due volte | **twice a day/week** due volte al giorno/alla settimana | **twice as much/many** il doppio: *She earns twice as much as me.* Guadagna il doppio di me. | **twice as big/long** grande/lungo il doppio

twiddle /ˈtwɪdl/ *v* [tr] girare [pulsante, manopola]

twig /twɪg/ *s* ramoscello

twilight /ˈtwaɪlaɪt/ *s* crepuscolo

twin /twɪn/ *sostantivo e aggettivo*
- *s* **1** gemello **2** **twin beds** letti gemelli **twin brother** fratello gemello **twin sister** sorella gemella
- *agg* gemello -a

twinge /twɪndʒ/ *s* **1** fitta [di dolore] **2** **I felt a twinge of guilt** mi sono sentito in colpa

twinkle /ˈtwɪŋkəl/ *verbo e sostantivo*
- *v* [intr] **1** (luce, stella) scintillare **2** (occhi) brillare
- *s* **with a twinkle in his/her eye** con gli occhi che gli/le scintillavano

twirl /twɜːl/ *v* [tr] far girare [oggetto], far volteggiare [ballerina]

twist /twɪst/ *verbo e sostantivo*
- *v* **1** [intr] (persona) divincolarsi, (catena, corda) attorcigliarsi: *He **twisted round** to look at me.* Si è girato per guardarmi. **2** [tr] attorcigliare [fil di ferro] **3** **to become twisted** (corda, filo) attorcigliarsi **4** **to twist your ankle** prendere una storta **5** **to twist sth off** svitare qc: *She twisted the cap off the bottle.* Ha svitato il tappo della bottiglia. **6** [intr] (strada, fiume) snodarsi **7** [tr] stravolgere il senso di [parole, affermazione]
- *s* **1** (di sentiero) curva, (di fiume) ansa **2** svolta [nel corso degli eventi]

twisted /ˈtwɪstɪd/ *agg* **1** (filo) attorcigliato -a, (rottame) accartocciato -a, **2** (mente) contorto -a

twitch /twɪtʃ/ *verbo e sostantivo*
- *v* [intr] tremolare
- *s* tic [contrazione nervosa]

two /tuː/ *numero* **1** due ▶ vedi Active Box **numbers** sotto **number** **2** **in two** in due: *I broke it in two.* L'ho spezzato in due. **3** **to put two and two together** fare due più due

ˌtwo-ˈfaced *agg* (persona) doppio -a

ˈtwo-way *agg* **two-way traffic** traffico nei due sensi di marcia

tycoon /taɪˈkuːn/ *s* magnate

tying /ˈtaɪ-ɪŋ/ gerundio di **tie**

type /taɪp/ *sostantivo e verbo*
- *s* **1** tipo: *You need a special type of paper.* Serve un tipo di carta speciale. **2** tipo: *He's not my type.* Non è il mio tipo.
- *v* [tr/intr] battere a macchina

typeface /ˈtaɪpfeɪs/ *s* carattere [tipografico]

typewriter /ˈtaɪpˌraɪtə/ *s* macchina da scrivere

typhoid /ˈtaɪfɔɪd/ *s* febbre tifoidea

typical /ˈtɪpɪkəl/ *agg* tipico -a: *a typical middle-class family* una tipica famiglia di classe media | *It's not **typical of** him to lose his temper.* Non è da lui perdere le staffe.

typically /ˈtɪpɪkli/ *avv* **1** tipicamente **2** di norma

typing /ˈtaɪpɪŋ/ *s* dattilografia

typist /ˈtaɪpɪst/ *s* dattilografo -a

tyranny /ˈtɪrəni/ *s* tirannia

tyrant /ˈtaɪərənt/ *s* tiranno

T

Vuoi una lista di frasi utili per parlare di te stesso? Consulta la guida alla comunicazione in fondo al libro.

tyre BrE, **tire** AmE /taɪə/ *s* pneumatico ▶ vedi anche **flat**

U, u /juː/ *s* U, u ▶ vedi Active Box **letters** sotto **letter**

UFO /'juːfəʊ/ *s* (= **unidentified flying object**) UFO

ugh! /ʌg/ *inter* puah!

ugly /'ʌgli/ *agg* (**-lier**, **-liest**) **1** (persona, edificio) brutto -a **2** (situazione) spiacevole

UK /ˌjuː 'keɪ/ *s* (= **United Kingdom**) Regno Unito ▶ vedi nota sotto **United Kingdom**

ulcer /'ʌlsə/ *s* (della pelle) ulcerazione, (allo stomaco) ulcera | **mouth ulcer** afta

ultimate /'ʌltəmət/ *aggettivo* e *sostantivo*
- *agg* **1** (decisione) finale, (obiettivo) principale **2 the ultimate insult** la peggior offesa | **the ultimate challenge** la massima sfida
- *s* **the ultimate in sth** il massimo di qc

ultimately /'ʌltəmətli/ *avv* in ultima istanza ▶ FALSE FRIEND Non confondere **"ultimately"** con **ultimamente** che si traduce **lately** o **recently**.

ultimatum /ˌʌltə'meɪtəm/ *s* ultimatum | **to give sb an ultimatum** dare un ultimatum a qn

umbrella /ʌm'brelə/ *s* **1** ombrello **2** (anche **beach umbrella**) ombrellone

umpire /'ʌmpaɪə/ *s* (nel tennis, nel cricket) giudice di gara

unable /ʌn'eɪbəl/ *agg* **to be unable to do sth** non poter fare qc: *Many people were unable to escape from the building.* Molti non hanno potuto scappare dall'edificio.

umbrella

unacceptable /ˌʌnək'septəbəl/ *agg* inaccettabile

unaffected /ˌʌnə'fektɪd/ *agg* **1 to be unaffected by sth** non essere colpito da qc **2** spontaneo -a

unaided /ʌn'eɪdɪd/ *avv* senza aiuto

unambiguous /ˌʌnæm'bɪgjuəs/ *agg* chiaro -a

unanimous /juː'nænəməs/ *agg* **1** unanime **2 to be unanimous in supporting/rejecting sth** essere unanime nel condannare/rifiutare qc

unarmed /ʌn'ɑːmd/ *agg* disarmato -a

unattended /ˌʌnə'tendɪd/ *agg* **1** (bagaglio, auto) incustodito -a **2** (bambino) senza sorveglianza

unattractive /ˌʌnə'træktɪv/ *agg* (di aspetto) brutto -a, (prospettiva) poco allettante

unauthorized /ʌn'ɔːθəraɪzd/ *agg* non autorizzato -a

unavailable /ˌʌnə'veɪləbəl/ *agg* **1 to be unavailable** (prodotto) non essere disponibile **2 he is/they are etc unavailable** è impegnato/sono impegnati ecc.

unavoidable /ˌʌnə'vɔɪdəbəl/ *agg* inevitabile

unaware /ˌʌnə'weə/ *agg* **to be unaware of sth** non essere consapevole di qc | **to be unaware that** non sapere che

unbearable /ʌn'beərəbəl/ *agg* insopportabile

unbeatable /ʌn'biːtəbəl/ *agg* **1** (prezzi) imbattibile **2** (caratteristica) impareggiabile **3** (squadra, atleta) imbattibile

unbeaten /ʌn'biːtn/ *agg* imbattuto -a

unbelievable /ˌʌnbə'liːvəbəl/ *agg* incredibile

unbroken /ʌn'brəʊkən/ *agg* **1** ininterrotto -a **2** (record) insuperato -a

uncanny /ʌn'kæni/ *agg* (**-nnier**, **-nniest**) curioso -a

uncertain /ʌn'sɜːtn/ *agg* **1** indeciso -a | **to be uncertain about sth** non sapere qc con certezza **2** (futuro, esito) incerto -a

uncertainty /ʌn'sɜːtnti/ *s* (pl **-ties**) **1** indecisione **2** (di futuro) incertezza

unchanged /ˌʌn'tʃeɪnʒd/ *agg* **to be/remain unchanged** essere/restare invariato

uncle /'ʌŋkəl/ *s* zio

unclear /ʌn'klɪə/ *agg* **1** (spiegazione, testo) non chiaro -a **2 to be unclear about sth** non sapere con esattezza qc

uncomfortable /ʌn'kʌmftəbəl/ *agg* **1** scomodo -a: *This chair is so uncomfortable!* Questa sedia è così scomoda! **2** (situazione, silenzio) imbarazzante | **to feel uncomfortable** sentirsi a disagio

uncommon /ʌn'kɒmən/ *agg* raro -a

unconscious /ʌn'kɒnʃəs/ *agg* **1** (persona) privo -a di sensi **2** (desiderio, reazione) inconscio -a **3 to be unconscious of sth** non essere consapevole di qc

uncover /ʌn'kʌvə/ *v* [tr] **1** scoprire [complotto, verità] **2** togliere il coperchio da [pentola]

undecided /ˌʌndɪ'saɪdɪd/ *agg* **1 to be undecided about sth** essere indeciso su qc **2** (gara, elezioni) dall'esito incerto

undeniable /ˌʌndɪ'naɪəbəl/ *agg* innegabile

under /'ʌndə/ *preposizione* e *avverbio*

• *prep* **1** sotto: *It's under the sofa.* È sotto il divano. | *She was carrying a bag under her arm.* Portava una borsa sottobraccio. **2** meno di: *It took me just under four hours.* Ci ho messo poco meno di quattro ore. **3 to be under pressure** essere sotto pressione **4 to be under discussion** essere in discussione **5 to be under attack** (città) essere sotto assedio **6** sotto: *under Communist rule* sotto il regime comunista | *Everything is now under control.* È tutto sotto controllo ora. **7 the under-fives** i bambini al di sotto dei cinque anni | **the under-fifteens** gli adolescenti al di sotto dei quindici anni **8** sotto: *You'll find her books under "Science Fiction".* Puoi trovare i suoi libri sotto "Fantascienza". ▶ vedi anche **underway**

• *avv* meno: *Everything costs five pounds or under.* Costa tutto 5 sterline o meno. | *children aged 12 and under* bambini fino ai dodici anni d'età

undercover /ˌʌndə'kʌvə/ *agg* (agente) infiltrato -a, (operazione) segreto -a

underdeveloped /ˌʌndədɪ'veləpt/ *agg* sottosviluppato -a

underestimate /ˌʌndər'estəmeɪt/ *v* [tr] sottovalutare

undergo /ˌʌndə'gəʊ/ *v* [tr] (passato **underwent**, participio **undergone**) **1** subire [cambiamento] **2 to undergo surgery** subire un intervento chirurgico

undergone /ˌʌndə'gɒn/ participio di **undergo**

undergraduate /ˌʌndə'grædʒuət/ *s* studente universitario, studentessa universitaria

underground[1] /'ʌndəgraʊnd/ *aggettivo* e *sostantivo*

• *agg* **1** sotterraneo -a **2** clandestino -a

• *s* **the underground a)** BrE la metropolitana **b)** la resistenza

underground[2] /ˌʌndə'graʊnd/ *avv* **1** sottoterra **2 to go underground** diventare clandestino

undergrowth /'ʌndəgrəʊθ/ *s* sottobosco

underline /ˌʌndə'laɪn/ *v* [tr] **1** sottolineare [frase, nome] **2** sottolineare [problema]

underlying /ˌʌndə'laɪ-ɪŋ/ *agg* **underlying problem** problema di fondo

undermine /ˌʌndə'maɪn/ *v* [tr] minare [reputazione, immagine], far vacillare [governo] | **to undermine sb's authority** scalzare l'autorità di qn

underneath /ˌʌndə'ni:θ/ *preposizione, avverbio* e *sostantivo*

• *prep* sotto: *I left the key underneath a stone.* Ho lasciato la chiave sotto una pietra.

• *avv* **1** sotto: *She was wearing a brown jacket with a white shirt underneath.* Indossava una giacca marrone con sotto una camicia bianca. **2** sotto: *The car was rusted underneath.* La macchina era arrugginita sotto. **3** sotto sotto: *She seems aggressive but underneath she's quite nice.* Sembra agressiva, ma sotto sotto è piuttosto simpatica.

• *s* **the underneath** il sotto

underpaid /ˌʌndə'peɪd/ *agg* sottopagato -a

underpants /'ʌndəpænts/ *s pl* mutande [da uomo] ▶ In inglese americano **underpants** significa anche *mutandine da donna.*

underside /'ʌndəsaɪd/ *s* **the underside** il sotto

understand /ˌʌndə'stænd/ *v* (passato e participio **understood**) **1** [tr/intr] capire: *Sorry, I don't understand.* Scusi, non capisco. **2** [tr/intr] capire: *My parents don't understand me.* I miei genitori non mi capiscono. **3** [tr] capire: *I understood it to mean that the flight had been cancelled.* Avevo capito che il volo era stato cancellato. | *if I understand correctly* se ho capito bene **4 to understand (that)** (formale) aver sentito che: *I understand you've recently moved here.* Ho sentito che siete venuti ad abitare qui da poco.

understandable /ˌʌndə'stændəbəl/ *agg* comprensibile

understandably /ˌʌndə'stændəbli/ *avv* comprensibilmente

understanding /ˌʌndə'stændɪŋ/ *sostantivo* e *aggettivo*

• *s* **1** accordo: *I'm sure we can come to some understanding.* Sono certa che possiamo raggiungere un accordo. **2** conoscenze: *our understanding of how the brain functions* le nostre conoscenze sul funzionamento del cervello **3** comprensione: *You could show a little understanding.* Potresti dimostrare un po' di comprensione. **4 my/his etc understanding of sth** la mia/sua ecc. interpretazione di qc

• *agg* comprensivo -a

U

 Vuoi sapere di più sui verbi modali? C'è una spiegazione nella guida grammaticale.

understatement /ˌʌndəˈsteɪtmənt/ *s* quando si definisce qualcosa come un **understatement** s'intende dire che una situazione è minimizzata: *To say it was disappointing would be an understatement.* Dire che è stata una delusione non rende abbastanza l'idea.

understood /ˌʌndəˈstʊd/ passato e participio di **understand**

undertake /ˌʌndəˈteɪk/ *v* [tr] (passato **undertook**, participio **undertaken**) (formale) **1** assumersi [responsabilità, compito] **2 to undertake to do sth** impegnarsi a fare qc

undertaken /ˌʌndəˈteɪkən/ participio di **undertake**

undertaker /ˈʌndəteɪkə/ *s* **1** impresario di pompe funebri **2 the undertaker's** l'impresa di pompe funebri

undertaking /ˌʌndəˈteɪkɪŋ/ *s* **1** impresa **2** (formale) promessa

undertook /ˌʌndəˈtʊk/ passato di **undertake**

underwater /ˌʌndəˈwɔːtə/ *aggettivo e avverbio*
- *agg* (fotografia, macchina fotografica) subacqueo -a, (vegetazione) sottomarino -a
- *avv* sott'acqua

underway /ˌʌndəˈweɪ/, anche **ˌunder ˈway** *agg* **to be underway a)** essere in corso **b)** essere in movimento

underwear /ˈʌndəweə/ *s* biancheria intima

underwent /ˌʌndəˈwent/ passato di **undergo**

undesirable /ˌʌndɪˈzaɪərəbəl/ *agg* **1** (presenza, persona) sgradito -a, (comportamento) inaccettabile **2** (effetto) indesiderato -a

undid /ʌnˈdɪd/ passato di **undo**

undisturbed /ˌʌndɪˈstɜːbd/ *agg* **1** indisturbato -a **2** intatto -a

undo /ʌnˈduː/ *v* [tr] (passato **undid**, participio **undone**) **1** aprire [pacchetto], disfare [nodo] **2 to undo the buttons on sth** sbottonare qc | **to undo your laces** slacciarsi le scarpe **3** riparare a [errore, danno] | **to undo sb's good work** mandare in fumo il lavoro di qn

undone[1] /ʌnˈdʌn/ *agg* **1 your/his etc shoelaces are undone** hai/ha ecc. le scarpe slacciate | **your shirt buttons have come undone** hai la camicia sbottonata **2 to leave sth undone** non fare qc

undone[2] /ʌnˈdʌn/ participio di **undo**

undoubted /ʌnˈdaʊtɪd/ *agg* indubbio -a

undoubtedly /ʌnˈdaʊtɪdli/ *avv* indubbiamente

undress /ʌnˈdres/ *v* (3ª pers sing **-sses**) **1** [intr] svestirsi **2** [tr] svestire

undressed /ʌnˈdrest/ *agg* svestito -a | **to get undressed** svestirsi

undue /ˌʌnˈdjuː/ *agg* (formale) eccessivo -a

unduly /ʌnˈdjuːli/ *avv* (formale) eccessivamente

unearth /ʌnˈɜːθ/ *v* [tr] **1** scoprire [informazioni, segreto] **2** scovare [oggetto, foto] **3** dissotterrare

unease /ʌnˈiːz/ *s* preoccupazione

uneasy /ʌnˈiːzi/ *agg* (**-sier**, **-siest**) **1** preoccupato -a: *I'm* ***uneasy about*** *this whole affair.* Sono preoccupato per tutta questa faccenda. **2 an uneasy silence** un silenzio imbarazzante

unemployed /ˌʌnɪmˈplɔɪd/ *agg* disoccupato -a | **the unemployed** i disoccupati

unemployment /ˌʌnɪmˈplɔɪmənt/ *s* disoccupazione

unequal /ʌnˈiːkwəl/ *agg* **1** (misura) diverso -a **2** (distribuzione) ineguale **3** (lotta, confronto) impari

uneven /ʌnˈiːvən/ *agg* **1** (superficie) irregolare **2** (respirazione, polso) irregolare

uneventful /ˌʌnɪˈventfəl/ *agg* (giornata) tranquillo -a, (viaggio) senza incidenti

unexpected /ˌʌnɪkˈspektɪd/ *agg* (risposta, sconfitta) inaspettato -a, (ospite, assenza) inatteso -a, (morte) improvviso -a

unexpectedly /ˌʌnɪkˈspektɪdli/ *avv* (arrivare) inaspettatamente, (morire) improvvisamente

unfair /ˌʌnˈfeə/ *agg* **1** ingiusto -a: *It's so unfair!* È troppo ingiusto! **2 to be unfair on sb** essere ingiusto con qn **3** (concorrenza) sleale

unfaithful /ʌnˈfeɪθfəl/ *agg* **unfaithful (to sb)** infedele (a qn)

unfamiliar /ˌʌnfəˈmɪliə/ *agg* **1** sconosciuto -a: *in unfamiliar surroundings* in un ambiente sconosciuto **2 to be unfamiliar with sth** non conoscere qc

unfashionable /ʌnˈfæʃənəbəl/ *agg* (abiti) fuori moda, (idee) sorpassato -a

unfasten /ʌnˈfɑːsən/ *v* [tr] slacciare

unfavourable BrE, **unfavorable** AmE /ʌnˈfeɪvərəbəl/ *agg* **1** (situazione) sfavorevole **2** (commento, critica) negativo -a

unfinished /ʌnˈfɪnɪʃt/ *agg* (lavoro, pranzo) non terminato -a, (opera) incompiuto -a | **to leave sth unfinished** non terminare qc

unfit /ʌnˈfɪt/ *agg* **1 to be unfit** non essere in forma **2 to be unfit for sth** (servizio militare, lavoro) essere inabile a qc | **to be unfit to do sth** non essere in grado di fare qc

unfold /ʌnˈfəʊld/ *v* **1** [tr] stendere [tovaglia], spiegare [cartina] **2** [intr] (situazione, storia) evolversi

unforeseen /ˌʌnfɔːˈsiːn/ *agg* imprevisto -a

unforgettable /ˌʌnfəˈgetəbəl/ *agg* indimenticabile

unforgivable /ˌʌnfəˈgɪvəbəl/ *agg* imperdonabile

unfortunate /ʌnˈfɔːtʃənət/ *agg* **1** (persona) sfortunato -a, (incidente) tragico -a: *Several unfortunate passers-by were injured.* Alcuni sfortunati passanti sono rimasti feriti. | *I was* ***unfortunate enough to*** *live next door to him.* Ho avuto la sfortuna di essere il suo vicino. **2** (esperienza, conseguenze) spiacevole, (morte) tragico -a | **it's (most) unfortunate that** (formale) è un (vero) peccato che **3** (comportamento) fuori luogo

unfortunately /ʌnˈfɔːtʃənətli/ *avv* sfortunatamente

unfriendly /ʌnˈfrendli/ *agg* (-lier, -liest) (persona, voce) antipatico -a, (osservazione) scortese, (lettera, atteggiamento) ostile | **to be unfriendly to sb** essere sgarbato con qn

ungrateful /ʌnˈgreɪtfəl/ *agg* ingrato -a

unhappiness /ʌnˈhæpɪnəs/ *s* **1** infelicità **2** insoddisfazione

unhappy /ʌnˈhæpi/ *agg* (-ppier, -piest) **1** infelice: *an unhappy childhood* un infanzia infelice **2** scontento -a: *She's unhappy in her job.* È scontenta del lavoro. | **to be unhappy with/about sth** essere scontento di qc

unharmed /ʌnˈhɑːmd/ *agg* illeso -a

unhealthy /ʌnˈhelθi/ *agg* (-thier, -thiest) **1** (luogo) malsano -a, (dieta) poco sano -a **2** malaticcio -a **3** morboso -a

unheard-of /ʌnˈhɜːd ɒv/ *agg* senza precedenti

unhelpful /ʌnˈhelpfəl/ *agg* **1** scortese **2** (critica, suggerimento) poco costruttivo -a

uniform /ˈjuːnɪfɔːm/ *sostantivo* e *aggettivo*
- *s* divisa: *the school uniform* la divisa della scuola | **in uniform** in divisa
- *agg* uniforme

unify /ˈjuːnɪfaɪ/ *v* [tr] (3ª pers sing -fies, passato e participio -fied) unificare

unimportant /ˌʌnɪmˈpɔːtənt/ *agg* irrilevante

uninhabited /ˌʌnɪnˈhæbɪtɪd/ *agg* disabitato -a

unintentional /ˌʌnɪnˈtenʃənəl/ *agg* (errore) involontario -a

uninterested /ʌnˈɪntrəstɪd/ *agg* **to be uninterested in sth/sb** non essere interessato a qc/qn

uninterrupted /ˌʌnɪntəˈrʌptɪd/ *agg* (crescita, sviluppo) ininterrotto -a

union /ˈjuːnjən/ *s* **1** (anche **trade union**) sindacato: *Are you in the union?* Sei iscritto al sindacato? **2** unione

ˌUnion ˈJack *s* **the Union Jack** la bandiera britannica

unique /juːˈniːk/ *agg* **1** (opportunità, numero) unico -a, (talento) eccezionale **2 to be unique to sth/sb** essere proprio solo di qc/qn

unison /ˈjuːnɪsən/ *s* **in unison** all'unisono

unit /ˈjuːnɪt/ *s* **1** (di libro di testo) sezione: *Turn to unit six in your books.* Andate alla sezione sei del libro. **2** (gruppo di persone) unità **3** (di misura) unità: *unit of currency* unità monetaria **4 kitchen/bathroom unit** elemento da cucina/bagno

unite /juːˈnaɪt/ *v* **1** [intr] unirsi **2** [tr] unire **3 to unite against sth/sb** unirsi contro qc/qn

united /juːˈnaɪtɪd/ *agg* **1** unito -a **2** congiunto -a

Uˌnited ˈKingdom *s* **the United Kingdom** il Regno Unito

> Il nome ufficiale del paese è **the United Kingdom of Great Britain and Northern Ireland**. (**Great Britain** comprende l'Inghilterra, la Scozia e il Galles, ma non l'Irlanda del Nord.) In contesti meno formali, per riferirsi al Regno Unito si usa **the UK** oppure **Great Britain** oppure **Britain**.

Uˌnited ˈStates *s* **the United States (of America)** gli Stati Uniti (d'America)

> Il nome ufficiale del paese è **the United States of America (USA)**. In contesti meno formali, si usa **the US**, **the States** oppure **America**. Quando **the United States (of America)** è il soggetto della frase il verbo dev'essere al singolare:
> *The United States is opposed to the plan.* Gli Stati Uniti si oppongono al piano.

unity /ˈjuːnəti/ *s* **1** unione **2** unità

universal /ˌjuːnəˈvɜːsəl/ *agg* **1** (di tutti) generale **2** (del mondo intero) universale

universally /ˌjuːnəˈvɜːsəli/ *avv* (famoso) in tutto il mondo, (riconosciuto) generalmente, (temuto, odiato, accettato) da tutti

universe /ˈjuːnəvɜːs/ *s* **the universe** l'universo

university /ˌjuːnəˈvɜːsəti/ *s* (pl -ties) università: *I studied languages* ***at university.*** Ho fatto lingue all'università. | **to go to university** andare all'università

unjust /ʌnˈdʒʌst/ *agg* ingiusto -a

unkind /ʌnˈkaɪnd/ *agg* **1** scortese: *It was very unkind of you to say that to her.* È stato davvero scortese da parte tua dirle una cosa del genere. | **to be unkind to sb** trattar male qn **2** (parole) scortese

unknown /ˌʌnˈnəʊn/ *agg* **1** (cifra, destinazione) sconosciuto -a **2** (cantante, attore) sconosciuto -a

U

Si dice *I arrived in London* o *I arrived to London*? Vedi alla voce arrive.

unleaded /ʌn'ledɪd/ *agg* senza piombo

unless /ʌn'les/ *cong* **1** a meno che: *You can't drive unless you have a licence.* Non puoi guidare a meno che tu non abbia la patente. **2 unless I'm very much mistaken** se non sbaglio

unlike /ʌn'laɪk/ *prep* **1** diversamente da **2 to be unlike sth/sb** essere diverso da qc/qn **3 to be unlike sb to do sth** *It's unlike him to forget my birthday.* Non è da lui dimenticare il mio compleanno.

unlikely /ʌn'laɪkli/ *agg* (-lier, -liest) **1** improbabile: *in the unlikely event of a fire* nel caso improbabile di un incendio | *I might be late, but it's very unlikely.* Potrei arrivare tardi, ma è difficile. | *It's **unlikely that** he'll come.* È poco probabile che venga. **2** poco plausibile

unlimited /ʌn'lɪmətɪd/ *agg* illimitato -a

unload /ʌn'ləʊd/ *v* [tr/intr] scaricare

unlock /ʌn'lɒk/ *v* [tr] aprire [porta, scatola ecc. chiusa a chiave]

unlucky /ʌn'lʌki/ *agg* (-ckier, -ckiest) **1 to be unlucky** essere sfortunato: *He was **unlucky to** lose the match.* È stato sfortunato a perdere la partita. **2** sfortunato -a: *An unlucky defeat cost them the title.* Una sfortunata sconfitta gli è costata il titolo. | *It was unlucky for her that the boss walked in.* Sfortunatamente per lei, è entrato il capo. **3** che porta sfortuna: *It's unlucky to walk under a ladder.* Passare sotto una scala porta sfortuna.

unmarried /ˌʌn'mærid/ *agg* non sposato -a

unmistakable /ˌʌnmɪ'steɪkəbəl/ *agg* inconfondibile

unnatural /ʌn'nætʃərəl/ *agg* **1** anormale **2** (colore) artificiale **3** forzato -a

unnecessary /ʌn'nesəsəri/ *agg* **1** inutile **2** superfluo -a

unnoticed /ʌn'nəʊtɪst/ *agg* **to go unnoticed** passare inosservato

unofficial /ˌʌnə'fɪʃəl/ *agg* **1** (fonte) ufficioso -a, (sciopero) non autorizzato -a **2** (visita) privato -a

unorthodox /ʌn'ɔːθədɒks/ *agg* non ortodosso -a

unpack /ʌn'pæk/ *v* **1** [tr] disfare [valigia] **2** [intr] disfare le valigie

unpaid /ˌʌn'peɪd/ *agg* **1 unpaid bills** bollette da pagare **2** (lavoro, persona) non remunerato -a, (ferie) non pagato -a

unpleasant /ʌn'plezənt/ *agg* **1** (odore) sgradevole, (sorpresa, conseguenza) spiacevole **2** (persona, osservazione) antipatico -a: *She was rather **unpleasant to** me.* È stata piuttosto antipatica con me.

unplug /ʌn'plʌg/ *v* [tr] (-gged, -gging) staccare la spina di

unpopular /ʌn'pɒpjələ/ *agg* **1** (decisione, misura) impopolare, (persona) malvisto -a **2 to be unpopular with sb** essere malvisto da qn

unprecedented /ʌn'presɪdentɪd/ *agg* senza precedenti

unpredictable /ˌʌnprɪ'dɪktəbəl/ *agg* imprevedibile

unqualified /ʌn'kwɒlɪfaɪd/ *agg* non qualificato -a

unravel /ʌn'rævəl/ *v* (-lled, -lling BrE, -led, -ling AmE) **1** [tr] disfare [nodo] **2** [intr] disfarsi **3** [tr] venire a capo di [storia]

unreal /ʌn'rɪəl/ *agg* irreale

unrealistic /ˌʌnrɪə'lɪstɪk/ *agg* (obiettivo, richiesta) non realistico -a, (persona) non realista: *You're being totally unrealistic!* Non sei affatto realista!

unreasonable /ʌn'riːzənəbəl/ *agg* **1** (persona, comportamento) irragionevole **2** (richieste, prezzi) eccessivo -a

unrelated /ˌʌnrɪ'leɪtɪd/ *agg* **1** (fatti, parole) non connesso -a: *The two incidents are unrelated.* I due fatti non sono connessi. **2 to be unrelated** non essere imparentato

unreliable /ˌʌnrɪ'laɪəbəl/ *agg* **1** (notizia, fonte) inattendibile **2** (persona, macchina) inaffidabile

unrest /ʌn'rest/ *s* disordini

unruly /ʌn'ruːli/ *agg* **1** (persona, comportamento) indisciplinato -a **2** (capelli) ribelle

unsafe /ʌn'seɪf/ *agg* pericoloso -a

unsatisfactory /ˌʌnsætɪs'fæktəri/ *agg* (risposta, risultato) insoddisfacente

unscrew /ʌn'skruː/ *v* [tr] svitare

unscrupulous /ʌn'skruːpjələs/ *agg* senza scrupoli

unsettled /ʌn'setld/ *agg* **1** (situazione) incerto -a **2** (questione, problema) irrisolto -a **3 unsettled weather** tempo incerto

unshaven /ʌn'ʃeɪvən/ *agg* (viso, mento) non rasato -a

unskilled /ʌn'skɪld/ *agg* **1** (operaio) non qualificato -a **2** (lavoro) non specializzato -a

unspoiled /ˌʌn'spɔɪld/, anche **unspoilt** /ʌn'spɔɪlt/ *agg* (territorio, paesaggio) incontaminato -a

unstable /ʌn'steɪbəl/ *agg* **1** (edificio) instabile **2** (situazione, economia) instabile **3** (persona) instabile

unsteady /ʌn'stedi/ *agg* (-dier, -diest) **1** (persona) barcollante **2** (scala, sedia) traballante

unstuck /ʌn'stʌk/ *agg* BrE (informale) **to come unstuck** (piano) fallire

U

unsuccessful /ˌʌnsəkˈsesfəl/ *agg* **1 to be unsuccessful** non avere successo: *I'm afraid the operation was unsuccessful.* Purtroppo l'operazione non ha avuto successo. | **to be unsuccessful in doing sth** non riuscire a fare qc: *The team were unsuccessful in their attempt to cross Antarctica.* Il tentativo della squadra di attraversare l'Antartide non è riuscito. **2** (sforzo, tentativo) vano -a

unsuccessfully /ˌʌnsəkˈsesfəli/ *avv* inutilmente

unsuitable /ʌnˈsuːtəbəl/ *agg* **1** (abbigliamento, scarpe) inadeguato -a **2** (persona) non adatto -a

unsure /ʌnˈʃʊə/ *agg* **1** incerto -a: *We were unsure which road to take.* Eravamo incerti su quale strada prendere. | **to be unsure about/of sth** essere indeciso su qc: *Is there anything you're unsure about?* C'è qualcosa su cui sei indeciso? **2 to be unsure of yourself** essere insicuro

unsympathetic /ˌʌnsɪmpəˈθetɪk/ *agg* (persona) insensibile

unthinkable /ʌnˈθɪŋkəbəl/ *agg* impensabile

untidy /ʌnˈtaɪdi/ *agg* (**-dier**, **-diest**) disordinato -a

untie /ʌnˈtaɪ/ *v* [tr] (passato e participio **untied**, gerundio **untying**) **1** slacciare [nodo] **2** slegare [mani, prigioniero]

until /ʌnˈtɪl/, anche **till** /tɪl/ *preposizione* e *congiunzione*

• *prep* **1** (nel tempo) fino a: *She's on holiday until next Monday.* È in vacanza fino a lunedì prossimo. **2** (nello spazio) fino a: *Carry on along this road until the traffic lights.* Continua lungo questa strada fino al semaforo.

• *cong* finché (non): *He kept practising until he got it right.* Ha continuato ad esercitarsi finché non l'ha fatto giusto.

untouched /ʌnˈtʌtʃt/ *agg* **1** (luogo) incontaminato -a, (risparmi, capitale) intatto -a: *an area untouched by tourism* una zona incontaminata dal turismo **2 to leave your food untouched** non toccare cibo

untrue /ʌnˈtruː/ *agg* falso -a

unused¹ /ʌnˈjuːzd/ *agg* inutilizzato -a

unused² /ʌnˈjuːst/ *agg* **to be unused to sth/sb** non essere abituato a qc/qn

unusual /ʌnˈjuːʒuəl/ *agg* **1** (fatto, situazione) insolito -a: *What's in this sauce? It has a very unusual flavour.* Cosa c'è in questa salsa? Ha un sapore molto insolito. | *It's* ***unusual for*** *him* ***to*** *be late.* È raro che sia in ritardo. **2** (regalo, vestito) originale

unusually /ʌnˈjuːʒuəli/ *avv* (caldo, difficile) insolitamente

unveil /ʌnˈveɪl/ *v* [tr] **1** rendere noto [progetti, dettagli] **2** scoprire [statua]

unwanted /ʌnˈwɒntɪd/ *agg* (presenza, ospite) indesiderato -a: *an unwanted pregnancy* una gravidanza indesiderata

unwelcome /ʌnˈwelkəm/ *agg* **1** (ospite, visitatore) sgradito -a | **to make sb feel unwelcome** far capire a qn che non è il benvenuto **2** (notizia, pubblicità) spiacevole

unwell /ʌnˈwel/ *agg* **to be/feel unwell** non stare/sentirsi bene

unwilling /ʌnˈwɪlɪŋ/ *agg* riluttante | **to be unwilling to do sth** non essere disposto a fare qc

unwind /ʌnˈwaɪnd/ (passato e participio **unwound**) *v* **1** [intr] (informale) (rilassarsi) staccare la spina **2** [tr] srotolare [filo, cavo]

unwise /ʌnˈwaɪz/ *agg* (decisione, scelta) poco sensato -a

unwittingly /ʌnˈwɪtɪŋli/ *avv* involontariamente

unwound /ʌnˈwaʊnd/ passato e participio di **unwind**

unwrap /ʌnˈræp/ *v* [tr] scartare

up /ʌp/ *avverbio, aggettivo, preposizione* e *sostantivo*

• *avv, agg* e *prep* ▶ vedi riquadro

• *s* **ups and downs** alti e bassi

upbringing /ˈʌpˌbrɪŋɪŋ/ *s* educazione

update¹ /ʌpˈdeɪt/ *v* [tr] **1** aggiornare [dati, informazioni] **2 to update sb on sth** mettere qn al corrente di qc **3** rimodernare [casa, guardaroba]

update² /ˈʌpdeɪt/ *s* **to give sb an update on sth** dare a qn le ultime notizie su qc

upgrade¹ /ˌʌpˈgreɪd/ *v* [tr] aumentare la potenza di [computer, memoria]

upgrade² /ˈʌpgreɪd/ *s* (in informatica) upgrade

upheaval /ʌpˈhiːvəl/ *s* (politico, sociale) sconvolgimento

upheld /ˌʌpˈheld/ passato e participio di **uphold**

uphill /ʌpˈhɪl/ *aggettivo* e *avverbio*

• *agg* **1** in salita: *It's uphill all the way.* È una strada tutta in salita. **2 an uphill struggle** un'impresa difficile

• *avv* in salita

uphold /ˌʌpˈhəʊld/ *v* [tr] (passato e participio **upheld**) **1** fare rispettare [legge], mantenere [tradizione] **2** confermare [decisione]

upholstery /ʌpˈhəʊlstəri/ *s* (di sedili, poltrone) rivestimento

upkeep /ˈʌpkiːp/ *s* (di casa, strada) manutenzione

upon /əˈpɒn/ *prep* **1** usato per esprimere prossimità nel tempo: *Christmas is almost upon us.* Natale è vicino. **2** (formale) al momento di: *Upon arrival, please proceed to passport control.* All'arrivo si prega di

U

Vuoi informazioni sulla differenza tra gli **articoli** in inglese e in italiano? Leggi le spiegazioni nella guida grammaticale.

up

AVVERBIO E AGGETTIVO

1 SOPRA O VERSO L'ALTO
Dave's up in his room. Dave è su nella sua stanza.

2 IN PIEDI, SVEGLIO
to be up essere alzato: *Are you still up?* Sei ancora alzato?

3 FINITO, CONCLUSO
your time is up/the two months were up etc il tempo è scaduto/i due mesi erano passati ecc.

4 A O VERSO NORD
I had to fly up to Scotland. Sono dovuto andare su in Scozia in aereo.

5 NUMERI, PREZZI
Inflation is up by 1.5%. L'inflazione è salita dell'1,5%. | *Train fares are going up again.* I biglietti del treno stanno di nuovo aumentando.

6 STATO D'ANIMO
what's up? a) cosa c'è che non va? **b)** cosa succede? | **what's up with you/him?** che cos'hai/ha? | **something is up** c'è qualcosa che non va

7 LIMITE
up to fino a: *These watches can cost up to a thousand pounds each.* Questi orologi possono costare fino a mille sterline l'uno. | *The work could take up to four weeks.* Ci potrebbero volere fino a quattro settimane per fare il lavoro.

8 PUNTEGGIO
to be two goals/ten points up essere in vantaggio di due gol/dieci punti

9 DECISIONI
it's up to you/him etc: *"Shall we go?" "It's up to you."* – Andiamo? – Dipende da te. | *It's entirely up to you whether you come or not.* Spetta solo a te decidere se venire o no.

10 ESPRESSIONI
up and down: *He was jumping up and down with excitement.* Saltava di gioia. | **to be up against sb** affrontare qn | **to be up to something** stare combinando qualcosa | **to be up to the job** essere all'altezza del compito

11 **Up**, in combinazione con alcuni verbi, forma vari **phrasal verbs** come **look up, take up**, ecc. I phrasal verbs sono trattati sotto il verbo corrispondente.

PREPOSIZIONE

1 DIREZIONE
We walked up the hill. Abbiamo risalito la collina. | *They live just up the road.* Abitano appena più avanti.

procedere al controllo passaporti. **3** (formale) sopra: *She placed the box upon the table.* Mise la scatola sopra al tavolo. **4** usato per esprimere grandi quantità: *row upon row of tulips* file su file di tulipani ▸ vedi anche **once**

upper /ˈʌpə/ *agg* **1** (sopra nello spazio) superiore: *His upper lip was swollen.* Aveva il labbro superiore gonfio. | *the upper floors* i piani superiori **2** (in una gerarchia) superiore | **the upper class** l'alta società

ˌupper-ˈclass *agg* (famiglia, accento) dell'alta società

upright /ˈʌpraɪt/ *aggettivo e avverbio*
• *agg* **1** (portamento) eretto -a **2** (persona) onesto -a
• *avv* in posizione eretta

uprising /ˈʌpˌraɪzɪŋ/ *s* insurrezione

uproar /ˈʌp-rɔː/ *s* tumulto

uproot /ʌpˈruːt/ *v* [tr] **1** sradicare [pianta] **2** sradicare [persona, famiglia]

upset¹ /ʌpˈset/ *aggettivo e verbo*
• *agg* **1** contrariato -a: *She's upset because Jamie forgot her birthday.* È contrariata perché Jamie ha dimenticato il suo compleanno. | **to be upset about/by sth** essere turbato da qc | **to get upset** arrabbiarsi: *Don't get upset. I'm sure he didn't mean it.* Non arrabbiarti. Sono sicura che non l'ha detto sul serio. **2** **to have an upset stomach** avere lo stomaco sottosopra
• *v* [tr] (passato e participio **upset**, gerundio **upsetting**) **1** mettere in agitazione [persona] **2** sconvolgere [piani, equilibrio] **3** rovesciare [bicchiere]

upset² /ˈʌpset/ *s* **1** contrattempo **2** risultato a sorpresa **3** **to have a stomach upset** avere lo stomaco sottosopra

upside down /ˌʌpsaɪd ˈdaʊn/ *avv* **1** al contrario: *You're looking at the map upside down.* Stai guardando la cartina al contrario. **2** **to turn the house upside down** mettere la casa sottosopra [per cercare qualcosa]

upstairs /ʌpˈsteəz/ *avverbio e aggettivo*
• *avv* **1** (con verbi di movimento) di sopra: *She's gone upstairs to lie down.* È andata di sopra a sdraiarsi. **2** (stato in luogo) di sopra: *The bathroom is upstairs on the right.* Il bagno è di sopra a destra.
• *agg* **an upstairs window** una finestra del piano superiore | **an upstairs bathroom** un bagno al piano superiore

upstream /ˌʌpˈstriːm/ *avv* **1** a monte **2** **to swim upstream** risalire la corrente a nuoto

upsurge /ˈʌpsɜːdʒ/ *s* **an upsurge (in sth)** un aumento (di qc)

uptake /ˈʌpteɪk/ *s* (informale) **to be slow on the uptake** essere duro di comprendonio | **to be quick on the uptake** capire le cose al volo

ˌup-to-ˈdate *agg* **1** (computer, tecnologia) moderno -a **2** (guida, cartina, dati) recente: *We must have up-to-date information.* Dobbiamo avere delle informazioni recenti. **3 to keep up-to-date with sth** tenersi al corrente di qc

upturn /ˈʌptɜːn/ *s* (in economia, nelle vendite) ripresa: *There has been an* ***upturn in*** *sales recently.* C'è stata una ripresa delle vendite di recente.

upward /ˈʌpwəd/ *aggettivo e avverbio*
- *agg* **1** (movimento, salita) verso l'alto | **upward climb** arrampicata **2** (tendenza) al rialzo
- *avv* ▶ vedi **upwards**

upwards /ˈʌpwədz/, anche **upward** /ˈʌpwəd/ AmE *avv* **1** (guardare, muoversi) verso l'alto: *She pointed upwards.* Ha puntato il dito verso l'alto. **2 salaries/prices are moving upwards** gli stipendi/i prezzi stanno salendo **3 upwards of** più di: *Upwards of 20,000 people were at the match.* Più di 20.000 persone erano alla partita.

uranium /jʊˈreɪniəm/ *s* uranio

Uranus /ˈjʊərənəs/ *s* Urano

urban /ˈɜːbən/ *agg* urbano -a

urge /ɜːdʒ/ *verbo e sostantivo*
- *v* **to urge sb to do sth** spingere qn a fare qc
  urge sb on incitare qn
- *s* **to have the urge to do sth** provare l'impulso di fare qc

urgency /ˈɜːdʒənsi/ *s* **1** urgenza **2** insistenza

urgent /ˈɜːdʒənt/ *agg* **1** urgente: *an urgent message* un messaggio urgente | **to be in urgent need of sth** avere un bisogno urgente di qc **2** (tono, richiesta) insistente

urgently /ˈɜːdʒəntli/ *avv* urgentemente

urine /ˈjʊərɪn/ *s* urina

Uruguay /ˈjʊərəgwaɪ/ *s* l'Uruguay

Uruguayan /ˌjʊərəˈgwaɪən/ *agg e s* uruguaiano -a

US /ˌjuː ˈes/, anche **USA** /ˌjuː es ˈeɪ/ *s* (= **United States (of America)**) USA

> **the US** si usa sia nella lingua parlata che in quella scritta:
>
> *She studied in the US.* Ha studiato negli USA.
>
> Si può anche usare davanti a un altro sostantivo:
>
> *a US citizen/soldier* un cittadino/soldato statunitense

us /əs, tonico ʌs/ *pron* **1** (come complemento oggetto o indiretto) ci: *He didn't see us.* Non ci ha visti. | *He gave us the money.* Ci ha dato i soldi. **2** (dopo una preposizione, nei paragoni o dopo il verbo "to be") noi: *Do you want to come with us?* Vuoi venire con noi? | *They're bigger than us.* Sono più grandi di noi. | *It was us.* Eravamo noi.

usage /ˈjuːsɪdʒ/ *s* (di oggetto, macchina, servizio) uso

use[1] /juːz/ *v* [tr] **1** usare [oggetto, strumento]: *Can I use your phone?* Posso usare il tuo telefono? **2** consumare [elettricità, gas] **3** usare [una persona]: *I feel I've been used.* Mi sento come se mi avessero usato. **4** usare [parola, espressione]
use sth up consumare qc

use[2] /juːs/ *s* **1** utilizzo: *The drug has many uses.* La droga ha molti utilizzi. **2** uso: *The pool is for the use of hotel residents only.* L'uso della piscina è riservato agli ospiti dell'hotel. **3 to be in use** (bagno, cabina telefonica) essere occupato **4 to be no use a)** (oggetto) non servire a niente: *It's no use. I can't fix it.* Non serve a niente. Non riesco ad aggiustarlo. **b)** (persona) non essere buono a niente | **it's no use talking to him/calling them** è inutile parlargli/chiamarli **5 to be of use (to sb)** (formale) essere utile (a qn) **6 to make use of sth** fare uso di qc **7 what's the use?** (informale) (tanto) a che serve?

used[1] /juːst/ *agg* **to be used to (doing) sth** essere abituato a (fare) qc: *We're used to getting up early.* Siamo abituati ad alzarci presto. | **to get used to (doing) sth** abituarsi a (fare) qc: *I'll have to get used to walking to work.* Dovrò abituarmi ad andare a lavorare a piedi. ▶ Attenzione a non confondere l'aggettivo con il verbo modale **used to** (vedi più sotto).

used[2] /juːzd/ *agg* (macchina) usato -a

used to /ˈjuːst tuː/ *v* [modale] ▶ vedi riquadro

useful /ˈjuːsfəl/ *agg* utile | **to come in useful** tornare utile

usefulness /ˈjuːsfəlnəs/ *s* utilità

useless /ˈjuːsləs/ *agg* **1** (informazione) inutile, (oggetto) inutilizzabile: *These scissors are useless.* Queste forbici sono inutilizzabili. **2** (informale) **to be useless** essere un disastro: *She's useless in the kitchen.* In cucina è un disastro.

user /ˈjuːzə/ *s* utente

ˌuser-ˈfriendly *agg* facile da usare

usual /ˈjuːʒuəl/ *agg* **1** solito -a: *All the usual people were there.* C'era la solita gente. | *He ate less than usual.* Ha mangiato meno del solito. **2 as usual** come al solito

usually /ˈjuːʒuəli/ *avv* di solito

utensil /juːˈtensəl/ *s* utensile

utility /juːˈtɪləti/ *s* (pl **-ties**) servizio pubblico [elettricità, acqua, ecc.]

U

used to *verbo modale*

1 **used to** è la forma abituale che si usa per riferirsi a qualcosa che succedeva in passato e che ora non succede più o che era in un certo modo in passato e ora non lo è più:

We used to go for walks together in the park. Avevamo l'abitudine di andare a passeggio insieme nel parco. | *She used to be really thin.* Una volta era magrissima. | *"Do you play tennis?" "No, but I used to."* – Giochi a tennis? – No, ma una volta sì.

2 Le frasi interrogative e negative si formano con l'ausiliare **did** e la forma **use**:

He didn't use to smoke. Una volta non fumava. | *Didn't he use to have a beard?* Una volta non aveva la barba?

3 Attenzione a non confondere il verbo modale con l'aggettivo **used** (vedi più sopra).

utmost /ˈʌtməʊst/ *aggettivo* e *sostantivo*
- *agg* (attenzione, urgenza) massimo -a
- *s* **to do your utmost (to do sth)** (formale) fare tutto il possibile (per fare qc)

utter /ˈʌtə/ *aggettivo* e *verbo*
- *agg* (confusione, fallimento) totale
- *v* [tr] (formale) proferire [parola]

U-turn /ˈjuː tɜːn/ *s* **1** inversione a U **2** (in politica) voltafaccia

V, v /viː/ *s* V, v ► vedi Active Box **letters** sotto **letter**

vacancy /ˈveɪkənsi/ *s* (pl **-cies**) **1** camera libera | **'no vacancies'** 'tutto completo' **2** (lavoro) posto vacante

vacant /ˈveɪkənt/ *agg* **1** (appartamento, posto) libero -a **2** (posto di lavoro) vacante **3** (espressione, sguardo) assente

V

vacation /vəˈkeɪʃən, AmE veɪˈkeɪʃən/ *sostantivo* e *verbo*
- *s* **1** AmE vacanza: *We are* ***on vacation*** *for two weeks.* Siamo in vacanza per due settimane. **2** AmE ferie ► In inglese britannico si usa **holiday** per entrambi i sensi. **3** (all'università) vacanze
- *v* [intr] AmE andare in vacanza

vaccination /ˌvæksɪˈneɪʃən/ *s* vaccinazione | **to have a flu vaccination** farsi vaccinare contro l'influenza

vaccine /ˈvæksiːn, AmE vækˈsiːn/ *s* vaccino

vacuum /ˈvækjuəm/ *sostantivo* e *verbo*
- *s* vuoto
- *v* **1** [intr] passare l'aspirapolvere **2** [tr] passare l'aspirapolvere in [stanza]

'vacuum ,cleaner *s* aspirapolvere

vagina /vəˈdʒaɪnə/ *s* vagina

vague /veɪg/ *agg* **1** (idea, ricordo) vago -a **2** (frase, risposta) evasivo -a | **to be vague about sth** essere evasivo su qc **3** (figura, sagoma) indistinto -a

vaguely /ˈveɪgli/ *avv* vagamente: *I vaguely remember it.* Mi ricordo vagamente.

vacuuming

vain /veɪn/ *agg* **1** (persona) vanitoso -a **2** (sforzo, speranza) vano -a: *in a vain attempt to find her* nel vano tentativo di trovarla **3** **in vain** invano

valentine /ˈvæləntaɪn/ *s* ► vedi nota sotto **Valentine's day**

Valentine's Day /ˈvæləntaɪnz ˌdeɪ/ *s*

Il 14 di febbraio si celebra **Valentine's Day**, il giorno degli innamorati. In questa occasione, si mandano biglietti di auguri, fiori, cioccolatini ecc. alla persona di cui si è innamorati. **A valentine** o **a valentine card** è il biglietto di auguri, che generalmente si manda in forma anonima.

valid /ˈvælɪd/ *agg* **1** (passaporto, biglietto) valido -a **2** (ragione, scusa) valido -a

validity /vəˈlɪdəti/ *s* validità

valley /ˈvæli/ *s* valle

valuable /ˈvæljəbəl/ *aggettivo* e *sostantivo plurale*
- *agg* **1** (quadro, gioiello) di (gran) valore **2** (consiglio, informazione) prezioso -a
- **valuables** *s pl* oggetti di valore

valuation /ˌvæljuˈeɪʃən/ *s* (valutazione) stima

value /ˈvæljuː/ *sostantivo*, *sostantivo plurale* e *verbo*
- *s* **1** (prezzo) valore: *the value of the house* il valore della casa **2** (importanza) valore **3** **to be good value (for money)** BrE avere un buon rapporto qualità-prezzo
- **values** *s pl* valori: *social values* valori sociali
- *v* [tr] **1** tenere a [amicizia, opinione]: *I value my health too much to smoke.* Tengo troppo alla mia salute per fumare. **2** valutare [oggetto, casa]

valve /vælv/ *s* valvola
vampire /'væmpaɪə/ *s* vampiro
van /væn/ *s* furgone
vandal /'vændl/ *s* vandalo
vandalism /'vændəlɪzəm/ *s* vandalismo
vandalize, -ise BrE /'vændəlaɪz/ *v* [tr] compiere atti di vandalismo contro [auto, edificio]
vanilla /və'nɪlə/ *s* **1** vaniglia **2 vanilla ice cream** gelato alla vaniglia
vanish /'vænɪʃ/ *v* [intr] sparire ▶ vedi anche **air**, **trace**
vanity /'vænəti/ *s* vanità
vantage point /'vɑːntɪdʒ ˌpɔɪnt/ *s* posizione strategica
vapour BrE, **vapor** AmE /'veɪpə/ *s* vapore
variable /'veəriəbəl/ *agg* e *s* variabile
variant /'veəriənt/ *s* variante
variation /ˌveəri'eɪʃən/ *s* variazione | **variation in sth** variazione di qc
varied /'veərid/ *agg* vario -a
variety /və'raɪəti/ *s* (pl **-ties**) **1 a variety of** una varietà di: *a variety of colours* una varietà di colori **2** (diversità) varietà **3** (tipo) varietà
various /'veəriəs/ *agg* diverso -a: *I tried various places.* Ho provato diversi posti.
varnish /'vɑːnɪʃ/ *sostantivo* e *verbo*
• *s* vernice
• *v* [tr] verniciare ▶ vedi **nail**
vary /'veəri/ *v* [intr] (3ª pers sing **varies**, passato e participio **varied**) variare | **to vary in price/size** variare per prezzo/ dimensione
vase /vɑːz, AmE veɪs, veɪz/ *s* vaso
vast /vɑːst/ *agg* **1** enorme **2 the vast majority** la stragrande maggioranza
vastly /'vɑːstli/ *avv* enormemente
VAT /ˌviː eɪ 'tiː/ *s* (= **value added tax**) IVA
vat /væt/ *s* tino
vault /vɔːlt/ *sostantivo* e *verbo*
• *s* **1** caveau **2** cripta
• *v* [tr] **to vault over sth** saltare al di là di qc
veal /viːl/ *s* (carne di) vitello
veer /vɪə/ *v* **to veer to the left/right** sterzare a sinistra/destra | **to veer off course** cambiare rotta
vegetable /'vedʒtəbəl/ *s* **1** verdura **2 vegetable soup** minestra di verdura
vegetarian /ˌvedʒə'teəriən/ *s* e *agg* vegetariano -a
vegetation /ˌvedʒə'teɪʃən/ *s* vegetazione
vehicle /'viːɪkəl/ *s* veicolo
veil /veɪl/ *s* velo
veiled /veɪld/ *agg* (allusione, critica) velato -a
vein /veɪn/ *s* **1** (nel corpo) vena **2** (di metallo, minerale) vena
Velcro® /'velkrəʊ/ *s* velcro®
velocity /və'lɒsəti/ *s* velocità
velvet /'velvɪt/ *s* velluto | **velvet dress** vestito di velluto
vending machine /'vendɪŋ məˌʃiːn/ *s* distributore automatico
vendor /'vendə/ *s* venditore -trice
veneer /və'nɪə/ *s* **1** impiallacciatura **2** patina [di rispettabilità]
Venetian blind /vəˌniːʃən 'blaɪnd/ *s* veneziana
vengeance /'vendʒəns/ *s* **1** vendetta **2 with a vengeance** a più non posso
venison /'venɪzən/ *s* cacciagione [carne]
venom /'venəm/ *s* **1** (sostanza tossica) veleno **2** (odio) veleno
venomous /'venəməs/ *agg* **1** (serpente) velenoso -a **2** (tono, commento) velenoso -a, (sguardo) astioso -a
vent /vent/ *sostantivo* e *verbo*
• *s* **1** (buco) presa d'aria, (griglia) bocchetta **2 to give vent to sth** (formale) sfogare qc
• *v* **to vent sth (on sth/sb)** sfogare qc (su qc/qn)
ventilation /ˌventɪ'leɪʃən/ *s* ventilazione
ventilator /'ventɪleɪtə/ *s* **1** (in casa) ventilatore **2** (per malato) respiratore
venture /'ventʃə/ *sostantivo* e *verbo*
• *s* impresa
• *v* **1 to venture out** arrischiarsi ad uscire **2 to venture an opinion** (formale) azzardare un parere
venue /'venjuː/ *s* luogo in cui si tiene una manifestazione
Venus /'viːnəs/ *s* Venere
veranda, anche **verandah** /və'rændə/ *s* veranda
verb /vɜːb/ *s* verbo
verbal /'vɜːbəl/ *agg* (accordo, scusa, comunicazione) verbale
verdict /'vɜːdɪkt/ *s* **1** verdetto **2** giudizio
verge /vɜːdʒ/ *sostantivo* e *verbo*
• *s* **1** banchina **2 to be on the verge of sth** essere prossimo a qc | **to be on the verge of doing sth** essere lì lì per fare qc
• *v* **verge on sth** rasentare qc
verify /'verɪfaɪ/ *v* [tr] (**-fies**, **-fied**) **1** verificare [dati, informazioni] **2** confermare [un sospetto, una dichiarazione]
veritable /'verɪtəbəl/ *agg* (formale) vero -a
versatile /'vɜːsətaɪl/ *agg* versatile
verse /vɜːs/ *s* **1** (di poesia, canzone) strofa **2** (arte) poesia **3** (nella Bibbia) versetto
version /'vɜːʃən/ *s* versione
versus /'vɜːsəs/ *prep* contro: *Argentina versus Italy* Argentina contro Italia
vertebra /'vɜːtɪbrə/ *s* (pl **-brae**) vertebra
vertical /'vɜːtɪkəl/ *agg* verticale
very /'veri/ *avverbio* e *aggettivo*
• *avv* **1** molto: *He's very tall.* È molto alto. | *She plays very well.* Suona molto bene. |

Vuoi informazioni sulla differenza tra gli **aggettivi possessivi** in inglese e in italiano? Vedi la **guida grammaticale**.

I'm very sorry. Mi dispiace moltissimo. | *"Are you hungry?" "Not very."* – Hai fame? – Non molta. **2 very much** molto: *I'm very much better, thanks.* Sto molto meglio, grazie. | *"Do you like her?" "Not very much."* – Ti piace? – Non molto. **3** usato per enfatizzare: *by Friday at the very latest* per venerdì al più tardi | *a room of your very own* una stanza tutta per te
• *agg* (formale) **1** preciso -a: *At that very moment the phone rang.* In quel preciso momento ha squillato il telefono. | *He died in this very room.* È morto proprio in questa stanza. **2** solo -a: *The very thought of it makes me feel sick.* Il solo pensiero mi fa star male. **3** usato per enfatizzare: *right from the very beginning* fin dall'inizio | *I stayed till the very end.* Sono rimasto fino all'ultimo minuto.

vessel /ˈvesəl/ *s* (formale) **1** nave **2** recipiente

vest /vest/ *s* **1** BrE canottiera **2** AmE panciotto ▶ In inglese britannico si usa **waistcoat**. **3** giubbotto [antiproiettile]

vestige /ˈvestɪdʒ/ *s* vestigia

vet /vet/ *sostantivo* e *verbo*
• *s* veterinario -a
• *v* [tr] (**vetted**, **vetting**) BrE sottoporre a esame minuzioso

veteran /ˈvetərən/ *agg* e *s* veterano -a

veto /ˈviːtəʊ/ *verbo* e *sostantivo*
• *v* [tr] porre il veto a
• *s* (pl **-es**) veto

via /ˈvaɪə/ *prep* **1** (passando per) via **2** (a mezzo) via [fax, satellite], tramite [una persona]

viable /ˈvaɪəbəl/ *agg* (proposta, alternativa) accettabile, (piano) attuabile

vibrate /vaɪˈbreɪt/ *v* [intr] vibrare

vibration /vaɪˈbreɪʃən/ *s* vibrazione

vicar /ˈvɪkə/ *s* nella chiesa anglicana il vicar, che può essere sia uomo che donna, è l'equivalente del parroco nella chiesa cattolica

vice /vaɪs/ *s* vizio

ˌvice ˈpresident *s* vicepresidente

vice versa /ˌvaɪs ˈvɜːsə/ *avv* viceversa

vicinity /vəˈsɪnəti/ *s* **in the vicinity (of sth)** (formale) nelle vicinanze (di qc)

vicious /ˈvɪʃəs/ *agg* **1** (assassino, delitto) feroce, (attentato) brutale **2** (cane) feroce **3** (persona, pettegolezzo) maligno -a, (campagna) diffamatore -trice **4 a vicious circle** un circolo vizioso

victim /ˈvɪktɪm/ *s* **1** vittima **2 to fall victim to sth** cadere vittima di qc

victimize, -ise BrE /ˈvɪktɪmaɪz/ *v* [tr] vessare

victorious /vɪkˈtɔːriəs/ *agg* (esercito) vittorioso -a, (squadra, candidato) vincente

victory /ˈvɪktəri/ *s* (pl **-ries**) vittoria: *their victory over Italy* la loro vittoria contro l'Italia

video /ˈvɪdiəʊ/ *sostantivo* e *verbo*
• *s* **1** videocassetta: *I've only seen it **on video**.* Ho visto solo la videocassetta. **2** (anche **video cassette recorder**) videoregistratore **3 video camera** videocamera **video game** videogioco
• *v* [tr] riprendere [con una videocamera]

videotape /ˈvɪdiəʊˌteɪp/ *s* videocassetta

view /vjuː/ *sostantivo* e *verbo*
• *s* **1** parere | **in my/your etc view** a mio/tuo ecc. parere **2** (idea) visione: *a romantic view of life* una visione romantica della vita **3** vista: *There was a woman blocking my view.* C'era una donna che mi bloccava la vista. | *I had a good **view of the stage**.* Riuscivo a veder bene il palcoscenico. **4** (veduta) panorama: *The view from the top was breathtaking.* Il panorama dall'alto era stupendo. **5 in view of sth** (formale) in considerazione di qc ▶ vedi anche **point**
• *v* [tr] **1** (formale) vedere **2 to view sth (as sth)** considerare qc (come qc)

viewer /ˈvjuːə/ *s* telespettatore -trice

viewpoint /ˈvjuːpɔɪnt/ *s* **1** punto di vista **2** punto d'osservazione

vigil /ˈvɪdʒəl/ *s* veglia

vigilant /ˈvɪdʒələnt/ *agg* attento -a

vigorous /ˈvɪgərəs/ *agg* **1** (movimento) energico -a, (attività fisica) intenso -a **2** (nemico, difensore) agguerrito -a **3** (persona) prestante

vile /vaɪl/ *agg* pessimo -a

villa /ˈvɪlə/ *s* BrE villa

village /ˈvɪlɪdʒ/ *s* paese

villager /ˈvɪlɪdʒə/ *s* paesano -a

villain /ˈvɪlən/ *s* (in film, romanzo) cattivo -a

vine /vaɪn/ *s* vite ▶ FALSE FRIEND Non confondere **"vine"** con **vino** che si traduce **wine**.

vinegar /ˈvɪnɪgə/ *s* aceto

vineyard /ˈvɪnjəd/ *s* vigneto

vintage /ˈvɪntɪdʒ/ *aggettivo* e *sostantivo*
• *agg* **1 vintage wine** vino d'annata **2 vintage car** auto d'epoca
• *s* annata

vinyl /ˈvaɪnl/ *s* vinile

violate /ˈvaɪəleɪt/ *v* [tr] (formale) **1** violare [regolamento, norma] **2** invadere [privacy] **3** profanare [chiesa, tomba]

violence /ˈvaɪələns/ *s* **1** (forza fisica) violenza **2** (intensità) violenza

violent /ˈvaɪələnt/ *agg* **1** (persona, morte, carattere) violento -a **2** (film, videogioco) violento -a **3** (esplosione, uragano) violento -a

violet /ˈvaɪələt/ *sostantivo* e *aggettivo*
• *s* **1** (pianta) viola (mammola) **2** (colore) viola ▶ vedi Active Box **colours** sotto **colour**
• *agg* viola ▶ vedi Active Box **colours** sotto **colour**

V

violin /ˌvaɪəˈlɪn/ *s* violino

violin

VIP /ˌviː aɪ ˈpiː/ *s* (= **very important person**) vip

virgin /ˈvɜːdʒɪn/ *agg* e *s* vergine

Virgo /ˈvɜːgəʊ/ *s* **1** Vergine **2** Vergine: *She's a Virgo.* È della Vergine.

virtual /ˈvɜːtʃuəl/ *agg* **1** con il significato di quasi totale: *Their victory is a virtual certainty.* La loro vittoria è praticamente certa. **2** (in informatica) virtuale | **virtual reality** realtà virtuale

virtually /ˈvɜːtʃuəli/ *avv* praticamente

virtue /ˈvɜːtʃuː/ *s* **1** (qualità morale) virtù **2** (vantaggio) pregio **3** **by virtue of** grazie a

virus /ˈvaɪərəs/ *s* (pl **viruses**) **1** (di malattia) virus **2** (in informatica) virus

visa /ˈviːzə/ *s* visto

vis-à-vis /ˌviːz ə ˈviː/ *prep* (formale) **1** rispetto a **2** in confronto a

visibility /ˌvɪzəˈbɪləti/ *s* visibilità

visible /ˈvɪzəbəl/ *agg* **1** visibile **2** (differenza) visibile

visibly /ˈvɪzəbli/ *avv* visibilmente

vision /ˈvɪʒən/ *s* **1** (senso) vista **2** (immagine mentale) visione **3** (esperienza religiosa) visione **4** lungimiranza

visit /ˈvɪzɪt/ *verbo* e *sostantivo*

- *v* **1** [tr] visitare [città, museo] **2** [tr] andare a trovare [persona]: *You must come and visit us soon.* Devi venirci a trovare presto. **3** [intr] essere di passaggio [in una città]: *"Do you live here?" "No, I'm just visiting."* – Abiti qui? – No, sono solo di passaggio. **4** **to visit the dentist/doctor etc** andare dal dentista/dottore ecc.
- *s* visita: *the President's **visit to** Germany* la visita del Presidente in Germania | *I've just **had a visit from** Jane.* Mi è appena venuta a trovare Jane. | **to pay sb a visit** andare a trovare qn

visitor /ˈvɪzɪtə/ *s* **1** (di città) turista, (di museo) visitatore -trice **2** visita: *You have a visitor.* Ci sono visite per te.

visual /ˈvɪʒuəl/ *agg* (ausilio, arte) visivo -a, (illusione) ottico -a

visualize, -ise BrE /ˈvɪʒuəlaɪz/ *v* [tr] immaginarsi

vital /ˈvaɪtl/ *agg* essenziale: *This is **vital to** the mission's success.* È essenziale per il successo della missione.

vitality /vaɪˈtæləti/ *s* vitalità

vitally /ˈvaɪtl-i/ *avv* **vitally important** di vitale importanza

vitamin /ˈvɪtəmɪn, AmE ˈvaɪtəmən/ *s* vitamina

vivid /ˈvɪvɪd/ *agg* **1** (ricordo, descrizione) vivido -a, (immaginazione) fervido -a **2** (colore) forte

V-neck /ˈviː nek/ *s* **a V-neck (sweater)** un golf scollato a V

vocabulary /vəˈkæbjələri/ *s* (pl **-ries**) (insieme dei vocaboli usati) vocabolario

vocal /ˈvəʊkəl/ *agg* **1** vocale: *vocal cords* corde vocali **2** riferito a qualcuno che si fa sentire: *They are a small but very vocal minority.* Sono una piccola minoranza, ma si fanno sentire.

vocalist /ˈvəʊkəlɪst/ *s* cantante

vocals /ˈvəʊkəlz/ *s pl* voce [parte cantata di un brano musicale]

vocation /vəʊˈkeɪʃən/ *s* vocazione: *She has no **vocation for** nursing.* Non ha la vocazione dell'infermiera.

vocational /vəʊˈkeɪʃənəl/ *agg* professionale | **vocational course** corso di formazione professionale

vodka /ˈvɒdkə/ *s* vodka

vogue /vəʊg/ *s* moda: *the **vogue for** health foods* la moda dei cibi biologici | **to be in vogue** essere di moda

voice /vɔɪs/ *sostantivo* e *verbo*

- *s* **1** voce: *She has a beautiful voice.* Ha una bella voce. | *I've **lost my voice**.* Mi è andata via la voce. | **to raise/lower your voice** alzare/abbassare la voce | **to keep your voice down** parlare sottovoce **2** (opinione) parere | **to have a voice in sth** avere voce in capitolo in qc **3** **voice mail** voice mail [sistema elettronico che registra e invia messaggi telefonici]
- *v* [tr] (formale) esprimere

void /vɔɪd/ *aggettivo* e *sostantivo*

- *agg* nullo -a ► vedi anche **null**
- *s* vuoto

volatile /ˈvɒlətaɪl, AmE ˈvɑːlətl/ *agg* **1** (situazione) instabile **2** (carattere) volubile

volcano /vɒlˈkeɪnəʊ/ *s* (pl **-noes**) vulcano

volley /ˈvɒli/ *s* **1** (di colpi, pallottole) scarica **2** (di insulti, domande) raffica **3** (nel tennis) volée

volleyball /ˈvɒlibɔːl/ *s* pallavolo

volt /vəʊlt/ *s* volt

voltage /ˈvəʊltɪdʒ/ *s* tensione [voltaggio]

volume /ˈvɒljuːm/ *s* **1** (capacità, quantità) volume **2** (livello di suono) volume **3** (libro) volume

voluntary /ˈvɒləntəri/ *agg* **1** (non pagato) volontario -a **2** (non obbligatorio) facoltativo -a **3** **voluntary organization** associazione di volontariato

volunteer /ˌvɒlənˈtɪə/ *sostantivo* e *verbo*

- *s* volontario -a
- *v* **1** **to volunteer (to do sth)** offrirsi (di

V

Non sei sicuro sull'uso di make e do? Vedi alla voce fare.

fare qc) | **to volunteer for the army/navy etc** arruolarsi come volontario nell'esercito/in marina ecc. **2** [tr] dare (di propria spontanea volontà) [informazioni, aiuto]

vomit /ˈvɒmɪt/ *verbo e sostantivo*

- *v* [tr/intr] vomitare
- *s* vomito

vote /vəʊt/ *sostantivo e verbo*

- *s* **1** voto **2** votazione | **to take a vote on sth, to put sth to the vote** mettere qc ai voti **3** **the vote** diritto di voto
- *v* **1** [intr] votare | **to vote for sth/sb** votare per qc/qn | **to vote against sth/sb** votare contro qc/qn | **to vote Democrat/Conservative etc** votare per i Democratici/i Conservatori ecc. **2** **she was voted best actress/best director etc** è stata dichiarata miglior attrice/regista ecc. **3** [tr] approvare l'assegnazione di [fondi, sussidi] **4** [tr] (informale) proporre: *I vote we go to the cinema.* Propongo di andare al cinema.

voter /ˈvəʊtə/ *s* elettore -trice

voting /ˈvəʊtɪŋ/ *s* votazione

vouch /vaʊtʃ/ *v* **vouch for sth** garantire qc **vouch for sb** garantire per qn

voucher /ˈvaʊtʃə/ *s* buono [omaggio, sconto]

vow /vaʊ/ *sostantivo e verbo*

- *s* (formale) promessa
- *v* (formale) **to vow (that)** giurare (che) | **to vow to do sth** giurare di fare qc

vowel /ˈvaʊəl/ *s* vocale

voyage /ˈvɔɪ-ɪdʒ/ *s* viaggio [per mare o nello spazio] ▶ **JOURNEY, TRIP, VOYAGE O TRAVEL?** vedi nota sotto **viaggio**

vs (= **versus**) contro: *Italy vs France* Italia contro Francia

vulgar /ˈvʌlgə/ *agg* volgare

vulnerable /ˈvʌlnərəbəl/ *agg* vulnerabile

vulture /ˈvʌltʃə/ *s* avvoltoio

W

W¹, w /ˈdʌbəljuː/ *s* W, w ▶ vedi Active Box **letters** sotto **letter**

W² (= **west**) O

wade /weɪd/ *v* [intr] camminare a fatica nell'acqua, nel fango ecc. | **to wade across sth** guadare qc

wade through sth scartabellare qc [libri, elenchi]

wafer /ˈweɪfə/ *s* cialda

wag /wæg/ *v* [tr] (**wagged**, **wagging**) **1** **to wag its tail** scodinzolare: *The dog was wagging his tail.* Il cane scodinzolava. **2** (coda) muoversi

wage /weɪdʒ/ *sostantivo e verbo*

- *s* (anche **wages**) paga ▶ vedi nota qui sotto
- *v* **to wage (a) war** essere in guerra | **to wage war on sth/sb** fare la guerra a qc/qn

> **wage o salary?**
>
> **wage** è la paga oraria, giornaliera o settimanale versata per lavori manuali, mentre **salary** è lo stipendio pagato mensilmente per un lavoro svolto in ufficio o per altre attività non manuali.

wagon, anche **waggon** BrE /ˈwægən/ *s* **1** carro **2** BrE (di treno) vagone merci

wail /weɪl/ *verbo e sostantivo*

- *v* [intr] **1** gemere **2** (vento) ululare, (sirena) fischiare
- *s* **1** gemito **2** (di vento, sirena) urlo

waist /weɪst/ *s* (di corpo, abito) vita

waistband /ˈweɪstbænd/ *s* cintura [parte di gonna, pantaloni]

waistcoat /ˈweɪskəʊt, AmE ˈweskət/ *s* BrE panciotto ▶ In inglese americano si usa **vest**.

waistline /ˈweɪstlaɪn/ *s* vita [girovita]

wait /weɪt/ *verbo e sostantivo*

- *v* **1** [intr] aspettare: *Hurry up! We're all waiting.* Sbrigati! Ti stiamo tutti aspettando. | *We **waited until** the rain had stopped.* Abbiamo aspettato che smettesse di piovere. | **to wait for sth/sb** aspettare qc/qn: *I **waited for** him but he didn't come.* L'ho aspettato, ma non è venuto. | **to keep sb waiting** far aspettare qn | **wait a minute/second a)** (per chiedere a qualcuno di attendere) aspetta un attimo **b)** (per dimostrare il proprio disaccordo) aspetta un attimo | **to wait and see** pazientare **2** **can't wait** (informale) non vedere l'ora: *I **can't wait** to get home.* Non vedo l'ora di arrivare a casa. **3** **to wait your turn** aspettare il proprio turno

  wait around aspettare [senza fare altro]

  wait on sb servire qn

  wait up (for sb) rimanere alzato ad aspettare qn
- *s* attesa

waiter /ˈweɪtə/ *s* cameriere

ˈwaiting room *s* sala d'attesa

waitress /ˈweɪtrəs/ *s* (pl **-sses**) cameriera

waive /weɪv/ *v* **1** **to waive your right to do sth** rinunciare al diritto di fare qc **2** non applicare [regola, multa]

wake /weɪk/ *verbo e sostantivo*

- *v* (passato **woke**, participio **woken**) **1** [tr] svegliare **2** [intr] svegliarsi: *I woke early*

that morning. Mi sono svegliato presto quella mattina.
wake up **1** svegliarsi: *What time did you wake up?* A che ora ti sei svegliato? **2** (prestare attenzione) svegliarsi **wake sb up** svegliare qn
wake up to sth aprire gli occhi e capire qc
• *s* **1** **in the wake of sth** in seguito a qc [scandalo, siccità] **2** **to leave sth in your wake** lasciare qc dietro di sé **3** veglia **4** (di barca) scia

Wales /weɪlz/ *s* il Galles

walk /wɔːk/ *verbo e sostantivo*
• *v* **1** [intr] camminare: *She can hardly walk.* Riesce a malapena a camminare. | *He walks to work.* Va in ufficio a piedi. **2** **to walk ten miles/a long way** fare dieci miglia/molta strada a piedi: *I couldn't **walk another step**.* Non riuscivo più a fare un passo. **3** **to walk the dog** portare a spasso il cane **4** **to walk sb home** accompagnare qn a casa **5** **to go walking** fare escursioni a piedi
walk away **1** andarsene: *Don't walk away when I'm talking to you!* Non andartene mentre ti parlo! **2** **to walk away unhurt** rimanere illeso
walk in entrare
walk into sb andare a sbattere contro qn
walk into sth **1** entrare in qc **2** andare a sbattere contro qc
walk off with sth (informale) **1** portarsi via qc: *Someone's walked off with my new jacket!* Qualcuno si è portato via la mia giacca nuova! **2** vincere qc [un premio]
walk out **1** uscire **2** andarsene [seccato]: *We had a row and he walked out.* Abbiamo litigato e lui se n'è andato. **3** smettere di lavorare
walk out on sb lasciare qn
walk over **to walk over to sth/sb** andare verso qc/qn: *She walked over to the window.* È andata verso la finestra.
walk up **to walk up to sth/sb** avvicinarsi a qc/qn
• *s* **1** camminata: *It's a long walk.* È una bella camminata. | *It's a five-minute walk.* Sono cinque minuti a piedi. | **to go for a walk** andare a fare una passeggiata | **to take the dog for a walk** portare fuori il cane **2** (percorso) passeggiata **3** **from all walks of life** di ogni tipo

walker /ˈwɔːkə/ *s* **1** **to be a fast/slow walker** camminare veloce/lento **2** escursionista [a piedi]

'walking stick *s* bastone da passeggio

Walkman® /ˈwɔːkmən/ *s* Walkman®

wall /wɔːl/ *s* **1** muro **2** parete **3** **to drive sb up the wall** (informale) far diventare matto qn

walled /wɔːld/ *agg* **1** circondato -a da mura **2** fortificato -a

wallet /ˈwɒlɪt/ *s* portafoglio

wallpaper /ˈwɔːlˌpeɪpə/ *s* carta da parati

walnut /ˈwɔːlnʌt/ *s* noce

waltz /wɔːls/ *sostantivo e verbo*
• *s* (pl **waltzes**) valzer
• *v* [intr] (3ª pers sing **waltzes**) ballare il valzer

wand /wɒnd/ *s* bacchetta magica

wander /ˈwɒndə/ *v* **1** [intr] andare in giro [senza meta]: *We spent the day **wandering around** the market.* Abbiamo trascorso la giornata in giro per il mercato. | **to wander the streets** girovagare per le strade **2** [intr] (anche **wander off**) allontanarsi

wane /weɪn/ *verbo e sostantivo*
• *v* [intr] (entusiasmo) scemare, (potere) diminuire, (popolarità) calare
• *s* **to be on the wane** essere in declino

wannabe /ˈwɒnəbi/ *s* (informale) persona che aspira ad essere come un personaggio famoso: *Madonna wannabes* ragazze che imitano Madonna

want /wɒnt/ *verbo e sostantivo*
• *v* [tr] **1** volere: *Do you want a drink?* Vuoi da bere? | **to want to do sth** voler fare qc: *She **wants to** go home.* Vuole andare a casa. | **to want sb to do sth** volere che qn faccia qc: *She wants you to give her a lift.* Vuole che tu le dia un passaggio. **2** aver bisogno di: *The car wants washing.* La macchina ha bisogno di una lavata. | *Mum wants you in the kitchen.* La mamma ha bisogno di te in cucina. | *You're wanted on the phone.* Ti vogliono al telefono. **3** **you want to do sth** (per dare un consiglio) dovresti fare qc: *You want to see a doctor.* Dovresti farti vedere da un medico.
• *s* **for want of sth** in mancanza di qc: *We watched TV for want of anything better to do.* Abbiamo guardato la tivù in mancanza di qualcosa di meglio da fare.

wanted /ˈwɒntɪd/ *agg* ricercato -a (dalla polizia)

war /wɔː/ *s* **1** guerra | **to be at war (with sb)** essere in guerra (con qn) | **to declare war on sb** dichiarare guerra a qn **2** **a war against/on sth** una lotta contro qc

ward /wɔːd/ *sostantivo e verbo*
• *s* **1** corsia [di ospedale] **2** **maternity ward** reparto maternità
• *v* **ward sth off** tenere lontano qc [insetti, nemico], parare qc [colpi]

warden /ˈwɔːdn/ *s* **1** BrE (di istituto) guardiano -a **2** BrE (di parco nazionale) guardiano -a **3** AmE (di carcere) direttore -trice ► In inglese britannico si usa **governor**. ► vedi anche **traffic warden**

warder /ˈwɔːdə/ *s* BrE guardia (carceraria)

wardrobe /ˈwɔːdrəʊb/ *s* **1** BrE armadio **2** guardaroba

W

warehouse /'weəhaʊs/ *s* magazzino
warfare /'wɔːfeə/ *s* **gang warfare** guerra tra bande
warhead /'wɔːhed/ *s* testata [di un missile]
warm /wɔːm/ *aggettivo e verbo*
• *agg* **1** caldo -a: *Your hands are nice and warm.* Hai le mani belle calde. **2** tiepido -a: *The water is only just warm.* L'acqua è appena tiepida. **3** **to be warm** (persona) non avere freddo: *Are you warm enough?* Non hai freddo? | **to keep warm** riscaldarsi **4** caldo -a: *It's nice and warm in here.* C'è un bel calduccio qui. **5** (clima, paese) caldo -a: *It's very warm today.* Oggi fa molto caldo. **6** (abiti) pesante **7** (accoglienza) caloroso -a, (persona) cordiale, (sorriso) aperto -a
• *v* ▶ vedi **warm up**
warm up **1** (atleta) scaldarsi **2** (macchina) scaldarsi **warm sth up** riscaldare qc
warming /'wɔːmɪŋ/ *s* ▶ vedi **global**
warmly /'wɔːmli/ *avv* **1** calorosamente **2** **to dress up warmly** coprirsi bene
warmth /wɔːmθ/ *s* **1** calore **2** cordialità
'warm-up *s* riscaldamento
warn /wɔːn/ *v* [tr] **1** avvertire: *They had been **warned of** the risks.* Erano stati avvertiti dei rischi. | *I **warned** him **about** the stairs.* Gli ho detto di stare attento alle scale. **2** **to warn sb to do sth** consigliare a qn di fare qc
warning /'wɔːnɪŋ/ *s* **1** (informazione) avvertimento **2** preavviso: *They closed the school without any warning.* Hanno chiuso la scuola senza preavviso.
warp /wɔːp/ *v* [intr] incurvarsi
warped /wɔːpt/ *agg* **1** (umorismo) contorto -a **2** (mente) perverso -a
warrant /'wɒrənt/ *s* mandato: *a search warrant* mandato di perquisizione
warranty /'wɒrənti/ *s* (pl **-ties**) garanzia [su merce]
warren /'wɒrən/ *s* **1** tana [di conigli] **2** labirinto
warrior /'wɒriə/ *s* guerriero -a
warship /'wɔːˌʃɪp/ *s* nave da guerra
wart /wɔːt/ *s* verruca
wartime /'wɔːtaɪm/ *s* **in wartime** in tempo di guerra
wary /'weəri/ *agg* (**-rier**, **-riest**) **1** (persona) cauto -a, (sguardo) circospetto -a **2** **to be wary of sth/sb** diffidare di qc/qn
was /wəz, tonico wɒz/ passato di **be**
wash /wɒʃ/ *verbo e sostantivo*
• *v* (3ª pers sing **washes**) **1** [tr] lavare: *Could you wash the car for me?* Mi potresti lavare la macchina? | **to wash your hands/hair** lavarsi le mani/i capelli **2** [intr] lavarsi **3** **to be washed ashore** essere gettato a riva
wash sth away (pioggia) portar via qc
wash off (vernice) andar via [lavando]
wash sth off lavare via qc
wash up **1** BrE lavare i piatti **2** AmE darsi un rinfrescata **wash sth up** lavare qc [piatti, bicchieri]
• *s* **1** lavata: *Those jeans could do with a wash.* Quei jeans avrebbero bisogno di una lavata. | **to have a wash** lavarsi **2** **to be in the wash** (abiti) essere a lavare **3** (di barca) scia
washable /'wɒʃəbəl/ *agg* lavabile
washbasin /'wɒʃˌbeɪsən/ *s* BrE lavabo
washing /'wɒʃɪŋ/ *s* bucato
'washing maˌchine *s* lavatrice
'washing ˌpowder *s* BrE detersivo in polvere
ˌwashing-'up *s* BrE piatti sporchi | **to do the washing-up** lavare i piatti
ˌwashing-'up ˌliquid *s* BrE detersivo liquido per piatti
washroom /'wɒʃruːm/ *s* AmE bagno [di luogo pubblico]
wasn't /'wɒzənt/ forma contratta di **was not**
wasp /wɒsp/ *s* (insetto) vespa
waste /weɪst/ *sostantivo, verbo e aggettivo*
• *s* **1** spreco: *What a waste!* Che spreco! | **to go to waste** andare sprecato **2** **a waste of time** una perdita di tempo | **a waste of money** soldi sprecati: *That computer was a waste of money.* Sono stati soldi sprecati per quel computer. **3** rifiuti | **nuclear waste** scorie nucleari
• *v* [tr] **1** sprecare [denaro, acqua, spazio] | **to waste money on sth** buttar via i soldi per qc **2** perdere [tempo]: *You're wasting time arguing.* State solo perdendo tempo a discutere. **3** lasciarsi sfuggire [occasione]
waste away deperire
• *agg* **waste paper** carta straccia | **waste products** prodotti di scarto
wasted /'weɪstɪd/ *agg* **1** (viaggio, sforzo) inutile **2** (occasione) sprecato -a
wasteful /'weɪstfəl/ *agg* sprecone -a
wasteland /'weɪstlænd/ *s* terreno abbandonato
wastepaper basket /ˌweɪst'peɪpə ˌbɑːskɪt/ *s* cestino della carta straccia
watch /wɒtʃ/ *verbo e sostantivo*
• *v* (3ª pers sing **watches**) **1** [tr/intr] guardare, osservare: *We sat watching the birds.* Stavamo seduti ad osservare gli uccelli. | *She likes to sit and watch the children playing.* Le piace sedersi a guardare i bambini che giocano. **2** **to watch television/a film** guardare la televisione/un film **3** [tr] stare attento -a a | **watch it!** **a)** attento! **b)** non riprovarci! **4** [tr] dare

un'occhiata a [oggetto], badare a [bambino] **5** [tr] osservare
watch out stare attento -a
watch out for sth/sb **1** cercare qc/qn con gli occhi **2** stare attento -a qc/qn
watch over sth dare un'occhiata a qc
watch over sb badare a qn
• *s* (pl **watches**) **1** orologio (da polso) **2** **to keep watch** stare di guardia

watch
stopwatch

watchful /ˈwɒtʃfəl/ *agg* vigile
water /ˈwɔːtə/ *sostantivo, sostantivo plurale* e *verbo*
• *s* acqua: *Can I have a drink of water, please?* Potrei avere un bicchier d'acqua, per favore?
• **waters** *s pl* acque [territoriali]
• *v* **1** [tr] annaffiare **2** **my/his etc eyes were watering** mi/gli ecc. lacrimavano gli occhi
water sth down **1** ammorbidire qc [dichiarazione] **2** diluire qc [liquido]
watercolour BrE, **watercolor** AmE /ˈwɔːtəˌkʌlə/ *s* acquerello
watercress /ˈwɔːtəkres/ *s* crescione
waterfall /ˈwɔːtəfɔːl/ *s* cascata
waterfront /ˈwɔːtəfrʌnt/ *s* **1** lungomare: *We had a walk along the waterfront.* Abbiamo fatto una passeggiata sul lungomare. | *restoration of the Barcelona waterfront* ristrutturazione del lungomare di Barcellona **2** lungofiume
ˈwatering ˌcan *s* annaffiatoio
watermelon /ˈwɔːtəˌmelən/ *s* anguria
waterproof /ˈwɔːtəpruːf/ *agg* impermeabile
ˈwater-ˌskiing *s* sci d'acqua
ˈwater ˌsports *s pl* sport acquatici
watertight /ˈwɔːtətaɪt/ *agg* stagno -a
waterway /ˈwɔːtəweɪ/ *s* corso d'acqua (navigabile)
watery /ˈwɔːtəri/ *agg* **1** (minestra) acquoso -a **2** (luce, colore) tenue
watt /wɒt/ *s* watt
wave /weɪv/ *sostantivo* e *verbo*
• *s* **1** (nel mare) onda **2** (per salutare) cenno di saluto **3** (di suono, radio, luce) onda **4** (di proteste, delitti) ondata **5** (nei capelli) onda
• *v* **1** **to wave (your hand)** agitare la mano per salutare o farsi scorgere da qualcuno: *I **waved at** him but he didn't see me.* Gli ho fatto cenno con la mano, ma non mi ha visto. | *They **waved to** us as we arrived.* Ci hanno salutato con la mano al nostro arrivo. | **to wave sb on/through** fare cenno con la mano a qn di procedere/passare **2** [tr] sventolare [bandiera, fazzoletto] **3** [intr] (bandiera) sventolare

waving goodbye

wave sth aside respingere qc [idea, obiezione]
wave sb off salutare qn [in portenza]
wavelength /ˈweɪvleŋθ/ *s* lunghezza d'onda
waver /ˈweɪvə/ *v* [intr] **1** vacillare **2** titubare **3** (voce) tremare
wavy /ˈweɪvi/ *agg* ondulato -a
wax /wæks/ *s* **1** (per candele) cera **2** (nelle orecchie) cerume
way /weɪ/ *sostantivo* e *avverbio*
• *s* ► vedi riquadro
• *avv* **1** **way too long/slow etc** decisamente troppo lungo/lento ecc. | **way above/below sth** di gran lunga al di sopra/al di sotto di qc | **way ahead** decisamente più avanti: *We're **way behind** the others.* Siamo decisamente più indietro degli altri. **2** **way back in the 20s** all'inizio degli anni '20 **3** **way off** in lontananza **4** **way out a)** decisamente sbagliato **b)** molto lontano
ˌway ˈout *s* (pl **ways out**) uscita
WC /ˌdʌbəljuː ˈsiː/ *s* (= **water closet**) WC
we /wiː/ *pron* noi ► I pronomi soggetto non si omettono mai in inglese: *We had dinner early.* Abbiamo cenato presto. | *He didn't like it but we did.* A lui non è piaciuto, ma a noi sì.
weak /wiːk/ *agg* **1** debole: *She's still very weak.* È ancora molto debole. **2** (di carattere) debole **3** | **to be weak at sth** avere delle difficoltà in qc: *He's weak at maths.* Ha delle difficoltà in matematica. **4** (governo, ente) debole **5** (scusa) magro -a, (storia) mediocre **6** (caffè) lungo -a
weaken /ˈwiːkən/ *v* **1** [tr] indebolire [potere, influsso] **2** [intr] (fisicamente) indebolirsi **3** [tr] indebolire [persona] **4** [tr] indebolire le strutture di [edificio]
weakness /ˈwiːknəs/ *s* **1** debolezza **2** punto debole
wealth /welθ/ *s* **1** ricchezza **2** **a wealth of information/material** un'abbondanza di informazioni/materiale

W

Vuoi ordinare un hamburger in inglese? Consulta la **guida alla comunicazione** in fondo al dizionario.

way *sostantivo*

1 MANIERA, FORMA
This is the best way to do it. È il modo migliore per farlo. | *I have no way of contacting him.* Non ho modo di contattarlo. | **one way or another** in un modo o nell'altro | **in a way** in un certo senso | **way of life** modo di vivere

2 STRADA
We came back a different way. Abbiamo fatto una strada diversa per tornare. | *Can you tell me the way to the station?* Mi sa dire come arrivare alla stazione? | **to lose your way** smarrirsi | **on the way** per strada: *We stopped on the way to get the paper.* Ci siamo fermati per strada a comperare il giornale. | **on my way home/to school etc** tornando a casa/andando a scuola ecc.: *I can get the milk on my way home.* Posso comprare il latte tornando a casa. | **to make your way to/towards sth** incamminarsi verso qc

3 DIREZIONE
Which way did he go? Da che parte è andato?

4 DISTANZA
I ran ***all the way*** *home.* Ho fatto tutta la strada di corsa fino a casa. | *It's* ***a long way*** *to the coast.* C'è un bel tratto per arrivare alla costa.

5 PASSAGGIO
It was blocking my way. Mi bloccava la strada. | *Your bike's in the way.* La tua bicicletta è in mezzo al passaggio. | *Am I* ***in your way*** *if I sit here?* Le sono di intralcio se mi siedo qui? | *Get* ***out of*** *my way!* Togliti dai piedi! | **to make way for sth/sb** far strada a qc/qn

6 LATO
the right/wrong way round dalla parte giusta/sbagliata

7 ALTRE ESPRESSIONI
by the way a proposito | **to get your (own) way** ottenere quello che si vuole | **to give way** dare la precedenza | **the ceiling gave way** il soffitto ha ceduto | **to go out of your way to do sth** farsi in quattro per fare qc | **no way!** niente affatto!

wealthy /ˈwelθi/ *agg* (**-thier**, **-thiest**) **1** ricco -a **2** **the wealthy** i ricchi

W

weapon /ˈwepən/ *s* arma

wear /weə/ *verbo e sostantivo*
• *v* (passato **wore**, participio **worn**) **1** [tr] indossare: *He was wearing a blue shirt.* Indossava una camicia blu. | *She wears her hair in a ponytail.* Porta i capelli raccolti a coda di cavallo. | *What dress shall I wear?* Che abito mi metto? **2** [intr] (tappeto, pneumatico) consumarsi **3** **to wear a hole in sth** fare un buco in qc a furia di portarlo: *I've worn a hole in my sweater.* Mi si è aperto un buco nel maglione. **4** **to wear well** consumarsi poco
wear away consumarsi **wear sth away** erodere qc
wear down (tacco, pneumatico) consumarsi **wear sth down** consumare qc **wear sb down** far cedere qn a forza di insistere
wear off esaurirsi
wear out (abiti) logorarsi, (scarpe) consumarsi **wear sth out** consumare qc [scarpe], logorare qc [abiti] **wear sb out** sfinire qn: *I'm worn out.* Sono sfinito.
• *s* **1** usura | **wear and tear** uso **2** abbigliamento: *casual wear* abbigliamento casual | *evening wear* abiti da sera

weary /ˈwɪəri/ *agg* (**-rier**, **-riest**) stanco -a

weather /ˈweðə/ *s* **1** tempo [atmosferico]: *What's the weather like?* Che tempo fa? **2** **to be under the weather** essere un po' giù

ˈweather ˌforecast *s* previsioni del tempo

weave¹ /wiːv/ *v* (passato **wove**, participio **woven**) **1** [tr] tessere [con il telaio] **2** [tr] intrecciare [rami, fiori]

weave² /wiːv/ *v* [intr] (passato e participio **weaved**) zigzagare [nel traffico], farsi strada [tra la folla]

web /web/ *s* **1** ragnatela **2** **the (World-Wide) Web** il Web **3** **a web of lies** un castello di bugie

ˈweb ˌbrowser *s* browser [per Internet]

ˈweb page *s* pagina web

website /ˈwebsaɪt/ *s* sito Internet

we'd /wiːd/
• forma contratta di **we had**
• forma contratta di **we would**

wedding /ˈwedɪŋ/ *s* **1** matrimonio **2** **wedding cake** torta nuziale **wedding dress** abito da sposa **wedding ring** fede (nuziale)

wedge /wedʒ/ *sostantivo e verbo*
• *s* **1** cuneo **2** pezzo [triangolare]
• *v* **to be wedged between two things** essere incastrato tra due cose | **to be wedged between two people** essere incastrato tra due persone

Wednesday /ˈwenzdi/ *s* mercoledì
► vedi Active Box **days of the week** sotto **day**

wee /wiː/ *agg* BrE (informale) piccolo -a

weed /wiːd/ *sostantivo e verbo*
• *s* erbaccia
• *v* **to weed the garden** strappare le erbacce in giardino
weed sth/sb out eliminare qc/qn

week /wiːk/ *s* **1** settimana **2 a week on Tuesday** BrE, **a week from Tuesday** AmE martedì prossimo | **Tuesday week** martedì prossimo | **a week today** fra una settimana (a partire da oggi)

weekday /ˈwiːkdeɪ/ *s* giorno infrasettimanale

weekend /ˌwiːkˈend/ *s* fine settimana | **at the weekend** BrE, **on the weekend** AmE nel fine settimana | **at weekends** BrE, **on weekends** AmE il fine settimana | **a long weekend** un fine settimana lungo [compreso il venerdì o il lunedì o entrambi]

weekly /ˈwiːkli/ *aggettivo, avverbio* e *sostantivo*

• *agg* settimanale: *weekly magazine* rivista settimanale

• *avv* settimanalmente

• *s* settimanale

weep /wiːp/ *v* [tr/intr] (passato e participio **wept**) piangere

weigh /weɪ/ *v* **1** [intr] pesare: *How much do you weigh?* Quanto pesi? | *I weigh 68 kilos.* Peso 68 chili. **2** [tr] pesare: *Weigh the flour and add to the mixture.* Pesate la farina e aggiungetela al resto degli ingredienti. **3** [tr] (anche **weigh up**) valutare **4 to weigh against/in favour of** giocare a sfavore/favore di **5 to weigh on sb's mind** pesare sulla coscienza di qn

weigh sb down 1 to be weighed down with sth essere appesantito da qc **2** (problemi) opprimere qn

weigh sth up valutare attentamente qc

weigh sb up cercare di inquadrare qn

weight /weɪt/ *sostantivo* e *verbo*

• *s* **1** peso: *The fruit is sold by weight.* La frutta viene venduta a peso. | **to put on weight** ingrassare | **to lose weight** dimagrire **2 a (heavy) weight** una cosa pesante **3 to carry weight** (opinione) avere peso **4 to pull your weight** fare la propria parte **5 to throw your weight around** (informale) dare ordini a destra e a manca **6 that's a weight off my/your etc mind** mi sono/ti sei ecc. tolto un peso

• *v* [tr] anche **weight down** tener fermo [con dei pesi]

weightlifting /ˈweɪtˌlɪftɪŋ/ *s* sollevamento pesi

weir /wɪə/ *s* diga

weird /wɪəd/ *agg* strano -a

welcome /ˈwelkəm/ *verbo, aggettivo* e *sostantivo*

• *v* [tr] **1** dare il benvenuto a [persona] **2** accogliere favorevolmente [suggerimenti]

• *agg* **1** (persona) benvenuto -a **2** detto di qualcosa che risulta molto gradito: *A cup of tea would be very welcome.* Una tazza di tè sarebbe molto gradita. **3 to be welcome to do sth** si usa per offrire qualcosa: *You're welcome to borrow my racket.* Se vuoi prendere in prestito la mia racchetta, fai pure. **4 you're welcome!** prego!

• *s* accoglienza

welfare /ˈwelfeə/ *s* **1** benessere **2** AmE previdenza sociale ▶ In inglese britannico si usa **social security**. **3 the welfare state** lo stato assistenziale

we'll /wiːl/ forma contratta di **we will**

well /wel/ *avverbio, interiezione, aggettivo, sostantivo* e *verbo*

• *avv* (comparativo **better**, superlativo **best**)

1 bene: *Did you sleep well?* Hai dormito bene? | **to go well** (progetto, festa) andare bene | **well done!** bravo! | **to do well a)** andare bene: *He's not doing very well at school.* Non sta andando molto bene a scuola. **b)** stare bene: *Both mother and baby are doing well.* Sia la mamma che il bimbo stanno bene.

2 well and truly completamente: *I got well and truly soaked.* Mi sono bagnato completamente.

3 as well anche ▶ vedi nota sotto **anche**

4 as well as così come

5 may/might/could well si usa per esprimere probabilità: *It may well rain.* Potrebbe benissimo piovere. | *She could well be right.* Potrebbe anche aver ragione.

6 may/might as well si usa per dare suggerimenti o fare supposizioni: *We may as well get started.* Potremmo anche iniziare. | *I might just as well not have bothered.* Avrei potuto benissimo risparmiarmi il fastidio.

7 can't/couldn't very well do sth si usa per dire che qualcosa non è consigliabile: *I can't very well leave him on his own.* Non posso proprio lasciarlo da solo.

• *inter* **1** (iniziando una frase) allora: *Well, what shall we do today?* Allora, che cosa facciamo oggi?

2 (in un'esitazione) beh: *"Can you lend me $50?" "Well, I'll think about it."* – Mi presti 50 dollari? – Beh, ci devo pensare.

3 (anche **oh well**) pazienza

4 si usa per esprimere sorpresa: *Well, well, if it isn't Richard!* Guarda guarda: quello non è Richard?

5 (in tono di domanda) allora: *Well? How did you get on?* Allora? Com'è andata?

• *agg* (comparativo **better**, superlativo **best**)

1 bene: *"How are you?" "I'm very well, thank you."* – Come stai? – Molto bene, grazie.

2 get well soon! guarisci presto!

3 it's just as well (that) meno male che

• *s* pozzo

• *v* [intr] (anche **well up**) sgorgare

ˌwell-beˈhaved *agg* beneducato -a

ˌwell-ˈbeing *s* benessere

ˌwell-ˈdressed *agg* vestito -a bene

ˌwell-ˈearned *agg* (riposo, successo) meritato -a

W

wellington /ˈwelɪŋtən/, anche **ˈwellington ˌboot** *s* BrE stivale di gomma

a pair of wellington boots

ˌwell-ˈkept *agg*
1 (giardino, edificio) tenuto -a bene
2 (segreto) custodito -a gelosamente

ˌwell-ˈknown *agg* noto -a

ˌwell-ˈmeaning *agg* benintenzionato -a

ˌwell-ˈoff *agg* (comparativo **better off**) benestante

ˌwell-ˈtimed *agg* tempestivo -a

ˌwell-to-ˈdo *agg* ricco -a

Welsh /welʃ/ *aggettivo e sostantivo*
- *agg* gallese
- *s* **1** (lingua) gallese **2 the Welsh** i Gallesi

Welshman /ˈwelʃmən/ *s* (pl **-men**) gallese [uomo]

Welshwoman /ˈwelʃwʊmən/ *s* (pl **-women**) gallese [donna]

went /went/ passato di **go**

wept /wept/ passato e participio di **weep**

we're /wɪə/ forma contratta di **we are**

were /wə, tonico wɜː/ passato di **be**

weren't /wɜːnt/ forma contratta di **were not**

west /west/ *sostantivo, aggettivo e avverbio*
- *s* **1** ovest: *Which way is west?* Da che parte è l'ovest? | **to the west (of)** a ovest (di) **2 the West** l'Occidente
- *agg* occidentale
- *avv* ad ovest: *The house faces west.* La casa guarda ad ovest.

westbound /ˈwestbaʊnd/ *agg* diretto -a a ovest

westerly /ˈwestəli/ *agg* (vento) occidentale | **in a westerly direction** verso ovest

western, anche **Western** /ˈwestən/ *aggettivo e sostantivo*
- *agg* occidentale
- *s* (film) western

westerner, anche **Westerner** /ˈwestənə/ *s* occidentale

westward /ˈwestwəd/, anche **westwards** /ˈwestwədz/ *avv* verso ovest

wet /wet/ *aggettivo e verbo*
- *agg* (**wetter**, **wettest**) **1** (vestito, asciugamano) bagnato -a: *My hair's wet.* Ho i capelli bagnati. | **to get wet** bagnarsi | **to get your shoes/your hair wet** bagnarsi le scarpe/i capelli **2** (giorno, tempo) piovoso -a **3** (vernice, inchiostro) fresco -a **4** BrE (informale) (persona) indeciso -a
- *v* [tr] (passato e participio **wet** o **wetted**, gerundio **wetting**) **1** bagnare **2 to wet yourself** farsela addosso | **to wet the bed** fare la pipì a letto

ˌwet ˈblanket *s* (informale) guastafeste

we've /wiːv/ forma contratta di **we have**

whack /wæk/ *verbo e sostantivo*
- *v* [tr] (informale) colpire
- *s* (informale) **to give sb/sth a whack** dare una botta a qn/qc

whale /weɪl/ *s* balena

wharf /wɔːf/ *s* (pl **wharfs** o **wharves** /wɔːvz/) molo

what /wɒt/ *aggettivo e pronome*
- *agg* **1** quale: *What CD are you going to buy?* Quale CD vuoi compare? | *I don't know what dress to wear.* Non so quale vestito indossare. | *What's the time?* Che ore sono? ▶ WHAT O WHICH? vedi **quale**
2 what a good idea!/what a beautiful day! che bella idea!/che bella giornata!: *What a shame you can't come!* Che peccato che tu non possa venire! | **what stupid people!/what lovely flowers!** che stupidi!/che bei fiori!
3 what food there was/what money they had tutto il cibo che c'era/tutti i soldi che avevano
- *pron* **1** (che) cosa: *What are you doing?* Che cosa stai facendo? | *I don't know what you're talking about.* Non so di cosa stai parlando. | *I didn't see what happened.* Non ho visto cosa è successo.
2 so what? e allora?
3 what? cosa?
4 what about? *What about a glass of wine?* Che ne dici di un bicchiere di vino? | *What about Jim? Is he coming with us?* E Jim? Viene con noi?
5 what for? *What's this switch for?* A che serve questo interruttore?
6 what if...? e se...?: *What if you lose it?* E se tu lo perdessi?

whatever /wɒtˈevə/ *pronome, avverbio e aggettivo*
- *pron* **1** tutto quello che: *Take whatever you need.* Prendi tutto quello che ti serve.
2 whatever you decide/whatever he suggests etc qualunque cosa tu decida/qualunque cosa lui suggerisca ecc.: *Whatever he does, she always complains.* Qualunque cosa lui faccia, lei si lamenta sempre. | *Whatever you do, don't tell her.* Qualunque cosa tu faccia, non dirglielo.
3 or whatever o qualcosa del genere: *a pizza, a sandwich, or whatever* una pizza, un panino, o qualcosa del genere
4 whatever next! ci mancava solo questa!
- *avv* anche **whatsoever** /ˌwɒtsəʊˈevə/ si usa per enfatizzare una negazione: *There's no doubt whatever.* Non c'è proprio nessun dubbio.

• *agg* qualsiasi: *I'll take whatever flight is available.* Prenderò qualsiasi volo disponibile.

wheat /wiːt/ *s* grano

wheel /wiːl/ *sostantivo* e *verbo*

• *s* **1** ruota **2** volante

• *v* [tr] spingere [bicicletta, carrello]

wheelbarrow /ˈwiːlˌbærəʊ/ *s* carriola

wheelchair /ˈwiːlˌtʃeə/ *s* sedia a rotelle

wheeze /wiːz/ *v* [intr] ansimare

when /wen/ *avverbio*, *pronome* e *congiunzione*

• *avv* quando: *When is he coming?* Quando arriva? | *I don't know when she left.* Non so quando è andata via.

• *pron* in cui: *There are times when I want to give up.* Ci sono delle volte in cui mi viene voglia di smettere.

• *cong* **1** (nel momento in cui) quando: *I met him when I was living in Paris.* L'ho incontrato quando vivevo a Parigi. **2** (visto che) quando: *Why throw it away when it still works?* Perché buttarlo via quando funziona ancora?

whenever /wenˈevə/ *cong* **1** ogni volta che: *Whenever I go it's always closed.* Ogni volta che vado è sempre chiuso. **2** quando: *Do it whenever it's convenient.* Fallo quando ti è più comodo.

where /weə/ *avverbio*, *pronome* e *congiunzione*

• *avv* dove: *Where did you buy it?* Dove l'hai comprato? | *I asked her where she lived.* Le ho chiesto dove abitava.

• *pron* in cui, dove: *the shop where I bought it* il negozio in cui l'ho comprato

• *cong* dove: *Sit where you like.* Siediti dove vuoi.

whereabouts /ˈweərəbaʊts/ *avverbio* e *sostantivo*

• *avv* dove

• *s* **her whereabouts are unknown** non si sa dove si trovi

whereas /weərˈæz/ *cong* (formale) (invece) mentre

wherever /weərˈevə/ *congiunzione* e *avverbio*

• *cong* **1** dovunque: *wherever I go* dovunque vada **2** dove: *Sleep wherever you like.* Dormi dove vuoi.

• *avv* dove: *Wherever can he have got to?* Dove può essere andato a finire?

whet /wet/ *v* (**whetted**, **whetting**) **to whet sb's appetite for sth** risvegliare la voglia di qn di qc

whether /ˈweðə/ *cong* **1** se: *She doesn't know whether he's in London or New York.* Non sa se è a Londra o a New York. | *I'm not sure whether she's coming.* Non sono sicura che venga. ► WHETHER O IF? vedi **se** **2** **whether you like it or not/whether she comes or not** che ti piaccia o meno/che venga o meno: *You're going whether you like it or not.* Ci andrai, che ti piaccia o meno.

which /wɪtʃ/ *pronome* e *aggettivo*

• *pron* **1** quale: *Which of these books is yours?* Quale di questi libri è tuo? | *He asked me which I liked best.* Mi ha chiesto quale mi piaceva di più. **2** che: *the house which is for sale* la casa che è in vendita | *the car which we bought* la macchina che abbiamo comprato | *the club to which he belongs* il club al quale appartiene ► I due esempi precedenti sono formali. Nel linguaggio parlato è più frequente omettere **which** e dire *the car we bought* e *the club he belongs to.*

• *agg* **1** quale: *Which one do you like?* Quale ti piace? | *I couldn't decide which CD to buy.* Non riuscivo a decidere quale CD comprare. ► WHICH O WHAT? vedi **quale** **2** quale: *It doesn't matter which school he goes to.* Non importa in quale scuola vada. **3** **in which case** nel qual caso

whichever /wɪtʃˈevə/ *aggettivo* e *pronome*

• *agg* **1** qualunque: *Use whichever desk you want.* Usa qualunque scrivania tu voglia. **2** **whichever way you look at it/whichever day you go** da qualunque parte tu lo guardi/qualunque giorno tu ci vada

• *pron* **1** quello che: *You can take whichever you like.* Puoi prendere quello che ti piace. **2** **whichever you choose** qualunque cosa tu scelga

whiff /wɪf/ *s* (di profumo) ondata, (di cattivo odore) zaffata

while /waɪl/ *congiunzione* e *sostantivo*

• *cong* **1** (nel tempo in cui) mentre | **while you're at it** mentre ci sei **2** (invece) mentre: *He has plenty of money while I have none.* Ha un sacco di soldi mentre io non ne ho per niente. **3** (formale) sebbene: *While I sympathize with you, I can't help you.* Sebbene ti capisca, non posso aiutarti.

• *s* **1** **a while** un po': *Can I stay a while?* Posso restare un po'? | *We lived in London for a while.* Abbiamo vissuto a Londra per un po'. **2** **to be worth sb's while** valere la pena

whilst /waɪlst/ *cong* BrE (formale) ► vedi **while**

whim /wɪm/ *s* capriccio | **to do sth on a whim** fare qc per sfizio

whimper /ˈwɪmpə/ *verbo* e *sostantivo*

• *v* [intr] (persona) gemere, (animale) guaire

• *s* gemito

whine /waɪn/ *verbo* e *sostantivo*

• *v* **1** [tr/intr] (persona) lamentarsi **2** [intr] (cane) guaire

• *s* stridio

whip /wɪp/ *sostantivo* e *verbo*
• *s* **1** frusta **2** (per cavallo) scudiscio
• *v* (**whipped**, **whipping**) **1** [tr] frustare [persona, animale] **2 to whip sth out** tirare fuori qc | **to whip sth off** sfilarsi in fretta qc **3** [tr] montare [panna], montare a neve [albume]
whip sth up **1 to whip up support for sth** cercare di ottenere sostegno per qc **2** preparare qc in fretta [cena, qualcosa da mangiare]

whirl /wɜːl/ *verbo* e *sostantivo*
• *v* **1** [intr] (ballerino) volteggiare **2** [intr] (polvere, foglie) turbinare
• *s* **my/her head was in a whirl** avevo/aveva una gran confusione in testa

whirlpool /ˈwɜːlpuːl/ *s* mulinello [d'acqua]

whirlwind /ˈwɜːlˌwɪnd/ *sostantivo* e *aggettivo*
• *s* tromba d'aria
• *agg* **a whirlwind romance** una storia d'amore travolgente | **a whirlwind tour** un viaggio lampo

whirr /wɜː/ *verbo* e *sostantivo*
• *v* [intr] (**whirred**, **whirring**) ronzare
• *s* ronzio

whisk /wɪsk/ *verbo* e *sostantivo*
• *v* [tr] sbattere [uova, panna]
whisk sth away far sparire qc in fretta
whisk sb away/off portare via qn in fretta
• *s* (in cucina) frusta

whiskers /ˈwɪskəz/ *s pl* **1** (di animale) baffi **2** (di uomo) basette

whisky BrE, **whiskey** AmE /ˈwɪski/ *s* (pl **-skies** BrE, **-skeys** AmE) whisky

whisper /ˈwɪspə/ *verbo* e *sostantivo*
• *v* [tr/intr] bisbigliare
• *s* bisbiglio

whistle /ˈwɪsəl/ *verbo* e *sostantivo*
• *v* [tr/intr] fischiare
• *s* **1** fischio **2** fischietto

white /waɪt/ *aggettivo* e *sostantivo*
• *agg* **1** bianco -a ► vedi Active Box **colours** sotto **colour** **2 white coffee** caffellatte **3 white wine** vino bianco **4 a white lie** una bugia pietosa
• *s* **1** bianco ► vedi Active Box **colours** sotto **colour** **2** (persona) bianco -a **3** (dell'uovo) bianco

ˌwhite-ˈcollar *agg* (lavoro) impiegatizio -a | **white-collar workers** colletti bianchi

ˌwhite ˈlie *s* bugia detta a fin di bene

whizzkid, anche **whizkid** /ˈwɪzkɪd/ *s* (informale) genio

who /huː/ *pron* **1** (nelle domande dirette o indirette) chi: *Who are these people?* Chi sono queste persone? | *She asked me who the singer was.* Mi ha chiesto chi era il cantante. ► Nei seguenti esempi, in cui **who** è complemento invece che soggetto, si può usare **whom** nel linguaggio molto formale: *I'm not sure who she's invited.* Non sono sicura di chi abbia invitato. | *Who were you talking to?* Con chi stavi parlando? ► vedi anche **whom** **2** (nelle frasi relative) che: *the people who moved in next door* le persone che sono venute ad abitare vicino a noi | *I phoned my sister, who's a doctor.* Ho telefonato a mia sorella che è medico.

who'd /huːd/
• forma contratta di **who had**
• forma contratta di **who would**

whoever /huːˈevə/ *pron* **1** chiunque: *I'll take whoever wants to go.* Porterò chiunque voglia andare. **2** (la persona che) chi: *Whoever finishes first wins.* Chi finisce prima vince. **3** chi mai: *Whoever can that be?* Chi potrebbe mai essere?

whole /həʊl/ *aggettivo* e *sostantivo*
• *agg* **1** tutto -a | **the whole country/the whole morning** tutto il paese/tutta la mattina: *The whole village was there.* C'era tutto il paese. **2** (informale) usato per enfatizzare: *I'm fed up of the whole thing.* Sono stufa di tutto quanto. **3** intero -a
• *s* **1 the whole of** tutto: *the whole of next week* tutta la prossima settimana **2 as a whole** complessivamente **3 on the whole** nel complesso

wholehearted /ˌhəʊlˈhɑːtɪd/ *agg* (appoggio, approvazione) incondizionato -a

wholemeal /ˈhəʊlmiːl/ *agg* BrE integrale

wholesale /ˈhəʊlseɪl/ *aggettivo* e *avverbio*
• *agg* **1** (prezzo, commercio) all'ingrosso **2** (distruzione, cambiamento) completo -a
• *avv* all'ingrosso

wholesaler /ˈhəʊlˌseɪlə/ *s* grossista

wholesome /ˈhəʊlsəm/ *agg* **1** (dieta, cibo) sano -a **2** (divertimento) sano -a

who'll /huːl/ forma contratta di **who will**

wholly /ˈhəʊl-li/ *avv* completamente

whom /huːm/ *pron* **1** (formale) chi: *Whom did you see?* Chi hai visto? | *I don't know to whom you are referring.* Non so a chi tu ti stia riferendo. ► Le seguenti sono alternative più frequenti e meno formali degli esempi precedenti: *Who did you see?*, *I don't know who you are referring to.* **2** che: *His wife, whom I had met earlier, was older.* Sua moglie, che avevo conosciuto prima, era più vecchia. | *The club has 200 members, most of whom are men.* Il club ha 200 membri, la maggior parte dei quali sono uomini.

whoops! /wʊps/ *inter* oops

who's /huːz/
• forma contratta di **who is**
• forma contratta di **who has**

whose /huːz/ *agg* e *pron* **1** (nelle domande dirette e indirette) di chi: *Whose car is this?* Di chi è questa macchina? | *I don't* *know whose bag this is.* Non so di chi sia questa borsa. **2** (relativo) il cui, la cui: *a friend whose house is in the same area* un amico la cui casa è nella stessa zona

who've /huːv/ forma contratta di **who have**

why /waɪ/ *avv* **1** perché: *Why is she crying?* Perché piange? | *Why don't you have a rest?* Perché non ti riposi? | **why not?** perché no? **2** (relativo) perché | **that's why he resigned/I didn't tell you** ecco perché ha dato le dimissioni/non te l'ho detto

wicked /ˈwɪkɪd/ *agg* **1** (persona, strega) cattivo -a **2** (sguardo, sorriso) malizioso -a

wicker /ˈwɪkə/ *s* vimini | **a wicker basket** un cesto di vimini

wide /waɪd/ *aggettivo* e *avverbio*

• *agg* **1** largo -a: *a very wide street* una strada molto larga | **to be two metres/kilometres wide** essere largo due metri/chilometri | **how wide?** *How wide is the door?* Quanto è larga la porta? ▶ WIDE O BROAD? vedi **largo** **2** (scelta, varietà) ampio -a: *It comes in a wide variety of colours.* È disponibile in un'ampia varietà di colori. **3** (differenza) grande

• *avv* **1** **wide open** spalancato **2** **wide awake** ben sveglio ▶ vedi anche **far**

widely /ˈwaɪdli/ *avv* **1** ampiamente: *widely publicized* ampiamente pubblicizzato | **to be widely available** *The product is now widely available.* Il prodotto è ora disponibile in molti negozi. | **to be widely used** essere comunemente usato **2** **to vary widely** variare considerevolmente | **to differ widely** essere considerevolmente diverso

widen /ˈwaɪdn/ *v* [tr] allargare [strada, apertura], [intr] (fiume, strada) allargarsi

ˌwide-ˈranging *agg* **1** (dibattito, inchiesta) ad ampio raggio **2** (interessi) vasto -a

widespread /ˈwaɪdspred/ *agg* (uso, credenza) molto diffuso -a

widow /ˈwɪdəʊ/ *s* vedova

widowed /ˈwɪdəʊd/ *agg* vedovo -a

widower /ˈwɪdəʊə/ *s* vedovo

width /wɪdθ/ *s* larghezza | **two metres in width** largo due metri

wield /wiːld/ *v* [tr] **1** esercitare [potere, influenza] **2** brandire [arma]

wife /waɪf/ *s* (pl **wives** /waɪvz/) moglie

wig /wɪg/ *s* parrucca

wiggle /ˈwɪgəl/ *v* **1** [tr] dimenare [anche] **2** [tr] agitare [le dita dei piedi]

wild /waɪld/ *aggettivo* e *sostantivo*

• *agg* **1** (pianta, animale) selvatico -a **2** (paesaggio, regione) selvaggio -a **3** (bestia) feroce **4** (applauso) fragoroso -a **5** **to go wild a)** (pubblico, tifosi) andare in delirio **b)** (persona) andare su tutte le furie **6** **to be wild about sth** andare matto per qc **7** (persona, festa) scatenato -a **8** (accusa) insensato -a **9** (congettura) azzardato -a

• *s* **1** **in the wild** allo stato brado **2** **the wilds of Alaska/Africa** le zone selvagge dell'Alaska/dell'Africa

wilderness /ˈwɪldənəs/ *s* zona selvaggia

wildlife /ˈwaɪldlaɪf/ *s* fauna selvatica

wildly /ˈwaɪldli/ *avv* **1** (correre, colpire) all'impazzata, (variare, oscillare) paurosamente **2** (applaudire) fragorosamente, (urlare, gesticolare) concitatamente

wilful BrE, **willfull** AmE /ˈwɪlfəl/ *agg* **1** (persona) ostinato -a **2** (danno, omicidio) intenzionale

will[1] /wɪl/ *v* [modale] (contrazione **'ll**, negativo **won't**, o, più formale, **will not**) ▶ vedi riquadro

will[2] /wɪl/ *sostantivo* e *verbo*

• *s* **1** (determinazione) volontà: *an iron will* una volontà di ferro | **to have the will to win/to succeed** voler vincere/riuscire **2** testamento **3** **against my/your etc will** contro la mia/tua ecc. volontà

• *v* **to will sb to do sth** desiderare fortemente che qn faccia qc

willing /ˈwɪlɪŋ/ *agg* **1** (pronto) disposto -a | **to be willing to do sth** essere disposto a fare qc **2** (desideroso) volenteroso -a

willingly /ˈwɪlɪŋli/ *avv* volentieri

willingness /ˈwɪlɪŋnəs/ *s* sollecitudine | **willingness to do sth** disponibilità a fare qc

willow /ˈwɪləʊ/, anche **ˈwillow tree** *s* salice

willpower /ˈwɪlˌpaʊə/ *s* forza di volontà

wilt /wɪlt/ *v* [intr] **1** (pianta, foglie) appassire **2** (persona) diventare fiacco [per il caldo]

win /wɪn/ *verbo* e *sostantivo*

• *v* (passato e participio **won**, gerundio **winning**) **1** [tr/intr] vincere: *We're winning by two goals to one.* Stiamo vincendo per due reti a uno. | *She won first prize.* Ha vinto il primo premio. | **to win at sth** vincere a qc **2** [tr] riportare [vittoria] **3** [tr] (ottenere) conquistare [amicizie, ammirazione] **4** [tr] attirare [simpatia, antipatia]

win sth/sb back riconquistare qc/qn

win sb over convincere qn

• *s* vittoria: *their first win over France* la loro prima vittoria sulla Francia

wince /wɪns/ *v* [intr] **1** fare una smorfia [di dolore] **2** provare vergogna

wind[1] /wɪnd/ *s* **1** vento **2** **to get wind of sth** (informale) venire a sapere qc **3** BrE aria [nell'intestino]

wind[2] /waɪnd/ *v* (passato e participio **wound**) **1** **to wind sth around sth** avvolgere qc intorno a qc **2** **to wind a tape forward/back** mandare avanti/riavvolgere una cassetta **3** **to wind the window up/down** (in macchina) alzare/

will *verbo modale*

1 FUTURO
There will be a concert next Friday. Ci sarà un concerto venerdì prossimo. | *When will you be arriving?* Quando arriverai? | *You won't leave me, will you?* Non mi lascerai, vero?

2 VOLONTÀ
He won't tell me. Non me lo vuole dire. | *The doctor will see you now.* Il dottore la può vedere ora. | *The car won't start.* La macchina non vuole partire.

3 RICHIESTE, SUGGERIMENTI
Will you phone me later? Mi chiami più tardi? | *Shut the door, will you?* Chiudi la porta, per favore. | *Won't you have some more cake?* Non vuoi ancora un po' di torta?

4 ABITUDINI, COSE INEVITABILI
He will keep interrupting! Continua ad interrompermi! | *Accidents will happen.* Gli incidenti succedono.

5 CAPACITÀ
The hall will seat 2,000 people. La sala conferenze ha 2.000 posti a sedere.

6 CONGETTURE
"There's someone at the door." "That'll be Nick." – C'è qualcuno alla porta. – Sarà Nick.

abbassare il finestrino **4** [intr] (strada, fiume) snodarsi
wind down (persona) rilassarsi
wind up **to wind up in jail/at sb's house** (informale) ritrovarsi in prigione/a casa di qn **wind sth up** **1** caricare qc [orologio, sveglia] **2** terminare qc [riunione, lavori] **3** chiudere qc [azienda]
wind sb up (informale) provocare qn

windmill /ˈwɪndˌmɪl/ *s* mulino a vento

window /ˈwɪndəʊ/ *s* **1** finestra: *Can I open the window?* Posso aprire la finestra? **2** (anche **window pane**) vetro (di finestra) **3** (in macchina) finestrino **4** (anche **shop window**) vetrina **5** (in informatica) finestra **6** **to go window shopping** andare a guardare le vetrine

windowsill /ˈwɪndəʊˌsɪl/ *s* davanzale

windscreen /ˈwɪndskriːn/ BrE, **windshield** /ˈwɪndʃiːld/ AmE *s* parabrezza

ˈwindscreen ˌwiper BrE, **ˈwindshield ˌwiper** AmE *s* tergicristallo

windsurfing /ˈwɪndˌsɜːfɪŋ/ *s* windsurf

windy /ˈwɪndi/ *agg* (**-dier**, **-diest**) (giornata, luogo) ventoso -a

wine /waɪn/ *s* vino

wineglass /ˈwaɪnglɑːs/ *s* bicchiere da vino

wing /wɪŋ/ *s* **1** (di uccello, insetto, aereo) ala **2** (di edificio) ala **3** (in politica, nello sport) ala

wink /wɪŋk/ *verbo e sostantivo*
• *v* [intr] fare l'occhiolino | **to wink at sb** fare l'occhiolino a qn
• *s* **1** **to give sb a wink** fare l'occhiolino a qn **2** **not to sleep a wink** non chiudere occhio

winner /ˈwɪnə/ *s* vincitore -trice

winning /ˈwɪnɪŋ/ *aggettivo e sostantivo plurale*
• *agg* **1** **the winning team** la squadra vincitrice **2** (sorriso) accattivante
• **winnings** *s pl* (al gioco, alla lotteria) vincite

winter /ˈwɪntə/ *sostantivo, verbo e aggettivo*
• *s* inverno ▶ vedi Active Box **seasons** sotto **season**
• *v* [intr] svernare
• *agg* (tempo, vestiti) invernale: *a cold winter morning* una fredda mattina invernale

wipe /waɪp/ *verbo e sostantivo*
• *v* **1** [tr] strofinare [tavolo, superficie] | **to wipe your feet** pulirsi i piedi [sullo zerbino] | **to wipe your eyes** asciugarsi gli occhi **2** **to wipe sth off/from sth** togliere qc da qc **3** **to wipe sth over/across sth** passare qc su qc: *She wiped a hand over her eyes.* Si è passata una mano sugli occhi. **4** [tr] cancellare [dati, registrazione]
wipe sth down pulire qc (strofinando)
wipe sth out **1** sterminare qc [popolazione] **2** debellare qc [criminalità, malattia]
wipe sth up asciugare qc
• *s* **to give sth a wipe** dare una passata a qc

wiper /ˈwaɪpə/ ▶ vedi **windscreen wiper**

wire /waɪə/ *sostantivo e verbo*
• *s* **1** filo metallico **2** (della luce, del telefono) filo **3** AmE telegramma ▶ In inglese britannico si usa **telegram**.
• *v* [tr] **1** (anche **wire up**) installare l'impianto elettrico in [casa], collegare [spina] **2** allacciare | **to wire sth (up) to sth** collegare qc a qc **3** mandare tramite bonifico [soldi]

wiring /ˈwaɪərɪŋ/ *s* impianto elettrico

wisdom /ˈwɪzdəm/ *s* saggezza

ˈwisdom tooth *s* (pl **- teeth**) dente del giudizio

wise /waɪz/ *agg* **1** (decisione, parole) saggio -a: *I think it was a wise decision to close the factory down.* Penso che chiudere la fabbrica sia stata una saggia decisione. | *It would be **wise to** book.* Sarebbe meglio prenotare. **2** (persona) saggio -a **3** **to be none the wiser** saperne quanto prima

wish /wɪʃ/ *verbo e sostantivo*
• *v* (3ª pers sing **wishes**) **1** [tr] usato per esprimere un desiderio: *I wish I didn't have to go.* Vorrei non doverci andare. | *I wish you'd hurry up!* Vorrei che ti sbrigassi! **2** **to wish for sth** desiderare qc **3** [tr] (formale) desiderare: *I **wish to** make a complaint.* Desidero fare un reclamo. **4** to

Vuoi una lista di frasi utili per parlare di te stesso? Consulta la **guida alla comunicazione** in fondo al libro.

wish sb luck/a happy birthday augurare a qn buona fortuna/buon compleanno
• *s* (pl **wishes**) **1** desiderio | **a wish for sth/to do sth** un desiderio di qc/di fare qc | **against sb's wishes** contro il volere di qn **2 to make a wish** esprimere un desiderio **3 (with) best wishes a)** (alla fine di una lettera) cordiali saluti **b)** (su un biglietto d'auguri) con i migliori auguri

wistful /ˈwɪstfəl/ *agg* malinconico -a

wit /wɪt/ *sostantivo* e *sostantivo plurale*
• *s* **1** arguzia **2** persona di spirito **3** intelligenza
• **wits** *s pl* **1 to keep your wits about you** tenere gli occhi bene aperti **2 to scare sb out of their wits** (informale) spaventare a morte qn **3 to be at your wits' end** non sapere dove sbattere la testa

witch /wɪtʃ/ *s* (pl **witches**) strega

witchcraft /ˈwɪtʃkrɑːft/ *s* stregoneria

ˈwitch ˌdoctor *s* stregone

with /wɪð/ *prep* ► vedi riquadro

withdraw /wɪðˈdrɔː/ *v* (passato **withdrew**, participio **withdrawn**) **1** [tr] prelevare [denaro] **2** [tr] ritirare [offerta, appoggio, prodotto] **3** [tr] (formale) ritrattare [accusa, affermazione] **4 to withdraw (from sth)** ritirarsi (da qc) [gara]

withdrawal /wɪðˈdrɔːəl/ *s* **1** (di appoggio, offerta) ritiro **2** (di denaro) prelievo **3** (di truppe) ritirata **4 withdrawal symptoms** sintomi dell'astinenza

withdrawn[1] /wɪðˈdrɔːn/ *agg* estraniato -a

withdrawn[2] /wɪðˈdrɔːn/ participio di **withdraw**

withdrew /wɪðˈdruː/ passato di **withdraw**

wither /ˈwɪðə/ *v* **1** [intr] (pianta, fiore) seccarsi **2** [tr] (fare) seccare [pianta, fiore]

withheld /wɪðˈheld/ passato e participio di **withhold**

withhold /wɪðˈhəʊld/ *v* [tr] (passato e participio **withheld**) **1** bloccare [pagamento, denaro] **2** nascondere [informazione, nome] **3** rifiutare [finanziamento]

within /wɪðˈɪn/ *prep* **1** (nelle espressioni di tempo) *An ambulance arrived within minutes.* Un'ambulanza è arrivata nel giro di pochi minuti. | *He was back within the hour.* È tornato entro un'ora. **2** (con le distanze) *The hotel is within a few miles of the airport.* L'hotel è a pochi chilometri dall'aeroporto. | *The station is within walking distance.* La stazione è a pochi passi. **3** (formale) all'interno di: *the changes within the department* i cambiamenti all'interno del reparto **4 within the law** nei limiti della legalità

without /wɪðˈaʊt/ *prep* senza: *I can't see without my glasses.* Non vedo senza occhiali. | *She left without him.* È partita senza di lui. | *You have to do it without looking.* Devi farlo senza guardare. | *She left without my knowing.* È partita a mia insaputa. ► vedi anche **do without**, **go without**

with *preposizione*

1 Equivale a *con* nella maggior parte dei contesti:

I saw her with him. L'ho vista con lui. | *I'll be right with you.* Sarò subito da lei. | *What are you going to buy with the money?* Che cosa hai intenzione di comprare con i soldi? | *Cut it with the scissors.* Taglialo con le forbici. | *Careful with that knife.* Fai attenzione con quel coltello.

2 ECCEZIONI

CAUSA

I was shivering with cold. Tremavo dal freddo. | *She's sick with worry.* È preoccupata da morire.

CARATTERISTICA

the girl with long hair la ragazza dai capelli lunghi | *that guy with glasses* quel tipo con gli occhiali

OCCUPAZIONE

Are you still with Siemens? Lavori ancora per la Siemens?

3 L'espressione colloquiale **with it** significa *moderno, all'ultima moda* o *in gamba*:

Your mum's so with it! Tua madre ha un mentalità così moderna! | *I'm not feeling very with it today.* Oggi non ci sto molto con la testa.

4 L'espressione **I'm not with you** significa *non ti seguo.*

5 With, in combinazione con alcuni verbi, forma vari **phrasal verbs** come **put up with**, **deal with**, ecc. I **phrasal verbs** sono trattati sotto il verbo corrispondente.

withstand /wɪðˈstænd/ *v* [tr] (passato e participio **withstood**) resistere a [caldo, attacco]

withstood /wɪðˈstʊd/ passato e participio di **withstand**

witness /ˈwɪtnəs/ *sostantivo* e *verbo*
• *s* (pl **-sses**) **witness (to sth)** testimone (di qc)
• *v* [tr] **1** assistere a [incidente, cambiamento] **2** controfirmare [come testimone]

witty /ˈwɪti/ *agg* (**wittier**, **wittiest**) spiritoso -a

wives /waɪvz/ plurale di **wife**

wizard /ˈwɪzəd/ *s* **1** (chi pratica la magia) mago **2** (esperto) mago: *a wizard at chess* un mago degli scacchi

wobble /ˈwɒbəl/ *v* **1** [intr] (tavolo, sedia) traballare **2** [intr] (gelatina) tremolare **3** [tr] fare traballare [tavolo, sedia] **4** [intr] (persona) barcollare

wobbly /ˈwɒbli/ *agg* (**-lier**, **-liest**) (informale) **1** (tavolo, sedia) traballante **2 to feel wobbly** sentirsi un po' traballante

wok /wɒk/ *s* wok [pentola cinese]

woke /wəʊk/ passato di **wake**

woken /ˈwəʊkən/ participio di **wake**

wolf /wʊlf/ *sostantivo* e *verbo*
- *s* (pl **wolves** /wʊlvz/) lupo
- *v* [tr] (informale) divorare [cibo]

woman /ˈwʊmən/ *s* (pl **women** /ˈwɪmɪn/) **1** donna: *a women's magazine* una rivista femminile | *a woman doctor* una dottoressa **2 woman doctor** dottoressa

womb /wuːm/ *s* utero

won /wʌn/ passato e participio di **win**

wonder /ˈwʌndə/ *verbo* e *sostantivo*
- *v* **1** [tr/intr] chiedersi: *He wondered if she knew.* Si chiedeva se lo sapesse. | *I wonder what's in this box.* Mi chiedo che cosa ci sia in questa scatola. **2** [tr] usato per fare richieste o suggerimenti gentili: *I wonder if I could use your phone?* Potrei per favore usare il telefono? | *We were wondering if you'd like to come to dinner.* Ci chiedevamo se avresti voglia di venire a cena. **3 to wonder at sth** meravigliarsi di qc
- *s* **1** (stupore) meraviglia **2** (cosa meravigliosa) meraviglia **3 (it's) no wonder** non c'è da meravigliarsi **4 it's a wonder (that)** è un miracolo che **5 to work wonders** fare miracoli

wonderful /ˈwʌndəfəl/ *agg* meraviglioso -a

won't /wəʊnt/ forma contratta di **will not**

wood /wʊd/ *s* **1** (materiale) legno, (da ardere) legna **2** bosco | **the woods** i boschi

wooden /ˈwʊdn/ *agg* (pavimento, mobile) di legno: *a wooden box* una scatola di legno

woodland /ˈwʊdlənd/ *s* zona boscosa

woodpecker /ˈwʊdˌpekə/ *s* picchio

woodwind /ˈwʊdˌwɪnd/ *s* strumenti a fiato

woodwork /ˈwʊdwɜːk/ *s* BrE falegnameria

wool /wʊl/ *s* lana

woollen BrE, **woolen** AmE /ˈwʊlən/ *agg* di lana: *a woollen sweater* un maglione di lana

woolly BrE, **wooly** AmE /ˈwʊli/ *agg* (**-llier**, **-lliest**) di lana

word /wɜːd/ *sostantivo* e *verbo*
- *s* **1** parola: *He didn't say a word.* Non ha detto una parola. | *What's the French word for "house"?* Come si dice "casa" in francese? | **in other words** in altre parole **2** voce [notizia]: *Word soon got around.* La voce si è sparsa in fretta. | **not to breathe a word (about sth)** non aprire bocca (su qc) **3 to give sb your word (that)** dare a qn la propria parola che | **to keep your word** mantenere la parola **4 to have a word with sb** parlare con qn | **to have the last word** avere l'ultima parola **5 to say the word** dire solo una parola **6 to put in a (good) word for sb** mettere una buona parola per qn **7 to take sb's word for it** credere a qn sulla parola **8 word for word** parola per parola **9 a word of advice** un consiglio | **a word of warning** un avvertimento
- *v* [tr] **1** redigere [documento, lettera] **2** formulare [domanda]

wording /ˈwɜːdɪŋ/ *s* (di documento, lettera) formulazione

ˈword ˌprocessing *s* videoscrittura

ˈword ˌprocessor *s* programma di videoscrittura

wore /wɔː/ passato di **wear**

work /wɜːk/ *verbo*, *sostantivo* e *sostantivo plurale*
- *v* **1** [intr] lavorare: *She **works for** the BBC.* Lavora per la BBC. | *He **works as** a salesman.* Fa il rappresentante. | *You need to **work on** your pronunciation.* Devi esercitare la pronuncia. | *Are you **working** hard **for** the exams?* Stai studiando sodo per gli esami?
2 [intr] (macchina) funzionare: *The lift's not working.* L'ascensore non funziona.
3 [intr] (metodo, sistema) funzionare: *Your idea will never work.* La tua idea non funzionerà mai.
4 to work loose (vite, nodo) allentarsi
5 [tr] far lavorare [persona]
6 [tr] plasmare [argilla], lavorare [cuoio, legno]
7 [tr] lavorare [terra], sfruttare [miniera]
work out 1 (cose) andare a finire **2** (problemi) risolversi **3** (persona) allenarsi **4 to work out at £14 each/$20 an hour** ammontare a 14 sterline a testa/20 dollari all'ora **work sth out 1** calcolare qc [prezzo, risultato] **2** capire qc [trama, evento] **3** escogitare qc [piano, soluzione]
work up sth per esprimere l'idea di suscitare, stimolare qualcosa: *We went for a walk to work up an appetite.* Siamo andati a fare una passeggiata per farci venire appetito.
work sb up eccitare qn | **to get worked up** agitarsi
work up to sth cercare il modo per fare qc [confessione, annuncio]
- *s* **1** (occupazione) lavoro: *She's **at work**.* È al lavoro. | *I finish work at 5.30.* Smetto di lavorare alle 5 e mezza. | **to be out of work** essere disoccupato ▶ WORK O JOB? vedi **lavoro**
2 (tempo e sforzo) lavoro: *It must have taken a lot of work.* Ci dev'essere voluto molto lavoro. | **to get down to work** mettersi al lavoro
3 (risultato, esecuzione) lavoro: *This is an*

W

*excellent **piece of work**.* È un ottimo lavoro.
4 (di letteratura, d'arte) opera
• **works** *s pl* fabbrica

workable /ˈwɜːkəbəl/ *agg* (soluzione, progetto) praticabile

worker /ˈwɜːkə/ *s* (in una fabbrica) operaio -a, (in un ufficio) impiegato -a

workforce /ˈwɜːkfɔːs/ *s* **1** (di azienda) organico **2** (di un paese) forza lavoro

working /ˈwɜːkɪŋ/ *aggettivo* e *sostantivo plurale*
• *agg* **1** che lavora: *a working mother* una madre che lavora **2** (popolazione) attivo -a **3** (condizioni, rapporto) di lavoro **4** (giorno, settimana) lavorativo -a **5 to have a working knowledge of sth** avere una conoscenza pratica di qc **6 to be in good working order** funzionare bene
• **workings** *s pl* **the workings of sth** il funzionamento di qc

ˌworking ˈclass *s* classe operaia

ˌworking-ˈclass *agg* (famiglia) operaio -a

workload /ˈwɜːkləʊd/ *s* carico di lavoro

workman /ˈwɜːkmən/ *s* (pl **-men**) operaio

workmanship /ˈwɜːkmənʃɪp/ *s* **1** (realizzazione) esecuzione **2** (tecnica) abilità

workmate /ˈwɜːkmeɪt/ *s* collega (di lavoro)

workout /ˈwɜːkaʊt/ *s* allenamento

workplace /ˈwɜːkpleɪs/ *s* posto di lavoro

workshop /ˈwɜːkʃɒp/ *s* **1** (per le riparazioni) officina **2** (gruppo di lavoro) seminario

workstation /ˈwɜːkˌsteɪʃən/ *s* (in informatica) workstation

worktop /ˈwɜːktɒp/, anche **ˈwork ˌsurface** *s* BrE piano di lavoro

world /wɜːld/ *sostantivo* e *aggettivo*
• *s* **1** mondo: *the tallest building **in the world*** l'edificio più alto del mondo | *She's travelled **all over the world**.* Ha viaggiato in tutto il mondo. **2** (ambiente) mondo: *the world of show business* il mondo dello spettacolo **3 to do sb a world of good** fare un gran bene a qn
• *agg* (campione, record, guerra) mondiale: *the First World War* la prima guerra mondiale | *the World Cup* i mondiali

ˌworld-ˈfamous *agg* di fama mondiale

worldly /ˈwɜːldli/ *agg* (**-lier**, **-liest**) **1 worldly goods** beni terreni **2** (persona, vita) mondano -a

worldwide /ˌwɜːldˈwaɪd/ *aggettivo* e *avverbio*
• *agg* internazionale
• *avv* in tutto il mondo

worm /wɜːm/ *s* verme

worn /wɔːn/ participio di **wear**

ˌworn ˈout *agg* (persona) esausto -a

worried /ˈwʌrid/ *agg* preoccupato -a: *Are you **worried about** the exam?* Sei preoccupato per gli esami? | *I'm **worried that** we won't have enough money.* Ho paura che non avremo abbastanza soldi. | **to get worried** preoccuparsi

worry /ˈwʌri/ *verbo* e *sostantivo*
• *v* (**worries**, **worried**) **1 to worry (about sth/sb)** preoccuparsi (per qc/qn) **2** [tr] preoccupare
• *s* (pl **worries**) **1** (problema) preoccupazione **2** (inquietudine) ansia

worrying /ˈwʌri-ɪŋ/ *agg* preoccupante

worse /wɜːs/ *aggettivo, sostantivo* e *avverbio*
• *agg* (comparativo di **bad**) **1** peggiore: *The weather is **worse than** yesterday.* Il tempo è peggiore di ieri. | **to get worse** peggiorare **2 to make matters worse** per peggiorare le cose
• *s* peggio: *Worse was yet to come.* Il peggio doveva ancora venire.
• *avv* (comparativo di **badly**) peggio: *I did worse than you in the exams.* Ho fatto peggio di te negli esami.

worsen /ˈwɜːsən/ *v* [tr/intr] peggiorare

ˌworse ˈoff *agg* **to be worse off** stare peggio [finanziariamente]

worship /ˈwɜːʃɪp/ *verbo* e *sostantivo*
• *v* (**-pped**, **-pping** BrE, **-ped**, **-ping** AmE) **1** [tr] venerare **2** [intr] praticare una religione **3** [tr] (voler bene a) adorare
• *s* adorazione, culto

worst /wɜːst/ *aggettivo, avverbio* e *sostantivo*
• *agg* (superlativo di **bad**) peggiore: *He's the worst player in the team.* È il peggior giocatore della squadra. | *What's the worst thing that can happen?* Qual è la cosa peggiore che potrebbe capitare?
• *avv* (superlativo di **badly**) peggio: *the worst-dressed man* l'uomo vestito peggio | *the cities worst affected by the war* le città più colpite dalla guerra
• *s* **1 the worst** il peggiore, la peggiore: *She's the worst in the class.* È la peggiore della classe. **2 at worst/if the worst comes to the worst** nella peggiore delle ipotesi

worth /wɜːθ/ *aggettivo* e *sostantivo*
• *agg* **1** del valore di: *paintings worth millions of dollars* dipinti del valore di milioni di dollari | **to be worth £100,000** valere 100.000 sterline: *How much is it worth?* Quanto vale? **2 to be worth doing sth** valere la pena di fare qc: *Don't get angry. It's not worth it.* Non ti arrabbiare. Non ne vale la pena. ► vedi anche **while**
• *s* **1** (merito, importanza) valore **2** (monetario) valore: *$8,000 worth of jewellery* 8.000 dollari in gioelli

worthless /ˈwɜːθləs/ *agg* **1** inutile **2** privo -a di valore | **to be worthless** non valere niente

W

worthwhile /ˌwɜːθˈwaɪl/ *agg* (lavoro) interessante, (progetto) valido -a, (causa) meritevole | **to be worthwhile doing sth** valere la pena di fare qc

worthy /ˈwɜːði/ *agg* (**-thier**, **-thiest**) **1** (avversario, successore) degno -a **2 a worthy cause** una causa meritevole **3** (persona) rispettabile **4 to be worthy of sth** essere degno di qc

would /wʊd/ *v* [modale] (contrazione **'d**, forma negativa **wouldn't** o, più formale, **would not**) ► vedi riquadro

'would-be *agg* aspirante: *a would-be artist* un aspirante artista

wouldn't /ˈwʊdnt/ forma contratta di **would not**

would've /ˈwʊdəv/ forma contratta di **would have**

wound¹ /wuːnd/ *sostantivo* e *verbo*
- *s* ferita
- *v* [tr] ferire

wound² /waʊnd/ passato e participio di **wind**

wove /wəʊv/ passato di **weave**

woven /ˈwəʊvən/ participio di **weave**

wow! /waʊ/ *inter* (informale) wow! [per esprimere sorpresa]

wrap /ræp/ *v* [tr] (**wrapped**, **wrapping**) **1** avvolgere [in una coperta, nella stagnola], incartare [regalo]: ***Wrap** the cake **in** tin foil.* Avvolgete il dolce nella stagnola. **2 to wrap sth around sth/sb** avvolgere qc/qn in qc: *Wrap this blanket around you.* Avvolgiti in questa coperta. | *She wrapped a scarf around her neck.* Si è messa una sciarpa al collo. **3 to be wrapped up in sth** essere preso da qc

wrap up to wrap up warm/well coprirsi bene **wrap sth up 1** incartare qc **2** (informale) terminare qc

wrapper /ˈræpə/ *s* carta [di caramella]

wrapping /ˈræpɪŋ/, anche **wrappings** /ˈræpɪŋz/ *s* (di regalo, caramella) carta

'wrapping ˌpaper *s* carta da regalo

wreath /riːθ/ *s* corona [di fiori, di ramoscelli]

wreck /rek/ *verbo* e *sostantivo*
- *v* [tr] **1** rovinare [carriera, piani], annientare [possibilità] **2** distruggere [veicolo, oggetto] **3 to be wrecked** fare naufragio
- *s* **1** (di nave) relitto, (di veicolo) carcassa **2 to be a nervous wreck** (informale) avere i nervi a pezzi

wreckage /ˈrekɪdʒ/ *s* relitto [di aereo], rottami [di veicolo], macerie [di edificio]

wrench /rentʃ/ *verbo* e *sostantivo*
- *v* [tr] (3ª pers sing **wrenches**) **1 to wrench sth off/from sth** strappare qc da qc | **to wrench yourself free** liberarsi | **to wrench sth free** liberare qc **2** slogarsi [braccio, gamba]
- *s* **1** dolore **2** strattone **3** (pl **wrenches**) AmE chiave [attrezzo] ► In inglese britannico si usa **spanner**.

> **would** *verbo modale*
>
> **1 CONDIZIONALE**
>
> *What would you do if you won the lottery?* Cosa faresti se vincessi alla lotteria? | *I'd tell her if I were you.* Se fossi in te, glielo direi. | *I would've bought the cheapest one.* Avrei comprato quello che costava meno.
>
> **2 VOLONTÀ**
>
> *He wouldn't stay.* Non ha voluto fermarsi.
>
> **3 OFFERTE, RICHIESTE**
>
> *Would you like some coffee?* Posso offrirle un caffè? | *Would you close the door, please?* Puoi chiudere la porta, per favore?
>
> **4 DISCORSO INDIRETTO**
>
> *She said she'd try and come.* Ha detto che avrebbe cercato di venire. | *I thought she would like it.* Pensavo che le sarebbe piaciuto.
>
> **5 ABITUDINI DEL PASSATO**
>
> *We would often have lunch together.* Pranzavamo spesso insieme.
>
> **6 DISAPPROVAZIONE**
>
> *You would go and spoil everything!* Ci vai e rovini tutto!

wrestle /ˈresəl/ *v* **1** [intr] lottare **2 to wrestle with sth** essere alle prese con qc [pacchetto, problema]

wrestling /ˈreslɪŋ/ *s* (lotta libera) wrestling

wretched /ˈretʃɪd/ *agg* **1 to feel wretched** sentirsi malissimo **2** (informale) disgraziatissimo -a

wriggle /ˈrɪgəl/ *v* [intr] **1** (muoversi) agitarsi: *Stop wriggling!* Smettila di agitarti! **2 to wriggle under/through sth** sgusciare sotto/attraverso qc **3 to wriggle free** liberarsi dimenandosi

wring /rɪŋ/ *v* [tr] (passato e participio **wrung**) **1 to wring sth from/out of sb** strappare qc a qn [denaro, confessione] **2** (anche **wring out**) strizzare **3 to wring sb's neck** (informale) torcere il collo a qn

wrinkle /ˈrɪŋkəl/ *sostantivo* e *verbo*
- *s* **1** ruga **2** (in tessuto, carta) piega
- *v* **1** [tr] spiegazzare [carta, stoffa] **2** [intr] spiegazzarsi **3 to wrinkle your nose** arricciare il naso

wrist /rɪst/ *s* polso [del braccio]

writ /rɪt/ *s* mandato

write /raɪt/ *v* (passato **wrote**, participio **written**) **1** [tr/intr] scrivere | **to write to sb** scrivere a qn **2** [tr] scrivere [musica] **3** [tr] fare [assegno]

write away ► vedi **write off**

write back rispondere [a una lettera]

write sth down scrivere qc

write in scrivere: *Hundreds of listeners*

wrote in to complain. Centinaia di ascoltatori hanno scritto per protestare.
write off **to write off for sth** richiedere qc [per iscritto] **write sth off** **1** mettere una pietra sopra qc **2** (in un incidente) distruggere qc [veicolo] **3** cancellare qc [debito] **write sb off** considerare qn finito
write sth out **1** mettere qc per iscritto **2** emettere qc [assegno] **3** ricopiare qc in bella
write sth up mettere qc per iscritto

'write-off *s* **to be a write-off** (veicolo) essere un rottame

writer /'raɪtə/ *s* scrittore -trice

writhe /raɪð/ *v* **to writhe in pain** contorcersi dal dolore

writing /'raɪtɪŋ/ *sostantivo e sostantivo plurale*
• *s* **1** scritta: *There's some writing on the wall.* Ci sono delle scritte sul muro. | **in writing** per iscritto **2** scritto: *This is some of her best writing.* Questo è uno dei suoi scritti migliori. **3** attività dello scrittore: *She took up writing as a career.* Ha intrapreso una carriera da scrittrice. **4** calligrafia: *Your writing is very untidy.* La tua calligrafia è molto disordinata.
• **writings** *s pl* scritti

'writing ,paper *s* carta da lettere

written¹ /'rɪtn/ *agg* **1** (accordo, risposta) scritto -a **2** (esame, prova) scritto -a

written² /'rɪtn/ participio di **write**

wrong /rɒŋ/ *aggettivo, avverbio e sostantivo*
• *agg* **1** sbagliato -a: *It's the wrong colour.* È il colore sbagliato. | *You've got the wrong number.* Ha sbagliato numero. | *This is the wrong street.* Questa non è la strada giusta.
2 to be wrong (persona) sbagliarsi: *I was wrong to think he'd come.* Mi sbagliavo a pensare che sarebbe venuto. | *He's never wrong.* Non si sbaglia mai.
3 immorale: *It's **wrong to** steal.* Rubare è immorale. | *I haven't done anything wrong.* Non ho fatto niente di male.
4 riferito a qualcosa che non è adatto: *You're wearing the wrong shoes for walking.* Non hai le scarpe giuste per andare a camminare.
5 riferito a problemi: *What's wrong?* Cosa c'è? | *What's **wrong with** him?* Cos'ha? | *There's something **wrong with** the car.* La macchina ha qualcosa che non va.
• *avv* **1** in modo sbagliato **2 to go wrong a)** (apparecchio) guastarsi **b)** (persona) sbagliare **c)** (relazione) andar male **d)** (piano) fallire
3 to get an answer/an address wrong sbagliare la risposta/l'indirizzo: *You've got it wrong!* Hai capito male! | *Don't get me wrong. I don't dislike him.* Non fraintendermi. Non è che non mi piaccia.
• *s* **1** male: *to know right from wrong* distinguere il bene dal male **2** torto **3 to be in the wrong** essere nel torto

wrongful /'rɒŋfəl/ *agg* **wrongful arrest** arresto illegale | **wrongful dismissal** licenziamento ingiustificato

wrongly /'rɒŋli/ *avv* **1** erroneamente **2** ingiustamente

wrote /rəʊt/ passato di **write**

wrung /rʌŋ/ passato e participio di **wring**

wry /raɪ/ *agg* ironico -a

X, x /eks/ *s* X, x ▶ vedi Active Box **letters** sotto **letter**

Xmas /'krɪsməs, 'eksməs/ *s* (informale) Natale

X-ray /'eks reɪ/ *sostantivo, verbo e sostantivo plurale*
• *s* radiografia
• *v* [tr] fare una radiografia a
• **X-rays** *s pl* raggi X

xylophone /'zaɪləfəʊn/ *s* xilofono

Y, y /waɪ/ *s* Y, y ▶ vedi Active Box **letters** sotto **letter**

yacht /jɒt/ *s* yacht [a vela o a motore]

Yank /jæŋk/ *s* BrE (informale) Yankee

yank /jæŋk/ *v* [tr] (informale) tirare

yard /jɑːd/ *s*
1 iarda [= 0,9 metri]
2 cortile **3** AmE giardino [di una casa]
▶ In inglese britannico si usa **garden**.

yardstick /'jɑːdstɪk/ *s* parametro

yacht

yarn /jɑːn/ *s* **1** lana [da lavorare a maglia] **2** (informale) aneddoto

yawn /jɔːn/ *verbo* e *sostantivo*
• *v* [intr] sbadigliare
• *s* sbadiglio

yeah /jeə/ *inter* (informale) sì

year /jɪə/ *s* **1** anno: *He's 14 years old.* Ha 14 anni. | *a six-year-old girl* una bambina di sei anni | **all (the) year round** tutto l'anno ▶ vedi anche **old** **2** BrE (a scuola) classe: *What year are you in?* Che classe fai? **3** **in/for years** da/per anni: *I haven't been there in years.* Non ci vado da anni. | **it's years since** è da anni che

yearly /ˈjɪəli/ *aggettivo* e *avverbio*
• *agg* annuale | **on a yearly basis** una volta all'anno
• *avv* annualmente

yearn /jɜːn/ *v* **to yearn for sth/to do sth** desiderare molto qc/fare qc

yearning /ˈjɜːnɪŋ/ *s* **yearning for sth/to do sth** desiderio di qc/di fare qc

yeast /jiːst/ *s* lievito

yell /jel/ *verbo* e *sostantivo*
• *v* **1** [tr/intr] (anche **yell out**) urlare **2** **to yell at sb** urlare a qn
• *s* urlo

yellow /ˈjeləʊ/ *agg* e *s* giallo ▶ vedi Active Box **colours** sotto **colour**

yelp /jelp/ *v* [intr] **1** (animale) guaire **2** (persona) gemere

yes /jes/ *interiezione* e *sostantivo*
• *inter* sì: *"Would you like some more?" "Yes, please."* – Ne vuoi ancora? – Sì, grazie.
• *s* sì

yesterday /ˈjestədi/ *avv* ieri: *What did you do yesterday?* Cos'hai fatto ieri? | **yesterday morning/afternoon** ieri mattina/pomeriggio | **the day before yesterday** l'altro ieri

yet /jet/ *avverbio* e *congiunzione*
• *avv* **1** (nelle frasi interrogative) già: *Are you ready yet?* Sei già pronto? **2** (nelle frasi negative) ancora: *I haven't finished yet.* Non ho ancora finito. | *"Shall I tell her?" "Not yet."* – Glielo dico? – Non ancora. **3** **as yet** finora: *As yet, there's been no news.* Finora, non è arrivata nessuna notizia. **4** (riferito al futuro) ancora: *They'll be ages yet.* Ci vorrà ancora un bel po' prima che arrivino. | *He may yet succeed.* Potrebbe ancora farcela. **5** (per enfatizzare) ancora: *That one is yet more expensive.* Quello è ancora più caro. | **yet again** di nuovo **6** (preceduto da un superlativo) finora: *It's their best record yet.* È il miglior disco che hanno fatto finora.
• *cong* ma: *a simple yet effective solution* una soluzione semplice, ma efficace

you *pronome*

1 Come soggetto può equivalere a *tu, voi, Lei*. I pronomi soggetto non si omettono mai in inglese:

Do you want a coffee? Vuole/Vuoi un caffè? | *You both have to sign it.* Dovete firmarlo tutti e due.

2 Come complemento oggetto può equivalere a *ti, te, vi, ve, la* (forma di cortesia):

I can't hear you. Non ti sento. | *Let me help you, madam.* Posso aiutarla, signora? | *We haven't seen you for so long!* Non vi vediamo da tanto di quel tempo!

3 Come complemento indiretto può equivalere a *ti, te, vi, ve, le* (forma di cortesia):

Did I give you the money back? Ti/vi/le ho restituito i soldi?

4 Preceduto da una preposizione e nelle comparazioni può equivalere a *te, voi, lei* (forma di cortesia):

Can you take her with you? Potete portarla con voi? | *He's older than you.* È più vecchio di te/lei.

5 Uso impersonale:

Fruit is good for you. La frutta fa bene. | *You can buy them anywhere.* Si possono comprare ovunque. | *You never know what might happen.* Non si sa mai cosa può succedere.

6 Nel rivolgersi a qualcuno:

You idiot! Cretino! | *You boys stay here.* Ragazzi, voi aspettate qui.

yew /juː/, anche **ˈyew tree** *s* tasso [albero]

yield /jiːld/ *verbo* e *sostantivo*
• *v* **1** [tr] dare **2** **to yield (to sth/sb)** cedere (a qc/qn)
• *s* (di prodotti agricoli) resa

yoghurt, anche **yogurt** /ˈjɒgət, AmE ˈjoʊgərt/ *s* yogurt: *strawberry yoghurt* yogurt alle fragole

yolk /jəʊk/ *s* tuorlo

you /jə, jʊ, tonico juː/ *pron* ▶ vedi riquadro

you'd /juːd/
• forma contratta di **you had**
• forma contratta di **you would**

you'll /juːl/
• forma contratta di **you will**
• forma contratta di **you shall**

young /jʌŋ/ *aggettivo* e *sostantivo*
• *agg* giovane: *You're still young.* Sei ancora giovane. | *She's a year younger than you.* Ha un anno meno di te. | *I have a younger brother.* Ho un fratello più giovane. | *a young man/woman* un ragazzo/una

ragazza | *young people* i giovani
- *s* **1** **the young** i giovani **2** piccoli [di animale]

your /jə, tonico jɔː/ *agg* **1** poiché gli aggettivi possessivi inglesi concordano in numero e genere con il possessore (e non con ciò che è posseduto, come in italiano), **your** può equivalere a *tuo, tua, tuoi, tue*, quando si riferisce alla seconda persona singolare; a *vostro, vostra, vostri, vostre* quando si riferisce alla seconda persona plurale e a *suo, sua, suoi, sue* nei contesti formali: *Is that your sister?* È tua sorella? | *Stand up for your rights.* Difendete i vostri diritti. ► In inglese i possessivi si usano in molti casi in cui in italiano si usa l'articolo, come ad esempio con le parti del corpo, oggetti personali ecc.: *You've had your hair cut.* Ti sei tagliato i capelli. | *Put your coats on.* Mettetevi le giacche. **2** uso impersonale: *It's good for your health.* Fa bene alla salute. | *Your ears never stop growing.* Le orecchie non smettono mai di crescere.

you're /jʊə/ forma contratta di **you are**

yours /jɔːz/ *pron* **1** poiché i pronomi possessivi inglesi concordano in numero e genere con il possessore (e non con ciò che è posseduto, come in italiano), **your** può equivalere a *(il) tuo, (la) tua, (i) tuoi, (le) tue*, quando si riferisce alla seconda persona singolare; a *(il) vostro, (la) vostra, (i) vostri, (le) vostre* quando si riferisce alla seconda persona plurale e a *(il) suo, (la) sua, (i) suoi, (le) sue* nei contesti formali: *Are they friends of yours?* Sono amici vostri? | *This is my pen. That's yours.* Questa è la mia penna. Quella è la tua. **2** (alla fine di una lettera) **Yours faithfully/sincerely** distinti/cordiali saluti ► vedi sotto

Yours faithfully/sincerely/truly

Yours faithfully/truly si usa per chiudere una lettera formale che inizia con **Dear Sir/Madam**.

Se si inizia la lettera con il nome della persona **(Dear Mr Whitlam/Dear Ms Jarman)**, la firma va preceduta da **Yours sincerely**.

Per chiudere una lettera meno formale, si usa soltanto **Yours**:

Yours, John. Tuo John.

yourself /jɔːˈself/ (pl **-selves** /-ˈselvz/) *pron* ► vedi riquadro

youth /juːθ/ *s* **1** (periodo della vita) gioventù **2** (gente giovane) gioventù **3** (pl **youths**) giovinastro

ˈyouth club *s* centro giovanile

youthful /ˈjuːθfəl/ *agg* giovanile

ˈyouth ˌhostel *s* ostello della gioventù

yourself *pronome*

1 **yourself/yourselves** sono le forme riflessive di **you**. L'uso equivale a quello dei verbi riflessivi e pronominali italiani: *ti, vi, si* (forma di cortesia) o a forme come *te (stesso), voi (stessi), sé, se stesso* (forma di cortesia):

Did you hurt yourself? Ti sei fatto male?/Si è fatto male? | *Behave yourselves!* Comportatevi bene! | *You look pleased with yourselves.* Sembrate soddisfatti di voi. | *You're talking to yourself.* Stai parlando da solo.

2 C'è anche un uso enfatico che equivale a quello di *tu stesso, voi stessi, lei stesso -a* (forma di cortesia):

Why don't you do it yourselves? Perché non lo fate da voi? | *You yourself said so.* L'ha detto lei stesso.

3 L'espressione **(all) by yourself/yourselves** significa *da solo/da soli* (senza compagnia o aiuto):

You can't walk home by yourselves. Non potete andare a casa da soli. | *Did you make this all by yourself?* L'hai fatto da solo?

you've /juːv/ forma contratta di **you have**

Z, z /zed, AmE ziː/ *s* Z, z ► vedi Active Box **letters** sotto **letter**

zeal /ziːl/ *s* zelo

zebra /ˈzebrə, AmE ˈziːbrə/ *s* (pl **zebras** o **zebra**) zebra

ˌzebra ˈcrossing *s* BrE strisce pedonali

zero /ˈzɪərəʊ/ *s* (pl **-os** o **-oes**) zero

zest /zest/ *s* entusiasmo | **zest for life** gioia di vivere

zigzag /ˈzɪgzæg/ *sostantivo e verbo*
- *s* zigzag
- *v* [intr] (**-gged**, **-gging**) zigzagare

zebra

zinc /zɪŋk/ *s* zinco

zip /zɪp/ *sostantivo e verbo*
- *s* BrE zip, cerniera lampo
- *v* (**zipped**, **zipping**) **to zip sth shut/open**

chiudere/aprire la zip di qc
zip sth up chiudere la zip di qc

zipper /ˈzɪpə/ *s* AmE zip, cerniera lampo

zodiac /ˈzəʊdiæk/ *s* **the zodiac** lo zodiaco
▶ vedi anche **sign**

zone /zəʊn/ *s* zona

zoo /zuː/ *s* zoo

zoology /zuːˈɒlədʒi/ *s* zoologia

zoom /zuːm/ *verbo e sostantivo*
• *v* **to zoom off** (informale) partire a tutta birra | **to zoom past** (informale) sfrecciare
zoom in to zoom in on sth/sb fare una zoomata su qc/qn
• *s* ▶ vedi **zoom lens**

ˈzoom lens *s* zoom

DIZIONARIO ILLUSTRATO

Food and drink

cake

biscuits (BrE)/
cookies (AmE)

jam

marmalade

chocolates

ice cream

chocolate

sweets (BrE)/candy (AmE)

tea

coffee

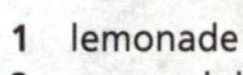

1 lemonade
2 orange juice
3 cola
4 water
5 white wine
6 beer
7 red wine

Fruit

1 avocado
2 banana
3 grape
4 kiwi fruit
5 mango
6 melon
7 papaya
8 pineapple

9 apple
10 nectarine
11 peach
12 pear
13 plum
14 raspberry
15 rhubarb
16 strawberry

17 date
18 fig
19 prune
20 raisin

Vegetables

1 mushroom
2 runner bean
3 spinach
4 spring onion
5 watercress
6 courgette (BrE)

7 asparagus
8 celery
9 eggplant (AmE)/ aubergine (BrE)
10 French bean
11 lettuce
12 peas

beetroot

carrot

13 broccoli
14 cabbage
15 cauliflower

cucumber

garlic

leek

onion

red pepper

green pepper

potato

pumpkin

radish

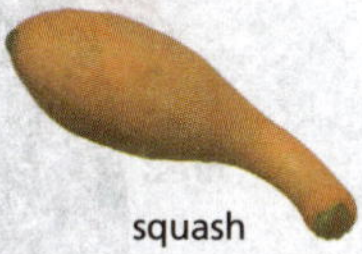

squash

sweetcorn (BrE)

tomato

turnip

Clothes

T-shirt

jacket

sweatshirt

shorts

skirt

jeans

1 shirt
2 tie
3 jacket
4 trousers

dress

coat

10 tracksuit (BrE)
11 bikini
12 swimsuit
13 swimming trunks (BrE)
14 trainers (BrE)/ sneakers (AmE)

15 robe/ dressing gown
16 pyjamas (BrE)/ pajamas (AmE)

Parts of the body

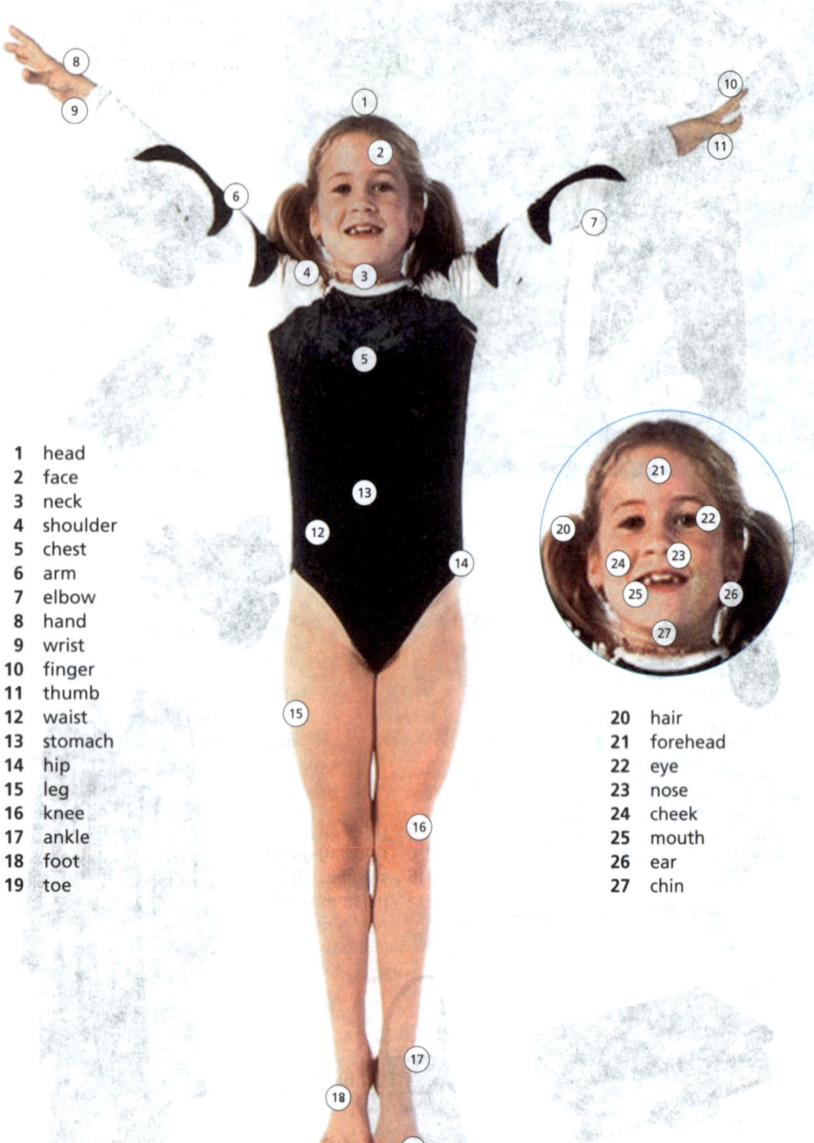

School

teacher
pupil
1
2
3
4
1 eraser/rubber (BrE)
2 drawing pins
3 pencil
4 (ballpoint) pen
correction fluid
compass
pencil sharpener
ruler
set square
elastic bands/
rubber bands
paper clips
hole punch
stapler
sticky tape/
Sellotape®

Electronics and telecommunications

camera

camera film

camera lens

CD player

CD-Rom

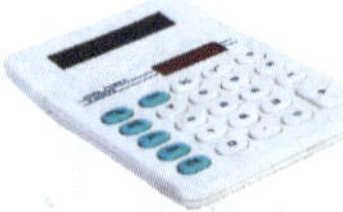
clock radio

pocket calculator

photocopier

television

video cassette recorder

video cassette

personal organiser
floppy disks/diskettes
1 computer
2 mouse
3 mousemat
laptop
printer
console and gamepad
joystick
answering machine
mobile phone
fax machine
telephone
pager

Sports

baseball
basketball
boxing
badminton
fishing
cycling
climbing
golf
American
football (BrE)/
football (AmE)
gymnastics
ice hockey
karate

rollerblading/
in-line skating
running/jogging
sailing
scuba diving
skate boarding
skiing
squash
football (BrE)/
soccer (AmE)
surfing
tennis
windsurfing

Prepositions

from

to

1 in front of
2 behind
3 over
4 under
5 in
6 out

up

down

onto

off

on

off

round

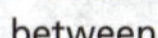
between

against

beside/next to

across

away from

towards

7 outside
8 inside
9 into
10 through
11 out of
12 at the top
13 in the middle
14 at the bottom
15 on top of
16 under/underneath

along

Adjectives – opposites

Dizionario Italiano-Inglese

A, a *s* A, a: *la vitamina A* vitamin A | **dalla a alla zeta** from beginning to end ▶ vedi Active Box **lettere dell'alfabeto** sotto **lettera**

a, anche **ad** *prep* ▶ vedi riquadro

abbagliante *aggettivo* e *sostantivo plurale*
• *agg* dazzling
• **abbaglianti** *s pl* full beam [mai plurale] | **mettere gli abbaglianti** to put the headlights on full beam | **togliere gli abbaglianti** to dip the headlights

abbagliare *v* to dazzle

abbaiare *v* to bark

abbandonare *v* **1** (persona, animale) to abandon **2** (paese, città) to flee **3** (studi, attività) to give up: *Pensa di abbandonare definitivamente il calcio.* He's thinking of giving up football for good. | *Ho abbandonato l'idea di studiare all'estero.* I've **given up on** the idea of studying abroad **4** (gara) to pull out of: *Ha dovuto abbandonare la gara per una caduta.* She had to **pull out of** the competition following a fall.

abbandonato, -a *agg* abandoned | **essere abbandonato a se stesso** to be left to your own devices: *Il ragazzo è stato completamente abbandonato a se stesso.* The child was completely left to his own devices.

abbassare *v* **1** (volume) to turn down: *Puoi abbassare la radio?* Could you turn the radio down? | *Abbassa la voce!* Keep your voice down! **2** (serranda, scaffale) to lower: *Abbassa la tapparella, c'è troppo sole!* Lower the blind, the sun's too strong! **3** **abbassare i prezzi** to lower prices

abbassarsi *v rifl* **1** (diminuire) to go down: *La febbre si è abbassata.* Her temperature has gone down. **2** (chinarsi) to bend down: *Mi sono abbassata per raccogliere la penna.* I bent down to pick up the pen. **3** **abbassarsi a fare qc** to lower yourself to do sth: *Non mi abbasserei mai a chiederle scusa!* I won't lower myself to apologise to her!

abbasso *inter* down with: *Abbasso il razzismo!* Down with racism!

abbastanza *avv* **1** (a sufficienza) enough: *Non ho abbastanza soldi per pagare per tutti.* I haven't got enough money to pay for everyone. | *Sei sicuro di aver mangiato abbastanza?* Are you sure you've had enough to eat? | *Sei abbastanza intelligente per capirlo da solo.* You're intelligent enough to work that out for yourself. | **averne abbastanza di qn/qc** to have had

a *preposizione*

1 = TO

MOTO A LUOGO

Questo treno va a Bologna? Does this train go to Bologna? | *Vado a letto.* I'm going to bed. | *Vieni alla festa?* Are you coming to the party?

CON INFINITO

Sto imparando a suonare la chitarra. I'm learning to play the guitar. | *Sono venuto ad aiutarti.* I've come to help you.

2 = AT

CON LE ORE

Ci vediamo alle quattro. See you at four. | *A quest'ora dovresti essere a letto.* You should be in bed at this hour.

CON ETÀ

A cinque anni sapevo già leggere. I could already read at five years of age.

CON PREZZO

Vendono computer a prezzi scontati. They're selling computers at a discount. | *Ho dovuto prendere il biglietto a prezzo pieno.* I had to get the full-price ticket.

3 ALTRI CASI

STATO IN LUOGO

Si usa generalmente **at**:

Passeremo le vacanze al mare. We'll be spending our holidays at the seaside. | *Incontriamoci all'aeroporto.* Let's meet at the airport.

Con i nomi di città si usa **in**:

Abito a Cagliari. I live in Cagliari.

COMPLEMENTO DI TERMINE

Si usa **to**, ma con molti verbi la preposizione può essere omessa:

Mandami un'e-mail. Send me an email. | *Non ho detto a mia madre che uscivo.* I didn't tell my mother I was going out.

MODO E MEZZO

Siamo venuti a piedi. We came on foot. | *Si veste sempre alla moda.* She is always fashionably dressed. | *Prendo la pasta al pomodoro.* I'm having pasta with tomato sauce.

DISTANZA

Abito a due chilometri da qui. I live two kilometres from here.

DISTRIBUTIVO

Si usano **per** o **a**:

due euro al chilo two euros per kilo | *150 km all'ora* 150 km an hour

CON RISULTATI DI PARTITE

Abbiamo vinto 2-1. We won 2-1.

4 Le espressioni come **al mattino**, **a memoria**, **a destra**, ecc. sono trattate sotto *mattino*, *memoria*, *destra*, ecc.

A

enough of sb/sth: *Ne ho abbastanza delle tue lamentele!* I've had enough of your complaints! **2** (piuttosto) quite: *Sto abbastanza bene.* I'm quite well.

abbattere *v* **1** (animale) to put down **2** (edificio, muro) to demolish, (albero) to fell, (aereo) to shoot down **3** (deprimere) to get down: *Non farti abbattere così da un brutto voto!* Don't let a bad mark get you down like this!

abbattersi *v rifl* **1** (aereo, albero) to crash: *L'aereo si è abbattuto al suolo.* The plane crashed to the ground. | **abbattersi su qn/qc** (disgrazia, maltempo) to strike sb/sth: *Una tromba d'aria si è abbattuta ieri sulla regione.* The area was struck by a tornado yesterday. **2** (deprimersi) to get discouraged: *Dai, non abbatterti!* Come on, don't let it get you down! | *È difficile non abbattersi in questa situazione.* It's hard not to get discouraged in this situation.

abbattuto, -a *agg* depressed

abbazia *s* abbey

abbigliamento *s* clothes: *un negozio di abbigliamento* a clothes shop | *Spendo una cifra assurda per l'abbigliamento.* I spend a fortune on clothes. | **abbigliamento sportivo/da donna** casual/women's clothes

abbinare *v* (colori, vestiti) to coordinate: *Il marrone e il verde non sono colori facili da abbinare.* Brown and green are difficult colours to coordinate. | *Vorrei una maglia da abbinare a questi pantaloni.* I'd like a sweater to go with these trousers.

abboccare *v* to bite

abbonamento *s* **1** (a rivista) subscription: *Hai rinnovato l'abbonamento a Topolino?* Have you renewed your subscription to Topolino? **2** (a teatro, stadio) season ticket **3** (a autobus) pass: *un abbonamento mensile per l'autobus* a monthly pass for the bus **4** (a palestra) membership: *Ho fatto un abbonamento annuale in palestra.* I paid for a year's membership of the gym.

abbonarsi *v rifl* **abbonarsi a una rivista** to subscribe to a magazine | **abbonarsi allo stadio** to buy a season ticket for the football | **abbonarsi a una palestra** to buy membership for a gym, to sign up with a gym

abbonato, -a *s* (a rivista, telefono) subscriber

abbondante *agg* **1** (colazione, pranzo) generous: *una porzione abbondante* a generous portion | *piogge abbondanti* heavy rain **2** **un'ora/un chilo abbondante** over an hour/a kilo: *Per fare quel disegno mi ci è voluta un'ora abbondante.* It took me over an hour to do that drawing. **3** (vestito) large: *Quella giacca mi sembra un po' abbondante.* That jacket seems a bit large to me.

abbordare *v* **1** (passante) to approach: *Uno sconosciuto mi ha abbordato per strada.* A stranger approached me in the street. **2** **abbordare una ragazza/un ragazzo** to chat up a girl/a guy **3** (argomento) to raise: *Non ho ancora abbordato l'argomento con i miei.* I haven't raised the subject with my parents yet.

abbottonare *v* to button | **abbottonarsi la giacca/i pantaloni** to button up your jacket/trousers

abbracciare *v* to hug

abbracciarsi *v rifl* (amici, parenti) to hug (each other), (innamorati) to embrace

abbraccio *s* hug | **un (forte) abbraccio** (nelle lettere) (lots of) love

abbreviare *v* (percorso, discorso) to shorten: *Per abbreviare il percorso abbiamo preso il sentiero lungo il fiume.* To shorten the journey we took the path along the river. | **abbreviare una parola/un nome** to abbreviate a word/a name

abbreviazione *s* abbreviation

abbronzante *aggettivo e sostantivo*

- *agg* suntan: *una crema abbronzante* a suntan cream
- *s* suntan lotion

abbronzarsi *v rifl* to get a tan: *Per abbronzarsi sta delle ore al sole.* She spends hours in the sun trying to get a tan. | *La mia pelle si abbronza subito.* I tan very easily.

abbronzato, -a *agg* tanned, brown

abbronzatura *s* tan

abbuffarsi *v rifl* **abbuffarsi (di qc)** to stuff yourself (with sth): *Smettila di abbuffarti di dolci!* Stop stuffing yourself with all those cakes!

abete *s* fir tree

abile *agg* (tecnico, cuoco) skilful | **essere abile in qc** to be good at sth: *È molto abile nei videogiochi.* He's very good at videogames.

abilità *s* skill

abitante *s* inhabitant: *un paese di tremila abitanti* a town with three thousand inhabitants

abitare *v* to live: *Dove abiti?* Where do you live? | *Abito a Roma.* I live **in** Rome. | *Abito in via Mazzini.* I live **in** via Mazzini. | *Abito al primo piano.* I live **on** the first floor. | *È una zona abitata da molti stranieri.* It's an area where many foreigners live.

abito *s* **1** (da donna) dress | **abito da sera** evening dress | **abito da sposa** wedding dress **2** (da uomo) suit

Si dice *I arrived in London* o *I arrived to London*? Vedi alla voce **arrive**.

abituale *agg* (comportamento, calma) usual, (cliente, frequentatore) regular: *un ritrovo abituale per i giovani* a regular meeting place for young people

abituarsi *v rifl* **abituarsi a qc** to get used to sth: *Mi sono abituato ad alzarmi presto.* I've got used to getting up early. | *È nuovo della scuola, si deve ancora abituare.* He's new to the school and still has to get used to it.

abituato, -a *agg* **essere abituato a qc** to be used to sth: *Non sono abituata a questo clima.* I'm not used to this climate. | *Non ti preoccupare, ci sono abituato.* Don't worry, I'm used to it. | *È abituato male: i suoi gli permettono di guardare la tv fino a tardi.* He has learnt some bad habits. His parents let him stay up late watching TV.

abitudine *s* habit: *Lo faccio per abitudine.* I do it out of habit. | *Ormai ci ho fatto l'abitudine.* I'm used to it now. | *Ha l'abitudine di cantare sotto la doccia.* She usually sings in the shower. | **prendere/perdere l'abitudine di fare qc** to get into/get out of the habit of doing sth

abolire *v* (legge, pena di morte) to abolish | **abolire il latte/i grassi dalla dieta** to remove milk/fat from your diet

aborigeno, -a *s* aborigine

abortire *v* (involontariamente) to have a miscarriage, (volontariamente) to have an abortion

aborto *s* (involontario) miscarriage, (volontario) abortion

abusare *v* **abusare di qc** (generosità, fiducia) to take advantage of sth: *Hanno abusato della sua generosità.* They took advantage of her generosity. | *Non abusare della mia pazienza!* Don't push me too far! | **abusare di alcolici** to drink too much alcohol | **abusare di farmaci** to take too many medicines

abuso *s* abuse | **fare abuso di alcol** to drink too much (alcohol)

accademia *s* **accademia di belle arti** art college | **accademia militare** military academy

accademico, -a ▶ vedi **anno**

accadere *v* to happen: *Sapessi che cosa ci è accaduto!* You'll never guess what happened to us! | *Quando è accaduto l'incidente?* When did the accident happen?

accampamento *s* camp: *un accampamento profughi* a refugee camp

accamparsi *v rifl* to set up camp

accanto *avverbio e aggettivo*

• *avv* nearby: *Abito qui accanto.* I live nearby. | **accanto a** next to: *Siediti qui, accanto a me.* Sit here, next to me. | *la stanza accanto alla mia* the room next to mine

• *agg* next: *Sono nella stanza accanto.* I'm in the next room. | *la casa accanto* the house next door

accappatoio *s* bathrobe

accarezzare *v* **1** (bambino, capelli) to caress **2** (cane, gatto) quando si accarezza un animale con movimenti rapidi si usa **to pat**, quando si passa la mano lentamente si usa **to stroke**

accavallare *v* **accavallare le gambe** to cross your legs

accecare *v* to blind

accedere *v* **accedere a qc** to have access to sth: *Da questa porta si accede al garage.* Through this door you have access to the garage. | **accedere a Internet** to connect to the Internet | **accedere a un sito Internet** to log on to a website

accelerare *v* (in auto, nella corsa) accelerate, (sbrigarsi) to hurry up: *Se vogliamo finire entro stasera, dobbiamo accelerare un po'.* If we want to finish by this evening, we have to hurry up. | **accelerare il passo** to get a move on: *Accelera il passo che siamo in ritardo!* Get a move on, we're late!

acceleratore *s* accelerator

accelerazione *s* acceleration

accendere *v* **1** (fuoco, sigaretta) to light: *Fa freddo, accendiamo il camino?* It's cold, shall we light the fire? | *Hai da accendere?* Have you got a light? **2** (televisione, luce) to switch on: *Accendi la luce.* Switch on the light. | **accendere il motore** to start the engine

accendersi *v rifl* to come on: *Non si accende più la lampadina del frigo.* The light in the fridge doesn't come on anymore.

accendino *s* (cigarette) lighter

accennare *v* **accennare un saluto con la testa/con la mano** to nod/wave | **accennare a qc** to mention sth: *La prof di inglese ha accennato alla possibilità di fare una gita a Londra.* The English teacher mentioned the possibility of a trip to London. | **accennare a fare qc** to show signs of doing sth: *Il vento non accenna a smettere.* The wind shows no signs of letting up.

accensione *s* (di motore) starter

accento *s* **1** (segno grafico) accent | **accento grave/acuto/circonflesso** grave/acute/circumflex accent **2** (su sillaba) stress **3** (di regione, paese) accent: *l'accento romano* the Roman accent | *Si sente dall'accento che è americano.* You can tell by his accent that he's American.

accentuare *v* to emphasize

accentuarsi *v rifl* to get worse: *Il problema si potrebbe accentuare con il tempo.* The problem could get worse with time.

A

accertare *v* to check
accertarsi *v rifl* to make sure: *Prima di uscire accertati di aver preso le chiavi.* Before you go out, make sure you've got your keys. | *Accertatevi dell'orario, prima di fare il biglietto.* Make sure you check the timetable before you buy the ticket.

acceso, -a *agg* **1** (fuoco, sigaretta) alight **2** (televisione, luce) on, (motore) running: *Come mai la tv è ancora accesa?* How come the TV is still on? | *Ho dimenticato i fari accesi.* I left the headlights on by mistake. | *Ha lasciato il motore acceso.* He left the engine running. **3** (colore) bright: *un rosso acceso* a bright red

accessibile *agg* **1** accessible: *La spiaggia non è facilmente accessibile.* The beach isn't very accessible. | *La piazza non è accessibile al traffico.* The square is not open to traffic. **2** (prezzo) reasonable: *Ho trovato dei biglietti a un prezzo accessibile.* I managed to get some tickets at a reasonable price. | *È una vacanza accessibile a tutti.* It's the type of holiday that anyone can afford.

accesso *s* **1** (possibilità di entrare) access: *La polizia ha bloccato l'accesso al centro.* The police have closed access to the city centre. | **vietato l'accesso** no admittance | **accesso libero** free entry ▶ vedi anche **divieto** **2** (porta) entrance: *L'accesso al parco è in via Roma.* The entrance to the park is in via Roma. **3** (in informatica) access **4** (attacco) fit: *un accesso di tosse* a fit of coughing | *un accesso di rabbia* a fit of rage

accessorio *s* (per auto, d'abbigliamento) accessory (pl accessories)

accettare *v* **1** (regalo, consiglio) to accept: *Mi ha invitata a casa sua e io ho accettato.* He invited me to his house and I accepted. | *Non accetto scuse!* I won't accept any excuses! | *La nostra proposta è stata accettata.* Our proposal has been accepted. **2** **accettare di fare qc** to agree to do sth: *I miei hanno accettato di lasciarmi partire da sola.* My parents have agreed to let me go away on my own. **3** (realtà, malattia) to accept: *Devi imparare ad accettare la situazione.* You have to learn to accept the situation.

acchiappare *v* to catch

acciacco *s* aches and pains [sempre plurale]: *Mia nonna è piena di acciacchi.* My grandmother has all sorts of aches and pains.

acciaieria *s* steelworks [sempre plurale]

acciaio *s* steel: *una sbarra d'acciaio* a steel bar | **acciaio inossidabile** stainless steel

accidenti! *inter* **1** (per esprimere rabbia) damn!: *Accidenti, ho perso l'autobus!* Damn! I've missed the bus! **2** (per esprimere ammirazione) wow!: *Accidenti, che macchina!* Wow! What a car!

acciuffare *v* to catch, to nab [informale]

acciuga *s* anchovy: *acciughe sotto sale* salted anchovies

acclamare *v* to applaud

accogliente *agg* welcoming

accoglienza *s* welcome: *Bella accoglienza che mi avete fatto trovare!* A fine welcome you've organized for me!

accogliere *v* **1** (salutare) to greet: *Ci ha accolti con un sorriso.* She greeted us with a smile. **2** (proposta, idea) to meet with: *L' idea è stata accolta con scarso entusiasmo.* The idea met with little enthusiasm. **3** (dare alloggio a) to put up: *Siamo pronti ad accogliere centinaia di profughi.* We are ready to accommodate hundreds of refugees.

accoltellare *v* to stab: *È stato accoltellato al petto.* He was **stabbed in** the chest.

accompagnare *v* **1** (in un luogo) si usa **to take** quando la persona che si accompagna da qualche parte ha bisogno di essere accompagnata e **to come/to go with** quando si va da qualche parte con qualcuno che potrebbe andarci anche da solo: *Mi accompagni a casa tu?* Will you take me home? | *Fatti accompagnare a casa da qualcuno.* Get someone to take you home. | *Ti va di accompagnarmi a fare spese?* Do you want to come shopping with me? **2** (in musica) to accompany

accompagnatore, -trice *s* **1** (in gita scolastica) accompanying teacher | **accompagnatore turistico** tourist guide **2** (a festa) escort

acconsentire *v* **acconsentire (a qc)** to agree (to sth): *Non acconsentirà mai alla nostra richiesta.* He will never agree to our request. | **acconsentire a fare qc** to agree to do sth: *I miei hanno acconsentito a farmi andare al concerto.* My parents have agreed to let me go to the concert.

accontentare *v* to satisfy: *Non è possibile accontentare tutti.* You can't satisfy everyone. | *I suoi lo accontentano in tutto.* His parents always let him have his own way.
accontentarsi *v rifl* **accontentarsi di qc** to be happy with sth: *Mi accontento della sufficienza.* I'll be happy with a pass mark. | *Non ti accontenti mai!* You're never satisfied! | *Si accontenta di poco.* It doesn't take much to satisfy him. | *Mi accontenterei di uscire due sere alla settimana.* I'd be happy to be able to go out two nights each week.

acconto *s* deposit: *Abbiamo versato un acconto di 50 euro per la gita.* We paid a deposit of 50 euros for the trip.

Vuoi informazioni sulla differenza tra gli **articoli** in inglese e in italiano? Leggi le spiegazioni nella guida grammaticale.

A

accorciare *v* **1** (gonna) to take up: *La mamma mi ha accorciato il vestito.* Mum took up my dress. **2** (discorso, viaggio) to shorten

accorciarsi *v rifl* **1** (vestiti) to shrink: *Questa maglietta si è accorciata lavandola.* This T-shirt has shrunk in the wash. **2** (giornate) to get shorter

accordare *v* **1** (permesso, autorizzazione) to grant **2** (strumento) to tune

accordo *s* **1** (patto) agreement: *Non sono ancora arrivati a un accordo.* They still haven't reached an agreement. | **prendere accordi** to make arrangements: *Abbiamo già preso accordi per la gita di domenica.* We've already made arrangements for the trip on Sunday. **2** **d'accordo!** OK!: *– Ci vediamo alle otto? – D'accordo!* "See you at eight?" "OK!" | **essere d'accordo (con qn)** to agree (with sb): *Su questa faccenda non sono affatto d'accordo con te.* I don't agree with you at all on this point. | **mettersi d'accordo su qc** to agree on sth: *Si sono finalmente messi d'accordo sulla data della festa.* They finally agreed on a date for the party. | **andare d'accordo (con qn)** to get on (with sb): *Io e mio padre non andiamo molto d'accordo.* My father and I don't get on very well. | *Come fai ad andare d'accordo con un tipo come lui?* How do you manage to get on with someone like him?

accorgersi *v rifl* **accorgersi di qc a)** (notare) to notice sth: *Non me n'ero accorto.* I didn't notice. | *Non si era accorta della sua assenza.* She didn't notice he was absent. **b)** (rendersi conto) to realize sth: *Mi sono accorto solo adesso di aver finito i soldi.* I've only just realised that I've run out of money.

accorrere *v* to rush: *La polizia è accorsa sul luogo dell'incidente.* The police rushed to the scene of the accident. | **accorrere in aiuto di qn** to rush to sb's aid: *Alcuni passanti sono subito accorsi in aiuto del motociclista ferito.* Some passers-by immediately rushed to the aid of the injured motorcyclist.

accostare *v* **1** **accostare qc a qc** to put sth next to sth: *Accosta il tavolo al muro.* Put the table next to the wall. **2** **accostare qc** (porta) to pull sth to: *Accosta un po' la porta, c'è troppo rumore.* Can you pull the door to? It's far too noisy. **3** (tende) to draw **4** (veicolo, macchina) to pull in: *Accosta al distributore.* Pull in at the patrol station.

accostarsi *v rifl* **accostarsi a qc** to move closer to sth

accumulare *v* (libri, scatole) to pile up, (provviste, scorte) to stockpile, (somma, esperienza) to build up: *Ho accumulato tutti i vecchi libri in cantina.* I've piled up all my old books in the cellar. | *Negli anni ha accumulato centinaia di CD.* He has built up a huge collection of CDs over the years. | *Ha accumulato un bel gruzzolo.* He's built up a tidy little sum. | *Il treno ha accumulato del ritardo.* The train is running late.

accumularsi *v rifl* to accumulate

accurato, -a *agg* careful

accusa *s* **1** (rimprovero) accusation: *Le tue accuse sono ingiustificate.* Your accusations are unjustified. **2** (di reato) charge: *È stato arrestato con l'accusa di rapina.* He was arrested **on a charge of** robbery. **3** (avvocato) prosecution: *la pubblica accusa* the prosecution

accusare *v* **1** **accusare qn di qc a)** (rimproverare) to accuse sb of sth: *Lo accusa di aver letto la sua posta.* She accused him of reading her mail. **b)** (di reato) to charge sb with sth: *È stato accusato di omicidio.* He was charged with murder. **2** (dolore) to complain of: *Da giorni accusa un forte mal di schiena.* She's been complaining of serious backache for days. | *Comincio ad accusare la fatica.* I'm beginning to feel tired.

acerbo, -a *agg* unripe

aceto *s* vinegar

ACI *s* per spiegare cos'è, puoi dire **breakdown organization**

> Esistono vari organismi di soccorso stradale in Gran Bretagna, dei quali i più noti sono la **AA (Automobile Association)** e il **RAC (Royal Automobile Club)**.

acidità *s* **1** (sapore) acidity **2** **acidità di stomaco** heartburn: *Ho un po' di acidità di stomaco.* I've got a touch of heartburn.

acido, -a *aggettivo e sostantivo*

• *agg* **1** (di gusto) sour: *panna acida* sour cream **2** (commento, tono) sour

• **acido** *s* **1** (in chimica) acid: *acido solforico* sulphuric acid **2** (droga) acid

acne *s* acne

acqua *s* **1** water: *un bicchiere d'acqua* a glass of water | *l'acqua del rubinetto* tap water | **acqua gassata/naturale** sparkling/still water | **acqua potabile** drinking water | **acqua dolce/salata** fresh/sea water | **è acqua passata** it's water under the bridge | **avere l'acqua alla gola** to be up against it | **tirare l'acqua** to flush the toilet **2** (pioggia) rain: *Non mi va di uscire con quest'acqua.* I don't feel like going out in this rain.

acqua ossigenata hydrogen peroxide

acqua tonica tonic water

acquarello *s* ▶ vedi **acquerello**

Acquario *s* Aquarius: *Sono dell'Acquario.* I'm an Aquarius.

acquario *s* aquarium

acquatico, -a *agg* (pianta, animale) aquatic ▶ vedi anche **sport**

acquazzone *s* downpour: *Mi sono preso un bell'acquazzone.* I got caught in a heavy downpour.

acquedotto *s* aqueduct

acqueo, -a ▶ vedi **vapore**

acquerello, anche **acquarello** *s* watercolour: *È brava a dipingere ad acquerello.* She's good at watercolour painting.

acquisire *v* to acquire

acquistare *v* **1** (comprare) to buy: *Hanno acquistato una casa.* They have bought a house. **2** (esperienza, sicurezza) to gain: *Parlare in pubblico gli è servito ad acquistare sicurezza.* Speaking in public helped him gain confidence.

acquisto *s* si può usare **purchase** quando si tratta di qualcosa di importante e costoso. Di solito, si usa però il verbo **to buy**: *Sta risparmiando per l'acquisto della sua prima casa.* He's saving up **to buy** his first house. | *Fammi vedere i tuoi nuovi acquisti.* Let me see **what you've bought**. | **fare acquisti** to go shopping: *È uscita a fare acquisti.* She's gone shopping. | **un buon/cattivo acquisto** a good/bad buy

acquolina *s* **far venire l'acquolina in bocca a qn** to make sb's mouth water: *Quella torta mi fa venire l'acquolina in bocca.* That cake is making my mouth water.

acrobata *s* acrobat

acrobazia *s* **1** (di acrobata) acrobatics [sempre plurale]: *Il trapezista ha fatto delle acrobazie spettacolari.* The trapeze artist performed some spectacular acrobatics. **2** (azione spericolata) stunt: *Gli piace fare acrobazie in motocicletta.* He likes doing stunts on his motorbike.

acustica *s* acoustic

acuto, -a *agg* **1** (angolo) acute **2** (suono, voce) high-pitched, (dolore, vista) acute: *la fase acuta di una malattia* the acute phase of an illness **3** (mente, intelligenza) sharp, (osservazione) perceptive: *La sua è stata un'osservazione acuta.* His remark was a quite perceptive observation.

adattare *v* to adapt

adattarsi *v rifl* to adapt: *È uno che si adatta facilmente.* He's someone who adapts easily. | **adattarsi a qc** to adjust to sth: *Ci è voluto molto ad adattarti a questo clima?* Did it take you long to adjust to this climate?

adattatore *s* (per spina) adaptor

adatto, -a *agg* **1** (giusto) right: *Non è il momento adatto per questa discussione.* This isn't the right time for this discussion. **2** (appropriato) suitable: *Non è un film adatto ai bambini.* This film is not **suitable for** children.

addentare *v* to bite into: *Ha addentato la mela.* He bit into the apple.

addestramento *s* training

addestrare *v* to train

addetto, -a *aggettivo e sostantivo*

- *agg* **addetto a qc** *l'operaio addetto alle riparazioni* the repair man | *la donna addetta alle pulizie* the cleaning lady
- *s* person in charge: *Per iscriversi rivolgersi all'addetto in segreteria.* To enrol, see the person in charge in the secretary's office. | **addetto stampa** press officer

addio *interiezione e sostantivo*

- *inter* goodbye
- *s* goodbye: *il momento degli addii* the time for goodbyes | *una festa d'addio* a farewell party

addirittura *avverbio e interiezione*

- *avv* **1** (persino): *Ha insultato tutti, addirittura la preside.* She insulted everyone, including the headmistress. **2** (nientemeno che) actually: *Sa addirittura il cinese.* He actually speaks Chinese.
- *inter* really!: – *Ho mangiato un intero secchiello di gelato.* – *Addirittura!* "I ate a whole tub of ice-cream" "Really?"

addizione *s* addition

addolcire *v* to sweeten

addome *s* abdomen

addomesticare *v* to tame

addormentare *v* to put to sleep: *Prima di toglierti le tonsille, ti addormentano per un pò.* They're going to put you to sleep for a bit so they can take out your tonsils. | **fare addormentare qn** to send sb to sleep: *Questa musica mi stà facendo addormentare.* This music is sending me to sleep.

addormentarsi *v rifl* **1** (persona) to fall asleep: *Mi ero addormentato.* I fell asleep. **2** (braccio, piede) to go to sleep: *Mi si è addormentato un piede.* My foot's gone to sleep.

addormentato, -a *agg* **1** (nel sonno) asleep: *Era profondamente addormentato.* He was fast asleep. **2** (imbranato) dozy

addosso *avv* **1 avere addosso qc a)** (vestito) to be wearing sth: *Aveva addosso un paio di jeans e una maglietta.* He was

A

wearing a pair of jeans and a t-shirt. **b)** (soldi, penna) to have sth on you: *Quanti soldi hai addosso?* How much money have you got on you? | **avere addosso una gran paura/stanchezza** to feel really afraid/tired | **mettersi addosso qc** to put sth on: *Fa freddo: mettiti addosso qualcosa di pesante.* It's cold – put something warm on. **2 addosso a** (andare, cadere) ci sono varie traduzioni a seconda del contesto: *Mi ha versato il caffè addosso.* She spilt the coffee over me. | *Mi è venuto addosso.* He bumped into me. | *Qualcuno mi ha spinto addosso a lei.* Someone pushed me into her. | *Il camion è finito addosso a un'auto.* The lorry crashed into a car. | *L'albero è caduto addosso allo steccato.* The tree fell on top of the fence. | **stare addosso a qn** to breathe down sb's neck: *Non starmi così addosso!* Stop breathing down my neck!

adeguato, -a *agg* **1** (adatto) suitable: *Ti sembra una persona adeguata per questo lavoro?* Do you think he's suitable for this job? **2** (sufficiente) adequate: *Assicurati che la crema solare offra una protezione adeguata.* Make sure the sun cream provides adequate protection.

adempiere *v* **adempiere a qc a)** (dovere, promessa) to meet sth **b)** (impegno) to fulfil sth: *È così occupato che non riesce ad adempiere a tutti i suoi impegni.* He's so busy that he can't meet all his commitments.

adenoidi *s pl* adenoids: *Sei stato operato di adenoidi?* Have you had your adenoids out?

aderente *agg* tight: *Indossava un abito molto aderente.* She was wearing a very tight dress.

adesivo, -a *aggettivo e sostantivo*
- *agg* adhesive ▶ vedi anche **nastro**
- **adesivo** *s* **1** (colla) glue **2** (etichetta) sticker

adesso *avv* **1** (ora) now: *Adesso ho da fare.* I'm busy just now. | *E adesso?* And now what? | **da adesso (in poi)** from now on | **per adesso** for now **2** (fra poco) now: *Dovrebbero arrivare adesso.* They should be arriving any time now. | *Adesso vengo!* I'm coming! **3** (poco fa) just now: *L'ho visto proprio adesso.* I saw him just now. | *Sono arrivato adesso.* I've just arrived.

adolescente *s* teenager ▶ Esiste anche il termine **adolescent**, ma è usato generalmente in contesti scientifici.

adolescenza *s* adolescence

adorabile *agg* lovely

adorare *v* **1** (amare molto) to love: *Adoro il cioccolato.* I love chocolate. | *Ho sempre adorato cantare.* I've always loved singing. | *Tutti in classe lo adorano.* Everyone in the class loves him. **2** (divinità) to worship

adottare *v* **1** (bambino) to adopt **2** (metodo, tattica) to adopt: *Non so quale tattica adottare.* I don't know what tactic to adopt.

adottivo, -a *agg* **1** (figlio) **figlio adottivo** adopted child **2** (genitore) **famiglia adottiva** adoptive family

Adriatico *s* **l'Adriatico** the Adriatic

adulare *v* to flatter

adulto, -a *aggettivo e sostantivo*
- *agg* adult: *Il film è adatto solo a un pubblico adulto.* The film is suitable for an adult audience only. | *l'età adulta* adulthood | **diventare adulto** to grow up
- *s* adult, grown-up [più informale]: *Cerca di comportarti da adulto.* Try to behave like an adult. | *uno spettacolo per soli adulti* a show for adults only

aerare *v* (stanza) to air

aereo, -a *sostantivo e aggettivo*
- **aereo** *s* plane: *A che ora hai l'aereo?* What time's your plane? | *Sbrigati o perderemo l'aereo.* Hurry up or we'll miss the plane. | *Vado a Londra in aereo.* I'm flying to London.
- *agg* air: *il traffico aereo* air traffic | *biglietto aereo* plane ticket | **per via aerea** by air mail

aerobica *s* aerobics [sempre plurale]: *esercizi di aerobica* aerobics exercises

aeronautica *s* **1** (scienza) aeronautics [sempre plurale] **2 aeronautica militare** airforce

aeroplano *s* aeroplane (BrE), airplane (AmE)

aeroporto *s* airport: *Vado all'aeroporto in taxi.* I'll get a taxi to the airport.

affaccendato, -a *agg* busy

affacciarsi *v rifl* **1 affacciarsi alla finestra** to come to the window: *Si è affacciato alla finestra per salutarmi.* He came to the window to wave to me. **2 affacciarsi su qc** (finestra, edificio) to look out on sth: *La finestra si affaccia sul cortile.* The window looks out on the courtyard.

affamato, -a *agg* hungry

affare *sostantivo e sostantivo plurale*
- *s* **1** (occasione) bargain: *A 30 euro quella borsa è un vero affare.* At 30 euros, that bag's a real bargain. | **fare un affare** to get a bargain: *Pensavo di aver fatto un affare.* I thought I got a real bargain. **2** (faccenda) business [mai plurale]: *È rimasto coinvolto in un brutto affare.* He got caught up in some nasty business. | *È un affare che non mi riguarda.* It's got nothing to do with me. | **non è affar mio/tuo ecc.** it's none of my/your etc business | **farsi gli affari propri** to mind your own business: *La prossima volta, fatti gli affari tuoi!* Next time you can mind your own business!

A

3 (aggeggio) thingy (pl thingies): *Mi passi quell'affare lì, per favore?* Could you hand me that thingy, please?
4 (operazione economica) deal: *Sembra un affare interessante.* It seems like an interesting deal. | **affare fatto!** it's a deal!
• **affari** *s pl* (attività commerciali) business [mai plurale]: *un viaggio d'affari* a business trip | *Come vanno gli affari?* How's business? | *È a New York per affari.* He's in New York **on** business. | **uomo d'affari** businessman | **donna d'affari** businesswoman

affascinante *agg* **1** (uomo, donna) attractive: *Alla sua età è ancora una donna molto affascinante.* She is still a very attractive woman for her age. **2** (sorriso, sguardo) charming, (storia) fascinating

affatto *avv* at all: *Niente affatto!* Not at all! | *Non è affatto vero.* That's not true at all. | *Lascia pure la radio accesa, non mi disturba affatto!* Leave the radio on if you want. It doesn't bother me at all. | *Non sono affatto d'accordo.* I don't agree at all.

afferrare *v* **1** (prendere) to grab: *Mi ha afferrato per il braccio.* He grabbed my arm. **2** (capire) to grasp: *Non ho afferrato bene quello che hai detto.* I didn't quite grasp what you said.

affetto *s* love | **provare affetto per qn** to be fond of sb: *Provo un grande affetto per lui.* I'm very fond of him. | **con affetto** (nelle lettere) (with) love

affinità *s* (cosa simile) thing in common: *Fabio e Emilio hanno scoperto di avere molte affinità.* Fabio and Emilio discovered that they had a lot in common. | *Tra di loro non c'è molta affinità.* They don't have a lot in common.

affittare *v* **1** (dare in affitto) (casa, stanza) to rent out, to let, (auto, cassetta) to hire out: *Hanno affittato l'appartamento.* They've rented out the apartment. | *Qui affittano le barche per fare un giro sul lago.* They hire out boats here so you can row round the lake. | **'affittasi'** 'for rent' **2** (prendere in affitto) (casa) to rent, (auto, cassetta) to hire: *Cerco una camera da affittare.* I'm looking for a room to rent. | *Affitteremo una macchina per una settimana.* We're going to hire a car for a week.

affitto *s* (di casa, stanza) rent: *Devo versare due mesi di affitto anticipato.* I have to pay two months' rent in advance. | **prendere in affitto un appartamento/una stanza** to rent a flat/a room | **prendere in affitto una macchina/un PC** to hire a car/a PC

affluente *s* (fiume) tributary (pl tributaries)

affogare *v* to drown

affollato, -a *agg* crowded: *Non sopporto i locali troppo affollati.* I can't stand places that are too crowded.

affondare *v* to sink

affrancare *v* (lettera, pacco) to put a stamp on: *Ricordati di affrancare la cartolina prima di spedirla.* Remember to put a stamp on the postcard before sending it. | **'non affrancare'** 'no stamp required'

affresco *s* fresco (plurale frescoes o frescos): *gli affreschi della Cappella Sistina* the Sistine Chapel frescoes

affrettare *v* **1** to bring forward: *Ha affrettato la partenza.* He brought forward the date of the departure. **2** (lavori) to speed up | **affrettare il passo** to walk faster: *Se non affretti il passo, non arriveremo mai in tempo.* If you don't walk faster, we'll never get there in time.
affrettarsi *v rifl* to hurry: *Cerca di affrettarti se non vuoi rimanere indietro.* You'll have to hurry if you don't want to be left behind. | **affrettarsi a fare qc** to hurry to do sth: *Bisogna affrettarsi a prenotare i biglietti.* We'll have to hurry to book the tickets.

affrontare *v* **1** (problema, pericolo) to face **2** (avversario, aggressore) to confront: *Invece di scappare ha affrontato l'aggressore.* Instead of running away, he confronted his attacker. **3** (squadra) to face: *L'Italia dovrà affrontare l'Inghilterra nella semifinale.* Italy will have to face England in the semifinal. **4** (argomento) to tackle

affumicare *v* (salmone, prosciutto) to smoke

affumicato, -a *agg* smoked

affusolato, -a *agg* (dita, linea) tapering

afoso *agg* muggy: *una giornata afosa* a muggy day

Africa *s* **l'Africa** Africa

africano, -a *agg e s* African

afta *s* (in bocca) mouth ulcer | **afta epizootica** foot-and-mouth disease

agenda *s* diary: *un'agenda del 2004* a **diary for** 2004

agente *sostantivo e sostantivo plurale*
• *s* **1** (poliziotto) police officer | **agente segreto** secret agent **2** **agente immobiliare** estate agent (BrE), realtor (AmE) | **agente di commercio** sales representative
• **agenti atmosferici** *s pl* elements

agenzia *s* agency: *agenzia di viaggi* travel agency | *agenzia immobiliare* estate agency (BrE), real estate office (AmE)

agganciare *v* **1** (attaccare) to hook **2** **agganciarsi i pattini/gli scarponi da sci** to do your skates/ski boots up **3** (al telefono) to hang up: *Non lo so chi era, hanno agganciato.* I don't know who it was, they hung up.

aggettivo *s* adjective

i Vuoi informazioni sulla differenza tra gli **aggettivi possessivi** in inglese e in italiano? Vedi la **guida grammaticale**.

aggiornamento *s* **1** (professionale) invece del sostantivo, si usa la locuzione verbale **to keep up to date**: *L'informatica richiede un costante aggiornamento.* In I.T. you always have to keep up to date. | **corso di aggiornamento** refresher course **2** (informazioni) update

aggiornare *v* **1** (programma, libro) to update: *Il loro sito web viene aggiornato regolarmente.* Their website is regularly updated. **2** (informare) to update: *Ci ha aggiornati sulla situazione.* She updated us on the situation. **3** (rinviare) to postpone: *La riunione è stata aggiornata.* The meeting has been postponed.

aggiornarsi *v rifl* to keep up to date

aggiornato, -a *agg* **1** (programma, libro) up-to-date: *Il libro di geografia è molto aggiornato.* The geography book is very up-to-date. **2 essere aggiornato (su qc)** to be well-informed (about sth): *È sempre molto aggiornato su tutto quello che succede.* He's always very well-informed about what's happening. | **tenersi aggiornato** to keep up-to-date: *Mi tengo aggiornato leggendo i quotidiani e guardando il telegiornale.* I keep up-to-date by reading the newspapers and watching the news.

aggirare *v* to surround | **aggirare l'ostacolo** (difficoltà) to get round the problem

aggirarsi *v rifl* **1** (vagare) to wander **2 aggirarsi su** (prezzo, numero) to be around: *La cifra si aggira sui cento euro.* The figure is around one hundred euros.

aggiudicare *v* to award: *La giuria le ha aggiudicato il primo premio.* The jury **awarded her** the first prize. | *Il tribunale ha aggiudicato alla donna 3 milioni di danni.* The court **awarded** 3 million in damages **to** the woman. | **aggiudicarsi il primo/il secondo premio** to win first/second prize | **aggiudicarsi la vittoria** to win: *La squadra milanese si è aggiudicata la vittoria.* The team from Milan won the match.

aggiungere *v* **1 aggiungere qc (a qc)** to add sth (to sth): *Aggiungi un po' di sale alla pasta.* Add a bit of salt to the pasta. | *Potete aggiungere due coperti?* Could you set two more places? **2** (dire) to add: *Il presidente ha aggiunto inoltre che la decisione verrà presa al più presto.* The president also **added that** the decision will be taken as quickly as possible.

aggiustare *v* **1** (riparare) to fix: *Dobbiamo far aggiustare il videoregistratore.* We must get the video recorder fixed. **2 aggiustarsi la camicia/il cappello** to straighten your shirt/hat

aggiustarsi *v rifl* **1** (risolversi) to work out: *Vedrai che le cose si aggiusteranno.* Things will work out, you'll see. **2** (mettersi d'accordo) to sort out: *Pago io per tutti e due, ci aggiustiamo dopo.* I'll pay for both of us, we can sort it out later.

aggrapparsi *v rifl* **aggrapparsi a qn/qc** to hold on to sb/sth: *Aggrappati a me per non cadere.* Hold on to me, so you don't fall. | **aggrapparsi a un pretesto** to use an excuse: *Si aggrapperebbe a qualunque pretesto pur di non studiare.* He'd use any excuse not to study. | **aggrapparsi a una speranza** to cling to a hope

aggravare *v* **aggravare le cose/una situazione** to make things/a situation worse

aggravarsi *v rifl* (malattia, problema) to get worse

aggredire *v* (fisicamente) to attack, (verbalmente) to have a go at [informale]: *Ogni volta che cerco di affrontare il problema mi aggredisce.* Every time I try to tackle the problem he has a go at me.

aggressione *s* assault

aggressivo, -a *agg* (tono, persona) aggressive

aggressore *s* attacker

agguato *s* ambush

agiato, -a *agg* (benestante) well-off: *una famiglia agiata* a well-off family

agile *agg* agile

agilità *s* agility

agio *s* **a mio/tuo ecc. agio** at ease: *Non mi sento a mio agio con tutta questa gente intorno.* I don't feel at ease with all these people around.

agire *v* **1** (persona) to act: *Hanno agito da veri amici.* They acted like true friends. | *Rifletti prima di agire.* Think before you act. **2** (medicina) to take effect: *La pillola agisce subito.* The pill takes effect immediately.

agitare *v* **1** (fazzoletto, mano) to wave **2** (bottiglia, barattolo) to shake: *Agitare prima dell'uso.* Shake before use.

agitarsi *v rifl* **1** (preoccuparsi) to get worked up: *Comincia ad agitarsi tre giorni prima del compito.* He starts to get worked up three days before a test. **2** (scalmanarsi) to run around: *Perché non smetti di agitarti tanto e non ti siedi un pò?* Why don't you stop running around and sit down for a bit? **3** (nel letto) to toss and turn: *Si è agitato nel letto tutta la notte.* He tossed and turned in bed all night.

agitato, -a *agg* **1** (preoccupato) anxious **2** (mare) rough

agitazione *s* **1** (scompiglio) upheaval: *L'incidente ha creato molta agitazione tra gli studenti.* The incident caused considerable upheaval among the students. | **mettere qn in agitazione** to make sb anxious: *La sua telefonata mi ha messa in*

agitazione. Her phone call made me anxious. **2** (protesta) industrial action

aglio *s* garlic ▶ vedi anche **spicchio**

agnello *s* lamb

ago *s* **1** (per cucire) needle **2** (di siringa, bussola) needle **3** **aghi di pino** pine needles

agonia *s* (sofferenza) agony

agopuntura *s* acupuncture

agosto *s* August ▶ vedi Active Box **mesi** sotto **mese**

agrario, -a *agg* agricultural

agricolo, -a *agg* agricultural

agricoltore, -trice *s* farmer

agricoltura *s* agriculture

agrifoglio *s* holly

agrodolce *agg* **in agrodolce** sweet-and-sour: *maiale in agrodolce* sweet-and-sour pork

agrumi *s pl* citrus fruits

ahi! *inter* ouch!

aia *s* farmyard

AIDS *s* AIDS

aiuola *s* flowerbed

aiutante *s* assistant

aiutare *v* **1** (dare aiuto a) to help: *Mi aiuti, per favore?* Can you help me, please? | **aiutare qn a fare qc** to help sb (to) do sth: *Mi aiuti a fare i compiti?* Can you help me to do my homework? | *Aiuti tu ad apparecchiare?* Will you help lay the table? **2** (favorire) to help: *La ginnastica aiuta a dimagrire.* Physical exercise helps you lose weight.

aiutarsi *v rifl* to help each other

aiuto *sostantivo e sostantivo plurale*

- *s* help: *Vai a chiedere aiuto!* Go and get help! | *Aiuto!* Help! | **essere d'aiuto a qn** to help sb: *Paolo mi è stato di grande aiuto.* Paolo has helped me a lot. | **con l'aiuto di qn/qc** with the help of sb/sth: *Con l'aiuto del computer la ricerca è stata più semplice.* The research was a lot easier with the help of the computer.
- **aiuti** *s pl* aid [mai plurale]: *Varie nazioni hanno mandato aiuti umanitari.* Several countries have sent humanitarian aid.

ala *s* **1** (di uccello, aereo) wing **2** (giocatore) winger **3** (di edificio) wing

alba *s* dawn: *Siamo partiti all'alba.* We left at dawn.

albanese *agg e s* Albanian

Albania *s* **l'Albania** Albania

alberghiero, -a *agg* **il settore alberghiero** the hotel sector: *la scuola alberghiera* catering school

albergo *s* hotel

albero *s*
1 (pianta) tree | **albero di Natale** Christmas tree: *Abbiamo fatto l'albero di Natale.* We put up the Christmas tree. | **albero genealogico** family tree **2** (di nave) mast

albicocca *sostantivo e aggettivo*

- *s* apricot
- *agg* apricot: *una maglia albicocca* an apricot jumper

albicocco *s* apricot tree

album *s* **1** (per fogli, foto) album: *un album di fotografie* a photo album | **album da disegno** sketchpad **2** (disco) album

albume *s* egg white

alcol *s* **1** (sostanza) alcohol **2** (alcolici) alcohol: *Non reggo l'alcol.* I can't drink alcohol.

alcolico, -a *aggettivo e sostantivo*

- *agg* alcoholic
- **alcolico** *s* alcohol [mai plurale]: *Non bevo alcolici.* I don't drink alcohol.

alcolizzato, -a *agg e s* non esiste l'aggettivo, ma solo il sostantivo **alcoholic**: *È alcolizzato da anni.* He's been an alcoholic for years.

alcuno, -a *agg e pron* ▶ vedi riquadro

aldilà *s* afterlife

alfabetico *agg* alphabetical: *in ordine alfabetico* in alphabetical order

alfabeto *s* alphabet | **alfabeto Morse** Morse code

alga *s* seaweed [mai plurale]: *Il mare era pieno di alghe.* The sea was full of seaweed.

algebra *s* algebra

Algeria *s* **l'Algeria** Algeria

algerino, -a *agg e s* Algerian

alibi *s* alibi: *un alibi di ferro* a cast-iron alibi

alimentare *aggettivo, verbo e sostantivo plurale*

- *agg* **generi alimentari** food products
- *v* (fuoco, motore) to feed

  alimentarsi *v rifl* **alimentarsi di frutta/verdura** to live on fruit/vegetables
- **alimentari** *s pl* **negozio di alimentari** grocer's

alimentazione *s* **1** (dieta) diet **2** (processo) feeding

alimento *sostantivo e sostantivo plurale*

- *s* food
- **alimenti** *s pl* (nel divorzio) maintenance [mai plurale]: *L'ex marito le paga gli alimenti.* Her ex-husband pays her maintenance.

Non sei sicuro sull'uso di **make** e **do**? Vedi alla voce **fare**.

alcuno -a

AGGETTIVO

1 Nel senso di *nessuno*, si traduce con **no** se nella frase in inglese non ci sono altre negazioni e con **any** se nella frase in inglese c'è un'altra negazione:

Non c'è alcuna fretta. There's no hurry/There isn't any hurry. | *senza alcuna difficoltà* without any difficulty

2 *alcuni, alcune* si traduce **some** o **a few** in frasi affermative e **any** in frasi interrogative:

Ho comprato alcuni CD. I bought some CDs. | *Ci sono alcuni film che vorresti vedere?* Are there any films you would like to see?

Nota che dopo **only** (= solo, soltanto) si usa sempre **a few**:

Verranno soltanto alcuni amici. Only a few friends are coming.

PRONOME

1 *alcuni, alcune* si traduce **some** o **a few**:

Alcuni hanno detto di sì. Some/A few have said yes.

Nota che dopo *only* (= solo, soltanto), si usa sempre **a few**:

Prendine solo alcune. Only take a few. | **alcuni di noi/voi/ecc.** some of us/you/etc

2 *alcuni* nel senso generale di alcune persone si traduce **some people**:

Alcuni credono agli extraterrestri. Some people believe in aliens.

alito s breath: *Non c'è un alito di vento.* There's not a breath of wind. | **avere l'alito cattivo** to have bad breath

allacciare v **1 allacciarsi le scarpe** to do up your shoelaces | **allacciarsi la cintura (di sicurezza)** to fasten your seat belt: *Ti sei allacciato la cintura?* Have you fastened your seat belt? **2** (gas, acqua) to connect

allagare v (valle, stanza) to flood
allagarsi v rifl to flood: *Si è allagato il bagno.* The bathroom has flooded.

allargare v **1** (strada, interessi) to widen, (vestiti, maniche) to let out **2 allargare le braccia** to open your arms
allargarsi v rifl **1** (macchia, buco) to get wider **2** (numero) to increase

allarmarsi v rifl to be/get frightened: *Non ti allarmare, non è successo niente!* Don't be frightened, nothing's happened!

allarme s alarm: *È scattato l'allarme.* The alarm went off. | **dare l'allarme** to raise the alarm: *Quando hanno visto il fumo, hanno dato subito l'allarme.* When they saw the smoke, they immediately raised the alarm. | **allarme antincendio** fire alarm | **falso allarme** false alarm

allattare v **1** (bambino) (al seno) to breast-feed, (artificialmente) to bottlefeed **2** (animale) to feed

alleanza s alliance

allearsi v rifl **allearsi con qn** (nazioni) to ally yourself with sb: *Nella seconda guerra mondiale l'Italia si alleò con la Germania.* In the Second World War, Italy allied itself with Germany.

alleato, -a agg allied

allegare v **1** (a lettera) to enclose: *Ho allegato alla lettera due foto tessere.* I am **enclosing** two passport photos **with** this letter. **2** (a e-mail) to attach: *Ho allegato il file Word all'e-mail che ti ho mandato.* I've **attached** the Word file **to** the email I sent you.

allegato, -a *aggettivo* e *sostantivo*
- *agg* enclosed
- **allegato** s (di lettera, modulo) enclosure, (di e-mail) attachment

alleggerire v **alleggerire una borsa** to make a bag lighter | **alleggerire i costi/la tensione** to reduce costs/the tension

allegria s (di persona) cheerfulness | **mettere allegria a qn** to cheer sb up: *Questa notizia mi ha messo allegria.* This news has cheered me up.

allegro, -a agg cheerful

allenamento s training: *Si è fatto male alla gamba durante l'allenamento.* He hurt his leg during training. | *Ho bisogno di un po' di allenamento.* I need to do a bit of training. | **fare allenamento** to train: *Faccio allenamento tutti i giorni per la gara.* I train every day for the competition. | **essere fuori allenamento** to be unfit

allenare v (atleta, squadra) to coach
allenarsi v rifl (atleta, squadra) to train: *La squadra si sta allenando per le Olimpiadi.* The team is training for the Olympics. | **allenarsi a correre/a battere al computer** to practise running/typing

allenatore, -trice s (di atleta, squadra) coach

allentare v **allentarsi la cintura/la cravatta** to loosen your belt/tie | **allentare una corda/un cavo** to let out a rope/a cable | **allentare la presa** to let go | **allentare la tensione** to ease the tension
allentarsi v rifl (nodo, vite) to come loose

allergia s (a cibo, sostanza) allergy | **allergia al polline** hay fever

allergico, -a agg allergic: *Sono allergico al latte.* I'm allergic to milk. | **essere allergico al polline** to suffer from hay fever

A

allevamento *s* **1** farming: *l'allevamento del bestiame* cattle farming | *i prodotti dell'allevamento* farm produce **2 un allevamento di polli/bovini** a chicken/cattle farm

allevare *v* **1** (bestiame) to rear, (cani, cavalli) to breed **2** (bambino, figlio) to bring up: *Sono stato allevato dai miei nonni.* I was brought up by my grandparents. | *La zia lo ha allevato come un figlio.* His aunt brought him up like a son.

allevatore, -trice *s* (di bestiame) farmer, (di cani, cavalli) breeder

allievo, -a *s* pupil: *È il migliore allievo della classe.* He's the best pupil in the class.

alligatore *s* alligator

allineare *v* **allineare delle bottiglie su uno scaffale** to line bottles up on a shelf
allinearsi *v rifl* to line up: *I concorrenti si sono allineati sulla linea di partenza.* The competitors lined up on the starting line.

alloggiare *v* **1 alloggiare in un albergo/a casa di un amico** to stay in a hotel/at a friend's house: – *Dove alloggi?* – *In un albergo in centro.* "Where are you staying?" "In a hotel in the city centre." **2** (profughi) to house

alloggio *s* **1** (sistemazione) accommodation **2** (appartamento) flat (BrE), apartment (AmE): *un alloggio di 4 vani* a four-room flat

allontanare *v* **1** (tenere lontano) to keep away: *Vuole allontanarti da me perché è gelosa.* She wants to keep you away from me because she's jealous. **2** (mandare via) to expel: *È stato allontanato da scuola.* He was expelled from school.
allontanarsi *v rifl* **allontanarsi (da qc) a)** (andare via) to leave (sth): *Si è allontanato da scuola senza permesso.* He left the school building without permission. **b)** (mettersi a distanza) to get away (from sth): *Allontanati dal fuoco!* Get away from the fire! **c)** (andare lontano) to go far away (from sth): *Gli avevo detto di non allontanarsi da casa!* I told him not to go far away from the house! | *Non allontanatevi troppo!* Don't go too far away!

allora *congiunzione* e *avverbio*
- *cong* **1** (dunque) well: *Allora, vieni o no?* Well, are you coming or not? | **e allora? a)** (e dopo) and then?: *E allora cosa hai fatto?* And then what did you do? **b)** (e con ciò) so what?: *Va bene, non ne ho voglia; e allora?* OK, I don't feel like it. So what? **2** (in tal caso) then: *Se hai deciso di venire anche tu, allora preparati!* If you've decided you're coming with us, then you'd better get ready!
- *avv* then [alla fine della frase]: *Allora, andavo ancora alle elementari.* I was still at primary school then. | **da allora** since [alla fine della frase]: *Abbiamo litigato e da allora non ci siamo più frequentati.* We had an argument and we haven't seen each other since.

alloro *s* **1** (per cucinare) bay leaf **2 una corona d'alloro** a laurel crown

alluce *s* big toe

allucinante *agg* terrible: *È stato un viaggio allucinante!* It was a terrible journey! | *È allucinante come riesca sempre a cavarsela!* It's terrible the way he always gets away with things!

allucinazione *s* **avere le allucinazioni** to see things

alludere *v* **alludere a qn/qc** to refer to sb/sth: *Stai forse alludendo a me?* Are you referring to me?

alluminio *s* aluminium: *pentole di alluminio* aluminium pans

allungare *v* **1 allungare un viaggio/un racconto** to make a journey/a story longer **2 allungare (l'orlo di) una gonna/un cappotto** to let down (the hem of) a skirt/a coat **3** (porgere) to pass: *Mi allunghi il giornale?* Could you pass me the newspaper? **4 allungare il vino/il caffè** to water down wine/coffee
allungarsi *v rifl* **1** (diventare più lungo) to get longer **2** (sdraiarsi) to lie down: *Mi allungo un attimo sul divano.* I'm going to lie down on the sofa for a bit.

allusione *s* **fare allusione a qc** to refer to sth: *A cosa fai allusione?* What are you referring to?

alluvione *s* flood

almeno *avv* **1** (come minimo) at least: *Il film è durato almeno due ore.* The film lasted at least two hours. | *Potevi almeno telefonare!* You could at least have called! **2** (per esprimere desiderio) if only: *Se almeno me l'avesse detto prima!* If only he'd told me earlier!

Alpi *s pl* **le Alpi** the Alps

alpinismo *s* climbing | **fare alpinismo** to go climbing

alpinista *s* climber

alpino, -a *agg* **1** (delle Alpi) alpine **2** (di alta montagna) mountain [sostantivo usato come aggettivo]: *una guida alpina* a mountain guide

alquanto *avv* rather

alt! *inter* stop!

altalena *s* **1** swing [sedile appeso a funi] **2** seesaw [asse in bilico]

altare *s* altar

alterare *v* **1** (cibo, sapore) to alter, (colore) to distort: *Questa luce altera i colori.* This light distorts the colours. **2** (documento, firma) to falsify, (voce) to disguise

C'è una tavola con i numeri in inglese e spiegazioni sul loro uso nella **guida grammaticale**.

alternare *v* to alternate
alternarsi *v rifl* **1** (persone) to take turns: *Ci siamo alternati al volante.* We took turns driving. **2** (eventi, periodi) to alternate: *Nel film, le scene drammatiche si alternano a scene comiche.* In the film, dramatic scenes **alternate with** comic ones.

alternativa *s* alternative: *Non mi danno alternativa: o studio o non mi fanno uscire.* I don't have any alternative – I have to study or I'm not allowed to go out. | **in alternativa** alternatively

alternativo *agg* **1** (scelta, percorso) alternative **2** (musica, locale) indie

alterno *agg* **a giorni alterni** every other day

altezza *s* **1** (di edificio, persona) height: *Calcolare l'altezza del triangolo.* Calculate the height of the triangle. | *L'edificio ha un'altezza di venti metri.* The building is twenty metres high. **2** (di stoffa) width **3** (di mare, lago) depth **4** **all'altezza della farmacia/dell'incrocio** near the chemist's/the crossroads **5** **essere all'altezza di qn/qc** to be as good as sb/sth: *In matematica, non sono alla tua altezza.* I'm not as good as you at maths. | *Il loro ultimo video non è all'altezza del precedente.* Their latest video isn't as good as the last one. | **essere all'altezza un compito** to be up to a task

altitudine *s* altitude

alto, -a *aggettivo e sostantivo*
- *agg* ▶ vedi riquadro; vedi anche **fedeltà**
- **alto** *s* **dall'alto** from the top | **guardare qn dall'alto in basso** to look down on sb | **in alto** (guardare, sollevare) up in the air | **lo scaffale in alto a destra** the top right-hand shelf ▶ vedi anche **salto**

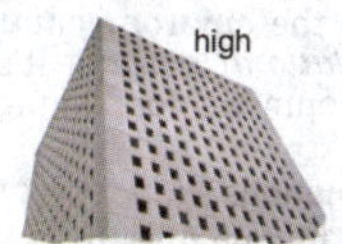

altoparlante *s* loudspeaker

altrettanto *pronome, aggettivo e avverbio*
- *pron* **1** the same (thing): *In quella situazione, io avrei fatto altrettanto.* I'd have done the same thing in that situation. **2** (in risposte) you too: – *Buon fine settimana – Grazie, altrettanto!* "Have a good weekend." "Thanks, you too."
- *agg* the same number of: *Alla festa ci saranno 12 ragazzi e altrettante ragazze.* There will be 12 boys and **the same number of** girls at the party.
- *avv* as: *Questa dieta non mi sembra altrettanto rigida.* This diet doesn't seem as strict.

alto -a *aggettivo*

1 Alto in inglese ha traduzioni diverse a seconda dei casi. Per riferirsi a una persona, a un edificio o a un albero si usa **tall**:

Quel ragazzo è molto alto per la sua età. That boy is very tall for his age. | *la ragazza più alta della classe* the tallest girl in the class | *il grattacielo più alto della città* the tallest skyscraper in the city

2 Quando ci si riferisce a una montagna o a un muro, si usa invece **high**:

la montagna più alta del mondo the highest mountain in the world | *un muro altissimo* a very high wall

3 **high** si usa anche per riferirsi a prezzi, temperature e in generale a valori numerici:

Ha la febbre alta. She's got a high temperature. | *Prende sempre il voto più alto.* He always gets the highest mark.

4 **high** si usa anche con sostantivi come opinione, stima, considerazione:

Ha un'alta opinione di te. She has a high opinion of you.

5 Nota che **parlare a voce alta** si traduce **to speak loudly**.

6 Con sostantivi come funzionario, dirigente, ufficiale si usa **high-ranking**:

un alto dirigente a high-ranking executive

7 Quando alto è usato con sostantivi come acqua e marea, si usa **deep**:

Non andare nell'acqua alta. Don't go into the deep water. | *C'è l'alta marea.* It's high tide.

8 Nota che quando sono usati per indicare l'altezza esatta, **tall, high** e **deep** seguono sempre la misura:

Sono alto un metro e ottanta. I'm a hundred and eighty centimetres tall. | *Questo muro è alto tre metri.* This wall is three metres high. | *In quel punto, l'acqua è alta 15 metri.* The water there is 15 metres deep.

9 Per riferirsi a suoni, volume, si usa **loud**:

La tv è troppo alta. The TV's too loud.

altrimenti *avv* **1** (se no) otherwise: *Sbrigati, altrimenti farai tardi!* Hurry up, otherwise you'll be late! **2** (diversamente) otherwise: *Non potevo fare altrimenti.* I couldn't have done otherwise.

altro, -a *agg e pron* ▶ vedi riquadro

altronde *avv* **d'altronde** in any case

altrove *avv* elsewhere

altrui *agg* **le cose/gli affari altrui** other people's property/business: *Non ha rispetto per le cose altrui!* He has no respect for other people's property!

A

altro -a

AGGETTIVO

1 Si traduce generalmente **other**:
Guarda nell'altro cassetto. Look in the other drawer. | *gli altri miei amici* my other friends

2 *un altro, un'altra* si traducono **another**:
Vuoi un'altra fetta di torta? Do you want another slice of cake?

3 Quando *altro* è preceduto da un pronome indefinito, si traduce **else**:
qualcos'altro something else | *nient'altro* nothing else

4 Quando *altri, altre* sono seguiti da un numerale, si traducono **another**:
Altre due ore e siamo arrivati. Another two hours and we'll be there.

5 ESPRESSIONI
l'altro giorno the other day | **l'altr'anno** last year | **d'altra parte** on the other hand

PRONOME

1 *un altro, un'altra* nel senso di uno in più o diverso si traducono **another one**:
Se ti piacciono, prendine un altro. If you like them, have another one.
Nel senso di un'altra persona in generale si usa **anyone else**:
Un altro al posto tuo avrebbe fatto lo stesso. In your place, anyone else would have done the same.

2 *l'altro, l'altra* si traducono **the other one** e *gli altri, le altre* si traducono **the other ones**:
Questa giacca mi è stretta, prendo l'altra. This jacket is tight on me – I'll take the other one. | **l'uno o l'altro** either one | **l'un l'altro** each other

3 *altro* nel senso di un'altra cosa si traduce con un pronome indefinito + **else**:
Cerca di pensare ad altro. Try to think about something else. | *Desidera altro?* Anything else?

4 *altri, altre* nel senso di in più si traducono **some more**:
Queste patatine non bastano: dobbiamo comprarne altre. These crisps aren't enough. We'll have to buy some more.
Nel senso di diversi si usa **any others**:
Questi biscotti non mi piacciono: ne hai altri? I don't like these biscuits – are there any others?
gli altri nel senso della gente in generale si traduce **other people**:
Non mi importa di cosa pensano gli altri. I don't care what other people think.

5 ESPRESSIONI
tra l'altro by the way | **senz'altro** definitely

altruista *agg* considerate

alunno, -a *s* pupil: *gli alunni della prima C* the pupils of class 1C

alveare *s* hive

alzare *v* ▶ vedi riquadro
alzarsi *v rifl* (da seduto, dal letto) to get up: *Il divano è così basso che si fa fatica ad alzarsi.* The sofa is so low that it's really hard to get up. | *Di solito, a che ora ti alzi?* What time do you usually get up?

amaca *s* hammock

amante *s* **1** lover **2** **un amante della musica/degli animali** a music/an animal lover

amare *v* **1** (persona) to love: *Ti amo.* I love you. **2** (luogo, attività) to like: *Non ha mai amato i giochi violenti.* She's never liked rough games. | *I miei amano molto viaggiare.* My parents love travelling. | *Amo moltissimo Parigi.* I really love Paris.
amarsi *v rifl* to love each other

amareggiato, -a *agg* upset

amarena *s* black cherry

amaro, -a *aggettivo* e *sostantivo*
• *agg* bitter
• **amaro** *s* liqueur

Amazzoni *s pl* **il Rio delle Amazzoni** the Amazon

ambasciata *s* embassy

ambasciatore, -trice *s* ambassador

ambientale *agg* environmental

ambientalista *s* environmentalist

ambientare *v* to set: *La storia è ambientata nel futuro.* The story is set in the future.
ambientarsi *v rifl* to adapt: *Non si è ancora ambientato nella nuova scuola.* He still hasn't **adapted to** the new school.

ambiente *s* environment: *i danni dell'inquinamento sull'ambiente* the damaging effect of pollution on the environment | *Non è un ambiente adatto ai giovani.* It's not a suitable environment for young people.

ambiguo, -a *agg* ambiguous

ambire *v* **ambire a qc** to long for sth

ambito *s* **una riforma nell'ambito della scuola/dei trasporti** a reform in the school/transport sector | **avere dei problemi in ambito familiare/lavorativo** to have problems at home/at work

ambizione *s* ambition

ambizioso, -a *agg* ambitious

ambra *s* amber: *un bracciale d'ambra* an amber bracelet

ambulante ▶ vedi **venditore**

ambulanza *s* ambulance

ambulatorio *s* surgery

Amburgo *s* Hamburg

amen! *inter* (nelle preghiere) amen!

A

alzare *verbo*

1 Per sollevare da terra, si usa **to lift** con o senza la preposizione **up**:
Mi aiuti ad alzare questa scatola? Can you help me lift this box? | *Bisogna essere in due per alzare questa valigia.* You need two people to lift this suitcase.

2 Quando ci si riferisce a una serranda, al sipario di un teatro, ecc., si usa **to raise**:
Siamo arrivati proprio mentre si alzava il sipario. We arrived just as they were raising the curtain.

3 **to raise** si usa anche per riferirisi a testa, occhi, braccia:
Alza le braccia e inspira profondamente. Raise your arms and take a deep breath. | *Ha alzato lo sguardo solo un attimo.* She looked up just for a moment.

4 Nota però che **alzare la mano** si traduce **to put your hand up**:
Chi lo sa, alzi la mano. If you know the answer, put your hand up.

5 Quando ci si riferisce al volume della radio, della televisione, ecc., si usa **to turn up**:
Non sento niente, alza il volume della tv. I can't hear anything, turn the TV up.

6 Nota che **alzare la voce** quando si è arrabbiato, si traduce **to raise your voice**:
Non c'è bisogno di alzare la voce! There's no need to raise your voice!

7 Anche alzare nel senso di aumentare, ad esempio prezzi, si traduce **to raise**:
Vogliono alzare il prezzo della benzina. They want to raise the price of petrol.

8 Alzare nel senso di costruire si traduce **to put up**:
Hanno alzato un muro per separare le due proprietà. They put up a wall to separate the two properties.

America *s* **l'America** America | **l'America Centrale** Central America | **l'America Latina** Latin America | **l'America del Nord** North America

americano, -a *agg* e *s* American

amichevole *aggettivo* e *sostantivo*
- *agg* friendly
- *s* (partita) friendly

amicizia *sostantivo* e *sostantivo plurale*
- *s* friendship | **fare amicizia** to become friends: *Abbiamo subito fatto amicizia.* We became friends immediately. | *In vacanza abbiamo fatto amicizia con dei ragazzi di Birmingham.* While we were on holiday, we **made friends with** some guys from Birmingham.
- **amicizie** *s pl* (conoscenze) friends: *Ho molte amicizie.* I have lots of friends.

amico, -a *s* friend: *un mio amico* a friend of mine | *la mia migliore amica* my best friend | *un amico di famiglia* a family friend | *Vuoi un consiglio da amico?* Would you like some friendly advice? | *Siamo diventate amiche.* We became friends. | *Stasera esco con gli amici.* I'm going out with my friends tonight.

ammaccare *v* **1** (oggetto di metallo) to dent **2** (frutto) to bruise
ammaccarsi *v rifl* **1** (metallo) to get dented **2** (frutto) to get bruised

ammaccatura *s* (su metallo) dent

ammaestrare *v* to train

ammalarsi *v rifl* to become ill | **ammalarsi di qc** to contract: *Si è ammalato di malaria.* He contracted malaria.

ammalato, -a *aggettivo* e *sostantivo*
- *agg* ill (BrE), sick (AmE)
- *s* **gli ammalati** the sick

ammasso *s* heap: *un ammasso di cianfrusaglie* a heap of junk

ammattire *v* **1** (impazzire) to go mad **2** **fare ammattire qn** (far perdere la pazienza) to drive sb mad: *Questo mal di testa mi sta facendo ammattire!* This headache is driving me mad!

ammazzare *v* **1** to kill: *Ha sparato, ma, fortunatamente, non ha ammazzato nessuno.* He fired some shots, but fortunately he didn't kill anybody. | *Il giovane è stato ammazzato a coltellate.* The young man **was knifed to death**. **2** **ammazzare il tempo** to pass the time
ammazzarsi *v rifl* to kill yourself | **ammazzarsi di lavoro** to kill yourself working

ammettere *v* **1** (riconoscere) to admit: *Ha ammesso di avere mentito.* He admitted that he'd lied. | *Devo ammettere che avevi proprio ragione.* I have to admit that you were in fact right. **2** (supporre) to suppose: *Ammettiamo che tu abbia ragione; cosa dovremmo fare?* Supposing you're right. What should we do? **3** (permettere) to allow: *Non è ammesso dire parolacce in classe.* Swearing in class is not allowed. | *Non ammetto scuse!* No excuses allowed! **4** **essere ammesso a qc** (associazione) to be accepted by sth: *Non sono ancora stato ammesso al club.* I've still not been accepted by the club. **5** **essere ammesso agli esami** to be allowed to sit the exams

amministrare *v* to manage: *Dovresti amministrare meglio i tuoi soldi.* You ought to manage your money better.

amministrativo, -a *agg* administrative

amministratore, -trice *s* (di condominio) house manager | **amministratore delegato** managing director

A

amministrazione *s* **1** (privata) management **2** (pubblica) administration **3 amministrazioni locali** local government [mai plurale] | **pubblica amministrazione** civil service

ammirare *v* **1** (contemplare) to admire: *Si sono fermati un attimo ad ammirare il panorama.* They stopped for a moment to admire the view. **2** (stimare) to admire: *Lo ammiro per il suo coraggio.* I admire him for his courage.

ammiratore, -trice *s* (di artista, atleta) fan: *Il gruppo è stato assediato dalle ammiratrici.* The band was mobbed by female fans.

ammirazione *s* admiration

ammissione *s* **1** admission ▶ vedi anche **esame** **2 per tua/sua ecc. stessa ammissione** by your/his etc own admission: *Per sua stessa ammissione, è lei che ha cominciato a litigare.* By her own admission, it was she who started the quarrel.

ammobiliato, -a *agg* furnished

ammonire *v* (nel calcio) to give sb a yellow card: *L'arbitro ha ammonito un giocatore per fallo.* The referee gave a player a yellow card for committing a foul.

ammontare *verbo e sostantivo*

- *v* to come to: *La spesa per il viaggio ammonta a 300 euro.* The cost of the trip comes to three hundred euros.
- *s* amount: *l'ammontare del debito* the amount of the debt

ammorbidente *s* fabric conditioner

ammorbidire *v* to soften

ammorbidirsi *v rifl* to soften: *All'inizio queste scarpe erano durissime, ma adesso si sono ammorbidite.* These shoes were really uncomfortable at first but they've softened now.

ammortizzatore *s* shock absorber

ammucchiare *v* to pile

ammuffito, -a *agg* mouldy

amnesia *s* (in medicina) amnesia

amnistia *s* amnesty (pl amnesties)

amo *s* bait | **abboccare all'amo** to swallow the bait

amore *s* **1** (affetto) love | **amor proprio** self-respect **2** (attrazione) love: *una canzone d'amore* a love song | **amore a prima vista** love at first sight | **fare l'amore (con qn)** to make love (with sb) **3** (appellativo) love: *Grazie, amore!* Thank you, love!

ampio, -a *agg* **1** (strada, stanza) wide: *un'ampia scelta di colori* a wide choice of colours **2** (vestito, maniche) wide: *un vestito con maniche ampie* a dress with wide sleeves

ampliare *v* **1** (edificio, locale) to enlarge: *Stanno facendo dei lavori per ampliare l'aeroporto.* They're doing some work to enlarge the airport. **2** (strada, passaggio) to widen **3 ampliare i propri interessi/il proprio vocabolario** to widen your interests/your vocabulary

amplificatore *s* amplifier

amputare *v* to amputate

amuleto *s* charm

anabbaglianti *s pl* dipped headlights

anagrafe *s* Registry Office

analcolico, -a *aggettivo e sostantivo*

- *agg* non-alcoholic: *un cocktail analcolico* a non-alcoholic cocktail
- **analcolico** *s* soft drink

analfabeta *aggettivo e sostantivo*

- *agg* illiterate
- *s* illiterate person

analgesico *s* painkiller

analisi *s* **1** (di fenomeno, dati) analysis (pl analyses) **2** (in medicina) test: *le analisi del sangue* blood tests **3 essere in analisi** (da psicanalista) to be in analysis | **analisi grammaticale/logica** grammatical/clause analysis

analizzare *v* (fatti, sostanza) to analyse

analogo, -a *agg* similar: *un caso analogo* a similar case | *In questo periodo, mi ritrovo in una situazione analoga.* I'm in a similar situation at the moment.

ananas *s* pineapple

anarchico, -a *aggettivo e sostantivo*

- *agg* anarchic
- *s* anarchist

anatomia *s* anatomy

anatra *s* duck

anca *s* hip

anche ▶ vedi riquadro

ancora *s* anchor | **gettare/levare l'ancora** to drop/to weigh anchor

andamento *s* **1** (di gara, lavori) progress: *Mio padre segue l'andamento dei lavori di ristrutturazione in casa.* My father is keeping an eye on the progress of the renovation of the house. | **andamento scolastico** progress at school **2 l'andamento del mercato/della Borsa** the market/Stock Exchange trend

andare *v* ▶ vedi riquadro

andata *s* outward journey: *L'andata è stata più lunga del ritorno.* The outward journey took longer than the return. | *All'andata eravamo in treno.* We went there by train. | **andata e ritorno** (percorso) there and back: *Andata e ritorno, saranno sei ore.* There and back will take six hours. ▶ vedi anche **biglietto**

andatura *s* **1** (modo di camminare) walk: *L'ho riconosciuta dall'andatura.* I recognized her by her walk. **2** (velocità, ritmo) pace: *Ha tenuto un'andatura sostenuta per tutta la corsa.* He kept up a fast pace for the whole race.

i Quando si usa *in*, *on* e *at*? Vedi alla voce in.

anche *congiunzione*

1 Quando ha valore aggiuntivo, si può tradurre in tre modi: **too** e **as well,** posizionati sempre alla fine della frase, e **also**, un po' più formale, generalmente in mezzo alla frase e a volte all'inizio:

Vengo anch'io! I'm coming too! | *Ho comprato il pane, il latte e anche i biscotti.* I've bought bread, milk, and biscuits as well. | *È il mio cantante preferito e anche il suo.* He's my favourite singer and hers too. | *Non mi va di uscire. Ho anche mal di testa.* I don't feel like going out. I've also got a headache.

2 Quando ha valore rafforzativo, si può tradurre con **even**, ma spesso non si traduce affatto:

Potrebbe anche avere ragione. He may even be right. | *Potevi anche telefonare!* You could have called me!

3 Nel senso di *addirittura* si traduce **even**:

L'avrebbe capito anche un bambino! Even a child would have got it!

Nota che *anche troppo* si traduce **much too**:

Sei stata anche troppo gentile! You've been much too kind!

4 Seguito dal gerundio, con valore concessivo, si traduce con **even if** seguito dal soggetto e dal verbo al passato:

Anche volendo, non potrei venire. Even if I wanted to, I couldn't come.

5 *anche se* seguito dal congiuntivo imperfetto (= ipotesi) si traduce **even if**, mentre seguito dall'indicativo (= constatazione) si traduce **even though**:

Anche se telefonassi, a quest'ora non lo troverei. Even if I phoned, I wouldn't get him at this time. | *Sono uscito, anche se non ne avevo voglia.* I went out, even though I didn't feel like it.

aneddoto *s* anecdote

anello *s* **1** (gioiello) ring: *un anello d'oro* a gold ring | *un anello con un rubino* a ruby ring | **anello di fidanzamento** engagement ring **2** (di catena) ring **3 ad anello** circular: *un tracciato ad anello* a circular layout

anemico, -a *agg* anaemic

anestesia *s* anaesthetic: *È ancora sotto anestesia.* He's still under the anaesthetic. | *Il dentista mi ha fatto l'anestesia.* The dentist **gave me** an anaesthetic.

anestesista *s* anaesthetist

anfibio *sostantivo* e *sostantivo plurale*
- *s* amphibian
- **anfibi** *s pl* (scarponi) army boots

anfiteatro *s* ampitheatre

angelo *s* angel | **angelo custode** guardian angel

andare *verbo*

1 Si traduce generalmente con **to go**, in particolare, nei seguenti casi:

QUANDO ESPRIME MOVIMENTO

Quest'estate vado in vacanza a Londra. This summer I'm going to London on holiday. | *Ieri sono andato a letto tardi.* I went to bed late last night. | *Vado in piscina due volte a settimana.* I go to the pool twice a week. | *È tardi, devo proprio andare.* It's late, I really must go. | **andarsene** to go off, to leave: *Se n'è andato senza salutare.* He left without saying goodbye. | **andare a fare qc** to go to do sth: *Vado a studiare a casa di Emilio.* I'm going to study at Emilio's.

Nota che quando il mezzo di locomozione è chiaramente espresso, in inglese si tende ad usare un verbo specifico:

Vado a scuola a piedi. I walk to school. | *Per andare a Roma in macchina ci vogliono tre ore.* It takes three hours to drive to Rome.

NEL SENSO DI DOVER ESSERE MESSO

La bottiglia d'acqua va in frigo. The bottle of water goes in the fridge.

RIFERITO ALL'ANDAMENTO DI QUALCOSA

Come è andato l'esame? How did the exam go? | *Le cose gli stanno andando bene.* Things are going well for him. | **Come va?** How are you?

2 ECCEZIONI

andare a qn nel senso di fargli piacere, si traduce **to fancy sth/doing sth** o **to feel like sth/doing sth** con la persona come soggetto:

Ti va di accompagnarmi a fare spese? Do you fancy coming shopping with me? | *Per cena mi andrebbe una pizza.* I fancy pizza for dinner. | *Non mi va di uscire con questo tempo.* I don't feel like going out in this weather.

andare (bene) a qn riferito ad abiti o scarpe si traduce **to fit**:

I pantaloni dell'anno scorso non mi vanno più. Last year's trousers don't fit me any more. | *Prova questa giacca per vedere se ti va bene.* Try on this jacket to see if it fits you.

Seguito da un participio passato, nel senso di dover essere, si traduce **must be**:

Il tema va consegnato entro domani. The essay must be handed in by tomorrow. | *La porta va sempre chiusa a chiave.* The door must always be locked.

anglicano, -a *agg* Anglican

anglosassone *agg* (paesi, popolazioni) English-speaking ▶ Il termine **Anglo-Saxon** è usato per lo più in contesti storici, con riferimento al periodo compreso tra il V e il XII secolo d.C.

angolo *s* **1** (in geometria) angle | **angolo acuto/ottuso/retto** acute/obtuse/right angle **2** (spigolo) corner: *Ho battuto il ginocchio contro l'angolo del tavolo.* I banged my knee against the corner of the table. **3** (di stanza, strada) corner: *dietro l'angolo* around the corner | *Il letto è in un angolo della stanza.* The bed is in a corner of the room. | **fare angolo con** to turn into: *È la strada che fa angolo con via Garibaldi.* It's the street which turns into via Garibaldi. **4** (posto nascosto) corner: *Se ne stava da solo in un angolo.* He was there, on his own, in a corner. | *L'ho cercato in ogni angolo.* I looked for it everywhere. | *Cerchiamo un angolo tranquillo, per parlare un po'.* Let's look for a quiet spot to have a chat. ▶ vedi anche **calcio**

angosciare *v* to upset: *Mi angoscia il pensiero di cambiare scuola.* The thought of changing school upsets me.
angosciarsi *v rifl* **angosciarsi per qn/qc** to get upset about sb/sth: *Non ti devi angosciare così per gli esami.* You mustn't get so upset about the exams.

angosciato, -a *agg* upset

anguilla *s* eel

anguria *s* watermelon: *una fetta d'anguria* a slice of watermelon

anidride *s* **anidride carbonica** carbon dioxide

anima *s* **1** (in religione) soul | **all'anima!** good heavens! **2** **non c'è un'anima/non c'è anima viva** there's nobody: *Con questo caldo, in città non c'è un'anima in giro.* It's so hot in the city that there's nobody about. | **anima gemella** soulmate

animale *sostantivo e aggettivo*
- *s* animal | **animali domestici** pets
- *agg* animal: *prodotti animali* animal products

animalista *sostantivo e aggettivo*
- *s* animal rights supporter
- *agg* si usa **animal rights** in funzione di aggettivo: *associazione animalista* animal rights association

animare *v* to liven up: *Cosa si può fare per animare un po' la festa?* What can we dò to liven up the party a bit?
animarsi *v rifl* to liven up: *È a quest'ora che le strade cominciano ad animarsi.* This is when the streets begin to liven up.

animato *agg* lively: *una discussione molto animata* a very lively discussion ▶ vedi anche **cartone**

animatore, -trice *s* **1** (di festa) entertainer **2** (di villaggio turistico) entertainments organizer

animo *s* **1** nature: *Non sapevo avessi un animo così sensibile.* I didn't know you had such a sensitive nature. | **mettersi l'animo in pace** to give up: *Mettiti l'animo in pace: tanto non ti lasciano andare.* I might as well give up because they won't let you go on anyway. **2** **perdersi d'animo** to lose heart: *Non perderti d'animo, vedrai che ce la fai!* Don't lose heart, you'll do it, you'll see! ▶ vedi anche **stato**

annaffiare *v* to water

annaffiatoio *s* watering can

annata *s* year: *una buona annata per il vino* a good year for wine

annebbiarsi *v rifl* to become blurred: *Mi si è annebbiata la vista all'improvviso.* My vision suddenly became blurred.

annegare *v* to drown

annerire *v* to darken
annerirsi *v rifl* to go black: *Il mio bracciale d'argento si è tutto annerito.* My silver bracelet has gone completely black.

annientare *v* to destroy

anniversario *s* anniversary (pl anniversaries): *anniversario di matrimonio* wedding anniversary

anno *s* **1** (di età) ▶ vedi riquadro **2** (di calendario) year: *un anno fa* a year ago | *due volte all'anno* twice a year | *entro la fine dell'anno* before the end of the year | *Fra due anni comincio il liceo.* I'll be starting high school in two years' time. | **gli anni Sessanta/Ottanta** the Sixties/Eighties | **Buon anno!** Happy New Year!: *Ti auguro Buon anno!* I wish you **a** Happy New Year! | **l'anno prossimo/scorso** next/last year | **anno accademico** academic year | **anno bisestile** leap year | **anno luce** light year **3** (di scuola) year: *Sono all'ultimo anno delle medie.* I'm in the last year of middle school.

L'età

Per chiedere a qualcuno quanti anni ha, si dice **How old are you?** Per dire la propria età o l'età di qualcuno non si usa il verbo avere, come in italiano, ma il verbo **to be** seguito dal numero degli anni e, opzionale, **years old**:
– Quanti anni hai? – Ho quindici anni. "How old are you?" "I'm fifteen." | *Mia sorella ha tredici anni.* My sister's thirteen years old. | *Ho imparato a sciare quando avevo sei anni.* I learned to ski when I was six. | *Mio fratello ha due anni più di me.* My brother's two years older than me.

Osserva anche come la costruzione in inglese sia diversa dall'italiano nei seguenti esempi:

Quando compi gli anni? When's your birthday? | *Dimostri più di sedici anni.* You look older than sixteen. | *una ragazza di quattordici anni* a fourteen-year-old girl

annodare *v* to tie | **annodarsi la cravatta** to knot your tie
annodarsi *v rifl* to get tangled

annoiare *v* to bore: *Ti sto annoiando?* Am I boring you?
annoiarsi *v rifl* to get bored: *Alla festa mi sono proprio annoiato.* I got really bored at the party. | *Con lui non ci si annoia di sicuro.* You certainly don't get bored with him around. ▶ vedi nota FALSE FRIEND sotto **annoy**

annoiato, -a *agg* bored: *un'espressione annoiata* a bored expression

annotare *v* to make a note of: *Mi sono annotato il tuo numero di telefono.* I've made a note of your telephone number.

annotazione *s* note

annuale *agg* **1** (abbonamento, contratto) annual: *Per la piscina ti conviene fare la tessera annuale.* It's better to take out an annual membership at the swimming pool. | *Il corso di informatica ha una durata annuale.* The computer course lasts for a year. **2** (festività, ricorrenza) annual: *l'apertura annuale di Buckingham Palace al pubblico* the annual opening of Buckingham Palace to the public

annuire *v* (fare cenno di sì) to nod: *Ascoltava, annuendo di tanto in tanto.* He listened, nodding from time to time.

annullare *v* **1** (appuntamento, prenotazione) to cancel: *Il volo delle 13.40 per Roma è stato annullato.* The 13.40 flight to Rome has been cancelled. **2** (gol) to disallow: *L'arbitro ha annullato il gol di Vieri per fuorigioco.* The referee disallowed Vieri's goal because he was offside.

annunciare *v* to announce: *Il gruppo ha annunciato l'uscita di un nuovo CD.* The group has announced that a new CD is coming out.

annuncio *s* **1** (comunicazione) announcement ▶ **announcement** si riferisce solo a un annuncio ufficiale; negli altri contesti si usa **news**: *l'annuncio delle nozze* the announcement of the wedding | *L'annuncio della sua morte mi ha scioccata.* The news of his death shocked me. **2** (inserzione) advert: *Ho messo un annuncio sul giornale per vendere la mia collezione di fumetti.* I put an advert in the newspaper to sell my comic book collection. | **annuncio economico** classified ad | **annuncio pubblicitario** advertisement

annuo, -a *agg* annual

annusare *v* to sniff

ano *s* anus (pl anuses)

anonimo, -a *agg* anonymous: *una lettera anonima* an anonymous letter

anoressico, -a *agg e s* anorexic

anormale *agg* unusual: *Non c'è niente di anormale nel suo comportamento.* There's nothing **unusual about** his behaviour. | *Fa un caldo anormale per essere solo maggio.* It's unusually hot, given that it's only May.

ansia *s* anxiety | **aspettare con ansia** to long for: *Aspettavo con ansia la loro telefonata.* I was longing for them to ring. | **stare in ansia (per qn)** to worry (about sb): *Sono stata in ansia per te.* I was **worried about** you. | *Telefona, non farmi stare in ansia.* Phone me so that I don't worry.

ansimare *v* to pant

ansioso, -a *agg* **1** anxious **2 essere ansioso di fare qc** to be eager to do sth: *Sono ansiosa di partire.* I'm eager to get going.

Antartico *s* **l'Antartico** the Antarctic

antartico, -a *agg* Antarctic ▶ vedi anche **circolo**

antenato, -a *s* ancestor

antenna *s* **1** (di radio, tv) aerial (BrE), antenna (pl antennas) (AmE) | **antenna parabolica** satellite dish **2** (di animale) antenna (pl antennae)

anteprima *s* preview | **anteprima di stampa** (al computer) print preview

anteriore *agg* **1** (davanti) front: *la ruota anteriore della bicicletta* the front wheel of the bike **2** (precedente) si usa la preposizione **before**: *Questi eventi sono anteriori alla seconda guerra mondiale.* These events took place before the Second World War.

antibiotico *s* antibiotic

A

antichità *sostantivo* e *sostantivo plurale*
- *s* (tempo antico) antiquity
- *s pl* (oggetti antichi) antiques: *Quel negozio vende antichità.* That shop sells antiques.

anticipare *v* **1** (data, evento) to bring forward: *Abbiamo anticipato la partenza di qualche giorno.* We brought the departure forward by a few days. | *La gara è stata anticipata al 10 giugno.* The competition has been brought forward to June 10th. **2** (pagare) quando si anticipa una somma a titolo di prestito si usa **to advance**; quando si paga un anticipo come cauzione per un acquisto si usa **to pay a deposit of**: *Mi potresti anticipare 50 euro?* Could you advance me 50 euros? | *Abbiamo anticipato 100 euro sul costo del computer.* We **paid** a deposit **of 100 euros** on the computer. **3** (notizia) to reveal: *Non possono anticipare niente sull'esito del mio esame.* They can't reveal any details about my exam result.

anticipo *s* **1 in anticipo a)** (arrivare, iniziare) early: *Il treno è arrivato un po' in anticipo.* The train arrived a bit early. | *Sei in anticipo di mezz'ora.* You're half an hour early. **b)** (prenotare, pagare) in advance: *Ti conviene prenotare i biglietti in anticipo.* You should book the tickets in advance. **2** (su stipendio) advance: *Ho chiesto un anticipo sullo stipendio.* I asked for an advance on my salary. **3** (su acquisto) deposit: *Ho lasciato un anticipo per il motorino.* I left a deposit for the moped.

antico, -a *agg* **1** (epoca, popolo) ancient: *gli antichi romani* the ancient Romans **2** (mobile, orologio) antique

anticoncezionale *agg* e *s* contraceptive

anticonformista *agg* unconventional

anticorpo *s* antibody (pl antibodies)

antidoping *agg* **test antidoping** drugs test

antidoto *s* antidote: *l'antidoto contro un veleno* the antidote to a poison

antidroga *agg* **una campagna antidroga** an anti-drugs campaign

antifurto *s* alarm

antincendio *agg* **misure antincendio** fire prevention measures ▶ vedi anche **allarme, scala**

antiorario ▶ vedi **senso**

antipasto *s* starter: *Cosa prendi come antipasto?* What are you having as a starter? ▶ vedi anche **primo**

antipatico, -a *agg* awful: *Ha un modo di fare così antipatico!* His behaviour is so awful! | **essere antipatico a qn**: *Tua sorella mi è antipatica.* I don't like your sister. ▶ nota però che la costruzione in inglese è diversa dall'italiano e che la persona che trova antipatico qn diventa il soggetto.

antiquariato *s* antique: *negozio di antiquariato* antique shop | *mobili di antiquariato* antique furniture

antiquato, -a *agg* old-fashioned

antitetanica *s* anti-tetanus injection

antologia *s* anthology (pl anthologies)

anulare *s* third finger: *Porta un anello all'anulare destro.* She wears a ring on the third finger of her right hand.

anzi *cong* **1** (al contrario) on the contrary: *Non mi sono annoiato, anzi.* I wasn't bored, on the contrary. | *– Sei stanco? – No, anzi.* "Are you tired?" "Not at all." **2** (o meglio) on second thoughts: *Comprane un chilo, anzi due.* Buy a kilo. On second thoughts, buy two.

anzianità *s* seniority

anziano, -a *aggettivo* e *sostantivo*
- *agg* elderly: *una donna anziana* an elderly woman | **il più anziano dei tre fratelli** the eldest of the three brothers
- *s* **anziano** elderly man (pl men) | **anziana** elderly woman (pl women) | **gli anziani** elderly people

anziché *cong* instead of ▶ Quando si esprime una preferenza, si usa **rather than**: *Anziché tornare a casa, se n'è andato al cinema.* Instead of going home, he went to the cinema. | *Preferisco viaggiare in treno anziché in macchina.* **I prefer** travelling by train **rather than** by car.

anzitutto *avv* first and foremost

apatico, -a *agg* apathetic

ape *s* bee: *Mi ha punto un'ape.* I've been stung by a bee. | **ape regina** queen bee ▶ vedi nota FALSE FRIEND sotto **ape**

aperitivo *s* aperitif

aperto, -a *aggettivo* e *sostantivo*
- *agg* ▶ vedi riquadro
- **aperto** *s* **all'aperto** in the open air: *Abbiamo dovuto dormire all'aperto.* We had to sleep in the open air. | *uno spettacolo all'aperto* an open-air show

open

closed

apertura *s* **1** (di pacco, locale) opening ▶ vedi anche **orario** **2** (fessura) opening: *un'apertura tra le rocce* an opening in the rocks **3 apertura alare** wingspan

apostolo *s* apostle

apostrofo *s* apostrophe

appannare *v* to mist up
appannarsi *v rifl* **1** (vetro) to mist up: *Mi si sono appannati gli occhiali.* My glasses

A

aperto -a *aggettivo*

1 Si traduce **open** nella maggior parte dei contesti:
Hai lasciato le finestre aperte. You've left the windows open. | *Il bar è aperto fino mezzanotte.* The bar is open until midnight. | *L'inchiesta è ancora aperta.* The case is still open. | *La casa si trova in aperta campagna.* The house is in the open countryside.

2 Eccezioni:
RIFERITO A RUBINETTO (= on)
Non lasciare il rubinetto aperto. Don't leave the tap on.
RIFERITO A CERNIERA (= undone)
Hai la cerniera aperta. Your zip is undone.
RIFERITO A UNA PERSONA (= broadminded)
I miei sono molto aperti. My parents are very broadminded.

have misted up. **2** (vista) to become blurred: *Mi si è appannata la vista.* My vision became blurred.

apparato *s* **1** (in anatomia) system: *l'apparato digerente* the digestive system **2** (attrezzatura) machinery

apparecchiare *v* to lay the table: *Mi aiuti ad apparecchiare?* Will you help me to lay the table?

apparecchiatura *s* equipment [mai plurale]

apparecchio *s* **1** (dispositivo) device | **apparecchio telefonico** phone | **apparecchio fotografico** camera **2** (per i denti) brace: *Devo mettere l'apparecchio.* I have to wear a brace.

apparente *agg* apparent: *Si è arrabbiato senza una ragione apparente.* He got angry for no apparent reason.

apparenza *s* appearance: *Non è giusto giudicare solo dall'apparenza.* It's wrong to judge people solely by their appearance. | *L'apparenza inganna.* Appearances can be deceptive. | **in apparenza** on the surface: *È piuttosto tranquillo, almeno in apparenza.* He's quite calm, at least on the surface.

apparire *v* **1** (comparire) to appear: *La notizia è apparsa su tutti i giornali.* The news appeared in all the newspapers. **2** (sembrare) to seem: *È apparso molto turbato dalla telefonata.* He seemed very disturbed by the phone call.

apparizione *s* **1** (comparsa) appearance **2** (fantasma) ghost

appartamento *s* flat (BrE), apartment (AmE): *Abitiamo nell'appartamento all'ultimo piano.* We live in the flat on the top floor.

appartato, -a *agg* (casa, vita) isolated | **starsene appartato** to be on your own: *Preferisce starsene appartato a giocare col computer.* He prefers to be on his own playing on the computer.

appartenenza *s* invece del sostantivo si usa il verbo **to belong**: *Ha negato la sua appartenenza al gruppo di tifosi del Milan.* He denied **belonging** to the group of Milan supporters.

appartenere *v* **appartenere a qn** to belong to sb: *Il computer appartiene alla scuola.* The computer belongs to the school.

appassionante *agg* fascinating

appassionato, -a *sostantivo e aggettivo*
- *s* fan: *un film per gli appassionati dell'horror* a film for horror fans
- *agg* **essere appassionato di qc** to be mad about sth: *È appassionato di rugby.* He's mad about rugby.

appello *s* **1** (in classe) registration: *Due studenti mancavano all'appello.* Two students were absent at registration. | **fare l'appello** to take the register **2** (richiesta) appeal: *La famiglia ha fatto un appello ai rapitori.* The family made an appeal to the kidnappers.

appena *avverbio e congiunzione*
- *avv* **1** (da poco) just: *Sono appena arrivato.* I've just arrived. **2** (soltanto) only: *Sono appena le quattro.* It's only four o'clock. **3** (a stento) barely: *Ci vede appena.* He can barely see. | *Siamo arrivati appena in tempo.* We arrived just in time.
- *cong* as soon as: *Ti farò sapere appena so qualcosa.* I'll let you know as soon as I hear something.

appendere *v* to hang: *Dove posso appendere la giacca?* Where can I hang my jacket?

appendice *s* **1** (di libro) appendix (pl appendices) **2** (in anatomia) appendix (pl appendixes)

appendicite *s* appendicitis: *un attacco di appendicite* an attack of appendicitis | *Sono stato operato di appendicite.* I've had my appendix out.

Appennini *s pl* **gli Appennini** the Apennines

appetito *s* appetite: *La passeggiata in montagna mi ha messo appetito.* The walk in the mountains has given me an appetite. | **avere appetito** to be hungry: *Adesso*

 Vuoi una lista di frasi utili per parlare di te stesso? Consulta la **guida alla comunicazione** in fondo al libro.

non ho molto appetito. I'm not very hungry right now. | *Ho un certo appetito.* I'm quite hungry.

> Nei paesi anglosassoni non si usa augurare buon appetito quando ci si mette a tavola. Nei ristoranti, però, i camerieri usano spesso la formula **enjoy your meal!** quando servono i clienti.

appiattire *v* to flatten
appiattirsi *v rifl* **1** (materasso, cappello) to become flat **2** (persona, animale) to flatten yourself

appiccicare *v* to stick: *Ha appiccicato la gomma da masticare sotto il banco.* He **stuck** the chewing gum **under** the desk.
appiccicarsi *v rifl* **appiccicarsi a qc** to stick to sth

appiccicoso, -a *agg* **1** (dita, liquido) sticky **2** (persona) clingy

appiglio *s* support: *Usa la ringhiera come appiglio!* Use the rail for support!

appioppare *v* **appioppare qc a qn** to give sb sth: *Gli ho appioppato uno schiaffo.* I gave him a slap. | *I suoi compagni gli hanno appioppato proprio un bel soprannome!* His friends have given him a really good nickname!

appisolarsi *v rifl* to fall asleep: *In macchina mi sono appisolato.* I fell asleep in the car.

applaudire *v* to applaud: *Il pubblico si è alzato in piedi per applaudire gli attori.* The audience rose to their feet to applaud the actors.

applauso *s* *un applauso* si traduce **a round of applause** e *applausi* si traduce **applause**: *Facciamogli un applauso!* Let's give him a round of applause! | *gli applausi del pubblico in teatro* the applause of the audience in the theatre

applicare *v* **1** (pomata) to apply: *Applicare uniformemente la crema sul viso e sul collo.* Apply the cream evenly to face and neck. **2** (etichetta, francobollo) to stick: *Applicare la prova di acquisto nello spazio indicato.* Stick proof of purchase in the space indicated. **3** (regolamento, tariffa) to apply: *Dal 15 giugno verranno applicate le nuove tariffe.* The new tariffs will apply from June 15th.
applicarsi *v rifl* to work hard: *È capace, ma non si applica.* He's clever, but he doesn't work hard.

applicazione *s* (di impacco, crema) application

appoggiare *v* **1** (posare) to put: *Appoggia le borse per terra.* Put the bags on the floor. **2** (accostare) to lean: *Non appoggiare la scala alla parete.* Don't **lean** the ladder **against** the wall. **3** (progetto, proposta) to support: *Nessuno in classe ha appoggiato la sua proposta.* Nobody in the class supported her suggestion.
appoggiarsi *v rifl* to lean: *Non appoggiarti alla ringhiera.* Don't **lean on** the railing.

appoggio *s* **1** (aiuto) support: *Abbiamo ottenuto l'appoggio degli insegnanti.* We got the support of the teachers. **2** (di peso) support

apportare *v* **apportare delle modifiche a qc** to make changes to sth: *Se vuoi apportare delle modifiche al progetto, fai pure!* If you want to make any changes to the plan, then go ahead!

apporto *s* contribution: *Il tuo apporto alla ricerca è stato essenziale.* Your contribution to the project has been vital.

apposito, -a *agg* appropriate: *Gettare le bottiglie di vetro nell'apposito contenitore.* Place glass bottles in the appropriate container.

apposta *avv* on purpose: *Scusa, non l'ho fatto apposta.* Sorry, I didn't do it on purpose. | **neanche a farlo apposta** as luck would have it: *Neanche a farlo apposta, siamo arrivati nello stesso momento.* As luck would have it, we arrived at the same time. | **apposta per** (in order) to: *Sono venuto apposta per dirtelo di persona.* I came to tell you in person.

apprendere *v* **1** (imparare) to learn: *È un alunno che apprende con facilità.* He is a pupil who learns things easily. **2** (venire a sapere) to hear: *Abbiamo appreso la notizia dell'incidente dalla tv.* We heard the news about the accident on the TV.

apprendimento *s* learning: *l'apprendimento di una lingua straniera* learning a foreign language | *difficoltà di apprendimento* learning difficulties

apprendista *s* apprentice

apprensivo, -a *agg* anxious

apprezzare *v* to appreciate: *Ho apprezzato molto il tuo aiuto.* I really appreciated your help.

approfittare *v* **approfittare di qc** to take advantage of sth: *Ha approfittato dell'assenza dei genitori per invitare tutti gli amici a casa.* He took advantage of his parents' being away to invite all his friends round. | *Se ne approfittano perché non sai dire di no.* They take advantage of the fact that you just can't say no! | **approfittare della fiducia/della pazienza di qn** to take advantage of sb's trust/patience

approfondire *v* **1** (materia) to study in depth | **approfondire un argomento** to go into a subject in more depth **2** **approfondire le proprie conoscenze di inglese/informatica** to increase your knowledge of English/IT

approfondito, -a *agg* (ricerca, analisi) detailed | **avere una conoscenza approfondita dell'inglese** to know English very well

appropriarsi *v rifl* **appropriarsi di qc** to take sth: *Si è appropriato dei miei dischi.* He took my records.

appropriato, -a *agg* suitable: *Ti pare un vestito appropriato all'occasione?* Do you think it's a **suitable** dress **for** the occasion?

approssimativo, -a *agg* **1** (calcolo, cifra) approximate **2** (giudizio, conoscenza) superficial

approvare *v* **1** (decisione, legge) to approve **2** **approvare qc** (fidanzamento, amicizie) to approve of sth

approvazione *s* **1** (consenso) approval: *Abbiamo la sua approvazione.* We've got his complete approval. **2** (autorizzazione) approval

appuntamento *s* **1** (tra amici) date: *Perché non è venuto all'appuntamento?* Why didn't he show up for the date? | *Ho un appuntamento con un'amica.* I'm meeting a friend. | **darsi appuntamento** to arrange to meet: *Ci siamo dati appuntamento davanti al cinema.* We arranged to meet in front of the cinema. **2** (dal medico, parrucchiere) appointment: *Ho un appuntamento dal dentista alle dieci.* I've got a dentist's appointment at 10 o'clock. | **prendere appuntamento** to make an appointment: *Ho preso appuntamento dal parrucchiere per giovedì alle undici.* I've made an **appointment at** the hairdresser's for Thursday at 11 o'clock.

appuntito, -a *agg* (ago, becco) pointed, (matita) sharp

appunto *avverbio, sostantivo* e *sostantivo plurale*

• *avv* **1** (proprio) just: *Cercavo appunto te.* You're just the person I was looking for. | *Stavamo appunto parlando di voi.* We were just talking about you. | *Appunto perché te l'aveva chiesto dovevi controllare.* You should have checked precisely because she asked you to. | **per l'appunto** in fact: *Volevo per l'appunto parlartene.* In fact I wanted to talk to you about it. **2** (nelle risposte) exactly: – *Non aveva detto che sarebbe arrivata domenica?* – *Appunto!* "Didn't she say she'd be here on Sunday?" "Exactly!"

• *s* **fare un appunto a qn** to criticize sb: *Mi ha fatto un appunto perché sono arrivata in ritardo.* She criticized me for arriving late.

• **appunti** *s pl* notes: *prendere appunti* to take notes

apribottiglie *s* bottle opener

aprile *s* April ▶ vedi anche **pesce** ▶ vedi Active Box **mesi** sotto **mese**

aprire *v* ▶ vedi riquadro

apriscatole *s* can opener

aprire *verbo*

1 La traduzione **to open** vale per la maggior parte dei contesti, sia per *aprire* che per *aprirsi*:

Vai tu ad aprire? Can you open the door? | *A che ora aprono i negozi?* What time do the shops open? | *Tu apri i regali di Natale la sera del 24 o il 25?* Do you open your Christmas presents on the evening of the 24th or on the 25th? | *Ho aperto un conto in banca.* I opened a bank account. | *Ora aprite le braccia e inspirate lentamente.* Now open your arms and breathe in slowly. | *Hanno aperto un nuovo cinema.* They've opened a new cinema. | *La porta si apre verso l'interno.* The door opens inwards.

2 Eccezioni:

RIFERITO A RUBINETTO (= to turn on)

Apri il rubinetto dell'acqua calda. Turn the hot water tap on. | *Il rubinetto si apre girando in senso orario.* You turn the tap on by turning it clockwise.

NEL SENSO DI COMINCIARE (= to begin)

Le iscrizionisi aprono a novembre. Enrolment begins in November. | *Non voglio aprire una discussione su questo argomento.* I don't want to start an argument about this issue.

aquila *s* eagle

aquilone *s* kite | **far volare un aquilone** to fly a kite

Arabia Saudita *s* **l'Arabia Saudita** Saudi Arabia

arabo, -a *aggettivo, sostantivo* e *sostantivo*

• *agg* **1** (paese, popolazione) Arab **2** (letteratura, numeri) Arabic

• *s* (persona) Arab

• **arabo** *s* (lingua) Arabic | **parlare arabo** (essere incomprensibile) to talk double Dutch: *Quando mi spiega come usare il computer, per me parla arabo.* When she shows me how to use the computer, she's talking double Dutch.

arachide *s* peanut

aragosta *s* lobster

arancia *s* orange

aranciata *s* orangeade

arancio *s* orange tree

arancione *agg* e *s* orange ▶ vedi Active Box **colori** sotto **colore**

arare *v* (terra) to plough

aratro *s* plough

arazzo *s* tapestry (pl tapestries)

arbitrario, -a *agg* arbitrary

arbitro *s* per la maggior parte degli sport, si usa **referee**; per il tennis e il cricket si usa **umpire**

arbusto *s* shrub

arca *s* **l'arca di Noè** Noah's ark

archeologia *s* archaeology

Vuoi sapere di più sui **verbi modali**? C'è una spiegazione nella **guida grammaticale**.

A

archeologo, -a *s* archaeologist
architetto *s* architect
architettura *s* architecture: *l'architettura gotica* gothic architecture
archiviare *v* **1** (pratica, indagini) to close: *Il caso è stato archiviato.* The case has been closed. **2** (fatto, questione) to forget: *Propongo di archiviare la faccenda.* I think we should forget about the matter.
archivio *s* archive: *un archivio fotografico* a photographic archive
arcipelago *s* archipelago
arcivescovo *s* archbishop
arco *s* **1** (arma) bow | **tirare con l'arco** (come sport) to do archery **2** (in architettura) arch (pl arches) **3** (in geometria) arc **4** **nell'arco di un anno/di pochi giorni** in the space of a year/of a few days **5** (di violino) bow | **gli archi** (strumenti) the strings
arcobaleno *s* rainbow
area *s* **1** area: *Quest'area del ristorante è riservata ai fumatori.* This area of the restaurant is for smokers. | *area coltivata* cultivated land | **area di servizio** services [sempre plurale] **2** (in geometria) area **3** **area di rigore** penalty area
argentato, -a *agg* **1** (di colore) silver **2** (placcato) silver-plated
Argentina *s* **l'Argentina** Argentina
argentino, -a *agg* e *s* Argentinian
argento *s* silver: *un bracciale d'argento* a silver bracelet ▸ vedi anche **nozze**
argilla *s* clay: *un vaso d'argilla* a clay vase | **lavorare l'argilla** to work the clay
argine *s* bank
argomento *s* **1** (soggetto) subject: *Se non ti dispiace, preferirei cambiare argomento.* If you don't mind, I would rather change the subject. **2** (motivo) argument: *un argomento convincente* a convincing argument | **essere a corto di argomenti** to be short of things to say ▸ vedi nota FALSE FRIEND sotto **argument**
aria *s* **1** (da respirare) air: *Usciamo a prendere un po' d'aria?* Shall we go outside to get some air? | *Qui dentro non si respira, manca l'aria!* It's impossible to breathe in here, there's no air! | **all'aria aperta** in the open air | **aria condizionata** air conditioning **2** **lanciare qc in aria** to throw sth in the air: *Lancia la palla in aria!* Throw the ball in the air! **3** **buttare qc per aria** (oggetti, stanza) to turn sth upside down: *Ho buttato tutto per aria per cercare le chiavi.* I turned everything upside down looking for the keys. **4** (vento) *Oggi non c'è un filo d'aria.* There isn't a breath of air today. | *Copriti bene: tira un'aria gelida!* Cover yourself up: it's freezing! **5** **avere l'aria stanca/simpatica** to look tired/nice | **avere l'aria di essere sincero/di annoiarsi** to look honest/bored | **darsi delle arie** to look down your nose at everybody: *Ma chi si crede di essere, che si dà tante arie!* Who does she think she is, looking down her nose at everybody! **6** (di auto, moto) choke
arido, -a *agg* arid
arieggiare *v* **arieggiare una stanza/dei vestiti** to air a room/some clothes
Ariete *s* Aries: *Sono dell'Ariete.* I'm an Aries.
ariete *s* ram
aristocratico, -a *aggettivo* e *sostantivo*
• *agg* aristocratic
• *s* aristocrat
aristocrazia *s* aristocracy
aritmetica *s* arithmetic
arma *s* **1** (oggetto) weapon: *L'arma del delitto era un coltello da cucina.* The weapon used in the crime was a kitchen knife. | *un trafficante d'armi* an arms dealer | **arma da fuoco** firearm | **essere alle prime armi** to be a novice: *Col computer è ancora alle prime armi.* He's still a **novice at** using the computer. **2** (mezzo) weapon | **arma a doppio taglio** a double-edged sword
armadietto *s* **1** (in spogliatoio, a scuola) locker **2** **l'armadietto dei medicinali** the medicine cabinet
armadio *s* **1** (in cucina, sala) cupboard **2** (in camera da letto) wardrobe | **armadio a muro** a built-in cupboard
armato, -a *agg* armed: *I rapinatori erano armati.* The robbers were armed. | *Se ne andava in giro armato di pistola.* He went around **armed with** a pistol. ▸ vedi **carro, cemento**
armatura *s* armour
armistizio *s* armistice
armonia *s* harmony
armonica *s* harmonica | **armonica a bocca** mouth organ
arnese *s* **1** (da lavoro) tool, (da cucina) utensil **2** (cosa strana) thing: *A cosa serve quell'arnese?* What is that thing for?
aroma *sostantivo* e *sostantivo plurale*
• *s* (profumo) nice smell
• **aromi** *s pl* (da cucina) herbs and spices
arpa *s* harp
arrabbiarsi *v rifl* to get angry: *Se te lo dico, mi prometti di non arrabbiarti?* If I tell you, will you promise not to get angry? | *Quando i miei lo verranno a sapere, si arrabbieranno da matti.* When my parents find out, they'll go mad. | **arrabbiarsi con qn** to get angry with sb: *Perché t'arrabbi tanto con me?* Why do you get so angry with me?
arrabbiato, -a *agg* angry
arrampicarsi *v rifl* **arrampicarsi su un albero/un muro** to climb up a tree/a wall

arrangiare *v* **1** **arrangiare le cose** to sort things out: *Dopo che abbiamo litigato, ho cercato di arrangiare le cose.* After we quarrelled, I tried to sort things out. **2** (musica) to arrange | **arrangiare un pezzo alla chitarra** to arrange a piece for the guitar

arrangiarsi *v rifl* **1** (cavarsela) to manage: *Cerca di arrangiarti da solo.* Try to manage by yourself. | *Adesso arrangiati!* Now you can sort it out yourself! **2** (accordarsi) – *Quanto ti devo?* – *Non ti preoccupare, ci arrangiamo dopo.* "How much do I owe you?" "Don't worry, we'll sort it out later."

arredamento *s* furniture [mai plurale]: *un arredamento moderno* modern furniture | **articoli d'arredamento** furnishings | **una rivista d'arredamento** a lifestyle magazine

arredare *v* **arredare un appartamento/la camera da letto** to furnish a flat/the bedroom

arrendersi *v rifl* **1** (al nemico) to surrender: *I rapinatori si sono arresi alla polizia.* The robbers **surrendered to** the police. **2** (cedere) to give in: *Non lo so: mi arrendo!* I don't know. I give in! | **arrendersi all'evidenza** to face the facts

arrestare *v* **1** (criminale) to arrest **2** (bloccare) to stop

arrestarsi *v rifl* to stop: *Il treno si è arrestato di colpo.* The train stopped suddenly.

arresto *s* **1** (di criminale) arrest: *Vi dichiaro in arresto!* You're under arrest! | **arresti domiciliari** house arrest: *È stato condannato agli arresti domiciliari.* He's been placed **under house arrest**. **2** **un arresto nella crescita/nello sviluppo** arrested growth/development | **arresto cardiaco** cardiac arrest

arretrato, -a *aggettivo e sostantivo plurale*

- *agg* **1** per riferirsi al lavoro, invece dell'aggettivo, si usa il sostantivo **backlog**: *Ho ancora del lavoro arretrato da fare.* I've still got **a backlog of** work to do. | *Mi è rimasto ancora del sonno arretrato da recuperare.* I've still got **a lot of** sleep to catch up on. | **i numeri arretrati di una rivista/di un quotidiano** the back numbers of a magazine/a newspaper | **essere in arretrato con qc** to be behind with sth: *Sono in arretrato con i pagamenti.* I'm behind with the payments. **2** (idee, mentalità) old-fashioned, (paese, regione) backward
- **arretrati** *s pl* (soldi) arrears: *Dobbiamo pagare gli arretrati dell'affitto.* We have to pay the rent arrears.

arricchire *v* **1** **arricchire qn** to make sb rich: *Quell'attività lo ha arricchito da un giorno all'altro.* That deal made him rich overnight. **2** **arricchire il proprio vocabolario/la propria conoscenza** to increase your vocabulary/your knowledge

arricchirsi *v rifl* (persona) to get rich: *Si è arricchito giocando in Borsa.* He got rich playing the stock market.

arricciare *v* **1** **farsi arricciare i capelli** to have your hair curled **2** **arricciare il naso** *Quando cucino io, arriccia il naso.* He turns his nose up at everything I cook.

arricciarsi *v rifl* (capelli) to go curly: *Con questa umidità mi si arricciano i capelli.* My hair goes curly when it's this damp.

arrivare *v* ▶ vedi riquadro

arrivederci! *inter* goodbye!

arrivo *s* **1** per riferirsi all'azione di arrivare, invece del sostantivo si usa di solito il verbo **to arrive**: *Abbiamo organizzato una festa per il tuo arrivo.* We've organized a party for **when you arrive**. | *L'intercity da Bologna è in arrivo al binario 3.* The next train **to arrive** at platform 3 is the Intercity from Bologna. | *L'arrivo dell'aereo è previsto alle 16.* The plane **is due to arrive** at 4 pm. ▶ vedi anche **linea** **2** **arrivi** (in stazione, aeroporto) arrivals: *il tabellone degli arrivi* the arrivals board | *Ci siamo dati appuntamento davanti agli arrivi internazionali.* We arranged to meet in the International Arrivals area.

arrogante *agg* arrogant

arrossarsi *v rifl* to go red: *A forza di stare al computer ti si sono arrossati gli occhi.* You've been at the computer so long that your eyes have gone red.

arrossire *v* to blush

arrosto *aggettivo e sostantivo*

- *agg* roast: *patate arrosto* roast potatoes
- *s* roast: *arrosto di tacchino* turkey roast

> La traduzione può essere **roast**, **roasted** o **baked** a seconda della ricetta: **roast** si usa soprattutto per la carne, cotta in forno o al tegame: **roast chicken** (pollo arrosto), **roast lamb** (agnello arrosto). **roasted** si usa invece soprattutto per le verdure: **roasted tomatoes** (pomodori al forno). **baked** si usa per il pesce e la frutta **baked salmon** (salmone arrosto), **baked apples** (mele al forno); per le patate si dice **baked potatoes** se cotte al forno con la buccia e **roast potatoes** se invece sono state sbucciate e fatte arrosto.

arrotolare *v* to roll up: *Arrotola il sacco a pelo per farlo stare nello zaino.* Roll up your sleeping bag so that it fits in your rucksack.

arrotondare *v* **1** (per difetto) to round down: *Se arrotondi, dieci diviso tre fa tre virgola tre.* If you round it down, ten divided by three equals three point three.

A

arrivare *verbo*

1 Nel senso di *giungere* si traduce generalmente **to arrive**:
Siamo appena arrivati. We've just arrived. | *Il treno è arrivato in orario.* The train arrived on time. | *Siete arrivati giusto in tempo per la torta.* You've arrived just in time for the cake. | *A che ora sei arrivato?* What time did you arrive?

2 Nota che si può anche usare **to get** che è più colloquiale:
Sono appena arrivato. I just got here. | *Cerca di arrivare a casa presto.* Try to get home early. | *Quando arrivi al semaforo, gira a destra.* When you get to the traffic lights, turn right.

3 *Arrivare primo, secondo, ecc.* in una gara o un concorso, si traduce **to be/come first, second etc**:
Sono arrivato secondo nella gara. I came second in the competition.

4 Quando ci si riferisce a un momento particolare, una stagione o una ricorrenza si usa **to come**:
È arrivato il momento di fare un brindisi. The time has come to make a toast. | *Sta arrivando la primavera.* Spring is coming.

5 Nel senso di *raggiungere* si usa **to reach**:
Mi prendi quella scatola lassù? Io non ci arrivo. Can you get that box for me up there? I can't reach it. | *Dopo ore di discussione, finalmente siamo arrivati a un accordo.* After hours of argument, we finally reached an agreement.

6 *Arrivarci* nel senso di *capire* si traduce **to get it**:
Me l'ha già spiegato due volte, ma proprio non ci arrivo. He explained it to me twice, but I just don't get it.

2 (per eccesso) to round up: *Sarebbero 9.95 euro a testa, arrotondando dieci.* That'd be 9.95 euros a head, rounded up to ten. **3 arrotondare lo stipendio** to supplement your income

arrugginirsi *v rifl* (ferro, cancello) to go rusty

arrugginito *agg* (chiodo, ferro) rusty

arruolare *v* to enlist
arruolarsi *v rifl* to enlist

arsenale *s* arsenal

arsenico *s* arsenic

arte *s* **1** art: *l'arte moderna* modern art | *l'arte italiana del Cinquecento* sixteenth-century Italian art | *l'arte culinaria* the art of cooking | **a regola d'arte** perfectly **2 arti marziali** martial arts ▸ vedi anche **opera**

arteria *s* **1** (in anatomia) artery (plurale arteries) **2** (strada) major road: *un'arteria cittadina* a major city road

Artico *s* **l'Artico** the Arctic

artico, -a *agg* Arctic ▸ vedi anche **circolo**

articolazione *s* joint: *dolori alle articolazioni* painful joints

articolo *s* **1** (di giornale) article: *Sul giornale di ieri c'era un articolo interessante.* There was an interesting article in yesterday's paper. | **articolo di fondo** editorial **2** (in grammatica) article | **articolo determinativo/indeterminativo** definite/indefinite article ▸ vedi Active box **articoli determinativi** **3** (merce) item: *articoli da regalo* gift items | *un negozio di articoli sportivi* a sports shop **4** (di legge, contratto) article: *gli articoli della Costituzione* the articles of the Constitution

artificiale *agg* artificial

artigianale *agg* handmade: *prodotti artigianali in legno* handmade wooden items

artigianato *s* crafts [sempre plurale]

artigiano, -a *s* **artigiano** craftsman | **artigiana** craftswoman

artiglio *s* (di gatto, tigre) claw, (di aquila, falco) talon

artista *s* (pittore, musicista) artist, (attore) actor, (donna) actress | **l'uscita degli artisti** (in teatro) the stage door

artistico, -a *agg* (opera, patrimonio) artistic: *il patrimonio artistico di un paese* the artistic heritage of a country ▸ vedi anche **liceo, pattinaggio**

ascella *s* armpit

ascensore *s* lift (BrE), elevator (AmE): *Siamo saliti in ascensore fino all'ultimo piano del grattacielo.* We took the lift up to the top floor of the skyscraper.

ascesso *s* abscess: *Ho un ascesso a un dente.* I've got an abscess on one of my teeth.

ascia *s* axe

asciugabiancheria *s* tumble dryer

asciugacapelli *s* hairdryer

asciugamano *s* towel

asciugare *v* to dry: *Ti aiuto ad asciugare i piatti.* I'll help you dry the dishes. | **asciugarsi le mani/i capelli** to dry your hands/your hair
asciugarsi *v rifl* **1** (persona) to dry yourself **2** (panni, smalto) to dry: *Questo smalto si asciuga in pochi minuti.* This nail polish dries in a few minutes. | *Si sono asciugati i panni?* Are the clothes dry?

asciutto, -a *agg* **1** (secco) dry **2** (magro) lean: *Ha un fisico asciutto.* He has a lean build.

ascoltare *v* **1** (radio, musica) to listen to: *Di solito ascolto la radio mentre faccio i compiti.* I usually **listen to** the radio while I'm

A

Active Box: articoli determinativi

In inglese c'è un solo articolo determinativo per il, plurale e il singolare di tutti i generi **the**:

il bambino	the child
la ragazza	the girl
i libri	the books
le finestre	the windows

L'articolo si omette di solito in inglese con nomi singolari astratti, nomi plurali generici, possessivi e nomi di stati, come mostrano i seguenti esempi:

la libertà	freedom
Mi piacciono molto i gatti.	I really like cats.
le mie amiche	my friends
i miei genitori	my parents
i genitori di Fabio	Fabio's parents
l'Italia	Italy

I seguenti esempi mostrano come rendere in inglese alcuni usi dell'articolo in italiano:

Lavati le mani.	Wash your hands.
Ho gli occhi castani.	I've got brown eyes.
Oggi è il 3 dicembre.	Today's the 3rd of December.
Partiamo il 15 luglio.	We're leaving on the 15th of July.
Il lunedì pomeriggio gioco a calcio.	On Monday afternoons I play football.

Per maggiori dettagli sull'uso dell'articolo in inglese vedi la sezione grammaticale in appendice.

doing my homework. | *Scusa, non stavo ascoltando: cosa hai detto?* I'm sorry, I wasn't listening. What did you say? **2** (dar retta a) to listen to: *Perché non hai voluto ascoltare il mio consiglio?* Why didn't you **listen to** my advice? | *Non ascoltarla, dice un sacco di bugie!* Don't **listen to** her, she's forever telling lies! | *Glielo ripeto sempre, ma non mi ascolta mai!* I keep on telling him, but he never listens.

ascoltatore, -trice *s* listener

ascolto *s* **dare ascolto a qn/qc** to listen to sb/sth: *Non dargli ascolto, dice un sacco di stupidaggini.* Don't listen to him, he's talking a load of nonsense.

asfalto *s* tarmac

asfissiare *v* **1 morire asfissiato** to die of asphyxiation **2** (assillare) to pester: *Smettila di asfissiarmi.* Stop pestering me.

Asia *s* **l'Asia** Asia

asiatico, -a *agg e s* Asian

asilo *s* **1** (scuola materna) nursery school (BrE), kindergarten (AmE): *Il mio fratellino va ancora all'asilo.* My little brother still goes to nursery school. | **asilo nido** nursery **2 asilo politico** political asylum

asino, -a *s* **1** (animale) donkey **2** (persona ignorante) dunce

asma *s* asthma: *Soffro di asma.* I have asthma.

asola *s* buttonhole

asparago *s* asparagus [mai plurale]

aspettare *v* **1** to wait: *Potete aspettare un momento?* Could you wait a moment? | *Aspetta che abbia smesso di piovere.* Wait until it's stopped raining. | *C'è ancora molto da aspettare?* Do we have much longer to wait? | **aspettare qn/qc** to wait for sb/sth: *Aspettami!* **Wait for** me! | *Che cosa aspetti?* What are you **waiting for**? | *Sto aspettando l'autobus.* I'm **waiting for** the bus. **2** (prevedere l'arrivo di) to expect: *Aspetto una telefonata.* I'm expecting a phone call. | *Nel pomeriggio non posso uscire, aspetto un'amica.* I can't go out this afternoon because I'm expecting a friend. | **aspettare un bambino** to be expecting a baby | **aspettarsi qc** to expect sth: *Non me l'aspettavo.* I wasn't expecting it. | *Cosa ti aspettavi da un tipo come lui?* What did you expect from a guy like that?

aspettativa *s* expectation: *Il risultato è superiore alle nostre aspettative.* The result exceeded our expectations.

aspetto *s* **1** per dire *avere un aspetto bello, brutto, strano ecc.* si usa di solito il verbo **to look + aggettivo**: *Oggi non hai un bell'aspetto!* You're not **looking great** today! | *Tua madre ha ancora un aspetto molto giovanile.* Your mother still **looks very young**. | *Hai cambiato completamente aspetto.* You **look** completely **different**. **2** (punto di vista) aspect: *È uno degli aspetti più interessanti della sua personalità.* It's one of the most interesting aspects of her personality. | *Cerca di vedere le cose sotto un aspetto positivo.* Try to see things in a positive light. | **sotto certi aspetti** in some ways ► vedi anche **sala**

aspirapolvere *s* vacuum cleaner | **passare l'aspirapolvere in sala/sotto il divano** to vacuum the living room/under the sofa

aspirare *v* **1** (respirare) to inhale **2** (risucchiare) to suck up **3 aspirare al successo/a vincere il campionato** to hope to be successful/to win the championship

aspirina® *s* aspirin: *aspirina effervescente* soluble aspirin

aspro, -a *agg* (sapore, polemica) bitter

assaggiare *v* to try: *Vuoi assaggiare?* Would you like to try some? | *Assaggia la pasta per vedere se è cotta.* Try the pasta to see if it's cooked.

Vuoi informazioni sulla differenza tra gli **articoli** in inglese e in italiano? Leggi le spiegazioni nella guida grammaticale.

A

assalire *v* (aggredire) **assalire qn** to set on sb

assalto *s* (azione militare) attack | **prendere qc d'assalto** (negozio, villaggio, treno) to besiege sth: *L'unico treno che circolava durante lo sciopero è stato letteralmente preso d'assalto dai turisti.* The only train running during the strike was literally besieged by tourists. | **prendere d'assalto i negozi/i botteghini** to besiege the shops/the box office

assassinare *v* to murder

> Esiste anche il verbo **to assassinate** ma è usato solo quando la vittima è un personaggio importante, ad esempio un capo di Stato. In questi casi, anche per *assassinio* si usa **assassination**.

assassinio *s* murder ▶ vedi anche **assassinare**

assassino, -a *s* murderer: *il presunto assassino* the suspected murderer | *La polizia ha arrestato l'assassino della donna.* The police have arrested the woman's murderer.

asse *s* **1** (pezzo di legno) plank | **un asse del pavimento** a floorboard **2** (retta) axis (pl axes): *l'asse terrestre* the Earth's axis | *gli assi cartesiani* Cartesian axes
asse da stiro ironing board

assegnare *v* **1** (incarico, compito) to assign **2** (premio, medaglia) to award

assegno *s* cheque (BrE), check (AmE): *un assegno di 500 sterline* a £500 cheque | *un assegno in bianco* a blank cheque | **pagare con assegno** to pay by cheque

assemblea *s* meeting, assembly [più formale]

assente *aggettivo e sostantivo*
- *agg* absent: *È assente da due settimane.* He's been **absent for** two weeks.
- *s* absentee [formale]: *La prof si è scordata di segnare gli assenti sul registro.* The teacher forgot to make a note of the absentees in the register. | *Oggi, a scuola, c'erano tanti assenti.* Lots of people were absent from school today.

assenza *s* **1** (da scuola, lavoro) absence: *L'assenza di Totti ha creato problemi a centrocampo.* Totti's absence caused problems in midfield. | *Raccontami cos'è successo durante la mia assenza.* Tell me what's been happening **while I've been away.** | *Quest'anno hai fatto molte assenze a scuola.* You've been off school a lot this year. **2 in assenza di** in the absence of: *In assenza di luce le piante muoiono.* In the absence of sunlight, plants die. | *in assenza di meglio* if there's nothing better

assessore *s* l'equivalente inglese più vicino è **councillor**

assetato, -a *agg* thirsty

assicurare *v* **1** (garantire) to promise: *Ti assicuro che non è vero!* I promise you it's not true! | *Farò di tutto per venire alla festa, ma non posso assicurartelo.* I'll do all I can to come to the party, but I can't promise anything. | **assicurarsi la vittoria/un posto in finale** to secure victory/a place in the final | **assicurarsi la fiducia/la simpatia di qn** to win sb's trust/favour **2** (auto, motorino) to insure: *Ho assicurato il motorino contro il furto.* I've insured my moped against theft. **3** (fissare) to secure: *Adesso assicurate bene la corda al gancio.* Now secure the rope tightly to the hook.
assicurarsi *v rifl* **1** (accertarsi) to make sure: *Assicurati di aver preso le chiavi.* Make sure you've got your keys with you. **2** (contro furto, infortunio) to insure yourself

assicurazione *s* insurance: *assicurazione contro l'incendio* insurance against fire | **assicurazione sulla vita** life assurance

assieme *avv* together: *Usciamo assieme stasera?* Shall we go out together this evening? | **assieme a** with: *Assieme al computer ti danno anche la stampante.* You get a printer with the computer. | *È partito assieme a un gruppo di amici.* He left with a group of friends.

assillare *v* (infastidire) to pester: *Continua ad assillarmi con le sue domande.* He keeps pestering me with questions.

assistente *s* assistant | **assistente sociale** social worker | **assistente di volo** flight attendant

assistenza *s* help: *assistenza medica* medical help

assistere *v* **1** (aiutare) to help **2 assistere a qc a)** (spettacolo) to attend sth: *Spero di potere assistere alla sua conferenza.* I'm hoping to attend your lecture. **b)** (scena, incidente) to witness sth: *Alcuni passanti hanno assistito all'incidente.* Some passers-by witnessed the accident.

asso *s* **1** (nelle carte) ace **2** (campione) ace: *È un asso del pallone.* He's a soccer ace.

associare *v* to associate: *Associo questa canzone a mia madre.* I **associate** this song **with** my mother. | *Associo l'idea delle vacanze con il campeggio.* I **associate** holidays **with** camping.
associarsi *v rifl* **1** (unirsi) to join (up with) **2 associarsi a un circolo** to join a club

associazione *s* association: *un'associazione sportiva* a sports association

assolutamente *avv* **1** (a ogni costo) absolutely: *Devi assolutamente dirglielo.* You absolutely must tell him. **2** (totalmente) absolutely, (per niente) at all: *Ne sono assolutamente certo.* I'm absolutely positive. | *Non sono assolutamente d'accordo con te.* I don't agree with you at all.

assoluto, -a agg (maggioranza, necessità) absolute, (riposo, novità) complete, (campione, record) overall: *C'era un silenzio assoluto.* There was absolute silence. | *Il dottore ha detto che devo stare a riposo assoluto.* The doctor said I need complete rest. | *Ha stabilito un nuovo record assoluto.* He's set a new overall record. | **in assoluto** overall: *Nel tennis è il migliore in assoluto.* Overall, he's the best tennis player. | *Quel film resta, in assoluto, il mio preferito.* That film is by far my favourite.

assolvere v **1** (imputato) to acquit **2** (impegno) to meet, (compito) to carry out: *Se non sai assolvere i tuoi impegni, non meriti fiducia.* If you can't meet your commitments, you're not reliable.

assomigliare v **assomigliare a qn/qc** to look like sb/sth: *Assomiglia molto a sua madre.* She looks very much like her mother. | *Mio fratello non mi assomiglia per niente.* My brother doesn't look anything like me.

assomigliarsi v rifl to resemble each other: *Sono gemelle, ma non si assomigliano affatto.* They are twins, but they don't resemble each other at all.

assonnato, -a agg sleepy: *Sono ancora tutto assonnato.* I'm still really sleepy.

assorbente aggettivo e sostantivo
- agg absorbent ▶ vedi anche **carta**
- s sanitary towel | **assorbenti interni** tampons

assorbire v (liquido, calore) to absorb

assortimento s selection: *In quel negozio di giocattoli non c'è molto assortimento.* There isn't a great selection in that gift shop. | **un vasto assortimento di vestiti/dischi** a huge selection of clothes/records

assortito, -a agg assorted: *caramelle assortite* assorted sweets | *in colori assortiti* in assorted colours

assorto, -a agg **essere assorto in qc** to be absorbed in sth: *Era assorto nei suoi pensieri.* He was absorbed in his thoughts.

assumere v **1** (impiegato) to take on: *Hanno assunto una nuova commessa.* They've taken on a new sales assistant. **2** (incarico) to take up | **assumersi un impegno** to take on a task | **assumersi la responsabilità di (fare) qc** to take responsibility for (doing) sth: *Chi si assume la responsabilità di raccogliere i fondi per la gita?* Who's taking responsibility for collecting the money for the trip? **3** (atteggiamento) to take (on): *Non assumere questo atteggiamento di superiorità con me!* Don't take that superior attitude with me!

assurdità s **1** (cosa insensata) nonsense [mai plurale]: *Non dire assurdità!* Let's not talk nonsense! | *È un'assurdità pensare di potercela fare in quattro ore.* It's nonsense to think you can do it in four hours. **2** (caratteristica) absurdity

assurdo, -a agg absurd: *È una cosa assurda!* It's absurd! | *È assurdo pensare che tu possa farcela da solo!* It's absurd to think you can manage on your own! | *L'assurdo è che lei gli crede!* What's absurd is that she believes him!

asta s **1** (palo) pole: *l'asta della bandiera* the flagpole ▶ vedi anche **salto** **2** (vendita) auction: *un'asta di mobili antichi* an auction of antique furniture | **mettere all'asta qc** to put sth up for auction: *Il quadro è stato messo all'asta.* The painting has been put up for auction.

astenersi v rifl **1** (non votare) to abstain **2** **astenersi dal fumo/dall'alcol** to avoid smoking/drinking

asterisco s asterisk

astinenza s abstinence ▶ vedi anche **crisi**

astratto, -a agg abstract

astro s star

astrologia s astrology

astronauta s astronaut

astronave s spaceship

astronomia s astronomy

astuccio s (custodia) case: *astuccio portapenne* pencil case | *astuccio degli occhiali* glasses case

astuto, -a agg (persona) shrewd, (mossa, risposta) clever

astuzia s **1** (furbizia) cleverness **2** (trucco) trick: *È ricorso a ogni astuzia per vincere.* He used every sort of trick to win.

Atene s Athens

ateo, -a agg e s sia per l'aggettivo che per il sostantivo si usa il sostantivo **atheist**: *È un ateo convinto.* He's a confirmed atheist. | *Dice di essere atea.* She claims to be **an atheist**. | *uno scrittore ateo* an atheist writer

atlante s atlas (pl atlases)

Atlantico s **l'Atlantico** the Atlantic

atlantico, -a agg Atlantic

atleta s athlete

atletica s athletics: *Fa atletica da quando aveva sei anni.* She has been doing athletics since she was six.

atletico, -a agg athletic: *Preferisco i ragazzi con un fisico atletico.* I prefer boys with an athletic build.

atmosfera s **1** (della Terra) atmosphere: *i danni dell'inquinamento sull'atmosfera terrestre* the damage caused to the earth's atmosphere by pollution **2** (di luogo, situazione) atmosphere: *C'era una bella*

A

atmosfera alla festa. There was a great atmosphere at the party.

atomico, -a *agg* atomic: *la bomba atomica* the atomic bomb

atomo *s* atom

atroce *agg* **1** (delitto, esperienza) terrible **2** (enorme) terrible: *Ho un dubbio atroce.* I've just had a terrible thought. | *Fa un caldo atroce.* It's terribly hot.

attaccabrighe *s* troublemaker

attaccapanni *s* se poggia a terra si chiama **coatstand**; se è appeso al muro si usa **coat hook**

attaccare *v* **1** (assalire) to attack: *Le forze alleate hanno attaccato il paese.* The allied forces have attacked the country. **2** (incollare) to stick: *Ricordati di attaccare i francobolli alla busta.* Remember to stick the stamps on the envelope. **3** (cucire) to sew: *Devo attaccare due bottoni alla giacca.* I have to sew two buttons on my jacket. **4** (appendere) to hang: *Attacca l'impermeabile all'attaccapanni.* Hang your raincoat on the coatstand. **5** (malattia) to give, (mania) to pass on: *Mi hai attaccato il raffreddore.* You've given me your cold. | *Mio padre mi ha attaccato la passione per il calcio.* My father passed on his love of football to me. **6** (alla corrente) to plug in: *Il PC è attaccato ma non funziona.* The PC is plugged in but it won't work. **7** (funzionare) to work: *Guarda che il tuo fascino, con me non attacca!* Don't bother trying your charm – it won't work with me!

attaccarsi *v rifl* **1** (appiccicarsi) to stick: *Il sugo si è attaccato al fondo della padella.* The sauce has stuck to the bottom of the pan. **2 attaccarsi a qn** (affezionarsi) to become fond of sb: *Mi sono molto attaccata a lui.* I've become very fond of him.

attacco *s* **1** (assalto, nello sport) attack **2** (degli sci) fastening **3** (elettrico) socket **4 un attacco isterico/di tosse** a fit of hysterics/of coughing | **attacco cardiaco** heart attack

atteggiamento *s* attitude

attendere *v* (persona, risposta) to wait for: *Può attendere un attimo?* Can you wait a moment? | *Dobbiamo attendere i risultati delle analisi.* We'll have to **wait for** the results of the tests. | **attendere in linea** (al telefono) to hold the line: *Attenda in linea, glielo passo.* Hold the line please, I'll put you through to him. ▶ vedi nota FALSE FRIEND sotto **attend**

attenersi *v rifl* **attenersi a qc** to follow sth: *Mi sono attenuto alle tue istruzioni.* I followed your instructions.

attentato *s* attack: *le vittime dell'attentato* the victims of the attack

attento, -a *agg* **1 stare attento a)** (prestare attenzione) to pay attention: *Non sta mai attento in classe.* He never pays attention in class. **b)** (essere prudente) to be careful: *Stai attenta a non farti male!* Be careful you don't hurt yourself! **2** (analisi, esame) careful

attenuare *v* **1** (dolore) to ease: *Le do qualcosa per attenuare il dolore.* I'll give you something to ease the pain. **2** (colpo) to absorb: *Fortunatamente il casco ha attenuato il colpo.* Fortunately the helmet absorbed the blow.

attenzione *sostantivo e interiezione*

- *s* **1** (concentrazione) attention: *Ho dato un'occhiata al testo, ma senza grande attenzione.* I've glanced at the text, but without **paying much attention** to it. | *Cerca sempre di attirare l'attenzione su di sé.* She always tries to draw attention to herself. **2 all'attenzione di** (nelle lettere) for the attention of ▶ si usa spesso l'abbreviazione **FAO**: *all'attenzione della Sig.ra Bianchi* FAO Mrs Bianchi **3** (riguardo) fuss [mai plurale]: *La madre lo copre di attenzioni.* His mother always **makes a fuss** of him.
- *inter* careful!: *Attenzione! Si scivola!* Careful! It's slippery!

> *fare attenzione* si traduce in modi diversi a seconda del significato: nel senso di *concentrarsi* si traduce **to pay attention**:
>
> *Fai attenzione a quello che dice l'insegnante.* Pay attention to what the teacher says.
>
> Nel senso di *evitare un pericolo o un errore* si traduce **to mind** o **to be careful**:
>
> *Fai attenzione a non cadere.* Mind you don't fall. | *Fai attenzione a non mischiare i colori.* Be careful not to mix the colours.
>
> Nel senso di *stare in guardia* si traduce **to watch out**:
>
> *Fate attenzione ai borseggiatori in metropolitana.* Watch out **for** pickpockets on the underground.

atterraggio *s* landing | **atterraggio di fortuna** emergency landing

atterrare *v* to land: *Atterreremo a Heathrow.* We'll be landing at Heathrow.

attesa *s* wait: *C'è un'ora di attesa al casello.* There's an hour-long wait at the toll. | **in attesa** waiting for: *Siamo ancora in attesa di sue notizie.* We are still waiting for news of him. ▶ vedi anche **lista**, **sala**

attestato *s* certificate: *attestato di frequenza* certificate of attendance

attico *s* penthouse ▶ vedi nota FALSE FRIEND sotto **attic**

attillato, -a *agg* tight-fitting: *un vestito attillato* a tight-fitting dress

attimo *s* moment: *Aspetta un attimo!* Wait a moment! | **in un attimo** in a flash: *È*

A

successo tutto in un attimo. It all happened in a flash. | *Faccio in un attimo!* I won't be a minute!

attirare *v* **1** (pubblico, turisti) to attract: *Londra attira ogni anno milioni di turisti.* London attracts millions of tourists every year. | **attirare l'attenzione** to attract attention **2** (piacere a) to appeal to: *I film di guerra non mi attirano.* War films don't appeal to me.

attitudine *s* gift: *Ha sempre avuto attitudine per le lingue.* He's always had **a gift for** languages. ▶ vedi nota FALSE FRIEND sotto **attitude**

attività *s* **1** (passatempo) activity (pl activities): *attività extrascolastiche* extracurricular activities **2** (lavoro) work: *Che tipo di attività svolge tuo padre?* What type of work does your father do? **3** (azienda) business (pl businesses): *Mio padre ha una piccola attività familiare.* My father has a small family business.

attivo, -a *aggettivo* e *sostantivo*

• *agg* **1** (persona, vita) active: *Faccio una vita molto attiva.* I lead a very active life. **2** (impianto, servizio) operational: *Il servizio d'autobus non è ancora attivo.* The bus service is not yet fully operational. **3** (verbo) active **4** (vulcano) active

• **attivo** *s* **essere in attivo** to make a profit: *Quest'anno l'azienda è in attivo.* This year the business made a profit.

attizzare *v* (fuoco) to poke

atto *s* **1** (azione) act: *un atto di vandalismo* an act of vandalism | **mettere in atto qc** to carry out sth: *Hai davvero intenzione di mettere in atto il tuo piano?* Do you really intend to carry out your plan? **2** (documento) certificate: *atto di nascita* birth certificate **3** (a teatro) act: *un'opera in quattro atti* a work in four acts

attorcigliare *v* to wind

attorcigliarsi *v rifl* to wind itself: *L'edera si è attorcigliata attorno all'albero.* The ivy has wound itself around the tree.

attore, -trice *s* **attore** actor | **attrice** actress (pl actresses) ▶ nonostante esista il termine femminile **actress**, molte donne lo considerano peggiorativo e preferiscono essere definite **actors**

attorno *avv* **1** around, round ▶ Si usano entrambi indistintamente, ma in inglese britannico è più comune **around**, mentre in inglese americano è più comune **round**: *Non ci sono molti negozi qui attorno.* There aren't many shops around here. | **guardarsi attorno** to look around **2 attorno a a)** (nello spazio) around: *Erano seduti attorno al tavolo.* They were sitting around the table. **b)** (con ora, cifra) around, about: *Tornerò a casa attorno alle otto.* I'll be home around eight.

attraccare *v* to dock

attraente *agg* attractive

attrarre *v* **1** (turisti, sguardo) to attract: *Roma attrae molti turisti.* Rome attracts a lot of tourists. **2** (piacere a) to appeal to: *È un'idea che non mi attrae per niente.* It's not an idea that appeals to me at all.

attrattiva *s* **1** (di località) attractions [sempre plurale]: *una città piena di attrattive* a city full of attractions **2** (fascino) charm: *Le storie di Harry Potter hanno molta attrattiva anche per gli adulti.* The Harry Potter stories hold a lot of charm for adults too.

attraversare *v* **1** (strada, confine) to cross: *Fai attenzione quando attraversi la strada.* Be careful when you cross the road. | *La Piccadilly line attraversa Londra da est a ovest.* The Piccadilly Line crosses London from east to west. **2** (periodo, momento) to go through: *Sto attraversando un momento difficile.* I'm going through a difficult patch.

attraverso *prep* **1** (finestra, porta) through, (città, deserto) across: *I topi sono passati attraverso questo buco.* The mice came in through this hole. | *un viaggio attraverso gli Stati Uniti* a journey across the United States **2** (tramite) through: *L'ho saputo attraverso un amico.* I heard about it through a friend.

attrazione *s* **1** (divertimento) attraction: *attrazioni turistiche* tourist attractions **2** (tra persone) attraction: *una forte attrazione fisica* a strong physical attraction

attrezzatura *s* **1** (equipaggiamento) equipment [mai plurale]: *l'attrezzatura da sci* skiing equipment **2** (impianto) facilities: *attrezzature alberghiere* accommodation facilities

attrezzo *s* **1** (di operaio, artigiano) tool: *attrezzi da giardinaggio* garden tools | *cassetta degli attrezzi* tool box **2** (nella ginnastica) apparatus (pl apparatus): *un esercizio agli attrezzi* an exercise on the apparatus ▶ vedi anche **carro**

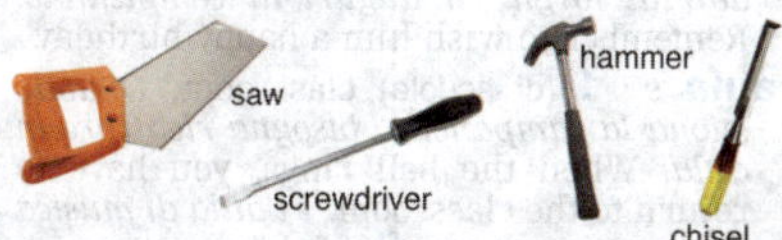

attribuire *v* **1** (assegnare) to give: *Attribuisci troppa importanza a quello che dice.* You attach too much importance to what she says. | *Gli hanno attribuito il merito della riuscita.* They gave him credit for this success. | **attribuire la colpa di qc a qn** to blame sb for sth: *Mi hanno attribuito la colpa di quello che è successo.* They blamed me for what happened. **2** (quadro, invenzione) to attribute: *Questo quadro viene attribuito a Tiziano.* This painting is

Vuoi informazioni sulla differenza tra gli **aggettivi possessivi** in inglese e in italiano? Vedi la guida grammaticale.

A

attributed to Titian. **3 essere da attribuire a qn/qc** *L'incidente è da attribuire alla nebbia.* The accident was caused by the fog.

attributo *s* (caratteristica) characteristic

attuale *agg* **1** (del presente) current: *l'attuale allenatore della squadra* the current manager of the team | *al momento attuale* at present **2** (di attualità) topical: *un film molto attuale* a highly topical film ▶ vedi nota FALSE FRIEND sotto **actual**

attualità *s* news [con verbo singolare]: *Nel giornale leggo prima l'attualità, poi i programmi della TV.* When I read the paper, I look at the news first and then at the TV pages. | **di attualità** (tema, fenomeno) topical: *un argomento d'attualità* a topical subject

attualmente *avv* currently ▶ vedi nota FALSE FRIEND sotto **actually**

attuare *v* (riforma, progetto) to implement

attutire *v* **1** (rumore) to deaden **2** (urto) to soften

audace *agg* **1** (coraggioso) intrepid **2** (innovativo) daring

auditorio *s* concert hall

augurare *v* **augurare qc a qn** to wish sb sth ▶ per dire che non si augura a qualcuno qualcosa di spiacevole, si usa **not to wish sth on sb**: *Ti auguro buon Natale.* I wish you a merry Christmas. | *È una sofferenza che non auguro nemmeno al mio peggior nemico.* I wouldn't wish that kind of suffering on my worst enemy.

augurarsi *v rifl* to hope: *Mi auguro che sia vero.* I hope it's true.

augurio *s* wish: *gli auguri di Natale* Christmas wishes | *tanti auguri di buone feste* best wishes for Christmas and the New Year | *– Oggi è il mio compleanno – Auguri!* "It's my birthday today." "Happy birthday!" | **fare gli auguri di compleanno/di Natale a qn** to wish sb a happy birthday/a happy Christmas: *Ricordati di fargli gli auguri di compleanno.* Remember to wish him a happy birthday.

aula *s* **1** (di scuola) classroom: *Quando suona la campanella, bisogna rientrare in aula.* When the bell rings, you have to return to the classroom. | *l'aula di musica* the music room **2** (di tribunale) courtroom

aumentare *v* **1** (prezzi, volume) to increase: *I miei mi hanno aumentato la paghetta.* My parents have increased my pocket money. **2** (salire) to increase: *I prezzi sono aumentati del 3%.* Prices have **increased by** 3%. | **aumentare di peso** to put on weight: *Sono aumentata di peso.* I've put on weight. **3** (diventare più caro) to go up (in price): *I CD sono aumentati.* CDs have gone up.

aumento *s* increase: *l'aumento dei prezzi* the **increase in** prices | *un aumento di stipendio* a salary increase | **in aumento** rising: *Temperature in aumento nel sud.* Rising temperatures in the south.

ausiliare *agg* (verbo) auxiliary

Australia *s* **l'Australia** Australia

australiano, -a *agg e s* Australian

Austria *s* **l'Austria** Austria

austriaco, -a *agg e s* Austrian

autentico, -a *agg* **1** (originale) authentic: *una cassapanca autentica del '600* an authentic seventeenth-century chest **2** (vero) true: *È una storia autentica.* It's a true story.

autista *s* **1** (guidatore) driver: *l'autista dell'autobus* the bus driver **2** (privato) chauffeur

auto *s* car: *Andiamo a Milano in auto.* We are going to Milan **by car**. | *un'auto sportiva* a sports car | *un incidente d'auto* a car accident | **auto da corsa** racing car

autoadesivo *s* sticker

autobiografia *s* autobiography (pl autobiographies)

autobus *s* bus (pl buses): *Vado a scuola in autobus.* I go to school **by bus**. | *Sono in ritardo perché ho perso l'autobus.* I'm late because I **missed the bus**.

autodidatta *s* self-taught person

autodifesa *s* self-defence: *un corso di autodifesa* a course in self-defence

autogol *s* own goal | **fare autogol** to score an own goal

autografo *s* autograph

autogrill® *s* service station (café)

automatico, -a *aggettivo e sostantivo*

• *agg* automatic

• **automatico** *s* (bottone) press stud

automobile *s* car

automobilismo *s* motor racing: *L'automobilismo è uno sport entusiasmante.* Motor racing is an exciting sport. | *una gara di automobilismo* a motor race

automobilista *s* driver: *Un automobilista si è fermato a chiedere se avevamo bisogno di aiuto.* A driver stopped to ask if we needed help.

autonoleggio *s* car hire company (pl car hire companies)

autonomia *s* **1** (di persona) freedom: *I miei mi hanno sempre dato molta autonomia.* My parents have always given me a lot of freedom. **2** (di scuola, regione) autonomy: *Alcune regioni italiane godono di maggiore autonomia delle altre.* Some Italian regions have more autonomy than others. **3** (di auto, aereo) range

autonomo, -a *agg* independent

autoradio *s* car radio

autore, -trice *s* **1** (di libro, canzone) writer ▶ esiste anche il termine **author**, che si riferisce però solo a uno scrittore: *gli autori* *del Novecento* twentieth-century authors **2** (di quadro) painter **3 l'autore del furto/del reato** the person responsible for the theft/the crime

autorità *s* **1** (potere) authority: *Il preside ha l'autorità di espellere gli studenti.* The head teacher has the authority to expel students. **2 le autorità** the authorities: *L'omicida ha deciso di consegnarsi alle autorità.* The killer decided to give himself up to the authorities.

autoritratto *s* self-portrait

autorizzare *v* to authorize: *La preside ha autorizzato la gita al museo.* The head teacher authorized the trip to the museum. | **autorizzare qn a fare qc** to give sb permission to do sth: *Chi ti ha autorizzato a usare la fotocopiatrice?* Who gave you permission to use the photocopier?

autorizzato, -a *agg* authorized: *rivenditore autorizzato* authorized dealer

autorizzazione *s* permission: *Non posso uscire senza autorizzazione.* I can't go out without permission.

autoscatto *s* self-timer

autoscontro *s* dodgems [sempre plurale]

autoscuola *s* driving school

autostop *s* hitch-hiking: *Siamo tornati a casa in autostop.* We got home by hitch-hiking. | **fare l'autostop** to hitch-hike: *I miei non vogliono che faccia l'autostop.* My parents don't want me to hitch-hike.

autostoppista *s* hitch-hiker

autostrada *s* motorway (BrE), highway (AmE): *Conviene prendere l'autostrada.* It's worth taking the motorway.

autunno *s* autumn ▶ vedi Active Box **stagioni** sotto **stagioni**

avambraccio *s* forearm

avanguardia *s* **all'avanguardia a)** (paese, settore) advanced **b)** (movimento artistico, culturale) avant-garde

avanti *avverbio, interiezione* e *preposizione*

• *avv* **1** (davanti) in front: *Passate avanti voi.* You go in front. | *Vai avanti tu, che sai la strada.* You go ahead, since you know the way. | *C'è una panetteria un po' più avanti.* There's a baker's shop **a bit further on**. | **in avanti** forward: *Il portiere si è buttato in avanti per prendere il pallone.* The goalie threw himself forward to catch the ball. | **andare avanti** (continuare) to go on: *Così non si può più andare avanti!* We can't go on like this! | **avanti e indietro** back and forth: *Sono stufo di fare avanti e indietro!* I'm fed up going back and forth! | *Smettila di camminare avanti e indietro: mi rendi nervoso!* Stop pacing up and down – you're making me nervous! | **essere avanti a)** (in attività) to be ahead: *Sono abbastanza avanti con il ripasso per gli esami.* I'm well ahead with my exam revision. **b)** (orologio) to be fast: *Il mio orologio è avanti di cinque minuti.* My watch is five minutes fast. | **farsi avanti** to come forward: *Chi sa chi è stato si faccia avanti.* If anyone knows who is responsible, would they please come forward. **2 d'ora in avanti** from now on

• *inter* **1** (per invitare a entrare) come in!: *– Posso entrare? – Avanti!* "May I?" "Come in!" **2** (per esortare) come on!: *Avanti, sforzati di più!* Come on, try a bit harder!

• *prep* **avanti Cristo** before Christ

avanzare *v* **1** (cibo, soldi) to be left: *È avanzata della pasta?* Is there any pasta left? | *Ci avanzano 20 euro.* We've got 20 euros left. **2** (procedere) to move forward: *Il camion avanzava lentamente.* The lorry moved slowly forward. **3 avanzare un'ipotesi/una proposta** to put forward a theory/a proposal

avanzato, -a *agg* **1** (paese, tecnologia) advanced: *i paesi più avanzati* the most advanced countries **2** (corso, stadio) advanced: *corso avanzato di inglese* advanced English course **3** (cibo) leftover: *C'è solo della pizza avanzata.* There's only some leftover pizza. **4 essere in età avanzata** to be well on in years

avanzo *s* **1** (di cibo) leftovers [sempre plurale]: *gli avanzi della cena* the leftovers from dinner | *C'è un avanzo di torta.* There's some leftover cake. | *Ce n'è d'avanzo per tutti.* There's more than enough for everyone. **2** (di materiale) remainder: *un avanzo di stoffa* a remnant **3** (in matematica) remainder: *85 diviso 9 fa 9 con l'avanzo di 4* 85 divided by 9 is 9 remainder 4.

avariato, -a *agg* (carne, merce) bad

avaro, -a *agg* mean

avena *s* oats [sempre plurale] ▶ vedi anche **fiocco**

avere *v* ▶ vedi riquadro

aviazione *s* aviation | **aviazione militare** air force

avido, -a *agg* greedy | **essere avido di qc** to be greedy for sth: *È sempre stato avido di successo.* He's always been greedy for success.

avocado *s* avocado

avorio *sostantivo* e *aggettivo*

• *s* ivory: *una collana d'avorio* an ivory necklace

• *agg* ivory: *un abito avorio* an ivory dress

avvantaggiato, -a *agg* **essere avvantaggiato** to have an advantage: *Giocando in casa, la squadra è avvantaggiata.* The team playing at home has an advantage. | **partire avvantaggiato** to have a head start: *Conoscendo già l'inglese, è partito avvantaggiato sui compagni.* He had a head start on his classmates because he already knew English.

Non sei sicuro sull'uso di **make** e **do**? Vedi alla voce **fare**.

A

avere

VERBO TRANSITIVO

1 Per esprimere il possesso di un oggetto, di una facoltà o di una caratteristica si usa **to have**:

Ho un fratello e una sorella. I have a brother and a sister. | *Ho occhi e capelli scuri.* I have dark eyes and dark hair. | *Ha un carattere forte.* He has a strong character.

Nell'inglese britannico parlato, al presente si usano spesso le forme **I've got, you've got, he's got**, ecc.:

Ho due fratelli. I've got two brothers. | *Non ho più soldi.* I haven't got any more money.

2 Nel senso di avere addosso si traduce con **to have on**:

Quando l'ho visto non aveva gli occhiali. When I saw him, he didn't have his glasses on.

3 Nel senso di provare, riferito a sensazioni fisiche, si traduce con **to be** e l'aggettivo corrispondente:

Ho fame. I'm hungry. | *Non hai freddo?* Aren't you cold?

4 Con l'età si usa il verbo **to be**:

Quanti anni hai? How old are you? | *Ho quindici anni.* I'm fifteen.

5 Nel senso di ricevere si usa **to get**:

Ha avuto quello che si meritava. He got what he deserved.

6 ESPRESSIONI

avere da fare to have things to do | **non avere (niente) a che fare con qn** not to have anything to do with sb | **avercela con qn** to be angry with sb | **averne per molto**: *Non ne ho per molto.* It won't take me much longer. | **Quanti ne abbiamo oggi?** What's the date today?

VERBO AUSILIARE

Si traduce con **to have**, che viene spesso contratto: **I have** o **I've, I had** o **I'd**, ecc.:

Ho già visto questo film. I have/I've already seen this film. | *Aveva dimenticato le chiavi.* She had/She'd forgotten the keys.

La forma negativa si ottiene aggiungendo **not** e viene spesso contratta: **I have not** o **I haven't, I had not** o **I hadn't**, ecc.:

Non ti avevo visto. I had not/hadn't seen you. | *Non aveva sentito.* He had not/hadn't heard.

avvelenare *v* (persona, aria) to poison
avvelenarsi *v rifl* to poison yourself

avvenimento *s* event: *Per celebrare l'avvenimento, abbiamo stappato una bottiglia di champagne.* We opened a bottle of champagne to celebrate the event. | *Non ci sono stati avvenimenti particolari durante la tua assenza.* Nothing eventful happened while you were away.

avvenire *verbo e sostantivo*
- *v* to occur: *Questi fatti sono avvenuti parecchio tempo fa.* These things occurred some time ago.
- *s* future **in avvenire** in future: *Starò più attenta in avvenire.* I'll be more careful in future.

avventato, -a *agg* **1** (giudizio, decisione) rash: *Non prendere decisioni avventate.* Don't make rash decisions. **2** (persona) reckless: *Non ti pare di essere stato avventato?* Don't you think you've been reckless?

avventura *s* **1** (vicenda emozionante) adventure: *un film di avventura* an adventure film | *Sono partiti in cerca di avventure.* They left in search of adventure. **2** (amorosa) fling: *È stata solo una breve avventura.* It was just a brief fling.

avventuroso, -a *agg* adventurous

avverarsi *v rifl* to come true: *Le tue previsioni si sono avverate.* Your predictions have come true.

avverbio *s* adverb

avversario, -a *sostantivo e aggettivo*
- *s* opponent
- *agg* si usa il sostantivo **opposition** in funzione di aggettivo: *Ha vinto la squadra avversaria.* The opposition team won.

avvertenze *s pl* (istruzioni) warning notes

avvertimento *s* warning

avvertire *v* **1 avvertire qn (di qc) a)** (informare) to let sb know (about sth): *Avvertimi se decidi di venire.* Let me know if you decide to come. | *L'hai avvertito del ritardo?* Have you let him know about the delay? **b)** (mettere in guardia) to warn sb (about sth): *Nessuno mi aveva avvertito dei rischi.* Nobody warned me about the risks. | *Ti avevo avvertito che sarebbe finita così!* I warned you it would end like this! **2 avvertire dolore** to be in pain | **avvertire stanchezza** to feel tired

avviare *v* **1** (motore, macchina) to start, (computer) to switch on: *Per avviare il computer devi premere il pulsante di destra.* Press the right-hand button to switch on the computer. **2 avviare un'azienda** to start up a business | **avviare un'inchiesta** to launch an enquiry | **avviare un discorso** to bring up a subject
avviarsi *v rifl* to make your way: *Comincia ad avviarti alle casse.* Start making your way to the checkout. | *Avviatevi, vi raggiungo.* Go on, I'll catch you up.

avvicinare *v* **1** (spostare) to move nearer: *Mi avvicini un po' quella lampada?* Could you **move** that lamp a bit **nearer to** me, please? **2** (persona) to approach: *Uno sconosciuto mi ha avvicinata per strada.* A stranger approached me in the street.

avvicinarsi *v rifl* **1** (andare vicino) to go near: *Non avvicinarti al cane.* Don't go near the dog. **2** (venire vicino) to come near: *Non ti avvicinare troppo, ho un raffreddore bestiale.* Don't come too near, I've got a dreadful cold. **3** (vacanze, data) to draw near: *Le vacanze di Natale si avvicinano.* The Christmas holidays are drawing near. **4** (assomigliare) to be similar: *La copia si avvicina molto all'originale.* The copy is very **similar to** the original.

avvincente *agg* fascinating

avvisare *v* **1 avvisare qn (di qc)** to tell sb (sth): *Avvisami quando hai finito.* Tell me when you've finished. | *È stato Luca ad avvisarci dell'incidente.* It was Luca who told us about the accident. **2** (mettere in guardia) to warn: *Ti avevo avvisato, adesso ti arrangi.* I warned you, now you'll have to sort it out yourself.

avviso *s* **1** (comunicazione) notice: *C'è un avviso in bacheca con i nuovi orari.* There's a notice on the board with the new timetables. | **avviso di chiamata** call waiting: *Scusa, devo mettere giù: ho un avviso di chiamata.* Sorry, I've got to hang up. I've got another call. **2** (ammonimento) warning: *Questo è già il secondo avviso che ricevi.* This is already the second warning you've been given. **3** (parere) opinion: *Sono dell'avviso di partire lo stesso, anche se piove.* **In my opinion** we should go anyway, even if it is raining. | **a mio/suo ecc. avviso** in my/his etc opinion

avvitare *v* (vite, tappo) to screw

avvocato *s* lawyer

> In inglese esistono vari termini che significano *avvocato*. **Lawyer** è usato per qualsiasi avvocato, indipendentemente dal tipo di attività che svolge: *Suo padre è avvocato.* His father is a lawyer.
>
> Per qualunque problema legale ci si rivolge al **solicitor**, che si occupa della redazione di documenti ufficiali, quali atti di vendita e testamenti, ma anche di istruire delle cause per il tribunale. Di solito il **solicitor** non rappresenta direttamente i suoi clienti in tribunale, ma si rivolge ad un avvocato specializzato in questo tipo di attività, chiamato **barrister** in Gran Bretagna e **counsel** negli Stati Uniti.

avvolgere *v* **1** (cassetta) to rewind: *Quando hai finito di vedere il film, avvolgi la cassetta.* When you've finished watching the film, rewind the tape. **2** (filo, cavo) to wind up **3** (con stoffa, carta) to wrap: *Ho avvolto i panini nella stagnola.* I wrapped the sandwiches up in foil. | *Si era avvolto un asciugamano intorno ai fianchi* He had wrapped a towel around his waist.

avvolgersi *v rifl* to wrap yourself up: *Avvolgiti nella coperta.* Wrap yourself up in the blanket.

avvoltoio *s* vulture

azienda *s* company (pl companies): *un'azienda di trasporti* a transport company

aziendale *agg* si usa il sostantivo **company** in funzione di aggettivo: *l'auto aziendale* the company car

azionare *v* to start: *Per azionare il motore, premere il pulsante rosso.* Press the red button to start the engine.

azione *s* **1** (operato) il sostantivo **action** è usato di solito al plurale, ma in molti casi si usano costruzioni diverse: *Solo tu sei responsabile delle tue azioni.* You alone are responsible for your own actions. | *Ogni mia azione viene criticata!* Everything I do is criticised! | *La tua è stata proprio un'azione vergognosa!* What you did was really shameful! | **una buona azione** a good deed **2** (effetto) action: *L'azione del vento erode le rocce.* The rocks are eroded by the action of the wind. **3** (nelle partite) move **4** (nel cinema) action: *un film d'azione* an action movie **5** (in Borsa) share

azionista *s* shareholder

azoto *s* nitrogen

azzardo *s* ▶ vedi **gioco**

azzeccare *v* **azzeccare una risposta/un numero** to get an answer/a number right | **non azzeccarne una** *Non ne azzecco mai una!* I never get it right!

azzuffarsi *v rifl* to scuffle

azzurro, -a *aggettivo e sostantivo*

- *agg* blue
- **azzurro** *s* **1** blue **2 gli azzurri** the Italian team: *Ottima prestazione degli azzurri!* A fantastic performance by the Italian team! ▶ vedi Active Box **colori** sotto **colore**

C'è una tavola con i numeri in inglese e spiegazioni sul loro uso nella **guida grammaticale**.

B, b *s* B, b ▶ vedi Active Box **lettere dell'alfabeto** sotto **lettera**

babbo *s* dad | **Babbo Natale** Father Christmas, Santa Claus

baby-sitter *s* babysitter | **fare da baby-sitter a qn** to babysit sb: *Stasera faccio da baby-sitter al mio cuginetto.* I'm babysitting my little cousin this evening.

bacca *s* berry (pl berries)

baccalà *s* salt cod

baccano *s* racket: *Smettetela di fare baccano!* Stop making that racket!

bacchetta *s* **1** (asticella) stick **2** (per batteria) drumstick **3 bacchetta magica** magic wand **4** (di direttore d'orchestra) baton **5** (per mangiare) chopstick

bacheca *s* noticeboard

baciare *v* to kiss: *L'ho baciato sulla guancia.* I kissed him on the cheek.
baciarsi *v rifl* to kiss: *Poi, ci siamo baciati.* Then we kissed.

bacinella *s* basin

bacino *s* **1** (in anatomia) pelvis **2** (in geografia) basin: *il bacino del Mediterraneo* the Mediterranean basin

bacio *s* kiss (pl kisses): *Mi dai un bacio?* Can I have a kiss?

baco *s* **1** (in informatica) bug **2 baco da seta** silkworm

badare *v* **1 badare a qn/qc** (prendersi cura) to look after sb/sth: *Il vicino bada al gatto e alla casa quando non ci siamo.* The neighbour looks after the cat and the house when we're not there. | *È abbastanza grande per badare a se stesso.* He's old enough to look after himself. **2 badare a a)** (fare caso) to take notice of: *Non badare a quello che dice!* Take no notice of what she says! **b)** (stare attento) to mind: *Bada a non farti male!* Mind you don't hurt yourself! | **badare ai fatti propri** to mind your own business: *Bada ai fatti tuoi!* Mind your own business! | **non badare a spese** to spare no expense

baffi *s pl* **1** (di persona) moustache [singolare]: *un uomo con i baffi* a man with **a moustache** **2** (di gatto) whiskers

bagagliaio *s* boot (BrE), trunk (AmE): *Aiutami a mettere la spesa nel bagagliaio.* Could you help me put the shopping into the boot?

bagaglio *s* luggage ▶ Nota che **luggage** è solo singolare, ma si riferisce a bagagli in generale. Se vuoi dire *un bagaglio* devi dire **a piece of luggage**: *Dobbiamo ancora registrare i bagagli.* We still have to check our luggage in. | **fare i bagagli** to pack: *Non ho ancora fatto i bagagli.* I haven't packed yet. | **disfare i bagagli** to unpack: *Che barba, non ho voglia di disfare i bagagli!* What a drag! I don't feel like unpacking! | **bagaglio a mano** hand luggage

bagliore *s* flash (pl flashes)

bagnare *v* **1 bagnare qn/qc** si traduce generalmente con **to get sb/sth wet**; nel senso di inzuppare, si usa però **to soak sb/sth**: *Stai attento a non bagnare il pavimento.* Be careful not to get the floor wet. | *Mi ha bagnato da capo a piedi!* He's soaked me from head to toe! | **bagnarsi i vestiti/i capelli** to get your clothes/your hair wet **2 bagnare i fiori/le piante** to water the flowers/the plants **3** (riferito a fiume) to flow through: *l'Arno bagna Firenze e Pisa.* The Arno flows through Florence and Pisa.
bagnarsi *v rifl* to get wet, to get soaked: *Non uscire senza l'ombrello, sennò ti bagni!* Don't go out without an umbrella, or else you'll get wet! | *Ci ha beccato un acquazzone e ci siamo bagnati tutti!* We were caught in a downpour and got soaked!

bagnato, -a *agg* wet: *Togliti la giacca, è bagnata.* Take your jacket off, it's wet. | *Aveva la camicia bagnata di sudore.* His shirt was **soaked** with sweat. | **bagnato fradicio** soaked

bagnino, -a *s* lifeguard

bagno *sostantivo e sostantivo plurale*
• *s* **1 fare il bagno** (al mare, in piscina) to have a swim, to swim ▶ Nota che il verbo **to swim** significa nuotare, ma è usato anche per fare il bagno al mare o in piscina: *Con questo mare mosso non si può fare il bagno.* You can't have a swim when the sea's choppy like this. | *Andiamo a fare il bagno al lago.* We're going swimming in the lake.

▶ vedi anche **costume** **2** **farsi il bagno** to have a bath: *Vado a farmi il bagno.* I'm going to have a bath. | **fare il bagno al cane/al bambino** to give the dog/the baby a bath ▶ vedi anche **vasca** **3** (stanza) bathroom: *A casa mia ci sono due bagni.* There are two bathrooms in my house. ▶ vedi anche **camera** **4** (gabinetto) toilet (BrE), bathroom (AmE): *Scusi, dov'è il bagno?* Excuse me, where's the toilet? | *Devo andare in bagno.* I have to go to the toilet. **5** **mettere qc a bagno** to leave sth to soak: *Metti a bagno quei pantaloni, prima di lavarli.* Leave those trousers to soak before you wash them.

• **bagni** *s pl* (stabilimento) il concetto di spiaggia con accesso a pagamento non esiste in Gran Bretagna; per spiegare cos'è puoi dire **private beach**

bagnoschiuma *s* bubble bath

baia *s* bay

balbettare *v* to stammer | **balbettare una scusa** to stammer out an excuse

balbuziente *agg* **un ragazzo/una donna balbuziente** a boy/a woman with a stammer

balcone *s* balcony (pl balconies)

balena *s* whale

balla *s* (bugia) fib: *Mi ha raccontato una balla.* He told me a fib. | *Sono tutte balle!* It's a load of rubbish!

ballare *v* **1** (danzare) to dance: *Vuoi ballare?* Do you want to dance? | **andare a ballare** to go clubbing: *Paolo va a ballare tutti i sabati.* Paolo goes clubbing every Saturday. **2** (traballare) to wobble

ballerina *s* dancer | **ballerina (classica)** ballerina

ballerine *s pl* (ballet) pumps

ballerino *s* dancer

balletto *s* (di danza classica) ballet, (a scuola, in tv) dance

ballo *s* **1** (tipo di danza) dance **2** (attività) dancing: *Non sono portata per il ballo.* I'm no good at dancing. | *Vado a scuola di ballo.* I go to dancing lessons. **3** (giro) dance **4** **essere in ballo** to be at stake: *È in ballo il campionato, non è il caso di scherzare!* The championship is at stake. This is not the time to mess around.

balneare *agg* **una località balneare** a seaside resort

balsamo *s* conditioner

balzare *v* to leap: *È balzato in piedi di scatto.* He suddenly leapt to his feet.

balzo *s* jump | **fare un balzo** to jump

bambino, -a *s* ▶ vedi riquadro

bambola *s* doll

---

bambino -a *sostantivo*

1 Il termine generale per un bambino o una bambina è **child**, plurale **children**:

un libro per bambini a children's book | *Solo i bambini sotto i sei anni non pagano l'ingresso.* Only children under the age of six get in free. | *Non fare il bambino!* Don't be so childish!

2 Anche nel senso di figlio, si usa **child**:

Non possono avere bambini. They can't have children. | *Ha già due bambini e aspetta il terzo.* She already has two children, and is expecting a third.

3 Quando si vuole precisare che si tratta di un maschio o di una femmina, si usa **(little) boy** per il maschile e **(little) girl** per il femminile:

La bambina del piano di sotto va alle elementari. The little girl who lives downstairs goes to primary school. | *In questa classe ci sono più bambine che bambini.* There are more girls than boys in this class. | *Il loro bambino ha tre anni.* Their little boy's three.

4 Per un bambino o una bambina al di sotto di un anno e mezzo circa, il termine generale è **baby**, plurale **babies**, seguito da **boy** o **girl** per precisare che si tratta rispettivamente di un maschio o di una femmina:

un bambino di tre mesi a three-month-old baby | *Fa la baby-sitter a una bambina di pochi mesi.* She looks after a baby girl who is just a few months old.

5 Esiste anche il termine **toddler** per riferirsi a un bambino o una bambina che ha appena imparato a camminare:

Il parco era pieno di mamme con bambini piccoli. The park was full of mothers with toddlers.

---

banale *agg* **1** (opinione, film) conventional: *Ha detto delle cose banali.* He said some fairly conventional things. **2** (da poco) trivial: *È stato un errore banale.* It was a trivial mistake.

banalità *s* **1** (cosa scontata) trivial thing **2** (scarsa originalità) invece del sostantivo, si usa di solito l'aggettivo **dull**: *Mi ha sorpreso la banalità del film.* I was surprised **how dull** the film was.

banana *s* banana

banca *s* **1** bank: *Devo andare in banca.* I have to go to the bank. | *Quanti risparmi hai in banca?* How much money do you have in the bank? **2** **banca dati** database

bancarella *s* stall: *L'ho trovato su una bancarella di abiti usati.* I found it at a second-hand clothes stall.

B

bancario, -a *aggettivo* e *sostantivo*
- *agg* si usa il sostantivo **bank** in funzione di aggettivo: *operazioni bancarie* bank transactions
- *s* bank clerk

bancarotta *s* bankruptcy | **andare in bancarotta** to go bankrupt

banchetto *s* banquet

banchiere *s* banker

banchina *s* **1** (di porto) quay **2** (di stazione) platform

banco *s* **1** (in classe) desk **2** (di negozio, bar) counter: *Al supermercato c'era la fila davanti al banco del pesce.* There was a queue at the fish counter in the supermarket. | *È tipico degli italiani consumare il caffè in piedi, al banco.* It's common for Italians to have their coffee while standing at the bar. **3** **un banco di nebbia** a bank of fog | **un banco di sabbia** a sand bank

Bancomat® *s* **1** l'equivalente inglese più vicino è **Switch®** per il sistema e **Switch® card** per la carta **2** (sportello) cash machine: *C'è un Bancomat da queste parti?* Is there a cash machine nearby?

banconota *s* (bank)note: *una banconota da cinquanta euro* a fifty-euro note

banda *s* **1** (di malviventi, musicale) band **2** (su maglia, bandiera) stripe: *La vela è gialla con una banda verticale azzurra.* The sail is yellow with a vertical blue stripe. | **banda magnetica** magnetic strip

banderuola *s* weather vane

bandiera *s* flag

bandire *v* **1** (gara, concorso) to announce **2** (vietare) to ban

bandito *s* bandit

bando *s* **1** (divieto) ban | **mettere al bando qc** to ban sth: *I prodotti non conformi alle norme europee sono stati messi al bando.* Products which do not conform to European standards have been banned. | **bando alle chiacchiere** no more chatting **2** (di concorso, gara) announcement ► i concorsi in Gran Bretagna non sono una procedura comune come in Italia, essendo quasi esclusivamente limitati ai funzionari governativi

bar *s* café, bar

> In Gran Bretagna, i **cafés** servono di solito solo bevande non alcoliche e piatti caldi o freddi per il pranzo. I **bars**, invece, sono specializzati nella vendita di alcolici:
>
> *Faccio colazione al bar.* I have breakfast at the café. | *Ti offro una birra al bar dell'angolo.* I'll buy you a beer at the bar on the corner.

bara *s* coffin (BrE), casket (AmE)

baracca *s* **1** (costruzione di fortuna) shack, (in giardino) shed: *Molte famiglie sono costrette a vivere in baracche alla periferia della città.* Many families have to live in shacks on the outskirts of the city. | *Tutti gli attrezzi sono nella baracca in giardino.* All the tools are in the garden shed. **2** (macchina, aggeggio) piece of junk: *Questa fotocopiatrice è una baracca: si è inceppata di nuovo!* This photocopier is a piece of junk. It's jammed again! ► vedi nota FALSE FRIEND sotto **barracks**

barare *v* (al gioco) to cheat

barattolo *s* (di vetro) jar, (di metallo) tin: *un barattolo di marmellata* a jar of jam | *un barattolo di vernice* a tin of paint

barba *s* **1** (sul viso) beard: *Ha sempre portato la barba.* He's always **had a** beard. | **farsi la barba** to shave **2** (noia) bore: *Che barba quel film!* That film was so boring!

barbabietola *s* beetroot | **barbabietola da zucchero** sugar beet

barbaro, -a *aggettivo* e *sostantivo*
- *agg* barbaric
- *s* barbarian

barbecue *s* **1** (oggetto) barbecue: *Il barbecue, lo teniamo sul terrazzo.* We keep the barbecue on the balcony. **2** (festa) barbecue: *Vieni al barbecue di Sandra?* Are you coming to Sandra's barbecue?

barbiere *s* **1** (negozio) barber's: *Devo andare dal barbiere.* I have to go to the barber's. **2** (persona) barber

barboncino *s* poodle

barbone, -a *s* **1** (persona) **barbone** tramp | **barbona** bag lady (pl bag ladies) | **barboni** (uomini e donne) down-and-outs: *La stazione è piena di barboni.* The station's full of down-and-outs. **2** (cane) poodle

barca *s* **1** boat | **andare in barca a)** (in un luogo) to go by boat: *Siamo andati in macchina fino a Napoli poi da lì siamo andati in barca.* We took the car as far as Naples and from there we went by boat. **b)** (come sport) to sail: *Mi piace andare in barca.* I like sailing. | **barca a vela** sailing boat (BrE), sailboat (AmE) | **barca a remi** rowing boat (BrE), rowboat (AmE) **2** **costare una barca di soldi** to cost a fortune

Barcellona *s* Barcelona

barella *s* stretcher

barile *s* barrel

barista *s* (uomo) barman (pl barmen), (donna) barmaid

barlume *s* glimmer: *un barlume di speranza* a glimmer of hope

barocco, -a *aggettivo* e *sostantivo*
- *agg* baroque
- **barocco** *s* Baroque

barometro *s* barometer

B

barone, -essa *s* **barone** baron | **baronessa** baroness (pl baronesses)

barra *s* **1** (segno grafico) slash (pl slashes) **2** (in informatica) bar: *la barra degli strumenti* the toolbar | *la barra delle applicazioni* the taskbar **3** (asta) bar: *una barra d'acciaio* a steel bar | **la barra del timone** the tiller

barricarsi *v rifl* to barricade yourself

barricata *s* barricade

barriera *s* **1** barrier: *In tutta la zona ci sono delle barriere che bloccano il traffico.* There are barriers blocking the traffic throughout the area. | *barriere sociali e razziali* social and racial barriers **2** (nel calcio) wall

barriera corallina coral reef **barriera del suono** sound barrier

barzelletta *s* joke: *Vuoi sentire una barzelletta?* Do you want to hear a joke?

basare *v* to base | **essere basato su qc** to be based on sth: *Il loro slogan pubblicitario è basato su un gioco di parole.* Their advertising slogan is based on wordplay.

basarsi *v rifl* (teoria, principio) to be based on | **basarsi sulla propria esperienza** to draw on your own experience

basco, -a *aggettivo e sostantivo*

• *agg* Basque: *i Paesi Baschi* the Basque Country

• **basco** *s* **1** (lingua) Basque **2** (cappello) beret

base *s* **1** (di statua, rettangolo) base | **essere alla base di qc** to be at the heart of sth: *Alla base del conflitto ci sono motivi religiosi.* There are religious reasons at the heart of the conflict. **2** **a base di** made with: *un dolce a base di cioccolato* a dessert made with chocolate | **in base a** according to: *raggruppati in base alla grandezza* grouped according to size **3** **le basi in qc** (conoscenze) a grounding in sth: *A Luigi mancano le basi in matematica.* Luigi doesn't have a grounding in maths. | **di base** basic: *un corso di inglese di base* a course in basic English **4** (militare, spaziale) base

basetta *s* sideburn

basilare *agg* fundamental

basilico *s* basil

basso, -a *aggettivo, avverbio, sostantivo e sostantivo plurale*

• *agg* **1** (casa, tavolo) low: *la parte bassa della colonna* the lower half of the column **2** (persona) short: *Paolo è più basso di me.* Paolo is shorter than me. | *persone di bassa statura* short people ▶ vedi anche **scarpa, tacco**

3 (volume) low: *Tieni il volume basso.* Keep the volume low, please. | *Parla a bassa voce!* Keep your voice down!

4 (prezzo, temperatura) low: *Il numero degli iscritti è ancora basso.* The number of people enrolled is still low. | *I prezzi ora sono molto bassi.* Prices are very low now. | **a basso prezzo** cheap: *articoli a basso prezzo* cheap goods

• *avv* low: *Guarda come vola basso quell'aereo!* Look how low that plane is flying!

• *s* **1** bottom: *Parti dal basso, poi procedi con gli scaffali più alti.* Start at the bottom, then move on to the upper shelves. | **guardare in basso** to look down | **il cassetto in basso** the bottom drawer

2 (strumento, cantante) bass

• **bassi** *s pl* (di stereo) bass [mai plurale]: *Regola un po' i bassi.* Adjust the bass a bit, will you?

basta! *inter* enough!: *Adesso basta!* That's enough! | *Basta con queste lagne!* **Stop** moaning!

bastardo *s* **1** (cane) mongrel **2** (insulto) bastard

bastare *v* **1** (in quantità) to be enough: *Le sedie non bastano per tutti.* There aren't enough seats for everyone. | *Mi basteranno 20 euro?* Will 20 euros be enough? | *Mi è bastato un attimo per correggerlo.* It took me a minute to correct it. | *Basta così, grazie.* That's enough, thanks. | *Gli basta poco per divertirsi.* He's pretty easily amused. **2** **basta cliccare qui/telefonare** all you have to do is click here/phone | **basta che ti informi prima/che ti sbrighi** just find out beforehand/hurry up **3** (durare) to last: *Questi soldi ti devono bastare fino a venerdì.* This money has to last you until Friday.

bastoncino *sostantivo e sostantivo plurale*

• *s* (asticella) stick: *un bastoncino di legno* a wooden stick

• **bastoncini di pesce®** *s pl* fish fingers

bastone *s* stick

batosta *s* blow: *La sconfitta di ieri è stata una bella batosta per la squadra.* Yesterday's defeat was a real blow for the team.

battaglia *s* battle | **battaglia navale** (gioco) battleships

battello *s* boat

battente *aggettivo e sostantivo*

• *agg* (pioggia) pouring

• *s* **una porta a doppi battenti** a double door | **chiudere i battenti** (negozio, locale) to close down

battere *v* **1** (sbattere) to bang: *Ho battuto la testa contro il tavolo!* I **banged** my head **on** the table! **2** (sconfiggere) to beat: *A tennis non lo batte nessuno.* Nobody can beat him at tennis. | **battere un record** to break a record **3** **battere le mani** to clap **4** **battere i denti** *Gli battevano i denti dal freddo.* His teeth were chattering with the cold. **5** (al computer, a macchina) to type: *Mi batteresti una lettera al computer?* Will you type a letter for me on the

Quando si usa *in*, *on* e *at*? Vedi alla voce in.

computer? **6** **battere un rigore/un calcio d'angolo** to take a penalty/a corner kick **7** (setacciare) to scour **8** (cuore) to beat: *Sentivo il cuore battere forte.* I could feel my heart beating.

battersi *v rifl* to fight

batteri *s pl* bacteria

batteria *s* **1** (pila) battery (pl batteries) **2** (accumulatore) battery: *Ho la batteria del telefonino scarica.* My mobile battery has run down. **3** (in musica) drums [sempre plurale]: *Suona la batteria in un gruppo.* He plays the drums in a band. | *Alla batteria c'era Charlie Watts.* Charlie Watts was **on drums**.

batterista *s* drummer

battesimo *s* baptism, christening ▶ vedi anche **nome**

battezzare *v* to baptize, to christen

battito *s* (ritmo) beat: *Il battito cardiaco è regolare.* His heartbeat is normal. | **battiti al minuto** (pulsazioni) pulse rate: *Ho sessanta battiti al minuto.* My pulse rate is 60.

battuta *s* **1** (commento) joke: *Era solo una battuta!* It was just a joke! **2** (in dattilografia) character **3** (a teatro) line: *Deve ancora imparare le sue battute.* He's still got to learn his lines. **4** **subire una battuta d'arresto** to come to a standstill: *I negoziati hanno subito una battuta d'arresto.* The negotiations have come to a standstill.

baule *s* **1** (cassa) trunk **2** (bagagliaio) boot (BrE), trunk (AmE)

bavaglino *s* bib

bavaglio *s* gag

bavero *s* collar: *una giacca col bavero di velluto* a jacket with a velvet collar

beato *agg* lucky: *Beato te!* Lucky you!

bebè *s* baby (pl babies)

beccare *v* **1** (uccello) to peck **2** (sorprendere) to catch: *Il professore mi ha beccato a copiare.* The teacher caught me cheating. | **beccarsi un raffreddore** to catch a cold | **beccarsi un ceffone** to get a slap

becco *s* **1** (di animale) beak **2** (bocca) gob [informale]: *Chiudi il becco!* Shut your gob!

Befana *s* La Befana non è festeggiata nei paesi di lingua inglese. Per spiegare cos'è puoi dire **an imaginary old woman who brings presents for children on January 6th**

beffarsi *v rifl* **beffarsi di qn/qc** to make fun of sb/sth: *Si beffa di tutto e di tutti.* He makes fun of everything and everyone.

beige *agg* e *s* beige ▶ vedi Active Box **colori** sotto **colore**

belare *v* to bleat

belga *agg* e *s* Belgian

Belgio *s* **il Belgio** Belgium

Belgrado *s* Belgrade

bellezza *s* **1** (di persona, opera) beauty ▶ vedi anche **concorso** **2** (persona) beauty (pl beauties): *Non è una bellezza, ma è simpatica.* She's no beauty, but she's nice. **3** **che bellezza!** how wonderful!: *Che bellezza: domani, niente scuola!* How wonderful! No school tomorrow! **4** **bellezza naturale** natural beauty

bello, -a *aggettivo* e *sostantivo*

• *agg* ▶ vedi riquadro

• **bello** *s* **di bello** *Cos'hai fatto di bello ieri?* Did you do anything interesting yesterday? | **il bello** (la parte migliore) the interesting bit: *Aspetta, adesso viene il bello.* Wait, here's the interesting bit. | **sul più bello** at the best bit: *Sul più bello, interrompono e danno la pubblicità.* They always break for the adverts at the best bit.

belva *s* wild beast

bemolle *s* flat: *re bemolle* D flat

benché *cong* although: *Ha offerto il suo aiuto benché nessuno glielo avesse chiesto.* He offered to help although no-one had asked him to.

benda *s* **1** (per medicazioni) bandage: *benda elastica* elasticated bandage **2** (per gli occhi) blindfold

bendare *v* **1** (braccio, ferita) to bandage (up) **2** **bendare gli occhi a qn** (per non vedere) to blindfold sb: *Gli hanno bendato gli occhi perchè non vedesse le loro facce.* They blindfolded him so he wouldn't see their faces.

bene *avverbio, sostantivo* e *sostantivo plurale*

• *avv* **1** (in modo soddisfacente) well: *Parla bene l'inglese.* He speaks English well. | *Va bene a scuola.* She's doing well at school. | *In quel ristorante si mangia bene.* The food's good in that restaurant. | *Adesso il DVD va bene.* The DVD is working properly now. | *Mezzo chilo di mele va bene.* Half a kilo of apples is fine. | **va bene!** OK!: – *Ci vediamo alle otto.* – *Va bene!* "See you at eight." "OK!" | **stare bene a)** (di salute) to be well: *Ultimamente non sono stato molto bene.* I've not been very well lately. | – *Come stai?* – *Sto bene, grazie.* "How are you?" "Fine, thanks." **b)** (di aspetto) to look good: *Stai bene con quella maglia.* You look good in that sweater. | **star bene a qn a)** to suit sb (indumento, colore): *Il rosso le sta bene.* Red suits her. **b)** (servire di lezione): *Ti sta bene, così impari!* That'll teach you a lesson! **2** (in modo giusto) *se ben ricordo* if I remember rightly | *Comportati bene!* Behave yourself! | **fare bene a fare qc** to be right to do sth: *Hai fatto bene a telefonare.* You were right to call. **3** (molto) very: *Stai bene attento a non sporcarti!* Be very careful not to get dirty! | *Siamo ben lontani da una soluzione.* We're a long way

bello -a *aggettivo*

1 Quando ci si riferisce all'aspetto si usa di solito **beautiful** e per un uomo **good-looking**:

una bella ragazza a beautiful girl | *Hai davvero una bella casa.* You have a really beautiful house. | *È ancora un bell'uomo.* He's still a good-looking man.

2 Nel senso di piacevole e con riferimento al tempo si usa **nice**:

Abbiamo fatto una bella passeggiata. We had a nice walk. | *Ci vorrebbe un bel tè caldo.* What we need is a nice cup of tea. | *Se domani fa bello, possiamo uscire.* If the weather's nice tomorrow, we can go out.

3 Nel senso di buono, si usa **good**:

Hai avuto una bella idea. That was a good idea of yours. | *Oggi ho preso un bel voto.* I got a good mark today.

4 Nel senso di grande, con connotazione positiva si usa **nice** e con connotazione negativa si usa **nasty**:

un bel piatto di pastasciutta a nice plate of pasta | *Si è preso un bel raffreddore.* He's caught a nasty cold.

5 Quando è usato come rafforzativo, la traduzione varia a seconda del contesto:

Non ho capito un bel niente. I didn't understand a single thing. | *È una truffa bell'e buona!* It's a real scam! | *Vorrei una bibita bella fresca.* I'd like a nice cold drink. | *L'ho aggiustato alla bell'e meglio.* I mended it as well as I could.

from a solution. **4** (addirittura) a good: *Costa ben 5.000 euro.* It costs a good 5,000 euros. | *C'erano ben 20.000 fan ad aspettarlo.* There were at least 20,000 fans waiting for him.

• *s* **1** (cosa buona) good: *Nella sua vita ha fatto del bene a tante persone.* He's done a lot of good for a lot of people in his life. | **fare bene a qn a)** (cibo, bevanda) to be good for sb: *Bevilo tutto: ti fa bene.* Drink up – it's good for you. **b)** (sport, attività) to do sb good: *Un po' di moto ti farà bene.* A bit of exercise will do you good. **2 voler bene a qn** to love sb: *Ti voglio bene.* I love you. **3** (vantaggio) good | **per il mio/tuo ecc. bene** for my/your etc own good: *Te lo dico per il tuo bene.* I'm telling you for your own good.

• **beni** *s pl* property [singolare] | **beni di prima necessità** necessities | **beni di consumo** consumer goods | **beni culturali/ambientali** cultural/environmental heritage [singolare]

benedetto, -a *agg* **1** consecrated **2** (per esprimere irritazione) flipping: *Ma quando arriva questo benedetto treno?* When's the flipping train going to arrive?

benedire *v* to bless

benedizione *s* blessing

beneducato, -a *agg* polite

beneficenza *s* charity: *opere di beneficenza* charitable works | *un concerto di beneficenza* a benefit concert

beneficio *s* benefit | **trarre beneficio da qc** to benefit from sth: *La sua salute ha tratto beneficio dal soggiorno in montagna.* Her health has benefited from her stay in the mountains. | **andare a beneficio di qn** to benefit sb: *La nuova piscina va a beneficio di tutta la comunità.* The new swimming pool will benefit the entire community.

benessere *s* **1** (fisico) well-being **2** (economico) affluence

benestante *agg* well-off: *Viene da una famiglia benestante.* She comes from a well-off family.

benigno *agg* benign

beninteso *avv* of course: *Beninteso, Marco non deve saperne niente.* Marco mustn't know anything about it.

bensì *cong* but: *Non parto più a maggio, bensì a giugno.* I'm not leaving in May any more, but in June.

bentornato, -a *agg* welcome (back): *Bentornati!* Welcome back! | *Bentornato a casa!* Welcome home!

benvenuto, -a *aggettivo* e *sostantivo*

• *agg* welcome: *Benvenuti in Italia!* **Welcome to** Italy!

• *s* **essere il benvenuto** to be welcome: *Da noi sarai sempre il benvenuto.* You'll always be welcome at our house. | **dare il benvenuto a qn** to welcome sb: *Domani sera ci sarà un rinfresco per dare il benvenuto ai nuovi arrivati.* There will be a reception tomorrow evening to welcome the new arrivals.

benzina *s* petrol (BrE), gas (AmE): *benzina senza piombo* unleaded petrol | **fare benzina** to get some petrol

benzinaio, -a *s* **1** (persona) petrol pump attendant **2** (distributore) petrol station (BrE), gas station (AmE)

bere *v* **1** (acqua, bibita) to drink: *Ti va di bere qualcosa insieme?* Do you fancy going for a drink? | *Vuoi bere qualcosa?* Do you want a drink? | *Ti offro da bere.* I'll buy you a drink. **2** (scusa, storia) to fall for: *Non credere di avermela data a bere!* I'm not falling for that!

Berlino *s* Berlin

bermuda *s* Bermuda shorts: *un paio di bermuda* a pair of Bermuda shorts

Berna *s* Berne

bernoccolo *s* bump: *Cadendo mi sono fatto un bernoccolo sulla fronte.* I got a bump on my forehead after I fell.

berretto *s* cap: *un berretto di lana* a woollen cap

B

bersaglio s (obiettivo) target | **centrare il bersaglio** to hit the target

bestemmiare v to swear

bestia s **1** (animale) animal | **andare in bestia** to fly into a rage: *Va in bestia ogni volta che qualcuno si azzarda a criticarlo.* He flies into a rage every time anyone dares to criticise him. **2** (persona ignorante) moron: *Sei proprio una bestia!* You're such a moron!

bestiale agg **1** (enorme) non c'è in inglese un aggettivo corrispondente, ma si usano espressioni diverse a seconda del contesto: *C'era un freddo bestiale in montagna.* It was freezing cold in the mountains. | *Ho una paura bestiale.* I'm really afraid. **2** (crudele) bestial

bestiame s livestock

bevanda s drink: *bevanda alcolica* alcoholic drink | *bevanda analcolica* soft drink

Biancaneve s Snow White: *Biancaneve e i sette nani* Snow White and the Seven Dwarfs.

biancheria s **1 biancheria (intima)** underwear **2 biancheria per la casa** linen **3** laundry, washing: *il cesto della biancheria sporca* the dirty laundry basket

bianco, -a aggettivo e sostantivo
• agg **1** (di colore) white **2** (vino, razza) white, (capelli) grey (BrE), gray (AmE): *un bicchiere di vino bianco* a glass of white wine | *Mi stanno venendo i primi capelli bianchi.* My first grey hairs are starting to appear. **3** (pallido) pale: *Come sei bianco, non stai bene?* You look pale, are you feeling all right? **4** (foglio, pagina) blank
• **bianco** s **1** (colore) white **2 in bianco a)** (assegno, pagina) blank **b)** (pasta, riso) plain | **in bianco e nero** (film, fotografia, televisione) black and white **3** (persona) white **4 dare una mano di bianco a qc** to paint sth white: *Abbiamo dato una mano di bianco alle pareti.* We painted the walls white. **5 il bianco dell'uovo** egg white ▶ vedi Active Box **colori** sotto **colore**

biasimare v to blame

Bibbia s Bible

biberon s (baby's) bottle

bibita s (soft) drink

bibliografia s bibliography (pl bibliographies)

biblioteca s **1** (luogo) library (pl libraries): *la biblioteca della scuola* the school library **2** (mobile) bookcase: *sul terzo ripiano della biblioteca* on the third shelf of the bookcase

bibliotecario, -a s librarian

bicarbonato s **bicarbonato (di sodio)** bicarbonate of soda

bicchiere s glass (pl glasses): *bicchiere da vino* wine glass | *un bicchiere d'acqua* a glass of water | *mezzo bicchiere di vino* half a glass of wine | **bicchiere di carta** paper cup

> **a glass of wine o a wine glass?**
>
> **a glass of wine, a glass of champagne**, ecc. si riferiscono a un bicchiere pieno di vino, champagne, ecc. Per indicare il tipo di bicchiere usato per bere vino, champagne, ecc. si dice **a wine glass, a champagne glass**, ecc.:
>
> *Vuoi un bicchiere di vino?* Would you like a glass of wine? | *Ho rotto uno dei bicchieri da whisky.* I broke one of the whisky glasses.

bicicletta s bicycle: *Vado a fare un giro in bicicletta.* I'm going for a bicycle ride. | **andare in bicicletta** to ride a bicycle: *Sai andare in bicicletta?* Can you ride a bicycle? | *Vado sempre a scuola in bicicletta.* I always go to school **by bicycle.** | **bicicletta da corsa** racer

bidè s bidet

bidello, -a s janitor, caretaker

bidone s **1** drum | **bidone della spazzatura** dustbin (BrE), trash can (AmE) **2** (truffa) swindle | **fare un bidone a qn** to stand sb up: *Perché gli hai fatto un bidone?* Why did you stand him up?

Bielorussia s **la Bielorussia** Belarus, Belorussia

biennio s (corso di studi) two-year course

bietola s beet

bifamiliare ▶ vedi **villetta**

bigiotteria s costume jewellery

bigliettaio, -a s (di cinema, teatro) ticket seller, (su autobus, tram) conductor

biglietteria s (in cinema, teatro) box office, (alla stazione, allo stadio) ticket office | **biglietteria automatica** ticket machine

biglietto s **1** (per trasporti) ticket: *un biglietto per Edimburgo* a ticket to Edinburgh | *biglietto del treno* train ticket | *biglietto aereo* plane ticket | **fare il biglietto** to get the ticket(s): *Sbrigati, dobbiamo ancora fare il biglietto!* Hurry up! We still have to get the tickets. | **biglietto di andata e ritorno** return (ticket): *Un biglietto di andata e ritorno per Oxford, per favore.* A return to Oxford, please. | **biglietto di (sola) andata** single (ticket):

Un biglietto di andata per Londra, Liverpool Street. A single to London Liverpool Street. | **biglietto di prima/seconda classe** first-class/second-class ticket **2** (di cinema, lotteria) ticket | **biglietto omaggio** free ticket **3** **biglietto d'auguri** greetings card: *un biglietto d'auguri di compleanno* a birthday card | **biglietto da visita** (business) card **4** (annotazione) note: *Le ho lasciato un biglietto sulla porta.* I left a note for her on the door. **5** (banconota) note: *un biglietto da 100 euro* a 100 euro note

bigodino *s* curler

bikini *s* bikini

Bilancia *s* Libra: *Sono della Bilancia.* I'm a Libra.

bilancia *s* scales [sempre plurale]: *Stando alla bilancia di casa mia, ho perso due chili.* According to the scales at home, I've lost two kilos.

bilanciare *v* (compensare) to balance

bilancio *s* **1** **fare un bilancio di qc** to take stock of sth: *La compagnia aerea sta ancora facendo un bilancio dei danni.* The airline is still taking stock of the damage. | **il bilancio delle vittime** the death toll **2** (di azienda) balance | **bilancio preventivo** budget

bilia *s* (di vetro) marble: *una partita a bilie* a game of marbles

biliardo *s* pool: *Sai giocare a biliardo?* Can you play pool?

> Nei paesi anglosassoni ci sono tre giochi di biliardo: il **pool**, diffuso soprattutto negli Stati Uniti, che comprende due serie di palle colorate; lo **snooker**, simile al pool, ma giocato su un tavolo più grande, e il **billiards** che si gioca con tre sole palle ed è meno praticato.

bilico *s* **in bilico** *Quel piatto è in bilico sul tavolo.* That plate's right on the edge of the table. | *È in bilico tra la vita e la morte.* He's hovering between life and death.

bilingue *agg* bilingual

bimbo, -a *s* child (pl children) ► vedi nota sotto **bambino**

binario, -a *sostantivo* e *aggettivo*

• **binario** *s* **1** (rotaia) track **2** (banchina) platform: *Da che binario parte il treno per Birmingham?* Which platform does the Birmingham train leave from?

• *agg* binary

binocolo *s* binoculars [sempre plurale]: *Passami il binocolo.* Pass me the binoculars.

biodegradabile *agg* biodegradable

biografia *s* biography (pl biographies)

biologia *s* biology

biondo, -a *agg* (capelli, ragazza) blond

birichino *agg* mischievous

birillo *s* skittle

biro® *s* biro®

birra *s* beer: *birra alla spina* draught beer | *una birra piccola* a half pint of beer | *una birra media* a pint of beer

> Ci sono vari tipi di birra in Gran Bretagna, dei quali i più comuni sono la **lager**, chiara e leggera, e la **bitter** (chiamata **heavy** in Scozia), scura e amarognola. Le **stout** sono birre scure e forti, delle quali la più famosa è la **Guinness.**

birreria *s* (locale) pub: *Andiamo in birreria stasera?* Shall we go to the pub this evening?

> Come nelle birrerie, anche nei **pub**, vengono servite prevalentemente birre alla spina. A differenza della birreria, però, il **pub** è una vera istituzione nella tradizione britannica ed è frequentato da gente di ogni età.

bis *s* **1** (in spettacolo) encore: *Il pubblico entusiasta ha chiesto il bis.* The enthusiastic audience asked for an encore. **2** (porzione in più) **fare il bis** to have seconds: *Per forza sei pieno: hai fatto il bis di tutto!* Of course you're full. You've had seconds of everything!

bisbigliare *v* to whisper: *Gli ha bisbigliato qualcosa all'orecchio.* She **whispered** something **in** his ear.

biscia *s* grass snake

biscotto *s* biscuit: *biscotti al cioccolato* chocolate biscuits

bisessuale *agg* bisexual

bisestile ► vedi **anno**

bisnonno, -a *s* **bisnonno** great-grandfather | **bisnonna** great-grandmother | **bisnonni** (bisnonno e bisnonna) great-grandparents

bisognare *v* ► vedi riquadro

bisogno *s* **1** need: *Comincio a sentire il bisogno di un po' di riposo.* I'm beginning to feel the need for some rest. | *In caso di bisogno, puoi contare su di me.* If you need help, you can count on me. | **avere bisogno di qc/qn** to need sth/sb: *Hai bisogno di qualcosa?* Do you need anything? | *Grazie, non ho bisogno di niente.* Thanks, I don't need anything. | *Se avessi bisogno d'aiuto, chiamami.* If you need help, call me. | **avere bisogno di fare qc** to need to do sth: *Ho bisogno di fare una pausa.* I need to take a break. | *Avrei bisogno di parlarti.* I need to speak to you. | **esserci bisogno** to be necessary: *Non c'è bisogno che mi telefoni.* There is no need to phone. | *C'è proprio bisogno di alzare la voce?* Do you really need to raise your

B

bisognare *verbo*

1 In inglese non c'è un verbo impersonale come in italiano, ma si usano costruzioni personali con forme verbali diverse a seconda del tempo.

2 AL PRESENTE
Per *bisogna* si usa **have to** seguito dall'infinito:
Bisogna prendere una decisione. We have to make a decision. | *Bisogna che tu prenoti i biglietti.* You have to book the tickets.
Per *non bisogna* si usa **must not** (spesso contratto in **mustn't** in contesti meno formali), seguito dall'infinito:
Non bisogna perdere la calma. You mustn't lose your temper. | *Non bisogna perdere questo treno perché è l'ultimo.* We mustn't miss this train because it's the last one.

3 ALL'IMPERFETTO E AL CONDIZIONALE

4 Per *bisognava* si usa **should have** (forma negativa **shouldn't have**) seguito dall'infinito:
Bisognava parlarne prima! You should have mentioned it earlier! | *Non bisognava prenotare?* Shouldn't we have booked?

5 Per *bisognerebbe* si usa **should** (forma negativa **shouldn't**) seguito dall'infinito:
Bisognerebbe avvertirlo del ritardo. You should warn him about the delay. | *Non bisognerebbe fare il bagno subito dopo mangiato.* You shouldn't swim immediately after eating.

voice? **2** (necessità corporale) *Ho un bisogno urgente.* I need to go to the toilet.

bisognoso, -a *aggettivo* e *sostantivo*
- *agg* **bisognoso di qc** in need of sth: *un bambino bisognoso d'affetto* a child in need of affection.
- *s* **i bisognosi** (i poveri) the needy

bisonte *s* buffalo

bistecca *s* steak: *una bistecca ai ferri* a grilled steak | *Vorrei una bistecca con patate fritte.* I'd like steak and chips. | *Come la vuoi la bistecca: al sangue o ben cotta?* How would you like your steak – rare or well done?

bisticciare *v* to bicker | **bisticciare con qn** to bicker with sb

bisticcio *s* tiff

bisturi *s* scalpel

bit *s* bit

bivio *s* junction: *Al bivio bisogna svoltare a sinistra.* At the junction you have to turn left.

bizzarro, -a *agg* strange: *Che idea bizzarra!* What a strange idea!

blindato, -a *agg* (auto, furgone) bulletproof, (porta) reinforced

bloccare *v* **1** (traffico, vendita) to stop: *Ha bloccato di colpo la macchina.* She suddenly stopped the car. **2** (strada, passaggio) to block: *Togliti, blocchi il passaggio.* Can you move, you're blocking the way.

bloccarsi *v rifl* **1** (macchina, motore) to stall, (computer) to crash: *Mi si è bloccata la macchina in mezzo all'incrocio.* My car stalled in the middle of the junction. | *Mi si è bloccato il computer, ho dovuto riavviarlo.* My computer crashed, I had to reboot it. **2** (porta, chiave) to get stuck: *Si è bloccata la cerniera.* The key got stuck. **3** (psicologicamente) to freeze: *Ogni volta che devo parlare in pubblico mi blocco.* I freeze every time I have to speak in public.

bloccato, -a *agg* **rimanere bloccato** to be/get stuck: *Siamo rimasti bloccati nel traffico.* We were stuck in traffic.

blocco *s* **1** (di pietra, ghiaccio) block: *un blocco di marmo* a block of marble **2** (quaderno) pad: *blocco da disegno* drawing pad **3 comprare/vendere in blocco** to buy/sell wholesale: *La merce viene venduta in blocco.* The goods are sold wholesale. | *Ho comprato in blocco tutta la sua collezione di dischi.* I bought his entire record collection. **4 un blocco del traffico** a traffic jam ▶ vedi anche **posto** **5** (in medicina) blockage: *È morto per un blocco intestinale.* His death was caused by an intestinal blockage. **6** (blocco mentale) mental block

bloc-notes *s* notepad

blu *agg* e *s* blue

bluffare *v* to bluff

blusa *s* (da lavoro) smock

boa *sostantivo femminile* e *sostantivo maschile*
- *s fem* (galleggiante) buoy
- *s masc* (serpente) boa constrictor

bobina *s* **1** (di filo) bobbin **2** (di pellicola) reel

bocca *s* mouth: *Non si parla con la bocca piena!* You shouldn't talk with your mouth full! | *Mi ha dato un bacio sulla bocca.* He gave me a kiss on the lips. | **rimanere a bocca aperta** to be astounded: *Siamo rimasti tutti a bocca aperta quando ce lo ha detto.* We were all astounded when he told us. | **in bocca al lupo!** good luck!: *In bocca al lupo per l'esame!* Good luck in the exam! ▶ vedi anche **respirazione**

boccaccia *s* **fare le boccacce** to pull faces: *Smettila di fare le boccacce!* Stop pulling faces!

boccale *s* jug: *un boccale di birra* a jug of beer

boccata *s* **prendere una boccata d'aria** to get some fresh air: *È uscito a prendere una boccata d'aria.* He's gone out to get some fresh air.

B

boccetta *s* (small) bottle: *una boccetta di profumo* a small bottle of perfume

boccia *s* **1** (palla) bowl | **giocare a bocce** to play bowls **2** (recipiente) bowl: *una boccia per i pesci rossi* a goldfish bowl

bocciare *v* **1** **essere bocciato** to fail: *Sono stato bocciato in prima media.* I failed the first year of middle school. | *È stato bocciato all'esame di guida.* He failed the driving test. **2** (proposta, idea) to reject: *Tutti hanno bocciato la mia proposta di andare a teatro.* They all rejected my idea of going to the theatre.

bocciatura *s* invece del sostantivo, si usa di solito il verbo **to fail**: *Quest'anno ho rischiato la bocciatura.* I risked **failing** this year. | *Non si meritava la bocciatura.* She didn't deserve **to fail**.

bocciolo *s* bud: *boccioli di rosa* rosebuds

boccone *s* mouthful | **mangiare un boccone** to have a snack: *Ho mangiato un boccone prima di uscire.* I had a snack before going out.

body *s* **1** (da ginnastica, danza) leotard: *un body per la palestra* a leotard for the gym **2** (intimo) body (pl bodies)

boia *aggettivo e sostantivo*
- *agg* non c'è un sostantivo corrispondente, ma si usano espressioni diverse a seconda del contesto: *Fa un freddo boia.* It's freezing. | *Ho una fame boia.* I'm starving. | *Mi fa un male boia.* It hurts like hell.
- *s* executioner

boicottare *v* to boycott

bolla *s* **1** (d'aria) bubble: *una bolla di sapone* a soap bubble **2** (vescica) blister: *Mi è venuta una bolla sotto il piede.* I've got a blister on the sole of my foot.

bollente *agg* scalding: *Il caffè era bollente e mi sono scottato la lingua.* The coffee was scalding and I burned my tongue.

bolletta *s* bill: *la bolletta del telefono* the telephone bill

bollettino *s* **1** **bollettino meteorologico** weather report **2** **bollettino di versamento** paying-in slip

bollicina *s* **1** (di bevanda) bubble **2** (sulla pelle) spot

bollire *v* to boil: *L'acqua bolle.* The water's boiling. | **far bollire le patate/il latte** to boil the potatoes/the milk

bollito *s* boiled meat

bollitore *s* kettle

bollo *s* **1** (tassa) tax: *il bollo dell'auto* road tax **2** (timbro) stamp: *Fatti mettere un bollo sulla ricevuta così ti rimborsano.* Have a stamp put on the receipt so they'll pay you back. ► vedi anche **marca**

bomba *s* bomb: *bomba atomica* atomic bomb | *I terroristi hanno messo una bomba all'aeroporto.* The terrorists have planted a bomb in the airport building.

bombardare *s v* (città, nave) to bomb: *Gli aerei nemici stanno bombardando la città da un'ora.* The enemy planes have been bombing the city for an hour. | **bombardare qn di domande** to bombard sb with questions: *Mi ha bombardata di domande.* She bombarded me with questions.

bombetta *s* (cappello) bowler hat

bombola *s* cylinder: *la bombola del gas* the gas cylinder

bombolone *s* doughnut

bonaccione, -a *aggettivo e sostantivo*
- *agg* good-natured: *Ha un'aria bonacciona, ma ha un caratteraccio!* She seems good-natured, but she's actually a pretty nasty individual!
- *s* good-natured person: *In fondo, è un bonaccione.* Basically, he's a good-natured person.

bonifico *s* transfer: *pagamento tramite bonifico bancario* payment by bank transfer

bontà *s* goodwill

borbottare *v* **1** (parlare sottovoce) to mutter: *Ha borbottato qualcosa, ma non ho capito.* She muttered something, but I didn't catch it. **2** (brontolare) to grumble: *Smettila di borbottare e mettiti a fare i compiti!* Stop grumbling and get on with your homework!

borchia *s* stud

bordo *s* **1** (di strada, piscina) side: *Prendiamo il sole sul bordo della piscina.* Let's sunbathe by the side of the pool. **2** (di stoffa) trimming: *Le maniche della giacca hanno i bordi di velluto.* The jacket sleeves have a velvet trimming. **3** (di tavolo) edge **4** (di foglio) edging: *carta da lettere con un bordo blu* writing paper with a blue edging **5** (di tazza) rim **6** **a bordo** (di nave, aereo) on board: *I passeggeri sono già tutti a bordo.* The passengers are already all on board. | *Siamo saliti a bordo della nave.* We **went on board** the ship.

borghese *agg* **1** middle-class: *una famiglia borghese* a middle-class family **2** **in borghese** in plain clothes: *un poliziotto in borghese* a plain-clothes policeman

borraccia *s* water bottle

Borsa *s* stock exchange: *la Borsa di Londra* the London Stock Exchange | **giocare in Borsa** to play the stock market

borsa *s* **1** bag: *le borse della spesa* shopping bags | *una borsa da viaggio* a travel bag | **borsa dell'acqua calda** hot-water bottle | **borsa del ghiaccio** ice pack | **borsa frigo** cool bag **2** **borsa di studio** scholarship

borsaiolo, -a *s* pickpocket

borsellino *s* purse

borsetta *s* handbag (BrE), purse (AmE): *una borsetta a tracolla* a small shoulder bag

borsista *s* scholarship student

bosco *s* wood

botanica *s* botany

botanico ▶ vedi **orto**

botta *s* **1** (colpo) knock: *È stata una bella botta: guarda che livido!* That was quite a knock – look at the bruise you've got! | **prendere una botta** to get a knock: *Ho preso una botta alla spalla.* I got a knock on the shoulder. | *La tua moto ha preso una bella botta.* Your motorbike has been badly dented. **2 fare a botte** to have a punch-up: *C'erano dei ragazzi che facevano a botte davanti alla scuola.* Some lads were having a punch-up outside the school. **3** (psicologica) shock: *Questa notizia è stata una botta tremenda per lui.* This news has been a terrible shock for him.

botte *s* barrel

botteghino *s* box office

bottiglia *s* bottle | **in bottiglia** bottled: *birra in bottiglia* bottled beer

> Nota che **una bottiglia di birra/d'acqua** con riferimento al contenuto, o quando è piena, si traduce **a bottle of beer/of water** mentre quando è vuota si traduce **a beer/water bottle**.

bottino *s* (di furto) loot

bottone *s* **1** (di giacca, camicia) button: *Ho perso un bottone della giacca.* I lost a button off my shirt. **2** (pulsante) button: *Il bottone di accensione del computer è dietro.* The power button is at the back of the computer.

bovino, -a *aggettivo e sostantivo*
- *agg* **carne bovina** beef
- *s* **i bovini** cattle

bowling *s* **1** (gioco) bowling | **giocare a bowling** to go bowling: *Andiamo a giocare a bowling stasera?* Do you fancy going to the bowling tonight? **2** (locale) bowling alley: *Andiamo al bowling stasera?* Shall we go to the bowling alley tonight?

box *s* **1** (per auto) garage **2** (per bambini) playpen

boxe *s* boxing: *un incontro di boxe* a boxing match

boxer *s* (calzoncini) boxer shorts: *un paio di boxer* a pair of boxer shorts

braccetto a braccetto arm in arm: *Le ho viste a braccetto sotto i portici.* I saw them arm in arm under the arches.

bracciale *s* **1** (braccialetto) bracelet: *un bracciale d'argento* a silver bracelet **2** (di stoffa, plastica) armband

braccialetto *s* bracelet: *un braccialetto d'oro* a gold bracelet

bracciata *s* (nel nuoto) stroke: *Vado a fare qualche bracciata in piscina.* I'm off **for a quick swim** in the pool.

braccio *s* arm: *Mi sono rotto un braccio.* I've broken my arm. | *Mi ha afferrata per il braccio.* He grabbed me by the arm. | *Gli ha gettato le braccia al collo.* She threw her arms around his neck. | **in braccio** in my/your etc arms: *una donna con un bambino in braccio* a woman with a baby in her arms | *Tieni il gatto in braccio, se no scappa.* Hold the cat in your arms, or else it'll run away. | **prendere qn in braccio** to carry sb: *Mi prendi in braccio?* Will you carry me? | **braccio di ferro** (gioco) arm wrestling

bracciolo *s* **1** (di sedia, poltrona) arm **2** (salvagente) armband

brace *s* embers [sempre plurale]: *La brace è ancora accesa.* The embers are still glowing. | **alla brace** barbecued: *una bistecca alla brace* a barbecued steak ▶ vedi nota FALSE FRIEND sotto **brace**

braciola *s* chop: *una braciola di maiale* a pork chop

branco *s* **1** (di lupi, cani) pack **2** (di leoni) pride **3** (di persone) bunch: *Siete solo un branco di maleducati!* You're just a bunch of louts!

branda *s* camp bed

brandello *s* shred | **ridurre qc a brandelli** to tear sth to shreds: *Questa camicia è ormai ridotta a brandelli.* This shirt has been torn to shreds.

brano *s* **1** (di testo) passage: *Hai già tradotto il brano di inglese?* Have you already translated the English passage? **2** (canzone) track: *Il CD contiene 12 brani.* There are 12 tracks on the CD.

Brasile *s* **il Brasile** Brazil

brasiliano, -a *agg* e *s* Brazilian

bravo *agg* **1** (capace) good: *Sono bravo in matematica.* I'm **good at** maths. | *un bravo musicista* a good musician | *Giulia è la più brava della classe.* Giulia's the best in the class. | **bravo!** well done! **2** (onesto) good: *un bravo ragazzo* a good boy ▶ vedi nota FALSE FRIEND sotto **brave**

Vuoi sapere di più sui **verbi modali**? C'è una spiegazione nella **guida grammaticale**.

bretelle *s pl* (per pantaloni) braces (BrE), suspenders (AmE)

breve *agg* short: *Fate un breve riassunto del primo capitolo del libro.* Write a short summary of the first chapter in the book. | *Siamo stati a Londra per un breve periodo.* We were in London for a short time. | *Cercherò di essere breve.* I'll try to be brief. | **tra breve ...** in short ... | **per farla breve** to cut a long story short

brevetto *s* licence

brezza *s* breeze

bricco *s* jug

briciola *s* crumb: *Non far cadere le briciole per terra.* Don't let the crumbs fall on the floor.

briciolo *s* scrap: *Non ha un briciolo di buon senso!* She doesn't have a scrap of common sense!

brigata *s* **1** (di amici) gang **2** (militare) brigade

briglie *s pl* reins

brillante *aggettivo* e *sostantivo*

- *agg* **1** (superficie) shiny | **vernice brillante** gloss paint **2** (colore) bright: *un rosso brillante* a bright red **3** (persona, idea) brilliant: *una brillante carriera* a brilliant career | *Ha avuto proprio un'idea brillante!* He's had a really brilliant idea!
- *s* diamond: *un anello con brillante* a diamond ring

brillare *v* **1** (stelle, occhi) to shine **2** **non brillare per qc** not to be noted for sth: *Non brilla certo per il suo coraggio.* He's certainly not noted for his courage.

brillo, -a *agg* tipsy

brina *s* frost

brindare *v* **brindare a qn/qc** to toast sb/sth: *Brindiamo al festeggiato!* Let's toast the birthday boy!

brindisi *s* toast: *Vorrei fare un brindisi!* I'd like to propose a toast!

brioche *s* croissant

britannico, -a *aggettivo* e *sostantivo*

- *agg* British
- *s* British person (pl British people) ▶ Si usano anche **Briton**, tipico del linguaggio giornalistico, e **Brit**, piuttosto informale. Negli Stati Uniti è molto diffuso il termine **Britisher**. | **i britannici** the British

> Il termine **British** si riferisce a inglesi, scozzesi e gallesi, dato che Inghilterra, Scozia e Galles si trovano in **Britain**.

brivido *s* **1** (di freddo, paura) shiver | **avere i brividi** to shiver: *Ha i brividi dal freddo.* He's **shivering with** cold. **2** (emozione) thrill: *il brivido della velocità* the thrill of high speed

brocca *s* jug: *la brocca dell'acqua* the water jug

broccoli *s pl* broccoli [mai plurale]

brodo *s* soup: *Mettiti a letto, ti faccio un bel brodo caldo.* Go to bed and I'll make you some nice hot soup.

bronchite *s* bronchitis: *Ringrazia che non ti sei preso una bronchite!* You're lucky you didn't get bronchitis!

broncio *s* sulk: *È tornata a casa con il broncio.* She came home **in a sulk**. | **avere/fare il broncio** to sulk: *Sono giorni che fa il broncio.* She's been sulking for days.

brontolare *v* **1** (persona) to grumble: *Cos'hai da brontolare?* What are you grumbling about? **2** (stomaco) to rumble: *Mi brontola lo stomaco per la fame.* My stomach's rumbling.

bronzo *s* bronze

bruciapelo *avv* **a bruciapelo** point-blank: *Gli ha sparato a bruciapelo.* He shot him point-blank. | *Me l'ha chiesto a bruciapelo e non ho saputo rispondere.* He asked me point-blank and I couldn't answer.

bruciare *v* **1** (con fuoco, calore) to burn: *L'arrosto sta bruciando!* The roast is burning! | *Il cinema è bruciato.* The cinema **burned down**. | **bruciarsi la lingua/un dito** to burn your tongue/your finger **2** (caffè, minestra) to be boiling: *Come brucia questo tè!* This tea's boiling! **3** (pentola, fronte) to be burning: *Ti brucia la fronte.* Your forehead's burning. **4** (occhi, ferita) to sting: *Mi bruciano gli occhi.* My eyes are stinging. **5** (gola) to burn: *Mi brucia la gola.* My throat's burning.

bruciarsi *v rifl* **1** (con cosa calda) to burn yourself: *Mi sono bruciato con l'acqua bollente.* I burned myself with boiling water. **2** (al sole) to get burnt: *Non stare troppo al sole che ti bruci.* Don't stay out in the sun too long or you'll get burnt. **3** (arrosto) to burn: *La fiamma era troppo forte e il sugo si è bruciato.* The gas was too high and the sauce has burned.

bruciatura *s* burn

bruciore *s* burning sensation | **bruciore di stomaco** heartburn

bruco *s* caterpillar

brufolo *s* spot: *Con tutta quella cioccolata mi sono riempita di brufoli!* All that chocolate has brought me out in spots! | *Non ti schiacciare i brufoli!* Don't squeeze your spots!

bruno, -a *agg* **1** (capelli) dark **2** (persona) dark-haired

brusco, -a *agg* **1** (tono, risposta) brusque: *Ha dei modi un po' bruschi, ma è simpatico.* He can be a bit brusque, but he's nice. **2** (movimento, frenata) sudden: *Ho fatto un movimento brusco e ho perso l'equilibrio.* I made a sudden move and I

B

lost my balance. | *Detesto i risvegli bruschi.* I hate **sudden awakenings.**

brutale *agg* brutal

brutto, -a *aggettivo e sostantivo*

• *agg* **1** (di aspetto) ugly: *quel palazzo bruttissimo di fronte alla stazione* that really ugly building opposite the station | *Che brutto quadro!* What an ugly painting! ▶ Si può usare anche **hideous** che significa bruttissimo: *Ho un brutto naso.* I've got an absolutely hideous nose. ▶ vedi anche **copia** **2** (film, libro) bad: *Il film non era brutto, ma un po' noioso.* The film wasn't bad, but it was a bit boring. **3** (notizia, tempo) bad: *Ho preso un brutto voto.* I got a bad mark. | *È veramente un brutto periodo per me.* I'm going through a really bad patch. | *Ho fatto una brutta caduta.* I had a bad fall. | **vedersela brutta** *Quando i miei mi hanno beccato a fumare, me la sono vista proprio brutta.* When my parents caught me smoking, I thought I was really in for it. **4** (vizio, abitudine) nasty: *Ha la brutta abitudine di arrivare tardi.* He has the nasty habit of arriving late. **5** **di brutto** *Si è arrabbiato di brutto.* He got really angry. | *Piove di brutto.* It's raining really heavily.

• **brutto** *s* the worst thing: *Il brutto è che oltre ai soldi ho perso anche i documenti!* The worst thing is that I lost my papers as well as the money!

Bruxelles *s* Brussels

buca *s* **1** (fossa) hole **2** (su strada) pothole: *È una strada piena di buche.* The road is full of potholes. **3** (nel golf) hole **4** (nel biliardo) pocket

buca delle lettere letterbox (pl letterboxes)

bucare *v* **1** (calzino, foglio) to make a hole in: *Hai bucato i pantaloni.* You've made a hole in your trousers. **2** (in auto, bici) to get a puncture: *Abbiamo bucato.* We got a puncture. | *Ho bucato con la bici.* My bike's got a puncture.

bucarsi *v rifl* **1** (pungersi) to prick yourself: *Mi sono bucato con una spina.* I **pricked myself on** a thorn. **2** (gomma) *Mi si è bucata una gomma della bici.* I've got a puncture in one of my bicycle tyres. **3** (drogarsi) to shoot up

bucato, -a *aggettivo e sostantivo*

• *agg* **1** **avere un calzino bucato/le scarpe bucate** to have a hole in your sock/holes in your shoes **2** **avere una gomma bucata** to have a puncture: *Ti sei accorto che hai una gomma bucata?* Do you realise that you've got a puncture?

• **bucato** *s* **1** washing: *C'è una montagna di bucato da lavare.* There's a pile of washing to do. **2** **fare il bucato** to do the washing

buccia *s* **1** (di banana, pesca, cipolla) skin **2** (di mela, patata) peel **3** (di agrumi, melone) rind

buco *s* (foro) hole: *Ho un buco sotto una scarpa.* I've got a hole in the sole of my shoe. | *il buco nell'ozono* the hole in the ozone layer | **avere i buchi alle orecchie** to have pierced ears | **il buco della serratura** the keyhole: *Li ho visti dal buco della serratura.* I saw them through the keyhole. | **avere un buco nello stomaco** to feel peckish

buddismo *s* Buddhism

buddista *agg e s* Buddhist: *Mia cugina è buddista.* My cousin is a Buddhist.

budino *s* pudding: *un budino alla vaniglia* a vanilla pudding

bue *s* ox (pl oxen)

bufalo, -a *s* buffalo (pl buffalo or buffaloes)

bufera *s* gale

buffet *s* buffet

buffo, -a *agg* funny: *la scena più buffa del film* the funniest scene in the film | *Che buffo, ero sicura di aver preso le chiavi!* That's funny, I was sure I'd taken the keys!

bugia *s* lie: *Non dire bugie!* Don't tell lies!

bugiardo, -a *s e agg* sia per il sostantivo che per l'aggettivo si usa il sostantivo **liar**: *Mi ha dato del bugiardo.* She **called me a liar.** | *Se dici così, sei bugiardo!* You're **lying**!

buio, -a *sostantivo e aggettivo*

• **buio** *s* dark: *Perché leggi al buio? Accendi la luce.* Why are you reading **in the dark?** Switch on the light. | *Con questo buio non si vede niente.* You can't see anything in this darkness.

• *agg* dark: *È ancora buio.* It's still dark. | *Fuori è buio pesto.* It's pitch dark outside.

bulbo *s* (di pianta) bulb: *bulbi di tulipano* tulip bulbs

Bulgaria *s* **la Bulgaria** Bulgaria

bulgaro, -a *agg e s* Bulgarian

bullone *s* bolt

buonanotte *interiezione e sostantivo*

• *inter* goodnight: *Buonanotte a tutti!* Goodnight all!

• *s* goodnight: *Hai dato la buonanotte?* Did you **say goodnight?**

buonasera *inter* good evening

buongiorno *inter* hello ▶ Si può dire anche **good morning**, che però è più formale e si usa solo al mattino.

buono, -a *aggettivo e sostantivo*

• *agg* ▶ vedi riquadro

• *s* (persona) good person | **i buoni e i cattivi** goodies and baddies

buono sconto discount voucher

buonsenso *s* common sense: *Non hai un briciolo di buonsenso!* You haven't got an ounce of common sense!

burattino *s* puppet

burocrazia *s* **1** (amministrazione) bureaucracy **2** (lungaggine) red tape

Si dice *I arrived in London* o *I arrived to London*? Vedi alla voce **arrive**.

buono -a *aggettivo*

1 Nella maggior parte dei contesti, si traduce **good**:

Sai che è proprio una buona idea? Do you know, that's a really good idea. | *È un buon medico.* He's a good doctor. | *È un buon libro, leggilo!* It's a good book – read it! | *Conosco un buon ristorante.* I know a good restaurant. | *Che buona questa torta!* This cake's really good! | *Questa sì che è una buona notizia!* This really is a bit of good news!

2 Nel senso di gentile, si traduce **nice**:

Sei troppo buono con lei. You're too nice to her. | *Dai, sii buono, lasciami fare un giro col tuo motorino!* Come on, be nice. Let me have a go on your moped!

3 Riferito a momento, occasione, nel senso di opportuno, si traduce **right**:

Aspetto il momento buono per dirglielo. I'm waiting for the right moment to tell him.

4 Usato insieme a delle misure, nel senso di abbondante, si traduce **a good** seguito dalla misura:

Ci saranno tre chilometri buoni alla spiaggia. It must be a good three kilometres to the beach. | *È un chilo buono.* That weighs a good kilo. | *Abbiamo aspettato due ore buone.* We waited a good two hours.

5 Per augurare buon compleanno o buone feste, si usa **happy**:

Buon compleanno! Happy Birthday! | *Vi auguro Buon Anno.* Happy New Year.

Nota però che per augurare a qualcuno qualcosa di piacevole, come le vacanze o un viaggio, si usa **nice**:

Buone vacanze! Have a nice holiday! | *Buon week-end!* Have a nice weekend!

6 Alcune espressioni

alla buona simple: *Ho preparato una cena alla buona.* I made a simple meal. | **con le buone** nicely: *Te lo chiedo con le buone.* I'm asking you nicely. | **(una) buona parte di** most of: *Ho letto buona parte dei suoi libri.* I've read most of her books.

burrasca *s* storm

burro *s* **1** butter **2 burro di arachidi** peanut butter | **burro di cacao** cocoa butter

burrone *s* ravine

bussare *v* to knock: *Hanno bussato alla porta.* They **knocked on** the door.

bussola *s* compass (pl compasses)

busta *s* **1** (per lettera) envelope | **busta paga** (foglio) payslip; (soldi) pay-packet **2** (sacchetto) bag: *una busta di plastica* a plastic bag

bustarella *s* bribe

bustina *s* (di zucchero, lievito) packet | **una bustina di tè** a teabag

busto *s* **1** (parte del corpo) top half (pl top halves) **2** (indumento) corset

buttare *v* **1** (lanciare) to throw: *Mi butti quella palla?* Can you throw me that ball? **2 buttare giù qc a)** (muro, casa) to knock sth down **b)** (boccone) to bolt sth down: *Ho avuto solo il tempo di buttar giù un panino.* I had just enough time to bolt down a sandwich. **c)** (medicina) to swallow sth **3 buttare all'aria qc** to mess sth up: *Non buttare all'aria i cassetti!* Don't mess the drawers up! **4 buttare (via) qc a)** (nella spazzatura) to throw sth away: *Questa è tutta roba da buttare.* This is all stuff to be thrown away. **b)** (sprecare) to waste: *Ho buttato via un sacco di soldi.* I wasted a lot of money.

buttarsi *v rifl* **1** (gettarsi) to throw yourself: *Si è buttato dalla finestra del quinto piano.* He threw himself out of the fifth-floor window. | *Buttati! L'acqua è caldissima.* Jump in! The water's lovely. | **buttarsi giù** (demoralizzarsi) to lose heart: *Non devi buttarti giù per un compito in classe andato a male.* You shouldn't lose heart just because the test went badly. **2** (in un'impresa) to take the plunge

byte *s* byte

C, c *s* C, c vedi Active Box **lettere dell'alfabeto** sotto **lettera**

cabina *s* **1 cabina (telefonica)** phone box: *Ti sto chiamando da una cabina.* I'm calling you from a phone box. **2** (in spiaggia) (beach) hut **3** (di camion) cab | **cabina di pilotaggio** cockpit **4** (di nave) cabin: *una cabina a quattro posti* a four-berth cabin

cacao *s* cocoa ▶ vedi anche **burro**

cacca *s* poo: *Ho pestato una cacca di cane.* I stepped in some dog poo.

caccia *s* **1** (sport) hunting | **andare a caccia** to go hunting **2 dare la caccia a qn** to hunt sb: *La polizia sta ancora dando la caccia ai due terroristi.* The police are still hunting the two terrorists. | **essere a caccia di qc a)** (animale) to be hunting for sth **b)** (notizie) to be on the lookout for sth:

Siamo a caccia di notizie. We are on the lookout for stories.

caccia al tesoro treasure hunt

cacciare *v* **1** (mandare via) to throw out: *Suo padre l'ha cacciato di casa.* His father has thrown him out of the house. **2** (animale) to hunt **3** (mettere) to put: *Dove avrò cacciato le chiavi?* Where could I have put the keys? **4** (tirar fuori) to get out: *Dai papà, cacciaie portafogli!* Go on Dad, get your wallet out! | **cacciare un urlo** to let out a scream

cacciarsi *v rifl* *Dove ti eri cacciato?* Where have you been hiding? | **cacciarsi in un pasticcio/nei guai** to get yourself into a mess/into trouble

cacciatore, -trice *s* hunter

cacciavite *s* screwdriver | **cacciavite a stella** Phillips® screwdriver

cachi *aggettivo* e *sostantivo*

- *agg* khaki ► vedi Active Box **colori** sotto **colore**
- *s* (frutto) persimmon

cactus *s* cactus (pl cacti)

cadavere *s* body (pl bodies), corpse

cadere *v* **1** (persona, oggetto) to fall: *Attento a non cadere!* Careful you don't fall! | *Sono caduta dalle scale.* I **fell down** the stairs. | *Sono caduto dalla bici.* I **fell off** my bike. | *Dei massi sono caduti sulla strada.* Some rocks fell on the road. **2** **fare cadere qn** to knock sb over | **cadere dalle nuvole** to be taken aback **3** (sfuggire di mano) si usa **to drop**, ma, diversamente dall'italiano, il soggetto è la persona, mentre quello che si fa cadere è complemento oggetto: *Mi è caduta la penna.* I dropped the pen. | *Le è caduto di mano il bicchiere e si è rotto.* She dropped the glass and it broke. **4** (linea telefonica) to go dead: *È caduta la linea.* The line went dead. **5** (capelli, dente) to fall out: *Mi cadono i capelli.* My hair's falling out. | *Mi è caduto un dente.* I've lost a tooth. **6** (regime, governo) to fall **7** (ricorrenza) to fall: *Quest'anno Natale cade di martedì.* This year Christmas falls on a Tuesday.

caduta *s* **1** (scivolone) fall: *Ho fatto una brutta caduta.* I had a nasty fall. **2** (di capelli) loss **3** (di regime, impero) fall: *la caduta del muro di Berlino* the fall of the Berlin wall

caffè *s* **1** (sostanza, bevanda) coffee: *Andiamo a prendere un caffè.* Let's go and have a coffee. | *un caffè macchiato* a coffee with a dash of milk **2** (locale) café

> Il caffè nei paesi anglosassoni è tradizionalmente molto meno forte che in Italia e servito in tazze più grandi. Oggi è però facile trovare locali che servono il caffè all'italiana, chiamato appunto **espresso**, al plurale **espressos**.

caffeina *s* caffeine

caffellatte *s* l'equivalente in inglese è **latte**, termine usato sopratutto nei bar e nei caffè

caffettiera *s* coffee maker

cafone, -a *agg* e *s* sia per l'aggettivo che per il sostantivo si usa l'aggettivo **rude**: *È un po' cafona.* She's a bit rude. | *Ti sei comportato da cafone.* You were really rude.

cagna *s* bitch (pl bitches) ► Per indicare genericamente un cane (maschio o femmina) si usa la parola **dog**.

calamaro *s* squid [plurale squid quando si tratta della pietanza]: *calamari fritti* (fried) calamari

calamita *s* magnet

calamità *s* disaster: *le calamità naturali* natural disasters

calare *v* (diminuire) to drop: *È calata la temperatura.* The temperature has dropped. | *Gli è calata la vista.* His eyesight has got worse.

calarsi *v rifl* to lower yourself: *Il ladro è fuggito calandosi dalla finestra.* The thief escaped by lowering himself from the window.

calcagna *s pl* **alle calcagna** on someone's heels: *Abbiamo la polizia alle calcagna.* We've got the police hard on our heels.

calcagno *s* heel

calcare *sostantivo* e *verbo*

- *s* limescale
- *v* to press: *Calca di più con la penna.* Press the pen a bit harder.

calce *s* lime

calcetto *s* **1** (calcio-balilla) table football **2** (sport) five-a-side football

calciare *v* to shoot

calciatore *s* footballer

calcio *s* **1** (sport) football: *Facciamo una partita a calcio?* How about a game of football? | *un appassionato di calcio* a football fan | *la nazionale italiana di calcio* the Italian football team | **giocare a calcio** to play football **2** (pedata) **dare un calcio a qn** to kick sb: *Mi ha dato un calcio.* He kicked me. | **calcio d'angolo** corner kick | **calcio di punizione** free kick | **calcio di rigore** penalty kick **3** (sostanza) calcium **4** (di pistola, fucile) butt

calcolare *v* **1** (in matematica) to calculate: *Calcola quanto viene a testa.* Calculate how much it is per head. **2** (prevedere) to reckon: *Quando calcoli di rientrare?* When do you reckon you'll be back? | *Devi calcolare almeno un'ora per arrivare in stazione.* You have to allow at least an hour to get to the station.

calcolatrice *s* calculator

calcolo *s* **1** (conto) calculation: *Questo è solo un calcolo approssimativo della spesa totale.* This is only a rough calculation of the total cost. | *Fai il calcolo di quanti siamo.* Count how many of us there are. | **calcolo delle probabilità** theory of probability | **agire per calcolo** to act out of self-interest **2** (in medicina) stone

caldaia *s* boiler

caldo *aggettivo e sostantivo*

- *agg* **1** (di temperatura) warm, hot **2** (vestito) warm: *Portati un maglione caldo.* Bring a warm sweater. **3** (colore, atmosfera) warm: *una casa calda e accogliente* a warm, welcoming house
- *s* heat: *Per resistere al caldo devi bere più che puoi.* To cope with the heat you have to drink as much as you can. | **fa caldo** it's hot | **avere caldo** to be hot: *Ho caldo, apro la finestra.* I'm hot, I'm going to open the window. | **tenere caldo** to be warm: *Questi pantaloni tengono molto caldo.* These trousers are really warm. | **tenere qc in caldo** to keep sth warm: *Ti ho tenuto la cena in caldo.* I've kept your supper warm.

warm o hot?

warm si usa per riferirsi a qualcosa di naturalmente o piacevolmente caldo, mentre **hot** si usa per riferirsi a qualcosa che è stato scaldato, come l'acqua del rubinetto o un cibo, oppure che è troppo caldo e quindi non necessariamente piacevole:

una calda giornata d'autunno a lovely warm, autumn day | *una giornata calda e afosa di luglio* a hot, humid day in July | *Non c'è acqua calda.* There's no hot water. | *Bevi qualcosa di caldo.* Drink something hot. | *Hai la fronte calda, avrai la febbre?* Your forehead's hot, have you got a temperature?

calendario *s* **1** calendar **2** (programma) programme

calibro *s* (di arma) calibre

calligrafia *s* handwriting

callo *s* callous (pl callouses) | **fare il callo a qc** to be used to sth: *Critica sempre tutto, ma ormai ci ho fatto il callo.* She always criticizes everything, but I'm used to it now.

calma *sostantivo e interiezione*

- *s* **1** (silenzio) peace **2** **perdere la calma** to lose your temper: *Scusa, ho perso la calma.* I'm sorry, I lost my temper. | **con calma** (senza arrabbiarsi) calmly: *Ne riparliamo domani con calma.* We'll talk about it calmly tomorrow. | **fare (qc) con calma** (senza fretta) to take your time (over sth): *Fai pure con calma.* Take your time. | *Mi piace fare colazione con calma.* I like to take my time over breakfast. | **prendersela con calma** to take it easy: *Prenditela con calma: dopotutto sei appena uscito da un'operazione!* Take it easy – after all, you've just had an operation! | *Preferisco prendermela con calma e cercare un lavoro che veramente mi piaccia.* I'd prefer to take my time and look for a job I'd really like.
- *inter* **1** (piano) gently!: *Calma! Non spingete.* Gently! Don't push. **2** (a persona arrabbiata) calm down!: *Calma! Non c'è bisogno di gridare.* Calm down! There's no need to shout.

calmante *s* tranquillizer

calmare *v* **1** (tranquillizzare) to calm down: *Vedi un po' tu di calmarlo.* See if you can calm him down. **2** (dolore) to ease, (mal di testa) to relieve: *Gli hanno dato qualcosa per calmare il dolore.* They gave him something to ease the pain.

calmarsi *v rifl* **1** (tranquillizzarsi) to calm down: *Calmati!* Calm down! **2** (mare, vento) to calm: *Aspettiamo che si calmi un po' il temporale per uscire.* Let's wait for the storm to calm before we go out.

calmo, -a *agg* calm: *Il mare oggi è calmo.* The sea is calm today. | *Ne parliamo quando sarai più calmo.* We'll talk about it when you've calmed down.

calo *s* reduction: *un calo dei prezzi* a **reduction in** prices

calore *s* **1** (temperatura) heat: *materiali resistenti al calore* heat-resistant materials **2** (sensazione) warmth: *I colori come l'arancio creano l'impressione di allegria e calore.* Colours like orange create an impression of cheerfulness and warmth.

caloria *s* calorie

caloroso, -a *agg* warm: *un'accoglienza calorosa* a warm welcome

calpestare *v* to tread on: *Mi ha calpestato un piede.* He trod on my foot.

C

calvo, -a *agg* bald | **diventare calvo** to go bald

calza *sostantivo e sostantivo plurale*
- *s* **1** (calzettoni) sock: *un paio di calze di lana* a pair of woollen socks **2** (da donna) stocking: *calze autoreggenti* stay ups
- **calze (collant)** *s pl* tights sempre plurale

calzamaglia *s* tights [sempre plurale]: *una calzamaglia* a pair of tights

calzatura *s* shoe: *un negozio di calzature* a shoe shop

calzettone *s* knee-length sock

calzino *s* sock

calzolaio *s* **1** (persona) shoemaker ▶ in inglese esiste anche il termine **cobbler** ma è piuttosto antiquato **2** (negozio) shoe-repair shop: *Devo portare le scarpe al calzolaio.* I've got to take my shoes to the shoe-repair shop.

calzoncini *s* shorts: *calzoncini da ginnastica* gym shorts

calzoni *s* trousers (BrE), pants (AmE)

camaleonte *s* chameleon

cambiamento *s* change

cambiare *v* **1** (sostituire) to change: *Vuole cambiare scuola.* She wants to change schools. | *Ho cambiato idea.* I've changed my mind. | *Bisogna cambiare treno a Milano.* You have to change trains in Milan. | **cambiarsi la maglietta/i pantaloni** to change your T-shirt/your trousers **2** (modificare, modificarsi) to change: *Le cose cambieranno presto.* Things will soon change. | *Internet ha cambiato il modo di comunicare.* The Internet has changed the way we communicate. **3** (soldi) to change: *Dobbiamo cambiare i dollari.* We have to change our dollars. | *Hai 20 euro da cambiare?* Have you got **change for** 20 euros?

cambiarsi *v rifl* to get changed: *Vado a casa a cambiarmi.* I'm going home to get changed.

cambio *s* **1** (cambiamento) change: *il cambio di stagione* the change of season | **dare il cambio a qn** to take over from sb: *Quando sei stufo dimmelo, che ti do il cambio.* When you've had enough, tell me and I'll take over from you. | **fare (a) cambio di qc** to swap sth: *Facciamo cambio di bici?* Do you want to swap bikes? | **in cambio di qc** in exchange for sth: *Gli ho dato un CD in cambio di due cassette.* I've given him a CD in exchange for two cassettes. | *Non ha voluto niente in cambio.* She didn't want anything in return. **2** (di auto) gears [plurale] **3** (di valuta) exchange rate: *Quant'è il cambio per l'euro?* What is the exchange rate for the euro?

Cambogia *s* **la Cambogia** Cambodia

Camera *s* **la Camera (dei Deputati)** the Chamber of Deputies | **la Camera di Commercio** the Chamber of Commerce

> Il Parlamento inglese è costituito dalla **House of Commons**, i cui deputati sono eletti dal popolo, e dalla **House of Lords**, i cui membri sono notabili dell'aristocrazia e del clero, o cittadini che si sono distinti nella vita pubblica.

camera *s* **1** (di casa) (bed)room: *Andiamo in camera mia.* Let's go to my room. | **camera da letto** bedroom **2** (in albergo) room: *Vorrei prenotare una camera.* I'd like to book a room, please. | **camera singola/doppia** single/double room | **camera con bagno** room with ensuite bathroom

camera d'aria inner tube ▶ vedi nota FALSE FRIEND sotto **camera**

cameriere, -a *s* **1** (di bar, ristorante) **cameriere** waiter | **cameriera** waitress (pl waitresses) **2** (di albergo) chambermaid [solo femminile]

camerino *s* dressing room

camice *s* **1** (di medico) white coat **2** (di operaio) overall

camicetta *s* blouse

camicia *s* shirt | **camicia da notte** nightdress

caminetto *s* fireplace

camino *s* **1** (caminetto) fireplace **2** (comignolo) chimney

camion *s* truck

camionista *s* truck-driver

cammello *s* camel

camminare *v* to walk: *Abbiamo camminato per ore.* We walked for hours.

camminata *s* walk: *In montagna abbiamo fatto delle belle camminate.* We went for some lovely walks in the mountains.

cammino *s* **1** (percorso) way: *lungo il cammino* along the way **2** (atto di camminare) walk: *dopo mezz'ora di cammino* after a half-hour walk | **mettersi in cammino** to set off: *Ci siamo messi in cammino all'alba.* We set off at dawn.

camomilla *s* camomile

camoscio *s* **1** (pelle) suede: *una giacca di camoscio* a suede jacket **2** (animale) chamois (pl chamois)

campagna *s* **1** (luogo) country, countryside: *una casa in campagna* a house in the country | *un paesino di campagna* a small country village **2** (iniziativa) campaign: *una campagna per la prevenzione degli incidenti stradali* a road safety campaign | **campagna pubblicitaria** advertising campaign | **campagna elettorale** election campaign

> Anche se si tratta di sinonimi, si tende ad usare **countryside** quando ci si riferisce al paesaggio o, in generale, quando **country** (che vuol dire anche *nazione*) potrebbe risultare ambiguo:
>
> *La campagna è bellissima in autunno.* The countryside is beautiful in the autumn. | *Mi piace molto la campagna.* I love the countryside.

campana *s* **1** (di chiesa, scuola) bell: *È appena suonata la campana dell'intervallo.* The bell has just rung for break. **2** **campana di raccolta** recycling bin: *una campana di raccolta del vetro* a recycling bin for glass **3** (gioco) hopscotch

campanella *s* (a scuola) bell: *Tra cinque minuti suona la campanella.* The bell is going to ring in five minutes.

campanello *s* **1** (di porta) doorbell: *È suonato il campanello.* The doorbell rang. **2** (di bicicletta) bell

campanile *s* bell tower

campeggiatore, -trice *s* camper

campeggio *s* **1** (luogo) campsite: *un campeggio con piscina e campo da tennis* a campsite with a swimming pool and a tennis court **2** (attività) camping: *Quest'anno andiamo in campeggio.* This year, we're going camping.

camper *s* camper van

campionario *s* sample book

campionato *s* championship: *i campionati mondiali di sci* the world ski championships | *una partita di campionato* a championship match

campione, -essa *s* **1** (nello sport) champion: *la campionessa europea di nuoto* the European swimming champion | *È stato più volte campione del mondo.* He's been world champion several times. **2** (di merce, per analisi) sample: *un campione di sangue* a blood sample

campo *s* **1** (coltivato) field: *un campo di grano* a field of wheat **2** (prato) meadow: *Il campo era pieno di papaveri.* The meadow was full of poppies. **3** (di calcio, rugby) pitch (pl pitches): *I giocatori stanno entrando in campo.* The players are coming onto the pitch. | *Ha segnato da metà campo.* He scored from the halfway line. | **campo da tennis** tennis court | **campo da golf** golf course **4** **campo di battaglia** battlefield **5** (settore) field: *nel campo informatico* in the field of computers **6** **campo di concentramento** concentration camp | **campo profughi** refugee camp **7** **campo estivo** summer camp

camuffarsi *v rifl* to disguise yourself: *Si è camuffato da vecchietto.* He disguised himself **as** an old man.

Canada *s* **il Canada** Canada

canadese *aggettivo e sostantivo*

• *agg* Canadian

• *s* **1** (abitante) Canadian **2** (tenda) ridge tent

canale *s* **1** (televisivo) channel: *Su che canale è il film?* What channel is the film on? | *Cambia canale, questo programma fa pena!* Change the channel, this programme's terrible! **2** (corso d'acqua) canal | **il canale della Manica** the English Channel | **il canale di Suez** the Suez Canal

canapa *s* hemp

canarino *s* canary (pl canaries)

cancellare *v* **1** (con gomma) to rub out, (con tratto di penna) to cross out: *Ho cancellato i segni a matita.* I rubbed out the pencil marks. | *Cancella i nomi di quelli che hanno già pagato.* Cross out the names of those who've already paid. **2** **cancellare la lavagna** to clean the blackboard **3** (tracce, impronte) to remove **4** (file) to delete **5** (appuntamento) to cancel: *Devo cancellare l'appuntamento dal dentista.* I have to cancel my appointment with the dentist.

cancelleria *s* (cartoleria) stationery: *articoli di cancelleria* stationery items

cancellino *s* duster

cancello *s* gate

Cancro *s* Cancer: *Sono del Cancro.* I'm a Cancer.

cancro *s* (malattia) cancer: *È malato di cancro.* He has cancer. | **un cancro ai polmoni** lung cancer

candeggina *s* bleach

candela *s* **1** (cero) candle **2** (di auto) spark plug

candidarsi *v rifl* **candidarsi alle elezioni** to stand for election | **candidarsi in Parlamento/come presidente** to stand for election to Parliament/for president

C

C

candidato, -a *s* **1** (in politica) candidate **2** (per impiego) applicant

candidatura *s* **1** (a elezioni, concorso) candidacy **2** (a Oscar) nomination

canditi *s pl* candied fruit

cane *sostantivo e aggettivo*
- *s* **1** dog: *'attenti al cane'* 'Beware of the Dog' | **cane da guardia** guard dog | **cane lupo** Alsatian **2** *Oggi al circolo non c'era un cane.* There wasn't a soul at the club today.
- *agg Oggi fa un freddo cane.* It's freezing today. | *Mi fa un male cane la gamba.* My leg's killing me.

canestro *s* **1** (nello sport) basket | **fare canestro** to shoot a basket **2** (cesta) basket

canguro *s* kangaroo

canile *s* **1** (per cani randagi) kennels [sempre plurale] **2** (cuccia) kennel

canino *sostantivo e aggettivo*
- *s* canine tooth
- *agg* **un concorso canino** a dog show

canna *s* **1** (pianta) reed | **canna da zucchero** sugar cane **2** **canna da pesca** fishing rod **3** (di bicicletta) crossbar **4** (di fucile) barrel

cannella *s* cinnamon

cannibale *s* cannibal

cannocchiale *s* telescope

cannone *s* cannon

cannuccia *s* straw

canoa *s* canoe | **fare canoa** to go canoeing

canottaggio *s* canoeing

canottiera *s* vest

canotto *s* rubber dinghy

cantante *s* singer

cantare *v* **1** (persona) to sing **2** (uccellino) to sing, (gallo) to crow

cantautore, -trice *s* singer-songwriter

cantiere *s* **1** (edile) building site **2** **avere qc in cantiere** to be working on sth: *Hanno già in cantiere il loro quinto album.* They're already working on their fifth album. **3** (navale) shipyard

cantina *s* cellar ▶ vedi nota FALSE FRIEND sotto **canteen**

canto *s* **1** (tecnica) singing: *Roberta prende lezioni di canto.* Roberta is having singing lessons. **2** (canzone) song: *canti popolari* folk songs **3** **d'altro canto** on the other hand: *D'altro canto ha ragione anche lui.* On the other hand he does have a point. | **dal canto mio/suo ecc.** as for me/him etc: *Marta, dal canto suo, ha fatto quello che poteva.* As for Marta, she did what she could.

cantone *s* (in Svizzera) canton: *il Canton Ticino* Ticino Canton

canzone *s* song: *Cantiamo una canzone.* Let's sing a song. | *una canzone dei Rolling Stones* a Rolling Stones song

caos *s* chaos

capace *agg* **1** capable: *una persona seria e capace* a serious and capable person | **essere capace di fare qc a)** (essere in grado) si traduce con **can** seguito da infinito: *Sei capace di continuare da solo?* Can you carry on on your own? **b)** (essere disposto) to be capable of doing sth: *Sarebbe capace di non venire solo per farmi dispetto.* He's quite capable of not coming just to spite me. **2** (capiente) big: *una borsa molto capace* a very big bag

capacità *s* **1** (abilità) ability: *Stefano ha la capacità di concentrarsi per ore.* Stefano has the ability to concentrate for hours. | *Ha buone capacità, ma non ha voglia di studiare.* She has plenty of ability, but doesn't want to study. **2** (di contenitore) capacity

capanna *s* hut

capannone *s* shed

caparra *s* deposit

capello *s* capelli nel senso di capigliatura si traduce **hair** al singolare; il plurale **hairs** è usato per riferirsi a singoli capelli: *Ha i capelli lunghi.* She has long hair. | *Dovrei tagliarmi i capelli.* I ought to **get my hair cut.** | *Ho già tre capelli bianchi.* I've already got three grey hairs. | **capelli lisci/mossi/ricci** straight/wavy/curly hair

capezzolo *s* nipple

capienza *s* capacity

capire *v* to understand: *Non ho capito niente.* I didn't understand anything. | *Non capisco bene l'inglese.* I don't understand English very well. | *A volte, proprio non ti capisco.* Sometimes I really don't understand you. | **capire male** to misunderstand: *Avevo capito male.* I had misunderstood.

capitale *sostantivo femminile e sostantivo maschile*
- *s fem* capital
- *s masc* capital [mai plurale]: *Ha iniziato l'attività con un capitale di 1 milione di euro.* She set up her business with 1 million euros in capital. | *Ha investito ingenti capitali all'estero.* He has invested large amounts of capital abroad.

capitalismo *s* capitalism

capitalista *agg e s* capitalist

capitano *s* **1** (di nave, dell'esercito) captain **2** (di squadra) captain

capitare *v* **1** (arrivare) to come: *Sei capitato al momento giusto.* You've come at just the right moment. | *Se capiti da queste parti, chiamami!* If you're ever in the area, give me a call! **2** (succedere) to happen:

Sono cose che capitano. These things happen. | *Se ti capita di sapere qualcosa, dimmelo.* If **you happen to** hear anything, tell me. | *Gli è capitata una brutta avventura.* He had a nasty experience. | **dove capita** wherever: *Mettilo pure dove capita.* Put it wherever you like.

capitolo *s* chapter

capitombolo *s* tumble: *Ha fatto un capitombolo.* He took a tumble.

capo *s* **1** (di gruppo) leader: *il capo della banda* the leader of the gang | **a capo di** at the head of | **capo di Stato** head of state **2** (in ufficio) boss **3** **da capo** from scratch: *Ricomincia da capo.* Start again from scratch. | **andare a capo** to start a new line **4** (testa) head | **da capo a piedi** from head to toe **5** (in geografia) cape: *il Capo di Buona Speranza* the Cape of Good Hope **6** **capo d'abbigliamento** garment | **capo di bestiame** head of livestock **7** (di fune) end

capodanno *s* New Year: *la notte di Capodanno* New Year's Eve

capofamiglia *s* head of the family

capofitto **a capofitto** head-first

capogiro *s* **1** dizzy spell: *Ho avuto un capogiro.* I had a dizzy spell. **2** **una cifra da capogiro** a staggering figure

capolavoro *s* masterpiece

capolinea *s* terminus

capoluogo *s* **capoluogo (di regione)** l'equivalente inglese più simile è **county town**

capostazione *s* stationmaster

capotavola **a capotavola** at the head of the table: *Siediti a capotavola.* Sit at the head of the table.

capovolgere *v* **1** (oggetto) to turn upside down **2** (barca) to capsize

capovolgersi *v rifl* (barca) to capsize, (auto) to overturn

cappella *s* chapel: *la Cappella Sistina* the Sistine Chapel

cappello *s* hat

cappero *s* caper

cappottare *v* (auto) to overturn

cappotto *s* **1** (indumento) coat **2** (nello sport) **dare cappotto a qn** to hammer sb: *Mi ha dato cappotto a ping-pong.* She hammered me at table tennis.

Cappuccetto *s* **Cappuccetto rosso** Little Red Riding Hood

cappuccino *s* cappuccino: *cappuccino e cornetto* a cappuccino and a croissant

cappuccio *s* **1** (di indumento) hood **2** (di penna) top

capra *s* goat

capriccio *s* **1** **fare i capricci** to be naughty: *Smettila di fare i capricci!* Stop being naughty! **2** (voglia) whim: *È solo un capriccio.* It's just a whim.

capriccioso, -a *agg* (bambino) naughty

Capricorno *s* Capricorn: *Sono del Capricorno.* I'm a Capricorn.

capriola *s* somersault | **fare una capriola** to do a somersault

capro *s* **capro espiatorio** scapegoat

capsula *s* **1** (pasticca) capsule **2** **capsula spaziale** space capsule

carabiniere *s* in Gran Bretagna non esiste l'equivalente dei carabinieri. Per spiegare cosa sono i carabinieri puoi dire **military police who maintain public order**.

caraffa *s* carafe

Caraibi *s pl* **i Caraibi** the Caribbean

caramella *s* sweet

carato *s* carat

carattere *s* **1** (personalità) personality: *Ha un carattere difficile.* She has a difficult personality. **2** (lettera) character **3** (tipo) nature: *domande di carattere personale* questions of a personal nature | *un problema di carattere familiare* a family problem

caratteristica *s* characteristic

caratteristico, -a *agg* typical

carboidrato *s* carbohydrate

carboncino *s* charcoal: *un disegno a carboncino* a charcoal drawing

carbone *s* coal | **carbon fossile** coal ▶ vedi anche **carta**

carbonizzato, -a *agg* burned, burnt

carburante *s* fuel

carburatore *s* carburettor

carcerato, -a *s* inmate

carcere *s* prison: *Lo hanno condannato a cinque anni di carcere.* They sentenced him to five years in prison.

carciofo *s* artichoke

cardiaco, -a *agg* **arresto cardiaco** heart attack

cardinale *aggettivo e sostantivo*

- *agg* cardinal
- *s* cardinal ▶ vedi anche **punto**

cardine *s* **1** (di porta) hinge **2** (base) cornerstone: *La famiglia è il cardine della società.* The family is the cornerstone of society.

cardo *s* thistle

C

carenza *s* **1** (di personale, cibo) shortage: *carenza d'acqua* a water shortage **2** (in medicina) deficiency: *carenza di vitamine* vitamin deficiency

carestia *s* famine

carezza *s* **1** (a persona) **fare una carezza a qn** to give sb a cuddle **2** (a cane, gatto) per un movimento lento e delicato si usa **stroke**; per un movimento rapido e affettuoso si usa **pat**

cariato, -a *agg* decayed

carica *s* **1** (incarico) office: *Ha la carica di vicepresidente.* He holds the office of vice president. | *il ministro in carica* the current minister | *la campionessa in carica* the reigning champion **2** **dare la carica a un orologio/a una sveglia** to wind up a clock/an alarm clock **3** (di esplosivo, elettrica) charge

caricabatteria *s* recharger

caricare *v* **1** to load: *Mi aiuti a caricare i bagagli in macchina?* Could you help me to load the luggage into the car? | *Mentre ti prepari, carico la macchina.* I'll load the car while you get ready. **2** (autostoppista) to pick up: *Abbiamo caricato due autostoppiste.* We picked up two hitchhikers. **3** (arma, programma) to load: *Carica il programma sull'hard disk.* Load the program onto your hard disk. **4** (batteria) to charge up: *Ricordati di caricare il telefonino prima di partire.* Remember to charge up your mobile before you leave. **5** (orologio) to wind up **6** **caricare qn di qc** (compiti, lavoro) to load sb down with sth: *In ufficio, lo caricano sempre di lavoro.* They always load him down with work at the office.

caricarsi *v rifl* **caricarsi di qc** (lavoro, debiti) to take on sth: *Si è caricato di impegni e adesso non ha più un minuto libero.* He's taken on too many commitments and now he hasn't got a moment to spare.

caricatura *s* caricature

carico, -a *aggettivo e sostantivo*

• *agg* **1** (auto, arma) loaded: *La pistola è carica.* The pistol is loaded. | *Se la macchina è carica, possiamo partire.* If the car's loaded, we can go. **2** **essere carico di borse/bagagli** to be loaded down with bags/luggage | **essere carico di compiti/impegni** to have lots of homework/things to do **3** (camion, treno) full: *Il camion era carico di esplosivi.* The lorry was **full of** explosives.

• **carico** *s* **1** (azione) loading: *le operazioni di carico e scarico* loading and unloading operations **2** (merce) (di nave, aereo) cargo, (di camion, treno) load **3** (peso) load: *Con un tal carico sulle spalle faceva fatica a camminare.* He found it difficult to walk carrying such a load on his back. | *Ci siamo ripartiti il carico di lavoro.* We've divided up the workload. **4** **essere a carico di** (spese) to be paid by: *Le spese di viaggio sono a carico dei partecipanti.* Travel expenses are to be paid by participants. ▶ vedi anche **telefonata**

carie *s* **1** (dente cariato) cavity **2** (processo) tooth decay

carino, -a *agg* **1** (bello) (ragazza) pretty, (ragazzo) good-looking: *una ragazza molto carina* a pretty girl | *Nella mia classe c'è un solo ragazzo carino.* There's only one good-looking guy in my class. **2** (gentile) nice: *Sei stato carino ad invitarmi alla festa.* It was **nice of** you **to** invite me to your party.

carità *s* **1** (elemosina) charity: *La sua famiglia è così povera che vivono di carità.* His family is so poor that they **live on** charity. **2** **per carità!** you must be joking!

carnagione *s* complexion: *È scura di carnagione.* She's got a dark complexion.

carnale ▶ vedi **violenza**

carne *s* **1** (cibo) meat: *La carne mi piace ben cotta.* I like my meat well-done. | **carne tritata** mince **2** (del corpo umano) flesh | **in carne e ossa** in the flesh

carnevale *s* Carnival ▶ Il carnevale non è tradizionalmente festeggiato nei paesi anglosassoni. È però tradizione travestirsi in occasione di Halloween (il 31 ottobre).

carnivoro, -a *agg* carnivorous

caro, -a *agg* **1** (ricordo) fond, (amico) dear: *una mia cara amica* a dear friend of mine **2** (nelle lettere) *Caro Giorgio* Dear Giorgio | *Cari saluti* Best wishes **3** (costoso) expensive: *Questo vestito è troppo caro.* This dress is too expensive. | **costare caro** (oggetto) to cost a lot: *I biglietti del concerto costano cari.* The concert tickets cost a lot. | **costare caro a qn** (azione) to cost sb dear: *La sua arroganza gli costerà cara.* His arrogance will cost him dear.

expensive sports car

cheaper city car

carogna *s* **1** (di animale) carcass **2** (uomo) sod [informale], (donna) cow [informale]

carota *s* carrot

carovana *s* caravan

carpa *s* carp

carponi *avv* **(a) carponi** on all fours | **camminare (a) carponi** to crawl

carrabile ▶ vedi **passo**

carreggiata *s* carriageway: *strada a due carreggiate* dual carriageway

carrello *s* **1** (in supermercato, aeroporto) trolley (BrE), cart (AmE) **2** (di aereo) undercarriage

carriera *s* career | **fare carriera** to get on: *È un tipo in gamba, farà senz'altro carriera.* He's a clever guy so he'll definitely get on.

carriola *s* wheelbarrow

carro *s* cart | **carro armato** tank | **carro attrezzi** breakdown lorry: *Abbiamo chiamato il carro attrezzi.* We called for the breakdown lorry. | **carro funebre** hearse

carrozza *s* **1** (di treno) carriage (BrE), car (AmE) | **carrozza di prima/seconda classe** first/second class carriage | **carrozza ristorante** dining car **2** (a cavalli) carriage

carrozzeria *s* **1** (di auto) bodywork **2** (officina) garage

carrozzina *s* pram

carta *s* **1** (materiale) paper: *un pezzo di carta* a piece of paper | *piatti di carta* paper plates | *fazzoletto di carta* paper hanky | **carta assorbente** blotting paper | **carta bollata** la carta bollata non è usata in Gran Bretagna; per spiegare cos'è puoi dire **special stamped paper used for official documents** | **carta carbone** carbon paper | **carta igienica** toilet paper | **carta da lettere** writing paper | **carta da parati** wallpaper | **carta da regalo** wrapping paper | **carta a quadretti/a righe** squared/lined paper | **carta stagnola** tinfoil (BrE), aluminum foil (AmE) | **carta vetrata** sandpaper **2** (da gioco) (playing) card: *Facciamo una partita a carte.* Let's have a game of cards. | **giocare a carte** to play cards **3** **carta di credito** credit card | **carta d'identità** identity card | **carta d'imbarco** boarding card **4** (geografica, stradale) map

> In Gran Bretagna non esiste la carta d'identità e le persone non sono obbligate a portare con sé un documento di identità.

cartaccia *s* waste paper

cartella *s* **1** (per la scuola) (school)bag **2** (portadocumenti) briefcase **3** **cartella clinica** medical records

cartellino *s* **1** (etichetta) tag: *cartellino del prezzo* price tag **2** **cartellino giallo/rosso** (nel calcio) yellow/red card **3** **timbrare il cartellino** (al lavoro) to clock in/out

cartello *s* **1** (per indicazioni) sign: *un cartello di divieto di sosta* a no parking sign **2** (in corteo) placard

cartellone *s* **1** (manifesto) poster: *cartellone pubblicitario* publicity poster **2** **in cartellone** (spettacolo) on, (film) showing, on: *i film attualmente in cartellone* films now showing

cartina *s* (piantina) map

cartoleria *s* stationer's

cartolina *s* postcard: *Ho ricevuto la tua cartolina dalla Spagna.* I got your postcard from Spain.

cartone *s* **1** (materiale) cardboard: *una scatola di cartone* a cardboard box **2** (scatolone) box: *Ho messo i libri dentro a quei cartoni.* I put the books into those boxes. **3** (di latte, succo) carton
cartone animato cartoon ▶ vedi nota FALSE FRIEND sotto **cartoon**

cartuccia *s* (di arma, penna) cartridge

casa *s* si usa generalmente **house** per riferirsi all'edificio e **home** per indicare il luogo in cui si vive **1** *Siamo arrivati a casa tardi.* We got home late. | *Ho lasciato il libro a casa.* I've left the book **at home**. | *Non c'è nessuno in casa.* There's nobody **at home**. | *Vieni a casa mia?* Are you coming **to** my **house**? | *Andiamo a casa di Marco.* We're going **to** Marco's **house**. | *Fai pure come a casa tua.* Make yourself **at home**. | *una casa di tre piani* a three-storey house | **fatto in casa** home-made: *una torta fatta in casa* a home-made cake | **casa popolare** council house **2** **casa di riposo** retirement home **3** **casa discografica** record company | **casa editrice** publishing house **4** **giocare fuori casa/in casa** to play away/at home

casaccio **a casaccio** at random

casalinga *s* housewife: *Mia mamma è casalinga.* My mum is a housewife.

casalingo, -a *agg* **1** (persona) home-loving **2** **cucina casalinga** home cooking

cascare *v* to fall: *Attento a non cascare dal muretto.* Be careful not to fall off the wall. | **cascarci** to fall for it: *Non ci casco!* I'm not going to fall for it!

cascata *s* waterfall: *le cascate del Niagara* the Niagara Falls

cascina *s* dairy farm

casco *s* **1** (per moto) (crash) helmet **2** (dal parrucchiere) hairdryer

caseggiato *s* block of flats

casella *s* **1** **casella di posta elettronica** mailbox | **casella postale** PO box **2** (in questionario) box **3** (di scacchiera) square

caserma *s* barracks [sempre plurale] | **la caserma dei vigili del fuoco** the fire station

C

casino *s* **1** (chiasso) racket: *Con questo casino non sento un tubo!* I can't hear a thing with this racket going on! **2** (disordine) mess: *In questo casino non trovo mai niente.* I can never find anything in this mess. **3** ▶ nel senso di *problema, cosa complicata*, si usano espressioni diverse a seconda del contesto *Hai combinato proprio un bel casino!* You've made a right mess of things! | *Trovare posteggio in questa zona è un casino.* Finding a parking space in this area is a nightmare. | *Se lo dici ai miei, mi metti nei casini.* If you tell my parents, you'll get me into trouble. **4 un casino** (molto): *Ci siamo divertiti un casino.* We had a fantastic time. | *Alla sua festa c'era un casino di gente.* There were loads of people at his party.

casinò *s* casino

caso *s* **1** (circostanza) case: *un caso particolare* a special case | **nella maggior parte dei casi** mostly | **in nessun caso** under no circumstances | **in ogni caso** anyway: *L'avrebbe scoperto in ogni caso.* He'd have found out anyway. | **in caso di** in case of: *In caso di incendio rompere il vetro.* In case of fire, break the glass. | *In caso di bisogno, chiamami.* If you need me, call me. | **in caso contrario** otherwise: *La maggioranza degli studenti deve essere presente: in caso contrario, non si potrà votare.* The majority of students must be present, otherwise we can't take a vote. | **non è il caso** there's no need: – *Vuoi che ti accompagni?* – *Non è il caso.* "Do you want me to come with you?" "There's no need." | *Non è il caso di arrabbiarsi tanto.* There's no need to get so angry. **2** (coincidenza) coincidence | **per caso** by chance: *Passavo per caso.* I was going past by chance. | *Hai per caso sue notizie?* Have you heard from her by any chance? **3 a caso** at random: *Ho preso un libro a caso.* I took a book at random. **4 fare caso a qc** to pay attention to sth: *Non farci caso.* Don't pay any attention to it. **5** (destino) chance **6** (in medicina) case: *un caso grave* a serious case

caspita! *inter* **1** (per meraviglia) Wow! **2** (con rabbia) Damn!

cassa *s* **1** (contenitore) crate: *una cassa di libri* a crate of books | *una cassa di vino* a case of wine **2** (di supermercato) checkout, (di negozio) cash desk: *Vado a pagare alla cassa.* I'm going to pay at the checkout. | *Si accomodi pure alla cassa.* Please go to the cash desk. **3** (macchina) till **4 cassa comune** kitty: *Abbiamo fatto una cassa comune per la gita.* We've started a kitty for the trip. **5** (di stereo) speaker

cassaforte *s* safe

cassapanca *s* chest

casseruola *s* saucepan

cassetta *s* **1** (di frutta, birra) crate: *una cassetta di pesche* a crate of peaches **2** (audiocassetta) tape, (videocassetta) video: *A Natale il film sarà disponibile su cassetta.* The film will be out **on video** at Christmas. **3 cassetta delle lettere** letterbox

cassetto *s* drawer: *un cassetto della scrivania* a desk drawer

cassiere, -a *s* cashier

cassonetto *s* (per rifiuti) wheelie bin

castagna *s* chestnut

castagno *s* chestnut tree

castano, -a *agg* brown: *occhi e capelli castani* brown eyes and brown hair | *Luca è castano.* Luca has brown hair.

castello *s* castle | **castello di sabbia** sandcastle ▶ vedi anche **letto**

castigo *s* punishment | **essere in castigo** to be grounded

castità *s* chastity

castoro *s* (animale) beaver

castrare *v* (gatto, cane) to neuter, (vitello) to castrate

casuale *agg* accidental: *La sequenza delle canzoni nel loro album non è casuale.* The order of the songs on their album is not accidental. | *un incontro casuale* a chance encounter

catacomba *s* catacomb

catalizzatore *s* (di auto) catalytic converter

catalogo *s* catalogue (BrE), catalog (AmE)

catarifrangente *s* reflector

catarro *s* catarrh

catastrofe *s* catastrophe

catechismo *s* catechism

> Non c'è catechismo nella chiesa anglicana. I bambini cattolici, invece, si preparano alla prima comunione imparando il catechismo, come in Italia.

categoria *s* **1** (tipo) category (pl categories) **2** (nello sport) league **3** (di albergo) class: *un albergo di prima categoria* a first class hotel **4 di seconda/terza categoria** second-rate/third-rate

catena *s* **1** (di metallo) chain | **catene (da neve)** (snow) chains **2** (di negozi) chain **3 catena montuosa** mountain range **4 catena di montaggio** assembly line

catenaccio *s* bolt | **mettere il catenaccio alla porta** to bolt the door

catino *s* bowl

catrame *s* tar

cattedra *s* (scrivania) teacher's desk

cattedrale *s* cathedral

C'è una tavola con i numeri in inglese e spiegazioni sul loro uso nella **guida grammaticale**.

cattiveria *s* **1** (caratteristica) invece del sostantivo, si usa di solito l'aggettivo **nasty**: *Non pensavo che la tua cattiveria arrivasse a tanto!* I didn't think you could **be** so **nasty**! **2** (azione) nasty thing: *È stata proprio una cattiveria!* That was a really nasty thing to do!

cattività *s* **in cattività** in captivity

cattivo, -a *aggettivo* e *sostantivo*

• *agg* **1** (malvagio) nasty: *È un tipo cattivo ed egoista.* He's nasty and selfish. **2** (detto ai bambini) naughty **3** (consiglio, azione) bad: *Frequenta cattive compagnie.* He keeps bad company. **4** (memoria, insegnante) bad: *È un cattivo attore.* He's a bad actor. | *Sai che non è una cattiva idea?* That's not a bad idea, you know. | *un prodotto di cattiva qualità* a poor quality product | **in cattivo stato** in bad condition **5** (tempo, notizia) bad: *Devo darti una cattiva notizia.* I've got some bad news for you. | *uno scherzo di cattivo gusto* a joke in bad taste **6** (odore, cibo) horrible: *Questo succo di frutta è cattivo.* This fruit juice is horrible.

• *s* baddie, baddy: *In quasi tutti i film, i cattivi alla fine perdono.* In nearly all films, the baddies lose in the end.

cattolico, -a *agg* e *s* Catholic

cattura *s* capture

catturare *v* to catch: *La polizia ha catturato i contrabbandieri.* The police have caught the smugglers.

causa *s* **1** (motivo) cause | **essere la causa di qc** to cause sth: *Sono loro la causa principale di questo disastro!* They're the ones who caused this mess! | *Pare che la causa dell'incidente sia stato l'eccesso di velocità.* Apparently the accident was caused by people driving too fast. | **a causa di** because of: *La gara è stata annullata a causa della pioggia.* The competition was cancelled because of the rain. | **a causa tua/sua ecc.** because of you/him/her etc: *Siamo stati puniti tutti a causa tua.* We were all punished because of you. **2 fare causa a qn** to take sb to court: *Mio padre ha fatto causa alla ditta per cui lavorava.* My father took the firm he used to work for to court. **3** (ideale) cause: *Si batte per una buona causa.* He's fighting for a good cause.

causare *v* to cause: *L'incidente ha causato delle code in tangenziale.* The accident caused long queues on the bypass.

cautela *s* caution | **con cautela** cautiously

cauto, -a *agg* cautious: *In queste situazioni è meglio essere cauti.* It's better to be cautious in this type of situation.

cauzione *s* **1** (di affitto) deposit: *Per affittare una videocassetta devi lasciare una cauzione.* You have to leave a deposit when you rent a video. **2** (in tribunale) bail: *L'imputato è stato liberato su cauzione.* The accused has been released on bail. ▶ vedi nota FALSE FRIEND sotto **caution**

cava *s* quarry (pl quarries): *le cave di marmo di Carrara* the marble quarries at Carrara

cavalcare *v* to ride

cavalcavia *s* flyover

cavalcioni a cavalcioni di astride: *Era seduto a cavalcioni del muretto.* He sat astride the wall.

cavaliere *s* **1** (in storia) knight: *i cavalieri della Tavola Rotonda* the Knights of the Round Table **2** (uomo a cavallo) rider

cavalletta *s* grasshopper

cavalletto *s* **1** (per dipingere) easel **2** (per macchina fotografica) tripod

cavallo *s* **1** (animale) horse: *Sono caduta da cavallo.* I fell off the horse. | *Su quale cavallo hai puntato?* Which horse did you bet on? | **andare a cavallo** to ride: *Sai andare a cavallo?* Can you ride? | **cavallo di razza** thoroughbred | **cavallo da corsa** racehorse **2 cavallo a dondolo** rocking horse **3 cavallo di battaglia** pièce de résistance **4** (negli scacchi) knight **5** (attrezzo ginnico) (pommel) horse: *esercizi al cavallo* exercises on the horse **6** (di pantaloni) crotch **7** (di motore) horsepower: *un motore da quaranta cavalli* a forty horsepower engine

horse

cavalluccio portare qn a cavalluccio to carry sb on your shoulders: *Dai, ti porto a cavalluccio!* Come on, I'll carry you on my shoulders!

cavalluccio marino seahorse

cavare *v* **1 cavare le parole di bocca a qn** to drag it out of sb: *Ho dovuto cavargli le parole di bocca.* I had to drag it out of him. **2 cavarsela a)** (scamparla) to get off: *Se l'è cavata con una gamba rotta e qualche livido.* She got off with a broken leg and some bruises. | *Non credere di cavartela con così poco!* Don't think you're getting off that lightly! **b)** (arrangiarsi) to manage: – *Vuoi una mano?* – *No, grazie, me la cavo da solo.* "Do you want a hand?" "No thanks, I can manage (by myself)." |

C

cavarsela bene to do well: *Te la sei cavata proprio bene!* You did really well!

cavatappi *s* corkscrew

caverna *s* cave

cavia *s* guinea pig | **fare da cavia** to be a guinea pig: *Sto facendo un corso di massaggi shiatsu: ti va di farmi da cavia?* I'm doing a shiatsu course. Do you want to be my guinea pig?

caviale *s* caviar

caviglia *s* ankle: *Mi sono slogato una caviglia.* I've dislocated my ankle.

cavo, -a *sostantivo* e *aggettivo*

• **cavo** *s* **1** (elettrico, telefonico) cable | **via cavo** on cable: *la televisione via cavo* cable television **2** (di teleferica, ascensore) cable: *un cavo d'acciaio* a steel cable

• *agg* (vuoto) hollow

cavolfiore *s* cauliflower

cavolino *s* **cavolini di Bruxelles** Brussels sprouts

cavolo *s* (verdura) cabbage

l'uso familiare di cavolo

Nel senso di niente, *un cavolo* si traduce con espressioni diverse a seconda del contesto:

Non ci ho capito un cavolo! I didn't understand a thing! | *Non me ne importa un cavolo di quello che pensa di me!* I couldn't care less what he thinks of me! | *Non c'entra un cavolo quello che stai dicendo!* That's got absolutely nothing to do with it!

Altri usi comuni:

Che cavolo fai/dici ecc.? What on earth are you doing/saying etc? | *Fatti i cavoli tuoi!* Mind your own business! | *Cavolo, che bella moto!* Wow, what a fantastic bike! | *Cavolo, me ne ero scordato!* Damn, I'd forgotten!

CD *s* CD

CD-rom *s* CD-Rom

ce ► vedi **ci**

cece *s* chickpea

cecità *s* blindness

ceco, -a *aggettivo* e *sostantivo*

• *agg* Czech | **la Repubblica Ceca** the Czech Republic

• *s* Czech

cedere *v* **1** (stanza, letto) to give: *Mi ha ceduto la sua stanza.* He gave me his room. | **cedere il posto a qn** to let sb have your seat: *Dovresti cedere il posto a quella signora anziana.* You should let that old lady have your seat. **2** (vendere) to sell: *A causa dei debiti sono stati costretti a cedere l'azienda.* They had to sell the business because of debts. **3** (territorio, comando) to hand over: *Gli inglesi furono costretti a cedere parte dei territori conquistati.* The English were forced to hand over part of the territory they'd conquered. **4** (arrendersi) to give up: *Allora, indovini o cedi?* Well, are you going to guess or give up? | **cedere a qc** (richiesta, capricci) to give in to sth: *Non devo cedere alla tentazione della cioccolata!* I mustn't give in to the temptation to have some chocolate! | *I suoi genitori hanno finito per cedere alle sue insistenze.* His parents gave in to him in the end. **5** (crollare) to give way: *Il ponte ha ceduto all'improvviso.* The bridge suddenly gave way.

cedro *s* citron

ceffone *s* slap | **dare un ceffone a qn** to slap sb: *Se non la smetti, ti do un ceffone!* Stop that or I'll slap you!

celebrare *v* **1** (festeggiare) to celebrate: *Beviamo qualcosa per celebrare la vittoria!* Let's have a drink to celebrate the win! **2** (messa) to celebrate **3** (matrimonio) to officiate at **4** (funerale) to hold

celebre *agg* famous

celeste *aggettivo* e *sostantivo*

• *agg* **1** (colore) light blue **2** (del cielo) celestial: *corpi celesti* celestial bodies

• *s* light blue ► vedi Active Box **colori** sotto **colore**

celibe *s* single

cella *s* **1** (di carcere, convento) cell **2** (di alveare) cell **3** **cella frigorifera** cold store

cellofan® *s* Cellophane®

cellula *s* **1** (in biologia) cell **2** **cellula fotoelettrica** photoelectric cell

cellulare *s* mobile (BrE), cellphone (AmE): *Mi trovi sul cellulare.* You can get me on my mobile. | *Ho provato a chiamarlo, ma ha il cellulare spento.* I've tried to call him, but his mobile is switched off.

cellulite *s* cellulite: *Ho la cellulite sulle gambe.* I've got cellulite on my legs.

cemento *s* concrete: *i nuovi palazzi di cemento* the new concrete high-rise blocks ► Esiste anche il termine **cement** che si riferisce alla polvere con la quale si fabbrica il cemento. | **cemento armato** reinforced concrete

cena *s* dinner: *Ti fermi a cena?* Are you staying for dinner? | *Cosa c'è per cena?* What's for dinner? | *Ho invitato Giacomo a cena.* I've invited Giacomo to dinner. | *Ci vediamo dopo cena.* See you after dinner. | *Andiamo a cena fuori?* Shall we eat out tonight?

cenare *v* to have dinner: *Ceniamo alle 8.* We have dinner at 8 o'clock. | *Stasera ceno a casa di amici.* Tonight I'm having dinner with some friends at their house.

cenere *sostantivo* e *sostantivo plurale*
• *s* **1** (di sigaretta) ash **2** (di legna) ashes [sempre plurale]
• **ceneri** *s pl* (di defunto) ashes ▶ vedi anche **mercoledì**

Cenerentola *s* Cinderella

cenno *s* **1** (con la testa) nod, (con la mano) wave: *Mi ha fatto cenno con la testa.* He gave me a nod. | *Mi ha salutato con un cenno della mano.* He greeted me with a wave of his hand. ▶ fare cenno di sì con la testa si traduce **to nod** e fare cenno di no **to shake your head** | **fare cenno a qn di fare qc** to signal to sb to do sth: *Mi ha fatto cenno di tacere.* He signalled to me to be quiet. **2 fare cenno a qc** to mention sth: *Non ha fatto cenno alla festa?* Didn't he mention the party?

censimento *s* census (pl censuses)

censura *s* **1** (azione) censorship **2** (organismo) censor

centenario *aggettivo* e *sostantivo*
• *agg* hundred-year-old: *una quercia centenaria* a hundred-year-old oak
• *s* centenary

centesimo, -a *aggettivo* e *sostantivo*
• *agg* hundredth
• **centesimo** *s* **1** hundredth **2** (di moneta) cent ▶ Nelle espressioni in cui un centesimo è usato nel senso generico di soldi, si usa di solito **penny**: *venti euro e trenta centesimi* twenty euros and thirty cents | *Non ho un centesimo.* I haven't got a penny. | *Ho speso fino all'ultimo centesimo.* I've spent every last penny. ▶ vedi Active Box **numeri** sotto **numero**

centigrado ▶ vedi **grado**

centimetro *s* **1** (unità di misura) centimetre **2** (nastro) tape measure

centinaio *s* **1** (in matematica) hundred **2 un centinaio di** about a hundred: *C'erano un centinaio di invitati.* There were about a hundred guests. | **centinaia di** hundreds of: *Ho ascoltato quel disco centinaia di volte.* I've listened to that record hundreds of times.

cento *aggettivo* e *sostantivo*
• *agg* a hundred, one hundred: *cent'anni fa* **a hundred** years ago | *Te l'ho già detto cento volte!* I've already told you **a hundred** times! | **per cento** percent: *con lo sconto del 30 per cento* with a 30 percent discount | **al cento per cento** a hundred percent: *Sono sicura al cento per cento.* I'm a hundred percent sure.
• *s* a hundred, one hundred ▶ vedi Active Box **numeri** sotto **numero**

centomila *aggettivo* e *sostantivo*
• *agg* a hundred thousand, one hundred thousand: *centomila persone* one hundred thousand people | *Te l'ho già detto centomila volte!* I've already told you a hundred thousand times!
• *s* a hundred thousand, one hundred thousand ▶ vedi Active Box **numeri** sotto **numero**

centrale *aggettivo* e *sostantivo*
• *agg* **1** (del centro) central: *l'Europa centrale* Central Europe **2** (principale) main: *il tema centrale di un romanzo* the main theme of a novel | *La sede centrale della ditta è a Londra.* The company's head office is in London.
• *s* **centrale del latte** main dairy | **centrale di polizia** police headquarters [sempre plurale] | **centrale elettrica/nucleare** electric/nuclear power station

centralinista *s* switchboard operator

centralino *s* switchboard: *Per chiamare dall'albergo, devi passare attraverso il centralino.* You have to go through the switchboard to phone from the hotel.

centrare *v* **1** (bersaglio) to hit: *È riuscito a centrare il bersaglio al primo tiro.* He managed to hit the target with his first shot. | **centrare il problema** to hit the nail on the head **2 centrare un'immagine** to centre an image (in the frame)

centravanti *s* centre forward

centrifuga *s* (per bucato) spin

centro *s* **1** (punto di mezzo) centre: *Al centro della piazza c'è una fontana.* There's a fountain in the centre of the square. | *Fa di tutto per essere al centro dell'attenzione.* He'll do anything to be the centre of attention. | *i partiti di centro* the Centre parties **2 fare centro** (indovinare) to hit the nail on the head **3** (di città) city centre, town centre ▶ per la differenza tra **city** e **town** vedi città: *Abito in centro.* I live in the town centre. | *i negozi del centro* city centre shops **4 centro abitato** built-up area **5 centro commerciale** shopping centre, (shopping) mall | **centro culturale/sportivo** arts/sports centre | **centro sociale** community centre

centrocampista *s* midfielder

centrocampo *s* midfield

ceppo *sostantivo* e *sostantivo plurale*
• *s* **1** (di legno) log **2** (di lingua, razza) group
• **ceppi (bloccaruote)** *s pl* wheel clamp (BrE) [singolare], denver boot (AmE) [singolare]

cera *s* **1** wax: *una statua di cera* a wax statue **2** (per pavimenti) wax | **dare la cera (al pavimento)** to wax the floor **3 avere una bella/brutta cera** to look well/peaky: *Hai una brutta cera stamattina, non ti senti bene?* You look peaky this morning, don't you feel well?

ceramica *s* **1** (materiale) ceramic ▶ Per riferirsi a un oggetto di ceramica si usa il sostantivo **ceramic** in funzione di aggettivo: *un vaso di ceramica* a ceramic vase

2 (arte) ceramics [singolare]: *una mostra di ceramica* an exhibition of ceramics

cerbiatto *s* fawn

cerca *s* **in cerca di qc/qn** looking for sth/sb: *Ci siamo subito messi in cerca di aiuto.* We immediately started looking for help. | *Rovistava nei rifiuti in cerca di cibo.* He was rummaging through the rubbish in search of food.

cercapersone *s* pager, bleeper

cercare *v* **1** to look for: *Sto cercando le chiavi.* I'm looking for the keys. | *Che cosa stai cercando?* What are you looking for? | *Ti ho cercato tutto il giorno.* I've been looking for you all day. | *Non trovo più il mio orecchino, ho cercato dappertutto.* I can't find my earring, I've looked everywhere. | *Ti cercano al telefono.* You're wanted on the phone. | **cercare una soluzione** to try to find a solution **2** **cercare una parola sul dizionario** to look up a word in the dictionary **3** **cercare di fare qc** to try to do sth: *Cerca di capire, non potevo fare altrimenti.* Please try to understand, I had no alternative. | *Cerca di fare in fretta.* Try and hurry up.

cerchietto *s* hairband

cerchio *s* **1** (figura geometrica) circle **2** (forma cicolare) circle: *Sedetevi tutti in cerchio.* Sit down in a circle, everyone.

cereale *s* cereal: *cereali per la prima colazione* breakfast cereal

cerimonia *s* ceremony (pl ceremonies)

cerniera *s* **1** (chiusura lampo) zip ▶ Per la cerniera dei pantaloni si usa **flies**, sempre plurale: *Mi aiuti ad allacciare la cerniera?* Can you help me do up my zip? | *Hai la cerniera dei pantaloni aperta.* Your flies are open. **2** (di anta, sportello) hinge

cero *s* candle

cerotto *s* plaster

certamente *avv* **1** (sicuramente) certainly: *Quasi certamente l'anno prossimo cambierò scuola.* I'll almost certainly change schools next year. | *A quest'ora è certamente arrivato.* He's sure to be there by now. **2** (nelle risposte) of course: – *Puoi prenotare tu?* – *Certamente.* "Can you book?" "Of course."

certezza *s* **1** (convinzione) invece del sostantivo si usa di solito l'aggettivo **certain**: *Lo so con certezza.* I'm certain about it. | *Hai la certezza assoluta che sia stato lui?* Are you absolutely certain that it was him? **2** (cosa certa) certainty: *È una delle poche certezze che ho.* It's one of the few certainties in my life.

certificato *s* certificate | **certificato di nascita** birth certificate | **certificato medico** medical certificate

certo, -a *agg* e *pron* ▶ vedi riquadro

cerume *s* wax, earwax

certo -a

AGGETTIVO

1 CONVINTO = SURE

Ne sei proprio certa? Are you really sure? | *Non è certo di venire.* He's not sure that he'll come.

2 GARANTITO = CERTAIN

Ormai la vittoria è certa. Victory is now certain. | *Non abbiamo ancora una risposta certa.* We still don't have a definite answer.

3 NON SPECIFICATO

C'è un certo Luca al telefono per te. There's someone called Luca on the phone for you. | *Accetterà solo a certe condizioni.* She'll only accept on certain conditions. | *in certi casi* in some cases

4 UN PO' DI

Ho un certo appetito. I'm quite hungry.

5 RAFFORZATIVO

Ha certi occhi azzurri! She has such beautiful blue eyes! | *In quel negozio fanno certi prezzi.* They charge really high prices in that shop.

6 PEGGIORATIVO = SOME

Certe cose non si dicono neanche per scherzo. Some things shouldn't be said, even in jest. | *Con certa gente è meglio non avere a che fare.* It's best not to have anything to do with some people.

PRONOME

certi nel senso di alcune persone si traduce **some people** o **certain people**: *Certi dicono che non sia vero.* Some people say it's not true.

cervello *s* **1** (in anatomia) brain **2** (intelligenza) brain: *Usa il cervello!* Use your brain! ▶ vedi anche **lavaggio**

cervo, -a *s* **1** (animale) deer **2** (carne) venison

cespuglio *s* bush

cessare *v* to end: *Lo sciopero è cessato.* The strike **has** ended. | *La polizia ha cessato le ricerche.* The police have called off their investigation. | **cessare di fare qc** to stop doing sth: *Aspettiamo che cessi di piovere.* Let's wait until it stops raining.

cesso *s* **1** (gabinetto) toilet, loo (BrE) (informale): *Devo andare al cesso.* I have to pop to the toilet. **2** (luogo sporco) dump

cestino *s* basket | **cestino dei rifiuti** bin

cesto *s* basket | **cesto della biancheria** laundry basket

ceto *s* class (pl classes)

cetriolino *s* gherkin: *un barattolo di cetriolini* a jar of gherkins

cetriolo *s* cucumber

che *cong* ▶ vedi riquadro

chi *pron* ▶ vedi riquadro

che *congiunzione*

1 Quando introduce una *proposizione dichiarativa, consecutiva* o *causale* si traduce **that**, che è però spesso omesso nella lingua parlata:

Penso che tu abbia ragione. I think (that) you're right. | *Non sapevo che venissi anche tu.* I didn't know (that) you were coming as well. | *Ero così emozionata che non riuscivo a parlare.* I was so moved (that) I couldn't speak. | *Sono contenta che tu sia venuta.* I'm pleased (that) you've come.

Nota che alcuni verbi inglesi richiedono la costruzione con il verbo all'infinito. Per questo, è sempre bene consultare nel dizionario il verbo in questione:

Vorrei che tu mi accompagnassi. I'd like you to come with me. | *Ho bisogno che tu mi aiuti.* I need you to help me.

2 Nelle *proposizioni temporali* si usano costruzioni diverse:

Sono anni che non ci vediamo. We haven't seen each other for years. | *È un'ora che ti aspetto.* I've been waiting for you for an hour. | *Mi sono alzata che era ancora buio.* I got up while it was still dark.

3 Quando introduce un *paragone* si traduce generalmente con **than**:

Preferisco parlarle di persona che telefonarle. I'd rather speak to her in person than phone her. | *Mi rilasso di più leggendo che guardando la TV.* I find reading more relaxing than watching TV.

4 Quando introduce una *spiegazione* viene generalmente omesso:

Parla più forte che non ti sento. Speak up, I can't hear you.

5 Per introdurre un'*alternativa* si usa di solito **whether**:

Ci andrò comunque, che tu sia d'accordo o meno. I'm going anyway, whether you like it or not.

chiacchierare *v* to chat: *Abbiamo chiacchierato per ore.* We chatted for hours. | *Smettetela di chiacchierare.* Stop talking!

chiacchierata *s* chat: *Abbiamo fatto una bella chiacchierata.* We **had** a good chat.

chiacchiere *s pl* **1** (discorsi inutili) invece del sostantivo, si usa di solito il verbo **to chat**: *Invece di perdere il tempo in chiacchiere, perché non mi date una mano?* Instead of wasting your time **chatting**, why don't you give me a hand? **2** (pettegolezzi) gossip [mai plurale]: *Non dar retta alle chiacchiere.* Don't take any notice of gossip. **3 fare quattro chiacchiere** to have a chat: *Siamo andati a bere qualcosa, giusto per fare quattro chiacchiere.* We went for a drink so we could have a chat.

chi

PRONOME INTERROGATIVO

1 SOGGETTO E COMPLEMENTO OGGETTO = WHO

Chi te lo ha detto? Who told you that? | *Chi hai visto?* Who did you see? | **Chi lo sa?** Who knows?

2 CON PREPOSIZIONE

Si traduce **who**, con la preposizione dopo il verbo:

Con chi vai alla festa? **Who** are you going to the party **with**? | *Per chi è questa lettera?* **Who** is this letter **for**?

di chi si traduce **whose**:

Di chi è questa borsa? Whose handbag is this?

PRONOME RELATIVO

1 Nel senso di *le persone che* si traduce **those who** o, meno formale, **people who**:

Chi lo conosce dice che è simpatico. Those who know him say that he's nice. | *Non mi fido di chi è troppo gentile.* I don't trust people who are too kind.

2 Nel senso di *chiunque* si traduce **anyone who** o **whoever**:

Chi non vuole venire può restare a casa. Anyone who doesn't want to come can stay at home. | *Dillo pure a chi vuoi.* Tell whoever you want to, then.

chiacchierone, -a *aggettivo e sostantivo*
- *agg* talkative
- *s* chatterbox: *Mia zia è una chiacchierona pazzesca.* My aunt is a real chatterbox.

chiamare *v* **1** (cercare) to call: *Ti passo a chiamare a casa tua.* I'll call for you at your house. | *Sono di là, chiamami se hai bisogno.* I'm only next door, call me if you need anything. | *Non mettere la sveglia, ti chiamo io verso le otto.* Don't set the alarm clock, I'll call you at about eight. | **chiamare aiuto** to call for help: *Io rimango qui con lui, voi andate a chiamare aiuto.* I'll stay here with him, you go and call for help. **2** (telefonare) to call: *Se ti va di uscire, chiamami.* If you fancy going out, call me. | *Ha chiamato qualcuno per me?* Has anybody called for me? **3** (per nome) to call: *In casa lo chiamano ancora Paolino.* At home they still call him Paolino.

chiamarsi *v rifl* *Come ti chiami?* What's your name? | *Mi chiamo Marina.* My name's Marina. | *Sai come si chiama questa pianta?* Do you know what this plant is called?

chiamata *s* **1** (telefonata) call: *Passami la chiamata di là.* Put the call through to me in there. **2** (richiesta di intervento) call

chiara *s* (di uovo) egg white

chiaramente *avv* **1** (ovviamente) obviously: *Chiaramente, se non ti piace puoi cambiarlo.* Obviously, if you don't like it you can change it. **2** (in modo chiaro) clearly: *Non ho visto chiaramente il numero di targa.* I didn't see the number plate clearly.

chiarezza *s* **con chiarezza** (spiegare, esprimersi) clearly: *Mi ha spiegato la situazione con molta chiarezza.* He explained the situation to me very clearly.

C

chiarire *v* (spiegare) to explain: *Restano ancora molte cose da chiarire.* A lot of things still need to be explained. | **chiarire un equivoco** to clear up a misunderstanding | **chiarire un dubbio** to dispel a doubt

chiarirsi *v rifl* **1** (situazione, faccenda) to be sorted out: *La faccenda non si è ancora chiarita.* The situation has still not been sorted out. **2** **chiarirsi (con qn)** to sort things out (with sb): *Devi chiarirti con lui, non con me.* You've got to sort things out with him, not me.

chiaro, -a *aggettivo, avverbio e sostantivo*

• *agg* **1** (colore, maglia) light, (carnagione, capelli) fair: *un maglione grigio chiaro* a light grey jumper

2 (spiegazione, linguaggio) clear: *Tutto chiaro?* Is that clear? | *Paola è stata chiara, non vuole saperne.* Paola has made it clear that she doesn't want anything to do with it. | *Ora basta, chiaro?* That's enough, okay?

3 (ovvio) obvious: *È chiaro che è stato lui.* It's obvious that it was him.

4 (immagine) clear

• **chiaro** *avv* **vederci chiaro** to understand: *Voglio vederci chiaro in questa faccenda.* I want to know what's going on. | **parlare chiaro** to be honest: *Parla chiaro! Lo sai o no?* Be honest! Do you know or not?

• **chiaro** *s* **vestirsi di chiaro** to wear light-coloured clothes | **al chiaro di luna** in the moonlight

chiasso *s* racket: *Non fate chiasso, sto cercando di dormire.* Stop making **a racket**, I'm trying to sleep.

chiave *s* key: *Ho perso le chiavi di casa.* I've lost my house keys. | *È la chiave del lucchetto della valigia.* It's the key **for** the suitcase. ▶ vedi anche **chiudere**, **chiuso**, **mazzo**

chiave inglese monkey wrench

chiazza *s* **1** (sul corpo) mark: *Ho delle chiazze rosse su tutto il corpo.* I've got red marks all over my body. **2** (d'olio, di petrolio) slick: *In mare ci sono ancora delle chiazze di petrolio.* There are still some oil slicks in the sea.

chicchirichì! *inter* cock-a-doodle-doo!

chicco *s* **un chicco di riso/grano** a grain of rice/wheat | **un chicco di caffè** a coffee bean | **un chicco d'uva** a grape

chiedere *v* **1** to ask: *Chiedi quanto costa.* Ask how much it costs. | *Chiedigli dove lo ha comprato.* Ask him where he bought it. | **chiedere qc (a qn) a)** per farsi dire qualcosa, si usa **to ask (sb) sth**: *Chiediamo la strada a un passante.* Let's ask someone for directions. | *Mi ha chiesto scusa.* He apologized to me. **b)** per farsi dare qualcosa, si usa **to ask (sb) for sth**: *Mi ha chiesto un consiglio.* He asked for my advice. | *Hai chiesto il conto?* Have you **asked for** the bill? | *Chiediamo aiuto.* Let's **ask for** help. | *Ho chiesto uno sconto.* I **asked for** a discount. | **chiedere un favore a qn** to ask sb a favour: *Ti devo chiedere un favore.* I have to ask you a favour. | **chiedere a qn di fare qc** to ask sb to do sth: *Le ha chiesto di uscire.* He asked her to go out with him. | **chiedere qc in prestito a qn** to ask to borrow sth from sb, to ask sb to lend you sth: *Le ho chiesto in prestito il libro.* I asked her to lend me the book. | **chiedere di qn a)** (cercare) to ask for sb: *Se chiede di me, digli che sono uscito.* If he asks for me, tell him I've gone out. **b)** (interessarsi di) to ask after sb: *Mi chiede sempre di te.* She's always asking after you. | **chiedere di qc** to ask about sth: *Chiedile delle vacanze.* Ask her about the holidays. **2** (come prezzo) to want: *Quanto chiedono per una camera?* How much do they want for a room?

chiedersi *v rifl* to wonder: *Mi chiedo se è vero.* I wonder if it's true. | *Faresti meglio a chiederti perché tutti ti evitano.* You would do well to ask yourself why everybody's avoiding you.

chiesa *s* church: *Va in chiesa tutte le domeniche.* She goes **to church** every Sunday.

chilo *s* kilo: *Due chili di arance, per favore.* Two kilos of oranges, please. | *Peso 55 chili.* I weigh 55 kilos.

chilogrammo *s* kilogram(me)

chilometro *s* kilometre: *Livorno è a 306 chilometri da Roma.* Livorno is 306 kilometres from Rome.

chimica *s* chemistry

chimico, -a *aggettivo e sostantivo*

• *agg* (reazione, composizione) chemical

• *s* chemist

chinare *v* **chinare la testa** to bow your head

chinarsi *v rifl* to bend down: *Mi ero chinato ad allacciarmi la scarpa.* I'd bent down to do up my shoe.

chiocciola *s* **1** (animale) snail **2** (in indirizzi e-mail) at ▶ vedi anche **scala**

chiodo *s* nail

chiosco *s* kiosk

chiostro *s* cloister

chirurgia *s* surgery: *chirurgia plastica* plastic surgery

chirurgo *s* surgeon: *Mia madre è chirurgo.* My mother is **a** surgeon.

chissà *avv* si usa l'espressione **I wonder**: *Chissà quanto costa.* I wonder how much it costs. | *Chissà se viene.* I wonder if he'll come. | **chissà!** who knows!

chitarra *s* guitar: *chitarra elettrica* electric guitar | *Gianni suona la chitarra in un gruppo.* Gianni plays the guitar in a band.

chitarrista *s* guitarist

chiudere *v* **1** (porta, valigia) to close: *Chiudi il finestrino, per favore.* Close the window, please. | *Lo sportello non chiude bene.* The door doesn't close properly. | *Chiudi gli occhi!* Close your eyes! | *Mi sono chiusa un dito nella porta.* I caught my finger in the door. | **chiudere a chiave** to lock: *Ho chiuso la porta a chiave.* I've locked the door. **2 chiudere un occhio** (lasciar correre) to turn a blind eye **3 non chiudere occhio** to not sleep a wink: *Stanotte non ho chiuso occhio.* I didn't sleep a wink last night. **4** (cerniera) to do up: *Chiuditi la cerniera dei pantaloni.* Do up the zip on your trousers. **5** (negozio) to close: *I negozi chiudono alle sette.* The shops close at seven o'clock. **6 chiudere il rubinetto/il gas** to turn off the tap/the gas **7 chiudere con qn/qc** to finish with sb/sth: *Sai perché Marco ha chiuso con Giulia?* Do you know why Marco finished with Giulia? | *Voglio chiudere con questa faccenda.* I want to put an end to this business.

chiudersi *v rifl* **1** (porta, valigia) to close: *La porta si chiude da sola.* The door closes by itself. **2** (persona) *Mi sono chiusa fuori.* I locked myself out. | *Si è chiusa in casa per un mese.* She shut herself away for a month.

chiunque *pron* **1** (indefinito) anyone, anybody: *Chiunque al posto tuo avrebbe fatto lo stesso.* Anyone would have done the same in your situation. **2** (relativo) anyone who, whoever: *Può venire chiunque ne abbia voglia.* Anyone who feels like it can come. | *Chiunque sia, digli che non sono in casa.* Whoever it is, tell them I'm not in.

chiuso *aggettivo e sostantivo*

• *agg* **1** (porta, strada) closed: *Il frigo non era ben chiuso.* The fridge wasn't closed properly. | *Se ne sta sempre chiuso in camera sua.* He always shuts himself up in his room. | **chiuso a chiave** locked **2** (negozio, museo) closed: *La farmacia la domenica è chiusa.* The chemist's is closed on Sundays. | *'chiuso per ferie'* 'closed for holidays' **3** (persona, carattere) reserved: *È sempre stato un tipo chiuso.* He's always been very reserved.

• *s* **1 al chiuso** indoors: *Invece di stare al chiuso, perché non usciamo a fare due passi?* Why don't we go out for a walk instead of staying indoors? **2 sapere di chiuso** to smell stuffy: *Questa stanza sa di chiuso.* This room smells stuffy.

chiusura *s* **1** (azione) closure ▶ vedi anche **orario** **2** (di giacca, borsa) fastening, (di auto) locking ▶ vedi anche **lampo**

ci, anche **ce** *pronome e avverbio*

• *pron* ▶ vedi riquadro

• *avv* **1** (lì) there: *Ci devo tornare domani.* I've got to go back there tomorrow. **2 c'è/ci sono** there is/there are: *Non c'è fretta.* There's no hurry. | *C'erano moltissime persone.* There were ever so many people. | *Non ci sono scuse per quello che hai fatto!* There's no excuse for what you've done!

ciabatta *s* slipper: *un paio di ciabatte* a pair of slippers

ciambella *s* **1** (pasta) doughnut **2** (salvagente) rubber ring

cianfrusaglia *s* junk [mai plurale]: *Abbiamo la cantina piena di cianfrusaglie.* Our cellar is full of junk.

ciao! *inter* quando si arriva o all'inizio di una lettera si usa **hi**; quando si va via o alla fine di una lettera si usa **bye**: *Ciao, come stai?* Hi, how are you? | *– Pronto? – Ciao sono Nicola.* "Hello?" "Hi, it's Nicola." | *Allora a domani, ciao!* See you tomorrow, bye! | *È andato via senza nemmeno dire ciao.* He left without even saying goodbye.

ciascuno, -a *aggettivo e pronome*

• *agg* each: *Scrivi un numero in ciascuna casella.* Write a number in each box.

• *pron* each: *Ho un regalo per ciascuno di voi.* I've got a present for each of you. | *Abbiamo versato dieci euro ciascuno.* We paid ten euros each.

cibo *s* food: *Non mi piace il cibo piccante.* I don't like spicy food. | *Non tocca cibo da tre giorni.* He's not eaten anything for three days. | **cibo in scatola** tinned food

cicala *s* cicada

cicatrice *s* scar

cicatrizzarsi *v rifl* to heal

cicca *s* cigarette end

ciccia *s* (grasso) fat: *Ma che muscoli, è tutta ciccia!* That's fat, not muscle! | *Ho messo su un po' di ciccia.* I've put on a bit of weight.

ciccio, -a *s* (appellativo) honey

ciclabile ▶ vedi **pista**

ciclismo *s* cycling | **fare ciclismo** to cycle

ciclista *s* cyclist

ciclo *s* **1** (di conferenze, film) season: *In TV danno un ciclo di film dell'orrore.* There's a season of horror films on TV. **2** (di fenomeno) cycle | **ciclo mestruale** menstrual cycle

ciclone *s* cyclone

cicogna *s* stork

cieco, -a *s e agg* blind person, blind: *È cieco da un occhio.* He's blind **in** one eye. | *un cane per ciechi* a guide dog | **diventare cieco** to go blind ▶ vedi anche **vicolo**

C

ci

PRONOME PERSONALE

1 Come *complemento oggetto* o *complemento di termine* si traduce generalmente **us**:

Non ci hanno visti. They didn't see us. | *Ce lo ha detto Paolo.* Paolo told us. | *Raccontaci tutto.* Tell us everything.

Nota però che alcuni verbi inglesi richiedono una preposizione (**to us, for us**, ecc.); è pertanto bene consultare nel dizionario il verbo in questione, ad esempio, *spiegare, aspettare*, ecc.:

Puoi spiegarci perché non sei venuto? Can you explain to us why you didn't come? | *Non ci hanno aspettati.* They didn't wait for us.

2 Quando è usato con *parti del corpo* o per esprimere *appartenenza*, si usa il pronome possessivo **our**:

Ci siamo tolti il cappotto. We took off our coats. | *Ci hanno rubato in casa.* Our house was burgled.

3 Quando ha valore *riflessivo* si traduce **ourselves**:

Cerchiamo di divertirci! Let's try and enjoy ourselves!

Nota però che non necessariamente un verbo riflessivo italiano si traduce con un verbo riflessivo in inglese:

Ci siamo sbagliati. We made a mistake. | *Ci eravamo addormentati.* We had fallen asleep.

4 Quando ha valore *reciproco* si traduce **each other**:

Ci vogliamo bene. We love each other.

Nota che talvolta il verbo inglese ha già valore reciproco e non richiede quindi il pronome personale:

Ci siamo incontrati per caso. We met by chance. | *Ci siamo scambiati gli indirizzi.* We exchanged addresses.

PRONOME DIMOSTRATIVO

Si usa **it**, preceduto dalla preposizione richiesta dal verbo:

Non ci ho badato. I didn't pay attention **to it**. | *Non pensiamoci più.* Let's not think **about it** any more. | *Puoi contarci!* You can count **on it**!

cielo *s* **1** (volta celeste) sky: *Guarda che cielo azzurro oggi!* Look how blue the sky is today! | *Il cielo è stellato.* The sky is full of stars. **2** (paradiso) heaven

cifra *s* **1** (numero) figure: *un numero di sei cifre* a six-figure number **2** (somma) amount of money: *L'abbiamo pagato una cifra pazzesca.* We paid a ridiculous amount of money for it. | *È una bella cifra!* That's a lot of money! **3** (iniziale) monogram

ciglio *s* **1** (di occhi) eyelash (pl eyelashes) **2** (di strada) side

cigno *s* swan

cigolare *v* (porta, cancello) to squeak

Cile *s* **il Cile** Chile

cileno, -a *agg e s* Chilean

ciliegia *s* cherry (pl cherries)

ciliegio *s* cherry tree

cilindro *s* **1** (solido) cylinder **2** (cappello) top hat

cima *s* **1** (di edificio) top, (di montagna) summit | **in cima alla torre/al palazzo** at the top of the tower/building | **in cima alla montagna** at the summit of the mountain | **in cima alla collina** at the top of the hill | **da cima a fondo a)** (dall'inizio alla fine) from beginning to end: *L'ho letto da cima a fondo.* I've read it from beginning to end. **b)** (completamente) from top to bottom: *Ho pulito la casa da cima a fondo.* I cleaned the house from top to bottom. **2** (persona intelligente) genius: *Sergio non è una cima.* Sergio is no genius.

cimice *s* bug

ciminiera *s* chimney

cimitero *s* cemetery (pl cemeteries)

> Molte chiese in Gran Bretagna hanno un cimitero annesso, chiamato **graveyard**.

Cina *s* **la Cina** China

cincin! *inter* Cheers!

cinema *s* **1** (edificio) cinema: *Andiamo al cinema!* Let's go to the cinema! | *Sai cosa danno al cinema stasera?* Do you know what's on at the cinema this evening? | **cinema multisala** multiplex (cinema) **2** **l'industria del cinema** the film industry | **un appassionato di cinema** a film buff

cinematografico, -a *agg* si usa il sostantivo **film** in funzione di aggettivo: *l'industria cinematografica* the film industry

cinepresa *s* camcorder

cinese *aggettivo e sostantivo*

- *agg* Chinese
- *s* **1** (uomo) Chinese man (pl Chinese men), (donna) Chinese woman (pl Chinese women) ▶ Per riferirsi a dei cinesi, sia uomini che donne, si usa **some Chinese people**; per riferirsi ai cinesi come popolo, si usa **the Chinese**. **2** (lingua) Chinese

cinghia *s* **1** belt **2** **tirare la cinghia** (fare economia) to tighten your belt

cinghiale *s* (wild) boar

cinguettare *v* to chirp

cinico, -a *agg* cynical

cinismo *s* cynicism

cinquanta *agg e s* fifty ▶ vedi Active Box **numeri** sotto **numero**

cinquantenne *aggettivo e sostantivo*

- *agg* fifty
- *s* fifty-year-old

cinquantesimo, -a *agg* e *s* fiftieth ▶ vedi Active Box **numeri** sotto **numero**

cinquantina *s* **una cinquantina di persone** about fifty people | **una cinquantina di anni fa** about fifty years ago | **sulla cinquantina** (uomo, donna) about fifty

cinque *agg* e *s* five ▶ vedi Active Box **numeri** sotto **numero**

Cinquecento *s* **il Cinquecento** the sixteenth century

cinquecento *agg* e *s* five hundred ▶ vedi Active Box **numeri** sotto **numero**

cintura *s* **1** (di pantaloni, vestito) belt: *una cintura di cuoio* a leather belt | **cintura (di sicurezza)** seatbelt: *Mettiti la cintura di sicurezza.* Put on your seatbelt. **2 cintura gialla/nera** yellow/black belt: *Sono cintura nera di judo.* I'm **a black belt in** judo. **3** (punto vita) waist: *Questa gonna è un po' larga di cintura.* This skirt's a bit big around the waist. **4** (di città) outskirts: *Abito nella cintura di Roma.* I live on the outskirts of Rome.

cinturino *s* (di orologio) strap

ciocca *s* lock: *una ciocca di capelli* a lock of hair

cioccolata *s* **1** (bevanda) hot chocolate: *Ci prendiamo una cioccolata calda per scaldarci?* Shall we have a hot chocolate to warm ourselves up? **2** (cioccolato) chocolate: *una tavoletta di cioccolata* a bar of chocolate

cioccolatino *s* chocolate: *una scatola di cioccolatini* a box of chocolates

cioccolato *s* chocolate: *una tavoletta di cioccolato* a bar of chocolate | *torta al cioccolato* chocolate cake | *Adoro il cioccolato.* I love chocolate. | **cioccolato fondente/al latte** plain/milk chocolate

cioè *avv* **1** (vale a dire) that is (to say): *Traslochiamo tra due mesi, cioè a ottobre.* We're moving in two months' time – that is, in October. | *– Penso di arrivare presto. – Cioè?* "I think I'll arrive early." "What do you mean by early?" ▶ Nell'inglese scritto si usa spesso l'abbreviazione **i.e.** (dal latino *id est*). **2** (anzi) si usa l'espressione **I mean**: *Siamo arrivati sabato, cioè no, domenica.* We arrived on Saturday, I mean Sunday.

ciondolo *s* pendant: *un ciondolo d'oro* a gold pendant

ciotola *s* bowl

ciottolo *s* pebble

cipolla *s* onion

cipresso *s* cypress (pl cypresses)

cipria *s* (face) powder

cipriota *agg* e *s* Cypriot

Cipro *s* Cyprus

circa *avv* about (BrE), around (AmE): *Sono alto circa un metro e settanta.* I'm about one metre seventy tall. | *a circa due chilometri da qui* about two kilometres from here

circo *s* circus (pl circuses)

circolare *verbo, aggettivo* e *sostantivo*

• *v* **1** (aria, sangue) to circulate **2** (autobus) to run: *I tram circolano fino a mezzanotte.* The trams run until midnight. | *Le auto non possono circolare nel centro storico.* Cars aren't allowed into the old town. **3** (voci, notizie) to go around, to go round: *La notizia è subito circolata per tutta la scuola.* The news went round the whole school immediately.

• *agg* (movimento, forma) circular

• *s* (lettera) circular

circolazione *s* **1** (di veicoli, merci) movement | **in circolazione** (esistente) around: *il migliore gruppo rock in circolazione* the best rock band around **2 la circolazione del sangue** circulation

circolo *s* **1** (associazione) club: *circolo sportivo* sports club **2 in circolo** (mettersi, sedersi) in a circle

circolo polare artico/antartico Arctic/Antarctic circle

circondare *v* to surround

circondarsi *v rifl* **circondarsi di** to surround yourself with: *Le piace circondarsi di amici.* She likes to be surrounded by friends.

circonferenza *s* circumference | **la circonferenza toracica** chest measurements [plurale]

circonvallazione *s* ring road

circoscrizione *s* (di quartiere) local area | **circoscrizione elettorale** constituency (BrE), district (AmE)

circostanza *sostantivo* e *sostantivo plurale*

• *s* (occasione) occasion: *Non ho nessun vestito adatto alla circostanza.* I don't have a suitable dress for the occasion.

• **circostanze** *s pl* (condizioni) circumstances: *In queste circostanze non posso fare altro.* I can't do anything else in the circumstances. | **date le circostanze** *Date le circostanze, è meglio se non ci vediamo per un po'.* Under the circumstances, it's better if we don't see each other for a bit.

circuito *s* **1** (nello sport) circuit: *un circuito di Formula Uno* a Formula One circuit **2** (elettrico) circuit | **corto circuito** short circuit

cisterna *s* tank

citare *v* **1** (autore, frase) to quote **2** (menzionare) to mention: *Ha citato il titolo di un film che non avevo mai sentito.* He mentioned the title of a film that I had never heard of. **3 citare qn come testimone** to call sb as a witness

Vuoi una lista di frasi utili per parlare di te stesso? Consulta la **guida alla comunicazione** in fondo al libro.

C

citazione *s* quote

citofono *s* entryphone

città *s* per città importanti, come Roma, Milano o Napoli, si usa **city**, plurale **cities**; per città più piccole, come Siena, Padova o Salerno, si usa **town**: *la città di New York* New York City | *Milano è la città più importante del Norditalia.* Milan is the most important city in the north of Italy. | *Mestre è una città vicino a Venezia.* Mestre is a town near Venice. | *È cresciuto in una città di provincia.* He grew up in a provincial town. | **città natale** home town

cittadinanza *s* **1** citizenship: *Ho la cittadinanza italiana.* I have Italian citizenship. **2** (insieme dei cittadini) people (of the city/town): *Il sindaco ha fatto un appello alla cittadinanza.* The mayor made an appeal to the people. ▶ vedi anche **città**

cittadino, -a *aggettivo e sostantivo*
- *agg* si usa il sostantivo **city** (o **town**) in funzione di aggettivo: *la vita cittadina* city life
- *s* citizen: *un cittadino italiano* an Italian citizen ▶ vedi anche **città**

ciuccio *s* dummy (pl dummies) (BrE), pacifier (AmE)

ciuffo *s* (di capelli, d'erba) tuft

civetta *s* **1** (uccello) owl **2** **fare la civetta** to flirt

civico, -a *agg* **1** (della città) si usa il sostantivo **city** (o **town**) in funzione di aggettivo: *la biblioteca civica* the city library ▶ vedi anche **numero** **2** (del cittadino) civic: *Manca di ogni senso civico.* He has no sense of civic responsibility. ▶ vedi anche **educazione**

civile *aggettivo e sostantivo*
- *agg* **1** (matrimonio, diritto) civil: *i diritti civili* civil rights | **stato civile** marital status ▶ vedi anche **guerra**, **servizio** **2** (beneducato) civilized: *Comportati da persona civile!* Behave like a civilized human being! **3** (civilizzato) civilized
- *s* (cittadino privato) civilian

civiltà *s* (cultura) civilization: *la civiltà greco-romana* Greco-Roman civilization

ciò *pron* that: *E con ciò cosa vorresti dire?* And what do you mean by that? | **ciò che** what: *Le ho detto ciò che penso.* I've told her what I think. | **tutto ciò che** everything: *Tutto ciò che dice è vero.* Everything he says is true.

clacson *s* horn | **suonare il clacson** to sound the horn, to hoot [informale]

clamoroso *agg* **1** (vittoria, sconfitta) resounding **2** (notizia) amazing: *Ho appena ricevuto una notizia clamorosa.* I've just had some amazing news.

clan *s* **1** (famiglia) clan **2** (gruppo di amici) band

clandestino, -a *aggettivo e sostantivo*
- *agg* (commercio, mercato) illegal
- *s* **1** (immigrato) illegal immigrant **2** (passeggero) stowaway

clarinetto *s* clarinet

classe *s* **1** (anno di studi) year (BrE), grade (AmE): *Che classe fai?* What year are you in? | *Faccio la terza media.* I'm in third year. **2** (gruppo di alunni) class (pl classes): *la classe quinta C* class five C | *Siamo in classe insieme.* We're in the same class. **3** (aula) classroom **4** (nei trasporti) class (pl classes) | **viaggiare in prima/seconda classe** to travel first/second class ▶ vedi anche **biglietto** **5** **classe sociale** social class **6** (stile, eleganza) class

classico, -a *aggettivo e sostantivo*
- *agg* **1** (esemplare) classic: *Ho letto tutti gli autori classici inglesi.* I've read all the classic English writers. | *un classico esempio di ignoranza* a classic example of ignorance **2** (della civiltà greco-latina) classical: *la cultura classica* classical culture **3** (muscia) classicla
- **classico** *s* classic: *i classici latini* Latin classics | *Questo brano è un classico dei Beatles.* This piece is a Beatles classic. ▶ vedi anche **danza**, **liceo**

classifica *s* **1** (nello sport) league: *La mia squadra è prima in classifica.* My team is **top of** the league. **2** charts [sempre plurale]: *la classifica dei single più venduti* the best-selling singles charts

classificare *v* (animali, documenti) to classify

classificarsi *v rifl* **classificarsi primo/tra i primi dieci** to come first/in the top ten | **classificarsi per i quarti di finale** to go through to the quarter finals

classificazione *s* classification

clausola *s* clause

claustrofobia *s* claustrophobia

clausura *s* **di clausura** enclosed

clavicola *s* collar bone

cliché *s* cliché

cliente *s* **1** (di negozio, ristorante) customer: *i clienti abituali del negozio* the shop's regular customers. **2** (di albergo) guest: *Il parcheggio dell'albergo è riservato ai clienti.* The hotel car park is for guests only. **3** (di ditta, avvocato) client

clientela *s* (di negozio, ristorante) customers [sempre plurale], (di albergo) clientele, (di ditta, professionisti) clients [sempre plurale]

clima *s* **1** (di regione) climate **2** (atmosfera) atmosphere: *un clima di festa* a party atmosphere | **un clima di terrore** a climate of fear

climatizzato, -a *agg* air-conditioned

clinica *s* clinic

clip *s* **1** (per fogli) paperclip **2** (di orecchino) clip-on (earring): *un paio di orecchini a clip* a pair of clip-ons

cloro *s* chlorine

clorofilla *s* chorophyll

club *s* club: *Mi sono iscritto a un club sportivo.* I've joined a sports club. | *L'ingresso è riservato ai soci del club.* Entry is for club members only.

coagularsi *v rifl* to coagulate

coalizione *s* coalition

cobra *s* cobra

Coca-Cola® *s* Coke®, Coca Cola® [meno comune]

cocaina *s* cocaine

coccinella *s* ladybird (BrE), ladybug (AmE)

coccio *s* **1** (pezzo) broken bit: *Fa' attenzione ai cocci rimasti sul pavimento.* Watch out for the broken bits left on the floor. | *Mi sono tagliato con un coccio di vetro.* I cut myself on a bit of broken glass. **2** (terracotta) earthenware: *una pentola di coccio* an earthenware pot

cocciuto, -a *agg* stubborn

cocco *s* **1** coconut: *biscotti al cocco* coconut biscuits ▶ vedi anche **noce** **2** **il cocco/la cocca del professore** the teacher's pet

coccodè! *inter* **fare coccodè** to cluck

coccodrillo *s* crocodile

coccolare *v* to pamper

cocomero *s* watermelon

coda *s* **1** (di animale) tail **2** (fila) queue: *Vado alla posta, ma se c'è coda non mi fermo.* I'm going to the post office, but if there's a queue I'm not waiting. | **fare la coda** to queue: *Per i biglietti c'è da fare la coda.* You have to queue for tickets. **3** **essere in coda a qc** (lista, elenco) to be at the bottom of sth: *La squadra è in coda alla classifica.* The team is at the bottom of the league. | **con la coda dell'occhio** out of the corner of your eye: *Mi è sembrato di vedere qualcuno con la coda dell'occhio.* I thought I saw someone out of the corner of my eye. ▶ vedi anche **pianoforte** **4** (pettinatura) ponytail: *Porto sempre la coda.* I always have a ponytail.

codardo, -a *s* coward

codice *s* **1** (segni convenzionali) code: *un messaggio in codice* a coded message **2** **codice di avviamento postale** postcode | **codice fiscale** tax code | **codice segreto** PIN (number) | **codice a barre** bar code **3** **codice civile/penale** civil/penal code | **il codice stradale** the Highway Code

codificare *v* to encode

coerente *agg* consistent

coetaneo, -a *aggettivo e sostantivo*

• *agg* the same age: *Io e Riccardo siamo coetanei.* Riccardo and I are the same age.

• *s* **essere un coetaneo di qn** to be the same age as sb: *Luisa è una mia coetanea.* Luisa is the same age as me. | **i miei/tuoi ecc. coetanei** people of my/your etc own age: *Dovresti frequentare di più i tuoi coetanei.* You should mix more with people of your own age.

cofano *s* bonnet (BrE), hood (AmE)

cogliere *v* **1** (fiore, frutta) to pick **2** **cogliere un'occasione** to take an opportunity **3** **cogliere qn di sopresa** to take sb by surprise: *Il temporale ci ha colti di sorpresa.* The storm took us by surprise. | **cogliere qn alla sprovvista** to catch sb unawares: *Mi hai colto alla sprovvista!* You've caught me unawares! | **cogliere qn sul fatto** to catch sb red-handed: *Siamo stati colti sul fatto.* We were caught red-handed. | **essere colto da un malore** to be taken ill: *È stato colto da un malore improvviso.* He was suddenly taken ill. **4** (capire) (nome) to catch, (significato) to get: *Non ho colto bene i particolari, puoi ripetere?* I didn't quite get the details. Could you repeat them? | **cogliere qc al volo** to get sth straightaway: *Ha colto al l'allusione volo.* He got the hint straightaway.

cognato, -a *s* **cognato** brother-in-law (pl brothers-in-law) | **cognata** sister-in-law (pl sisters-in-law) | **cognati** (cognato e cognata) brothers- and sisters-in-law

cognome *s* surname

coincidenza *s* **1** (combinazione) coincidence: *Che coincidenza!* What a coincidence! | *Ci siamo incontrati per pura coincidenza.* We met each other **by** pure chance. **2** (treno, aereo) connection: *Abbiamo perso la coincidenza per Napoli.* We've missed the connection for Naples.

coincidere *v* **1** (versioni) to tally: *Le loro versioni dei fatti non coincidono.* Their versions of what happened don't tally. | *I nostri punti di vista non coincidono.* We don't share the same opinions. **2** (date) to clash: *La data dell'esame coincide con il mio compleanno.* The date of the exam clashes with my birthday.

coinvolgere *v* **coinvolgere qn in qc** to get sb involved in sth: *Non voglio coinvolgerti in questa faccenda.* I don't want to get you involved in this business. | *È stato coinvolto in uno scandalo.* He was involved in a scandal.

colapasta *s* colander

colare *v* **1** (filtrare) to strain | **colare la pasta/il riso** to strain the pasta/the rice **2** (gocciolare) to drip: *L'acqua colava dal rubinetto.* Water was dripping from the tap. | *Mi cola il naso.* My nose is running. |

C

Vuoi sapere di più sui verbi modali? C'è una spiegazione nella guida grammaticale.

Mi cola il sangue dal naso. My nose is bleeding. **3 colare a picco** to sink **4** (oro, piombo) to cast

colazione *s* **1** (al mattino) breakfast: *Vieni a fare colazione!* Come and have breakfast! | *A colazione prendo latte e biscotti.* I have milk and biscuits for breakfast. **2 colazione al sacco** packed lunch

colesterolo *s* cholesterol

colica *s* (di neonato) colic | **colica renale** renal colic

colino *s* (per il tè) tea strainer

colla *s* glue

collaborare *v* **collaborare con qn** to cooperate with sb: *Devi cercare di collaborare di più con i compagni.* You must try to cooperate more with your classmates. | **collaborare a un progetto** to take part in a project: *Abbiamo collaborato tutti al progetto.* We all took part in the project.

collaboratore, -trice *s* assistant

collaborazione *s* cooperation

collage *s* collage

collana *s* **1** (gioiello) necklace: *una collana d'oro* a gold necklace **2 una collana di libri** a series of books

collant *s pl* tights: *Vorrei dei collant neri velati.* I'd like some sheer black tights.

collare *s* (per animali) collar

collasso *s* **avere un collasso** to collapse

collaudo *s* testing

collega *s* work colleague

collegamento *s* connection: *Hai il collegamento a Internet?* Have you got an Internet connection? | *Non c'è nessun collegamento tra i due eventi.* There's no connection between the two events. | *Siamo in collegamento con il nostro corrispondente da New York.* Our correspondent is speaking to us live from New York.

collegare *v* to connect: *Puoi collegare lo scanner al computer.* You can connect the scanner to the computer. | *La polizia ritiene che gli attentati non siano collegati tra loro.* Police maintain that the attacks are not connected. | *Il ponte collega la città vecchia alla nuova.* The bridge links the old city with the new one.

collegarsi *v rifl* **1** (via radio, TV) to go over (live): *Siamo per collegarci con il nostro inviato.* We are **going over live to** our correspondent. **2 collegarsi a Internet** to connect to the Internet

collegio *s* (scuola) boarding school

colletta *s* **fare una colletta** to have a collection: *Siamo facendo una colletta per il regalo di Roberto.* We're having a collection for Roberto's present.

collettivo, -a *agg* **1** (di tutti) collective: *una decisione collettiva* a collective decision | *un lavoro collettivo* a joint effort | **biglietto collettivo** group ticket **2** (in grammatica) collective: *nomi collettivi* collective nouns

colletto *s* collar: *Sbottonati il colletto della camicia.* Undo the collar of your shirt.

collezionare *v* to collect: *Collezioni ancora le tessere telefoniche?* Are you still collecting phone cards?

collezione *s* **1** (raccolta) collection | **fare collezione di qc** to collect sth: *Faccio collezione di cartoline.* I collect postcards. **2** (nella moda) collection: *la collezione primavera-estate* the spring-summer collection

collina *s* hill: *Siamo saliti fino in cima alla collina.* We climbed to the top of the hill. | *una casa in collina* a house on a hill

collirio *s* eye drops [sempre plurale]

collisione *s* collision

collo *s* **1** (di persona, animale) neck: *Ha un foulard di seta al collo.* She's got a silk scarf round her neck. **2** (di camicia, cappotto) collar, (di maglia) neck: *una maglia con il collo a V* a V-neck sweater | *Questa camicia ha il collo stretto.* The collar on this shirt is a bit tight. | *un maglione a collo alto* a polo-neck sweater **3 il collo di una bottiglia** the neck of a bottle

collocamento ▶ vedi **ufficio**

collocare *v* to put, to place: *Dei telefoni SOS sono stati collocati lungo tutta l'autostrada.* Emergency telephones have been placed all along the motorway.

collocarsi *v rifl* (in epoca) to take place: *Quest'evento si colloca nella seconda metà del secolo.* This event took place in the second half of the century.

colloquiale *agg* colloquial: *un termine un po' colloquiale* a slightly colloquial term

colloquio *s* **1** (conversazione) conversation: *È stato un colloquio riservato.* It was a private conversation. | *I miei hanno chiesto un colloquio con la prof di inglese.* My parents have asked **to speak to** the English teacher. **2 colloquio (di lavoro)** interview

colmare *v* **colmare un vuoto** to fill a gap | **colmare qn di attenzioni** to lavish attention on sb: *I suoi lo colmano di attenzioni.* His parents lavish attention on him.

colmo, -a *aggettivo* e *sostantivo*

- *agg* full: *una cesta colma di ciliegie* a basket full of cherries
- **colmo** *s* (culmine) *Sarebbe proprio il colmo!* That would be the last straw! | *La tensione ha raggiunto il colmo.* The tension has reached fever pitch. | **essere al colmo della gioia/della disperazione** to be ecstatic/in the depths of despair

colomba *s* **1** (uccello) dove **2** (dolce) la colomba non esiste in Gran Bretagna; per spiegare cos'è, puoi dire **an Easter cake in the shape of a dove**

Colombia *s* **la Colombia** Colombia

colombiano, -a *agg* e *s* Colombian

Colonia *s* Cologne

colonia *s* colony (pl colonies): *un'ex colonia britannica* a former British colony

coloniale *agg* colonial: *l'impero coloniale britannico* the British colonial Empire

colonizzare *v* to colonize

colonna *s* **1** (in architettura) column **2** (di testo, numeri) column: *Metti i numeri in colonna.* Put the numbers in columns. | **la colonna di destra/sinistra** the right hand/left hand column **3 colonna vertebrale** spinal column | **colonna sonora** (di film) soundtrack

colonnello *s* colonel

colorante *s* (per alimenti) colouring

colorare *v* to colour: *Colora il prato di verde.* Colour the meadow green.

colorato, -a *agg* coloured

colore *s* **1** colour: *Di che colore è?* What colour is it? | **film/foto a colori** colour film/photo | **di colore** black **2 farne di tutti i colori** to get up to all kinds of tricks **3 colori a tempera** gouache [mai plurale] | **colori a olio** oil paints ▶ vedi Active Box **colori**

coloro *pron* **coloro che** those who: *Vorrei ringraziare tutti coloro che hanno partecipato all'iniziativa.* I'd like to thank all those who have taken part in this venture.

colossale *agg* huge

Colosseo *s* **il Colosseo** the Colosseum

colpa *s* fault: *Non è stata colpa mia!* It wasn't my fault! | *Di chi è la colpa?* Whose fault is it? | **per colpa di** because of: *L'incidente è avvenuto per colpa della nebbia.* The accident happened because of the fog. | **per colpa tua/sua ecc.** it's your/his/her etc fault: *Per colpa tua non si va in gita!* It's your fault we're not going on the trip! | **sentirsi in colpa** to feel guilty

colpevole *aggettivo e sostantivo*

- *agg* guilty: *È stato giudicato colpevole di omicidio.* He was found guilty of murder.
- *s* culprit: *Non si sa chi sia il colpevole.* They don't know who the culprit is. | *Hanno arrestato il colpevole dell'omicidio.* They have arrested the murderer.

colpevolezza *s* guilt

colpire *v* **1** (avversario, bersaglio) to hit: *La pallottola lo ha colpito al braccio.* The bullet hit him in the arm. | *Mi ha colpito con un pugno.* He punched me. | **colpire il bersaglio** to hit the target **2** (interessare) to hit: *Una nuova ondata di maltempo ha colpito il nord dell'Europa.* A new spell of bad weather has hit northern Europe. **3** (impressionare) to strike: *Mi ha colpito per la sua disponibilità.* I was struck by her willingness to help.

Active Box: colori

I seguenti esempi illustrano l'uso dei colori in inglese e possono servirti come modello per formulare a tua volta delle frasi:

***L'azzurro** è il mio colore preferito.*	**Blue** is my favourite colour.
*Era vestita di **nero**.*	She was wearing **black**.
*Preferisco quello **verde**.*	I prefer **the green one**.
***È bianco**.*	It's **white**.
*Mi piace **il rosso**.*	I like **red**.
*Ha dipinto la sua camera **di rosa**.*	She painted her room **pink**.
*Il ragazzo con la maglia **marrone**.*	The boy in the **brown** sweater.

colpo *s* **1** (botta) blow: *Ha ricevuto un colpo in testa.* He took a blow to the head. | **dare un colpo a qn** to hit sb: *Gli ha dato un colpo in testa.* He hit him on the head. | **prendere un colpo** to bang yourself: *Ho preso un colpo contro il tavolo.* I banged myself **on** the table. | **colpo basso** (azione sleale): *Fregargli la ragazza è stato un colpo basso.* Stealing his girlfriend was a dirty trick. **2 colpo di telefono** ring: *Se decidi di venire, dammi un colpo di telefono.* If you decide to come, give me a ring. | **colpi di sole** highlights: *Mi sono fatta i colpi di sole.* I've had highlights done. **3** (rumore) *Ho sentito un colpo alla porta.* I heard a loud knock at the door. | *Mi è sembrato di sentire dei colpi di martello.* I thought I heard someone hammering. **4** (di pistola, fucile) shot: *Erano colpi di pistola.* Those were gunshots. | *È stato ferito da un colpo al braccio.* He received a bullet wound in his arm. **5** (forte emozione) blow: *La notizia è stata un colpo per tutti.* The news was a blow to everybody. | **fare colpo (su qn)** to score a hit (with sb): *Hai fatto colpo su quel ragazzo.* You've scored a hit with that boy. **6 colpo di fulmine** love at first sight **7 colpo di sonno** *Mi è venuto un colpo di sonno.* I feel very sleepy all of a sudden. | **un colpo di tosse** a coughing fit | **un colpo di genio** a stroke of genius | **prendere un colpo d'aria** to catch a chill **8** (spavento) *Ci hai fatto prendere un colpo!* You really gave us a fright! | *A momenti mi veniva un colpo!* I nearly had a heart attack! **9** (rapina) raid: *Sono stati arrestati per il colpo alla gioielleria.* They were arrested for the raid on

i Si dice *I arrived in London* o *I arrived to London*? Vedi alla voce **arrive**.

the jeweller's. | *Hanno fatto un colpo in banca.* They raided a bank. | **colpo di stato** coup d'état

coltello *s* knife

coltivare *v* **1** (terra) to cultivate **2** (grano, ortaggi) to grow

coltivazione *s* **1** (attività) farming: *tecniche di coltivazione* farming techniques **2** (campo) field: *Molte coltivazioni sono state distrutte dall'alluvione.* Many fields were flooded.

colto *agg* educated

coma *s* coma: *Il paziente è in coma.* The patient is in **a coma**.

comandamento *s* commandment: *i dieci comandamenti* the Ten Commandments

comandante *s* **1** (di nave, aereo) captain: *il comandante e l'equipaggio* the captain and the crew **2** (militare) commander: *il comandante delle truppe ribelli* the commander of the rebel troops

comandare *v* **1** (dirigere) to be in charge: *Vuole sempre comandare lei.* She always wants to be in charge. **2 comandare a qn di fare qc** to order sb to do sth: *Il generale ha comandato ai soldati di attaccare.* The general ordered the troops to attack. **3** (azionare) to control: *L'apertura del cancello è comandata da un pulsante.* The opening of the gate is controlled by a button.

comando *sostantivo* e *sostantivo plurale*
- *s* **1** (direzione) command: *Gli è stato affidato il comando della spedizione.* He has been given command of the expedition. **2** (ordine) order: *I vigili del fuoco hanno dato comando di evacuare l'edificio.* The firemen gave the order to evacuate the building. **3 il comando della polizia/dei vigili del fuoco** the police/fire station
- **comandi** *s pl* (dispositivi) controls: *I comandi non rispondono.* The controls don't work.

combaciare *v* to fit: *Le due figure non combaciano.* The two shapes don't fit together. | *Questo pezzo del puzzle non combacia con l'altro.* This piece of the jigsaw doesn't fit with the other one.

combattere *v* **1** (in guerra) to fight | **combattere contro qn** to fight against sb **2 combattere il terrorismo/l'inquinamento** to combat terrorism/pollution | **combattere per qc** to fight for sth: *Siamo decisi a combattere per i nostri diritti.* We are determined to fight for our rights.

combattimento *s* **1** (battaglia) combat: *aerei da combattimento* combat aircraft **2** (nel pugilato) fight | **mettere qn fuori combattimento** to knock sb out: *L'ha messo fuori combattimento al primo round.* He knocked him out in the first round. | **un combattimento di judo** a judo bout

combattuto, -a *agg* per *essere combattuto* nel senso di indeciso, si usa **can't decide** o **can't make up your mind**: *Sono combattuta tra il gelato e il dolce d'amarene.* I can't decide between the ice cream and the cherry tart. | *Non so che fare, sono piuttosto combattuto.* I can't make up my mind about what to do.

combinare *v* **1** (fare) to do: *Cosa stai combinando?* What are you doing? | *Guarda cos'hai combinato!* Look what you've done! | **combinare un pasticcio** to make a mess: *Hai combinato un bel pasticcio!* You've made a right mess of things! | **non combinare niente** *Oggi non sono riuscita a combinare niente.* I didn't manage to get anything done today. **2** (organizzare) to arrange: *Abbiamo combinato per sabato sera.* We've arranged to meet on Saturday evening. | *Ti ho combinato un incontro con Flavio.* I've arranged for you to meet Flavio. **3** (colori, sapori) to combine

combinazione *s* **1** (coincidenza) coincidence: *Che combinazione!* What a coincidence! | **per combinazione** by chance: *Ci siamo ritrovati per combinazione.* We met up again by chance. **2** (di cassaforte, lucchetto) combination **3** (di gusti, colori) combination

combustibile *s* fuel

combustione *s* combustion

come *avverbio* e *congiunzione*
- *avv* ▶ vedi riquadro
- *cong* **1** (nel modo in cui) as: *Fai come vuoi.* Do as you wish. | *Le cose non sono andate come immaginavo.* Things didn't work out as I had imagined. **2** (appena) as soon as: *Come arrivi, telefona.* As soon as you arrive, give me a call. **3 come se** as if: *Si comporta come se non ne sapesse nulla.* She's behaving as if she doesn't know anything about it. | *Mi tratta come se fossi un bambino.* He treats me as if I was a child. | **come non detto** never mind: *Pensavo che ti facesse piacere, comunque, come non detto!* I thought you'd be pleased. Oh well, never mind!

cometa *s* comet: *la cometa di Halley* Halley's comet

comico, -a *aggettivo* e *sostantivo*
- *agg* (buffo) funny: *Era proprio una situazione comica.* It was a really funny situation. | **un film comico** a comedy
- *s* **comico** comic actor | **comica** comic actress (pl comic actresses)

comignolo *s* chimney pot

cominciare *v* to start, to begin: *A che ora comincia il film?* What time does the film start? | *una parola che comincia per emme* a word beginning with 'm' | **cominciare a fare qc** to start doing sth/to do sth, to begin doing sth/to do sth: *Non ho ancora*

come *avverbio*

1 Nelle frasi interrogative si usa **how**:
Come va? How's it going? | *Come ti senti?* How do you feel? | *Non so proprio come risolvere questo problema.* I really don't know how to solve this problem. | *Come si pronuncia questa parola?* How do you pronounce this word? | **come mai?** why?: *Come mai non hai telefonato?* Why didn't you ring?

2 Quando non si è capito qualcosa, o per esprimere sorpresa, si usa di solito **what did you say?**:
Come? Non ho sentito. Sorry, what did you say? I didn't catch it. | *Come? Duecento euro?* How much? Two hundred euros? | **come sarebbe a dire?** what do you mean?: *Come sarebbe a dire che tu non ne sapevi niente?* What do you mean you didn't know anything about it?

3 Quando introduce un ruolo o una funzione si usa **as**:
Gioca nella squadra come terzino. He plays as fullback for the team. | *Ti parlo come amica.* I'm talking to you as a friend.

4 Nei paragoni si usa **like**:
Ti sei comportato come un idiota. You behaved like an idiot. | *Ho un vestito come il tuo.* I've got a dress like yours.

5 Nelle esclamazioni si usa **really**:
Come sei pallido! You're really pale! | *Come mi dispiace!* I'm really sorry! | **come no!** you bet!: *– Dici sul serio? – Come no!* "Are you serious?" "You bet!"

cominciato a studiare. I haven't started studying yet. | *Sta cominciando a piovere.* It's starting to rain.

comitato *s* committee

comitiva *s* group: *C'è uno sconto per le comitive di oltre dieci persone.* There is a discount for groups of more than ten people.

comizio *s* meeting

commedia *s* **1** (opera teatrale) play: *Ho letto tutte le commedie di Pirandello.* I've read all of Pirandello's plays. | **commedia musicale** musical **2** (finzione) act: *È tutta una commedia per farsi compatire.* It's all an act to get some sympathy.

commentare *v* **1** (fatto, evento) to comment on: *L'allenatore non ha voluto commentare la sconfitta della squadra.* The coach didn't want to **comment on** the team's defeat. **2** (brano, poesia) to comment on

commento *s* (osservazione) comment

commerciale *agg* **1** (film, musica) commercial: *È un film troppo commerciale: non mi è piaciuto.* The film is too commercial and I didn't like it. **2** **attività commerciale** trade: *L'attività commerciale era molto sviluppata all'epoca dei Fenici.* Trade was highly developed at the time of the Phoenicians. | **rapporti/scambi commerciali** trade relations/exchanges | **lettera commerciale** business letter ▶ vedi anche **centro**

commercialista *s* accountant

commerciante *s* (negoziante) shopkeeper

commercio *s* trade: *L'economia del paese è fondata su commercio e turismo.* The country's economy is based on trade and tourism. | **in commercio** on sale: *Tra i prodotti in commercio, questo è il migliore.* This is the best of the products on sale.

commesso, -a *s* **1** (di negozio) shop assistant **2** (di supermercato) supermarket assistant

commestibile *agg* edible

commettere *v* **commettere una cattiva azione/una sciocchezza** to do something bad/stupid | **commettere un errore** to make a mistake | **commettere un omicidio/un crimine** to commit a murder/a crime

commissariato *s* police station

commissario *s* **1** (di polizia) superintendent **2** **commissario tecnico** national coach **3** **commissario d'esame** examiner

commissione *s* **1** (comitato) committee | **la Commissione europea** the European Commission **2** **avere delle commissioni da fare** to have things to do: *Ho alcune commissioni da fare in centro.* I've got some things to do in town. **3** (percentuale) commission: *una commissione del 20%* a 20% commission | *commissioni bancarie* bank charges

commovente *agg* moving

commozione *s* **1** (turbamento) emotion: *Non è riuscita a nascondere la commozione.* She couldn't hide her emotion. **2** **commozione cerebrale** concussion: *L'incidente gli ha provocato una commozione cerebrale.* He suffered concussion in the accident. ▶ vedi nota FALSE FRIEND sotto **commotion**

commuovere *v* to move

commuoversi *v rifl* to be moved: *Tutti gli spettatori si sono commossi.* The entire audience was moved.

comodino *s* bedside table

comodità *sostantivo sostantivo plurale*

● *s* **1** (praticità) convenience: *Per comodità ho preso un taxi.* I took a cab for convenience. **2** (di poltrona, sedia) comfort.

● **comodità** *s pl* creature comforts: *Non le*

Vuoi informazioni sulla differenza tra gli **articoli** in inglese e in italiano? Leggi le spiegazioni nella guida grammaticale.

piace il campeggio perché non sa rinunciare alle comodità. She doesn't like camping because she can't do without her creature comforts.

comodo, -a *aggettivo* e *sostantivo*

• *agg* **1** (confortevole) comfortable: *Ti serviranno delle scarpe comode.* You'll need some comfortable shoes. | *Stai comodo così o vuoi un cuscino?* Are you comfortable like that or would you like a cushion? **2** (pratico) convenient: *Lo zaino è più comodo della valigia perché ti lascia le mani libere.* A rucksack is more convenient than a suitcase because it leaves your hands free. | *Vieni quando ti è più comodo.* Come whenever is most convenient for you. **3** **prendersela comoda** to take things easy: *La domenica mattina mi piace prendermela comoda.* On Sunday mornings I like to take things easy. **4** **mettersi comodo** to make yourself comfortable: *Mettetevi comodi.* Make yourselves comfortable.

• **comodo** *s* **1** **fare comodo a qn a)** (utile) to come in handy: *Tieni quei sacchetti, potrebbero farci comodo.* Keep those plastic bags – they could come in handy. **b)** (vantaggioso) to suit sb: *Mi telefona solo quando fa comodo a lui.* He only phones me when it suits him. **2** **fare con comodo** to take your time: *Fai con comodo, non ho fretta.* Take your time, I'm not in a hurry. **3** **fare i propri comodi** to do as you like: *Ho deciso: d'ora in poi faccio solo i comodi miei!* I've decided that from now on I'm going to do as I like.

compagnia *s* **1** (presenza di persone) company: *È molto socievole e ama la compagnia.* He's very sociable and loves company. | **fare compagnia a qn** to keep sb company: *Emilio e Micol mi hanno fatto compagnia mentre aspettavo il treno.* Emilio and Micol kept me company while I waited for the train. **2** (azienda) company (pl companies): *Lavora per una compagnia svizzera.* She works for a Swiss company. | **compagnia aerea** airline **3** (gruppo di amici) gang: *C'era Gianna e tutta la compagnia.* Gianna and all the gang were there. **4** (teatrale) company (pl companies)

compagno, -a *s* **1** (amico) mate | **compagno di scuola** schoolmate: *Siamo state compagne di scuola alle elementari.* We were schoolmates at primary school. | **essere compagni di banco** to sit next to each other in class **2** (convivente) partner: *Vive col suo compagno da quasi dieci anni.* She's been living with her partner for almost ten years. **3** (in politica) comrade

comparativo *s* comparative

comparire *v* **1** (presentarsi) to appear: *Mi è comparso davanti all'improvviso.* He suddenly appeared in front of me. **2** (in elenco, documento) to appear: *Il suo nome non compare nella lista.* His name doesn't **appear on** the list.

comparsa *s* **1** (in film, a teatro) extra **2** (arrivo) appearance: *la comparsa dei primi motori a vapore* the appearance of the first steam engines

compassione *s* **fare compassione a qn** si traduce con **to feel sorry for sb** ma in inglese il soggetto è chi prova compassione, mentre **sb** si riferisce a chi fa compassione: *Era così solo che mi ha fatto compassione.* He was so lonely that I felt sorry for him.

compasso *s* compasses [sempre plurale]

compatibile *agg* **1** **essere compatibile con qc** to fit in with sth: *Per ora la mia attività sportiva è compatibile con gli impegni scolastici.* For the moment, my sports activities fit in quite well with my school commitments. **2** (in informatica) compatible

compatire *v* to feel sorry for: *Poveretto, lo compatisco.* Poor thing, I feel sorry for him.

compatto, -a *agg* **1** (materiale) solid **2** (gruppo) tightly knit: *Il gruppo era all'inizio molto compatto, poi sono cominciati i disaccordi.* The group was very tightly knit at first, but then the arguments started. **3** (hi-fi, PC) compact: *un nuovo PC portatile, molto compatto* a very compact new laptop

compensare *v* (bilanciare) to make up for: *Devi bere molto per compensare la perdita di liquidi.* You've got to drink a lot to make up for the loss of fluids.

compenso *s* **1** (per lavoro) payment **2** (di attore) fee **3** **chiedere qc in compenso** to ask for sth in return: *L'ho sempre aiutato senza chiedere niente in compenso.* I've always helped him without asking for anything in return. **4** **in compenso** on the other hand: *Non ha imparato a parlare bene l'inglese, ma in compenso si è fatto molti amici.* He hasn't learned much English but, on the other hand, he's made a lot of friends.

compere *s pl* **fare compere** to go shopping: *Sono uscite a far compere.* They've gone shopping.

competente *agg* **1** (esperto) competent **2** (responsabile) relevant: *Per i reclami deve rivolgersi all'ufficio competente.* To make a complaint, you must go to the relevant office.

competenza *s* **1** (esperienza) expertise: *un professionista di grande competenza* a highly competent professional **2** (responsabilità) remit: *Non è di nostra competenza.* This is not our remit.

competere *v* to compete: *I due atleti dovranno competere per il titolo di campione europeo.* The two athletes will have to compete for the title of European Champion.

competizione *s* competition | **essere in competizione con qn** to compete with sb: *È sempre stato in competizione col fratello maggiore.* He's always competed with his elder brother.

compiere *v* **1 compiere gli anni** *Quando compi gli anni?* When is your birthday? | **compiere tredici/sedici anni** to turn thirteen/sixteen: *Ho appena compiuto sedici anni.* I've just turned sixteen. **2** (fare) to do: *Ha solo compiuto il suo dovere.* He only did his duty. | *Missione compiuta!* Mission accomplished!

compilare *v* **compilare un modulo** to fill in a form

compito *sostantivo e sostantivo plurale*

- *s* **1 compito (in classe)** test: *Domani c'è il compito in classe di inglese.* Tomorrow we've got an English test. **2** (incarico) job: *Non è compito mio rifargli il letto!* It's not my job to make his bed!
- **compiti** *s pl* (per casa) homework [mai plurale]: *Hai fatto i compiti?* Have you done your homework? | *compiti delle vacanze* homework for the holidays

compleanno *s* birthday: *Quand'è il tuo compleanno?* When is your birthday? | *Cosa gli hai regalato per il compleanno?* What did you give him for his birthday? | **buon compleanno!** Happy Birthday!

complemento *s* **complemento oggetto/indiretto** direct/indirect object

complessato, -a *agg* **essere complessato** to have a complex: *È sempre stata complessata.* She's always had a complex.

complessivo *agg* **1** (giudizio, visione) general **2** (prezzo) total

complesso, -a *aggettivo e sostantivo*

- *agg* (complicato) complex: *È un problema molto complesso.* It's a very complex problem.
- **complesso** *s* **1** (musicale) band: *Suona la chitarra in un complesso.* He plays the guitar in a band. **2** (psicologico) complex (pl complexes): *Giovanni ha il complesso della statura.* Giovanni has a complex **about** his height. | *complesso di inferiorità* inferiority complex **3** (insieme) variety: *Ha deciso così per un complesso di motivi.* He made that decision for a variety of reasons. | **nel complesso** taken as a whole: *Nel complesso, il film mi è piaciuto.* On the whole, I liked the film. **4** (di edifici) complex (pl complexes): *Il nuovo complesso scolastico sarà pronto fra tre anni.* The new school complex will be ready in three years.

completare *v* to finish: *Non sono riuscita a completare tutti gli esercizi del compito.* I didn't manage to finish all the exercises in the test.

completo, -a *aggettivo e sostantivo*

- *agg* **1** (intero) complete: *Ecco l'elenco completo dei partecipanti.* Here's a complete list of the participants. | **completo di qc** complete with sth: *Ho comprato un computer completo di scanner e stampante.* I've bought a computer complete with scanner and printer. **2** (totale) complete: *Hai la mia completa fiducia.* You've got my complete trust.
- **completo** *s* **1 al completo a)** (gruppo) whole: *C'era tutta la famiglia al completo.* The whole family was there. | *Se siamo al completo, possiamo iniziare la riunione.* If everybody's here, we can start the meeting. **b)** (albergo, ristorante) full: *Tutti gli alberghi della zona sono al completo.* All the hotels in the area are full. **2** (in abbigliamento) suit: *Indossava un completo scuro con una camicia azzurra.* He was wearing a dark suit, with a blue shirt. | *un completo da sci* a ski suit

complicare *v* to complicate: *Devi sempre complicare le cose!* You always have to complicate things!

complicarsi *v rifl* to become complicated: *La faccenda si sta complicando.* The situation is getting complicated.

complicato *agg* complicated

complice *s* accomplice

complimento *sostantivo e sostantivo plurale*

- *s* (lode) compliment | **fare un complimento a qn** to pay sb a compliment: *Lui le ha fatto un complimento e lei è arrossita.* He paid her a compliment and she blushed.
- **complimenti** *s pl* (congratulazioni) congratulations: *Complimenti per la magnifica esecuzione!* **Congratulations on** your wonderful performance! | **fare i complimenti a qn (per qc)** to congratulate sb (on sth): *Gli ho fatto i complimenti per il buon esito dell'esame.* I congratulated him on his good exam results. | **non fare complimenti!** please help yourself!

complotto *s* plot

componente *s* **1** (persona) member: *Niccolò è il componente più giovane della squadra.* Niccolò is the youngest member of the team. **2** (in chimica) component

comporre *v* **1** (costituire) to make up: *La squadra è composta da cinque ragazzi.* The team is made up of five lads. **2** (numero) to dial: *Devi comporre il prefisso senza lo zero.* You have to dial the area code without the zero. **3** (poesia, musica) to compose

comportamento *s* behaviour

C

comportare *v* to involve: *È un'operazione che comporta gravi rischi.* It's an operation involving serious risks.
comportarsi *v rifl* to behave: *Si è comportato da vero cafone.* He behaved like a complete yob. | *Comportati bene dagli zii.* **Behave yourself** at your aunt and uncle's house.

compositore, -trice *s* composer

composizione *s* **1** (scritta) composition: *Per casa devo fare una composizione in inglese.* I have to write a composition in English for homework. **2** (musicale) piece: *una composizione per pianoforte* a piece for piano **3** (chimica) (active) ingredients [sempre plurale]

composto, -a *aggettivo e sostantivo*
• *agg* **1** **essere composto da** to be made up of: *Il nostro gruppo è composto da quattro musicisti e una cantante.* Our band is made up of four musicians and a singer. **2** **stare composto** to sit properly **3** (parola) compound
• **composto** *s* (in chimica) compound

comprare *v* to buy: *Hai comprato qualcosa?* Did you buy anything? | *Me lo ha comprato mia sorella.* My sister **bought** it **for me.**

comprendere *v* **1** (includere) to include: *Il prezzo non comprende il servizio.* Service is not included in the price. | *Siamo in sette, comprese noi due.* There are seven of us, including us two. | **tutto compreso** all in: *Costa 200 euro tutto compreso.* It costs 200 euros all in. **2** (capire) to understand: *Non sembra aver compreso la gravità della situazione.* He doesn't seem to have understood the seriousness of the situation.

comprensibile *agg* understandable: *È comprensibile che si sia offeso.* It's understandable that he's offended. | *Parla un inglese poco comprensibile.* He can't make himself understood in English.

comprensione *s* **1** (di lingua, concetto) understanding: *Il linguaggio semplice dell'autore facilita la comprensione.* The author's use of simple language helps our understanding. **2** (simpatia) sympathy: *Hai tutta la mia comprensione.* You have my sympathy.

comprensivo, -a *agg* **1** (tollerante) understanding: *I miei genitori sono stati molto comprensivi e non mi hanno punito.* My parents were very understanding and didn't punish me. **2** **comprensivo di** inclusive of: *Il prezzo è comprensivo delle spese di spedizione.* The price is inclusive of postage and packing. ▶ vedi nota FALSE FRIEND sotto **comprehensive**

compressa *s* tablet

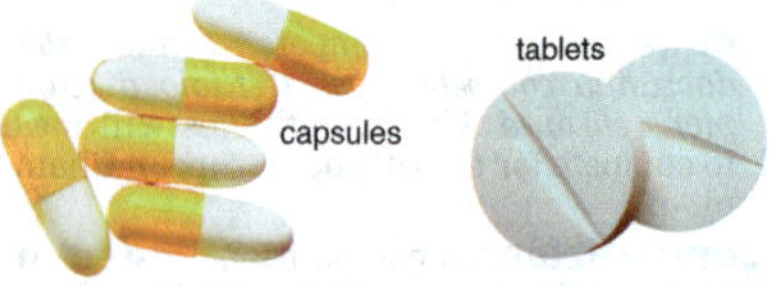

compromesso *s* compromise: *Siamo arrivati a un compromesso.* We reached a compromise.

compromettente *agg* compromising

compromettere *v* (successo, futuro) to jeopardize, (reputazione) to damage: *L'errore del portiere potrebbe compromettere le possibilità di successo della squadra.* The goalkeeper's mistake could jeopardize the team's chances of success.

computer *s* computer | **computer portatile** laptop computer

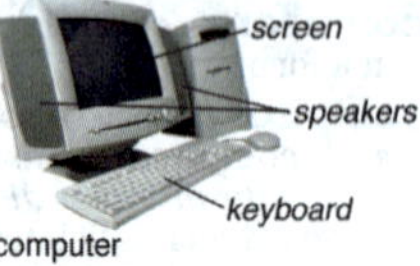

comunale *agg* **1** (biblioteca, piscina) public **2** (assessore, consiglio) local

Comune *s* **1** (città) city (pl cities), town: *il Comune di Bari* the city of Bari ▶ per la differenza tra **city** e **town** vedi **città** **2** (uffici) town hall: *Bisogna richiedere il certificato in Comune.* You need to apply for the certificate at the town hall.

comune *aggettivo e sostantivo*
• *agg* **1** (di due o più persone) mutual: *Me lo ha detto un amico comune.* A mutual friend told me. | *la moneta comune europea* the European common currency **2** (diffuso) common: *È un nome molto comune tra le ragazze della mia età.* It's a very common name amongst girls of my age. | *Ha doti musicali poco comuni.* She has exceptional musical talent. ▶ vedi anche **luogo**
• *s* **1** **in comune** in common: *Abbiamo tante cose in comune.* We've got such a lot in common. | *Il bagno è in comune coi ragazzi.* We share the toilet with the boys. **2** **fuori del comune** exceptional: *una persona fuori del comune* an exceptional person

comunicare *v* **1** (capirsi) to communicate **2** (annunciare) to announce: *La notizia è stata comunicata in diretta.* The news was announced live.

comunicato *s* communiqué | **comunicato stampa** press release

comunicazione *s* **1** (relazione) communication **2** (telefonata) call: *La comunicazione è stata interrotta.* The call was cut off. **3** (annuncio) announcement: *Il preside deve fare una comunicazione.* The head teacher has an announcement to make. ▶ vedi anche **mezzo**

comunione s (in chiesa) communion: *Fai la comunione?* Are you taking communion? | **la Prima Comunione** First Communion

comunismo s Communism

comunista agg e s Communist

comunità s (gruppo) community (pl communities)

comunque avverbio e congiunzione
- avv anyway: *Se gli altri non possono, pazienza: io vengo comunque.* Too bad if the others can't come, I'm coming anyway.
- cong however: *Comunque vada, almeno ci abbiamo provato.* However things turn out, at least we'll have tried.

comò s chest of drawers

con prep ▶ vedi riquadro

concedere v to give: *Concedimi almeno un minuto per scusarmi.* Give me a minute at least to apologize. | *Mi sono concesso una pausa.* I gave myself a break.

concentrare v (raccogliere) to concentrate
concentrarsi v rifl to concentrate: *Non riesco a concentrarmi.* I can't concentrate. | **concentrarsi su qc** to concentrate on sth: *Concentrati su quello che stai facendo.* Concentrate on what you're doing.

concentrazione s **1** (mentale) concentration: *È un compito che richiede la massima concentrazione.* The task requires total concentration. **2** (densità) concentration: *Nell'acqua di questa zona c'è un'alta concentrazione di calcio.* There's a high concentration of calcium in the water in this area.

concepire v **1** (raffigurarsi) to imagine: *Non riesco a concepire come possa aver fatto una cosa simile.* I can't imagine how she could do such a thing. **2** (ideare) to design **3** (bambino) to conceive

concerto s concert

concessionario, anche **concessionaria** s (authorized) dealer

concetto s (idea) concept

conchiglia s shell

conciare v **1** (rovinare) to make a mess of: *Guarda come hai conciato i pantaloni nuovi!* Look at the mess you've made of your new trousers! **2** (pelle) to tan
conciarsi v rifl **1** (vestirsi) *Ma come ti sei conciato?* What on earth have you done to yourself? **2** (sporcarsi) to get dirty: *Dove ti sei conciato così?* How did you get so dirty?

con *preposizione*

1 La traduzione **with** è impiegata nella maggior parte dei contesti:

Vieni al cinema con me? Are you coming to the cinema with me? | *L'ho riparato con lo scotch.* I mended it with Sellotape®. | *Sono arrabbiata con te.* I'm angry with you. | *Vive con i nonni.* He lives with his grandparents. | *una ragazza con gli occhi azzurri* a girl with blue eyes

2 ECCEZIONI

Per indicare il modo si usa spesso un avverbio:

Mi ha risposto con calma. She answered me calmly. | *Verrò con certezza.* I'll definitely come.

Quando signica *nei confronti di* si traduce **to**:

È sempre stato gentile con me. He's always been nice to me. | *Sei stato maleducato con loro.* You were rude to them.

Con riferimento a un mezzo di trasporto si traduce generalmente con **by**:

Siamo venuti con il treno. We came by train. | *Si fa prima con la macchina.* You'll get there more quickly by car.

conciliare v **1** (combinare) to combine: *Come fai a conciliare lo studio con lo sport?* How do you manage to combine your studies with your sports activities? **2** **conciliare l'appetito/il sonno** to make you feel hungry/sleepy: *Questa musica concilia il sonno.* This music makes you feel sleepy.

concime s fertilizer

conciso, -a agg concise

concludere v **1** (finire) to finish off: *Abbiamo concluso la serata in discoteca.* We finished off the evening in a nightclub. **2** **concludere un accordo** to close a deal | **concludere un trattato** to sign a treaty **3** (combinare) to get done: *Oggi non ho concluso molto.* I haven't got much done today. **4** **concludere che** (dedurre) to come to the conclusion that: *Abbiamo concluso che bisogna affrontare il problema in modo diverso.* We've come to the conclusion that we need to tackle the problem in a different way.
concludersi v rifl to finish: *Il salone del libro si è concluso martedì.* The book fair finished on Tuesday.

conclusione s **1** (fine) end: *la conclusione di un viaggio* the end of a journey **2** (conseguenza) conclusion: *Sono arrivato alla conclusione che continuare a discuterne è una perdita di tempo.* I've come to the conclusion that it's a waste of time discussing it any further. | **trarre le conclusioni** to draw conclusions

C

Vuoi informazioni sulla differenza tra gli **aggettivi possessivi** in inglese e in italiano? Vedi la guida grammaticale.

concordare *v* **1** (prezzo, data) to agree on: *Dobbiamo ancora concordare il giorno.* We still have to agree on the day. | **concordare di fare qc** to agree to do sth: *Abbiamo concordato di dividere le spese per il viaggio.* We agreed to share the travel expenses. **2** (coincidere) to tally: *La sua versione dei fatti non concorda con la mia.* His version of the facts doesn't tally with mine. **3** **concordare con qn** to agree with sb: *Concordo con te.* I agree with you.

concorrente *s* **1** (di gara) competitor: *I concorrenti sono già sulla linea di partenza.* The competitors are already on the starting line. **2** (di gioco televisivo) contestant

concorrenza *s* competition: *Tra le due ditte c'è molta concorrenza.* There's a lot of competition between the two companies. | **fare concorrenza a qn** to compete with sb: *I grandi magazzini fanno una concorrenza spietata ai piccoli negozi.* The large stores compete ruthlessly with the smaller shops.

concorrere *v* **concorrere (a qc)** (gara, torneo) to take part (in sth): *Possono concorrere alla selezione tutti i ragazzi tra i 10 e i 15 anni.* All youngsters between the ages of 10 and 15 can take part in the trial.

concorso *s* **1** (gara) competition: *Ho vinto un concorso di fotografia.* I won a photography competition. | **concorso di bellezza** beauty contest **2** (esame) (competitive) examination: *Le assunzioni vengono fatte tramite concorso.* Employees are selected on the basis of a competitive examination.

concreto, -a *agg* (prova, problema, rischio) real, (aiuto, mezzo) practical: *C'è un rischio concreto che venga bocciato.* There's a real risk that he'll fail. | *Non riesco a capire: fammi un esempio concreto.* I don't quite understand. Give me a specific example. | **in concreto** actually: *In concreto, cosa hai in mente di fare?* What are you actually thinking of doing?

condanna *s* **1** (per reato) sentence: *Sta scontando una condanna a vent'anni di reclusione per omicidio.* He's serving a twenty-year sentence for murder. **2** (disapprovazione) condemnation

condannare *v* **1** (per reato) to be sentenced to: *È stato condannato a cinque anni di prigione.* He's been sentenced to five years in prison. | *È stato condannato per furto.* He's been found guilty of theft. **2** (non approvare) to condemn: *Tutti condannano la violenza negli stadi.* Everyone condemns the hooliganism at football stadiums.

condensarsi *v rifl* to condense

condimento *s* **1** (per carne) *Uso poco condimento per cucinare.* I don't use much oil or fat when cooking. | *Ha cucinato il pollo senza condimenti.* She dry-roasted the chicken. **2** (per pasta) sauce **3** (per insalata) dressing: *un condimento a base di olio e aceto* an oil and vinegar-based dressing

condire *v* **1** (carne) to season **2** (pasta) to add sauce to **3** (insalata) to dress

condividere *v* to share: *Non condivido il tuo ottimismo.* I don't share your optimism. | *Condivido la camera con mia sorella.* I share a room with my sister.

condizionale *aggettivo e sostantivo*
- *agg* conditional
- *s* conditional: *un verbo al condizionale* a verb **in** the conditional

condizionare *v* to influence ► In inglese è usato generalmente al passivo: *Sono stati i suoi amici a condizionarlo.* He's been influenced by his friends.

condizionatore *s* air conditioning

condizione *s* **1** (stato) condition: *Le sue condizioni di salute sono nettamente migliorate.* His medical condition has clearly improved. | **essere in buone/cattive condizioni** to be in good/bad condition | **non essere in condizione di fare qc** to be in no condition to do sth: *È ancora troppo debole: non è in condizione di uscire.* She's still too weak and in no condition to go out. **2** (restrizione) condition: *Queste condizioni sono proprio inaccettabili.* These conditions are totally unacceptable. | **a condizione che** on condition (that): *Te lo dico a condizione che tu non lo racconti a nessuno.* I'll tell you on condition that you don't tell anyone else.

condoglianze *s pl* **fare le condoglianze a qn** to offer your condolences to sb: *Gli abbiamo fatto le condoglianze per la morte di suo padre.* We offered him our **condolences on** the death of his father.

condominio *s* (palazzo) block of flats: *Abito in un condominio di sette piani.* I live in a seven-floor block of flats.

condotta *s* (di alunno) behaviour in class

conducente *s* driver: *il conducente dell'autobus* the bus driver

condurre *v* **1** (portare) to take: *Un taxi li ha condotti all'aeroporto.* A taxi took them to the airport. **2** (esperimento, inchiesta) to carry out: *Il sondaggio è stato condotto su un campione di 3.000 persone.* The poll was carried out on a sample of 3,000 people. **3** (programma) to present: *Chi condurrà quest'anno il Festival di Sanremo?* Who's going to present the Sanremo festival this year?

conferenza *s* **1** (discorso) lecture: *un ciclo di conferenze* a series of lectures | **conferenza stampa** press conference

2 (riunione) conference: *una conferenza sulla fame nel mondo* a conference on world hunger

conferire *v* (titolo, carica) to confer: *Gli hanno conferito la carica di presidente.* They conferred the role of president **on** him.

conferma *s* confirmation: *prenotazione soggetta a conferma* booking subject to confirmation | *Dammi una conferma per telefono.* You can confirm it with me by phone.

confermare *v* **1** (appuntamento, orario) to confirm: *Ti chiamo domani per confermare l'ora d'arrivo.* I'll call you tomorrow to confirm the arrival time. | *Mi ha confermato che arriverà la prossima settimana.* She's confirmed she'll be arriving next week. **2** (teoria, dubbio) to confirm

confessare *v* **1** (riconoscere) to confess: *Ti confesso che non ho capito niente.* I confess I didn't understand anything. | **confessare di aver fatto qc** to admit (to) doing sth: *Ha confessato di avere copiato il compito.* He admitted copying during the test. **2** (dichiararsi colpevole) to confess: *Dopo quattro ore di interrogatorio, ha confessato.* After four hours of questioning, he confessed.

confessarsi *v rifl* to confess

confessione *s* **1** (confidenza) confession: *Devo farti una confessione.* I have a confession to make. **2** (in chiesa) confession

confetto *s* sugared almond

confezione *s* **1** (imballaggio) packaging | **confezione regalo** *Può farmi una confezione regalo?* Could you gift-wrap it for me? **2** (prodotto) pack: *La confezione grande è più conveniente.* The big pack is better value. | *una confezione di yogurt da quattro* a four-pack of yogurt

conficcare *v* **conficcare qc in qc** (palo, chiodo) to knock sth into sth: *Ho conficcato i picchetti della tenda nel terreno.* I knocked the tent pegs into the ground.

conficcarsi *v rifl* **conficcarsi in qc a)** (proiettile) to lodge in sth **b)** (spina, ago) to get stuck in sth: *Mi si è conficcata una spina nel dito.* A thorn's got stuck in my finger.

confidare *v* (rivelare) to confide | **confidare un segreto a qn** to tell sb a secret: *Ti confido un segreto.* I'll tell you a secret.

confidarsi *v rifl* **confidarsi con qn** to confide in sb: *Si è confidata con me perché sono la sua migliore amica.* She confided in me because I'm her best friend.

confidenza *s* **1** **fare una confidenza a qn** to tell sb a secret: *Ti devo fare una confidenza.* I must tell you a secret. | **dire qc in confidenza a qn** to tell sb sth in confidence: *Te lo dico in confidenza, non raccontarlo a nessuno.* I'm telling you this in confidence, don't tell anyone. **2** (familiarità) familiarity | **essere in confidenza con qn** to be quite friendly with sb **3** **prendere confidenza con qc** to get used to sth: *Mi ci è voluto un po' per prendere confidenza con questo programma.* It's taken me some time to get used to this program.

confidenziale *agg* confidential

confine *s* **1** (tra paesi) border: *il confine tra l'Italia e la Svizzera* the border between Italy and Switzerland **2** (tra proprietà) boundary (pl boundaries)

conflitto *s* conflict

confondere *v* **1** (scambiare) to mix up: *Guardi che mi sta confondendo con qualcun altro.* Actually, you've mixed me up with someone else. | *Avete confuso le valigie.* You got your suitcases mixed up. **2** (disorientare) to confuse: *Stai cercando di confondermi?* Are you trying to confuse me? | **confondere le idee a qn** to confuse sb: *Le sue spiegazioni, invece di aiutarmi, mi hanno confuso le idee.* Instead of helping me, her explanations have just confused me. **3** (mescolare) to mix up: *Qualcuno ha confuso i fogli che c'erano sulla scrivania.* Someone has mixed up the papers that were on the desk.

confondersi *v rifl* **1** (sbagliarsi) to get it wrong: *Ti sei confuso: la festa è domenica, non sabato.* You've got it wrong: the party is on Sunday, not Saturday. **2** **confondersi tra la folla/tra gli spettatori** to mingle with the crowd/with the spectators

conforme *agg* **essere conforme a qc** to comply with sth: *Prodotto conforme alle norme europee.* This product complies with European regulations.

conformista *s* conformist

conforto *s* comfort: *La tua presenza mi è stata di grande conforto.* Your presence has been of great comfort to me.

confrontare *v* (prezzi, idee) to compare: *Sono situazioni così diverse che non si possono confrontare.* They're such different situations that you can't compare them. | **confrontare qc con qc** to compare sth with sth: *Confronta le risposte con le soluzioni in fondo alla pagina.* Compare your answers with the solutions given at the bottom of the page.

confronto *s* (paragone) comparison: *I miei non hanno mai fatto confronti tra me e mio fratello.* My parents have never made comparisons between my brother and me. | *Il suo nuovo album non regge il confronto con il precedente.* His new album isn't nearly as good as the previous one. | **in confronto a** compared to: *In confronto all'anno scorso, quest'estate fa molto più caldo.* This summer is much hotter compared to last

C

Non sei sicuro sull'uso di make e do? Vedi alla voce fare.

year. | **nei miei/tuoi ecc. confronti** towards me/you etc: *Dovresti essere un po' più comprensivo nei suoi confronti.* You should be a bit more understanding towards him. | **non c'è confronto!** there's no comparison!

C

confusione *s* **1** (disordine) chaos: *La festa è finita nella più totale confusione.* The party ended in complete chaos. | *Che confusione in questa stanza!* This room is such a mess! **2** (rumore) racket: *Con questa confusione non sento niente.* I can't hear anything with this racket going on. **3** **fare confusione con qc** to get sth mixed up: *Faccio sempre confusione con le date.* I always get dates mixed up.

confuso *agg* **1** (idea, ricordo) confused: *Ho le idee confuse.* I'm confused. | *Le tue indicazioni erano troppo confuse e ci siamo persi.* Your directions weren't very clear and we got lost. **2** (imbarazzato) embarrassed: *Sono confuso, non so come scusarmi.* I'm embarrassed, I don't know what to say.

congedo *s* leave | **congedo maternità** maternity leave

congegno *s* device

congelare *v* to freeze

congelarsi *v rifl* to freeze: *Mi sono congelata aspettando l'autobus.* I was frozen stiff waiting for the bus.

congelatore *s* freezer

congiuntivite *s* conjunctivitis

congiuntivo *s* subjunctive

congiunzione *s* (in grammatica) conjunction

congratularsi *v rifl* **congratularsi con qn (per qc)** to congratulate sb (on sth): *Mi congratulo con te per il coraggio che hai mostrato.* I would like to congratulate you on the courage you've displayed.

congratulazioni *s pl* congratulations: *Congratulazioni per i bei voti.* **Congratulations on** your results.

Congresso *s* **il Congresso** Congress: *Il Congresso appoggia la posizione del Presidente.* Congress supports the President's position.

congresso *s* conference

coniglio *s* rabbit

coniugare *v* to conjugate: *Coniugate il verbo 'essere' al passato prossimo.* Conjugate the verb 'to be' **in** the present perfect.

cono *s* **1** (forma) cone: *a forma di cono* cone-shaped **2** (gelato) cone: *un cono fragola e pistacchio* a strawberry and pistachio cone

conoscente *s* acquaintance: *Abbiamo invitato parenti, amici e conoscenti.* We invited parents, friends and acquaintances.

conoscenza *s* **1** (nozioni) knowledge [mai plurale]: *Ho una discreta conoscenza dell'inglese.* I've got a reasonable knowledge of English. | *Per questo lavoro sono necessarie conoscenze di informatica.* For this job you need a knowledge of computers. | **essere a conoscenza di qc** to know about sth: *Non ne ero a conoscenza.* I didn't know about it. | **venire a conoscenza di qc** to find out about sth: *Se il preside ne viene a conoscenza, siamo nei guai!* If the head teacher finds out about this, we're in big trouble! | *Sono venuto a conoscenza di questa storia solo adesso.* This is the first I've heard of it. **2** **perdere/riprendere conoscenza** to lose/regain consciousness **3** (conoscente) acquaintance: *Ha un sacco di conoscenze nell'ambiente teatrale.* He's got a lot of acquaintances in the theatre world.

conoscere *v* ▶ vedi riquadro

conosciuto, -a *agg* well-known

conquista *s* **1** (di paese, potere) conquest: *la conquista dello spazio* the conquest of space **2** (in amore) conquest: *Mi ha presentato la sua ultima conquista.* He introduced me to his latest conquest.

conquistare *v* **1** (paese, potere) to conquer **2** (fiducia, premio) to win: *Non è facile conquistare la sua fiducia.* It's not easy to win her trust. **3** (fare innamorare) to win over: *È stata la sua sincerità a conquistarmi.* It was his sincerity that won me over.

consapevole *agg* aware: *Sono consapevole dei rischi.* I am aware of the risks.

consegna *s* **1** (di merce) delivery (pl deliveries): *consegna a domicilio* home delivery **2** (di premio, coppa) presentation: *la cerimonia di consegna* the presentation ceremony | *la consegna degli Oscar* the Oscars

consegnare *v* **1** (merci, posta) to deliver **2** (premio, regalo) to give: *Alla fine dello spettacolo, le hanno consegnato un mazzo di fiori.* At the end of the show, they gave her a bouquet. **3** (restituire) to return: *Ricordati di consegnare la chiave alla reception.* Remember to return the keys to the reception desk.

conseguenza *s* consequence: *Prima di agire, pensa alle conseguenze di quello che fai.* Before doing anything, think of the consequences. | **di conseguenza** consequently: *Non ha studiato, di conseguenza non ha superato l'esame.* He didn't study and consequently he didn't pass the exam.

conseguire *v* **1** (laurea, diploma) to gain **2** (successo, risultato) to achieve: *Ha finalmente conseguito il successo.* He finally achieved success. | *la squadra che riuscirà a conseguire la vittoria* the team that manages to win

conoscere, conoscersi *verbo*

1 Nel senso di sapere, *conoscere* si traduce con **to know**:

Non conosco la strada. I don't know the way. | *Conosci il suo indirizzo?* Do you know his address? | *Conosco un locale dove suonano dal vivo.* I know a place where they play live music.

2 Quando ci si riferisce ad una persona, si usa **to know** per *conoscere* e **to know each other** per *conoscersi*:

Ho sentito parlare di lui, ma non lo conosco. I've heard people talk about him, but I don't know him. | *A quell'epoca, non ci conoscevamo ancora.* At that time, we still didn't know each other. | *Lo conosco: fa così quando è offeso.* I know him and that's what he does when he's offended.

Nota però che nel senso di *essere amici*, nelle frasi affermative il presente si traduce con **have known** e l'imperfetto con **used to know**:

Lo conosco da quando ero piccolo. I've known him since I was little. | *Io e Gianni ci conosciamo da un sacco di tempo.* Gianni and I have known each other for a long time. | *Conoscevo una ragazza spagnola che si chiamava Carmen.* I used to know a Spanish girl called Carmen.

3 Nel senso di incontrare/incontrarsi per la prima volta, sia *conoscere* che *conoscersi* si traducono con **to meet**:

L'ho conosciuto tramite una mia amica. I met him through a friend of mine. | *Piacere di conoscerla!* Pleased to meet you! | *Ci siamo conosciuti a una festa.* We met at a party.

Nota che *far conoscere qn a qn* si traduce **to introduce sb to sb**:

Mi ha fatto conoscere il suo ragazzo. She introduced me to her boyfriend.

consenso *s* **1** (permesso) permission: *Per partecipare alla gita è necessario il consenso dei genitori.* You need your parents' permission to go on the trip. **2** (giudizio favorevole) approval: *Iniziative come questa hanno bisogno del consenso generale.* These types of venture require general approval.

consentire *v* to allow: *Un sistema di biglietteria automatica consente l'accesso al parcheggio.* An automated ticketing system allows access to the car park. | **consentire a qn di fare qc** to allow sb to do sth: *La borsa di studio gli ha consentito di studiare per un altro anno.* The grant allowed him to study for another year. | *Il maltempo non ci ha consentito di partire.* We weren't able to leave because of the bad weather.

conserva *s* (di frutta) preserve | **conserva di pomodoro** tomato purée

conservante *s* preservative

conservare *s* **1** (custodire) to keep: *Conservo tutti i biglietti dei concerti a cui sono stata.* I keep all the tickets for the concerts I've been to. **2** (cibo) to keep: *conservare in luogo fresco* keep in a cool place

conservarsi *v rifl* (di cibo) to keep: *I cibi cotti si conservano meglio.* Cooked food keeps better.

conservatore, -trice *agg e s* conservative | **i Conservatori** the Conservatives, the Tories [informale]

conservatorio *s* conservatoire ► vedi nota FALSE FRIEND sotto **conservatory**

considerare *v* **1** (persona) *Lo considero come un fratello.* I think of him as a brother. | *La considero un'ottima insegnante.* I think she's an excellent teacher. **2** (possibilità, questione) to consider: *Devi considerare tutte le possibilità prima di decidere.* You must consider all the possibilities before deciding. | *Considera che non ci rimane molto tempo.* Bear in mind that we don't have much time left. | **tutto considerato** all things considered: *Tutto considerato, hai fatto bene a non andarci.* All things considered, you did well not to go.

considerazione *s* **1** **prendere in considerazione qc** to consider sth: *Sto prendendo in considerazione l'idea di comprarmi un nuovo PC.* I'm considering buying a new PC. **2** (rispetto) respect: *Non ha nessuna considerazione per le cose degli altri.* He has no respect for other people's belongings. **3** (osservazione) comment: *Vorrei fare alcune considerazioni.* I'd like to make a few comments.

considerevole *agg* considerable

consigliare *v* **consigliare a qn di fare qc** to advise sb to do sth: *Mi ha consigliato di aspettare a decidere.* She advised me to wait before deciding. | *Che cosa mi consigli di fare?* What do you advise me to do? | **consigliare qc a qn** to recommend sth to sb: *Mi hanno consigliato una buona pizzeria.* They recommended a good pizzeria to me.

consiglio *s* **1** (suggerimento) advice ► Nota che un consiglio si traduce **a piece of advice** o **some advice** e *consigli* **advice**: *Avrei bisogno di un consiglio.* I need some advice. | *Vuoi un consiglio?* Do you want a piece of advice? | *Ho seguito i suoi consigli.* I followed his advice. **2** (anche **Consiglio**) council | **consiglio di classe** Il consiglio di classe non esiste in Gran Bretagna; per spiegare cos'è, puoi dire **a meeting between the teachers of a particular class**. | **consiglio di amministrazione** board of directors | **il Consiglio dei Ministri** the Cabinet

C

consistenza *s* **1** (di sostanza) consistency **2** (di argomento, prova) weight

consistere *v* **consistere in qc** to consist of sth: *Il test consiste in una serie di domande.* The test consists of a series of questions. | *In che cosa consiste il tuo lavoro?* What does your work consist of?

consolare *v* to console: *La stava consolando con parole affettuose.* He was consoling her with some kind words. | *Se ti può consolare, anche a me hanno rubato il portafoglio.* If it makes you feel any better, I had my wallet stolen as well.

consolarsi *v rifl* to cheer yourself up: *Dai, per consolarci, ci mangiamo una bella fetta di torta!* Come on, let's have a nice piece of cake to cheer ourselves up!

consolato *s* consulate

consolazione *s* comfort, consolation: *Bella consolazione!* That's not much consolation! ▶ vedi anche **premio**

console *s* consul

consolle *s* console: *una consolle per i videogiochi* a videogames console

consonante *s* consonant

constatare *v* to see: *Come puoi constatare, la bicicletta è ancora in ottime condizioni.* As you can see, the bicycle is still in excellent condition.

consulente *v* consultant

consulenza *s* advice: *Devo comprarmi un computer e mi serve la tua consulenza.* I've got to buy a computer and I need your advice. | **società di consulenza** consultancy

consultare *v* **1** (medico, avvocato) to see, to consult [più formale]: *Faresti meglio a consultare un dottore.* You ought to see a doctor. **2** (dizionario, banca dati) to consult: *Gli studenti possono consultare il dizionario durante l'esame.* Students are allowed to consult a dictionary during the exam.

consultazione *s* (di dizionario, libro) consultation: *Questo libro è solo per la consultazione in biblioteca.* This book is for consultation only in the library.

consultorio *s* **consultorio (familiare)** family-planning clinic

consumare *v* **1** (tacchi) to wear down, (vestiti) to wear out: *Ho consumato i tacchi degli stivali.* I've worn down the heels of my boots. **2** (energia, benzina) to use: *Non consumare troppa acqua calda.* Don't use too much hot water. | *È la moto che consuma meno.* It's the most economical motorbike to run. **3** (in bar) to order: *Per sedersi ai tavoli è obbligatorio consumare.* You have to order something if you want to sit at the tables. **4** (cibo) to eat: *Le ostriche vengono solitamente consumate crude.* Oysters are usually eaten raw. | *'Da consumarsi preferibilmente entro il 31/12/2008'* 'Best before 31/12/2008'

consumarsi *v rifl* to wear out

consumato, -a *agg* (vestito) worn out, (tacchi) worn down

consumatore, -trice *s* consumer

consumazione *s* (in discoteca) drink: *L'ingresso include una consumazione.* The entrance fee includes a free drink.

consumo *s* (di cibo, benzina) consumption: *il consumo energetico* energy consumption ▶ vedi anche **bene**

contabile *s* accountant

contabilità *s* (conti) accounting | **tenere la contabilità** to keep accounts: *Mia madre tiene la contabilità in casa.* My mother keeps the household accounts.

contachilometri *s* milometer

contadino, -a *aggettivo e sostantivo*

- *agg* si usa il sostantivo **country** in funzione di aggettivo: *cucina tipica contadina* typical country cooking
- *s* se possiede le terre che lavora, si usa **farmer**; se lavora le terre di qualcun altro, si usa **farm worker**: *Compriamo le uova fresche da un contadino al mercato.* We buy fresh eggs from a farmer at the market. ▶ esiste anche il termine **peasant**, che ha però connotazione peggiorativa e può essere usato per riferirsi ad una persona rozza o ignorante

contagiare *v* to infect: *Il numero delle persone contagiate dal virus è molto alto.* The number of people **infected with** the virus is very high.

contagioso *agg* contagious

contagocce *s* dropper

contaminare *v* to contaminate

contanti *s pl* cash [mai plurale]: *Non porto mai troppi contanti con me.* I never carry much cash with me. | **in contanti** (in) cash: *Se paga in contanti, le faccio uno sconto.* If you're paying cash, I'll give you a discount.

contare *v* **1** (calcolare) to count: *Conta le carte prima di darle.* Count the cards before you deal them. **2** (considerare) to count: *Abbiamo tre giorni di vacanza senza contare la domenica.* We've got three days' holiday not counting the Sunday. | *Contando anche Luigi, saremmo in otto.* If we include Luigi, there'll be eight of us. **3** **contare di fare qc** to plan to do sth: *Contiamo di arrivare per le quattro.* We plan to arrive by four o'clock. **4** **contare su qc/qn** to count on sth/sb: *Conto su di te.* I'm counting on you. | *Ci puoi contare!* You can count on it! **5** (essere importante) to count: *In questo gioco conta molta la fortuna.* In this game, luck counts for a lot.

contatore *s* meter: *il contatore del gas* the gas meter

contattare *v* to contact: *Mi puoi contattare sul telefonino.* You can contact me on my mobile.

contatto *s* **1** (vicinanza) contact | **a contatto con** *La lana a contatto con la pelle mi dà fastidio.* Wool makes my skin itch. ▶ vedi anche **lente** **2** (rapporto) contact: *Non voglio più avere nessun contatto con lei.* I don't want to have contact with her any more. | **mettersi in contatto con qn** to get in touch with sb: *Il telefono è occupato e non riusciamo a metterci in contatto con loro.* The phone's engaged and we can't get in touch with them. | **perdere i contatti (con qn)** to lose touch (with sb): *Ora che andiamo in scuole diverse, abbiamo perso i contatti.* Now that we go to different schools, we've lost touch. | **tenersi in contatto (con qn)** to keep in touch (with sb): *Mi raccomando, teniamoci in contatto.* Don't forget to keep in touch. **3** (conoscenza) contact: *Ha un sacco di contatti nell'ambito sportivo.* She has loads of contacts in the sporting world.

conte, -essa *s* **conte** count | **contessa** countess (pl countesses)

contea *s* county (pl counties)

contemplare *v* **1** (ammirare) to admire: *Si sono fermati a contemplare il panorama.* They stopped to admire the view. **2** (considerare) to consider: *Non avevo ancora contemplato questa possibilità.* I hadn't considered this possibility.

contemporaneamente *avv* at the same time

contemporaneo, -a *aggettivo* e *sostantivo*

- *agg* contemporary: *una mostra di pittura contemporanea* an exhibition of contemporary painting
- *s* contemporary (pl contemporaries)

contenere *v* **1** (scatola, testo) to contain: *Che cosa contiene questa scatola?* What does this box contain? | *La sua ultima raccolta contiene alcuni brani inediti.* His latest collection contains some previously unreleased tracks. **2** (ospitare) to hold: *Lo stadio contiene al massimo 100.000 spettatori.* The stadium holds a maximum of 100,000 spectators.

contenitore *s* container

contento, -a *agg* happy, glad: *Sono contenta che tu sia venuta.* I'm glad you've come. | *Non mi sembri contento di vedermi.* You don't seem glad to see me. | *Che cosa c'è? Non sembri molto contento!* What's up? You don't look very happy! | **essere contento di qc/qn** to be happy with sth/sb: *Andrea è molto contento del corso di pittura.* Andrea is really happy with the painting course.

happy o glad?

Si usa **happy** per riferirsi ad uno stato continuativo e **glad** per descrivere il modo in cui ci si sente quando capita qualcosa di bello.

contenuto *s* **1** (di scatola, pacco) contents ((*plurale*)) **2** (di libro, lettera) content

contestare *v* (decisione) to question: *Tutti hanno contestato la decisione dell'arbitro.* Everyone questioned the referee's decision. | *Non è mai contento, contesta sempre tutto.* He's never happy, he's always complaining about something.

contesto *s* (di frase, evento) context

continentale *agg* continental

continente *s* continent

continuare *v* **1** (viaggio, studi) to continue | **continuare a fare qc** to carry on doing sth: *Accendi la luce se vuoi continuare a leggere.* Turn on the light if you want to carry on reading. | *Continua a piovere.* It keeps on raining. **2** (durare) to last: *Il maltempo continuerà per qualche giorno.* The bad weather is going to last for a few days. **3** (andare avanti) to carry on: *Continua sempre dritto fino al semaforo.* Carry straight on to the traffic lights. | *Scusa se ti ho interrotto, continua pure.* Sorry for interrupting, do carry on. | *Non si può più continuare così!* We can't carry on like this!

continuazione *s* continuation | **in continuazione** continuously: *Litigavano in continuazione e quindi si sono separati.* They were arguing continuously so they split up. | *Da queste parti, piove in continuazione.* It rains all the time around here.

continuo, -a *agg* **1** (ininterrotto) continuous: *un flusso continuo di turisti* a continuous stream of tourists **2** (frequente) continual: *Non è riuscito a parlare a causa delle continue interruzioni del pubblico.* He was unable to speak because of continual interruptions from the audience. | *Ne ho abbastanza delle tue continue lamentele!* I've had enough of your endless complaints! | **di continuo** continually: *Mi interrompeva di continuo.* He continually interrupted me.

conto *s* **1** (al ristorante, in albergo) bill: *Il conto, per favore!* The bill, please! | *L'aggiunga sul mio conto.* Put it on my bill, please. **2** **conto (corrente)** (current) account: *Ho 1.000 euro sul mio conto.* I have 1,000 euros **in** my account. **3** (calcolo) sum: *Hai sbagliato i conti.* You got the sums wrong. | *Non mi tornano i conti.* These figures don't add up. | **fare il conto**

di qc to count up sth: *Ho fatto il conto dei giorni che restano alla fine della scuola.* I counted up the number of days left to the end of term. | *Fai il conto di quanti siamo.* Work out how many of us there are. | **fare i conti con qn** to deal with sb: *Se non la finisci, dovrai fare i conti con me.* If you don't stop it, you'll have me to deal with. **4 rendersi conto di qc** to realize sth: *Non si rende conto del rischio che corre.* He doesn't realize the risk he's running. | *Non mi ero resa conto che fosse così tardi!* I hadn't realized it was so late! | **tenere conto di qc** to bear sth in mind: *Terrò conto dei tuoi consigli.* I will bear in mind what you've said. | *Tenuto conto della distanza, ci vorranno almeno tre ore.* Bearing in mind the distance, it'll take at least three hours. | **per conto mio/suo ecc.** (da solo) on my/his etc own: *Ho voglia di stare un po' per conto mio.* I feel like being on my own for a while. | **sul conto di qn** about sb: *Girano strane voci sul suo conto.* Strange rumours are circulating about him.

contorcersi *v* to writhe: *Si contorceva dal dolore.* He was **writhing in** pain. | **contorcersi dalle risa** to crack up laughing

contorno *s* **1** (in cucina) side dish (pl side dishes): *una bistecca con contorno di patate fritte* a steak with chips as a side dish **2** (profilo) outline

contrabbando *s* smuggling | **di contrabbando** contraband: *sigarette di contrabbando* contraband cigarettes

contrabbasso *s* double bass (pl double basses)

contraccettivo *s* contraceptive

contraddire *v* to contradict
contraddirsi *v rifl* to contradict yourself

contraddittorio, -a *agg* contradictory

contraddizione *s* contradiction

contraffazione *s* (di firma, documento) forgery

contrario, -a *aggettivo e sostantivo*

- *agg* **1** (direzione, senso) opposite: *Ci siamo scontrati con un'auto che arrivava in senso contrario.* We crashed into a car coming in the opposite direction. **2** (opinione, idea) contrasting: *Io e mio fratello abbiamo sempre opinioni contrarie su tutto.* My brother and I always have contrasting opinions on everything. **3 essere contrario a qc/a fare qc** to be against sth/doing sth: *Sono contrario alla pena di morte.* I am against the death penalty. | *I suoi sono contrari a lasciarla partire.* Her parents are against letting her go.
- **contrario** *s* **il contrario** (l'opposto) the opposite: *È tutto il contrario di suo fratello.* He's the opposite of his brother. | *Quello è un coccodrillo e quello è un alligatore, o il contrario?* That's a crocodile and that's an alligator, or is it the other way round? | **al contrario a)** (tutt'altro) quite the opposite: *Non mi sono annoiato, al contrario!* I wasn't bored, quite the opposite! **b)** (maglia, gonna) back to front: *Ti sei messo il golf al contrario.* You've put your sweater on back to front. | **non avere niente in contrario** to have no objection: *Se non hai niente in contrario, vengo anch'io.* If you have no objection, I'll come too.

contrarre *v* **1** (muscolo) to tighten **2** (malattia, virus) to contract
contrarsi *v rifl* to contract

contrassegno *sostantivo e avverbio*

- *s* (segno) marker: *Metti un contrassegno alla valigia.* Put a marker on your suitcase.
- *avv* **pagamento in contrassegno** cash on delivery, COD

contrastare *v* **1** (opporsi a) to counteract: *Sono state prese varie misure per contrastare il diffondersi della delinquenza giovanile.* Various measures have been taken to counteract the spread of juvenile delinquency. **2 contrastare con qc** to go against sth: *Quello che mi chiedi di fare contrasta con i miei principi.* What you're asking me to do goes against my principles.

contrasto *s* **1** (di luci, colori) contrast **2** (disaccordo) disagreement

contrattacco *s* (in battaglia, nel calcio) counterattack | **passare al contrattacco** to hit back

contrattare *v* (prezzo, sconto) to negotiate

contrattempo *s* **avere un contrattempo** to get held up: *Scusa il ritardo, ho avuto un contrattempo.* Sorry I'm late, I got held up.

contratto *s* contract

contribuente *s* taxpayer

contribuire *v* **contribuire a qc** to contribute to sth: *Dobbiamo contribuire tutti alle spese di viaggio.* We all have to contribute to the travelling expenses. | *Grazie per aver contribuito all'organizzazione della festa.* Thanks for helping to organize the party. | **contribuire a fare qc** to contribute towards doing sth: *Il tuo atteggiamento ha contribuito a peggiorare la situazione.* Your attitude has made the situation worse.

contributo *s* contribution: *Ciascuno può dare un contributo secondo le proprie possibilità.* Everyone can **make a contribution** according to his or her means.

contro *preposizione e avverbio*

- *prep* **1** (in opposizione) against: *Ma vi siete messi tutti contro di me?* Have you all ganged up against me? | *È uscita contro la volontà dei suoi genitori.* She went out against her parents' wishes. **2** (in direzione di) at: *Il ladro gli ha puntato una pistola contro.* The thief pointed a pistol at him. **3** (sbattere, finire) against: *La barca è finita contro le rocce.* The boat crashed against the rocks. | *È andato a sbattere contro un camion.* He crashed **into** a lorry. **4** (nello sport) ▶ quando si citano i due avversari, si usa di solito **versus**, spesso abbreviato in **vs**: *Italia contro Brasile* Italy versus Brazil | *Abbiamo vinto contro la squadra francese.* We beat the French team.

• *avv* against: *Tu sei a favore o contro?* Are you for or against? ▶ vedi anche **pro**

controcorrente *avv* against the mainstream

controfigura *s* (uomo) stunt man (pl stunt men), (donna) stunt woman (pl stunt women)

controllare *v* **1** (biglietto, documenti) to check: *Controlla che la data sia esatta.* Check that the date is correct. **2** (sorvegliare) to keep an eye on: *Puoi controllare i bagagli per qualche minuto?* Can you keep an eye on the luggage for a minute? **3** (dominare) to keep under control: *La polizia ha avuto difficoltà a controllare i manifestanti.* The police had difficulty keeping the demonstrators under control.

controllarsi *v rifl* to control yourself: *Cerca di controllarti!* Try to control yourself!

controllo *s* **1** (di biglietti, passaporto) check: *Tenere il passaporto a portata di mano per il controllo.* Keep your passport handy for the security check. **2** (medico) check-up: *Devo andare dal dentista per un controllo.* I have to go to the dentist for a check-up. ▶ vedi anche **visita** **3** (sorveglianza) surveillance: *È sfuggito al controllo della polizia.* He avoided police surveillance. | **tenere qn/qc sotto controllo** to keep sb/sth under observation: *Lo tengono sotto controllo in ospedale per una notte.* They are keeping him in hospital overnight for observation. **4** (dominio) control: *Non temere, è tutto sotto controllo.* Don't worry, it's all under control. | *Ha perso il controllo della macchina.* He lost control of the car. **5** (calma) **mantenere/perdere il controllo** to keep/lose your head: *Qualunque cosa accada, non perde mai il controllo.* Whatever happens, he never loses his head.

controllore *s* conductor | **controllore di volo** air traffic controller

controluce **(in) controluce** against the light

contromano *avv* **1** (in un senso unico) the wrong way up/down the street **2** (nella corsia sbagliata) on the wrong side of the road

contropiede *s* **prendere qn in contropiede** *Non so cosa rispondere: mi hai preso in contropiede.* You've got me there! I don't know what to say.

contusione *s* bruise

convalescenza *s* convalescence | **essere in convalescenza** to be convalescing

convegno *s* conference: *un convegno di medici* a doctors' conference

conveniente *agg* (prezzo, articolo) cheap: *Conosco un negozio molto conveniente.* I know a very cheap shop. | *Prendi la confezione più grande: è più conveniente.* Get the larger pack: it's cheaper. ▶ vedi nota FALSE FRIEND sotto **convenient**

convenire *v* **mi/ti ecc. conviene fare qc** I'd/you'd etc better do sth: *Ti conviene prenotare.* You'd better book. | *Ci conviene andare, se non vogliamo fare tardi.* We'd better go if we don't want to be late.

convento *s* **1** (di frati) monastery (pl monasteries) **2** (di suore) convent

convenzionale *agg* conventional

conversazione *s* conversation: *Abbiamo avuto una conversazione molto interessante.* We had a very interesting conversation. | *esercizi di conversazione* conversation practice

convertire *v* (trasformare) to convert: *Devi convertire il file in formato Word.* You have to convert the file into Word format.

convertirsi *v rifl* to convert: *Si è convertito al buddismo.* He converted to Buddhism.

convincere *v* to convince: *Mi hai convinto.* You've convinced me. | *La sua spiegazione non mi convince del tutto.* I'm not entirely convinced by his explanation. | **convincere qn a fare qc** to convince sb to do sth: *L'hanno convinta a rimanere.* They convinced her to stay.

convincersi *v rifl* to convince yourself

convinto *agg* convinced: *Sono convinta che verrà.* I'm convinced he'll come. | *È convinto di avere ragione.* He's convinced he's right.

convivere *v* **1** to live together: *Mia sorella e il suo ragazzo convivono da sei mesi.* My sister and her boyfriend have been living together for six months. **2** **convivere con qc** to live with sth: *Ho imparato a convivere con i miei problemi.* I've learned to live with my problems.

convocare *v* to call: *La preside ha convocato una riunione.* The head teacher called a meeting.

cooperativa *s* cooperative

coordinare *v* to coordinate: *Chi coordina le prove dello spettacolo?* Who's coordinating the rehearsals for the show? | **coordinare le idee** to think clearly: *Sono così stanco, non riesco più a coordinare le idee.* I'm so tired I can't think clearly any more.

Quando si usa *in*, *on* e *at*? Vedi alla voce in.

C

coordinata *s* coordinate
coperchio *s* lid
coperta *s* **1** (di lana, cotone) blanket: *Ti do un'altra coperta, caso mai stanotte avessi freddo.* I'll give you another blanket in case you feel cold tonight. | *Mettiti sotto le coperte.* Snuggle up under the covers. **2** (di nave) deck
copertina *s* (di libro, rivista) cover: *Il prezzo è sulla copertina.* The price is on the cover.
coperto, -a *aggettivo e sostantivo*
• *agg* **1** (mercato) covered, (piscina, campo da tennis) indoor: *La corsa si svolge allo stadio coperto.* The race will be held at the indoor stadium. **2** (spalle, viso) covered: *I due rapinatori avevano il viso coperto.* The two robbers had their faces covered. | *Sei coperto bene?* Are you wrapped up properly? **3** **essere coperto di qc** to be covered in sth: *Le cime sono coperte di neve.* The peaks are covered in snow. | *Aveva la fronte coperta di sudore.* His forehead was covered in sweat. **4** (cielo) cloudy
• **coperto** *s* **1** **al coperto** indoors: *Se piove, dovremo mangiare al coperto.* If it rains, we'll have to eat indoors. **2** (posto a tavola) place: *Aggiungi un coperto, Carlo si ferma a cena.* Set an extra place, Carlo's staying for dinner. **3** (nel conto) cover charge: *È compreso il coperto?* Is the cover charge included?
copia *s* **1** (di documento) copy (pl copies): *Ho una copia del file su dischetto.* I have a copy of the file on disk. | **bella/brutta copia** fair/rough copy **2** (di quadro, statua) copy (pl copies): *È una copia dei Girasoli di Van Gogh.* It's a copy of Van Gogh's Sunflowers. **3** (di libro, giornale) copy (pl copies): *una copia omaggio* a complimentary copy
copiare *v* **1** to copy: *Copiate la poesia sul quaderno.* Copy the poem into your exercise books. | *Ho copiato il file su un dischetto.* I copied the file onto a disk. | *Ho copiato l'idea da un'amica.* I copied the idea from a friend. | **copia e incolla** (in informatica) copy and paste **2** (durante esame) to cheat: *La prof mi ha beccato a copiare durante il compito in classe.* The teacher caught me cheating in the test.
copione, -a *s* **1** (persona) copycat: *Copione, l'ho già detto io!* Copycat, I just said that! **2** (di film, opera teatrale) script
coppa *s* **1** (di gelato) bowl: *Io prendo una coppa al cioccolato.* I'm having a bowl of chocolate ice-cream. **2** **una coppa di champagne** a glass of champagne **3** (trofeo, gara) cup: *la Coppa Davis* the Davis Cup
coppia *s* **1** (di sposi, innamorati) couple: *Formano proprio una bella coppia.* They make a lovely couple. **2** (di persone, animali) pair: *Il carro è tirato da una coppia di cavalli.* The cart is drawn by a pair of horses. | **in coppia** together: *Da anni pattinano in coppia.* They've been skating together for years.
coprifuoco *s* curfew
copriletto *s* bedspread
coprire *v* **1** (pentola, mobili) to cover: *Copri la pentola, così l'acqua bolle prima.* Cover the pan – that way the water will boil faster. | **coprirsi la testa/le orecchie** to cover your head/your ears **2** **coprire le spese** to cover expenses: *La ditta provvederà a coprire le spese di viaggio.* Travel expenses will be covered by the company. **3** (nascondere) to cover: *La frangia le copre gli occhi.* Her fringe covers her eyes. **4** (voci, rumore) to drown (out): *Il rumore della pioggia copriva le nostre voci.* The noise of the rain drowned out our voices. **5** **coprire qn di insulti** to hurl insults at sb: *Mi hanno coperto di insulti.* They hurled insults at me. | **coprire qn di regali/lodi** to shower sb with gifts/praise: *I suoi lo coprono di regali.* His parents shower him with gifts.
coprirsi *v rifl* (con vestiti) to cover up: *Se esci, copriti bene!* If you're going out, cover up well!
coque ▶ vedi **uovo**
coraggio *s* **1** (forza di carattere) courage, guts [plurale, informale]: *Non ho il coraggio di dirglielo.* I don't have the courage to tell him. | *Ripetimelo in faccia se ne hai il coraggio!* Say it again to my face, if you have the guts! **2** (sfacciataggine) cheek: *Ci vuole un bel coraggio a raccontare tutte quelle bugie!* It takes some cheek to tell all those lies!
coraggioso, -a *agg* brave
corallo *s* coral
Corano *s* Koran
corda *sostantivo e sostantivo plurale*
• *s* **1** rope | **dare corda a qn** to encourage sb: *Se vuoi che smetta di importunarti, non dargli corda.* If you want him to stop bothering you, don't encourage him. **2** **essere giù di corda** to be down in the mouth **3** **tagliare la corda** to clear off **4** (di chitarra) string
• **corde vocali** *s pl* vocal chords
cordiale *agg* friendly ▶ vedi anche **saluto**
cordone *s* **1** cord **2** **cordone ombelicale** umbilical cord
Corea *s* **la Corea** Korea | **la Corea del Nord** North Korea | **la Corea del Sud** South Korea
coreano, -a *agg e s* Korean
coriandoli *s pl* confetti
coricarsi *v rifl* to go to bed
cornamusa *s* (bag)pipes [sempre plurale]
cornea *s* cornea
cornetta *s* handset

cornetto *s* **1** (brioche) croissant: *Ho fatto colazione con cappuccino e cornetto.* I had a cappuccino and a croissant for breakfast. **2** (gelato) (ice-cream) cone: *un cornetto cioccolato e vaniglia* a cone with chocolate and vanilla ice-cream

cornice *s* frame: *Ho messo la sua foto in una cornice d'argento.* I put a photo of her in a silver frame.

cornicione *s* cornice

corno *s* **1** (di toro, rinoceronte) horn, (di cervo, renna) antler **2** **fare le corna** non esiste un'espressione equivalente in inglese per scongiurare la sfortuna; si usa però **to cross your fingers**, cioè incrociare le dita, per augurarsi che qualcosa vada bene. **3** **fare le corna a qn** (tradire) to cheat on sb: *Fa le corna al marito.* She's cheating on her husband. **4** (strumento) horn

Cornovaglia *s* **la Cornovaglia** Cornwall

coro *s* **1** (persone) choir **2** **in coro** in chorus

corona *s* **1** (di re, regina) crown **2** (ghirlanda) wreath

corpo *s* **1** (di persona, animale) body (pl bodies): *Quella modella ha un corpo perfetto!* That model has a perfect body! | **corpo a corpo** hand-to-hand: *Ha lottato corpo a corpo con l'aggressore.* He fought hand-to-hand with his attacker. **2** (cadavere) body (pl bodies): *È stato ritrovato il corpo della vittima.* The victim's body has been found. **3** (gruppo di persone) corps **4** (oggetto) object: *un corpo solido* a solid object | **il corpo del reato** the murder weapon

corredo *s* **1** (nuziale) trousseau **2** (attrezzatura) gear: *Ho tutto il corredo per la pesca.* I've got all the fishing gear.

correggere *v* to correct: *Ha già corretto i nostri compiti in classe?* Have you already corrected our tests?

corrente *aggettivo e sostantivo*

- *agg* **1** **uso/espressione corrente** everyday use/expression **2** (prezzo, cambio) current: *Sai quant'è la sterlina al cambio corrente?* Do you know what the current exchange rate for sterling is? **3** **essere al corrente di qc** to be aware of sth: *Non ne ero al corrente.* I wasn't aware of that. | **tenere qn al corrente di qc** to keep sb posted on sth: *Mi raccomando, tenetemi al corrente delle novità.* Do keep me posted on what happens.
- *s* **1** (elettrica) power: *È mancata la corrente per due ore.* The power was off for two hours. **2** (d'aria) draught: *Non stare in mezzo alla corrente!* Don't stand in a draught! **3** (di fiume, mare) current: *La corrente ci ha spinti lontano dalla costa.* The current took us far out to sea.

correre *v* **1** (a piedi) to run: *Ho dovuto correre per prendere l'autobus.* I had to run to catch the bus. | *Vado a correre tutte le mattine.* I go running every morning. | *Siamo corsi subito, appena ci hai chiamati.* We came immediately after your call. **2** (in macchina, moto) to drive fast: *Su queste strade si corre troppo.* People drive too fast on these roads. | *Gli piace correre in moto.* He likes to go fast on his motorbike. **3** **lasciar correre** to forget it: *Questa volta, non intendo lasciar correre!* This time I don't intend to forget it! **4** **correre un rischio** to run a risk

corretto, -a *agg* **1** (risultato, risposta) right: *Qual è la pronuncia corretta di questa parola?* What's the right pronunciation of this word? **2** (comportamento, persona) fair: *Non mi sembra corretto non parlargliene.* I don't think it's fair not to talk to him about it.

correzione *s* correction: *Ho fatto alcune correzioni alla tua lettera.* I've made a few corrections to your letter.

corridoio *s* **1** (in casa) hall: *C'è un appendiabiti in corridoio.* There's a coatstand in the hall. **2** (in edifici pubblici) corridor: *La nostra aula è in fondo al corridoio.* Our classroom is at the end of the corridor. **3** (in aereo) aisle: *Preferisci un posto finestrino o corridoio?* Would you prefer a window or an aisle seat? **4** (in treno) corridor: *Il treno era strapieno: abbiamo fatto tutto il viaggio in corridoio!* The train was packed. We spent the whole journey in the corridor!

corridore *s* **1** (a piedi) runner **2** (pilota) racing driver: *un corridore di Formula 1* a Formula 1 racing driver **3** (ciclista) cyclist

corriere *s* courier: *Ho spedito il pacco tramite corriere.* I sent the parcel by courier.

corrispondente *aggettivo e sostantivo*

- *agg* corresponding
- *s* (giornalista) correspondent

corrispondenza *s* **1** (posta) correspondence | **vendita per corrispondenza** mail order | **corso per corrispondenza** correspondence course **2** (rapporto) correspondence: *C'è poca corrispondenza tra la lingua scritta e quella orale.* There's little correspondence between the written and the spoken language.

corrispondere *v* to correspond: *Il suo racconto non corrisponde affatto alla verità.* His story doesn't correspond at all to the truth. | *Una libbra corrisponde a circa mezzo chilo.* One pound is about half a kilo.

corrodere *v* to corrode: *Il sale corrode i metalli.* Salt corrodes metals. | *Il mare ha corroso la roccia.* The sea has worn away the rock.
corrodersi *v rifl* to corrode

C

corrompere *v* to bribe

corrotto *agg* corrupt

corruzione *s* corruption

corsa *s* **1** (movimento) run: *Questa corsa mi ha messo appetito.* That run has made me hungry. | **fare una corsa** to run: *Ho dovuto fare una corsa per prendere il treno.* I had to run to catch the train. | **di corsa** *Scusa, ma sono di corsa.* Sorry but I'm **in a rush**. | *Dovevo andare di corsa in bagno.* I had to **rush to** the bathroom. **2** (gara) race: *le corse dei cavalli* horse races | **corsa campestre** cross-country race | **corsa ad ostacoli** hurdles [sempre plurale] **3** (di autobus) *un biglietto da una corsa* a single ticket | *A che ora è l'ultima corsa dell'autobus?* What time does the last bus leave?

corsia *s* **1** (di strada) lane: *una strada a tre corsie* a three-lane road | *Il camion è finito sulla corsia opposta.* The lorry ended up in the opposite lane. | **corsia di emergenza** hard shoulder **2** (di pista, piscina) lane: *L'ultima corsia è riservata al corso di nuoto per i piccoli.* The end lane is reserved for children's swimming lessons. **3** (di ospedale) ward

Corsica *s* **la Corsica** Corsica

corsivo *s* italics [sempre plurale]

corso *s* **1** (lezioni) course: *Sto facendo un corso di inglese.* I'm doing an English course. | *Sai quali sono gli orari del corso di nuoto?* Do you know the times for the swimming course? | *un corso annuale di informatica* a one-year IT course **2** (strada) main road: *Ci sono vari negozi lungo il corso.* There are several shops on the main road. **3** **corso d'acqua** waterway **4** (di evento, fenomeno) course: *La malattia deve seguire il suo corso.* The illness has to take its course. | **nel corso della giornata/dell'anno** during the day/the year | **essere in corso** to be in progress: *I lavori di ristrutturazione dei locali sono in corso.* The renovation work on the building is in progress.

còrso, -a *agg e s* (della Corsica) Corsican

Corte *s* Court: *la Corte costituzionale* the Constitutional Court

corte *s* (di sovrano) court

corteccia *s* (di albero) bark

corteo *s* **1** (seguito) procession **2** (manifestazione) march

cortesia *s* **1** (favore) favour: *Mi fai una cortesia?* Could you do me a favour? | *Mi puoi fare la cortesia di chiudere la finestra?* Could you do me a favour and close the window? | **per cortesia** please: *Per cortesia, mi passi quel libro?* Could you pass me that book, please? **2** (gentilezza) politeness: *Potresti chiedermelo con più cortesia!* You could at least ask me politely!

cortile *s* **1** (di scuola) playground: *Per la ricreazione siamo usciti in cortile.* We went out into the playground for break. **2** (di altro edificio) (court)yard: *Il palazzo dove abito ha un grande cortile.* The building where I live has a large courtyard.

corto, -a *agg* **1** (di lunghezza) short: *I capelli corti ti stanno benissimo.* Short hair really suits you. ▶ vedi anche **manica** **2** (di durata) short: *Non ti preoccupare, il viaggio è corto!* Don't worry, it's a short journey! **3** **essere a corto di qc** to be short of sth: *Siamo a corto di benzina.* We're short of petrol. | *Quando è a corto di argomenti, cambia discorso.* When he runs out of arguments, he changes the subject.

short

long

cortocircuito *s* short circuit

corvo *s* crow

cosa *s* **1** thing ▶ Nota che non si dice mai **a thing**; per dire una cosa in senso generico, si usa **something**, mentre quando si vuole sottolineare che si tratta di una sola cosa si dice **one thing**: *In quel negozio c'erano un sacco di cose belle!* There were lots of nice things in that shop! | *Ho una cosa da darti.* I've got something to give you. | *Fai una cosa alla volta.* Do one thing at a time. | *Ti devo dire una cosa.* I have to tell you something. | *Mi è venuta in mente una cosa.* I've just thought of something. | *Sono cose che non ti riguardano.* They're things that don't concern you. | *Se questo non ti piace, ti regalo un'altra cosa.* If you don't like it, I'll get you something else. | *Puoi mettere qui le tue cose.* You can put your things here. | **per prima cosa** first of all: *Per prima cosa, ordiniamo da bere.* First of all, let's order some drinks. | **tra le altre cose** among other things: *Ha ricevuto, tra le altre cose, un CD e un nuovo videogioco.* He got a CD and a new videogame, among other things. **2** (in frasi interrogative) what: *Cosa vuoi?* What do you want? | *Non so cosa fare.* I don't know what to do. | *A cosa pensi?* What are you thinking about?

coscia *s* **1** (di persona) thigh: *una gonna a metà coscia* a mini-skirt **2** (di pollo, tacchino) leg: *una coscia di pollo* a chicken leg

coscienza *s* **1 avere la coscienza pulita/sporca** to have a clear/guilty conscience **2** (consapevolezza) awareness: *Non ha coscienza della gravità della situazione.* He has no awareness of the seriousness of the situation. **3 perdere/riprendere coscienza** to lose/regain consciousness

cosiddetto, -a *agg* so-called

cosmetico *s* cosmetic

cosmo *s* cosmos

coso *s* thingy (pl thingies): *Cos'è quel coso?* What's that thingy? | *Ha telefonato coso, come si chiama?* Thingy called, what's his name?

cospargere *v* **cospargere qc di qc** to cover sth in sth/to sprinkle sth on sth: *Cospargere il dolce di zucchero a velo prima di servire.* Sprinkle icing sugar on the cake before serving.

costa *s* **1** (litorale) coast: *Hanno avvistato delle balene a un miglio dalla costa.* Whales were spotted a mile off the coast. | **la costa adriatica/tirrenica** the Adriatic/Tyrrhenian coast **2 una costa di sedano** a stick of celery

costante *agg* **1** (senza variazioni) constant: *Mantenere a temperatura costante.* Keep at a constant temperature. **2** (regolare) constant: *È uno sport che richiede un impegno costante.* It's a sport which requires constant commitment.

costanza *s* perseverance

costare *v* **1** (oggetto, biglietto) to cost: *Quanto costa?* How much does it cost? | *In quel negozio le scarpe costano di meno.* The shoes in that shop are cheaper. | **costare molto** to be expensive | **costare poco** to be cheap **2** (richiedere) to cost: *L'incidente è costato la vita a due giovani.* The accident cost two young men their lives. | *Ti costa tanto farmi questo favore?* Is it really so hard for you to do me this favour?

costellazione *s* constellation

costituire *v* **1** (rappresentare) to be: *Per lui i soldi non costituiscono mai un problema.* Money is never a problem for him. **2 essere costituito da** to consist of: *La squadra è costituita da 11 giocatori.* The team consists of 11 players. **3** (creare) to form: *Abbiamo deciso di costituire un nuovo gruppo teatrale.* We've decided to form a new theatre group.

costituirsi *v rifl* to give yourself up

Costituzione *s* constitution ▶ Nota che, diversamente dagli Stati Uniti, il Regno Unito non ha una costituzione scritta.

costituzione *s* **1** (corporatura) constitution: *Sono sempre stato di costituzione robusta.* I've always had a strong constitution. **2** (fondazione) establishment

costo *s* cost: *Ci hanno rimborsato il costo del biglietto.* They reimbursed the cost of the ticket. | **a costo di** (pur di) at the risk of: *A costo di ripetermi, consegnate il compito solo dopo averlo ben riletto.* At the risk of repeating myself, I want you to check your test thoroughly before handing it in. | **ad ogni costo** at all costs: *Vuole avere ragione ad ogni costo.* He wants to be right at all costs.

costola *s* rib

costoletta *s* ▶ vedi **cotoletta**

costoso *agg* expensive: *Quest'anno le ciliegie sono molto costose.* Cherries are very expensive this year.

costringere *v* **costringere qn a fare qc** to force sb to do sth: *La pioggia ci ha costretto a rimandare la gita.* The rain forced us to postpone the trip. | *Sono stati costretti ad accettare uno stipendio basso.* They were forced to accept a low salary.

costruire *v* to build

costruzione *sostantivo e sostantivo plurale*

- *s* building: *i lavori di costruzione* the building work | *un condominio di costruzione recente* a recently-built block of flats | **in costruzione** under construction: *Il loro sito Internet è attualmente in costruzione.* Their website is under construction just now.
- **costruzioni** *s pl* (gioco) building bricks

costume *s* **1** (abito) costume | **festa in costume** fancy dress party **2 costume da bagno a)** (da donna) swimsuit, swimming costume **b)** (da uomo) swimming trunks [sempre plurale]: *Paolo ha comprato un nuovo costume da bagno.* Paolo has bought new swimming trunks. | **costume intero** one-piece: *Non metto mai il costume intero per prendere il sole.* I never wear a one-piece when I'm sunbathing. **3** (usanza) custom

così *avverbio, aggettivo e congiunzione*

- *avv* **1** (in questo modo) like this/that: *Stai bene vestito così.* You look good dressed like that. | *Non capisco perché ti comporti così.* I don't understand why you're acting like this. | *Non è così che sono andate le cose!* That's not what happened! | **così così** so so: *– Come stai? – Così così.* "How are you?" "So so." **2** (talmente) so: *Non pensavo che fosse così tardi!* I didn't think it was so late!
- *agg* like that ▶ Riferito ad un oggetto plurale, si traduce **like those**: *Anch'io vorrei una borsa così.* I'd like a bag like that too. | *Di magliette così se ne trovano tante.* It's easy to find T-shirts like those.
- *cong* **1** (perciò) so: *Mi annoiavo, così sono uscito.* I was bored so I went out. **2** (a tal punto) so: *Non sarai così ingenuo da crederle!* You can't be **so naive as** to believe him! | *Sono così abituata che non ci ho*

fatto caso. I'm so used to it that I didn't even notice. **3** (in frasi comparative) as: *Non è così simpatico come sembra.* He's not **as nice as** he seems.

cotoletta *s* cutlet

cotone *s* **1** (pianta, fibra) cotton: *pantaloni di cotone* cotton trousers **2 cotone idrofilo** cotton wool

cotta *s* **avere una cotta per qn** to have a crush on sb: *Ha una cotta per una sua compagna di classe.* He has a crush on one of his classmates.

cotto *agg* **1** (carne, verdura) cooked: *una bistecca ben cotta* a well-done steak | *La carne è poco cotta.* The meat isn't cooked properly. ▶ vedi anche **prosciutto** **2** (innamorato) smitten: *Stavolta Luisa è proprio cotta!* This time Luisa's really smitten!

cottonfioc® *s* cotton wool bud

cottura *s* cooking: *tempo di cottura* cooking time

coupon *s* coupon

covare *v* **1** (uova) to sit on **2** (malattia, febbre) to come down with: *Mi sa che sto covando l'influenza.* I think I'm coming down with flu.

covo *s* (di animali, ladri) den

cozza *s* mussel

crampo *s* cramp: *Mi è venuto un crampo alla gamba.* I've got cramp in my leg.

cranio *s* skull

cratere *s* crater

cravatta *s* tie: *Alla festa tutti i ragazzi erano in giacca e cravatta.* All the guys at the party were wearing jackets and ties.

creare *v* **1** (produrre) to create: *Io e un mio amico vogliamo creare un sito Internet.* A friend and I want to create a website. **2** (causare) to cause: *Non voglio crearti problemi.* I don't want to cause any problems for you.

creativo, -a *agg* creative

creatore, -trice *s* creator | **creatore di moda** designer

creazione *s* **1** (di opera, posti di lavoro) creation **2** (nella moda) design: *le ultime creazioni autunno-inverno* the latest autumn-winter designs

credente *agg* e *s* non c'è un aggettivo corrispondente, ma si usa sempre il sostantivo **believer**: *Non sono credente.* I'm not **a believer.**

credenza *s* **1** (mobile) sideboard **2** (convinzione) belief: *una credenza popolare* a popular belief

credere *v* **1** (pensare) to think: *Credo di sì.* I think so. | *Credo di no.* I don't think so. | *Credo che stiano per arrivare.* I think they're about to arrive. | *La credevo più coraggiosa.* I thought she was braver than that. | *Credevo di essermi perso.* I thought I was lost. **2** (ritenere vero) to believe: *Non riuscivo proprio a crederlo.* I just couldn't believe it. | *Vorresti farmi credere che non sei stato tu?* Are you trying to persuade me that it wasn't you? | *– Mi ha chiesto scusa. – Lo credo bene!* "She apologized to me." "I should think so!" **3 credere a qn/qc** to believe sb/sth: *Non ci credo.* I don't believe it. | *Ha detto che le dispiace e io le credo.* She said she was sorry and I believe her. | *Non credo a una sola parola di quello che mi ha raccontato.* I don't believe a single word he told me. **4 credere in qn/qc** to believe in sb/sth: *Tu credi in Dio?* Do you believe in God?

credersi *v rifl* to think: *Si crede un genio.* He thinks he's a genius. | *Chi ti credi di essere?* Who do you think you are?

credito *s* **1** (prestito) loan | **far credito a qn** to give sb credit: *In questo negozio non si fa credito.* We don't give credit in this shop. ▶ vedi anche **carta** **2** (considerazione) credibility: *In questi ultimi anni la scuola ha perso credito.* In the past few years the education system has lost its credibility.

creditore, -trice *s* creditor

credulone, -a *s* simpleton

crema *s* **1** (cosmetico) cream: *crema per le mani* hand cream | **crema idratante** moisturiser **2** (dolce) custard | **crema (pasticciera)** (confectioner's) custard **3** (passato) soup: *crema di asparagi* asparagus soup

cremare *v* to cremate

crepa *s* crack

crepapelle **ridere a crepapelle** to roll about with laughter

crepare *s* (morire) to die | **crepare dal caldo/dal ridere** to die from the heat/die laughing

creparsi *v rifl* to crack

crêpe *s* (sottile) crepe, (spessa) pancake

crescente *agg* (difficoltà, pressione) increasing, (bisogno, numero) growing: *un numero crescente di persone* a growing number of people | *Metti questi numeri in ordine crescente.* Put these numbers in ascending order.

crescere *v* **1** (svilupparsi) to grow: *Non sono cresciuta molto dall'anno scorso.* I haven't grown much since last year. | **farsi crescere i capelli/la barba** to grow your hair/a beard **2** (diventare adulto) to grow up: *È cresciuto in un paesino.* He grew up in a small village. | *Quando ti decidi a crescere?* When are you going to grow up? **3** (aumentare) to grow: *Il numero dei partecipanti è cresciuto.* The number of participants has grown.

crescita *s* **1** (di persona) growth **2** (aumento) growth: *la crescita della popolazione* population growth | **essere in crescita** to be growing: *Il commercio elettronico è in forte crescita.* E-commerce is growing fast.

cresima *s* confirmation | **fare la cresima** to be confirmed

crespo, -a *agg* (capelli) frizzy: *I capelli crespi sono difficili da pettinare.* Frizzy hair is difficult to comb.

cresta *s* **1** (di uccello) crest **2** (di montagna) peak

creta *s* clay: *un vaso di creta* a clay vase | **lavorare la creta** to work the clay

cretinata *s* **1** **fare/dire una cretinata** to do/to say something stupid: *Non dire cretinate!* Don't talk rubbish! **2** **una cretinata** (cosa da niente) nothing: *Questa maglietta costa una cretinata.* This T-shirt costs next to nothing.

cretino, -a *s* idiot

cric *s* jack

criceto *s* hamster

criminale *s* criminal

criniera *s* mane

crisi *s* **1** (difficoltà) difficulty (pl difficulties) | **essere in crisi** **a)** (coppia, persona) to be going through a bad patch: *Io e il mio ragazzo siamo in crisi.* Me and my boyfriend are going through a bad patch. **b)** (paese) to be in crisis **2** (attacco) fit: *Ha avuto una crisi di pianto.* She had a fit of tears. | **crisi d'astinenza** withdrawal symptoms [sempre plurale]

cristallo *s* crystal: *un bicchiere di cristallo* a crystal glass

cristianesimo *s* Christianity

cristiano, -a *agg* e *s* Christian

Cristo *s* Christ | **avanti/dopo Cristo** si usano di solito le abbreviazioni **AD** per dopo Cristo (dal latino *Anno Domini*) e **BC (before Christ)** per avanti Cristo: *Giulio Cesare invase l'Inghilterra nel 55 avanti Cristo.* Julius Caesar invaded England in 55 BC. | *I Romani costruirono il vallo di Adriano tra il 122 e il 126 dopo Cristo.* The Romans built Hadrian's Wall between 122 and 126 AD.

criterio *s* **1** (principio) criterion [plurale criteria] **2** (buon senso) common sense: *Hai agito senza il minimo criterio.* He acted without the least bit of common sense.

critica *s* **1** (giudizio negativo) criticism [di solito singolare]: *Non ne posso più delle sue critiche.* I've had enough of his criticism. | *Il progetto ha suscitato molte critiche.* The project has attracted a lot of **criticism**. **2** (critici) critics [plurale]: *Il film è stato stroncato dalla critica.* The film was slammed by the critics. **3** (recensione) review: *Il film ha ricevuto molte critiche positive.* The film got many good reviews.

criticare *v* to criticize

critico, -a *aggettivo* e *sostantivo*
- *agg* **1** (situazione, momento) critical: *Le sue condizioni sono critiche.* His condition is critical. **2** (negativo) critical: *Sei troppo critico nei confronti degli altri.* You're too critical of others.
- *s* critic

croato, -a *aggettivo* e *sostantivo*
- *agg* Croatian
- *s* **1** (persona) Croat **2** (lingua) Croatian

Croazia *s* **la Croazia** Croatia

croccante *agg* crunchy

crocchetta *s* **1** **crocchette di patate/riso** potato/rice croquettes **2** (per gatti, cani) biscuit

croce *s* cross (pl crosses) | **Croce Rossa** Red Cross ► vedi anche **testa**

crociera *s* cruise | **fare una crociera** to go on a cruise: *Abbiamo fatto una crociera nel Mediterraneo.* We went on a Mediterranean cruise.

crocifisso *s* crucifix

crollare *v* **1** (edificio, muro) to collapse **2** (prezzi, azioni) to fall **3** **crollare dal sonno** to be asleep on your feet

crollo *s* **1** (di ponte, edificio) collapse: *il crollo dell'edificio* the collapse of the building **2** (di prezzi, azioni) fall: *un crollo dei prezzi* a fall **in** prices.

cromosoma *s* chromosome

cronaca *s* **1** (su quotidiano) news | **cronaca nera** La cronaca nera non esiste in inglese; per spiegare cos'è, puoi dire **crime news** | **cronaca rosa** gossip column **2** (di partita, manifestazione) commentary (pl commentaries): *Ha fatto per anni la cronaca diretta della Formula Uno.* He did the live commentary for Formula One for years.

cronico, -a *agg* chronic

cronologico, -a *agg* chronological

cronometrare *v* to time

cronometro *s* stopwatch [plurale stopwatches]: *Fai partire il cronometro.* Start the stopwatch.

crosta *s* **1** (di pane) crust, (di formaggio) rind **2** (di ferita) scab **3** **crosta terrestre** the earth's crust

crostaceo *s* **1** (classe animale) crustacean **2** (in cucina) shellfish (pl shellfish)

crostata *s* tart: *una crostata di mirtilli* a blueberry tart

cruciverba *s* crossword

crudele *agg* cruel

crudeltà *s* **1** (caratteristica) cruelty **2** (azione) act of cruelty

crudo *agg* **1** (carne, verdura) raw ▶ vedi anche **prosciutto** **2** (realismo) raw ▶ vedi nota FALSE FRIEND sotto **crude**

crusca *s* bran: *pane alla crusca* bran bread

cruscotto *s* dashboard

C

Cuba *s* Cuba

cubano, -a *agg* e *s* Cuban

cubetto *s* cube: *un cubetto di ghiaccio* an ice cube

cubista *s* (in discoteca) la cubista non esiste in inglese; per spiegare cos'è, puoi dire **professional dancer employed by a club**

cubo *s* cube: *a forma di cubo* in the shape of a cube | *Il cubo di due è otto.* Two cubed is eight. | *3 al cubo fa 27* 3 cubed is 27. ▶ vedi anche **metro**

cuccetta *s* **1** (sul treno) couchette **2** (su nave) berth

cucchiaiata *s* spoonful

cucchiaino *s* (tea)spoon

cucchiaio *s* **1** (posata) spoon: *un cucchiaio da minestra* a soupspoon **2** (contenuto) spoonful: *Aggiungere un cucchiaio di farina.* Add a spoonful of flour.

cuccia *s* **1** (a casetta) kennel **2** (cesta) basket **3** **a cuccia!** Sit!

cucciolata *s* litter

cucciolo *s* **1** (di cane) puppy (pl puppies) **2** (di tigre, leone) cub

cucina *s* **1** (stanza) kitchen: *Di solito, ceniamo in cucina.* We normally have dinner in the kitchen. **2** (elettrica, a gas) cooker **3** (arte) cookery: *un libro di cucina* a cookery book **4** (piatti) food: *Vado matto per la cucina cinese.* I love Chinese food.

cucinare *v* to cook: *Ti piace cucinare?* Do you like cooking? | *Mia madre cucina benissimo.* My mother is a wonderful cook.

cucire *v* **1** (stoffa, bottone) to sew **2** (abito, giacca) to make ▶ vedi anche **macchina**

cucito *s* sewing

cucitrice *s* stapler

cucitura *s* seam: *Si è aperta la cucitura della gonna.* The seam on the skirt has split.

cuffia *s* **1** (per musica) headphones [sempre plurale]: *Ascolto la musica con la cuffia.* I listen to music with my headphones. **2** **cuffia (da bagno)** **a)** (in piscina, al mare) bathing cap **b)** (per doccia) shower cap **3** (di cameriera, panettiera) cap **4** (da bambino) bonnet

cugino, -a *s* cousin

cui *pron* ▶ vedi riquadro

culla *s* cot

cullare *v* to rock

culo *s* **1** (sedere) bum (BrE), butt (AmE) **2** **avere culo** (fortuna) to be lucky

---

cui *pronome*

1 Quando è usato *con una preposizione*, di solito in inglese non si traduce e la preposizione segue il verbo:

l'amica di cui ti ho parlato the friend I spoke to you **about** | *il paese in cui abito* the country I live **in** | **il motivo per cui** the reason why: *il motivo per cui non te l'ho detto* the reason why I didn't tell you

2 Quando è usato tra l'articolo e il sostantivo per indicare **possesso**, si traduce **whose**:

i vicini la cui figlia è una mia amica the neighbours whose daughter is a friend of mine | *il film il cui regista ha vinto l'Oscar* the film whose director won the Oscar

3 **per cui** nel senso di *perciò* si traduce **so**:

Non sto bene, per cui preferisco andare a letto presto. I'm not well, so I'd rather go to bed early.

---

culto *sostantivo* e *aggettivo*

• *s* (religioso) worship

• *agg* cult: *un film culto* a cult film

cultura *s* culture ▶ quando ci si riferisce all'insieme delle conoscenze di una persona, si usa **knowledge**: *due paesi dalle culture molto diverse* two countries with very different cultures | *cultura generale* general knowledge | *Ha una cultura musicale impressionante.* His knowledge of music is impressive.

culturale *agg* **1** (iniziativa, fenomeno) cultural **2** (associazione, centro) si usa il sostantivo **arts** in funzione di aggettivo: *un'associazione culturale* an arts society

culturismo *s* bodybuilding

cumulo *s* pile: *La scrivania era coperta da cumuli di carte.* The desk was covered with piles of paper.

cuocere *v* to cook: *Mentre la pasta cuoce, possiamo apparecchiare.* We can lay the table while the pasta is cooking. | *Hai cotto troppo la pasta.* You've overcooked the pasta. | *Metto a cuocere le patate.* I'll put the potatoes on. | **cuocere (al forno)** to bake | **cuocere (alla griglia)** to grill

cuoco, -a *s* **1** (chi sa cucinare) cook: *Mia madre è un'ottima cuoca.* My mother is a wonderful cook. **2** (di ristorante, albergo) chef

cuoio *s* **1** (pelle) leather: *una borsa di cuoio* a leather bag **2** **cuoio capelluto** scalp

cuore *sostantivo* e *sostantivo plurale*

• *s* **1** (organo, forma) heart: *È malato di cuore.* He's got heart disease. | *un ciondolo a forma di cuore* a heart-shaped pendant | *Ultimamente gli affari di cuore non mi vanno molto bene.* I haven't had much luck in my love life recently. **2** (parte centrale) heart: *un piccolo albergo nel cuore di Lisbona* a small hotel in the heart of Lisbon | **nel cuore della notte** in the middle of the night

● **cuori** *s pl* (nelle carte) hearts

cupola *s* dome

cura *s* **1** (terapia) treatment: *Il dottore mi ha prescritto una nuova cura.* The doctor has prescribed a new treatment for me. | *È in cura da uno psicanalista.* He's seeing a psychoanalyst. | **cura dimagrante** diet: *Sto seguendo una cura dimagrante.* I'm on a diet. **2** **avere cura di qc** to take care of sth: *Ha molta cura del suo corpo.* She really takes care of her body. | *Non ha molta cura delle cose degli altri.* He doesn't take very good care of other people's things. | **prendersi cura di qn** to look after sb: *Chi si prende cura del gatto mentre siete via?* Who's going to look after your cat while you are away? | **a cura di a)** (iniziativa) from: *un programma a cura della BBC* a programme from the BBC **b)** (libro) edited by

curare *v* **1** (paziente, malattia) to treat ▶ Nota che quando la cura porta alla guarigione si usa **to cure**: *È dovuta andare da uno specialista per farsi curare l'acne.* She had to go to a specialist to get her acne treated. | *Mi ha curato dall'allergia un bravo omeopata.* A very good homeopath cured me of the allergy. | **curarsi la tosse/il raffreddore** to get rid of a cough/a cold **2** (libro) to edit: *Ha curato personalmente la nuova edizione del libro.* He personally edited the new edition of the book. **3** (mostra) to curate

curarsi *v rifl* **1** (malato) to treat yourself: *Si cura con rimedi naturali.* He's treating himself with natural remedies. | *Adesso devi solo pensare a curarti bene.* All you should think about now is getting well again. **2** **non curarsi di qn/qc** to not bother about sb/sth: *Non ti sei mai curato di me o dei miei problemi.* You've never bothered about me or my problems.

curiosare *v* **1** **curiosare in qc** to look at/through sth: *Qualcuno ha curiosato nei miei cassetti.* Someone has been looking through my drawers. **2** (intromettersi) to meddle

curiosità *s* **1** (desiderio di conoscere) curiosity: *Per curiosità, quanto costa?* Out of curiosity, how much does it cost? **2** (cosa insolita) interesting thing: *Ed ora, alcune curiosità sul festival del cinema.* And now for some interesting things happening at the film festival.

curioso, -a *agg* **1** (interessato) curious: *Sono curiosa di sapere com'è andata a finire.* I'm curious to know how things turned out. **2** (ficcanaso) nosy: *Che curioso, ma pensa agli affari tuoi!* You're being nosy, mind your own business! **3** (insolito) strange: *Mi è successa una cosa curiosa.* A strange thing happened to me.

curriculum, anche **curriculum vitae** *s* CV

cursore *s* cursor

curva *s* **1** (di strada) bend: *Dopo la curva, c'è un semaforo.* There are traffic lights after the bend. **2** (di stadio) stand **3** (linea) curve: *La curva mostra un aumento delle temperature.* The curve shows an increase in temperature. | *Aveva un abito aderente che metteva in risalto le sue curve.* She was wearing a clingy dress which showed off her curves.

curvare *v* **1** (auto, persona) to turn: *Al semaforo, curva a sinistra.* Turn left at the traffic lights. **2** (strada) to curve: *Alla fine del viale, la strada curva a destra.* At the end of the avenue, the road curves to the right. **3** (sbarra) to bend: *È riuscito a curvare una sbarra di ferro!* He's managed to bend an iron bar!

curvarsi *v rifl* to bend down

curvo, -a *agg* **1** (piegato) bent: *Il ripiano è tutto curvo per il peso dei libri.* The shelf is all bent because of the weight of the books. **2** (linea) curved **3** (persona) bent over: *Camminava tutto curvo per il peso dello zaino.* He was bent over under the weight of his rucksack.

cuscino *s* **1** (guanciale) pillow **2** (di divano, sedia) cushion

custode *s* **1** (di scuola, condominio) caretaker **2** (di prigione, parco) warder **3** (di museo) attendant ▶ vedi anche **angelo**

custodia *s* **1** (astuccio) case: *Hai visto la custodia dei miei occhiali?* Have you seen my glasses case? **2** (di figli) custody

custodire *v* (conservare) to keep: *Custodisce il suo diario intimo in un cassetto chiuso a chiave.* She keeps her personal diary in a drawer under lock and key.

cute *s* skin

D, d *s* D, d ▶ vedi Active Box **lettere dell'alfabeto** sotto **lettera**

da *prep* ▶ vedi riquadro

dado *s* **1** (nei giochi) dice [plural dice]: *Tira i dadi!* Throw the dice! **2** (in cucina) stock cube **3** (per vite, bullone) nut

Non sei sicuro del significato di una abbreviazione? Consulta la tabella delle abbreviazioni nell'interno della copertina.

da *preposizione*

1 CON VERBO PASSIVO = BY
L'incidente è stato causato dalla nebbia. The accident was caused by the fog. | *È stato sorpreso dall'insegnante mentre copiava.* He was caught copying by the teacher.

2 STATO IN LUOGO = AT
Ho un appuntamento dal dentista. I've got an appointment at the dentist's.

3 PROVENIENZA = FROM
Questo treno viene da Napoli. This train comes from Naples.

4 MOTO A LUOGO = TO
Vengo da te più tardi. I'll come round to your house later.

5 MOTO PER LUOGO = THROUGH
Sono entrata dalla porta sul retro. I came in through the back door.

6 CAUSA = FROM
Mi bruciava la gola dal fumo. My throat was burning from the smoke.

7 CARATTERISTICA
una ragazza dai capelli castani a girl with chestnut hair | *un gatto dal pelo lungo* a long-haired cat

8 TEMPO
per indicare una durata si usa **for**; per indicare il momento a partire dal quale è cominciato qualcosa si usa **since**:
Ti aspetto da ore! I've been waiting for you for hours! | *Ti aspetto dalle tre.* I've been waiting for you since three o'clock.
da ... a ... per indicare un lasso di tempo determinato si traduce **from ... till ...**:
Lo spettacolo dura dalle 8 alle 10. The show lasts from 8 till 10.

9 MODO = LIKE, AS
Si è comportato da vero amico. He's behaved like a true friend. | *Era vestito da donna.* He was dressed as a woman.

10 DISTANZA, SEPARAZIONE = FROM
lontano da casa far from home

11 FINE
una tuta da sci a ski suit | *scarpe da tennis* tennis shoes

12 PREZZO, MISURA
una giacca da 200 euro a 200-euro jacket | *una bottiglia da un litro* a one-litre bottle

13 DA + INFINITO
Vuoi qualcosa da leggere? Do you want something to read? | *Preparo i vestiti da mettere in valigia.* I'm getting my clothes ready to put in the suitcase. *Sono così stanca da dormire in piedi.* I'm so tired (that) I could sleep standing up. | *Non ho niente da dire.* I've got nothing to say.

dalmata *s* dalmatian

daltonico, -a *agg* colour-blind

dama *s* (gioco) draughts [sempre plurale]: *Facciamo una partita a dama?* Shall we have a game of draughts? | **giocare a dama** to play draughts

damigella *s* **damigella d'onore** bridesmaid

danese *aggettivo e sostantivo*
• *agg* Danish
• *s* **1** (persona) Dane **2** (lingua) Danish

Danimarca *s* **la Danimarca** Denmark

danneggiare *v* to damage

danno *s* damage ▶ il plurale **damages** è usato in contesti legali con il significato di somma dovuta come risarcimento: *Il terremoto ha causato molti danni agli edifici.* The earthquake caused a lot of damage to the buildings. | *Intendo chiedere il risarcimento dei danni.* I intend to claim for damages.

dannoso, -a *agg* harmful

Danubio *s* **il Danubio** the Danube

danza *s* dance | **danza classica** (classical) ballet

dappertutto *avv* everywhere: *Ti abbiamo cercato dappertutto, ma dov'eri?* We've been looking for you everywhere. Where were you?

dare *v* ▶ vedi riquadro

darsi *v rifl* **1** (scambiarsi) to give each other: *Quando ci diamo i regali di Natale?* When shall we give each other our Christmas presents? | *Ci siamo dati un bacio.* We kissed. **2** **darsi a qc** (dedicarsi) to take up sth: *Ho deciso di darmi al tennis.* I've decided to take up tennis. **3** **può darsi** perhaps, maybe: *Può darsi che abbia ragione lei.* Perhaps she's right. **4** **darsi da fare** to go to a lot of trouble: *Si è dato molto da fare per aiutarmi.* He went to a lot of trouble to help me. | *Se vogliamo finire in tempo, diamoci da fare!* If we want to finish on time, we'd better get a move on!

data *s* date: *Avete già fissato la data della festa?* Have you already set a date for the party? | **data di nascita** date of birth | **data di scadenza a)** (di prodotto) expiry date **b)** (di domanda, iscrizione) closing date

dato, -a *sostantivo e aggettivo*
• **dato** *s* **1** (informazione) data [sempre plurale]: *Abbiamo raccolto molti dati per la nostra ricerca.* We've collected a lot of data for our project. | *Mi manca un dato.* I'm missing some data. | **è un dato di fatto** it's a fact **2** (in informatica) data
• *agg* **1** (considerato) given: *Date le circostanze, non potevo agire diversamente.* Given the circumstances, I couldn't do anything else. | *Dato che l'appartamento è al secondo piano, non c'è bisogno dell'ascensore.* There is no need for a lift,

dare *verbo*

1 Nella maggior parte dei contesti si usa **to give** in particolare per:

CONSEGNARE, PORGERE

Mi puoi dare il tuo numero di telefono? Can you give me your phone number, please? | *Ho dato le chiavi a mia sorella.* I gave the keys to my sister.

FORNIRE

Grazie per l'aiuto che mi hai dato. Thanks for the help that you've given me. | *Posso darti un consiglio?* Can I give you some advice?

ASSEGNARE

Il professore ci ha dato un sacco di compiti. Our teacher has given us masses of homework. | *I miei compagni mi hanno dato l'incarico di organizzare la gita.* My classmates have given me the job of organizing the outing.

CONCEDERE

I miei mi hanno dato il permesso di uscire. My parents have given me permission to go out. | *Dammi ancora un po' di tempo.* Give me a little more time.

PAGARE

Quanto ti danno all'ora per fare la babysitter? How much do they give you an hour to babysit?

2 Eccezioni:

DARE UNA FESTA/UNA CENA ECC.

Do una festa per il mio compleanno. I'm having a party for my birthday.

DARE FASTIDIO/NOIA ECC.

Le dà fastidio se apro la finestra? Do you mind if I open the window?

DARE UN FILM/UNA TRASMISSIONE ECC.

Cosa danno stasera in tv? What's on TV tonight? | *Non so che film diano all'Odeon.* I don't know what film is on at the Odeon.

DARE DEL BUGIARDO/CRETINO ECC.

Mi stai dando del bugiardo? Are you calling me a liar?

dare del tu/del lei a qn Non ha un equivalente in inglese, perché si usa sempre *you* per rivolgersi a qualcuno. Per spiegare cosa significa puoi dire **to be on friendly/formal terms with sb**.

3 *dare su* riferito a finestra, balcone si traduce **to look out onto**:

La mia camera dà sulla strada. My room looks out onto the street.

given that the apartment is on the second floor. **2** (determinato) certain: *Mi succede solo in dati momenti.* It only happens to me at certain times.

dattero *s* date

davanti *avverbio, aggettivo* e *sostantivo*

• *avv* **1** (in posizione anteriore) in front: *Andate voi davanti.* You go in front. **2 davanti a a)** (di fronte a) in front of: *Ci vediamo davanti al cinema.* See you in front of the cinema. | *Passa ore davanti alla tv.* He spends hours in front of the TV. | *Mi è passato davanti e non me ne sono neppure accorta!* He passed by me and I didn't even notice! **b)** (più avanti di) ahead of: *Non farti passare davanti nessuno.* Don't let anyone go ahead of you. **c)** (in presenza di) in front of: *È timida davanti agli estranei.* She's shy in front of strangers. | *L'ha detto davanti all'insegnante.* He said it in front of the teacher. **3** (nella parte anteriore) at the front: *I pantaloni sono tutti strappati davanti.* The trousers are all torn at the front.

• *agg* front: *La ruota davanti è forata.* The front wheel has got a puncture. | *I soldi sono nella tasca davanti della giacca.* The money is in the front pocket of my jacket.

• *s* front: *L'abito ha uno spacco sul davanti.* The dress has a slit down the front.

davanzale *s* windowsill

davvero *avv* (veramente) really: *Davvero non lo sai?* Do you really not know? | *È un'idea davvero geniale!* It's a really brilliant idea! | **per davvero** really: *Guarda che me ne vado per davvero!* Watch it or I really will leave!

dea *s* goddess (pl goddesses)

debito *s* **1** (somma) debt: *Ho saldato il mio debito.* I've paid off my debt. | *Sono in debito con te di 15 euro.* I owe you 15 euros. | **sentirsi in debito verso qn** to feel indebted to sb: *Mi sento in debito verso di loro perché mi hanno ospitato per due mesi a casa loro.* I feel indebted to them because they put me up for two months. **2** (a scuola) **debito (formativo)** non esiste un equivalente inglese. Per spiegare cos'è, puoi dire **a mark in a particular subject that isn't good enough and has to be compensated for the following year.**

debole *aggettivo* e *sostantivo*

• *agg* **1** (fisicamente) weak: *Sono ancora un po' debole per l'influenza.* I'm still a bit weak after having the flu. **2** (carattere, persona) soft: *Sei troppo debole con lei.* You're too soft with her. **3** (avversario, squadra) weak

• *s* **1 avere un debole per qn/qc** to have a weakness for sb/sth: *Confessa, hai un debole per le ragazze brune!* Admit it, you've got a weakness for dark-haired girls! | *Ho un debole per le scarpe rosse.* I've got a weakness for red shoes. **2** (persona) invece del sostantivo, si usa l'aggettivo **weak**: *È sempre stato un debole.* He's always been weak.

debolezza *s* (punto debole) weakness (pl weaknesses): *Ognuno di noi ha le sue piccole debolezze.* We all have our little weaknesses.

D

decaffeinato *agg* decaffeinated

decapitare *v* to decapitate ▶ Esiste anche **to behead** che è usato quando si tratta di un'esecuzione.

decappottabile *s* convertible

decennio *s* decade

decente *agg* **1** (passabile) decent: *Finalmente ha fatto un tema decente!* He's finally written a decent essay! **2** (decoroso) decent: *Non mi è sembrato un comportamento decente.* I don't think it was a decent thing to do.

decidere *v* to decide: *Hai deciso la data della partenza?* Have you decided when you're going? | *Non ho ancora deciso cosa fare.* I've still not decided what to do. | *Decidi tu, per me è lo stesso.* You decide, I don't mind one way or the other. | **decidere di fare qc** to decide to do sth: *Ho deciso di rimanere.* I decided to stay. | **decidere per qc** to choose sth: *Alla fine, ho deciso per l'abito nero.* In the end I chose the black dress.
decidersi *v rifl* to make up your mind: *Non riesco a decidermi.* I can't make up my mind. | **decidersi a fare qc** to decide to do sth: *Mi sono decisa a riordinare la mia camera.* I've finally decided to rearrange my bedroom.

decifrare *v* to decipher

decimale *agg* e *s* decimal

decimo, -a *agg* e *s* tenth ▶ vedi Active Box **numeri** sotto **numero**

decina *s* **1** (in matematica) ten **2** **una decina di** about ten: *Ho messo in valigia una decina di CD.* I put about ten CDs in my suitcase. | *Saremo stati una decina.* There were about ten of us.

decisione *s* **1** (scelta) decision | **prendere una decisione** to make a decision **2** (determinazione) decisiveness: *In quell'occasione ha dimostrato molta decisione!* He showed a lot of decisiveness on that particular occasion!

decisivo, -a *agg* decisive: *una partita decisiva* a decisive match | *Il suo intervento nella discussione è stato decisivo.* His contribution to the discussion proved decisive.

deciso, -a *agg* **1** (persona, carattere) determined **2** (tono, divieto) firm: *Aveva un tono molto deciso.* His tone was very firm. | **in modo deciso** firmly

declinazione *s* declension

decollare *v* (aereo) to take off: *L'aereo per Glasgow è decollato in orario.* The plane for Glasgow took off on time.

decollo *s* (di aereo) take-off: *L'incidente è avvenuto durante il decollo.* The accident occurred during take-off.

decorare *v* (torta, tavola) to decorate: *Ha decorato la tavola con fiori e candele.* She decorated the table with flowers and candles.

decorazione *s* **1** (ornamento) decoration: *decorazioni natalizie* Christmas decorations **2** (medaglia) medal

decreto *s* decree | **decreto legge** law by decree

dedica *s* dedication: *Mi ha scritto la dedica sulla prima pagina del libro.* She wrote the dedication for me on the first page of the book.

dedicare *v* **1** (vita, tempo) to dedicate: *Dedica moltissimo tempo alla musica.* He dedicates a lot of time to music. **2** (canzone, libro) to dedicate: *Ha dedicato l'ultima canzone del concerto a un amico.* He dedicated the last song of the concert to a friend. **3** (strada, monumento) to dedicate: *La piazza è dedicata al giudice Falcone.* The square is dedicated to Judge Falcone.
dedicarsi *v rifl* **dedicarsi a qc** to devote yourself to sth: *Si è sempre dedicata alla famiglia.* She has always devoted herself to her family. | *La domenica mi dedico allo sport.* Sunday is my day for sport.

dedito, -a *agg* (impegnato) dedicated: *Luigi è un ragazzo molto dedito allo studio.* Luigi is a boy who's very dedicated to his studies.

dedurre *v* **dedurre qc da qc a)** (concetto, idea) to deduce sth from sth: *Da quello che ha detto ho dedotto che tra loro ci sono problemi.* I deduced from what she said that there are problems between them. **b)** (somma) to deduct sth from sth: *Da quella cifra devi dedurre le spese.* You have to deduct the expenses from that figure.

deficiente *aggettivo* e *sostantivo*
- *agg* (imbecille) stupid
- *s* idiot: *Mi ha dato del deficiente.* He called me an idiot. ▶ vedi nota FALSE FRIEND sotto **deficient**

definire *v* **1** (descrivere) to define: *È un concetto difficile da definire.* It's a difficult concept to define. **2** (stabilire) to finalize: *I termini dell'accordo saranno definiti in giornata.* The terms of the agreement will be finalized by the end of the day.

definitivamente *avv* for good: *Si è definitivamente trasferito a Milano.* He has moved to Milan for good.

definitivo, -a *agg* final: *È la tua decisione definitiva?* Is that your final decision? | **in definitiva** in the end

definizione *s* **1** (di termine, concetto) definition: *Le definizioni di quel dizionario sono chiare.* The definitions in that dictionary are clear. | **per definizione** by definition **2** (di immagine) definition: *immagini ad alta definizione* high-definition images

Vuoi informazioni sulla differenza tra gli **articoli** in inglese e in italiano? Leggi le spiegazioni nella guida grammaticale.

deformare *v* to warp: *Il calore ha deformato questo contenitore di plastica.* This plastic container has been warped by the heat.
deformarsi *v rifl* to get warped: *Con l'umidità il legno si è deformato.* Damp has caused the wood to become warped. | *Le scarpe si sono bagnate e deformate.* The shoes got soaked and they've lost their shape.

defunto, -a *agg e s* deceased

degenerare *v* to degenerate: *La discussione è degenerata in una lite.* The argument degenerated into a fight.

degnare *v* **degnare qn/qc di qc** to consider sb/sth worthy of sth: *Non mi ha degnato neanche di uno sguardo.* She didn't even consider me worthy of a look.
degnarsi *v rifl* **degnarsi di fare qc** to bother to do sth/doing sth: *Non si è nemmeno degnata di rispondere.* She didn't even bother to reply.

degno, -a *agg* **1** **degno di qn/qc** worthy of sb/sth: *Lui non è degno di te.* He's not worthy of you. | *Non è un fatto degno di attenzione.* It's not worth paying attention to. **2** (adatto) worthy: *Ha un guardaroba degno di una diva.* She has a wardrobe worthy of a film star. | *È proprio una cattiveria degna di lei.* It's just the kind of nasty thing she'd do.

degustazione *s* tasting

delega *s* (procura) proxy (pl proxies)

delegato, -a *s* delegate

delfino *s* dolphin

delicatezza *s* **1** (attenzione) care **2** (fragilità) fragility

delicato *s* **1** (oggetto, materiale) delicate: *I capi delicati vanno lavati a mano.* Delicate items should be washed by hand. **2** (colore, sapore) delicate: *Preferisco i profumi più delicati.* I prefer more delicate perfumes.

delinquente *s* criminal

delinquenza *s* crime | **delinquenza minorile** juvenile delinquency

delirare *v* to be delirious

delitto *s* **1** (omicidio) murder **2** (peccato) crime: *Non è mica un delitto se non mi piace il cioccolato!* It's not a crime if I don't like chocolate!

delizioso, -a *agg* **1** (cibo, odore) delicious **2** (persona) delightful

delta *s* delta

deltaplano *s* **1** (strumento) hang-glider **2** (sport) hang-gliding | **fare deltaplano** to go hang-gliding

deludere *v* to disappoint ▶ Nota che in inglese si tende ad usare più spesso l'aggettivo: se qn/qc delude qn, si dirà quindi che **sb is disappointed by sb/sth**: *Mi spiace deluderti.* I'm sorry to disappoint you. | *Il tuo comportamento mi ha un po' deluso.* I'm rather disappointed by your behaviour. ▶ vedi nota FALSE FRIEND sotto **delude**

delusione *s* **1** (sentimento) disappointment: *Provo solo una grande delusione.* All I feel is a great sense of disappointment. **2** (festa, film) disappointment: *La festa è stata una delusione.* The party was a disappointment. ▶ vedi nota FALSE FRIEND sotto **delusion**

deluso, -a *agg* disappointed: *Sono rimasta un po' delusa.* I was a bit disappointed.

demenziale *agg* (film, comico) off-the-wall [informale]

democratico, -a *agg* (governo, paese) democratic

democrazia *s* **1** (forma di governo) democracy **2** (paese) democracy (pl democracies)

demolire *v* **1** (muro) to knock down **2** (quartiere, edificio) to demolish

demonio *s* **1** (diavolo) devil **2** (scherzoso) little devil

demoralizzare *v* to demoralize: *Non devi lasciarti demoralizzare dal primo brutto voto che prendi.* You mustn't be demoralized by the first bad mark you're given.
demoralizzarsi *v rifl* to get demoralized

denaro *s* money: *Il denaro ricavato dalla vendita verrà dato in beneficenza.* The money earned from the sale will be given to charity.

denso *agg* thick

dente *s* tooth (pl teeth): *Vado a lavarmi i denti.* I'm going to brush my teeth. | *Ho mal di denti.* I've got toothache. | **dente da latte** milk tooth | **dente del giudizio** wisdom tooth | **al dente** al dente: *La pasta mi piace al dente.* I like my pasta al dente. ▶ vedi nota FALSE FRIEND sotto **dent**

dentiera *s* false teeth [sempre plurale]: *Mia nonna porta la dentiera.* My granny has false teeth.

dentifricio *s* toothpaste

dentista *s* dentist: *Devo andare dal dentista.* I have to go to the dentist. | *Ho un appuntamento dal dentista.* I've got an appointment at the dentist's.

dentro *avv* inside: *Non prendere freddo, vieni dentro!* Come inside or you'll catch a cold! | *Che caldo qui dentro, apriamo!* It's really hot in here. Let's open a window! | *Parla, non tenerti tutto dentro.* Talk about it – don't keep it all bottled up inside. | **dentro a** inside: *Ho messo le chiavi dentro al cassetto.* I put the keys inside the drawer. | **dentro di te/me/sé ecc.** deep down: *Dentro di me, lo sapevo che sarebbe andata a finire così!* Deep down, I knew it was going to end like this!

D

denuncia *s* **1** (di reato) official report | **sporgere denuncia (alla polizia)** to make an official report **2 denuncia dei redditi** tax return

denunciare *v* **1** (reato, persona) to report: *Non ho ancora denunciato il furto della moto.* I still haven't reported the theft of my motorbike. **2** (fatto) to report, (scandalo) to expose: *Il giornale ha denunciato lo scandalo.* The newspaper exposed the scandal.

denutrito, -a *agg* malnourished

deodorante *s* **1** (per ascelle) deodorant: *deodorante senza alcol* alcohol-free deodorant **2** (per ambienti) air-freshener

depilarsi *v rifl* **depilarsi le gambe/le ascelle** to shave your legs/armpits

dépliant *s* brochure

deporre *v* **1** (posare) to place: *Il Presidente ha deposto una corona presso il monumento.* The President placed a wreath on the monument. **2 deporre le uova** to lay eggs **3** (in tribunale) to give evidence: *La difesa lo ha chiamato a deporre.* The defence called him to give evidence.

depositare *v* **1** (soldi) to deposit: *Devo depositare i soldi in banca.* I have to deposit the money in the bank. **2** (valigia, persona) to leave: *Aveva depositato i bagagli alla stazione.* He had left the luggage at the station.
depositarsi *v rifl* to collect: *Continua a girare, altrimenti lo zucchero si deposita in fondo alla pentola.* Keep stirring, otherwise the sugar will collect at the bottom of the saucepan.

deposito *s* **1** (magazzino) store | **deposito bagagli** left-luggage office: *Ho lasciato le valigie al deposito bagagli della stazione.* I put the suitcases in the left-luggage office at the station. **2** (cauzione) deposit: *La stanza viene 300 euro al mese più 300 di deposito.* The room is 300 euros per month plus 300 euros deposit. **3** (di vino) deposit

deposizione *s* (testimonianza) evidence

depressione *v* depression

depresso, -a *agg* depressed: *Che aria depressa. Cosa ti è successo?* You seem depressed. What's happened to you?

deprimere *v* to depress
deprimersi *v rifl* to get depressed: *Non ti deprimere per così poco.* Don't get depressed over such a small thing.

deputato *s* **1** (nazionale) MP, Member of Parliament **2** (europeo) MEP, Member of the European Parliament

> Il titolo corrispondente a deputato in Gran Bretagne è **member of Parliament** o **MP** e negli Stati Uniti **representative**. Per riferirsi a un deputato di un altro paese si usa invece **deputy**, il cui plurale è **deputies**.

deragliare *v* to be derailed: *Il treno ha deragliato.* The train was derailed.

deriva *s* **andare alla deriva a)** (barca) to drift **b)** (fallire) to go adrift: *Il progetto sta andando alla deriva.* The plan is starting to go adrift.

derivare *v* **derivare da qc** to derive from sth: *L'italiano deriva dal latino.* Italian is derived from Latin.

dermatologo, -a *s* dermatologist

derubare *v* to rob: *Sono stata derubata sull'autobus.* I was robbed on the bus.

descrivere *v* **1** to describe: *Era una scena difficile da descrivere.* It was a difficult scene to describe. | *Il ladro è stato descritto come un uomo biondo sui trent'anni.* The thief has been described as a fair-haired man of about thirty years of age. **2 descrivere una traiettoria** to follow a trajectory

descrizione *s* description

deserto, -a *aggettivo e sostantivo*
• *agg* deserted: *Mi sono ritrovata da sola in una strada deserta.* I found myself alone on a deserted street.
• **deserto** *s* desert: *il deserto del Sahara* the Sahara Desert

desiderare *v* to want: *Ho sempre desiderato avere un cane.* I've always wanted to have a dog. | *La desiderano al telefono.* You're wanted on the telephone. | *Desidera?* Can I help you? | **lasciare a desiderare** not to be good enough: *I tuoi voti lasciano un po' a desiderare.* Your marks are not quite good enough.

desiderio *s* **1** (operanza) wish (pl wishes): *Esprimi un desiderio.* Make a wish. **2** (voglia) longing: *Ha sempre avuto un grande desiderio di viaggiare.* He's always had a great longing to travel.

desinenza *s* ending

destinatario, -a *s* (di lettera, pacco) addressee

destinato, -a *agg* **1 essere destinato a fare qc** to be destined to do sth: *La squadra è destinata a vincere.* The team is destined to win. | *Il piano era destinato a fallire.* The plan was doomed to failure. **2 essere destinato a qn a)** (libro, film) to be aimed at sb: *Il film è destinato a un pubblico giovane.* The film is aimed at a young audience. **b)** (lettera, pacco) to be addressed to sb: *A chi era destinato il pacco?* Who was the package addressed to?

destinazione *s* destination: *La lettera non è mai arrivata a destinazione.* The letter never reached its destination.

destino *s* destiny

destra *s* **1** (lato, direzione) right: *Al semaforo, gira a destra.* At the traffic lights, **turn right**. | *È la prima porta a destra.* It's the first door **on the right**. **2** (mano) right hand: *Scrivo con la destra.* I write with my right hand. **3 la destra** (in politica) the right

destro, -a *agg* **1** (mano, braccio) right: *Prova a usare la mano destra.* Try using your right hand. **2** (lato) right-hand: *Stai sulla corsia destra.* Keep in the right-hand lane.

detenuto, -a *s* inmate

detergente *s* **1** (cosmetico) cleanser **2** (per la casa) detergent ▶ vedi anche **latte**

determinare *v* **1** (stabilire) to determine: *Restano ancora da determinare le cause dell'incidente.* The causes of the accident have yet to be determined. **2** (causare) to cause: *Cos'è che ha determinato il loro grande successo?* What caused their great success?

determinativo ▶ vedi **articolo**

determinato, -a *agg* **1** (risoluto) determined | **essere determinato a fare qc** to be determined to do sth: *È determinata a vincere la gara.* She's determined to win the race. **2** (dato) certain: *La segreteria apre solo in determinati giorni.* The secretary's office is only open on certain days.

determinazione *s* (risolutezza) determination

detersivo *s* **1** (per panni) detergent: *Usa un detersivo per capi delicati.* Use a detergent for delicate items. **2** (per piatti) washing-up liquid

detestare *v* to hate: *Detesto far aspettare la gente.* I hate keeping people waiting.

detestarsi *v rifl* **1** (l'un l'altro) to hate each other **2** (se stesso) to hate yourself

detrarre *v* to deduct: *Hai detratto le spese dal totale?* Have you deducted the expenses from the total?

dettagliatamente *avv* in detail

dettagliato, -a *agg* detailed: *Ci ha fatto un resoconto dettagliato.* He gave us a detailed summary.

dettaglio *s* **1** (particolare) detail: *La gita è stata programmata nei minimi dettagli.* The trip was planned right down to the smallest detail. | *Lascia perdere i dettagli, dimmi chi ha vinto.* Never mind the details, tell me who won. **2 al dettaglio** retail: *vendita al dettaglio* retail sales

dettare *v* **1** (testo) to dictate: *Dettamelo parola per parola.* Dictate it to me word by word. **2** (stabilire) to set out: *I rapitori hanno dettato le condizioni del rilascio dell'ostaggio.* The kidnappers set out the conditions for the hostage's release. **3** (suggerire) to dictate: *Ho fatto quello che mi ha dettato la coscienza.* I did as my conscience dictated.

dettato *s* dictation: *Abbiamo fatto un dettato di inglese.* We did an English dictation.

detto *s* saying

devastare *v* to devastate

deviare *v* **1** (strada) to turn off: *Dopo il semaforo la strada devia a sinistra.* After the traffic lights, the road turns off to the left. **2** (auto, persona) to turn off: *Abbiamo dovuto deviare a causa dei lavori stradali.* We had to turn off because of roadworks. **3 deviare il traffico/un fiume** to divert the traffic/a river **4 deviare il discorso** to change the subject

deviazione *s* **1** (di strada) diversion: *In Corso Mazzini c'è una deviazione a causa dei lavori.* There's a diversion in Corso Mazzini because of roadworks. | **fare una deviazione** to make a detour: *Se vuoi, facciamo una deviazione per passarti a prendere.* If you want, we can make a detour to come and pick you up. **2** (in psicologia) deviation: *deviazioni sessuali* sexual deviations

di *prep* ▶ vedi riquadro

diabete *s* diabetes: *Ho il diabete.* I've got diabetes.

diabetico, -a *agg e s* diabetic

diaframma *s* **1** (in fotografia) diaphragm **2** (contraccettivo) diaphragm

diagnosi *s* diagnosis (pl diagnoses)

diagonale *agg e s* diagonal

diagramma *s* **1** (in statistica) chart **2** (in matematica) diagram

dialetto *s* dialect

dialogo *s* **1** (discorso) dialogue: *In questo libro ci sono pochissimi dialoghi.* There is very little dialogue in this book. **2** (comunicazione) communication ▶ esiste anche **dialogue** ma è più formale: *Non c'è abbastanza dialogo tra genitori e figli.* There's not enough communication between parents and children. | *il dialogo per la pace* the dialogue for peace

diamante *s* diamond: *un anello con diamante* a diamond ring

diametro *s* diameter

diapositiva *s* slide: *Ti faccio vedere le diapositive del viaggio in Grecia.* I'll show you the slides from my trip to Greece.

D

di *preposizione*

1 SPECIFICAZIONE

una bottiglia d'acqua a bottle of water | *un chilo di patate* a kilo of potatoes

ma nei seguenti casi:

la vetrina del negozio the shop window | *il manico dell'ombrello* the umbrella handle

APPARTENENZA A UN GRUPPO

uno di noi one of us | *alcuni dei miei amici* some of my friends

DENOMINAZIONE

la città di Dublino the city of Dublin

2 ALTRI CASI

POSSESSO

la giacca di Fabio Fabio's jacket | *i genitori di Emilio* Emilio's parents

Quando il nome del possessore è plurale e termina in -s, si aggiunge solo l'apostrofo:

i genitori dei miei amici my friends' parents

PROVENIENZA = FROM

Sono di Genova. I'm from Genoa.

ARGOMENTO, SCOPO, MATERIA

il professore di matematica the maths teacher | *la cintura di sicurezza* the safety belt | *una camicia di cotone* a cotton shirt

CON NUMERI

una ragazza di quindici anni a fifteen-year-old girl | *un viaggio di tre ore* a three-hour journey

PARAGONI

nei comparativi si usa **than** e nei superlativi **in**:

Sono più alto di te. I'm taller than you. | *Ci abbiamo messo meno di ieri.* It took us less time than yesterday. | *il più intelligente della classe* the most intelligent person in the class

RIFERITO A UN PERIODO

di mattina in the morning | *di notte* at night | *di domenica* on Sundays | *d'inverno* in the winter

PER INDICARE L'AUTORE

una canzone dei Beatles a Beatles song

3 DI + INFINITO

Mi ha detto di telefonargli. He told me to phone him. | *Sono stufo di aspettare.* I'm fed up with waiting.

4 PARTITIVO

del, della, dei ecc. usati in funzione di articolo partitivo si traducono con **some**:

Vado in vacanza con degli amici. I'm going on holiday with some friends. | *Mi serve della colla.* I need some glue.

5 Le espressioni come **fuori di, prima di, di nascosto**, ecc. sono trattate sotto *fuori, prima, nascosto*, ecc.

diario *s* **1** (scolastico) homework diary (pl homework diaries): *Ho dimenticato di scrivere sul diario i compiti per domani.* I forgot to write down tomorrow's homework in my homework diary. **2** (personale) diary (pl diaries): *Tengo un diario da quando ero piccola.* I've kept a diary since I was a little girl.

diarrea *s* diarrhoea

diavolo *s* **1** devil | **un povero diavolo** a poor devil **2** **mandare qn al diavolo** to tell sb to go to hell: *Se non la smette, mandalo al diavolo.* If he doesn't stop it, tell him to go to hell. **3** (rafforzativo) *Chi diavolo ti credi di essere?* Who the hell do you think you are? | *Che diavolo stai combinando?* What the hell are you up to?

dibattersi *v rifl* (dimenarsi) to struggle

dibattito *s* debate

dibattuto, -a *agg* debated: *È ancora una questione molto dibattuta.* It's still a hotly debated issue.

dicembre *s* December ▶ vedi Active Box **mesi** sotto **mese**

diceria *s* rumour: *Chi ha messo in giro queste dicerie assurde?* Who has been spreading these ridiculous rumours?

dichiarare *v* **1** (affermare) to maintain, to declare: *I miei hanno sempre dichiarato di essere contrari alle botte.* My parents have always maintained that they are against smacking. **2** (ufficialmente) to declare: *Niente da dichiarare?* Anything to declare? | *L'imputato è stato dichiarato colpevole.* The accused was found guilty. | **dichiarare guerra a qn/qc** to declare war on sb/sth: *Nel 1943 l'Italia ha dichiarato guerra alla Germania.* In 1943 Italy declared war on Germany.

dichiararsi *v rifl* to declare: *Si è dichiarato contrario alla proposta.* He declared that he was against the proposal. | *L'imputato si dichiara innocente.* The accused claims he's innocent.

dichiarazione *s* **1** statement: *Il Presidente non ha rilasciato dichiarazioni.* The President has not issued a statement. | **dichiarazione d'amore** declaration of love | **dichiarazione di guerra** declaration of war **2** **dichiarazione dei redditi** tax return

diciannove *agg* e *s* nineteen ▶ vedi Active Box **numeri** sotto **numero**

diciannovenne *aggettivo* e *sostantivo*

- *agg* nineteen-year-old
- *s* nineteen year old

diciannovesimo, -a *agg* e *s* nineteenth ▶ vedi Active Box **numeri** sotto **numero**

diciassette *agg* e *s* seventeen ▶ vedi Active Box **numeri** sotto **numero**

diciassettenne *aggettivo* e *sostantivo*
- *agg* seventeen-year-old
- *s* seventeen year old

diciassettesimo, -a *agg* e *s* seventeenth ▶ vedi Active Box **numeri** sotto **numero**

diciottenne *aggettivo* e *sostantivo*
- *agg* eighteen-year-old
- *s* eighteen year old

diciottesimo, -a *agg* e *s* eighteenth ▶ vedi Active Box **numeri** sotto **numero**

diciotto *agg* e *s* eighteen ▶ vedi Active Box **numeri** sotto **numero**

didattico, -a *agg* **metodo didattico** teaching method ▶ il termine **didactic** è usato generalmente in tono peggiorativo per riferirsi a qualcuno che tratta gli altri come degli scolaretti

didietro *avverbio*, *aggettivo* e *sostantivo*
- *avv* e *agg* ▶ vedi **dietro**
- *s* (sedere) behind: *Mi sono preso un calcio nel didietro.* I got a kick in the behind.

dieci *agg* e *s* ten ▶ vedi Active Box **numeri** sotto **numero**

diesel *aggettivo* e *sostantivo*
- *agg* diesel: *una macchina diesel* a diesel car
- *s* diesel

diesis *s* sharp: *do diesis* C sharp

dieta *s* diet: *Sono a dieta.* I'm **on a diet.** | *Si è messa un po' a dieta.* She's gone on a bit of a diet.

dietro *avverbio*, *preposizione*, *aggettivo* e *sostantivo*
- *avv* **1** (anche **didietro**) (nella parte posteriore) in the back: *In auto preferisco stare dietro.* In the car, I prefer to be in the back. | *Ero dietro e non vedevo bene.* I was in the back and couldn't see very well. | *Marco abita proprio qui dietro.* Marco lives just round the corner. **2** (con sé) si traduce **with me/you/him etc** a seconda di chi è il soggetto: *Portati dietro dei soldi.* Bring some money with you. | *Piove e non ho neanche dietro l'ombrello!* It's raining and I don't even have my umbrella with me!
- *prep* **1 dietro (a)** (nello spazio) behind: *L'orto è dietro la casa.* The vegetable garden is behind the house. | *Si era nascosto dietro alla porta.* He was hiding behind the door. | **dietro di me/te ecc.** behind me/you etc: *Al cinema ero seduto dietro di lui.* I was sitting behind him in the cinema. | **dietro l'angolo** round the corner: *Ti aspetto al bar dietro l'angolo.* I'll wait for you in the bar round the corner. | **stare dietro a qn a)** (tenere d'occhio) to keep an eye on sb: *Stagli dietro, non vorrei che combinasse dei guai.* Keep an eye on him. I wouldn't want him to get up to any mischief. **b)** (corteggiare) to be after sb: *Si vede che Gianni ti sta dietro.* It's obvious that Gianni is after you. **2** (nel tempo) **uno dietro l'altro** one after another: *Ho preso tre insufficienze una dietro l'altra.* I got three fails one after another. | **dietro presentazione di ricetta medica** on presentation of a prescription | **dietro pagamento di 20 euro** on payment of 20 euros
- *agg* (anche **didietro**) back: *La ruota dietro della bici è completamente sgonfia.* The back tyre of the bike is completely flat.
- *s* (anche **didietro**) back: *Il dietro della giacca è tutto spiegazzato.* The back of the jacket is all wrinkled.

difendere *v* to defend: *Suo padre lo difende sempre.* His father always defends him. | *È un'associazione che si occupa di difendere i diritti delle minoranze.* It's an organization concerned with defending minority rights.

difendersi *v rifl* **1** to defend yourself: *Non ha saputo difendersi dalle accuse.* He couldn't defend himself against the accusations. **2** (cavarsela) to get by: *In matematica mi difendo.* I get by in maths.

difensore *s* defender: *Robin Hood era il difensore dei poveri e degli oppressi.* Robin Hood was the defender of the poor and the oppressed. | *La squadra ha ingaggiato un nuovo difensore.* The team has signed a new defender. ▶ vedi anche **avvocato**

difesa *s* **1** (da accusa, aggressione) defence: *Nessuno è intervenuto in sua difesa.* Nobody intervened in his defence. | **prendere le difese di qn** to stand up for sb: *Che amico sei se non prendi mai le mie difese?* What sort of friend are you if you never stand up for me? **2** (nello sport) defence: *Gioco in difesa.* I play in defence.

difetto *s* **1** (di merce) flaw: *Ho pagato poco questa giacca perché ha un piccolo difetto.* I didn't pay much for this jacket because it's got a slight flaw. **2** (di apparecchio) defect: *Il computer aveva un difetto e me lo hanno cambiato.* The computer had a defect and they exchanged it for me. **3** (di persona) fault: *L'impazienza è il mio peggior difetto.* Impatience is my worst fault. | *Ha il difetto di offendersi per niente.* He has a bad habit of taking offence for no reason.

difettoso, -a *agg* (apparecchio) defective

differente *agg* different: *Io e Luca abbiamo gusti molto differenti.* Luca and I have very different tastes. | *Tuo fratello è molto differente da te.* Your brother is very different from you. ▶ vedi nota sotto **diverso**

differenza *s* difference: *Qual è la differenza?* What's the difference? | **non fa (nessuna) differenza** it makes no difference | **a differenza di** unlike: *A differenza di te, io sono sempre puntuale.* Unlike you, I'm always punctual.

D

differenziare *v* **differenziare qn/qc da qn/qc** to set sb/sth apart from sb/sth: *Che cosa differenzia il Rinascimento dal Medioevo?* What sets the Renaissance apart from the Middle Ages?
differenziarsi *v rifl* to differentiate

difficile *agg* **1** difficult, hard: *Questo esercizio è troppo difficile.* This exercise is too difficult. | *È difficile decidere.* It's difficult to decide. **2** (improbabile) unlikely: *È difficile che arrivino per le otto.* It's unlikely that they'll be here by eight. **3** (esigente) fussy: *Sono piuttosto difficile nel mangiare.* I'm rather fussy about my food. | *È sempre stato di gusti difficili.* He's always been fussy.

a difficult game (chess)

an easy game (dominoes)

difficoltà *s* **1** difficulty (pl difficulties): *Giorgio ha sempre avuto molte difficoltà a scuola.* Giorgio has always had a lot of difficulties at school. | **essere in difficoltà** to be in trouble: *Mi ha dato una mano quando ero in difficoltà.* He gave me a hand when I was in trouble. **2 fare difficoltà** to be awkward: *Luca non ha fatto difficoltà a prestarmi la sua bicicletta.* Luca wasn't awkward about lending me his bicycle.

diffidare *v* **diffidare di qn/qc** to distrust sb/sth: *Non ho nessun motivo di diffidare di lui.* I have no reason to distrust him. | *Diffido sempre delle spiegazioni troppo ovvie.* I always distrust explanations that are too obvious.

diffidente *agg* suspicious

diffondere *v* **1** (luce, calore) to radiate **2** (moda, idee) to spread: *Qualcuno si diverte a diffondere la voce che cambio scuola.* Someone is spreading a rumour that I'm changing schools. **3** (alla radio, tv) to broadcast: *La notizia è stata diffusa in tarda mattinata.* The news was broadcast just before midday.
diffondersi *v rifl* to spread: *È una moda che si è diffusa in fretta.* It's a fashion that has spread quickly.

diffusione *s* **1** (di idee, malattia) spread: *Bisogna assolutamente limitare la diffusione del contagio.* It's absolutely essential to limit the spread of the infection. **2** (di giornali, riviste) circulation: *un quotidiano a larga diffusione* a newspaper with a large circulation

diffuso, -a *agg* (idea, abitudine) widespread: *Il fumo è un'abitudine meno diffusa di una volta tra i giovani.* Smoking is less widespread among young people than it used to be.

diga *s* **1** (di centrale idroelettrica) dam **2** (di protezione) dyke

digerire *v* **1** to digest ▶ nota che il termine **digest** è piuttosto formale in inglese e si preferisce usare **agree with**: *Non digerisco le cipolle.* Onions don't agree with me. | *Non so cos'è stato che non ho digerito.* I don't know what it was that **disagreed with me.** **2** (sopportare) to stomach: *I tipi così proprio non li digerisco.* I can't stomach guys like that.

digestione *s* digestion

digestivo *aggettivo e sostantivo*
- *agg* digestive: *disturbi digestivi* digestive problems
- *s* after-dinner liqueur ▶ Nota che i digestivi non sono molto comuni nei paesi anglosassoni

digitale *agg* digital: *macchina fotografica digitale* digital camera | *la TV digitale* digital TV ▶ vedi anche **impronta**

digitare *v* to type in: *Per accedere al sito devi digitare la password.* To access the site, you must type in the password.

digiunare *v* to fast ▶ Nota che in inglese il verbo **to fast** si usa in contesti religiosi o medici: *Preferisco digiunara che mangiare questa roba!* I'd rather not eat anything than eat that rabbish!

digiuno *s* fast: *un digiuno di 24 ore* a 24-hour fast | **a digiuno** on an empty stomach: *Meglio non bere birra a digiuno.* It's best not to drink beer on an empty stomach. | *Sono a digiuno da stamattina.* I've not eaten anything since this morning.

dignità *s* dignity

dilatare *v* **1** (apertura, stomaco) to expand **2** (pupille, pori) to dilate
dilatarsi *v rifl* **1** (legno, apertura) to expand **2** (pupille, pori) to dilate

dilemma *s* dilemma: *Mi trovo di fronte a un dilemma.* I find myself facing a dilemma.

dilettante *aggettivo e sostantivo*
- *agg* amateur: *una compagnia di attori dilettanti* an amateur theatrical company
- *s* amateur: *Non suonano male per essere dei dilettanti.* They play quite well, considering that they're amateurs. | *un lavoro da dilettanti* an amateurish job

diluire *v* **1** (vernice, salsa) to dilute **2** (pastiglia, detersivo) to dissolve

diluvio *s* deluge: *Con questo diluvio, non mi sogno proprio di uscire.* I wouldn't dream of going out in that deluge! | **il diluvio universale** the Flood

Non sei sicuro sull'uso di **make** e **do**? Vedi alla voce **fare**.

dimagrire *v* to lose weight: *Mi sembra che tu sia dimagrito molto.* You look to me like you've lost a lot of weight. | *È dimagrita di cinque chili.* She's lost five kilos.

dimensione *s* (misura) size: *Di che dimensioni è questo file?* What size is this file? | **di grandi dimensioni** big | **di piccole dimensioni** small

dimenticanza *s* oversight: *È stata un'imperdonabile dimenticanza.* It was an unforgivable oversight.

dimenticare *v* **1** (non ricordare) to forget: *Mi sono dimenticato l'ora dell'appuntamento.* I've forgotten the time of the appointment. | *Dimenticavo, è passata Laura.* I almost forgot, Laura came round. **2** (lasciare) to forget ► Quando si specifica il luogo in cui si è dimenticato qualcosa si usa **to leave**: *Ho dimenticato di nuovo gli occhiali!* I've forgotten my glasses again! | *Ho dimenticato a casa gli occhiali.* I've left my glasses at home.

dimenticarsi *v rifl* **dimenticarsi di qc** to forget about sth: *Non dirmi che te n'eri dimenticata!* Don't tell me you'd forgotten about it! | **dimenticarsi di fare qc** to forget to do sth: *Mi sono dimenticato di portarti il libro che ti avevo promesso.* I forgot to bring you the book I'd promised you.

dimettere *v* to discharge: *Dottore, mi può dire quando mi dimetteranno?* Doctor, can you tell me when I'll be discharged?

dimettersi *v rifl* to resign: *L'allenatore si è dimesso dopo l'ultima sconfitta.* The team coach resigned after the last defeat.

diminuire *v* **1** (ridursi) to go down: *I prezzi sono diminuiti del 2%.* Prices have gone down by 2%. | *La febbre è diminuita.* The fever has gone down. **2** (ridurre) to reduce: *Dobbiamo diminuire le spese.* We must reduce expenditure.

diminutivo *s* diminutive

diminuzione *s* drop: *una diminuzione dei prezzi* a **drop in** prices | **in diminuzione** on the decrease: *Temperature in diminuzione su tutto il settore occidentale.* Temperatures in the west are on the decrease.

dimissioni *s pl* resignation [singolare]: *Non ha accettato le mie dimissioni.* He didn't accept my resignation. | **dare le dimissioni** to resign: *Ho dato le dimissioni.* I've resigned.

dimostrante *s* demonstrator

dimostrare *v* **1** (provare) to prove: *Questo dimostra che avevo ragione io.* This proves that I was right. | *Ha dimostrato di sapersela cavare benissimo da solo.* He's proved that he can manage perfectly well by himself. | **come volevasi dimostrare** as expected: *Come volevasi dimostrare, Piero si è dimenticato di chiamare.* As expected, Piero forgot to phone. **2** (mostrare) to show: *Non ha mai dimostrato interesse per lo studio.* He's never shown any interest in studying. **3** (età) *Dimostra vent'anni.* He looks twenty. | *Quanti anni dimostro?* How old do I look? | **dimostrare di meno/di più** to look younger/older: *Dimostri di meno della tua età.* You look younger than you are. **4** (in corteo) to demonstrate: *Gli studenti hanno dimostrato per la pace.* The students demonstrated for peace.

dimostrarsi *v rifl* to prove: *Questo dizionario si è dimostrato molto utile.* This dictionary has proved very useful.

dimostrazione *s* **1** (conferma) proof **2** (di affetto) demonstration: *Le sue dimostrazioni di affetto mi sono sembrate eccessive.* His demonstrations of affection seemed excessive to me. **3** (di funzionamento) demonstration: *Ci ha dato una dimostrazione pratica del funzionamento della macchina.* He gave us a practical demonstration of how the machine worked. **4** (manifestazione) demonstration

dinamico, -a *agg* dynamic

dinamite *s* dynamite: *Hanno fatto saltare il ponte con la dinamite.* They use dynamite to blow up the bridge.

dinastia *s* dynasty (pl dynasties)

dinosauro *s* dinosaur

dintorni *s pl* surrounding area [singolare]: *Firenze e i dintorni* Florence and the surrounding area | **nei dintorni** nearby: *Ci sono pochi negozi nei dintorni.* There aren't many shops nearby. | *Abito nei dintorni di Roma.* I live **near** Rome.

dio, anche **Dio** *s* god, God

dipartimento *s* (di università) department: *il dipartimento di storia* the History Department

dipendente *aggettivo e sostantivo*

• *agg* **essere dipendente da qn** to be dependent on sb: *Quel ragazzo è dipendente in tutto e per tutto da sua madre.* That boy is utterly dependent on his mother.

• *s* employee | **dipendente statale** civil servant

dipendere *v* **1** **dipendere da qc** (essere determinato da) to depend on sth: *Non so se esco, dipende dal tempo.* I don't know if I'll go out. It depends on the weather. | **dipende** that depends, it depends: *– Esci stasera? – Dipende.* "Are you going out this evening?" "That depends." | **dipendere da qn** (scelta, decisione) to be up to sb: *Dipende da te se farlo o no.* It's up to you whether you do it or not. **2** **dipendere da qn/qc** (essere subordinato a) to be dependent on sb/sth: *Dipende troppo dai suoi genitori.* He's too dependent on his parents. | *L'economia del paese dipende*

D

totalmente dal turismo. The country's economy is completely dependent on tourism.

dipingere *v* to paint: *Ho dipinto le pareti della mia stanza di blu.* I've **painted** the walls of my room **blue**. | *Chi ha dipinto questo quadro?* Who painted this picture?

dipinto *s* (quadro) painting: *un dipinto a olio* an oil painting | *un dipinto di Raffaello* a painting **by** Raphael

diploma *s* diploma

diplomarsi *v rifl* in inglese britannico si usa di solito **to leave school** mentre in inglese americano si usa **to graduate**, che in inglese britannico significa laurearsi: *Si è diplomato l'anno scorso.* He left school last year.

diplomatico, -a *aggettivo* e *sostantivo*
- *agg* **1** (corpo, relazioni) diplomatic **2** (risposta, atteggiamento) diplomatic: *Cerca di essere diplomatico con lui, è piuttosto permaloso.* Try to be diplomatic with him – he's quite touchy.
- *s* diplomat

diplomato, -a *aggettivo* e *sostantivo*
- *agg* **essere diplomato in qc** to have a diploma in sth: *Sono diplomato in ragioneria.* I have a diploma in accountancy.
- *s* in inglese americano si usa il termine **high school graduate** mentre in inglese britannico non esiste un termine equivalente. Per spiegare cos'è un diplomato puoi dire **someone with A-levels**.

diplomazia *s* **1** (tatto) diplomacy **2** (organismo) diplomatic corps

dire *v* ▶ vedi riquadro

direttamente *avv* **1** (senza deviazioni) straight: *Sono tornato direttamente a casa.* I came straight home. **2** (senza intermediari) directly: *Faresti meglio a parlarne direttamente con lui.* You'd be better off talking directly to him about it.

diretto, -a *agg* **1** (senza deviazioni) direct: *Ho preso un volo diretto per Parigi.* I got a direct flight to Paris. **2 essere diretto a qn** to be addressed to sb: *Il pacco era diretto a me, non a te.* The parcel was addressed to me, not to you. | **essere diretto a casa/a Roma** to be going home/to Rome: *Questo treno è diretto a Roma.* This train is going to Rome.

direttore, -trice *s* **1** (di azienda) director **2** (di scuola) headteacher **3** (di giornale) editor **4 direttore d'orchestre** conductor

direzione *s* **1** (senso) direction: *Stiamo andando nella direzione sbagliata.* We're going in the wrong direction. **2** (di azienda) management: *Suo figlio ha assunto la direzione dell'azienda.* The son has taken over the management of the company. **3** (ufficio) management: *È stato chiamato in direzione.* He was called in to see the management.

dire *verbo*

1 Si traduce generalmente con **to say** o **to tell**. Nota che **to tell** non può essere usato senza un complemento oggetto (la cosa che si dice o la persona a cui la si dice) mentre **to say** non può essere usato con un complemento oggetto. Perciò:

SI DEVE USARE TO SAY:

per introdurre un discorso diretto o indiretto senza specificare la persona alla quale si dice qualcosa:

– Mi dispiace – disse. "I'm sorry," she said. | *Ha detto che ti richiama più tardi.* He said that he'll call you back later. | *Si dice che i suoi stiano per divorziare.* They say that his parents are about to divorce.

SI DEVE USARE TO TELL:

con un sostantivo come complemento oggetto, ad esempio *dire una bugia, una barzelletta, ecc.*:

Ho detto la verità. I told the truth. | *Ti devo dire una cosa.* I have to tell you something.

quando si dice a qualcuno di fare qualcosa:

Mi ha detto di chiudere la porta a chiave. She told me to lock the door. | *Chi ti ha detto di aspettare qui?* Who told you to wait here?

Negli altri casi **to say** e **to tell** possono essere usati indifferentemente:

Mi ha detto che verrà di sicuro. He told me that he'll definitely come. | *Non posso ripetere a nessuno quello che mi ha detto.* I can't repeat to anyone what he said to me.

2 Nel senso di *pensare* si traduce **to think**:

Io dico che ha ragione lui. I think he's right. | *Dici che si ricorderà di telefonare?* Do you think she'll remember to phone?

3 ESPRESSIONI

dire di sì/no to say yes/no | **a dire il vero** to tell the truth | **a dir poco/tanto** at least/most | **dire sul serio** to be serious | **dir male di qn** to speak badly of sb | **si direbbe**: *Si direbbe che sei contento di aver perso.* Anyone would think you're happy to have lost. | **senza dir niente** without saying a word: *Se n'è andato senza dir niente.* He went off without saying a word.

dirigente *s* (in azienda) manager: *Mio padre è dirigente.* My father is **a manager**.

dirigere *v* **1** (azienda, ufficio) to run: *È lui che dirige il ristorante di famiglia.* He's the one who runs the family restaurant. **2** (attenzione, sguardo) to turn: *Quando è entrata, tutti gli sguardi erano diretti verso di lei.* When she came in, all eyes were turned towards her. **3** (film) to direct

dirigersi *v rifl* to make your way: *I passeggeri in partenza per Los Angeles sono pregati di dirigersi all'uscita 28.* Passengers departing to Los Angeles are requested to make their way to gate 28.

diritto *aggettivo, avverbio e sostantivo*

- *agg e avv* ▶ vedi **dritto**
- *s* **1** (facoltà) right: *i diritti dell' uomo* human rights | *Questo biglietto dà diritto a un ingresso gratuito.* This ticket **entitles** you **to** free admission. | **avere il diritto di fare qc** to have the right to do sth: *Ho il diritto di dire quello che penso!* I have the right to say what I think! | *Non hai nessun diritto di trattarmi in questo modo.* You have no right to treat me this way. **2** (leggi) law: *diritto privato* private law **3** (di stoffa, maglia) right side: *Non so mai qual è il diritto di questo maglione.* I never know which side of this sweater is the right side.

dirottare *v* **1** (illegalmente) to hijack: *Un gruppo di terroristi ha tentato di dirottare l'aereo.* A group of terrorists tried to hijack the plane. **2** (deviare) to divert: *A causa di un incidente il traffico è stato dirottato sulla A26.* Due to an accident, traffic has been diverted onto the A26.

dirotto, -a *agg* **piovere a dirotto** to be pouring: *Piove a dirotto.* It's pouring.

disabile *sostantivo e aggettivo*

- *s* disabled person | **i disabili** the disabled
- *agg* disabled

disabitato, -a *agg* uninhabited

disaccordo *s* disagreement | **essere in disaccordo (con qn)** to disagree (with sb): *Io e te siamo sempre in disaccordo su tutto!* You and I always **disagree about** everything! | *Molti genitori sono in netto disaccordo con gli insegnanti.* A lot of parents disagree completely with teachers.

disagio *s* **1 essere/sentirsi a disagio** to be/to feel uncomfortable: *Mi sento a disagio con persone che non conosco.* I feel uncomfortable with people I don't know. **2** (problema) inconvenience: *Ci scusiamo per i disagi causati dai lavori.* We apologise for any inconvenience caused by the roadworks.

disarmo *s* disarmament

disastro *s* **1** (incidente) disaster: *un disastro aereo* an air disaster **2** (persona incapace) invece del sostantivo, si usa l'aggettivo **hopeless**: *Guarda cos'hai combinato: sei proprio un disastro!* Look what you've done! You're just hopeless! **3** (cosa pessima) disaster: *Il tuo compito di matematica è un disastro!* Your maths test is a disaster! | *Guarda che disastro hai combinato!* Look what a mess you've made!

disastroso, -a *agg* disastrous

disattento, -a *agg* **1** (negligente) careless: *Molti incidenti sono provocati da una guida disattenta.* Many accidents are caused by careless driving. **2 essere disattento** (distratto) not to pay attention: *Non ho sentito, ero disattento.* I didn't hear – I wasn't paying attention.

disattivare *v* to deactivate

discarica *s* **1** (luogo) dump: *una discarica pubblica* a public dump **2** (azione) dumping: *"Divieto di discarica"* "No dumping"

discendente *s* descendant

discesa *s* **1** (azione) descent: *Stiamo per iniziare la manovra di discesa.* We are about to start our descent. **2** (pendio) slope: *La discesa è molto ripida.* The slope is very steep. | **essere in discesa** (di strada, sentiero) to go downhill: *Dopo la curva la strada è in discesa.* After the bend the road goes downhill. **3 discesa libera** downhill race

dischetto *s* (in informatica) diskette

disciplina *s* **1** (obbedienza) discipline **2** (materia) subject: *discipline umanistiche* arts subjects **3** (sportiva) sport: *Il nuoto è una disciplina olimpica.* Swimming is an Olympic sport.

disco *s* **1** (in musica) record: *Che disco vuoi ascoltare?* What record do you want to listen to? **2** (in informatica) disk **3** (nello sport) discus ▶ vedi anche **lancio** **4** (oggetto circolare) disc | **disco volante** flying saucer

discografico, -a *agg* si usa il sostantivo **record** in funzione di aggettivo: *casa discografica* record company

discorso *s* **1** (conversazione) subject: *Riprendiamo il discorso che abbiamo lasciato in sospeso ieri.* Let's go back to the subject we didn't finish discussing yesterday. | *Finisci il discorso che avevi cominciato.* Finish what you were saying. | **cambiare discorso** to change the subject **2** (in pubblico) speech (pl speeches): *Ha tenuto un discorso ufficiale.* He **gave** an official **speech**. **3** (faccenda) matter: *Questo è tutto un altro discorso.* That's another matter entirely. | *Per me il discorso è chiuso.* The matter's closed as far as I'm concerned. **4 discorso diretto/indiretto** direct/indirect speech

discoteca *s* club ▶ esistono anche **disco** e **nightclub**, ma sono un po' datati | **andare in discoteca** to go clubbing: *Andiamo in discoteca stasera?* Shall we go clubbing tonight? | **musica da discoteca** dance music

D

discreto, -a *agg* **1** (numero, risultato) fair: *C'era un discreto numero di partecipanti alla gara.* A fair number of contestants took part in the competition. | *Ho un discreto appetito.* I'm fairly hungry. **2** (riservato) discreet

discrezione *s* **1** (tatto) discretion **2 a discrezione di qn** at sb's discretion: *La mancia è a tua discrezione.* Tipping is at your discretion.

discriminazione *s* discrimination [mai plurale]: *discriminazione razziale* racial discrimination

discussione *s* **1** (dibattito) discussion: *Qual è l'argomento della discussione?* What's the subject of the discussion? | **essere fuori discussione** to be out of the question: *È fuori discussione che tu parta insieme a lui.* Your going with him is out of the question. | **mettere in discussione qc** to question sth: *Non metto in discussione le sue capacità.* I'm not questioning his abilities. **2** (litigio) argument: *Abbiamo avuto una violenta discussione.* We had a fierce argument.

discusso, -a *agg* controversial: *È un film molto discusso.* It's a very controversial film.

discutere *v* **1 discutere di qc** to talk about sth: *Stanno discutendo di sport.* They're talking about sport. | *Vorrei discuterne prima con te.* I'd like to **talk** about it **to** you first. **2** (litigare) to argue: *Non voglio mettermi a discutere con te.* I don't want to argue with you. **3** (protestare) to argue: *Ubbidisci senza discutere!* Do as I say without arguing! **4** (problema, questione) to discuss: *Ci sono varie cose da discutere.* There are various things to discuss.

disdire *v* to cancel: *Il concerto è stato disdetto a causa della pioggia.* The concert was cancelled because of rain. | *Ricordati di disdire l'albergo.* Remember to cancel the hotel booking.

disegnare *v* **1** (raffigurare) to draw: *Mio fratello disegna molto bene.* My brother draws very well. **2** (progettare) to design: *L'edificio è stato disegnato da un grande architetto.* The building was designed by a well-known architect.

disegnatore, -trice *s* **1** (tecnico) **disegnatore** draughtsman (pl draughtsmen) | **disegnatrice** draughtswoman (pl draughtswomen) **2** (di fumetti) cartoonist

disegno *s* **1** (raffigurazione) drawing: *un disegno di Picasso* a **drawing by** Picasso **2** (disciplina) art: *È brava in disegno.* She's good at art. **3** (su stoffa, carta) pattern: *una stoffa gialla con un disegno blu* a yellow fabric with a blue pattern

disfare *v* **1** (la valigia, bagagli) to unpack: *Devo ancora disfare i bagagli.* I still have to unpack. **2** (nodo, maglia) to undo **3** (letto) to strip
disfarsi *v rifl* **1** (nodo, cucitura) to come undone: *Il nodo si è disfatto.* The knot has come undone. **2 disfarsi di qc** to get rid of sth: *Mi sono disfatta del vecchio computer.* I got rid of my old computer.

disgrazia *s* **1** (incidente) accident: *Nella disgrazia sono morte madre e figlia.* Both mother and daughter died in the accident. **2 per disgrazia** by (some) misfortune: *Se per disgrazia perdi il treno, telefonami.* If you are unfortunate enough to miss the train, phone me.

disgraziato, -a *aggettivo e sostantivo*
- *agg* (sfortunato) unlucky
- *s* **1** (miserabile) poor thing **2** (persona malvagia) scoundrel

disgustoso, -a *agg* disgusting: *Questa minestra è disgustosa!* This soup is disgusting!

disinfettante *s* **1** (per pulizie) disinfectant **2** (per medicazione) antiseptic: *Metti un disinfettante sulla ferita.* Put some disinfectant on the cut.

disinfettare *v* to disinfect: *Disinfettati il taglio con un po' d'acqua ossigenata.* Disinfect the cut with some hydrogen peroxide.

disinibito, -a *agg* uninhibited

disintegrare *v* to disintegrate
disintegrarsi *v rifl* to disintegrate

disinteressato, -a *agg* disinterested

disintossicarsi *v rifl* **disintossicarsi dalla droga** to come off drugs

disinvolto, -a *agg* relaxed: *Non è molto disinvolto in pubblico.* He's not very relaxed about appearing in public.

dislessico, -a *agg* dyslexic

dislivello *s* difference in height: *500 metri di dislivello* a difference in height of 500 metres

disobbediente *agg* disobedient

disobbedire *v* **disobbedire agli ordini/ai genitori** to disobey orders/your parents

disoccupato, -a *aggettivo e sostantivo*
- *agg* unemployed
- *s* unemployed person | **i disoccupati** the unemployed

disoccupazione *s* unemployment: *la disoccupazione tra i giovani* youth unemployment

disonesto, -a *agg* dishonest

disordinato *agg* **1** (persona, stanza) untidy: *Mio fratello è così disordinato che non trova mai niente.* My brother is so untidy he can never find anything. | *Non ho mai visto una scrivania tanto disordinata!* I have never seen such an untidy desk! **2** (sregolato) chaotic: *Fa una vita* *troppo disordinata.* Her life is really chaotic. | *Mangio in modo disordinato.* I don't have regular meals.

disordine *sostantivo e sostantivo plurale*

• *s* mess: *Che disordine!* What a mess! | *Scusa il disordine.* Excuse the mess. | **in disordine** in a mess: *La mia stanza è sempre in disordine.* My room is always in a mess.

• **disordini** *s pl* trouble [mai plurale]: *Durante la partita si sono verificati gravi disordini.* During the match there was a lot of crowd trouble.

disorganizzato, -a *agg* disorganized

disorientato, -a *agg* disorientated: *Appena arrivato nella scuola nuova, mi sentivo un po' disorientato.* Having just arrived at the new school, I was feeling a bit disorientated.

dispari *agg* odd: *un numero dispari* an odd number | *Le case con i numeri dispari sono a sinistra.* The houses with odd numbers are on the left.

disparte **in disparte** *Se n'è stata tutta la sera in disparte.* She **stayed by herself** the whole evening. | *Mi ha chiamato in disparte per dirmi qualcosa.* He **called me aside** to tell me something.

dispensa *s* **1** (mobile) sideboard **2** (fascicolo) instalment: *un libro a dispense* a book in instalments

disperarsi *v rifl* to despair: *Non disperarti, la prossima volta andrà meglio.* Don't despair! It'll be better next time round.

disperato, -a *agg* **1** **essere disperato** to be in despair: *Sono disperata: non trovo più il passaporto.* I'm in despair. I can't find my passport! **2** (tentativo, situazione) desperate: *Ha un disperato bisogno di aiuto.* She's in desperate need of help.

disperazione *s* desperation | **per disperazione** out of desperation: *L'ha fatto per disperazione.* He did it out of desperation.

disperso, -a *aggettivo e sostantivo*

• *agg* missing: *Dodici persone sono ancora disperse.* Twelve people are still missing. | *Ti avevo dato per disperso!* I thought you'd gone missing!

• *s* missing person (pl missing people): *Il bilancio della tragedia è di nove morti e undici dispersi.* There are nine dead and eleven missing as a result of the tragedy.

dispetto *s* **1** **fare un dispetto a qn** (tra bambini) to play a trick on sb | **fare dispetto a qn** to spite sb: *Ha agito così solo per farci dispetto.* He did that just to spite us. | **per dispetto** out of spite: *Per dispetto non gli ha restituito i soldi.* He wouldn't give him his money back out of spite. **2** **a dispetto di** in spite of: *Fa sempre quello che vuole, a dispetto del parere degli altri.* He always does what he wants, in spite of what other people think.

dispettoso, -a *agg* **1** spiteful **2** (bambino) naughty

dispiacere *verbo e sostantivo*

• *v* ▶ vedi riquadro

• *s* **provare dispiacere** to feel sorry: *Ho provato un gran dispiacere per la tua partenza.* I felt very sorry when you left. | **fare dispiacere a qn** to make sb sad: *Mi ha fatto molto dispiacere vederlo così scontento.* It made me really sad to see him so unhappy.

dispiaciuto, -a *agg* sorry: *Sono davvero dispiaciuto di non poter venire.* I'm really sorry I can't come.

disponibile *agg* **1** (a disposizione) available: *La giacca è disponibile in tre colori.* The jacket is available in three colours. | *Abbiamo una sola camera disponibile.* We have only one room available. | *A che ora sei disponibile domani?* What time are you available tomorrow? **2** (gentile) helpful: *È una persona molto disponibile.* He's a very helpful person.

disponibilità *s* **1** (di posti, denaro) availability: *I posti saranno assegnati in base alla disponibilità.* Places will be allocated according to availability. **2** (di persona) willingness: *Lo ammiro per sua disponibilità ad ascoltare e aiutare sempre gli altri.* I admire him for his willingness to listen to and help others.

disporre *v* **1** **disporre di qc** to have sth: *L'albergo dispone di piscina.* The hotel has a swimming pool. | *In questo momento non dispongo di una grossa cifra.* I don't have a lot of money at the moment. **2** (sistemare) to arrange: *I libri sono disposti per autore.* The books are arranged according to author.

disporsi *v rifl* to get into: *Disponetevi a coppie.* Get into pairs.

dispositivo *s* device: *Il dispositivo di allarme non ha funzionato.* The warning device didn't work.

disposizione *s* **1** (sistemazione) esiste il sostantivo inglese **arrangement** però viene spesso utilizzato il verbo **arrange**: *Ti piace la disposizione dei poster?* Do you like **the way** the posters have been **arranged**? | *Ho cambiato la disposizione dei mobili.* I've **rearranged** the furniture. **2** **essere a disposizione di qn** to be at sb's disposal: *Siamo a tua disposizione per qualsiasi problema.* We're at your disposal if there are any problems. | **avere qc a disposizione** to have sth available: *Che cifra abbiamo a disposizione?* How much money do we have available? | **mettere qc a disposizione di qn** to make sth available to sb: *Mi ha messo a disposizione la sua stanza.* He made his room available to me.

D

dispiacere *verbo*

1 Nel senso di rincrescere, si traduce **to be sorry**, ma diversamente dall'italiano, il soggetto è la persona a cui dispiace qualcosa:

Mi dispiace, non sono d'accordo. I'm sorry, I don't agree. | *Mi è dispiaciuto di non poter venire.* I was sorry I couldn't come. | *Mi dispiace molto che tu non possa accompagnarmi.* I'm really sorry that you can't come with me.

2 Nelle formule di cortesia, si usa **to mind**, con la persona a cui dispiace qualcosa come soggetto:

Le dispiace se apro la finestra? Do you mind if I open the window? | *Ti dispiacerebbe passarmi il sale?* Would you mind passing the salt? | *Se non ti dispiace, ti chiamo più tardi.* If you don't mind, I'll call you later.

3 L'espressione *non mi/ci dispiacerebbe* per dire mi/ci piacerebbe si traduce **I/we wouldn't mind**:

Non mi dispiacerebbe andare al cinema stasera. I wouldn't mind going to the cinema this evening.

disposto, -a *agg* **essere disposto a fare qc** to be prepared to do sth: *Sono disposti ad aiutarci.* They're prepared to help us. | **essere disposto a tutto** to (be ready to) do anything: *Pur di vincere la gara, sarebbe disposto a tutto.* He'd do anything to win the race.

disprezzare *v* to despise: *Disprezzo le persone bugiarde.* I despise liars.

disprezzo *s* contempt

dissetante *agg* thirst-quenching: *una bibita dissetante* a thirst-quenching drink

dissuadere *v* to discourage | **dissuadere qn (dal fare qc)** to discourage sb (from doing sth): *Ho cercato di dissuaderla dall'andare da sola.* I tried to discourage her from going alone.

distacco *s* **1** (indifferenza) detachment: *Prova a guardare la situazione con distacco.* Try to look at the situation with some detachment. **2** (allontanamento) separation **3** (vantaggio) lead: *Ha vinto con 16 punti di distacco.* He won with a lead of 16 points.

distante *aggettivo e avverbio*

- *agg* **1** (lontano) far: *Quanto è distante lo stadio?* How far is the stadium? | *La città è distante solo pochi chilometri.* The city is only a few kilometres away. **2** (diverso) different: *Le nostre opinioni sono molto distanti.* Our opinions are very different.
- *avv* far away: *Non abito molto distante.* I don't live very far away.

distanza *s* **1** (nello spazio) distance: *Che distanza c'è tra Napoli e Benevento?* What's the distance between Naples and Benevento? | **a tre chilometri/a un'ora di distanza dal centro** three kilometres/an hour from the centre | **a poca distanza da** not far from: *L'albergo è a poca distanza dalla stazione.* The hotel is not far from the station. **2** **a una settimana/due mesi di distanza da qc a)** (dopo) a week/two months after sth: *A due mesi di distanza dall'incidente non sono ancora state chiarite le cause.* Two months after the accident, the cause is still unclear. **b)** (prima) a week/two months before sth: *A una settimana di distanza dall'esame eravamo tutti nervosi.* We were all nervous a week before the exam.

distare *v* **distare (da qc)** to be far (from sth): *Quanto dista il mare da qui?* How far is the sea from here? | *Ormai, casa mia non dista più molto.* It's not far now to my house.

disteso, -a *agg* **1** (sdraiato) lying: *Se ne sta distesa sul divano.* She's lying on the sofa. **2** (braccia, gambe) outstretched **3** (viso, tono) relaxed

distinguere *v* **1** (differenziare) to distinguish: *Sai distinguere i funghi buoni dai velenosi?* Can you distinguish the edible mushrooms from the poisonous ones? | *Bisogna distinguere tra il vero e il falso.* You have to be able to distinguish between right and wrong. **2** (percepire chiaramente) to make out: *Sentivo parlare, ma non riuscivo a distinguere le parole.* I could hear people talking, but I couldn't make out the words. **3** (caratterizzare) to set apart: *Ha una voce particolare che lo distingue dagli altri cantanti pop.* He has an unusual voice which sets him apart from other pop singers.

distinguersi *v rifl* **distinguersi (per qc) a)** (essere riconoscibile) to stand out (because of sth): *Si distingue per l'altezza.* She stands out because of her height. **b)** (segnalarsi) to distinguish yourself (by sth): *Si è sempre distinto per le sue abilità musicali.* He's always distinguished himself by his musical talent.

distintivo *s* badge

distinto, -a *agg* **1** (separato) separate: *Per favore, tieni le tue cose distinte dalle mie!* Please keep your things separate from mine! **2** (suono, immagine) clear: *Era un suono distinto.* It was a clear sound. | *L'immagine è poco distinta.* The picture isn't very clear. **3** (voto) very good **4** (raffinato) distinguished: *un signore molto distinto* a very distinguished gentleman ▶ vedi anche **saluto**

distinzione *s* (differenza) distinction: *Bisogna fare una distinzione tra chi non può e chi non vuole.* A distinction has to be made between those who are unable to and those who don't want to. | **senza distinzione d'età/di razza** regardless of age/of race

distogliere *v* **1** (allontanare) to take off: *Non riuscivo a distogliere gli occhi da quella scena.* I couldn't take my eyes off that scene. **2 distogliere qn da qc a)** (proposito, decisione) to dissuade sb from doing sth: *Abbiamo cercato di distoglierlo dal suo piano.* We tried to dissuade him from carrying out his plan. **b)** (studio, lavoro) to distract sb from sth: *Non vorrei distoglierti dai tuoi impegni.* I don't want to distract you from your work.

distorsione *s* (di polso, caviglia) sprain: *Non c'è niente di rotto, è solo una distorsione.* There's nothing broken – it's just a sprain.

distrarre *v* to distract: *La musica non ti distrae mentre studi?* Don't you get distracted by the music when you're studying? | *Per distrarlo, ho fatto finta di star male.* I pretended to feel ill to distract him.

distrarsi *v rifl* **1** (deconcentrarsi) to get distracted: *Non ti distrarre, guarda davanti!* Don't get distracted, look where you're going! **2** (svagarsi) to take your mind off things: *Avrei bisogno di distrarmi con una vacanza.* I need a holiday to take my mind off things.

distratto, -a *agg* quando ci si riferisce ad una condizione momentanea, si usa **distracted**; quando invece si tratta di una caratteristica generale di una persona o di uno stato duraturo, si usa **absent-minded**: *Scusa, non ho sentito: ero distratto.* Sorry, I didn't hear you. I was distracted. | *È sempre stato un tipo distratto.* He's always been absent-minded. | *Ultimamente è un po' distratto.* He's been a bit absent-minded lately.

distrazione *s* **1** (disattenzione) distraction: *Quell'attimo di distrazione è stato fatale al portiere.* That moment of distraction was fatal for the goalie. | *Il tuo compito è pieno di errori di distrazione.* Your test paper is full of silly mistakes. **2** (svago) entertainment [mai plurale]: *A parte la sala giochi, non c'è nessun'altra distrazione in questo paese.* Apart from the amusement arcade, there's no other entertainment in this village.

distribuire *v* **1** (viveri, volantini) to give out, to distribute [più formale]: *Prima di leggere il compito devi aspettare che sia stato distribuito a tutti.* Before reading the test paper, you must wait until it's been given out to everyone. **2** (assegnare) to allocate: *Cerchiamo di distribuire bene i compiti.* Let's try and allocate the tasks properly. | *Come devo distribuire i posti a tavola?* How should I arrange the places at the table? **3** (crema, vernice) to spread: *Distribuite la crema in modo uniforme.* Spread the cream evenly.

distributore *s* **1 distributore (di benzina)** petrol station (BrE), gas station (AmE) **2 distributore automatico a)** (di bibite, panini) vending machine **b)** (di soldi) cash machine **c)** (di biglietti) ticket machine

distribuzione *s* **1** (di viveri, prodotti) distribution **2** (di posta, giornali) delivery

distruggere *v* **1** (demolire) to destroy: *Il terremoto ha distrutto un intero paese.* The earthquake destroyed an entire village. | *Ho distrutto tutte le sue lettere.* I destroyed all his letters. **2** (stancare) to exhaust [usato di solito al passivo]: *La salita mi ha distrutto.* I was exhausted by the climb.

distrutto *agg* **1** (danneggiato) destroyed **2** (stanco) shattered: *Dopo due ore di palestra ero proprio distrutta.* I was absolutely shattered after two hours in the gym.

distruzione *s* destruction

disturbare *v* **1** (importunare) to disturb, to bother: *Disturbo?* Am I disturbing you? | *Scusa se ti disturbo.* Sorry to bother you. | *Non mi disturbi affatto!* You're not bothering me at all! **2** (turbare) to be disturbing: *Alcune scene del film possono disturbare.* You may find some scenes in the film disturbing. **3** (riposo, lezione) to disrupt: *Smettetela di disturbare la lezione, voi due!* Stop disrupting the lesson, you two!

disturbarsi *v rifl* to bother: *Grazie, ma non dovevi disturbarti.* Thanks, you really shouldn't have bothered.

disturbo *s* **1 scusi il disturbo** sorry to bother you | **togliere il disturbo** to be off: *Se vuoi andare a dormire, tolgo il disturbo.* If you want to go to bed, I'd better be off. **2** (malessere) trouble: *disturbi intestinali* digestive problems | *Ha un disturbo al cuore.* He has heart trouble. **3** (al telefono) interference [mai plurale]: *Non sento: c'è un disturbo nella linea telefonica.* I can't hear. There's some sort of interference on the line.

disuguale *agg* uneven

disumano, -a *agg* **1** (enorme) incredible: *Ho fatto uno sforzo disumano per finire tutto.* I made an incredible effort to get everything finished. **2** (crudele) inhumane

ditale *s* thimble

dito *s* **1** (di mano) finger: *Ho le dita intirizzite dal freddo.* My fingers are numb from the cold. | *Attento alle dita!* Mind your fingers! | **non muovere un dito** (non fare niente) not to lift a finger | **legarsela al dito** *Questa me la lego al dito!* I won't forget this one! **2** (di piede) toe **3** (misura) inch (pl inches): *due dita d'acqua* two inches of water

ditta *s* firm

D

dittatore, -trice s dictator

dittatura s dictatorship

divano s sofa: *Mi sono addormentata sul divano.* I fell asleep on the sofa. | **divano letto** sofa bed

diventare v ▶ vedi riquadro

D

diversità s difference: *Molti problemi sono causati dalla loro diversità di carattere.* Many problems are caused by the differences in their personalities. ▶ Esiste anche il termine **diversity**, ma è usato soprattutto in contesti sociali per riferirsi alla diversità di razza, religione ecc.

diverso, -a agg (differente) different: *Abbiamo gusti diversi.* We have different tastes. | *È diverso se glielo dici tu!* It's different if you tell him! | *Quest'anno, a Natale, cerchiamo di fare qualcosa di diverso!* Let's try and do something different for Christmas this year! | **diverso da qn/qc** different from sb/sth ▶ vedi nota sotto

diversi (molti) several: *Oggi ho diverse cose da fare.* I have several things to do today.

> **Diverso da qn/qc**
>
> si traduce generalmente con **different from** sia in inglese britannico che in inglese americano. In inglese americano si può usare anche **different than**. Nell'inglese britannico parlato si usa anche **different to**, ma è preferibile evitarlo nella lingua scritta:
>
> *Tuo fratello è molto diverso da te.* Your brother is very different from you/ different than you.

divertente agg funny: *È una storia divertente.* It's a funny story.

> **funny o fun?**
>
> **funny** si usa per qualcosa che ci fa ridere, come una storia, una persona ecc.:
>
> *Il film è stato molto divertente!* The film was so funny!
>
> Qualcosa che invece ci fa passare un momento piacevole, come una festa, un gioco o un gruppo di amici, è **fun** e non **funny**:
>
> *La festa è stata molto divertente.* The party was great fun.

divertimento s fun: *Suono la chitarra per divertimento.* I play the guitar for fun. | **Buon divertimento!** Have fun!

divertire v to amuse: *È un libro che mi ha divertito moltissimo.* It's a book that really amused me.

divertirsi v rifl to enjoy yourself: *Ci siamo divertiti moltissimo.* We really enjoyed ourselves. | **divertirsi a fare qc** to enjoy doing sth: *Si diverte a prendermi in giro.* She enjoys pulling my leg.

> **diventare** *verbo*
>
> **1** Quando è seguito da un aggettivo che descrive una condizione si traduce **to become** o, più spesso, **to get**:
>
> *È diventato famoso pochi anni fa.* He became famous a few years ago. | *Come sei diventata alta!* You've got really tall! | *Sta diventando buio.* It's getting dark.
>
> **2** Quando l'aggettivo descrive una condizione negativa si traduce **to go**:
>
> *Il pane è diventato duro.* The bread has gone hard. | *È diventato sordo.* He went deaf. | *Sei diventato matto?* Have you gone mad?
>
> **3** Quando l'aggettivo descrive un colore si traduce sia **to go** che **to turn**:
>
> *I suoi capelli stanno diventando bianchi.* Her hair is going grey. | *Se le fai un complimento, diventa subito rossa!* If you pay her a compliment, she immediately goes red! | *Il semaforo è diventato verde.* The traffic light turned green.
>
> **4** Quando è seguito da un sostantivo che indica una professione o un titolo si traduce **to become**; nota che i sostantivi che indicano una professione in inglese richiedono l'articolo indeterminativo:
>
> *Voglio diventare attore.* I want to **become an** actor. | *Come cavolo ha fatto a diventare presidente?* How on earth did he manage to become president?

dividere v **1** (tagliare) to divide: *Dividi la pizza in quattro parti.* Divide the pizza into four pieces. **2** (scomporre) to divide: *Il testo è diviso in capitoli.* The text is divided into chapters. | *Ci hanno diviso in squadre.* We were divided into teams. **3** (in matematica) to divide: *Dividi la somma per il numero dei partecipanti.* Divide the amount by the number of participants. **4** (allontanare) to separate: *L'insegnante li ha divisi perché continuavano a chiacchierare.* The teacher separated them because they kept on chatting. **5** (distribuire) to divide (up): *Ci siamo divisi il ricavato.* We divided up the takings. **6** (condividere) to share: *Divido la camera con mia sorella.* I share the room with my sister.

dividersi v rifl **1** (coniugi) to split up: *Dopo quindici anni di matrimonio si sono divisi.* They split up after fifteen years of marriage. | *Si è diviso dalla moglie.* He has split up from his wife. **2** **dividersi in qc** to divide into sth: *Questa specie si divide in due categorie.* This species is divided into two categories.

divieto s ban: *C'è in divieto di accesso centro.* There's **a ban on** traffic in the city centre. | *Non possiamo entrare nel cantiere:*

c'è un cartello di divieto. We can't go on the building site. There's a sign saying 'No entry'. | **"divieto di accesso"** 'no entry' | **"divieto di sosta"** 'no parking'

divino, -a *agg* (di divinità) divine

divisa *s* uniform | **in divisa** in uniform

divisione *s* **1** (in matematica) division **2** (spartizione) distribution: *Non è d'accordo sulla divisione dei profitti.* He doesn't agree with the way the profits are **being distributed** **3** (di azienda, ospedale) department: *la divisione commerciale della società* the sales department of the company

divo, -a *s* star: *un divo di Hollywood* a Hollywood star

divorare *v* **1** (preda, cena) to devour: *Avevo così fame che ho divorato la cena!* I was so hungry I absolutely devoured my dinner! **2** (libro) to devour: *Questo è un libro che ho divorato.* I really devoured that book.

divorziare *v* to divorce, to get divorced: *I miei hanno deciso di divorziare.* My parents have decided to get divorced.

divorziato, -a *agg* divorced: *I miei sono divorziati.* My parents are divorced.

divorzio *s* divorce

divulgare *v* (notizia) to disclose

dizionario *s* dictionary (pl dictionaries): *un dizionario tascabile* a pocket dictionary | *Cerca sul dizionario il significato di queste parole.* Look up the meaning of these words in a dictionary.

do *s* nota musicale D

doccia *s* shower: *Ero sotto la doccia e non ho sentito il telefono.* I was **in the shower** and didn't hear the phone. | **farsi la/una doccia** to have a shower: *Vado a farmi la doccia.* I'm going to have a shower.

documentario *s* documentary (pl documentaries): *un documentario sugli animali selvaticia* a documentary about wild animals

documentazione *s* documentation

documento *s* (certificato) document: *Questo documento è scaduto.* This document is out of date. | **documenti** (di riconoscimento) papers: *Alla dogana mi hanno chiesto i documenti.* I was asked for my papers at customs. | **documento (d'identità)** ID: *Per ritirare il pacco devi presentare un documento.* You have to present some form of ID to collect the parcel.

dodicenne *aggettivo e sostantivo*
- *agg* twelve-year-old
- *s* twelve year old

dodicesimo, -a *agg e s* twelfth ▶ vedi Active Box **numeri** sotto **numero**

dodici *agg e s* twelve ▶ vedi Active Box **numeri** sotto **numero**

dogana *s* customs [sempre plurale]: *Ci hanno fermato alla dogana.* We were stopped at customs. | *Abbiamo passato la dogana tra l'Italia e la Svizzera.* We went through customs at the border between Italy and Switzerland.

doglie *s pl* **avere le doglie** to be in labour

dolce *aggettivo e sostantivo*
- *agg* **1** (sapore, bevanda) sweet: *Il caffè mi piace dolce.* I like my coffee sweet. | *un vino dolce* a sweet wine **2** (persona, carattere) sweet: *È sempre molto dolce con me.* She's always really sweet to me. **3** (suono, canto) sweet: *Le diceva parole dolci all'orecchio.* He whispered sweet nothings in her ear.
- *s* **1** (dessert) dessert, pudding (BrE): *Come dolce, prendo la torta di mele.* I'll have the apple tart **for dessert**. | *Cosa c'è per dolce?* What's for dessert? **2** (torta) cake: *un dolce al cioccolato* a chocolate cake ▶ vedi anche **acqua**

dolcificante *s* sweetener

dolciumi *s pl* sweets (BrE), candies (AmE)

dollaro *s* dollar

Dolomiti *s pl* **le Dolomiti** the Dolomites

dolore *s* **1** (fisico) per un dolore intenso e improvviso si usa di solito **pain**, mentre per un dolore meno intenso e persistente si usa **ache**: *Adesso il dolore sta passando.* The pain's easing now. | *Ho un dolore a un fianco.* I have an ache in my side. **2** (morale) grief: *La perdita di una persona cara è un dolore grandissimo.* The loss of someone you love causes terrible grief.

doloroso, -a *agg* painful: *È stato doloroso l'intervento?* Was the operation painful? | *un'esperienza dolorosa* a painful experience

domanda *s* **1** (quesito) question | **fare una domanda (a qn)** to ask (sb) a question: *Posso farti una domanda?* Can I ask you a question? | *Non fare domande imbarazzanti!* Don't ask embarrassing questions! | **rispondere a una domanda** to answer a question **2** (richiesta scritta) application: *domanda di iscrizione* enrolment application | **fare domanda** to apply: *Ha fatto domanda per una borsa di studio.* He has applied for a scholarship. ▶ vedi nota FALSE FRIEND sotto **demand**

domandare *v* **1** (chiedere) to ask: *Prova a domandare il prezzo.* Try asking the price. | *Domandale se sa dov'è il teatro.* Ask her if she knows where the theatre is. | **domandare qc a qn** to ask sb for sth: *Mi ha domandato un'informazione.* He asked me for some information. **2 domandare di qn a)** (per avere notizie) to ask after sb: *Ogni volta che la incontro mi domanda di te.* Every time I see her she asks after you. **b)** (al telefono, alla porta) to ask for sb: *C'è Paolo al telefono che domanda di te.* Paolo's on the phone and he's asking for you.

i Sai come funzionano i *phrasal verbs*? Vedi le spiegazioni nella **guida grammaticale**.

D

domandarsi *v rifl* to wonder: *Mi domando che cosa stia facendo.* I wonder what he's doing.

domani *s* tomorrow: *Ci vediamo domani.* See you tomorrow. | *Che compiti ci sono per domani?* What homework have we got for tomorrow? | **domani mattina/pomeriggio/sera** tomorrow morning/afternoon/evening: *L'appuntamento è per domani sera, davanti alla pizzeria.* We've arranged to meet tomorrow evening outside the pizzeria. | **a domani!** see you tomorrow!

domatore, -trice *s* **1** (di animali feroci) tamer **2** (di cavalli) trainer

domattina *avv* tomorrow morning: *Ci vediamo domattina alle 8.* See you tomorrow morning at 8.

domenica *s* Sunday | **la domenica delle Palme** Palm Sunday ► vedi Active Box **giorni della settimana** sotto **giorno**

domestico, -a *aggettivo* e *sostantivo*
- *agg* (della casa) domestic
- *s* servant ► vedi anche **animale, lavoro**

domicilio *s* **1** residence **2 consegna/visita a domicilio** home delivery/visit | **lavorare a domicilio** to work from home

dominare *v* **1** (popolo, paese) to rule: *L'Austria ha dominato a lungo nel Nord Italia.* Austria ruled the north of Italy for a long time. **2** (in gara, partita) to dominate: *Per tutto il primo tempo, la squadra avversaria ha dominato il gioco.* For the entire first half, the opposition team dominated the game. **3** (rabbia, istinto) to control: *Non riusciva a dominare la rabbia.* He couldn't control his anger.

dominarsi *v rifl* to control yourself: *Quando si arrabbia non riesce proprio a dominarsi.* When he gets angry he just can't control himself.

dominio *s* **1 avere il dominio su qc** to rule over sth: *Roma aveva il dominio su gran parte del mondo antico.* Rome ruled over a large part of the ancient world. **2 di dominio pubblico** common knowledge: *Ormai la notizia è di dominio pubblico.* The news is now common knowledge.

donare *v* **1 donare qc a qn** to donate sth to sb: *Ha donato al museo la sua collezione di monete.* He donated his coin collection to the museum. | **donare il sangue** to give blood | **donare gli organi** to donate organs **2 donare a qn** (vestito, pettinatura) to suit sb: *Quel colore non ti dona!* That colour doesn't suit you!

donatore, -trice *s* donor: *un donatore di sangue* a blood donor

dondolare *v* to swing: *La scossa di terremoto ha fatto dondolare il lampadario.* The earth tremor made the chandelier swing.

dondolarsi *v rifl* **1** (su sedia) to rock back and forth: *Smettila di dondolarti sulla sedia!* Stop rocking back and forth on your chair! **2** (su altalena) to swing

dondolo *s* (da giardino) garden swing ► vedi anche **cavallo, sedia**

donna *s* **1** (persona di sesso femminile) woman (pl women): *C'erano due uomini e una donna.* There were two men and a woman. | **da donna a)** (abito, scarpe) ladies': *una giacca da donna* a ladies' jacket **b)** (vestirsi, truccarsi) like a woman: *Si è vestito da donna.* He's dressed like a woman. **2** (compagna) girlfriend: *È venuto a cena mio cugino con la sua donna.* My cousin came to dinner with his girlfriend. **3 donna (delle pulizie)** (cleaning) lady **4** (nelle carte) queen: *la donna di cuori* the queen of hearts

dono *s* gift

dopo *avverbio, preposizione, congiunzione* e *aggettivo*
- *avv* **1** (più tardi) later ► Nota che quando dopo è usato con riferimento ad un evento specifico, si usa **afterwards** o **after**: *Te lo dico dopo.* I'll tell you later. | *È successo subito dopo.* It happened immediately afterwards. | *Prima finisco di mangiare e dopo ti racconto.* I'll finish eating first and I'll tell you after. | **a dopo!** see you later! **2** (più avanti) after that: *Supera il ponte e gira a destra subito dopo.* Go over the bridge and turn right immediately after that.
- *prep* **1** (successivamente a) after: *Siamo arrivati dopo le otto.* We arrived after eight. | *Dopo il cinema, l'ho accompagnata a casa.* After the film I walked her home. | **dopo cena/pranzo** after dinner/lunch: *Andiamo a bere qualcosa dopo cena?* Shall we go for a drink after dinner? | **uno dopo l'altro** one after the other | **dopo di me/te ecc.** after me/you etc **2** (oltre) after: *È la prima strada dopo la galleria.* It's the first road after the tunnel.
- *cong* after: *Dopo mangiato vado subito a fare i compiti.* I'll do my homework straight after I've eaten. | *Dopo che ho fatto karate possiamo andare a mangiare una pizza.* After I've been to karate we can go and have a pizza.
- *agg* after: *il giorno dopo* the day after

dopobarba *s* aftershave [mai plurale]: *Potremmo regalargli un dopobarba.* We could give him some aftershave.

dopodomani *avv* the day after tomorrow

dopopranzo *avv* after lunch: *Cosa fai dopopranzo?* What are you doing after lunch?

doposcuola *s* after-school classes

doposcì *s pl* après-ski shoes

doposole *aggettivo* e *sostantivo*
- *agg* aftersun
- *s* aftersun [mai plurale]

dopotutto *avv* after all: *Dopotutto, ha solo sedici anni!* He's only sixteen after all.

doppiato *agg* dubbed: *un film doppiato in italiano* a film dubbed into Italian

doppio, -a *aggettivo, sostantivo* e *avverbio*
- *agg* **1** (duplice) double: *un CD doppio* a double CD | *un appartamento con doppi servizi* a flat with two bathrooms | *Vai sull'icona e fai doppio clic.* Go onto the icon and double-click. ► vedi anche **mento**, **senso** **2** (in quantità, grandezza) double: *un doppio whisky* a double whisky
- **doppio** *s* **1 il doppio** twice as much: *È costato il doppio.* It cost twice as much. | *Pesa il doppio di me.* He weighs twice as much as me. | **il doppio di dieci/di venti** two times ten/twenty **2** (nel tennis) doubles [sempre plurale]: *Nel doppio ha vinto la coppia statunitense.* The American couple won the doubles.
- **doppio** *avv* **vederci doppio** to see double

dorato *agg* **1** (colore) gold: *scarpe dorate* gold shoes **2** (rivestito in oro) gold-plated: *una cornice dorata* a gold-plated frame

dormiglione, -a *s* sleepyhead

dormire *v* **1** (riposare) to sleep: *Non riesco a dormire.* I can't sleep. | *Ho dormito male.* I slept badly. | **andare a dormire** to go to bed: *A che ora vai a dormire?* What time do you go to bed? | **dormire in piedi** to be asleep on your feet: *Meglio che vada a letto: sto dormendo in piedi!* I'd better go to bed. I'm asleep on my feet! **2** (passare la notte) to sleep: *Abbiamo dormito in un albergo.* We slept in a hotel.

dormita *s* sleep: *Mi sono fatto una bella dormita.* I had a good sleep.

dormitorio *s* dormitory (pl dormitories)

dorsale *agg* ► vedi **spina**

dorso *s* **1** (schiena) si usano espressioni diverse a seconda del contesto: *Sdraiatevi sul dorso.* Lie down. | *Abbiamo fatto il percorso a dorso di mulo.* We made the trip **by donkey**. **2** (nel nuoto) backstroke: *i 400 metri dorso* the 400 metres backstroke | **nuotare a dorso** to do (the) backstroke: *Sai nuotare a dorso?* Can you do the back-stroke?

dosare *v* (ingredienti, medicina) to measure out: *Dosa lo zucchero con precisione.* Measure the sugar out carefully.

dose *s* **1** (di medicina, droga) dose: *Non superare le dosi consigliate.* Do not exceed the stated dose. **2 una buona dose di fortuna/pazienza** a lot of luck/patience: *Ci vuole una buona dose di fortuna per vincere!* You need a lot of luck to win!

dosso *s* **1** (di strada) bump **2** (anti-velocità) speed bump **3 togliersi qc di dosso** (vestito, cappello) to take sth off: *Togliti di dosso i vestiti bagnati.* Take off your wet clothes. | **togliere le mani/gli occhi di dosso a qn** to take your hands/eyes off sb: *Toglimi le mani di dosso!* Take your hands off me!

dotato, -a *agg* **1 essere dotato di qc** to have sth: *Tutte le camere sono dotate di TV e aria condizionata.* All the rooms have TV and air conditioning. **2** (capace) gifted: *una ragazza molto dotata* a very gifted girl | **essere dotato per qc** to have a talent for sth: *Laura è sempre stata molto dotata per lo sport.* Laura has always had a real talent for sport. | *Non sono molto dotato per la musica.* I don't have much of a talent for music.

dote *s* **1** (qualità) quality (pl qualities): *Ha molte doti, ma è un po' prepotente.* He's got many qualities but he can be a bit bossy. | *La pazienza è una qualità che ho ereditato da mia madre.* Patience is a quality I inherited from my mother. **2** (di sposa) dowry

dottore, -essa *s* (medico) doctor: *Sono andata dal dottore.* I went to the doctor. | *Ho un appuntamento dal dottore.* I've got an appointment at the doctor's.

dottrina *s* **1** (catechismo) catechism **2** (teoria) doctrine

dove *avverbio* e *congiunzione*
- *avv* where: *Dove abiti?* Where do you live? | *Da dove arriva questo treno?* Where is this train coming from? | *Fino a dove sei arrivato?* How far have you got? | *Per dove si passa?* Which way do you go? | *Non capisco dove tu voglia arrivare.* I don't understand what you're getting at.
- *cong* where: *Vai dove ti pare.* Go where you like. | *la città dove vivo* the town where I live | *Rileggi dal punto dove eri rimasto.* Start reading again from where you left off. | *Non ho nessun altro posto dove andare.* I don't have anywhere else to go.

dovere *verbo* e *sostantivo*
- *v* ► vedi riquadro
- *s* duty (pl duties): *Ho fatto solo il mio dovere.* I was just doing my duty.

dovunque *congiunzione* e *avverbio*
- *cong* wherever: *Dovunque vado lo incontro.* I bump into him wherever I go.
- *avv* everywhere: *Ti ho cercato dovunque: dov'eri?* I've been looking for you everywhere. Where have you been?

dovuto, -a *agg* **1** due: *con la dovuta attenzione* with due attention | *Prendi le dovute precauzioni.* Take due precautions. **2 essere dovuto a qc** to be due to sth: *Tutto questo è dovuto solo alla tua disattenzione.* This is all due to your carelessness.

dozzina *s* dozen: *due dozzine di rose* two dozen roses | *mezza dozzina di rose* half a dozen roses | *Gliel'avrò detto una dozzina di volte.* I must have told him a dozen times.

drago *s* dragon

Vuoi una lista di frasi utili per parlare di te stesso? Consulta la **guida alla comunicazione** in fondo al libro.

D

dovere *verbo*

1 OBBLIGO E NECESSITÀ

Al presente si usano **must** per un obbligo e **have to** per una necessità:

Devi chiedere il permesso di uscire. You must ask permission to go out. | *Devo andare a tagliarmi i capelli.* I have to go and have my hair cut.

Le forme negative sono **must not** (forma contratta **mustn't**) e **don't have to** o **don't need to**:

Non devi raccontarlo a nessuno. You must not/mustn't tell anyone. | *Non devi farlo se non ne hai voglia.* You don't need to do it if you don't want to.

Dato che **must** ha solo il presente, al passato si usano **had to** e **has had to** e al futuro **will have to**:

Abbiamo dovuto dirglielo. We had to tell him. | *Dovremo prendere il treno delle otto.* We'll have to catch the eight o'clock train.

2 OPPORTUNITÀ

Al presente si usa **should** e al passato **should have**:

Pensi che dovrei telefonarle? Do you think I should phone her? | *Dovevo immaginarmelo!* I should have known!

Nella lingua più formale si usano anche **ought to** al presente e **ought to have** al passato:

Dovremmo discuterne. We ought to talk about it. | *Dovevi dirmelo prima.* You ought to have told me before.

Le forme negative sono **should not** (forma contratta **shouldn't**) e **ought not** (forma contratta **oughtn't**):

Non dovrebbe arrabbiarsi per così poco. She shouldn't get/oughtn't to get angry over such a small thing.

3 PROBABILITÀ = SHOULD

Dovremmo arrivare per cena. We should arrive in time for dinner. | *Non dovrebbe essere molto distante.* It shouldn't be very far.

4 INTENZIONE = TO BE SUPPOSED TO

Dovevo venire, ma ho avuto un contrattempo. I was supposed to come but I got held up.

5 CONVINZIONE = MUST

Dev'essere già uscito. He must have left already. | *Deve avere sui quindici anni.* She must be about fifteen.

6 **dovere qc a qn** si traduce **to owe sb sth**:

Quanto ti devo? How much do I owe you? | *Mi devi dieci euro.* You owe me ten euros.

dramma *s* **1** (disgrazia) tragedy (pl tragedies): *Il dramma è avvenuto poco prima di mezzanotte.* The tragedy occurred just before midnight. | *Anche se siamo eliminati, non è poi un dramma.* It's not the end of the world if we get knocked out. | *Non è il caso di farne un dramma!* There's no need to make such a drama out of it. **2** (opera teatrale) play: *un dramma in tre atti* a play in three acts

drammatico, -a *agg* **1** (situazione, evento) dramatic: *Non ti sembra di essere un po' drammatico?* Don't you think you're being rather dramatic? **2** (film, attore) dramatic

drastico, -a *agg* drastic: *Dovremo prendere dei provvedimenti drastici.* We will have to take drastic action. | *La tua decisione mi sembra un po' drastica.* Your decision seems a bit drastic to me.

dribblare *v* (nello sport) to dribble: *Ha dribblato il portiere e ha segnato.* He **dribbled round** the goalkeeper and scored.

dritto, -a *aggettivo* e *avverbio*

• *agg* **1** (non storto) straight: *Sei capace di tirare una riga dritta?* Can you draw a straight line? **2** (verticale) upright: *Lo schienale dev'essere dritto durante l'atterraggio.* The seat back must be upright during landing. | **stare dritto** *Stai dritto quando sei seduto!* Sit up straight! | *Stai dritto con la schiena!* Keep your back straight!

• **dritto** *avv* straight: *Vai sempre dritto fino al semaforo.* Go straight on as far as the traffic lights. | *Mi ha guardato dritto negli occhi.* He looked me straight in the eye.

droga *s* drug ► Nota che, nel senso generico di stupefacenti, è usato al plurale: *Fa uso di droga.* He **takes drugs**. | *Per lui i videogiochi sono diventati una droga.* He's **become addicted to** video games.

drogare *v* to drug

drogarsi *v rifl* to take drugs: *Ha smesso di drogarsi due anni fa.* He stopped taking drugs two years ago.

drogato, -a *aggettivo* e *sostantivo*

• *agg* **1** (cibo, bevanda) drugged **2** **essere drogato a)** (drogarsi) to be on drugs **b)** (essere sotto l'effetto della droga) to be high

• *s* drug addict

drogheria *s* grocer's (BrE), drugstore (AmE)

dromedario *s* dromedary (pl dromedaries)

dubbio, -a *sostantivo* e *aggettivo*

• **dubbio** *s* doubt: *Non c'è alcun dubbio!* There's no doubt about it! | *Ho i miei dubbi!* I have my doubts! | *Nel dubbio, ho fatto finta di niente.* As I wasn't sure, I acted as if nothing had happened. | *Mi hai fatto venire un dubbio.* You've made me start to wonder. | **mettere in dubbio qc** to question sth: *Non lo metto in dubbio.* I don't question it. | **essere in dubbio** to be in doubt: *La data della partenza è ancora* *in dubbio.* The departure date is still in doubt. | **senza dubbio** no doubt, undoubtedly: *Hai senza dubbio ragione.* No doubt you're right.

- *agg* **1** (incerto) uncertain: *L'esito della partita è ancora dubbio.* The outcome of the game is still uncertain. **2** (discutibile) questionable: *Mi è sembrata una battuta di dubbio gusto.* I thought the joke was in rather questionable taste

dubbioso, -a *agg* (persona, espressione) doubtful

dubitare *v* to doubt: *Dubito che partano domani mattina.* I doubt they'll leave tomorrow morning. | **dubitare di qc/qn** to doubt sb/sth: *Non ho mai dubitato di lui.* I have never doubted him. | *– Credi che ritelefonerà? – Ne dubito.* "Do you think he'll call back?" "I doubt it."

Dublino *s* Dublin

due *aggettivo e sostantivo*

- *agg* **1** (in numero esatto) two **2** (pochi) two: *La stazione è a due minuti da qui.* The station is two minutes from here. | *La scuola è a due passi.* The school is very near. | **fare due chiacchiere (con qn)** to have a chat (with sb): *Ho fatto due chiacchiere con lei.* I had a chat with her. | **fare due passi** to go for a walk: *Sono uscito a fare due passi.* I went out for a walk.
- *s* two ► vedi nota FALSE FRIEND sotto **due** vedi Active Box **numeri**

duecento *agg e s* two hundred ► vedi Active Box **numeri**

duello *s* duel

duemila *aggettivo e sostantivo*

- *agg* two thousand
- *s* two thousand | **il Duemila** the year 2000 ► vedi Active Box **numeri** sotto **numero**

duepezzi *s* (bikini) two-piece

duna *s* dune

dunque *congiunzione e sostantivo*

- *cong* **1** (perciò) so: *La squadra ha perso ed è dunque eliminata.* The team has lost and so it has been eliminated. **2** (dopo un'interruzione) so: *Dunque, cosa stavamo dicendo?* So, what where we talking about?
- *s* **arrivare/venire al dunque** to get to the point: *Cerchiamo di venire al dunque!* Let's get to the point!

duomo *s* cathedral: *il duomo di Milano* Milan cathedral

duplice *agg* **1** two: *Duplice incidente mortale ieri in autostrada.* Two people died in accidents yesterday on the motorway. | *È accusato di duplice omicidio.* He's been accused of a double murder. **2** **in duplice copia** in duplicate

durante *prep* **1** (nel corso di) during: *Ci siamo conosciuti durante le vacanze.* We met during the holidays. **2** (per tutta la durata di) all through: *È piovuto durante tutto il viaggio.* It rained all through the journey.

durare *v* to last: *La lezione è durata un'ora.* The class lasted one hour. | *Quanto dura l'intervallo?* How long is the break? | *Queste scarpe mi sono durate a lungo.* These shoes have lasted me well. | *La mostra durerà da aprile a settembre.* The exhibition will last from April to September.

durata *s* (periodo) il termine **duration** è piuttosto formale; nella lingua parlata si preferiscono costruzioni diverse: *un soggiorno di studio della durata di tre settimane* a three-week study trip | *Il corso ha una durata di otto mesi.* The course lasts eight months. | *Ha pianto per tutta la durata del film.* He cried throughout the film.

duro, -a *aggettivo e sostantivo*

- *agg* **1** hard: *Non mangiare queste pesche: sono ancora dure.* Don't eat those peaches. They're still hard. **2** (rigido) stiff: *Il tappo è così duro che non riesco a toglierlo.* The lid's so stiff I can't get it off. **3** (difficile) hard: *È stato un duro colpo per lui.* It was a hard blow for him. | *È stata dura convincerlo.* It was hard to convince him. | **essere duro di comprendonio** to be thick [informale] **4** (severo) strict: *È stato un padre molto duro con i suoi figli.* He was very strict with his children.
- *s* **fare il duro** to act tough: *Fa il duro ma in fondo è piuttosto buono.* He acts tough but he's quite nice really.

E, e *s* E, e ► vedi Active Box **lettere dell'alfabeto** sotto **lettera**

e *cong* **1** (con valore coordinativo) and: *io e mia sorella* my sister and I | *Si è svegliato tardi e ha perso il treno.* He woke up late and missed the train. **2** (con valore avversativo) but: *Tutti ballano e lui se ne sta*

Vuoi sapere di più sui **verbi modali**? C'è una spiegazione nella **guida grammaticale**.

seduto in un angolo. Everyone's dancing but he's sitting there in a corner. | *Mi ha detto che veniva e non si è fatta viva.* She said she would come, but she hasn't turned up. **3** (nelle domande) what about: *E se cenassimo fuori?* What about eating out? | *Io vado alla festa, e tu?* I'm going to the party. What about you? | *E allora, che cosa hai intenzione di fare?* So, what are you going to do? **4** (come rafforzativo) oh: *E stai zitto una buona volta!* Oh, once and for all, would you just shut up! **5** (nelle ore) *Sono le quattro e mezza.* It's half past four. | *Siamo arrivati alle otto e un quarto.* We arrived at a quarter past eight.

E

ebollizione *s* **portare qc a ebollizione** to bring sth to the boil: *Portate il latte a ebollizione a fuoco lento.* Bring the milk to the boil over a low flame.

ebraico, -a *aggettivo* e *sostantivo*
- *agg* Jewish
- *s* (lingua) Hebrew

ebreo, -a *aggettivo* e *sostantivo*
- *agg* Jewish
- *s* Jew

ecc., anche **eccetera** *avv* etc, et cetera

eccellente *agg* excellent

eccellenza *s* **per eccellenza** par excellence

eccessivo, -a *agg* excessive

eccesso *s* excess: *Evitate gli eccessi nel bere.* Avoid drinking **to excess.** | **in eccesso** *bagaglio in eccesso* excess baggage | **eccesso di velocità** speeding: *una multa per eccesso di velocità* a speeding fine

eccetto *prep* except: *Mi piace tutto eccetto il pesce.* I like everything except fish. | *Assomiglia molto a te, eccetto che nel colore dei capelli.* She looks a lot like you, except for the hair colour. | *Puoi fare quello che vuoi, eccetto che uscire.* You can do anything you want, except go out.

eccezionale *agg* exceptional

eccezione *s* **1** exception: *A parte qualche eccezione, eravamo tutti d'accordo.* With a few exceptions, we all agreed. | *Alla festa c'erano tutti senza eccezione.* Absolutely everyone was at the party. | **fare un'eccezione** to make an exception: *Non mangio mai dolci, ma questa volta faccio un'eccezione.* I never eat sweet things, but I'll make an exception this time. | **d'eccezione** exceptional: *Il film ha un cast d'eccezione.* The film has an exceptional cast. **2** **a eccezione di** except (for): *Sono venuti tutti a eccezione di Luigi.* They all came except Luigi.

eccitante *aggettivo* e *sostantivo*
- *agg* exciting
- *s* stimulant: *La caffeina è un eccitante.* Caffeine is a stimulant.

eccitare *v* **1** to excite: *Lo eccita moltissimo l'idea di andare in vacanza con gli amici.* He's very excited about going on holiday with his friends. **2** (popolo, folla) to stir up: *È un politico che sa come eccitare la folla.* He's a politician who knows how to stir up a crowd. **3** (sessualmente) to arouse
eccitarsi *v rifl* (entusiasmarsi) to get excited: *Non è il caso di eccitarsi tanto.* There's no reason to get so excited.

eccitato, -a *agg* **1** (entusiasta) excited: *Sono eccitato all'idea di comprare un motorino.* I'm **excited about** buying a moped. **2** (agitato) excited: *Non riesco a dormire, sono troppo eccitato.* I can't sleep because I'm too excited.

ecco *avv* ▸ vedi riquardro

eccome *avv* **1** (molto) you bet: – *Era buono il gelato?* – *Eccome!* "Was the ice cream good?" "You bet!" **2** (certo che sì) of course: – *Ma come, non vieni?* – *Sì, eccome.* "Aren't you coming?" "Yes, of course I am!"

eclissi *s* eclipse: *eclissi di luna* lunar eclipse

eco *s* echo: *Ascolta, c'è l'eco!* Listen, there's an echo!

ecografia *s* ultrasound scan

ecologia *s* ecology

ecologico, -a *agg* **1** (disastro, movimento) ecological **2** (non inquinante) eco-friendly, green: *detersivo ecologico* eco-friendly detergent

economia *sostantivo* e *sostantivo plurale*
- *s* **1** (di paese, regione) economy (pl economies): *È prevista una ripresa dell'economia per l'anno prossimo.* A revival in the economy is being forecast for next year. **2** (scienza) economics [sempre plurale] **3** **fare economia (di qc)** to economize (on sth): *Questo mese bisogna fare economia.* We'll have to economize this month.
- **economie** *s pl* (risparmi) savings: *Ha investito tutte le sue economie in quel progetto.* He invested all his savings in that project.

economico, -a *agg* **1** (dell'economia) economic **2** (che consuma poco) economical: *un'auto molto economica* a very economical car to run **3** (poco costoso) cheap: *un modo economico per viaggiare* a cheap way to travel ▸ vedi anche **edizione**

edera *s* ivy

edicola *s* newsagent's: *Se passi davanti all'edicola, compra il giornale.* If you're passing the newsagent's, could you buy a newspaper? | *Il nuovo numero sarà in edicola da venerdì.* The new issue will be out on Friday.

edificio *s* building: *un edificio di sette piani* a seven-storey building

Edimburgo *s* Edinburgh

ecco *avverbio*

1 Non esistono traduzioni completamente equivalenti, ma espressioni che variano a seconda del contesto, come illustrato dai seguenti esempi:

2 Per indicare qualcosa a qualcuno; nota l'uso di **here**, quando ciò che si indica è vicino, e **there**, quando ciò che si indica è lontano:

Ecco, questa è casa mia. Here's my house. | *Ecco laggiù mia madre.* There's my mother. | *Li cercavi? Eccoli!* Were you looking for them? Here they are. | *Eccola, è lei!* There she is!

3 Per dare qualcosa a qualcuno:

Eccoti la torta! Here's your cake! | *Ecco a lei! Fanno 20 euro.* There you go! That's 20 euros. | *Volevi dei francobolli? Eccoteli.* Did you want some stamps? Here you are.

4 Per annunciare o concludere un discorso o un'azione:

Ecco fatto! That's that done! | *Ecco tutto.* That's everything. | *Ecco che cosa dovresti dirle.* This is what you should tell her. | *È geloso: ecco qual è il problema!* He's very possessive. That's the problem. | *Ecco perché non te l'aveva detto.* That's why I didn't tell you. | *Ah, ecco: adesso ho capito.* Oh, right. Now I understand.

5 Per esprimere irritazione o imbarazzo:

Ecco, ti ci metti anche tu adesso! Oh great! Don't you start as well! | *Ecco, vedi, c'è un piccolo problema.* Well, there's a small problem, you see.

editore *s* publisher ▶ vedi nota FALSE FRIEND sotto **editor** ▶ vedi anche **casa**

edizione *s* **1** (di libro, giornale) edition: *edizione economica* paperback edition **2** (di telegiornale) news (broadcast): *l'edizione del mattino* the morning news | **edizione straordinaria** special bulletin

educare *v* (figlio) to bring up: *È stata educata all'estero.* She was brought up abroad. ▶ nota che **to be educated** significa aver ricevuto un'istruzione scolastica

educato, -a *agg* polite ▶ vedi nota FALSE FRIEND sotto **educated**

educazione *s* **1** (buone maniere) manners: *È mancanza di educazione infilarsi le dita nel naso.* It's bad manners to pick your nose. | *Ma che razza di educazione è questa?* Is that what you call good manners? **2** (di figlio) Invece del sostantivo si usa di solito il verbo **to bring up**: *I suoi genitori le hanno dato un'ottima educazione.* Her parents brought her up very well. ▶ Nota che il termine **education** si riferisce generalmente all'istruzione scolastica. **3** **educazione fisica** PE, physical education | **educazione civica** l'equivalente più prossimo nel sistema britannico è **PHSE** o **Physical, Health and Social Education.** ▶ vedi nota FALSE FRIEND sotto **education**

effettivamente *avv* **1** (veramente) really: *È andata effettivamente così.* It really happened like that. **2** (infatti) actually: *Effettivamente, avevano ragione i tuoi.* Actually, your parents were right.

effettivo, -a *agg* (reale) actual: *Il tempo effettivo che ho impiegato ad arrivare è di un ora e 45 minuti.* The actual time it took me to get there was an hour and 45 minutes.

effetto *s* **1** (conseguenza) effect | **avere effetto (su qn)** to have an effect (on sb): *Le tue critiche non hanno effetto su di lei.* Your criticisms have no effect on her. **2** **fare effetto a qn** (impressionare) to make an impression on sb: *Che effetto ti ha fatto rivederlo?* What impression did seeing him again make on you? | **fare effetto** (medicina) to take effect: *L'antibiotico fa effetto in un paio d'ore.* The antibiotic takes effect in a couple of hours. **3** **in effetti** actually: *In effetti, il treno era alle sette, non alle sei.* Actually, the train left at seven, not at six. | *Il problema sembra più difficile di quanto in effetti non sia.* The problem seems more difficult than it actually is. **4** **effetto serra** greenhouse effect | **effetti speciali** special effects

effettuare *v* to make: *Il treno effettua solo tre fermate.* The train makes only three stops.

efficace *agg* effective: *un rimedio efficace contro la tosse* an effective cough remedy

efficiente *agg* efficient: *una segretaria efficiente* an efficient secretary

Egeo *s* **l'Egeo** the Aegean

Egitto *s* **l'Egitto** Egypt

egiziano, -a *agg e s* Egyptian

egli *pron* he

egocentrico, -a *agg* self-centred

egoista *aggettivo e sostantivo*

- *agg* selfish
- *s* selfish person (pl selfish people)

egregio, -a *agg* (nelle lettere) Dear: *Egregio signor Smith* Dear Mr Smith

elaborare *v* **1** **elaborare una teoria** to develop a theory | **elaborare un piano** to work out a plan **2** **elaborare dei dati** to process data

elastico, -a *aggettivo e sostantivo*

- *agg* **1** (materiale, tessuto) supple **2** (regola, mentalità) flexible: *Pensavo che i tuoi fossero un po' più elastici.* I thought your parents were a bit more flexible.
- **elastico** *s* **1** (ad anello) elastic band: *Le lettere erano legate con un elastico.* The letters were held together with an elastic band. **2** (di gonna, slip) elastic: *L'elastico*

Si dice *I arrived in London* o *I arrived to London*? Vedi alla voce **arrive**.

della gonna mi stringe troppo in vita. The elastic in my skirt is too tight around the waist.

elefante *s* elephant

elegante *agg* smart, elegant [più formale]: *Come sei elegante oggi! Dove stai andando?* You're looking smart today! Where are you going?

eleggere *v* to elect: *Domani verranno eletti i rappresentanti di classe.* Class representatives are being elected tomorrow.

E

elementare *agg* **1** (di base) basic: *Ho qualche nozione elementare di latino.* I have a basic grasp of Latin. | **un corso elementare di inglese** a beginners' course in English **2** (facilissimo) simple: *Come fai a non capire? È elementare!* How come you don't understand? It's simple! **3** **fare la terza/quinta elementare** to be in the third/fifth year of primary school ▶ vedi anche **scuola**

elementari *s pl* primary school [singolare]: *Ci conosciamo dalle elementari.* We've known each other since primary school.

elemento *s* **1** (parte) component: *Il gioco di costruzione è formato da numerosi elementi.* The construction set has several components. **2** (persona) *uno dei migliori elementi della squadra* one of the best **players** in the team | *È un locale frequentato dai peggiori elementi del quartiere.* The place is frequented by some of the roughest individuals in the area. **3** (tipo) *Sei proprio un bell'elemento!* You really are something else!

elemosina *s* **chiedere/fare l'elemosina** to beg

elencare *v* to list: *I nomi dei concorrenti sono elencati qui sotto.* The names of the competitors in the race are listed below.

elenco *s* **1** list: *Ecco l'elenco di quello che devi comprare al supermercato.* Here's the list of what you need to buy at the supermarket. **2** **elenco (telefonico)** (telephone) directory: *Cerca il numero nell'elenco.* Look up the number in the directory.

elettorale *agg* anche se esiste l'aggettivo **electoral**, si usa più spesso il sostantivo **election** in funzione di aggettivo: *campagna elettorale* election campaign ▶ vedi anche **scheda**

elettore, -trice *s* voter

elettricista *s* electrician: *Mio padre fa l'elettricista.* My father **is an** electrician.

elettricità *s* electricity: *È mancata l'elettricità per un'ora.* The electricity was off for an hour.

elettrico, -a *agg* electric: *una scossa elettrica* an electric shock ▶ vedi anche **centrale, energia**

elettrodomestico *s* electrical appliance: *un negozio di elettrodomestici* an electrical appliance shop

elettronica *s* electronics

elettronico, -a *agg* electronic: *Tutti i documenti sono disponibili in formato elettronico.* All the documents are available in electronic format. ▶ vedi anche **posta**

elevare *v* **1** (alzare) to raise **2** **elevare un numero al quadrato/al cubo** to square/cube a number

elevato, -a *agg* high: *A causa delle elevate temperature c'è rischio di valanghe.* Because of the high temperatures, there's a risk of avalanches.

elezione *s* election: *Si è candidato alle elezioni.* He's standing in the elections. | *Domani si terranno le elezioni dei rappresentanti di classe.* The elections **for** class representatives are being held tomorrow. | **elezioni politiche** general election

elica *s* propeller: *un aereo a elica* a propeller-driven plane

elicottero *s* helicopter: *È stato trasportato all'ospedale in elicottero.* He was taken to hospital in a helicopter.

eliminare *v* **1** (far sparire, rimuovere) to eliminate: *Abbiamo ancora molti ostacoli da eliminare.* We've still got many obstacles to eliminate. | *Le macchie di frutta sono molto difficili da eliminare.* Fruit stains are very difficult to get rid of. **2** (nello sport) to knock out: *La nostra squadra è stata eliminata dal torneo.* Our team's been knocked out of the tournament. **3** (uccidere) to eliminate: *Ha fatto eliminare tutti i suoi rivali.* He had all his rivals eliminated.

eliminatoria *s* heat: *La squadra è uscita durante la prima eliminatoria.* The team went out in the first heat.

eliminazione *s* **1** (rimozione) disposal **2** (di squadra, concorrente) elimination

elmetto *s* helmet

elogio *s* praise [mai plurale]: *La professoressa di matematica gli ha fatto molti elogi.* He was **highly praised by** his maths teacher.

emanare *v* (calore, profumo) to give off

emancipato, -a *agg* independent

emarginato, -a *s* misfit

emblema *s* emblem: *La colomba è l'emblema della pace.* The dove is the emblem of peace.

embrione *s* embryo

emergenza *s* emergency (pl emergencies): *Chiamami in caso di emergenza.* Call me if there's an emergency.

emergere *v* **1** (dall'acqua) to surface: *Il sommergibile è emerso in superficie.* The submarine surfaced. **2** (risultare) to emerge: *Sono emersi nuovi indizi.* New evidence has emerged. **3** (avere successo) to become known, to make it [più informale]: *È un bravo scrittore, ma non è mai riuscito ad emergere.* He's a good writer, but he's never quite made it.

emettere *v* **1 emettere un urlo** to let out a scream | **emettere calore/un odore** to give off heat/a smell **2 emettere una fattura** to issue an invoice **3 emettere una sentenza** to pass sentence

emicrania *s* migraine: *Hai qualcosa contro l'emicrania?* Have you got anything for migraine?

emigrante *s* emigrant

emigrare *v* (persone) to emigrate: *I suoi nonni sono emigrati negli Stati Uniti prima della guerra.* His grandparents emigrated to the United States before the war.

emisfero *s* **emisfero boreale/australe** northern/southern hemisphere

emittente *s* **emittente televisiva/radiofonica** television/radio station

emorragia *s* haemorrhage

emorroidi *s pl* piles

emozionante *agg* **1** (eccitante) exciting: *La partita di oggi è stata davvero emozionante.* Today's match was really exciting. **2** (commovente) moving

emozione *s* **1** (commozione) emotion: *Non riusciva a nascondere l'emotione.* She was unable to hide her emotion. **2** (sentimento forte) emotion: *Non farti trascinare dalle emozioni.* Don't let yourself be carried away by your emotions.

enciclopedia *s* encyclopedia

energia *s* **1** (in fisica) energy: *Consumiamo troppa energia.* We use too much energy. | **energia elettrica/nucleare** electrical/nuclear power **2** (di persona) energy: *una ragazza piena di energia* a girl full of energy | *Non cercare di convincerla: è solo energia sprecata!* Don't try to persuade her – it's just a waste of energy!

enigma *s* (mistero) mystery (pl mysteries): *La sua scomparsa è rimasta un enigma.* His disappearance remains a mystery.

ennesimo, -a *agg* yet another: *Dopo l'ennesimo litigio si sono separati.* After yet another argument, they split up. | **per l'ennesima volta** for the umpteenth time: *Te lo ripeto per l'ennesima volta.* I'm telling you for the umpteenth time.

enorme *agg* enormous, huge: *Il film ha avuto un enorme successo.* The film has been an enormous success. | *Hai fatto uno sbaglio enorme.* You've made a huge mistake.

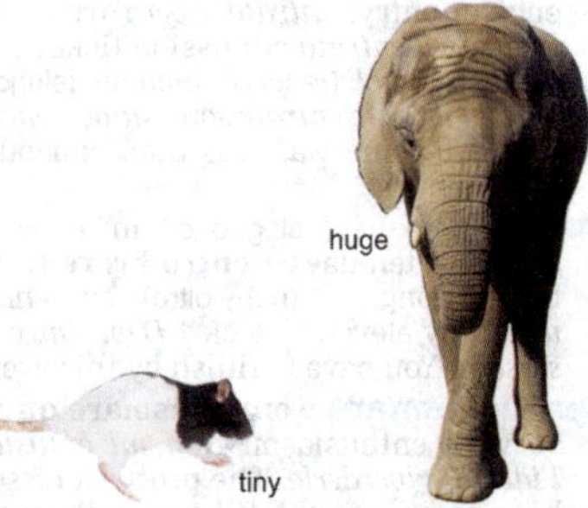

ente *s* agency (pl agencies) | **enti locali** local government agencies

entrambi, -e *aggettivo e pronome*

• *agg* both: *entrambi i sessi* both sexes | *in entrambi i casi* in both cases

• *pron* si usano i pronomi personali seguiti dall'aggettivo **both**: *Giocano entrambe nella stessa squadra.* **They both** play in the same team. | *Abbiamo ragione entrambi.* **We're both** right.

entrare *v* **1** (andare dentro) to go in/to go into, (venire dentro) to come in/to come into ▶ vedi riquadro **2 fare entrare qn/qc** to let sb/sth in: *Fai entrare un po' d'aria fresca.* Let a bit of fresh air in. **3** (starci) to fit into: *Nella valigia non entra più niente.* Nothing else will fit into the suitcase. **4 entrare in un'azienda/in un gruppo** to join a company/a group **5 entrarci** *Che cosa c'entro io in questa storia?* What does this have to do with me? | *Quello che dici non c'entra niente.* That has got nothing to do with it. | *Qui la fortuna c'entra poco.* Luck has got very little to do with this.

to go/come in o to go/come into?

Si usano generalmente **to go in** e **to come in** quando il luogo nel quale si entra non è specificato:

Non rimanere lì fuori, entra! Don't stay standing outside, come in! | *Voi entrate pure, io aspetto gli altri.* You go in, I'll wait for the others.

Si usano invece **to go into** e **to come into** quando il luogo nel quale si entra è specificato:

Siamo entrati in un bar a bere qualcosa. We went into a bar to get something to drink. | *È entrato in camera mia mentre mi cambiavo.* He came into my bedroom while I was getting changed.

entrata *sostantivo e sostantivo plurale*

• *s* **1** (porta di ingresso) entrance: *Ci vediamo all'entrata.* We'll meet up at the entrance. | *L'entrata della stazione è sul lato opposto.* The **entrance to** the station is on the opposite side. **2** (azione di entrare) entry: *entrata libera* free entry | *biglietto d'entrata* admission ticket

• **entrate** *s pl* (reddito) income [singolare]: *Questo mese le entrate sono state meno delle uscite.* Income was less than expenditure this month.

entro *prep* **1** (nel giro di) in: *entro dieci giorni* in ten days | **entro breve (tempo)** before long **2** (non oltre) by: *entro le undici* by eleven o'clock | *Devi finire entro stasera.* You have to finish by this evening.

E

entusiasmare *v* **entusiasmare qn** to fill sb with enthusiasm: *Non mi entusiasma l'idea di riverderlo.* The prospect of seeing him again doesn't fill me with enthusiasm. | *Il concerto mi ha entusiasmato.* The concert was so exciting.

entusiasmarsi *v rifl* to get excited about: *È la prima volta che la vedo entusiasmarsi per qualcosa.* It's the first time I've seen her get excited about anything.

entusiasmo *s* enthusiasm

entusiasta *agg* enthusiastic: *Non mi sembri troppo entusiasta.* You don't seem very enthusiastic. | *La classe è entusiasta del nuovo professore di inglese.* The class really like their new English teacher.

epidemia *s* epidemic: *un'epidemia di morbillo* a measles epidemic

Epifania *s* Epiphany ▶ Il termine **Epiphany** è generalmente usato per riferirsi alla festa religiosa; il 6 gennaio, che non è festivo nei paesi anglosassoni, è più comunemente definito **Twelfth Night**.

epilettico, -a *agg* epileptic

episodio *s* **1** (di telefilm, racconto) episode: *telefilm in tre episodi* a TV film in three episodes **2** (avvenimento) incident: *Ci sono stati alcuni episodi di violenza.* There have been a few incidents of violence.

epoca *s* **1** time ▶ Quando è riferito a un'epoca storica, si usano **period** o **era**: *all'epoca di Michelangelo* in Michelangelo's time | *l'epoca classica* the classical period **2** **auto d'epoca** vintage car | **costumi d'epoca** period costumes

eppure *cong* (and) yet, but [meno formale]: *Non ci credevo, eppure era vero.* I didn't believe it, but it was true.

equatore *s* equator

equazione *s* equation

equilibrio *s* equilibrium | **stare in equilibrio** to keep your balance | **perdere l'equilibrio** to lose your balance: *Ho perso l'equilibrio e sono scivolata.* I lost my balance and I slipped.

equipaggiamento *s* equipment: *equipaggiamento da sub* diving gear

equipaggiare *v* to equip

equipaggiarsi *v rifl* to equip yourself

equipaggio *s* (di nave, aereo) crew: *Il comandante e l'equipaggio vi danno il benvenuto a bordo.* The captain and the crew welcome you aboard.

equitazione *s* horseriding | **fare equitazione** to go horseriding

equivalente *aggettivo e sostantivo*

• *agg* equivalent: *Per questo videogioco ho speso una cifra equivalente a tre mesi di paghette.* I spent the equivalent of three months' pocket money on this videogame.

• *s* equivalent: *Mi ha dato l'equivalente di 50 dollari in euro.* He gave me the equivalent of 50 dollars in euros.

equivalere *v* to be the same as: *Per la squadra, un pareggio equivarrebbe a una sconfitta.* For the team a draw would be the same as a defeat. | *Mille grammi equivalgono a un chilo.* A thousand grams equal one kilo.

equivalersi *v rifl* to amount to the same thing: *I due pareri si equivalgono.* The two opinions amount to the same thing.

equivoco *s* misunderstanding: *Ci dev'essere un equivoco.* There must be some misunderstanding.

equo, -a *agg* fair: *Mi sembra che per un paio di jeans sia un prezzo equo.* I think it's a fair price for a pair of jeans.

era *s* era

erba *s* **1** grass: *un filo d'erba* a blade of grass **2** **erbe aromatiche** herbs **3** (marijuana) grass [informale]

erbaccia *s* weed: *Il giardino è tutto coperto di erbacce.* The garden's completely covered in weeds.

erboristeria *s* non esiste un equivalente esatto; i negozi più simili sono chiamati **health food shops** e vendono sia prodotti a base di erbe che alimenti biologici.

erede *s* heir | **erede al trono** heir to the throne

eredità *s* inheritance | **lasciare qc in eredità a qn** to leave sth to sb: *Ha lasciato tutto in eredità al figlio.* He left everything to his son.

ereditare *v* to inherit: *Ha ereditato gli occhi verdi da sua madre.* He inherited his mother's green eyes.

ereditario, -a *agg* hereditary: *una malattia ereditaria* a hereditary disease

erezione *s* erection

ergastolo *s* life imprisonment: *È stata condannata all'ergastolo.* She was sentenced to life imprisonment.

ermetico, -a *agg* (chiusura, contenitore) airtight

eroe *s* hero

eroina *s* **1** (droga) heroin **2** (donna) heroine

erosione *s* erosion

erotico, -a *agg* erotic

errato, -a *agg* wrong

errore *s* **1** (di ortografia, calcolo) mistake: *un errore grave* a serious mistake | *Questo compito è pieno di errori.* This test is full of mistakes. | *Hai fatto tre errori di grammatica.* You've made three grammatical mistakes. | **errore di stampa** misprint **2** (di valutazione, giudizio) mistake: *È stato un errore prestarle il motorino.* It was a mistake to lend her your moped. | **per errore** by mistake: *Per errore ho preso il tuo astuccio.* I took your pencil case by mistake.

eruzione *s* **1** eruption | **in eruzione** erupting **2 eruzione cutanea** rash

esagerare *v* **1** (eccedere) to go too far: *Questa volta hai proprio esagerato!* This time you've really gone too far! | **esagerare con qc** to go over the top with sth: *Abbiamo esagerato un po' con i festeggiamenti.* We went a bit over the top with the celebrations. **2** (in racconto) to exaggerate: *Non esagerare! Saranno stati due chilometri al massimo!* Don't exaggerate! It must have been two kilometres at most! | *I giornali hanno esagerato la notizia.* The newspapers exaggerated the story.

esagerato, -a *aggettivo e sostantivo*

• *agg* **1** (quantità, prezzo) excessive: *Sono prezzi esagerati.* Those prices are excessive. | *Ha avuto una reazione esagerata.* Her reaction was excessive. **2** (notizia, racconto) exaggerated

• *s* **essere un esagerato/fare l'esagerato** to exaggerate: *Non è stato così difficile: sei sempre la solita esagerata!* It wasn't that difficult. You're exaggerating as usual!

esagerazione *s* **1** (in racconto, discorso) exaggeration: *C'è sempre un po' d'esagerazione in quello che racconta.* There's always a certain amount of exaggeration in the stories he tells. | *Non pensi che tutti quei cuoricini siano un'esagerazione?* Don't you think that all those little hearts are a bit over the top? **2** (prezzo eccessivo) fortune [mai plurale]: *L'ha pagato un'esagerazione.* She paid a fortune for it.

esagono *s* hexagon

esaltare *v* **1 esaltare qn** (entusiasmare) to get sb going: *Il suo terzo gol ha letteralmente esaltato i tifosi.* His third goal really got the fans going. | *Il suo ultimo disco non mi esalta.* His latest record doesn't do much for me. **2** (elogiare) to sing the praises of: *Sua madre lo esalta sempre.* His mother is always singing his praises.

esaltarsi *v rifl* (entusiasmarsi) to get excited: *Non vedo cosa ci sia da esaltarsi tanto!* I don't see what there is to get so excited about!

esame *s* **1** (scolastico) exam: *Quest'anno ho gli esami.* I've got exams this year. | *Ho passato l'esame scritto.* I passed the written exam. | **dare un esame** to take an exam: *Alla fine del corso bisogna dare un esame.* At the end of the course you have to take an exam. | **esame di ammissione** entrance exam | **esame di guida** driving test **2** (medico) test: *esame del sangue* blood test **3 prendere in esame qc** to examine sth: *La proposta è stata presa in esame.* The proposal has been examined.

► vedi anche **maturità**

esaminare *v* **1** (proposta, situazione) to examine, to look at [meno formale]: *Cerchiamo di esaminare con calma la questione.* Let's try to look at the issue calmly. **2** (paziente, ferita) to examine: *Il medico deve esaminarmi il ginocchio.* The doctor has to examine my knee. **3** (candidato) to examine

esaminatore, -trice *aggettivo e sostantivo*

• *agg* **la commissione esaminatrice** the examination panel

• *s* examiner

esasperante *agg* exasperating

esasperare *v* to irritate: *Mi ha esasperato con le sue interruzioni!* She irritated me with all her interruptions!

esattezza *s* accuracy | **con esattezza** precisely: *Non ricordo con esattezza se erano le tre o le quattro.* I don't remember precisely if it was three or four o' clock. | **per l'esattezza** to be precise: *Ho tredici anni e nove mesi, per l'esattezza.* I'm thirteen years and nine months old, to be precise.

esatto, -a *agg* **1** (calcolo, risposta) correct: *Il risultato esatto è 45.* The correct result is 45. | *Ho dato otto risposte esatte.* I gave eight correct answers. | *Fanno 4 euro esatti.* That comes to 4 euros exactly. | **esatto!** correct! | **l'ora esatta** the right time: *Hai l'ora esatta?* Have you got the right time? **2** (notizia, informazione) precise: *È difficile dare una traduzione esatta di questa parola.* It's difficult to give a precise translation of this word. | *L'indirizzo esatto è via Bertelli 15.* The actual address is 15 via Bertelli.

esaudire *v* (sogno) to fulfil, (richiesta, desiderio) to satisfy: *Mi è rimasto ancora un sogno da esaudire.* I still have one more dream to fulfil.

esauriente *agg* comprehensive: *Non mi ha dato una risposta esauriente.* He didn't give me a comprehensive answer.

esaurimento *s* **1 esaurimento nervoso** nervous breakdown **2** (di merce) *fino all'esaurimento delle scorte* while stocks last

esaurire *v* **1** (merce, riserve) to use up: *Dopo una settimana avevamo esaurito tutte le provviste.* After a week we had used up all the supplies. | *Ho esaurito tutte le mie energie!* I've got no energy left! **2** (soldi, idee) to run out of: *Non so più cosa scrivere,*

ormai ho esaurito le idee. I don't know what else to write. I've run out of ideas.
esaurirsi *v rifl* **1** (scorte, risorse) to run out: *Le risorse petrolifere sono destinate ad esaurirsi in pochi anni.* Oil stocks are due to run out in a few years' time. | *La mia pazienza si è esaurita, perciò vedi di deciderti!* I'm running out of patience, so make up your mind! **2** (persona) to wear yourself out: *Tra lo studio e gli allenamenti per le gare si è un po' esaurita.* What with studying and training for the competitions, she's more or less worn herself out.

esaurito, -a *agg* **1** (sorte) finished **2** (in negozio) sold out **3 fare il tutto esaurito** to be sold out: *Il concerto ha fatto il tutto esaurito.* The concert was sold out. **4 essere esaurito** (persona) to be a nervous wreck: *Alla fine degli esami eravamo tutti esauriti.* We were all nervous wrecks by the end of the exams.

esausto, -a *agg* exhausted

esca *s* (per animale, ladro) bait

eschimese *aggettivo e sostantivo*
• *agg* Inuit ▶ Esiste anche il termine **Eskimo** che è però considerato offensivo.
• *s* **1** (persona) Eskimo **2** (lingua) Eskimo

esclamare *v* to exclaim

esclamativo ▶ vedi **punto**

esclamazione *s* exclamation

escludere *v* **1 escludere qn da qc** (gruppo, decisione) to exclude sb from sth, to leave sb out of sth: *Scusa, non volevo escluderti dalla conversazione.* Sorry, I didn't mean to exclude you from the conversation. **2** (possibilità) to rule out, to exclude: *Non escludo la possibilità che abbia cambiato idea.* I'm not ruling out the possibility that he's changed his mind. | *Il dottore esclude che si possa trattare di morbillo.* The doctor has ruled out measles.

esclusivo, -a *agg* **1** (elegante) exclusive: *una scuola molto esclusiva* a very exclusive school **2** (uso) exclusive: *Non puoi pretendere di avere l'uso esclusivo del computer!* You can't expect to have exclusive use of the computer! | *L'ha fatto a suo esclusivo vantaggio.* He did it solely for his own benefit. **3** (modello) exclusive: *un modello esclusivo di Armani* an exclusive Armani design

escluso, -a *agg* **1** (eccettuato) excluding: *È aperto tutti i giorni escluso il sabato.* It's open every day, excluding Saturday. | *Il pranzo costa 12 euro, bevande escluse.* Lunch costs 12 euros, excluding drinks. | **nessuno escluso** *Tutti i genitori erano presenti, nessuno escluso.* All the parents were there, without exception. **2** (tagliato fuori) left out: *Alla festa mi sono sentita un po' esclusa.* I felt a bit left out at the party. **3** (impossibile) out of the question: *È assolutamente escluso che si riesca a finire domani!* Finishing by tomorrow is totally out of the question!

escogitare *v* to think of: *Abbiamo escogitato un sistema per andare in vacanza spendendo poco.* We've thought of a way of going on holiday for very little money.

escursione *s* (gita) trip: *un'escursione in montagna* a trip to the mountains | **fare un'escursione** to go on a trip

escursionista *s* (in montagna) hiker

eseguire *v* **1** (lavoro, progetto) to carry out: *Hanno eseguito male il lavoro di riparazione.* They carried out the repair work badly. | **eseguire un esercizio** to complete an exercise **2** (concerto, danza) to perform: *un brano eseguito al pianoforte* a piece performed on the piano

esempio *s* **1** (per spiegare) example: *Ti faccio un esempio.* Let me give you an example. | **per/ad esempio** for example: *Vorrei fare uno sport di squadra, ad esempio il basket o il rugby.* I'd like to play a team sport – basketball or rugby for example. **2** (modello) example: *Perché non provi a seguire l'esempio di tuo fratello?* Why don't you try to follow your brother's example? | **dare il buon/cattivo esempio** to set a good/bad example **3** (caso tipico) example: *un esempio di architettura greca in Sicilia* an example of Greek architecture in Sicily

esemplare *aggettivo e sostantivo*
• *agg* exemplary: *comportamento esemplare* exemplary behaviour | *uno studente esemplare* a model student
• *s* **1** (di specie, collezione) specimen: *un bell'esemplare di quarzo rosa* a fine specimen of pink quartz **2** (di libro, documento) copy (pl copies): *Ne hanno stampati solo duecento esemplari.* They only printed two hundred copies.

esente *agg* **essere esente da qc a)** (spese, tasse) to be exempt from sth: *È esente dal servizio militare.* He is exempt from military service. **b)** (colpe, difetti) to be free of sth: *Guarda che anche tu non sei proprio esente da colpe!* Listen, you're not exactly free of blame yourself!

esercitare *v* **1** (professione, arte) to practise: *Avevamo un dentista bravissimo, ma ora non esercita più.* We had a very good dentist, but he's stopped practising now. **2 esercitare attrazione su qn** to hold an attraction for sb: *È una moda che esercita una grande attrazione sui giovani.* It's a fashion that holds a lot of attraction for young people. **3 esercitare la memoria** to exercise your memory
esercitarsi *v rifl* to practise: *Mi esercito al pianoforte tutti i giorni.* I practise the

piano every day. | *Dovete esercitarvi a tradurre in inglese.* You have to practise translating into English.

esercitazioni *s pl* exercises

esercito *s* army (pl armies)

esercizio *s* **1** (prova pratica) exercise: *Avete fatto gli esercizi di grammatica?* Have you done your grammar exercises? **2** (allenamento) exercise: *Devi fare molto esercizio.* You have to do a lot of exercise. | *esercizi per sciogliere i muscoli* exercises to loosen up your muscles | **essere fuori esercizio** to be out of practice: *Mi hai battuto a tennis solo perché sono fuori esercizio.* You beat me at tennis only because I'm out of practice. | **tenersi in esercizio** to keep in shape: *Mi tengo in esercizio andando in piscina.* I keep in shape by going swimming.

esibizionista *s* **1** exhibitionist, show-off [più informale]: *Non farci caso, è un'esibizionista!* Take no notice, she's just a show-off! **2** (maniaco) flasher

esigente *agg* demanding: *L'insegnante di matematica è molto esigente con noi.* The maths teacher is very demanding with us.

esigenza *s* **1** (bisogno) need: *In questo momento sento l'esigenza di stare un po' sola.* Right now I feel the need to be on my own for a while. **2** (pretesa) demand: *Non mi pare di avere molte esigenze!* I don't think I make that many demands!

esigere *v* **1** (pretendere) to demand: *Dopo quello che mi ha fatto, esigo le sue scuse!* After what he's done to me, I demand an apology! **2** (necessitare di) to require: *Il problema esige una soluzione immediata.* The problem requires an immediate solution.

esilio *s* exile | **in esilio** in exile

esistenza *s* **1** (fatto di esistere) existence: *Ha sempre negato l'esistenza di un complice.* He has always denied the existence of an accomplice. **2** (vita) life: *Conduce un'esistenza solitaria.* She lives a solitary life.

esistere *v* **1** (essere reale) to exist **2** (esserci) *esiste* si traduce **there is** e *esistono* si traduce **there are**: *Su questo non esiste alcun dubbio!* On this point there is no doubt! | *Non esistono parole per descrivere quello che ho provato!* There are no words to describe how I felt!

esitare *v* to hesitate: *Ho esitato a lungo prima di decidere cosa fare.* I hesitated for a long time before deciding what to do. | **esitare a fare qc** to hesitate to do sth: *Non esitare a chiamare se hai bisogno.* Don't hesitate to call if you need help.

esitazione *s* hesitation: *Ho avuto un attimo di esitazione, prima di rispondere.* I had a moment of hesitation before replying. | *Ho avuto qualche esitazione.* I hesitated a bit.

esito *s* result [spesso plurale]: *L'esito della partita è ancora incerto.* The result of the game is still uncertain. | *l'esito di un esame* the results of an exam | *senza alcun esito* with no results

esonero *s* exemption | **chiedere l'esonero da qc** to ask to be exempted from sth | **ottenere l'esonero da qc** to be exempted from sth: *Hanno l'esonero dalle lezioni di educazione fisica.* They are exempted from attending PE lessons.

esortare *v* **esortare qn a fare qc** to urge sb to do sth: *Mi ha esortato a continuare con la pallavolo.* He urged me to keep up volleyball.

esotico, -a *agg* exotic

espandersi *v rifl* to expand: *La città si sta espandendo rapidamente.* The city is expanding rapidly.

espansione *s* expansion | **in espansione** expanding: *Il turismo in questa zona è in continua espansione.* Tourism in this area is expanding all the time.

espansivo, -a *agg* demonstrative: *Non è un ragazzo molto espansivo.* He's not very demonstrative.

espediente *s* expedient | **vivere di espedienti** to live on your wits: *Da quando ha perso il lavoro, vive di espedienti.* Since losing his job, he's been living on his wits.

espellere *v* **espellere qn da qc a)** (scuola, associazione) to expel sb from sth: *L'hanno espulso dal collegio.* He's been expelled from boarding school. **b)** (nello sport) to send sb off: *Si è fatto espellere per una gomitata.* He was sent off for using his elbow.

esperienza *s* **1** (conoscenza pratica) experience: *Non ho molta esperienza di questo tipo di situazioni.* I don't have much experience of this type of situation. | **fare esperienza** to gain experience **2** (cosa vissuta) experience: *Con l'autostop abbiamo già avuto una brutta esperienza!* We've already had a bad experience with hitch-hiking.

esperimento *s* experiment: *L'esperimento ha avuto successo.* The experiment was successful.

esperto, -a *aggettivo e sostantivo*

- *agg* expert: *uno sciatore esperto* an expert skier | **essere esperto di qc** to be an expert on sth: *Chiedi a lui che è esperto di moto.* Ask him – he's an expert on motorbikes.
- *s* expert

espirare *v* to exhale

E

Vuoi informazioni sulla differenza tra gli **aggettivi possessivi** in inglese e in italiano? Vedi la **guida grammaticale**.

esplicito, -a *agg* explicit: *Sull'argomento è stato molto esplicito.* He was quite explicit on the subject.

esplodere *v* **1** (bomba, mina) to explode: *L'auto ha preso fuoco ed è esplosa.* The car caught fire and exploded. **2** (rivolta, rabbia) to erupt, (guerra) to break out: *La rabbia razzista era sul punto di esplodere.* Racist anger was about to erupt. | *È esploso il caldo.* It's suddenly turned very hot.

E

esplorare *v* to explore: *Questa zona è ancora tutta da esplorare.* This whole area has still to be explored.

esploratore, -trice *s* explorer

esplosione *s* **1** (di bomba, mina) explosion **2** (di gioia, violenza) explosion: *esplosioni di violenza* explosions of violence | **esplosione demografica** population explosion

esplosivo, -a *aggettivo e sostantivo*
- *agg* **1** (ordigno, miscela) explosive **2** (notizia, dichiarazione, situazione) explosive: *Ha scritto un articolo esplosivo sulla corruzione politica.* She wrote an explosive article on political corruption.
- **esplosivo** *s* explosive: *una carica di esplosivo sulla correzione politica* an explosive charge on political corruption

esponente *s* **1** (in matematica) exponent **2** (di gruppo, associazione) exponent: *un esponente del movimento animalista* an exponent of the animal rights movement

esporre *v* **1** (merce, avviso) to display: *L'orario di apertura è esposto in bacheca.* The office hours are displayed on the noticeboard. **2 essere esposto** (quadro, collezione) to be on show: *Alcune delle sue sculture sono esposte al museo.* Some of his sculptures are on show at the museum. **3** (a sole, rischio) to expose: *Non esporre la pellicola alla luce.* Don't expose the film to light. | *Non ho detto niente per non esporre i compagni.* I said nothing so as not to expose my friends. **4** (argomento, problema) to explain: *Cerca di esporre con calma i fatti.* Try to explain the facts calmly.

esporsi *v rifl* **esporsi a qc a)** (a rischio, sole) to expose yourself to sth **b)** (alle critiche) to lay yourself open to sth: *Così facendo ti esponi alle critiche di tutti.* By doing this, you're laying yourself open to criticism from everyone.

esportare *v* to export

esportatore *s* exporter

esportazione *s* export: *prodotto per l'esportazione* a product made for export

esposizione *s* **1** (di merce) display **2** (di quadri, mobili) exhibition: *Abbiamo visitato un'esposizione di orologi.* We visited an exhibition of clocks. **3** (a luce, sole) exposure: *Evitare l'esposizione al sole.* Avoid exposure to sunlight. **4** (relazione) essay: *Per compito, fate un'esposizione scritta sulla visita al museo.* For homework, write an essay on your visit to the museum.

espressione *s* **1** (del viso) expression: *Quando gliel'ho detto, ha cambiato espressione.* When I told him, his expression changed. **2** (parola, frase) expression: *un'espressione dialettale* a regional expression **3** (matematica) expression

espressivo, -a *agg* expressive

espresso *s* **1** (caffè) espresso: *Un espresso, per favore!* An espresso, please! **2** (treno) fast train, express

esprimere *v* to express: *Non riesco ad esprimere quello che provo.* I can't express what I feel. | *Tutti possono esprimere il loro parere.* Everyone can express their opinion. | **esprimere un desiderio** to make a wish: *Chiudi gli occhi ed esprimi un desiderio.* Close your eyes and make a wish.

esprimersi *v rifl* to express yourself: *Forse non mi sono espresso bene.* Perhaps I didn't express myself very well.

espulsione *s* **1** (da scuola, club) expulsion **2** (nello sport) sending off

essenza *s* **1** (di pianta, fiore) essence: *essenza di mandorle* almond essence **2** (carattere fondamentale) essence: *Cerchiamo di analizzare il problema nella sua essenza.* Let's try to analyse the essence of the problem.

essenziale *aggettivo e sostantivo*
- *agg* **1** (fattore, elemento) essential: *L'uso del casco è essenziale per la sicurezza.* Wearing a helmet is essential for safety. **2** (stile) basic: *L'arredamento della stanza è essenziale.* The furniture in the room is very basic.
- *s* **l'essenziale a)** (la cosa più importante) the essential thing: *L'essenziale è parlarne.* The essential thing is to talk about it. **b)** (il minimo) the essentials [plurale]: *Riduci il bagaglio all'essenziale.* Cut your luggage down to the essentials.

essere *verbo e sostantivo*
- *v* ► vedi riquadro
- *s* **essere umano** human being | **essere vivente** living creature

est *s* east ► vedi Active Box sotto **punti cardinali** sotto **punto**

estate *s* summer ► vedi Active Box sotto **stagioni** sotto **stagione**

estendere *v* (territorio, conoscenza) to extend: *L'invito è stato esteso a tutta la classe.* The invitation has been extended to the entire class. | *L'imperatore voleva estendere i suoi domini.* The emperor wanted to extend his territories.

estendersi *v rifl* (territorio, fenomeno) to spread: *Negli ultimi 20 anni la città ha*

essere

VERBO INTRANSITIVO

1 La traduzione **to be** viene usata nella maggior parte dei contesti:

Sono a casa di Emilio. I'm at Emilio's house. | *Non sono mai stato negli Stati Uniti.* I've never been to the United States. | *Sarò a casa per cena.* I'll be home for dinner. | *Sono alta un metro e cinquanta.* I'm one metre fifty tall. | *Siamo di Milano.* We're from Milan. | *Sei stato molto gentile.* You've been very kind. | *Che ore sono?* What time is it? | *Oggi è il 10 ottobre.* Today's the 10th of October. | *Quant'è in totale?* How much is it altogether? | *Questo regalo è per te.* This present is for you. | *È già molto tardi.* It's already very late.

2 **c'è** si traduce **there is** (contratto **there's**) e **ci sono there are**:

Non c'è molto tempo. There's not much time. | *Ci sono delle bibite in frigo.* There are drinks in the fridge.

3 Nota che quando il *verbo* essere è usato insieme ad una professione, in inglese ci vuole l'articolo indeterminativo:

Mio padre è avvocato. My father's **a** lawyer.

4 COSTRUZIONI PARTICOLARI

ESSERE + DI (APPARTENENZA)

Questa borsa è di Giulia. This bag is Giulia's. | *Di chi è questa giacca?* Whose jacket is this?

ESSERE + DA (DOVERE)

Questa camicia è da lavare. This shirt needs washing. | *Il tema è da consegnare lunedì.* The essay is to be handed in on Monday.

VERBO AUSILIARE

1 Nelle forme verbali composte si traduce per lo più con **to have**:

Eravamo già partiti. We had already left. | *Sono appena tornato a casa.* I've only just got home.

2 Nelle forme verbali passive si traduce con **to be**:

Il computer sarà riparato tra una settimana. The computer will be repaired within a week. | *È stato visto davanti alla scuola.* He was seen in front of the school.

3 In entrambi i casi la forma negativa si ottiene aggiungendo **not** e viene spesso contratta: **I had not** o **I hadn't**, **I was not** o **I wasn't**, ecc.:

Non era ancora arrivato. He had not/hadn't arrived yet. | *Non siamo stati invitati.* We have not/haven't been invited.

continuato ad estendersi verso la campagna. In the last 20 years the city has continued to spread into the countryside. | *L'epidemia si sta estendendo anche alle pecore.* The epidemic is spreading to sheep as well.

esterno, -a *aggettivo, sostantivo* e *sostantivo plurale*

- *agg* external: *i muri esterni della casa* the external walls of the house
- *s* (di casa, oggetto) outside: *Vorrei rivestire l'esterno di questa scatola.* I'd like to cover the outside of this box. | **all'esterno (di qc)** outside (sth): *C'è un giardino all'esterno del ristorante.* There's a garden outside the restaurant. | **dall'esterno** from the outside: *Le voci provenivano dall'esterno.* The voices came from the outside.
- **esterni** *s pl* location shots

estero, -a *aggettivo* e *sostantivo*

- *agg* foreign: *commercio estero* foreign trade
- **estero** *s* **il commercio con l'estero** foreign trade | **all'estero** abroad: *un soggiorno di studio all'estero* a period of study abroad ▶ vedi anche **ministero, ministro**

esteso, -a *agg* extensive | **per esteso** *Deve firmare per esteso.* You have to put down your full name.

estetico, -a *agg* **1** (riguardante l'aspetto) aesthetic **2** (bello) attractive: *Tutti quei peli sulle gambe non sono molto estetici!* All that hair on her legs isn't very attractive! **3** **chirurgia estetica** plastic surgery

estetista *s* beautician

estinguere *v* **estinguere un incendio** to put out a fire

estinguersi *v rifl* (animale, pianta) to become extinct

estintore *s* fire extinguisher

estinzione *s* (di animale) extinction | **in via di estinzione** becoming extinct: *La tigre bianca è in via di estinzione.* The white tiger is becoming extinct.

estivo, -a *agg* si usa il sostantivo **summer** in funzione di aggettivo: *le vacanze estive* the summer holidays | *abiti estivi* summer clothes

estone *agg* e *s* Estonian

Estonia *s* **l'Estonia** Estonia

estraneo, -a *aggettivo* e *sostantivo*

- *agg* **1** foreign: *un corpo estraneo* a foreign body | *Non parlare con persone estranee.* Don't talk to **strangers**. **2** **essere estraneo a qc** to have nothing to do with sth: *Ha detto di essere completamente estraneo alla faccenda.* He said he had absolutely nothing to do with it.
- *s* stranger: *Si sentiva a disagio in mezzo a tutti quegli estranei.* He wasn't at ease among all those strangers.

estrarre *v* **1** (oggetto) to take out: *Gli hanno estratto tre pallottole dalla gamba.* They took three bullets out of his leg. | *All'improvviso, ha estratto un coltello.* He suddenly pulled out a knife. **2** **estrarre oro/carbone** to mine gold/coal **3** (sostanza) to extract: *Lo zucchero viene estratto dalla barbabietola.* Sugar is extracted from sugar beet. **4** **estrarre (a sorte) qc** to draw sth: *Sabato verranno estratti i numeri vincenti.* The winning numbers will be drawn on Saturday.

estratto *s* **1** (brano) extract **2** **estratto conto** bank statement **3** (essenza) extract: *estratto di carne* meat extract

E

estremamente *avv* extremely: *Era estremamente soddisfatto dei voti.* He was extremely pleased with his marks.

estremità *sostantivo* e *sostantivo plurale*
- *s* end: *Tira l'altra estremità della corda.* Pull the other end of the rope. | *Viviamo alle estremità opposte della città.* We live at opposite ends of the town.
- *s pl* (mani e piedi) hands and feet

estremo, -a *aggettivo*, *sostantivo* e *sostantivo plurale*
- *agg* **1** (ultimo) final: *I medici faranno un estremo tentativo.* The doctors will make one final attempt. **2** (più lontano) farthest: *gli estremi confini del mondo* the farthest corners of the earth | **l'Estremo Oriente** the Far East **3** (attenzione, prudenza) extreme: *Vivono in condizioni di estrema povertà.* They live in conditions of extreme poverty. ► Spesso viene usato l'avverbio **extremely** seguito da un aggettivo: *un argomento di estrema importanza* an extremely important subject **4** (in politica) extreme | **di estrema destra/sinistra** (partito, opinioni) extreme right/left wing
- **estremo** *s* extreme: *Come al solito, vai da un estremo all'altro.* As usual you go from one extreme to the other.
- **estremi** *s pl* (di documento) details: *Mi deve dare gli estremi della prenotazione.* You must give me the details of the booking.

estroverso, -a *agg* outgoing

estuario *s* estuary (pl estuaries)

età *s* **1** (numero di anni) age: *Alla sua età dovevo rientrare entro le undici.* At her age I had to be home by eleven. | *Abbiamo la stessa età.* We're the same age. | *Suo padre ha ormai una certa età.* Her father is quite old. | *Che età ha suo fratello?* How old is her brother? **2** (periodo della vita) age: *L'adolescenza è un'età difficile.* Adolescence is a difficult age. | **raggiungere la maggiore età** to come of age | **di mezza età** middle-aged **3** (periodo storico) age: *l'età della pietra* the Stone Age

eternità *s* **1** eternity **2** **un'eternità** ages [sempre plurale]: *Il film è durato un'eternità.* The film went on for ages. | *Non ci vedevamo da un'eternità.* We hadn't seen each other for ages.

eterno, -a *agg* **1** (senza fine) eternal **2** (frequente) endless: *Mi sono stufata delle sue eterne promesse!* I got fed up of his endless promises!

eterosessuale *agg* e *s* (rapporto, persona) heterosexual, straight [informale]

etica *s* ethics [sempre plurale] | **etica professionale** professional ethics

etichetta *s* **1** (cartellino) label: *l'etichetta del prezzo* the price tag | *un'etichetta adesiva* a sticky label **2** (galateo) etiquette: *Chi se ne frega dell'etichetta: siamo tra amici!* Who cares about etiquette: we're all friends here!

etico, -a *agg* ethical

etimologia *s* etymology (pl etymologies)

Etna *s* **l'Etna** Etna

etnico, -a *agg* ethnic

etrusco, -a *aggettivo* e *sostantivo*
- *agg* Etruscan
- *s* **gli Etruschi** the Etruscans

ettaro *s* hectare

etto *s* hundred grams: *Compra un etto di prosciutto.* Buy **a hundred grams of** ham. | *Quanto costa all'etto la ricotta?* How much does a hundred grams of ricotta cost?

Eucarestia *s* Eucharist

euforia *s* euphoria | **provare euforia** to feel euphoric

euro *s* euro: *A quanti euro corrisponde una sterlina?* How many euros are there to the pound?

eurodeputato, -a *s* MEP

Europa *s* **l'Europa** Europe

europeo, -a *agg* e *s* European ► vedi anche **unione**

eutanasia *s* euthanasia

evacuare *v* (zona, edificio) to evacuate

evacuazione *s* evacuation

evadere *v* **1** (fuggire) to escape: *Due detenuti sono evasi durante la notte.* Two prisoners escaped during the night. | *Ho bisogno di evadere dalla routine di tutti i giorni.* I need to get away from everyday routine. **2** **evadere il fisco** to avoid paying your taxes

evaporare *v* to evaporate

evasione *s* **1** (fuga) escape **2** **evasione fiscale** tax evasion

evasivo, -a *agg* evasive: *una risposta evasiva* an evasive answer

evaso, -a *s* fugitive

evento *s* event: *gli eventi più importanti dell'anno scorso* the most important events of last year

eventuale *agg* possible: *Mia madre mi ha dato la sua carta di credito per eventuali spese extra.* My mother gave me her credit card to cover any possible extra expenses. ► vedi nota FALSE FRIEND sotto **eventual**

eventualmente *avv* if necessary: *Eventualmente, posso passare io da te.* If necessary I can pop round to your house. | *Eventualmente, se non ci dovessimo risentire, ti auguro buona fortuna.* In case we don't speak to each other again, good luck!
▶ vedi nota FALSE FRIEND sotto **eventually**

> *eventualmente* non dev'essere confuso con **eventually**, che significa *alla fine.*

evidente *agg* obvious: *È evidente che sei stato tu, smettila di negare.* It's obvious it was you, so stop denying it.

evidentemente *avv* **1** (a quanto pare) evidently: *Pensavo di aver preso il portafogli, ma evidentemente l'ho lasciato a casa.* I thought I had picked up my purse, but I've evidently left it at home. **2** (chiaramente) obviously: *Bruno era evidentemente imbarazzato.* Bruno was obviously embarrassed.

evidenziatore *s* highlighter pen

evitare *v* **1** (sfuggire) to avoid: *Mi evita da giorni.* He's been avoiding me for days. | *Per evitare il cane è andato fuori strada.* He went off the road trying to avoid the dog. | **evitare di fare qc** to avoid doing sth: *Vorrei evitare di vederlo.* I'd rather avoid seeing him. | *Evita di fumare in camera mia, per favore.* Please don't smoke in my room. **2** (astenersi da) to avoid: *Evita i cibi pesanti.* Avoid rich foods. **3 evitare qc a qn** to save sb sth: *Se ci vai tu, mi eviti il disturbo.* If you went, you'd save me the bother.
evitarsi *v rifl* to avoid each other: *Da quando abbiamo litigato, ci evitiamo.* Since we fell out we've been avoiding each other.

evoluzione *s* **1** (progresso) evolution: *l'evoluzione della specie* the evolution of the species **2** (cambiamento) change: *Non ci sono state evoluzioni rispetto a ieri.* There's no change from yesterday. **3** (acrobazia) manoeuvre

evolversi *v rifl* **1** (progredire) to evolve **2** (cambiare) to change: *La situazione si è evoluta in modo inaspettato.* The situation changed unexpectedly.

evviva! *inter* hurray!

ex *preposizione e sostantivo*
• *prep* ex-, former [formale]: *la mia ex ragazza* my ex-girlfriend | *l'ex Unione Sovietica* the former Soviet Union | *la mia ex insegnante di inglese* my old English teacher
• *s* ex (pl exes): *Si è rimessa con il suo ex.* She's got back together with her ex.

extra *aggettivo e sostantivo*
• *agg* extra: *Ho preso delle lezioni extra con il maestro di sci.* I had some extra lessons with the ski instructor.
• *s* extra: *Tutti gli extra vanno pagati a parte.* All extras must be paid for separately.

extracomunitario, -a *aggettivo e sostantivo*
• *agg* (paese, persona) non-EU: *immigrati extracomunitari* non-EU immigrants
• *s* non-EU citizen

extraterrestre *agg e s* extraterrestrial

F, f *s* F, f vedi Active Box **lettere dell'alfebeto** sotto **lettera**

fa *avverbio e sostantivo*
• *avv* ago: *due anni fa* two years ago | *un'ora fa* an hour ago
• *s* (nota) F

fabbrica *s* factory (pl factories): *una fabbrica di computer* a computer factory
▶ vedi nota FALSE FRIEND sotto **fabric**

fabbricare *v* **1** (prodotto) to make: *Questi stereo sono fabbricati in Cina.* These stereos are made in China. **2** (edificio) to build

faccenda *s* **1** matter: *È una faccenda personale.* It's a private matter. | *Aveva una faccenda da sistemare.* He had something to sort out. **2 le faccende (domestiche)** housework [mai plurale]: *Aiuto mia madre a fare le faccende.* I help my mother with the housework.

faccia *s* **1** (viso) face | **avere una faccia annoiata/arrabbiata** to look bored/cross | **dire qc in faccia a qn** to tell sb sth to their face: *Se hai coraggio diglielo in faccia che è colpa sua.* I dare you to tell him to his face that it's his fault. | **ridere in faccia a qn** to laugh in sb's face: *Mi ha riso in faccia quando gli ho chiesto la bici in prestito.* He laughed in my face when I asked to borrow his bike. | **faccia a faccia** face to face: *Mi sono trovato faccia a faccia con un poliziotto.* I found myself face to face with a policeman. **2 faccia tosta** cheek: *Ha avuto anche la faccia tosta di chiedermi un prestito!* He even had the cheek to ask me for a loan! | *Che faccia tosta!* What a cheek! **3** (superficie, lato) face

F

facciata *s* **1** (di edificio) facade **2** (di pagina) side: *Ho riempito quattro facciate e ancora non ho finito di scrivere il testo.* I've filled four sides and I still haven't finished my essay.

facile *agg* **1** (semplice) easy: *Mi ha fatto domande facili.* He asked me easy questions. | *Non è stato facile trovare posteggio.* It wasn't easy to find a parking space. | *Non è un tipo facile.* He's not easy to get on with. | **è più facile a dirsi che a farsi** it's easier said than done **2** l'espressione *è facile che*, nel senso di è probabile, in inglese viene resa attraverso l'avverbio **probably**: *È facile che piova.* It will probably rain. | *È facile che sia uscita.* She's probably gone out.

F

facilità *s* invece del sostantivo, si usano l'aggettivo **easy** o l'avverbio **easily**: *Il compito era di una facilità estrema.* The test was extremely easy. | *Ha scavalcato il muro con grande facilità.* He climbed over the wall very easily.

facoltà *s* **1** (capacità) faculty (pl faculties) **2** (autorità) power **3** (universitaria) faculty (pl faculties): *la facoltà di medicina* the Faculty of Medicine

facoltativo, -a *agg* optional

fagiano *s* pheasant

fagiolini *s pl* green beans

fagiolo *s* **1** bean **2** **capitare a fagiolo** to come at just the right time: *Capiti a fagiolo! Avevo proprio bisogno di te.* You've come at just the right time! You're just the person I need!

fagotto *s* **1** (pacco) bundle | **far fagotto** to leave: *Meglio far fagotto prima che arrivi qualcuno!* We'd better leave before someone comes! **2** (strumento) bassoon

fai da te *s* DIY [Do It Yourself]

falce *s* scythe

falciare *v* (grano, erba) to scythe

falco *s* hawk

falegname *s* carpenter

falegnameria *s* **1** (laboratorio) carpenter's shop **2** (attività) carpentry

fallimento *s* **1** (insuccesso) failure: *Il nostro progetto si è risolto in un fallimento clamoroso.* Our plan turned out to be a complete failure. **2** (di azienda, attività) bankruptcy

fallire *v* **1** (non riuscire) to fail: *Anche l'ultimo tentativo è fallito.* The last attempt also failed. **2** (azienda) to go bankrupt **3** **fallire il bersaglio** to miss the target

fallito, -a *aggettivo e sostantivo*

• *agg* **1** (non riuscito) unsuccessful: *Dopo l'ultimo tentativo fallito ho deciso di lasciar perdere.* After the last unsuccessful attempt I decided to give up. **2** (in bancarotta) bankrupt

• *s* failure

fallo *s* **1** (nel calcio) foul: *Il difensore ha commesso un fallo.* The defender committed a foul. **2** **doppio fallo** double fault **3** **mettere un piede in fallo** to slip: *Ho messo un piede in fallo e sono caduto.* I slipped and fell.

falsificare *v* to forge: *Luca ha falsificato la firma di suo padre.* Luca forged his father's signature.

falso, -a *aggettivo e sostantivo*

• *agg* **1** (gioiello, documento) fake: *gioielli falsi* fake jewellery **2** (banconote) counterfeit: *Migliaia di banconote false sono già in circolazione.* Thousands of counterfeit notes are already in circulation. **3** (non vero) false, untrue: *Quello che ha detto è assolutamente falso.* What he said is completely untrue.

• **falso** *s* **1** (quadro) fake **2** **giurare/dichiarare il falso** to commit perjury

falò *s* bonfire

fama *s* **1** (successo) fame | **di fama mondiale** world-famous: *un compositore di fama mondiale* a world-famous composer **2** (reputazione) reputation: *Come avvocato ha un'ottima fama.* He has an excellent reputation as a lawyer. | *Ha sempre avuto la fama di bugiardo.* He's always had a reputation as a liar.

fame *s* **1** **avere fame** to be hungry: *A che ora si mangia? Ho fame!* What time are we eating? I'm hungry! **2** (denutrizione) hunger: *il problema della fame nel mondo* the problem of world hunger **3** **morire di fame** **a)** to die of hunger **b)** (avere molta fame) to be starving: *Sto morendo di fame!* I'm starving!

famiglia *s* family (pl families): *Nella mia famiglia siamo in quattro.* There are four of us in my family. | *Passerò le vacanze in famiglia.* I'll be spending the holidays with my family.

familiare, anche **famigliare** *aggettivo e sostantivo*

• *agg* **1** (della famiglia) si usa il sostantivo **family** in funzione di aggettivo: *la vita familiare* family life **2** (conosciuto) familiar: *Ha una faccia familiare.* Her face looks familiar. | *Questo genere di situazione mi è molto familiare.* I'm very familiar with this type of situation. **3** (linguaggio) colloquial: *È una parola di uso familiare.* It's a colloquial word.

• *s* family member | **i miei/tuoi/suoi ecc. familiari** my/your/his etc family [singolare]

famoso, -a *agg* famous: *È diventato famoso con il primo film.* His first film made him famous.

fan *s* fan: *i fan della musica house* fans of house music

fanale *s* **1** (di bici, di nave) light **2** (di auto) headlight

fanatico, -a *aggettivo e sostantivo*
- *agg* fanatical
- *s* **1** (ammiratore) fanatic: *i fanatici del calcio* football fanatics | *un fanatico del fai da te* a DIY enthusiast | *Sono un fanatico dei film dell'orrore.* I love horror films. **2** (estremista) fanatic: *La marcia è stata interrotta da un gruppo di fanatici.* The march was disrupted by a group of fanatics.

fango *s* mud: *La bici è tutta sporca di fango.* The bike is completely covered in mud.

fannullone, -a *s* lazy thing

fantascienza *s* science fiction: *un film di fantascienza* a science-fiction film

fantasia *sostantivo e aggettivo*
- *s* **1** (immaginazione) imagination: *Ha molta fantasia.* He's got lots of imagination. **2** (sogno) *Queste sono solo tue fantasie!* You're just imagining things! **3** (di tessuto) pattern: *una fantasia a fiori* a floral pattern
- *agg* patterned: *un tessuto fantasia* a patterned fabric

fantasma *s* ghost

fantastico, -a *agg* **1** (immaginario) imaginary **2** (bellissimo) fantastic: *Venite anche voi? Ma è fantastico!* You're coming too? That's fantastic!

fantino *s* jockey

farcire *v* (carne, verdura) to stuff

fard *s* blusher

fare *v* ► vedi riquadro

farsi *v rifl* **1** (diventare) to get, to become [più formale]: *Come ti sei fatta alta!* You've got really tall! | *Devo andare, si è fatto tardi.* It's late – I've got to go. | *Di colpo, si è fatto serissimo.* All of a sudden, he became extremely serious. **2** (drogarsi) to do drugs

farfalla *s* **1** (insetto) butterfly (pl butterflies) **2** (nel nuoto) butterfly | **nuotare a farfalla** to do (the) butterfly

farina *s* flour

farmacia *s* **1** (negozio) chemist's: *È un prodotto che trovi solo in farmacia.* This product is only available from chemists'. | **farmacia di turno** late-night chemist's **2** (materia) pharmacy: *È laureato in farmacia.* He's a pharmacy graduate.

farmacista *s* chemist

faro *s* **1** (di auto, moto) headlight **2** (di bicicletta) light **3** (in mare) lighthouse

fascia *s* **1** (di carta, tessuto) band: *Il vestito ha una fascia di raso nero in vita.* The dress has a black satin band around the waist. | **fascia per capelli** hairband | **la fascia tricolore** the tricolour sash **2** (per bendare) bandage | **fascia elastica** elasticated bandage **3** **fascia d'età** age group: *la fascia d'età dai quindici ai*

---

fare *verbo*

1 La traduzione generica di fare è **to do**:

Devi fare quello che ti dico. You must do as I say. | *Non ho ancora fatto i compiti.* I still haven't done my homework. | *Faccio aerobica due volte alla settimana.* I do aerobics twice a week. | *Oggi abbiamo fatto la seconda guerra mondiale.* Today we did the Second World War. | *Non riesco a fare queste parole crociate.* I can't do this crossword puzzle. | *Dobbiamo ancora fare dieci chilometri.* We've still got ten kilometres to do.

2 Si usa **to make** per i seguenti significati

FABBRICARE, CREARE, PRODURRE

Vi faccio un caffè? Shall I make you a coffee? | *Questo golf è fatto di pura lana vergine.* This sweater is made of pure new wool. | *Cerca di non fare rumore.* Try not to make any noise.

NELLE OPERAZIONI ARITMETICHE

Tre più otto fa undici. Three plus eight makes eleven.

PER PROPOSTA, SUGGERIMENTO ECC.

Posso fare un'osservazione? May I make a comment? | *Mi hanno fatto un'offerta interessante.* They've made me an interesting offer.

3 FARE + INFINITO

FORZARE, CAUSARE = TO MAKE

Le sue battute non mi fanno ridere. His jokes don't make me laugh. | *Fumare mi fa bruciare la gola.* Smoking makes my throat burn.

PERMETTERE = TO LET

Mi fai leggere la sua lettera? Will you let me read his letter? | *Fammi provare.* Let me try.

4 ALTRI CASI

CON PROFESSIONI (= TO BE)

Vorrei fare il giornalista. I'd like **to be a** journalist. | *Sua madre fa il medico.* His mother **is a** doctor.

CON CONDIZIONI ATMOSFERICHE (= TO BE)

Se fa bel tempo, facciamo una grigliata. If the weather is fine, we'll have a barbecue. | *Oggi fa freddissimo.* It's freezing today.

5 ESPRESSIONI

farcela to manage: *Ce la fai ad aprire la porta?* Can you manage to open the door? | **non farcela più**: *Non ce la faccio più!* I can't take any more! | **come si fa?**: *Come si fa a telefonare in Inghilterra?* What do you do to call England? | **far bene/male (a qn)** to be good/bad (for sb): *Un po' di ginnastica ti farebbe bene.* A bit of exercise would be good for you. | **non fare che** to do nothing but: *Non fa che lamentarsi!* She does nothing but moan!

---

diciott'anni the fifteen to eighteen-year-old age group | **fascia oraria** time slot **4 la fascia equatoriale/tropicale** the equatorial/tropical zone

fasciare *v* **1** (ferita, braccio) to bandage: *Dopo la caduta mi hanno subito fasciato la caviglia.* After my fall they immediately bandaged my ankle. **2** (aderire a) to cling to: *Questa gonna mi fascia troppo i fianchi.* This skirt clings to my hips too much.

fascicolo *s* **1** (pubblicazione) part: *una guida a Internet in dieci fascicoli* a ten-part guide to the Internet **2** (dossier) file

F

fascino *s* charm: *l'intramontabile fascino di Venezia* the eternal charm of Venice | *una moda che esercita un grande fascino sui giovani* a fashion that appeals enormously to youngsters | *È un uomo pieno di fascino.* He's a very charming man.

fascio *s* **1 un fascio di legna** a bundle of firewood **2 un fascio di luce** a beam of light

fascismo *s* fascism

fascista *agg e s* fascist

fase *s* **1** (periodo) stage: *In questa fase della malattia è importante non prendere freddo.* During this stage of the illness it is important to keep warm. **2** (di luna, pianeti) phase

fastidio *s* **dare fastidio a qn a)** (irritare) to irritate sb: *Mi dà fastidio dovergli sempre prestare le cose.* It irritates me always having to lend him things. **b)** (disturbare) to bother: *Ti dà fastidio se fumo?* Does it bother you if I smoke?

fastidioso, -a *agg* irritating

fata *s* fairy (pl fairies)

fatale *agg* **1** (incidente, errore) fatal: *Il morso di una vipera può essere fatale.* The viper's bite can be fatal. | **essere fatale a qn** to be fatal for sb: *Quell'attimo di distrazione gli è stato fatale.* That moment of distraction proved fatal for him. **2** (inevitabile) inevitable: *Era fatale che finisse così!* It was inevitable that it would end like this!

fatica *s* **1** (sforzo) effort: *Che fatica studiare con questo caldo!* It's such an effort, studying in this heat! | *Ho fatto fatica ad addormentarmi.* I couldn't get to sleep. | *Cercare di farlo ragionare è fatica sprecata.* It's a waste of effort trying to get him to see reason. | **a fatica** *Si è rialzato a fatica da terra.* He struggled to his feet. | *Respira a fatica.* She's having difficulty breathing. **2** (stanchezza) tiredness

faticoso, -a *agg* tiring

fatto *aggettivo e sostantivo*

• *agg* **1** (costruito) made: *È fatto di plastica.* It's made of plastic. | *Questi pantaloni sembrano fatti apposta per te.* These trousers seem tailor-made for you. | **fatto a mano** handmade: *un maglione fatto a mano* a handmade sweater | **fatto in casa** home-made: *biscotti fatti in casa* home-made biscuits
2 ecco fatto! That's it, finished!
3 non essere fatto per qc not to be cut out for sth: *Non sono fatto per il campeggio!* I'm not cut out for camping! | **non essere fatto per qn** not to be right for sb: *Quel ragazzo non è fatto per te.* That boy isn't right for you.
4 (drogato) stoned

• *s* **1** (evento) event: *un fatto realmente accaduto* a real event | *Mi ha raccontato i fatti.* He told me what happened.
2 (risultato concreto) action: *Basta con le promesse, adesso vogliamo i fatti!* Enough promises, we want action now! | **fatto sta** the fact is: *Non so chi glielo abbia detto; fatto sta che ormai sa tutto.* I don't know who told him. The fact is that he now knows everything. | **cogliere qn sul fatto** to catch someone red-handed: *Non puoi negare: ti ho colto sul fatto!* You can't deny it. I caught you red-handed!
3 in fatto di on: *uno dei massimi esperti in fatto di teatro Shakespeariano* one of the leading experts on Shakespearian theatre
4 farsi i/pensare ai fatti miei/suoi ecc. to mind your own business: *Pensa ai fatti tuoi!* Mind your own business! | **per i fatti propri** on your own: *Se non ti dispiace, preferisco starmene un po' per i fatti miei.* If you don't mind, I'd rather be on my own for a while. | *Se n'è andato per i fatti suoi.* He went off on his own.

fattore *s* **1** (elemento) factor: *Dobbiamo considerare anche il fattore rischio.* We also have to consider the risk factor. **2** (in matematica) factor

fattoria *s* farm ▶ vedi nota FALSE FRIEND sotto **factory**

fattura *s* (documento) invoice

fauna *s* fauna

fava *s* broad bean

favola *s* (fiaba) fairy tale ▶ per le favole brevi a sfondo morale, di solito con degli animali come protagonisti, si usa il termine **fable**: *le favole dei fratelli Grimm* Grimm's fairy tales | *la favola della lepre e la tartaruga* the fable of the hare and the tortoise

favoloso, -a *agg* (magnifico) wonderful: *Ci hanno servito una cena favolosa.* They cooked us a wonderful supper.

favore *s* **1** (piacere) favour: *Posso chiederti un favore?* Can I ask you a favour? | **fare un favore a qn** to do sb a favour: *Mi fai un favore?* Will you do me a favour? | *Mi hai fatto un grande favore ad accompagnarmi!* You did me a big favour in coming with me! | **per favore** please: *Per favore, mi presti una penna?* Can you lend me a pen, please? **2 a favore di qc/qn a)** (voto, marcia) for sth/sb: *una marcia a favore della pace* a march for peace **b)** (iniziative, spettacolo) in aid of sth/sb: *un concerto a favore degli alluvionati* a concert in aid of the flood victims | **in favore di qn** on sb's behalf: *L'insegnante di inglese è intervenuta in loro favore.* The English teacher intervened on their behalf. **3** (approvazione) approval: *Il disco non ha incontrato il favore della critica.* The record has not met with approval from the critics.

favorevole *agg* **1** (a favore) favourable: *La proposta ha riscosso una reazione favorevole.* The proposal has received a favourable response. | **favorevole a qn/qc** in favour of sb/sth: *Siamo tutti favorevoli alle riforme.* We are all in favour of the reforms. **2** (adatto) suitable: *Ti conviene aspettare un momento più favorevole per parlarle.* You'd better wait for a more suitable time to speak to her.

favorire *v* **1** (aiutare) to help: *La lontananza non favorisce il nostro rapporto.* Distance doesn't help our relationship. | *Non voglio favorire nessuno.* I don't want to favour anyone. **2** (stare dalla parte di) to favour **3 vuoi/vuole favorire un cioccolatino?** Can I tempt you to a chocolate?

favorito, -a *aggettivo e sostantivo*

• *agg* **1** (preferito) favourite: *Il calcio è il mio sport favorito.* Football is my favourite sport. **2** (nello sport) invece dell'aggettivo, si usa di solito il sostantivo **favourite**: *Ha vinto la squadra favorita.* The favourites won.

• *s* **1 il favorito dell'insegnante** the teacher's pet **2** (nello sport) favourite

fax *s* fax (pl faxes): *Te lo mando via fax.* I'll send it to you by fax.

fazzoletto *s* **1** (da naso) handkerchief, hankie [informale]: *Hai un fazzoletto?* Have you got a handkerchief? | **fazzoletto di carta** (paper) tissue **2** (foulard) scarf (pl scarves)

febbraio *s* February ▶ vedi Active Box **mesi** sotto **mese**

febbre *s* **1** temperature: *Ha la febbre a 40.* She's got a temperature of 40° C. | *Misurati la febbre.* Take your temperature. | **avere la febbre** to have a temperature: *Ho un po' di febbre.* I've got a bit of a temperature. **2 la febbre dell'oro** gold fever

fecondazione *s* insemination | **fecondazione artificiale** artificial insemination

fede *s* **1** (convinzione) faith **2 tener fede a un impegno** to honour a commitment **3** (anello) wedding ring

fedele *aggettivo e sostantivo*

• *agg* **1** (amico, cane) faithful **2** (copia, traduzione) faithful: *La copia è fedele all'originale.* The copy is faithful to the original.

• *s* **i fedeli** (nelle religioni) the faithful

fedeltà *s* **1** (lealtà) fidelity **2 ad alta fedeltà** hi-fi: *un impianto ad alta fedeltà* hi-fi equipment

federa *s* pillowcase

federazione *s* **1** (di Stati) federation **2** (associazione) federation: *la Federazione Italiana del Tennis* the Italian Tennis Federation

fegato *s* **1** liver **2 mangiarsi il fegato** to be fuming: *Si sta ancora mangiando il fegato per essersi lasciata sfuggire quell'occasione!* She's still fuming because she let that opportunity slip by! **3** (coraggio) guts [sempre plurale]: *Ci vuole un bel fegato!* You really need guts! | *Voglio vedere se hai il fegato di fare quello che dici!* I want to see if you've got the guts to do what you say!

felce *s* fern

felice *agg* **1** (persona, periodo) happy: *una coppia felice* a happy couple | *Sono felice di sapere che sei stato promosso.* I'm delighted to hear you've passed. | **essere felice di fare qc** to be delighted to do sth **2** (idea, scelta) good: *Non è stata un'idea molto felice.* It wasn't such a good idea.

felicità *s* happiness

felino *aggettivo e sostantivo*

• *agg* catlike, feline [più formale]: *uno scatto felino* a catlike leap | *agilità felinà* feline agility

• *s* cat

felpa *s* (indumento) sweatshirt

feltro *s* felt: *un cappello di feltro* a felt hat

femmina *sostantivo e aggettivo*

• *s* **1** (bambina, ragazza) girl: *lo spogliatoio delle femmine* the girls' changing room | *Hanno tre figli: un maschio e due femmine.* They have three children – a boy and two girls. **2** (animale) female: *l'unica femmina della cucciolata* the only female in the litter

• *agg* female: *Solo le zanzare femmine pungono.* Only female mosquitoes bite.

Quando si usa *in*, *on* e *at*? Vedi alla voce in.

femminile *aggettivo* e *sostantivo*
- *agg* **1** (parola, sesso) feminine **2** (scuola) girl's, (squadra) women's: *la squadra femminile di pallanuoto* the women's water polo team **3** **abbigliamento femminile** ladieswear | **riviste femminili** women's magazines **4** (abito, grazia) feminine: *un abito molto femminile* She was wearing a very feminine dress.
- *s* feminine | **al femminile** in the feminine

femminista *agg* e *s* feminist

F

femore *s* femur

fendinebbia *s* fog lamp

fenicottero *s* flamingo (pl flamingoes)

fenomenale *agg* amazing: *Gli effetti speciali del film sono semplicemente fenomenali!* The special effects in the film are simply amazing!

fenomeno *s* **1** phenomenon (pl phenomena): *un fenomeno naturale* a natural phenomenon | *il fenomeno musicale dell'anno* the musical phenomenon of the year **2** (persona) invece del sostantivo si usa l'aggettivo **amazing**: *Che fenomeno, quella sciatrice!* That skier is amazing!

feriale *agg* **giorno feriale** working day

ferie *s pl* holiday (BrE), vacation (AmE): *Mio padre prende le ferie in agosto.* My father takes his holidays in August. | **essere in ferie** to be on holiday | **prendere un giorno di ferie** to take a day off

ferire *v* **1** (fisicamente) to wound: *Il proiettile lo ha ferito ad una gamba.* The bullet wounded him in the leg. **2** (moralmente) to hurt: *Non te l'ho detto per non ferirti.* I didn't tell you because I didn't want to hurt you.
ferirsi *v rifl* to be hurt, to be injured ▶ **to be hurt** è il termine più generico, mentre **to be injured** è usato quando si tratta di una lesione più grave: *Si è ferito qualcuno nell'incidente?* Was anyone hurt in the crash? | *Si è ferita gravemente in un incidente d'auto.* She was badly injured in a car crash. | **ferirsi a un braccio/alla testa** to hurt your arm/your head: *Si è ferita a un braccio.* She hurt her arm.

ferita *s* **1** (fisica) wound ▶ per una ferita superficiale si usa **cut**: *una ferita da arma da fuoco* a gunshot wound | *La ferita non si è ancora rimarginata.* The wound still hasn't healed. | *Nell'incidente ha riportato solo una lieve ferita alla testa.* She suffered only a slight cut on the head in the accident. **2** (morale) wound: *Non vorrei riaprire vecchie ferite.* I don't want to re-open old wounds.

ferito, -a *aggettivo* e *sostantivo*
- *agg* injured, hurt, wounded ▶ vedi nota sotto
- *s* **i feriti** the injured, the wounded

injured, hurt or wounded?

injured viene usato quando si tratta di un'azione non intenzionale, come una caduta o un incidente; **hurt** si usa negli stessi casi ma ha anche un senso figurato. **wounded** viene usato quando si tratta di un'aggressione, di solito con un'arma, e comporta la perdita di sangue:

Nell'incidente sono rimasti feriti due giovani. Two youngsters were injured in the accident. | *I soldati feriti sono stati trasportati in ospedale.* The wounded soldiers were taken to hospital.

fermaglio *s* **1** (per capelli) hair clip **2** (di collana) clasp

fermare *v* **1** (interrompere) to stop: *Un tipo mi ha fermato per strada.* A guy stopped me in the street. | *Il treno ferma a Bologna.* The train stops in Bologna. **2** (arrestare) to arrest: *La polizia ha fermato i due sospetti.* The police have arrested the two suspects. **3** (fissare) to fix: *Ferma quel bottone, altrimenti si stacca.* Fix that button, otherwise it'll fall off.
fermarsi *v rifl* **1** (fare una sosta) to stop: *Il treno si è fermato.* The train stopped. | *Possiamo fermarci un momento?* Can we stop for a moment? **2** (trattenersi) to stay: *Perché non vi fermate a pranzo?* Why don't you stay for lunch? | **fermarsi a fare qc** to stop to do sth: *Mi sono fermata a chiacchierare con un'amica.* I stopped to chat with a friend. **3** (non funzionare più) to stop: *Mi si è fermato l'orologio.* My watch has stopped.

fermata *s* stop: *una fermata dell'autobus* a bus stop | *Scendo anch'io alla prossima fermata.* I'm getting off too at the next stop. | *Fra quante fermate devo scendere?* How many stops is it until I have to get off? | **fermata a richiesta** request stop

fermo, -a *aggettivo* e *sostantivo*
- *agg* **1** (persona) still | **rimanere/stare fermo** to keep still: *E stai un po' fermo mentre faccio la foto!* Just keep still for a minute while I take the photo! **2** (veicolo) stationary **3** **essere fermo** *Il mio orologio è fermo, sai che ore sono?* My watch has stopped. Do you know what time it is? **4** (tono, convinzione) firm: *Ha detto di no con tono fermo.* He said no in a firm voice.
- **fermo** *s* **1** (blocco) bolt: *Hai messo il fermo alla porta?* Have you bolted the door? **2** **in stato di fermo** under arrest

feroce *agg* **1** (animale, bestia) ferocious **2** (assassino, odio) fierce

ferragosto *s* (giorno) 15th August ▶ Il 15 agosto non è un giorno festivo nei paesi anglosassoni. Per spiegare cos'è la vacanza di ferragosto, puoi dire **the mid-August bank holiday in Italy.**

ferramenta *s* ironmonger's

ferro *s* **1** (metallo) iron: *una spranga di ferro* an iron bar | **ferro battuto** wrought iron | **toccare ferro** (per scongiuro) to touch wood **2** (oggetto) tool | **ferri (da calza)** knitting needles | **fare un maglione ai ferri** to knit a sweater **3 ai ferri** (carne, pesce) grilled: *una bistecca ai ferri* a grilled steak

ferro da stiro iron **ferro di cavallo** horseshoe

ferrovia *s* **1** (strada ferrata) railway (BrE), railroad (AmE): *Da qui non passa la ferrovia.* The railway doesn't come through here. **2** (servizio) railway (BrE), railroad (AmE): *le Ferrovie dello Stato* the Italian state railways

ferroviario, -a *agg* si usa il sostantivo **railway** (o **railroad** in inglese americano) in funzione di aggettivo: *la stazione ferroviaria* the railway station

fertile *agg* fertile

fessura *s* (apertura) crack: *una fessura nel muro* a crack in the wall

festa *s* **1** (vacanza) holiday: *Lunedì è festa.* Monday **is a holiday**. | *Il 25 aprile è festa nazionale in Italia.* April 25th is a public holiday in Italy. | **le feste di Natale/di Pasqua** the Christmas/Easter holidays | **buone feste!** have a good holiday! | **fare festa** (fare vacanza) to have a day/some time off: *Giovedì si fa festa a scuola.* On Thursday we're having the day off from school. **2** (trattenimento) party (pl parties): *Sei invitato anche tu alla festa?* Are you invited to the party too? | *una festa di compleanno* a birthday party | **dare una festa** to have a party **3 la festa della mamma/del papà** Mother's/Father's Day

festeggiamento *s* celebration: *i festeggiamenti di Capodanno* New Year's celebrations

festeggiare *v* to celebrate: *Festeggiamo il suo compleanno domani.* We're celebrating his birthday tomorrow.

festivo, -a *agg* **giorno festivo** holiday

feto *s* foetus (pl foetuses)

fetta *s* (di cibo) slice | **fetta biscottata** l'equivalente più prossimo in inglese **Melba toast**

fiaba *s* fairy tale: *un libro di fiabe* a book of fairy tales | *Mi racconti una fiaba?* Will you tell me **a story**?

fiacco, -a *agg* listless: *Oggi mi sento un po' fiacca.* I feel a bit listless today.

fiaccola *s* torch (pl torches) | **la fiaccola olimpica** the Olympic torch

fiala *s* phial

fiamma *s* (fuoco) flame: *la fiamma della candela* the candle flame | **essere in fiamme** to be in flames

fiammifero *s* match (pl matches)

fianco *s* **1** (lato) side: *Ho un dolore al fianco sinistro.* I've got a pain on my left side. | **a fianco di** beside: *Luca si è seduto a fianco di Sabrina.* Luca sat down beside Sabrina. | **di fianco a** next to: *Abito di fianco alla farmacia.* I live next to the chemist's. | **mettersi di fianco** (di profilo) to turn to the side **2** (anca) hip: *Questa cintura va portata bassa sui fianchi.* This belt should be worn low on your hips.

fiasco *s* **1** (di vino) flask **2** (insuccesso) fiasco

fiatare *v* **non fiatare** to not say a word: *Non ha fiatato* He didn't say a word | **senza fiatare** without saying a word

fiato *s* **1** (respiro) breath: *Trattieni il fiato.* Hold your breath. | **avere il fiato grosso** to be out of breath | **riprendere fiato** to get your breath back | **bere qc tutto d'un fiato** to drink sth down in one: *L'ha bevuto tutto d'un fiato.* She drank it down in one. | **stare con il fiato sospeso** to hold your breath | **è fiato sprecato** don't waste your breath: *Dirle di mettere a posto le sue cose è fiato sprecato.* Don't waste your breath telling her to tidy up her things. **2** (alito) breath

fibbia *s* buckle

fibra *s* **1** (di muscolo, alimenti) fibre: *una dieta ricca di fibre* a diet rich in fibre **2** (tessile) fibre | **fibre ottiche** optic fibres

ficcanaso *s* nosy parker

ficcare *v* **1** (mettere) to put: *Dove avrò ficcato il portafoglio?* Now, where could I have put my wallet? | **ficcare il naso in qc** to poke your nose into sth: *Deve sempre ficcare il naso dappertutto.* She always pokes her nose into everything. **2** (infilare) to stuff: *Ho ficcato tutto nello zaino.* I stuffed everything into my backpack.

ficcarsi *v rifl* to get to: *Ma dove ti eri ficcato?* Where did you get to? | *Chissà dove si sono ficcati i miei occhiali!* Who knows where my glasses have got to!

fico *s* **1** (frutto) fig | **fichi secchi** dried figs **2** (albero) fig tree

fidanzamento *s* engagement

fidanzarsi *v rifl* to get engaged: *Si sono fidanzati l'estate scorsa.* They got **engaged** last summer. | *Si è fidanzato con Roberta.* He's got engaged **to** Roberta.

fidanzato, -a *aggettivo e sostantivo*

- *agg* engaged: *È fidanzata con un ragazzo di Bari.* She's **engaged to** a guy from Bari.
- *s* quando ci si riferisce al ragazzo o alla

F

ragazza di qualcuno, si usa **boyfriend** per fidanzato e **girlfriend** per fidanzata. **Fiancé**, al femminile **fiancée**, si riferisce alla persona con la quale ci si è scambiata una promessa di matrimonio: *Non ha mai avuto un fidanzato.* She's never had a boyfriend. | *Ha presentato la fidanzata a tutta la famiglia.* He introduced his fiancée to the entire family.

fidarsi *v rifl* **fidarsi di qn** to trust sb | **fidarsi di qc** to believe in sth: *Si fida ciecamente di quello che gli dice il fratello.* He believes whatever his brother tells him. | **fidarsi a fare qc** to be happy about doing sth: *Ti fidi a lasciarlo da solo?* Are you happy about leaving him on his own?

fiducia *s* confidence: *Mi ha sempre ispirato fiducia.* He has always inspired confidence in me. | **avere fiducia in se stesso** to have self-confidence: *Non ha molta fiducia in se stessa.* She doesn't have much self-confidence. | **una persona di fiducia** a reliable person

fienile *s* hayloft

fieno *s* hay

fiera *s* **1** (mostra) fair: *la fiera del libro* the book fair **2** **la fiera dei vini/del tartufo** the wine/truffle festival

fiero *agg* proud | **essere fiero di qn/qc** to be proud of sb/sth: *Sono fiero di te.* I am proud of you.

fifa *s* **che fifa!** what a scare! | **avere fifa** to be scared: *Ho una gran fifa dell'interrogazione.* I'm really scared of the oral exam.

fifone, -a *s* wuss (pl wusses)

figliastro, -a *s* **figliastro** stepson | **figliastra** stepdaughter | **figliastri** (maschi e femmine) stepchildren

figlio, -a *s* **figlio** son | **figlia** daughter | **figli** (maschi e femmine) children: *È la figlia di Giovanna.* She's Giovanna's daughter. | *Il figlio minore ha tredici anni.* The youngest son is thirteen years old. | *Hanno tre figli.* They have three children. | **figlio di papà** spoilt young man | **figlio unico** only child

figlioccio, -a *s* **figlioccio** godson | **figlioccia** god-daughter | **figliocci** (maschi e femmine) godchildren

figura *s* **1** (illustrazione) illustration **2** **fare una bella/brutta figura** to make a good/bad impression | **fare la figura del cretino** to make an idiot of yourself: *Ho fatto la figura del cretino.* I made an idiot of myself. **3** (forma) figure: *le figure geometriche* geometric figures **4** (personaggio) figure **5** **per figura** for show

figurare *v* **1** **figurati/figuriamoci se** as if: *Figurati se ti dà una mano!* As if he'd give you a hand! | **figurati che** and to think (that): *Figurati che avevo perfino pensato di chiamarlo.* And to think I'd even thought of calling him. **2** **figurati!**: – *Grazie – Figurati!* "Thank you." "Don't mention it!" | – *Disturbo? – Figurati!* "Am I bothering you?" "Not at all!" **3** (comparire) to appear: *Il mio nome non figura nella lista.* My name doesn't appear on the list.

figurina *s* sticker

fila *s* **1** (coda) queue (BrE), line (AmE): *Sono stato in fila per ore.* I was in the queue for hours. | **fare la fila** to queue (BrE), to stand in line (AmE) **2** (di posti) row: *A teatro eravamo in prima fila.* We were in the front row at the theatre. **3** (successione) row: *una fila di alberi* a row of trees | **in fila indiana** in single file | **di fila** in a row: *Ha piovuto per tre giorni di fila.* It rained for three days in a row.

filare *sostantivo e verbo*
- *s* row: *un filare di pioppi* a row of poplars
- *v* **1** **filare (via)** to shoot off: *Sono filati via appena è suonata la campanella.* They shot off as soon as the bell rang. | **fila via!** get lost! | **filarsela** to clear off: *Filiamocela, sta arrivando la prof.* We'd better clear off, the teacher's coming. | **filare dritto** to toe the line **2** (discorso) to make sense: *Il suo ragionamento fila.* His argument makes sense. **3** (formaggio) to melt **4** **filare la lana** to spin wool

filetto *s* fillet

filiale *s* branch (pl branches)

Filippine *s pl* **le Filippine** the Philippines

filippino, -a *aggettivo, e sostantivo*
- *agg* Filipino, Philippine
- *s* (persona) **filippino** Filipino | **filippina** Filipina | **filippini** (uomini e donne) Filipinos
- **filipino** *s* (lingua) Filipino

film *s* film: *un film dell'orrore* a horror film | *Che film danno all'Odeon?* What film's on at the Odeon?

filmare *v* to film

filo *s* **1** (per cucire) thread | **filo interdentale** dental floss **2** (elettrico, del telefono) wire **3** **fil di ferro** metal wire | **filo spinato** barbed wire **4** **perdere il filo** to lose the thread of the conversation: *Cosa stavo dicendo? Ho perso il filo.* What was I saying? I've lost the thread. **5** **per filo e per segno** in the tiniest detail

filosofia *s* **1** (scienza) philosophy **2** **prendere qc con filosofia** to take sth philosophically

filosofo, -a *s* philosopher

filtrare *v* **1** (con colino) to strain **2** (acqua, luce) to filter

filtro *s* filter

finale *aggettivo, sostantivo maschile e sostantivo femminile*
- *agg* (ultimo) final
- *s masc* end: *Il finale del libro è un po' deludente.* The end of the book is a bit

disappointing.
• *s fem* final: *la finale di Wimbledon* the Wimbledon final

finalista *s* finalist

finalmente *avv* finally: *Sei arrivato finalmente! Sono due ore che aspettiamo.* You've finally made it! We've been waiting for two hours. | **finalmente!** at last!

finanza *sostantivo* e *sostantivo plurale*
• *s* finance
• **finanze** *s pl* (soldi) finances: *Le mie finanze sono piuttosto scarse.* My finances are in bad shape.

finché *cong* **1** (fino a quando) until: *Insisti finché non ti risponde.* Keep trying until he replies. **2** (per tutto il tempo che) for as long as: *Tienilo finché vuoi.* Keep it for as long as you want.

fine *aggettivo, sostantivo femminile* e *sostantivo maschile*
• *agg* **1** (sottile) fine **2** (raffinato) elegant
• *s fem* end: *La fine del film è scontata.* The end of the film is obvious. | *Parte alla fine della settimana.* She's leaving at the end of the week. | *Che fine ha fatto Anna?* What's happened to Anna? | *Se ci vedono, è la fine!* If they see us, we've had it! | **in fin dei conti** in the end
• *s masc* **1** (scopo) aim: *Il suo vero fine era screditarti.* His real aim was to discredit you. | *Il fine giustifica i mezzi.* The end justifies the means. **2** **lieto fine** happy ending

fine settimana weekend: *Fai qualcosa questo fine settimana?* Are you doing anything this weekend?

finestra *s* **1** (di casa) window: *La finestra dà sul cortile.* The window overlooks the courtyard. **2** (in informatica) window: *Cliccando sull'icona si apre la finestra.* Click on the icon and the window opens.

finestrino *s* window: *Vorrei un posto accanto al finestrino.* I'd like a seat next to the window.

fingere *v* to pretend: *Secondo me, sta solo fingendo.* In my opinion, he's just pretending. | **fingere di fare qc** to pretend to do sth: *Ha finto di non vedermi.* He pretended not to see me.

fingersi *v rifl* to pretend to be: *Si è finto malato.* He pretended he was ill.

finimondo *s* pandemonium: *È successo il finimondo!* It was complete pandemonium!

finire *v* **1** (terminare) to finish: *Non ho finito il compito d'inglese.* I didn't finish the English test. | *Ho appena finito il libro.* I've just finished the book. | **finire di fare qc** to finish doing sth: *Finisco di mangiare e arrivo.* I'll just finish eating and then I'll be there. | **finire per fare qc** to end up doing sth: *Finirai per farti male.* You'll end up hurting yourself. | **finirla (di fare qc)** to stop (doing sth): *Finiscila di lamentarti!* Stop moaning! | *È ora di finirla!* That's enough! **2** (concludersi) to finish, to end: *La scuola finisce il 12 giugno.* School finishes on 12th June. | *A che ora finisce il concerto?* What time does the concert finish? | *La partita è finita due a uno.* The match ended 2-1. | **(andare a) finire** to end (up): *Com'è andato a finire il film?* How did the film end? | *Va a finire che litigano.* It'll end up with them arguing. | *Attento o finisce che ti bruci.* Be careful or you'll end up burning yourself. | **finire male** to come to a bad end: *Quel ragazzino finirà male.* That boy'll come to a bad end. **3** (cessare) to be over: *Tra noi è tutto finito.* It's all over between us. | *Le vacanze sono già finite.* The holidays are already over. **4** (esaurire) (scorte) to use up, (cibo, bevanda) to finish: *Chi ha finito la carta per la stampante?* Who's used up the paper for the printer? | *Hanno finito tutte le patatine.* They've finished all the chips. | *Ho finito tutti i soldi.* I've spent all the money. **5** (esaurirsi) si usa **to run out of**, ma il soggetto in inglese è la persona che finisce qualcosa: *È finito il dentifricio.* We've run out of toothpaste. **6** (andare) to end up: *L'auto è finita in un fosso.* The car ended up in a ditch. | *Siamo finiti per terra.* We ended up on the ground. | *Dove eravate finiti?* Where did you get to?

finito, -a *agg* **1** (concluso) finished: *Il nostro sito è quasi finito.* Our website is almost finished. **2** (rovinato) finished: *Con quella frattura, come calciatore è finito.* With that fracture he's finished as a footballer. **3** (in matematica, grammatica) finite

finlandese *aggettivo* e *sostantivo*
• *agg* Finnish
• *s* **1** (persona) Finn **2** (lingua) Finnish

Finlandia *s* **la Finlandia** Finland

fino *preposizione, aggettivo* e *avverbio*
• *prep* ► vedi riquadro
• *agg* fine
• *avv* **fin troppo** too much: *Hai già detto fin troppo.* You've said too much already.

finocchio *s* (verdura) fennel

finora *avv* up to now

finta *s* **1** fake | **fare qc per finta** to pretend to do sth: *Litigavano per finta.* They pretended to argue. | **fare finta (di fare qc)** to pretend (to do sth): *Sembrava dormisse ma faceva solo finta.* She looked as though she was sleeping, but she was just pretending. | *Ha fatto finta di non vedermi.* She pretended not to see me. | *Fai finta di niente.* Pretend nothing's happened. **2** (nello sport) dummy (pl dummies)

finto, -a *agg* (baffi, fiori) artificial | **finta pelle** imitation leather

fino *preposizione*

1 NEL TEMPO

fino a si traduce **until** o, più informale, **till**:

Ho aspettato fino alle tre. I waited until three o' clock. | *Siamo rimaste fino alla fine.* We stayed till the end. | *Aspetto fino a domani.* I'll wait until tomorrow. | **fino a quando** how long

fino da, fin da si traduce **since**:

Piove fin da quando sono arrivato. It's been raining since I arrived. | *Si scrivevano fin da allora.* They've been writing to each other since then. | **fin da ora** from now | **fin da bambino** since I/he etc was a child

2 NELLO SPAZIO

fino (a) riferito a una distanza si traduce **as far as**:

Arriviamo fino in fondo alla strada. We'll go as far as the end of the road. | *È venuto con noi fino a Roma.* He came with us as far as Rome.

fino a riferito a un limite superiore o a una quantità si traduce **up to**:

L'acqua mi arrivava fino al collo. The water came up to my neck. | *Posso spendere fino a 50 euro.* I can spend up to 50 euros. | *Ho letto fin qui.* I've read up to here. | **fino in cima** up to the top

fino a riferito a un limite inferiore si traduce **down to**:

Indossava un cappotto lungo fino ai piedi. He was wearing a long coat that went down to his feet. | *Le temperature sono scese fino a -10°C.* Temperatures went right down to -10°C.

fiocco *s* (nastro) bow | **fare i fiocchi alle scarpe** to tie shoelaces in a bow | **coi fiocchi** (ottimo) excellent: *una cena coi fiocchi* an excellent dinner

fiocco di neve snowflake **fiocchi d'avena** oat flakes

fiocina *s* harpoon

fionda *s* catapult

fioraio, -a *s* **1** (persona) florist **2** (negozio) florist's

fiore *s* **1** flower: *fiori finti* artificial flowers | *fiori secchi* dried flowers | **in fiore a)** (pianta) flowering **b)** (albero) blossoming | **a fiori** floral: *una gonna a fiori* a floral skirt **2** (di albero da frutto) blossom: *fiori di ciliegio* cherry blossom

fiorentino, -a *agg* e *s* Florentine

fiorire *v* **1** (fiore, pianta) to flower **2** (albero da frutto) to blossom

Firenze *s* Florence

firma *s* **1** (scritto) signature: *Ci vuole la firma di un genitore.* A parent's signature is required. **2** (atto) signing ▶ Invece del sostantivo si usa generalmente il verbo **sign**:

Domani abbiamo la firma del contratto. The contract will be signed tomorrow. ▶ vedi nota FALSE FRIEND sotto **firm**

firmare *v* to sign: *Firma qui.* Sign here. | *Hanno firmato il trattato di pace.* They signed the peace treaty.

firmato, -a *agg* (abito) si usa il sostantivo **designer** in funzione di aggettivo: *Porta solo abiti firmati.* She only wears designer clothes.

fisarmonica *s* accordion

fiscale *agg* si usa il sostantivo **tax** in funzione di aggettivo: *agevolazioni fiscali* tax breaks ▶ vedi anche **codice**

fischiare *v* **1** (fischiettare) to whistle **2** (con fischietto) to blow a whistle: *L'arbitro ha fischiato il fuorigioco.* The referee blew the whistle for offside. **3** (cantante, attore) to boo: *La cantante è stata fischiata durante tutto il concerto.* The singer was booed throughout the concert. **4** (vento, treno) to whistle

fischietto *s* whistle

fischio *s* **1** (verso) whistle | **fare un fischio a qn** (avvertire) to give sb a shout: *Quando sei pronto, fammi un fischio.* When you're ready, give me a shout. | **fischi** jeers **2** (con fischietto) whistle

fisica *s* physics

fisico, -a *aggettivo, sostantivo* e *sostantivo*

• *agg* **1** (del corpo) physical ▶ vedi anche **educazione** **2** (della fisica) physical

• *s* (studioso) physicist

• **fisico** *s* (corpo) *Ha un fisico perfetto.* He's got a perfect body.

fisioterapia *s* physiotherapy

fissare *v* **1** (attaccare) il verbo in inglese dipende da quello che si usa per fissare qualcosa: **to stick** (con colla, Scotch®), **to pin** (con puntine), **to nail** (con chiodi), ecc.: *Ho fissato il poster al muro con lo scotch.* I stuck the poster to the wall with sticky tape. | *Fissa il foglio in bacheca.* Pin the sheet on the noticeboard. **2** (guardare) to stare at: *Perché mi fissi così?* Why are you

Vuoi una lista di frasi utili per parlare di te stesso? Consulta la **guida alla comunicazione** in fondo al libro.

staring at me like that? **3** (data, prezzo) to fix: *Dobbiamo ancora fissare il giorno e l'ora della partenza.* We still have to fix the departure date and time. **4** (tavolo, appuntamento) to book: *Ho fissato un tavolo per le otto.* I've booked a table for eight o' clock.

fissarsi *v rifl* **1** (volere) to become obsessed: *Si è fissata di fare la modella.* She's become **obsessed with** being a model. **2** (credere) to be obsessed with the idea that: *Si è fissato di stare antipatico a tutti.* He's obsessed with the idea that no one likes him.

fissato, -a *aggettivo e sostantivo*
• *agg* **1** (ossessionato) obsessed: *È fissato con la Formula Uno.* He's obsessed with Formula One. | *Era fissata con la puntualità.* She was obsessed with punctuality. **2 fissato bene/male** secure/not very secure: *Controlla che il gancio sia fissato bene.* Make sure the hook is secure.
• *s* fanatic

fissazione *s* obsession: *Ha la fissazione delle bici da corsa.* He has an **obsession with** racing bikes. | *Aveva la fissazione di essere brutto.* He was convinced that he was ugly.

fisso, -a *aggettivo e avverbio*
• *agg* **1** (immobile) fixed: *I ripiani della libreria sono fissi.* The shelves of the bookcase are fixed. | *I prezzi sono fissi fino al prossimo agosto.* Prices are fixed until next August. **2** (non provvisorio) regular: *Ha il ragazzo fisso?* Does she have a regular boyfriend? | *Non ha ancora un lavoro fisso.* He still doesn't have a steady job. **3 tenere gli occhi fissi su qc/qn** to gaze at sth/sb: *Teneva gli occhi fissi sul fuoco.* She was gazing into the fire. **4 pensiero fisso** obsession: *Il sesso è il suo pensiero fisso.* He's **obsessed with** sex.
• **fisso** *avv* **guardare fisso** to stare: *Mi guardava fisso negli occhi.* He stared into my eyes.

fitta *s* stabbing pain

fitto, -a *agg* (bosco, nebbia) thick

fiume *s* river

fiuto *s* **1** (odorato) sense of smell **2** (intuito) nose: *Ha sempre avuto fiuto per gli affari.* She's always had a nose for business deals.

flacone *s* bottle

flagrante cogliere qn in flagrante to catch sb red-handed: *Lo hanno colto in flagrante mentre rubava al supermercato.* They caught him red-handed shoplifting in the supermarket.

flash *s* (di macchina fotografica) flash (pl flashes)

flauto *s* **1** recorder **2 flauto (traverso)** flute

flessibile *agg* flexible

flessione *s* (sulle braccia) press-up: *Fate 30 flessioni.* Do 30 press-ups.

flipper *s* **1** (gioco) pinball **2** (macchina) pinball machine

flora *s* flora

floscio, -a *agg* **1** (cappello, fiocco) floppy **2** (muscolo, pelle) flabby

flotta *s* fleet

fluido, -a *agg e s* fluid

fluoro *s* (per denti) fluoride: *un dentifricio al fluoro* a fluoride toothpaste

flusso *s* **1** (di liquido, macchine) flow: *Da questa mattina c'è un continuo flusso di macchine verso lo stadio.* There's been a constant flow of cars towards the stadium since this morning. **2** (di persone) stream: *D'estate, c'è un flusso continuo di turisti stranieri in questa zona.* There's a constant stream of foreign tourists through this area in the summer.

fluviale *agg* si usa il sostantivo **river** in funzione di aggettivo: *la navigazione fluviale* river navigation

fobia *s* phobia | **avere la fobia di qc** to have a phobia of sth: *Ho la fobia dei ragni.* I have a phobia of spiders.

foca *s* seal

focaccia *s* (salata) focaccia

foce *s* mouth: *Il porto è alla foce del fiume.* The port is at the mouth of the river.

fodera *s* **1** (di vestito) lining **2** (di libro, poltrona) cover

foderare *v* **1** (internamente) to line: *Ha foderato la gonna perché era un po' trasparente.* She lined her skirt because it was a bit see-through. **2** (esternamente) to cover: *Ho comprato della carta colorata per foderare le scatole.* I've bought some coloured paper to cover the boxes with.

foglia *s* leaf (pl leaves)

foglio *s* **1** (di carta) sheet of paper: *un foglio bianco* a sheet of plain paper | *un foglio a righe* a sheet of lined paper | *un foglio a quadretti* a sheet of squared paper | **foglio protocollo** non esiste un equivalente in inglese; per spiegare che cos'è, puoi dire **a double sheet of lined A4 paper** **2 un foglio di (carta) stagnola** a sheet of tinfoil **3 foglio rosa** provisional (driving) licence **4 foglio elettronico** spreadsheet

fogna *s* sewer

folla *s* crowd: *C'è una gran folla in piazza.* There's a large crowd in the square. | *È sparito tra la folla.* He disappeared into the crowd.

folle *aggettivo e sostantivo*
• *agg* **1** mad, crazy: *Ho fatto una corsa folle per prendere il tram.* I had a mad dash to catch the tram. | *Ho speso una cifra folle per il nuovo computer.* I spent a crazy

F

amount of money on my new computer. **2 in folle** (auto) in neutral
• *s* (uomo) madman (pl madmen), (donna) madwoman (pl madwomen)

follia *s* **1** (stato mentale) madness: *un raptus di follia* a fit of madness | **amare qn alla follia** to be madly in love with sb: *Lo amo alla follia.* I'm madly in love with him. **2** (cosa assurda) : *È una follia sciare con questo tempo.* It's crazy to ski in weather like this. | *Spero che non faccia nessuna follia.* I hope he doesn't do anything stupid.

folto, -a *agg* **1** (capelli, barba) thick **2** (pubblico, gruppo) large: *una folta schiera di visitatori* a large crowd of visitors

fon *s* hairdryer

fondamentale *agg* **1** (indispensabile) essential: *La tua presenza è fondamentale per la nostra squadra.* Your presence is essential for our team. **2** (principale) basic, fundamental [più formale]: *Leggi il testo e cerca di riassumerne i concetti fondamentali.* Read the text and try to summarise the basic ideas.

fondamento *s* basis: *La fiducia è il fondamento dell'amicizia.* Trust is the basis of friendship. | **privo di fondamento** groundless: *La notizia delle sue dimissioni si rivelò priva di fondamento.* The rumours of his resignation turned out to be groundless.
fondamenta (di edificio) foundations
fondamenti basics

fondare *v* (città, organizzazione) to found: *La città è stata fondata dai Romani.* The city was founded by the Romans.
fondarsi *v rifl* **fondarsi su qc** to be based on sth: *Le loro accuse si fondano solo su dei sospetti.* Their accusations are based only on suspicion.

fondatore, -trice *s* founder

fondazione *s* **1** (organizzazione) foundation: *una fondazione di carità* a charitable foundation **2** (di città, scuola) foundation: *La città festeggia oggi il centenario della sua fondazione.* The city is celebrating the centenary of its foundation today.

fondere *v* **1** (sciogliersi) to melt: *Fare fondere il burro.* Melt the butter. **2** (unire) to merge: *È molto difficile fondere due culture così diverse.* It's very difficult to merge two such diverse cultures.
fondersi *v rifl* **1** (sciogliersi) to melt **2** (unirsi) to merge

fondo *s* **1** (parte inferiore) bottom: *il fondo della pentola* the bottom of the pan **2** (parte finale) back: *Sediamoci in fondo.* Let's sit at the back. | *Il secondo, partendo dal fondo, è mio cugino Filippo.* The second from the end, is my cousin Filippo ► vedi anche **cima** **3 in fondo a a)** (nella parte inferiore) at the bottom of: *Il telefono è in fondo alle scale.* The telephone is at the bottom of the stairs. | *in fondo alla pagina* at the bottom of the page **b)** (nella parte finale) at the end of: *Il bagno è in fondo al corridoio.* The bathroom is at the end of the corridor. | *Mi sono messo in fondo alla coda.* I joined the end of the queue. | **in fondo** (tutto sommato) all things considered: *In fondo, ci è andata bene.* All things considered, we were lucky. | **in fondo in fondo** (in realtà) deep down: *In fondo in fondo, avevo paura.* Deep down I was scared. **4** (di mare, fiume) bottom: *L'acqua è così pulita che si vede il fondo.* The water is so clean you can see the bottom. **5 fondo stradale** road surface **6** (corsa) cross-country: *una gara di fondo* a cross-country race ► vedi anche **sci** **7 a fondo** (molto) in depth: *Ho analizzato la questione a fondo.* I've analyzed the issue in depth. | *Non lo conosco a fondo.* I don't know him all that well. **8 fino in fondo** (fino alla fine) right to the end: *Non sono riuscita a leggere il libro fino in fondo: è troppo noioso.* I didn't manage to read the book right to the end. It's too boring.
fondi (soldi) funds, money: *I lavori sono stati sospesi per mancanza di fondi.* Work has been suspended due to a lack of funds. | *Sono un po' a corto di fondi.* I'm a bit short of money.

fonetica *s* phonetics [sempre singolare]

fontana *s* fountain

fonte *s* **1** (sorgente) spring **2** (di informazioni) source: *L'ho saputo da una fonte sicura.* I heard it from a good source. **3 fonte energetica** energy source: *la ricerca di fonti energetiche alternative* the search for alternative energy sources

footing *s* jogging | **fare footing** to go jogging

forare *v* **1** (in macchina, bici) to get a puncture: *Abbiamo forato due volte durante il viaggio.* We had two punctures on the journey. | **forare una gomma/un pallone** to puncture a tyre/a ball **2 forare qc** (parete, lamiera) to drill a hole in sth: *Dobbiamo forare la parete col trapano.* We'll have to drill a hole in the wall.
forarsi *v rifl* (gomma, pallone) to get a puncture: *Il materassino mi si è forato in due punti.* My lilo has got a puncture in two places.

forbici *s* scissors: *un paio di forbici* a pair of scissors

forca *s* (attrezzo) pitchfork

forchetta *s* fork

foresta *s* forest

forestale *s* ► vedi **guardia**

forfora *s* dandruff: *Ho la forfora.* I've got dandruff.

Vuoi sapere di più sui **verbi modali**? C'è una spiegazione nella **guida grammaticale**.

forma *s* **1** (di oggetto) shape: *Che forma ha?* What shape is it? | *un dolce a forma di colomba* a cake in the shape of a dove **2** (condizione fisica) shape | **essere in forma** to be at your best: *Oggi non sono tanto in forma.* I'm not at my best today. | **tenersi in forma** to keep in shape: *Vado in palestra per tenermi in forma.* I go to the gym to keep in shape. **3** (tipo) form: *una forma di vita* a life form **4** **una forma di parmigiano** a whole Parmesan **5** (stampo) mould **6** **rispettare le forme** to keep up appearances

formaggio *s* cheese: *formaggio grattugiato* grated cheese

formale *agg* formal

formare *v* **1** (creare) to form: *Formiamo un cerchio.* Let's form a circle. | *Formano proprio una bella coppia.* They make a really nice couple. **2** (educare) to educate

formarsi *v rifl* to form

formato *s* format: *un documento in formato elettronico* a document in electronic format | *un libro in formato tascabile* a paperback edition | **formato famiglia** family-sized: *una confezione formato famiglia* a family-sized pack | **formato tessera** passport-sized: *una foto formato tessera* a passport-sized photo

formazione *s* **1** (istruzione) education: *I genitori contribuiscono alla formazione dei figli.* Parents contribute to their children's education. | *Ha una buona formazione scientifica.* She has a good scientific background. **2** (professionale) training: *corso di formazione professionale* professional training course **3** (creazione) formation: *la formazione di monossido di carbonio* the formation of carbon monoxide | *Questo sapone previene la formazione dei brufoli.* This soap helps to prevent spots. **4** (nello sport) line-up: *la formazione della nazionale italiana* the Italian line-up

formicaio *s* ant hill

formicolio *s* (solletico) pins and needles: *Ho un formicolio alle mani.* I've got pins and needles in my hands.

formidabile *agg* tremendous: *Il film ha avuto un successo formidabile.* The film was a tremendous success.

formula *s* **1** (chemical) formula: *la formula dell'acqua* the formula for water **2** (frase) formula | **formula magica** magic spell **3** **Formula Uno** Formula One: *un pilota di Formula Uno* a Formula One driver

formica *s* ant

fornello *s* **1** (di cucina a gas) burner **2** (da campeggio) stove

fornire *v* to provide: *un'azienda che fornisce servizi Internet* a firm that provides internet services | **fornire qc a qn/qc** to supply sb/sth with sth: *Mi ha fornito tutte le informazioni necessarie.* He supplied me with all the necessary information.

fornirsi *v rifl* **fornirsi di qc** to get sth: *Dobbiamo fornirci di tutto l'occorrente per il viaggio.* We have to get what we need for the journey.

forno *s* oven: *Accendi il forno.* Light the oven. | *Qui dentro è un forno!* It's like an oven in here! | **al forno** *agnello al forno* roast lamb | **forno a microonde** microwave (oven)

forse *avv* **1** (probabilmente) perhaps, maybe [più informale]: *Vieni anche tu in gita? – Forse.* "Are you coming with us?" "Maybe." | *È forse il peggior ristorante in cui sia mai stato.* It's possibly the worst restaurant I've ever been to. | **forse sì** maybe: *– Lo sa già? – Forse sì.* "Does he already know?" "Maybe". | **forse no** maybe not: *– È troppo tardi? – Forse no.* "Is it too late?" "Maybe not." **2** (circa) about: *Saranno forse due chilometri.* It's about two kilometres. **3** (per caso) di solito, non si traduce: *Pensi forse che io sia meno stanca?* Look, I'm just as tired as you are!

forte *aggettivo, avverbio e sostantivo*

• *agg* **1** (persona, sentimento) strong: *È così forte che riesce a sollevare il pianoforte da solo.* He's so strong he can lift the piano on his own. | *Ha una forte antipatia nei miei confronti.* He really dislikes me.

2 (rumore, suono) loud: *Abbassa il volume: è troppo forte.* Turn the volume down – it's too loud.

3 (pioggia, grandinata) heavy, (vento, corrente) strong

4 (raffreddore, dolore) bad: *Ho un forte mal di testa.* I've got a bad headache.

5 (caffè, alcolico) strong

6 (piccante) hot

7 (bravo) good: *Non sono molto forte in matematica.* I'm not very **good at** maths. | *È una squadra molto forte.* It's a very good team.

8 **essere forte** (divertente) to be a laugh: *È proprio forte il tuo amico!* Your friend's a real laugh!

• *avv* **1** (colpire, spingere) hard: *La porta è bloccata: spingi forte.* The door's stuck – push hard.

2 (piovere) heavily: *Piove forte.* It's raining heavily.

3 (stringere) tightly: *Mi ha stretto forte il braccio.* He held my arm tightly. | *Tieniti forte!* Hold on tight!

4 (ad alto volume) loud: *Parla più forte: non ti sento.* Speak a bit louder – I can't hear you.

5 (velocemente) fast: *Rallenta, stai andando troppo forte.* Slow down, you're going too fast.

• *s* **1** (specialità) strong point: *La geografia*

non è il mio forte. Geography isn't my strong point.
2 (fortezza) fort

fortuna *s* **1** luck: *Che fortuna!* What a stroke of luck! | *Buona fortuna!* Good luck! | **avere fortuna** to be lucky | **portare fortuna (a qn)** to bring (sb) good luck: *Tieni questo braccialetto: ti porterà fortuna.* Have this bracelet. It'll bring you good luck. | *Il tredici mi porta fortuna.* Thirteen is my lucky number. | **per fortuna** luckily **2** (grossa somma) fortune: *Mi è costato una fortuna.* It cost me a fortune. **3 di fortuna** (riparo, letto) makeshift

F

fortunato, -a *agg* lucky: *Fortunato tu che sei in vacanza!* Lucky you, you're on holiday! | *Oggi è il mio giorno fortunato.* Today's my lucky day.

foruncolo *s* spot: *Il cioccolato mi fa venire i foruncoli.* Chocolate gives me spots.

forza *s* **1** (di persona) strength: *Ci vuole molta forza per portare questa scatola.* You need a lot of strength to carry this box. | *Sono così stanca che non ho neanche la forza di parlare.* I'm so tired I don't even have the energy to speak. | **forza di volontà** willpower | **rimettersi in forze** to get your strength back: *Ho bisogno di qualche giorno per rimettermi in forze.* I need a couple of days to get my strength back. **2** (potenza) force: *le forze della natura* the forces of nature | **forza di gravità** force of gravity **3** (violenza) force: *Lo hanno costretto con la forza ad aprire la cassa.* They **forced** him **to** open the till. **4 a forza di fare qc** *A forza di insistere, hai ottenuto quello che volevi.* By going on about it so much, you got what you wanted. | *A forza di urlare, mi è andata via la voce.* I shouted so much that I lost my voice. **5 per forza a)** (necessariamente): *Ci sei andato? – Per forza.* "Did you go?" "I had no choice." | *Doveva per forza succedere un giorno o l'altro.* It was bound to happen sooner or later. **b)** (a tutti i costi) at all costs: *Ha voluto per forza pagare il pranzo.* He wanted to pay for the meal at all costs. **c)** (ovviamente) of course: *Per forza la radio non funziona, la spina non è inserita!* Of course the radio isn't working, it isn't plugged in! **6** (come esclamazione) come on: *Forza, sbrighiamoci!* Come on, hurry up! | *Forza Inter!* Come on Inter! | **bella forza!** big deal!

forzare *v* **1** (serratura, porta) to force: *I ladri hanno forzato la serratura e sono entrati in casa.* The burglars forced the lock and broke into the house. **2 forzare qn a fare qc** to force sb to do sth: *Non forzarlo a mangiare se non ne ha voglia.* Don't force him to eat if he doesn't want to. | **forzare la mano** to go too far

forzato, -a *agg* forced: *Il suo era proprio un sorriso forzato.* His smile was really forced.

foschia *s* mist

fosforescente *agg* (lancette, numeri di una sveglia) luminous, (colore) fluorescent, luminous

fosforo *s* phosphorous

fossa *s* **1** (buca) hole **2** (tomba) grave

fossetta *s* dimple: *Ha due fossette sulle guance.* She has dimples on her cheeks.

fossile *s* fossil

fosso *s* ditch (pl ditches)

foto *s* photo: *Ecco le foto delle vacanze!* Here are my holiday photos! | **fare una foto** to take a photo: *Posso farti una foto?* Can I take a photo of you?

fotocopia *s* photocopy (pl photocopies): *Fai una fotocopia della pagina che ti interessa.* Make a photocopy of the page you're interested in.

fotocopiare *v* to photocopy

fotocopiatrice *s* photocopier

fotogenico, -a *agg* photogenic

fotografare *v* to take a photo of: *I fiori erano così belli che li ho voluti fotografare.* The flowers were so pretty I wanted to take a photo of them.

fotografia *s* **1** (immagine) photograph: *Sei venuta molto bene in questa fotografia.* You've come out very well in this photograph. **2** (tecnica) photography: *È appassionato di fotografia.* He's into photography.

fotografico, -a *agg* **1** (mostra, concorso) si usa il sostantivo **photography** in funzione di aggettivo: *una mostra fotografica* a photography exhibition **2** (attrezzatura, tecnica) photographic ► vedi anche **macchina**

fotografo, -a *s* photographer

foulard *s* scarf (pl scarves)

fra *prep* ► vedi **tra**

fracasso *s* racket: *Silenzio! Non fate fracasso!* Quiet! Stop making a racket!

fradicio, -a *agg* soaking: *Ho la maglietta fradicia di sudore.* My T-shirt is **soaking with** sweat. ► vedi anche **ubriaco**

fragile *agg* fragile

fragola *s* strawberry (pl strawberries): *fragole con panna* strawberries and cream

fraintendere *v* to misunderstand: *Hai frainteso le mie parole: non volevo offenderti.* You misunderstood what I said. I didn't mean to offend you.

frammento *s* fragment

frana *s* **1** landslide **2 essere una frana** to be hopeless: *Con le ragazze è proprio una frana.* He's absolutely hopeless with girls.

francamente *avv* frankly

i Si dice *I arrived in London* o *I arrived to London*? Vedi alla voce **arrive**.

francese *aggettivo* e *sostantivo*
- *agg* French
- *s* **1** (uomo) Frenchman (pl Frenchmen), (donna) Frenchwoman (pl Frenchwomen) ▶ Per riferirsi a dei francesi, sia uomini che donne, si usa **some French people**; per riferirsi ai francesi come popolo, si usa **the French** **2** (lingua) French

Francia *s* **la Francia** France

franco, -a *agg* **1** frank **2** **farla franca** to get away with it: *Questa volta non riuscirai a farla franca.* This time you won't get away with it.

francobollo *s* stamp

Francoforte *s* Frankfurt

frangia *s* (di capelli, tenda) fringe

frantumi *s* **andare in frantumi** to be shattered

frappé *s* milkshake: *un frappé al cioccolato* a chocolate milkshake

frase *s* sentence | **frase fatta** cliché

frate *s* friar

fratellastro *s* stepbrother

fratello *s* brother: *mio fratello maggiore* my older brother | *Ho un fratello minore.* I have a younger brother. | **fratelli** (fratelli e sorelle) brothers and sisters: *Hai dei fratelli? – Sì, una sorella e un fratello.* "Do you have any brothers and sisters?" "Yes, a sister and a brother." | **fratello gemello** twin brother

fraterno, -a *agg* **1** (tra fratelli) fraternal **2** (tra amici) brotherly

frattempo *s* **nel frattempo** in the meantime

frattura *s* fracture: *Nell'incidente Marco ha riportato varie fratture.* Marco received several fractures in the accident.

fratturare *v* **fratturarsi una gamba/un braccio** to break your leg/your arm

frazione *s* **1** (in matematica) fraction: *una frazione di secondo* a fraction of a second **2** (di comune) outlying village

freccetta *s* dart: *una partita a freccette* a game of darts | **giocare a freccette** to play darts

freccia *s* **1** (segnale) arrow: *Segui le frecce per l'uscita.* Follow the arrows to get to the exit. **2** (arma) arrow **3** (nelle auto) indicator: *Metti la freccia e gira a destra.* Put the indicator on and turn right.

freddo, -a *aggettivo* e *sostantivo*
- *agg* **1** cold: *Oggi è una giornata fredda.* It's a cold day today. **2** (cibo, bevanda) cold: *un piatto freddo* a cold dish | *tè freddo* iced tea **3** (persona, comportamento) cold: *una fredda accoglienza* a cold reception ▶ vedi anche **sangue**
- **freddo** *s* cold: *È prevista un'ondata di freddo per il fine settimana.* A cold front is forecast for the weekend. | *Battevo i denti per il freddo.* My teeth were chattering with the cold. | **fa freddo** it's cold: *In questa stanza fa troppo freddo.* It's too cold in this room. | **avere freddo** to be cold: *Se hai freddo, prendi un'altra coperta.* If you're cold, get another blanket. | *Ho freddo ai piedi.* My feet are cold. | **prendere freddo** to catch a chill: *Ho preso freddo ieri e adesso sono a letto.* I caught a chill yesterday and now I'm in bed.

freddoloso, -a *agg* **essere freddoloso** to feel the cold: *Sono molto freddolosa.* I really feel the cold.

fregare *v* **1** (strofinare) to rub: *fregarsi gli occhi* to rub your eyes **2** (truffare) to rip off: *Non andare in quel negozio: mi hanno fregato più di una volta.* Don't go in that shop. I've been ripped off more than once there. **3** (prendere in giro) to fool: *Questa volta, non mi freghi!* You're not going to fool me this time! **4** (rubare) to nick: *Mi hanno fregato il portafoglio.* They nicked my wallet. **5** **fregarsene (di qc)** not to care (about sth): *Mia sorella se ne frega della moda.* My sister couldn't care less about fashion. | *Non me ne frega niente!* I couldn't care less! | *Chi se ne frega di quello che pensano gli altri?* Who cares what other people think?

frenare *v* **1** (in auto) to brake: *Ha frenato di colpo per non andare a sbattere.* He braked suddenly to avoid crashing. **2** (entusiasmo, rabbia) to contain | **frenare le lacrime** to hold back your tears | **frenare la lingua** to hold your tongue

frenarsi *v rifl* to control yourself: *Quando comincia a ridere non riesce più a frenarsi.* When he starts laughing he can't control himself anymore.

frenata *s* **1** (rumore) squeal of brakes: *Ho sentito una frenata.* I heard a squeal of brakes. **2** **fare una frenata** to slam on the brakes

frenetico, -a *agg* (giornata, ritmo) hectic: *Ho avuto una giornata davvero frenetica.* I've had a really hectic day.

freno *s* **1** (di veicolo) brake | **freno a mano** handbrake: *Hai messo il freno a mano?* Have you put the handbrake on? | **freno d'emergenza a)** (in treno) communication cord **b)** (in macchina) handbrake **2** **tenere a freno qc** to keep sth under control: *Cerca di tenere a freno la tua gelosia.* Try to keep your jealousy under control.

frequentare *v* **1** (scuola, corso) to go to: *Non frequentiamo la stessa scuola.* We don't go to the same school. | *Ultimamente, ha frequentato poco le lezioni.* He hasn't been to school much recently. | *Frequento la prima superiore.* I'm in the first year of secondary school. **2** (persona) to see: *Ha ricominciato a frequentare i suoi vecchi*

amici. He's started seeing his old friends again.
frequentarsi *v rifl* to see each other: *Non ci frequentiamo più.* We don't see each other any more.

frequente *agg* **1** frequent ▶ spesso si usa una costruzione verbale con l'avverbio **frequently**: *Mio fratello ha dei frequenti attacchi di asma.* My brother has frequent asthma attacks. | *Qual è il motivo delle tue assenze così frequenti?* Why are you absent so frequently? **2 di frequente** often: *Lo vedo di frequente alla fermata dell'autobus.* I often see him at the bus stop.

F

frequenza *s* **1** (a lezione, corso) attendance: *La frequenza al corso è obbligatoria.* Attendance on the course is compulsory. **2** (di evento) frequency: *La frequenza delle aggressioni nei pressi della scuola è preoccupante.* The frequency of attacks near the school is worrying. | *Ultimamente telefona con una certa frequenza.* Lately he's been phoning **quite frequently**. | *Con quale frequenza viene a trovarti?* How often does she come to see you?

freschezza *s* freshness

fresco, -a *aggettivo e sostantivo*
• *agg* **1** (alimento) fresh: *uova fresche* fresh eggs **2** (temperatura) cool: *Ho voglia di una bibita fresca.* I feel like a cool drink. | *Esco a prendere una boccata d'aria fresca.* I'm going out to get a breath of fresh air. **3** (vernice) wet **4 stare fresco** to be in trouble: *Se ci scoprono, stiamo freschi!* If they find us, we're in trouble!
• **fresco** *s* cool air: *Si stanno godendo il fresco sulla terrazza.* They're enjoying the cool air on the terrace. | **fa fresco** it's cool: *La mattina fa fresco.* It's cool in the morning. | **mettere qc in fresco** (bibita, spumante) to chill sth: *Hai messo l'aranciata in fresco?* Have you chilled the orange juice?

fretta *s* hurry, rush: *Non c'è fretta.* There's no hurry. | *Nella fretta di partire, ho dimenticato il biglietto.* In the rush to leave, I forgot the ticket. | *Che fretta c'è?* What's the rush? | **avere fretta** to be in a hurry: *Non posso fermarmi perché ho fretta.* I can't stop because I'm in a hurry. | **in fretta** (rapidamente) quickly: *Ha imparato molto in fretta.* She learned very quickly. | **fare in fretta** to hurry up: *Fai in fretta, siamo in ritardo!* Hurry up, we're late! | **mettere fretta a qn** to rush sb: *Non mettermi fretta.* Don't rush me.

frettoloso, -a *agg* hasty: *Non devi essere così frettoloso nel prendere le decisioni.* You mustn't be so hasty in making decisions. | *Evitiamo conclusioni frettolose.* Let's avoid hasty conclusions.

friggere *v* **1** (uovo) to fry ▶ Quando si immerge il cibo nell'olio bollente, si dice **to deep fry** **2 mandare qn a farsi friggere** to tell sb to get lost: *Mandalo a farsi friggere!* Tell him to get lost!

frigorifero *s* fridge

frittata *s* omelette

frittella *s* pancake

fritto, -a *aggettivo e sostantivo*
• *agg* **1** (pesce, carne) fried: *uova fritte* fried eggs ▶ vedi anche **patata** **2 essere fritto** (spacciato) to be done for: *Se ci scoprono, siamo fritti!* If they catch us, we're done for!
• **fritto** *s* **1** (odore) frying: *C'è puzza di fritto qua dentro.* It stinks of frying in here. **2 fritto di pesce** fried fish

frizione *s* (in auto) clutch

frizzante *agg* (acqua, bibita) sparkling: *acqua frizzante* sparkling water

frode *s* fraud

frontale *agg* **1** (attacco) frontal **2** (scontro, incidente) head-on

fronte *sostantivo femminile e sostantivo maschile*
• *s fem* **1** (parte del corpo) forehead **2 di fronte (a)** (davanti a) opposite: *Vivo nel palazzo qui di fronte.* I live in the building opposite. | *La scuola è proprio di fronte alla stazione.* The school is right opposite the station. | *Ce l'avevo di fronte e non me n'ero accorta.* It was right under my nose and I hadn't realized.
• *s masc* **1** (in guerra) front **2 far fronte a qc** to cope with sth: *Abbiamo dovuto far fronte a delle spese impreviste.* We've had to cope with some unexpected expenses.

frontiera *s* border: *alla frontiera russa* at the Russian border

frottola *s* lie | **raccontare frottole** to tell lies

frugare *v* **1 frugare in/dentro a qc** to root around in sth: *Smettila di frugare nella mia borsa* Stop rooting around in my bag! **2** (perquisire) to search: *Mi hanno frugato i bagagli.* They searched my luggage.

frullato *s* smoothie: *un frullato di fragola* a strawberry smoothie

frullatore *s* blender

frullino *s* whisk

frumento *s* wheat: *farina di frumento* wheat flour

frusta *s* **1** (per cavallo) whip **2** (da cucina) whisk

frustata *s* lash of the whip (pl lashes of the whip)

frustrato, -a *agg* frustrated

frustrazione *s* frustration

Vuoi informazioni sulla differenza tra gli **articoli** in inglese e in italiano? Leggi le spiegazioni nella guida grammaticale.

frutta *s* fruit: *Mangio molta frutta.* I eat a lot of fruit. | *caramelle alla frutta* fruit-flavoured sweets | **frutta secca** dried fruit and nuts ▶ vedi anche **succo**

frutteto *s* orchard

fruttivendolo, -a *s* **1** (persona) greengrocer **2** (negozio) greengrocer's: *dal fruttivendolo* at the greengrocer's

frutto *s* **1** fruit [sempre singolare]: *Qual è il tuo frutto preferito?* What's your favorite fruit? | *Il pesco è carico di frutti.* The peach tree has a lot of fruit. **2** (risultato) result: *Si cominciano a vedere i frutti del nostro lavoro.* We're beginning to see the results of our work. | *È tutto frutto della tua fantasia.* It's all a figment of your imagination. | **mettere a frutto qc** to put sth to good use: *Vorrei mettere a frutto la mia esperienza.* I'd like to put my experience to good use. **3** **frutti di mare** seafood [singolare] | **frutti di bosco** fruits of the forest

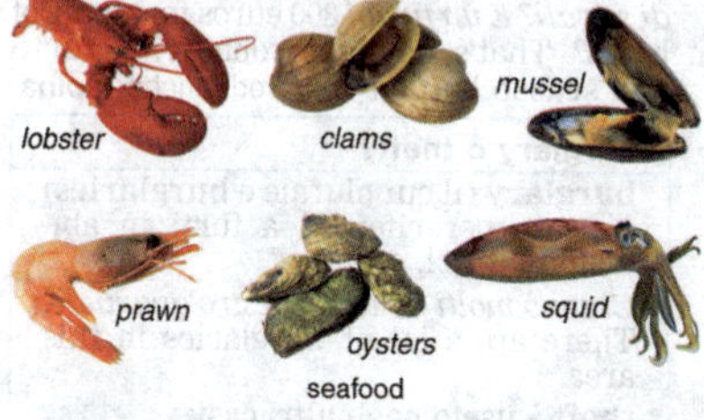

seafood

FS (= **Ferrovie dello Stato**) Italian state railways

fucile *s* rifle

fuga *s* **1** escape | **darsi alla fuga** to run off: *Il motociclista che ha provocato l'incidente si è dato alla fuga.* The motorcyclist who caused the accident ran off. **2** (di gas, notizie) leak: *una fuga di gas* a gas leak

fuggire *v* **1** (evadere) to escape: *Un detenuto è fuggito dal carcere.* An inmate has escaped from the prison. **2** (da pericolo) to run away: *La gente fuggiva dalla casa in fiamme.* People were running away from the burning house.

fuggitivo *s* fugitive

fuliggine *s* soot

fulminare *v* **1** **essere fulminato a)** (da fulmine) to be struck by lightning **b)** (da corrente elettrica) to get an electric shock **2** **fulminare qn con lo sguardo** to give sb a filthy look: *Mi ha fulminato con lo sguardo.* She gave me a filthy look.

fulminarsi *v rifl* (lampadina) to blow: *Si è fulminata la lampadina.* The light bulb has blown.

fulmine *s* bolt of lightning ▶ vedi anche **colpo**

fumare *v* to smoke: *Non sapevo fumasse* I didn't know she smoked. | *Ho smesso di fumare.* I've given up smoking. | *È vietato fumare.* No smoking

fumatore, -trice *s* smoker: *un fumatore accanito* a heavy smoker | *area riservata ai fumatori* smoking area | *Vorrei prenotare un biglietto di seconda classe, non fumatori.* I'd like to book a second-class ticket in a non-smoking carriage.

fumetto *s* **1** (giornalino) comic **2** (nuvoletta) speech bubble

fumo *s* **1** smoke: *Quel bar è sempre pieno di fumo.* That bar is always full of smoke. | **andare in fumo** to go up in smoke: *I nostri progetti sono andati in fumo.* Our plans have gone up in smoke. **2** (atto di fumare) smoking: *Il fumo fa male alla salute.* Smoking is bad for your health. | *Le dà fastidio il fumo?* Do you mind if I smoke? | **fumo passivo** passive smoking

fune *s* **1** (corda) rope, (cavo) cable **2** (al circo) tightrope ▶ vedi anche **tiro**

funebre *agg* si usa il sostantivo **funeral** in funzione di aggettivo: *una cerimonia funebre* a funeral service ▶ vedi anche **carro, pompa**

funerale *s* funeral

fungo *s* **1** (vegetale) mushroom | **fungo velenoso** poisonous mushroom **2** (malattia) fungal infection

funivia *s* cable car

funzionare *v* **1** (macchina, meccanismo) to work: *La stampante non funziona.* The printer doesn't work. | *Come funziona?* How does it work? **2** (andare bene) to work: *Con me le bugie non funzionano.* Lies don't work with me. | *Credi che questa idea possa funzionare?* Do you think this idea might work?

funzionario, -a *s* **1** (pubblico) official: *un funzionario del Ministero degli Esteri* an official from the Foreign Office **2** (privato) manager

funzione *s* **1** (attività) function: *le funzioni respiratorie* respiratory functions | *Questo programma ha un sacco di funzioni.* This program has lots of different functions. **2** (incarico) role: *Lavora in un'azienda con funzioni direttive.* He has a managerial role in a company. **3** **in funzione** working **4** (di macchina) function: *Questo pulsante ha una funzione particolare?* Does this button have a specific function? | **avere la funzione di fare qc** to be designed to do sth

fuoco *s* **1** fire: *Ho acceso il fuoco nel camino.* I've lit the fire in the grate. | *Al fuoco!* Fire! | **prendere fuoco** to catch fire: *Le tende hanno preso fuoco subito.* The curtains caught fire immediately. | **dare fuoco a qc** to set fire to sth: *Non si sa chi abbia dato fuoco all'edificio.* Nobody

knows who set fire to the building. ▶ vedi anche **scherzare**, **vigile** **2** **mettere qc sul fuoco** (a cuocere) to put sth on: *Ho appena messo la minestra sul fuoco.* I've just put the soup on. **3** **a fuoco** (immagine) focussed | **mettere a fuoco** to focus **4** **fare fuoco (contro qn)** to open fire (on sb) ▶ vedi anche **arma**
fuochi d'artificio fireworks

fuorché *prep* except for: *Avevano tutte le taglie fuorché la mia.* They had every size except for mine. | *C'è in tutti i colori fuorché il giallo.* It's available in every colour except yellow.

fuori *avverbio e preposizione*
• *avv* **1** outside: *Fuori sta piovendo.* It's raining outside. | *Perché non ci sediamo fuori?* Why don't we sit outside? | **da fuori** from outside: *Vengo da fuori e sono tutto infreddolito.* I've come in from outside and I'm all cold. | **in fuori** *Ha i denti un po' in fuori.* Her teeth stick out a bit. | *Non sporgerti troppo in fuori: potresti cadere.* Don't lean out too much. You might fall.
2 (di casa) out: *Andiamo a mangiare fuori stasera?* Shall we eat out tonight?
3 (da città) away: *Sono fuori per il weekend.* I'm away for the weekend.
4 **far fuori qc** (finire) to finish sth off: *Hai fatto fuori tutto il gelato!* You've finished off all the ice cream! | **far fuori qn** (uccidere) to kill sb
• *prep* **1** out: *Abito fuori città.* I live out of town. | *Fuori di qui!* Get out of here! | **fuori da** out of: *Non gettare niente fuori dal finestrino.* Don't throw anything out of the window. | *fuori dall'Europa* outside Europe
2 **fuori di sé** beside yourself: *Era fuori di sé per la rabbia.* She was beside herself with rage. | **fuori (di testa)** nuts [informale]: *Ma sei fuori?* Are you nuts? ▶ vedi anche **mano**, **posto**, **uso**

fuorigioco *s* offside: *L'arbitro ha fischiato il fuorigioco.* The referee blew the whistle for offside. | **essere in fuorigioco** to be offside

fuoristrada *s* off-roader

furbo, -a *aggettivo e sostantivo*
• *agg* clever ▶ Quando è usato in modo peggiorativo, si usa **cunning**: *Sei stato molto furbo a inventarti quella scusa.* You were very clever to come up with that excuse. | *Bravo furbo!* Very clever! | *È troppo furbo per i miei gusti.* He's too cunning for my liking. | **farsi furbo** to get with it: *Fatti furba!* Get with it!
• *s* **fare il furbo** to get clever: *Non cercare di fare il furbo con me.* Don't try and get clever with me.

furgone *s* van

furia *s* **1** (fretta) rush | **avere furia** to be in a rush **2** **andare su tutte le furie** to go berserk: *Quando si è accorto che mancavano 100 euro, è andato su tutte le furie.* When he realized that 100 euros were missing, he went berserk. **3** **a furia di fare qc** *A furia di insistere, ha ottenuto quello che voleva.* She went on about it so much that she got what she wanted.

furioso, -a *agg* furious: *È furiosa con te perché non l'hai richiamata.* She's furious with you because you haven't called her back.

furtivo, -a *agg* furtive: *Mi ha lanciato un occhiata furtiva.* She gave me a furtive glance.

furto *s* **1** (d'auto, di portafoglio) theft: *La macchina è assicurata contro incendio e furto.* The car is insured against fire and theft. **2** (in casa) burglary (pl burglaries): *È il secondo furto in un mese in questo palazzo.* It's the second burglary in this building this month. | *300 euro per un paio di stivali? È un furto!* 300 euros for a pair of boots? That's daylight robbery! | **furto con scasso** burglary ▶ vedi anche **rapina**

> **burglary o theft?**
>
> **burglary** (il cui plurale è **burglaries**) è usato per riferirsi a furti in abitazioni, uffici, ecc.:
>
> *Ci sono molti furti in questro quartiere.* There are a lot of burglaries in this area.
>
> **theft** è usato negli altri casi:
>
> *Ho denunciato alla polizia il furto della mia moto.* I reported the theft of my motorcycle to the police.
>
> **È un furto!**, detto per riferirsi a un prezzo eccessivo, si dice **it's a rip-off!**

fusa *s* **fare le fusa** to purr

fusibile *s* fuse: *È saltato un fusibile.* A fuse has blown.

fusione *s* **1** (di ghiaccio) melting **2** (di metallo) casting **3** **fusione nucleare** nuclear fusion **4** (di partiti, aziende) merger

fuso, -a *agg* **1** (burro, formaggio) melted **2** (molto stanco) shattered: *Ho studiato troppo: sono fuso.* I've been studying for too long. I'm shattered.
fuso orario time zone: *una differenza di fuso orario di sei ore* a six-hour time difference

futuro, -a *aggettivo e sostantivo*
• *agg* future
• **futuro** *s* future: *in futuro* in future | *Per il futuro, vedremo.* As for the future, we'll just have to see. | **predire il futuro a qn** to tell somebody's fortune: *Una maga mi ha predetto il futuro.* I had my fortune told by a fortune-teller.

G, g *s* G, g ► vedi Active Box **lettere dell'alfabeto** sotto **lettera**

gabbia *s* cage

gabbiano *s* seagull

gabinetto *s* toilet (BrE), bathroom (AmE): *Scusi, dove sono i gabinetti?* Excuse me, where are the toilets? | **dover andare al gabinetto** to need the toilet: *Devo andare al gabinetto.* I need the toilet.

gaffe *s* **fare una gaffe** to make a gaffe

gala *s* gala: *una serata di gala* a gala evening

galassia *s* galaxy (pl galaxies)

galera *s* jail: *Si è fatto dieci anni di galera.* He's done ten years in jail.

galla **stare a galla** (persona, oggetto) to float | **venire a galla** (verità, fatto) to come out: *La verità viene sempre a galla.* The truth will always come out.

galleggiare *v* to float

galleria *s* **1** (traforo) tunnel **2** (di teatro, cinema) circle (BrE), balcony (AmE): *Abbiamo trovato posto in galleria.* We found seats in the circle. **3** **galleria d'arte** art gallery

Galles *s* **il Galles** Wales

gallese *aggettivo e sostantivo*

- *agg* Welsh
- *s* (uomo) Welshman (pl Welshmen), (donna) Welshwoman (pl Welshwomen) ► Per riferirsi a dei gallesi, sia uomini che donne, si usa **some Welsh people**; per riferirsi ai gallesi come popolo, si usa **the Welsh**.

gallina *s* hen

gallo *s* cock: *il canto del gallo* the crowing of the cock

galoppare *v* to gallop

galoppo *s* **andare al galoppo** to ride at a gallop

gamba *s* **1** leg: *Mi sono rotto una gamba sciando.* I broke my leg when I was skiing. | *Ha le gambe storte.* He's got bandy legs. | *Ho male alle gambe.* My legs are aching. | **con le gambe incrociate** cross-legged: *Era seduto per terra con le gambe incrociate.* He was sitting cross-legged on the floor. | **con le gambe accavallate** with your legs crossed: *Era seduta con le gambe accavallate.* She was sitting with her legs crossed. | **sgranchirsi le gambe** to stretch your legs: *Andiamo a sgranchirci le gambe.* Let's go stretch our legs. | **darsela a gambe** to speed off **2** **in gamba** **a)** (ragazzo, ragazza) bright: *Tuo fratello è proprio in gamba.* Your brother's really bright. **b)** (medico, insegnante) good: *La professoressa di inglese è molto in gamba.* The English teacher's very good.

gamberetto *s* shrimp

gambero *s* **1** (di mare) prawn **2** **gambero di fiume** crayfish [mai plurale]

gambo *s* (di fiore) stem

gamma *s* (di prodotti, servizi) range: *una vasta gamma di articoli* a wide range of items

gancio *s* **1** (per appendere, di abito) hook **2** (di collana, braccialetto) clasp **3** (nel pugilato) hook: *un gancio destro* a right hook

gangheri *s pl* **essere fuori dai gangheri** to have lost it: *Era fuori dai gangheri.* She had really lost it. | **fare uscire dai gangheri qn** to make sb mad: *Mi ha fatto proprio uscire dai gangheri con quella risposta.* His answer really made me mad.

gara *s* (competizione) competition, (corsa) race: *È stata eliminata a metà gara.* She was eliminated halfway through the competition. | *Quattro atleti si sono ritirati dalla gara.* Four athletes pulled out of the race. | **essere in gara** to be competing: *È in gara con lui per il primo posto.* He's competing with him for first place. | **fare a gara** (per riuscire meglio) to compete: *Facevano a gara per attirare la sua attenzione.* They were competing (with one another) to attract his attention.

garage *s* garage

garantire *v* **1** (promettere) to guarantee: *Non ti garantisco che verrò.* I can't guarantee that I'll come. **2** (diritto, sicurezza) to guarantee: *Sono state prese misure eccezionali per garantire la sicurezza degli spettatori.* Special measures have been taken to guarantee the safety of the spectators. **3** (prodotto) to guarantee: *Questo computer è garantito per un anno.* This computer is guaranteed for a year.

garanzia *s* **1** guarantee: *certificato di garanzia* certificate of guarantee | *La stampante ha un anno di garanzia.* The printer comes with a one-year guarantee. | **essere in garanzia** to be under guarantee: *L'orologio è ancora in garanzia.* The watch is still under guarantee. **2** (certezza) guarantee: *Non mi ha dato nessuna garanzia che funzionerà.* She gave no guarantee that it would work.

gareggiare *v* to compete: *Gli atleti migliori gareggeranno domani.* The best athletes will be competing tomorrow.

garofano *s* carnation

garza *s* gauze: *una striscia di garza* a strip of gauze | *Hanno protetto la ferita con della garza.* They bandaged the wound with some gauze.

gas *s* **1** (sostanza) gas: *una fuga di gas* a gas leak | *Non senti odore di gas?* Can't you smell gas? | **gas di scarico** exhaust fumes **2** (fornello) gas: *Ricordati di chiudere il gas.* Remember to turn off the gas. **3 andare a tutto gas** to put your foot down

gasato *agg* (persona) big-headed: *È simpatico, ma un po' troppo gasato.* He's nice, but he's a bit too big-headed. ▶ vedi anche **gassato**

gasolio *s* diesel

gassato, -a *agg* (bevanda) fizzy ▶ vedi anche **acqua**

gatto, -a *s* **1** cat **2 essere quattro gatti**: *Alla festa eravamo solo quattro gatti.* There were hardly any of us at the party. **gatto delle nevi** snowcat

G

gazza *s* magpie

gazzosa *s* lemonade

gel *s* gel: *gel per capelli* hair gel

gelare *v* **1** to freeze: *Il vento mi ha gelato le orecchie.* The wind froze my ears. | *Ha gelato questa notte.* The temperature dropped below freezing last night. **2** (avere freddo) to be freezing: *Chiudi la finestra: sto gelando!* Shut the window. I'm freezing! | *Qui si gela.* It's freezing in here! **gelarsi** *v rifl* to freeze: *Mi si stanno gelando i piedi.* My feet are freezing.

gelateria *s* ice-cream parlour

gelatina *s* jelly: *gelatina di fragole* strawberry jelly | *pollo in gelatina* chicken in aspic

gelato, -a *aggettivo* e *sostantivo*

- *agg* **1** (mani, vento) freezing (cold): *Ho le mani gelate.* My hands are freezing. | *Come fai a stare in questa stanza gelata?* How can you sit in this freezing cold room? **2** (bevanda, doccia) ice-cold
- **gelato** *s* ice cream: *gelato alla vaniglia* vanilla ice cream | *gelato alla frutta* fruit-flavoured ice cream ▶ vedi anche **torta**

gelido, -a *agg* **1** (mani, piedi) freezing: *Non toccarmi con quelle mani gelide!* Don't touch me! Your hands are freezing! **2** (acqua, giornata) bitterly cold: *Tira un vento gelido.* There's a bitterly cold wind blowing.

gelo *s* frost

gelosia *s* jealousy

geloso, -a *agg* **1** jealous: *Non sarai un po' geloso?* Aren't you a bit jealous? | *I suoi compagni sono molto gelosi di lui.* His classmates are very jealous of him. **2 essere geloso di qc** (possessivo): *È molto gelosa dei suoi libri.* She really doesn't like lending her books to people.

Gemelli *s pl* Gemini: *Sono dei Gemelli.* I'm a Gemini.

gemello, -a *aggettivo*, *sostantivo* e *sostantivo plurale*

- *agg* twin: *Paola e Chiara sono sorelle gemelle.* Paola and Chiara are twin sisters.
- *s* twin ▶ Nota che il termine **twins** si riferisce ad una coppia di gemelli, perciò **due gemelli** si dice **twins**. Per **tre gemelli** si usa **triplets**, per **quattro gemelli**, **quadruplets**, ecc.
- **gemelli** *s pl* (di camicia) cufflinks

gemma *s* **1** (pietra preziosa) gemstone **2** (bocciolo) bud

gene *s* gene

genealogico ▶ vedi **albero**

generale *aggettivo* e *sostantivo*

- *agg* general: *un tema d'interesse generale* a subject of general interest | **in generale a)** (complessivamente) in general terms: *Sto parlando in generale.* I'm speaking in general terms. **b)** (di solito) generally: *In generale, esco con i miei amici di sabato.* I generally go out with my friends on Saturday.
- *s* (ufficiale) general

generalizzare *v* to generalize

generalmente *avv* generally: *Generalmente, mi alzo presto.* I generally get up early.

generare *v* **1** (figlio, pianta) to produce **2** (causare) to cause: *Il suo comportamento ha generato molti sospetti.* His behaviour has caused a great deal of suspicion.

generazione *s* generation: *un computer di sesta generazione* a sixth-generation computer

genere *s* **1** (tipo) kind: *Non mi piace quel genere di musica.* I don't really like that kind of music. | *Non farei mai una cosa del genere.* I would never do anything like that. | *Non è il mio genere.* It's not my kind of thing. **2 in genere** usually: *In genere, a pranzo mangio un panino.* At lunchtime I usually eat a sandwich. **3** (in grammatica) gender **4** (in arte, letteratura) genre: *un classico del genere horror* a classic of the horror genre **5** (di animali, piante) genus (pl genera) **6** (merce) goods [sempre plurale]: *generi di prima necessità* basic goods | **generi alimentari** groceries

generico, -a *agg* generic ▶ vedi anche **medico**

genero *s* son-in-law (pl sons-in-law)

generoso, -a *agg* generous: *È stato molto generoso da parte tua.* That was very generous of you.

genetica *s* genetics [con verbo al singolare]

genetico, -a *agg* genetic

gengiva *s* gum

geniale *agg* brilliant: *un'idea geniale* a brilliant idea

genio *s* **1** (persona) genius (pl geniuses): *È un genio del computer.* He's a computer genius. | *un genio incompreso* a misunderstood genius | *Tuo fratello non è certo un genio.* Your brother is certainly no genius. **2 avere il genio di qc** to have a genius

Vuoi informazioni sulla differenza tra gli **aggettivi possessivi** in inglese e in italiano? Vedi la **guida grammaticale**.

for sth: *Ha il genio della matematica.* He has a genius for maths. **3** (spirito) genie: *il genio della lampada* the genie of the lamp **4 andare a genio a qn** si usa **to be keen on** con la persona a cui qualcosa o qualcuno va a genio come soggetto: *La tua idea non mi va molto a genio.* I'm not very keen on your idea. | *Ai miei non vanno mai a genio i ragazzi con cui esco.* My parents are never keen on the boys I go out with. ▶ vedi anche **lampo**

genitale *aggettivo e sostantivo plurale*
• *agg* genital
• **genitali** *s pl* genitals

genitore *s* parent: *i miei genitori* my parents

gennaio *s* January ▶ vedi Active Box **mesi** sotto **mese**

Genova *s* Genoa

genovese *agg e s* Genoese

gente *s* people [sempre plurale]: *C'è poca gente in giro.* There aren't many people around. | *Quanta gente!* What a lot of people! | *– Chi viene? – La solita gente.* "Who's coming?" "The usual people." | *la gente del posto* the local people | *Questa sera abbiamo gente a cena.* This evening we've got people coming for dinner. | *Non dare retta alle chiacchiere della gente.* Don't pay any attention to what people say.

gentile *agg* **1** kind: *Sei stato gentile ad aspettarmi.* It was very kind of you to wait for me. | *Cercava solo di essere gentile.* She was just trying to be nice. **2 Gentile Signore/Signora** (nelle lettere) Dear Sir/ Madam

gentilezza *s* kindness: *Tratta tutti con gentilezza.* He treats everyone with kindness. | *Ha avuto la gentilezza di telefonarmi.* He was kind enough to phone me. | **per gentilezza** please: *Per gentilezza, mi passi il pane?* Please could you pass the bread?

geografia *s* geography

geografico, -a *agg* geographical: *le grandi scoperte geografiche* the great geographical discoveries | *una carta geografica* a map

geologia *s* geology

geometra *s* (uomo) draughtsman (pl draughtsmen), (donna) draughtswoman (pl draughtswomen)

geometria *s* geometry

gerarchia *s* hierachy (pl hierarchies)

gergo *s* **1** (professionale) jargon: *il gergo pubblicitario* advertising jargon **2** (lingua colloquiale) slang: *il gergo giovanile* young people's slang

Germania *s* **la Germania** Germany

germe *s* (di malattia) germ

gerundio *s* gerund ▶ Nota che il gerundio italiano si traduce di solito in inglese con la forma verbale in **-ing**.

Gerusalemme *s* Jerusalem

gessetto *s* piece of chalk

gesso *s* **1** (materiale) chalk: *una statua di gesso* a chalk statue **2** (per lavagna) chalk **3** (ingessatura) plaster cast: *Tra una settimana mi tolgono il gesso.* They're going to take my plaster cast off in a week's time.

gestione *s* management

gestire *v* **1** (negozio, attività) to manage, to run: *Suo fratello gestisce un bar in centro.* His brother manages a bar in the town centre. **2** (situazione, crisi) to handle: *Sa come gestire le situazioni difficili.* He knows how to handle difficult situations.

gesto *s* **1** (movimento) gesture: *Mi ha fatto un gesto con la mano.* He made a gesture with his hand. | **a gesti** through gestures: *Mi sono fatto capire a gesti.* I made myself understood through gestures. **2** (azione) gesture: *un gesto d'amicizia* a gesture of friendship

Gesù *s* Jesus | **Gesù bambino** baby Jesus

gettare *v* **1** to throw: *Gettalo nell'immondizia.* Throw it in the bin. | **gettar via** to throw out: *Ha gettato via le scarpe rotte.* She threw out the old shoes. | **gettare l'ancora** to drop anchor | **gettare uno sguardo a qc** to glance at sth: *Non l'ho letto, ho gettato solo uno sguardo.* I haven't read it, I've only glanced at it. **2 gettare la spugna** to throw in the towel

gettarsi *v rifl* **1** (persona) to throw yourself: *Si è gettata dal balcone.* She threw herself from the balcony. **2** (fiume) to flow: *Il Po si getta nel Mar Adriatico.* The Po flows into the Adriatic Sea.

getto *s* **getto d'acqua** jet of water | **getto di sangue** spurt of blood | **di getto** in one go: *Ho scritto il tema di getto.* I wrote the essay in one go. ▶ vedi anche **stampante**

gettone *s* **1** (per distributore automatico, lavanderia) token **2** (da gioco) chip

ghepardo *s* cheetah (pl cheetahs)

ghetto *s* ghetto

ghiacciaio *s* glacier

ghiacciato, -a *agg* **1** (mani, piedi) frozen: *Ho i piedi ghiacciati.* My feet are frozen. **2** (strada, fontana) frozen over: *Il lago è ghiacciato.* The lake is frozen over. **3** (bibita) ice-cold: *Ho voglia di un bel tè ghiacciato.* I feel like a lovely ice-cold tea.

ghiaccio *s* ice: *un cubetto di ghiaccio* an ice cube | **rompere il ghiaccio** to break the ice: *Per rompere il ghiaccio si è messo a raccontare una delle sue barzellette.* To break the ice, he began telling one of his jokes. ▶ vedi anche **hockey, pattinaggio**

ghiacciolo *s* ice lolly (pl ice lollies) (BrE), popsicle (AmE): *un ghiacciolo alla fragola* a lemon ice lolly

ghiaia *s* gravel

ghianda *s* acorn

ghiandola *s* gland

già *avv* ▶ vedi riquadro
Giacarta *s* Jakarta
giacca *s* jacket: *una giacca di pelle* a leather jacket | **in giacca e cravatta** wearing a jacket and tie | **giacca a vento** anorak
giaccone *s* jacket: *un giaccone con il cappuccio* a jacket with a hood
giacimento *s* **giacimento di petrolio** oilfield | **giacimento di diamanti** diamond deposit
giaguaro *s* jaguar
giallo, -a *aggettivo e sostantivo*
• *agg* **1** yellow ▶ vedi Active Box **colori** sotto **colore** **2** (film, romanzo) si usa il sostantivo **detective** in funzione di aggettivo: *un romanzo giallo* a detective story **3** (semaforo) amber (BrE), yellow (AmE): *Rallenta: è giallo!* Slow down – the lights are amber!
• **giallo** *s* **1** (libro) detective story (pl detective stories): *un giallo di Agatha Christie* an Agatha Christie detective story **2** (film) thriller: *i gialli di Hitchcock* Hitchcock's thrillers **3** (del semaforo) amber light (BrE), yellow light (AmE): *Ha attraversato con il giallo.* He crossed when the lights were amber. **4** (dell'uovo) yolk ▶ vedi anche **cartellino, pagina**
Giappone *s* **il Giappone** Japan
giapponese *aggettivo e sostantivo*
• *agg* Japanese
• *s* **1** (uomo) Japanese man (pl Japanese men), (donna) Japanese woman (pl Japanese women) ▶ per riferirsi a dei giapponesi, sia uomini che donne, si usa **some Japanese people**; per riferirsi ai giapponesi come popolo, si usa **the Japanese**. **2** (lingua) Japanese
giardinaggio *s* gardening
giardiniere *s* gardener
giardino *s* garden | **giardini (pubblici)** *i giardini di Kensington* Kensington Gardens
Gibilterra *s* Gibraltar
gigante *aggettivo e sostantivo*
• *agg* (schermo, zucca) giant, (confezione, pacco) giant-sized: *una confezione formato gigante* a giant-sized pack ▶ vedi anche **slalom**
• *s* giant
gigantesco, -a *agg* huge
giglio *s* lily (pl lilies)
gilè *s* waistcoat (BrE), vest (AmE)
ginecologo, -a *s* gynaecologist
Ginevra *s* Geneva
ginnastica *s* **1** (attività fisica) exercise: *Un pò di ginnastica aiuta a mantenersi in forma.* A little exercise helps to keep you fit. | **fare ginnastica** to exercise: *Faccio ginnastica tutte le mattine.* I exercise every morning. **2** (a scuola) PE, physical education [formale] **3** **ginnastica artistica** artistic gymnastics | **ginnastica ritmica** rhythmic gymnastics ▶ vedi anche **scarpa, tuta**

già *avverbio*

1 Nelle frasi affermative si usa **already**. Nota che con i verbi modali o ausiliari **already** si mette di norma tra il verbo modale o ausiliare e il verbo principale:

Te l'ho già detto. I've already told you. | *Il treno è già partito.* The train has already left. | *Sono già le otto.* It's already eight o'clock. | *Ci siamo già incontrati.* We've already met. | *Questo film l'ho già visto.* I've already seen this film.

2 Nelle frasi interrogative si usa **yet** che viene messo in fondo alla frase:

È già arrivato Luca? Has Luca arrived yet? | *Hai già ordinato?* Have you ordered yet? | *Pensi che abbia già scoperto lo scherzo?* Do you think he's discovered the joke yet? | *Chiedigli se ha già mangiato.* Ask him if he's eaten yet.

3 Nelle frasi negative si usa **yet** che viene messo in fondo alla frase:

Non ho ancora fatto i compiti. I haven't done my homework yet. | *Non ha ancora mangiato.* She hasn't eaten yet.

4 Per esprimere sorpresa nelle frasi interrogative si usa **already**:

– Dobbiamo andare! – Di già? "We've got to go!" "What, already?" | *Già di ritorno? Sono solo le dieci!* Back already? It's only ten o'clock!

5 RAFFORZATIVO

So già come va a finire! I already know how this is going to end! | *Dopo quello che gli hai fatto, è già tanto se ti rivolge la parola.* After what you did to him, you're lucky he's even speaking to you.

ginocchiera *s* (nello sport) kneepad
ginocchio *s* **1** knee: *Cadendo ho battuto il ginocchio.* I fell and banged my knee. | *La neve ci arrivava alle ginocchia.* The snow was knee-deep. | *Se vuoi, puoi sederti sulle mie ginocchia.* You can sit on my lap if you want. **2** **in ginocchio** on your knees
giocare *v* **1** to play | **giocare a carte/a scacchi** to play cards/chess **2** (nello sport) to play: *Gioca nella Fiorentina.* He plays for Fiorentina. | *Stasera la Germania gioca contro l'Argentina.* This evening Germany are playing Argentina. | *Domenica la Juve gioca fuori casa.* On Sunday, Juventus is playing away. | *Il Milan gioca in casa.* Milan is playing at home. | **giocare a tennis/a calcio** to play tennis/football **3** (scommettere) to bet: *Ho giocato tutto sul rosso.* I bet everything on red. | **giocare al lotto** to play the lottery | **giocare al totocalcio** to do the (football)

pools **4 giocarsi la reputazione/il posto** to put your reputation/your job at risk

giocata *s* (scommessa) bet

giocatore, -trice *s* **1** (nello sport) player: *un giocatore di calcio* a football player | *un giocatore della Juve* a Juventus player **2** (d'azzardo) gambler

giocattolo *s* toy: *un negozio di giocattoli* a toy shop

gioco *s* **1** game: *Ti insegno un gioco.* I'll show you a game ▶ vedi anche **carta** **2** (d'azzardo) gambling: *Ho poca fortuna al gioco.* I'm not very lucky at gambling. | **essere in gioco** to be at stake: *È in gioco la mia reputazione.* My reputation is at stake. ▶ vedi anche **sala** **3** (giocattolo) toy | **gioco elettronico** computer game **4 per gioco** for fun **5 un gioco da ragazzi** child's play **6 gioco di parole** pun | **gioco di prestigio** conjuring trick

gioia *s* joy

gioielleria *s* jeweller's (shop)

gioielliere, -a *s* **1** (persona) jeweller **2** (negozio) jeweller's

gioiello *s* jewel: *Quest'estate a Londra ho visto i gioielli della corona.* This summer I saw the Crown Jewels in London. | *un gioiello dell'architettura gotica* a jewel of Gothic architecture

Giordania *s* **la Giordania** Jordan

giordano, -a *agg e s* Jordanian

giornalaio, -a *s* **1** (persona) newsagent **2** (negozio) newsagent's

giornale *s* **1** (quotidiano) newspaper: *L'ho letto sul giornale.* I read it in the newspaper. | *il giornale di oggi* today's paper **2** (rivista) magazine: *un giornale di moda* a fashion magazine

giornaliero, -a *aggettivo e sostantivo*

• *agg* (volo, spesa) daily: *Per Londra, ci sono voli giornalieri.* There are daily flights to London.

• **giornaliero** *s* **1** (ski pass) day pass (pl day passes) **2** (per mezzi pubblici) one-day travel card

giornalista *s* journalist

giornata *s* day: *Che bella giornata!* What a beautiful day! | *Ho passato la giornata a fare i compiti.* I spent the day doing my homework. | *Oggi ho avuto una giornata no.* I've had a bit of an off-day today. | *Mi ha chiamato quattro volte nel corso della giornata.* He called me four times during the day. | **in giornata** by the end of the day: *Ti faccio sapere qualcosa in giornata.* I'll let you know by the end of the day. | **vivere alla giornata** to live one day at a time

giorno *s* **1** (24 ore) day: *– Che giorno è oggi? – Lunedì.* "What day is it today?" "Monday." | *Le iscrizioni apriranno il giorno 15 di settembre.* Registration will start on the 15th of September. | *due volte al giorno* twice a day | *il giorno in cui siamo partiti* the day we left | *il giorno dell'esame* the day of the exam | *Da quel giorno non ci siamo più rivolti la parola.* We haven't spoken to each other since that day. | *Non capita tutti i giorni di incontrare un tipo come lui.* You don't come across a guy like him every day. | **tutto il giorno** all day (long) | **tutti i giorni** every day | **al giorno d'oggi** nowadays | **da un giorno all'altro a)** (improvvisamente) from one day to the next: *Cambia idea da un giorno all'altro.* She changes her mind from one day to the next. **b)** (presto) any day now: *Dovrei ricevere una risposta da un giorno all'altro.* I should get an answer any day now. | **di giorno in giorno** from day to day | **un giorno o l'altro** one of these days **2 giorno festivo** holiday | **giorno lavorativo** working day | **giorno libero** day off | **il giorno di Natale** Christmas Day **3** (ore di luce) daylight: *in pieno giorno* in broad daylight | **di giorno** during the day | **buon giorno!** Si usa comunemente **hello**, mentre **good morning** è più formale. ▶ vedi Active Box **giorni della settimana**

giostra *s* roundabout (BrE), merry-go-round (AmE) | **andare alle giostre** to go to the fair

giovane *aggettivo e sostantivo*

• *agg* young: *È un anno più giovane di te.* He's one year younger than you.

• *s* (uomo) young man (pl men), (donna) young woman (pl women): *uno spettacolo per giovani* a show for young people | **da giovane** when I/she/he was young; when we/you/they were young

Giove *s* Jupiter

giovedì *s* Thursday ▶ vedi Active Box **giorni della settimana** sotto **giorno**

gioventù *s* **1** (età) youth: *In gioventù ha viaggiato molto.* He travelled a lot in his youth. **2** (giovani) youth: *la gioventù di oggi* the youth of today

giraffa *s* giraffe

G

Active Box: giorni della settimana

I seguenti esempi illustrano l'uso dei giorni della settimana in inglese e possono servirti come modello per formulare a tua volta delle frasi:

Alcuni negozi sono aperti ***di domenica****.*	Some shops are open **on Sundays**.
Cosa fai ***sabato sera****?*	What are you doing on **Saturday evening**?
Vado in piscina ***il martedì*** *e* ***il giovedì****.*	I go swimming **on Tuesdays** and **Thursdays**.
Usciamo insieme ***tutti i venerdì****.*	We go out together **every Friday**.
Lunedì prossimo *non c'è scuola.*	**Next Monday** there's no school.
Ci siamo viste ***mercoledì scorso****.*	We saw each other **last Wednesday**.
C'era un annuncio ***sul giornale di venerdì****.*	There was an advert **in Friday's paper**.

girare *v* **1** (svoltare) to turn: *Gira a destra al prossimo semaforo.* Turn right at the next traffic lights. | **girare l'angolo** to turn the corner **2** (visitare) to travel around: *Ha girato il mondo.* She's travelled all over the world. **3** (spostarsi) (a piedi) to go around, (in macchina) to drive around: *Abbiamo girato tutti gli alberghi del centro.* We went around all the hotels in the city centre. | *Ho girato mezz'ora per trovare un parcheggio.* I had to drive around for half an hour to find a parking space. **4** (chiave, testa) to turn **5** (film, scena) to shoot **6** (ruotare) to spin: *Mi gira la testa.* My head's spinning. | **girare intorno a qn** to hang around sb: *Ha sempre qualche ammiratore che le gira intorno.* She's always got some admirer or other hanging around her. | **girare intorno a qc** to go around sth: *La Luna gira intorno alla Terra.* The Moon goes around the Earth. **7** (venir voglia) Per dire *mi/ti ecc. gira* si usa **I/you etc feel like it**: *Se ti gira, chiamami.* If you feel like it, give me a ring. | *Quando gli gira sa essere molto spiritoso.* When he feels like it he can be very witty.

girarsi *v rifl* to turn around: *Si sono girati tutti a guardarla.* Everyone turned around to look at her.

girasole *s* sunflower

girevole *agg* (porta, cancello) revolving

giro *s* **1 fare un giro a)** (a piedi) to go for a walk: *Abbiamo fatto un giro in centro.* We went for a walk in the town centre. **b)** (in macchina) to go for a drive: *Non abbiamo avuto il tempo di fare un giro per la città.* We didn't have time to go for a drive round the town. | **fare il giro dell'Irlanda/degli Stati Uniti** to travel around Ireland/the United States | **il giro d'Italia** (nel ciclismo) the Giro d'Italia **2 essere in giro a)** (persona) to be around: *Non la trovo mai: è sempre in giro.* I can never find her. She's never around. **b)** (prodotto) to be on the market: *Ci sono tanti di quei modelli di cellulari in giro!* There are just so many types of mobile phones on the market! **3 chiedere/guardarsi in giro** to ask/look around **4 lasciare qc in giro** to leave sth lying about: *Lascia sempre in giro le scarpe.* He always leaves his shoes lying about. **5** (rotazione) turn: *Quando chiudi, ricordati di dare due giri di chiave.* When you close the door remember to turn the key twice. **6 prendere in giro qn** to have sb on: *Mi stai prendendo in giro!* You're having me on! **7** (di pista) lap: *Mancano solo due giri alla fine.* There are only two laps until the end of the race. **8 fare un giro di telefonate** to phone round | **giro d'affari** turnover **9 nel giro di due ore/di qualche giorno** in two hours'/a few days' time **10** (ambiente) circle: *Frequentiamo lo stesso giro.* We have the same circle of friends. | *È riuscito a entrare nel giro del teatro.* He managed to break into the theatre world.

girone *s* (nello sport) round | **girone di andata/di ritorno** (nel calcio) first/second half of the season

girotondo *s* ring-a-ring-o'-roses

gita *s* trip: *gita scolastica* school trip | *Domani andiamo in gita.* Tomorrow we're going on a trip. | **fare una gita** to go on a trip: *Se domenica fa bello, facciamo una gita al mare.* If the weather's fine on Sunday, we'll go on a trip to the seaside.

giubbotto *s* jacket: *un giubbotto di pelle* a leather jacket | **giubbotto antiproiettile** bulletproof vest | **giubbotto di salvataggio** life jacket

giudicare *v* **1** (esprimere un giudizio) to judge: *Non puoi giudicare senza sapere come sono andate veramente le cose.* You can't judge unless you know what really happened. **2** (considerare) to think: *La giudico una cosa stupida.* I think it's stupid. **3 giudicare qn colpevole/innocente** (in processo) to find sb guilty/innocent: *È stato giudicato innocente.* He was found innocent.

giudice *s* judge

giudizio *s* **1** (opinione) opinion: *Vorrei un tuo giudizio.* I'd like your opinion. | **a mio/tuo ecc. giudizio** in my/your etc opinion **2** (a scuola) non c'è un equivalente in inglese; per spiegare cos'è puoi dire **an**

assessment of students' work in the form of a written comment. **3** (buon senso) sense: *Sei proprio senza giudizio!* You've really got no sense at all! ▶ vedi anche **dente** **4** (processo) trial

giugno *s* June ▶ vedi Active Box **mesi** sotto **mese**

giungere *v* to arrive: *Era giunto il momento di parlare.* The moment to speak had arrived. | **giungere nuovo** to come as news: *Questa mi giunge nuova.* This comes as news to me.

giungla *s* jungle

giunta **per giunta** what's more

giurare *v* to swear: *Giurami che è vero!* Swear that it's true! | *Avrei giurato di averli visti insieme.* I could have sworn I'd seen them together!

giuria *s* jury (pl juries)

giustamente *avv* quite rightly: *Ha giustamente protestato.* He quite rightly protested.

giustificare *v* (ritardo, assenza) to justify: *Tutte le assenze devono essere giustificate.* Absences must be justified. | *Non riesco a giustificare il suo comportamento.* I can't justify her behaviour.

giustificarsi *v rifl* to justify yourself: *Non lo dico per giustificarmi, è la verità.* I'm not saying it to justify myself, it's the truth.

giustificazione *s* **1** (scusa) excuse: *Ha sempre una giustificazione pronta.* He always has a ready excuse. **2** (a scuola) excuse: *La giustificazione deve essere firmata da uno dei genitori.* The excuse note must be signed by a parent.

giustizia *s* **1** justice **2** (autorità) law [plurale]: *Non ho mai avuto problemi con la giustizia.* I've never been in trouble with the law.

giustiziare *v* to execute

giusto, -a *aggettivo e avverbio*

- *agg* **1** (equo) fair: *Non è giusto!* It's not fair! | *Quel che è giusto è giusto.* What's fair is fair. **2** (appropriato) right: *Sei arrivato proprio al momento giusto.* You arrived at just the right time. **3** (corretto, preciso) right: *la risposta giusta* the right answer | *Hai l'ora giusta?* Do you have the right time? | *È giusto il conto?* Is the bill correct? **4** **essere/stare giusto a qn** to fit sb perfectly: *I guanti mi sono giusti.* The gloves fit me perfectly.
- **giusto** *avv* **1** (esattamente) correctly: *Hai risposto giusto.* You answered correctly. **2** (proprio) just: *Cercavo giusto te.* You're just the person I was looking for. | *Siamo arrivati giusto in tempo.* We arrived just in time. **3** (solo) just: *L'ho visto giusto ieri.* I saw him just yesterday. | *Me n'è rimasto giusto uno.* I've only got one left.

giù *avv* **1** (in basso) down: *Voglio spostare lo scaffale più giù.* I want to move the shelf down a bit. | *Non guardare giù se soffri di vertigini.* Don't look down if you are scared of heights. | **venire giù a)** (scendere) to come down: *Vieni giù di lì!* Come down from there! **b)** (cadere) to fall down: *Mi sa che quel muro sta per venire giù.* I think that wall is about to fall down. | *Viene giù un'acqua!* It's pouring with rain! | **mandar giù qc** (cibo) to swallow sth: *Questa carne è così dura che non riesco a mandarla giù.* This meat is so tough that I can't swallow it. **2** (a un piano inferiore) downstairs: *Arrivo, aspettami giù!* I'm coming – wait for me downstairs! **3** **in giù a)** (in basso) downwards: *dalla taglia 48 in giù* from size 48 downwards | *Si è tuffato a testa in giù.* He dived in head first. **b)** (più lontano) down: *Abito un po' più in giù.* I live a bit further down. **4** **essere/sentirsi giù** to be/to be feeling down: *Oggi mi sento un po' giù.* I'm feeling a bit down today. | **non andare giù a qn** *Non mi va giù che diano sempre ragione a lui.* I can't stand the way they always side with him.

gli *articolo e pronome*

- *art* the ▶ vedi Active Box **articoli determinativi** sotto **articolo**
- *pron* ▶ vedi riquadro

globale *agg* overall

gloria *s* glory

gobbo, -a *aggettivo e sostantivo*

- *agg* hunched
- *s* hunchback

goccia *s* drop: *una goccia di sangue* a drop of blood | *Cominciavano a cadere le prime gocce.* The first drops were starting to fall. | *Hai preso le gocce per la tosse?* Did you take the cough drops? | **assomigliarsi come due gocce d'acqua** to be as alike as two peas in a pod | **la goccia che fa traboccare il vaso** the last straw

goccio *s* **un goccio (di qc)** a drop (of sth): *Vuoi un goccio di latte nel caffè?* Would you like a drop of milk in your coffee?

gocciolare *v* **1** (tubo, rubinetto) to drip **2** (naso) to run: *Ho il naso che gocciola.* My nose is running.

godere *v* **1** **godere di qc** (avere) to enjoy sth: *È un politico che gode di grande popolarità.* He is a politician who enjoys great popularity. **2** (godere nel fare qc) to enjoy doing sth: *Sembra che goda nell'umiliarlo di fronte agli amici.* She seems to enjoy humiliating him in front of his friends. | **godersi le vacanze/lo spettacolo** to enjoy the holidays/the show **3** (sessualmente) to come

goffo, -a *agg* clumsy

G

gli *pronome*

1 RIFERITO A PERSONA

Al singolare si traduce generalmente **(to) him** e al plurale **(to) them**.

Gli telefono stasera. I'll phone him tonight. | *Gli ho mandato un'e-mail.* I've just sent him an e-mail. | *Gliel'ho chiesto ieri e hanno detto che verranno.* I asked them yesterday and they said that they're coming. | *Non dargli retta: ti prendono in giro.* Pay no attention to them, they're having you on.

2 RIFERITO A COSA

Al singolare si traduce **it** e al plurale **them**; nota che generalmente *it* e *them* sono preceduti dalla preposizione richiesta dal verbo che regge il pronome:

Se hai il giornale, gli do un'occhiata. If you've got the newspaper, I'll take a look **at it**. | *Per distinguere i miei quaderni, gli ho messo un'etichetta.* To identify my copybooks, I've put a label **on them**.

G

gola *s* **1** (parte del corpo) throat: *Ho mal di gola.* I've got a sore throat. | *una pasticca per la gola* a throat lozenge ▸ vedi anche **acqua** **2** (golosità): *Lo assaggio, più che altro per gola.* I'm being greedy but I'm going to try some. | **fare gola a qn**: *Questa torta mi fa gola.* I'm very tempted by this cake.

golf *s* **1** (maglione) sweater, jumper (BrE) **2** (sport) golf | **giocare a golf** to play golf

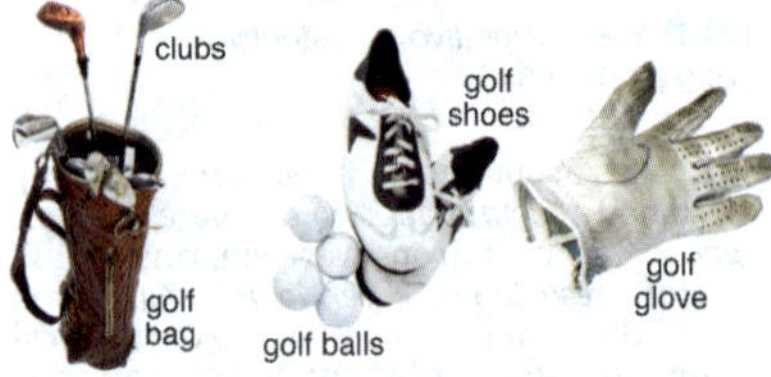

golfo *s* gulf: *il Golfo del Messico* the Gulf of Mexico

goloso, -a *agg* greedy: *Da bambino era molto goloso.* He was a very greedy child. | **essere goloso di dolci** to have a sweet tooth

gomitata *s* **dare una gomitata a qn a)** (per colpire) to elbow sb: *Mi ha dato una gomitata nello stomaco.* He elbowed me in the stomach. **b)** (per richiamare l'attenzione) to nudge sb: *Ti ho dato quella gomitata perché stavi facendo una gaffe terribile.* I nudged you because you were making a fool of yourself. | **farsi largo a gomitate** to elbow your way through

gomito *s* elbow | **gomito a gomito** side by side: *Lavoriamo gomito a gomito.* We work side by side.

gomitolo *s* ball: *un gomitolo di lana* a ball of wool

gomma *s* **1** (materiale) rubber: *un tubo di gomma* a rubber tube **2** **gomma da masticare** chewing gum **3** (per cancellare) rubber (BrE), eraser (AmE) **4** (di auto, bicicletta) tyre: *Ho una gomma a terra.* I've got a flat tyre. | *Devo aver forato una gomma.* I must have a puncture.

gommapiuma *s* foam rubber

gommone *s* dinghy (pl dinghies)

gonfiare *v* **1** (palloncino, ruota) to inflate: *Hai gonfiato il materassino?* Have you inflated the airbed? **2** **gonfiare lo stomaco** to make you feel bloated: *La gassosa mi ha gonfiato lo stomaco.* The fizzy drink made me feel bloated. **3** (notizia, fatti) to exaggerate: *I giornalisti hanno gonfiato un po' la notizia.* The journalists exaggerated the story. **4** **gonfiare qn di botte** to beat sb up: *L'hanno gonfiato di botte.* They beat him up.

gonfiarsi *v rifl* to swell (up): *Mi si è gonfiata la caviglia.* My ankle has swollen up.

gonfio, -a *agg* **1** (pneumatico, pallone) inflated **2** (occhio, piedi) swollen: *Ho ancora il labbro gonfio per la puntura di vespa.* My lip is still swollen where the wasp stung it. | **andare a gonfie vele** to be going great guns: *La squadra va a gonfie vele.* The team is going great guns.

gonna *s* skirt: *una gonna a pieghe* a pleated skirt

gorilla *s* **1** (animale) gorilla **2** (guardia del corpo) bodyguard

gotico, -a *agg e s* Gothic

governare *v* (paese, popolo) to govern

governo *s* (istituzione) government

gradevole *agg* **1** (sapore, odore) nice: *una bibita gradevole* a nice drink **2** (compagnia, ambiente) good: *Si era formata un'atmosfera molto gradevole.* A really good atmosphere had developed.

gradinata *s* **1** (di chiesa, palazzo) flight of steps **2** (di stadio) stand

gradino *s* (scalino) step: *Attento al gradino!* Mind the step!

gradire *v* **1** (apprezzare) to like **2** (desiderare) to like: *Gradite una tazza di tè?* Would you like a cup of tea?

grado *s* **1** **essere in grado di fare qc** to be able to do sth: *Non è ancora in grado di riprendere gli allenamenti.* He's still not able to start training again. **2** (livello) level: *Gli Aztechi avevano raggiunto un alto grado di conoscenza.* The Aztecs had reached a very high level of knowledge. | **per gradi** gradually: *È meglio procedere per gradi.* It's better to do things gradually. **3** (in una scala di valori) degree: *Ha riportato ustioni di terzo grado.* He had third-degree burns. | *un terremoto del settimo grado della scala Richter* an earthquake measuring seven on the Richter scale |

Siamo cugini di primo grado. We're first cousins. **4** (in matematica, fisica) degree: *un angolo di 90 gradi* a 90-degree angle | **grado (centigrado)** degree (centigrade): *C'erano 2 gradi sotto zero.* It was 2 degrees below zero.

graduale *agg* (miglioramento, cambiamento) gradual: *C'è stato un graduale miglioramento nelle sue condizioni di salute.* There has been a gradual improvement in his health.

graffetta *s* (per fogli) paperclip

graffiare *v* to scratch: *Il gatto mi ha graffiato.* The cat scratched me. | **graffiarsi le braccia/il naso** to scratch your arms/nose

graffiarsi *v rifl* to scratch yourself: *Non è niente, mi sono solo graffiato un po'.* It's nothing. I've just scratched myself a bit.

graffio *s* scratch (pl scratches): *Non si è fatto neanche un graffio!* He got off without a scratch!

grafica *s* graphics [sempre plurale]: *La grafica del videogioco è ottima.* The graphics in the video game are brilliant.

grafico, -a *aggettivo, sostantivo* e *sostantivo*

• *agg* **1** (industria) si usa il sostantivo **graphics** in funzione di aggettivo: *un'industria grafica* a graphics company **2** (rappresentazione, schema) graphic

• *s* (disegnatore) graphic designer: *grafico pubblicitario* graphic designer

• **grafico** *s* (diagramma) graph: *il grafico della temperatura* the temperature graph

grammatica *s* **1** (disciplina) grammar: *In grammatica è bravissimo.* He's very good at grammar. | *un errore di grammatica* a grammatical error **2** (libro) grammar (book)

grammo *s* (misura) gram: *cento grammi di prosciutto* a hundred grams of ham

granaio *s* barn

Gran Bretagna *s* **la Gran Bretagna** (Great) Britain | **in Gran Bretagna** in (Great) Britain

> La Gran Bretagna comprende l'Inghilterra (**England**), la Scozia (**Scotland**) e il Galles (**Wales**).

granché *pronome* e *avverbio*

• *pron* **non essere un granché** to not be much good: *Questa torta non è un granché.* This cake is not much good.

• *avv* much: *Quel film non mi è piaciuto granché.* I didn't like that film much.

granchio *s* crab

grande *aggettivo* e *sostantivo*

• *agg* **1** (per dimensione) big: *una casa grande* a big house | *Prendi la valigia più grande.* Take the bigger suitcase. | *Abita in una grande città.* She lives in a big city. | **essere/andare grande a qn** (indumento) to be too big for sb: *Questa maglia mi è grande.* This jumper is too big for me. **2** (per quantità, numero) large: *un gran numero di spettatori* a large number of spectators **3** (alto) tall: *un uomo grande e grosso* a tall, well-built man **4** **diventare grande** to grow up: *Non ho voglia di diventare grande.* I don't want to grow up. | **più grande** (più vecchio) older: *Mia sorella è più grande di me di due anni.* My sister is two years older than me. **5** (intenso) invece dell'aggettivo si usa di solito l'avverbio **really**: *Faceva un gran freddo.* It was really cold. | *Ci siamo presi un grande spavento.* We were really frightened. **6** (eccellente) great: *un grande attore* a great actor | *Sei stato grande!* You were wonderful! | **un gran bugiardo/vigliacco** a real liar/coward **7** (festa, ricevimento) splendid | **in grande stile** in grand style

• *s* **1** (adulto) grown-up: *uno spettacolo per grandi e bambini* a show for children and grown-ups | **da grande** *Cosa vuoi fare da grande?* What do you want to do when you grow up? **2** (personaggio importante) great: *un grande della storia* one of the greats of history | *i grandi della musica rock* the greats of rock music **3** **alla grande** *Il suo ultimo disco sta andando alla grande.* His latest record is doing really well. | *Funziona alla grande!* It works perfectly! | *Abbiamo vinto alla grande.* We won in great style. **4** **fare le cose in grande** to do things in a big way

grandezza *s* **1** (misura) size | **a grandezza naturale** (modello, riproduzione) life-size **2** (dell'universo, del mare) vastness **3** (straordinarietà) greatness: *la grandezza di Michelangelo* the greatness of Michelangelo

grandinare *v* to hail: *Grandina.* It's hailing.

grandinata *s* hailstorm

grandine *s* hail

granello *s* **1** (di orzo, frumento) grain | **granello di pepe** peppercorn **2** (di sabbia) grain

granita *s* in inglese non esiste una parola equivalente; per spiegare cos'è, puoi dire **flavoured drink made with crushed ice**.

granito *s* granite

grano *s* **1** (cereale) wheat **2** (chicco) **grano di caffè** coffeebean | **pepe in grani** peppercorns

granturco *s* maize

grappolo *s* bunch (pl bunches): *un grappolo d'uva* a bunch of grapes

grasso *aggettivo* e *sostantivo*

• *agg* **1** (persona, animale) fat: *È convinta di essere grassa.* She's convinced she's fat. **2** (cibo, sostanza) fatty: *un formaggio grasso* a fatty cheese **3** (pelle, capelli)

G

greasy: *shampoo per capelli grassi* shampoo for greasy hair
- *s* **1** (alimentare) fat: *Scarta il grasso dal prosciutto.* Remove the fat from the ham. **2** (unto) grease: *Aveva le mani sporche di grasso.* His hands were covered with grease.

> Per riferirsi ad una persona sovrappeso in modo meno esplicito, quindi meno offensivo, si possono usare termini come **(a bit) overweight**, **large**, **plump**, **tubby** oppure **heavy** (in inglese americano).

G

grata *s* (di finestra, tombino) grating

gratis *avverbio* e *aggettivo*
- *avv* for free: *Abbiamo viaggiato gratis.* We travelled for free.
- *agg* free: *Ho dei biglietti gratis per il concerto.* I've got some free tickets for the concert.

gratitudine *s* gratitude

grato, -a *agg* **essere grato a qn per qc** to be grateful to sb for sth: *Ti sono grato per avermi risparmiato quella scocciatura!* I'm grateful to you for saving me the bother!

grattacielo *s* skyscraper: *un grattacielo di 75 piani* a skyscraper **with** 75 floors

grattare *v* **1** (con le unghie) to scratch: *Mi gratti la schiena?* Can you scratch my back? | **grattarsi la testa/il naso** to scratch your head/nose **2** (raschiare) to scrape: *Se fai così, gratterai via tutta la vernice.* If you do that, you'll scrape all the varnish off. **3** (grattugiare) to grate: *Per favore, mi gratti un po' di formaggio?* Can you grate me a bit of cheese, please? **4** (rubare) to nick: *E questo, dove l'hai grattato?* And where did you nick this from?

grattarsi *v rifl* to scratch (yourself): *Non riuscivo a smettere di grattarmi.* I couldn't stop scratching.

grattugia *s* grater

grattugiare *v* to grate

gratuito, -a *agg* **1** (biglietto, servizio) free: *ingresso gratuito* free entry | *Il concerto è gratuito.* The concert is free. **2** (ingiustificato) unjustified: *Le tue critiche sono del tutto gratuite.* Your criticisms are completely unjustified.

grave *agg* **1** (situazione, malattia) serious: *La situazione è più grave di quanto immaginassi.* The situation is more serious than I had imagined. | *Fortunatamente, non è niente di grave!* Luckily it's not serious! **2** (errore, danno) serious: *La sua vita è in grave pericolo.* His life is in serious danger. **3** (di suono, voce) low ▶ vedi anche **accento**

gravemente *avv* seriously: *Il fumo nuoce gravemente alla salute.* Smoking seriously damages your health.

gravidanza *s* pregnancy (pl pregnancies)

gravità *s* **1** (di situazione, incidente) seriousness: *Non abbiamo tenuto conto della gravità della situazione.* We didn't take the seriousness of the situation into account. **2** (in fisica) gravity: *la forza di gravità* the force of gravity

grazia *s* **1** (eleganza, garbo) grace **2** (a carcerato) pardon

grazie *interiezione* e *sostantivo*
- *inter* thank you, thanks [più informale]: *Grazie di tutto!* Thanks for everything! | *Poteva almeno dire grazie!* He could at least say thank you! | **grazie mille!** thank you so much! | **sì, grazie!** yes, thanks! ▶ Quando si accetta qualcosa che viene offerto, si dice **yes, please!**: – *Hai mangiato abbastanza?* – *Sì, grazie!* "Have you had enough to eat?" "Yes, thanks!" | – *Ne vuoi ancora?* – *Sì, grazie!* "Would you like some more?" "Yes, please!" | **no, grazie!** no, thanks: – *Vuoi una fetta di torta?* – *No, grazie!* "Would you like a slice of cake?" "No, thanks." | **grazie a** thanks to: *Grazie al suo aiuto sono riuscito a finire in tempo.* Thanks to his help I managed to finish in time. | *Ci siamo conosciuti grazie a un amico.* We met through a friend.
- *s* thank you: *Se n'è andato senza nemmeno dire un grazie.* He left without even saying thank you.

grazioso, -a *agg* **1** (persona, viso) pretty **2** (luogo) charming **3** (casa, oggetto) nice

Grecia *s* **la Grecia** Greece

greco, -a *agg* e *s* Greek

gregge *s* herd

grembiule *s* **1** (per scuola) smock **2** (da cucina) apron

grembo *s* **in grembo a qn** on sb's lap: *Stava seduto in grembo alla madre.* He was sitting on his mother's lap.

gridare *v* **1** (emettere grida) to shout: *Smettetela di gridare!* Stop shouting! | *Gridava di dolore.* He was crying out in pain. **2** (dire forte) to shout: *Ha gridato qualcosa, ma non ho capito.* He shouted something, but I didn't catch it. | *Hanno cominciato a gridare insulti all'arbitro.* They started shouting insults at the referee. | **gridare aiuto** to call for help

grido *s* **1** (urlo) shout: *All'improvviso abbiamo sentito un forte grido.* Suddenly we heard a loud shout. **2** (di gioia, dolore) cry (pl cries): *grida d'aiuto* cries for help

grigio, -a *aggettivo*, *sostantivo* e *sostantivo*
- *agg* e *s* grey (BrE), gray (AmE)
- **grigio** *s* grey (BrE), gray (AmE) ▶ vedi Active Box **colori** sotto **colore**

griglia *s* **1** (in cucina) rack | **alla griglia** grilled: *calamari alla griglia* grilled calamari **2** (grata) grille, grill **3** (su foglio) grid **4** **griglia di partenza** starting grid

grigliata *s* **1** (piatto) grill: *una grigliata di pesce* grilled fish **2** (festa) barbecue: *Organizziamo una grigliata in giardino!* Let's have a barbecue in the garden.

grilletto *s* trigger

grillo *s* cricket

grinta *s* guts [sempre plurale]: *Non ha grinta.* He's got no guts. | *Mettici un po' di grinta!* Put your back into it!

grinza *s* (di tessuto) crease

grissino *s* breadstick

grosso, -a *aggettivo e sostantivo*

• *agg* **1** (per dimensioni) big: *Ho il naso grosso.* I've got a big nose. | *una grossa cittadina* a big town ▶ vedi anche **fiato**, **sale** **2** (grave) serious: *un grosso errore* a serious mistake | *Hai corso un grosso rischio.* You ran a serious risk. | **farla grossa** to really do it: *Questa volta l'ha fatta grossa!* This time you've really done it! | **sbagliarsi di grosso** to be completely wrong: *Credevo che fosse una persona sincera, ma mi sbagliavo di grosso.* I thought she was honest, but I was completely wrong.

• **grosso** *s* **il grosso di** the bulk of: *Il grosso del lavoro comincia ora.* The bulk of the work starts now.

grotta *s* cave

groviera, anche **gruviera** *s* Gruyère

gru *s* (uccello, macchina) crane

gruccia *s* **1** (per abiti) hanger **2** (stampella) crutch (pl crutches)

grumo *s* **1** **grumo di sangue** blood clot **2** (di grasso, farina) lump

gruppo *s* **1** (di persone, cose) group: *un gruppo di amici* a group of friends | *in gruppi di quattro* in groups of four | **in gruppo** in a group: *Mi piace molto stare in gruppo.* I like being in a group very much. | **di gruppo** as a group: *Quest'anno facciamo vacanze di gruppo.* This year we're going on holiday as a group. | **foto di gruppo** group photo | **lavoro di gruppo** group work **2** (musicale) band **3** **gruppo sanguigno** blood group

gruviera ▶ vedi **groviera**

guadagnare *v* **1** (denaro) to earn: *Guadagna 300 euro a settimana.* He earns 300 euros a week. | *Suo padre guadagna bene.* His father has a well-paid job. **2** (ottenere) to gain: *Se sposti il tavolo sotto la finestra guadagni un po' di spazio.* If you move the table under the window you'll gain a bit of space. | *Lascia perdere: non hai niente da guadagnare in questa storia!* Forget about it! There's nothing to be gained from all this. | *Che cosa ci guadagni ad arrabbiarti tanto?* What do you gain by getting so angry? | **guadagnarsi un premio/una medaglia** to win a prize/a medal | **guadagnarsi la fiducia/il rispetto di qn** to earn sb's trust/respect: *Comportandosi così si è guadagnato il rispetto dei compagni.* His behaviour earned him the respect of his friends. | **guadagnare tempo** to gain time

guadagno *s* **1** (retribuzione) earnings [sempre plurale]: *È un lavoro che offre ottime opportunità di guadagno.* It's a job which has excellent earnings potential. **2** (profitto) profit

guaio *s* **1** (pasticcio) mess [sempre singolare]: *Hai combinato un bel guaio!* You've caused a real mess! **2** (problema) problem: *Ho già abbastanza guai per conto mio.* I've already got enough problems of my own. | *Non ha mai avuto guai con la giustizia.* He's never had any problems with the police. | **essere/finire nei guai** to be/to end up in trouble: *Per difendere te sono finito nei guai io!* I ended up in trouble for taking your side!

guancia *s* cheek

guanciale *s* pillow

guanto *s* glove: *un paio di guanti* a pair of gloves

guardare *v* **1** (dirigere lo sguardo verso) to look at: *Non guardarmi così!* Stop looking at me like that! | *Ci siamo fermati a guardare le vetrine.* We stopped to look at the shop windows. | *Guarda avanti!* Look ahead! | *Non guardare!* Don't look! | **guardare in alto/in basso** to look up/down | **guardare dalla finestra/dal buco della serratura** to look out of the window/through the keyhole | **non guardare in faccia a nessuno** to have no consideration for anyone else: *Se decide una cosa la fa, non guarda in faccia a nessuno.* If he decides to do something, he just does it and has no consideration for anyone else. **2** (televisione, film) to watch: *Guarda solo i cartoni animati.* He only watches cartoons. | *Stavo guardando la partita.* I was watching the match. **3** (osservare) to watch: *Guarda bene come faccio io.* Watch carefully to see how I do it. **4** (su dizionario, Internet) to look up: *Guarda sul dizionario.* Look it up in the dictionary. | *Hai provato a guardare su Internet?* Have you tried looking it up on the Internet? **5** (controllare) to look: *Hai guardato bene se è lì?* Have you looked properly to see if it's there? **6** (badare a) to look after: *Sabato pomeriggio non posso, devo guardare il mio cuginetto.* I can't make Saturday afternoon, I have to look after my cousin.

guardarsi *v rifl* **1** (osservarsi reciprocamente) to look at each other: *Si sono guardati senza scambiarsi una parola.* They looked at each other without speaking. **2** **guardarsi allo specchio** to look at yourself in the mirror | **guardarsi**

G

negli occhi to gaze into each other's eyes ▶ vedi nota FALSE FRIEND sotto **guard**

> Si usa **to look at** quando si rivolge lo sguardo su qualcuno o qualcosa:
> *Look at this painting.* Guarda questo quadro.
> Si usa **to watch** quando si osserva qualcuno o qualcosa con attenzione:
> *We spent the afternoon watching the football match.* Abbiamo passato il pomeriggio a guardare la partita.
> Si usa **to see** quando si percepisce qualcuno o qualcosa con gli occhi oppure si assiste a qualcosa:
> *Have you seen my pen anywhere?* Hai visto la mia penna da qualche parte? | *Let's go to see a movie.* Andiamo a vedere un film.
> Si usa **to stare at** quando si fissa a lungo qualcosa o qualcuno perché è strano o interessante, mentre si usa **to gaze at** quando si guarda in modo fisso e ammirato:
> *Why are you staring at me like that?* Perché mi fissi in quel modo? | *She stood gazing at the lovely view.* È rimasta a fissare la vista stupenda.
> Si usa **to peer at** quando si guarda qualcuno o qualcosa attentamente perché si fa una certa difficoltà a vedere:
> *He was peering through the wet windscreen at the cars ahead.* Stava cercando di guardare le macchine davanti a lui attraverso il parabrezza bagnato.

guardaroba *s* **1** (armadio) wardrobe: *Ho messo un po' d'ordine nel guardaroba.* I've tidied the wardrobe up a bit. **2** (vestiti) clothes [sempre plurale]: *Questo è tutto il mio guardaroba invernale.* These are all my winter clothes. **3** (di museo, discoteca) cloakroom

guardia *s* **1 fare la guardia a qc** to guard sth: *Due poliziotti facevano la guardia alla villa.* Two policemen were guarding the villa. ▶ vedi anche **cane** **2** (persona) guard | **guardia giurata** security guard | **guardia del corpo** bodyguard **3 guardia medica** emergency medical service **4 Guardia di Finanza** l'equivalente inglese più vicino è **Customs and Excise** | **Guardia Forestale** l'equivalente inglese più vicino è **forest wardens** **5 stare in guardia** to watch out: *Guarda che ti vuole spruzzare d'acqua: stai in guardia!* Watch out! He's going to squirt water at you! | **mettere in guardia qn** to warn sb: *Bisognerebbe metterlo in guardia sui rischi che corre.* Someone should warn him of the risks he's running.

guardiano, -a *s* (custode) caretaker | **guardiano notturno** night watchman

guarire *v* **1** (malato) to recover: *È guarito dall'influenza.* He's recovered from his flu. **2** (ferita, infiammazione) to heal: *La ferita dovrebbe guarire in pochi giorni.* The wound should heal in a few days.

guarnizione *s* **1** (di coperchio, caffettiera) seal **2** (di rubinetto) washer

guastafeste *s* party pooper

guastare *v* **1** (danneggiare) to damage: *Finirai par guastare il meccanismo dell'orologio, se continui a giocarci.* If you keep playing with the watch, you'll end up damaging the mechanism. **2** (rovinare) to spoil: *Quella discussione mi ha guastato la serata.* That argument spoiled my evening. **3 non guastare** (essere gradito) to go down well: *Un po' di musica non guasterebbe!* A bit of music would go down well!

guastarsi *v rifl* **1** (oggetto, meccanismo) to break down: *Si è guastata la lavatrice.* The washing machine has broken down. **2** (tempo) to get worse: *Il tempo si sta guastando.* The weather is getting worse.

guasto, -a *aggettivo* e *sostantivo*
- *agg* **1** (rotto) broken: *L'ascensore è guasto.* The lift is broken. **2** (carne, latte) off, (frutta, verdura) rotten
- **guasto** *s* fault: *Hanno riparato il guasto alla caldaia.* They've repaired the fault in the boiler.

guerra *s* war | **la prima/seconda guerra mondiale** the First/Second World War | **dichiarare guerra a qn** to declare war on sb: *Nel 1939 la Francia e l'Inghilterra dichiararono guerra alla Germania.* In 1939 France and England declared war on Germany. | **entrare in guerra** to go to war | **guerra civile** civil war

guerriero, -a *sostantivo* e *aggettivo*
- *s* warrior
- *agg* warlike

gufo *s* owl

guida *s* **1** (accompagnatore) guide | **fare da guida a qn** to show sb round: *Conosco bene la città, se volete vi faccio da guida.* I know the city well. If you like, I'll show you round. **2** (manuale) guide: *Abbiamo comprato una guida di Londra.* We bought a guide to London. **3** (di veicolo) driving: *È stato multato per guida pericolosa.* He's been fined for dangerous driving. | *lezioni di guida* driving lessons | **guida a destra/sinistra** right hand/left hand drive ▶ vedi anche **scuola**

guidare *v* **1** (auto, camion) to drive: *Sta imparando a guidare.* She's learning to drive. | **guidare la moto** to ride a motorbike **2** (indicare il cammino a) to show the way: *Vado avanti io, così vi guido.* I'll go ahead so I can show you the way. **3** (azienda, spedizione) to lead | **guidare la classifica** (nello sport) to be top of the table

guidatore, -trice *s* driver

guinzaglio *s* lead: *Metti il guinzaglio al cane.* Put the dog's lead on. | **tenere il cane al guinzaglio** to keep the dog on its lead.

guscio *s* **1** (di uovo, noce) shell: *un guscio d'uovo* an eggshell **2** (di tartaruga, lumaca) shell

gustare *v* **1** (cibo, vino) to try: *Conosco un locale dove puoi gustare i piatti tipici della zona.* I know a place where you can try the local specialities. **2** **gustarsi un pranzo/una vacanza** to enjoy a meal/a holiday

gusto *sostantivo* e *sostantivo plurale*

• *s* **1** (sapore) taste: *Non mi piace il gusto del caffè.* I don't like the taste of coffee. **2** (di gelato) flavour: *A che gusto lo vuoi il gelato?* What flavour ice-cream do you want? **3** (piacere) fun: *Non c'è gusto a discutere con te.* It's no fun arguing with you. | *Che gusto ci trovi a farlo arrabbiare?* What do you get out of making him angry? | **di gusto**: *Abbiamo riso di gusto.* We had a good laugh. | *Ho mangiato proprio di gusto.* I really enjoyed my meal. **4** (raffinatezza) taste: *È una battuta di pessimo gusto.* That remark is in very bad taste. | *Non ha proprio gusto nel vestire.* She's got no dress sense.

• **gusti** *s pl* (preferenze) tastes: *Abbiamo gusti musicali molto diversi.* We have very different tastes in music. | *È un po' troppo vanitoso per i miei gusti.* He's a bit too vain for my taste.

H, h *s* H, h ▶ vedi Active Box **lettere dell'alfabeto** sotto **lettera**

hamburger *s* (carne tritata) burger

handicap *s* **1** (invalidità) handicap **2** (svantaggio) disadvantage: *Oggi, non parlare inglese è un handicap nel lavoro.* Nowadays, not being able to speak English is a serious disadvantage in the workplace.

handicappato, -a *aggettivo* e *sostantivo*

• *agg* disabled

• *s* disabled person | **gli handicappati** the disabled

hobby *s* hobby (pl hobbies): *Ha l'hobby della musica.* His hobby is music. | **per hobby** for a hobby: *Dipinge per hobby.* He paints for a hobby.

hockey *s* hockey | **hockey su ghiaccio** ice hockey

hostess *s* **1** (di aereo) flight attendant: *Fa la hostess per l'Alitalia.* She's a flight attendant with Alitalia. **2** (a fiera, congresso) guide

hotel *s* hotel: *Ho prenotato in un hotel in riva al mare.* I've booked a hotel on the seafront.

I, i *s* I, i ▶ vedi Active Box **lettere dell'alfabeto** sotto **lettera**

iceberg *s* iceberg

icona *s* icon: *Clicca due volte sull'icona.* Click twice on the icon. | *Riduci la finestra a icona.* Minimize the window.

idea *s* **1** (pensiero) idea: *La sola idea mi preoccupa.* I'm worried by the very idea. | *Con tutti quei discorsi, mi ha confuso le idee.* He talked so much that he's now got me all confused. | **idea fissa** obsession | **neanche per idea!** no chance! **2** (trovata) idea: *Ottima idea!* Brilliant idea! | *Di chi è stata l'idea?* Whose idea was it? **3** **non avere idea di** to have no idea: *Non ne ho idea!* I've no idea! | *Hai idea di che ora sia?* Have you any idea what time it is? **4** (opinione) opinion: *Non condivido le tue idee.* I don't share your opinions. | *Io sarei dell'idea di partire.* I think we should leave. | **cambiare idea** to change your mind | **farsi un'idea di qn/qc** to get an idea of sb/sth: *Ti sei fatto un'idea del prezzo a cui puoi arrivare?* Have you got an idea of the most you want to pay?

ideale *aggettivo* e *sostantivo*

• *agg* ideal: *il posto ideale per un picnic* the ideal place for a picnic

• *s* **1** **essere l'ideale** to be perfect: *Quel vestito sarebbe l'ideale per la festa!* That dress would be perfect for the party! **2** (valore) ideal: *una persona senza ideali* a person with no ideals

idealista *s* idealist

idealizzare *v* to idealize

ideare *v* **1** (macchina, congegno) to invent **2** (metodo, spettacolo) to devise **3** (piano, scherzo) to plan

idem *avv* **1** (nello stesso modo) *È antipatico da morire e sua sorella idem.* He's a nasty piece of work and his sister is the same. | *Solleva la gamba destra; idem con l'altra gamba.* Lift up your right leg; do the same with the other leg. **2** (in elenchi) ditto

identico, -a *agg* identical: *Ho un vestito identico al tuo!* I've got a dress identical to yours! | *Lui e suo fratello sono identici.* He and his brother are identical.

identificare *v* to identify: *Pensi di essere in grado di identificare il tuo assalitore?* Do you think you'll be able to identify your attacker? | *Non siamo stati in grado di identificare le cause dell'incendio.* We weren't able to identify the cause of the fire.

identificarsi *v rifl* **identificarsi con qn** to identify with sb: *Il libro mi è piaciuto perché mi sono identificata con la protagonista.* I liked the book because I identified with the female character.

identità *s* identity (pl identities) ▶ vedi anche **carta**

ideologia *s* ideology (pl ideologies)

idiota *aggettivo* e *sostantivo*

- *agg* stupid: *Che domande idiote!* What stupid questions!
- *s* idiot: *Sono stato proprio un idiota a fidarmi di lei!* I was a real idiot to trust her!

idiozia *s* stupid thing: *Ho fatto un'idiozia!* I did a stupid thing! | *Non dire idiozie!* Don't talk rubbish!

idolo *s* idol

idratante *agg* moisturizing: *crema idratante per il corpo* moisturizing body lotion

idraulico, -a *sostantivo* e *aggettivo*

- **idraulico** *s* plumber
- *agg* hydraulic | **impianto idraulico** plumbing

idrofilo, -a ▶ vedi **cotone**

idrogeno *s* hydrogen

iena *s* hyena

ieri *avv* yesterday: *Siamo arrivati ieri.* We arrived yesterday. | *È da ieri che non funziona il telefono.* The phone hasn't been working since yesterday. | **ieri sera** yesterday evening | **ieri notte** last night | **ieri mattina/pomeriggio** yesterday morning/afternoon | **l'altro ieri** the day before yesterday | **il giornale/il pane di ieri** yesterday's newspaper/bread

igiene *s* **1** (pulizia) hygiene: *l'igiene personale* personal hygiene **2** **igiene mentale/pubblica** mental/public health

igienico, -a *agg* hygienic ▶ vedi anche **assorbente, carta**

ignorante *aggettivo* e *sostantivo*

- *agg* ignorant
- *s* **1** (persona non istruita) ignoramus (pl ignoramuses) **2** (persona maleducata) invece del sostantivo, si usa l'aggettivo **rude**: *È proprio un ignorante!* He's so rude!

ignoranza *s* **1** (mancanza di conoscenza) ignorance **2** (maleducazione) rudeness

ignorare *v* **1** (non conoscere) to not know: *Si ignora tutto del suo passato.* Nothing is known about his past. **2** (non considerare) to ignore: *Anche se ti provoca, tu ignoralo!* Even if he provokes you, ignore him! | *La preside ha ignorato le nostre richieste.* The head ignored our demands.

ignoto, -a *aggettivo* e *sostantivo*

- *agg* unknown
- **ignoto** *s* **l'ignoto** (incertezza) the unknown: *la paura dell'ignoto* the fear of the unknown

il *art* the ▶ vedi Active Box **articoli determinativi** sotto **articolo**

illegale *agg* illegal

illeso, -a *agg* unharmed: *Il pilota è uscito illeso dall'incidente.* The pilot survived the accident unharmed.

illimitato, -a *agg* unlimited

illudere *v* to fool: *Si è lasciata illudere dalle sue promesse.* She was fooled by his promises.

illudersi *v rifl* to fool yourself: *Mi ero illusa di piacergli almeno un po'.* I'd fooled myself that he liked me at least a bit.

illuminare *v* to light up: *Il castello è illuminato di notte.* The castle is lit up at night. | *In quel tratto la strada non è illuminata.* That bit of the road is unlit.

illuminazione *s* **1** (naturale, artificiale) lighting: *l'impianto di illuminazione* the lighting system **2** **avere un'illuminazione** (intuizione) to have a flash of inspiration

Illuminismo *s* Enlightenment

illusione *s* **1** (speranza infondata) illusion | **non farsi illusioni** to not kid yourself: *Se fossi in te, non mi farei troppe illusioni sull'esito dell'esame.* If I were you, I wouldn't kid myself too much about the exam result. **2** **illusione ottica** optical illusion

illustrare *v* **1** (racconto, fiaba) to illustrate: *Ha illustrato la sua ricerca con delle fotografie.* He used photographs to illustrate his project. **2** (spiegare) to illustrate: *Puoi illustrare quello che vuoi dire con un esempio?* Can you illustrate what you mean with an example?

illustrazione *s* illustration

illustre *agg* famous: *personaggi illustri* famous people

imballaggio *s* packing

imbarazzante *agg* embarrassing: *Mi hai messo in una situazione imbarazzante.* You put me in an embarrassing situation.

imbarazzare *v* to embarrass: *Con le sue domande, riesce sempre a imbarazzarmi.* He always manages to embarrass me with his questions. | *Parlare in pubblico lo imbarazza.* He gets embarrassed when he speaks in public.

imbarazzo *s* embarrassment | **essere/sentirsi in imbarazzo** to be/feel embarrassed: *Mi sono sentita in imbarazzo.* I felt embarrassed. | **mettere in imbarazzo qn** to embarrass sb: *Con quella domanda ha messo in imbarazzo l'insegnante.* He embarrassed the teacher with that question. | **avere l'imbarazzo della scelta** to be spoilt for choice: *In quel negozio, non hai che l'imbarazzo della scelta!* In that shop, you're simply spoilt for choice!

imbarcare *v* (merci, passeggeri) to board | **imbarcare acqua** to take in water

imbarcarsi *v rifl* (su nave, aereo) to board: *Tra dieci minuti ci imbarchiamo.* We're boarding in ten minutes. | **imbarcarsi in qc** (farsi coinvolgere) to get involved in sth: *Ti stai imbarcando in un brutto affare!* You're getting involved in a nasty business!

imbarcazione *s* boat

imbarco *s* boarding: *L'imbarco è previsto con mezz'ora di ritardo.* Boarding will be delayed by thirty minutes.

imbattersi *v rifl* **imbattersi in qn/qc** to run into sb/sth: *Ci siamo imbattuti in alcune difficoltà.* We've run into some difficulties. | *Allo stadio, mi sono imbattuta in un amico che non vedevo da tempo.* I ran into a friend who I hadn't seen for ages at the stadium.

imbecille *aggettivo e sostantivo*
- *agg* stupid
- *s* idiot: *Mi hai preso per un imbecille?* You must think I'm an idiot.

imbiancare *v* (dipingere) to paint: *Stanno facendo imbiancare la cucina.* They're having the kitchen painted.

imbianchino, -a *s* decorator

imboccare *v* **1** **imboccare una strada** to go down a road | **imboccare una galleria** to go through a tunnel **2** (bambino, malato) to feed

imbottito *agg* **1** **un panino imbottito di prosciutto/formaggio** a ham/cheese roll **2** (giacca, spalle) padded

imbrogliare *v* **1** (persona, cliente) to cheat: *Mi hai imbrogliato!* You've cheated me! | *Sta' attento a non farti imbrogliare.* Make sure they don't cheat you. **2** (fili) to tangle

imbrogliarsi *v rifl* **1** (confondersi) to get confused: *Con tutti quei calcoli mi sono imbrogliato.* I got confused with all those calculations. **2** (aggrovigliarsi) to get tangled: *Il filo della lenza si è tutto imbrogliato.* The fishing line has got tangled.

imbroglio *s* **1** (truffa) con: *Secondo me, si tratta di un imbroglio.* In my opinion it's a con. | *Qui c'è sotto qualche imbroglio!* There's something fishy going on here! **2** (pasticcio) mess: *Ti sei cacciata in un bell'imbroglio!* You've got yourself into a right mess!

imbroglione, -a *s* cheat

imbronciato, -a *agg* (viso, espressione) sulky | **essere imbronciato** (persona) to sulk: *È sempre imbronciato.* He's always sulking.

imbucare *v* to post: *Mi sono scordato di imbucare le cartoline.* I forgot to post the postcards.

imbuto *s* funnel

imitare *v* **1** (copiare) to copy: *Imita la sorella in tutto.* She copies everything her sister does. | **imitare un esempio** to follow an example **2** (gesto, voce) to imitate | **imitare la firma di qn** to forge sb's signature: *Ho imitato la firma dei miei genitori nella giustificazione.* I forged my parents' signature on the absence note.

imitazione *s* **1** (contraffazione) imitation: *Questa borsa è un'imitazione da poco.* This handbag is a cheap imitation. **2** (parodia) impersonation: *È bravissimo a fare le imitazioni.* He does brilliant impersonations.

immaginare *v* **1** (raffigurarsi) to imagine: *Immaginati che figura!* Imagine how embarrassing it was! | *Immagino la sua sorpresa quando ti ha vista.* I can imagine his surprise when he saw you. **2** (supporre) to think: *Non immaginavo che se la sarebbe presa tanto!* I didn't think she'd be so offended! | *Immagino che il film non ti sia piaciuto.* I suppose you didn't like the film. | **immagino di sì/no** I suppose so/not

immaginario, -a *agg* imaginary

immaginazione *s* imagination: *Quel vestito lascia poco spazio all'immaginazione!* That dress doesn't leave much to the imagination! | *È un ragazzo che ha molta immaginazione.* He's a very imaginative boy.

immagine *s* **1** (raffigurazione) image **2** (su specchio) reflection: *Questi specchi deformano l'immagine.* These mirrors distort your reflection. **3** (aspetto) image: *Madonna ha cambiato immagine un sacco di volte.* Madonna has changed her image loads of times.

immaturo, -a *agg* (persona) immature

immedesimarsi *v rifl* to identify: *Si è subito immedesimata con la protagonista.* She immediately identified with the main

Vuoi una lista di frasi utili per parlare di te stesso? Consulta la guida alla comunicazione in fondo al libro.

character. | *Non riesco proprio ad immedesimarmi in quella situazione.* I really can't **identify with** that situation.

immediatamente avv **1** (subito) immediately: *Torna qui immediatamente!* Come back here immediately! **2 immediatamente dopo/prima** immediately after/before

immediato, -a agg immediate | **nell'immediato futuro** in the immediate future

immenso, -a agg **1** (spazio, fortuna) immense **2** (dolore, tristezza) intense, (piacere, gioia, successo) enormous: *La notizia mi ha fatto un immenso piacere.* The news gave me enormous pleasure.

immergere v **immergere qc in qc** to dip sth in(to) sth: *Ho immerso le mani nell'acqua gelata.* I dipped my hands into the freezing water.

immergersi v rifl **1** (nell'acqua) to dive (down): *Il cormorano a catturato la preda immergendosi nel mare.* The cormorant caught its prey by diving down into the sea. | *Si è immerso fino alle spalle.* He **went into the water** up to his shoulders. **2 immergersi nello studio/nella lettura** to immerse yourself in your studies/ your reading

immersione s dive | **fare immersione** to go diving: *Il Mar Rosso è un posto fantastico per fare immersione.* The Red Sea is a fantastic place to go diving.

immigrare v to immigrate

immigrato, -a s immigrant: *immigrati clandestini* illegal immigrants

immigrazione s immigration

immischiare v **immischiare qn in qc** to involve sb in sth: *Non voglio essere immischiato nelle vostre beghe.* I don't want to be involved in your quarrels.

immischiarsi v rifl to interfere: *Non voglio immischiarmi in questa faccenda.* I don't want to interfere in this business. | *Non immischiarti!* Mind your own business!

immobile aggettivo e sostantivo

- agg still | **stare/rimanere immobile** to stand still
- s (edificio) property [mai plurale]: *Per pagare i debiti ha dovuto vendere tutti i suoi immobili.* To pay off his debts he had to sell all his property.

immobiliare agg si usa il sostantivo **property** in funzione di aggettivo: *il mercato immobiliare* the property market ▶ vedi anche **agente, agenzia**

immondizia s rubbish (BrE), trash (AmE): *Ricordati di portare fuori l'immondizia prima di uscire.* Remember to put the rubbish out before you leave.

immorale agg immoral

immortale agg immortal

immunità s (a malattia, diplomatica) immunity

impacciato, -a agg **1** (goffo) awkward: *Con quel vestito, mi sentivo impacciata.* I felt awkward in that dress. **2** (imbarazzato) uncomfortable: *Mi sono sentito impacciato tra tanti estranei.* I felt uncomfortable among all those strangers.

impalcatura s scaffolding [mai plurale]: *La cattedrale è nascosta dalle impalcature.* The cathedral is hidden by scaffolding.

impallidire v to go white: *Quando mi ha visto, è impallidito.* When he saw me he went white.

impanato, -a agg breaded: *cotolette impanate e fritte* fried breaded cutlets

imparare v to learn: *Sto imparando l'inglese.* I'm learning English. | *Andrea è un ragazzo che impara in fretta.* Andrea is a boy who learns quickly. | **imparare a fare qc** to learn to do sth: *Voglio imparare a sciare.* I want to learn to ski. | *Ti sta bene, così impari!* It serves you right, that'll teach you! | **imparare qc a memoria** to learn sth by heart: *Ho imparato a memoria i verbi irregolari.* I've learned the irregular verbs by heart.

imparziale agg impartial: *un giudizio imparziale* an impartial judgement

impastare v to knead: *Il fornaio sta impastando il pane.* The baker is kneading the bread. | *Impasta le uova con la farina.* Mix the eggs and the flour.

impasto s (per pane, pizza) dough

impatto s crash: *Nell'impatto l'auto ha preso fuoco.* The car caught fire in the crash.

impaurito, -a agg scared

impaziente agg impatient | **essere impaziente di fare qc** *Sono impaziente di rivederti.* I can't wait to see you again. | *Perché sei così impaziente di tornare a casa?* Why are you so anxious to get home?

impazzire v to go crazy: *Ma cosa fai, sei impazzito?* What are you doing? Have you gone crazy? | *Sono impazzito per trovare le chiavi.* I went crazy trying to find my keys. | **da impazzire** like mad: *Mi manchi da impazzire.* I miss you like mad. | *Questa canzone mi piace da impazzire.* I love that song. | **impazzire per qc/qn** to be crazy about sth/sb: *Tutte le ragazze impazziscono per lui.* All the girls are crazy about him.

impeccabile agg immaculate

impedimento s hindrance | **salvo impedimenti** *Arriverò lunedì, salvo impedimenti.* I'll be arriving on Monday, **barring accidents**.

impedire v **1** to stop: *Se vuoi venire, niente te lo impedisce.* If you want to come, nothing's stopping you. | **impedire a qn di fare qc** to stop sb (from) doing sth:

Questo rumore mi impedisce di concentrarmi. That noise is stopping me from concentrating. **2** (bloccare) to block: *Sposta un po' la valigia; non vedi che impedisce il passaggio?* Move your suitcase a bit. Can't you see it's blocking the passageway?

impegnare *v* (tenere occupato) to keep busy: *Questa ricerca mi ha impegnata per vari giorni.* This research has kept me busy for several days. | *Il nuoto mi impegna molto.* Swimming takes up a lot of my time.

impegnarsi *v rifl* **1** (applicarsi) to try (hard): *Non si impegna abbastanza.* He doesn't try hard enough. | *Devi impegnarti di più.* You have to try harder. **2** **impegnarsi a fare qc** to promise to do sth: *Mi sono impegnato a darle una mano.* I promised to give her a hand.

impegnativo, -a *agg* (compito, lavoro, corso) demanding: *una gara impegnativa* a demanding race | *una scuola molto impegnativa* a school with very high standards

impegnato, -a *agg* **1** (occupato) busy: *Stasera sono impegnata.* I'm busy this evening. | *È sempre impegnatissimo.* He's always really busy. **2** (scrittore, film) (politically) committed

impegno *s* **1** (cosa da fare) engagement: *Non è potuto venire perché aveva un impegno precedente.* He couldn't come because he had a prior engagement. | *Ho già un impegno per sabato sera.* I'm busy on Saturday evening. **2** (applicazione) effort: *Devi metterci più impegno.* You have to make more effort. **3** (obbligo) commitment: *Come farai a rispettare tutti gli impegni?* How are you going to meet all your commitments?

impensabile *agg* unthinkable

imperativo *s* imperative

imperatore, -trice *s* **imperatore** emperor | **imperatrice** empress (pl empresses)

imperfezione *s* imperfection

impermeabile *aggettivo e sostantivo*

• *agg* waterproof: *La giacca a vento è in tela impermeabile.* The windcheater is made of a waterproof fabric.

• *s* (soprabito) raincoat

impero *s* empire

impersonale *agg* **1** (senza originalità) impersonal **2** (in grammatica) impersonal: *un verbo impersonale* an impersonal verb

impertinente *agg* impertinent

impianto *s* **1** system | **impianto elettrico** wiring | **impianto di riscaldamento** heating (system) **2** **impianto sportivo** sports centre **3** **impianto stereo** stereo, hi-fi

impiccare *v* to hang

impiccarsi *v rifl* to hang yourself

impiegare *v* **1** (usare) to use: *Cerca di impiegare meglio il tuo tempo.* Try to use your time better. **2** (metterci) si usa il verbo **to take**, ma la costruzione è diversa dall'italiano: *Ho impiegato un'ora.* **It took me** an hour. | *Impiego mezz'ora ad andare a scuola con il pullman.* **It takes me** half an hour to go to school by bus.

impiegato, -a *s* office worker: *Fa l'impiegato.* He's an office worker.

impiego *s* **1** (uso) use: *l'impiego delle piante a scopo medicinale* the use of plants for medical purposes **2** (posto di lavoro) job: *Si è appena diplomata e sta cercando un impiego.* He's just left school and is looking for a job. | **impiego fisso** steady job

impigliarsi *v rifl* to get caught: *Mi si è impigliato il golf nella cerniera.* My jumper's got caught in the zip.

implicare *v* **1** (coinvolgere) to involve: *Il direttore nega di essere implicato nella vicenda.* The manager denies being involved in the affair. **2** (sottindere) to imply: *Quello che ha detto non implica che sia d'accordo.* What he said doesn't imply that he agrees.

implicito, -a *agg* implicit: *un'accusa implicita* an implicit accusation | **essere implicito** *Era implicito che fosse invitata anche lei.* It was understood that she was also invited.

implorare *v* **implorare aiuto/pietà** to beg for help/mercy | **implorare qn di fare qc** to beg sb to do sth: *Mi ha implorato di aiutarlo.* He begged me to help him.

imporre *v* (condizioni, tasse) to impose: *Riesce sempre a imporre la sua volontà agli altri.* He always manages to impose his will on others. | **imporre a qn di fare qc** to force sb to do sth: *I miei mi hanno imposto di studiare.* My parents forced me to study.

imporsi *v rifl* **1** (rivelarsi) to establish yourself: *Si sono imposti come gruppo musicale.* They established themselves as a band. | *L'inglese si è imposto come lingua internazionale.* English has become established as the international language. **2** (farsi valere) to command respect: *È uno che sa imporsi.* He knows how to command respect.

importante *agg* important: *Ho cose più importanti da fare.* I have more important things to do. | **l'importante** the important thing: *L'importante è che tu stia bene.* The important thing is that you're well.

importanza *s* importance: *un evento d'importanza internazionale* an event of international importance | **avere importanza** to matter: *Non ha importanza.* It doesn't matter. | *Che importanza ha?* What does it matter? | **dare importanza a qc** to give importance to sth: *Non devi dare troppa*

Vuoi sapere di più sui **verbi modali**? C'è una spiegazione nella **guida grammaticale**.

importanza a quello che dice. You shouldn't give too much importance to what he says.

importare v **1** (avere importanza) to matter: *Non importa.* It doesn't matter. | *Quello che importa è che tu sia qui.* What matters is that you're here. | *Cosa importa?* What does it matter? **2 importare a qn** si usa **to care about**, ma il soggetto è la persona a cui qualcosa o qualcuno interessa: *Non gliene importava niente.* He didn't care about it at all. | *Questa è una cosa che non importa a nessuno.* This is something that nobody cares about. **3** (merci, prodotti) to import

importazione s import | **d'importazione** imported: *merci d'importazione* imported goods

importo s amount: *L'importo richiesto è di 250 euro.* The amount required is 250 euros. ▶ vedi nota FALSE FRIEND sotto **import**

I

impossibile agg **1** impossible: *È impossibile negarlo.* It's impossible to deny. | **l'impossibile** the impossible: *Abbiamo fatto l'impossibile.* We did the impossible. **2** (insopportabile) unbearable: *Quando è di cattivo umore, è veramente impossibile!* When she's in a bad mood, she really is unbearable!

imposta s **1** (tassa) tax **2** (di finestra) shutter

impostare v **1** (strutturare) to set out: *Ho impostato il tema secondo la scaletta che mi hai suggerito.* I set my essay out along the lines you suggested. **2** (computer, programma) to set: *Ho impostato la stampante per i fogli A3.* I've set the printer for A3.

imprenditore, -trice s **imprenditore** businessman (pl businessmen) | **imprenditrice** businesswoman (pl businesswomen)

impresa s **1** (azienda) business (pl businesses): *una piccola impresa* a small business | *un'impresa edile* a construction firm **2** (azione difficile) feat: *le imprese di Ulisse* the feats of Ulysses | *È un'impresa parcheggiare in centro!* Parking in the town centre is **no mean feat**!

impressionante agg **1** (notevole) incredible: *Tra i due fratelli c'è una somiglianza impressionante.* There's an incredible similarity between the two brothers. **2** (spaventoso) shocking: *Nel film ci sono alcune scene impressionanti.* There are some shocking scenes in the film.

impressionare v **1** (spaventare) to shock: *La vista del morto l'ha impressionata.* Seeing the dead man really shocked her. **2** (fare buona impressione) di solito in inglese si usa la costruzione **to be impressed with sb/sth**: *Con la tua preparazione hai impressionato la commissione.* The panel were very impressed with your knowledge.

impressione s **1** impression: *Non ce l'ha con te: è solo una tua impressione.* She doesn't have it in for you – it's just your impression. | **avere l'impressione di/che** to have the feeling (that): *Ho l'impressione di aver sbagliato.* I have the feeling that I made a mistake. | *Ho l'impressione che mi nasconda qualcosa.* I have the feeling he's hiding something from me. | **dare l'impressione di/che** to give the impression (that): *Dà l'impressione di essere timido, ma non è così.* He gives the impression of being shy, but he's not. | **fare una buona/cattiva impressione a qn** to make a good/bad impression on sb: *Quel suo amico non mi ha fatto una buona impressione.* That friend of hers didn't make a very good impression on me. **2 fare impressione a qn** *I serpenti le fanno impressione.* She's really scared of snakes.

imprevisto, -a aggettivo e sostantivo

- agg unexpected: *una domanda imprevista* an unexpected question
- **imprevisto** s hitch (pl hitches): *una serie d'imprevisti* a series of hitches | **salvo imprevisti** all being well: *Arriveremo domani sera, salvo imprevisti.* We'll be arriving tomorrow evening, all being well.

improbabile agg unlikely: *È improbabile che chiami a quest'ora.* It's unlikely he'll call at this time.

impronta s imprint | **impronte di passi/piedi** footprints | **impronte (digitali)** fingerprints

improvvisamente avv **1** (di colpo) suddenly: *Improvvisamente mi sono ricordato che dorero chiamarlo.* I suddenly remembered that I had to call him. **2** (inaspettatamente) unexpectedly: *I miei genitori sono tornati a casa improvvisamente.* My parents arrived home unexpectedly.

improvvisare v **1** (discorso, musica) to improvise: *Ha improvvisato qualche brano al pianoforte.* She improvised some pieces on the piano. **2** (cena, pasto) to whip up: *Ho dovuto improvvisare un pranzo per degli amici.* I had to whip up lunch for some friends.

improvviso, -a agg sudden: *La sua partenza improvvisa ci ha stupiti.* His sudden departure amazed us. | **all'improvviso a)** (di colpo) suddenly: *All'improvviso si è spenta la luce.* The light went out suddenly. **b)** (inaspettatamente) unexpectedly: *I miei genitori sono tornati all'improvviso.* My parents came back quite unexpectedly.

imprudente agg careless: *Giorgio al volante è imprudente: va troppo forte.* Giorgio is a careless driver. He goes too fast.

impulsivo, -a agg impulsive

impulso s **1** (istinto) impulse | **d'impulso** on impulse: *Ho agito d'impulso.* I acted on impulse. **2** (spinta) boost: *un* *nuovo impulso alla ricerca sul cancro* a new boost for cancer research

impuntarsi *v rifl* to dig your heels in: *Non serve a niente impuntarsi.* There's no point digging your heels in. | *Si è impuntata a voler uscire.* She's dug her heels in over wanting to go out.

impurità *s* impurity (pl impurities)

imputato, -a *s* **l'imputato/gli imputati** the accused

in *prep* ▶ vedi riquadro

inadeguato, -a *agg* inadequate

inaspettato, -a *agg* unexpected: *La sua è stata una visita inaspettata.* His visit was unexpected.

inaugurare *v* **1** (museo, scuola) to open officially: *Domani verrà inaugurata la nuova mostra.* The new exhibition will be officially opened tomorrow. **2** (vestito, auto) to christen: *Per la festa voglio inaugurare il vestito nero.* I want to christen my new black dress at the party.

inaugurazione *s* opening: *la cerimonia di inaugurazione* the opening ceremony

incamminarsi *v rifl* to set off: *Se vogliamo arrivare in tempo, dobbiamo incamminarci.* If we want to arrive on time, we should set off now.

incantare *v* to charm: *Li ha incantati tutti con il suo modo di fare.* She charmed them all with her pleasant manner.

incantarsi *v rifl* **1** (imbambolarsi) to be in a daze: *Si è incantato davanti alla vetrina.* He was standing in a daze in front of the shop window. **2** (bloccarsi) to get stuck: *Ogni tanto il videoregistratore s'incanta.* Every so often the video recorder gets stuck.

incantesimo *s* spell

incanto *s* **come per incanto** as if by magic | **stare d'incanto a qn** to really suit sb: *Il cappello le stava d'incanto.* The hat really suited her.

incapace *aggettivo e sostantivo*

- *agg* useless | **essere incapace di fare qc** to be incapable of doing sth: *Sai che sono incapace di dire bugie.* You know I'm incapable of telling lies.
- *s* si usa l'aggettivo **useless**: *Sei veramente un incapace!* You really are useless!

incaricare *v* **incaricare qn di fare qc** to give sb the task of doing sth: *Sono stata incaricata di raccogliere le adesioni alla gita.* I've been given the task of collecting names for the trip.

incaricato, -a *s* employee: *un incaricato del Comune* a council employee

incarico *s* job: *Non accetterà mai questo incarico.* He will never accept this job. | **dare a qn l'incarico di fare qc** to give sb the task of doing sth: *Mi hanno dato l'incarico di avvertire tutti.* I was given the task of telling everyone.

in *preposizione*

1 STATO IN LUOGO = IN

Il mio amico Geoff vive in Scozia. My friend Geoff lives in Scotland. | *Il cappotto è nell'armadio.* The coat's in the cupboard. | *una casa in montagna* a house in the mountains

2 MOTO A LUOGO = TO

Quest'estate andiamo in Canada. This summer we're going to Canada. | *Il lunedì vado in palestra.* On Mondays I go to the gym.

Quando significa *dentro* si può tradurre anche con **into**:

Ho messo tutti i libri in una scatola. I put all the books in(to) a box. | *Sali in macchina.* Get in(to) the car.

3 TEMPO = IN

Sono nata nel 1988. I was born in 1988. | *Andremo al mare in agosto.* We're going to the seaside in August. | *Abbiamo visitato Londra in tre giorni.* We went round London in three days. | **in quel/questo momento** at that/this moment

4 MEZZO DI TRASPORTO = BY

Siamo venuti in macchina. We came by car. | *Vado a scuola in autobus.* I go to school by bus.

5 MODO = IN

Le istruzioni sono in inglese. The instructions are in English. | *Scrivi in stampatello.* Write in block capitals.

6 MATERIA

scarpe in cuoio leather shoes | *un bracciale in argento* a silver bracelet

7 SCOPO

Spende tantissimo in vestiti. She spends a fortune on clothes.

8 CON NUMERO DI PERSONE

Eravamo in otto. There were eight of us. | *Siamo stati promossi in venti.* Twenty of us passed. | **in pochi/tanti**: *Alla festa eravamo in tanti.* There were lots of us at the party. | *Sono venuti in pochi allo spettacolo.* Not many people came to the show.

9 Le espressioni come **in fondo, in alto, in più**, ecc. sono trattate sotto *fondo, alto, più*, ecc.

incartare *v* to wrap (up): *Ho incartato una scatola di cioccolatini.* I wrapped up a box of chocolates.

incasinato, -a *agg* **1** (disordinato) messy: *I miei appunti sono un po' incasinati.* My notes are a bit messy. **2** **essere incasinato** (indaffarato) to be up to your eyes: *Oggi sono troppo incasinato; facciamo domani?* I'm up to my eyes today. How about tomorrow? **3** (difficile) difficult: *La nostra storia è sempre stata incasinata.* Our relationship has always been difficult.

Si dice *I arrived in London* o *I arrived to London*? Vedi alla voce arrive.

incassare *v* **1** (riscuotere) to collect: *Alla fine del mese, incassa l'affitto.* He collects the rent at the end of the month. | **incassare un assegno** to cash a cheque **2** (colpo, insulto) to take: *Ha incassato il colpo senza battere ciglio!* She took the blow without batting an eyelid! | *Abbiamo incassato tre gol.* We let in three goals. **3** (guadagnare) to make: *Il film ha incassato milioni di dollari.* The film made millions of dollars.

incasso *s* takings [sempre plurale]: *C'è stata una diminuzione degli incassi.* There's been a drop in the takings.

incastrare *v* **1** (far combaciare) to fit in: *Ha incastrato la mensola nella nicchia.* He fitted the shelf into the alcove. **2** (mettere nei guai) to set up: *La polizia è riuscita ad incastrarlo.* The police managed to set him up. | *Mi hanno incastrato!* I've been set up!

incastrarsi *v rifl* **1** (incepparsi) to get stuck: *Si è incastrata la cerniera lampo della borsa.* The zip on my bag has got stuck. **2** (combaciare) to fit together: *I vari elementi dell'armadio si incastrano uno nell'altro.* The different sections of the wardrobe fit together.

incatenare *v* to chain up: *Ho dimenticato di incatenare il cane.* I forgot to chain up the dog.

incavolare *v* **fare incavolare qn** to get on sb's nerves: *Mi stai facendo incavolare!* You're really getting on my nerves!

incavolarsi *v rifl* **incavolarsi (con qn)** to lose one's temper (with sb): *Mi sono incavolato con lui perché è arrivato in ritardo.* I lost my temper with him because he was late.

incendiare *v* **incendiare qc** to set fire to sth: *È stato scoperto mentre incendiava il garage.* He was caught as he was trying to set fire to the garage.

incendiarsi *v rifl* to catch fire: *Nello scontro la macchina si è incendiata.* The car caught fire in the crash.

incendio *s* fire: *È scoppiato un incendio.* A fire has broken out. | **incendio doloso** arson

incenso *s* incense

incepparsi *v rifl* (meccanismo) to jam: *Si è di nuovo inceppata la fotocopiatrice!* The photocopier has jammed again!

incertezza *s* uncertainty (plurale uncertainties): *C'è ancora grande incertezza sull'esito della partita.* There is still a great deal of uncertainty about the outcome of the game. | *Ho avuto un momento di incertezza prima di rispondere.* I hesitated for a moment before answering.

incerto, -a *agg* **1** (risultato, notizia) uncertain: *Il risultato delle elezioni è ancora incerto.* The outcome of the elections is still uncertain. **2** (indeciso) undecided: *Sono incerto se partire o no.* I'm undecided whether to go or not. **3** (insicuro) hesitant: *Mi è sembrato un po' incerto nel rispondere.* He seemed a bit hesitant when answering.

inchiesta *s* **1** (sondaggio) survey: *un'inchiesta tra i lettori* a survey among readers **2** (indagine) inquiry (plurale inquiries): *Dopo l'omicidio è stata aperta un'inchiesta.* An inquiry was opened after the murder.

inchino *s* bow | **fare un inchino** to bow

inchiostro *s* ink: *una macchia di inchiostro* an ink stain

inciampare *v* to trip: *Ho inciampato in un gradino.* I **tripped on** a step.

incidente *s* accident: *Ho avuto un incidente.* I've had an accident. | **incidente stradale** road accident

incidere *v* **1** (disco, canzone) to record: *Il gruppo sta incidendo un album.* The band is recording an album. **2** (su legno, pietra) to carve: *Ha inciso il suo nome sul banco.* He carved his name on the desk. **3** (su metallo) to engrave: *Ha fatto incidere le iniziali della sua ragazza sulla medaglietta.* He had his girlfriend's initials engraved on the medal.

incinta *agg* pregnant: *È incinta di tre mesi.* She's three months pregnant. | *È incinta di due gemelli.* She's **pregnant with** twins.

incirca **all'incirca** about: *Il film dura all'incirca due ore.* The film lasts about two hours. | *Sono arrivato all'incirca alle quattro.* I arrived at about four.

incisione *s* **1** (su legno, pietra) carving **2** (su metallo) engraving

incisivo *aggettivo e sostantivo*

- *agg* (parola, stile) incisive
- *s* (dente) incisor

incivile *agg* (maleducato) rude: *Che incivile! Non ha neanche salutato.* How rude! She didn't even say hello.

inclinare *v* to tilt: *Inclinate in avanti la testa.* Tilt your head forward.

inclinarsi *v rifl* to tilt: *L'aereo si è inclinato di lato.* The plane tilted to one side.

inclinazione *s* **1** (pendenza) slope **2** (propensione) inclination: *L'importante è seguire le proprie inclinazioni.* The important thing is to follow your own inclinations. **3** (di angolo) inclination

includere *v* **1** (comprendere) to include: *Hanno incluso nel CD un brano inedito.* They've included a previously unreleased track on the CD. | *Il prezzo del viaggio non include i pasti e gli extra.* The cost of the trip does not include meals or extras. **2** (allegare) to enclose: *Ha incluso una foto nella sua lettera.* He enclosed a photo with his letter.

incluso, -a *agg* **1** (con i numeri, i giorni, le date) inclusive: *dal 4 al 9 incluso* from the 4th to the 9th inclusive | *Studiate da pagina 5 a pagina 48 inclusa.* Study pages

5 to 48 inclusive. | *fino a venerdì incluso* up to and including Friday **2** (compreso) including: *Siamo in dieci a cena, inclusi noi due.* There'll be ten for dinner, including the two of us. | *Verremo tutti, inclusi i miei genitori.* We'll all be coming, including my parents. | **IVA inclusa** VAT included **3** (allegato) enclosed

incognito *s* **in incognito** incognito: *Sta viaggiando in incognito.* He's travelling incognito.

incollare *v* **1** (appiccicare) to glue: *Ho incollato le figurine all'album.* I glued the pictures into the album. **2** (attaccare) to glue together: *Ho provato ad incollare il vaso rotto, ma non tiene.* I tried to glue the broken vase together, but it won't stick.

incominciare *v* to start: *Il film sta per incominciare.* The film's about to start. | *Incominciamo da capo.* Let's start from the beginning. | *A scuola, ho incominciato l'inglese.* I've started learning English at school. | **incominciare a fare qc** to start doing sth: *Ho appena incominciato a leggere il tuo libro.* I've just started reading your book. | **tanto per incominciare** for a start: *Tanto per incominciare, parlami su un altro tono.* For a start, don't speak to me in that tone of voice.

incompatibile *agg* incompatible

incompetente *agg e s* incompetent: *È finito tra le mani di un medico incompetente.* He ended up in the hands of an incompetent doctor. | **essere incompetente in qc** to be useless at sth: *Sono del tutto incompetente in materia.* I'm completely useless at the subject.

incompiuto, -a *agg* unfinished: *La sua ultima sinfonia è rimasta incompiuta.* His last symphony was left unfinished.

incompleto, -a *agg* incomplete: *Senza Beckham la squadra è incompleta.* Without Beckham, the team is incomplete.

incomprensibile *agg* incomprehensible: *Ha balbettato qualcosa di incomprensibile.* He muttered something incomprehensible.

inconfondibile *agg* unmistakable: *Ha una voce inconfondibile.* His voice is unmistakable.

inconscio, -a *aggettivo e sostantivo*

• *agg* unconscious

• **inconscio** *s* **l'inconscio** the unconscious

incontrare *v* **1** (persona) to meet: *L'ho incontrata per caso.* I met her by chance. **2** (difficoltà, problemi) to come up against: *Abbiamo incontrato molti problemi.* We came up against a lot of problems. **3** (squadra, atleta) to play: *Stasera l'Italia incontra la Francia.* Italy are playing France this evening. **4** (pugile) to fight: *Il pugile italiano incontrerà questa notte il campione mondiale.* The Italian boxer will be fighting the world champion tonight.

incontrarsi *v rifl* **1** to meet: *Ci possiamo incontrare davanti alla stazione.* We can meet outside the station. | *Mi sembra che ci siamo già incontrati.* I think we've already met. | **incontrarsi con qn** to meet sb: *Mi incontrerò con lei domani.* I'm meeting her tomorrow. **2** (squadre, atleti) to play: *Le due squadre si incontreranno domani.* The two teams are playing each other tomorrow.

incontro *sostantivo e avverbio*

• *s* **1** (atto dell'incontrarsi) meeting: *È stato un incontro casuale.* It was a chance meeting. | *Ti combinerò un incontro con lui.* I'll arrange for you to meet him. **2** (riunione) meeting: *L'incontro è fissato per domani mattina alle 9.* The meeting has been arranged for tomorrow morning at 9. **3** (partita) match (plurale matches): *un incontro di calcio* a football match

• *avv* **1** **incontro a** towards: *Mi è corso incontro.* He ran towards me. **2** **venire incontro a qn** (aiutare) to meet sb halfway: *Non potreste venirci un po' incontro nel prezzo?* Couldn't you meet us halfway on the price?

inconveniente *s* **1** (contrattempo) problem: *Ho avuto un piccolo inconveniente.* I've had a slight problem. **2** (lato negativo) drawback: *Entrambe le soluzioni presentano degli inconvenienti.* Both solutions have their drawbacks. ▶ vedi nota FALSE FRIEND sotto **inconvenient**

incoraggiare *v* to encourage: *Ho cercato di incoraggiarlo un po'.* I tried to encourage him a bit. | **incoraggiare qn a fare qc** to encourage sb to do sth: *È stato lui ad incoraggiarmi a continuare gli studi.* It was he who encouraged me to continue with my studies.

incorniciare *v* to frame: *Voglio fare incorniciare questa foto.* I want to get this photo framed.

incoronare *v* to crown

incorporare *v* **1** (assorbire) to incorporate **2** (in cucina) to combine

incosciente *aggettivo e sostantivo*

• *agg* **1** (privo di sensi) unconscious: *L'hanno trovata incosciente.* She was found lying unconscious. **2** (irresponsabile) reckless: *Un motociclista incosciente ci ha sorpassati in curva.* A rather reckless motorcyclist overtook us on a bend.

• *s* invece del sostantivo si usa di solito l'aggettivo **irresponsible**: *Sei solo un inconsciente!* You're just irresponsible!

incredibile *agg* **1** (inverosimile) incredible: *una storia incredibile* an incredible story | *Incredibile ma vero!* It's incredible but true! **2** (grandissimo) incredible: *Costa una cifra incredibile.* It costs an

I

i Vuoi informazioni sulla differenza tra gli **articoli** in inglese e in italiano? Leggi le spiegazioni nella guida grammaticale.

incredible amount. | *Fa un caldo incredibile.* It's incredibly hot.

incrinare *v* (muro, osso) to crack
incrinarsi *v rifl* to crack: *Cadendo lo specchio si è incrinato.* The mirror cracked when it fell. | *Mi si è incrinata una costola.* I've cracked a rib.

incrociare *v* **1** to cross | **incrociare le gambe** to cross your legs | **incrociare le dita** to keep your fingers crossed: *Incrociamo le dita!* Let's keep our fingers crossed! **2** (incontrare) to meet: *L'ho incrociato al supermercato.* I met him at the supermarket. **3** (intersecare) to cross: *Poco più avanti la strada incrocia la ferrovia.* A bit further ahead, the road crosses the railway.
incrociarsi *v rifl* **1** (incontrarsi) to meet: *Ci siamo incrociati in metropolitana.* We met in the Underground. **2** (intersecarsi) to meet: *Le due strade si incrociano tra tre chilometri.* The two roads meet three kilometres further on.

incrocio *s* **1** (di strade) crossroads: *All'incrocio svolta a sinistra.* Turn left at the crossroads. | *È un incrocio pericoloso.* It's a dangerous crossroads. **2** (di razze, piante) cross (pl crosses): *Il suo cane è un incrocio tra un boxer e un levriero.* His dog is a cross between a boxer and a greyhound.

incubazione *s* incubation (period): *L'incubazione del morbillo dura circa dieci giorni.* The incubation period **for** measles is about ten days.

incubo *s* nightmare: *Ho avuto un incubo.* I had a nightmare. | *Il viaggio è stato un incubo.* The journey was a nightmare.

incurabile *agg* incurable: *un male incurabile* an incurable disease

incuriosire *v* to intrigue: *Quello che hai detto mi ha incuriosita.* I was intrigued by what you said.

incursione *s* raid | **fare un'incursione in qc** to raid sth: *La polizia ha fatto un'incursione nell'edificio.* The police raided the building.

incurvarsi *v rifl* to bend

indaffarato, -a *agg* busy: *Sono molto indaffarato.* I'm very busy. | *Hai l'aria così indaffarata.* You seem so busy. | **essere indaffarato a fare qc** to be busy doing sth: *Era tutta indaffarata a prepararsi per uscire.* She was busy getting ready to go out.

indagare *v* to investigate | **indagare su qc/qn** to investigate sth/sb: *La polizia sta indagando sull'omicidio.* The police are investigating the murder.

indagine *s* **1** (di polizia) investigation **2** (ricerca) survey: *Prova a fare un'indagine tra i tuoi compagni per vedere chi è d'accordo.* Try doing a survey among your classmates to see who agrees.

indebolire *v* to weaken
indebolirsi *v rifl* **1** (persona) to grow weaker: *Si è indebolito per la lunga malattia.* He grew weaker as a result of his long illness. **2** (vista) to get worse: *Mi si è indebolita la vista.* My sight has got worse.

indecente *agg* **1** (osceno) indecent: *una proposta indecente* an indecent proposal **2** (vergognoso) appalling: *Hai lasciato il bagno in uno stato indecente.* You've left the bathroom in an appalling state.

indeciso, -a *aggettivo e sostantivo*
• *agg* **1 essere indeciso su qc** to not be sure about sth: *Sono indeciso su quale tema scegliere.* I'm not sure about which essay to choose. **2** (per carattere) indecisive: *È una persona troppo indecisa.* He's too indecisive.
• *s* non esiste il sostantivo, ma solo l'aggettivo **indecisive**: *Un'indecisa come lei non l'avevo mai vista!* I've never known anyone as indecisive as her!

indefinito, -a *agg* **1** (vago) unspecified: *una quantità indefinita* an unspecified amount **2** (pronome, aggettivo) indefinite

indeterminativo ▶ vedi **articolo**

India *s* **l'India** India

indiano, -a *aggettivo e sostantivo*
• *agg* **1** (dell'India) Indian | **l'Oceano Indiano** the Indian Ocean **2** (d'America) Native American
• *s* **1** (dell'India) Indian **2** (d'America) Native American ▶ Il termine **Indian** è usato per lo più solo nei film western e può essere considerato offensivo se usato in altri contesti: *gli indiani e i cowboy* cowboys and Indians ▶ vedi anche **fila**

indicare *v* **1 indicare qc a qn a)** (spiegare) to tell sb sth: *Può indicarmi la fermata della metropolitana più vicina?* Can you tell me where the nearest underground station is? **b)** (mostrare) to show sb sth: *Potresti indicarmi il punto esatto su questa cartina?* Could you show me the exact location on this map? **2** (ora, data) to say: *L'orologio indica le sette.* The clock says seven. **3** (cartello, simbolo) to mean: *Quel cartello indica divieto di sosta.* That sign means no parking. **4** (consigliare) to recommend: *Mi sai indicare un bravo dentista?* Can you recommend a good dentist? **5** (significare) to indicate: *Questo è un verbo che indica movimento.* This verb indicates movement. | *La parola "indiano" può indicare o una persona nata in India o in America.* The word "Indian" can mean a person born either in India or America.

indicativo, -a *aggettivo e sostantivo*
• *agg* **1** (approssimativo) approximate: *L'ora di arrivo indicativa dovrebbe essere le*

10. The approximate time of arrival should be 10 o'clock. **2** (significativo) significant: *È indicativo che nessuno gli abbia risposto.* It's significant that nobody has answered.
- **indicativo** *s* indicative: *l'indicativo presente* the present indicative

indicazione *sostantivo* e *sostantivo plurale*
- *s* **1** (informazione) direction: *Mi hai dato delle indicazioni sbagliate.* You gave me the wrong directions. | *Al bivio non c'erano indicazioni.* There were no directions at the junction. | **chiedere indicazioni** (per strada) to ask for directions: *Ci siamo fermati a chiedere indicazioni.* We stopped to ask for directions. **2** (istruzione) instruction: *Ho seguito tutte le indicazioni del dottore.* I followed all my doctor's instructions.
- **indicazioni** *s pl* (di medicinale) directions: *Leggere attentamente le indicazioni prima dell'uso.* Read the directions carefully before use.

indice *s* **1** (dito) index finger **2** (di libro) index (pl indexes): *Cercalo nell'indice.* Look it up in the index. | **indice delle illustrazioni** list of illustrations **3** (lancetta) indicator **4** **indice di ascolto** ratings [sempre plurale]: *Questo programma ha avuto un indice di ascolto bassissimo.* This programme has had very low ratings.

indietro *avv* **1** back: *Vai un po' indietro.* Go back a bit. | *Sono tornata indietro.* I went back. | *State indietro!* Keep back! | *Ho rimandato il pacco indietro.* I sent the parcel back. | **avere indietro qc** *Posso avere indietro il mio libro?* Can I have my book back? ▶ vedi anche **avanti** **2** **essere indietro a)** (in attività) to be behind: *Sono indietro con i compiti.* I'm behind with my homework. **b)** (orologio) to be slow: *La sveglia è indietro di 2 minuti.* The alarm clock's **2 minutes slow**. | **rimanere indietro** to be left behind: *Gli altri erano rimasti indietro.* The others had been left behind. **3** **all'indietro** backwards: *Sono caduta all'indietro.* I fell backwards.

indifeso, -a *agg* (persona, animale) defenceless

indifferente *agg* **1** (impassibile) uninterested: *Luca si mostra sempre indifferente alla politica.* Luca appears to be uninterested in politics. | **lasciare qn indifferente** to leave sb cold: *La notizia mi ha lasciato indifferente.* The news left me cold. | **essere indifferente a qn** *Marco mi è indifferente.* Marco means nothing to me. **2** **è indifferente** (uguale) it's (all) the same: *Per me è indifferente uscire o rimanere a casa.* It's all the same to me whether we go out or stay in. **3** **fare l'indifferente** to pretend not to care: *Con me fa l'indifferente, ma sotto sotto gli importa.* He pretends not to care when he's with me, but deep down he does.

indifferenza *s* indifference

indigeno, -a *aggettivo* e *sostantivo*
- *agg* indigenous
- *s* native

indigestione *s* indigestion | **fare un'indigestione di qc a)** (mangiare troppo): *Ho fatto un'indigestione di cioccolato.* I ate so much chocolate that I felt sick. **b)** (di film, libri) to overdose on sth: *Ho fatto un'indigestione di videogiochi.* I've overdosed on video games.

indigesto, -a *agg* heavy: *Evita di mangiare cibi indigesti prima di fare sport.* Avoid eating heavy foods before playing sport. | – *Ti è piaciuto il libro?* – *L'ho trovato un po' indigesto!* "Did you like the book?" "I found it a bit heavy going!"

indimenticabile *agg* unforgettable: *Quella sì che è stata una vacanza indimenticabile!* That really was an unforgettable holiday!

indipendente *agg* independent

indipendenza *s* independence: *Il 4 luglio è la festa americana dell'indipendenza.* July 4th is American Independence Day.

indiretto *agg* indirect ▶ vedi anche **discorso**

indirizzare *v* (lettera, pacco) to address: *A chi va indirizzata la lettera?* Who is the letter to be addressed to?

indirizzo *s* address (pl addresses): *Mi sono fatta dare l'indirizzo e il numero di telefono.* I got his address and phone number. | **indirizzo e-mail** e-mail address

indiscreto, -a *agg* **1** (domanda) personal: *Evita di fare domande indiscrete.* Avoid asking personal questions. **2** (persona) nosy: *Non vorrei sembrare indiscreta.* I don't want to seem nosy.

indispensabile *agg* essential: *È indispensabile la firma di un genitore.* A parent's signature is essential. | **l'indispensabile** the bare essentials: *Portati dietro solo l'indispensabile.* Bring only the bare essentials with you. | **il minimo indispensabile** the absolute minimum: *Faccio il minimo indispensabile.* I do the absolute minimum.

indisposto, -a *agg* unwell: *Oggi è indisposta.* She's unwell today.

indistruttibile *agg* indestructible

individuale *agg* individual: *La quota individuale è di 50 euro.* The individual subscription is 50 euros.

individuare *v* **1** (persona, colpevole) to identify: *I colpevoli sono stati individuati quasi subito.* The culprits were identified almost immediately. **2** (guasto, posizione) to identify: *Il meccanico ha individuato il guasto.* The mechanic identified the fault.

I

individuo *s* **1** (tizio) guy [informale]: *uno strano individuo* a strange guy | *C'è un individuo che chiede di te.* There's some guy asking for you. **2** (persona singola) individual

indizio *s* **1** (segno) sign: *Quelle nuvole nere sono indizio di cattivo tempo.* Those black clouds are a sign of bad weather. **2** (traccia) clue: *I malviventi hanno lasciato molti indizi.* The criminals left a lot of clues. | *Ti dò un indizio.* I'll give you a clue. **3** (in inchiesta) evidence [mai plurale]: *Non ci sono indizi contro di lui.* There's no evidence against him.

indolore *agg* painless

indomani *s* **l'indomani** the next day | **l'indomani mattina/sera** the next morning/evening

Indonesia *s* **l'Indonesia** Indonesia

indonesiano, -a *agg* e *s* Indonesian

indossare *v* **1** (avere addosso) to be wearing: *Indossava un paio di jeans e una maglietta.* She was wearing a pair of jeans and a tee shirt. **2** (mettersi) to put on: *Con tutta questa neve dovremo indossare i doposcì.* With all this snow we'll have to put on our moon boots.

indovinare *v* to guess: *Come hai fatto a indovinare?* How did you guess? | *Indovina chi è al telefono!* Guess who's on the phone! | *Brava! Hai indovinato!* Well done! You've guessed right! | **tirare a indovinare** to just guess: *Ho tirato a indovinare.* I just guessed.

indovinello *s* riddle

indovino, -a *s* fortune-teller: *Che ne so io! Non sono mica un indovino!* What do I know! I don't have a crystal ball!

indumento *s* **indumenti** clothes: *In casa mi piace indossare indumenti comodi come la tuta.* At home I like to wear comfortable clothes like tracksuits. | **indumenti intimi** underwear [mai plurale]

indurire *v* to harden

indurirsi *v rifl* (colla) to harden, (cemento) to set: *La colla non si è ancora indurita.* The glue hasn't hardened yet.

industria *s* **1** (attività) industry (pl industries): *l'industria automobilistica* the car industry **2** (azienda) company (pl companies): *Il Nord è ricco di industrie.* There are many companies in the North.

industriale *aggettivo* e *sostantivo*

- *agg* industrial: *uno stabilimento industriale* an industrial plant
- *s* industrialist

industrializzato, -a *agg* industrialized: *i paesi industrializzati* the industrialized countries

inefficace *agg* ineffective: *La cura si è dimostrata inefficace.* The treatment proved ineffective.

inefficiente *agg* inefficient

inerzia *s* inertia

inesistente *agg* nonexistent: *I transporti pubblici sono quasi inesistenti.* Public transport is almost nonexistent.

inesperto, -a *agg* inexperienced: *un guidatore inesperto* an inexperienced driver | *Sono totalmente inesperto di politica.* I have absolutely **no experience of** politics.

inestimabile *agg* inestimable | **di inestimabile valore** priceless: *un quadro di inestimabile valore* a priceless painting

inevitabile *agg* inevitable: *Era inevitabile che lo scoprisse.* It was inevitable that she would find out. | **l'inevitabile** the inevitable: *È successo l'inevitabile.* The inevitable happened.

infallibile *agg* **1** (persona, mira) infallible: *Nessuno è infallibile.* No-one is infallible. **2** (rimedio, soluzione) infallible: *Il sistema è infallibile.* The system is infallible.

infangato, -a *agg* muddy: *Levati subito quelle scarpe infangate!* Take those muddy shoes off immediately!

infantile *agg* **1** (dei bambini) si usa il sostantivo **childhood** in funzione di aggettivo: *malattie infantili* childhood illnesses **2** (per bambini) *ospedale infantile* children's hospital **3** (immaturo) childish: *Fai certi discorsi infantili!* You really say some childish things!

infanzia *s* childhood: *Siamo amici dall'infanzia.* We've been friends since childhood. | *Ho tanti bei ricordi della mia infanzia.* I have lots of good memories of my childhood.

infarto *s* heart attack: *Suo nonno è morto d'infarto.* His grandfather died of a heart attack. | *Se ti vede tuo padre, gli viene un infarto.* If your dad sees you, he'll have a heart attack.

infastidire *v* to bother: *Non infastidire tua sorella mentre studia.* Don't bother your sister while she's studying.

infastidirsi *v rifl* to get angry: *Si è molto infastidito quando lo hai interrotto.* He got very angry when you interrupted him.

infatti *congiunzione* e *avverbio*

- *cong* (effettivamente) non c'è in inglese una congiunzione equivalente, ma si usano espressioni diverse a seconda del contesto: *Ieri ero molto stanco: infatti, mi sono addormentato prestissimo.* I was really tired yesterday, and I actually fell asleep very early. | *Le previsioni erano brutte e infatti piove.* The forecast was bad and sure enough, it's raining. | *Ho detto che non ci sarei andata e infatti sono rimasta a casa.* I said I wouldn't go, and in fact I stayed at home.
- *avv* (come risposta) that's right: – *Sembra che la squadra abbia tutte le possibilità di vincere quest'anno.* – *Infatti.* "It looks like

the team has every chance of winning this year." "That's right." | *– Mi sembri arrabbiato. – Infatti.* "You seem angry." "You're right, I am."

infedele *agg* unfaithful: *È infedele alla moglie.* He's unfaithful to his wife.

infelice *agg* **1** (molto triste) unhappy: *Ha avuto un'infanzia molto infelice.* She had a very unhappy childhood. **2** (inopportuno) unfortunate: *La tua battuta era davvero infelice.* Your joke was really unfortunate. | *Sei arrivato in un momento infelice.* You've arrived at a bad time.

inferiore *aggettivo e sostantivo*
- *agg* **1** (più basso) below: *temperature inferiori ai 10°* temperatures below 10° | *una somma inferiore ai 20 euro* a sum of less than twenty euros | *l'appartamento al piano inferiore* the flat on the floor below **2** (peggiore) inferior: *di qualità inferiore* of inferior quality | *Ha la brutta abitudine di fare sentire gli altri inferiori.* She has a nasty habit of making others feel inferior.
- *s* subordinate: *È uno che sa trattare con i suoi inferiori.* He knows how to deal with his subordinates.

infermeria *s* sickroom

infermiere, -a *s* nurse: *Mia cugina fa l'infermiera.* My cousin **is a** nurse.

inferno *s* hell: *L'autobus nelle ore di punta è un inferno.* The buses are hellish during the rush hour. | *Ho avuto una settimana d'inferno.* I've had a hellish week.

inferriata *s* **1** (di finestra, porta) bars [sempre plurale]: *una finestra con un'inferriata* a window with bars **2** (di edificio) fence: *Un'alta inferriata delimita il cortile della scuola.* The school yard is surrounded by a high metal fence.

infettarsi *v rifl* (persona, ferita) to become infected: *Si è infettata la ferita.* The wound became infected.

infettivo, -a *agg* infectious: *Il morbillo è una malattia infettiva.* Measles is an infectious disease.

infezione *s* infection: *Un virus sconosciuto ha provocato l'infezione.* The infection was caused by an unknown virus. | **un'infezione all'orecchio/agli occhi** an ear/eye infection: *Mi è venuta un'infezione al dente.* I've got an infected tooth. | *Devo avere un'infezione alla mano.* My hand must have become infected. | **fare infezione** to become infected: *Non toccare la ferita con le mani sporche, altrimenti può fare infezione.* Don't touch the wound with dirty hands or it might become infected.

infiammabile *agg* (gas, materiale) inflammable

infiammazione *s* inflammation: *Il cloro della piscina mi ha fatto venire un'infiammazione agli occhi.* The chlorine in the swimming pool caused an **inflammation in** my eyes.

infilare *v* **1 infilare qc in qc** to squeeze sth in sth: *Non riesco più a infilare niente in questo zaino: è strapieno!* I can't squeeze anything else in this rucksack – it's crammed! | *Avevo infilato il portafoglio nella tasca della giacca.* I had slipped the wallet into my jacket pocket. | *Ho infilato i libri in valigia.* I put the books in my suitcase. **2 infilare l'ago** to thread a needle **3 infilarsi il cappotto/i guanti** to put your coat/your gloves on: *Infilati la camicia.* Put your shirt on.

infilarsi *v rifl* **1** (mettersi dentro) to slip: *Mi sono infilato sotto le coperte.* I slipped under the covers. | *Si è infilata in fretta in macchina per non farsi vedere.* She slipped into the car quickly so as not to be seen. | *Mi si è infilata una spina sotto l'unglia.* I've got a thorn stuck under my fingernail. **2** (intrufolarsi) to sneak: *I ladri si sono infilati in casa.* The thieves sneaked into the house.

infiltrazione *s* (di umidità) damp [mai plurale]: *C'è un'infiltrazione nel muro.* **The wall has damp.**

infilzare *v* (con forchetta, spiedo) to stick: *Ha infilzato la forchetta nella carne.* He stuck the fork in the meat.

infine *avv* **1** (alla fine) finally: *Dopo molte ore di viaggio, infine sono arrivati a destinazione.* After many hours' travelling, they finally reached their destination. **2** (in conclusione) finally: *Infine, vorrei ringraziare tutti i presenti.* And finally I'd like to thank everyone here.

infinità *s* **un'infinità di** no end of: *Ho un'infinità di cose da fare.* I've got no end of things to do. | *C'era un'infinità di gente.* There were huge numbers of people.

infinito, -a *aggettivo e sostantivo*
- *agg* **1** (universo, spazio) infinite: *L'universo è infinito.* The universe is infinite. **2** (interminabile) non c'è in inglese un aggettivo corrispondente, ma si usano diverse espressioni a seconda del contesto: *Ci ho messo un tempo infinito ad arrivare.* It took me ages to get there. | *Ti ho già detto di no un infinito numero di volte.* I've already said no countless times. | *È nata un'infinita discussione in proposito.* It gave rise to endless discussion. **3** (tantissimo) invece dell'aggettivo si usa di solito l'espressione **a million**: *grazie infinite* thanks a million | *Ci sono infiniti modi per affrontare il problema.* There are a million ways to deal with the problem.
- **infinito** *s* **1** (in grammatica) infinitive: *un verbo all'infinito* a verb **in the infinitive**

Vuoi informazioni sulla differenza tra gli **aggettivi possessivi** in inglese e in italiano? Vedi la **guida grammaticale**.

2 **l'infinito** infinity | **all'infinito** endlessly
3 (in matematica) infinity

infischiarsi *v* **infischiarsene di qc/qn** *Me ne infischio di quello che pensa la gente.* I couldn't care less what people think.

inflazione *s* inflation: *un'inflazione dell 1,5%* 1.5% inflation

influenza *s* **1** (malattia) flu: *Ho l'influenza.* I've got the flu. | *Attento a non prederti un'influenza.* Be careful not to catch cold. **2** (influsso) influence

influenzare *v* to influence: *Non voglio influenzarti con le mie idee.* I don't want my ideas to influence you. | **lasciarsi influenzare da qn** to allow yourself to be influenced by sb: *Devi decidere da sola, senza lasciarti influenzare da nessuno.* You have to make the decision on your own, without allowing yourself to be influenced by anyone.

influire *v* **influire su qc/qn** to influence sth/sb: *Il tempo influisce sempre sul mio umore.* My mood is always influenced by the weather. | *Non credere che i suoi genitori non influiscano sulle sue scelte.* Don't think that his parents don't influence his choices.

informare *v* to inform: *Bisogna informare tutti al più presto.* We must inform everyone immediately. | *Spero che qualcuno lo abbia informato.* I hope someone has told him. | **informare qn di/su qc** to inform sb about sth: *Ti hanno informato dei cambiamenti?* Have you been informed about the changes?
informarsi *v rifl* **informarsi su qc/qn** to find out about sth/sb: *Mi sono informato sulle tariffe aeree.* I've found out about air fares. | *Ci siamo informati sul nuovo professore di inglese.* We found out about the new English teacher.

informatica *s* IT, information technology: *un esperto di informatica* an IT expert

informatico, -a *aggettivo* e *sostantivo*
- *agg* si usa il sostantivo **computer** in funzione di aggettivo: *conoscenze informatiche* computer skills
- *s* computer expert

informazione *s* information [mai plurale]
▶ Per riferirsi ad una singola informazione, si usa **piece of information**: *Ho chiesto informazioni.* I asked for information. | *un'informazione utile* a useful piece of information | *Ci vorrebbero più informazioni.* We need more information. | **prendere informazioni su qc/qn** to find out about sth/sb: *Ho preso informazioni sul concerto di sabato sera.* I've found out about the concert on Saturday night.

infortunio *s* injury (pl injuries): *Non ha potuto partecipare a causa di un infortunio.* She couldn't take part because of an injury. | *un infortunio sul lavoro* an industrial accident

infrarossi *s pl* infrared rays

infrazione *s* offence (BrE), offense (AmE): *Attenta a non fare infrazioni.* Avoid committing any offences. | **un'infrazione al codice della strada** a motoring offence

infuori *avv* **1** **all'infuori** outwards: *La porta si apre all'infuori.* The door opens outwards. | *Ha i denti all'infuori.* His teeth stick out. **2** **all'infuori di** apart from: *Non può entrare nessuno all'infuori di me.* Nobody can go in apart from me.

infuriarsi *v rifl* to get really angry, to become enraged [più formale]: *Quando gliel'ho detto, si è davvero infuriato.* When I told him, he got really angry.

ingaggiare *v* **1** (calciatore, atleta) to sign: *È stato ingaggiato dalla Juve.* He's been signed by Juventus. **2** (lavoratore, esperto) to take on: *Hanno ingaggiato una guida per la spedizione in Nepal.* They've taken on a guide for the expedition to Nepal.

ingannare *v* to deceive: *Mi sono fatta ingannare dalla sua aria ingenua.* I was deceived by her innocent demeanour. | *Se la memoria non mi inganna, tu devi essere Lucia.* If my memory serves me right, you must be Lucia.

inganno *s* deception: *Come è possibile che nessuno si sia accorto dell'inganno?* How is it that no-one spotted the deception? | **trarre in inganno qn** to take sb in: *Non farti trarre in inganno dall'aspetto timido: in realtà, ha un caratterino!* Don't be taken in by his apparent timidity. He's actually very strong-willed.

ingegnere *s* engineer: *ingegnere elettronico* electronic engineer | *Suo padre è ingegnere.* Her father **is an** engineer.

ingegneria *s* (scienza) engineering

ingelosire *v* **fare ingelosire qn** to make sb jealous: *Fa così solo per farti ingelosire.* She's only doing that to make you jealous.

ingenuo, -a *aggettivo* e *sostantivo*
- *agg* naïve: *Sei più ingenuo di quel che pensassi.* You're more naive than I thought.
- *s* invece del sostantivo si usa di solito l'aggettivo **naive**: *Se credi che sia tua amica, sei un'ingenua.* If you think she's your friend, you're a bit naïve. | **fare l'ingenuo** to play the innocent: *Non fare l'ingenuo!* Don't play the innocent!

ingessare *v* to put a plaster cast on: *Mi hanno ingessato il braccio.* They've put a plaster cast on my arm.

ingessatura *s* plaster cast: *Quando ti toglieranno l'ingessatura?* When are they going to take your plaster cast off?

Inghilterra *s* **l'Inghilterra** England

inghiottire *v* to swallow: *Mi fa male la gola: faccio fatica a inghiottire.* My throat's sore and I'm having trouble swallowing.

inginocchiarsi *v rifl* to kneel down: *Ci siamo inginocchiati a pregare.* We knelt down to pray.

ingiustizia *s* **1** (l'essere ingiusto) injustice **2** (torto) invece del sostantivo si usa di solito l'aggettivo **unfair** oppure **fair** preceduto dalla negazione **not**: *È un'ingiustizia!* It's not fair! | *Gli hai fatto un'ingiustizia a non invitarlo.* It was unfair of you not to invite him.

ingiusto *agg* unfair: *Sei stato ingiusto con lei.* You've been **unfair to** her. | *L'arbitro è stato ingiusto ad assegnare il calcio di rigore.* **It was unfair of the referee** to award a penalty.

ingiù *avv* down: *Mi piace dormire a pancia ingiù.* I like sleeping face down. | **all'ingiù** down: *Se guardo all'ingiù, mi vengono le vertigini.* If I look down, I get dizzy.

inglese *aggettivo e sostantivo*
- *agg* English
- *s* **1** (uomo) Englishman (pl -men), (donna) Englishwoman (pl -women) ▶ Per riferirsi a degli inglesi, sia uomini che donne, si usa **some English people**; per riferirsi agli inglesi come popolo, si usa **the English**. **2** (lingua) English: *Parli inglese?* Do you speak English?

> Nota che il termine **English** si riferisce soltanto alle persone originarie dell'Inghilterra (**England**). Il termine generale per gli abitanti della Gran Bretagna (inglesi, gallesi e scozzesi) è **British**.

ingombrante *agg* unwieldy: *un bagaglio ingombrante* an unwieldy suitcase

ingordo, -a *aggettivo e sostantivo*
- *agg* greedy | **essere ingordo di dolci** to have a sweet tooth | **essere ingordo di cioccolato** to be addicted to chocolate
- *s* **fare l'ingordo** to be greedy: *Non fare l'ingorda!* Don't be greedy!

ingorgo *s* (del traffico) traffic jam: *Sono rimasto bloccato in un ingorgo.* I was stuck in a traffic jam.

ingozzarsi *v rifl* to stuff yourself: *Mi sono ingozzato di pastasciutta.* I stuffed myself **with** pasta.

ingrandimento *s* (di foto) enlargement: *Potresti fare un ingrandimento di questa foto.* You could have this photo enlarged. ▶ vedi anche **lente**

ingrandire *v* **1** (stanza, locale) to extend: *Con l'arrivo dei gemelli abbiamo fatto ingrandire la casa.* We had the house extended when the twins were born. **2** (fotografia, oggetto) to enlarge: *Ho fatto ingrandire la foto.* I've had the photograph enlarged. | *Questo tasto ci permette di ingrandire l'immagine sullo schermo.* This key allows us to enlarge the image on the screen. **3** (attività, azienda) to expand **4** (con lente) to magnify

ingrandirsi *v rifl* to expand: *La città si è ingrandita molto in questi anni.* The city has greatly expanded in recent years.

ingrassare *v* to put on weight: *Mangia pochissimo per non ingrassare.* She eats very little to avoid putting on weight. | **ingrassare di un chilo/due chili** to put on one kilo/two kilos | **fare ingrassare** to be fattening: *Le patatine fanno ingrassare.* Chips are fattening.

ingrato, -a *aggettivo e sostantivo*
- *agg* **1** (persona) ungrateful: *Perché sei stato così ingrato con lui?* Why were you so **ungrateful to** him? **2 un compito/lavoro ingrato** a thankless task/job
- *s* invece del sostantivo si usa di solito l'aggettivo **ungrateful**: *Sei un'ingrata!* You're so ungrateful!

ingrediente *s* ingredient: *Mi mancano alcuni ingredienti per la torta.* I need a few ingredients for the cake.

ingresso *s* **1** (entrata) admission: *ingresso libero* free admission | *"vietato l'ingresso"* "no entry" | *L'ingresso costa 5 euro.* Admission is 5 euros. **2** (porta) entrance: *Troviamoci all'ingresso del cinema.* Let's meet at the entrance to the cinema. | *ingresso principale* main entrance **3** (anticamera) hall: *Aspettami pure all'ingresso.* Wait for me in the hall.

ingrosso **all'ingrosso** in bulk: *In questo negozio si vende soltanto all'ingrosso.* In this shop they only sell things in bulk.

inibizione *s* inhibition

iniezione *s* injection | **fare un'iniezione a qn** to give sb an injection: *Mi hanno fatto un'iniezione.* They gave me an injection.

iniziale *aggettivo e sostantivo plurale*
- *agg* (capitolo, scena) opening: *Ti è piaciuta la scena iniziale del film?* Did you like the opening scene of the film?
- **iniziali** *s pl* initials: *Ho firmato con le iniziali.* I signed with my initials. | *un fazzoletto con le iniziali* a monogrammed handkerchief

iniziare *v* **1** to begin, to start: *Il film è appena iniziato.* The film has just begun. | *Abbiamo iniziato il pranzo con un antipasto.* We began the meal with a starter. | *Quando inizi la scuola?* When does school start? | **iniziare a fare qc** to start doing sth: *Sta iniziando a piovere.* It's starting to rain. | *Devo ancora iniziare a fare i compiti.* I haven't started doing my homework yet. **2 iniziare qn a qc** to introduce sb to sth: *È stato mio fratello a iniziarmi alla musica jazz.* It was my brother who introduced me to jazz.

iniziativa *s* initiative: *L'iniziativa della gita è stata di Giorgio.* The trip was Giorgio's idea. | **di mia/tua ecc. iniziativa** off my/your etc own bat: *L'ho fatto di mia iniziativa.* I did it off my own bat. | **prendere l'iniziativa** to take the initiative: *Chi è stato a prendere l'iniziativa?* Who took the initiative? ▶ vedi anche **spirito**

inizio *s* beginning: *Abito proprio all'inizio della via Bertelli, al numero 3.* I live right at the beginning of the via Bertelli, at number 3. | *C'è stato un inizio di temporale, ma poi ha smesso.* There was the beginnings of a storm, but then it stopped. | **all'inizio (di qc)** at the start (of sth): *all'inizio dell'estate* at the start of the summer | *All'inizio, non mi trovavo bene.* I wasn't happy at the start. | **dall'inizio alla fine** from start to finish | **essere agli inizi** to be at the early stages: *Studio pianoforte ma sono appena agli inizi.* I'm learning the piano, but I'm only at the early stages.

innamorarsi *v rifl* **1 innamorarsi (di qn)** to fall in love (with sb): *Mi sono innamorato di te.* I've fallen in love with you. | *Luigi e Anna si sono innamorati a prima vista.* Luigi and Anna fell in love at first sight. **2 innamorarsi di qc** to fall in love with sth: *Si è innamorato della Spagna.* He fell in love with Spain.

innamorato, -a *aggettivo e sostantivo*
- *agg* **1 essere innamorato (di qn)** to be in love (with sb): *Sei ancora innamorata di Fabio?* Are you still in love with Fabio? **2 essere innamorato di qc** (luogo, musica) to be mad about sth: *Sono innamorato di Venezia.* I'm mad about Venice.
- *s* **innamorato** boyfriend | **innamorata** girlfriend: *Anna è di nuovo uscita con il suo innamorato.* Anna's gone out with her boyfriend again.

innanzitutto *avv* first of all: *Innanzitutto chiedi scusa!* First of all, you should apologize!

innato *agg* innate: *Ha un innato talento per la musica.* She has an innate talent for music.

innegabile *agg* undeniable: *Il suo fascino è innegabile.* He's got undeniable charm.

innervosire *v* to irritate: *Non farla innervosire!* Don't irritate her!
innervosirsi *v rifl* to get nervous: *Nell'interrogazione sono andato male perché mi sono innervosito.* I did badly in the oral exam because I got nervous.

innestare *v* **1** (collegare) to insert | **innestare la retromarcia** to put the car into reverse **2** (pianta) to graft

inno *s* **1** (canto) hymn: *un inno al Signore* a hymn to the Lord | **inno nazionale** national anthem **2** (celebrazione) celebration: *I testi delle sue canzoni sono un inno alla vita.* The lyrics of his songs are a **celebration of** life.

innocente *aggettivo e sostantivo*
- *agg* **1** (imputato) innocent: *L'imputato si dichiara innocente.* The accused man claims he's innocent. **2** (domanda, sguardo) innocent: *La sua era una domanda innocente.* His question was perfectly innocent.
- *s* (uomo) innocent man (pl innocent men), (donna) innocent woman (pl innocent women): *Hanno mandato in galera un innocente.* They sent an innocent man to prison. | **fare l'innocente** to act the innocent

innocenza *s* **1** (non colpevolezza) innocence: *Queste prove dimostrano la sua innocenza.* This evidence proves his innocence. **2** (purezza) innocence: *Il bianco rappresenta l'innocenza.* White represents innocence.

innocuo, -a *agg* harmless: *Il suo veleno è innocuo per l'uomo.* Its venom is **harmless to** man.

innumerevole *agg* vast: *Una folla innumerevole ha partecipato alla manifestazione.* A vast crowd took part in the demonstration. | *Carla ha innumerevoli libri sull'argomento.* Carla has a vast number of books on the subject.

inoffensivo, -a *agg* (persona, animale) harmless: *È un animale inoffensivo.* It's a harmless animal.

inoltre *avv* also: *Chiediamo inoltre che l'intervallo venga allungato di dieci minuti.* We are also asking for the interval to be extended by ten minutes.

inondazione *s* flood

inopportuno, -a *agg* **1** (momento) bad: *Sono arrivato in un momento inopportuno?* Have I arrived at a bad time? **2** (domanda, scelta) inappropriate: *Mi è sembrato inopportuno telefonare.* It seemed inappropriate to phone.

inquadrare *v* **1** (in fotografia, nel cinema) to frame: *Prima di scattare la fotografia bisogna inquadrare bene il soggetto.* You must frame your subject properly before taking the photo. | *Viene inquadrato solo un particolare della stanza.* Only a small section of the room is in the shot. **2** (valutare) to understand: *L'ho inquadrata subito.* I understood immediately what she was like.

inquilino, -a *s* tenant: *Sono arrivati dei nuovi inquilini.* Some new tenants have arrived.

Non sai come pronunciare una determinata parola? Consulta la tabella dei simboli fonetici nell'interno della copertina.

inquinamento *s* pollution [mai plurale]: *i danni dell'inquinamento* the damage caused by pollution

inquinare *v* to pollute: *I gas di scarico delle automobili inquinano l'aria.* The air is polluted by car exhaust fumes.

insalata *s* **1** (di lattuga) salad: *una bistecca con contorno di insalata* a steak with salad on the side | *Hai condito l'insalata?* Have you put dressing on the salad? | **insalata di pomodori/patate** tomato/potato salad **2** (piatto) salad | **insalata russa** Russian salad | **insalata di riso** rice salad

insanguinato *agg* bloody

insaponare *v* **1 insaponarsi la faccia/le mani** to put soap on your face/your hands | **insaponarsi i capelli** to shampoo your hair **2** (bucato) to rub (with soap): *Insapona bene il colletto della camicia prima di metterla in lavatrice.* Rub the collar of the blouse well with some soap before putting it in the washing machine.

insaputa all' insaputa di qn behind sb's back: *Sono uscito all'insaputa dei miei.* I went out behind my parents' back. | **a mia/tua ecc. insaputa** without my/your etc knowing: *Hanno organizzato la festa a mia insaputa.* They organized the party without my knowing.

insegna *s* **1** (di negozio, locale) sign **2 all'insegna di qc** dedicated to sth: *una giornata all'insegna del rock* a day dedicated to rock music

insegnamento *s* teaching: *l'insegnamento della matematica* maths teaching

insegnante *s* teacher: *l'insegnante di italiano* the Italian teacher | *Sua madre fa l'insegnante.* Her mother **is a** teacher. | **insegnante di sostegno** support teacher

insegnare *v* **1** to teach: *Laura insegna ai bambini delle elementari.* Laura teaches primary school children. | *Vi insegno un nuovo gioco.* I'll teach you a new game. | **insegnare a qn a fare qc** to teach sb (how) to do sth: *Mi insegni a suonare la chitarra?* Will you teach me to play the guitar? **2 insegnare inglese/matematica** to teach English/maths

inseguimento *s* chase: *un inseguimento in moto* a motorbike chase | **all'inseguimento di qn** in pursuit of sb: *Si sono lanciati all'inseguimento dei contrabbandieri.* They set off in pursuit of the smugglers.

inseguire *v* **1** (ladro, preda) to chase: *L'auto in fuga è stata inseguita da un elicottero della polizia.* The fleeing car was chased by a police helicopter. **2** (successo, vittoria) to chase: *Da anni insegue il titolo di campione del mondo.* He's been chasing the world title for years.

insenatura *s* inlet

insensibile *agg* **1** (indifferente) insensitive: *È un uomo insensibile.* He's rather insensitive. **2** (parte del corpo) numb: *Le mie mani sono diventate insensibili per il freddo.* My hands have **gone numb with** cold. **3 essere insensibile al freddo/caldo** to not feel the heat/cold

inserire *v* to insert: *Inserite il CD nel lettore.* Insert the disc in the CD player.

• **inserirsi** *v rifl* **inserirsi (in qc)** (integrarsi) to be accepted (into sth): *Si è inserito facilmente nella squadra.* He was quickly accepted into the team.

inserzione *s* advert: *Ha fatto mettere un'inserzione sul giornale.* He put an advert in the newspaper.

insetto *s* insect

insicurezza *s* invece del sostantivo si usa di solito l'aggettivo **insecure**: *È una ragazza piena di insicurezze.* She's a very insecure girl.

insicuro, -a *agg* **1** (persona, carattere) insecure: *È un ragazzo molto insicuro.* He's a very insecure boy. **2** (struttura, ponte) unsafe: *Quella diga è insicura.* That dam is unsafe. **3** (incerto) unsure: *Sono insicuro sulla decisione da prendere.* I'm unsure about what decision to take.

insieme *avverbio e sostantivo*

• *avv* **1** (in compagnia) together: *Usciamo tutti insieme.* Let's all go out together. | *Pranziamo insieme domani?* Shall we have lunch together tomorrow? | **insieme a** with: *Vengo anch'io insieme a te.* I'll come with you. | *Te lo danno insieme al computer.* They give it to you with the computer. | **mettere insieme qc a)** (gruppo, squadra) to form sth: *Abbiamo messo insieme un gruppo rock.* We've formed a rock group. **b)** (soldi) to collect sth: *Hanno messo insieme una bella cifra.* They've collected a large amount of money. **2** (contemporaneamente) at the same time: *Vuoi fare troppe cose insieme!* You want to do too

C'è una tavola con i numeri in inglese e spiegazioni sul loro uso nella **guida grammaticale**.

much at the same time! | *Non parlate tutti insieme!* Don't all talk at once!

• *s* **1** (complesso) combination: *Un insieme di cose ci ha impediti di raggiungervi.* A combination of factors meant that we were unable to join you. **2** (in matematica) set

insignificante *agg* **1** (trascurabile) insignificant: *Questo mi sembra un particolare insignificante.* I think this is an insignificant detail. **2** (persona, viso) unremarkable: *un paesaggio insignificante* an unremarkable landscape

insinuare *v* to insinuate: *Cosa vorresti insinuare?* What are you trying to insinuate?

insipido, -a *agg* tasteless: *Questi pomodori sono insipidi.* These tomatoes are tasteless.

insistente *agg* **1** (persona, domande) insistent: *Non essere così insistente!* Stop being so insistent! **2** (rumore, pioggia) persistent: *una pioggia fitta e insistente* a heavy and persistent rain

insistere *v* to insist: *È inutile che tu insista, non ci vengo!* There's no point insisting. I'm not coming! | *Se proprio insisti, te lo presto per il pomeriggio.* If you absolutely insist, I'll lend it to you for the afternoon. | **insistere con qc** to carry on with sth: *Insisti con la ginnastica!* Carry on taking exercise! | *Non stanno più insieme ma lui insiste ancora con le telefonate.* They're not together anymore, but he still carries on phoning. | **insistere in qc** to continue sth: *Insiste nel dire che non è colpa sua.* He continues **to say** that it's not his fault. | **insistere su qc** to dwell on sth: *Preferirei non insistere su questo argomento.* I would prefer not to dwell on this subject.

insoddisfatto, -a *agg* **1** (persona) dissatisfied: *Mio padre è insoddisfatto del lavoro.* My father is **dissatisfied with** his job. **2** (desiderio, bisogno) unfulfilled: *I miei desideri sono rimasti insoddisfatti.* My wishes remained unfulfilled.

insolazione *s* **prendersi un'insolazione** to get sunstroke

insolito, -a *agg* unusual: *Non è successo niente di insolito.* Nothing unusual happened.

insomma *avv* **1** (per riepilogare) all in all: *Insomma, è stata una serata disastrosa!* All in all, the evening was a disaster! **2** (come risposta) not bad: – *Come va?* – *Insomma!* "How are things?" "Not bad!" **3 insomma!** right!: *Insomma, si può sapere cosa vuoi?* Right, what do you want? | *Insomma, basta!* Right, that's enough!

insonnia *s* insomnia | **soffrire di insonnia** to suffer from insomnia

insopportabile *agg* unbearable: *Da qualche giorno è insopportabile!* He's been unbearable for the last few days!

insospettire *v* to make suspicious: *È stato quel rumore a insospettirlo.* That was the noise which made him suspicious.

insospettirsi *v rifl* to become suspicious: *Non vedendoli tornare mi sono insospettito.* When I didn't see them come back, I became suspicious.

inspirare *v* to breathe in: *Adesso inspirate profondamente.* Now breathe in deeply.

instabile *agg* **1** (equilibrio, superficie) unstable: *Ti tengo la scala: è un po' instabile.* I'll hold the ladder. It's a bit unstable. **2** (persona, situazione) unstable: *È emotivamente un po' instabile.* He's a bit unstable emotionally. **3** (tempo) unsettled: *Ancora tempo instabile su molte località.* The weather will remain unsettled in many places.

installare *v* **1** (impianto, apparecchio) to install: *Abbiamo fatto installare l'aria condizionata in tutte le stanze della casa.* We've had air conditioning installed in all the rooms in the house. **2** (su computer) to install: *Non riesco a installare il programma.* I can't install the program.

installazione *s* installation

instancabile *agg* tireless: *È un lavoratore instancabile.* He's a tireless worker.

insufficiente *aggettivo* e *sostantivo*

• *agg* **1** (voto) invece dell'aggettivo si usa di solito una costruzione con il verbo **to fail**: *In inglese è insufficiente.* He failed English. | *Il tuo tema è insufficiente.* You've failed your essay. **2** (numero, quantità) not enough: *Mezz'ora è insufficiente per rispondere a tutte le domande.* Half an hour is not enough to answer all the questions.

• *s* **prendere un insufficiente in qc** to fail sth: *Ho preso un insufficiente in matematica.* I failed maths.

insufficienza *s* **1** (voto) fail: *Ho due insufficienze in pagella.* I got two fails on my report. **2** (scarsità) lack: *È stato assolto per insufficienza di prove.* He was acquitted due to lack of evidence. **3 insufficienza renale/respiratoria** kidney/respiratory failure

insulina *s* insulin

insultare *v* to insult: *Ha insultato l'arbitro.* He insulted the referee.

insultarsi *v rifl* to insult each other: *I due automobilisti hanno cominciato a insultarsi a vicenda.* The two drivers began to insult each other.

insulto *s* insult: *Dopo poco sono cominciati a volare gli insulti.* The insults soon began to fly.

insù *avv* up: *È sdraiata a pancia insù.* She is lying face up. | **all'insù** up: *Se guardi all'insù, non vedi dove metti i piedi.* If you look up, you won't see where you're putting your feet. | **avere il naso all'insù** to have a snub nose

intanto *avv* **1** (nel frattempo) in the meantime: *Guarda l'orario del treno; io, intanto, faccio i biglietti.* Have a look at the train times. In the meantime, I'll get the tickets. | **intanto che** while: *Intanto che ti prepari, faccio una telefonata.* While you're getting ready, I'll make a call. **2** (invece) but: *Dice di non essere arrabbiato e intanto non parla!* He says he's not angry, but he won't speak!

intasato, -a *agg* blocked: *Ho ancora il naso intasato.* My nose is still blocked.

intascare *v* to get: *Quanto pensi di intascare vendendo il tuo vecchio stereo?* How much do you think you'll get from selling your old stereo?

intatto, -a *agg* **1** (non danneggiato) undamaged: *Per fortuna il vaso è rimasto intatto!* Luckily the vase was undamaged! **2** (integro) untouched: *Il vassoio con la colazione era intatto.* The breakfast tray was untouched.

integrale *agg* **1** (pane, farina) wholemeal **2** (edizione, testo) unabridged **3** (versione, film) uncut: *Il film verrà trasmesso in versione integrale.* They're going to show the uncut version of the film.

integrare *v* to supplement: *Per integrare lo stipendio fa qualche lavoretto extra.* He does odd jobs to supplement his salary.

integrarsi *v rifl* **integrarsi (in qc)** to fit in (in sth): *Si è perfettamente integrato nella classe.* He's fitted in perfectly in the class.

integrazione *s* **1** (inserimento) integration **2** **l'integrazione europea** European integration

intellettuale *agg e s* intellectual

intelligente *agg* intelligent: *Andrea è un ragazzo molto intelligente.* Andrea's a very intelligent boy.

intelligenza *s* intelligence ► vedi anche **quoziente**

intendere *v* **1** (capire) to understand: *Devo avere inteso male.* I must have misunderstood. | **lasciare intendere qc a qn** to give sb to understand sth: *Mi aveva lasciato intendere che sarebbe arrivato stasera.* I was given to understand that he would arrive tonight. **2** (volere) to intend: *Cosa intendi fare?* What do you intend to do? | *Scusa, non intendevo offenderti.* Sorry, I didn't mean to offend you. **3** (voler dire) to mean: *Che cosa intendi per "immaturo"?* What do you mean by "immature"?

intendersi *v rifl* **1** (capirsi) to understand each other: *Credevo che ci fossimo intesi al volo.* I thought we'd understood each other. | *Forse non ci siamo intesi.* Perhaps we've misunderstood each other. | **intendiamoci bene** let's be clear about this **2** **intendersene (di qc)** to know something (about sth): *Te ne intendi di computer?* Do you know anything about computers?

intenditore, -trice *s* connoisseur

intensificare *v* (sforzi, controlli) to increase: *Dobbiamo intensificare gli sforzi.* We have to increase our efforts.

intensificarsi *v rifl* **1** (freddo) to become more intense **2** (traffico) to get heavy: *A quest'ora il traffico si intensifica in tangenziale.* At this time of day, the traffic on the bypass gets very heavy.

intensità *s* **1** (forza) intensity **2** (in fisica) intensity

intensivo, -a *agg* intensive: *un corso intensivo di inglese* an intensive English course

intenso, -a *agg* **1** (traffico) heavy: *A quest'ora il traffico è intenso.* The traffic is heavy at this time of day. **2** (dolore) intense, (profumo) strong: *Ho sentito un dolore intenso al fianco.* I felt an intense pain in my hip. **3** (pieno di impegni) busy: *Domani ho un pomeriggio intenso.* I've got a busy afternoon tomorrow. **4** (colore) deep: *Maria ha gli occhi di un colore blu intenso.* Maria's eyes are deep blue.

intenzione *s* intention: *Non conosco le sue intenzioni.* I don't know what his intentions are. | *Che intenzioni hai?* What do you intend to do? | **avere intenzione di fare qc** to intend to do sth: *Ho intenzione di invitare anche lui alla festa.* I intend to invite him to the party as well. | *Non ho nessuna intenzione di dirglielo!* I've no intention of telling him! | **buone/cattive intenzioni** good/bad intentions

interattivo, -a *agg* interactive: *un cd-rom interattivo* an interactive CD-ROM

interessante *agg* interesting: *un film molto interessante* a very interesting film

interessare *v* **1** **interessare (a) qn** si usa di solito **to be interested in** ma, diversamente dall'italiano, il soggetto è la persona a cui interessa qualcosa: *È un film che non mi ha interessato molto.* I wasn't very interested in the film. | *Non ti interessa sapere cosa è successo?* Aren't you interested in knowing what happened? | **non mi interessa!** I don't care! | **interessare qn a qc** to get sb interested in sth: *Stiamo cercando di interessare i giovani al problema dell'ambiente.* We are trying to get young people interested in environmental issues. **2** (riguardare) to affect: *È un problema che interessa tutta la scuola.* It's a problem which affects the whole school.

interessarsi *v rifl* **interessarsi di qc** **a)** (seguire) to be interested in sth: *Mi interesso poco di politica.* I'm not really interested in politics. **b)** (occuparsi) to take

I

care of sth: *Ti puoi interessare tu di questa faccenda?* Can you take care of this business? | **interessarsi a qn/qc** to be interested in sb/sth: *Non mi sono mai interessata più di tanto ai ragazzi.* I've never really been that interested in boys.

interessato, -a *aggettivo* e *sostantivo*

• *agg* **1** (che prova interesse) interested: *un pubblico interessato* an interested audience | **interessato a qc** interested in sth: *Mi è sembrato molto interessato alla notizia.* He seemed very interested in the news. **2** (con secondi fini) *È un uomo interessato.* He's a man motivated by self-interest. | *La sua era una generosità interessata.* There was an ulterior motive for his generosity.

• *s* **l'interessato** the person concerned: *Siamo andati a intervistare il diretto interessato.* We went to interview the person directly concerned.

I

interesse *sostantivo* e *sostantivo plurale*

• *s* **1** (partecipazione, curiosità) interest: *La notizia ha suscitato scarso interesse.* The news aroused little interest. | *Non ho alcun interesse per il calcio.* I have no **interest** whatsoever **in** football. | *Non ha mai mostrato interesse per la matematica.* He has never shown any **interest in** maths. **2 avere interesse a fare qc** *Che interesse avrei a mentire?* What would I gain by lying? | *Non ho nessun interesse a fingere!* I've nothing to gain by pretending! | **nel mio/tuo ecc. interesse** in my/your etc interest: *È nel tuo interesse raccontarci esattamente come sono andate le cose.* It's in your interest to tell us exactly what happened. | **per interesse** for ulterior motives: *Lo fa solo per interesse.* He's only doing it for ulterior motives. | *L'ha sposato per interesse.* She had ulterior motives for marrying him. **3** (finanza) interest

• **interessi** *s pl* (affari) affairs: *Ha bisogno di qualcuno che curi i suoi interessi.* He needs someone to look after his affairs.

interfaccia *s* interface

interferenza *s* **1** (disturbo) interference [mai plurale]: *Ci sono interferenze sulla linea.* There's interference on the line. **2** (intromissione) interference

interferire *v* **interferire (in qc)** to interfere (in sth): *Per favore, non interferire nelle mie faccende!* Please don't interfere in my affairs!

interiore *agg* (forza, equilibrio) inner

intermediario, -a *s* intermediary (pl intermediaries) | **fare da intermediario** to act as an intermediary

interminabile *agg* endless: *L'ora di matematica sembrava interminabile.* The maths lesson seemed endless.

internazionale *agg* international

Interni *s pl* **il Ministero degli Interni** the Italian Ministry of the Interior

> Nota che in Gran Bretagna l'equivalente del Ministero degli Interni è l'**Home Office**.

interno, -a *aggettivo*, *sostantivo* e *sostantivo plurale*

• *agg* **1** (di organismo, edificio) internal: *Nell'incidente ha riportato gravi lesioni interne.* He suffered serious internal injuries in the accident.
2 (di indumento) inside: *Il mio portafogli è nella tasca interna della giacca.* My wallet is in the inside pocket of my jacket.
3 (volo) internal: *Nei voli interni danno solo qualcosa da bere.* On internal flights all you get is something to drink.
4 (politica) national

• **interno** *s* **1** (di edificio, veicolo) interior: *L'interno dell'auto è spazioso.* The interior of the car is spacious.
2 (di oggetto, mobile) inside: *Voglio della carta per rivestire l'interno dei cassetti.* I want some paper to line the inside of these drawers. | **all'interno (di) a)** (dentro) inside: *La scatola era nera fuori e rossa all'interno.* The box was black on the outside and red inside. | *All'interno del giornale c'è un supplemento dedicato allo sport.* There's a sports supplement inside the newspaper. **b)** (nell'ambito) within: *All'interno della squadra ci sono dei disaccordi.* There is friction within the team.
3 (di Stato) home
4 (telefono) extension: *Chiedi l'interno 89.* Ask for extension 89.
5 (di condominio) flat

• **interni** *s pl* (di film) interiors

intero *agg* **1** (tutto quanto) entire: *Ha piovuto l'intera giornata.* It rained for the entire day. **2** (quantità, prezzo) full: *Ho dovuto pagare il biglietto intero.* I had to pay full price for the ticket. | **per intero** in full: *Mi ha raccontato per intero la loro conversazione.* He told me their conversation in full. **3** (integro) in one piece: *Il vaso è arrivato intero.* The vase arrived in one piece. ▶ vedi anche **latte**

interpellare *v* to consult: *Hanno interpellato gli specialisti di tutta Europa.* Specialists from all over Europe were consulted. | *Tu stai zitto, non sei stato interpellato.* Be quiet, no-one asked for your opinion.

interpretare *v* **1** (parole, comportamento) to interpret: *Devo interpretare la tua affermazione come una critica?* Should I interpret that statement of yours as a criticism? **2** (ruolo, personaggio) to play: *Chissà perché interpreta sempre il ruolo del cattivo.* Who knows why he always plays the bad guy?

interpretazione *s* **1** (spiegazione) interpretation **2** (esecuzione) performance

interprete *s* **1** (traduttore) interpreter | **fare da interprete** to interpret | **interprete simultaneo** simultaneous translation **2** (attore) (uomo) actor, (donna) actress (pl actresses)

interrogare *v* **1** (scolaro) to test: *Domani, vi interrogo sulla rivoluzione russa.* Tomorrow I'll be testing you on the Russian revolution. | *Sei già stato interrogato in scienze?* Have you had a science test yet? **2** (sospetto) to question: *La polizia lo ha interrogato per ore.* He was questioned for hours by the police.

interrogativo, -a *aggettivo* e *sostantivo*
- *agg* **1** (in grammatica) interrogative ▶ vedi anche **punto** **2** (incerto) questioning
- **interrogativo** *s* question: *In molti hanno tentato di rispondere a questo interrogativo.* Many have tried to answer this question.

interrogatorio *s* interrogation

interrogazione *s* (a scuola) oral (test): *Domani c'è l'interrogazione di francese.* There's the French oral tomorrow. ▶ vedi nota FALSE FRIEND sotto **interrogation**

> Nel sistema scolastico inglese non sono previste le interrogazioni; esistono solo prove scritte, eccetto che nell'insegnamento delle lingue straniere.

interrompere *v* **1** (discorso, azione) to interrupt: *Non mi interrompere, fammi finire.* Don't interrupt me, let me finish. **2** (strada, comunicazioni) to cut off: *La strada è stata interrotta dalla frana.* The road was cut off by the landslide.
interrompersi *v rifl* **1** (linea telefonica) *Stavamo parlando e all'improvviso si è interrotta la linea.* We were talking and then, all of a sudden, **we were cut off**. **2** (persona) to break off: *Si è interrotto un attimo, poi ha continuato a parlare.* He broke off for a moment, then he continued speaking. **3** (strada) to stop: *La strada a due corsie si interrompe a questo punto.* The dual carriageway stops at this point.

interruttore *s* switch (pl switches)

interruzione *s* **1** (sospensione) interruption **2** (intervallo) break: *Facciamo una breve interruzione.* Let's have a short break. **3** **interruzione di gravidanza** termination

interurbana *s* national call

interurbano, -a *agg* (chiamata, linea) national: *Quanto costa una chiamata interurbana?* How much does it cost to make a national call?

intervallo *s* **1** (a scuola) break: *All'intervallo mi compro una merendina.* I'll get a snack at break. **2** (alla TV) break | **intervallo pubblicitario** commercial break **3** (al cinema, a teatro) interval **4** (di partita) half time **5** **a intervalli** at intervals: *A intervalli regolari mia madre mi cerca sul telefonino.* My mother phones me at regular intervals.

intervenire *v* **1** (in lite, incidente) to intervene: *Per mettere fine ai disordini è dovuta intervenire la polizia.* The police had to intervene to put a stop to the riot. **2** (in dibattito) to speak: *All'assemblea degli studenti è intervenuto anche il preside.* The head teacher also spoke at the students' assembly.

intervento *s* **1** (di polizia, soccorsi) intervention **2** (a dibattito) speech (pl speeches) **3** (operazione chirurgica) operation

intervista *s* interview: *Non rilascia interviste da anni.* He hasn't granted interviews for years.

intervistare *v* to interview

intesa *s* **1** (accordo) agreement: *Studenti e professori non sono riusciti a raggiungere un'intesa.* Students and teachers were unable to reach an agreement. **2** (armonia) understanding: *Tra loro c'è un'intesa perfetta.* They share a perfect understanding.

inteso, -a *agg* understood: *Torna per le nove, siamo intesi?* Be back by nine, is that understood?

intestare *v* **1** **intestare qc a qn** (beni) to put sth in sb's name: *Ha intestato tutto a suo figlio maggiore.* He put everything in his eldest son's name. **2** **intestare un assegno a qn** to make a cheque out to sb: *A chi devo intestare l'assegno?* Who do I make the cheque out to?

intestazione *s* **1** (di carta da lettera) letterhead **2** (di foglio) top **3** (in informatica) header

intestino *s* intestine

intimidire *v* to intimidate

intimità *s* **1** (tra persone) intimacy **2** (di individuo) privacy

intimo, -a *aggettivo* e *sostantivo*
- *agg* (ambiente, atmosfera) intimate ▶ vedi anche **biancheria**
- *s* (amico) close friend: *È stata una cerimonia per pochi intimi.* It was a ceremony for a few close friends.
- **intimo** **nel mio/suo ecc. intimo** in my/his etc heart: *Nel suo intimo sapeva di avere sbagliato.* In his heart he knew he was wrong.

intitolare *v* to call
intitolarsi *v rifl* to be called: *Come si intitolava il film?* What was the film called?

intollerante *agg* intolerant

intonaco *s* plaster

intonato, -a *agg* **essere intonato** to be able to sing in tune: *Antonio ha una bella voce ed è intonato.* Antonio has a nice voice and he's able to sing in tune.

intonazione *s* intonation

intoppo *s* hitch (pl hitches): *Se non ci sono intoppi, finiamo entro stasera.* If there aren't any hitches, we should be finished by this evening.

intorno *avv* **1** (nella zona) around: *Qui intorno non ci sono giornalai.* There are no newsagents around here. **2** (in giro) around: *Mi sono guardato intorno ma non ho visto nessuno.* I looked around but I didn't see anyone. | *Luisa ha sempre qualche ammiratore intorno.* Luisa's always got some admirer or other hanging around. **3 intorno a a)** (vicino a) around: *Un gruppo di fotografi si è raccolto intorno al calciatore.* A group of photographers gathered around the footballer. **b)** (circa) around: *Arriverò intorno alle cinque.* I'll arrive around five. | *Il biglietto costa intorno ai 30 euro.* The ticket costs around 30 euros.

intorpidito, -a *agg* **1** (persona) sleepy: *Mi sono appena svegliato e mi sento ancora tutto intorpidito.* I've just woken up and I still feel sleepy. **2** (gambe) numb: *Sono stato seduto tutto il giorno, ho le gambe intorpidite.* I've been sitting all day and my legs have gone numb.

intossicazione *s* poisoning | **intossicazione alimentare** food poisoning

intralciare *v* to block: *Non ti fermare in mezzo all'incrocio, intralci il traffico.* Don't stop in the middle of the crossroads or you'll block the traffic.

intralcio *s* hindrance | **essere d'intralcio** to get in the way: *Invece che aiutarci ha finito per essere d'intralcio.* Instead of helping us, he ended up getting in the way.

intransitivo, -a *agg* (verbo) intransitive

intraprendente *agg* forward

intraprendere *v* to start

intrattenere *v* (ospiti, pubblico) to entertain: *Io ero in ritardo e lui ha dovuto intrattenere i miei per un'ora.* I was late and he had to entertain my parents for an hour.

intrattenersi *v rifl* (passare il tempo) to pass the time: *Durante il viaggio ci siamo intrattenute chiacchierando.* During the journey we passed the time chatting.

intravedere *v* **1** (scorgere) to catch a glimpse of: *L'ho intravisto mentre usciva di casa.* I caught a glimpse of him as he was going out. **2** (prevedere) to foresee: *Intravedo fin d'ora una serie di problemi.* I foresee a series of problems ahead.

introdurre *v* **1** (inserire) to put in, to insert: *Introduci le monete e premi il bottone.* Put the coins in and press the button. | *Introdurre la tessera telefonica e aspettare il segnale di libero.* Insert the phone card and wait for the dial tone. **2** (diffondere) to introduce: *Chi ha introdotto la moda del piercing?* Who introduced the fashion for body piercing? | *Allo stadio verranno introdotte misure di sicurezza più severe.* They're going to bring in tighter security measures at the stadium. **3** (cominciare) to introduce: *Ha introdotto il discorso con una citazione.* He introduced his speech with a quote. **4** (presentare) to introduce: *Ti occupi tu di introdurre gli ospiti?* Will you see to introducing the guests?

introdursi *v rifl* **introdursi in qc a)** (edificio, casa) to enter sth: *I ladri si sono introdotti nell'appartamento in pieno giorno.* The burglars entered the house in broad daylight. **b)** (gruppo, movimento) to infiltrate sth: *L'agente segreto riuscì a introdursi nel gruppo terrorista.* The secret agent managed to infiltrate the terrorist group.

introduzione *s* **1** (premessa) introduction **2** (applicazione) introduction

intromettersi *v rifl* **intromettersi (in qc)** to interfere (in sth): *Tu non ti intromettere: non sono affari tuoi.* It's none of your business so don't interfere. | *Si è intromesso in una faccenda che non lo riguarda.* He's interfered in something that doesn't concern him.

introverso, -a *aggettivo e sostantivo*

- *agg* introverted
- *s* introvert

intruso, -a *s* intruder: *Mi sentivo un'intrusa.* I felt like an intruder.

intuire *v* to sense

intuito *s* intuition: *Segui l'intuito.* Follow your intuition.

intuizione *s* **1** (idea) idea | **un'intuizione geniale** a brainwave: *Ho appena avuto un'intuizione geniale.* I've just had a brainwave. **2** (intuito) intuition

inumidire *v* to dampen

inutile *agg* useless: *È inutile che tu insista, io non vengo.* It's **useless insisting**, I'm not coming. | *Ormai è inutile telefonargli, a quest'ora è sicuramente già uscito.* It's **useless phoning** him now, he's definitely out at this time.

invadente *agg* intrusive

invadere *v* **1** (nazione, città) to invade **2** (piazza, spiaggia) to crowd: *I tifosi venuti per la partita hanno invaso i bar.* The fans who came for the match crowded the bars. **3 invadere la privacy di qn** to invade sb's privacy: *Scusa non volevo invadere la tua privacy con queste domande.* I'm sorry, I didn't mean to invade your privacy with these questions.

invalido, -a *aggettivo e sostantivo*

- *agg* disabled: *È invalido dalla nascita.* He's been disabled since birth.
- *s* disabled person (pl disabled people)

invano *avv* in vain

invasione *s* **1** (militare) invasion **2** (di insetti, turisti) invasion

invecchiare *v* **1** (diventare vecchio) to grow old **2** **invecchiare qn** (far sembrare vecchio) to make sb look old: *Questo colore di capelli ti invecchia.* This hair colour makes you look old. **3** (vino) to age

invece *avv* but: *Pensi di aver ragione e invece ti sbagli.* You think you're right but you're wrong. | **invece di** instead of: *Vengo sabato invece di venerdì.* I'll come on Saturday instead of Friday. | *Vai di persona invece di telefonare.* Go in person instead of phoning.

inventare *v* **1** (strumento, personaggio) to invent **2** (scusa, spiegazione) to make up: *Inventa una scusa e non ci andare.* Make up an excuse and don't go. | *Non è vero: si è inventato tutto.* It's not true – he made it all up.

inventore, -trice *s* inventor

invenzione *s* **1** (strumento, sistema) invention **2** (atto) invention **3** (bugia) ▶ anche se esiste il sostantivo **invention**, si usa più spesso il verbo **to make up**: *È tutta un'invenzione, non dargli retta.* It's all made up. Don't pay any attention to him. | *Chissà quale altra invenzione tirerà fuori come scusa.* Who knows what else he'll make up as an excuse?

invernale *agg* (periodo, vacanze) si usa il sostantivo **winter** in funzione di aggettivo: *Ho bisogno di un paio di scarpe invernali.* I need a pair of winter shoes. | *Quale tra gli sport invernali preferisci?* Which winter sports do you prefer? | **temperatura/tempo invernale** wintry temperature/weather

inverno *s* winter | **d'inverno** in the winter: *D'estate gioco a tennis, d'inverno a pallacanestro.* In the summer I play tennis and in the winter, basketball.

inversione *s* **inversione di rotta** turnaround | **inversione a U** U-turn | **inversione di tendenza** change in trend

inverso *aggettivo e sostantivo*

- *agg* opposite
- *s* opposite: *Guido fa sempre l'inverso di quello che dovrebbe.* Guido always does the opposite of what he's supposed to do. | **all'inverso** backwards

invertire *v* **1** (scambiare due cose, persone) to switch around: *Forse è meglio se inverti l'ordine degli scaffali.* It might be better if you switch the shelves around. | *Il numero è sbagliato perché hai invertito le prime tre cifre.* The number is wrong because you've mixed up the first three digits. **2** **invertire la rotta** to turn (a)round

investigatore, -trice *s* (agente) investigator | **investigatore privato** private investigator

investimento *s* **1** (di denaro) investment **2** **investimento stradale** car crash

investire *v* **1** (pedone) to run over: *È stato investito sulle strisce.* He was run over on the crossing. **2** (soldi) to invest

inviare *v* **inviare qc a qn** to send sb sth: *Ti invio le foto per e-mail.* I'll send you the photos by e-mail. | *Stanno inviando aiuti agli alluvionati.* They're sending aid to the flood victims.

inviato, -a *s* **1** (giornalista) correspondent | **inviato speciale** special correspondent **2** (rappresentante) envoy

invidia *s* envy: *È tutta invidia!* It's just envy. | **per invidia** out of envy: *L'ha detto solo per invidia.* She said that purely out of envy.

invidiare *v* to envy: *Non ti invidio; sono contento che non tocca a me dirglielo.* I don't envy you. I'm relieved that I don't have to tell him. | *Questo dolce non ha niente da invidiare a quelli di pasticceria.* This cake is just as good as the ones from the baker's. | **invidiare qc a qn** to envy sb sth: *Le invidiava la sicurezza con cui affrontava la situazione.* He envied her the confidence with which she handled the situation.

invidioso *agg* envious: *Le ha lanciato un'occhiata invidiosa.* He threw her an envious glance. | **essere invidioso di qc/qn** to be envious of sb/sth: *Le sue amiche sono invidiose di lei perché piace ai ragazzi.* Her friends are envious of her because she's popular with boys.

invincibile *agg* invincible

invio *s* invece del sostantivo, si usa di solito il verbo **to send**: *L'invio dei pacchi viveri è già cominciato.* They have already begun to send food parcels. | *Premi questo tasto per l'invio dell'e-mail.* Press this key to send your e-mail.

invisibile *agg* **1** (che non si vede) invisible **2** (piccolissimo) tiny: *Aveva un bikini invisibile.* She had a tiny bikini.

invitare *v* **1** (a festa, a casa) to invite: *Non sono stato invitato al suo compleanno.* I wasn't invited to his birthday. | *Mi ha invitato a casa sua.* He invited me to his house. | **invitare qn a cena** to invite sb to dinner: *Per festeggiare il mio compleanno, ho invitato degli amici a cena.* To celebrate my birthday, I invited some friends to dinner. **2** **invitare qn a fare qc** to ask sb to do sth: *Lo hanno gentilmente invitato a uscire.* He was politely asked to leave.

invitato, -a *s* guest

invito *s* **1** (a cena, festa) invitation **2** (biglietto) invitation **3** (richiesta) invitation

I

involontario, -a *agg* involuntary
inzuppare *v* to dunk
inzupparsi *v rifl* to get drenched: *Piove a dirotto, mi sono inzuppato.* It's pouring and I got drenched.
io *pron* **1** I ▶ Quando è usato dopo il verbo essere, *io* si traduce **me**: *Io non vengo.* I'm not coming. | *Io e mio fratello andiamo alla stessa scuola.* My brother and I go to the same school. | *– Chi è? – Sono io.* "Who is it?" "It's me." | *Non sono stato io.* It wasn't me. | **io stesso/stessa** myself: *Sono sicura di avertelo detto io stessa.* I'm sure **I** told you so **myself**. **2** (senza verbo) me: *Ma chi, io?* Who, me? | *Anch'io.* Me too.
Ionio *s* **lo Ionio** the Ionian Sea
ipermercato *s* hypermarket
ipnotizzare *v* to hypnotize
ipocrisia *s* hypocrisy
ipocrita *aggettivo e sostantivo*
• *agg* hypocritical | **essere ipocrita** to be a hypocrite: *Come sei ipocrita!* You're such a hypocrite!
• *s* hypocrite
ipotesi *s* **1** (supposizione) theory (pl theories): *Sono tutte ipotesi.* They're all just theories. | *Facciamo l'ipotesi che la preside non accetti: in quel caso come ci comportiamo?* Supposing the head won't agree – then what do we do? **2** (possibilità) option | **per ipotesi** supposing (that): *E se per ipotesi non venisse?* And supposing he doesn't come? | **nella migliore/peggiore delle ipotesi** at best/worst: *Nella peggiore delle ipotesi ci perdi 30 euro!* At worst, you stand to lose 30 euros!
ippica *s* horseracing
ippodromo *s* race track
ippopotamo *s* hippopotamus (pl hippopotamuses)
Irlanda *s* **l'Irlanda** Ireland | **l'Irlanda del Nord** Northern Ireland
irlandese *aggettivo e sostantivo*
• *agg* Irish
• *s* (uomo) Irishman (pl Irishmen), (donna) Irishwoman (pl Irishwomen) ▶ Per riferirsi a degli irlandesi, sia uomini che donne, si usa **some Irish people**; per riferirsi agli irlandesi come popolo, si usa **the Irish**.
ironia *s* irony | **fare dell'ironia** to be ironic: *Non intendevo fare dell'ironia.* I didn't mean to be ironic.
ironico, -a *agg* ironic: *L'ho detto in senso ironico.* I was being ironic.
irrazionale *agg* irrational
irreale *agg* (non reale) unreal
irregolare *agg* **1** (documento, procedura) irregular **2** (verbo, plurale) irregular **3** (forma, superficie) irregular: *Guido ha dei lineamenti molto irregolari.* Guido has very irregular features. **4** (battito, passo) irregular: *Hai il polso irregolare.* Your pulse is irregular.
irreparabile *agg* (errore, danno) irreparable
irrequieto, -a *agg* restless: *È un bambino irrequieto, non sta fermo un attimo.* He's a restless child – he can't stay still for a minute.
irresistibile *agg* irresistible
irresponsabile *aggettivo e sostantivo*
• *agg* irresponsible
• *s* irresponsible person (pl irresponsible people)
irriconoscibile *agg* unrecognizable
irrimediabile *agg* (danno, situazione) irreparable
irritare *v* **1** (innervosire) to irritate: *Lui continua a insistere su quella discussione e la cosa mi irrita.* He keeps going on about that argument and it's really irritating me. **2** (pelle, occhi) to irritate: *uno shampoo che non irrita gli occhi* a shampoo that doesn't irritate the eyes
irritarsi *v rifl* **1** (innervosirsi) to get irritated: *Si è irritato perché tu l'hai contraddetto.* He got irritated because you contradicted him. **2** (occhi, pelle) to become irritated: *Con quel sapone mi si è irritata la pelle.* That soap caused my skin to become irritated.
irritazione *s* **1** (rabbia) irritation **2** (infiammazione) irritation
irruzione *s* **fare irruzione in qc** to burst into sth: *I tifosi hanno fatto irruzione nello stadio.* The fans burst into the stadium.
iscritto, -a *sostantivo e aggettivo*
• *s* non c'è in inglese un sostantivo corrispondente, ma si usano espressioni diverse a seconda del contesto: *Gli iscritti al club hanno diritto a uno sconto.* Club members are entitled to a discount. | *Quest'anno sono aumentati gli iscritti a scuola.* Pupil numbers have increased this year. | *Gli iscritti alla maratona sono 15.000.* There are 15,000 competitors in the marathon.
• *agg* non c'è in inglese un aggettivo corrispondente, ma si usano espressioni diverse a seconda del contesto: *Gli alunni iscritti sono 293.* There are 293 pupils enrolled. | *È iscritto al club della vela.* He's joined the sailing club.
iscrivere *v* **1** (a scuola, corso) to enrol (BrE), to enroll (AmE): *Ha iscritto il figlio al liceo.* He's enrolled his son at the secondary school. **2** (a esame, gara) to enter: *La nostra squadra è stata iscritta al torneo.* Our team has been entered for the tournament.
iscriversi *v rifl* **1** **iscriversi a scuola/a un corso** to enrol at a school/on a course: *A che scuola ti iscrivi?* Which school are you enrolling at? | *Ci siamo iscritti a un corso di danza.* We have enrolled on a dancing course. **2** **iscriversi a una gara/un torneo** to enter a competition/

tournament: *Mi sono iscritto alla corsa campestre.* I entered the cross-country run.

iscrizione *s* **1** (ammissione) enrolment (BrE), enrollment (AmE): *Sono aperte le iscrizioni al corso di grafica.* Enrolment for the graphics course has begun. | *Quest'anno in palestra abbiamo avuto 106 nuove iscrizioni.* We've had 106 new enrolments at the gym this year. **2** (scritto) inscription

Islanda *s* **l'Islanda** Iceland

islandese *aggettivo* e *sostantivo*
- *agg* Icelandic
- *s* **1** (persona) Icelander **2** (lingua) Icelandic

isola *s* **1** (in geografia) island **2** **isola pedonale** pedestrian area

isolante *aggettivo* e *sostantivo*
- *agg* insulating ► vedi anche **nastro**
- *s* insulator

isolato, -a *aggettivo* e *sostantivo*
- *agg* **1** (casa, posto) isolated: *Non vorrei abitare in quella villa: è troppo isolata.* I wouldn't like to live in that villa. It's too isolated. **2** (caso, episodio) isolated: *Abbiamo avuto un caso isolato di scarlattina.* We have had an isolated case of scarlet fever. **3** (protetto) insulated | **isolato acusticamente** soundproofed
- *s* block: *Abito a un isolato da qui.* I live a block away.

ispettore, -trice *s* **1** (funzionario) inspector **2** (di polizia) inspector

ispezione *s* inspection

ispirare *v* **1** (simpatia, fiducia) to inspire: *Quel cucciolo abbandonato ispirava una grande tenerezza.* That abandoned puppy inspired real pity. **2** (poesia, artista) to inspire: *Questo posto malinconico mi ha ispirato una canzone.* This melancholy place inspired me to write a song. **3** **ispirare a qn** (piacere a) to take sb's fancy: *Ho guardato il carrello dei dolci ma non c'è niente che mi ispira.* I looked at the dessert trolley but there's nothing that takes my fancy.

ispirarsi *v rifl* **ispirarsi a qn/qc** to be inspired by sb/sth: *Mi sono ispirato a un episodio realmente accaduto.* I was inspired by a real-life event.

ispirazione *s* **1** (spinta creativa) inspiration: *Ha tratto ispirazione da un racconto di Tolkien.* She drew inspiration from a story by Tolkien. **2** (impulso) urge: *Mi è venuta l'ispirazione di scriverle.* I got the urge to write to her.

Israele *s* Israel

israeliano, -a *agg* e *s* Israeli

istantaneo, -a *agg* **1** (effetto, morte) instantaneous **2** (caffè, brodo) instant

istante *s* moment: *Per un istante ho pensato che fosse lui.* For a moment I thought it was him. | *Sono pronta tra un istante.* I'll be ready in a moment. | *Puoi venire un istante?* Can you come here for a moment? | **in un istante** in an instant: *Il problema è stato risolto in un istante.* The problem was solved in an instant. | *In un istante ho capito cosa era successo.* In an instant, I knew what had happened. | **all'istante** immediately: *L'ho chiamato ed è arrivato all'istante.* I called him and he came immediately.

isterico, -a *aggettivo* e *sostantivo*
- *agg* hysterical
- *s* non esiste il sostantivo, ma solo l'aggettivo **hysterical**: *La nostra professoressa di lettere è un'isterica.* Our literature teacher is a bit hysterical.

istinto *s* instinct: *Segui il tuo istinto.* Follow your instincts. | **d'istinto** instinctively: *Ho agito d'istinto.* I reacted instinctively.

istituto *s* **1** (ente) institute | **istituto di bellezza** beauty salon (BrE), beauty parlor (AmE) **2** (scuola) **istituto professionale** l'istituto professionale è un concetto italiano, quindi non ha traduzione; un equivalente inglese abbastanza vicino è **College of Further Education**. | **istituto tecnico** technical school

istituzione *s* **1** (ente) institution **2** (creazione) foundation **3** (nella società) institution **4** **essere/diventare un'istituzione** to be/to become an institution: *Il bidello ormai è diventato un'istituzione della nostra scuola.* The caretaker has become an institution in our school.

istruito, -a *agg* educated

istruttivo, -a *agg* instructive

istruttore, -trice *s* instructor: *l'istruttore di nuoto* the swimming instructor

istruzione *sostantivo* e *sostantivo plurale*
- *s* education | **il ministro della Pubblica Istruzione** the Minister for Education
- **istruzioni** *s pl* (direttive) instructions: *Hai seguito le istruzioni ?* Did you follow the instructions? | *istruzioni per l'uso* instructions for use

Italia *s* **l'Italia** Italy | **l'Italia del nord** northern Italy | **l'Italia del sud** southern Italy

italiano, -a *aggettivo* e *sostantivo*
- *agg* Italian
- *s* (persona) Italian
- **italiano** (lingua) Italian: *Parla italiano?* Do you speak Italian?

itinerario *s* itinerary (pl itineraries): *Avete deciso l'itinerario da seguire?* Have you decided which itinerary to follow?

Iugoslavia *s* **l'ex Iugoslavia** the former Yugoslavia

IVA *s* VAT | **IVA compresa/esclusa** including/excluding VAT

J, j *s* J, j ▶ vedi Active Box **lettere dell'alfabeto** sotto **lettera**

jeans *s pl* **1** (pantaloni) jeans: *un paio di jeans* a pair of jeans **2** (tessuto) denim: *una gonna di jeans* a denim skirt

jolly *s* joker

judo *s* judo | **fare judo** to do judo

Jugoslavo, -a *agg* e *s* Yugoslav

junior *aggettivo* e *sostantivo*

• *agg* **1** (nello sport) junior **2** (dopo nome) junior: *John Smith junior* John Smith junior

• **juniores** *s pl* (nello sport) juniors

K, k *s* K, k ▶ vedi Active Box **lettere dell'alfabeto** sotto **lettera**

karate, anche **karaté** *s* karate | **fare karate** to do karate

ketchup *s* ketchup (BrE), catsup (AmE)

kiwi *s* kiwi (fruit)

kleenex® *s* tissue: *Hai un kleenex?* Do you have a tissue?

koala *s* koala

L, l *s* L, l ▶ vedi Active Box **lettere dell'alfabeto** sotto **lettera**

la *articolo, pronome* e *sostantivo*

• *art* the ▶ vedi Active Box **articoli determinativi** sotto **articolo**

• *pron* **1** (riferito a persona) her: *La vedo tutte le settimane in piscina.* I see her every week at the pool. | *Invitala a cena.* Invite her to dinner. **2** (riferito a cosa) it: *L'ho spedita ieri.* I sent it yesterday. | *Mettila in frigo.* Put it in the fridge. **3** (forma di cortesia) you: *La posso aiutare, signora?* May I help you, Madam?

• *s* (nota) A

labbro *s* lip: *Ho le labbra screpolate.* My lips are chapped.

labirinto *s* **1** (edificio) labyrinth **2** (giardino) maze **3** (di strade, corridoi) maze

laboratorio *s* **1** (di studio, ricerca) laboratory (pl laboratories), lab [informale] | **laboratorio linguistico** language lab **2** (artigianale) workshop

lacca *s* **1** (per capelli) hairspray **2** (vernice) paint

laccio *s* lace: *Ti si è sciolto un laccio.* Your lace has come undone. | **lacci delle scarpe** shoelaces

lacrima *s* tear: *Tieni, asciugati le lacrime!* Take this, dry your tears. | **scoppiare in lacrime** to burst into tears | **avere le lacrime agli occhi** to have tears in your eyes: *Aveva le lacrime agli occhi per il troppo ridere.* She had tears in her eyes from laughing so much. | **lacrime di coccodrillo** crocodile tears

lacrimare *v* to water: *Mi lacrimano gli occhi.* My eyes are watering.

lacrimogeno, -a *aggettivo* e *sostantivo*

• *agg* (bomba, candelotto) si usa il sostantivo **tear gas** in funzione di aggettivo: *La polizia ha usato i candelotti lacrimogeni per disperdere i tifosi.* The police used tear gas canisters to disperse the fans.

• **lacrimogeno** *s* tear gas canister

lacuna *s* gap: *Marco ha delle lacune in matematica.* Marco has some gaps in his knowledge of maths.

ladro, -a *s* **1** (di appartamenti) burglar **2** (di gioielli, automobili) thief (pl thieves): *Al ladro!* Stop thief! ▶ vedi anche **rapinatore**

thief o burglar?

Il termine generico è *thief*, il cui plurale è *thieves*:

il ladro che le ha rubato la bicicletta the thief who stole her bike | *Non sona riusciti a prendere i ladri.* They didn't manage to catch the thieves.

Per riferirsi ad una persona che rapina una casa si usa *burglar*:

Gli sono entrati dei ladri in casa e gli hanno portato via tutto. Burglars broke into his house and stole everything.

laggiù *avv* **1** (in basso) down there: *Non scendete laggiù!* Don't go down there! **2** (lontano) over there: *Ci tocca andare fin* *laggiù solo per venirti a prendere.* We've got to go all the way over there just to collect you.

lago *s* **1** (in geografia) lake: *Andiamo al lago a fare il bagno.* Let's go to the lake for a swim. **2** (pozza) pool: *C'è un lago di olio sul pavimento.* There's a pool of oil on the floor. | **un lago di sangue** a pool of blood

laguna *s* lagoon: *la laguna di Venezia* the Venetian lagoon

lama *s* **1** (di coltello, rasoio) blade **2** (di pattino) blade **3** (animale) llama

lamentarsi *v rifl* **1** (lagnarsi) to complain | **lamentarsi di qn/qc** to complain about sb/sth: *La preside si è lamentata di voi.* The head has complained about you. | *Si lamenta sempre di tutto.* She's forever complaining about everything. | **lamentarsi per il rumore/il caldo** to complain about the noise/the heat **2** (emettere lamenti) to moan: *Ti lamentavi nel sonno.* You were moaning in your sleep.

lamentela *s* complaint: *C'è stata qualche lamentela da parte degli studenti.* There have been some complaints from the students.

lamento *s* moan

lametta *s* **lametta (da barba)** (razor) blade

lamiera *s* sheet metal

lamina *s* (thin) sheet

lampada *s* **1** (per illuminare) lamp: *una lampada da tavolo* a table lamp **2** **farsi la lampada** to use a sunbed

lampadario *s* chandelier

lampadina *s* (light) bulb | **lampadina tascabile** torch

lampeggiare *v* **1** (luce, semaforo) to flash: *Guarda se la freccia lampeggia.* See if the indicator's flashing. **2** (in auto) to flash your lights: *La macchina dietro sta lampeggiando.* The car behind is flashing its lights. **3** (fulmine) to flash: *Sta lampeggiando in lontananza.* There's lightning flashing in the distance.

lampione *s* (street) light

lampo *sostantivo maschile, sostantivo femminile* e *aggettivo*

- *s masc* **1** (fulmine) flash (pl flashes) **2** (di luce, flash) flash (pl flashes) | **un lampo di genio** a stroke of genius **3** **in un lampo** in a flash: *Aspettatemi, faccio in un lampo!* Wait for me, I'll be ready in a flash!
- *s fem* (cerniera) zip (BrE), zipper (AmE): *Si è rotta la lampo del vestito.* The zip on the dress is broken.
- *agg* **visita lampo** flying visit: *Il presidente è andato a Mosca per un visita lampo.* The president went to Moscow **on a flying visit.**

lampone *s* raspberry (pl raspberries)

lana *s* wool: *pura lana vergine* pure new wool | **una maglia/sciarpa di lana** a woollen jumper/scarf

lancetta *s* (di orologio) hand: *la lancetta dei minuti* the minute hand

lancia *s* (arma) spear
lancia di salvataggio lifeboat

lanciare *v* **1** (gettare) to throw: *Lanciami le chiavi.* Throw me the keys. **2** (missile, satellite) to launch: *Il satellite sarà lanciato da Cape Canaveral.* The satellite will be launched from Cape Canaveral. **3** (bomba) to drop: *La bomba è stata lanciata da un caccia.* The bomb was dropped by a fighter plane. **4** (prodotto, iniziativa) to launch: *È il film che l'ha lanciata.* It's the film that **launched her career.** **5** (moda) to start: *Chi ha lanciato la moda della minigonna?* Who started the **fashion for** miniskirts? **6** (programma) to start: *Clicca due volte col mouse per lanciare il programma.* Double-click with the mouse to start the program. **7** **lanciare un grido** to cry out **8** **lanciare un'occhiata a qn** to flash sb a look: *Mi ha lanciato un'occhiata.* He flashed me a look.

lanciarsi *v rifl* (gettarsi) to jump: *Si è lanciata dal quarto piano.* She jumped from the fourth floor.

L

lancio *s* **1** (nello sport) throw: *un lancio da 70 metri* a 70-metre throw | **lancio del disco** discus | **lancio del giavellotto** javelin throwing **2** (di missile, prodotto) launch (pl launches): *L'intero cast è in Italia per il lancio del film.* The entire cast is in Italy for the film launch. **3** (col paracadute) jump: *un lancio dall'aereo col paracadute* a parachute jump from the plane

lanterna *s* lantern

lapide *s* gravestone

larghezza *s* width: *La stanza misura 6 metri in larghezza.* The room measures 6 metres in width.

largo, -a *aggettivo* e *sostantivo*

- *agg* **1** (stanza, fiume) wide: *– Quanto è larga la porta? – È larga un metro.* "How wide is the door?" "It's **one metre wide.**" **2** (spalle, fianchi) broad: *Pensa di avere i fianchi larghi.* She thinks her hips are broad. **3** (vestiti, scarpe) big: *Questa giacca mi è un po' larga: c'è una taglia in meno?* This jacket's a bit big for me. Do you have a smaller size? | *I pantaloni sono larghi in vita.* The trousers are big at the waist. **4** (grande) large: *La tua proposta è stata accettata a larga maggioranza.* Your proposal was accepted by a large majority. | *Il tuo compito è in larga parte corretto.* Your homework is mostly correct. **5** **stare alla larga da qn/qc** to keep away from sb/sth: *Stammi alla larga!* Keep away from me!
- **largo** *s* **1** **farsi largo** to make space for

yourself: *Si è fatta largo a forza di spintoni.* She made space for herself by pushing and shoving. **2** (mare aperto) open sea | **al largo** offshore: *Due piccoli squali sono stati avvistati al largo.* Two small sharks were spotted offshore.

lasciare *v* **1** (smettere di tenere) to let go of: *Lasciami il braccio!* Let go of my arm! | *Non lasciare il volante quando guidi.* Don't let go of the steering wheel when you're driving. **2** (scuola, lavoro) to leave: *Giorgio ha lasciato la scuola a sedici anni.* Giorgio left school at sixteen. **3** (moglie, famiglia) to leave: *Giulia ha lasciato il fidanzato.* Giulia has left her boyfriend. **4 lasciare qc a qn a)** (dare) to leave sb sth: *Mi ha lasciato un messaggio per te.* He left me a message for you. **b)** (prestare, cedere) to give sb sth: *Ho lasciato i miei vecchi fumetti a mio fratello.* I gave my brother my old comics. | *Sto andando via: ti lascio il mio posto.* I'm leaving. You can have my seat. **5** (andare via da) to leave: *Bisogna lasciare l'autostrada a Fossano.* You have to leave the motorway at Fossano. | *Lascialo solo.* Leave him alone. **6** (dimenticare) to leave: *Ho lasciato le chiavi in un'altra giacca.* I left my keys in another jacket. | *Chi ha lasciato la luce accesa?* Who left the light on? **7 lasciare fare qc a qn** (permettere) to let sb do sth: *Lasciatelo parlare!* Let him speak! | *I miei non vogliono lasciarmi andare in discoteca.* My parents don't want to let me go clubbing. | *Non mi ha lasciato entrare.* He didn't let me in. **8 lasciare stare** to forget it: *Lasciamo stare.* Let's forget it. | **lasciare stare qn/qc** to leave sb/sth alone: *Lasciami stare.* Leave me alone. | *Lascia stare tuo fratello.* Leave your brother alone. | *Lasciamo stare i compiti e usciamo.* Let's forget about the homework and go out.

lasciarsi *v rifl* **1** (coppia) to split up: *Marco e Sara si sono lasciati.* Marco and Sara have split up. **2 lasciarsi andare a)** (non porsi freni) to let yourself go **b)** (non avere cura di sé) to not take care of yourself

laser *s* laser ▶ vedi anche **stampante**

lassù *avv* up there: *Il dizionario è lassù, sull'ultimo ripiano.* The dictionary's up there, on the top shelf.

lastra *s* **1** (di pietra, marmo) slab **2** (di ghiaccio, vetro) sheet **3** (radiografia) X-ray | **farsi (fare) una lastra** to have an X-ray: *Mi sono fatto fare una lastra.* I had an X-ray.

latino, -a *aggettivo* e *sostantivo*
- *agg* Latin: *i poeti latini* the Latin poets
- **latino** *s* (lingua) Latin: *Ho preso un brutto voto in latino.* I got a bad mark in Latin.

latitudine *s* latitude: *a 48° di latitudine nord* at a latitude of 48° north

lato *s* **1** (parte, fianco) side: *i lati di un esagono* the sides of a hexagon | *dall'altro lato della strada* on the other side of the street | *Dormo sempre sul lato destro.* I always sleep on my right side. **2** (aspetto) side: *Anche Elena ha i suoi lati buoni.* Even Elena has her good side. | **dal lato pratico/politico** from the practical/political point of view: *Esaminiamo la faccenda dal lato pratico.* Let's look at the issue from a practical point of view. **3 da un lato ... dall'altro ...** on the one hand ... on the other (hand) ...: *Da un lato sono contenta, dall'altro sono preoccupata.* On the one hand I'm happy, on the other I'm worried.

latta *s* **1** (lamiera) tin **2** (recipiente) can

lattante *s* breastfed baby (pl breastfed babies)

latte *s* **1** milk: *Vuoi bere un bicchiere di latte?* Would you like a glass of milk? | *Il latte è andato a male.* The milk has gone off. | **latte intero/scremato/parzialmente scremato** whole/skimmed/semi-skimmed milk | **latte a lunga conservazione** UHT milk **2 latte detergente** cleanser

latteria *s* dairy (pl dairies)

latticini *s pl* dairy products

lattina *s* can: *una lattina di Coca-Cola®* a can of Coca-Cola®

a can of beer o a beer can?

a can of beer si riferisce alla lattina con il suo contenuto o al contenuto stesso. Per riferirsi alla lattina vuota, si dice **a beer can**:

Ha comprato una lattina di birra. He bought a can of beer. | *La pattumiera era piena di lattine di birra.* The bin was full of beer cans.

can o tin?

La traduzione di **can** è lattina e la traduzione di **tin** è scatola:

una lattina di birra/coca-cola a can of beer/coke | *sardine/tonno in scatola* a tin of sardine/tuna

lattuga *s* lettuce

laurea *s* degree: *una laurea in lingue* a degree in languages | **prendere la laurea** to do a degree: *Giorgio sta prendendo la laurea in ingegneria.* Giorgio's doing a degree in engineering.

laurearsi *v rifl* to graduate: *Piero si è laureato l'anno scorso.* Piero graduated last year. | **laurearsi in lettere/informatica** to get a degree in arts/computer science

laureato, -a *aggettivo* e *sostantivo*
- *agg* **essere laureato (in qc)** to have a degree (in sth): *Elena è laureata in psicologia.* Elena has a degree in psychology.
- *s* graduate

lava *s* lava

lavabo *s* washbasin: *Il lavabo si è otturato.* The washbasin is blocked.

lavaggio *s* **1** (di abiti, pavimento) wash (pl washes): *La lavatrice si è guastata dopo solo tre lavaggi.* The washing machine broke down after only three washes. | *uno shampoo per lavaggi frequenti* a shampoo for frequent use | **lavaggio a secco** dry cleaning **2 fare il lavaggio del cervello a qn** to brainwash sb: *È stata lei a fargli il lavaggio del cervello.* She was the one who brainwashed him.

lavagna *s* board: *Vieni alla lavagna a correggere l'esercizio.* Come to the board and correct the exercise.

lavanda *s* (pianta, profumo) lavender

lavanderia *s* (negozio) laundry (pl laundries): *Paolo porta sempre le camicie in lavanderia.* Paolo always takes his shirts to the laundry. | **lavanderia a gettone** launderette (BrE), laundromat® (AmE)

lavandino *s* sink: *Il lavandino è pieno di piatti sporchi.* The sink is full of dirty dishes.

lavare *v* to wash: *Lavalo in acqua fredda.* Wash it in cold water. | *Hai qualcosa da lavare?* Have you got anything that needs washing? | **lavarsi le mani/i capelli** to wash your hands/hair | **lavarsi i denti** to brush your teeth | **lavare qc a mano** to handwash sth: *La camicetta deve essere lavata a mano.* The blouse has to be handwashed. | **lavare a secco** to dry-clean

lavarsi *v rifl* to wash: *Vado a lavarmi.* I'm going to wash.

lavastoviglie *s* dishwasher

lavatrice *s* washing machine: *Stanno riparando la lavatrice.* The washing machine is being repaired.

lavorare *v* **1** (esercitare un mestiere) to work: *Elena lavora per una ditta francese.* Elena works for a French company. | *Mia madre lavora come cassiera in un supermercato.* My mum works as a cashier in a supermarket. | *Suo padre lavorava in banca.* Her father worked **in a bank.** | **lavorare in proprio** to be self-employed **2 lavorare la terra** to work the land | **lavorare il legno** to work with wood **3 lavorare a maglia** to knit: *un golf lavorato a maglia* a knitted jumper

lavorativo, -a *agg* **1** (condizioni, orario) working: *entro dieci giorni lavorativi* within ten working days **2** (esperienza) si usa il sostantivo **work** in funzione di aggettivo: *un'esperienza lavorativa all'estero* some work experience abroad ▶ vedi anche **giorno**

lavoratore, -trice *s* worker: *Luigi è un gran lavoratore.* Luigi is a hard worker. | **lavoratore autonomo** self-employed person | **lavoratore dipendente** employee

lavoro *sostantivo* e *sostantivo plurale*
- *s* **1** (posto, impiego) job: *Luca ha perso il lavoro.* Luca has lost his job. | *Stai ancora cercando lavoro?* Are you still looking for a job? | *Ho cambiato lavoro.* I've changed jobs. | *Che lavoro fai?* What do you do? | **andare al lavoro** to go to work | **senza lavoro** unemployed: *Suo fratello è ancora senza lavoro.* Her brother is still unemployed. | **per lavoro** on business: *È fuori per lavoro.* He is away on business. **2** (attività) work [sempre singolare]: *un mese di lavoro* a month's work | *Ho molto lavoro da fare.* I've got a lot of work to do. | *L'elettricista si è messo al lavoro per riparare il guasto.* The electrician started work to repair the fault. | **lavori domestica** housework [sempre singolare] | **lavoro di gruppo** group work **3** (compito, incarico) job: *Ho un lavoro da finire.* I've got a job to finish. | *Non mi piace lasciare un lavoro a metà.* I don't like leaving a job half-done. **4** (prodotto) work [sempre singolare]: *Il lavoro sarà pronto domani.* The work will be ready tomorrow. | *È proprio un bel lavoro!* That's a really nice piece of work!
- **lavori** *s pl* (sulle strade) roadworks, (in edificio, cantiere) (building) work [sempre singolare]: *Ci sono dei lavori sull'autostrada per Milano.* There are roadworks on the motorway to Milan. | *'chiuso per lavori'* 'closed for building work' | *'lavori in corso'* 'work in progress'

> Si usa **job** quando ci si riferisce al posto di lavoro specifico o al compito da svolgere e **work** quando si intende l'attività lavorativa in generale o il prodotto del proprio lavoro. Esiste anche **occupation** che si usa al posto di **job** in contesti più formali, ad esempio nei moduli e nei questionari.

le *articolo* e *pronome*
- *art* the ▶ vedi Active Box **articoli determinativi** sotto **articolo**
- *pron* ▶ vedi riquadro

leale *agg* **1** (amico, avversario) loyal: *Gianni è un uomo leale: non tradirebbe mai un amico.* Gianni is a loyal man: he would never betray a friend. **2** (nello sport) fair: *un combattimento leale* a fair fight

lealtà *s* (fedeltà) loyalty

lebbra *s* leprosy

lecca lecca *s* lollipop: *un lecca lecca alla fragola* a strawberry lollipop

leccare *v* to lick: *Era così buono che avrei leccato il piatto.* It was so good that I'd have licked the plate. | **una torta/un arrosto da leccarsi le dita** an absolutely delicious cake/roast

le *pronome*

1 COMPLEMENTO OGGETTO = THEM

Le conosco da quando avevo otto anni. I've known them since I was eight. | *Non trovo le chiavi ma sono sicura di averle prese.* I can't find the keys, but I'm sure I took them.

2 COMPLEMENTO DI TERMINE

Riferito a persona si traduce **(to) her** e riferito a cosa **it**, preceduto dalla preposizione richiesta dal verbo.

Che cosa le hai detto? What did you tell her? | *Le ho spiegato dove sbagliava.* I explained to her where she was going wrong. | *Qui c'è la lista della spesa: dalle un'occhiata.* Here's the shopping list: have a look **at it**.

Per la forma di cortesia, dato che in inglese non esiste un equivalente del *lei*, si usa il pronome di seconda persona **you**:

Mi scusi, posso farle una domanda? Excuse me, can I ask you a question?

lega *s* **1** (associazione) league: *lega calcio* football league **2** (di metalli) alloy: *in lega di alluminio* in aluminium alloy

legale *aggettivo* e *sostantivo*
- *agg* legal
- *s* lawyer ▶ vedi anche **ora**

legalizzare *v* to legalize

legame *s* **1** (amoroso, affettivo) bond: *un legame di amicizia* a bond of friendship | **legame di parentela** family tie **2** (nesso) connection: *Non c'è nessun legame tra quello che dici e quello che fai.* There is no connection between what you say and what you do.

legare *v* **1** (con corda, spago) to tie (up): *Mi sono legata i capelli con un nastro.* I tied my hair up with a ribbon. | *Lega bene il pacco prima di spedirlo.* Tie up the parcel securely before you send it. **2** (unire) to unite: *Quello che li lega è una lunga amicizia.* They are united by a longstanding friendship. | *Ci lega la passione per il calcio.* We are united by our passion for football. **3** **legare con qn** to make friends with sb: *Andrea ha legato subito con i nuovi compagni.* Andrea immediately made friends with his new classmates.

legge *s* **1** (norma) law: *la legge sulla privacy* the law on privacy **2** (insieme di leggi) law: *La legge è uguale per tutti.* Everyone is equal before the law. | **per legge** by law: *Per legge si può guidare a 18 anni.* By law you can drive at 18. **3** (materia) law: *Studia legge all'università.* She is studying law at university.

leggenda *s* legend: *la leggenda di Romolo e Remo* the legend of Romulus and Remus

leggendario, -a *agg* legendary: *Tutti gli sportivi conoscono il leggendario Pelé.* All sports fans have heard of the legendary Pelé.

leggere *v* **1** (libro, giornale) to read: *Non leggere ad alta voce.* Don't read aloud. | *Mi leggi una favola?* Will you read me a fairy tale? | *Nel tempo libero leggo.* I read in my free time. **2** **leggere la mano a qn** to read sb's hand: *Una zingara mi ha letto la mano.* A gypsy read my hand. | **leggere qc in faccia a qn** to tell sth by sb's face: *Te lo si legge in faccia che stai mentendo.* I can tell by your face that you're lying.

leggermente *avv* (un po') slightly: *Luca è leggermente più alto di te.* Luca is slightly taller than you.

leggero, -a *agg* **1** (che pesa poco) light: *una valigia leggera* a light suitcase **2** (piatto, cucina) light: *Sono a dieta, preferisco prendere qualcosa di leggero.* I'm on a diet, so I'd prefer to eat something light. | **tenersi leggero a pranzo/cena** to eat a light lunch/dinner: *Mi sono tenuta leggera a pranzo perché vado in piscina.* I ate a light lunch because I'm going swimming. **3** (caffè, tè) weak: *Il tè mi piace leggero.* I like my tea weak. **4** (lieve, debole) slight: *Ho un leggero mal di testa.* I have a slight headache. | *Per domani è previsto un leggero aumento della temperatura.* A slight rise in temperature is predicted for tomorrow. **5** **prendere qc alla leggera** to take sth lightly: *Non sono cose da prendere alla leggera.* They're not things to be taken lightly.

legittimo, -a *agg* **1** (legale) legal: *il legittimo proprietario* the legal owner **2** (giusto, lecito) legitimate: *Era una richiesta legittima.* It was a legitimate request. **3** **legittima difesa** self-defence: *Ha sparato per legittima difesa.* He fired **in self-defence**.

legna *s* (fire)wood: *una catasta di legna* a stack of firewood

legno *s* wood: *È di legno questa sedia?* Is this chair **made of wood**? | **di/in legno** wooden: *un tavolo di legno* a wooden table

legumi *s pl* pulses

lei *pron* **1** (soggetto) she ▶ Quando è usato dopo il verbo essere, *lei* si traduce **her**: *Lei non viene.* She's not coming. | *Pensavo che lei lo sapesse.* I thought that she knew. | *Apri la porta, è lei di sicuro.* Open the door, it's her for sure. | *Non è stata lei.* It wasn't her. | **lei stessa** *Me lo ha detto lei stessa.* **She** told me **herself**. **2** (dopo preposizione) her: *Vorrei parlare con lei.* I'd like to speak with her. | *Sono più alta di*

Si dice *I arrived in London* o *I arrived to London*? Vedi alla voce **arrive**.

lei. I'm taller than her. **3** (senza verbo) her: *Ma chi, lei?* Who, her?

Nota che in inglese non esiste un pronome specifico per la forma di cortesia, come in italiano *lei*, ma si usa **you** sia per *tu* che per *lei*. Esistono tuttavia formule più formali o meno formali per rivolgersi a qualcuno.

lente *s* (di occhiali, macchina fotografica) lens (pl lenses) | **lenti a contatto** contact lenses: *Lisa porta le lenti a contatto colorate.* Lisa wears coloured contact lenses. | **lente (d'ingrandimento)** magnifying glass

lenticchia *s* lentil

lentiggine *s* freckle

lento, -a *aggettivo* e *sostantivo*

• *agg* **1** (persona, ritmo) slow: *Carlo è sempre lento nel decidere.* Carlo is always **slow to** make decisions. | *È stata più lenta di me di una decina di secondi.* She was about ten seconds slower than me. **2** (nodo, vite) loose: *Se il nodo fosse un po' più lento, riuscirei a scioglierlo.* If the knot was a bit looser, I could undo it.

• **lento** *s* (ballo) slow dance

lenza *s* fishing line

lenzuolo *s* sheet: *Domani ci cambieranno le lenzuola.* Our sheets will be changed tomorrow.

Leone *s* Leo: *Sono del Leone.* I'm **a Leo.**

leone, -essa *s* **leone** lion | **leonessa** lioness (pl lionesses)

leopardo *s* **1** (animale) leopard **2** (pelliccia) leopard skin

lepre *s* hare

lesbica *s* lesbian

lesione *s* injury (pl injuries): *Nell'incidente il motociclista ha riportato varie lesioni alla colonna vertebrale.* The motorcyclist received various spinal injuries in the accident.

lessare *v* (carne, patate) to boil

letargo *s* hibernation | **andare in letargo** to go into hibernation

lettera *sostantivo* e *sostantivo plurale*

• *s* **1** (carattere) letter: *una parola di quattro lettere* a four-letter word | *Scrivete la data in lettere.* Write the date in words. | **prendere qc alla lettera** to take sth literally: *Non dovresti prendere quello che dice alla lettera.* You shouldn't take what he says literally. **2** (messaggio) letter: *Ti ho spedito una lettera.* I've sent you a letter. ▶ vedi anche **cassetta** ▶ vedi Active Box **lettere dell'alfabeto**

• **lettere** *s pl* (a scuola) literature [singolare] (all'università) arts: *il mio professore di lettere* my literature teacher | *una laurea in lettere* an arts degree

Active Box: lettere dell'alfabeto

I seguenti esempi illustrano l'uso delle lettere dell'alfabeto in inglese e possono servirti come modello per formulare a tua volta delle frasi:

M come Milano.	M as in Milan.
una parola ***che comincia con la B***	a word **beginning with B**
"Massimo" ***si scrive con due S.***	"Massimo" is written **with two s's.**
In "città" ci vuole ***l'accento sulla A.***	In "città" there's **an accent on the A**.
"Italian" si scrive ***con la I maiuscola.***	"Italian" is written **with a capital I.**

letteratura *s* literature

letto *s* bed: *Ognuno deve rifarsi il letto.* Everyone must make their own bed. | **letto a castello** bunk beds | **letto singolo/matrimoniale** single/double bed | **a letto** in bed: *Elena è a letto con la febbre.* Elena's in bed with a temperature. | **andare a letto** to go to bed: *È ora di andare a letto.* It's time to go to bed. ▶ vedi anche **divano, vagone**

lettone *agg* e *s* Latvian

Lettonia *s* **la Lettonia** Latvia

lettore, -trice *s* **1** (di libri, giornali) reader: *È una lettrice insaziabile.* She is an insatiable reader. **2 lettore (di) CD** CD player

lettura *s* **1** (attività) reading: *La lettura non è il mio passatempo preferito.* Reading is not my favourite pastime. **2** (libro, rivista) reading matter [mai plurale]: *Non è una lettura per bambini.* It's not suitable reading matter for children. ▶ vedi nota FALSE FRIEND sotto **lecture**

leucemia *s* leukaemia

leva *s* **1** (asta) lever: *Per azionare l'allarme tirare la leva.* Pull the lever to set off the alarm. | **leva del cambio** gearstick **2** (servizio militare) military service: *Tra due mesi Massimo finirà la leva.* Massimo will finish his military service in two months.

levare *v* **1** (da sopra qc) to take off: *Leva i libri dal tavolo.* Take the books off the table. | **levarsi il cappotto/le scarpe** to take off your coat/your shoes: *Entra e levati la giacca.* Come in and take your jacket off. **2** (da dentro qc) to take out: *Ho levato il maglione dalla scatola.* I took the jumper out of the box. **3 levarsi qc/qn dalla testa** to get sth/sb out of your head:

Levati pure quest'idea dalla testa. Get that idea right out of your head.
levarsi *v rifl* **1** (allontanarsi) to move away: *Leviamoci dalla strada.* Let's move away from the road. **2 levarsi dai piedi/di mezzo** to get out of the way: *Levati dai piedi!* Get out of the way!

lezione *s* **1** (di sci, nuoto) lesson: *lezioni di inglese* English lessons | *Ho preso qualche lezione privata di matematica.* I took some private maths lessons. | *Ho saltato tre lezioni e sono rimasto indietro.* I skipped three lessons and now I'm behind. **2 servire di lezione a qn** to teach sb a lesson: *Che ti serva di lezione!* That'll teach you a lesson! | **dare una lezione a qn** to give sb a telling off: *Mi ha dato una bella lezione.* He gave me a real telling off.

lesson, class, lecture

lesson è più usato nell'inglese britannico, mentre **class** è più frequente in inglese americano *una lezione d'inglese* an English lesson/an English class *Oggi ho lezione di chitarra.* I have a guitar class today./I've got a guitar lesson today.

Nei seguenti esempi la traduzione si riferisce ad una lezione extrascolastica, come musica, yoga:

Domani non c'è lezione. There's no class tomorrow. | *Non è venuto a lezione ieri.* He didn't come to class yesterday. | *Ha saltato la lezione.* She missed the class.

A livello universitario, si usa **lecture**:

Ho perso la lezione di ieri. I missed yesterday's lecture.

li *pron* them: *Questi sono i miei genitori. Li avevi già visti?* These are my parents. Have you ever seen them before? | *Lasciali pure sul tavolo.* Just leave them on the table.

lì *avv* **1** (in quel luogo) there: *Sediamoci lì.* Let's sit down there. | *Eccoli lì.* There they are. | *Metti i libri qui, non lì.* Put the books here, not there. | **di lì a)** (da quella parte) there: *Si entra di lì.* You come in there. | *Marco è passato di lì.* Marco passed by there. **b)** (da quel luogo) from there: *Via di lì!* Get away from there! | **fin lì a)** (nello spazio) as far as there: *Arriviamo fin lì.* We'll go as far as there. **b)** (nel tempo) up to that point: *Fin lì siamo tutti d'accordo.* Up to that point we all agree. | **di lì in poi a)** (nello spazio) from there on **b)** (nel tempo) from then on **2 lì per lì** at first: *Lì per lì non ci abbiamo creduto.* At first we didn't believe it. | **essere lì lì per fare qc** to be just about to do sth: *Ero lì lì per dirglielo.* I was just about to tell her.

libanese *agg e s* Lebanese

Libano *s* **il Libano** Lebanon

libbra *s* pound [abbr. lb]

liberale *agg e s* liberal

liberare *v* **1** (detenuto, ostaggio) to free: *Tutti gli ostaggi sono stati liberati.* All the hostages were freed. **2** (stanza, appartamento) to vacate: *Le camere devono essere liberate entro le 10.* The rooms must be vacated by 10 o'clock. **3** (sgombrare) to clear: *Libera la scrivania da tutte queste cartacce.* Clear your desk of all these pieces of paper.
liberarsi *v rifl* **1 liberarsi (da qc)** to free yourself (from sth): *L'importante è che tu riesca a liberarti dalle tue paure.* The important thing is that you manage to free yourself from your fears. | *Il prigioniero si è liberato ed è fuggito.* The prisoner freed himself and fled. **2** (rendersi disponibile) to keep yourself free: *Cercherò di liberarmi per lunedì.* I'll try and keep myself free for Monday. **3** (posto, telefono) to be free: *Si è liberato il bagno.* The bathroom's free. | *Si erano liberati due posti in prima fila.* Two seats in the front row were free. **4 liberarsi di qn/qc** to get rid of sb/sth: *Non so più come fare a liberarmi di quello scocciatore.* I don't know what to do to get rid of that pest. | *Mi sono liberato di un peso.* That's a load off my mind.

liberazione *s* **1** (di prigioniero, ostaggio) release **2** (di paese, popolo) liberation **3** (sollievo) relief: *Partire è stata una liberazione.* Leaving was a relief for me.

libero, -a *agg* **1** (persona, posto) free: *Sarò libero tra un minuto.* I'll be free in a minute. | *È libero quel posto?* Is that seat free? | *Il bagno è libero.* The bathroom is free. | *Prendi tu il pacco se hai le mani libere.* You take the package if your hands are free. | *Tieniti libera per domani sera.* Keep tomorrow evening free. | **essere libero di fare qc** to be free to do sth: *Se proprio vuoi andartene, sei libero di farlo.* If you really want to leave, you're free to do so. | **libero professionista** self-employed professional **2** (strada, scrivania) clear: *La strada è libera dalla neve.* The road is **clear of** snow. | *Lasciare libero il passaggio.* Leave the passage clear. **3** (taxi) available: *Non c'era un taxi libero.* There were no taxis available. ▶ vedi anche **giorno**, **stile**, **tempo**

libertà *s* **1** freedom: *Suo padre le ha sempre dato poca libertà.* Her father has never allowed her very much freedom. | *Non credo di avere molta libertà di scelta.* I don't think I have many options. | **libertà di parola/di stampa** freedom of speech/of the press **2 essere in libertà** to be at

Vuoi informazioni sulla differenza tra gli **articoli** in inglese e in italiano? Leggi le spiegazioni nella guida grammaticale.

large: *La tigre fuggita ieri dallo zoo è ancora in libertà.* The tiger that escaped from the zoo yesterday is still at large. | **libertà vigilata** parole

Libia **la Libia** Libya

libico, -a *agg* e *s* Libyan

libreria *s* **1** (negozio) bookshop: *L'ho comprato in libreria.* I bought it in a bookshop. **2** (mobile) bookcase ▶ vedi nota FALSE FRIEND sotto **library**

libretto *s* **1** booklet: *Ci deve essere un libretto delle istruzioni nel pacco.* There must be an instruction booklet with the flatpack. **2** **libretto degli assegni** chequebook | **libretto di circolazione** car registration document | **libretto sanitario** non c'è un equivalente in inglese; per spiegare cos'è, puoi dire **health service entitlement card**.

libro *s* book: *un libro di geografia* a geography book | *un libro di racconti* a book of short stories | **libro di testo** textbook

licenza *s* **1** (autorizzazione) licence (BrE), license (AmE): *Bisogna avere la licenza per pescare in questa zona.* You need a licence to fish in this area. **2** (militare) leave: *È in licenza.* He's **on leave**. **3** **la licenza media** È un titolo di studio italiano, quindi non ha traduzione; un equivalente inglese abbastanza vicino è **GCSE** (**General Certificate of Secondary Education**)

licenziamento *s* **1** (per incompetenza) dismissal: *lettera di licenziamento* letter of dismissal **2** (per ridurre il personale) redundancy (pl redundancies): *In questa azienda c'è stata una serie di licenziamenti.* There has been a series of redundancies in this company.

licenziare *v* **1** (per incompetenza) to dismiss ▶ Esiste anche **to fire** che si usa in contesti più informali: *Luigi è stato licenziato.* Luigi has been dismissed. | *Lei è licenziata!* You're fired! **2** (per ridurre il personale) to make redundant: *In quella fabbrica hanno licenziato molti operai.* In that factory they made a lot of workers redundant.

licenziarsi *v rifl* to resign: *Il direttore si è licenziato.* The director has resigned.

liceo *s* l'equivalente del liceo nei paesi anglosassoni è **secondary school** (BrE) **/high school** (AmE). Il sistema scolastico in Gran Bretagna e negli Stati Uniti è diverso da quello italiano, quindi non c'è un equivalente esatto del nostro liceo. Per dire che frequenti il liceo scientifico/classico/linguistico/artistico puoi dire: **I go to a secondary school specialising in maths and sciences/classics/foreign languages/art and design.**

In Gran Bretagna i ragazzi frequentano la scuola secondaria dagli 11 ai 18 anni, ma possono lasciare la scuola a 16 anni. Esistono le **grammar schools**, che hanno un'impostazione classica e sono a numero chiuso e le **comprehensive schools**, che non selezionano gli studenti sulla base di un test d'ingresso o delle capacità. Mentre in Italia esistono vari tipi di scuole secondarie e vari tipi di liceo (classico, scientifico, linguistico, tecnologico, ecc.), in Gran Bretagna gli studenti si specializzano scegliendo le materie da studiare per il **GCSE** (**General Certificate of Secondary Education**), il diploma che si consegue tra i 14 e i 16 anni, e per gli **A-levels**, gli esami che si sostengono a 17 o 18 anni, concludono i corsi di scuola superiore e danno accesso all'università.

lieto, -a *agg* **1** **a lieto fine** with a happy ending: *un film a lieto fine* a film with a happy ending **2** (nelle presentazioni) pleased: *Lieto di conoscerla.* Pleased to meet you.

lievito *s* yeast | **lievito di birra** brewer's yeast

lima *s* file

limetta *s* **limetta per le unghie** nail file

limitare *v* to limit: *Questo mese dobbiamo limitare le spese.* We have to limit our expenditure this month.

limitarsi *v rifl* (contenersi) to control yourself: *Giorgio è uno che non sa limitarsi.* Giorgio doesn't know how to control himself. | *Ultimamente si limita a una sigaretta al giorno.* Lately he's been limiting himself to one cigarette a day. | **limitarsi in qc** (spese, mangiare) *Per la tua salute devi limitarti nel bere e nel mangiare.* You should control your eating and drinking for the sake of your health. | **limitarsi a fare qc** *Limitati a rispondere alla domanda.* Just stick to the question. | *Cerca di limitarti allo stretto necessario.* Try to limit yourself to what is strictly necessary.

limitazione *s* restriction: *Paolo non tollera nessuna limitazione alla sua libertà.* Paolo won't accept any **restrictions on** his freedom. | *Alla festa potrete mangiare e bere senza limitazioni.* At the party you'll be able to eat and drink as much as you want.

limite *s* limit: *Stai superando ogni limite!* You're going beyond the limit! | *La mia pazienza ha un limite.* There's a limit to my patience. | **limite di velocità** speed limit | **al limite** *Se non troviamo posto in albergo, al limite andiamo in campeggio.* If we can't find a room in a hotel, we can always go to a campsite. | *Al limite, passo a prenderti io.* If it comes to it, I'll come and pick you up.

limonata *s* **1** (calda) hot lemon drink **2** (bibita) lemonade: *Per me una limonata senza ghiaccio.* I'd like a lemonade without ice.

limone *s* **1** (albero) lemon tree **2** (frutto) lemon: *succo di limone* lemon juice

limpido, -a *agg* (cielo, acqua) clear: *L'acqua è così limpida che si vede il fondo.* The water is so clear you can see the bottom.

linea *s* **1** (tratto) line: *una linea retta* a straight line | *Ho tirato una linea sul foglio.* I drew a line on the paper. | **in linea d'aria** as the crow flies: *In linea d'aria ci saranno circa due chilometri.* It'll be about two kilometres as the crow flies. **2** (del telefono) line: *La linea è occupata.* The line's busy. | *È caduta la linea.* The line's gone dead. | *Resti in linea, per favore.* Hold the line, please. **3** (di autobus, aereo) route: *Ci sono due linee che portano in centro.* There are two routes that go to the town centre. | **di linea** (volo, autobus) scheduled: *L'ultimo pullman di linea parte alle 19.30.* The last scheduled coach leaves at 19.30. **4** (di treno) line: *la linea Roma-Bologna* the Rome-Bologna line **5** (fisico) figure: *Il cioccolato non fa molto bene alla linea.* Chocolate doesn't do your figure much good. | **mantenere la linea** to keep your figure **6** (nello sport) **linea di arrivo** finishing line | **linea di partenza** starting line **7** **a grandi linee** roughly: *Mi ha spiegato in grandi linee che cosa è successo.* He told me roughly what happened. | **in linea di massima** roughly speaking: *In linea di massima dovremmo essere dieci.* Roughly speaking, there'll be about ten of us.

lineamenti *s pl* features: *Luisa ha dei lineamenti molto fini.* Luisa has very fine features.

lineare *agg* (chiaro) straightforward: *Il film ha una trama abbastanza lineare.* The film has quite a straightforward plot.

lingotto *s* ingot

lingua *s* **1** (organo) tongue: *La cioccolata è bollente: attento a non bruciarti la lingua!* The hot chocolate is boiling – mind you don't burn your tongue! | **fare la linguaccia (a qn)** to stick your tongue out (at sb): *Perché gli hai fatto la linguaccia?* Why did you stick your tongue out at him? | **avere la lingua lunga** to have a big mouth ▶ vedi anche **pelo, punta** **2** (linguaggio) language: *Silvia è portata per le lingue.* Silvia has a gift for languages. | *In che lingua stanno parlando?* What language are they speaking? | *lingua straniera* foreign language | **lingua madre** mother tongue

linguaggio *s* language: *il linguaggio dei segni* sign language | *Cerca di moderare il tuo linguaggio.* Try to tone down your language.

linguetta *s* **1** (di scarpa) tongue **2** (di busta) flap **3** (di lattina) tab

linguistica *s* linguistics [sempre singolare]

linguistico, -a *agg* linguistic ▶ vedi anche **laboratorio**

lino *s* (tessuto) linen: *una camicia di lino* a linen shirt

Lione *s* Lyons

liquidare *v* **1** (merce) to sell off: *Il negozio sta liquidando tutta la merce.* The shop is selling off all its stock. **2** (problema) to solve, (questione) to settle: *E con questo la questione è liquidata.* That's the matter settled. **3** (sbarazzarsi di) to get rid of: *Non ti preoccupare. Lo liquiderò in fretta.* Don't worry. I'll get rid of him quickly.

liquidazione *s* **1** (vendita) sale: *In questo negozio c'è la liquidazione di fine stagione.* There's an end-of-season sale in this shop. | *"liquidazione totale"* "clearance sale" | **in liquidazione** in the sales: *Ho comprato i pantaloni in liquidazione.* I bought the trousers in the sales. **2** (nel lavoro) severance pay

liquido, -a *aggettivo e sostantivo*

- *agg* liquid: *sapone liquido* liquid soap
- **liquido** *s* liquid: *Qual è la differenza tra un liquido e un solido?* What's the difference between a liquid and a solid? | *una dieta a base di liquidi* a liquids-only diet

liquirizia *s* liquorice (BrE), licorice (AmE): *una caramella alla liquirizia* a liquorice sweet

liquore *s* liqueur

lira *s* (moneta) lira

lirica *s* opera

lirico *agg* si usa il sostantivo **opera** in funzione di aggettivo: *musica lirica* opera music

Lisbona *s* Lisbon

lisca *s* bone

liscio, -a *aggettivo e sostantivo*

- *agg* **1** (superficie, pelle) smooth: *Questa crema mantiene la pelle liscia.* This cream keeps your skin smooth. **2** (capelli) straight: *Anna ha i capelli lisci.* Anna has straight hair. **3** (caffè, tè) black: *Per me un caffè liscio.* I'll have a black coffee. **4** (whisky) straight **5** **andare liscio** to go smoothly: *È andato tutto liscio.* It all went smoothly. | **passarla liscia** to get away with it: *Questa volta non riuscirai a passarla liscia.* This time you won't get away with it.
- **liscio** *s* (ballo) ballroom dancing

lista *s* list: *Il tuo nome non è sulla lista.* Your name's not on the list. | *la lista della spesa* the shopping list | **lista d'attesa**

L

waiting list: *Ci hanno messo in lista d'attesa.* They've put us **on** the waiting list. | **lista elettorale** electoral register | **lista nozze** wedding list

listino *s* (dei prezzi) price list

lite *s* argument: *Durante l'intervallo è scoppiata una lite tra maschi e femmine.* During the interval an argument broke out between the men and the women.

litigare *v* to argue: *Non ho nessuna voglia di litigare con te.* I have no desire to argue with you.

litigio *s* argument: *Si sono separati dopo l'ennesimo litigio.* They split up after yet another argument.

litro *s* litre (BrE), liter (AmE): *un litro di latte* a litre of milk | **fare 10 chilometri con un litro** to do 28 miles to the gallon: *Quanto fa con un litro la tua auto?* How many miles to the gallon does your car do?

Lituania *s* **la Lituania** Lithuania

lituano, -a *agg* e *s* Lithuanian

livello *s* **1** (altezza) level: *cento metri sul livello del mare* one hundred metres above sea level ► vedi anche **passaggio** **2** (grado, qualità) level: *Se ti comporti così, ti metti al suo livello.* If you behave like that, you're just bringing yourself down to his level. | **essere allo stesso livello** to be at the same level: *Marco è allo stesso mio livello in inglese.* Marco is at the same level as me in English.

livido, -a *aggettivo* e *sostantivo*

- *agg* blue: *Avevo le mani livide per il freddo.* My hands were **blue with** cold.
- **livido** *s* (chiazza) bruise: *Ho un livido sulla gamba.* I've got a bruise on my leg.

lo *articolo* e *pronome*

- *art* the ► vedi Active Box **articoli determinativi** sotto **articolo**
- *pron* **1** (riferito a persona) him: *L'ho incontrato per strada.* I met him in the street. | *Chiamalo sul telefonino.* Call him on his mobile. **2** (riferito a cosa) it: *L'ho letto sul giornale.* I read it in the paper. | *Mettilo nel primo cassetto.* Put it in the first drawer.

locale *aggettivo, sostantivo* e *sostantivo plurale*

- *agg* local: *Mi hanno fatto l'anestesia locale.* They gave me a local anaesthetic. | **ora locale** local time
- *s* **1** (luogo di ritrovo) non c'è in inglese un sostantivo corrispondente, ma si usano espressioni diverse a seconda del contesto: *Abbiamo bevuto qualcosa in un locale in centro.* We had a drink in a bar in the town centre. | *Andiamo a ballare nel locale che hanno appena aperto?* Shall we go dancing in the club which has just opened? | *A quest'ora non c'è più un locale aperto.* There's nowhere open at this time of night. | **locale notturno** club **2** (stanza) room: *un appartamento di tre locali* a flat with three rooms
- **locali** *s pl* (sede) premises [sempre plurale]: *Abbiamo una settimana per sgombrare i locali.* We have a week to clear the premises.

località *s* place: *una località nei pressi di Siena* a place near Siena | *una località turistica* a holiday resort

locandina *s* (di film, teatro) poster

locomotiva *s* locomotive

lodare *v* to praise: *Il professore di italiano ha lodato Gianni per il bel tema.* The Italian teacher praised Gianni for his excellent essay.

lode *s* **1** (elogio) praise: *Bravo! Meriti una lode.* Well done! You deserve some praise. **2** **laurearsi con 110 e lode** to graduate with a first: *Marco si è laureato con 110 e lode.* Marco graduated with a first. | **prendere 30 e lode** to get top marks

logica *s* logic

logico, -a *agg* **1** (razionale) logical: *Per presentare i fatti seguirò un ordine logico.* I will present the facts in a logical order. **2** (naturale, ovvio) natural: *È logico che si sia offesa.* It's natural that she took offence.

logoro, -a *agg* (vestito, scarpe) worn out: *Butta via queste scarpe: sono logore.* Throw these shoes away. They're worn out.

Lombardia *s* **la Lombardia** Lombardy

lombardo, -a *agg* e *s* Lombard

lombrico *s* earthworm

londinese *aggettivo* e *sostantivo*

- *agg* si usa il sostantivo **London** in funzione di aggettivo: *la metropolitana londinese* the London underground
- *s* Londoner

Londra *s* London

longitudine *s* longitude: *a 40° di longitudine ovest* at a longitude of 40° west

lontananza *s* (distanza) distance: *La costa si vedeva male per la lontananza.* The coast was barely visible in the distance. | **in lontananza** from a distance: *Li sentivamo gridare in lontananza.* We heard them shouting from a distance.

lontano, -a *aggettivo* e *avverbio*

- *agg* **1** (nello spazio) far away: *È lontana la stazione?* Is the station far away? | *A quest'ora Maria sarà già lontana.* Maria will already be far away by now. | *un posto molto lontano* a very *distant* place | **lontano da** far from: *Quanto è lontana Londra da Oxford?* How far is London from Oxford? | **essere lontano un chilometro/due chilometri** to be one kilometre/two kilometres away: *Casa mia è lontana tre chilometri.* My home is three kilometres away. **2** (ricordo, futuro) distant: *In un futuro non troppo lontano* *potremmo rincontrarci.* We may meet again in the not-too-distant future. | **essere lontano a)** (nel passato) to be long past: *L'estate è ormai lontana.* Summer already seems a long time ago. **b)** (nel futuro) to be a long way off: *Pasqua non è più così lontana.* Easter isn't such a long way off anymore.

• **lontano** *avv* **1** far away: *il più lontano possibile* as far away as possible | *Abitate lontano?* Do you live far away? | *Non abito lontano da qui.* I don't live far from here. | *Oggi andiamo lontano.* We're going a long way away today. **2 da lontano a)** (vedere) from a distance: *Da lontano mi sembravi tua sorella.* From a distance you looked like your sister. **b)** (venire) from far away: *Vengo da lontano.* I come from far away.

lordo, -a *agg* (peso, stipendio) gross

loro *aggettivo* e *pronome*

• *agg* their: *i loro amici* their friends | *la loro madre* their mother | *a casa loro* at their house | **un loro amico/insegnante ecc.** a friend/teacher etc of theirs | **alcuni loro amici/insegnanti ecc.** some friends/teachers etc of theirs | **essere loro** to be theirs: *Sei sicuro che questa macchina sia loro?* Are you sure that this car is theirs?

• *pron* **1** (personale: soggetto) they ▶ Quando è usato dopo il verbo essere, si traduce **them**: *Loro dicono di non sapere niente.* They say they don't know anything. | *Loro sono venute in treno.* They came by train. | *Suonano alla porta: vedrai che sono loro.* Someone's ringing the doorbell: you'll see, it's them. | *Sono stati loro.* It was them. | **loro stessi** *L'hanno vista loro stessi.* **They** saw her **themselves**. **2** (personale: con preposizione) them: *Vengo insieme a loro.* I'll come with them. | *Non lo so: chiedi a loro.* I don't know; ask them. **3** (personale: senza verbo) them: *Ma chi, loro?* Who, them? **4** (possessivo) **il loro/la loro/i loro/le loro** theirs: *la mia classe e la loro* my class and theirs | *Ho visto tutte le diapositive tranne le loro.* I saw all the slides except theirs. | **i loro** (genitori) their parents: *Vanno in vacanza con i loro.* They're going on holiday with their parents.

losco, -a *agg* suspicious: *un tipo losco* a suspicious-looking guy

lotta *s* **1** (scontro fisico) fight: *Facciamo la lotta!* Let's have a fight! **2** (opposizione) fight: *la lotta contro il cancro* the fight against cancer **3 lotta libera** freestyle wrestling

lottare *v* **1** (combattere) to fight: *Due bande stanno lottando per il controllo della zona.* Two gangs are fighting for control of the area. | **lottare contro qn/qc** to fight sb/sth: *I medici lo stanno aiutando a lottare contro la malattia.* The doctors are helping him fight the illness. **2** (nello sport) to wrestle

lotteria *s* lottery: *Ho comprato due biglietti della lotteria.* I bought two lottery tickets.

lotto *s* **1** (gioco) lottery: *Ho giocato al lotto.* I played the lottery. | *È come indovinare un numero al lotto!* It's impossible to guess! **2** (di terreno) lot

lozione *s* lotion: *una lozione contro la forfora* an anti-dandruff lotion

Lubiana *s* Ljubljana

lubrificare *v* to oil

lucchetto *s* padlock: *Ho chiuso la valigia con un lucchetto.* I locked my suitcase with a padlock.

luccicare *v* to sparkle: *Era così felice che le luccicavano gli occhi.* Her eyes sparkled with happiness.

lucciola *s* firefly (pl fireflies)

luce *s* **1** (naturale, elettrica) light: *La lampada fa poca luce.* The lamp doesn't give off much light. | *La mia camera prende luce dalla finestra.* My room gets light from the window. | *Accendi la luce.* Turn the light on. | *la luce del sole* sunlight ▶ vedi anche **anno** **2** (corrente) electricity: *È andata via la luce.* The electricity's gone off. | *Hai pagato la bolletta della luce?* Have you paid the electricity bill?

lucertola *s* lizard

lucidalabbra *s* lip gloss: *un lucidalabbra alla fragola* a strawberry lip gloss

lucidare *v* (scarpe, pavimento) to polish: *Ho dimenticato di lucidare le scarpe.* I forgot to polish my shoes.

lucido, -a *aggettivo* e *sostantivo*

• *agg* **1** (scarpe, pavimento) shiny: *Il pavimento è venuto lucido con la cera.* The wax has left the floor shiny. **2** (occhi) watery: *Hai gli occhi lucidi: hai pianto?* Your eyes are watery. Have you been crying? **3** (persona) lucid: *Nonostante l'età è ancora molto lucido.* Despite his age he's still quite lucid. **4** (analisi, ragionamento) clear: *Hai fatto una lucida analisi della situazione.* You've given a very clear analysis of the situation.

• **lucido** *s* **1** (da scarpe) polish: *Compra un tubetto di lucido per le scarpe blu.* Buy some blue shoe polish. **2** (per lavagna luminosa) transparency (pl transparencies)

luglio *s* July ▶ vedi Active Box **mesi** sotto **mese**

lui *pron* **1** (soggetto) he ▶ Quando è usato dopo il verbo essere si traduce **him**: *Lui cosa ti ha detto?* What did he tell you? | *Se lo dice lui, sarà vero.* If he says it, it must be true. | *Da lontano mi sembrava che fosse lui.* From a distance I thought it was him. | *È stato lui.* It was him. | **lui stesso**: *Me lo*

Vuoi informazioni sulla differenza tra gli **aggettivi possessivi** in inglese e in italiano? Vedi la **guida grammaticale**.

ha detto lui stesso. **He** told me so **himself.** **2** (dopo preposizione) him: *Ci dobbiamo incontrare con lui davanti al cinema.* We're to meet up with him in front of the cinema. | *Sono più forte di lui.* I'm stronger than him. **3** (senza verbo) him: *Ma chi, lui?* Who, him?

lumaca *s* snail: *Sei lento come una lumaca!* You're such a slowcoach!

luminoso, -a *agg* **1** (corpo, punto) luminous: *L'orologio ha un quadrante luminoso.* The watch has a luminous dial. **2** (stanza, colore) bright: *Mi piace questa casa perché è molto luminosa.* I like this house because it's very bright.

luna *s* moon: *Domani viene la luna nuova.* There's a new moon tomorrow. | *C'è la luna piena.* There's a full moon. | **al chiaro di luna** by moonlight | **avere la luna storta** to be in a bad mood: *Oggi è meglio lasciarlo in pace: ha la luna storta.* It's best to leave him alone today. He's in a bad mood. | **chiedere la luna** to ask for the moon: *Non chiedo mica la luna!* I'm not asking for the moon! | **luna di miele** honeymoon: *Dove siete andati in luna di miele?* Where did you go on your honeymoon?

luna park *s* funfair: *Andiamo al luna park?* Shall we go to the funfair?

lunatico, -a *aggettivo e sostantivo*

- *agg* moody: *Tua sorella è sempre stata piuttosto lunatica.* Your sister has always been a bit moody.
- *s* non esiste il sostantivo, ma solo l'aggettivo **moody**: *È una lunatica: un momento è allegra, subito dopo è depressa.* She's very moody. One moment she's up, the next she's down. ▶ vedi nota FALSE FRIEND sotto **lunatic**

> **lunatico** non deve essere confuso con *lunatic*, che significa **pazzo**.

lunedì *s* Monday ▶ vedi Active Box **giorni della settimana** sotto **giorno**

lunghezza *s* **1** (dimensione) length: *Calcolate la lunghezza del lato del triangolo.* Work out the length of the side of the triangle. **2** (durata) length: *L'unico difetto del film è la lunghezza.* The film's only fault is its length.

lungo, -a *aggettivo e preposizione*

- *agg* **1** (in lunghezza) long: *Quanto è lungo il tavolo?* **How long** is the table? | *La spiaggia è lunga tre chilometri.* The beach is **three kilometres long.** | **per lungo** lengthways: *Se lo mettiamo per lungo, forse il tavolo ci sta.* Maybe the table will fit if we put it in lengthways. | **in lungo e in largo** everywhere: *L'ho cercato in lungo e in largo.* I looked for it everywhere. **2** (in durata) long: *Abbiamo fatto una lunga chiacchierata.* We had a long chat. | **farla lunga** to go on: *Ma quanto la fai lunga!* You do go on! | **a lungo** for long: *Non posso fermarmi a lungo.* I can't stop for long. | *Questa storia è durata fin troppo a lungo.* This has gone on for far too long. | **andare per le lunghe** to drag on: *Questa storia sta andando un po' troppo per le lunghe!* This is dragging on a bit! | **alla lunga** in the end: *Vedrai che alla lunga ti stufi.* You'll find that in the end you'll get bored. **3** (caffè, tè) weak **4** **di gran lunga** by far: *È di gran lunga la squadra più forte.* They are by far the strongest team.
- **lungo** *prep* **1** (rasente) along: *Puoi parcheggiare lungo il viale.* You can park along the avenue. **2** (durante) along: *Decideremo dove fermarci lungo il percorso.* We'll decide where to stop along the way.

lungomare *s* sea front: *una passeggiata sul lungomare* a walk on the sea front

lunotto *s* rear window

luogo *s* **1** (posto) place: *Questo è il luogo ideale per una vacanza.* This is the ideal place for a holiday. | *un luogo tranquillo* a quiet place | **luogo di nascita** birthplace | **luogo pubblico** public place: *È vietato fumare nei luoghi pubblici.* Smoking is not allowed in public places. **2** (di delitto, incidente) scene: *L'assassino è tornato sul luogo del delitto.* The murderer returned to the scene of the crime. **3** **avere luogo** to take place: *L'incontro di pugilato avrà luogo domani sera.* The boxing match will take place tomorrow evening. | **dare luogo a qc** to cause sth: *Non vorrei dare luogo a malintesi.* I don't want to cause any misunderstandings. | **in primo luogo** above all: *Vorrei visitare molti paesi e, in primo luogo, il Portogallo.* I would like to visit lots of countries and above all Portugal. | **essere fuori luogo** to be uncalled for: *È stato un commento offensivo e fuori luogo.* The remark was offensive and uncalled for.

luogo comune cliché

lupo, -a *s* wolf (pl wolves): *un branco di lupi* a pack of wolves

lurido, -a *agg* **1** (sporco) filthy: *Quel colletto è lurido!* That collar is filthy! **2** (spia, traditore) bloody: *Sei solo un lurido bugiardo!* You're just a bloody liar!

lusingare *v* **1** (procurare piacere) to flatter: *La proposta mi diverte e mi lusinga.* I am amused and flattered by the suggestion. **2** **lasciarsi lusingare da qc** to be taken in by sth: *Non lasciarti lusingare dalle sue parole!* Don't be taken in by what he says!

Lussemburgo *s* **il Lussemburgo** Luxemburg

lusso *s* **1** (sfarzo) luxury: *Carlo è abituato a vivere nel lusso.* Carlo's used to living a life of luxury. | **di lusso** luxury: *Alloggiavamo*

L

in un albergo di lusso. We were staying in a luxury hotel. | *Abbiamo cenato in un ristorante di lusso.* We had dinner in a very posh restaurant. **2** (spesa eccessiva) luxury (pl luxuries): *Una vacanza ai tropici per noi è un lusso.* A holiday in the tropics is a luxury for us. | **permettersi il lusso di fare qc** to allow yourself the luxury of doing sth: *Io non mi posso permettere il lusso di dormire fino alle nove!* I can't allow myself the luxury of sleeping until nine o'clock!

lussuoso, -a *agg* luxurious

lutto *s* **1** (cordoglio) mourning [mai plurale]: *Oggi è un giorno di lutto per la nostra città.* This is a day of mourning for our town. | **essere in lutto** to be in mourning **2** (segno esteriore) mourning [mai plurale] | **portare il lutto** to wear mourning

M

M, m *s* M, m ▶ vedi Active Box **lettere dell'alfabeto** sotto **lettera**

ma *cong* **1** (avversativo) but: *È incredibile, ma vero.* It's incredible, but true. | *Credevo fosse sincero, ma mi sbagliavo.* I thought he was honest, but I was wrong. **2** (enfatico) Quando esprime stupore, **ma** non si traduce: *Ma che cosa stai facendo?* What on earth are you doing? | *Ma chi, io?* Who, me? | *Ma che tempo!* What awful weather!

macché! *inter* of course not!: – *È arrivato?* – *Macché!* "Has he turned up?" "Of course not!"

macchia *s* **1** (sporco) stain: *una macchia di rossetto* a lipstick stain **2** (chiazza) stain: *Sul soffitto c'è una grossa macchia di umidità.* There's a big damp stain on the ceiling. **3** (boscaglia) scrub

macchiare *v* to stain: *Per fortuna non ho macchiato i pantaloni.* Luckily I haven't stained my trousers. | **macchiarsi la camicia/le mani** to get your shirt/hands dirty | **macchiare qc di qc** to get sth on sth: *Ho macchiato la camicia di rossetto.* I've got lipstick on my shirt.

macchiarsi *v rifl* to get dirty: *Guarda come ti sei macchiato!* Look how dirty you've got! | **macchiarsi di sugo/vernice** to get sauce/paint on you: *Mi sono macchiato di vernice.* I've got paint on me. | *Attenta a non macchiarti di sugo.* Be careful not to get sauce on yourself.

macchina *s* **1** (automobile) car: *Mia sorella ha cambiato la macchina.* My sister has got a new car. | **in macchina a)** (andare, viaggiare) by car: *Vado a scuola in macchina.* I go to school by car. **b)** (salire, uscire) in the car: *Salite in macchina, vi accompagno io!* Get in the car, I'll take you! | *Ci hanno dato un passaggio in macchina.* They gave us a lift in the car. | **macchina da corsa** racing car **2** (apparecchio) machine | **macchina da cucire** sewing machine | **macchina da scrivere** typewriter | **macchina fotografica** camera

macedonia *s* fruit salad: *una macedonia con il gelato* fruit salad and ice cream

macellaio, -a *s* **1** (negoziante) butcher: *Mio padre fa il macellaio.* My father **is a** butcher. **2** (negozio) butcher's

macelleria *s* butcher's: *Devo passare in macelleria.* I have to go to the butcher's.

macello *s* **1** (massacro) massacre **2** (disastro) nightmare: *Il compito di matematica è stato un macello.* The maths test was a real nightmare. **3** (caos) mess: *Che macello questa stanza!* What a mess this room is! **4** (mattatoio) abattoir

macerie *s* rubble [mai plurale]: *un cumulo di macerie* a pile of rubble

macinare *v* **1** (carne) to mince **2** (caffè, pepe) to grind

madre *s* **1** (di persona, animale) mother: *La madre di Daria è molto giovane.* Daria's mother is very young. **2** (suora) Mother | **la madre superiora** the Mother Superior

madrelingua *s* mother tongue | **essere di madrelingua inglese/francese** to be a native English/French speaker: *Clara è di madrelingua inglese.* Clara is a native English speaker.

madreperla *s* mother-of-pearl

madrina *s* godmother

Maestà *s* Majesty: *Sua Maestà* (riferito a re) His Majesty; (riferito a regina) Her Majesty

maestro, -a *s* **1** (di elementari) primary school teacher **2** (istruttore) instructor: *il maestro di sci* the ski instructor **3** (persona abile) expert: *È un vero maestro.* He's a real expert. | **un maestro della fotografia/del fumetto** an expert photographer/cartoonist | **un maestro del racconto** a master of the short story | **essere un maestro nel fare qc** to be really good at doing sth: *Luca è un maestro*

Non sei sicuro sull'uso di **make** e **do**? Vedi alla voce **fare**.

nel fare fotografie. Luca's really good at taking photographs. | *Nel raccontare frottole Gigi è un vero maestro!* Gigi's an accomplished liar!

mafia *s* Mafia

magari *interiezione, avverbio* e *congiunzione*

• *inter* **magari!** I wish!: – *Vai anche tu in montagna? – Magari!* "Are you going to the mountains as well?" "I wish!"

• *avv* (forse) perhaps, maybe: *Magari sono già usciti.* Perhaps they've already gone out. | *Magari gli telefono per sapere com'è andata.* Maybe I'll ring him to find out how it went.

• *cong* if only: *Magari avessi ragione tu!* If only you were right!

magazzino *s* **1** (deposito) warehouse **2 grande magazzino** department store ▶ vedi nota FALSE FRIEND sotto **magazine**

maggio *s* May ▶ vedi Active Box **mesi** sotto **mese**

maggioranza *s* **1** (maggior parte) majority: *La stragrande maggioranza è composta da giovanissimi.* The great majority are youngsters. | **la maggioranza di** most of: *La maggioranza della classe ha partecipato alla gara.* Most of the class took part in the competition. | **nella maggioranza dei casi** in most cases **2** (in votazioni) majority: *La proposta ha ottenuto la maggioranza assoluta.* The proposal was approved by an absolute majority. | *La decisione è stata presa a maggioranza.* The decision was passed **on a majority** vote.

maggiore *aggettivo* e *sostantivo*

• *agg* **1** (più grande) non c'è in inglese un aggettivo corrispondente, ma si usano espressioni diverse a seconda del contesto: *Ci servirà una quantità maggiore di panini.* We will need more rolls. | *Il problema maggiore sono i miei, che non saranno d'accordo.* The biggest problem is my parents who won't approve. | *La difficoltà maggiore dell'inglese è la pronuncia.* Pronunciation is the most difficult aspect of English. | *Le spese sono state maggiori del previsto.* Expenses were higher than expected. | **la maggior parte (di)** most (of): *Passa la maggior parte del tempo a leggere.* He spends most of the time reading. | *La maggior parte degli studenti ha votato contro la proposta.* Most of the students voted against the proposal. | **a maggior ragione** all the more reason | **andare per la maggiore** to be really popular: *La musica latino-americana va per la maggiore.* Latin American music is really popular. **2** (di età) si usa **older** se è un comparativo e **oldest** se è un superlativo. Se ci si riferisce al maggiore di due fratelli o due figli si può usare **elder** mentre se ci si riferisce al maggiore di tre o più fratelli o figli si può usare **eldest**: *Guido è maggiore di me di due anni.* Guido is two years older than me. | *la mia sorella maggiore* my elder sister | *Il fratello maggiore di Paolo ha quindici anni.* Paolo's elder brother is fifteen. | *Hanno tre figli, il maggiore ha 17 anni.* They've got three children, the eldest is seventeen. **3** (più importante) greatest: *Si tratta di uno dei maggiori talenti musicali degli ultimi 50 anni.* He is one of the greatest musical talents of the last 50 years. **4** (in musica) major

• *s* **1 il/la maggiore** (di età) the oldest ▶ Se ci si riferisce al maggiore di due fratelli o figli si può usare **elder** mentre se ci si riferisce al maggiore tra tre o più fratelli o figli si può usare **eldest**: *Non so chi sia il maggiore della classe.* I don't know who the oldest in the class is. | *Marta è la maggiore di tre sorelle.* Marta is the eldest of three sisters. | *Chi è il maggiore tra i due fratelli?* Who is the elder of the two brothers? **2** (grado militare) major

maggiorenne *aggettivo* e *sostantivo*

• *agg* **essere maggiorenne** to be over eighteen: *Per votare bisogna essere maggiorenni.* You have to be over eighteen to vote. | *Non sono ancora maggiorenne.* I'm not eighteen yet.

• *s* adult

magia *s* **1** (arte) magic: *Le streghe venivano accusate di esercitare la magia.* Witches were accused of practising magic. **2** (incantesimo) spell: *le magie di Merlino* Merlin's spells | **come per magia** as if by magic: *Poi, è apparso dal nulla, come per magia.* Then, as if by magic, he appeared out of nowhere. **3** (fascino) magic: *la magia dello spettacolo* the magic of the show

magico, -a *agg* **1** (filtro, potere) magic **2** (momento, notte) magical: *Abbiamo passato insieme dei momenti magici.* We had some magical moments together.

magistrali *s pl* le magistrali non esistono nei paesi di lingua inglese. Per spiegare cosa sono puoi dire **a secondary school which trains people to become primary school teachers**.

magistrato *s* magistrate

maglia *s* **1** (indumento) sweater: *Indossava maglia e jeans neri.* She was wearing a black sweater and black jeans. **2** (nel calcio) shirt **3** (punto) stitch (pl stitches) | **lavorare a maglia** to knit

maglietta *s* **1** (maglia leggera) T-shirt: *una maglietta di cotone* a cotton T-shirt **2** (indumento intimo) vest

maglione *s* sweater: *un maglione di lana* a woollen sweater

magnetico, -a *agg* (forza, campo) magnetic

M

Non sai come pronunciare una determinata parola? Consulta la tabella dei simboli fonetici nell'interno della copertina.

magnifico, -a *agg* wonderful: *Hai avuto una magnifica idea!* That's a wonderful idea!

mago, -a *s* **1** (stregone) **mago** wizard | **maga** witch (pl witches): *il mago Merlino* Merlin the wizard **2** (illusionista) magician **3** (persona abile) genius (pl geniuses): *un mago del software* a software genius

magro, -a *aggettivo e sostantivo*

- *agg* **1** (persona) thin: *un tipo alto e magro* a tall, thin guy **2** (carne, prosciutto) lean **3** (dieta, cibo) low-fat **4** (risultato, soddisfazione) poor: *Hai fatto proprio una magra figura con l'insegnante!* You made a poor impression on the teacher!
- *s* non esiste il sostantivo, ma solo l'aggettivo **thin**: *Luisa è una falsa magra.* Luisa isn't really as thin as she looks.

> Per dire che qualcuno è magro nel senso di snello, si usano **slim** o **slender**; per dire che qualcuno è troppo magro, si usa invece **skinny**.

mai *avv* **1** (nessuna volta) never: *Non sono mai stata in Grecia.* I've never been to Greece. | *Non glielo dirò mai!* I'll never tell him! | **mai più** never again: *Non ci ritornerò mai più!* I'm never going back there again! | *Non accadrà mai più.* It will never happen again. **2** (qualche volta) ever: *Sei mai stato in Scozia?* Have you ever been to Scotland? | *Chi l'avrebbe mai detto!* Who would have thought it! | **più che mai** more than ever: *Mi sembra un'impresa più che mai disperata.* The whole business seems more hopeless than ever to me. **3** **come mai?** why?: *Come mai non sei venuto alla festa?* Why didn't you come to the party? | *– Non gliel'ho detto. – Come mai?* "I haven't told her." "Why not?" | **perché mai?** why on earth?: *Perché mai avrei dovuto farlo?* Why on earth should I have done it? | **se mai** if: *Se mai dovesse telefonare, ditegli che non ci sono.* If he rings, tell him I'm not here.

maiale *s* **1** (animale) pig **2** (carne) pork: *una braciola di maiale* a pork chop **3** (persona) pig

maionese *s* mayonnaise

mais *s* **1** (granoturco) maize **2** (seme commestibile) sweetcorn

maiuscola *s* capital letter

maiuscolo, -a *aggettivo e sostantivo*

- *agg* (lettera, iniziale) capital: *I nomi propri si scrivono con la lettera maiuscola.* Proper nouns have a capital letter.
- **maiuscolo** *s* **scrivere in maiuscolo** to write in block capitals

malafede *s* bad faith | **in malafede** in bad faith: *Ha agito in malafede.* He acted in bad faith.

malandato, -a *agg* **essere malandato** to be in a poor condition: *La casa era malandata.* The house was in a poor condition.

malanno *s* (malattia) illness (pl illnesses): *Cominciano i primi malanni di stagione.* The first winter illnesses are starting to appear. | **prendersi un malanno** to catch a cold: *Non rimanere sotto la pioggia o ti prenderai un malanno.* Don't stay out in the rain or you'll catch a cold.

malapena **a malapena** just about: *Con quel mal di gola riuscivo a malapena a parlare.* I could just about speak with that sore throat.

malato, -a *aggettivo e sostantivo*

- *agg* ill: *Sua nonna è gravemente malata.* Her grandmother is seriously ill. | *Gigi non è venuto a scuola perché è malato.* Gigi didn't come to school because he's ill. | **essere malato di cuore** to have heart trouble: *È malato di cuore.* He's got heart trouble.
- *s* **1** **un malato di AIDS/epilessia** an AIDS/epilepsy sufferer | **un malato di cuore/cancro** a heart/cancer patient | **un malato di mente** a mentally ill person **2** (paziente) patient: *Il malato non è ancora perfettamente guarito.* The patient has still not completely recovered.

> **ill o sick?**
>
> Davanti a un sostantivo si usa **sick**:
>
> *un bambino malato* a sick child
>
> *essere malato* si traduce **to be ill** in inglese britannico e **to be sick** in inglese americano:
>
> *È molto malato.* He's very ill/sick.
>
> *gravemente malato* si traduce *seriously ill*:
>
> *Sua madre era gravemente malata.* His mother was seriously ill.

malattia *s* **1** (infermità) illness (pl illnesses): *È appena uscito da una lunga malattia.* He's just got over a long illness. | *Ha una grave malattia.* He's seriously ill. | **essere/mettersi in malattia** to be/to go on sick leave **2** (morbo) disease: *una malattia della pelle* a skin disease | *Il morbillo è una malattia contagiosa.* Measles is a contagious disease.

> **illness o disease?**
>
> Si usa **illness** per indicare la condizione dell'essere malato in generale e **disease** quando si parla di una malattia specifica.

malavita *s* criminal underworld: *un boss della malavita di New York* a boss in the New York criminal underworld

malavoglia **di malavoglia** reluctantly: *Ci vado proprio di malavoglia.* I'm going rather reluctantly.

maldestro, -a *agg* clumsy: *Con un movimento maldestro ha fatto cadere tutto.* With a clumsy movement he knocked everything over. | *Sei veramente maldestro!* You're really clumsy!

Maldive *s pl* **le Maldive** the Maldives

male *sostantivo e avverbio*

• *s* **1** (contrario di bene) evil: *Non sa distinguere tra il bene e il male.* He can't distinguish between good and evil. | *le forze del male* the forces of evil | **che male c'è?** what's wrong with that?: *Che male c'è a essere un po' vanitoso?* What's wrong with being a bit vain? | **non c'è niente di male** there's nothing wrong: *Non c'è niente di male ad apprezzare la musica lirica, sai?* There's nothing wrong **with liking** opera! **2** (danno) non c'è in inglese un sostantivo corrispondente, ma si usano espressioni diverse a seconda del contesto: *Ormai il male è fatto.* The damage has already been done. | *Non credi che la sua partenza sarebbe un male?* Don't you think that her departure would be a bad thing? | *La guerra è un grande male.* War is a dreadful evil. | **il male minore** the lesser of two evils | **andare a male** to go off: *Questo latte è andato a male.* This milk has gone off. | **non c'è male** not bad: – *Come stai?* – *Non c'è male.* "How are you?" "Not bad." | **meno male** thank goodness: *Meno male che siete arrivati!* Thank goodness you've arrived! **3** (dolore) pain | **avere male al braccio/alla gamba** to have a sore arm/leg: *Ho male alla gola.* I've got a sore throat. | **far male** to hurt: *Queste scarpe mi fanno male.* These shoes hurt. | *Dove ti fa male?* Where does it hurt? | *Ti fa ancora male il braccio?* Does your arm still hurt? | **far male a qn** to hurt sb: *Scusa, non volevo farti male.* Sorry, I didn't mean to hurt you. | **farsi male** to hurt yourself: *Stai attento a non farti male.* Be careful not to hurt yourself. | **mal di denti** toothache | **mal di gola** sore throat | **mal di pancia/stomaco** stomach ache | **mal di testa** headache | **avere mal di denti/mal di gola** to have a toothache/a sore throat **4** (malattia) illness (pl illnesses): *Ha un brutto male.* He's got a dreadful illness. | **mal d'auto** carsickness | **mal di mare** seasickness | **avere il mal d'auto/mal di mare** to feel carsick/seasick: *Ho il mal di mare.* I'm feeling seasick.

• *avv* **1** (in modo ingiusto) badly: *In quell'occasione si è comportato male.* He behaved badly on that occasion. | **far male (a fare qc)** to be wrong (to do sth): *Hai fatto male, avresti dovuto dirglielo!* You were wrong, you should have told him! | *Ha fatto male a comportarsi così!* He was wrong to behave like that! **2** (in modo insoddisfacente) badly: *Ho dormito male.* I slept badly | **andare male** to go badly: *L'esame è andato male.* The exam went badly. | *Gli è andata male!* It went badly for him! | **andare male a scuola/in matematica** to do badly at school/in maths | **rimanerci male** to be offended: *C'è rimasta male perché non l'avete invitata.* She was offended because you didn't invite her. | **stare/sentirsi male** to be/to feel ill: *Si è sentita male in classe.* She felt ill in class. | **finire male** to end badly: *Tra loro è finita male.* Things ended badly between them. | **non essere (niente) male** to be not (at all) bad: *Il film non era male.* The film wasn't bad. **3** (in modo imperfetto) not well: *Senza occhiali ci vedo male.* I can't see well without glasses.

maledetto, -a *agg* (per esprimere rabbia) bloody: *Dov'è quel maledetto telecomando?* Where's the bloody remote control?

maledizione *s* **1** (condanna, imprecazione) curse | **maledizione!** damn!: *È finita la benzina, maledizione!* Damn! I've run out of petrol! **2** (disgrazia) disaster: *Quel calcio di rigore è stato una maledizione per la nostra squadra.* That penalty was a disaster for our team.

maleducato, -a *aggettivo e sostantivo*

• *agg* rude: *Sei proprio maleducato!* You're really rude!

• *s* non esiste il sostantivo, ma solo l'aggettivo **rude**: *Sei veramente un gran maleducato!* You're so incredibly rude!

maleducazione *s* rudeness | **essere maleducazione fare qc** to be rude to do sth: *È maleducazione parlare con la bocca piena!* It's rude to speak with your mouth full!

malessere *s* **1** **avere un malessere** to be unwell: *Anna ha avuto un malessere passeggero.* Anna was a bit unwell for a short while. **2** (scontento) disquiet: *Abbiamo avvertito un certo malessere tra gli studenti.* We have noticed some disquiet among the students.

malfamato, -a *agg* bad: *È il quartiere più malfamato della città.* It's the worst area in the city.

malfatto, -a *agg* **essere malfatto** (lavoro) to be a mess: *Questo compito è malfatto, lo devi rifare.* This homework is a mess. You'll have to do it again.

malfermo, -a *agg* unsteady: *Era un po' malfermo sulle gambe.* He was a bit unsteady on his legs.

malgrado *preposizione e congiunzione*

• *prep* despite: *Ci vediamo spesso, malgrado la distanza.* We often see each other, despite the distance.

M

• *cong* even though: *Malgrado sia giugno fa ancora freddo.* Even though it's June, it's still cold.

maligno, -a *agg* **1** (persona, sorriso) nasty: *Non essere maligno.* Stop being nasty. **2** (in medicina) malignant: *Il tumore era maligno.* The tumour was malignant.

malinconico, -a *agg* (persona, aria) sad

malincuore **a malincuore** unwillingly: *Anche se a malincuore, ho dovuto rinunciare.* I had to give up, though I did it unwillingly.

malinteso *s* misunderstanding: *Ci deve essere un malinteso!* There must be some misunderstanding!

malizioso, -a *agg* (espressione, sorriso) mischievous ▶ vedi nota FALSE FRIEND sotto **malicious**

Malta *s* Malta

maltempo *s* bad weather: *un'ondata di maltempo* a spell of bad weather

maltrattare *v* **1** (persona) to treat badly: *Perché maltratti quella povera bestia?* Why are you treating that poor animal so badly? **2** (oggetto) to treat badly: *Questi libri sono stati proprio maltrattati.* These books have been really badly treated.

malumore *s* **1** **di malumore** in a bad mood: *Mi sono svegliato di malumore.* I woke up in a bad mood. **2** (malcontento) bad feeling: *La notizia ha diffuso il malumore tra gli studenti.* The news caused bad feeling amongst the students.

malvolentieri *avv* unwillingly: *Ha accettato, anche se malvolentieri.* He accepted, albeit unwillingly.

mamma *s* mum: *La mamma è uscita.* Mum's gone out. | *la mamma di Carlo* Carlo's mum | **mamma mia!** **a)** (per esprimere spavento) my goodness! **b)** (per esprimere irritazione) for goodness sake! **c)** (per esprimere sorpresa) wow!

mammifero *s* mammal: *La foca è un mammifero.* Seals are mammals.

mancanza *s* **1** (insufficienza) lack: *Ho smesso di fare sport per mancanza di tempo.* I've stopped doing sport for lack of time. | **in mancanza di meglio** for want of anything better: *In mancanza di meglio, mi accontento!* For want of anything better, I'll just have to make do! **2** (assenza) absence: *La tua mancanza si è notata parecchio.* Your absence caused quite a stir. | **sentire la mancanza di qn/qc** to miss sb/sth: *Abbiamo sentito tutti la tua mancanza.* We all missed you. | *Sentivo la mancanza della mia città.* I missed my home town.

mancare *v* **1** (essere insufficiente) non c'è in inglese un verbo corrispondente, ma si usano espressioni diverse a seconda del contesto: *Manca il latte.* There's no milk. | *Mi piacerebbe suonare di più, ma mi manca il tempo.* I'd like to play more, but I don't have enough time. | *Ha tutto quello che gli occorre, non gli manca nulla.* He's got everything he needs. He wants for nothing. **2** (venire meno) to fail: *In quel momento mi è mancato il coraggio.* At that moment my courage failed me. | *È mancata la corrente.* There's been a power failure. | *Gli mancano le forze.* He has no strength left. | **mancare di rispetto a qn** to be disrespectful towards sb: *Ha mancato di rispetto al preside.* He was disrespectful towards the headmaster. **3** **mancare alla lezione/a un appuntamento** to miss a lesson/an appointment | **mancare da scuola** to be off school: *Sono già dieci giorni che Roberto manca da scuola.* Roberto's been off school for ten days. | **mancare da casa** to be away from home **4** **mancare a qn** nel senso di sentire la mancanza si traduce **to miss**, ma diversamente dall'italiano, il soggetto è la persona a cui manca qualcosa o qualcuno: *Mi manca Gemma.* I miss Gemma. | *Le manca soprattutto il clima dell'Italia.* She really misses the Italian weather. **5** (nello spazio, nel tempo) non c'è in inglese un verbo corrispondente, ma si usano espressioni diverse a seconda del contesto: *Ormai manca poco a Natale.* It's not long now till Christmas. | *Mancano solo pochi chilometri e siamo arrivati.* Only a few more kilometres to go and we're there. | *Quanto manca alla fine della partita?* How much time to go until the end of the match? **6** **mancarci poco** *C'è mancato poco che annegassi!* I almost drowned! | **Ci mancava anche questa!** That's all I needed! | **Ci mancherebbe altro!** (per esprimere disappunto) That would be the last straw! **7** **mancare di qc** to lack sth: *Manca totalmente di iniziativa.* He totally lacks initiative. **8** (bersaglio, occasione) to miss: *Ha mancato clamorosamente la porta.* He completely missed the net.

mancia *s* tip: *Hai lasciato la mancia?* Did you leave a tip? | *Gli ho dato 3 euro di mancia.* I gave him 3 euros **as a tip**.

manciata *s* handful: *una manciata di coriandoli* a handful of confetti

manco *avv* not even: *Non ho manco il tempo di mangiare.* I don't even have time to eat. | **manco a farlo apposta** purely by chance: *Manco a farlo apposta passava di là proprio in quel momento!* Purely by chance, he was passing by just at that moment! | **manco per sogno!** no way!: – *Hai accettato? – Manco per sogno!* "Did you say yes?" "No way!"

mandarancio *s* clementine

mandare *v* **1** **mandare qc a qn** to send sb sth: *Le abbiamo mandato un mazzo di fiori.* We sent her a bunch of flowers. | *Ti* *mando un SMS.* I'll text you. **2** (fare andare) to send: *Quest'estate i miei mi mandano in Inghilterra.* This summer my parents are sending me to England. | **mandare qn a fare qc** to send sb to do sth: *Mi hanno mandato a fare i biglietti per il treno.* They sent me to buy the train tickets. | **mandare via** to send away: *Perché mi mandi via?* Why are you sending me away? | *Non riesco a mandare via queste mosche.* I can't **get rid of** these flies. | **mandare giù qc a)** (ingoiare) to swallow sth: *Non sono riuscito a mandar giù neanche un boccone.* I couldn't even swallow a mouthful. **b)** (sopportare) to stomach sth: *Questa è proprio dura da mandare giù!* This is really hard to stomach! | **mandare avanti un progetto/un'attività** to continue with a plan/an activity

mandarino *s* mandarin

mandato *s* **1** (incarico) term of office: *Quando termina il suo mandato presidenziale?* When does his term of office as president end? **2** **mandato di cattura** arrest warrant | **mandato di perquisizione** search warrant

mandibola *s* jaw

mandorla *s* almond

mandorlo *s* almond tree

mandria *s* herd

maneggiare *v* (usare) to handle: *Mentre maneggiava la pistola è partito un colpo.* The pistol went off while he was handling it.

maneggio *s* (in equitazione) riding school

manette *s pl* handcuffs

mangiare *v* **1** (cibo) to eat: *Mangio sempre molta frutta e verdura.* I always eat a lot of fruit and vegetables. | *Non mangiare con le mani!* Don't eat with your hands! | *Stasera mangiamo al ristorante.* Tonight we're eating out. **2** (pranzare) to have lunch: *Mangio sempre verso l'una.* I always have lunch around one o'clock. **3** (cenare) to have dinner: *Ti fermi a mangiare da noi?* Will you stay and have dinner with us? | *Cos'hai mangiato a cena?* What did you have for dinner? **4** **fare da mangiare** to cook: *Domani sera Luisa deve fare da mangiare per dodici persone.* Tomorrow evening Luisa's got to cook for twelve people. | **dare da mangiare a qn** (persona, animale) to feed sb: *Ogni mattina devo dare da mangiare ai pesciolini rossi.* Every morning I've got to feed the goldfish. | *Se piange, prova a dargli da mangiare.* If he cries, try feeding him. **5** (a scacchi, nella dama) to take: *In una sola mossa mi ha mangiato tre pedine.* He's taken three of my pawns in a single move.

mangiata *s* **farsi una gran mangiata di qc** to gorge yourself on sth: *Si è fatto una gran mangiata di ciliege.* He gorged himself on cherries.

mania *s* obsession: *Il telefonino è diventato una vera mania per lui.* Mobile phones have become a real obsession **with him.** | *La tua è proprio una mania!* You really are obsessed! | **avere la mania della puntualità/della pulizia** to be obsessively punctual/clean | **avere la mania del calcio/del computer** to be football-/computer-mad | **avere la mania di fare qc** to have a habit of doing sth: *Ha la mania di conservare le scarpe vecchie.* She has a habit of keeping her old shoes.

maniaco, -a *s* **1** (sessuale) maniac **2** **essere un maniaco dello sci/delle macchine sportive** to be mad about skiing/sports cars | **essere un maniaco degli orari/della pulizia** to be obsessed with schedules/cleanliness

Manica *s* **la Manica** the (English) Channel

manica *s* **1** (di giacca, vestito) sleeve: *Quando l'ho visto era in maniche di camicia.* When I saw him, he was **in his shirt sleeves.** | **senza maniche** (camicetta) sleeveless | **a mezza manica/a maniche corte** short-sleeved **2** **essere un altro paio di maniche** to be a different kettle of fish

manichino *s* dummy (pl dummies)

manico *s* handle: *Prendi il coltello per il manico.* Take the knife **by the handle.**

manicomio *s* **1** (ospedale psichiatrico) mental hospital **2** (gran confusione) madhouse: *Che razza di manicomio è questo? Smettetela di urlare!* It's like a madhouse in here! Stop shouting! | *Che manicomio! Abbassa un po' la radio!* What a madhouse! Turn the radio down a bit!

maniera *sostantivo e sostantivo plurale*

- *s* (modo) way: *Ti sembra questa la maniera di comportarsi?* Is that any way to behave? | *Giorgio vuole sempre fare le cose alla sua maniera.* Giorgio always wants to do things **in his own way.**
- **maniere** *s pl* (comportamento) manners: *Luciana è una persona di buone maniere.* Luciana has good manners.

manifestare *v* **1** (esprimere) to express: *Che tipo sei? Tendi a reprimere o a manifestare i tuoi sentimenti?* What sort of person are you? Do you tend to repress your feelings or to express them? **2** **manifestare contro/per qc** to demonstrate against/for sth: *Manifestano per la pace.* They're demonstrating for peace.

manifestarsi *v rifl* **1** (malattia, fenomeno) to appear: *La malattia va curata quando si manifestano i primi sintomi.* The illness must be treated when the first symptoms

M

appear. **2** (carattere, debolezza) to be revealed: *È nei momenti difficili che si manifesta il carattere di una persona.* It's when times are difficult that a person's character is revealed.

manifestazione *s* **1** (per protestare) demonstration: *In centro c'è una manifestazione degli studenti.* There's a student demonstration in the city centre. **2** (avvenimento) event: *una manifestazione sportiva* a sporting event **3 una manifestazione di affetto/di coraggio** a display of affection/of courage

manifesto *s* **1** (cartellone) poster: *Su questo muro non si possono attaccare manifesti pubblicitari.* Advertising posters cannot be affixed to this wall. **2** (di ideologia) manifesto

maniglia *s* handle

mano *s* **1** (parte del corpo) hand: *Vai subito a lavarti le mani.* Go and wash your hands at once. | *Scrivo con la mano sinistra.* I write with my left hand. **2** (di vernice) coat **3 fatto a mano** handmade | **dipinto/lavorato a mano** handpainted/handcrafted | **lavare/consegnare a mano** to wash/deliver by hand **4 mano nella mano** hand in hand | **tenersi per mano** to hold hands | **prendere per mano qn** to take sb by the hand: *Andrea non vuole mai che lo prenda per mano.* Andrea never wants to be taken by the hand. | **dare la mano a qn** (per salutare, congratularsi) to shake sb's hand: *Mi ha dato la mano.* He shook my hand. **5 di seconda mano** (veicolo, vestito) second-hand: *Ho comprato un motorino di seconda mano.* I bought a second-hand moped. **6 dare una mano a qn** to give sb a hand: *Mi ha dato una mano con i compiti di matematica.* He gave me a hand with my maths homework. | *Per favore, dammi una mano a sollevare questo tavolo.* Could you give me a hand lifting this table please? | **stare con le mani in mano** to twiddle your thumbs: *Non stare lì con le mani in mano! Aiutami a portare dentro questi pacchi.* Don't just stand there twiddling your thumbs – help me carry these packages inside! **7 a mano a mano/man mano** gradually: *Man mano la faccenda si faceva più interessante.* Gradually, the whole business got more interesting. | **a mano a mano/man mano che** as: *Man mano che procedevamo, la nebbia diventava sempre più fitta.* As we went along, the fog became thicker and thicker. | **fuori mano** out of the way: *Abito un po' fuori mano.* I live a bit out of the way. ▶ vedi anche **bagaglio**, **freno**, **portata**

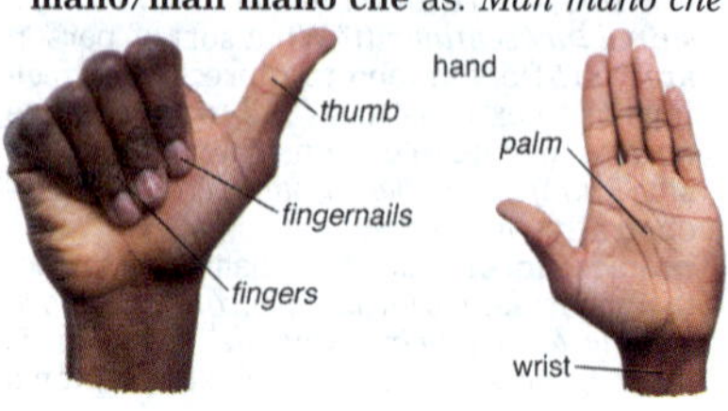

manodopera *s* (lavoratori) labour (BrE), labor (AmE)

manopola *s* (di radio, gas) knob

manoscritto *s* manuscript

manovale *s* labourer (BrE), laborer (AmE)

manovella *s* crank

manovra *s* nonostante il sostantivo **manoeuvre** esista in inglese, non si usa in modo diffuso; espressioni come *fare una manovra di retromarcia*, *di sorpasso*, *di attracco*, *di decollo* ecc. si traducono con il verbo corrispondente: to **reverse**, **overtake**, **dock**, **take off** etc: *Stiamo per iniziare la manovra di atterragio.* We are about to land.

manovrare *v* (veicolo) to manoeuvre (BrE), to maneuver (AmE)

mansarda *s* attic

mantello *s* **1** (indumento) cloak **2** (di animale) coat

mantenere *v* **1** (conservare) to keep: *L'esercizio fisico lo mantiene giovane.* Exercise keeps him young. | *Durante la corsa è importante mantenere un ritmo costante.* It's important to maintain a steady rhythm during the race. **2 mantenere una promessa/un segreto** to keep a promise/a secret: *Sai mantenere un segreto?* Can you keep a secret? **3** (finanziariamente) to support: *È mia madre che mantiene la famiglia.* It's my mother who supports the family.

mantenersi *v rifl* **1** (cibo) to keep: *Il latte non si mantiene molte ore fuori dal frigo.* Milk won't keep for long outside the fridge. | **mantenersi bello/brutto** (tempo) to stay fine/wet: *Se il tempo si mantiene bello, domenica andiamo al mare.* If the weather stays fine, we'll go to the seaside on Sunday. | **mantenersi in forma** to keep fit: *Che cosa fai per mantenerti in forma?* What do you do to keep fit? **2** (finanziariamente) to support yourself: *Laura si mantiene da sola.* Laura supports herself without help from anyone.

Mantova *s* Mantua

manuale *aggettivo* e *sostantivo*

- *agg* (lavoro, comando) manual
- *s* **1** (di istruzioni) manual **2** (libro di testo) textbook

manubrio *s* (di bicicletta, moto) handlebars [sempre plurale]

manutenzione *s* maintenance

manzo *s* (carne) beef: *un arrosto di manzo* roast beef

mappa *s* map: *la mappa del sito* the site map

Quando si usa *in*, *on* e *at*? Vedi alla voce in.

mappamondo *s* **1** (globo) globe **2** (carta geografica) map of the world

maratona *s* marathon

marca *s* **1** (di elettrodomestico, auto) make: *Di che marca è il tuo televisore?* What make is your TV? **2** (di vestiti, cosmetici) brand: *Che marca di dentifricio ti ha consigliato il dentista?* What brand of toothpaste did your dentist recommend to you? | **di marca** (scarpe, vestiti) brand-name: *In questo negozio vendono prodotti di marca.* In this shop they sell brand-name products.
marca da bollo official stamp

marcare *v* **1** (fare un segno) to mark **2** (accentuare) to highlight: *Marcate le linee orizzontali con un pennarello di colore diverso.* Highlight the horizontal lines with a felt-tip pen in a different colour. **3** (nello sport) to mark: *L'ha marcato così bene che gli ha impedito di segnare.* He marked him so well that he stopped him from scoring.

Marche *s pl* **le Marche** the Marches

marchese, -a *s* **marchese** marquis (pl marquises) | **marchesa** marquise

marchio *s* (etichetta) label | **marchio di fabbrica** trademark | **marchio registrato** registered trademark

marcia *s* **1** (manifestazione) march (pl marches): *Migliaia di persone hanno partecipato alla marcia per la pace.* Thousands of people took part in the peace march. **2** (camminata) walk: *Abbiamo raggiunto il rifugio dopo una marcia di tre ore.* We reached the hut after a three-hour walk. **3** (di auto) gear: *un cambio a cinque marce* a five-gear transmission | **cambiare marcia** to change gear | **fare marcia indietro a)** (in auto) to reverse **b)** (rinunciare) to back out: *Lo sapevo! Alla prima difficoltà ha fatto marcia indietro.* I knew it! He backed out at the first hurdle. **4 una marcia nuziale/funebre** a wedding/funeral march

marciapiede *s* pavement (BrE), sidewalk (AmE)

marciare *v* to march

marcio, -a *aggettivo e sostantivo*
- *agg* (uova, frutto) rotten
- **marcio** *s* **il marcio** the bad bits: *Prima di mangiare queste pere, dobbiamo togliere via tutto il marcio.* We've got to remove the bad bits before we can eat these pears. | **sapere di marcio** to taste rotten: *La mela sa di marcio.* The apple tastes rotten.

marcire *v* **1** (frutta) to go bad: *Ho lasciato le susine fuori dal frigo e sono marcite tutte.* I left the plums out of the fridge and they all went bad. **2** (legno) to rot: *L'umidità ha fatto marcire il legno.* The damp has caused the wood to rot.

mare *s* **1** (massa d'acqua) sea: *C'è il mare mosso.* The sea is rough. **2** (luogo di villeggiatura) seaside: *Quest'estate andiamo al mare.* This summer we're going to the seaside. | *Luca ha una casa al mare.* Luca's got a house at the seaside. **3 un mare di** loads of: *Ci sarà un mare d'invitati alla festa.* There'll be loads of guests at the party. | **essere in alto mare** (con attività) to be up to your eyes: *– Hai finito di studiare per domani? – No, sono ancora in alto mare.* "Have you finished studying for tomorrow?" "No, I'm still up to my eyes."

marea *s* **1** (movimento) tide | **alta/bassa marea** high/low tide: *C'è alta marea.* It's high tide. **2 una marea di a)** (fango, lava) a sea of: *Pompei è stata seppellita da una marea di lava.* Pompeii was buried under a sea of lava. **b)** (gente, cose) loads of: *Allo stadio c'era una marea di gente.* There were loads of people at the stadium. | *Oggi ho una marea di cose da fare.* I've got loads of things to do today.

margarina *s* margarine

margherita *s* daisy (pl daisies)

margine *s* **1** (spazio bianco) margin | **a margine** in the margin **2** (bordo) edge: *Ci siamo fermati al margine della strada.* We stopped at the edge of the road. **3** (quantità, spazio) margin: *Ha vinto lui, ma con un piccolissimo margine.* He won, but only **by the slightest margin**. | **avere un margine di tempo** to have some time to spare

marina *s* (militare) navy: *Luca è in marina.* Luca is **in the navy**. | *un ufficiale di marina* a naval officer

marinaio *s* sailor

marinare *v* **marinare la scuola** to play truant

marino, -a *agg* **1** (fauna, flora) si usa il sostantivo **sea** in funzione di aggettivo: *I ricercatori si sono immersi per esplorare il fondo marino.* The researchers dived down to explore the sea bed. **2** (biologia, animale) marine ► vedi anche **stella**

marionetta *s* puppet

marito *s* husband

marmellata *s* **1** (confettura) jam: *marmellata di mirtilli* blueberry jam **2** (di agrumi) marmalade

marmitta *s* (di autoveicolo) silencer | **marmitta catalitica** catalytic converter

marmo *s* marble: *una scultura di marmo* a marble sculpture

marocchino, -a *agg e s* Moroccan

Marocco *s* **il Marocco** Morocco

marrone *agg e s* brown ► vedi Active Box **colori** soto **colore**

Marsiglia *s* Marseilles

M

Vuoi imparare i vocaboli per tema? Consulta il **dizionario illustrato**.

marsupio *s* **1** (di canguro) pouch (pl pouches) **2** (borsa) bumbag (BrE), fanny pack (AmE) **3** (per bambini) sling

Marte *s* (pianeta) Mars

martedì *s* Tuesday | **martedì grasso** Shrove Tuesday ▶ vedi Active Box **giorni della settimana** sotto **giorno**

martello *s* **1** (attrezzo) hammer | **martello pneumatico** pneumatic drill **2** (nello sport) hammer

marziano, -a *s* Martian

marzo *s* March ▶ vedi Active Box **mesi**

mascara *s* mascara

mascella *s* jaw

maschera *s* **1** (che nasconde il viso) mask | **maschera antigas** gas mask **2** (costume) fancy dress [sempre singolare] | **in maschera** (festa, ballo) fancy dress: *Alla festa non tutti erano in maschera.* Not everyone at the party was wearing fancy dress. **3** (di bellezza) face pack

maschile *aggettivo* e *sostantivo*

• *agg* **1** (sesso, protagonista) male: *Al telefono ha risposto una voce maschile.* A male voice answered the phone. **2** (abbigliamento, gara) men's: *Domani si giocherà il doppio maschile.* Tomorrow is the men's doubles.

• *s* masculine

M

maschio *aggettivo* e *sostantivo*

• *agg* **1** (riferito a animale) male: *Sono nati tre gatti maschi: ne vuoi uno?* Three male kittens were born – do you want one of them? **2** (riferito a persona) invece dell'aggettivo, si usano i sostantivi **son** o **boy**: *La mia vicina di casa ha tre figli maschi.* My next-door neighbour has three boys.

• *s* **1** (bambino, ragazzo) boy: *Se sarà un maschio, lo chiameremo Alessandro.* If it's a boy, we'll call him Alessandro. | *Nella mia classe siamo dodici maschi e nove femmine.* There are twelve boys and nine girls in my class. **2** (uomo) male **3** (animale) male: *il maschio della tigre* the male tiger

massa *s* **1** (di neve, nubi) mass (pl masses) **2 una massa di** a load of: *In quell'ufficio sono proprio una massa deficienti di.* They are a real load of morons in that office. | **di massa** mass: *mezzi di comunicazione di massa* mass media | **in massa** en masse: *Siamo accorsi in massa alla manifestazione.* We flocked en masse to the demonstration.

massacro *s* massacre

massaggio *s* massage | **fare un massaggio a qn** to give sb a massage: *Mi faresti un massaggio?* Would you give me a massage? | *Mi fai un massaggio alla spalla?* Can you massage my shoulder?

massiccio, -a *aggettivo* e *sostantivo*

• *agg* **1** (oro, legno) solid | **di oro massiccio** solid-gold: *un orologio di oro massiccio* a solid-gold watch **2** (spalle, corporatura) solid **3** (molto intenso, forte) massive: *L'uscita del suo ultimo film è stata preceduta da una massiccia campagna pubblicitaria.* The launch of his last film was preceded by a massive publicity campaign.

• **massiccio** *s* (gruppo montuoso) massif

massimo, -a *aggettivo* e *sostantivo*

• *agg* **1** (velocità, temperatura) maximum: *Qual è la velocità massima di questa moto?* What's the maximum speed this motorbike can do? | *Devi studiare con il massimo impegno per l'esame.* You have to put the maximum effort into studying for the exam. | *Qual è la capienza massima del cinema?* What is the maximum capacity of the cinema? **2** (rispetto, attenzione) greatest: *È un compito che richiede la massima attenzione.* It's a task which requires the greatest attention. | *Mi ha sempre trattato con il massimo rispetto.* He has always treated me with the greatest respect. | *È una questione della massima importanza.* It's an issue of the utmost importance. | *Laura impara le lingue con la massima facilità.* Laura finds it very easy to learn languages. **3** (votazione) highest: *Nel test di matematica Marco ha ottenuto la massima votazione.* Marco got the highest mark in the maths test.

• **massimo** *s* **1** (il grado, livello più elevato) non c'è in inglese un sostantivo corrispondente, ma si usano espressioni diverse a seconda del contesto: *È il massimo che ho potuto ottenere.* It's the most I was able to get. | *Alla fine della carriera ha raggiunto il massimo dello stipendio.* At the end of his career, his salary was at its highest point. | *Il servizio in questo ristorante non è il massimo.* The service in this restaurant isn't the greatest. | **il massimo dei voti** full marks **2 al massimo a)** (tutt'al più) at most: *Avrà al massimo vent'anni.* He must be twenty years old at most. | *Posso spendere al massimo 500 euro.* I can spend 500 euros at most. **b)** (al più tardi) at the latest: *Resterò al massimo fino a venerdì.* I'll stay until Friday at the latest. ▶ vedi **peso**

masso *s* boulder

masticare *v* **1** (cibo) to chew **2** (parlare) to have a smattering of: *Mastico un po' di tedesco.* I have a smattering of German. ▶ vedi anche **gomma**

masturbarsi *v rifl* to masturbate

matematica *s* maths (BrE), math (AmE), mathematics [sempre singolare, formale]: *Non sono molto bravo in matematica.* I'm not very good at maths.

matematico, -a *aggettivo* e *sostantivo*

• *agg* (formula, mente) mathematical

• *s* mathematician

materassino *s* (gonfiabile) airbed

materasso *s* mattress (pl mattresses)

materia *s* **1** (sostanza) matter: *materia organica* organic matter **2** (materiale) material | **materie prime** raw materials **3** (argomento) subject: *Mi dispiace, non sono molto competente in materia.* I'm sorry, but it's not a subject I know much about. | *Carlo sa tutto in materia di computer.* Carlo knows everything **about** computers. **4** (d'insegnamento) subject: *La materia in cui riesco meglio è l'inglese.* The subject I'm best at is English. | *La matematica è una materia obbligatoria.* Maths is a compulsory subject.

materiale *aggettivo e sostantivo*

• *agg* **1** (necessità, aiuto) material **2** (effettivo) invece dell'aggettivo si usa di solito una costruzione con l'avverbio **actually**: *Non ho avuto il tempo materiale per rileggere.* I haven't actually had the time to reread it. | *Chi è stato l'esecutore materiale del delitto?* Who actually committed the crime?

• *s* **1** (sostanza) material **2** (attrezzatura) material ▶ Se ci si riferisce a un insieme di oggetti o di strumenti, si usa **materials**: *materiale didattico* teaching material | *Ho dovuto ricomprare tutto il materiale da disegno.* I had to buy all the art materials again. **3** (documentazione) material: *Questo materiale sarà utile per la mia prossima ricerca.* This material will be useful for my next research project.

maternità *s* (condizione) motherhood | **essere in maternità** to be on maternity leave

materno, -a *agg* **1** (istinto, amore) maternal **2** (nonno, zio) maternal: *i miei nonni materni* my maternal grandparents ▶ vedi anche **scuola**

matita *s* pencil: *una scatola di matite colorate* a box of coloured pencils | **a matita** in pencil: *Scrivilo a matita.* Write it in pencil.

matricola *s* **1** (registro) registration number **2** (studente universitario) first-year student (BrE), freshman (pl freshmen) (AmE) **3** (atleta) rookie **4** (squadra) newly promoted team

matrigna *s* stepmother

matrimonio *s* **1** (unione) marriage: *Paolo e Anna hanno festeggiato 25 anni di matrimonio.* Paolo and Anna celebrated 25 years of marriage. | *una proposta di matrimonio* a marriage proposal **2** (cerimonia) wedding: *Domani è il loro primo anniversario di matrimonio.* Tomorrow is their first wedding anniversary. | *Sono stato invitato a un matrimonio.* I've been invited to a wedding.

mattina *s* morning: *Mi alzo sempre presto la mattina.* I always get up early **in the morning**. | *domani mattina* tomorrow morning | **alle sei/alle sette di mattina** at six/seven in the morning | **tutte le mattine/ogni mattina** every morning | **di mattina** in the morning | **dalla mattina al sera** from morning to night

mattinata *s* morning: *Domani ho una mattinata piena di impegni.* Tomorrow I've got a very busy morning. | *Partiremo in mattinata.* We'll leave **during the morning**.

mattino *s* morning: *Il mattino seguente non ho sentito la sveglia.* The next morning I didn't hear the alarm go off. | **al mattino in the morning** | **alle cinque/alle sei del mattino** at five/six in the morning | **di buon mattino** early in the morning

matto, -a *aggettivo e sostantivo*

• *agg* **1** (pazzo, folle) mad: *Che ti salta in mente? Sei matto?* What's got into you? Are you mad? | *Non sono mica matta!* Do you think I'm mad? | **fare diventare matto qn** to drive sb mad: *Questo rumore mi sta facendo diventare matta!* This noise is driving me mad! **2 andare matto per qc/qn** to be mad about sth/sb: *Va matta per i videogiochi.* She's mad about video games. | **da matti** like mad: *Abbiamo riso da matti.* We laughed like mad. | *Questa T-shirt mi piace da matti.* I just love this T-shirt.

• *s* lunatic: *Quando la smetterai di fare il matto?* When will you stop behaving like a lunatic? ▶ vedi anche **scacco**

mattone *s* **1** (da costruzione) brick: *un muro di mattoni* a brick wall **2** (persona o cosa noiosa) non c'è in inglese un sostantivo corrispondente, ma si usano espressioni diverse a seconda del contesto: *Tre ore di lettere il lunedì mattina sono un mattone.* Three hours of literature on Monday morning is really heavy going. | *Non porterai di nuovo quel mattone del tuo amico?* You're not bringing that boring friend of yours back again, are you?

mattonella *s* tile

maturare *v* **1** (frutto) to ripen **2** (persona) to mature: *Gigi è maturato tantissimo dall'anno scorso.* Gigi has matured so much since last year.

maturità *s* **1** (di persona) maturity **2** (a scuola) l'esame di maturità è proprio del sistema scolastico italiano. Per spiegare cos'è puoi dire **school leaving exams**.

maturo, -a *agg* **1** (frutto) ripe: *Le pere non sono ancora mature.* The pears aren't ripe yet. **2** (persona) mature: *Andrea è un ragazzo molto maturo per la sua età.* Andrea is very mature for his age.

M

mazza *s* **1** (da golf) club **2** (da cricket, baseball) bat **3** (da hockey) stick

mazzo *s* **1** (di fiori, asparagi) bunch (pl bunches): *un mazzo di chiavi* a bunch of keys **2** (di carte) pack: *un mazzo di carte da poker* a pack of poker cards

me *pron* me: *Vuoi venire con me?* Do you want to come with me? | *C'è posta per me?* Is there any mail for me? | **per me** (secondo me) in my opinion: *Per me, hai perfettamente ragione.* In my opinion, you're absolutely right. ► vedi anche **mi**

meccanica *s* **1** (scienza) mechanics [sempre singolare] **2** (meccanismo) mechanism: *La meccanica di questo motore è estremamente sofisticata.* This engine has an extremely sophisticated mechanism.

meccanico, -a *aggettivo e sostantivo*
- *agg* **1** (guasto, pezzo) mechanical: *un ingegnere meccanico* a mechanical engineer **2** (gesto) mechanical, (lavoro) repetitive: *È un lavoro meccanico e noioso.* It's boring, repetitive work. | *È un lavoro che ormai faccio in modo meccanico.* I do the job automatically now.
- *s* (per auto, moto) mechanic | **dal meccanico** at the garage: *La moto è ancora dal meccanico.* The motorbike is still at the garage.

M

meccanismo *s* mechanism

medaglia *s* **1** (premio) medal: *una medaglia d'argento* a silver medal **2** (vincitore) medallist: *È medaglia d'oro nella scherma.* He's a gold medallist in fencing.

media *sostantivo e sostantivo plurale*
- *s* **1** (norma) average: *Il treno viaggiava a una media di 120 km all'ora.* The train was travelling at an average of 120 km an hour. | *I risultati del test sono nella media.* The test results are **within the average range**. | *temperature sopra la media* above-average temperatures | **superiore/inferiore alla media** above/below average | **in media** on average: *In media studio due ore al giorno.* On average I study two hours a day. **2** (in matematica) average **3** (dei voti) average mark: *Ho la media dell'8.* I've got an average mark of 8. **4 la prima/seconda/terza media** (scuola) the first/second/third year of middle school: *Faccio la terza media.* I'm in the third year of middle school. **5** (taglia) medium: *Porto la media.* I'm a medium. **6** (birra) in Gran Bretagna di solito si ordina **a pint** (circa mezzo litro) oppure **half a pint** (circa un quarto di litro)
- **medie** *s pl* un equivalente inglese abbastanza vicino è **middle school**: *Dove hai fatto le medie?* Where did you go to middle school?

mediante *prep* through: *Ho scoperto questo locale mediante un amico.* I found this place through a friend.

medicare *v* **1** (ferita) to dress, (ginocchio, occhio) to put a dressing on: *Mi sono fatto medicare la ferita.* I had the wound dressed. **2** (persona) to treat: *È andato in ospedale a farsi medicare.* He went to the hospital to be treated.

medicina *s* **1** (medicinale) medicine: *Ho preso una medicina per la gola.* I took some medicine for my throat. | *medicina contro la tosse* cough medicine **2** (scienza) medicine

medicinale *aggettivo e sostantivo*
- *agg* (erba, pianta) medicinal
- *s* medicine

medico, -a *aggettivo e sostantivo*
- *agg* medical: *Per giustificare l'assenza da scuola ho dovuto portare un certificato medico.* I had to bring in a medical certificate to account for my absence from school. | *una visita medica* a medical examination
- **medico** *s* doctor: *Suo figlio fa il medico.* His son **is a** doctor. | *Dovresti andare dal medico.* You should go **to the doctor's**.

medievale *agg* medieval

medio *aggettivo e sostantivo*
- *agg* **1** (grandezza) medium: *un ragazzo di corporatura media* a boy of medium build | *Il libro non è adatto ai principianti perché è di difficoltà media.* The book isn't suitable for beginners because it's at an intermediate level. **2** (velocità, età) average: *L'età media dei partecipanti alla gara era molto bassa.* The average age of the competitors was very low. | *Abbiamo viaggiato a una velocità media di 80 km all'ora.* We travelled at an average speed of 80 km an hour.
- *s* (dito) middle finger ► vedi anche **scuola**

mediocre *agg* **1** (persona, studente) mediocre **2** (risultato, livello) mediocre: *I suoi voti sono sempre stati mediocri.* His grades have always been mediocre.

Medioevo *s* **il Medioevo** the Middle Ages [sempre plurale]

meditare *v* **1** (riflettere) to mull over: *Stavo meditando un modo per risolvere il problema.* I was mulling over a way to resolve the problem. | **meditare (su qc)** to reflect (on sth): *È una questione su cui tutti dovrebbero fermarsi a meditare.* It's an issue that everyone should take time to reflect on. | *Hai meditato su quello che ti ho detto?* Have you given thought to what I said to you? **2** (fare meditazione) to meditate

Mediterraneo *s* **il (mar) Mediterraneo** the Mediterranean

mediterraneo, -a *agg* Mediterranean

medusa *s* jellyfish [singolare e plurale]

megafono *s* megaphone

meglio *avverbio, aggettivo e sostantivo*
- *avv* **1** (comparativo) better: *Sto molto meglio.* I feel much better. | *Con questi occhiali ci vedo meglio.* I can see better with these glasses. | *Avresti fatto meglio a stare zitto.* You'd have been better off keeping quiet. **2** (superlativo) best: *La materia in cui riesco meglio è la geografia.* The subject I'm best at is geography. | *la giacca che mi sta meglio* the jacket that suits me best | *Ho fatto meglio che ho potuto.* I did the best I could.
- *agg* better: *È meglio non dirgli niente.* It would be better not to tell him anything. | *Sarà meglio sbrigarsi.* We'd better hurry up. | *Non c'è niente di meglio che un bel bicchiere d'acqua fresca.* There's nothing better than a nice glass of cold water. | **alla bell'e meglio** as best I/you etc can: *Per stanotte ci arrangeremo alla bell'e meglio.* We'll manage as best we can for tonight. | *Ho riparato lo strappo nei pantaloni alla bell'e meglio.* I repaired the tear in the trousers as best I could.
- *s* (la cosa migliore) best: *È il meglio che posso fare.* It's the best I can do. | *Il meglio deve ancora arrivare.* The best is yet to come. | **fare del proprio meglio** to do your best: *Farò del mio meglio.* I'll do my best.

mela *s* apple: *torta di mele* apple pie

melanzana *s* aubergine (BrE), eggplant (AmE)

melo *s* apple tree

melodia *s* tune

melone *s* melon: *una fetta di melone* a slice of melon

membro *s* member: *L'ingresso è riservato ai membri del club.* Entrance is restricted to club members. | *un membro della famiglia* a member of the family

memoria *s* **1** (capacità di ricordare) memory: *Hai una buona memoria.* You've got a good memory. | *Non mi ricordo, ho un vuoto di memoria.* I don't remember – my mind's a blank. | *Non ho memoria per i nomi.* I don't have a good memory for names. | **a memoria** by heart: *Conosco tutti i numeri di telefono dei miei amici a memoria.* I know all my friends' telephone numbers by heart. | *Ho imparato la poesia a memoria.* I learned the poem by heart. **2** (in informatica) memory **3** **in memoria di** in memory of: *Il liceo è stato chiamato così in memoria del suo fondatore.* The school was given this name in memory of its founder.

memorizzare *v* **1** (imparare a memoria) to memorize: *Il mio numero di telefonino è facile da memorizzare.* My mobile number is easy to memorize. **2** (in informatica) to store: *I dati devono ancora essere memorizzati nel computer.* The data must still be stored in the computer.

menare *v* **1** (picchiare) to beat up: *Luca è stato menato dai compagni all'uscita della scuola.* Luca was beaten up by his classmates after school. **2** **menare il can per l'aia** to beat about the bush

mendicante *s* beggar

meno *avverbio, aggettivo, preposizione e sostantivo*
- *avv e agg* ▶ vedi riquadro
- *prep* except: *C'erano tutti meno te.* Everyone was there except you. | *Gianni fa di tutto meno che studiare.* Gianni does everything except study.
- *s* **1** **il meno** the least: *Questo è il meno che tu possa fare.* That's the least you can do. **2** (segno) minus

menopausa *s* menopause

mensa *s* **1** (a scuola) canteen: *Claudio non mangia mai alla mensa.* Claudio never eats **in the canteen**. **2** (in azienda) canteen **3** (in caserma) mess

mensile *aggettivo e sostantivo*
- *agg* (rata, abbonamento) monthly
- *s* (rivista) monthly (pl monthlies)

mensola *s* (per libri) shelf (pl shelves): *Ho sistemato i libri sulla mensola.* I've arranged the books on the shelf. | **mensola del camino** mantelpiece

menta *s* mint | **alla menta** mint: *Ti piace il tè alla menta?* Do you like mint tea? | *una caramella alla menta* a mint

mentale *agg* mental

mentalità *s* mentality | **avere una mentalità aperta/ristretta** to be open-/narrow-minded: *Laura ha una mentalità molto aperta.* Laura is very open-minded.

mente *s* mind: *Il ricordo era ancora molto vivo nella sua mente.* The memory was still very vivid in his mind. | *Avete in mente qualcosa per stasera?* Do you have something in mind for this evening? | **venire in mente a qn** to spring to mind: *Ho detto la prima cosa che mi è venuta in mente.* I said the first thing that sprang to mind. | *Ti viene in mente qualcosa?* Does anything spring to mind? | **passare di mente a qn** to slip sb's mind | **saltare in mente a qn** *Chissà perché gli è saltato in mente di telefonarmi!* Who knows why he took it into his head to phone me? | *Ma che cosa ti è saltato in mente?* What's got into you? | **fare mente locale** to think: *Fammi fare mente locale un attimo.* Let me think for a minute. ▶ vedi anche **malato**

mentire *v* to lie: *Hai mentito, confessa!* Admit it – you lied! | *Mi sono accorta subito che stava mentendo.* I realized immediately that he was lying.

mento *s* chin | **doppio mento** double chin

M

Vuoi una lista di frasi utili per parlare di te stesso? Consulta la **guida alla comunicazione** in fondo al libro.

meno

AVVERBIO

1 COMPARATIVO = LESS

Ho molta meno esperienza di te. I've got far less experience than you. | *Non troverai niente a meno di 100 euro.* You won't find anything for less than 100 euros.

Con gli aggettivi si usa spesso **not as:**

Oggi fa meno freddo. It's not as cold today. | *Clara è meno alta di Giulia.* Clara is not as tall as Giulia.

2 SUPERLATIVO = LEAST

L'ho comprato perché era il meno caro. I bought it because it was the least expensive.

3 CON I NUMERI = MINUS

Sette meno tre fa quattro. Seven minus three is four. | *Ho preso sette meno in matematica.* I got a B minus in maths. | *Sono le quattro meno un quarto.* It's a quarter to four. | *alle dodici meno cinque* at five to twelve

4 COME NEGAZIONE = NOT

Non so se andarci o meno. I don't know whether to go or not.

5 ESPRESSIONI

in meno: *Mi ha dato di resto 50 centesimi in meno.* My change was short by 50 cents. | *C'erano 3 persone in meno del previsto.* There were 3 people fewer than expected. | **sempre meno** less and less: *Ci vediamo sempre meno.* We see each other less and less. | **il meno possibile** as little as possible: *Esco il meno possibile.* I go out as little as possible. | **a meno che** unless: *Andrò al mare a meno che non piova.* I'll go to the seaside unless it rains. | **meno male (che)** just as well: *Meno male che non ci sono andata!* Just as well I didn't go! | **per lo meno** at least: *Avresti potuto per lo meno dirmelo!* You could've at least told me! | **fare a meno di qn/qc** to do without sb/sth

AGGETTIVO

1 COMPARATIVO

Con sostantivi singolari si usa **less** e con sostantivi plurali si usa **fewer**:

Ho impiegato meno tempo. It took me less time. | *C'erano molte meno persone di ieri.* There were far fewer people than yesterday.

2 SUPERLATIVO

Con sostantivi singolari si usa **least** e con sostantivi plurali si usa **fewest**:

Marta è quella con meno esperienza. Marta is the one with the least experience. | *Sono quello che ha fatto meno errori.* I'm the one who made the fewest mistakes.

mentre *cong* **1** (intanto che) as: *Mentre uscivo di casa è squillato il telefono.* As I was leaving the house, the phone rang. | *Piero è tornato proprio mentre stavo per andarmene.* Piero came back just as I was about to leave. **2** (invece) while, whereas: *A lui piacciono i film d'avventura mentre io preferisco i gialli.* He likes adventure films, while I prefer thrillers. | *Ti lamenti sempre mentre dovresti essere contenta.* You're always complaining, whereas you ought to be happy. **3** (finché) while: *Fallo mentre sei ancora in tempo.* Do it while you've still got time. | *Mentre sei fuori, puoi comprare del pane?* Could you buy some bread while you're out.

menu *s* menu: *Che cosa c'è sul menu?* What's on the menu? | **menu fisso** set menu | **menu turistico** tourist menu

menzionare *v* to mention

meraviglia *s* **1** (cosa bellissima) wonder: *le sette meraviglie del mondo* the seven wonders of the world | **una meraviglia di macchina/casa** a wonderful car/house **2** (sorpresa) amazement: *Quando mi ha visto, non ha nascosto la sua meraviglia.* She made no secret of her amazement when she saw me. | *con mia grande meraviglia* to my amazement **3 a meraviglia** perfectly: *Tutto è andato a meraviglia.* Everything went perfectly. | *Questa giacca ti sta a meraviglia.* This jacket suits you perfectly.

meravigliare *v* to amaze: *Le sue parole hanno meravigliato tutti.* His words amazed everyone. | *Mi meraviglia che non sia venuto.* **I'm amazed that** he hasn't come.

meravigliarsi *v rifl* to be amazed: *Mi sono meravigliata vedendola tornare così presto.* I was amazed to see her come back quite so early. | **meravigliarsi di qc/qn** to be surprised at sth/sb: *Mi meraviglio di voi!* I'm surprised at you! | *Ci siamo meravigliati molto del prezzo.* We were very surprised at the price.

meraviglioso, -a *agg* marvellous: *Hai avuto un'idea meravigliosa.* That's a marvellous idea.

mercato *s* **1** (del pesce, della frutta) market: *Ho fatto la spesa al mercato.* I did my shopping at the market. | **mercato delle pulci** flea market | **mercato nero** black market **2 a buon mercato a)** (merce) inexpensive: *scarpe a buon mercato* inexpensive shoes **b)** (comprare, vendere) cheaply: *In questo centro commerciale si compra a buon mercato.* You can buy things cheaply at this shopping centre.

merce *s* goods [sempre plurale]: *La merce è stata spedita.* The goods have been dispatched.

merceria *s* (negozio) haberdasher's (BrE), notions store (AmE)

mercoledì *s* Wednesday | **mercoledì delle Ceneri** Ash Wednesday ▶ vedi Active Box **giorni della settimana** sotto **giorno**

Mercurio *s* (pianeta) Mercury

mercurio *s* mercury

merda *s* **1** shit [volgare]: *Merda, ho rovesciato il bicchiere!* Shit, I've knocked over the glass! **2 di merda** (film, giornata) awful, lousy [informale]: *Quando me l'ha detto, ci sono rimasta di merda.* When he told me, I felt awful. | *Che figura di merda!* What an idiot!

merenda *s* snack: *Che cosa c'è per merenda?* What can I have **for a snack**? | **fare merenda** to have a snack

meridiano *s* meridian

meridionale *aggettivo e sostantivo*

• *agg* southern: *l'Italia meridionale* southern Italy

• *s* **1** (in Italia) southern Italian **2** (abitante del sud) southerner

meridione *s* **1** (sud di un paese) south **2 il Meridione** southern Italy

meringa *s* meringue

meritare *v* **1** (punizione, ricompensa) to deserve: *Questo compito non merita neanche la sufficienza.* This test paper doesn't even deserve a pass mark. | **te lo sei meritato a)** (cosa positiva) you deserved it! **b)** (cosa negativa) it serves you right! **2** (valere la pena) to be worth it: *Vai a vedere quel film: merita davvero.* Go see that film – it's really worth it. | *Non farci caso, non merita.* Don't take any notice, it's not worth it.

merito *s* **1** (pregio, dote) merit: *Ha il merito di dire sempre quello che pensa.* She has the merit of always saying what she thinks. | *Nessuno intende negare i tuoi meriti.* No-one is denying your abilities. **2** (onore) credit: *Se ci riesci, il merito è tutto tuo.* If you succeed, the credit is all yours. | **prendersi il merito (di qc)** to take the credit (for sth): *Io ho fatto il lavoro, ma lui si è preso tutto il merito.* I did the work, but he took all the credit. **3 per merito di** thanks to: *Se il progetto è riuscito è per merito di tutti.* It's thanks to everyone that the project was a success. **4 essere a pari merito** to be level: *Alla fine del primo turno le squadre erano a pari merito.* At the end of the first round, the teams were level. | **arrivare primi/secondi a pari merito** to finish joint first/second: *Siamo arrivati terzi a pari merito.* We finished joint third. | **finire a pari merito** to end in a draw: *La partita è finita a pari merito.* The match ended in a draw. **5 in merito a** as regards: *Che cosa è stato deciso in merito a quella questione?* What's been decided as regards that issue?

merlo *s* (uccello) blackbird

merluzzo *s* cod

meschino, -a *agg* petty

mescolare *v* **1** (ingredienti, colori) to mix **2** (sugo, minestra) to stir: *Bisogna mescolare sempre, altrimenti la polenta attacca.* You've got to keep stirring, otherwise the polenta will stick. **3** (insalata) to toss: *Hai già mescolato l'insalata?* Have you tossed the salad? **4** (carte) to shuffle: *Mescola bene le carte prima di distribuirle.* Shuffle the cards well before you deal.

mescolarsi *v rifl* **1** (unirsi) to blend **2** (confondersi) to mingle: *Il ladro è scappato mescolandosi tra la gente.* The thief got away by **mingling with** the crowd. **3** (finire in disordine) to get mixed up: *Le chiavi si sono mescolate nel cassetto.* The keys got mixed up in the drawer.

mese *s* month: *nel mese di dicembre* in the month of December | *a fine mese* at the end of the month | *Non ci vediamo da mesi.* We haven't seen each other for months. | **il mese scorso/prossimo** last/next month | **essere al quinto/sesto mese di gravidanza** to be five/six months pregnant ▶ vedi Active Box **mesi**

messa *s* **1** (rito) mass: *Vado a messa tutte le domeniche.* I go to mass every Sunday. | **messa di mezzanotte** midnight mass **2 messa a fuoco** focus | **messa a terra** earth (BrE), ground (AmE) | **farsi fare la messa in piega** to have your hair done

messaggio *s* message: *Ha chiamato Luca ma non ha lasciato nessun messaggio.* Luca called, but he didn't leave any message.

messicano, -a *agg e s* Mexican

Messico *s* **il Messico** Mexico

messinscena *s* **1** (di uno spettacolo) production **2** (finzione) act: *Le sue lacrime erano solo una messinscena.* Her tears were all just an act.

mestiere *s* trade: *Di mestiere fa il panettiere.* He's a baker **by trade.** | *Giorgio ha smesso di studiare ed è andato a imparare un mestiere.* Giorgio left school and went to learn a trade. | *Cosa fai di mestiere?* What do you do **for a living?**

mestolo *s* ladle

mestruazioni *s pl* period [sempre singolare]: *Ho le mestruazioni.* I've got **my period.**

meta *s* **1** (di viaggio) destination: *Siamo partiti con sacco a pelo e zaino, senza una meta precisa.* We set off with a sleeping bag and a rucksack, without any fixed destination in mind. **2** (scopo) goal: *Come meta si era prefisso di completare la*

M

Vuoi sapere di più sui **verbi modali**? C'è una spiegazione nella **guida grammaticale**.

Active Box: mesi

I seguenti esempi illustrano l'uso dei mesi in inglese e possono servirti come modello per formulare a tua volta delle frasi:

*Sono nato **il 28 di febbraio**.*	I was born **on the 28th of February**.
a gennaio dell'anno scorso	in January of last year/last January
alla fine di maggio	at the end of May
all'inizio di dicembre	at the beginning of December
a metà novembre	in mid-November
***A luglio** vado al mare.*	**In July** I'm going to the seaside.
*Abitiamo qui **da settembre**.*	We've been living here **since September**.
*I corsi cominciano **tutti gli anni a ottobre**.*	Courses begin **every year in October**.

maratona. He had set himself the goal of completing the marathon. **3** (nel rugby) try (pl tries)

metà *s* **1** (una delle due parti uguali) half (pl halves): *La metà di 20 è 10.* Half of 20 is 10. | *Metà della classe era assente.* **Half the class** were absent. | *Facciamo metà per uno.* Let's have half each. | *Taglialo a metà.* Cut it **in half**. | **a metà prezzo** half price: *L'ho comprato a metà prezzo.* I bought it half price. **2** (punto di mezzo) middle: *Partiamo verso la metà di agosto.* We're leaving around the middle of August. | *Siamo già a metà strada.* We're already halfway there.

metafora *s* metaphor

metallico, -a *agg* **1** (di metallo) metallic **2** (suono, colore) metallic

metallizzato, -a *agg* metallic: *grigio metallizzato* metallic grey

metallo *s* metal

meteora *s* meteor

meteorologico, -a *agg* (previsioni, bollettino) si usa il sostantivo **weather** in funzione di aggettivo: *Secondo il bollettino meteorologico domani piove.* According to the weather forecast, it's going to rain tomorrow.

metodo *s* method: *Per l'insegnamento dell'inglese usa metodi tradizionali.* She teaches English using traditional methods.

metrico ▶ vedi **sistema**

metro *s* **1** (misura) metre (BrE), meter (AmE): *La piscina è 50 per 30 metri.* The swimming pool is **50 metres by 30**. | *Ha vinto i 100 metri piani.* He won the 100 metres sprint. | **essere un metro e 70** to be 5 feet 7 inches: *Sono un metro e 68.* I'm 5 feet 6 inches tall. | **al metro** per metre: *La stoffa costa 15 euro al metro.* The fabric costs 15 euros per metre. | **metro quadro** square metre | **metro cubo** cubic metre **2** (per misurare) tape measure

metropoli *s* big city (pl big cities)

metropolitana *s* underground (BrE), subway (AmE): *Qual è la stazione della metropolitana più vicina?* What's the nearest underground station?

mettere *v* ▶ vedi riquadro

mettersi *v rifl* **1** **mettersi a tavola** to sit down at the table | **mettersi a letto** to go to bed | **mettersi in viaggio** to set off | **mettersi con qn** to start going out with sb: *Mi sono messa con Dario.* I've started going out with Dario. | **mettersi nei guai** to get into trouble **2** **mettersi in pigiama/in jeans** to put on your pyjamas/jeans **3** **mettersi a fare qc** to start doing sth: *Si mette a piangere per niente.* He starts crying for no reason. | *Si è messo a piovere.* It's started raining. **4** **mettersi bene/male** to turn out well/badly: *Le cose si stanno mettendo bene.* Things are turning out well.

mezzanotte *s* midnight: *È mezzanotte.* It's midnight. | *Siamo tornati a mezzanotte.* We got back at midnight.

mezzo, -a *aggettivo, avverbio, sostantivo* e *sostantivo plurale*

• *agg* **1** (metà di) half: *Ci vorrà mezza giornata.* It will take **half a day**. | *Ha mangiato solo mezzo panino.* He only ate **half the roll**. | *Ne tocca mezzo per uno.* Everyone gets a half. ▶ vedi **manica**, **pensione**, **stagione** **2** (poco meno di) *La gita è stata un mezzo disastro.* The trip was **a bit of a** disaster. | *Il film alla fine è stato una mezza delusione.* In the end, the film was **a bit** disappointing. | **mezzo mondo** loads of people: *C'era mezzo mondo.* There were loads of people there. | **avere una mezza idea di fare qc** to have half a mind to do sth: *Ho una mezza di idea di restare a casa.* I have half a mind to stay in.

• **mezzo** *avv* (quasi completamente) half | **mezzo addormentato/morto/matto** half asleep/dead/crazy: *Sono ancora mezzo addormentato.* I'm still half asleep.

• **mezzo** *s* **1** (centro) middle: *Nel mezzo della piazza c'è una statua.* There's a statue in the middle of the square. | *Si è addormentato nel bel mezzo del film.* He fell asleep right in the middle of the film. | *Spostati, sei nel mezzo.* Can you move, you're in the way. | **togliersi di mezzo** to get out of the way | **esserci di mezzo** to

mettere *verbo*

1 COLLOCARE, AGGIUNGERE = TO PUT

Dove hai messo le forbici? Where have you put the scissors? | *È meglio mettere le bibite in frigo.* It's best to put the drinks in the fridge. | *Ho messo alcuni poster sul muro in camera mia.* I've put a few posters on the wall in my room. | *Metti anche i biscotti nella lista della spesa.* Put biscuits on the shopping list as well.

2 INDOSSARE = TO PUT ON, TO WEAR

Mettiti una maglia se esci. Put on a jumper if you go out. | *Non so cosa mettermi per andare alla festa.* I don't know what to wear for the party.

3 **metterci** nel senso di impiegare un determinato tempo si traduce con la costruzione impersonale **it takes me/you etc**:

Quanto ci metti a prepararti? How long does it take you to get ready? | *Non ci si mette molto a piedi.* It doesn't take long to walk there.

4 MUSICA, DISCO = TO PUT ON

Mettiamo un po' di musica? Shall we put some music on? | *Metti quella canzone che mi piace.* Put on that song I like.

5 **metti/mettiamo che** Nel senso di supponiamo che si traduce **suppose that**:

Mettiamo che non ci sia nessuno in casa. Suppose there's no-one at home.

6 INSTALLARE = TO PUT IN

Abbiamo deciso di mettere una seconda linea telefonica. We decided to put in a second telephone line.

7 ESPRESSIONI

mettere fame/sonno a qn to make sb hungry/sleepy: *La piscina mi ha messo fame.* Swimming has made me hungry. | **mettere paura a qn** to frighten sb: *Non ti avevo sentito, mi hai messo paura!* I didn't hear you – you frightened me! | **mettere la sveglia** to set the alarm: *Ho dimenticato di mettere la sveglia.* I forgot to set the alarm. | *Ho messo la sveglia alle sette.* I set the alarm for seven. | **mettercela tutta** to do your (very) best: *Se ce la metti tutta puoi farcela.* If you do your best you can succeed. | **mettere su** to start up: *Abbiamo messo su un gruppo rock.* We started up a rock group.

be involved: *Nello scandalo c'è di mezzo anche un giocatore famoso.* A famous footballer is also involved in the scandal. **2** (sistema) way: *Qual è il mezzo migliore per fare i soldi?* What's the best way to make money? | *Ha provato con tutti i mezzi.* He tried everything. | **per mezzo di** through: *Ha trovato il lavoro per mezzo di un'agenzia.* He got the job through an agency. | *Per mezzo di un amico le ha fatto arrivare la lettera.* He got the letter to her via a friend. | **mezzo (di trasporto)** means (of transport): *La bicicletta è il mezzo di trasporto più ecologico.* The bicycle is the most ecologically sound means of transport. | **mezzi pubblici** public transport [mai plurale]: *Clara viaggia sempre con i mezzi pubblici.* Clara always uses public transport. | **mezzi di comunicazione** media

• **mezzi** *s pl* (risorse economiche) means [sempre plurale]: *Non ha i mezzi per mantenersi da solo.* He doesn't have the means to support himself. ► Per l'uso di **mezzo** con ore e numeri, vedi Active Box **numeri** sotto **numero**.

mezzogiorno *s* midday: *È mezzogiorno.* It's midday. | *Ci siamo alzati a mezzogiorno.* We got up at midday. | **mezzogiorno e mezzo** half past twelve: *Il negozio chiude a mezzogiorno e mezzo.* The shop shuts at half past twelve.

mezz'ora, anche **mezzora** ► vedi **ora**

mi *pronome e sostantivo*

• *pron* anche **me** ► vedi riquadro

• *s* (nota) E

miagolare *v* to miaow

mica *avv* **1** (per niente) non c'è in inglese un avverbio corrispondente, ma si usano espressioni diverse a seconda del contesto: *Non è mica vero.* It's simply not true. | *Mica dicevo a te.* I wasn't talking to you. | *Mica male la tua amica!* Your friend's quite something! | *– Ti è piaciuto il libro? – Mica tanto.* "Did you like the book?" "Not a lot." **2** (per caso) non c'è in inglese un avverbio corrispondente, ma si usano espressioni diverse a seconda del contesto: *Potresti mica darmi il suo indirizzo?* You couldn't possibly give me her address, could you? | *Non ti sarai mica offesa?* I hope I haven't offended you.

miccia *s* fuse

micidiale *agg* deadly

microbo *s* microbe

microfono *s* microphone

microonde *s* ► vedi **forno**

microscopio *s* microscope

midollo *s* **midollo spinale** spinal cord

miele *s* honey

mietere *v* **1** (grano, riso) to harvest **2** (vittime) to claim: *L'epidemia continua a mietere vittime.* The epidemic continues to claim victims.

migliaio *s* (mille) thousand | **un migliaio di** a thousand: *Oltre un migliaio di studenti ha partecipato alla manifestazione.* More than a thousand students took part in the demonstration. | **migliaia di** thousands of: *Migliaia di fan sono accorsi al concerto.* Thousands of fans flocked to the concert.

M

Si dice *I arrived in London* o *I arrived to London*? Vedi alla voce arrive.

mi *pronome*

1 Come *complemento oggetto* o *complemento di termine* si traduce generalmente **me**:
Mi passi il sale per favore? Could you pass me the salt, please? | *Mi aiuti?* Can you help me? | *Non me lo ha detto.* He didn't tell me.
Nota però che alcuni verbi inglesi richiedono una preposizione (**to me**, **for me**, ecc.); è pertanto bene consultare nel dizionario il verbo in questione, ad esempio, *scrivere*, *aspettare*, ecc.:
Mi scrive tutte le settimane. She writes to me every week. | *Aspettami!* Wait for me!

2 Quando il pronome personale è usato con *parti del corpo* o per esprimere *appartenenza* si usa il pronome possessivo **my**:
Mi fa male la gamba. My leg hurts. | *Mi sono lavata le mani.* I washed my hands. | *Mi hanno rubato la bici.* My bike's been stolen.

3 Quando ha valore *riflessivo* si traduce generalmente con **myself**:
Mi sono fatta male. I hurt myself.
Nota però che non necessariamente un verbo riflessivo italiano si traduce con un verbo riflessivo in inglese:
Mi sono alzata alle sette. I got up at seven. | *Ho bisogno di riposarmi un po'.* I need to rest a bit.

miglio *s* **1** (misura) mile: *a qualche miglia da qui* a few miles from here | **vedersi lontano un miglio** to stand out a mile: *Si vede lontano un miglio che siete turisti.* It stands out a mile that you're tourists. **2** (pianta) millet

miglioramento *s* improvement: *Speriamo in un miglioramento delle sue condizioni fisiche.* We're hoping for **an improvement in** his physical condition.

migliorare *v* **1** (cambiare in meglio) to improve: *Se il tempo non migliora rimandano la partita.* If the weather doesn't improve, they'll postpone the match. | *In inglese Luigi è migliorato moltissimo.* Luigi has improved enormously in English. **2** (perfezionare) to improve: *Devi migliorare la pronuncia.* You have to improve your accent.

migliore *aggettivo* e *sostantivo*
• *agg* **1** (comparativo) better: *Il suo secondo album è migliore.* His second album is better. | *Questa pizzeria è migliore dell'altra.* This pizzeria is **better than** the other one. **2** (superlativo) best: *Questo è il miglior video che ha fatto.* This is the best video that he's made. | *la mia migliore amica* my best friend | **nel migliore dei casi** at best: *Nel migliore dei casi prenderà la sufficienza.* At best, he'll get a pass mark.
• *s* **il/la migliore** the best: *In inglese Luisa è la migliore.* Luisa is the best in English. | *È il migliore della squadra.* He's the best player **in the team**.

mignolo *s* **1** (di mano) little finger **2** (di piede) little toe

migrare *v* to migrate

migrazione *s* **1** (di uccelli) migration **2** (di popoli) migration

milanese *agg* e *s* Milanese

Milano *s* Milan

miliardario, -a *aggettivo* e *sostantivo*
• *agg* **essere miliardario** to be a millionaire
• *s* millionaire

miliardo *s* billion | **un miliardo di** a billion: *Un miliardo di persone ha assistito al programma.* A billion people watched the programme. | **un miliardo di volte** thousands of times: *Vi l'abbiamo detto un miliardo di volte.* We've told you thousands of times.

milione *s* million | **un milione di** a million: *Ha venduto un milione di dischi.* He has sold a million records. | *Oggi ho un milione di cose da fare.* I've got thousands of things to do today.

milionesimo, -a *agg* e *s* millionth ▶ vedi Active Box **numeri** sotto **numero**

militare *aggettivo, sostantivo* e *verbo*
• *agg* military
• *s* (soldato) soldier | **fare il militare** to do your military service
• *v* (in organizzazione) to be active: *Milita in un'associazione studentesca.* He is active in a students' organization.

mille *agg* e *s* a thousand, one thousand ▶ vedi anche **grazie** ▶ vedi Active Box **numeri** sotto **numero**

millennio *s* millennium (pl millennia)

millepiedi *s* millipede

millesimo *aggettivo* e *sostantivo*
• *agg* thousandth
• *s* thousandth | **un millesimo di secondo** a thousandth of a second ▶ vedi Active Box **numeri** sotto **numero**

millimetro *s* millimetre (BrE), millimeter (AmE)

mimare *v* to mime

mimetizzare *v* to camouflage
mimetizzarsi *v rifl* (animale, soldati) to camouflage yourself

mimosa *s* mimosa [singolare e plurale]: *un mazzolino di mimose* a small bunch of mimosa

mina *s* **1** (bomba) mine | **mina antiuomo** anti-personnel mine **2** (di matita) lead

minaccia *s* **1** (intimidazione) threat: *Le tue minacce non mi fanno paura.* Your threats don't frighten me. **2** (pericolo) threat: *Rimane la minaccia di un nuovo terremoto.* There is still the threat of another earthquake.

minacciare *v* **1** (intimidire) to threaten: *Lo hanno minacciato con una pistola.* They threatened him with a pistol. | **essere minacciato di morte** to receive a death threat: *Il giudice è stato minacciato di morte.* The judge received a death threat. | **minacciare di fare qc** to threaten to do sth: *Ha minacciato di dire tutto ai miei.* He threatened to tell my parents everything. **2** (essere sul punto di) *Minaccia di piovere.* It looks like it's going to rain. | *La febbre minaccia di salire ancora.* Your temperature looks like it might go up again.

minatore *s* miner

minerale *aggettivo e sostantivo maschile*
- *agg* (acqua, sale) mineral
- *s masc* (sostanza) ore: *minerale di ferro* iron ore

minestra *s* soup | **minestra di verdure** vegetable soup

minestrone *s* vegetable soup

miniatura *s* **in miniatura** miniature: *Ha costruito un modello della città in miniatura.* He built a miniature model of the city.

miniera *s* (cava) mine

minigonna *s* miniskirt: *Cinzia porta sempre delle minigonne cortissime.* Cinzia always wears very short miniskirts.

minimizzare *v* to play down: *Non cercare di minimizzare quello che hai fatto; è gravissimo!* Don't try to play down what you did – it's a very serious matter!

minimo, -a *aggettivo e sostantivo*
- *agg* **1** (più piccolo) slightest: *Non ha fatto il minimo sforzo per aiutarmi.* He didn't make the slightest effort to help me. | *C'è solo una minima differenza tra i due.* There's only the slightest difference between the two. | *Non c'è il minimo dubbio.* There isn't the slightest doubt. **2** (più basso) minimum: *L'età minima per votare è 18 anni.* The minimum age at which you can vote is 18. | *Le temperature minime hanno raggiunto lo zero.* Minimum temperatures dropped to zero. **3** (molto basso) very low: *Le spese di manutenzione sono minime.* Maintenance costs are very low.
- **minimo** *s* **1** (quantità più piccola) minimum: *Dobbiamo ridurre le spese al minimo.* We must reduce expenses to the minimum. | **il minimo indispensabile** the absolute minimum: *Ho messo in valigia solo il minimo indispensabile.* I've packed only the absolute minimum. | **come minimo** at least: *Come minimo ci vorranno due ore.* It will take at least two hours. | **un minimo di** *Non hai un minimo di pazienza!* You've got no patience at all! | *Ci vuole un minimo di iniziativa.* It requires a bit of initiative. **2** (cosa più piccola) least: *Era il minimo che potessimo fare per aiutarlo.* It was the least we could do to help him. **3** (di giri di motore) neutral: *Il motore non regge il minimo.* The engine stalls when it's in neutral.

ministero *s* ministry (pl ministries) | **Ministero dell'Interno** the Home Office (BrE), the Justice Department (AmE) | **Ministero degli Affari Esteri** the Foreign Office (BrE), the State Department (AmE) | **Ministero dell'Economia e delle Finanze** the Treasury (BrE), the Treasury Department (AmE)

ministro *s* minister | **Ministro della Difesa** Defence Minister (BrE), Defense Secretary (AmE) | **Ministro degli Esteri** Foreign Secretary (BrE), Secretary of State (AmE)

minoranza *s* **1** (piccolo numero) minority: *Soltanto una piccola minoranza della classe ha partecipato all'assemblea.* Only a small **minority in** the class took part in the assembly. | **essere in minoranza** to be in the minority **2** (in politica) minority **3** (di cittadini) minority (pl minorities): *Le minoranze etniche sono tutte rappresentate nel comitato.* Ethnic minorities are all represented on the committee.

minore *aggettivo e sostantivo*
- *agg* **1** (comparativo) lower: *Ho pagato una cifra minore del previsto.* I paid a lower price than I had expected. | *Ho impiegato un tempo minore del previsto.* I took less time than expected. **2** (superlativo) lowest: *Le temperature minori si sono registrate a Trieste.* The lowest temperatures were recorded in Trieste. | *Questo sarebbe il problema minore.* This would be the least of our problems. **3** (di età) si usa **younger** se è un comparativo e **youngest** se è un superlativo. Se ci si riferisce al minore di due fratelli o due figli si usa **younger**, mentre se ci si riferisce al minore di tre o più fratelli o figli si usa **youngest**: *Luisa è minore di me di un anno.* Luisa is a year younger than me. | *Suo fratello minore si chiama Fabio.* His younger brother is called Fabio. | *La figlia minore non va ancora a scuola.* The youngest daughter doesn't go to school yet.
- *s* **1** (di età) **2 il/la minore** (di età) se ci si riferisce al minore di due fratelli o due figli si usa **the younger**, mentre se ci si riferisce al minore di tre o più fratelli o figli si usa **the youngest**: *Dei tre fratelli Giacomo è il minore.* Giacomo is the youngest of the three brothers. | *Chi è la minore delle due?*

M

Vuoi informazioni sulla differenza tra gli **articoli** in inglese e in italiano? Leggi le spiegazioni nella guida grammaticale.

Who is the younger of the two? **3** (minorenne) minor | **"vietato ai minori"** 18-certificate

minorenne *aggettivo* e *sostantivo*
- *agg* under age: *Il ragazzo è ancora minorenne.* The boy is still under age.
- *s* minor

minuscolo, -a *aggettivo* e *sostantivo*
- *agg* **1** (piccolissimo) tiny **2** (carattere) lower case: *L'indirizzo e-mail è tutto minuscolo.* The e-mail address is all in lower case.
- **minuscolo** *s* lower case | **in minuscolo** in lower case

minuta *s* draft

minuto, -a *aggettivo* e *sostantivo*
- *agg* **1** (piccolo) tiny: *Lisa ha un nasino minuto.* Lisa's got a tiny little nose. **2** (particolareggiato) detailed: *Mi ha fatto una descrizione minuta della sua stanza.* He gave me a detailed description of his room.
- **minuto** *s* **1** (unità temporale) minute: *Sono le tre e dodici minuti.* It's **twelve minutes past three**. **2** (poco tempo) minute: *Dammi un minuto e arrivo.* Give me a minute and I'll be with you. | *Non ho un minuto da perdere.* I don't have a minute to spare. | *Aspetta un minuto: puoi ripetere quello che hai detto?* Wait a minute – can you say that again? **3** (dettaglio) **al minuto** retail: *Fanno solo vendita al minuto.* They only do retail sales.

mio, -a *aggettivo* e *pronome*
- *agg* my: *il mio cane* my dog | *mia madre* my mother | *a casa mia* at my house | **un mio amico/cugino ecc.** a friend/cousin etc of mine | **alcuni miei amici/compagni di scuola ecc.** some friends/schoolmates etc of mine | **essere mio** to be mine: *Questo libro è mio.* This book is mine.
- *pron* **il mio/la mia/i miei/le mie** mine: *Se non hai una penna, ti presto la mia.* If you don't have a pen, I'll lend you mine. | *Tu hai i tuoi problemi e io i miei.* You have your problems and I've got mine. | **i miei** (genitori) my parents: *I miei non vogliono che esca stasera.* My parents don't want me to go out tonight.

miope *aggettivo* e *sostantivo*
- *agg* short-sighted
- *s* non esiste il sostantivo, ma solo l'aggettivo **short-sighted**: *I miopi talvolta hanno lo sguardo un po' perso.* Short-sighted people sometimes look a bit lost.

mira *s* **prendere la mira** to take aim | **sbagliare mira** to miss the target: *Ho sbagliato mira e ho rotto un vetro.* I missed the target and broke a window. | **prendere di mira qn** to have it in for sb: *La professoressa mi ha preso di mira e mi fa sempre domande difficili.* The teacher has it in for me and is always asking me difficult questions.

miracolo *s* miracle: *Si è salvato per miracolo.* It's a miracle that he's alive. | **fare miracoli** to work wonders: *Questa crema fa miracoli.* This cream works wonders.

miraggio *s* **1** (allucinazione) illusion **2** (nel deserto) mirage

mirare *v* to take aim | **mirare a qc a)** (con arma) to aim at sth: *Il cecchino ha mirato alla testa.* The sniper aimed at the head. **b)** (aspirare a) to aim for sth: *Mirava al posto di capitano della squadra.* He was aiming for the position of team captain.

mirtillo *s* blueberry (pl blueberries): *marmellata di mirtilli* blueberry jam

miscela *s* **1** (miscuglio) mix (pl mixes) **2** (carburante) two-stroke fuel

mischiare *v* **1** (mescolare) to mix: *Mischia bene gli ingredienti.* Mix the ingredients well. **2** (confondere) to mix up: *Attento a non mischiare i fogli.* Be careful you don't mix up the sheets of paper. **3** (carte da gioco) to shuffle: *Mischia bene le carte prima di darle.* Shuffle the cards well before dealing.
mischiarsi *v rifl* **1** (amalgamarsi) to mix **2** (confondersi) to blend in: *È sparito mischiandosi tra la folla.* He disappeared, blending in with the crowd.

miseria *s* **1** (povertà) poverty **2** (cifra) pittance: *Lo pagano una miseria.* They pay him a pittance.

misero *agg* **1** (persona) poor **2** (paga, quantità) low: *Lo stipendio è davvero misero.* The salary is really low.

missile *s* **1** (spaziale) rocket **2** (arma) missile

missionario, -a *s* missionary (pl missionaries): *Fa il missionario in Africa.* He is a missionary in Africa.

missione *s* **1** (militare, scientifica) mission: *La missione su Marte è organizzata dall'Agenzia Spaziale Europea.* The mission to Mars is organized by the European Space Agency. | *L'agente era in missione segreta.* The agent was on a secret mission. **2** (delegazione) delegation **3** (religiosa) mission

misterioso, -a *agg* **1** (inspiegabile) mysterious: *La polizia indaga sulla misteriosa scomparsa dei turisti.* Police are investigating the mysterious disappearance of the tourists. **2** (sospetto) suspicious: *Un tipo si aggirava con aria misteriosa.* A suspicious-looking guy was hanging around. **3** (sconosciuto) mysterious: *Elena parla sempre di questo misterioso fidanzato che nessuno conosce.* Elena's always talking about this mysterious boyfriend that nobody has met.

mistero *s* mystery (pl mysteries)

misto, -a *aggettivo e sostantivo*

• *agg* mixed: *Le classi sono miste.* The classes are mixed. | **misto a** mixed with: *Era pioggia mista a grandine.* It was rain mixed with hail.

• **misto** *s* mixture: *Parlava un misto di italiano e spagnolo.* He spoke a mixture of Italian and Spanish. | **misto lino/cotone** linen-/cotton-mix: *una giacca in misto lino* a linen-mix jacket

misura *s* **1** (dimensione) size | **prendere le misure** to take the measurements: *Hai preso le misure precise della scrivania?* Have you taken the exact measurements of the desk? | *La sarta mi ha già preso le misure.* The dressmaker has already taken my measurements. | **su misura** made to measure: *La libreria è fatta su misura.* The bookcase is made to measure. | *Il sarto gli ha fatto il vestito su misura.* The tailor made him a made-to-measure suit. **2** (taglia) size: *Ha la misura più piccola?* Have you got the smaller size? | *Che misura porti?* What size do you take? **3** (unità) measurement **4** (provvedimento) measure: *I professori hanno deciso di prendere delle misure contro l'aumento delle assenze in classe.* The teachers have decided to take measures against the increasing absenteeism in class. | **misure di sicurezza** security measures **5** (nello sport) **vincere di misura su qn** to just beat sb: *L'atleta italiana ha vinto di misura sulla francese.* The Italian just beat the French athlete.

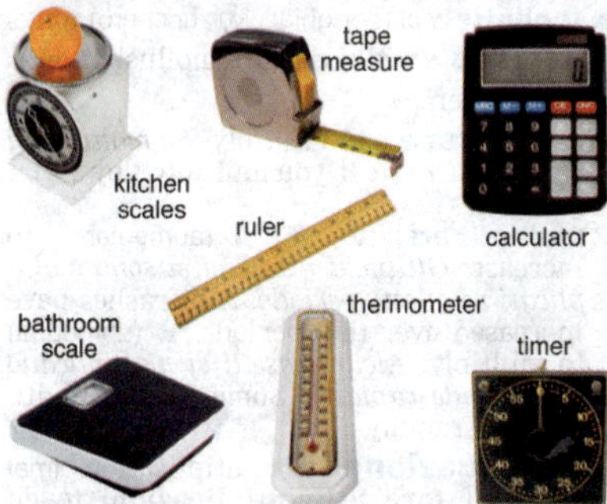

misurare *v* **1** (avere una misura) to measure: *La mia stanza misura 15 metri quadri.* My room measures 15 square metres. | **misurare un metro di lunghezza/larghezza/profondità** to be one metre long/wide/deep **2** (vestiti) to try on: *Hai misurato il cappotto?* Did you try on the coat? | *Non ho comprato i pantaloni perché non ho potuto misurarli.* I didn't buy the trousers because I couldn't try them on. **3** (calcolare la misura di) to take: *Il dottore gli ha misurato la pressione.* The doctor took his blood pressure. | **misurarsi la febbre** to take your temperature: *Ha detto il dottore che devi misurarti la febbre ogni tre ore.* The doctor said you've got to take your temperature every three hours.

misurarsi *v rifl* **misurarsi con qn** to pit yourself against sb: *Si è misurato con avversari troppo forti per lui.* He pitted himself against opponents who were too much for him.

mito *s* **1** (leggenda) myth **2** (persona) legend: *un mito hollywoodiano* a Hollywood legend

mitragliatrice *s* machine gun

mittente *s* sender: *Il pacco è ritornato al mittente.* The parcel was returned to the sender.

mobile *aggettivo e sostantivo*

• *agg* (non fisso) mobile: *È una delle società più importanti di telefonia mobile.* It's one of the biggest mobile phone companies. ► vedi anche **sabbia, scala**

• *s* furniture [mai plurale] ► Per riferirsi ad un singolo mobile, si usa **a piece of furniture**: *Questi mobili sono nuovi.* This furniture is new. | *Nel salotto c'è un mobile d'epoca.* There's a piece of period furniture in the lounge. | **mobili per il bagno** bathroom fittings

mobilio *s* furniture

mocassino *s* moccasin: *un paio di mocassini* a pair of moccasins

moda *s* fashion: *Non mi piace seguire sempre la moda.* I don't like to follow fashion all the time. | **alla moda** trendy: *Laura è veramente una ragazza alla moda.* Laura is really trendy. | *una pettinatura alla moda* a fashionable hairstyle | **andare di moda** to be in fashion: *La musica latino-americana va di moda.* Latin American music is in fashion. | *Va molto di moda andare in vacanza all'estero.* Going on holiday abroad is very much in fashion. ► vedi anche **passare**

modalità *s* **1** (metodo) method: *Sull'offerta sono specificate anche le modalità di pagamento.* The offer also contains details about the methods of payment. | **modalità d'uso** instructions for use **2** (procedura) procedure: *Mi hanno dato informazioni sulle modalità d'iscrizione.* They gave me some information on enrolment procedures.

modello *sostantivo e aggettivo*

• *s* **1** (esempio) example: *Completate le seguenti frasi secondo il modello.* Complete the following sentences following the example. | **un modello di efficienza/eleganza** a model of efficiency/elegance **2** (di prodotto) model: *Sono usciti i nuovi modelli per la prossima stagione.* Next season's new models have come out. **3** (di abito, scarpe) style: *Ti piace questo modello?* Do you like this style? | *Ho scelto io il colore e il modello.* I chose the colour and style. **4** (indossatore) model: *Alberto fa il modello.* Alberto **is a** model.

• *agg* **uno studente/un impiegato modello** a model student/employee

modem *s* modem

moderare *v* (velocità, spese) to reduce: *In città bisogna moderare la velocità.* In town you've got to reduce your speed. | **moderare i termini** to tone down your language

moderarsi *v rifl* **moderarsi nel bere** to cut down on your drinking | **moderarsi nel mangiare** to eat (more) sensibly

moderno, -a *agg* modern: *I miei nonni hanno una mentalità moderna.* My grandparents have a modern outlook.

modesto, -a *agg* **1** (persona, atteggiamento) modest **2** (origine) humble, (lavoro) modest: *Gianni è un modesto impiegato.* Gianni's just a humble employee.

modificare *v* (programma, posizione) to alter: *Abbiamo dovuto modificare tutti i programmi per le vacanze.* We've had to alter all our holiday plans.

modo *sostantivo* e *sostantivo plurale*

• *s* **1** (maniera) way: *Vorrei trovare il modo per convincerlo.* I'd like to find **a way to** persuade him. | *Gigi ha un modo tutto suo di camminare.* Gigi has a very characteristic walk. | **in che modo?** how?: *In che modo pensi di fare?* How do you plan to go about it? | **ad ogni modo** in any case: *Mi pare che l'appuntamento sia alle quattro. Ad ogni modo, controllo e ti faccio sapere.* I think the appointment is at four. In any case, I'll check and let you know. | **in qualche modo** somehow or other: *Vedrai che in qualche modo riusciremo a trovare una soluzione.* Somehow or other we'll manage to find a solution – you'll see. | **a modo mio/tuo ecc.** my/your etc way: *Elena vuole sempre fare a modo suo.* Elena always wants to do things her way. | **in modo che a)** (così che) so that: *Lascia acceso il telefonino in modo che ti possa chiamare.* Leave your mobile on so that I can call you. **b)** (in maniera che) in such a way that: *Cerca di farlo in modo che lui non si accorga di nulla.* Try to do it in such a way that he doesn't notice. | **modo di dire** expression | **per modo di dire** *un regalo per modo di dire* not much of a present | *Durante le vacanze mi sono riposato per modo di dire.* During the holidays I didn't get much of a rest. **2** (in grammatica) mood **3** **aver modo di fare qc** to have the chance to do sth: *Non ho ancora avuto modo di parlargli.* I still haven't had the chance to speak to him.

• **modi** *s pl* (comportamento) manners: *Angela ha dei bei modi.* Angela has good manners. | *Ma guarda che modi!* What bad manners!

modulo *s* form: *Ho riempito il modulo.* I filled in the form.

molare *s* (dente) molar

molecola *s* molecule

molestare *v* (persona) to bother, (insetto) to plague: *In questa zona d'estate siamo molestati dalle zanzare.* In this area we're plagued by mosquitoes in the summer.

molla *s* spring: *Si sono rotte le molle del divano a forza di saltarci sopra.* The springs on the sofa are broken because people kept jumping on it.

mollare *v* **1** (lasciare andare) to let go of: *Mollami il braccio!* Let go of my arm! | *Ehi, molla quella borsa: è mia!* Hey, let go of that handbag. It's mine! **2** **mollare una sberla a qn** to smack sb in the face: *Piantala o ti mollo una sberla!* Pack it in or I'll smack you in the face! **3** (fidanzato) to dump: *Anna l'ha mollato.* Anna has dumped him. **4** (attività) to drop: *Non ho mai pensato di mollare la musica.* I've never thought of dropping music. | *Piero vuole mollare la scuola per cercarsi un lavoro.* Piero wants to leave school to look for a job. **5** (cedere) to give in: *Tieni duro: non mollare!* Hang in there. Don't give in!

molle *agg* soft: *Questo materasso è troppo molle.* This mattress is too soft.

molletta *sostantivo* e *sostantivo plurale*

• *s* **1** (da bucato) clothes peg **2** (per capelli) hairgrip

• **mollette** *s pl* (per ghiaccio, zucchero) tongs

mollusco *s* mollusc (BrE), mollusk (AmE)

molo *s* pier

moltiplicare *v* to multiply: *Se moltiplichi 4 per 5 ottieni 20.* If you multiply 4 by 5, you get 20.

moltiplicarsi *v rifl* **1** (aumentare) to increase: *Gli incidenti aerei si sono moltiplicati in questo periodo.* Air crashes have increased over this period. **2** (riprodursi) to multiply: *Alcuni insetti si moltiplicano con grande rapidità.* Some insects multiply very rapidly.

moltiplicazione *s* multiplication [mai plurale] | **fare le moltiplicazioni** to do multiplication

moltitudine *s* **una moltitudine di** huge numbers of: *C'era una moltitudine di persone.* There were huge numbers of people.

molto *avv* ▶ vedi riquadro

momento *s* **1** (tempo brevissimo) moment: *Sono pronta tra un momento.* I'll be ready in a moment. | *Aspetta un momento.* Wait a moment. | *Un momento, non ho ancora finito!* Just a moment, I haven't finished yet! | **da un momento all'altro**

molto *avverbio*

1 CON VERBO
Si usa **a lot** in frasi affermative e **much** in frasi negative o interrogative:
Mi piace molto nuotare. I like swimming a lot. | *Non hai mangiato molto.* You haven't eaten much.
Nota che quando il verbo regge un complemento oggetto, l'avverbio si trova dopo il complemento oggetto:
Ho apprezzato molto il tuo aiuto. I appreciated your help a lot.

2 CON AGGETTIVO E AVVERBIO = VERY
Sono molto stanca. I'm very tired. | *Mi sono alzata molto tardi.* I got up very late.

3 CON COMPARATIVO = MUCH
È molto meglio così. It's much better like this. | *Credevo fosse molto più facile.* I thought it would be much easier. | *Siamo molto meno stanchi del previsto.* We're much less tired than we expected.

4 Quando si riferisce a una durata si usa **(for) a long time** in frasi affermative e **(for) long** in frasi negative o interrogative:
Abbiamo aspettato molto. We waited (for) a long time. | *Vi fermate molto?* Are you staying (for) long? | *Non abbiamo camminato molto.* We haven't being walking (for) very long.

a) (tra breve) any moment now: *Può comparire da un momento all'altro.* He may appear any moment now. **b)** (all'improvviso) suddenly: *Paolo ha cambiato idea da un momento all'altro.* Paolo suddenly changed his mind. | **sul momento** (lì per lì) at the time: *Sul momento ci sono rimasta molto male, poi ho capito.* At the time, I took it very badly, but later I understood. | **a momenti a)** (tra poco) any time now: *Sarà qui a momenti.* He should be here any time now. **b)** (quasi) nearly: *A momenti rovinavi tutto!* You nearly ruined everything! **2** (periodo, circostanza) time: *Questo è un momento difficile.* This is a difficult time. | *Gloria ha passato un brutto momento.* Gloria's had a bad time of it. | *Abbiamo avuto momenti migliori.* We've had better times. | **del momento** of the moment: *il film del momento* the film of the moment **3 al momento** at the moment: *Non posso darti una risposta definitiva al momento.* I can't give you a definite answer at the moment. | **per il momento** for the time being: *Per il momento abbiamo deciso di non andarci.* We've decided not to go for the time being. **4 dal momento che** since: *Dal momento che non vuoi venire con me, ci vado da sola.* Since you don't want to come with me, I'll go on my own.

Monaco *s* **(il Principato di) Monaco** Monaco | **Monaco (di Baviera)** Munich

monaco, -a *s* **monaco** monk | **monaca** nun

monarchia *s* monarchy (pl monarchies): *La Gran Bretagna è una monarchia costituzionale.* Great Britain is a constitutional monarchy.

monastero *s* monastery (pl monasteries)

mondiale *aggettivo e sostantivo plurale*
• *agg* si usa il sostantivo **world** in funzione di aggettivo: *uno scienziato di fama mondiale* a world-famous scientist | *Ha il titolo mondiale dei pesi massimi.* He holds the world heavyweight title.
• **mondiali** *s pl* (di calcio) the World Cup [sempre singolare]

mondo *s* **1** (Terra) world: *Qual è il continente più grande del mondo?* What's the largest continent **in the world**? | *in tutto il mondo* throughout the world **2** (ambiente) world: *C'erano tutte le star più famose del mondo del cinema.* All the most famous stars from the world of cinema were there. | **il mondo dello spettacolo** the world of showbusiness **3 un mondo** (tantissimo) really: *La festa era bellissima e ci siamo divertiti un mondo.* The party was great and we really enjoyed ourselves. | *Ti voglio un mondo di bene.* I'm really fond of you.

moneta *s* **1** (di metallo) coin: *una moneta da 2 euro* a 2-euro coin **2** (spiccioli) change: *Ho 5 euro in moneta.* I've got 5 euros in change. | *Hai della moneta?* Have you got any change? **3** (valuta) currency (pl currencies)

monolocale *s* studio flat (BrE), studio apartment (AmE)

monopattino *s* scooter

monopolio *s* monopoly (pl monopolies)

monotono, -a *agg* **1** (voce, lavoro) monotonous: *Aveva una voce così monotona che faceva addormentare.* His voice was so monotonous that it would send you to sleep. **2** (giornata, libro) boring: *Sono andata via presto perché la festa era molto monotona.* I left early because the party was very boring.

montagna *sostantivo e sostantivo plurale*
• *s* **1** mountain: *le montagne del Trentino* the Trentino mountains **2** (luogo di villeggiatura) mountains [sempre plurale]: *una settimana in montagna* a week **in the mountains** | *Domenica andiamo in montagna.* On Sunday we're going **to the mountains.** **3 una montagna di** piles of: *Ho una montagna di compiti da fare.* I've got piles of homework to do.
• **montagne russe** *s pl* roller coaster: *Abbiamo fatto due giri sulle montagne russe.* We had two rides on the roller coaster.

M

i Vuoi informazioni sulla differenza tra gli **aggettivi possessivi** in inglese e in italiano? Vedi la **guida grammaticale**.

montare *v* **1** (scaffale, tenda) to put up: *Mi ha dato una mano a montare gli scaffali.* He gave me a hand putting up the shelves. **2** (modellino, macchina) to assemble: *Qui dentro troverai tutte le istruzioni per montare il modellino di aereo.* In here you'll find all the instructions for assembling the model aeroplane. **3** (panna) to whip **4** **montare sulla scala/su un albero** to climb the ladder/a tree | **montare in bicicletta/moto** to get on a bicycle/a motorbike | **montare in macchina** to get in the car: *Montate in macchina, siamo in ritardo!* Get in the car, we're late! **5** **montarsi la testa** *Da quando ha vinto si è montato la testa.* He let victory go to his head. | *Adesso non montarti la testa!* Don't let it go to your head!

montatura *s* **1** (di occhiali) frames [sempre plurale] **2** (messinscena) stunt: *È tutta una montatura!* It's all a stunt!

monte *s* **1** mountain **2** (anche **Monte**) (nei nomi propri) Mount: *il monte Everest* Mount Everest **3** **andare a monte** to come to nothing: *Tutti i nostri progetti sono andati a monte.* All our plans came to nothing. | **mandare a monte qc a)** (progetto, piano) to put paid to sth: *Questo ha mandato a monte tutti i nostri piani.* That's put paid to all our plans. **b)** (rapina, complotto) to foil sth: *La polizia ha mandato a monte la rapina.* The robbery was foiled by the police. | **mandare a monte il matrimonio** to call off a wedding

Monte Bianco *s* **il Monte Bianco** Mont Blanc

montepremi *s* jackpot: *A quanto ammonta il montepremi?* How much does the jackpot come to?

montone *s* **1** (animale) ram **2** (carne) mutton **3** (pelle, pelliccia) sheepskin: *una giacca di montone* a sheepskin jacket

montuoso, -a *agg* mountainous ▶ vedi anche **catena**

monumento *s* **1** (opera architettonica) monument: *Firenze è una città ricca di monumenti.* Florence has a wealth of monuments. | **visitare i monumenti** to go sightseeing: *Abbiamo visitato i monumenti di Parigi.* We went sightseeing in Paris. **2** (statua) monument

moquette *s* fitted carpet

mora *s* (di rovo) blackberry (pl blackberries)

morale *aggettivo, sostantivo maschile* e *sostantivo femminile*

• *agg* **1** (etico) moral **2** (spirituale) emotional: *Una bella vacanza ti farà stare meglio sia sul piano morale che su quello fisico.* A nice holiday will make you feel better both emotionally and physically.

• *s masc* morale: *Il morale della squadra è molto alto.* The team's morale is very high. | **avere il morale a terra** to feel downhearted: *Ha il morale a terra.* He's feeling downhearted. | **essere su/giù di morale** to feel cheerful/down: *Oggi sono un po' giù di morale.* I'm feeling a bit down today.

• *s fem* **1** (etica) morality **2** (insegnamento) moral: *la morale della favola* the moral of the story

morbido, -a *agg* soft: *Questa crema lascia la pelle morbida.* This cream leaves your skin feeling soft. | *lenti a contatto morbide* soft contact lenses ▶ vedi nota FALSE FRIEND sotto **morbid**

morbillo *s* measles [sempre singolare]: *Andrea ha il morbillo.* Andrea's got the measles.

morbo *s* disease

mordere *v* to bite: *Il cane gli ha morso il polpaccio.* The dog bit his calf.

morire *v* **1** (smettere di vivere) to die: *Sua nonna è morta di infarto.* His grandmother died of a heart attack. | *Le piante sono morte per il freddo.* The plants died **from** the cold. | **morire soffocato** to suffocate | **morire dissanguato** to bleed to death **2** **morire di fame/di sete** (avere molta fame, molta sete) to be dying of hunger/of thirst: *Sto morendo di fame!* I'm dying of hunger! | **morire di caldo/freddo** (avere molto caldo, freddo) to be boiling/freezing: *Sulla spiaggia si moriva di caldo.* We were boiling on the beach. | *Qui si muore di freddo.* It's freezing here. | **da morire** *Mi piace da morire il cioccolato.* I'm crazy about chocolate. | *Fa caldo da morire.* It's unbearably hot. | *Mi sono vergognata da morire.* I could have died of embarrassment.

mormorare *v* **1** (bisbigliare) to murmur: *Mi ha mormorato qualcosa all'orecchio, ma non ho capito.* He murmured something in my ear, but I didn't catch it. **2** (borbottare) to mutter: *Parla più forte: non mormorare!* Speak up – don't mutter! **3** (sparlare) to be talking: *I vicini mormorano.* The neighbours are talking.

morsicare *v* to bite: *Il cane le ha morsicato una mano.* The dog bit her hand.

morso *s* bite | **staccare qc con un morso** to bite sth off: *Il cane gli ha staccato un dito con un morso.* The dog bit his finger off. | **dare un morso a qc** to bite into sth: *Ho dato un morso a una mela.* I bit into an apple.

mortale *aggettivo* e *sostantivo*

• *agg* **1** (essere) mortal **2** (incidente, dose) fatal: *C'è stato un incidente mortale sull'autostrada.* There was a fatal accident on the motorway. | *La dose era mortale.* The dose was fatal. | **di una noia mortale** deadly boring: *Questo film è di una noia*

mortale! This film is deadly boring!
• *s* mortal ► vedi anche **salto**

mortalità *s* mortality: *mortalità infantile* infant mortality

morte *s* **1** death: *La causa della morte non è ancora stata accertata.* The cause of death has not yet been determined. **2 a morte a)** (essere colpito, ferito) mortally **b)** (annoiarsi, spaventarsi) to death: *Mi sono annoiato a morte.* I was bored to death. | *Ci hai spaventati a morte.* You scared us to death. | *Quei due si odiano a morte.* Those two hate each other's guts. ► vedi anche **pena**

morto, -a *aggettivo* e *sostantivo*
• *agg* dead: *L'hanno trovato morto nel letto.* He was found dead in his bed. | *Entrambi i suoi genitori sono morti.* Both his parents are dead.
• *s* **1 morto** dead man (pl dead men) | **morta** dead woman (pl dead women) | **i morti** the dead **2 fare il morto** (sull'acqua) to float on your back **3 un morto di fame** a down-and-out ► vedi anche **natura**

mosaico *s* mosaic

Mosca *s* Moscow

mosca *s* fly (pl flies): *uno sciame di mosche* a swarm of flies | *Giorgio non farebbe male a una mosca.* Giorgio wouldn't hurt a fly.
mosca cieca blind-man's buff

moscerino *s* gnat

moschea *s* mosque

moscio, -a *agg* **1** (pelle) flabby **2** (abbattuto) fed up: *Ti ho visto moscio dopo il compito.* You looked fed up after the test. **3** (festa) dull: *La festa era veramente moscia.* The party was really dull. **4 avere l'erre moscia** to not be able to roll your "r"s: *Carlo ha l'erre moscia.* Carlo can't roll his "r"s.

mossa *s* **1** (movimento) move: *Lo ha steso con una mossa di karate.* She floored him with a karate move. **2** (negli scacchi, a dama) move: *L'ho battuto in tre mosse.* I beat him in three moves. **3 darsi una mossa** to get a move on: *Diamoci una mossa! È ora di andare!* Let's get a move on – it's time to go!

mosso, -a *agg* **1** (capelli) wavy: *Stai meglio con i capelli un po' mossi.* You look better with your hair slightly wavy. **2** (foto) blurred: *La foto è venuta mossa.* The photo turned out blurred. ► vedi anche **mare**

mostra *s* **1** (esposizione) exhibition | **essere in mostra** (collezione, vestiti) to be on show **2 mettersi in mostra** to draw attention to yourself: *Lo fa solo per mettersi in mostra.* He's only doing it to draw attention to himself.

mostrare *v* **1 mostrare qc a qn** to show sb sth: *Ci ha mostrato le foto delle vacanze.* She showed us her holiday photos. | *Ho mostrato il biglietto al controllore.* I showed the ticket to the inspector. **2** (manifestare) to show: *Solo Piero ha mostrato un po' di interesse.* Only Piero showed any interest.
mostrarsi *v rifl* (farsi vedere) to appear: *Era la prima volta che si mostrava in pubblico.* It was the first time he had appeared in public.

mostro *s* **1** (creatura fantastica) monster **2** (fenomeno) genius (pl geniuses): *Come fai a ricordarti tutto? Sei un mostro!* How do you manage to remember it all? You're a genius!

motivare *v* **1** (spiegare) to account for: *Le assenze da scuola devono essere motivate.* Absences from school must be accounted for. **2** (stimolare) to motivate: *Ho bisogno di qualcosa che mi motivi.* I need something to motivate me.

motivazione *s* **1** (spiegazione) explanation: *Non ha dato nessuna motivazione per il suo ritardo.* He's not given any explanation for being late. **2** (stimolo) motivation: *Gli manca la motivazione.* He lacks motivation.

motivo *s* **1** (ragione) reason: *Se per un qualsiasi motivo non puoi venire, fammelo sapere.* If you can't come for whatever reason, let me know. | *Non avevi nessun motivo di metterti a piangere.* You had no reason to start crying. | *senza alcun motivo* without any reason | **per quale motivo?** why?: *Per quale motivo non sei venuto?* Why didn't you come? | **per motivi di salute/di famiglia** for health/family reasons **2** (disegno) pattern: *una stoffa con un motivo a fiori* a fabric with a floral pattern **3** (melodia) tune: *Il cantante ha accennato un motivo al pianoforte.* The singer picked out a tune on the piano.

moto *sostantivo maschile* e *sostantivo femminile*
• *s masc* **1** (movimento) movement | **mettere in moto (qc)** to start (sth): *Adesso prova a mettere in moto.* Try starting it now. **2** (esercizio fisico) exercise: *Il moto fa bene alla salute.* Exercise is good for your health. | **fare del moto** to take exercise
• *s fem* motorbike: *Vado a scuola in moto.* I go to school **by motorbike**. | *Sai andare in moto?* Do you know how to ride a motorbike?

motociclismo *s* motorbike racing

motociclista *s* motorcyclist

motore *s* **1** (di auto, aereo) engine: *Lascia il motore acceso.* Leave the engine running. **2** (elettrico, di elettrodomestici) motor **3 motore di ricerca** search engine

Non sei sicuro sull'uso di make e do? Vedi alla voce fare.

motorino *s* **1** (ciclomotore) moped **2 motorino d'avviamento** starter motor

motoscafo *s* motorboat: *un giro in motoscafo* a motorboat ride

movimentato, -a *agg* (giornata, viaggio) eventful: *Abbiamo avuto una settimana movimentata.* We've had an eventful week.

movimento *s* **1** (gesto) movement: *Laura è molto agile nei movimenti.* Laura is very agile in her movements. | *Lo zaino gli impacciava i movimenti.* He was hampered by his rucksack. **2** (politico, letterario) movement: *il movimento per la pace* the peace movement **3** (andirivieni) activity: *Per le strade c'era un gran movimento.* The streets were bustling with activity. **4 fare movimento** to exercise: *Non fa più movimento: per questo è ingrassata.* She doesn't exercise any more. That's why she's put on weight.

mozzafiato *agg* (panorama) breathtaking, (thriller) gripping, (bellezza, scollatura) stunning

mozzicone *s* stub: *un mozzicone di sigaretta* a cigarette stub

mucca *s* cow

mucchio *s* **1** (cumulo) pile: *un mucchio di cianfrusaglie* a pile of knick-knacks **2 un mucchio di** (molto) loads of: *Ho un mucchio di cose da fare.* I've got loads of things to do. | *Mi è costato un mucchio di soldi.* It cost me loads of money.

muffa *s* mould (BrE), mold (AmE): *uno strato di muffa* a layer of mould | **fare la muffa** to go mouldy: *Il pane ha fatto la muffa.* The bread has gone mouldy.

mughetto *s* lily of the valley (pl lilies of the valley)

mulino *s* mill | **mulino a vento** windmill | **mulino ad acqua** watermill

mulo *s* mule | **essere testardo come un mulo** to be as stubborn as a mule

multa *s* fine: *una multa di 100 euro* a 100-euro fine | **prendere una multa** to get a fine: *Ho preso una multa.* I got a fine. | **fare la multa a qn** to fine sb: *Gli hanno fatto la multa per eccesso di velocità.* He was fined for speeding.

multinazionale *s* multinational

mummia *s* mummy (pl mummies)

mungere *v* to milk

municipale *agg* (consiglio, palazzo) si usa il sostantivo **town** in funzione di aggettivo: *Oggi si è riunito il consiglio municipale.* The town council met today. | *la discarica municipale* the town dump

municipio *s* town hall

munizioni *s pl* ammunition [sempre singolare]

muovere *v* **1** (mettere in movimento) to move: *Riesci a muovere il braccio?* Can you move your arm? | *Parla senza quasi muovere le labbra.* When he speaks, he barely moves his lips. **2** (spostare) to move: *Muovi la sedia un po' più in là.* Move the chair a bit further over.

muoversi *v rifl* **1** (fare un movimento) to move: *Se continui a muoverti non posso fare la foto.* If you keep on moving, I won't be able to take the picture. **2** (allontanarsi) to move: *Io da qui non mi muovo.* I'm not moving from this spot. **3** (sbrigarsi) to hurry up: *Muovetevi!* Hurry up!

mura *s pl* walls | **tra le mura domestiche** in the home

muratore *s* bricklayer

muro *s* wall: *Appoggia la scala al muro.* Lean the ladder **against** the wall. | **parlare al muro** to talk to a brick wall: *Mi ascolti o parlo al muro?* Are you listening to me, or am I talking to a brick wall? | **il muro di Berlino** the Berlin Wall

muscolare *agg* (dolore, tono) si usa il sostantivo **muscle** in funzione di aggettivo: *Soffre di dolori muscolari.* She suffers from muscle pains.

muscolo *s* muscle: *Iniziamo con qualche esercizio per scaldare i muscoli.* Let's start off with some exercises to warm up the muscles.

museo *s* museum: *il museo d'arte moderna* the Museum of Modern Art

museruola *s* muzzle | **mettere la museruola al cane** to muzzle the dog

musica *s* music [mai plurale]: *Prendo lezioni di musica.* I'm having music lessons. | *Ha molto orecchio per la musica.* She's got a good ear for music.

musicale *agg* **1** (strumento, talento) musical: *Carlo ha un grande talento musicale.* Carlo has great musical talent. **2** (lingua, voce) musical: *L'italiano è una lingua musicale.* Italian is a musical language.

musicista *s* **1** (compositore) composer **2** (esecutore) musician: *Luigi fa il musicista.* Luigi **is a** musician.

muso *s* **1** (di animale) muzzle **2** (di persona) mug: *Gli è arrivato un pugno dritto sul muso.* He got a punch right in the mug. | **mettere/tenere il muso a qn** to be in a huff with sb: *Mi ha messo il muso perché*

M

non l'ho invitato alla mia festa. He was in a huff with me because I didn't invite him to my party. **3** (di auto, aereo) nose

musone, -a *s* invece del sostantivo si usa di solito l'aggettivo **grumpy**: *Che musone tuo fratello!* Your brother's very grumpy!

musulmano, -a *agg* e *s* Muslim

muta *s* **1** (per sub) wet suit **2** (di insetto, serpente) moulting (BrE), molting (AmE) **3** (di cani) pack

mutande *s pl* **1** (da uomo) pants (BrE), briefs (AmE) **2** (da donna) knickers (BrE), panties (AmE): *un paio di mutande di pizzo* a pair of lace knickers

mutilato, -a *aggettivo* e *sostantivo*
- *agg* (corpo, braccio) mutilated: *È rimasto mutilato nello scoppio.* He was mutilated by the explosion.
- *s* disabled person (pl disabled people)

muto, -a *agg* **1** (malato) mute: *È muto dalla nascita.* He's been mute from birth. **2** (per emozione, paura) speechless: *È rimasta muta per l'orrore.* She was **speechless with** horror. **3** (consonante) silent: *In questa parola l'h è muta.* In this word the 'h' is silent.

mutua *s* l'equivalente inglese più vicino è **National Health Service** o **NHS**: *È iscritto alla mutua.* He's registered with the NHS.

mutuo *s* loan

N, n *s* N, n ▶ vedi Active Box **lettere dell'alfabeto** sotto **lettera**

nacchere *s pl* castanets

nailon ▶ vedi **nylon**

nanna *s* bye-byes (BrE), beddy-byes (AmE) | **andare a (fare la) nanna** to go bye-byes

nano, -a *s* dwarf (pl dwarves)

napoletano, -a *agg* e *s* Neapolitan

Napoli *s* Naples

narice *s* nostril

narrativa *s* fiction: *narrativa per ragazzi* children's fiction

narratore, -trice *s* **1** (in film, romanzo) narrator **2** (scrittore) writer

nascere *v* **1** (persona, animale) to be born: *Sono nato il 31 maggio.* I was born on the 31st of May. | *Quando nasce il tuo fratellino?* When will your baby brother be born? **2** (pianta, fiore) to appear: *Stanno nascendo le prime foglie.* The first leaves are appearing. | **3** (sole, luna) to rise: *Sta nascendo la luna.* The moon is rising. **4** (centro commerciale, industria) to spring up: *Ultimamente in questa zona sono nate molte industrie.* Many industries have sprung up recently in this area. **5** (fiume) to rise: *Da dove nasce il Po?* Where does the Po rise? **6** (problema, malinteso) to arise: *Non so come sia nato questo malinteso.* I don't know how this misunderstanding has arisen.

nascita *s* birth | **dalla nascita** from birth: *È cieco dalla nascita.* He's been blind from birth. ▶ vedi anche **data**

nascondere *v* **1** (tesoro, refurtiva) to hide: *Ha nascosto la lettera in un cassetto.* She hid the letter in a drawer. | *Si può sapere dove hai nascosto le chiavi?* May I ask where you've hidden the keys? | *La casa è nascosta dagli alberi.* The house is hidden by the trees. | *Non ho niente da nascondere.* I've got nothing to hide. **2** (sentimento, emozione) to hide: *Perché mi avete nascosto la verità?* Why did you **hide** the truth **from me**?

nascondersi *v rifl* to hide: *Dove ti eri nascosto?* Where were you hiding?

nascondiglio *s* hiding place

nascondino *s* **giocare a nascondino** to play hide-and-seek

nascosto, -a *agg* **1** (tesoro, sentiero) hidden: *I documenti sono al sicuro in un posto nascosto.* The documents are hidden in a safe place. **2** (sentimento, difetto) hidden: *Certamente deve avere delle qualità nascoste.* He must have some hidden qualities. | **tenere nascosto qc (a qn)** to keep sth hidden (from sb): *Mi ha tenuto nascosta la verità.* He kept the truth hidden from me. | **di nascosto** in secret: *Si incontrano di nascosto.* They meet in secret. | **di nascosto da qn** behind sb's back: *Andrea fuma di nascosto dai genitori.* Andrea smokes behind his parents' back.

nasello *s* hake

naso *s* **1** nose: *Soffiati il naso.* Blow your nose. | *Ho il naso chiuso.* My nose is blocked. | *Mi cola continuamente il naso.* My nose is constantly running. | **farsi rifare il naso** to have a nose job: *Si è fatta rifare il naso.* She had a nose job. | **ficcare il naso in qc** to stick your nose in sth: *Piantala di ficcare il naso negli affari miei!* Stop sticking your nose in my business! **2** **avere naso (per qc)** to have a nose (for sth): *Ha naso per gli affari.* He's got a nose for business.

nastro *s* **1** (di tessuto, carta) ribbon: *un nastro di velluto* a velvet ribbon **2** **nastro adesivo** adhesive tape | **nastro isolante** insulating tape | **nastro**

N

C'è una tavola con i numeri in inglese e spiegazioni sul loro uso nella guida grammaticale.

magnetico magnetic tape **3 nastro trasportatore** conveyor belt

Natale *s* Christmas: *Cosa fate a Natale?* What are you doing **at Christmas**? | *Cosa ti hanno regalato per Natale?* What did you get for Christmas? | **buon Natale!** Happy Christmas! (BrE), Merry Christmas! (AmE)

natale *agg* **La mia città/il mio paese natale è Siena.** I was born in Siena.

natalizio, -a *agg* si usa il sostantivo **Christmas** in funzione di aggettivo: *Per le strade si respira già un'atmosfera natalizia.* In the streets you can already feel the Christmas atmosphere.

nato *agg* (naturale) born: *È un attore nato.* He's a born actor.

natura *s* **1** (universo) nature **2** (carattere) nature: *Non è nella mia natura accettare ordini.* It's not in my nature to take orders. | **di/per natura** by nature: *È un ragazzo generoso di natura.* He's a generous boy by nature. | *I gatti sono curiosi per natura.* Cats are curious by nature. **3 natura morta** still life

naturale *agg* **1** (della natura) natural: *È morto per cause naturali.* He died of natural causes. **2** (non artificiale) natural: *Usa solo prodotti naturali.* She only uses natural products. **3** (ovvio) natural: *È naturale che si sia arrabbiata!* It's only natural that she should be angry! **4** (spontaneo) natural: *Cerca di assumere una posa naturale.* Try to look natural. | *Non so perché, ma mi viene naturale parlargli in inglese.* I don't know why, but speaking to them in English comes naturally to me.

naturalmente *avv* **1** (ovviamente) of course: *Non tutti, naturalmente, saranno d'accordo.* Not everyone will agree, of course. **2** (come risposta) of course: – *Ci hai pensato bene?* – *Naturalmente!* "Have you thought it through properly?" "Of course!"

naufragare *v* **1** (imbarcazione) to be wrecked: *Il battello è naufragato al largo di Brindisi.* The boat was wrecked off the coast of Brindisi. **2** (persona) to be shipwrecked **3** (impresa, progetto) to fail: *Il nostro piano è miseramente naufragato.* Our plan has failed miserably.

naufragio *s* shipwreck [mai plurale]

nausea *s* nausea | **avere la nausea** to feel sick | **far venire la nausea a qn** to make sb feel sick: *Questo odore mi fa venire la nausea.* This smell makes me feel sick. | **fino alla nausea a)** (ripetere, ascoltare) ad nauseam: *Me l'ha ripetuto fino alla nausea.* He's repeated it to me ad nauseam. **b)** (mangiare, bere) until you feel sick: *Ho mangiato cioccolatini fino alla nausea.* I kept eating chocolates until I felt sick.

nauseare *v* **nauseare qn** to make sb sick: *Il tuo comportamento mi ha proprio nauseato!* Your behaviour really made me sick!

nave *s* ship: *Viaggeremo in nave.* We'll be travelling **by ship**. | **nave da crociera** cruise ship | **nave da guerra** warship

navetta *s* **1** (bus, treno) shuttle: *Una navetta collega il terminal dell'aeroporto al centro città.* A shuttle links the airport terminal with the city centre. **2 navetta spaziale** space shuttle

navicella *s* **navicella (spaziale)** (space) shuttle

navigare *v* **1** (per mare) to sail **2 navigare su Internet** to surf the Net: *Navigando su Internet ho scoperto un nuovo sito musicale.* I discovered a new music site while surfing the Net.

navigazione *s* **1** (per mare) sailing: *Massimo ha una passione per la navigazione.* Massimo has a passion for sailing. **2** (su Internet) navigation: *La navigazione all'interno del sito è molto semplice.* Navigation within the website is very simple.

nazionale *aggettivo e sostantivo*

- *agg* national: *Da noi il calcio è lo sport nazionale.* Football is our national sport.
- *s* national team | **la nazionale di calcio** the national football team

nazionalità *s* nationality (pl nationalities): *Sua madre è di nazionalità marocchina.* Her mother **has** Moroccan nationality.

ne *pronome e avverbio*

- *pron* ▶ vedi riquadro
- *avv* **1** (da un luogo) from there: *Ne vengo proprio adesso.* I've just come from there. | **andarsene** to go: *Adesso devo proprio andarmene.* I really must be going now. **2 uscirne** (da una situazione) to get out of it: *È una brutta situazione, non so come uscirne.* It's a messy situation – I don't know how to get out of it.

né *cong* **1 né ... né ...** neither ... nor ...: *Stefano non è né grasso, né magro.* Stefano's neither fat nor thin. | *Alla festa non ci saremo né io né Ugo.* Neither I nor Ugo will be at the party. **2** (e neppure) nor: *Non ho visto quel film, né lo voglio vedere.* I haven't seen that film, nor do I want to.

neanche, nemmeno, neppure *avverbio e congiunzione*

- *avv* **1** (dopo una negazione) si usa **neither** se in inglese non ci sono altre negazioni nella frase e **either** se c'è un'altra negazione: *Neanche a me è piaciuto quel film.* I didn't like that film either. | – *Io non ho fame, e tu?* – *Neanch'io.* "I'm not hungry – what about you?" "Me neither." **2** (per rafforzare una negazione) not even: *Non me ne ha dato neanche uno.* He hasn't even given me one of them. | *Neanche un bambino avrebbe*

ne *pronome*

1 DI LUI, DI LEI, DI LORO

Si usa il pronome personale preceduto dalla preposizione richiesta dal verbo:

Non lo conosco di persona, ma ne ho sentito parlare. I don't know him personally, but I've heard **of him**. | *È un'ottima segretaria, non possono farne a meno.* She's an excellent secretary, and they can't manage **without her**.

2 DI CIÒ, DA CIÒ

Si usa il pronome personale neutro **it** preceduto dalla preposizione richiesta dal verbo. Nota che talvolta il pronome è sottointeso:

Non ne so niente. I don't know anything **about it**. | *Ne ho abbastanza!* I've had enough! | *Me ne sono già pentita.* I already regret it. | *Non ne ho la minima idea.* I haven't the slightest idea. | *Hai voluto dirglielo a tutti costi e adesso, che cosa ne hai ricavato?* You insisted on telling him but what have you got **out of it**? | *Ne deduco che non sei d'accordo con me.* I gather you don't agree with me.

3 RIFERITO A UNA QUANTITÀ, UN NUMERO

– Vuoi dell'altro caffè? – No grazie, ne ho ancora. "Would you like some more coffee?" "No thanks, I've still got some." | *Avevo molti fumetti, ma me ne sono rimasti pochi.* I used to have lots of comics, but I've only a few left now.

4 PER SOTTOLINEARE

Certo che ne hai di coraggio! You've certainly got some nerve! | *Non me ne importa niente di lui.* I don't give a damn about him.

reagito così. Not even a child would have reacted like that. | *Se n'è andata senza neanche salutare.* She went off without even saying goodbye. | **neanche per sogno/idea!** no way!: *– Mi presti la tua bici? – Neanche per sogno!* "Will you lend me your bike?" "No way!"

• *cong* si usa **not even**, ma la posizione della negazione nella frase dipende dal contesto: *Non lo vorrei neanche se me lo regalassero.* I wouldn't want it even if they gave it to me. | *Neanche correndo avrei fatto in tempo.* I wouldn't have made it on time even if I'd run. | *Neanche volendo avrebbe potuto aiutarlo.* Even if she'd wanted to, she wouldn't have been able to help him. | **neanche a farlo apposta** as luck would have it

nebbia *s* fog: *Si è alzata la nebbia.* The fog has lifted.

necessario, -a *aggettivo e sostantivo*

• *agg* necessary: *Non è necessario che tu sia presente.* It's not necessary for you to be there. | *Era proprio necessario dirglielo?* Was it really necessary to tell him? | *Ho appena il tempo necessario per preparare i bagagli.* I've hardly got the time I need to pack my bags. | *Che documenti sono necessari?* What documents do I need?

• **necessario** *s* **il necessario** everything you need: *Portate tutto il necessario per il campeggio.* Take everything you need for the camping trip. | *Ho portato solo il necessario.* I've only brought what I really need. | **lo stretto necessario** the bare essentials

necessità *s* **1** (bisogno) need: *Non capisco la necessità di correre così.* I don't understand the need to run like that. | **in caso di necessità** if necessary: *In caso di necessità, a chi mi devo rivolgere?* If necessary, is there someone I can ask? | *"In caso di necessità rivolgersi al seguente numero di telefono."* "For further information, please call the following number." | **per necessità** out of necessity **2** (esigenza vitale) essential: *Il caffè è un piacere, non è una necessità.* Coffee is one of life's pleasures but it's not an essential.

negare *v* **1** (non ammettere) to deny: *Nega di averlo saputo.* He denies having known about it. | *Non posso negare di esserci rimasta molto male.* I can't deny that I came out of it quite badly. **2** (non concedere) to deny: *Non puoi negarmi questo favore.* You can't deny me this favour. | *Mi ha negato il permesso di uscire.* He denied me permission to go out.

negativo, -a *aggettivo e sostantivo*

• *agg* **1** (risposta, cenno) negative: *Abbiamo ricevuto una risposta negativa.* We received a negative response. **2** (giudizio, esito) negative: *Il primo impatto è stato negativo.* The first impression was negative. | *Il lato negativo è che non ho più un minuto libero.* On the negative side, I no longer have a spare minute. **3** (numero) negative

• **negativo** *s* negative

negligente *agg* careless: *Marta è un po' negligente nello studio.* Marta's a bit careless in her studies.

negoziante *s* shopkeeper (BrE), storekeeper (AmE)

negoziare *v* to negotiate | **negoziare la pace** to negotiate peace

negozio *s* shop (BrE), store (AmE): *un negozio di abbigliamento* a clothes shop

nemico, -a *aggettivo e sostantivo*

• *agg* enemy: *Sono stati abbattuti tre aerei nemici.* Three enemy aircraft were shot down.

• *s* enemy (pl enemies): *Si è fatto molti nemici.* He has made a lot of enemies.

nemmeno ► vedi **neanche**

neo *s* **1** (sulla pelle) mole **2** (difetto) flaw

neon *s* **luce/lampada al neon** neon light

N

Vuoi ordinare un hamburger in inglese? Consulta la **guida alla comunicazione** in fondo al dizionario.

neonato, -a *s* newborn baby (pl newborn babies)

neozelandese *aggettivo e sostantivo*
- *agg* New Zealand
- *s* New Zealander ▶ Si usa anche il termine informale **Kiwi**.

neppure ▶ vedi **neanche**

neretto *s* bold (BrE), boldface (AmE): *Il titolo è in neretto.* The title is in bold.

nero, -a *aggettivo e sostantivo*
- *agg* **1** (periodo, giornata) bad: *Oggi la prof è di umore nero.* Today the teacher's in a really bad mood. | *Oggi è stata una giornata nera.* Today's been a bad day. **2** (razza, musica) black
- *s* (persona) black person (pl black people) ▶ vedi Active Box **colori** sotto **colore**

nervo *sostantivo e sostantivo plurale*
- *s* nerve
- **nervi** *s pl* **avere i nervi** to be on edge | **ho/hai ecc. i nervi a pezzi** my/your etc nerves are shattered | **far venire i nervi a qn** to get on sb's nerves: *Quando fai così mi fai venire i nervi.* You get on my nerves when you act that way. | **dare sui nervi a qn** to get on sb's nerves: *Questo martellare continuo comincia a darmi sui nervi.* This constant hammering is starting to get on my nerves.

nervoso, -a *aggettivo e sostantivo*
- *agg* **1** (sistema, esaurimento) nervous: *È sull'orlo di un esaurimento nervoso.* She's on the verge of a nervous breakdown. **2** (agitato) nervous: *Ero così nervoso all'esame!* I was so nervous during the exam! | *Il caffè mi rende nervoso.* Coffee makes me jumpy. **3** (irritabile) on edge: *Scusa se ti ho trattato male prima, ma oggi sono un po' nervoso.* Sorry if I was rude to you earlier, but I'm a bit on edge today. **4** (dita, mani) sinewy
- **nervoso** *s* **far venire il nervoso a qn** to get on sb's nerves: *Quel rubinetto che gocciola mi sta facendo venire il nervoso.* That dripping tap is getting on my nerves.

nesso *s* connection: *Tra i due avvenimenti non c'è alcun nesso.* There's no connection between the two events.

nessuno, -a *agg e pron* ▶ vedi riquadro

netto, -a *agg* **1** (peso, guadagno) net: *Sulla confezione è riportato anche il peso netto.* The box also has the net weight written on it. **2** (stipendio) after tax: *Ho guadagnato 1.500 euro netti.* I've earned 1,500 euros after tax. **3** (immagine, impressione) distinct: *Ho la netta sensazione che stia per piovere.* I have the distinct impression it's going to rain. **4** (rifiuto) flat, (vittoria) clear: *La Ferrari è in netto vantaggio.* The Ferrari has a clear lead.

neutrale *agg* neutral: *La Svizzera è un paese neutrale.* Switzerland is a neutral country.

---

nessuno -a

AGGETTIVO

1 Quando in inglese non ci sono altre negazioni nella frase si usa **no** e quando c'è un'altra negazione **any**:

Non c'è nessuna fretta. There's no hurry/There isn't any hurry. | *Non lo farei per nessun motivo.* I wouldn't do it for any reason. | *senza nessuno sforzo* without any effort | *Non hai nessuna idea?* Don't you have any idea?

2 **da nessuna parte** si traduce **anywhere**:

Non l'ho visto da nessuna parte. I haven't seen him anywhere.

PRONOME

1 Riferito a *un insieme di cose o persone* si traduce **none** se in inglese non ci sono altre negazioni nella frase e **any** con un'altra negazione:

C'erano molti panini ma non ne è rimasto nessuno. There were lots of rolls, but there aren't any left/there are none left. | *Nessuna di noi era al corrente.* None of us knew about it.

2 *nessuno tra due* si traduce **neither** se in inglese non ci sono altre negazioni nella frase e **either** con un'altra negazione:

Nessuno di noi due lo sapeva. Neither of us knew. | *Non l'ha detto a nessuno di noi due.* She didn't tell either of us.

3 Nel senso di *nessuna persona* si traduce **no-one** o **nobody** se in inglese non ci sono altre negazioni nella frase e **anyone** o **anybody** con un'altra negazione:

Non ho visto nessuno. I haven't seen anybody. | *Non ha chiamato nessuno.* No-one called.

---

neutro, -a *agg* **1** (colore, tono) neutral **2** (genere, pronome) neuter

neve *s* snow: *La neve era alta trenta centimetri.* The snow was **thirty centimetres deep**. | *A Cortina c'è un metro di neve.* The snow is a metre deep in Cortina.

nevicare *v* to snow: *Sta nevicando.* It's snowing.

nevicata *s* snowfall

nevrotico, -a *aggettivo e sostantivo*
- *agg* (persona) neurotic: *Sua madre è una donna nevrotica.* His mother is a neurotic woman.
- *s* anche se esiste il sostantivo **neurotic**, si usa più spesso l'aggettivo: *Smettila di fare la nevrotica.* Stop being so neurotic. | *Non sopporto i nevrotici.* I can't stand neurotic people.

nido *s* **1** (di uccelli) nest | **fare il nido** to make a nest **2** (asilo) nursery (pl nurseries): *Andrea va al nido.* Andrea goes to nursery.

niente *pronome, aggettivo e avverbio*
- *pron e agg* ▶ vedi riquadro
- *avv* **per niente** at all: *Non è per niente scemo.* He's not at all stupid. | **niente affatto!** you must be joking!: – *Paghi tu per tutti?* – *Niente affatto!* "Are you paying for everyone?" "You must be joking!" | **niente male** not bad at all: *Il film non era niente male.* The film wasn't bad at all.

Nilo *s* **il Nilo** the Nile

ninnananna *s* lullaby (pl lullabies)

nipote *s* **1** (di nonni) (maschio) grandson, (femmina) granddaughter | **nipoti** (maschi e femmine) grandchildren: *Mia nonna ha quattro nipoti: un maschio e tre femmine.* My grandmother has four grandchildren: one boy and three girls. **2** (di zii) (maschio) nephew, (femmina) niece | **nipoti** (maschi e femmine) nieces and nephews: *Quanti nipoti hai?* How many nieces and nephews do you have?

nitido *agg* (foto, immagine) clear: *L'immagine è risultata poco nitida.* The image isn't very clear.

Nizza *s* Nice

no *avverbio e sostantivo*
- *avv* **1** (come negazione) no: – *Ti è piaciuto il libro?* – *No.* "Did you like the book?" "No." | *No, grazie.* No, thanks. | *Non ho potuto dire di no.* I couldn't say no. **2** (al posto di frase negativa) si usa **not** oppure la forma contratta **n't** in combinazione con un ausiliare: *Lo trovi divertente? Io no.* Do you think it's funny? I don't. | *Verrà? Lui dice di no.* Will she come? He says she won't. | *Credo di no.* I don't think so. **3** (in un'alternativa) not: *Vi siete divertiti o no?* Did you enjoy yourselves or not? | *Che ti piaccia o no, me ne vado lo stesso al mare.* I'm going to the seaside anyway, whether you like it or not. | *un giorno sì e uno no* every other day **4** **no?** (dopo un'affermazione) Viene tradotto con l'ausiliare e da **not** seguito dal soggetto: *Laura è simpatica, no?* Laura's nice, isn't she? | *Siamo tutti d'accordo, no?* We all agree, don't we? | **se no** or: *Sbrigati se no faremo tardi.* Hurry up or we'll be late. | *Devo tornare presto se no saranno guai.* I have to get back early, or there'll be problems.
- *s* no (pl noes): *Gli ho risposto un bel no.* I answered with a clear no. | *Hanno vinto i no.* The noes won.

nobile *aggettivo e sostantivo*
- *agg* noble
- *s* (uomo) nobleman (pl noblemen), (donna) noblewoman (pl noblewomen) | **i nobili** the nobles

nobiltà *s* nobility

nocciola *sostantivo e aggettivo*
- *s* (frutto) hazelnut
- *agg* hazel: *capelli castani e occhi nocciola* brown hair and hazel eyes

niente

PRONOME

1 NESSUNA COSA

Se in inglese non ci sono altre negazioni nella frase si usa **nothing** e con un'altra negazione **anything**:

Non mi serve niente. I don't need anything. | *Non hai mangiato niente.* You haven't eaten anything. | *Non è niente di serio, solo un taglietto.* It's nothing serious, just a little cut. | *Se n'è andato senza dir niente.* He went off without saying anything. | *Non hai notato niente di strano?* Haven't you noticed anything strange?

2 UNA COSA DA POCO

Si usa generalmente **nothing**:

Se la prende per niente. He gets annoyed about nothing. | *Queste scarpe non costano niente.* These shoes cost next to nothing. | – *Grazie del regalo.* – *Figurati, non è niente.* "Thanks for the present." "Not at all – it was nothing". | – *Ti sei fatto male?* – *No, non è niente.* "Have you hurt yourself?" "No, it's nothing".

3 ESPRESSIONI

non fa niente it doesn't matter | – **Grazie!** – **Di niente!** "Thanks!" "You're welcome!" | **non ci posso far niente** I can't do anything about it | **non avere niente a che fare con qn/qc** to have nothing to do with sb/sth | **una cosa da niente** a trivial thing

AGGETTIVO

Niente paura, è tutto a posto. Don't worry, everything's okay. | *Niente scuse: devi venire.* No excuses – you've got to come.

nocciolina *s* **nocciolina (americana)** peanut: *un pacchetto di noccioline tostate* a packet of roasted peanuts.

nocciolo *s* **1** (di frutto) stone **2** (di problema) heart: *il nocciolo della faccenda* the heart of the matter

nocciòlo *s* hazel

noce *sostantivo femminile e sostantivo maschile*
- *s fem* walnut | **noce di cocco** coconut
- *s masc* (albero, legno) walnut

nocivo, -a *agg* (gas, rifiuti) harmful: *I cibi in scatola possono contenere sostanze nocive.* Tinned food can contain harmful substances. | **nocivo alla salute** bad for your health: *Il fumo è nocivo alla salute.* Smoking is bad for your health.

nodo *s* **1** (legatura) knot: *Si è disfatto il nodo.* The knot has come undone. | **fare un nodo a qc** to tie a knot in sth: *Ho fatto un doppio nodo ai lacci delle scarpe.* I tied a double knot in my laces. **2** **avere un**

N

nodo alla gola to have a lump in your throat **3 nodo ferroviario/stradale** railway/road junction | **nodo scorsoio** slipknot

noi *pron* **1** (come soggetto) we ▶ Quando è usato dopo il verbo essere, **noi** si traduce **us**: *Vai pure, noi ti aspettiamo qui.* Go on then, we'll wait for you here. | *Noi non lo sapevamo.* We didn't know. | *Apri, siamo noi.* Open up, it's us. | *Non siamo stati noi.* It wasn't us. | **noi stessi/stesse** *Lo abbiamo visto noi stessi.* **We** saw it **ourselves**. **2** (dopo preposizione) us: *Vieni con noi.* Come with us. | *Loro sono più di noi.* There are more of them than us. **3** (senza verbo) us: *Ma chi, noi?* Who, us?

noia *s* **1** (monotonia) boredom: *una noia mortale* mind-numbing boredom **2** (persona, cosa noiosa) bore: *Il film era una noia.* The film was a bore. | *Che noia il tuo amico!* Your friend's such a bore! **3 dare noia a qn** to annoy sb: *Mi dà noia la luce.* The light is annoying me. **4** (problema) trouble [sempre singolare]: *Non voglio noie.* I don't want any trouble. | **avere delle noie (con qn)** to be in trouble (with sb): *Ha già avuto delle noie con la giustizia.* He has already been in trouble with the law.

noioso, -a *agg* **1** (monotono) boring: *Due ore di storia sono davvero noiose.* Double period of history is really boring. | *Lo spettacolo era noioso da morire.* The show was deadly boring. **2** (fastidioso) annoying: *Ho un noioso mal di testa.* I have an annoying headache.

noleggio *s* hire | **prendere qc a noleggio** to rent sth, to hire sth: *Vogliamo prendere a noleggio un camper quest'estate.* We'd like to rent a camper van this summer. | *I pattini, li prendiamo a noleggio.* We'll hire the skates.

> Anche se **to hire** e **to rent** sono in genere equivalenti; in generale si preferisce usare **to hire** quando si prende a noleggio qualcosa per un breve periodo e **to rent** quando si noleggia qualcosa per un periodo più prolungato. Nota però che per dire *Ho preso a noleggio una videocassetta* si usa **I rented a video**.

nome *s* **1** (di battesimo) name: *Scrivete qui il vostro nome e cognome.* Write your name and surname here. | *Qual è il tuo nome?* What's your name? | *Mi ha chiamato per nome.* He called me **by name**. | *una ragazza di nome Gemma* a girl **called** Gemma | **conoscere qn di nome** to know sb by name: *La conosco solo di nome.* I only know her by name. **2 nome proprio/comune** proper/common noun **3 a nome di** on behalf of: *Vi ringrazio anche a nome dei miei genitori.* I'd also like to thank you on behalf of my parents. | **farsi un nome** to make a name for yourself: *Carlo si è fatto un nome come medico.* Carlo's made a name for himself as a doctor.

nomina *s* appointment

nominare *v* **1** (citare) to name: *Si tratta di una persona che non voglio nominare.* It concerns someone who I'd prefer not to name. | **sentire nominare qn/qc** to hear of sb/sth: *Non l'ho mai sentita nominare.* I've never heard of her. | *La matematica? Non voglio neanche sentirla nominare.* Don't even mention the word "maths" to me! **2** (eleggere) to appoint: *È stato nominato presidente.* He was appointed president.

non *avv* **1** (con i verbi) si usa **not** oppure la forma contratta **n't** in combinazione con un ausiliare: *Per favore, non fumare in casa.* Please do **n't** smoke in the house. | *Non sono sicura.* I'm not sure. | *– Luca è già rientrato? – Non che io sappia.* "Is Luca back yet?" "Not as far as I know." **2** (con aggettivi, avverbi) not: *È un tipo un po' aggressivo ma non violento.* He's a bit aggressive, but not violent. | *Vieni, ma non troppo tardi.* Come, but not too late. **3** Se nella frase c'è già un'altra negazione, **non** non si traduce: *Non ci sono mai stata.* I've never been there. | *Non ho nessuna voglia di andarci.* I've no desire to go. | *Non abbiamo sentito nulla.* We heard nothing. **4 non ... che** (con valore limitativo) only: *Se vuoi che venga con te, non hai che da dirlo.* If you want me to come with you, you only have to say so. | *Se è stanca, non ha che da restare a casa.* If she's tired, all she's got to do is stay at home.

nonno, -a *s* **nonno** grandfather, grandad [più informale] | **nonna** grandmother, granny [più informale] | **nonni** (nonno e nonna) grandparents

nono, -a *agg, pron* e *s* ninth ▶ vedi Active Box **numeri** sotto **numero**

nonostante *preposizione* e *congiunzione*

- *prep* despite: *Nonostante la neve siamo partiti.* We left despite the snow.
- *cong* although, even though: *Nonostante sia tardi, non ho sonno.* Although it's late, I'm not tired. | *Tiziana è venuta a scuola nonostante sia molto raffreddata.* Tiziana came to school even though she's got a bad cold.

nord *s* north ▶ vedi Active Box **punti cardinali** sotto **punto**

nordest *s* north-east ▶ vedi Active Box **punti cardinali** sotto **punto**

nordico, -a *agg* (paese, lingua) Nordic

nordovest *s* north-west ▶ vedi Active Box **punti cardinali** sotto **punto**

norma *s* **1** (regola) rule: *Nello sport ci sono precise norme di gioco.* In sport there are precise rules of play. | **norme di**

sicurezza safety regulations | **a norma (di legge)** up to (legal) standards: *Le uscite di sicurezza non erano a norma.* The emergency exits weren't up to legal standards. **2** (normalità) normal: *temperature sopra la norma* temperatures above normal | *Il traffico è tornato nella norma.* The traffic has returned to normal. | **di norma** usually: *Di norma non bevo mai caffè.* I don't usually drink coffee.

normale *aggettivo* e *sostantivo*
- *agg* normal: *È del tutto normale.* It's entirely normal.
- *s* normal: *Oggi fa un caldo fuori del normale.* It's hotter than normal today.

norvegese *agg* e *s* Norwegian

Norvegia *s* **la Norvegia** Norway

nostalgia *s* nostalgia | **avere nostalgia di casa** to be homesick | **avere nostalgia di qc/qn** to miss sth/sb: *Ho nostalgia della mia famiglia.* I miss my family.

nostro, -a *aggettivo* e *pronome*
- *agg* our: *i nostri amici* our friends | *nostra madre* our mother | *a casa nostra* at our house | **un nostro amico/cugino ecc.** a friend/cousin etc of ours | **alcuni nostri amici/cugini ecc.** some friends/cousins etc of ours | **essere nostro** to be ours: *La macchina rubata era nostra.* The stolen car was ours.
- *pron* **il nostro/la nostra/i nostri/le nostre** ours: *La squadra che ha vinto il torneo è la nostra.* Ours is the team that won the tournament. | *Le tue idee sono molto diverse dalle nostre.* Your ideas are very different from ours. | **i nostri** (genitori) our parents: *Ci vengono a prendere i nostri.* Our parents are coming to fetch us.

nota *s* **1** (in musica) note **2** (appunto) note | **prendere nota di qc** to make a note of sth: *Prendi nota del numero di telefono.* Make a note of the phone number. **3** (a scuola) non c'è una traduzione in inglese; per spiegare cos'è puoi dire **a note in the register because of bad behaviour**.

notaio *s* notary (pl notaries): *Mio cugino fa il notaio.* My cousin **is a** notary.

notare *v* **1** (accorgersi di) to notice: *L'orlo è un po' scucito ma non si nota.* The hem has come unstitched slightly but you wouldn't notice. | *Hai notato come arrossisce quando la guardi?* Have you noticed how she blushes when you look at her? | **farsi notare** to get yourself noticed: *Fa così solo per farsi notare.* He acts like that just to get himself noticed. **2** (considerare) to note: *Nota che io non ne sapevo niente.* Please note that I didn't know anything about it. | **far notare qc a qn** to point sth out to sb: *Se non me lo avessi fatto notare tu, non ci avrei pensato.* If you hadn't pointed it out to me, I wouldn't have thought about it. | *Gli ho fatto notare che si stava sbagliando.* I pointed out to him that he was wrong.

notevole *agg* **1** (grande) considerable: *Il nuovo professore di italiano ha una notevole esperienza.* The new Italian teacher has considerable experience. **2** (degno di nota) remarkable: *Quella ragazza è davvero notevole: ha già vinto due medaglie d'oro!* That girl is really remarkable. She's already won two gold medals!

notizia *s* news [sempre singolare] ▶ Per riferirsi a una singola notizia si usa **a piece of news**: *una bella notizia* good news | *Ci sono cattive notizie.* There's some bad news. | *Ho appena ricevuto una notizia preoccupante.* I've just received a very worrying piece of news. | **avere notizie di qn** to have news of sb: *Non ho sue notizie da un mese.* I haven't had any news of him for a month. | **fare notizia** to cause a stir: *Il suo abito di Versace a fatto notizia.* Her Versace dress caused a stir. ▶ vedi nota FALSE FRIEND sotto **notice**

notiziario *s* news [sempre singolare]: *L'ho sentito al notiziario della sera.* I heard it **on the evening news**.

noto, -a *agg* (conosciuto) well-known: *un tipo noto per la sua stravaganza* a guy well-known for his extravagance | *All'epoca era un noto cantante.* He was a well-known singer at the time. | **rendere noto qc** to make sth known: *Non è ancora stato reso noto il nome del vincitore.* The name of the winner hasn't yet been made known.

notte *s* night: *Abbiamo ballato tutta la notte.* We danced all night. | *la notte scorsa* last night | *durante la notte* during the night | **di notte** at night: *Ogni tanto studio anche di notte.* I occasionally study at night. | *Parigi di notte* Paris by night | **le due/tre di notte** two/three o'clock in the morning | **buona notte!** goodnight! | **passare la notte in bianco** to have a sleepless night ▶ vedi anche **giorno**

notturno, -a *agg* **1** (servizio, autobus) si usa il sostantivo **night** in funzione di aggettivo: *Il servizio notturno inizia alle 23.30.* The night service starts at 23.30. **2** (spettacolo, visita) si usa il sostantivo **evening** in funzione di aggettivo: *uno spettacolo notturno* an evening show **3** (animale) nocturnal

novanta *agg* e *s* ninety ▶ vedi Active Box **numeri** sotto **numero**

novantenne *agg* e *s* ninety-year-old

novantesimo, -a *agg* e *s* ninetieth ▶ vedi Active Box **numeri** sotto **numero**

novantina *agg* about ninety: *una novantina di chilometri* about ninety kilometres

nove *agg* e *s* nine ▶ vedi Active Box **numeri** sotto **numero**

N

Novecento *s* **il Novecento** the twentieth century: *uno scrittore del Novecento* a twentieth-century writer

novecento *agg* e *s* nine hundred ▶ vedi Active Box **numeri** sotto **numero**

novembre *s* November ▶ vedi Active Box **mesi** sotto **mese**

novità *s* **1** (notizia nuova) news [sempre singolare]: *Ci sono novità?* Is there any news? | *Le ho raccontato le novità.* I told her the news. **2 l'ultima novità** (prodotto nuovo) the latest: *l'ultima novità in fatto di telefonini* the latest in mobile phones **3** (fatto insolito) news [sempre singolare]: *Non è una novità!* That's hardly news!

nozione *s* **1** (percezione) sense: *Ho perso la nozione del tempo.* I've lost **all sense of** time. **2** (conoscenza) knowledge [mai plurale]: *Per questo corso sono necessarie le nozioni di base di inglese.* A basic knowledge of English is essential for this course.

nozze *s pl* wedding | **nozze d'argento/d'oro** silver/golden wedding ▶ vedi anche **viaggio**

nubile *agg* single

nuca *s* nape (of your neck)

nucleare *agg* nuclear: *l'era nucleare* the nuclear age ▶ vedi anche **energia**

nucleo *s* **1** (in fisica) nucleus (pl nuclei) **2** (centro) core: *Questo è il nucleo del problema.* That's the core of the problem. **3** (gruppo) group: *nucleo familiare* family group

nudo, -a *agg* **1** (persona) naked: *mezzo nudo* half-naked **2** (braccia, spalle) bare | **a piedi nudi** barefoot ▶ vedi anche **occhio**

nulla *s* ▶ vedi **niente**

nullità *s* (persona) nobody (pl nobodies): *Mi tratta come se fossi una nullità.* He treats me like a nobody.

nullo, -a *agg* **1** (documento, contratto) null and void: *Il contratto è nullo perché manca la firma.* The contract is null and void because it hasn't been signed. **2** (scheda, voto) spoilt: *Ci sono state molte schede nulle.* There were a lot of spoilt ballot papers. **3** (inesistente) nonexistent: *Le speranze di salvarlo sono praticamente nulle.* Hopes of saving him are practically nonexistent.

numerale *agg* e *s* numeral

numerazione *s* numbers [plurale]

numerico, -a *agg* (calcolo, controllo) numerical

numero *s* **1** (cifre) number: *Ti do il mio numero di telefono.* I'll give you my phone number. | *Quando la linea è libera, fare il numero.* When the line's free, dial the number. | *Scusi, ho sbagliato numero.* Sorry, I've dialled the wrong number. | **numero pari/dispari** even/odd number | **numero civivo** (house) number **2** (di scarpe) size: *Che numero porti?* What size do you take? **3** (di giornale) edition, (di rivista) issue **4** (quantità) number: *un certo numero di persone* a certain number of people | *Il numero dei posti a sedere è limitato.* The number of seats is limited. **5** (di spettacolo) turn: *un numero comico* a comic turn **6 dare i numeri** to act crazy ▶ vedi Active Box **numeri**

numeroso, -a *agg* **1** (molteplice) numerous: *Ho ricevuto numerose telefonale.* I received numerous phone calls. | *in numerosi casi* in numerous cases **2** (grande) large: *Siamo una classe numerosa.* We're a large class. | *Il pubblico allo stadio era molto numeroso.* There was a large crowd at the stadium.

nuocere *v* **nuocere a qc/qn** to harm sth/sb: *Non fare mai nulla che possa nuocere a te o agli altri.* Never do anything which might harm either yourself or others. | **nuocere alla salute** to be bad for your health: *Fumare nuoce gravemente alla salute.* Smoking is bad for your health.

nuora *s* daughter-in-law (pl daughters-in-law)

nuotare *v* to swim: *Sai nuotare?* Can you swim? | **nuotare bene/male** to be a good/bad swimmer | **nuotare a stile libero** to do (the) front crawl | **nuotare a dorso/rana/farfalla** to do (the) backstroke/breaststroke/butterfly

nuoto *s* **1** (sport) swimming: *Sto frequentando un corso di nuoto.* I'm going to swimming lessons. **2 a nuoto** *Sono arrivata a nuoto fino alla l'isolotto.* I **swam** as far as the island. | *Abbiamo attraversato il fiume a nuoto.* We **swam across** the river.

Nuova Zelanda *s* **la Nuova Zelanda** New Zealand

nuovo, -a *agg* **1** (molto recente) new: *È arrivata una nuova compagna.* A new girl has arrived. | *Sono nuova della zona.* I'm **new to** the area. | *Non metti più questa maglia? Ma se è nuova!* Don't you wear this sweater any more? It's brand new! **2** (ulteriore) further: *Aspetto che mi diano nuove istruzioni.* I'm waiting for them to give me further instructions. | *La polizia ha proceduto a nuovi arresti.* The police have made further arrests. **3 di nuovo** again: *Ci vediamo di nuovo domani.* See you again tomorrow. | *Cerca di non fare di nuovo lo stesso errore.* Try not to make the same mistake again. | **non essere nuovo a qn** *La sua faccia non mi è nuova.* I've seen her face before.

nutriente *agg* nutritious

N

Active Box: numeri

I seguenti esempi illustrano l'uso dei numerali cardinali e ordinali in inglese e possono servirti come modello per formulare a tua volta delle frasi.

NUMERALI CARDINALI

Ho quattordici anni.	I'm fourteen (years old).
Sono nata ***nel 1988.***	I was born **in 1988**.
Sono ***le dieci e cinque.***	It's **five past ten**.
Sono ***le sette meno dieci.***	It's **ten to seven**.
Sono ***le cinque e mezzo.***	It's **half past five**.
il treno ***delle venti e quaranta***	the **20.40** train
il cinque (di) dicembre	the fifth of December
Abito ***al numero tre.***	I live **at number three**.
a pagina venti	on page twenty
il sette di cuori	the seven of hearts
Siamo ***in otto.***	There are **eight of us**.
Ce ne sono dodici.	There are twelve of them.
Dividiamoci ***in gruppi di quattro.***	Let's split up **into groups of four**.

NUMERALI ORDINALI

un quinto degli alunni	a fifth of the pupils
tre quinti	three-fifths
Sono arrivata quarta.	I came fourth.
Faccio la terza.	I'm in third year.
Abito al nono piano.	I live on the ninth floor.
Enrico VIII	Henry the Eighth

Per maggiori dettagli sull'uso dei numerali in inglese, vedi la sezione grammaticale in appendice.

nutrire *v* **1** (persona, animale) to feed **2** (speranza, dubbio) to have: *Nutre delle grandi ambizioni per sua figlia.* She has great ambitions for her daughter.
nutrirsi *v rifl* **nutrirsi di qc** to live on sth: *Se i suoi la lasciassero, si nutrirebbe solo di dolci.* She'd live on sweets if her parents let her.

nuvola *s* **1** (nube) cloud: *Oggi non c'è una nuvola.* There's not a single cloud today. **2 cadere dalle nuvole** to be astounded: *Quando gliel'ho detto, è caduto dalle nuvole.* When I told him, he was astounded.

nuvoloso, -a *agg* cloudy: *Oggi è nuvoloso.* It's cloudy today.

nuziale *agg* si usa il sostantivo **wedding** in funzione di aggettivo: *La cerimonia nuziale è prevista per domani.* The wedding ceremony will take place tomorrow.

O, o *s* O, o ► vedi Active Box **lettere dell'alfabeto** sotto **lettera**

o *cong* or: *Siamo quasi arrivati o almeno credo.* We're nearly there, or at least I think so. | *Che ti piaccia o no, me ne vado.* Whether you like it or not, I'm going. | *tra un mese o due* in a month or two | **o ... o ...** either ... or ...: *Deciditi: o parti o resti.* Make up your mind – either stay or go. | *o lei o io* either her or me

oasi *s* **1** (nel deserto) oasis (pl oases) **2** (luogo tranquillo) oasis: *un'oasi di verde nel cuore della città* an oasis of green in the heart of the city

obbediente *agg* ► vedi **ubbidiente**

obbedire ► vedi **ubbidire**

obbligare *v* **obbligare qn a fare qc** to force sb to do sth: *Nessuno ti obbliga a farlo, se non vuoi.* No one's forcing you to do it if you don't want to. | *Mi ha obbligato ad accompagnarla.* She forced me to go with her.

obbligatorio, -a *agg* compulsory: *Non è obbligatorio prenotare.* Booking is not compulsory. | *una materia obbligatoria* a compulsory subject

obbligo *s* requirement: *Non c'è obbligo di iscrizione alla palestra se vuoi frequentare il corso di danza.* There's no requirement to register at the gym if you want to go to the dance classes. | **avere l'obbligo di fare qc** to be required to do sth: *Chiunque guidi una motocicletta ha l'obbligo di indossare il casco.* Anyone who rides a motorbike is required to wear a helmet. | **essere d'obbligo** to be compulsory: *La*

O

domanda è d'obbligo. The question is compulsory. | *Se vai a Londra, un giro al British Museum è d'obbligo.* If you go to London, you must visit the British Museum. ▶ vedi anche **scuola**

obeso, -a *aggettivo e sostantivo*
- *agg* obese
- *s* obese person (pl obese people)

obiettare *v* to object: *Devi sempre obiettare a tutto quello che si dice?* Do you always have to object to everything that's said? | *se non hai niente da obiettare* if you don't have any objections

obiettivo, -a *aggettivo e sostantivo*
- *agg* objective: *Dammi un parere obiettivo.* Give me an objective opinion.
- **obiettivo** *s* **1** (scopo) objective: *Il nostro obiettivo è rientrare in serie A.* Our objective is to get back into the premier league. **2** (bersaglio) target: *Il missile ha mancato l'obiettivo.* The missile missed its target. **3** (di macchina fotografica) lens (pl lenses)

obiettore *s* **obiettore di coscienza** conscientious objector

obiezione *s* objection: *Ho solo un'obiezione a questa proposta.* I have just one objection to this proposal. | *Ci sono obiezioni se vado al cinema anche stasera?* Does anyone have any objections if I go to the cinema again this evening? | **fare obiezioni** to object: *E tuo padre non ha fatto obiezioni?* And your father didn't object?

obliquo, -a *agg* oblique

obliterare *v* to punch: *Prima di salire sul treno ricordati di obliterare il biglietto.* Before getting on the train, remember to punch your ticket.

O

oblò *s* porthole

oca *s* **1** (uccello) goose (pl geese) **2** (ragazza sciocca) dope: *Sarà anche carina, ma è un'oca.* She's very pretty, but she's a dope. ▶ vedi anche **pelle**

occasione *s* **1** (circostanza) occasion: *un regalo adatto ad ogni occasione* a present that is suitable for all occasions | *Puoi sempre usarlo in un'altra occasione.* You can always use it on another occasion. | *Ci siamo incontrati in varie occasioni.* We met on several occasions. | **in occasione di qc** on the occasion of sth: *Il nuovo stadio verrà inaugurato in occasione dei Giochi Olimpici.* The new stadium will be inaugurated on the occasion of the Olympic Games. | **per l'occasione** for the occasion: *Ho comprato un vestito nuovo per l'occasione.* I bought a new dress for the occasion. **2** (opportunità) opportunity (pl opportunities): *Ti sei fatto sfuggire un'ottima occasione.* You let an excellent opportunity slip by. | *Non ho ancora avuto occasione di ringraziarvi.* I still haven't had **an opportunity** to thank you. **3** (affare) bargain: *Quelle scarpe sono un'occasione!* Those shoes are a bargain! | *A quel prezzo è un'occasione unica!* At that price it's the bargain of a lifetime!

occhiaie *s pl* bags (under your eyes) | **avere le occhiaie** to have bags under your eyes

occhiali *s pl* **1** (lenti) glasses: *un paio di occhiali* a pair of glasses | *Senza occhiali non ci vedo.* I can't see a thing without my glasses. | **portare gli occhiali** to wear glasses | **occhiali da vista** glasses, spectacles [formale] | **occhiali da sole** sunglasses **2** (per nuoto, sci) goggles

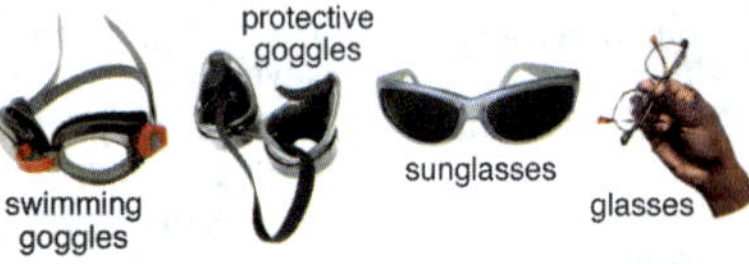

occhiata *s* look: *È bastata un'occhiata per capire cos'era successo.* One look was all it took to work out what had happened. | **dare un'occhiata a qc a)** (guardare rapidamente) to have a look at sth: *Ho dato un'occhiata al giornale.* I had a look at the newspaper. | *– Posso aiutarla? – No, grazie, do solo un'occhiata.* "Can I help you?" "No thanks, I'm just looking." **b)** (sorvegliare) to keep an eye on sth: *Mi dai un'occhiata alla borsa?* Could you keep an eye on my bag?

occhiello *s* buttonhole

occhio *s* **1** (parte del corpo) eye: *Flavio ha gli occhi azzurri.* Flavio has blue eyes. | **guardare qn negli occhi** to look sb in the eye: *Guardami negli occhi.* Look me in the eye. | **a occhio nudo** to the naked eye | **tenere gli occhi aperti** (stare attenti) to watch out: *Secondo me ti vuole imbrogliare, tieni gli occhi aperti!* I think she wants to trick you, so watch out! | **non chiudere occhio** to not sleep a wink: *Non ho chiuso occhio tutta la notte.* I didn't sleep a wink all night. | **pagare un occhio della testa** to pay through the nose | **costare un occhio della testa** to cost an arm and a leg: *Quella cena ci è costata un occhio della testa!* That dinner cost us an arm and a leg! **2** (vista) eyes [plurale]: *Ti rovini gli occhi a leggere con così poca luce.* You'll ruin your eyes reading in such poor light. | **tenere d'occhio qn/qc** to keep an eye on sb/sth: *Tienimi d'occhio il posto mentre vado in bagno.* Keep an eye on my seat while I go to the bathroom. | *Tieni d'occhio tuo fratello, non vorrei che si facesse male.* Keep an eye on your brother, I wouldn't want him to get hurt. | **saltare agli occhi** to leap out at you: *Ho pulito le finestre e la differenza salta agli occhi.* I cleaned the windows and the difference really leaps out at you. | **dare nell'occhio** to attract attention: *Cerca di non dare troppo nell'occhio.* Try not to attract too much attention.

| **chiudere un occhio** (lasciar correre) to turn a blind eye: *Per questa volta chiudo un occhio, ma che non si ripeta più.* This time I'll turn a blind eye, but don't let it happen again. | **a occhio (e croce)** at a guess: – *Quanto sarà da qui alla spiaggia?* – *A occhio e croce direi una decina di minuti.* "How far is it from here to the beach?" "At a guess, I'd say it's a ten-minute walk." | **occhio!** look out! | **occhio al gradino!** mind the step! | **occhio al portafoglio!** keep an eye on your wallet!

occhiolino *s* **fare l'occhiolino a qn** to wink at sb: *Mi ha fatto l'occhiolino.* He winked at me.

occidentale *aggettivo e sostantivo*
• *agg* western: *l'Europa occidentale* western Europe
• *s* Westerner

occidente *s* west: ***l'Occidente*** the West

occorrente *s* **l'occorrente** everything I/you etc need: *Ho tutto l'occorrente per il campeggio.* I've got everything I need for the camping trip.

occorrenza *s* **per qualsiasi occorrenza** if the need arises: *Ho una valigetta di pronto soccorso pronta per qualsiasi occorrenza.* I have a first-aid kit to hand if the need arises. | **all'occorrenza** if necessary: *Questa borsa all'occorrenza può essere usata come zaino.* This handbag can be used as a small backpack if necessary.

occorrere *v* nel senso di essere necessario, si traduce **to need** ma, a differenza dell'italiano, il soggetto è la persona a cui occorre qualcosa: *Che cosa ci occorre per il picnic?* What do we need for the picnic? | *Mi occorrerebbero 10 euro.* I need 10 euros. | *Se ti occorre, te lo presto volentieri.* If you need it, I'm happy to lend it to you. | *Non occorre che ti giustifichi.* You don't need to justify yourself. | *Occorre fare molta attenzione.* You need to be very careful.

occupare *v* **1** (prendere spazio) to take up: *La libreria occupa tutta la parete.* The bookshelves take up the whole wall. **2** (tempo, mente) to fill: *Come occupi le tue giornate quando sei in vacanza?* How do you fill your days when you're on holiday? **3** (posto, stanza) to take: *La prima fila è già stata occupata.* The first row has already been taken. | *Occupate un posto anche per me.* Keep a seat for me as well. **4** (persona) to keep busy: *Gli allenamenti per la gara mi hanno occupata molto.* Training for the competition has kept me very busy. **5** (paese, fabbrica) to occupy: *Gli operai hanno occupato la fabbrica.* The workers have occupied the factory. **6** (incarico) to fill
occuparsi *v rifl* **occuparsi di qn** (prendersi cura) to look after sb: *Mi occupo io di lui.* I'll look after him. | **occuparsi di qc a)** (provvedere a) to deal with sth: *Ti occupi tu dei biglietti?* Will you deal with the tickets? **b)** (di cinema, sport) to be involved in sth: *Mia sorella si occupa di teatro.* My sister is involved in the theatre.

occupato, -a *agg* **1** (persona) busy: *Oggi sono occupata tutto il giorno.* Today, I'm busy all day. **2** (telefono, bagno) engaged: *Il telefono è sempre occupato* The phone's always engaged. | *Occupato!* It's engaged! **3** (posto, camera) taken: *È occupato questo posto?* Is this seat taken? **4** (paese, città) occupied

occupazione *s* **1** (attività) pastime: *Il rugby sembra essere la sua occupazione preferita.* Rugby seems to be his favourite pastime. **2** (lavoro) job: *Gianni è in cerca di una nuova occupazione.* Gianni's looking for a new job. **3** (di territorio, città) occupation

oceano *s* ocean: *l'oceano Pacifico* the Pacific Ocean

oculare si usa il sostantivo **eye** in funzione di aggettivo: *la cavità oculare* the eye socket | *un testimone oculare* an eye witness

oculista *s* eye specialist: *Ho una visita dall'oculista.* I have an appointment with the eye specialist.

odiare *v* (detestare) to hate: *Odio le attese.* I hate waiting. | *Odio alzarmi presto.* I hate getting up early.
odiarsi *v rifl* to hate each other: *Sono arrivati al punto di odiarsi.* They ended up hating each other.

odio *s* **1** (profonda ostilità) hatred: *Mi guardava con odio.* He looked at me with hatred. **2** **avere in odio qc** to hate sth: *Ha in odio le discoteche.* He hates going clubbing.

odioso, -a *agg* hateful: *Quando fa così si rende proprio odiosa!* When she's like that, she really is hateful!

odorare *v* **1** (annusare) to smell **2** **odorare di qc** to smell of sth: *La cucina odora ancora di sugo bruciato.* The kitchen still smells of burnt sauce.

odorato *s* sense of smell

odore *sostantivo e sostantivo plurale*
• *s* smell: *C'è odore di bruciato.* There's **a smell of** burning. | *un odore di caffè* a smell of coffee | *Che strano odore!* What a strange smell! | **buon/cattivo odore** good/bad smell: *C'è cattivo odore qui dentro.* There's a bad smell in here.
• **odori** *s pl* (erbe aromatiche) herbs

offendere *v* to offend: *Scusa, non intendevo offenderti.* Sorry, I didn't mean to offend you.
offendersi *v rifl* to take offence: *Si offende per niente.* He takes offence at the slightest thing. | *Se non accetti, mi offendo.* If you say no, I'll be offended.

offensiva *s* offensive | **passare all'offensiva** to go on the offensive

offensivo, -a *agg* (frase, gesto) offensive: *È stato offensivo nei confronti dell'insegnante.* He was **offensive to** the teacher.

offerta *s* **1** (proposta) offer: *Non ha neanche preso in considerazione la mia offerta.* She never even considered my offer. **2 in offerta** on offer: *Ho comprato questi pantaloni che erano in offerta.* I bought these trousers. They were on offer. | **offerta speciale** special offer **3** (donazione) donation: *Si raccolgono offerte per i terremotati.* Donations for the earthquake victims are being collected.

offesa *s* insult

offeso, -a *agg* offended: *Se n'è andata via tutta offesa.* She went off all offended.

officina *s* **1** (meccanica) garage: *Devo portare la moto in officina.* I have to take the motorbike to the garage. **2** (di artigiano) workshop: *Lavorava nell'officina di un fabbro.* He used to work in a blacksmith's workshop.

offrire *v* **offrire qc a qn** (dare) to give sb sth: *Vieni, ti offro un passaggio.* Come on, I'll give you a lift. | *Ti offro un'ultima possibilità.* I'll give you one last chance. | **offrire da bere a qn a)** (pagare) to buy sb a drink: *Dai, ti offro da bere.* Come on, I'll buy you a drink. **b)** (a un ospite) to get sb something to drink: *Cosa vi offro da bere?* What can I get you to drink? | **offrire il pranzo/la cena a qn** to treat sb to lunch/dinner: *Ha offerto la pizza a tutti.* He treated everyone to a pizza.

offrirsi *v rifl* **1** (proporsi) to offer: *Si sono offerti di accompagnarmi a casa.* They offered to take me home. | *Chi si offre volontario?* Who's volunteering? **2** (occasione, opportunità) to present itself: *Se mi si offre l'occasione, parto.* If the opportunity presents itself, I'll go.

O

oggetto *s* **1** (cosa) object: *un oggetto di legno* a wooden object, (ufficio) **oggetti smarriti** lost property office (BrE), lost-and-found (AmE) **2** (di discussione, lettera) subject ▶ vedi anche **complemento**

oggi *avverbio e sostantivo*

- *avv* **1** (in questo giorno) today: *Oggi non posso venire.* I can't come today. | *Quanti ne abbiamo oggi?* What's the date today? | **oggi pomeriggio** this afternoon **2** (in quest'epoca) nowadays: *Oggi i giovani sono più responsabili.* Nowadays, young people are more responsible.
- *s* **1** (questo giorno) today: *il giornale di oggi* today's newspaper | *Da oggi comincio la dieta.* My diet starts today. | **fino ad oggi** up till now: *Fino ad oggi non ho avuto problemi.* Up till now I haven't had any problems. **2** (questa epoca) today: *i giovani d'oggi* the young people of today

ogni *agg* **1** (tutti) every: *Ogni mattina mi alzo alle sette.* Every morning I get up at seven. | **ogni volta che** every time: *Ogni volta che vado in vacanza gli mando una cartolina.* Every time I go on holiday, I send him a postcard. **2** (qualunque) all: *C'era gente d'ogni età.* There were people of all ages. | *Lì trovi scarpe di ogni tipo.* You'll find shoes of all kinds there. | **in ogni caso** in any case: *In ogni caso fammi sapere.* In any case, let me know. | **in ogni modo** anyway: *In ogni modo, la cosa non mi riguarda.* It doesn't concern me anyway. **3 ogni 20 minuti/200 metri** every 20 minutes/200 metres | **ogni due giorni/due settimane** every two days/two weeks | **ogni tanto** every now and then: *Ci vediamo solo ogni tanto.* We only see each other every now and then.

ognuno, -a *pron* **1** (tutti) everyone: *Ognuno ha le sue abitudini.* Everyone has their own routine. | *Ormai ognuno lo sa.* Now everyone knows about it. **2** (ogni singolo elemento) each: *Costano ognuna 15 euro.* They cost 15 euros each. | *Ha quattro figli, ognuno con un carattere diverso.* She has four children, each with their own distinct personality. | **ognuno di noi/voi/loro** each of us/you/them: *C'è un regalo per ognuno di voi.* There's a present for each of you. | *Su ognuno dei balconi c'erano dei gerani.* There were geraniums on each balcony.

Olanda *s* **l'Olanda** Holland

olandese *aggettivo e sostantivo*

- *agg* Dutch
- *s* (uomo) Dutchman (pl Dutchmen), (donna) Dutchwoman (pl Dutchwomen) | **gli olandesi** the Dutch

Olimpiadi *s pl* **le Olimpiadi** the Olympics: *Ha vinto una medaglia alle Olimpiadi.* She won a medal at the Olympics.

olimpico *agg* Olympic: *l'oro olimpico* the Olympic gold

olimpionico, -a *aggettivo e sostantivo*

- *agg* Olympic: *una campionessa olimpionica* an Olympic champion
- *s* Olympic athlete

olio *s* **1** (alimento) oil: *olio d'oliva* olive oil | **sott'olio** in oil **2 olio solare** suntan oil **3** (per motore) oil: *Hai controllato il livello dell'olio?* Have you checked the oil? **4 colori/quadro a olio** oil paints/painting: *Ho usato i colori a olio.* I used oil paints.

oliva *s* olive

olivo, anche **ulivo** *s* olive tree

ologramma *s* hologram

oltre *preposizione e avverbio*

- *prep* **1** (al di là di) beyond: *I risultati sono andati oltre ogni nostra aspettativa.* The results were beyond all our expectations. |

oltre il fiume beyond the river **2** (più di) more than: *Ho aspettato oltre un'ora.* I've waited more than an hour. | *Secondo me è oltre la quarantina.* I think she's more than forty. **3 oltre a a)** (in aggiunta a) as well as: *Oltre a noi, c'erano anche Carlo e Sara.* Carlo and Sara were there as well as us. **b)** (eccetto) apart from: *Oltre a te non lo sa nessuno.* Apart from you, no one else knows. | *Oltre a questo, non ho altri dischi suoi.* I don't have any more of his records apart from this.

• *avv* **1** (nello spazio) past: *È passato oltre senza neanche salutarmi.* He went past without even saying hello to me. **2** (nel tempo) more: *Abbiamo deciso di non aspettare oltre.* We decided not to wait any more.

oltrepassare *v* to go beyond: *Non devi oltrepassare la linea gialla.* You mustn't go beyond the yellow line. | *Questa volta hai oltrepassato ogni limite!* This time you've overstepped the mark!

omaggio *sostantivo* e *aggettivo*

• *s* **1** (dono) gift | **in omaggio** free: *Il CD è in omaggio con la rivista.* The CD comes free with the magazine. **2 rendere omaggio a qn/qc** to pay homage to sb/sth: *Il presidente ha reso omaggio ai caduti.* The president paid homage to the war dead.

• *agg* complimentary: *Ho due biglietti omaggio per il circo.* I've got two complimentary tickets for the circus.

ombelico *s* navel

ombra *s* **1** (riparo dal sole) shade | **all'ombra** in the shade: *Sediamoci un po' all'ombra.* Let's sit in the shade for a while. | **fare ombra** to block the light: *Spostati, che mi fai ombra!* Move a bit, you're blocking the light. **2** (sagoma) shadow **3** (figura indistinta) shadow: *Mi è sembrato di vedere un'ombra per le scale.* I thought I saw a shadow on the staircase. **4 senza ombra di dubbio** without a shadow of a doubt

ombrello *s* umbrella: *Prendi l'ombrello.* Get the umbrella.

ombrellone *s* beach umbrella: *una fila di ombrelloni* a row of beach umbrellas

ombretto *s* eye shadow

omeopatia *s* homeopathy

omeopatico, -a *agg* homeopathic

omettere *v* to omit: *Nel resoconto ho omesso alcuni particolari.* I omitted some details in the summary.

omicida *sostantivo* e *aggettivo*

• *s* murderer: *L'omicida non è ancora stato rintracciato.* The murderer still hasn't been tracked down.

• *agg* (follia, furia) homicidal

omicidio *s* murder: *È accusato di omicidio.* He's accused of murder.

omogeneo, -a *agg* uniform

omonimo, -a *aggettivo* e *sostantivo*

• *agg* invece dell'aggettivo si usa di solito l'espressione **of the same name**: *Il brano è tratto dall'omonimo album.* The track comes from the album of the same name.

• *s* **un mio/tuo ecc. omonimo** someone with the same name as me/you etc: *Deve trattarsi di un mio omonimo.* It must be someone with the same name as me.

omosessuale *aggettivo* e *sostantivo*

• *agg* **1** (uomo) gay: *Ha dichiarato di essere omosessuale.* He's come out. **2** (donna) lesbian

• *s* (uomo) gay man (pl gay men), (donna) lesbian | **gli omosessuali** gay men and lesbians

onda *s* **1** (di mare) wave **2** (impeto) wave: *l'onda dei ricordi* the wave of memories **3** (in fisica) wave | **onde corte/medie/lunghe** short/medium/long wave | **essere/andare in onda a)** (alla radio) to be broadcast: *Il programma è andato in onda sabato.* The programme was broadcast on Saturday. **b)** (in televisione) to be shown: *Ancora prima di andare in onda, il programma ha scatenato delle polemiche.* The programme caused a furore before it was even shown. | *La partita è in onda su Rai Uno.* The match is being shown on Rai Uno. | **mandare in onda a)** (alla radio) to broadcast **b)** (in televisione) to show: *Il filmato non è stato ancora mandato in onda.* The film hasn't been shown on TV yet.

ondulato, -a *agg* **1** (capelli) wavy **2** (cartone, rilievo) corrugated

onestà *s* honesty

onesto, -a *agg* honest: *Non sarebbe onesto nasconderle la verità.* It wouldn't be honest to hide the truth from her.

onomastico *s* name day: *Oggi è il mio onomastico.* Today is my name day.

> Nota che l'onomastico non viene festeggiato nei paesi anglosassoni.

onore *s* **1** (dignità) honour (BrE), honor (AmE): *È una questione d'onore.* It's a matter of honour. **2** (riconoscimento) tribute | **in onore di** in honour of: *Hanno organizzato una festa in onore degli ospiti.* They organized a party in honour of the guests. | **d'onore** of honour: *l'ospite d'onore* the guest of honour **3** (vanto) honour (BrE), honor (AmE): *Che onore avervi qui!* What an honour to have you here! | **fare onore a qn/qc** to do credit to sb/sth: *Questo gesto così altruista ti fa onore.* This selfless gesture does you credit. | *È un primato che non ci fa onore.* It's a record that does us no credit. | **avere l'onore di fare qc** to have

O

the honour of doing sth: *Ho avuto l'onore di sedergli accanto.* I had the honour of sitting next to him.

ONU *s* UN, United Nations

opaco, -a *agg* **1** (vetro, liquido) opaque **2** (carta, vernice) matt **3** (aspetto, sguardo) lifeless

opera *s* **1** (lavoro) work: *un'opera d'arte* a work of art **2** (azione) deed: *Hai fatto un'opera buona a non dirle niente.* You did a good deed by not telling her anything. **3** (in musica) opera: *Ho due biglietti per l'opera.* I've got two tickets for the opera.

operaio, -a *sostantivo e aggettivo*

- *s* worker: *Fa l'operaio alla FIAT.* He **is a** worker at Fiat.
- *agg* working class | **la classe operaia** the working class

operare *v* **operare qn/qc** to operate on sb/sth: *Che dottore ti ha operato?* Which doctor operated on you? | *Deve farsi operare un ascesso.* She has to **be operated on for** an abcess. | *Mi hanno operato di appendicite.* I was operated on for appendicitis. | **operare qn al cuore/al ginocchio** to operate on sb's heart/knee: *L'hanno operato al cuore.* They operated on his heart.

operarsi *v rifl* to have an operation: *Si è operata alla caviglia.* She had an operation on her ankle.

operazione *s* **1** (aritmetica) problem: *Risolvete le seguenti operazioni.* Solve the following problems. **2** (chirurgica) operation: *Ho fatto un'operazione al ginocchio.* I had an operation on my knee. **3** (azione) operation: *L'operazione della polizia ha avuto successo.* The police operation has been successful. | *Convincerlo non è stata un'operazione semplice.* Convincing him wasn't easy.

opinione *s* opinion: *Qual è la tua opinione su questo vestito?* What's your opinion of this dress? | *Rimango della mia opinione.* I'm still of the same opinion. | **cambiare opinione** to change your mind: *Ho cambiato opinione: non mi piace più.* I've changed my mind. I don't like it anymore.

opporre *v* **1 opporre resistenza** to put up resistance: *Il ladro si è consegnato senza opporre resistenza.* The thief gave himself up without putting up any resistance. **2 opporre qc (a qc)** *Ti pare che abbia opposto valide ragioni?* Do you think he put forward a good case? | *Non hanno opposto obiezioni alle nozze.* They didn't raise any objections to the marriage. | **opporre un rifiuto a qc** to reject sth: *La preside ha opposto un rifiuto alla vostra richiesta.* The headmaster has rejected your request.

opporsi *v rifl* **opporsi a qc** to object to sth: *I suoi genitori si sono opposti alle nozze.* His parents objected to the marriage.

opportunità *s* opportunity (pl opportunities): *Non ho ancora avuto l'opportunità di ringraziarvi per il regalo.* I still haven't had an opportunity to thank you for the present.

opportuno, -a *agg* right: *Al momento opportuno decideremo come fare.* We'll decide what to do when the time is right. | *Fai tu come ritieni più opportuno.* Do what you think is right. | *Siamo arrivati in un momento poco opportuno?* Have we come at a bad time?

opposizione *s* **1** (parere contrario) opposition | **fare opposizione a qc** to object to sth: *E tuo padre non ha fatto alcuna opposizione?* And your father didn't object? **2** (contrasto) difference | **essere in opposizione con qn/qc** to be the opposite of sb/sth: *Le mie idee sono in opposizione con le sue.* My ideas are the opposite of yours. **3** (in politica) opposition

opposto, -a *aggettivo e sostantivo*

- *agg* **1** (di fronte) opposite: *Ho parcheggiato sul lato opposto della strada.* I parked on the opposite side of the street. **2** (contrario) contrasting: *Sulla moda abbiamo gusti opposti.* When it comes to fashion, we have contrasting tastes. | *Ha idee completamente opposte alle mie.* His ideas are completely the opposite of mine.
- **opposto** *s* opposite: *Hai fatto l'opposto di quello che avevi detto.* You did the opposite of what you said you would do.

opprimente *agg* **1** (persona, genitore) overbearing: *I suoi genitori sono piuttosto opprimenti.* Her parents are rather overbearing. **2** (calore, atmosfera) oppressive: *Oggi fa un caldo opprimente.* **The heat is oppressive** today.

opprimere *v* **1** (tenere in schiavitù) to oppress **2** (assillare) to get down: *È la routine che mi opprime.* The routine is getting me down.

oppure *cong* **1** (o) or: *Vuoi restare oppure preferisci andare a casa?* Do you want to stay or would you prefer to go home? **2** (se no) or else: *Sbrigati, oppure non trovi posto.* Hurry up, or else you won't get a seat.

opuscolo *s* brochure

opzione *s* **1** (di programma, videogioco) option **2** (scelta) option: *Mi sembra l'unica opzione possibile.* It seems to me to be the only possible option.

ora *sostantivo e avverbio*

- *s* **1** (unità di tempo) hour: *In treno ci metti tre ore.* It will take you three hours by train. | *Ho impiegato più di un'ora a fare il tema.* I spent over an hour writing the essay. | *Andava a 100 km all'ora.* He was doing 100 km an hour. | **mezz'ora** half an hour **2** (lezione) period: *Il giovedì abbiamo due ore di italiano.* On Thursday

O

Si dice *I arrived in London* o *I arrived to London*? Vedi alla voce **arrive**.

we have a double period of Italian. | *Alla terza ora abbiamo storia.* For the third period we've got history. **3** (orario) time: *Che ore sono?* What time is it? | *A che ora parti?* What time are you leaving? | *È ora di andare.* It's time to go. | **all'ora di pranzo/cena** at lunchtime/dinnertime: *Massimo torna all'ora di pranzo.* Massimo is coming back at lunchtime. | **era ora!** it's about time!: *Era ora che tu arrivassi!* It's about time you got here! | **non vedere l'ora di fare qc** to look forward to doing sth: *Non vedo l'ora di incontrare Silvia!* I'm looking forward to seeing Silvia! | **ora di punta** rush hour | **ora legale** summer time (BrE), daylight saving time (AmE)

• *avv* **1** (adesso) now: *E ora che facciamo?* So what do we do now? | *Ora le cose vanno meglio.* Things are going better now. | **d'ora in poi** from now on: *D'ora in poi decido io cosa devo fare.* From now on, I'll decide what I have to do. **2** (oggi) nowadays: *Ora con l'e-mail è facile tenersi in contatto.* It's easy to keep in touch nowadays with e-mail.

orale *aggettivo* e *sostantivo*

• *agg* **1** (esame) oral: *Ha passato la prova orale.* She passed the oral test. **2** (tradizione) oral **3** (lingua) spoken **4 per via orale** (farmaco) orally: *una medicina da somministrarsi per via orale* a medicine to be taken orally

• *s* oral: *Quando iniziano gli orali?* When do the orals start?

orario, -a *aggettivo* e *sostantivo*

• *agg* (tariffa, retribuzione) hourly: *La paga oraria è di 20 euro.* The hourly rate is 20 euros. | *Andava a una velocità oraria di 140 chilometri.* He was going at 140 kilometres an hour. ▶ vedi anche **fuso**, **segnale**

• **orario** *s* **1** (periodo, momento) non c'è in inglese un sostantivo corrispondente, ma si usano espressioni diverse a seconda del contesto: *Che orario fai a scuola?* What time do you start and finish school at? | *Nel suo lavoro non ci sono orari.* She doesn't have fixed hours in her job. | **orario di arrivo/partenza** arrival/departure time: *L'orario previsto per l'arrivo è l'una.* The estimated time of arrival is one o'clock. | **orario di apertura** opening hours: *L'orario di apertura è dalle 9 a mezzogiorno.* The opening hours are from 9 to midday. | **orario di chiusura** closing time | **avere un orario pesante/leggero** to have a heavy/light timetable | **fare l'orario continuato** to be open all day: *I negozi del centro fanno l'orario continuato.* The shops in the town centre are open all day. | **essere/arrivare in orario** to be/arrive on time: *L'aereo da Parigi non è arrivato in orario.* The plane from Paris didn't arrive on time. **2** (tabella) timetable: *Ci hanno dato l'orario provvisorio.* They've given us the provisional timetable. | *Controlla i treni per Napoli sull'orario.* Check the times for the trains to Naples.

orata *s* sea bream

orbita *s* **1** (traiettoria) orbit | **mandare qc in orbita** to send sth into orbit: *Lo shuttle è stato mandato in orbita l'anno scorso.* The shuttle was sent into orbit last year. | **essere in orbita** to be in orbit: *Il satellite è in orbita attorno a Marte.* The satellite is **orbiting** around Mars. **2** (degli occhi) socket: *Aveva gli occhi fuori dalle orbite.* His eyes were popping out of their sockets.

orchestra *s* orchestra ▶ vedi anche **direttore**

orchidea *s* orchid

ordinale *agg* e *s* ordinal

ordinare *v* **1** (al ristorante) to order: *Ho ordinato tre pizze per telefono.* I ordered three pizzas by phone. | *Avete già ordinato?* Have you already ordered? **2** (comandare) to order: *Un agente di polizia gli ha ordinato di fermarsi.* A policeman ordered him to stop. **3** (prescrivere) to prescribe: *Il medico gli ha ordinato degli antibiotici.* The doctor prescribed a course of antibiotics for him. **4** (merce) to order: *Abbiamo ordinato altre copie del libro.* We've ordered more copies of the book.

ordinario, -a *aggettivo* e *sostantivo*

• *agg* **1** (normale) ordinary: *È un tipo ordinario.* He's just an ordinary guy. **2** (di scarsa qualità) invece dell'aggettivo si usa di solito l'espressione **poor quality**: *Si tratta di abiti piuttosto ordinari. Io non li comprerei.* These clothes are fairly poor quality. I wouldn't buy them.

• *s* **1 l'ordinario** the ordinary: *Hai notato niente fuori dell'ordinario?* Have you noticed anything out of the ordinary? **2** (all'università) lecturer **3** (nella scuola media superiore) secondary school teacher

ordinato *agg* tidy: *Laura tiene la sua camera molto ordinata.* Laura keeps her room very tidy.

ordinazione *s* **1** (in bar, ristorante) order **2 su ordinazione** to order: *Fanno torte su ordinazione.* They make cakes to order.

ordine *s* **1** (contrario di disordine) order | **essere in ordine a)** (casa, armadio) to be tidy: *La mia stanza non è mai in ordine.* My room is never tidy. **b)** (libri, carte) to be in order: *I libri sullo scaffale sono già in ordine.* The books on the shelf are already in order. | **mettere in ordine qc a)** (stanza, armadio) to tidy sth: *Metti in ordine la tua camera.* Tidy your room. **b)** (libri, carte) to put sth in order: *Ho messo in ordine tutti i miei appunti.* I've put all my notes in order. | **tenere qc in ordine**

O

(casa, armadio) to keep sth tidy: *Tiene sempre i cassetti in perfetto ordine.* He always keeps his drawers perfectly tidy. **2** (successione) order | **per ordine** in order: *Andiamo per ordine.* Let's take things in order. | **in ordine alfabetico** in alphabetical order | **in ordine cronologico** in chronological order **3** (comando) order: *Non credere di potermi dare ordini!* I don't take orders from you! | *È stato espulso per ordine del preside.* He was expelled **on the orders of** the headmaster. **4** (ordinazione) order

orecchino *s* earring

orecchio *s* ear | **avere orecchio per qc** to have a good ear for sth: *Ha orecchio per la musica. La canzone l'ha sentita una volta e l'ha imparata.* She has a good ear for music. She heard the song once, and knew it.

orecchioni *s pl* mumps [sempre singolare]: *Hai già fatto gli orecchioni?* Have you already had the mumps?

orfano, -a *aggettivo* e *sostantivo*

- *agg* **rimanere orfano** to be orphaned: *È rimasto orfano da piccolo.* He was orphaned as a child. | **essere orfano di padre/madre** to have lost your father/mother
- *s* orphan

organismo *s* **1** (corpo umano) body (pl bodies) **2** (essere vivente) organism **3** (ente) body (pl bodies)

organizzare *v* to organize: *Chi ha organizzato la festa?* Who organized the party? | *Abbiamo organizzato una gita al mare.* We organized a trip to the seaside.

organizzarsi *v rifl* (prepararsi) to organize yourself, to get organized: *Non si sa organizzare.* He can't organize himself. | *Se mi organizzo, ce la faccio a fare tutto.* If I get organized, I'll manage to do it all.

organizzato, -a *agg* (preciso) organized

organizzatore, -trice *s* organizer

organizzazione *s* **1** (ente) organization: *Luca fa parte di un'organizzazione studentesca.* Luca is a member of a student organization. **2** (programmazione) organization: *Per l'organizzazione del concerto ci sono voluti mesi.* The organization of the concert took months.

organo *s* **1** (in anatomia) organ **2** (ente) body (pl bodies) **3** (strumento) organ

orgasmo *s* orgasm

orgoglio *s* **1** (superbia) pride: *L'hai ferito nell'orgoglio.* You've **hurt his pride**. **2** (soddisfazione) pride | **essere l'orgoglio di qn** to be the pride of sb: *La nostra classe è l'orgoglio della scuola.* Our class is the pride of the school.

orgoglioso, -a *agg* **1** (superbo) proud: *È troppo orgogliosa per chiedere scusa.* She's too proud to apologize. **2** (fiero) **essere orgoglioso di qc/qn** to be proud of sth/sb: *Bravo. Sono orgoglioso di te!* Well done – I'm proud of you!

orientale *aggettivo* e *sostantivo*

- *agg* **1** (asiatico) oriental **2** (dell'est) eastern
- *s* Asian

orientamento *s* **1** (direzione) direction: *Non ha il senso dell'orientamento.* He's got no sense of direction. | **perdere l'orientamento** to lose your bearings **2** (tendenza) leaning [spesso plurale]: *Non so quale sia il suo orientamento politico.* I don't know what her political leanings are. | **orientamento professionale** careers guidance

orientare *v* **1** (indirizzare) to guide: *I genitori vorrebbero orientarlo verso la carriera diplomatica.* His parents would like to guide him towards a diplomatic career. **2** **essere orientato a est/ovest** to face east/west

orientarsi *v rifl* (orizzontarsi) to find your way round: *Sono appena arrivato in città, non so orientarmi ancora tanto bene.* I've just arrived in town and don't really know my way around yet.

oriente *s* **1** (punto cardinale) east **2** (anche **Oriente**) (Asia) East | **Estremo Oriente** Far East | **Medio Oriente** Middle East

origano *s* oregano

originale *aggettivo* e *sostantivo*

- *agg* **1** (idea, opera) original: *L'idea di Tommaso per la festa mascherata è molto originale.* Tommaso's idea for a fancy-dress party is very original. **2** (persona) eccentric: *È un tipo originale, per come si veste e come si comporta.* He's pretty eccentric, both in his dress and in his behaviour. **3** (non copiato) original: *Un Modigliani originale vale milioni di euro.* An original Modigliani is worth millions of euros.

4 (lingua, versione) original: *un romanzo in lingua originale* a novel **in the original language** | *Nella versione originale del film il finale è diverso.* In the original version of the film, the ending is different.
• *s* original: *L'originale del David di Michelangelo è all'Accademia di Firenze.* The original of Michelangelo's "David" is in the Accademia in Florence.

originario, -a *agg* **1** (iniziale) original **2 essere originario di Milano/Roma** to come from Milan/Rome: *Vivo a Torino da anni ma sono originario di Bari.* I've lived in Turin for years, but I come from Bari.

origine *s* **1** (inizio) origin | **avere origine** to come into being: *L'idea per il film ha avuto origine dieci anni fa.* The idea for the film came into being ten years ago. | **essere all'origine di qc** to be at the root of sth: *L'eccessiva velocità è all'origine di molti incidenti stradali.* Speeding is at the root of a lot of traffic accidents. | **in origine** originally: *In origine questa era una fabbrica.* This was originally a factory. **2** (provenienza) origin: *Sono di origine siciliana.* They're of Sicilian origin. **3** (causa) origin | **dare origine a qc** to give rise to sth: *Il malinteso ha dato origine a una lite.* The misunderstanding gave rise to an argument.

origliare *v* to eavesdrop on: *Penso che abbia origliato la nostra conversazione.* I think he eavesdropped on our conversation.

orizzontale *aggettivo e sostantivo*
• *agg* (piano, posizione) horizontal
• *s* (nei cruciverba) across

orizzonte *s* (in geografia) horizon: *All'orizzonte è apparsa una nave.* A ship appeared **on the horizon**.

orlo *s* **1** (di pantaloni, abito) hem: *L'orlo dei pantaloni si è disfatto.* The hem of the trousers has come undone. **2** (di bicchiere, pentola) brim: *Mi ha riempito il bicchiere fino all'orlo.* She filled my glass to the brim. **3** (di piatto) edge: *L'orlo del piatto è sbeccato.* The edge of the plate is chipped. **4** (bordo) edge: *Era seduto sull'orlo della sedia.* He was sitting on the edge of his chair. | *Lungo l'orlo del cuscino ci sono delle frange.* There's a fringe along the edge of the cushion. | **essere sull'orlo di qc** to be on the verge of sth: *Siamo sull'orlo della catastrofe.* We're on the verge of a catastrophe.

orma *s* **1** (di animale) track **2** (di persona) footprint: *Ci sono delle orme sulla spiaggia.* There are some footprints on the beach. | **seguire le orme di qn** to follow in sb's footsteps: *Seguendo le orme del padre farà l'avvocato.* He's following in his father's footsteps and he's going to be a lawyer.

ormai *avv* **1** (adesso) now: *Ormai è tardi per telefonargli.* It's too late now to phone him. **2** (a quel punto) by this time: *Ormai era chiaro che lo scandalo non poteva essere evitato.* By this time, it was clear that a scandal could not be avoided. **3** (già) si usa **by now** se ci si riferisce al tempo presente e **by then** se ci si riferisce al tempo passato: *Paolo era ormai partito.* Paolo had left by then. | *Ormai dovrebbero essere arrivati.* They must have arrived by now.

ormone *s* hormone

ornamentale *agg* ornamental

oro *s* **1** gold | **d'oro** gold: *una catenina d'oro* a gold chain | **oro massiccio** solid gold **2** (medaglia) gold: *Ha vinto l'oro alle olimpiadi invernali.* He **won gold** at the Winter Olympics.

orologio *s* **1** (da polso) watch (pl watches): *Il mio orologio è cinque minuti avanti.* My watch is five minutes fast. **2** (da parete, di campanile) clock

oroscopo *s* horoscope: *Cosa dice l'oroscopo di oggi?* What does today's horoscope say?

orrendo, -a *agg* **1** (brutto) dreadful: *E chi ha voglia di uscire con questo tempo orrendo?* Who feels like going out **in this dreadful weather**? **2** (raccapricciante) dreadful: *È stato un orrendo delitto.* It was a dreadful crime.

orribile *agg* **1** (brutto) horrible: *Per il motorino ha scelto un colore orribile.* He chose a horrible colour for his moped. **2** (atroce) horrible: *È stata un'esperienza orribile.* It was a horrible experience.

orrore *s* **1** (terrore) horror | **avere orrore di qc** to have a horror of sth: *Ha orrore dei serpenti.* She has a horror of snakes. ► vedi anche **film** **2** (cosa brutta) invece del sostantivo si usa di solito l'aggettivo **hideous**: *Questa giacca è un vero orrore!* This jacket is truly hideous! **3** (cosa terribile) horror: *gli orrori della guerra* the horrors of war

Orsa *s* **Orsa Maggiore** the Great Bear

orsacchiotto *s* **1** (di pelouche) teddy bear **2** (cucciolo) bear cub

orso, -a *s* bear | **orso bruno** brown bear | **orso bianco** polar bear

ortaggio *s* vegetable

ortica *s* nettle

O

orto *s* **1** (terreno) vegetable garden **2** **orto botanico** botanical gardens [plurale]

ortografia *s* spelling: *Ha fatto due errori di ortografia.* He made two spelling mistakes.

orzaiolo *s* stye (pl styes)

orzo *s* **1** (cereale) barley **2** (caffè) chicory coffee

osare *v* (avere il coraggio di) to dare: *Hanno osato l'impossibile.* They dared to do the impossible. | **osare fare qc** to dare do sth
▶ **to dare** può anche essere usato come verbo modale; in questo caso la forma negativa contratta del presente è **daren't**: *Nessuno osa contraddirlo.* No-one dares contradict him. | *Non oso pensarlo.* I daren't think about it. | *Volevo telefonare ma non ho osato.* I wanted to ring, but I didn't dare. | **come osi!** How dare you!: *Come osi parlarmi in questo modo?* How dare you speak to me like that!

osceno, -a *agg* (linguaggio, gesto) obscene

oscillare *v* **1** (barca) to rock **2** (persona, lampadario) to sway **3** (variare) to fluctuate: *Le temperature oscillano tra i 15 e i 20 gradi.* Temperatures are fluctuating between 15 and 20 degrees.

oscurità *s* (buio) dark, darkness: *Nell'oscurità non riuscivo a vederlo.* I couldn't see him in the dark.

ospedale *s* hospital: *È stato ricoverato d'urgenza in ospedale.* He was admitted to hospital as an emergency case.

O

ospitalità *s* **1** (alloggio) hospitality | **chiedere ospitalità a qn** to ask sb to put you up: *Abbiamo chiesto ospitalità a un amico.* We asked a friend to put us up. | **dare ospitalità a qn** to put sb up: *La mamma di Franco ha dato ospitalità a tutti e quattro.* Franco's mum put all four of us up. **2** (gentilezza) hospitality: *La gente del posto è famosa per la sua ospitalità.* The local people are famous for their hospitality.

ospitare *v* **1** (alloggiare) to put up: *Mi puoi ospitare a casa tua?* Can you put me up at your place? | *Ospiterò uno studente straniero per qualche giorno.* I'm having a foreign student to stay for a few days. **2** (accogliere) to host: *La città di Modena ospiterà il prossimo torneo di tennis.* The city of Modena will host the next tennis tournament. **3** (contenere) to accommodate: *Il campeggio può ospitare un centinaio di persone.* The campsite can accommodate about a hundred people.

ospite *sostantivo e aggettivo*
• *s* **1** (invitato) guest: *Stasera abbiamo ospiti.* This evening we've got guests. | *Siamo ospiti di amici.* We're **staying with** friends. | **ospite d'onore** guest of honour **2** (padrone di casa) host, (padrona di casa) hostess (pl hostesses): *Marina è un'ospite perfetta.* Marina is the perfect hostess.
• *agg* **1** (ospitante) si usa il sostantivo **host** in funzione di aggettivo: *Le famiglie ospiti sono state selezionate dalla scuola.* The host families were chosen by the school. **2** (ospitato) visiting: *squadra ospite* visiting team

ospizio *s* retirement home

osservare *v* **1** (guardare) to study: *Abbiamo osservato l'insetto al microscopio.* We studied the insect under the microscope. | *Osserva attentamente la figura.* Study the illustration carefully. | *Si è accorta che qualcuno la osservava.* She realized that someone was watching her. **2** (notare) to notice: *Hai osservato niente di insolito?* Did you notice anything unusual? **3** (commentare) to remark: *Ha osservato che non sarebbe stato facile.* He remarked that it wouldn't have been easy.

osservatorio *s* observatory (pl observatories)

osservazione *s* **1** (commento) observation: *Vorrei fare un'osservazione.* I'd like to make an observation. **2** (analisi) observation | **tenere qn in osservazione** to keep sb under observation: *I medici vogliono tenerlo in osservazione per qualche giorno.* The doctors want to keep him under observation for a few days.

ossessionare *v* **1** (angosciare) to torment: *È ancora ossessionata dal ricordo dell'incidente.* She is still tormented by the memory of the accident. **2** (pensare continuamente) to be obsessed: *È ossessionato dal fatto di essere basso.* He's obsessed with being short.

ossessione *s* **1** (mania) obsession: *Ha l'ossessione della pulizia.* She has **an obsession with** cleanliness. **2** (terrore) **avere l'ossessione di qc** to be terrified of sth: *Ha l'ossessione degli incidenti.* She's terrified of accidents.

ossigeno *s* oxygen

osso *s* **1** (di uomo, animale) bone | **osso sacro** sacrum **2** (materiale) bone

ostacolare *v* (piano, strada) to obstruct: *Le operazioni di soccorso sono state ostacolate dal maltempo.* The rescue operations were obstructed by the bad weather.

ostacolo *s* **1** (impedimento) obstacle: *Il fatto che non sapesse parlare inglese non ha costituito un ostacolo.* The fact that he couldn't speak English was no obstacle. **2** (in atletica) hurdle: *L'atleta non è riuscito a saltare l'ostacolo.* The athlete didn't manage to clear the hurdle. **3** (in equitazione) fence: *Il cavallo ha buttato giù vari ostacoli.* The horse knocked down several fences.

ostaggio *s* hostage | **prendere qn in ostaggio** to take sb hostage: *I dirottatori hanno preso due passegeri in ostaggio.* The hijackers took two passengers hostage.

ostello *s* **ostello (della gioventù)** (youth) hostel: *Ci siamo fermati in un ostello.* We stayed overnight in a hostel.

ostinarsi *v* **ostinarsi a fare qc** to persist in doing sth: *Perché ti ostini a negare l'evidenza?* Why do you persist in denying the evidence? | *Si ostina a non parlare.* She's still refusing to speak.

ostinato, -a *agg* **1** (testardo) obstinate: *Massimo è troppo ostinato, non si smuove dalle sue posizioni.* Massimo is too obstinate. He won't budge from his position. **2** (tenace) determined: *Ostinata com'è, si è allenata e ha vinto la gara.* Determined as she is, she trained hard and won the competition.

ostrica *s* oyster ▶ vedi nota FALSE FRIEND sotto **ostrich**

ostruire *v* to block: *Quel motorino sul marciapiede ostruisce il passaggio.* That moped on the pavement is blocking the way.
ostruirsi *v rifl* to become blocked: *Il tubo deve essersi ostruito.* The pipe must have got blocked.

ottanta *agg* e *s* eighty ▶ vedi Active Box **numeri** sotto **numero**

ottantenne *agg* e *s* eighty-year-old

ottantesimo, -a *agg* e *s* eightieth ▶ vedi Active Box **numeri** sotto **numero**

ottantina *s* **un'ottantina di** about eighty: *C'erano un'ottantina di invitati.* There were about eighty guests. | *Avrà già un'ottantina d'anni.* She must be about eighty by now.

ottavo *aggettivo* e *sostantivo*
• *agg* eighth
• *s* eighth | **ottavi di finale** non c'è l'esatto equivalente in inglese; per spiegare cos'è, puoi dire **qualifying match** (nel calcio), **qualifying round** (nel tennis), **qualifying heat** (nell'atletica) ▶ vedi Active Box **numeri** sotto **numero**

ottenere *v* **1** (conseguire) to get: *Hai finalmente ottenuto quello che volevi.* You've finally got what you wanted. | *Il film sta ottenendo un successo clamoroso.* The film's incredibly successful. **2** (ricavare) to obtain: *La benzina si ottiene dal petrolio.* Petrol is obtained from oil.

ottica *s* **1** (tecnica) optics [sempre singolare] | **negozio di ottica** optician's **2** (scienza) optics [sempre singolare] **3** (punto di vista) point of view: *Consideriamo il problema in un'ottica diversa.* Let's look at the problem **from a different point of view**.

ottico, -a *aggettivo* e *sostantivo*
• *agg* **1 il nervo ottico** the optic nerve **2** (strumento) optic ▶ vedi anche **fibra**
• *s* **1** (tecnico) optician: *Suo fratello fa l'ottico.* Her brother **is an** optician. **2** (negozio) optician's

ottimista *aggettivo* e *sostantivo*
• *agg* optimistic: *Fossi in te, non sarei così ottimista.* I wouldn't be so optimistic if I were you.
• *s* optimist

ottimo, -a *aggettivo* e *sostantivo*
• *agg* excellent: *Ottimo lavoro! Bravo!* Excellent work! Well done! | *La pizza era ottima.* The pizza was excellent.
• **ottimo** *s* top marks: *Nel compito di italiano ho preso ottimo.* I got top marks in the Italian test.

otto *agg* e *s* eight ▶ vedi Active Box **numeri** sotto **numero**

ottobre *s* October ▶ vedi Active Box **mesi** sotto **mese**

Ottocento *s* **l'Ottocento** the nineteenth century ▶ vedi Active Box **numeri** sotto **numero**

ottone *s* brass

otturare *v* **1** (buco) to block: *Qualcosa ottura il tubo di scarico.* Something is blocking the waste pipe. **2 farsi otturare un dente** to have a filling done: *Domani vado a farmi otturare il dente.* I'm going to have a filling done tomorrow.
otturarsi *v rifl* to get blocked: *Si è otturato il lavandino.* The washbasin has got blocked.

otturazione *s* **1** (per carie) filling **2** (chiusura) blockage

ottuso, -a *agg* **1** (angolo) obtuse **2** (persona) slow: *Ottuso com'è, non ci arriverà mai.* He's so slow he'll never get it.

ovaia *s* ovary (pl ovaries)

ovale *agg* oval

ovest *s* west ▶ vedi Active Box **punti cardinali** sotto **punto**

ovunque *avverbio* e *congiunzione*
• *avv* everywhere: *Ti ho cercato ovunque.* I looked for you everywhere.
• *cong* wherever: *Lei lo segue ovunque vada.* She follows him wherever he goes.

ovviamente *avv* obviously: *Carlo era ovviamente imbarazzato.* Carlo was obviously embarrassed.

ovvio, -a *agg* obvious: *È ovvio che non ti telefona: si è offeso.* It's obvious why he hasn't phoned. He feels offended.

oziare *v* to lounge around: *Invece di oziare tutto il giorno, dammi una mano.* Instead of lounging around all day, give me a hand.

ozio *s* anche se esiste il sostantivo **idleness**, si usa più spesso l'aggettivo **idle**: *Abbiamo trascorso una settimana di ozio completo al*

O

mare. We spent a totally idle week by the sea. | *Non mi piace stare in ozio.* I don't like being idle.

ozono *s* ozone

P, p *s* P, p ▶ vedi Active Box **lettere dell'alfabeto** sotto **lettera**

pacca *s* **1** (come saluto) slap: *Mi ha salutato con una gran pacca sulla spalla.* He greeted me with a great slap on the back. **2** (come incoraggiamento) pat: *Mi ha dato una pacca sulle spalle e mi ha detto di non mollare.* He gave me a pat on the back and told me not to give up.

pacchetto *s* **1** (confezione) packet: *Mi puoi comprare un pacchetto di patatine?* Can you buy me a packet of crisps? | *Può farmi un pacchetto, per favore?* Can you wrap it up for me, please? **2** (postale) parcel: *È arrivato un pacchetto per te.* A parcel has come for you. **3** (insieme) package: *Le escursioni non sono comprese nel pacchetto delle vacanze.* Excursions are not included in the holiday package.

pacchiano, -a *agg* tacky: *Rita si veste in modo molto pacchiano.* Rita wears really tacky clothes.

pacco *s* **1** (postale) parcel: *Devo spedire questo pacco a Milano.* I have to send this parcel to Milan. **2** (confezione) pack: *Il pacco da 10 è più conveniente.* The pack of ten is better value. | **pacco regalo** gift-wrapped package: *Mi fa un pacco regalo?* Could you gift-wrap it for me? **3** (mucchio) bundle

pace *s* **1** (assenza di guerra) peace **2** (armonia) peace | **fare la pace (con qn)** to make it up (with sb): *Ho fatto la pace con i miei.* I've made it up with my parents. **3** (tranquillità) peace: *Quando ho un momento di pace provo a scrivere la lettera.* When I have a moment's peace, I'll try to write the letter. | **lasciare qn in pace** to leave sb in peace: *Lasciami in pace, devo studiare.* Leave me in peace, I have to study. ▶ vedi nota FALSE FRIEND sotto **pace**

pachistano, -a *agg e s* Pakistani

Pacifico *s* **il Pacifico** the Pacific

pacifico, -a *agg* **1** (persona) quiet: *Piero sembra un tipo pacifico, ma in realtà è molto aggressivo.* Piero seems the quiet type, but he's actually quite aggressive. **2** (manifestazione, soluzione) peaceful: *La protesta è stata pacifica.* The protest march was peaceful.

pacifista *agg e s* pacifist

padella *s* frying pan | **passare dalla padella alla brace** to go from the frying pan into the fire

padiglione *s* **1** (di ospedale) block **2** (di fiera) pavilion **3** **padiglione auricolare** auricle

Padova *s* Padua

padre *s* father: *Sono andati a Roma con il padre.* They've gone to Rome with their father. | *il padre di Lisa* Lisa's father

padrino *s* godfather

padrone, -a *s* (proprietario) owner | **padrone di casa** landlord | **padrona di casa** landlady

paesaggio *s* **1** (panorama) view: *Ci siamo fermati a goderci il paesaggio.* We stopped to admire the view. **2** (alpino, urbano) landscape: *un tipico paesaggio inglese* a typical English landscape

paese *s* **1** (cittadina) small town **2** (Stato) country (pl countries) | **i paesi dell'Est** Eastern Europe

Paesi Bassi *s pl* **i Paesi Bassi** the Netherlands

paffuto, -a *agg* chubby

paga *s* (salario) pay

pagamento *s* payment: *Tengo la ricevuta per ogni pagamento che faccio.* I keep the receipts for every payment I make. | *Per il pagamento bisogna andare alla cassa.* Please pay at the checkout. | **a pagamento** *un parcheggio a pagamento* a pay-and-display car park | *Da oggi in poi la visita al castello è a pagamento.* From today onwards you have to pay to visit the castle.

pagare *v* **1** (in denaro) to pay: *Posso pagare con la carta?* Can I pay by credit card? | *L'ultima volta ho pagato io per tutti.* Last time I paid for everybody. | *Non mi hanno ancora pagato.* They've still not paid me. | *Quanto l'hai pagato il telefonino?* How much did you **pay for** your mobile phone? | **pagare qc a qn** to pay for sth for sb: *Mio padre non vuole pagarmi le lezioni di guida.* My father doesn't want to pay for driving lessons for me. | **far pagare qc a qn** to charge sb for sth: *Mi hanno fatto pagare 20 euro per questo libro usato.* They charged me 20 euros for this second-hand book. **2** (torto, errore) to pay for: *Me la pagherai!* You'll pay for this! | *Ha pagato cara la sua distrazione.* He paid dearly for his carelessness.

pagella *s* report card: *Ho ottimi voti in pagella.* I've got top marks **on my report card.**

Vuoi informazioni sulla differenza tra gli **aggettivi possessivi** in inglese e in italiano? Vedi la **guida grammaticale**.

paghetta *s* pocket money: *Quanto ti danno i tuoi di paghetta?* How much pocket money do your parents give you?

pagina *s* **1** (di libro, quaderno) page: *Ho letto solo poche pagine del romanzo.* I've only read a few pages of the novel. | *a pagina 23* **on page** 23 **2** (di giornale) page: *Leggo solo la pagina sportiva.* I only read the sports pages. | **in prima pagina** on the front page: *La notizia è in prima pagina.* The news is on the front page. **Pagine Gialle®** Yellow Pages®

paglia *s* straw

pagliaccio *s* (al circo) clown | **fare il pagliaccio** to clown around

pagliaio *s* (cumulo di paglia) pile of straw

pagnotta *s* loaf (pl loaves)

paio *s* **un paio di** (circa due) a couple of: *Compra anche un paio di birre.* Get a couple of beers as well. | *Ci vorranno un paio d'ore.* It will take a couple of hours. | **un paio di scarpe** a pair of shoes | **un paio di occhiali** a pair of glasses | **un paio di forbici** a pair of scissors | **è tutto un altro paio di maniche** it's a completely different kettle of fish

pala *s* **1** (per scavare) shovel **2** (di elica, remo) blade **3** (di mulino) sail

palato *s* (in bocca) palate

palazzo *s* **1** (condominio) block of flats: *Abitiamo nello stesso palazzo.* We live in the same block of flats. **2** (edificio storico) palace: *Nel centro storico ci sono bellissimi palazzi rinascimentali.* There are some fabulous Renaissance palaces in the old town. | *Il palazzo reale fu costruito sul modello di Versailles.* Versailles was the model for the Royal Palace. **3** (sede) **il palazzo dello sport** the indoor sports arena | **il palazzo di giustizia** the Law Courts

palco *s* **1** (palcoscenico) stage **2** (per comizio, premiazione) stage **3** (tribuna) stand **4** (posto a teatro) box

palcoscenico *s* stage

Palestina *s* **la Palestina** Palestine

palestinese *agg* e *s* Palestinian

palestra *s* gym: *Vado in palestra a fare yoga.* I go **to the gym** to do yoga. | **fare palestra** to go to the gym: *Fa palestra tre volte alla settimana.* She goes to the gym three times a week.

paletta *s* **1** (per scavare) spade **2** (per gelato) spoon

palio *s* **1** **essere in palio** to be up for grabs: *È in palio il titolo di campione del mondo.* The World Championship title is up for grabs. | *Ben due milioni di euro sono in palio questa settimana.* Some two million euros are up for grabs this week. **2** **il palio di Siena** the Palio

palla *s* **1** (pallone) ball: *Ha colpito la palla di testa.* He headed the ball. | *Giocano a palla nel parco.* They're playing ball in the park. | **palla di neve** snowball | **palla al piede** drag: *Il suo ragazzo è una palla al piede per lei: è geloso da morire.* Her boyfriend is **a real drag** – he's incredibly jealous. | **cogliere la palla al balzo** to seize the opportunity **2** (bugia) lie: *Non raccontare palle!* Don't tell lies! **3** (noia) si usa il sostantivo **bore** se ci si riferisce a una persona o a una cosa noiosa, mentre si usa l'aggettivo **boring** se ci si riferisce a un film, a un concerto, o a una lezione: *È una palla dover fare i compiti questo pomeriggio!* It's such a bore having to do homework this afternoon! | *Il tuo amico è proprio una palla.* Your friend is a real bore. | *Il film era una palla pazzesca.* The film was incredibly boring. | **che palle!** what a pain!

pallacanestro *s* basketball: *Gioca a pallacanestro da cinque anni.* He's been playing basketball for five years.

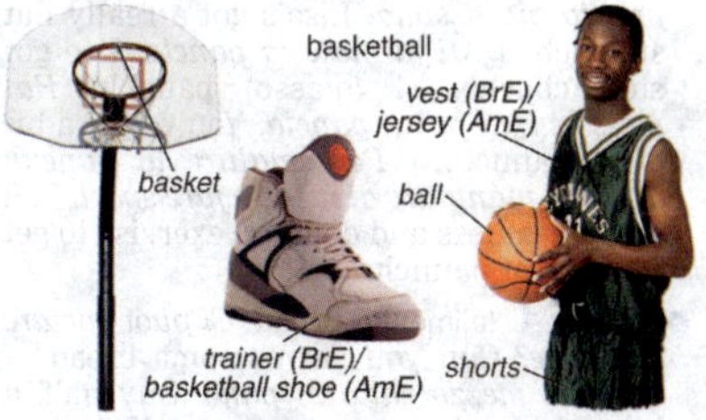

pallamano *s* handball

pallanuoto *s* water polo

pallavolo *s* volleyball: *Gioco a pallavolo nella squadra della scuola.* I'm in the school volleyball team.

palleggiare *v* to knock the ball about

pallido, -a *agg* **1** (persona, viso) pale: *Sei un po' pallido. Ti senti male?* You're a bit pale. Do you feel ill? **2** (colore) pale: *rosa pallido* pale pink

pallina *s* **1** (piccola palla) little ball | **pallina da tennis/ping-pong** tennis/ping-pong ball **2** (bilia) marble

palloncino *s* **1** (per bambini) balloon: *Aiutami a gonfiare i palloncini per la festa.* Help me to blow up the balloons for the party. **2** (test) breathalyzer

pallone *s* **1** (palla) ball: *I bambini giocano a pallone nel cortile.* The children are playing ball in the courtyard. **2** (nello sport) football: *Facciamo una partita di pallone.* Let's have a game of football. **3** **andare nel pallone** to get in a muddle: *All'esame è andato completamente nel pallone.* He got in a complete muddle in the exam.

pallottola *s* bullet

palma *s* **1** (albero) palm **2** (anche **palmo**) (della mano) palm

palo *s* **1** (asta) post: *Intorno al giardino ci sono dei pali di recinzione.* There are some fence posts round the garden. | **palo della luce** lamppost **2** (nello sport) goalpost: *La palla ha colpito il palo.* The ball hit the goalpost.

palpebra *s* eyelid

palude *s* marsh (pl marshes)

panca *s* **1** (per tavolo) bench (pl benches) **2** (in chiesa) pew

pancarrè *s* sliced bread

pancetta *s* **1** (in cucina) bacon: *uova e pancetta* bacon and eggs **2** (pancia) paunch: *Gianni ha messo su un po' di pancetta.* Gianni's developed a bit of a paunch.

panchina *s* **1** (di parco) bench (pl benches) **2** **rimanere in panchina** (nel calcio) to be on the bench

pancia *s* **1** (addome) stomach: *Lisa ha la pancia piattissima.* Lisa's got a really flat stomach. | *Mi fa male la pancia.* I've got stomachache. **2** (grasso) paunch: *Hai messo su un po' di pancia.* You've got a bit of a paunch. | *Per smaltire la pancia, dovresti mangiare di meno e fare sport.* You should eat less and do more exercise to get rid of that paunch.

pane *s* **1** (alimento) bread: *Ci puoi portare del pane?* Can you get us some bread? | *Compra mezzo chilo di pane.* Buy half a kilo of bread. | **pane e marmellata** jam sandwiches: *Ho mangiato pane e marmellata.* I had jam sandwiches. | **pane in cassetta** sliced bread | **pane integrale** brown bread, wholemeal bread | **pane tostato** toast | **pan di Spagna** sponge cake **2** (pagnotta) loaf (pl loaves): *Dal fornaio c'erano pani di tutte le forme.* There were loaves of all shapes and sizes at the baker's.

panetteria *s* baker's: *Mentre torni a casa, passa in panetteria.* Pop into the baker's on your way home.

panettiere, -a *s* **1** (persona) baker **2** (negozio) baker's

panettone *s* il panettone non esiste nei paesi di lingua inglese; per spiegare cos'è puoi dire **a Christmas pudding-shaped cake which is dry and light, filled with sultanas and candied fruit, and eaten at Christmas**.

pangrattato *s* breadcrumbs [sempre plurale]

panico *s* panic: *La notizia ha scatenato il panico.* The news caused panic. | **farsi prendere dal panico** to panic: *Non farti prendere dal panico, non siamo in ritardo.* Don't panic, we're not late.

panino *s* **1** (ripieno) roll: *un panino al prosciutto* a ham roll **2** (dal fornaio) roll: *Prendi un filoncino e qualche panino.* Pick up a long loaf and some rolls.

paninoteca *s* sandwich bar

panna *s* **1** (montata) whipped cream: *una cioccolata calda con la panna* a hot chocolate with whipped cream | *fragole con panna* strawberries and cream **2** (vaniglia) vanilla **3** (da cucina) cream: *Ce la metto la panna nella carbonara?* Shall I put some cream in the carbonara sauce?

pannello *s* **1** (di rivestimento) panel **2** **pannello solare** solar panel

panno *s* **1** (straccio) cloth: *Ho passato un panno sui mobili per togliere la polvere.* I ran a cloth over the furniture to remove the dust. **2** (stoffa) cloth **3** **panni** (indumenti) clothes | **panni da lavare** washing [sempre singolare] **4** **nei panni di qn** in sb's shoes: *Nei tuoi panni, avrei fatto lo stesso.* In your shoes, I'd have done the same. | *Prova a metterti nei miei panni.* Try to put yourself in my shoes.

pannolino *s* (per bambini) nappy (pl nappies) (BrE), diaper (AmE)

panorama *s* view: *Ci siamo fermati a goderci il panorama.* We stopped to enjoy the view.

pantaloni *s pl* trousers (BrE), pants (AmE): *un paio di pantaloni di pelle* a pair of leather trousers

pantera *s* panther

pantofola *s* slipper

papa *s* pope

papà *s* daddy (pl daddies): *Quando torna papà?* When will Daddy be home? | **la festa del papà** Father's Day

> Mentre in Italia la festa del papà viene celebrata il 19 marzo, nei paesi anglosassoni viene celebrata la terza domenica di giugno.

papavero *s* poppy (pl poppies)

papera *s* **1** (oca) female gosling **2** **fare una papera** to make a slip of the tongue

pappa *s* **1** (cibo) food: *É già calda la pappa del bambino?* Is the baby's food hot yet? **2** **dare la pappa a qn** to feed sb: *Alle due gli ho dato la pappa, poi l'ho messo giù a fare un riposino.* I fed him at two and then I put him down for a nap. **3** **essere pappa e ciccia (con qn)** to be as thick as thieves (with sb): *Quei due sono pappa e ciccia.* Those two are as thick as thieves.

pappagallo *s* parrot

parabola *s* **1** (antenna) satellite dish (pl satellite dishes) **2** (in matematica) parabola **3** (nella Bibbia) parable **4** (traiettoria) parabola

parabolico ► vedi **antenna**

parabrezza *s* windscreen (BrE), windshield (AmE)

paracadute *s* parachute | **lanciarsi col paracadute** to do a parachute jump

paracarro *s* kerbstone (BrE), curbstone (AmE)

paradiso *s* paradise: *Questo angolo dell'isola è un paradiso per i surfisti.* This corner of the island is a surfers' paradise. | **il paradiso terrestre** the Garden of Eden | **il paradiso e l'inferno** heaven and hell

paradosso *s* paradox (pl paradoxes)

parafango *s* mudguard (BrE), fender (AmE)

paraggi *s pl* **nei paraggi** around: *Non c'era nessuno nei paraggi.* There was nobody around. | *C'è una farmacia nei paraggi?* Is there a pharmacy around here? | **nei paraggi di qc** near sth: *Abito nei paraggi della stazione.* I live near the station.

paragonare *v* to compare: *Marco e Gianni hanno due caratteri così diversi che non si possono paragonare.* Marco and Gianni are so different in character that you can't compare them. | **paragonare qc a/con qc** to compare sth to/with sth: *Non puoi paragonare la tua situazione alla mia.* You can't compare your situation to mine.

paragonarsi *v rifl* **paragonarsi a qn** to compare yourself to sb: *Non vorrai mica paragonarti a lui?* You wouldn't be comparing yourself to him, would you?

paragone *s* comparison: *Non c'è paragone, questo libro è decisamente migliore!* There's no comparison – this book's much better! | *Facendo il paragone, ti accorgi subito che queste scarpe sono migliori.* If you compare them, you'll see straightaway that these shoes are better. | **senza paragone** *un film senza paragoni* a brilliant film | **in paragone a** compared to: *In paragone all'anno scorso, quest'anno mi sono divertito molto di più.* This year I've had much more fun compared to last year. | **non reggere il paragone con qn** *Nessuno può reggere il paragone con lei: è la più brava.* You can't compare her with anyone. She's the best.

paragrafo *s* paragraph

paralisi *s* paralysis

paralizzato, -a *agg* paralyzed: *Elena ha la gamba sinistra paralizzata.* Elena's left leg is paralyzed. | *Per un momento sono rimasta paralizzata dalla sorpresa.* For a moment I was **paralyzed with** surprise.

parallela *sostantivo* e *sostantivo plurale*

• *s* **1** **la parallela di via Manzoni** the street parallel to via Manzoni **2** (in matematica) parallel line

• **parallele** *s pl* (in ginnastica) parallel bars: *un esercizio alle parallele* an exercise **on the parallel bars**

parallelo, -a *aggettivo* e *sostantivo*

• *agg* (retta, piano) parallel: *un fascio di rette parallele* a series of parallel lines | *L'autostrada è parallela alla ferrovia.* The motorway runs parallel to the railway line.

• **parallelo** *s* **1** (in geografia) parallel **2** (paragone) parallel | **fare un parallelo** to draw a parallel: *Non è possibile fare un parallelo tra due scrittori così diversi.* It's not possible to draw a parallel between such different writers.

parare *v* **1** (nel calcio) to save: *Il portiere non ha parato il calcio di rigore.* The goalkeeper didn't save the penalty. **2** (schivare) to fend off: *Carlo ha parato il pugno col braccio.* Carlo fended off the punch with his arm. **3** **andare a parare** to be driving at: *Si può sapere dove vuoi andare a parare?* What exactly are you driving at?

parata *s* **1** (nel calcio) save **2** (sfilata) parade: *una parata di carri di carnevale* a parade of carnival floats **3** (militare) review

paraurti *s* bumper

parcella *s* fee

parcheggiare *v* to park: *Ho parcheggiato sotto casa.* I've parked outside the house.

parcheggio *s* **1** (manovra) parking: *"Vietato il parcheggio"* "No parking" **2** (spazio per un'auto) parking space: *Non c'è un parcheggio libero.* There are no parking spaces available. **3** (area per auto) car park (BrE), parking lot (AmE): *parcheggio a pagamento* pay car park

parchimetro *s* parking meter

parco *s* **1** (grande giardino) park: *Abito vicino al parco.* I live near the park. **2** **parco giochi** playground | **parco macchine** car fleet

parecchio, -a *aggettivo, pronome* e *avverbio*

• *agg* si usa **quite a lot of** quando precede sostantivi singolari non numerabili e si usa **quite a few** quando precede sostantivi plurali: *Carlo ha parecchio lavoro in questo periodo.* Carlo has quite a lot of work at the moment. | *C'erano parecchi errori nel compito.* There were quite a few mistakes in the test. | *In mare c'erano parecchi surfisti.* There were quite a few surfers in the sea. | *L'ho rivisto dopo parecchi mesi.* I saw him again several months later. | **parecchio tempo** ages: *Non lo sento da parecchio tempo.* I haven't heard it for ages. | *parecchio tempo fa* ages ago

• *pron* si usa **quite a lot** se ci si riferisce a sostantivi singolari non numerabili e si usa **quite a few** se ci si riferisce a sostantivi plurali: *Parecchi di noi lo sapevano.* Quite a few of us knew about it. | – *È finito lo zucchero?* – *No, ce n'è ancora parecchio.* "Is the sugar all gone?" "No, there's still quite a lot left." | *Ci vuole parecchio per leggerle*

P

tutte. It will take a long time to read all of them.

- **parecchio** *avv* quite a lot: *Abbiamo camminato parecchio*. We walked quite a lot. | *Le assomigli parecchio*. You look quite a lot like her.

pareggiare *v* **1** (nello sport) to equalize: *Abbiamo pareggiato nel secondo tempo*. We equalized in the second half. | **pareggiare uno a uno/due a due** to draw one-all/ two-all **2** (erba, capelli) to straighten up **3** (conto, bilancio) to balance

pareggio *s* (nello sport) draw (BrE), tie (AmE): *La partita è finita in pareggio*. The match ended in a draw.

parente *s* relative: *Ho dei parenti negli Stati Uniti*. I've got relatives in the United States. | *un mio lontano parente* a distant relative of mine | **parente stretto** close relative: *Hanno invitato solo i parenti stretti*. They've only invited close relatives. ▶ vedi nota FALSE FRIEND sotto **parent**

parentela *s* **1** (insieme dei parenti) relatives [sempre plurale]: *A pranzo c'era tutta la parentela*. All the relatives were there at lunch. **2** (legame) family relationship: *Che grado di parentela c'è tra te e Giovanna?* What's the family relationship between you and Giovanna? | *Non abbiamo legami di parentela*. We're not related.

parentesi *s* **1** (segno) bracket (BrE), parenthesis (pl parentheses) (AmE): *Aprite le parentesi*. Open brackets. | *"aperta/ chiusa parentesi"* "open/close brackets" | **parentesi tonde/quadre/graffe** round/ square/curly brackets | **tra parentesi a)** (in testo) bracketed: *un'osservazione messa tra parentesi* a bracketed remark **b)** (per inciso) incidentally: *Tra parentesi, quando andiamo al mare?* Incidentally, when are we going to the seaside? **2** break: *dopo la parentesi estiva* after the summer break **3** (divagazione) **fare una parentesi su qc** to add a few words about sth: *Ha fatto una parentesi sulla fame nel mondo*. She added a few words about world hunger.

parere *verbo e sostantivo*

- *v* **1** (sembrare) to seem: *Pare che sia tutto vero*. It seems that it's all true. | *Eppure pareva una brava persona*. And yet, he **seemed to be** a good person. | *Pare che stia per nevicare*. It looks like it's about to snow. | **a quanto pare** apparently: *A quanto pare, non vuole venire nessuno*. Apparently, no-one wants to come. **2 mi/ti ecc. pare** I/you etc think: *Mi pare molto strano*. I think it's very strange. | *Che te ne pare?* What do you think? | *Mi pare che tu stia esagerando*. I think you're exaggerating. | *Mi pare di no*. I don't think so. **3** (volere) *Arrivati a casa potete fare quello che vi pare*. When you get home you can do what you want. | *Ognuno fa quello che gli pare*. Everyone does as they please. | **come mi/ti ecc. pare** as I/you etc like: *Può vestirsi come le pare*. She can dress as she likes.
- *s* opinion: *Secondo me faresti bene a chiedere il parere di un esperto*. I think you ought to get an expert opinion. | *a mio parere* **in my opinion** | **cambiare parere** to change your mind | **essere del parere di qn (su qc)** to agree with sb (on sth): *Sono del tuo parere: è meglio partire subito*. I agree with you – it's best to leave at once.

parete *s* **1** (muro) wall: *il poster sulla parete* the poster on the wall **2** (pendio) face | **una parete di ghiaccio** a wall of ice

pari *aggettivo, sostantivo e avverbio*

- *agg* **1** (uguale) equal: *Tutti i cittadini hanno pari diritti e pari doveri*. All citizens have equal rights and equal duties. | **essere a pari a qc** to be equal to sth: *Un chilometro è pari a mille metri*. A kilometre is equal to one thousand metres. | **essere pari in altezza/bellezza/intelligenza** to be equally tall/beautiful/intelligent | **essere pari** to be quits: *Adesso siamo pari!* Now we're quits! **2** (pavimento, terreno) even
- *s* **1** (numero) even number: *Ho puntato tutto sul pari*. I've put everything on the even numbers. | **pari e dispari** (gioco) odds or evens **2** (persona) equal: *Come attore non ha pari*. As an actor he has no equal.
- *avv* **1 uno/due pari** one/two-all: *Sono due pari*. They are two all. **2 alla pari a)** (essere, finire) on an equal footing: *I due giocatori partono alla pari*. The two players start off on an equal footing. **b)** (competizione) equal: *Non è stata una gara alla pari*. It wasn't an equal contest. | **ragazza alla pari** au pair | **mettersi in pari con qn/qc** to catch up with sb/sth: *Non mi sono ancora messa in pari con il programma di matematica*. I still haven't caught up with the maths coursework. | **pari pari** (alla lettera) word for word: *L'ho copiata pari pari*. I copied it word for word. ▶ vedi anche **merito, numero**

Parigi *s* Paris

parità *s* **1 concludersi con un risultato di parità** (nello sport) to end in a draw: *La partita si è conclusa con un risultato di parità*. The match ended in a draw. **2** (uguaglianza) equality

parlamentare *sostantivo e aggettivo*

- *s* MP, Member of Parliament | **un parlamentare europeo** a Member of the European Parliament, an MEP
- *agg* parliamentary

C'è una tavola con i numeri in inglese e spiegazioni sul loro uso nella **guida grammaticale**.

parlamento *s* parliament: *il parlamento europeo* the European Parliament

parlare *v* **1** (lingua) to speak: *Scusi, parla italiano?* Excuse me, do you speak Italian? | *Parli bene l'inglese.* You speak English well. **2** (pronunciare parole) to talk: *Ho mal di gola, non riesco a parlare.* I've got a sore throat and I can't speak. | **parlare forte/piano** to speak loudly/quietly ▶ Per chiedere a qualcuno di alzare o abbassare la voce, si usano rispettivamente **to speak up** e **to keep your voice down**: *Parlava piano, non ho sentito.* He was speaking quietly so I couldn't hear him. | *Non sento, puoi parlare più forte?* I can't hear you, can you speak up? **3** (esprimersi) to talk: *Puoi parlare liberamente.* You can talk freely. | **parlare chiaro** to be frank: *Per parlare chiaro, non ho nessuna voglia di venire.* To be frank, I really don't feel like coming. **4** **parlare di qc/qn** to talk about sth/sb: *Stavamo giusto parlando di te.* We were just talking about you. | **parlare a/con qn** to talk to sb: *Sto parlando con te, mi ascolti?* I'm talking to you. Are you listening? | **parlare da solo/tra sé e sé** to talk to yourself: *Stavo parlando tra me e me.* I was talking to myself. | **non se ne parla neanche!** it's out of the question! | **non parliamone più!** forget about it! | **non me ne parlare!** tell me about it! **5** **parlare di qc/qn** (film, libro) to be about sth/sb: *Di cosa parla questo film?* What's this film about?

parlarsi *v rifl* to talk, to speak: *Ci siamo parlati al telefono.* We talked on the phone. | *Non si parlano più.* They don't speak to each other any more.

parlata *s* non c'è un equivalente di **parlata** in inglese; per spiegare cos'è, puoi dire **way of speaking**: *I napoletani si riconoscono dalla parlata.* You can tell Neapolitans by the way they speak.

parlato, -a *agg* spoken: *l'inglese parlato* spoken English

parmigiano *s* (formaggio) Parmesan

parola *sostantivo* e *sostantivo plurale*

• *s* **1** (vocabolo) word: *una parola di cinque lettere* a five-letter word | *Cosa vuol dire questa parola?* What does this word mean? | **cercare una parola sul dizionario** to look up a word in the dictionary | **parole crociate** crossword (puzzle) | **parola d'ordine** password **2** **in altre parole** in other words | **rimanere senza parole** to be left speechless | **togliere la parola di bocca a qn** to take the words right out of sb's mouth: *Mi hai tolto la parola di bocca.* You took the words right out of my mouth. | **È una parola!** That's easy to say! ▶ vedi anche **rivolgere** **3** **dare la propria parola a qn** to give your word to sb: *Ti do la mia parola.* I give you my word.

• **parole** *s pl* (di canzone) lyrics

parolaccia *s* swearword | **dire parolacce** to swear

parrocchia *s* **1** (chiesa) church (plurale churches) **2** (comunità) parish (plurale parishes)

parroco *s* priest

parrucca *s* wig

parrucchiere, -a *s* **1** (persona) hairdresser **2** (negozio) hairdresser's

parrucchino *s* toupée

parsimonioso, -a *agg* il termine **parsimonious** è molto ricercato. Si usa più spesso l'espressione **careful with your, his etc money** a seconda della persona alla quale ci si riferisce: *Se vuoi metterti dei soldi da parte, devi essere più parsimonioso.* You need to be more careful with your money if you want to save.

parte *s* **1** (componente) part | **le parti del corpo** the parts of the body | **far parte di qc** to be a member of sth: *La Grecia fa parte dell'Unione Europea.* Greece is a member of the European Union. **2** (di cibo) piece: *Taglia la pizza in sei parti.* Cut the pizza into six pieces. **3** (di denaro) share: *Ognuno avrà la sua parte di guadagno.* Everyone will have their share of the winnings. **4** **la maggior parte di** most of: *Mia sorella conosce la maggior parte dei miei amici.* My sister knows most of my friends. **5** (lato) side: *Abito dall'altra parte della città.* I live on the other side of the town. | **essere dalla parte del torto/della ragione** to be in the wrong/the right | **da una parte ... dall'altra ...** on the one hand ... on the other hand ...: *Da una parte vorrei uscire, dall'altra sono stanco.* On the one hand I want to go out, but on the other hand I'm tired. **6** (direzione) direction: *Non posso darti un passaggio perché non vado da quella parte.* I can't give you a lift because I'm not going in that direction. | *Da che parte sono andati?* Which way did they go? **7** **da qualche parte** somewhere: *Mi sembra che ci siamo già visti da qualche parte.* I think we've already met somewhere. | **da ogni parte** (dovunque) everywhere | **da queste parti** round here: *Mio cugino abita da queste parti.* My cousin lives round here. **8** (ruolo) part: *Devo studiare la mia parte per lo spettacolo.* I've got to learn my part for the show. | **fare la parte della vittima** to act the victim **9** **mettere qc da parte** to put sth aside: *Ho messo dei soldi da parte per le vacanze.* I've put some money aside for the holidays. | *Ti ho messo da parte una fetta di torta.* I've saved a slice of cake for you. | **da parte di** from: *Ho un messaggio per te da parte di Luca.* I've got a message for you from Luca. | *Salutala da parte mia.* Say hello to her for

P

me. | **a parte a)** (separato) separate: *Questo è un discorso a parte.* That's a separate issue. **b)** (separatamente) separately: *Ho pagato il viaggio a parte.* I paid for the trip separately. **c)** (diverso) different: *I suoi amici sono tutti tipi un po' a parte.* All his friends are a bit different. **d)** (eccetto, tranne) apart from: *Nessuno lo sa, a parte te.* Nobody knows about it, apart from you. | **in parte** partly: *Hai ragione solo in parte.* You're only partly right.

partecipante *s* (a gita, riunione) participant, (a gara) competitor

partecipare *v* **partecipare a qc** to take part in sth: *Allo spettacolo abbiamo partecipato tutti.* We all took part **in** the show.

partecipazione *s* **1** (a evento) participation | **con la partecipazione di** (in film) featuring **2** (di matrimonio) announcement

partenza *s* **1** (di persona, treno, aereo) departure: *Abbiamo dovuto rimandare la partenza al weekend.* We've had to put off the departure to the weekend. | **partenze** departures board: *Troviamoci alle dieci davanti alle partenze.* We'll meet at ten o'clock in front of the departures board. | **in partenza** about to depart: *Il treno per Napoli è in partenza al binario 1.* The train for Naples is about to depart from platform 1. **2** (in gara) start | **falsa partenza** false start

particella *s* **1** (di materia) particle **2** (di parola) particle

particolare *aggettivo e sostantivo*

• *agg* **1** (speciale, tipico) distinctive: *Ha un modo tutto particolare di esprimersi.* He has a very distinctive way of talking. | **in (modo) particolare** especially: *Questo locale è sempre pieno, in particolare il sabato.* This bar is always full, especially on Saturdays. **2** (straordinario) special: *Ha una predisposizione particolare per le lingue.* He has a special talent for languages.

• *s* (dettaglio) detail: *Non perderti nei particolari, vai dal sodo.* Don't get lost in the details. Get to the point. | **nei minimi particolari** in minute detail: *Mi ha raccontato tutto nei minimi particolari.* She told me everything in minute detail.

particolareggiato, -a *agg* detailed

particolarmente *avv* **1** (soprattutto) especially: *Mi piace la montagna particolarmente in estate.* I like the mountains, especially in the summer. **2** (molto) really: *Questo vestito ti sta particolarmente bene.* This dress really suits you. | *Non mi ispira particolarmente.* I'm not particularly keen on it.

partigiano, -a *s* partisan

partire *v* **1** (in viaggio) to leave: *A che ora sei partito da casa?* When did you leave home? | *L'aereo per Bruxelles è già partito.* The plane for Brussels has already left. | *Sono partiti in aereo o in treno?* Did they go by plane or by train? **2** (automobile, motore) to start: *La macchina non parte.* The car won't start. **3** (strada, sentiero) to start: *La pista ciclabile parte da Piazza Verdi.* The cycle lane starts in Piazza Verdi. **4** (rompersi) to break: *Il mio PC è partito.* My computer is broken. **5 a partire da** from: *a partire da domani* from tomorrow | *a partire da adesso* from now on

partita *s* **1** (incontro) match (pl matches) **2** (gioco) game **3** (di merce) batch (pl batches): *Questo computer viene da una partita difettosa.* This computer is part of a defective batch.

> **match o game?**
>
> Per riferirsi ad una partita, si usa **match** quando si tratta di un incontro ufficiale, ad esempio tra due squadre di calcio professioniste, mentre si usa **game** quando si gioca per divertimento, tra amici:
>
> *Ieri sera ho guardato una partita di calcio alla TV.* I watched a football match on TV last night. | *Facciamo una partita a ping-pong?* Shall we have a game of table tennis?

partito *s* **1** (in politica) party (pl parties) **2 non sapere che partito prendere** *Le due proposte sono interessanti: non so proprio che partito prendere.* Both proposals are attractive. I'm really not sure which one to choose.

partitura *s* score

parto *s* birth | **parto cesareo** Caesarean

partorire *v* to give birth: *Mia cugina ha partorito due gemelli.* My cousin gave birth **to** twins.

parziale *agg* **1** (incompleto) partial: *un eclissi parziale di sole* a partial eclipse of the sun **2** (provvisorio) latest: *Stanno dando i risultati parziali della partita.* They're giving the latest score from the match. **3** (non obiettivo) biased: *Il tuo è un giudizio parziale.* You're biased.

pascolare *v* to graze

pascolo *s* meadow

Pasqua *s* Easter: *il giorno di Pasqua* Easter Day | **Buona Pasqua!** Happy Easter!
► vedi anche **uovo**

Pasquetta *s* Easter Monday

passabile *agg* okay: – *Com'era il film?* – *Passabile, ne ho visti di migliori.* "What was the film like?" "Okay – I've seen better." | **appena passabile** not much good: *La pizza in quel locale è appena passabile.* The pizza in that place isn't much good.

passaggio *s* **1** (transito) invece del sostantivo, si usa di solito la costruzione verbale **to go past**: *La gente aspettava il passaggio dei ciclisti.* The people were waiting for the cyclists to go past. | **essere di passaggio** to be passing through **2** (in macchina) lift: *Vuoi un passaggio?* Do you want a lift? **3** (luogo) passage: *C'è un passaggio segreto che porta ai sotterranei.* There's a secret passage leading to the vault. | *Abbiamo trovato un passaggio tra le rocce.* We've found a way through the rocks. | *"Lasciare libero il passaggio."* "Do not block the entrance." **4** (cambiamento) move: *il passaggio dalle elementari alle medie* the move from primary to secondary school **5** (di testo) passage **6 passaggio a livello** level crossing | **passaggio pedonale** pedestrian crossing

passamontagna *s* balaclava

passante *s* (persona) passer-by (pl passers-by)

passaporto *s* passport

passare *v* **1** (transitare) to go: *Siamo passati davanti a casa tua.* We went past your house. | *In questa strada passano pochissime macchine.* Very few cars go down this street. | *Fatemi passare!* Let me through! | *Il postino è appena passato.* The postman has just been. | **passare per** to go through: *Passiamo per il centro.* Let's go through the town centre. | *Il Po passa per Torino.* The Po flows through Turin. **2** (andare) to go, (venire) to come ▶ Nel senso di fare un salto in un posto, si usa anche **to nip**, che è informale: *Devo passare da casa a cambiarmi, prima.* I've got to go home and change first. | *Ti passo a prendere.* I'll come and pick you up. | *Passo da te più tardi.* I'll come round to see you later. | **passare alla posta/in farmacia** to nip into the post office/into the chemist's **3** (tempo, giorni) to go by: *Le vacanze sono passate in fretta.* The holidays went by quickly. | *È già passato un mese dall'ultima volta che ci siamo visti.* It's already a month since the last time we saw each other. **4** (sparire) to go: *Ti è passato il mal di testa?* Has your headache gone? | *Mi è passata la voglia di uscire.* I don't feel like going out anymore. | *Mi è passato di mente.* It slipped my mind. | **passare di moda** to go out of fashion **5 passare per un bugiardo/uno stupido** to seem like a liar/an idiot **6** (superare) to cross: *L'aereo ha appena passato le Alpi.* The plane has just crossed the Alps. | *Il treno ha già passato Firenze.* The train has already gone through Florence. | *Mio padre ha passato la cinquantina.* My father is in his fifties. | **passare un esame** to pass an exam | **passare il limite** (esagerare) to go too far: *Questa volta hai veramente passato il limite!* This time you've really gone too far! **7** (dare) to pass: *Mi passi il pane?* Can you pass me the bread? **8** (trascorrere) to spend: *Dove hai passato le vacanze?* Where did you spend your holidays? | *Ho passato due ore a fare i compiti.* I spent two hours doing my homework. **9 passare uno straccio su qc** to wipe sth with a cloth: *Passa lo straccio sul tavolo.* Wipe the table with the cloth. | **passare una mano su qc** to touch sth: *Se mi passi una mano sul braccio, senti che è gonfio.* If you touch my arm, you'll feel that it's swollen. **10** (al telefono) per dire che si passa una persona ad un'altra al telefono, si usa **to put on** quando si dà la cornetta all'altra persona e **to put through** quando si trasferisce la chiamata ad un interno diverso: *Mi passi la mamma?* Can you put mum on? | *Le passo l'ufficio informazioni.* I'll put you through to the information office. **11 passarsela bene/male** to be doing well/badly: *Non me la sto passando molto bene.* I'm not doing very well. | *Come te la passi?* How are you doing?

passata *s* **1** (stirata) iron: *Mi dai una passata ai pantaloni?* Can you give my trousers a quick iron? **2** (pulita) wipe: *Dai una passata al pavimento con lo straccio.* Give the floor a wipe with the cloth. **3 passata di pomodoro** passata

passatempo *s* pastime: *Il mio passatempo preferito è ascoltare la musica.* My favourite pastime is listening to music.

passato, -a *aggettivo* e *sostantivo*

• *agg* **1** (trascorso) past: *Nei giorni passati, il tempo è stato bruttissimo.* The weather's been really horrible for the past few days. **2** (scorso) last: *il mese passato* last month **3** (più di) after: *Sono le cinque passate.* It's after five o'clock.

• **passato** *s* **1** (tempo trascorso) past | **in passato** in the past **2** (in grammatica) past: *una frase con il verbo al passato* a sentence with the verb **in the past** **3** (minestra) soup: *passato di verdura* vegetable soup

passeggero, -a *s* passenger

passeggiare *v* to walk

passeggiata *s* **1** (giro a piedi) walk | **fare una passeggiata** to go for a walk **2** (strada) path **3** (impresa facile) doddle (BrE), cinch: *L'esame è stata una passeggiata.* The exam was a doddle.

passeggino *s* pushchair

passero *s* sparrow

passi *s* (lasciapassare) pass (pl passes)

passionale *agg* (persona, carattere) passionate

passione *s* **1** (amorosa) passion **2** (per attività) passion: *La musica è la sua passione.* Music is his passion. | **avere una passione per qc** to be mad about

P

something: *Giorgio ha una vera passione per il calcio.* Giorgio's really mad about football.

passivo, -a aggettivo e sostantivo
- *agg* **1** (persona, atteggiamento) passive **2** (verbo) passive ▶ vedi anche **fumo**
- **passivo** *s* passive: *al passivo* in the passive

passo *s* **1** (movimento) step: *Adesso indietreggiate tutti di un passo.* Now take a step back, everyone. | *Allunga il passo!* Hurry up! | **fare due passi** (passeggiare) to go for a walk: *Andiamo a fare due passi.* Let's go for a walk. | **a passo d'uomo** at walking pace | **fare il primo passo** to make the first move | **fare passi da gigante** to make great progress | **essere ai primi passi** to be at an early stage | **di questo passo** at this rate: *Di questo passo, finirai par essere bocciato.* At this rate, you'll end up having to repeat the year. **2** (rumore) footstep: *Ho sentito dei passi.* I heard footsteps. **3 a due passi** very close by: *Abito a due passi da qui.* I live very close by. | *Il ristorante è a due passi dal cinema.* The restaurant is very near the cinema. | **essere a un passo da qc a)** to be a stone's throw from sth: *La spiaggia è a un passo da qui.* The beach is a stone's throw from here. **b)** to be within an inch of sth: *Era a un passo dal successo.* She was within an inch of success. **4 passo carrabile** access **5** (di racconto) part: *Ho letto solo alcuni passi di questo romanzo.* I've only read a few parts of this novel. **6** (valico) pass (pl passes)

pasta *s* **1** (pastasciutta) pasta | **pasta in bianco** non c'è una traduzione. Per spiegare cos'è puoi dire **pasta seasoned with olive oil or butter** **2** (per pizza, pane) dough **3 pasta frolla/sfoglia** shortcrust/puff pastry **4 pasta di acciughe/olive** anchovy/olive paste | **pasta di mandorle** marzipan **5** (pasticcino) cake: *Ho portato delle paste.* I've brought some cakes.

pastasciutta *s* pasta

pastello sostantivo e aggettivo
- *s* (matita) pastel: *un disegno a pastello* a pastel drawing
- *agg* pastel: *una maglia rosa pastello* a pastel-pink jersey

pasticceria *s* **1** (negozio) cake shop **2** (dolci) cakes [sempre plurale]: *La pasticceria siciliana è molto dolce.* Sicilian cakes are very sweet.

pasticciare *v* to mess up: *Non pasticciare i fogli!* Don't mess up the papers!

pasticcino *s* cake

pasticcio *s* **1** (cosa malfatta) mess [mai plurale]: *Non fare pasticci!* Don't make a mess! **2** (guaio) mess [mai plurale]: *Ho combinato un bel pasticcio!* I've caused a real mess! | *Che pasticcio!* What a mess! | **essere nei pasticci** to be in big trouble **3** (pietanza) pie: *pasticcio di pollo* chicken pie

pasticcione, -a *s* invece del sostantivo si usa di solito l'aggettivo **clumsy**: *Sei una pasticciona!* You're so clumsy!

pastiglia *s* (medicina) pill ▶ Quando si tratta di una pastiglia da sciogliere nell'acqua, si usa **tablet**: *delle pastiglie per dormire* sleeping pills | *Fai sciogliere la pastiglia in un bicchiere d'acqua.* Dissolve the tablet in a glass of water. | **pastiglie per la gola** throat pastilles

pasto *s* meal: *Dopo un pasto così abbondante, mi è venuto sonno.* I feel tired after eating such a large meal. | **mangiare fuori pasto** to eat between meals

pastore *s* **1** (di pecore) shepherd **2** (sacerdote) minister **3 pastore tedesco** Alsatian

patata *s* potato | **patate fritte** chips: *bistecca con patate fritte* steak with chips | **patate al forno/bollite** roast/boiled potatoes

patatine *s pl* **1** (fritte) chips **2** (in sacchetto) crisps: *un pacchetto di patatine* a bag of crisps

pâté *s* pâté

patente *s* **patente (di guida)** driving licence | **prendere la patente** to get a driving licence ▶ vedi nota FALSE FRIEND sotto **patent**

patentino *s* motorbike licence

paterno, -a *agg* **1** (del padre) paternal | **nonno paterno** paternal grandfather | **nonna paterna** paternal grandmother **2** (da padre) fatherly: *Il mio è un consiglio paterno.* I'm giving you some fatherly advice.

patetico, -a *agg* **1** (commovente) sad **2** (ridicolo) pathetic: *Non essere patetico: chi vuoi che ti creda?* Don't be pathetic. Who do you think's going to believe you?

patire *v* to suffer | **patire la fame/il caldo** to suffer from hunger/the heat | **patire il freddo** to feel the cold

patria *s* **1** (di persona) country (pl countries) **2** (di invenzione, cosa tipica) home: *La Giamaica è la patria della musica reggae.* Jamaica is the home of reggae music.

patrigno *s* stepfather

patrimonio *s* **1** (molti soldi) fortune: *Possiede un patrimonio enorme.* He owns a fortune. | *Costa un patrimonio!* It costs a fortune! **2** (cose possedute) possessions [sempre plurale] | **patrimonio artistico/culturale** artistic/cultural heritage

patrono, -a *s* (santo protettore) patron saint

patta *s* (di pantaloni) flies [sempre plurale]: *Hai la patta aperta.* Your flies are open.

P

pattinaggio *s* skating | **fare pattinaggio** to skate | **pattinaggio a rotelle** roller skating | **pattinaggio su ghiaccio** ice skating | **pattinaggio artistico** figure skating

pattinare *v* to skate

pattinatore, -trice *s* (su ghiaccio) ice skater, (su rotelle) roller skater

pattini *s pl* skates | **pattini a rotelle** roller skates | **pattini da ghiaccio** ice skates | **pattini in linea** roller blades

patto *s* **1** agreement | **fare un patto (con qn)** to make a deal (with sb): *Abbiamo fatto un patto: io faccio i compiti di matematica, lui quelli di inglese.* We've made a deal: I do the maths homework and he does the English. | **stare ai patti** to keep to the agreement **2 a patto che** as long as: *Ti presto il libro, a patto che tu me lo riporti domani sera.* I'll only lend you the book as long as you bring it back tomorrow evening.

pattuglia *s* patrol

pattugliare *v* to patrol

pattumiera *s* bin

paura *s* fear: *Tremava dalla paura.* She was trembling **with fear**. | *Per paura di sbagliare, sono stato zitto.* I didn't say anything because I was scared of making a mistake. | **avere paura** to be afraid, to be scared: *Ho paura che ormai sia troppo tardi.* I'm afraid it may already be too late. | *Ho paura a restare da solo.* I'm **scared of** being on my own. | *Hai paura dell'esame?* Are you worried about the exam? | **fare paura a qn** to scare sb: *Mi hai fatto paura!* You scared me!

pauroso, -a *agg* **1** (persona) **essere pauroso** to get scared easily **2** (incidente) dreadful **3** (memoria) incredible

pausa *s* **1** (in attività) break | **fare una pausa** to take a break: *Abbiamo fatto una pausa di cinque minuti.* We took a five-minute break. | **pausa pranzo** lunch break: *Gli studenti sono in pausa pranzo tra l'una e le due.* The students have their lunch break from one to two. **2** (in discorso) pause

pavimento *s* floor ▶ vedi nota FALSE FRIEND sotto **pavement**

pavone *s* (maschio) peacock, (femmina) peahen

pavoneggiarsi *v rifl* (darsi delle arie) to show off: *È una ragazza carina, ma non fa che pavoneggiarsi con tutti.* She's a pretty girl, but all she does is show off in front of everyone.

paziente *aggettivo* e *sostantivo*

• *agg* patient: *Il professore di matematica è molto paziente: ripete sempre se non capiamo.* Our maths teacher is very patient. He'll always repeat something if we don't understand it.

• *s* patient: *La paziente ha sopportato bene l'operazione.* The patient came through the operation well.

pazienza *s* **1** (calma) patience: *Abbi ancora un po' di pazienza: ho quasi finito!* Have a little patience, please – I'm almost finished! | *Mi hai fatto perdere la pazienza.* You made me lose my patience. | **avere pazienza (con qn)** to have patience (with sb): *Paola ha molta pazienza con i bambini.* Paola's got a lot of patience with children. **2 pazienza!** never mind!: *Non abbiamo vinto: pazienza!* We didn't win – oh well, never mind!

pazzesco, -a *agg* **1** (incredibile) incredible: *Sembra pazzesco, ma è vero.* It seems incredible, but it's true. **2** (eccessivo) invece dell'aggettivo, si usa di solito l'avverbio **incredibly**: *Ho un sonno pazzesco.* I'm incredibly tired. | *C'è un'afa pazzesca.* It's incredibly muggy. | *Non l'ho comprato perché il prezzo era pazzesco.* I didn't buy it because it was incredibly expensive.

pazzia *s* **1** (follia) madness: *Prima non aveva mai dato segni di pazzia.* He had never shown any signs of madness before. **2** (azione assurda) crazy thing: *Questa è un'altra delle sue pazzie.* This is another one of the crazy things he does. | **è una pazzia fare qc** it's sheer madness to do sth: *È una pazzia guidare con questa nebbia.* It's sheer madness to drive in this fog. | **fare una pazzia** to do something mad: *Ho fatto una pazzia: ho speso 250 euro in un paio di jeans di Armani.* I've done something mad. I spent 250 euros on a pair of Armani jeans.

pazzo, -a *aggettivo* e *sostantivo*

• *agg* mad (BrE), crazy (AmE) | **far diventare pazzo qn** to drive sb mad: *Mi ha fatto diventare pazza con le sue telefonate.* He drove me mad with his telephone calls. | **andare pazzo per qc a)** (musica, hobby) to be mad about sth: *Tutti i miei amici ne vanno pazzi.* All my friends are mad about it. **b)** (dolci, cioccolato) to adore sth: *Vado pazza per i dolci.* I adore sweet things.

• *s* lunatic | **da pazzi** (moltissimo) like mad: *Abbiamo riso da pazzi.* We laughed like mad. | *Mi piace da pazzi la pastasciutta.* I'm mad about pasta.

peccare *v* to sin | **peccare di presunzione/superbia** to be a bit cocky/haughty: *Stefano è molto bravo, ma ogni tanto pecca di presunzione.* Stefano is very clever but he can be a bit cocky at times.

peccato *s* **1** (in religione) sin **2** (per esprimere dispiacere) pity, shame: *È un peccato che voi due non vi siate incontrati.* It's a pity you two didn't meet. | *Mi sembra un peccato sprecare tutto questo cibo.* It seems a shame to me to waste all this food. |

P

(che) peccato! what a pity!: – *Mi dispiace, questa sera non posso uscire. – Peccato!* "I'm sorry, I can't go out tonight." "What a pity!"

Pechino *s* Beijing

pecora *s* sheep [singolare e plurale]: *un gregge di pecore* a flock of sheep | **pecora nera** black sheep

pedaggio *s* toll

pedalare *v* to pedal

pedale *s* pedal

pedana *s* **1** (rialzata) platform **2** (nello sport) springboard

pediatra *s* pediatrician

pedina *s* piece: *Mi ha già mangiato due pedine.* He has already captured two of my pieces.

pedonale *agg* si usa il sostantivo **pedestrian** in funzione di aggettivo: *La zona pedonale è chiusa al traffico.* The pedestrian area is closed to traffic. ▶ vedi anche **isola**, **striscia**

pedone *s* **1** (persona) pedestrian **2** (negli scacchi) pawn

peggio *avverbio, aggettivo e sostantivo*

- *avv* **1** (comparativo) worse: *Elena parla inglese peggio di te.* Elena speaks English worse than you do. | *Potrebbe arrivare in ritardo, o peggio, non venire affatto.* He might arrive late, or worse, not come at all. | *Peggio di così non potrebbe andare.* It couldn't be any worse than this. | **peggio per te/lui ecc.** that's your/his etc problem: *Se non vuoi che ti aiuti, peggio per te.* If you don't want me to help you, that's your problem. **2** (superlativo) worst: *La materia in cui vado peggio è latino.* The subject I'm worst at is Latin. | *la peggio vestita della festa* the worst-dressed girl at the party
- *agg* worse: *Pensavo fosse peggio non dirle niente.* I thought it was worse not to tell her anything. | *Non c'è niente di peggio che restare senza soldi.* There's nothing worse than being broke. | *C'è di peggio.* There's worse.
- *s* **1** (la cosa peggiore) worst: *Calmati, credo che il peggio sia passato.* Calm down, I think the worst is over. | *Non bisogna pensare al peggio.* You musn't think the worst. **2** **alla peggio** if the worst comes to the worst | **alla meno peggio** as best I/you/he etc can: *Ci siamo arrangiati alla meno peggio.* We sorted ourselves out **as best we could.**

peggioramento *s* **1** (del tempo) deterioration: *È previsto un peggioramento del tempo per domani.* A **deterioration in** the weather is forecast for tomorrow. **2** (di salute) worsening | **avere un peggioramento** to get worse: *Il malato ha avuto un lieve peggioramento.* The patient has got slightly worse.

peggiorare *v* **1** (rendere peggiore) to make worse: *Per peggiorare la situazione si è messo a nevicare.* To make matters worse, it began to snow. **2** (diventare peggiore) to get worse: *Il tempo sta peggiorando.* The weather's getting worse. | *Sei peggiorato nell'ultimo quadrimestre.* You've got worse in the last term.

peggiore *aggettivo e sostantivo*

- *agg* **1** (comparativo) worse: *Non potevi inventare scusa peggiore.* You couldn't have made up a worse excuse. | *Giorgio non mi sembra peggiore di tanti altri.* Giorgio seems no worse to me than many others. **2** (superlativo) worst: *Ho preso il voto peggiore di tutta la classe.* I got the worst mark in the whole class. | *Hai scelto il momento peggiore per dirglielo.* You chose the worst moment to tell him. | **nel peggiore dei casi** at worst: *Nel peggiore dei casi arriveremo in ritardo.* At worst we'll get there late.
- *s* worst: *Nella gara è risultata tra le peggiori.* She was one of the worst in the competition. | *Luca è il peggiore della classe.* Luca's **the worst in** the class.

pegno *s* **1** (prova) token: *Tieni questa spilla come pegno della mia amicizia.* Take this brooch **as a token of** my friendship. **2** (nei giochi) forfeit: *Chi perde paga pegno.* Whoever loses pays **a forfeit**.

pelare *v* **1** (frutta, cipolle) to peel **2** (spillare soldi) to charge a fortune: *Non andare in quel ristorante che ti pelano.* Don't go to that restaurant – they'll charge you a fortune.

pelato, -a *aggettivo e sostantivo plurale*

- *agg* (persona, testa) bald: *A soli vent'anni Luca era già pelato.* By the age of twenty Luca was already bald.
- **pelati** *s pl* (pomodori) peeled tomatoes: *una scatola di pelati* a tin of peeled tomatoes

pelle *s* **1** (cute) skin: *Ho la pelle grassa.* I've got oily skin. | *una crema per pelli delicate* a cream for delicate skins | **dalla pelle chiara/scura** fair-/dark-skinned: *persone dalla pelle scura* dark-skinned people | **essere pelle e ossa** to be skin and bone | **non stare più nella pelle** to be beside yourself with excitement: *Tra due giorni parte: non sta più nella pelle!* He's leaving in two days. He's beside himself with excitement! **2** (di animale) skin **3** (cuoio) leather: *Questa borsa è di pelle.* This handbag is **made of leather**. | *giubbotto di pelle* leather jacket | **vera/finta pelle** genuine/imitation leather **4** (buccia) skin **5** **rischiare la pelle** to risk your neck | **salvare la pelle** to save your skin **6** **la pelle d'oca** goose pimples (BrE), goose bumps (AmE): *Hai la pelle d'oca!* You've got goose pimples!

pellegrinaggio *s* pilgrimage | **andare in pellegrinaggio** to go on a pilgrimage

pellicano *s* pelican

pelliccia *s* (indumento) fur coat: *una pelliccia di visone* a mink coat

pellicola *s* **1** (fotografica) film: *una pellicola da 36 pose* a 36-exposure film **2** (per alimenti) clingfilm (BrE), plastic wrap (AmE)

pelo *s* **1** (di uomo) hair **2** (di gatto) fur | **dal pelo lungo/corto** long-/short-haired: *un gatto dal pelo lungo* a long-haired cat **3** (di cane) coat **4** **perdere i peli** (maglione, lana) to be shedding bits of fluff **5** **per un pelo** non c'è in inglese un'espressione corrispondente, ma si usano espressioni diverse a seconda del contesto: *Per un pelo non scivolavo.* I very nearly slipped. | *Ho scampato l'interrogazione per un pelo.* I only just managed to get out of the test. | *Per un pelo non ci siamo incontrati.* We very nearly missed each other. | **non avere peli sulla lingua** to not mince your words: *Giulia non ha peli sulla lingua: dice sempre in faccia quello che pensa.* Giulia doesn't mince her words. She always tells you to your face what she thinks. ► vedi anche **sacco**

peloso, -a *agg* hairy

peluche *s* **1** (pupazzo) soft toy: *un animale di peluche* a soft toy **2** (materiale) plush | **un orso di peluche** a teddy bear

pena *s* **1** **fare pena a qn** **a)** nel senso di fare compassione, si traduce **to feel sorry for sb**, ma diversamente dall'italiano, il soggetto è la persona a cui fa pena qualcuno o qualcosa: *Poveraccio, mi fa pena.* Poor devil, I feel sorry for him. | *Mi hanno fatto pena quei bambini abbondonati.* I felt sorry for those abandoned children. | *Mi ha fatto pena vederla così giù di morale.* I was sorry to see her so down. **b)** (essere pessimo) to be pathetic: *Come scusa, fa proprio pena.* As an excuse, it's downright pathetic. | *Gigi racconta sempre delle barzellette che fanno pena.* Gigi always tells pathetic jokes. **2** (punizione, condanna) sentence: *Gli hanno dato il massimo della pena.* He was given the maximum sentence. | **pena di morte** death penalty **3** **valere la pena** to be worth it: *Abbiamo aspettato un bel po', ma ne è valsa la pena.* We waited a fair bit, but it was worth it. | **valere la pena di fare qc** to be worth doing sth: *Vale la pena di prendere il treno perché è più veloce.* It's worth taking the train as it's faster. | *È un bel film: vale la pena di vederlo.* It's a great film. It's worth seeing. **4** (sofferenza) suffering [mai plurale]: *Adesso le sue pene sono finite.* Now her suffering is over. | **stare in pena** to be worried | **fare stare in pena qn** *Telefonami quando arrivi, non farmi stare in pena.* Phone me when you get there – don't leave me to worry.

penale *agg* **1** (precedente, tribunale) criminal **2** (codice) penal

penalizzare *v* to penalize

pendente *agg* **1** (lampada) hanging **2** (tetto) sloping **3** **orecchini pendenti** pendant earrings **4** **la torre pendente di Pisa** the Leaning Tower of Pisa **5** (causa, questione) pending

pendere *v* **1** (torre, albero) to lean **2** (pavimento, tetto) to slope **3** **pendere da qc** (essere appeso) to hang from sth: *una lampada che pende dal soffitto* a lamp hanging from the ceiling

pendio *s* slope

pene *s* penis

penetrare *v* **penetrare in qc** to get into sth: *La pioggia è penetrata nella tenda.* The rain got into the tent. | **far penetrare un gas/la luce** to let gas/light in | **far penetrare un unguento massaggiando** to rub in an ointment by massaging | **far penetrare un chiodo nel legno** to stick a nail into the wood

penisola *s* peninsula | **la penisola italiana** Italy

penitenza *s* (nei giochi) forfeit | **fare la penitenza** to pay a forfeit: *Devi fare la penitenza.* You've got to pay a forfeit.

penna *sostantivo e sostantivo plurale*
• *s* **1** (per scrivere) pen | **scrivere a penna** to write in pen | **penna a sfera** ballpoint pen | **penna stilografica** fountain pen **2** (di uccello) feather
• **penne** *s pl* (pasta) penne [sempre singolare]

pennarello *s* felt-tip pen, felt-tip: *una scatola di pennarelli* a box of felt-tip pens

pennello *s* brush (pl brushes) | **pennello da barba** shaving brush | **stare/andare a pennello a qn** **a)** (vestito) to fit sb like a glove: *Quel vestito ti sta a pennello.* That dress fits you like a glove. **b)** (nome, colore) to suit sb to a T: *un nomignolo che gli sta a pennello* a nickname that suits him to a T

pennino *s* nib

penombra *s* dim light | **una stanza/un corridoio in penombra** a dimly-lit room/corridor

pensare *v* **1** (riflettere) to think: *Perché non pensi prima di parlare!* Why don't you think before you speak! | *Lasciami pensare un momento.* Let me think for a moment. | *Ho risposto senza pensare.* I answered without thinking. | **pensarci su** to think it over: *Pensaci su, poi mi fai sapere cosa decidi.* Think it over, then let me know what you decide. **2** **pensare a qn/qc** **a)** (volgere il pensiero) to think about sb/sth: *Continuo a pensare a lui, non riesco a dimenticarlo.* I keep on thinking about him – I just can't forget him. | *A cosa pensi?*

P

What are you thinking about? | *Dovevi pensarci prima, adesso è tardi.* You should've thought about it earlier. It's too late now. **b)** (occuparsi di) to see to sb/sth: *Pensa tu ai feriti.* You see to the injured. | *Se vuoi, pensiamo noi ai biglietti.* If you want, we'll see to the tickets. | *Ci pensi tu a dirglielo?* Will you see to telling him? | *Tu pensa ai fatti tuoi!* Mind your own business! | **non ci penso nemmeno!** I wouldn't dream of it! **3** (ritenere) to think: *Cosa ne pensi di questo vestito?* What do you think of this dress? | *Pensate di fare in tempo?* Do you think you'll be in time? | **pensarla** *Io la penso così.* This is how I see it. | *Non la penso come te.* I don't see things the way you do. | **penso di sì/no** I think so/I don't think so **4** (immaginare) to imagine: *Non avrei mai pensato che sarebbe finita così!* I never would have imagined that things would end up like this! | *Ci pensi come sarebbe bello partire insieme in vacanza?* Can you imagine how nice it would be to go off on holiday together? | *Pensa che fortuna!* Can you just imagine the luck! **5** **pensare di fare qc** (avere intenzione) to be thinking of doing sth: *Pensiamo di partire domani.* We're thinking of leaving tomorrow. | *Cosa pensi di fare?* What are you thinking of doing? | *Non penso di stare con i miei a Pasqua.* I'm not **planning to** stay with my parents for Easter. **6** (escogitare) to figure out: *Ho pensato come fare.* I've figured out what to do. | *Dobbiamo pensare a una soluzione.* We've got to figure out a solution.

pensiero *s* **1** (idea) thought: *Quando scrivi cerca di esprimere i tuoi pensieri in modo chiaro.* When you write, try to express your thoughts clearly. | *Gli esami? Solo al pensiero mi sento male.* The exams? The very thought of them makes me ill. | *Non so cosa darei per conoscere i suoi pensieri.* I'd give anything to know what he's thinking. **2** (preoccupazione) worry (pl worries): *In questo periodo ho un sacco di pensieri.* I've got so many worries at the moment. | **essere/stare in pensiero** to be worried: *Sono un po' in pensiero per mio fratello.* I'm a bit **worried about** my brother. | **fare stare in pensiero qn** to make sb worry: *Non farmi stare in pensiero, telefona appena arrivi!* Don't make me worry – phone as soon as you arrive! **3** (regalo) gift: *È solo un pensiero per il tuo compleanno.* It's just a little gift for your birthday.

pensile *s* cupboard

pensionato, -a *s* pensioner

pensione *s* **1** (somma) pension: *Mia nonna prende pochissimo di pensione.* My grandmother draws a very small pension. **2** **essere in pensione** to be retired | **andare in pensione** to retire **3** (albergo) guest house: *Stavamo in una pensione in riva al mare.* We were staying in a guest house on the seafront. | **pensione completa** full board | **mezza pensione** half board

pentagramma *s* stave, staff

pentirsi *v rifl* **pentirsi di qc/di aver fatto qc** to regret sth/doing sth: *Luca ha detto che si è pentito di averti trattato così male.* Luca said that he regretted treating you so badly. | *Non mi sono mai pentito di aver cambiato scuola.* I've never regretted changing schools. | *Mi sono già pentita dell'acquisto.* I'm already regretting having bought it. | *Non ve ne pentirete.* You won't regret it.

pentito, -a *s* supergrass (pl supergrasses) (BrE), informer (AmE)

pentola *s* pot | **pentola a pressione** pressure cooker

penultimo, -a *aggettivo e sostantivo*

- *agg* second last: *Nella corsa sono arrivato penultimo.* I finished second last in the race.
- *s* non esiste il sostantivo, ma si usa l'espressione **second last**: *Sono il penultimo nella lista.* I'm second last on the list.

pepe *s* pepper

peperoncino *s* chilli (pepper) (BrE), chili (pepper) (AmE)

peperone *s* pepper

per *prep* ▶ vedi riquadro

pera *s* pear

perbene *aggettivo e avverbio*

- *agg* respectable: *una persona perbene* a really respectable person
- *avv* properly: *Cerchiamo di fare le cose perbene.* Let's try to do things properly.

percentuale *s* **1** (numero) percentage **2** (compenso) commission

percepire *v* **1** (coisensi) to perceive **2** (stipendio) to receive

perché *avverbio, congiunzione e sostantivo*

- *avv* why: *Perché non hai telefonato?* Why didn't you phone? | *Non so perché l'ho detto.* I don't know why I said it.
- *cong* **1** (poiché) because: *L'ho comprato perché mi serviva.* I bought it because I needed it. **2** (affinché) so (that): *Te lo dico perché ti sappia regolare.* I'm telling you this so that you know how to behave. | *Ti ho chiamato perché non stessi in pensiero.* I called you so you wouldn't worry.
- *s* reason: *Non capisco il perché di queste bugie.* I don't understand **the reason for** these lies. | *Si comporta in modo strano, il perché non lo so.* He's behaving strangely – I don't know the reason why.

perciò *cong* so: *Il film era noiosissimo, perciò ce ne siamo andati.* The film was incredibly boring, so we left.

per *preposizione*

1 Si usa **for** per indicare:

FINE, VANTAGGIO

un libro per bambini a book for children | *Posso fare qualcosa per te?* Can I do anything for you? | *Gioco a tennis per divertimento.* I play tennis for fun.

2 Nota, però, che spesso in inglese, invece di usare la costruzione *for + sostantivo*, si invertono i sostantivi e si omette la preposizione:

l'attrezzatura per il campeggio camping equipment

MOTO A LUOGO

il treno per Birmingham the train for Birmingham

CAUSA

una città famosa per i suoi musei a city famous for its museums

PREZZO

L'ho venduto per 50 euro. I sold it for 50 euros.

DISTANZA

Abbiamo camminato per cinque chilometri. We walked for five kilometres.

DURATA, APPUNTAMENTO

Chiudiamo per una settimana. We close for a week. | *Ho preso appuntamento per lunedì prossimo.* I made an appointment for next Monday.

3 ALTRI CASI

MOTO PER LUOGO = THROUGH

Si fa prima passando per il centro. It's quicker to go through the city centre.

MEZZO, MODO, SCADENZA = BY

Ti mando il file per e-mail. I'll send you the file by e-mail. | *I libri sono ordinati per autore.* The books are arranged by author. | *Devo consegnare il tema per lunedì.* I must hand in the essay by Monday.

DISTRIBUTIVO

uno per ciascuno one each | *uno per volta* one at a time

OPINIONE

Per me, ti sbagli. In my opinion, you're wrong.

IN MOLTIPLICAZIONI

3 per 8 fa 24. 3 times 8 is 24.

IN MISURE

La mia stanza misura 3 metri per 4. My room measures 3 metres by 4.

4 PER + INFINITO

PER FARE QC = TO DO STH

Sei troppo piccolo per capire. You're too young to understand.

PER NON FARE QC = SO AS NOT TO DO STH

Mi sono fatta un appunto per non dimenticarmi. I made myself a note so as not to forget.

percorrere *v* to travel: *Abbiamo percorso tutta l'isola in bicicletta.* We travelled all over the island by bike.

percorso *s* **1** (tragitto) journey: *Ne parliamo durante il percorso.* Let's talk about it during the journey. **2** (di mezzi di trasporto) route: *il percorso del tram* the tram route **3** (di maratona, rally) route **4** (di gara, nell'ippica) course

perdere *v* **1** (smarrire) to lose: *Ho perso le chiavi.* I've lost the keys. | *Abbiamo perso la strada.* We've lost our way. **2** (non avere più) to lose: *Ha perso la vita in un incidente.* She lost her life in an accident. | *Ho perso tre chili.* I've lost three kilos. | *Ho perso l'appetito.* I've lost my appetite. | *Mi stai facendo perdere la pazienza!* You're making me lose my patience! **3** (treno, lezione) to miss: *Se non ti sbrighi perdiamo l'aereo.* If you don't get a move on, we'll miss the plane. | *Il film non era niente di speciale, non hai perso niente.* The film was nothing special. You didn't miss anything. | *Ho perso una grande occasione.* I've missed a great opportunity. **4 perdere (del) tempo** to waste time: *Sbrigati, non perdere tempo!* Hurry up, don't waste time! **5** (rimetterci) to lose: *Ho perso 20 euro alla sala giochi.* I lost 20 euros in the amusement arcade. **6** (gara, scommessa) to lose: *A questo gioco perdo sempre.* I always lose at this game. **7** (acqua, benzina) to leak: *Il mio motorino perde olio.* My moped is leaking oil. **8 lasciare perdere qc/qn** to forget sth/sb: *Lasciamo perdere!* Let's forget it! | *Lasciala perdere, non vedi che è una stupida?* Forget her, can't you see she's an idiot?

perdersi *v rifl* (smarrirsi) to get lost: *Mi sono persa per strada.* I got lost along the way. | **perdersi d'animo** to lose heart: *Non perderti d'animo, siamo quasi arrivati.* Don't lose heart, we're almost there.

perdita *s* **1** (smarrimento) loss: *Vorrei denunciare la perdita del mio passaporto.* I'd like to report the loss of my passport. **2** (morte) loss: *La perdita del nonno per lui è stata dolorosissima.* The loss of his grandfather was extremely painful for him. **3** (danno) damage [sempre singolare]: *L'alluvione ha causato gravi perdite.* The flood has caused serious damage. **4 una perdita di tempo** a waste of time **5** (fuoriuscita) leak: *C'è una perdita di gas.* There's a gas leak.

perdonare *v* to forgive: *Per questa volta ti perdono.* I forgive you this time. | **perdonare a qn di aver fatto qc** to forgive sb for doing sth: *Non mi ha mai perdonato di averle rubato il ragazzo.* She's never forgiven me for stealing her boyfriend.

perdono *s* forgiveness

P

Vuoi una lista di frasi utili per parlare di te stesso? Consulta la **guida alla comunicazione** in fondo al libro.

perfetto, -a *agg* perfect: *Quel ragazzo è perfetto per te.* That boy is perfect for you.

perfezionare *v* (lingua, conoscenza) to improve: *Devi perfezionare il tuo inglese.* You must improve your English.

perfezione *s* perfection: *È sempre alla ricerca della perfezione.* She's always looking for perfection. | **alla perfezione** perfectly: *Ha funzionato tutto alla perfezione.* Everything worked perfectly. | *Il roast beef era cotto alla perfezione.* The roast beef was **cooked to perfection**.

perfino *avv* even: *Perfino Luciano non sapeva niente.* Even Luciano wasn't aware of anything. | *Mi sento male perfino a pensarci.* I feel ill even thinking about it.

pericolo *s* danger: *C'è pericolo di siccità.* There's **a danger of** drought. | *Non ti preoccupare, non c'è pericolo che paghi lui!* Don't worry, there's **no danger of him paying**! | **correre un pericolo** to run a risk: *Ha corso il pericolo di finire fuori strada.* He ran **the risk of going** off the road. | **essere in pericolo** to be in danger | **essere fuori pericolo** to be out of danger

pericoloso, -a *agg* dangerous: *È pericoloso sporgersi dai finestrini.* It's dangerous to lean out of the windows.

periferia *s* outskirts [sempre plurale]: *Abito in periferia.* I live **on the outskirts**.

perimetro *s* **1** (in geometria) perimeter **2** (contorno) perimeter

periodico, -a *aggettivo e sostantivo*
- *agg* periodic
- **periodico** *s* periodical

periodo *s* **1** (epoca) period **2** (arco di tempo) period: *un periodo di sei mesi* a six-month period | **in questo periodo** at the moment: *In questo periodo ho molto da fare.* I've got a lot to do at the moment. | **in quel periodo** at the time: *In quel periodo abitavamo a Milano.* We were living in Milan at the time. | **attraversare un brutto periodo** to go through a bad patch: *A scuola Mario sta attraversando un brutto periodo.* Mario's going through a bad patch at school. **3** (in grammatica) sentence

perito *s* **1 essere perito chimico/agrario** to have a diploma in chemistry/agriculture **2** (esperto) expert

perla *s* pearl: *una collana di perle* a pearl necklace

permaloso, -a *agg* touchy: *Come sei permaloso!* You're so touchy!

permanente *aggettivo e sostantivo*
- *agg* permanent
- *s* perm: *Hai fatto la permanente?* Have you had a perm? | *una leggera permanente* a light perm

permesso *aggettivo e sostantivo*
- *agg* **permesso?** (per entrare) may I come in?: *Permesso? C'è nessuno?* May I come in? Is anyone there? | **permesso!** (per passare) may I get past?: *Permesso, scusi, devo scendere!* Excuse me, may I get past? This is my stop!
- *s* (autorizzazione) permission: *Hai chiesto il permesso di uscire?* Have you asked for permission to go out? | **dare il permesso** to give permission: *Chi ti ha dato il permesso di usare il mio computer?* Who gave you permission to use my computer? | **permesso di soggiorno** residence permit

permettere *v* **1** (autorizzare) to allow: *I suoi genitori gli permettono qualsiasi cosa.* Her parents allow her anything and everything. ▶ Esiste anche **to permit** che si usa in contesti più formali. | **permettere a qn di fare qc** to allow sb to do sth: *Non ti permetto di rispondermi così!* I won't allow you to answer me back like that! | *I miei non mi permettono di comprare il motorino.* My parents won't allow me to buy a moped. **2 potersi permettere qc** to be able to afford sth: *Beata te che te lo puoi permettere!* You're lucky you can afford it! | *Stasera mi posso anche permettere di invitarti al ristorante!* Tonight I can even afford to take you out to dinner! **3 permettersi (di fare qc)** (osare) to dare (do sth): *Come ti permetti?* How dare you! | *Io non mi sarei mai permesso di fare una cosa simile.* I would never have dared do anything like that. **4 permetti/permette (che) ...?** (in formule di cortesia) may I ...?: *Permetti che ti faccia una domanda?* May I ask you a question? | *Permette? Posso prendere questa sedia?* Excuse me – may I take this chair? | **se permetti/permette** if I may: *Se permettete vorrei dire una parola.* If I may, I'd like to say a word. **5** (rendere possibile) to make possible: *Il vostro aiuto ci ha permesso di realizzare questo progetto.* Your help made it possible for us to carry out this project. | **se il tempo lo permette** weather permitting

pero *s* pear tree

perpendicolare *agg e s* perpendicular

perplesso, -a *agg* puzzled: *La tua proposta mi lascia un po' perplesso.* I'm a bit puzzled by your suggestion.

perquisire *v* to search

perquisizione *s* search

persecuzione *s* **1** (repressione) persecution **2** (ossessione) nuisance: *Dovunque vada me lo ritrovo, sta diventando una vera persecuzione!* Wherever I go I run into him. It's becoming a real nuisance!

perseguitare *v* **1** (reprimere) to persecute **2** (ossessionare) to plague: *Mi sta perseguitando con le sue domande.* He's plaguing me with questions. | **essere perseguitato da a)** (da fan, paparazzi) to be hounded by **b)** (da malattia, sfortuna) to be dogged by

persiana *s* shutter

persino ▶ vedi **perfino**

persistere *v* **1** (malattia, dolore) to persist: *Se il sintomo persiste, consultare il medico.* If the symptoms persist, consult your doctor. **2** (maltempo, pioggia) to continue: *La perturbazione persisterà ancora qualche giorno.* The bad weather will continue for another few days. **3** (odore, dubbio) to linger **4 persistere nel fare qc** to keep on doing sth, to persist in doing sth [più formale]: *Se persisti nel contraddire la professoressa, la farai irritare.* If you keep on contradicting the teacher, you'll annoy her. | **persistere nell' errore** to keep on making the same mistake: *Gli è già capitato molte volte ma lui persiste nel errore.* It's already happened to him several times but he keeps on making the same mistake.

persona *s* **1** (individuo) person (pl people): *Giovanni è veramente una brava persona.* Giovanni's a really nice person. | *Vorrei riservare un tavolo per quattro persone.* I'd like to book a table for four people. | *C'è una persona al telefono che ti vuole parlare.* There's someone on the phone who wants to speak to you. | **a persona** per person: *Abbiamo pagato 15 euro a persona.* We paid 15 euros per person. **2** (aspetto fisico) appearance: *Tiene molto alla sua persona.* Her appearance is very important to her. | **in persona** (intervenire, telefonare) personally: *È intervenuto il presidente in persona.* The president intervened personally. | **di persona a)** (conoscere, constatare) personally: *Lo conosco di persona.* I know him personally. **b)** (venire, dire) in person: *Ci vado di persona a dirglielo.* I'm going there in person to tell him. | *Devi firmarlo tu di persona.* You have to sign for it in person.

personaggio *s* **1** (in romanzo, film) character **2** (persona importante) figure: *un personaggio sportivo* a sports figure

personale *aggettivo e sostantivo*

- *agg* personal: *Puoi leggerla, non è una lettera personale.* You can read it – it's not a personal letter.
- *s* **1** (di ospedale, scuola) staff: *il personale dell'albergo* the hotel staff **2** (di azienda) personnel

personalità *s* **1** (carattere) personality **2** (persona importante) personality (pl personalities)

perspicace *agg* perceptive

persuadere *v* to convince: *Ero persuaso di avertelo detto.* I was convinced that I had told you. | **persuadere qn a fare qc** to persuade sb to do sth: *L'ho persuaso a rimandare il viaggio.* I persuaded him to put off the trip. | *Mi sono lasciato persuadere a comprare queste scarpe.* I let myself be persuaded to buy these shoes.

persuadersi *v rifl* **1 persuadersi di qc** to be convinced of sth: *Più ci penso, più mi persuado di aver sbagliato.* The more I think about it, the more I'm **convinced that** I made a mistake. **2** (decidersi) to decide: *Finalmente si è persuaso a venire.* He finally decided to come.

pertinente *agg* relevant: *La tua risposta mi sembra poco pertinente.* I don't think your answer is very relevant.

peruviano, -a *agg e s* Peruvian

però *cong* **1** (ma) but: *È brutto, però è simpatico.* He's ugly, but he's nice. | *In fondo, però, aveva ragione.* Basically, though, she was right. **2** (in esclamazioni) wow: *Però, mica male questa musica!* Wow, this music's not bad at all!

Perù *s* **il Perù** Peru

pesante *agg* **1** (pacco, borsa) heavy: *Com'è pesante questa valigia, cosa ci hai messo?* This suitcase is really heavy. What have you put in it? **2** (maglione, coperta) heavy: *Mettiti la giacca pesante, fa molto freddo oggi.* Put on your heavy jacket. It's very cold today. **3** (cibo, testa) heavy: *Quel fritto era un po' pesante.* That fried food was a bit heavy. **4** (aria) stale: *C'è un'aria pesante in questa stanza, apri un po' la finestra!* The air in this room is stale. Open the window a bit! **5** (atmosfera) awkward: *Stasera c'era un'atmosfera pesante a tavola.* This evening there was an awkward atmosphere at the table. **6** (lavoro, esame) demanding: *Era un esame pesante, ma ce l'abbiamo fatta.* The exam was demanding, but we managed to do it. **7** (film, autore) tedious: *Quella di oggi era proprio una lezione pesante.* Today's class was really tedious.

pesare *v* **1** (pacco, ingredienti) to weigh **2** (essere pesante) to weigh: *Questo zaino pesa una tonnellata!* This backpack weighs a ton! | *Quanto pesi?* How much do you weigh? | *Le patate pesano cinque chili.* The

P

Vuoi sapere di più sui **verbi modali**? C'è una spiegazione nella **guida grammaticale**.

potatoes weigh five kilos. **3 mi pesa/non mi pesa (fare) qc** I mind/don't mind (doing) sth: *Non mi pesa studiare di sera.* I don't mind studying in the evening. | *Ti pesa accompagnarmi?* Do you mind coming with me? | *È un lavoro che non mi pesa affatto.* It's a job I don't mind at all.
pesarsi *v rifl* to weigh yourself: *Non mi sono ancora pesata oggi.* I still haven't weighed myself today.

pèsca *s* peach (pl peaches)

pésca *s* fishing | **andare a pesca** to go fishing | **pesca subacquea** underwater fishing

pescare *v* **1** (pesce) to catch: *Abbiamo pescato un salmone di tre chili!* We caught a three-kilo salmon! | **andare a pescare** to go fishing **2** (carta, numero) to draw: *Ho pescato l'asso di cuori.* I drew the ace of hearts. **3** (trovare) to find: *Dove sei andato a pescare quei pantaloni?* Where on earth did you find those trousers? **4** (sorprendere) to catch | **pescare qn a fare qc** to catch sb doing sth: *All'esame l'hanno pescato a copiare.* They caught him copying in the exam.

pescatore, -trice *s* fisherman (pl fishermen)

pesce *s* (animale) fish (pl fish, fishes) | **pesce rosso** goldfish | **pesce spada** swordfish
pesce d'aprile April Fool

pescecane *s* shark

peschereccio *s* fishing boat

pescheria *s* fishmonger's (BrE), fish shop (AmE)

Pesci *s pl* Pisces: *Sono dei Pesci.* I'm **a Pisces.**

pescivendolo, -a *s* fishmonger (BrE), fish merchant (AmE): *Angelo fa il pescivendolo.* Antonio **is a** fishmonger.

pesco *s* peach tree

peso *s* **1** (misura) weight: *Sono aumentata di peso.* I've put on some weight. | *Il bagaglio non deve superare i 20 chili di peso.* Baggage must not exceed 20 kilos **in weight.** | **di peso** bodily: *L'hanno portato via di peso.* They carried him away bodily. | **peso forma** ideal weight | **peso lordo/netto** gross/net weight **2** (carico) weight: *Senti che peso!* Feel what a weight this is! **3** (oggetto) weight: *i pesi della bilancia* the weights of the scale **4** (attrezzo sportivo) weight: *Faccio sollevamento pesi.* I lift weights. **5 peso piuma/medio/massimo** featherweight/middleweight/heavyweight **6** (oppressione) burden: *Il suo ragazzo è diventato un peso per lei.* Her boyfriend has become a **burden on** her. | **togliersi un peso dallo stomaco** to take a load off your mind **7** (importanza) importance: *Sono cose di poco peso.* These are matters of little importance. | *Quello che dice lui non ha nessun peso.* What he says carries no weight. | **dare peso a qc** to attach importance to sth: *Non dare troppo peso alle sue parole.* Don't attach too much importance to what he says.

pessimista *aggettivo e sostantivo*
- *agg* pessimistic: *Sono un po' pessimista su questo esame.* I'm a bit **pessimistic about** this exam.
- *s* pessimist: *Dai, non fare il pessimista!* Come on, don't be such a pessimist!

pessimo, -a *agg* dreadful: *Oggi Laura è di pessimo umore.* Laura's in a dreadful mood today. | *un pessimo attore* a dreadful actor | **di pessimo gusto** in very poor taste: *uno scherzo di pessimo gusto* a joke in very poor taste

pestare *v* **1** (calpestare) to tread on: *Mi hai pestato un piede.* You trod on my foot. **2** (battere) to crush: *Pestate gli ingredienti separatamente.* Crush the ingredients separately. | **pestare i piedi** to stamp your feet **3 pestare qn** (picchiare) to give sb a beating: *L'hanno aspettato fuori e l'hanno pestato.* They waited outside for him and gave him a beating.

peste *s* **1** (malattia) plague **2** (bambino vivace) pest: *Mio fratello era una piccola peste.* My brother used to be a little pest.

petalo *s* petal

petardo *s* firecracker

petroliera *s* oil tanker

petrolio *s* oil: *un giacimento di petrolio* an oil field ▶ vedi nota FALSE FRIEND sotto **petrol**

pettegolezzo *s* gossip [mai plurale] ▶ Per riferirsi a un singolo pettegolezzo si usa **piece of gossip**: *Non sopporto i pettegolezzi.* I can't stand gossip.

pettegolo, -a *aggettivo e sostantivo*
- *agg* gossipy
- *s* gossip

pettinare *v* (capelli) to comb: *Pettinati i capelli: sono tutti arruffati.* Comb your hair – it's all messed up. | **pettinare qn** to do sb's hair: *Lisa è andata dal parrucchiere a farsi pettinare.* Lisa's gone to the hairdresser's to have her hair done.
pettinarsi *v rifl* (con il pettine) to comb your hair: *Non mi sono ancora pettinata.* I haven't combed my hair yet.

pettinatura *s* hairstyle: *Hai cambiato pettinatura?* Have you changed your hairstyle?

pettine *s* comb

petto *s* **1** (torace) chest: *Ho un dolore al petto.* I've got a pain **in my chest**. | **a petto nudo** bare-chested **2** (seno) breast **3** (di pollo, tacchino) breast

pezzo *s* **1** (frammento) piece: *Mi sono tagliata con un pezzo di vetro.* I cut myself on a piece of glass. | *un pezzo di carta* a piece of paper | *un pezzo di pane* a piece of bread **2** **essere a pezzi** (essere sfinito) to be exhausted | **andare in (mille) pezzi** to shatter | **cadere a pezzi** to fall to pieces **3** (elemento) piece: *i pezzi di un puzzle* the pieces of a puzzle | **al pezzo** each: *Costano 10 euro al pezzo.* They cost 10 euros each. | **pezzo per pezzo** bit by bit **4** (di meccanismo) part: *i pezzi del motore* the parts of the engine | **pezzo di ricambio** spare part **5** (tratto di strada) bit: *Il primo pezzo di strada è ancora innevato.* The first bit of the road is still covered in snow. | *C'è ancora un bel pezzo fino alla stazione.* It's still a fair way to the station. **6** **un pezzo** (molto tempo) ages: *Era un pezzo che non ci vedevamo.* We hadn't seen each other for ages. | *Marco dice che ne avrà ancora per un pezzo.* Marco says he'll be a while. **7** (in musica, letteratura) piece: *Il maestro ha suonato un pezzo al pianoforte.* The teacher played a piece on the piano. **8** (brano musicale) track: *È un pezzo dal loro ultimo album.* It's a track from their latest album.

piacere *verbo e sostantivo*

- *v* ▶ vedi riquadro
- *s* **1** (cosa gradita) pleasure: – *Grazie per essere venuto!* – *È stato un piacere.* "Thanks for coming!" "It was a pleasure." | *Sei a Roma per affari o per piacere?* Are you in Rome on business or for leisure? | *Che piacere vederti!* How lovely to see you! | **far piacere a qn** *Mi ha fatto piacere sentirti.* It was really nice to speak to you again. | *Se ti fa piacere, ti accompagno.* I'll come with you if you like. | **con piacere** *Non devi ringraziarmi, l'ho fatto con piacere.* There's no need to thank me, I was happy to do it. | – *Vuoi venire con me?* – *Con piacere!* "Do you want to come with me?" "I'd love to!" **2** **piacere!** (nelle presentazioni) pleased to meet you!, nice to meet you! [meno formale] **3** **fare un piacere a qn** to do sb a favour: *Fammi un piacere: abbassa la radio.* Do me a favour and turn the radio down. | **per piacere** please: *Apri tu, per piacere?* Can you get the door, please? **4** **a piacere** as much as you like: *Ci si può servire al buffet a piacere.* You can eat as much as you like from the buffet.

piacevole *agg* pleasant

piacere *verbo*

1 In generale, si traduce con **to like** con la persona a cui qualcosa o qualcuno piace come soggetto:

Mi piace sciare. I like skiing. | *Ti è piaciuto il libro?* Did you like the book? | *Quest'estate ci piacerebbe andare negli Stati Uniti.* This summer we'd like to go to the United States.

2 Per dire che qualcosa piace molto, si usano **to really like** o **to love**:

Mi piace molto il cioccolato. I love chocolate. | *Il film che abbiamo visto ieri mi è piaciuto tantissimo.* I really liked the film we saw yesterday.

3 Per dire che qualcosa piace di più di qualcos'altro si usa **to prefer sth to sth** o **to like sth better than sth**:

Mi piace di più la giacca nera di quella blu. I like the black jacket better than the navy one. | *Il suo ultimo libro mi è piaciuto più degli altri.* I preferred his latest book to the others.

4 Per dire che qualcosa piace più di tutte le altre si usa **to like best**:

Qual è il gruppo che ti piace di più? Which band do you like best? | *Quello che mi piace di più è quello verde.* I like the green one best.

5 Quando è seguito da *che* + *congiuntivo* si traduce **to like sb to do sth**:

Mi piacerebbe che venissi anche tu. I'd like you to come too.

6 Nel senso di risultare attraente per qualcuno, si usa **to fancy** con la persona a cui qualcuno piace come soggetto:

Si vede benissimo che gli piaci! It's obvious he fancies you! | *Piace a tutte le ragazze della scuola.* All the girls at school fancy him.

piaga *s* **1** (lesione) sore **2** (problema) curse: *la piaga della droga* the curse of drugs **3** (persona noiosa) pain: *Che piaga che sei!* What a pain you are!

piagnucolare *v* to whimper

pianeggiante *agg* flat

pianerottolo *s* landing

pianeta *s* planet: *il pianeta Terra* the planet Earth

piangere *v* to cry: *Non piangere!* Don't cry! | **piangere di gioia/di rabbia** to cry with joy/with frustration

pianista *s* pianist

P

Si dice *I arrived in London* o *I arrived to London*? Vedi alla voce **arrive**.

piano, -a *aggettivo, avverbio e sostantivo*
• *agg* (piatto) flat
• **piano** *avv* **1** (lentamente) slowly: *Andate piano in motorino!* Drive slowly on your moped! **2** (senza fare rumore) quietly: *Puoi parlare un po' puì piano?* Could you speak a bit more quietly? | *Fate piano: c'è papà che dorme.* Keep the noise down: Dad's asleep. **3** **andarci piano (con qc)** to go easy (with sth): *Vacci piano con il peperoncino!* Go easy with the chilli!
• **piano** *s* **1** (di un edificio) floor: *Abito al primo piano.* I live *on the first floor.* | *Il rumore veniva dal piano di sopra.* The noise was coming from the floor above. | *l'ultimo piano* the top floor | **una casa di due/tre piani** a two-/three-storey house **2** (livello) level | **sul piano pratico** in practice **3** (progetto) plan: *Hai già dei piani per stasera?* Have you any plans for this evening? **4** **primo piano** close-up | **in primo piano** in the foreground **5** (di tavolo) top **6** (di mobile) shelf (pl shelves) **7** (pianoforte) piano

pianoforte *s* piano: *Ci suoni qualcosa al pianoforte?* Will you play something **on the piano** for us? | **pianoforte a coda** grand piano

pianta *s* **1** (vegetale) plant | **pianta grassa** succulent **2** (di città, metropolitana) map **3** (di casa, edificio) plan **4** **pianta del piede** sole of the foot **5** **di sana pianta** *Ha copiato tutto di sana pianta.* She copied every single word. | *Se lo è inventato di sana pianta.* He made the whole thing up.

piantare *v* **1** (pianta) to plant **2** **piantare qc in qc** to stick sth in sth: *Il ladro gli ha piantato un coltello nel petto.* The thief stuck a knife in his chest. | *piantare un chiodo nel muro* to hammer a nail into the wall | **piantare la tenda** to put up the tent **3** (abbandonare) to leave: *Ha piantato il lavoro.* He left his job. **4** (fidanzato, ragazzo) to dump: *Gianni l'ha piantata.* Gianni has dumped her. **5** **piantarla (di fare qc)** to stop (doing sth): *Piantala di fare rumore!* Stop making noise! | **piantare casino** to make a racket
piantarsi *v rifl* **1** (bloccarsi) to break down: *Se la macchina si pianta nella neve, è un guaio.* If the car breaks down in the snow, we've got a problem. | *Il computer si è piantato.* The computer has crashed. **2** (lasciarsi) to split up: *Luca e Rita si sono piantati due mesi fa.* Luca and Rita split up two months ago.

pianterreno *s* ground floor: *Chi abita al pianterreno?* Who lives **on the ground floor**?

pianto *s* crying: *una crisi di pianto* a crying fit

pianura *s* plain: *Al centro del paese si è formata una vasta pianura.* A vast plain formed in the central region. | *la pianura Padana* the Po valley

piastra *s* **1** (lastra) slab **2** (fornello) hotplate **3** (padella) griddle

piastrella *s* tile

piattino *s* (di tazza) saucer

piatto, -a *aggettivo, sostantivo e sostantivo plurale*
• *agg* **1** (superficie) flat **2** (mare) calm: *È più facile fare sci nautico con il mare piatto.* It's easier to go water-skiing when the sea is calm. **3** (ragazza, donna) flat-chested: *Maria è piatta.* Maria is flat-chested. **4** (monotono) dull: *Luigi è un tipo un po' piatto.* Luigi is a bit dull.
• **piatto** *s* **1** (stoviglia) plate: *Si è rotto un piatto.* One of the plates has broken. | *piatti di carta* paper plates | **piatto fondo/piano** soup/dinner plate | **lavare i piatti** to do the dishes: *Chi lava i piatti?* Who's doing the dishes? **2** (pietanza) dish (pl dishes): *un piatto di pasta* a pasta dish | **piatto freddo/caldo** cold/hot dish
piatti *s pl* (in musica) cymbals

piazza *s* **1** (spiazzo) square | **la piazza del mercato** the marketplace **2** **letto a una piazza/a due piazze** single/double bed **3** **fare piazza pulita di qc** to get rid of sth: *Fai piazza pulita di tutte queste cianfrusaglie!* Get rid of all this junk!

piazzale *s* **1** (piazza) square **2** (di stazione, aeroporto) forecourt

piazzare *v* to place
piazzarsi *v rifl* **1** (classificarsi) **piazzarsi al primo/secondo posto** to come first/second: *Ci siamo piazzati al quarto posto.* We came fourth. | *Si è piazzato molto bene al concorso.* He did very well in the competition. **2** (sistemarsi) non c'è in inglese un verbo corrispondente, ma si usano espressioni diverse a seconda del contesto: *Siamo riusciti a piazzarci in prima fila.* We managed to grab seats in the front row. | *Si è piazzata in casa mia e non si è più mossa.* She ensconced herself in my house and wouldn't move out. | **piazzarsi di fronte al televisore** to plant yourself in front of the TV

piccante *agg* **1** (salsa, piatto) spicy **2** (formaggio) strong

picche *s pl* (nelle carte) spades: *l'asso di picche* the ace of spades

picchetto *s* **1** (da tenda) tent peg **2** (in sciopero) picket

picchiare *v* **1** (prendere a botte) to beat up: *L'hanno picchiato e derubato.* They beat him up and robbed him. **2** (urtare) to bang: *Ho picchiato il ginocchio contro lo spigolo della lavatrice.* I **banged** my knee **on** the edge of the washing machine. **3** (battere) to hit: *Non picchiare così forte* *col martello!* Don't hit so hard with the hammer! | *Picchiava i pugni sul tavolo.* She beat the table with her fists. | **picchiare alla porta** to knock on the door **4** (sole) to beat down: *Oggi il sole picchia.* The sun is beating down today.

picchiarsi *v rifl* to have a fight: *Andrea e Paolo si sono picchiati.* Andrea and Paolo had a fight.

piccione *s* **1** (uccello) pigeon **2 prendere due piccioni con una fava** to kill two birds with one stone

picco *s* **1** (di montagna) peak **2** (culmine) peak | **avere un picco** *Il programma ha avuto un picco d'ascolto alla seconda puntata.* Viewing figures for the series rose sharply during the second episode. | *La febbre ha avuto un picco questo pomeriggio.* His temperature shot up this afternoon. **3 a picco** *La nave è colata a picco.* The ship sank straight to the bottom of the sea. | *Le coste scendevano a picco sul mare.* The hills sloped straight down to the sea. | *Il sole era a picco.* The sun was directly overhead.

piccolo, -a *aggettivo* e *sostantivo*

• *agg* **1** (di grandezza) small: *una casa piccola* a small house | *I pantaloni mi stanno piccoli.* The trousers are **too small for me.** | *una borsa piccola piccola* a really tiny bag **2** (di età) young: *Gemma ha due figlie ancora piccole.* Gemma's got two young children. | *mio fratello più piccolo* my younger brother | *Quando ero piccolo, mi piaceva arrampicarmi sugli alberi.* When I was young, I liked climbing trees. **3** (di durata) short: *una piccola pausa* a short break **4** (errore, cambiamento) small: *Qui c'è un piccolo errore.* There's a small mistake here. **5** (operazione, incidente) minor **6** (poco importante) small: *Ti ho fatto un piccolo regalo.* I've bought you a small present. | *Puoi farmi un piccolo favore?* Could you do me a small favour?

• *s* **1** (bambino) child (pl children): *Da piccola non mi piaceva giocare con le bambole.* **As a child** I didn't like playing with dolls. | *La piccola va all'asilo.* The little one goes to nursery school. **2** (cucciolo) anche se esiste il sostantivo **young** si usano più spesso espressioni diverse a seconda degli animali di cui si parla: ad esempio, per i cani si usa **puppy**, per i gatti **kitten**, per i cavalli **foal**: *una gatta con i suoi piccoli* a cat and her kittens

picnic *s* picnic | **andare a fare un picnic** to go for a picnic

pidocchio *s* louse (pl lice)

piede *s* **1** (parte del corpo) foot (pl feet): *Carlo si è rotto un piede pattinando.* Carlo broke **his foot** skating. | *Pulisciti i piedi prima di entrare in casa.* Wipe **your feet** before coming into the house. **2 andare/tornare a piedi** to walk: *Andiamo a piedi o prendiamo l'autobus?* Shall we walk or go by bus? | *Me ne torno a casa a piedi.* I'll walk home. | **a piedi nudi** barefoot | **stare in piedi a)** (persona) to stand: *Sono stato in piedi tutto il tempo perché non c'era un posto libero.* I stood the whole time because all the seats were taken. **b)** (ragionamento) to stand up: *È una storia che non sta in piedi.* The story just doesn't stand up. **3 su due piedi** on the spot: *Massimo è stato licenziato su due piedi.* Massimo was fired on the spot. | **levarsi/togliersi dai piedi** to get out of the way: *Levati dai piedi!* Get out of the way! | **prendere piede** to catch on: *una moda che sta prendendo piede* a fashion which is catching on | **fare qc con i piedi** to make a right mess of sth: *Questo compito è stato fatto con i piedi.* You've made a right mess of this homework. **4** (unità di misura) foot (pl feet) ► vedi anche **punta**

piedistallo *s* pedestal

piega *s* **1** (di foglio, stoffa) fold **2** (di gonna) pleat: *una gonna a pieghe* a pleated skirt **3** (di pantaloni) crease **4** (grinza) crease: *Per togliere le pieghe alla giacca devi stirarla con attenzione.* You need to iron the jacket carefully to get the creases out. **5 farsi (fare) la piega** to get your hair blow-dried **6 prendere una brutta piega** (persona, situazione) to take a turn for the worse: *Le cose stanno prendendo una brutta piega.* Things are taking a turn for the worse. | **non fare una piega** (rimanere impassibile) to not bat an eyelid: *Quando gli hanno detto il prezzo, non ha fatto una piega.* When they told him the price, he didn't bat an eyelid.

piegare *v* **1** (ripiegare) to fold: *Piega il foglio in due.* Fold the sheet of paper in two. **2** (flettere) to bend: *Non riesco a piegare la gamba.* I can't bend my leg.

piegarsi *v rifl* **1** (curvarsi) to bend: *Si piegò per raccogliere le monete che erano cadute.* He bent to pick up the coins that had fallen. | *I rami si piegavano fino a terra.* The branches were bent so low they touched the ground. **2 piegarsi a qc** to submit to sth: *Alla fine ha dovuto piegarsi al volere dei suoi genitori.* In the end he had to submit to his parents' wishes.

pieghevole *agg* (sedia, ombrello) folding

Piemonte *s* **il Piemonte** Piedmont

piemontese *agg* e *s* Piedmontese

pieno, -a *aggettivo* e *sostantivo*

• *agg* **1** (colmo) full: *Giulia è sempre piena di idee.* Giulia is always full of ideas. | *Il lago è pieno di pesci.* The lake is full of fish. | *un armadio pieno di vestiti* a wardrobe full of clothes | **pieno zeppo** jampacked: *Il cinema era pieno zeppo.* The

P

Vuoi informazioni sulla differenza tra gli **articoli** in inglese e in italiano? Leggi le spiegazioni nella guida grammaticale.

cinema was jam-packed. **2** (settimana, giornata) busy: *Ho avuto una settimana piena.* I've had a busy week. **3** (sazio) full: *Mi sento proprio pieno.* I feel really full. **4 in pieno** (completamente): *Hai indovinato in pieno.* You've guessed absolutely right. | *La macchina ha centrato in pieno il palo.* The car hit the post full on. | **in pieno inverno** in the middle of winter | **in pieno giorno** in broad daylight ▶ vedi anche **tempo**

• **pieno** *s* (di benzina) full tank: *Con un pieno la mia moto fa 300 km.* My motorbike does 300 km **on a full tank**. | **fare il pieno** to fill up: *Mi fa il pieno, per favore!* Could you fill it up, please?

pietà *s* pity | **avere pietà di qn** to feel sorry for sb: *Ho avuto pietà di lui.* I felt sorry for him. | **fare pietà** (essere pessimo) to be pathetic: *Come scusa, fa davvero pietà.* That's a really pathetic excuse.

pietanza *s* dish (pl dishes): *una pietanza di carne* a meat dish

pietoso, -a *agg* **1** (condizione, aspetto) pitiful: *La malattia l'ha ridotto in uno stato pietoso.* The disease has left him in a pitiful condition. **2** (persona, gesto) compassionate **3** (mal fatto) dreadful: *Che film pietoso!* What a dreadful film!

pietra *s* stone: *un muro di pietra* a stone wall | **pietra preziosa** precious stone

pigiama *s* pyjamas [sempre plurale]

pignolo, -a *agg* fussy

pigrizia *s* laziness: *La tua è solo pigrizia!* That's sheer laziness! | *Non sono uscita per pigrizia.* I was **too lazy to** go out.

P

pigro, -a *aggettivo* e *sostantivo*

• *agg* lazy: *È pigra di natura.* She was born lazy.

• *s* invece del sostantivo si usa di solito l'aggettivo **lazy**: *Una pigra come lei non l'avevo mai incontrata.* I'd never met anyone as lazy as her.

pila *s* **1** (mucchio) pile: *una pila di libri* a pile of books **2** (batteria) battery (pl batteries): *Il registratore ha le pile scariche.* The batteries in the tape recorder are flat. | **giocattolo/sveglia a pile** battery-powered toy/alarm clock **3** (lampadina tascabile) torch (pl torches)

pilastro *s* pillar

pillola *s* (anticoncezionale) pill | **prendere la pillola** to be on the pill

pilota *s* **1** (di aereo, nave) pilot **2** (di auto da corsa) driver **3 pilota automatico** automatic pilot

pineta *s* pine forest

ping-pong *s* table tennis: *Facciamo una partita a ping-pong.* Let's have a game of table tennis. | **giocare a ping-pong** to play table tennis

pinguino *s* penguin

pinna *s* **1** (di pesce) fin **2** (per nuotare) flipper: *Non faccio mai il bagno con le pinne.* I never use flippers when I go swimming.

pino *s* pine tree

pinolo *s* pine kernel

pinze *s pl* pliers

pinzette *s pl* tweezers: *un paio di pinzette* a pair of tweezers

pioggia *s* **1** rain: *Abbiamo avuto due giorni di pioggia.* We had two days of rain. | *C'è un tempo da pioggia.* It looks like rain. | *sotto la pioggia* in the rain | **pioggia acida** acid rain **2 una pioggia di a)** (doni, riso) a shower of: *una pioggia di coriandoli* a shower of confetti **b)** (insulti, critiche) a hail of

piolo *s* (di scala) rung | **scala a pioli** ladder

piombare *v* **1** (cadere) to fall: *L'aereo è piombato al suolo ed è esploso.* The plane fell to the ground and exploded. | *A momenti quel vaso mi piombava in testa.* That vase nearly hit me on the head. **2** (arrivare all'improvviso) to turn up: *Mi è piombata in casa alle cinque del mattino.* She turned up at my house at five o'clock in the morning.

piombo *s* lead | **benzina senza piombo** unleaded petrol

pioppo *s* poplar

piovere *v* **1** (impersonale) to rain: *Piove, prendi l'ombrello.* It's raining. Take an umbrella. | *È piovuto tutto il giorno.* It rained all day. | **piovere a dirotto** to pour down **2** (complimenti, critiche) non c'è in inglese un verbo corrispondente, ma si usano espressioni diverse a seconda del contesto: *Mi sono piovuti addosso un sacco di guai.* I was plagued by one problem after another. | *Ci sono piovute critiche da tutte le parti.* We were criticized from all sides. | **piovere dal cielo a)** (notizia) to come like a bolt from the blue **b)** (soldi, lavoro) to appear out of the blue: *Non puoi aspettarti che la soluzione piova dal cielo.* You can't expect the solution to appear out of the blue.

piovigginare *v* (impersonale) to drizzle: *Pioviggina.* It's drizzling.

piovoso, -a *agg* rainy

piovra *s* octopus (pl octopuses)

pipa *s* pipe: *Il nonno fuma la pipa.* Granddad smokes **a pipe**.

pipistrello *s* bat

pipì *s* pee: *Mi scappa la pipì.* I'm bursting for a pee. | **fare (la) pipì** to have a pee

piramide *s* pyramid

pirata *s* **1** (predone) pirate **2 copia/cassetta pirata** pirate copy/cassette **3 pirata della strada** hit-and-run driver

Pirenei *s pl* **i Pirenei** the Pyrenees

pisciare *v* to pee

piscina *s* swimming pool: *Andiamo in piscina domani sera?* Shall we **go to the swimming pool** tomorrow evening? | **piscina coperta/all'aperto** covered/open-air swimming pool

pisello *s* (pianta) pea

pisolino *s* **fare un pisolino** to have a nap

pista *s* **1** (nello sci) (ski) slope: *Sono caduta in pista.* I fell coming down the ski slope. | **pista rossa/nera** red/black run **2** (in uno stadio, un autodromo) track: *Oggi scenderà in pista anche Schumacher.* Today Schumacher will also be appearing on the track. | *I piloti sono all'ultimo giro di pista.* The drivers are on the last lap. **3** (in un aeroporto) runway **4** **pista ciclabile** cycle path | **pista da ballo** dance floor | **pista da bowling** bowling alley | **pista di pattinaggio** skating rink **5** (in indagine) track: *Siamo sulla pista giusta.* We're on the right track.

pistacchio *s* pistachio

pistola *s* pistol

pittore, -trice *s* painter

pittura *s* **1** (arte, tecnica) painting: *un corso di pittura* a painting course **2** (dipinto) painting **3** (vernice) paint | **pittura fresca** wet paint

pitturare *v* to paint

piuma *s* feather ▶ vedi anche **peso**

piumino *s* **1** (giacca a vento) padded jacket **2** (coperta) quilt

piumone *s* duvet

piuttosto *avv* **1** (abbastanza) quite: *Se la cava piuttosto bene al pianoforte.* She's quite good on the piano. | *Il meccanismo è piuttosto complicato.* The mechanism is quite complicated. **2** (anzi) rather: *Chiamami, o piuttosto mandami un'e-mail.* Call me, or rather send me an e-mail. | **piuttosto che/di** rather than: *Piuttosto che perdere tempo, comincia a studiare.* Rather than wasting time, why don't you start studying? | *Piuttosto che uscire con lui me ne resto a casa!* I'd rather stay in than go out with him!

pivello *s* kid

pizza *s* **1** (focaccia) pizza: *una fetta di pizza* a slice of pizza **2** (noia) bore: *Che pizza questo film!* What a bore this film is!

pizzeria *s* pizzeria: *Sabato sera siamo andati in pizzeria.* On Saturday evening we went **to a pizzeria**.

pizzicare *v* **1** (dare un pizzicotto) to pinch: *Smettila di pizzicarmi.* Stop pinching me. **2** (prudere) to be itchy: *Mi pizzica la punta del naso.* The tip of my nose is itchy. **3** (sorprendere) to catch: *La prof l'ha pizzicata a copiare durante il compito in classe.* The teacher caught her copying during the class test.

pizzico *s* **un pizzico di a)** (sale, pepe) a pinch of **b)** (buonsenso, intelligenza) an ounce of: *Non ha un pizzico di ironia.* She doesn't have an ounce of irony.

pizzicotto *s* pinch (pl pinches) | **dare un pizzicotto a qn** to pinch sb: *Mi ha dato un pizzicotto sul braccio.* She pinched my arm.

pizzo *s* **1** (merletto) lace: *La camicetta è di pizzo.* The blouse is **made of lace**. **2** (barba) goatee

più *avverbio, aggettivo, preposizione* e *sostantivo*

- *avv* e *agg* ▶ vedi riquadro
- *prep* (oltre a) plus: *Costa 50 euro più le spese postali.* It costs 50 euros plus postage.
- *s* **1** **il più** *Il più è incominciare.* The hardest part is getting started. | *Credo che il più sia fatto.* I think most of it is done. | **il più delle volte** most of the time **2** (segno) plus

placcato, -a *agg* **placcato d'oro/d'argento** gold-/silver-plated: *un orologio placcato d'oro* a gold-plated watch

plastica *s* **1** (materiale) plastic: *un sacchetto di plastica* a plastic bag **2** (in medicina) plastic surgery: *Claudia si è fatta fare la plastica al naso.* Claudia's had plastic surgery on her nose.

plastico, -a *aggettivo* e *sostantivo*

- *agg* **1** (di plastica) plastic **2** **chirurgia plastica** plastic surgery | **chirurgo plastico** plastic surgeon
- **plastico** *s* **1** (modello) model **2** (esplosivo) plastic explosive

platea *s* **1** (posti a sedere) stalls [sempre plurale]: *Ho prenotato due posti in platea.* I've booked two seats **in the stalls**. **2** (spettatori) audience

platino *s* platinum

plurale *aggettivo* e *sostantivo*

- *agg* plural
- *s* plural: *una parola usata solo al plurale* a word used only **in the plural**

Plutone *s* Pluto

pneumatico *s* tyre (BrE), tire (AmE) ▶ vedi anche **martello**

Po *s* **il Po** the Po

po' *avverbio* e *sostantivo*

- *avv* **un po'** a bit: *Sono un po' distratta.* I'm a bit absent-minded. | *Sono andato via un po' dopo di te.* I left a bit after you. | *È ancora un po' troppo presto.* It's still a bit too early. | **un bel po'** quite a while: *Ci ha*

più

AVVERBIO

1 COMPARATIVO = MORE

Puoi camminare più piano? Could you walk a bit more slowly?

Il comparativo degli aggettivi composti da una o due sillabe si forma aggiungendo il suffisso **-er**:

Sono più alto di te. I'm taller than you.

2 SUPERLATIVO = MOST

È il libro più noioso che abbia mai letto. It's the most boring book I've ever read.

Il superlativo degli aggettivi composti da una o due sillabe si forma aggiungendo il suffisso **-est**:

Sara è la più simpatica di tutti. Sara is the nicest of them all.

Quando si tratta solo di due persone o cose, in inglese si usa il comparativo invece del superlativo:

Luca è il più alto dei due fratelli. Luca is the taller of the two brothers.

3 NELLE OPERAZIONI, NEI VOTI E NELLE TEMPERATURE = PLUS

6 più 2 fa 8. 6 plus 2 is 8. | *Il termometro segna più 4.* The thermometer is showing 4 degrees above zero.

4 NON ... PIÙ

Quando indica un cambiamento di situazione si traduce **not ... any more**:

Non gioco più a tennis. I don't play tennis any more.

Quando significa di nuovo, si traduce **not ... again**:

Non ne voglio più parlare. I don't want to talk about it again.

5 ESPRESSIONI

di più: *Quale film ti è piaciuto di più?* Which film did you like best? | **più o meno**: *– Che ore sono? – Più o meno le tre.* "What time is it?" "About three o'clock." | **il più possibile** as much as I can/you can etc: *L'ho aiutata il più possibile.* I helped her as much as I could. | **più ... più** the more ... the more: *Più ci penso, più mi arrabbio.* The more I think about it, the angrier I get. | **per di più** what's more

AGGETTIVO

1 COMPARATIVO = MORE

Oggi c'è più gente. There are more people today.

2 SUPERLATIVO = MOST

Alice è quella che ha più soldi. Alice is the one who has the most money.

3 MOLTI = SEVERAL

Ti ho detto più volte di non farlo. I've told you several times not to do it.

fatto aspettare un bel po'. She kept us waiting quite a while. | **un po' di più/meno** a bit more/less: *Ultimamente ci siamo sentiti un po' di meno.* We've been phoning each other a bit less lately.

• *s* **un po' di** a bit of: *Quel negozio vende un po' di tutto.* That shop sells a little bit of everything. | *Vuoi ancora un po' di zucchero?* Would you like a bit more sugar?

poco *avv* ▶ vedi riquadro

poema *s* poem

poesia *s* **1** (componimento) poem: *Mi ha dedicato una poesia.* He dedicated a poem to me. **2** (genere letterario) poetry: *la poesia del Novecento* twentieth-century poetry

poeta, -essa *s* poet

poetico *agg* poetic

poggiatesta *s* headrest

poi *avv* **1** (dopo) then: *Prima mangio e poi le telefono.* I'll eat first and then I'll phone her. | *Subito dopo il semaforo, c'è una farmacia e poi il cinema.* There's a chemist's immediately after the traffic lights and then there's the cinema. | **da oggi/domani in poi** from today/tomorrow onwards | **d'ora in poi** from now on **2** (inoltre) what's more: *Sono stanca e poi non mi va di venire.* I'm tired and what's more, I don't feel like coming. **3** (infine) then: *Hai poi deciso quando partire?* Have you decided when you're leaving, then? **4** (tutto sommato) after all: *Il tuo amico non è poi tanto antipatico.* Your friend isn't so bad after all. | *Il concerto non era poi così male.* The concert wasn't so bad after all. ▶ vedi anche **prima**

poiché *cong* since: *Poiché la pensi così, non insisto.* Since that's the way you look at it, I'll say no more.

pois *s* **a pois** polka dot: *una camicetta a pois* a polka-dot blouse

poker *s* **1** (gioco) poker: *una partita a poker* a game of poker **2** (quattro carte uguali) four of a kind | **poker d'assi/re ecc.** four aces/kings etc

polacco, -a *aggettivo e sostantivo*

• *agg* Polish

• *s* (persona) Pole | **i polacchi** the Polish

• (lingua) Polish

polare *agg* **1** (orso, calotta) polar **2** (temperatura, clima) Arctic | **Fa un freddo polare.** It's absolutely freezing. ▶ vedi anche **circolo, stella**

polemica *s* argument: *Non voglio fare polemiche.* I don't want to get into any arguments.

polemico, -a *agg* argumentative

poligono *s* **1** (in geometria) polygon **2** **poligono (di tiro)** shooting range

polistirolo *s* polystyrene

politecnico *s* il politecnico non esiste nei paesi di lingua inglese; per spiegare cos'è, puoi dire **technical university specializing in engineering and architecture**.

poco *avverbio*

1 CON VERBO = NOT MUCH

Hai mangiato poco. You've not eaten much. | *Il film mi è piaciuto poco.* I didn't like the film much.

2 CON AGGETTIVO O AVVERBIO = NOT VERY

È poco furbo. He's not very clever. | *È un attore poco conosciuto.* He isn't a very well-known actor. | *Mi sento poco bene.* I don't feel very well.

Talvolta in inglese *poco* + *aggettivo* si traduce con un aggettivo dal significato negativo:

alimenti poco sani unhealthy foods

3 Quando si riferisce a una durata si usa **not (for) long**:

Mi fermo poco. I'm not staying (for) long.

4 ESPRESSIONI

a poco a poco bit by bit | **poco male!** never mind!

politica *s* **1** (scienza) politics [sempre singolare] **2** (strategia) policy (pl policies)

politico, -a *aggettivo e sostantivo*
- *agg* political
- *s* politician

polizia *s* police [sempre plurale]: *La polizia ha arrestato il colpevole.* The police have arrested the culprit.

poliziesco *agg* (film, romanzo) si usa il sostantivo **detective** in funzione di aggettivo: *Ti piacciono i racconti polizieschi?* Do you like detective stories?

poliziotto, -a *s* **poliziotto** policeman (pl policemen) | **poliziotta** policewoman (pl policewomen): *Antonio fa il poliziotto.* Antonio **is a** policeman.

polizza *s* policy (pl policies): *una polizza sulla vita* a life-insurance policy

pollaio *s* chicken run

pollice *s* **1** (dito) thumb **2** (unità di misura) inch (pl inches): *uno schermo da 20 pollici* a 20-inch screen

polline *s* pollen

pollo *s* chicken: *pollo arrosto* roast chicken

polmone *s* lung | **polmone d'acciaio** iron lung | **polmone verde** *Questo parco è il polmone verde della città.* This park is the city's lung.

polmonite *s* pneumonia

polo *sostantivo maschile e sostantivo femminile*
- *s masc* **1 il Polo Nord/Sud** the North/South Pole **2** (centro) centre: *un polo d'attrazione* a centre of attraction
- *s fem* (maglia) polo shirt: *Marco portava una polo blu.* Marco was wearing a blue polo shirt.

Polonia *s* **la Polonia** Poland

polpa *s* **1** (di frutto) flesh **2** (carne) meat | **polpa di manzo** lean beef

polpaccio *s* calf (pl calves)

polpastrello *s* fingertip

polpetta *s* meatball

polpettone *s* meat loaf (pl meat loaves)

polpo *s* octopus (pl octopuses)

polsino *s* cuff

polso *s* **1** (parte del corpo) wrist: *Mi sono slogata il polso giocando a tennis.* I sprained my wrist playing tennis. **2** (battito) pulse: *Il dottore mi ha sentito il polso.* The doctor took my pulse. **3 avere polso** to have a lot of clout: *Laura è una che ha polso.* Laura has a lot of clout.

poltrona *s* **1** (sedia) armchair: *Claudio se ne stava comodamente seduto in poltrona.* Claudio was sitting comfortably **in an armchair**. **2** (a teatro) seat: *Ho prenotato due poltrone in terza fila.* I've booked two seats in the third row.

polvere *s* **1** (pulviscolo) dust: *Questi libri sono pieni di polvere.* These books are covered in dust. **2** (sostanza polverizzata) powder | **in polvere** powdered: *latte in polvere* powdered milk | *cacao in polvere* powdered chocolate

polverone *s* **1** dust storm **2 sollevare un polverone** (fare scandalo) to cause a furore

polveroso, -a *agg* dusty

pomata *s* ointment: *una pomata contro le scottature* an ointment for burns

pomello *s* knob

pomeriggio *s* afternoon: *Arriviamo domani pomeriggio.* We'll be arriving tomorrow afternoon. | *sabato pomeriggio* Saturday afternoon | **alle quattro/cinque del pomeriggio** at four/five in the afternoon | **di pomeriggio** in the afternoon: *La piscina è aperta solo di pomeriggio.* The swimming pool is only open in the afternoon.

pomo *s* **pomo d'Adamo** Adam's apple

pomodoro *s* tomato (pl tomatoes): *un'insalata di pomodori* a tomato salad | *spaghetti al pomodoro* spaghetti with tomato sauce

pompa *sostantivo e sostantivo plurale*
- *s* **1** (attrezzo) pump **2** (distributore di benzina) petrol station
- **pompe funebri** *s pl* undertakers

pompelmo *s* grapefruit: *una spremuta di pompelmo* a grapefruit juice

pompiere *s* firefighter | **i pompieri** the fire brigade

ponte *s* **1** (stradale, ferroviario) bridge **2** (di nave) deck **3 fare il ponte** non c'è equivalente in inglese; l'espressione più prossima è **to have a long weekend.**

pontile *s* quayside

popolare *aggettivo e verbo*
- *agg* **1** (quartiere) working-class ► vedi anche **casa** **2** (canto, tradizione) folk: *È un*

P

Vuoi informazioni sulla differenza tra gli **aggettivi possessivi** in inglese e in italiano? Vedi la **guida grammaticale**.

vecchio detto popolare. It's an old folk saying. **3** (famoso) popular: *Il calcio è lo sport più popolare in Italia.* Football is the most popular sport in Italy. **4** (rivolta, voto) popular **5** (assemblea, repubblica) people's
• *v* (abitare) to populate

popolazione *s* population

popolo *s* people: *i popoli della Terra* the peoples of the Earth

poppa *s* (di nave) bow

porcellana *s* (materiale) china: *È una ciotola di porcellana.* It's a china bowl. | *una statuetta di porcellana* a china figurine

porcellino *s* (maialino) piglet
porcellino d'India guinea pig

porcheria *sostantivo e sostantivo plurale*
• *s* **1** (sudiciume) rubbish [mai plurale]: *C'è voluto un pomeriggio per pulire tutta quella porcheria.* It took a whole afternoon to clear up all the rubbish.
2 (cosa fatta male) rubbish [mai plurale]: *Quel gioco è una vera porcheria.* That game is rubbish.
• **porcherie** *s pl* (cibo non sano) rubbish [mai plurale]: *Mangi troppe porcherie.* You eat too much rubbish. | **fare porcherie** (cose volgari) to be disgusting: *Smetteta di ruttare e fare porcherie.* Stop burping and being so disgusting!

porcile *s* pigsty (pl pigsties)

porcino *s* boletus mushroom

porco *s* **1** (maiale) pig **2** (carne) pork **3** (persona) pig

pornografia *s* pornography

pornografico, -a *agg* pornographic

P

poro *s* pore

porre *v* **1** (mettere) to place: *La statua verrà posta al centro della piazza.* The statue will be placed in the middle of the square. | **porre fine a qc** to put an end to sth: *Bisogna porre fine a questa situazione.* We have to put an end to this situation. **2** **porre una domanda** to ask a question **3** **porre un problema a qn** to pose a problem for sb: *L'orario mi pone un problema: possiamo cambiarlo?* The timetable poses a problem for me. Can we change it? **4** (supporre) to suppose: *Poniamo che tu abbia ragione.* Let's suppose you're right.

porro *s* (ortaggio) leek

porta *s* **1** (di casa, stanza) door: *Hanno suonato alla porta.* There's someone **at the door.** | *la porta della camera da letto* the bedroom door | *la vicina della porta accanto* the next-door neighbour | **porta a porta a)** (vicino) next door to each other: *Abitiamo porta a porta.* We live next door to each other. **b)** (vendita, venditore) door-to-door | **porta girevole/scorrevole** revolving/sliding door | **porta blindata** steel-plated door **2** (nel calcio) goal: *un tiro in porta* a shot **at goal** **3** (nello sci) gate: *Ha saltato una porta.* He missed a gate.

portabagagli *s* **1** (bagagliaio) boot (BrE), trunk (AmE) **2** (portapacchi) roof-rack

portacenere *s* ashtray

portachiavi *s* key ring

portaerei *s* aircraft carrier

portafoglio *s* wallet: *Tiene il portafoglio all'interno della giacca.* She keeps her wallet inside her jacket. | *Le hanno rubato il portafoglio.* Her wallet was stolen.

portafortuna *sostantivo e aggettivo*
• *s* lucky charm
• *agg* lucky: *Le ha regalato un ciondolo portafortuna.* She was given a lucky pendant.

portale *s* portal

portapacchi *s* luggage rack

portare *v* ► vedi riquadro

portata *s* **1** (piatto) course **2** **essere alla portata di qn** nel senso di essere accessibile economicamente, si traduce **to afford** con la persona di cui qualcosa è alla portata come soggetto: *È un prezzo alla portata di tutti.* It's a price that everyone can afford. | *Costa troppo: non è alla mia portata.* It costs too much. I can't afford it. | **avere qc a portata di mano** to have sth to hand: *Hai il libro a portata di mano?* Have you got the book to hand? **3** (importanza) importance: *una scoperta scientifica di grande portata* a scientific discovery of great importance **4** (di camion, traghetto) carrying capacity

portatile *aggettivo e sostantivo*
• *agg* portable
• *s* (computer) portable

portato, -a *agg* **essere portato per qc** to have a flair for sth: *Claudia non è molto portata per le lingue.* Claudia doesn't have much of a flair for languages.

portatore, -trice *s* **1** **portatore di handicap** disabled person: *Questo parcheggio è riservato ai portatori di handicap.* This parking space is reserved for the disabled. **2** **portatore sano** (in medicina) (symptomless) carrier

portavoce *s* (uomo) spokesman (pl spokesmen), (donna) spokeswoman (pl spokeswomen)

portico *s* portico

portiera *s* (di auto) door

portiere *s* **1** (nello sport) goalkeeper **2** (di albergo) porter | **portiere di notte** night porter **3** (di condominio) caretaker

portinaio, -a *s* caretaker

portineria *s* caretaker's lodge

porto *s* **1** (zona portuale) port: *un piccolo porto di pescatori* a small fishing port **2** (naturale, fluviale) harbour (BrE), harbor (AmE): *le barche ancorate nel porto* the boats anchored in the harbour **3** **andare**

portare *verbo*

1 Quando esprime movimento, la traduzione più generale è **to take**:

Devo portare il motorino a riparare. I've got to take my moped in for repairs. | *Mi porta alla stazione, per favore?* Could you take me to the station, please? | **portarsi dietro qn/qc** to take sb/sth with you: *Ricordati di portarti dietro il passaporto.* Remember to take your passport with you. | *Si porta sempre dietro suo fratello.* He takes his brother everywhere with him.

2 Quando l'enfasi è sul luogo nel quale si porta qualcosa, si usa **to bring**:

Mi porta il conto, per favore? Could you bring me the bill, please? | *Portiamo qualcosa da bere alla festa?* Shall we bring/take something to drink to the party?

3 Quando l'enfasi è sull'azione di trasportare si usa **to carry**:

La porto io la valigia, è leggera. I'll carry the suitcase. It's light.

4 Nel senso di indossare si usa **to wear**:

Tiziana porta sempre i pantaloni. Tiziana always wears trousers. | *Porto gli occhiali.* I wear glasses.

5 Con taglie e numeri di scarpe si usa **to take**:

Porto la quarantaquattro. I take a size twelve. | *Che numero di scarpe porti?* What size shoe do you take?

6 Nel senso di condurre si traduce **to lead**:

Dove porta questa strada? Where does this road lead to? | *Le indagini non hanno portato a niente.* The enquiries have led nowhere.

7 Nel senso di causare si traduce **to bring about**:

Questa decisione porterà molti cambiamenti. This decision will bring about many changes.

8 **portare via** nel senso di allontanare si traduce **to take away** e nel senso di sottrarre **to steal**:

Lo hanno portato via in manette. They took him away in handcuffs. | *Mi hanno portato via il portafoglio.* Someone stole my wallet.

9 ESPRESSIONI

portare bene/male gli anni to look younger/older (than you are) | **portare fuori** to take out: *Ci ha portati fuori a cena.* She took us out to dinner. | **portare fortuna/sfortuna** to bring good/bad luck

in porto to come off: *Se l'affare va in porto, diventeranno ricchi.* If the deal comes off, they'll get rich.

porto d'armi gun licence (BrE), gun license (AmE)

Portogallo *s* **il Portogallo** Portugal

portoghese *agg e s* Portuguese

portone *s* main entrance

porzione *s* (di cibo) portion: *una porzione di pasta* a portion of pasta | *Si è preso due porzioni di dolce.* He had two portions of pudding. | *Fai porzioni piccole.* Make the portions small. | **mezza porzione** half portion

posa *s* **1** (per ritratto) pose | **essere in posa** to be posing: *Dai, scatta, sono in posa da un'ora.* Come on, take the photo. I've been posing for ages. | **mettersi in posa** to strike a pose **2** (atteggiamento) pose: *Fa l'indifferente solo per posa.* He acts as if he doesn't care, but it's just a pose. **3** (in fotografia) exposure

posare *v* **1** (mettere giù) to put down: *Posa pure le borse per terra.* Just put the bags down on the ground. **2** (adagiare) to put: *Mi ha posato un braccio sulle spalle.* He put his arm around my shoulders. **3** (avere come base) to rest: *Il ponte posa soltanto su quattro pilastri.* The bridge rests on just four pillars. **4** (per ritratto) to pose

posarsi *v rifl* (insetto, uccello) to alight

posata *s* **posate** cutlery (BrE) [mai plurale], flatware (AmE) [mai plurale]

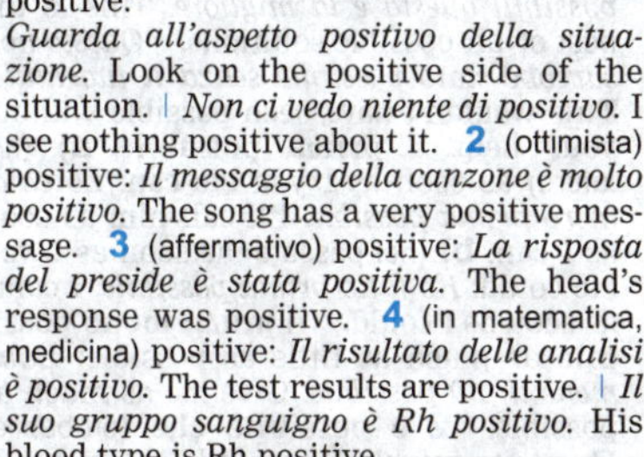

positivo, -a *agg* **1** (favorevole) positive: *Guarda all'aspetto positivo della situazione.* Look on the positive side of the situation. | *Non ci vedo niente di positivo.* I see nothing positive about it. **2** (ottimista) positive: *Il messaggio della canzone è molto positivo.* The song has a very positive message. **3** (affermativo) positive: *La risposta del preside è stata positiva.* The head's response was positive. **4** (in matematica, medicina) positive: *Il risultato delle analisi è positivo.* The test results are positive. | *Il suo gruppo sanguigno è Rh positivo.* His blood type is Rh positive.

posizione *s* **1** (luogo) position: *Riesci a individuare la posizione della stella polare?* Can you pinpoint the position of the Pole Star? **2** (condizione) position: *Non sei davvero nella posizione di dare consigli.* You're not really **in a position** to give advice. **3** (postura) position: *A forza di stare in questa posizione, mi si è intorpidito un braccio.* My arm has gone numb from being in this position. **4** (in classifica, gara) place: *Il pilota italiano è sceso in seconda posizione.* The Italian driver has moved back into second place.

P

Non sei sicuro sull'uso di make e do? Vedi alla voce fare.

5 (punto di vista) stance: *Marco ha sempre mantenuto una posizione imparziale.* Marco has always maintained an impartial stance. | *Qual è la tua posizione su questo argomento?* What's your stance on this subject? | **prendere posizione** to take a stand **6** (nella società) position | **farsi una posizione** to make your way in the world

possedere *v* **1** (qualità) to possess: *Silvia possiede notevoli doti musicali.* Silvia possesses considerable musical talents. **2** (beni) to own: *Il suo sogno è possedere una Ferrari.* His dream is to own a Ferrari.

possessivo, -a *agg* **1** (persona, atteggiamento) possessive: *È molto possessivo nei confronti della sua ragazza.* He's very **possessive about** his girlfriend. **2** (aggettivo, pronome) possessive

possesso *s* (proprietà) possession | **essere in possesso di qc** to be in possession of sth: *L'hanno arrestato perché era in possesso di armi da fuoco.* He was arrested for being in possession of firearms. | *Non era nel pieno possesso delle sue facoltà.* He wasn't in full possession of his faculties. | **entrare in possesso di qc** to come into possession of sth: *Non si sa come i ladri siano entrati in possesso delle chiavi.* It's not known how the thieves came into possession of the keys.

possibile *aggettivo* e *sostantivo*

• *agg* **1** (attuabile, concepibile) possible: *Non è possibile! Non ci credo!* It's not possible. I don't believe it! | *Tra le soluzioni possibili questa è la migliore.* This is the best of all possible solutions. | *Questo non sarebbe stato possibile senza il tuo aiuto.* This wouldn't have been possible without your help. | **prima possibile a)** (nel futuro) as soon as I/you etc can: *Lo chiamerò prima possible.* I'll call him as soon as I can. **b)** (nel passato) as soon as I/you etc could: *Ho fatto prima possibile.* I came as soon as I could. | **il più/il meno possibile** as much/as little as possible: *Dammene il più possibile.* Give me as much as possible. **2** **è possibile che** (probabile) I/you etc might: *È possibile che piova.* It might rain. | *È possibile che sia già uscito.* He might already have gone out. | **non è possibile che** (impossibile) I/you etc can't: *Non è possibile che sia stato lui, non c'era nemmeno.* It can't have been him – he wasn't even there. | *Non è possibile che tu non ti sia ancora vestita!* You can't still be getting dressed! **3** (eventuale) possible: *Hai considerato le possibili conseguenze?* Did you consider the possible consequences?

• *s* **fare il possibile (per fare qc)** to do everything possible (to do sth): *Abbiamo fatto tutto il possibile per salvarlo.* We did everything possible to save him.

possibilità *sostantivo* e *sostantivo plurale*

• *s* **1** (probabilità) possibility: *Hai considerato tutte le possibilità?* Have you considered all the possibilities? | *Le possibilità di riuscita dell'operazione sono molto scarse.* The chances that the operation will be a success are very slim. | **c'è la possibilità che** I/you etc may: *C'è la possibilità che Patrizia non venga.* Patrizia may not come. | *C'è la possibilità che piova domani.* It may rain tomorrow. **2** (capacità) ability: *nei limiti delle mie possibilità* to the best of my ability | *Vuole la possibilità di viaggiare.* He wants to be able to travel. | **avere la possibilità di fare qc** to be in a position to do sth: *Ho la possibilità di scegliere tra le due scuole.* I'm in a position to choose between the two schools. | *Non aveva la possibilità di aiutarmi.* He wasn't in a position to help me. | **dare a qn la possibilità di fare qc** to give sb the opportunity to do sth: *Il soggiorno all'estero gli darà la possibilità di migliorare l'inglese.* The stay abroad will give him the opportunity to improve his English.

• *s pl* (mezzi economici) means: *La moto è al di sopra delle mie possibilità.* The motorbike is beyond my means.

possibilmente *avv* if possible: *Cerca di farcela per le otto, possibilmente anche un po' prima.* Try to make it for eight or even a bit earlier, if possible.

posta *s* **1** (servizio) post (BrE), mail (AmE): *Te lo mando per posta, non per e-mail.* I'll send it to you by post, not e-mail. | *Ho spedito il pacco per posta.* I posted the package. | **posta prioritaria** special delivery | **posta elettronica** e-mail **2** (lettere) post: *C'è posta per me?* Is there any post for me? **3** (ufficio) post office **4** **la posta in gioco**: *Nell'incontro di domani la posta in gioco è lo scudetto.* The national championship is at stake in tomorrow's match. | *La posta in gioco è altissima: non posso permettermi di perdere.* The stakes are too high. I can't afford to lose.

postale *agg* postal

posteggiare *v* to park

posteggio *v* **1** (per più auto) car park (BrE), parking lot (AmE): *C'è un posteggio a pagamento.* There's a pay-and-display car park. | **posteggio dei taxi** taxi rank (BrE), taxi stand (AmE) **2** (per un'auto) parking space: *Non ho trovato posteggio.* I couldn't find a parking space. **3** (sosta) parking: *Qui non è consentito il posteggio di auto.* Parking is not permitted here.

posteriore *agg* **1** (di dietro) rear: *La parte posteriore della casa è esposta a sud.* The rear part of the house is south-facing.

2 (successivo) later: *Questo dipinto risale a un'epoca posteriore.* This painting dates from a later period. | **posteriore a** after: *Ho tutti gli album posteriori alla morte di Brian Jones.* I've got all the albums made after the death of Brian Jones.

postino, -a postino postman (pl postmen) (BrE), mailman (pl mailmen) (AmE) | **postina** postwoman (pl postwomen) (BrE), mailwoman (pl mailwomen) (AmE)

posto *s* **1** (luogo) place: *In casa sua ogni cosa ha il suo posto.* In his house, everything has its place. | **mettere a posto qc a)** (riordinare) to tidy sth: *Metti a posto la tua stanza.* Tidy your room. **b)** (dov'era prima) to put sth back: *Metti quel libro a posto quando hai finito.* Put that book back when you've finished. | **essere a posto a)** (persona, stanza) to be neat and tidy: *Luisa è sempre a posto, mai trasandata.* Luisa is always neat and tidy, never scruffy-looking. | *La mia stanza non è mai a posto.* My room is never neat and tidy. **b)** (documento, cose) to be in order: *Passaporto e visto sono a posto, puoi partire domani.* Your passport and visa are in order so you can leave tomorrow. | **fuori posto** out of place: *Non lasciare niente fuori posto.* Don't leave anything out of place. | **al posto di** instead of: *Vengo io al posto di Monica.* I'm coming instead of Monica. | **al mio/suo ecc. posto** in my/his etc place: *Cosa faresti al suo posto?* What would you do in his place? | **posto di blocco** roadblock | **posto di polizia** police station **2** (spazio) room: *C'è posto per tutti in macchina.* There's room for everyone in the car. | *Hai ancora posto in valigia?* Have you still got room in your suitcase? | *Sul treno non c'è più posto.* There's no more room on the train. | **fare posto a qn/qc** to make room for sb/sth: *Fammi posto, per favore.* Make room for me, please. | *Fai posto alle cose di Stefano.* Make room for Stefano's things. **3** (a sedere) seat: *È libero questo posto?* Is this seat free? | *Vorrei un posto accanto al finestrino.* I'd like a seat next to the window. | *Si è seduto al mio posto.* He sat **in my seat**. | *Torna al tuo posto.* Go back to your seat. **4** (posteggio) space: *Ho trovato un posto dietro la stazione.* I found a space behind the station. **5** (in classifica) place: *Se continua così la squadra finisce all'ultimo posto.* If things go on like this, the team will end up in last place. | **essere al primo/secondo posto** to be at number one/two: *Madonna è al primo posto in classifica.* Madonna is at number one in the charts. **6** (adatto ad attività) spot: *È un posto stupendo per fare un picnic.* It's a great spot for a picnic. | *Non era il posto ideale per fare l'autostop.* It wasn't the ideal spot for hitching a lift. **7** (località) place: *La fabbrica è in un posto vicino a Padova.* The factory is in a place near Padua. | **del posto** local: *I ragazzi del posto erano simpatici.* The local kids were nice. | **sul posto** (arrivare, essere) on the spot: *I vigili del fuoco sono arrivati sul posto in sette minuti.* The firemen were on the spot in seven minutes. **8** (locale) place: *Lo conosci un posto dove si mangia bene?* Do you know a place where the food is good? | *Siamo andati a ballare in un posto carissimo.* We went dancing at a really expensive nightclub. **9** (lavoro) job: *Dopo la maturità ha trovato un ottimo posto.* After his school-leaving exams, he found a really good job.

postumo, -a *aggettivo e sostantivo*

- *agg* invece dell'aggettivo si usa di solito l'avverbio **posthumously**: *Il disco è uscito postumo.* The record came out posthumously.
- **postumo** *s* **i postumi dell'incidente/dell'influenza** the after-effects of the accident/of the flu | **i postumi della sbornia** a hangover

potabile ▶ vedi **acqua**

potente *agg* **1** (motore, auto) powerful **2** (farmaco, veleno) potent **3** (uomo, famiglia) influential

potenza *s* **1** (Stato) power **2** (potere) power **3** (di colpo, corrente) strength: *La potenza della corrente lo ha trascinato al largo.* The strength of the current dragged him out to sea. **4** (di onde, esplosione) force: *La potenza delle onde scagliò la barca contro le rocce.* The boat was dashed against the rocks by the force of the waves. **5** (energia) power: *I motori erano al massimo della potenza.* The engines were operating at maximum power. **6** (in matematica) power

potenziale *agg* e *s* potential

potere *verbo e sostantivo*

- *v* ▶ vedi riquadro
- *s* **1** (comando, influenza) power **2 il potere legislativo/esecutivo/giudiziario** legislative/executive/judicial power

poverino *agg* poor thing: *Poverino! Ti sei fatto male?* You poor thing! Did you hurt yourself?

povero, -a *aggettivo e sostantivo*

- *agg* **1** (senza soldi) poor **2 essere povero di qc** (persona) to be lacking in sth: *Mario è povero di immaginazione.* Mario is lacking in imagination. | **povero di grassi/zuccheri** low-fat/-sugar: *Elena fa una dieta povera di grassi.* Elena's on a low-fat diet. **3** (sfortunato) poor: *Povero Roberto, gli è andata male.* Poor Roberto, things have gone badly for him. **4** (infelice) poor
- *s* **povero** poor man (pl poor men) | **povera** poor woman (pl poor women) | **i poveri** the

P

C'è una tavola con i numeri in inglese e spiegazioni sul loro uso nella **guida grammaticale**.

potere *verbo*

1 AVERE LA CAPACITÀ O L'OPPORTUNITÀ
Al presente si usa **can**, che nella forma negativa diventa **can't** (o, più formale, **cannot**):
Posso capire come ti senti. I can understand how you feel. | *Stasera non posso uscire.* I can't go out tonight.
Al passato si usa **could**, nella forma negativa, **couldn't** (o, più formale, **could not**):
Come potevo saperlo? How could I have known? | *Da dove eravamo non potevamo vedere niente.* We couldn't see anything from where we were.
Per il futuro e l'infinito si usa **to be able to**:
Vorrei poterti aiutare. I'd like to be able to help you. | *Non potrò venire a prenderti.* I won't be able to pick you up.

2 ESSERE AUTORIZZATO
Al presente si usa **can**:
Se vuoi, puoi usare la mia bici. If you want, you can use my bike.
Per chiedere il permesso si usa anche **may**, che è più formale:
Posso entrare? May/can I come in? | *Posso farti una domanda?* May/can I ask you a question?
Al passato si usa di solito **to be allowed**:
Fino all'anno scorso non potevo uscire di sera. Until last year, I wasn't allowed to go out at night.

3 PER ESPRIMERE EVENTUALITÀ
Al presente si usa **can** e al passato **could**:
Non può essere vero! It can't be true! | *Non poteva essere lui.* It couldn't have been him.
Al condizionale si usano **could, might,** e **may**:
Potrebbe essere già arrivato a casa. He may already be home. | *Potrei anche sbagliarmi.* I could be wrong. | *Avrebbe anche potuto essere lei.* It might have been her.
Nota che nelle domande e nelle frasi negative si usano solo **can** e **could**:
Non avrebbero potuto arrivare in tempo. They couldn't have arrived on time. | *Credi che potrebbe offendersi?* Do you think she could take offence?

4 ESPRESSIONI
può darsi perhaps | **non poterne più**: *Non ne posso più di aspettare!* I can't take any more of this waiting!

poor: *Laura aiuta da sempre i poveri e i bisognosi.* Laura has always helped the poor and needy.

povertà *s* **1** (miseria) poverty **2** (carenza) lack

pozza *s* **1** (d'acqua) puddle **2** **una pozza di sangue** a pool of blood

pozzanghera *s* puddle

pozzo *s* well | **pozzo di petrolio** oil well | **pozzo nero** cesspit

Praga *s* Prague

pranzare *v* to have lunch: *Abbiamo pranzato a casa di Fabrizio.* We had lunch at Fabrizio's. | *Pranziamo insieme domani?* Shall we have lunch together tomorrow? | *Hanno appena finito di pranzare.* They've just finished lunch.

pranzo *s* lunch (pl lunches): *Mi hanno invitato a pranzo.* They invited me to lunch. | *Cosa c'è per pranzo?* What's for lunch? | *Resti a pranzo da noi?* Will you stay and have lunch with us? | **pranzo al sacco** packed lunch

pratica *s* **1** (realtà) practice | **in pratica** **a)** (concretamente) in practice: *In teoria la cosa funziona, in pratica vedremo.* In theory, it works – in practice, we'll have to see. **b)** (in sostanza) basically: *Manca solo qualche ritocco, in pratica è finito.* It only needs a few finishing touches – basically, it's finished. **c)** (in altre parole) in short: *È calvo e ha il nasone: in pratica è un mostro.* He's bald and has a big nose. In short, he's horrible. | **mettere in pratica qc** to put sth into practice: *È una buona idea ma non so come metterla in pratica.* It's a good idea, but I don't know how to put it into practice. **2** (esperienza) experience: *Non ha ancora molta pratica con il motorino.* She doesn't have a lot of experience with mopeds yet. | **fare pratica** (fare esercizio) to practise (BrE), to practice (AmE): *Fa pratica di chitarra con degli amici.* He practises the guitar with his friends. **3** (dossier) file

praticamente *avv* (quasi) practically: *Praticamente abbiamo finito.* We've practically finished.

praticare *v* **1** (sport) to do: *Ha sempre praticato molto sport.* He's always done a lot of sport. **2** (professione) to practise (BrE), to practice (AmE): *È medico ma non pratica più.* He's a doctor, but he no longer practises. **3** (tradizione, religione) to practise (BrE), to practice (AmE)

pratico, -a *agg* **1** (concreto) practical: *Dal punto di vista pratico come pensi di fare?* From a practical point of view, what do you plan to do? **2** (vestiti, scarpe) practical: *Questo giaccone non è molto pratico.* This jacket isn't very practical. **3** (oggetto, attrezzo) handy: *La videocamera è piccola e pratica.* The videocamera is small and handy. **4** **essere pratico di motori/computer** to be good with

P

engines/computers: *Sei pratico di computer?* Are you good with computers? | **essere pratico della zona** to be familiar with the area

prato *s* **1** (in campagna) meadow **2** (di giardino) lawn

preavviso *s* notice: *Sono arrivati senza preavviso.* They arrived without any notice.

precario, -a *agg* **1** (condizione) precarious **2** (lavoratore, lavoro) casual

precauzione *s* **1** (misura) precaution | **prendere (delle) precauzioni** to take precautions **2** (prudenza) care | **per precauzione** to be on the safe side: *Per precauzione, siamo partiti un po' in anticipo.* We left a little early, just to be on the safe side.

precedente *aggettivo e sostantivo*

- *agg* (anno, pagina) previous: *Avresti dovuto girare all'incrocio precedente.* You should have turned at the previous junction.
- *s* **1** (caso analogo) precedent: *Esiste già un precedente analogo nella storia sportiva.* There's already a precedent in sporting history. | **senza precedenti** unprecedented: *È stato un successo senza precedenti.* It was an unprecedented success. **2 precedenti penali** criminal record [singolare]

precedenza *s* **1** (per la strada) right of way: *Dovevi dargli la precedenza.* You should have given him right of way. **2** (priorità) priority: *Scusa, ma devo dare la precedenza ai miei problemi.* Sorry, but I've got to **give priority to** my own problems. | **avere la precedenza su qc** to take priority over sth: *Questo problema ha la precedenza su tutto.* This problem takes priority over everything else. **3 in precedenza** before: *Non era mai successo in precedenza.* It had never happened before. | *Ha fatto un freddo mai registrato in precedenza.* It was the coldest weather on record.

precedere *v* to precede

precipitare *v* **1** (persona) to fall: *L'alpinista è precipitato in un crepaccio.* The climber fell into a crevasse. **2** (aereo) to crash **3** (diminuire) to plummet: *Le temperature sono precipitate.* Temperatures have plummeted. **4** (aggravarsi) to get out of control: *La situazione potrebbe precipitare da un momento all'altro.* The situation could get out of control within minutes.

precipitarsi *v rifl* to rush: *Si è precipitato a dirglielo.* He rushed to tell him.

precipitoso, -a *agg* hasty

precipizio *s* precipice | **a precipizio**: *È corso a precipizio giù per le scale.* He raced headlong down the stairs. | *Si è gettata a precipizio fuori dall'edificio in fiamme.* She came running out of the burning building. | **a precipizio sul mare** (scogliera, roccia) rising sheer from the sea

precisare *v* **1** (fare notare) to point out: *Vorrei precisare che io non c'ero.* I'd like to point out that I wasn't there. **2** (chiarire) to clarify: *Il giornalista ha precisato che si tratta solo di voci.* The journalist clarified that they were just rumours.

precisione *s* (esattezza) precision: *Ha descritto i fatti con estrema precisione.* He described the events with great precision. | **per la precisione** to be precise: *È toscano, per la precisione lucchese.* He's Tuscan – from Lucca, to be precise. | **con precisione** (dire, sapere) precisely: *Sai dirmi con precisione dove si trova?* Can you tell me precisely where he is?

preciso, -a *agg* **1** (ordinato) meticulous: *Luca è molto preciso, lascia sempre tutto in ordine.* Luca is very meticulous. He always leaves everything in order. **2** (chiaro) clear: *Ho bisogno di una risposta precisa.* I need a clear answer. **3** (esatto) exact: *Il nome preciso non lo so.* I don't know the exact name. **4** (momento) preciso: *In quel preciso momento è arrivato il professore.* At that precise moment, the teacher arrived. **5** (ora) exact: *Qual è l'ora di arrivo precisa?* What's the exact time of arrival? | **sono le due/le tre precise** it's two/three o'clock exactly **6 preciso a** (identico) identical to: *Il suo zaino è preciso al mio.* His backpack is identical to mine.

precoce *agg* **1** (bambino) precocious: *Lisa è molto precoce: a nove mesi parla già.* Lisa's quite precocious and she's already talking at nine months. **2** (alunno) advanced: *Gli alunni più precoci in classe si annoiano.* The more advanced pupils in the class are getting bored. **3** (morte) untimely **4** (stagione) early

preda *s* **1** (animale) prey **2 essere in preda alla rabbia/alla disperazione** to be beside yourself with rage/despair: *Urlava, in preda al terrore.* She was screaming, beside herself with terror. | **essere in preda a una crisi isterica** to be in hysterics | **essere in preda alle onde** to be swallowed up by the waves | **essere in preda alle fiamme** to be engulfed in flames

predica *s* **1** (religione) sermon **2 fare la predica a qn** to give sb a lecture: *Suo padre gli ha fatto la predica perché non studia abbastanza.* His father gave him a lecture for not studying hard enough.

predicato *s* (in grammatica) predicate

predire *v* (futuro) to predict

predominante *agg* **1** (dominante) predominant: *Qual è il tema predominante nel film?* What's the predominant theme of the film? **2** (più diffuso) main: *I colori*

P

Vuoi ordinare un hamburger in inglese? Consulta la **guida alla comunicazione** in fondo al dizionario.

predominanti nel suo guardaroba sono rosa e marrone. The main colours in her wardrobe are pink and brown.

prefabbricato, -a *aggettivo e sostantivo*
- *agg* (edificio) prefabricated, prefab [informale]
- **prefabbricato** *s* prefab

prefazione *s* preface

preferenza *s* preference: *Non ho preferenze particolari, scegli tu.* I've got no particular preferences – you choose. | **fare preferenze** to play favourites (BrE), to play favorites (AmE) | **dare la preferenza a** (voto) to vote for: *La giuria ha dato la preferenza alla cantante brasiliana.* The jury voted for the Brazilian singer. | **fare qc di preferenza** to prefer to do sth: *Al mare vado di preferenza d'estate.* I prefer to go to the seaside in summer.

preferire *v* ▶ vedi riquadro

preferito, -a *aggettivo e sostantivo*
- *agg* favourite (BrE), favorite (AmE): *Il rosso è il mio colore preferito.* Red is my favourite colour.
- *s* favourite (BrE), favorite (AmE): *In casa, è sempre stata lei la preferita.* She was always the favourite at home.

prefiggersi *v rifl* (obiettivo) to set yourself: *Ti prefiggi sempre obiettivi impossibili.* You always set yourself impossible goals. | **prefiggersi di fare qc** to aim to do sth: *Mi ero prefissa di studiare almeno due ore al giorno.* I had aimed to spend at least two hours a day studying.

prefisso *s* **1** (telefonico) dialling code (BrE), dial code (AmE): *Qual è il prefisso di Ancona?* What's **the dialling code for** Ancona? **2** (in linguistica) prefix (pl prefixes)

pregare *v* **1 pregare qn di fare qc** to ask sb to do sth: *Mi ha pregato di restare.* He asked me to stay. | **ti/vi ecc. prego** please: *Credimi, ti prego.* Please believe me. | *Vi prego, non andatevene.* Please don't go. | **si prega di/siete pregati di** please: *Siete pregati di fare silenzio.* Please be quiet. | *Si prega di non fumare.* Please don't smoke. **2 pregare qn** (in religione) to pray to sb: *Pregava la Madonna.* She was praying to the Virgin Mary.

preghiera *s* prayer

pregiato, -a *agg* (di qualità) fine

pregiudicato, -a *s* **essere un pregiudicato** to have a criminal record

pregiudizio *s* prejudice

prego *inter* **1** (dopo grazie) don't mention it (BrE), you're welcome (AmE): – *Grazie* – *Prego.* "Thanks." "Don't mention it." **2** (con invito) please: *Prego, si accomodi.* Please take a seat. **3** (per fare ripetere) pardon?: *Prego? Non ho capito cosa hai detto.* Pardon? I didn't catch what you said.

preferire *verbo*

1 La traduzione generale è **to prefer**:

Preferisci il tennis o il calcio? Do you prefer tennis or football? | *Preferisco il mare alla montagna.* I prefer the seaside to the mountains.

2 Quando è seguito da un verbo, si tende ad usare **to prefer** per esprimere una preferenza generale e **I/he etc would rather** (contratto **I'd/he'd etc rather**), seguito dall'infinito senza **to**, per esprimere una preferenza in una data circostanza:

Preferisco studiare la domenica pomeriggio. I prefer to study on Sunday afternoons. | *Sono stanca, preferisco rimanere a casa.* I'm tired so I'd rather stay at home. | *Preferite andare al cinema o in un locale?* Would you rather go to the cinema or to a pub? | *I miei preferiscono cenare presto.* My parents prefer to have dinner early.

3 La costruzione *preferire che* seguita dal congiuntivo si traduce **would rather**:

Preferisco che venga tu a casa mia. I'd rather you came to my house. | *Preferisci che ti richiami più tardi?* Would you rather I called back later?

4 Quando è usato al passato, si usa generalmente **to decide**:

Abbiamo preferito andare in pizzeria. We decided to go to a pizzeria.

preistorico, -a *agg* prehistoric

prelevare *v* **1** (in banca) to make a withdrawal | **prelevare qc** to withdraw sth: *Ho prelevato 50 euro dal Bancomat.* I withdrew 50 euros from the cash machine. **2** (campione) to take: *Passerà l'infermiera a prelevare un campione di sangue.* The nurse will come by and take a blood sample. **3** (persona) to take: *La polizia lo ha prelevato a casa sua per interrogarlo.* The police took him from his home for questioning.

prelievo *s* **1** (di soldi) withdrawal **2** (di campione) sample

prematuro, -a *agg* premature: *È nato prematuro di due mesi.* He was born **two months premature**.

premere *v* **1** (schiacciare) to press (down): *Per salvare il documento, premere Shift e F12.* To save the document, press Shift and F12. | *Quando ho visto il rosso, ho premuto il pedale del freno.* When I saw the red light, I pressed down on the brake pedal. **2 premere a qn** to matter to sb: *la cosa che mi preme di più* the thing that matters most to me

premessa *s* introduction

premiare *v* **1** (dare un premio) to award a prize: *Il concorso premierà la storia migliore tra quelle inviate alla rivista.* In the competition, a prize will be awarded for the best story sent in to the magazine. **2** (ricompensare) to repay: *I tuoi sforzi sono stati premiati.* Your efforts have been repaid.

premiazione *s* prizegiving ceremony (pl prizegiving ceremonies)

premio *s* **1** (in giochi, lotterie) prize: *Tra i premi in palio c'è un PC ultima generazione.* There's a state-of-the-art PC among the prizes. | **il primo/secondo premio** first/second prize | **premio di consolazione** consolation prize **2** (nel cinema) award: *Ha vinto il premio per la migliore interpretazione femminile.* She won the award for best actress. **3** (ricompensa) reward: *I miei mi hanno comprato una mountain bike come premio per la promozione.* My parents bought me a mountain bike as a reward for passing my exams. **4** (concorso) contest | **il premio Nobel** the Nobel prize

premura *s* **1** (fretta) hurry: *Perché tutta questa premura? C'è ancora tempo.* Why all this hurry? There's still time. | **avere premura (di fare qc)** to be in a hurry (to do sth): *Ho premura di finire.* I'm in a hurry to finish. **2** (gentilezza) invece del sostantivo, si usa in inglese l'aggettivo **considerate**: *Ti ringrazio per la tua premura.* Thank you for being so considerate. | *Mi circonda di premure.* He's very attentive to me.

prendere *v* ▶ vedi riquadro

prendersi *v rifl* **prendersi a botte** to beat each other up

prenotare *v* **1** (stanza, tavolo) to book: *Costa meno prenotare il volo online.* It'll be cheaper to book the flight online. **2** (posto) to reserve: *Ho prenotato quattro posti sull'Intercity per Roma.* I've reserved four seats on the intercity to Rome.

prenotazione *s* **1** (di stanza, tavolo) booking **2** (di posto) reservation

preoccuparsi *v rifl* to worry: *Non preoccuparti, ci penso io.* Don't worry, I'll take care of it. | **preoccuparsi di fare qc** to bother to do sth: *Non si è nemmeno preoccupato di avvertire.* He didn't even bother to let us know.

preoccupato, -a *agg* worried: *Sono molto preoccupata per te.* I'm very **worried about** you.

preoccupazione *s* worry (pl worries)

preparare *v* to prepare: *Ho preparato tutto per la partenza.* I've got everything ready for when we leave. | **preparare la valigia** to pack your suitcase | **preparare la tavola** to set the table: *Prepara la tavola che è quasi pronto.* Set the table because dinner's nearly ready.

prepararsi *v rifl* **1** (per uscire) to get ready: *Ho bisogno di dieci minuti per prepararmi.* I need ten minutes to get ready. **2** (per esame, interrogazione) to prepare: *Non ho avuto il tempo di prepararmi bene per l'interrogazione.* I haven't had the time to prepare for the test properly.

preparativi *s pl* preparations

preparato *aggettivo e sostantivo*

- *agg* (per esame, interrogazione) prepared: *Speriamo che non mi interroghi: non sono molto preparata.* Let's hope she doesn't ask me – I'm not well prepared.
- *s* il termine **preparation** è superato in inglese e al suo posto si preferisce usare **remedy**: *un*

---

prendere *verbo*

1 La traduzione più generale è **to take**:

Chi mi ha preso la penna? Who's taken my pen?

2 Nel senso di ricevere, procurarsi, si usa **to get**:

Ho preso un brutto voto in matematica. I got a bad mark in maths. | *Se esci, puoi prendere il pane?* If you're going out, could you get some bread? | *Ha preso gli occhi azzurri dalla madre.* He got his blue eyes from his mother.

3 Nel senso di prelevare qn/qc si traduce **to pick sb/sth up**:

Ti passo a prendere alle otto. I'll come and pick you up at eight. | *Devo andare a prendere dei vestiti in lavanderia.* I have to go and pick up some clothes from the launderette.

4 Nel senso di catturare o sorprendere si traduce **to catch**:

Abbiamo preso una trota enorme! We caught an enormous trout! | *Lo hanno preso mentre rubava dagli armadietti.* He was caught stealing from the lockers.

5 Con i mezzi di trasporto si usa **to get** o **to take**:

Prendiamo il volo delle otto. We're getting the eight o'clock flight. | *Per andare a scuola prendo l'autobus.* I take the bus to school.

6 Con cibo e bevande si usa **to have**:

Cosa prendi da bere? What are you having to drink? | *Io prendo una pizza e una birra.* I'll have a pizza and a beer.

7 Con le malattie si usa **to catch**:

Mi sono preso un raffreddore. I've caught a cold.

8 Nel senso di farsi pagare si traduce **to charge**:

Quanto ti hanno preso per la riparazione? How much did they charge you for the repair?

9 ESPRESSIONI

prendersela to get offended: *Scherzavo, non te la prendere!* I was only joking. Don't get offended! | **cosa ti prende?** what's come over you?

P

preparato contro il mal di stomaco a **remedy for** stomachache

preparazione *s* **1** (realizzazione) (di cibo) preparation, (di film, album) making: *È un piatto che non richiede una lunga preparazione.* It's a dish that doesn't require much preparation. | **essere in preparazione** to be under construction: *Il loro sito Internet è ancora in preparazione.* Their website is still under construction. | *Non vuole parlare del suo film in preparazione.* He doesn't want to talk about the film he's currently making. **2** (di studente) anche se esiste il sostantivo **preparation**, si usa più spesso l'aggettivo **prepared**: *Senza una buona preparazione non puoi passare gli scritti.* If you're not well prepared, you won't pass the written exams. | *Gli studenti di questa scuola hanno un'ottima preparazione.* The students at this school are very well prepared.

preposizione *s* preposition

prepotente *agg* (persona) overbearing

presa *s* **1 lasciare la presa** to let go: *Resisti, non lasciare la presa!* Keep it up, don't let go! **2** (elettrica, del telefono) socket **3 la presa della Bastiglia** the storming of the Bastille | **una presa di posizione** a stance | **una presa in giro** a joke: *Non può essere vero: è una presa in giro!* It can't be true – surely it's a joke! **4 alle prese con qc** struggling with sth: *Siamo alle prese con un serio problema.* We're struggling with a serious problem. **5** (nelle arti marziali) hold: *Ti insegno una presa di judo.* I'll teach you a judo hold. **6 far presa a)** (cemento) to set **b)** (colla) to dry: *La colla dovrebbe far presa in cinque minuti.* The glue should dry in five minutes. | **una colla a presa rapida** a quick-drying glue **7** (da cucina) pot holder

presagio *s* omen

presbite *agg* long-sighted

prescrivere *v* to prescribe: *Il medico mi ha prescritto una cura di antibiotici.* The doctor prescribed a course of antibiotics for me.

presentare *v* **1 presentare qn a qn** to introduce sb to sb: *Carina la tua amica, me la presenti?* Your friend's pretty, will you introduce me to her? | *Ti presento il mio amico Luca.* This is my friend Luca. **2** (documento) to present: *Devi presentare passaporto e carta d'imbarco.* You have to present your passport and boarding card. **3 presentare l'iscrizione** to enrol: *Devi presentare l'iscrizione entro il 31 marzo.* You have to enrol by the 31st March. | **presentare una relazione** to give a talk, to present a paper [formale]: *Domani devo presentare la mia relazione sugli Etruschi.* I have to give a talk on the Etruscans tomorrow. **4** (programma) to present: *Chi presenta quest'anno il Festival di Sanremo?* Who's presenting the Sanremo Festival this year? **5** (nuovo prodotto) to present: *Armani ha appena presentato la collezione autunno-inverno.* Armani has just presented his autumn-winter collection. **6** (possedere) to have: *Il programma di quest'anno presenta varie novità.* This year's programme has several new features.

presentatore, -trice *s* presenter

presentazione *s* **1** (di nuovo prodotto) presentation **2** (di domanda, iscrizione) submission **3 fare le presentazioni** to do the introductions: *Fai pure tu le presentazioni.* I'll leave you to do the introductions. | *Non ci conosciamo: facciamo le presentazioni?* We don't know one another so let's introduce ourselves.

presente *aggettivo e sostantivo*

• *agg* **1 essere presente** to be present: *Tutti gli alunni sono presenti.* All the pupils are present. **2** (in grammatica) present **3 aver presente qn/qc** to remember sb/sth: *Hai presente il negozio di dischi in via Roma?* Do you remember the record shop in via Roma? | **tener presente qc** to remember sth: *Tieni presente che domani i negozi sono chiusi.* Remember that the shops are closed tomorrow. | **far presente qc a qn** to remind sb about sth: *Ci ha fatto presente il costo del viaggio.* He reminded us about the cost of the trip. | *Ti faccio presente che mi devi ancora dei soldi.* I'm just reminding you that you still owe me money.

• *s* **1** (in grammatica) present (tense) **2** (epoca) present **3 i presenti** all those present: *Tutti i presenti possono confermare che io non c'ero.* All those present can confirm that I wasn't there. | *Non mi riferisco a nessuno dei presenti.* I'm **not** referring to **anyone here**.

presentimento *s* feeling: *Ho un brutto presentimento.* I have a bad feeling.

presenza *s* presence | **in presenza di** in the presence of: *Lo ha detto in presenza di testimoni.* He said it in the presence of witnesses. | **in mia/tua ecc. presenza** in my/your etc presence: *Non nominarla in mia presenza!* Don't mention her name in my presence!

presepe, anche **presepio** *s* crib

preservativo *s* condom ▶ vedi nota FALSE FRIEND sotto **preservative**

preside *s* head (teacher)

presidente *s* (uomo) chairman (pl chairmen), (donna) chairwoman (pl chairwomen) | **il presidente della Repubblica** the president of Italy

presidenza *s* **1** (ufficio) head's office **2** (carica) presidency

preso, -a *agg* (occupato) busy: *In questo periodo sono molto preso.* I'm very busy at the moment.

pressappoco *avv* roughly

pressione *s* **1** (insistenza) pressure: *I miei fanno pressione perché studi.* My parents **put pressure on** me to study. | **essere sotto pressione** to be under pressure: *Con l'avvicinarsi degli esami siamo tutti sotto pressione.* With the exams getting nearer, we're all under pressure. **2** (spinta) push (pl pushes): *Per aprirlo, è sufficiente una leggera pressione.* A gentle push is enough to open it. **3 pressione (del sangue)** blood pressure: *Il medico mi ha misurato la pressione.* The doctor took my blood pressure. **4 pressione (atmosferica)** (air) pressure ▶ vedi anche **pentola**

presso *prep* **1** (ospitato da) with: *Ho passato un mese presso una famiglia inglese.* I spent a month with an English family. **2** (nelle lettere) care of: *Puoi mandarmi il pacco presso mia nonna.* You can send the parcel to me care of my grandmother. **3** (vicino a) near: *l'osservatorio di Greenwich presso Londra* the Greenwich observatory near London **4** (in) non c'è in inglese una preposizione corrispondente, ma si usano espressioni diverse a seconda del contesto: *I biglietti sono già disponibili presso tutti i punti vendita.* The tickets are already available at all sales points. | *Mio padre è tecnico presso una ditta di elettronica.* My father is a technician in an electronics firm. | *La riunione si terrà presso i locali della scuola.* The meeting will be held on the school premises. **5 presso la gente del posto/i giovani** among local people/young people **6 nei pressi di** near: *un paesino nei pressi di Palermo* a small village near Palermo

prestare *v* **1 prestare qc a qn** to lend sb sth: *Mi presti dieci euro?* Will you lend me ten euros? | *Hai una biro da prestarmi?* Have you got a pen you can lend me? **2 prestare attenzione a qc** to pay attention to sth: *Prestate attenzione a quello che dico.* Pay attention to what I'm saying.

prestarsi *v rifl* **1** (offrirsi) to offer: *Si è prestato a darci una mano.* He offered to lend us a hand. **2** (essere adatto) to lend itself: *È un racconto che si presta bene ad essere trasformato in un film.* The short story lends itself quite well to being made into a film.

prestazione *s* **1** (di atleta, artista) performance **2** (di macchina) performance [mai plurale]: *Il motore ha ottime prestazioni sopra i 150 km/h.* The engine gives high performance over 150 km/h. **3** (di servizi) service

prestigiatore, -trice *s* conjurer

prestigio *s* (autorità) invece del sostantivo si usa di solito l'aggettivo **prestigious**: *Ricopre un ruolo di grande prestigio.* He has a very prestigious role. | *alcune compagnie aeree di prestigio, come la British Airways* some prestigious airlines, such as British Airways ▶ vedi anche **gioco**

prestito *s* **1 prendere qc in prestito** to borrow sth: *Ho preso un libro in prestito in biblioteca.* I borrowed a book from the library. | *Posso prendere in prestito la tua calcolatrice?* Can I borrow your calculator? | **dare qc in prestito** to lend sth: *Se vuoi, ti posso dare questa cassetta in prestito.* I can lend you that tape if you like. **2** (somma) loan

presto *avv* **1** (entro breve) soon: *Torno presto.* I'll be back soon. | **a presto!** see you soon! | **al più presto** at the earliest: *tra due giorni al più presto* in two days at the earliest **2 far presto** to be quick: *Cerca di far presto.* Try and be quick. | **presto!** quick!: *Presto, siamo già in ritardo!* Quick, we're already late! **3** (prima) early: *Domani ci alziamo presto.* We'll get up early tomorrow.

presumere *v* to presume: *Presumo che tu abbia ragione.* I presume you're right. | **presumo di sì/no** I presume so/not

presuntuoso, -a *aggettivo e sostantivo*

- *agg* conceited
- *s* non esiste il sostantivo, ma solo l'aggettivo **conceited**: *Sei un presuntuoso: pensi di fare tutto meglio degli altri.* You're conceited. You think you do everything better than other people.

prete *s* priest

pretendere *v* **1** (volere) to expect: *Pretendo una spiegazione!* I expect an explanation! | **pretendere che qn faccia qc** to expect sb to do sth: *Non può pretendere che io sia sempre a sua disposizione.* He can't expect me to be at his disposal all the time. **2** (pensare) to think: *Pretende di essere più furbo degli altri.* He thinks he's smarter than other people. **3** (in frasi negative) to pretend: *Non ho mai preteso di essere un esperto di computer.* I never pretended to be an expert in computers. | *Non pretendo certo di essere perfetta.* I certainly don't pretend to be perfect.

pretesa *s* **1** (richiesta) expectation: *Le sue pretese mi sembrano un po' eccessive.* I think her expectations are a bit too high. | **senza pretese** unpretentious: *È un film senza pretese, ma divertente.* It's an unpretentious though very enjoyable film. **2 avere la pretesa di fare qc** to claim to do sth: *Non ho la pretesa di aver sempre ragione.* I'm not claiming that I'm always right.

P

pretesto *s* excuse: *I compiti sono solo un pretesto: il fatto è che non ha voglia di venire.* Homework is just an excuse. The fact is that he doesn't want to come.

prevalente *agg* prevalent

prevedere *v* **1** (tempo) to forecast: *Hanno previsto brutto tempo per tutto il fine settimana.* They've forecast bad weather for the whole weekend. **2** (intuire) to foresee: *Prevedo seri problemi!* I can foresee major problems! | **prevedere che/di** to think (that): *Cosa prevedi di fare per il tuo compleanno?* What do you think you'll do for your birthday? | *Non avevo previsto che i miei rientrassero così presto.* I didn't think that my parents would come home so early.

prevedibile *agg* predictable

prevendita *s* (di biglietti) advance sales [raramente al singolare]

prevenire *v* **1** (evitare) to prevent: *una cura di vitamine per prevenire l'influenza* a course of vitamins to prevent flu **2** **prevenire qn** (anticipare) to beat sb to it: *Stavo per dirlo io, ma mi hai prevenuta.* I was about to say that, but you beat me to it.

preventivo *s* estimate

prevenuto, -a *agg* **essere prevenuto contro qn/qc** to be prejudiced against sb/sth: *Mi dà sempre torto perché è prevenuto contro di me.* He always blames me because he's prejudiced against me.

prevenzione *s* prevention

previsione *s* prediction: *Non faccio previsioni perché non voglio rimanere deluso.* I won't make any predictions because I don't want to be disappointed. | **le previsioni del tempo** the weather forecast [sempre singolare]

P

prezioso, -a *agg* precious: *una pietra preziosa* a precious stone

prezzemolo *s* parsley

prezzo *s* price: *Ho preso la cioccolata in offerta: due tavolette al prezzo di una.* I got some chocolate on special offer – two bars **for the price of** one. | **a buon prezzo** cheap

prigione *s* prison

prigioniero, -a *aggettivo e sostantivo*

- *agg* **fare prigioniero qn** to take sb prisoner: *Mio nonno è stato fatto prigioniero durante la guerra.* My grandfather was taken prisoner during the war. | **tenere prigioniero qn** to keep sb prisoner: *I rapitori lo hanno tenuto prigioniero per mesi.* The kidnappers kept him prisoner for months.
- *s* prisoner

prima *avv* **1** (in precedenza) before: *Non ci siamo mai visti prima.* We've never met before. **2** (più presto) early: *Ci dovevamo incontrare alle cinque ma sono arrivato prima.* We had arranged to meet at five but I was early. | *Chi arriva prima, prende i posti per tutti.* Whoever gets there first should get seats for everyone. | **prima o poi** sooner or later **3** (in un percorso) before: *Ad un certo punto c'è un semaforo: devi girare subito prima.* At one point there's a set of traffic lights. You have to turn immediately before them. **4** (per prima cosa) first: *La tua salute viene prima.* Your health comes first. | **prima di tutto** first of all: *Prima di tutto, guardiamo gli orari del treno.* First of all, let's look at the train times. **5** **prima di a)** (nel tempo) before: *Pensaci bene prima di decidere.* Think it over well before deciding. **b)** (nello spazio) before: *Gira a destra prima del distributore.* Turn right before the garage. | *Abito un po' prima della piazza.* My house is just before you get to the square.

primato *s* record

primavera *s* spring

primitivo, -a *agg* primitive

primo, -a *aggettivo, pronome e sostantivo*

- *agg* **1** (in sequenza) first: *È la prima volta che mi succede una cosa simile.* It's the first time something like this has happened to me. **2** (per importanza) first: *Il nostro primo dovere è aiutarla.* Our first duty is to help her. | *Il prim'attore della compagnia non è necessariamente il più bravo.* The principal actor in the company isn't necessarily the best. | **in primo luogo** for a start: *In primo luogo, non sono stato io.* For a start, it wasn't me. ▶ vedi anche **classe** **3** **nel primo pomeriggio** in the early afternoon | **il primo Novecento** the early twentieth century
- *pron* first
- *s* **1** (in sequenza) first: *Non sei la prima a dirmi che assomiglio a mia sorella.* You're not the first to say I look like my sister. **2** **il primo della classe** top of the class | **il primo in classifica** top of the list **3** (piatto) first course: *Cosa prendi di primo?* What are you having **for your first course**? ▶ vedi Active Box **numeri** sotto **numero**

> In Gran Bretagna si fa distinzione tra primo piatto e secondo piatto soltanto al ristorante. A casa si mangia in genere un piatto unico, che consiste in una combinazione di primo, secondo e contorno nello stesso piatto.

primula *s* primula

principale *aggettivo e sostantivo*

- *agg* main: *A parte lo studio, la mia attività principale è il nuoto.* Apart from studying, my main activity is swimming.
- *s* (nel lavoro) boss (pl bosses)

principe *s* prince | **il principe azzurro** Prince Charming

principessa *s* princess (pl princesses)

principiante *s* beginner

principio *s* **1** (inizio) beginning: *Ho ascoltato tutto dal principio alla fine.* I listened to everything from the beginning to the end. | *fin dal principio* from the beginning **2** (fondamento) basis (pl bases): *L'uguaglianza è il principio della democrazia.* The basis of democracy is equality. **3** (di scienza) law: *i principi della fisica* the laws of physics **4** (regola morale) principle: *È una questione di principio.* It's a matter of principle. | **per principio** on principle, as a matter of principle: *Sono contrario alla violenza per principio.* I'm against violence on principle.

priorità *s* priority (pl priorities): *Lo studio per i miei ha la priorità su tutto il resto.* As far as my parents are concerned, studying **takes priority over** everything else.

privare *v* **privare qn di qc** to deprive sb of sth: *L'infortunio di domenica ha privato la squadra del suo elemento migliore.* Sunday's injury has deprived the team of its best player.

privarsi *v rifl* **privarsi di qc** to go without sth: *Non riesco a privarmi dei dolci.* I can't go without sweets.

privato, -a *aggettivo* e *sostantivo*

• *agg* **1** (contrario di pubblico) private: *una scuola privata* a private school | *una tv privata* a private TV station **2** (riservato) private: *Chi ti ha autorizzato a leggere il mio diario? Sono cose private!* Who gave you permission to read my diary? It's private! | **in privato** in private: *Posso parlarti un attimo in privato?* Can I speak to you a minute in private?

• *s* (cittadino) private individual

privilegiato, -a *aggettivo* e *sostantivo*

• *agg* (rapporto, luogo) favoured, (mezzo) preferred, (trattamento) preferential: *La Grecia è uno dei luoghi privilegiati per le vacanze.* Greece is one of the favoured holiday destinations.

• *s* non esiste il sostantivo, ma solo l'aggettivo **privileged**: *Solo pochi privilegiati sono riusciti ad avere i biglietti per il concerto.* Only a privileged few managed to get tickets for the concert.

privilegio *s* privilege

privo, -a *agg* **privo di qc a)** (iniziativa, scrupoli) lacking in sth: *Mario è un ragazzo privo di ogni iniziativa.* Mario is someone entirely lacking in initiative. **b)** (interesse, significato) devoid of sth: *un discorso privo di interesse* a speech devoid of any interest

pro *sostantivo* e *preposizione*

• *s* **a che pro?** what's the use?: *A che pro raccontarle tutto?* What's the use of telling her everything? | **i pro e i contro** the pros and cons

• *prep* for: *Voi siete pro o contro la gita?* Are you for or against the trip?

probabile *agg* likely: *È probabile che sia già uscito.* It's likely that he's already left. | *– Pensi di riuscire a venire? – Non lo so, è molto probabile.* "Do you think you'll be able to come?" "I don't know, it's quite likely." | *Non mi sembra molto probabile che tu abbia ragione.* I don't think it's very likely that you're right. | **poco probabile** unlikely: *Vista l'ora, è poco probabile che arriveremo in tempo.* Considering what time it is now, we're unlikely to get there on time.

probabilità *s* chance: *Ci sono buone probabilità di vincere la partita.* There's **a good chance of** winning the match. | **con molta probabilità** very probably: *Con molta probabilità, ci fermeremo a mangiare per strada.* We'll very probably stop and eat on the way.

probabilmente *avv* probably

problema *s* **1** (questione difficile) problem: *Cerchiamo di risolvere un problema alla volta.* Let's try and solve one problem at a time. | **non c'è problema** there's no problem: *Non c'è problema: me la cavo da solo.* There's no problem – I can manage on my own. **2** (esercizio) problem: *Non mi viene il problema di matematica.* I can't do this maths problem.

proboscide *s* trunk

procedere *v* **1** (affari, attività) to proceed: *Sta procedendo tutto come previsto.* Everything is proceeding as planned. **2** (spostarsi) to move: *Le macchine procedono ai 30 all'ora per il traffico.* The cars are moving at 30 km per hour because of the traffic.

procedimento *s* procedure

procedura *s* procedure

processare *v* (in tribunale) to try: *È stato processato per omicidio.* He's been tried for murder.

processo *s* **1** (serie di fenomeni) process (pl processes) **2** (metodo) process (pl processes) **3** (in tribunale) trial

prodigio *s* **1** (fatto straordinario) miracle **2 un prodigio della tecnologia** a technological miracle | **un prodigio dell'ingegneria** a miracle of engineering

prodotto *s* **1** (articolo) product: *prodotti di bellezza* beauty products **2** (risultato) result: *La nostra musica è il prodotto di una mescolanza di stili.* Our music is the result of mixing different styles. | **un prodotto della fantasia** a product of the imagination **3** (in matematica) product

P

produrre *v* **1** (ortaggi, energia) to produce **2** (fabbricare) to produce **3** (film, disco) to produce **4** (causare) to cause: *L'alluvione ha prodotto danni ingenti in tutto il paese.* The flood caused enormous damage throughout the country.

produttore, -trice *s* **1** (paese) producer **2** (azienda) manufacturer **3** (di film, disco) producer

produzione *s* **1** (agricola) production **2** (industriale) production **3** (di film, disco) production

prof. (= **professore, professoressa**) Prof [all'università]

professionale *agg* **1** (di lavoro) si usa il sostantivo **work** in funzione di aggettivo: *Ricordati di mettere nel curriculum le esperienze professionali.* Remember to put your work experience on your CV. **2** (serio, capace) professional: *Mi è sembrato un tipo molto professionale.* I thought he was very professional. ► vedi anche **istituto**

professione *s* profession | **di professione** by profession: *Carlo fa il dentista di professione.* Carlo is a dentist by profession. | **un pettegolo/un truffatore di professione** a notorious gossip/swindler

professionista *aggettivo* e *sostantivo*

- *agg* professional: *atleti professionisti* professional athletes
- *s* **1** (esperto) expert **2** **essere un libero professionista** to be self-employed: *La maggior parte degli avvocati sono liberi professionisti.* Most lawyers are self-employed.

professore, -essa *s* **1** (a scuola) teacher: *la professoressa di inglese* the English teacher **2** (ordinario all'università) professor **3** (medico) professor

profeta *s* prophet

profilo *s* **1** (di viso) profile | **di profilo a)** (foto) in profile: *La foto la rappresenta di profilo.* The photograph shows her in profile. **b)** (di fianco) from the side: *La casa vista di profilo sembra molto più piccola.* Viewed from the side, the house seems a lot smaller. **2** (contorno) outline: *Ritaglia le figure seguendo il profilo.* Cut the figure out by following the outline. **3** (di città) skyline: *il profilo dei grattacieli di New York* the New York skyline **4** (di costa) coastline **5** (caratteristiche) profile: *un profilo psicologico dell'assassino* a psychological profile of the murderer | **sotto il profilo storico/culturale** historically/culturally **6** (breve descrizione) sketch (pl sketches)

profitto *s* **1** (a scuola) progress: *Il tuo profitto quest'anno lascia un po' a desiderare.* Your progress this year leaves something to be desired. **2** (guadagno) profit **3** **trarre profitto da qc** to gain from sth: *Speriamo che tu sappia trarre profitto da questa esperienza.* We hope that you will be able to gain from this experience.

profondità *s* depth | **due/tre metri di profondità** two/three metres deep

profondo, -a *agg* **1** (mare, buca) deep: *Qui l'acqua è profonda dieci metri.* The water is **ten metres deep** here. **2** (mobile) deep: *Quanto sono profondi i cassetti della scrivania?* How deep are the drawers in the writing desk? **3** (emozione, dolore) intense: *un odio profondo* intense hatred **4** (affetto, amore) great: *È stata una profonda delusione.* It was a great disappointment.

profugo, -a *s* refugee

profumare *v* **1** **profumare qc** (lenzuola, stanza) to make sth smell nice: *Tengo un sacchettino di lavanda nel cassetto per profumare la biancheria.* I keep a sachet of lavender in the drawer to make the linen smell nice. **2** (mandare profumo) to smell: *Hai i capelli che profumano di mela.* Your hair smells of apple. | *Le lenzuola profumano di pulito.* The sheets smell fresh.

profumarsi *v rifl* **1** (donna) to put perfume on **2** (uomo) to put aftershave on: *Come mai ti sei tutto profumato? Con chi esci?* Why have you put aftershave on? Who are you going out with?

profumato, -a *agg* **1** (fiore) fragrant **2** (biancheria) fresh-smelling **3** (sapone, salvietta) scented

profumeria *s* perfume shop

profumo *s* **1** (buon odore) smell: *Che profumo: cosa stai cucinando?* What a nice smell. What are you making? **2** (essenza) perfume: *Che profumo usi?* What perfume do you wear?

progettare *v* **1** (edificio, macchina) to design **2** **progettare di fare qc** to plan to do sth: *Stiamo progettando di andare in vacanza insieme.* We're planning to go on holiday together.

progetto *s* **1** (programma) plan: *Hai dei progetti per stasera?* Have you got any plans for tonight? **2** (di edificio, macchina) design **3** **progetto di legge** bill

programma *s* **1** (progetto) plan: *Quali sono i tuoi programmi per domani?* What are your plans for tomorrow? | **avere in programma qc** to be planning sth: *Ho in programma un viaggio negli Stati Uniti.* I'm planning a trip to the United States. **2** (di computer) program **3** (a scuola) syllabus (pl syllabuses): *Devo ripassare tutto il programma di storia per l'interrogazione.* I have to revise the entire history syllabus for the test. | **programma d'esame** exam syllabus **4** (alla tv) programme (BrE), program (AmE) **5** (di spettacolo) programme (BrE), program (AmE) **6** (di viaggio, gita) itinerary (pl itineraries)

Vuoi una lista di frasi utili per parlare di te stesso? Consulta la **guida alla comunicazione** in fondo al libro.

programmare *v* **1** (pianificare) to plan: *Abbiamo già programmato tutto noi per la festa.* We've got everything planned already for the party. **2** (apparecchio) to set: *Su che ora hai programmato la radiosveglia?* What time have you set the radio alarm for?

programmatore, -trice *s* (informatico) programmer

progressivo, -a *agg* steady

progresso *s* **1** (miglioramento) progress [mai plurale]: *La squadra ha dimostrato di essere in netto progresso.* The team showed that they are making clear progress. | **fare progressi** to improve: *Hai fatto progressi in matematica.* You've improved in maths. **2** (nella conoscenza) progress [mai plurale]: *i progressi della tecnologia* technological progress | **il progresso** progress

proibire *v* to ban (banned, banning): *Hanno proibito la vendita di questo medicinale.* Sales of this drug have been banned. | *È proibito fumare.* No smoking. | **proibire a qn di fare qc** to stop sb doing sth: *I miei mi hanno proibito di uscire.* My parents stopped me going out. | *Se vuoi venire anche tu, nessuno te lo proibisce.* If you want to come too, there's no-one stopping you.

proiettare *v* **1** (film, diapositive) to show **2** (scagliare) to hurl: *L'urto ha proiettato i passeggeri fuori dall'auto.* The passengers were hurled out of the car by the impact.

proiettile *s* bullet

proiettore *s* **1** (per film, diapositive) projector **2** (allo stadio) floodlight **3** (a teatro) spotlight

prolunga *s* extension lead

prolungare *v* **1** (nel tempo) to extend: *Abbiamo deciso di prolungare la vacanza di una settimana.* We decided to extend our holiday by a week. **2** (nello spazio) to extend: *Sono iniziati i lavori per prolungare la tangenziale.* Work to extend the ringroad has begun.

prolungarsi *v rifl* to go on: *La festa si è prolungata fino alle tre.* The party went on till three.

promemoria *s* **1** (ad altri) memo **2** (a se stessi) note: *Mi sono fatto un promemoria per non dimenticarmi di telefonare.* I've made a note so I don't forget to ring.

promessa *s* **1** (impegno) promise **2** (artista, atleta) invece del sostantivo si usa di solito l'aggettivo **promising**: *una promessa del calcio* a promising footballer

promettere *v* **1** (impegnarsi) to promise: *Ti prometto di fare il possibile.* I promise I'll do the best I can. | *Ti chiamo domani, te lo prometto.* I'll call tomorrow, I promise. | *Cercherò di venire, ma non ti prometto niente.* I'll try to come, but I'm not promising anything. **2** **promettere bene** to look promising | **non promettere niente di buono** to not look promising: *Credo che questi nuvoloni non promettano niente di buono.* These dark clouds don't look very promising to me.

promozione *s* **1** (a scuola) non c'è in inglese un sostantivo corrispondente, ma si usano espressioni diverse a seconda del contesto: *Non ho dei gran voti, ma almeno ho avuto la promozione.* My marks aren't great, but at least I've passed. | *Se non rimedi in un paio di materie, ti giochi la promozione.* If you don't improve in a couple of subjects, you may have to repeat the year. **2** (nel lavoro) promotion

> Nel sistema scolastico inglese non esiste il concetto di promozione o di bocciatura; quindi, anche nel caso di un profitto insufficiente, gli scolari di solito non devono ripetere l'anno.

promuovere *v* **1** (a scuola) è un concetto italiano, quindi non ha traduzione; per spiegare cos'è puoi dire **to move up into the next year**: *Sono stato promosso in terza.* I've moved up into the third year. **2** (film, prodotto) to promote: *Hanno speso grosse cifre per promuovere il film.* They spent a fortune promoting the film. **3** (iniziativa, idea) to promote: *Domenica il traffico sarà vietato in centro per promuovere la campagna contro l'inquinamento.* Traffic will be banned from the city centre on Sunday to promote the anti-pollution campaign. **4** (impiegato) to promote: *Spera di farsi promuovere arruffianandosi il capo.* She's sucking up to the boss in the hope of being promoted.

P

pronome *s* pronoun

pronto, -a *agg* **1** (preparato) ready: *Sono pronta tra un attimo.* I'll be ready in a minute. | *La cena è pronta!* Dinner's ready! | *Quando sei pronto a partire possiamo andare.* When you're ready, we can go. **2** **essere pronto a fare qc** (disposto) to be willing to do sth: *Sono pronto a scommeterci.* I'm willing to bet on it. **3** **pronto?** (al telefono) hello?: *– Pronto? – Sono Emilio.* "Hello?" "It's Emilio." ► vedi anche **soccorso**

pronuncia *s* pronunciation

pronunciare *v* **1** (parola) to pronounce: *Come si pronuncia questa parola?* How do you pronounce this word? **2** (dire) to say: *Non hai pronunciato una parola tutta la sera.* You didn't say a word all evening. **3** **pronunciare una sentenza** to pass sentence

propaganda *s* **1** (pubblicità) campaign: *L'hanno rovinato con una cattiva propaganda.* He was brought down by a hate campaign. | **propaganda elettorale** campaigning **2** (diffusione di idee) propaganda

propagare *v* **1** (notizia) to report: *Non si sa chi abbia propagato la notizia.* No-one knows who reported the news. **2** (idea) to spread: *Lo hanno accusato di propagare idee sovversive.* They accused him of spreading subversive ideas.

propagarsi *v rifl* to spread: *L'incendio si è propagato rapidamente alle case vicine.* The fire quickly spread to neighbouring houses.

propenso, -a *agg* **essere propenso a fare qc** to be inclined to do sth: *Non sono molto propenso a crederle.* I'm not really inclined to believe her. | *Sarei più propensa a partire di mattina presto.* I'd be more inclined to set off early in the morning.

proporre *v* **1** (suggerire) to suggest: *Cosa proponete di fare?* What do you **suggest we do**? | *Propongo di rimandare la discussione a domani.* I **suggest we postpone** the discussion until tomorrow. **2** (soluzione) to propose: *Ti propongo di fare un patto.* I've got a deal to propose to you. **3** (opzione, gioco) to suggest: *Vorrei proporre un'alternativa.* I'd like to suggest an alternative. **4** **proporsi di fare qc** to intend to do sth: *Per questa volta mi sono proposto di non arrabbiarmi.* This time I don't intend to get angry.

proporsi *v rifl* (dichiararsi disposto) to volunteer: *Cercavano una persona per vendere i biglietti e io mi sono proposta.* They were looking for someone to sell tickets so I volunteered.

proporzionato, -a *agg* **1** **essere proporzionato a qc** to correspond to sth: *Il suo peso è proporzionato all'altezza.* His weight corresponds to his height. | *Voglio un compenso che sia proporzionato alle mie capacità.* I want my pay to correspond to my skills. **2** **essere ben proporzionato** to be well-proportioned

proporzione *s* **1** (rapporto) proportion: *Devi aggiungere farina e acqua nella giusta proporzione.* You have to add flour and water in the right proportions. | **in proporzione**: *Abbiamo camminato più di ieri, ma in proporzione ci siamo stancati di meno.* We walked more than yesterday, but we didn't tire ourselves out to the same extent. | *In proporzione i rischi sono più alti per i fumatori.* The risks are proportionately higher for smokers. | **in proporzione a** in proportion to: *Ognuno di voi sarà risarcito in proporzione al danno subito.* Each of you will be compensated in proportion to the amount of damage incurred. | *Questa pizzeria costa poco in proporzione a quello che mangi.* This pizzeria is good value for money. | **in una proporzione di 1 a 5** by a ratio of 1 to 5 **2** **di grandi/piccole proporzioni** large/small: *una videocamera di piccole proporzioni* a small camcorder

proposito *s* **1** (intenzione) intention | **di proposito** on purpose: *Scusa, non l'ho fatto di proposito.* Sorry, I didn't do it on purpose. **2** **a proposito!** by the way!: *A proposito, che fine a fatto il mio CD?* By the way, what happened to that CD of mine? | **a proposito di** about: *Non ha più detto niente a proposito della festa.* He didn't say anything more about the party. | *A proposito di Luca, ti sei ricordato di telefonargli?* Talking of Luca, did you remember to ring him? | **in proposito** on the subject: *Non ho niente da dire in proposito.* I have nothing to say on the subject. | *Qual è la tua opinione in proposito?* What's your opinion of this?

proposizione *s* clause

proposta *s* **1** (suggerimento) suggestion: *Qualcuno ha delle proposte da fare?* Has anybody got any suggestions? **2** (offerta) offer: *Mio padre ha ricevuto una proposta di lavoro.* My father has had a job offer. | **proposta di matrimonio** marriage proposal

proprietà *s* **1** (possesso) property: *Questi libri sono di proprietà della scuola.* These books are the property of the school. **2** (caratteristica) property (pl properties): *Molte erbe hanno proprietà medicinali.* A lot of herbs have medicinal properties. **3** (bene) property (pl properties): *La sua famiglia ha delle proprietà in Sicilia.* Her family owns a number of properties in Sicily. | **proprietà privata** private property **4** (di linguaggio) *Carlo si esprime con molta proprietà.* Carlo speaks very well.

proprietario, -a *s* **1** (di casa) **proprietario** landlord | **proprietaria** landlady (pl landladies) **2** (di negozio, auto) owner

proprio, -a *avverbio, aggettivo e sostantivo*

• **proprio** *avv* **1** (veramente) really: *Il film mi è proprio piaciuto.* I really liked the film. | *Ne sei proprio sicura?* Are you really sure about it? | *Non ne ho proprio idea.* I have no idea at all. **2** (per enfatizzare) non c'è in inglese un avverbio corrispondente, ma si usano espressioni diverse a seconda del contesto: *Non abito proprio nella stessa via, ma molto vicino.* I don't live in the same street exactly, but very close. | *Sono arrivato proprio adesso.* I've only just got here. | *Il cinema è proprio davanti alla stazione.* The cinema is right opposite the station.

• *agg* **1** (possessivo) own: *Ognuno pensi ai fatti propri.* Mind your own business. | *Non è facile accettare i propri difetti.* It's not easy to accept your own limitations. **2** **essere proprio di qn/qc** (tipico) to be typical of sb/sth: *Il sapore del rosmarino è proprio della cucina mediterranea.* The taste of rosemary is typical of Mediterranean cooking. **3** **vero e proprio** real: *Questa è una vera e propria truffa!* This is a real swindle!

• **proprio** *s* **lavorare in proprio** to be self-employed: *Mio padre lavora in proprio.* My Dad is self-employed. | **mettersi in proprio** to set up on your own ▶ vedi anche **nome**

proroga *s* extension

prosa *s* **1** **in prosa** in prose: *Il brano è scritto in prosa, non in versi.* The excerpt is written in prose not verse. | *un testo in prosa* a prose text **2** **stagione/attore di prosa** theatre season/actor

prosciutto *s* ham: *un panino al prosciutto* a ham roll | **prosciutto cotto/crudo** boiled/cured ham

proseguire *v* **1** (studi, lavoro) to continue: *Non so se proseguire gli studi.* I don't know whether to continue my studies or not. **2** (andare avanti) to go on: *Non possiamo proseguire con questa nebbia.* We can't go on with this fog.

prospettiva *s* **1** (possibilità) prospect: *Fare un viaggio a Londra è una prospettiva allettante.* A trip to London is an attractive prospect. **2** (in disegno) perspective

prospetto *s* **1** (tabella) table **2** **di prospetto** from the front: *una casa vista di prospetto* a house viewed from the front | *una foto di prospetto* a full-face photo

prossimità *s* **in prossimità di a)** (nello spazio) near: *in prossimità del parco* near the park **b)** (nel tempo) close to: *in prossimità delle feste natalizie* close to Christmas

prossimo, -a *aggettivo e sostantivo*

• *agg* **1** (successivo) next: *Scendo alla prossima fermata.* I'm getting off at the next stop. | *Prenderemo il prossimo aereo.* We'll take the next plane. | *Sarà per la prossima volta.* We'll do it another time. | **sabato/l'anno prossimo** next Saturday/year **2** **nel futuro prossimo** in the near future

• **prossimo** *s* **il prossimo** others [sempre plurale]: *È sempre pronto ad aiutare il prossimo.* He's always willing to help others.

prostituta *s* prostitute

protagonista *s* main character

proteggere *v* **1** (riparare) to protect: *Proteggi la pelle con una crema solare.* Protect your skin with a sun cream. **2** (difendere) to defend: *Non proteggerlo quando lo sgrido.* Don't defend him when I'm telling him off.

proteggersi *v rifl* to protect yourself | **proteggersi dal freddo/dal vento** to wrap up well against the cold/the wind | **proteggersi dalla pioggia** to stay dry

proteina *s* protein

protesta *s* protest | **per protesta** as a protest: *Per protesta nessuno della mia classe è andato a scuola oggi.* Nobody in my class went to school today as a protest.

protestante *agg e s* Protestant

protestare *v* to protest

protettivo, -a *agg* protective: *Mia madre è molto protettiva con me e mio fratello.* My mother is very **protective of** my brother and me.

protezione *s* protection

protocollo *s* **1** (accordo) agreement **2** (norme) protocol ▶ vedi anche **foglio**

prototipo *s* **1** (modello) prototype **2** (esempio tipico) non esiste il sostantivo, ma solo l'aggettivo **typical**: *Mia madre è il prototipo della donna in carriera.* My mother is a typical career woman.

prova *s* **1** (breve esperimento) trial: *Il negozio mi ha dato il computer per una settimana in prova.* I got the computer from the shop on a week's trial. | **a prova di bomba a)** (indistruttibile) bombproof: *una cassaforte a prova di bomba* a bombproof safe **b)** (alibi, amicizia) rock-solid: *La nostra amicizia è a prova di bomba.* Our friendship is rock solid. **2** (esame) exam: *Per essere ammessi a questa scuola bisogna superare una prova scritta e orale.* You have to pass a written and an oral entrance exam to get into this school. | **mettere alla prova qn/qc** to test sb/sth: *Prima di farti entrare nella squadra vogliono metterti alla prova.* They want to test you before letting you join the team. | *Ha voluto mettere alla prova la mia buona fede.* He wanted to test if I was genuine. **3** (gara) heat **4** (tentativo) attempt: *Alla terza prova andata male mi sono scoraggiata.* I lost heart when my third attempt failed. **5** (di spettacolo) rehearsal **6** (dimostrazione) proof: *Questa è la prova che non ne sapeva niente.* This is proof that he knew nothing about it. | **dar prova di qc** to show sth: *Ha dato prova di coraggio.* He showed courage. **7** (di reato) evidence [mai plurale]: *L'hanno assolto per mancanza di prove.* He was acquitted due to lack of evidence. | *So che è stata lei ma non ne ho le prove.* I know it was her, but I've got no proof.

provare *v* **1** (verificare) to try: *Non credo che la panetteria sia ancora aperta, ma puoi sempre provare.* I don't think the baker's is still open, but you can always try. | **provare a fare qc** to try to do sth: *Prova tu ad aprire.* You try to open it. | **provarci** to try: *Ci ho già provato.* I've already tried. **2** **provarsi dei pantaloni/delle scarpe** to try on some trousers/some shoes **3** (apparecchio) to try out: *Quando ho provato il nuovo frullatore, non funzionava.* When I tried out the new mixer, it didn't

P

work. **4** (dimostrare) to prove: *Non sono mai riusciti a provare la sua colpevolezza.* They've never managed to prove his guilt. **5** (sentire) to feel: *Gli ho detto che ormai non provo più niente per lui.* I told him I don't feel anything for him any more. | *Provo molto affetto per te.* I'm very fond of you.

proveniente *agg* from: *Il treno proveniente da Roma è in arrivo al binario tre.* The train from Rome is arriving at platform three.

provenire *v* to come

proverbio *s* proverb

provetta *s* test tube

provincia *s* **1** (unità amministrativa) province **2** **la provincia** the provinces [sempre plurale]: *Sono cresciuto in provincia.* I grew up **in the provinces**. | *la vita di provincia* provincial life

provino *s* **1** (di attore) screen test **2** (di foto) contact print

provocare *v* **1** (causare) to cause: *L'incidente è stato provocato dalla pioggia.* The accident was caused by the rain. **2** (sfidare) to provoke: *È stato lui a provocarmi.* He provoked me. **3** (stuzzicare) to wind up: *Fa così solo per provocarti.* He's only doing that to wind you up.

provvedere *v* **provvedere a qc** to take care of sth: *Provvedete voi alle bevande per la festa?* Will you take care of the drinks for the party? | **provvedere a fare qc** to think about doing sth: *Scommetto che nessuno ha provveduto ad avvertirli.* I bet nobody has thought about warning them.

provvedimento *s* measure | **provvedimento disciplinare** disciplinary measure

provvisorio, -a *agg* temporary

provviste *s pl* supplies: *Ci siamo portati dietro provviste per una settimana.* We brought enough supplies for a week.

prua *s* bow

prudente *agg* careful: *Sii prudente, mi raccomando!* Please be careful!

prudenza *s* caution | **con prudenza** (procedere, parlare) carefully: *Gigi guida con molta prudenza.* Gigi drives very carefully. | **per prudenza** just to be on the safe side: *Per prudenza portati l'ombrello.* Take an umbrella, just to be on the safe side.

prudere *v* to itch: *Mi prude la testa.* My head's itching.

prugna *s* plum | **prugna secca** prune

prurito *s* itch | **avere un prurito al piede** my/your etc foot is itchy: *Ho un prurito pazzesco alla gamba.* My leg is terribly itchy. | **dare prurito a qn** to make sb itch: *Questo maglione mi dà prurito.* This sweater makes me itch.

PS (= **post scriptum**) P.S.

psicanalista *s* psychoanalyst

psichiatra *s* psychiatrist

psicologia *s* **1** (disciplina) psychology **2** (modo di pensare) psychology: *È un libro sulla psicologia dei bambini.* It's a book on child psychology.

psicologico, -a *agg* psychological

psicologo, -a *s* psychologist

pubblicare *v* to publish

pubblicazione *s* **1** (atto) publication **2** (volume, rivista) publication **3** **pubblicazioni di matrimonio** (wedding) banns

pubblicità *s* **1** (di fatto, notizia) publicity: *Era una trovata per farsi pubblicità.* It was a gimmick to get publicity. | *È stata data troppa pubblicità alla cosa.* Too much publicity has been given to it. **2** (settore) advertising: *Suo padre lavora nella pubblicità.* His father works in advertising. **3** (spot, réclame) advert: *Gli telefono durante la pubblicità.* I'll call him during the adverts. | **fare la pubblicità di qc** to advertise sth: *Fa la pubblicità di una nota marca di occhiali.* He advertises a famous brand of sunglasses. | *Hanno fatto molta pubblicità al suo ultimo film.* His latest film was heavily advertised.

pubblicitario, -a *aggettivo e sostantivo*

- *agg* advertising
- *s* advertising agent

pubblico, -a *aggettivo e sostantivo*

- *agg* **1** (mezzo, telefono) public: *In questa zona i mezzi pubblici non sono molto efficienti.* Public transport in this area isn't very good. | *la scuola pubblica* state education **2** **rendere pubblico qc a)** (svelare) to reveal sth: *Il contenuto della lettera non è ancora stato reso pubblico.* The contents of the letter haven't been revealed yet. **b)** (annunciare) to announce sth: *Il nome del vincitore verrà reso pubblico domani.* The winner's name will be announced tomorrow. **c)** (pubblicare) to publish sth: *I giornali hanno reso pubblica la notizia.* The news was published in the papers.
- **pubblico** *s* **1** (a uno spettacolo) audience: *Il pubblico applaudiva.* The audience applauded. **2** (nello sport) spectators [plurale]: *Alla partita c'è stata grande affluenza di pubblico.* There was a huge number of spectators at the game. **3** (popolazione) public: *La villa non è aperta al pubblico.* The villa is not open to the public. | **in pubblico** in public: *È la prima volta che si fanno vedere in pubblico.* It's the first time they've been seen in public.

pubertà *s* puberty

pudore *s* (vergogna) shame | **senza pudore** shamelessly

pugilato *s* boxing

pugile *s* boxer

Si dice *I arrived in London* o *I arrived to London*? Vedi alla voce **arrive**.

Puglia *s* **la Puglia** Apulia

pugliese *agg e s* Apulian

pugnale *s* dagger

pugno *s* **1** (cazzotto) punch (pl punches) | **dare un pugno a qn** to give sb a punch: *Gli ha dato un pugno sul naso.* He gave him a punch on the nose. | **fare a pugni** to fight: *Quando è arrivata la professoressa, stavano facendo a pugni in classe.* They were fighting in class when the teacher arrived. | **prendere a pugni qn** to beat sb up: *È stato preso a pugni da un gruppo di tifosi.* He was beaten up by a group of fans. **2** (mano chiusa) fist: *Stringi il pugno, devo cercare una vena.* Tighten your fist. I need to find a vein. | **avere in pugno qc** to have sth within your grasp: *Ormai abbiamo in pugno il campionato.* We now have the championship within our grasp. | **avere in pugno qn** to have sb in the palm of your hand: *Sentiva di avere in pugno gli ascoltatori.* He felt he had his audience in the palm of his hand. | **di mio/suo ecc. pugno** in my/his etc own hand: *La lettera del preside è stata scritta di suo pugno.* The letter from the headmaster was written in his own hand. **3** (manciata) handful: *un pugno di sale* a handful of salt

pulce *s* flea | **mettere la pulce nell'orecchio a qn** to set sb thinking: *Mi hai messo la pulce nell'orecchio!* Hmm, you've set me thinking! | *Qualcuno le ha messo la pulce nell'orecchio che il marito le tradisce.* Someone has given her the idea that her husband is being unfaithful to her.

pulcino *s* chick

puledro, -a *s* foal

pulire *v* **1** (togliere lo sporco) to clean: *Ho pulito per terra.* I cleaned the floor. | *Finalmente hanno pulito i bagni.* The toilets have finally been cleaned. **2** (con straccio, fazzoletto) to wipe: *Pulisciti il naso.* Wipe your nose. | *Pulisci sul tavolo con questo straccio.* Wipe the table with this cloth. | *Pulite la lavagna per favore.* Wipe the board please. ▶ vedi nota FALSE FRIEND sotto **polish**

pulita *s* **dare una pulita a qc** to give sth a clean: *Dai una pulita alla libreria.* Give the bookcase a clean. | *Ho dato una pulita sul tavolo.* I gave the table a clean. | **darsi una pulita** to have a wash: *Vatti a dare una pulita.* Go and have a wash.

pulito, -a *agg* **1** (lavato) clean: *Mettiti una camicia pulita.* Put a clean shirt on. **2** (non inquinato) clean **3** (non inquinante) clean, green **4** **un affare poco pulito** a dirty business **5** (coscienza) clear: *Ho la coscienza pulita.* My conscience is clear.

pulizia *s* **1** (qualità) cleaning **2** (azione) cleaning | **fare le pulizie** to do the cleaning

pullman *s* coach (pl coaches): *Andremo all'aeroporto in pullman.* We'll go to the airport **by coach**.

pulmino *s* minibus (pl minibuses)

pulsante *s* button

pulsazione *s* (heart)beat: *Aveva 80 pulsazioni al minuto.* His pulse was 80 beats a minute.

puma *s* puma

pungere *v* **1** (ape, ortica) to sting: *Mi ha punto una vespa.* I was stung by a wasp. **2** (zanzara, insetto) to bite **3** (spillo, ago) to prick: *Lo ha punto mentre gli faceva l'orlo ai pantaloni.* She pricked him as she was putting a hem on his trousers.

pungersi *v rifl* to prick yourself: *Mi sono punta con l'ago.* I pricked myself with the needle.

pungiglione *s* sting

punire *v* **1** (per marachella) to punish **2** (per reato) to punish

punizione *s* **1** (castigo) punishment: *Per punizione stasera non esci.* **As a punishment**, you won't be going out tonight. | **essere in punizione** to be punished **2** (nello sport) free kick: *Sta per battere la punizione.* He's about to take the free kick. **3** (pena) punishment

punta *s* **1** (di coltello, matita) point | **a punta** pointed, pointy [informale]: *Sono di moda le scarpe a punta.* Pointy shoes are in fashion. **2** (di dito, lingua) tip | **in punta di piedi** on tiptoe | **a punta** pointed, pointy [informale]: *Rita ha il naso a punta.* Rita has a pointy nose. | **ce l'ho sulla punta della lingua** it's on the tip of my tongue **3** (di capelli) end: *Ho un sacco di doppie punte.* I've got loads of split ends.

puntare *v* **1** (arma, telescopio) to point: *Le ha puntato la pistola alla testa.* He pointed the pistol at her head. | *Punta il telescopio sulla stella polare.* Point the telescope towards the pole star. **2** (aspirare) to aim: *Giorgio punta in alto, è ambizioso.* Giorgio aims high – he's ambitious. | **puntare a fare qc** to aim to do sth: *Puntava a vincere.* He was aiming to win. **3** **puntare su qn/qc** (contare) to rely on sb/sth: *Puntano tutti su te per la vittoria.* Everyone's relying on you to win. **4** **puntare**

P

su qc (scommettere) to bet on sth: *Ho puntato sul numero 28.* I bet on number 28. **5** (appoggiare) to lean | **puntare i piedi** (impuntarsi) to dig your heels in **6** (dirigersi) to head: *Il convoglio puntava a sud.* The convoy was heading south. **7** (preda) to chase

puntata *s* **1** (episodio) episode | **un romanzo a puntate** a serialized novel | **uno sceneggiato a puntate** a drama serial **2** (sosta) flying visit: *Se abbiamo tempo facciamo una puntata anche a Rimini.* If we have time, we can pay a flying visit to Rimini as well. **3** (scommessa) bet

punteggiatura *s* punctuation

punteggio *s* **1** (in partita, gara) score: *La partita è finita col punteggio di due a zero.* The match ended with a score of two nil. **2** (in concorso) points [sempre plurale]

puntina *s* (da disegno) drawing pin

puntino *s* dot | **a puntino** perfectly: *La carne è cotta a puntino.* The meat is perfectly cooked. | *Vuole tutto fatto a puntino.* She wants everything done perfectly.

punto *sostantivo e sostantivo plurale*

• *s* **1** (in punteggiatura) full stop (BrE), period (AmE) | **punto interrogativo** question mark | **punto esclamativo** exclamation mark | **due punti** colon | **punto e virgola** semi-colon **2** (posizione) point: *Le rette si intersecano nello stesso punto.* The lines intersect at the same point. **3** (luogo) spot: *Da quel punto si vedeva tutta la città.* You could see the whole city from that spot. | *Si è rotto la gamba in più punti.* He broke his leg in several places. | **punto di ritrovo** meeting place **4** (pallino) dot | **punto nero** blackhead **5** (argomento) point: *Abbiamo parlato solo dei punti più importanti.* We only talked about the most important points. | *Il punto è che le cose non vanno.* The point is that things aren't working. | *Se non avete domande passerei al punto successivo.* If you don't have any questions, I'll move on to the next point. | **punto per punto** point by point: *Ci ha spiegato il problema punto per punto.* He explained the problem to us point by point. | **punto di vista** point of view | **venire al punto** to get to the point: *Vieni al punto, ho poco tempo.* Get to the point, I don't have much time. **6** (in medicina, nel cucito) stitch (pl stitches): *Gli hanno suturato la ferita con cinque punti.* They sewed up the wound with five stitches. | *Si è solo scucito l'orlo, basta dare qualche punto.* It's just the hem that's come undone. It only needs a couple of stitches. **7** (momento) point | **a un certo punto** at one point: *A un certo punto entrò Cinzia.* At one point Cinzia came in. | **essere a buon punto** to be doing very well: *Siamo a buon punto.* We're doing very well. | **essere sul punto di fare qc** to be about to do sth: *Ero sul punto di uscire quando hai chiamato.* I was about to go out when you called. | **arrivare al punto di fare qc** to go so far as to do sth: *Non pensavo arrivasse al punto di minacciarmi.* I didn't think he'd go so far as to threaten me. | **in punto** on the dot: *Sono le quattro in punto.* It's four o'clock on the dot. | **di punto in bianco** all of a sudden | **in punto di morte** at death's door **8** (in indirizzo e-mail) dot **9** (di punteggio) point: *L'ha battuto per pochi punti.* He beat him **by just a few points**.

• **punti cardinali** *s pl* points of the compass ► vedi Active Box **punti cardinali**

puntuale *agg* **1** (ad appuntamento) on time: *È arrivato puntuale.* He arrived on time. **2** (per natura) punctual: *È uno puntuale, non farlo aspettare.* He's always punctual so don't keep him waiting.

puntura *s* **1** (iniezione) injection | **fare una puntura a qn** to give sb an injection: *L'infermiere le ha fatto una puntura.* The nurse gave her an injection. | **farsi fare una puntura** to have an injection **2** (di zanzara) bite **3** (di vespa) sting ► vedi nota FALSE FRIEND sotto **puncture**

pupazzo *s* **1** (burattino) puppet | **pupazzo di neve** snowman **2** (di pezza) soft toy

pupilla *s* pupil

purché *cong* as long as: *Vengo anch'io, purché mi riaccompagniate.* I'll come too, as long as you take me home again.

pure, anche **pur** *avverbio e congiunzione*

• *avv* **1** (anche) too: *C'era pure Mattia.* Mattia was there too. | *Parti domani? Io pure.* Are you leaving tomorrow? Me too. **2** (come rafforzativo) even: *Sarà pure bello, a me non piace.* Even if he is good-looking, I don't like him. | *Abbiamo pure il tempo per un gelato.* We even have time for an ice-cream.

• *cong* even if: *Pur sapendolo non te lo direi.* Even if I knew, I wouldn't tell you. | *Dai un contributo, sia pure piccolo.* Make a contribution, even if it's only a small one. | **pur di fare qc** just to be able to do sth: *Farebbe di tutto pur di vederlo.* She'd do anything just to be able to see him.

purè *s* mash, mashed potatoes

purezza *s* **1** (innocenza) purity **2** (genuinità) purity

purga *s* purgative

puro, -a *agg* **1** (pulito) pure **2** (non diluito) pure **3** (semplice) pure: *È una pura questione di fortuna.* It's pure luck. | **la pura verità** the simple truth **4** (innocente) pure

purtroppo *avv* unfortunately: *Purtroppo, il tempo è brutto.* Unfortunately, the weather is bad.

P

Vuoi informazioni sulla differenza tra gli **articoli** in inglese e in italiano? Leggi le spiegazioni nella guida grammaticale.

Active Box: punti cardinali

I seguenti esempi illustrano l'uso dei punti cardinali in inglese e possono servirti come modello per formulare a tua volta delle frasi:

*venti chilometri **a ovest di** Londra*	twenty kilometres **west of** London
*un paese **a sud-est di** Roma*	a village **south-east of** Rome
l'Italia del sud	southern Italy
*Sono stata in vacanza **nel nord della** Scozia.*	I was on holiday **in the north of** Scotland.
*Cambridge è **più a nord di** Londra.*	Cambridge is **further north than** London.
*Ci siamo diretti **verso est**.*	We headed **east**.
un accento del sud	a southern accent
***la zona nord-ovest** della città*	**the north-west part** of the city

pustola s pimple

puttana s **1** (prostituta) prostitute **2** (quando si insulta) bitch [volgare]

puzza s stink: *Che puzza qui dentro!* There's an awful stink in here!

puzzare v to stink: *C'è qualcosa che puzza in frigorifero.* There's something stinking in the fridge. | *Gli puzzano i piedi.* His feet stink. | **puzzare di qc** to stink of sth: *Puzza di sudore.* He stinks of sweat.

puzzle s jigsaw (puzzle)

puzzo ▶ vedi **puzza**

Q, q s Q, q ▶ vedi Active Box **lettere dell'alfabeto** sotto **lettera**

qua avv here: *Vieni qua.* Come here. | *Volevo questo qua.* I'd like this one here. | *Dev'essere qua intorno.* It must be around here somewhere. | *Spostati più in qua.* Move a bit nearer here. | *Passiamo di qua.* Let's go this way. | **al di qua di** on this side of: *Sono arrivati al di qua del confine.* They arrived on this side of the border. | **in qua** (fino ad oggi) si usa **for** quando ci si riferisce alla durata e si usa **since** quando ci si riferisce al momento di inizio: *da un anno in qua* for the past year | *Da quando in qua lo frequenti?* Since when have you been seeing him?

quaderno s exercise book

quadrante s **1** (di orologio) (clock) face **2** (di bussola) quadrant

quadrare v **1** (conti) to add up: *I conti non quadrano, ci dev'essere un errore.* The figures don't add up so there must be a mistake. **2** (ragionamento) to add up: *Qualcosa non quadra.* Something doesn't add up.

quadrato, -a aggettivo e sostantivo
• agg **1** (forma) square **2** (metro, chilometro) square **3** (radice) square **4** (persona) sensible: *È un tipo quadrato, non perde facilmente il controllo.* He's a sensible guy. He doesn't lose control easily.
• **quadrato** s **1** (forma) square **2** (numero) square | **al quadrato** squared: *5 al quadrato fa 25.* 5 squared is 25.

quadretto s **a quadretti a)** (quaderno, foglio) squared **b)** (stoffa, pantaloni) checked

quadrifoglio s four-leaf clover

quadrimestre s (a scuola) è un concetto tipico della scuola italiana, quindi non ha traduzione; un equivalente inglese abbastanza vicino è **semester**.

quadro sostantivo e sostantivo plurale
• s **1** (dipinto) painting **2** (descrizione) outline: *Le ho fatto un quadro generale della situazione.* I gave her a general outline of the situation. **3** (tabella) chart: *Sono usciti i quadri con i risultati degli esami.* The charts showing the exam results are out. **4** **a quadri** checked: *Indossava una gonna a quadri.* She was wearing a checked skirt. **5** (di comando) panel **6** (dirigente) manager
• **quadri** s pl (nelle carte) diamonds: *il re di quadri* the king of diamonds ▶ vedi anche **metro, parentesi**

quaggiù avv down here

qualche agg ▶ vedi riquadro

qualcosa pron ▶ vedi riquadro

qualcuno pron ▶ vedi riquadro

quale agg e pron ▶ vedi riquadro

qualifica s (titolo di studio) qualification

qualificarsi v rifl (in classifiche) to qualify: *La squadra non si è nemmeno qualificata per il torneo.* The team didn't even qualify for the tournament. | *Marta si è qualificata seconda.* Marta qualified second.

qualificato, -a agg (personale, lavoro) qualified

qualità s **1** (pregio) quality (pl qualities): *La sua migliore qualità è la lealtà.* His best quality is his loyalty. **2** (bontà) quality

Q

qualche *aggettivo*

1 ALCUNI
Si usano **some** o **a few**, entrambi plurali:
Ho invitato qualche amico per stasera. I've invited a few friends over this evening. | *qualche giorno fa* a few days ago | *Ho avuto qualche problema.* I've had some problems.

2 UNO
Hai qualche idea? Do you have any ideas? | *Qualche sera usciamo insieme.* Let's go out together one evening. | *L'ho letto in qualche libro.* I read it in some book. | **in qualche modo** somehow: *In qualche modo faremo.* We'll manage to do it somehow. | **da qualche parte** somewhere: *Devo aver lasciato l'ombrello da qualche parte.* I must have left the umbrella somewhere.

3 UN CERTO
Ci fermeremo qualche tempo. We'll stay for a little while. | *un argomento di una qualche importanza* a subject of some importance

qualcosa *pronome*

1 Nelle frasi affermative si traduce **something**:
Andiamo a mangiare qualcosa. Let's go and get something to eat. | *C'era qualcosa di strano nel suo modo di fare.* There was something strange about the way he was behaving. | *Abbiamo speso qualcosa come 50 euro.* We spent something like 50 euros. | *qualcosa del genere* something like that | **20 euro e qualcosa** 20 euros and a bit

2 Nelle frasi interrogative o ipotetiche si traduce **anything**:
C'è qualcosa che non va? Is anything wrong? | *Posso fare qualcosa per te?* Can I do anything for you? | *Se sapessi qualcosa, te lo direi.* If I knew anything, I'd tell you.

[mai plurale]: *È possibile controllare la qualità delle videocassette prima di comprarle?* Is it possible to check the quality of the videos before buying them? | **merci/programmi di qualità** quality goods/programmes: *Costa, ma è roba di qualità.* It's expensive, but it's quality stuff. **3** (varietà) kind **4** **in qualità di** in your capacity as: *È intervenuto alla riunione in qualità di rappresentante dei genitori.* He spoke at the meeting in his capacity as the parents' representative.

qualora *cong* if: *Qualora ci fossero dei cambiamenti vi contatterò immediatamente.* If there are any changes, I will contact you immediately.

qualcuno *pronome*

1 UNA PERSONA
Nelle frasi affermative si traduce **someone** o **somebody**:
C'è qualcuno al telefono che chiede di te. There's someone on the phone asking for you. | *A quell'ora ci sarà sicuramente qualcuno in casa.* There'll certainly be somebody at home at that time.
Nelle frasi interrogative o ipotetiche si traduce **anyone** o **anybody**:
Se qualcuno mi cerca, digli che torno per cena. If anyone asks for me, tell them I'll be back for dinner. | *C'è qualcuno in casa a quell'ora?* Is there anybody at home at that time? | *Spero di non incontrare qualcuno che conosco.* I hope I don't meet anybody I know.

2 ALCUNI, ALCUNE
Nelle frasi affermative si traduce **some** o **a few**:
Ho letto qualcuno dei suoi libri. I've read a few of his books. | *Conoscevo solo qualcuno degli invitati.* I only knew a few of the guests. | *Ho fatto molte foto, ma solo qualcuna è venuta bene.* I took a lot of photos, but only a few turned out well.
Nelle frasi interrogative o ipotetiche si traduce **any**:
Mi servono delle puntine: ne hai qualcuna? I need some drawing pins. Have you got any?
Nel senso di alcune persone in generale si traduce **some (people)**:
Qualcuno si ricorda ancora dei tempi in cui era famoso. Some people still remember the days when he was famous.

qualunque, qualsiasi *agg* **1** (non importa quale) any: *Metti un CD qualunque, basta non sia musica classica.* Put on any CD, just as long as it's not classical music. **2** (ogni) any: *Chiamaci in qualunque momento, se hai bisogno.* If you need to, call us at any time. | *Voglio trovarlo a qualunque costo.* I want to find it at all costs. | **qualunque cosa a)** (tutto) anything: *Per Guido farebbe qualunque cosa.* She'd do anything for Guido. **b)** (seguito da frase) whatever: *Lo contraddice, qualunque cosa dica.* She contradicts him, whatever he says. | **da qualunque parte a)** (ovunque) (from) anywhere: *Puoi chiamare da qualunque parte del mondo.* You can call from anywhere in the world. **b)** (seguito da frase) from wherever: *C'è il mare, da qualunque parte tu guardi.* From wherever you are, you can see the sea.

quantità *s* quantity (pl quantities): *Ne basta una minima quantità.* A small quantity is enough. | **una quantità di** (molto) a number of: *Ha commesso una*

Vuoi scrivere un'e-mail in inglese? Consulta la **guida alla comunicazione** in fondo al dizionario.

quale

AGGETTIVO INTERROGATIVO

Si usa **what** per chiedere quale tra un numero indefinito di possibilità e **which** per chiedere quale tra un numero limitato di possibilità:

Qual è la tua canzone preferita? What's your favourite song? | *Qual è la tua canzone preferita in questo CD?* Which is your favourite song on this CD? | *Quale sport fai?* What sports do you do? | *Quale sport preferisci: il calcio o la pallacanestro?* Which sport do you prefer, football or basketball?

PRONOME INTERROGATIVO

Si traduce **which (one)** al singolare e **which (ones)** al plurale:

Non so quale comprare. I don't know which one to buy. | *Quali hai scelto?* Which ones did you choose?

PRONOME RELATIVO

1 Quando *il quale, la quale, i quali* e *le quali* sono usati come soggetto riferito a persona si traducono **who**:

Abbiamo interpellato anche uno specialista, il quale ha confermato la diagnosi. We also consulted a specialist, who confirmed the diagnosis.

2 Quando è preceduti da una preposizione, il pronome viene omesso e la preposizione è in fondo alla frase:

la persona alla quale mi riferisco the person I'm referring to | *il ragazzo con il quale esco* the boy I'm going out with | *il libro del quale ti ho parlato* the book I told you about | *il numero di telefono al quale mi puoi trovare* the number you can reach me at

quantità di errori. He made a number of mistakes. | *C'era una quantità di gente.* There were a number of people there. | **in quantità** lots: *Ne abbiamo in quantità.* We've got lots. | *Di neve, ce n'era in quantità.* There was lots of snow.

quanto *avv* ▶ vedi riquadro

quaranta *agg* e *s* forty ▶ vedi Active Box **numeri** sotto **numero**

quarantenne *agg* e *s* forty-year-old

quarantesimo, -a *agg* e *s* fortieth ▶ vedi Active Box **numeri** sotto **numero**

quarantina *s* **1 una quarantina di** about forty: *C'erano una quarantina di persone.* There were about forty people. **2 essere sulla quarantina** (età) to be about forty

quaresima *s* Lent

quartiere *s* neighbourhood (BrE), neighborhood (AmE): *Lo conoscono in tutto il quartiere.* He's known throughout the neighbourhood.

quanto *avverbio*

1 INTERROGATIVO

Si traduce **how much** quando è seguito da un verbo e **how** quando è seguito da un aggettivo o da un avverbio:

Quanto costa? How much does it cost? | *Quanto spesso vai in piscina?* How often do you go swimming? | *Quanto è lunga la stoffa?* How long is the material?

2 ESCLAMATIVO

Quanto mi è dispiaciuto non venire! I was so sorry not to have come! | *Quanto abbiamo riso!* What a laugh we had!

3 COMPARATIVO = AS

Non è poi furbo quanto crede. He's not as smart as he thinks (he is). | *Non sono paziente quanto te.* I'm not as patient as you (are). | *Non lo faccio tanto per me, quanto per te.* I'm doing it not so much for myself as for you. | **quanto prima** as soon as possible: *Cercherò di venire quanto prima.* I'll try to come as soon as possible.

4 RELATIVO = AS MUCH AS

Cerco di concentrarmi quanto posso. I'm trying to concentrate as much as I can. | *Aggiungere sale quanto basta.* Add as much salt as (is) necessary. | **quanto a** as for: *Quanto a loro, ci penseremo dopo.* As for them, we'll think about them afterwards.

5 ESPRESSIONI

in quanto as: *Non ti ho chiamato in quanto era già tardi.* I didn't call you as it was already late. | **per quanto** no matter: *Per quanto mi sforzi, non riesco a capire.* No matter how hard I try, I just don't get it.

quarto, -a *aggettivo* e *sostantivo*

• *agg* fourth

• *s* **1** quarter (BrE), fourth (AmE): *Almeno un quarto degli abitanti sono stranieri.* At least a quarter of the population are foreigners. | **quarti di finale** (nello sport) quarter-finals **2** (15 minuti) quarter (of an hour): *Manca un quarto alle due.* It's a quarter to two. | *Sono le sei meno un quarto.* It's a quarter to six. | **quarto d'ora** quarter of an hour: *Aspettiamo un altro quarto d'ora.* Let's wait another quarter of an hour. | *Finisco fra tre quarti d'ora.* I'll be finished in three quarters of an hour. ▶ vedi Active Box **numeri** sotto **numero**

quarzo *s* quartz

quasi *avv* **1** (in frasi affermative) almost: *Ho quasi finito.* I've almost finished. | *Lisa ha quasi quindici anni.* Lisa's almost fifteen. | *Quella statua sembra quasi vera.* That statue seems almost real. | **quasi quasi** maybe: *Quasi quasi lo compro.* Maybe I'll buy it. **2** (con negazioni) hardly: *Non viene quasi mai.* She hardly ever comes. | *Alla festa non c'era quasi nessuno.* There was hardly anyone at the party. | *Non ne è rimasto quasi più.* There's hardly any left.

quassù *avv* up here: *Sono quassù in soffitta.* I'm up here in the attic.

quattordicenne *agg* e *s* fourteen-year-old

quattordicesimo, -a *agg* e *s* fourteenth ▶ vedi Active Box **numeri** sotto **numero**

quattordici *agg* e *s* fourteen ▶ vedi Active Box **numeri** sotto **numero**

quattrini *s pl* money [mai plurale]: *Ha un sacco di quattrini.* He's got loads of money.

quattro *aggettivo* e *sostantivo*

- *agg* **1** four **2** **farsi in quattro** to bend over backwards: *Si è fatto in quattro per aiutarlo.* He bent over backwards to help him. | **a quattro zampe** on all fours | **a quattr'occhi** in private: *Preferisco parlarne a quattr'occhi.* I'd prefer to talk about it in private.
- *s* four ▶ vedi Active Box **numeri** sotto **numero**

Quattrocento *s* **il Quattrocento** the fifteenth century: *i pittori del Quattrocento* the painters of the fifteenth century

quello, -a *aggettivo* e *pronome*

- *agg* (persona o cosa presente) that (pl those): *Quella bici non è la tua?* Isn't that bike yours? | *Quelle ragazze sono nella mia classe.* Those girls are in my class. | *E abbassa quello stereo!* Turn that stereo down!
- *pron* (persona o cosa presente) that (pl those): *Quella è mia madre.* That's my mother. | *Quello è il negozio di cui ti ho parlato.* That's the shop I told you about. | *E quelli chi sono?* And who are those people then? | **quello lì/quelli lì** that one there/those ones there: *La mia valigia è quella lì, con gli adesivi.* My suitcase is that one there with the stickers. | **quello che/quella che a)** (riferito a cosa) the one (that): *Prendi pure quella che preferisci.* Just take the one you like best. **b)** (riferito a persona) the one who: *Non eri tu quella che non voleva uscire?* Weren't you the one who didn't want to go out? | **quelli che/quelle che a)** (riferito a cose) the ones (that): *– Che scarpe ti metti? – Quelle che ho comprato ieri.* "Which shoes are you wearing?" "The ones I bought yesterday." **b)** (riferito a persone) those people who: *Quelli che erano a casa mia sono i miei cugini.* Those people who were at my house are my cousins. | **quello che** (ciò che) what: *Non è quello che volevo dire.* That's not what I meant. | *Il film era meglio di quello che pensavo.* The film was better than I thought it would be.

quercia *s* oak (tree)

quesito *s* question

questionario *s* questionnaire

questione *s* **1** (caso da risolvere) issue: *una questione delicata* a sensitive issue **2** (faccenda) matter: *È questione di pochi minuti.* It's just a matter of a few minutes. | *È una questione di tempo non di soldi.* It's a question of time not money. | **la questione palestinese** the question of Palestine | **in questione** in question: *Il ragazzo in questione è assente.* The boy in question is away.

questo, -a *aggettivo* e *pronome*

- *agg* (persona o cosa presente) this (pl these): *I miei genitori mi hanno regalato questo orologio.* My parents gave me this watch. | *Cosa vuoi fare con tutte queste scatole?* What do you want to do with all these boxes? | *Non mi piacciono questi biscotti.* I don't like these biscuits. | *Non uscire con questa pioggia.* Don't go out in this rain.
- *pron* **1** (persona o cosa vicina) this (one) (pl these ones): *Questo è mio fratello.* This is my brother. | *La maglia rossa non mi piace: prendo anzi questa.* I don't like the red sweater. I'll take this one instead. | **questo qui/questi qui** this one here/these ones here: *Siediti su un'altra sedia: questa qui è rotta.* Sit on another chair – this one here is broken. **2** (persona o cosa già menzionata) that (pl those): *Questa è la mia opinione.* That's my opinion. | *Queste sono solo scuse.* Those are just excuses. **3** (ciò) that: *Questo non c'entra.* That's got nothing to do with it. | **per questo** that's why: *Ero malato: per questo non sono venuto.* I was ill, that's why I didn't come. | **e con questo?** so what?: *Sì, gliel'ho detto; e con questo?* Yes, I told him. So what? | **questo è tutto** that's it: *Abbiamo pasta, una scatola di pelati e tonno e questo è tutto.* We've got pasta, a tin of tomatoes and some tuna and that's it.

qui *avv* **1** (in questo luogo) here: *Abito qui.* I live here. | *Venite qui.* Come here. | *Qui sopra cosa c'è?* What's up here? | *Sei di qui?* Are you from around here? | *C'è un bar qui vicino?* Is there a bar near here? **2** (in questo momento) now: *Qui comincia il difficile.* Now's when things start to get difficult. | *Qui ci vuole pazienza.* Patience is needed now. | *Fin qui c'ero arrivato anch'io.* Even I'd got this far.

quindi *congiunzione* e *avverbio*

- *cong* so: *Non ne ero sicuro, quindi non ho risposto.* I wasn't sure, so I didn't answer.
- *avv* then: *Proseguite fino al semaforo, quindi girate a destra.* Carry on up to the traffic lights, then turn right.

quindicenne *agg* e *s* fifteen-year-old

quindicesimo, -a *agg* e *s* fifteenth ▶ vedi Active Box **numeri** sotto **numero**

Q

Vuoi informazioni sulla differenza tra gli **aggettivi possessivi** in inglese e in italiano? Vedi la **guida grammaticale**.

quindici *agg* e *s* fifteen ▶ vedi Active Box **numeri** sotto **numero**

quindicina *s* **una quindicina di** about fifteen: *C'era una quindicina di persone.* There were about fifteen people there. | **una quindicina di giorni** a fortnight, two weeks

quinte *s pl* wings | **dietro le quinte** behind the scenes

quinto *agg* e *s* fifth ▶ vedi Active Box **numeri** sotto **numero**

quota *s* **1** (parte) share **2** (d'iscrizione) fee **3** (di partecipazione) price **4** (altezza) altitude | **a bassa/alta quota** at low/high altitude | **a quota 1800/2000 ecc.** at 1800/2000 etc metres above sea level

quotidiano *aggettivo* e *sostantivo*
- *agg* **1** (giornaliero) daily **2** (comune) everyday: *È una parola di uso quotidiano.* It's a word in everyday use.
- *s* newspaper

quoziente *s* **1** (in statistica) rate | **quoziente d'intelligenza** intelligence quotient, IQ **2** (in matematica) quotient

R, r *s* R, r ▶ vedi Active Box **lettere dell'alfabeto** sotto **lettera**

rabbia *s* **1** (sentimento) anger | **far rabbia a qn** to make sb angry: *Non ti fa rabbia che ti trattano in questo modo?* Doesn't it make you angry when they treat you like this? **2** (malattia) rabies

rabbonire *v* to calm someone down

raccattare *v* to pick up: *Non si buttano le cartacce per terra: raccatala subito!* You mustn't throw litter on the ground. Pick it up at once!

racchetta *s* **1** (da tennis) racket, (da ping-pong) bat **2** **racchetta da sci** ski pole

raccogliere *v* **1** (oggetto caduto) to pick up: *Mi è caduto il quaderno: me lo raccogli?* I've dropped my exercise book. Would you pick it up for me? **2** (legna) to collect, (frutti, fiori) to pick: *Mi dai una mano a raccogliere i pomodori?* Can you help me to pick the tomatoes? **3** (dati, firme) collect | **raccogliere le idee** to collect your thoughts **4** (figurine, francobolli) to collect

raccogliersi *v rifl* to gather

raccoglitore *s* (per fogli) ring binder

raccolta *s* **1** (collezione) collection | **fare la raccolta di qc** to collect sth: *Faccio la raccolta di francobolli.* I collect stamps. **2** (di firme, dati) collection: *La raccolta del materiale per questa ricerca è durata dei mesi.* It took months to gather the material for this research. **3** (di frutta, ortaggi) harvest

raccolto, -a *aggettivo* e *sostantivo*
- *agg* (capelli) tied back
- **raccolto** *s* harvest

raccomandare *v* (consigliare) to recommend: *Il mio professore di inglese raccomanda questo dizionario.* My English teacher recommends this dictionary. | *Lo hanno assunto perché lo ha raccomandato il direttore.* He got the job because the managing director put in a word for him. | *Mi raccomando, non rientrare tardi.* Please make sure you're not late back.

raccomandata *s* registered letter

raccomandazione *s* (esortazione) warning

raccontare *v* to tell | **raccontare qc a qn** to tell sb sth: *Ti racconto una barzelletta.* I'll tell you a joke.

racconto *s* **1** (descrizione) account: *Dopo una breve interruzione, ha ripreso il racconto dei fatti.* After a short break, she resumed her account of what happened. **2** (storia) story: *un libro di racconti* a book of short stories

racimolare *v* to scrape together

radar *s* **1** (militare) radar **2** (su autostrada) radar trap

raddoppiare *v* to double: *In pochi anni, siamo riusciti a raddoppiare il numero degli iscritti.* We've managed to double the number of subscribers in the space of a few years.

raddrizzare *v* to straighten

radere *v* **1** to shave | **radersi le gambe/le ascelle** to shave your legs/armpits **2** **radere qc al suolo** to raze sth to the ground

radersi *v rifl* to shave

radiare *v* to strike off

radiatore *s* radiator

radiazione *s* (raggio) radiation [mai plurale]: *le radiazioni atomiche* atomic radiation

radicale *agg* radical

radicato, -a *agg* **essere radicato in qc** to be rooted in sth

radicchio *s* radicchio

radice *s* **1** (di pianta) root | **mettere radici** (persona) to put down roots **2** (di capelli, dente) root **3** (di parola) root **4** (di vizio, problema) root: *Il problema va affrontato alla radice.* The problem must be tackled at its root. **5** **radice quadrata/cubica** square/cube root

R

radio *sostantivo e aggettivo*
• *s* **1** (trasmissioni radiofoniche) radio: *Ho sentito alla radio la loro ultima canzone.* I heard their latest song on the radio. | *La notizia è stata diffusa per radio e per tv.* The news was broadcast on radio and TV. **2** (stazione radiofonica) radio station **3** (apparecchio) radio **4** (sistema di comunicazione) **via radio** by radio
• *agg* radio: *una stazione radio locale* a local radio station

radioamatore, -trice *s* radio ham

radioattivo, -a *agg* radioactive

radiocronaca *s* radio commentary

radiografia *s* X-ray

radioregistratore *s* tape recorder

radiosveglia *s* radio alarm

rado *agg* **1** (tessuto) loosely woven, (pettine) wide-toothed, (capelli) thin **2** (visite, incontri) infrequent | **di rado** rarely

radunare *v* to gather together: *Abbiamo radunato tutti gli amici per il mio compleanno.* We gathered all our friends together for my birthday.
radunarsi *v rifl* to gather

raduno *s* gathering

radura *s* clearing

raffica *s* **1** (di vento) gust, (di arma) burst: *una raffica di proiettili/mitra* a burst of gunfire/machine gun fire **2** (di domande) barrage: *Ci ha investiti con una raffica di domande.* He fired a barrage of questions at us. | **a raffica** one after the other

raffinato, -a *agg* **1** (persona, gusti) sophisticated **2** (zucchero, olio) refined

raffineria *s* refinery

rafforzare *v* **1** (muro, struttura) to strengthen **2** (convinzione, fede) to strengthen

raffreddare *v* (bevanda, minestra) to cool down: *Soffia sulla minestra per raffreddarla.* Blow on your soup to cool it down.
raffreddarsi *v rifl* **1** (bevanda) to get cold: *Bevi il caffè, se no si raffrèdda.* Drink your coffee or it will get cold. **2** (amicizia, entusiasmo) to cool **3** (ammalarsi) to catch a cold

raffreddore *s* cold: *Ho un raffreddore pazzesco.* I've got a terrible cold. | **prendersi il raffreddore** to catch a cold

ragazza *s* **1** (adolescente) girl **2** (donna giovane) young woman | **ragazza madre** single mother | **ragazza alla pari** au pair: *Ho passato un anno negli Stati Uniti come ragazza alla pari.* I spent a year in the US as an au pair. **3** (fidanzata) girlfriend: *È uscito con la sua ragazza.* He's gone out with his girlfriend.

ragazzo *s* **1** (adolescente) boy | **da ragazzo** when I was a boy **2** (uomo giovane) young man **3** (fidanzato) boyfriend: *Tua sorella ce l'ha il ragazzo?* Has your sister got a boyfriend? **4** **ragazzi** (giovani) young people: *corsi di nuoto per bambini, ragazzi e adulti* swimming courses for children, young people and adults | *Dai, ragazzi, non scherziamo!* Come on guys, be serious!

raggiante *agg* ecstatic

raggio *sostantivo e sostantivo plurale*
• *s* **1** (di luce) ray **2** (di circonferenza) radius | **nel raggio di 5 km** within a 5 km radius [formale], for 5 km around [più informale]: *Non ci sono negozi nel raggio di 5 km.* There are no shops for 5 km around. | **raggio d'azione** range of activity **3** (di ruota) spoke
• **raggi** *s pl* (radiazioni) rays **raggi X** X-rays | **raggi** (radiografia) X-rays

raggiungere *v* **1** (luogo) to get to: *Ci vorrà un'ora di autobus per raggiungere lo stadio.* It takes an hour to get to the stadium by bus. **2** (persona) to catch up: *Vai avanti, ti raggiungo.* You go ahead, I'll catch you up. | *I miei mi raggiungono la settimana prossima da mia nonna.* My parents are joining me at my grandma's next week. **3** (livello, cifra) to reach, (obiettivo, scopo) to achieve | **raggiungere un accordo** to reach an agreement

raggomitolarsi *v rifl* to curl up

raggrinzirsi *v rifl* to get wrinkled

raggruppare *v* to group together
raggrupparsi *v rifl* to gather

ragionamento *s* reasoning [mai plurale]

ragionare *v* **1** (riflettere) to think **2** (avere buon senso) to be reasonable

ragione *s* **1** (motivo) reason: *Ho delle ottime ragioni per essere arrabbiata con lui.* I have very good reasons to be angry with him. | *Per quale ragione non sei venuto?* Why didn't you come? **2** **avere ragione** to be right: *Hai ragione a non credergli.* You're right not to believe him. | **dare ragione a qn** to side with sb: *Dai sempre ragione a lei!* You always side with her! | *I fatti mi hanno dato ragione.* Events proved me right. **3** (facoltà) reason

ragioneria *s* **1** (scuola) high school specializing in accountancy **2** (materia) accountancy

ragionevole *agg* **1** (prezzo, proposta) reasonable **2** (persona, atteggiamento) reasonable **3** (sospetto, dubbio) reasonable

ragioniere, -a *s* bookkeeper

ragliare *v* to bray

ragnatela *s* spider's web, cobweb

ragno *s* spider

ragù *s* meat sauce

rallegrare *v* (atmosfera, persona) to cheer up: *Ho comprato dei fiori per rallegrare l'ambiente.* I bought some flowers to cheer the place up.

R

rallegrarsi *v rifl* to be happy/glad: *Mi rallegro di sapere che stai bene.* I'm glad you're well. | *C'è poco da rallegrarsi!* There's not much to be happy about!

rallentare *v* **1** (in auto, a piedi, in attività) to slow down | **rallentare il passo** to slow down **2** (processo, lavori) to slow down

rallentatore *s* **al rallentatore a)** (al cinema, in TV) in slow motion: *una scena al rallentatore* a scene in slow motion **b)** (procedere, avanzare) at a snail's pace

ramanzina *s* telling off

rame *s* copper: *una pentola di rame* a copper pan

rammendare *v* to mend

ramo *s* **1** (di albero) branch **2** (di attività, disciplina) field **3** (di strada, fiume) branch

ramoscello *s* twig

rampa *s* **1** (di scala) flight **2 rampa d'accesso** ramp **3 rampa di lancio** launch pad

rampicante *s* climber

rana *s* **1** (animale) frog **2** (stile di nuoto) breaststroke: *nuotare a rana* to swim breaststroke

rancido, -a *agg* rancid

rancore *s* bitterness

randagio, -a *agg* stray

rango *s* **1** (livello sociale) class **2** (di soldato, funzionario) rank

rannicchiarsi *v rifl* **1** (accovacciarsi) to crouch **2** (sotto le coperte) to curl up

rapa *s* turnip

rapace *s* bird of prey

rapare *v* to scalp

raparsi *v rifl* to have all your hair cut off

rapida *s* rapids [plurale]

rapidamente *avv* quickly

rapidità *s* **1** (di veicolo, movimento) speed **2** (di processo) speed

rapido, -a *aggettivo* e *sostantivo*

• *agg* **1** (nel movimento) fast: *Siamo in ritardo: non puoi camminare con passo più rapido?* We're late. Can't you walk a bit faster? | *un gesto rapido* a rapid movement **2** (nella durata) quick: *Prima di uscire, faccio una doccia rapida.* **I'm having** a quick shower before I go out.

• **rapido** *s* express (train)

rapimento *s* kidnapping

rapina *s* robbery | **rapina a mano armata** armed robbery ▶ vedi anche **furto**

rapinare *v* to rob: *Questo negozio è già stato rapinato più volte.* This shop has been robbed several times. | **rapinare qn di qc** to rob sb of sth: *Lo hanno assalito per strada e rapinato di tutti i suoi soldi.* They attacked him in the street and robbed him of all his money.

rapinatore, -trice *s* robber ▶ vedi anche **ladro**

rapire *v* to kidnap

rapitore, -trice *s* kidnapper

rapporto *s* **1** (tra persone) relationship: *Ho un ottimo rapporto con i miei genitori.* I've got a great relationship with my parents. | **essere in buoni rapporti (con qn)** to get on well (with sb) | **rapporti sessuali** sexual relations **2** (tra fenomeni, eventi) relationship | **in rapporto a** compared to **3** (resoconto) report **4** (in statistica) ratio

rappresaglia *s* reprisal

rappresentante *s* **1** (portavoce) representative **2** (commerciale) salesperson: *Mio padre fa il rappresentante.* My father is a salesman.

rappresentare *v* **1** (paese, persona) to represent **2** (scena, immagine) to show **3** (significare) to mean: *Il tuo aiuto rappresenta molto per me.* Your help means a lot to me. **4** (essere il simbolo di) to symbolize

rappresentazione *s* **1** (spettacolo) performance **2** (raffigurazione) image

raramente *avv* rarely

rarità *s* (oggetto raro) rarity (pl rarities)

raro, -a *agg* **1** (non frequente) rare: *A parte qualche rara visita, non vede mai nessuno.* She never sees anyone, apart from a few rare visitors. | *È raro che io resti a casa il sabato sera.* It's rare for me to stay in on a Saturday evening. | **rare volte** rarely **2** (non comune) rare

rasare *v* to shave | **rasarsi le gambe/le ascelle** to shave your legs/your armpits

rasarsi *v rifl* to shave

raschiare *v* **1** to scrape: *Quando il fango è secco, lo puoi raschiare via dalle scarpe.* When the mud is dry, you can scrape it off your shoes. **2 raschiarsi la gola** to clear your throat

raso, -a *aggettivo, sostantivo* e *preposizione*

• *agg* **un cane a pelo raso** a short-haired dog

• **raso** *s* satin: *un abito di raso* a satin dress

• **raso** *prep* **volare raso terra** to fly very low

rasoio *s* razor: *un rasoio elettrico* an electric razor

rassegna *s* **1 passare in rassegna qc** to inspect sth: *Abbiamo passato in rassegna il materiale per il campeggio.* We inspected the camping equipment. **2** (cinematografica, teatrale) season: *una rassegna del cinema italiano* a season of Italian films **3** (raccolta) survey: *una rassegna di pubblicazioni sull'argomento* a survey of what's been published on the subject

R

Non sai come pronunciare una determinata parola? Consulta la tabella dei simboli fonetici nell'interno della copertina.

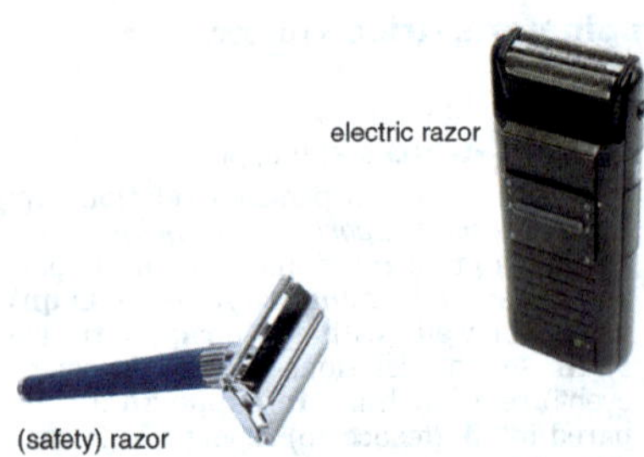

rassegnare *v* **rassegnare le dimissioni** to resign
rassegnarsi *v rifl* to resign yourself: *Si è già rassegnato a ripetere l'anno.* He has already resigned himself to repeating the year.

rassegnato, -a *agg* resigned

rassicurare *v* to reassure: *Parlare col medico mi ha rassicurato.* Speaking to the doctor has reassured me.

rassodare *v* (muscoli) to firm up: *Devo rassodare i muscoli con la ginnastica.* I need to do some exercise to firm up my muscles.

rastrellare *v* to comb: *La polizia ha rastrellato tutta la zona.* The police combed the whole area.

rastrello *s* rake

rata *s* instalment: *La prima rata è di 500 euro.* The first instalment is 500 euros. | **a rate** by instalments ▶ vedi nota FALSE FRIEND sotto **rate**

rattristare *v* to sadden
rattristarsi *v rifl* to be sad: *Non rattristarti, la prossima volta andrà meglio.* Don't be sad – it'll be better next time.

raucedine *s* hoarseness

rauco, -a *agg* hoarse: *Ieri alla partita ha urlato tanto da diventar rauco.* He shouted so much at the match yesterday that he went hoarse.

ravanello *s* radish

razionale *agg* **1** (logico) rational: *Questa è la spiegazione più razionale.* This is the most rational explanation. | *Cerca di vedere la situazione in modo razionale.* Try to see things rationally. **2** (funzionale) practical: *la soluzione più razionale* the most practical solution

razionamento *s* rationing

razza *s* **1** (di persona) race: *gente di tutte le lingue e razze* people of all languages and races **2** (di cane, gatto) breed: *Di che razza è il tuo cane?* What breed is your dog? | **un cane/gatto di razza** a pedigree dog/cat | **un cavallo di razza** a thoroughbred horse **3** (sorta) kind: *Che razza di domande fai?* What kind of question is that?

razziale *agg* racial

razzismo *s* racism

razzista *agg e s* racist

razzo *s* rocket | **razzo di segnalazione** (signal) flare

re *s* king | **i Re Magi** the Three Wise Men, the Three Kings

reagire *v* **reagire (a qc)** to react (to sth): *Non sono stato io a cominciare, ho solo reagito alle provocazioni.* It wasn't me who started it, I was just reacting to provocation. | *Quando l'ha saputo, ha reagito piuttosto male.* When he found out, he reacted rather badly.

reale *agg* **1** (vero) real: *Il film si ispira a fatti reali.* The film is based on real events. **2** (di re) royal

realismo *s* realism

realistico, -a *agg* realistic: *Non ha una visione realistica della situazione.* He doesn't have a realistic view of the situation.

realizzare *v* **1** (progetto, opera) to carry out: *Ci sono voluti mesi per realizzare questo progetto.* It took months to carry out this project. | **realizzare un sogno** to make a dream come true **2** (capire) to realize: *Ci ho messo un po' a realizzare che mi stava prendendo in giro.* It took me a while to realize he was pulling my leg.
realizzarsi *v rifl* **1** (piano) to become a reality, (sogno) to come true **2** (persona) to fulfil yourself

realmente *avv* really: *È un fatto realmente accaduto.* It's an event that really took place.

realtà *s* **1** (cose concrete) reality: *Queste sono solo parole, la realtà è ben diversa.* These are just words – the reality is quite different. | *Resta da verificare la realtà dei fatti.* The facts still have to be checked. | **in realtà** actually **2** (ambiente) world: *Osserva la realtà che ti circonda.* Look at the world around you. | **realtà virtuale** virtual reality **3** (di un fatto) truth

reato *s* crime: *Non mi piace il calcio, e allora? Non è mica un reato!* So what if I don't like football? It's not exactly a crime!

reattore *s* **1** (motore) jet engine: *un aereo con quattro reattori* a plane with four jet engines **2** **reattore nucleare** nuclear reactor

reazione *s* reaction: *Qual è stata la reazione del pubblico?* What was the audience's reaction like? | *La reazione chimica tra i due elementi ha provocato l'esplosione.* The chemical reaction between the two elements caused the explosion. | **reazione a catena** chain reaction | **reazione nucleare** nuclear reaction

C'è una tavola con i numeri in inglese e spiegazioni sul loro uso nella **guida grammaticale**.

recapito *s* (indirizzo) address (pl addresses) | **recapito telefonico** *Hai un recapito telefonico qui a Roma?* Do you have a phone number which you can be contacted on here in Rome?

recensione *s* review

recente *agg* recent | **di recente** recently: *Ci siamo visti di recente.* We saw each other recently.

recessione *s* recession

recinto *s* **1** (di casa, parco) fence **2** (per bestiame) pen

recipiente *s* container: *un recipiente di plastica* a plastic container

reciproco, -a *agg* mutual: *Tra i due c'è un rispetto reciproco.* There's a mutual respect between the two of them.

recita *s* show: *la recita di fine anno* the end-of-year show

recitare *v* **1** (a teatro, al cinema) to act **2** **recitare una poesia** to recite a poem

reclamare *v* **1** (protestare) to complain: *I vicini hanno reclamato per il rumore.* The neighbours have **complained about** the noise. **2** (esigere) to demand: *I tifosi reclamano il rigore.* The fans are demanding a penalty. ▶ vedi nota FALSE FRIEND sotto **reclaim**

réclame *s* (annuncio pubblicitario) advert, (campagna pubblicitaria) advertising campaign: *Chi è il tipo nella nuova réclame della Coca-Cola®?* Who's that guy in the new Coke® advert? | *Per il loro ultimo album hanno fatto moltissima réclame alla radio e in TV.* There was a huge advertising campaign on radio and TV for their latest album.

reclamo *s* complaint: *Vorrei fare un reclamo.* I'd like to make a complaint. ▶ vedi nota FALSE FRIEND sotto **reclaim**

reclinabile *agg* reclining

reclusione *s* imprisonment: *L'hanno condannato a dieci anni di reclusione.* He was condemned to ten years' imprisonment.

recluta *s* **1** (soldato) recruit **2** **nuove reclute** new recruits: *L'allenatore cerca nuove reclute per la squadra di pallavolo.* The coach is looking for new recruits for the volleyball team.

record *sostantivo e aggettivo*

- *s* record: *L'atleta ha battuto il record sui 100 metri piani.* The athlete has broken the record for the 100-metres sprint. | *un film che ha battuto il record d'incassi* a film which has broken box-office records
- *agg* (cifra, tempo) record: *Ha finito la maratona in tempo record.* He finished the marathon in a record time.

recuperare *v* **1** (oggetto perso, rubato) to recover, (oggetto prestato) to get back: *Sono riuscito a recuperare il file che avevo cancellato.* I managed to recover the file I'd deleted. | *Passo da te più tardi a recuperare i miei dischi.* I'll come by later to get my records back. | **recuperare le forze** to get your strength back **2** (in partita) to come back, (in gara) to catch up: *La Sampdoria è riuscita a recuperare e ha vinto la partita.* Sampdoria managed to come back and win the game. | *Ha recuperato lo svantaggio nell'ultimo giro.* He caught up on the last lap. | **recuperare il ritardo/i 20 minuti di ritardo** to make up time/the 20 minutes delay | **recuperare in matematica/in storia** to catch up in maths/history | **recuperare il tempo perso** to make up for lost time **3** **recuperare una partita** to replay a match: *La partita sospesa per il maltempo è stata recuperata la domenica succesiva.* The match that was postponed because of bad weather was replayed the following Sunday. **4** (carcerato, tossicomane) to rehabilitate

recupero *s* **1** (di oggetto perso, rubato) recovery: *Le operazioni di recupero sono iniziate subito dopo il naufragio.* Recovery operations began immediately after the shipwreck took place. | **recupero bagagli** (all'aeroporto) baggage reclaim **2** (a fine partita) extra time: *L'arbitro ha concesso cinque minuti di recupero.* The referee allowed five minutes of extra time. **3** **corsi di recupero** remedial classes **4** (di carcerato, tossicomane) rehabilitation

redattore, -trice *s* (di giornale) journalist

reddito *s* income ▶ vedi anche **denuncia**

redini *s* reins | **tenere le redini di qc** to be in charge of sth: *È il figlio maggiore che tiene le redini dell'azienda.* It's the elder brother who's in charge of the business.

referenza *s* (di candidato, impiegato) reference

referto *s* **referto medico** medical report

regalare *v* to give: *Per Natale i miei mi hanno regalato il computer.* My parents gave me the computer for Christmas. | *Cosa regali a Pietro per il suo compleanno?* What are you going to give Pietro for his birthday?

> Il verbo **to give** significa *dare*. Quando si vuole sottolineare che un oggetto è un regalo, si usa il sostantivo **present**:
>
> *Sono molto attaccato a questo orologio perché me lo ha regalato la mia ragazza.* I'm very fond of this watch because it was a present from my girlfriend.

regalo *s* present | **regalo di Natale/di compleanno** Christmas/birthday present: *È un regalo di Marco.* It's a **present from** Marco. | *Me lo incarta? È per un regalo.* Could you wrap it up for me,

R

please? It's a present. | **fare un regalo a qn** to give sb a present: *Vorrei fare un regalo a Marina per il suo compleanno.* I'd like to give Marina a present for her birthday.

reggere v **1** to hold: *Reggimi un attimo la borsa, per favore.* Will you hold my bag a minute, please? **2** (resistere) to hold: *La fune non ha retto e i due scalatori sono precipitati nella scarpata.* The rope didn't hold and the two climbers fell to their deaths. | **reggere la fatica/lo stress** to cope with physical exertion/stress | **reggere il confronto** to stand up to comparison: *Il vecchio modello non regge il confronto con il nuovo.* The old model doesn't stand up to comparison with the new one. | **reggere l'alcol** to take alcohol: *Non reggo l'alcol: due bicchieri di vino e sono ubriaco.* I can't take alcohol: two glasses of wine and I'm drunk. **3** (ragionamento) to stand up: *Il tuo discorso non regge.* What you're saying doesn't stand up. **4** (in grammatica) to take: *Questo verbo regge l'infinito.* This verb takes the infinitive.

reggersi v rifl to hold on: *Reggetevi forte!* Hold on tight! | **reggersi in piedi** to stand up: *Non mi reggo in piedi dalla stanchezza.* I'm so tired I can't stand up.

reggia s palace

reggimento s regiment

reggiseno s bra

regia s **regia di** directed by: *regia di Nanni Moretti* directed by Nanni Moretti

regime s (forma di governo) regime

regina s queen

regionale agg regional

regione s **1** (amministrativa) region: *Ogni regione italiana ha piatti tipici.* Each region of Italy has its own characteristic dishes. **2** (zona geografica) area: *In questa regione piove molto spesso.* It rains a lot in this area.

regista s director

registrare v **1** (su cassetta) to record: *L'hai registrato il film di mezzanotte?* Did you record the late night film? **2** (rilevare) to record: *Ieri sono state registrate temperature altissime.* Extremely high temperatures were recorded yesterday. **3** (annotare) to record: *Le spese vanno registrate nella colonna sinistra.* The expenses are recorded in the left-hand column.

registratore s tape recorder

registrazione s **1** (di musica, immagini) recording **2** (di documento) registration

regnare v to reign

regno s **1** (paese) kingdom **2** (governo) reign **3** **il regno animale/vegetale** the animal/vegetable kingdom

Regno Unito s **il Regno Unito** the United Kingdom

> **The United Kingdom** è il nome ufficiale dello Stato e ne fanno parte la Gran Bretagna, cioè Inghilterra, Scozia e Galles, più l'Irlanda del Nord.

regola s rule | **rispettare/non rispettare le regole** to follow/to break the rules: *regole grammaticali* grammar rules | **di regola** as a rule: *Di regola a luglio non piove, ma non si sa mai.* It doesn't rain in July as a rule, but you never know. | **essere in regola** to be in order: *I documenti sono in regola.* The papers are in order. | *Lei è in regola, può andare.* Everything's in order, you can go.

regolamentare agg si usa il sostantivo **regulation** in funzione di aggettivo: *distanza regolamentare* regulation distance

regolamento s **1** regulations [sempre plurale]: *Il regolamento prevede che l'atleta sia squalificato.* The regulations stipulate that the athlete must be disqualified. **2** **regolamento di conti** settling of scores: *Sembra che l'omicidio sia stato un regolamento di conti tra bande rivali.* It looks like the murder was a settling of scores between rival gangs.

regolare aggettivo e verbo

- agg regular: *verbi regolari e irregolari* regular and irregular verbs | *La partita si è svolta in modo regolare.* The match was played according to the rules. | *I battiti cardiaci sono regolari.* His heartbeat is regular. | *un viso dai lineamenti regolari* a face with regular features
- v **1** (volume, altezza) to adjust: *Con quel pulsante regoli il volume della TV.* You can adjust the volume of the TV with this button. **2** (regolamentare) to regulate: *le leggi che regolano la società moderna* the laws regulating modern society

regolarsi v rifl **1** (comportarsi) to behave: *Con lui non so mai come regolarmi.* I never know how to behave with him. **2** **regolarsi nel bere/nel mangiare** to control your eating/drinking

regolarità s regularity | **con regolarità** regularly: *Negli ultimi tempi ci siamo incontrati con regolarità.* We've been meeting quite regularly lately.

regolarmente avv **1** (correttamente) properly: *Non ho compilato regolarmente il modulo e mi hanno annullato l'iscrizione.* I didn't fill the form in properly and my enrolment was cancelled. **2** (sempre) always: *Marco arriva regolarmente in ritardo.* Marco always arrives late.

reincarnazione s reincarnation

relatività s relativity

Vuoi ordinare un hamburger in inglese? Consulta la **guida alla comunicazione** in fondo al dizionario.

relativo, -a *agg* **1** (discreto) relative: *un periodo di relativa tranquillità* a period of relative calm **2** (in grammatica) relative: *un pronome relativo* a relative pronoun **3** **relativo a qn/qc** relating to sb/sth, on sb/sth [più informale]: *Ha raccolto su Internet alcuni articoli relativi alle questioni dell'ambiente.* He's downloaded some articles from the web relating to environmental issues. | *il capitolo relativo alla seconda guerra mondiale* the chapter on the Second World War **4** (corrispondente) respective: *Ha invitato i cugini e le relative fidanzate.* He invited his cousins and **their respective** girlfriends.

relax *s* si usa di solito il verbo **to relax** invece del sostantivo: *Ho bisogno di un po' di relax: stasera, usciamo!* I need **to relax** a bit. Let's go out tonight. | *una vacanza di relax totale* a **very relaxing** holiday

relazione *sostantivo e sostantivo plurale*
• *s* **1** (nesso) connection: *Tra i due eventi non c'è alcuna relazione.* There is no connection between the two events. **2** (tra persone) relationship: *La nostra relazione non funziona più.* Our relationship isn't working anymore. **3** (extraconiugale) affair **4** (resoconto) report: *Devo presentare una relazione scritta sulla visita al salone del libro.* I have to do a written report on the visit to the book fair.
• **relazioni** *s pl* (rapporti) relations: *le relazioni tra i paesi europei* relations between European states | **essere in buone relazioni con qn** to be on good terms with sb: *Anche se ci siamo lasciati, siamo sempre in buone relazioni.* Even though we've split up, we're still on good terms. | **pubbliche relazioni** public relations, PR

religione *s* **1** (fede) religion **2** (materia) religious education, RE

religioso, -a *agg* religious

relitto *s* wreck

remare *v* to row

remo *s* oar ► vedi anche **barca**

remoto, -a *agg* (possibilità) slight

rendere *v* **1** (far diventare) to make | **rendere qc facile/impossibile** to make sth easy/impossible | **rendere qn nervoso/allegro** to make sb nervous/happy: *Il traffico ha reso il centro della città impraticabile.* The traffic made the town centre impassable. **2** (restituire) to return: *Non mi ha ancora reso i CD che le ho prestato.* She's still not returned the CDs that I lent her. **3** **rendere conto a qn di qc** to answer to sb for sth: *Non devo rendere conto a nessuno di quello che faccio.* I don't have to answer to anyone for what I do. | **rendersi conto di qc** to realize sth: *Non si rende conto di quello che dice.* He doesn't realize what he's saying. | *Non mi ero reso conto che fosse così tardi.* I hadn't realized it was that late. **4** (concetto, significato) to express: *Questa traduzione non rende bene il concetto.* This translation doesn't express the idea very well. | **rendere l'idea** to make things clear: *Non so se rendo l'idea.* I don't know if I'm making things clear. **5** (investimento) to give a good return, (negozio) to be profitable **6** **rendere nello studio/nel lavoro** to do well in your studies/at work
rendersi *v rifl* **1** **rendersi ridicolo** to make a fool of yourself **2** **rendersi utile** to make yourself useful

rendimento *s* performance: *rendimento scolastico* academic performance

rene *s* kidney | **rene artificiale** artificial kidney

renna *s* **1** (animale) reindeer **2** (pelle) buckskin: *una giacca di renna* a buckskin jacket

Reno *s* **il Reno** the Rhine

reparto *s* **1** (di ospedale) ward | **il reparto (di) rianimazione** the intensive care unit **2** (di grande magazzino) department: *il reparto alimentari* the grocery department **3** (militare) unit

repertorio *s* **1** (musicale, teatrale) repertoire **2** **immagini di repertorio** film library footage

replica *s* **1** (televisiva) repeat, (teatrale) performance **2** (risposta) reply | **non ammettere repliche** *L'ha detto in un tono che non ammette repliche.* She said it in a tone which brooked no discussion.

repressione *s* repression

reprimere *v* **1** (rivolta, ribellione) to suppress **2** (impulso, rabbia) to suppress
reprimersi *v rifl* to hold back: *Non sono riuscito a reprimermi e le ho detto tutto quello che pensavo di lei.* I just couldn't hold back and I told her what I thought of her.

repubblica, anche **Repubblica** *s* republic, Republic

reputazione *s* reputation | **avere una buona/cattiva reputazione** to have a good/bad reputation

requisito *s* requirement

residente *agg e s* resident | **residente all'estero** resident abroad

residenza *s* residence

residenziale *agg* residential

residuo, -a *sostantivo e aggettivo*
• **residuo** *s* **residui industriali/tossici** industrial/toxic waste
• *agg* remaining

resistente *agg* (struttura) strong, (materiale) durable | **resistente all'acqua** waterproof | **resistente al calore** heat-resistant

Resistenza *s* Resistance

R

resistenza *s* **1** (di struttura) strength, (di materiale) durability, (di atleta) stamina: *L'atleta ha rivelato una resistenza eccezionale.* The athlete showed exceptional stamina. **2** (opposizione) opposition | **fare resistenza**: *Vorrei andare in vacanza con i miei amici, ma i miei fanno resistenza.* I'd like to go on holiday with my friends, but my parents are against it. **3** (elettrica) heating element

resistere *v* **1** (tener duro) to hold on: *Cerca di resistere, siamo quasi arrivati.* Try to hold on, we're almost there. | *Questo film è troppo noioso, non resisto più.* This film is so boring. I'm going to bed. | **resistere al dolore/allo stress** to cope with pain/stress | **resistere a una tentazione** to resist a temptation: *Non ho resistito alla tentazione di leggere il suo diario.* I couldn't resist the temptation to read her diary. **2** (non rompersi) to hold: *Speriamo che la scala resista!* Let's hope the ladder holds! | **resistere a un peso** to take a weight | **resistere a un urto/al vento** to withstand a shock/the wind

resoconto *s* report

respingere *v* **1** (proposta, aiuto) to turn down: *Non credo che le piaccia: finora ha respinto tutti i suoi inviti.* I don't think she fancies him. She's turned down all his invitations up to now. **2** **essere respinto** (studente, candidato) to fail: *È stata respinta all'esame.* She failed the exam. | *Se continui così, quest'anno sarai respinto.* If you carry on like this, you'll fail this year. **3** (nemico, attacco) to repel

respirare *v* to breathe: *Respira profondamente.* Breathe deeply. | *Quando l'abbiamo trovato, respirava ancora.* When we found him he was still breathing. | *Con questo caldo non si respira!* It's so hot you can hardly breathe! | *Ora che ho finito gli esami comincio a respirare!* I can breathe easily now that the exams are over.

respirazione *s* respiration | **respirazione bocca a bocca** mouth-to-mouth resuscitation

respiro *s* breath: *Fai un bel respiro.* Take a deep breath. | *Trattieni il respiro.* Hold your breath. | *Non ho avuto un attimo di respiro.* I haven't had a moment's rest. | **tirare un respiro di sollievo** to heave a sigh of relief

responsabile *aggettivo* e *sostantivo*

• *agg* responsible: *È un ragazzo molto responsabile, per la sua età.* He's a very responsible boy for his age. | **essere responsabile di qc** to be responsible for sth: *Sono responsabile della raccolta di fondi per la biblioteca scolastica.* I'm responsible for raising money for the school library. | *Sono anch'io responsabile di quello che è successo.* I'm also responsible for what happened.

• *s* **il responsabile delle vendite/del negozio** the person in charge of sales/the shop | **il responsabile del furto/della situazione** the person responsible for the theft/the situation

responsabilità *s* responsibility: *Il professore mi ha affidato la responsabilità di organizzare la gita.* The teacher gave me **responsibility for** organizing the trip. | *Non è mia la responsabilità dell'incidente.* The accident is not my responsibility. | *Ha affrontato la situazione con grande responsabilità.* He tackled the situation very responsibly.

restare *v* **1** (fermarsi) to stay: *Stasera resto a casa.* I'm staying in tonight. | *Ti va di restare a pranzo?* Do you want to stay to lunch? | *Che resti tra di noi!* Let's keep it to ourselves! **2** (continuare ad essere) to stay: *Siamo restati amici.* We stayed friends. | *Non restare lì fuori. Entra!* Don't stay standing outside. Come in! **3** **restare incinta** to get pregnant | **restare senza parole** to be left speechless: *Sono restato senza parole quando me lo ha detto.* I was left speechless when he told me. | **restarci male** to be hurt: *Ci sono restata proprio male quando ho saputo che mi hai raccontato una bugia.* I was really hurt when I found out you'd lied to me. **4** (avanzare) si traduce di solito con **to be** o **to have** seguiti da **left**: *Quanti soldi ti restano?* How much money **have you got left?** | *Sbrigati. Restano solo pochi minuti alla partenza del treno.* Hurry up. **You've** only got a few minutes **left** before the train leaves. | *Di tutta quella cena, non è restato niente.* **There is** nothing **left** over from that meal. | *Non ci resta che aspettare.* All we can do is wait.

restaurare *v* to restore

restauratore, -trice *s* restorer

restauro *s* restoration

restituire *v* **1** (oggetto prestato) to give back: *Non mi ha ancora restituito i miei CD.* She's still not given me back my CDs. | *Hai restituito i libri alla biblioteca?* Have you taken the books back to the library? **2** (visita, favore) to return

resto *sostantivo* e *sostantivo plurale*

• *s* **1** rest: *Tu occupati degli inviti, al resto penso io.* You look after the guests, I'll take care of the rest. | *Trascorreremo il resto della vacanza in Scozia.* We'll spend the rest of the holidays in Scotland. | **del resto** besides: *Non ho voglia di andare al cinema. Del resto ormai è troppo tardi.* I don't feel like going to the cinema. Besides, it's too late now. **2** (soldi) change: *Fanno tre euro di resto.* That's three euros in change. | *Mi dispiace, non*

Quando si usa *in*, *on* e *at*? Vedi alla voce in.

ho da darle il resto. Sorry, but I haven't got any change. **3** (nelle divisioni) remainder: *Ventisette diviso sei fa quattro con il resto di tre.* Twenty-seven divided by six is four with a remainder of three.

• **resti** *s pl* (di pranzo, cena) leftovers: *i resti della cena* the **leftovers from** dinner, (di civiltà, costruzione) remains

restringere *v* (abito, gonna) to take in

restringersi *v rifl* **1** (maglia, tessuto) to shrink **2** (strada) to narrow

rete *s* **1** (recinto) netting, (da pesca) net, (del letto) sprung bed base **2** (nel calcio) (porta) net, (gol) goal: *Il pallone urta il palo e finisce in rete.* The ball hits the post and ends up in the net. | *Chi ha segnato la prima rete?* Who scored the first goal? **3** (in informatica) network: *I computer sono in rete.* The computers are on a network. **4** (stazione televisiva) network **5 la rete stradale/ferroviaria** the road/rail network

rètina *s* retina

retro *s* back: *Sul retro della foto c'è una dedica.* On the back of the photo there's a dedication. | *Sono entrati da una porta sul retro.* They came in by a door at the back.

retrocedere *v* **1** (squadra di calcio) to be relegated: *La squadra è retrocessa in Serie B.* The team has been relegated to the first division. **2** (farsi indietro) to retreat

retromarcia *s* reverse | **fare retromarcia** to reverse: *Per uscire dal garage devi fare retromarcia.* You have to reverse to get out of the garage. | **mettere la retromarcia** to go into reverse

retrovisore *s* rear-view mirror

retta *s* **1** (in geometria) straight line **2 dar retta a qn/qc** to listen to sb/sth: *Non dar retta a quello che sta dicendo.* Don't listen to what she's saying. | *Glielo avevo detto, ma non mi dà mai retta.* I told him, but he never listens to me.

rettangolo *s* rectangle

rettile *s* reptile

retto *s* rectum ▶ vedi anche **angolo**

reumatismi *s pl* rheumatism [mai plurale]

revisione *s* **1** (di testo, compito) revision **2** (di auto, motore) service

riacquistare *v* **riacquistare la vista/le forze** to regain your sight/your strength

rialzo *s* rise

rianimazione *s* intensive care

riassumere *v* to summarize

riassunto *s* summary (pl summaries)

riattaccare *v* **1** (telefono) to hang up: – *Chi era al telefono? – Non lo so, hanno riattaccato.* "Who was it on the phone?" "I don't know, they hung up." | **riattaccare il telefono in faccia a qn** to slam the phone down on sb: *Mi sono arrabbiata e gli ho riattaccato il telefono in faccia.* I got angry and slammed the phone down on him. **2 riattaccare a piovere/ridere** to start raining/laughing again

riavvolgere *v* to rewind

ribaltabile ▶ vedi **sedile**

ribaltare *v* **1** (barca) to capsize **2 ribaltare la situazione/il risultato** to turn the situation/the result around: *Perdevamo uno a zero, ma negli ultimi minuti abbiamo ribaltato il risultato.* We were losing one-nil, but in the final minutes we turned the result around.

ribaltarsi *v rifl* (auto) to overturn, (barca) to capsize

ribasso *s* fall

ribellarsi *v rifl* **1** (ad autorità) to rebel: *Il popolo si è ribellato e ha deposto il dittatore.* The people rebelled and overthrew the dictator. | **ribellarsi a qn/qc** to rebel against sb/sth: *Alcuni studenti si sono ribellati alla decisione del preside.* Some students rebelled against the headmaster's decision. **2 ribellarsi a un aggressore/a un'aggressione** to stand up to an attacker/to an attack

ribelle *aggettivo* e *sostantivo*

• *agg* **1** (carattere, ragazzo) rebellious **2** (popolazione) rebellious | **soldati ribelli** rebel soldiers

• *s* rebel

ribellione *s* rebellion

ricadere *v* **1** to fall down again | **ricadere sempre nello stesso errore** to make the same mistake every time **2 ricadere su qn** to fall on sb: *Lo sapevo che la colpa sarebbe ricaduta su di me!* I knew that the blame would fall on me!

ricaduta *s* relapse

ricalcare *v* to trace

ricamare *v* to embroider

ricambio *s* **1** (di macchina) spare part ▶ vedi anche **pezzo** **2 un ricambio di camicia/calzini** a change of shirt/socks | **di ricambio** spare: *Portati una maglia di ricambio.* Take a spare sweater.

ricamo *s* embroidery [mai plurale]: *una giacca di jeans con ricami di perline* a denim jacket with pearl embroidery

ricaricare *v* (batteria, telefonino) to recharge, (arma, fucile) to reload

ricattare *v* to blackmail

ricattatore, -trice *s* blackmailer

ricatto *s* blackmail

ricavato *s* proceeds [sempre plurale]: *Il ricavato della serata è stato devoluto in beneficienza.* The proceeds from the evening were given to charity.

ricchezza *s* **1** (condizione) wealth **2** (patrimonio) fortune: *Possiede enormi ricchezze.* She has an enormous fortune. | **ricchezze artistiche** artistic treasures | **ricchezze naturali** natural resources

R

riccio, -a *sostantivo* e *aggettivo*
• **riccio** *s* **1** (animale) hedgehog | **riccio di mare** sea urchin **2** (di castagna) chestnut husk **3** (di capelli) curl
• *agg* (capelli, barba) curly

ricco, -a *aggettivo* e *sostantivo*
• *agg* **1** (con tanti soldi) rich: *un ricco imprenditore* a rich entrepreneur | *È ricco sfondato.* He's rolling in money. **2** (vegetazione, decorazione) rich | **essere ricco di qc** to have a lot of sth: *Roma è ricca di monumenti.* Rome has a lot of monuments.
• *s* rich person | **i ricchi** the rich

ricerca *s* **1** (di oggetto, persona) search: *La polizia ha abbandonato la ricerca dei superstiti.* The police have abandoned the search for survivors. | **essere alla ricerca di qn/qc** to be looking for sb/sth: *È alla ricerca di un lavoro.* He's looking for a job. **2** (scolastica) project: *Devo fare una ricerca sugli Etruschi.* I have to do a project on the Etruscans. **3** (scientifica) research: *la ricerca sul cancro* cancer research ▸ vedi anche **motore**

ricercato, -a *agg* **1** (modi, persona) refined **2** (dalla polizia) wanted

ricercatore, -trice *s* researcher

ricetta *s* **1** (in cucina) recipe **2** (di medico) prescription: *Questa medicina è venduta solo dietro presentazione di ricetta medica.* This medicine is only available **on prescription.**

ricevere *v* **1** (posta, regalo) to get, to receive [più formale]: *Per il mio compleanno ho ricevuto un bellissimo regalo.* I got a wonderful present for my birthday. **2** (accogliere) to welcome: *Ci ha ricevuto a braccia aperte.* He welcomed us with open arms. | **ricevere degli ospiti** to have guests **3** (paziente, pubblico) to see: *Il preside vi riceverà subito.* The headmaster will see you shortly. | *Il dottore riceve ogni mattina dalle 9 alle 12.* The doctor sees patients every morning from 9 to 12.

R

ricevitore *s* receiver

ricevitoria *s* non esiste in inglese un termine equivalente; per spiegare cos'è puoi dire **place where you can buy lottery tickets**.

> In Gran Bretagna, si può giocare al lotto e alla lotteria sia presso i **newsagents** (una sorta di tabaccherie), che nei supermercati.

ricevuta *s* receipt: *la ricevuta di un pagamento* the receipt **for** a payment | *Mi fa la ricevuta?* Can I have a receipt, please? | **ricevuta di ritorno** confirmation of delivery

richiamare *v* **1** (al telefono) per telefonare di nuovo a qualcuno, si usa **to ring sb again**; per chiamare qualcuno che ci ha cercati, si usa **to ring sb back:** *Gli ho telefonato un'ora fa, ma non c'era: provo a richiamarlo.* I phoned him an hour ago, but he wasn't in. I'll try **ringing him again.** | *Ora sono occupato: ti richiamo più tardi.* I'm busy now. **I'll ring you back** later. **2** (attrarre) to attract | **richiamare l'attenzione di qn** to attract sb's attention: *Le urla della ragazza hanno richiamato l'attenzione di alcuni passanti.* The girl's shouts attracted the attention of passers-by. **3** (rimproverare) to tell off: *Siamo stati richiamati dalla prof perché chiacchieravamo.* The teacher told us off for chatting. **4** (far tornare indietro) to call back

richiamo *s* **1** (grido) cry (pl cries) **2** (di vaccino) booster

richiedere *v* **1** (documento, passaporto) to apply for, (aiuto, parere) to ask for **2** (necessitare di) to require: *uno sport che richiede disciplina* a sport which requires discipline

richiesta *s* request | **fare richiesta per qc** to apply for sth: *Hai fatto richiesta per il passaporto?* Have you applied for a passport? | **su richiesta** on request: *Delle lezioni individuali di chitarra sono disponibili su richiesta.* Private guitar lessons are available on request. | **su richiesta dei genitori/degli alunni** at the parents'/pupils' request ▸ vedi anche **fermata**

richiesto, -a *agg* (prodotto, canzone) popular

riciclare *v* (carta, vetro) to recycle

ricominciare *v* to start again | **ricominciare a fare qc** to start to do sth again, to start doing sth again: *Sta ricominciando a piovere.* It's starting to rain again. | *Ha ricominciato ad andare il palestra.* She's started going to the gym again. | **ricominciare da capo** to start again (BrE), to start over (AmE)

ricompensa *s* reward

riconoscente *agg* grateful | **essere riconoscente a qn (per qc)** to be grateful to sb (for sth): *Ti sono molto riconoscente per il tuo aiuto.* I'm very grateful to you for your help.

riconoscere *v* **1** (persona, voce) to recognize: *Con i capelli corti, non ti avevo riconosciuta.* I didn't recognize you with short hair. **2** (ammettere) to admit: *Ha riconosciuto i suoi errori.* He admitted his mistakes. | *Riconosco di aver sbagliato.* I admit I was wrong. **3** **riconoscere qn colpevole (di qc)** to find sb guilty (of sth): *L'hanno riconosciuto colpevole di omicidio.* He was found guilty of murder. **4** (distinguere) to tell: *Non riesco a riconoscerli l'uno dall'altro.* I can't tell them apart. | *Le imitazioni si riconoscono facilmente dalle borse firmate.* You can easily tell the designer bags from the imitations. **5** (diritto, figlio) to recognize

riconoscimento *s* (ricompensa, premio) recognition

ricopiare *v* to write out

ricordare *v* **1** (richiamare alla propria memoria) to remember: *Non mi ricordo più come si chiama.* I can't remember what she's called. | *Il suo è un numero molto difficile da ricordare.* His number is very difficult to remember. **2** (richiamare alla memoria altrui) to remind: *Ti ricordo che il film inizia alle nove.* I'm just reminding you that the film starts at nine. | **ricordare a qn di fare qc** to remind sb to do sth: *Per favore, ricordami di chiudere a chiave.* Please remind me to lock the door. **3 ricordare qc (a qn)** (rassomigliare): *Ricorda molto il nonno.* She reminds me a lot of her grandfather.

ricordarsi *v rifl* **ricordarsi di qn/qc** to remember sb/sth: *Ti ricordi di me?* Do you remember me? | *Mi ricordo bene di quella vacanza.* I remember that holiday very well. | **ricordarsi di fare qc** to remember to do sth: *Devo ricordarmi di richiamarla.* I must remember to call her back. ▶ vedi nota FALSE FRIEND sotto **record**

ricordo *s* **1** (pensiero) memory: *i ricordi dell'infanzia* childhood memories **2** (oggetto) souvenir | **un ricordo di famiglia** a family heirloom ▶ vedi nota FALSE FRIEND sotto **record**

ricorrere *v* **1 ricorrere a qn** to consult sb: *Sono dovuto ricorrere al medico per la mia allergia.* I had to consult the doctor about my allergy. **2 ricorrere a qc** to use sth: *Sono ricorsa al dizionario per tradurre la poesia.* I used a dictionary to translate the poem. **3** (ripetersi) to recur: *Fatti del genere ricorrono con una certa frequenza.* Events of this kind recur quite frequently.

ricorso *s* **fare ricorso a qn** to turn to sb: *Ha fatto ricorso al suo migliore amico per un consiglio.* He turned to his best friend for advice. | **far ricorso a qc** to resort to sth: *Ho dovuto fare ricorso alle minacce per convincerlo.* I had to resort to threats to persuade him.

ricoverare *v* **ricoverare qn in ospedale** to admit sb to hospital: *È stato ricoverato in ospedale.* He was admitted to hospital.

ricoverarsi *v rifl* to go into hospital

> Non confondere **to recover**, che significa ristabilirsi da una malattia o da un incidente, con *ricoverare*.

ricovero *s* **1** (in ospedale) in inglese non c'è un sostantivo equivalente: *Dopo un mese di ricovero in ospedale, lo hanno dimesso.* After a month in hospital, he was allowed to go home. | *È stato necessario il ricovero.* He had to be hospitalized. **2** (rifugio) shelter: *un ricovero di fortuna* a makeshift shelter

ricreazione *s* break (BrE), recess (AmE): *È suonata la campana della ricreazione.* The bell rang for break.

ridere *v* to laugh: *Mi ha fatto così ridere con i suoi racconti!* He really made me laugh with his stories! | *Cosa c'è da ridere?* What is there to laugh about? | **ridere di qn** to laugh at sb: *Guarda che non stavo ridendo di te.* I wasn't laughing at you, you know. | **non c'e niente da ridere** there's nothing to laugh about | **farsi ridere dietro da qn** *Se vai in giro così, ti farai ridere dietro da tutti.* If you go around dressed like that, you'll be a laughing stock.

ridicolizzare *v* to ridicule: *un programma TV che ridicolizza i personaggi famosi* a TV programme in which celebrities are ridiculed

ridicolo, -a *agg* **1** (buffo) ridiculous: *È ridicola con quel cappello.* She looks ridiculous in that hat. **2** (assurdo) ridiculous: *Non essere ridicolo: sai benissimo di avere torto!* Don't be ridiculous. You know very well you're wrong! **3** (insignificante) ridiculously low: *Ha comprato quella giacca a un prezzo ridicolo.* She bought that jacket for a ridiculously low price.

ridire *v* **1** (ripetere) si traduce con **to tell/say again.** Per la differenza tra **to tell** e **to say** vedi nota sotto *dire*: *Ridimmi come ti chiami, non mi ricordo più.* Tell me again what your name is, I've forgotten. | *Ridice sempre le stesse cose.* She says the same things again and again. **2 trovare da ridire su qn/qc** to find fault with sb/sth: *Trova sempre da ridire su tutto.* He's always finding fault with everything.

ridotto, -a *agg* **1** (scontato) cut-price: *un biglietto a prezzo ridotto* a cut-price ticket | *tariffa ridotta* reduced fare **2** (piccolo) small: *Alla gita ha partecipato solo un numero ridotto di studenti.* Only a small number of students went on the trip. | *in formato ridotto* small-scale

ridurre *v* **1** (velocità, rischio) to reduce, (spese, costi) to cut: *La patente a punti ha ridotto il numero degli incidenti.* The points system has reduced the number of road accidents. | *Ho ridotto le spese al minimo.* I've cut my spending to a minimum. **2** (far diventare) *Guarda come hai ridotto il mio vestito!* Look what you've done to my dress! | *Il troppo lavoro l'ha ridotto uno straccio.* Too much work has worn him out. | *L'edificio è ridotto a un cumulo di macerie.* The building has been reduced to a pile of rubble. | **ridurre qc in pezzi** to wreck sth: *Ha ridotto in pezzi la mia bicicletta nuova.* He's wrecked my new bike.

R

Sai come funzionano i *phrasal verbs*? Vedi le spiegazioni nella guida grammaticale.

ridursi *v rifl* **1** (diminuire) to drop: *Il livello di inquinamento si è ridotto a Palermo.* Pollution levels have dropped in Palermo. **2** (diventare) *Guarda come ti sei ridotto!* Look at the state of you! | **ridursi a fare qc** to be reduced to doing sth: *Si è ridotto a chiedere l'elemosina.* He was reduced to begging.

riduzione *s* (sconto) discount: *una riduzione per studenti* a student discount | *Mi ha fatto una riduzione del 10%.* He gave me a 10% discount.

riempire *v* **1** (recipiente, borsa) to fill: *Riempimi il bicchiere d'acqua, per favore.* Fill my glass **with** water, please. **2** (modulo, assegno) to fill in (BrE), to fill out (AmE): *Riempi il tagliando e spediscilo.* Fill in the slip and send it off.

riempirsi *v rifl* (stadio, locale) to fill up: *Lo stadio si sta riempiendo.* The stadium is filling up. | **riempirsi di qc** to fill with sth: *La stanza si è riempita di fumo.* The room filled with smoke. | *Si è riempito di debiti.* He's sunk deeply into debt.

rientrare *v* **1** (tornare a casa) to get home: *A che ora sei rientrato?* When did you get home? | *Ieri sono rientrato tardissimo.* I got home really late last night. **2** (riandare dentro) to go back in, (rivenire dentro) to come back in: *È uscito dalla stanza ed è rientrato pochi minuti dopo.* He left the room and came back in a few minutes later. **3** (far parte) **rientrare in qc** *Questo non rientra nei miei compiti.* This isn't one of my duties. | *Leggere non rientra nelle sue abitudini.* Reading isn't something he does regularly.

rifare *v* si traduce di solito con **to do again** o **to make again**; per la differenza tra **to make** e **to do** vedi nota sotto *fare*: *Devo rifare i conti.* I have to do the sums again. | *Fai prima a rifare la lettera che a correggerla.* It would be quicker to do the letter again rather than to correct it. | *Non rifarò lo stesso errore.* I won't make the same mistake again. | *Ho bruciato il dolce e ora devo rifarlo.* I burned the cake so now I have to make another one. | *Rifarei un tentativo.* I'd give it another try. | **rifare il letto** to make your bed: *Metti a posto la tua stanza e rifai il letto.* Tidy your room and make your bed. | **rifarsi il naso** to have a nose job

rifarsi *v rifl* **1** (di perdita) to even up the score: *Facciamo un'altra partita: voglio rifarmi.* Let's have another game. I want to even up the score. **2** (riferirsi) to refer to: *Per rifarmi a quello che dicevamo, penso che sia meglio parlarne con lei.* Referring to what we were saying, I think it would be better to discuss it with her.

riferimento *s* **fare riferimento a qc/qn** to refer to sth/sb: *Nella sua lettera fa riferimento al suo prossimo viaggio.* In his letter he refers to his next journey. | **in/con riferimento a** (nelle lettere) with reference to: *in riferimento alla vostra lettera del 23 giugno* with reference to your letter of 23 June

riferire *v* to tell: *Mi ha riferito l'accaduto.* He told me what happened.

riferirsi *v rifl* **riferirsi a qc/qn** to refer to sth/sb: *Mi riferisco a quello che è successo ieri.* I'm referring to what happened yesterday.

rifiutare *v* to refuse: *Non puoi rifiutarmi questo favore!* You can't refuse me this favour! | **rifiutare di fare qc** to refuse to do sth: *Ha rifiutato di partire da solo.* He refused to leave on his own.

rifiuto *sostantivo* e *sostantivo plurale*
- *s* refusal
- **rifiuti** *s pl* (immondizia) rubbish (BrE) [mai plurale], garbage (AmE): *un mucchio di rifiuti* a pile of rubbish

riflesso *s* **1** (di sole, luce) glare **2** (di azione, evento) effect | **di riflesso** (di conseguenza) indirectly: *Accusando lui, di riflesso accusi anche me.* By accusing him, you're indirectly accusing me as well. **3** (reazione nervosa) reflex | **avere i riflessi pronti** to have quick reflexes **4** **riflessi biondi** (nei capelli) blonde highlights

riflettere *v* **1** (pensare) to think: *Devo rifletterci.* I'll have to think about it. | *Ha agito senza riflettere.* She acted without thinking. **2** (rispecchiare) to reflect: *L'acqua riflette la luce.* Water reflects light.

riflettersi *v rifl* **1** (immagine, luce) to be reflected: *Le case si riflettono sul lago.* The houses are reflected on the lake's surface. **2** **riflettersi su qc/qn** to be reflected in sth/sb: *I troppi impegni sportivi si riflettono sui tuoi risultati scolastici.* The fact that you spend too much time playing sports is reflected in your grades at school.

riflettore *s* (di cinema, teatro) spotlight, (di stadio) floodlight

riforma *s* (della scuola, elettorale) reform

rifornimento *sostantivo* e *sostantivo plurale*
- *s* (di viveri, benzina) supply | **fare rifornimento di benzina** to fill up the tank | **fare rifornimento di bibite/salatini** to stock up on drinks/snacks
- **rifornimenti** *s pl* supplies

rifornire *v* **rifornire qn/qc di qc** to supply sb/sth with sth: *Ci hanno rifornito di viveri.* They supplied us with food. | **rifornire un aereo di carburante** to refuel a plane

rifornirsi *v rifl* **rifornirsi di viveri/bevande** to stock up on food/drinks

rifugiarsi *v rifl* **1** (ripararsi) to shelter: *Rifugiamoci sotto la tettoia finché piove.* Let's shelter under the canopy until it

R

stops raining. **2** (scappare) to escape: *Si è rifugiato all'estero.* He escaped abroad.

rifugio *s* **1** (protezione) shelter **2** (costruzione) refuge | **rifugio antiaereo** air-raid shelter

riga *s* **1** (linea) line | **tirare una riga** to draw a line | **un quaderno/un foglio a righe** a lined exercise book/sheet of paper | **una stoffa/una camicia a righe** a striped material/shirt **2** (di testo) line | **scrivere due righe a qn** to drop sb a line: *Voglio scrivergli due righe di ringraziamento.* I want to drop him a line to say thank you. **3** (graffio) scratch **4** (nei capelli) parting **5** (righello) ruler

rigido, -a *agg* **1** (duro) stiff **2** (severo) strict **3** (molto freddo) hard

rigore *s* (nello sport) penalty | **tirare/battere un rigore** to shoot/take a penalty ▶ vedi anche **calcio**

rigoroso, -a *agg* **1** (accurato, preciso) rigorous **2** (severo) strict

riguardare *v* (concernere) to concern: *Le riforme riguardano solo la scuola secondaria.* The reforms only concern secondary schools. | *È una faccenda che non ti riguarda.* This is none of your business. | **per quanto mi/ti ecc. riguarda** as for me/you etc

riguardarsi *v rifl* to look after yourself: *Sei ancora convalescente, cerca di riguardarti.* You're still recovering, so try to look after yourself.

riguardo *s* **1** **riguardo a** about, regarding [più formale]: *Ho molti dubbi riguardo alla sua sincerità.* I'm fairly dubious about his sincerity. | *le ultime informazioni riguardo allo sciopero* the latest information regarding the strike | **nei riguardi di qn** towards sb: *Non mi piace il suo atteggiamento nei miei riguardi.* I don't like his attitude towards me. | *È molto gentile nei miei riguardi.* He's very kind to me. | **a questo riguardo** about that: *Non hanno niente da dire a questo riguardo.* They don't have anything to say about that. **2** (attenzione) consideration

rilasciare *v* **1** (prigionieri, ostaggi) to release **2** (certificato, passaporto) to issue: *Le hanno rilasciato un passaporto nuovo.* She **was issued with** a new passport. **3** (dichiarazioni) to give

rilassamento *s* relaxation

rilegare *v* to bind

rilievo *s* **1** **in rilievo** relief: *una cartina in rilievo* a relief map **2** (montagna) high ground [mai plurale] **3** **mettere qc in rilievo** to highlight sth: *La partita metterà in rilievo le difficoltà della squadra.* The match will highlight the team's difficulties.

rima *s* **far rima (con qc)** to rhyme (with sth) | **rispondere per le rime** to give as good as you get: *Non lasciarti insultare, rispondi per le rime.* Don't let people insult you. Just give as good as you get.

rimandare *v* **1** (rinviare) to postpone: *Abbiamo rimandato la partenza di alcuni giorni.* We postponed our departure **by** a few days. | *Hanno rimandato il concerto a giugno.* They've postponed the concert **until** June. **2** **rimandare un'e-mail/una lettera** to send an e-mail/a letter again

rimando *s* (in dizionario, libro) cross-reference

rimanere *v* ▶ vedi riquadro

rimbalzare *v* to bounce

rimbalzo *s* rebound | **di rimbalzo** on the rebound

rimboccare *v* **rimboccarsi le maniche** to roll up your sleeves | **rimboccare le coperte a qn** to tuck sb up in bed: *Ogni sera la mamma mi rimbocca le coperte.* My mum tucks me up in bed every night.

rimborsare *v* (biglietto, soldi) to refund, (persona, spese) to reimburse: *Non mi hanno ancora rimborsato le spese di viaggio.* They still haven't refunded me my travel costs. | *Gli spettatori saranno rimborsati.* Spectators will be reimbursed.

rimborso *s* refund: *Puoi chiedere un rimborso.* You can ask for a refund. | *Ha chiesto il rimborso delle spese.* He asked for his expenses to be reimbursed.

rimediare *v* **1** **rimediare a un brutto voto/a una gaffe** to make up for a bad mark/a blunder **2** (procurarsi) to get hold of: *Ho rimediato due biglietti per il concerto di stasera.* I've got hold of two tickets for tonight's concert. | **rimediare dei soldi** to scrape together some money

rimedio *s* **1** (medicina) remedy: *un rimedio per la tosse* a cough remedy **2** **porre rimedio a qc** to remedy sth: *Non so come porre rimedio alla situazione.* I don't know how to remedy the situation.

rimessa *s* **1** **rimessa laterale** throw-in **2** (degli autobus) depot

rimettere *v* **1** (tornare a mettere) to put back: *Hai rimesso a posto i dischi?* Have you put the records back? **2** (abiti) to put back on: *Ho finito l'orlo: puoi rimetterti i pantaloni.* I've finished the hem. You can put your trousers back on. | *Fa così freddo che bisogna rimettere gli abiti pesanti.* It's so cold we'll have to start wearing warm clothes again. **3** (vomitare) to throw up: *La sciroppo per la tosse mi ha fatto rimettere.* The cough mixture made me throw up. | *Mi viene da rimettere.* I'm going to be sick. **4** **rimetterci qc** to lose sth: *Non vorrei rimetterci altri soldi.* I wouldn't like to lose any more money. | *Spero di riuscire*

R

Vuoi una lista di frasi utili per parlare di te stesso? Consulta la **guida alla comunicazione** in fondo al libro.

rimanere *verbo*

1 Nel senso di *fermarsi* in un luogo, si usa **to stay**:
È rimasto a casa. He stayed at home. | *Possiamo rimanere fino a domenica.* We can stay until Sunday. | *Perché non rimani qui a dormire?* Why don't you stay here overnight?

2 Nel senso di essere in una certa condizione si usa di solito **to stay** seguito da un aggettivo:
Cerca di rimanere sveglio. Try to stay awake. | *I negozi rimangono aperti più a lungo di sabato.* The shops stay open longer on Saturdays.

3 Osserva però i seguenti esempi:
Siamo rimasti in piedi durante tutto il concerto. We were standing all through the concert. | *Sono rimasto senza soldi.* I haven't got any money left.

4 Nel senso di *diventare*, si usa **to be**:
Molte persone sono rimaste ferite. Several people were hurt. | *È rimasto orfano da piccolo.* He was orphaned as a child. | *Ci sono rimasta proprio male.* I was really upset.

5 Nel senso di *avanzare*, si usa la seguente costruzione **there is/are** + quello che avanza + **left**:
Sono rimaste due fette di dolce. There are two pieces of cake left. | *Rimane un'ora alla partenza.* There's an hour left before departure.

6 Osserva però i seguenti esempi:
Quanti soldi ti rimangono? How much money have you got left? | *C'è rimasta una sola copia.* It's the only copy we have left. | *Non ci rimane che aspettare.* All we can do is wait.

a rivendere la bici senza rimetterci. I hope I can resell my bike without losing any money.

rimettersi *v rifl* **1** **rimettersi a fare qc** to start doing sth again: *Dopo le vacanze si è rimesso subito a studiare.* He started studying again straight after the holidays. | *Si è rimesso a dormire!* He went back to sleep! **2** (stare meglio) to get well: *Rimettiti presto!* Get well soon! | **rimettersi da una malattia/un'operazione** to recover from an illness/an operation | **rimettersi da uno spavento/una brutta esperienza** to get over a shock/a bad experience **3** (rimettersi insieme) to get back together: *Ho sentito che Giulia e Giovanni si sono rimessi insieme.* I heard that Giulia and Giovanni have got back together.

rimmel® *s* mascara

In inglese, Rimmel® è solo una marca di cosmetici.

rimodernare *v* to renovate

rimorchiare *v* **1** (auto) to tow (away) **2** (ragazza, ragazzo) to go off with: *Ieri ha rimorchiato una ragazza molta carina.* He went off with a really pretty girl yesterday.

rimorchio *s* trailer

rimorso *s* remorse [mai plurale]: *Era pieno di rimorsi.* He was full of remorse.

rimpiangere *v* **1** (pentirsi di) to regret: *Spero che tu non debba rimpiangere questa decisione.* I hope you won't regret this decision. | **rimpiangere di aver fatto qc** to regret doing sth: *Rimpiango di non averci pensato prima.* I regret not thinking about it earlier. **2** (periodo, luogo) to miss

rimpianto *s* regret: *Non ho rimpianti.* I have no regrets.

rimpiazzare *v* to replace: *Chi rimpiazza la prof di matematica quando va in maternità?* Who's going to replace the maths teacher when she goes on maternity leave? | *Ha subito rimpiazzato il fidanzato.* She got herself a new boyfriend straight away.

rimpinzarsi *v rifl* **rimpinzarsi di qc** to stuff yourself with sth: *Ci siamo rimpinzati di pasticcini.* We stuffed ourselves with pastries.

rimproverare *v* to tell off: *La professoressa mi ha rimproverato per il ritardo.* My teacher told me off **for being late.**

rimproverarsi *v rifl* **rimproverarsi qc** to reproach yourself for sth: *Tu non hai niente da rimproverarti.* You have nothing to reproach yourself for. | *Si rimproverava di non aver fatto di più per lui.* He blamed himself for not having done more for him.

rimuginare *v* **rimuginare su qc** to brood over sth: *Smettila di rimuginare su quello che è successo: è inutile!* Stop brooding over what happened. It's pointless!

Rinascimento *s* **il Rinascimento** the Renaissance

rinchiudere *v* to shut up: *Ha rinchiuso il cane perché non mordesse nessuno.* He shut the dog up inside so that it couldn't bite anyone.

rinchiudersi *v rifl* to shut yourself away: *Si è rinchiusa in camera sua a piangere.* She shut herself away in her room to cry.

rincorrere *v* to run after

rinfacciare *v* **rinfacciare qc a qn** to throw sth in sb's face: *Mi rinfaccia sempre i miei errori.* He always throws my mistakes in my face.

rinforzare *v* (muro, diga) to reinforce | **rinforzare i muscoli/le braccia** to make your muscles/your arms stronger

rinforzo *sostantivo e sostantivo plurale*
- *s* reinforcement
- **rinforzi** *s pl* reinforcements

rinfrescare *v* **1** **rinfrescare la memoria a qn** to refresh sb's memory: *tanto per rinfrescarti la memoria* just to refresh your memory **2** (diventare più fresco) to get colder: *Le giornate si sono rinfrescate.* The days are getting colder.

rinfrescarsi *v rifl* to freshen up: *Se vuoi rinfrescarti un po', il bagno è da quella parte.* If you want to freshen up, the bathroom is that way.

rinfresco *sostantivo* e *sostantivo plurale*

• *s* reception

• **rinfreschi** *s pl* (cibi e vivande) refreshments

rinfusa **alla rinfusa** in a jumble: *Tutti i libri erano gettati alla rinfusa nell'armadio.* All the books were just thrown in a jumble in the wardrobe.

ringhiera *s* (di balcone) railings [plurale], (delle scale) bannisters [plurale]

ringraziamento *s* thanks: *una lettera di ringraziamento* a thank-you letter

ringraziare *v* ▶ vedi riquadro

rinnovare *v* **1** (abbonamento, passaporto) to renew **2** (arredamento, guardaroba) to update **3** (edificio, locale) to renovate

rinnovo *s* **1** (di abbonamento, passaporto) renewal **2** (di edificio, locale) renovation

rinoceronte *s* rhinoceros

rinomato *agg* well-known

rintocco *s* stroke: *all'ultimo rintocco di mezzanotte* at the stroke of midnight

rintracciare *v* **1** (contattare) to get hold of: *Mi puoi rintracciare sul cellulare.* You can get hold of me on my mobile. **2** (trovare) to trace: *La polizia sta cercando di rintracciare i testimoni.* Police are trying to trace the witnesses.

rinunciare *v* **rinunciare (a qc)** to give up (on sth): *Ci rinuncio!* I give up! | *Non rinuncerà mai al suo progetto.* He'll never give up on his plan. | **rinunciare a fare qc** to give up doing sth: *Ha rinunciato a fumare i sigari.* He's given up smoking cigars.

rinviare *v* to postpone: *Il viaggio è stato rinviato di una settimana.* The trip has been postponed **for** a week.

rinvio *s* **1** (di data, appuntamento) postponement: *Il rinvio della partita ha deluso molti spettatori.* Many spectators were disappointed by the postponement of the match. **2** (nel calcio) clearance (pl clearances) **3** (in un testo) cross-reference (pl cross-references)

riordinare *v* to tidy: *Riordina la tua stanza prima di uscire.* Tidy your room before you go out. | **riordinare le idee** to get your thoughts in order

riparare *v* **1** (aggiustare) to repair, to fix [informale]: *Ho cercato di riparare il computer.* I tried to fix the computer. | **far riparare qc** to get sth repaired: *Devo fare riparare il mio orologio.* I have to get my watch repaired. **2** (proteggere) **riparare qc da qc** to protect sth from sth: *La lana ripara dal freddo.* Wool protects you from the cold. **3** **riparare a un torto/a un'ingiustizia** to right a wrong/an injustice

ripararsi *v rifl* **ripararsi (da qc)** to take shelter (from sth): *Ci siamo riparati sotto un portone.* We took shelter in a doorway.

riparazione *s* repair

ripassare *v* **1** (capitolo, lezione) to revise: *Ti va di ripassare insieme per il compito in classe?* Do you fancy revising together for the test? **2** (passare di nuovo) to call back: *Non sono ancora pronto: puoi ripassare più tardi?* I'm not ready yet. Can you call back later? **3** (linea, disegno) to go over: *Ripassa i contorni con il pennarello.* Go over the outlines with a felt-tip pen.

ripasso *s* revision: *un ripasso dell'ultimo momento* last-minute revision

ripensare *v* **1** **ripensarci** to change your mind: *Ci ho ripensato: non vengo.* I've changed my mind – I'm not coming. **2** **ripensare a qc** to think about sth: *È stato terribile: non ci voglio ripensare!* It was awful. I don't want to think about it!

ripercuotersi *v rifl* **ripercuotersi su qc/qn** to affect sth/sb: *Non è giusto che i tuoi errori si ripercuotano sugli altri.* It's not fair that your mistakes affect other people.

ripetente *s* non ci sono **ripetenti** nel sistema scolastico britannico; per spiegare cos'è puoi dire **student who has to repeat the year**.

ripetere *v* **1** (dire di nuovo) to repeat: *Puoi ripetere quello che hai detto?* Can you repeat what you said? | *Ripete sempre le stesse cose.* He always says the same things.

ringraziare *verbo*

1 Quando è usato senza complemento oggetto, si traduce **to say thank you** o **to say thanks** più informale:

Ti sei ricordato di ringraziare? Did you remember to say thank you? | *Se ne è andato senza neanche ringraziare.* He left without even saying thank you.

2 Per dire *ringraziare qn* si usa **to thank sb**:

Mi sono dimenticato di ringraziarlo. I forgot to thank him. | *Devo ringraziare i medici per avermi salvato.* I have the doctors to thank for saving my life.

3 Nota che *ti/vi ringrazio* si traduce sempre **thank you**:

Ti ringrazio per avermi aiutato. Thank you for helping me. | *Vi ringrazio dell'invito.* Thank you for your invitation.

R

2 (fare di nuovo) to repeat: *È stata un'esperienza da non ripetere.* It's not an experience I want to repeat. | *Ripetete l'esercizio quattro volte.* Repeat the exercise four more times. | *Ho ripetuto la prima media.* I repeated the first year of secondary school.

ripetersi *v rifl* **1** (fatto) to happen again: *Che la cosa non si ripeta!* Don't let it happen again! **2** (persona) to repeat yourself: *Ti ho detto di no e non intendo ripetermi.* I've said no and I don't intend to repeat myself.

ripetizione *sostantivo e sostantivo plurale*

- *s* **1** (azione) repetition | **a ripetizione** continually: *Questa radio manda in onda pubblicità a ripetizione.* This radio station plays adverts continually. **2** (parola) repetition: *Ho usato un sinonimo per evitare la ripetizione.* I used a synonym to avoid repetition.
- **ripetizioni** *s pl* (lezioni) private lessons: *Da quando prendo ripetizioni di matematica sono migliorato molto.* I've improved a lot since I've been having private maths lessons.

ripiano *s* shelf (pl shelves): *Il libro che cerchi è sul terzo ripiano della libreria.* The book you want is on the third shelf of the bookcase.

ripido, -a *agg* steep

ripieno, -a *aggettivo e sostantivo*

- *agg* stuffed: *zucchine ripiene* stuffed courgettes
- **ripieno** *s* filling: *un ripieno a base di carne* a meat filling

riportare *v* **1** (portare indietro) to take/bring back: *Devo riportare un libro in biblioteca.* I have to take a book back to the library. | *Prendi pure questo CD, ma puoi riportarmelo sabato?* You can borrow the CD, but could you bring it back on Saturday? ▶ Per la differenza tra **to take** e **to bring**, vedi nota sotto *portare* **2** (riferire) to report: *Tutti i giornali riportano le dichiarazioni del Presidente.* All the newspapers report what the President said. **3** (ricopiare) to copy: *Ho riportato tutti i numeri di telefono sulla nuova rubrica.* I've **copied** all the phone numbers **into** my new address book.

riposare *v* **1** (dormire) to have a rest **2** **riposare la mente/la vista** to give your brain/your eyes a rest

riposarsi *v rifl* to rest, to have a rest: *Mi devo riposare un attimo.* I need to rest for a minute. | *Guarirà presto, ma deve riposarsi.* He'll get better soon, but he must rest.

riposo *s* **1** (dalla fatica) rest: *Ha bisogno di molto riposo.* He needs a lot of rest. | **stare a riposo** to rest: *Se vuoi guarire, devi stare a riposo il più possibile.* If you want to get better, you must rest as much as possible. **2** **giorno di riposo** (da lavoro) day off: *Il mercoledì è il suo giorno di riposo.* Wednesday is his day off.

ripostiglio *s* cupboard

riprendere *v* **1** (ricominciare) to start again: *La scuola riprende a settembre.* School starts again in September. | **riprendere a fare qc** to start doing sth again, to start to do sth again: *Ha ripreso a piovere.* It's started to rain again. | *Non appena tolgo il gesso, riprenderò a fare sport.* As soon as I get this plaster cast off, I'll start playing sport again. **2** (oggetto prestato) to take back: *Sono passato a riprendere il libro che ti ho prestato.* I've come to take back the book I lent you. **3** (persona) to pick up: *Vengo a riprenderti alle cinque.* I'll pick you up at five o'clock. **4** (riacquistare) to regain: *L'aereo ha ripreso quota.* The plane regained height. | **riprendere i sensi** to come round **5** (filmare) to film **6** (rimproverare) to tell off: *La prof di matematica lo ha ripreso di nuovo perché non seguiva.* The maths teacher told him off again because he wasn't paying attention.

ripresa *s* **1** (di attività, scuola) esiste il sostantivo **resumption**, ma è piuttosto formale; in contesti meno formali si usa il verbo **to start again**: *La ripresa dei corsi è prevista per ottobre.* Courses will start again in October. | *la ripresa delle trattative di pace in Medio Oriente* the resumption of the Middle East peace talks **2** (di partita) second half: *Il Milan ha segnato al 18° della ripresa.* Milan scored in the 18th minute of the second half. **3** (di film) scene: *Le riprese esterne sono state girate in Irlanda.* The outdoor scenes were filmed in Ireland. **4** **ripresa economica** economic recovery

riprodurre *v* **1** (testo, immagine) to copy: *Ho riprodotto la fotografia con lo scanner.* I copied the photo using the scanner. **2** (suono) to reproduce: *Questo registratore riproduce fedelmente i suoni.* This tape recorder reproduces sounds perfectly.

riprodursi *v rifl* (esseri viventi) to reproduce

riproduzione *s* **1** (copia) reproduction: *la riproduzione di un quadro di Modigliani* a reproduction of a painting by Modigliani **2** **sistema di riproduzione** reproductive system

riprovare *v* **1** **riprovare (a fare qc)** to try (doing/to do sth) again: *Non c'è nessuno in casa; riprovo a telefonare più tardi.* There's nobody in. I'll try phoning again later. | *Riprovo ad aggiustare la sveglia.* I'll try to fix the alarm clock again. **2** (indossare di nuovo) to try on again: *Sono indecisa su quale giacca comprare: le* *riprovo tutte e due.* I can't decide which jacket to buy. I'll try both of them on again.

ripugnante *agg* horrible

ripulire *v* to clean up: *Ci vorrà un'ora per ripulire la casa.* It will take an hour to clean up the house. | *Ripulisciti le scarpe dal fango.* Clean the mud off your shoes.

riquadro *s* **1** (in articolo, pagina) box (pl boxes): *un riquadro in prima pagina* a box on the front page **2** (di cartina) square **3** (di modulo) box (pl boxes): *Bisogna compilare riquadri 1 e 2.* Boxes 1 and 2 must be filled in. **4** (di schermo) panel: *Cliccare su una delle opzioni nel riquadro in alto a destra.* Click on one of the options in the panel on the top right.

risalire *v* **1 risalire a a)** (epoca) to date back to: *un edificio che risale al secolo scorso* a building that dates back to the last century **b)** (colpevole) to trace: *La polizia è riuscita a risalire agli autori del furto.* The police were able to trace the thieves. **2 risalire un fiume** to go upriver

risaltare *v* to stand out: *Con questa camicia, i tuoi occhi azzurri risaltano di più.* When you wear that blouse, your blue eyes really stand out. | **far risaltare qc** to bring out sth: *Il bianco fa risaltare l'abbronzatura.* White brings out your suntan. | *Le circostanze difficili fanno spesso risaltare il vero carattere delle persone.* Difficult situations often bring out people's true characters.

risaputo, -a *agg* well-known: *un fatto risaputo* a well-known fact | *È risaputo che Paolo e Giulia escono insieme.* Everybody knows that Paolo and Giulia are an item.

risarcimento *s* compensation | **risarcimento danni** damages: *Abbiamo chiesto il risarcimento danni.* We asked for damages.

risarcire *v* **risarcire i danni (a qn)** to pay compensation (to sb): *I tifosi che hanno devastato lo stadio sono stati condannati a risarcire i danni.* The fans who wrecked the stadium were ordered to pay compensation. | **risarcire qn di qc** to pay sb compensation for sth: *E ora, chi mi risarcirà dei danni subiti?* So, who's going to pay me compensation for what happened?

risata *s* laugh | **farsi due risate** to have a laugh: *Se vuoi farti due risate, vai a vedere quel film.* If you want to have a laugh, go and see that film.

riscaldamento *s* **1** (impianto) heating **2** (ginnastica) warm-up: *esercizi di riscaldamento* warm-up exercises

riscaldare *v* to warm up: *Se vuoi mangiare l'arrosto, riscaldalo prima.* If you want to eat the roast, warm it up first.

riscatto *s* (per rapimento) ransom: *I rapitori hanno chiesto un riscatto di un milione di euro.* The kidnappers demanded a ransom of one million euros.

rischiare *v* to risk | **rischiare grosso** to run a big risk

> Si usa **to risk** solo quando si tratta di conseguenze gravi, come ferirsi o morire. Negli altri casi si usano espressioni diverse a seconda del contesto:
>
> *Rischi di farti male.* You risk getting hurt. | *Ha rischiato la vita.* He risked his life. | *Sbrigati, rischi di perdere il treno!* Hurry up, you might miss the train! | *Ho rischiato la bocciatura.* I nearly didn't pass.

rischio *s* risk | **a rischio** at risk: *La campagna contro l'AIDS si rivolge soprattutto alle categorie a rischio.* The anti-AIDS campaign is aimed above all at the categories of people most at risk. | **correre il rischio** to run the risk: *Se non prenotiamo subito, corriamo il rischio di non trovare più posto.* If we don't book straight away, we run the risk of not finding a room.

rischioso, -a *agg* risky

risciacquare *v* to rinse

riscuotere *v* (vincita, affitto) to collect, (assegno) to cash | **riscuotere lo stipendio** to be paid

risentimento *s* anche se esiste il sostantivo **resentment**, si usa più spesso l'aggettivo **resentful**: *Provo un risentimento enorme verso di lei.* I **feel** really **resentful** towards her.

risentire *v* **1 risentire di qc** to suffer from sth: *La squadra ha risentito molto della tua mancanza.* The team really suffered from your absence. **2 farsi risentire** to get in touch: *Mi faccio risentire non appena ci sono novità.* I'll get in touch as soon as there's any news.

risentirsi *v rifl* **1** (al telefono) to talk again: *Ci possiamo risentire più tardi?* Can we talk again later? **2** (offendersi) to take offence: *Non appena gli fai una critica, si risente subito.* He takes offence the moment you criticize him.

riserva *s* **1** (di cibo, materiale) supply (pl supplies): *Tengo sempre una riserva di videocassette vuote.* I always keep a supply of blank videos. | **di riserva** spare: *Portati una camicia di riserva.* Take a spare shirt with you. **2** (in squadra) substitute **3 riserva di caccia** game reserve | **riserva di pesca** fishery, fish farm | **riserva indiana** Native American reservation

riservare *v* **1** (tenere da parte) to keep: *Preferisco riservare questa bottiglia per un'occasione speciale.* I'd rather keep this

R

Si dice *I arrived in London* o *I arrived to London*? Vedi alla voce **arrive**.

bottle for a special occasion. **2** (prenotare) to book, to reserve: *Il treno sarà pieno: è meglio riservare dei posti.* The train will be full. It's best to book seats.

riservarsi *v rifl* **riservarsi di fare qc** to intend to do sth: *Mi riservo di analizzare attentamente la situazione prima di decidere.* I intend to analyse the situation carefully before making a decision.

riservato, -a *agg* **1** **essere riservato a qn/qc** to be only for sb/sth: *L'accesso al club è riservato ai soci.* Entry to the club is for members only. **2** (persona, carattere) reserved **3** (informazioni, notizia) confidential

riso *s* (alimento) rice

risolvere *v* to solve: *Per risolvere la questione, abbiamo deciso di fare a turno.* We decided to take it in turns to try and solve the problem.

risorsa *s* resource: *Il turismo è una risorsa fondamentale per il paese.* Tourism is an essential source of income for the country. | *una persona piena di risorse* a very resourceful person | **risorse naturali** natural resources

risparmiare *v* **1** (soldi, tempo) to save: *Se aspetti i saldi, risparmi un sacco di soldi.* If you wait for the sales, you'll save a lot of money. | *Devo risparmiare per comprarmi il biglietto del concerto.* I must **save up** to buy a ticket for the concert. | **risparmiare il fiato** to save your breath: *Risparmia il fiato, tanto non cambio idea.* Save your breath, I'm not going to change my mind. **2** **risparmiare qc a qn** to save sb sth: *Grazie per la telefonata: mi hai risparmiato un viaggio inutile.* Thanks for ringing. You saved me making the trip for nothing. | *Risparmiati pure la fatica di venire.* Don't bother coming.

risparmio *sostantivo e sostantivo plurale*

• *s* anche se esiste il sostantivo **saving**, si usa più spesso il verbo **to save**: *Se compri in quel negozio, il risparmio è assicurato.* If you buy from that shop you're bound **to save** money.

• **risparmi** *s pl* savings

rispettare *v* **1** (regole, divieto) to observe: *Qui nessuno rispetta i limiti di velocità.* No one here observes the speed limits. **2** (persona, opinione) to respect: *Non sono d'accordo con te, ma rispetto la tua opinione.* I don't agree with you, but I respect your opinion. | *Bisogna rispettare l'ambiente.* We must respect the environment.

rispettivo, -a *agg* respective: *tre ragazzi con i rispettivi genitori* three children and their respective parents

rispetto *s* **1** **il rispetto del regolamento scolastico/della legge** the observance of school rules/of the law **2** (di persona, opinione) respect **3** **rispetto a** compared to: *Quest'anno ho più materie rispetto all'anno scorso.* This year I'm doing more subjects compared to last year.

rispondere *v* **1** to answer: *Gli ho chiesto se veniva, ma non mi ha risposto.* I asked him if he was coming, but he didn't answer. | *Ho telefonato a casa tua e mi ha risposto tuo fratello.* I rang your house and your brother answered. | *Mi ha risposto in modo veramente maleducato!* He answered me really rudely! | **rispondere al telefono/a una domanda/a una lettera** to answer the phone/a question/a letter: *Puoi rispondere tu al telefono?* Can you answer the phone? | *Sono mesi che non risponde alle mie e-mail.* He hasn't answered my e-mails for months. | **rispondere di sì/no** to answer yes/no **2** **rispondere a un'esigenza** to meet a need

risposta *s* answer: *Ha detto che mi dà una risposta entro stasera.* He said he would give me an answer by tonight. | *Ho ricevuto un'e-mail di risposta.* I got an e-mail back.

rissa *s* punch-up

ristabilire *v* **ristabilire l'ordine** to re-establish order

ristabilirsi *v rifl* to recover: *Ho avuto l'influenza e non mi sono ancora ristabilito del tutto.* I've had flu and I've still not completely recovered.

ristorante *s* restaurant: *Dobbiamo prenotare il ristorante.* We must book the restaurant. | *Ieri sera abbiamo mangiato al ristorante.* We **ate out** last night.

risultare *v* **1** (derivare) to emerge: *Dall'inchiesta sono risultate nuove prove.* New evidence emerged during the inquiry. | *Non mi risulta che ci sia un bar qui vicino.* As far as I know, there aren't any bars near here. **2** (rivelarsi) to turn out: *Il viaggio potrebbe risultare meno lungo del previsto.* The journey could turn out to be shorter than expected. | *Tutti i nostri sforzi sono risultati inutili.* All our efforts have been wasted.

risultato *s* **1** (di azione, a scuola) result: *i risultati dell'esame* the exam results | *Ho cercato di convincerlo, finora senza nessun risultato.* I've tried to persuade him, so far without success. | *L'anno scorso ha avuto ottimi risultati in tutte le materie.* Last year he did really well in all his subjects. **2** (di calcolo) total: *Il risultato è sbagliato: verifica l'addizione.* The total is wrong. Check that everything has been added up correctly. **3** (di partita) result, final score: *Accendi la radio, così sentiamo i risultati delle partite.* Turn the radio on so we can hear the results.

risvolto *s* **1** (di pantaloni) turn-up, (di giacca) lapel **2** (di vicenda) implication

R

ritagliare *v* to cut out: *Abbiamo ritagliato alcuni articoli di giornale per la ricerca.* We cut out some newspaper articles for the project.

ritaglio *s* **1** cutting **2** **nei ritagli di tempo** now and again: *Riesco a leggere solo nei ritagli di tempo.* I only get time to read now and again.

ritardare *v* **1** (treno) to be late, (orologio) to be slow: *Se il treno ritarda, ti chiamo per avvertirti.* If the train is late, I'll give you a ring to let you know. | *Il mio orologio ritarda un po'.* My watch is a bit slow. **2** (pagamento, partenza) to delay

ritardo *s* delay: *i ritardi della posta* postal delays | *L'aereo da Parigi ha un ritardo di un'ora.* The plane from Paris is one hour late. | **recuperare il ritardo** to catch up: *Oggi studio tutto il giorno per recuperare il ritardo.* I'm going to study all day today in order to catch up. | **in ritardo** late: *Arriva sempre in ritardo agli appuntamenti.* He always arrives late for appointments. | *Scusa, devo scappare: sono già in ritardo.* Sorry, I have to dash – I'm already late.

ritirare *v* **1** (soldi) to withdraw, (vestito, certificato) to collect: *Ho bisogno di ritirare dei soldi.* I need to withdraw some money. | *Devo passare in lavanderia a ritirare i vestiti.* I have to go to the dry-cleaner's to collect some clothes. **2** (prodotto, candidatura) to withdraw: *Hanno ritirato gli articoli difettosi dal mercato.* The faulty items have been withdrawn from the shops. | *Ritiro quello che ho detto.* I take back what I said.

ritirarsi *v rifl* **1** (da gara, concorso) to withdraw: *L'atleta ha dovuto ritirarsi per un infortunio al ginocchio.* The athlete had to withdraw because of a knee injury. **2** (da affari, politica) to retire: *Ha deciso di ritirarsi definitivamente dagli affari.* He has decided to retire from business for good.

ritiro *s* **1** (di oggetto, documento) collection, (di soldi) withdrawal **2** (da gara, concorso) withdrawal, (da affari, politica) retirement **3** (di squadra) training camp: *La nazionale è in ritiro per prepararsi ai mondiali.* The national team is at a training camp to prepare for the World Cup.

ritmo *s* **1** (in musica) rhythm: *Non so ballare perché non ho il senso del ritmo.* I can't dance because I've got no sense of rhythm. **2** (velocità) pace: *Se continuiamo a questo ritmo, per stasera avremo finito.* If we continue at this pace, we'll have finished by tonight.

rito *s* rite

ritocco *s* final touch (pl final touches): *Ancora qualche ritocco e il disegno è finito.* Just some final touches and the drawing will be finished.

ritornare *v* **1** (venire di nuovo) to come back, (andare di nuovo) to go back: *Se non ritorni per cena, telefona.* Ring me if you're not coming back for dinner. | *Ritorno verso le quattro.* I'll be back at about four. | *Avevo dimenticato la borsa e ho dovuto ritornare indietro.* I'd forgotten my bag and had to go back. **2** (riapparire) to return: *È ritornato il bel tempo.* The good weather has returned. | *Mi è ritornato il raffreddore.* My cold's come back. | **ritornare in mente a qn** to come back to sb: *Non mi ricordo più come si chiama, ma mi ritornerà in mente.* I can't remember what his name is, but it will come back to me.

ritornello *s* **1** (di canzone) chorus (pl choruses) **2** **il solito ritornello** (discorso ripetitivo) the same old story: *Sempre il solito ritornello!* It's always the same old story!

ritorno *s* **1** (percorso) way back: *Per il ritorno, ci vorranno altre due ore.* It will take two more hours on the way back. | *Al ritorno abbiamo trovato molto traffico.* There was a lot of traffic on the way back. ▶ vedi anche **andata** **2** (arrivo) return: *Abbiamo invitato tutti gli amici per festeggiare il tuo ritorno.* We've invited all the gang to celebrate your return. | **essere di ritorno** to be back: *Sarò di ritorno per cena.* I'll be back for dinner. | **al mio/tuo ecc. ritorno** when I/you etc get back: *Al tuo ritorno dalle vacanze, fatti vivo.* Get in touch when you get back from your holidays. ▶ vedi anche **girone**

ritratto *s* portrait: *Mi sono fatta fare il ritratto in Piazza di Spagna.* I had my portrait done in Piazza di Spagna.

ritrovare *v* **1** (recuperare) to find: *Ho ritrovato gli occhiali che avevo perso.* I found the glasses I'd lost. **2** (trovare) to find: *Mi sono ritrovata le tue chiavi nella borsa.* I found your keys in my bag. | *Nella sua musica si ritrovano influenze rock e blues.* The influence of rock and blues can be found in his music. | *Con la fortuna che ti ritrovi!* You're just lucky!

ritrovarsi *v rifl* **1** (incontrarsi) to meet: *Ritroviamoci fra un'ora davanti all'uscita.* Let's meet in an hour in front of the exit. **2** (trovarsi) to end up: *Mi sono perso e mi sono ritrovato dall'altra parte della città.* I got lost and ended up on the other side of the city. | *Mi sono ritrovata a pensarci tante volte.* I ended up thinking about it a lot. **3** (orientarsi) to find your way: *Senza una cartina, non mi ritrovo.* I can't find my way without a map.

ritrovo *s* meeting place: *un ritrovo per giovani* a meeting place for young people | *Il ritrovo è alle sette davanti all'albergo.* We'll meet at seven outside the hotel.

riunione *s* meeting

R

Vuoi informazioni sulla differenza tra gli **articoli** in inglese e in italiano? Leggi le spiegazioni nella guida grammaticale.

riunire *v* to get together: *Dammi cinque minuti per riunire le mie cose.* Give me five minutes to get my things together. | *Il preside ha riunito tutti gli alunni.* The head teacher got all the pupils together.
riunirsi *v rifl* to meet: *I boy scout si riuniscono il giovedì.* The Boy Scouts meed on a Thursday.

riuscire *v* **1** (avere buon esito) to be a success: *L'esperimento è riuscito.* The experiment was a success. | **riuscire bene/male a)** (foto, fotocopia) to come out well/badly: *Le foto delle vacanze sono riuscite benissimo.* The holiday photos have come out really well. **b)** (festa, viaggio) to go off well/to not go off very well: *La festa è riuscita meglio del previsto.* The party went off better than expected. **2 riuscire a fare qc a)** (essere capace) si usa **can + infinito**: *Non riesco ad aprire la porta.* I can't open the door. | *Non sono riuscita a convincerli.* I couldn't convince them. **b)** (avere la possibilità) to be able to do sth: *Scusa, ma non sono riuscita a telefonarti prima.* Sorry, but I wasn't able to phone you earlier. **3 riuscire in qc** to succeed in sth: *Riesce in tutto quello che fa.* He succeeds in everything he does. | **riuscire in matematica/nelle lingue** to be good at maths/at languages

riuscita *s* success

riva *s* **1** (di mare, lago) shore | **in riva al mare** on the seashore: *Facciamo una passeggiata in riva al mare.* Let's go for a walk along the seashore. | *una casa in riva al mare* a house on the seafront **2** (di fiume) bank

rivale *agg e s* rival

rivedere *v* **1** (vedere di nuovo) to see again: *Mi piacerebbe rivederti.* I'd like to see you again. **2** (ripassare) to revise: *Sono riuscita a rivedere solo la metà di quello che c'era da fare.* I only managed to revise half of what we had to do. **3** (correggere) to revise: *La nuova edizione del dizionario è interamente rivista.* The new edition of the dictionary has been completely revised. | *Mi puoi rivedere l'esercizio di inglese?* Can you check my English exercise?
rivedersi *v rifl*

rivelare *v* to reveal: *Ti dico una cosa che non ho mai rivelato a nessuno.* I'm going to tell you something I've never revealed to anybody. | *L'inchiesta rivelerà le cause dell'incidente.* The enquiry will reveal the cause of the accident.
rivelarsi *v rifl* to turn out: *La mia teoria si è rivelata esatta.* My theory turned out to be correct.

rivendicare *v* **1** (proprietà) to claim, (diritto) to demand: *Le donne rivendicano la parità di diritti.* Women are demanding equal rights. **2** (attentato) to claim responsibility for: *Un gruppo estremista ha rivendicato la serie di attentati.* An extremist group has claimed responsibility for the series of attacks.

rivenditore *s* retailer | **presso tutti i rivenditori autorizzati** at all authorized dealers

rivestimento *s* covering

rivestire *v* **1 rivestire qc con/di qc** to cover sth with/in sth: *Abbiamo fatto rivestire il divano con una stoffa a quadretti.* We've had the sofa covered in checked material. **2 rivestire una carica** to hold a position

rivincita *s* **1** (partita) non c'è un termine equivalente, ma si usa di solito **another game**, che significa un'altra partita: *Facciamo la rivincita?* Fancy another game? | *Dai, ti concedo la rivincita.* Go on, I'll give you another game. **2 prendersi una rivincita** to get your revenge: *Aspetto l'occasione buona per prendermi una rivincita.* I'm waiting for the right moment to get my revenge.

rivista *s* magazine: *una rivista di moda* a fashion magazine

rivolgere *v* **rivolgere la parola a qn** to speak to sb: *Se lo dici a qualcuno, non ti rivolgo più la parola!* If you tell anybody, I'll never speak to you again!
rivolgersi *v rifl* **rivolgersi a qn a)** (parlare a) to speak to sb, to talk to sb: *Non mi stavo rivolgendo a te.* I wasn't talking to you. **b)** (andare da) to go to: *Non so a che medico rivolgermi per questo disturbo.* I don't know which doctor to go to with this problem.

rivolta *s* revolt

rivoluzione *s* revolution: *la rivoluzione francese* the French Revolution

rizzarsi *v rifl* (capelli) to stand on end: *Mi si sono rizzati i capelli in testa dallo spavento.* I got such a fright that my hair stood on end.

roba *s* **1** stuff: *Ha preso tutta la sua roba e se ne è andato.* He took all his stuff and left. | *È roba vecchia, devo buttarla.* It's old stuff, I've got to throw it out. | **roba da mangiare** food | **roba da bere** drink | **roba da lavare** dirty washing | **roba da matti!** it's crazy! | **è roba da poco** it's no big deal: *Mi sono fatto male al ginocchio, ma è roba da poco.* I've hurt my knee, but it's no big deal. **2** (droga) dope

robusto, -a *agg* (persona) well-built

roccia *s* rock

rodere *v* **1** to gnaw | **rodersi le unghie** to bite your nails **2 essere roso dall'invidia/dal rimorso** to be consumed with envy/remorse

roditore *s* rodent

R

Roma *s* Rome
Romania *s* **la Romania** Romania
romano, -a *aggettivo e sostantivo*
• *agg* **1** (di Roma) Roman: *Ha l'accento romano.* He's got a Roman accent. | *una ragazza romana* a girl from Rome | **fare alla romana** to split the bill **2** (nell'antichità) Roman: *numeri romani* Roman numerals
• *s* si usa **Romans** per parlare dei romani in generale e degli antichi romani e **a person from Rome** (pl **people from Rome**) per parlare di qualcuno in particolare: *gli antichi Romani* the ancient Romans | *I romani sono molto ospitali.* The Romans are very hospitable. | *In vacanza ho conosciuto due romani molto simpatici.* I met two very nice people from Rome when I was on holiday.
romantico, -a *aggettivo e sostantivo*
• *agg* **1** (sentimentale) romantic **2** (del Romanticismo) Romantic
• *s* romantic
romanziere, -a *s* novelist
romanzo *s* novel | **romanzo giallo** detective novel | **romanzo rosa** romantic novel
rombo *s* **1** (figura geometrica) rhombus **2 un golf/dei calzettoni a rombi** a diamond-patterned sweater/pair of socks **3** (di motore) roar | **il rombo di un tuono** a roll of thunder **4** (pesce) turbot
romeno, -a *agg e s* Romanian
rompere *v* **1** (spezzare) to break: *Ho rotto un bicchiere.* I've broken a glass. | **rompersi una gamba/un braccio** to break your leg/your arm **2** (guastare) to break: *Se mi rompi il computer me lo ripaghi.* If you break my computer, you'll have to replace it. **3** (scocciare) to bother: *Non rompere! Ho da fare adesso.* Don't bother me right now. I'm busy. | *Quanto rompi!* You're being a real pain! | **rompere le scatole a qn** to drive sb mad: *I miei mi rompono le scatole perché vado male a scuola.* My parents are driving me mad because I'm not doing well at school. **4** (con fidanzato) to split up: *Lo sai che Carla ha rotto con Alberto?* Do you know that Carla has **split up with** Alberto? **5** (rapporti) to break off: *Ha rotto ogni rapporto con la famiglia.* He broke off all contact with his family.
rompersi *v rifl* **1** (spezzarsi) to break: *È di vetro, si rompe facilmente.* It's glass so it breaks easily. **2** (guastarsi) to break down, to pack up [più informale] **3** (scocciarsi) to have had enough: *Mi sono rotto: me ne vado.* I've had enough – I'm going. | *Mi sono rotto di frequentare sempre la stessa gente.* I'm sick of seeing the same people all the time.
rompiscatole *s* pain: *Che rompiscatole che sei!* You're such a pain!

rondine *s* swallow
ronzio *s* buzzing [mai plurale]
rosa *aggettivo e sostantivo*
• *agg* pink
• *s* **1** (fiore) rose **2** (colore) pink ► vedi Active Box **colori** sotto **colore**
rosario *s* **1** (preghiere) rosary **2** (corona) rosary beads [sempre plurale]
rosicchiare *v* to gnaw
rosolia *s* German measles [sempre plurale]
rospo *s* toad
rossetto *s* lipstick
rosso, -a *aggettivo e sostantivo*
• *agg* **1** red ► vedi Active Box **colori** sotto **colore** **2 diventare rosso a)** (per vergogna, emozione) to blush **b)** (per il sole) to go red
• **rosso** *s* **1** (colore) red **2 passare col rosso** (semaforo) to go through a red light ► vedi anche **vino**
rotaia *s* rail
rotatoria *s* roundabout
rotazione *s* (di pianeta) rotation
rotolare *v* to roll: *La palla è rotolata in fondo al campo.* The ball rolled to the end of the field. | *È inciampato ed è rotolato giù per le scale.* He tripped and tumbled down the stairs.
rotolarsi *v rifl* to roll
rotolo *s* roll: *un rotolo di carta igienica* a roll of toilet paper | **andare a rotoli** to go wrong: *Sta andando tutto a rotoli.* Everything's going wrong.
rotondo, -a *agg* round
rotta *s* **1** route | **fare rotta per** to head for: *La nave faceva rotta per Marsiglia quando è avvenuta l'avaria.* The ship was heading for Marseilles when the engine failed. **2 essere in rotta (con qn)** to have fallen out (with sb): *Sono in rotta con i miei.* I've fallen out with my parents.
rottame *s* **1** (ferro vecchio) scrap [mai plurale]: *una discarica di rottami* a scrap yard **2** (auto) wreck: *Dopo l'incidente l'auto era ridotta a un rottame.* After the accident his car was a wreck. | **i rottami di un aereo/di un'auto** the wreckage of a plane/of a car
rotto, -a *agg* **1** (vetro, gamba) broken: *Ha una gamba rotta.* He's got a broken leg. **2** (TV, stereo) broken
rottura *s* **1** (tra fidanzati, amici) split, (di rapporti) breakdown **2** (scocciatura) pain: *Che rottura! Stasera devo guardare mio fratello.* Tonight I've got to mind my brother. It's a real pain!
rovescia *s* **alla rovescia a)** (col davanti di dietro) back to front: *Hai il maglione alla rovescia.* You've got your sweater on back to front. **b)** (con l'interno all'esterno) inside out: *Ti sei messo la maglietta alla rovescia.* You've put your T-shirt on inside out.

R

rovesciare *v* **1** (versare per errore) to spill: *Bravo! Hai rovesciato il caffè sulla tovaglia pulita.* Well done! You've spilt the coffee on the clean tablecloth. | **rovesciarsi addosso qc** to spill sth over yourself: *Mi sono rovesciato addosso il caffè.* I've spilt coffee over myself. **2** (versare volutamente) to tip: *Ha rovesciato sul tavolo il contenuto del cassetto.* She tipped the contents of the drawer onto the table. **3** **rovesciare un secchio/un bicchiere** to knock a bucket/a glass over: *Attento a non rovesciare il secchio, è pieno d'acqua.* Be careful you don't knock the bucket over, it's full of water. **4** **rovesciare qc** (capovolgere) **a)** (scatola) to turn upside down **b)** (barca) to capsize **c)** (macchina) to overturn: *Un'enorme ondata ha capovolto la barca.* A huge wave capsized the boat.
rovesciarsi *v rifl* **1** (capovolgersi) (macchina) to overturn, (bottiglia) to fall over: *Si è rovesciata la bottiglia della gazzosa, metà è andata sprecata.* The lemonade bottle fell over and half of it has gone to waste. | (barca) to capsize **2** (versarsi) to spill: *Ha scontrato il portacenere e si è rovesciata tutta la cenere sul pavimento.* He knocked over the ashtray and all the ash spilt on the floor.

rovescio *s* **1** (di abito, stoffa) wrong side | **a rovescio** **a)** (con l'interno all'esterno) inside out: *Ti sei messo la camicia a rovescio.* You've put your shirt on inside out. **b)** (con il davanti di dietro) back to front: *Ti sei messo il maglione a rovescio. I bottoni vanno davanti!* You've put your sweater on back to front. The buttons go at the front! **c)** (con il basso in alto) upside down: *Hai appeso il poster a rovescio.* You've put the poster up upside down. **2** (di foglio) back **3** **il rovescio della medaglia** in inglese, si dice **the good news** per parlare di un aspetto positivo di una situazione e **the bad news** per parlare di un aspetto negativo: *Mia madre mi ha aumentato la paghetta. Il rovescio della medaglia è che devo aiutare in casa.* My mother has increased my pocket money. The bad news is I have to help around the house. **4** (nel tennis) backhand **5** (di pioggia) shower

rovina *sostantivo e sostantivo plurale*
- *s* (di azienda, squadra) breakup: *La morte del batterista ha segnato la rovina del gruppo.* The death of the drummer signalled the breakup of the group. | **mandare in rovina qn/qc** to bankrupt sb/sth: *Spendi troppo: ci vuoi mandare in rovina?* You spend too much – do you want to bankrupt us?
- **rovine** *s pl* (dell'antichità) remains, (dopo crollo) ruins

rovinare *v* to ruin: *Attento a non rovinarti la maglia!* Be careful you don't ruin your sweater! | *Mi hanno rovinato la sorpresa.* They ruined the surprise for me.
rovinarsi *v rifl* **1** (oggetto) to get ruined **2** (persona) to lose all your money: *Si è rovinato con le corse ai cavalli.* He lost all his money on horse racing.

rovo *s* blackberry bush (pl blackberry bushes)

rozzo, -a *agg* rough

ruba *s* **andare a ruba** to sell like hot cakes: *I biglietti del concerto andranno a ruba.* The tickets for the concert will sell like hot cakes.

rubare *v* to steal: *Mi hanno rubato il portafoglio.* They've stolen my wallet. | *Hanno rubato dai vicini.* They stole from their neighbours. | **rubare il posto a qn** to steal sb's seat: *Mi sono alzato due minuti e mi ha rubato il posto.* I got up for two minutes and he stole my seat. ▶ vedi riquadro

rubinetto *s* tap (BrE), faucet (AmE): *Il rubinetto perde.* The tap is dripping. ▶ vedi anche **acqua**

rubrica *s* **1** **rubrica (telefonica)** address book **2** (in giornale) column

rudere *s* ruin

ruga *s* wrinkle

ruggine *s* rust

ruggire *v* to roar

rugiada *s* dew

rullino *s* film: *un rullino a colori da 24 scatti* a colour film with 24 exposures

rullo *s* **1** **rullo di tamburi** drum roll **2** (per verniciare) roller
rullo compressore steamroller

rumeno, -a ▶ vedi **romeno**

rumore *s* noise: *Cos'è questo rumore?* What's that noise? | *Non fare rumore.* Don't **make** any **noise**. ▶ vedi nota FALSE FRIEND sotto **rumour**

rumoroso, -a *agg* noisy

ruolo *s* **1** (funzione) role **2** (attore) part: *il ruolo del protagonista* the main part

ruota *s* **1** (di auto, bici) wheel | **ruote anteriori/posteriori** front/rear wheels | **ruota di scorta** spare wheel **2** (pneumatico) tyre **3** **ruota panoramica** Big Wheel **4** **seguire qn a ruota** to follow right behind sb: *Il ciclista italiano ha raggiunto per primo il traguardo, seguito a ruota dall'argentino.* The Italian cyclist reached the finishing line first, followed right behind by the Argentinian. **5** **fare la ruota** to turn cartwheels

ruotare *v* **1** **ruotare attorno a qc** to revolve around sth: *La Terra ruota attorno al Sole.* The Earth revolves around the Sun. **2** **ruotare le braccia** to rotate your arms

ruscello *s* stream

russare *v* to snore

rubare *verbo*

1 La traduzione generale è *to steal*:
Lo hanno sopreso a rubare. He was caught stealing. | *Mi hanno rubato il portafoglio.* They stole my wallet. | **rubare qc a qn** to steal sth from sb *Ha rubato i soldi a una compagna di scuola.* She stole money from a classmate.

2 Per riferirsi a un furto in un'abitazione o in un edificio in generale, si usa *to burgle* in inglese britannico e *to burglarize* in inglese americano:
Da quando abbiamo traslocato qui, ci hanno rubato in casa già due volte. We've been burgled twice since we moved here.

Russia *s* **la Russia** Russia
russo, -a *agg e s* Russian
ruttare *v* to burp
rutto *s* burp | **fare un rutto** to burp
ruvido, -a *agg* rough: *Hai le mani ruvide.* Your hands are rough.
ruzzolone *s* **fare un ruzzolone** to go flying: *È scivolato sul ghiaccio e ha fatto un ruzzolone.* He slipped on the ice and went flying.

S, s *s* S, s ▶ vedi Active Box **lettere dell'alfabeto** sotto **lettera**
sabato *s* Saturday ▶ vedi Active Box **giorni della settimana** sotto **giorno**
sabbia *sostantivo e sostantivo plurale*
• *s* sand
• **sabbie mobili** *s pl* quicksand [singolare]
sacca *s* bag | **sacca da viaggio** travel bag
saccheggiare *v* **1** (in guerra, manifestazione) to loot **2** (scherzoso) to raid: *Chi ha saccheggiato il frigo?* Who's been raiding the fridge?
sacchetto *s* **1** (contenitore) bag: *un sacchetto di plastica* a plastic bag | **sacchetto della spazzatura** rubbish bag **2** (contenuto) bag: *Si è mangiato due sacchetti di patatine.* He ate two bags of crisps.
sacco *s* **1** (di plastica) bag **2** (di tela) sack: *sacchi di patate* sacks of potatoes **3** **un sacco di** lots of: *Ha avuto un sacco di ragazze.* He's been out with lots of girls. | *C'era un sacco di gente.* There were lots of people. | *Mi ha raccontato un sacco di cose.* She told me lots of things. | *Abbiamo ancora un sacco di tempo* We've still got lots of time. | **un sacco** (molto) a lot: *Ci siamo divertiti un sacco.* We enjoyed ourselves a lot.
sacco a pelo sleeping bag
sacerdote *s* priest
sacrificare *v* to sacrifice
sacrificarsi *v rifl* **1** (morire) to sacrifice yourself: *Si è sacrificato per salvare gli altri ostaggi.* He sacrificed himself to save the other hostages. **2** (fare rinunce) to make sacrifices
sacrificio *s* sacrifice
sacro, -a *agg* sacred
saggezza *s* wisdom
saggio, -a *aggettivo e sostantivo*
• *agg* wise
• **saggio** *s* **1** **un saggio musicale** a concert | **un saggio di danza/ginnastica** a display of dancing/gymnastics **2** (libro) essay
Sagittario *s* Sagittarius: *Sono del Sagittario.* I'm a Sagittarian.
sagoma *s* **1** (forma indistinta) shape **2** (modellino) template
sala *s* **1** (soggiorno) living room | **sala da pranzo** dining room **2** (grande stanza) room: *Il museo ha tre sale dedicate solo ai dinosauri.* The museum has three rooms devoted entirely to dinosaurs. | **sala d'aspetto/attesa** waiting room | **sala professori** staff room | **sala operatoria** operating theatre **3** (di cinema) screen: *L'Odeon ora ha tre sale.* The Odeon now has three screens. **4** **sala giochi** amusement arcade
salame *s* salami: *un panino al salame* a salami roll
salato, -a *agg* **1** (con troppo sale) salty: *Il sugo è buono ma un po' salato.* The sauce is good, but it's a bit salty. **2** (opposto a dolce) savoury: *Vuoi qualcosa di dolce o di salato?* Would you like something sweet or something savoury? **3** (caro) steep: *Il conto è salato.* The bill is a bit steep. ▶ vedi anche **acqua**
saldo, -a *aggettivo, sostantivo e sostantivo plurale*
• *agg* **1** (scala, appoggio) steady | **tenersi saldo** to hold on tight: *Tenetevi saldi, c'è una curva stretta.* Hold on tight, there's a sharp bend ahead. **2** **un'amicizia salda** a firm friendship
• **saldo** *s* balance
• **saldi** *s pl* sale: *saldi di fine stagione* end of season sale | *Ci sono i saldi in tutti i negozi.* All the shops are having sales.
sale *s* salt | **sale fino/grosso** table/cooking salt | **sali minerali** mineral salts

S

salice *s* willow | **salice piangente** weeping willow

salire *v* **1** (andare su) to go up, (venire su) to come up: *L'ascensore sale o scende?* Is the lift going up or down? | *Sali a piedi o prendi l'ascensore?* Are you walking up or are you getting the lift? | *Siamo saliti fino in cima alla torre.* We went up to the top of the tower. | *Vuoi salire a prendere un caffè?* Do you want to come up for a coffee? | **salire su una sedia/sul tetto** to climb onto a chair/onto the roof | **salire su un albero/una scala** to climb up a tree/a ladder | **salire le scale** to go up the stairs **2** **salire su** riferito a un mezzo di trasporto si traduce generalmente **to get on;** nota però che **salire in macchina** si traduce **to get in the car**: *Ho appena fatto in tempo a salire sul treno.* I just managed to **get on** the train. | *Sali, l'autobus sta per partire.* **Get on,** the bus is about to go. | *Sali in macchina, ti accompagno io.* **Get in** the car, I'll take you. | *Io e Claudia siamo salite sullo stesso taxi.* Claudia and I **got in** the same taxi. **3** (aumentare) to rise: *I prezzi dei CD sono saliti vertiginosamente.* The prices of CDs have risen enormously. | *Le temperature saliranno in tutta Italia.* Temperatures will rise throughout Italy. **4** (strada) to climb: *Dopo la chiesa, la strada sale leggermente.* After the church, the street climbs gently. **5** **salire al trono** to come to the throne

Salisburgo *s* Salzburg

salita *s* **1** (azione di salire) climb: *La salita è faticosa ma il panorama è fantastico.* It's a tough climb but the view is fantastic. | **in salita** uphill: *La strada è tutta in salita.* The street is all uphill. **2** (percorso) slope: *La chiesa è lassù, in cima alla salita.* The church is up there, at the top of the slope.

saliva *s* saliva

salone *s* **1** (per ricevimenti) reception hall | **salone delle feste** function suite **2** (soggiorno) living room **3** (mostra) show: *il salone dell'auto* the Motor Show | *il salone del libro* the Book Fair

salotto *s* **1** (stanza) living room **2** (mobili) three-piece suite

salsa *s* sauce: *salsa di pomodoro* tomato sauce

salsiccia *s* sausage

saltare *v* **1** (fare un balzo) to jump: *È saltata dalla finestra.* She jumped out of the window. | *È saltato giù dal treno in corsa.* He jumped off the moving train. | **saltare addosso a qn** to attack sb: *Il rapinatore mi è saltato addosso all'improvviso.* The robber suddenly attacked me. | **saltare fuori a)** (oggetto perso) to turn up: *Le tue chiavi prima o poi salteranno fuori.* Your keys will turn up sooner or later. **b)** (problema) to crop up: *All'ultimo momento sono saltate fuori delle complicazioni.* Some problems cropped up at the last minute. | **saltare fuori da** to come from: *Da dove sono saltati fuori questi libri?* Where have all these books come from? **2** (viaggio, appuntamento) to be cancelled: *La partita è saltata.* The match has been cancelled. | *La pioggia ha fatto saltare il concerto.* The concert was cancelled because of the rain. **3** **saltare in aria** to be blown up: *Il ponte è saltato in aria.* The bridge was blown up. | **far saltare in aria un edificio** to blow up a building **4** (televisore, luce) to go off, (valvola, fusibile, lampadina) to blow: *È saltata la lampadina.* The bulb has blown. | *È saltata la corrente.* There's no electricity. **5** **saltare uno steccato/una siepe** to jump (over) a fence/a hedge **6** (tralasciare) to skip: *Hai saltato una riga leggendo.* You skipped a line while you were reading. | **saltare il pranzo/una lezione** to skip lunch/a lesson

salto *s* **1** jump: *un salto di 2 metri* a jump of 2 metres | **fare un salto** to jump: *Ho fatto un salto per prendere la palla.* I jumped to get the ball. **2** **salto in alto/lungo** high/long jump | **salto con l'asta** pole vault | **salto mortale** somersault **3** **fare un salto dal giornalaio/da un amico** to pop into the newsagent's/in to see a friend: *Perché non fate un salto da noi?* Why don't you pop round some time?

salutare *verbo e aggettivo*

• *v* **1** (incontrandosi) to say hello, (separandosi) to say goodbye: *I vicini non salutano mai.* Our neighbours never say hello. | *Dopo averci salutato se n'è andato.* After saying goodbye, he went off. | *Devo andare, ti saluto.* I have to go. Bye! **2** (portare i saluti a) to say hello to ► In contesti più formali si usa l'espressione **to give sb my/his/etc regards**: *Salutalo da parte mia.* Say hello to him from me. | *Mi saluti i suoi genitori.* Please give my regards to your parents.

salutarsi *v rifl* **1** (incontrandosi) to say hello: *Quando si sono visti, non si sono neanche salutati.* When they saw each other, they didn't even say hello. **2** (separandosi) to say goodbye: *Ci saluteremo all'aeroporto.* We'll say goodbye at the airport.

• *agg* healthy

salute *s* **1** health: *Non ho mai avuto problemi di salute.* I've never had any health problems. | *La mamma e il piccolo godono* *di ottima salute.* Both mother and baby are well. | **fare bene/male alla salute** to be good/bad for your health | **avere una salute di ferro** to have the constitution of an ox **2 salute! a)** (dopo starnuto) bless you! **b)** (in brindisi) cheers!

saluto *s* si usano espressioni diverse a seconda del contesto: *Mandale i miei saluti* Give her my regards. | *Mi ha fatto un cenno di saluto con la mano.* He greeted me with a wave of the hand. | *Non ha risposto al mio saluto.* He didn't reply when I said hello. | **(cari) saluti** (in lettera) Best Wishes | **cordiali/distinti saluti** Yours Sincerely/Faithfully

> Esistono in inglese formule diverse, più o meno formali. Una lettera molto formale si conclude di solito con **Yours Sincerely** quando si conosce il nome della persona alla quale è indirizzata, e con **Yours Faithfully** quando non lo si conosce. Oggi, grazie anche alla diffusione delle e-mail, si usano sempre più spesso formule meno formali, quali **Kind regards**, **Best regards** o, ancora meno formale, **Best wishes**.

salvadanaio *s* piggybank

salvagente *s* life jacket

salvare *v* to save: *Mi ha salvato la vita.* He saved my life. | *I medici sperano ancora di salvarlo.* The doctors still hope to save him. | **salvare la faccia** to save face | **salvare le apparenze** to keep up appearances

salvarsi *v rifl* to survive: *Nessuno si è salvato nell'incidente aereo.* No-one survived the plane crash. | *Si è salvato per miracolo.* He had a miraculous escape.

salvataggio *s* rescue: *le operazioni di salvataggio* rescue operations

salve! *inter* hello!: *Salve a tutti!* Hello everybody!

salvezza *s* survival ▶ Il termine **salvation** ha generalmente una connotazione religiosa e indica la salvezza dal peccato o dal male.

salvia *s* sage

salvo, -a *aggettivo, sostantivo e preposizione*

• *agg* safe: *I passeggeri sono tutti salvi.* The passengers are all safe.

• **salvo** *s* **mettersi in salvo** to reach safety: *I naufraghi sono riusciti a mettersi in salvo e raggiungere la nave di soccorso.* The survivors managed to reach the safety of the lifeboat.

• **salvo** *prep* **1** except: *È aperto tutti i giorni salvo il lunedì.* It's open every day except Monday. | **salvo imprevisti** if all goes according to plan: *Arriverò domani, salvo imprevisti.* I'll arrive tomorrow if all goes according to plan. **2 salvo che** unless: *Verrò in treno, salvo che ci sia sciopero.* I'll come by train unless there's a strike.

sanbernardo *s* St. Bernard

sandalo *s* (scarpa) sandal

sangue *s* blood: *Aveva le mani sporche di sangue.* Her hands were covered in blood. | *Perde sangue dal naso.* His nose is bleeding. | *esame del sangue* blood test | *trasfusione di sangue* blood transfusion | **al sangue** (bistecca) rare: *La carne mi piace al sangue.* I like my meat rare. | **sangue freddo** composure | **a sangue freddo** in cold blood: *L'ha ucciso a sangue freddo.* She killed him in cold blood.

sanguigno, -a *agg* si usa il sostantivo **blood** in funzione di aggettivo: *pressione sanguigna* blood pressure | *vasi sanguigni* blood vessels ▶ vedi anche **gruppo**

sanguinare *v* to bleed: *Mi sanguina il naso.* My nose is bleeding.

sanguinoso, -a *agg* (violento) bloody

sanità *s* health: *ministero della Sanità* Department of Health | **sanità mentale** sanity

sanitario, -a *aggettivo e sostantivo plurale*

• *agg* **assistenza sanitaria** Health Service | **condizioni sanitarie** sanitary conditions

• **sanitari** *s pl* bathroom fittings

sano, -a *agg* **1** (persona, denti) healthy | **sano e salvo** safe and sound: *Tornerà sano e salvo.* He'll come back safe and sound. **2** (clima, cibo) healthy

santo, -a *aggettivo e sostantivo*

• *agg* **1** (acqua, luogo) holy | **tutto il santo giorno** all day long: *Passa tutto il santo giorno davanti al computer.* He spends all day long in front of the computer. | **in santa pace** in peace and quiet: *Lasciami finire in santa pace!* Let me finish in peace and quiet! **2** (anche **san**) (con nome proprio) saint: *San Francesco* Saint Francis

• *s* saint ▶ vedi anche **venerdì**, **spirito**

> L'usanza di celebrare un santo ogni giorno del calendario non è molto diffusa in Gran Bretagna. Il 14 febbraio, chiamato **Valentine's day**, e il 17 marzo, **St Patrick's day**, festa del santo patrono degli irlandesi, sono le eccezioni più famose.

santuario *s* shrine

sanzione *s* sanction

sapere *v* ▶ vedi riquadro

sapone *s* soap | **sapone da barba** shaving soap

saponetta *s* bar of soap: *una saponetta alla lavanda* a bar of lavender soap

S

sapere *verbo*

1 Nel senso di possedere delle conoscenze o delle informazioni, si traduce con **to know**:

Lo so. I know. | *Non lo sapevo.* I didn't know. | *Non so se è vero.* I don't know if it's true. | *So come convincerla* I know how to convince her. | *per quanto ne so* as far as I know | *Non si sa mai.* You never know. | *Se vuoi venire, fammelo sapere.* If you want to come, let me know.

2 Con le lingue si usa di solito **to speak**:

Sai il francese? Do you speak French? | *Sa un sacco di lingue.* She speaks loads of different languages.

3 Nel senso di venire a conoscenza, si traduce con **to find out**, che vuol dire *scoprire*, oppure con **to hear**, che vuol dire **sentire**:

Quando l'avete saputo? When did you find out? | *Ho saputo che traslochi.* I heard you're moving.

4 Nel senso di *essere capace* si traduce con il verbo **can** seguito dall'infinito:

Non so nuotare. I can't swim. | *Sai ripararlo?* Can you fix it? | *Non ho saputo rispondere alla domanda.* I couldn't answer the question.

5 Nel senso di *aver gusto di* si traduce con **to taste of** e nel senso di *odorare di* con **to smell of**:

Questo caffè non sa di niente. This coffee doesn't taste of anything. | *Qui tutto sa di profumo.* Everything smells of smoke in here.

6 ESPRESSIONI

saperla lunga to know a thing or two: *È una che la sa lunga in fatto di bugie.* She knows a thing or two about telling lies. | **saperci fare con qn/qc** to know how to handle sb/sth: *Ci sa fare con i bambini.* He knows how to handle children. | **non volerne sapere di qn/qc** to not want anything to do with sb/sth: *Non voglio più saperne di lui.* I don't want anything more to do with him.

sapore *s* taste ▶ In molti contesti si usa il verbo **to taste**: *Questa minestra ha un sapore strano.* This soup has a strange taste. | *Questa salsa ha un sapore di menta.* This sauce **tastes of** mint.

saporito, -a *agg* tasty

Sardegna *s* **la Sardegna** Sardinia

sardina *s* sardine: *una scatola di sardine* a tin of sardines

sardo, -a *agg* e *s* Sardinian

sarta *s* dressmaker

sarto *s* tailor: *Questo sarto confeziona solo abiti da cerimonia.* This tailor only makes formal suits.

sasso *s* **1** (ciottolo) stone **2** (macigno) rock **3 restare di sasso** to be gobsmacked: *Quando l'ho visto arrivare, sono restato di sasso.* When I saw him arrive, I was gobsmacked.

satellite *s* (corpo celeste) satellite | **via satellite** via satellite: *in collegamento via satellite da Seattle* joining us via satellite from Seattle

satirico, -a *agg* satirical

sazio, -a *agg* **essere sazio** to have had enough (to eat): *Grazie, sono sazio.* Thank you, I've had enough.

sbadigliare *v* to yawn

sbadiglio *s* anche se c'è il sostantivo **yawn**, si usa più spesso il verbo **to yawn**: *Ha fatto uno sbadiglio.* She **yawned**. | *Non riesco a trattenere gli sbadigli.* I can't stop **yawning**.

sbagliare *v* **1** (fare un errore) to make a mistake: *So di aver sbagliato.* I know I made a mistake. | *se non sbaglio* if I'm not mistaken | *Non potete sbagliare: è la prima strada dopo il semaforo.* You can't go wrong: it's the first street after the traffic lights. **2 sbagliare un coplo/un rigore** to miss a shot/a penalty | **sbagliare mira** to miss **3 sbagliare persona/giorno** to get the wrong person/day | **sbagliare numero** to get the wrong number: *Scusi, ho sbagliato numero.* Sorry, I've got the wrong number. | **sbagliare strada** to go the wrong way: *Abbiamo sbagliato strada tre volte.* We went the wrong way three times.

sbagliarsi *v rifl* to be wrong: *Ti sbagli, non sono stata io.* You're wrong, it wasn't me. | *Mi sono sbagliato su di lui.* I was wrong about him.

sbagliato, -a *agg* **1** (errato) wrong: *La risposta è sbagliata.* That is the wrong answer. **2** (non adatto) wrong: *È arrivato nel momento sbagliato.* He arrived at the wrong moment.

sbaglio *s* mistake: *Ho fatto uno sbaglio.* I've made a mistake. | **per sbaglio** by mistake: *Ho preso per sbaglio il tuo ombrello.* I took your umbrella by mistake.

sballo *s* blast: *La festa era uno sballo!* The party was a total blast!

sbalordito, -a *agg* gobsmacked

sbandare *v* to skid: *L'auto ha sbandato ed è finita nel fossato.* The car skidded and ended up in the ditch.

sbarazzare *v* to clear: *Puoi sbarazzare la tavola?* Could you clear the table?

sbarazzarsi *v rifl* **sbarazzarsi di qc/qn** to get rid of sth/sb: *Quando ti sbarazzerai di tutti questi libri inutili?* When are you going to get rid of all these useless books?

sbarcare *v* **1** (da aereo, nave) to land, to disembark [formale]: *I passeggeri del volo da Londra sono appena sbarcati.* The passengers on the flight from London have just disembarked. **2** (portare) to put ashore: *Hanno sbarcato i clandestini su un'isola deserta.* The illegal immigrants were put ashore on a deserted island.

sbarra *s* **1** (in passaggio) barrier **2** (attrezzo ginnico) bar: *esercizi alla sbarra* exercises on the bar

sbattere *v* **1** (testa, gomito) to bang: *Ho sbattuto il gomito contro lo spigolo della scrivania.* I banged my elbow on the corner of the desk. **2** (in auto) to crash: *L'auto ha sbattuto contro il guardrail.* The car crashed **into** the barrier. | *Se continui ad andare così forte prima o poi andrai a sbattere.* If you carry on driving so fast, you'll end up having a crash. **3 sbattere la porta** to slam the door | **sbattere la porta in faccia a qn** to slam the door in sb's face: *Gli ho sbattuto la porta in faccia.* I slammed the door in his face. **4 sbattere il tappeto** to beat the carpet **5 sbattere le uova** to beat the eggs **6** (ali) to flap | **sbattere le palpebre** to blink **7** (buttare) to throw: *Mi hanno sbattuto fuori di casa.* They threw me out. | *Lo hanno sbattuto a terra.* They threw him to the ground. **8 sbattersene** to not give a damn about sth: *Me ne sbatto di quello che pensano gli altri.* I don't give a damn what other people think.

sbellicarsi *v rifl* **sbellicarsi dalle risa** to laugh your head off

sberla *s* **dare una sberla a qn** to slap sb: *Gli ha dato una sberla.* She slapped him. | **prendere a sberle qn** to slap sb: *Mi ha preso a sberle.* He slapped me.

sbiadire *v* to fade

sbirciare *v* to peek: *Ha cercato di sbirciare il compito del compagno.* She tried to **peek at** her friend's test paper. | *Sbirciava dal buco della serratura.* He was peeping through the keyhole.

sbloccare *v* (volante, porta) to release
sbloccarsi *v rifl* (traffico, situazione) to start moving again: *Il traffico si è sbloccato solo a tarda notte.* The traffic only started moving again late at night.

sboccare *v* **sboccare in** (strada) to lead into: *Via Roma sbocca in Piazza Castello.* Via Roma leads into Piazza Castello.

sbocciare *v* to bloom

sbocco *s* **1** (di strada) end, (di galleria) mouth **2** (di fiume, canale) mouth **3** (opportunità) opportunity (pl opportunities): *Vorrei scegliere una facoltà che offra molti sbocchi professionali.* I'd like to choose a course of study which opens up plenty of job opportunities.

sbornia *s* **prendersi una sbornia** to get drunk

sborsare *v* to fork out: *Ho dovuto sborsare 5.000 euro.* I had to fork out 5,000 euros.

sbottonare *v* to unbutton | **sbottonarsi la giacca/la camicia** to unbutton your jacket/shirt

sbriciolare *v* (fare briciole) to leave crumbs: *Se mangi sul divano, stai attento a non sbriciolare.* If you're going to eat on the sofa, be careful not to leave any crumbs. | **sbriciolare del pane/dei biscotti** to crumble some bread/biscuits
sbriciolarsi *v rifl* to crumble: *La torta si è tutta sbriciolata.* The cake has crumbled to bits.

sbrigare *v* to deal with: *Ho un affare urgente da sbrigare.* I've got some urgent business that I have to deal with.
sbrigarsi *v rifl* **1** to hurry up: *Siamo in ritardo, sbrigati!* We're late, hurry up! | *Sbrigati a finire!* Hurry up and finish! **2 sbrigarsela** to sort it out: *Se l'è sbrigata abbastanza rapidamente.* She sorted it out pretty quickly. | *Sbrigatevela un po' fra voi!* Just sort it out between yourselves!

sbrogliare *v* (nodi, fili) to disentangle | **sbrogliarsela** to manage: *Ho paura di non riuscire a sbrogliarmela da solo.* I'm worried I won't manage on my own.

sbronza *s* **prendersi una sbronza** to get drunk

sbronzo, -a *agg* drunk

sbucciare *v* **1** (frutta, verdura) to peel **2 sbucciarsi il ginocchio/il gomito** to graze your knee/elbow

sbuffare *v* **1** (per rabbia, impazienza) to grumble: *Se ne andò sbuffando!* He went away grumbling. **2** (per fatica) to pant: *È arrivato sbuffando in cima alla salita.* He was panting when he got to the top of the slope.

scacciare *v* **1** (da luogo) to kick out: *L'hanno scacciato dal club.* He was kicked out of the club. **2 scacciare le mosche** to get rid of the flies

scacco *sostantivo e sostantivo plurale*
• *s* **1 scacco matto** checkmate **2** (pezzo) chessman (pl chessmen)
• **scacchi** *s pl* (gioco) chess: *una partita a scacchi* a game of chess | **giocare a scacchi** to play chess | **a scacchi** (stoffa, camicia) check: *Portava una camicia a scacchi.* He was wearing a check shirt.

scadente *agg* poor

scadenza *s* **1 (data di) scadenza a)** (di documento) expiry date **b)** (di alimento) best before date: *Ricordati di controllare la data di scadenza del passaporto.* Remember to check the expiry date of your passport. **2** (di pagamento, iscrizione) deadline: *La*

S

C'è una tavola con i numeri in inglese e spiegazioni sul loro uso nella **guida grammaticale**.

scadenza per le iscrizioni è il 30 settembre. The deadline for enrolments is September 30. **3 a breve/lunga scadenza** (attività, progetto) short-/long-term: *È un progetto a lunga scadenza.* It's a long-term project.

scadere *v* **1** (documento, periodo) to expire: *Il mio passaporto scade tra un mese.* My passport expires in a month. | *Il tempo è scaduto!* The time is up! **2** (pagamento) to be due: *Domani mi scade l'affitto.* My rent is due tomorrow. **3** (alimenti, medicinali) to go out of date: *Questa scatoletta di tonno è scaduta.* That tin of tuna is out of date. **4** (peggiorare) to go downhill: *Era un buon ristorante, ma ora è un po' scaduto.* It used to be a good restaurant, but now it's gone downhill a bit.

scaduto, -a *agg* **1** (documento) expired **2** (pagamento) overdue **3** (alimenti, medicinali) out-of-date

scaffale *s* (mensola) shelf (pl shelves), (mobile) bookshelf (pl bookshelves)

scagliare *v* (sasso, freccia) to hurl
scagliarsi *v rifl* **scagliarsi contro qn/qc** to hurl yourself at sb/sth: *Si è scagliato contro il rapinatore.* He hurled himself at the burglar.

scala *s* **1** (di edificio) stairs [sempre plurale]: *Non riesce più a salire le scale.* She can't climb the stairs any more. | *Scese le scale di corsa.* She ran down the stairs. | **scala mobile** escalator | **scala antincendio** fire escape | **scala a chiocciola** spiral staircase **2** (a pioli) se si appoggia contro il muro, si chiama **ladder**, se invece si apre a V si chiama **steps** (sempre plurale). **3** (sistema di misurazione) scale | **in scala** to scale: *Il disegno è stato riprodotto in scala.* The drawing was reproduced to scale. | *una pianta della città in scala 1:5000* a map of the city at a scale of 1:5000 | *un modellino in scala* a scale model

scalare *v* **1** (montagna, parete) to climb: *I ladri hanno scalato il muro del giardino.* The thieves climbed the garden wall. **2** (somma, spese) to deduct: *Dal conto finale bisogna scalare 50 euro.* You need to deduct 50 euros from the final bill.

scalatore, -trice *s* climber

scalciare *v* to kick

scaldabagno *s* water heater

scaldare *v* (piatto, stanza) to warm: *Ti scaldo la cena.* I'll warm your dinner.
scaldarsi *v rifl* **1** to warm up: *Ci vogliono cinque minuti prima che la stampante si scaldi.* The printer takes five minutes to warm up. | *Sediamoci accanto al fuoco per scaldarci.* Let's sit by the fire to warm up. **2** (arrabbiarsi) to lose your cool: *Si scalda per qualsiasi stupidaggine.* He loses his cool over nothing. ▶ vedi nota FALSE FRIEND sotto **scald**

scalino *s* step: *Attenzione allo scalino!* Mind the step!

scalo *s* stopover: *Abbiamo fatto scalo a Roma.* We had a stopover in Rome.

scalpello *s* chisel

scalpore *s* **fare scalpore** to cause a stir: *È una notizia che farà scalpore.* It's a piece of news which will cause a stir.

scalzo, -a *agg* barefoot | **a piedi scalzi** barefoot: *Non camminare a piedi scalzi sul pavimento bagnato!* Don't walk barefoot on the wet floor!

scambiare *v* **1** (fare cambio di) to swap: *Ho scambiato le figurine che avevo doppie.* I've swapped the cards which I had duplicates of. | **scambiarsi dei regali/i numeri di telefono** to exchange presents/phone numbers **2** (confondere) to mistake: *Ti avevo scambiato per tuo fratello.* I mistook you for your brother. **3 scambiare quattro chiacchiere (con qn)** to have a chat (with sb): *Vorrei scambiare quattro chiacchiere con te prima di andare.* I'd like to have a chat with you before I go.

scambio *s* **1** (di regali, indirizzi) exchange: *uno scambio di idee* an exchange of ideas | *scambi culturali* cultural exchanges **2** (di oggetti) swap: *Facciamo uno scambio: tu mi dai la bicicletta e io ti do il monopattino.* Let's do a swap. You give me your bike and I'll give you my scooter. **3 uno scambio di persona** a case of mistaken identity

scampare *v* **scampare a qc** to survive sth: *È scampato al naufragio per miracolo.* He survived the shipwreck by a miracle. | **scamparla bella** to have a close shave

scampo *s* **1** (crostaceo) scampi [sempre plurale] **2** (salvezza) way out: *Non c'è scampo.* There's no way out.

scandalizzare *v* to shock
scandalizzarsi *v rifl* to be shocked

scandalo *s* scandal

Scandinavia *s* **la Scandinavia** Scandinavia

scandinavo, -a *agg* Scandinavian

scandire *v* **1 scandire le parole** to articulate (words) **2 scandire il tempo** to beat time

scanner *s* scanner

scannerizzare *v* to scan: *Puoi scannerizzare le foto e mandarmele per e-mail?* Can you scan the photos and e-mail them to me?

scansare *v* to dodge
scansarsi *v rifl* to step aside: *Scansati, fammi passare!* Step aside, let me through!

scapito *s* **a scapito di** at the expense of: *Il governo ha privilegiato gli investimenti nel settore dei trasporti a scapito della sanità.*

The government has prioritized investment in transport at the expense of the health service.

scapolo *s* bachelor

scappare *v* **1** (fuggire) to run away ▶ Quando qualcuno scappa da un luogo in cui era prigionero, si usa **to escape**: *È scappato di casa.* He ran away from home. | *Un leone è scappato dallo zoo.* A lion has escaped from the zoo. | *È riuscito a scappare dalla casa dove lo tenevano prigioniero i rapitori.* He managed to escape from the house where the kidnappers were holding him prisoner. | *Devo scappare, alle tre ho l'allenamento.* I have to go now, I've got training at three. | **farsi scappare l'occasione** to let an opportunity slip by **2** (sfuggire inavvertitamente) to slip out: *Non volevo dirglielo ma mi è scappato.* I didn't want to tell him, but it slipped out. | *Mi scappa la pipì.* I'm bursting for the toilet. | *Mi è scappato da ridere.* I couldn't help laughing. | **far scappare la pazienza a qn** to try sb's patience: *Mi stai facendo scappare la pazienza!* You're really trying my patience! | **scappare di mente** to slip your mind: *Scusa se non ti ho chiamato ma mi è proprio scappato di mente.* I'm sorry for not calling you, but it completely slipped my mind.

scarabocchiare *v* to scribble

scarafaggio *s* cockroach (pl cockroaches)

scarica *s* **1 scarica elettrica** electric shock **2** (serie) hail: *una scarica di mitra* a hail of machine-gun fire | *una scarica di pugni* a series of punches

scaricare *v* **1** (bagagli, auto) to unload: *Aiutami a scaricare i bagagli.* Help me unload the luggage. | *Dobbiamo scaricare l'auto.* We have to unload the car. | **scaricarsi la coscienza** to clear your conscience **2** (in informatica) to download: *Puoi scaricare questo programma da Internet.* You can download this program from the Internet. **3** (batteria) to run down **4** (rifiuti) to dump: *È vietato scaricare rifiuti nel parco.* Dumping rubbish in the park is forbidden. **5** (fidanzato) to dump: *Dopo tre anni che stavano insieme, l'ha scaricato senza una spiegazione.* After three years together, she dumped him without any explanation.

scaricarsi *v rifl* to run down: *Si dev'essere scaricata la batteria del telefonino.* The battery in the mobile must have run down.

scarico, -a *aggettivo e sostantivo*

• *agg* **1** (apparecchio, batteria) flat: *Ho il cellulare scarico.* The battery in my mobile is flat. **2** (arma) unloaded: *Per fortuna, il fucile era scarico.* Luckily the rifle was unloaded. **3** (mezzo di trasporto) empty: *Ora che il furgone è scarico si guida molto meglio.* Now that the lorry's empty, it's much easier to drive.

• **scarico** *s* **1** (di rifiuti) dumping: *In questa zona c'è il divieto di scarico.* Dumping is forbidden in this area. **2** (di merce, di mezzo) unloading: *Qui non puoi parcheggiare, è solo per carico e scarico.* You can't park here. It's only for loading and unloading. **3** (materiale) waste [mai plurale]: *La laguna è inquinata dagli scarichi industriali.* The lagoon is polluted by industrial waste.

scarlattina *s* scarlet fever

scarpa *s* shoe: *un paio di scarpe* a pair of shoes | *Che numero di scarpe porti?* What's your shoe size? | **scarpe col tacco alto/basso** high-heeled/flat shoes | **scarpe da ginnastica** trainers | **scarpe da tennis** tennis shoes

scarpata *s* steep slope

scarpone *s* (da trekking) (hiking) boots | **scarponi da sci** ski boots

scarseggiare *v* to be in short supply: *L'acqua comincia a scarseggiare.* Water is starting to be in short supply.

scarsità *s* shortage

scarso, -a *agg* **1** low: *Ci sono scarse possibilità di vincere lo scudetto.* The chances of winning the cup are low. | *Il suo rendimento è un po' scarso in tutte le materie.* His performance is a bit low in all subjects. | *Il corso di informatica ha suscitato scarso interesse da parte dei ragazzi.* The youngsters showed little interest in the computer course. **2** barely: *Peserà 50 chili scarsi.* She must weigh barely 50 kilos.

scartare *v* **1** (in selezione) to reject: *Ho presentato le foto per il concorso, ma le hanno scartate.* I entered the photos in the competition, but they were rejected. **2** (pacco, regalo) to unwrap **3** (nei giochi di carte) to discard **4** (nel calcio) to dodge

scassinare *v* (porta, serratura) to force: *Non ci vuole niente a scassinare questa serratura.* It wouldn't take much effort to force that lock.

scatenarsi *v rifl* **1** (persona) usato in senso positivo si traduce **to let your hair down** e in senso negativo **to go wild**: *Luigi si è proprio scatenato: sta ballando il flamenco sul tavolo!* Luigi's really letting his hair down. He's doing the flamenco on the table! | *I tifosi, esasperati dall'attesa, si sono scatenati.* Frustrated by the long wait, the fans went wild. **2** (rissa) to break out: *Una rissa si è scatenata davanti alla discoteca.* A fight broke out outside the club. **3** (bufera) to blow up: *Si sta scatenando un violento temporale.* There's a storm blowing up.

scatola *s* box (pl boxes) ▶ Nel senso di barattolo di latta per alimenti, si usa **tin**: *una scatola di cartone* a cardboard box | *una scatola di cioccolatini* a box of chocolates |

S

una scatola di pelati a tin of tomatoes | **in scatola** tinned: *tonno in scatola* tinned tuna | **scatola nera** black box

scatola cranica skull

scattare *v* **1** (foto) to take: *Ho scattato ben 40 foto!* I took a good 40 photos! | *Dai, scatta, siamo in posa da ore!* Come on, take the photo! We've been posing for ages! **2** (allarme) to go off: *È scattato l'allarme dei vicini.* The neighbours' alarm went off. | *Aspetta che scatti il verde.* Wait till the lights go green. **3 far scattare una leva/una molla** to release a lever/a spring **4** (provvedimento, aumento) to take effect, (divieto, coprifuoco) to come into force: *Da gennaio scattano gli aumenti sulla benzina.* The increase in petrol prices will take effect from January. | *È scattato il piano anti-mafia.* The anti-mafia measures have come into force. **5** (fare un movimento rapido) to spring: *L'atleta russo è scattato prima del via.* The Russian athlete sprang out of the blocks before the starting signal. | *Le nuove reclute sono scattate all'attenti.* The new recruits sprang to attention. | **scattare in piedi** to jump to your feet **6 far scattare qn** (innervosire) to set sb off: *Basta la minima osservazione a farlo scattare!* The slightest remark will set him off!

scatto *s* **1** (di congegno, interruttore) click **2** (di telefono) unit **3** (balzo) spring | **di scatto** suddenly: *Si è alzato di scatto* He got up suddenly.

scavare *v* (galleria, terreno) to dig

scavo *s* (lavori) excavation work: *I lavori di scavo per la galleria sono durati mesi.* Excavation work for the new tunnel has been going on for months. | **scavi (archeologici) a)** (operazione) (archaeological) dig **b)** (luogo) excavations: *gli scavi di Pompei* the excavations at Pompeii

scegliere *v* to choose: *Per me è lo stesso, scegliete voi.* It's all the same to me, you choose. | *Scegline uno a caso.* Choose one at random. | *Hai scelto che scuola fare?* Have you chosen what school you want to go to? | *Non riesco a scegliere, mi piacciono tutti e due.* I can't decide, I like them both. | **scegliere di fare qc** to choose to do sth: *Se ha scelto di andare da solo, ci sarà un motivo!* If he chose to go alone, there will have been a reason for that!

> Quando la scelta è tra due alternative, si usa la preposizione **between**; quando invece si sceglie tra varie alternative, si usa la preposizione **out of**:
> *Devo scegliere tra spagnolo e francese.* I have to choose between Spanish and French. | *Tra i tanti, ho scelto quello meno caro.* Out of all of them, I chose the least expensive one.

scelta *s* **1** choice: *Hai fatto una scelta e ora devi agire di conseguenza.* You've made a choice and now you've got to live with it. | **non avere scelta** to have no choice: *Non ho scelta, devo fare come dice lui.* I have no choice. I've got to do as he says. | **di prima scelta** top quality: *articoli di prima scelta* top quality products | **a scelta** *Puoi prendere la frutta o, a scelta, un dessert.* You can have fruit or, if you prefer, a dessert. | *Se compri il cofanetto regalo ti danno in omaggio un CD o due cassette, a scelta.* If you buy the gift pack, you get a free CD or two tapes, it's your choice. **2** (assortimento) selection: *In quel negozio non c'è una grande scelta.* There's not much of a selection in that shop.

scemenza *s* nonsense [mai plurale]: *Sono tutte scemenze, non dargli retta.* It's all nonsense. Don't listen to him.

scemo, -a *aggettivo* e *sostantivo*

- *agg* stupid: *Avrà pensato che sono proprio scema.* He must have thought I was really stupid.
- *s* idiot: *Sono rimasta lì come una scema.* I was just standing there like an idiot. | **fare lo scemo** to fool around: *Dai non fare lo scemo.* Come on, stop fooling around.

scena *s* **1** (di film) scene: *C'erano alcune scene spinte nel film.* There were a few steamy scenes in the film. | **fare scena muta** to not utter a word: *All'orale ha fatto scena muta.* He didn't utter a word in the oral exam. **2** (finta) act: *Le sue sono tutte scene.* She's putting on an act. **3** (palcoscenico) stage | **mettere in scena qc** to stage sth: *Al Teatro Verdi hanno messo in scena il Macbeth.* They staged Macbeth at the Teatro Verdi. | **la scena del delitto** the scene of the crime **4** (di opera teatrale) scene: *atto secondo, scena quinta* act two, scene five

scenata *s* scene | **fare una scenata** to make a scene: *Le ha fatto una scenata davanti a tutti.* He made a scene in front of everyone.

scendere *v* **1** (andare giù) to go down, (venire giù) to come down: *Scendo in cortile.* I'm going down into the courtyard. | *Sono pronto, scendo subito.* I'm ready, I'll be down in a second. | *Ho sceso le scale di corsa.* I ran down the stairs. | *Scendi a piedi o prendi l'ascensore?* Are you going to walk down or take the lift? **2 scendere da** riferito a un mezzo di trasporto si traduce generalmente **to get off**; nota però che **scendere dalla macchina** si traduce **to get out of the car**: *Siamo scesi a Milano Centrale.* We got off at Milano Centrale. | *Devi scendere alla prossima fermata.* You have to get off at the next stop. | *Scendo qui, grazie del passaggio.* I'll get out here. Thanks for the lift. **3** (diminuire) to fall: *La temperatura è scesa sotto lo zero.* The temperature has

S

fallen below zero. | *Il numero degli iscritti è sceso da 50 a 40 quest'anno.* The number of people enrolled has fallen from 50 to 40 this year.

sceneggiato *s* TV drama

scettico, -a *agg* sceptical

scheda *s* **1** (magnetica) card | **scheda telefonica** phone card **2** (di schedario) card | **scheda bibliografica** library index card **3 scheda di lavoro** (in libro) worksheet | **scheda (di valutazione)** report (card): *Domani c'è la consegna delle schede.* The reports are being given out tomorrow. | **scheda elettorale** ballot paper **4** (di computer) card: *scheda audio* sound card | *scheda madre* motherboard

schedario *s* **1** (catalogo) (card) catalogue **2** (mobile) filing cabinet

schedina *s* **1** (di totocalcio) coupon | **giocare la schedina** to do the pools **2** (di superenalotto) ticket

scheggia *s* splinter: *una scheggia di vetro* a glass splinter

scheletro *s* skeleton

schema *s* **1** (disegno) diagram **2** (scaletta) plan

scherma *s* fencing: *Fa scherma da quando aveva otto anni.* She's been fencing since she was eight.

schermo *s* **1** (di TV, computer) screen: *uno schermo da 21 pollici* a 21-inch screen | **sul grande schermo** (al cinema) on the big screen **2** (per proteggere) screen

scherzare *v* to joke: *Stai scherzando?* You're joking? | *Non è il momento di scherzare.* This is no time for jokes.

scherzo *s* **1** (cosa divertente) joke: *È stato uno scherzo stupido!* It was a stupid joke! | **dire/fare qc per scherzo** to do/to say sth for a laugh: *L'ho detto solo per scherzo, ma Tina si è offesa.* I just said it for a laugh, but Tina got offended. | **fare uno scherzo a qn** to play a joke on sb: *Le abbiamo fatto uno scherzo e lei si è arrabbiata.* We played a joke on her and she got angry. | **scherzi a parte** joking aside **2** (cosa facile) child's play: *Montare il computer è stato uno scherzo.* Setting up the computer was child's play.

scherzoso, -a *agg* joking

schiacciare *v* **1** (noce) to crack: *Prova a schiacciare le nocciole con questo.* Try cracking the hazelnuts with this. **2** (patate) to mash **3** (con un peso) to crush ▶ Per oggetti soffici, come una torta o un frutto, si usa **to squash**: *Attento a non schiacciare la torta.* Be careful not to squash the cake. | *Mi sono schiacciato un dito nella portiera.* I caught my finger in the car door. **4** (pulsante) to press **5** (nel tennis, nella palavolo) to smash **6 schiacciare un pisolino** to have a nap

schiaffeggiare *v* to slap

schiaffo *s* slap | **dare uno schiaffo a qn** to give sb a slap: *Mia sorella mi ha dato uno schiaffo.* My sister gave me a slap. | **prendere a schiaffi qn** to slap sb: *Lo ha preso a schiaffi.* She slapped him.

schiantarsi *v rifl* to crash: *L'aereo si è schiantato al suolo.* The aeroplane crashed to the ground.

schiarire *v* **1** (colore) to lighten: *Si è schiarito i capelli.* He's lightened his hair. **2 schiarirsi la voce** to clear your throat **3** (cielo) to clear up: *Aspettiamo che schiarisca un po'.* Let's wait until it clears up a bit.

schiavo, -a *sostantivo e aggettivo*

- *s* slave
- *agg* **essere schiavo di qc** to be addicted to sth: *È schiavo della TV.* He's addicted to TV.

schiena *s* back: *Tieni la schiena dritta!* Keep your back straight! | *Ho mal di schiena.* I've got backache.

schienale *s* backrest

schifezza *s* rubbish (BrE) [mai plurale], trash (AmE) [mai plurale] ▶ Nel senso di cosa sporca si usa l'aggettivo **filthy**: *Il film era una schifezza.* The film was rubbish. | *I gabinetti sono una schifezza.* The toilets are filthy.

schifo *s* **che schifo!** yuck! | **fare schifo a)** (essere brutto) to be rubbish: *Il film faceva schifo.* The film was rubbish. **b)** (ripugnare) to be disgusting ▶ Per dire che qc fa schifo a qn, in inglese si dice che **sb finds sth disgusting**: *Quest'odore fa veramente schifo!* This smell is really disgusting! | *I serpenti le fanno schifo.* She finds snakes disgusting. **c)** (squadra, atleta) to be rubbish: *La mia squadra ha fatto schifo in finale.* My team were rubbish in the finals.

schifoso, -a *agg* **1** (ripugnante) disgusting: *Questa minestra è schifosa!* This soup is disgusting! **2** (bruttissimo) si usa il sostantivo **rubbish** in funzione di aggettivo: *Che foto schifose! Chi le ha fatte?* Those photos are really rubbish! Who took them?

schioccare *v* **1 schioccare le dita** to snap your fingers **2 schioccare la lingua** to click your tongue

schiuma *s* foam | **schiuma da barba** shaving foam

schizzare *v* **1** (spruzzare) to splash: *L'auto è passata in una pozzanghera e lo ha schizzato.* The car went through a puddle and splashed him. **2 schizzare via** to sprint off: *È schizzato via appena ci ha visto.* He sprinted off as soon as he saw us.

schizzinoso, -a *agg* fussy

schizzo *s* **1** (disegno) sketch (pl sketches): *Ho fatto uno schizzo della casa.* I made a sketch of the house. **2** (d'acqua,

S

Quando si usa *in*, *on* e *at*? Vedi alla voce in.

di sangue) splash (pl splashes): *schizzi di fango* splashes of mud

sci *s* **1** (sport) skiing: *i mondiali di sci* the world skiing championships | **sci di fondo** cross-country skiing | **sci nautico/d'acqua** water-skiing **2** (attrezzo) ski

scia *s* **1** (di aereo, nave) trail **2** (odore) trail: *Ha lasciato dietro di sé una scia di profumo.* She left a trail of perfume behind her.

sciacquare *v* to rinse: *Io lavo i piatti, tu sciacquali.* I'll wash the dishes, you rinse them. | **sciacquarsi le mani/i capelli** to rinse your hands/hair

sciacquone *s* flush | **tirare lo sciacquone** to flush the toilet

scialle *s* shawl

scialuppa *s* lifeboat

sciame *s* swarm: *uno sciame di vespe* a swarm of wasps

sciare *v* to ski: *Scii molto bene.* You ski very well. | *Sciare non mi piace, preferisco lo snowboard.* I don't like skiing, I prefer snowboarding. | **andare a sciare** to go skiing: *Domani andiamo a sciare a Sestrière.* We're **going skiing** in Sestrière tomorrow.

sciarpa *s* scarf (pl scarves)

sciatore, -trice *s* skier

scientifico, -a *agg* scientific ► vedi anche **liceo**

scienza *sostantivo e sostantivo plurale*
- *s* science
- **scienze** *s pl* (materia scolastica) science [mai plurale]: *il libro di scienze* science book | *Va bene in scienze.* He's good at science. **scienze naturali** natural science | **scienze politiche** political science

scienziato, -a *s* scientist

scimmia *s* monkey

scimpanzé *s* chimpanzee

scintilla *s* spark

sciocchezza *s* **1** (cosa insensata) silly thing: *Smettila di dire sciocchezze.* Stop saying silly things like that. **2 una sciocchezza** (una cosa da poco) nothing: *Abbiamo litigato per una sciocchezza.* We quarrelled over nothing. | *– Ti sei fatto male? – No, è una sciocchezza.* "Did you hurt yourself?" "No, it's nothing."

sciocco, -a *agg e s* sia per l'aggettivo che per il sostantivo si usa l'aggettivo **silly**: *Come ho fatto a essere così sciocco!* How could I have been so silly? | *Smettila di fare la sciocca.* Stop being silly.

sciogliere *v* **1** (nodo, corda) to untie: *Riesci a sciogliere questo nodo?* Can you untie this knot? | **sciogliersi i capelli** to untie your hair **2 sciogliersi i muscoli** to loosen your muscles **3** (neve, cioccolato) to melt: *Il sole ha sciolto la neve.* The sun has melted the snow. **4** (in acqua) to dissolve: *Puoi sciogliere le pastiglie nell'acqua.* You can dissolve the pills in water.

sciogliersi *v rifl* **1** (nodo, laccio) to come undone: *Mi si è sciolto un laccio delle scarpe.* One of my shoelaces has come undone. **2** (neve, cioccolato) to melt: *Il ghiaccio si sta sciogliendo.* The ice is melting. **3** (in acqua) to dissolve: *Lo zucchero non si è ancora sciolto del tutto.* The sugar hasn't completely dissolved yet.

sciolto, -a *agg* **1** (liquefatto) melted **2** (capelli) loose: *Stai meglio coi capelli sciolti.* You look better with your hair loose. **3** (laccio) undone

sciopero *s* strike: *C'è lo sciopero degli autobus domani.* There's a bus strike tomorrow. | *sciopero della fame* hunger strike | **essere in sciopero** to be on strike | **fare sciopero** to go on strike

scippare *v* to mug: *È stata scippata proprio davanti a casa.* She was mugged right outside her house.

sciroppo *s* **1** (medicina) syrup: *sciroppo per la tosse* cough syrup **2** (succo) syrup: *sciroppo di menta* mint syrup

sciupare *v* **1** (rovinare) to ruin: *Si è tolto i pantaloni per non sciuparli.* He took his trousers off so as not to ruin them. **2** (sprecare) to waste: *Ha già sciupato tante belle occasioni.* He's already wasted so many great opportunities.

sciuparsi *v rifl* to be ruined: *Le mie scarpe con la pioggia si sono sciupate.* My shoes were completely ruined in the rain.

scivolare *v* **1** (cadere) to slip: *Sono scivolato sul ghiaccio.* I slipped on the ice. | *Sono scivolata giù dalle scale.* I slipped and fell down the stairs. **2** (sfuggire) to slip: *Mi è scivolato di mano il sapone.* The soap slipped out of my hand. **3** (spostarsi) to glide: *La slitta scivolava sulla neve.* The sleigh glided across the snow.

scivolo *s* (in parco, piscina) slide

scivolone *s* **fare uno scivolone** to slip: *Ha fatto uno scivolone sul pavimento bagnato.* He slipped on the wet floor.

scivoloso, -a *agg* slippery

scocciare *v* to bug: *Non mi scocciare!* Stop bugging me! | **mi/ti ecc. scoccia** *Mi scoccia chiedergli scusa.* I don't like having to apologize to him. | *Ti scoccia passarmi a prendere?* Would you mind coming to pick me up?
scocciarsi *v rifl* to get fed up: *Si è scocciato di aspettare.* He got fed up of waiting. | *Mi sono scocciata, me ne vado.* I'm fed up. I'm going.

scocciatura *s* pain: *È una bella scocciatura dover tornare domani!* It's a real pain having to go back tomorrow!

scodella *s* bowl

scogliera *s* **1** (nel mare) rocks [plurale]: *La barca è finita contro la scogliera.* The boat ended up on the rocks. **2** (costa) cliff: *La macchina è precipitata dalla scogliera.* The car went over the cliff. | *le scogliere bianche di Dover* the white cliffs of Dover

scoglio *s* rock: *Si è tuffato da uno scoglio.* He dived off a rock.

scoiattolo *s* squirrel

scolapasta *s* colander

scolapiatti *s* dish rack

scolare *v* **1** to drain: *Scola bene l'insalata prima di condirla.* Drain the lettuce well before you put the dressing on it. **2** **scolarsi una bottiglia/una lattina di gazzosa** to down a bottle/a can of lemonade

scolaresca *s* pupils [plurale]

scolaro, -a *s* pupil: *uno scolaro delle elementari* a primary-school pupil ▶ vedi nota FALSE FRIEND sotto **scholar**

scolastico, -a *agg* **1** (gita, vacanze) si usa il sostantivo **school** in funzione di aggettivo: *le vacanze scolastiche* the school holidays | *anno scolastico* school year **2** (sistema, riforma) educational

scollato, -a *agg* (vestito) low-cut: *Aveva un maglioncino scollato nero.* She had a little black low-cut sweater. | *Non ti sembra di essere un po' troppo scollata?* Don't you think you're showing a bit too much cleavage?

scollatura *s* neckline: *una scollatura vertiginosa* a plunging neckline | **un golf con la scollatura a V** a V-neck sweater

scolorire *v* to fade: *Il sole ha scolorito i cuscini.* The sun has faded the cushions.
scolorirsi *v rifl* to fade: *Ho messo i pantaloni in lavatrice e si sono scoloriti.* I put the trousers in the washing machine and they faded.

scolpire *v* **1** (marmo, pietra) to sculpt **2** (legno) to carve **3** (incidere su pietra) to engrave

scommessa *s* **1** (tra due persone) bet | **vincere/perdere una scommessa** to win/lose a bet | **fare una scommessa** to make a bet: *Facciamo una scommessa e chi perde paga da bere.* Let's make a bet and whoever loses buys a round. **2** (puntata) bet

scommettere *v* **1** (dare per certo) to bet: *Scommetto che è in ritardo.* I bet he's late. **2** (con qualcuno) to bet: *Ho scommesso 10 euro con Tommaso che domani nevica.* I bet Tommaso 10 euros that it will snow tomorrow. | *Scommetti che non viene?* What do you bet she won't come? **3** (puntare) to bet: *Ha scommesso 50 euro su un cavallo.* He bet 50 euros on a horse.

scomodo, -a *agg* **1** (poltrona, letto) uncomfortable: *Queste sedie sono scomode.* These chairs are uncomfortable. | **stare scomodo** to be uncomfortable: *Non stai scomodo seduto per terra?* Aren't you uncomfortable sitting on the floor? **2** (orario, viaggio) inconvenient: *L'orario di yoga è scomodo perché mi spezza il pomeriggio.* The yoga class is at an inconvenient time because it breaks up my afternoon.

scomparire *v* to disappear: *Dov'eri scomparso?* Where did you disappear to? | *Le macchie sulla mia giacca sono scomparse.* The stains on my jacket have disappeared.

scomparsa *s* **1** (sparizione) disappearance **2** (morte) passing

scompartimento *s* compartment: *uno scompartimento non fumatori* a non-smoking compartment

scomparto *s* (di armadio, frigo) compartment

scomporre *v* **1** (parola, numero) to break down **2** (elemento, processo) to break up
scomporsi *v rifl* (turbarsi) **senza scomporsi** without batting an eyelid: *Ha accolto la notizia senza scomporsi.* She received the news without batting an eyelid.

sconfiggere *v* to defeat

sconfitta *s* defeat

scongelare *v* (cibo) to defrost
scongelarsi *v rifl* to defrost

sconosciuto, -a *aggettivo e sostantivo*
• *agg* (ignoto) unknown: *un quadro di un pittore sconosciuto* a picture by an unknown artist
• *s* stranger: *Era con una sconosciuta.* He was with a stranger.

sconsigliare *v* **sconsigliare qc a qn** to advise sb against sth: *Te lo sconsiglio.* I advise you against it. | **sconsigliare (a qn) di fare qc** to advise (sb) against doing sth: *Sconsigliano di mettersi in viaggio con questo tempo.* They advise against setting off on a journey in this weather. | *Mi ha sconsigliato di comprarlo.* She advised me against buying it.

scontare *v* **1** (pena) to serve **2** (ridurre) to give a discount: *Scontano il 20% su quasi tutti i DVD.* They're giving a 20% discount on nearly all the DVDs. **3** (pagare) to pay for: *Non ho aperto un libro durante le vacanze e ora lo sto scontando.* I didn't open a book during the holidays and I'm paying for it now.

scontato, -a *agg* **1** (ovvio) predictable: *I risultati dell'esame erano scontati.* The exam results were predictable. | *Era scontato che lo venisse a sapere.* He was bound to find out. | **dare qc per scontato** to take sth for granted: *Avevo dato per scontato che non saresti venuto.* I had taken it for granted that you wouldn't come. **2** (ridotto) discounted: *La merce scontata non si cambia.* Discounted goods cannot be exchanged. | **a prezzi scontati** at a discount

scontento, -a *agg* **essere scontento** to not be happy: *È sempre scontenta qualunque cosa faccia.* No matter what she does, she's never happy. | *L'allenatore è scontento del risultato.* The coach isn't **happy with** the result.

sconto *s* discount: *Mi ha fatto uno sconto del 10%.* He gave me **a 10% discount.**

scontrarsi *v rifl* **1** (con veicolo) to collide: *La moto si è scontrata con un'auto.* The motorbike collided with a car. | *Due treni si sono scontrati.* Two trains collided. | **scontrarsi contro qc** to crash into sth: *È andato a scontrarsi contro il muro e ha sfasciato il motorino.* He crashed into the wall and wrecked his moped. **2** (litigare) to argue: *Sono entrambi testardi e si scontrano per niente.* They're both stubborn and they argue about the slightest thing. **3** (squadre, avversari) to clash: *Le due squadre si scontreranno oggi allo stadio Olimpico.* The two teams will clash today at the Olympic stadium. | *Studenti e professori si sono scontrati durante l'assemblea.* Students and lecturers clashed during the meeting.

scontrino *s* receipt: *Se vuoi cambiare il CD, tieni lo scontrino.* If you want to exchange the CD, hold on to your receipt.

scontro *s* **1** (incidente) collision, crash (pl crashes): *C'è stato uno scontro frontale tra le due vetture.* There was a head-on collision between the two cars. **2** (combattimento) clash (pl clashes): *Due sono le vittime degli scontri tra polizia e manifestanti.* The clashes between the police and the demonstrators resulted in two casualties. | **scontro a fuoco** shoot-out **3** (litigio) argument: *Ha avuto un altro scontro con il padre.* She's had another argument with her father.

scontroso, -a *aggettivo e sostantivo*
• *agg* surly
• *s* misery guts [informale]: *Non fare lo scontroso, vai con loro.* Don't be such a misery guts! Go with them.

sconvolgere *v* **1** (turbare) to shake: *È stato sconvolto dalla notizia.* He was shaken by the news. **2** (progetti) to upset: *Il suo arrivo ha sconvolto i miei piani.* His arrival upset my plans. **3** (orario, svolgimento) to disrupt

sconvolto, -a *agg* (turbato) distraught

scopa *s* **1** broom **2** (di strega) broomstick

scopare *v* (spazzare) to sweep

scoperta *s* **1** (scientifica, geografica) discovery (pl discoveries) **2 bella scoperta!** (ironico) surprise, surprise!

scoperto, -a *aggettivo e sostantivo*
• *agg* **1** (schiena, gambe) bare: *Non hai freddo con le gambe scoperte?* Aren't you cold with your bare legs? **2 una piscina scoperta** an outdoor swimming pool **3 un assegno scoperto** a bad cheque
• **scoperto** *s* **uscire allo scoperto** (rivelare intenzioni) to come out into the open

scopo *s* purpose: *Qual è lo scopo di questa ricerca?* What's the purpose of this project? | **allo scopo di fare qc** in order to do sth: *Lo spiava allo scopo di ricattarlo.* He was spying on him in order to blackmail him. | **a che scopo?** what for? ▶ vedi nota FALSE FRIEND sotto **scope**

scoppiare *v* **1** (bomba) to explode **2** (palloncino) to burst | **scoppiare a piangere** to burst into tears | **scoppiare a ridere** to burst out laughing | **scoppiare di caldo** to be boiling: *Apri la finestra, qui si scoppia di caldo.* Open the window – we're boiling in here. **3** (temporale, incendio) to break out **4** (guerra, epidemia) to break out **5** (scandalo) to break

scoppio *s* **1** (rumore) bang: *Si è sentito uno scoppio tremendo e l'edificio è crollato.* There was a tremendous bang and the building collapsed. **2** (di bomba, caldaia) explosion | **a scoppio ritardato**: *Ha riso a scoppio ritardato.* The penny eventually dropped and he laughed. **3 uno scoppio di risa** a peal of laughter **4** (di gomma) blowout **5** (di guerra, epidemia) outbreak

scoprire *v* **1** (venire a sapere) to find out: *Non lo sapevo, l'ho appena scoperto.* I didn't know, I've only just found out. | *Si è scoperto chi è stato?* Have they found out who it was? | *Se lo scoprono i miei, guai!* If my parents find out, I'm in big trouble! **2** (trovare) to discover: *Ho scoperto una pizzeria favolosa.* I've discovered a fantastic pizzeria. **3** (inventare) to discover: *Hanno scoperto una cura per questa malattia.* They've discovered a cure for this disease.

scoprirsi *v rifl* **1** (a letto) to throw off your covers: *Durante la notte si scopre e prende freddo.* During the night, he throws off his covers and catches cold. **2** (aprirsi) to open up: *Non scoprirti troppo con lui, non lo conosci.* You don't know him very well so don't open up to him too readily.

scoraggiare *v* to discourage: *Le difficoltà lo hanno subito scoraggiato.* He was immediately discouraged by the problems.
scoraggiarsi *v rifl* to lose heart: *Non scoraggiarti per così poco.* Don't **lose heart over** such a small thing.

scorciatoia *s* short cut | **prendere una scorciatoia** to take a short cut

scordare *v* to forget: *Non scordare il sacco a pelo.* Don't forget the sleeping bag. | *Mi sono scordato dove abita.* I've forgotten where he lives.
scordarsi *v rifl* **1** (dimenticarsi) **scordarsi di qc** to forget sth: *Mi sono scordato del suo compleanno.* I forgot his birthday. | **scordarsi di fare qc** to forget to do sth: *Non ti scordare di telefonare.* Don't forget to phone. **2** (strumento) to go out of tune

scoreggiare *v* to fart

scorgere *v* to spot: *Mi sembrava di averlo scorto in lontananza.* I thought I spotted him in the distance.

scorpacciata *s* **farsi una scorpacciata di qc** to stuff yourself with sth: *Ci siamo fatti una scorpacciata di ciliege.* We stuffed ourselves with cherries.

Scorpione *s* Scorpio: *Sono dello Scorpione.* I'm a Scorpio.

scorpione *s* scorpion

scorrere *v* **1** (fiume, acqua) to flow **2** (traffico) to flow **3** (leggere velocemente) to skim through: *Mentre aspettavo, ho scorso il giornale.* I skimmed through the paper while I was waiting. **4** (discorso, testo) to flow: *La frase non scorre bene, c'è qualcosa di poco naturale.* The sentence doesn't flow well, there's something stilted about it. **5** (tempo) to pass: *Gli anni scorrevano veloci.* The years passed quickly. **6** (su binari, carrucola) to run

scorretto, -a *agg* **1** (sbagliato) incorrect: *È un uso scorretto del termine, ma molto comune.* It's an incorrect use of the word, although it's very frequent. **2** (poco onesto) wrong: *È scorretto parlare male degli assenti.* It's wrong to speak ill of people in their absence. | *Sei stato molto scorretto a non dirle tutta la verità.* It was very wrong of you not to tell her the whole truth.

scorrevole *agg* **1** (porta, sportello) sliding **2** (stile, lingua) fluent: *Il suo inglese è molto scorrevole.* His English is very fluent. **3** **essere scorrevole** (traffico) to flow smoothly

scorsa *s* **dare una scorsa a qc** to take a quick look at sth: *Ho dato una scorsa al giornale.* I took a quick look at the newspaper.

scorso, -a *agg* last: *Lo scorso inverno sono andata a sciare.* Last winter I went skiing. | *nelle scorse settimane* over the past few weeks | **sabato/l'anno scorso** last Saturday/year

scorta *s* **1** (provvista) stock: *Abbiamo esaurito le scorte.* We've used up all our stock. | **fare scorta di qc** to stock up with sth: *Ho fatto scorta di gelati.* I've stocked up with ice-cream. | **di scorta** spare: *Tengo sempre dei fazzoletti di scorta.* I always keep some spare handkerchiefs. ▶ vedi anche **ruota** **2** (guardie del corpo) escort: *Il giudice viaggiava senza scorta.* The judge was travelling **without an escort**.

scortese *agg* rude

scorza *s* **1** (buccia) peel: *una scorza di limone* lemon peel **2** (corteccia) bark

scossa *s* **1** **prendere la scossa** to get an electric shock: *Attento a non prendere la scossa.* Be careful you don't get an electric shock. **2** (di terremoto) tremor **3** (movimento brusco) jolt

scottare *v* **1** **scottarsi la lingua/le dita a)** (con fuoco, calore) to burn your tongue/your fingers **b)** (con liquido bollente) to scald your tongue/your fingers **2** (essere molto caldo) to be very hot: *Attento, il piatto scotta!* Careful, the plate's very hot! | *Come scotti, devi avere la febbre alta.* You're very hot, you must have a high temperature. | *Oggi il sole scotta.* The sun's very hot today.
scottarsi *v rifl* **1** (con fuoco, calore) to burn yourself, (con liquido, vapore) to scald yourself **2** (col sole) to get sunburnt: *Non ho messo la crema e mi sono scottata.* I didn't put the cream on and I got sunburnt.

scottatura *s* **1** (con il sole) sunburn [mai plurale]: *Mi sono presa una bella scottatura.* I got terrible sunburn. **2** (con liquido, vapore) scald [mai plurale]

Scozia *s* **la Scozia** Scotland

scozzese *aggettivo e sostantivo*

- *agg* Scottish
- *s* Scot **gli scozzesi** the Scots

> Il termine generale per riferirsi a persone o cose della Scozia è **Scottish. Scotch** è usato solo in alcune espressioni fisse, per lo più per descrivere prodotti tipici della Scozia, come il *whisky* (chiamato anche semplicemente *Scotch*). **Scots** come aggettivo viene usato esclusivamente per riferirsi ad aspetti propri della cultura scozzese, come la lingua o le leggi.

scremato ▶ vedi **latte**

screpolato, -a *agg* (labbra, pelle) chapped: *Ho le labbra screpolate.* My lips are chapped.

scricchiolare *v* (pavimento, porta) to creak

scritta *s* **1** (frase, parola) word(s): *una maglietta con la scritta "I love NY"* a T-shirt with the words "I love NY" on it **2** (sui muri) graffiti [sempre singolare] **3** (insegna) sign

scritto, -a *aggettivo e sostantivo*
- *agg* (lingua, testo) written: *Domani c'è la prima prova scritta.* The first written examination is tomorrow.
- **scritto** *s* **1** (esame) written examination **2** (opera) work

scrittore, -trice *s* writer: *Piero fa lo scrittore.* Piero **is a** writer.

scrittura *s* **1** (calligrafia) handwriting: *Non capisco la sua scrittura.* I can't read her handwriting. **2** (tecnica) writing **3 le Sacre Scritture** the Scriptures

scrivania *s* desk

scrivere *v* **1** (persona) to write: *Mi raccomando scrivimi appena arrivi.* Please write to me as soon as you arrive. | *Le ho scritto una lettera.* I've written her a letter. | **scrivere a mano** to write by hand **2** (riferito a ortografia) to spell: *Come si scrive questa parola?* How do you spell this word? | *"Squalo" si scrive con la "q".* "Squalo" is spelled with a "q". | *Questa parola è scritta in modo sbagliato.* This word is spelled wrongly. **3** (penna) to write: *Questa biro scrive molto sottile.* This biro writes very finely.

scroccare *v* to scrounge | **scroccare qc a qn** to scrounge sth from sb: *Le ho scroccato una cena.* I scrounged a meal from her.

scrofa *s* sow

scrupolo *s* scruple: *Ha ancora qualche scrupolo ad accettare di lavorare in una centrale nucleare.* He still has a few scruples about agreeing to work in a nuclear power station. | **senza scrupoli** unscrupulous: *gente senza scrupoli* unscrupulous people | **farsi degli scrupoli** to hesitate: *Non farti degli scrupoli, telefonami a qualsiasi ora.* Don't hesitate to call me, whatever the time.

scrutinio *s* **gli scrutini** (a scuola) è un concetto italiano, quindi non ha traduzione. Un equivalente inglese abbastanza vicino è **assessments**.

scucire *v* to unstitch
scucirsi *v rifl* (orlo, vestito) to come unstitched: *Ti si è scucito l'orlo della gonna.* The hem of your skirt has come unstitched.

scuderia *s* **1** (stalla) stable **2** (nella Formula Uno) team: *la scuderia McLaren* the McLaren team

scudetto *s* (nello sport) championship: *Chi vincerà lo scudetto?* Who's going to win the championship?

scudo *s* shield

scultore, -trice *s* sculptor

scultura *s* sculpture

scuola *s* school: *Che scuola fai?* What school do you go to? | *La scuola finisce a giugno.* School finishes in June. | *Domani non c'è scuola.* There's no school tomorrow. | *Il giovedì pomeriggio sono a scuola.* I **have school** on Thursday afternoons. | *Sono sempre andata bene a scuola.* I've always done well at school. | **andare a scuola** (frequentare) to go to school | **scuola materna** infant school | **scuola elementare** primary school | **scuola media (inferiore)** middle school | **scuola (media) superiore** secondary school | **scuola dell'obbligo** compulsory schooling | **scuola di danza/di lingue** dance/language school | **scuola guida** driving school ▶ vedi anche **compagno**

scuotere *v* **1** (sbattere) to shake: *Il vento scuote i rami degli alberi.* The wind is shaking the branches of the trees. | **scuotersi qc di dosso** to shake sth off: *Scuotiti la sabbia di dosso prima di rivestirti.* Shake the sand off before you put your clothes back on. **2** (sconvolgere) to shake: *La notizia ci ha scossi tutti.* The news has shaken us all.
scuotersi *v rifl* **1** (turbarsi) to get worked up: *Gianni è un tipo calmo che non si scuote per nessuna ragione.* Gianni's pretty calm, and doesn't get worked up about anything. **2** (scrollarsi) to shake yourself up: *Scuotiti un po': non stare solo a lamentarti!* Shake yourself up a bit! Don't just sit around complaining.

scure *s* axe

scuro, -a *agg* dark: *Ho occhi e capelli scuri.* I have dark hair and eyes. ▶ vedi anche **birra**

scusa *s* **1** (attenuante) excuse: *Ho trovato una scusa per non andarci.* I found an excuse for not going. | *Hai sempre la scusa pronta, tu!* You've always got an excuse ready! | *Il brutto tempo è una buona scusa per restare a casa.* The bad weather is a good excuse for staying at home. **2** (richiesta di perdono) apology (pl apologies): *Va bene, accetto le tue scuse.* Alright, I'll accept **your apology**. | *Ti devo delle scuse.* I owe you **an apology**. | **chiedere scusa (a qn)** to apologize (to sb): *Ti chiedo scusa per quello che ho detto.* I apologize for what I said. | *Mi ha chiesto scusa per come si è comportato.* He apologized to me for his behaviour. | *Chiedo scusa, ma devo proprio andare.* I'm sorry, but I really have to go.

Vuoi una lista di frasi utili per parlare di te stesso? Consulta la **guida alla comunicazione** in fondo al libro.

scusare *v* **1** **scusa/scusi/scusate** (in formule di cortesia) (I'm) sorry: *Scusa, ti ho fatto male?* Sorry, did I hurt you? | *Scusi il disturbo, posso entrare un attimo?* Sorry to bother you – may I come in for a minute? | *Scusa il disordine.* I'm sorry about the mess. | *Scusate il ritardo.* Sorry I'm late. | *Mi scusi, non volevo offenderla.* Sorry, I didn't mean to offend you. **2** **scusa/scusi/scusate** (per rivolgersi a qualcuno) excuse me: *Scusi, sa l'ora?* Excuse me, do you have the time? | *Scusa, sai dov'è la stazione?* Excuse me, do you know where the station is? | *Scusate, ma c'ero prima io!* Excuse me, but I was here first! **3** (giustificare) to justify: *Il fatto che tu sia nervoso non scusa il tuo comportamento.* The fact that you're on edge doesn't justify your behaviour.

scusarsi *v rifl* **scusarsi (con qn per qc)** to apologize (to sb for sth): *Il danno è fatto: adesso scusarsi non serve più.* The damage is done. Apologizing won't make any difference. | *Angelo è dovuto andare a scusarsi con il preside.* Angelo had to go and apologize to the headmaster.

sdraiarsi *s rifl* to lie down: *Ci siamo sdraiati sull'erba a prendere il sole.* We lay down on the grass to sunbathe.

sdraio *s* sunbed ▶ vedi anche **sedia**

se *pronome e congiunzione*

• *pron* ▶ vedi **si**

• *cong* **1** (condizionale) if: *Se vuoi, ti presto i miei sci.* If you like, I'll lend you my skis. | *Sarei felice se venissi anche tu.* I'd be happy if you came too. | *L'avrei chiamato se l'avessi saputo.* I'd have phoned him if I'd known. | *Se fossi in te, non ci andrei.* If I were you, I wouldn't go. | *Se non mi sbaglio, ci siamo già visti.* If I'm not mistaken, we've already met. **2** (interrogativo) whether: *Non so se sia una buona idea.* I don't know whether that's a good idea. | *Vedremo se prendere l'aereo o il treno.* We need to decide whether to go by plane or by train. | *Dimmi dove vuoi andare, se al mare o in montagna.* Tell me whether you want to go to the seaside or to the mountains. **3** (esclamativo) if (only): *Se almeno piovesse un po'!* If only it would rain! | *Se vedessi come è cambiato!* If you could see how he's changed! **4** **e se?** (per suggerire): *E se andassimo al cinema?* What about going to the cinema? | *E se vi fermaste a pranzo?* Why don't you stay for lunch? **5** **se no** otherwise: *Sbrigati, se no perdiamo il treno.* Hurry up, otherwise we'll miss the train. | **se non** if not: *È uno dei suoi film più riusciti, se non il migliore.* It's one of his most successful films, if not the best. | *Se non fosse stato per lei, non l'avrei mai incontrato.* If it weren't for her, I would never have met him.

sé *pron* ▶ vedi riquadro

sé *pronome*

1 PERSONALE

Si usano i pronomi riflessivi **himself** per il maschile singolare, **herself** per il femminile singolare, **itself** per le cose o gli animali e **themselves** per il plurale maschile e femminile:

In sé l'esercizio non è difficile. The exercise isn't difficult in itself. | *Carla dovrebbe prendersi più cura di sé.* Carla ought to look after herself more. | *I bambini sembrano molto soddisfatti di sé.* The children seem very pleased with themselves.

Quando è usato in modo impersonale, si usa generalmente il pronome personale **you**:

È bello avere molti amici intorno a sé. It's nice having a lot of friends around you.

2 ESPRESSIONI

da sé on his/her/its etc own: *Il raffreddore se n'è andato da sé.* The cold went away on its own. | *Hanno fatto tutto da sé.* They did it all on their own. | **di per sé** himself/herself/itself etc: *Di per sé non è antipatica. È il suo modo di fare che lascia un po' perplessi.* She herself is quite nice. It's just her manner which is a bit offputting. | *Il viaggio di per sé non costa molto.* The journey itself doesn't cost much. | **un caso a sé** a separate case: *Ogni studente è un caso a sé.* Each student is a separate case.

sebbene *cong* although: *Sebbene fosse tardi, decisero di uscire.* Although it was late, they decided to go out.

seccare *v* **1** (pelle) to dry out **2** (pianta, prato) to dry out: *Il vento ha seccato le piante sul balcone.* The wind has dried out the plants on the balcony. **3** (dare fastidio) to annoy: *I tuoi discorsi mi hanno davvero seccato!* Your comments really annoyed me! | *Ti secca se se compro le scarpe uguali alle tue?* Would you be annoyed if I bought the same shoes as you? | *Quanto mi secca dover mettere a posto la stanza!* I really hate having to tidy my room!

seccarsi *v rifl* **1** (pianta, prato) to dry **2** (innervosirsi) to have had enough: *Mi sono seccato di stare ad ascoltarti!* I've had enough of listening to you!

seccatore, -trice *s* pain, bore

seccatura *s* pain: *Dover fare i compiti anche di domenica è una bella seccatura!* Having to do homework on Sundays as well is a real pain!

secchio *s* bucket

secchione, -a *s* (a scuola) swot

secco, -a *agg* **1** (terreno, clima) dry: *Ho la gola secca.* My throat's dry. **2** (frutto, fiore) dried **3** (vino, spumante) dry **4** (colpo, botta) sharp: *un colpo secco alla*

S

porta a sharp rap on the door | *Con un colpo secco ha spaccato la racchetta in due.* He snapped the racket in two with a sharp blow. **5** (rifiuto) flat, (risposta) abrupt: *Alla nostra proposta hanno risposto con un secco rifiuto.* Our suggestion met with a flat refusal. | *– No! fu la sua risposta secca.* "No!" was the abrupt reply. **6** **lavare a secco** to dry-clean: *Questa giacca va lavata a secco.* This jacket has to be dry-cleaned. | **lavaggio a secco** dry cleaning **7** **rimanerci secco a)** (morire) to kick the bucket **b)** (restare sbalordito) to be stunned: *Quando me l'ha detto, ci sono rimasta secca.* When he told me, I was stunned.

secolo *s* **1** (cent'anni) century (pl centuries): *nel XXI secolo* in the 21st century **2** (eternità) ages [plurale]: *Erano secoli che non vedevo Giovanna.* I hadn't seen Giovanna for ages. | *È un secolo che non vado allo stadio.* I haven't been to a football match for ages.

seconda *s* **1** (a scuola) second year: *Andrea fa la seconda.* Andrea **is in second year**. **2** (marcia) second gear: *Metti la seconda.* Put it into second gear. **3** (su treno, aereo) second class: *Viaggiamo in seconda.* We're travelling second class. **4** **a seconda di** depending on: *Il termine si traduce diversamente a seconda del contesto.* The word is translated in different ways depending on the context.

secondario, -a *agg* (problema, importanza) minor: *Questa non è affatto una questione secondaria.* This is by no means a minor issue.

secondo, -a *aggettivo, sostantivo, avverbio* e *preposizione*

- *agg* second ▶ vedi anche **mano, tempo**
- **secondo** *s* **1** (unità di tempo) second: *Ci ha messo un secondo ad arrivare.* It took him just a second to get there. **2** (piatto) main course: *Cosa c'è di secondo, carne o pesce?* Is the main course meat or fish?
- **secondo** *avv* secondly: *Non vengo al concerto, primo, perché sono stanca, secondo perché non me lo posso permettere.* I'm not coming to the concert – firstly because I'm tired, and secondly because I can't afford it.
- **secondo** *prep* **1** **secondo me/te/lui ecc.** in my/your/his etc opinion: *Secondo lei non è il caso di chiamarlo.* In her opinion, there's no need to call him. **2** (in conformità a) according to: *Tutto è andato secondo i programmi.* Everything went according to plan. | *Ha agito secondo l'istinto.* She acted on instinct. ▶ vedi Active Box **numeri**

sedano *s* celery

sedativo *s* sedative

sede *s* **1** (domicilio) head office: *La ditta ha sede a Milano.* The company's head office is in Milan. **2** (filiale) branch (pl branches): *la nostra sede di Pavia* our Pavia branch

sedere *sostantivo* e *verbo*

- *s* backside
- *v* **mettersi a sedere** to sit down: *C'è un bel po' da aspettare, possiamo anche metterci a sedere.* There's quite a wait – maybe we should sit down. | **far sedere qn** (fare accomodare) to offer sb a seat: *Ci ha fatti sedere in sala.* She offered us a seat in the living room. ▶ vedi anche **posto**

sedersi *v rifl* to sit: *Siediti vicino a me.* Sit close to me. | *Ti sei seduto sui miei occhiali.* You're sitting on my glasses. | *Posso sedermi su questa sedia?* Is this seat free?

sedia *s* **1** (mobile) chair **2** **sedia a dondolo** rocking chair | **sedia a rotelle** wheelchair | **sedia a sdraio** deck chair **3** **sedia elettrica** electric chair

sedicenne *agg* e *s* sixteen-year-old

sedicesimo, -a *agg* e *s* sixteenth ▶ vedi Active Box **numeri** sotto **numero**

S

Vuoi sapere di più sui **verbi modali**? C'è una spiegazione nella **guida grammaticale**.

sedici *agg* e *s* sixteen ▶ vedi Active Box **numeri** sotto **numero**

sedile *s* seat | **sedile ribaltabile** folding seat

sedurre *v* to seduce

seduta *s* (di Parlamento, consiglio) session

seduto *agg* **essere seduto** to be sitting: *Carla era seduta per terra.* Carla was **sitting on** the floor. | **stare/restare seduto** to stay/remain seated: *Si prega di restare seduti finché l'aereo non si sia completamente fermato.* Please remain seated until the aircraft has come to a complete halt. | *Rimani pure seduto.* Don't get up.

seduzione *s* seduction

sega *s* (utensile) saw

seggio *s* **1** (in politica) seat **2 seggio (elettorale)** polling station

seggiola *s* chair

seggiovia *s* chairlift

segmento *s* segment

segnalare *v* **1** (indicare) to indicate: *Quel cartello segnala la presenza di un passaggio a livello.* That sign indicates that there is a level crossing. **2** (riportare) to report: *Non si segnalano rallentamenti in autostrada.* No delays have been reported on the motorway.

segnale *s* **1** (cartello) sign: *un segnale di pericolo* a danger sign | **segnale stradale** road sign **2** (avvertimento) signal: *il segnale di partenza* the starting signal | *Non ci sono segnali di ripresa.* There are no **signs of** recovery. **3 segnale di libero/di occupato** (al telefono) dialling/engaged tone | **segnale acustico** (nella segreteria telefonica) beep | **segnale orario** time signal

segnare *v* **1** (annotare) to note down: *Mi sono segnato il numero di telefono.* I've noted down the phone number. **2** (evidenziare) to mark: *Me l'ha segnato come errore.* She marked it as a mistake. **3** (indicare) to say: *Quanti gradi segna il termometro?* What temperature does the thermometer say? | *La sveglia segnava le quattro.* The alarm clock said four o' clock. **4** (fare gol) to score: *Hanno segnato nel secondo tempo.* They scored during the second half.

segno *s* **1** (tratto) mark: *Ho fatto un segno sulla pagina.* I made a mark on the page. | **perdere/tenere il segno** to lose/keep your place: *Mi hai fatto distrarre e ho perso il segno.* You distracted me and I lost my place. **2** (indizio) sign: *Hai ritrovato l'appetito! È un buon segno.* You've got your appetite back! That's a good sign. | *Questi nuvoloni sono segno di pioggia.* These clouds are **a sign of** rain. | *Cominciava a mostrare i primi segni di impazienza.* She was beginning to show the first signs of impatience. **3** (gesto) gesture | **fare segno a qn di fare qc** to signal to sb to do sth: *Mi ha fatto segno di stare zitto.* He signalled to me to keep quiet. | **fare segno di sì** to nod: *Gli ho fatto segno di sì con la testa.* I nodded to him. | **fare segno di no** to shake your head: *Mi ha fatto segno di no.* She shook her head at me. | **il linguaggio dei segni** sign language **4 in segno di amicizia/protesta** as a sign of friendship/protest | **segni particolari** distinguishing marks **5 segno (zodiacale)** sign (of the zodiac): *Di che segno sei?* What sign are you? | *Sono nata sotto il segno del Cancro.* I was born under the sign of Cancer.

segretario, -a *s* secretary (pl secretaries): *Rita fa la segretaria.* Rita **is a** secretary.

segreteria *s* **1** (ufficio) secretary's office **2 segreteria (telefonica)** answering machine: *Ho lasciato un messaggio sulla segreteria.* I left a message on the answering machine.

segreto, -a *aggettivo* e *sostantivo*

• *agg* secret

• **segreto** *s* secret: *Sai mantenere un segreto?* Can you keep a secret?

seguente *agg* following: *il giorno seguente* the following day

seguire *v* **1** (andare dietro a) to follow: *Seguitemi!* Follow me! **2** (capire) to follow: *Mi segui?* Do you follow me? | *Non riesco a seguirti.* I don't follow you. **3** (fare attenzione) to pay attention: *Scusa, non stavo seguendo.* Sorry, I wasn't paying attention. | *Devi seguire di più in classe.* You must pay more attention in class. **4** (consiglio, dieta) to follow: *Segui attentamente le istruzioni.* Follow the instructions carefully. | *Non seguo mai la moda.* I never follow fashion. **5 seguire un corso** to attend a course **6** (trasmissione, programma) to watch: *Non ho seguito le prime puntate.* I didn't watch the first few episodes. **7** (continuare) to continue: *Segue a pagina 20.* Continued on page 20.

seguito *s* **1** (proseguimento) sequel: *Qual è il seguito della storia?* What's the **sequel to** the story? **2** (scorta) entourage **3** (sostenitori) followers [plurale] **4 di seguito** in a row: *Ho studiato per tre giorni di seguito.* I've studied for three days in a row. | *Hanno vinto quattro partite di seguito.* They've won four games in a row. | **in seguito** later: *L'abbiamo saputo solo in seguito.* We only found out about it later. | *Come vedremo in seguito...* As we will see shortly... | **in seguito a** as a result of: *Le condizioni lavorative sono migliorate in seguito allo sciopero.* Working conditions have improved as a result of the strike. |

S

Solo in seguito abbiamo saputo dell'incidente. We only found out about the accident later.

sei *agg e s* six ▶ vedi Active Box **numeri** sotto **numero**

Seicento *s* **il Seicento** the seventeenth century

selezionare *v* (persone, informazioni) to select: *Seleziona la parola cliccando due volte.* Select the word by double-clicking it.

selezione *s* selection

sella *s* saddle

selvaggina *s* game

selvaggio, -a *aggettivo e sostantivo*

• *agg* **1** (pianta, animale) wild **2** (tribù) primitive

• *s* savage

selvatico, -a *agg* (animale, pianta) wild

semaforo *s* traffic lights [plurale]: *Il semaforo è verde.* The traffic lights are green. | *Sei passato col semaforo rosso.* You went through a red light.

sembrare *v* ▶ vedi riquadro

seme *s* **1** (di pianta) seed **2** (nelle carte) suit

semestre *s* semester

semicerchio *s* semicircle

semifinale *s* semi-final: *Siamo in semifinale.* We're **in the** semi-final.

seminare *v* **1** (grano, campo) to sow **2** (spargere) to scatter: *Non seminare le tue cose dappertutto.* Don't leave your stuff scattered all over the place. **3 seminare qn a)** (in gara, corsa) to leave sb standing: *Con uno scatto ha seminato gli altri concorrenti.* He put on a spurt and left the other competitors standing. **b)** (ladro) to give sb the slip: *Li abbiamo seminati dopo un lungo inseguimento.* We gave them the slip after a long chase.

seminario *s* **1** (lezione) seminar **2** (per sacerdoti) seminary (pl seminaries)

seminterrato *s* basement

semmai *avverbio e congiunzione*

• *avv* (eventualmente) non esiste in inglese un avverbio corrispondente, ma si usano espressioni diverse a seconda del contesto: *Non sono sicura di venire, semmai ti richiamo.* I don't think I'll come. If I change my mind, I'll call you back. | *Semmai prendiamo un taxi.* We might take a taxi. | *È lei, semmai, che deve chiedere scusa.* If anyone should apologise, it's her.

sembrare *verbo*

1 La traduzione generale è **to seem**:

Il compito in classe non mi è sembrato difficile. The test didn't seem difficult to me. | *Sembra che le cose stiano andando bene.* Things seem to be going well.

2 Quando in italiano è impersonale, si può anche usare l'avverbio **apparently**:

Sembra che l'incidente sia stato causato dalla pioggia. Apparently the accident was caused by the rain.

3 Quando si fa riferimento a qualcosa che si è visto o sentito, si tende ad usare un verbo specifico, rispettivamente **to look** e **to sound**:

Sembri preoccupata. You look worried. | *Lei sembra molto più giovane.* She looks much younger. | *Dalla pronuncia mi sembra scozzese.* He sounds Scottish to me, judging by his accent. | *La tua proposta sembra interessante.* Your suggestion sounds interesting.

4 Quando è seguito da un sostantivo o da un pronome, si traduce con **to seem like, to look like** o **to sound like**:

Suo fratello è bellissimo: sembra Brad Pitt! His brother's really good-looking: he looks like Brad Pitt! | *Sembra una musica araba.* It sounds like Arabic music.

5 mi/ti/ecc. sembra nel senso di penso/pensi/ecc. si traduce **I/you/etc think**:

Mi sembra di averlo già visto da qualche parte. I think I've already seen him somewhere. | *Che ve ne sembra?* What do you think? | **mi sembra di sì** I think so | **mi sembra di no** I don't think so

• *cong* if: *Semmai volessi venire, ci farebbe piacere.* If you ever want to come here, we'd be delighted to have you. | *Semmai lo vedessi, digli di chiamarmi.* If you're likely to see him, tell him to call me.

semplice *agg* **1** (facile) easy: *Non è stato semplice convincerla a venire.* It wasn't easy to convince her to come. **2** (lineare) simple: *uno stile semplice ed elegante* a simple, elegant style **3** (nient'altro che) non esiste in inglese un aggettivo corrispondente, ma si usano espressioni diverse a seconda del contesto: *La mia è una semplice ipotesi.* My idea is only a theory. | *Bastava una semplice telefonata.* All that was needed was a simple phone call.

semplicità *s* **1** (facilità) simplicity **2** (naturalezza) simplicity

semplificare *v* to simplify

sempre *avv* **1** (continuamente) always: *Mi dimentico sempre l'ombrello.* I always forget my umbrella. | *Sei sempre al telefono.* You're always on the phone. | *Non sempre mi va di giocare.* I don't always feel like playing. **2** (tuttora) still: *Vai sempre in*

S

Si dice *I arrived in London* o *I arrived to London*? Vedi alla voce **arrive**.

piscina? Do you still go swimming? | *Abito sempre in via Roma.* I still live in via Roma. **3** (tuttavia) still: *Ci puoi sempre andare.* You can still go. | *Le potete sempre ricomprare.* You can always buy more of them. **4 da sempre** always: *Ci vivo da sempre.* I've always lived there. | *Ci conosciamo da sempre.* We've always known each other. | **di sempre** (solito) usual: *Sara è arrivata con la faccia allegra di sempre.* Sara arrived looking her usual cheerful self. | **per sempre a)** (per l'eternità) for ever: *un'amicizia che durerà per sempre* a friendship which will last forever **b)** (definitivamente) for good: *Hanno dovuto lasciare il loro paese per sempre.* They had to leave their country for good. | *E sia detto una volta per sempre!* Let it be said once and for all. **5 sempre più alto/forte** taller and taller/stronger and stronger: *Diventi sempre più magro.* You're getting thinner and thinner. | **sempre più caro/difficile** more and more expensive/difficult: *sempre più spesso* more and more often | **sempre meno** si usa **less and less** con sostantivi non numerabili, aggettivi e avverbi e si usa **fewer and fewer** con sostantivi plurali: *Ultimamente passiamo sempre meno tempo insieme.* We've been spending less and less time together recently. | *sempre meno persone* fewer and fewer people | **sempre meglio/peggio** better and better/worse and worse **6 sempre che** provided (that): *Verrò, sempre che sia posto in macchina.* I'll come, provided there's enough room in the car.

senape *s* mustard

senato *s* senate

senatore, -trice *s* data la diversità del sistema politico italiano con quello inglese e quello americano, non esiste l'equivalente di senatore. Per spiegare cos'è puoi dire **parlamentarian** o **legislator**.

Senna *s* **la Senna** the Seine

seno *s* (petto) breasts [plurale]

sensato, -a *agg* reasonable

sensazionale *agg* sensational

sensazione *s* feeling: *Ho la sensazione che stia per succedere qualcosa.* I have the feeling that something's about to happen.

sensibile *agg* **1** (pelle) sensitive **2** (emotivo) sensitive: *È uno ragazzo molto sensibile.* He's a very sensitive boy. **3** (in grado di avvertire) sensitive: *Le piante grasse sono sensibili al freddo.* Cacti are sensitive to the cold. **4** (notevole) considerable: *Tra di loro c'è una sensibile differenza di età.* There's a considerable age difference between them. ▶ vedi nota FALSE FRIEND sotto **sensible**

sensibilità *s* **1** (capacità di avvertire) feeling **2** (emotività) sensitivity

senso *sostantivo e sostantivo plurale*

• *s* **1** (capacità di sentire) sense: *i cinque sensi* the five senses **2** (percezione) feeling: *Questo bagnaschiuma ti dà un senso di freschezza.* This shower gel gives you a feeling of freshness. | **mi/gli/le ecc. fa senso** I/he/she etc can't stand: *I ragni mi fanno senso.* I can't stand spiders. **3** (significato) sense: *La parola è usata in senso figurato.* The word is used in a figurative sense. | **avere senso** to make sense: *La cosa non ha molto senso.* It doesn't make much sense. | *È una definizione che per me non ha senso.* I don't think this definition makes sense. | *Che senso ha non dirglielo?* What's the point of not telling him? **4** (direzione) direction: *L'autobus veniva in senso contrario.* The bus was coming from the opposite direction. | **a senso unico/a doppio senso** (strada) one-way/two-way | **in senso orario/antiorario** clockwise/anticlockwise

• **sensi** *s pl* (coscienza) consciousness [mai plurale]: *È caduta e ha perso i sensi.* She fell and lost consciousness.

sentenza *s* sentence

sentiero *s* path

sentimentale *agg* **1** (relazione, sfera, canzone) romantic: *Il suo rapporto sentimentale con Paolo è durato due anni.* Her romantic relationship with Paolo lasted two years. | **disavventure sentimentali** romantic misfortunes: *Mi ha raccontato tutte le sue disavventure sentimentali.* He told me about all his romantic misfortunes. | **storia/vita sentimentale** love affair/life **2** (romantico) sentimental

sentimento *s* feeling ▶ vedi nota FALSE FRIEND sotto **sentiment**

sentinella *s* sentry (pl sentries)

sentire *v* ▶ vedi riquadro

sentirsi *v rifl* **1** (fisicamente, mentalmente) to feel: *Come ti senti adesso?* How do you feel now? | **sentirsi male/bene** to feel ill/well: *Oggi non mi sento tanto bene.* I don't feel very well today. **2** (per telefono) *Ci sentiamo stasera.* I'll call you this evening. | *Sentiamoci per domani sera.* I'll call you about tomorrow evening. **3 sentirsela di fare qc** to feel up to doing sth: *Non me la sento proprio di uscire.* I really don't feel up to going out. | *Scusa, ma non me la sento.* Sorry, but I don't feel up to it.

senza *preposizione e congiunzione*

• *prep* **1** (privo di) without: *Sono uscita senza ombrello e mi sono infradiciata.* I went out **without an umbrella** and I got drenched. | *Senza di lui non possiamo giocare.* We can't play without him. | *Siamo rimasti senza soldi.* We've run out of money. | *Un caffè senza zucchero, per favore.* A coffee please, no sugar. **2** (escluso) excluding: *Carlo guadagna*

S

sentire *verbo*

1 Quando si riferisce a una sensazione fisica si usa **to feel**:
Ho sentito un dolore tremendo al ginocchio. I felt a dreadful pain in my knee. | *Non sento più le dita dal freddo.* I can't feel my fingers because of the cold. | *Al quinto chilometro comincio a non sentire più le gambe.* After the fifth kilometre I couldn't feel my legs any more.

2 Quando si riferisce all'udito, all'odorato o al gusto si usa un verbo specifico. Nota che questi verbi sono spesso usati in combinazione con l'ausiliare **can**.

UDIRE = TO HEAR
Non ti ho sentito arrivare. I didn't hear you arrive. | *Non ho sentito il campanello.* I didn't hear the doorbell.

SENTIRE ODORE DI QC = TO SMELL STH
Sentivo puzza di bruciato. I could smell burning. | *Se sentite odore di gas non accendete mai la luce.* If you smell gas, don't ever switch on a light.

SENTIRE UN GUSTO DI QC = TO TASTE STH
Si sente il gusto del rum nella torta. You can taste the rum in this cake.

3 Nel senso di ascoltare si traduce **to listen (to)** oppure nel caso in cui si voglia attirare l'attenzione di una persona, si omette:
State a sentire tutti e due! Listen to me both of you! | *Senti, mi dai il tuo numero di cellulare?* Could you give me your mobile number?

4 Nel senso di venire a sapere si traduce **to hear about**:
L'ho sentito alla radio. I heard about it on the radio. | *Avete sentito l'ultima?* Have you heard the latest?

5 Nel senso di avere notizie da qn si traduce **to hear from sb**:
Non li sento da un po'! I haven't heard from them for a while. | *Ma voi l'avete più sentito?* Have you heard from him since then?

6 Nel senso di consultare si traduce **to see**:
Avete già sentito un avvocato? Have you already seen a lawyer?

1.200 euro al mese, senza le mance. Carlo earns 1,200 euros a month, excluding tips. | *Ha accumulato cinque vittorie, senza l'ultima.* She's had five wins in a row, not counting the last one.
• *cong* **1** (seguito da verbo) without: *È difficile dirlo senza offenderla.* It's hard to say it without offending her. | *Carla se n'è andata senza neanche salutare.* Carla left without even saying goodbye. | **senza che** without: *È entrato senza che nessuno lo vedesse.* He came in without anybody seeing him. **2** **senz'altro** of course: *Verrò senz'altro.* Of course I'll come.

senzatetto *s* homeless person | **i senzatetto** the homeless

separare *v* to separate: *La professoressa li ha separati perché parlavano in continuazione.* The teacher separated them because they were talking constantly.

separarsi *v rifl* **1** (dividersi) to part: *Andrea non si separa mai dal suo peluche.* Andrea can never be **parted from** his teddy bear. **2** (coppia) to split up: *Carlo e Rita si sono separati dopo un anno di matrimonio.* Carlo and Rita split up after one year of marriage.

separato, -a *agg* **1** (camere, letti) separate: *Ho chiesto due conti separati.* I asked for two separate bills. **2** (coniugi) separated: *Gabri è separata dal marito.* Gabri has separated from her husband.

separazione *s* separation

seppellire *v* to bury

seppia *s* cuttlefish [sempre singolare]

sequenza *s* sequence

sequestrare *v* **1** (confiscare) to confiscate **2** (rapire) to abduct: *L'imprenditore è stato sequestrato la notte scorsa nella sua abitazione.* The businessman was abducted from his home last night.

sera *s* evening: *Che fai di solito la sera?* What do you usually do **in the evening**? | *questa sera* this evening | **alle sette/otto di sera** at seven/eight p.m. | **lunedì/sabato sera** Monday/Saturday evening | **verso sera** in the early evening: *Ci possiamo vedere verso sera.* We can meet up in the early evening. | **di sera** in the evenings: *Di sera guardo quasi sempre la TV.* I nearly always watch TV in the evenings. | **buona sera!** good evening!

serale *agg* (orario, spettacolo) si usa il sostantivo **evening** in funzione di aggettivo: *Piero frequenta una scuola serale.* Piero goes to evening classes.

serata *s* evening | **in serata** tonight: *Devo assolutamente finirlo in serata.* I've absolutely got to finish this tonight. | **serata di gala** gala night

serbatoio *s* tank

Serbia *s* **la Serbia** Serbia

serbo, -a *aggettivo e sostantivo*
• *agg* Serbian
• *s* (persona) Serb
• **serbo** *s* (lingua) Serbian

sereno, -a *agg* **1** (cielo, tempo) clear **2** (tranquillo) calm

sergente *s* sergeant

serie *s* **1** (sequenza) series (pl series): *È il primo di una serie di concerti.* It's the first in a series of concerts. **2** (in televisione, alla radio) series (pl series): *La prima puntata della nuova serie televisiva.* The first

S

episode of the new TV series. **3** **Serie A** (nel calcio) è un concetto italiano, quindi non ha traduzione. Un equivalente inglese molto vicino è **premier league**. | **Serie B** è un concetto italiano, quindi non ha traduzione. Un equivalente inglese molto vicino è **first division**. **4** **produzione in serie** mass production | **essere prodotto in serie** to be mass-produced

serio, -a *agg* **1** (responsabile) responsible: *Stefano è un ragazzo serio e volenteroso.* Stefano is a responsible, keen boy. **2** (affidabile) reliable: *Spero di avere a che fare con persone serie.* I hope I'll be dealing with reliable people. **3** (preoccupato) serious: *Perché quella faccia seria?* Why the serious face? **4** (importante) serious: *È una cosa seria.* It's serious. **5** **sul serio** seriously: *Dici sul serio?* Do you seriously mean it? | *Questa volta i miei si sono arrabbiati sul serio.* This time my parents got seriously angry.

serpente *s* snake | **serpente a sonagli** rattlesnake

serra *s* greenhouse ▶ vedi anche **effetto**

serranda *s* shutter

serratura *s* lock ▶ vedi anche **buco**

servire *v* **1** **servire a/per fare qc** (essere utile) to help to do sth: *Chiamalo se serve a farti sentire meglio.* Call him if it helps to make you feel better. | *Leggere serve a scrivere più correttamente.* Reading helps you to write more correctly. | **non servire a niente** *Non serve a niente arrabbiarsi.* **There's no point in** getting angry. | *Questo telefonino non serve a niente: la batteria è scarica.* This mobile **is useless**. The battery's flat. | **servire da/di qc** (svolgere la funzione) to serve as sth: *Questa stanzetta mi serve da sgabuzzino.* This little room serves as a closet. | *Se vieni, ci servirai da interprete.* If you come, you can act as our interpreter. | *Spero che questo ti serva di lezione.* I hope this will teach you a lesson. **2** **servire a qn** nel senso di occorrere si traduce **to need** con la persona a cui serve qualcosa o qualcuno come soggetto: *Oggi la bici serve a me.* I need the bike today. | *Ti serve ancora la penna?* Do you still need the pen? | *Per fare questo lavoro mi servi proprio tu.* You're just the person I need to do this work. **3** (in negozio, ristorante) to serve: *La stanno già servendo?* Are you being served? | *Chi devo servire?* Who's next? | *Qui si mangia bene, ma sono lenti a servire.* The food's good here, but the service is very slow. | *Cosa vi posso servire da bere?* What can I get you to drink? **4** (nel tennis) to serve

servirsi *v rifl* **1** **servirsi di qc/qn** to use sth/sb: *Lisa si serve di te perché vuole conoscere tuo fratello.* Lisa's using you because she wants to get to know your brother. | *Per aprire la cassetto si è servito di un cacciavite.* He used a screwdriver to prise open the drawer. **2** (di cibo, bevanda) to help yourself: *Servitevi pure!* Do please help yourselves!

servizio *sostantivo e sostantivo plurale*

• *s* **1** (incarico) service | **essere in servizio** to be on duty: *Il poliziotto è in servizio.* The policeman is on duty. | **servizio militare** military service: *Gianni sta facendo il servizio militare.* Gianni's doing **his military service**. | **servizio civile** non-military national service **2** (in ristorante, bar) service: *Qui il servizio è pessimo.* The service is really awful here. | *Il servizio è incluso nel prezzo.* **Service is included** in the price. **3** (di autobus, taxi) service: *Tra Londra e Oxford, c'è un servizio di pullman regolare.* There's a regular coach service between London and Oxford. **4** **essere fuori servizio/rotto** to be out of order: *Il bancomat è fuori servizio.* The cash machine is out of order. **5** (stoviglie) service | **un servizio da tè/caffè** a tea/coffee service **6** (su giornale, in tv) feature: *un servizio fotografico* a photo feature | *Ecco un servizio speciale del nostro inviato.* Here's a special report from our correspondent. **7** (nel tennis) serve: *Bellini al servizio* Bellini's serve **8** **servizio sanitario nazionale** national health service | **servizi segreti** secret service [singolare] ▶ vedi anche **stazione**

• **servizi** *s pl* (bagno) bathroom [singolare]: *un appartamento con doppi servizi* a flat with two bathrooms | *Scusi, dove sono i servizi?* Excuse me, where's the bathroom?

servosterzo *s* power steering

sessanta *agg e s* sixty ▶ vedi Active Box **numeri** sotto **numero**

sessantenne *agg e s* sixty-year-old

sessantesimo, -a *agg e s* sixtieth ▶ vedi Active Box **numeri** sotto **numero**

sessantina *s* **una sessantina di** about sixty: *una sessantina di concorrenti* about sixty competitors | **essere sulla sessantina** to be about sixty

sesso *s* sex (pl sexes)

sessuale *agg* sexual

sessualità *s* sexuality

sesto, -a *agg e s* sixth ▶ vedi Active Box **numeri** sotto **numero**

seta *s* silk: *una camicetta di seta* a silk blouse | *seta pura* pure silk

sete *s* **avere sete** to be thirsty: *Ho molta sete.* I'm very thirsty. | **fare venire/mettere sete a qn** to make sb thirsty: *Le patatine mi hanno messo sete.* The crisps have made me thirsty.

setta *s* sect

settanta *agg e s* seventy ▶ vedi Active Box **numeri** sotto **numero**

S

settantenne *agg* e *s* seventy-year-old

settantesimo, -a *agg* e *s* seventieth ▶ vedi Active Box **numeri** sotto **numero**

settantina *s* **una settantina di** about seventy: *una settantina di invitati* about seventy guests | **essere sulla settantina** to be about seventy

sette *agg* e *s* seven ▶ vedi Active Box **numeri** sotto **numero**

Settecento *s* **il Settecento** the eighteenth century ▶ vedi Active Box **numeri** sotto **numero**

settembre *s* September ▶ vedi Active Box **mesi** sotto **mese**

settentrionale *aggettivo* e *sostantivo*

- *agg* northern: *l'Italia settentrionale* northern Italy
- *s* northerner

settentrione *s* north | **il Settentrione** the North

settimana *s* week: *Siamo stati via una settimana.* We were away **for a week**. | *L'ho vista la scorsa settimana.* I saw her last week. | *la settimana prossima* next week | *tra una settimana* in a week's time | *tre settimane fa* three weeks ago

settimanale *aggettivo* e *sostantivo*

- *agg* (abbonamento, orario) weekly
- *s* (periodico) weekly

settimo, -a *agg* e *s* seventh ▶ vedi Active Box **numeri** sotto **numero**

settore *s* **1** (ambito) sector | **il settore del turismo/del commercio/dell'industria** tourism/business/industry **2** (parte) area

severo, -a *agg* **1** (insegnante, genitori) strict: *Devi essere più severo con lui, altrimenti se ne approfitta.* You'll have to be stricter with him, otherwise he'll take advantage. **2** (punizione, misure) harsh: *La punizione è stata troppo severa.* The punishment was too harsh.

sezione *s* **1** (parte) section **2** (a scuola) è un concetto italiano, quindi non ha traduzione. Per spiegare cos'è puoi dire **a system of grouping classes using letters of the alphabet to name a whole cycle of classes in a school (from the first to the final year of studies)**. **3** **in sezione** in section

sfacciato, -a *aggettivo* e *sostantivo*

- *agg* cheeky
- *s* non esiste il sostantivo, ma si usano espressioni diverse a seconda del contesto: *Che sfacciata!* What a cheek!

sfavorevole *agg* unfavourable

sfera *s* **1** (forma) sphere ▶ vedi anche **penna** **2** (ambito) sphere

sfida *s* **1** (provocazione) challenge: *Abbiamo inserito il brano techno per sfida.* We mixed in the techno track as a challenge. | *Mi ha guardato con aria di sfida.* He looked at me defiantly. | **lanciare/raccogliere la sfida** to issue/take up the challenge **2** (incontro sportivo) match (pl matches): *una sfida a pallone* a football match

sfidare *v* **1** (avversario, concorrente) to challenge | **sfidare qn a qc** to challenge sb to sth: *Mi ha sfidato a ping pong.* He challenged me to a game of table tennis. | *Ti sfido a vedere chi arriva per primo alla boa.* I'll race you to the buoy. **2** (pericolo, tempesta) to defy **3** **sfido!** I bet!: *Sfido che sei stanco: non ti riposi mai!* I bet you're tired – you never take a break!

sfiducia *s* mistrust: *Quando penso a lei, provo un senso di sfiducia.* When I think of her, I feel a sense of mistrust. | **avere sfiducia in qc/qn** to have little confidence in sth/sb: *Carlo è timido e ha sempre avuto sfiducia in se stesso.* Carlo's shy and has always had little confidence in himself.

sfigurare *v* **1** (viso, persona) to disfigure: *È rimasta sfigurata in seguito all'incidente.* She was disfigured as a result of the accident. **2** **fare sfigurare qn** (far fare brutta figura) to show sb up: *Vorrei scegliere un regalo che non mi faccia sfigurare.* I'd like to choose a present that doesn't show me up.

sfilata *s* **1** (parata) parade **2** **sfilata (di moda)** fashion show: *le sfilate autunno-inverno* the autumn-winter fashion shows

sfilza *s* **una sfilza di** a string of: *Il compito è andato male: ho fatto una sfilza di errori.* The test went badly: I made a whole string of mistakes.

sfinito, -a *agg* exhausted

sfiorare *v* **1** (toccare leggermente) to brush: *Mi ha sfiorato la mano con la sua.* His hand brushed against mine. **2** (rasentare) to skim: *L'aereo si è abbassato fino a sfiorare le cime degli alberi.* The plane flew so low that it skimmed the tops of the trees. | *Abbiamo sfiorato la catastrofe.* We were very close to disaster.

sfociare *v* **sfociare in qc** **a)** (fiume) to flow into sth: *Il Po sfocia nel Mare Adriatico.* The Po flows into the Adriatic Sea. **b)** (discussione, situazione) to lead to sth: *La discussione è sfociata in una rissa.* The argument led to a fight.

sfogare *v* **sfogare la rabbia** to vent your anger

sfogarsi *v rifl* **1** (liberarsi dalla rabbia) to get it out of your system: *Quando è arrabbiato, per sfogarsi suona alla batteria.* When he's angry, he plays the drums to get it out of his system. | **sfogarsi su qn** to take it out on sb: *Non è giusto che ti sfoghi su di me.* It's not fair of you to take it out on me. **2** **sfogarsi con qn** (parlare) to talk to sb, to unburden yourself to sb [formale]: *Se hai bisogno di aiuto, anche solo*

S

per sfogarti, chiamami. If you need help, even just someone to talk to, give me a call.

sfoggiare *v* **1** (ostentare) to show off: *Gli piace sfoggiare la sua ragazza perché è molto carina.* He likes showing off his girlfriend because she's very pretty. **2** (indossare) to wear: *Alla festa sfoggiava un microabito argentato.* She was wearing a really skimpy silver dress at the party.

sfoglia ► vedi **pasta**

sfogliare *s* **sfogliare il giornale/una rivista** to flick through the newspaper/a magazine

sfogo *s* **1** (di rabbia, frustrazione) outburst: *Scusa per lo sfogo: sono molto stanco.* Sorry for the outburst. I'm just very tired. | **dare (libero) sfogo a qc** to give sth free rein: *Tengo un diario per dare sfogo ai miei pensieri.* I keep a diary to give free rein to my thoughts. **2** (sulla pelle) rash (pl rashes): *Mi è venuto uno sfogo sul collo.* I've got a rash on my neck.

sfondare *s* **1** (rompere) to smash | **sfondare la porta** to break down the door | **sfondare un vetro** to break a window **2** (affermarsi) to make it: *Ha sfondato grazie al suo look.* He made it thanks to his image.

sfondo *s* background: *Sullo sfondo si vede il Monte Bianco.* **In the background** you can see Mont Blanc.

sfortuna *s* bad luck: *Che sfortuna!* What bad luck! | **avere sfortuna** to be unlucky: *Hai giocato bene, ma hai avuto sfortuna.* You played well, but you were unlucky. | **portare sfortuna (a qn)** to bring bad luck (to sb): *Credi davvero che i gatti neri portino sfortuna?* Do you really think that black cats bring bad luck?

sfortunato, -a *agg* unlucky: *Sei stato sfortunato, ritenta.* You were unlucky, try again.

sforzare *v* **sforzare una mano/un braccio** to strain your hand/your arm: *Mi fa male il piede: devo averlo sforzato un po'.* My foot hurts. I must have strained it a bit. | **sforzarsi la vista** to strain your eyes

sforzarsi *v rifl* **sforzarsi (di fare qc) a)** (fare di tutto) to make an effort (to do sth): *Non è difficile capire, devi solo sforzarti un po'.* It's not difficult to understand, you just have to make a bit of an effort. | *Mi sto sforzando di ricordare.* I'm trying to remember. **b)** (costringersi a) to force yourself (to do sth): *Se non hai fame, non sforzarti.* If you're not hungry, don't force yourself.

sforzo *s* **1** (energia) effort: *Cerca di fare uno sforzo!* Try to make an effort! | *Hai lavato i piatti! Sai che sforzo!* So you washed the dishes! Big deal! **2** (fatica) effort: *Mi ha sollevata senza nessuno sforzo.* He lifted me up without any effort at all.

sfrattare *v* to evict

sfregare *v* **1** (strofinare) to rub | **sfregarsi gli occhi** to rub your eyes **2** (strusciare) to scrape: *Attento a non sfregare il muro con la sedia.* Be careful not to scrape the wall with the chair.

sfruttamento *s* **1** (abuso) exploitation **2** (di risorse) use

sfruttare *v* **1** (risorsa, giacimento) to exploit **2** (tempo, occasione) to make the most of: *Mi alzo presto per sfruttare al massimo le vacanze.* I get up early to make the most of the holidays. **3** (abusare di) to take advantage of: *Carla mi ha sempre sfruttato facendosi aiutare a scuola.* Carla has always taken advantage of me by making me help her at school.

sfuggire *s* **1** **sfuggire a qc** (evitare) to escape sth: *Sono riuscita a sfuggire a una ramanzina.* I managed to escape a telling-off. **2** **sfuggire di mano a qn** to slip out of sb's hand(s): *Mi è sfuggito di mano il bicchiere.* The glass slipped out of my hand. | **sfuggire (di mente) a qn** to slip sb's mind: *Il suo nome ora mi sfugge.* His name has slipped my mind. | *Mi è sfuggito di mente quello che volevo dire.* I forgot what I wanted to say. **3** **sfuggire a qn a)** nel senso di passare inosservato si traduce **to miss** con la persona a cui sfugge qualcosa come soggetto: *Che spirito d'osservazione: non ti sfugge niente.* You're so observant – you don't miss a thing. **b)** (frase, errore) *Non volevo dirglielo, ma mi è sfuggito.* I didn't mean to tell him, but it slipped out. | *Mi è sfuggita una parolaccia.* I didn't mean to swear. It just slipped out. | **lasciarsi sfuggire un'occasione** to let an opportunity slip by: *Era un'ottima occasione, ma tu te la sei lasciata sfuggire.* It was a fantastic opportunity, but you let it slip by.

sfuggita **di sfuggita a)** (per un breve momento) briefly: *L'ho incontrato una volta di sfuggita.* I met him once briefly. **b)** (in poco tempo) quickly: *Non ricordo cosa c'era nell'e-mail, l'ho letta solo di sfuggita.* I don't remember what was in the e-mail, I only read it quickly.

sfumatura *s* **1** (di colore, significato) shade: *due diverse sfumature di verde* two different shades of green **2** (di significato) tinge: *Mi è sembrato di cogliere una sfumatura di ironia.* I thought I could sense a tinge of irony.

sfuocato, -a, anche **sfocato** *agg* (foto, immagine) blurred

sfuso, -a *agg* loose

sgabello *s* stool

sgabuzzino *s* walk-in cupboard

sgambetto *s* **fare lo sgambetto a qn** to trip sb (up): *Qualcuno mi ha fatto lo sgambetto.* Someone tripped me up.

sganciare *v* **1** (cintura di sicurezza) to unfasten **2** (vagone, rimorchio) to uncouple **3 sganciarsi gli scarponi/la cintura** to undo your boots/your belt **4** (sborsare) to cough up: *Figurati se i miei sganciano i soldi per la gita a Londra!* There's no way my parents are going to cough up the money for a trip to London!

sganciarsi *v rifl* (staccarsi) to come unhooked: *Ho perso la catenina: dev'essersi sganciata.* I've lost my chain – it must have come unhooked.

sgelare *v* to thaw

sgobbare *v* **1** (lavorare) to slave away **2** (studiare) to swot: *Non ho certo voglia di sgobbare sui libri durante le vacanze.* I certainly don't want to **swot over** books during the holidays.

sgobbone, -a *s* swot

sgocciolare *v* to drip

sgombrare *v* to clear: *Sgombra il tavolo dai tuoi libri, devo apparecchiare.* Clear your books off the table, I have to set it.

sgomento, -a *aggettivo* e *sostantivo*

- *agg* **rimanere sgomento** to be dismayed: *Sono rimasta sgomenta quando l'ho saputo.* When I found out, I was totally dismayed.
- *s* consternation

sgonfiare *v* **1** (pallone, materassino) to deflate **2 sgonfiare qn (per qc)** (seccare) to go on at sb (about sth): *Va bene, te lo presto: basta che la smetti di sgonfiarmi!* OK, I'll lend it to you. Just stop going on about it!

sgonfiarsi *v rifl* **1** (pallone, materassino) to go flat: *La ruota anteriore si è sgonfiata.* The front tyre has gone flat. **2** (parte del corpo) non c'è verbo equivalente in inglese. Per tradurre espressioni come **il ginocchio/la caviglia sta cominciando a sgonfiarsi**, puoi dire **the swelling in your knee/in your ankle is starting to go down.**

sgorbio *s* **1** (persona brutta) freak **2** (scarabocchio) scribble

sgradevole *agg* unpleasant

sgranchire *v* **sgranchirsi le gambe** to stretch your legs: *Esco un attimo a sgranchirmi le gambe.* I'm going out for a minute to stretch my legs.

sgranocchiare *v* to nibble

sgridare *v* **sgridare qn** to tell sb off: *L'hai raccontato a mamma e papà per farci sgridare!* You told mum and dad on purpose, so that we'd get told off!

sgridata *s* **prendersi una sgridata** to get a telling-off: *Mi sono preso una bella sgridata dai miei.* I got a right telling-off from my parents.

sguardo *s* **1** (azione di guardare) gaze | **alzare/abbassare lo sguardo** to look up/down **2** (espressione degli occhi) look in your eyes: *L'ho capito dal suo sguardo che era stato lui.* I knew from the look in his eyes that he'd done it. **3** (occhiata) glance | **dare uno sguardo a qc** to glance at sth: *Ho dato solo uno sguardo alla camera.* I just glanced round the room. | *Posso dare uno sguardo al giornale?* Can I have a quick look at the paper?

shampoo *s* shampoo: *uno shampoo antiforfora* an anti-dandruff shampoo

si *pronome* e *sostantivo*

- *pron* anche **se** ▶ vedi riquadro
- *s* (nota) B

sì *avverbio* e *sostantivo*

- *avv* yes: – *Vuoi qualcosa da bere?* – *Sì, grazie.* "Do you want something to drink?" "Yes, please." | *Hai deciso, sì o no?* Have you decided yet, yes or no? | *Sì che te l'ho detto!* I did tell you! | *Forse non te ne sei accorto, ma io sì.* You might not have noticed, but I did. | **penso/spero di sì** I think/I hope so: *Dai, dì di sì!* Go on, say yes! | *Credevo di sì.* I thought so. | **un giorno sì e uno no** every other day
- *s* yes: *Basta che tu dica un semplice sì.* All you have to do is say yes.

sia *cong* **sia ... che ...** (tanto quanto) both ... and ...: *Verremo sia io che lui.* Both he and I will come. | *Mi vanno bene sia la pizza che il cinese.* Chinese and pizza are both fine with me. | **sia ... sia ...** (o ... o ...) whether ... or ...: *Londra è bellissima sia di notte sia di giorno.* London is very beautiful whether you see it by night or by day.

sicché *cong* so: *Era tardi, sicché ce ne siamo andati.* It was late, so we left.

siccità *s* drought

siccome *cong* since: *Siccome lo vuoi sapere, te lo dico.* Since you want to know, I'll tell you.

Sicilia *s* **la Sicilia** Sicily

siciliano, -a *agg* e *s* Sicilian

sicura *s* **1** (di portiera) lock **2** (di arma) safety catch (pl safety catches)

sicuramente *avv* certainly: *A quest'ora, sicuramente è già arrivato a casa.* He'll certainly have arrived home by now.

sicurezza *s* **1** (assenza di pericolo) safety: *le norme di sicurezza* safety regulations ▶ vedi anche **uscita** **2** (contro furti, aggressioni) security **3** (fiducia in sé) confidence **4 con sicurezza** for sure: *Puoi affermare con sicurezza che si trattava di lui?* Can you say for sure that it was actually him?

sicuro, -a *agg* **1** (senza dubbi) sure: *Ne sei proprio sicuro?* Are you really sure? | *Sono sicura che dice la verità.* I'm sure he's telling the truth. | *Ero sicuro di aver preso*

Vuoi informazioni sulla differenza tra gli **aggettivi possessivi** in inglese e in italiano? Vedi la **guida grammaticale**.

si *pronome*

1 RIFLESSIVO
Si usano i pronomi personali **himself** per il maschile singolare, **herself** per il femminile singolare e **themselves** per il plurale maschile e femminile:

Si è fatto male. He hurt himself. | *Si è chiusa in bagno.* She locked herself in the bathroom. | *Si sono sdraiati sull'erba.* They stretched themselves out on the grass.

Nota che spesso dei verbi riflessivi in italiano si traducono con verbi che non sono riflessivi in inglese:

Non si ricorda. He doesn't remember. | *Si è svegliata presto.* She woke up early. | *Si lamentano sempre.* They're always moaning.

Quando è usato con *parti del corpo* o per esprimere *appartenenza*, si usano i pronomi possessivi **his** per il maschile singolare, **her** per il femminile singolare e **their** per il plurale maschile e femminile:

Si è rotto una gamba. He broke his leg. | *Si è tolta la giacca.* She took her jacket off. | *Si sono lavati i denti.* They brushed their teeth.

2 RECIPROCO
Si traduce generalmente **each other**:

Non si sopportano. They can't stand each other. | *Si conoscono da tanto tempo.* They've known each other for a long time.

Nota che talvolta il verbo inglese ha già valore reciproco e non richiede quindi il pronome personale:

Si sono incontrati per caso. They met by chance. | *Si sono scambiati gli indirizzi.* They exchanged addresses.

3 IMPERSONALE E PASSIVO
Si usa generalmente il pronome personale **you**:

Come si dice 'stanco' in inglese? How do you say 'stanco' in English? | *Non si sa mai.* You never know.

In alcuni casi, si usano costruzioni diverse:

Si dice che sia un tipo pericoloso. They say he's dangerous. | *Non sono cose che si dicono.* These are things that one just doesn't say. | *Si prega di non fumare.* Please do not smoke. | *Non si accettano assegni.* We do not accept cheques.

le chiavi. I was sure I had taken the keys. | **di sicuro** certainly: *Ci sarà di sicuro qualcuno in casa.* There'll certainly be someone at home. | *Di sicuro, Marco sarà già per strada.* Marco'll certainly have left already. **2** (senza pericolo) safe: *Preferisco viaggiare in treno che in macchina, è più sicuro.* I prefer to travel by train rather than by car, because it's safer. | **al sicuro** in a safe place: *Stai tranquilla, ho messo i soldi al sicuro.* Don't panic, I put the money in a safe place. | **essere al sicuro** to be safe: *Qui siamo al sicuro.* We're safe here. | **andare sul sicuro** to play it safe: *Se le regali un libro, vai sul sicuro.* If you give her a book, you'll be playing it safe. **3** (immancabile) certain | **morte/sconfitta sicura** certain death/defeat: *Li hanno salvati da una morte sicura.* They were rescued from certain death. | *Stai andando incontro a una delusione sicura.* You're bound to be disappointed. **4** (efficace) effective: *un rimedio sicuro contro il mal di testa* an effective cure for headaches | *Conosco un metodo sicuro per farlo parlare.* I know a way that's sure to get him to talk. **5** (affidabile) reliable: *L'ho saputo da fonte sicura.* I heard it from a reliable source.

sidro *s* cider

siepe *s* hedge

sieronegativo, -a *agg* HIV-negative

sieropositivo, -a *agg* HIV-positive

sigaretta *s* cigarette

sigaro *s* cigar

sigillare *v* to seal

sigla *s* **1** (lettere iniziali) abbreviation: *La sigla UE sta per Unione Europea.* The abbreviation EU stands for European Union. **2** (firma abbreviata) initials [plurale]: *Ho messo la mia sigla su tutti i miei libri.* I've put my initials in all of my books. **3** **sigla (musicale)** theme tune

significare *v* to mean: *Cosa significa questa parola?* What does this word mean?

significato *s* meaning

signora *s* ▶ vedi riquadro

signore *s* ▶ vedi riquadro

signorina *s* **1** (prima del cognome) Miss: *la signorina Bertola* Miss Bertola **2** (per indicare una donna) young lady (pl young ladies): *Chieda a quella signorina allo sportello informazioni.* Ask the young lady at the information desk.

Oggi si tende ad usare **Ms**, che si pronuncia *miz* prima del cognome invece di **Miss**. Così come **Mr**, che si pronuncia *mister*, per gli uomini, **Ms** può essere usato sia per donne sposate che nubili ed è quindi considerato più adatto ai contesti formali, oltre ad essere particolarmente pratico quando non si conosce lo stato civile della donna alla quale ci si rivolge.

silenzio *s* silence | **fai/fate silenzio!** be quiet!

silenzioso, -a *agg* **1** (luogo, macchina) quiet **2** (persona) quiet

S

signora *sostantivo*

1 Per riferirsi ad una donna si usa **woman**, plurale **women**, o **lady**, plurale **ladies**, che è più cortese:
Questa signora è sua madre. This lady is her mother. | *una signora alta, con gli occhiali* a tall woman with glasses
2 Davanti al cognome si usa **Mrs**, che si pronuncia *missiz*, quando si tratta di una donna sposata, oppure **Ms**, che si pronuncia *miz*, che è spesso preferito perché vale sia per le donne sposate che per le donne nubili:
la Signora Giorsa Ms Giorsa | *il signore e la signora Magnetti* Mr and Mrs Magnetti
3 Per attirare l'attenzione di un donna che non si conosce si usa di solito **excuse me**:
Signora, guardi che ero prima di lei in coda. Excuse me, but I was in front of you in the queue.
4 Ci si può anche rivolgere a una donna con **madam** (in inglese americano **ma'am**), ma nella lingua parlata è molto formale e sempre più raro. È invece comunemente usato nelle lettere quando non si precisa il cognome:
Gentile Signora Dear Madam
5 Per rivolgersi ad un gruppo di donne si usa **ladies**:
signori e signore ladies and gentlemen

signore *sostantivo*

1 Per riferirsi ad un uomo si usa **man**, plurale **men**, o **gentleman**, plurale **gentlemen**, che è più cortese:
un signore sulla quarantina a forty-year-old man | *un signore un po' anziano* a somewhat elderly gentleman
2 Davanti al cognome si usa **Mr**, che si pronuncia *mister*:
il signor Magnetti Mr Magnetti
3 Per attirare l'attenzione di un uomo che non si conosce si usa di solito **excuse me**:
Signore, ha dimenticato il portafoglio! Excuse me – you've forgotten your wallet!
4 Ci si può anche rivolgere a qualcuno con **sir**, ma nella lingua parlata è molto formale e sempre più raro. È invece comunemente usato nelle lettere quando non si precisa il cognome:
Gentile Signore/Gentili Signori Dear Sir/Dear Sirs
5 Per rivolgersi ad un gruppo di uomini si usa **gentlemen**:
signori e signore ladies and gentlemen
6 Nel senso religioso, **il Signore** si traduce **the Lord**.

sillaba *s* syllable | **non capire una sillaba** to not understand a word: *Non ho capito una sillaba di quello che hai detto.* I didn't understand a word you said.

simbolico, -a *agg* symbolic

simbolo *s* symbol

simile *agg* **1** (somigliante) similar: *Ho una borsa simile alla tua.* I have a bag that's similar to yours. | *Tu e tua sorella siete molto simili.* You and your sister are very similar. **2** (del genere) like that: *Chi vuoi che creda a una storia simile?* Who do you think is going to believe a story like that? | *Non mi era mai successo niente di simile.* Nothing like that had ever happened to me.

simpatia *s* **ispirare simpatia** to be likable: *Suo padre è una persona che ispira simpatia a tutti.* His father's very likable. | **provare simpatia per qn** to like sb: *Dice di provare molta simpatia per me, ma nient'altro.* He says he really likes me, but nothing more. ▶ vedi nota FALSE FRIEND sotto **sympathy**

simpatico, -a *agg* nice: *un ragazzo molto simpatico* a really nice boy | **essere/stare simpatico a qn** nel senso di ispirare simpatia, si traduce **to like sb**, con la persona a cui sta simpatico qualcosa o qualcuno come soggetto: *Mi è molto simpatica.* I like her a lot. | *Non mi sta molto simpatico.* I don't really like him very much. ▶ vedi nota FALSE FRIEND sotto **sympathetic**

simpatizzare *s* **simpatizzare (con qn)** to hit it off (with sb): *In vacanza abbiamo simpatizzato con dei ragazzi inglesi.* We hit it off with some English guys when we were on holiday.

simultaneamente *avv* at the same time

simultaneo, -a *agg* simultaneous ▶ vedi interprete

sinagoga *s* synagogue

sinceramente *avv* **1** (a dire il vero) really: *Sinceramente, non l'ho fatto apposta.* I really didn't do it on purpose. **2** (con sincerità) honestly: *Ha ammesso molto sinceramente di essere stato lui.* He admitted very honestly that it was him.

sincerità *s* sincerity

sincero, -a *agg* sincere

sindacato *s* union

sindaco *s* mayor: *il sindaco di Roma* the mayor of Rome

sindrome *s* syndrome

sinfonia *s* symphony (pl symphonies)

singhiozzo *sostantivo* e *sostantivo plurale*
• *s* hiccup | **avere il singhiozzo** to have hiccups: *Ho il singhiozzo.* I've got hiccups.
• **singhiozzi** *s pl* (di pianto) sobs

singolare *aggettivo e sostantivo*
• *agg* **1** (sostantivo, verbo) singular **2** (strano) strange: *Ha un senso dell'umorismo davvero singolare.* She has a very strange sense of humour.
• *s* **1** (in grammatica) singular **2** (nel tennis) singles [plurale]: *Chi ha vinto il singolare femminile?* Who won the women's singles?

singolo, -a *aggettivo e sostantivo*
• *agg* **1** (riferito a cosa) single: *Mi ha ripetuto ogni singola parola della vostra conversazione.* He repeated every single word of your conversation to me. **2** (riferito a persona) individual: *Ogni singolo giocatore è bravo, ma la squadra non funziona.* Each individual player is good, but they don't work well as a team.
• *s* (disco) single: *È appena uscito il suo nuovo singolo.* His new single's just come out.

sinistra *s* **1** (direzione, posizione) left: *Gira a sinistra.* Turn left. | *Il bagno è la prima porta a sinistra.* The bathroom is the first door **on the left**. | **alla mia/tua ecc. sinistra** on my/your etc left: *Chi è il tipo alla tua sinistra nella foto?* Who's the guy on your left in the photo? **2** (mano) left hand: *Scrivo con la sinistra.* I write **with my left hand**. **3** (in politica) left: *La sinistra va al governo.* The left are going to be in government. | **un partito/un governo di sinistra** a left-wing party/government

sinistro, -a *agg* **1** (che è a sinistra) left: *il piede sinistro* the left foot **2** (minaccioso) sinister: *un tipo dall'aria sinistra* a sinister-looking guy

sino ► vedi **fino**

sinonimo *s* synonym

sintetico, -a *agg* **1** (fibra, materiale) synthetic: *pantaloni in fibra sintetica* trousers made of synthetic material **2** (breve) concise: *Cerca di essere sintetico.* Try to be concise.

sintomo *s* symptom

sintonizzarsi *v rifl* to tune in: *Per chi si fosse appena sintonizzato, siamo in diretta dal Festival di Sanremo.* For those of you who have just tuned in, we're broadcasting live from the Sanremo Festival.

sipario *s* curtain

sirena *s* **1** (di ambulanza, polizia) siren **2** (creatura fantastica) mermaid

siringa *s* syringe

sismico, -a *agg* (area, attività) seismic | **scossa sismica** earthquake | **movimento sismico** tremor

sistema *s* **1** (struttura, impianto) system: *il sistema scolastico* the school system | *il sistema nervoso* the nervous system | **sistema operativo** operating system | **il sistema solare** the solar system | **sistema metrico decimale** metric system **2** (metodo) method: *Abbiamo escogitato un sistema per convincerlo.* We've come up with a method of persuading him.

sistemare *v* **1** (mettere in ordine) to tidy up: *Prima di uscire, devo sistemare la mia camera.* Before I go out, I have to tidy up my room. **2** (organizzare) to organize: *Ti ho vuotato dei cassetti, così puoi sistemare le tue cose.* I cleared out some drawers so that you can organize your things. **3** (risolvere) to sort out: *Ho una faccenda da sistemare.* I have some business to sort out. **4** (punire) to sort out: *Ci pensano i suoi a sistemarlo, appena lo vengono a sapere.* His parents will sort him out as soon as they get to know about it.

sistemarsi *v rifl* **1** (risolversi) to sort itself out: *Non ti preoccupare, col tempo tutto si sistemerà.* Don't worry, everything will sort itself out over time. **2** (trovare alloggio) to find a place to stay: *Ci siamo provvisoriamente sistemati da amici.* We found a place to stay with friends for a while. **3** (trovare impiego) to get a job: *Suo figlio si è sistemato in banca.* Her son has got a job in the bank. **4** (sposarsi) to settle down: *Quando ti decidi a sistemarti?* When are you going to settle down?

sistemazione *s* **1** accommodation: *Non sarà facile trovare una sistemazione economica a Londra.* It won't be easy to **find cheap accommodation** in London. **2** (disposizione) **cambiare la sistemazione di qc** (di mobili, quadri) to rearrange sth: *Hai cambiato la sistemazione dei mobili?* Have you rearranged the furniture? **3** (impiego) job, post [più formale]: *Ha trovato un'ottima sistemazione al ministero.* He has a very good job in the ministry.

sito *s* **1** **sito (Internet)** website **2** **un sito archeologico/industriale** an archeological/industrial site

situato, -a *agg* located

situazione *s* situation: *Capisco la tua situazione.* I understand your situation. | **essere/trovarsi in una brutta situazione** to be in a difficult position

ski-lift *s* ski lift

slacciare *v* **slacciarsi la cintura/la cravatta** to undo your belt/tie

slacciarsi *v rifl* to come undone: *Ti si è slacciata la cerniera.* Your zip's come undone.

slalom *s* slalom | **slalom gigante** giant slalom

slanciato, -a *agg* slim

slavo, -a *aggettivo e sostantivo*
• *agg* Slavic
• *s* (persona) Slav

sleale *agg* unfair

slegare *v* to untie: *Non riesco a slegare il fiocco del pacco.* I can't untie the bow on the parcel.
slegarsi *v rifl* to untie yourself: *Gli ostaggi sono riusciti a slegarsi e a scappare.* The hostages managed to untie themselves and escape.

slitta *s* sledge, sleigh

slittare *v* **1** (viaggio, riunione) to be postponed: *L'incontro degli insegnanti con i genitori è slittato alla settimana prossima.* The parent-teacher meeting has been postponed until next week. **2** (veicoli) to skid: *Attento a non slittare con la bici sul fango.* Careful you don't skid on the mud when you're on your bike. **3** (persone) to slip: *Sono slittato sul pavimento bagnato.* I slipped on the wet floor.

slogan *s* slogan: *uno slogan pubblicitario* an advertising slogan

slogare *v* **slogarsi la caviglia/il polso** to sprain your ankle/your wrist: *Mi sono slogato un piede.* I've sprained my foot.

sloggiare *v* to clear off: *Nessuno ti ha invitata: sloggia!* No one invited you, so clear off!

Slovacchia *s* **la Slovacchia** Slovakia

slovacco, -a *agg e s* Slovak

Slovenia *s* **la Slovenia** Slovenia

sloveno, -a *agg e s* Slovene

smagliato, -a *agg* laddered: *Hai i collant smagliati.* Your tights are laddered.

smagliatura *s* **1** (nelle calze) ladder **2** (sulla pelle) stretch mark

smaltire *v* **1** (pranzo, cibo) *Facciamo una passeggiata per smaltire la cena.* Let's go out to walk off the meal. | **smaltire qualche chilo di troppo** to lose a few kilos **2** **smaltire la rabbia** to calm down: *Meglio aspettare che smaltisca la rabbia prima di parlargli.* I'd wait until he's calmed down before speaking to him. | **smaltire la sbornia** to sober up: *Bevi un caffè per smaltire la sbornia.* Have a coffee to sober up. | **smaltire la stanchezza** to recover **3** (scorie, rifiuti) to dispose of: *Il problema principale dell'energia nucleare è smaltire le scorie.* The main problem with nuclear energy is disposing of the waste.

smalto *s* **1** **smalto (per unghie)** nail varnish: *Mi sono data lo smalto rosso.* I put some red nail varnish on. **2** (per metallo) paint **3** (su ceramica) glaze **4** (dei denti) enamel

smania *s* obsession: *Le è venuta la smania di dimagrire.* She's got this **obsession with slimming**.

smantellare *v* to dismantle

smarrire *v* to mislay: *Ci hanno smarrito i bagagli.* They've mislaid our luggage.
smarrirsi *v rifl* to get lost: *Si dev'essere smarrito per strada.* He must have got lost on the way.

smemorato, -a *agg* absent-minded

smentire *v* **1** (negare) to deny **2** (contraddire) to contradict

smeraldo *s* emerald: *un anello con uno smeraldo* an emerald ring

smettere *v* **smettere qc/di fare qc** **a)** (definitivamente) to give up sth/doing sth: *Ho deciso di smettere l'attività sportiva.* I've decided to give up sports. | *Quando hai smesso di fumare?* When did you give up smoking? **b)** (temporaneamente) to stop sth/doing sth: *Smettila di ridere!* Stop laughing! | *Aspettiamo che smetta di piovere.* Let's wait for it to stop raining. | **smetterla** to stop it: *Ma la vuoi smettere?* Will you please stop it?

sminuzzare *v* **1** (cibi) to chop up: *Sminuzzare la cipolla e farla soffriggere.* Chop up the onion and fry it lightly. **2** (carta) to tear to pieces

smisurato, -a *agg* enormous

smog *s* smog

smoking *s* dinner jacket

smontare *v* **1** (impalcatura, tenda) to take down: *Stanno già smontando il tendone del circo.* They're already taking the circus tent down. **2** (motore, giocattolo) to take apart: *Ha smontato l'orologio e adesso non riesce a rimetterlo insieme.* He's taken the clock apart and now he can't put it back together again. **3** **smontare da cavallo** to dismount

smorfia *s* grimace

smorzare *v* (entusiasmo) to dampen: *Tutte queste difficoltà hanno finito per smorzarci l'entusiasmo.* All these difficulties eventually dampened our enthusiasm.

smuovere *v* **1** (spostare) to shift: *Non siamo riuscite in due a smuovere la tua valigia.* The two of us didn't manage to shift your suitcase. **2** **smuovere qn** to get sb to change their mind: *Quando decide una cosa, non la smuove nessuno.* When she gets something into her head, no-one can get her to change her mind.

snello *agg* slim

sniffare *v* to sniff cocaine

snobbare *v* to snub

sobbalzare *v* to jump

sobrio, -a *agg* **1** (stile, abbigliamento) sober **2** (non ubriaco) sober

socchiuso, -a *agg* partly open

soccorrere *v* to help: *Meno male che un'auto si è fermata a soccorrerci.* It's just as well a car stopped to help us.

S

C'è una tavola con i numeri in inglese e spiegazioni sul loro uso nella **guida grammaticale**.

soccorso *s* **1** (aiuto) help | **prestare soccorso a qn** to help sb: *Ci ha prestato soccorso un passante.* A passerby helped us. **2** **soccorsi** emergency vehicles: *I soccorsi sono arrivati subito.* The emergency vehicles arrived immediately.
pronto soccorso (in ospedale) accident and emergency (assistenza) first aid: *Lo hanno portato al pronto soccorso.* They took him to accident and emergency. | *la valigetta del pronto soccorso* the first aid kit

sociale *agg* social ▶ vedi anche **assistente**

socialismo *s* socialism

socialista *agg e s* socialist

società *s* **1** (cittadini) society: *la società di oggi* today's society **2** (azienda) company (pl companies): *una società multinazionale* a multinational company | **società per azioni** public limited company, plc | **società a responsabilità limitata** limited company, ltd **3** **mettersi in società** to go into business together: *Si sono messi in società per aprire un negozio di dischi.* They went into business together to open a record shop.

socievole *agg* sociable

socio, -a *s* **1** (di club) member: *Sono socio di un circolo di tennis.* I'm a member of a tennis club. **2** (in società) partner

sociologia *s* sociology

soddisfacente *agg* (risultato, risposta) satisfactory

soddisfare *v* **1** (piacere a) to satisfy: *Il risultato non mi soddisfa del tutto.* I'm not entirely **satisfied with** the result. **2** **soddisfare una richiesta/un'esigenza** to satisfy a request/a need

soddisfatto, -a *agg* satisfied: *Sono molto soddisfatto del secondo posto.* I'm very **satisfied with** second place.

soddisfazione *s* satisfaction: *Voglio togliermi la soddisfazione di dirgli quello che penso.* I want the satisfaction of telling him what I think.

sodo, -a *aggettivo, sostantivo e avverbio*
- *agg* firm ▶ vedi anche **uovo**
- **sodo** *s* **venire al sodo** to get to the point: *Vengo subito al sodo.* I'll get straight to the point.
- **sodo** *avv* **lavorare sodo** to work hard | **dormire sodo** to sleep soundly

sofà *s* sofa

sofferenza *s* pain

soffiare *v* **1** (mandare fuori aria) to blow: *Soffia sul brodo per raffreddarlo un po'.* Blow on the soup to cool it a bit. | *Senti come soffia il vento stasera!* Listen to the way the wind's blowing tonight! | **soffiarsi il naso** to blow your nose **2** (rubare) to pinch: *Mi ha soffiato l'idea.* He pinched my idea.

soffice *agg* soft

soffio *s* **1** (di aria) puff | **un soffio di vento** a breath of wind: *Oggi non c'è un soffio di vento.* Today there isn't even a breath of wind. **2** **per un soffio** by a hair's breadth: *Abbiamo evitato lo scontro per un soffio.* We avoided crashing by a hair's breadth. | **passare in un soffio** to fly by: *Le vacanze sono passate in un soffio.* The holidays flew by.

soffitta *s* attic

soffitto *s* ceiling

soffocare *v* **1** (asfissiare) to suffocate: *Si può aprire un po' la finestra? Qui dentro si soffoca.* Can't we open the window? We're suffocating in here. **2** **soffocare uno scandalo** to hush up a scandal | **soffocare una rivolta/una ribellione** to quash a revolt/rebellion

soffriggere *v* to fry lightly

soffrire *v* **1** (star male) to suffer | **soffrire di qc** to suffer from sth: *Soffro di vertigini.* I suffer from dizzy spells. **2** **soffrire la fame** to starve: *A causa della siccità, in questa zona si soffre ancora la fame.* People are starving again because of drought in this region. | **soffrire il freddo a)** (patire) to suffer from the cold: *Questa pianta soffre molto il freddo.* This plant suffers a lot from the cold. **b)** (avere freddo) to be cold: *Se non vuoi soffrire il freddo, ti consiglio di portare qualche maglia in più.* If you don't want to be cold, I'd advise you to take some extra sweaters. **3** **soffrire il solletico** to be ticklish **4** **non poter soffrire qn/qc** to be unable to stand sb/sth: *Sofia non la posso proprio soffrire!* I really can't stand Sofia!

sofisticato, -a *agg* sophisticated

soggettivo, -a *agg* subjective

soggetto, -a *aggettivo e sostantivo*
- *agg* **essere soggetto a qc a)** (avere spesso) to be prone to sth: *Sono soggetto a forti mal di testa.* I am prone to getting severe headaches. **b)** (poter subire) to be subject to sth: *L'orario è soggetto a modifiche.* The timetable is subject to change.
- **soggetto** *s* **1** (di verbo) subject **2** (argomento) subject: *Qual era il soggetto della conversazione?* What was the subject of the conversation? **3** (individuo) individual: *il 70% dei soggetti intervistati* 70% of the individuals interviewed **4** (tipo) type: *Ha cominciato a frequentare cattivi soggetti.* He's started mixing with some rough types. | *Sei proprio un bel soggetto!* You really are a fine one!

soggezione *s* **mettere in soggezione qn** to intimidate sb: *Mi mette in soggezione con la sua aria severa.* Her strict air really intimidates me.

S

soggiorno *s* **1** (sala) living room: *Sediamoci in soggiorno.* Let's sit in the living room. **2** (in un luogo) stay: *un soggiorno di una settimana a Londra* a week's stay in London **3** (mantenimento) board and lodging: *Il soggiorno è tutto pagato.* Board and lodging is fully paid.

soglia *s* **1** (di porta) doorstep, threshold [più formale] **2 alle soglie del successo/della vittoria** on the threshold of success/victory

sogliola *s* sole

sognare *v* **1** (vedere in sogno) to dream: *Ieri ho sognato che vincevo il Superenalotto®.* Last night I dreamt I won the lottery. | *Fin da piccola sognava di fare l'attrice.* Ever since she was a child, she had dreamt of being an actress. | **sognare qn/qc** to dream about sb/sth: *Stanotte ti ho sognato.* I dreamt about you last night. | *Ho sempre sognato una casa così.* I've always dreamt of having a house like this. | **sognare ad occhi aperti** to daydream **2 te lo puoi sognare!** you can forget it!: *Te lo puoi sognare il motorino!* You can forget about the moped!

sogno *s* dream: *Ieri ho fatto uno strano sogno.* I had a strange dream last night. | **un vestito/una vacanza da sogno** a dream dress/holiday | **neanche per sogno!** no way!: *Chiedergli scusa? Ma neanche per sogno!* Apologize to him? No way!

sol *s* G

solamente *avv* only: *Ho invitato solamente una decina di persone.* I've only invited about ten people.

solare *agg* (sistema, energia) solar

solco *s* **1** (fossa) furrow **2** (di barca) wake

soldato *s* soldier

soldo *sostantivo e sostantivo plurale*

• *s* **non avere un soldo a)** (non avere soldi con sé) to not have a penny on you: *Al momento di pagare, mi sono accorta di non avere un soldo.* When it came to paying, I realized I didn't have a penny on me. **b)** (essere al verde) to be broke: *Non posso uscire: in questo periodo non ho un soldo.* I can't go out. I'm completely broke at the moment.

• **soldi** *s pl* money [mai plurale]: *Quanti soldi hai con te?* How much money have you got on you? | *Costa un sacco di soldi.* It costs loads of money. | *Ho finito i soldi.* I've spent all my money.

sole *s* sun: *Non stare troppo al sole.* Don't stay too long **in the sun**. | *Ho il sole negli occhi.* I've got the sun in my eyes. | *Se c'è il sole, andiamo al mare.* If it's sunny, we'll go to the seaside. | **prendere il sole** to sunbathe

soleggiato, -a *agg* sunny

solenne *agg* solemn

solidarietà *s* solidarity

solidificarsi *v rifl* to solidify

solidità *s* solidity

solido, -a *aggettivo e sostantivo*

• *agg* **1** (resistente) solid **2** (non liquido) solid

• **solido** *s* solid

solista *s* soloist

solitario, -a *aggettivo e sostantivo*

• *agg* **1** (persona) solitary **2** (luogo) deserted

• **solitario** *s* **1** (gioco) patience **2** (anello) solitaire

solito, -a *aggettivo e sostantivo*

• *agg* **1** (consueto) usual: *Ci vediamo al solito posto.* See you in the usual place. **2** (stesso) same old: *Che barba! Fa sempre i soliti discorsi.* It's such a bore! She always says the same old thing. | *Vai lì e trovi sempre le solite persone.* You'll find the same old people if you go there. | *È sempre la solita storia.* It's always the same old story.

• **solito** *s* usual: *Sono arrivato prima del solito.* I arrived earlier than usual. | **come al solito** as usual: *Come al solito devo essere io a chiedergli scusa.* As usual, I'm the one who has to apologize to him. | **di solito** usually: *Di solito ci incontriamo il sabato sera.* We usually meet on Saturday evening.

solitudine *s* **1** (pace interiore) solitude **2** (isolamento) loneliness

solletico *s* **soffrire il solletico** to be ticklish: *Soffri il solletico?* Are you ticklish? | **fare il solletico a qn/qc** to tickle sb/sth: *Smettila di farmi il solletico!* Stop tickling me! | *L'erba mi fa solletico ai piedi.* The grass is tickling my feet.

sollevamento *s* **sollevamento pesi** weightlifting

sollevare *v* **1** (peso, valigia) to lift **2 sollevare il morale a qn** to give sb a lift, to raise sb's spirits [più formale]: *Questa bella notizia mi ha sollevato il morale.* The good news has given me a lift. **3 sollevare un problema/delle perplessità** to raise a problem/a few doubts

sollevato, -a *agg* (tranquillizzato) relieved: *Ora che hai chiamato, siamo tutti sollevati.* Now that you've called, we're all relieved.

sollievo *s* relief: *Che sollievo!* What a relief! ► vedi anche **sospiro**

solo, -a *aggettivo, sostantivo, avverbio e congiunzione*

• *agg* **1** (senza compagnia) alone: *Sono sola in casa.* I'm at home alone. | *Ci potete lasciare soli?* Can you leave us alone? **2** (unico) only: *Sei la sola persona a saperlo.* You're the only one who knows. |

Vuoi ordinare un hamburger in inglese? Consulta la **guida alla comunicazione** in fondo al dizionario.

Il solo modo per convincerla a venire è invitare anche Gianni. The only way to persuade her to come is if you invite Gianni as well. | *Ho un solo fratello.* I only have one brother. **3** (esclusivamente) invece dell'aggettivo si usa di solito l'avverbio **only**: *Il gruppo è composto da sole ragazze.* There are only girls in the group. | *Ho mangiato la sola pasta.* I only had the pasta.

• *s* the only one: *Siete i soli che possiate aiutarmi.* You're the only ones who can help me.

• **solo** *avv* only: *Solo tu mi capisci.* Only you understand me. | *Ho comprato solo il latte.* I've only bought the milk. | *Voglio solo capire.* I just want to understand. | *Solo a pensarci mi viene rabbia!* Just thinking about it makes me angry! | **non solo ..., ma anche ...** not only ..., but also: *Non solo è bello, ma è anche intelligente!* He's not only handsome, but also intelligent!

• **solo** *cong* **solo che** only: *Ci verrei volentieri, solo che sono troppo stanco.* I'd gladly come, only I'm too tired.

soltanto *avv* only: *L'ho visto soltanto una volta.* I've only seen him once. | *Lo sa soltanto lei.* Only she knows.

solubile *agg* (sostanza, sale) soluble | **caffè solubile** instant coffee

soluzione *s* **1** (risultato) solution: *Non c'è altra soluzione.* There's no other solution. **2** (miscela) solution

solvente *s* solvent

somaro, -a *s* **1** (animale) ass (pl asses) **2** (persona ignorante) twit

somiglianza *s* resemblance

somigliare *v* **somigliare a qn/qc** to look like sb/sth: *Non somiglia affatto a suo fratello.* He doesn't look at all like his brother. | *Somiglia a un quadro di Picasso.* It looks like a painting by Picasso.

somigliarsi *v rifl* to be alike: *Io e mio fratello ci somigliamo molto.* My brother and I are very much alike.

somma *s* **1** (operazione) sum | **fare la somma** to add up **2** (di denaro) sum

sommare *v* **1** (fare la somma) to add up: *Prova a sommare i due risultati.* Try to add the two answers up. **2** **tutto sommato** all things considered: *Tutto sommato, ci è andata bene.* All things considered, it went well.

sommario, -a *aggettivo e sostantivo*

• *agg* rough: *Mi ha fatto un racconto sommario di quello che è successo.* She gave me a rough account of what happened.

• **sommario** *s* **1** (riassunto) summary (pl summaries) **2** (libro) digest **3** (indice) table of contents

somministrare *v* to administer

sommozzatore, -trice *s* deep-sea diver

sondaggio *s* survey: *un sondaggio tra gli studenti* a survey among the students | **sondaggio d'opinione** opinion poll

sondare *v* **1** (indagare) to sound out: *Siamo andati alla manifestazione per sondare gli umori degli studenti.* We went to the demonstration to sound out the mood of the students. | **sondare l'opinione pubblica** to survey public opinion | **sondare il terreno** to get the lie of the land: *Faresti meglio a sondare il terreno prima di decidere se cambiare scuola.* You'd better get the lie of the land before you decide to change schools. **2** (esplorare) to drill **3** (in medicina) to probe

sonnambulo, -a *aggettivo e sostantivo*

• *agg* **essere sonnambulo** to sleepwalk, to walk in your sleep: *Sono sonnambula.* I walk in my sleep.

• *s* sleepwalker

sonnellino *s* nap | **farsi un sonnellino** to take/have a nap

sonnifero *s* sleeping pill

sonno *s* **1** **avere sonno** to be sleepy | **fare venire sonno a qn** to send sb to sleep: *Questo film mi fa venire sonno.* This film is sending me to sleep. | **cascare dal sonno** to be asleep on your feet: *Sto cascando dal sonno.* I'm asleep on my feet. **2** (stato) sleep: *Ho bisogno di almeno otto ore di sonno.* I need at least eight hours' sleep. | *Mio fratello parla nel sonno.* My brother talks **in his sleep**. | **avere il sonno pesante/leggero** to be a heavy/light sleeper | **prendere sonno** to get to sleep

sonoro, -a *agg* **1** (onde, segnale) si usa il sostantivo **sound** in funzione di aggettivo: *effetti sonori* sound effects ► vedi anche **colonna** **2** (voce, risata) resounding

sopportare *v* **1** (peso, carico) to support **2** **sopportare qn/qc** (tollerare) to be able to stand sb/sth: *Non sopporto le bugie.* I can't stand lies. | *Sopporto meglio il freddo che il caldo.* I can stand the cold better than the heat. | *Non so come tu faccia a sopportarla!* I don't know how you can stand her! | *La paziente ha sopportato bene il dolore.* The patient could cope well with pain.

sopprimere *v* **1** (volo, servizio) to cancel: *Il treno delle sei è stato soppresso.* The six o'clock train has been cancelled. **2** (scena, capitolo) to cut: *Nel film hanno soppresso alcune scene di violenza.* They've cut some violent scenes in the film. **3** (persona) to kill: *Due killer erano stati ingaggiati per sopprimere il testimone.* Two assassins had been hired to kill the witness. **4** (animale) to put down: *Se il cane ha la rabbia, dovrà essere soppresso.* If the dog has rabies, it will have to be put down.

S

sopra *avverbio, preposizione e sostantivo*

• *avv* **1** (in cima) on top: *Sopra aveva una giacca nera e sotto un top trasparente.* She was wearing a black jacket with a see-through top underneath. | *un tavolo con sopra una tovaglia a fiori* a table with a flowered tablecloth on top | **lì/là sopra** up there: *Appoggialo lì sopra.* Put it up there. | **qui/qua sopra** up here: *Mettete pure gli zaini qui sopra.* Just put the rucksacks up here. **2** (piano superiore) upstairs: *I rumori venivano da sopra.* The noises were coming from upstairs. | **di sopra** upstairs: *Chi abita di sopra?* Who lives upstairs? **3** (in precedenza) above: *vedi sopra* see above

• *prep* **1** (a contatto) on: *Mettilo sopra il tavolo.* Put it on the table. | *Metti un telo sopra la moto.* Put a cover on the motorbike. | *L'avevo scritto sopra un pezzo di carta e adesso non lo trovo più!* I'd written it on a piece of paper and now I can't find it! | *Puoi usare un pareo sopra il costume.* You can wear a sarong over your swimsuit. | **uno sopra l'altro** one on top of the other **2** (senza contatto) over: *Il ponte passa sopra la ferrovia.* The bridge passes over the railway. | *Sopra il letto c'è un poster di Ronaldo.* Over the bed there's a poster of Ronaldo. **3** (più in su di) above: *Ha una ferita sopra il ginocchio.* He's got a wound above his knee. | *Siamo a 300 metri sopra il livello del mare.* We're 300 metres above sea level. | *temperature sopra lo zero* above-zero temperatures **4** (oltre) over: *Sono ammessi solo i ragazzi sopra i dodici anni.* Only children over twelve are admitted. **5** (più a nord di) north of: *Firenze è sopra Siena.* Florence is north of Siena.

• *s* top

sopracciglio *s* eyebrow

soprammobile *s* ornament

soprannaturale *agg* supernatural

soprannome *s* nickname

soprano *s* soprano

soprattutto *avv* **1** (più di tutto) above all: *Cerca soprattutto di non fare gaffe.* Above all, try not to put your foot in it. **2** (specialmente) especially: *Vado bene soprattutto in inglese.* I'm doing well, especially in English.

sopravvalutare *v* to overestimate

sopravvissuto, -a *aggettivo e sostantivo*

• *agg* surviving

• *s* survivor

sopravvivere *v* **1 sopravvivere (a qc)** to survive (sth): *Siamo sopravvissuti per miracolo.* We survived by a miracle. | *Nessuno è sopravvissuto all'attentato.* No-one survived the attack. | **sopravvivere a qn** to outlive sb: *È sopravvissuto al figlio.* He outlived his son. **2** (mantenersi) to survive: *Con 800 euro al mese riusciamo appena a sopravvivere.* We barely manage **to survive on** 800 euros a month. **3** (tradizioni) to survive

soprelevata *s* elevated section

soqquadro *s* **mettere a soqquadro qc** to turn sth upside down: *I ladri hanno messo a soqquadro tutta la casa.* The burglars turned the whole house upside down.

sorbetto *s* sorbet

sorbire *v* (sopportare) to put up with: *Mi sono dovuto sorbire la predica di mia madre.* I had to put up with a long lecture from my mother.

sordo, -a *aggettivo e sostantivo*

• *agg* **1** (persona) deaf: *Carla è sorda da un orecchio.* Carla's **deaf in one ear**. | **essere sordo come una campana** to be as deaf as a post **2** (rumore) muffled

• *s* deaf person | **i sordi** the deaf

sordomuto, -a *aggettivo e sostantivo*

• *agg* deaf without speech

• *s* **i sordomuti** people who are deaf without speech

sorella *s* **1** (parente) sister: *Ho due sorelle.* I've got two sisters. **2** (suora) Sister

sorellastra *s* stepsister

sorgente *s* **1** (fonte) spring: *una sorgente termale* a thermal spring **2** (di fiume) source: *le sorgenti del Po* the source of the Po **3** (di calore, energia) source

sorgere *v* **1** (sole) to rise **2** (dubbio, malinteso) to arise: *Sono sorti alcuni imprevisti.* Some unforeseen circumstances have arisen. | **far sorgere il sospetto a qn** to make sb wonder: *È stata la sua domanda a farmi sorgere il sospetto.* It was his question that made me wonder. **3 sorgere su qc** to stand on sth: *La torre sorge su una collina.* The tower stands on the summit of a hill.

sorpassare *v* **1** (in auto) to overtake: *Ha sorpassato a destra.* He overtook on the right. **2** (oltrepassare) to go above: *L'acqua del fiume ha sorpassato il livello di guardia.* The river level has gone above the high-water mark. **3** (in una corsa) to go past: *Anche se correvo velocissimo, lui mi ha sorpassato.* He went past me even though I was running really fast. **4** (in altezza) to grow taller: *Ti ha sorpassato in altezza.* He's grown taller than you. **5** (in bravura, intelligenza) to outstrip: *È così bravo in matematica, in poco tempo ha sorpassato tutti.* He's so good at maths that he's managed to outstrip everyone else in a very short time.

sorpasso *s* **1** (manovra) overtaking: *divieto di sorpasso* no overtaking | **fare un sorpasso** to overtake: *Ha fatto un sorpasso pericoloso.* He overtook dangerously. **2** (in classifica) overtaking

sorprendente *agg* amazing

Quando si usa *in, on* e *at*? Vedi alla voce in.

sorprendere *v* **1 sorprendere qn a fare qc** (cogliere sul fatto) to catch sb doing sth: *L'hanno sorpreso a copiare durante l'esame.* They caught him copying during the exam. **2** (cogliere di sorpresa) to catch: *Siamo stati sorpresi da un acquazzone.* We were caught in a downpour. **3** (stupire) to surprise: *La cosa non mi sorprende affatto.* It doesn't surprise me at all. | *Mi sorprende che tu non abbia niente da dire.* I'm surprised you've got nothing to say.

sorprendersi *v rifl* **sorprendersi di qc** to be surprised at sth: *Mi sorprendo della sua reazione.* I'm surprised at his reaction. | *La mamma si è sorpresa di vederci arrivare così presto.* Mum was **surprised to see** us arrive so early.

sorpresa *s* **1** (evento inaspettato) surprise: *Che sorpresa!* What a surprise! | **fare una sorpresa a qn** to give sb a surprise: *Non dirle niente, voglio farle una sorpresa.* Don't say anything to her – I want to give her a surprise. | **una festa/un finale a sorpresa** a surprise party/ending | **a sorpresa** surprisingly: *Ha vinto, a sorpresa, il concorrente giapponese.* Surprisingly, the Japanese competitor won. | **di sorpresa** by surprise: *Il temporale mi ha colto di sorpresa.* The thunderstorm caught me by surprise. **2** (regalo) (free) gift: *Prendi la confezione con la sorpresa.* Buy the pack with the gift.

sorridere *v* to smile | **sorridere a qn** to smile at sb: *Mi ha sorriso.* He smiled at me.

sorriso *s* smile

sorso *s* sip: *un sorso d'acqua* a sip of water | **tutto d'un sorso** all in one gulp

sorte *s* **1** (destino) fate **2 tirare/estrarre a sorte** to draw lots: *Si tira a sorte chi deve andare a dirlo alla preside.* We're drawing lots to see who's got to go and tell the head. | *I premi verranno estratti a sorte.* Lots will be drawn for the prizes.

sorteggio *s* draw

sorveglianza *s* surveillance | **servizio di sorveglianza** security service

sorvegliare *v* to watch: *Tu sorveglia i bagagli.* You watch the suitcases.

sosia *s* double

sospendere *v* **1** (da scuola) to suspend: *Il preside lo ha sospeso.* The head suspended him. **2** (interrompere) to suspend: *L'arbitro ha sospeso la partita.* The referee suspended the match.

sospensione *s* **1** (da scuola) suspension: *Giorgio ha avuto due giorni di sospensione.* Giorgio was given two days' suspension. **2** (di attività) break

sospeso, -a *agg* **1 lasciare qc in sospeso a)** (in discussione) to leave sth to one side: *Lasciamo in sospeso per un attimo questo argomento.* Let's leave this issue to one side for a moment. **b)** (in negozio) to put sth aside: *Se vuoi te lo lascio in sospeso fino a stasera.* If you like, I'll put it aside for you until this evening. | **lasciare qn in sospeso** (in ansia) to leave sb in suspense: *Non lasciarmi in sospeso, dimmelo!* Don't leave me in suspense, tell me! | **conto/lavoro in sospeso** outstanding bill/task: *Ha un conto in sospeso con il giornalaio.* He's got a bill outstanding at the newsagent's. ▶ vedi anche **fiato** **2** (appeso) hanging: *L'aquilone è rimasto sospeso a un'antenna.* The kite was left hanging from a TV aerial. | *Mi è sembrato di vedere un fantasma sospeso nell'aria.* I thought I saw a ghost hovering in mid-air.

sospettare *v* **1** (ritenere colpevole) to suspect: *È sospettato di omicidio.* He's suspected of murder. | **sospettare di qn** to suspect sb: *La polizia sospetta della moglie.* The police suspect the wife. | *Come hai potuto sospettare di me?* How could you have suspected me? **2** (immaginare) to suspect: *Non avrei mai sospettato che Marco fosse tanto generoso!* I would never have suspected that Marco was so generous!

sospetto, -a *aggettivo e sostantivo*

• *agg* **1** (persona, merce) suspicious **2** (probabile) suspected

• *s* **1** (dubbio) suspicion: *Ho il sospetto che mi stia prendendo in giro.* I've got **a suspicion** that he's pulling my leg. | *Sono state le tue parole a mettermi in sospetto.* It was something you said that aroused my suspicion. | *Qui c'è qualcosa di sospetto.* There's something suspicious here. | **con sospetto** suspiciously **2** (persona) suspect

sospettoso, -a *agg* suspicious

sospirare *v* to sigh

sospiro *s* sigh | **tirare un sospiro di sollievo** to heave a sigh of relief

sosta *s* **1** (in viaggio) stop: *Faremo sosta a Napoli.* We'll make a stop in Naples. **2 in sosta** (veicolo) parked | **sosta vietata** no parking **3** (in attività) break | **fare una sosta** to take a break: *Facciamo una sosta? Sono tre ore che studiamo!* Shall we take a break? We've been studying for three hours! | **senza sosta** non-stop: *Trasmettono musica senza sosta.* They broadcast music non-stop.

sostantivo *s* noun

sostanza *s* **1** (materia) substance **2** (parte importante) essence: *La sostanza del problema non cambia.* The essence of the problem hasn't changed. | **badare alla sostanza** to get down to essentials | **in sostanza** (in conclusione) to sum up: *Si tratta, in sostanza, di rimandare solo di*

S

pochi giorni. To sum up, it's a question of putting it off by just a few days. **3** (parte nutriente) substance

sostanzioso, -a *agg* **1** (cibo) substantial **2** (contributo) substantial

sostare *v* **1** (fermarsi) to stop: *Loro hanno preferito sostare al bar.* They preferred to stop at the bar. **2** (parcheggiare) to park: *Qui non si può sostare.* You can't park here.

sostegno *s* (fisico, morale) support: *Ha ricevuto il sostegno dei compagni.* He got a lot of support from his classmates. | *Reggetevi ai sostegni, c'è una curva stretta!* Hold on to the bar, there's a sharp bend ahead!

sostenere *v* **1** (fisicamente, moralmente) to support **2 sostenere un esame** to take an exam | **sostenere delle spese** to incur expenses **3** (affermare) to maintain: *Continua a sostenere di non saperne nulla.* He continues to maintain that he knows nothing about it.

sostenitore, -trice *s* supporter

sostituire *v* **1** (permanentemente) to replace: *Devi sostituire le batterie.* You've got to replace the batteries. **2 sostituire qn** (temporaneamente) to stand in for sb: *Puoi sostituirmi per oggi?* Can you stand in for me for today? | *Ha sostituito la prof di matematica che è malata.* He stood in for the maths teacher, who's ill.

sostituto, -a *s* **1** (vice) deputy (pl deputies) **2** (di dottore, farmacista) locum **3** (rimpiazzo) replacement

sostituzione *s* **1** (nello sport) substitution **2** (di parte, cosa) replacement: *La sostituzione della caldaia ci è costata un'occhio.* The replacement of the boiler cost us a fortune. | **in sostituzione di** in place of: *Danno un film in sostituzione del campionato di atletica.* They're showing a film in place of the athletics championships.

sottaceto *aggettivo e sostantivo plurale*
• *agg* pickled
• **sottaceti** *s pl* pickled vegetables

sotterraneo, -a *aggettivo e sostantivo*
• *agg* underground
• **sotteraneo** *s* (di castello, banca) vault

sottile *agg* **1** (ago, filo) fine: *un ago sottilissimo* an extremely fine needle **2** (strato, striscia) thin: *Sul parabrezza si era formato un sottile strato di ghiaccio.* A thin layer of ice had formed on the windscreen. **3** (snello) slender: *Ha le dita sottili.* He has slender fingers. **4** (ironia, umorismo) subtle: *un umorismo molto sottile* a very subtle sense of humour **5** (vista, intelligenza) sharp

sottinteso, -a *aggettivo e sostantivo*
• *agg* (non espresso) understood: *Pensavo che fosse sottinteso che eri invitata anche tu!* I thought it was understood that you were invited as well!
• **sottinteso** *s* insinuation: *Dillo chiaramente, senza sottintesi.* Say it plainly, without any insinuations.

sotto *avverbio, preposizione e sostantivo*
• *avv* **1** (in basso) underneath: *Sotto ho il costume.* I've got my swimsuit on underneath. | *un tavolo con sotto un tappeto* a table with a rug underneath it | **lì/là sotto** down there: *Mettilo lì sotto.* Put it down there. | **qui/qua sotto** down here: *La moto è parcheggiata qui sotto.* The motorbike is parked down here. | **sotto sotto** deep down: *Sotto sotto mi è un po' dispiaciuto.* Deep down I was a bit sorry. | **farsela sotto** to poo in your pants **2** (piano inferiore) downstairs: *Le voci venivano da sotto.* The voices were coming from downstairs. | **di sotto** downstairs: *La cucina è di sotto.* The kitchen's downstairs. **3** (oltre) below: *Vedi sotto.* See below.
• *prep* **1** (a contatto) under: *Gli occhiali sono sotto il giornale.* The glasses are under the newspaper. **2** (senza contatto) under: *Vieni sotto l'ombrello.* Come under the umbrella. **3** (in prossimità di) non esiste in inglese una preposizione corrispondente, ma si usano espressioni diverse a seconda del contesto: *Ti aspetto sotto casa.* I'll wait for you outside the house. | *Il villaggio sorge sotto la montagna.* The village is located at the foot of the mountain. | *Il corteo passa proprio sotto la mia finestra.* The procession passes just below my window. **4** (più in giù di) below: *La temperatura è scesa sotto lo zero.* The temperature dropped below zero. | *Quest'anno le gonne vanno sotto il ginocchio.* This year, skirt hemlines are being worn below the knee. | *I suoi risultati sono sotto la media.* His results are below average. **5** (inferiore a) under: *I ragazzi sotto i dieci anni non pagano.* Children under ten get in free. **6** (più a sud di) south of: *Il Lazio si trova sotto la Toscana.* Latium is south of Tuscany. **7 sotto gli esami/le feste** during the exams/the holidays: *sotto il regno di Vittorio Emanuele II* during the reign of Victor Emmanuel II | **siamo sotto Natale/Pasqua** it's nearly Christmas/Easter **8** (condizione) under: *È morto sotto tortura.* He died under torture. | *sotto l'effetto della droga* under the effects of the drug
• *s* bottom

sottobraccio *avv* **camminare sottobraccio (con qn)** to walk arm in arm (with sb): *Camminava sottobraccio con l'amica.* She was walking arm in arm with her friend. | **prendere qn sottobraccio** to take sb by the arm: *Mi ha preso sottobraccio e mi ha accompagnato a casa.* He took me by the arm and walked me home.

sottofondo *s* background: *In sottofondo si sentiva il suono dei tamburi.* You could hear the sound of drums **in the background**.

sottolineare *v* **1** (testo, errore) to underline **2** (ribadire) to stress: *Vorrei sottolineare che io non ne sapevo niente.* I'd like to stress that I didn't know anything about it.

sottomarino, -a *aggettivo e sostantivo*
• *agg* underwater
• **sottomarino** *s* submarine

sottomettere *v* (popolo, paese) to subdue
sottomettersi *v rifl* **sottomettersi a qn/qc** to submit to sb/sth: *Gli Incas hanno dovuto sottomettersi agli Spagnoli.* The Incas had to submit to the Spanish.

sottopassaggio *s* subway

sottoporre *v* **1** (a sforzo, maltrattamento) to subject: *Durante i bombardamenti la popolazione è stata sottoposta a inaudite sofferenze.* The population was subjected to appalling hardship during the bombing. | **essere sottoposto a un test/un'operazione** to undergo a test/an operation: *Il motore è stato sottoposto a vari test.* The engine has undergone various tests. **2** (presentare) to present: *La proposta è stata sottoposta alla commissione.* The proposal was presented to the commission. | *Il questionario sarà sottoposto a tutti gli studenti.* The questionnaire will be given to all the students.
sottoporsi *v rifl* **sottoporsi a uno duro allenamento** to undergo a tough training programme | **sottoporsi a una dieta** to go on a diet | **sottoporsi a un'operazione/un intervento** to undergo an operation

sottosopra *avv* **1** (casa, stanza) in a mess: *Dopo rimetti a posto, non lasciare tutto sottosopra.* Put everything back afterwards – don't leave it all in a mess. | **mettere sottosopra qc** (in disordine) to turn sth upside down: *Ho messo sottosopra la stanza per ritrovare quel bigliettino.* I turned the room upside down to find that note. | **mettere sottosopra qn** (in agitazione) to send sb into a panic: *La notizia del rapimento ha messo sottosopra l'intero quartiere.* News of the kidnapping has sent the whole neighbourhood into a panic. **2** (stomaco) upset: *Ho ancora lo stomaco sottosopra.* My stomach's still upset.

sottosviluppato, -a *agg* underdeveloped

sottotitoli *s pl* (di film) subtitles: *Il film è in inglese, con sottotitoli in italiano.* The film is in English with Italian subtitles.

sottovalutare *v* to underestimate

sottovoce *avv* softly: *Cantate sottovoce.* Sing softly. | **parlare sottovoce** to talk quietly

sottovuoto *agg* vacuum-packed

sottrarre *v* **1** (in matematica) to subtract: *Sottrai 12 da 87.* Subtract 12 from 87. **2** **sottrarre qn alla curiosità/al pericolo** to protect sb from curiosity/from danger: *L'ha fatto per sottrarti dall'imbarazzo.* He did it to protect you from embarrassment. | **sottrarre qc alla vista** to hide sth from view: *Hanno coperto il cadavere per sottrarlo alla vista.* They covered the body to hide it from view. **3** (rubare) to steal: *Le hanno sottratto il portafoglio.* They stole her purse.
sottrarsi *v rifl* **sottrarsi a qc a)** (mancare a) to avoid sth: *Non cercare di sottrarti alle tue responsabilità.* Don't try to avoid your responsibilities. **b)** (sfuggire a) to escape sth: *Non è riuscita a sottrarsi all'assalto dei fotografi.* She didn't manage to escape the photographers.

sottrazione *s* subtraction

sovietico, -a *agg e s* Soviet

sovraccarico, -a *aggettivo e sostantivo*
• *agg* overloaded: *Il pullman era sovraccarico di passeggeri.* The coach was overloaded with passengers.
• **sovraccarico** *s* overload

sovraffollato, -a *agg* packed

sovrano, -a *s* sovereign

sovvenzionare *v* to subsidize

spaccare *v* **1** to smash | **spaccare la faccia a qn** to smash sb's face in: *Quando fa così gli spaccherei la faccia!* I feel like smashing his face in when he does that! **2** **o la va o la spacca** it's do or die!
spaccarsi *v rifl* to split: *La racchetta si è spaccata in due.* The racket split in two. | *Mi si è spaccato un dente.* I've broken a tooth.

spacciatore, -trice *s* (di droga) (drug) pusher

spaccio *s* **1** (di droga) (drug) pushing **2** (negozio) shop: *lo spaccio del campeggio* the campsite shop

spada *s* (arma) sword ▶ vedi anche **pesce** ▶ vedi nota FALSE FRIEND sotto **spade**

spaghetti *s pl* spaghetti [mai plurale]: *un piatto di spaghetti* a plate of spaghetti

Spagna *s* **la Spagna** Spain

spagnolo, -a *aggettivo e sostantivo*
• *agg* Spanish
• *s* (persona) Spaniard
• **spagnolo** *s* (lingua) Spanish

spago *s* string: *Il pacco era legato con uno spago.* The packet was tied up **with string**.

spalancare *v* (porta, bocca) to open wide
spalancarsi *v rifl* to open wide: *All'improvviso si è spalancata la porta.* Suddenly the door opened wide.

spalancato, -a *agg* wide open

spalla *s* **1** (parte del corpo) shoulder: *Ho un dolore alla spalla.* I've got a pain in my shoulder. | *Stai dritto con le spalle!* Keep your shoulders back! | **essere di spalle a qn/qc** to have your back to sb/sth: *Se ti siedi lì sei di spalle alla luce.* If you sit there, you'll have your back to the light. | **in spalla** *Mi porti in spalla?* Will you carry me on your shoulders? | *Zaino in spalla, ci siamo avviati su per il monte.* With our rucksacks on our backs, we set off up the mountain. | **alzare le spalle** to shrug your shoulders: *Mi ha risposto alzando le spalle.* He shrugged his shoulders as a reply. | **voltare le spalle a qn a)** (stare di schiena) to turn your back to sb: *Scusate se vi volto le spalle.* I'm sorry to turn my back to you. **b)** (abbandonare) to turn your back on sb: *Quando ho avuto bisogno di aiuto tutti mi hanno voltato le spalle.* When I needed help, everybody turned their back on me. | **alle spalle di qn** (sparlare, ridere) behind sb's back: *Tanto lo so che ridete alle mie spalle.* I know you're laughing at me behind my back. | **mettere qn con le spalle al muro** to corner sb: *Se vuoi che si decida devi metterlo con le spalle al muro.* If you want him to come to a decision, you've just got to corner him. **2** (di indumento) shoulder **3** (di comico) straight man (pl straight men)

spallina *s* **1** (di abito, sottoveste) strap **2** (imbottitura) shoulder pad

spalmare *v* to spread: *Mi spalmi un po' di crema solare sulla schiena?* Can you spread a bit of suncream on my back?

sparare *v* **1** to shoot | **sparare a qn** to shoot sb: *Hanno sparato a un poliziotto.* They shot a policeman. | **sparare a salve** to fire blanks **2** **spararla grossa** to tell a whopper: *Questa volta l'hai proprio sparata grossa!* You've really told a whopper this time!

spararsi *v rifl* to shoot yourself: *Si è sparato alla testa.* He shot himself in the head.

sparatoria *s* (spari) shooting

sparecchiare *v* to clear the table

spareggio *s* play-off: *Domani si gioca lo spareggio.* It's the play-off tomorrow.

spargere *v* **1** (sparpagliare) to scatter: *Non spargere i vestiti per tutta la casa.* Don't leave clothes scattered all over the house. **2** (rovesciare) to spill: *Sta' attento a non spargere l'olio.* Careful you don't spill the oil. **3** (versare) to pour | **spargere sangue** to spill blood **4** (diffondersi) to spread | **spargere la voce** to spread the rumour

spargersi *v rifl* **1** (sparpagliarsi) to scatter **2** (diffondersi) to spread: *Si è sparsa la voce che si sono lasciati.* The rumour spread that they had split up. | *Alla notizia si è subito sparso il panico tra la folla.* When they heard the news, a wave of panic spread through the crowd.

sparire *v* **1** (non essere visibile) to disappear: *Dov'eri sparito?* Where did you disappear to? | *Chi ha fatto sparire il mio cellulare?* Who's pinched my mobile? **2** (andare via) to go away: *Mi è sparito il mal di testa.* My headache has gone away.

sparizione *s* disappearance

sparlare *v* **sparlare di qn** to bitch about sb: *So benissimo che sparlano di me.* I know they're bitching about me.

sparo *s* shot

spartire *v* to share out: *I ladri hanno spartito il bottino.* The thieves shared out the loot. | **non avere niente da spartire con qn** to have absolutely nothing in common with sb: *Non ho niente da spartire con lei.* I have absolutely nothing in common with her.

spartitraffico *s* (barriera) barrier | **isola spartitraffico** traffic island

spasso *s* **1** **andare a spasso** to go for a walk: *Andiamocene un po' a spasso.* Let's go for a bit of a walk. | **portare a spasso i bambini/il cane** to take the children/the dog for a walk **2** (divertimento) fun: *Lo spasso è durato poco.* The fun didn't last long. | **essere uno spasso** to be a laugh: *Tuo fratello è uno spasso!* Your brother is a laugh!

spassoso, -a *agg* (film, persona) funny

spaventapasseri *s* scarecrow

spaventare *v* to scare: *Mi spaventa l'idea di viaggiare da solo.* The idea of travelling alone scares me. | *Questi esami mi spaventano un po'.* These exams scare me a bit. | *Mi hai spaventato a morte!* You scared me to death!

spaventarsi *v rifl* to be scared: *Ci siamo spaventati e abbiamo chiamato la polizia.* We were scared and called the police.

spavento *s* fright: *Che spavento!* What a fright! | *Tremo ancora dallo spavento.* I'm still shaking with fright. | **fare prendere uno spavento a qn** to give sb a fright: *Mi hai fatto prendere un bello spavento!* You gave me a real fright!

spaventoso, -a *agg* **1** (sogno, mostro) frightening, scary [più informale] **2** (incidente, disastro) dreadful **3** (esagerato) Invece dell'aggettivo si usa di solito l'avverbio **incredibly**: *Fa un caldo spaventoso.* It's incredibly hot. | *Ho una sete spaventosa.* I'm incredibly thirsty.

spaziale *agg* (era, sonda) si usa il sostantivo **space** in funzione di aggettivo: *una navicella spaziale* a spaceship

spazio *s* **1** (posto) room: *Lascia un po' di spazio per le correzioni.* Leave a bit of room for the corrections. | *Non c'è abbastanza spazio nei miei cassetti.* There's not enough room in my drawers. | *La tua roba occupa troppo spazio.* Your stuff is taking up too much room. | **fare spazio a qn/qc** to make room for sb/sth: *Mi fai un po' di spazio?* Can you make some room for me? **2** (distanza) space: *Riduci un po' lo spazio tra le righe.* Reduce the space between the lines a bit. **3** **nello spazio di dieci minuti/pochi giorni** in ten minutes/a few days **4** (universo) space

spazioso, -a *agg* spacious

spazzare *v* **1** (pulire) to sweep **2** (portare via) to sweep away: *Il vento ha spazzato via le foglie.* The wind swept the leaves away.

spazzatura *s* rubbish: *C'è da buttare la spazzatura.* The rubbish needs to go out.

spazzino, -a *s* **1** (chi spazza la strada) road sweeper **2** (chi raccoglie la spazzatura) dustman (pl dustmen) (BrE), garbage collector (AmE)

spazzola *s* brush (pl brushes): *spazzola per capelli* hairbrush | **capelli a spazzola** crew cut: *Era un tipo alto con i capelli a spazzola.* He was a tall man with a crew cut.

spazzolare *v* to brush

spazzolino *s* small brush (pl small brushes) | **spazzolino da denti** toothbrush | **spazzolino per le unghie** nailbrush

specchietto *s* mirror | **specchietto retrovisore** rearview mirror

specchio *s* mirror | **guardarsi allo specchio** to look at yourself in the mirror: *Passerebbe le ore a guardarsi allo specchio.* She could spend hours looking at herself in the mirror. | *Ti sei mai guardato allo specchio?* Have you looked at yourself in the mirror recently?

speciale *agg* **1** (straordinario) special: *Il tuo è un caso speciale.* Yours is a special case. | *Ti faccio un prezzo speciale.* I'll do you a special price. **2** (ottimo) excellent

specialista *s* **1** (medico) specialist **2** (esperto) expert: *Nel suo settore è uno specialista.* He's an expert in his field.

specialità *s* **1** (abilità particolare) speciality (pl specialities) **2** (disciplina sportiva) event: *una specialità dello sci* a skiing event **3** (piatto tipico) speciality (pl specialities) (BrE), specialty (pl specialties) (AmE): *una specialità della cucina piemontese* a Piedmontese speciality

specializzarsi *v rifl* **specializzarsi (in qc)** to specialize (in sth): *Dopo la laurea vuole specializzarsi in neurologia.* After his degree, he wants to specialize in neurology. | *Ormai ci siamo specializzati in questo genere di musica.* We've now become experts in this type of music.

specialmente *avv* especially

specie *s* **1** (animale, vegetale) species (pl species) **2** (tipo) kind: *Su quella bancarella c'erano fumetti di ogni specie.* They had all kinds of comics on that stall. | **una specie di** a kind of: *Era un rumore strano, come una specie di squittio.* It was a strange noise, like a kind of squeak.

specificare *v* to specify: *Non ha specificato l'ora del suo arrivo.* He didn't specify what time he'd arrive. | *Specifica meglio!* Could you be more specific?

specifico, -a *agg* specific: *Ti è stato dato un compito specifico.* You've been given a specific task. | *Nel caso specifico faremo un'eccezione.* We will make an exception in this particular case.

spedire *v* **1** **spedire qc a qn** (lettera, pacco) to send sb sth: *Le ho spedito un biglietto di auguri.* I sent her a card. | **spedire un messaggio/un SMS a qn** to text sb: *Mi ha spedito un messaggio.* She texted me. **2** (persona) to send: *Mi hanno spedito a comprare il pane.* They sent me to buy the bread.

spedizione *s* **1** (invio) dispatch: *Qual è la data di spedizione?* What's the date of dispatch? | *Abbiamo pagato 25 euro per la spedizione del pacco.* We paid 25 euros to send the parcel. **2** (impresa) expedition: *una spedizione sull'Everest* an expedition to climb Everest

spegnere *v* **1** (luce, tv) to turn off: *Spegni la TV, è ora di andare a letto.* Turn off the TV, it's time to go to bed. **2** (motore) to turn off: *Non spegnere il motore: se no, non si riaccende.* Don't turn off the engine or it won't start up again. **3** (fuoco) to put out: *Spegni la sigaretta, è vietato fumare.* Put your cigarette out – you can't smoke here. **4** (candela) to blow out: *Esprimi un desiderio e spegni le candeline.* Make a wish and blow out the candles. **5** (gas) to turn off: *Ricordati di spegnere il gas.* Remember to turn off the gas.

spegnersi *v rifl* **1** (luce, apparecchio) to switch off automatically: *Il mio telefonino si spegne da solo.* My mobile switches off

S

Vuoi una lista di frasi utili per parlare di te stesso? Consulta la **guida alla comunicazione** in fondo al libro.

automatically. **2** (fuoco) to go out: *Si è spento il fiammifero.* The match went out. **3** (motore) to die

spellare *v* **1** (animale) to skin **2** **spellarsi le mani/le ginocchia** to graze your hands/knees

spellarsi *v rifl* to peel: *Ti si sta spellando la schiena.* Your back is peeling.

spendaccione, -a *s* spendthrift

spendere *v* to spend: *Quanto hai speso?* How much did you spend? | *In quel ristorante si spende poco.* That restaurant is cheap.

speranza *s* **1** (possibilità) hope: *Non ho molte speranze di farcela.* I don't have **much hope of** doing it. | *C'è qualche speranza che guarisca?* Is there any hope that he'll get better? | **perdere la speranza** to give up hope **2** (promessa) up-and-coming star: *una speranza del cinema italiano* an up-and-coming star of Italian cinema

sperare *v* to hope: *Spero di guarire presto.* I hope to get better soon. | *Speravo che non lo dicessi a nessuno.* I hoped you wouldn't tell anybody. | **sperare di sì/no** to hope so/not: *– È andato bene l'esame? – Spero di sì.* "Did the exam go well?" "I hope so." | **sperare in qc** to hope for sth: *Speravamo in un risultato migliore.* We were hoping for a better result.

sperimentale *agg* experimental: *in fase sperimentale* at the experimental stage

sperimentare *v* **1** (medicina, tecnica) to test **2** (provare) to try out: *Possiamo sperimentare un'altra soluzione.* We can try out another solution.

sperma *s* sperm

sperperare *v* to squander

spesa *s* **1** (acquisto) buy, purchase [più formale]: *Non ho fatto una buona spesa con queste scarpe.* These shoes were not a great buy. | **andare a fare spese** to go shopping: *Andiamo a fare spese.* Let's go shopping. **2** (generi alimentari) shopping: *la lista della spesa* the shopping list | **fare la spesa** to do the shopping **3** (quantità di denaro) expense: *Il computer è stato una grossa spesa.* The computer was a big expense. | *Potremmo dividere la spesa.* We could split the cost. | **non badare a spese** to not mind what you spend: *Non bada a spese quando si tratta del figlio.* She doesn't mind what she spends if it's for her son. | **a spese di qn a)** (a carico di) paid for by sb: *Il viaggio è a spese della scuola.* The trip is paid for by the school. **b)** (a danno di) at sb's expense: *Ti sei divertito abbastanza a mie spese.* You've had enough fun at my expense. | **imparare a proprie spese** to learn the hard way

S

spesso, -a *avverbio e aggettivo*

- **spesso** *avv* often: *Non ci vediamo molto spesso.* We don't see each other very often.
- **spesso** *agg* thick: *un cartone spesso un centimetro* a piece of cardboard **one centimetre thick**

spessore *s* thickness (pl thicknesses): *uno spessore di dieci millimetri* a thickness of ten millimetres

spettacolare *agg* spectacular

spettacolo *s* **1** (rappresentazione) show: *Andiamo al primo spettacolo.* Let's go to the first show. **2** (vista, evento) sight: *Che spettacolo tutta quella neve!* All that snow is an amazing sight!

spettare *v* **1** **spettare a qn (fare qc) a)** (competere a) to be up to sb (to do sth): *Non spetta a me decidere.* It's not up to me to decide. **b)** (toccare a) to be sb's turn (to do sth): *Spetta a te giocare.* It's your turn to play. **2** Nel senso di essere dovuto, si traduce **to be owed** con la persona a cui spetta qualcosa come soggetto: *Mi spettano ancora 12 euro.* I'm still owed 12 euros.

spettatore, -trice *s* **1** (di programma televisivo) viewer **2** (al cinema, a teatro) member of the audience **3** (nello sport) spectator

spettinato, -a *agg* **sono/sei ecc. spettinato** my/your etc hair is a mess

spezia *s* spice

spezzare *v* **1** (rompere) to break | **spezzarsi un braccio/una gamba** to break your arm/your leg **2** (interrompere) to break up: *Per spezzare un po' il viaggio ci fermeremo un giorno a Venezia.* To break the journey up a bit, we'll stop in Venice for the day.

spezzarsi *v rifl* to break: *Fortunatamente la corda non si è spezzata.* Luckily the rope didn't break.

spezzatino *s* stew

spia *s* **1** (persona) spy (pl spies) | **una spia della polizia** a police informer | **fare la spia (a qn)** to sneak (to sb): *Non andare a fare la spia alla mamma.* Don't go sneaking to Mum. **2** (dispositivo) light: *la spia della benzina* the petrol warning light

spiacente *agg* sorry: *Sono spiacente, li abbiamo esauriti.* I'm sorry – we're out of them.

spiaggia *s* beach (pl beaches): *Andiamo in spiaggia.* Let's go *to the* beach.

spiare *v* **spiare qn/qc** to spy on sb/sth: *L'ho sorpreso che ci spiava dal buco della serratura.* I caught him spying on us through the keyhole.

spiazzo *s* **1** (slargo) space **2** (tra gli alberi) clearing

spiccare *v* **1 spiccare su qc** to stand out against sth: *Il bianco spicca su uno sfondo scuro.* White stands out against a dark background. | **spiccare su qn** to stand out from sb: *Col suo vestito nero, Lucia spiccava su tutte le altre ragazze del gruppo.* In her black dress, Lucia stood out from all the other girls in the group. **2 spiccare un salto** to jump | **spiccare il volo** to take flight

spiccato, -a *agg* **1** (personalità) strong **2** (accento) strong

spicchio *s* **1** (di arancia, limone) segment | **spicchio d'aglio** clove of garlic **2** (parte) slice: *uno spicchio di mela* a slice of apple

spiccioli *s pl* change [mai plurale]: *Hai 5 euro in spiccioli?* Have you got 5 euros in change?

spiedino *s* **1** (cibo) kebab: *uno spiedino di pesce* a fish kebab **2** (attrezzo) skewer

spiedo *s* spit | **allo spiedo** on the spit | **pollo allo spiedo** spit-roasted chicken

spiegare *v* **1 spiegare qc a qn** to explain sth to sb: *Spiegami come funziona questo apparecchio.* Explain to me how this thing works. | *Mi spieghi cosa intendi?* Can you explain what you mean? | *Mi ha spiegato la strada.* He showed me the way. **2** (chiarire) to explain: *La sua disperazione non spiega il suo gesto.* The fact that he was desperate doesn't explain what he did. **3** (distendere) to unfold
spiegarsi *v rifl* **1** (farsi capire) to make yourself clear: *Forse non ci siamo spiegati bene.* Perhaps we didn't make ourselves very clear. | *Mi sono spiegato?* Is that clear? | *Non so se mi spiego.* Need I say more? **2** (chiarirsi) non esiste in inglese un verbo corrispondente, ma si usano espressioni diverse a seconda del contesto: *C'è stato un equivoco tra Luca e Paolo, ma adesso si sono spiegati.* There was a misunderstanding between Luca and Paolo, but now they've cleared it up. | *Ora si spiega come ha fatto a fuggire.* Now it's clear how he managed to escape.

spiegazione *s* explanation

spietato, -a *agg* **1** (assassino, omicidio) merciless **2** (concorrenza) cut-throat

spiga *s* ear: *una spiga di grano* an ear of wheat

spigolo *s* corner: *Ho sbattuto contro lo spigolo della scrivania.* I banged myself on the corner of the desk.

spilla *s* brooch (pl brooches)
spilla da balia safety pin

spillo *s* pin ▶ vedi anche **tacco**

spina *s* **1** (di pianta, fiore) thorn **2** (lisca) bone **3** (di riccio) spine **4** (elettrica) plug **5 spina dorsale** spine **6 stare sulle spine** to be on tenterhooks ▶ vedi anche **birra**

spinaci *s pl* spinach [mai plurale]

spinello *s* joint

spingere *v* **1** (muovere) to push: *Non spingete per favore!* Please don't push! | *Spingiamo il tavolo contro la parete.* Let's push the table against the wall. **2** (interruttore, pulsante) to press: *Spingi il tasto rosso per accendere il computer.* Press the red button to switch the computer on. **3 spingere qn a fare qc** to make sb do sth: *Che cosa ti ha spinto a farlo?* What made you do it?
spingersi *v rifl* (andare) to keep going: *La prossima volta ci spingeremo fino al deserto.* Next time we'll keep going until we reach the desert.

spinoso,-a *agg* **1** (pianta)prickly **2** (argomento, situazione) tricky

spinta *s* push (pl pushes) | **dare una spinta a qn** to push sb: *Sono caduto perché mi hanno dato una spinta.* I fell because someone pushed me.

spionaggio *s* spying

spioncino *s* spy-hole

spione, -a *s* sneak

spirale *s* **1** (forma) spiral **2** (anticoncezionale) coil

spirito *s* **1** (disposizione) spirit: *Non sono ancora entrati nello spirito del gioco.* They haven't got into the spirit of the game yet. | *Carla è giovane di spirito.* Carla is young at heart. | **spirito di contraddizione** contrariness | **spirito d'iniziativa** initiative **2** (stato d'animo) spirits [sempre plurale]: *La notizia ci ha sollevato un po' lo spirito.* The news raised our spirits a bit. | *Non sono nello spirito adatto per uscire.* I'm not in the right mood to go out. **3 persona/battuta di spirito** witty person/remark | **fare dello spirito** to tell jokes: *A Gianni piace sempre fare dello spirito.* Gianni always likes to tell jokes. | *Non mi sembra il caso di fare dello spirito.* I don't think this is the time for jokes. **4 lo Spirito Santo** the Holy Spirit **5** (fantasma) ghost

spiritoso, -a *agg* witty | **fare lo spiritoso** to be witty

S

Vuoi sapere di più sui **verbi modali**? C'è una spiegazione nella **guida grammaticale**.

spirituale *agg* spiritual

splendere *v* to shine

splendido, -a *agg* wonderful: *Abbiamo passato una serata splendida.* We've had a wonderful evening.

spogliare *v* to undress
spogliarsi *v rifl* to get undressed: *Mi sono spogliato e sono andato a dormire.* I got undressed and went to bed.

spogliarello *s* striptease

spogliatoio *s* changing room

spolverare *v* (togliere la polvere) to dust

sponda *s* **1** (di fiume) bank **2** (del lago) side **3** (di letto) edge

sponsorizzare *v* to sponsor: *La squadra è sponsorizzata dalla Coca Cola®.* The team is sponsored by Coca Cola®.

spontaneo, -a *agg* **1** (persona) natural **2** (gesto, reazione) spontaneous **3 di mia/tua ecc. spontanea volontà** of my/your etc own free will: *L'ho fatto di mia spontanea volontà.* I did it of my own free will.

sporadico, -a *agg* sporadic

sporcare *v* **sporcare qc** to get sth dirty: *Attento a non sporcare per terra.* Be careful you don't get the floor dirty. | **sporcarsi i pantaloni/le mani** to get your trousers/your hands dirty
sporcarsi *v rifl* to get dirty: *Mi sono sporcato giocando a pallone.* I got dirty playing football.

sporcizia *s* dirt

sporco, -a *aggettivo* e *sostantivo*
- *agg* **1** (sudicio) dirty: *Non toccarmi con quelle mani sporche.* Keep those dirty hands away from me. | **sporco di grasso/vernice** covered with grease/paint **2** (sconcio) dirty: *una barzelletta sporca* a dirty joke
- **sporco** *s* dirt: *Non sono ancora riuscita a far andare via lo sporco.* I still can't get the dirt out.

sporgere *v* **1** (mettere fuori) to stick out: *Non sporgere le braccia dal finestrino, è pericoloso!* Don't stick your arms out of the window, it's dangerous! **2** (venire in fuori) to stick out: *Il chiodo sporge dal muro di circa un centrimetro.* The nail is sticking out of the wall by about a centimetre. **3 sporgere denuncia contro qn/per qc** to report sb/sth to the police: *Abbiamo sporto denuncia per il furto della borsa.* We reported the theft of the bag to the police.
sporgersi *v rifl* **sporgersi dalla finestra** to lean out of the window | **sporgersi dal balcone** to lean over a balcony

sport *s* sport | **fare (dello) sport** to do sport: *Dovresti fare un po' di sport per mantenerti in forma.* You should do a bit of sport to keep fit. | **sport acquatici** water sports

sportello *s* **1** (porta) door **2** (in banca, alla posta) window, counter: *C'è molta coda allo sportello.* There's a big queue at the window. **3 sportello automatico** cash machine

sportivo, -a *aggettivo* e *sostantivo*
- *agg* **1** (gara, centro) si usa il sostantivo **sports** in funzione di aggettivo: *In questa zona ci sono molti impianti sportivi.* There are lots of sports clubs in this area. | *una macchina sportiva* a sports car **2** (persona) sporty: *Clara è una ragazza sportiva.* Clara is very sporty. **3** (abbigliamento) casual: *una giacca sportiva* a casual jacket | *A Gigi piace vestire sportivo.* Gigi likes dressing casually. **4** (leale, corretto) sporting: *Non sei sportivo se non sai perdere.* Not knowing how to lose is not very sporting.
- *s* **sportivo** sportsman (pl sportsmen) | **sportiva** sportswoman (pl sportswomen)

sposare *v* to marry
sposarsi *v rifl* to get married: *Paola e Luca hanno deciso di sposarsi.* Paola and Luca decided to get married. | **sposarsi con qn** to marry sb: *Luisa si è sposata con un vecchio compagno di scuola.* Luisa married an old schoolfriend.

sposato, -a *aggettivo* e *sostantivo*
- *agg* married
- *s* **sposato** married man (pl married men) | **sposata** married woman (pl married women)

sposo, -a *s* **sposo** bridegroom | **sposa** bride | **sposi** (sposo e sposa) married couple: *una giovane coppia di sposi* a young married couple | *Viva gli sposi!* Three cheers for the bride and groom!

spostare *v* **1** (muovere) to move: *Sposta la sedia dal muro.* Move the chair away from the wall. | *Vado a spostare la macchina.* I'll move the car. **2** (trasferire) to relocate: *La ditta verrà spostata a Milano.* The company will be relocated to Milan. **3** (rinviare) to postpone: *Ho dovuto spostare la partenza di una settimana.* I had to **postpone** my departure **by** a week.
spostarsi *v rifl* **1** (muoversi) to move: *Puoi spostarti un po' più in là?* Can you move up a bit? | *Spostati dalla finestra che*

S

mi togli la luce! Move away from the window. You're blocking the light. **2** (viaggiare) to travel: *Non ci spostiamo mai in treno.* We never travel by train.

spot *s* (alla radio, in TV) advert | **uno spot pubblicitario** an advert

spranga *s* bar

sprecare *v* to waste: *Non sprecare il tuo tempo a cercare di convincerla.* Don't waste your time trying to persuade her.

spreco *s* waste [mai plurale]: *È solo uno spreco di energie.* It's just a waste of energy. | *Dobbiamo cercare di ridurre gli sprechi.* We need to try and reduce the amount of waste.

spremere *v* **1** (frutto) to squeeze **2 spremersi le meningi** to rack your brains

spremilimoni *s* lemon squeezer

spremuta *s* juice: *una spremuta d'arancia* a freshly squeezed orange juice

sprigionare *v* to give off: *La stufa cominciava a sprigionare calore.* The stove was beginning to give off heat.

sprofondare *v* **1** (crollare) to collapse **2 sprofondare in qc** (fango, neve) to sink into sth: *Siamo sprofondati nella sabbia.* We sank into the sand.

sproporzionato, -a *agg* **1** (fisico, braccia) out of proportion **2** (valore, numero) disproportionate: *Il peso è sproporzionato rispetto all'altezza.* The weight is **disproportionate to** the height. **3** (eccessivo) excessive: *Gli hanno dato una condanna sproporzionata.* The prison sentence he was given was excessive. | *Era solo una battuta: la tua reazione è sproporzionata.* It was only a joke. You're overreacting.

sprovvisto, -a *agg* **1 sprovvisto di qc** without sth: *un clandestino sprovvisto di documenti* an illegal immigrant without any papers **2 prendere qn alla sprovvista** to take sb by surprise: *La sua domanda mi ha un po' preso alla sprovvista.* Her question took me a bit by surprise.

spruzzare *v* **1** (schizzare) to spray: *La macchina ci ha spruzzati di fango.* The car **sprayed us with** mud. | *Hanno spruzzato dell'antisettico sulla ferita.* They sprayed antiseptic on the wound. **2** (lacca, profumo) to spray

spruzzatore *s* spray

spruzzo *s* **1** (di acqua, fango) spray [mai plurale] **2** (di inchiostro, vernice) splash (pl splashes)

spugna *s* **1** (per pulire) sponge | **bere come una spugna** to drink like a fish **2** (tessuto) towelling: *un accappatoio di spugna* a towelling robe

spuma *s* **1** (di sapone, mare) foam **2** (di birra) head **3** (di spumante) foam

spumante *s* sparkling wine

spuntare *v* **1** (fiore, erba) to come through: *Sono spuntate le prime viole.* The first violets have come through. **2** (dente) to come through: *Mi sta spuntando il dente del giudizio.* My wisdom tooth is coming through. **3** (sole, luna) to rise **4** (sporgere) to stick out: *Ti spunta il portafoglio dalla tasca.* Your wallet is sticking out of your pocket. | *Le sono spuntate le lacrime agli occhi.* Tears sprang to her eyes. **5** (sbucare) to pop up, to appear: *Da dove sei spuntato?* Where did you pop up from? **6** (capelli, frangia) to trim **7 spuntarla** to win through: *Alla fine l'ha spuntata lui.* He won through in the end.

spuntino *s* snack | **fare uno spuntino** to have a snack

sputare *v* to spit: *È da maleducati sputare per terra.* It's rude to spit on the ground.

sputo *s* spit

squadra *s* **1** (nello sport) team: *la squadra italiana di pallavolo* the Italian volleyball team **2** (gruppo) team: *una squadra di operai specializzati* a team of skilled workers **3** (nel disegno) square

squalifica *s* disqualification

squalificare *v* (giocatore, squadra) to disqualify

squallido, -a *agg* squalid

squalo *s* shark

squama *s* scale

squarciagola a squarciagola (gridare, cantare) at the top of your voice: *Ho gridato il suo nome a squarciagola.* I shouted his name at the top of my voice.

squarciare *v* (lenzuolo, pantaloni) to tear
squarciarsi *v rifl* to tear: *Si è squarciato il lenzuolo.* The sheet tore.

squilibrato, -a *aggettivo e sostantivo*
- *agg* **1** (dieta) unbalanced **2** (persona) mad
- *s* (pazzo) lunatic

squillare *v* (telefono, campanello) to ring

squillo *s* **1** (di telefono, campanello) ring **2 fare/dare uno squillo a qn** (breve telefonata) to give sb a call: *Fammi uno squillo.* Give me a call.

squisito, -a *agg* **1** (piatto, sapore) delicious **2** (persona) lovely

sradicare *v* **1** (pianta, albero) to uproot **2** (violenza, corruzione) to eradicate

srotolare *v* **1** (tappeto) to unroll **2** (filo, cavo) to unwind
srotolarsi *v rifl* **1** (tappeto) to unroll **2** (filo, cavo) to unwind

stabile *aggettivo e sostantivo*
- *agg* **1** (sedia, scala) steady **2** (lavoro, relazione) steady: *Gianni non ha mai avuto un lavoro stabile.* Gianni's never had a

S

Si dice *I arrived in London* o *I arrived to London*? Vedi alla voce **arrive**.

steady job. **3** (tempo) settled **4** (temperatura) unchanged
• *s* (edificio) building

stabilimento *s* **1** (fabbrica) factory (pl factories) **2** **stabilimento balneare** lido

stabilire *v* **1** (fissare) to fix: *La data è ancora da stabilire.* The date still has to be fixed. **2** (determinare) to establish: *Le cause dell'incidente non sono ancora state stabilite.* The cause of the accident has still not been established. **3** **stabilire di fare qc** to decide to do sth: *Quando avete stabilito di partire?* When have you decided to leave? **4** **stabilire un record** to set a record
stabilirsi *v rifl* to move: *Si è stabilito a Pavia per lavoro.* He's moved to Pavia for work. | *Anna si è stabilita definitivamente a casa mia.* Anna has moved in with me permanently.

stabilità *s* stability

staccare *v* **1** (togliere) to remove: *Stacca l'etichetta dal maglione.* Remove the label from the sweater. | **non staccare gli occhi di dosso a qn/qc** to not take your eyes off sb/sth: *Non riuscivo a staccargli gli occhi di dosso.* I couldn't take my eyes off him. **2** (spina, elettrodomestico) to unplug: *Ricordati di staccare il frigo prima di pulirlo.* Remember to unplug the fridge before cleaning it. | *Ho staccato il computer dalla stampante.* I **disconnected** the computer **from** the printer. **3** (telefono) to leave off the hook: *Hanno staccato il telefono per non essere disturbati.* They left the phone off the hook so as not to be disturbed. **4** (corrente) to switch off: *Hai staccato la corrente?* Have you switched the power off? **5** (smettere di lavorare) to finish: *Oggi stacco un'ora prima.* I'm finishing an hour early today. **6** (allontanare) to move: *Stacchiamo un po' il divano dalla parete.* Let's move the sofa away from the wall a bit. **7** (in corsa) to take the lead **8** (colore) to stand out: *Il rosso stacca molto su uno sfondo scuro.* Red stands out well against a dark background.
staccarsi *v rifl* **1** (venir via) to come off: *Si sta staccando un bottone.* A button is coming off. **2** **staccarsi da qn/qc** (allontanarsi): *Il razzo si è staccata da terra.* The rocket lifted off. | *Piero non vuole mai staccarsi dalla sua madre.* Piero never wants to let go of his mother. | *È stata dura staccarmi dai miei amici.* It was really hard for me to let go of my friends.

stadio *s* **1** (per sport) stadium **2** (tappa) stage

staffa *s* **1** (nell'equitazione) stirrup **2** **perdere le staffe** to fly off the handle

staffetta *s* (gara) relay | **una corsa a staffetta** a relay race

stagionale *agg* seasonal

stagione *s* season: *la stagione sciistica* the ski season | *Le pesche sono fuori stagione.* Peaches are out of season. | *la bella stagione* the summer months | **mezza stagione** mid-season | **alta/bassa stagione** high/low season ▶ vedi Active Box **stagioni**

stagnante *agg* (acqua) stagnant

stagno *s* **1** (laghetto) pond **2** (metallo) tin

stalla *s* **1** (per mucche) cowshed **2** (per cavalli) stable

stamattina *avv* this morning: *Siamo partiti stamattina presto.* We set off early this morning.

stampa *s* **1** (tecnica) printing **2** **la stampa** (giornali, giornalisti) the press: *È stata invitata anche la stampa.* The press was invited as well. | *la stampa scandalistica* the tabloid press ▶ vedi anche **conferenza** **3** (riproduzione) print

stampante *s* printer | **stampante laser/a getto d'inchiostro** laser/inkjet printer

stampare *v* **1** (copia, foto) to print **2** (pubblicare) to print

stampatello *s* **in stampatello** in block capitals [plurale]

stampella *s* crutch (pl crutches)

stampo *s* **1** (attrezzo) mould (BrE), mold (AmE) **2** (per dolci) mould (BrE), mold (AmE) **3** (tipo) type: *un omicidio di stampo mafioso* a Mafia-type of killing | *Quei due sono dello stesso stampo.* That pair are two of a kind.

stancante *agg* tiring

stancare *v* **1** (affaticare) to tire (out): *La gita in montagna mi ha stancato.* The trip to the mountains has tired me out. | **stancarsi gli occhi**: *Mi sono stancata gli occhi rimanendo tutto il giorno davanti al computer.* My eyes are tired from spending the whole day in front of the computer. **2** (annoiare) non c'è in inglese un verbo corrispondente, ma si usano espressioni diverse a seconda del contesto: *Mi stanca fare sempre le stesse cose.* I get tired of always doing the same things. | *I suoi pettegolezzi a lungo andare stancano.* Her gossip gets boring after a while.
stancarsi *v rifl* **1** (affaticarsi) to tire yourself out: *Mi sono stancato a portare la valigia.* I tired myself out carrying the suitcase. **2** **stancarsi di qn/qc** to grow tired of sb/sth: *Carla si è stancata di Luca e l'ha lasciato.* Carla grew tired of Luca and dumped him. | *Mi sono stancata delle tue lamentele!* I've **had enough of** your moaning! | **stancarsi di fare qc** to grow

Active Box: stagioni

I seguenti esempi illustrano l'uso delle stagioni in inglese e possono servirti come modello per formulare a tua volta delle frasi:

L'estate prossima *andremo negli Stati Uniti.*	**Next summer** we're going to the United States.
Ci siamo conosciuti ***nell'estate 2001.***	We met **in the summer of 2001**.
Lo scorso inverno *ha fatto freddissimo.*	**Last winter** it was bitterly cold.
Qui piove molto ***d'autunno.***	It rains a lot here **in the autumn**.
I corsi cominceranno ***in autunno.***	The courses will begin **in the autumn**.
Verremo a trovarvi ***in primavera.***	We'll come and see you **in the spring**.

tired of doing sth: *Non mi stancherò mai di ripetertelo.* I'll never grow tired of saying it to you.

stanchezza *s* tiredness

stanco, -a *agg* tired | **essere stanco morto** to be dead tired | **essere stanco di qc/qn** to be tired of sth/sb: *Sono stanca delle tue bugie!* I'm tired of your lies!

stanghetta *s* (di occhiali) arm, temple [formale]

stanotte *avv* **1** (la notte scorsa) last night: *Ha nevicato stanotte.* It snowed last night. **2** (la prossima notte) tonight: *Arriveremo stanotte.* We'll be arriving tonight.

stantio, -a *aggettivo e sostantivo*

• *agg* **1** (pane, biscotti) stale **2** (burro) rancid

• **stantio** *s* non esiste il sostantivo, ma solo l'aggettivo **stale**: *C'è puzza di stantio.* There's a stale smell.

stanza *s* room: *Abbiamo prenotato una stanza in albergo.* We reserved a room in the hotel. | *un alloggio di tre stanze, bagno e cucina* a three-bedroom flat with bathroom and kitchen | **stanza da bagno** bathroom | **stanza da letto** bedroom | **stanza degli ospiti** spare room

stappare *v* (bottiglia) to open

stare *v* ▶ vedi riquadro

starnutire *v* to sneeze

starnuto *s* sneeze | **fare uno starnuto** to sneeze

stasera *avv* (questa sera) this evening: *Usciamo stasera?* Shall we go out this evening?

stare *verbo*

1 IN UN LUOGO = TO STAY

Stasera sto in casa. I'm staying at home tonight.

Nel senso di *abitare* si traduce **to live**:

Sto a pochi passi da qui. I live quite near here.

2 IN UNA CONDIZIONE

Stai attento, si scivola. Be careful, it's slippery. | *Mia madre sta sempre in ansia per me.* My mother is always worrying about me. | **stare in piedi** to stand

3 STARE + GERUNDIO

Stavo guardando la TV. I was watching TV.

4 STARE PER FARE QC

Riferito ad un'azione imminente, si traduce con **to be about to do sth**:

Stavo per uscire quando hai telefonato. I was about to go out when you phoned.

Riferito ad un rischio evitato per poco, si traduce con **I/you etc nearly + passato**:

Stavo per inciampare. I nearly stumbled.

5 STARE BENE/MALE

DI SALUTE = TO BE FINE/NOT WELL

– Come stai? – Sto bene, grazie. "How are you?" "I'm fine, thanks."

DI ASPETTO = TO LOOK GOOD/AWFUL

Stai bene vestita così. You look good in that outfit.

ABITO, PETTINATURA = TO SUIT/NOT SUIT SB

Il rosso ti sta bene. Red suits you.

6 STARCI

ENTRARE DENTRO A QC

La borsa è piena, non ci sta più niente. The bag is full. There's no room for anything more in it. | *Il tavolo non ci sta in cucina.* The table doesn't fit in the kitchen.

ESSERE D'ACCORDO = TO AGREE

Ci stai se dividiamo il conto a metà? Do you agree with splitting the bill fifty-fifty?

7 STARE A QN

ABITI, SCARPE = TO FIT

Questi pantaloni non mi stanno più. These trousers don't fit me any more.

TOCCARE A = TO BE UP TO

Non sta a me dirlo. It's not up to me to say.

8 STARE CON/INSIEME A QN

Nel senso di formare una coppia si traduce **to go out with sb**:

Sto con lei da un mese. I've been going out with her for a month.

S

statale *aggettivo* e *sostantivo*
• *agg* si usa il sostantivo **state** in funzione di aggettivo: *Frequento le scuole statali.* I go to a state school.
• *s* (strada) trunk road (BrE), interstate (AmE)

statico, -a *agg* static

statistica *s* **1** (scienza) statistics [sempre singolare] **2 le statistiche** statistics

Stati Uniti *s pl* **gli Stati Uniti (d'America)** the United States (of America)

stato *s* **1** (condizione) state: *Guarda in che stato hai lasciato la cucina!* Look at the state you've left the kitchen in! | **in buono/cattivo stato** in good/poor condition | **stato d'animo** mood **2 stato civile** marital status | **stato d'emergenza** state of emergency **3 allo stato liquido/solido/gassoso** in a liquid/solid/gaseous state **4** (anche **Stato**) (nazione) state: *gli stati europei* the European states | *capo di Stato* the head of State

statua *s* statue

statunitense *agg* e *s* American

statura *s* (altezza) height: *una ragazza di statura normale* a girl of average height | **essere piccolo/alto di statura** to be short/tall: *In famiglia siamo tutti piccoli di statura.* In my family we're all short.
▶ vedi nota FALSE FRIEND sotto **stature**

statuto *s* statute

stavolta *avv* this time: *Per stavolta passi, ma che non si ripeta!* I'll let it go this time, but don't let it happen again!

stazione *s* **1** (di treno, metropolitana) station: *Vengo a prenderti alla stazione.* I'll come and pick you up from the station. | *Dov'è la stazione della metro più vicina?* Where's the nearest underground station? | **la stazione degli autobus** the bus station **2 una stazione sciistica/balneare** a ski/seaside resort **3 stazione di polizia** police station | **stazione di servizio** service station | **stazione spaziale** space station

stecca *s* **1** (di sigarette) carton **2** (asta) stick **3** (da biliardo) cue **4** (stonatura) wrong note | **fare/prendere una stecca a)** (cantando) to sing a wrong note **b)** (suonando) to play a wrong note **5** (in una fasciatura) splint **6** (di ombrello) rib

steccato *s* fence

stella *s* **1** (corpo celeste) star | **stella polare** North Star | **stella cadente** shooting star **2 vedere le stelle** (per dolore): *Se mi tocchi la ferita, vedo le stelle.* If you touch the wound, it hurts like mad. **3** (forma) star: *una stoffa bianca con un motivo a stelle* a white fabric with a star pattern **4 stella alpina** edelweiss | **stella filante** streamer | **stella marina** starfish **5** (in albergo) star: *un hotel a cinque stelle* a five-star hotel **6** (del cinema) star: *una nuova stella della musica rock* a new rock star

stellare *agg* stellar

stellato, -a *agg* starry

stelo *s* (di fiori) stem

stemma *s* coat of arms

stempiato *agg* **diventare stempiato** to have a receding hairline

stendere *v* **1** (braccia, gambe) to stretch out: *Se voli in economy, non avrai abbastanza spazio per stendere le gambe.* If you fly economy class, you won't have enough room to stretch out your legs. **2** (panni) to hang out: *Se non piove, stendi i panni fuori.* If it doesn't rain, hang the clothes out. | **stendere (il bucato)** to hang out the washing **3** (tappeto, tovaglia) to spread (out) **4** (colore) to spread **5** (pomata, trucco) to apply **6** (persona) to floor: *L'ha steso al primo colpo.* He floored him with the first punch. | *L'intossicazione alimentare ha steso mezza squadra.* Half the team has been laid low with food poisoning.
stendersi *v rifl* (sdraiarsi) to lie down: *Mi sento stanca: vado a stendermi un po'.* I feel tired. I'm going to lie down for a bit.

stento **a stento** hardly: *Riusciva a stento a parlare.* He could hardly speak.

stereo *sostantivo* e *aggettivo*
• *s* stereo
• *agg* (effetto, radioregistratore) si usa il sostantivo **stereo** in funzione di aggettivo: *un impianto stereo* a stereo system

sterile *agg* **1** (persona) infertile **2** (terreno) barren

sterilizzare *v* **1** (disinfettare) to sterilize **2** (animale) to sterilize

sterlina *s* pound (sterling): *una banconota da dieci sterline* a ten-pound note

sterminare *v* to exterminate

sterzare *v* to steer: *Sterza a sinistra.* Steer to the left.

stesso, -a *aggettivo* e *pronome*
• *agg* **1** (indica identità) same: *Eravamo sullo stesso aereo.* We were on the same plane. | **nello/allo stesso tempo** at the same time **2** (come rafforzativo) non esiste in inglese un aggettivo corrispondente, ma si usano espressioni diverse a seconda del contesto: *oggi stesso* today | *quello stesso giorno* that very day | *Me l'ha detto lui stesso.* He told me himself. | *L'ho visto con i miei stessi occhi.* I saw it with my own eyes. | *Gianna stessa non ne vuole più sapere.* Even Gianna doesn't want to hear any more about it.
• *pron* **1** (medesima persona, cosa) the same (one): *Il libro che sto leggendo è lo stesso di ieri.* The book I'm reading is the same one I was reading yesterday. | *Davide*

S

non è più lo stesso. Davide's no longer the same. **2** **lo stesso a)** (la stessa cosa) the same (thing): *Lo stesso vale anche per voi.* The same also holds for you. | *Anche a me è capitato lo stesso.* The same thing happened to me. **b)** (ugualmente) all the same: *Grazie lo stesso.* Thanks all the same. | *Le avevo chiesto di non leggere il mio diario, ma lei l'ha fatto lo stesso.* I had asked her not to read my diary, but she did it all the same. | **fa lo stesso/è lo stesso** it's all the same: *Per noi fa lo stesso.* It's all the same to us. | *– Preferisci partire oggi o domani? – È lo stesso.* "Would you prefer to leave today or tomorrow?" **"I don't mind."**

stile *s* **1** (genere) style | **è nel tuo/suo ecc. stile fare qc** it's like you/him etc to do sth: *Offendersi non è nel suo stile.* It's not like her to get offended. | **stile di vita** lifestyle **2** **stile libero** (nel nuoto) freestyle: *Mi piace nuotare a stile libero.* I like to swim freestyle. **3** (eleganza) style: *È una questione di stile.* It's a question of style. **4** (nell'arte) style | **mobili in stile** period furniture: *un divano in stile* a period divan **5** **in grande stile** in (great) style: *Hanno fatto un matrimonio in grande stile.* They got married in style.

stilista *s* designer

stilografico, -a ▶ vedi **penna**

stima *s* **1** (rispetto) respect | **avere stima di qn** to have respect for sb: *Ho molta stima di lui.* I've got a lot of respect for him. **2** (valutazione) estimate | **fare una stima di qc** to estimate sth: *Proviamo a fare una stima del tempo necessario.* Let's try to estimate how much time we need.

stimare *v* **1** **stimare qn** to think highly of sb: *La stimiamo molto.* We all think highly of her. | *È un insegnante che non stimo molto.* I don't think much of him as a teacher. **2** (valutare) to value: *Il quadro è stato stimato 5.000 euro.* The painting was **valued at** 5,000 euro.

stimolare *v* **1** (appetito, curiosità) to stimulate **2** **stimolare qn a fare qc** to encourage sb to do sth: *I buoni risultati mi hanno stimolato a continuare.* The good results encouraged me to continue.

stimolo *s* (visivo, nervoso) stimulus (pl stimuli)

stinco *s* **1** (parte del corpo) shin **2** (di maiale) knuckle, (di agnello) shank

stingere *v* to fade: *La maglietta blu ha stinto.* The blue T-shirt has faded.

stingersi *v rifl* to fade

stipato, -a *agg* packed: *Lo stadio era stipato di gente.* The stadium was **packed with** people.

stipendio *s* salary (pl salaries): *un aumento di stipendio* a salary rise

stirare *v* **1** (vestiti) to iron: *Mi hai stirato la camicia?* Have you ironed my shirt? | **stirare (i panni)** to do the ironing: *Stamattina ho stirato.* This morning I did the ironing. **2** (capelli) to straighten

stirarsi *v rifl* (sgranchirsi) to stretch

stitico, -a *agg* constipated

stiva *s* hold

stivale *s* boot: *un paio di stivali di pelle* a pair of leather boots | **stivali di gomma** wellington boots (BrE), rubber boots (AmE)

stivaletto *s* ankle boot

stizza *s* irritation

Stoccolma *s* Stockholm

stoffa *s* **1** (tessuto) fabric **2** **avere la stoffa** (talento) to have what it takes: *Ha la stoffa dell'attrice.* She's got what it takes to be an actress.

stomaco *s* stomach: *Mi fa male lo stomaco.* My stomach hurts. | **a stomaco vuoto/pieno** on an empty/a full stomach | **rimanere sullo stomaco a)** (cibo) to lie on your stomach **b)** (torto, parole) to stick in your throat: *Le parole che mi ha detto mi sono rimaste sullo stomaco.* What he said to me really sticks in my throat. ▶ vedi anche **bruciore**, **male**

stonato, -a *agg* **1** (persona) off-key **2** (strumento) out of tune

stop *sostantivo e interiezione*

• *s* **1** (segnale) stop sign: *Non si è fermato allo stop.* He didn't stop at the stop sign. **2** (fanalino) brake light

• *inter* stop: *Venite avanti ancora un po'! Ora stop!* Come forward a little bit! Now stop!

stordire *v* to stun

storia *s* **1** (vicende passate) history: *un libro di storia* a history book | **passare alla storia** to go down in history **2** (racconto) story (pl stories): *una storia triste* a sad story | *È una lunga storia.* It's a long story. **3** (faccenda) business: *Questa storia deve essere chiarita una volta per tutte.* This business has got to be cleared up once and for all. | **la solita storia** the same old story: *Con te è sempre la solita storia.* It's always the same old story. **4** (bugia) lie: *Secondo me, ti racconta storie!* I think he's telling you lies. **5** (pretesto) excuse: *Non sapeva più che storia*

S

tirare fuori per giustificarsi. She didn't know what excuse to come up with to defend herself. **6 fare storie** to make a fuss: *Fai quello che ti dico senza fare tante storie!* Do what I tell you without making such a fuss!

storico, -a *aggettivo e sostantivo*
• *agg* **1** (del passato) historic: *Napoli è piena di monumenti storici.* Naples is full of historic monuments. **2** (evento, personaggio) historical **3** (importante) historic: *una data storica* a historic date
• *s* historian

stormo *s* (di uccelli) flock

storta *s* sprain | **prendere una storta (alla caviglia)** to sprain your ankle

storto, -a *agg* **1** (naso, denti) crooked **2** (muro, cravatta) crooked: *Hai appeso il quadro storto.* You've hung the picture crooked. **3 andare storto** (cosa, faccenda) to go wrong: *È andata storta fin dall'inizio.* It went wrong from the very start.

stoviglie *s pl* crockery [mai plurale]: *stoviglie decorate a mano* hand-painted crockery

strabico, -a *agg* **essere strabico** to have a squint (BrE), to be cross-eyed (AmE)

stracciare *v* **1** (per caso) to tear: *Ho stracciato i pantaloni.* I've torn my trousers. **2** (di proposito) to tear up: *– Ti serve ancora questa lettera? – No, puoi stracciarla.* "Do you still need this letter?" "No, you can tear it up." **3** (avversario, concorrente) to thrash: *Li abbiamo stracciati.* We thrashed them.

straccio *s* **1** (per pulire) cloth (pl cloths) | **uno straccio per la polvere** a duster **2 essere/sentirsi uno straccio** to be/feel exhausted

strada *s* **1** (di campagna) road | **strada statale** trunk road (BrE), interstate (AmE) **2** (in città) street **3** (percorso) way: *Qual è la strada più breve per l'aeroporto?* What's the shortest way to the airport? | *Io e Marco facciamo sempre la stessa strada.* Marco and I always **go the same way**. | **due/tre ecc. ore di strada a)** (in macchina) two/three etc hours' drive: *Da qui a Cagliari ci sono due ore di strada.* It's two hours' drive from here to Cagliari. **b)** (a piedi) two/three hours' walk | **essere a metà strada** to be halfway there: *Siamo a metà strada.* We're halfway there. | **sbagliare strada** to go the wrong way | **tagliare la strada a qn** to cut across in front of sb: *Una moto ci ha tagliato la strada.* A motorbike cut across in front of us. | **finire fuori strada** (veicolo) to go off the road | **per strada** on the way: *Devono essere già per strada.* They must already be on the way. **4 essere fuori strada** (lontano dal vero) to be on the wrong track | **finire sulla cattiva strada** to be led astray | **fare strada** (avere successo) to get on in life

stradale *agg* (incidente, cartello) si usa il sostantivo **road** in funzione di aggettivo: *un importante snodo stradale* a major road junction

strafottente *agg* arrogant

strage *s* (morte in massa) massacre | **fare una strage a)** (incidente, bomba) to cause heavy fatalities **b)** (bandito, terrorista) to carry out a massacre: *I dirottatori minacciavano di fare una strage.* The hijackers threatened to carry out a massacre.

strambo, -a *agg* strange: *un tipo strambo* a strange guy

strangolare *v* to strangle

straniero, -a *aggettivo e sostantivo*
• *agg* foreign: *Qui d'estate è pieno di turisti stranieri.* This place is full of foreign tourists in the summer.
• *s* foreigner ► vedi nota FALSE FRIEND sotto **stranger**

strano, -a *agg* strange: *Che strano, non c'è nessuno in casa.* That's strange, there's nobody at home. | *Mi sembra strano che non voglia uscire.* It seems strange that he doesn't want to go out.

straordinario, -a *aggettivo e sostantivo*
• *agg* **1** (eccezionale) extraordinary: *Ha una memoria straordinaria.* She's got an extraordinary memory. **2** (non previsto) special: *In occasione della partita, è stato previsto un servizio straordinario di pullman.* A special coach service was laid on for the match.
• **straordinario** *s* (lavoro) overtime [sempre singolare]: *Mio padre fa sempre lo straordinario di martedì.* My father always **does overtime** on Tuesdays.

strapazzare *v* (trattare male) to mistreat
strapazzarsi *v rifl* to tire yourself out: *Il dottore ha detto che non devo strapazzarmi.* The doctor said I mustn't tire myself out.

strapazzato, -a ► vedi **uovo**

strappare *v* **1** (per caso) to tear: *Ho strappato i pantaloni.* I've torn my trousers. **2** (di proposito) to tear up: *Si è arrabbiata e ha strappato il disegno.* She lost her temper and tore up the drawing. **3** (pagina) to tear out: *Posso strappare questa pagina dalla rivista?* Can I tear out this page from the magazine? **4 strappare qc di mano a qn** to grab sth from sb: *Mi ha strappato il libro di mano.* He grabbed the book from me. | **strappare le erbacce dal giardino** to weed the garden

strappo *s* **1** (su stoffa) tear **2 strappo (muscolare)** torn muscle | **farsi uno strappo al polpaccio/alla gamba** to tear a muscle in your calf/leg **3** (passaggio) lift (BrE), ride (AmE): *Mi dai uno strappo fino a scuola?* Can you give me a lift to school? **4 fare uno strappo alla regola** to make an exception to the rule

straripare *v* to burst its banks

Strasburgo *s* Strasbourg

stratagemma *s* pretext

strategia *s* strategy (pl strategies)

strato *s* **1** (di ghiaccio, crema) layer: *uno strato di polvere* a layer of dust **2** (di vernice, smalto) coat **3** (di popolazione, terreno) stratum (pl strata)

stravolto, -a *agg* exhausted: *Ero stravolta, sono andata a dormire alle nove.* I was exhausted so I went to bed at nine o'clock.

strega *s* witch (pl witches)

stregare *v* to cast a spell on: *Lo ha stregato con la sua bellezza.* She's so beautiful that she's cast a spell on him.

stregato, -a *agg* enchanted

stregone *s* witch doctor

stremato, -a *agg* exhausted

strepito *s* clamour (BrE), clamor (AmE)

stress *s* stress (pl stresses): *La ginnastica fa bene contro lo stress.* Exercise is good for stress. | **essere sotto stress** to be stressed (out): *In questo periodo, siamo sotto stress per gli esami.* We're stressed out at the moment because of the exams.

stressante *agg* (lavoro, attesa) stressful

stressare *v* to hassle: *Va bene, te lo presto: basta che non mi stressi più.* All right, I'll lend it to you – just stop hassling me.

stressato, -a *agg* stressed: *Mi sembri un po' stressato.* You seem a bit stressed.

stretta *s* **1 stretta di mano** handshake | **dare una stretta di mano a qn** to shake sb's hand: *Datevi una stretta di mano e fate la pace.* Shake hands and make up. **2 mettere qn alle strette** to put sb on the spot: *Mi ha messo alle strette e ho dovuto dirgli tutto.* He put me on the spot and I had to tell him everything.

stretto, -a *aggettivo* e *sostantivo*

• *agg* **1** (stanza, strada) narrow **2** (scarpe, vestito) tight | **essere/andare stretto a qn** to be tight on sb: *I jeans dell'anno scorso mi sono stretti.* Last year's jeans are tight on me. **3 tenere stretto qc/qn** to have a firm hold of sth/sb: *Stai tranquillo, ti tengo stretto.* Don't worry, I've got a firm hold of you. **4** (vicino) close: *i parenti stretti* close relatives | **a stretto contatto** closely: *Ha lavorato a stretto contatto con molti personaggi famosi.* He's worked closely with many famous people. **5** (rigoroso) strict: *sotto stretto controllo medico* under strict medical supervision | **in senso stretto** in the strict sense **6 lo stretto necessario** the bare minimum: *Portati solo lo stretto necessario.* Just take the bare minimum. **7** (dialetto) broad **8 prendere una curva stretta** to take a tight bend

• **stretto** *s* strait: *lo stretto di Messina* the Straits of Messina

stridere *v* to screech

stridulo, -a *agg* shrill

strillare *v* to scream

strillo *s* scream

stringa *s* lace | **stringa da scarpe** shoelace

stringere *v* **1** (tenere premuto) to squeeze: *Non stringermi così il braccio: mi fai male!* Don't squeeze my arm like that – you're hurting me! | **stringersi la mano** to shake hands | **stringere qn a sé** to draw sb close: *L'ho stretta a me per consolarla.* I drew her close to console her. | **stringere i denti** (resistere) to grit your teeth: *Stringi i denti e resisti.* Just grit your teeth and get on with it. **2** (vite) to tighten **3** (nodo, corda) to tie tightly: *Stringi bene il nodo.* Tie the knot tightly. **4** (ridurre di misura) to take in: *Bisogna stringere un po' i pantaloni in fondo.* You've got to take in the trousers a bit at the bottom. **5** (scarpe, cintura) to be too tight: *Le scarpe sono ancora nuove e stringono un po'.* The shoes are still new and they're a bit too tight. **6** (pantaloni, gonna) to be tight: *Questa gonna mi stringe un po' in vita.* This skirt is a bit **tight at** the waist. **7 stringere un patto** to make a deal | **stringere un accordo** to reach an agreement | **stringere amicizia con qn** to make friends with sb: *Ci siamo conosciuti in vacanza e abbiamo subito stretto amicizia.* We met on holiday and made friends straightaway. **8 il tempo stringe** time is short

stringersi *v rifl* **1** (a tavola, in macchina) to squeeze up: *Se ci stringiamo un po', ci stai anche tu.* If we squeeze up a bit, there'll be room for you as well. **2 stringersi a qn** to hold sb tight: *Si è stretta a me e si è messa a piangere.* She held me tight and began to cry.

S

striscia *sostantivo* e *sostantivo plurale*

• *s* **1** (pezzo di carta, stoffa) strip **2** (linea) stripe: *un maglione rosso a strisce blu* a red jersey with blue stripes

• **strisce pedonali** *s pl* zebra crossing (BrE) [singolare], crosswalk (AmE) [singolare]

strisciare *v* **1** (serpente, lumaca) to crawl **2** (persona) to crawl: *Siamo riusciti a entrare strisciando sotto il cancello.* We managed to get in by crawling under the gate. **3** (sfregare) to scrape: *Cadendo, ho strisciato il gomito per terra.* I scraped my elbow on the ground when I fell.

striscione *s* banner

Vuoi informazioni sulla differenza tra gli **aggettivi possessivi** in inglese e in italiano? Vedi la **guida grammaticale**.

strizzare *v* **1** (panni) to wring **2** (limone, spugna) to squeeze **3 strizzare l'occhio (a qn)** to wink (at sb): *Scherzava, mi ha strizzato l'occhio!* He was joking – he winked at me!

strofa *s* verse

strofinaccio *s* **1** (per pulire) cloth (pl cloths) **2** (per asciugare) tea towel (BrE), dishcloth (AmE)

strofinare *v* to polish

stropicciare *v* **1** (stoffa, vestito) to crease **2 stropicciarsi gli occhi** to rub your eyes

stropicciarsi *v rifl* to crease

strozzare *v* to choke

strozzarsi *v rifl* to choke

struccarsi *v rifl* to remove your make-up: *Uso il latte detergente per struccarmi.* I use cleansing milk to remove my make-up.

strumento *s* **1** (musicale) instrument **2** (attrezzo) tool **3** (mezzo) means (pl means): *Che strumenti hai usato per convincerlo?* What means did you use to persuade him?

struttura *sostantivo e sostantivo plurale*

- *s* **1** (di edificio, ponte) structure **2** (organizzazione) structure
- **strutture** *s pl* (impianti) facilities: *le strutture ospedaliere* hospital facilities

strutturare *v* to structure

struzzo *s* ostrich (pl ostriches)

stucco *s* **1** (per muro) plaster **2 rimanere di stucco** to be speechless: *Quando l'ho saputo, sono rimasta di stucco.* When I found out, I was speechless.

studente, -essa *s* student: *gli studenti delle medie* middle-school students

studiare *v* **1** (lezione) to study: *Ho appena incominciato a studiare l'inglese.* I've only just begun studying English. **2** (andare a scuola) **smettere di studiare** to leave school: *Giorgio vuole smettere di studiare.* Giorgio wants to leave school.

S

studio *s* **1** (attività) study | **continuare/smettere gli studi** to carry on with/quit your studies ► vedi anche **borsa** **2** (ricerca) study (pl studies) **3** (stanza) study (pl studies): *un appartamento con due stanze da letto, sala e studio* a flat with two bedrooms, a lounge and a study **4 studio legale** lawyer's office | **studio medico** doctor's surgery (BrE), doctor's office (AmE) | **studio di registrazione** recording studio

studioso, -a *aggettivo e sostantivo*

- *agg* studious
- *s* scholar

stufa *s* stove | **stufa a legna** wood-burning stove | **stufa elettrica** electric heater

stufare *v* (annoiare) to get boring: *Anche andare in spiaggia tutti i giorni dopo un po' stufa.* Even going to the beach every day gets boring after a bit. | **stufare qn** to annoy sb: *Mi hai proprio stufata con questa storia!* You've really annoyed me with this whole business!

stufarsi *v rifl* to get fed up: *Mi sono stufato di aspettare.* I got **fed up waiting**.

stufo, -a *agg* fed up: *Sono stufa di sentire sempre le stesse cose.* I'm fed up hearing the same things all the time.

stuoia *s* mat

stupefacente *aggettivo e sostantivo plurale*

- *agg* astounding
- **stupefacenti** *s pl* drugs (BrE), narcotics (AmE)

stupendo, -a *agg* fantastic

stupidaggine *s* **1 fare una stupidaggine** to do something stupid: *Non vorrei che facesse qualche stupidaggine.* I wouldn't want him to do anything stupid. | **dire stupidaggini** to talk nonsense **2** (cosa poco importante) non esiste in inglese un sostantivo corrispondente, ma si usano espressioni diverse a seconda del contesto: *Si arrabbia per qualsiasi stupidaggine.* She flies into a rage over the slightest thing. | *L'esame era veramente una stupidaggine.* The exam was really easy.

stupido, -a *aggettivo e sostantivo*

- *agg* stupid: *Non sono mica stupido!* I'm not stupid!
- *s* idiot | **fare lo stupido** to act the fool

stupire *v* to amaze: *Mi ha stupito la sua franchezza.* I was amazed by his forthrightness. | *Non mi stupisce affatto che abbia perso.* It doesn't surprise me at all that he lost.

stupirsi *v rifl* **stupirsi di qn/qc** to be amazed at sb/sth: *Si stupì di vederlo così cresciuto.* She was amazed to see how much he'd grown. | *Mi stupisco di te.* I'm surprised at you. | *Non mi stupisco più di niente.* I'm not surprised by anything any more.

stupito, -a *agg* amazed: *Sono stupita che non ci sia nessuno.* I'm amazed that nobody's here. | *Perché quella faccia stupita?* Why do you look so surprised?

stupore *s* amazement

stuprare *v* to rape

stupro *s* rape

sturare *v* **sturare un lavandino** to unblock a sink

stuzzicadenti *s* toothpick

stuzzicare *v* **1** (toccare) to poke (at): *Smettila di stuzzicare quel foruncolo!* Stop poking at that spot! **2** (infastidire) to tease: *Non stuzzicare tua sorella.* Don't tease your sister. **3** (appetito) to whet: *un profumo che stuzzica l'appetito* a smell that really whets the appetite **4** (curiosità) to arouse: *Quella telefonata ha stuzzicato la curiosità di tutti.* That phone call aroused everyone's curiosity.

stuzzichino *s* appetizer

su *prep* e *avv* ▶ vedi riquadro

subacqueo, -a *aggettivo* e *sostantivo*
- *agg* underwater
- *s* skin diver

subire *v* **1** (shock, sconfitta) to suffer **2** (operazione, modifica) to undergo: *L'orario subirà qualche modifica nel periodo estivo.* The timetable will undergo a few changes during the summer period. **3** (sopportare) to put up with: *Tocca sempre a me subire le sue lamentele.* It's always me who has to put up with his moaning.

subito *avv* immediately, at once: *L'hanno portato subito all'ospedale.* He was taken to the hospital immediately. | *Torniamo subito.* We'll be right back. | **subito prima/dopo** immediately before/after: *Siamo andati via subito dopo di voi.* We left immediately after you.

subordinato, -a *agg* subordinate: *una proposizione subordinata* a subordinate clause | **subordinato a qc** dependent on sth: *La data della partenza è subordinata ai voli disponibili.* The departure date is dependent on the flights available.

succedere *v* **1** (capitare) to happen: *Cos'è successo?* What happened? | *È successo un guaio.* There's been a bit of trouble. | *Non mi è mai successo di arrivare tardi.* I've never been late for anything. **2** **succedere a qn** (in una carica) to succeed sb: *Carlo è successo al padre nella direzione dell'azienda.* Carlo succeeded his father as manager of the company.

successione *s* **1** (sequenza) succession **2** (a carica) succession

successivamente *avv* subsequently

successivo, -a *agg* next: *il giorno successivo* the next day

successo *s* **1** (riuscita) success (pl successes): *La festa è stata un successo.* The party was a success. | **avere successo** **a)** (riuscire) to be a success: *Speriamo che la raccolta fondi abbia successo.* Let's hope that the fundraiser will be a success. **b)** (canzone, CD) to be a hit: *l'album che ha avuto più successo* the album that was the biggest hit **c)** (persona) to be successful: *Non ha mai avuto successo come attore.* He has never been successful as an actor. | **di successo** successful: *un avvocato di successo* a successful lawyer | *un cantante di successo* a hit singer **2** (film, canzone) hit: *una raccolta dei suoi primi successi* a collection of his earliest hits

successore *s* successor

succhiare *v* to suck

su

PREPOSIZIONE

1 SOPRA A

Quando c'è contatto tra le due cose, con i verbi che indicano una posizione si usa **on**. Con i verbi che esprimono un movimento si usa anche **onto**:

Le chiavi sono sul tavolo. The keys are on the table. | *Sposta i libri sul secondo ripiano.* Move the books onto the second shelf.

2 Per indicare una posizione sovrastante ma senza contatto si usa **over**:

un ponte sul fiume a bridge over the river | *il balcone sulla strada principale* the balcony overlooking the main street

3 CON ARGOMENTO = ON

una conferenza sulla fame nel mondo a conference on world hunger

4 CON ETÀ, PREZZO, MISURA = ABOUT

L'ho pagato sui venti euro. I paid about twenty euros for it. | *Peserà sui venti chili.* It must weigh about twenty kilos. | *una ragazza sui quattordici o quindici anni* a girl of about fourteen or fifteen

5 CON ESPRESSIONI TEMPORALI

sul tardi late (in the day) | *sul tardo pomeriggio* in the late afternoon | *sul momento* at the moment

6 CON VALORE PARTITIVO

un ragazzo su dieci one boy in ten

7 MODO

su ordinazione to order | *su appuntamento* by appointment | *un abito su misura* a made-to-measure suit

8 RIFERITO A GIORNALE, RIVISTA

L'ho letto sul giornale. I read it **in the paper**. | *Prova a cercare su Internet.* Try searching **on the Internet**.

AVVERBIO

1 IN ALTO = UP

Guarda su! Look up!

2 AL PIANO DI SOPRA = UPSTAIRS

È su in camera sua. She's upstairs in her room.

3 PER ESORTARE = COME ON

Su, sbrigati! Come on, hurry up! | *Su, non te la prendere!* Come on, don't be angry!

4 ESPRESSIONI

su per giù roughly | **in su** upwards: *dai dodici anni in su* from the age of twelve upwards | **su con la vita!** cheer up!

succo *s* juice: *un succo d'arancia* an orange juice | **succo di frutta** fruit juice

succursale *s* branch (pl branches)

sud *s* south ▶ vedi Active Box **punti cardinali** sotto **punto**

Sudafrica *s* **il Sudafrica** South Africa

sudafricano, -a *agg* e *s* South African

S

Sudamerica *s* **il Sudamerica** South America

sudamericano, -a *agg* e *s* South American

sudare *v* **1** (perdere sudore) to sweat **2** (faticare) to work hard: *Abbiamo sudato parecchio per convincerlo.* We had to work hard to persuade him.

sudato, -a *agg* sweaty: *Ho le mani sudate.* My hands are sweaty.

suddito, -a *s* subject

sudest *s* southeast ► vedi Active Box **punti cardinali** sotto **punto**

sudicio, -a *agg* filthy: *Non toccarmi con quelle mani sudicie!* Don't touch me with those filthy hands!

sudore *s* sweat

sudovest *s* southwest ► vedi Active Box **punti cardinali** sotto **punto**

sufficiente *aggettivo* e *sostantivo*

- *agg* (abbastanza) enough: *I panini non sono sufficienti per tutti.* There aren't enough rolls for everybody. | *Per prenotare è sufficiente telefonare.* You can just ring to book.
- *s* (voto) pass: *Ho preso sufficiente nel tema.* I **got a pass** in the essay.

sufficienza *s* **1 a sufficienza** enough: *Ho mangiato a sufficienza.* I've eaten enough. | *Non spingete, c'è posto a sufficienza per tutti!* Don't push, there's enough room for everybody! **2** (voto) pass

suggerimento *s* suggestion: *Hai qualche suggerimento da darmi?* Have you got any suggestions?

suggerire *v* **1** (consigliare) to suggest: *Cosa mi suggerisci di fare?* What do you **suggest I do**? | *Mi ha suggerito di farmi vedere da un medico.* He **suggested that** I go and see a doctor. **2** (risposta) to tell: *Grazie per avermi suggerito la risposta.* Thanks for telling me the answer. | *Non suggerite!* No prompting! **3** (far pensare a) to suggest: *La sua reazione mi ha suggerito che era stata lei a prendere i soldi.* Her reaction suggested to me that she had taken the money. | *È stata la tua frase a suggerirmi quest'idea.* It was something you said which gave me the idea.

sughero *s* cork

sugo *s* **1** (salsa) sauce: *pasta al sugo di pomodoro* pasta with tomato sauce **2 il sugo dell'arrosto** gravy

suicidarsi *v rifl* to kill yourself, to commit suicide [più formale]: *Ha tentato di suicidarsi con dei tranquillanti.* He tried to commit suicide by taking tranquillizers.

suicidio *s* suicide

suino, -a *agg* si usa il sostantivo **pig** in funzione di aggettivo: *allevamento suino* pig breeding | **carne suina** pork

suo, -a *agg* e *pron* ► vedi riquadro

suo

AGGETTIVO

1 In inglese l'aggettivo possessivo di terza persona concorda nel genere con il possessore e non con la cosa posseduta. Quando il possessore è una persona di sesso maschile si usa **his** e quando è di sesso femminile si usa **her**:

mio fratello e la sua ragazza my brother and his girlfriend | *Silvia e suo padre* Silvia and her father

2 Quando il possessore è una cosa o un animale di sesso indeterminato si usa **its**:

l'aereo con il suo equipaggio the plane and its crew | *Il cane è nella sua cuccia.* The dog is in its basket.

3 Nota che **un suo amico/collega ecc.** riferito ad un uomo si traduce **a friend/colleague etc of his** e riferito ad una donna **a friend/colleague etc of hers**.

4 Quando **suo** segue nella frase il verbo *essere* si traduce **his** riferito ad una persona di sesso maschile e **hers** riferito ad una persona di sesso femminile:

Fabio dice che questa giacca non è sua. Fabio says this jacket isn't his. | *Secondo Marina, il libro è suo.* According to Marina, the book is hers.

5 Per la forma di cortesia, dato che in inglese non esiste un equivalente del *lei*, si usa l'aggettivo di seconda persona **your**:

Signora, ha dimenticato la sua borsa! Madam, you've forgotten your handbag!

PRONOME

1 Anche il pronome concorda nel genere con il possessore e si traduce **his** quando il possessore è una persona di sesso maschile, **hers** quando il possessore è di sesso femminile:

Non avevo i guanti e Laura mi ha prestato i suoi. I didn't have my gloves, and Laura lent me hers. | *Luca dice che questa scrittura non è la sua.* Luca says that this handwriting isn't his.

2 Per la forma di cortesia, si usa il pronome di seconda persona **yours**:

Ha il mio indirizzo? Non credo di avere il suo. Do you have my address? I don't think I have yours.

3 **i suoi** nel senso di *i suoi genitori* si traduce **his parents** riferito a una persona di sesso maschile e **her parents** riferito a una persona di sesso femminile:

Sono venuta insieme a Clara e i suoi. I came with Clara and her parents.

suocero, -a *s* **suocero** father-in-law | **suocera** mother-in-law | **suoceri** (suocero e suocera) in-laws

suola *s* sole

suolo *s* **1** (superficie) ground **2** (terreno) soil

suonare *v* **1** (strumento) to play | **suonare la chitarra/una canzone** to play the guitar/a song **2** (telefono, campana) to ring: *Il telefono sta suonando.* The phone's ringing. | **suonare il campanello** to ring the bell **3** (sveglia, allarme) to go off: *Non ho sentito suonare la sveglia.* I didn't hear the alarm go off. | **suonare l'allarme** to press the alarm button **4** (sembrare) to seem: *Mi suona strano che non lo sapesse.* It seems odd that he didn't know. **5** **suonarle a qn** to thump sb: *Guarda che se non la smetti te le suono!* If you don't stop it, I'm going to thump you!

suono *s* sound

suora *s* nun

superare *v* **1** (per quantità, numero) to be more than: *Il numero degli abitanti supera il milione.* The number of inhabitants is more than a million. **2** (essere migliore) to be better than: *In fatto di scuse, non lo supera nessuno.* Nobody's better than him at making up excuses. **3** **superare un ostacolo/una difficoltà** to overcome a problem/a difficulty **4** **superare un esame/una prova** to pass an exam/a test **5** (sorpassare) to overtake: *La moto ci ha superato in curva.* The motorbike overtook us on the bend.

superato *agg* out of date

superficiale *agg* **1** (strato) upper **2** (ferita) superficial **3** (idea, persona) superficial: *Con lui non si può discutere di cose serie, è troppo superficiale.* You can't talk about anything serious with him, he's too superficial.

superficie *s* **1** (strato esterno) surface **2** (di stanza, quadrato) area

superfluo *agg* unnecessary | **fare a meno del superfluo** *Faccio a meno del superfluo per viaggiare più leggera.* I only pack the basics so I can travel light.

superiore *aggettivo e sostantivo*

• *agg* **1** (più in alto) top: *Abito al piano superiore.* I live on the top floor. **2** (più grande) higher: *Il numero dei concorrenti è superiore a quello dello scorso anno.* The number of competitors is higher than last year. **3** (migliore) better: *Questo modello costa di più, ma è decisamente superiore.* This model costs more, but it's definitely better. **4** **essere superiore a qc** (a pettegolezzi, critiche) to be above sth: *Devi essere superiore a certe meschinità.* You have to be above that sort of pettiness.

• *s* **1** (in una gerarchia) superior **2** **le superiori** (scuola) secondary school: *L'anno prossimo vado alle superiori.* Next year I'm going to secondary school.

superlativo, -a *agg e s* superlative

supermercato *s* supermarket

superstite *s* survivor

superstizioso, -a *agg* superstitious

superstrada *s* motorway

supplementare *agg* **1** (in più) extra **2** **i (tempi) supplementari** extra time [mai plurale]: *L'Italia ha vinto ai supplementari.* Italy won **in extra time.** | **andare ai supplementari** to go to extra time

supplemento *s* **1** **supplemento (rapido)** supplement: *Per l'Intercity ci vuole il supplemento rapido.* You have to pay a supplement if you go on an Intercity train. **2** (di giornale, rivista) supplement

supplente *s* supply teacher: *la supplente d'inglese* the English supply teacher

supplica *s* plea

supplicare *v* to beg: *L'ho supplicata di non dire niente.* I begged her to say nothing. | *Ti supplico di credermi!* Please believe me!

supporre *v* to suppose (that): *Suppongo che sia vero.* I suppose it's true. | *Supponiamo, ad esempio, che ti ritrovi da solo.* Let's suppose, for example, that you end up on your own.

supporto *s* **1** (di peso) support **2** (aiuto) support: *Non sarei mai riuscito a cavarmela senza il tuo supporto.* I could never have done it without your support. **3** **supporto magnetico** magnetic medium

supposizione *s* supposition

supposta *s* suppository (pl suppositories)

supremazia *s* **1** (superiorità) supremacy **2** (in una lotta, competizione) leadership | **avere la supremazia in qc** to be the leader in sth: *Gli Stati Uniti hanno la supremazia nel campo della ricerca informatica.* The US is the leader in IT research.

supremo, -a *agg* (più importante) supreme

surf *s* surfing | **fare surf** to go surfing

surgelato, -a *aggettivo e sostantivo plurale*

• *agg* frozen

• **surgelati** *s pl* frozen food [singolare]

suscettibile *agg* (permaloso) touchy: *Sei veramente suscettibile!* You're really touchy!

suscitare *v* **1** (emozione, sospetto) to arouse: *È stato il suo comportamento a suscitare i miei sospetti.* It was his behaviour that aroused my suspicion. **2** (polemica, scandalo) to cause: *I testi delle sue canzoni hanno suscitato molte polemiche.* His lyrics have caused a lot of controversy.

susina *s* plum

sussidio *s* **1** (a progetto, organismo) subsidy (pl subsidies): *Il progetto ha ricevuto un sussidio dall'UE.* The project has been

S

C'è una tavola con i numeri in inglese e spiegazioni sul loro uso nella **guida grammaticale**.

granted an EU subsidy. **2** (a anziano, bisognoso) benefit | **sussidio di disoccupazione** unemployment benefit **3 sussidio didattico/audiovisivo** teaching/audiovisual aid

sussurrare *v* to whisper

svaligiare *v* **1** (banca, negozio) to rob **2** (casa, appartamento) to burgle

svanire *v* to vanish

svantaggiato *agg* **essere svantaggiato (rispetto a qn)** to be at a disadvantage (compared to sb): *Gli inglesi che studiano l'italiano sono svantaggiati rispetto ai francesi o agli spagnoli.* English people studying Italian are at a disadvantage compared to the French or the Spanish.

svantaggio *s* **1** (inconveniente) disadvantage: *Ho lo svantaggio di abitare lontano da scuola.* I have the disadvantage of living a long way away from school. | *Ci sono sia vantaggi che svantaggi.* There are pros and cons. **2 essere in svantaggio di due/tre ecc. punti** to be two/three etc points behind: *A due minuti dalla fine, siamo ancora in svantaggio di un punto.* We've got two minutes to go and we're still one point behind. | **rimontare lo svantaggio** to close the gap

svariato, -a *agg* different

svedese *aggettivo e sostantivo*
- *agg* Swedish
- *s* **1** (persona) Swede **2** (lingua) Swedish

sveglia *s* **1** (orologio) alarm: *Ho messo la sveglia alle sei.* I've set the alarm for six o'clock. **2 dare la sveglia a qn** to wake sb up: *Mi dai tu la sveglia domattina?* Will you wake me up tomorrow morning?

svegliare *v* to wake up: *Parla piano o sveglierai tutti!* Keep your voice down or you'll wake everybody up!
svegliarsi *v rifl* to wake up: *Mi sono svegliata tardi.* I woke up late.

sveglio, -a *agg* **1** (non addormentato) awake: *Non sono ancora completamente sveglio.* I'm not fully awake yet. **2** (pronto) bright: *Sei abbastanza sveglio da arrivarci da solo.* You're bright enough to work it out for yourself.

svelare *v* (rivelare) to reveal: *I giornali hanno svelato l'identità del suo nuovo fidanzato.* The newspapers have revealed her new boyfriend's identity. | **svelare il mistero** to solve a mystery

svelto, -a *agg* (rapido) quick: *Sali in macchina, svelto!* Get in the car, quick! | *Non parlare così svelto, non capisco niente!* Don't talk so quickly, I can't understand a thing! | **alla svelta** quickly: *Preparati alla svelta, siamo in ritardo.* Get ready quickly, we're late. | *Facciamo alla svelta che ho poco tempo.* Let's be quick because I haven't got much time.

svendita *s* sale

svenire *v* to faint

sventare *v* (rapina, attentato) to foil

sventato, -a *agg* scatterbrained

sventolare *v* (bandiera, fazzoletto) to wave

svestire *v* to undress
svestirsi *v rifl* to get undressed: *Sono così stanca che non ho nemmeno la forza di svestirmi.* I'm so tired that I haven't even got the energy to get undressed.

Svezia *s* **la Svezia** Sweden

svignarsela *v* to sneak off: *Ci sono i piatti da lavare, quindi non pensare di svignartela.* There's the washing up to be done, so don't even think about sneaking off.

sviluppare *v* to develop: *Ho portato le foto a sviluppare.* I took the photos **to be developed**.
svilupparsi *v rifl* **1** (città, azienda) to expand **2** (pianta, criminalità) to grow **3** (infezione) to spread **4** (ragazzo, ragazza) to mature

sviluppo *s* **1** (di attività, persona) development: *Se ci sono nuovi sviluppi, avvertimi.* If there are any further developments, let me know. | **l'età dello sviluppo** puberty | **paesi in via di sviluppo** developing countries **2** (di foto) processing

svincolo *s* exit

svitare *v* to unscrew

Svizzera *s* **la Svizzera** Switzerland

svizzero, -a *agg e s* Swiss

svolazzare *v* to flutter

svolta *s* **1** (atto di svoltare) turn | **fare una svolta (a destra/sinistra)** to turn (right/left) | **divieto di svolta** no turning **2** (curva) bend **3** (cambiamento) turning point: *La partita di oggi ha segnato una svolta decisiva nel campionato.* Today's match marked a major turning point in the championship race.

svoltare *v* to turn (off): *Dopo il semaforo, svolta a destra.* Turn right after the traffic lights.

svuotare *v* to empty

T, t *s* T, t ► vedi Active Box **lettere dell'alfabeto** sotto **lettera**

tabaccaio, -a *s* **1** (negoziante) tobacconist **2** (negozio) tobacconist's

tabaccheria *s* tobacconist's

tabacco *s* tobacco

tabellina *s* multiplication table | **la tabellina del nove** the nine times table

tabellone *s* **1** (cartello) noticeboard | **il tabellone degli arrivi/delle partenze** the arrivals/departures board **2** (nella pallacanestro) backboard

tabù *aggettivo* e *sostantivo*
- *agg* si usa il sostantivo **taboo** in funzione di aggettivo: *un argomento tabù* a taboo subject
- *s* taboo

tacca *s* (segno) notch (pl notches)

taccagno, -a *aggettivo* e *sostantivo*
- *agg* mean
- *s* miser

tacchino *s* turkey

tacco *s* heel | **tacchi alti/bassi** high-/low-heeled shoes: *Non porto mai i tacchi.* I never wear high heels. | **tacco a spillo** stiletto heel | **senza tacco** flat: *un paio di scarpe senza tacco* a pair of flat shoes

taccuino *s* notepad

tacere *v* to be quiet: *Tu taci, che hai torto!* You're in the wrong, so be quiet! | **far tacere qn** to keep sb quiet: *Lo hanno minacciato per farlo tacere.* They threatened him to keep him quiet. | **mettere a tacere qc** to stop sth: *Ho spiegato come stanno davvero le cose per mettere a tacere i pettegolezzi.* I explained the state of play to stop any gossip.

tachimetro *s* speedometer

taciturno *agg* quiet

taglia *s* **1** (di abiti) size: *Che taglia porti?* **What size do you take?** | *Avete la taglia più piccola?* Do you have **a smaller size**? | **taglia unica** one size **2** (ricompensa) reward

tagliare *v* **1** (con arnese) to cut | **tagliare a metà** to cut in half | **tagliare qc in due** to cut sth in two: *Taglia la pizza in due.* Cut the pizza in two. **2** (a fette) to cut: *Taglia il pane per favore.* Cut the bread, please. | **tagliare qc a fette** to cut sth into slices: *Ha tagliato il salame a fette.* He cut the salami into slices. **3** (arrosto) to carve **4** (unghie, capelli) to cut | **tagliarsi i capelli** to get your hair cut: *Ti sei tagliato i capelli?* Did you get your hair cut? | *Vado a tagliarmi i capelli.* I'm going to get my hair cut. **5** **tagliarsi un dito** to cut your finger: *Mi sono tagliato un dito con i vetri.* I cut my finger on the glass. **6** (essere affilato) to cut: *Questo coltello non taglia.* This knife won't cut. **7** (togliere) to cut: *Hanno tagliato le scene più violente del film.* The most violent scenes in the film were cut. **8** (attraversare) to cut through: *Tagliamo di qua: si fa prima.* Let's cut through here – it's quicker. | **tagliare per un vicolo/una traversa** to take a shortcut down an alleyway/a side street | **tagliare per i campi** to cut across the fields | **tagliare la strada a qn** to cut in front of sb, to cut sb up [informale]: *Un motorino ci ha tagliato la strada.* A scooter cut in front of us.

tagliarsi *v rifl* to cut yourself: *Attento a non tagliarti con il coltello.* Be careful not to cut yourself with the knife.

tagliere *s* chopping board

taglio *s* **1** (ferita) cut **2** (incisione) cut **3** (di capelli) cut **4** **dacci un taglio!** give us a break!

tailandese ▶ vedi **thailandese**

Tailandia ▶ vedi **Thailandia**

tailleur *s* suit

talco *s* talc

tale *agg* e *pron* ▶ vedi riquadro

talento *s* talent: *Ha un grande talento per la musica.* He has a real talent for music.

tallone *s* **1** (di piede) heel **2** (di calza) heel

talmente *avv* so: *Non sarai talmente ingenuo da crederci!* I wouldn't be so naive as to believe that!

talpa *s* mole

talvolta *avv* sometimes: *Talvolta succede che discutiamo per niente.* It sometimes happens that we argue over nothing.

tamburo *s* drum

Tamigi *s* **il Tamigi** the Thames

tamponamento *s* collision | **tamponamento a catena** pile-up

tampone *s* **1** (per ferite) swab **2** (assorbente interno) tampon

tana *s* **1** (di lupo) den **2** (di coniglio) warren

tangente *s* **1** (retta) tangent **2** (soldi) bribe **3** **partire per la tangente** to go off at a tangent

tanto *avv* e *cong* ▶ vedi riquadro

tappa *s* **1** (di viaggio, gara) leg **2** (sosta) stop: *Faremo tappa a Siena e San Gimignano.* We'll **have stops** at Siena and San Gimignano.

tappare *v* **1** (buco) to fill **2** **tappare una bottiglia** to put the cork back in a bottle: *Tappa il vino se non ne vuoi più.* Put the cork back in the bottle if you don't want any more wine. **3** **tapparsi il naso** to hold your nose | **tapparsi le orecchie** to block your ears

tapparsi *v rifl* **tapparsi in casa** to shut yourself away: *Si è tappato in casa e non vuole vedere nessuno.* He's shut himself away and doesn't want to see anybody.

tappetino *s* mat: *il tappetino del bagno* bath mat | *il tappetino del mouse* mouse mat

T

tale

AGGETTIVO

1 DI QUESTO TIPO, COSÌ GRANDE
Si usa **such a** davanti a sostantivi singolari e **such** davanti a sostantivi plurali o non numerabili:
Non saprei cosa fare in una tale situazione. I wouldn't know what to do in such a situation. | *Non ho mai sentito una tale assurdità!* I've never heard such nonsense! | *In tali circostanze, è meglio stare zitti.* It's better to keep quiet in such circumstances. | *Mi sono presa una tale paura!* I got such a fright!

2 RIFERITO A PERSONA O COSA INDETERMINATA
Ti ha cercato una tale Stefania. Someone called Stefania has been looking for you. | *il giorno tale, all'ora tale* on such-and-such a day, at such-and-such a time

3 ESPRESSIONI
in tal caso in this/that case | **tale madre, tale figlia** like mother, like daughter | **tale quale**: *È tale quale sua madre.* She's just like her mother. | *Il concerto è stato tale quale me lo aspettavo.* The concert was just as I expected.

PRONOME

1 un tale si traduce **some guy** e **una tale some woman**:
Ho chiesto a un tale per strada. I asked some guy in the street. | *L'ho incontrato insieme a una tale.* I met him with some woman.

2 il/quel tale, la/quella tale seguito da un pronome relativo si traduce **that guy/that woman**:
Ti ricordi quel tale che abbiamo visto ieri? Do you remember that guy we saw yesterday? | *Chi è la tale con cui stavi parlando?* Who's that woman you were talking to?

tappeto *s* **1** (decorativo) rug: *un tappeto persiano* a Persian rug **2 mettere al tappeto qn** to floor sb: *Ha messo al tappeto l'avversario con un destro.* He floored his opponent with a right hook.

tappezzare *v* **1** (con carta da parati) to paper **2** (con foto, manifesti) to cover: *La città è tappezzata da migliaia di manifesti.* The city is **covered with** thousands of posters.

tappezzeria *s* **1** (carta da parati) wallpaper **2** (per mobili, divani) (upholstery) fabric

tappo *s* **1** (di bottiglia) top **2** (in sughero) cork **3** (di barattolo, scatola) lid **4** (di lavandino) plug **5** (per orecchie) earplug

tardare *v* to be late: *Ha detto che avrebbe tardato di qualche minuto.* He said he'd **be a few minutes late.** | **tardare a fare qc** to be late in doing sth: *I soccorsi tardavano ad arrivare.* Help was late in coming.

tanto

AVVERBIO

1 CON VERBO
Nel senso di *molto* si usa **very** in frasi affermative e **much** in frasi negative o interrogative:
Mi dispiace tanto. I'm very sorry. | *Non ho dormito tanto.* I haven't slept much.
(così) tanto si traduce **so much**:
Non mangiare così tanto prima di cena. Don't eat so much before dinner. | *Ho corso tanto che mi manca il fiato.* I've run so much that I'm out of breath.

2 CON AGGETTIVO O AVVERBIO
Nel senso di *talmente* si traduce **so**:
Non pensavo fosse tanto tardi. I didn't think it was so late. | *Non sarai così sciocco da crederci!* I wouldn't be so daft as to believe it!

3 IN PARAGONI = AS
Non è poi tanto ingenuo quanto sembra. He isn't as naive as he seems.

4 NEL SENSO DI SOLTANTO = JUST
una volta tanto just for once | *L'ho detto tanto per scherzare.* I just said it as a joke.

5 Nel senso di **molto tempo** si traduce **a long time** in frasi affermative e **(for) long** in frasi negative o interrogative:
Abbiamo aspettato tanto. We waited a long time. | *Non posso fermarmi tanto.* I can't stay (for) long.
(così) tanto nel senso di così a lungo si traduce **(for) so long**:
Non pensavo che mi sarei fermata tanto! I didn't think I would stay (for) so long!

CONGIUNZIONE
Andiamocene, tanto ormai è tardi. Let's go – it's already quite late. | *Aspettami qui, tanto ne ho per poco.* Wait for me here, I won't be long in any case.

tardi *avv* **1** (in ritardo) late: *È tardi, devo andare.* It's late. I have to go. | *Siamo arrivati tardi a scuola.* We got to school late. | *Abbiamo fatto tardi all'appuntamento.* We were late for our appointment. **2** (al mattino, alla sera) late: *Sono andati a letto molto tardi.* They went to bed very late. | **sul tardi** latish: *Chiamami in mattinata ma sul tardi.* Phone me in the morning, but make it latish. | **al più tardi** at the latest: *Arriveremo verso le sette al più tardi.* We'll arrive at around seven at the latest.

tardo, -a *agg* late: *Passo da te nel tardo pomeriggio.* I'll call by in the late afternoon. | *Sono rientrati a tarda notte.* They got home late at night. | *il tardo Medioevo* the late Middle Ages

targa *s* **1** (di auto) number plate **2** (commemorativa) plaque

T

tariffa *s* **1** (prezzo) rate: *Ci sono tariffe per studenti?* Is there a student rate? | *Qual è la tariffa corrente per un'ora di lezione privata?* What's the going rate for an hour's tuition? | **pagare la tariffa piena/ridotta** to pay full price/discount prices **2** (di parcheggio, telefono) charge: *Controlla le tariffe per gli SMS.* Check the SMS charges. **3** (di autobus, taxi) fare

tartaruga *s* **1** (di terra) tortoise **2** (di mare) turtle

tortoise

turtle

tartina *s* canapé

tartufo *s* **1** (fungo) truffle **2** (gelato) truffle ice-cream

tasca *s* **1** (di abito) pocket | **in tasca** in my/your etc pocket: *Avevo le chiavi in tasca.* I had the keys in my pocket. **2** (di borsa, valigia) pocket

tascabile *aggettivo* e *sostantivo*
- *agg* (pila, guida) pocket-sized
- *s* (libro) paperback

taschino *s* breast pocket

tassa *s* **1** (imposta) tax (pl taxes) **2** (per servizio) fee: *le tasse scolastiche* school fees

tassametro *s* taxi meter

tassista *s* taxi driver

tasso *s* **1** (percentuale) rate | **tasso d'interesse** interest rate | **tasso di natalità** birth rate **2** (quantità) level: *Il tasso d'inquinamento a Milano è altissimo.* Pollution levels in Milan are very high. **3** (animale) badger | **dormire come un tasso** to sleep like a log

tastare *v* to feel: *Ha tastato le pesche una ad una prima di comprarle.* She felt the peaches one by one before buying them. | **tastare il terreno** (per capire) to get the lie of the land: *Ho fatto domande per tastare il terreno prima della riunione.* I asked a few questions to get the lie of the land before the meeting.

tastiera *sostantivo* e *sostantivo plurale*
- *s* **1** (di computer) keyboard **2** (di telefono) numberpad **3** (di organo, pianoforte) keyboard
- **tastiere** *s pl* (in musica) keyboards

tasto *s* **1** (di tastiera) key **2** (di tv, radio) button | **il tasto di accensione** the on/off button ▶ vedi nota FALSE FRIEND sotto **taste**

tattica *s* tactic

tatto *s* **1** (senso) touch **2** (delicatezza) tact

tatuaggio *s* tattoo

tavola *s* **1** (tavolo) table: *Togli i gomiti dalla tavola.* Take your elbows off the table. | **a tavola!** lunch/dinner's ready! | **mettersi a tavola** to sit down to eat | **tavola calda** snack bar **2** (asse) plank **3** **tavola da surf** surfboard **4** (tabella) table **5** (illustrazione) plate: *delle tavole a colori* some colour plates

tavoletta *s* **1** **tavoletta di cioccolato** bar of chocolate **2** (nel nuoto) float

tavolino *s* table | **a tavolino** (astrattamente): *È facile risolvere le cose a tavolino.* It's easy to solve problems in theory. | *Si trattava di una decisione presa a tavolino.* The decision was made without taking account of circumstances on the ground. | **costruito/creato a tavolino** (film, trama) based on a formula

tavolo *s* table: *Il libro è sul tavolo del soggiorno.* The book is on the living-room table. | *Ho prenotato un tavolo per otto.* I booked a table for eight. | **una lampada/un'agenda da tavolo** a desk lamp/diary

taxi *s* taxi: *Ci chiama un taxi per favore?* Could you call us a taxi please?

tazza *s* **1** (con piattino) cup **2** (senza piattino) mug

a cup of coffee o a coffee cup?

A cup of coffee/tea ecc. significa una tazza piena di caffè/tè ecc. Per riferirsi alla tazza in quanto recipiente si dice **a coffee cup, a teacup**, ecc.:

Non posso prendere più di una tazza di caffè al giorno. I can't drink more than one cup of coffee a day. | *Devo comprare delle tazze da tè.* I need to buy some teacups.

cup

mug

tazzina *s* (small) cup: *Ho versato il caffè nella tazzina.* I poured the coffee into the cup. | *Per colazione bevo solo una tazzina di caffè.* I just have a cup of coffee for breakfast.

te *pron* you: *Vengo con te.* I'll come with you. | *C'è un pacco per te.* There's a parcel for you. | *Secondo te è vero?* Do you think it's true? ▶ vedi anche **ti**

tè *s* tea: *Tè o caffè?* Tea or coffee? | **un tè** a cup of tea: *Vuoi un tè?* Do you want a cup of tea?

teatrale *agg* (spettacolo, compagnia) si usa il sostantivo **theatre** in funzione di aggettivo: *il programma della stagione teatrale* the programme for the theatre season

T

Quando si usa *in*, *on* e *at*? Vedi alla voce in.

teatro *s* **1** (edificio) theatre (BrE), theater (AmE): *Ieri siamo andati a teatro.* We went to the theatre yesterday. **2** (genere) theatre (BrE), theater (AmE): *Non sono mai stato un grande amante del teatro.* I've never been a great fan of the theatre.

tecnica *s* **1** (tecnologia) technology (pl technologies) **2** (tattica) technique

tecnico, -a *aggettivo e sostantivo*
- *agg* technical
- *s* technician

tecnologia *s* technology (pl technologies)

tedesco, -a *agg* e *s* German

tegame *s* pot

teglia *s* **1** (di metallo) baking sheet **2** (di ceramica) pie dish (pl pie dishes)

tegola *s* tile

teiera *s* teapot

tela *s* **1** (tessuto) canvas **2** (quadro) canvas (pl canvases)

telaio *s* **1** (di bicicletta) frame **2** (per tessere) loom

tele *s* telly (BrE), TV (AmE): *C'è niente alla tele?* Is there anything **on the telly?**

telecamera *s* camera

telecomando *s* remote (control)

telecomunicazioni *s pl* telecommunications

telecronaca *s* commentary (pl commentaries)

telefilm *s* TV serial

telefonare *v* to phone: *Ha telefonato nessuno?* Has anybody phoned? | **telefonare a qn** to phone sb: *Ti telefono stasera.* I'll phone you tonight.

telefonarsi *v rifl* to phone each other: *Per ogni cambiamento, ci telefoniamo.* We'll call each other about any changes.

telefonata *s* phone call | **fare una telefonata** to make a phone call: *Posso fare una telefonata?* Can I make a phone call? | **telefonata urbana** local call | **telefonata interurbana** national call | **fare una telefonata a carico** to make a phone call and reverse the charges

telefonico, -a *agg* si usa il sostantivo **phone** oppure **telephone** in funzione di aggettivo: *Mi lascia un recapito telefonico?* Can you leave me a phone number?

telefonino *s* mobile (phone) (BrE), cellphone (AmE): *Chiamami sul telefonino.* Call me on my mobile.

telefono *s* phone, telephone: *Scusi, c'è un telefono qui?* Excuse me, is there a phone here? | *Rispondi tu al telefono?* Will you answer the phone? | *Vieni, c'è tuo fratello al telefono.* Come here, it's your brother **on the phone.** | *Ero al telefono con Marco.* I was **on the phone to** Marco.

telegiornale *s* news: *L'hanno detto al telegiornale.* They said so **on the news.**

telegramma *s* telegram

telematica *s* data communication

telenovela *s* soap opera

teleobiettivo *s* telephoto lens (pl telephoto lenses)

telescopio *s* telescope

telespettatore, -trice *s* viewer

televideo *s* teletext®

televisione *s* television: *Spegni la televisione.* Switch the television off. | *Cosa danno alla televisione?* What's **on television?**

televisore *s* television (set)

telo *s* **1** sheet **2 telo da mare** beach towel

tema *s* **1** (argomento) topic **2** (composizione) essay

temere *v* **1** (avere paura) to be afraid: *Non temere, ci sono io.* Don't be afraid, I'm here. | *Temo si sia offeso.* I'm afraid he took offence. | *Temo di essermi sbagliato.* I'm afraid I made a mistake. | *Non hai nulla da temere.* You have nothing to fear. | **temere qn/qc** to be afraid of sb/sth: *Tutti temono il professore di filosofia.* Everyone's afraid of the philosophy teacher. | *Dicendogli la verità temeva di ferirlo.* She was afraid of hurting his feelings by telling him the truth. | **temere il peggio** to fear the worst: *Cominciavamo a temere il peggio.* We were starting to fear the worst. **2 questa pianta teme la luce** keep (this plant) out of direct sunlight | **questa pianta teme il freddo** keep (this plant) away from the cold

temperamatite *s* pencil sharpener

temperamento *s* **1** (natura) temperament **2** (carattere) character

temperare *v* (matita) to sharpen

temperato, -a *agg* (clima, regione) temperate

temperatura *s* **1** (atmosferica) temperature | **temperatura ambiente** room temperature: *Conservare a temperatura ambiente.* Store at room temperature. **2** (di materia) temperature **3** (febbre) temperature: *Gli è salita la temperatura.* His temperature's gone up.

temperino *s* **1** (coltellino) penknife (pl penknives) **2** (temperamatite) pencil sharpener

tempesta *s* storm

tempia *s* temple

tempio *s* temple

tempo *s* **1** (successione, periodo) time [mai plurale]: *Il tempo è volato.* The time has flown. | *Non ci siamo visti per tanto tempo.* We haven't seen each other for a long time. | *Conosco Luisa da molto tempo.* I've known Luisa *for a long time.* | *Dammi il tempo di finire.* Give me time to finish. |

Non abbiamo tempo da perdere. We don't have time to lose. | *Il maratoneta ha fatto un tempo eccezionale.* The marathon runner ran an excellent time. | **quanto tempo?** how long?: *Quanto tempo ci vuole?* How long does it take? | **tempo libero** free time: *Cosa fai nel tempo libero?* What do you do **in your free time**? | **tempo pieno** (a scuola) full (school) day | **a tempo pieno** full time **2** **in tempo** on time: *Siamo arrivati in tempo.* We arrived on time. | **fare in tempo a fare qc** to have time to do sth: *Non ho fatto in tempo a chiamare.* I didn't have time to call. **3** **primo tempo** first half | **secondo tempo** second half | **tempi supplementari** extra time [mai plurale] **4** (meteorologico) weather: *Che tempo fa?* **What's the weather like**? | *Hai visto le previsioni del tempo per domani?* Have you seen the weather forecast for tomorrow? | **fa brutto/bel tempo** the weather is bad/nice: *Se fa brutto tempo torno a casa.* I'll go home if the weather is bad. | *Domani farà bel tempo.* It'll be nice tomorrow. **5** (epoca) time: *al tempo di Napoleone* at the time of Napoleon | **un tempo** once: *Un tempo qui c'era una città.* There was a city here once. **6** (ritmo) time: *Questo ritmo è troppo veloce, non riesco a tenere il tempo.* This beat is too fast – I can't stay in time. | *Batteva il tempo con le mani.* He was clapping in time to the music. | **andare a tempo** to be in time **7** (di verbo) tense

temporale *sostantivo* e *aggettivo*
• *s* thunderstorm: *Sta per scoppiare un temporale.* A thunderstorm's about to break.
• *agg* **1** (in grammatica) si usa il sostantivo **time** in funzione di aggettivo: *un avverbio di tempo* a time adverb **2** (del tempo) si usa il sostantivo **time** in funzione di aggettivo: *una nuova dimensione temporale* a new dimension in time | **limite/distanza temporale** time limit/distance

temporaneo, -a *agg* temporary

tenace *agg* tenacious

tenaglie *s pl* **1** (pinze) pliers **2** (di granchio, aragosta) pincers

tenda *s* **1** (da campeggio) tent **2** (di finestra) curtain ▶ vedi anche **tirare** **3** (di doccia) shower curtain **4** (su terrazzo, veranda) awning

tendenza *s* **1** (ispirazione) tendency (pl tendencies) **2** (propensione) tendency (pl tendencies) | **avere tendenza a fare qc** to have a tendency to do sth: *Ha tendenza a imitare la sorella più grande.* She has a tendency to copy her elder sister. **3** (moda) fashion | **uno stilista/un pub che fa tendenza** a trendy designer/pub

tendere *v* **1** **tendere a fare qc** to tend to do sth: *Tende a imitare i compagni.* He tends to copy his friends. | **tendere a qc** *un blu che tende al verde* a greenish blue | *un marrone che tende all'arancione* an orangey brown **2** (allungare) to stretch: *Tendete bene le braccia in avanti.* Stretch your arms out in front of you. **3** (tirare) to tighten: *Prova a tendere un po' la corda.* Try to tighten the rope a bit. **4** **tendere una trappola/un agguato a qn** to lie in wait for sb: *Gli hanno teso una trappola.* They lay in wait for him.

tèndine *s* (in anatomia) tendon

tendìne *s pl* curtains

tenente *s* lieutenant ▶ vedi nota FALSE FRIEND sotto **tenant**

tenere *v* **1** (stringere) to hold: *Tieni ferma la scala.* Hold the ladder steady. | *Tieni tu l'ombrello?* Will you hold the umbrella? **2** (prendere) to take: *Tieni i soldi.* Take the money. | *Tienimi un attimo la valigia.* Take my suitcase for a second, will you? | *Tenga pure il resto.* Keep the change. **3** (avere) to keep: *Tiene sempre in tasca il coltellino.* He always keeps a small knife in his pocket. | *Non tengo mai più di 10 euro nel portafoglio.* I never keep more than 10 euros in my wallet. **4** (lasciare) to keep: *Tieni la porta aperta.* Keep the door open. | *Tieni addosso il cappotto, usciamo subito.* Keep your coat on – we're going straight out. **5** (mantenere, conservare) to keep: *Tenga lo scontrino, in caso voglia cambiare la roba.* Keep the receipt in case you want to exchange something. | **tenere a mente qc** to remember sth: *Tieni a mente il numero di telefono.* Remember the phone number. | **tenere caldo** to keep warm: *Questo maglione tiene davvero caldo.* This sweater really keeps you warm. | **tenere compagnia a qn** to keep sb company: *Mi ha tenuto compagnia tutto il giorno.* She kept me company all day. | **tenere il posto a qn** to keep sb's place: *Tienimi il posto, torno subito.* Keep my place, I'll be right back. | **tenere la destra** to keep to the right: *Tieni sempre la destra.* Always keep to the right. | **tenere d'occhio qn/qc** to keep an eye on sb/sth: *Tieni d'occhio le borse.* Keep an eye on the bags. **6** **tenere una conferenza** to hold a conference | **tenere un discorso** to make a speech

tenersi *v rifl* **1** (aggrapparsi) to hold on: *Tenetevi forte!* Hold on tight! | *Tieniti a me.* **Hold on to** me. **2** (stare) to keep: *Si sono tenuti fuori dalla faccenda.* They kept out of it. | **tenersi pronto** to get ready: *Tenetevi pronti a partire.* Get ready to go.

tenerezza *s* **1** (affetto) tenderness | **fare tenerezza** to be sweet: *Guarda quel bimbo: fa tenerezza.* Look at that little boy, isn't he sweet? **2** **scambiarsi delle tenerezze** to show affection

tenero, -a *agg* **1** (dolce, affettuoso) sweet: *Guarda che tenero quel cagnolino!* Look, isn't that puppy sweet! **2** (molle) soft **3** (carne) tender

tennis *s* tennis: *una partita a tennis* a game of tennis | **giocare a tennis** to play tennis

tennista *s* tennis player

tenore *s* **1** (cantante) tenor **2 tenore di vita** standard of living

tensione *s* **1** (nervosismo) tension **2 alta tensione** high voltage

tentacolo *s* tentacle

tentare *v* **1** (provare) to try: *Ho tentato di tutto.* I tried everything. | **tentare di fare qc** to try to do sth: *Abbiamo già tentato di convincerlo.* We've already tried to persuade him. **2** (attirare) to tempt: *Non mi tentare, devo studiare.* Don't tempt me, I have to study. | *L'idea mi tenta moltissimo.* The idea's very tempting.

tennis

racquet (BrE)/ racket (AmE)

trainers (BrE)/ sneakers (AmE)

tentativo *s* attempt: *Facciamo un ultimo tentativo.* Let's make one last attempt. ▶ vedi nota FALSE FRIEND sotto **tentative**

tentazione *s* temptation | **avere la tentazione di fare qc** to be tempted to do sth: *Ho avuto la tentazione di dirglielo.* I was tempted to tell him.

tenuta *s* **1** (abbigliamento) clothes [plurale] | **tenuta da lavoro** work clothes **2** (proprietà) estate **3 tenuta di strada** road holding

tenuto, -a *agg* **essere tenuto a fare qc** to be obliged to do sth: *Non siete tenuti a farlo.* You're not obliged to do it.

teorema *s* theorem: *il teorema di Pitagora* Pythagoras's theorem

teoria *s* **1** (ipotesi) theory (pl theories) **2** (astratto) theory | **in teoria** in theory: *In teoria funziona, ma nella pratica no.* It works in theory, but not in practice. **3** (esame) theory

teorico, -a *agg* **1** (astratto) theoretical **2** (esame, manuale) theoretical

teppista *s* thug

terapia *s* **1** (cura) treatment | **terapia intensiva** intensive care **2** (psicoterapia) therapy (pl therapies)

tergicristallo *s* windscreen wiper

terme *s pl* **1** (per cure) spa [singolare] **2** (romane) baths [sempre plurale]

termico, -a *agg* thermal

terminale *aggettivo e sostantivo*

• *agg* **1** (finale) final **2** (malato, malattia) terminal

• *s* **1** (computer) computer terminal **2** (in aeroporto) terminal

terminare *v* to finish | **terminare qc/di fare qc** to finish sth/doing sth: *Non ha ancora terminato di fare colazione.* He still hasn't finished his breakfast. | **terminare in** to end in: *È una parola che termina in o.* It's a word that ends in o.

termine *s* **1** (parola) term | **moderare i termini** to tone down your language | **in altri termini** in other words: *Il tuo compito è stato giudicato insufficiente. In altri termini, non sei stato ammesso al concorso.* Your work is deemed unsatisfactory. In other words, you have failed the exam. **2** (fine) end | **portare a termine qc** to finish sth: *Piero non porta a termine niente di quello che comincia.* Piero never finishes anything he starts. **3** (scadenza) deadline: *Qual è il termine ultimo per le iscrizioni?* When's the deadline for enrolment? | **a breve termine** short-term: *Non ho programmi a breve termine.* I have no short-term plans. | **a lungo termine** long-term: *È un progetto a lungo termine.* It's a long-term project.

termometro *s* thermometer

termos ▶ vedi **thermos**

termosifone *s* radiator

termostato *s* thermostat

Terra *s* earth

terra *s* **1** (pavimento) floor | **per terra** on the floor: *Mi è caduto per terra il bicchiere.* My glass fell on the floor. | *Si rotolava per terra dalle risate.* He was rolling around on the floor laughing. | *Abbiamo dormito per terra.* We slept on the floor. **2** (suolo) ground: *Si è gettato a terra per schivare il colpo.* He threw himself to the ground to avoid the blow. | **avere una gomma a terra** to have a flat tyre **3** (terraferma) land: *Abbiamo viaggiato via terra.* We travelled **by land**. **4** (terriccio) soil **5** (materiale) earth | **strada in terra battuta** dirt road **6** (proprietà) land [mai plurale] **7** (paese) land

terracotta *s* (per artigianato) terracotta

terraferma *s* dry land

terrazza *s* **1** (balcone) balcony (pl balconies) **2** (grande) terrace

terrazzo *s* (di appartamento, palazzo) terrace

terremoto *s* earthquake

terreno *s* **1** (territorio) ground **2** (suolo) soil **3** (proprietà) land [mai plurale]

terrestre *aggettivo e sostantivo*

• *agg* **1** (del pianeta) **la crosta/superficie terrestre** the earth's crust/surface **2** (della terraferma) si usa il sostantivo **land**

T

in funzione di aggettivo: *una mina terrestre* a land mine
• *s* earthling

terribile *agg* **1** (angoscioso) terrible: *È stata un'esperienza terribile.* It was a terrible experience. **2** (grande) terrible: *Con la marmitta rotta il motorino fa un rumore terribile.* The scooter is making a terrible racket because the silencer's broken. | *Faceva un freddo terribile.* It was terribly cold. **3** (pessimo) terrible: *Hai una scrittura terribile!* Your handwriting's terrible!

territorio *s* **1** (geografico) territory (pl territories) **2** (amministrativo) territory (pl territories)

terrore *s* terror | **avere il terrore di qc** to be terrified of sth: *Ho il terrore dei ragni.* I'm terrified of spiders.

terrorismo *s* terrorism

terrorista *aggettivo e sostantivo*
• *agg* si usa il sostantivo **terrorist** in funzione di aggettivo: *un attacco terroristico* a terrorist attack
• *s* terrorist

terrorizzare *v* to terrify

terzo, -a *aggettivo, sostantivo e sostantivo plurale*
• *agg* third | **il Terzo mondo** the Third World | **la terza età** senior citizens [sempre plurale]
• *s* third
• **terzi** *s pl* (altre persone) third party [singolare]: *Ha agito per conto terzi.* He acted on behalf of a third party. ► vedi Active Box **numeri** sotto **numero**

teschio *s* skull

tesi *s* **1** (teoria) theory (pl theories) **2** (di laurea) dissertation

teso, -a *agg* **1** (persona, situazione) tense: *Ero molto teso per l'interrogazione.* I was very **tense about** the exam. **2** (corda, rete) tight

tesoro *s* **1** (cose preziose) treasure **2** (in politica) treasury **3** (persona) darling: *Sei un tesoro, grazie.* You're a darling, thanks.

tessera *s* (abbonamento, carta) pass (pl passes): *Devo rinnovare la tessera per l'autobus.* I have to renew my bus pass. | **tessera magnetica** swipe card

tessere *v* **1** (lana, fibre) to weave **2** (ragnatela) to spin

tessile *agg* si usa il sostantivo **textile** in funzione di aggettivo: *l'industria tessile* the textile industry

tessuto *s* **1** (stoffa) fabric **2** (in anatomia) tissue

test *s* **1** (quiz) test: *Abbiamo fatto un test d'inglese.* We did an English test. | *Non ha superato il test attitudinale.* She didn't pass the aptitude test. **2** (esperimento) test

testa *s* **1** (parte del corpo) head: *Mi fa male la testa.* My head hurts. | *Mi gira la testa.* My head's spinning. | *Si è arrampicato sul ramo più alto ed è caduto a testa in giù.* He climbed right up to the top branch and fell headfirst down out of the tree. **2 dalla testa ai piedi** from head to toe | **dare alla testa a)** (vino, alcol) to go to your head: *L'alcol gli ha dato alla testa.* The alcohol has gone to his head. **b)** (vittoria, potere) to go to your head: *Il successo le ha dato alla testa.* Success has gone to her head. | **montarsi la testa** to get big-headed: *Bravo, ma non ti montare la testa.* Well done – just don't get too big-headed. | **mettersi in testa qc** to get sth into your head: *Ora si è messa in testa di andare in vacanza da sola.* Now she's got it into her head that she wants to go on holiday alone. | *Ma cosa ti sei messo in testa?* What's got into you? | **fare di testa propria** to do your own thing: *Ho deciso di fare di testa mia.* I decided to do my own thing. | **a testa** a head: *Fanno 20 euro a testa.* That's 20 euros a head. | *Ne tocca uno a testa.* You'll get one each. | **essere in testa a)** (in una gara) to lead: *È stato in testa per tutta la maratona.* He led the marathon all the way. **b)** (in una classifica) to be (at the) top: *È in testa alla classifica.* She's top of the charts. | **testa o croce** heads or tails: *Testa o croce?* Heads or tails? | *Facciamo a testa o croce.* Let's toss a coin. ► vedi anche **male**

Testamento *s* **Antico/Nuovo Testamento** Old/New Testament

testamento *s* (documento) will: *Ha già fatto testamento.* He's already made his will.

testardo, -a *agg* stubborn

testata *s* **1** (colpo) bang on the head | **dare una testata contro qc** to bang your head against sth: *Ha frenato di colpo e ho dato una testata contro il parabrezza.* He braked suddenly and I banged my head against the windscreen. **2** (del letto) headboard **3** (titolo di giornale) masthead **4** (giornale) newspaper **5 testata nucleare** nuclear warhead

testicolo *s* testicle

testimone *s* **1** (di reato) witness (pl witnesses): *Non ci sono stati testimoni all'omicidio.* There were no **witnesses to** the murder. **2** (di matrimonio) witness (pl witnesses) **3** (nello sport) baton

testimoniare *v* to testify

testina *s* **1** (di registratore) tape head **2** (di stampante) print head

testo *s* **1** (libro) book **2** (di discorso, articolo) text **3** (di esercizio) instructions [plurale] **4** (di canzone) lyrics [sempre plurale]

tetro, -a *agg* gloomy

tetto *s* **1** (di casa) roof **2** (di auto) roof

tettoia *s* shelter

T

Tevere *s* **il Tevere** the Tiber
thailandese *agg* e *s* Thai
Thailandia *s* **la Thailandia** Thailand
thermos *s* flask
ti, anche **te** *pron* ▶ vedi riquadro
ticket *s* (su ricetta medica) prescription charge
tiepido, -a *agg* **1** (acqua, minestra) lukewarm **2** (vento, giornata) warm
tifare *v* **tifare per qc/qn** to support sb/sth (BrE), to root for sb/sth (AmE): *Per che squadra tifi?* What team do you support? | *In questo caso tifo per te.* In this case, I'm on your side.
tifoso, -a *s* supporter: *i tifosi del Milan* the Milan supporters
tigre *s* (maschio) tiger, (femmina) tigress (pl tigresses)
timbrare *v* **1** (passaporto, documento) to stamp **2 timbrare il cartellino a)** (all'entrata) to clock in **b)** (all'uscita) to clock out
timbro *s* **1** (strumento, marchio) stamp **2** (di voce, suono) tone
timido, -a *agg* **1** (persona) shy: *Non essere timido, parla pure!* Don't be shy, speak up! **2** (tentativo, sorriso) timid
timo *s* thyme
timone *s* (di barca) tiller
timore *s* fear | **avere timore di qc/di fare qc** to be afraid of sth/of doing sth: *Non avere timore di disturbare, telefona quando vuoi.* Don't be afraid that you're disturbing me. Phone up whenever you want.
timpano *s* eardrum | **rompere i timpani** (musica, rumore) to be earsplittingly loud
tinello *s* dining area, dinette (AmE)
tingere *v* to dye: *Voglio tingere questa gonna di blu.* I want **to dye** this skirt **blue**. | **tingersi i capelli** to dye your hair
tinta *s* **1** (colore) colour | **in tinta** matching: *pantaloni blu e maglietta in tinta* blue trousers and a matching T-shirt | **(in) tinta unita** plain: *una gonna a fiori con maglietta tinta unita* a flowered skirt with a plain T-shirt **2** (per tessuti) dye **3** (per capelli) colour | **farsi la tinta** to have your hair coloured
tintarella *s* (sun)tan
tintoria *s* dry cleaner's
tipico, -a *agg* **1** (di paese, regione) typical: *il tipico pub inglese* a typical English pub **2** (di persona, situazione) typical: *un caso tipico di gelosia* a typical case of jealousy
tipo *sostantivo* e *aggettivo*
• *s* **1** (genere) sort: *Che tipo di musica ti piace?* What sort of music do you like? | **(del) tipo** (ad esempio) such as: *un piatto semplice, tipo spaghetti al pomodoro* a simple dish such as spaghetti in tomato sauce **2** (persona originale) character: *Che tipo strano, la tua amica!* Your friend's an odd character, isn't she? | *Tua sorella è proprio un bel tipo!* Your sister is quite a character! | **essere un tipo** to have a certain something: *Non è bello, ma è comunque un tipo.* He's not handsome, but he has a certain something. **3** (tizio) guy: *C'è un tipo che ti cerca.* There's a guy looking for you.
• *agg* typical: *la famiglia tipo, con genitori e due figli* a typical family – mother, father and two children

ti *pronome*

1 Come *complemento oggetto* o *complemento di termine* si traduce generalmente **you**:
Ti posso aiutare? Can I help you? | *Ti chiamo più tardi.* I'll call you later.
Nota però che alcuni verbi inglesi richiedono una preposizione (**to you, for you**, ecc.); è perciò bene consultare nel dizionario il verbo in questione, ad esempio, *scrivere, aspettare*, ecc.:
Ti scriverò spesso. I'll write to you often. | *Ti aspetto davanti a casa tua.* I'll wait for you in front of your house.
2 Quando è usato con *parti del corpo* o per esprimere *appartenenza*, si usa il pronome possessivo **your**:
Ti fa male il braccio? Does your arm hurt? | *Abbottonati la giacca.* Button up your jacket.
3 Quando ha valore *riflessivo* si traduce **yourself**:
Stai attento a non farti male. Be careful not to hurt yourself.
Nota però che non necessariamente un verbo riflessivo italiano si traduce con un verbo riflessivo in inglese:
A che ora ti alzi? What time do you get up at?

tipografia *s* **1** (tecnica) typography **2** (stabilimento) print shop
tipografico, -a *agg* typographic
Tirana *s* Tirana
tirare *v* **1** (verso di sé) to pull: *Devi tirare la porta per aprirla.* You've got to pull the door to open it. **2** (lanciare) to throw: *Tirami le chiavi!* Throw me the keys! | *Qualcuno mi ha tirato un sasso.* Somebody **threw** a stone **at** me. | **tirare un pugno a qn** to punch sb: *Mi ha tirato un pugno in un occhio!* He punched me in the eye! | **tirare un calcio a qn** to kick sb: *Non tirarmi calci!* Don't kick me! **3** (nel calcio) to take a shot: *Ho tirato in porta, ma ho preso il palo.* I **took a shot at goal**, but I hit the post. **4** (trainare) to pull: *La carrozza era tirata da due cavalli bianchi.* The carriage was being pulled by two white

horses. **5 tirare giù a)** (da ripiano, mobile) to get down: *Scusi, mi aiuta a tirare giù la valigia?* Excuse me, will you help me get my suitcase down? **b)** (tapparelle) to pull down: *Tira giù le serrande prima di uscire.* Pull down the shutters before you go out. | **tirare giù dal letto qn** to drag sb out of bed: *Mi hanno tirato giù dal letto alle cinque.* I was dragged out of bed at five o'clock. | **tirare su a)** (raccogliere) to pick up: *Tira su la carta che hai buttato per terra.* Pick up the paper you threw on the ground. **b)** (tapparelle) to close: *Spegni la luce e tira su la serranda.* Turn out the light and open the shutters. **c)** (di morale) to cheer up: *Questa notizia mi ha tirata un po' su.* This news has cheered me up a bit. | **tirarsi su i pantaloni/le maniche** to pull up your trousers/your sleeves | **tirarsi su i capelli** to put your hair up | **tirare su con il naso** to sniff **6 tirar fuori qc a)** (da borsa, armadio) to get sth out: *Ho già tirato fuori il portafoglio per pagare.* I've already got out my wallet to pay. **b)** (scusa, storia) to trot out sth: *Ha tirato fuori una scusa per non venire.* He trotted out an excuse for not turning up. **7 tirare una riga/una linea** to draw a line **8 tirare a indovinare** to take a guess: *Non lo sapevo, ho tirato a indovinare.* I didn't know, I just took a guess. | **tirare a sorte** to draw lots: *Tiriamo a sorte chi lava i piatti.* Let's draw lots to see who does the washing up. | *I nomi dei vincitori verranno tirati a sorte.* The names of the winners will be drawn by lot. **9** (sparare) to fire: *Gli hanno tirato contro.* They **fired at** him. **10 tirare le tende a)** (aprirle) to open the curtains **b)** (chiuderle) to draw the curtains **11 tirare una conclusione** to draw a conclusion **12 tirare diritto** to keep right on going: *Ha tirato diritto senza nemmeno salutare.* He kept right on going without even saying hello. **13 tirare in ballo qn** to involve sb: *Non voglio essere tirato in ballo.* I don't want to be involved. | *Non tirarmi in ballo: io non c'entro.* Leave me out of it. It's got nothing to do with me. | **tirare in ballo qc** to bring sth up: *Deve sempre tirare in ballo quella vecchia questione.* He's always got to bring up the same old subject. **14** (soffiare) to blow: *Al mare tirava un vento!* There was quite a wind blowing at the seaside! | **che aria tira?** what's the atmosphere like?

tirarsi *v rifl* **tirarsi su a)** (alzarsi) to get up **b)** (di morale) to cheer yourself up: *Per tirarmi su, sono andata a fare un po' di shopping.* I went and did a bit of shopping to cheer myself up. | **tirarsi indietro** to back out: *Adesso non puoi più tirarti indietro.* It's too late to back out now.

tirata *s* **1 fare (tutta) una tirata** to do a trip in one go: *Da Napoli a Milano abbiamo fatto tutta una tirata.* We did the trip from Naples to Milan in one go. **2 una tirata d'orecchie** (rimprovero) a telling-off **3** (di sigaretta) drag: *Mi fai dare una tirata?* Can I have a drag?

tiro *s* **1** (nel calcio, nella pallacanestro) shot: *un bel tiro* a great shot | **tiro libero** free throw **2 tiro a segno/al bersaglio** target shooting **3 tiro alla fune** tug-of-war **4 a un tiro di schioppo** a stone's throw: *Abito a un tiro di schioppo da qui.* I live a stone's throw from here. **5** (di sigaretta) drag: *Non ho fumato tutta la sigaretta, ho solo fatto due tiri.* I didn't smoke the whole cigarette – I only had two drags.

Tirreno *s* **il Tirreno** the Tyrrhenian Sea

tisana *s* herbal tea (BrE), herb tea (AmE): *una tisana alla menta* a peppermint tea

titolare *s* **1** (di ditta, negozio) owner **2** (di conto, documento) holder

titolo *s* **1** (di libro, film) title **2** (in gara, concorso) title **3 titolo di studio** qualification **4** (azione, obbligazione) bond

tizio, -a *s* **tizio** guy | **tizia** woman (pl women): *Ho telefonato e ha risposto una tizia.* I phoned and some woman answered.

toast *s* toasted sandwich (pl toasted sandwiches), toastie [informale]

toccare *v* **1** (con la mano) to touch: *Per favore, non toccare niente.* Please don't touch anything. | **tocchiamo ferro!** touch wood! (BrE), knock on wood! (AmE) **2** (riguardare) to concern: *La cosa non mi tocca per niente.* The issue doesn't concern me in the slightest. **3 toccare a qn a)** (in gioco) to be sb's turn: *Tocca a me tirare i dadi.* It's my turn to throw the dice. **b)** nel senso di essere costretto, si traduce **to have (got) to**, con la persona a cui tocca qualcosa come soggetto: *Tocca a te mettere a posto.* You've got to tidy up. | *Mi è toccato pagare per tutti.* I had to pay for everybody. **c)** (spettare a) to be up to sb: *Non tocca certo a me dirglielo.* It's certainly not up to me to tell him. **4 tocchi/si tocca?** (in acqua) can you touch the bottom? **5 toccare un argomento** to touch on a subject

tocco *s* **1** (colpo) touch (pl touches) **2** (alla porta) knock **3** (rifinitura) touch (pl touches): *Devo dare ancora dare il tocco* *finale al disegno.* I've still got to put **the finishing touches to** the drawing.

togliere *v* **1** (spostare) to take off: *Togli i tuoi libri dal tavolo.* Take your books off the table. **2** (eliminare) to get rid of: *Come si tolgono le macchie di ruggine?* How do you get rid of rust stains? | **togliersi un peso** to take a load off your mind | **togliersi un peso dallo stomaco** to get it off your chest | **togliere una curiosità a qn** to satisfy sb's curiosity (on a certain point): *Vorrei che mi togliessi una curiosità.* I'd like you to satisfy my curiosity on a certain point. | *Mi togli una curiosità?* Do you mind if I ask you something? | **togliersi dalla testa un'idea/una persona** to get a notion/a person out of your head: *Non riesce a togliersi Paolo dalla testa.* She can't get Paolo out of her head. **3 togliere qc a qn** to take sth away from sb: *Mi hanno tolto l'incarico di organizzare la gita.* The job of organizing the trip was taken away from me. | **togliere le parole di bocca a qn** to take the words right out of sb's mouth: *Stavo per dirlo io: mi hai tolto le parole di bocca!* I was just about to say that – you took the words right out of my mouth! **4 togliersi la camicia/gli occhiali** to take off your shirt/glasses **5** (sottrarre) to deduct: *Se togli le spese, non rimane molto.* If you deduct the costs, there's not a lot left. **6** (liberare) to get out: *Mi hai tolto da una situazione imbarazzante.* You got me out of an embarrassing situation. **7 ciò non toglie che** that doesn't alter the fact that: *Ciò non toglie che abbia ragione anche lei.* That doesn't alter the fact that she's right as well.
togliersi *v rifl* **togliersi di mezzo/dai piedi** to get out of the way: *Se disturbo, mi tolgo subito dai piedi.* If I'm bothering you, I'll get out of the way at once.

toilette *s* toilet, loo (BrE) [informale], bathroom (AmE): *Scusi, dov'è la toilette?* Excuse me, where's the toilet?

tollerare *v* **1 tollerare qc** (atteggiamento, comportamento) to tolerate sth: *Non tollero interruzioni.* I will not tolerate any interruptions. | *Non tollera che lo si contraddica.* He can't stand being contradicted. | **tollerare qn** (sopportare) to put up with sb: *Anche i suoi amici fanno fatica a tollerarlo.* Even his friends find it hard to put up with him. **2** (resistere a) to take: *Il mio organismo tollera bene il caldo.* I can take the heat quite well.

tomba *s* grave

tombino *s* manhole

tombola *s* bingo

tonaca *s* habit

tonalità *s* **1** (di colore) shade **2** (di musica) key

tondo, -a *aggettivo e sostantivo*
• *agg* **1** (forma, oggetto) round **2** (numero) round: *Sono mille sterline tonde.* It's a round thousand pounds. | **fare cifra tonda** to give a round figure
• **tondo** *s* **in tondo** in circles: *Stiamo girando in tondo da un'ora: per me, ci siamo persi.* We've been going round in circles for an hour. If you ask me, we're lost.

tonnellata *s* metric ton, tonne | **pesare una tonnellata** to weigh a ton

> Nota che un **metric ton** è equivalente a 1000 chilogrammi nel Regno Unito e a 907.2 chilogrammi negli Stati Uniti.

tonno *s* tuna: *tonno in scatola* tinned tuna

tonsille *s pl* tonsils

tonto, -a *aggettivo e sostantivo*
• *agg* stupid
• *s* **fare il finto tonto** to act dumb: *Non fare la finta tonta: sai benissimo di cosa sto parlando.* Stop acting dumb – you know very well what I'm talking about.

topo *s* mouse (pl mice)

toppa *s* **1** (di serratura) keyhole **2** (di stoffa) patch (pl patches) | **pantaloni con le toppe** patched trousers

torace *s* chest

torbido, -a *agg* cloudy

torcere *v* to twist | **torcere il collo a qn** to wring sb's neck: *Avrei voglia di torcergli il collo!* I'd like to wring his neck!
torcersi *v rifl* **torcersi dalle risate** to laugh your head off | **torcersi dal male** to be writhing with pain

torcia *s* **torcia (elettrica)** (electric) torch (BrE), flashlight (AmE)

torcicollo *s* stiff neck | **avere il torcicollo** to have a crick in your neck

Torino *s* Turin

tormentare *v* **1** (angosciare) to torment: *È tormentato dai sensi di colpa.* He's tormented by feelings of guilt. **2** (seccare) to pester: *Va bene, ti accompagno: basta che non mi tormenti più!* All right, I'll come with you as long as you stop pestering me!

tornado *s* tornado (pl tornadoes)

tornare *v* **1** (venire indietro) to come back: *Siamo appena tornati dalle vacanze.* We've just come back from our holidays. | **tornare su un argomento** to come back to a topic **2** (andare indietro) to go back: *La strada è bloccata: dobbiamo tornare indietro.* The road's blocked – we've got to go back. | *È tutto tornato alla normalità.* Everything's back to normal. | **tornare su una decisione** to go back on a decision **3** (essere di ritorno) to be back: *Se non torno per le otto, mangiate pure.* If I'm not back by eight, go ahead and eat. | *Aspettami qui, torno subito.* Wait for me here, I'll be right back. **4** (riapparire) to come back: *Aspettiamo che torni il bel tempo.* Let's wait for the fine weather to come back. **5** (conti) to balance: *Non mi tornano i conti.* My accounts won't balance. | **c'è qualcosa che non torna** there's something not quite right **6** **tornare utile** to prove useful: *Non lo buttare via, può sempre tornare utile.* Don't throw it away, it could still prove useful.

torneo *s* tournament: *un torneo di tennis* a tennis tournament

Toro *s* Taurus: *Sono del Toro.* I'm **a Taurus.**

toro *s* (animale) bull

torre *s* **1** (edificio) tower: *la torre di Londra* the Tower of London | **la torre pendente** the Leaning Tower of Pisa **2** (negli scacchi) rook, castle **3** **torre di controllo** control tower

torrente *s* mountain stream

torrone *s* nougat

torso *s* **essere a torso nudo** to be stripped to the waist

torsolo *s* core

torta *s* **1** (dolce) cake: *una torta al cioccolato* a chocolate cake | **torta gelato** ice cream cake **2** (salata) flan (BrE), pie (AmE)

tortura *s* torture

torturare *v* to torture

tosare *v* (pecora) to shear

Toscana *s* **la Toscana** Tuscany

toscano, -a *agg* e *s* Tuscan

tosse *s* cough: *Ho la tosse.* I've got **a cough.**

tossico *agg* toxic

tossicodipendente, tossicomane *aggettivo* e *sostantivo*

• *agg* non esiste l'aggettivo, ma solo il sostantivo **drug addict**: *un centro per ragazzi tossicodipendenti* a centre for young drug addicts

• *s* drug addict

tossire *v* to cough

tostapane *s* toaster

tostato, -a ▶ vedi **pane**

tosto, -a *agg* **1** **faccia tosta** cheek (BrE), nerve (AmE): *Hai una bella faccia tosta!* You've got a real cheek! **2** (duro) tough: *Il tuo amico è un tipo tosto.* Your friend's a tough enough guy. **3** (bello) cool: *Che tosto questo giubbotto!* What a cool jacket!

tot *aggettivo* e *sostantivo*

• *agg* **1** (numero imprecisato) X: *Costa tot euro, più 20% di IVA.* It costs X euros, plus 20% VAT. **2** (data, ora imprecisata) such-and-such: *il giorno tot, alle ore tot* on such-and-such a day, at such-and-such a time

• *s* X amount

totale *aggettivo* e *sostantivo*

• *agg* total

• *s* total | **un totale di** a total of: *Ventisette promossi su un totale di trenta allievi.* Twenty-seven passes out of a total of thirty pupils. | **in totale** in total: *Fanno 32 euro in totale.* That makes 32 euros in total.

totocalcio *s* **il totocalcio** the (football) pools | **giocare al totocalcio** to do the pools

tournée *s* tour | **essere in tournée** to be on tour

tovaglia *s* tablecloth

tovagliolo *s* napkin

tozzo, -a *aggettivo* e *sostantivo*

• *agg* **1** (persona, corporatura) stocky **2** (dito) stubby **3** (cane, edificio) squat

• **tozzo** *s* **un tozzo di pane** a crust of bread

tra *prep* ▶ vedi riquadro

traboccare *v* to overflow | **traboccare di gente** to be jammed with people ▶ vedi anche **goccia**

traccia *s* **1** (di persona) footprint **2** (di veicolo, animale) track **3** (indizio) trace: *È scomparso senza lasciare traccia.* He vanished without trace. **4** (indicazione) clue: *Dai, ti do una traccia.* Come on, I'll give you a clue. **5** (piccola quantità) trace **6** **essere sulle tracce di qn** to be on sb's trail: *La polizia è sulle tracce dei rapinatori.* The police are on the trail of the robbers. | **perdere le tracce di qn** to lose track of sb: *Ho ritrovato un vecchio amico di cui avevo perso le tracce.* I met up with an old friend who I'd lost track of.

tracciare *v* **1** (segnare) to trace: *Ho tracciato il percorso sulla cartina.* I traced the route on the map. **2** **tracciare una riga/un cerchio** to draw a line/a circle

tracolla *s* **1** (cinghia) strap **2** **a tracolla** over my/your etc shoulder: *Portava la borsa a tracolla.* She was carrying her bag over her shoulder.

tradimento *s* **1** (inganno) betrayal | **colpire qn a tradimento** to take sb by surprise: *Ha colpito l'avversario a tradimento.* He took his opponent by surprise. | **domanda a tradimento** trick question **2** (in coppia) infidelity (pl infidelities)

tradire *v* **1** (ingannare) to betray **2** (moglie, fidanzato) to cheat on: *Tradisce la moglie con l'ex-fidanzata.* He's cheating on his wife with his ex-girlfriend. **3** (rivelare, svelare) to give away: *Ho capito subito che eri italiano: ti ha tradito l'accento.* I knew immediately you were Italian. Your accent gave you away. **4** **tradire le aspettative di qn** to not live up to sb's

tra *preposizione*

1 Si usa **between** nella maggior parte dei contesti, più particolarmente nei seguenti sensi:

IN MEZZO A DUE COSE O PERSONE

Ero seduto tra Anna e Marco. I was sitting between Anna and Marco. | *Sono indecisa tra il gelato e la torta.* I can't decide between the ice cream and the cake.

CON NUMERI

Avrà tra i dodici e i quattordici anni. He must be between twelve and fourteen years old. | *Dovrebbe costare tra i 20 e i 30 euro.* It should cost between 20 and 30 euros.

A METÀ STRADA TRA

un colore tra il verde e il blu a colour halfway between green and blue

2 ECCEZIONI

IN MEZZO A PIÙ COSE O PERSONE = AMONG

È tra i migliori in classe. He's among the best in the class.

IN ESPRESSIONI DI TEMPO = IN

Torno tra un paio d'ore. I'll be back in a couple of hours. | *tra una settimana* in a week's time

PER INDICARE LA CAUSA = WHAT WITH

Tra lo studio e lo sport, non ho mai il tempo di uscire. What with studying and sports, I never have time to go out.

3 ESPRESSIONI

tra poco/non molto soon/shortly: *Il film comincia tra poco.* The film will be starting soon. | **tra l'altro** among other things: *Abbiamo mangiato, tra l'altro, anche un'ottima zuppa di pesce.* We also had an excellent fish soup, among other things. | **tra tutto** in all: *Tra tutto, la festa ci è venuta a costare più di 300 euro.* The party cost us more than 300 euro in all.

expectations: *Il film ha tradito le attese di tutti.* The film didn't live up to people's expectations.

traditore, -trice s traitor

tradizionale *agg* (costume, piatto) traditional

tradizione s tradition

tradurre v to translate: *Traduce dall'inglese all'italiano.* She **translates from** English **into** Italian.

traduttore, -trice s translator

traduzione s **1** (procedimento) translation **2** (testo) translation

trafficante s trafficker

trafficare v **1** **trafficare in qc** (armi, droga) to be involved in trafficking sth: *La banda trafficava in droga.* The gang was involved in trafficking drugs. **2** (affaccendarsi) to fiddle around: *È tutta la mattina che traffica in garage.* He's been fiddling around in the garage all morning.

traffico s **1** (di veicoli) traffic: *Qui c'è sempre molto traffico.* There's always a lot of traffic here. **2** (di armi, droga) trafficking

traforo s **1** (tunnel) tunnel **2** (gioco) fretwork kit

tragedia s **1** (sciagura) tragedy (pl tragedies): *Dopo la tragedia dell'11 settembre i controlli sono molto più severi.* Security checks have been much stricter since the September 11th tragedy. **2** (opera) tragedy (pl tragedies): *le tragedie di Shakespeare* Shakespeare's tragedies

traghetto s ferry (pl ferries)

tragico, -a *agg* **1** (genere, attore) tragic **2** (vicenda, finale) tragic

tragitto s way: *Per andare a scuola faccio sempre lo stesso tragitto.* I always go the same way to school.

traguardo s **1** (di gara) finishing line | **tagliare il traguardo** to cross the finishing line **2** (scopo) goal

traiettoria s path

trainare v **1** (trascinare) to pull | **trainare una macchina/un rimorchio** to tow a car/a trailer: *L'auto è stata trainata via dal luogo dell'incidente.* The car was towed away from the scene of the accident. **2** (stimolare) to drive: *È stato il suo entusiasmo a trainare tutto il gruppo.* His enthusiasm is what drove the whole group.

tralasciare v **1** (particolare) to ignore: *Se fossi in te, non tralascerei i dettagli.* If I were you, I wouldn't ignore the details. | **tralasciare di fare qc** to neglect to do sth: *Ha tralasciato di dire che è stata tutta colpa sua.* He neglected to say that it was all his fault. **2** (studi, esercizi) to abandon

tram s tram: *in tram* by tram

trama s **1** (di film) plot **2** (di tessuto) weave

tramezzino s sandwich (pl sandwiches)

tramite *prep* through: *Gliel'ho fatto sapere tramite Luca.* I let him know through Luca. | **tramite e-mail/telefono** by e-mail/phone

tramonto s sunset

trampolino s **1** (in piscina) diving board **2** (per sciatori) ski-jump **3** **trampolino di lancio** launch pad

tranello s **1** (inganno) trap **2** (in opportunità, offerta) catch: *C'era un tranello.* There was a catch. **3** (in esame, test) trick question: *Il compito in classe era pieno di tranelli.* The test was full of trick questions.

Si dice *I arrived in London* o *I arrived to London*? Vedi alla voce **arrive**.

tranne *prep* **1** (a eccezione di) except (for): *Hanno finito tutti tranne te.* They've all finished except for you. **2 tranne che** as long as: *Esco tranne che piova.* I'll go out as long as it doesn't rain. | *Veniamo tranne che ci sia anche lui.* We'll come as long as he's not there.

tranquillante *s* tranquillizer

tranquillità *s* **1** (pace) peace and quiet **2** (serenità) calm | **con (tutta) tranquillità** calmly: *Con grande tranquillità ha annunciato che era stata licenziata.* She announced calmly that she had been made redundant.

tranquillizzare *v* to reassure

tranquillizzarsi *v rifl* to calm down: *Tranquillizzati, non succederà niente.* Calm down, nothing's going to happen.

tranquillo, -a *agg* (persona, posto) quiet | **stare tranquillo** (non preoccuparsi) to not worry: *Stai tranquilla! Lo riaccompagno a casa io.* Don't worry! I'll take him home.

transatlantico *s* ocean liner

transazione *s* transaction

transitivo, -a *agg* (verbo) transitive

transito *s* transit | **in transito** in transit

transizione *s* transition

tran tran *s* routine: *Dopo le vacanze ho ripreso il solito tran tran.* After the holidays I got back into the usual routine. | *il tran tran quotidiano* the daily routine

trapanare *v* to drill

trapano *s* drill

trapezio *s* **1** (figura) trapezium **2** (al circo) trapeze

trapianto *s* transplant: *un trapianto di cuore* a heart transplant

trappola *s* **1** (per animale) trap **2** (inganno) trap: *Non crederle: è una trappola!* Don't believe her – it's a trap!

trapunta *s* quilt

trarre *v* **1** (ricavare) **trarre una lezione da qc** to learn a lesson from sth: *Quale lezione si può trarre da questa vicenda?* What lesson do we learn from this event? | **trarre beneficio/vantaggio da qc** to benefit/profit from sth: *Tutti trarranno vantaggio dall'iniziativa.* Everyone will profit from the scheme. | *Ha tratto grande beneficio dalla cura.* He really benefitted from the treatment. | **trarre le conclusioni (da qc)** to draw conclusions (from sth): *I fatti sono questi, sta a te trarne le conclusioni.* These are the facts, it's up to you to draw the conclusions. **2 trarre in inganno qn** to mislead sb: *Non farti trarre in inganno dal suo aspetto.* Don't be misled by his appearance. | **trarre in salvo qn** to pull sb to safety: *È stato tratto in salvo dai vigili del fuoco.* He was pulled to safety by the firemen.

trasandato, -a *agg* scruffy

trascinare *v* **1** (tirarsi dietro) to drag: *Ho dovuto trascinare la valigia fino al treno.* I had to drag my suitcase to the train. **2** (costringere) to drag along: *Mi hanno trascinato in discoteca.* They dragged me along to the nightclub.

trascinarsi *v rifl* **1** (strisciare) to drag yourself: *Si è fatto male cadendo, ma è riuscito a trascinarsi fino al telefono.* He hurt himself when he fell, but he was able to drag himself to the phone. **2** (continuare) to drag on: *È una storia che si trascina da anni.* It's a story that's been dragging on for years.

trascorrere *v* **1** (passare, occupare) to spend: *Abbiamo trascorso l'estate viaggiando.* We spent the summer travelling. | *Come hai trascorso le vacanze?* How did you spend your holidays? **2** (scorrere) to go by: *Il tempo è trascorso veloce.* The time went by quickly. | *Sono già trascorsi due anni.* Two years have already gone by.

trascrivere *v* to copy, to transcribe [formale]

trascurare *v* **1** (studi, amici) to neglect: *Paolo sta trascurando gli studi con la scusa d'allenarsi.* Paolo's using his training as an excuse for neglecting his studies. **2** (particolare) to omit | **trascurare di fare qc** to forget to do sth: *Ha trascurato di dire che non era solo.* He forgot to say that he wasn't alone.

trascurarsi *v rifl* to neglect yourself: *Se si trascura, finirà con l'ammalarsi.* If he neglects himself, he'll end up getting ill.

trasferimento *s* **1** (spostamento, trasporto) transfer **2** (nel lavoro) transfer

trasferire *v* to transfer

trasferirsi *v rifl* to move: *Quando vi siete trasferiti qui a Bologna?* When did you move here to Bologna?

trasferta *s* **1** (nello sport) away match (pl away matches) | **giocare in trasferta** to play away **2** (per lavoro) business trip | **andare in trasferta** to go on a business trip

trasformare *v* (cambiare) to transform | **trasformare qc in qc** to turn sth into sth: *Abbiamo trasformato il garage in palestra.* We've turned the garage into a gym.

trasformarsi *v rifl* to change completely | **trasformarsi in qc** to turn into sth: *Col calore il cioccolato si è trasformato in una poltiglia appiccicosa.* In the heat the chocolate turned into a sticky mess.

trasformatore *s* transformer

trasfusione *s* transfusion

trasgredire *v* (regola, legge) to break: *Hanno trasgredito più volte il limite di velocità.* They have broken the speed limit several times. | **trasgredire a un ordine** to disobey an order

T

traslocare *v* to move (house): *Abbiamo traslocato in questa casa tre anni fa.* We **moved into** this house three years ago.

trasloco *s* move

trasmettere *v* **1** (in TV, per radio) to broadcast: *Hanno trasmesso il concerto in diretta per radio.* The concert was broadcast live on the radio. **2** (malattia) to transmit

trasmettersi *v rifl* (malattia) to be transmitted: *La varicella si trasmette facilmente.* Chicken pox is easily transmitted.

trasmissione *s* **1** (programma) programme (BrE), program (AmE) **2** (diffusione) transmission

trasparente *agg* **1** (materiale) transparent **2** (vestito) see-through

trasportare *v* **1** (merci) to transport **2** (persona) to take: *Il paziente è stato trasportato d'urgenza al pronto soccorso.* The patient was immediately taken to casualty.

trasporto *s* transport | **trasporti pubblici** public transport [mai plurale]

trasversale *agg* transversal

trattamento *s* **1** (cura) treatment **2** (di persona, animale) treatment | **trattamento di favore** preferential treatment **3** (di materiale) treatment

trattare *v* **1** (persona, cosa) to treat: *Mi tratta come un bambino.* He treats me like a child. | *Sono libri della biblioteca, trattali bene.* They're library books, so treat them well. **2** (argomento) to deal with: *Nel programma di quest'anno verranno trattati gli autori del '900.* You will be dealing with nineteenth-century authors in this year's syllabus. **3 trattare di qc** to be about sth: *Il libro tratta della storia di Firenze.* The book is about the history of Florence. | *Di cosa si tratta?* What's it about? | *Si trattava solo di uno scherzo.* It was just a joke. **4** (negoziare) to negotiate: *I due paesi stanno trattando la pace.* The two countries are in the process of negotiating peace. **5** (materiale) to treat

trattativa *s* negotiation | **trattative di pace** peace talks

trattato *s* **1** (accordo) treaty (pl treaties) **2** (saggio) treatise

trattenere *v* **1** (frenare) to hold back: *Se non mi avessi trattenuto, gli avrei dato un pugno.* If you hadn't held me back, I'd have punched him. | **trattenere il respiro** to hold your breath **2** (far rimanere) to hold up, to detain [formale]: *È stato trattenuto in ufficio.* He was held up at the office. | *I carabinieri lo hanno trattenuto in questura.* The carabinieri detained him at the police station. **3** (somma) to deduct

trattenersi *v rifl* **1** (controllarsi) to control yourself: *Non sono riuscita a trattenermi e sono scoppiata a ridere.* I couldn't control myself and I burst out laughing. | **trattenersi dal fare qc** to stop yourself from doing sth: *Non potevi trattenerti dal fare battutacce?* Couldn't you have stopped yourself from cracking bad jokes? **2** (rimanere) to stay (on): *Quanto vi trattenete in città?* How long are you staying on in town?

trattenuta *s* deduction

trattino *s* **1** (segno di punteggiatura) dash (pl dashes) **2** (in una parola composta) hyphen

tratto *s* **1** (di strada, fiume) stretch (pl stretches) **2** (di matita, penna) stroke **3** (caratteristica) feature: *Laura ha dei tratti molto delicati.* Laura has very delicate features. **4 ad un tratto** suddenly: *Ad un tratto si è messo a piovere.* It suddenly started to rain.

trattore *s* tractor

trattoria *s* little restaurant ▶ Esiste anche **trattoria** che si usa per riferirsi al locale tipico in Italia.

trauma *s* **1** (in medicina) trauma **2** (fatto negativo) trauma | **essere un trauma per qn** to be traumatic for sb: *Il divorzio dei genitori è stato un trauma per lui.* His parents' divorce was traumatic for him.

traumatizzare *v* (impressionare) to traumatize

trave *s* **1** (di tetto) beam **2** (in ginnastica) beam

traversa *s* **1** (nel calcio) crossbar **2** (strada) (side) street: *Via Ricasoli è la seconda traversa sulla sinistra.* Via Ricasoli is the second street on the left.

traverso *s* **di traverso** across: *Era disteso di traverso sul letto.* He was lying across the bed.

travestirsi *v rifl* **1** (camuffarsi) to disguise yourself: *I ladri si sono travestiti da addetti alle pulizie.* The burglars **disguised themselves as** cleaners. **2** (per divertimento) **travestirsi da vampiro/fata** to dress up as a vampire/a fairy

travestito, -a *aggettivo e sostantivo*

- *agg* **travestito da a)** (camuffato) disguised as **b)** (per divertimento) dressed up as: *Luca travestito da Napoleone era buffissimo.* Luca looked hilarious dressed up as Napoleon.
- *s* transvestite

travolgere *v* **1** (valanga, tornado) to sweep away: *Due sciatori sono stati travolti da una valanga.* Two skiers were swept away by an avalanche. **2** (auto, camion) to run over: *Il ciclista è stato travolto dal pullman.* The cyclist was run over by the coach. **3** (passione, ira) to overwhelm: *A*

Vuoi informazioni sulla differenza tra gli **articoli** in inglese e in italiano? Leggi le spiegazioni nella guida grammaticale.

quella vista fu travolto dall'ira. He **was overwhelmed with** rage at the sight.

tre *agg* e *s* three ▶ vedi Active Box **numeri** sotto **numero**

treccia *s* plait (BrE), braid (AmE): *Carla si è fatta la treccia.* Carla's got her hair in a plait.

Trecento *s* **il Trecento** the fourteenth century

trecento *agg* e *s* three hundred ▶ vedi Active Box **numeri** sotto **numero**

tredicenne *agg* e *s* thirteen-year-old

tredicesima *s* end-of-year bonus

tredicesimo, -a *agg* e *s* thirteenth ▶ vedi Active Box **numeri** sotto **numero**

tredici *aggettivo* e *sostantivo*
- *agg* thirteen
- *s* thirteen | **fare tredici al totocalcio** to win the pools ▶ vedi Active Box **numeri**

tregua *s* **1** (pausa) break: *Si allenano da mesi, senza tregua.* They've been training for months without a break. **2** (in guerra) truce

tremare *v* **1** (per freddo) to shiver: *Tremavamo di freddo.* We **were shivering with** cold. **2** (per paura) to tremble: *Che spavento, tremo ancora di paura.* What a fright – I'm still **trembling with** fear. **3** (per sforzo) to tremble **4** (per terremoto) to shake

tremendo, -a *agg* **1** (enorme) terrible: *Il traffico qui è tremendo.* The traffic here is terrible. | *Ho una sete tremenda.* I'm terribly thirsty. **2** (spaventoso, orribile) terrible: *C'era un odore tremendo.* There was a terrible smell.

treno *s* train: *Hanno preso il treno per Milano.* They took the train to Milan. | *Abbiamo perso il treno.* We missed the train. | *Con il treno ci si mette meno.* It takes less time **by train.** | **in treno** (andare, viaggiare) by train: *Siamo andati a Oxford in treno.* We went to Oxford **by train.**

trenta *agg* e *s* thirty ▶ vedi Active Box **numeri** sotto **numero**

trentenne *agg* e *s* thirty-year-old

trentesimo, -a *agg* e *s* thirtieth ▶ vedi Active Box **numeri** sotto **numero**

trentina *s* about thirty | **una trentina di** about thirty: – *È lungo il capitolo?* – *Saranno una trentina di pagine.* "Is it a long chapter?" "I'd say it's about thirty pages." | **essere sulla trentina** (di età) to be about thirty years of age

triangolare *agg* triangular

triangolo *s* **1** (figura) triangle **2** (segnale) emergency triangle **3** (musicale) triangle

tribuna *s* **1** (di stadio) stand **2** (podio) podium **3 tribuna politica/elettorale** political/election debate

tribunale *s* court

tribù *s* tribe

tridimensionale *agg* three-dimensional

triennio *s* (al liceo) è un concetto italiano, quindi non ha traduzione. Per spiegare cos'è puoi dire **last three years of secondary school.**

trifoglio *s* clover

triglia *s* red mullet

trimestrale *agg* **1** (ogni tre mesi) quarterly: *una rivista trimestrale* a quarterly magazine | *Lisa deve fare controlli trimestrali.* Lisa has to have a checkup every three months. **2** (di tre mesi) three-month: *È un contratto trimestrale, giusto per l'estate.* It's a three-month contract, just for the summer.

trimestre *s* **1** (a scuola) term **2** (periodo) quarter

trincea *s* trench (pl trenches)

trionfare *v* to triumph

trionfo *s* triumph | **portare in trionfo qn** to carry sb shoulder high: *Il portiere è stato portato in trionfo dai compagni di squadra.* The goalkeeper was carried shoulder high by his team mates.

triplicare *v* to treble

triplice *agg* triple

triplo, -a *aggettivo* e *sostantivo*
- *agg* triple
- *s* **il triplo** three times: *Il triplo di 25 è 75.* Three times 25 is 75. | *Ho speso il triplo dell'ultima volta.* I spent three times as much as last time.

trippa *s* (in cucina) tripe

tris *s* **1 un tris di regine/fanti** (nelle carte) three queens/jacks **2** (gioco) noughts and crosses (BrE), tick-tack-toe (AmE)

triste *agg* (malinconico) sad: *Sono triste perché le vacanze sono finite.* I'm sad because the holidays are over.

happy

sad

tristezza *s* (malinconia) sadness

tritare *v* **1** (verdura) to chop up: *Trita la cipolla fine fine.* Chop up the onion very finely. **2** (carne) to mince (BrE), to grind (AmE) **3** (ghiaccio) to crush

trofeo *s* trophy (pl trophies)

tromba *s* (strumento) trumpet
tromba delle scale *s* stairwell

trombone *s* trombone

troncare *v* **1** (spezzare) to snap **2 troncare qc** (interrompere) to bring sth to an end: *Un incidente gli ha troncato la carriera.* An accident brought his career to an end.
troncarsi *v rifl* (spezzarsi) to snap

tronco *s* **1** (fusto) trunk **2** (ceppo) log **3** (torso) torso **4** (tratto) section

trono *s* throne

tropicale *agg* tropical

tropico *s* **tropico del Cancro** Tropic of Cancer | **tropico del Capricorno** Tropic of Capricorn | **i tropici** the tropics: *una vacanza ai tropici* a holiday **in the tropics**

troppo *avv* ▶ vedi riquadro

troppo *avverbio*

1 CON VERBO = TOO MUCH

Ho mangiato troppo. I've eaten too much. | *Non vorrei spendere troppo.* I don't want to spend too much.

2 CON AGGETTIVO O AVVERBIO = TOO

È ancora troppo presto. It's still too early. | *Sono troppo stanca per uscire.* I'm too tired to go out.

Con alcuni participi passati usati come aggettivi, si usa il prefisso **over-**:

La pasta è troppo cotta. The pasta is overcooked.

3 ESPRESSIONI

di troppo too many: *Avevamo tutti bevuto un bicchiere di troppo.* We had all drunk one glass too many. | **non troppo**: *– Ti è piaciuto il film? – Non troppo.* "Did you like the film?" "Not much." | *Non ne sono troppo sicuro.* I'm not too sure. | *Non sto troppo bene.* I'm not too well.

trota *s* trout (pl trout)

trottare *v* to trot

trotto *s* trot

trottola *s* spinning top

trovare *v* **1** (cosa o persona cercata) to find: *Non trovo l'ombrello.* I can't find my umbrella. | *Hai trovato il CD che cercavi?* Have you found the CD you were looking for? | *L'ho trovato steso per terra.* I found him lying on the ground. **2** (scoprire) to find out: *Hai trovato chi è stato?* Did you find out who it was? | *Hanno trovato il colpevole.* They've found out who the culprit was. | *Non abbiamo trovato una soluzione.* We haven't found a solution. **3** (incontrare) to meet: *Indovina chi ho trovato al cinema?* Guess who I met at the cinema? | **andare a trovare qn** to visit sb: *Quest'estate vado a trovare un amico a Londra.* This summer I'm going to visit a friend in London. **4** (ritenere) to think: *Lo trovi bello?* Do you think he's good-looking? | *Ho trovato il test piuttosto facile.* I thought the test was rather easy. | *Trovo che quello giallo sia meglio.* I think that yellow is better. | *Ti trovo in forma.* You look well.
trovarsi *v rifl* **1** (essere) to be: *Si trova all'estero.* He's abroad. | *Si sono trovati in pericolo.* They were in danger. **2** (incontrarsi) to meet up: *Ci siamo trovati al parco.* We met up in the park. | **trovarsi con qn** to meet up with sb: *Oggi mi trovo con Marco e Lisa per studiare.* Today I'm meeting up with Marco and Lisa to study. **3** (sentirsi) to feel: *Come vi trovate con il nuovo professore?* How do you **feel about** your new teacher? | *Si trova brutta.* She thinks she's ugly. | **trovarsi bene/male** (in un luogo) to be happy/unhappy: *A Firenze si trova bene.* He's happy in Florence. | *In classe Andrea non si trova tanto bene.* Andrea isn't very happy in the class.

truccare *v* **1** (persona) to make up, to put make-up on **2** (partita, risultato) to fix **3** (dadi, carte) to fix **4** (motore) to soup up: *Mario ha truccato il motore della sua macchina.* Mario's souped up the engine in his car.
truccarsi *v rifl* to put make-up on: *Laura si trucca sempre prima di uscire.* Laura always puts make-up on before going out.

trucco *s* **1** (cosmetici) make-up: *borsetta del trucco* make-up bag **2** (tranello) trick: *Non ci credo. C'è il trucco!* I don't believe it. It's a trick!

truffa *s* fraud

truffare *v* to cheat, to rip off [informale]: *Mi hanno truffato: la borsa non è di Gucci.* I've been ripped off! This is not a Gucci bag.

truppa *s* troops [plurale]

tu *pron* you: *Tu non credi che io abbia ragione?* Don't you think I'm right? | *Vieni anche tu?* Are you coming as well? | *Sei stato tu a rompere la tazza?* Was it you who broke the cup? | **tu stesso/stessa**: *Tu stesso hai ammesso di aver sbagliato.* **You yourself** admitted that you were wrong.

tubatura *s* pipe

tubetto *s* tube

T

tubo *s* **1** (dell'acqua, del gas) pipe **2** (contenitore) tube **3** **non capire un tubo** to not understand a single thing: *Ricomincia da capo, non ho capito un tubo.* Could you go back to the beginning? I didn't understand a single thing.
tubo di scappamento *s* exhaust pipe

tuffarsi *v rifl* **1** (nell'acqua) to dive: *Non so tuffarmi di testa.* I don't know how to dive. **2** (lanciarsi) to dive: *Il portiere si è tuffato a destra e ha parato.* The goalkeeper dived to the right and made a save.

tuffo *s* **1** (in acqua) dive | **fare un tuffo** to take a dive **2** (slancio) dive **3** **fare venire un tuffo al cuore a qn** to make sb jump: *Mi hai fatto venire un tuffo al cuore. Non ti aspettavo.* You made me jump. I wasn't expecting you.

tulipano *s* tulip

tumore *s* tumour (BrE), tumor (AmE)

tumulto *s* riot

Tunisia *s* **la Tunisia** Tunisia

tunisino, -a *agg* e *s* Tunisian

tunnel *s* tunnel

tuo, -a *aggettivo* e *pronome*
- *agg* your: *la tua migliore amica* your best friend | *tua sorella* your sister | *a casa tua* at your house | **una tua amica/maglietta ecc.** a friend/T-shirt etc of yours | **alcune tue amiche/magliette ecc.** some friends/T-shirts etc of yours | **essere tuo** to be yours: *È tua questa borsa?* Is this handbag yours?
- *pron* **il tuo/la tua/i tuoi/le tue** yours: *Non ho la calcolatrice; mi presti la tua?* I don't have a calculator – can you lend me yours? | *Mettendo insieme i miei soldi e i tuoi ce la facciamo.* By pooling my money and yours, we'll have enough to do it. | **i tuoi** (genitori) your parents: *Fatti accompagnare dai tuoi.* Ask your parents to take you.

tuonare *v* to thunder

tuono *s* thunder [mai plurale]

tuorlo *s* yolk

turbare *v* (inquietare) to upset: *La brutta notizia ci ha turbati.* We were upset by the bad news.

turchese *aggettivo* e *sostantivo*
- *agg* turquoise
- *s* (pietra) turquoise

Turchia *s* **la Turchia** Turkey

turco, -a *aggettivo* e *sostantivo*
- *agg* Turkish
- *s* **1** (persona) Turk **2** (lingua) Turkish

turismo *s* tourism

turista *s* tourist

turistico, -a *agg* (menu, località) si usa il sostantivo **tourist** in funzione di aggettivo: *Volevano costruire un complesso turistico sopra il paese.* They wanted to build a tourist complex above the town. ► vedi anche **villaggio**

turno *s* **1** (in attività) turn: *È il mio turno.* It's my turn. | **fare a turno (a fare qc)** to take turns (to do sth): *Col motorino facciamo a turno: un giorno io, un giorno mio fratello.* We take turns with the moped – me one day, my brother the next. **2** (di lavoro) shift: *il turno di notte* the night shift | **fare i turni** to work shifts | **farmacia di turno** duty chemist

tuta *s* overall | **tuta da ginnastica** tracksuit (BrE), sweatsuit (AmE)

tutela *s* protection

tuttavia *cong* however, nevertheless [formale]: *Era stanchissimo, tuttavia accettò di uscire.* He was very tired. However, he agreed to go out.

tutto *avverbio* e *sostantivo*
- *avv* **del tutto** entirely: *Non ne sono del tutto sicura.* I'm not entirely sure about it. | **tutto il contrario** the exact opposite: *Fa sempre tutto il contrario di quello che gli dicono.* He always does the exact opposite of what he's told. | **tutt'al più a)** (al massimo) at (the very) most: *Ci vorranno tutt'al più due ore.* It will take two hours at most. **b)** (al limite) if the worst comes to the worst: *Nevica forte: tutt'al più, ci fermeremo a dormire qui.* It's snowing heavily. If the worst comes to the worst, we'll stay here for the night.
- *s* whole: *Il tutto verrà spedito tramite corriere.* **The whole lot** will be dispatched by courier.

U, u *s* U, u ► vedi Active Box **lettere dell'alfabeto** sotto **lettera**

ubbidiente *agg* obedient

ubbidire *v* to obey | **ubbidire a qn** to obey sb: *Quel cane è addestrato benissimo: ubbidisce sempre al suo padrone.* That dog is very well trained – he always obeys his master.

ubriacarsi *v rifl* to get drunk

ubriaco, -a *aggettivo* e *sostantivo*
- *agg* drunk | **ubriaco fradicio** blind drunk: *Era ubriaco fradicio.* He was blind drunk.
- *s* drunk

U

uccello *s* bird

uccidere *v* to kill
uccidersi *v rifl* **1** (suicidarsi) to kill yourself: *Si è uccisa buttandosi dalle scale.* She killed herself by throwing herself down the stairs. **2** (a vicenda) to kill each other: *Si uccisero in duello.* They killed each other in a duel.

Ucraina *s* **l'Ucraina** the Ukraine

ucraino, -a *agg* e *s* Ukrainian

udito *s* hearing

ufficiale *aggettivo* e *sostantivo*
• *agg* **1** (lingua, notizia) official **2** (visita, fidanzamento) official
• *s* **1** (militare) officer **2** **ufficiale giudiziario** legal officer | **ufficiale sanitario** hygiene inspector

ufficio *s* **1** (posto di lavoro) office: *Mio padre è ancora in ufficio.* My father's still at the office. **2** (reparto) office | **ufficio postale** post office | **ufficio informazioni** information office | **ufficio di collocamento** job centre

ufficioso, -a *agg* (notizia, fonte) unofficial

ufo *s* UFO

uguaglianza *s* equality

uguagliare *v* to equal

uguale *aggettivo* e *avverbio*
• *agg* **1** (lo stesso) the same: *Il prezzo è uguale.* The price is the same. | *Sono uguali identici.* They are exactly the same. | *I suoi film sono tutti uguali.* His films are all the same. | **essere uguale a** to be the same as: *Il tuo diario è uguale al mio.* Your diary is the same as mine. | **è uguale** (fa lo stesso) it's all the same: *Per me è uguale.* It's all the same to me. | *– Meglio giovedì o venerdì? – È uguale, decidi tu.* "Is Thursday or Friday better?" "I don't mind, you decide." **2** (uomini, diritti) equal: *La legge è uguale per tutti.* All men are equal in the eyes of the law. **3** (in matematica) equal: *due triangoli di uguale area* two triangles of equal area | **sei più due (è) uguale a otto** six plus two equals eight
• *avv* the same: *Costano uguale.* They cost the same. | *Siamo alte uguale.* We're the same height.

ugualmente *avv* **1** (lo stesso) all the same: *Grazie ugualmente.* Thanks all the same. **2** (nello stesso modo) equally: *Siete stati tutti ugualmente bravi.* You've all been equally good.

ulcera *s* ulcer

ulivo *s* olive tree

ulteriore *agg* further: *Non ci sono stati ulteriori sviluppi.* There have been no further developments.

ultimamente *avv* **1** (negli ultimi tempi) lately: *Ultimamente mi sento un po' stanco.* I've been feeling a bit tired lately. **2** (di recente) recently: *È un gruppo che ho scoperto solo ultimamente.* It's a group that I only discovered recently. | *È successo ultimamente.* It happened recently. ▶ vedi nota FALSE FRIEND sotto **ultimately**

ultimatum *s* ultimatum

ultimo, -a *aggettivo* e *sostantivo*
• *agg* **1** (finale) last: *l'ultimo giorno del mese* the last day of the month | *Per l'ultima volta: smettila!* For the last time – cut it out! | *Arriva sempre all'ultimo momento.* He always arrives at the last minute. | **per ultimo** last: *Per ultimo è arrivato lui.* He arrived last. | **in ultima fila** in the back row | **all'ultimo piano** on the top floor **2** (più recente) latest: *le ultime notizie* the latest news | *all'ultima moda* **in the latest fashion** | **negli ultimi tempi** lately: *Negli ultimi tempi Luca si comporta in modo strano.* Lately Luca's been acting strangely. **3** (meno importante) last: *È l'ultima persona che vorrei incontrare.* He's the last person I'd want to meet. | *In questo momento la gara è l'ultimo dei miei pensieri.* At this moment, the competition is the last thing on my mind.
• *s* **1** (in sequenza) last: *Sei sempre l'ultima ad arrivare!* You're always the last to arrive! | **l'ultimo dell'anno** the last day of the year **2** **fino all'ultimo** to the very end

umanità *s* **1** (razza umana) humanity **2** (comprensione) humanity

umano, -a *agg* **1** (dell'uomo) human: *il corpo umano* the human body **2** (comprensivo) sympathetic: *Cerca di essere un po' più umano con lei!* Try to be a bit more **sympathetic to** her! ▶ vedi anche **essere**

umidità *s* **1** (bagnato) damp **2** (nell'aria) humidity

Vuoi informazioni sulla differenza tra gli **aggettivi possessivi** in inglese e in italiano? Vedi la **guida grammaticale**.

umido, -a *aggettivo e sostantivo*
- *agg* **1** (clima, zona) humid **2** (bagnato) damp
- **umido** *s* **1** (umidità) damp **2** **in umido** in tomato sauce

damp, moist o humid?
Riferito a indumenti, tessuto, ecc. [=damp]:
Gli asciugamani sono ancora umidi. The towels are still damp.
Riferito a terreno, sabbia, aria [=moist, damp]:
Il terreno è umido. The soil is moist./ The soil is damp.
Riferito a una casa, una parete, ecc. [=damp]:
Il seminterrato è molto umido. The basement is very damp.
Riferito al clima [=humid]:
una regione con un clima umido a region with a humid climate

umile *agg* humble

umiliare *v* to humiliate: *Mi hai umiliato davanti a tutti.* You humiliated me in front of everyone.

umiliarsi *v rifl* to lower yourself: *Non mi va di umiliarmi a chiedergli scusa.* I'm not going to lower myself by apologizing to her.

umiliazione *s* humiliation

umiltà *s* humility

umore *s* mood: *Ha cambiato umore.* His mood has changed. | **essere di buon/cattivo umore** to be in a good/bad mood: *Sei di cattivo umore?* Are you in a bad mood?

umorismo *s* humour (BrE), humor (AmE) | **senso dell'umorismo** sense of humour: *Non hai il minimo senso dell'umorismo.* You've got no sense of humour at all.

umoristico, -a *agg* funny

un ▸ vedi **uno**

unanimità *s* unanimity | **all'unanimità** unanimously: *La decisione è stata presa all'unanimità.* The decision was made unanimously.

uncino *s* hook

undicenne *agg e s* eleven-year-old

undicesimo, -a *agg e s* eleventh ▸ vedi Active Box **numeri** sotto **numero**

undici *agg e s* eleven ▸ vedi Active Box **numeri** sotto **numero**

ungere *v* **1** (ingranaggio, corpo) to oil: *Bisogna ungere un po' la serratura.* You need to oil the lock a bit. **2** (teglia) to grease **3** **ungere qc** (sporcare) to get grease on sth: *Mi spiace, ho unto la tovaglia.* I'm sorry, I've got grease on the tablecloth. | **ungersi il vestito/i pantaloni** to get grease on your dress/trousers

ungherese *agg e s* Hungarian

Ungheria *s* **l'Ungheria** Hungary

unghia *s* **1** (di mano) nail: *Mi si è spezzata un'unghia.* One of my nails has broken. | **mangiarsi le unghie** to bite your nails **2** (di piede) toenail **3** (di gatto) claw **4** (di uccello) talon

unico, -a *aggettivo e sostantivo*
- *agg* **1** (solo) only: *È stata l'unica volta che l'ho visto.* It was the only time I saw him. | *Tiziana è l'unica amica che ho.* Tiziana's the only friend I've got. | *È un modello unico.* It's the only one of its kind. ▸ vedi anche **figlio**, **senso** **2** (solo uno) single: *Abbiamo visitato due città in un unico giorno.* We visited two cities in a single day. **3** (eccezionale) unique: *È un'occasione unica.* It's a unique opportunity.
- *s* **l'unico** the only one: *Lucia è l'unica ad avere il motorino.* Lucia's the only one who has a moped.

unifamiliare *agg* **casa/villa unifamiliare** detached house

unificare *v* to unify

uniforme *aggettivo e sostantivo*
- *agg* uniform: *una tavoletta di spessore uniforme* a bar of uniform thickness
- *s* uniform: *Tutti i soldati erano in uniforme.* All the soldiers were in uniform.

unione *s* **1** (di persone, stati) union **2** (di pezzi, cavi) join **3** (armonia) harmony: *Tra loro c'è un'unione perfetta.* There's perfect harmony between them. **4** (associazione) union | **l'Unione Europea** the European Union

unire *v* **1** (persone, cose) to join: *Per vincere dobbiamo unire le nostre forze.* We must join forces to win. **2** (ingredienti) to combine: *Unire le uova alla farina.* Combine the eggs with the flour. **3** (legare) to unite: *Quest'esperienza ci ha unite molto.* This experience has really united us. **4** (collegare) to link: *Le due isole sono unite tra loro da un ponte.* The two islands are linked by a bridge.

unirsi *v rifl* to join: *Lì le due strade si uniscono.* The two streets join there. | **unirsi a qn/qc** to join sb/sth: *Perché non vi unite a noi?* Why don't you join us? | *In quel punto il fiume si unisce al mare.* That's where the river joins the sea. | **unirsi contro qn/qc** to gang up against sb/sth: *Vi siete uniti contro di me.* You ganged up against me.

unità *s* **1** (unione) unity: *l'unità di un popolo* the unity of a people **2** (unificazione) union **3** **unità di misura** unit of measurement **4** (in matematica) unit

unito *agg* (solidale) united: *È una famiglia molto unita.* They are a very united family.

U

universale *agg* **1** (di tutti) universal **2 chiave universale** skeleton key | **colla universale** multi-purpose glue

università *s* university (pl universities) | **andare all'università a)** (iscriversi) to go to university: *I miei vogliono che vada all'università.* My parents want me to go to university. **b)** (frequentare) to be at university: *Mia sorella va già all'università.* My sister is already at university.

universitario, -a *aggettivo e sostantivo*
- *agg* si usa il sostantivo **university** in funzione di aggettivo: *Laura ha finito gli studi universitari.* Laura's finished her university studies.
- *s* lecturer

universo *s* universe

uno, una *articolo, pronome, aggettivo e sostantivo*
- *art* e *pron* ▶ vedi riquadro
- *agg* e *s* one ▶ vedi Active Box **numeri** sotto **numero**

unto, -a *aggettivo e sostantivo*
- *agg* **1** (mani, piatti) greasy **2** (capelli) greasy **3 unto di olio** coated with oil | **unto di burro** greased with butter
- **unto** *s* grease

uomo *s* **1** (essere umano) man (pl men): *l'origine dell'uomo* the origin of man **2** (maschio) man (pl men): *È proprio un bell'uomo.* He's a really fine-looking man. | **da uomo** men's: *una giacca da uomo* a men's jacket **3** (addetto) man (pl men): *l'uomo di fiducia del presidente* the president's right-hand man | *l'uomo delle pulizie* the cleaner **4** (di squadra, reparto) member: *gli uomini dell'equipaggio* the members of the crew ▶ vedi anche **passo**

uovo *s* egg | **uovo alla coque** soft-boiled egg | **uovo affogato/in camicia** poached egg | **uovo fritto** fried egg | **uovo sodo** hard-boiled egg | **uovo strapazzato** scrambled egg | **uovo di Pasqua** Easter egg

uragano *s* hurricane

uranio *s* uranium

Urano *s* Uranus

U

urbano, -a *agg* **1** (telefonata, traffico) local ▶ vedi anche **vigile** **2** (paesaggio, inquinamento) urban

urgente *agg* urgent: *È un caso urgente.* It's an urgent case.

urgenza *s* **1 avere urgenza** (avere fretta) to be in a hurry: *Ho una certa urgenza.* I'm in a bit of a hurry. | **avere urgenza di fare qc** to need to do sth urgently: *Ho urgenza di parlare con i tuoi genitori.* I need to speak with your parents urgently. **2** (emergenza) emergency: *Se c'è un'urgenza chiamatemi.* If there's an emergency, call me. | *Il medico è fuori per un'urgenza.* The doctor is out **on an emergency call.** | **d'urgenza**: *È stato ricoverato d'urgenza in ospedale.* He was admitted to hospital as an emergency case. | *Abbiamo chiamato d'urgenza il medico.* We made an emergency call to the doctor. | *Il consiglio si è riunito d'urgenza.* The council held an emergency meeting.

urlare *v* **1** (gridare) to scream: *All'improvviso si è messo a urlare.* He suddenly started screaming. | **urlare di gioia/dolore** to scream with joy/pain **2** (parlare forte) to shout: *Non c'è bisogno di urlare, ti sento!* There's no need to shout, I can hear you!

urlo *s* **1** (di dolore, spavento) scream: *Abbiamo sentito un urlo.* We heard a scream. **2** (per forte emozione) yell **3 da urlo** to die for: *Aveva un vestito da urlo.* Her dress was to die for.

urna *s* **1** (per votazioni) ballot box (pl ballot boxes) **2** (cineraria) urn

urrà! *inter* e *s* hurrah!

urtare *v* **1** (sbattere contro) to bump into: *Mi ha urtato e sono caduto.* He bumped into me and I fell. | **urtare contro qc** to bump into sth: *Ho urtato contro lo spigolo della scrivania.* I bumped into the edge of the desk. **2 urtare qn** (irritare) to get on sb's nerves: *Questo rumore mi urta.* This noise is getting on my nerves. | **urtare la suscettibilità di qn** to hurt sb's feelings:

---

uno, una

ARTICOLO

1 Davanti a consonante si traduce **a**:
un cane a dog | *una ragazza* a girl

2 Davanti a un suono vocalico (cioè una vocale o una 'h' muta) si traduce **an**:
un'arancia an orange | *un'ora* an hour

3 Nota che davanti alla 'u' pronunciata *'ju'* si usa **a**:
un'università a university | *un'unità* a unit

PRONOME

1 DI UN INSIEME DI COSE = ONE
Se vuoi leggere una rivista, prendine pure una. If you want to read a magazine, just take one. | *Ti va di uscire una di queste sere?* Do you fancy going out one of these evenings?

2 UN TALE = SOMEONE, SOMEBODY
Stava parlando con uno. She was talking with someone. | *È una che non conosci.* She's somebody you don't know.

3 IMPERSONALE = YOU
È un ottimo acquisto, se uno se lo può permettere. It's an excellent purchase, if you can afford it.

4 Per **un altro, uno o l'altro** e **l'un l'altro** vedi *altro*.

Non sei sicuro sull'uso di **make** e **do**? Vedi alla voce **fare**.

Non le ho detto niente per non urtare la sua suscettibilità. I didn't tell her anything so as not to hurt her feelings.

urtarsi *v rifl* **1** (scontrarsi) to collide: *Le due auto si sono urtate in curva.* The two cars collided on a bend. **2** (irritarsi) to get annoyed: *Si è urtato con me perché non gli ho prestato la bicicletta.* He got annoyed with me because I wouldn't lend him my bicycle.

urto *s* **1** (tra veicoli) crash (pl crashes): *L'urto è stato violentissimo.* The crash was extremely violent. **2 dare un urto a qn/qc** (forte spinta) to bump into sb/sth: *Mi spiace, ho dato un urto al cestino ed è caduto tutto per terra.* I'm sorry, I bumped into the basket and everything fell to the ground.

USA *s pl* **gli USA** the USA, the US

usanza *s* custom

usare *v* **1** (adoperare) to use: *Sai usare il computer?* Do you know how to use a computer? | *Posso usare la tua penna?* May I use your pen? **2** (mezzo di trasporto) to use: *Non è consigliabile usare l'automobile con questo tempo.* It's not a good idea to use the car in this weather. | *Uso la bicicletta per andare a scuola.* I go to school by bicycle. **3** (indossare) to wear: *Non uso mai le scarpe col tacco.* I never wear high-heeled shoes. **4** (fare ricorso a) to use: *Cerca di usare l'astuzia!* Try to use a bit of cunning! | **usare la testa** to use your head **5** (essere di moda) to be in: *Si usano di nuovo le gonne lunghe.* Long skirts are in again. | *Si usa il giallo quest'anno.* Yellow is in this year. | **si usa** (c'è l'usanza): *In casa nostra si usa così.* That's how we do it at home. | **si usa (fare qc)** (è abitudine): *Qui si usa ringraziare con un biglietto.* Here it is customary to send a "thank you" card. | *Il sabato sera si usa andare a ballare.* On Saturday nights people go dancing.

usato, -a *aggettivo e sostantivo*

- *agg* used
- **usato** *s* **l'usato** second-hand goods | **mercatino dell'usato** second-hand street market

uscire *v* **1** (venire fuori) to come out: *Quando esce dall'ospedale?* When is he coming out of hospital? | *Esci subito di lì!* Get out of there at once! | *A che ora esci da scuola?* What time do you finish school? **2** (andare fuori) to go out: *Durante l'intervallo siamo usciti in cortile.* During the break, we went out into the yard. | *Posso uscire per andare in bagno?* May I go to the toilet? | **uscire dai binari/di strada** to go off the rails/the road **3** (per divertimento) to go out: *Ti va di uscire stasera?* Do you fancy going out tonight? **4 uscire da una malattia/dalla droga** to recover from an illness/from a drug habit: *È uscito da una lunga malattia.* He's recovered from a long illness. | **uscire da una guerra/da un incidente** to come through a war/an accident: *Sono usciti illesi da quell'incidente.* They came through the accident unscathed. | **uscire da una relazione** to come out of a relationship | **uscire da un incubo** to wake up from a nightmare: *Sono uscita da un incubo.* I've just woken up from a nightmare. **5** (libro, disco) to come out: *Il film uscirà a Natale.* The film will come out at Christmas. **6** (nome, numero) to come up: *Il 9 non è ancora uscito.* The number 9 still hasn't come up. **7** (in informatica) to exit

uscita *s* **1 all'uscita** (quando si esce) on the way out: *All'uscita dallo stadio è scoppiata una rissa tra i tifosi.* On the way out of the stadium, a fight broke out among the supporters. | *È successo all'uscita da scuola.* It happened as the children were coming out of school. **2** (di edificio, sala) exit: *Dov'è l'uscita?* Where's the exit? | **uscita di sicurezza** emergency exit **3** (di autostrada) exit **4** (in aeroporto) gate

usignolo *s* nightingale

uso *s* **1** (impiego) use: *In classe è vietato l'uso dei telefonini.* The use of mobile phones is forbidden in class. | *per uso esterno* for external use only | **essere fuori uso** to be out of order | **fare uso di qc** to use sth: *Ha dichiarato di non aver mai fatto uso di droghe.* He stated that he'd never used drugs. **2** (funzione) use: *Ha riacquistato solo parzialmente l'uso delle gambe.* He's only partially recovered the use of his legs. | **l'uso della parola** the power of speech

ustionare *v* **ustionarsi una mano/le braccia** to burn your hand/arms

ustionarsi *v rifl* to scald yourself: *Si è ustionato con l'acqua bollente.* He scalded himself with boiling water.

ustione *s* burn: *un'ustione di primo grado* a first-degree burn

usura *s* **1** (consumo) wear **2** (strozzinaggio) (illegal) moneylending

utensile *s* **1** (attrezzo) tool **2** (in cucina) utensil

utente *s* user

utero *s* womb

utile *agg* **1** (proficuo, vantaggioso) useful: *La guida che mi hai prestato mi è stata utilissima.* The guidebook that you lent me was extremely useful. **2** (che è di aiuto) helpful: *Il tuo consiglio si è rivelato molto utile.* Your advice turned out to be very helpful. | *Posso esserle utile in qualcosa?* Can I be of any help to you? | **rendersi utile** to be of help: *Se proprio vuoi renderti utile, puoi finire di apparecchiare.* If you really want to be of help, you can finish

U

setting the table. | **tornare utile (a qn)** to prove useful (to sb): *Tienilo, può sempre tornare utile.* Hang on to it, it may still prove useful.

utilità *s* **1** (essere utile) usefulness: *Non sono sicura dell'utilità di questo tipo di lavoro.* I'm not sure of the usefulness of this sort of work. | **essere di grande utilità** to be of great use: *I tuoi appunti mi sono stati di grande utilità.* Your notes were of great use to me. **2** (vantaggio) point: *Qual è l'utilità di tutta questa discussione?* What's the point of this whole discussion?

utilizzare *v* to use: *Per la ricerca potete utilizzare Internet.* For the research, you can use the Internet. | **utilizzare bene/male qc** to make good/poor use of sth: *Cercate di utilizzare bene le informazioni ricevute.* Try to make good use of the information you've received.

uva *s* **1** (frutto) grapes [plurale]: *un grappolo d'uva* a bunch of grapes | **un acino d'uva** a grape | **uva passa** raisins [plurale] **2** **uva spina** gooseberries [plurale]

uvetta *s* raisins [plurale]

V, v *s* V, v ▶ vedi Active Box **lettere dell'alfabeto** sotto **lettera**

vacanza *s* holiday (BrE), vacation (AmE): *le vacanze di Natale* the Christmas holidays | *Abbiamo tre giorni di vacanza.* We have three days' holiday. | **essere/andare in vacanza** to be/go on holiday

vacca *s* cow

vaccino *s* vaccine: *il vaccino contro la pertosse* the whooping cough vaccine

vagare *v* to wander

vagina *s* vagina

vaglia *s* money order | **vaglia (postale)** postal order

vago, -a *agg* vague: *Luca è stato molto vago in proposito.* Luca was very vague on the subject.

vagone *s* carriage (BrE), car (AmE) | **vagone letto** sleeping car | **vagone ristorante** restaurant car | **vagone merci** goods wagon (BrE), freight car (AmE)

valanga *s* **1** (di neve) avalanche **2** **una valanga di lettere/lamentele** a flood of letters/complaints: *Ci ha dato una valanga di compiti.* She's given us a pile of homework.

valere *v* **1** (avere valore) to be worth: *Questo anello vale molto.* This ring is worth a lot. | *Quanto vale un dollaro?* How much is one dollar worth? | **non valere niente/molto** to not be up to much: *Il suo ultimo album non vale niente.* His last album isn't up to much. | *Come portiere non vale molto.* As a goalkeeper he's not much good. | **valere la pena** to be worth it: *Non prendertela, non ne vale la pena!* Don't get annoyed, it's not worth it! | **valere la pena fare qc** to be worth doing sth: *Vale la pena arrivare fino in cima?* Is it worth going up to the top? **2** (avere validità) to be valid: *Il biglietto vale fino a sabato.* The ticket is valid until Saturday. **3** (essere applicabile) to apply: *La regola vale per tutte le squadre.* The rule applies to all the teams. | *Il discorso vale anche per te.* This applies to you too. **4** (contare) to count: *Il gol non vale, l'arbitro aveva già fermato il gioco.* The goal doesn't count – the referee had already stopped play. **5** **non vale!** that's not fair! | **tanto vale** *Ormai è tardi, tanto vale partire domani.* It's late now, we might as well leave tomorrow. | *Verrebbe a saperlo comunque, tanto vale che glielo dica tu.* He'd find out in any case – you might as well tell him yourself.

valico *s* pass (pl passes)

valido, -a *agg* valid: *Non mi sembra un motivo valido per litigare.* I don't think it's a valid reason for arguing. | **non è valido!** that's not fair!

valigetta *s* briefcase

valigia *s* suitcase | **fare/disfare le valigie** to pack/unpack your bags

valle *s* valley | **a valle** down the mountain: *Alcuni massi sono precipitati a valle.* Some rocks crashed down the mountain.

valore *s* **1** (pregio) value | **avere valore per qn** (essere importante) to matter to sb: *La sua opinione non ha nessun valore per me.* His opinion doesn't matter to me. **2** **avere valore** (essere valido) to be valid: *Il biglietto non ha valore se non è timbrato.* The ticket isn't valid if it's not stamped. **3** (coraggio) courage: *I soldati hanno combattuto con grande valore.* The soldiers fought with great courage.

valorizzare *v* to enhance

valuta *s* currency (pl currencies)

valutare *v* **1** (rischio, possibilità) to weigh up: *Hai valutato bene le conseguenze?* Have you weighed up the consequences properly? **2** (alunno, compito) to assess **3** (gioiello, quadro) to value **4** (danni, casa) to assess

C'è una tavola con i numeri in inglese e spiegazioni sul loro uso nella **guida grammaticale**.

valutazione *s* **1** (giudizio) assessment ► vedi anche **scheda** **2** (prezzo, valore) valuation **3** (di danno) estimate

valvola *s* **1** (meccanica) valve | **valvola di sfogo** escape valve **2** (elettrica) fuse: *Sono saltate le valvole.* The fuses have blown.

valzer *s* waltz (pl waltzes)

vampiro *s* vampire

vandalismo *s* vandalism

vanga *s* spade

vangelo *s* Gospel

vaniglia *s* vanilla: *un gelato alla vaniglia* a vanilla ice cream

vanitoso, -a *aggettivo* e *sostantivo*

- *agg* vain
- *s* non esiste il sostantivo, ma solo l'aggettivo **vain**: *Non la sopporto quella vanitosa!* I can't stand her – she's so vain!

vano, -a *aggettivo* e *sostantivo*

- *agg* (sforzo, tentativo) vain: *una speranza vana* a vain hope
- **vano** *s* **1** (locale) room **2 il vano dell'ascensore** the lift shaft | **il vano della finestra** the window opening | **vano portaoggetti** glove compartment

vantaggio *s* **1** (beneficio) advantage: *La bici ha il vantaggio di non inquinare.* The bicycle has the advantage of being environmentally friendly. | *Non ne ho avuto alcun vantaggio.* I got nothing out of it. **2** (nello sport) lead | **avere due/tre punti di vantaggio** to have a lead of two/three points | **essere in vantaggio (su qn)** to be leading (sb): *La Ferrari è in vantaggio sulla McLaren.* The Ferrari is leading the McLaren. | *Sono in vantaggio di 3 punti.* They're **leading by** three points. | **passare in vantaggio** to take the lead: *Al quarantaduesimo minuto siamo passati in vantaggio.* We took the lead in the forty-second minute.

vantarsi *v rifl* to show off: *Non faccio per vantarmi, ma a scacchi non perdo mai.* It's not that I'm showing off or anything, but I never lose at chess. | **vantarsi di qc** to boast about sth: *Non fa che vantarsi di essere il migliore della squadra.* All he ever does is boast about being the best in the team.

vanvera **parlare a vanvera** to talk nonsense: *Non sto parlando a vanvera, andate a controllare!* I'm not talking nonsense – go and see for yourself!

vapore *sostantivo* e *sostantivo plurale*

- *s* **vapore (acqueo)** steam | **a vapore** steam: *un treno a vapore* a steam train | **al vapore** steamed: *patate al vapore* steamed potatoes
- **vapori** *s pl* (esalazioni) fumes

variabile *agg* **1** (tempo) unsettled **2** (numero, quantità) varying: *in numero variabile* in varying numbers | **essere variabile (a seconda di qc)** to change (depending on sth): *Il costo del biglietto è variabile a seconda della stagione.* The price of the ticket changes depending on the time of year. **3** (in grammatica) variable

variare *v* to vary: *Il prezzo varia dai 50 ai 200 euro.* The price varies from 50 to 200 euros. | **(tanto) per variare** (just) for a change: *Questa volta, per variare, passiamo lungo la costa.* This time, let's go along the coast for a change.

variazione *s* **1** (cambiamento) change: *Non ci sono variazioni nel programma.* There are no **changes to** the programme. **2** (musicale) variation

varicella *s* chickenpox

varietà *s* **1** (assortimento) variety (pl varieties): *una varietà di colori* a variety of colours **2** (tipo) variety (pl varieties): *una nuova varietà di orchidee* a new variety of orchid **3** (spettacolo) variety show

vario, -a *agg* **1** (numeroso) several: *Ci siamo visti in varie occasioni.* We saw each other several times. **2** (diverso) different: *ragazzi di varie età* children of different ages | *Le risposte che avete dato sono molto varie.* Your answers are very different. **3** (non uniforme) varied: *un paesaggio molto vario* a very varied landscape

Varsavia *s* Warsaw

vasca *s* **1** (recipiente) tub | **vasca da bagno** bath **2** (in piscina) length: *Ho fatto 30 vasche.* I did 30 lengths.

vaschetta *s* tub: *una vaschetta di gelato* a tub of ice cream

vasetto *s* jar: *un vasetto di marmellata* a jar of jam

vaso *s* **1** (per fiori) vase **2** (per piante) pot | **vaso da fiori** plant pot **3 vaso da notte** chamber pot **4 vaso capillare** capillary | **vaso sanguigno** blood vessel

vassoio *s* tray

vasto, -a *agg* **1** (selezione, pubblico) wide: *Lì la scelta è molto vasta.* They have a very wide choice there. **2** (collezione, impero) huge

Vaticano *s* **il Vaticano** the Vatican | **la Città del Vaticano** the Vatican City

vaticano, -a *agg* Vatican

ve ► vedi **vi**

vecchiaia *s* old age: *È morto di vecchiaia.* He died of old age.

vecchio, -a *aggettivo* e *sostantivo*

- *agg* old: *Lui è più vecchio di me.* He's older than me. | *Sono la più vecchia della classe.* I'm the oldest in the class. | *È una vecchia*

V

 Non sei sicuro del significato di una abbreviazione? Consulta la lista delle abbreviazioni nell'interno della copertina.

storia. It's an old story. | **diventare vecchio** to grow old: *Papà sta diventando vecchio, si dimentica tutto.* Dad's growing old – he forgets everything.
- s **vecchio** old man (pl old men) | **vecchia** old woman (pl old women) | **i vecchi** (maschi e femmine) old people

vedere *v* ▶ vedi riquadro
vedersi *v rifl* **1** (incontrarsi) to meet: *Allora ci vediamo domenica da te.* OK then, we'll meet on Sunday at your house. | *Ci vediamo alle otto.* I'll see you at eight. **2** (osservarsi) to see yourself: *Ma ti sei visto allo specchio?* Have you seen yourself in the mirror?

vedovo, -a *aggettivo e sostantivo*
- *agg* widowed
- *s* **vedovo** widower | **vedova** widow

vegetale *aggettivo e sostantivo*
- *agg* si usa il sostantivo **vegetable** in funzione di aggettivi: *grassi vegetali* vegetable fats
- *s* vegetable

vegetaliano, -a *agg e s* vegan
vegetariano, -a *agg e s* vegetarian
vegetazione *s* vegetation
veglia *s* wakefulness | **essere tra il sonno e la veglia** to be half-asleep | **veglia funebre** wake
veglione *s* party (pl parties): *il veglione di Capodanno* the New Year's Eve party
veicolo *s* **1** (mezzo di trasporto) vehicle | **veicolo spaziale** spacecraft **2** (di infezioni, contagio) carrier: *I topi sono un veicolo di malattie.* Mice are carriers of disease. | **un veicolo di informazione** a source of information
vela *s* **1** (tela) sail **2** (sport) sailing: *gara di vela* sailing competition | **fare vela** to go sailing ▶ vedi anche **barca**
velato, -a *agg* **1** (cielo) cloudy **2** (donna, accenno) veiled **3 dei collant velati** sheer tights
veleno *s* poison
velenoso, -a *agg* poisonous
veliero *s* sailing ship
velluto *s* velvet | **velluto a coste** corduroy
velo *s* **1** (tessuto) veil **2 un velo di zucchero/cipria** a dusting of sugar/powder | **un velo di olio/polvere** a coating of oil/dust | **avere un velo di trucco** to be wearing very light make-up ▶ vedi anche **zucchero**

vedere *verbo*

1 Nella maggior parte dei contesti, si traduce con **to see**:
Non hai visto lo scalino? Didn't you see the step? | *Siamo andati a vedere una mostra.* We went to see an exhibition. | **far vedere qc a qn** to show sb sth: *Vieni, ti faccio vedere la mia stanza.* Come on, I'll show you my room.

2 Quando significa riuscire a vedere, è preceduto dall'ausiliare **can** o **could**:
Senza occhiali non (ci) vedo. I can't see without my glasses. | *Con quel buio, non vedevo niente.* It was so dark I couldn't see anything.

3 Nel senso di assistere, ad esempio a un film o ad una partita, si traduce **to watch**:
Hai visto la finale di Wimbledon? Did you watch the Wimbledon final? | *C'è qualche programma che vuoi vedere in TV?* Is there something you want to watch on TV?

4 Nel senso di capire si traduce **to see**:
Non vedo perché mi dovrei scusare. I don't see why I should apologize. | *Vedi che avevo ragione io?* Do you see that I was right?

5 Nel senso di immaginare, si traduce con **to see** preceduto dall'ausiliare **can**:
Non ti ci vedo proprio insieme a lei. I really can't see you with her.

6 Nel senso di esaminare si traduce **to look at**:
Non ho ancora avuto tempo di vedere i vostri compiti. I haven't had time to look at your homework yet.

7 ESPRESSIONI
non farsi vedere to not turn up: *Avevamo appuntamento, ma non si è fatto vedere.* We had a date, but he didn't turn up. | **vedersela brutta**: *Ce la siamo proprio vista brutta!* We really thought we'd had it! | **non poter vedere qn**: *Quando fa così, non lo posso vedere!* I can't stand him when he behaves like that! | **chi si vede!** look who's here! | **vedi di sbrigarti!** do hurry up!

veloce *aggettivo e avverbio*
- *agg* **1** (rapido) fast | **essere veloce nel fare qc** to do sth quickly: *È stato un po' troppo veloce nel rispondere e ha sbagliato.* He answered a bit too quickly and got it wrong. **2** (che richiede poco tempo) quick: *È stato un viaggio veloce.* It was a quick trip.
- *avv* fast: *Non andare così veloce!* Don't go so fast!

velocemente *avv* quickly
velocità *s* **1** (di veicolo) speed: *alla velocità della luce* at the speed of light | *Non superare il limite di velocità.* Don't go

above the speed limit. | **a tutta velocità** at high speed **2** (rapidità) speed | **con grande velocità** very quickly

vena *s* **1** (in anatomia) vein **2** (ispirazione) talent: *una vena comica* a talent for comedy **3** **essere in vena (di fare qc)** to be in the mood (for sth): *Non sono in vena di scherzare.* I'm not in the mood for jokes. | *Sei in vena di polemiche?* Are you trying to cause trouble?

vendemmia *s* grape harvest

vendere *v* to sell: *Il suo primo CD ha venduto un milione di copie.* His first CD sold a million copies. | *A quanto lo vendi?* How much do you want for it? | **vendere qc a qn** to sell sb sth: *Mi vendi la tua bici?* Will you sell me your bike? | **"vendesi"** "For Sale"

vendetta *s* revenge

vendicarsi *v rifl* **vendicarsi di qn/qc** to get your own back on sb/for sth: *Così si è vendicata di noi.* That's how he got his own back on us. | *Si è vendicato del torto subito.* He got his own back for the wrong he had suffered. | **vendicarsi su qn** to get your own back on sb: *Si sono vendicati sulla sorella.* They got their own back on their sister.

vendita *s* sale | **essere in vendita a)** (disponibile sul mercato) to be on sale: *L'auto è già in vendita in Giappone.* The car's already on sale in Japan. **b)** (offerto all'acquisto) to be for sale: *La mia moto non è in vendita.* My moped is not for sale. | **mettere in vendita qc** to put sth up for sale: *I miei hanno messo in vendita l'appartamento al mare.* My parents have put the flat on the coast up for sale.

venditore, -trice *s* **1** (commerciante) seller | **venditore ambulante** hawker **2** (rappresentante) salesman (pl salesmen)

venerdì *s* Friday | **Venerdì Santo** Good Friday ▶ vedi Active Box **giorni della settimana** sotto **giorno**

Venere *s* **1** (pianeta) Venus **2** (dea) Venus

venereo, -a *agg* **malattia venerea** sexually transmitted disease

Venezia *s* Venice

veneziano, -a *agg e s* Venetian

Venezuela *s* **il Venezuela** Venezuela

venezuelano, -a *agg e s* Venezuelan

venire *v* ▶ vedi riquadro

venire *verbo*

1 RECARSI, PROVENIRE = TO COME

Vengo subito! I'm coming right away! | *Vieni dentro, che piove.* Come inside – it's raining. | *Vuoi venire con me al cinema?* Do you want to come to the cinema with me? | *Vengo a prenderti alle otto.* I'll come and pick you up at eight. | **venire via**: *Vieni via con me o ti fermi ancora?* Are you coming with me or are you staying on? | *È venuto via il manico della tazza.* The handle of the cup came away.

2 MANIFESTARSI

Mi è venuta un'idea. I've got an idea. | *Se ti viene voglia di uscire, chiamami.* If you feel like going out, call me. | **venire in mente a qn**: *Cosa ti è venuto in mente?* Whatever were you thinking of? | *Il suo nome, in questo momento, non mi viene in mente.* I can't think of his name at the moment. | **mi viene da ridere/piangere** I feel like laughing/crying | **far venire sonno/fame a qn** to make sb sleepy/hungry: *Questa musica mi ha fatto venire sonno.* This music has made me sleepy.

3 RIUSCIRE = TO COME OUT

Come sono venute le foto? How did the photos come out? | *Non mi viene il problema di geometria.* I can't work out the geometry problem. | **venire bene/male** to come out well/badly

4 COSTARE = TO BE

Quanto viene questa giacca? How much is this jacket? | *Queste mele vengono due euro al chilo.* These apples are two euros per kilo.

5 IN VERBI PASSIVI = TO BE

I vincitori verranno estratti a sorte. The winners will be drawn by lots. | *Viene sempre sgridato dai professori.* He's always being told off by his teachers.

ventaglio *s* fan

ventenne *agg e s* twenty-year-old

ventesimo, -a *agg e s* twentieth ▶ vedi Active Box **numeri** sotto **numero**

venti *agg e s* twenty ▶ vedi Active Box **numeri** sotto **numero**

ventilare *v* **1** (stanza, ambiente) to air: *Apri un po' le finestre per ventilare l'aula.* Open the windows a bit to air the room. **2** **ventilare un'idea** to float an idea | **ventilare un'ipotesi** to discuss a possibility

ventilatore *s* fan

ventina *s* about twenty | **una ventina di** about twenty: *una ventina di chilometri* about twenty kilometres | **avere una ventina d'anni** to be about twenty

vento *s* wind: *Si è alzato il vento.* The wind has picked up. | *Oggi c'è vento.* It's windy today. | **farsi vento con qc** to fan yourself with sth: *Cercava di farsi vento con un giornale.* He was trying to fan himself with a newspaper. ▶ vedi anche **giacca**, **mulino**

ventre *s* (addome) stomach

veramente *avv* **1** (davvero) really: *Mi dispiace veramente.* I'm really sorry. **2** (a dire il vero) to tell you the truth: *A me, veramente, è simpatico.* I like him, to tell you the truth.

veranda *s* veranda

verbale *s* minutes [sempre plurale] | **fare il verbale** to take the minutes

verbo *s* verb

verde *aggettivo e sostantivo*

- *agg* **1 essere al verde** to be broke **2** (acerbo) green **3** (zona, valle) green
- *s* **1** (semaforo) green light | **passare col verde** to go when the light is green **2** (vegetazione) green spaces [plurale] **3 i verdi** (partito) the Greens ▶ vedi Active Box **colori** sotto **colore**

verdura *s* vegetables [sempre plurale]

Vergine *s* Virgo: *Sono della Vergine.* I'm **a Virgo**.

vergine *agg* **1** (illibato) virgin: *È ancora vergine.* She's still **a virgin**. **2** (olio, foresta) virgin: *olio extra vergine di oliva* extra virgin olive oil ▶ vedi anche **lana** **3** (cassetta) blank

vergogna *s* **1** (imbarazzo) embarrassment: *È diventato rosso per la vergogna.* He blushed **with embarrassment**. | **avere vergogna (a fare qc)** to be embarrassed (to do sth): *Dai fatti vedere, non aver vergogna!* Go on, let's have a look at you! Don't be embarrassed! **2** (senso di colpa) shame | **provare vergogna (per qc)** to be ashamed (of sth): *Non provo nessuna vergogna per quello che ho fatto.* I'm not at all ashamed of what I've done. **3** (scandalo) outrage | **è una vergogna (che)** it's outrageous (that): *È una vergogna che certi tifosi si comportino in questo modo!* It's outrageous that some fans behave in this way!

V

vergognarsi *v rifl* **1 vergognarsi (a fare qc)** (essere imbarazzato) to be embarrassed (about doing sth): *Diglielo tu, io mi vergogno.* You tell him, I'm too embarrassed. | *Non c'è da vergognarsi a piangere.* Crying is nothing to be embarrassed about. **2 vergognarsi di qc/di fare qc** (sentirsi in colpa) to be ashamed of sth/of doing sth: *Mi vergogno di aver agito in questo modo.* I'm ashamed of having behaved like this. | *Vergognati!* You should be ashamed of yourself!

vergognoso, -a *agg* **1** (deplorevole) disgraceful **2** (timido) bashful

verifica *s* **1** (a scuola) test: *Domani c'è la verifica di storia.* It's the history test tomorrow. **2** (controllo) check | **fare una verifica** to check: *Fai la verifica dello scontrino.* Check the receipt.

verificare *v* to check

verificarsi *v rifl* to happen: *Si è già verificato un caso analogo.* Something similar has already happened.

verità *s* truth | **in verità** to tell you the truth: *In verità il film non mi è sembrato un granché!* To tell you the truth, I didn't think much of the film. | **dire la verità** to tell the truth: *Dimmi la verità: sei stato tu a dire a papà dov'ero?* Tell me the truth. Did you tell Dad where I was?

verme *s* worm

vernice *s* **1** paint: *"vernice fresca"* "wet paint" | *una mano di vernice* a coat of paint **2 scarpe/borsa di vernice** patent leather shoes/bag

verniciare *v* to paint: *Abbiamo verniciato le pareti di giallo.* We **painted** the walls **yellow**.

vero, -a *agg* **1** (fatto, storia) true: *Chissà se è vero.* I wonder if it's true. | *una storia vera* a true story **2** (autentico) real: *un divano in vera pelle* a real leather sofa | *Il suo vero nome è Miranda.* Her real name is Miranda. **3** (rafforzativo) real: *È stata una vera fortuna!* It was a real piece of luck! | *Ezio si è comportato da vero amico.* Ezio behaved like a real friend. | **vero e proprio**: *È un'ingiustizia vera e propria.* It's really unfair. | *Mi sono sentito un vero e proprio stupido.* I felt like a real idiot. **4 (non è) vero?** (per chiedere conferma): *Sei stata tu, non è vero?* It was you, wasn't it? | *Tuo fratello gioca a rugby, vero?* Your brother plays rugby, doesn't he? | *Non siamo in ritardo, vero?* We aren't late, are we? ▶ vedi riquadro qui sotto **5 il vero** *Ci dev'essere del vero in quello che raconta.* There must be some truth in what she's saying. | **a dire il vero** to tell you the truth

> Quando è usato informa interrogativa per chiedere conferma si traduce con una **question tag**, cioè con una breve domanda in fondo alla frase, in cui si ripete l'ausiliare e il pronome soggetto. Nota che se l'ausiliare nell'affermazione è alla forma positiva, nella **question tag** si deve usare la forma negativa e viceversa.

verosimile *agg* probable

verruca *s* **1** (sul piede) verruca **2** (sulle mani) wart

versamento *s* (pagamento) payment: *il versamento dell'ultima rata* the payment of the last instalment | **fare un versamento**

to make a deposit: *Devo andare alla posta a fare un versamento.* I have to go to the post office to make a deposit. | *Ho fatto un versamento sul mio conto.* I put some money into my account.

versare *v* **1** (bevanda, liquido) to pour: *Mi verso un po' di gazzosa?* Could you pour me some lemonade? **2** (rovesciare) to spill: *Qualcuno ha versato del succo di arancia sulla moquette.* Someone has spilt orange juice on the carpet. **3** (somma, acconto) to pay: *Ho versato 60 euro sul conto.* I paid 60 euros **into the account**.

versione *s* **1** (descrizione) version: *Ci sono tre versioni diverse dell'accaduto.* There are three different versions of what happened. **2** (traduzione) translation **3 in versione originale** (film) in the original version

verso *preposizione e sostantivo*

• *prep* **1** (in direzione di) towards (BrE), toward (AmE): *Gira la manopola verso destra.* Turn the handle towards the right. | *Ci stavamo avviando verso l'uscita.* We were making our way towards the exit. | **verso l'alto/il basso** upwards/downwards: *Tira la leva verso l'alto.* Pull the lever upwards. | *Tutti stavano guardando verso l'alto.* Everyone was looking up. **2** (dalle parti di) near: *Abito verso Piazza Castello.* I live near Piazza Castello. **3** (di ora, parte del giorno) about, around: *Telefonami verso l'ora di cena.* Phone me around dinner time. | *verso le quattro* about four **4** (di anno, mese) towards: *verso la fine di luglio* towards the end of July **5** (nei confronti di) towards: *Ezio si è comportato proprio male verso di noi.* Ezio behaved really badly towards us. | *Ha poco rispetto verso suo padre.* He doesn't have much respect for his father.

• *s* **1** (direzione) direction: *Proseguite per questo verso, poi al semaforo girate a destra.* Continue on in this direction and then turn right at the traffic lights. **2 non c'è/c'era verso (di fare qc)** there is/there was no way (of doing sth): *Non c'è stato verso di fargli cambiare idea.* There was no way of making him change his mind. **3** (di animale) noise: *Che verso fa l'elefante?* What noise does an elephant make? **4** (di poesia) line: *una strofa di quattro versi* a four-line verse **5 fare il verso a qn** to imitate sb: *È bravissimo a fare il verso alla prof di inglese.* He's really good at imitating the English teacher.

vertebra *s* vertebra (pl vertebrae)

vertebrale ▶ vedi **colonna**

verticale *aggettivo e sostantivo*

• *agg* **1** (linea, asse) vertical **2** (diritto) upright: *in posizione verticale* **in an upright position**

• *s* **1 fare la verticale** (in ginnastica) to do a handstand **2** (in parole crociate) down: *otto verticale* eight down

vertice *s* **1** (in geometria) apex (pl apexes) **2** (di graduatoria) top: *al vertice della classifica* (at the) top of the charts **3** (di carriera, popolarità) height **4** (incontro) summit

vertigini *s pl* **1 avere le vertigini** to feel dizzy **2 soffrire di vertigini** to suffer from vertigo

vescica *s* **1** (sulla pelle) blister **2** (organo) bladder

vescovo *s* bishop

vespa *s* wasp: *Mi ha punto una vespa.* I've been stung by a wasp.

vestaglia *s* dressing gown

vestire *v* **1** (bambino, bambola) to dress **2** (indossare) to wear: *Vesto la 44.* I wear a size 44.

vestirsi *v rifl* **1** (mettersi abiti) to get dressed: *Mi sto vestendo.* I'm getting dressed. | *Vestiti un po' di più, fa freddo!* Dress up warmly, it's really cold today! **2** (abbigliarsi) to dress: *Sonia si veste male.* Sonia doesn't dress well. | *Devo vestirmi bene per la festa?* Do I have to dress up for the party? | **vestirsi di bianco/nero** to wear white/black | **vestirsi da donna/da Frankenstein** to dress up as a woman/as Frankenstein

vestito, -a *aggettivo, sostantivo e sostantivo plurale*

• *agg* dressed: *Dove vai vestito in questo modo?* Where are you going dressed like that? | *Ho dormito vestita.* I slept in my clothes.

• **vestito** *s* **1** (da donna) dress (pl dresses) | **vestito da sera** evening dress | **vestito da sposa** wedding dress **2** (da uomo) suit

• **vestiti** *s pl* (abbigliamento) clothes: *Portati vestiti comodi per viaggiare.* Bring comfortable clothes for travelling.

Vesuvio *s* **il Vesuvio** Vesuvius

veterinario, -a *s* vet (BrE), veterinarian (AmE): *Anna fa la veterinaria.* Anna **is a** vet.

veto *s* veto: *diritto di veto* right of veto

vetrata *s* (finestra) stained-glass window

vetrina *s* (di negozio) window: *Posso vedere la borsa in vetrina?* Could I see the bag in the window, please?

vetro *s* **1** (materiale) glass [mai plurale]: *Attenta! Ci sono dei vetri rotti per terra.* Be careful! There's broken glass on the ground. | **un bicchiere di vetro** a glass **2** (lastra) pane of glass: *Ho rotto un vetro.* I've broken a pane of glass. | **doppi vetri** double glazing

vetta *s* **1** (in montagna) peak **2** (di classifica) top: *Il gruppo è in vetta alle classifiche.* The group is at the **top of the charts**. **3** (di successo) peak

vi, anche **ve** *pron* ▶ vedi riquadro

V

vi *pronome personale*

1 Come *complemento oggetto* o *complemento di termine* si traduce generalmente **you**:

Vi do un passaggio. I'll give you a lift. | *Vi terrò informati.* I'll keep you informed. | *Non ve lo posso dire.* I can't tell you.

Nota però che alcuni verbi inglesi richiedono una preposizione (**to you, for you**, ecc.); è perciò bene consultare nel dizionario il verbo in questione, ad esempio, *scrivere, cercare*, ecc.:

Vi scriverò tutti i giorni. I'll write to you every day. | *Vi stavo cercando.* I was looking for you.

2 Quando è usato con *parti del corpo* o per esprimere *appartenenza* si usa il pronome possessivo **your**:

State attenti a non impigliarvi i vestiti nel filo spinato. Be careful not to get your clothes caught on the barbed wire. | *Toglietevi pure i vestiti bagnati.* You can take off your wet clothes.

3 Quando ha valore *riflessivo* si traduce **yourselves**:

Divertitevi! Enjoy yourselves!

Nota però che non necessariamente un verbo riflessivo italiano si traduce con un verbo riflessivo in inglese:

Vi fermate a lungo? Are you staying long? | *Vi abituerete in fretta.* You'll get used to it quickly.

4 Quando ha valore *reciproco* si traduce **each other**:

Vi conoscete già? Do you already know each other?

Nota che talvolta il verbo inglese ha già valore reciproco e non richiede quindi il pronome personale:

Vi siete incontrati in vacanza? Did you meet on holiday? | *Se vi scambiate gli indirizzi, potete scrivervi.* If you exchange addresses, you can stay in touch.

via *sostantivo femminile, sostantivo maschile, avverbio e interiezione*

• *s fem* **1** (strada) road, street [in centri abitati]: *la via centrale* the main street | *Abito in via Modena 15.* I live **at 15, Via Modena**. **2** (percorso) way: *Qual è la via più breve per la stazione?* What's the quickest way to the station? | *sulla via di casa* on the way home | *un volo che va da Roma a Londra via Berlino* a flight going from Rome to London via Berlin **3** (mezzo, modo) way: *Non c'è altra via.* There's no other way. | *Ci deve essere un'altra via per risolvere questa faccenda.* There's got to be another way to sort out this situation. | **via di scampo** way out **4 via radio/fax/mare** by radio/fax/sea | **televisione/collegamento via satellite** satellite TV/link | **(per) via aerea** (spedire, mandare) (by) airmail **5 via di mezzo** (cosa intermedia) something in between: – *Vuole la confezione da cinque chili o da un chilo?* – *Non c'è una via di mezzo?* "Do you want the five-kilo or the one-kilo box?" "Isn't there anything in between?" | *Il locale è una via di mezzo tra un pub e una discoteca.* The place is a cross between a pub and a nightclub. | **in via di guarigione** on the mend | **paesi in via di sviluppo** developing countries **6 per via di** because of: *Ho fatto tardi per via del traffico.* I was late because of the traffic. **7 la Via Lattea** the Milky Way

• *s masc* (segnale) (starting) signal: *Dovete partire al mio via.* You have to start when I give the signal. | **dare il via a)** (a corsa, gara) to give the starting signal **b)** (a gioco) to say go

• *avv* **1** (lontano, altrove) away: *Buttalo via, non ci serve.* Throw it away – we don't need it. | *Marco è via per lavoro.* Marco's away on business. ▶ vedi anche **venire** **2 via via** as: *Via via che le ore passavano, la preoccupazione aumentava.* As the hours passed, the level of anxiety grew. | *Il rumore si faceva via via più intenso.* The noise was gradually becoming louder.

• *inter* **1** (in gara) go: *Pronti, via!* Ready, steady, go! **2** (per allontanare) go away: *Via, via! Voglio restare sola!* Go away! I want to be left alone! | *Via di qui!* **Get away from** here! **3** (per incitare) come on: *Via, Giovanna, non avvilirti!* Come one, Giovanna, don't lose heart!

viaggiare *v* to travel: *Mi piace viaggiare.* I like travelling. | *Viaggeremo in aereo.* We'll be travelling by plane. | *Il treno proveniente da Napoli viaggia con circa 35 minuti di ritardo.* The train from Naples is running about 35 minutes late.

viaggiatore, -trice *s* **1** (passeggero) passenger **2** (turista) traveller (BrE), traveler (AmE)

viaggio *s* **1** (lungo spostamento) journey: *Roma sarà la seconda tappa del nostro viaggio.* Rome will be the second stop **on our journey**. | *Com'è andato il viaggio?* How was the journey? | **partire per un viaggio** to set off on a journey | **Buon viaggio!** Have a good journey! **2** (per mare) voyage: *i viaggi di Colombo* the voyages of Columbus **3** (breve tragitto) trip: *Da qui a scuola è un viaggio breve.* It's just a short trip from here to school. | *Ho già fatto due viaggi con i sacchi della spesa.* I've already made two trips with the shopping bags. **4** (escursione, vacanza) trip: *Abbiamo vinto un viaggio di due settimane in Cina.* We won a two-week trip to China. | *Hai mai fatto un viaggio all'estero?* Have you ever been on a trip abroad? | **viaggio**

di studio study trip | **viaggio organizzato** package holiday | **viaggio d'affari** business trip | **viaggio di nozze** honeymoon ▸ vedi anche **agenzia, borsa**

journey, trip, voyage, travel

Si usa **journey** quando si intende lo spostamento da un luogo ad un altro, in genere piuttosto distante e con un mezzo di trasporto. Si usa **trip** per parlare di un viaggio o di una gita in un luogo, così come del tempo trascorso in quel luogo. Si usa **voyage** per indicare un viaggio o una traversata per mare. **Travel** è un termine generale che indica i viaggi e il viaggiare, specie al di fuori del proprio paese.

viale *s* avenue

viavai *s* coming and going: *Alla stazione c'è un viavai continuo.* There's constant coming and going at the station.

vibrare *v* to shake

vice *s* **1** (in un negozio, un'azienda) assistant **2** (in un comitato) deputy (pl deputies)

vicenda *s* **1** (fatto) event **2** (di romanzo, film) plot **3 a vicenda** (reciprocamente) each other, one another [più formale]: *Si guardarono a vicenda senza parlare.* They looked at each other without saying anything.

vicepresidente *s* vice-president

viceversa *avverbio* e *congiunzione*

- *avv* vice versa: *Io correggo il tuo compito e viceversa.* I'll correct your test and vice versa. | *Devi chiedere permesso e poi entrare, e non viceversa.* You should ask permission and then come in, not the other way round.
- *cong* (invece) but: *Mi ha detto di aspettarlo, viceversa non si è fatto vedere.* He told me to wait for him, but he didn't turn up.

vicinanza *s* **1** (prossimità) proximity: *La vicinanza al mare rende il clima di La Spezia più mite.* The proximity to the sea makes the climate in La Spezia milder. **2 nelle vicinanze** nearby: *Abiti nelle vicinanze?* Do you live nearby? | **nelle vicinanze di** near: *nelle vicinanze di Siena* near Siena

vicinato *s* **1** (i vicini) the neighbours (BrE), the neighbors (AmE) [plurale]: *Lo sa tutto il vicinato.* All the neighbours know about it. **2** (quartiere) neighbourhood (BrE), neighborhood (AmE): *gli abitanti del vicinato* the people living in the neighbourhood

vicino, -a *aggettivo, sostantivo* e *avverbio*

- *agg* **1** (a poca distanza) near: *La mia casa è vicina alla scuola.* My house is near the school. | *Dov'è la farmacia più vicina?* Where's the nearest chemist? | *i paesi vicini* the nearby villages **2** (prossimo, imminente) *Natale è vicino.* Christmas is getting closer. | *Siamo vicini a un accordo.* We're coming close to an agreement. | **essere vicino alla trentina/quarantina** to be nearly thirty/forty: *Eva è vicina alla cinquantina.* Eva is nearly fifty. **3** (simile) similar: *un azzurro molto vicino al blu* a blue that's very similar to navy
- *s* (di casa) neighbour (BrE), neighbor (AmE): *i vicini del piano di sopra* the upstairs neighbours
- **vicino** *avv* **1** (a poca distanza) near: *C'è un supermercato qui vicino?* Is there a supermarket near here? | *Abitate vicini?* Do you live near each other? | *Siediti vicino a me.* Sit beside me. **2 da vicino** close up: *Ci vedi bene da vicino?* Can you see well close up?

vicolo *s* lane | **vicolo cieco** dead end

video *s* **1** (apparecchio) video **2** (schermo) screen **3** (videoclip) video

videocamera *s* video camera, camcorder

videocassetta *s* video: *un film su videocassetta* a film on video

videocitofono *s* video entryphone

videogioco *s* video game

videoregistratore *s* video

videotecas **1** (negozio)videoshop **2** (collezione) video library (pl video libraries)

Vienna *s* Vienna

viennese *agg* e *s* Viennese

vietare *v* **1** (non permettere) to forbid | **vietare a qn di fare qc** to forbid sb to do sth, to stop sb from doing sth: *Mi ha vietato di parlarne.* He forbade me to talk about it. | *Nessuno ti vieta di farlo.* Nobody's stopping you from doing it. **2** (ufficialmente) to ban: *Hanno siglato un accordo che vieta l'uso delle armi chimiche.* They've signed an agreement banning the use of chemical weapons.

vietato, -a *agg* prohibited: *È vietata la pubblicità delle sigarette.* Tobacco advertising is prohibited | **"vietato fumare"** 'no smoking' | **vietato l'accesso** no entry | **film vietato ai minori di 18 anni** 18-certificate film

vietnamita *agg* e *s* Vietnamese

vigilanza *s* supervision | **guardia addetta alla vigilanza** security guard

vigile *s* **vigile (urbano)** è un concetto italiano, quindi non ha traduzione. Per spiegare cos'è puoi dire **a local policeman who directs the traffic and ensures that town regulations are adhered to.** | **vigile del fuoco** firefighter | **i vigili del fuoco** the fire brigade

vigilia *s* the night before: *la vigilia della partenza* the night before leaving | **la vigilia di Natale** Christmas Eve

vigliacco, -a *aggettivo e sostantivo*
- *agg* cowardly
- *s* coward

vigna *s* vineyard

vignetta *s* cartoon

vigore *s* **1 in vigore** (legge, divieto) in force: *La legge è in vigore dal 1998.* The law has been in force since 1998. | **entrare in vigore a)** (legge, divieto) to come into force **b)** (tariffe, orario) to take effect: *Il nuovo orario entrerà in vigore dal 12 marzo.* The new timetable will take effect from 12 March. **2** (energia) strength

villa *s* villa

villaggio *s* **1** (paese) village **2 villaggio turistico** holiday resort

villeggiante *s* holidaymaker

villeggiatura *s* holiday [solitamente al plurale]: *una località di villeggiatura* a holiday resort | *Durante la villeggiatura ho fatto lunghe passeggiate.* I went for long walks during the holidays. | **andare in villeggiatura** to go on holiday

villetta *s* **1** (in città) detached house **2** (in campagna) cottage **3 villetta bifamiliare/unifamiliare** semi-detached/detached house | **villetta a schiera** terraced house

vimini *s pl* wicker [mai plurale]: *un cesto di vimini* a wicker basket

vincere *v* **1** (partita, premio) to win: *Abbiamo vinto due a zero.* We won two nil. | *Non ho mai vinto alla lotteria.* I've never won the lottery. | *Hai vinto: verrò con te.* OK, you win, I'll come with you. **2** (avversario) to beat: *A scacchi ci vince tutti.* He beats everyone at chess. **3** (difficoltà, paura) to overcome: *Devi vincere la paura del buio.* You've got to overcome your fear of the dark.

vincita *s* **1** (vittoria) win **2** (premio) prize: *una vincita di 20.000 euro* a 20,000 euro prize

vincitore, -trice *aggettivo e sostantivo*
- *agg* **1** (in gara, partita) winning: *la squadra vincitrice* the winning team **2** (in guerra) conquering
- *s* winner: *i vincitori del campionato* the championship winners

V

vincolo *s* **1** (obbligo) constraint **2** (legame affettivo) bond: *un profondo vincolo di amicizia* a deep bond of friendship

vino *s* wine: *una bottiglia di vino* a bottle of wine | **vino bianco/rosso** white/red wine | **vino secco/dolce** dry/sweet wine ▶ vedi nota FALSE FRIEND sotto **vine**

vinto, -a *agg* **1 darsi per vinto** to give up: *Lucia non si dà mai per vinta.* Lucia never gives up. **2 averla vinta** to get your own way: *Alla fine l'ho avuta vinta io.* I got my own way in the end. | **darla vinta a qn** to give in to sb: *Non dargliela sempre vinta!* Don't give in to her all the time!

viola *aggettivo e sostantivo*
- *agg* purple
- *s* **1** (colore) purple **2** (fiore) violet **3** (strumento) viola ▶ vedi Active Box **colori** sotto **colore**

violare *v* **1** (legge, regolamento) to break **2** (diritto) to violate

violazione *s* violation

violentare *v* to rape

violentatore *s* rapist

violento, -a *agg* **1** (persona, film) violent **2** (temporale, terremoto) violent

violenza *s* violence | **violenza carnale** sexual assault

violinista *s* violinist

violino *s* violin: *Sai suonare il violino?* Can you play the violin?

violoncello *s* cello

vipera *s* viper

virgola *s* **1** (in frase) comma ▶ vedi anche **punto** **2** (in matematica) point: *quattro virgola cinque* four point five

> Nota che nei numeri l'inglese usa la virgola nei casi in cui l'italiano usa il punto, e viceversa:
> *25,8 gradi centigradi* 25.8 degrees centigrade | *7.500 sterline* £7,500

virgolette *s pl* inverted commas | **aperte/chiuse le virgolette** open/close inverted commas | **tra virgolette** so-called: *Il suo, tra virgolette, metodo infallibile non ha funzionato minimamente.* Her so-called foolproof method didn't work at all. | *Questa è una vacanza tra virgolette!* This is not what I call a holiday!

virile *agg* **1** (da uomo) manly: *una voce virile* a manly voice **2** (aspetto, uomo) masculine

virtuale *agg* virtual ▶ vedi anche **realtà**

virtù *s* (qualità) virtue

virus *s* **1** virus (pl viruses): *il virus dell'influenza* the flu virus **2** (informatico) virus (pl viruses): *Il mio PC è molto lento a causa di un virus.* My PC is very slow because of a virus.

viscido, -a *agg* **1** (mani, pelle) slimy **2** (strada, pavimento) slippery **3** (persona) slimy: *Lo trovo un po' viscido.* I find him a bit slimy.

visibile *agg* visible

visibilità *s* visibility: *C'è scarsa visibilità.* Visibility is poor.

visiera *s* **1** (di berretto, cappello) peak **2** (di casco, elmo) visor

visione *s* **1** (concezione) idea: *Non ho una visione molto chiara della situazione.* I don't have a very clear idea of the situation. **2 in visione** on approval: *Mi hanno mandato in visione questo nuovo videogioco.* They've sent me this new video game on approval. **3 film in prima visione a)** (al cinema) new release **b)** (in televisione) television premiere **4** (allucinazione) hallucination: *Lucia soffre di visioni.* Lucia suffers from hallucinations. | *Devo aver avuto una visione, eppure ero sicuro che fossi tu.* I must have been seeing things, but I was sure it was you.

visita *s* **1** (a luogo) visit: *una visita alle grotte* a visit to the caves **2** (con guida) tour: *visita guidata* guided tour **3** (a persona) visit: *La vostra visita ci ha fatto molto piacere.* We really enjoyed your visit. | **far visita a qn** to visit sb, to pay sb a visit [formale]: *Vieni a farmi visita quando vuoi.* Come and visit me whenever you want. | *Domenica andiamo a far visita a degli zii.* On Sunday we're going to pay our aunt and uncle a visit. **4** (visitatore) visitor: *Stasera abbiamo visite.* We have visitors this evening. **5** (medica) checkup: *Alle quattro ho la visita dall'oculista.* I've got a checkup with the eye specialist at four o' clock. | **visita di controllo** routine checkup ▶ vedi anche **biglietto**

visitare *v* **1** (persona, luogo) to visit: *Durante la gita a Londra abbiamo visitato il Museo delle Scienze.* On our trip to London we visited the Science Museum. **2** (fare visite mediche) to see patients: *Il dottore visita il lunedì e il mercoledì dalle 16 alle 20.* The doctor sees patients on Mondays and Wednesdays from 4 pm to 8 pm. | **farsi visitare** to see a specialist: *Si è fatto visitare da uno specialista.* He saw a specialist.

visitatore, -trice *s* visitor

viso *s* face

vista *s* **1** (facoltà, visione) sight: *Le si è abbassata la vista.* Her sight has deteriorated. | *Devo farmi controllare la vista.* I have to get my eyes checked. | **a prima vista** at first sight | **a vista d'occhio** before your very eyes | **in vista a)** (visibile) visible: *Il nome è bene in vista sulla porta, non puoi sbagliarti.* The name is clearly visible on the door. You can't miss it. | *Te lo lascio in vista, così ti ricordi.* I'll leave it where you can see it. That way you'll remember. **b)** (in arrivo) on the horizon: *È in vista un temporale.* There's a storm on the horizon. | *È in vista un altro aumento della benzina.* There's another increase in petrol prices on the horizon. **c)** (noto) well-known: *un personaggio molto in vista nel mondo della moda* a well-known figure in the fashion world | **mettersi in vista** to show off: *Elena fa di tutto per mettersi in vista con gli insegnanti.* Elena does everything she can to show off to the teachers. | **conoscere qn di vista** to know sb by sight: *Non so come si chiami, la conosco solo di vista.* I don't know her name – I only know her by sight. | **perdersi di vista** to lose touch (with one another): *Ultimamente ci siamo un po' perse di vista.* We've lost touch recently. **2** (panorama) view: *camera con vista* room with a view | *Spostati, mi blocchi la vista.* Could you move, please? You're blocking my view. ▶ vedi anche **punto**

vita *s* **1** (esistenza) life (pl lives): *Mi hai salvato la vita!* You saved my life! | *È in fin di vita.* He's coming to the end of his life. | *Ha rischiato la vita per salvare quel bambino.* He **risked his life** to save that child. **2** (durata) life (pl lives): *Mi è capitato solo una volta nella vita.* It's only happened to me once in my life. | *Lo conosco da una vita.* I've known him for ages. | *Mai sentito in vita mia!* I've never heard such a thing! | **per tutta la vita** for the rest of my/her/his etc life: *Me ne ricorderò per tutta la vita.* I'll remember it for the rest of my life. **3** (modo di vivere) life (pl lives): *Fa una vita noiosa.* He leads a boring life. | **cambiare vita** to change your lifestyle | **come va la vita?** how are things? | **che vita!** what a life! **4** (necessario per vivere) living: *il costo della vita* the cost of living | **guadagnarsi la vita** to earn your living **5** (vivacità) life: *Silvia è una ragazza piena di vita.* Silvia's full of life. | *In città c'è più vita.* It's livelier in town. **6** (parte del corpo) waist: *Maria ha la vita sottile.* Maria's got a slim waist. | *una giacca stretta in vita* a tight-waisted jacket

vitamina *s* vitamin: *la vitamina C* vitamin C

vite *s* **1** (chiodo) screw **2** (pianta) vine

vitello *s* **1** (animale) calf (pl calves) **2** (carne) veal

vittima *s* **1** (di incidente, disastro) victim **2** (di situazione, scherzo) victim: *Non fare la vittima, nessuno ce l'ha con te!* Stop acting like a victim. Nobody's out to get you!

vitto *s* food | **vitto e alloggio** board and lodging

vivace *agg* **1** (persona, carattere) lively: *una classe vivace* a lively class **2** (colore) bright: *un vestito di un rosso vivace* a bright red dress

vivere *v* **1** (esistere) to live: *una pianta che vive nell'acqua* a plant that lives in water | *Mio nonno è vissuto fino a 94 anni.* My grandfather lived to the age of 94. **2** (abitare) to live: *Vivo a Firenze.* I live in Florence. **3** (trascorrere) to live: *Voglio vivere una vita intensa.* I want to live life to the full. | **lasciare vivere qn** to leave sb alone: *Lascialo un po' vivere!* Leave him alone! | **non lasciar vivere qn** to drive sb mad: *Non mi lasci vivere con la tua gelosia!* Your jealousy is driving me mad! **4** (avere) to have: *Abbiamo vissuto momenti di panico.* We had a few moments of panic. **5** (sostentarsi) to live on: *Il suo stipendio gli basta appena per vivere.* His salary gives him just enough to live on. | *Carla vive di rendita.* Carla has a private income. | **guadagnarsi da vivere** to earn a living: *Si guadagna da vivere facendo il cuoco in una trattoria.* He earns a living as a chef in a restaurant. | **vivere alla giornata** to live from day to day

vocabolario *s* **1** (dizionario) dictionary (pl dictionaries) **2** (lessico) vocabulary (pl vocabularies)

vocabolo *s* word

voce *s* **1** (suono) voice: *A furia di gridare ho perso la voce.* I shouted so much that I lost my voice. | *Parlate a bassa voce!* Keep your voices down! | *Oggi sono senza voce.* I've lost my voice today. | **voce!** speak up! | **dare una voce a qn** to give sb a shout: *Quando sei pronto, dammi una voce.* When you're ready, give me a shout. **2** (diceria) rumour: *Ho sentito anch'io queste voci.* I've heard these rumours as well. | **corre voce che** there's a rumour going round that: *Corre voce che si siano lasciati.* There's a rumour going round that they've split up. | **voci di corridoio** rumours **3** (parola) entry (pl entries)

voglia *s* **1** **avere voglia di qc/di fare qc** to want sth/to do sth, to feel like sth/like doing sth: *Ho voglia di un gelato.* I want an ice cream. | *Non ho voglia di andare al mare, oggi.* I don't feel like going to the seaside today. | *Avrei voglia di prenderlo a schiaffi!* I'd like to give him a good slap! | **fare venire a qn la voglia di qc/di fare qc** to make sb want sth/to do sth: *Mi hai fatto venire la voglia di vedere il film.* You've made me want to see the film. | **morire dalla voglia di fare qc** to be dying to do sth: *Muore dalla voglia di saperlo!* He's dying to find out about it! | **togliersi la voglia di fare qc** to have the satisfaction of doing sth: *Mi son tolto la voglia di dirle in faccia tutto quello che penso di lei!* I had the satisfaction of telling her what I think of her to her face! | **avere le voglie** to have cravings **2** (macchia della pelle) birthmark

voi *pron* you: *Voi venite?* Are you coming? | *C'eravate anche voi.* You were there too. | *Me la cavo anche senza di voi.* I'll manage without you. | *Ho un regalo per voi.* I've got a present for you. | **voi stessi/stesse** *Potete verificare voi stessi.* **You** can check for **yourselves**.

volantino *s* leaflet

volare *v* **1** (uccello, aereo) to fly: *Gli è volato via il cappello.* His hat flew away. **2** (andare veloce) to fly: *Il tempo vola.* Time flies. | *L'estate è volata.* The summer has flown by. **3** (in aereo) to fly: *Non ho mai volato.* I've never flown. **4** (cadere) to fall: *Sta' attento a non volare di sotto!* Careful you don't fall down there!

volere *v* ► vedi riquadro

volersi *v rifl* **volersi bene** to love each other

volgare *agg* (gesto, persona) vulgar

volta *s* **1** (tempo) time: *Ti ricordi quella volta al mare?* Do you remember that time at the seaside? | *È tre volte più pesante della tua.* It's three times heavier than yours. | *Quante volte te lo devo dire!* How many times do I have to tell you! | *Prova ancora una volta.* Try again one more time. | *Ogni volta che lo incontro mi chiede di te.* Every time I meet him, he asks about you. | **una volta a)** (in un'occasione) once: *L'ho incontrato una volta sola.* I only met him once. **b)** (un tempo) once: *Una volta qui c'era una chiesetta.* There was a little church here once. | **due volte** twice: *Te l'ho già detto due volte!* I've already told you twice! | **una volta/due volte al giorno** once/twice a day | **un'altra volta a)** (di nuovo) (once) again: *L'ha fatto un'altra volta.* He's done it again. **b)** (poi) another time: *Andiamoci un'altra volta.* Let's go there another time. | **a volte** sometimes: *A volte capita.* It happens sometimes. | **questa è la volta buona (che)** *Questa è la volta buona che perdo la pazienza!* This is when I really start to lose my patience! | *Speriamo che questa sia la volta buona.* Let's hope this time it works. | **per una volta** (just) for once: *Non si potrebbe andare al mare per una volta?* Just for once, couldn't we go to the seaside? | **uno/due alla volta** one/two at a time | **una volta tanto** just this once: *Una volta tanto si è ricordato!* Just this once he remembered! | **un po' per volta** a little at a time: *Bevilo un po' per volta.* Drink it a little at a time. | **una volta per tutte** once and for all: *Deciditi una volta per tutte!* Make your mind up once and for all! | **c'era una volta** once upon a time **2** (soffitto) vault

voltare *v* **1** (testa, pagina) to turn: *Se volti la pagina, trovi le risposte.* If you turn over the page, you'll find the answers. **2** (svoltare) to turn: *Al semaforo, volta a sinistra.* Turn left at the traffic lights.

voltarsi *v rifl* to turn: *Voltati verso di me.* Turn towards me. | *Se n'è andata senza mai voltarsi indietro.* She left without even once turning to look back. | **voltarsi dall'altra parte** to turn the other way

volubile *agg* volatile

V

volere *verbo*

1 DESIDERARE, ESIGERE

La traduzione **to want** è valida nella maggior parte dei contesti:

Non vuole venire con noi. He doesn't want to come with us. | *Volevo solo sapere come stai.* I just wanted to know how you were. | *Che cosa voleva tuo fratello?* What did your brother want? | *Ti vogliono al telefono.* You're wanted on the phone.

Per tradurre il condizionale si usa **would like**, spesso contratto (**I'd like, you'd like etc**):

Vorrei finire i compiti prima di cena. I'd like to finish my homework before dinner. | *Vorremmo andare al cinema.* We'd like to go to the cinema.

would like è usato anche per rivolgersi a qualcuno in contesti formali, perché **want** è molto diretto e può quindi sembrare scortese:

Vuole un caffè? Would you like a coffee? | *Volete venire a cena da noi?* Would you like to come round for dinner?

Per dire che qualcuno vuole che qualcun altro faccia qualcosa si usa **to want sb to do sth** o, per il condizionale, **would like sb to do sth**:

Vorrei che tu mi accompagnassi. I'd like you to come with me. | *Voglio che tu mi dia una spiegazione.* I want an explanation.

2 ESSERE D'ACCORDO = TO AGREE

Se i tuoi vogliono, possiamo venire a casa tua. If your parents agree, we can come to your house.

3 ESPRESSIONI

voler dire to mean: *Cosa vuoi dire?* What do you mean? | *Non so cosa voglia dire questa parola.* I don't know what this word means. | **volerci**: *Mi ci sono volute due ore per venire qui.* It took me two hours to get here. | *Ci vorranno almeno dieci euro!* It will cost at least ten euros! | *Con lei ci vuole molta pazienza.* You need a lot of patience with her. | **come vuoi/volete** as you like: *Fai pure come vuoi.* Do as you like. | **senza volere** by mistake: *Ho chiuso la porta a chiave senza volere.* I locked the door by mistake. | **voler bene a qn** to love sb: *Gli voglio molto bene.* I love him a lot. | **essersela voluta**: *Te la sei proprio voluta!* It serves you right!

volume *s* **1** (suono) volume: *Puoi abbassare il volume, per favore?* Can you turn the volume down, please? | **a tutto volume** at full volume **2** (in geometria) volume **3** **prendere/fare volume** (occupare spazio) to take up space: *Quella scrivania occupa un sacco di volume.* That desk takes up a lot of space. | *I maglioni sono leggeri, ma fanno molto volume.* They're light sweaters, but they take up a lot of space. **4** (di capelli) body: *Per avere più volume, prova questo nuovo shampoo.* For more body, try this new shampoo. | **dare volume ai capelli** to give your hair more body **5** (libro) volume

voluminoso *agg* (pacco, valigia) bulky

voluto, -a *agg* **l'effetto voluto** the desired effect | **un errore/atteggiamento voluto** a deliberate mistake/attitude | **gravidanza non voluta** unwanted pregnancy

vomitare *v* to throw up, to vomit [formale]: *Ho vomitato tutto il pranzo.* I threw up the entire meal. | *Mi viene da vomitare.* I'm going to be sick. | **fare vomitare qn** to make sb want to throw up: *Le tue battute mi fanno vomitare.* Your jokes make me want to throw up.

vomito *s* **un conato di vomito** a wave of nausea | **fare venire il vomito a qn** to make sb sick: *Tutti quei dolci mi hanno fatto venire il vomito.* All those cakes made me sick. | *Era una scena da far venire il vomito.* It was a revolting sight.

vongola *s* clam

vostro, -a *aggettivo e pronome*

- *agg* your: *i vostri amici* your friends | *vostro padre* your father | *a casa vostra* at your house | **una vostra amica/idea ecc.** a friend/an idea etc of yours | **alcune vostre amiche/idee ecc.** some friends/ideas etc of yours | **essere vostro** to be yours: *È vostra la macchina rossa?* Is the red car yours?
- *pron* **il vostro/la vostra/i vostri/le vostre** yours: *Prendiamo la nostra macchina o la vostra?* Shall we take our car or yours? | *Ho dimenticato le chiavi: mi prestate le vostre?* I forgot my keys – can you lend me yours? | **i vostri** (genitori) your parents: *Ci saranno anche i vostri in casa?* Will your parents be at home as well?

votare *v* to vote: *Domenica si va a votare.* We'll be voting on Sunday. | **votare una legge/un partito** to vote for a law/for a party: *Tu per chi voti?* Who are you voting for? | **votare a favore di/contro qc** to vote in favour of/against sth: *La classe ha votato a favore della gita a Venezia.* The class voted in favour of the trip to Venice.

votazione *s* **1** (a scuola) mark **2** (elezione) vote: *votazione per alzata di mano* a vote with a show of hands

voto *s* **1** (a scuola) mark: *Ho preso un brutto voto di storia.* I got a bad mark in history. **2** (in politica) vote | **mettere ai voti qc** to put sth to the vote: *Mettiamo ai voti la vostra proposta.* Let's put your proposal to the vote. **3** (in religione) vow

vulcano *s* volcano (pl volcanoes, volcanos)

Vuoi sapere di più sui **verbi modali**? C'è una spiegazione nella **guida grammaticale**.

vuotare *v* to empty: *Puoi vuotare il cestino della carta, per favore?* Could you empty the wastepaper basket, please?

vuoto, -a *aggettivo e sostantivo*
- *agg* (bicchiere, scatola) empty: *Il cinema era mezzo vuoto stasera.* The cinema was half empty this evening. | *La bottiglia è quasi vuota.* The bottle is almost empty.
- **vuoto** *s* **1** (spazio aperto) void: *Ha preso la rincorsa e si è lanciato nel vuoto.* He took a run and leapt into the void. **2** (cavità) hollow space **3** (sensazione) void: *La sua partenza ha lasciato un gran vuoto.* His departure left a great void. | *Ho un vuoto allo stomaco.* My stomach feels empty. **4** (di bottiglia) empties [sempre plurale] | **vuoto a perdere/rendere** disposable/returnable bottle **5** **a vuoto:** *Anche l'ultimo tentativo è andato a vuoto.* The final attempt also failed. | *Abbiamo girato a vuoto per tutti i negozi del centro.* We went round all the shops in the city centre for nothing. | *Ho parlato a vuoto.* I spoke in vain. **6** **vuoto d'aria** air pocket

empty

full

W, w *s* W, w ▶ vedi Active Box **lettere dell'alfabeto** sotto **lettera**

walkman *s* Walkman® (pl Walkmans)

water *s* toilet

watt *s* watt

western *aggettivo e sostantivo*
- *agg* western
- *s* western | **western all'italiana** spaghetti western

whisky *s* whisky (BrE), whiskey (AmE)

windsurf *s* **1** (sport) windsurfing | **fare windsurf** to do windsurfing **2** (tavola) windsurfing board

würstel *s* frankfurter

X, x *s* X, x ▶ vedi Active Box **lettere dell'alfabeto** sotto **lettera**

xenofobia *s* xenophobia

xilofono *s* xylophone

Y, y *s* Y, y ▶ vedi Active Box **lettere dell'alfabeto** sotto **lettera**

yacht *s* yacht

yoga *s* yoga | **fare yoga** to do yoga

yogurt *s* yoghurt

Z, z *s* Z, z ▶ vedi Active Box **lettere dell'alfabeto** sotto **lettera**

zafferano *s* saffron

zaffiro *s* sapphire

Zagabria *s* Zagreb

zaino *s* backpack, rucksack

zampa *s* **1** (con cuscinetto) paw **2** (con zoccolo) hoof (pl hooves) **3** **zampe di gallina** (rughe) crow's feet | **pantaloni a zampa (d'elefante)** (elephant) flares | **giù le zampe!** (get your) hands off!: *Giù le zampe dai miei biscotti!* Hands off my biscuits! | **andare/camminare a quattro zampe** to crawl | **mettersi a quattro zampe** to go down on all fours

zampillo *s* jet

zanna *s* **1** (di elefante, cinghiale) tusk **2** (di lupo) fang

Non sei sicuro del significato di una abbreviazione? Consulta la tabella delle abbreviazioni nell'interno della copertina.

zanzara *s* mosquito (pl mosquitoes, mosquitos)
zappa *s* hoe
zattera *s* raft
zebra *sostantivo* e *sostantivo plurale*
- *s* zebra
- **zebre** *s pl* (strisce pedonali) zebra crossing [singolare]: *Attraversate sulle zebre.* Cross **at the zebra crossing.**

zecca *s* **1** (parassita) tick **2** (officina) mint **3** **nuovo di zecca** brand-new: *Luca ha un DVD nuovo di zecca.* Luca has a brand-new DVD player.
zelo *s* enthusiasm
zenzero *s* ginger
zeppa *s* **1** (suola) wedge sole **2** (pezzetto di legno) wedge
zeppo, -a *agg* crammed: *Stasera il cinema era pieno zeppo.* This evening the cinema was crammed.
zerbino *s* doormat
zero *aggettivo* e *sostantivo*
- *agg* zero
- *s* **1** (numero) zero **2** (temperatura) zero | **sotto zero** below zero **3** (in numeri di telefono) o: *Il prefisso per Roma è 06.* The code for Rome is o six. **4** (in punteggi) nil: *Abbiamo vinto per 3 a 0.* We won three-nil. | **zero a zero** nil-nil **5** (nel tennis) love **6** **non valere uno zero** **a)** (opinione, oggetto) to be worthless: *Tanto lo so che per voi la mia opinione non vale uno zero!* Anyway I know that my opinion is worthless as far as you are concerned! **b)** (persona) to be useless: *Come portiere non vale uno zero.* He's useless as a goalkeeper. | **cominciare da zero** to start from scratch | **tagliarsi i capelli a zero** to cut your hair really short ► vedi Active Box **numeri** sotto **numero**

zigomo *s* cheekbone
zigzag *s* zigzag | **linea/cucitura a zigzag** zigzag line/seam | **a zigzag** (andare, procedere) in a zigzag: *Camminava a zigzag.* She was walking along in a zigzag.
zimbello *s* laughing stock: *È diventato lo zimbello di tutta la classe.* He's become a laughing stock in class.
zinco *s* zinc
zingaro, -a *s* gypsy (pl gypsies)
zio, -a *s* **zio** uncle | **zia** aunt | **zii** (maschi e femmine) aunts and uncles
zitella *s* spinster
zitto, -a *agg* quiet | **stare zitto** to keep quiet: *Sta' un po' zitto!* Keep quiet! | **zitto!** quiet!
zoccolo *s* **1** (calzatura) clog **2** (di cavallo, pecora) hoof (pl hooves)
zodiaco *s* zodiac: *i segni dello zodiaco* the signs of the zodiac
zolfo *s* sulphur
zolletta *s* cube: *una zolletta di zucchero* a sugar cube
zona *s* **1** (parte) area: *un'ampia zona d'ombra* a large area of shade | *Le nuvole erano circondate da una sottile zona di luce.* The clouds were outlined by a thin strip of light. **2** (regione) area: *zona di caccia* hunting area **3** (di città) area: *In che zona abiti?* What area do you live in? | **zona pedonale** pedestrian area | **in zona** in the area: *Mi trovavo qui in zona e sono passato a salutarti.* I was in the area and called in to say hello. | **fuori zona** out of the way: *Non vado mai in quel supermercato perché per me è troppo fuori zona.* I never go to that supermarket because it's too out of the way for me.
zoo *s* zoo
zoologia *s* zoology
zoppicare *v* **1** (temporaneamente) to limp: *Alice zoppica ancora col piede sinistro.* Alice is still limping on her left foot. **2** (permanentemente) to have a limp: *Zio Aldo zoppica leggermente.* Uncle Aldo has a slight limp. **3** (tavolo, sedia) to be wobbly **4** (allievo) to struggle: *Giorgio zoppica un po' in inglese.* Giorgio is struggling a bit in English. **5** (ragionamento) to be shaky
zoppo, -a *agg* (persona, animale) lame
zucca *s* pumpkin
zuccherare *v* to put sugar in: *Per me non zuccherare il caffè.* Don't put sugar in my coffee.
zuccheriera *s* sugar bowl
zuccherino *s* sugar cube
zucchero *s* sugar: *Quanto zucchero?* How much sugar? | **zucchero di canna** cane sugar | **zucchero a velo** icing sugar | **zucchero filato** candy floss (BrE), cotton candy (AmE)
zucchina, anche **zucchino** *s* courgette
zuffa *s* fight
zuppa *s* soup | **zuppa inglese** trifle
zuppo, -a *agg* soaked | **zuppo di acqua/sudore** soaked with water/sweat
Zurigo *s* Zurich

APPENDICI

GUIDA GRAMMATICALE

In questa sezione, troverai delle informazioni relative a vari aspetti della grammatica inglese che ti possono aiutare a capire meglio quello che senti o leggi e a parlare e a scrivere in modo più corretto.

Come si usano gli articoli?

In inglese, esistono due tipi di articolo: l'articolo determinativo (*the*) e l'articolo indeterminativo (*a* o *an*). In inglese gli articoli sono generalmente usati nello stesso modo in cui usiamo gli articoli in italiano, con le seguenti eccezioni.
In inglese **non si usa l'articolo**:

- con **sostantivi generici**, cioè che si riferiscono a una cosa astratta o a una categoria di cose o persone:

People think we are sisters.	*La gente crede che siamo sorelle.*
Alcohol is bad for your health.	*L'alcol fa male alla salute.*
Children need a lot of attention.	*I bambini hanno bisogno di molta attenzione.*
Students must be here at 8 a.m.	*Gli studenti devono essere qui alle otto.*

- Con la maggior parte dei **nomi di nazioni**:

I don't know Italy	*Non conosco l'Italia.*
England beat France one-nil	*L'Inghilterra ha battuto la Francia uno a zero.*

- Nelle espressioni temporali con **last** e **next**:

I saw Tom last week.	*Ho visto Tom la settimana scorsa.*
The party is next Saturday.	*La festa è sabato prossimo.*
He went to France last year.	*L'anno scorso è stato in Francia.*

- Quando si parla di **parti del corpo** o per esprimere **appartenenza**, in inglese si usa **l'aggettivo possessivo** invece dell'articolo:

She took off ***her*** *shoes.*	*Si è tolta le scarpe.*
Have you washed ***your*** *face?*	*Ti sei lavato la faccia?*
I brushed ***my*** *teeth.*	*Mi sono lavata i denti.*
Put on ***your*** *coat.*	*Mettiti il cappotto.*
Her *face was swollen.*	*Aveva il viso gonfio.*

Come si usano i possessivi?

- In inglese, i possessivi **non hanno una forma distinta per il singolare e il plurale**, come illustrato dalla seguente tabella:

italiano	**inglese**
mio/mia – miei/mie	my
tuo/tua – tuoi/tue	your
suo/sua – suoi/sue (di lui)	his
suo/sua – suoi/sue (di lei)	her
suo/sua – suoi/sue (riferito a cosa)	its
nostro/nostra – nostri/nostre	our
vostro/vostra – vostri/vostre	your
loro	their

- Il possessivo è dunque lo stesso, sia che il sostantivo a cui si riferisce sia singolare o plurale:

  my **cat** → **my** cats   Give me **your** book. → Give me **your** books.

Possesso, appartenenza, materiale

In italiano, usiamo la preposizione **di** per indicare che:

- qualcosa **appartiene** a una persona o si trova in un luogo
  Nella frase *Il libro è di Laura*, la preposizione *di* indica possesso.
  In inglese, quando il possessore è una persona, non si usa una preposizione, ma si aggiunge un **apostrofo + s** al possessore:

  *That is Anna'**s** room.* — *Questa è la camera di Anna.*
  my grandmother's house — *la casa di mia nonna*

  Questa costruzione è talvolta utilizzata anche con riferimento a un luogo:

  London's new airport — *il nuovo aeroporto di Londra*

- qualcosa **fa parte** di una cosa o di un luogo
  Nella frase *la finestra della cucina*, la preposizione *della* indica appartenenza.
  In inglese spesso **non si usa una preposizione**, ma si inverte l'ordine dei sostantivi, mettendo in seconda posizione la cosa che è parte di qualcos'altro:

  the kitchen (1) *window* (2) — *la finestra* (2) *della cucina* (1)
  I have it in my coat (1) *pocket* (2)*.* — *Ce l'ho nella tasca* (2) *del cappotto* (1)*.*

- qualcosa è fatto con un determinato **materiale**
  Nella frase *una maglia di lana*, la preposizione *di* indica il materiale.
  In inglese spesso **non si usa la preposizione**, ma si inverte l'ordine dei sostantivi, mettendo in seconda posizione il materiale di cui qualcosa è fatto:

  a glass (1) *door* (2) — *una porta* (2) *di vetro* (1)
  He gave her a pearl (1) *necklace* (2)*.* — *Le ha regalato una collana* (2) *di perle* (1)*.*

Numerali

cardinali		ordinali	
1	one	1st	first
2	two	2nd	second
3	three	3rd	third
4	four	4th	fourth
5	five	5th	fifth
6	six	6th	sixth
7	seven	7th	seventh
8	eight	8th	eighth
9	nine	9th	ninth
10	ten	10th	tenth
11	eleven	11th	eleventh
12	twelve	12th	twelfth
13	thirteen	13th	thirteenth
14	fourteen	14th	fourteenth
15	fifteen	15th	fifteenth
16	sixteenth	16th	sixteenth
17	seventeen	17th	seventeenth
18	eighteen	18th	eighteenth
19	nineteen	19th	nineteenth
20	twenty	20th	twentieth
21	twenty-one	21st	twenty-first
25	twenty-five	25th	twenty-fifth
30	thirty	30th	thirtieth
40	forty	40th	fortieth
50	fifty	50th	fiftieth
60	sixty	60th	sixtieth
70	seventy	70th	seventieth
80	eighty	80th	eightieth
90	ninety	90th	ninetieth
100	a/one hundred	100th	hundredth
101	a/one hundred and one	101st	hundred and first
130	a/one hundred and thirty	130th	hundred and thirtieth
200	two hundred	200th	two hundredth
1,000	a/one thousand	1,000th	thousandth
3,000	three thousand	3,000th	three thousandth
10,000	ten thousand	10,000th	ten thousandth
100,000	a/one hundred thousand	100,000	hundred thousandth
1,000,000	a/one million	1,000,000th	millionth

- Quando si scrive un numero in lettere, si mette un trattino (**hyphen**) tra le decine e le unità: *twenty-one, forty-six, fifty-two*.
- Quando si pronuncia o si scrive in lettere un numero compreso tra cento e mille, si mette ***and*** dopo le centinaia: *three hundred and five, six hundred and twenty-eight, one hundred and fifty*.
- In inglese si usa la **virgola** invece del punto per separare le migliaia: *2,904, 340,000, 1,500,000*.
- In inglese si usa il **punto** invece della virgola per separare le unità dai decimali: *0.5, 40.25*.
- Un **numero di telefono** si pronuncia cifra per cifra: *4521 2373* si legge *four-five-two-one, two-three-seven-three*; *65 1469* si legge *six-five, one-four-six-nine*. Quando una cifra si ripete, si usa la parola *double*: 55 1932 si legge *double five, one-nine-three-two*.
- Lo **zero** può essere letto come *zero, oh* (come la lettera o) o *nought*. Il numero di telefono *2809*, ad esempio, si legge *two-eight-oh-nine*. Nell'inglese americano si dice più comunemente *zero*.
- Quando si pronuncia un **anno** a partire da mille, le prime due cifre vengono pronunciate come un numero unico, così come le ultime due: *1814* si legge *eighteen fourteen, 1993* si legge *nineteen ninety-three*. Gli anni da *01* a *09* si leggono pronunciando lo zero *oh*: *1906* si legge *nineteen-oh-six*. A partire dal *2000* (*two thousand*), gli anni si leggono come numeri normali: *2001* si legge *two thousand and one, 2002* si legge *two thousand and two*, ecc.
- Ci sono tre modi per scrivere le **date**:

  5th March
  5 March
  March 5th

  Ognuna di queste forme può essere letta in due modi: *the fifth of March* e *March the fifth*. Nell'inglese britannico, le date si scrivono in numeri nello stesso ordine che in italiano, cioè giorno-mese-anno: *12/9/2002* indica il *12 settembre 2002*. Nell'inglese americano, invece, l'ordine corrente è mese-giorno-anno: *12/9/2002* indica il *9 dicembre 2002*.
- I nomi di re e papi si pronunciano con l'articolo tra il nome e il numerale, ma l'articolo si omette nello scritto: *Henry VIII* si legge *Henry **the** Eighth, John Paul II* si legge *John Paul **the** Second*.
- Per i secoli, nella lingua scritta non si usano i numeri romani come in italiano, ma i numeri ordinali; per riferirsi al *XIX secolo*, ad esempio, si scrive *the 19th century* e si legge *the nineteenth century*.

Sostantivi numerabili e non numerabili

- Qual è la differenza tra un sostantivo come *anello* e un sostantivo come *sale*? Possiamo dire *Ho tre anelli*, ma non **Metti tre sali nella minestra*. Nello stesso modo, non diciamo **Devo comprare un alcol, ma Devo comprare dell'alcol*. I sostantivi come *sale* o *alcol* sono sostantivi non numerabili. Come dice la definizione stessa, i sostantivi non numerabili non possono essere utilizzati insieme a dei numeri, né insieme all'articolo indeterminativo. Ce ne sono molti altri in italiano: *acqua, burro, sabbia, allegria, silenzio* sono alcuni esempi. Generalmente, si tratta di sostantivi che indicano **sostanze, qualità** o **concetti astratti**.
- Anche in inglese esistono i sostantivi numerabili e non numerabili , così come in italiano. Si può dire *I bought a book* (Ho comprato un libro), ma non **I bought a sugar* (Ho comprato uno zucchero). Si deve dire *I bought sugar* o *I bought some sugar*. Altri esempi di sostantivi non numerabili in inglese sono *water, fire, salt, music, love*.
- Alcuni **sostantivi numerabili in italiano non lo sono in inglese**, ad esempio, *news* (notizie), *furniture* (mobili), *advise* (consigli), *information* (informazioni). Perciò, per riferirsi ad una notizia, a un mobile, ecc. dovremo dire **a piece of *news*, a piece of *furniture***, ecc. In questi casi, nel dizionario troverete una nota che spiega la differenza tra l'inglese e l'italiano.

GUIDA GRAMMATICALE

Sostantivi usati in funzione di aggettivi

- In inglese un sostantivo può essere utilizzato per qualificare un altro sostantivo, cioè, con la stessa funzione che è propria degli aggettivi. Il sostantivo con funzione di aggettivo è posto davanti al sostantivo che qualifica.

  ***school** year*
  ***tennis** shoes*
  ***car** park*
  ***space** shuttle*
  ***pencil** case*
  ***Christmas** tree*

- Questa costruzione può equivalere in italiano a:

  un sostantivo seguito da un aggettivo

school year	*anno **scolastico***
space shuttle	*navicella **spaziale***

  un sostantivo seguito da una locuzione aggettivale:

Christmas tree	*albero **di Natale***
tennis shoes	*scarpe **da tennis***

  un solo sostantivo:

car park	***parcheggio***
pencil case	***portapenne***

Soggetto obbligatorio

- Spesso in italiano non esprimiamo il soggetto di una frase, in particolare quando il soggetto è un pronome personale:

  Sono stanco. *Non abbiamo molto tempo.*

  In inglese, il **soggetto** è **obbligatorio** in qualsiasi frase:

  ***I'm** tired.* ***We** haven't got much time.*

- Nelle frasi con verbo impersonale, come quelle che si riferiscono al clima, il soggetto non è mai espresso in italiano:

  Ieri ha fatto caldo. *Piove di nuovo.*

  In inglese, il soggetto **it** è obbligatorio:

  ***It** was hot yesterday.* ***It's** raining again.*

- In inglese, dopo una congiunzione, come *because* (perché), *and* (e) o *but* (ma), bisogna **ripetere** il **soggetto** utilizzando un pronome personale:

NO	*I love this room because is very big.*	**SI**	*I love this room because it's very big.*
NO	*I saw the film and is really good.*	**SI**	*I saw the film and it's really good.*
NO	*The city is lovely but is very expensive.*	**SI**	*The city is lovely but it's very expensive.*

Posizione dell'avverbio

- In italiano, la posizione dell'avverbio nella frase è variabile, cioè l'avverbio può trovarsi tra il verbo e il complemento oggetto, oppure dopo il complemento oggetto:

  Leggi il testo attentamente. *Leggi attentamente il testo.*

- In inglese, **l'avverbio** va sempre collocato **dopo il complemento oggetto**:

NO	*Read carefully the text.*	**SI**	*Read the text carefully.*
NO	*He hit hard the ball.*	**SI**	*He hit the ball hard.*
NO	*I like very much football.*	**SI**	*I like football very much.*

- Gli avverbi che indicano la **frequenza** vanno invece collocati **prima del verbo**:

  I usually go there on Saturdays.
  (1 = usually, 2 = go)

  She is always asking silly questions.
  (1 = always, 2 = asking)

  We never saw him again.
  (1 = never, 2 = saw)

GUIDA GRAMMATICALE

Verbi irregolari

In inglese ci sono molti verbi irregolari. Nella sezione inglese-italiano del dizionario, le forme irregolari del passato e del participio passato sono indicate sotto il verbo all'infinito. La seguente lista presenta i verbi irregolari più comuni in inglese, disposti in ordine alfabetico per facilitarne la consultazione.

Infinito	**Passato**	**Participio passato**
awake	awoke	awoken
be	was, were	been
bear	bore	borne
become	became	become
begin	began	begun
bend	bent	bent
blow	blew	blown
break	broke	broken
bring	brought	brought
build	built	built
buy	bought	bought
catch	caught	caught
choose	chose	chosen
come	came	come
do	did	done
draw	drew	drawn
drink	drank	drunk
drive	drove	driven
eat	ate	eaten
fall	fell	fallen
feel	felt	felt
fight	fought	fought
find	found	found
fly	flew	flown
forget	forgot	forgotten
forgive	forgave	forgiven
get	got	gotten
give	gave	given
go	went	gone
grow	grew	grown
have	had	had
hear	heard	heard
hide	hid	hidden, hid
hold	held	held
keep	kept	kept
know	knew	known
lay	laid	laid
lead	led	led

Infinito	Passato	Participio passato
leave	left	left
lend	lent	lent
let	let	let
lie1	lay	lain
lose	lost	lost
make	made	made
mean	meant	meant
meet	met	met
pay	paid	paid
put	put	put
read	read	read
ride	rode	ridden
ring	rang	rung
rise	rose	risen
run	ran	run
say	said	said
see	saw	seen
sell	sold	sold
send	sent	sent
set	set	set
shake	shook	shaken
shine	shone	shone
shoot	shot	shot
show	showed	shown
sing	sang	sung
sit	sat	sat
sleep	slept	slept
speak	spoke	spoken
spend	spent	spent
stand	stood	stood
steal	stole	stolen
strike	struck	struck
swim	swam	swum
take	took	taken
teach	taught	taught
tear	tore	torn
tell	told	told
think	thought	thought
throw	threw	thrown
wake	woke	woken
wear	wore	worn
win	won	won
write	wrote	written

Cosa sono i verbi modali?

- Vengono definiti modali i verbi come *can*, *may*, *must*, *would* e *should* che sono utilizzati insieme all'infinito di un altro verbo per esprimere **possibilità**, **obbligo**, **desiderio**, **cortesia**, **ecc.** I verbi modali inglesi sono trattati in questo dizionario all'interno di riquadri, con spiegazioni sull'uso ed esempi.
- I verbi modali hanno la **stessa forma** per tutte le persone (*I can do it, she can do it,* ecc.), cioè la terza persona (*he, she, it*) non ha la desinenza in *–s*, come avviene per il presente dei verbi regolari.
- I verbi modali **non** hanno la forma in *–**ed*** per il passato.
- Il verbo all'infinito che segue il verbo modale **non** è **mai** preceduto da **to**: *You should tell him* (Dovresti dirglielo), *I can't go* (Non posso andare), *She may come later* (Potrebbe venire più tardi).

Cosa sono i phrasal verbs?

- I *phrasal verbs* sono delle costruzioni fisse formate **da un verbo e da una preposizione**, come *out*, *off*, *away*, *back*, ecc. La combinazione formata dal verbo e dalla preposizione ha un significato particolare, diverso dal significato del verbo usato da solo. Ad esempio, il verbo *to put* significa generalmente *mettere*, mentre il *phrasal verb to put out* significa *spegnere*, come in *He put out the fire* (Ha spento il fuoco).
- I *phrasal verbs* possono essere **transitivi** o **intransitivi**, cioè possono reggere o meno un complemento oggetto. Nella frase *The car broke down* (L'auto si è rotta), il *phrasal verb to break down* è intransitivo. Nella frase *I have to give the book back* (Devo restituire il libro), il *phrasal verb to give back* è transitivo (*the book* è complemento oggetto).
- Alcuni *phrasal verbs* possono essere usati con o senza complemento oggetto: *to make up* significa truccarsi, *to make somebody up* significa truccare qualcuno.
- Il complemento oggetto può trovarsi in **due posizioni**: dopo la preposizione (*He took off his shoes*) o tra il verbo e la preposizione (*He took his shoes off*). Se il complemento oggetto è un pronome personale – *it*, *them*, *her*, *him*, ecc. – deve essere sempre collocato tra il verbo e la preposizione: *He took them off.*

GUIDA AGLI ASPETTI CULTURALI

1 Il sistema di governo nel Regno Unito e negli USA

Il sistema di governo nel Regno Unito

Il Regno Unito (***United Kingdom)*** è il nome ufficiale della nazione) è composto da ***Inghilterra*** (***England***), ***Scozia*** (***Scotland***), ***Galles*** (***Wales***) e ***Irlanda del Nord*** (***Northern Ireland***); è una monarchia costituzionale e una democrazia parlamentare. Il monarca è costituzionalmente capo del Parlamento, ma in realtà il potere di fare le leggi e prendere decisioni è detenuto dal Parlamento e dal Governo.

La sede del Parlamento (***Parliament***) è a Londra, nel palazzo di **Westminster**. Il Parlamento è formato da due Camere, la Camera dei Comuni (***House of Commons***) e la Camera dei Lord (***House of Lords***). I membri della Camera dei Comuni (chiamati **MPs, Members of Parliament**) sono eletti dai cittadini almeno ogni cinque anni. La Camera dei Comuni è composta da 659 MPs, i quali rappresentano circoscrizioni locali.
L'altra Camera del Parlamento è la Camera dei Lord, che discute e vota le leggi proposte dalla Camera dei Comuni. La Camera dei Lord è composta da membri ereditari, membri nominati a vita e rappresentanti autorevoli della Chiesa Anglicana (***Church of England***) per un totale di 687.

Il capo del Governo, il Primo Ministro (***Prime Minister***), è il leader del partito politico che ha la maggioranza alla Camera dei Comuni. La residenza ufficiale del Primo Ministro è al numero 10 di Downing Street, a Londra. I tre principali partiti politici sono quello dei Laburisti (***Labour***), quello dei Conservatori (***Conservatives***) e quello dei Democratici Liberali (***Liberal Democrats***).

Nel 1998 è stato creato il nuovo Parlamento della Scozia, così come le Assemblee del Galles e dell'Irlanda del Nord, e una parte del potere legislativo del Parlamento di Westminster è stata trasferita a queste nuove istituzioni, elette democraticamente.

Il sistema di governo negli USA

Gli USA sono una repubblica presidenziale formata da 50 stati e hanno un governo federale. La Costituzione (***Constitution***) degli Stati Uniti è comune a tutti gli stati, ma ogni stato ha anche una sua costituzione, un suo senato e leggi specifiche; ci sono perciò molte differenze, nei diversi stati, per quanto riguarda l'amministrazione della giustizia (ad esempio, la pena di morte), l'istruzione e i trasporti. Un Governatore (***Governor***) detiene il potere esecutivo in ogni stato.

L'organo legislativo nazionale è il Congresso (***Congress***), che è composto dalla Camera dei Rappresentanti (***House of Representatives***) e dal Senato (***Senate***), e ha sede a Washington DC, nel Campidoglio (***Capitol***). I senatori sono 100, cioè 2 per ogni stato, e restano in carica per sei anni. I membri della Camera dei Rappresentanti sono 435 e restano in carica per due anni. I due partiti politici principali sono il partito Repubblicano (***Republicans***) e quello Democratico (***Democrats***).

Il Presidente americano è Capo dello Stato, dell'Esecutivo e delle Forze Armate. La supervisione è comunque nelle mani del Congresso, che verifica e approva il bilancio e la legislazione fiscale. Il Presidente è eletto da un collegio elettorale, per il quale ciascuno stato ha diritto a un numero di voti pari al numero dei suoi rappresentanti al Congresso. Le elezioni presidenziali hanno luogo ogni quattro anni, e il Presidente può essere rieletto una sola volta. La residenza ufficiale del Presidente è la Casa Bianca (***White House***), a Washington DC.

The Capitol

2 Due grandi città

Londra e New York, due città tra le più famose del mondo, attraggono migliaia di turisti ogni anno. Completa questi Quiz per scoprire che cosa sai di queste due affascinanti metropoli.

Quiz su Londra

1 La Regina vive

A nel palazzo di Westminster
B nella Torre di Londra
C a Buckingham Palace

2 Tradizionalmente, i taxi di Londra sono

A blu
B neri
C gialli

3 Che cosa sono Victoria, Paddington, Euston e Waterloo?

A delle stazioni ferroviarie
B degli stadi
C dei parchi

4 Oxford Street è famosa per

A i ristoranti
B i cinema
C lo shopping

5 Il Primo Ministro inglese vive a

A Downing Street
B Oxford Street
C Whitehall

6 Il London Eye è

A un telescopio presso l'Osservatorio di Greenwich
B una gigantesca ruota panoramica nel centro di Londra
C un sistema di sorveglianza a circuito chiuso della polizia

7 Sulla colonna al centro di Trafalgar Square si trova la statua di

A Elisabetta I
B Winston Churchill
C Ammiraglio Nelson

8 La Serpentine è

A un lago a Hyde Park
B un serpente molto lungo che si trova nello Zoo di Londra
C un altro nome per il Tamigi

9 Soho è un quartiere di Londra famoso per

A i ristoranti indiani
B i ristoranti cinesi
C i ristoranti italiani

10 La metropolitana di Londra è conosciuta anche con il nome

A the Tube
B the Tunnel
C the Metro

Quiz su New York

1 Il più grande museo d'arte di New York è

A il Museum of Modern Art
B il Guggenheim Museum
C il Metropolitan Museum of Art

2 Che cosa sono Bloomingdale's, Saks e Macy's?

A centri commerciali
B grandi magazzini
C ristoranti

3 Ogni inverno viene aperta una pista di pattinaggio sotto la statua di Prometeo

A nel Central Park
B nel Rockefeller Center
C a Times Square

4 Il famoso ponte di Brooklyn attraversa

A l'East River
B il fiume Hudson
C la baia di New York

5 L'Empire State Building è stato l'edificio più alto del mondo dal 1931 al 1972. Quanti piani ha?

A 86
B 102
C 125

6 Le strade di New York sono caratterizzate da un sistema numerico. Con quale altro nome è conosciuta la 6th Avenue?

A Park Avenue
B Madison Avenue
C Avenue of the Americas

7 I taxi di New York sono

A gialli
B neri
C blu

8 L'isola sulla quale arrivavano gli immigranti prima di essere ammessi negli USA si chiama

A Manhattan Island
B Ellis Island
C Staten Island

9 Il più grande parco di New York è

A Washington Square Park
B Prospect Park
C Central Park

10 La famosa squadra New York Yankees gioca nello Yankee Stadium, nel Bronx.

Quale sport pratica?

A Il baseball
B La pallacanestro
C Il football americano

Soluzioni
Quiz su Londra: 1 C, 2 B, 3 A, 4 C, 5 A, 6 B, 7 C, 8 A, 9 B, 10 A
Quiz su New York: 1 C, 2 B, 3 B, 4 A, 5 B, 6 C, 7 A, 8 B, 9 C, 10 A

3 Le abitudini degli adolescenti

Che cosa fanno gli adolescenti nel tempo libero?

Come impiegano il tempo libero gli adolescenti britannici?

Il tempo indicato è il tempo medio per settimana:

Leisure survey

Watching TV or a video	14 hours
Spending time with friends (at home or going out)	7 hours and 4minutes
Listening to music	5 hours and 8 minutes
Playing sports	2 hours and 57 minutes
Playing videogames	2 hours and 53 minutes
Reading	1 hour and 51 minutes
Playing a musical instrument	38 minutes
Going to a club or association (such as Scouts)	9 minutes
Writing or drawing	6 minutes
Other	26 minutes

Il 50% degli adolescenti britannici ha un televisore nella propria camera. Ecco come viene usato:

63% watch TV
34% play videogames
21% watch videos
5% watch satellite TV

Come impiegano il tempo libero gli adolescenti americani?

Il tempo indicato è il tempo medio per settimana:

Leisure survey

98% spend about 11 hours watching TV
96% spend about 10 hours listening to music
84% spend about 4 hours helping at home
59% spend less than 3 hours studying
58% spend about 4 hours going to parties
32% spend about 5 hours working (part-time job)

Sebbene gli sport siano abbastanza praticati, nel Regno Unito molti giovani trascorrono gran parte del tempo libero davanti ad un **televisore**. Nel Regno Unito l'emittente televisiva nazionale è la **BBC** (***British Broadcasting Corporation***); ci sono poi alcuni canali nazionali privati, come ITV e Channel 4 e 5, e un numero sempre maggiore di canali via cavo e satellitari a pagamento. Le statistiche dicono che le trasmissioni preferite dagli adolescenti sono i telefilm, le telenovelas e programmi quali '**Big Brother**' (Il Grande Fratello). Alcuni studi dimostrano che i giovani americani guardano la televisione molto più dei loro coetanei britannici.

TV habits

Did you know?

- British teenagers spend about 2-3 hours a day watching TV
- American teenagers spend about 3-4 hours a day watching TV
- 40% of American teenagers watch TV while eating dinner
- 60% of American teenagers have a TV in their bedrooms
- In the UK, boys watch 5 hours more TV per week on average than girls
- 75% of American households have cable and satellite TV, as opposed to about 25% of households in Britain
- Apart from the main TV channels, there are 1,500 local television channels in the United States!

Gli adoloscenti e il lavoro

Sia nel Regno Unito che negli USA, è abbastanza diffusa l'abitudine di svolgere qualche **lavoro part-time** in orario extrascolastico, il fine settimana, oppure durante le vacanze. In entrambi i paesi la legge stabilisce il numero di ore che gli studenti possono dedicare al lavoro e l'età minima richiesta. I più giovani di solito consegnano i quotidiani al mattino, prima di andare a scuola. Altri lavori spesso svolti da ragazzi e ragazze sono: baby-sitting per vicini o amici; camerieri in ristoranti, fast food e bar; commessi, soprattutto nei negozi di abbigliamento e calzature. Durante le vacanze estive sono disponibili lavori stagionali quali la raccolta della frutta o l'impiego presso hotel e ristoranti nelle località turistiche.

In the UK, 43% of students between the ages of 13 and 17 have a part-time job

In the USA, 71% of students between the ages of 15 and 18 have or have had a part-time job

Ore di lavoro svolte settimanalmente dagli studenti americani:

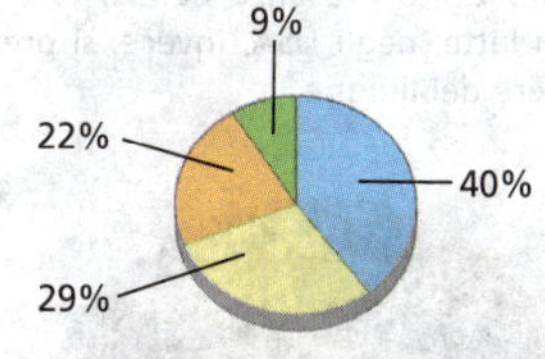

40% work between 11 and 20 hours
29% work up to 10 hours
22% work between 21 and 25 hours
9% work 36 hours or more

Da dove provengono i guadagni degli studenti americani?

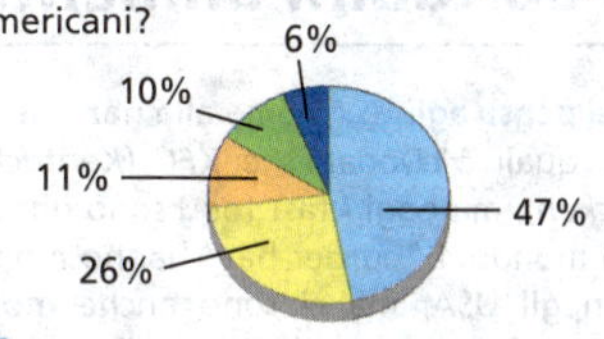

47% from their parents
26% from their part-time jobs
11% from doing house work
10% from baby-sitting
6% from gifts

Negli USA la legge stabilisce che i minori di 16 anni possono lavorare in orario extrascolastico solamente tra le 7 e le 19:

Quando vanno a scuola:

per 3 ore al giorno
per 18 ore alla settimana

Quando sono in vacanza:

per 8 ore al giorno
per 40 ore alla settimana

Dai 16 anni in su non esiste alcuna restrizione di orario.

Nel Regno Unito è proibito l'impiego dei minori di 13 anni. Gli studenti di età compresa fra i 13 e i 15 anni possono lavorare in orario extra scolastico:

Quando vanno a scuola:

Giorni feriali: 2 ore al giorno (tra le 7 e le 8 e tra le 17 e le 19)
Domenica: 2 ore al giorno (tra le 7 e le 19)
Sabato: 5 ore al giorno (tra le 7 e le 19, età inferiore ai 15 anni); 8 ore al giorno (tra le 7 e le 19, età superiore ai 15 anni)
in totale: non più di 12 ore alla settimana se minori di 15 anni

Quando sono in vacanza:

25 ore alla settimana (età inferiore ai 15 anni)
35 ore alla settimana (età superiore ai 15 anni)

Dai 16 anni in su non esiste alcuna restrizione di orario.

4 Le abitudini alimentari e i piatti tipici

Di solito si pensa agli USA come alla nazione di ***fast food*** quali *McDonald's* e *KFC* (*Kentucky Fried Chicken*), ma oggi i fast food sono diffusi in tutto il mondo. I "burger bar" hanno molto successo negli USA, ma ci sono anche molti locali che offrono specialità etniche e dei diversi stati. Il cibo **'Cajun'**, per esempio, è originario della Louisiana; è molto piccante ed ha tra gli ingredienti principali fagioli rossi, riso e frutti di mare. Il cibo **Tex-Mex**, originario del Texas, è una versione meno piccante della cucina messicana, a base di ***chilli*** (peperoncino piccante), manzo, fagioli, ***tortillas, burritos*** e ***tacos****. Sulla costa orientale americana la specialità sono i frutti di mare, e non si può visitare Boston senza assaggiare il famoso ***clam chowder****.

Il Regno Unito ha dimensioni più ridotte, perciò ci sono meno differenze gastronomiche tra una regione e l'altra. Poiché i piatti tipici derivano dalla cucina casalinga, è facile trovarli nei pub o nelle caffetterie, oppure a casa di qualcuno! Tra le specialità più note vi sono vari tipi di dessert, come la ***treacle tart****, il ***rice pudding**** e l'***apple crumble**** e alcuni piatti tipici che ogni turista dovrebbe assaggiare, come il ***roast beef*** accompagnato dallo ***Yorkshire pudding****, oppure le celebri ***fish and chips**** (che si acquistano nei negozi di *fish and chips*).

English breakfast

La cucina etnica ha molti estimatori, sia nel Regno Unito che negli USA; ciò è dovuto al fatto che in entrambi i paesi vivono comunità straniere piuttosto numerose, soprattutto nelle grandi città. Si può trovare la cucina italiana, cinese, e pure quella giapponese, tailandese (***Thai***), vietnamita, indiana e di altri gruppi etnici. I ristoranti indiani non sono molto diffusi negli USA, mentre se ne trova uno in qualsiasi cittadina britannica.

*vedi il glossario

Chinese food

Nel Regno Unito i **ristoranti** sono più affollati la sera, poiché a pranzo la gente preferisce mangiare in luoghi più informali quali bar, fast food, caffetterie e pub. Le **caffetterie** propongono spuntini veloci (panini e torte), ma anche piatti caldi. I **pub** servono piatti caldi a pranzo e spesso anche la sera. Negli USA ci sono piccoli ristoranti semplici ed economici (***diners***) nei quali si mangiano spuntini e piatti caldi; generalmente sono aperti fino a tarda ora, alcuni anche tutta la notte.
L'età minima per poter bere alcolici nel Regno Unito è 18 anni, negli USA 21.

La tradizionale colazione inglese (***English breakfast***) contempla uova e pancetta fritti, salsiccia e pomodori fritti, serviti con pane tostato. La colazione americana comprende anche gli ***hash browns****, i ***waffles**** e i ***pancakes****. Di solito questa colazione è accompagnata da succo di frutta fresca, e caffè o tè. La colazione che si fa a casa ogni mattina è molto più semplice: una tazza di tè o caffè, una ciotola di latte con i cornflakes, o pane tostato.
Nel Regno Unito è usanza bere **il tè** con una goccia di latte; negli USA, invece, si preferisce aggiungere del limone.

taco

Glossario
tortillas = sottili focacce di farina di granturco
burritos = *tortillas* avvolte e farcite con carne, fagioli e formaggio
tacos = *tortillas* fritte, avvolte e farcite con carne, fagioli, ecc.
clam chowder = zuppa di vongole, patate e latte
treacle tart = torta di melassa
rice pudding = budino di riso
apple crumble = dolce a base di mele cotte, ricoperte da un impasto di farina, burro e zucchero e cotto al forno
Yorkshire pudding = specie di focaccia tonda e rigonfia a base di farina, latte e uova, tradizionalmente servita con il roast beef
fish and chips = pesce fritto (di solito merluzzo) servito con patate fritte
hash browns = frittelle di patate
waffles = cialde dolci
pancakes = specie di crêpe a base di farina, uova e latte

waffle

Per parlare di cibo

Alcuni cibi sono indicati in modo diverso nell'inglese britannico e americano, e questo può confondere le idee. Qui di seguito viene proposto un elenco dei termini di uso più comune, che possono trarre in inganno.

USA	Regno Unito	Significato
fries	chips	patate fritte
chips	crisps	patatine fritte confezionate
hotcakes	pancakes	crêpes
cookie	biscuit	biscotto
jello	jelly	dessert di succo di frutta e gelatina
jelly	jam	marmellata
seltzer	fizzy/soda water	seltz
zucchini	courgettes	zucchine
eggplants	aubergines	melanzane

5 Lo sport

Nel Regno Unito

Gli sport che attraggono il maggior numero di spettatori nel Regno Unito sono il calcio, il rugby, il cricket, il tennis e il golf. Essi non sono soltanto seguiti, ma anche praticati per puro divertimento da un elevato numero di persone. Il calcio, il rugby, l'hockey, il tennis, il netball (una variante semplificata della pallacanestro giocata dalle ragazze), il cricket e la pallavolo sono tra gli sport più praticati a scuola.

Regno Unito

Sport più seguiti	*Sport practicati a scuola*
Football	Football
Rugby	Rugby
Cricket	Athletics
Tennis	Basketball
Golf	Tennis
	Netball
	Cricket
	Volleyball

Scozia e Inghilterra disputano tornei di **calcio** diversi ed hanno le loro nazionali, come pure il Galles e l'Irlanda del Nord. La Premier League (la serie A del calcio inglese) comprende squadre del calibro del Manchester United, Liverpool, Arsenal e Chelsea, apprezzate in tutto il mondo. I biglietti per le partite delle squadre più titolate sono costosi e difficili da trovare; ufficialmente, un biglietto per una partita della Premier League può costare intorno a £25-30, ma la grande richiesta per gli incontri più gettonati fa salire il prezzo, e di conseguenza si arriva a pagare cifre vertiginose (fino a £100-150 per un biglietto).

Anche il rugby è molto seguito, specialmente in Galles e in Scozia e viene praticato da un numero sempre maggiore di donne. Il **cricket**, che una volta era considerato "lo sport nazionale inglese", è invece sceso al terzo posto tra gli sport preferiti.

L'evento sportivo inglese di maggior interesse internazionale è sicuramente il torneo di **tennis** di Wimbledon, che si svolge ogni tra la fine di giugno e l'inizio di luglio. Si gioca sull'erba ed è il più antico torneo del 'grande slam'.

Negli ultimi anni si è diffusa molto la pratica di attività sportive in centri specializzati e palestre, ed è cresciuto anche l'interesse per sport individuali come l'orientamento (***orienteering***), il ciclismo (***cycling***), il triathlon, e le arti marziali (***martial arts***) quali il judo e il tae-kwon-do, per le quali si sono moltiplicate le strutture e i corsi. Le attività amatoriali preferite dagli adulti sono la pesca (***fishing***), l'escursionismo (***hiking***) e l'equitazione (***horse-riding***), mentre lo skateboarding e il rollerblading sono molto praticati dai giovani (e talvolta anche dai meno giovani!).

Regno Unito

Sport individuali emergenti	
Orienteering	Triathlon
Cycling	Martial Arts

Attività amatoriali

Adulti	*Giovani*
Fishing	Skateboarding
Hiking	Rollerblading
Horse-riding	

GUIDA AGLI ASPETTI CULTURALI

Negli USA

A livello internazionale, gli atleti americani più noti sono tennisti (***tennis players***), pugili (***boxers***) e giocatori di golf (***golfers***). Negli USA, però, tennis e golf sono sport minori, rispetto alle ossessioni nazionali, e cioè il football americano, la pallacanestro, il baseball e l'hockey su ghiaccio.

USA

Sport più praticati (in ordine decrescente)	
1 American Football	**3** Baseball
2 Basketball	**4** Ice Hockey

Il baseball è uno sport estivo e si gioca tra aprile e ottobre. Ogni anno il pubblico americano assiste alla stagione regolare, che è seguita dai playoff e dalla *World Series*, a cui a dispetto del nome partecipano solo squadre americane e canadesi. Il baseball è uno degli sport meno costosi da seguire: i biglietti per le partite si trovano facilmente e il prezzo parte dai $10. La squadra di baseball più famosa è quella dei New York Yankees, che può vantare di aver avuto in formazione il più grande giocatore di baseball della storia, il leggendario Babe Ruth.

Il basketball fu inventato da un insegnante del Massachusetts nel 1881 e attualmente è praticato in tutte le scuole superiori e università americane, oltre che dai professionisti. Al torneo della **NBA (National Basketball Association)** partecipano squadre americane e canadesi. A febbraio la NBA interrompe la stagione, per l'appuntamento annuale dell'***All-Star game***, una partita cui partecipano tutti i migliori giocatori scelti dagli appassionati di questo sport. Un sondaggio tra i tifosi di basket ha proclamato Michael Jordan il miglior giocatore di tutti i tempi della NBA.

Il football americano (chiamato ***football***) è piuttosto diverso dal nostro calcio (chiamato ***soccer***). Il gioco, in cui si affrontano due squadre composte ognuna da 11 giocatori, consiste nel calciare, tirare o portare una palla ovale in un'area alla fine del campo di gioco, ed è simile al rugby. Quello giocato a livello universitario ha un grosso seguito: più di 35 milioni di tifosi guardano le partite tra le varie università nell'arco dell'anno. Durante le partite si vive in un'atmosfera particolare, tra una folla entusiasta e le coreografie delle 'cheerleaders' delle due squadre. Le università sono talmente orgogliose delle loro squadre che sovvenzionano con borse di studio speciali (per meriti sportivi) gli studenti che eccelgono in questo sport. Le squadre del ***pro-football*** (il football americano professionistico) hanno nomi curiosi, spesso legati alla città di appartenenza.

Alcune squadre di football

Chicago Bears	Colorado Buffaloes
Dallas Cowboys	Georgia Bulldogs
Miami Dolphins	

Il Super Bowl è la competizione finale della stagione della **NFL (National Football League)**, e la squadra vincitrice è la squadra campione dell'anno. Si tratta probabilmente del più grande evento sportivo americano ed è stato calcolato che il ***Super Bowl Sunday*** (la domenica in cui si gioca la finale) è il giorno in cui si registra il maggior consumo di cibo dopo il ***Thanksgiving***. Di solito ci si riunisce davanti alla TV con amici e parenti, e si guarda la partita mangiando e bevendo (e si festeggia se vince la squadra del cuore!).

Gli americani praticano molto sport sia a livello individuale che di squadra. Lo stato delle Hawaii si vanta di aver inventato il **surf**, ma oggi sono le vaste coste americane del Pacifico a calamitare l'interesse dei surfisti. Gli abitanti della California sono noti per l'invenzione di nuove mode nella fitness che poi sono copiate in tutto il mondo, ad esempio il jogging, l'aerobica, il ***tai chi*** (una disciplina cinese), ***boxercise*** (esercizi di pugilato), e non c'è ombra di dubbio che prendano molto sul serio la forma fisica. Tuttavia gli sport più popolari sono più il nuoto, il trekking, il ciclismo, il pugilato e la pesca!

6 Lo shopping e il sistema monetario

Centri commerciali

Lo shopping è una delle attività principali del tempo libero, sia negli USA che nel Regno Unito. I numerosi supermercati, ipermercati e centri commerciali sorti di recente fuori dei centri abitati, e nei quali si trovano vari tipi di bar e ristoranti, e altre attrazioni come i cinema multisala o il bowling, portano i consumatori lontano dai negozi dei centri cittadini.

Il più grande centro commerciale del Regno Unito è *Bluewater*, a Dartford, vicino Londra, che vanta circa 330 negozi.

Ma queste sono cifre modeste, rispetto ai centri commerciali americani, che possono essere giganteschi. Al *Mall of America,* nello Stato del Minnesota, ad esempio, ci sono oltre 500 negozi, 50 angoli di ristorazione, un parco divertimenti, un campo da golf, un acquario, 14 sale cinematographiche e 4 discoteche, ed ogni anno è visitato da circa 42 milioni di persone.

Piccoli negozi e mercati

Lungo le strade cittadine ci sono meno negozi di un tempo, ma molti consumatori li preferiscono agli ipermercati e ai centri commerciali e di solito sono meglio serviti dai mezzi di trasporto. In molte città del Regno Unito è ancora possibile trovare note catene di negozi (ad esempio, *Marks and Spencer* per l'abbigliamento, *Boots* per i prodotti farmaceutici e di bellezza, *Woolworth* per articoli casalinghi, giocattoli, video e CD) e gli intramontabili mercati settimanali. Inoltre, hanno acquisito una certa notorietà i mercati degli agricoltori, nei quali i produttori vendono direttamente al pubblico, senza la mediazione dei supermercati; molti, fra questi, promuovono il consumo di prodotti biologici.

Shopping on line – some figures

- about 170 million people in the world use the Internet – over 42 million people in Europe alone
- the number of people surfing the Internet increases by 11,000 per year in Great Britain
- 30% of the sites are used for commercial purposes
- 30% of users buy goods and services over the Internet

Gli acquisti tramite Internet sono ormai prassi diffusa. Internet sta cambiando le abitudini, non solo dei consumatori, ma anche dei negozianti, costretti ad offrire ciò che Internet non può fornire. Per fare un esempio, *Amazon.com* è diventata la più grande libreria virtuale al mondo e vanta la più ampia scelta di libri dell'intero globo.

Per farle concorrenza, molte librerie americane (*Barnes and Nobles, Borders*) stanno sostituendo i loro ampi spazi con empori più raccolti, al cui interno c'è anche un angolo in cui si può prendere un caffè o una bibita mentre si sfoglia un libro. Altre librerie rimangono aperte fino a tarda ora e organizzano serate speciali, quali lettura di poesie, incontri con gli autori, dibattiti.

Internet ha fatto anche nascere alcune attività collaterali, come gli 'Internet café': pagando tra le 2 e le 5 sterline all'ora, ci si connette alla rete mentre si sorseggia una bibita.

Negozi famosi

Rimangono, però, alcuni negozi famosi e particolari. Vale la pena visitarli, per capire perché siano così speciali; *Harrods* e *Selfridges* a Londra, per esempio, o *Macy's* e *Bloomingdale's* a New York, occupano edifici interi a più piani e offrono prodotti provenienti da tutto il mondo. Nel periodo natalizio presentano vetrine e allestimenti interni spettacolari; dopo Natale, lunghe file di persone aspettano con impazienza l'apertura dei saldi.

Le unità monetarie

Nel Regno Unito

La moneta inglese è la sterlina (***pound***, detta anche ***sterling***)

100p (*pence*) = £1 (*pound*).

Negli USA

La moneta americana è il dollaro (***dollar***). Le banconote (in inglese americano chiamate ***bills***) sono tutte della stessa dimensione e dello stesso colore, verde. Questa caratteristica può generare confusione, soprattutto tra gli stranieri.

100¢ (*cents*) = $1 (*dollar*)

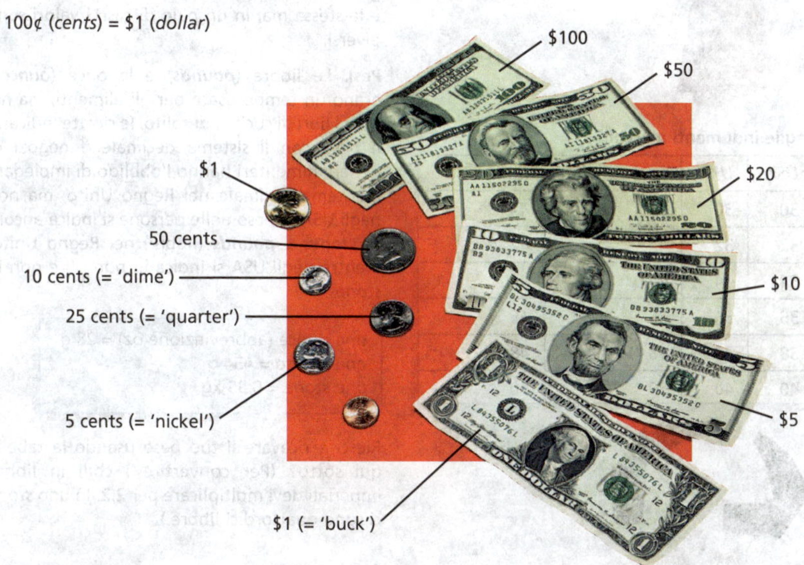

7 Misure e pesi

Le taglie

Le taglie degli abiti e i numeri delle calzature sono indicate in modi diversi negli USA, nel Regno Unito e nel resto d'Europa. Le tabelle qui sotto li mettono a confronto. Le taglie standard possono comunque variare (specialmente negli USA) e non sempre corrispondono esattamente a quelle degli altri paesi, perciò è meglio provare scarpe e abiti prima di acquistarli. Gli indumenti casual e sportivi sono spesso etichettati come *S* (***small***), *M* (***medium***), *L* (***large***), *XL* (***extra large***) o *OS* (***one size*** – taglia unica).

Taglie indumenti femminili

USA	*UK*	*Europa*	*Italia*
6	8	36	38
8	10	38	40
10	12	40	42
12	14	42	44
14	16	44	46

Taglie indumenti maschili

USA	*UK*	*Europa*	*Italia*
30	30	40	44
32	32	42	42
34	34	44	44
36	36	46	46
38	38	48	48
40	40	50	50

Numeri delle calzature

USA	UK	Europa	Italia
4.5	3	36	35
5.5	4	37	36
6.5	5	38	37
7.5	6	39	38
8.5	7	40	39
9	8	41	40
9.5	9	42	41
10	10	43	42

Pesi e misure

Sebbene nel Regno Unito il sistema metrico decimale sia stato adottato ufficialmente e venga insegnato nelle scuole, si usano ancora, specialmente nella lingua parlata, alcune unità di peso e misura imperiali. Il sistema metrico decimale non è usato negli USA, dove si impiega una versione riveduta del sistema imperiale britannico. Tutto questo può generare confusione, dato che la terminologia è la stessa ma, in un paio di casi, i valori sono diversi.

Pesi: Le libbre (***pounds***) e le once (***ounces***) erano un tempo usate per gli alimenti, ma nei nuovi libri di cucina, di solito, le ricette indicano il peso con il sistema decimale. I negozi di generi alimentari hanno l'obbligo di impiegare il sistema decimale nel Regno Unito, ma non negli USA. Il peso delle persone si indica ancora in ***stones*** e ***pounds*** (libbre) nel Regno Unito, mentre negli USA si indica in *pounds* e non in *stones*.

one *ounce* (abbreviazione *oz*) = 28 g
one *pound* = 454 g
one *stone* = 6,35 kg

Riesci a ricavare il tuo peso usando la tabella qui sotto? (Per convertire i chili in libbre imperiali devi moltiplicare per 2,2. In uno *stone* ci sono quattordici libbre.)

Peso in chilogrammi	Peso in libbre (Inglese americano)	Peso in *stones* e libbre (circa) (Inglese britannico)
30	66	4 stones, 7 pounds
35	77	5 stones, 5 pounds
40	88	6 stones, 3 pounds
45	99	7 stones, 1 pound
50	110	7 stones, 9 pounds
55	121	8 stones, 6 pounds
60	132	9 stones, 4 pounds

L'altezza delle persone: le unità di misura usate negli USA e nel Regno Unito sono ***feet*** (piedi) e ***inches*** (pollici) (ad esempio: *He's six feet tall*: è alto 1,85 m).

one *foot* = circa 30 cm
one inch = circa 2.5 cm

Riesci a ricavare la tua altezza in *feet* e *inches* usando questa tabella?

Altezza in centimetri	Altezza in *feet* e *inches* (circa)
150	4 feet 11 inches
155	5 feet, 1 inch
160	5 feet, 3 inches
165	5 feet, 5 inches
170	5 feet, 7 inches
175	5 feet, 9 inches
180	5 feet, 11 inches
185	6 feet, 1 inch
190	6 feet, 3 inches

Lunghe distanze: nelle scuole britanniche, il sistema metrico decimale sta sostituendo quello imperiale di *yards*, *feet* e *inches*. Tuttavia, sia nel Regno Unito che negli USA si parla ancora di ***miles*** (miglia) per le grandi distanze, e le indicazioni stradali sono sempre espresse in miglia (ad esempio, un cartello stradale con l'indicazione *London 50* significa che Londra dista 50 miglia, non 50 km).

one *yard* = circa 90 cm
one *mile* = circa 1,6 km

Liquidi: il sistema imperiale utilizzava ***pints*** (pinte, 1 pinta = 568 millilitri) e ***gallons*** (galloni). Nel Regno Unito si usa il sistema metrico decimale per la maggior parte dei liquidi, ad eccezione di *pint* (pinta) per una birra al pub! Negli USA la benzina è venduta a *gallons* (galloni) e non a litri; ma il gallone americano non equivale a quello inglese.

gallon (USA) = 3,8 litri
gallon (UK) = 4,5 litri

Temperatura: la *scala Fahrenheit* è spesso usata negli USA, ma non nel Regno Unito.

100° Fahrenheit = 37.7°Celsius/Centigradi
95° Fahrenheit = 30° Celsius/Centigradi
32° Fahrenheit = 0° Celsius/Centigradi

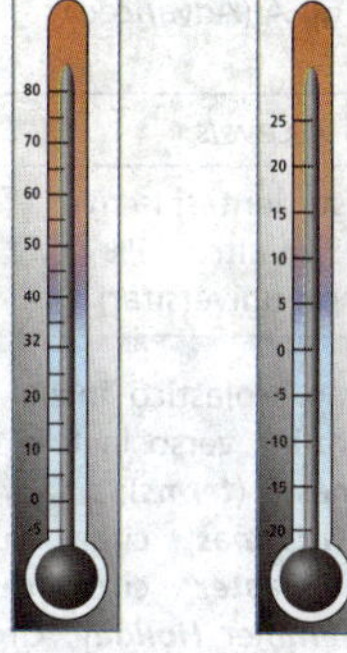

Fahrenheit *Celsius*

GUIDA AGLI ASPETTI CULTURALI

8 Il sistema scolastico nel Regno Unito e negli USA

Le scuole nel Regno Unito

Nel Regno Unito l'istruzione è obbligatoria dai cinque ai sedici anni. Gli studenti seguono un programma definito a livello nazionale (***National Curriculum***). I progressi sono valutati con esami periodici, i ***SATS*** (***Statutory Assessment Tests***). A sette anni gli studenti affrontano il primo test (***Key Stage One***) e a undici il secondo (***Key Stage Two***). La scuola secondaria inizia a undici anni e termina a sedici anni con gli esami per il ***GCSE*** (***General Certificate of Secondary Education***). Al termine del ciclo obbligatorio, gli studenti possono decidere se smettere o continuare gli studi per altri due anni. Se continuano, a diciotto anni affrontano un esame in tre o quattro materie chiamato ***A (Advanced) Level***. E' necessario aver superato gli *A Levels* per iscriversi all'università.

Il sistema scolastico inglese

ETÀ	
7-11	il 100% degli studenti frequenta la scuola primaria (*Primary School*)
11-16	il 100% degli studenti frequenta la scuola secondaria (*Secondary School*)
16	esami per il *GCSE*
17-18	il 70% degli studenti inizia a studiare per gli *A (Advanced) Levels*
18	esami per gli *A Levels*
oltre 18	il 20% degli studenti si iscrive all'università; un altro 20% segue corsi non universitari

Nelle scuole statali l'anno scolastico inizia ai primi di settembre e termina verso la fine di luglio e si articola in trimestri (***terms***); si fanno vacanze a Natale (***Christmas***, circa due settimane), a Pasqua (***Easter***, circa due settimane) e d'estate (***Summer Holiday***, circa sei settimane). Alcune scuole sono solo maschili o femminili, ma per la maggior parte sono miste; in quasi tutte gli studenti indossano una divisa.

Scuole pubbliche e private*

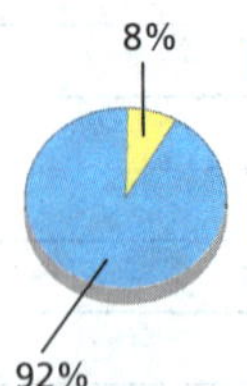

92% è rappresentato da scuole pubbliche gratuite (*state schools*)

8% è rappresentato da scuole private, talvolta molto costose (*private schools*, chiamate anche *public schools**).

*Le scuole private più famose (Eton, Harrow, Winchester, Rugby) sono chiamate 'public schools' e dispongono di collegi dove gli studenti risiedono durante l'anno scolastico.

Orario

La giornata scolastica di solito inizia alle 9 e termina verso le 15,30. Generalmente ci sono cinque o sei lezioni al giorno, e gli studenti pranzano a scuola (in mensa, oppure al sacco).

Materie

Le materie previste dal *National Curriculum* sono:

Obbligatorie fino a 14 anni: English Mathematics Sciences (Physics, Chemistry, Biology) Physical Education Design and Technology Information Technology
Obbligatoria da 11 a 16: A Foreign Language
Facoltative da 14 a 16: History Geography Music Art
Facoltativa sempre: Religion

Attività e sport

Durante la pausa pranzo o dopo le lezioni, si possono seguire alcune attività sportive o frequentare gli ***hobby club*** (gruppi in cui gli studenti praticano passatempi comuni): per esempio, il canto corale (***choir***) o la musica (***music***), gli scacchi (***chess***), conversazione in lingua straniera (***foreign language conversation***). Tra gli sport praticati a scuola

GUIDA AGLI ASPETTI CULTURALI

vale la pena citare il calcio (***football***), il rugby, la pallacanestro, il netball (una variante semplificata della pallacanestro, giocata dalle ragazze), il cricket e il tennis.

Le scuole negli USA

HALL PASS

Negli USA non esiste un *National Curriculum* e ogni stato stabilisce il proprio programma scolastico; le materie insegnate possono pertanto variare da stato a stato, ma la maggior parte delle scuole tende ad insegnare materie simili. L'istruzione è obbligatoria dai sei ai sedici anni (o quattordici, o diciassette, a seconda dello stato). La tradizione vuole che, al termine della scuola superiore, gli studenti festeggino il ***Graduation Day*** con una grande serata danzante chiamata ***'prom'***. Per proseguire l'istruzione a livello universitario si deve superare un esame, il *SAT* (***Scholastic Assessment Test***), nell'ultimo anno di scuola superiore. Più del 60% degli studenti che superano questo esame prosegue gli studi, ma soltanto il 50 % di loro riesce a concluderli.

Il sistema scolastico americano

ETÀ	
3-4/5	Scuola materna (*Preschool*)
4/5-6	Asilo (*K- Kindergarten*)
6-11	Scuola elementare (*Elementary School*)
12-17	Scuola secondaria (*High School*)
a 17	Maturità (*High School Diploma*)
oltre	Università o altri corsi professionali (*College*)

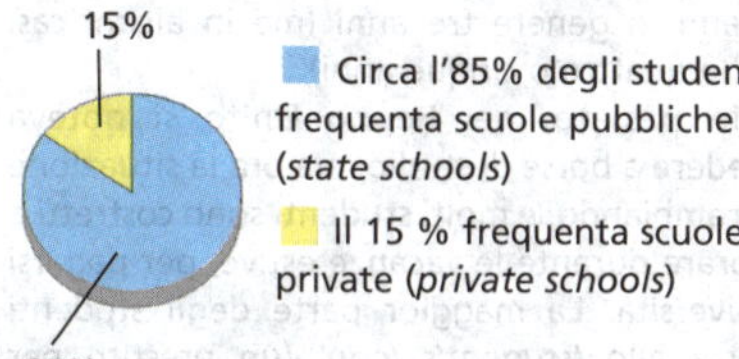
15%
85%
Circa l'85% degli studenti frequenta scuole pubbliche (state schools)
Il 15 % frequenta scuole private (private schools)

Materie e attività

L'anno scolastico inizia a settembre e termina in giugno, con un periodo di vacanze estive di oltre due mesi. Ci sono vacanze più brevi a Natale e a Pasqua. Nella maggior parte delle scuole gli studenti non sono obbligati a indossare una divisa. La giornata scolastica inizia alle 8 e termina intorno alle 15,30. Tra gli sport più praticati troviamo il baseball, la pallacanestro, il tennis e il football americano.

Elementary School

Compulsory subjects
Mathematics Language Art (reading, composition, grammar, literature) Handwriting (penmanship) Science Social Studies (history, geography, citizenship and economics, art, music, physical education)

High School

Compulsory subjects	*Optional subjects*
English Mathematics Science Social Studies Physical Education	Foreign Languages Home Economics Art Music *L'insegnamento della religione non è previsto.*

Università nel Regno Unito e negli USA

Nel Regno Unito ci sono molte istituzioni universitarie, e alcune, come Oxford e Cambridge, hanno fama mondiale. Il costo delle tasse d'iscrizione è piuttosto elevato, circa 1100 sterline all'anno, che gli studenti pagano in parte o per intero a seconda delle proprie condizioni economiche. Le tasse di iscrizione sono le stesse per tutti i corsi di laurea in tutte le università del Regno Unito. I corsi di laurea durano in genere tre anni (ma in alcuni casi anche quattro o cinque anni).

In passato, nel Regno Unito si poteva accedere a borse di studio, ma ora la situazione sta cambiando, e molti studenti sono costretti a lavorare durante le vacanze estive, per pagarsi l'università. La maggior parte degli studenti ricorre allo '*student's loan*' (un prestito per studenti elargito da una banca) che iniziano a ripagare a rate mensili una volta ottenuto un impiego.

Negli USA i corsi di laurea durano in genere quattro anni, durante i quali studenti approfondiscono lo studio una materia principale (*major*). Spesso, per seguire il corso di studi che desiderano, vanno a vivere molto lontano dalla famiglia d'origine. Il costo delle tasse d'iscrizione è generalmente elevato. In una università americana, per esempio, il costo di un anno accademico può variare (a seconda dello Stato, del tipo di laurea, dell'università scelta - pubblica o privata - della richiesta o meno di risiedere in un campus) da 7.000 a 25.000 dollari e oltre! È tradizione consolidata che gli studenti svolgano lavori part-time per pagarsi gli studi universitari.

9 I mezzi di trasporto nel Regno Unito e negli USA

Regno Unito

Il mezzo di trasporto più diffuso nel Regno Unito è l'**automobile**. L'aumento del traffico determina un aumento dell'inquinamento atmosferico e la congestione dei centri urbani. Per far fronte ad entrambi questi problemi, si stanno sperimentando soluzioni diverse. A Londra, per esempio, nel Marzo 2003 è stata introdotta una tassa di circolazione di 5 sterline al giorno per ogni veicolo che voglia accedere al centro della città. Alcuni centri più piccoli prevedono la formula ***'Park and Ride'*** ('parcheggia e prendi il bus'): si parcheggia in periferia e si prende l'autobus per andare in centro. Diversamente da quanto avviene in altri paesi, in nessuna città del Regno Unito il traffico viene limitato con il sistema delle targhe alterne o della chiusura totale in giorni prestabiliti.

Dal lunedì al venerdì oltre 1.000.000 di persone, provenienti da città limitrofe, si riversa nel centro di Londra; per arrivare al lavoro percorrono lunghe distanze in treno con **treni** Intercity o locali. Una volta giunti in una delle stazioni ferroviarie di Londra (*Victoria, Waterloo, Paddington*, per citarne alcune) i pendolari completano il viaggio in **metropolitana** (*the London Underground*, chiamata anche *the Tube*) o in autobus (i famosi ***double decker*** a due piani). Anche Newcastle, Liverpool e Glasgow hanno una metropolitana, mentre Manchester, Sheffield e Croydon hanno una **rete tranviaria** (***tram***) all'avanguardia.

La Metropolitana di Londra: cifre e curiosità

- 12 linee, contraddistinte da colori diversi
- più di 275 stazioni
- oltre 408 km di linea ferroviaria
- 42% di linea ferroviaria in tunnel
- 408 scale mobili
- 112 ascensori
- La Victoria Line è la linea più affollata, con più di 76 milioni di passeggeri all'anno
- Hampstead è la stazione situata alla maggiore profondità (oltre 57 metri)

Per spostarsi da una città all'altra, i mezzi di trasporto più usati sono i treni Intercity, sebbene le tariffe siano piuttosto elevate. Esiste anche una estesa rete di **pullman** a tariffe più abbordabili, oppure, se si ha molta fretta, si può prendere l'**aereo**. Molte compagnie offrono tariffe economiche e gli aeroporti regionali sono numerosi.

Per quanto riguarda i trasporti internazionali, ci sono cinque grandi aeroporti nei pressi di Londra: *Heathrow, Gatwick, Luton, Stansted, City Airport*. Altri aeroporti internazionali, in ordine di importanza, sono quelli di Manchester, Birmingham e Glasgow. L'aeroporto di Heathrow ha fama di essere il più congestionato del mondo.

Aeroporto di Heathrow – cifre, dati, curiosità

- 4 terminal, 90 linee aeree con circa 170 destinazioni nel mondo
- circa 64 milioni di passeggeri in transito ogni anno
- circa 1.250 voli giornalieri, dei quali 33 per Parigi e 23 per New York
- ogni giorno vengono smistati 80 milioni di bagagli, bevute 26.000 tazze di tè e 6.500 pinte di birra, mangiati 6.500 panini
- l'Ufficio Oggetti Smarriti riceve circa 200 telefonate al giorno
- tra i più curiosi oggetti smarriti vi sono un occhio di vetro, una valigia piena di pesci morti e una gamba finta

Dal 1994, anno di inaugurazione dell'Eurotunnel, l'Inghilterra è collegata alla Francia (e al resto d'Europa) dalla ferrovia che passa sotto il Canale della Manica. Il cosiddetto ***Chunnel*** (*Channel Tunnel*) parte da Calais e arriva a Folkestone. È lungo 50 km, di cui 39 sono sotto il livello del mare, e si percorre in 30 minuti, caricando l'automobile su un treno-navetta. Altri mezzi per attraversare Il Canale della Manica sono i traghetti, ancora molto popolari, l'hovercraft, e l'aereo.

Gli USA

A causa della vastità del territorio (più di 5.000 km in larghezza, con ben quattro fusi orari!) l'**aereo** è un mezzo di trasporto molto usato per gli spostamenti da Stato a Stato. Esiste anche una estesa rete ferroviaria (*Amtrak*), che però non attraversa tutti gli Stati. I viaggi in treno, su un territorio così vasto, possono richiedere molte ore, talvolta più giorni, perciò quasi tutti i **treni** hanno anche vagoni-letto e ristoranti.

I pullman chiamati ***Greyhound*** (molto confortevoli e adatti a percorrere lunghe distanze) sono un altro mezzo di trasporto molto popolare negli USA. Vengono usati sia dagli americani che dai turisti stranieri, perché sono più economici del treno o dell'aereo, e offrono l'opportunità di ammirare la grande varietà del mutevole paesaggio americano

Negli USA esiste una vera e propria 'cultura dell'**automobile**'. Molti ragazzi hanno la macchina appena raggiungono l'età per la patente (16 anni). In Gran Bretagna, invece, la patente si può prendere a 17 anni, ma bisogna averne almeno 25 per poter noleggiare una macchina. E non dimentichiamo che sono stati gli americani ad inventare il 'drive-through'; hanno banche, ristoranti e anche chiese del tipo 'drive-through'! Più del 40% delle automobili circolanti nel mondo sono negli USA, dove peraltro ci sono più di 7 milioni di chilometri di strade.

A New York e a Washington esiste una vasta rete **metropolitana** (*Subway*). A Chicago troviamo la ferrovia sopraelevata chiamata *El*, quasi un simbolo della città, mentre a San Francisco ci si muove con i filobus (***trolley bus***), I tram (***streetcar***) o i famosi *cable car*, che consentono di superare le numerose salite e discese che caratterizzano l'inconsueto andamento collinare della città.

GUIDA ALLA COMUNICAZIONE

In questa sezione, troverai parole e frasi che possono aiutarti a comunicare in varie situazioni.

Parlare di te

Mi chiamo Laura/Paolo.	My name's Laura/Paolo.
Ho 14 anni.	I'm fourteen years old.
Ho un fratello e una sorella.	I have a brother and a sister.
Sono la/il più giovane.	I'm the youngest.
Faccio le superiori.	I'm in high school.
Ho un cane.	I have a dog.
Tifo per il Milan/la Juve/ la Roma.	I'm a AC Milan/ Juventus/Roma fan
Abito a Milano/Napoli.	I live in Milan/Naples.
Studio inglese.	I'm learning English.

Parlare di quello che ti piace

Mi piace giocare a calcio.	I like to play football (BrE)/ soccer (AmE).
Adoro andare a ballare.	I love to go clubbing.
Non mi piace alzarmi presto.	I don't like getting up early.
Detesto questa canzone.	I hate this song.
Vado matto per i videogiochi.	I'm crazy about computer games.
Preferisco il cinema ai video.	I prefer the cinema (BrE)/ movies (AmE) to video.
Mi piace la musica rock.	I like rock music.

Parlare del tuo paese

L'Italia è divisa in 20 regioni.	Italy is divided into 20 regions.
Il Piemonte è una regione dell'Italia del nord.	Piedmont is a region in northern Italy.
Roma è la capitale d'Italia.	Rome is the capital of Italy.
L'Italia fa parte dell'Unione Europea.	Italy is a member of the European Union.
La moneta dell'Italia è l'euro.	The Italian currency is the euro.
Firenze è una città d'arte.	Florence is a city which is famous for art.
Ogni regione ha un suo accento tipico.	Each region has its own accent.
Il calcio è lo sport più popolare in Italia.	Football is the most popular sport in Italy.

Parlare della scuola

Faccio la terza media.	I'm in year 8 (BrE)/ in eighth grade (AmE).
Non mi piace la matematica.	I don't like Maths (BrE)/Math(AmE).
La mia materia preferita è la fisica.	My favourite subject is Physics.
Ho lezione anche di sabato.	I go to school on Saturdays.
Frequento una scuola pubblica.	I go to a state school (BrE)/ public school (AmE).
Frequento un istituto tecnico.	I'm in a technical school.
Mi mancano due anni per finire il liceo.	I have two years to go before I finish high school.
Gioco nella squadra di pallavolo della scuola.	I play in the school volleyball team.
Vado a scuola in autobus.	I go to school by bus.

Parlare di abbigliamento

Questa maglietta mi sta stretta.	This T-shirt is too small for me.
Questi pantaloni non stanno bene con la camicia.	These trousers (BrE)/pants (AmE) don't go with the shirt.
Questo vestito ti sta bene.	That dress looks nice on you.
Mi piacciono i jeans larghi/attillati.	I like baggy/tight-fitting jeans.
Porta solo capi firmati.	He wears only designer clothes.
una camicia tinta unita/a quadri	a plain/checked shirt
una camicia a maniche lunghe/corte	a short-sleeved/long-sleeved shirt
un golf con il collo tondo/a V.	round/V neck jumper (BrE)/ round/V neck sweater (AmE)

▶ Puoi trovare informazioni sulle taglie degli abiti e sui numeri di scarpe usati in Gran Bretagna e negli Stati Uniti nella sezione **Misure e pesi** della **Guida agli aspetti culturali.**

Parlare di sport

Hai visto la partita ieri sera?	Did you watch the game last night?
Era fallo!	That was a foul!
Ci alleniamo due volte alla settimana.	We train twice a week.
Sono il capitano della squadra.	I'm captain of the team.
La semifinale è domani.	Tomorrow's the semifinal.
È arrivata seconda nei cento metri.	She came second in the one hundred metres.
Hanno vinto il campionato.	They won the championship.

▶ Puoi trovare informazioni sugli sport più popolari in Gran Bretagna e negli Stati Uniti nella sezione **Sport** della **Guida agli aspetti culturali**.

Parlare del tempo

Fa freddo/caldo.	It's cold/hot.
Sta piovendo.	It's raining.
È nuvoloso.	It's cloudy.
Ieri c'era un sole stupendo.	It was very sunny yesterday.
È nevicato tutti i giorni.	It snowed every day.
Ci sono due gradi sotto zero.	It's two degrees below zero.
Oggi è molto afoso.	It's really muggy today.

Parlare della salute

Ho mal di testa.	I have a headache.
Non mi sento molto bene.	I'm not feeling well.
Mi gira la testa.	I feel dizzy.
Ho mal di gola.	I have a sore throat.
Sei molto raffreddato.	You have a bad cold.
Ha mal di pancia.	She has a stomach ache.
Hai un'aspirina?	Do you have an aspirin?
Ha la febbre.	He has a temperature.

Salutare

Ciao, come va?	Hello/Hi, how are you?
Bene, e tu?	I'm fine/all right, and you?
Come ti vanno le cose?	How are things?
Ciao!	Bye!
Ci vediamo!	See you!
A più tardi.	See you later.
Stammi bene!	Take care!
Buongiorno.	Good morning.
Buona sera.	Good afternoon/ Good evening.
Buona notte.	Good night.

Ringraziare e chiedere scusa

Grazie.	Thank you./Thanks.
Prego.	You're welcome.
Scusa/Scusi.	I'm sorry.
Non è niente.	That's all right.
Mi scusi, sa dov'è la stazione?	Excuse me, where is the station?
Come?	Pardon?/Sorry?
Scusa/Scusi, non ho sentito.	Sorry, I didn't catch that.
Puoi/Può parlare più lentamente, per favore?	Can you speak slowly, please?
È libero questo posto?	Is this seat free?
Mi scusi, questo è suo?	Excuse me, is this yours?

Esclamazioni

di dolore	Ahi!	Ouch!
di disgusto	Puah!!	Ugh!/Yuck!
davanti a una cosa buona!	Gnam!	Yum!
per richiamare l'attenzione	Ehi!	Hey!

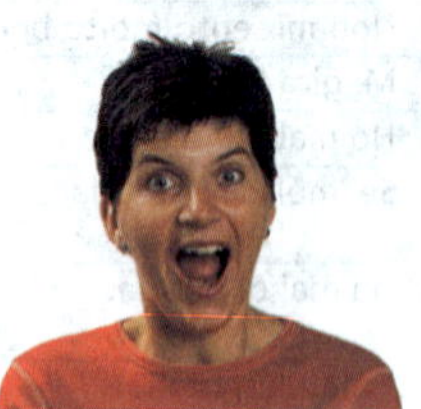

In un negozio

Puoi dire ...	
How much is this shirt?	Quanto costa questa camicia?
I need a bigger size.	Mi ci vuole una taglia più grande.
May I try this on?	Posso provarlo?
Where are the fitting rooms?	Dove sono i camerini di prova?
I'd like to see those sandals.	Vorrei vedere quei sandali.
Can I have a look around?	Posso dare un'occhiata?
Do you take credit cards?	Accettate le carte di credito?
Ti possono dire ...	
It comes in black, red and beige.	Lo abbiamo in nero, rosso e beige.
That is 30 pounds.	Costa 30 sterline.
We don't have it in your size.	Non l'abbiamo nella sua taglia.
You can change it if you don't like it.	Può sempre cambiarlo, se non le piace.

- Puoi trovare delle informazioni sulle taglie degli abiti e sui numeri di scarpe usati in Gran Bretagna e negli Stati Uniti nella sezione **Misure e pesi** della **Guida agli aspetti culturali**.
- Puoi trovare informazioni sulla moneta usata in Gran Bretagna e negli Stati Uniti, nella sezione **Unitè monetarie** della **Guida agli aspetti culturali**.

Per strada

Puoi dire ...	
Can you tell me the way to ...?	Mi sa dire come si va a ...?
Do you know where the station is?	Sa dove si trova la stazione?
Is this the right way to Piccadilly Circus?	È questa la strada per Piccadilly Circus?
Which is the nearest underground (BrE)/subway (AmE) station?	Qual è la stazione della metropolitana più vicina?
Excuse me, is this Oxford Street?	Mi scusi, è questa Oxford Street?
Ti possono dire ...	
Go straight on.	Deve andare sempre dritto.
Turn left at the lights.	Giri a sinistra al semaforo.
It's on the next street.	È nella prossima via.
You have to cross the park.	Deve attraversare il parco.

- Puoi trovare delle informazioni sui mezzi di trasporto in Gran Bretagna e negli Stati Uniti nella sezione **Mezzi di trasporto** della **Guida agli aspetti culturali**.

Al ristorante o al bar

Puoi dire ...	
Two Cokes, please.	Due Coca Cole, per favore.
How much is the hamburger?	Quant'è un hamburger?
Sparkling water for me, please.	Per me, un'acqua gassata, per favore.
Where is the toilet (BrE)/ restroom (AmE)?	Dov'è il bagno?
Can I have the bill (BrE)/ check (AmE), please?	Mi porta il conto, per favore?
Can we pay separately?	Possiamo pagare separatamente?
Ti possono dire ...	
Have you booked?	Ha prenotato?
This way, please.	Da questa parte, prego.
Would you like any drinks?	Prendete qualcosa da bere?
It comes with chips (BrE)/ fries (AmE).	È servito con contorno di patate fritte.
To eat here or take away?	Da mangiare sul posto o da portare via?

Il caffè	
caffè nero	black coffee
caffè macchiato	coffee with a dash of milk
caffellatte	white coffee
espresso	espresso
La colazione	
pane tostato	toast
burro	butter
marmellata	jam
croissant	croissant
yogurt	yoghurt
prosciutto	ham
formaggio	cheese
succo d'arancia	orange juice

La carne	
manzo	beef
pollo	chicken
maiale	pork
salsicce	sausages
bistecca	steak
filetto	fillet
al sangue	rare
di media cottura	medium
ben cotto	well done

GUIDA ALLA COMUNICAZIONE

Il pesce	
pesce fritto	fish in batter
trota	trout
salmone	salmon
sogliola	sole
gamberetto	shrimp
gambero	prawn (BrE)/shrimp (AmE)
cozze	mussels

Le verdure	
pomodoro	tomato
lattuga	lettuce
carota	carrot
patata	potato
cipolla	onion
peperone	pepper
cetriolo	cucumber
fagioli	beans

Le patate	
patate al forno	roast potatoes, jacket potatoes (con la buccia)
patate fritte	chips (BrE)/fries (AmE)
purè (di patate)	mashed potatoes

I piatti	
minestra	soup
insalata	salad
riso	rice
pasta	pasta
carne alla griglia	barbecue
torta	pie
polpettone di carne	meatloaf

I dessert	
macedonia	fruit salad
gelato	ice cream
budino	crème caramel
fragole con panna	strawberries and cream
torta di mele	apple pie
budino di riso	rice pudding

▶ Puoi trovare informazioni sulla moneta usata in Gran Bretagna e negli Stati Uniti nella sezione **Unitè monetarie** della **Guida agli aspetti culturali**.

In classe

Puoi dire ...	
How do you pronounce *thought*?	Como si pronuncia *thought*?
Can you spell it?	Può pronunciarlo lettera per lettera?
What's the meaning of *frame*?	Cosa vuol dire *frame*?
Could you repeat that, please?	Può ripetere, per favore?
I don't understand.	Non capisco.
I couldn't do exercise 3.	Non sono riuscito a fare l'esercizio 3.
May I go to the bathroom?	Posso andare in bagno?
Do we have to write that down?	Dobbiamo scriverlo?
What did he give as homework?	Cosa ha dato per compiti?
We've already done this exercise.	Abbiamo già fatto questo esercizio.
Ti possono dire ...	
Open the book on page 25.	Aprite il libro a pagina 25.
Do exercises 4 and 5 as homework.	Per compiti, fate gli esercizi 4 e 5.
Work in pairs.	Lavorate a coppie.

Alla stazione

Puoi dire ...	
Is this the train to Cambridge?	È questo il treno per Cambridge?
What time is the next train to Brighton?	A che ora è il prossimo treno per Brighton?
A return ticket (BrE)/round-trip (AmE) to Bradford	Un'andata e ritorno per Bradford.
Where is platform 3?	Dov'è il binario 3?
I'm a student. Do I get a discount?	Sono studente: ho diritto a uno sconto?
Can I have a timetable?	Mi può dare una tabella degli orari?
Ti possono dire ...	
It's £6.20, please.	Sono £6,20, per favore.
Here's your change.	Eccole il resto.
Next train calls at Tipton, Maple End ...	Il prossimo treno si ferma a Tipton, Maple End ...
Tickets, please.	Biglietti, prego.

All'aeroporto

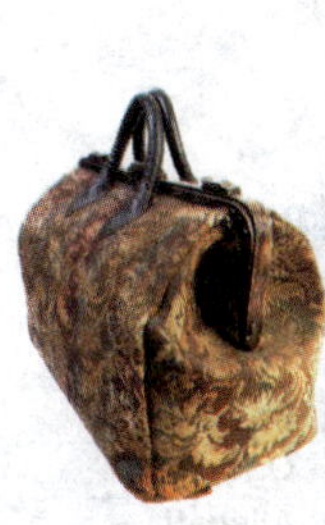

Puoi dire ...	
What time is check-in?	A che ora è il check-in?
Can I take this as hand luggage?	Posso portare questo come bagaglio a mano?
How much weight may I carry?	Quanti chili posso portare?
It's just this suitcase.	Ho solo questa valigia.
Ti possono dire ...	
Let me see your passport, please.	Mi fa vedere il suo passaporto, per favore?
Window or aisle seat?	Finestrino o corridoio?
You board at gate 4 at 7.45.	L'imbarco è al gate 4 alle 7,45.
Boarding card, please.	La carta d'imbarco, per favore.
Flight 301 for Dublin is now boarding at gate 5.	Stiamo procedendo all'imbarco del volo 301 per Dublino al gate 5.

In farmacia

Puoi dire ...	
I need something for this cold.	Vorrei qualcosa per questo raffreddore.
Do you have any cough mixture?	Ha uno sciroppo per la tosse?
Do I need a prescription for this?	Ci vuole la ricetta medica per questo?
Can you recommend something for insect bites?	Può consigliarmi qualcosa per le punture d'insetti?
I'm allergic to ...	Sono allergico a ...
Medicine	
aspirina	aspirin(s)
compresse di vitamina C	vitamin C tablets
alcol	surgical spirit (BrE)/rubbing alcohol (AmE)
cerotto	plaster (BrE)/bandaid (AmE)
analgesico	painkiller

Al telefono

Puoi dire ...	
Hello! Is Sofia there, please?	Pronto, c'è Sofia, per favore?
Can I speak to Daniel, please?	Posso parlare con Daniel, per favore?
Could I leave a message for her?	Posso lasciarle un messaggio?
Could you tell him Paolo called?	Le può dire che ha chiamato Paolo?
Ti possono dire ...	
Sofia speaking.	Sono io (Sofia).
Who's calling?	Chi parla?
One moment please.	Un momento, per favore.
He's not here now. Can I take a message?	Non c'è ora. Vuole lasciare un messaggio?
Wrong number.	Ha sbagliato numero.

E-MAIL & INTERNET

E-mail

- In inglese, le e-mail sono generalmente più brevi delle lettere e si tende ad utilizzare un linguaggio meno formale.
- Puoi cominciare il tuo messaggio come inizieresti una lettera (Dear Liz), ma puoi anche scrivere semplicemente Liz, oppure iniziare direttamente il testo del messaggio, specialmente se stai rispondendo ad un'altra e-mail.
- Qui sotto è riportato un tipico messaggio e-mail in inglese:

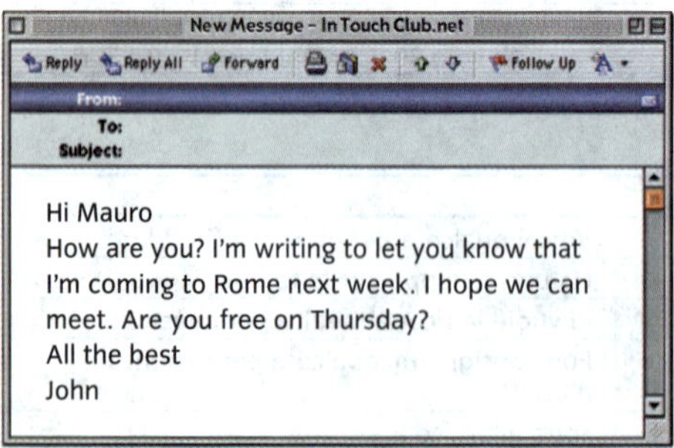

Glossario dell'e-mail

To	A
From	Da
Cc	Cc
Subject	Oggetto
Attachments	Allegati
Address book	Rubrica
Send	Invia
Reply	Rispondi
Forward	Inoltra
Delete	Elimina

Come leggere gli indirizzi e-mail

Il simbolo @ (chiocciola) si legge **'at'** in inglese, il punto, **'dot'** e il trattino (-), **'hyphen'**.

Ad esempio, l'indirizzo editore.dizionario-scolastico@longman.com si legge *'editore dot dizionario hyphen scolastico at longman dot com'*.

Internet

Per utilizzare Internet (**the Internet**), è necessario un navigatore (**browser**), come Internet Explorer o Netwcape Navigator, ecc. Bisogna inoltre essere connessi (**online**), così da poter accedere a siti e pagine web (**web pages**).

Glossario di Internet

back	indietro
forward	avanti
home page	pagina iniziale
link	link
on line	connesso
off line	non connesso

user name	nome utente
password	password
to download	scaricare
to refresh	aggiornare
to search	cercare
web page	pagina web

Termini grammaticali utilizzati in questo dizionario

aggettivo
L'aggettivo è una parola che accompagna un sostantivo e ne specifica qualità, forma, dimensioni, stato, ecc. Ad esempio, nella frase *Il dizionario è utile*, *utile* è un aggettivo.

avverbio
Un avverbio è una parola che accompagna un verbo, un sostantivo, un aggettivo o altri avverbi e ne modifica il senso. Quando accompagna un verbo, può indicare il modo in cui si svolge l'azione, come ad esempio *lentamente* in *Parla lentamente*. Quando accompagna un aggettivo o un avverbio, può indicare il grado, come *molto* in *È molto tardi*. Altri avverbi sono gli avverbi di luogo (*qui*) o tempo (*adesso*).

articolo
L'articolo è una parola che accompagna un sostantivo e può essere determinativo o indeterminativo. Nella frase *Ho visto un cane*, *un* indica che non si tratta di un cane in particolare. Nella frase *Prendi il libro*, *il* indica che si parla di un libro specifico.

congiunzione
Una congiunzione è una parola usata per unire due, o più, parole o frasi. In *Ero con Paolo e Luigi*, *e* è una congiunzione. Altre congiunzioni indicano causa, conseguenza, ecc. Nella frase *Non ha superato l'esame perché non ha studiato*, *perché* è una congiunzione che indica causa.

interiezione
Una interiezione è una parola usata per esprimere uno stato d'animo (*ahimè*), una sensazione (*ahi*), un suono, per salutare (*ciao*) o richiamare l'attenzione di qualcuno (*ehi*).

intransitivo
Un verbo intransitivo è un verbo che non ha un complemento oggetto. Nella frase *Anna dorme*, *dormire* è un verbo intransitivo.

numero
In questo dizionario, i numeri sono parole che si riferiscono a numeri ordinali (*primo*, *quinto*) e cardinali (*tre*, *ventuno*).

***phrasal verbs* o verbi con preposizione**
I phrasal verbs sono costruzioni fisse formate da un verbo e da una preposizione, come *out*, *on*, *away*, *back*. La combinazione formata dal verbo e dalla preposizione ha un significato particolare, diverso dal significato del verbo usato da solo. Ad esempio, il verbo *to put* significa generalmente *mettere*, mentre il phrasal verb *to put out* significa *spegnere*.

preposizioni
Le preposizioni sono parole che indicano luogo (*in*, *tra*), movimento (*a*, *da*), appartenenza (*di*), compagnia (*con*). In frasi come *È andato a casa* e *Questa è la bicicletta di Diana*, *a* e *di* sono preposizioni.

pronome
I pronomi sono parole che sottindendono il nome o sono usate al posto del nome o di una parte del discorso (*lo*, *la*, *li*). I pronomi possono essere di vari tipi: personali (*io*, *tu*, *lei*), dimostrativi (*questo*, *quello*), relativi (*che*, *cui*, *il quale*), interrogativi (*quale*, *dove*). Nelle frasi *Non la vedo* e *Dove lo hai incontrato?*, *la*, *dove* e *lo* sono pronomi.

sostantivo
Un sostantivo è una parole che si riferisce ad una persona, una cosa, un luogo, ecc. Nelle frasi *Mi presti la matita?* e *Esco con un amico*, *matita* e *amico* sono sostantivi. Un sostantivo può essere concreto (*orologio*) o astratto (*intelligenza*).

sostantivi plurali
I sostantivi plurali sono sostantivi che si usano sempre o quasi al plurale (ad esempio *manette*), o che assumono un significato diverso se usati al plurale (ad esempio *lettere* riferito al corso di studi universitari).

transitivo
Un verbo transitivo è un verbo che regge un complemento oggetto. Nella frase *Marco legge un libro*, *leggere* è un verbo transitivo.

verbo
Un verbo è una parola che indica una azione, una attività o uno stato. Il verbo possiede una persona, un tempo e un modo. Nelle frasi *Uscì presto* e *Siediti qui*, *uscì* e *siediti* sono verbi.

verbo ausiliare
Un ausiliare è un verbo usato insieme ad un altro verbo e serve a formare i tempi composti.

Single User Licence Agreement: Longman Dizionario compatto

IMPORTANT: READ CAREFULLY

This is a legally binding agreement between You (the user or purchaser) and Pearson Education Limited. By retaining this licence, any software media or accompanying written materials or carrying out any of the permitted activities You agree to be bound by the terms of the licence agreement below.

If You do not agree to these terms then promptly return the entire publication (this licence and all software, written materials, packaging and any other components received with it) with Your sales receipt to Your supplier for a full refund.

SINGLE USER LICENCE AGREEMENT

YOU ARE PERMITTED TO:

- ✔ Use (load into temporary memory or permanent storage) a single copy of the software on only one computer at a time. If this computer is linked to a network then the software may only be installed in a manner such that it is not accessible to other machines on the network. If You want to use the software on a network or across a whole site, You need to read the Network version of the User Licence or the Site Licence. You can get these from the email address at the end of this licence
- ✔ Use the software with a class provided it is only installed on one computer
- ✔ Transfer the software from one computer to another provided that you only use it on one computer at a time
- ✔ Print out individual screen extracts from the disk for (a) private study or (b) to include in Your essays or classwork with students
- ✔ Photocopy individual screen extracts for Your schoolwork or classwork with students

YOU MAY NOT:

- ✘ Rent, lease or sell the software or any part of the publication
- ✘ Copy any part of the documentation, except where specifically indicated otherwise
- ✘ Make copies of the software, even for backup purposes
- ✘ Reverse engineer, decompile or disassemble the software or create a derivative product from the contents of the databases or any software included in them
- ✘ Use the software on more than one computer at a time
- ✘ Install the software on any networked computer or server in a way that could allow access to it from more than one machine on the network
- ✘ Include any material or software from the disk in any other product or software materials, except as allowed under "You are permitted to"
- ✘ Use the software in any way not specified above without the prior written consent of Pearson Education Limited
- ✘ Print out more than one page at a time
- ✘ Print, download or save any pictures

ONE COPY ONLY

This license is for a single user copy of the software

PEARSON EDUCATION LIMITED RESERVES THE RIGHT TO TERMINATE THIS LICENCE BY WRITTEN NOTICE AND TO TAKE ACTION TO RECOVER ANY DAMAGES SUFFERED BY PEARSON EDUCATION LIMITED IF YOU BREACH ANY PROVISION OF THIS AGREEMENT.

Pearson Education Limited owns the software. You only own the disk on which the software is supplied.

LIMITED WARRANTY

Pearson Education Limited warrants that the disk or CD ROM on which the software is supplied is free from defects in materials and workmanship under normal use for ninety (90) days from the date You receive it. This warranty is limited to You and is not transferable. Pearson Education Limited does not warrant that the functions of the software meet Your requirements or that the media is compatible with any computer system on which it is used or that the operation of the software will be unlimited or error-free.

You assume responsibility for selecting the software to achieve Your intended results and for the installation of, the use of and the results obtained from the software. The entire liability of Pearson Education Limited and your only remedy shall be replacement free of charge of the components that do not meet this warranty.

This limited warranty is void if any damage has resulted from accident, abuse, misapplication, service or modification by someone other than Pearson Education Limited. In no event shall Pearson Education Limited be liable for any damages whatsoever arising out of installation of the software, even if advised of the possibility of such damages. Pearson Education Limited will not be liable for any loss or damage of any nature suffered by any party as a result of reliance upon or reproduction of or any errors in the content of the publication.

Pearson Education Limited does not limit its liability for death or personal injury caused by its negligence.

This licence agreement shall be governed by and interpreted and construed in accordance with English law.

Technical support: only registered users are entitled to free technical help and advice. As a registered user, You may receive technical help by writing to elt-support@pearson.com or your local agent.

New releases and updates: as a registered user You may be able to get new releases and updates, or upgrade to a network version of the software at reduced prices.

Registration: to register as a user, please write to us at the address shown below or email us at elt-support@pearson.com

Longman Dictionaries Division
Pearson Education Limited
Edinburgh Gate
Harlow
Essex
CM20 2JE
England